KODEX

DES ÖSTERREICHISCHEN RECHTS

Herausgeber: em. o. Univ. Prof. Dr. Werner Doralt
Redaktion: Dr. Veronika Doralt

FINANZMARKT-RECHT II

bearbeitet von

Dr. Bernhard Egger LL.M./MBA
WKÖ – Bundessparte Bank und Versicherung

Rubbeln Sie Ihren persönlichen Code frei und laden Sie diesen Kodexband kostenlos in die Kodex App!

1059520

HIER

RUBBELN!

Der Code kann bis zum Erscheinen der Neuauflage eingelöst werden.
Beachten Sie bitte, dass das Aufrubbeln des Feldes zum Kauf des Buches verpflichtet!

Benützungsanleitung: Die Novellen sind nach dem Muster der Wiederverlautbarung in Kursivdruck jeweils am Ende eines Paragraphen, eines Absatzes oder einer Ziffer durch Angabe des Bundesgesetzblattes in Klammer ausgewiesen. Soweit nach Meinung des Bearbeiters ein Bedarf nach einem genauen Novellenausweis besteht, ist der geänderte Text zusätzlich durch Anführungszeichen hervorgehoben.

KODEX

DES ÖSTERREICHISCHEN RECHTS

VERFASSUNGSRECHT
PARLAMENTSRECHT
EUROPARECHT (EU-VERFASSUNGSRECHT)
VÖLKERRECHT
SCHIEDSVERFAHREN
EINFÜHRUNGSGESETZE ABGB und B-VG
BÜRGERLICHES RECHT
UNTERNEHMENSRECHT
ZIVILGERICHTLICHES VERFAHREN
INTERNATIONALES PRIVATRECHT
FAMILIENRECHT
STRAFRECHT
IT-STRAFRECHT
GERICHTSORGANISATION
ANWALTS- UND GERICHTSTARIFE
JUSTIZGESETZE
WOHNUNGSGESETZE
FINANZMARKTRECHT I
FINANZMARKTRECHT II
FINANZMARKTRECHT III
FINANZMARKTRECHT IV
FINANZMARKTRECHT V
VERSICHERUNGSRECHT I + II
COMPLIANCE FÜR UNTERNEHMEN
WIRTSCHAFTSGESETZE I + II
UNLAUTERER WETTBEWERB
TELEKOMMUNIKATION
WETTBEWERBS- und KARTELLRECHT
DATENSCHUTZ
ENERGIERECHT
IP-/IT-RECHT
VERGABEGESETZE
ARBEITSRECHT
EU-ARBEITSRECHT
ARBEITNEHMERSCHUTZ
SOZIALVERSICHERUNG I + II
SV DURCHFÜHRUNGSVORSCHRIFTEN
STEUERGESETZE
STEUER-ERLÄSSE I – IV
EU-STEUERRECHT
EStG – RICHTLINIENKOMMENTAR
LSt – RICHTLINIENKOMMENTAR
KStG – RICHTLINIENKOMMENTAR
UmGrStG – RICHTLINIENKOMMENTAR
UStG – RICHTLINIENKOMMENTAR
DOPPELBESTEUERUNGSABKOMMEN
ZOLLRECHT UND VERBRAUCHSTEUERN
RECHNUNGSLEGUNG UND PRÜFUNG
INTERNATIONALE RECHNUNGSLEGUNG
VERKEHRSRECHT
WEHRRECHT
ÄRZTERECHT
GESUNDHEITSBERUFE I + II
KRANKENANSTALTENGESETZE
LEBENSMITTELRECHT
VETERINÄRRECHT
UMWELTRECHT
EU-UMWELTRECHT
EU-CHEMIKALIENRECHT
CHEMIKALIENGESETZE
WASSERRECHT
ABFALLRECHT
SCHULGESETZE
UNIVERSITÄTSRECHT
INNERE VERWALTNG
BESONDERES VERWALTUNGSRECHT
ASYL- UND FREMDENRECHT
POLIZEIRECHT
VERWALTUNGSVERFAHRENSGESETZE
LANDESRECHT TIROL I + II
LANDESRECHT VORARLBERG

ISBN: 978-3-7007-7889-9

LexisNexis Verlag ARD Orac GmbH & CoKG, 1030 Wien, Marxergasse 25
Druck: Prime Rate GmbH, Budapest

Inhaltsverzeichnis

A. Zahlungsverkehr

Vorwort zur 39. Auflage

Seit der letzten Auflage des Bandes II Finanzmarktrecht per 15.5.2021 sind wieder einige Änderungen in Kraft getreten, die eine Neuauflage des Bandes II notwendig gemacht haben.

So wurden durch das neue Pfandbriefgesetz (PfandBG), das Mitte November vom Plenum des Nationalrates beschlossen wurde, auch das Hypothekar- und Immobilienkreditgesetz und das Finanzmarktaufsichtsbehördengesetz (FMABG) geändert.

Auch gab es eine Novelle des Finanzmarkt-Geldwäsche-Gesetzes (FM-GwG) durch BGBl I Nr. 2021/98, womit das sogen. RRM-Paket (Risk Reduction Package) im Bankaufsichts- und Abwicklungsrecht umgesetzt wurde und mit dem im Wesentlichen auch eine Änderung im FM-GwG (verbesserte Zusammenarbeit zwischen Behörden) umgesetzt wurde.

Darüber hinaus wurde Anfang Oktober 2021 durch BGBl II Nr. 2021/425 die neue OeNB-Meldeverordnung GIMPI 2022 veröffentlicht, mit der ein Gewerbeimmobilienpreisindex bei der OeNB implementiert wird.

Weiters gab es Änderungen bei der FMA-Online-Identifikationsverordnung (Möglichkeit der Kundenidentifikation über biometrische Verfahren) auf Basis des FM-GwG, bei der FMA-Incoming-Plattformverordnung, der FMA-Kostenverordnung 2016 sowie der FMA-Gebührenverordnung.

Darüber hinaus wurde am 28.9.2021 im EU-Amtsblatt die Delegierte Verordnung (EU) 2021/1722 der Kommission vom 18. Juni 2021 zur Ergänzung der Richtlinie (EU) 2015/2366 des Europäischen Parlaments und des Rates durch technische Regulierungsstandards zur Festlegung der Rahmenbedingungen für die Zusammenarbeit und den Informationsaustausch zwischen den zuständigen Behörden des Herkunfts- und des Aufnahmemitgliedstaats im Zusammenhang mit der Beaufsichtigung von Zahlungsinstituten und E-Geld-Instituten, die grenzüberschreitend Zahlungsdienste erbringen, veröffentlicht.

Der vorliegende Band II enthält alle weiteren Änderungen im EU- und nationalen Recht mit Stand zum 1.11.2021. Auch diesmal haben wir wieder auf den Abdruck einiger weniger nicht-praxisrelevanter EU-Durchführungsrechtsakte verzichtet. Diese sind jedoch der Vollständigkeit halber alle im Inhaltsverzeichnis angegeben.

Darüber hinaus wurden einige Anhänge nicht mehr sowie bereits umgesetzte EU-Richtlinien ebenfalls großteils nicht mehr abgedruckt. Die Anhänge sind jedoch im Volltext auf www.lexisnexis.at unter dem Menüpunkt „Service“, Unterpunkt „Downloads & Updates“ abrufbar.

Für Anregungen und Verbesserungsvorschläge zu diesem Kodex bin ich sehr dankbar. Sie erreichen mich unter folgender E-Mail-Adresse: bernhard.egger@wko.at

Wien, im November 2021 *Bernhard Egger*

J. Abschlussprüfung

Abschlussprüfung

Zahlungsdienstegesetz 2018

BGBl I 2018/17 idF

1 BGBl I 2018/37 **2** BGBl I 2020/39

Bundesgesetz über die Erbringung von Zahlungsdiensten 2018 (Zahlungsdienstegesetz 2018 – ZaDiG 2018)

Inhaltsverzeichnis

1. Hauptstück
Allgemeine Bestimmungen

1. Abschnitt
Anwendungsbereich und Begriffe

Gegenstand

§ 1. (1) Dieses Bundesgesetz legt die Bedingungen fest, zu denen Personen Zahlungsdienste gewerblich in Österreich erbringen dürfen (Zahlungsdienstleister). Es regelt die Rechte und Pflichten von Zahlungsdienstleistern und Zahlungsdienstnutzern im Zusammenhang mit Zahlungsdiensten.

(2) Zahlungsdienste sind folgende Tätigkeiten:

1. Dienste, mit denen Bareinzahlungen auf ein Zahlungskonto ermöglicht werden, sowie alle für die Führung eines Zahlungskontos erforderlichen Vorgänge (Einzahlungsgeschäft);

2. Dienste, mit denen Barabhebungen von einem Zahlungskonto ermöglicht werden, sowie alle für die Führung eines Zahlungskontos erforderlichen Vorgänge (Auszahlungsgeschäft);

3. Ausführung von Zahlungsvorgängen einschließlich des Transfers von Geldbeträgen auf ein Zahlungskonto beim Zahlungsdienstleister des Zahlungsdienstnutzers oder bei einem anderen Zahlungsdienstleister (Zahlungsgeschäft):

a) Ausführung von Lastschriften einschließlich einmaliger Lastschriften (Lastschriftgeschäft);

b) Ausführung von Zahlungsvorgängen mittels einer Zahlungskarte oder eines ähnlichen Instruments (Zahlungskartengeschäft);

c) Ausführung von Überweisungen einschließlich Daueraufträgen (Überweisungsgeschäft);

4. Ausführung von Zahlungsvorgängen, wenn die Beträge durch einen Kreditrahmen für einen Zahlungsdienstnutzer gedeckt sind (Zahlungsgeschäft mit Kreditgewährung):

a) Ausführung von Lastschriften einschließlich einmaliger Lastschriften;

b) Ausführung von Zahlungsvorgängen mittels einer Zahlungskarte oder eines ähnlichen Instruments;

c) Ausführung von Überweisungen einschließlich Daueraufträgen;

5. Ausgabe von Zahlungsinstrumenten (Issuing) oder die Annahme und Abrechnung von Zahlungsvorgängen (Acquiring);

6. Dienste, bei denen ohne Einrichtung eines Zahlungskontos auf den Namen des Zahlers oder des Zahlungsempfängers ein Geldbetrag eines Zahlers nur zum Transfer eines entsprechenden Betrags an den Zahlungsempfänger oder an einen anderen, im Namen des Zahlungsempfängers handelnden Zahlungsdienstleister entgegengenommen wird oder bei denen der Geldbetrag im Na-

men des Zahlungsempfängers entgegengenommen und diesem verfügbar gemacht wird (Finanztransfergeschäft);

7. Dienste, die auf Antrag des Zahlungsdienstnutzers einen Zahlungsauftrag in Bezug auf ein bei einem anderen Zahlungsdienstleister geführtes Zahlungskonto auslösen (Zahlungsauslösedienste);

8. Online-Dienste zur Mitteilung konsolidierter Informationen über ein Zahlungskonto oder mehrere Zahlungskonten, das oder die ein Zahlungsdienstnutzer entweder bei einem anderen Zahlungsdienstleister oder bei mehr als einem Zahlungsdienstleister hält (Kontoinformationsdienste).

(3) Zahlungsdienstleister sind:

1. Kreditinstitute gemäß § 1 des Bankwesengesetzes – BWG, BGBl. Nr. 532/1993, CRR-Kreditinstitute gemäß § 1a Z 1 BWG sowie Kreditinstitute, die nach dem Recht ihres Herkunftsmitgliedstaates zur Erbringung von Zahlungsdiensten berechtigt sind, einschließlich deren Zweigstellen sowie Zweigstellen ausländischer Kreditinstitute im Sinne des § 2 Z 13 BWG, sofern sich diese Zweigstellen innerhalb des EWR befinden;

2. Zahlungsinstitute gemäß § 4 Z 4;

3. E-Geld-Institute gemäß § 3 Abs. 2 des E-Geldgesetzes 2010, BGBl. I Nr. 107/2010 sowie E-Geld-Institute gemäß § 9 des E-Geldgesetzes 2010, die nach dem Recht ihres Herkunftsmitgliedstaates (Art. 4 Abs. 1 Nummer 43 der Verordnung (EU) Nr. 575/2013) zur Ausgabe von E-Geld berechtigt sind, einschließlich innerhalb des Europäischen Wirtschaftraumes ansässiger Zweigstellen von E-Geld-Instituten, deren Sitz sich außerhalb des Europäischen Wirtschaftsraumes befindet, sofern die Europäische Union entsprechende Abkommen abgeschlossen hat oder sofern diesen eine Konzession gemäß § 4 Abs. 6 des E-Geldgesetzes 2010 erteilt worden ist;

4. die Österreichische Post AG hinsichtlich jener Zahlungsdienstleistungen die gemäß dem Postsparkassengesetz 1969, BGBl. Nr. 458/1969, erbracht werden;

5. die Europäische Zentralbank, die Oesterreichische Nationalbank, sowie andere Zentralbanken des Europäischen Wirtschaftsraumes, sofern sie nicht in ihrer Eigenschaft als Währungsbehörde handeln;

6. der Bund, die Länder und Gemeinden, soweit sie im Rahmen der Privatwirtschaftsverwaltung Zahlungsdienste erbringen;

7. für die Zwecke des Zugangs zu Zahlungssystemen (§ 5): natürliche oder juristische Personen gemäß Art. 32 der Richtlinie (EU) 2015/2366, die in ihrem Herkunftsmitgliedstaat zur Erbringung von Zahlungsdiensten berechtigt sind.

Anwendungsbereich

§ 2. (1) Dieses Bundesgesetz ist für Zahlungsdienste anwendbar, die an in Österreich ansässige Zahlungsdienstnutzer oder von in Österreich ansässigen Zahlungsdienstleistern erbracht werden.

(2) Das 3. und 4. Hauptstück gelten für Zahlungsvorgänge in der Währung eines Mitgliedstaats, wenn sowohl der Zahlungsdienstleister des Zahlers als auch jener des Zahlungsempfängers in der Union ansässig sind. Dies gilt auch, wenn nur ein einziger in der Union ansässiger Zahlungsdienstleister an dem Zahlungsvorgang beteiligt ist.

(3) Das 3. und 4. Hauptstück gelten für Zahlungsvorgänge in einer Währung, die keine Währung eines Mitgliedstaates ist, wenn sowohl der Zahlungsdienstleister des Zahlers als auch der des Zahlungsempfängers in der Union ansässig sind (für die Bestandteile der Zahlungsvorgänge, die in der Union getätigt werden). Dies gilt auch, wenn nur ein einziger in der Union ansässiger Zahlungsdienstleister an dem Zahlungsvorgang beteiligt ist. Davon ausgenommen sind im 3. Hauptstück § 41 Abs. 1 Z 1, § 48 Abs. 1 Z 2 lit. e und § 52 Z 1 sowie im 4. Hauptstück die §§ 75 bis 77.

(4) Das 3. und 4. Hauptstück gelten für Zahlungsvorgänge in allen Währungen, bei denen lediglich einer der beiden Zahlungsdienstleister in der Union ansässig ist (für die Bestandteile der Zahlungsvorgänge, die in der Union getätigt werden). Davon ausgenommen sind im 3. Hauptstück § 41 Abs. 1 Z 1, § 48 Abs. 1 Z 2 lit. e, § 48 Abs. 1 Z 5 lit. g und § 52 Z 1 sowie im 4. Hauptstück § 56 Abs. 2, die §§ 70, 71 und 75, § 77 Abs. 1 und die §§ 80 und 83.

Ausnahmen

§ 3. (1) Dieses Bundesgesetz ist nicht anzuwenden auf

1. die Europäische Zentralbank, Zentralbanken anderer Mitgliedstaaten des Europäischen Wirtschaftsraumes und die Oesterreichische Nationalbank, wenn sie in ihrer Eigenschaft als Währungsbehörde handeln und dabei als Zahlungsdienstleister auftreten oder wenn die Oesterreichische Nationalbank im Rahmen der ihr durch dieses Bundesgesetz, das BWG, das Nationalbankgesetz 1984 – NBG, BGBl. Nr. 50/1984, das Devisengesetz 2004, BGBl. I Nr. 123/2003, das Finalitätsgesetz, BGBl. I Nr. 123/1999, das Scheidemünzengesetz 1988, BGBl. Nr. 597/1988, oder das Finanzmarktaufsichtsbehördengesetz – FMABG, BGBl. I Nr. 97/2001, übertragenen Aufgaben handelt und dabei als Zahlungsdienstleister auftritt,

2. den Bund, die Länder und Gemeinden, wenn sie als Behörde handeln und dabei als Zahlungsdienstleister auftreten und

3. die Oesterreichische Kontrollbank Aktiengesellschaft.

(2) Das 2. Hauptstück dieses Bundesgesetzes ist nicht anzuwenden auf

1. Kreditinstitute gemäß § 1 BWG, CRR-Kreditinstitute gemäß § 1a Z 1 BWG sowie Kreditinstitute, die nach dem Recht ihres Herkunftsmitgliedstaates zur Erbringung von Zahlungsdiensten berechtigt sind, einschließlich deren Zweigstellen sowie Zweigstellen ausländischer Kreditinstitute im Sinne des § 2 Z 13 BWG, sofern sich diese Zweigstellen innerhalb des EWR befinden,

2. E-Geld-Institute gemäß § 3 Abs. 2 E-Geldgesetz 2010 sowie E-Geld-Institute gemäß § 9 E-Geldgesetz 2010, die nach dem Recht ihres Herkunftsmitgliedstaates (Art. 4 Abs. 1 Nummer 43 der Verordnung (EU) Nr. 575/2013) zur Ausgabe von E-Geld berechtigt sind, einschließlich innerhalb des Europäischen Wirtschaftraumes ansässiger Zweigstellen von E-Geld-Instituten, deren Sitz sich außerhalb des Europäischen Wirtschaftsraumes befindet, sofern die Europäische Union entsprechende Abkommen abgeschlossen hat oder sofern diesen eine Konzession gemäß § 4 Abs. 6 E-Geldgesetz 2010 erteilt worden ist,

3. die Post hinsichtlich ihres Geldverkehrs,

4. die Europäische Zentralbank, die Oesterreichische Nationalbank, sowie andere Zentralbanken des Europäischen Wirtschaftsraumes, sofern sie nicht gemäß Abs. 1 als Währungsbehörde handeln oder wenn die Oesterreichische Nationalbank nicht im Rahmen der ihr durch die in Abs. 1 Z 1 genannten Bundesgesetze übertragenen Aufgaben handelt, und

5. den Bund, die Länder und Gemeinden, soweit sie im Rahmen der Privatwirtschaftsverwaltung handeln.

(3) Dieses Bundesgesetz ist auf folgende Tätigkeiten nicht anzuwenden:

1. Zahlungsvorgänge, die ohne zwischengeschaltete Stellen ausschließlich als direkte Bargeldzahlung vom Zahler an den Zahlungsempfänger erfolgen;

2. Zahlungsvorgänge zwischen Zahler und Zahlungsempfänger über einen Handelsagenten, der aufgrund einer Vereinbarung befugt ist, den Verkauf oder Kauf von Waren oder Dienstleistungen nur im Namen des Zahlers oder nur im Namen des Zahlungsempfängers auszuhandeln oder abzuschließen;

3. den gewerblichen Transport von Banknoten und Münzen einschließlich Entgegennahme, Bearbeitung und Übergabe;

4. die nicht gewerbliche Entgegennahme und Übergabe von Bargeld im Rahmen einer gemeinnützigen oder mildtätigen Tätigkeit;

5. Dienste, bei denen der Zahlungsempfänger dem Zahler Bargeld im Rahmen eines Zahlungsvorgangs aushändigt, nachdem ihn der Zahlungsdienstnutzer kurz vor der Ausführung eines Zahlungsvorgangs zum Erwerb von Waren oder Dienstleistungen ausdrücklich hierum gebeten hat (Cash Back);

6. Geldwechselgeschäfte gemäß § 1 Abs. 1 Z 22 BWG (Wechselstubengeschäft);

7. Zahlungsvorgänge, denen eines der folgenden Dokumente zugrunde liegt, das auf den Zahlungsdienstleister gezogen ist und die Bereitstellung eines Geldbetrags an einen Zahlungsempfänger vorsieht:

a) ein Papierscheck im Sinne des Genfer Abkommens vom 19. März 1931 über das einheitliche Scheckgesetz;

b) ein dem unter lit. a genannten Scheck vergleichbarer Papierscheck nach dem Recht eines Mitgliedstaates, der nicht Vertragspartei des Genfer Abkommens vom 19. März 1931 über das einheitliche Scheckgesetz ist;

c) ein Wechsel in Papierform im Sinne des Genfer Abkommens vom 7. Juni 1930 über das einheitliche Wechselgesetz;

d) ein dem unter lit. c genannten Wechsel vergleichbarer Wechsel in Papierform nach dem Recht eines Mitgliedstaates, der nicht Mitglied des Genfer Abkommens vom 7. Juni 1930 über das einheitliche Wechselgesetz ist;

e) ein Gutschein in Papierform;

f) ein Reisescheck in Papierform;

g) eine Postanweisung in Papierform im Sinne der Definition des Weltpostvereins;

8. Zahlungsvorgänge, die innerhalb eines Zahlungs- oder Wertpapierabwicklungssystems zwischen Zahlungsausgleichsagenten, zentralen Gegenparteien, Clearingstellen oder Zentralbanken und anderen Teilnehmern des Systems und Zahlungsdienstleistern abgewickelt werden; § 5 bleibt hiervon unberührt;

9. Zahlungsvorgänge im Zusammenhang mit der Bedienung von Wertpapieranlagen, wie beispielsweise Dividenden, Erträge oder sonstige Ausschüttungen oder deren Einlösung oder Veräußerung, die von den unter Z 8 genannten Personen oder von Wertpapierdienstleistungen erbringenden Wertpapierfirmen, Kreditinstituten, Organismen für gemeinsame Anlagen oder Vermögensverwaltungsgesellschaften oder jeder anderen Einrichtung, die für die Verwahrung von Finanzinstrumenten zugelassen ist, durchgeführt werden;

10. Dienste, die von technischen Dienstleistern erbracht werden, die zwar zur Erbringung der Zahlungsdienste beitragen, jedoch zu keiner Zeit in den Besitz der zu transferierenden Geldbeträge gelangen, wie die Verarbeitung und Speicherung von Daten, vertrauensbildende Maßnahmen und Dienste zum Schutz der Privatsphäre, Nachrich-

ten- und Instanzenauthentisierung, Bereitstellung von Informationstechnologie-(IT-) und Kommunikationsnetzen sowie Bereitstellung und Wartung der für Zahlungsdienste genutzten Endgeräte und Einrichtungen mit Ausnahme von Zahlungsauslösediensten und Kontoinformationsdiensten;

11. Dienste, die auf bestimmten nur begrenzt verwendbaren Zahlungsinstrumenten beruhen (begrenzte Netze), die eine der folgenden Bedingungen erfüllen:

a) die Instrumente gestatten ihrem Inhaber, Waren oder Dienstleistungen lediglich in den Geschäftsräumen des Emittenten oder innerhalb eines begrenzten Netzes von Dienstleistern im Rahmen einer Geschäftsvereinbarung mit einem professionellen Emittenten zu erwerben oder

b) die Instrumente können nur zum Erwerb eines sehr begrenzten Waren- oder Dienstleistungsspektrums verwendet werden oder

c) die Instrumente sind nur im Inland gültig, werden auf Ersuchen eines Unternehmens oder einer öffentlichen Stelle bereitgestellt, unterliegen zu bestimmten sozialen oder steuerlichen Zwecken den Vorschriften einer nationalen oder regionalen öffentlichen Stelle und dienen dem Erwerb bestimmter Waren oder Dienstleistungen von Anbietern, die eine gewerbliche Vereinbarung mit dem Emittenten geschlossen haben;

12. Zahlungsvorgänge, die von einem Anbieter elektronischer Kommunikationsnetze oder – dienste zusätzlich zu elektronischen Kommunikationsdiensten für einen Teilnehmer des Netzes oder Dienstes bereitgestellt werden:

a) Zahlungsvorgänge im Zusammenhang mit dem Erwerb von digitalen Inhalten und Sprachdiensten, ungeachtet des für den Erwerb oder Konsum des digitalen Inhalts verwendeten Geräts, sofern diese Zahlungsvorgänge auf der entsprechenden Rechnung abgerechnet werden, und der Wert einer Einzelzahlung 50 Euro nicht überschreitet und

aa) der kumulative Wert der Zahlungsvorgänge eines einzelnen Teilnehmers monatlich 300 Euro nicht überschreitet oder

bb) der kumulative Wert der Zahlungsvorgänge innerhalb eines Monats 300 Euro nicht überschreitet, wenn ein Teilnehmer auf sein Konto bei einem Anbieter elektronischer Kommunikationsnetze oder -dienste Vorauszahlungen tätigt oder

b) Zahlungsvorgänge, die von einem elektronischen Gerät aus oder über dieses ausgeführt und auf der entsprechenden Rechnung im Rahmen einer gemeinnützigen Tätigkeit oder für den Erwerb von Tickets abgerechnet werden, sofern der Wert einer Einzelzahlung 50 Euro nicht überschreitet und

aa) der kumulative Wert der Zahlungsvorgänge eines einzelnen Teilnehmers monatlich 300 Euro nicht überschreitet oder

bb) der kumulative Wert der Zahlungsvorgänge innerhalb eines Monats 300 Euro nicht überschreitet, wenn ein Teilnehmer auf sein Konto bei einem Anbieter elektronischer Kommunikationsnetze oder -dienste Vorauszahlungen tätigt;

13. Zahlungsvorgänge, die zwischen Zahlungsdienstleistern, ihren Agenten oder Zweigstellen auf eigene Rechnung ausgeführt werden;

14. Zahlungsvorgänge zwischen einem Mutterunternehmen und seinem Tochterunternehmen oder zwischen Tochterunternehmen desselben Mutterunternehmens und damit verbundene Dienste ohne Mitwirkung eines Zahlungsdienstleisters, es sei denn, es handelt sich bei diesem um ein Unternehmen derselben Gruppe;

15. Dienste von Dienstleistern, die keinen Rahmenvertrag mit dem von einem Zahlungskonto Geld abhebenden Kunden geschlossen haben, bei denen für einen oder mehrere Kartenemittenten an multifunktionalen Bankautomaten Bargeld abgehoben wird, vorausgesetzt, dass

a) diese Dienstleister keine anderen der in § 1 Abs. 2 genannten Zahlungsdienste erbringen und

b) den Kunden alle Entgelte für Geldabhebungen gemäß den §§ 36, 41, 44 und 45 sowohl vor der Abhebung als auch auf der Quittung nach dem Erhalt von Bargeld mitgeteilt werden.

(4) Ein Dienstleister, der eine der Tätigkeiten gemäß Abs. 3 Z 11 lit. a oder b oder beide Tätigkeiten ausübt (begrenztes Netz), hat der FMA zu melden, wenn der Gesamtwert der Zahlungsvorgänge der vorangegangenen zwölf Monate den Betrag von einer Million Euro überschreitet. Die Meldung hat eine Beschreibung der angebotenen Dienstleistungen zu umfassen. Es ist anzugeben, welche Ausnahme gemäß Abs. 3 Z 11 lit. a oder b für die Ausübung der Tätigkeit in Anspruch genommen wird. Auf Grundlage der Meldung hat die FMA zu prüfen, ob die Kriterien für die Ausnahme erfüllt sind. Ist dies der Fall, hat die FMA den Dienstleister über das Prüfungsergebnis zu informieren.

(5) Ein Dienstleister, der eine Tätigkeit gemäß Abs. 3 Z 12 ausübt (elektronische Kommunikationsnetze oder -dienste), hat dies der FMA zu melden. Der FMA ist vom Dienstleister jährlich ein Gutachten eines Wirtschaftsprüfers zu übermitteln, aus dem hervorgeht, dass die Tätigkeit mit den gemäß Abs. 3 Z 12 festgesetzten Obergrenzen vereinbar ist.

Begriffsbestimmungen

§ 4. Im Sinne dieses Bundesgesetzes gelten folgende Begriffsbestimmungen:

1. Herkunftsmitgliedstaat:

a) der Mitgliedstaat, in dem sich der Sitz des Zahlungsdienstleisters befindet, oder,

b) wenn der Zahlungsdienstleister nach dem für ihn geltenden nationalen Recht keinen Sitz hat, der Mitgliedstaat, in dem sich seine Hauptverwaltung befindet;

2. Aufnahmemitgliedstaat: der Mitgliedstaat, in dem ein Zahlungsdienstleister einen Agenten oder eine Zweigstelle hat oder Zahlungsdienste erbringt und der nicht der Herkunftsmitgliedstaat dieses Zahlungsdienstleisters ist;

3. Zahlungsdienst: eine gewerbliche Tätigkeit gemäß § 1 Abs. 2;

4. Zahlungsinstitut: eine juristische Person, die

a) gemäß § 10 oder

b) in ihrem Herkunftsmitgliedstaat gemäß Art. 11 der Richtlinie (EU) 2015/2366

zur gewerblichen Erbringung und Ausführung von Zahlungsdiensten im gesamten Gebiet des Europäischen Wirtschaftsraumes berechtigt ist;

5. Zahlungsvorgang: vom Zahler, im Namen des Zahlers oder vom Zahlungsempfänger ausgelöste Bereitstellung, Transfer oder Abhebung eines Geldbetrags, unabhängig von etwaigen zugrunde liegenden Verpflichtungen im Verhältnis zwischen Zahler und Zahlungsempfänger;

6. Fernzahlungsvorgang: ein Zahlungsvorgang, der über das Internet oder mittels eines Geräts, das für die Fernkommunikation verwendet werden kann, ausgelöst wird;

7. Zahlungssystem: ein System zum Transfer von Geldbeträgen mit formalen und standardisierten Regeln und einheitlichen Vorschriften für die Verarbeitung, das Clearing oder die Verrechnung von Zahlungsvorgängen;

8. Zahler: eine natürliche oder juristische Person, die Inhaber eines Zahlungskontos ist und die einen Zahlungsauftrag von diesem Zahlungskonto erteilt oder gestattet oder – falls kein Zahlungskonto vorhanden ist – eine Person, die den Auftrag für einen Zahlungsvorgang erteilt;

9. Zahlungsempfänger: eine natürliche oder juristische Person, die den Geldbetrag, der Gegenstand eines Zahlungsvorgangs ist, als Empfänger erhalten soll;

10. Zahlungsdienstnutzer: eine natürliche oder juristische Person, die einen Zahlungsdienst als Zahler oder Zahlungsempfänger oder in beiden Eigenschaften in Anspruch nimmt;

11. Zahlungsdienstleister: ein Rechtsträger gemäß § 1 Abs. 3;

12. Zahlungskonto: ein auf den Namen eines oder mehrerer Zahlungsdienstnutzer lautendes Konto, das für die Ausführung von Zahlungsvorgängen genutzt wird;

13. Zahlungsauftrag: ein Auftrag, den ein Zahler oder Zahlungsempfänger seinem Zahlungsdienstleister zur Ausführung eines Zahlungsvorgangs erteilt;

14. Zahlungsinstrument: jedes personalisierte Instrument oder jeder personalisierte Verfahrensablauf, das oder der zwischen dem Zahlungsdienstnutzer und dem Zahlungsdienstleister vereinbart wurde und zur Erteilung eines Zahlungsauftrags verwendet wird;

15. Zahlungsauslösedienst: Dienst gemäß § 1 Abs. 2 Z 7;

16. Kontoinformationsdienst: Online-Dienst gemäß § 1 Abs. 2 Z 8;

17. kontoführender Zahlungsdienstleister: ein Zahlungsdienstleister, der für einen Zahler ein Zahlungskonto bereitstellt und führt;

18. Zahlungsauslösedienstleister: ein Zahlungsdienstleister, der gewerbliche Tätigkeiten gemäß § 1 Abs. 2 Z 7 ausübt;

19. Kontoinformationsdienstleister: ein Zahlungsdienstleister, der gewerbliche Tätigkeiten gemäß § 1 Abs. 2 Z 8 ausübt;

20. Verbraucher: eine natürliche Person, die bei den von diesem Bundesgesetz erfassten Zahlungsdienstverträgen zu Zwecken handelt, die nicht ihrer gewerblichen oder beruflichen Tätigkeit zugerechnet werden können;

21. Rahmenvertrag: ein Zahlungsdienstvertrag, der die zukünftige Ausführung einzelner und aufeinander folgender Zahlungsvorgänge regelt und die Verpflichtung zur Einrichtung eines Zahlungskontos und die entsprechenden Bedingungen enthalten kann;

22. Lastschrift: ein Zahlungsdienst zur Belastung des Zahlungskontos des Zahlers, wenn ein Zahlungsvorgang vom Zahlungsempfänger aufgrund der Zustimmung des Zahlers gegenüber dem Zahlungsempfänger, dessen Zahlungsdienstleister oder seinem eigenen Zahlungsdienstleister ausgelöst wird;

23. Überweisung: ein auf Aufforderung des Zahlers ausgelöster Zahlungsdienst zur Erteilung einer Gutschrift auf das Zahlungskonto des Zahlungsempfängers zulasten des Zahlungskontos des Zahlers in Ausführung eines oder mehrerer Zahlungsvorgänge durch den Zahlungsdienstleister, der das Zahlungskonto des Zahlers führt;

24. Geldbetrag: Banknoten und Münzen, Giralgeld oder E-Geld gemäß § 1 Abs. 1 des E-Geldgesetzes 2010, BGBl. I Nr. 107/2010;

25. Referenzwechselkurs: der Wechselkurs, der bei jedem Währungsumtausch zugrunde gelegt und vom Zahlungsdienstleister zugänglich gemacht wird oder aus einer öffentlich zugänglichen Quelle stammt;

26. Referenzzinssatz: der Zinssatz, der bei der Zinsberechnung zugrunde gelegt wird und aus einer öffentlich zugänglichen und für beide Parteien eines Zahlungsdienstvertrags überprüfbaren Quelle stammt;

27. Authentifizierung: ein Verfahren, mit dessen Hilfe der Zahlungsdienstleister die Identität eines Zahlungsdienstnutzers oder die berechtigte Verwendung eines bestimmten Zahlungsinstruments, einschließlich der Verwendung der personalisierten Sicherheitsmerkmale des Nutzers, überprüfen kann;

28. starke Kundenauthentifizierung: eine Authentifizierung unter Heranziehung von mindestens zwei Elementen der Kategorien Wissen (etwas, das nur der Nutzer weiß), Besitz (etwas, das nur der Nutzer besitzt) oder Inhärenz (etwas, das nur der Nutzer ist), die insofern voneinander unabhängig sind, als die Nichterfüllung eines Kriteriums die Zuverlässigkeit der anderen nicht in Frage stellt, und die so konzipiert ist, dass die Vertraulichkeit der Authentifizierungsdaten geschützt ist;

29. personalisierte Sicherheitsmerkmale: personalisierte Merkmale, die der Zahlungsdienstleister einem Zahlungsdienstnutzer zum Zweck der Authentifizierung bereitstellt;

30. sensible Zugangsdaten: Daten, einschließlich personalisierter Sicherheitsmerkmale, die für betrügerische Handlungen verwendet werden können; für die Tätigkeiten von Zahlungsauslösedienstleistern und Kontoinformationsdienstleistern stellen der Name des Kontoinhabers und die Kontonummer keine sensiblen Daten dar;

31. Kundenidentifikator: eine Kombination aus Buchstaben, Zahlen oder Symbolen, die dem Zahlungsdienstnutzer vom Zahlungsdienstleister mitgeteilt wird und die der Zahlungsdienstnutzer angeben muss, damit ein anderer am Zahlungsvorgang beteiligter Zahlungsdienstnutzer oder dessen Zahlungskonto bei einem Zahlungsvorgang zweifelsfrei ermittelt werden kann;

32. Fernkommunikationsmittel: ein Verfahren, das ohne gleichzeitige körperliche Anwesenheit von Zahlungsdienstleister und Zahlungsdienstnutzer für den Abschluss eines Vertrags über die Erbringung von Zahlungsdiensten eingesetzt werden kann;

33. dauerhafter Datenträger: jedes Medium, das es dem Zahlungsdienstnutzer gestattet, an ihn persönlich gerichtete Informationen derart zu speichern, dass die Information für eine für die Zwecke der Informationen angemessene Dauer zugänglich bleibt, und das die unveränderte Wiedergabe der gespeicherten Informationen ermöglicht;

34. Geschäftstag: ein Tag, an dem der an der Ausführung eines Zahlungsvorgangs beteiligte Zahlungsdienstleister des Zahlers oder des Zahlungsempfängers den für die Ausführung von Zahlungsvorgängen erforderlichen Geschäftsbetrieb unterhält;

35. Agent: eine natürliche oder juristische Person, die im Namen eines Zahlungsinstituts Zahlungsdienste ausführt;

36. Zweigstelle: eine Geschäftsstelle, die nicht die Hauptverwaltung ist und die einen Teil eines Zahlungsinstituts bildet, keine Rechtspersönlichkeit hat und unmittelbar sämtliche oder einen Teil der Geschäfte betreibt, die mit der Tätigkeit eines Zahlungsinstituts verbunden sind; alle Geschäftsstellen eines Kredit- oder Zahlungsinstituts mit Hauptverwaltung in einem anderen Mitgliedstaat, die sich in ein und demselben Mitgliedstaat befinden, gelten als eine einzige Zweigstelle;

37. Gruppe: eine Gruppe von Unternehmen, die untereinander durch eine in § 244 UGB genannte Beziehung verbunden sind, oder Unternehmen im Sinne der Art. 4, 5, 6 und 7 der delegierten Verordnung (EU) Nr. 241/2014, die untereinander durch eine in Art. 10 Abs. 1 oder Art. 113 Abs. 6 oder 7 der Verordnung (EU) Nr. 575/2013 genannte Beziehung verbunden sind;

38. elektronisches Kommunikationsnetz: ein Kommunikationsnetz gemäß § 3 Z 11 des Telekommunikationsgesetzes 2003 – TKG 2003, BGBl. I Nr. 70/2003;

39. elektronische Kommunikationsdienste: ein Kommunikationsdienst gemäß § 3 Z 9 TKG 2003;

40. digitale Inhalte: Waren oder Dienstleistungen, die in digitaler Form hergestellt und bereitgestellt werden, deren Nutzung oder Verbrauch auf ein technisches Gerät beschränkt ist und die in keiner Weise die Nutzung oder den Verbrauch von Waren oder Dienstleistungen in physischer Form einschließen;

41. Annahme und Abrechnung von Zahlungsvorgängen (Acquiring): ein den Transfer von Geldbeträgen zum Zahlungsempfänger bewirkender Zahlungsdienst eines Zahlungsdienstleisters, der mit einem Zahlungsempfänger eine vertragliche Vereinbarung über die Annahme und die Verarbeitung von Zahlungsvorgängen schließt;

42. Ausgabe von Zahlungsinstrumenten (Issuing): ein Zahlungsdienst, bei dem ein Zahlungsdienstleister eine vertragliche Vereinbarung schließt, um einem Zahler ein Zahlungsinstrument zur Auslösung und Verarbeitung der Zahlungsvorgänge des Zahlers zur Verfügung zu stellen;

43. Eigenmittel: Mittel im Sinne des Art. 4 Abs. 1 Nr. 118 der Verordnung (EU) Nr. 575/2013, wobei mindestens 75 vH des Kernkapitals in Form von hartem Kernkapital nach Art. 50 der genannten Verordnung gehalten werden und das Ergänzungskapital höchstens ein Drittel des Kernkapitals beträgt;

44. Zahlungsmarke: jeder reale oder digitale Name, jeder reale oder digitale Begriff, jedes reale oder digitale Zeichen, jedes reale oder digitale Symbol oder jede Kombination davon, durch die bezeichnet werden kann, unter welchem Zahlungskartensystem kartengebundene Zahlungsvorgänge ausgeführt werden;

45. Co-badging: das Aufnehmen von zwei oder mehr Zahlungsmarken oder Zahlungsanwendungen derselben Zahlungsmarke auf dasselbe Zahlungsinstrument;

46. außergerichtliche Schlichtungsstelle: die Einrichtung zur alternativen Streitbeilegung gemäß § 98;

47. sichere Kommunikation: ein Kommunikationsverfahren, das den Anforderungen des delegierten Rechtsaktes, den die Europäische Kommission gemäß Art. 98 der Richtlinie (EU) 2015/2366 zu erlassen hat, entspricht.

2. Abschnitt
Zugang zu Zahlungsinfrastruktur

Zugang zu Zahlungssystemen

§ 5. (1) Der Betreiber eines Zahlungssystems darf weder unmittelbar noch mittelbar

1. Zahlungsdienstleister, Zahlungsdienstnutzer oder andere Zahlungssysteme am Beitritt zu seinem Zahlungssystem unbillig behindern oder ihnen restriktive Regelungen in Bezug auf die effektive Teilnahme an anderen Zahlungssystemen auferlegen;

2. zugelassene Zahlungsdienstleister oder registrierte Zahlungsdienstleister in Bezug auf ihre Rechte und Pflichten als Teilnehmer des Zahlungssystems ohne sachlich gerechtfertigten Grund unterschiedlich behandeln;

3. Zahlungsdienstleistern, Zahlungsdienstnutzern oder andere Zahlungssystemen Beschränkungen auferlegen, die auf den institutionellen Status abstellen.

(2) Im Interesse der Finanzmarktstabilität und der Zahlungssystemsicherheit haben Betreiber von Zahlungssystemen, wenn sie Zahlungsdienstleistern, die juristische Personen sind, Zugang zu Zahlungssystemen gewähren, folgende Kriterien zu berücksichtigen:

1. die Absicherung bestimmter Risiken, wie beispielsweise Erfüllungsrisiko, operationelles Risiko und unternehmerisches Risiko, und

2. den Schutz der finanziellen und operativen Stabilität des Zahlungssystems.

Jeder Zahlungsdienstleister hat vor seinem Beitritt zu einem Zahlungssystem dem Betreiber des Zahlungssystems und den übrigen Teilnehmern den Nachweis zu erbringen, dass seine internen Vorkehrungen hinreichend solide sind, um allen Arten von Risiken im Sinne der Z 1 und 2 standhalten zu können. Während der Dauer der Teilnahme an einem Zahlungssystem hat der Zahlungsdienstleister zu gewährleisten, dass diese Anforderungen laufend erfüllt werden.

(3) Die Bestimmungen gemäß Abs. 1 und 2 gelten nicht für

1. Zahlungssysteme im Sinne des § 2 des Finalitätsgesetzes und

2. Zahlungssysteme, die ausschließlich aus einer einzigen Gruppe angehörenden Zahlungsdienstleistern bestehen.

Ein Teilnehmer eines benannten Systems gemäß Z 1, der einem konzessionierten oder registrierten Zahlungsdienstleister, der kein Teilnehmer des Systems ist, gestattet, Überweisungsaufträge über das System zu erteilen, hat anderen konzessionierten oder registrierten Zahlungsdienstleistern auf Antrag dieselbe Möglichkeit in objektiver, verhältnismäßiger und nichtdiskriminierender Weise zu gewähren. Der Teilnehmer hat dem beantragenden Zahlungsdienstleister bei einer Ablehnung eine umfassende Begründung mitzuteilen.

(4) Wer gegen Abs. 1 verstößt, ist dem Betroffenen zur Beseitigung, bei Wiederholungsgefahr zur Unterlassung und bei Verschulden zur Leistung von Schadenersatz verpflichtet. Die Aufgaben und Zuständigkeiten der Bundeswettbewerbsbehörde, des Bundeskartellanwalts und der Kartellgerichtsbarkeit nach dem Kartellgesetz 2005, BGBl. I Nr. 61/2005, sowie der Oesterreichischen Nationalbank nach § 44a NBG bleiben unberührt.

Zugang zu Konten, die bei einem Kreditinstitut geführt werden

§ 6. (1) Kreditinstitute haben Zahlungsinstituten auf objektiver, nichtdiskriminierender und verhältnismäßiger Grundlage Zugang zu Zahlungskontodiensten von Kreditinstituten zu gewähren. Ein solcher Zugang muss so umfassend sein, dass Zahlungsinstitute Zahlungsdienste ungehindert und effizient erbringen können.

(2) Lehnt ein Kreditinstitut den Zugang ab, haben die Geschäftsleiter dies der FMA unverzüglich schriftlich mitzuteilen. Die Mitteilung hat eine nachvollziehbare Begründung zu enthalten.

2. Hauptstück
Zahlungsdienstleister

1. Abschnitt
Konzession für Zahlungsinstitute

Erfordernis und Umfang der Konzession

§ 7. (1) Die gewerbliche Erbringung eines oder mehrerer Zahlungsdienste gemäß § 1 Abs. 2 Z 1 bis 7 im Inland bedarf, außer im Falle des § 3 Abs. 1, der Konzession (§ 10) als Zahlungsinstitut durch die FMA. Ein Zahlungsinstitut mit Sitz und Hauptverwaltung im Inland ist zur Erbringung eines oder mehrerer Zahlungsdienste gemäß § 1 Abs. 2 laut Konzessionsbescheid unter Beachtung der Bestimmungen dieses Bundesgesetzes berechtigt.

(2) Weiters dürfen Zahlungsinstitute folgenden Tätigkeiten nachgehen:

1. der Erbringung betrieblicher und eng verbundener Nebendienstleistungen, wie die Sicherstellung der Ausführung von Zahlungsvorgängen, Devisengeschäfte, Verwahrungsleistungen sowie Datenspeicherung und -verarbeitung;

2. dem Betrieb von Zahlungssystemen unbeschadet des § 5;

3. anderen gewerblichen Tätigkeiten als der Erbringung von Zahlungsdiensten, sofern dem nicht Rechtsvorschriften des Unionsrechts oder Bestimmungen in anderen Bundesgesetzen entgegenstehen.

(3) Bei der Erbringung eines oder mehrerer der in § 1 Abs. 2 genannten Zahlungsdienste dürfen Zahlungsinstitute nur Zahlungskonten führen, die ausschließlich für Zahlungsvorgänge genutzt werden.

(4) Geldbeträge, die Zahlungsinstitute von Zahlungsdienstnutzern für die Erbringung von Zahlungsdiensten erhalten, sowie Guthaben auf Zahlungskonten, die bei einem Zahlungsinstitut geführt werden, gelten nicht als Einlagen oder andere rückzahlbare Gelder im Sinne des § 1 Abs. 1 Z 1 BWG oder als E-Geld gemäß § 1 Abs. 1 des E-Geldgesetzes 2010 und dürfen nicht verzinst werden. Soweit Zahlungsdienste von Wertpapierfirmen oder Wertpapierdienstleistern erbracht werden, ist die Verwendung von auf Zahlungskonten erliegenden oder für Zahlungsdienste entgegengenommenen Geldbeträgen von Zahlungsdienstnutzern für die Erbringung von Wertpapierdienstleistungen dieses oder eines anderen Zahlungsdienstnutzers unzulässig.

(5) Zahlungsinstitute dürfen Einlagen oder andere rückzahlbare Gelder im Sinne des § 1 Abs. 1 Z 1 BWG nicht gewerblich, auch nicht auf der Basis der Ausgabe von Inhaber- oder Orderschuldverschreibungen, entgegennehmen.

(6) Zahlungsinstitute dürfen Kredite im Zusammenhang mit den in § 1 Abs. 2 Z 4 und 5 genannten Zahlungsdiensten nur gewähren, wenn

1. die Kreditgewährung eine Nebentätigkeit ist und ausschließlich im Zusammenhang mit der Ausführung eines Zahlungsvorgangs erfolgt;

2. die Laufzeit des im Zusammenhang mit einer Zahlung gewährten Kredits nicht mehr als zwölf Monate beträgt und dieser Kredit auch längstens innerhalb dieser zwölf Monate vollständig zurückgezahlt wird; eine anschließende Verlängerung dieser Frist ist nicht zulässig;

3. der Kredit nicht aus den zur Ausführung eines Zahlungsvorgangs entgegengenommenen oder gehaltenen Geldbeträgen gewährt wird und

4. die Eigenmittel des Zahlungsinstituts nach Auffassung der FMA jederzeit in einem angemessenen Verhältnis zum Gesamtbetrag der gewährten Kredite stehen. Die FMA kann unter Berücksichtigung der gemäß § 17 Abs. 1 zu Verfügung stehenden Methoden und unter Bedachtnahme auf Umfang und Volumen des Kreditgeschäftes im Verhältnis zum Gesamtgeschäft mittels Verordnung festlegen, in welchem Verhältnis die Eigenmittel gemäß § 16 zum Gesamtbetrag der gewährten Kredite stehen müssen.

(7) Eine Kreditgewährung gemäß Abs. 6 Z 1 gilt nicht als Kreditgeschäft im Sinne des § 1 Abs. 1 Z 3 BWG.

Erfordernis einer Haftpflichtversicherung für Zahlungsauslösedienste

§ 8. Ein Unternehmen, das eine Konzession für die Erbringung von Zahlungsauslösediensten (§ 1 Abs. 2 Z 7) beantragt, muss als Voraussetzung dafür über eine Berufshaftpflichtversicherung für die Gebiete, in denen es seine Dienste anbietet, oder über eine andere gleichwertige, die Haftung abdeckende Garantie verfügen, um sicherzustellen, dass es seine Haftungsverpflichtungen gemäß den §§ 67, 80, 81 und 83 erfüllen kann.

Konzessionsantrag

§ 9. (1) Der Antragsteller hat dem Antrag auf Erteilung einer Konzession folgende Angaben und Unterlagen anzuschließen:

1. das Geschäftsmodell, aus dem insbesondere die Art der beabsichtigten Zahlungsdienste hervorgeht, und ob im Zusammenhang mit einem Zahlungsdienst gemäß § 1 Abs. 2 die Gewährung von Krediten gemäß § 7 Abs. 6 beabsichtigt ist;

2. den Geschäftsplan mit einer Budgetplanung für die ersten drei Geschäftsjahre, aus dem hervorgeht, dass der Antragsteller über geeignete und verhältnismäßige Systeme, Ressourcen und Verfahren verfügt, um seine Tätigkeit ordnungsgemäß auszuführen;

3. den Nachweis, dass den Geschäftsleitern des Zahlungsinstitutes das Anfangskapital gemäß § 10 Abs. 1 Z 7 unbeschränkt und ohne Belastung im Inland zur freien Verfügung steht;

4. eine Beschreibung der Maßnahmen zum Schutz der Geldbeträge der Zahlungsdienstnutzer gemäß § 18;

5. eine Beschreibung der Unternehmenssteuerung und des internen Kontrollsystems des Antragstellers einschließlich der Verwaltungs-, Risikomanagement- und Rechnungslegungsverfahren, aus der hervorgeht, dass diese Unternehmenssteuerung, Kontrollmechanismen und Verfahren verhältnismäßig, angemessen, zuverlässig und ausreichend sind;

6. eine Beschreibung der vorhandenen Verfahren für Überwachung, Handhabung und Folgemaßnahmen bei Sicherheitsvorfällen und sicherheitsbezogenen Kundenbeschwerden, einschließlich eines Mechanismus für die Meldung von Vorfäl-

len, der die Meldepflichten des Zahlungsinstituts gemäß § 86 berücksichtigt;

7. eine Beschreibung der vorhandenen Verfahren für die Erfassung, Überwachung, Rückverfolgung sowie Beschränkung des Zugangs zu sensiblen Zahlungsdaten;

8. eine Beschreibung der Regelungen zur Geschäftsfortführung im Krisenfall, einschließlich klarer Angaben über entscheidende Operationen, der wirksamen Notfallpläne und eines Verfahrens für die regelmäßige Überprüfung der Angemessenheit und Wirksamkeit solcher Pläne;

9. eine Beschreibung der Grundsätze und Definitionen für die Erfassung statistischer Daten über Leistungsfähigkeit, Geschäftsvorgänge und Betrugsfälle;

10. ein Dokument zur Sicherheitsstrategie, einschließlich einer detaillierten Risikobewertung der erbrachten Zahlungsdienste und eine Beschreibung von Sicherheitskontroll- und Risikominderungsmaßnahmen zur Gewährleistung eines angemessenen Schutzes der Zahlungsdienstnutzer vor den festgestellten Risiken, einschließlich Betrug und illegaler Verwendung sensibler und personenbezogener Daten;

11. eine Beschreibung des internen Kontrollsystems, das der Antragsteller einzuführen beabsichtigt, um die Anforderungen des Finanzmarkt-Geldwäschegesetzes – FM-GwG, BGBl. I Nr. 118/2016 und der Verordnung (EU) 2015/847 zu erfüllen;

12. eine Darstellung des organisatorischen Aufbaus des Antragstellers, gegebenenfalls einschließlich einer Beschreibung der geplanten Inanspruchnahme von Agenten und Zweigstellen und von deren Überprüfungen vor Ort oder von außerhalb ihres Standorts erfolgenden Überprüfungen, zu deren mindestens jährlicher Durchführung sich der Antragsteller verpflichtet, sowie einer Darstellung der Auslagerungsvereinbarungen, und eine Beschreibung der Art und Weise seiner Teilnahme an einem nationalen oder internationalen Zahlungssystem;

13. die Identität und Höhe des Beteiligungsbetrages der Personen, die direkt oder indirekt eine qualifizierte Beteiligung gemäß Art. 4 Abs. 1 Nr. 36 der Verordnung (EU) 575/2013 an dem Zahlungsinstitut halten, sowie die im Interesse der Gewährleistung einer soliden und umsichtigen Führung des Zahlungsinstituts für die Beurteilung der Zuverlässigkeit dieser Personen, der gesetzlichen Vertreter und der allenfalls persönlich haftenden Gesellschafter dieser Personen erforderlichen Angaben, sowie die Angabe der Konzernstruktur, sofern diese Personen einem Konzern angehören;

14. die Namen der Geschäftsleiter und, im Falle des § 7 Abs. 2 Z 3 die Namen der für die Führung der Zahlungsdienstgeschäfte des Zahlungsinstituts verantwortlichen Personen, sowie gemäß § 10 Abs. 1 Z 9 bis 15 den Nachweis, dass sie zuverlässig sind und über die angemessenen Kenntnisse und Fähigkeiten zur Erbringung von Zahlungsdiensten verfügen;

15. den Namen des Abschlussprüfers, und im Falle einer Prüfungsgesellschaft auch die Namen der mit der Prüfung betrauten natürlichen Personen im Sinne der §§ 60 bis 63b BWG in Verbindung mit den §§ 270 bis 271c des Unternehmensgesetzbuches – UGB, dRGBl. S 219/1897;

16. die Rechtsform und die Satzung des Antragstellers;

17. den Sitz und die Anschrift der Hauptverwaltung des Antragstellers.

(2) Für die Zwecke der in Abs. 1 Z 4 bis 6 und Z 12 vorzulegenden Angaben und Unterlagen hat der Antragsteller eine Beschreibung seiner Prüfmodalitäten und seiner organisatorischen Vorkehrungen vorzulegen, die es ihm ermöglichen, alle angemessenen Maßnahmen zu treffen, um die Interessen seiner Nutzer zu schützen und bei der Erbringung der Zahlungsdienste Kontinuität und Verlässlichkeit zu garantieren.

(3) Bei den in Abs. 1 Z 10 genannten Sicherheitskontroll- und Risikominderungsmaßnahmen hat der Antragsteller anzugeben, auf welche Weise dadurch ein hohes Maß an technischer Sicherheit und Datenschutz gewährleistet wird. Das gilt auch für Software und IT-Systeme, die der Antragsteller oder die Unternehmen, an die er alle oder einen Teil seiner Tätigkeiten auslagert, verwenden. Zu diesen Maßnahmen gehören auch die Sicherheitsmaßnahmen gemäß § 85 Abs. 1.

(4) Die FMA hat dem Antragsteller binnen drei Monaten nach Eingang des Antrags oder, wenn dieser unvollständig ist, binnen drei Monaten nach Übermittlung aller für den Bescheid erforderlichen Angaben entweder die Konzession zu erteilen oder die Ablehnung des Antrages mittels Bescheides mitzuteilen.

Konzessionserteilung

§ 10. (1) Die Konzession ist zu erteilen, wenn:

1. das Unternehmen in der Rechtsform einer Kapitalgesellschaft oder Genossenschaft geführt werden soll;

2. der Sitz und die Hauptverwaltung im Inland liegen sowie zumindest ein Teil der Zahlungsdienste dort erbracht wird;

3. im Interesse der Gewährleistung einer soliden und umsichtigen Führung eines Zahlungsinstituts das Zahlungsinstitut über eine solide Unternehmenssteuerung für sein Zahlungsdienstgeschäft verfügt, wozu eine klare Organisationsstruktur mit genau abgegrenzten, transparenten und kohärenten Verantwortungsbereichen, wirksame Verfahren zur Ermittlung, Steuerung, Überwachung und Meldung der Risiken, einschließlich

Risiken aus der Vergütungspolitik und den Vergütungspraktiken, denen es ausgesetzt ist oder ausgesetzt sein könnte, sowie angemessene interne Kontrollmechanismen, einschließlich solider Verwaltungs- und Rechnungslegungsverfahren, zählen; diese Regeln, Verfahren und Mechanismen müssen umfassend und der Art, dem Umfang und der Komplexität der von dem Zahlungsinstitut erbrachten Zahlungsdienste angemessen sein;

4. die Aktionäre oder Gesellschafter, die qualifizierte Beteiligungen (Art. 4 Abs. 1 Nummer 36 der Verordnung (EU) Nr. 575/2013) halten, den zur Gewährleistung einer soliden und umsichtigen Führung eines Zahlungsinstituts zu stellenden Ansprüchen genügen und keine Tatsachen vorliegen, aus denen sich Zweifel an der persönlichen Zuverlässigkeit dieser Personen ergeben; liegen derartige Tatsachen vor, dann darf die Konzession nur erteilt werden, wenn die Unbegründetheit dieser Zweifel bescheinigt wurde;

5. zwischen dem Zahlungsinstitut und anderen natürlichen oder juristischen Personen bestehende enge Verbindungen im Sinne des Art. 4 Abs. 1 Nummer 38 der Verordnung (EU) Nr. 575/2013, eine ordnungsgemäße Beaufsichtigung nicht behindern;

6. die ordnungsgemäße Beaufsichtigung durch die Rechts- und Verwaltungsvorschriften eines Drittlandes, denen eine oder mehrere natürliche oder juristische Personen unterstehen, zu denen das Zahlungsinstitut enge Verbindungen besitzt, oder durch Schwierigkeiten bei deren Anwendung nicht behindert werden;

7. das Anfangskapital gemäß § 16 Abs. 1, das hartes Kernkapital gemäß Teil 2 Titel I Kapitel 2 der Verordnung (EU) Nr. 575/2013 umfasst und den Geschäftsleitern unbeschränkt und ohne Belastung im Inland zur freien Verfügung steht;

8. die Maßnahmen zum Schutz der Geldbeträge der Zahlungsdienstnutzer gemäß § 18 zufrieden stellend sind;

9. bei keinem der Geschäftsleiter ein Ausschließungsgrund im Sinne des § 13 Abs. 1 bis 3, 5 und 6 GewO 1994, BGBl. Nr. 194/1994, vorliegt und über das Vermögen keines der Geschäftsleiter der Konkurs eröffnet wurde, es sei denn, im Rahmen des Konkursverfahrens ist es zum Abschluss eines Sanierungsplanes gekommen, der erfüllt wurde; dies gilt auch für Vermögen anderer Rechtsträger als einer natürlichen Person, auf deren Geschäfte einem Geschäftsleiter maßgebender Einfluss zusteht oder zugestanden ist, oder wenn ein damit vergleichbarer Tatbestand im Ausland verwirklicht wurde;

10. die Geschäftsleiter über geordnete wirtschaftliche Verhältnisse verfügen und keine Tatsachen vorliegen, aus denen sich Zweifel an ihrer persönlichen für den Betrieb der Geschäfte gemäß § 1 Abs. 2 und § 7 Abs. 2 erforderlichen Zuverlässigkeit ergeben; liegen derartige Tatsachen vor, dann darf die Konzession nur erteilt werden, wenn die Unbegründetheit der Zweifel bescheinigt wurde;

11. die Geschäftsleiter auf Grund ihrer Vorbildung fachlich geeignet sind und die für den Betrieb des Zahlungsinstitutes erforderlichen Erfahrungen haben. Die fachliche Eignung eines Geschäftsleiters setzt voraus, dass dieser in ausreichendem Maße theoretische und praktische Kenntnisse in den beantragten Geschäften gemäß § 1 Abs. 2 sowie Leitungserfahrung hat; die fachliche Eignung für die Leitung eines Zahlungsinstitutes ist anzunehmen, wenn eine zumindest dreijährige leitende Tätigkeit bei einem Unternehmen vergleichbarer Größe und Geschäftsart nachgewiesen wird;

12. gegen einen Geschäftsleiter, der nicht österreichischer Staatsbürger ist, in dem Staat, dessen Staatsbürgerschaft er hat, keine Ausschließungsgründe als Geschäftsleiter eines Zahlungsinstitutes im Sinne der Z 9, 10, 11 oder 15 vorliegen; dies ist durch die Aufsicht des Heimatlandes zu bestätigen; kann jedoch eine solche Bestätigung nicht erlangt werden, so hat der betreffende Geschäftsleiter dies glaubhaft zu machen, das Fehlen der genannten Ausschließungsgründe zu bescheinigen und eine Erklärung abzugeben, ob die genannten Ausschließungsgründe vorliegen;

13. mindestens ein Geschäftsleiter den Mittelpunkt seiner Lebensinteressen in Österreich hat;

14. mindestens ein Geschäftsleiter die deutsche Sprache beherrscht;

15. mindestens ein Geschäftsleiter keinen anderen Hauptberuf außerhalb des Zahlungsdienstewesens, E-Geldwesens oder Bankwesens ausübt;

16. die Satzung keine Bestimmungen enthält, die die Sicherheit der dem Zahlungsinstitut anvertrauten Geldbeträge und die ordnungsgemäße Durchführung der Geschäfte gemäß § 1 Abs. 2 nicht gewährleisten;

17. die dem Antrag beigefügten Angaben und Nachweise § 9 entsprechen und die FMA nach eingehender Prüfung des Antrags zu einer positiven Gesamtbewertung gelangt.

(2) Vor Erteilung der Konzession hat die FMA

1. die Oesterreichische Nationalbank anzuhören;

2. die zuständige Behörde des Herkunftsmitgliedstaates, wenn ein Aktionär oder ein Gesellschafter, der eine qualifizierte Beteiligung an dem Zahlungsinstitut hält, in jenem Herkunftsmitgliedstaat als Kreditinstitut gemäß Art. 4 Abs. 1 Nummer 1 der Verordnung (EU) Nr. 575/2013, als Vermögensverwaltungsgesellschaft gemäß Art. 2 Nummer 5 der Richtlinie 2002/87/EG, als Wertpapierfirma gemäß Art. 4 Abs. 1 Nummer 1 der Richtlinie 2014/65/EU, als E-Geldinstitut gemäß Art. 1 Abs. 1 Buchstabe b der Richtlinie 2009/110/EG, als Versicherungsunternehmen

gemäß Art. 13 Nummer 1 der Richtlinie 2009/138/EG oder als Zahlungsinstitut gemäß Art. 4 Nummer 4 der Richtlinie (EU) 2015/2366 zugelassen ist, zu konsultieren;

3. wenn aus den im Rahmen des Konzessionsantrages vorzulegenden Unterlagen hervorgeht, dass ein Geschäftsleiter zuvor in einem anderen Mitgliedstaat tätig war, die für die Beaufsichtigung von Zahlungsdiensten zuständige Behörde in dem betreffenden Mitgliedstaat zu konsultieren;

4. im Fall von Zahlungsinstituten, die auch Tätigkeiten gemäß § 7 Abs. 2 Z 3 auszuüben beabsichtigen, die für die Beaufsichtigung dieser Tätigkeiten zuständigen Behörden in Österreich zu konsultieren.

(3) Die Konzession ist bei sonstiger Nichtigkeit schriftlich zu erteilen; sie kann mit entsprechenden Bedingungen und Auflagen versehen werden, auf einen einzelnen oder mehrere Zahlungsdienste des § 1 Abs. 2 lauten und Teile von einzelnen Zahlungsdiensten aus dem Konzessionsumfang ausnehmen. Gleichzeitig mit der Konzessionserteilung hat die FMA die Eintragung im Zahlungsinstitutsregister gemäß § 13 Abs. 2 vorzunehmen.

(4) Erbringt ein Zahlungsinstitut einen der in § 1 Abs. 2 Z 1 bis 7 angeführten Zahlungsdienste und geht es zugleich anderen Geschäftstätigkeiten nach, so kann die FMA vorschreiben, dass ein getrenntes Unternehmen mit eigener Rechtspersönlichkeit für das Zahlungsdienstgeschäft geschaffen werden muss, wenn

1. die Nicht-Zahlungsdienstgeschäfte des Zahlungsinstituts die finanzielle Solidität des Zahlungsinstituts beeinträchtigen oder beeinträchtigen könnten oder

2. die Nicht-Zahlungsdienstgeschäfte des Zahlungsinstituts die Möglichkeit der FMA, zu überprüfen, ob das Zahlungsinstitut sämtlichen Anforderungen dieses Bundesgesetzes genügt, beeinträchtigen oder beeinträchtigen könnten.

Rücknahme der Konzession

§ 11. (1) Die FMA kann die einem Zahlungsinstitut erteilte Konzession zurücknehmen, wenn

1. der Geschäftsbetrieb, auf den sie sich bezieht, nicht innerhalb von 12 Monaten nach Konzessionserteilung aufgenommen wurde oder

2. der Geschäftsbetrieb, auf den sie sich bezieht, mehr als sechs Monate lang nicht ausgeübt worden ist.

(2) Die FMA hat die Konzession zurückzunehmen, wenn

1. sie aufgrund falscher Angaben oder auf andere Weise unrechtmäßig erlangt wurde;

2. die für die Erteilung der Konzession erforderlichen Voraussetzungen nicht mehr vorliegen oder nachträglich weggefallen sind (§ 94 Abs. 7 dieses Bundesgesetzes in Verbindung mit § 70 Abs. 4 Z 3 BWG) oder das Zahlungsinstitut dabei seiner Pflicht, die FMA über wichtige Entwicklungen zu unterrichten, nicht mehr nachkommt;

3. eine Fortsetzung der Zahlungsdienste durch das Zahlungsinstitut eine Gefährdung für die Stabilität des Zahlungssystems oder für das Vertrauen in das Zahlungssystem darstellen würde oder das Zahlungsinstitut seine Verpflichtungen gegenüber seinen Gläubigern nicht erfüllt;

4. das Zahlungsinstitut die in § 7 festgesetzten Beschränkungen für die Gewährung von Krediten überschreitet oder Einlagen entgegennimmt oder E-Geld ausgibt;

5. über das Vermögen des Zahlungsinstituts das Konkursverfahren eröffnet wird oder

6. das Zahlungsinstitut den organschaftlichen Beschluss auf Auflösung gefasst hat und sämtliche Zahlungsdienste abgewickelt sind.

(3) Ein Bescheid, mit dem die Konzession zurückgenommen wird, wirkt wie ein Auflösungsbeschluss des Zahlungsinstitutes, wenn nicht binnen drei Monaten nach Rechtskraft des Bescheides die Geschäfte gemäß § 1 Abs. 2 als Unternehmensgegenstand aufgegeben werden und die Firma nicht unter Entfall der Bezeichnung „Zahlungsinstitut" geändert wird. Die FMA hat eine Ausfertigung dieses Bescheides dem Firmenbuchgericht zuzustellen; die Konzessionsrücknahme ist in das Firmenbuch einzutragen.

(4) Das Gericht hat auf Antrag der FMA Abwickler zu bestellen, wenn die sonst zur Abwicklung berufenen Personen keine Gewähr für eine ordnungsgemäße Abwicklung bieten. Ist die FMA der Ansicht, dass die zur Abwicklung berufenen Personen keine Gewähr für eine ordnungsgemäße Abwicklung bieten, so hat sie bei dem für den Sitz des Zahlungsinstitutes zuständigen, zur Ausübung der Gerichtsbarkeit in Handelssachen erster Instanz zuständigen Gerichtshof die Bestellung geeigneter Abwickler zu beantragen; der Gerichtshof entscheidet im Verfahren außer Streitsachen.

(5) Die Rücknahme der Konzession ist gegenüber den Betroffenen mittels Bescheides auszusprechen.

(6) Die Rücknahme der Konzession ist von der FMA im Zahlungsinstitutsregister gemäß § 13 Abs. 2 und auf der Internetseite der FMA öffentlich bekannt zu machen. In gleicher Weise hat die FMA zu veröffentlichen, wenn einer Beschwerde gegen einen Bescheid auf Rücknahme der Konzession aufschiebende Wirkung zuerkannt wird. Die Veröffentlichung der Rücknahme der Konzession ist zu widerrufen, wenn der Bescheid aufgehoben wird.

Erlöschen der Konzession

§ 12. (1) Die Konzession erlischt:

1. Durch Zeitablauf;

2. bei Eintritt einer auflösenden Bedingung (§ 10 Abs. 3);

3. mit ihrer Zurücklegung;

4. mit der Eintragung der Verschmelzung oder Spaltung von Zahlungsinstituten in das Firmenbuch des übertragenden Zahlungsinstitutes oder der übertragenden Zahlungsinstitute sowie mit der Eintragung der Gesamtrechtsnachfolge auf Grund einer Einbringung in das Firmenbuch hinsichtlich des doppelten oder mehrfachen Konzessionsbestandes bei einem Institut;

5. mit der Eintragung der Europäischen Gesellschaft (SE) oder Europäischen Genossenschaft (SCE) in das Register des neuen Sitzstaates.

(2) Das Erlöschen der Konzession ist von der FMA durch Bescheid festzustellen. § 11 Abs. 3 und 4 sind anzuwenden.

(3) Die Zurücklegung einer Konzession (Abs. 1 Z 3) ist nur schriftlich zulässig und nur dann, wenn zuvor sämtliche Zahlungsdienste abgewickelt worden sind.

(4) Hinsichtlich des durch Geschäftsleiter des Zahlungsinstitutes, die FMA und die Abwickler anzuwendenden Verfahrens ist § 7a BWG anzuwenden.

Firmenbuch und Zahlungsinstitutsregister

§ 13. (1) Zahlungsinstitute dürfen nur dann in das Firmenbuch eingetragen werden, wenn die entsprechenden rechtskräftigen Bescheide in Urschrift oder beglaubigter Abschrift (Kopie) vorliegen. Das zuständige Gericht hat Beschlüsse über solche Firmenbucheintragungen auch der FMA zuzustellen.

(2) Die FMA hat ein öffentliches Register einzurichten, in das alle zugelassenen Zahlungsinstitute und Kontoinformationsdienstleister (§ 15) mit Sitz in Österreich sowie ihre Agenten einzutragen sind. Zweigstellen in anderen Mitgliedstaaten sind einzutragen, sofern diese dort Dienstleistungen erbringen. Ebenso ist die Beschreibung einer gemäß § 3 Abs. 4 und 5 angezeigten Dienstleistung einzutragen. Das Register ist auf der Internetseite der FMA zu veröffentlichen. Änderungen sind unverzüglich vorzunehmen.

(3) Die Eintragung in das im Abs. 2 genannte Register hat unverzüglich nach Eintritt der Rechtskraft des Konzessionsbescheides zu erfolgen. Neben der Firma, dem Konzessionsumfang und Sitz des Zahlungsinstitutes ist auch die Firmenbuchnummer, soweit sie der FMA mitgeteilt wurde, anzugeben. Sofern das Zahlungsinstitut seine Dienste über Agenten oder Zweigstellen erbringt, sind auch Name oder Firma, Sitz und Firmenbuchnummer, sofern eine solche der FMA mitgeteilt wurde, anzugeben.

(4) Das Zahlungsinstitut hat der FMA seine Firmenbuchnummer und jede Änderung derselben unverzüglich schriftlich anzuzeigen.

(5) Die FMA hat jede Rücknahme und jedes Erlöschen der Konzession sowie jede Rücknahme der Registrierung in das Register einzutragen. Dabei hat sie die EBA über die Gründe für die Rücknahme oder das Erlöschen der Konzession oder für die Rücknahme der Registrierung zu unterrichten.

(6) Die FMA hat auf individuelle Anfrage in angemessener Frist Auskünfte über den Konzessionsumfang von Zahlungsinstituten gemäß § 4 Z 4 lit. a zu erteilen.

(7) Die FMA hat der EBA unverzüglich in einer im Finanzsektor gebräuchlichen Sprache die in Abs. 2 genannten Register aufgenommenen Angaben zu übermitteln. Sie hat dafür zu sorgen, dass diese Angaben richtig und aktuell gehalten werden.

Änderung der Konzessionsgrundlagen

§ 14. (1) Das Zahlungsinstitut hat der FMA unverzüglich jede für die Konzessionserteilung maßgebliche Änderung schriftlich anzuzeigen, wobei im Fall einer Beschlussfassung das Eintreten der Wirksamkeit des Beschlussgegenstandes nicht abzuwarten ist, und zwar:

1. Jede Satzungsänderung und den Beschluss auf Auflösung;

2. jede Änderung der Voraussetzungen gemäß § 10 Abs. 1 Z 9, 10, 13 und 15 bei bestehenden Geschäftsleitern;

3. jede Änderung in der Person der Geschäftsleiter sowie die Einhaltung von § 10 Abs. 1 Z 9 bis 15;

4. die beabsichtigte Eröffnung sowie die Verlegung, Schließung oder vorübergehende Einstellung des Geschäftsbetriebes der Hauptniederlassung;

5. Umstände, die für einen ordentlichen Geschäftsleiter erkennen lassen, dass die Erfüllbarkeit der Verpflichtungen gefährdet ist;

6. den Eintritt der Zahlungsunfähigkeit oder der Überschuldung;

7. jede beabsichtigte Erweiterung des Geschäftsgegenstandes;

8. jede Herabsetzung des eingezahlten Kapitals gemäß § 16 Abs. 1;

9. jede beabsichtigte Änderung im Hinblick auf die Sicherung der Kundengelder gemäß § 18;

10. die Namen des oder der Verantwortlichen für die interne Revision sowie jede Änderung in deren Person;

11. das Absinken der anrechenbaren Eigenmittel unter die in § 16 Abs. 1 genannten Beträge;

12. jede beabsichtigte Änderung bei der Auslagerung von betrieblichen Aufgaben von Zahlungsdiensten gemäß § 21;

13. jede beabsichtigte Änderung der Identität einschließlich einer Änderung der Firmenbuchnummer oder Adresse oder des Sitzes der Agenten gemäß § 22;

14. jede mehr als einen Monat andauernde Nichteinhaltung von Maßstäben, die gemäß § 17 sowie auf Grundlage dieses Bundesgesetzes erlassener Verordnungen oder Bescheide vorgeschrieben sind.

(2) Im Falle eines Wechsels der Personen gemäß § 10 Abs. 1 Z 4 ist das in § 19 dieses Bundesgesetzes sowie in den §§ 20a und 20b BWG vorgesehene Verfahren anzuwenden. Im Falle einer Rechtsformänderung, Verschmelzung oder Spaltung sind das Verfahren gemäß § 21 Abs. 1 bis 3 BWG sowie die §§ 7 bis 9, 11 und 12 dieses Bundesgesetzes anzuwenden.

Registrierungsantrag für Kontoinformationsdienste

§ 15. (1) Ein Unternehmen, das die Eintragung in das Zahlungsinstitutsregister (§ 13 Abs. 2) für die Erbringung von Kontoinformationsdiensten (§ 1 Abs. 2 Z 8) beantragt, hat dem Antrag die Angaben und Unterlagen gemäß § 9 Abs. 1 Z 1, 2, 5 bis 8, 10, 12, 14, 16 und 17 anzuschließen.

(2) Weiters hat der Antragsteller als Voraussetzung für seine Eintragung den Abschluss

1. einer Berufshaftpflichtversicherung für die Gebiete, in denen er seine Dienste anbietet, oder

2. einer anderen gleichwertigen Garantie, die seine Haftung gegenüber dem kontoführenden Zahlungsdienstleister und dem Zahlungsdienstnutzer für einen nicht autorisierten oder betrügerischen Zugang zu Zahlungskontoinformationen oder deren nicht autorisierte oder betrügerische Nutzung abdeckt, nachzuweisen.

(3) Auf Kontoinformationsdienstleister sind nur die §§ 13, 27 bis 31, 34, 41, 48, 61, 63, 85 bis 87, 88 sowie 90 bis 95 anzuwenden.

(4) Erfüllt der Antragsteller die Voraussetzungen nach Abs. 1 oder 2 nicht, hat ihm die FMA die Eintragung in das Zahlungsinstitutsregister zu verweigern. Vor Eintragung der Registrierung hat die FMA die Oesterreichische Nationalbank anzuhören.

(5) Verletzt der Kontoinformationsdienstleister die Bestimmungen nach Abs. 1, 2 oder 3, hat die FMA die Streichung aus dem Zahlungsinstitutsregister vorzunehmen. Dies gilt auch, wenn der FMA Umstände bekannt werden, dass der Kontoinformationsdienstleister seinen Geschäftsbetrieb endgültig eingestellt hat.

2. Abschnitt

Anforderungen und Ordnungsvorschriften für den aufrechten Betrieb

Eigenmittel

§ 16. (1) Das harte Kernkapital gemäß Teil 2 Titel I Kapitel 2 der Verordnung (EU) Nr. 575/2013, darf zu keinem Zeitpunkt weniger betragen als:

1. 20 000 Euro, wenn das Zahlungsinstitut nur das Finanztransfergeschäft (§ 1 Abs. 2 Z 6) betreibt;

2. 50 000 Euro, wenn das Zahlungsinstitut nur Zahlungsauslösedienste (§ 1 Abs. 2 Z 7) betreibt;

3. 125 000 Euro, wenn das Zahlungsinstitut einen der in § 1 Abs. 2 Z 1 bis 5 genannten Zahlungsdienste betreibt.

(2) Das harte Kernkapital gemäß Teil 2 Titel I Kapitel 2 der Verordnung (EU) Nr. 575/2013 darf nicht unter die in Abs. 1 genannten Beträge oder die Beträge auf Grund der Berechnung gemäß § 17 absinken, wobei der jeweils höhere Betrag maßgebend ist.

Berechnung der Eigenmittel

§ 17. (1) Zahlungsinstitute haben jederzeit ausreichend Eigenmittel zu halten. Ausgenommen davon sind Zahlungsinstitute, die lediglich Zahlungsauslösedienste (§ 1 Abs. 2 Z 7) oder Kontoinformationsdienste (§ 1 Abs. 2 Z 8) oder beides anbieten. Abgesehen von den Bestimmungen über das Anfangskapital gemäß § 10 Abs. 1 Z 7 in Verbindung mit § 16 Abs. 1 haben Zahlungsinstitute jederzeit zumindest Eigenmittel in einer Höhe zu halten, die nach einer der folgenden drei Methoden berechnet wird:

1. Methode A: Zahlungsinstitute müssen Eigenmittel in Höhe von mindestens 10 vH ihrer fixen Gemeinkosten des Vorjahrs aufweisen. Die FMA kann diese Anforderung bei einer gegenüber dem Vorjahr erheblich veränderten Geschäftstätigkeit eines Zahlungsinstituts anpassen. Zahlungsinstitute, die ihre Geschäftstätigkeit zum Zeitpunkt der Berechnung seit weniger als einem Jahr ausüben, müssen Eigenmittel in Höhe von 10 vH der im Geschäftsplan vorgesehenen entsprechenden fixen Gemeinkosten aufweisen, sofern nicht die FMA eine Anpassung dieses Plans gemäß Abs. 4 verlangt.

2. Methode B: Zahlungsinstitute müssen Eigenmittel aufweisen, die mindestens der Summe der folgenden Elemente multipliziert mit dem Skalierungsfaktor k gemäß Abs. 2 entsprechen, wobei das Zahlungsvolumen einem Zwölftel der Gesamtsumme der von dem Zahlungsinstitut im Vorjahr ausgeführten Zahlungsvorgänge entspricht:

a) 4 vH der Tranche des Zahlungsvolumens bis 5 Millionen Euro
zuzüglich

b) 2,5 vH der Tranche des Zahlungsvolumens von über 5 Millionen Euro bis 10 Millionen Euro
zuzüglich

c) 1 vH der Tranche des Zahlungsvolumens von über 10 Millionen Euro bis 100 Millionen Euro
zuzüglich

d) 0,5 vH der Tranche des Zahlungsvolumens von über 100 Millionen Euro bis 250 Millionen Euro
zuzüglich

e) 0,25 vH der Tranche des Zahlungsvolumens über 250 Millionen Euro.

3. Methode C: Zahlungsinstitute müssen Eigenmittel aufweisen, die mindestens dem maßgeblichen Indikator gemäß lit. a entsprechen, multipliziert mit dem in lit. b definierten Multiplikationsfaktor und mit dem in Abs. 2 festgelegten Skalierungsfaktor.

a) Der maßgebliche Indikator ist die Summe der folgenden Bestandteile:

aa) Zinserträge,

bb) Zinsaufwand,

cc) Einnahmen aus Provisionen und Entgelten sowie

dd) sonstige betriebliche Erträge.

In die Summe geht jeder Wert mit seinem positiven oder negativen Vorzeichen ein. Außerordentliche oder unregelmäßige Erträge dürfen nicht in die Berechnung des maßgeblichen Indikators einfließen. Aufwendungen für die Auslagerung von Dienstleistungen, die durch Dritte erbracht werden, dürfen den maßgeblichen Indikator dann mindern, wenn die Aufwendungen von einem Unternehmen getragen werden, das gemäß diesem Bundesgesetz oder gemäß der Richtlinie (EU) 2015/2366 beaufsichtigt wird. Der maßgebliche Indikator wird auf der Grundlage der letzten Zwölfmonatsbeobachtung, die am Ende des vorangegangenen Geschäftsjahres erfolgt, berechnet. Der maßgebliche Indikator wird für das vorangegangene Geschäftsjahr berechnet. Jedoch dürfen die nach der Methode C berechneten Eigenmittel nicht weniger als 80 vH des Betrags ausmachen, der als Durchschnittswert des maßgeblichen Indikators für die letzten drei Geschäftsjahre berechnet wurde. Solange keine gemäß § 25 geprüften Zahlen vorliegen, können Schätzungen herangezogen werden.

b) Der Multiplikationsfaktor entspricht:

aa) 10 vH der Tranche des maßgeblichen Indikators bis 2,5 Millionen Euro,

bb) 8 vH der Tranche des maßgeblichen Indikators von über 2,5 Millionen Euro bis 5 Millionen Euro,

cc) 6 vH der Tranche des maßgeblichen Indikators von über 5 Millionen Euro bis 25 Millionen Euro,

dd) 3 vH der Tranche des maßgeblichen Indikators von über 25 Millionen Euro bis 50 Millionen Euro,

ee) 1,5 vH der Tranche des maßgeblichen Indikators über 50 Millionen Euro.

(2) Der bei den Methoden B und C verwendete Skalierungsfaktor k entspricht:

1. 0,5, wenn das Zahlungsinstitut nur den in § 1 Abs. 2 Z 6 genannten Zahlungsdienst erbringt;

2. 1, wenn das Zahlungsinstitut einen der in § 1 Abs. 2 Z 1 bis 5 genannten Zahlungsdienste erbringt.

(3) Das Zahlungsinstitut hat der FMA gleichzeitig mit dem Antrag auf Konzessionserteilung einen Vorschlag betreffend die zu wählende Methode zu machen. Das Zahlungsinstitut kann auch während des aufrechten Geschäftsbetriebes, jeweils für das neue Geschäftsjahr einen Antrag bei der FMA auf Festlegung einer anderen Methode stellen. Die FMA kann auch von Amts wegen eine andere Methode festlegen. Sie hat nach Anhörung des Zahlungsinstituts mittels Bescheides, im Falle der Konzessionserteilung unter einem im Konzessionsbescheid gemäß § 10 Abs. 3, festzulegen, welche Methode das Zahlungsinstitut anzuwenden hat. Sie hat dabei auf die Komplexität des Geschäftsmodells, insbesondere ob damit eine Führung von Zahlungskonten verbunden ist, ob Zahlungsvorgänge durch einen Kreditrahmen für den Zahlungsdienstnutzer im Sinne des § 1 Abs. 2 Z 4 abgedeckt sind, auf das Zahlungsvolumen sowie die Dauer des Bestehens des Unternehmens Bedacht zu nehmen. Die Methode muss der Unternehmenssteuerung, der Organisationsstruktur und insbesondere dem Risikomanagement gemäß § 20 angemessen entsprechen.

(4) Weiters kann die FMA auf der Grundlage einer Bewertung der Risikomanagementprozesse, der Verlustdatenbank und des internen Kontrollsystems des Zahlungsinstituts

1. vorschreiben, dass die Eigenmittel des Zahlungsinstituts einem Betrag entsprechen müssen, der bis zu 20 vH höher ist als der Betrag, der sich aus der Anwendung der gemäß Abs. 1 gewählten Methode ergeben würde oder

2. dem Zahlungsinstitut gestatten, dass seine Eigenmittel einem Betrag entsprechen, der bis zu 20 vH niedriger ist als der Betrag, der sich aus der Anwendung der gemäß Abs. 1 gewählten Methode ergeben würde.

Sicherung der Kundengelder

§ 18. (1) Zahlungsinstitute haben alle Geldbeträge, die sie von den Zahlungsdienstnutzern oder über einen anderen Zahlungsdienstleister für die

Ausführung von Zahlungsvorgängen entgegengenommen haben, nach einer der beiden folgenden Varianten zu sichern;

1. Variante A

a) Die Geldbeträge dürfen zu keinem Zeitpunkt mit den Geldbeträgen anderer natürlicher oder juristischer Personen als der Zahlungsdienstnutzer, für die sie gehalten werden, vermischt werden;

b) die Geldbeträge müssen, wenn sie sich am Ende des auf den Tag ihres Eingangs folgenden Geschäftstags noch in Händen des Zahlungsinstituts befinden und,

aa) sofern es sich um den Zahlungsdienstleister des Zahlers handelt, noch nicht an einen anderen Zahlungsdienstleister transferiert, oder

bb) sofern es sich um den Zahlungsdienstleister des Empfängers handelt, noch nicht dem Zahlungsempfänger übergeben worden sind,

auf einem gesonderten Treuhand-Konto bei einem Kreditinstitut hinterlegt oder abgesondert vom Vermögen des Zahlungsinstituts in sichere liquide Aktiva mit niedrigem Risiko gemäß Abs. 4 veranlagt werden und

c) die Geldbeträge sind in einer Weise identifizierbar zu halten, dass sie zu jeder Zeit dem einzelnen Zahlungsdienstnutzer im Hinblick auf dessen jeweiligen Anteil betragsmäßig zuordenbar sind.

Der Zahlungsdienstnutzer kann im Falle der Exekution gegen seinen Zahlungsdienstleister Widerspruch erheben (§ 37 EO), wenn sich die Exekution auf die nach lit. c gesicherten Beträge bezieht. Unter denselben Voraussetzungen hat der Zahlungsdienstnutzer im Fall eines Konkurses über das Vermögen seines Zahlungsdienstleisters das Recht auf Aussonderung (§ 44 der Insolvenzordnung – IO, RGBl. Nr. 337/1914).

2. Variante B

Die Geldbeträge müssen durch eine Versicherungspolizze oder eine andere vergleichbare Garantie eines Versicherungsunternehmens oder eines Kreditinstituts, die oder das nicht zur selben Gruppe gehört wie das Zahlungsinstitut selbst, in Höhe eines Betrags abgesichert werden, der demjenigen entspricht, der ohne die Versicherungspolizze oder eine andere vergleichbare Garantie getrennt geführt werden müsste und im Falle der Zahlungsunfähigkeit des Zahlungsinstituts auszuzahlen wäre.

(2) Muss ein Zahlungsinstitut Geldbeträge gemäß Abs. 1 absichern und ist ein Teil dieser Geldbeträge für zukünftige Zahlungsvorgänge zu verwenden, während der verbleibende Teil für NichtZahlungsdienste verwendet werden muss, so gelten die Auflagen gemäß Abs. 1 auch für diesen Anteil der für zukünftige Zahlungsvorgänge zu verwendenden Geldbeträge. Ist der Anteil für zukünftige Zahlungsvorgänge variabel oder nicht im Voraus bekannt, kann ein Zahlungsinstitut einen repräsentativen Anteil heranziehen, der typischerweise für Zahlungsdienste verwendet wird, sofern sich dieser repräsentative Anteil nach Auffassung der FMA auf der Grundlage historischer Daten mit hinreichender Sicherheit schätzen lässt.

(3) Das Zahlungsinstitut hat der FMA während des laufenden Geschäftsbetriebes auf Aufforderung darzulegen und nachzuweisen, dass es ausreichende Maßnahmen ergriffen hat, um die in Abs. 1 und 2 genannten Anforderungen zu erfüllen. Wird der Nachweis nicht erbracht oder sind die Maßnahmen nicht ausreichend, so hat die FMA das Zahlungsinstitut aufzufordern, die erforderlichen Nachweise zu erbringen oder Vorkehrungen zu treffen, die geeignet und erforderlich sind, die bestehenden Mängel zu beseitigen. Die FMA hat dafür eine angemessene Frist zu bestimmen. Werden die Nachweise oder Vorkehrungen nicht oder nicht fristgerecht vorgelegt oder getroffen, kann die FMA Maßnahmen gemäß § 94 Abs. 1 und 8 setzen.

(4) Sichere Aktiva mit niedrigem Risiko gemäß Abs. 1 Z 1 lit. b sublit. bb sind Aktiva, die unter eine der Kategorien gemäß Art. 336 Abs. 1 Tabelle 1 der Verordnung (EU) Nr. 575/2013 fallen, für die die Eigenkapitalanforderung für das spezifische Risiko nicht höher als 1,6 vH ist, wobei jedoch andere qualifizierte Positionen gemäß Art. 336 Abs. 4 der Verordnung (EU) Nr. 575/2013 ausgeschlossen sind. Weiters sind sichere Aktiva mit niedrigem Risiko auch Anteile an einem Organismus für gemeinsame Anlagen in Wertpapieren (OGAW) im Sinne der Richtlinie 2009/65/EG, der ausschließlich in die im vorstehenden Satz bezeichneten Aktiva investiert. Die FMA kann unter außergewöhnlichen Umständen mittels Verordnung bestimmen, welche der im ersten und zweiten Satz bezeichneten Aktiva keine sicheren liquiden Aktiva mit niedrigem Risiko für die Zwecke des Abs. 1 Z 1 lit. b sublit. bb darstellen. Sie hat dabei die Sicherheit, den Fälligkeitstermin, den Wert oder andere Risikofaktoren der im ersten und zweiten Satz bezeichneten Aktiva zu bewerten und auf diese Faktoren in ihrer Verordnung Bedacht zu nehmen.

Beteiligungskontrolle

§ 19. (1) Jeder, der beschlossen hat, direkt oder indirekt eine qualifizierte Beteiligung im Sinne des Art. 4 Abs. 1 Nr. 36 der Verordnung (EU) Nr. 575/2013 an einem Zahlungsinstitut zu erwerben oder zu erhöhen, mit der Folge, dass der Anteil am Kapital oder an den Stimmrechten 20 vH, 30 vH oder 50 vH erreichen oder überschreiten würde oder das Zahlungsinstitut sein Tochterunternehmen würde, hat dies der FMA zuvor schriftlich anzuzeigen. Dasselbe gilt für jeden, der beschlossen hat, direkt oder indirekt eine qualifizierte Beteiligung zu veräußern oder seine qualifizierte Beteiligung so zu verringern, dass ihr Anteil am Kapital oder an den Stimmrechten 20 vH, 30 vH oder 50 vH unterschreiten würde oder das Zahlungsinstitut nicht mehr sein Tochterunternehmen wäre.

(2) Hinsichtlich des Verfahrens und der Kriterien zur Beurteilung der Beteiligungskontrolle sind die §§ 20a und 20b BWG anzuwenden.

(3) Der interessierte Erwerber einer qualifizierten Beteiligung hat der FMA Angaben zum Umfang der geplanten Beteiligung sowie die Informationen gemäß § 20b Abs. 3 BWG vorzulegen.

(4) Besteht die Gefahr, dass sich der Einfluss, der von dem in Abs. 3 genannten interessierten Erwerber ausgeübt wird, voraussichtlich zum Schaden einer umsichtigen und soliden Geschäftsführung des Zahlungsinstituts auswirkt, so hat die FMA zur Abwehr einer solchen Gefahr oder zur Beendigung eines solchen Zustands Einspruch zu erheben oder andere angemessene Maßnahmen zu ergreifen. Solche Maßnahmen sind insbesondere:

1. Aufsichtsmaßnahmen gemäß § 94 Abs. 1,

2. Sanktionen gegen die Geschäftsleiter gemäß § 94 Abs. 1 Z 3 oder

3. der Antrag bei dem für den Sitz des Zahlungsinstitutes zuständigen, zur Ausübung der Gerichtsbarkeit in Handelssachen erster Instanz zuständigen Gerichtshof auf Anordnung des Ruhens der Stimmrechte für jene Aktien oder sonstigen Anteile, die von den betreffenden Aktionären oder sonstigen Gesellschaftern gehalten werden,

a) für die Dauer dieser Gefahr, wobei dessen Ende vom Gerichtshof festzustellen ist, oder

b) bis zum Kauf dieser Aktien oder sonstiger Anteile durch Dritte nach erfolgter Nichtuntersagung (§ 20a Abs. 2 BWG);

der Gerichtshof entscheidet im Verfahren außer Streitsachen.

Die Maßnahmen sind auch auf jene Personen anzuwenden, die der Verpflichtung zur vorherigen Anzeige der FMA gemäß Abs. 1 nicht nachkommen.

(5) Wurde eine Beteiligung entgegen einer Untersagung durch die FMA (§ 20a Abs. 2 BWG) erworben, so ruhen die Stimmrechte für jene Aktien oder sonstigen Anteile, die von den betreffenden Aktionären oder sonstigen Gesellschaftern gehalten werden, bis zur Feststellung der FMA, dass der Grund für die erfolgte Untersagung nicht mehr besteht.

(6) Verfügt der Gerichtshof das Ruhen der Stimmrechte gemäß Abs. 4 Z 3, so hat der Gerichtshof gleichzeitig einen Treuhänder zu bestellen, der den Anforderungen gemäß § 10 Abs. 1 Z 4 zu entsprechen hat und ihm die Ausübung der Stimmrechte zu übertragen. Im Fall des Abs. 5 hat die FMA bei dem gemäß Abs. 4 Z 3 zuständigen Gerichtshof die Bestellung eines Treuhänders unverzüglich zu beantragen, wenn ihr bekannt wird, dass die Stimmrechte ruhen. Der Treuhänder hat Anspruch auf Ersatz seiner Auslagen und auf Vergütung für seine Tätigkeit, deren Höhe vom Gericht festzusetzen ist. Das Zahlungsinstitut sowie die Aktionäre und sonstigen Anteilseigner, deren Stimmrechte ruhen, haften dafür zur ungeteilten Hand. Gegen Beschlüsse, durch die die Höhe der Vergütung des Treuhänders und der ihm zu ersetzenden Auslagen bestimmt wird, steht den Verpflichteten der Rekurs offen. Gegen die Entscheidung des Oberlandesgerichtes findet ein weiterer Rechtszug nicht statt.

Organisatorische Anforderungen, Verschwiegenheits- und Sorgfaltspflichten

§ 20. (1) Zahlungsinstitute haben über eine solide Unternehmensteuerung zu verfügen und diese schriftlich und in nachvollziehbarer Weise zu dokumentieren. Dazu zählen insbesondere:

1. eine Organisationsstruktur mit klar abgegrenzten, kohärenten und transparenten Verantwortungsbereichen, die durch dem Geschäftsbetrieb angemessene, aufbau- und ablauforganisatorische Abgrenzungen Interessens- und Kompetenzkonflikte vermeidet, sowie

2. Verwaltungs-, Rechnungs- und Kontrollverfahren zur Ermittlung, Beurteilung, Steuerung, Überwachung und Meldung der zahlungsdienstgeschäftlichen und zahlungsdienstbetrieblichen Risiken sowie der Vergütungspolitik und der Vergütungspraktiken, die der Art, dem Umfang und der Komplexität der betriebenen Zahlungsdienste und der gegebenenfalls gemäß § 7 Abs. 2 ausgeübten Tätigkeiten angemessen sind.

(2) Die Geschäftsleiter eines Zahlungsinstitutes haben bei ihrer Geschäftsführung die Sorgfalt eines ordentlichen und gewissenhaften Geschäftsleiters im Sinne des § 84 Abs. 1 des Aktiengesetzes 1965 – AktG, BGBl. Nr. 98/1965 anzuwenden. Dabei haben sie sich insbesondere über die zahlungsdienstgeschäftlichen und zahlungsdienstbetrieblichen Risiken sowie Risiken aus der Vergütungspolitik und den Vergütungspraktiken zu informieren und diese durch angemessene Strategien und Verfahren zu steuern, zu überwachen und zu begrenzen sowie eine solide und umsichtige Führung des Zahlungsinstitutes zu gewährleisten. Weiters haben die Geschäftsleiter dem Vorsitzenden des Aufsichtsorgans unverzüglich alle Bescheide der FMA zur Kenntnis zu bringen, die auf Grund der in § 94 genannten Bestimmungen erlassen wurden.

(3) Die Geschäftsleiter sind dafür verantwortlich, dass das Zahlungsinstitut über eine ordnungsgemäße Geschäftsorganisation im Sinne des Abs. 1 verfügt, die insbesondere umfasst:

1. Angemessene Maßnahmen der Unternehmenssteuerung, Kontrollmechanismen und Verfahren, die gewährleisten, dass das Zahlungsinstitut seine Verpflichtungen erfüllt;

2. eine vollständige Dokumentation der Geschäftstätigkeit, die eine Überwachung durch die FMA für ihren Zuständigkeitsbereich ermöglicht;

3. Datensicherheitsmaßnahmen gemäß „Art. 24, 25 und 32 der Verordnung (EU) 2016/679" sowie ein angemessenes Notfallkonzept für Datenverarbeitungssysteme; *(BGBl I 2018/37)*

4. ein angemessenes Risikomanagement und angemessene Kontrollmechanismen sowie Verfahren und Datenverarbeitungssysteme, die eine Einhaltung der Anforderungen des FM-GwG und der Verordnung (EU) 2015/847 gewährleisten;

5. soweit die Konzession die Möglichkeit einer Kreditgewährung umfasst (§ 1 Abs. 2 Z 4 oder 5), ein angemessenes Risikomanagementsystem im Hinblick auf das Kreditrisiko (Art. 107 der Verordnung (EU) Nr. 575/2013);

6. ein angemessenes Risikomanagement im Hinblick auf das Risiko von Geldwäscherei und Terrorismusfinanzierung.

(4) Die Zweckmäßigkeit der Verfahren gemäß Abs. 1 und Abs. 3 sowie deren Anwendung sind mindestens einmal jährlich im Rahmen der internen Revision gemäß § 42 Abs. 1, 2 und 3, § 42 Abs. 4 Z 1 und 3 sowie § 42 Abs. 5, 6 und 7 BWG zu prüfen, wobei § 42 Abs. 3 BWG mit der Maßgabe anzuwenden ist, dass das Erfordernis von mindestens zwei Geschäftsleitern nur dann gilt, wenn das Zahlungsinstitut auf Grund seiner Größe und Organisation tatsächlich mindestens zwei Geschäftsleiter hat. Die Prüffelder und die Ergebnisse dieser Prüfung sind zu dokumentieren.

(5) Zahlungsinstitute sowie die für sie tätigen Personen sind zur Verschwiegenheit über Geheimnisse verpflichtet, die sie ausschließlich aus Zahlungsdiensten (§ 1 Abs. 2), die sie im Auftrag ihrer Zahlungsdienstnutzer ausführen, erfahren haben, außer

1. dieser Verschwiegenheitspflicht steht eine gesetzliche Auskunftspflicht entgegen,

2. der Zahlungsdienstnutzer stimmt der Offenbarung des Geheimnisses schriftlich zu,

3. die Offenbarung des Geheimnisses ist zur Klärung von Rechtsangelegenheiten aus dem Verhältnis zwischen Zahlungsdienstleister und seinem Zahlungsdienstnutzer erforderlich.

(6) § 36 BWG ist auf Zahlungsinstitute anzuwenden.

Auslagerung von Aufgaben

§ 21. (1) Die Auslagerung wichtiger betrieblicher Aufgaben, einschließlich IT-Systeme, darf weder die Qualität der internen Kontrolle des Zahlungsinstituts noch die Beaufsichtigung des Zahlungsinstituts durch die FMA im Hinblick auf die Erfüllung der Anforderungen dieses Bundesgesetzes wesentlich beeinträchtigen. Eine betriebliche Aufgabe gilt als wichtig in diesem Zusammenhang, wenn deren unzureichende oder unterlassene Wahrnehmung die kontinuierliche Einhaltung der Konzessionsanforderungen oder der anderen Verpflichtungen des Zahlungsinstituts gemäß diesem Bundesgesetz, seine finanzielle Leistungsfähigkeit oder die Solidität oder Kontinuität seiner Zahlungsdienste wesentlich beeinträchtigen würde. Bei Abschluss, Durchführung oder Kündigung einer Vereinbarung über die Auslagerung von wichtigen betrieblichen Aufgaben ist mit der gebotenen Professionalität und Sorgfalt zu verfahren. Insbesondere ist eine klare Aufteilung der Rechte und Pflichten zwischen dem Zahlungsinstitut und dem Dienstleister in Form einer schriftlichen Vereinbarung vorzunehmen.

(2) Dabei darf die Auslagerung wichtiger betrieblicher Aufgaben

1. nicht zu einer Delegation der Aufgaben der Geschäftsleitung führen,

2. das Verhältnis und die Pflichten des Zahlungsinstituts gegenüber seinen Zahlungsdienstnutzern gemäß dieses Bundesgesetzes nicht verändern,

3. die Einhaltung der Konzessionsanforderungen und der übrigen Bestimmungen gemäß dem 2. Hauptstück dieses Bundesgesetzes nicht behindern oder erschweren und

4. nicht zu einem Entfall oder einer Veränderung der anderen Voraussetzungen, unter denen dem Zahlungsinstitut die Konzession erteilt wurde, führen.

(3) Das Zahlungsinstitut hat der FMA die beabsichtigte Auslagerung von betrieblichen Aufgaben von Zahlungsdiensten, unabhängig davon, ob es sich dabei um wichtige Aufgaben im Sinne des Abs. 1 handelt, zuvor schriftlich anzuzeigen. Auf deren Verlangen hat das Zahlungsinstitut der FMA alle Informationen zur Verfügung zu stellen, die notwendig sind, um zu überwachen, ob die Anforderungen dieses Bundesgesetzes betreffend die Auslagerung von Aufgaben eingehalten werden.

Agenten

§ 22. (1) Beabsichtigt ein Zahlungsinstitut, Zahlungsdienste über einen Agenten zu erbringen, so hat es dies zuvor der FMA unter Beibringung nachfolgender Angaben schriftlich anzuzeigen:

1. Name und Anschrift des Agenten;

2. eine Beschreibung der internen Kontrollmechanismen, die der Agent anwendet, um die Anforderungen des FM-GwG zu erfüllen; die Beschreibung ist bei sachlichen Änderungen im

Rahmen der Erstbenachrichtigung übermittelten Angaben unverzüglich zu aktualisieren;

3. die Namen der Geschäftsleiter des Agenten, der zur Erbringung von Zahlungsdiensten in Anspruch genommen werden soll, und im Falle von Agenten, die keine Zahlungsdienstleister sind, den Nachweis, dass sie zuverlässig (§ 10 Abs. 1 Z 9, 10 und 12) und fachlich geeignet (§ 10 Abs. 1 Z 11) sind;

4. die Zahlungsdienste des Zahlungsinstituts, mit denen der Agent beauftragt ist;

5. gegebenenfalls den Identifikationscode oder die Kennnummer des Agenten.

(2) Die FMA hat die Richtigkeit der Angaben zu prüfen und dem Zahlungsinstitut jedenfalls innerhalb von zwei Monaten nach Erhalt der Angaben gemäß Abs. 1 mitzuteilen, ob der Agent in das Zahlungsinstitutsregister gemäß § 13 Abs. 2 eingetragen wird.

(3) Hat die FMA Zweifel über die Richtigkeit der Angaben, so kann sie weitere Maßnahmen zur Prüfung der erhaltenen Angaben ergreifen, insbesondere weitere Angaben betreffend die Organisationsstruktur des Agenten verlangen. Die FMA hat die Erbringung von Zahlungsdiensten durch Agenten mittels Bescheides zu untersagen, wenn die Voraussetzungen des Abs. 1 Z 1 bis 5 nicht erfüllt sind.

(4) Hat die FMA keine Zweifel an der Richtigkeit der Angaben, so hat sie Name und Anschrift des Agenten in das Zahlungsinstitutsregister gemäß § 13 Abs. 2 einzutragen. Sobald die Eintragung erfolgt ist, kann der Agent seine Tätigkeit für das Zahlungsinstitut aufnehmen.

(5) Beabsichtigt das Zahlungsinstitut, Zahlungsdienste in einem anderen Mitgliedstaat durch die Inanspruchnahme dort ansässiger Agenten oder die Errichtung einer Zweigstelle zu erbringen, ist das Verfahren gemäß den §§ 27 und 28 anzuwenden.

(6) Das Zahlungsinstitut hat der FMA jede Änderung betreffend die Inanspruchnahme von Agenten, einschließlich zusätzlicher Agenten, unverzüglich anzuzeigen.

(7) Die Tätigkeit als Agent begründet kein Arbeitsverhältnis im Sinne bundesgesetzlicher arbeits-, sozial- oder steuerrechtlicher Bestimmungen.

Haftung für dem Zahlungsinstitut zurechenbare Personen

§ 23. (1) Zahlungsinstitute haften zwingend für das Verhalten ihrer Angestellten, Agenten, Zweigstellen oder Personen, zu denen Tätigkeiten ausgelagert werden, wie für ihr eigenes.

(2) Ein Zahlungsinstitut, das Dritte mit betrieblichen Aufgaben betraut, hat angemessene Vorkehrungen zu treffen, um zu gewährleisten, dass die Anforderungen dieses Bundesgesetzes betreffend die Auslagerung betrieblicher Aufgaben, insbesondere § 21 Abs. 1, erfüllt werden.

(3) Das Zahlungsinstitut hat sicherzustellen, dass Agenten oder Zweigstellen, die in seinem Namen tätig sind, den Zahlungsdienstnutzern vor Vertragsabschluss mitteilen, in welcher Eigenschaft sie handeln und welches Zahlungsinstitut sie vertreten.

Aufbewahrung von Aufzeichnungen und Belegen

§ 24. Zahlungsinstitute haben für die Zwecke des 2. Hauptstücks dieses Bundesgesetzes alle relevanten Aufzeichnungen und Belege mindestens fünf Jahre aufzubewahren. Die Verwendung der für die Zwecke des 2. Hauptstücks verarbeiteten Daten ist für Zwecke der Verhütung, Ermittlung oder Feststellung von Betrugsfällen im Zahlungsverkehr nach Maßgabe des Datenschutzgesetzes – DSG, BGBl. I Nr. 165/1999, der Verordnung (EU) 2016/679 und der Verordnung (EG) Nr. 45/2001 sowie nach Maßgabe der gesetzlichen Zuständigkeiten zulässig. Zahlungsdienstleister dürfen die für das Erbringen ihrer Zahlungsdienste notwendigen personenbezogenen Daten nur mit der ausdrücklichen Einwilligung des Zahlungsdienstnutzers verarbeiten.

(BGBl I 2018/37)

Rechnungslegung und Abschlussprüfung

§ 25. (1) Zahlungsinstitute, die Finanzinstitute gemäß Art. 4 Abs. 1 Nummer 26 der Verordnung (EU) Nr. 575/2013 sind, haben die § 43 Abs. 1, 2 und 3, §§ 45 bis 59a, § 64 und § 65 Abs. 2 BWG anzuwenden. Alle übrigen Zahlungsinstitute haben nur die Bestimmungen des Dritten Buches des UGB sowie jene Bestimmungen, die für ihre Rechtsform gelten, anzuwenden. Sämtliche Zahlungsinstitute haben im Anhang die Eigenmittel, die Eigenmittelerfordernisse und die Einhaltung der Eigenmittelanforderungen offen zu legen. Hinsichtlich der Veröffentlichung ist § 65 Abs. 1 BWG mit der Maßgabe anzuwenden, dass an die Stelle des Verweises auf § 63 Abs. 5 BWG der Verweis auf § 25 Abs. 3 dieses Bundesgesetzes tritt.

(2) Erbringen Zahlungsinstitute auch Tätigkeiten im Sinne des § 7 Abs. 2 Z 2 oder 3 in wesentlichem Umfang, dann sind im Anhang ihres Jahres- oder Konzernabschlusses besondere Segmentinformationen über Zahlungsdienste gemäß § 1 Abs. 2 samt Nebentätigkeiten im Sinne des § 7 Abs. 2 Z 1 offen zu legen, die auch die Pflichtangaben des Anhangs umfassen. Die Segmentinformationen müssen ein getreues Bild der Vermögens-, Finanz- und Ertragslage des Segments „Zahlungsdienste und damit verbundene Neben-

dienstleistungen" in einem angemessenen Detaillierungsgrad vermitteln und eine Überleitungsrechnung auf die entsprechenden Angaben des gesamten Unternehmens oder Konzerns enthalten. Die Informationen für dieses Segment sind auf der Grundlage der Erfassungs-, Bewertungsund Gliederungsbestimmungen der §§ 43 und 45 bis 59a BWG oder, soweit anwendbar, der internationalen Rechnungslegungsstandards gemäß § 245a UGB zu erstellen.

(3) Der Jahresabschluss und, soweit erforderlich, der Lagebericht oder der Konzernabschluss und der Konzernlagebericht von Zahlungsinstituten sowie die Beachtung der § 7 Abs. 2 bis 4 und 6, § 9 Abs. 1 Z 11, § 10 Abs. 1 Z 3, § 14 Abs. 2, der §§ 16 bis 18, 20 bis 22, § 23 Abs. 2 und § 25 Abs. 1 sowie der sonstigen Vorschriften dieses Bundesgesetzes, der §§ 4 bis 17, 19 Abs. 2, 20 bis 24, 29 und 40 Abs. 1 FM-GwG sowie der Verpflichtungen des Zahlungsinstitutes gemäß der Verordnung (EU) 2015/847 sind von einem Abschlussprüfer zu prüfen. Diese Prüfung umfasst die Organisationsstruktur und die Verwaltungs-, Rechnungs- und Kontrollverfahren (§ 20 Abs. 1), die die Geschäftsleiter im Hinblick auf die angeführten Bestimmungen eingerichtet haben. Das Ergebnis dieser Prüfung ist in einer Anlage zum Prüfungsbericht über den Jahresabschluss (aufsichtlicher Prüfungsbericht für Zahlungsinstitute) darzustellen. Das Ergebnis der Prüfung über die Beachtung der §§ 7 Abs. 6, §§ 16 bis 18 und § 25 Abs. 1 dieses Bundesgesetzes ist mit einer positiven Zusicherung, das Ergebnis der Prüfung über die Beachtung der § 7 Abs. 2 bis 4, § 9 Abs. 1 Z 11, § 10 Abs. 1 Z 3, § 14 Abs. 2, §§ 20 bis 22, § 23 Abs. 2 und § 24 dieses Bundesgesetzes, der §§ 4 bis 17, § 19 Abs. 2, §§ 20 bis 24, 29 und § 40 Abs. 1 FM-GwG sowie der Verpflichtungen des Zahlungsinstitutes gemäß der Verordnung (EU) 2015/847 zumindest mit einer negativen Zusicherung zu verbinden. Betreffend die Prüfung über die Beachtung sonstiger Vorschriften dieses Bundesgesetzes hat der Abschlussprüfer wesentliche Wahrnehmungen zu berichten, die er im Rahmen seiner Tätigkeit festgestellt hat, auch wenn diese zu keiner Berichtspflicht gemäß § 95 Abs. 1 oder 2 führen. Der geprüfte Jahresabschluss samt Anhang und Lagebericht sowie, soweit erforderlich, der Konzernabschluss samt Anhang und der Konzernlagebericht, der Prüfungsbericht des Abschlussprüfers und die Anlage zum Prüfungsbericht sind der FMA und der Oesterreichischen Nationalbank unter Anwendung der Fristen des § 44 Abs. 1 BWG zu übermitteln. Dieser Prüfungsbericht samt Anlage ist den Geschäftsleitern und den nach Gesetz oder Satzung bestehenden Aufsichtsorganen des Zahlungsinstituts so zeitgerecht zu übermitteln, dass die Vorlagefrist an die FMA und Oesterreichische Nationalbank eingehalten werden kann. Die FMA kann Art der Übermittlung, Form und Gliederung der Anlage zum Prüfungsbericht durch Verordnung festsetzen. Die FMA kann nach Anhörung der Oesterreichischen Nationalbank durch Verordnung vorschreiben, dass eine elektronische Übermittlung bestimmten Gliederungen und technischen Mindestanforderungen zu entsprechen hat. Die FMA ist ermächtigt, durch Verordnung vorzuschreiben, dass die elektronische Übermittlung ausschließlich an die Oesterreichische Nationalbank zu erfolgen hat, wenn dies aus Gründen der Wirtschaftlichkeit zweckmäßig ist, die jederzeitige elektronische Verfügbarkeit der Daten für die FMA gewährleistet bleibt und Aufsichtsinteressen nicht beeinträchtigt werden.

(4) Die Auskunfts-, Vorlage- und Einschaurechte (§ 272 UGB) des Abschlussprüfers erstrecken sich auf alle Unterlagen und Datenträger auch dann, wenn diese von einem Dritten geführt oder bei diesem verwahrt werden oder wenn sie im Ausland geführt oder verwahrt werden. Werden zu prüfende Unterlagen, insbesondere die Buchhaltung, im Ausland geführt oder verwahrt, so hat das Zahlungsinstitut unbeschadet der vorstehenden Einschaurechte des Abschlussprüfers für die jederzeitige Verfügbarkeit der Unterlagen des laufenden Geschäftsjahres und mindestens dreier vorhergehender Geschäftsjahre im Inland zu sorgen. Das Zahlungsinstitut hat dem Abschlussprüfer die Prüfungspläne und Prüfungsberichte der internen Revision zur Verfügung zu stellen.

(5) Abschlussprüfer von Zahlungsinstituten können beeidete Wirtschaftsprüfer oder Wirtschaftsprüfungsgesellschaften sowie die Prüfungsorgane gesetzlich zuständiger Prüfungseinrichtungen sein.

(6) Zu Abschlussprüfern dürfen Personen, bei denen Ausschließungsgründe gemäß § 62 BWG oder gemäß den §§ 271 und 271a UGB oder nach anderen Bundesgesetzen vorliegen, nicht bestellt werden. Der Ausschließungsgrund in § 62 Z 1a BWG ist mit der Maßgabe anzuwenden, dass anstelle des Verweises auf § 63 Abs. 4 bis 6a BWG ein Verweis auf § 25 Abs. 3 erster Satz tritt, und § 62 Z 17 BWG ist mit der Maßgabe anzuwenden, dass anstelle des Verweises auf § 63 Abs. 3 BWG ein Verweis auf § 95 dieses Bundesgesetzes tritt. Die Vorschriften gemäß § 62a BWG in Verbindung mit § 275 UGB über die Verantwortlichkeit des Abschlussprüfers sind auch auf Zahlungsinstitute anzuwenden.

(7) Die Bestellung von Abschlussprüfern hat vor Beginn des zu prüfenden Geschäftsjahres zu erfolgen und ist der FMA unverzüglich schriftlich anzuzeigen; wenn eine Wirtschaftsprüfungsgesellschaft zum Abschlussprüfer bestellt ist, so sind in der Anzeige auch die gemäß § 77 Abs. 9 des Wirtschaftstreuhandberufsgesetzes 2017 – WTBG 2017, BGBl. I Nr. 137/2017, für den Prüfungsauftrag namhaft gemachten natürlichen Personen anzugeben. Jede Änderung dieser Personen ist

der FMA unverzüglich anzuzeigen. Die FMA kann gegen die Bestellung eines Abschlussprüfers oder gegen eine bestimmte gemäß § 77 Abs. 9 WTBG namhaft gemachte natürliche Person Widerspruch im Sinne des § 270 Abs. 3 UGB erheben, wenn der begründete Verdacht des Vorliegens eines Ausschließungsgrundes oder einer sonstigen Befangenheit besteht; soweit die Bestellung anzeigepflichtig war, hat der Widerspruch innerhalb eines Monats zu erfolgen. Über den Widerspruch hat das Gericht unter Berücksichtigung der Ausschließungsgründe zu entscheiden; bis zur rechtskräftigen gerichtlichen Entscheidung darf der Abschlussprüfer oder die gemäß § 77 Abs. 9 WTBG namhaft gemachte natürliche Person weder Prüfungshandlungen vornehmen noch dürfen diesen der Verschwiegenheit gemäß § 20 Abs. 5 unterliegende Auskünfte durch das Zahlungsinstitut erteilt werden.

(8) Der Abschlussprüfer hat innerhalb von zwei Wochen nach seiner Bestellung der FMA zu bescheinigen, dass keine Ausschließungsgründe vorliegen. Er hat auf ihr Verlangen alle zur Beurteilung erforderlichen weiteren Bescheinigungen und Nachweise zu erbringen. Wird einem solchen Verlangen nicht entsprochen, so kann die FMA gemäß Abs. 7 vorgehen.

Meldewesen

§ 26. (1) Zahlungsinstitute haben unverzüglich nach Ablauf eines jeden Kalendervierteljahres der FMA Meldungen entsprechend der in der Verordnung gemäß Abs. 5 vorgesehenen Gliederung zu übermitteln. Diese Meldungen haben insbesondere Informationen zur Bilanz, zu Posten unter der Bilanz, zur Gewinn- und Verlustrechnung und zu Pflichtangaben des Anhangs sowie Informationen, die eine Beurteilung und Überwachung der § 7 Abs. 6, §§ 18 und 20 ermöglichen, zu enthalten.

(2) Zahlungsinstitute haben unverzüglich nach Ablauf eines jeden Kalendermonats der FMA Meldungen über die Einhaltung der §§ 16 und 17 zu übermitteln. Diese Meldungen haben sowohl Angaben zur Kontrolle der Einhaltung dieser Ordnungsnormen als auch die für ihre Herleitung maßgeblichen Angaben zu umfassen.

(3) Zahlungsinstitute haben der FMA unverzüglich nach Ablauf eines Kalenderhalbjahres Meldungen über die unternehmensbezogenen Stammdaten zu übermitteln. Unabhängig davon haben Zahlungsinstitute jede Veränderung von Stammdaten unverzüglich zu übermitteln. Die Meldung des Mitarbeiterstandes hat nur zum Jahresultimo bis spätestens 31. Jänner des Folgejahres zu erfolgen.

(4) Die Oesterreichische Nationalbank hat zu den Meldungen gemäß Abs. 2 und den hiezu erlassenen Verordnungen der FMA gutachtliche Äußerungen zu erstatten.

(5) Die FMA hat die Gliederung der Meldungen gemäß den Abs. 1 bis 3 durch Verordnung festzusetzen. Die FMA hat dabei auf eine für die laufende Beaufsichtigung von Zahlungsinstituten erforderliche aussagekräftige Ausweisung zu achten. Die FMA kann durch Verordnung festlegen, dass einzelne Positionen des Abs. 2 nur quartalsweise zu übermitteln sind. Bei Erlassung dieser Verordnung hat sie weiters auf das volkswirtschaftliche Interesse an einem funktionsfähigen Finanzmarkt und die Finanzmarktstabilität Bedacht zu nehmen. Die FMA kann, soweit sie dadurch in der Wahrnehmung ihrer Aufgaben nach diesem oder anderen Bundesgesetzen nicht beeinträchtigt wird, durch Verordnung vorsehen, dass die Übermittlung der Meldungen gemäß den Abs. 1 bis 3 ausschließlich an die Oesterreichische Nationalbank erfolgt. Verordnungen der FMA nach diesem Absatz bedürfen der Zustimmung des Bundesministers für Finanzen.

(6) Die Meldungen gemäß den Abs. 1 bis 3 sind in standardisierter Form mittels elektronischer Übermittlung zu erstatten. Die Übermittlung hat bestimmten, von der FMA nach Anhörung der Oesterreichischen Nationalbank bekannt zu gebenden Mindestanforderungen zu entsprechen.

3. Abschnitt

Niederlassungs- und Dienstleistungsfreiheit sowie grenzüberschreitende Aufsicht

Zahlungsinstitute aus Mitgliedstaaten in Österreich

§ 27. (1) Zahlungsdienste gemäß Art. 4 Nr. 3 der Richtlinie (EU) 2015/2366 können von einem Zahlungsinstitut gemäß Art. 4 Nr. 4 der Richtlinie (EU) 2015/2366, das in einem anderen Mitgliedstaat zugelassen ist, nach Maßgabe der Richtlinie (EU) 2015/2366 in Österreich über eine Zweigstelle erbracht oder im Wege der Dienstleistungsfreiheit erbracht werden, soweit ihre Zulassung gemäß Artikel 5 der Richtlinie (EU) 2015/2366 sie dazu berechtigt. Nebendienstleistungen gemäß § 7 Abs. 2 Z 1 und 2, Abs. 3 bis 6 dürfen nur im Zusammenhang mit der Erbringung von Zahlungsdiensten erbracht werden. Nebentätigkeiten im Sinne des § 7 Abs. 2 Z 3 sind nicht von der Dienstleistungs- und Niederlassungsfreiheit nach diesem Bundesgesetz umfasst.

(2) Die FMA hat die Angaben gemäß Art. 28 Abs. 1 der Richtlinie (EU) 2015/2366 innerhalb von einem Monat nach Erhalt zu prüfen und der zuständigen Behörde des Herkunftsmitgliedstaates die einschlägigen Angaben zu den Zahlungsdiensten mitzuteilen, die das betreffende Zahlungsinstitut in Ausübung der Niederlassungsfreiheit oder des Rechts auf freien Dienstleistungsverkehr zu

erbringen beabsichtigt. Die FMA hat insbesondere jeden begründeten Anlass zur Besorgnis im Hinblick auf Geldwäsche oder Terrorismusfinanzierung im Sinne der Richtlinie (EU) 2015/849 im Zusammenhang mit der geplanten Inanspruchnahme eines Agenten oder der Errichtung einer Zweigstelle mitzuteilen.

(3) Die Erbringung von Zahlungsdiensten in Ausübung der Niederlassungsfreiheit oder des Rechts auf freien Dienstleistungsverkehr in Österreich ist zulässig, sobald die Eintragung in einem gemäß Art. 14 der Richtlinie (EU) 2015/2366 eingerichteten Register im Herkunftsmitgliedstaat vorliegt.

(4) Zahlungsinstitute, die Zahlungsdienste in Ausübung der Niederlassungsfreiheit oder des Rechts auf freien Dienstleistungsverkehr in Österreich erbringen, haben die Bestimmungen des 3. und 4. Hauptstücks dieses Bundesgesetzes und § 36 BWG sowie die auf Grund dieser Bestimmungen erlassenen Verordnungen und Bescheide einzuhalten. Zahlungsinstitute, die Zahlungsdienste in Ausübung der Niederlassungsfreiheit in Österreich erbringen, haben zusätzlich die Bestimmungen des FM-GwG einzuhalten. Das Verfahren gemäß § 30 ist anzuwenden.

(5) Die zuständige Behörde des Herkunftsmitgliedstaates eines Zahlungsinstitutes gemäß Art. 4 Nr. 4 der Richtlinie (EU) 2015/2366 kann nach vorheriger Unterrichtung der FMA selbst in Wahrnehmung ihrer Pflichten bei der Zweigstelle vor Ort Ermittlungen in dieser Zweigstelle vornehmen.

Österreichische Zahlungsinstitute in Mitgliedstaaten

§ 28. (1) Jedes Zahlungsinstitut gemäß § 4 Z 4, das im Hoheitsgebiet eines anderen Mitgliedstaates in Ausübung der Niederlassungsfreiheit oder des Rechts auf freien Dienstleistungsverkehr Zahlungsdienste erbringen möchte, hat dies zuvor der FMA schriftlich anzuzeigen und dabei die folgenden Angaben zu übermitteln:

1. die Firma, die Firmenbuchnummer und die Anschrift des Zahlungsinstituts;

2. den Mitgliedstaat, in dessen Hoheitsgebiet die Errichtung einer Zweigstelle geplant ist;

3. die Arten von Zahlungsdiensten, die das Zahlungsinstitut dort erbringen möchte;

4. die Angaben gemäß § 22, wenn das Zahlungsinstitut beabsichtigt, einen Agenten in Anspruch zu nehmen;

5. die Angaben zum Geschäftsplan (§ 9 Abs. 1 Z 2) und zum internen Kontrollsystem (§ 9 Abs. 1 Z 5) über das Zahlungsdienstgeschäft im Aufnahmemitgliedstaat;

6. eine Darstellung des organisatorischen Aufbaus der Zweigstelle;

7. die Namen der Geschäftsleiter der Zweigstelle und den Nachweis, dass sie zuverlässig (§ 10 Abs. 1 Z 9 und 10) und fachlich geeignet (§ 10 Abs. 1 Z 11) sind.

(2) Beabsichtigt das Zahlungsinstitut, betriebliche Aufgaben von Zahlungsdiensten an andere Stellen im Aufnahmemitgliedstaat auszulagern, so hat es die FMA darüber zu informieren.

(3) Die FMA hat innerhalb von einem Monat nach Erhalt der in Abs. 1 genannten Angaben diese an die gemäß Art. 22 Abs. 1 der Richtlinie (EU) 2015/2366 benannte zuständige Behörde des Aufnahmemitgliedstaates weiterzuleiten.

(4) Stimmt die FMA der Bewertung gemäß Art. 28 Abs. 2 Richtlinie (EU) 2015/2366 durch die gemäß Art. 22 Abs. 1 der Richtlinie (EU) 2015/2366 benannte zuständige Behörde des Aufnahmemitgliedstaates nicht zu, hat sie dieser die Gründe für ihre Entscheidung mitzuteilen.

(5) Fällt die Bewertung der FMA insbesondere aufgrund der von der gemäß Art. 22 Abs. 1 der Richtlinie (EU) 2015/2366 benannten zuständigen Behörde des Aufnahmemitgliedstaates übermittelten Angaben negativ aus, hat sie die Eintragung des Agenten oder der Zweigstelle abzulehnen oder, falls bereits eine Eintragung erfolgt ist, diese zu löschen.

(6) Die FMA hat ihre Entscheidung innerhalb von drei Monaten nach Erhalt der in Abs. 1 genannten Angaben der gemäß Art. 22 Abs. 1 der Richtlinie (EU) 2015/2366 benannten zuständigen Behörde des Aufnahmemitgliedstaates sowie dem Zahlungsinstitut mitzuteilen.

(7) Agenten oder Zweigstellen dürfen erst nach der Eintragung in das Zahlungsinstitutsregister der FMA gemäß § 13 Abs. 2 ihre Tätigkeiten im betreffenden Aufnahmemitgliedstaat aufnehmen.

(8) Das Zahlungsinstitut hat der FMA den Zeitpunkt mitzuteilen, ab dem es seine Tätigkeiten über den Agenten oder die Zweigstelle in dem betreffenden Aufnahmemitgliedstaat aufnimmt. Die FMA hat wiederum die gemäß Art. 22 Abs. 1 der Richtlinie (EU) 2015/2366 benannte zuständige Behörde des Aufnahmemitgliedstaates hiervon in Kenntnis zu setzen.

(9) Das Zahlungsinstitut hat der FMA jede relevante Änderung der nach Abs. 1 übermittelten Angaben unverzüglich mitzuteilen. Die FMA hat diese Angaben der gemäß Art. 22 Abs. 1 der Richtlinie (EU) 2015/2366 benannten zuständigen Behörde des Aufnahmemitgliedstaates unverzüglich weiterzuleiten.

Aufsicht im Rahmen der Niederlassungs- und Dienstleistungsfreiheit

§ 29. (1) Die FMA kann die zuständige Behörde eines anderen Mitgliedstaates um Zusammenarbeit bei einer Überprüfung vor Ort oder einer

Ermittlung ersuchen. Erhält die FMA ein Ersuchen um eine Überprüfung vor Ort oder eine Ermittlung, so hat sie im Rahmen ihrer Befugnisse tätig zu werden, indem sie

1. die Überprüfungen oder Ermittlungen selbst vornimmt oder der Oesterreichischen Nationalbank überträgt oder

2. der ersuchenden Behörde die Durchführung der Überprüfung oder Ermittlung gestattet oder

3. Wirtschaftsprüfern oder Sachverständigen im behördlichen Auftrag die Durchführung der Überprüfung oder Ermittlung gestattet.

(2) Die FMA kann Zahlungsinstituten, die über Agenten oder Zweigstellen in Österreich tätig sind, vorschreiben, dass sie der FMA in regelmäßigen Abständen über die in Österreich ausgeübten Tätigkeiten zu berichten haben. Diese Berichte sind insbesondere für informative oder statistische Zwecke sowie zur Überwachung der Einhaltung der Vorschriften des 3. und 4. Hauptstücks dieses Bundesgesetzes vorzuschreiben.

(3) Die FMA hat anderen zuständigen Behörden die für die Wahrnehmung der Aufgaben der gemäß Art. 22 Abs. 1 der Richtlinie (EU) 2015/2366 benannten zuständigen Behörde erforderlichen Informationen zu übermitteln, die sich aus diesem Bundesgesetz ergeben, insbesondere bei Zuwiderhandlungen oder mutmaßlichen Zuwiderhandlungen eines Agenten oder einer Zweigstelle, und wenn diese im Zusammenhang mit der Ausübung des Rechts auf Dienstleistungsfreiheit erfolgten. Die FMA hat dabei auf Verlangen alle zweckdienlichen Informationen zu übermitteln und von sich aus alle wesentlichen Informationen vorzulegen, einschließlich solcher über die Einhaltung der Voraussetzung gemäß § 10 Abs. 1 Z 2 durch das Zahlungsinstitut. Die FMA kann, wenn sie Informationen mit anderen zuständigen Behörden austauscht, bei der Übermittlung darauf hinweisen, dass diese Informationen nur mit ihrer ausdrücklichen Zustimmung veröffentlicht werden dürfen. In diesem Fall dürfen sie nur für die Zwecke, für die die Zustimmung erteilt wurde, ausgetauscht werden.

(4) Zahlungsinstitute mit Sitz in einem anderen Mitgliedstaat, die in Österreich über Agenten im Wege der Niederlassungsfreiheit tätig sind, haben eine zentrale Kontaktstelle in Österreich zu benennen. Diese soll eine angemessene Kommunikation und Berichterstattung über die Einhaltung der Vorschriften des 3. und 4. Hauptstücks dieses Bundesgesetzes sicherstellen sowie die Beaufsichtigung durch die FMA und die zuständige Behörde des Herkunftsmitgliedstaates, insbesondere die Übermittlung von Unterlagen und Informationen auf Verlangen, erleichtern.

Maßnahmen bei Rechtsverstößen und Sicherungsmaßnahmen

§ 30. (1) Stellt die FMA fest, dass ein Zahlungsinstitut, das über Agenten, Zweigstellen oder im Rahmen des Rechts auf freien Dienstleistungsverkehr in Österreich tätig ist, die Vorschriften des 3. und 4. Hauptstücks dieses Bundesgesetzes nicht einhält, hat sie dies der gemäß Art. 22 Abs. 1 der Richtlinie (EU) 2015/2366 benannten zuständigen Behörde des Herkunftsmitgliedstaates unverzüglich mitzuteilen.

(2) Erhält die FMA ihrerseits von der gemäß Art. 22 Abs. 1 der Richtlinie (EU) 2015/2366 benannten zuständigen Behörde des Aufnahmemitgliedstaates eine Mitteilung gemäß Abs. 1, hat sie unverzüglich alle geeigneten Maßnahmen zu treffen, damit das betreffende Zahlungsinstitut seine vorschriftswidrige Situation beendet. Sie hat diese Maßnahmen der gemäß Art. 22 Abs. 1 der Richtlinie (EU) 2015/2366 benannten zuständigen Behörde des Aufnahmemitgliedstaates sowie den zuständigen Behörden aller anderen betroffenen Mitgliedstaaten unverzüglich mitzuteilen.

(3) In Notfallsituationen, in denen Sofortmaßnahmen erforderlich sind, um eine ernste Bedrohung der kollektiven Interessen der Zahlungsdienstnutzer in Österreich abzuwenden, kann die FMA, parallel zur grenzüberschreitenden Zusammenarbeit zwischen den zuständigen Behörde und solange die gemäß Art. 22 Abs. 1 der Richtlinie (EU) 2015/2366 benannte zuständige Behörde des Herkunftsmitgliedstaates noch keine Maßnahmen gemäß Art. 29 der Richtlinie (EU) 2015/2366 ergriffen hat, Sicherungsmaßnahmen, insbesondere Maßnahmen gemäß § 94 Abs. 1, treffen.

(4) Sicherungsmaßnahmen gemäß Abs. 3 müssen zweckmäßig und dem mit ihnen verfolgten Zweck, eine ernste Bedrohung für die kollektiven Interessen der Zahlungsdienstnutzer in Österreich abzuwenden, angemessen sein. Diese Sicherungsmaßnahmen dürfen nicht zu einer Bevorzugung der Zahlungsdienstnutzer eines inländischen Zahlungsinstitutes gegenüber den Zahlungsdienstnutzern von Zahlungsinstituten in anderen Mitgliedstaaten führen. Sicherungsmaßnahmen sind befristet zu setzen und sind zu beenden, sobald die festgestellte ernste Bedrohung abgewendet wurde.

(5) Die FMA hat die gemäß Art. 22 Abs. 1 der Richtlinie (EU) 2015/2366 benannte zuständige Behörde und die jedes anderen betroffenen Mitgliedstaates sowie die Kommission und die EBA, sofern es mit der Notfallsituation vereinbar ist, vorab, aber jedenfalls unverzüglich über die gemäß Abs. 3 ergriffenen Sicherungsmaßnahmen und die Gründe hiefür, zu informieren.

Zuständigkeit der EBA

§ 31. (1) Ist die FMA der Auffassung, dass bei der grenzüberschreitenden Zusammenarbeit mit einer gemäß Art. 22 Abs. 1 der Richtlinie (EU) 2015/2366 benannten zuständigen Behörde eines anderen Mitgliedstaates die einschlägigen Bedingungen der Art. 26, 28, 29, 30 und 31 der Richtlinie (EU) 2015/2366 nicht eingehalten werden, kann sie gemäß Art. 19 der Verordnung (EU) Nr. 1093/2010 die EBA mit der Angelegenheit befassen und sie um Unterstützung ersuchen.

(2) Wenn die EBA gemäß Art. 27 Abs. 2 der Richtlinie (EU) 2015/2366 tätig wird, hat die FMA ihre Entscheidung bis zu einer Beilegung gemäß Art. 19 der Verordnung (EU) Nr. 1093/2010 zurückzustellen.

3. Hauptstück

Transparenz der Vertragsbedingungen und Informationspflichten für Zahlungsdienste

1. Abschnitt

Allgemeine Vorschriften

Anwendungsbereich des Hauptstücks

§ 32. (1) Dieses Hauptstück gilt für Einzelzahlungen sowie für Rahmenverträge und die von ihnen erfassten Zahlungsvorgänge. Die Parteien können vereinbaren, dass dieses Hauptstück insgesamt oder teilweise nicht anzuwenden ist, wenn es sich bei dem Zahlungsdienstnutzer nicht um einen Verbraucher handelt.

(2) Soweit in Vereinbarungen zum Nachteil eines Verbrauchers von den Transparenz- und Informationspflichten dieses Hauptstücks abgewichen wird, sind diese abweichenden Bestimmungen unwirksam.

(3) § 5 Abs. 1 Z 1, Z 2 lit. a und b, Z 3 lit. b, c, f und g sowie Z 4 lit. a des Fern-Finanzdienstleistungs-Gesetzes – FernFinG, BGBl. I Nr. 62/2004, über gewisse Vertriebsinformationen betreffend den Unternehmer, die Finanzdienstleistung, den Fernabsatzvertrag und Rechtsbehelfe sind auf Zahlungsdienste nicht anzuwenden. Andere Bestimmungen bleiben durch dieses Bundesgesetz unberührt, insbesondere:

1. die übrigen Bestimmungen des FernFinG betreffend vorvertragliche Informationspflichten,

2. die Bestimmungen des Allgemeinen Bürgerlichen Gesetzbuches – ABGB, JGS Nr. 946/1811 und des Konsumentenschutzgesetzes – KSchG, BGBl. Nr. 140/1979, betreffend vorvertragliche Informationspflichten sowie betreffend den Verbraucherkredit und

3. die Bestimmungen des Verbraucherkreditgesetzes – VKrG, BGBl. I Nr. 28/2010.

Entgelte für Informationen

§ 33. (1) Ein Zahlungsdienstleister darf dem Zahlungsdienstnutzer für die Bereitstellung von Informationen nach diesem Hauptstück kein Entgelt in Rechnung stellen.

(2) Der Zahlungsdienstleister und der Zahlungsdienstnutzer können Entgelte für darüber hinausgehende Informationen, deren häufigere Bereitstellung oder für ihre Übermittlung über andere als die im Rahmenvertrag vorgesehenen Kommunikationsmittel vereinbaren, sofern die betreffenden Leistungen auf Verlangen des Zahlungsdienstnutzers erbracht werden.

(3) Darf ein Zahlungsdienstleister für die Bereitstellung von Informationen gemäß Abs. 2 ein Entgelt in Rechnung stellen, so muss es angemessen und an den tatsächlichen Kosten des Zahlungsdienstleisters ausgerichtet sein.

Beweislast hinsichtlich der Informationsanforderungen

§ 34. Dem Zahlungsdienstleister obliegt der Beweis dafür, dass er den Informationspflichten dieses Hauptstücks nachgekommen ist.

Ausnahmen von den Informationsanforderungen für Kleinbetragszahlungsinstrumente und E-Geld

§ 35. (1) Bei bestimmten Zahlungsinstrumenten gelten Ausnahmen von den Informationsanforderungen. Die Ausnahmen gemäß Abs. 2 bis 4 gelten, wenn im entsprechenden Rahmenvertrag

1. nur einzelne Zahlungsvorgänge bis höchstens 30 Euro vorgesehen sind oder

2. eine Ausgabenobergrenze von 150 Euro vorgesehen ist oder

3. vorgesehen ist, dass auf dem Zahlungsinstrument Geldbeträge gespeichert werden (Zahlungsinstrumente auf Guthabenbasis), die zu keiner Zeit 150 Euro übersteigen.

(2) Der Zahlungsdienstleister hat dem Zahler abweichend von den §§ 47, 48 oder 52 nur die wesentlichen Merkmale des Zahlungsdienstes, einschließlich der Nutzungsmöglichkeiten des Zahlungsinstruments, Haftungshinweise sowie anfallende Entgelte und andere wesentliche Informationen mitzuteilen, die notwendig sind, um in Kenntnis der Sachlage entscheiden zu können; ferner ist anzugeben, wo die weiteren gemäß § 48 vorgeschriebenen Informationen und Vertragsbedingungen in leicht zugänglicher Form verfügbar sind.

(3) Es kann vereinbart werden, dass der Zahlungsdienstleister abweichend von § 50 Änderungen der Bedingungen des Rahmenvertrags nicht in der in § 47 Abs. 1 vorgesehenen Weise vorschlagen muss.

(4) Abweichend von den §§ 53 und 54 kann vereinbart werden, dass der Zahlungsdienstleister nach Ausführung eines Zahlungsvorgangs

1. dem Zahlungsdienstnutzer nur eine Referenz mitteilt oder zugänglich macht, die diesem die Identifizierung des betreffenden Zahlungsvorgangs, des Betrags des Zahlungsvorgangs und der entsprechenden Entgelte ermöglicht oder im Falle mehrerer gleichartiger Zahlungsvorgänge an den gleichen Zahlungsempfänger nur Informationen über den Gesamtbetrag und die entsprechenden Entgelte für diese Zahlungsvorgänge bereitstellt;

2. die unter Z 1 genannten Informationen müssen nicht mitgeteilt oder zugänglich gemacht werden, wenn das Zahlungsinstrument anonym genutzt wird oder der Zahlungsdienstleister technisch nicht in der Lage ist, diese Informationen mitzuteilen. Der Zahlungsdienstleister hat dem Zahler jedoch die Möglichkeit zur Überprüfung der gespeicherten Beträge zu bieten.

(5) Für Zahlungsvorgänge im Inland erhöhen sich die in Abs. 1 genannten Beträge

1. im Fall von einzelnen Zahlungsvorgängen auf höchstens 60 Euro;

2. im Fall von Zahlungsinstrumenten deren Ausgabenobergrenze auf 300 Euro;

3. für Zahlungsinstrumente, die Geldbeträge speichern (Zahlungsinstrumente auf Guthabenbasis) auf 400 Euro.

Währung und Währungsumrechnung

§ 36. (1) Zahlungen haben in der zwischen den Parteien vereinbarten Währung zu erfolgen.

(2) Ein Angebot zur Währungsumrechnung vor der Auslösung des Zahlungsvorgangs an einem Geldautomaten, an der Verkaufsstelle oder vom Zahlungsempfänger bedarf der Zustimmung des Zahlers. Im Rahmen eines solchen Angebotes muss der Anbieter dieser Währungsumrechnung dem Zahler alle damit verbundenen Entgelte sowie den der Währungsumrechnung zugrunde gelegten Wechselkurs offen legen.

Informationen über zusätzliche Entgelte oder Ermäßigungen

§ 37. (1) Verlangt ein Zahlungsempfänger für die Nutzung eines bestimmten Zahlungsinstruments ein Entgelt oder bietet eine Ermäßigung an, hat er dies vor der Auslösung des Zahlungsvorgangs dem Zahler mitzuteilen.

(2) Ebenso hat der Zahlungsdienstleister oder eine andere, an dem Zahlungsvorgang beteiligte Partei ein Entgelt, das für die Nutzung eines bestimmten Zahlungsinstruments erhoben wird, vor der Auslösung des Zahlungsvorgangs dem Zahler mitzuteilen.

(3) Wird dem Zahler nicht die volle Höhe eines Entgelts gemäß Abs. 1 und 2 mitgeteilt, ist die Vereinbarung des Entgelts unwirksam.

Verpflichtung zur Belehrung der Verbraucher über ihre Rechte

§ 38. (1) Zahlungsdienstleister haben das Merkblatt, das die Europäische Kommission gemäß Art. 106 Abs. 1 der Richtlinie (EU) 2015/2366 zu erstellen hat, leicht zugänglich zu machen. Sie haben es auf ihren Internetseiten zu veröffentlichen sowie in Papierform in ihren Zweigstellen, bei ihren Agenten und bei den Stellen, an die sie ihre Tätigkeiten ausgelagert haben, aufzulegen. Die FMA hat das Merkblatt auf ihrer Internetseite leicht zugänglich zu machen.

(2) Die Zahlungsdienstleister dürfen ihren Kunden keine Kosten dafür in Rechnung stellen, dass sie ihnen das Merkblatt zugänglich machen.

(3) Menschen mit Behinderungen sind die Informationen barrierefrei mit alternativen Mitteln in einem geeigneten Format zugänglich zu machen.

2. Abschnitt

Einzelzahlungen

Anwendungsbereich

§ 39. (1) Dieser Abschnitt gilt für Einzelzahlungen, die nicht Gegenstand eines Rahmenvertrags sind.

(2) Wird ein Zahlungsauftrag für eine Einzelzahlung über ein rahmenvertraglich geregeltes Zahlungsinstrument übermittelt, so ist der Zahlungsdienstleister nicht verpflichtet, Informationen mitzuteilen oder zugänglich zu machen, die der Zahlungsdienstnutzer aufgrund eines Rahmenvertrags mit einem anderen Zahlungsdienstleister bereits erhalten hat oder noch erhalten wird.

Allgemeine vorvertragliche Unterrichtung

§ 40. (1) Zahlungsdienstleister haben dem Zahlungsdienstnutzer die Informationen und Vertragsbedingungen gemäß § 41 für seine eigenen Dienste in leicht zugänglicher Form verfügbar zu machen, bevor der Zahlungsdienstnutzer durch einen Vertrag oder ein Angebot über eine Einzelzahlung gebunden ist. Auf Verlangen des Zahlungsdienstnutzers hat der Zahlungsdienstleister die Informationen und Vertragsbedingungen in Papierform oder auf einem anderen dauerhaften Datenträger mitzuteilen. Die Informationen und Vertragsbedingungen sind klar und verständlich abzufassen, und zwar

1. wenn der Zahlungsdienst in Österreich angeboten wird, in deutscher Sprache oder in einer anderen zwischen den Parteien vereinbarten Sprache;

2. wenn der Zahlungsdienst in einem anderen Mitgliedstaat angeboten wird, in dessen Amtssprache oder in einer anderen zwischen den Parteien vereinbarten Sprache.

(2) Wurde der Vertrag über eine Einzelzahlung auf Verlangen des Zahlungsdienstnutzers mittels eines Fernkommunikationsmittels geschlossen, das es dem Zahlungsdienstleister nicht erlaubt, seinen Verpflichtungen gemäß Abs. 1 nachzukommen, hat der Zahlungsdienstleister diese Pflichten unverzüglich nach Ausführung des Zahlungsvorgangs zu erfüllen.

(3) Die Pflichten gemäß Abs. 1 können auch erfüllt werden, indem eine Kopie des Entwurfs für einen Vertrag über eine Einzelzahlung oder des Entwurfs für einen Zahlungsauftrag, der die gemäß § 41 erforderlichen Informationen und Vertragsbedingungen enthält, zur Verfügung gestellt wird.

Informationen und Vertragsbedingungen

§ 41. (1) Ein Zahlungsdienstleister hat dem Zahlungsdienstnutzer folgende Informationen und Vertragsbedingungen mitzuteilen oder zugänglich zu machen:

1. die vom Zahlungsdienstnutzer mitzuteilenden Informationen oder Kundenidentifikatoren, die für die ordnungsgemäße Auslösung oder Ausführung eines Zahlungsauftrags erforderlich sind;

2. die maximale Ausführungsfrist für den zu erbringenden Zahlungsdienst;

3. alle Entgelte, die der Zahlungsdienstnutzer an den Zahlungsdienstleister zu entrichten hat und gegebenenfalls eine Aufschlüsselung dieser Entgelte und

4. gegebenenfalls der dem Zahlungsvorgang zugrunde zu legende tatsächliche Wechselkurs oder Referenzwechselkurs.

(2) Ein Zahlungsauslösedienstleister hat dem Zahler vor der Auslösung die folgenden klaren und umfassenden Informationen mitzuteilen oder zugänglich zu machen:

1. den Namen oder die Firma des Zahlungsauslösedienstleisters, die Anschrift der Hauptverwaltung und gegebenenfalls die Anschrift seines Agenten oder seiner Zweigstelle in Österreich, sowie alle anderen Kontaktdaten einschließlich der E-Mail-Adresse, die für die Kommunikation mit dem Zahlungsauslösedienstleister von Belang sind, und

2. die Kontaktdaten der für den Zahlungsauslösedienstleister zuständigen Behörde.

(3) Die einschlägigen Informationen und Vertragsbedingungen gemäß § 48 sind dem Zahlungsdienstnutzer gegebenenfalls in einer leicht zugänglichen Form zur Verfügung zu stellen.

Informationen für Zahler und Zahlungsempfänger nach Auslösung eines Zahlungsauftrags

§ 42. Wird ein Zahlungsauftrag über einen Zahlungsauslösedienstleister ausgelöst, hat der Zahlungsauslösedienstleister zusätzlich zu den Informationen und Vertragsbedingungen gemäß § 41 dem Zahler und gegebenenfalls dem Zahlungsempfänger unmittelbar nach der Auslösung alle nachstehenden Daten mitzuteilen oder zugänglich zu machen:

1. eine Bestätigung der erfolgreichen Auslösung des Zahlungsauftrags beim kontoführenden Zahlungsdienstleister des Zahlers;

2. eine Referenz, die dem Zahler und dem Zahlungsempfänger die Identifizierung des Zahlungsvorgangs und dem Zahlungsempfänger gegebenenfalls die Identifizierung des Zahlers ermöglicht, sowie jede weitere mit dem Zahlungsvorgang übermittelte Angabe;

3. den Betrag des Zahlungsvorgangs;

4. sofern Entgelte eingehoben werden: die Höhe aller an den Zahlungsauslösedienstleister für den Zahlungsvorgang zu entrichtenden Entgelte sowie gegebenenfalls eine Aufschlüsselung der Beträge dieser Entgelte.

Informationen für den kontoführenden Zahlungsdienstleister durch einen Zahlungsauslösedienst

§ 43. Erfolgt die Auslösung eines Zahlungsauftrags durch einen Zahlungsauslösedienstleister, hat er dem kontoführenden Zahlungsdienstleister des Zahlers die Referenz des Zahlungsvorgangs zugänglich zu machen.

Informationen an den Zahler nach Eingang des Zahlungsauftrags

§ 44. Unverzüglich nach Eingang des Zahlungsauftrags hat der Zahlungsdienstleister des Zahlers dem Zahler nach Maßgabe des § 40 Abs. 1 alle nachstehenden Daten in Bezug auf seine eigenen Dienste mitzuteilen oder zugänglich zu machen:

1. eine Referenz, die dem Zahler die Identifizierung des betreffenden Zahlungsvorgangs ermöglicht, sowie gegebenenfalls Angaben zum Zahlungsempfänger;

2. den Betrag des Zahlungsvorgangs in der im Zahlungsauftrag verwendeten Währung;

3. sofern Entgelte eingehoben werden: die Höhe aller für den Zahlungsvorgang zu entrich-

tenden Entgelte sowie gegebenenfalls eine Aufschlüsselung der Beträge dieser Entgelte;

4. gegebenenfalls den Wechselkurs, den der Zahlungsdienstleister des Zahlers dem Zahlungsvorgang zugrunde gelegt hat, oder einen Verweis darauf, sofern dieser Kurs von dem gemäß § 41 Abs. 1 Z 4 genannten Kurs abweicht, und den Betrag des Zahlungsvorgangs nach dieser Währungsumrechnung;

5. das Datum des Eingangs des Zahlungsauftrags.

Informationen an den Zahlungsempfänger nach Ausführung des Zahlungsvorgangs

§ 45. Unverzüglich nach Ausführung des Zahlungsvorgangs hat der Zahlungsdienstleister des Zahlungsempfängers dem Zahlungsempfänger nach Maßgabe des § 40 Abs. 1 alle nachstehenden Daten in Bezug auf seine eigenen Dienste mitzuteilen oder zugänglich zu machen:

1. eine Referenz, die dem Zahlungsempfänger die Identifizierung des betreffenden Zahlungsvorgangs und gegebenenfalls des Zahlers ermöglicht, sowie jede weitere mit dem Zahlungsvorgang übermittelte Angabe;

2. den Betrag des Zahlungsvorgangs in der Währung, in der er dem Zahlungsempfänger zur Verfügung steht;

3. die Höhe aller vom Zahlungsempfänger für den Zahlungsvorgang zu entrichtenden Entgelte sowie gegebenenfalls eine Aufschlüsselung der Beträge dieser Entgelte;

4. gegebenenfalls den Wechselkurs, den der Zahlungsdienstleister des Zahlungsempfängers dem Zahlungsvorgang zugrunde gelegt hat, und den Betrag des Zahlungsvorgangs vor dieser Währungsumrechnung;

5. das Wertstellungsdatum der Gutschrift (§ 78 Abs. 1).

3. Abschnitt
Rahmenverträge

Anwendungsbereich

§ 46. Dieser Abschnitt gilt für Zahlungsvorgänge, die von einem Rahmenvertrag erfasst sind.

Allgemeine Vorabunterrichtung

§ 47. (1) Ein Zahlungsdienstleister hat dem Zahlungsdienstnutzer die Informationen und Vertragsbedingungen gemäß § 48 in Papierform oder auf einem anderen dauerhaften Datenträger rechtzeitig mitzuteilen, bevor der Zahlungsdienstnutzer durch einen Rahmenvertrag oder ein Vertragsangebot gebunden ist. Die Informationen und Vertragsbedingungen sind in leicht verständlichen Worten klar und verständlich abzufassen, und zwar

1. wenn der Zahlungsdienst in Österreich angeboten wird, in deutscher Sprache oder in einer anderen zwischen den Parteien vereinbarten Sprache;

2. wenn der Zahlungsdienst in einem anderen Mitgliedstaat angeboten wird, in dessen Amtssprache oder in einer anderen zwischen den Parteien vereinbarten Sprache.

(2) Wurde der Rahmenvertrag auf Verlangen des Zahlungsdienstnutzers mittels eines Fernkommunikationsmittels geschlossen, das es dem Zahlungsdienstleister nicht erlaubt, seinen Verpflichtungen nach Abs. 1 nachzukommen, hat der Zahlungsdienstleister diese Pflichten unverzüglich nach Abschluss des Rahmenvertrags zu erfüllen.

(3) Die Pflichten gemäß Abs. 1 können auch erfüllt werden, indem eine Kopie des Rahmenvertragsentwurfs, der die gemäß § 48 erforderlichen Informationen und Vertragsbedingungen enthält, übermittelt wird.

Informationen und Vertragsbedingungen

§ 48. (1) Der Zahlungsdienstleister hat dem Zahlungsdienstnutzer folgende Informationen und Vertragsbedingungen mitzuteilen:

1. Über den Zahlungsdienstleister:

a) den Namen oder die Firma des Zahlungsdienstleisters, die Anschrift seiner Hauptverwaltung und gegebenenfalls die Anschrift seines Agenten oder seiner Zweigstelle in dem Mitgliedstaat, in dem der Zahlungsdienst angeboten wird, sowie alle anderen Anschriften einschließlich der E-Mail-Adresse, die für die Kommunikation mit dem Zahlungsdienstleister von Belang sind und

b) die Angaben über die zuständigen Aufsichtsbehörden und das Zahlungsinstitutsregister gemäß § 13 Abs. 2 und jedes andere relevante öffentliche Register, in das der Zahlungsdienstleister als zugelassen eingetragen ist, sowie seine Registernummer oder eine gleichwertige in diesem Register verwendete Kennung.

2. Über die Nutzung des Zahlungsdienstes:

a) eine Beschreibung der wesentlichen Merkmale des zu erbringenden Zahlungsdienstes;

b) die vom Zahlungsdienstnutzer mitzuteilenden Informationen oder Kundenidentifikatoren, die für die ordnungsgemäße Auslösung oder Ausführung eines Zahlungsauftrags erforderlich sind;

c) die Form und das Verfahren für die Zustimmung zur Auslösung eines Zahlungsauftrags oder zur Ausführung eines Zahlungsvorgangs oder des Widerrufs dieser Zustimmung gemäß den §§ 58 und 74, wobei auch ausdrücklich vereinbart werden kann, dass der Zahlungsdienstnutzer dem Zahlungsvorgang auch nach der Ausführung zu-

b) einen Hinweis auf die dem Zahlungsdienstnutzer gemäß § 13 AVG zustehende Möglichkeit der Anzeige bei der FMA und auf die Möglichkeit der Geltendmachung seiner Rechte vor den ordentlichen Gerichten unter Angabe des Gerichtsstandes und vor der Schlichtungsstelle unter Angabe von deren Sitz und Adresse.

(2) Weiters ist im Rahmenvertrag anzugeben, ob eine Vereinbarung gemäß § 70 Abs. 3 geschlossen wird, wonach kein Anspruch auf Erstattung bei bestimmten, von einem Zahlungsempfänger ausgelösten Zahlungsvorgängen besteht.

Zugänglichkeit der Informationen und der Vertragsbedingungen

§ 49. Der Zahlungsdienstnutzer kann jederzeit während der Vertragslaufzeit des Rahmenvertrags die Vorlage der Vertragsbedingungen und der Informationen gemäß § 48 in Papierform oder auf einem anderen dauerhaften Datenträger verlangen.

Änderungen der Vertragsbedingungen

§ 50. (1) Der Zahlungsdienstleister hat

1. dem Zahlungsdienstnutzer Änderungen des Rahmenvertrags spätestens zwei Monate vor dem geplanten Zeitpunkt ihrer Anwendung in der in § 47 Abs. 1 vorgesehenen Weise vorzuschlagen und

2. sofern eine Vereinbarung gemäß § 48 Abs. 1 Z 6 lit. a getroffen wurde, darauf hinzuweisen,

a) dass die Zustimmung des Zahlungsdienstnutzers zu den Änderungen als erteilt gilt, wenn er dem Zahlungsdienstleister seine Ablehnung nicht vor dem vorgeschlagenen Zeitpunkt der Anwendung der Änderungen angezeigt hat, und

b) dass der Zahlungsdienstnutzer das Recht hat, den Rahmenvertrag vor dem Inkrafttreten der Änderungen kostenlos fristlos zu kündigen.

(2) Änderungen der Zinssätze oder der Wechselkurse können unmittelbar und ohne vorherige Benachrichtigung angewandt werden, sofern dieses Recht im Rahmenvertrag vereinbart wurde und die Änderungen auf den gemäß § 48 Abs. 1 Z 3 lit. b und c vereinbarten Referenzzinssätzen oder Referenzwechselkursen beruhen. Der Zahlungsdienstnutzer ist so rasch wie möglich in der in § 47 Abs. 1 vorgesehenen Weise von jeder Änderung des Zinssatzes zu unterrichten, es sei denn, die Parteien haben eine davon abweichende Vereinbarung darüber getroffen, wie oft und wie die Informationen mitgeteilt oder zugänglich gemacht werden sollen. Für den Zahlungsdienstnutzer günstigere Zinssätze oder Wechselkurse bedürfen keiner Benachrichtigung.

(3) Die den Zahlungsvorgängen zugrunde gelegten geänderten Zinssätze oder Wechselkurse sind neutral anzuwenden und so zu berechnen, dass die Zahlungsdienstnutzer nicht benachteiligt werden. § 6 Abs. 1 Z 5 KSchG bleibt unberührt.

Ordentliche Kündigung des Rahmenvertrags

§ 51. (1) Der Zahlungsdienstnutzer kann den Rahmenvertrag jederzeit kündigen, sofern die Parteien nicht eine Kündigungsfrist vereinbart haben. Die Kündigungsfrist darf einen Monat nicht überschreiten. Das Recht der fristlosen Kündigung gemäß Abs. 2 Z 1 bleibt davon unberührt.

(2) Eine kostenlose Kündigung eines Rahmenvertrags durch den Zahlungsdienstnutzer ist zulässig:

1. ohne Einhaltung einer Kündigungsfrist vor Inkrafttreten von Änderungen des Rahmenvertrags gemäß § 50 Abs. 1;

2. bei einer Dauer des Rahmenvertrags von mindestens sechs Monaten oder bei unbestimmter Dauer jeweils unter Einhaltung der Kündigungsfrist.

In allen anderen Fällen können, sofern im Rahmenvertrag gemäß § 48 Abs. 1 Z 3 lit. a vereinbart, Entgelte erhoben werden, die angemessen und an den Kosten ausgerichtet sind.

(3) Der Zahlungsdienstleister kann einen auf unbestimmte Zeit geschlossenen Rahmenvertrag, sofern im Rahmenvertrag vereinbart, unter Einhaltung einer Zweimonatsfrist in der in § 47 Abs. 1 vorgesehenen Form kündigen.

(4) Regelmäßig erhobene Zahlungsdienstentgelte sind nur anteilmäßig bis zur Kündigung des Vertrags durch den Zahlungsdienstnutzer zu entrichten. Im Voraus gezahlte Entgelte sind vom Zahlungsdienstleister anteilmäßig zu erstatten.

(5) Die allgemeinen Regelungen über die Nichtigkeit oder Aufhebbarkeit von Verträgen oder die vorzeitige Aufhebung von Dauerschuldverhältnissen aus wichtigem Grund bleiben von diesem Bundesgesetz unberührt.

Information vor Ausführung einzelner Zahlungsvorgänge

§ 52. Vor der Ausführung des einzelnen, durch den Zahler ausgelösten Zahlungsvorgangs innerhalb eines Rahmenvertrags hat der Zahlungsdienstleister dem Zahler auf dessen Verlangen Folgendes mitzuteilen:

1. Die maximale Ausführungsfrist für diesen Zahlungsvorgang,

2. die ihm in Rechnung gestellten Entgelte und

3. gegebenenfalls deren Aufschlüsselung.

stimmen (§ 58 Abs. 1) und den Zahlungsauftrag auch nach Ablauf der Fristen gemäß § 74 Abs. 1 und 2 widerrufen kann, wobei in den Fällen des § 74 Abs. 2 für den wirksamen Widerruf gemäß § 74 Abs. 3 auch die Zustimmung des Zahlungsempfängers erforderlich ist;

d) den Zeitpunkt, ab dem ein Zahlungsauftrag gemäß § 72 als eingegangen gilt und gegebenenfalls der vom Zahlungsdienstleister festgelegte Annahmeschluss;

e) die maximale Ausführungsfrist (§ 77) für die zu erbringenden Zahlungsdienste;

f) sofern die Zustimmung zur Zahlung (§ 58) mittels eines bestimmten Zahlungsinstruments erteilt wird, Möglichkeiten der Vereinbarung von Ausgabenobergrenzen für Zahlungsdienste, die mittels dieses Zahlungsinstruments ausgeführt werden und

g) im Fall von kartengebundenen Zahlungsinstrumenten, die durch Co-Badging mehrere Zahlungsmarken tragen, die Rechte des Zahlungsdienstnutzers gemäß Artikel 8 der Verordnung (EU) 2015/751.

3. Über Entgelte, Zinsen und Wechselkurse:

a) alle Entgelte, die der Zahlungsdienstnutzer an den Zahlungsdienstleister zu entrichten hat, einschließlich derjenigen, die sich danach richten, wie und wie oft die nach diesem Bundesgesetz geforderten Informationen mitgeteilt oder zugänglich gemacht werden, sowie gegebenenfalls die Aufschlüsselung der Beträge dieser Entgelte;

b) gegebenenfalls die zugrunde gelegten Zinssätze und Wechselkurse oder – bei Anwendung von Referenzzinssätzen oder -wechselkursen – die Methode für die Berechnung der tatsächlichen Zinsen sowie den maßgeblichen Stichtag und den Index oder die Grundlage für die Bestimmung des Referenzzinssatzes oder -wechselkurses; und,

c) soweit vereinbart, die unmittelbare Anwendung von Änderungen des Referenzzinssatzes oder -wechselkurses und die Informationspflichten in Bezug auf diese Änderungen gemäß § 50 Abs. 2.

4. Über die Kommunikation:

a) gegebenenfalls Kommunikationsmittel, die zwischen den Parteien für die Informationsübermittlung und Anzeigepflichten nach Maßgabe dieses Bundesgesetzes vereinbart werden, einschließlich ihrer Anforderungen an die technische Ausstattung und die Software des Zahlungsdienstnutzers;

b) Angaben dazu, wie und wie oft die nach diesem Bundesgesetz geforderten Informationen mitzuteilen oder zugänglich zu machen sind;

c) die Sprache oder Sprachen, in der oder in denen der Rahmenvertrag zu schließen ist und in der oder in denen die Kommunikation für die Dauer des Vertragsverhältnisses erfolgen soll und

d) einen Hinweis auf das Recht des Zahlungsdienstnutzers, Informationen und die Vertragsbedingungen des Rahmenvertrags nach Maßgabe des § 49 zu erhalten.

5. Über Schutz- und Abhilfemaßnahmen:

a) gegebenenfalls eine Beschreibung der Vorkehrungen, die der Zahlungsdienstnutzer für die sichere Aufbewahrung eines Zahlungsinstruments zu treffen hat, und wie der Zahlungsdienstnutzer seiner Anzeigepflicht gegenüber dem Zahlungsdienstleister gemäß § 63 Abs. 2 nachzukommen hat;

b) eine Beschreibung des sicheren Verfahrens zur Unterrichtung des Zahlungsdienstnutzers durch den Zahlungsdienstleister im Falle vermuteten oder tatsächlichen Betrugs oder bei Sicherheitsrisiken;

c) soweit vereinbart, die Bedingungen, unter denen sich der Zahlungsdienstleister das Recht vorbehält, ein Zahlungsinstrument nach Maßgabe des § 62 zu sperren;

d) Informationen zur Haftung des Zahlers gemäß § 68 einschließlich Angaben zum relevanten Betrag;

e) Angaben dazu, wie und innerhalb welcher Frist der Zahlungsdienstnutzer dem Zahlungsdienstleister nicht autorisierte oder fehlerhaft ausgelöste oder ausgeführte Zahlungsvorgänge nach Maßgabe des § 65 anzeigen muss, sowie Informationen über die Haftung des Zahlungsdienstleisters bei nicht autorisierten Zahlungsvorgängen nach Maßgabe des § 67;

f) Informationen über die Haftung des Zahlungsdienstleisters bei der Auslösung oder Ausführung von Zahlungsvorgängen nach Maßgabe des § 80 und

g) die Bedingungen für Erstattungen gemäß den §§ 70 und 71.

6. Über Änderungen und Kündigung des Rahmenvertrags:

a) soweit vereinbart, die Angabe, dass die Zustimmung des Zahlungsdienstnutzers zu einer Änderung der Bedingungen gemäß § 50 als erteilt gilt, wenn er dem Zahlungsdienstleister seine Ablehnung nicht vor dem geplanten Zeitpunkt des Inkrafttretens der geänderten Bedingungen angezeigt hat, wobei die Änderung innerhalb der Frist des § 50 Abs. 1 Z 1 dem Zahlungsdienstnutzer mitzuteilen ist;

b) die Vertragslaufzeit und

c) einen Hinweis auf das Recht des Zahlungsdienstnutzers, den Rahmenvertrag zu kündigen, sowie auf sonstige kündigungsrelevante Vereinbarungen gemäß § 50 Abs. 1 und § 51.

7. Über Rechtsbehelfe:

a) die Vertragsklauseln über das auf den Rahmenvertrag anwendbare Recht und die zuständigen Gerichte und

Informationen an den Zahler bei einzelnen Zahlungsvorgängen

§ 53. (1) Nach Belastung des Kontos des Zahlers mit dem Betrag eines einzelnen Zahlungsvorgangs oder, falls der Zahler kein Zahlungskonto verwendet, nach Eingang des Zahlungsauftrags hat der Zahlungsdienstleister des Zahlers diesem unverzüglich die nachstehenden Angaben in der in § 47 Abs. 1 vorgesehenen Weise mitzuteilen:

1. eine Referenz, die dem Zahler die Identifizierung des betreffenden Zahlungsvorgangs ermöglicht, sowie gegebenenfalls Angaben zum Zahlungsempfänger;

2. den Betrag, der Gegenstand des Zahlungsvorgangs ist, in der Währung, in der das Zahlungskonto des Zahlers belastet wird, oder in der Währung, die im Zahlungsauftrag verwendet wird;

3. den Betrag der für den Zahlungsvorgang zu entrichtenden Entgelte und gegebenenfalls deren Aufschlüsselung oder die vom Zahler zu entrichtenden Zinsen;

4. gegebenenfalls den Wechselkurs, den der Zahlungsdienstleister des Zahlers dem Zahlungsvorgang zugrunde gelegt hat, und den Betrag, der nach dieser Währungsumrechnung Gegenstand des Zahlungsvorgangs ist und

5. das Wertstellungsdatum der Belastung (§ 78 Abs. 2) oder das Datum des Eingangs des Zahlungsauftrags.

(2) Der Rahmenvertrag hat eine Klausel zu enthalten, der zufolge der Zahler verlangen kann, dass die Informationen gemäß Abs. 1 mindestens einmal monatlich kostenlos und nach einem vereinbarten Verfahren so mitgeteilt oder zugänglich gemacht werden, dass der Zahler die Informationen unverändert aufbewahren und reproduzieren kann.

(3) Der Zahlungsdienstnutzer kann jedoch vom Zahlungsdienstleister verlangen, dass die Informationen gemäß Abs. 1 einmal monatlich gegen angemessenen Kostenersatz übermittelt werden.

Informationen an den Zahlungsempfänger bei einzelnen Zahlungsvorgängen

§ 54. (1) Nach Ausführung eines einzelnen Zahlungsvorgangs hat der Zahlungsdienstleister des Zahlungsempfängers diesem unverzüglich die nachstehenden Angaben in der in § 47 Abs. 1 vorgesehenen Weise mitzuteilen:

1. eine Referenz, die dem Zahlungsempfänger die Identifizierung des betreffenden Zahlungsvorgangs und des Zahlers ermöglicht, sowie weitere mit dem Zahlungsvorgang übermittelte Angaben;

2. den Betrag, der Gegenstand des Zahlungsvorgangs ist, in der Währung, in der dieser Betrag auf dem Zahlungskonto des Zahlungsempfängers gutgeschrieben wird;

3. den Betrag der für den Zahlungsvorgang zu entrichtenden Entgelte und gegebenenfalls deren Aufschlüsselung oder die vom Zahlungsempfänger zu entrichtenden Zinsen;

4. gegebenenfalls den Wechselkurs, den der Zahlungsdienstleister des Zahlungsempfängers dem Zahlungsvorgang zugrunde gelegt hat, und den Betrag, der vor dieser Währungsumrechnung Gegenstand des Zahlungsvorgangs war und

5. das Wertstellungsdatum der Gutschrift (§ 78 Abs. 1).

(2) Der Rahmenvertrag kann vorsehen, dass die Informationen gemäß Abs. 1 mindestens einmal monatlich und nach einem vereinbarten Verfahren so mitgeteilt oder zugänglich gemacht werden, dass der Zahlungsempfänger die Informationen unverändert aufbewahren und reproduzieren kann.

(3) Der Zahlungsdienstnutzer kann vom Zahlungsdienstleister verlangen, dass die Informationen gemäß Abs. 1 einmal monatlich gegen angemessenen Kostenersatz übermittelt werden.

4. Hauptstück

Rechte und Pflichten bei der Erbringung und Nutzung von Zahlungsdiensten

1. Abschnitt

Gemeinsame Bestimmungen

Anwendungsbereich

§ 55. (1) Handelt es sich bei dem Zahlungsdienstnutzer nicht um einen Verbraucher, können der Zahlungsdienstnutzer und der Zahlungsdienstleister vereinbaren, dass § 56 Abs. 1, § 58 Abs. 3 sowie die §§ 66, 68, 70, 71, 74 und 80 ganz oder teilweise abbedungen werden. Der Zahlungsdienstnutzer und der Zahlungsdienstleister können auch andere als die in § 65 vorgesehenen Fristen vereinbaren (Rügeobliegenheit).

(2) Soweit in Vereinbarungen zum Nachteil eines Verbrauchers von den Rechten und Pflichten bei der Erbringung und Nutzung von Zahlungsdiensten gemäß diesem Hauptstücks abgewichen wird, sind diese abweichenden Bestimmungen unwirksam.

Entgelte

§ 56. (1) Ein Zahlungsdienstleister darf einem Zahlungsdienstnutzer für die Erfüllung der Informationspflichten oder für Berichtigungs- und Schutzmaßnahmen nach diesem Hauptstück keine Entgelte in Rechnung stellen. Nur für folgende

Leistungen dürfen vom Zahlungsdienstleister Entgelte verlangt werden:

1. Mitteilung über die Ablehnung eines Zahlungsauftrages gemäß § 73 Abs. 1;

2. Widerruf eines Zahlungsauftrages nach dem Zeitpunkt der Unwiderruflichkeit gemäß § 74 Abs. 3 und

3. Wiederbeschaffung eines Geldbetrages wegen einer fehlerhaften Ausführung des Zahlungsvorgangs aufgrund eines vom Zahlungsdienstnutzer fehlerhaft angegebenen Kundenidentifikators (§ 79 Abs. 2).

Entgelte gemäß Z 1 bis 3 sind nur zulässig, wenn sie zwischen dem Zahlungsdienstnutzer und dem Zahlungsdienstleister vereinbart werden; sie müssen angemessen und an den tatsächlichen Kosten des Zahlungsdienstleisters ausgerichtet sein.

(2) Bei Zahlungsvorgängen innerhalb der Union, bei denen sowohl der Zahlungsdienstleister des Zahlers als auch der des Zahlungsempfängers in der Union ansässig sind, haben Zahlungsempfänger und Zahler die von ihrem jeweiligen Zahlungsdienstleister erhobenen Entgelte zu tragen. Dies gilt auch, wenn nur ein einziger Zahlungsdienstleister an dem Zahlungsvorgang beteiligt und dieser in der Union ansässig ist.

(3) Der Zahlungsdienstleister darf dem Zahlungsempfänger nicht verwehren, dem Zahler für die Nutzung eines bestimmten Zahlungsinstruments eine Ermäßigung anzubieten oder ihm anderweitig einen Anreiz zur Nutzung dieses Instruments zu geben. Die Erhebung von Entgelten durch den Zahlungsempfänger im Falle der Nutzung eines bestimmten Zahlungsinstrumentes ist unzulässig.

(4) Entgelte für die Erbringung von Zahlungsdiensten oder im Zusammenhang mit dem Rahmenvertrag dürfen nur verrechnet werden, wenn sie vorher gemäß § 41 Abs. 1 Z 3 oder § 48 Abs. 1 Z 3 lit. a wirksam vereinbart worden sind.

Ausnahmen für Kleinbetragszahlungsinstrumente und E-Geld

§ 57. (1) Im Falle von Zahlungsinstrumenten, die gemäß dem Rahmenvertrag nur einzelne Zahlungsvorgänge bis höchstens 30 Euro betreffen oder die entweder eine Ausgabenobergrenze von 150 Euro haben oder Geldbeträge speichern (Zahlungsinstrumente auf Guthabenbasis), die zu keiner Zeit 150 Euro übersteigen, können die Zahlungsdienstleister mit ihren Zahlungsdienstnutzern vereinbaren, dass

1. § 63 Abs. 2, § 64 Abs. 1 Z 2 und 4 sowie § 68 Abs. 4 und 5 nicht anzuwenden sind, wenn das Zahlungsinstrument nicht gesperrt werden oder eine weitere Nutzung nicht verhindert werden kann,

2. die §§ 66 und 67 sowie § 68 Abs. 1, 2, 4 und 5 nicht anzuwenden sind, wenn das Zahlungsinstrument anonym genutzt wird oder der Zahlungsdienstleister aus anderen Gründen, die dem Zahlungsinstrument immanent sind, nicht nachweisen kann, dass ein Zahlungsvorgang autorisiert war,

3. abweichend von § 73 Abs. 2 der Zahlungsdienstleister nicht verpflichtet ist, den Zahlungsdienstnutzer von einer Ablehnung des Zahlungsauftrags zu unterrichten, wenn die Nichtausführung aus dem Zusammenhang hervorgeht,

4. abweichend von § 74 der Zahler den Zahlungsauftrag nach dessen Übermittlung oder nachdem er dem Zahlungsempfänger seine Zustimmung zum Zahlungsauftrag erteilt hat, nicht widerrufen kann oder

5. abweichend von den § 77 Abs. 1 und 3 andere Ausführungsfristen gelten.

(2) Für Zahlungsvorgänge im Inland erhöhen sich die in Abs. 1 genannten Beträge

1. im Fall von einzelnen Zahlungsvorgängen auf höchstens 60 Euro;

2. im Fall von Zahlungsinstrumenten deren Ausgabenobergrenze auf 300 Euro;

3. für Zahlungsinstrumente, die Geldbeträge speichern (Zahlungsinstrumente auf Guthabenbasis) auf 400 Euro.

(3) Auf elektronisches Geld gemäß § 1 Abs. 1 des E-Geldgesetzes 2010 sind die Haftungsbestimmungen gemäß den §§ 67 und 68 anzuwenden, außer

1. es handelt sich um Zahlungskonten mit Guthaben oder Zahlungsinstrumente mit einem Wert bis zu einem Betrag von 400 Euro und

2. der Zahlungsdienstleister des Zahlers hat nicht die Möglichkeit, das Zahlungskonto oder das Zahlungsinstrument zu sperren.

2. Abschnitt

Autorisierung von Zahlungsvorgängen

Zustimmung und Widerruf der Zustimmung

§ 58. (1) Ein Zahlungsvorgang gilt nur dann als autorisiert, wenn der Zahler der Ausführung des Zahlungsvorgangs zugestimmt hat. Die Zustimmung hat vor der Ausführung zu erfolgen. Wenn es vereinbart wurde (§ 48 Abs. 1 Z 2 lit. c), kann die Zustimmung auch nach der Ausführung erteilt werden. Gerichtliche oder verwaltungsbehördliche Aufträge ersetzen die Zustimmung des Zahlers.

(2) Die Zustimmung zur Ausführung eines Zahlungsvorgangs oder mehrerer Zahlungsvorgänge ist in der zwischen dem Zahler und seinem Zahlungsdienstleister vereinbarten Form und im vereinbarten Verfahren (§ 48 Abs. 1 Z 2 lit. c) zu erteilen. Die Zustimmung zur Ausführung eines

Zahlungsvorgangs kann auch über den Zahlungsempfänger oder einen Zahlungsauslösedienst erteilt werden. Fehlt die Zustimmung zur Ausführung eines Zahlungsvorgangs, gilt er nicht als autorisiert.

(3) Die Zustimmung kann bis zum Eintritt der Unwiderruflichkeit gemäß § 74 jederzeit vom Zahler widerrufen werden. Wird die Zustimmung zur Ausführung mehrerer Zahlungsvorgänge widerrufen, so gilt jeder nachfolgende Zahlungsvorgang als nicht autorisiert.

Bestätigung der Verfügbarkeit eines Geldbetrages

§ 59. (1) Ein kontoführender Zahlungsdienstleister hat auf Ersuchen eines Zahlungsdienstleisters, der kartengebundene Zahlungsinstrumente ausgibt, unverzüglich zu bestätigen, ob ein für die Ausführung eines kartengebundenen Zahlungsvorgangs erforderlicher Betrag auf dem Zahlungskonto des Zahlers verfügbar ist, sofern alle nachfolgenden Voraussetzungen erfüllt sind:

1. das Zahlungskonto des Zahlers ist zum Zeitpunkt des Ersuchens online zugänglich,

2. der Zahler hat dem kontoführenden Zahlungsdienstleister seine ausdrückliche Zustimmung erteilt, den Ersuchen eines bestimmten Zahlungsdienstleisters um Bestätigung der Verfügbarkeit des Betrags, der einem bestimmten kartengebundenen Zahlungsvorgang entspricht, auf dem Zahlungskonto des Zahlers nachzukommen und

3. die Zustimmung gemäß Z 2 ist erteilt worden, bevor das erste Ersuchen um Bestätigung ergeht.

(2) Der Zahlungsdienstleister kann um die Bestätigung gemäß Abs. 1 ersuchen, wenn alle nachfolgenden Voraussetzungen erfüllt sind:

1. der Zahler hat dem Zahlungsdienstleister seine ausdrückliche Zustimmung erteilt, um die Bestätigung gemäß Abs. 1 zu ersuchen,

2. der Zahler hat den kartengebundenen Zahlungsvorgang für den betreffenden Betrag unter Verwendung eines vom Zahlungsdienstleister ausgegebenen kartengebundenen Zahlungsinstruments ausgelöst und

3. der Zahlungsdienstleister authentifiziert sich gegenüber dem kontoführenden Zahlungsdienstleister vor jedem einzelnen Ersuchen um Bestätigung und kommuniziert mit dem kontoführenden Zahlungsdienstleister auf sichere Weise (§ 4 Z 47).

(3) Die Bestätigung gemäß Abs. 1 hat ausschließlich aus „Ja" oder „Nein" zu bestehen, nicht jedoch in der Mitteilung des Kontostands. Die Antwort darf nicht gespeichert oder für andere Zwecke als für die Ausführung des kartengebundenen Zahlungsvorgangs verwendet werden.

(4) Es ist dem kontoführenden Zahlungsdienstleister nicht gestattet, einen Geldbetrag auf dem Zahlungskonto des Zahlers zu blockieren, weil eine Bestätigung gemäß Abs. 1 erteilt wurde.

(5) Der kontoführende Zahlungsdienstleister hat dem Zahler auf Anfrage die Identifizierungsdaten des Zahlungsdienstleisters und die erteilte Antwort mitzuteilen.

(6) Diese Bestimmung gilt nicht für Zahlungsvorgänge, die durch kartengebundene Zahlungsinstrumente ausgelöst wurden, auf denen E-Geld gemäß § 1 Abs. 1 des E-Geldgesetzes 2010 gespeichert ist.

Zahlungsauslösedienste

§ 60. (1) Ein Zahler hat das Recht, Zahlungsauslösedienste über einen Zahlungsauslösedienstleister zu nutzen. Das Recht, einen Zahlungsauslösedienstleister zu nutzen, besteht nicht, wenn das Zahlungskonto nicht online zugänglich ist.

(2) Erteilt der Zahler seine ausdrückliche Zustimmung zur Ausführung einer Zahlung gemäß § 58, hat der kontoführende Zahlungsdienstleister die Handlungen gemäß Abs. 4 vorzunehmen, um das Recht des Zahlers, den Zahlungsauslösedienst zu nutzen, zu gewährleisten.

(3) Es gelten folgende Anforderungen für Zahlungsauslösedienstleister:

1. Er darf zu keiner Zeit Geldbeträge des Zahlers im Zusammenhang mit der Bereitstellung des Zahlungsauslösedienstes halten.

2. Er muss sicherstellen, dass die personalisierten Sicherheitsmerkmale des Zahlungsdienstnutzers keiner anderen Partei als dem Nutzer und dem Emittenten der personalisierten Sicherheitsmerkmale zugänglich sind und dass sie vom Zahlungsauslösedienstleister über sichere und effiziente Kanäle übermittelt werden.

3. Er muss sicherstellen, dass alle anderen Informationen über den Zahlungsdienstnutzer, die er bei der Bereitstellung von Zahlungsauslösediensten erlangt hat, nur dem Zahlungsempfänger und nur mit ausdrücklicher Zustimmung des Zahlungsdienstnutzers mitgeteilt werden.

4. Er muss sich gegenüber dem kontoführenden Zahlungsdienstleister des Zahlers jedes Mal, wenn eine Zahlung ausgelöst wird, identifizieren und mit dem kontoführenden Zahlungsdienstleister, dem Zahler und dem Zahlungsempfänger auf sichere Weise kommunizieren (§ 4 Z 47).

5. Er darf keine sensiblen Zahlungsdaten des Zahlungsdienstnutzers speichern.

6. Er darf vom Zahlungsdienstnutzer keine anderen als die für das Erbringen des Zahlungsauslösedienstes erforderlichen Daten verlangen.

7. Er darf erhobene Daten nicht für andere Zwecke als für das Erbringen des vom Zahler

ausdrücklich geforderten Zahlungsauslösedienstes verwenden, darauf zugreifen oder speichern.

8. Er darf den Betrag, den Zahlungsempfänger oder ein anderes Merkmal des Zahlungsvorgangs nicht ändern.

(4) Der kontoführende Zahlungsdienstleister hat

1. mit Zahlungsauslösedienstleistern auf sichere Weise zu kommunizieren (§ 4 Z 47),

2. unmittelbar nach Eingang des Zahlungsauftrags von einem Zahlungsauslösedienstleister diesem alle Informationen über die Auslösung des Zahlungsvorgangs und alle ihm selbst zugänglichen Informationen hinsichtlich der Ausführung des Zahlungsvorgangs mitzuteilen oder zugänglich zu machen und

3. Zahlungsaufträge, die über die Dienste eines Zahlungsauslösedienstleisters übermittelt werden, insbesondere in Bezug auf zeitliche Abwicklung, Prioritäten oder Entgelte in derselben Weise zu behandeln wie Zahlungsaufträge, die der Zahler direkt übermittelt hat, es sei denn, es liegen objektive Gründe für eine andere Behandlung vor.

(5) Das Erbringen von Zahlungsauslösediensten darf nicht vom Bestehen einer vertraglichen Beziehung zu diesem Zweck zwischen den Zahlungsauslösedienstleistern und den kontoführenden Zahlungsdienstleistern abhängig gemacht werden.

Kontoinformationsdienste

§ 61. (1) Ein Zahlungsdienstnutzer hat das Recht, Dienste zu nutzen, die den Zugang zu Zahlungskontoinformationen (§ 1 Abs. 2 Z 8) ermöglichen. Dieses Recht besteht nicht, wenn das Zahlungskonto nicht online zugänglich ist.

(2) Es gelten folgende Anforderungen für Kontoinformationsdienstleister:

1. Er darf seine Dienstleistungen nur mit der ausdrücklichen Zustimmung des Zahlungsdienstnutzers erbringen.

2. Er hat sicherzustellen, dass die personalisierten Sicherheitsmerkmale des Zahlungsdienstnutzers keiner anderen Partei als dem Nutzer und dem Emittenten der personalisierten Sicherheitsmerkmale zugänglich sind, und dass die Übermittlung durch den Kontoinformationsdienstleister über sichere und effiziente Kanäle erfolgt.

3. Er muss sich gegenüber dem kontoführenden Zahlungsdienstleister des Zahlungsdienstnutzers bei jedem Kommunikationsvorgang identifizieren und hat mit dem kontoführenden Zahlungsdienstleister und dem Zahlungsdienstnutzer auf sichere Weise kommunizieren (§ 4 Z 47).

4. Er darf nur auf Informationen von bezeichneten Zahlungskonten und damit in Zusammenhang stehenden Zahlungsvorgängen zugreifen.

5. Er darf keine sensiblen Zahlungsdaten anfordern, die mit den Zahlungskonten in Zusammenhang stehen.

6. Er darf im Einklang mit den Datenschutzvorschriften Daten nicht für andere Zwecke als für den vom Zahlungsdienstnutzer ausdrücklich geforderten Kontoinformationsdienst verwenden, darauf zugreifen oder speichern.

(3) Der kontoführende Zahlungsdienstleister muss in Bezug auf Zahlungskonten

1. mit dem Kontoinformationsdienstleister auf sichere Weise kommunizieren (§ 4 Z 47) und

2. Datenanfragen, die über die Dienste eines Kontoinformationsdienstleisters übermittelt werden, ohne Diskriminierung behandeln, es sei denn, es liegen objektive Gründe für eine andere Behandlung vor.

(4) Das Erbringen von Kontoinformationsdiensten darf nicht vom Bestehen einer vertraglichen Beziehung zu diesem Zweck zwischen dem Kontoinformationsdienstleister und dem kontoführenden Zahlungsdienstleister abhängig gemacht werden.

Sperrung eines Zahlungsinstruments und Begrenzung des Zugangs zu Zahlungskonten

§ 62. (1) Der Zahlungsdienstleister kann, sofern dies im Rahmenvertrag (§ 48 Abs. 1 Z 5 lit. c) vereinbart wurde, ein Zahlungsinstrument sperren, wenn

1. objektive Gründe im Zusammenhang mit der Sicherheit des Zahlungsinstrumentes dies rechtfertigen;

2. der Verdacht einer nicht autorisierten oder betrügerischen Verwendung des Zahlungsinstruments besteht oder

3. im Fall eines Zahlungsinstrumentes mit einer Kreditlinie ein beträchtlich erhöhtes Risiko besteht, dass der Zahler seiner Zahlungspflicht nicht nachkommen kann.

(2) Verpflichtungen nach anderen Bundesgesetzen oder gemäß gerichtlichen, staatsanwaltlichen oder verwaltungsbehördlichen Anordnungen zur Sperrung eines Zahlungsinstrumentes oder Kontos bleiben von Abs. 1 unberührt.

(3) Der Zahlungsdienstleister hat den Zahlungsdienstnutzer möglichst vor, spätestens jedoch unverzüglich nach der Sperrung des Zahlungsinstrumentes in der vereinbarten Form (§ 48) von der Sperrung und den Gründen hiefür zu unterrichten. Die Unterrichtung über die Sperrung oder über die Gründe für die Sperrung kann unterbleiben, wenn sie

1. objektiven Sicherheitserwägungen zuwiderlaufen würde;

2. einer unionsrechtlichen oder innerstaatlichen Regelung zuwiderlaufen würde oder

3. eine gerichtliche oder verwaltungsbehördliche Anordnung verletzen würde.

(4) Sobald die Gründe für die Sperrung nicht mehr vorliegen, hat der Zahlungsdienstleister die Sperrung des Zahlungsinstrumentes aufzuheben oder dieses durch ein neues Zahlungsinstrument zu ersetzen.

(5) Ein kontoführender Zahlungsdienstleister kann einem Kontoinformationsdienstleister oder einem Zahlungsauslösedienstleister den Zugang zu einem Zahlungskonto verweigern, wenn objektive und gebührend nachgewiesene Gründe im Zusammenhang mit einem nicht autorisierten oder betrügerischen Zugang des Kontoinformationsdienstleisters oder des Zahlungsauslösedienstleisters zum Zahlungskonto, einschließlich der nicht autorisierten oder betrügerischen Auslösung eines Zahlungsvorgangs, es rechtfertigen. In diesen Fällen hat der kontoführende Zahlungsdienstleister den Zahler in einer vereinbarten Form über die Verweigerung des Zugangs und die Gründe hiefür zu unterrichten. Diese Information ist dem Zahler möglichst vor, spätestens jedoch unverzüglich nach der Verweigerung des Zugangs zum Zahlungskonto zu geben, es sei denn, das würde objektiv begründeten Sicherheitserwägungen zuwiderlaufen oder gegen einschlägiges Recht der Union oder eine innerstaatliche Regelung verstoßen. Sobald die Gründe für die Verweigerung des Zugangs nicht mehr bestehen, hat der kontoführende Zahlungsdienstleister Zugang zu dem Zahlungskonto zu gewähren.

(6) Im Falle einer Verweigerung gemäß Abs. 5 hat der kontoführende Zahlungsdienstleister der FMA unverzüglich den Vorfall im Zusammenhang mit dem Kontoinformationsdienstleister oder dem Zahlungsauslösedienstleister zu melden. Die Meldung hat folgende Informationen zu umfassen:

1. die einschlägigen Einzelheiten des Vorfalls und

2. die Gründe für das Tätigwerden.

Die FMA hat den Fall zu bewerten und erforderlichenfalls geeignete Maßnahmen zu ergreifen.

Pflichten des Zahlungsdienstnutzers in Bezug auf Zahlungsinstrumente und personalisierte Sicherheitsmerkmale

§ 63. (1) Der berechtigte Zahlungsdienstnutzer hat bei der Nutzung eines Zahlungsinstruments die Bedingungen für dessen Ausgabe und Nutzung einzuhalten. Die Bedingungen für die Ausgabe und Nutzung eines Zahlungsinstruments müssen objektiv, nichtdiskriminierend und verhältnismäßig gestaltet sein.

(2) Den Verlust, Diebstahl, die missbräuchliche Verwendung oder die sonstige nicht autorisierte Nutzung des Zahlungsinstruments hat der Zahlungsdienstnutzer unverzüglich, sobald er davon Kenntnis hat, dem Zahlungsdienstleister oder der von diesem benannten Stelle anzuzeigen.

(3) Unmittelbar nachdem der berechtigte Zahlungsdienstnutzer das Zahlungsinstrument erhält, hat er alle zumutbaren Vorkehrungen zu treffen, um die personalisierten Sicherheitsmerkmale vor unbefugtem Zugriff zu schützen.

Pflichten des Zahlungsdienstleisters in Bezug auf Zahlungsinstrumente

§ 64. (1) Der Zahlungsdienstleister, der ein Zahlungsinstrument ausgibt, hat unbeschadet der Sorgfaltspflichten des Zahlungsdienstnutzers (§ 63) sicherzustellen, dass

1. die personalisierten Sicherheitsmerkmale des Zahlungsinstruments keiner anderen Person als dem zur Nutzung des Zahlungsinstruments berechtigten Zahlungsdienstnutzer zugänglich sind;

2. der Zahlungsdienstnutzer durch geeignete Mittel jederzeit die Möglichkeit hat, die Anzeige gemäß § 63 Abs. 2 kostenfrei vorzunehmen oder die Aufhebung der Sperrung gemäß § 62 Abs. 4 zu beantragen;

3. jedwede Nutzung des Zahlungsinstruments ausgeschlossen ist, sobald eine Anzeige gemäß § 63 Abs. 2 erfolgt ist und

4. der Zahlungsdienstnutzer die Möglichkeit hat, eine Anzeige gemäß § 63 Abs. 2 kostenlos vorzunehmen, und ihm allenfalls ausschließlich die direkt mit dem Ersatz des Zahlungsinstrumentes verbundenen Kosten verrechnet werden.

(2) Im Falle der Versendung eines Zahlungsinstrumentes oder der Versendung personalisierter Sicherheitsmerkmale des Zahlungsinstrumentes an den Zahler trägt der Zahlungsdienstleister das Risiko der Versendung und eines Missbrauches oder einer nicht autorisierten Nutzung. Die unaufgeforderte und nicht vereinbarte Zusendung eines Zahlungsinstrumentes ist unzulässig.

(3) Der Zahlungsdienstleister hat dem Zahlungsdienstnutzer auf Anfrage die Beweismittel zur Verfügung zu stellen, mit denen der Zahlungsdienstnutzer bis zu 18 Monate nach der Anzeige beweisen kann, ob er seiner Anzeigepflicht gemäß § 63 Abs. 2 nachgekommen ist.

Anzeige und Korrektur nicht autorisierter oder fehlerhaft ausgeführter Zahlungsvorgänge

§ 65. (1) Zur Erwirkung einer Berichtigung durch den Zahlungsdienstleister hat der Zahlungsdienstnutzer den Zahlungsdienstleister unverzüglich nach Feststellung eines nicht autorisierten oder fehlerhaft ausgeführten Zahlungsvorgangs, der zur Entstehung eines Anspruches einschließlich eines solchen nach § 80 geführt hat, zu unterrichten (Rügeobliegenheit). Hat der Zahlungsdienstleister die Angaben gemäß dem 3. Hauptstück mitgeteilt oder zugänglich gemacht, endet die Frist für den Zahlungsdienstnutzer, um beim Zahlungsdienstleister eine Berichtigung zu erwirken, spätestens 13 Monate nach dem Tag der Belastung oder Gutschrift. Die Verjährung der dem Zahlungsdienstnutzer aufgrund einer fristgerechten Rüge offen stehenden Ansprüche richtet sich nach den allgemeinen Bestimmungen. Andere Ansprüche zwischen Zahlungsdienstleister und Zahlungsdienstnutzer bleiben unberührt.

(2) Sofern ein Zahlungsauslösedienst am Zahlungsvorgang beteiligt ist, hat der Zahlungsdienstnutzer die Berichtigung gemäß Abs. 1 beim kontoführenden Zahlungsdienstleister zu erwirken. Davon unberührt bleiben § 67 Abs. 2 und § 80 Abs. 1.

Nachweis der Authentifizierung und Ausführung von Zahlungsvorgängen

§ 66. (1) Wenn ein Zahlungsdienstnutzer bestreitet, einen ausgeführten Zahlungsvorgang autorisiert zu haben, oder geltend macht, dass der Zahlungsvorgang nicht ordnungsgemäß ausgeführt wurde, hat dessen Zahlungsdienstleister nachzuweisen, dass

1. der Zahlungsvorgang authentifiziert war,

2. ordnungsgemäß aufgezeichnet und verbucht wurde und

3. nicht durch einen technischen Fehler oder eine andere Störung des von dem Zahlungsdienstleister erbrachten Dienstes beeinträchtigt wurde.

(2) Wird der Zahlungsvorgang über einen Zahlungsauslösedienstleister ausgelöst, so hat der Zahlungsauslösedienstleister nachzuweisen, dass der Zahlungsvorgang innerhalb seines Zuständigkeitsbereichs authentifiziert war, ordnungsgemäß aufgezeichnet wurde und nicht durch einen technischen Fehler oder eine andere Störung im Zusammenhang mit dem von ihm verantworteten Zahlungsdienst beeinträchtigt wurde.

(3) Der Nachweis der Nutzung eines Zahlungsinstrumentes reicht für sich allein genommen für den Nachweis der Autorisierung des Zahlungsvorgangs durch den Zahler, einer vorsätzlichen oder grob fahrlässigen Verletzung der Sorgfaltspflichten gemäß § 63 oder eines Handelns des Zahlers in betrügerischer Absicht nicht notwendigerweise aus. Der Zahlungsdienstleister, gegebenenfalls einschließlich des Zahlungsauslösedienstleisters, muss unterstützende Beweismittel vorlegen, um Betrug oder grobe Fahrlässigkeit des Zahlungsdienstnutzers nachzuweisen.

Haftung des Zahlungsdienstleisters für nicht autorisierte Zahlungsvorgänge

§ 67. (1) Im Fall eines nicht autorisierten Zahlungsvorgangs hat der Zahlungsdienstleister des Zahlers unbeschadet des § 65 diesem den Betrag des nicht autorisierten Zahlungsvorgangs unverzüglich, auf jeden Fall spätestens bis zum Ende des folgenden Geschäftstags zu erstatten, nachdem er von dem Zahlungsvorgang Kenntnis erhalten hat oder dieser ihm angezeigt wurde. Der Zahlungsdienstleister des Zahlers hat das belastete Zahlungskonto wieder auf den Stand zu bringen, auf dem es sich ohne den nicht autorisierten Zahlungsvorgang befunden hätte, wobei der Betrag auf dem Zahlungskonto des Zahlers spätestens zum Datum der Belastung des Kontos wertzustellen ist.

(2) Der Zahlungsdienstleister muss nicht gemäß Abs. 1 erstatten, wenn berechtigte Gründe einen Betrugsverdacht stützen. In diesem Fall hat der Zahlungsdienstleister der FMA unverzüglich eine schriftliche Meldung über den Betrugsverdacht zu erstatten.

(3) Wird der Zahlungsvorgang über einen Zahlungsauslösedienstleister ausgelöst, hat der kontoführende Zahlungsdienstleister unverzüglich den Betrag des nicht autorisierten Zahlungsvorgangs zu erstatten. Die Erstattung hat nach den Vorgaben gemäß Abs. 1 zu erfolgen. Haftet der Zahlungsauslösedienstleister für den nicht autorisierten Zahlungsvorgang, so hat er den kontoführenden Zahlungsdienstleister auf dessen Verlangen unverzüglich für die infolge der Erstattung an den Zahler erlittenen Verluste oder gezahlten Beträge, einschließlich des Betrags des nicht autorisierten Zahlungsvorgangs, zu entschädigen. Den Beweis, ob der Zahlungsvorgang den Vorgaben gemäß § 66 Abs. 2 entsprach, hat der Zahlungsauslösedienstleister zu erbringen.

(4) Ansprüche des Zahlers aus Vertrag oder Gesetz, die über die Regelungen gemäß Abs. 1 bis 3 hinausgehen, werden dadurch nicht ausgeschlossen.

Haftung des Zahlers für nicht autorisierte Zahlungsvorgänge

§ 68. (1) Beruhen nicht autorisierte Zahlungsvorgänge auf der Nutzung eines verlorenen oder gestohlenen Zahlungsinstruments oder auf der missbräuchlichen Verwendung eines Zahlungsinstruments, so kann der Zahlungsdienstleister des Zahlers von diesem den Ersatz des hierdurch entstandenen Schadens bis zu einem Betrag von 50 Euro verlangen, wenn der Zahler den Schaden durch leicht fahrlässige Verletzung einer Pflicht gemäß § 63 herbeigeführt hat.

(2) Der Zahler haftet jedenfalls dann nicht nach Abs. 1, wenn

1. der Verlust, der Diebstahl oder die missbräuchliche Verwendung des Zahlungsinstruments für den Zahler vor einer Zahlung nicht bemerkbar war oder

2. der Verlust durch Handlungen oder Unterlassungen eines Angestellten oder eines Agenten, einer Zweigstelle des Zahlungsdienstleisters oder einer Stelle, an die Tätigkeiten ausgelagert werden, verursacht wurde.

(3) Abweichend von Abs. 1 und 2 ist der Zahler seinem Zahlungsdienstleister zum Ersatz des gesamten Schadens verpflichtet, der infolge eines nicht autorisierten Zahlungsvorgangs entstanden ist, wenn der Zahler den Schaden in betrügerischer Absicht oder durch vorsätzliche oder grob fahrlässige Verletzung einer Pflicht gemäß § 63 herbeigeführt hat.

(4) Wenn der Zahler den Schaden weder in betrügerischer Absicht noch durch vorsätzliche Verletzung einer Pflicht gemäß § 63 herbeigeführt hat, sind bei einer allfälligen Schadensteilung insbesondere die Art der personalisierten Sicherheitsmerkmale sowie die besonderen Umstände, unter denen der Verlust, der Diebstahl oder die missbräuchliche Verwendung des Zahlungsinstruments stattgefunden hat, zu berücksichtigen.

(5) Abweichend von Abs. 1 und 3 ist der Zahler seinem Zahlungsdienstleister nicht zum Schadenersatz verpflichtet, wenn der Zahlungsdienstleister des Zahlers keine starke Kundenauthentifizierung verlangt, es sei denn, der Zahler hat in betrügerischer Absicht gehandelt. Akzeptiert der Zahlungsempfänger oder der Zahlungsdienstleister des Zahlungsempfängers eine starke Kundenauthentifizierung nicht, hat er dem Zahlungsdienstleister des Zahlers den Schaden zu ersetzen.

(6) Abweichend von Abs. 1 und 3 ist der Zahler nicht zum Ersatz von Schäden verpflichtet, die aus der Nutzung eines nach der Anzeige gemäß § 63 Abs. 2 (Verlust, Diebstahl, Missbrauch) verwendeten Zahlungsinstruments entstanden sind, es sei denn, der Zahler hat in betrügerischer Absicht gehandelt. Außer im Fall einer solchen betrügerischen Absicht ist der Zahler ist auch nicht zum Ersatz von Schäden verpflichtet, wenn der Zahlungsdienstleister seinen Pflichten gemäß § 64 Abs. 1 Z 2 oder Z 3 nicht nachgekommen ist.

Zahlungsvorgänge, bei denen der Betrag nicht im Voraus bekannt ist

§ 69. (1) Wird ein Zahlungsvorgang im Zusammenhang mit einem kartengebundenen Zahlungsvorgang von dem oder über den Zahlungsempfänger ausgelöst und ist dabei der genaue Betrag zu dem Zeitpunkt, zu dem der Zahler seine Zustimmung zur Ausführung des Zahlungsvorgangs erteilt, nicht bekannt, darf der Zahlungsdienstleister des Zahlers einen Geldbetrag auf dem Zahlungskonto des Zahlers nur blockieren, wenn der Zahler der genauen Höhe des zu blockierenden Geldbetrags zugestimmt hat.

(2) Der Zahlungsdienstleister des Zahlers hat den Geldbetrag, der gemäß Abs. 1 auf dem Zahlungskonto des Zahlers blockiert ist, unverzüglich nach Eingang der Information über den genauen Betrag des Zahlungsvorgangs frei zu geben, spätestens jedoch unverzüglich nach Eingang des Zahlungsauftrags.

Erstattung eines vom Zahlungsempfänger ausgelösten Zahlungsvorgangs

§ 70. (1) Ein Zahler hat gegen seinen Zahlungsdienstleister einen Anspruch auf Erstattung des vollständigen Betrages eines autorisierten, von einem oder über einen Zahlungsempfänger ausgelösten und bereits ausgeführten Zahlungsvorgangs, wenn

1. bei der Autorisierung der genaue Betrag nicht angegeben wurde und

2. der Betrag des Zahlungsvorgangs den Betrag übersteigt, den der Zahler entsprechend seinem bisherigen Ausgabeverhalten, den Bedingungen seines Rahmenvertrags und den jeweiligen Umständen des Einzelfalls vernünftigerweise hätte erwarten können.

Auf Verlangen des Zahlungsdienstleisters hat der Zahler die Sachumstände in Bezug auf diese Voraussetzungen darzulegen. Der Betrag, der zu erstatten ist, muss auf dem Zahlungskonto des Zahlers spätestens zum Datum der Belastung des Kontos wertgestellt werden. Bei Lastschriften gemäß Art. 1 der Verordnung (EU) Nr. 260/2012 besteht zusätzlich zu einem Anspruch nach diesem Absatz auch ein Anspruch auf bedingungslose Erstattung innerhalb der Fristen gemäß § 71, sofern dies nicht gemäß Abs. 3 abbedungen wurde.

(2) Wurde der gemäß § 41 Abs. 1 Z 4 oder gemäß § 48 Abs. 1 Z 3 lit. b vereinbarte Referenzwechselkurs zugrunde gelegt, so kann der Zahler gegenüber seinem Zahlungsdienstleister in Hinblick auf Abs. 1 Z 2 keine mit dem Währungsumtausch zusammenhängenden Gründe geltend machen.

(3) In einem Rahmenvertrag zwischen dem Zahler und dem Zahlungsdienstleister kann vereinbart werden, dass der Zahler keinen Anspruch auf Erstattung hat, wenn

1. er die Zustimmung zur Ausführung des Zahlungsvorgangs dem Zahlungsdienstleister direkt erteilt hat und

2. ihm gegebenenfalls die Informationen über den anstehenden Zahlungsvorgang in einer vereinbarten Form mindestens vier Wochen vor dem Fälligkeitstermin vom Zahlungsdienstleister oder

vom Zahlungsempfänger mitgeteilt oder zugänglich gemacht wurden.

(4) Das Recht des Zahlers auf Erstattung lässt das Verhältnis zwischen Zahler und Zahlungsempfänger unberührt.

(5) Das Recht des Zahlers auf Widerruf bis zu dem in § 74 genannten Zeitpunkt der Unwiderruflichkeit bleibt unberührt.

Verfahren zur Erstattung eines vom Zahlungsempfänger ausgelösten Zahlungsvorgangs

§ 71. (1) Der Anspruch auf Erstattung gemäß § 70 ist vom Zahler gegenüber seinem Zahlungsdienstleister innerhalb von acht Wochen ab dem Zeitpunkt der Belastung des Zahlungskontos mit dem betreffenden Geldbetrag geltend zu machen. Der Zahlungsdienstleister hat innerhalb von zehn Geschäftstagen nach Erhalt eines Erstattungsverlangens entweder den vollständigen Betrag des Zahlungsvorgangs zu erstatten oder dem Zahler die Gründe für die Ablehnung der Erstattung mitzuteilen.

(2) Im Fall der Ablehnung der Erstattung hat der Zahlungsdienstleister den Zahler auch auf die gemäß § 13 AVG bestehende Möglichkeit der Beschwerde bei der FMA, auf die Möglichkeit der Geltendmachung seiner Rechte vor den ordentlichen Gerichten unter Angabe des Gerichtsstandes und vor der Schlichtungsstelle unter Angabe von deren Sitz und Adresse hinzuweisen.

3. Abschnitt

Ausführung von Zahlungsvorgängen

Eingang von Zahlungsaufträgen

§ 72. (1) Der Zeitpunkt, zu dem der unmittelbar vom Zahler oder mittelbar von einem oder über einen Zahlungsempfänger übermittelte Zahlungsauftrag beim Zahlungsdienstleister des Zahlers eingeht, gilt als der Eingangszeitpunkt. Das Konto des Zahlers darf nicht vor dem Eingangszeitpunkt belastet werden.

(2) Fällt der Eingangszeitpunkt nicht auf einen Geschäftstag des Zahlungsdienstleisters des Zahlers, so wird der Zahlungsauftrag so behandelt, als sei er am darauf folgenden Geschäftstag eingegangen.

(3) Der Zahlungsdienstleister kann abweichend von Abs. 1 festlegen, dass Zahlungsaufträge, die nach einem bestimmten Zeitpunkt nahe dem Ende eines Geschäftstages eingehen, so behandelt werden, als seien sie am darauf folgenden Geschäftstag eingegangen.

(4) Sofern der Zahlungsdienstnutzer, der den Zahlungsauftrag auslöst, und sein Zahlungsdienstleister vereinbart haben, dass die Ausführung des Zahlungsauftrages an einem bestimmten Tag oder am Ende eines bestimmten Zeitraums oder an dem Tag, an dem der Zahler dem Zahlungsdienstleister den Geldbetrag zur Verfügung gestellt hat, beginnen soll, so gilt der vereinbarte Termin für die Zwecke des § 77 als Eingangszeitpunkt. Fällt der vereinbarte Termin nicht auf einen Geschäftstag des Zahlungsdienstleisters, so ist Abs. 2 anzuwenden.

Ablehnung von Zahlungsaufträgen

§ 73. (1) Der Zahlungsdienstleister darf die Ausführung eines autorisierten Zahlungsauftrages nicht ablehnen, unabhängig davon, ob er von einem Zahler, auch durch einen Zahlungsauslösedienstleister, oder von einem Zahlungsempfänger oder über diesen ausgelöst wurde, außer

1. es sind nicht alle im Rahmenvertrag gemäß § 48 festgelegten Bedingungen erfüllt; oder

2. die Ausführung würde gegen eine unionsrechtliche oder innerstaatliche Regelung oder gegen eine gerichtliche oder verwaltungsbehördliche Anordnung verstoßen oder

3. es besteht der begründete Verdacht, dass die Ausführung eine strafbare Handlung darstellen würde.

(2) Lehnt der Zahlungsdienstleister die Ausführung des Zahlungsauftrages ab, so hat er dies dem Zahlungsdienstnutzer so rasch wie möglich, jedenfalls aber innerhalb der Fristen gemäß § 77, in der gemäß § 48 Abs. 1 Z 4 vereinbarten Form unter Angabe der Gründe und der Möglichkeiten zur Verbesserung, mitzuteilen oder zugänglich zu machen. Die Angabe der Gründe hat zu unterbleiben, wenn dies gegen eine unionsrechtliche oder innerstaatliche Regelung oder gegen eine gerichtliche oder behördliche Anordnung verstoßen würde.

(3) Für die Zwecke der §§ 77 und 82 gilt ein Zahlungsauftrag, dessen Ausführung abgelehnt wurde, als nicht eingegangen.

Unwiderruflichkeit von Zahlungsaufträgen

§ 74. (1) Der Zahlungsdienstnutzer kann einen Zahlungsauftrag nicht mehr widerrufen,

1. wenn der Zahlungsauftrag beim Zahlungsdienstleister des Zahlers eingegangen ist;

2. im Falle von § 72 Abs. 4 (Vereinbarung eines Ausführungsdatums in der Zukunft) nach dem Ende des Geschäftstages vor dem vereinbarten Tag.

(2) Wenn der Zahlungsvorgang vom oder über den Zahlungsempfänger ausgelöst wurde, kann der Zahler einen Zahlungsauftrag nicht mehr widerrufen, nachdem der Zahler seine Zustimmung zur Ausführung des Zahlungsauftrags an den Zahlungsempfänger übermittelt hat. Wenn der

Zahlungsvorgang von einem Zahlungsauslösedienst ausgelöst wurde, ist ein Widerruf des Zahlungsauftrags unzulässig, nachdem der Zahler die Zustimmung zur Auslösung erteilt hat. Ungeachtet dessen kann der Zahler jedoch im Falle einer Lastschrift bis spätestens zum Ende des Geschäftstages vor dem vereinbarten Belastungstag den Zahlungsauftrag widerrufen.

(3) Nach dem Zeitpunkt der Unwiderruflichkeit gemäß Abs. 1 und 2 kann ein Zahlungsauftrag nur widerrufen werden, wenn dies der Zahlungsdienstnutzer und die betreffenden Zahlungsdienstleister vereinbart haben (§ 48 Abs. 1 Z 2 lit. c). Im Falle des Abs. 2 ist weiters die Zustimmung des Zahlungsempfängers erforderlich.

Transfer des Betrags in voller Höhe

§ 75. (1) Der Zahlungsdienstleister des Zahlers, des Zahlungsempfängers und alle zwischengeschalteten Stellen haben den Betrag, der Gegenstand des Zahlungsauftrages ist, in voller Höhe zu transferieren und dürfen keine Entgelte vom transferierten Betrag abziehen.

(2) Der Zahlungsempfänger und sein Zahlungsdienstleister können jedoch vereinbaren, dass der Zahlungsdienstleister seine Entgelte von dem transferierten Betrag abziehen darf, bevor er ihn dem Zahlungsempfänger gutschreibt. In diesem Fall sind der vollständige Betrag des Zahlungsvorgangs und die Entgelte in den Informationen für den Zahlungsempfänger getrennt auszuweisen.

(3) Wird der Zahlungsvorgang vom Zahler ausgelöst, so hat dessen Zahlungsdienstleister sicherzustellen, dass der Zahlungsempfänger den Betrag des Zahlungsvorgangs abgesehen von den Entgelten gemäß Abs. 2 in voller Höhe erhält. Wird der Zahlungsvorgang vom oder über den Zahlungsempfänger ausgelöst, so hat dessen Zahlungsdienstleister sicherzustellen, dass der Zahlungsempfänger den Betrag des Zahlungsvorgangs in voller Höhe erhält.

4. Abschnitt
Ausführungsfrist und Wertstellungsdatum

Anwendungsbereich

§ 76. (1) Dieser Abschnitt gilt für

1. Zahlungsvorgänge in Euro,

2. innerstaatliche Zahlungsvorgänge in der Währung des Mitgliedstaats, der nicht dem EuroWährungsgebiet angehört,

3. Zahlungsvorgänge, bei denen nur eine Währungsumrechnung zwischen dem Euro und der Währung eines nicht dem Euro-Währungsgebiet angehörenden Mitgliedstaats stattfindet, sofern die erforderliche Währungsumrechnung in dem nicht dem Euro-Währungsgebiet angehörenden Mitgliedstaat durchgeführt wird und – bei grenzüberschreitenden Zahlungsvorgängen – der grenzüberschreitende Transfer in Euro stattfindet.

(2) Dieser Abschnitt ist auf in Abs. 1 nicht genannte Zahlungsvorgänge anzuwenden, sofern nicht zwischen dem Zahlungsdienstnutzer und dem Zahlungsdienstleister etwas anderes vereinbart wurde. § 77 Abs. 2 und § 78 können die Parteien vertraglich nicht abbedingen. Vereinbaren der Zahlungsdienstnutzer und der Zahlungsdienstleister jedoch für Zahlungsvorgänge innerhalb der Union eine längere Frist als jene gemäß § 77 Abs. 1, 3 oder 4, so darf diese längere Frist vier Geschäftstage ab dem Zeitpunkt des Eingangs des Zahlungsauftrags (§ 72) nicht überschreiten.

Ausführungsfrist und Verfügbarkeit

§ 77. (1) Der Zahlungsdienstleister des Zahlers hat sicherzustellen, dass der Betrag, der Gegenstand des Zahlungsvorgangs ist, dem Konto des Zahlungsdienstleisters des Empfängers spätestens am Ende des dem Tag des Eingangszeitpunktes (§ 72) folgenden Geschäftstages gutgeschrieben wird. Für in Papierform ausgelöste Zahlungsvorgänge verlängert sich diese Frist um einen weiteren Geschäftstag.

(2) Der Zahlungsdienstleister des Zahlungsempfängers hat den Betrag, der Gegenstand des Zahlungsvorgangs ist, unverzüglich nachdem dieser Betrag beim Zahlungsdienstleister des Zahlungsempfängers oder auf dessen Konto gutgeschrieben wurde, auf dem Zahlungskonto des Zahlungsempfängers verfügbar zu machen und gemäß § 78 wertzustellen, wenn auf Seiten des Zahlungsdienstleisters des Zahlungsempfängers

1. keine Währungsumrechnung erfolgt oder

2. eine Währungsumrechnung zwischen dem Euro und einer Währung eines Mitgliedstaats oder zwischen den Währungen zweier Mitgliedstaaten erfolgt.

Diese Verpflichtung gilt auch für Zahlungen innerhalb eines Zahlungsdienstleisters.

(3) Sofern kein Zahlungskonto beim Zahlungsdienstleister des Zahlungsempfängers gehalten wird, hat der Zahlungsdienstleister des Zahlungsempfängers Geldbeträge, die zugunsten des Zahlungsempfängers eingegangen sind, innerhalb der Frist gemäß Abs. 1 verfügbar zu machen.

(4) Im Falle eines vom oder über den Zahlungsempfänger ausgelösten Zahlungsvorgangs hat der Zahlungsdienstleister des Zahlungsempfängers dem Zahlungsdienstleister des Zahlers diesen Zahlungsauftrag innerhalb der zwischen dem Zahlungsempfänger und seinem Zahlungsdienstleister vereinbarten Fristen zu übermitteln. Im Falle von Lastschriften hat die Übermittlung des Zahlungsauftrages an den Zahlungsdienstleister des Zahlers so rechtzeitig zu erfolgen, dass die

Verrechnung am vereinbarten Fälligkeitstermin möglich ist.

(5) Im Falle von Bargeldeinzahlungen auf ein Zahlungskonto bei einem Zahlungsdienstleister in der Währung des Zahlungskontos hat der Zahlungsdienstleister sicherzustellen, dass der Geldbetrag,

1. falls das Konto auf einen Verbraucher lautet, unverzüglich nach dem Zeitpunkt der Entgegennahme verfügbar gemacht und wertgestellt wird;

2. falls das Konto nicht auf einen Verbraucher lautet, spätestens an dem auf die Entgegennahme folgenden Geschäftstag auf dem Konto des Zahlungsempfängers verfügbar gemacht und wertgestellt wird.

Wertstellungsdatum

§ 78. (1) Das Wertstellungsdatum einer Gutschrift auf dem Zahlungskonto des Zahlungsempfängers ist spätestens der Geschäftstag, an dem der Betrag, der Gegenstand des Zahlungsvorgangs ist, dem Konto des Zahlungsdienstleisters des Zahlungsempfängers gutgeschrieben wird. Dieser Zeitpunkt ist für die Berechnung der Zinsen am Zahlungskonto des Zahlungsempfängers zugrunde zu legen, sofern die Gewährung oder Verrechnung von Zinsen gesetzlich zulässig ist.

(2) Das Wertstellungsdatum einer Belastung auf dem Zahlungskonto des Zahlers ist frühestens der Zeitpunkt, an dem dieses Konto mit dem Betrag belastet wird, der Gegenstand des Zahlungsvorgangs ist. Dieser Zeitpunkt ist für die Berechnung der Zinsen am Zahlungskonto des Zahlers zugrunde zu legen, sofern die Gewährung oder Verrechnung von Zinsen gesetzlich zulässig ist.

5. Abschnitt
Haftung

Fehlerhafter Kundenidentifikator

§ 79. (1) Wird ein Zahlungsauftrag in Übereinstimmung mit dem Kundenidentifikator ausgeführt, gilt der Zahlungsauftrag gegenüber dem durch den Kundenidentifikator bezeichneten Zahlungsempfänger als korrekt ausgeführt. Der Zahlungsdienstleister hat dabei die im Verkehr erforderliche Sorgfalt zu beachten und – soweit technisch und ohne manuelles Eingreifen möglich – zu überprüfen, ob der Kundenidentifikator kohärent ist. Falls der Kundenidentifikator nicht kohärent ist, hat der Zahlungsdienstleister den Zahlungsauftrag zurückzuweisen und den Zahler davon zu unterrichten.

(2) Ist der vom Zahlungsdienstnutzer angegebene Kundenidentifikator fehlerhaft, haftet der Zahlungsdienstleister nicht gemäß § 80 für die nicht erfolgte oder fehlerhafte Ausführung des Zahlungsvorgangs.

(3) Der Zahlungsdienstleister des Zahlers hat sich jedoch im Rahmen des Zumutbaren zu bemühen, den Geldbetrag, der Gegenstand des Zahlungsvorgangs war, wiederzuerlangen. Der Zahlungsdienstleister des Zahlungsempfängers hat sich an diesen Bemühungen dadurch zu beteiligen, dass er dem Zahlungsdienstleister des Zahlers alle für die Wiedererlangung des Geldbetrags maßgeblichen Informationen mitteilt.

(4) Ist es nicht möglich, den Geldbetrag gemäß Abs. 3 wiederzuerlangen, hat der Zahlungsdienstleister des Zahlers dem Zahler auf schriftliches Verlangen alle Informationen mitzuteilen, über die der Zahlungsdienstleister des Zahlers verfügt, und die für den Zahler relevant sind, damit dieser seinen Anspruch auf Rückerstattung des Betrags auf dem ordentlichen Rechtsweg geltend machen kann.

(5) Der Zahlungsdienstleister kann dem Zahlungsdienstnutzer für die Wiedererlangung ein Entgelt in Rechnung stellen, wenn das im Rahmenvertrag vereinbart wurde.

(6) Macht der Zahlungsdienstnutzer weitergehende Angaben als die nach § 41 Abs. 1 Z 1 oder § 48 Abs. 1 Z 2 lit. b, haftet der Zahlungsdienstleister nur für die Ausführung von Zahlungsvorgängen in Übereinstimmung mit dem vom Zahlungsdienstnutzer angegebenen Kundenidentifikator.

Haftung der Zahlungsdienstleister für nicht erfolgte, fehlerhafte oder verspätete Ausführung von Zahlungsvorgängen

§ 80. (1) Wird ein Zahlungsauftrag vom Zahler direkt ausgelöst, so gilt Folgendes:

1. Der Zahlungsdienstleister des Zahlers haftet gegenüber dem Zahler für die ordnungsgemäße Ausführung des Zahlungsvorgangs, es sei denn, der Zahlungsdienstleister des Zahlers kann gegenüber dem Zahler und gegebenenfalls dem Zahlungsdienstleister des Zahlungsempfängers nachweisen, dass der Betrag des Zahlungsvorgangs gemäß § 77 Abs. 1 beim Zahlungsdienstleister des Zahlungsempfängers eingegangen ist. In diesem Fall haftet der Zahlungsdienstleister des Zahlungsempfängers gegenüber dem Zahlungsempfänger für die ordnungsgemäße Ausführung des Zahlungsvorgangs.

2. Haftet der Zahlungsdienstleister des Zahlers gemäß Z 1, so hat er dem Zahler unverzüglich den Betrag des nicht oder fehlerhaft ausgeführten Zahlungsvorgangs zu erstatten und das belastete Zahlungskonto wieder auf den Stand zu bringen, auf dem es sich ohne den fehlerhaft ausgeführten Zahlungsvorgang befunden hätte. Der Betrag ist auf dem Zahlungskonto des Zahlers spätestens

zu dem Datum der Belastung des Kontos wertzustellen.

3. Haftet der Zahlungsdienstleister des Zahlungsempfängers gemäß Z 1, so hat er dem Zahlungsempfänger den Betrag des Zahlungsvorgangs unverzüglich zur Verfügung zu stellen und dem Zahlungskonto des Zahlungsempfängers den entsprechenden Betrag gutzuschreiben. Der Betrag ist auf dem Zahlungskonto des Zahlungsempfängers spätestens zu dem Datum wertzustellen, zu dem der Betrag bei korrekter Ausführung gemäß § 78 wertgestellt worden wäre.

4. Wird ein Zahlungsvorgang verspätet ausgeführt, hat der Zahlungsdienstleister des Zahlungsempfängers auf Verlangen des für den Zahler auftretenden Zahlungsdienstleisters sicher zu stellen, dass der Betrag auf dem Zahlungskonto des Zahlungsempfängers spätestens zu dem Datum wertgestellt wird, zu dem der Betrag bei korrekter Ausführung wertgestellt worden wäre.

5. Im Falle eines nicht oder fehlerhaft ausgeführten Zahlungsvorgangs hat sich der Zahlungsdienstleister des Zahlers auf Verlangen – ungeachtet der Haftung nach diesem Absatz – unverzüglich darum zu bemühen, den Zahlungsvorgang zurückzuverfolgen. Der Zahler ist über das Ergebnis zu unterrichten. Dem Zahler darf dafür kein Entgelt in Rechnung gestellt werden.

(2) Wird ein Zahlungsauftrag vom Zahlungsempfänger oder über diesen ausgelöst, so gilt Folgendes:

1. Der Zahlungsdienstleister des Zahlungsempfängers haftet gegenüber dem Zahlungsempfänger für die ordnungsgemäße Übermittlung des Zahlungsauftrags an den Zahlungsdienstleister des Zahlers gemäß § 77 Abs. 3. In diesem Fall muss er den fraglichen Zahlungsauftrag unverzüglich erneut an den Zahlungsdienstleister des Zahlers übermitteln.

2. Bei verspäteter Übermittlung des Zahlungsauftrags ist der Betrag auf dem Zahlungskonto des Zahlungsempfängers spätestens zu dem Datum wertzustellen, zu dem der Betrag bei korrekter Ausführung wertgestellt worden wäre.

3. Darüber hinaus haftet der Zahlungsdienstleister des Zahlungsempfängers gegenüber dem Zahlungsempfänger für die Bearbeitung des Zahlungsvorgangs entsprechend seinen Pflichten gemäß § 78. Er hat sicherzustellen, dass der Betrag des Zahlungsvorgangs dem Zahlungsempfänger unverzüglich zur Verfügung steht, nachdem er dem Zahlungskonto des Zahlungsdienstleisters des Zahlungsempfängers gutgeschrieben wurde. Der Betrag ist auf dem Zahlungskonto des Zahlungsempfängers spätestens zu dem Datum wertzustellen, zu dem der Betrag bei korrekter Ausführung wertgestellt worden wäre.

4. Im Falle eines nicht oder fehlerhaft ausgeführten Zahlungsvorgangs, für den der Zahlungsdienstleister des Zahlungsempfängers nicht nach Z 1 und Z 2 haftet, haftet der Zahlungsdienstleister des Zahlers gegenüber dem Zahler. Haftet der Zahlungsdienstleister des Zahlers, hat er dem Zahler gegebenenfalls unverzüglich den Betrag des nicht oder fehlerhaft ausgeführten Zahlungsvorgangs zu erstatten und das belastete Zahlungskonto gegebenenfalls wieder auf den Stand zu bringen, auf dem es sich ohne den fehlerhaft ausgeführten Zahlungsvorgang befunden hätte. Der Betrag ist auf dem Zahlungskonto des Zahlers spätestens zu dem Datum der Belastung des Kontos wertzustellen.

5. Die Verpflichtung des Zahlungsdienstleisters des Zahlers nach Z 4 besteht nicht, wenn der Zahlungsdienstleister des Zahlers nachweist, dass der Zahlungsdienstleister des Zahlungsempfängers den Betrag des Zahlungsvorgangs erhalten hat, auch wenn die Zahlung lediglich mit einer geringfügigen Verzögerung ausgeführt wurde. In diesem Fall ist der Betrag vom Zahlungsdienstleister des Zahlungsempfängers auf dem Zahlungskonto des Zahlungsempfängers spätestens zu dem Datum wertzustellen, zu dem der Betrag bei korrekter Ausführung wertgestellt worden wäre.

6. Im Falle eines nicht oder fehlerhaft ausgeführten Zahlungsvorgangs hat sich der Zahlungsdienstleister des Zahlungsempfängers auf dessen Verlangen – ungeachtet der Haftung nach diesem Absatz – unverzüglich darum zu bemühen, den Zahlungsvorgang zurückzuverfolgen. Der Zahlungsempfänger ist über das Ergebnis zu unterrichten. Dem Zahlungsempfänger darf dafür kein Entgelt in Rechnung gestellt werden.

(3) Die Zahlungsdienstleister haften darüber hinaus gegenüber ihren jeweiligen Zahlungsdienstnutzern für alle von ihnen zu verantwortenden Entgelte und Zinsen, die dem Zahlungsdienstnutzer infolge der nicht erfolgten, fehlerhaften oder verspäteten Ausführung des Zahlungsvorgangs in Rechnung gestellt werden.

Haftung von Zahlungsauslösediensten für nicht erfolgte, fehlerhafte oder verspätete Ausführung von Zahlungsvorgängen

§ 81. (1) Wird ein Zahlungsauftrag vom Zahler über einen Zahlungsauslösedienstleister ausgelöst, so hat der kontoführende Zahlungsdienstleister dem Zahler den Betrag des nicht oder fehlerhaft ausgeführten Zahlungsvorgangs zu erstatten und das belastete Zahlungskonto gegebenenfalls wieder auf den Stand zu bringen, auf dem es sich ohne den fehlerhaft ausgeführten Zahlungsvorgang befunden hätte. Dies gilt unbeschadet der Bestimmungen gemäß § 65 und § 79 Abs. 1 und 3.

(2) Der Zahlungsauslösedienstleister hat nachzuweisen, dass der Zahlungsauftrag gemäß § 72 beim kontoführenden Zahlungsdienstleister des Zahlers eingegangen ist und dass der Zahlungs-

vorgang innerhalb seines Zuständigkeitsbereichs authentifiziert, ordnungsgemäß aufgezeichnet und nicht durch ein technisches Versagen oder einen anderen Mangel im Zusammenhang mit der nicht erfolgten, fehlerhaften oder verspäteten Ausführung des Vorgangs beeinträchtigt wurde.

(3) Haftet der Zahlungsauslösedienstleister für die nicht erfolgte, fehlerhafte oder verspätete Ausführung des Zahlungsvorgangs, so hat er dem kontoführenden Zahlungsdienstleister auf dessen Verlangen unverzüglich die infolge der Erstattung an den Zahler erlittenen Verluste oder gezahlten Beträge zu ersetzen.

Zusätzliche Entschädigung

§ 82. Der Ersatz eines Schadens, der über die Regelungen gemäß den §§ 80 und 81 hinaus geht, richtet sich nach den allgemeinen Bestimmungen.

Regress

§ 83. Die Haftungsbestimmungen gemäß den §§ 67 und 80 lassen gesetzliche oder vertragliche Regressforderungen zwischen Zahlungsdienstleistern oder zwischengeschalteten Stellen unberührt. Regressforderungen beinhalten zumindest alle gemäß den §§ 67 und 80 durch einen Zahlungsdienstleister erlittenen Verluste oder gezahlten Beträge. Dazu gehören auch Entschädigungen im Zusammenhang mit Fällen, in denen der Zahlungsdienstleister keine starke Kundenauthentifizierung verlangt.

Haftungsausschluss für ungewöhnliche und unvorhersehbare Ereignisse

§ 84. Die Haftung gemäß Abschnitt 2 bis 5 (§ § 58 bis 83) erstreckt sich nicht auf ungewöhnliche und unvorhersehbare Ereignisse, auf die diejenige Partei, die sich auf diese Ereignisse beruft, keinen Einfluss hat und deren Folgen trotz Anwendung der gebotenen Sorgfalt nicht hätten vermieden werden können, oder auf Fälle, in denen ein Zahlungsdienstleister durch gegenteilige unionsrechtliche, innerstaatliche, gerichtliche oder verwaltungsbehördliche Anordnungen gebunden ist.

6. Abschnitt
Operationelle und sicherheitsrelevante Risiken

Umgang mit operationellen und sicherheitsrelevanten Risiken

§ 85. (1) Ein Zahlungsdienstleister hat einen Rahmen angemessener Risikominderungsmaßnahmen und Kontrollmechanismen zur Beherrschung der operationellen und der sicherheitsrelevanten Risiken im Zusammenhang mit den erbrachten Zahlungsdiensten zu schaffen. Als Teil dieses Rahmens hat der Zahlungsdienstleister wirksame Verfahren für den Umgang mit Vorfällen festzulegen und anzuwenden. Davon muss auch die Aufdeckung und Klassifizierung schwerer Betriebs- und Sicherheitsvorfälle umfasst sein.

(2) Der Zahlungsdienstleister hat der FMA jährlich eine aktualisierte und umfassende Bewertung der operationellen und sicherheitsrelevanten Risiken im Zusammenhang mit den erbrachten Zahlungsdiensten zu übermitteln. Die Bewertung hat insbesondere darzulegen, ob Risikominderungsmaßnahmen und Kontrollmechanismen, die zur Beherrschung von Risiken ergriffenen werden, angemessen sind. Die FMA kann festlegen, dass die Aktualisierung der Bewertung in kürzeren Abständen vorgenommen werden muss.

Meldung von Vorfällen

§ 86. (1) Im Falle eines schwerwiegenden Betriebs- oder Sicherheitsvorfalls hat ein Zahlungsdienstleister dies der FMA unverzüglich mitzuteilen. Wenn sich der Vorfall auf die finanziellen Interessen seiner Zahlungsdienstnutzer auswirkt oder auswirken könnte, hat der Zahlungsdienstleister unverzüglich seine Zahlungsdienstnutzer über den Vorfall zu benachrichtigen. Die Benachrichtigung hat über alle Maßnahmen aufzuklären, die Zahlungsdienstnutzer ergreifen können, um die negativen Auswirkungen des Vorfalls zu begrenzen.

(2) Die FMA hat nach Eingang einer Meldung gemäß Abs. 1 unverzüglich die EBA und die EZB über die maßgeblichen Einzelheiten des Vorfalls zu unterrichten. In Zusammenarbeit mit diesen Behörden hat die FMA die Relevanz des Vorfalls für andere maßgebliche Behörden der Union zu prüfen und diese entsprechend zu informieren. Nachdem die FMA die Relevanz des Vorfalls für die maßgeblichen Behörden geprüft hat, unterrichtet sie auch diese entsprechend. Erforderlichenfalls hat die FMA alle für die unmittelbare Sicherheit des Finanzsystems notwendigen Schutzvorkehrungen zu treffen.

(3) Zahlungsdienstleister haben der FMA einmal jährlich statistische Daten zu Betrugsfällen in Verbindung mit den unterschiedlichen Zahlungsmitteln vorzulegen. Die FMA hat diese Daten der EBA und der EZB in aggregierter Form zur Verfügung zu stellen.

Authentifizierung

§ 87. (1) Ein Zahlungsdienstleister hat eine starke Kundenauthentifizierung zu verlangen, wenn der Zahler

1. online auf sein Zahlungskonto zugreift,

2. einen elektronischen Zahlungsvorgang auslöst oder

für dessen Rechte und Pflichten sind die für die Aufsichtsperson geltenden Bestimmungen anzuwenden. Die Aufsichtsperson (Regierungskommissär) kann sich mit Genehmigung der FMA zur Erfüllung ihrer Aufgaben fachlich geeigneter Personen bedienen, soweit dies nach Umfang und Schwierigkeit der Aufgaben erforderlich ist. Die Genehmigung der FMA hat diese Personen namentlich zu benennen und ist auch dem Zahlungsinstitut zuzustellen. Diese Personen handeln auf Weisung und im Namen der Aufsichtsperson (Regierungskommissär) oder ihres Stellvertreters.

(3) Die FMA hat vom Österreichischen Rechtsanwaltskammertag und von der Kammer der Wirtschaftstreuhänder Meldungen über geeignete Regierungskommissäre einzuholen. Ist ein Regierungskommissär nach Abs. 1 Z 2 oder ein Stellvertreter nach Abs. 2 zu bestellen und ist keine Bestellung auf Grund dieser Meldungen möglich, so hat die FMA die nach dem Sitz des Zahlungsinstituts zuständige Rechtsanwaltskammer oder die Kammer der Wirtschaftstreuhänder zu benachrichtigen, damit diese einen fachlich geeigneten Rechtsanwalt oder Wirtschaftsprüfer als Regierungskommissär namhaft machen. Bei Gefahr in Verzug kann die FMA

1. einen Rechtsanwalt oder

2. einen Wirtschaftstreuhänder

vorläufig als Regierungskommissär bestellen. Diese Bestellung tritt mit der Bestellung eines Rechtsanwaltes oder Wirtschaftsprüfers nach dem ersten Satz außer Kraft.

(4) Alle von der FMA gemäß Abs. 1 und 2 angeordneten Maßnahmen ruhen für die Dauer eines Geschäftsaufsichtsverfahrens.

(5) Dem Regierungskommissär ist von der FMA eine Vergütung (Funktionsgebühr) zu leisten, die in einem angemessenen Verhältnis zu der mit der Aufsicht verbundenen Arbeit und den Aufwendungen hiefür steht. Der Regierungskommissär ist zur Rechnungslegung über das jeweils vorangegangene Quartal sowie nach Beendigung seiner Tätigkeit berechtigt. Die FMA hat die Vergütung unverzüglich nach Rechnungsprüfung zu leisten.

(6) Bescheide, mit denen Geschäftsleitern die Führung eines Zahlungsinstitutes gemäß § 4 Z 4 lit. a ganz oder teilweise untersagt wird (Abs. 1 Z 3 und Abs. 8), sind, wie auch eine allfällige Aufhebung dieser Maßnahme, von der FMA dem Firmenbuchgericht zur Eintragung in das Firmenbuch zu übermitteln.

(7) Liegt eine Konzessionsvoraussetzung gemäß § 10 nach Erteilung der Konzession nicht mehr vor oder verletzt ein Zahlungsinstitut gemäß § 4 Z 4 lit. a Bestimmungen gemäß § 88 Abs. 1 dieses Bundesgesetzes, einer auf Grund dieses Bundesgesetzes erlassenen Verordnung oder eines Bescheides, so hat die FMA die in § 70 Abs. 4 Z 1 bis 3 BWG genannten Maßnahmen in Bezug auf dieses Zahlungsinstitut zu ergreifen und gegebenenfalls die Konzession gemäß § 11 zu entziehen.

(8) Die FMA kann von ihr getroffene Maßnahmen nach Abs. 1, 3 und 7 sowie Sanktionen wegen einer Verletzung dieses Bundesgesetzes oder aufgrund dieses Bundesgesetzes ergangener Verordnungen durch Kundmachung im Internet oder in einer Zeitung mit Verbreitung im gesamten Bundesgebiet oder durch Aushang an geeigneter Stelle in den Geschäftsräumlichkeiten des Zahlungsinstitutes (§ 4 Z 4 lit. a) bekannt machen. Veröffentlichungen von Maßnahmen nach Abs. 7 in Verbindung mit § 70 Abs. 4 Z 1 BWG dürfen jedoch nur vorgenommen werden, wenn dies nach Art und Schwere des Verstoßes zur Information der Öffentlichkeit erforderlich und im Hinblick auf mögliche Nachteile des Betroffenen verhältnismäßig ist. Diese Veröffentlichungsmaßnahmen können auch kumulativ getroffen werden.

(9) Die FMA kann durch Kundmachung im Internet oder in einer Zeitung mit Verbreitung im gesamten Bundesgebiet die Öffentlichkeit informieren, dass eine namentlich genannte natürliche oder juristische Person (Person) zur Vornahme bestimmter Zahlungsdienste (§ 1 Abs. 2) nicht berechtigt ist, sofern diese Person dazu Anlass gegeben hat und eine Information der Öffentlichkeit erforderlich und im Hinblick auf mögliche Nachteile des Betroffenen verhältnismäßig ist. Diese Veröffentlichungsmaßnahmen können auch kumulativ getroffen werden. Diese Person muss in der Veröffentlichung eindeutig identifizierbar sein; zu diesem Zweck können, soweit der FMA bekannt, auch Geschäftsanschrift oder Wohnanschrift und Firmenbuchnummer, Internetadresse, Telefonnummer und Telefaxnummer angegeben werden.

(10) Der von der Veröffentlichung Betroffene kann eine Überprüfung der Rechtmäßigkeit der Veröffentlichung gemäß Abs. 8 oder 9 in einem bescheidmäßig zu erledigenden Verfahren bei der FMA beantragen. Die FMA hat diesfalls die Einleitung eines solchen Verfahrens in gleicher Weise bekannt zu machen. Wird im Rahmen der Überprüfung die Rechtswidrigkeit der Veröffentlichung festgestellt, so hat die FMA die Veröffentlichung richtig zu stellen oder auf Antrag des Betroffenen entweder zu widerrufen oder aus dem Internetauftritt zu entfernen. Wird einer Beschwerde gegen einen Bescheid, der gemäß Abs. 8 bekannt gemacht worden ist, in einem Verfahren vor den Gerichtshöfen öffentlichen Rechts aufschiebende Wirkung zuerkannt, so hat die FMA dies in gleicher Weise bekannt zu machen. Die Veröffentlichung ist richtig zu stellen oder auf Antrag des Betroffenen entweder zu widerrufen oder aus dem Internetauftritt zu entfernen, wenn der Bescheid aufgehoben wird.

(11) Die FMA kann nach Anhörung der Oesterreichischen Nationalbank durch Verordnung vorschreiben, dass die Anzeigen und Übermittlungen gemäß § 13 Abs. 4, § 14 Abs. 1, § 21 Abs. 3, § 22 Abs. 1, § 25 Abs. 7, § 28 Abs. 1 und § 86 Abs. 1 ausschließlich in elektronischer Form zu erfolgen sowie bestimmten Gliederungen, technischen Mindestanforderungen und Übermittlungsmodalitäten zu entsprechen haben. Die FMA hat sich dabei an den Grundsätzen der Wirtschaftlichkeit und Zweckmäßigkeit zu orientieren und dafür zu sorgen, dass die jederzeitige elektronische Verfügbarkeit der Daten für die FMA und die Oesterreichische Nationalbank gewährleistet bleibt und Aufsichtsinteressen nicht beeinträchtigt werden. Weiters kann die FMA in dieser Verordnung Abschlussprüfern für Bescheinigungen, Übermittlungen, Berichte und Meldungen gemäß § 25 Abs. 8 und § 95 Abs. 1, 2 und 3 eine fakultative Teilnahme an dem elektronischen System der Übermittlung gemäß dem ersten Satz ermöglichen. Die FMA hat geeignete Vorkehrungen dafür zu treffen, dass sich die Meldepflichtigen oder gegebenenfalls ihre Einbringungsverantwortlichen während eines angemessenen Zeitraums im System über die Richtigkeit und Vollständigkeit der von ihnen oder ihren Einbringungsverantwortlichen erstatteten Meldedaten vergewissern können.

Berichtspflicht von Abschlussprüfern

§ 95. (1) Stellt ein Abschlussprüfer, der den Jahresabschluss eines in § 4 Z 4 lit. a genannten Zahlungsinstitutes prüft oder bei diesem eine sonstige gesetzlich vorgeschriebene Tätigkeit ausübt, Tatsachen fest, die eine Berichtspflicht gemäß § 273 Abs. 2 und 3 UGB begründen, so hat er unverzüglich, spätestens gleichzeitig, den gemäß § 273 Abs. 3 UGB zu erstattenden Bericht auch der FMA und der Oesterreichischen Nationalbank zu übermitteln.

(2) Der Abschlussprüfer hat, auch wenn keine Berichtspflicht gemäß § 273 Abs. 2 und 3 UGB besteht, der FMA und der Oesterreichischen Nationalbank sowie den Geschäftsleitern und dem nach Gesetz oder Satzung zuständigen Aufsichtsorgan unverzüglich schriftlich mit Erläuterungen zu berichten, wenn er bei seiner Prüfungstätigkeit Tatsachen feststellt, die

1. einen erheblichen Verstoß gegen die in § 88 Abs. 1 genannten Bestimmungen oder gegen auf Grund dieses Bundesgesetzes erlassene Verordnungen oder Bescheide der FMA erkennen lassen;

2. die Erfüllbarkeit der Verpflichtungen des Zahlungsinstituts für gefährdet erkennen lassen;

3. eine wesentliche Verschärfung der Risikolage darstellen;

4. wesentliche Bilanzposten oder außerbilanzielle Positionen als nicht werthaltig festgestellt werden oder

5. begründete Zweifel an der Richtigkeit der Unterlagen oder an der Vollständigkeitserklärung des Vorstandes vorliegen.

Stellt der Abschlussprüfer sonstige Mängel, nicht besorgniserregende Veränderungen der Risikolage oder der wirtschaftlichen Situation oder nur geringfügige Verletzungen von Vorschriften fest, und sind die Mängel und Verletzungen von Vorschriften kurzfristig behebbar, so muss der Abschlussprüfer der FMA und der Oesterreichischen Nationalbank erst dann berichten, wenn das Zahlungsinstitut nicht binnen einer angemessenen Frist, längstens jedoch binnen drei Monaten, die festgestellten Mängel behoben und dies dem Abschlussprüfer nachgewiesen hat. Zu berichten ist auch dann, wenn die Geschäftsleiter eine vom Abschlussprüfer geforderte Auskunft innerhalb einer angemessenen Frist nicht ordnungsgemäß erteilen. In Fällen, in denen eine Wirtschaftsprüfungsgesellschaft als Abschlussprüfer bestellt wird, trifft die Berichtspflicht auch die nach § 77 Abs. 9 WTBG namhaft gemachten natürlichen Personen.

(3) Der Abschlussprüfer ist auch zur Meldung derartiger Sachverhalte verpflichtet, von denen er in Ausübung einer der vorgenannten Tätigkeiten in einem Unternehmen Kenntnis erlangt, das ein verbundenes Unternehmen (§ 189a Z 8 UGB) zu dem in § 4 Z 4 lit. a genannten Zahlungsinstitut ist, für das er diese Tätigkeit ausübt.

(4) Der Abschlussprüfer ist bei der Wahrnehmung seiner Aufgaben auch außerhalb von Prüfungsaufträgen des Aufsichtsorgans zur Verständigung des Aufsichtsratsvorsitzenden verpflichtet, wenn eine Berichterstattung an die Geschäftsleiter wegen der Art und Umstände der festgestellten Ordnungswidrigkeiten den Zweck der Beseitigung der Mängel nicht erreichen würde und diese schwerwiegend sind.

(5) Erstattet der Abschlussprüfer in gutem Glauben einen Bericht gemäß Abs. 1 bis 4, so gilt dies nicht als Verletzung einer vertraglich oder durch Rechts- oder Verwaltungsvorschriften geregelten Bekanntmachungsbeschränkung und zieht für ihn keine Haftung nach sich.

2. Abschnitt

Alternative Streitbeilegungsverfahren

Beschwerden

§ 96. (1) Die Zahlungsdienstnutzer und andere interessierte Parteien einschließlich Verbraucherschutzeinrichtungen können bei der FMA Beschwerde wegen mutmaßlicher Verstöße gegen die Bestimmungen dieses Bundesgesetzes einlegen.

(2) Die FMA hat Zahlungsdienstnutzer, die einen Verstoß eines Zahlungsdienstinstitutes gegen § 18 (Sicherung der Kundengelder) oder eines Zahlungsdienstleisters gegen eine Bestimmung des 3. und 4. Hauptstücks, gegen eine Bestimmung der Verordnung (EG) Nr. 924/2009 oder der Verordnung (EU) Nr. 260/2012 zur Anzeige bringen, auf die Möglichkeit einer Beschwerde bei der Schlichtungsstelle gemäß § 98 zu verweisen.

Beschwerdeverfahren beim Zahlungsdienstleister

§ 97. (1) Die Zahlungsdienstleister haben ein angemessenes und wirksames Beschwerdeverfahren zu schaffen, das bei Beschwerden von Zahlungsdienstnutzern in Bezug auf die Bestimmungen des 3. und 4. Hauptstücks anzuwenden ist, bevor auf ein Verfahren zur alternativen Streitbeilegung gemäß § 98 zurückgegriffen wird.

(2) Dieses Verfahren gilt in jenem Mitgliedstaat, in dem der Zahlungsdienstleister die Zahlungsdienste anbietet, und steht in der Amtssprache des betreffenden Mitgliedstaats oder in einer anderen zwischen dem Zahlungsdienstleister und dem Zahlungsdienstnutzer vereinbarten Sprache zur Verfügung.

(3) Zahlungsdienstleister haben jede Anstrengung zu unternehmen, um Beschwerden der Zahlungsdienstnutzer in Papierform oder – bei entsprechender Vereinbarung zwischen Zahlungsdienstleister und Zahlungsdienstnutzer – auf einem anderen dauerhaften Datenträger zu beantworten. In dieser Antwort, die innerhalb einer angemessenen Frist, spätestens aber innerhalb von 15 Arbeitstagen nach Eingang der Beschwerde zu erfolgen hat, ist auf alle angesprochenen Fragen einzugehen. Kann der Zahlungsdienstleister in Ausnahmefällen aus Gründen, die er nicht zu verantworten hat, nicht innerhalb von 15 Arbeitstagen antworten, ist er verpflichtet, ein vorläufiges Antwortschreiben mit eindeutiger Angabe der Gründe für die Verzögerung bei der Beantwortung der Beschwerde zu versenden und darin einen Zeitpunkt zu nennen, bis zu dem der Zahlungsdienstnutzer die endgültige Antwort spätestens erhält. Die Frist für den Erhalt der endgültigen Antwort darf 35 Arbeitstage in keinem Fall überschreiten.

(4) Der Zahlungsdienstleister hat den Zahlungsdienstnutzer über die Schlichtungsstelle gemäß § 98, die für die Beilegung von Streitigkeiten gemäß § 98 Abs. 2 zuständig ist, zu informieren. Die Informationen müssen klar, umfassend und leicht zugänglich auf der Internetseite des Zahlungsdienstleisters, sofern vorhanden, in der Zweigstelle sowie in den Allgemeinen Bedingungen des Vertrags zwischen dem Zahlungsdienstleister und Zahlungsdienstnutzer genannt werden. Dabei ist auch anzugeben, wo weitere Informationen über die betreffende Stelle zur alternativen Streitbeilegung und über die Bedingungen für deren Anrufung erhältlich sind.

Alternative Streitbeilegung – Schlichtungsstelle

§ 98. (1) Die Schlichtungsstelle ist in Österreich die Gemeinsame Schlichtungsstelle der Österreichischen Kreditwirtschaft. Gemäß dem Alternative-Streitbeilegung-Gesetz – AStG, BGBl. I Nr. 105/2015, hat sie angemessene, unabhängige, unparteiische, transparente und wirksame alternative Streitbeilegungsverfahren zu gewährleisten.

(2) Sie ist zuständig für Verfahren zur Beilegung von Streitigkeiten zwischen Zahlungsdienstleistern und Zahlungsdienstnutzern, bei denen es sich um Verbraucher gemäß § 4 Z 20 handelt,

1. gemäß Art. 102 der Richtlinie (EU) 2015/2366;

2. gemäß Art. 100 der Richtlinie 2009/65/EG;

3. gemäß Art. 13 der Richtlinie 2009/110/EG;

4. gemäß Art. 11 der Verordnung (EG) Nr. 924/2009 sowie

5. gemäß Art. 12 der Verordnung (EU) Nr. 260/2012.

3. Abschnitt

Straf- und Verfahrensbestimmungen

Strafbestimmungen

§ 99. (1) Wer Zahlungsdienste gemäß § 1 Abs. 2 Z 1 bis 7 ohne die erforderliche Berechtigung erbringt, begeht eine Verwaltungsübertretung und ist von der FMA mit Geldstrafe bis zu 50 000 Euro zu bestrafen.

(2) Wer Kontoinformationsdienste gemäß § 1 Abs. 2 Z 8 ohne die Eintragung in das Zahlungsinstitutsregister gemäß § 15 erbringt, begeht eine Verwaltungsübertretung und ist von der FMA mit Geldstrafe bis zu 10 000 Euro zu bestrafen.

(3) Wer gegen die Meldeverpflichtung gemäß § 3 Abs. 4 (Schwellenwert begrenztes Netz) verstößt, begeht eine Verwaltungsübertretung und ist von der FMA mit Geldstrafe bis zu 30 000 Euro zu bestrafen.

(4) Wer vertrauliche Tatsachen entgegen § 20 Abs. 5 offenbart oder verwertet, um sich oder einem anderen einen Vermögensnachteil zu verschaffen oder um einem anderen einen Nachteil zuzufügen, ist vom Gericht mit Freiheitsstrafe bis zu sechs Monaten oder mit Geldstrafe bis zu 360 Tagessätzen zu bestrafen. Der Täter ist nur mit

Ermächtigung des in seinem Interesse an der Geheimhaltung Verletzten zu verfolgen.

Strafbestimmungen für Verantwortliche (§ 9 VStG)

§ 100. (1) Wer als Verantwortlicher (§ 9 VStG) eines Zahlungsinstitutes gemäß § 4 Z 4 lit. a oder einer Zweigstelle gemäß § 28

1. gegen eine Beschränkung gemäß § 7 (Erfordernis und Umfang der Konzession) verstößt,

2. gegen eine Verpflichtung gemäß

a) den §§ 16 oder 17 (Eigenmittel),

b) § 20 Abs. 1 bis 4 (organisatorische Anforderungen),

c) § 24 (Aufbewahrungspflichten),

d) § 26 (Meldewesen) verstößt, oder

3. die schriftliche Anzeige eines jeden Erwerbes und jeder Abtretung einer qualifizierten Beteiligung gemäß § 19 Abs. 1 und 3 an die FMA unterlässt,

begeht eine Verwaltungsübertretung und ist von der FMA hinsichtlich der Z 1 mit Geldstrafe bis zu 100 000 Euro und hinsichtlich der Z 2 bis 3 mit Geldstrafe bis zu 60 000 Euro zu bestrafen.

(2) Wer als Verantwortlicher (§ 9 VStG) eines Zahlungsinstituts gemäß § 4 Z 4 lit. a oder einer Zweigstelle gemäß § 28 die Sicherungspflichten gemäß § 18 verletzt, begeht eine Verwaltungsübertretung und ist von der FMA mit Geldstrafe bis zu 100 000 Euro zu bestrafen.

(3) Wer als Abschlussprüfer eines Zahlungsinstituts gemäß § 4 Z 4 lit. a oder einer Zweigstelle gemäß § 28 seine Meldepflichten gemäß § 95 Abs. 1, 2 oder 3 verletzt, begeht eine Verwaltungsübertretung und ist von der FMA mit Geldstrafe bis zu 100 000 Euro zu bestrafen.

(4) Wer als Verantwortlicher (§ 9 VStG) eines Zahlungsinstituts gemäß § 4 Z 4 lit. a oder einer Zweigstelle gemäß § 28 unterlässt, der FMA entgegen § 25 Abs. 3 den Jahresabschluss rechtzeitig vorzulegen, begeht eine Verwaltungsübertretung und ist von der FMA mit Geldstrafe bis zu 20 000 Euro zu bestrafen.

(5) Bei der Ermittlung in Verwaltungsstrafverfahren gemäß § 99 und gemäß den Abs. 1 bis 4 und 6 bis 9 kommen der FMA alle Kompetenzen gemäß § 93 Abs. 2 zu.

(6) Wer als Verantwortlicher (§ 9 VStG) eines Zahlungsinstituts gemäß § 4 Z 4 lit. a

1. die Pflichten gemäß § 21 Abs. 1 und 2, § 23 Abs. 2 und 3, den §§ 33, 50, 51, § 62 Abs. 4, den §§ 64, 72, 75, 77, 78, 85, 86, 87 dieses Bundesgesetzes oder gemäß § 36 BWG verletzt oder

2. die Pflichten gemäß den §§ 35, 47, 48, 53, 54, 57 dieses Bundesgesetzes verletzt oder

3. die unverzügliche schriftliche Anzeige von in § 13 Abs. 4, § 15, § 21 Abs. 3, § 22 Abs. 1 genannten Sachverhalten an die FMA unterlässt,

begeht eine Verwaltungsübertretung und ist von der FMA in den Fällen nach Z 1 mit Geldstrafe bis zu 60 000 Euro und in den Fällen nach Z 2 oder 3 mit einer Geldstrafe bis zu 10 000 Euro zu bestrafen.

(7) Wer als Verantwortlicher (§ 9 VStG) einer Zweigstelle gemäß § 27

1. die Pflichten gemäß den §§ 35, 47, 48, 53, 54, 57 dieses Bundesgesetzes verletzt oder

2. die Pflichten der §§ 33, 50, 51, § 62 Abs. 4, der §§ 64, 72, 75, 77, 78, 85, 86, 87 dieses Bundesgesetzes oder gemäß § 36 BWG verletzt,

begeht eine Verwaltungsübertretung und ist von der FMA in den Fällen nach Z 1 mit Geldstrafe bis zu 10 000 Euro und in Fällen nach Z 2 mit Geldstrafe bis zu 60 000 Euro zu bestrafen.

(8) Wer als Verantwortlicher (§ 9 VStG) eines Zahlungsdienstleisters gemäß § 1 Abs. 3 Z 1 und 3 bis 5

1. die Pflichten gemäß den §§ 35, 38, 47, 48, 53, 54, 57, 87 dieses Bundesgesetzes verletzt oder

2. die Pflichten der §§ 33, 50, 51, § 62 Abs. 4, der §§ 64, 72, 75, 77, 78, 85, 86 dieses Bundesgesetzes verletzt,

begeht eine Verwaltungsübertretung und ist von der FMA in den Fällen nach Z 1 mit Geldstrafe bis zu 10 000 Euro und in Fällen nach Z 2 mit Geldstrafe bis zu 60 000 Euro zu bestrafen.

(9) Bei Verletzung einer Verpflichtung gemäß § 13 Abs. 4, § 14 Abs. 1 Z 1 hinsichtlich Satzungsänderungen, Z 4, Z 7 und Z 10 sowie § 14 Abs. 2 hinsichtlich § 20 Abs. 3 BWG hat die FMA von der Einleitung und Durchführung eines Verwaltungsstrafverfahrens abzusehen, wenn die nicht ordnungsgemäß erstattete Anzeige nachgeholt wurde, bevor die FMA oder die Oesterreichische Nationalbank Kenntnis von dieser Übertretung erlangt hat.

Strafbestimmungen für Zahlungsdienstleister im Zusammenhang mit grenzüberschreitenden Zahlungen

§ 101. (1) Wer als Zahlungsdienstleister entgegen Art. 3 oder Art. 4 Abs. 1 der Verordnung (EG) Nr. 924/2009

1. für grenzüberschreitende Zahlungen innerhalb des Europäischen Wirtschaftsraumes in Euro Zahlungsdienstnutzern höhere Entgelte verrechnet als für entsprechende Inlandszahlungen in gleicher Höhe „in Euro" oder *(BGBl I 2020/39)*

2. einem Zahlungsdienstnutzer für die Bereitstellung von Informationen über seinen IBAN und des BIC ein Entgelt verrechnet,

begeht eine Verwaltungsübertretung und ist von der FMA mit Geldstrafe bis zu 60 000 Euro zu bestrafen.

(1a) Wer gegen die Bestimmungen der Verordnung (EG) Nr. 924/2009 verstößt, indem er

1. als Zahlungsdienstleister oder Partei, die Währungsumrechnungen an einem Geldautomaten oder an der Verkaufsstelle erbringt, die Informationspflichten und Anforderungen im Zusammenhang mit kartengebundenen Zahlungsvorgängen gemäß Art. 3a nicht einhält,

2. als Zahlungsdienstleister die Informationspflichten betreffend Entgelte für Zahlungsvorgänge und Währungsumrechnungen im Zusammenhang mit Überweisungen gemäß Art. 3b nicht einhält,

begeht eine Verwaltungsübertretung und ist von der FMA mit Geldstrafe bis zu 10 000 Euro zu bestrafen. *(BGBl I 2020/39)*

(2) Wer es als Lieferant von Waren oder als Dienstleister, der Zahlungen innerhalb des Europäischen Wirtschaftsraumes akzeptiert, bei der Rechnungsstellung für Waren oder Dienstleistungen im Europäischen Wirtschaftsraum entgegen Art. 4 Abs. 4 der Verordnung (EG) Nr. 924/2009 unterlässt, seinen Kunden seine IBAN und den BIC seines Zahlungsdienstleisters mitzuteilen, begeht eine Verwaltungsübertretung und ist von der FMA mit Geldstrafe bis zu 10 000 Euro zu bestrafen.

(3) Wer es entgegen Art. 4 Abs. 1 oder Abs. 3 der Verordnung (EG) Nr. 924/2009 unterlässt,

1. auf den Kontoauszügen seines Zahlungsdienstnutzers oder auf einer Anlage dazu den IBAN und den BIC bekannt zu geben,

2. einem Zahlungsdienstnutzer auf Anfrage dessen IBAN sowie den BIC mitzuteilen,

3. einen Zahlungsdienstnutzer rechtzeitig vor rechtswirksamer Vereinbarung über zusätzliche Entgelte und über deren Höhe zu informieren, die verrechnet werden, weil der Zahlungsdienstnutzer dem Zahlungsdienstleister den Auftrag zur Ausführung einer grenzüberschreitenden Zahlung

a) ohne Angaben des IBAN oder

b) ohne Angaben des BIC, sofern gemäß der Verordnung (EU) Nr. 260/2012 vorgesehen, für das Zahlungskonto in dem anderen Mitgliedstaat erteilt oder

4. die nach Z 3 erhobenen Entgelte angemessen und an den anfallenden Kosten ausgerichtet zu gestalten,

begeht eine Verwaltungsübertretung und ist von der FMA mit Geldstrafe bis zu 10 000 Euro zu bestrafen.

(4) Wer entgegen Art. 6 oder 7 der Verordnung (EG) Nr. 924/2009

1. für eine grenzüberschreitende Lastschrift innerhalb des Europäischen Wirtschaftsraumes in Euro, die vor dem 1. Februar 2017 ausgeführt wurde, bei Fehlen einer bilateralen Vereinbarung zwischen dem Zahlungsdienstleister des Zahlungsempfängers und dem Zahlungsdienstleister des Zahlers dem Zahlungsdienstleister des Zahlungsempfängers ein höheres multilaterales Interbankenentgelt als 0,088 verrechnet oder

2. für eine Inlandslastschrift, die vor dem 1. Februar 2017 ausgeführt wird und für die keine bilaterale Vereinbarung zwischen dem Zahlungsdienstleister des Zahlungsempfängers und dem Zahlungsdienstleister des Zahlers besteht,

a) ein höheres als das zwischen dem Zahlungsdienstleister des Zahlungsempfängers und dem Zahlungsdienstleister des Zahlers für vor dem 1. November 2009 ausgeführte Inlandslastschriften angewandte multilaterale Interbankenentgelt oder sonst vereinbarte Entgelt verrechnet oder eine Kürzung desselben nicht weitergibt oder

b) trotz der Abschaffung eines multilateralen Interbankenentgeltes oder sonst vereinbarten Entgeltes eines solches verrechnet,

begeht eine Verwaltungsübertretung und ist von der FMA mit Geldstrafe bis zu 60 000 Euro zu bestrafen.

Strafbestimmung aufgrund der Verordnung (EU) Nr. 260/2012

§ 102. (1) Wer gegen die Bestimmungen der Verordnung (EU) Nr. 260/2012 verstößt, indem er

1. entgegen Art. 3 als Zahlungsdienstleister nicht erreichbar ist,

2. entgegen Art. 4 Abs. 2 erster Satz nicht sicherstellt, dass die technische Interoperabilität von Zahlungssystemen gewährleistet wird,

3. entgegen Art. 4 Abs. 2 zweiter Satz eine Geschäftsregel beschließt, welche die Interoperabilität beschränkt,

4. entgegen Art. 4 Abs. 3 die Abwicklung einer Überweisung oder einer Lastschrift durch ein technisches Hindernis behindert,

5. entgegen Art. 5 Abs. 1, 2, 4 oder 7 eine Überweisung ausführt,

6. entgegen Art. 5 Abs. 1, 3, 5 oder 6 eine Lastschrift ausführt,

7. entgegen Art. 5 Abs. 8 für einen dort genannten Auslesevorgang ein Entgelt erhebt,

8. entgegen Art. 8 für Lastschriften ein multilaterales Interbankenentgelt pro Lastschrift oder eine andere vereinbarte Vergütung mit vergleichbarem Ziel oder vergleichbarer Wirkung erhebt,

9. entgegen Art. 9 Abs. 1 als Zahler vorgibt, in welchem Mitgliedstaat das Zahlungskonto des Zahlungsempfängers zu führen ist oder

10. entgegen Art. 9 Abs. 2 als Zahlungsempfänger vorgibt, in welchem Mitgliedstaat das Zahlungskonto des Zahlers zu führen ist,

begeht eine Verwaltungsübertretung und ist von der FMA mit Geldstrafe bis zu 10 000 Euro zu bestrafen. (2) Die Verwaltungsstrafbestimmungen gemäß Abs. 1 sind auf Verbraucher nicht anzuwenden.

Besondere Verfahrensbestimmungen

§ 103. (1) Für die Verhängung von Verwaltungsstrafen gemäß den §§ 99 bis 102 ist in erster Instanz die FMA zuständig.

(2) Die von der FMA gemäß diesem Bundesgesetz verhängten Geldstrafen fließen dem Bund zu.

Strafbestimmung aufgrund fehlender Konzession

§ 104. (1) Wer Zahlungsdienste gemäß § 1 Abs. 2 ohne die erforderliche Berechtigung erbringt oder entgegen den Beschränkungen des § 7 Abs. 5 Kredite gewährt oder entgegen § 7 Abs. 4 Einlagen entgegennimmt oder elektronisches Geld ausgibt, hat auf alle mit diesen Geschäften verbundenen Vergütungen, Kosten und Entgelte keinen Anspruch. Die Rechtsunwirksamkeit der mit diesen Geschäften verbundenen Vereinbarungen zieht nicht die Rechtsunwirksamkeit des ganzen Geschäfts nach sich. Entgegenstehende Vereinbarungen sowie mit diesen Geschäften verbundene Bürgschaften und Garantien sind rechtsunwirksam.

Veröffentlichung von Verwaltungsübertretungen und Geldstrafen

§ 105. (1) Die FMA kann jede rechtskräftig verhängte Geldstrafe wegen eines Verstoßes gemäß den §§ 99 Abs. 2 bis 3 und den §§ 100 bis 102 einschließlich der Identität der sanktionierten Person und den Informationen zu Art und Charakter des zu Grunde liegenden Verstoßes unverzüglich, nachdem die von der Entscheidung betroffene Person darüber informiert wurde, auf ihrer offiziellen Internetseite bekannt machen.

(2) Die Bekanntgabe gemäß Abs. 1 kann unterbleiben oder hat auf anonymisierter Basis zu erfolgen, wenn eine Bekanntgabe

1. einer sanktionierten Person unverhältnismäßig wäre,

2. die Stabilität der Finanzmärkte eines Mitgliedstaats oder mehrerer Mitgliedstaaten der Europäischen Union gefährden würde,

3. die Durchführung laufender strafrechtlicher Ermittlungen gefährden würde oder

4. den Beteiligten einen unverhältnismäßig hohen Schaden zufügen würde, sofern sich ein solcher ermitteln lässt.

(3) Der von einer Veröffentlichung Betroffene kann eine Überprüfung der Rechtmäßigkeit der Veröffentlichung gemäß Abs. 1 in einem bescheidmäßig zu erledigenden Verfahren bei der FMA beantragen. Die FMA hat diesfalls die Einleitung eines solchen Verfahrens in gleicher Weise bekannt zu machen. Wird im Rahmen der Überprüfung die Rechtswidrigkeit der Veröffentlichung festgestellt, so hat die FMA die Veröffentlichung richtig zu stellen oder auf Antrag des Betroffenen entweder zu widerrufen oder aus dem Internetauftritt zu entfernen. Wird eine Beschwerde gegen einen Bescheid, der gemäß Abs. 1 bekannt gemacht worden ist, in einem Verfahren vor den Gerichtshöfen öffentlichen Rechts aufschiebende Wirkung zuerkannt, so hat die FMA dies in gleicher Weise bekannt zu machen. Die Veröffentlichung ist richtig zu stellen oder auf Antrag des Betroffenen entweder zu widerrufen oder aus dem Internetauftritt zu entfernen, wenn der Bescheid aufgehoben wird.

4. Abschnitt

Geschäftsaufsicht und Insolvenzbestimmungen

Allgemeine Vorschriften

§ 106. (1) Über das Vermögen eines Zahlungsinstitutes kann ein Sanierungsverfahren nicht eröffnet werden. Im Konkurs eines Zahlungsinstitutes findet ein Sanierungsplanantrag nicht statt.

(2) In Geschäftsaufsichts- und Konkursverfahren von Zahlungsinstituten steht der FMA Parteistellung zu.

(3) Der Antrag auf Eröffnung des Konkurses eines Zahlungsinstitutes kann nur von der FMA gestellt werden. Ansonsten ist § 70 IO anzuwenden.

(4) Als Aufsichtsperson kann eine natürliche oder juristische Person bestellt werden.

(5) Das Gericht hat vor Bestellung und Abberufung einer Aufsichtsperson oder eines Masseverwalters die FMA anzuhören.

(6) Das Gericht hat die FMA von der Anordnung der Geschäftsaufsicht durch Übersendung eines Edikts unverzüglich zu verständigen.

Eröffnungsantrag

§ 107. (1) Zahlungsinstitute, die überschuldet oder zahlungsunfähig sind, können, wenn die Überschuldung oder Zahlungsunfähigkeit voraussichtlich wieder behoben werden kann, bei dem für die Konkurseröffnung zuständigen Gericht die Anordnung der Geschäftsaufsicht beantragen. Diesen Antrag kann auch die FMA stellen.

(2) Zahlungsinstitute haben mit dem Antrag ein geordnetes Verzeichnis ihrer Forderungen und Verbindlichkeiten sowie die Jahresabschlüsse samt Anhängen und die Lageberichte der letzten drei Jahre vorzulegen.

(3) Das Gericht kann zur Vorbereitung seiner Entscheidung Auskunftspersonen und Sachverständige einvernehmen und andere Erhebungen pflegen.

Aufsichtsperson

§ 108. (1) Wird die Aufsicht angeordnet, so hat das Gericht eine Aufsichtsperson zu bestellen. Dieser obliegt es, die Geschäftsführung des Zahlungsinstitutes zu überwachen. Sie haftet allen Beteiligten für den Schaden, den sie durch pflichtwidrige Führung ihres Amtes verursacht.

(2) Die Aufsichtsperson hat das Recht, in die Geschäftsunterlagen des Zahlungsinstitutes Einsicht zu nehmen; sie ist zu den Sitzungen der Verwaltungs- und Aufsichtsorgane einzuladen und kann auch selbst solche Sitzungen einberufen. Die Aufsichtsperson ist berechtigt, die Durchführung von Beschlüssen der Organe des Zahlungsinstitutes zu untersagen.

(3) Das Gericht kann die Bestellung der Aufsichtsperson jederzeit widerrufen.

(4) Die Aufsichtsperson hat für ihre Tätigkeit Anspruch auf Vergütung, deren Höhe vom Gericht zu bestimmen ist.

(5) Die Anordnung der Geschäftsaufsicht und die Aufsichtsperson sind öffentlich bekannt zu machen. Das Gericht hat zu veranlassen, dass die Anordnung der Geschäftsaufsicht und die Aufsichtsperson im Firmenbuch eingetragen werden.

Rechtswirkungen

§ 109. (1) Die Wirkungen der Aufsicht treten mit Beginn des Tages ein, der der öffentlichen Bekanntmachung des Edikts über die Anordnung der Geschäftsaufsicht folgt.

(2) Mit dem Wirksamkeitsbeginn der Geschäftsaufsicht sind alle vorher entstandenen Forderungen gegen das Zahlungsinstitut einschließlich der Forderungen aus Wechseln und Schecks, die im Konkurs aus der gemeinschaftlichen Konkursmasse (§ 50 IO) zu befriedigen wären, sowie deren Zinsen und sonstige Nebengebühren, selbst wenn sie erst während der Dauer der Geschäftsaufsicht fällig geworden oder aufgelaufen sind, gestundet.

(3) Nach Anordnung der Geschäftsaufsicht hat das Gericht den finanziellen Stand des Zahlungsinstitutes auf dessen Kosten durch Sachverständige feststellen zu lassen. Über das Ergebnis der Feststellung hat die Aufsichtsperson dem Gericht schriftlich zu berichten. Der Bericht hat auch anzugeben, ob das Zahlungsinstitut in der Lage ist, einen bestimmten Bruchteil seiner vor dem Eintritt der Rechtswirkungen der Geschäftsaufsicht entstandenen Verbindlichkeiten zu bezahlen. Nach Maßgabe des Berichtes kann das Gericht anordnen, dass die alten Forderungen nur mit einem bestimmten Bruchteil der Kündigung unterliegen; es kann auch gestatten, dass die Aufsichtsperson nach Gattung oder Höhe zu bestimmende alte Forderungen zur Gänze befriedigt.

(4) Während der Geschäftsaufsicht dürfen die alten Forderungen weder sichergestellt noch, soweit nicht etwa eine teilweise Auszahlung zugelassen ist (Abs. 3), ausbezahlt oder in irgendeiner Weise befriedigt werden.

(5) Während der Geschäftsaufsicht kann wegen der alten Forderungen, soweit sie der Stundung unterliegen, über das Vermögen des Zahlungsinstitutes weder der Konkurs eröffnet noch an dem ihm angehörigen Sachen ein richterliches Pfand- oder Befriedigungsrecht erworben werden.

(6) Die Zeit, um die infolge der Stundung die Zahlung hinausgeschoben wird, ist bei der Berechnung der Verjährungsfrist und der gesetzlichen Fristen zur Erhebung von Klagen nicht einzurechnen.

(7) Zahlungsdienstnutzer sind im Konkurs des Zahlungsinstitutes berechtigt, ihre Forderungen gegenüber dem Zahlungsinstitut mit dessen Forderungen aufzurechnen.

Besondere Regelungen

§ 110. (1) Ist das Zahlungsinstitut, für das die Geschäftsaufsicht angeordnet ist, eine Genossenschaft, so können die Geschäftsanteile während der Geschäftsaufsicht weder rechtswirksam gekündigt werden noch dürfen die Anteile und die dem ausgeschiedenen Genossenschafter sonst auf Grund des Genossenschaftsverhältnisses gebührenden Guthaben ausbezahlt werden; bereits laufende Kündigungsund Haftungsfristen werden gehemmt.

(2) Das Zahlungsinstitut kann, falls das Gericht auf Antrag der Aufsichtsperson nichts anderes verfügt, seine Geschäftstätigkeit fortsetzen. Zur Vornahme von Geschäften, die nicht zum gewöhnlichen Geschäftsbetrieb gehören, ist jedoch die Zustimmung der Aufsichtsperson erforderlich. Das Zahlungsinstitut hat aber auch zum gewöhnlichen Geschäftsbetrieb gehörende Handlungen zu unterlassen, wenn die Aufsichtsperson dagegen Einspruch erhebt. Rechtshandlungen, die ohne Zustimmung oder gegen den Einspruch der Aufsichtsperson vorgenommen wurden, sind den Gläubigern gegenüber unwirksam, wenn der Dritte wusste oder wissen musste, dass sie über den gewöhnlichen Geschäftsbetrieb hinausgehen und die Aufsichtsperson ihre Zustimmung nicht erteilt oder dass sie Einspruch gegen ihre Vornahme erhoben hat.

(3) Die Mittel, die dem Zahlungsinstitut aus den nach Wirksamkeitsbeginn der Geschäftsaufsicht geschlossenen Geschäften (neue Forderungen) zufließen, sind gesondert zu verrechnen und zu verwalten; sie bilden – auch nach Erlöschen der Geschäftsaufsicht – eine zur vorzugsweisen Befriedigung der Ansprüche aus der neuen Forderung dienende Sondermasse.

Antrag auf Befreiung

§ 111. Nach Ablauf von zwei Jahren seit Beendigung der Geschäftsaufsicht kann das Zahlungsinstitut, wenn nicht innerhalb dieser Zeit über sein Vermögen ein Konkurs eröffnet wurde, seine Befreiung von der Verpflichtung der gesonderten Verrechnung und Verwaltung der aus den neuen Forderungen zugeflossenen Mittel beantragen. Wird ein solcher Antrag gestellt, so hat das Gericht die Vermögenslage des Antragstellers zu prüfen. Ergibt die Überprüfung, dass die Sicherheit der neuen Forderungen durch die Auflassung nicht gefährdet wird, so ist dem Antrag stattzugeben; von diesem Zeitpunkt an ist die Sondermasse als aufgelöst anzusehen.

Anordnungen der Aufsichtsperson

§ 112. In Streitfällen, die sich aus den Anordnungen der Aufsichtsperson ergeben, entscheidet das Gericht mit Beschluss. Das Gericht kann die erforderlichen Aufklärungen auch ohne Vermittlung der Beteiligten einholen und zum Zwecke der erforderlichen Feststellungen von Amts wegen alle hiezu geeigneten Erhebungen pflegen.

Erlöschen der Geschäftsaufsicht

§ 113. (1) Die Geschäftsaufsicht erlischt durch Aufhebungsbeschluss des Gerichtes sowie durch Eröffnung des Konkursverfahrens.

(2) Das Gericht hat die Geschäftsaufsicht aufzuheben, wenn

1. die Voraussetzungen, die für die Anordnung maßgebend waren, weggefallen sind oder

2. seit der Anordnung der Geschäftsaufsicht ein Jahr verstrichen ist.

(3) Die Aufhebung der Geschäftsaufsicht ist nach Rechtskraft des Aufhebungsbeschlusses öffentlich bekannt zu machen. Weiters hat das Gericht zu veranlassen, dass im Firmenbuch die Aufhebung der Geschäftsaufsicht eingetragen und die Eintragung der Aufsichtsperson gelöscht wird.

(4) Ist die Geschäftsaufsicht infolge Eröffnung des Konkursverfahrens erloschen oder wird ein Konkursverfahren auf Grund eines binnen 14 Tagen nach Erlöschen der Geschäftsaufsicht eingebrachten Antrages eröffnet, so sind die nach der Insolvenzordnung vom Tage des Antrages auf Eröffnung eines solchen Verfahrens oder vom Tage der Eröffnung eines solchen Verfahrens zurückzurechnenden Fristen von dem Tage an zu berechnen, an dem die Geschäftsaufsicht in Wirksamkeit getreten ist.

(5) Gegen die Abweisung des Antrages auf Anordnung der Geschäftsaufsicht und gegen die Aufhebung der Geschäftsaufsicht steht sowohl dem Zahlungsinstitut als auch der FMA der Rekurs offen, gegen Beschlüsse, womit die Höhe der Vergütung der Aufsichtsperson und der ihr zu ersetzenden Barauslagen bestimmt wird, jedoch nur dem Zahlungsinstitut. Andere Entscheidungen können nicht angefochten werden. Gegen die Entscheidungen des Oberlandesgerichtes findet ein weiterer Rechtszug nicht statt.

Öffentliche Bekanntmachungen

§ 114. (1) Für die öffentlichen Bekanntmachungen gelten die Vorschriften der Insolvenzordnung.

(2) Die Einsicht in die Ediktsdatei ist nicht mehr zu gewähren, wenn seit der Aufhebung der Geschäftsaufsicht drei Jahre vergangen sind. Ist die Geschäftsaufsicht infolge der Eröffnung des Konkursverfahrens erloschen, so ist die Einsicht erst dann nicht mehr zu gewähren, wenn auch die Frist für die Einsicht im Konkurs abgelaufen ist (§ 256 IO).

6. Hauptstück

Übergangs- und Schlussbestimmungen

Übergangsbestimmungen

§ 115. (1) Zahlungsinstitute, denen bis zum 31. Mai 2018 für ihre Tätigkeiten eine Konzession gemäß dem ZaDiG, BGBl. I Nr. 66/2009 erteilt wurde, können diese Tätigkeiten weiterhin ausüben, ohne dass eine Konzession gemäß § 9 zu beantragen ist. Zahlungsinstitute, die die Absicht haben, die von ihrer Konzession erfassten Zahlungsdienste auch über den 31. Mai 2018 hinaus zu erbringen, haben der FMA bis zum 13. Juli 2018 alle sachdienlichen Informationen zu übermitteln, damit die FMA beurteilen kann, ob diese Zahlungsinstitute die Anforderungen der §§ 5 und 6 sowie des 2. Hauptstücks erfüllen. Vor dem 13. Juli 2018 hat die FMA von Verwaltungsstrafen für Verletzungen der genannten Bestimmungen abzusehen.

(2) Für Zahlungsinstitute, die der FMA gemäß Abs. 1 nachgewiesen haben, dass die Anforderungen der §§ 9 und 10 erfüllt werden, gilt die Konzession als erteilt. Die FMA hat diese Zahlungsinstitute in das Zahlungsinstitutsregister gemäß § 13 Abs. 2 einzutragen und die EBA sowie das betroffene Zahlungsinstitut darüber in Kenntnis zu setzen.

(3) Lassen die übermittelten Informationen gemäß Abs. 1 keine positive Gesamtbeurteilung

schreitende Zahlungen in der Union und Entgelte für Währungsumrechnungen, ABl. Nr. L 91 vom 29.03.2019 S. 36.

(BGBl I 2020/39)

Vollziehung

§ 118. (1) Mit der Vollziehung dieses Bundesgesetzes ist

1. hinsichtlich der § 5 Abs. 4, § 11 Abs. 4, § 13 Abs. 1, § 19 Abs. 4 Z 3, § 19 Abs. 5 und 6, § 23 Abs. 1, §§ 34, 38, 58, 63, 67, 68, 70, 71, 73, 74, 79 bis 84, § 99 Abs. 3 sowie der §§ 106 bis 114 der Bundesminister für Justiz,

2. hinsichtlich der § 20, § 23 Abs. 2, §§ 32, 33, 35 bis 37, 39 bis 57, 62, 64 bis 66, 69, 72 und 75 bis 78 der Bundesminister für Finanzen im Einvernehmen mit dem Bundesminister für Justiz,

3. hinsichtlich der übrigen Bestimmungen der Bundesminister für Finanzen betraut.

Inkrafttreten

§ 119. (1) Dieses Bundesgesetz tritt mit 1. Juni 2018 in Kraft.

(2) Die §§ 59 bis 61 sowie § 87 treten 18 Monate nach dem Inkrafttreten des delegierten Rechtsaktes in Kraft, den die Europäische Kommission gemäß Art. 98 der Richtlinie (EU) 2015/2366 zu erlassen hat.

Außerkrafttreten

§ 120. Das Zahlungsdienstegesetz – ZaDiG, BGBl. I Nr. 66/2009, tritt mit Ablauf des 31. Mai 2018 außer Kraft.

Delegierte Verordnung (EU) 2017/2055 zur Ergänzung der Richtlinie (EU) 2015/2366 des Europäischen Parlaments und des Rates durch technische Regulierungsstandards für die Zusammenarbeit und den Informationsaustausch zwischen zuständigen Behörden im Zusammenhang mit der Ausübung des Niederlassungsrechts oder des Rechts auf freien Dienstleistungsverkehr durch Zahlungsinstitute

ABl L 294 vom 11. 11. 2017, S 1

DIE EUROPÄISCHE KOMMISSION –

gestützt auf den Vertrag über die Arbeitsweise der Europäischen Union,

gestützt auf die Richtlinie (EU) 2015/2366 des Europäischen Parlaments und des Rates vom 25. November 2015 über Zahlungsdienste im Binnenmarkt, zur Änderung der Richtlinien 2002/65/EG, 2009/110/EG und 2013/36/EU und der Verordnung (EU) Nr. 1093/2010 sowie zur Aufhebung der Richtlinie 2007/64/EG[1)], insbesondere auf Artikel 28 Absatz 5,

in Erwägung nachstehender Gründe:

(1) Um die Zusammenarbeit zwischen den zuständigen Behörden zu verstärken und um ein kohärentes und effizientes Mitteilungsverfahren für Zahlungsinstitute zu gewährleisten, die ihr Niederlassungsrecht oder ihr Recht auf freien Dienstleistungsverkehr grenzüberschreitend ausüben wollen, müssen Rahmenbedingungen für die Zusammenarbeit und den Informationsaustausch zwischen den zuständigen Behörden des Herkunftsmitgliedstaats und des Aufnahmemitgliedstaats aufgestellt werden, in denen die Verfahren, Instrumente und Einzelheiten der Zusammenarbeit und insbesondere der Umfang und die Verarbeitung der vorzulegenden Informationen einschließlich einer gemeinsamen Terminologie und Standardformblättern für die Meldungen festgelegt sind.

(2) Für die Zwecke der Festlegung einer gemeinsamen Terminologie und von Standardformblättern müssen einige Fachbegriffe definiert werden, um in Bezug auf Zahlungsinstitute, die Tätigkeiten in einem anderen Mitgliedstaat ausüben wollen, klar zwischen Anträgen für Zweigniederlassungen, Anträgen für Dienstleistungen und Anträgen für Agenten unterscheiden zu können.

(3) Die Schaffung von Standardverfahren für die Sprache und die Kommunikationswege, mittels derer die zuständigen Behörden der Herkunfts- und Aufnahmemitgliedstaaten Anträge im Rahmen des Europäischen Passes übermitteln, erleichtert die Ausübung der Niederlassungsfreiheit und des freien Dienstleistungsverkehrs und hilft den zuständigen Behörden der Herkunfts- und Aufnahmemitgliedstaaten bei der effizienten Erfüllung ihrer jeweiligen Aufgaben und Pflichten.

(4) Um die Qualität der Meldungen im Rahmen des Europäischen Passes sicherzustellen, sollten die zuständigen Behörden des Herkunftsmitgliedstaats die Vollständigkeit und Richtigkeit der Angaben bewerten, die die Zahlungsinstitute, die in einem anderen Mitgliedstaat Dienstleistungen erbringen wollen, übermitteln. Zu diesem Zweck sollten die zuständigen Behörden der Herkunftsmitgliedstaaten die Zahlungsinstitute darüber aufklären, in welchen Aspekten Anträge auf Nutzung eines Europäischen Passes als unvollständig oder unrichtig eingestuft werden, sodass das Verfahren der Ermittlung, Übermittlung und Nachreichung von fehlenden oder unrichtigen Elementen erleichtert wird. Ferner sollte die Bewertung der Vollständigkeit und Richtigkeit Teil eines effizienten Mitteilungsverfahrens sein, in dem unmissverständlich festgelegt ist, dass die in Artikel 28 Absatz 2 Unterabsatz 1 und in Artikel 28 Absatz 3 Unterabsatz 1 der Richtlinie (EU) 2015/2366 genannten Fristen von einem bzw. drei Monaten am Tag des Eingangs eines Antrags auf Nutzung eines Europäischen Passes, dessen Angaben von den zuständigen Behörden des Herkunftsmitgliedstaats als vollständig und richtig bewertet wurden, beginnen.

(5) Wird gemäß Artikel 19 der Verordnung (EU) Nr. 1093/2010 des Europäischen Parlaments

[1)] *ABl. L 337 vom 23.12.2015, S. 35.*

und des Rates[1] ein Verfahren zur Beilegung von Meinungsverschiedenheiten zwischen zuständigen Behörden verschiedener Mitgliedstaaten eingeleitet, so sollten die zuständigen Behörden des Herkunftsmitgliedstaats das Zahlungsinstitut darüber informieren, dass die Entscheidung über den Antrag bis zu einer Beilegung gemäß diesem Artikel ausgesetzt wird.

(6) Um ein effizientes, reibungsloses Mitteilungsverfahren zu gewährleisten, das es den zuständigen Behörden der Herkunfts- und Aufnahmemitgliedstaaten ermöglicht, ihre jeweiligen Bewertungen im Einklang mit der Richtlinie (EU) 2015/2366 vorzunehmen, muss klar festgelegt werden, welche Angaben die zuständigen Behörden im Zusammenhang mit Anträgen auf Nutzung eines Europäischen Passes jeweils austauschen, je nachdem, ob es sich um Anträge auf Nutzung eines Europäischen Passes für Zweigniederlassungen, für Dienstleistungen oder für Agenten handelt. Ferner ist es zweckmäßig, für die Übermittlung dieser Angaben Standardformblätter vorzugeben. In diesen Standardformblättern sollten für Unternehmen auch Rechtsträgerkennungen angegeben werden können.

(7) Um die Identifikation von Zahlungsinstituten, die grenzübergreifend in verschiedenen Mitgliedstaaten tätig sind, zu erleichtern, ist es zweckmäßig, das Format der in jedem Mitgliedstaat üblichen Identifikationscodes festzuhalten, sodass Zahlungsinstitute, deren Zweigniederlassungen und Agenten, die von Zahlungsinstituten in Anspruch genommen werden, um Zahlungsdienste im Aufnahmemitgliedstaat zu erbringen, ermittelt werden können.

(8) Werden von einem Zahlungsinstitut, das Tätigkeiten in einem anderen Mitgliedstaat ausübt, die in seinem Erstantrag übermittelten Angaben geändert, so sollte der Herkunftsmitgliedstaat lediglich die von diesen Änderungen betroffenen Angaben gemäß Artikel 28 Absatz 4 der Richtlinie (EU) 2015/2366 an die zuständigen Behörden des Aufnahmemitgliedstaats weiterleiten.

(9) Nach Artikel 6 Absatz 1 Buchstabe a der Richtlinie 2009/110/EG des Europäischen Parlaments und des Rates[2] ist es E-Geld-Instituten gestattet, neben der Ausgabe von E-Geld Zahlungsdienste zu erbringen. Des Weiteren gelten die für Zahlungsinstitute geltenden Verfahren für Meldungen im Rahmen des Europäischen Passes gemäß Artikel 3 Absatz 1 dieser Richtlinie für E-Geld-Institute entsprechend. Nach Artikel 3 Absatz 4 der Richtlinie 2009/110/EG gelten die für Zahlungsinstitute geltenden Bestimmungen in Bezug auf Meldungen im Rahmen des Europäischen Passes für E-Geld-Institute, die über natürliche oder juristische Personen, die in ihrem Namen tätig sind, in einem anderen Mitgliedstaat E-Geld vertreiben, entsprechend. Nach Artikel 3 Absatz 5 der Richtlinie 2009/110/EG emittieren E-Geld-Institute elektronisches Geld nicht über Agenten, sind aber befugt, Zahlungsdienste über Agenten zu erbringen, wenn die Voraussetzungen des Artikels 19 der Richtlinie (EU) 2015/2366 erfüllt sind. In Bezug auf Angaben im Zusammenhang mit Anträgen auf Nutzung eines Europäischen Passes von E-Geld-Instituten, die ihr Niederlassungsrecht oder ihr Recht auf freien Dienstleistungsverkehr ausüben wollen, indem sie im Einklang mit den geltenden Vorschriften über die Tätigkeiten, die E-Geld-Instituten gestattet sind, unter anderem für die Erbringung von Zahlungsdiensten einen Agenten oder für den Vertrieb und den Rücktausch von E-Geld Vertreiber in Anspruch nehmen, die in ihrem Namen in einem anderen Mitgliedstaat tätig sind, sollten daher die Meldungen zwischen den zuständigen Behörden erleichtert werden.

(10) Diese Verordnung stützt sich auf den Entwurf technischer Regulierungsstandards, der der Kommission von der Europäischen Bankenaufsichtsbehörde (EBA) vorgelegt wurde.

(11) Die EBA hat zu den Standardentwürfen, auf denen diese Verordnung beruht, offene öffentliche Konsultationen durchgeführt, die damit verbundenen potenziellen Kosten- und Nutzeneffekte analysiert und die Stellungnahme der nach Artikel 37 der Verordnung (EU) Nr. 1093/2010 eingesetzten Interessengruppe Bankensektor eingeholt –

HAT FOLGENDE VERORDNUNG ERLASSEN:

Zu Abs. 5:

[1] *Verordnung (EU) Nr. 1093/2010 des Europäischen Parlaments und des Rates vom 24. November 2010 zur Errichtung einer Europäischen Aufsichtsbehörde (Europäische Bankenaufsichtsbehörde), zur Änderung des Beschlusses Nr. 716/2009/EG und zur Aufhebung des Beschlusses 2009/78/EG der Kommission (ABl. L 331 vom 15.12.2010, S. 12).*

Zu Abs. 9:

[2] *Richtlinie 2009/110/EG des Europäischen Parlaments und des Rates vom 16. September 2009 über die Aufnahme, Ausübung und Beaufsichtigung der Tätigkeit von E-Geld-Instituten, zur Änderung der Richtlinien 2005/60/EG und 2006/48/EG sowie zur Aufhebung der Richtlinie 2000/46/EG (ABl. L 267 vom 10.10.2009, S. 7).*

KAPITEL 1
ALLGEMEINE BESTIMMUNGEN

Artikel 1
Anwendungsbereich

(1) Mit dieser Verordnung werden Vorschriften festgelegt, die für die Zusammenarbeit und den Informationsaustausch zwischen den zuständigen Behörden des Herkunfts- und des Aufnahmemitgliedstaats gelten, wenn Zahlungsinstitute gemäß Artikel 28 der Richtlinie (EU) 2015/2366 Meldungen zur Ausübung des Niederlassungsrechts oder des Rechts auf freien Dienstleistungsverkehr übermitteln.

(2) Für Meldungen zwischen den zuständigen Behörden des Herkunfts- und des Aufnahmemitgliedstaats in Bezug auf E-Geld-Institute gemäß Artikel 3 Absatz 1, Artikel 4 und Artikel 5 der Richtlinie 2009/110/EG sowie Artikel 111 der Richtlinie (EU) 2015/2366, die ihr Niederlassungsrecht oder ihr Recht auf freien Dienstleistungsverkehr ausüben wollen, einschließlich der E-Geld-Institute, die E-Geld unter Inanspruchnahme einer natürlichen oder juristischen Person vertreiben, gilt die Verordnung entsprechend.

(3) Nach den in dieser Verordnung festgelegten Rahmenbedingungen für die Zusammenarbeit wirken sich der Umfang und die Verarbeitung der zwischen den zuständigen Behörden ausgetauschten Informationen nicht auf die in der Richtlinie (EU) 2015/2366 festgelegten Zuständigkeiten der Behörden des Herkunfts- und des Aufnahmemitgliedstaats aus.

Artikel 2
Begriffsbestimmungen

Für die Zwecke dieser Verordnung bezeichnet der Ausdruck

a) „Antrag auf Nutzung eines Europäischen Passes" einen Antrag auf Nutzung eines Europäischen Passes für Zweigniederlassungen, einen Antrag auf Nutzung eines Europäischen Passes für Dienstleistungen oder einen Antrag auf Nutzung eines Europäischen Passes für Agenten;

b) „Antrag auf Nutzung eines Europäischen Passes für Zweigniederlassungen" einen Antrag gemäß Artikel 28 Absatz 1 der Richtlinie (EU) 2015/2366, den ein zugelassenes Zahlungsinstitut stellt, um in einem anderen Mitgliedstaat eine Zweigniederlassung zu errichten;

c) „Antrag auf Nutzung eines Europäischen Passes für Dienstleistungen" einen Antrag gemäß Artikel 28 Absatz 1 der Richtlinie (EU) 2015/2366, den ein zugelassenes Zahlungsinstitut stellt, um in einem anderen Mitgliedstaat Dienstleistungen zu erbringen;

d) „Antrag auf Nutzung eines Europäischen Passes für Agenten" einen Antrag gemäß Artikel 28 Absatz 1 der Richtlinie (EU) 2015/2366, den ein zugelassenes Zahlungsinstitut stellt, um gemäß Artikel 19 Absatz 5 dieser Richtlinie in einem anderen Mitgliedstaat durch Inanspruchnahme eines Agenten Zahlungsdienste zu erbringen.

Artikel 3
Allgemeine Anforderungen

(1) Für Meldungen nach Artikel 1 Absatz 1 kommen die in den Anhängen II, III, V und VI vorgegebenen Standardformblätter zum Einsatz.

(2) Für Meldungen nach Artikel 1 Absatz 2 kommen die in den Anhängen II, III, V und VI vorgegebenen Standardformblätter zum Einsatz.

(3) Für Meldungen nach Artikel 1 Ansatz 2 in Bezug auf E-Geld-Institute, die unter Inanspruchnahme einer natürlichen oder juristischen Person E-Geld vertreiben, kommen die in den Anhängen IV und VI vorgegebenen Standardformblätter zum Einsatz.

(4) Die in den Absätzen 1, 2 und 3 genannten Standardformblätter sowie die darin enthaltenen Angaben müssen den nachstehenden Anforderungen entsprechen:

a) Sie sind in schriftlicher Form in einer Sprache abgefasst, die von den zuständigen Behörden des Herkunftsmitgliedstaats und des Aufnahmemitgliedstaats akzeptiert wird;

b) sie werden, sofern die zuständigen Behörden des Aufnahmemitgliedstaats, in dem das Zahlungsinstitut Zahlungsdienste zu erbringen beabsichtigt, dies akzeptieren, auf elektronischem Wege übermittelt und ihr Empfang wird von diesen auf elektronischem Wege bestätigt, oder sie werden auf dem Postweg mit Rückschein übermittelt.

(5) Jede zuständige Behörde stellt den anderen zuständigen Behörden die folgenden Informationen zur Verfügung:

a) die Sprachen, die sie für die Zwecke von Absatz 4 Buchstabe a akzeptiert;

b) die E-Mail-Adresse, an die die Angaben und Standardformblätter auf elektronischem Weg zu übermitteln sind, oder die Anschrift, an die die Angaben und Standardformblätter auf dem Postweg zu senden sind.

Artikel 4
Bewertung der Vollständigkeit und Richtigkeit

(1) Nach Eingang eines Antrags auf Nutzung eines Europäischen Passes eines Zahlungsinstituts bewerten die zuständigen Behörden des Herkunftsmitgliedstaats die Vollständigkeit und Richtigkeit der nach Artikel 28 Absatz 1 der Richtlinie (EU) 2015/2366 vorgelegten Angaben.

(2) Sieht die zuständige Behörde des Herkunftsmitgliedstaats die im Antrag übermittelten Anga-

ben nach Absatz 1 als unvollständig oder unrichtig an, teilt sie dies dem Zahlungsinstitut unter Nennung der als unvollständig oder unrichtig bewerteten Angaben umgehend mit.

(3) Die in Artikel 28 Absatz 2 Unterabsatz 1 und in Artikel 28 Absatz 3 Unterabsatz 1 der Richtlinie (EU) 2015/2366 genannten Fristen beginnen am Tag des Eingangs eines vollständigen und richtigen Antrags auf Nutzung eines Europäischen Passes.

Artikel 5
Beilegung von Meinungsverschiedenheiten zwischen zuständigen Behörden

Wurde im Zusammenhang mit einem Antrag auf Nutzung eines Europäischen Passes eines Zahlungsinstituts gemäß Artikel 28 der Richtlinie (EU) 2015/2366 ein Verfahren zur Beilegung von Meinungsverschiedenheiten zwischen zuständigen Behörden verschiedener Mitgliedstaaten gemäß Artikel 27 dieser Richtlinie eingeleitet, so informieren die zuständigen Behörden des Herkunftsmitgliedstaats das Zahlungsinstitut darüber, dass die Entscheidung über den Antrag bis zu einer Beilegung gemäß Artikel 19 der Verordnung (EU) Nr. 1093/2010 ausgesetzt wird.

KAPITEL 2
ANTRAG AUF NUTZUNG EINES EUROPÄISCHEN PASSES FÜR ZWEIGNIEDERLASSUNGEN

Artikel 6
Zu übermittelnde Angaben

(1) Stellt ein Zahlungsinstitut einen Antrag auf Nutzung eines Europäischen Passes für Zweigniederlassungen, so leiten die zuständigen Behörden des Herkunftsmitgliedstaats gemäß Artikel 28 Absatz 2 Unterabsatz 1 der Richtlinie (EU) 2015/2366 an die zuständigen Behörden des Aufnahmemitgliedstaats die nachstehenden Angaben weiter:

a) Datum des Eingangs des vollständigen und richtigen Antrags eines Zahlungsinstituts auf Nutzung eines Europäischen Passes gemäß Artikel 4;

b) Mitgliedstaat, in dem das Zahlungsinstitut seine Tätigkeit auszuüben beabsichtigt;

c) Art des Antrags auf Nutzung eines Europäischen Passes;

d) Name, Anschrift und, sofern vorhanden, Zulassungsnummer und Identifikationscode des Zahlungsinstituts im Herkunftsmitgliedstaat in dem in Anhang I festgelegten Format;

e) falls verfügbar, die Rechtsträgerkennung des Zahlungsinstituts;

f) Namen und Kontaktangaben des Ansprechpartners im Zahlungsinstitut, das die Nutzung des Europäischen Passes für Zweigniederlassungen beantragt;

g) Anschrift der im Aufnahmemitgliedstaat zu errichtenden Zweigniederlassung;

h) Namen und Kontaktangaben der für die Geschäftsführung der im Aufnahmemitgliedstaat zu errichtenden Zweigniederlassung verantwortlichen Personen;

i) im Aufnahmemitgliedstaat zu erbringende Zahlungsdienste;

j) Organisationsstruktur der im Aufnahmemitgliedstaat zu errichtenden Zweigniederlassung;

k) Geschäftsplan mit einer Budgetplanung für die ersten drei Geschäftsjahre, aus dem hervorgeht, dass die Zweigniederlassung über geeignete und verhältnismäßige Systeme, Ressourcen und Verfahren verfügt, um ihre Tätigkeit im Aufnahmemitgliedstaat ordnungsgemäß auszuführen;

l) Beschreibung der Unternehmenssteuerung und internen Kontrollmechanismen der Zweigniederlassung, einschließlich der Verwaltungs- und Risikomanagementverfahren, aus der hervorgeht, dass diese Unternehmenssteuerung, Kontrollmechanismen und Verfahren für das Zahlungsdienstgeschäft im Aufnahmemitgliedstaat verhältnismäßig, angemessen, zuverlässig und ausreichend sind und die Anforderungen zur Verhinderung der Geldwäsche und der Terrorismusfinanzierung nach Maßgabe der Richtlinie (EU) 2015/849 des Europäischen Parlaments und des Rates[1)] erfüllen.

(2) Unterrichtet ein Zahlungsinstitut die zuständigen Behörden im Herkunftsmitgliedstaat von seiner Absicht, betriebliche Aufgaben von Zahlungsdiensten an andere Stellen im Aufnahmemitgliedstaat auszulagern, so setzen diese Behörden die zuständigen Behörden des Aufnahmemitgliedstaats hiervon in Kenntnis.

Artikel 7
Übermittlung der Angaben

(1) Die zuständigen Behörden des Herkunftsmitgliedstaats übermitteln die Angaben nach Artikel 6 den zuständigen Behörden des Aufnahmemitgliedstaats anhand des im Anhang II vorgege-

Zu Artikel 6:

[1)] Richtlinie (EU) 2015/849 des Europäischen Parlaments und des Rates vom 20. Mai 2015 zur Verhinderung der Nutzung des Finanzsystems zum Zwecke der Geldwäsche und der Terrorismusfinanzierung, zur Änderung der Verordnung (EU) Nr. 648/2012 des Europäischen Parlaments und des Rates und zur Aufhebung der Richtlinie 2005/60/EG des Europäischen Parlaments und des Rates und der Richtlinie 2006/70/EG der Kommission (ABl. L 141 vom 5.6.2015, S. 73).

benen Standardformblatts und unterrichten das Zahlungsinstitut hiervon.

(2) Sind mehrere Meldungen zu übermitteln, so können die zuständigen Behörden die zu übermittelnden Angaben unter Verwendung der in Anhang II vorgegebenen Felder aggregieren.

Artikel 8
Übermittlung von Änderungen in Bezug auf einen Antrag

(1) Teilt ein Zahlungsinstitut gemäß Artikel 28 Absatz 4 der Richtlinie (EU) 2015/2366 den zuständigen Behörden des Herkunftsmitgliedstaats in Bezug auf einen bereits übermittelten Antrag relevante Änderungen mit, so leiten diese Behörden diese relevanten Änderungen an die zuständigen Behörden des Aufnahmemitgliedstaats weiter.

(2) Für die Zwecke der Weiterleitung der relevanten Änderungen an die zuständigen Behörden des Aufnahmemitgliedstaats gemäß Absatz 1 übermitteln die zuständigen Behörden des Herkunftsmitgliedstaats ein Standardformblatt gemäß Anhang II, das lediglich die geänderten Angaben enthält.

Artikel 9
Angaben zur Aufnahme der Tätigkeiten einer Zweigniederlassung

Für die Zwecke von Artikel 28 Absatz 3 Unterabsatz 3 der Richtlinie (EU) 2015/2366 teilen die zuständigen Behörden des Herkunftsmitgliedstaats den zuständigen Behörden des Aufnahmemitgliedstaats anhand des im Anhang VI vorgegebenen Standardformblatts unverzüglich den Zeitpunkt mit, ab dem ein Zahlungsinstitut seine Tätigkeiten in diesem Aufnahmemitgliedstaat aufnimmt.

KAPITEL 3
ANTRAG AUF NUTZUNG EINES EUROPÄISCHEN PASSES FÜR AGENTEN

Artikel 10
Zu übermittelnde Angaben

(1) Stellt ein Zahlungsinstitut einen Antrag auf Nutzung eines Europäischen Passes für Agenten, so leiten die zuständigen Behörden des Herkunftsmitgliedstaats gemäß Artikel 28 Absatz 2 Unterabsatz 1 der Richtlinie (EU) 2015/2366 an die zuständigen Behörden des Aufnahmemitgliedstaats die nachstehenden Angaben weiter:

a) Datum des Eingangs des vollständigen und richtigen Antrags eines Zahlungsinstituts auf Nutzung eines Europäischen Passes gemäß Artikel 4;

b) Mitgliedstaat, in dem das Zahlungsinstitut einen Agenten in Anspruch zu nehmen beabsichtigt;

c) Art des Antrags auf Nutzung eines Europäischen Passes;

d) Art des Antrags auf Nutzung eines Europäischen Passes und – sofern die Inanspruchnahme des Agenten im Aufnahmemitgliedstaat keine Niederlassung bedingt – eine Beschreibung der Umstände, die die zuständige Behörde im Herkunftsmitgliedstaat bei ihrer Bewertung berücksichtigt hat;

e) Name, Anschrift und – sofern vorhanden – Zulassungsnummer und Identifikationscode des Zahlungsinstituts im Herkunftsmitgliedstaat in dem in Anhang I festgelegten Format;

f) falls verfügbar, die Rechtsträgerkennung des Zahlungsinstituts;

g) Namen und Kontaktangaben des Ansprechpartners im Zahlungsinstitut, das die Nutzung des Europäischen Passes für Agenten beantragt;

h) Namen und Kontaktangaben des Agenten, den das Zahlungsinstitut in Anspruch nimmt;

i) Identifikationscode des Agenten im Mitgliedstaat, in dem er ansässig ist – sofern vorhanden – in dem in Anhang I festgelegten Format;

j) Namen und Kontaktangaben der für die zentrale Kontaktstelle verantwortlichen Personen, falls eine solche im Einklang mit Artikel 29 Absatz 4 der Richtlinie (EU) 2015/2366 benannt wurde;

k) im Aufnahmemitgliedstaat vom Agenten zu erbringende Zahlungsdienste;

l) Beschreibung der internen Kontrollmechanismen, die der Agent anwenden wird, um die Anforderungen zur Verhinderung der Geldwäsche und der Terrorismusfinanzierung nach Maßgabe der Richtlinie (EU) 2015/849 zu erfüllen;

m) Namen und Kontaktangaben der Geschäftsleiter und der für die Geschäftsleitung verantwortlichen Personen des Agenten, der für die Erbringung von Zahlungsdiensten in Anspruch genommen werden soll, und im Falle von Agenten, die keine Zahlungsdienstleister sind, der Nachweis, dass sie zuverlässig und fachlich geeignet sind.

(2) Unterrichtet ein Zahlungsinstitut die zuständigen Behörden im Herkunftsmitgliedstaat von seiner Absicht, betriebliche Aufgaben von Zahlungsdiensten an andere Stellen im Aufnahmemitgliedstaat auszulagern, so setzen diese Behörden die zuständigen Behörden des Aufnahmemitgliedstaats hiervon in Kenntnis.

Artikel 11
Übermittlung der Angaben

(1) Die zuständigen Behörden des Herkunftsmitgliedstaats übermitteln die Angaben nach Artikel 10 den zuständigen Behörden des Aufnah-

memitgliedstaats anhand des im Anhang III vorgegebenen Standardformblatts und unterrichten das Zahlungsinstitut hiervon.

(2) Sind mehrere Meldungen zu übermitteln, so können die zuständigen Behörden die zu übermittelnden Angaben unter Verwendung der in Anhang III vorgegebenen Felder aggregieren.

Artikel 12
Übermittlung von Änderungen in Bezug auf einen Antrag

(1) Teilt ein Zahlungsinstitut gemäß Artikel 28 Absatz 4 der Richtlinie (EU) 2015/2366 den zuständigen Behörden des Herkunftsmitgliedstaats in Bezug auf einen bereits übermittelten Antrag auf Nutzung eines Europäischen Passes für Agenten relevante Änderungen mit, so leiten diese Behörden diese relevanten Änderungen an die zuständigen Behörden des Aufnahmemitgliedstaats weiter.

(2) Für die Zwecke der Weiterleitung der relevanten Änderungen an die zuständigen Behörden des Aufnahmemitgliedstaats gemäß Absatz 1 übermitteln die zuständigen Behörden des Herkunftsmitgliedstaats ein Standardformblatt gemäß Anhang III, das lediglich die geänderten Angaben enthält.

Artikel 13
Angaben zur Aufnahme der Tätigkeiten eines Agenten

Für die Zwecke von Artikel 28 Absatz 3 Unterabsatz 3 der Richtlinie (EU) 2015/2366 teilen die zuständigen Behörden des Herkunftsmitgliedstaats den zuständigen Behörden des Aufnahmemitgliedstaats anhand des im Anhang VI vorgegebenen Standardformblatts unverzüglich den Zeitpunkt mit, ab dem ein Zahlungsinstitut seine Tätigkeiten über den Agenten in diesem Aufnahmemitgliedstaat aufnimmt.

KAPITEL 4
ANTRAG AUF NUTZUNG EINES EUROPÄISCHEN PASSES FÜR DIENSTLEISTUNGEN

Artikel 14
Zu übermittelnde Angaben

(1) Stellt ein Zahlungsinstitut einen Antrag auf Nutzung eines Europäischen Passes für Dienstleistungen, so leiten die zuständigen Behörden des Herkunftsmitgliedstaats gemäß Artikel 28 Absatz 2 Unterabsatz 1 der Richtlinie (EU) 2015/2366 an die zuständigen Behörden des Aufnahmemitgliedstaats die nachstehenden Angaben weiter:

a) Datum des Eingangs des vollständigen und richtigen Antrags eines Zahlungsinstituts auf Nutzung eines Europäischen Passes gemäß Artikel 4;

b) Mitgliedstaat, in dem das Zahlungsinstitut seine Dienstleistungen zu erbringen beabsichtigt;

c) Art des Antrags auf Nutzung eines Europäischen Passes;

d) Name, Anschrift und – sofern vorhanden – Zulassungsnummer und Identifikationscode des Zahlungsinstituts im Herkunftsmitgliedstaat in dem in Anhang I festgelegten Format;

e) falls verfügbar, die Rechtsträgerkennung des Zahlungsinstituts;

f) Namen und Kontaktangaben des Ansprechpartners im Zahlungsinstitut, das die Nutzung des Europäischen Passes für Dienstleistungen beantragt;

g) geplanter Beginn der Erbringung von Dienstleistungen im Aufnahmemitgliedstaat;

h) im Aufnahmemitgliedstaat zu erbringende Zahlungsdienste.

(2) Unterrichtet ein Zahlungsinstitut die zuständigen Behörden im Herkunftsmitgliedstaat von seiner Absicht, betriebliche Aufgaben von Zahlungsdiensten an andere Stellen im Aufnahmemitgliedstaat auszulagern, so setzen diese Behörden die zuständigen Behörden des Aufnahmemitgliedstaats hiervon in Kenntnis.

Artikel 15
Übermittlung der Angaben

(1) Die zuständigen Behörden des Herkunftsmitgliedstaats übermitteln die Angaben nach Artikel 14 den zuständigen Behörden des Aufnahmemitgliedstaats anhand des im Anhang V vorgegebenen Standardformblatts und unterrichten das Zahlungsinstitut hiervon.

(2) Sind mehrere Meldungen zu übermitteln, so können die zuständigen Behörden die zu übermittelnden Angaben unter Verwendung der in Anhang V vorgegebenen Felder aggregieren.

Artikel 16
Übermittlung von Änderungen in Bezug auf einen Antrag auf Nutzung eines Europäischen Passes für Dienstleistungen

(1) Teilt ein Zahlungsinstitut gemäß Artikel 28 Absatz 4 der Richtlinie (EU) 2015/2366 den zuständigen Behörden des Herkunftsmitgliedstaats in Bezug auf einen bereits übermittelten Antrag auf Nutzung eines Europäischen Passes für Dienstleistungen relevante Änderungen mit, so leiten diese Behörden diese relevanten Änderungen an die zuständigen Behörden des Aufnahmemitgliedstaats weiter.

(2) Für die Zwecke der Weiterleitung der relevanten Änderungen an die zuständigen Behörden des Aufnahmemitgliedstaats gemäß Absatz 1 übermitteln die zuständigen Behörden des Herkunftsmitgliedstaats ein Standardformblatt gemäß Anhang V, das lediglich die geänderten Angaben enthält.

KAPITEL 5
SCHLUSSBESTIMMUNGEN

Artikel 17
Inkrafttreten

Diese Verordnung tritt am zwanzigsten Tag nach ihrer Veröffentlichung im *Amtsblatt der Europäischen Union* in Kraft.

Diese Verordnung ist in allen ihren Teilen verbindlich und gilt unmittelbar in jedem Mitgliedstaat.

Brüssel, den 23. Juni 2017

Für die Kommission

Der Präsident

Jean-Claude JUNCKER

ANHANG I

ANHANG I

Format der Identifikationscodes in jedem Mitgliedstaat

Mitgliedstaat	Juristische Person		Natürliche Person	
	Typ des Identifikationscodes	Format des Identifikationscodes	Typ des Identifikationscodes	Format des Identifikationscodes
Österreich	Falls eingetragen: Firmenbuchnummer (https://www.justiz.gv.at/web2013/html/default/8ab4a8a422985de30122a90fc2ca620b.de.html)	Maximale Länge: sechs Ziffern und ein Prüfbuchstabe	Falls nicht eingetragen: Umsatzsteuer-Identifikations-Nummer (UID-Nummer) (https://www.bmf.gv. at/steuern/selbstständige-unternehmer/umsatzsteuer/UID-und-ZM.html)	–
Belgien	KBO/BCE-Nummer (KBO = Kruispuntbank van Ondernemingen; BCE = Banque-Carrefour des Entreprises) http://economie.fgov.be/nl/ondernemingen/KBO/#.VlbmZpYcTcu	0 + MwSt.-Nummer (0XXX.XXX.XXX)	KBO/BCE-Nummer (KBO, Kruispuntbank van Ondernemingen; BCE, Banque-Carrefour des Entreprises) http://economie.fgov.be/nl/ondernemingen/KBO/#.VlbmZpYcTcu	10 Ziffern (0 + neunstellige MwSt.-Nummer)
Bulgarien	Einheitlicher Identifikationscode gemäß Artikel 23 Absatz 1 des bulgarischen Firmenbuchgesetzes	9 Ziffern	Einheitlicher Identifikationscode gemäß Artikel 23 Absatz 1 des bulgarischen Firmenbuchgesetzes	9 Ziffern
Kroatien	OIB (Steuernummer; Osobni identifikacijski broj – Persönliche Identifikationsnummer)	11 Ziffern (10 zufällig ausgewählte Ziffern + 1 Prüfziffer)	OIB (Steuernummer; Osobni identifikacijski broj – Persönliche Identifikationsnummer)	11 Ziffern (10 zufällig ausgewählte Ziffern + 1 Prüfziffer)

Mitgliedstaat	Juristische Person		Natürliche Person	
	Typ des Identifikationscodes	Format des Identifikationscodes	Typ des Identifikationscodes	Format des Identifikationscodes
Zypern	Steueridentifikationsnummer (TIN) https://ec.europa.eu/taxation_customs/tin/tinByCountry.html	8 Ziffern und 1 Buchstabe (z. B. 99999999L)	Steueridentifikationscode (TIC) https://ec.europa.eu/taxation_customs/tin/tinByCountry.html	8 Ziffern und 1 Buchstabe (die erste Ziffer ist immer 0)
Tschechische Republik	Persönliche Identifikationsnummer (Identifikační číslo osoby (IČO))	8 Ziffern (z. B. 12345678)	Persönliche Identifikationsnummer (Identifikační číslo osoby (IČO))	8 Ziffern (z. B. 12345678)
Dänemark	Unternehmensregisternummer (CVR-Nummer)	8 Ziffern (z. B. 12345678)	Persönliche Registrierungsnummer (CPR-Nummer)	10 Ziffern, Format: 123456-7890
Estland	Unternehmensregisternummer, abrufbar auf der Website des Handelsregisters https://ariregister.rik.ee/index?lang=eng	8 Ziffern	Persönlicher Identifikationscode (ID Code)	Persönlicher Identifikationscode (ID Code)

Mitgliedstaat	Juristische Person		Natürliche Person	
	Typ des Identifikationscodes	Format des Identifikationscodes	Typ des Identifikationscodes	Format des Identifikationscodes
Finnland	Lokale Unternehmensregisternummer (https://www.ytj.fi/en/index/businessid.html) oder internationale MwSt.-Nummer	Lokale Unternehmensregisternummer: 7 Ziffern, Gedankenstrich, Kontrollstelle; z. B. 1234567-8 MwSt.-Nummer: 8 Ziffern, z. B. FI12345678	–	–
Frankreich	SIREN	9 Ziffern	SIREN	9 Ziffern
Deutschland	Falls eingetragen: Handelsregisternummer (HReg-Nr.) https://www.handelsregister.de/rp_web/mask. do), einschließlich Ort der Registrierung HRA; HRB; GnR; PR;VR	HRA xxxx HRB xxxx GnR xxxx PR xxxxx VR xxxx Anwendbares Format je nach Rechtsform wählen, gefolgt von einer Ziffernfolge unterschiedlicher Länge	Falls nicht eingetragen: Umsatzsteuer-Identifikationsnummer (USt-IdNr.) (http://www.bzst.de/DE/Steuern_International/USt_Identifikationsnummer/Merkblaetter/Aufbau_USt_Id-Nr.html?nn=19560) (MwSt.-Nummer)	DExxxxxxxxx gefolgt von 9 Ziffern
Griechenland	Steueridentifikationsnummer (TIN – AΦM) https://ec.europa.eu/taxation_customs/tin/pdf/en/TIN_-_country_sheet_EL_en.pdf	9 Ziffern	Steueridentifikationsnummer (TIN – AΦM) https://ec.europa.eu/taxation_customs/tin/pdf/en/TIN_-_country_sheet_EL_en.pdf	9 Ziffern

Mitgliedstaat	Juristische Person		Natürliche Person	
	Typ des Identifikationscodes	Format des Identifikationscodes	Typ des Identifikationscodes	Format des Identifikationscodes
Ungarn	Unternehmensregisternummer	Ziffernfolge (##-##-######)	Registriernummer privater Unternehmer Unternehmensregisternummer für Einzelpersonen	Ziffernfolge (########); Ziffernfolge (##-##-######)
Island	–	–	–	–
Irland	Unternehmensregisternummer https://www.cro.ie/	6 Ziffern	–	–
Italien	Registriernummer	5 Ziffern	Steuercode, abrufbar auf der Website des OAM (Organismo per la Gestione degli Elenchi degli Agenti in Attivita' Finanziaria e dei Mediatori Creditizi): https://www.organismo-am.it/elenco-agenti-servizi-di-pagamento	16-stelliger alphanumerischer Code („SP" + Ziffernfolge)

Mitgliedstaat	Juristische Person		Natürliche Person	
	Typ des Identifikationscodes	Format des Identifikationscodes	Typ des Identifikationscodes	Format des Identifikationscodes
Lettland	Steuerregisternummer (http://www.csb.gov. lv/en/node/29890)	11 Ziffern	Persönliche Identifikationsnummer (XXXXXX-XXXXX) oder, falls es sich um einen registrierten Steuerzahler – Einzelunternehmer handelt, die Steuerregisternummer (http://www.csb.gov.lv/en/node/29890)	Steuerregisternummer: 11 Ziffern
Liechtenstein	Falls verfügbar, die Rechtsträgerkennung, andernfalls: Handelsregister-Nummer	Präfix FL + 11 Ziffern (FL-XXXX.XXX.XXX-X).	Personenidentifikationsnummer	Maximale Länge: 12 Ziffern
Litauen	Unternehmenscode aus dem Register der Rechtsträger, das vom Zentrum für Register der Republik Litauen (http://www.registrucentras.lt/jar/p_en/) verwaltet wird; oder	9 Ziffern (bis 2004: 7)	Code für Steuerpflichtige – Vorname und Name (der Code ist mit dem persönlichen Code identisch, wird aber aus Datenschutzgründen in der Regel nicht offengelegt) oder	Vorname und Name (Buchstaben)
Luxemburg	Unternehmensregisternummer	Buchstabe B gefolgt von 6 Ziffern (z. B. B 123456)	Sozialversicherungsnummer	13 Ziffern (bei den ersten 8 Ziffern handelt es sich um das Geburtsdatum der Person: JJJJMMTT)
Malta	Unternehmensregisternummer: http://rocsupport.mfsa.com.mt/pages/default.aspx	Buchstabe C gefolgt von 5 Ziffern (z. B. C 28938)	Nummer des Personalausweises ODER Reisepasses: http://www.consilium.europa.eu/prado/en/prado-documents/mlt/all/index.html	6 Ziffern und ein Großbuchstabe, z. B. 034976M ODER 6 Ziffern (z. B. 728349)

Mitgliedstaat	Juristische Person		Natürliche Person	
	Typ des Identifikationscodes	Format des Identifikationscodes	Typ des Identifikationscodes	Format des Identifikationscodes
Niederlande	Handelskammernummer (KvK)	8 Ziffern	Handelskammernummer (KvK)	8 Ziffern
Norwegen	Handelsregisternummer (Nummer der Organisation)	9 Ziffern (z. B. 981 276 957)	Nationale Identifizierungsnummer/D-Nummer	11 Ziffern (bei den ersten 6 Ziffern handelt es sich um das Geburtsdatum der Person: TT.MM.JJ.)
Polen	Polnische NIP (numer identyfikacji podatkowej)		Polnische NIP (numer identyfikacji podatkowej)	
Portugal	Número de Identificaç ão de Pessoa Coletiva (NIPC) (Unternehmen-Identifikationsnummer)	9 Ziffern	Número de Identificaç ão Fiscal (NIF) (Steuernummer)	9 Ziffern
Rumänien	–	–	–	–
			Juristische Personen und Unternehmer erhalten eine Unternehmensregisternum mer (IČO)	

Mitgliedstaat	Juristische Person		Natürliche Person	
	Typ des Identifikationscodes	Format des Identifikationscodes	Typ des Identifikationscodes	Format des Identifikationscodes
Slowakische Republik	Identifikačné číslo organizácie/Unternehmensregisternummer (IČO)	8 Ziffern IČO – 00 000 000	http://slovak.statistics.sk/wps/portal/ext/Databases/regis-ter_organizacii/!ut/p/b1/jY7RColwGEafKPfPqdsuV-BcLGnJlu0mLCKE-pl1E0dtn0m3Wd_fBOXCQRzXyXXNvz82t7bvm8v4-2zu9ZvM5FsCwo6DyyiTGrrA06QDsBmAhRZFQD-cC0TEGJwm64IQQE-c-HLxPwy18i3x5C9DiGCKKE4pRzChnlLOYEbZEff-WGMqbRzIF2cgyJYQmktQE4_wFT_CEwElkUfTugabP2s1OwFKhgzhg!!/dl4/d5/L2dBI-SEvZ0FBIS9nQSEh/	8 Ziffern IČO – 00 000 000
Slowenien	Von der Agentur der Republik Slowenien für öffentlich-rechtliche Register und Dienstleistungen (www.ajpes.si) zugewiesene Identifizierungs- (Registrierungs-) Nummer	10 Ziffern	Von der Agentur der Republik Slowenien für öffentlich-rechtliche Register und Dienstleistungen (www.ajpes.si) zugewiesene Identifizierungs- (Registrierungs-)Nummer	10 Ziffern

Mitgliedstaat	Juristische Person		Natürliche Person	
	Typ des Identifikationscodes	Format des Identifikationscodes	Typ des Identifikationscodes	Format des Identifikationscodes
Spanien	Rechtsträgerkennung (LEI) Falls nicht verfügbar: NIF (Número de Identificación Fiscal), d. h. Steuernummer Weitere Informationen über die Struktur der Steuernummer finden sich unter den folgenden Links: NIF (juristische Personen): http://www.agenciatributaria.es/AEAT.internet/Inicio_es_ES/La_Agencia_Tributaria/Campanas/Censos__NIF_y_domicilio_fiscal/Empresas_y_profesionales__Declaracion_censal__Modelos_036_y_037/Informacion/NIF_de_personas_juridicas_y_entidades.shtml	Besteht aus 20 Stellen in folgendem Format: Stellen 1-4: vierstelliges individuelles Präfix für jede LOU (lokale operative Stelle) Stellen 5-6: 2 Reservestellen (00) Stellen 7-18: unternehmensspezifischer Teil des Codes, der von den LOU nach transparenten, soliden und robusten Zuteilungsregeln zugewiesen wird Stellen 19-20: 2 Prüfziffern nach ISO 17442 Besteht aus 9 Stellen in folgendem Format:	NIF (Número de Identificación Fiscal) oder Steuernummer Für nichtansässige spanische Staatsbürger, spanische Staatsbürger unter 14 Jahren und nichtansässige Ausländer, die steuerlich relevante Transaktionen tätigen: Nichtansässige Ausländer: NIE (Número de Identidad de Extranjero). Weitere Informationen über die Struktur der Steuernummer finden sich unter den folgenden Links: NIF (Einzelpersonen) und NIE: http://www.agenciatributaria.es/AEAT.internet/Inicio_es_ES/La_Agencia_Tributaria/Campanas/Censos__NIF_y_domicilio_fiscal/Ciudadanos/Informacion/NIF_de_personas_fisicas.shtml	Besteht aus 9 Stellen: 8 Ziffern gefolgt von einem Buchstaben als Prüfcode am Ende Besteht aus einem Buchstaben (L für nichtansässige spanische Staatsbürger, K für spanische Staatsbürger unter 14 Jahren und M für nichtansässige Ausländer), 7 alphanumerische Stellen und ein Buchstabe (Prüfcode) Besteht aus 9 Stellen: Anfangsbuchstabe, X, gefolgt von 7 Ziffern und einem Endbuchstaben als Prüfcode

Mitgliedstaat	Juristische Person		Natürliche Person	
	Typ des Identifikationscodes	Format des Identifikationscodes	Typ des Identifikationscodes	Format des Identifikationscodes
		a) Buchstabe, der die Rechtsform angibt: A. Unternehmen B. Gesellschaft mit beschränkter Haftung C. Offene Handelsgesellschaft D. Kommanditgesellschaft E. Miteigentum und nicht angenommener Nachlass F. Kooperative G. Verband H. Zusammenschluss von Wohneigentümern		

Mitgliedstaat	Juristische Person		Natürliche Person	
	Typ des Identifikationscodes	Format des Identifikationscodes	Typ des Identifikationscodes	Format des Identifikationscodes
		N. Ausländische Teileinheit P. Lokale Gebietskörperschaft Q. Öffentliche Organisation R. Religionsgemeinschaft oder religiöse Einrichtung S. Stelle der Zentralregierung oder einer Autonomen Region U. Joint-Venture mit Rechtspersönlichkeit V. Sonstiges W. Betriebsstätte nichtansässiger Unternehmen b) 7 zufällig ausgewählte Ziffern c) Buchstabe oder Ziffer, abhängig von der Rechtsform (Prüfcode).		Sind keine numerischen Kombinationen mehr mit dem Buchstaben X verfügbar, wird die Sequenz alphabetisch fortgesetzt (zunächst mit Y, dann Z)

Mitgliedstaat	Juristische Person		Natürliche Person	
	Typ des Identifikationscodes	Format des Identifikationscodes	Typ des Identifikationscodes	Format des Identifikationscodes
Schweden	Registrierungsnummer (www.bolagsverket.se)	NNNNNN-XXXX	Sozialversicherungsnummer	JJMMTT-XXXX
Vereinigtes Königreich	Steueridentifikationsnummer (TIN) https://ec.europa.eu/taxation_customs/tin/pdf/en/TIN_-_country_sheet_UK_en. pdf		Steueridentifikationsnummer (TIN) https://ec.europa.eu/taxation_customs/tin/pdf/en/TIN_-_country_sheet_UK_en.pdf	

ANHANG II

ANHANG II

Standardformblatt für den Austausch von Informationen im Zusammenhang mit Anträgen auf Nutzung eines Europäischen Passes für Zweigniederlassungen, die von Zahlungsinstituten bzw. E-Geld-Instituten gestellt werden

1)	Herkunftsmitgliedstaat	
2)	Name der zuständigen Behörden des Herkunftsmitgliedstaats	
3)	Eingangsdatum des vollständigen und richtigen Antrags des Zahlungsinstituts/E-Geld-Instituts bei der zuständigen Behörde des Herkunftsmitgliedstaats	TT/MM/JJ
4)	Mitgliedstaat, in dem die Zweigniederlassung eingerichtet werden soll	
5)	Art des Antrags	□ Erstantrag □ Änderung des letzten Antrags □ Ende/Einstellung der Geschäftstätigkeit
6)	Art des Instituts	□ Zahlungsinstitut □ E-Geld-Institut
7)	Name des Zahlungsinstituts/E-Geld-Instituts	
8)	Anschrift des Hauptsitzes des Zahlungsinstituts/E-Geld-Instituts	
9)	Identifikationscode des Zahlungsinstituts/E-Geld-Instituts im Format des Herkunftsmitgliedstaats nach Maßgabe von Anhang I (falls zutreffend)	
10)	Rechtsträgerkennung (LEI) des Zahlungsinstituts/E-Geld-Instituts (falls verfügbar)	
11)	Zulassungsnummer des Zahlungsinstituts/E-Geld-Instituts im Herkunftsmitgliedstaat (falls zutreffend)	
12)	Ansprechpartner des Zahlungsinstituts/E-Geld-Instituts	
13)	E-Mail-Adresse des Ansprechpartners des Zahlungsinstituts/E-Geld-Instituts	
14)	Telefonnummer des Ansprechpartners des Zahlungsinstituts/E-Geld-Instituts	
15)	Anschrift der Zweigniederlassung	
16)	Namen der Geschäftsführer der Zweigniederlassung	
17)	E-Mail-Adressen der Geschäftsführer der Zweigniederlassung	
18)	Telefonnummern der Geschäftsführer der Zweigniederlassung	
19)	Zu erbringende Zahlungsdienste	1. □ Dienste, mit denen Bareinzahlungen auf ein Zahlungskonto ermöglicht werden, sowie alle für die Führung eines Zahlungskontos erforderlichen Vorgänge 2. □ Dienste, mit denen Barabhebungen von einem Zahlungskonto ermöglicht werden, sowie alle für die Führung eines Zahlungskontos erforderlichen Vorgänge

		3. Ausführung von Zahlungsvorgängen einschließlich des Transfers von Geldbeträgen auf ein Zahlungskonto beim Zahlungsdienstleister des Nutzers oder bei einem anderen Zahlungsdienstleister: a) Ausführung von Lastschriften einschließlich einmaliger Lastschriften □ b) Ausführung von Zahlungsvorgängen mittels einer Zahlungskarte oder eines ähnlichen Instruments □ c) Ausführung von Überweisungen einschließlich Daueraufträgen □ 4. Ausführung von Zahlungsvorgängen, wenn die Beträge durch einen Kreditrahmen für einen Zahlungsdienstnutzer gedeckt sind: a) Ausführung von Lastschriften einschließlich einmaliger Lastschriften □ b) Ausführung von Zahlungsvorgängen mittels einer Zahlungskarte oder eines ähnlichen Instruments □ c) Ausführung von Überweisungen einschließlich Daueraufträgen □ Einschließlich Gewährung von Krediten im Einklang mit Artikel 18 Absatz 4 der Richtlinie (EU) 2015/2366: □ Ja □ Nein 5. □ Ausgabe von Zahlungsinstrumenten □ Annahme und Abrechnung von Zahlungsvorgängen Einschließlich Gewährung von Krediten im Einklang mit Artikel 18 Absatz 4 der Richtlinie (EU) 2015/2366: □ Ja □ Nein 6. □ Finanztransfer 7. □ Zahlungsauslösedienste 8. □ Kontoinformationsdienste
20)	Zu erbringende E-Geld-Dienste (nur für E-Geld-Institute zutreffend)	□ Ausgabe von E-Geld □ Vertrieb und/oder Rücktausch von E-Geld
21)	Beschreibung der Organisationsstruktur der Zweigniederlassung	
22)	Geschäftsplan, aus dem hervorgeht, dass die Zweigniederlassung über geeignete und angemessene Systeme, Ressourcen und Verfahren verfügt, um ihre Tätigkeit im Aufnahmemitgliedstaat ordnungsgemäß auszuführen, einschließlich: a. Hauptziele und Geschäftsstrategie der Zweigniederlassung und eine Erläuterung, wie die Zweigniederlassung zu der Strategie des Instituts und gegebenenfalls der Gruppe beitragen wird; b. eine Budgetplanung für die ersten drei vollen Geschäftsjahre.	
23)	Unternehmenssteuerung und interne Kontrollmechanismen, darunter Folgendes:	

	a. Beschreibung der Steuerungsstruktur der Zweigniederlassung und der Berichtswege, der Position und der Rolle der Zweigniederlassung innerhalb der Unternehmensstruktur des Instituts und gegebenenfalls der Gruppe; b. Beschreibung der internen Kontrollmechanismen der Zweigniederlassung, einschließlich: i. interne Risikokontrollverfahren der Zweigniederlassung, Verknüpfung zum internen Risikokontrollverfahren des Zahlungsinstituts/E-Geld-Instituts und gegebenenfalls der Gruppe; ii. Angaben zu den internen Prüfmodalitäten der Zweigniederlassung; iii. Angaben zu den von der Zweigniederlassung im Aufnahmemitgliedstaat angenommenen Mechanismen zur Verhinderung der Geldwäsche nach Maßgabe der Richtlinie (EU) 2015/849.	
24)	Im Falle einer Auslagerung betrieblicher Aufgaben von Zahlungsdiensten/E-Geld-Diensten: a. Name und Anschrift der Stelle, an die betriebliche Aufgaben ausgelagert werden sollen; b. Kontaktdaten (E-Mail-Adresse und Telefonnummer) eines Ansprechpartners der Stelle, an die betriebliche Aufgaben ausgelagert werden sollen; c. Art und umfassende Beschreibung der ausgelagerten betrieblichen Aufgaben.	

ANHANG III

ANHANG III

Standardformblatt für den Austausch von Informationen im Zusammenhang mit Anträgen auf Nutzung eines Europäischen Passes, die von Zahlungsinstituten und E-Geld-Instituten, die Agenten in Anspruch nehmen, gestellt werden

1)	Herkunftsmitgliedstaat	
2)	Aufnahmemitgliedstaat, in dem der Agent Zahlungsdienste erbringen soll	
3)	Name der zuständigen Behörde des Herkunftsmitgliedstaats	
4)	Eingangsdatum des vollständigen und richtigen Antrags des Zahlungsinstituts/E-Geld-Instituts bei der zuständigen Behörde des Herkunftsmitgliedstaats	TT/MM/JJ
5)	Art des Antrags	□ Erstantrag □ Änderung des letzten Antrags

		□ Zusätzliche Agenten □ Abmeldung von Agenten
6)	Art des Antrags (Bewertung durch die zuständige Behörde des Herkunftsmitgliedstaats)	□ Niederlassungsrecht □ Ausübung des freien Dienstleistungsverkehrs, auf der Grundlage der folgenden Bedingungen:......
7)	Art des Instituts	□ Zahlungsinstitut □ E-Geld-Institut
8)	Name des Zahlungsinstituts/E-Geld-Instituts	
9)	Anschrift des Hauptsitzes des Zahlungsinstituts/E-Geld-Instituts	
10)	Identifikationscode des Zahlungsinstituts/E-Geld-Instituts im Format des Herkunftsmitgliedstaats nach Maßgabe von Anhang I (falls zutreffend)	
11)	Rechtsträgerkennung (LEI) des Zahlungsinstituts/E-Geld-Instituts (falls verfügbar)	
12)	Zulassungsnummer des Zahlungsinstituts/E-Geld-Instituts im Herkunftsmitgliedstaat (falls zutreffend)	
13)	Ansprechpartner des Zahlungsinstituts/E-Geld-Instituts	
14)	E-Mail-Adresse des Ansprechpartners des Zahlungsinstituts/E-Geld-Instituts	
15)	Telefonnummer des Ansprechpartners des Zahlungsinstituts/E-Geld-Instituts	
16)	Angaben zum Agenten: a. Falls es sich um eine juristische Person handelt: i. Name ii. Eingetragene Anschrift(en) iii. Identifikationscode im Format des Mitgliedstaats, in dem der Agent ansässig ist, nach Maßgabe von Anhang I (falls zutreffend) iv. Rechtsträgerkennung (LEI) des Agenten (falls verfügbar) v. Telefonnummer vi. E-Mail-Adresse vii. Name, Geburtsdatum und Geburtsort der Rechtsvertretung b. Falls es sich um eine natürliche Person handelt: i. Name, Geburtsdatum und Geburtsort ii. Eingetragene Geschäftsanschrift(en) iii. Identifikationscode im Format des Mitgliedstaats, in dem der Agent ansässig ist, nach Maßgabe von Anhang I (falls zutreffend) iv. Telefonnummer v. E-Mail-Adresse	

17)	Bei Niederlassungsfreiheit zentrale Kontaktstelle, falls eine solche bereits benannt und/oder von den Behörden des Aufnahmemitgliedstaats im Einklang mit Artikel 29 Absatz 4 der Richtlinie (EU) 2015/2366 angefordert wurde: a. Name des Vertreters b. Anschrift c. Telefonnummer d. E-Mail-Adresse	
18)	Vom Agenten zu erbringende Zahlungsdienste	1. □ Dienste, mit denen Bareinzahlungen auf ein Zahlungskonto ermöglicht werden, sowie alle für die Führung eines Zahlungskontos erforderlichen Vorgänge 2. □ Dienste, mit denen Barabhebungen von einem Zahlungskonto ermöglicht werden, sowie alle für die Führung eines Zahlungskontos erforderlichen Vorgänge 3. Ausführung von Zahlungsvorgängen einschließlich des Transfers von Geldbeträgen auf ein Zahlungskonto beim Zahlungsdienstleister des Nutzers oder bei einem anderen Zahlungsdienstleister: a) Ausführung von Lastschriften einschließlich einmaliger Lastschriften □ b) Ausführung von Zahlungsvorgängen mittels einer Zahlungskarte oder eines ähnlichen Instruments □ c) Ausführung von Überweisungen einschließlich Daueraufträgen □ 4. Ausführung von Zahlungsvorgängen, wenn die Beträge durch einen Kreditrahmen für einen Zahlungsdienstnutzer gedeckt sind: a) Ausführung von Lastschriften einschließlich einmaliger Lastschriften □ b) Ausführung von Zahlungsvorgängen mittels einer Zahlungskarte oder eines ähnlichen Instruments □ c) Ausführung von Überweisungen einschließlich Daueraufträgen □ Einschließlich Gewährung von Krediten im Einklang mit Artikel 18 Absatz 4 der Richtlinie (EU) 2015/2366: □ Ja □ Nein 5. □ Ausgabe von Zahlungsinstrumenten □ Annahme und Abrechnung von Zahlungsvorgängen Einschließlich Gewährung von Krediten im Einklang mit Artikel 18 Absatz 4 der Richtlinie (EU) 2015/2366: □ Ja □ Nein 6. □ Finanztransfer 7. □ Zahlungsauslösedienste 8. □ Kontoinformationsdienste

19)	Beschreibung der internen Kontrollmechanismen, die das Zahlungsinstitut/das E-Geld-Institut/der Agent anwenden, um die Anforderungen zur Verhinderung der Geldwäsche und der Terrorismusfinanzierung nach Maßgabe der Richtlinie (EU) 2015/849 zu erfüllen	
20)	Namen und Kontaktangaben der Geschäftsleiter und der für die Geschäftsführung verantwortlichen Personen des Agenten	
21)	Für Agenten und andere Zahlungsdienstleister Kriterien, die sicherstellen sollen, dass die Geschäftsleiter und die für die Geschäftsführung verantwortlichen Personen des Agenten, der für die Erbringung von Zahlungsdiensten in Anspruch genommen werden soll, zuverlässig und fachlich geeignet sind	a. □ Nachweise des Zahlungsinstituts, die belegen, dass die Geschäftsleiter und die für die Geschäftsführung verantwortlichen Personen des Agenten, der für die Erbringung von Zahlungsdiensten in Anspruch genommen werden soll, zuverlässig und fachlich geeignet sind b. □ Maßnahmen, die die zuständige Behörde im Herkunftsmitgliedstaat gemäß Artikel 19 Absatz 3 der Richtlinie (EU) 2015/2366 ergriffen hat, um die vom Zahlungsinstitut bereitgestellten Informationen zu prüfen.
22)	Im Falle einer Auslagerung betrieblicher Aufgaben von Zahlungsdiensten/E-Geld-Diensten: a. Name und Anschrift der Stelle, an die betriebliche Aufgaben ausgelagert werden sollen b. Kontaktangaben (E-Mail-Adresse und Telefonnummer) eines Ansprechpartners der Stelle, an die betriebliche Aufgaben ausgelagert werden sollen c. Art und umfassende Beschreibung der ausgelagerten betrieblichen Aufgaben	

ANHANG IV

ANHANG IV

Standardformblatt für den Austausch von Informationen im Zusammenhang mit Anträgen auf Nutzung eines Europäischen Passes, die von E-Geld-Instituten, die Vertreiber in Anspruch nehmen, gestellt werden

1)	Herkunftsmitgliedstaat	
2)	Aufnahmemitgliedstaat, in dem E-Geld-Dienste erbracht werden sollen	
3)	Name der zuständigen Behörde des Herkunftsmitgliedstaats	
4)	Eingangsdatum des vollständigen und richtigen Antrags des E-Geld-Instituts bei der zuständigen Behörde des Herkunftsmitgliedstaats	TT/MM/JJ
5)	Art des Antrags	□ Erstantrag □ Änderung des letzten Antrags □ Zusätzliche Vertreiber □ Abmeldung eines Vertreibers

6)	Art des Antrags (Bewertung durch die zuständige Behörde des Herkunftsmitgliedstaats)	□ Niederlassungsrecht □ Ausübung des freien Dienstleistungsverkehrs, auf der Grundlage der folgenden Bedingungen:......
7)	Name des E-Geld-Instituts	
8)	Anschrift des Hauptsitzes des E-Geld-Instituts	
9)	Identifikationscode des E-Geld-Instituts im Format des Herkunftsmitgliedstaats nach Maßgabe von Anhang I (falls zutreffend)	
10)	Rechtsträgerkennung (LEI) des E-Geld-Instituts (falls verfügbar)	
11)	Zulassungsnummer des E-Geld-Instituts im Herkunftsmitgliedstaat (falls zutreffend)	
12)	Ansprechpartner des E-Geld-Instituts	
13)	E-Mail-Adresse des Ansprechpartners des E-Geld-Instituts	
14)	Telefonnummer des Ansprechpartners des E-Geld-Instituts	
15)	Angaben zum Vertreiber: a. Falls es sich um eine juristische Person handelt: i. Name ii. Eingetragene Anschrift(en) iii. Identifikationscode im Format des Mitgliedstaats, in dem der Vertreiber ansässig ist, nach Maßgabe von Anhang I (falls zutreffend) iv. Rechtsträgerkennung (LEI) des Vertreibers (falls verfügbar) v. Telefonnummer vi. E-Mail-Adresse vii. Name, Geburtsdatum und Geburtsort der Rechtsvertretung b. Falls es sich um eine natürliche Person handelt: i. Name, Geburtsdatum und Geburtsort ii. Eingetragene Geschäftsanschrift(en) iii. Identifikationscode im Format des Mitgliedstaats, in dem der Vertreiber ansässig ist, nach Maßgabe von Anhang I (falls zutreffend) iv. Telefonnummer v. E-Mail-Adresse	
16)	Vom Vertreiber zu erbringende E-Geld-Dienste	□ Vertrieb □ Rücktausch von E-Geld
17)	Beschreibung der internen Kontrollmechanismen, die das E-Geld-Institut/der Vertreiber anwenden, um die Anforderungen zur Verhinderung der Geldwäsche und der Terroris-	

	musfinanzierung nach Maßgabe der Richtlinie (EU) 2015/849 zu erfüllen	
18)	Im Falle einer Auslagerung betrieblicher Aufgaben von E-Geld-Diensten: a. Name und Anschrift der Stelle, an die betriebliche Aufgaben ausgelagert werden sollen b. Kontaktangaben (E-Mail-Adresse und Telefonnummer) eines Ansprechpartners der Stelle, an die betriebliche Aufgaben ausgelagert werden sollen c. Art und umfassende Beschreibung der ausgelagerten betrieblichen Aufgaben	

ANHANG V

ANHANG V

Standardformblatt für den Austausch von Informationen im Zusammenhang mit Anträgen auf Dienstleistungsfreiheit ohne Agenten oder Vertreiber

1)	Herkunftsmitgliedstaat	
2)	Name der zuständigen Behörde des Herkunftsmitgliedstaats	
3)	Eingangsdatum des vollständigen und richtigen Antrags des Zahlungsinstituts/E-Geld-Instituts bei der zuständigen Behörde des Herkunftsmitgliedstaats	TT/MM/JJ
4)	Mitgliedstaat, in dem die Dienste erbracht werden sollen	
5)	Art des Antrags	□ Erstantrag □ Änderung des letzten Antrags □ Ende/Einstellung der Geschäftstätigkeit
6)	Art des Instituts	□ Zahlungsinstitut □ E-Geld-Institut
7)	Name des Zahlungsinstituts/E-Geld-Instituts	
8)	Anschrift des Hauptsitzes des Zahlungsinstituts/E-Geld-Instituts	
9)	Identifikationscode des Zahlungsinstituts/E-Geld-Instituts im Format des Herkunftsmitgliedstaats nach Maßgabe von Anhang I (falls zutreffend)	
10)	Rechtsträgerkennung (LEI) des Zahlungsinstituts/E-Geld-Instituts (falls verfügbar)	
11)	Zulassungsnummer des Zahlungsinstituts/E-Geld-Instituts im Herkunftsmitgliedstaat (falls zutreffend)	
12)	Ansprechpartner des Zahlungsinstituts/E-Geld-Instituts	
13)	E-Mail-Adresse des Ansprechpartners des Zahlungsinstituts/E-Geld-Instituts	
14)	Telefonnummer des Ansprechpartners des Zahlungsinstituts/E-Geld-Instituts	

15)	Geplanter Beginn der Erbringung von Zahlungsdiensten/E-Geld-Diensten (muss nach der Mitteilung der Entscheidung der zuständigen Behörde im Herkunftsmitgliedstaat gemäß Artikel 28 Absatz 3 der Richtlinie (EU) 2015/2366 liegen)	TT/MM/JJJJ
16)	Zu erbringende Zahlungsdienste	1. □ Dienste, mit denen Bareinzahlungen auf ein Zahlungskonto ermöglicht werden, sowie alle für die Führung eines Zahlungskontos erforderlichen Vorgänge 2. □ Dienste, mit denen Barabhebungen von einem Zahlungskonto ermöglicht werden, sowie alle für die Führung eines Zahlungskontos erforderlichen Vorgänge 3. Ausführung von Zahlungsvorgängen einschließlich des Transfers von Geldbeträgen auf ein Zahlungskonto beim Zahlungsdienstleister des Nutzers oder bei einem anderen Zahlungsdienstleister: a) Ausführung von Lastschriften einschließlich einmaliger Lastschriften □ b) Ausführung von Zahlungsvorgängen mittels einer Zahlungskarte oder eines ähnlichen Instruments □ c) Ausführung von Überweisungen einschließlich Daueraufträgen □ 4. Ausführung von Zahlungsvorgängen, wenn die Beträge durch einen Kreditrahmen für einen Zahlungsdienstnutzer gedeckt sind: a) Ausführung von Lastschriften einschließlich einmaliger Lastschriften □ b) Ausführung von Zahlungsvorgängen mittels einer Zahlungskarte oder eines ähnlichen Instruments □ c) Ausführung von Überweisungen einschließlich Daueraufträgen □ Einschließlich Gewährung von Krediten im Einklang mit Artikel 18 Absatz 4 der Richtlinie (EU) 2015/2366: □ Ja □ Nein 5. □ Ausgabe von Zahlungsinstrumenten □ Annahme und Abrechnung von Zahlungsvorgängen Einschließlich Gewährung von Krediten im Einklang mit Artikel 18 Absatz 4 der Richtlinie (EU) 2015/2366: □ Ja □ Nein 6. □ Finanztransfer 7. □ Zahlungsauslösedienste 8. □ Kontoinformationsdienste
17)	Zu erbringende E-Geld-Dienste (nur für E-Geld-Institute zutreffend)	□ Ausgabe von E-Geld □ Vertrieb und/oder Rücktausch von E-Geld
18)	Im Falle einer Auslagerung betrieblicher Aufgaben von Zahlungsdiensten/E-Geld-Diensten:	

	a. Name und Anschrift der Stelle, an die betriebliche Aufgaben ausgelagert werden sollen b. Kontaktangaben (E-Mail-Adresse und Telefonnummer) eines Ansprechpartners der Stelle, an die betriebliche Aufgaben ausgelagert werden sollen c. Art und umfassende Beschreibung der ausgelagerten betrieblichen Aufgaben	

ANHANG VI

ANHANG VI

Standardformblatt für den Austausch von Informationen im Zusammenhang mit der Aufnahme von Tätigkeiten, für die ein Europäischer Pass erforderlich ist, durch eine Zweigniederlassung/einen Agenten/einen Vertreiber eines Zahlungsinstituts bzw. E-Geld-Instituts

	Beginn der Tätigkeiten	
1)	Herkunftsmitgliedstaat	
2)	Name der zuständigen Behörde des Herkunftsmitgliedstaats	
3)	Datum des Erstantrags nach Anhang II, III oder IV	
4)	Mitgliedstaat, in dem die Zweigniederlassung/der Agent/der Vertreiber die Tätigkeit aufnehmen soll	
5)	Art des Instituts	□ Zahlungsinstitut □ E-Geld-Institut
6)	Name des Zahlungsinstituts/E-Geld-Instituts	
7)	Anschrift des Hauptsitzes des Zahlungsinstituts/E-Geld-Instituts	
8)	Identifikationscode des Zahlungsinstituts/E-Geld-Instituts im Format des Herkunftsmitgliedstaats nach Maßgabe von Anhang I (falls zutreffend)	
9)	Rechtsträgerkennung (LEI) des Zahlungsinstituts/E-Geld-Instituts (falls verfügbar)	
10)	Zulassungsnummer des Zahlungsinstituts/E-Geld-Instituts im Herkunftsmitgliedstaat (falls zutreffend)	
11)	Art des Europäischen Passes	□ Zweigniederlassung □ Agent □ Vertreiber
12)	Für Agenten/Vertreiber:	a. Falls es sich um eine juristische Person handelt: i. Name ii. Identifikationscode im Format des Mitgliedstaats, in dem der Agent/Vertreiber ansässig ist, nach Maßgabe von Anhang I (falls zutreffend) iii. Rechtsträgerkennung (LEI) des Agenten/Vertreibers (falls verfügbar)

Beginn der Tätigkeiten		
		iv. Telefonnummer b. Falls es sich um eine natürliche Person handelt: i. Name, Geburtsdatum und Geburtsort ii. Identifikationscode im Format des Mitgliedstaats, in dem der Agent/Vertreiber ansässig ist, nach Maßgabe von Anhang I (falls zutreffend)
13)	Für Agenten und Zweigniederlassungen: Datum der Eintragung im Register der zuständigen Behörde des Herkunftsmitgliedstaats	TT/MM/JJJJ
14)	Beginn der Erbringung von Tätigkeiten durch die Zweigniederlassung/den Agenten/den Vertreiber (für Agenten und Zweigniederlassungen muss der Zeitpunkt nach der Eintragung des Agenten/der Zweigniederlassung in das Register des Herkunftsmitgliedstaats gemäß Artikel 28 Absatz 3 der Richtlinie (EU) 2015/2366 liegen)	TT/MM/JJJJ

Delegierte Verordnung (EU) 2018/389 zur Ergänzung der Richtlinie (EU) 2015/2366 des Europäischen Parlaments und des Rates durch technische Regulierungsstandards für eine starke Kundenauthentifizierung und für sichere offene Standards für die Kommunikation

ABl L 69 vom 13. 3. 2018, S 23 idF

1 ABl L 88 vom 24. 3. 2020, S 11

DIE EUROPÄISCHE KOMMISSION –

gestützt auf den Vertrag über die Arbeitsweise der Europäischen Union,

gestützt auf die Richtlinie (EU) 2015/2366 des Europäischen Parlaments und des Rates vom 25. November 2015 über Zahlungsdienste im Binnenmarkt, zur Änderung der Richtlinien 2002/65/EG, 2009/110/EG und 2013/36/EU und der Verordnung (EU) Nr. 1093/2010 sowie zur Aufhebung der Richtlinie 2007/64/EG[1)], insbesondere Artikel 98 Absatz 4 Unterabsatz 2,

in Erwägung nachstehender Gründe:

(1) Elektronisch angebotene Zahlungsdienste sollten sicher abgewickelt werden, wobei Technologien eingesetzt werden sollten, mit denen eine sichere Authentifizierung des Nutzers gewährleistet und das Betrugsrisiko so weit wie möglich verringert werden kann. Das Authentifizierungsverfahren sollte generell Transaktionsüberwachungsmechanismen enthalten, um Versuche zur Verwendung der personalisierten Sicherheitsmerkmale eines Zahlungsdienstnutzers, die verloren, gestohlen oder missbräuchlich verwendet wurden, zu erkennen; außerdem sollte das Authentifizierungsverfahren sicherstellen, dass es sich bei dem Zahlungsdienstnutzer um den legitimen Nutzer handelt, der somit durch die normale Verwendung der personalisierten Sicherheitsmerkmale seine Zustimmung für den Transfer von Geldbeträgen und den Zugang zu seinen Kontoinformationen erteilt. Des Weiteren ist es notwendig, Erfordernisse des Verfahrens zur starken Kundenauthentifizierung festzulegen, die jedes Mal angewendet werden sollten, wenn ein Zahler online auf sein Zahlungskonto zugreift, einen elektronischen Zahlungsvorgang auslöst oder über einen Fernzugang eine Handlung vornimmt, die insofern das Risiko eines Betrugs im Zahlungsverkehr oder eines anderen Missbrauchs birgt, als die Generierung eines Authentifizierungscodes erforderlich ist; dieser Code sollte gegenüber dem Risiko der Fälschung in seiner Gesamtheit oder durch die Offenlegung der Elemente, auf deren Grundlage er generiert wurde, immun sein.

(2) Angesichts der sich ständig ändernden Betrugsmethoden sollten die Erfordernisse für eine starke Kundenauthentifizierung innovative technische Lösungen ermöglichen, mit denen neu aufkommenden Bedrohungen der Sicherheit elektronischer Zahlungen begegnet werden kann. Zur Gewährleistung einer wirksamen kontinuierlichen Umsetzung der festzulegenden Anforderungen sollte ebenfalls verlangt werden, dass die Sicherheitsmaßnahmen für die Durchführung einer starken Kundenauthentifizierung und ihrer Ausnahmen, die Maßnahmen für den Schutz der Vertraulichkeit und der Integrität der personalisierten Sicherheitsmerkmale und die Maßnahmen für die Einrichtung gemeinsamer und sicherer offener Standards für die Kommunikation dokumentiert, regelmäßig getestet, bewertet und von operativ unabhängigen Prüfern mit Fachwissen auf dem Gebiet der IT-Sicherheit und des Zahlungsverkehrs geprüft werden. Damit die zuständigen Behörden die Qualität der Überprüfung dieser Maßnahmen überwachen können, sollten ihnen diese Überprüfungen auf Verlangen zur Verfügung gestellt werden.

(3) Da elektronische Fernzahlungsvorgänge einem höheren Betrugsrisiko ausgesetzt sind, ist es notwendig, bei solchen Vorgängen zusätzliche Anforderungen für eine starke Kundenauthentifizierung einzuführen; diese sollten sicherstellen, dass die Elemente den Zahlungsvorgang dynamisch mit einem Betrag und einem Zahlungsempfänger verknüpfen, die vom Zahler beim Auslösen des Zahlungsvorgangs angegeben werden.

(4) Eine dynamische Verknüpfung ist durch Generierung von Authentifizierungscodes möglich, bei der eine Reihe strenger Sicherheitsanforderungen einzuhalten sind. Um Technologieneutralität sicherzustellen, sollte für die Implementierung von Authentifizierungscodes keine bestimmte Technologie vorgegeben werden. Solange die Sicherheitsanforderungen erfüllt sind, sollten

Zur Präambel:

[1)] ABl. L 337 vom 23.12.2015, S. 35.

Authentifizierungscodes daher auf Lösungen beruhen wie der Generierung und Validierung einmaliger Passwörter, digitalen Signaturen oder anderen kryptografisch basierten Gültigkeitsversicherungen unter Verwendung von Schlüsseln oder kryptografischem Material, die in den Authentifizierungselementen gespeichert werden.

(5) Für den Fall, dass der endgültige Betrag zu dem Zeitpunkt, zu dem der Zahler einen elektronischen Fernzahlungsvorgang auslöst, nicht bekannt ist, müssen besondere Anforderungen festgelegt werden, die sicherstellen, dass die starke Kundenauthentifizierung speziell für den Höchstbetrag gilt, für den der Zahler seine Zustimmung erteilt hat, wie in der Richtlinie (EU) 2015/2366 vorgesehen.

(6) Um die Durchführung einer starken Kundenauthentifizierung zu gewährleisten, müssen ebenfalls angemessene Sicherheitsmerkmale für die Elemente der starken Kundenauthentifizierung verlangt werden: für Elemente der Kategorie Wissen (etwas, das nur der Nutzer weiß), wie Länge oder Komplexität, für Elemente der Kategorie Besitz (etwas, das nur der Nutzer besitzt), wie Algorithmusspezifikationen, Schlüssellänge und Informationsentropie, und für Geräte und Software, die Elemente der Kategorie Inhärenz (etwas, das der Nutzer ist) lesen, wie Algorithmusspezifikationen, biometrischer Sensor und Funktionen für den Schutz biometrischer Templates, insbesondere, um das Risiko zu mindern, dass diese Elemente von Unbefugten aufgedeckt, offengelegt und verwendet werden. Ferner ist die Festlegung von Anforderungen notwendig, um sicherzustellen, dass diese Elemente voneinander unabhängig sind, sodass die Nichterfüllung eines Elements die Zuverlässigkeit der anderen nicht infrage stellt, vor allem, wenn diese Elemente von einem Mehrzweckgerät verwendet werden, d. h. von Geräten wie einem Tablet oder einem Mobiltelefon, die sowohl für die Erteilung der Anweisung zur Ausführung der Zahlung als auch für den Authentifizierungsprozess verwendet werden können.

(7) Die Erfordernisse einer starken Kundenauthentifizierung gelten für vom Zahler ausgelöste Zahlungsvorgänge, unabhängig davon, ob der Zahler eine natürliche oder juristische Person ist.

(8) Aufgrund ihrer speziellen Natur unterliegen Zahlungen, die unter Verwendung eines anonymen Zahlungsinstruments ausgeführt werden, nicht der Pflicht zur starken Kundenauthentifizierung. Wird die Anonymität solcher Instrumente aus vertraglichen oder rechtlichen Gründen aufgehoben, unterliegen Zahlungen den Sicherheitsanforderungen, die sich aus der Richtlinie (EU) 2015/2366 und dem vorliegenden technischen Regulierungsstandard ergeben.

(9) Gemäß der Richtlinie (EU) 2015/2366 wurden die Ausnahmen vom Grundsatz der starken Kundenauthentifizierung ausgehend vom Risikoniveau, vom Betrag und von der Periodizität des Zahlungsvorgangs und des für seine Ausführung genutzten Zahlungswegs festgelegt.

(10) Handlungen, die Einsicht in den Saldo und die letzten Bewegungen eines Zahlungskontos gewähren, ohne dass sensible Zahlungsdaten offengelegt werden, wiederkehrende Zahlungen an dieselben Zahlungsempfänger, die zuvor vom Zahler unter Verwendung der starken Kundenauthentifizierung eingerichtet oder bestätigt wurden, und Zahlungen an und von derselben natürlichen oder juristischen Person, die ein Konto bei demselben Zahlungsdienstleister unterhält, sind mit einem geringen Risiko verbunden und geben Zahlungsdienstleistern die Möglichkeit, in solchen Fällen von einer starken Kundenauthentifizierung abzusehen. Dessen ungeachtet sollten Zahlungsauslösedienstleister, Zahlungsdienstleister, die kartengebundene Zahlungsinstrumente ausgeben, und Kontoinformationsdienstleister nach den Artikeln 65, 66 und 67 der Richtlinie (EU) 2015/2366 die für die Bereitstellung eines bestimmten Zahlungsdienstes notwendigen und wesentlichen Informationen nur mit Zustimmung des Zahlungsdienstnutzers vom kontoführenden Zahlungsdienstleister anfordern und erhalten. Diese Zustimmung kann individuell für jede Informationsanforderung oder für jede auszulösende Zahlung oder im Fall von Kontoinformationsdienstleistern als Mandat für die in der vertraglichen Vereinbarung mit dem Zahlungsdienstnutzer bezeichneten Zahlungskonten und damit in Zusammenhang stehenden Zahlungsvorgängen erteilt werden.

(11) Ausnahmen für kontaktlose Kleinbetragszahlungen an der Verkaufsstelle, die auch eine maximale Anzahl von aufeinanderfolgenden Vorgängen oder einen bestimmten Höchstbetrag aufeinanderfolgender Vorgänge ohne Durchführung einer starken Kundenauthentifizierung einbeziehen, erlauben die Entwicklung benutzerfreundlicher Zahlungsdienste mit niedrigem Risiko und sollten deshalb vorgesehen werden. Gleichfalls angemessen ist die Festlegung einer Ausnahme für elektronische Zahlungsvorgänge, die an unbeaufsichtigten Terminals ausgelöst werden, an denen eine starke Kundenauthentifizierung aus operativen Gründen nicht immer ohne Weiteres durchführbar ist (z. B. zur Vermeidung von Staus und potenziellen Unfällen an Mautstellen oder aufgrund anderer Sicherheitsrisiken).

(12) Wie bei der Ausnahme für kontaktlose Kleinbetragszahlungen an der Verkaufsstelle sollte auch im elektronischen Geschäftsverkehr ein angemessenes Verhältnis zwischen dem Interesse erhöhter Sicherheit bei Fernzahlungsvorgängen und dem Erfordernis der Benutzerfreundlichkeit und allgemeinen Zugänglichkeit von Zahlungsvorgängen sichergestellt werden. Diesen Grundsätzen entsprechend sollten auf umsichtige Weise Schwellenwerte festgesetzt werden, unterhalb deren ausschließlich bei Online-Kleinbetragskäufen von einer starken Kundenauthentifizierung abgesehen werden kann. Für Online-Käufe sollten die Schwellenwerte noch umsichtiger festgesetzt werden, da der Käufer zum Zeitpunkt des Erwerbs physisch nicht präsent ist und diese Situation mit einem geringfügig höheren Sicherheitsrisiko einhergeht.

(13) Die Erfordernisse einer starken Kundenauthentifizierung gelten für vom Zahler ausgelöste Zahlungsvorgänge, unabhängig davon, ob der Zahler eine natürliche oder juristische Person ist. Viele Zahlungsvorgänge von Unternehmen werden durch dedizierte Prozesse oder Protokolle ausgelöst, die das hohe Maß an Sicherheit gewährleisten, das die Richtlinie (EU) 2015/2366 mit der starken Kundenauthentifizierung erzielen möchte. Falls die zuständigen Behörden feststellen, dass solche Zahlungsprozesse und -protokolle, die nur für Zahler verfügbar sind, bei denen es sich nicht um Verbraucher handelt, die Zielsetzungen der Richtlinie (EU) 2015/2366 im Hinblick auf die Sicherheit erfüllen, können Zahlungsdienstleister in Bezug auf diese Prozesse oder Protokolle von den Erfordernissen einer starken Kundenauthentifizierung ausgenommen werden.

(14) Wenn ein Zahlungsvorgang mithilfe von Echtzeit-Transaktionsrisikoanalysen als Vorgang mit niedrigem Risiko eingestuft wird, ist es ebenfalls angemessen, durch Festlegung wirksamer, risikobasierter Anforderungen, die die Sicherheit der Gelder und personenbezogenen Daten des Zahlungsdienstnutzers gewährleisten, für Zahlungsdienstleister, die von einer starken Kundenauthentifizierung absehen wollen, eine Ausnahme vorzusehen. Bei solchen risikobasierten Anforderungen sollten die Einstufungen der Risikoanalysen zusammengeführt werden, um zu bestätigen, dass kein ungewöhnliches Ausgabe- oder Verhaltensmuster des Zahlers erkannt wurde; hierbei sind weitere Risikofaktoren zu berücksichtigen, einschließlich Informationen über den Ort des Zahlers und des Zahlungsempfängers, und es sollten monetäre Schwellenwerte auf der Grundlage der für Fernzahlungsvorgänge berechneten Betrugsraten festgesetzt werden. Falls ein Zahlungsvorgang aufgrund der Echtzeit-Transaktionsrisikoanalyse nicht als Vorgang mit niedrigem Risiko eingestuft werden kann, sollte der Zahlungsdienstleister auf eine starke Kundenauthentifizierung zurückgreifen. Als Höchstbetrag für eine solche risikobasierte Ausnahme sollte ein Betrag festgesetzt werden, der eine äußerst niedrige entsprechende Betrugsrate sicherstellt; dabei sollte auch der Vergleich mit den Betrugsraten für alle Zahlungsvorgänge des Zahlungsdienstleisters, darunter auch die durch eine starke Kundenauthentifizierung authentifizierten Vorgänge, innerhalb einer bestimmten Zeitspanne sowie fortlaufend herangezogen werden.

(15) Zur Gewährleistung einer wirksamen Durchsetzung sollten Zahlungsdienstleister, die Ausnahmen von der starken Kundenauthentifizierung in Anspruch nehmen möchten, für jede Art von Zahlungsvorgang den Gesamtwert betrügerischer oder nicht autorisierter Zahlungsvorgänge und die festgestellten Betrugsraten für alle ihre Zahlungsvorgänge – unabhängig davon, ob diese im Zuge einer starken Kundenauthentifizierung authentifiziert oder im Rahmen einer entsprechenden Ausnahme ausgeführt wurden – regelmäßig überwachen und den zuständigen Behörden und der Europäischen Bankenaufsichtsbehörde (EBA) auf Verlangen mitteilen.

(16) Die Erhebung dieser neuen historischen Daten zu Betrugsraten bei elektronischen Zahlungsvorgängen trägt außerdem dazu bei, dass die EBA die Schwellenwerte für die auf einer Echtzeit-Transaktionsrisikoanalyse beruhenden Ausnahme von einer starken Kundenauthentifizierung wirksam überprüfen kann. Nach Artikel 98 Absatz 5 der Richtlinie (EU) 2015/2366 sowie nach Artikel 10 der Verordnung (EU) Nr. 1093/2010 des Europäischen Parlaments und des Rates[2)] sollte die EBA diese technischen Regulierungsstandards überprüfen und der Kommission, soweit erforderlich, einen Entwurf ihrer Aktualisierungen übermitteln, um neue Vorschläge für Schwellenwerte und entsprechende Betrugsraten vorzulegen, mit dem Ziel, die Sicherheit elektronischer Fernzahlungsvorgänge zu erhöhen.

(17) Die Zahlungsdienstleister, die eine der vorgesehenen Ausnahmen in Anspruch nehmen, sollten sich jederzeit dafür entscheiden dürfen, bei den in den betreffenden Bestimmungen angegebenen Handlungen und Zahlungsvorgängen von einer starken Kundenauthentifizierung Gebrauch zu machen.

Zu Abs. 16:

[2)] Verordnung (EU) Nr. 1093/2010 des Europäischen Parlaments und des Rates vom 24. November 2010 zur Errichtung einer Europäischen Aufsichtsbehörde (Europäische Bankenaufsichtsbehörde), zur Änderung des Beschlusses Nr. 716/2009/EG und zur Aufhebung des Beschlusses 2009/78/EG der Kommission (ABl. L 331 vom 15.12.2010, S. 12).

(18) Die Maßnahmen zum Schutz der Vertraulichkeit und Integrität der personalisierten Sicherheitsmerkmale sowie zum Schutz der Authentifizierungsgeräte und der Software sollten die Betrugsrisiken im Zusammenhang mit der unbefugten oder betrügerischen Verwendung von Zahlungsinstrumenten und dem unbefugten Zugriff auf Zahlungskonten begrenzen. Dazu müssen Anforderungen für die sichere Erstellung und Bereitstellung der personalisierten Sicherheitsmerkmale und ihre Verknüpfung mit dem Zahlungsdienstnutzer eingeführt und Bedingungen für die Verlängerung und Deaktivierung dieser Sicherheitsmerkmale vorgesehen werden.

(19) Um eine wirksame und sichere Kommunikation zwischen den beteiligten Akteuren im Zusammenhang mit Kontoinformationsdiensten, Zahlungsauslösediensten und der Bestätigung der Verfügbarkeit eines Geldbetrags sicherzustellen, ist es notwendig, die Anforderungen für gemeinsame und sichere offene Kommunikationsstandards festzulegen, die von allen betroffenen Zahlungsdienstleistern zu erfüllen sind. Die Richtlinie (EU) 2015/2366 sieht den Zugang zu Zahlungskontoinformationen und deren Nutzung durch Kontoinformationsdienstleister vor. Die Regeln für den Zugang zu Konten, die keine Zahlungskonten sind, werden durch die vorliegende Verordnung daher nicht geändert.

(20) Jeder kontoführende Zahlungsdienstleister, auf dessen Zahlungskonten online zugegriffen werden kann, sollte mindestens eine Zugangsschnittstelle bieten, über die die sichere Kommunikation mit Kontoinformationsdienstleistern, Zahlungsauslösedienstleistern und Zahlungsdienstleistern, die kartengebundene Zahlungsinstrumente ausstellen, möglich ist. Die Schnittstelle sollte es Kontoinformationsdienstleistern, Zahlungsauslösedienstleistern und Zahlungsdienstleistern, die kartengebundene Zahlungsinstrumente ausstellen, ermöglichen, sich gegenüber dem kontoführenden Zahlungsdienstleister zu identifizieren. Sie sollte ebenfalls so gestaltet sein, dass Kontoinformationsdienstleister und Zahlungsauslösedienstleister sich auf die Authentifizierungsverfahren verlassen können, die dem Zahlungsdienstnutzer vom kontoführenden Zahlungsdienstleister bereitgestellt werden. Zur Gewährleistung der Neutralität im Hinblick auf die Technologie und das Geschäftsmodell sollten die kontoführenden Zahlungsdienstleister frei entscheiden können, ob sie eine Schnittstelle anbieten, die speziell der Kommunikation mit Kontoinformationsdienstleistern, Zahlungsauslösedienstleistern und Zahlungsdienstleistern, die kartengebundene Zahlungsinstrumente ausstellen, dient, oder ob sie für diese Kommunikation die Nutzung der für die Identifizierung und die Kommunikation mit den Zahlungsdienstnutzern des kontoführenden Zahlungsdienstleisters dienende Schnittstelle zulassen möchten.

(21) Damit Kontoinformationsdienstleister, Zahlungsauslösedienstleister und Zahlungsdienstleister, die kartengebundene Zahlungsinstrumente ausstellen, eigene technische Lösungen entwickeln können, sollte die technische Spezifikation der Schnittstelle angemessen dokumentiert und öffentlich zur Verfügung gestellt werden. Darüber hinaus sollte der kontoführende Zahlungsdienstleister mindestens sechs Monate vor Geltungsbeginn des vorliegenden Regulierungsstandards eine Einrichtung anbieten, die den Zahlungsdienstleistern einen Test der technischen Lösungen ermöglicht; wenn die Schnittstelle nach Geltungsbeginn des vorliegenden Regulierungsstandards eingeführt wird, sollte die Testeinrichtung mindestens sechs Monate vor dem Datum der Markteinführung der Schnittstelle angeboten werden. Zur Gewährleistung der Interoperabilität der verschiedenen technischen Kommunikationslösungen sollte die Schnittstelle von internationalen oder europäischen Normungsorganisationen entwickelte Kommunikationsstandards verwenden.

(22) Die Qualität der von Kontoinformationsdienstleistern und Zahlungsauslösedienstleistern bereitgestellten Dienste wird vom ordnungsgemäßen Funktionieren der von den kontoführenden Zahlungsdienstleistern eingerichteten oder angepassten Schnittstellen abhängen. Wenn diese Schnittstellen nicht den Bestimmungen des vorliegenden Standards entsprechen, ist es daher wichtig, Maßnahmen zu ergreifen, mit denen die Aufrechterhaltung des Geschäftsbetriebs für die Nutzer der betreffenden Dienste gewährleistet wird. Es obliegt den zuständigen nationalen Behörden, dafür zu sorgen, dass Kontoinformationsdienstleister und Zahlungsauslösedienstleister bei der Bereitstellung ihrer Dienste nicht blockiert oder behindert werden.

(23) Wird der Zugang zu Zahlungskonten über eine dedizierte Schnittstelle angeboten, muss verlangt werden, dass die dedizierten Schnittstellen denselben Grad an Verfügbarkeit und Leistung aufweisen wie die für die Zahlungsdienstnutzer verfügbare Schnittstelle, damit das Recht der Zahlungsdienstnutzer auf die Nutzung von Zahlungsauslösediensten und von Diensten für den Zugang zu Kontoinformationen gemäß der Richtlinie (EU) 2015/2366 gewährleistet ist. Außerdem sollten die kontoführenden Zahlungsdienstleister transparente wesentliche Leistungsindikatoren und Service-Level-Ziele für die Verfügbarkeit und die Leistung der dedizierten Schnittstellen definieren, die mindestens so streng sind wie diejenigen, die für die von ihren Zahlungsdienstnutzern verwendete Schnittstelle gelten. Diese Schnittstellen sollten von den Zahlungs-

dienstleistern, die sie verwenden werden, getestet sowie von den zuständigen Behörden Stresstests unterzogen und überwacht werden.

(24) Damit Zahlungsdienstleister, die sich auf die dedizierte Schnittstelle verlassen, bei Problemen mit Verfügbarkeit oder unzureichender Leistung der Schnittstelle ihre Dienste auch weiterhin erbringen können, ist unter Einhaltung strenger Bedingungen die Bereitstellung eines Fall-back-Mechanismus notwendig, der den betroffenen Dienstleistern die Nutzung der Schnittstelle ermöglicht, die der kontoführende Zahlungsdienstleister für die Identifizierung seiner eigenen Zahlungsdienstnutzer und für die Kommunikation mit diesen unterhält. Stellen die zuständigen Behörden allerdings fest, dass die dedizierten Schnittstellen bestimmte Bedingungen erfüllen und dadurch ein ungehinderter Wettbewerb sichergestellt ist, werden bestimmte kontoführende Zahlungsdienstleister von der Auflage ausgenommen sein, über ihre Schnittstelle auf Kundenseite einen solchen Fall-back-Mechanismus bereitzustellen. Falls die von dieser Auflage ausgenommenen dedizierten Schnittstellen die erforderlichen Bedingungen nicht erfüllen, sind die gewährten Ausnahmen von den jeweils zuständigen Behörden zu widerrufen.

(25) Damit die zuständigen Behörden die Implementierung und Unterhaltung der Kommunikationsschnittstellen wirksam überwachen können, sollten die kontoführenden Zahlungsdienstleister eine Zusammenfassung der maßgeblichen Dokumentation auf ihrer Website zur Verfügung stellen und den zuständigen Behörden auf Verlangen die Dokumentation der Notfalllösungen vorlegen. Des Weiteren sollten die kontoführenden Zahlungsdienstleister Statistiken über die Verfügbarkeit und die Leistung dieser Schnittstelle veröffentlichen.

(26) Zum Schutz der Vertraulichkeit und der Integrität der Daten muss die Sicherheit von Kommunikationssitzungen zwischen kontoführenden Zahlungsdienstleistern, Kontoinformationsdienstleistern, Zahlungsauslösedienstleistern und Zahlungsdienstleistern, die kartengebundene Zahlungsinstrumente ausstellen, gewährleistet werden. Insbesondere ist eine sichere Verschlüsselung beim Datenaustausch zwischen Kontoinformationsdienstleistern, Zahlungsauslösedienstleistern und Zahlungsdienstleistern, die kartengebundene Zahlungsinstrumente ausstellen, und kontoführenden Zahlungsdienstleistern zu verlangen.

(27) Um das Vertrauen der Nutzer zu erhöhen und eine starke Kundenauthentifizierung zu gewährleisten, sollte dem Rückgriff auf elektronische Identifizierungsmittel und Vertrauensdienste gemäß der Verordnung (EU) Nr. 910/2014 des Europäischen Parlaments und des Rates[3)] Rechnung getragen werden, was insbesondere in Bezug auf notifizierte elektronische Identifizierungssysteme gilt.

(28) Um einen einheitlichen Geltungsbeginn zu gewährleisten, sollte die vorliegende Verordnung ab demselben Datum gelten, ab dem die Mitgliedstaaten die Anwendung der in den Artikeln 65, 66, 67 und 97 der Richtlinie (EU) 2015/2366 festgelegten Sicherheitsmaßnahmen gewährleisten müssen.

(29) Die vorliegende Verordnung stützt sich auf den Entwurf der technischen Regulierungsstandards, der der Kommission von der Europäischen Bankenaufsichtsbehörde (EBA) vorgelegt wurde.

(30) Die EBA hat zu diesem Entwurf offene und transparente öffentliche Konsultationen durchgeführt, die damit verbundenen potenziellen Kosten- und Nutzeneffekte analysiert und die Stellungnahme der nach Artikel 37 der Verordnung (EU) Nr. 1093/2010 eingesetzten Interessengruppe Bankensektor eingeholt –

HAT FOLGENDE VERORDNUNG ERLASSEN:

KAPITEL I
ALLGEMEINE BESTIMMUNGEN

Artikel 1
Gegenstand

In dieser Verordnung werden die Anforderungen festgelegt, die Zahlungsdienstleister für die Umsetzung von Sicherheitsmaßnahmen erfüllen müssen, die es ihnen ermöglichen,

a) das Verfahren zur starken Kundenauthentifizierung nach Artikel 97 der Richtlinie (EU) 2015/2366 anzuwenden;

b) unter genau festgelegten, eingeschränkten Voraussetzungen, die auf die Höhe des Risikos, den Betrag und die Häufigkeit des Zahlungsvorgangs sowie auf den für dessen Ausführung genutzten Zahlungsweg abstellen, von der Durchführung der aus Sicherheitsgründen vorgeschrie-

---

Zu Abs. 27:

3) Verordnung (EU) Nr. 910/2014 des Europäischen Parlaments und des Rates vom 23. Juli 2014 über elektronische Identifizierung und Vertrauensdienste für elektronische Transaktionen im Binnenmarkt und zur Aufhebung der Richtlinie 1999/93/EG (ABl. L 257 vom 28.8.2014, S. 53).

benen starken Kundenauthentifizierung abzusehen;

c) die Vertraulichkeit und Integrität der personalisierten Sicherheitsmerkmale der Zahlungsdienstnutzer zu schützen;

d) gemeinsame und sichere offene Standards für die Kommunikation zwischen kontoführenden Zahlungsdienstleistern, Zahlungsauslösedienstleistern, Kontoinformationsdienstleistern, Zahlern, Zahlungsempfängern und anderen Zahlungsdienstleistern im Zusammenhang mit der Erbringung und der Nutzung von Zahlungsdiensten gemäß Titel IV der Richtlinie (EU) 2015/2366 festzulegen.

Artikel 2
Allgemeine Anforderungen an die Authentifizierung

(1) Die Zahlungsdienstleister verfügen über Transaktionsüberwachungsmechanismen, die ihnen für den Zweck der Umsetzung der in Artikel 1 Buchstaben a und b genannten Sicherheitsmaßnahmen die Erkennung nicht autorisierter oder betrügerischer Zahlungsvorgänge ermöglichen.

Diese Mechanismen basieren auf der Analyse von Zahlungsvorgängen unter Berücksichtigung der Elemente, die für den Zahlungsdienstnutzer im Rahmen einer normalen Verwendung der personalisierten Sicherheitsmerkmale typisch sind.

(2) Die Zahlungsdienstleister stellen sicher, dass die Transaktionsüberwachungsmechanismen zumindest alle nachstehend genannten risikobasierten Faktoren einbeziehen:

a) Liste der missbräuchlich verwendeten oder gestohlenen Authentifizierungselemente;

b) Betrag eines jeden Zahlungsvorgangs;

c) bekannte Betrugsszenarien bei der Erbringung von Zahlungsdienstleistungen;

d) Anzeichen für eine Malware-Infektion in einer Phase des Authentifizierungsverfahrens; *(ABl L 88 vom 24. 3. 2020, S 11)*

e) falls das Zugangsgerät oder die Zugangssoftware vom Zahlungsdienstleister bereitgestellt wird, ein Protokoll über die Nutzung des Zugangsgeräts oder der Zugangssoftware, die dem Zahlungsdienstnutzer zur Verfügung gestellt werden, sowie über die ungewöhnliche Nutzung dieses Geräts oder der Software.

Artikel 3
Überprüfung der Sicherheitsmaßnahmen

(1) Die Umsetzung der in Artikel 1 genannten Sicherheitsmaßnahmen wird dokumentiert, regelmäßig getestet, bewertet und von Prüfern mit Fachwissen auf dem Gebiet der IT-Sicherheit und des Zahlungsverkehrs, die innerhalb des Zahlungsdienstleisters oder von diesem operativ unabhängig sind, gemäß dem geltenden Rechtsrahmen des Zahlungsdienstleisters geprüft.

(2) Die Zeiträume zwischen den nach Absatz 1 durchzuführenden Prüfungen werden gemäß dem für den Zahlungsdienstleister geltenden maßgeblichen Rechnungslegungs- und Abschlussprüfungsrahmenwerk festgelegt.

Für Zahlungsdienstleister, die die Ausnahme nach Artikel 18 in Anspruch nehmen, wird mindestens einmal jährlich eine Prüfung der Methodik, des Modells und der gemeldeten Betrugsraten durchgeführt. Der diese Prüfung vornehmende Prüfer verfügt über Fachwissen auf dem Gebiet der IT-Sicherheit und des Zahlungsverkehrs und ist innerhalb des Zahlungsdienstleisters oder von diesem operativ unabhängig. Diese Prüfung wird im ersten Jahr der Inanspruchnahme der Ausnahme nach Artikel 18 sowie im Anschluss daran mindestens alle drei Jahre – oder auf Verlangen der zuständigen Behörde häufiger – von einem unabhängigen, qualifizierten externen Prüfer durchgeführt.

(3) Als Ergebnis dieser Prüfung werden eine Bewertung und ein Bericht erstellt, aus denen hervorgeht, ob die Sicherheitsmaßnahmen des Zahlungsdienstleisters die in dieser Verordnung dargelegten Anforderungen erfüllen.

Der Gesamtbericht wird den zuständigen Behörden auf Verlangen zur Verfügung gestellt.

KAPITEL II

SICHERHEITSMASSNAHMEN FÜR DIE DURCHFÜHRUNG EINER STARKEN KUNDENAUTHENTIFIZIERUNG

Artikel 4
Authentifizierungscode

(1) Wenn Zahlungsdienstleister gemäß Artikel 97 Absatz 1 der Richtlinie (EU) 2015/2366 eine starke Kundenauthentifizierung verlangen, muss die Authentifizierung auf mindestens zwei Elementen der Kategorien Wissen, Besitz und Inhärenz basieren und die Generierung eines Authentifizierungscodes nach sich ziehen.

Der Authentifizierungscode wird vom Zahlungsdienstleister nur einmalig akzeptiert, wenn der Zahler diesen Code für den Online-Zugriff auf sein Zahlungskonto, für die Auslösung eines elektronischen Zahlungsvorgangs oder für die Ausführung einer Handlung über einen Fernzugang, die das Risiko eines Betrugs im Zahlungsverkehr oder eines anderen Missbrauchs in sich birgt, verwendet.

(2) Für die Zwecke des Absatzes 1 ergreifen Zahlungsdienstleister Sicherheitsmaßnahmen, die gewährleisten, dass alle folgenden Anforderungen erfüllt sind:

a) Aus der Offenlegung des Authentifizierungscodes können keine Informationen über eines der in Absatz 1 genannten Elemente abgeleitet werden.

b) Aufgrund der Kenntnis eines zuvor generierten anderen Authentifizierungscodes kann kein neuer Authentifizierungscode generiert werden.

c) Der Authentifizierungscode kann nicht gefälscht werden.

(3) Die Zahlungsdienstleister stellen sicher, dass die Authentifizierung durch Generierung eines Authentifizierungscodes alle folgenden Sicherheitsmaßnahmen umfasst:

a) Wenn bei der Authentifizierung für den Fernzugriff, für elektronische Fernzahlungsvorgänge und für Handlungen über einen Fernzugang, die das Risiko eines Betrugs im Zahlungsverkehr oder eines anderen Missbrauchs in sich bergen, die Generierung eines Authentifizierungscodes für die Zwecke des Absatzes 1 fehlgeschlagen ist, darf nicht ermittelt werden können, welches der in jenem Absatz genannten Elemente falsch war.

b) Die Anzahl der möglichen aufeinanderfolgenden fehlgeschlagenen Authentifizierungsversuche, nach der die in Artikel 97 Absatz 1 der Richtlinie (EU) 2015/2366 aufgeführten Handlungen vorübergehend oder permanent gesperrt werden, darf innerhalb einer bestimmten Zeitspanne nicht mehr als fünf betragen.

c) Die Kommunikationssitzungen sind gegen den Zugriff auf die während der Authentifizierung übertragenen Authentifizierungsdaten und gegen die Manipulation durch Unbefugte entsprechend den Anforderungen in Kapitel V geschützt.

d) Die maximale Zeitspanne ohne Aktivität, nachdem der Zahler für den Online-Zugriff auf sein Zahlungskonto authentifiziert wurde, darf nicht mehr als fünf Minuten betragen.

(4) Wenn die Sperrung nach Absatz 3 Buchstabe b vorübergehend ist, werden die Dauer dieser Sperrung und die Anzahl der erneuten Versuche auf Grundlage der Merkmale des dem Zahler bereitgestellten Dienstes sowie aller damit verbundenen relevanten Risiken festgelegt, wobei mindestens die in Artikel 2 Absatz 2 genannten Faktoren zu berücksichtigen sind.

Der Zahler erhält eine Warnung, bevor die Sperrung dauerhaft wird.

Bei einer dauerhaften Sperrung wird ein sicheres Verfahren eingerichtet, das es dem Zahler ermöglicht, die Nutzung der gesperrten elektronischen Zahlungsinstrumente wiederzuerlangen.

Artikel 5
Dynamische Verknüpfung

(1) Wenn Zahlungsdienstleister gemäß Artikel 97 Absatz 2 der Richtlinie (EU) 2015/2366 eine starke Kundenauthentifizierung verlangen, müssen sie zusätzlich zu den in Artikel 4 der vorliegenden Verordnung genannten Auflagen Sicherheitsmaßnahmen ergreifen, die alle folgenden Anforderungen erfüllen:

a) Zahlungsbetrag und Zahlungsempfänger werden dem Zahler angezeigt.

b) Der generierte Authentifizierungscode gilt speziell für den Zahlungsbetrag und den Zahlungsempfänger, denen der Zahler beim Auslösen des Vorgangs zugestimmt hat.

c) Der vom Zahlungsdienstleister akzeptierte Authentifizierungscode entspricht dem ursprünglichen spezifischen Zahlungsbetrag und der Identität des Zahlungsempfängers, denen der Zahler zugestimmt hat.

d) Jede Änderung beim Betrag oder Zahlungsempfänger zieht die Ungültigkeit des generierten Authentifizierungscodes nach sich.

(2) Für die Zwecke des Absatzes 1 sehen die Zahlungsdienstleister Sicherheitsmaßnahmen vor, die die Vertraulichkeit, die Authentizität und die Integrität aller folgenden Angaben gewährleisten:

a) Zahlungsbetrag und Zahlungsempfänger in allen Phasen der Authentifizierung;

b) Angaben, die dem Zahler in allen Phasen der Authentifizierung, einschließlich der Generierung, Übertragung und Verwendung des Authentifizierungscodes, angezeigt werden.

(3) Für die Zwecke des Absatzes 1 Buchstabe b sowie wenn Zahlungsdienstleister gemäß Artikel 97 Absatz 2 der Richtlinie (EU) 2015/2366 eine starke Kundenauthentifizierung verlangen, muss der Authentifizierungscode folgende Anforderungen erfüllen:

a) Bei einem kartengebundenen Zahlungsvorgang, für den der Zahler nach Artikel 75 Absatz 1 der oben genannten Richtlinie seine Zustimmung zu der genauen Höhe des zu blockierenden Geldbetrags erteilt hat, gilt der Authentifizierungscode speziell für den Betrag, für dessen Blockierung der Zahler seine Zustimmung erteilt hat und dem er beim Auslösen des Zahlungsvorgangs zugestimmt hat.

b) Bei Zahlungsvorgängen, für die der Zahler der Ausführung eines Satzes elektronischer Fernzahlungsvorgänge zugunsten eines oder mehrerer Zahlungsempfänger zugestimmt hat, gilt der Authentifizierungscode speziell für den Gesamtbetrag des Satzes und für die angegebenen Zahlungsempfänger.

Artikel 6
Anforderungen an die Elemente der Kategorie Wissen

(1) Die Zahlungsdienstleister ergreifen Maßnahmen zur Minderung des Risikos, dass die in die Kategorie Wissen fallenden Elemente der

starken Kundenauthentifizierung von Unbefugten aufgedeckt oder diesen gegenüber offengelegt werden.

(2) Für die Verwendung dieser Elemente durch den Zahler sind risikomindernde Maßnahmen zu treffen, um ihre Offenlegung gegenüber Unbefugten zu verhindern.

Artikel 7
Anforderungen an die Elemente der Kategorie Besitz

(1) Die Zahlungsdienstleister ergreifen Maßnahmen zur Minderung des Risikos, dass die in die Kategorie Besitz fallenden Elemente der starken Kundenauthentifizierung von Unbefugten verwendet werden.

(2) Für die Verwendung dieser Elemente durch den Zahler sind Maßnahmen zu treffen, um ihre Nachbildung zu verhindern.

Artikel 8
Anforderungen an Geräte und Software in Verbindung mit Elementen der Kategorie Inhärenz

(1) Die Zahlungsdienstleister ergreifen Maßnahmen zur Minderung des Risikos, dass die in die Kategorie Inhärenz fallenden Authentifizierungselemente, die von den dem Zahler bereitgestellten Zugangsgeräten und der Zugangssoftware gelesen werden, von Unbefugten aufgedeckt werden. Als Mindestanforderung gewährleisten die Zahlungsdienstleister, dass für diese Zugangsgeräte und die Software eine sehr geringe Wahrscheinlichkeit besteht, dass ein Unbefugter als Zahler authentifiziert wird.

(2) Für die Verwendung dieser Elemente durch den Zahler sind Maßnahmen zu treffen, die sicherstellen, dass diese Geräte und die Software bei einem unbefugten Zugriff auf sie die unbefugte Verwendung der Elemente nicht zulassen.

Artikel 9
Unabhängigkeit der Elemente

(1) Die Zahlungsdienstleister gewährleisten, dass für die Verwendung der in den Artikeln 6, 7 und 8 genannten Elemente der starken Kundenauthentifizierung Maßnahmen gelten, die sicherstellen, dass hinsichtlich Technologie, Algorithmen und Parametern bei Verletzung eines der Elemente die Zuverlässigkeit der anderen Elemente nicht beeinträchtigt wird.

(2) Wenn eines der Elemente der starken Kundenauthentifizierung oder der Authentifizierungscode selbst von einem Mehrzweckgerät verwendet wird, sehen die Zahlungsdienstleister Sicherheitsmaßnahmen zur Minderung des Risikos vor, das aus der missbräuchlichen Verwendung eines solchen Mehrzweckgeräts erwachsen würde.

(3) Für die Zwecke des Absatzes 2 beinhalten die Risikominderungsmaßnahmen alle folgenden Komponenten:

a) Nutzung getrennter sicherer Ausführungsumgebungen durch die im Mehrzweckgerät installierte Software;

b) Mechanismen, mit denen sichergestellt wird, dass die Software oder das Gerät vom Zahler oder einem Dritten nicht verändert wurde;

c) sofern Veränderungen stattgefunden haben, Mechanismen zur Eindämmung von deren Folgen.

KAPITEL IIII
AUSNAHMEN VON DER STARKEN KUNDENAUTHENTIFIZIERUNG

Artikel 10
Zahlungskontoinformationen

(1) Zahlungsdienstleister dürfen unter Einhaltung der in Artikel 2 sowie in Absatz 2 des vorliegenden Artikels festgelegten Anforderungen davon absehen, eine starke Kundenauthentifizierung zu verlangen, wenn ein Zahlungsdienstnutzer nur auf eine oder beide der folgenden Informationen online zugreifen kann, ohne dass dabei sensible Zahlungsdaten offengelegt werden:

a) Kontostand eines oder mehrerer bezeichneter Zahlungskonten;

b) Zahlungsvorgänge, die in den vergangenen 90 Tagen über ein oder mehrere bezeichnete Zahlungskonten ausgeführt wurden.

(2) Für die Zwecke des Absatzes 1 dürfen Zahlungsdienstleister nicht von der Durchführung einer starken Kundenauthentifizierung ausgenommen werden, wenn eine der folgenden Bedingungen erfüllt ist:

a) Der Zahlungsdienstnutzer greift zum ersten Mal online auf die in Absatz 1 genannten Informationen zu.

b) Mehr als 90 Tage sind verstrichen, seitdem der Zahlungsdienstnutzer letztmals auf die in Absatz 1 Buchstabe b genannten Informationen online zugegriffen hat und eine starke Kundenauthentifizierung verlangt wurde.

Artikel 11
Kontaktlose Zahlungen an der Verkaufsstelle

Zahlungsdienstleister dürfen unter Einhaltung der in Artikel 2 festgelegten Anforderungen bei Auslösen eines kontaktlosen elektronischen Zahlungsvorgangs durch den Zahler davon absehen, eine starke Kundenauthentifizierung zu verlangen, wenn dabei die folgenden Bedingungen erfüllt sind:

a) Der Einzelbetrag des kontaktlosen elektronischen Zahlungsvorgangs geht nicht über 50 EUR hinaus, und

b) die früheren kontaktlosen elektronischen Zahlungsvorgänge, die über ein mit einer kontaktlosen Funktion ausgestattetes Zahlungsinstrument ausgelöst wurden, gehen seit der letzten Durchführung einer starken Kundenauthentifizierung zusammengenommen nicht über 150 EUR hinaus, oder

c) die Anzahl der aufeinanderfolgenden kontaktlosen elektronischen Zahlungsvorgänge, die über das mit einer kontaktlosen Funktion ausgestattete Zahlungsinstrument ausgelöst wurden, geht seit der letzten Durchführung einer starken Kundenauthentifizierung nicht über fünf hinaus.

Artikel 12
Unbeaufsichtigte Terminals für Nutzungsentgelte und Parkgebühren

Zahlungsdienstleister dürfen unter Einhaltung der in Artikel 2 festgelegten Anforderungen von der Vorgabe einer starken Kundenauthentifizierung absehen, wenn der Zahler an einem unbeaufsichtigten Terminal einen elektronischen Zahlungsvorgang auslöst, um ein Verkehrsnutzungsentgelt oder eine Parkgebühr zu zahlen.

Artikel 13
Vertrauenswürdige Empfänger

(1) Wenn ein Zahler durch seinen kontoführenden Zahlungsdienstleister eine Liste der vertrauenswürdigen Empfänger erstellt oder ändert, müssen Zahlungsdienstleister eine starke Kundenauthentifizierung verlangen.

(2) Sind die allgemeinen Anforderungen an die Authentifizierung erfüllt, dürfen Zahlungsdienstleister bei Auslösen eines Zahlungsvorgangs durch den Zahler von der Vorgabe einer starken Kundenauthentifizierung absehen, wenn der Zahlungsempfänger auf einer zuvor vom Zahler erstellten Liste der vertrauenswürdigen Empfänger geführt wird.

Artikel 14
Wiederkehrende Zahlungsvorgänge

(1) Zahlungsdienstleister müssen eine starke Kundenauthentifizierung verlangen, wenn ein Zahler eine Serie wiederkehrender Zahlungsvorgänge mit demselben Betrag und demselben Zahlungsempfänger erstellt, ändert oder erstmals auslöst.

(2) Sind die allgemeinen Anforderungen an die Authentifizierung erfüllt, dürfen Zahlungsdienstleister bei Auslösen aller nachfolgenden Zahlungsvorgänge, die in eine Serie von Zahlungsvorgängen gemäß Absatz 1 eingeschlossen sind, von der Vorgabe einer starken Kundenauthentifizierung absehen.

Artikel 15
Überweisungen zwischen Konten, die von derselben natürlichen oder juristischen Person gehalten werden

Zahlungsdienstleister dürfen unter Einhaltung der in Artikel 2 festgelegten Anforderungen von der Vorgabe einer starken Kundenauthentifizierung absehen, wenn der Zahler eine Überweisung auslöst und es sich bei dem Zahler und dem Zahlungsempfänger um dieselbe natürliche oder juristische Person handelt und beide Zahlungskonten von demselben kontoführenden Zahlungsdienstleister unterhalten werden.

Artikel 16
Kleinbetragszahlungen

Bei Auslösen eines elektronischen Fernzahlungsvorgangs durch den Zahler dürfen Zahlungsdienstleister von der Vorgabe einer starken Kundenauthentifizierung absehen, wenn folgende Bedingungen erfüllt sind:

a) Der Betrag des elektronischen Fernzahlungsvorgangs geht nicht über 30 EUR hinaus, und

b) die früheren elektronischen Fernzahlungsvorgänge, die vom Zahler seit der letzten Durchführung einer starken Kundenauthentifizierung ausgelöst wurden, gehen zusammengenommen nicht über 100 EUR hinaus, oder

c) seit der letzten Durchführung einer starken Kundenauthentifizierung hat der Zahler nacheinander nicht mehr als fünf einzelne elektronische Fernzahlungsvorgänge ausgelöst.

Artikel 17
Von Unternehmen genutzte sichere Zahlungsprozesse und -protokolle

Bei juristischen Personen, die elektronische Zahlungsvorgänge über dedizierte Zahlungsprozesse oder -protokolle auslösen, die nur Zahlern zur Verfügung stehen, bei denen es sich nicht um Verbraucher handelt, können Zahlungsdienstleister von der Vorgabe einer starken Kundenauthentifizierung absehen, wenn die zuständigen Behörden der Auffassung sind, dass diese Prozesse oder Protokolle mindestens ein vergleichbares Sicherheitsniveau wie das in der Richtlinie (EU) 2015/2366 vorgesehene gewährleisten.

Artikel 18
Transaktionsrisikoanalyse

(1) Zahlungsdienstleister können von der Vorgabe einer starken Kundenauthentifizierung absehen, wenn der Zahler einen elektronischen Fern-

zahlungsvorgang auslöst, für den der Zahlungsdienstleister ermittelt hat, dass er gemäß den in Artikel 2 und in Absatz 2 Buchstabe c beschriebenen Transaktionsüberwachungsmechanismen mit einem niedrigen Risiko verbunden ist.

(2) Ein elektronischer Zahlungsvorgang nach Absatz 1 gilt als Vorgang mit niedrigem Risiko, wenn alle nachstehenden Bedingungen erfüllt sind:

a) Die vom Zahlungsdienstleister gemeldete und nach Artikel 19 berechnete Betrugsrate für diese Art von Zahlungsvorgängen ist maximal so hoch wie die Referenzbetrugsrate, die in der Tabelle im Anhang für „kartengebundene elektronische Fernzahlungsvorgänge" bzw. für „elektronische Überweisungen über einen Fernzugang" angegeben ist.

b) Der Zahlungsbetrag geht nicht über den in der Tabelle im Anhang angegebenen jeweiligen Ausnahmeschwellenwert hinaus.

c) Die Zahlungsdienstleister haben bei der Echtzeitrisikoanalyse keines der folgenden Szenarien festgestellt:

i) ungewöhnliches Ausgabe- oder Verhaltensmuster des Zahlers;

ii) ungewöhnliche Informationen über den Zugriff auf das Zugangsgerät oder die Zugangssoftware des Zahlers;

iii) eine Malware-Infektion in einer Phase des Authentifizierungsverfahrens;

iv) bekanntes Betrugsszenario bei der Erbringung von Zahlungsdienstleistungen;

v) ungewöhnlicher Ort des Zahlers;

vi) Ort des Zahlers mit hohem Risiko.

(3) Zahlungsdienstleister, die elektronische Fernzahlungsvorgänge aufgrund ihres niedrigen Risikos von der starken Kundenauthentifizierung ausnehmen wollen, müssen mindestens die folgenden risikobasierten Faktoren berücksichtigen:

a) die früheren Ausgabemuster des betreffenden Zahlungsdienstnutzers;

b) Zahlungsvorgangshistorie eines jeden Zahlungsdienstnutzers des Zahlungsdienstleisters;

c) Ort des Zahlers und des Zahlungsempfängers zum Zeitpunkt des Zahlungsvorgangs, falls das Zugangsgerät oder die Software vom Zahlungsdienstleister bereitgestellt wird;

d) Erkennung ungewöhnlicher Zahlungsmuster des Zahlungsdienstnutzers im Vergleich zu seiner Zahlungsvorgangshistorie.

Bei seiner Bewertung erfasst der Zahlungsdienstleister alle genannten risikobasierten Faktoren für jeden einzelnen Zahlungsvorgang in einem Risikopunktesystem, um zu entscheiden, ob bei einem bestimmten Zahlungsvorgang auf eine starke Kundenauthentifizierung verzichtet werden darf.

Artikel 19
Berechnung der Betrugsraten

(1) Der Zahlungsdienstleister hat für jede der in der Tabelle im Anhang aufgeführte Zahlungsvorgangsart sicherzustellen, dass die Gesamtbetrugsraten sowohl für mit einer starken Kundenauthentifizierung ausgeführte Zahlungsvorgänge als auch für Zahlungsvorgänge, die im Rahmen einer der in den Artikeln 13 bis 18 genannten Ausnahmen ausgeführt wurden, die in der Tabelle im Anhang für die jeweilige Zahlungsvorgangsart angegebene Referenzbetrugsrate nicht überschreiten.

Die Gesamtbetrugsrate für jede Zahlungsvorgangsart errechnet sich als Gesamtwert der nicht autorisierten oder betrügerischen Fernzahlungsvorgänge, unabhängig davon, ob der Betrag wiedererlangt wurde, dividiert durch den Gesamtwert aller Fernzahlungsvorgänge für dieselbe Zahlungsvorgangsart, die sowohl mit einer starken Kundenauthentifizierung als auch im Rahmen einer der in den Artikeln 13 bis 18 genannten Ausnahmen ausgeführt wurden, wobei diese Aufstellung fortlaufend quartalsweise (90 Tage) erfolgt.

(2) Die Berechnung der Betrugsraten und die daraus resultierenden Werte werden im Rahmen der nach Artikel 3 Absatz 2 durchzuführenden Prüfung bewertet, um sicherzustellen, dass diese vollständig und richtig sind.

(3) Die Methodik und jedes Modell, die vom Zahlungsdienstleister für die Berechnung der Betrugsraten verwendet werden, sowie die Betrugsraten selbst werden in angemessener Weise dokumentiert und den zuständigen Behörden und der EBA in vollem Umfang zugänglich gemacht; sie werden der (den) zuständige(n) Behörde(n) auf deren Verlangen vorab angezeigt.

Artikel 20
Aufhebung von Ausnahmen aufgrund der Transaktionsrisikoanalyse

(1) Zahlungsdienstleister, die die in Artikel 18 genannte Ausnahme nutzen, zeigen den zuständigen Behörden unverzüglich an, wenn eine der überwachten Betrugsraten für eine der in der Tabelle im Anhang angegebenen Zahlungsvorgangsarten die geltende Referenzbetrugsrate überschreitet; außerdem legen die Zahlungsdienstleister den zuständigen Behörden eine Beschreibung der von ihnen vorgesehenen Maßnahmen vor, um sicherzustellen, dass die von ihnen überwachten Betrugsraten wieder die geltenden Referenzbetrugsraten einhalten.

(2) Die Zahlungsdienstleister stellen die Nutzung der Ausnahme nach Artikel 18 für jede in der Tabelle im Anhang für den betreffenden Ausnahmeschwellenwert angegebene Zahlungsvorgangsart unverzüglich ein, wenn die von ihnen überwachte Betrugsrate die für das Zahlungsin-

strument oder die Zahlungsvorgangsart im entsprechenden Ausnahmeschwellenwertebereich geltende Referenzbetrugsrate in zwei aufeinanderfolgenden Quartalen überschreitet.

(3) Nach Einstellung der in Artikel 18 genannten Ausnahme gemäß Absatz 2 des vorliegenden Artikels dürfen die Zahlungsdienstleister von dieser Ausnahme erst dann wieder Gebrauch machen, wenn die von ihnen berechnete Betrugsrate die für die jeweilige Zahlungsvorgangsart im entsprechenden Ausnahmeschwellenwertebereich geltende Referenzbetrugsrate in einem Quartal nicht mehr überschreitet.

(4) Beabsichtigen die Zahlungsdienstleister die erneute Nutzung der in Artikel 18 genannten Ausnahme, setzen sie die zuständigen Behörden innerhalb einer angemessenen Frist davon in Kenntnis und erbringen vor der erneuten Nutzung der Ausnahme einen Nachweis dafür, dass die von ihnen überwachte Betrugsrate die für den jeweiligen Ausnahmeschwellenwert geltende Referenzbetrugsrate nach Absatz 3 des vorliegenden Artikels wieder einhält.

Artikel 21
Überwachung

(1) Damit die Zahlungsdienstleister die in den Artikeln 10 bis 18 dargelegten Ausnahmen nutzen können, erfassen und überwachen sie für jede Zahlungsart die folgenden Daten mindestens quartalsweise, wobei eine Aufschlüsselung nach Fernzahlungsvorgängen und Nicht-Fernzahlungsvorgängen vorzunehmen ist:

a) Gesamtwert der nicht autorisierten oder betrügerischen Zahlungsvorgänge nach Artikel 64 Absatz 2 der Richtlinie (EU) 2015/2366, Gesamtwert aller Zahlungsvorgänge und die entsprechende Betrugsrate, einschließlich einer Aufschlüsselung der unter Durchführung einer starken Kundenauthentifizierung ausgelösten und der im Rahmen der einzelnen Ausnahmen ausgeführten Zahlungsvorgänge;

b) durchschnittlicher Betrag der einzelnen Zahlungen, einschließlich einer Aufschlüsselung der unter Durchführung einer starken Kundenauthentifizierung ausgelösten und der im Rahmen der einzelnen Ausnahmen ausgeführten Zahlungsvorgänge;

c) Anzahl der Zahlungsvorgänge, für die die einzelnen Ausnahmen genutzt wurden, und deren prozentualer Anteil im Verhältnis zur Gesamtzahl der Zahlungsvorgänge.

(2) Die Zahlungsdienstleister stellen den zuständigen Behörden und der EBA die Ergebnisse ihrer Überwachung nach Absatz 1 zur Verfügung und zeigen sie der (den) zuständige(n) Behörde(n) auf deren Verlangen vorab an.

KAPITEL IV
VERTRAULICHKEIT UND INTEGRITÄT DER PERSONALISIERTEN SICHERHEITSMERKMALE DER ZAHLUNGSDIENSTNUTZER

Artikel 22
Allgemeine Anforderungen

(1) Die Zahlungsdienstleister gewährleisten die Vertraulichkeit und die Integrität der personalisierten Sicherheitsmerkmale des Zahlungsdienstnutzers, einschließlich Authentifizierungscodes, in jeder Phase der Authentifizierung.

(2) Für die Zwecke des Absatzes 1 gewährleisten die Zahlungsdienstleister, dass alle folgenden Anforderungen erfüllt sind:

a) Die personalisierten Sicherheitsmerkmale werden bei ihrer Anzeige verschleiert und sind nicht in ihrem gesamten Umfang lesbar, wenn sie vom Zahlungsdienstnutzer während der Authentifizierung eingegeben werden.

b) Die personalisierten Sicherheitsmerkmale im Datenformat sowie das kryptografische Material im Zusammenhang mit der Verschlüsselung der personalisierten Sicherheitsmerkmale werden nicht im Klartext gespeichert.

c) Das geheime kryptografische Material ist vor unbefugter Offenlegung geschützt.

(3) Die Zahlungsdienstleister dokumentieren den Prozess zur Verwaltung des kryptografischen Materials, mit dem die personalisierten Sicherheitsmerkmale verschlüsselt oder auf andere Weise unlesbar gemacht werden, vollständig.

(4) Die Zahlungsdienstleister gewährleisten die Verarbeitung und die Weiterleitung der personalisierten Sicherheitsmerkmale und der gemäß Kapitel II generierten Authentifizierungscodes in sicheren Umgebungen gemäß weithin anerkannten, strengen Branchenstandards.

Artikel 23
Erstellung und Übertragung von Sicherheitsmerkmalen

Die Zahlungsdienstleister gewährleisten die Erstellung der personalisierten Sicherheitsmerkmale in einer sicheren Umgebung.

Sie sorgen dafür, dass die Risiken einer unbefugten Nutzung der personalisierten Sicherheitsmerkmale sowie der Authentifizierungsgeräte und der Software gemindert werden, sollten die personalisierten Sicherheitsmerkmale vor ihrer Bereitstellung verloren gehen oder gestohlen oder kopiert werden.

Artikel 24
Verknüpfung des Zahlungsdienstnutzers

(1) Die Zahlungsdienstleister stellen sicher, dass nur der Zahlungsdienstnutzer mit den personalisierten Sicherheitsmerkmalen, den Authentifizierungsgeräten und der Software verknüpft wird und dabei Sicherheit gewährleistet ist. *(ABl L 88 vom 24. 3. 2020, S 11)*

(2) Für die Zwecke des Absatzes 1 stellen die Zahlungsdienstleister sicher, dass alle folgenden Anforderungen erfüllt sind:

a) „Die Verknüpfung der Identität des Zahlungsdienstnutzers mit den personalisierten Sicherheitsmerkmalen, Authentifizierungsgeräten und Software" findet in sicheren Umgebungen statt, die in den Verantwortungsbereich des Zahlungsdienstleisters fallen und zumindest die Geschäftsräume des Zahlungsdienstleisters, die von diesem bereitgestellte Internetumgebung oder ähnliche sichere Websites, die vom Zahlungsdienstleister und seinen Geldautomatendiensten verwendet werden, umfassen, und trägt den Risiken Rechnung, die mit den bei diesem Prozess verwendeten Geräten und zugrunde liegenden Komponenten, die sich der Verantwortung des Zahlungsdienstleisters entziehen, verbunden sind. *(ABl L 88 vom 24. 3. 2020, S 11)*

b) Bei der Verknüpfung der Identität des Zahlungsdienstnutzers mit den personalisierten Sicherheitsmerkmalen sowie Authentifizierungsgeräten oder Software über einen Fernzugang erfolgt eine starke Kundenauthentifizierung. *(ABl L 88 vom 24. 3. 2020, S 11)*

Artikel 25
Bereitstellung von Sicherheitsmerkmalen, Authentifizierungsgeräten und Software

(1) Die Zahlungsdienstleister gewährleisten, dass die Bereitstellung der personalisierten Sicherheitsmerkmale, der Authentifizierungsgeräte und der Software an den Zahlungsdienstnutzer auf sichere Weise erfolgt, um dem Risiko ihrer unbefugten Verwendung bei Verlust, Diebstahl oder Kopie Rechnung zu tragen.

(2) Für die Zwecke des Absatzes 1 wenden die Zahlungsdienstleister zumindest alle folgenden Maßnahmen an:

a) wirksame und sichere Bereitstellungsmechanismen, durch die sichergestellt ist, dass die personalisierten Sicherheitsmerkmale, die Authentifizierungsgeräte und die Software für den rechtmäßigen Zahlungsdienstnutzer bereitgestellt werden;

b) Mechanismen, mit denen der Zahlungsdienstleister die Authentizität der über das Internet für den Zahlungsdienstnutzer bereitgestellten Authentifizierungssoftware verifizieren kann;

c) Vorkehrungen, die bei Bereitstellung der personalisierten Sicherheitsmerkmale außerhalb der Geschäftsräume des Zahlungsdienstleisters oder über einen Fernzugang Folgendes gewährleisten:

i) ein Unbefugter kann nicht mehr als ein Merkmal der personalisierten Sicherheitsmerkmale, der Authentifizierungsgeräte oder der Software erlangen, wenn diese auf demselben Weg bereitgestellt werden;

ii) die personalisierten Sicherheitsmerkmale, die Authentifizierungsgeräte oder die Software müssen vor der Nutzung aktiviert werden;

d) Vorkehrungen, die gewährleisten, dass im Falle einer Aktivierung der personalisierten Sicherheitsmerkmale, der Authentifizierungsgeräte oder der Software vor der erstmaligen Verwendung die Aktivierung in einer sicheren Umgebung „gemäß den in Artikel 24 beschriebenen Verknüpfungsverfahren stattfindet." *(ABl L 88 vom 24. 3. 2020, S 11)*

Artikel 26
Verlängerung der personalisierten Sicherheitsmerkmale

Die Zahlungsdienstleister gewährleisten, dass die Verlängerung oder die erneute Aktivierung der personalisierten Sicherheitsmerkmale gemäß den Verfahren für die in den Artikeln 23, 24 und 25 beschriebene Erstellung, Verknüpfung und Bereitstellung der Sicherheitsmerkmale und der Authentifizierungsgeräte vorgenommen wird.

Artikel 27
Vernichtung, Deaktivierung und Widerruf

Die Zahlungsdienstleister gewährleisten, dass sie über wirksame Prozesse zur Anwendung aller folgenden Sicherheitsmaßnahmen verfügen:

a) sichere Vernichtung, sichere Deaktivierung und sicherer Widerruf der personalisierten Sicherheitsmerkmale, der Authentifizierungsgeräte und der Software;

b) wenn der Zahlungsdienstleister wiederverwendbare Authentifizierungsgeräte und Software ausgibt, wird die sichere Wiederverwendung eines Geräts oder der Software festgelegt, dokumentiert und implementiert, bevor das Gerät oder die Software einem anderen Zahlungsdienstnutzer bereitgestellt wird;

c) Deaktivierung oder Widerruf von Informationen in Bezug auf die personalisierten Sicherheitsmerkmale, die in den Systemen und Datenbanken des Zahlungsdienstleisters oder gegebenenfalls in öffentlichen Datenarchiven gespeichert sind.

KAPITEL V
GEMEINSAME UND SICHERE OFFENE KOMMUNIKATIONSSTANDARDS

Abschnitt 1
Allgemeine Anforderungen an die Kommunikation

Artikel 28
Anforderungen an die Identifizierung

(1) Für die Kommunikation zwischen dem Gerät des Zahlers und den Akzeptanzgeräten des Zahlungsempfängers, wozu unter anderem auch Zahlungsterminals zählen, gewährleisten die Zahlungsdienstleister eine sichere Identifizierung.

(2) Die Zahlungsdienstleister gewährleisten, dass bei mobilen Anwendungen und anderen Schnittstellen von Zahlungsdienstnutzern, die elektronische Zahlungsdienste ermöglichen, die Risiken einer Fehlleitung der Kommunikation an Unbefugte wirksam eingedämmt werden.

Artikel 29
Rückverfolgbarkeit

(1) Die Zahlungsdienstleister verfügen über Prozesse, die sicherstellen, dass alle Zahlungsvorgänge und anderen Interaktionen mit dem Zahlungsdienstnutzer, mit anderen Zahlungsdienstleistern und mit anderen Einrichtungen, einschließlich Händlern, im Zusammenhang mit der Bereitstellung des Zahlungsdienstes zurückverfolgt werden können, wobei sichergestellt sein muss, dass von allen für die elektronische Transaktion maßgeblichen Ereignissen in jedem Stadium nachträglich Kenntnis erlangt werden kann.

(2) Für die Zwecke des Absatzes 1 gewährleisten die Zahlungsdienstleister, dass jede mit dem Zahlungsdienstnutzer, mit anderen Zahlungsdienstleistern und mit anderen Einrichtungen, einschließlich Händlern, aufgebaute Kommunikationssitzung auf jedem der folgenden Faktoren beruht:

a) eindeutige Kennung der Sitzung;

b) Sicherheitsmechanismen für die ausführliche Protokollierung der Transaktion, einschließlich Transaktionsnummer, Zeitstempel und aller maßgeblichen Transaktionsdaten;

c) Zeitstempel, die auf einem einheitlichen Zeitreferenzsystem basieren und die entsprechend einem offiziellen Zeitsignal synchronisiert werden.

Abschnitt 2
Besondere Anforderungen an gemeinsame und sichere offene Kommunikationsstandards

Artikel 30
Allgemeine Anforderungen an Zugangsschnittstellen

(1) Kontoführende Zahlungsdienstleister, die einem Zahler ein online zugängliches Zahlungskonto bereitstellen, haben mindestens eine Schnittstelle eingerichtet, die alle folgenden Anforderungen erfüllt:

a) Kontoinformationsdienstleister, Zahlungsauslösedienstleister und Zahlungsdienstleister, die kartengebundene Zahlungsinstrumente ausstellen, können sich gegenüber dem kontoführenden Zahlungsdienstleister identifizieren.

b) Kontoinformationsdienstleister können auf sichere Weise kommunizieren, um Informationen über ein oder mehrere bezeichnete Zahlungskonten und damit in Zusammenhang stehende Zahlungsvorgänge anzufordern und zu empfangen.

c) Zahlungsauslösedienstleister können auf sichere Weise kommunizieren, um einen Zahlungsauftrag für das Zahlungskonto des Zahlers auszulösen und alle Informationen über die Auslösung des Zahlungsvorgangs sowie alle den kontoführenden Zahlungsdienstleistern zugänglichen Informationen in Bezug auf die Ausführung des Zahlungsvorgangs zu empfangen.

(2) Zur Authentifizierung des Zahlungsdienstnutzers ermöglicht es die in Absatz 1 genannte Schnittstelle, dass Kontoinformationsdienstleister und Zahlungsauslösedienstleister sich auf alle Authentifizierungsverfahren verlassen können, die dem Zahlungsdienstnutzer vom kontoführenden Zahlungsdienstleister bereitgestellt werden.

Die Schnittstelle muss zumindest alle folgenden Anforderungen erfüllen:

a) Ein Zahlungsauslösedienstleister oder ein Kontoinformationsdienstleister kann den kontoführenden Zahlungsdienstleister ausgehend von der Zustimmung des Zahlungsdienstnutzers anweisen, mit der Authentifizierung zu beginnen.

b) Während der Authentifizierung werden Kommunikationssitzungen zwischen dem kontoführenden Zahlungsdienstleister, dem Kontoinformationsdienstleister, dem Zahlungsauslösedienstleister und dem betreffenden Zahlungsdienstnutzer aufgebaut und aufrechterhalten.

c) Integrität und Vertraulichkeit der personalisierten Sicherheitsmerkmale und der Authentifizierungscodes, die durch oder über den Zahlungsauslösedienstleister oder den Kontoinformationsdienstleister übertragen werden, sind gewährleistet.

(3) Die kontoführenden Zahlungsdienstleister gewährleisten, dass ihre Schnittstellen die von internationalen oder europäischen Standardisierungsorganisationen ausgegebenen Kommunikationsstandards erfüllen.

Die kontoführenden Zahlungsdienstleister gewährleisten zudem, dass die technische Spezifikation einer jeden Schnittstelle dokumentiert ist und die Routinen, Protokolle und Tools angibt, die von Zahlungsauslösedienstleistern, Kontoinformationsdienstleistern und Zahlungsdienstleistern, die kartengebundene Zahlungsinstrumente ausstellen, benötigt werden, damit die Interoperabilität ihrer Software und ihrer Anwendungen mit den Systemen der kontoführenden Zahlungsdienstleister gegeben ist.

Die kontoführenden Zahlungsdienstleister machen zumindest die auf die Zugangsschnittstelle bezogene Dokumentation spätestens sechs Monate vor dem in Artikel 38 Absatz 2 genannten Geltungsbeginn oder vor dem anvisierten Termin der Markteinführung der Zugangsschnittstelle, wenn die Einführung nach dem in Artikel 38 Absatz 2 angegebenen Datum erfolgt, auf Verlangen der zugelassenen Zahlungsauslösedienstleister, Kontoinformationsdienstleister und Zahlungsdienstleister, die kartengebundene Zahlungsinstrumente ausstellen, oder der Zahlungsdienstleister, die ihre entsprechende Zulassung bei den zuständigen Behörden beantragt haben, kostenfrei zugänglich und veröffentlichen eine Zusammenfassung der Dokumentation auf ihrer Website.

(4) Zusätzlich zu Absatz 3 gewährleisten die kontoführenden Zahlungsdienstleister, dass sie, Notfallsituationen ausgenommen, jegliche Änderung der technischen Spezifikation ihrer Schnittstelle den zugelassenen Zahlungsauslösedienstleistern, Kontoinformationsdienstleistern und Zahlungsdienstleistern, die kartengebundene Zahlungsinstrumente ausstellen, oder Zahlungsdienstleistern, die ihre entsprechende Zulassung bei den zuständigen Behörden beantragt haben, so bald wie möglich und nicht später als drei Monate vor Implementierung der Änderung im Voraus zur Verfügung stellen.

Die Zahlungsdienstleister dokumentieren Notfallsituationen, in denen Änderungen implementiert wurden, und machen die Dokumentation den zuständigen Behörden auf Verlangen zugänglich.

(5) Die kontoführenden Zahlungsdienstleister stellen eine Testumgebung, einschließlich Unterstützung, für den Verbindungsaufbau und für Funktionstests zur Verfügung, damit die zugelassenen Zahlungsauslösedienstleister, Zahlungsdienstleister, die kartengebundene Zahlungsinstrumente ausstellen, Kontoinformationsdienstleister oder Zahlungsdienstleister, die eine entsprechende Zulassung beantragt haben, ihre Software und ihre Anwendungen testen können, die sie verwenden, um Benutzern einen Zahlungsdienst anzubieten. Diese Testumgebung sollte spätestens sechs Monate vor dem in Artikel 38 Absatz 2 genannten Geltungsbeginn oder vor dem anvisierten Termin der Markteinführung der Zugangsschnittstelle zur Verfügung gestellt werden, wenn die Einführung nach dem in Artikel 38 Absatz 2 angegebenen Datum erfolgt.

Jedoch dürfen über die Testumgebung keine sensiblen Informationen ausgetauscht werden.

(6) Die zuständigen Behörden stellen sicher, dass die kontoführenden Zahlungsdienstleister den in den vorliegenden Standards verankerten Verpflichtungen in Bezug auf für die von ihnen eingerichtete(n) Schnittstelle(n) jederzeit nachkommen. Falls ein kontoführender Zahlungsdienstleister die Anforderungen an Schnittstellen gemäß den vorliegenden Standards nicht erfüllt, stellen die zuständigen Behörden sicher, dass die Erbringung von Zahlungsauslösediensten und Kontoinformationsdiensten nicht verhindert oder unterbrochen wird, soweit die betreffenden Anbieter solcher Dienste die in Artikel 33 Absatz 5 festgelegten Bedingungen erfüllen.

Artikel 31
Zugangsschnittstellenoptionen

Die kontoführenden Zahlungsdienstleister richten die in Artikel 30 genannte(n) Schnittstelle(n) ein, indem sie eine dedizierte Schnittstelle bereitstellen oder den in Artikel 30 Absatz 1 genannten Zahlungsdienstleistern die Nutzung der für die Authentifizierung und die Kommunikation mit den Zahlungsdienstnutzern des kontoführenden Zahlungsdienstleisters verwendeten Schnittstellen erlauben.

Artikel 32
Anforderungen an eine dedizierte Schnittstelle

(1) Sofern die Anforderungen der Artikel 30 und 31 erfüllt sind, gewährleisten die kontoführenden Zahlungsdienstleister, die eine dedizierte Schnittstelle eingerichtet haben, dass diese Schnittstelle jederzeit denselben Grad an Verfügbarkeit und Leistung, einschließlich Unterstützung, aufweist wie die Schnittstellen, die dem Zahlungsdienstnutzer für den direkten Online-Zugriff auf sein Zahlungskonto zur Verfügung stehen.

(2) Kontoführende Zahlungsdienstleister, die eine dedizierte Schnittstelle eingerichtet haben, definieren transparente wesentliche Leistungsindikatoren und Service-Level-Ziele, die im Hinblick auf Verfügbarkeit und die nach Artikel 36 bereitgestellten Daten mindestens so streng sind wie diejenigen, die für die von ihren Zahlungsdienstnutzern verwendete Schnittstelle gelten. Diese Schnittstellen, Indikatoren und Zielvorgaben werden von den zuständigen Behörden überwacht und Stresstests unterzogen.

(3) Kontoführende Zahlungsdienstleister, die eine dedizierte Schnittstelle eingerichtet haben, gewährleisten, dass diese Schnittstelle die Bereitstellung von Zahlungsauslöse- und Kontoinformationsdiensten nicht beeinträchtigt. „Solche Beeinträchtigungen können unter anderem darin bestehen, dass die in Artikel 30 Absatz 1 genannten Zahlungsdienstleister die von den kontoführenden Zahlungsdienstleistern an ihre Kunden ausgegebenen Sicherheitsmerkmale nicht verwenden können, dass eine Umleitung auf die Authentifizierungs- oder anderen Funktionen des kontoführenden Zahlungsdienstleisters auferlegt wird, dass weitere Zulassungen und Registrierungen zusätzlich zu den in den Artikeln 11, 14 und 15 der Richtlinie (EU) 2015/2366 vorgesehenen verlangt werden oder dass eine zusätzliche Prüfung der vom Zahlungsdienstnutzer den Zahlungsauslöse- und den Kontoinformationsdienstleistern erteilten Zustimmung verlangt wird.“ *(ABl L 88 vom 24. 3. 2020, S 11)*

(4) Die kontoführenden Zahlungsdienstleister überwachen die Verfügbarkeit und Leistung der dedizierten Schnittstelle für die Zwecke der Absätze 1 und 2. Die kontoführenden Zahlungsdienstleister veröffentlichen auf ihrer Website vierteljährliche Statistiken über die Verfügbarkeit und die Leistung der dedizierten Schnittstelle und der von ihren Zahlungsdienstnutzern verwendeten Schnittstelle.

Artikel 33
Notfallmaßnahmen für eine dedizierte Schnittstelle

(1) Für den Fall, dass die Schnittstelle die in Artikel 32 vorgesehene Leistung nicht erbringt oder eine unvorhergesehene Nichtverfügbarkeit der Schnittstelle oder ein Systemausfall auftritt, beziehen die kontoführenden Zahlungsdienstleister in die Gestaltung der dedizierten Schnittstelle eine Notfallstrategie und Notfallpläne ein. Von einer unvorhergesehenen Nichtverfügbarkeit oder einem Systemausfall wird ausgegangen, wenn fünf aufeinanderfolgende Anfragen für den Zugang zu Informationen zur Bereitstellung von Zahlungsauslösediensten oder Kontoinformationsdiensten nicht innerhalb von 30 Sekunden beantwortet werden.

(2) Die Notfallmaßnahmen müssen Kommunikationspläne umfassen, um die die dedizierte Schnittstelle nutzenden Zahlungsdienstleister über Maßnahmen zur Wiederherstellung des Systems zu informieren; ferner müssen die Notfallmaßnahmen eine Beschreibung der sofort verfügbaren alternativen Optionen vorsehen, die die Zahlungsdienstleister während dieser Zeit unter Umständen haben.

(3) Der kontoführende Zahlungsdienstleister sowie die in Artikel 30 Absatz 1 genannten Zahlungsdienstleister melden Probleme mit den dedizierten Schnittstellen entsprechend Absatz 1 des vorliegenden Artikels ihren zuständigen nationalen Behörden unverzüglich.

(4) Im Rahmen eines Notfallmechanismus ist den in Artikel 30 Absatz 1 genannten Zahlungsdienstleistern die Nutzung der Schnittstellen, die der kontoführende Zahlungsdienstleister seinen Zahlungsdienstnutzern für die Authentifizierung und Kommunikation bereitstellt, so lange gestattet, bis für die dedizierte Schnittstelle das in Artikel 32 vorgesehene Verfügbarkeits- und Leistungsniveau wiederhergestellt ist.

(5) Zu diesem Zweck gewährleisten die kontoführenden Zahlungsdienstleister, dass die in Artikel 30 Absatz 1 genannten Zahlungsdienstleister identifiziert werden und sich auf die Authentifizierungsverfahren verlassen können, die der kontoführende Zahlungsdienstleister dem Zahlungsdienstnutzer bereitstellt. Wenn die in Artikel 30 Absatz 1 genannten Zahlungsdienstleister die Schnittstelle gemäß Absatz 4 nutzen,

a) ergreifen sie die notwendigen Maßnahmen, um sicherzustellen, dass sie nur für den Zweck der Bereitstellung des vom Zahlungsdienstnutzer angeforderten Dienstes Daten abrufen, speichern oder verarbeiten;

b) kommen sie weiterhin den Verpflichtungen gemäß Artikel 66 Absatz 3 bzw. Artikel 67 Absatz 2 der Richtlinie (EU) 2015/2366 nach;

c) protokollieren sie die Daten, die über die vom kontoführenden Zahlungsdienstleister für seine Zahlungsdienstnutzer betriebene Schnittstelle abgerufen werden, und stellen ihrer zuständigen nationalen Behörde auf Verlangen die Protokolldateien unverzüglich zur Verfügung;

d) legen sie gegenüber ihrer zuständigen nationalen Behörde auf Verlangen unverzüglich die Gründe für die Nutzung der Schnittstelle dar, die den Zahlungsdienstnutzern für den direkten Online-Zugriff auf ihr Zahlungskonto bereitgestellt wird;

e) informieren sie den kontoführenden Zahlungsdienstleister diesbezüglich.

(6) Die zuständigen Behörden nehmen – nach Konsultation der EBA zur Gewährleistung der einheitlichen Anwendung der nachstehend genannten Bedingungen – die kontoführenden Zahlungsdienstleister, die sich für eine dedizierte Schnittstelle entschieden haben, von der Verpflichtung zur Einrichtung des Notfallmechanismus nach Absatz 4 aus, wenn die dedizierte Schnittstelle alle folgenden Bedingungen erfüllt:

a) Sie erfüllt alle für dedizierte Schnittstellen in Artikel 32 dargelegten Anforderungen.

b) Sie wurde gemäß Artikel 30 Absatz 5 zur Zufriedenheit der darin genannten Zahlungsdienstleister gestaltet und getestet.

c) Sie wurde mindestens drei Monate lang von Zahlungsdienstleistern in breitem Umfang für die Erbringung von Kontoinformationsdiensten, Zahlungsauslösediensten und zur Bestätigung der Verfügbarkeit eines Geldbetrags bei kartenbasierten Zahlungsvorgängen genutzt.

d) Alle Probleme im Zusammenhang mit der dedizierten Schnittstelle wurden unverzüglich behoben.

(7) Wenn die unter a und d genannten Bedingungen von den kontoführenden Zahlungsdienstleistern für einen Zeitraum von mehr als zwei aufeinanderfolgenden Kalenderwochen nicht erfüllt werden, widerrufen die zuständigen Behörden die in Absatz 6 genannte Ausnahme. Die zuständigen Behörden setzen die EBA von diesem Widerruf in Kenntnis und stellen sicher, dass der kontoführende Zahlungsdienstleister schnellstmöglich, spätestens aber innerhalb von zwei Monaten den Notfallmechanismus gemäß Absatz 4 einrichtet.

Artikel 34
Zertifikate

(1) Zur Identifizierung gemäß Artikel 30 Absatz 1 Buchstabe a verlassen sich die Zahlungsdienstleister auf qualifizierte Zertifikate für elektronische Siegel nach Artikel 3 Absatz 30 der Verordnung (EU) Nr. 910/2014 des Europäischen Parlaments und des Rates oder für die Website-Authentifizierung nach Artikel 3 Absatz 39 der genannten Verordnung.

(2) Für die Zwecke der vorliegenden Verordnung ist die Registriernummer gemäß der amtlichen Eintragung nach Anhang III Buchstabe c oder nach Anhang IV Buchstabe c der Verordnung (EU) Nr. 910/2014 die Zulassungsnummer des Zahlungsdienstleisters, der kartengebundene Zahlungsinstrumente ausstellt, des Kontoinformationsdienstleisters oder des Zahlungsauslösedienstleisters, einschließlich der kontoführenden Zahlungsdienstleister, die die betreffenden Dienste erbringen, die nach Artikel 14 der Richtlinie (EU) 2015/2366 im öffentlichen Register des Herkunftsmitgliedsstaats eingetragen ist oder die aus der in Artikel 20 der Richtlinie 2013/36/EU des Europäischen Parlaments und des Rates[1] vorgesehenen Anzeige einer jeden nach Artikel 8 dieser Richtlinie erteilten Zulassung hervorgeht.

(3) Für die Zwecke der vorliegenden Verordnung enthalten die in Absatz 1 genannten qualifizierten Zertifikate für elektronische Siegel oder für die Website-Authentifizierung zusätzliche spezifische Attribute bezüglich einer jeden der folgenden Angaben in einer im Finanzsektor gebräuchlichen Sprache:

a) die Rolle des Zahlungsdienstleisters, die eine oder mehrere der folgenden Funktionen umfassen kann:

i) Kontoführung;

ii) Zahlungsauslösung;

iii) Kontoinformation;

iv) Ausstellung kartenbasierter Zahlungsinstrumente;

b) den Namen der zuständigen Behörden, bei denen der Zahlungsdienstleister eingetragen ist.

(4) Die Interoperabilität und die Anerkennung von qualifizierten Zertifikaten für elektronische Siegel oder für die Website-Authentifizierung bleiben von den in Absatz 3 aufgeführten Attributen unberührt.

Artikel 35
Sicherheit von Kommunikationssitzungen

(1) Kontoführende Zahlungsdienstleister, Zahlungsdienstleister, die kartengebundene Zahlungsinstrumente ausstellen, Kontoinformationsdienstleister und Zahlungsauslösedienstleister gewährleisten, dass beim Datenaustausch über das Internet während der jeweiligen Kommunikationssitzung eine sichere Verschlüsselung unter Einsatz weithin anerkannter Verschlüsselungstechnologien zwischen den kommunizierenden Parteien angewendet wird, damit der Schutz der Vertraulichkeit und der Integrität der Daten gewährleistet ist.

(2) Zahlungsdienstleister, die kartengebundene Zahlungsinstrumente ausstellen, Kontoinformationsdienstleister und Zahlungsauslösedienstleister halten die von den kontoführenden Zahlungsdienstleistern angebotenen Zugangssitzungen so kurz wie möglich und beenden eine solche Sitzung aktiv schnellstmöglich nach Abschluss der angeforderten Handlung.

(3) Bestehen parallele Netzwerksitzungen mit dem kontoführenden Zahlungsdienstleister, stellen Kontoinformationsdienstleister und Zahlungsauslösedienstleister sicher, dass diese Sitzungen auf sichere Weise mit den zu dem oder den Zahlungsdienstnutzer(n) jeweils aufgebauten Sitzungen verknüpft sind, damit verhindert wird, dass die zwischen ihnen ausgetauschten Nachrichten oder Informationen fehlgeleitet werden können.

(4) Kontoinformationsdienstleister, Zahlungsauslösedienstleister und Zahlungsdienstleister, die kartengebundene Zahlungsinstrumente ausstellen, liefern bei der Kommunikation mit dem

Zu Artikel 34:

[1] Richtlinie 2013/36/EU des Europäischen Parlaments und des Rates vom 26. Juni 2013 über den Zugang zur Tätigkeit von Kreditinstituten und die Beaufsichtigung von Kreditinstituten und Wertpapierfirmen, zur Änderung der Richtlinie 2002/87/EG und zur Aufhebung der Richtlinien 2006/48/EG und 2006/49/EG (ABl. L 176 vom 27.6.2013, S. 338).

kontoführenden Zahlungsdienstleister unmissverständliche Verweise auf jedes der folgenden Elemente:

a) den oder die Zahlungsdienstnutzer und die entsprechende Kommunikationssitzung, damit mehrere Anforderungen von demselben oder denselben Zahlungsdienstnutzer(n) unterschieden werden können;

b) für Zahlungsauslösedienste den eindeutig identifizierten ausgelösten Zahlungsvorgang;

c) zur Bestätigung der Verfügbarkeit eines Geldbetrags die eindeutig identifizierte Anforderung bezüglich des für die Ausführung des kartenbasierten Zahlungsvorgangs erforderlichen Betrags.

(5) Kontoführende Zahlungsdienstleister, Kontoinformationsdienstleister, Zahlungsauslösedienstleister und Zahlungsdienstleister, die kartengebundene Zahlungsinstrumente ausstellen, gewährleisten, dass personalisierte Sicherheitsmerkmale und Authentifizierungscodes bei ihrer Übertragung zu keiner Zeit direkt oder indirekt von Mitarbeitern gelesen werden können.

Falls die Vertraulichkeit der in ihren Verantwortungsbereich fallenden personalisierten Sicherheitsmerkmale nicht mehr gegeben ist, unterrichten die betreffenden Dienstleister den betroffenen Zahlungsdienstnutzer sowie den Aussteller der personalisierten Sicherheitsmerkmale unverzüglich.

Artikel 36
Datenaustausch

(1) Die kontoführenden Zahlungsdienstleister halten jede der folgenden Anforderungen ein:

a) Sie stellen den Kontoinformationsdienstleistern dieselben Informationen von bezeichneten Zahlungskonten und damit in Zusammenhang stehenden Zahlungsvorgängen bereit, die auch dem Zahlungsdienstnutzer bereitgestellt werden, wenn er den Zugang zu Kontoinformationen direkt anfordert, sofern diese Informationen keine sensiblen Zahlungsdaten enthalten.

b) Sie stellen den Zahlungsauslösedienstleistern sofort nach Eingang des Zahlungsauftrags dieselben Informationen über die Auslösung und die Ausführung des Zahlungsvorgangs bereit, die auch dem Zahlungsdienstnutzer bereitgestellt oder zugänglich gemacht werden, wenn dieser den Zahlungsvorgang direkt auslöst.

c) Sie übermitteln den Zahlungsdienstleistern auf Verlangen eine sofortige Bestätigung in Form eines einfachen „Ja" oder „Nein", ob der für die Ausführung eines Zahlungsvorgangs erforderliche Betrag auf dem Zahlungskonto des Zahlers verfügbar ist.

(2) Tritt während der Identifizierung, der Authentifizierung oder des Austauschs von Datenelementen ein unvorhergesehenes Ereignis oder ein unvorhergesehener Fehler auf, sendet der kontoführende Zahlungsdienstleister dem Zahlungsauslösedienstleister oder dem Kontoinformationsdienstleister und dem Zahlungsdienstleister, der kartengebundene Zahlungsinstrumente ausstellt, eine Benachrichtigung, in der der Grund für das unvorhergesehene Ereignis oder den unvorhergesehenen Fehler erläutert wird.

Wenn der kontoführende Zahlungsdienstleister eine dedizierte Schnittstelle nach Artikel 32 bereitstellt, muss die Schnittstelle so gestaltet sein, dass jeder Zahlungsdienstleister, der ein unvorhergesehenes Ereignis oder einen unvorhergesehenen Fehler erkennt, entsprechende Benachrichtigungen an die anderen an der Kommunikationssitzung beteiligten Zahlungsdienstleister senden kann.

(3) Kontoführende Zahlungsdienstleister verfügen über geeignete und wirksame Mechanismen, damit der Zugriff auf andere Informationen als die von bezeichneten Zahlungskonten und damit in Zusammenhang stehenden Zahlungsvorgängen gemäß der ausdrücklichen Zustimmung des Nutzers verhindert wird.

(4) Zahlungsauslösedienstleister stellen den kontoführenden Zahlungsdienstleistern dieselben Informationen bereit, die vom Zahlungsdienstnutzer beim direkten Auslösen des Zahlungsvorgangs angefordert werden.

(5) Kontoinformationsdienstleister müssen auf Informationen von bezeichneten Zahlungskonten und damit in Zusammenhang stehenden Zahlungsvorgängen, die von kontoführenden Zahlungsdienstleistern zur Bereitstellung des Kontoinformationsdienstes gehalten werden, jeweils unter folgenden Umständen zugreifen können:

a) wann immer der Zahlungsdienstnutzer diese Informationen aktiv anfordert;

b) sofern der Zahlungsdienstnutzer diese Informationen nicht aktiv anfordert, maximal viermal innerhalb von 24 Stunden, wenn keine höhere Häufigkeit zwischen dem Kontoinformationsdienstleister und dem kontoführenden Zahlungsdienstleister vereinbart wird, mit Zustimmung des Zahlungsdienstnutzers.

KAPITEL VI
SCHLUSSBESTIMMUNGEN

Artikel 37
Überprüfung

Unbeschadet des Artikels 98 Absatz 5 der Richtlinie (EU) 2015/2366 überprüft die EBA am 14. März 2021 die im Anhang der vorliegenden Verordnung angegebenen Betrugsraten sowie die nach Artikel 33 Absatz 6 in Bezug auf dedizierte Schnittstellen erteilten Ausnahmen und übermittelt der Kommission gemäß Artikel 10 der Verordnung (EU) Nr. 1093/2010 gegebenenfalls Entwürfe der Aktualisierung dieser technischen Regulierungsstandards.

Artikel 38

Inkrafttreten

(1) Diese Verordnung tritt am Tag nach ihrer Veröffentlichung im *Amtsblatt der Europäischen Union* in Kraft.

(2) Diese Verordnung gilt ab dem 14. September 2019.

(3) Die Absätze 3 und 5 des Artikels 30 gelten jedoch ab dem 14. März 2019.

Diese Verordnung ist in allen ihren Teilen verbindlich und gilt unmittelbar in jedem Mitgliedstaat.

Brüssel, den 27. November 2017

Für die Kommission

Der Präsident

Jean-Claude JUNCKER

ANHANG

Ausnahmeschwellenwert	Referenzbetrugsrate (%) für:	
	Kartengebundene elektronische Fernzahlungsvorgänge	Elektronische Überweisungen über einen Fernzugang
500 EUR	0,01	0,005
250 EUR	0,06	0,01
100 EUR	0,13	0,015

Delegierte Verordnung (EU) 2020/1423 zur Ergänzung der Richtlinie (EU) 2015/2366 des Europäischen Parlaments und des Rates durch technische Regulierungsstandards für Kriterien für die Benennung zentraler Kontaktstellen auf dem Gebiet der Zahlungsdienste und die Aufgaben dieser zentralen Kontaktstellen

ABl L 328 vom 9. 10. 2020, S 1

DIE EUROPÄISCHE KOMMISSION –

gestützt auf den Vertrag über die Arbeitsweise der Europäischen Union,

gestützt auf die Richtlinie (EU) 2015/2366 des Europäischen Parlaments und des Rates vom 25. November 2015 über Zahlungsdienste im Binnenmarkt, zur Änderung der Richtlinien 2002/65/EG, 2009/110/EG und 2013/36/EU und der Verordnung (EU) Nr. 1093/2010 sowie zur Aufhebung der Richtlinie 2007/64/EG[1)], insbesondere auf Artikel 29 Absatz 7,

in Erwägung nachstehender Gründe:

(1) Die Anforderung, gemäß Artikel 29 Absatz 4 der Richtlinie (EU) 2015/2366, eine zentrale Kontaktstelle zu benennen, sollte in einem angemessenen Verhältnis zur Erreichung der mit der genannten Richtlinie verfolgten Ziele stehen, ohne unnötige Belastungen für grenzübergreifend tätige Zahlungsinstitute zu schaffen. Daher sollten verhältnismäßige Kriterien in Form von Schwellenwerten für das Volumen und den Wert der im Aufnahmemitgliedstaat durch Agenten getätigten Geschäfte und die Zahl der im Aufnahmemitgliedstaat ansässigen Agenten festgelegt werden. Da die zuständige Behörde des Aufnahmemitgliedstaats von den Zahlungsinstituten verlangen kann, dass sie über die Tätigkeiten berichten, die gemäß Artikel 29 Absatz 2 der Richtlinie (EU) 2015/2366 im Hoheitsgebiet dieses Mitgliedstaats durchgeführt wurden, kann diese Behörde die für die Anwendung dieser Kriterien erforderlichen Informationen einholen. Daher sollten diese Schwellenwerte zur Ergänzung von Artikel 29 Absatz 4 der Richtlinie (EU) 2015/2366 festgelegt werden.

(2) Wenn ein Mitgliedstaat gemäß Artikel 29 Absatz 4 der Richtlinie (EU) 2015/2366 die Benennung einer zentralen Kontaktstelle vorschreibt, sollte diese zentrale Kontaktstelle in erster Linie für eine angemessene Kommunikation und Übermittlung von Informationen über die Einhaltung der in den Titeln III und IV dieser Richtlinie festgelegten Anforderungen im Aufnahmemitgliedstaat sorgen, einschließlich der Berichterstattungspflichten des die Kontaktstelle benennenden Zahlungsinstituts gegenüber den zuständigen Behörden des Aufnahmemitgliedstaats. Sie sollte auch eine zentrale koordinierende Rolle zwischen dem benennenden Zahlungsinstitut und den zuständigen Behörden des Herkunfts- und des Aufnahmemitgliedstaats spielen, um die Beaufsichtigung der im Aufnahmemitgliedstaat über Agenten im Rahmen des Niederlassungsrechts erbrachten Zahlungsdienste zu erleichtern. Zu diesem Zweck sollte das Zahlungsinstitut sicherstellen, dass die zentrale Kontaktstelle über die erforderlichen Ressourcen verfügt und Zugang zu den einschlägigen Berichterstattungsdaten hat, um ihren Verpflichtungen gemäß der Richtlinie (EU) 2015/2366 nachzukommen.

(3) Diese Verordnung stützt sich auf den Entwurf technischer Regulierungsstandards, den die Europäische Bankenaufsichtsbehörde (EBA) der Kommission vorgelegt hat.

(4) Die EBA hat zu diesem Entwurf offene öffentliche Konsultationen durchgeführt, die damit verbundenen potenziellen Kosten- und Nutzeneffekte analysiert und die Stellungnahme der gemäß Artikel 37 der Verordnung (EU) Nr. 1093/2010 des Europäischen Parlaments und des Rates[2)] eingesetzten Interessengruppe Bankensektor eingeholt —

HAT FOLGENDE VERORDNUNG ERLASSEN:

Zur Präambel:

[1)] ABl. L 337 vom 23.12.2015, S. 35.

Zu Abs. 4:

[2)] Verordnung (EU) Nr. 1093/2010 des Europäischen Parlaments und des Rates vom 24. November 2010 zur Errichtung einer Europäischen Aufsichtsbehörde (Europäische Bankenaufsichtsbehörde), zur Änderung des Beschlusses Nr. 716/2009/EG und zur Aufhebung des Beschlusses 2009/78/EG der Kommission (ABl. L 331 vom 15.12.2010, S. 12).

Artikel 1
Kriterien für die Festlegung angemessener Umstände für die Benennung einer zentralen Kontaktstelle

Für die Zwecke des Artikels 29 Absatz 4 der Richtlinie (EU) 2015/2366, der Zahlungsinstituten die Benennung einer zentralen Kontaktstelle vorschreibt, gilt eine Benennung als angemessen, wenn eines oder mehrere der folgenden Kriterien erfüllt ist/sind:

a) Die Gesamtzahl der Agenten, über die ein Zahlungsinstitut in einem Aufnahmemitgliedstaat im Rahmen des Niederlassungsrechts einen der in Anhang I der Richtlinie (EU) 2015/2366 genannten Zahlungsdienste erbrachte, beträgt mindestens 10;

b) das Gesamtvolumen der Zahlungsvorgänge, einschließlich der Zahlungsvorgänge, die von einem Zahlungsinstitut durch Zahlungsauslösedienste im Aufnahmemitgliedstaat im letzten Geschäftsjahr über im Aufnahmemitgliedstaat ansässige Agenten durchgeführt wurden, die entweder im Rahmen der Niederlassungsfreiheit oder des freien Dienstleistungsverkehrs tätig waren, überschreitet 3 Mio. EUR, und das Zahlungsinstitut stellte mindestens zwei dieser Agenten im Rahmen des Niederlassungsrechts ein;

c) die Gesamtzahl der Zahlungsvorgänge, die von einem Zahlungsinstitut im Aufnahmemitgliedstaat im letzten Geschäftsjahr über im Aufnahmemitgliedstaat ansässige Agenten durchgeführt wurden, die entweder im Rahmen der Niederlassungsfreiheit oder des freien Dienstleistungsverkehrs tätig waren, einschließlich der Zahlungsvorgänge, die von einem Zahlungsinstitut durch Zahlungsauslösedienste erbracht wurden, überschreitet 100 000, und das Zahlungsinstitut stellte mindestens zwei der Agenten im Rahmen des Niederlassungsrechts ein;

Artikel 2
Aufgaben der zentralen Kontaktstelle

(1) Eine zentrale Kontaktstelle, die gemäß Artikel 29 Absatz 4 der Richtlinie (EU) 2015/2366 bestellt wird, nimmt alle folgenden Aufgaben wahr:

a) Sie dient als einziger Erbringer und einzige Sammelstelle für die Zwecke der Berichterstattungspflichten des Zahlungsinstituts gegenüber den zuständigen Behörden des Aufnahmemitgliedstaats gemäß Artikel 29 Absatz 2 der Richtlinie (EU) 2015/2366 in Bezug auf Dienstleistungen, die im Aufnahmemitgliedstaat über Agenten im Rahmen der Niederlassungsfreiheit erbracht werden;

b) sie dient als einzige Kontaktstelle des benennenden Zahlungsinstituts in Mitteilungen an die zuständigen Behörden des Herkunfts- und des Aufnahmemitgliedstaats in Bezug auf die im Aufnahmemitgliedstaat über Agenten im Rahmen der Niederlassungsfreiheit erbrachten Zahlungsdienste, einschließlich jeglicher den zuständigen Behörden auf Verlangen zu übermittelnden Unterlagen und Informationen;

c) sie erleichtert die Kontrollen vor Ort durch die zuständigen Behörden der Agenten des benennenden Zahlungsinstituts, die im Aufnahmemitgliedstaat im Rahmen der Niederlassungsfreiheit tätig sind, und die Durchführung der von den zuständigen Behörden des Herkunfts- oder Aufnahmemitgliedstaats gemäß der Richtlinie (EU) 2015/2366 ergriffenen Aufsichtsmaßnahmen.

(2) Die Zahlungsinstitute stellen sicher, dass eine zentrale Kontaktstelle über die erforderlichen Ressourcen verfügt und Zugang zu allen Daten hat, die für die Wahrnehmung der in Artikel 29 Absatz 4 der Richtlinie (EU) 2015/2366 genannten und in Absatz 1 dieses Artikels spezifizierten Aufgaben erforderlich sind.

Artikel 3
Inkrafttreten

Diese Verordnung tritt am zwanzigsten Tag nach ihrer Veröffentlichung im *Amtsblatt der Europäischen Union* in Kraft.

Diese Verordnung ist in allen ihren Teilen verbindlich und gilt unmittelbar in jedem Mitgliedstaat.

Diese Verordnung ist in allen ihren Teilen verbindlich und gilt unmittelbar in jedem Mitgliedstaat.

Brüssel, den 14. März 2019

Für die Kommission
Der Präsident
Jean-Claude JUNCKER

Durchführungsverordnung (EU) 2019/410 zur Festlegung technischer Durchführungsstandards im Hinblick auf die Einzelheiten und die Struktur der Angaben, die der Europäischen Bankenaufsichtsbehörde nach der Richtlinie (EU) 2015/2366 des Europäischen Parlaments und des Rates von den zuständigen Behörden im Bereich Zahlungsdienste zu übermitteln sind

ABl L 73 vom 15. 3. 2019, S 20

DIE EUROPÄISCHE KOMMISSION –

gestützt auf den Vertrag über die Arbeitsweise der Europäischen Union,

gestützt auf die Richtlinie (EU) 2015/2366 des Europäischen Parlaments und des Rates vom 25. November 2015 über Zahlungsdienste im Binnenmarkt, zur Änderung der Richtlinien 2002/65/EG, 2009/110/EG und 2013/36/EU und der Verordnung (EU) Nr. 1093/2010 sowie zur Aufhebung der Richtlinie 2007/64/EG[1)], insbesondere auf Artikel 15 Absatz 5 Unterabsatz 3,

in Erwägung nachstehender Gründe:

(1) Der Europäischen Bankenaufsichtsbehörde (EBA) obliegt es gemäß der Richtlinie (EU) 2015/2366, ein elektronisches zentrales Register einzurichten und zu betreiben, das eine Auflistung aller Zahlungsinstitute und E-Geld-Institute sowie ihrer jeweiligen Agenten und Zweigniederlassungen enthält. Für diese Zwecke ist es erforderlich, dass die zuständigen Behörden der EBA Einzelheiten übermitteln, die es Zahlungsdienstnutzern und anderen interessierten Parteien ermöglichen, jedes im Register eingetragene Unternehmen und das Gebiet, in dem dieses Unternehmen Tätigkeiten ausübt oder auszuüben beabsichtigt, klar und eindeutig zu identifizieren. Die Zahlungsdienstnutzer sollten auch in der Lage sein, die von diesen Unternehmen erbrachten Zahlungsdienste und E-Geld-Dienste zu identifizieren.

(2) Das elektronische zentrale Register sollte auch vom Anwendungsbereich der Richtlinie (EU) 2015/2366 ausgenommene Dienstleister umfassen, die eine Tätigkeit im Sinne von Artikel 3 Buchstabe k Ziffern i und ii sowie Buchstabe l Ziffern i und ii der genannten Richtlinie ausüben und dies nach Artikel 37 Absatz 2 oder 3 der genannten Richtlinie ihrer jeweiligen zuständigen Behörde angezeigt haben. Um eine einheitliche Auslegung und Anwendung dieser Bestimmungen in der gesamten Union zu gewährleisten, sollten die in dem Register enthaltenen Angaben zu diesen Dienstleistern eine kurze Beschreibung ihrer Tätigkeiten wie von den zuständigen Behörden mitgeteilt enthalten, einschließlich Angaben zu dem verwendeten zugrunde liegenden Zahlungsinstrument und einer allgemeinen Beschreibung des erbrachten Dienstes.

(3) Damit die Verbraucher die im elektronischen zentralen Register enthaltenen Angaben leicht verstehen können, sollten diese Angaben klar und eindeutig dargestellt werden. Die Darstellung der im Register enthaltenen Angaben sollte landessprachlichen Besonderheiten Rechnung tragen.

(4) Um zu gewährleisten, dass die Angaben einheitlich bereitgestellt werden, sollten die zuständigen Behörden für die Übermittlung der Angaben an die EBA ein standardisiertes Format verwenden.

(5) Diese Verordnung beruht auf dem Entwurf technischer Durchführungsstandards, den die EBA der Kommission vorgelegt hat.

(6) Die EBA hat zu diesem Entwurf öffentliche Konsultationen durchgeführt, die damit verbundenen potenziellen Kosten- und Nutzeneffekte analysiert und die Stellungnahme der nach Artikel 37 der Verordnung (EU) Nr. 1093/2010 des Europäischen Parlament und des Rates[2)] eingesetzten Interessengruppe Bankensektor eingeholt –

HAT FOLGENDE VERORDNUNG ERLASSEN:

[1)] *ABl. L 337 vom 23.12.2015, S. 35.*

Zu Abs. 6:

[2)] *Verordnung (EU) Nr. 1093/2010 des Europäischen Parlaments und des Rates vom 24. November 2010 zur Errichtung einer Europäischen Aufsichtsbehörde (Europäische Bankenaufsichtsbehörde), zur Änderung des Beschlusses Nr. 716/2009/EG und zur Aufhebung des Beschlusses*

Artikel 1
Einzelheiten und Format der nach Artikel 15 Absatz 1 der Richtlinie (EU) 2015/2366 zu übermittelnden Angaben

(1) Für die Zwecke von Artikel 15 Absatz 1 der Richtlinie (EU) 2015/2366 übermitteln die zuständigen Behörden der EBA Angaben nach Maßgabe der Absätze 2 bis 9.

(2) Für Zahlungsinstitute und ihre Zweigniederlassungen, die Dienste in einem anderen Mitgliedstaat als ihrem Herkunftsmitgliedstaat erbringen, übermitteln die zuständigen Behörden die in Tabelle 1 des Anhangs genannten Einzelheiten in dem in dieser Tabelle vorgegebenen Format.

(3) Für natürliche oder juristische Personen, denen eine Ausnahme nach Artikel 32 der Richtlinie (EU) 2015/2366 gewährt wird, übermitteln die zuständigen Behörden die in Tabelle 2 des Anhangs genannten Einzelheiten in dem in dieser Tabelle vorgegebenen Format.

(4) Für Kontoinformationsdienstleister und ihre Zweigniederlassungen, die Dienste in einem anderen Mitgliedstaat als ihrem Herkunftsmitgliedstaat erbringen, übermitteln die zuständigen Behörden die in Tabelle 3 des Anhangs genannten Einzelheiten in dem in dieser Tabelle vorgegebenen Format.

(5) Für E-Geld-Institute und ihre Zweigniederlassungen, die Dienste in einem anderen Mitgliedstaat als ihrem Herkunftsmitgliedstaat erbringen, übermitteln die zuständigen Behörden die in Tabelle 4 des Anhangs genannten Einzelheiten in dem in dieser Tabelle vorgegebenen Format.

(6) Für juristische Personen, denen eine Ausnahme nach Artikel 9 der Richtlinie 2009/110/EG des Europäischen Parlaments und des Rates[1] gewährt wird, übermitteln die zuständigen Behörden die in Tabelle 5 des Anhangs genannten Einzelheiten in dem in dieser Tabelle vorgegebenen Format.

(7) Für Agenten von Zahlungsinstituten, Kontoinformationsdienstleistern und E-Geld-Instituten, die Zahlungsdienste in einem Mitgliedstaat erbringen, die Agenten natürlicher oder juristischer Personen, denen eine Ausnahme nach Artikel 32 der Richtlinie (EU) 2015/2366 gewährt wird, und Agenten juristischer Personen, denen eine Ausnahme nach Artikel 9 der Richtlinie 2009/110/EG gewährt wird, übermitteln die zuständigen Behörden die in Tabelle 6 des Anhangs genannten Einzelheiten in dem in dieser Tabelle vorgegebenen Format.

(8) Für die in Artikel 2 Absatz 5 Nummern 4 bis 23 der Richtlinie 2013/36/EU des Europäischen Parlaments und des Rates[2] genannten Institute, die nach nationalem Recht zur Erbringung von Zahlungsdiensten berechtigt sind, übermitteln die zuständigen Behörden die in Tabelle 7 des Anhangs genannten Einzelheiten in dem in dieser Tabelle vorgegebenen Format.

(9) Für Dienstleister, die Dienste nach Artikel 3 Buchstabe k Ziffern i und ii sowie Buchstabe l Ziffern i und ii der Richtlinie (EU) 2015/2366 erbringen, übermitteln die zuständigen Behörden die in Tabelle 8 des Anhangs genannten Einzelheiten in dem in dieser Tabelle vorgegebenen Format.

Artikel 2
Inkrafttreten

Diese Verordnung tritt am zwanzigsten Tag nach ihrer Veröffentlichung im *Amtsblatt der Europäischen Union* in Kraft.

Diese Verordnung ist in allen ihren Teilen verbindlich und gilt unmittelbar in jedem Mitgliedstaat.

Brüssel, den 29. November 2018

Für die Kommission
Der Präsident
Jean-Claude JUNCKER

Anhänge: *Nicht abgedruckt. (Die Anhänge sind im Volltext auf www.lexisnexis.at unter dem Menüpunkt „Service", Unterpunkt „Update" abrufbar.)*

Zu Artikel 1:

[1] Richtlinie 2009/110/EG des Europäischen Parlaments und des Rates vom 16. September 2009 über die Aufnahme, Ausübung und Beaufsichtigung der Tätigkeit von E-Geld-Instituten, zur Änderung der Richtlinien 2005/60/EG und 2006/48/EG sowie zur Aufhebung der Richtlinie 2000/46/EG (ABl. L 267 vom 10.10.2009, S. 7).

[2] Richtlinie 2013/36/EU des Europäischen Parlaments und des Rates vom 26. Juni 2013 über den Zugang zur Tätigkeit von Kreditinstituten und die Beaufsichtigung von Kreditinstituten und Wertpapierfirmen, zur Änderung der Richtlinie 2002/87/EG und zur Aufhebung der Richtlinien 2006/48/EG und 2006/49/EG (ABl. L 176 vom 27.6.2013, S. 338).

Delegierte Verordnung (EU) 2019/411 zur Ergänzung der Richtlinie (EU) 2015/2366 des Europäischen Parlaments und des Rates durch technische Regulierungsstandards zur Festlegung der technischen Anforderungen für die Entwicklung, den Betrieb und die Führung des elektronischen zentralen Registers im Bereich der Zahlungsdienste und für den Zugang zu den darin enthaltenen Angaben

ABl L 73 vom 15. 3. 2019, S 84

DIE EUROPÄISCHE KOMMISSION –

gestützt auf den Vertrag über die Arbeitsweise der Europäischen Union,

gestützt auf die Richtlinie (EU) 2015/2366 des Europäischen Parlaments und des Rates vom 25. November 2015 über Zahlungsdienste im Binnenmarkt, zur Änderung der Richtlinien 2002/65/EG, 2009/110/EG und 2013/36/EU und der Verordnung (EU) Nr. 1093/2010 sowie zur Aufhebung der Richtlinie 2007/64/EG[1)], insbesondere auf Artikel 15 Absatz 4 Unterabsatz 3,

in Erwägung nachstehender Gründe:

(1) Die Europäische Bankenaufsichtsbehörde (EBA) hat nach Artikel 15 Absatz 1 der Richtlinie (EU) 2015/2366 ein elektronisches zentrales Register zu entwickeln, zu betreiben und zu führen, das die von den zuständigen Behörden nach Absatz 2 dieses Artikels übermittelten Angaben enthält.

(2) Um zu gewährleisten, dass die im elektronischen zentralen Register enthaltenen Angaben korrekt dargestellt werden, sollte die EBA sicherstellen, dass die Angaben auf sichere Weise eingegeben und geändert werden. Dazu sollte die EBA den Bediensteten der zuständigen Behörden einen persönlichen Zugriff auf die Anwendung des Registers gewähren. Die EBA und die zuständigen Behörden, die beschlossen haben, der EBA die Angaben automatisch zu übermitteln, sollten sicherstellen, dass an den Endgeräten und während der gesamten Übermittlung der Angaben sichere und verhältnismäßige Verschlüsselungsmethoden verwendet werden.

(3) Da es notwendig ist, dass das elektronische zentrale Register für alle in der Union niedergelassenen Zahlungsinstitute und E-Geld-Institute standardisierte, konsistente und in einem einheitlichen Format dargestellte Angaben enthält, sollte die Anwendung des Registers die von den zuständigen Behörden eingegebenen oder geänderten Angaben validieren, bevor sie öffentlich zugänglich gemacht werden.

(4) Es ist notwendig, die Authentizität, Integrität und Nichtzurückweisbarkeit der im elektronischen zentralen Register enthaltenen Angaben sicherzustellen. Die EBA sollte daher gewährleisten, dass die Angaben sicher gespeichert sind und dass sämtliche eingegebenen oder geänderten Angaben korrekt übernommen wurden.

(5) Damit Zahlungsdienstnutzer und andere interessierte Parteien das elektronische zentrale Register effizient nutzen können, muss die Anwendung des Registers auf eine Weise entwickelt werden, die einen zuverlässigen Betrieb und ununterbrochenen Zugang gewährleistet.

(6) Die Nutzer des elektronischen zentralen Registers sollten die enthaltenen Angaben effizient abfragen können. Daher sollten sich die Angaben anhand verschiedener Suchkriterien durchsuchen lassen.

(7) Um dem Bedarf der Zahlungsverkehrsbranche gerecht zu werden, sollte die EBA dafür sorgen, dass der Inhalt des Registers über eine standardisierte Datei heruntergeladen werden kann. Dies würde es allen interessierten Parteien ermöglichen, in dieser Datei automatisch Angaben zu suchen.

(8) Diese Verordnung stützt sich auf den Entwurf technischer Regulierungsstandards, den die EBA der Kommission vorgelegt hat.

(9) Die EBA hat zu diesem Entwurf offene öffentliche Konsultationen durchgeführt, die damit verbundenen potenziellen Kosten- und Nutzeneffekte analysiert und die Stellungnahme der nach Artikel 37 der Verordnung (EU) Nr. 1093/2010

[1)] *ABl. L 337 vom 23.12.2015, S. 35.*

des Europäischen Parlament und des Rates[2)] eingesetzten Interessengruppe Bankensektor eingeholt –

HAT FOLGENDE VERORDNUNG ERLASSEN:

KAPITEL 1
ALLGEMEINE BESTIMMUNGEN

Artikel 1
Interne Nutzer des Registers

(1) Für die Zwecke dieser Verordnung ist ein Bediensteter einer zuständigen Behörde, der für die manuelle Eingabe beziehungsweise Änderung von Angaben im elektronischen zentralen Register der Europäischen Bankenaufsichtsbehörde (EBA) (im Folgenden „elektronisches zentrales Register") zuständig ist, ein interner Nutzer.

(2) Jede zuständige Behörde benennt unter ihren Bediensteten mindestens zwei interne Nutzer.

(3) Die zuständigen Behörden teilen der EBA die Identität der in Absatz 2 genannten Personen mit.

Artikel 2
Verwaltung des Registers

Die EBA verwaltet die Liste der internen Nutzer, stellt den internen Nutzern Authentifizierungsdaten zur Verfügung und leistet den zuständigen Behörden technische Unterstützung.

Artikel 3
Zugang der internen Nutzer

(1) Nur die internen Nutzer können durch Zwei-Faktoren-Authentifizierung auf die Anwendung des elektronischen zentralen Registers zugreifen.

(2) Die EBA stellt den internen Nutzern einen Standard-Benutzernamen mit Passwort sowie die übrigen Zugangsdaten für den Zugriff auf die Anwendung des elektronischen zentralen Registers zur Verfügung.

(3) Die internen Nutzer müssen ihren Standard-Benutzernamen und ihr Passwort nach dem ersten Einloggen in der Anwendung des elektronischen zentralen Registers ändern.

(4) Die EBA gewährleistet, dass die verwendete Authentifizierungsmethode die Identifikation jedes internen Nutzers ermöglicht.

(5) Die EBA stellt sicher, dass die Anwendung des elektronischen zentralen Registers keine Eingabe oder Änderung von Angaben im elektronischen zentralen Register durch Personen gestattet, die keinen Zugang zu der Anwendung des Registers haben oder nicht über die entsprechende Erlaubnis verfügen.

Artikel 4
Öffentliche Nutzer

(1) Für die Zwecke dieser Verordnung sind Zahlungsdienstnutzer und andere interessierte Parteien, die über die Website der EBA auf das elektronische zentrale Register zugreifen, öffentliche Nutzer des elektronischen zentralen Registers.

(2) Öffentliche Nutzer können ohne Zugangsdaten auf das elektronische zentrale Register zugreifen.

(3) Die öffentlichen Nutzer des elektronischen zentralen Registers können die darin enthaltenen Angaben lediglich konsultieren, abfragen und herunterladen. Öffentliche Nutzer haben keine Rechte, die ihnen die Änderung des Registerinhalts ermöglichen.

(4) Wenn öffentliche Nutzer auf das elektronische zentrale Register zugreifen, zeigt die Website der EBA die in Artikel 15 Absatz 1 genannten Suchkriterien an.

KAPITEL 2
ÜBERMITTLUNG VON ANGABEN DURCH DIE ZUSTÄNDIGEN BEHÖRDEN AN DIE EBA

Artikel 5
Übermittlung von Angaben durch die zuständigen Behörden an die EBA

(1) Die zuständigen Behörden übermitteln der EBA die Angaben, die im elektronischen zentralen Register enthalten sein müssen, manuell über eine Web-Schnittstelle oder automatisch über eine Anwendungsschnittstelle.

(2) Die zuständigen Behörden teilen der EBA mit, welche der in Absatz 1 genannten Vorgehensweisen sie für die Übermittlung von Angaben bevorzugen.

(3) Zuständigen Behörden, die der EBA mitgeteilt haben, dass sie die Angaben vorzugsweise automatisch übermitteln, gestattet die EBA auf Anfrage auch, dass sie die Angaben manuell übermitteln.

(4) Die zuständigen Behörden übermitteln der EBA einen Hyperlink zu ihrem öffentlichen natio-

Zu Abs. 9:

[2)] *Verordnung (EU) Nr. 1093/2010 des Europäischen Parlaments und des Rates vom 24. November 2010 zur Errichtung einer Europäischen Aufsichtsbehörde (Europäische Bankenaufsichtsbehörde), zur Änderung des Beschlusses Nr. 716/2009/EG und zur Aufhebung des Beschlusses 2009/78/EG der Kommission (ABl. L 331 vom 15.12.2010, S. 12).*

nalen Register. Diese Hyperlinks werden von der EBA im elektronischen zentralen Register öffentlich zugänglich gemacht.

Artikel 6
Manuelle Eingabe und Änderung von Angaben

(1) Zuständige Behörden, die beschlossen haben, die Angaben an die EBA manuell zu übermitteln, verwenden für die Eingabe und Änderung der Angaben für ihren Mitgliedstaat die Web-Schnittstelle des elektronischen zentralen Registers. Die Angaben werden in dem in Artikel 1 Absätze 2 bis 9 der Durchführungsverordnung (EU) 2019/410[1)] festgelegten Format eingegeben.

(2) Die manuell eingegebenen oder geänderten Angaben werden im elektronischen zentralen Register öffentlich zugänglich gemacht, nachdem sie nach Artikel 8 durch die Anwendung des Registers validiert wurden.

(3) Manuell eingegebene oder geänderte Angaben, die durch die Anwendung des elektronischen zentralen Registers nicht validiert werden können, werden abgelehnt und nicht öffentlich zugänglich gemacht. Der interne Nutzer nimmt die Eingabe oder Änderung mit entsprechend berichtigten Angaben erneut vor.

(4) Die EBA versieht die Angaben, die in das elektronische zentrale Register manuell eingegeben oder dort geändert werden, mit einem Datum und einem Zeitstempel. Dieses Datum und dieser Zeitstempel geben den Zeitpunkt der letzten Änderung des Registers an.

(5) Die zuständigen Behörden stellen sicher, dass alle Änderungen des Inhalts ihrer öffentlichen nationalen Register im Zusammenhang mit der Erteilung oder dem Entzug einer Zulassung oder Registrierung am selben Tag in das elektronische zentrale Register der EBA aufgenommen werden.

Artikel 7
Automatische Übermittlung von Angaben

(1) Zuständige Behörden, die beschlossen haben, die Angaben an die EBA automatisch zu übermitteln, übertragen diese direkt von der Anwendung ihres öffentlichen nationalen Registers an die Anwendung des elektronischen zentralen Registers.

(2) Die EBA und die zuständigen Behörden sorgen für eine sichere Übermittlung der Angaben zwischen den Anwendungen ihrer jeweiligen Register, um die Authentizität, Integrität und Nichtzurückweisbarkeit der übermittelten Angaben zu gewährleisten, und verwenden hierzu strenge und weithin anerkannte Verschlüsselungsmethoden.

(3) Die zuständigen Behörden übermitteln der EBA in einer einzigen Batchdatei mit einem gemeinsamen und strukturierten Standardformat (im Folgenden „Batchdatei") sämtliche in Artikel 1 Absätze 2 bis 9 der Durchführungsverordnung (EU) 2019/410 spezifizierten Angaben, die in ihren öffentlichen nationalen Registern enthalten sind.

(4) Diese Batchdatei wird an jedem Tag, an dem der Inhalt eines öffentlichen nationalen Registers geändert wird, mindestens einmal übermittelt.

(5) Wenn die zuständigen Behörden an ihrem öffentlichen nationalen Register inhaltliche Änderungen vornehmen, die die Erteilung oder den Entzug einer Zulassung oder Registrierung betreffen, und diese Änderungen nicht automatisch übermitteln können, geben sie sie am selben Tag manuell in das elektronische zentrale Register der EBA ein.

(6) Die EBA gestattet den zuständigen Behörden, dass diese einmal am Tag eine Batchdatei übermitteln, unabhängig davon, ob sich der Inhalt ihres öffentlichen nationalen Registers geändert hat oder nicht.

(7) Die automatisch an das elektronische zentrale Register übermittelten Angaben werden so bald wie möglich nach der Verarbeitung und Validierung der Batchdatei durch die Anwendung des elektronischen zentralen Registers nach Artikel 8 und spätestens zum Ende des Tages, an dem diese verarbeitet und validiert wurde, im Register öffentlich zugänglich gemacht. Alle Angaben, die eine zuständige Behörde bereits übermittelt oder manuell eingegeben hat und die im elektronischen zentralen Register öffentlich verfügbar sind, werden bei darauf folgenden Übermittlungen dieser zuständigen Behörde durch die neu übermittelten Angaben überschrieben.

(8) Die EBA gestattet den zuständigen Behörden nicht, dass diese eine neue Batchdatei übermitteln, solange sie das Ergebnis der Validierung der zuvor übermittelten Batchdatei nicht erhalten haben.

(9) Im Falle automatisch übermittelter Angaben, die durch die Anwendung des elektronischen zentralen Registers nicht validiert werden können, werden sämtliche in der Batchdatei enthaltenen Angaben abgelehnt und in dem Register nicht öffentlich zugänglich gemacht.

(10) Die EBA versieht die Angaben, die der Anwendung des elektronischen zentralen Regis-

---

Zu Artikel 6:

[1)] Durchführungsverordnung (EU) 2019/410 der Kommission 29. November 2018 zur Festlegung technischer Durchführungsstandards im Hinblick auf die Einzelheiten und die Struktur der Angaben, die der Europäischen Bankenaufsichtsbehörde nach der Richtlinie (EU) 2015/2366 des Europäischen Parlaments und des Rates von den zuständigen Behörden im Bereich Zahlungsdienste zu übermitteln sind (siehe Seite 20 dieses Amtsblatts).

ters automatisch übermittelt werden, mit einem Datum und einem Zeitstempel. Dieses Datum und dieser Zeitstempel geben den Zeitpunkt der letzten Synchronisierung des elektronischen zentralen Registers mit dem öffentlichen nationalen Register an.

Artikel 8
Validierung der Angaben

(1) Die Anwendung des elektronischen zentralen Registers validiert die von den zuständigen Behörden an die EBA übermittelten Angaben, um zu vermeiden, dass Angaben fehlen oder doppelt vorhanden sind.

(2) Um das Fehlen von Angaben zu vermeiden, führt die Anwendung des elektronischen zentralen Registers für sämtliche von den zuständigen Behörden ausgefüllten oder an die EBA übermittelten Felder mit Ausnahme des Feldes für den Firmennamen der natürlichen oder juristischen Person eine Validierung der Angaben durch.

(3) Um eine Dopplung von Angaben zu vermeiden, führt die Anwendung des Registers für jedes der folgenden Felder eine Validierung der Angaben durch:

a) für Zahlungsinstitute, natürliche oder juristische Personen, denen nach Artikel 32 der Richtlinie (EU) 2015/2366 eine Ausnahme gewährt wird, Kontoinformationsdienstleister, E-Geld-Institute, juristische Personen, denen nach Artikel 9 der Richtlinie 2009/110/EG des Europäischen Parlaments und des Rates[1] eine Ausnahme gewährt wird, die in Artikel 2 Absatz 5 Nummern 4 bis 23 der Richtlinie 2013/36/EU des Europäischen Parlaments und des Rates[2] genannten Institute und Personen, denen die Zulassung oder Registrierung entzogen wurde:

i) nationale Identifikationsnummer,

ii) Art der natürlichen oder juristischen Person nach Artikel 1 Absätze 2 bis 9 der Durchführungsverordnung (EU) 2019/410,

iii) Datum der Zulassung oder Registrierung,

b) für Agenten von Zahlungsinstituten, natürlichen oder juristischen Personen, die nach Artikel 32 der Richtlinie (EU) 2015/2366 ausgenommen sind, Kontoinformationsdienstleistern, E-Geld-Instituten und juristischen Personen, die nach Artikel 9 der Richtlinie 2009/110/EG ausgenommen sind:

i) nationale Identifikationsnummer des Agenten,

ii) nationale Identifikationsnummer der natürlichen oder juristischen Person, in deren Namen der Agent Zahlungsdienste erbringt,

iii) Datum der Registrierung,

c) für Dienstleister, die Dienstleistungen im Sinne von Artikel 3 Buchstabe k Ziffern i und ii bzw. Buchstabe l der Richtlinie (EU) 2015/2366 erbringen:

i) nationale Identifikationsnummer des Dienstleisters,

ii) Ausschluss, der für die Tätigkeit des Dienstleisters gilt,

iii) Datum der Registrierung.

(4) Hat sich der Status der Zulassung oder Registrierung einer natürlichen oder juristischen Person, in deren Auftrag ein Agent Zahlungsdienste erbringt, von „zugelassen" oder „registriert" in „Zulassung/Registrierung entzogen" geändert, führt die Anwendung des elektronischen zentralen Registers für die mit dieser Person verbundenen Agenten keine Validierung der Angaben durch.

(5) Die zuständigen Behörden erhalten von der Anwendung des elektronischen zentralen Registers so bald wie möglich eine klare und eindeutige Rückmeldung zum Ergebnis der Validierung. Dieses Ergebnis schließt auch die Information ein, in welchem Ausmaß sich der Inhalt der zuvor übermittelten Angaben geändert hat (Prozentwert).

(6) Können die übermittelten Angaben nicht validiert werden, so gibt die EBA in ihrer Rückmeldung an die zuständigen Behörden sämtliche Gründe für ihre Ablehnung an.

(7) Wenn die Validierung fehlschlägt und die Änderungen des Inhalts des öffentlichen nationalen Registers die Erteilung oder den Entzug einer Zulassung oder Registrierung betreffen, übermitteln die zuständigen Behörden, die Angaben automatisch übermitteln, vor Ende des Tages, an dem die Validierung fehlgeschlagen ist, eine korrigierte oder aktualisierte Batchdatei mit sämtlichen Angaben oder sie geben die im Zusammenhang mit der Erteilung oder dem Entzug einer Zulassung oder Registrierung vorgenommenen Änderungen des Inhalts ihres öffentlichen nationalen Registers manuell ein.

(8) Für die Validierung der nationalen Identifikationsnummern teilen die zuständigen Behörden der EBA die Arten und die Formate der nationalen Identifikationsnummern' die sie in ihren nationalen Registern verwenden, mit.

Zu Artikel 8:

[1] Richtlinie 2009/110/EG des Europäischen Parlaments und des Rates vom 16. September 2009 über die Aufnahme, Ausübung und Beaufsichtigung der Tätigkeit von E-Geld-Instituten, zur Änderung der Richtlinien 2005/60/EG und 2006/48/EG sowie zur Aufhebung der Richtlinie 2000/46/EG (ABl. L 267 vom 10.10.2009, S. 7).

[2] Richtlinie 2013/36/EU des Europäischen Parlaments und des Rates vom 26. Juni 2013 über den Zugang zur Tätigkeit von Kreditinstituten und die Beaufsichtigung von Kreditinstituten und Wertpapierfirmen, zur Änderung der Richtlinie 2002/87/EG und zur Aufhebung der Richtlinien 2006/48/EG und 2006/49/EG (ABl. L 176 vom 27.6.2013, S. 338).

(9) Die Anwendung des elektronischen zentralen Registers ermöglicht es den zuständigen Behörden, einen Agenten mehrfach in das Register aufzunehmen, wenn dieser Zahlungsdienste im Namen von mehr als einer natürlichen oder juristischen Person erbringt. Jeder Eintrag ist als gesonderter Datensatz zu behandeln.

Artikel 9
Angaben über Agenten

(1) Die EBA und die zuständigen Behörden stellen sicher, dass die im elektronischen zentralen Register aufgeführten Agenten mit den natürlichen oder juristischen Personen verknüpft werden, in deren Namen sie Zahlungsdienste erbringen.

(2) Ändert sich der Status der Zulassung oder Registrierung einer natürlichen oder juristischen Person, in deren Auftrag ein Agent Zahlungsdienste erbringt, von „zugelassen" oder „registriert" zu „Zulassung/Registrierung entzogen", wird der Status der mit dieser Person verbundenen Agenten von „aktiv" auf „inaktiv" gesetzt.

Artikel 10
Verantwortung der zuständigen Behörden

(1) Die zuständigen Behörden sind für die Richtigkeit der in ihren öffentlichen nationalen Registern enthaltenen Angaben zu den von ihnen zugelassenen oder registrierten natürlichen oder juristischen Personen sowie den Agenten und Dienstleistern, die Dienste im Sinne von Artikel 3 Buchstabe k Ziffern i und ii bzw. Buchstabe l der Richtlinie (EU) 2015/2366 erbringen, die sie manuell in das elektronische zentrale Register eingeben oder automatisch an die Anwendung dieses Registers übermitteln, verantwortlich.

(2) Die Anwendung des elektronischen zentralen Registers ermöglicht es den internen Nutzern und den Anwendungen der öffentlichen nationalen Register, die im Verantwortungsbereich der jeweiligen zuständigen Behörde liegenden Angaben einzugeben oder zu ändern.

(3) Es darf nicht möglich sein, dass zuständige Behörden Angaben ändern, für die andere zuständige Behörden verantwortlich sind.

(4) Es darf nicht möglich sein, dass zuständige Behörden Daten zu in einem anderen Aufnahmemitgliedstaat niedergelassenen Zahlungsinstituten, natürlichen oder juristischen Personen, die nach Artikel 32 der Richtlinie (EU) 2015/2366 ausgenommen sind, deren Agenten, Kontoinformationsdienstleistern, in Artikel 2 Absatz 5 Nummern 4 bis 23 der Richtlinie 2013/36/EU des Europäischen Parlaments und des Rates genannten Instituten, E-Geld-Instituten, juristischen Personen, die nach Artikel 9 der Richtlinie 2009/110/EG ausgenommen sind, deren Agenten und Dienstleistern, die Dienstleistungen im Sinne von Artikel 3 Buchstabe k Ziffern i und ii bzw. Buchstabe l der Richtlinie (EU) 2015/2366 erbringen, eingeben.

KAPITEL 3
SONSTIGE ANFORDERUNGEN

Artikel 11
Sicherheitsanforderungen

(1) Die Anwendungsdaten des elektronischen zentralen Registers werden gesichert, und die Sicherungskopien werden zum Zwecke der Notfallwiederherstellung aufbewahrt.

(2) Bei Sicherheitsproblemen muss die EBA in der Lage sein, die Anwendung des elektronischen zentralen Registers sofort abzuschalten und jeglichen Zugang zum Server zu verhindern.

(3) Die Anwendung des elektronischen zentralen Registers muss in der Lage sein, nach einem Absturz sofort neu zu starten und wieder normal zu funktionieren.

(4) Wenn die Anwendung des elektronischen zentralen Registers zum Zeitpunkt der Übermittlung von Batchdateien durch die zuständigen Behörden nicht funktioniert, verarbeitet sie nach Wiederherstellung ihres normalen Betriebs jeweils die jüngsten der von jeder zuständigen Behörde übermittelten Batchdateien.

(5) Die EBA meldet den zuständigen Behörden jede Fehlfunktion und jeden Absturz der Anwendung des elektronischen zentralen Registers.

(6) Wurde die Bearbeitung einer von einer zuständigen Behörde übermittelten Batchdatei von einer Fehlfunktion der Anwendung des elektronischen zentralen Registers beeinträchtigt, fordert die EBA die zuständige Behörde auf, eine neue Batchdatei zu übermitteln. Ist die zuständige Behörde dazu nicht in der Lage, bittet sie die EBA, die Daten auf den Stand der letzten validierten Batchdatei vor dem Auftreten der Fehlfunktion zurückzusetzen.

(7) Die EBA entwickelt ihr Register im Einklang mit den internationalen Cybersicherheitsnormen.

Artikel 12
Verfügbarkeit und Leistungsanforderungen

(1) Das elektronische zentrale Register muss von Anfang an in der Lage sein, sämtliche Datensätze, die in den von den zuständigen Behörden geführten öffentlichen Registern derzeit vorhanden sind, aufzunehmen.

(2) Die Anwendung des elektronischen zentralen Registers muss in der Lage sein, eine zunehmende Menge der von den zuständigen Behörden übermittelten Angaben zu verarbeiten, ohne dass

sich dies auf die Verfügbarkeit des Registers auswirkt.

(3) Die EBA trägt dafür Sorge, dass das elektronische zentrale Register nach einer Fehlfunktion der Anwendung des Registers unmittelbar nach Wiederherstellung des Normalbetriebs wieder zur Verfügung steht.

(4) Die automatische Übertragung von Angaben nach Artikel 7 darf sich nicht auf die Verfügbarkeit des elektronischen zentralen Registers auswirken.

(5) Die EBA unterrichtet die öffentlichen Nutzer über jede Nichtverfügbarkeit des elektronischen zentralen Registers sowie die Gründe dafür und über die Wiederherstellung des Registers, indem sie dies auf ihrer Website anzeigt.

Artikel 13
Systemwartung und Supportfunktionen

(1) Die EBA überwacht den Betrieb der Anwendung des Registers, analysiert deren Leistung und nimmt erforderlichenfalls Änderungen vor, um sicherzustellen, dass die Anwendung den Anforderungen dieser Verordnung entspricht.

(2) Die EBA überwacht die regelmäßige Übermittlung und Aktualisierung der Angaben im elektronischen zentralen Register durch die zuständigen Behörden.

(3) Die EBA überprüft regelmäßig die Eignung der in diesem Kapitel festgelegten sonstigen Anforderungen.

(4) Die EBA bietet den zuständigen Behörden Unterstützung beim Betrieb des elektronischen zentralen Registers. Dazu sieht sie in der Anwendung des Registers eine Funktion vor, über die die zuständigen Behörden Fragen übermitteln können. Die EBA reiht diese Fragen in eine Warteschlange ein.

(5) Die EBA beantwortet Fragen nach Absatz 4 nach Möglichkeit bis zum Ende des Tages, an dem die jeweilige Frage gestellt wurde. Sie beantwortet die Fragen in der Reihenfolge ihres Eingangs.

(6) Die EBA stellt den zuständigen Behörden eine Testumgebung zur Verfügung und bietet ihnen Unterstützung für diese Umgebung.

(7) Für die Unterrichtung über Betriebsstörungen des elektronischen zentralen Registers richtet die EBA einen speziellen Kommunikationskanal ein.

Artikel 14
Prüfpfad

(1) Das elektronische zentrale Register ermöglicht die Aufzeichnung aller von den zuständigen Behörden an die EBA übermittelten Angaben.

(2) Das elektronische zentrale Register ermöglicht die Aufzeichnung aller automatisierten oder manuellen Vorgänge, die von den Anwendungen der öffentlichen nationalen Register bzw. von internen Nutzern ausgehen, sowie ihres Zeitpunkts.

(3) Die EBA kann auf die nach den Absätzen 1 und 2 aufgezeichneten Daten zugreifen.

(4) Die EBA kann anhand der nach den Absätzen 1 und 2 aufgezeichneten Daten Berichte erstellen, die es ihr ermöglichen, die von den zuständigen Behörden übermittelten Angaben zu überwachen und auszuwerten.

KAPITEL 4
ZUGRIFF AUF DIE ANGABEN

Artikel 15
Abfrage von Angaben

(1) Das elektronische zentrale Register ermöglicht den Nutzern die Suche nach Angaben mittels verschiedener Suchkriterien, darunter:

a) Art der natürlichen oder juristischen Person nach Artikel 1 Absätze 2 bis 9 der Durchführungsverordnung (EU) 2019/410,

b) Name der natürlichen oder juristischen Person,

c) nationale Identifikationsnummer der natürlichen oder juristischen Person,

d) Name der für den Betrieb des öffentlichen nationalen Registers zuständigen Behörde,

e) Land, in dem die natürliche oder juristische Person niedergelassen ist,

f) Ort, an dem die natürliche oder juristische Person niedergelassen ist,

g) erbrachte Zahlungsdienste und E-Geld-Dienste,

h) Aufnahmemitgliedstaat, in dem das zugelassene oder registrierte Zahlungsinstitut, das E-Geld-Institut oder der Kontoinformationsdienstleister Dienste erbringt oder seine Absicht zur Erbringung von Diensten mitgeteilt hat,

i) im Aufnahmemitgliedstaat erbrachte Zahlungsdienste und E-Geld-Dienste,

j) Status der Zulassung oder Registrierung,

k) Datum der Zulassung oder Registrierung,

l) Datum des Entzugs der Zulassung oder Registrierung.

(2) Das elektronische zentrale Register führt die Abfrage der Angaben aus, sofern mindestens eines der Suchkriterien ausgefüllt ist.

(3) Das elektronische zentrale Register ermöglicht den Nutzern, die Suchkriterien nach Absatz 1 beliebig zu kombinieren.

(4) Das elektronische zentrale Register ermöglicht den Nutzern, die in Absatz 1 Buchstaben a,

d, e und j genannten Angaben in einer Dropdown-Liste auszuwählen.

(5) Das elektronische zentrale Register ermöglicht den Nutzern, die in Absatz 1 Buchstaben g, h und i genannten Suchkriterien aus einem Menü mit Mehrfachauswahlmöglichkeit auszuwählen.

(6) Die EBA gewährleistet, dass die Suche mit Symbolen oder Zeichen, die einzelne Buchstaben und/oder Wörter ersetzen (Platzhalter) möglich ist, um den Nutzern des Registers eine breitere Abfrage zu ermöglichen.

(7) Die EBA unterrichtet die Nutzer des Registers über die Verwendung der Symbole nach Absatz 6 durch Anzeige dieser Information auf ihrer Website.

Artikel 16
Anzeige der Abfrageergebnisse

(1) Das elektronische zentrale Register zeigt als Ergebnis einer Abfrage sämtliche natürlichen und juristischen Personen an, auf die die vom Nutzer des Registers ausgewählten Suchkriterien zutreffen.

(2) Die für natürliche und juristische Personen angezeigten Angaben umfassen:

a) den Namen der Person,

b) die nationale Identifikationsnummer der Person,

c) das Land, in dem sie niedergelassen ist,

d) den Ort, an dem sie niedergelassen ist,

e) die Art der natürlichen oder juristischen Person nach Artikel 1 Absätze 2 bis 9 der Durchführungsverordnung (EU) 2019/410,

f) die erbrachten Zahlungsdienste und E-Geld-Dienste.

(3) Wird in den angezeigten Ergebnissen der Name einer natürlichen oder juristischen Person ausgewählt, erscheinen die Angaben nach Artikel 1 Absätze 2 bis 9 der Durchführungsverordnung (EU) 2019/410 dieser Person mit dem letzten von der EBA eingefügten Datum und Zeitstempel.

(4) Bei Agenten erscheint sowohl der Eintrag zum Agenten selbst als auch der Eintrag der natürlichen oder juristischen Person, in deren Namen dieser Zahlungsdienste erbringt.

(5) Die EBA stellt sicher, dass die von den zuständigen Behörden übermittelten Angaben im elektronischen zentralen Register richtig und vollständig angezeigt werden.

Artikel 17
Download von Angaben

(1) Die EBA sorgt dafür, dass der Inhalt des elektronischen zentralen Registers von den öffentlichen Nutzern des Registers sowohl manuell als auch automatisch heruntergeladen werden kann, indem sie den Inhalt in eine standardisierte Datei kopiert.

(2) Die EBA aktualisiert die in Absatz 1 genannte standardisierte Datei mindestens zweimal täglich in festgelegten Zeitabständen. Die EBA legt die Zeitabstände dieser Aktualisierungen offen.

KAPITEL 6
SCHLUSSBESTIMMUNGEN

Artikel 18
Inkrafttreten

Diese Verordnung tritt am zwanzigsten Tag nach ihrer Veröffentlichung im *Amtsblatt der Europäischen Union* in Kraft.

Diese Verordnung ist in allen ihren Teilen verbindlich und gilt unmittelbar in jedem Mitgliedstaat.

Brüssel, den 29. November 2018

Für die Kommission
Der Präsident
Jean-Claude JUNCKER

Delegierte Verordnung (EU) 2021/1722 der Kommission vom 18. Juni 2021 zur Ergänzung der Richtlinie (EU) 2015/2366 des Europäischen Parlaments und des Rates durch technische Regulierungsstandards zur Festlegung der Rahmenbedingungen für die Zusammenarbeit und den Informationsaustausch zwischen den zuständigen Behörden des Herkunfts- und des Aufnahmemitgliedstaats im Zusammenhang mit der Beaufsichtigung von Zahlungsinstituten und E-Geld-Instituten, die grenzüberschreitend Zahlungsdienste erbringen

ABl L 343 vom 28. 9. 2021, S 1

DIE EUROPÄISCHE KOMMISSION –

gestützt auf den Vertrag über die Arbeitsweise der Europäischen Union,

gestützt auf die Richtlinie (EU) 2015/2366 des Europäischen Parlaments und des Rates vom 25. November 2015 über Zahlungsdienste im Binnenmarkt, zur Änderung der Richtlinien 2002/65/EG, 2009/110/EG und 2013/36/EU und der Verordnung (EU) Nr. 1093/2010 sowie zur Aufhebung der Richtlinie 2007/64/EG[1)], insbesondere auf Artikel 29 Absatz 7,

in Erwägung nachstehender Gründe:

(1) Nach Titel II der Richtlinie (EU) 2015/2366 zielt der Rahmen für die Zusammenarbeit und den Informations austausch zwischen den zuständigen Behörden des Herkunfts- und des Aufnahmemitgliedstaats darauf ab, die Zusammenarbeit zwischen den zuständigen Behörden zu verbessern und eine kohärente und effiziente Beaufsichtigung von Zahlungsinstituten, die Zahlungsdienste in anderen Mitgliedstaaten erbringen, zu gewährleisten, indem die Verfahren, Instrumente und Einzelheiten der Zusammenarbeit, einschließlich des Umfangs und der Verarbeitung der auszutauschenden Informationen, festgelegt werden.

(2) Um die Kommunikation und den Informationsaustausch mit den zuständigen Behörden in anderen Mitgliedstaaten zu erleichtern, sollten die zuständigen Behörden zentrale Kontaktstellen benennen. Sie sollten diese Kontaktstellen der Europäischen Bankenaufsichtsbehörde (EBA) und den zuständigen Behörden in anderen Mitgliedstaaten mitteilen, damit diese Behörden in anderen Mitgliedstaaten wissen, an wen sie ihre Anfragen und Mitteilungen richten sollen. Die zuständigen Behörden sollten auch angeben, in welchen Sprachen sie Mitteilungen von den zuständigen Behörden in anderen Mitgliedstaaten erhalten können.

(3) Zur Erleichterung der Kommunikation zwischen den zuständigen Behörden bei der Anforderung und Übermittlung von Informationen sollten Standardformblätter eingeführt und den zuständigen Behörden zur Verfügung gestellt werden, damit eine kohärente und effiziente Zusammenarbeit gewährleistet wird. Diese Standardformblätter sollten so flexibel sein, dass die zuständigen Behörden auf Ersuchen und aus eigener Initiative die von ihnen als wesentlich erachteten Erläuterungen und Informationen einfügen können. Es ist wünschenswert, Fristen einzuführen, um unangemessene Verzögerungen bei der Anforderung, dem Austausch und der Mitteilung von Informationen zwischen den zuständigen Behörden zu vermeiden.

(4) Schreiben die zuständigen Behörden der Aufnahmemitgliedstaaten vor, dass in ihrem Hoheitsgebiet ansässige Zahlungsinstitute ihnen in regelmäßigen Abständen über die ausgeübten Tätigkeiten berichten, so sollten sie diesen Zahlungsinstituten, die ihren Sitz oder ihre Hauptverwaltung in einem anderen Mitgliedstaat haben, mitteilen, in welcher Sprache und auf welchem elektronischen Weg sie die Meldungen – soweit verfügbar – übermitteln können. Damit die EBA ihr in der Verordnung (EU) Nr. 1093/2010 des Europäischen Parlaments und des Rates[2)] vorge-

[1)] *ABl. L 337 vom 23.12.2015, S. 35.*

Zu Abs. 4:

[2)] *Verordnung (EU) Nr. 1093/2010 des Europäischen Parlaments und des Rates vom 24. November 2010 zur Errichtung einer Europäischen Aufsichtsbehörde (Europäi-*

sehenes Mandat, zur aufsichtlichen Zusammenarbeit und Angleichung der Aufsicht beizutragen, erfüllen kann und zur einheitlichen Anwendung der Richtlinie (EU) 2015/2366 sollten die zuständigen Behörden des Aufnahmemitgliedstaats die EBA ferner über ihre Entscheidung unterrichten, ob sie Zahlungsinstituten mit Agenten oder Zweigniederlassungen in ihrem Hoheitsgebiet vorschreiben, ihnen in regelmäßigen Abständen über die in ihrem Hoheitsgebiet ausgeübten Tätigkeiten zu berichten.

(5) Was den Inhalt und das Format der von Zahlungsinstituten mit Zweigniederlassungen oder Agenten in ihrem Hoheitsgebiet an die zuständigen Behörden des Aufnahmemitgliedstaats zu übermittelnden Meldungen anbelangt, so sollte gewährleistet sein, dass die gemeldeten Daten vergleichbar und, soweit möglich, vorhersehbar sind.

(6) Um die Zusammenarbeit zu verbessern, sollte für den Fall, dass die zuständige Behörde des Herkunftsmitgliedstaats beabsichtigt, eine Inspektion vor Ort bei einem Agenten oder einer Zweigniederlassung eines Zahlungsinstituts im Hoheitsgebiet eines anderen Mitgliedstaats durchzuführen, ein besonderes Verfahren festgelegt werden. Die zuständige Behörde des Aufnahmemitgliedstaats kann die zuständige Behörde des Herkunftsmitgliedstaats auch auffordern, eine Inspektion vor Ort am Sitz der Hauptverwaltung eines Zahlungsinstituts im Herkunftsmitgliedstaat durchzuführen. Zur Koordinierung der verschiedenen Phasen einer Inspektion vor Ort sollten die zuständigen Behörden des Herkunfts- und des Aufnahmemitgliedstaats ständig miteinander im Dialog bleiben.

(7) Nach Artikel 6 Absatz 1 Buchstabe a der Richtlinie 2009/110/EG des Europäischen Parlaments und des Rates[3)] ist es E-Geld-Instituten gestattet, neben der Ausgabe von E-Geld Zahlungsdienste zu erbringen. Ferner gelten nach Artikel 3 Absatz 1 der genannten Richtlinie die Verfahren für die Beaufsichtigung von Zahlungsinstituten, die ihr Niederlassungsrecht und das Recht auf freien Dienstleistungsverkehr ausüben, einschließlich etwaiger von Zahlungsinstituten geforderter regelmäßiger Meldungen, für E-Geld-Institute entsprechend. In Artikel 3 Absatz 4 der Richtlinie 2009/110/EG ist ferner festgelegt, dass die Bestimmungen für die Beaufsichtigung von Zahlungsinstituten, die das Recht auf Niederlassungsfreiheit und freien Dienstleistungsverkehr ausüben, entsprechend für E-Geld-Institute gelten, die E-Geld in einem anderen Mitgliedstaat über natürliche oder juristische Personen vertreiben, die in ihrem Namen tätig sind, mit Ausnahme der Benennung von zentralen Kontaktstellen nach Artikel 29 Absatz 4 der Richtlinie (EU) 2015/2366. Nach Artikel 3 Absatz 5 der Richtlinie 2009/110/EG dürfen E-Geld-Institute elektronisches Geld nicht über Agenten emittieren, sind aber befugt, Zahlungsdienste über Agenten zu erbringen, wenn die Voraussetzungen des Artikels 19 der Richtlinie (EU) 2015/2366 erfüllt sind. Die grenzüberschreitende Zusammenarbeit zwischen den zuständigen Behörden in Bezug auf E-Geld-Institute mit Zweigniederlassungen, Agenten oder Vertreibern im Hoheitsgebiet eines Aufnahmemitgliedstaats sollte im Hinblick auf den Inhalt und das Format der vorzulegenden Meldungen erleichtert werden. Allerdings sollten Informationen zur Überwachung der Einhaltung der nationalen Rechtsvorschriften zur Umsetzung der Titel III und IV der Richtlinie (EU) 2015/2366 nur von E-Geld-Instituten vorgelegt werden, die Zahlungsdienste über Zweignieder lassungen oder Agenten leisten, die Niederlassungen in den Aufnahmemitgliedstaaten sind.

(8) Diese Verordnung stützt sich auf den Entwurf technischer Regulierungsstandards, den die EBA der Kommission vorgelegt hat.

(9) Die EBA hat zu dem Entwurf technischer Regulierungsstandards, der dieser Verordnung zugrunde liegt, öffentliche Konsultationen durchgeführt, die damit verbundenen möglichen Kosten- und Nutzeneffekte analysiert und die Stellungnahme der nach Artikel 37 der Verordnung (EU) Nr. 1093/2010 eingesetzten Interessengruppe Bankensektor eingeholt –

HAT FOLGENDE VERORDNUNG ERLASSEN:

Artikel 1
Gegenstand und Geltungsbereich

(1) Mit dieser Verordnung werden die Rahmenbedingungen für die Zusammenarbeit und den Informationsaustausch zwischen den zuständigen Behörden des Herkunftsmitgliedstaats und denen des Aufnahmemitgliedstaats gemäß Titel II der Richtlinie (EU) 2015/2366 und, soweit das Zahlungsdienstgeschäft auf der Grundlage der Niederlassungsfreiheit betrieben wird, für die Überwachung der Einhaltung der nationalen Rechtsvor-

sche Bankenaufsichtsbehörde), zur Änderung des Beschlusses Nr. 716/2009/EG und zur Aufhebung des Beschlusses 2009/78/EG der Kommission (ABl. L 331 vom 15.12.2010, S. 12).

Zu Abs. 7:

[3)] Richtlinie 2009/110/EG des Europäischen Parlaments und des Rates vom 16. September 2009 über die Aufnahme, Ausübung und Beaufsichtigung der Tätigkeit von E-Geld-Instituten, zur Änderung der Richtlinien 2005/60/EG und 2006/48/EG sowie zur Aufhebung der Richtlinie 2000/46/EG (ABl. L 267 vom 10.10.2009, S. 7).

schriften zur Umsetzung der Titel III und IV der genannten Richtlinie festgelegt.

(2) In dieser Verordnung werden auch die Instrumente und Einzelheiten der regelmäßigen Meldungen festgelegt, die die zuständigen Behörden der Aufnahmemitgliedstaaten von Zahlungsinstituten mit Agenten oder Zweigniederlassungen in ihrem Hoheitsgebiet über die in ihrem Hoheitsgebiet ausgeübten Zahlungsdiensttätigkeiten verlangen, einschließlich der Häufigkeit dieser Meldungen nach Artikel 29 Absatz 2 Unterabsatz 1 der Richtlinie (EU) 2015/2366.

(3) Diese Verordnung gilt entsprechend auch für den Rahmen für die Zusammenarbeit und den Informationsaustausch zwischen den zuständigen Behörden des Herkunftsmitgliedstaats und des Aufnahmemitgliedstaats in Bezug auf die Ausübung des Niederlassungsrechts oder des freien Dienstleistungsverkehrs durch E-Geld-Institute gemäß Artikel 111 der Richtlinie (EU) 2015/2366, einschließlich der Instrumente und Einzelheiten etwaiger regelmäßiger Meldungen, die die zuständigen Behörden der Aufnahmemitgliedstaaten von E-Geld-Instituten mit Agenten, Zweigniederlassungen oder Vertreibern in ihrem Hoheitsgebiet über die in ihrem Hoheitsgebiet ausgeübten Tätigkeiten im Bereich der Zahlungsdienste und des E-Geldes verlangen, einschließlich der Häufigkeit dieser Meldungen gemäß Artikel 29 Absatz 2 Unterabsatz 1 der Richtlinie (EU) 2015/2366.

Artikel 2

Zentrale Kontaktstellen

(1) Die zuständigen Behörden benennen eine zentrale Kontaktstelle für die Entgegennahme und Weiterleitung von Ersuchen um Zusammenarbeit und Informationsaustausch nach Artikel 4. Die zentrale Kontaktstelle ist eine eigens eingerichtete funktionale Mailbox.

(2) Jede zuständige Behörde stellt den anderen zuständigen Behörden und der Europäischen Bankaufsichtsbehörde (EBA) Informationen über die in Absatz 1 genannten zentralen Kontaktstellen zur Verfügung.

(3) Die EBA führt auf der Grundlage der von den zuständigen Behörden erhaltenen Informationen eine Liste der in Absatz 1 genannten zentralen Kontaktstellen und stellt diese Liste den zuständigen Behörden zur Verfügung.

(4) Die zuständigen Behörden übermitteln der EBA aktualisierte Informationen über die in Absatz 1 genannten zentralen Kontaktstellen und sie sind allein für die Gültigkeit der an die EBA übermittelten Informationen verantwortlich.

Artikel 3
Allgemeine Anforderungen

(1) Die Auskunftsersuchen und die Antworten, die gemäß dieser Verordnung zwischen den zuständigen Behörden ausgetauscht werden, sind schriftlich in einer im Finanzbereich gebräuchlichen Sprache oder in einer von den zuständigen Behörden des Herkunfts- und des Aufnahmemitgliedstaats akzeptierten Amtssprache der Union zu übermitteln.

Diese Ersuchen und Antworten werden auf sichere Weise auf elektronischem Wege übermittelt, sofern diese Mittel von den zuständigen Behörden des Herkunfts- und des Aufnahmemitgliedstaats akzeptiert werden.

(2) Hat die ersuchende Behörde objektive Gründe, die die Dringlichkeit des Ersuchens rechtfertigen, so kann sie das Ersuchen mit anderen als den in Absatz 1 genannten Mitteln, auch mündlich, stellen. Jedes Ersuchen um Zusammenarbeit oder Informationsaustausch, das mündlich gestellt wird, muss anschließend gemäß Absatz 1 schriftlich bestätigt werden, sofern die betroffenen zuständigen Behörden nichts anderes vereinbaren.

(3) Jede zuständige Behörde teilt der EBA die nach Absatz 1 akzeptierten Sprachen mit. Die EBA nimmt diese Informationen für jede zuständige Behörde in die Liste der zentralen Kontaktstellen gemäß Artikel 2 Absatz 2 auf.

Artikel 4
Einreichen eines Ersuchens um Zusammenarbeit oder Informationsaustausch

Ersuchen um Zusammenarbeit oder Informationsaustausch mit einer zuständigen Behörde in einem anderen Mitgliedstaat sind unter Verwendung des Formblatts in Anhang I an die zentrale Kontaktstelle der ersuchten Behörde zu richten. Die ersuchende Behörde kann dem Ersuchen alle Unterlagen oder sonstigen Belege beifügen, die sie zur Untermauerung des Ersuchens für erforderlich hält.

Artikel 5
Beantwortung eines Ersuchens um Zusammenarbeit oder Informationsaustausch

(1) Spätestens 20 Werktage nach Eingang eines Ersuchens um Zusammenarbeit oder Informationsaustausch übermittelt die ersuchte Behörde:

a) alle von der ersuchenden Behörde angegebenen relevanten Informationen,

b) von sich aus alle sonstigen wesentlichen Informationen.

Die Informationen werden unter Verwendung des Formblatts in Anhang II übermittelt. Das Formblatt ist an die zentrale Kontaktstelle der ersuchenden Behörde zu übermitteln.

(2) Die ersuchte Behörde teilt der ersuchenden Behörde mit, welche Klarstellungen sie im Zusammenhang mit dem eingegangenen Ersuchen benötigt.

(3) Ist die ersuchte Behörde aufgrund der Komplexität des Ersuchens oder des Umfangs der erbetenen Informationen nicht in der Lage, die in Absatz 1 genannte Frist einzuhalten, so teilt sie der ersuchenden Behörde unverzüglich die berechtigten Gründe mit, die eine solche Verzögerung erforderlich machen, und nennt einen voraussichtlichen Termin für die Antwort.

(4) Ist die ersuchte Behörde gemäß Absatz 3 nicht in der Lage, alle angeforderten Informationen innerhalb der in Absatz 1 genannten Frist zu übermitteln, so übermittelt sie die ihr vorliegenden Informationen innerhalb der in diesem Absatz genannten Frist. Zu diesem Zweck verwendet sie das Formblatt in Anhang II.

(5) Die ersuchte Behörde übermittelt die fehlenden Informationen, sobald sie verfügbar sind. Die ersuchte Behörde kann diese Informationen in jeder Form, auch mündlich, übermitteln, durch die gewährleistet ist, dass die erforderlichen Maßnahmen zügig getroffen werden können.

(6) Wurde ein Verfahren zur Beilegung einer Meinungsverschiedenheit zwischen den zuständigen Behörden verschiedener Mitgliedstaaten nach Artikel 27 der Richtlinie (EU) 2015/2366 in Bezug auf ein Ersuchen um Zusammenarbeit oder Informationsaustausch eingeleitet, so finden die Absätze 1 bis 4 des vorliegenden Artikels solange keine Anwendung, bis das Verfahren nach Artikel 19 der Verordnung (EU) Nr. 1093/2010 abgeschlossen ist.

Artikel 6
Mitteilung der Absicht, eine Inspektion vor Ort im Aufnahmemitgliedstaat durchzuführen

Beabsichtigt die zuständige Behörde des Herkunftsmitgliedstaats, bei einem Agenten oder einer Zweigniederlassung eines Zahlungsinstituts im Hoheitsgebiet eines anderen Mitgliedstaats eine Inspektion vor Ort durchzuführen, so teilt sie dies der zuständigen Behörde des Aufnahmemitgliedstaats unter Verwendung des Formblatts in Anhang III mit.

Artikel 7
Verfahren für ein Ersuchen um Durchführung einer Inspektion vor Ort

(1) Beabsichtigt die zuständige Behörde des Herkunftsmitgliedstaats, die zuständige Behörde des Aufnahmemitgliedstaats mit der Durchführung einer Inspektion vor Ort bei einem Agenten oder einer Zweigniederlassung eines Zahlungsinstituts in ihrem Hoheitsgebiet zu beauftragen, so übermittelt sie der zuständigen Behörde des Aufnahmemitgliedstaats ein entsprechendes Ersuchen, in dem sie die Gründe für dieses Ersuchen angibt. Die zuständige Behörde des Herkunftsmitgliedstaats kann beantragen, dass die Inspektion gemeinsam mit der zuständigen Behörde des Aufnahmemitgliedstaats durchgeführt wird.

(2) Ist die zuständige Behörde des Aufnahmemitgliedstaats aufgrund der Komplexität des Ersuchens nicht in der Lage, dem Ersuchen nachzukommen, so unterrichtet sie unverzüglich die zuständige Behörde des Herkunftsmitgliedstaats unter Angabe der berechtigten Gründe, die sie daran hindern, dem Ersuchen nachzukommen.

(3) Die zuständigen Behörden des Herkunfts- und des Aufnahmemitgliedstaats stehen in einem ständigen Dialog, um die verschiedenen Phasen der Inspektion vor Ort zu koordinieren, und einigen sich im Voraus auf:

a) den Gegenstand und den Umfang der Inspektion,

b) einen Prüfplan, in dem die verschiedenen Bereiche, auf die sich die Inspektion konzentrieren wird, festgelegt werden,

c) die Zuweisung von Ressourcen und Personal,

d) den Zeitrahmen für den Abschluss der Inspektion,

e) die Zuständigkeit für etwaige Durchsetzungsmaßnahmen und für die Überwachung der Umsetzung eines etwaigen Plans zur Risikominderung, der infolge der Inspektion für notwendig erachtet wird.

(4) Die zuständige Behörde des Herkunftsmitgliedstaats stellt das Ersuchen gemäß Artikel 4, und die ersuchte Behörde antwortet gemäß Artikel 5.

(5) Zur Gewährleistung einer kohärenten und effizienten Beaufsichtigung von Zahlungsinstituten, die grenzüber schreitend Zahlungsdienste erbringen, kann die zuständige Behörde des Aufnahmemitgliedstaats die zuständige Behörde des Herkunftsmitgliedstaats ersuchen, am Sitz der Hauptverwaltung eines Zahlungsinstituts, das im Herkunftsmitgliedstaat ansässig ist und im Aufnahmemitgliedstaat Zahlungsdienste erbringt, eine Inspektion vor Ort vorzunehmen, wobei sie das Ersuchen begründet.

(6) Die zuständige Behörde des Aufnahmemitgliedstaats stellt die Ersuchen nach Absatz 5 im Einklang mit Artikel 4.

(7) Wurde ein Verfahren zur Beilegung einer Meinungsverschiedenheit zwischen den zuständigen Behörden verschiedener Mitgliedstaaten nach Artikel 27 der Richtlinie (EU) 2015/2366 in Bezug auf ein Ersuchen um Durchführung einer Inspektion vor Ort eingeleitet, so finden die Absätze 1 bis 4 des vorliegenden Artikels solange keine Anwendung, bis das Verfahren nach Artikel 19

der Verordnung (EU) Nr. 1093/2010 abgeschlossen ist.

Artikel 8
Mitteilung im Falle einer Zuwiderhandlung oder mutmaßlichen Zuwiderhandlung

(1) Die zuständigen Behörden des Herkunfts- und des Aufnahmemitgliedstaats benachrichtigen einander gemäß Artikel 4 unverzüglich, wenn sie Kenntnis von Zuwiderhandlungen oder mutmaßlichen Zuwiderhandlungen eines Agenten oder einer Zweigniederlassung eines Zahlungsinstituts oder von Zuwiderhandlungen im Zusammenhang mit der Ausübung des Rechts auf Dienstleistungsfreiheit erhalten.

(2) Die benachrichtigende zuständige Behörde übermittelt der benachrichtigten zuständigen Behörde alle unerlässlichen Informationen in Bezug auf die Zuwiderhandlungen oder mutmaßlichen Zuwiderhandlungen im Sinne von Absatz 1, darunter:

a) die Art der Zuwiderhandlung,

b) etwaige von der zuständigen Behörde ergriffene Maßnahmen wie gegen das Zahlungsinstitut erlassene Sicherungs maßnahmen, Sanktionen oder Entzug der Zulassung.

Die benachrichtigende zuständige Behörde kann der benachrichtigten zuständigen Behörde alle weiteren Informationen übermitteln, die sie für die benachrichtigte zuständige Behörde als zweckdienlich erachtet.

(3) Die benachrichtigte zuständige Behörde kann von der benachrichtigenden zuständigen Behörde alle weiteren Informationen anfordern, die sie für die Entscheidung über das weitere Vorgehen als zweckdienlich erachtet.

(4) Die zuständigen Behörden benachrichtigen einander unter Verwendung des Formblatts in Anhang IV. Die benachrichtigende Behörde kann der Mitteilung alle für zweckdienlich erachteten Unterlagen oder sonstigen Belege beifügen.

(5) Ist die benachrichtigende zuständige Behörde der Auffassung, dass die Informationen dringend übermittelt werden sollten, kann sie die andere zuständige Behörde zunächst mündlich benachrichtigen, sofern die Informationen anschließend schriftlich auf elektronischem Wege übermittelt werden und sofern die zuständigen Behörden nichts anderes vereinbaren.

Artikel 9
Berichterstattung zu Informations- oder statistischen Zwecken und zur Überwachung der Einhaltung der nationalen Rechtsvorschriften zur Umsetzung der Titel III und IV der Richtlinie (EU) 2015/2366

(1) Verlangen die zuständigen Behörden des Aufnahmemitgliedstaats von Zahlungsinstituten mit Sitz oder Hauptverwaltung in einem anderen Mitgliedstaat und Zweigniederlassungen oder Agenten im Aufnahmemitgliedstaat, ihnen regelmäßig über ihre Tätigkeiten zu berichten, so teilen diese zuständigen Behörden den Zahlungsinstituten mit, auf welchem elektronischen Weg und in welcher Sprache sie die Berichte übermitteln können.

(2) Die zuständigen Behörden des Aufnahmemitgliedstaats unterrichten die EBA ferner über ihre Entscheidung, ob sie Zahlungsinstituten mit Agenten oder Zweigniederlassungen in ihrem Hoheitsgebiet vorschreiben, ihnen regelmäßig über die in ihrem Hoheitsgebiet ausgeübten Tätigkeiten zu berichten.

Artikel 10
Informationen und Daten, die zu Informations- oder statistischen Zwecken zu melden sind

(1) Sind regelmäßige Meldungen gemäß Artikel 9 zu Informations- oder statistischen Zwecken erforderlich, so enthalten die Meldungen folgende Angaben:

a) den Namen, die Anschrift und – sofern vorhanden – die Zulassungsnummer und den Identifikationscode des Zahlungsinstituts im Herkunftsmitgliedstaat in dem in Anhang V festgelegten Format,

b) die Identität und die Kontaktdaten der für die Meldung zuständigen Person,

c) gegebenenfalls die Art der erbrachten Zahlungsdienste und E-Geld-Dienste,

d) die Anzahl der Geschäftsstellen, die als eine einzige Zweigniederlassung im Sinne von Artikel 4 Absatz 39 der Richtlinie (EU) 2015/2366 gelten, deren Anschriften und die Anzahl der Beschäftigten,

e) die Anzahl der im Berichtszeitraum erfassten Agenten und die Gesamtzahl der Agenten, aufgeschlüsselt nach der Anzahl auf der Grundlage des freien Dienstleistungsverkehrs und der Anzahl auf der Grundlage der Niederlassungs freiheit tätigen Agenten,

f) gegebenenfalls die Anzahl der im Berichtszeitraum erfassten E-Geld-Vertreiber und die Gesamtzahl der Vertreiber, aufgeschlüsselt nach der Anzahl auf Grundlage des Rechts auf freien Dienstleistungsverkehrs und der Anzahl auf

Grundlage der Niederlassungsfreiheit tätigen Vertreiber,

g) die Namen und Anschriften der zehn größten Agenten und gegebenenfalls der zehn größten Vertreiber im Aufnahmemitgliedstaat, aufgeschlüsselt nach Transaktionsvolumen,

h) das Gesamtvolumen der von dem Zahlungsinstitut im Berichtszeitraum getätigten Zahlungsvorgänge, aufgeschlüsselt nach der Art des Zahlungsdienstes, dem Vertriebskanal (Zweigniederlassung, online, mobil, Geldautomat, Telefon usw.) und dem Agenten bzw. der Zweigniederlassung (das Volumen der in den Aufnahmemitgliedstaat eingehenden und aus dem Aufnahmemitgliedstaat ausgehenden Zahlungen muss ebenfalls angegeben werden),

i) den Gesamtwert der von dem Zahlungsinstitut im Berichtszeitraum ausgeführten Zahlungsvorgänge, aufgeschlüsselt nach

i) Art des Zahlungsdiensts

ii) Vertriebskanal

iii) Agent oder Zweigniederlassung

iv) in den Aufnahmemitgliedstaat eingehenden und aus dem Aufnahmemitgliedstaat ausgehenden Zahlungen

j) bei E-Geld-Instituten den Wert des im Aufnahmemitgliedstaat vertriebenen und zurückgetauschten E-Geldes,

k) die Anzahl der Zahlungskonten, die im Berichtszeitraum im Aufnahmemitgliedstaat eröffnet wurden oder auf die zugegriffen wurde, einschließlich der Konten, auf denen E-Geld verwaltet wird, sowie die Gesamtzahl der im Aufnahmemitgliedstaat geführten oder unterhaltenen Zahlungskonten,

l) die Anzahl der im Berichtszeitraum im Aufnahmemitgliedstaat ausgegebenen kartengebundenen Zahlungsinstrumente, aufgeschlüsselt nach der Art des kartengebundenen Zahlungsinstruments und unter Angabe der Anzahl der im Aufnahmemitgliedstaat im Umlauf befindlichen kartengebundenen Zahlungsinstrumente,

m) gegebenenfalls die Anzahl der von dem Zahlungsinstitut im Aufnahmemitgliedstaat betriebenen/verwalteten Geldautomaten sowie die über diese von dem Zahlungsinstitut im Aufnahmemitgliedstaat betriebenen/verwalteten Geldautomaten getätigten Barabhebungen von Zahlungskonten und Einzahlungen auf Zahlungskonten,

n) die Anzahl der im Berichtszeitraum registrierten Kunden (Rahmenverträge) und Nutzer von Zahlungsdiensten (Einzelzahlungen) im Aufnahmemitgliedstaat sowie die Gesamtzahl am Ende des Berichtszeitraums,

o) die Gesamtzahl der Beschwerden in Bezug auf die Rechte und Pflichten gemäß den Titeln III und IV der Richtlinie (EU) 2015/2366 und der sicherheitsbezogenen Kundenbeschwerden, die von Zahlungsdienstnutzern im Aufnahmemitgliedstaat innerhalb des Berichtszeitraums eingegangen sind,

p) das Volumen der betrügerischen Zahlungsvorgänge und den Bruttowert der im Berichtszeitraum im Aufnahmemitgliedstaat aufgetretenen betrügerischen Zahlungsvorgänge,

q) die Anzahl der Meldungen verdächtiger Zahlungsvorgänge, die an die zentrale Meldestelle im Aufnahmemitgliedstaat übermittelt wurden.

(2) Die Zahlungsinstitute melden die Werte in der Währung des Aufnahmemitgliedstaats und wenden, sofern eine Währungsumrechnung erforderlich ist, den durchschnittlichen Referenzwechselkurs der Europäischen Zentralbank für den betreffenden Berichtszeitraum an.

(3) Die Zahlungsinstitute übermitteln der zuständigen Behörde des Aufnahmemitgliedstaats diese Informationen unter Verwendung der Formblätter in Anhang V. Die Zahlungsinstitute übermitteln diese Informationen jährlich für das Kalenderjahr innerhalb von zwei Monaten nach Ablauf des jeweiligen Kalenderjahres.

Artikel 11
Zusätzliche Informationen und Daten, die zur Überwachung der Einhaltung der nationalen Rechtsvorschriften zur Umsetzung der Titel III und IV der Richtlinie (EU) 2015/2366 zu melden sind

(1) Schreibt die zuständige Behörde des Aufnahmemitgliedstaats regelmäßige Meldungen vor, um die Einhaltung der nationalen Rechtsvorschriften zur Umsetzung der Titel III und IV der Richtlinie (EU) 2015/2366 zu überwachen, so übermitteln alle Zahlungsinstitute, die in ihrem Hoheitsgebiet über Zweigniederlassungen oder Agenten im Rahmen des Niederlassungsrechts Zahlungsdienste erbringen, in ihren Meldungen alle in Artikel 10 genannten Angaben sowie die folgenden Angaben:

a) den Namen und die Kontaktdaten der für die Tätigkeit des Zahlungsinstituts verantwortlichen Person(en) und gegebenenfalls des Compliance-Beauftragten im Aufnahmemitgliedstaat, falls es sich dabei um eine andere Person handelt,

b) gegebenenfalls den Namen und die Kontaktdaten der zentralen Kontaktstelle gemäß Artikel 29 Absatz 4 der Richtlinie (EU) 2015/2366,

c) die Anzahl der Beschwerden, die von Zahlungsdienstnutzern im Aufnahmemitgliedstaat im Zusammenhang mit den Rechten und Pflichten gemäß den Titeln III und IV der Richtlinie (EU) 2015/2366 und mit sicherheitsbezogenen Kundenbeschwerden im Berichtszeitraum eingegangen sind, aufgeschlüsselt nach der Anzahl der beigelegten und der nicht beigelegten Beschwerden sowie nach der Anzahl der beantworteten und der nicht beantworteten Beschwerden je Agent oder Zweigniederlassung,

d) eine kurze Beschreibung des Verfahrens zur Bearbeitung und Weiterverfolgung von Kundenbeschwerden,

e) Änderungen von Rahmenverträgen im Berichtszeitraum,

f) die Anzahl schwerwiegender Betriebs- und Sicherheitsvorfälle, von denen Zahlungsdienstnutzer im Aufnahmemitg liedstaat im Berichtszeitraum betroffen waren,

g) die Gesamtzahl der Erstattungsbegehren, die von Zahlungsdienstnutzern im Berichtszeitraum wegen nicht autorisierter oder fehlerhaft ausgeführter Zahlungsvorgänge eingegangen sind, und gegebenenfalls die Gesamtzahl der Erstattungs begehren, die von Zahlungsdienstnutzern und kontoführenden Zahlungsdienstleistern im Berichtszeitraum für aufgrund einer oder mehrerer Haftungsverpflichtungen gemäß Artikel 5 Absätze 2 und 3 der Richtlinie (EU) 2015/2366 entstandene Verluste eingegangen sind, aufgeschlüsselt nach der Zahl der Zahlungsvorgänge, die auf dem Zahlungskonto erstattet wurden, und der Zahl der Zahlungsvorgänge, die nicht erstattet wurden,

h) den Gesamtwert der Erstattungen, die Zahlungsdienstnutzern im Berichtszeitraum gewährt wurden, aufgeschlüsselt nach nicht autorisierten und fehlerhaft ausgeführten Zahlungsvorgängen, und gegebenenfalls den Gesamtwert der Erstattungen, die Zahlungsdienstnutzern und kontoführenden Zahlungsdienstleistern für aufgrund der Haftungsver pflichtungen gemäß Artikel 5 Absätze 2 und 3 der Richtlinie (EU) 2015/2366 entstandene Verluste gewährt wurden, aufgeschlüsselt nach nicht autorisierten und fehlerhaft ausgeführten Zahlungsvorgängen, nach nicht autorisiertem und betrügerischem Zugang zu Zahlungskontoinformationen und nach nicht autorisierter und betrügerischer Nutzung dieser Informationen,

i) eine kurze Beschreibung des Geschäftsmodells des Zahlungsinstituts und insbesondere der Art und Weise, in der Zahlungsdienste im Aufnahmemitgliedstaat erbracht werden.

(2) Die Zahlungsinstitute melden die Werte in der Währung des Aufnahmemitgliedstaats und wenden, sofern eine Währungsumrechnung erforderlich ist, den durchschnittlichen Referenzwechselkurs der Europäischen Zentralbank für den betreffenden Berichtszeitraum an.

(3) Die Zahlungsinstitute übermitteln der zuständigen Behörde des Aufnahmemitgliedstaats die in Absatz 1 genannten Angaben in dem in Anhang VI festgelegten Format. Die Zahlungsinstitute übermitteln diese Informationen jährlich für das Kalenderjahr innerhalb von zwei Monaten nach Ablauf des jeweiligen Kalenderjahres.

Artikel 12
Inkrafttreten

Diese Verordnung tritt am zwanzigsten Tag nach ihrer Veröffentlichung im *Amtsblatt der Europäischen Union* in Kraft.

Diese Verordnung ist in allen ihren Teilen verbindlich und gilt unmittelbar in jedem Mitgliedstaat.

Brüssel, den 18. Juni 2021

Für die Kommission

Die Präsidentin

Ursula VON DER LEYEN

Verordnung der Finanzmarktaufsichtsbehörde (FMA) zur Festlegung der Meldungen von Zahlungsinstituten und E-Geld-Instituten (Zahlungs- und E-Geld-Institute-Meldeverordnung – ZEIMV)

BGBl II 2009/352 idF

1 BGBl II 2011/463
2 BGBl II 2013/459
3 BGBl II 2016/393
4 BGBl II 2018/253
5 BGBl II 2020/328

„Verordnung der Finanzmarktaufsichtsbehörde (FMA) zur Festlegung der Meldungen von Zahlungsinstituten und E-Geld-Instituten (Zahlungs- und E-Geld-Institute-Meldeverordnung – ZEIMV)“

(BGBl II 2011/463)

Auf Grund des § 20 Abs. 5 des Zahlungsdienstegesetzes – ZaDiG, BGBl. I Nr. 66/2009, wird mit Zustimmung des Bundesministers für Finanzen verordnet:

Vermögens-, Erfolgs- und Risikodaten

§ 1. (1) Zahlungsinstitute und E-Geld-Institute haben entsprechend der Anlage A1 insbesondere Informationen zur Bilanz, zu Posten unter der Bilanz, zur Gewinn- und Verlustrechnung und zu Pflichtangaben des Anhangs und ebenso zusätzlich Informationen über Kreditgewährungen („§ 7 Abs. 6 ZaDiG 2018“ bzw. § 3 Abs. 3 Z 2 E-Geldgesetz 2010), die Sicherung der Kundengelder („§ 18 ZaDiG 2018“ bzw. § 12 E-Geldgesetz 2010) und über die organisatorischen Anforderungen („§ 20 ZaDiG 2018“ bzw. § 13 E-Geldgesetz 2010) zu übermitteln. *(BGBl II 2018/253)*

(1a) *(aufgehoben, BGBl II 2013/459, tritt mit Ablauf des 30. September 2014 außer Kraft; ist letztmalig auf Meldungen zum Meldestichtag 30. September 2014 anzuwenden.)*

(2) Zahlungsinstitute und E-Geld-Institute haben die Daten zu der **Anlage A1** unverzüglich nach Ablauf eines jeden Kalendervierteljahres, spätestens aber bis zum zehnten Bankarbeitstag des Folgemonats zu übermitteln.

(2a) *(aufgehoben, BGBl II 2013/459, erstmals anzuwenden auf Meldungen zum Meldestichtag 31. März 2014.)*

(BGBl II 2011/463; BGBl II 2013/459)

Ordnungsnormen

§ 2. (1) Zahlungsinstitute und E-Geld-Institute haben entsprechend der **Anlage A2** Daten „über die Einhaltung der Bestimmungen zum harten Kernkapital“* gemäß „§§ 16 und 17 ZaDiG 2018“** und § 11 E-Geldgesetz 2010 zu übermitteln. Diese Meldungen haben sowohl Angaben zur Kontrolle der Einhaltung dieser Ordnungsnormen als auch die für ihre Herleitung maßgeblichen Angaben zu umfassen. *(* BGBl II 2013/459; ** BGBl II 2018/253)*

(2) Zahlungsinstitute und E-Geld-Institute haben die Daten zur **Anlage A2** unverzüglich nach Ablauf eines jeden Kalendermonats, spätestens aber bis zum zehnten Bankarbeitstag des Folgemonats zu übermitteln.

(BGBl II 2011/463)

Stammdaten

§ 3. (1) Zahlungsinstitute und E-Geld-Institute haben entsprechend der Anlage A3 Meldungen über die unternehmensbezogenen Stammdaten zu übermitteln. Mit Ausnahme des Mitarbeiterstandes, dessen Meldung zum Jahresultimo bis spätestens 31. Jänner des Folgejahres zu erfolgen hat, ist jede Veränderung der gemäß diesem Absatz zu übermittelnden Stammdaten unverzüglich zu melden.

(2) Nach Ablauf eines jeden Kalenderhalbjahres teilt die Oesterreichische Nationalbank jedem Zahlungsinstitut und jedem E-Geld-Institut den aktuellen Stand der bei ihr gespeicherten Stammdaten zu diesem Zahlungsinstitut oder E-Geld-Institut mit. Jedes Zahlungsinstitut und jedes E-Geld-Institut hat die Richtigkeit der gespeicherten Daten bis zum 25. Bankarbeitstag des Folgehalbjahres zu bestätigen.

(BGBl II 2011/463)

Meldetechnische Bestimmungen

§ 4. Zum Abschluss des Geschäftsjahres haben die Meldungen gemäß Anlage A1 und Anlage A2 sowohl gemäß den Bestimmungen der §§ 1 und 2 als auch auf Basis der vom Wirtschaftsprüfer geprüften Daten zu erfolgen. Die Meldungen auf Basis der vom Wirtschaftsprüfer geprüften Daten haben unverzüglich, spätestens aber innerhalb von sechs Monaten nach Abschluss des Geschäftsjahres, zu erfolgen.

§ 5. Sofern in den Anlagen nicht anders angegeben, sind Beträge in „Eurocent" und Prozentsätze auf die zweite Kommastelle genau anzugeben. Dabei sind nachfolgende Stellen von eins bis vier abzurunden, von fünf bis neun aufzurunden. *(BGBl II 2020/328)*

§ 6. (1) Die Meldungen gemäß den §§ 1 bis 4 sind in standardisierter Form mittels elektronischer Übermittlung an die Oesterreichische Nationalbank zu erstatten. Die Übermittlung hat bestimmten, von der FMA nach Anhörung der Oesterreichischen Nationalbank bekannt zu gebenden Mindestanforderungen zu entsprechen.

(2) Eine Übermittlung der Meldungen gemäß den §§ 1 bis 4 an die FMA ist nur auf deren ausdrückliches Verlangen erforderlich.

Inkrafttreten und Übergangsbestimmungen

§ 7. „(1)" Diese Verordnung tritt mit 1. November 2009 in Kraft. *(BGBl II 2011/463)*

(2) Die **Anlagen A1, A1a, A2** und **A3** in der Fassung der Verordnung BGBl. II Nr. 463/2011 sind erstmals auf Meldungen zum Meldestichtag 31. Dezember 2011 anzuwenden. *(BGBl II 2011/463)*

(3) § 1 und § 2 Abs. 1 treten mit 1. Jänner 2014 in Kraft. § 1 und § 2 Abs. 1 und die **Anlagen A1** und **A2** in der Fassung der Verordnung BGBl. II Nr. 459/2013 sind erstmals auf Meldungen zum Meldestichtag 31. März 2014 anzuwenden. *(BGBl II 2013/459)*

(4) § 1 Abs. 1a und 2a sowie die **Anlage A1a** in der Fassung der Verordnung BGBl. II Nr. 459/2013 treten mit Ablauf des 30. September 2014 außer Kraft; sie sind letztmalig auf Meldungen zum Meldestichtag 30. September 2014 anzuwenden. *(BGBl II 2013/459)*

(5) Die **Anlage A1** in der Fassung der Verordnung BGBl. II Nr. 393/2016 ist erstmalig auf Meldungen zum Meldestichtag 31. Dezember 2016 anzuwenden. *(BGBl II 2016/393)*

(6) Die **Anlagen A1, A2** und **A3** in der Fassung der Verordnung BGBl. II Nr. 253/2018 sind erstmalig auf Meldungen zum Meldestichtag 1. Oktober 2018 anzuwenden. *(BGBl II 2018/253)*

(7) § 5 und die **Anlage A1** in der Fassung der Verordnung BGBl. II Nr. 328/2020 treten mit 31. Dezember 2020 in Kraft und sind erstmals auf Meldungen zum Meldestichtag 31. Dezember 2020 anzuwenden. *(BGBl II 2020/328)*

Anhänge: *Nicht abgedruckt. (Die Anhänge sind im Volltext auf www.lexisnexis.at unter dem Menüpunkt „Service", Unterpunkt „Downloads & Updates" abrufbar.)*

Verordnung über die Anlage zum Prüfungsbericht für Zahlungsinstitute (ZAPV)

BGBl II 2009/494 idF

1 BGBl II 2010/298
2 BGBl II 2011/347
3 BGBl II 2015/347
4 BGBl II 2017/93
5 BGBl II 2018/198

Verordnung der Finanzmarktaufsichtsbehörde (FMA) über die Anlage zum Prüfungsbericht für Zahlungsinstitute (ZAPV)

Auf Grund des § 25 Abs. 3 des Bundesgesetzes über die Erbringung von Zahlungsdiensten (Zahlungsdienstegesetz – ZaDiG), BGBl. I Nr. 66/2009, wird verordnet:

§ 1. (1) Das Ergebnis der Prüfung gemäß § 25 Abs. 3 ZaDiG ist in einer Anlage zum Prüfungsbericht über den Jahresabschluss entsprechend der in der Anlage vorgesehenen Gliederung darzustellen und die Richtigkeit mittels Unterschrift des Prüfers zu bestätigen.

(2) Die Übermittlung der **Anlage** zum Prüfungsbericht über den Jahresabschluss gemäß § 25 Abs. 3 ZaDiG hat innerhalb von sechs Monaten nach Abschluss des Geschäftsjahres unter Zugrundelegung der FMA-Incoming-Plattformverordnung – „FMA-IPV, BGBl. II Nr. 184/2010", sowie im Rahmen des Meldewesens in standardisierter Form im Wege einer elektronischen Datenübertragung an die Oesterreichische Nationalbank zu erfolgen. *(BGBl II 2010/298; BGBl II 2011/347)*

§ 2. (1) Feststellungen sind in der **Anlage** jeweils unter Angabe der einschlägigen Gesetzesreferenzen in den dafür gekennzeichneten Feldern darzustellen. Dies gilt ebenso für die Darstellung wesentlicher Wahrnehmungen, sofern diese mit einer einschlägigen gesetzlichen Bestimmung in Verbindung gebracht werden können.

(2) Soweit in der **Anlage** enthaltene Prüfmodule auf ein Zahlungsinstitut nicht zutreffen, ist dieser Umstand im betroffenen Prüfmodul mit „nicht anwendbar", „keine Geschäftsfälle" oder einer gleichwertigen Kennzeichnung darzustellen und zu erläutern.

(BGBl II 2010/298; BGBl II 2015/347)

§ 3. „(1)" Diese Verordnung ist erstmals auf Geschäftsjahre anzuwenden, die nach dem 30. Dezember 2009 enden. *(BGBl II 2010/298)*

(2) § 1 Abs. 2, § 2 und die **Anlage** in der Fassung der Verordnung BGBl. II Nr. 298/2010 sind erstmals auf Geschäftsjahre anzuwenden, die nach dem 30. Dezember 2010 enden. *(BGBl II 2010/298)*

(3) Die **Anlage** in der Fassung der Verordnung BGBl. II Nr. 347/2011 ist erstmals auf Geschäftsjahre anzuwenden, die nach dem 30. Dezember 2011 enden. *(BGBl II 2011/347)*

(4) § 2 sowie die **Anlage** in der Fassung der Verordnung BGBl. II Nr. 347/2015 sind erstmals auf Geschäftsjahre anzuwenden, die nach dem 30. Dezember 2015 enden. *(BGBl II 2015/347)*

(5) Die **Anlage** in der Fassung der Verordnung BGBl. II Nr. 93/2017 ist erstmals auf Geschäftsjahre anzuwenden, die nach dem 30. Dezember 2017 enden. *(BGBl II 2017/93)*

(6) Die **Anlage** in der Fassung der Verordnung BGBl. II Nr. 198/2018 ist erstmals auf Geschäftsjahre anzuwenden, die nach dem 30. Dezember 2018 enden. *(BGBl II 2018/198)*

Anhänge: *Nicht abgedruckt. (Die Anhänge sind im Volltext auf www.lexisnexis.at unter dem Menüpunkt „Service", Unterpunkt „Downloads & Updates" abrufbar.)*

Verordnung (EU) Nr. 260/2012 des Europäischen Parlaments und des Rates vom 14. März 2012 zur Festlegung der technischen Vorschriften und der Geschäftsanforderungen für Überweisungen und Lastschriften in Euro und zur Änderung der Verordnung (EG) Nr. 924/2009

ABl L 94 vom 30. 3. 2012, S 22 (Verordnung (EU) 260/2012) idF

1 ABl L 84 vom 20. 3. 2014, S 1 (Verordnung (EU) 248/2014)

STICHWORTVERZEICHNIS

DAS EUROPÄISCHE PARLAMENT UND DER RAT DER EUROPÄISCHEN UNION –

gestützt auf den Vertrag über die Arbeitsweise der Europäischen Union, insbesondere auf Artikel 114,

auf Vorschlag der Europäischen Kommission,

nach Zuleitung des Entwurfs des Gesetzgebungsakts an die nationalen Parlamente,

nach Stellungnahme der Europäischen Zentralbank[1]),

nach Stellungnahme des Europäischen Wirtschafts- und Sozialausschusses[2]),

gemäß dem ordentlichen Gesetzgebungsverfahren[3]),

in Erwägung nachstehender Gründe:

(1) Die Schaffung eines integrierten Markts für elektronische Zahlungen in Euro ohne Unterscheidung zwischen Inlandszahlungen und grenzüberschreitenden Zahlungen ist Voraussetzung für ein reibungsloses Funktionieren des Binnenmarkts. Zu diesem Zweck sollen durch den einheitlichen Euro-Zahlungsverkehrsraum (im Folgenden „SEPA" für „single euro payment area") gemeinsame unionsweite Zahlungsdienste entwickelt werden, die die derzeitigen inländischen Zahlungsdienste ersetzen. SEPA soll den Bürgern und Unternehmen der Union durch Einführung offener, gemeinsamer Zahlungsstandards, -regeln und -praktiken und durch eine integrierte Zahlungsverarbeitung sichere, nutzerfreundliche und zuverlässige Euro-Zahlungsdienste zu konkurrenzfähigen Preisen bieten. Dies sollte unabhängig vom Standort in der Union für inländische und grenzüberschreitende SEPA-Zahlungen unter den gleichen grundlegenden Bedingungen, Rechten und Pflichten gelten. Die Vollendung des SEPA sollte so erfolgen, dass der Zugang für Markteinsteiger und die Entwicklung neuer Produkte erleichtert sowie günstige Bedingungen für mehr Wettbewerb bei den Zahlungsdiensten und die ungehinderte Entwicklung und schnelle, unionsweite Anwendung von Innovationen im Bereich der Zahlungsdienste geschaffen werden. Somit dürften bessere Skaleneffekte, gesteigerte Betriebseffizienz und verstärkter Wettbewerb einen generellen Preissenkungsdruck bei elektronischen Zahlungsdiensten in Euro auslösen, da diese unter den gegebenen Voraussetzungen eine optimale Lösung bieten. Dies wird sich insbesondere in Mitgliedstaaten, in denen Zahlungen im Vergleich zu anderen Mitgliedstaaten relativ teuer sind, deutlich bemerkbar machen. Deshalb dürfte der Übergang zu SEPA für die Zahlungsdienstnutzer im Allgemeinen und die Verbraucher im Besonderen insgesamt keine Preiserhöhungen bewirken. Ist indes der Zahlungsdienstnutzer ein Verbraucher, sollte der Grundsatz, keine höheren Entgelte zu erheben, gefördert werden. Die Kommission wird die Preisentwicklungen im Zahlungssektor weiterhin überwachen und sollte diesbezüglich eine jährliche Analyse vorlegen.

(2) Der Erfolg des SEPA ist aus wirtschaftlicher und politischer Sicht sehr wichtig. SEPA steht voll in Einklang mit der Strategie Europa 2020 und deren Ziel einer intelligenteren Wirtschaft, in der Wohlstand durch Innovation und eine effizientere Nutzung der verfügbaren Ressourcen geschaffen wird. Das Europäische Parlament hat in seinen Entschließungen über die Umsetzung des SEPA vom 12. März 2009[4]) und 10. März 2010[5]) genauso wie der Rat in seinen Schlussfolgerungen vom 2. Dezember 2009 die Bedeutung einer schnellen Umstellung auf SEPA unterstrichen.

(3) Die Richtlinie 2007/64/EG des Europäischen Parlaments und des Rates vom 13. November 2007 über Zahlungsdienste im Binnenmarkt[6]) bietet eine zeitgemäße Rechtsgrundlage für die Schaffung eines Zahlungsverkehrsbinnenmarkts, für den SEPA ein grundlegendes Element ist.

(4) Die Verordnung (EG) Nr. 924/2009 des Europäischen Parlaments und des Rates vom 16. September 2009 über grenzüberschreitende Zahlungen in der Gemeinschaft[7]) sieht eine Reihe von Maßnahmen zur Förderung des SEPA vor, wie z. B. die Erweiterung des Grundsatzes der Gleichheit der Entgelte auf grenzüberschreitende Lastschriften und die Erreichbarkeit für Lastschriften.

(5) Die Selbstregulierung des europäischen Bankensektors im Rahmen der SEPA-Initiative

---

[1]) *ABl. C 255 vom 25.5.2011, S. 1.*

[2]) *ABl. C 218 vom 23.7.2011, S. 74.*

[3]) *Standpunkt des Europäischen Parlaments vom 14. Februar 2012 (noch nicht im Amtsblatt veröffentlicht) und Beschluss des Rates vom 28. Februar 2012.*

Zu Abs. 2:

[4]) *ABl. C 27 E vom 1.4.2010, S. 166.*

[5]) *ABl. C 249 E vom 22.12.2010, S. 43.*

Zu Abs. 3:

[6]) *ABl. L 319 vom 5.12.2007, S. 1.*

Zu Abs. 4:

[7]) *ABl. L 266 vom 9.10.2009, S. 11.*

hat sich nicht als ausreichend erwiesen, um sowohl auf der Angebots- als auch der Nachfrageseite eine konzertierte Umstellung auf unionsweite Verfahren für Überweisungen und Lastschriften voranzubringen. So wurden insbesondere Verbraucher- und sonstige Nutzerinteressen nicht ausreichend und transparent berücksichtigt. Alle relevanten Akteure sollten sich Gehör verschaffen können. Zudem unterlag dieser Prozess der Selbstregulierung keinen angemessenen Steuerungsmechanismen, was zum Teil die schleppende Akzeptanz auf Nachfrageseite erklären könnte. Die jüngst erfolgte Einrichtung des SEPA-Rates stellt zwar für die Steuerung des SEPA-Projekts eine erhebliche Verbesserung dar, grundsätzlich und der Form nach verbleibt die Steuerung jedoch nach wie vor weitgehend beim Europäischen Zahlungsverkehrsausschuss (im Folgenden „EPC" für „European Payments Council"). Die Kommission sollte daher bis Ende 2012 die Verwaltungsvereinbarungen des gesamten SEPA-Projekts überprüfen und erforderlichenfalls einen Vorschlag unterbreiten. Bei dieser Überprüfung sollte unter anderem die Zusammensetzung des EPC, die Interaktion zwischen dem EPC und einer übergeordneten Steuerungsstruktur wie dem SEPA-Rat und die Rolle dieser übergeordneten Struktur geprüft werden.

(6) Nur eine schnelle und umfassende Umstellung auf unionsweite Überweisungen und Lastschriften wird die Vorteile eines integrierten Zahlungsverkehrsmarkts voll zum Tragen bringen und die hohen Kosten für den Parallelbetrieb von „Altzahlungs-" und SEPA-Produkten beseitigen. Deshalb sollten Regeln festgelegt werden, die für alle auf Euro lautenden Überweisungen und Lastschriften innerhalb der Union gelten. Karten-Transaktionen sollten im jetzigen Stadium jedoch nicht erfasst werden, da derzeit noch an der Entwicklung gemeinsamer Standards für Kartenzahlungen in der Union gearbeitet wird. Finanztransfers, intern verarbeitete Zahlungen, Großbetragszahlungen, Zahlungen zwischen Zahlungsdienstleistern auf eigene Rechnung und Zahlungen über das Mobiltelefon, andere Telekommunikations-, digitale oder IT-Geräte sollten nicht in den Anwendungsbereich dieser Vorschriften fallen, da diese Zahlungsdienste nicht mit Überweisungen oder Lastschriften vergleichbar sind. Wird eine Zahlungskarte an einer Verkaufsstelle oder ein anderes Gerät wie ein Mobiltelefon verwendet, um einen Zahlungsvorgang an der Verkaufsstelle oder per Fernverbindung auszulösen, der direkt zu einer Überweisung oder Lastschrift auf ein durch die bestehende nationale Basis-Kontonummer (im Folgenden „BBAN") oder die internationale Kontonummer (im Folgenden „IBAN") identifiziertes Zahlungskonto bzw. von einem solchen führt, sollte dieser Zahlungsvorgang jedoch erfasst werden. Darüber hinaus sollten in Anbetracht der spezifischen Merkmale der über Großbetragszahlungssysteme verarbeiteten Zahlungen, nämlich ihrer hohen Priorität, Dringlichkeit und vorrangig hohen Beträge, derartige Zahlungen in dieser Verordnung nicht erfasst werden. Diese Ausnahme sollte allerdings nicht für Lastschriftzahlungen gelten, sofern der Zahler die Abwicklung der Zahlung über ein Großbetragszahlungssystem nicht ausdrücklich beantragt hat.

(7) Derzeit existieren mehrere — größtenteils für Zahlungen über das Internet bestimmte — Zahlungsdienste, bei denen ebenfalls die IBAN und die internationale Bankleitzahl (BIC) verwendet werden und die auf Überweisungen oder Lastschriften basieren, darüber hinaus aber zusätzliche Merkmale aufweisen. Diese Dienste werden voraussichtlich grenzüberschreitend sein und könnten den Bedarf der Verbraucher an innovativen, sicheren und kostengünstigen Zahlungsdiensten erfüllen. Um solche Dienste nicht vom Markt auszuschließen, sollte die in dieser Verordnung vorgesehene Regelung zu Enddaten für Überweisungen und Lastschriften nur für die solchen Zahlungen zugrunde liegenden Überweisungen bzw. Lastschriften gelten.

(8) Bei der großen Mehrheit der Zahlungen in der Union ist es möglich, ein individuelles Zahlungskonto unter alleiniger Nutzung der IBAN zu identifizieren, ohne zusätzlich die BIC anzugeben. Um diesen Gegebenheiten Rechnung zu tragen, haben die Banken in einer Reihe von Mitgliedstaaten bereits ein Verzeichnis, eine Datenbank oder sonstige technische Möglichkeiten eingerichtet, um die einer spezifischen IBAN entsprechende BIC zu identifizieren. Die BIC wird nur in einer sehr geringen, noch verbleibenden Anzahl von Fällen benötigt. Es erscheint ungerechtfertigt, alle Zahler und Zahlungsempfänger in der gesamten Union zu verpflichten, für die geringe Zahl von Fällen, in denen dies derzeit notwendig ist, zusätzlich zur IBAN immer die BIC anzugeben. Eine weitaus einfachere Vorgehensweise für Zahlungsdienstleister und weitere Parteien bestünde darin, die Fälle zu lösen und zu beseitigen, in denen ein Zahlungskonto nicht eindeutig durch eine bestimmte IBAN identifiziert werden kann. Daher sollten die erforderlichen technischen Möglichkeiten entwickelt werden, damit alle Nutzer ein Zahlungskonto eindeutig allein durch die IBAN identifizieren können.

(9) Eine Überweisung kann nur ausgeführt werden, wenn das Zahlungskonto des Zahlungsempfängers erreichbar ist. Um die Inanspruchnahme unionsweiter Überweisungen und Lastschriften zu fördern, sollte deshalb unionsweit eine Verpflichtung zur Erreichbarkeit festgelegt werden. Im Interesse der Transparenz sollten diese Verpflichtung und die in der Verordnung (EG)

Nr. 924/2009 bereits niedergelegte Erreichbarkeitsverpflichtung für Lastschriften in einem einzigen Rechtsakt zusammengeführt werden. Alle für eine Inlandsüberweisung erreichbaren Zahlungskonten eines Zahlungsempfängers sollten auch mittels eines unionsweiten Überweisungsverfahrens erreichbar sein. Alle für eine Inlandslastschrift erreichbaren Zahlungskonten von Zahlern sollten auch mittels eines unionsweiten Lastschriftverfahrens erreichbar sein. Dies sollte unabhängig davon gelten, ob der Zahlungsdienstleister beschließt, an einem bestimmten Überweisungs- oder Lastschriftverfahren teilzunehmen.

(10) Die technische Interoperabilität ist eine Voraussetzung für Wettbewerb. Die Schaffung eines integrierten Markts für elektronische Zahlungssysteme in Euro ist nur möglich, wenn sichergestellt wird, dass die Verarbeitung von Überweisungen und Lastschriften nicht durch Geschäftsregeln oder technische Hindernisse wie die obligatorische Nutzung von mehr als einem Verfahren für die Abwicklung grenzüberschreitender Zahlungen erschwert wird. Überweisungen und Lastschriften sollten gemäß einer Regelung erfolgen, zur Befolgung deren grundlegender Bestimmungen sich die Zahlungsdienstleister verpflichten, die einer Mehrheit der Zahlungsdienstleister aus einer Mehrheit der Mitgliedstaaten und einer Mehrheit der Zahlungsdienstleister in der Union entsprechen und die für grenzüberschreitende und reine Inlandsüberweisungen und Lastschriften gleich sind. Gibt es mehr als ein Zahlungssystem für die Verarbeitung dieser Zahlungen, sollten diese Zahlungssysteme durch die Nutzung unionsweiter und internationaler Standards interoperabel sein, damit alle Zahlungsdienstnutzer und alle Zahlungsdienstleister die Vorteile integrierter Euro-Massenzahlungen in der gesamten Union genießen können.

(11) In Anbetracht der spezifischen Merkmale von Unternehmenskunden sollten Überweisungs- oder Lastschriftverfahren für Unternehmenskunden zwar alle anderen Vorschriften dieser Verordnung erfüllen, einschließlich der gleichen Vorschriften für grenzüberschreitende und inländische Vorgänge, sollte das Erfordernis, dass die Teilnehmer einer Mehrheit der Zahlungsdienstleister in einer Mehrheit der Mitgliedstaaten entsprechen müssen, jedoch nur insoweit gelten, als Zahlungsdienstleister, die Überweisungs- oder Lastschriftdienste für Unternehmenskunden anbieten, einer Mehrheit der Zahlungsdienstleister in einer Mehrheit der Mitgliedstaaten, in denen solche Dienste verfügbar sind, und einer Mehrheit der Zahlungsdienstleister entsprechen sollten, die solche Dienste in der Union anbieten.

(12) Es ist äußerst wichtig, technische Anforderungen festzulegen, die eindeutig bestimmen, welche Merkmale unionsweite, im Rahmen einer angemessenen Steuerungsstruktur zu entwickelnde Zahlverfahren respektieren müssen, um Interoperabilität zwischen Zahlungssystemen zu gewährleisten. Solche technischen Anforderungen sollten Flexibilität und Innovation nicht behindern, sondern gegenüber potenziellen Neuentwicklungen und Verbesserungen auf dem Zahlungsmarkt offen und neutral sein. Bei der Formulierung der technischen Anforderungen sollten die speziellen Merkmale von Überweisungen und Lastschriften berücksichtigt werden; dies gilt insbesondere im Hinblick auf die in der Zahlungsmitteilung enthaltenen Datenelemente.

(13) Es ist wichtig, Maßnahmen zu ergreifen, um das Vertrauen der Zahlungsdienstnutzer in die Nutzung derartiger Dienste zu stärken, insbesondere bei Lastschriften. Solche Maßnahmen sollten Zahlern gestatten, ihre Zahlungsdienstleister anzuweisen, Lastschrifteinzüge auf einen bestimmten Betrag oder eine bestimmte Periodizität zu begrenzen und spezifische positive oder negative Listen von Zahlungsempfängern zu erstellen. Im Rahmen der Einführung der unionsweiten Lastschriftverfahren sollen die Verbraucher von entsprechenden Kontrollen profitieren können. Für die praktische Umsetzung solcher Kontrollen der Zahlungsempfänger ist es jedoch wichtig, dass die Zahlungsdienstleister solche Kontrollen auf der Grundlage der IBAN und für einen Übergangszeitraum, jedoch nur falls erforderlich, der BIC oder eines anderen individuellen Gläubigercodes bestimmter Zahlungsempfänger vornehmen können. Weitere einschlägige Nutzerrechte sind bereits in der Richtlinie 2007/64/EG verankert und sollten uneingeschränkt gewährleistet werden.

(14) Die technische Normung ist ein Grundstein für die Integration von Netzen wie dem Zahlungsmarkt der Union. Die Anwendung von internationalen oder europäischen Normungsgremien entwickelter Standards sollte ab einem bestimmten Datum für alle relevanten Zahlungen verbindlich vorgeschrieben werden. Bei Zahlungen handelt es sich bei diesen verbindlichen Standards um IBAN, BIC und den „ISO 20022 XML-Standard" für Finanznachrichten. Vollständige Interoperabilität in der gesamten Union ist nur erreichbar, wenn alle Zahlungsdienstleister diese Standards anwenden. Vor allem die verbindliche Nutzung von IBAN und BIC sollte erforderlichenfalls durch umfassende Kommunikations- und Erleichterungsmaßnahmen in den Mitgliedstaaten gefördert werden, um insbesondere für die Verbraucher eine reibungslose und unkomplizierte Umstellung auf unionsweite Überweisungen und Lastschriften zu ermöglichen. Zahlungsdienstleister sollten bilaterale oder multilaterale Vereinbarungen über die Erweiterung des lateinischen Zeichensatzes treffen können, um regionale Vari-

anten von SEPA-Standardnachrichten zu ermöglichen.

(15) Alle Akteure und insbesondere die Unionsbürger müssen unbedingt rechtzeitig und ordnungsgemäß informiert werden, damit sie umfassend auf die Änderungen im Zuge des SEPA vorbereitet sind. Die entscheidenden Akteure wie die Zahlungsdienstleister, die öffentlichen Verwaltungen und die nationalen Zentralbanken ebenso wie die sonstigen häufigen Nutzer regelmäßiger Zahlungen sollten daher spezifische und umfangreiche Informationskampagnen durchführen, die erforderlichenfalls bedarfsgerecht und für ihre Ansprechpartner maßgeschneidert sind, um die Öffentlichkeit zu sensibilisieren und die Bürger auf die SEPA-Umstellung vorzubereiten. In diesem Zusammenhang ist es insbesondere erforderlich, die Bürger mit der Umstellung von den bestehenden BBAN auf den IBAN vertraut zu machen. Nationale SEPA-Koordinierungsausschüsse sind am besten geeignet, derartige Informationskampagnen zu koordinieren.

(16) Um im Interesse der Klarheit und Einfachheit für die Verbraucher einen konzertierten Übergangsprozess zu ermöglichen, ist es angebracht, ein einheitliches Umstellungsdatum festzulegen, bis zu dem alle Überweisungen und Lastschriften diese technischen Anforderungen erfüllen sollten, wobei der Markt jedoch für weitere Entwicklungen und Innovationen offen bleiben sollte.

(17) Während eines Übergangszeitraums sollten die Mitgliedstaaten den Zahlungsdienstleistern gestatten können, den Verbrauchern zu erlauben, für Inlandszahlungen weiterhin die BBAN zu verwenden, sofern die Interoperabilität sichergestellt wird, indem die BBAN von dem betreffenden Zahlungsdienstleister technisch sicher auf die Zahlungskonto-Kennung umgestellt wird. Der Zahlungsdienstleister sollte für diese Dienstleistung keine direkten oder indirekten Entgelte oder sonstigen Entgelte erheben.

(18) Beim Ausmaß der Nutzung von Überweisungs- und Lastschriftverfahren bestehen zwar Unterschiede zwischen den Mitgliedstaaten, doch würde eine gemeinsame Frist am Ende eines angemessenen Zeitrahmens für die Umstellung, der den Abschluss aller erforderlichen Prozesse ermöglicht, eine koordinierte, kohärente und integrierte Umstellung auf SEPA erleichtern und dazu beitragen, einen Europäischen Zahlungsverkehrsraum der zwei Geschwindigkeiten zu vermeiden, der bei den Verbrauchern größere Verwirrung hervorrufen würde.

(19) Zahlungsdienstleister und -nutzer sollten über genügend Zeit verfügen, die Anpassung an die technischen Anforderungen vorzunehmen. Die Anpassungsperiode sollte jedoch die Vorteile für die Verbraucher nicht in unnötiger Weise verzögern oder Maßnahmen vorausschauender Unternehmen benachteiligen, die bereits auf SEPA umgestellt haben. Für Inlandszahlungen und grenzüberschreitende Zahlungen sollten Zahlungsdienstleister die erforderlichen technischen Dienstleistungen für ihre Endkunden bereitstellen, um eine reibungslose und sichere Umstellung auf die in dieser Verordnung niedergelegten technischen Anforderungen sicherzustellen.

(20) Für den Zahlungsverkehrssektor sollte Rechtsicherheit in Bezug auf Geschäftsmodelle für Lastschriften geschaffen werden. Die Regulierung der multilateralen Interbankenentgelte für Lastschriften ist für die Schaffung neutraler Wettbewerbsbedingungen für Zahlungsdienstleister und somit für die Entwicklung eines Binnenmarkts für Lastschriften von entscheidender Bedeutung. Entgelte für Transaktionen, die zurückgewiesen, verweigert, zurückgegeben oder rücküberwiesen werden, weil sie nicht ordnungsgemäß ausgeführt werden können oder in einer Ausnahmeverarbeitung resultieren (sogenannte R-Transaktionen, bei denen der Buchstabe „R" „Rückweisung" („reject"), „Ablehnung" („refusal"), „Rückgabe" („return"), „Rücküberweisung" („reversal"), „Widerruf" („revocation") oder „Antrag auf Annullierung" („request for cancellation") bedeuten kann), könnten zu einer effizienten Kostenallokation im Binnenmarkt beitragen. Deshalb erscheint es im Hinblick auf die Schaffung eines effizienten europäischen Markts für Lastschriften angebracht, pro Vorgang erhobene multilaterale Interbankenentgelte zu untersagen. Für R-Transaktionen sollten Entgelte allerdings unter bestimmten Bedingungen zugelassen werden. Die Zahlungsdienstleister müssen den Verbrauchern im Interesse der Transparenz und des Verbraucherschutzes klare und verständliche Informationen über Entgelte für R-Tranksaktionen übermitteln. Die Vorschriften für R- Transaktionen berühren in keinem Fall die Anwendung der Artikel 101 und 102 des Vertrags über die Arbeitsweise der Europäischen Union (AEUV). Darüber hinaus ist zu beachten, dass Lastschriften und Kartenzahlungen im Allgemeinen unterschiedliche Merkmale aufweisen, insbesondere hinsichtlich des größeren Potenzials für Zahlungsempfänger, durch einen bereits existierenden Vertrag zwischen dem Zahlungsempfänger und dem Zahler Anreize für die Nutzung einer Lastschrift durch die Zahler zu schaffen, während für Kartenzahlungen kein solcher vorheriger Vertrag existiert und die Zahlungstransaktion oft ein isolierter und unregelmäßiger Vorgang ist. Die Vorschriften über multilaterale Interbankenentgelte für Last-

schriften berühren daher nicht die Prüfung der multilateralen Interbankenentgelte für Zahlungen mittels Zahlungskarte gemäß den Wettbewerbsvorschriften der Union. Zusätzliche optionale Dienstleistungen werden von dem Verbot gemäß dieser Verordnung nicht erfasst, wenn sie sich klar und eindeutig von den Kerndienstleistungen im Zusammenhang mit Lastschriften unterscheiden und es Zahlungsdienstleistern und Zahlungsdienstnutzern völlig freisteht, derartige Dienstleistungen anzubieten oder in Anspruch zu nehmen. Sie unterliegen allerdings den Wettbewerbsvorschriften der Union und der Mitgliedstaaten.

(21) Die Möglichkeit, bei inländischen und grenzüberschreitenden Lastschriften pro Zahlungsvorgang multilaterale Interbankenentgelte zu erheben, sollte deshalb zeitlich befristet werden, und für die Anwendung von Interbankenentgelten auf R-Transaktionen sollten allgemeine Bedingungen formuliert werden.

(22) Die Kommission sollte die Höhe der Entgelte für R-Transaktionen in allen Mitgliedstaaten überwachen. Die Entgelte für R-Transaktionen im Binnenmarkt sollten im Laufe der Zeit angeglichen werden, damit sie sich zwischen den Mitgliedstaaten nicht in dem Maße unterscheiden, dass dadurch die Gleichheit der Wettbewerbsbedingungen gefährdet wird.

(23) In einigen Mitgliedstaaten gibt es bestimmte Altzahlungsdienste, bei denen es sich zwar um Überweisungen oder Lastschriften handelt, die — häufig aus historischen oder rechtlichen Gründen — aber spezifische Funktionalitäten aufweisen. Das Transaktionsvolumen dieser Dienste ist in der Regel marginal. Diese Dienste könnten daher als Nischenprodukte eingestuft werden. Würde für solche Nischenprodukte eine ausreichend lange Übergangszeit festgelegt, die es erlaubt, die Auswirkungen der Umstellung auf die Nutzer der Zahlungsdienste zu minimieren, dürfte es beiden Seiten des Markts leichter fallen, sich zunächst auf die Umstellung der Masse der Überweisungen und Lastschriften zu konzentrieren, so dass die meisten potenziellen Vorteile eines integrierten Zahlungsmarkts in der Union bereits früher zum Tragen kommen könnten. In einigen Mitgliedstaaten gibt es besondere Lastschriftinstrumente, die Zahlungen mit Zahlungskarten sehr zu ähneln scheinen, da der Zahler an der Verkaufsstelle eine Karte nutzt, um den Zahlungsvorgang auszulösen; bei dem zugrunde liegenden Zahlungsvorgang handelt es sich jedoch um eine Lastschrift. Bei einem solchen Zahlungsvorgang wird die Karte lediglich gelesen, um eine elektronische Erstellung des Mandats zu erleichtern, das vom Zahler an der Verkaufsstelle zu unterzeichnen ist. Obwohl ein solcher Zahlungsdienst nicht als Nischenprodukt eingestuft werden kann, ist wegen des einschlägigen erheblichen Transaktionsvolumens ein Übergangszeitraum für solche Zahlungsdienste notwendig. Damit die Beteiligten ein adäquates SEPA-Ersatzprodukt einführen können, sollte der Übergangszeitraum angemessen sein.

(24) Für das ordnungsgemäße Funktionieren des Zahlungsbinnenmarkts ist es von entscheidender Bedeutung, dass Zahler wie Verbraucher, Unternehmen oder Behörden Überweisungen an Zahlungskonten der Zahlungsempfänger von Zahlungsdienstleistern ausführen lassen können, die in anderen Mitgliedstaaten ansässig und gemäß dieser Verordnung erreichbar sind.

(25) Um einen reibungslosen Übergang zum SEPA zu ermöglichen, sollte eine gültige Ermächtigung eines Zahlungsempfängers für den wiederkehrenden Einzug von Lastschriften mit Hilfe von Altzahlungsinstrumenten nach der in dieser Verordnung für die Umstellung festgesetzten Frist gültig bleiben. Diese Ermächtigung sollte als Zustimmung gegenüber dem Zahlungsdienstleister des Zahlers gelten, den wiederkehrenden Einzug von Lastschriften des Zahlungsempfängers gemäß dieser Verordnung vorzunehmen, falls keine nationalen Rechtsvorschriften betreffend die weitere Gültigkeit des Mandats oder Kundenvereinbarungen zur Änderung der Lastschriftmandate zwecks ihrer Fortführung bestehen. Allerdings sind die Rechte der Verbraucher zu schützen und, wenn bestehende Lastschriftmandate ein bedingungsloses Erstattungsrecht beinhalten, sollten solche Rechte gewahrt werden.

(26) Die zuständigen Behörden sollten die erforderlichen Befugnisse erhalten, um ihren Überwachungsaufgaben effizient nachkommen und alle notwendigen Maßnahmen, auch in Bezug auf die Prüfung von Beschwerden, treffen zu können, damit gewährleistet ist, dass die Zahlungsdienstleister die Bestimmungen dieser Verordnung erfüllen. Außerdem sollten die Mitgliedstaaten sicherstellen, dass Beschwerden gegen die Zahlungsdienstnutzer vorgebracht werden können und dass diese Verordnung mit administrativen oder gerichtlichen Mitteln effektiv und effizient durchgesetzt werden kann. Um die Einhaltung dieser Verordnung zu fördern, sollten die zuständigen Behörden der einzelnen Mitgliedstaaten untereinander und gegebenenfalls mit der Europäischen Zentralbank (EZB) und den nationalen Zentralbanken der Mitgliedstaaten sowie den anderen einschlägigen zuständigen Behörden wie der durch die Verordnung (EU) Nr. 1093/2010 des Europäischen Parlaments und des Rates[1)] er-

Zu Abs. 26:

[1)] ABl. L 331 vom 15.12.2010, S. 12.

richteten Europäischen Aufsichtsbehörde (Europäische Bankenaufsichtsbehörde — EBA), die gemäß den für Zahlungsdienstleister geltenden europäischen oder nationalen Rechtsvorschriften benannt wurden, zusammenarbeiten.

(27) Die Mitgliedstaaten sollten Vorschriften für Sanktionen für Verstöße gegen diese Verordnung festlegen und sicherstellen, dass diese Sanktionen wirksam, verhältnismäßig und abschreckend sind sowie angewandt werden. Diese Sanktionen sollten nicht für Verbraucher gelten.

(28) Um im Falle einer nicht ordnungsgemäßen Anwendung dieser Verordnung oder Streitigkeiten zwischen Zahlungsdienstnutzern und Zahlungsdienstleistern über die aus dieser Verordnung erwachsenden Rechte und Pflichten Rechtsbehelfsmöglichkeiten zu gewährleisten, sollten die Mitgliedstaaten angemessene und wirksame außergerichtliche Beschwerde- und Rechtsbehelfsverfahren schaffen. Die Mitgliedstaaten sollten beschließen können, dass diese Verfahren nur für Verbraucher oder nur für Verbraucher und Kleinstunternehmen gelten.

(29) Die Kommission sollte dem Europäischen Parlament, dem Rat, dem Europäischen Wirtschafts- und Sozialausschuss, der EBA und der EZB einen Bericht über die Anwendung dieser Verordnung vorlegen. Gegebenenfalls fügt sie dem Bericht Vorschläge für eine Änderung der Verordnung bei.

(30) Um sicherzustellen, dass die technischen Anforderungen für auf Euro lautende Überweisungen und Lastschriften aktuell bleiben, sollte der Kommission die Befugnis übertragen werden, in Bezug auf diese technischen Anforderungen Rechtsakte gemäß Artikel 290 AEUV zu erlassen. In der Erklärung (Nr. 39) zu Artikel 290 AEUV zur Schlussakte der Regierungskonferenz, die den Vertrag von Lissabon angenommen hat, hat die Konferenz zur Kenntnis genommen, dass die Kommission beabsichtigt, bei der Ausarbeitung ihrer Entwürfe für delegierte Rechtsakte im Bereich der Finanzdienstleistungen nach ihrer üblichen Vorgehensweise weiterhin von den Mitgliedstaaten benannte Experten zu konsultieren. Es ist von besonderer Wichtigkeit, dass die Kommission im Zuge ihrer Vorbereitungsarbeit angemessene und transparente Konsultationen auch auf Sachverständigenebene und durch Konsultation der EZB und aller einschlägigen Akteure durchführt. Bei der Vorbereitung und Ausarbeitung delegierter Rechtsakte sollte die Kommission gewährleisten, dass die einschlägigen Dokumente dem Europäischen Parlament und dem Rat gleichzeitig, rechtzeitig und auf angemessene Weise übermittelt werden.

(31) Da Zahlungsdienstleister, die in Mitgliedstaaten ansässig sind, deren Währung nicht der Euro ist, spezielle Vorbereitungsarbeit außerhalb des Zahlungsmarkts für ihre nationale Währung leisten müssen, sollten solche Zahlungsdienstleister die Anwendung der technischen Anforderungen um einen bestimmten Zeitraum verschieben dürfen. Die Mitgliedstaaten, deren Währung nicht der Euro ist, sollten die technischen Anforderungen allerdings rasch erfüllen, um einen echten europäischen Zahlungsverkehrsraum zu schaffen, der den Binnenmarkt stärken wird.

(32) Um eine breite öffentliche Unterstützung für SEPA sicherzustellen, ist ein hohes Maß an Schutz für Zahler wesentlich, insbesondere bei Lastschriften. Das derzeit einzige europaweite Lastschriftverfahren für Verbraucher, das vom EPC entwickelt wurde, beinhaltet ein bedingungsloses Erstattungsrecht, das an keine Voraussetzungen geknüpft ist, für autorisierte Zahlungen binnen acht Wochen ab dem Zeitpunkt, an dem die Geldbeträge abgebucht wurden, während dieses Erstattungsrecht gemäß den Artikeln 62 und 63 der Richtlinie 2007/64/EG mehreren Bedingungen unterliegt. In Anbetracht der vorherrschenden Marktlage und der Notwendigkeit, ein hohes Maß an Verbraucherschutz sicherzustellen, sollte die Wirkung dieser Bestimmungen in dem Bericht bewertet werden, den die Kommission spätestens bis zum 1. November 2012 gemäß Artikel 87 der Richtlinie 2007/64/EG dem Europäischen Parlament, dem Rat, dem Europäischen Wirtschafts- und Sozialausschuss und der EZB vorzulegen hat, gegebenenfalls einschließlich eines Vorschlags für ihre Revision.

(33) Die Verarbeitung personenbezogener Daten in Durchführung dieser Verordnung ist durch die Richtlinie 95/46/EG des Europäischen Parlaments und des Rates vom 24. Oktober 1995 zum Schutz natürlicher Personen bei der Verarbeitung personenbezogener Daten und zum freien Datenverkehr[2)] geregelt. Bei der Umstellung auf den SEPA und der Einführung gemeinsamer Standards und Regeln für Zahlungen sollten die nationalen Rechtsvorschriften für den Schutz sensibler personenbezogener Daten in den Mitgliedstaaten eingehalten und die Interessen der Unionsbürger gewahrt werden.

(34) Finanzmitteilungen zu SEPA-Zahlungen und -Überweisungen fallen nicht unter das Abkommen vom 28. Juni 2010 zwischen der Europäischen Union und den Vereinigten Staaten von Amerika über die Verarbeitung von Zahlungsverkehrsdaten und deren Übermittlung aus der Euro-

---

Zu Abs. 33:

[2)] *ABl. L 281 vom 23.11.1995, S. 31.*

päischen Union an die Vereinigten Staaten von Amerika für die Zwecke des Programms zum Aufspüren der Finanzierung des Terrorismus[3)].

(35) Da das Ziel dieser Verordnung, nämlich technische Vorschriften und Geschäftsanforderungen für auf Euro lautende Überweisungen und Lastschriften festzulegen, auf Ebene der Mitgliedstaaten nicht ausreichend verwirklicht werden kann, und daher wegen seines Umfangs und seiner Wirkungen besser auf Unionsebene zu verwirklichen ist, kann die Union im Einklang mit dem in Artikel 5 des Vertrags über die Europäische Union niedergelegten Subsidiaritätsprinzip tätig werden. Entsprechend dem in demselben Artikel genannten Grundsatz der Verhältnismäßigkeit geht diese Verordnung nicht über das für die Erreichung dieses Ziels erforderliche Maß hinaus.

(36) Gemäß Artikel 5 Absatz 1 der Verordnung (EG) Nr. 924/2009 heben die Mitgliedstaaten zahlungsbilanzstatistisch begründete innerstaatliche Pflichten der Zahlungsdienstleister zur Meldung von Zahlungsverkehrsdaten im Zusammenhang mit Zahlungen ihrer Kunden bis zu 50 000 EUR auf. Die Erhebung von Zahlungsverkehrsdaten für die Zahlungsbilanz begann nach dem Ende der Devisenkontrollen und hat eine wichtige Datenquelle neben weiteren Quellen wie direkten Erhebungen dargestellt, die zu hochwertigen Statistiken beigetragen haben. Mit Beginn der 1990er-Jahre entschieden sich mehrere Mitgliedstaaten dafür, sich stärker auf direkt von Unternehmen und Haushalten gemeldete Informationen zu stützen als auf von Banken im Namen ihrer Kunden gemeldete Daten. Obwohl die Meldung von Zahlungsverkehrsdaten eine Lösung darstellt, die in Bezug auf die Gesellschaft insgesamt die Kosten für Zahlungsbilanzstatistiken verringert und gleichzeitig hochwertige Statistiken sicherstellt, könnte die Aufrechterhaltung derartiger Berichtspflichten, bezieht man sich rein auf grenzüberschreitende Zahlungen, in einigen Mitgliedstaaten die Effizienz verringern und die Kosten erhöhen. Da ein Ziel des SEPA darin besteht, die Kosten von grenzüberschreitenden Zahlungen zu verringern, sollten zahlungsbilanzstatistisch begründete Berichtspflichten vollständig aufgehoben werden.

(37) Zur Erhöhung der Rechtssicherheit sollten die in Artikel 7 der Verordnung (EG) Nr. 924/2009 festgelegten Fristen für Interbankenentgelte an die Bestimmungen dieser Verordnung angepasst werden.

(38) Die Verordnung (EG) Nr. 924/2009 sollte daher entsprechend geändert werden –

HABEN FOLGENDE VERORDNUNG ERLASSEN:

Artikel 1
Gegenstand und Anwendungsbereich

(1) In dieser Verordnung werden Vorschriften für auf Euro lautende Überweisungen und Lastschriften innerhalb der Union festgelegt, bei denen entweder der Zahlungsdienstleister des Zahlers und der Zahlungsdienstleister des Zahlungsempfängers oder der einzige am Zahlungsvorgang beteiligte Zahlungsdienstleister auf dem Gebiet der Union ansässig ist.

(2) Diese Verordnung gilt nicht für

a) Zahlungsvorgänge, die von Zahlungsdienstleistern intern und untereinander, auch durch ihre Agenten oder Zweigniederlassungen, auf eigene Rechnung ausgeführt werden;

b) Zahlungsvorgänge, die über Großbetragszahlungssysteme verarbeitet und abgewickelt werden, ausgenommen Zahlungen per Lastschrift, deren Abwicklung über Großbetragszahlungssysteme der Zahler nicht ausdrücklich verlangt hat;

c) Zahlungen mit Zahlungskarten oder einem ähnlichen Instrument, einschließlich Barabhebungen, sofern die Zahlungskarte oder ein ähnliches Instrument nicht nur genutzt wird, um die erforderlichen Informationen zu erzeugen, die erforderlich sind, um direkt eine Überweisung oder eine Lastschrift zugunsten und zulasten eines durch BBAN oder IBAN identifizierten Zahlungskontos vorzunehmen;

d) Zahlungsvorgänge, die über Telekommunikations- ,digitale oder IT-Geräte abgewickelt werden, sofern solche Zahlungen nicht zu einer Überweisung oder Lastschrift zugunsten und zulasten eines durch BBAN oder IBAN identifizierten Zahlungskontos führen;

e) Finanztransfers gemäß der Definition in Artikel 4 Nummer 13 der Richtlinie 2007/64/EG;

f) Zahlungsvorgänge, bei denen E-Geld gemäß der Definition in Artikel 2 Nummer 2 der Richtlinie 2009/110/EG des Europäischen Parlaments und des Rates vom 16. September 2009 über die Aufnahme, Ausübung und Beaufsichtigung der Tätigkeit von E-Geld-Instituten[1)] übermittelt wird, sofern solche Vorgänge nicht zu einer Überweisung oder einer Lastschrift zugunsten und zulasten eines durch BBAN oder IBAN identifizierten Zahlungskontos führen.

(3) Wenn Zahlverfahren auf Zahlungen in Form von Überweisungen oder Lastschriften basieren,

Zu Abs. 34:
[3)] *ABl. L 195 vom 27.7.2010, S. 5.*

Zu Artikel 1:
[1)] *ABl. L 267 vom 10.10.2009, S. 7.*

aber zusätzliche optionale Merkmale oder Dienstleistungen aufweisen, gelten die Bestimmungen dieser Verordnung nur für die zugrunde liegende Überweisung oder Lastschrift.

Artikel 2
Begriffsbestimmungen

Im Sinne dieser Verordnung bezeichnet der Ausdruck:

1. „Überweisung" einen vom Zahler ausgelösten inländischen oder grenzüberschreitenden Zahlungsdienst zum Zwecke der Erteilung einer Gutschrift auf das Zahlungskonto des Zahlungsempfängers zulasten des Zahlungskontos des Zahlers, in Ausführung eines oder mehrerer Zahlungsvorgänge durch den Zahlungsdienstleister, der das Zahlungskonto des Zahlers führt;

2. „Lastschrift" einen vom Zahlungsempfänger ausgelösten inländischen oder grenzüberschreitenden Zahlungsdienst zur Belastung des Zahlungskontos des Zahlers, aufgrund einer Zustimmung des Zahlers zu einem Zahlungsvorgang;

3. „Zahler" eine natürliche oder juristische Person, die Inhaber eines Zahlungskontos ist und einen Zahlungsauftrag von diesem Zahlungskonto gestattet, oder, falls kein Zahlungskonto eines Zahlers existiert, eine natürliche oder juristische Person, die einen Zahlungsauftrag auf ein Zahlungskonto eines Zahlungsempfängers erteilt;

4. „Zahlungsempfänger" eine natürliche oder juristische Person, die Inhaber eines Zahlungskontos ist und die den bei einem Zahlungsvorgang transferierten Geldbetrag als Empfänger erhalten soll;

5. „Zahlungskonto" ein auf den Namen eines oder mehrerer Zahlungsdienstnutzer lautendes Konto, das für die Ausführung von Zahlungen genutzt wird;

6. „Zahlungssystem" ein System zum Transfer von Geldbeträgen mit formalen und standardisierten Regeln und einheitlichen Vorschriften für die Verarbeitung, das Clearing oder die Abwicklung von Zahlungen;

7. „Zahlverfahren" ein einheitliches Regelwerk aus Vorschriften, Praktiken und Standards sowie zwischen Zahlungsdienstleistern vereinbarte Durchführungsleitlinien für die Ausführung von Zahlungvorgängen in der Union und in den Mitgliedstaaten, das getrennt von jeder Infrastruktur und jedem Zahlungssystem besteht, die/das ihrer Anwendung zugrunde liegt;

8. „Zahlungsdienstleister" eine der in Artikel 1 Absatz 1 der Richtlinie 2007/64/EG genannten Kategorien oder eine in Artikel 26 der Richtlinie 2007/64/EG genannte natürliche oder juristische Person, jedoch mit Ausnahme der Einrichtungen, die in Artikel 2 der Richtlinie 2006/48/EG des Europäischen Parlaments und des Rates vom 14. Juni 2006 über die Aufnahme und Ausübung der Tätigkeit der Kreditinstitute[1] genannt sind und für die gemäß Artikel 2 Absatz 3 der Richtlinie 2007/64/EG eine Ausnahme gilt;

9. „Zahlungsdienstnutzer" eine natürliche oder juristische Person, die einen Zahlungsdienst als Zahler oder Zahlungsempfänger in Anspruch nimmt;

10. „Zahlungsvorgang" den vom Zahler oder Zahlungsempfänger veranlassten Transfer eines Geldbetrags zwischen Zahlungskonten in der Union, unabhängig von etwaigen zugrunde liegenden Verpflichtungen im Verhältnis zwischen Zahler und Zahlungsempfänger;

11. „Zahlungsauftrag" einen Auftrag, den ein Zahler oder Zahlungsempfänger seinem Zahlungsdienstleister zur Ausführung eines Zahlungsvorgangs erteilt;

12. „Interbankenentgelt" ein zwischen dem Zahlungsdienstleister des Zahlers und dem Zahlungsdienstleister des Zahlungsempfängers für Lastschriften gezahltes Entgelt;

13. „MIF" ein multilaterales Interbankenentgelt, das Gegenstand einer Vereinbarung zwischen mehr als zwei Zahlungsdienstleistern ist;

14. „BBAN" eine Nummer eines Zahlungskontos, die ein Zahlungskonto bei einem Zahlungsdienstleister in einem Mitgliedstaat eindeutig identifiziert und die nur bei Inlandszahlungen verwendbar ist, während dasselbe Zahlungskonto bei grenzüberschreitenden Zahlungen durch die IBAN identifiziert wird;

15. „IBAN" eine internationale Nummer eines Zahlungskontos, die ein Zahlungskonto in einem Mitgliedstaat eindeutig identifiziert und deren Elemente durch die Internationale Organisation für Normung (ISO) spezifiziert sind;

16. „BIC" eine internationale Bankleitzahl, die einen Zahlungsdienstleister eindeutig identifiziert und deren Elemente durch die ISO spezifiziert sind;

17. „ISO 20022-XML-Standard" einen Standard für den Aufbau elektronischer Finanznachrichten nach Definition der Internationalen Organisation für Normung (ISO) zur physischen Darstellung von Zahlungen in der XML-Syntax gemäß den Geschäftsregeln und Durchführungsleitlinien unionsweiter Verfahren für Zahlungen im Anwendungsbereich dieser Verordnung;

18. „Großbetragszahlungssystem" ein Zahlungssystem, dessen Hauptzweck die Verarbeitung, das Clearing und/oder die Abwicklung von einzelnen Zahlungen hoher Priorität und Dringlichkeit und mit vornehmlich hohen Beträgen ist;

Zu Artikel 2:

[1] *ABl. L 177 vom 30.6.2006, S. 1.*

19. „Verrechnungsdatum" das Datum, an dem die Verpflichtungen in Bezug auf den Transfer von Geldmitteln zwischen dem Zahlungsdienstleister des Zahlers auf den Zahlungsdienstleister des Zahlungsempfängers verrechnet werden;

20. „Einzug" den Teil eines Lastschriftvorgangs, der mit seiner Auslösung durch den Zahlungsempfänger beginnt, bis zu dessen Ende durch die übliche Belastung des Zahlungskontos des Zahlers;

21. „Mandat" die Erteilung der Zustimmung und Autorisierung des Zahlers gegenüber dem Zahlungsempfänger und (direkt oder indirekt über den Zahlungsempfänger) gegenüber dem Zahlungsdienstleister des Zahlers, dass der Zahlungsempfänger den Einzug für die Belastung des angegebenen Zahlungskontos des Zahlers auslösen und der Zahlungsdienstleister des Zahlers solchen Anweisungen Folge leisten darf;

22. „Massenzahlungssystem" ein Zahlungssystem, dessen Hauptzweck die Verarbeitung, das Clearing oder die Abwicklung von Überweisungen oder Lastschriften ist, die im Allgemeinen für die Zwecke der Übertragung gebündelt werden, vorrangig geringe Beträge betreffen und niedrige Priorität haben, und bei dem es sich nicht um ein Großbetragszahlungssystem handelt;

23. „Kleinstunternehmen" ein Unternehmen, das zum Zeitpunkt des Abschlusses des Zahlungsdienstvertrags ein Unternehmen im Sinne von Artikel 1 und Artikel 2 Absätze 1 und 3 des Anhangs der Empfehlung 2003/361/EG der Kommission[2)] ist;

24. „Verbraucher" eine natürliche Person, die in Zahlungsdienstverträgen zu Zwecken handelt, die nicht dem Handel oder ihrer gewerblichen oder beruflichen Tätigkeit zugerechnet werden können;

25. „R-Transaktion" einen Zahlungsvorgang, der von einem Zahlungsdienstleister nicht ordnungsgemäß ausgeführt werden kann oder in einer Ausnahmeverarbeitung resultiert, unter anderem wegen fehlender Mittel, eines Widerrufs, eines falschen Betrags oder eines falschen Termins, eines fehlenden Mandats oder eines falschen oder geschlossenen Zahlungskontos;

26. „grenzüberschreitende Zahlung" einen Zahlungsvorgang, der von einem Zahler oder von einem Zahlungsempfänger ausgelöst wird und bei dem der Zahlungsdienstleister des Zahlers und der Zahlungsdienstleister des Zahlungsempfängers in unterschiedlichen Mitgliedstaaten ansässig sind;

27. „Inlandszahlung" einen Zahlungsvorgang, der von einem Zahler oder einem Zahlungsempfänger ausgelöst wird und bei dem der Zahlungsdienstleister des Zahlers und der Zahlungsdienstleister des Zahlungsempfängers im selben Mitgliedstaat ansässig sind;

28. „Referenzpartei" eine natürliche oder juristische Person, in deren Namen ein Zahler eine Zahlung leistet oder ein Zahlungsempfänger eine Zahlung erhält.

Artikel 3
Erreichbarkeit

(1) Ein Zahlungsdienstleister eines Zahlungsempfängers, der für eine Inlandsüberweisung gemäß einem Zahlverfahren erreichbar ist, muss in Einklang mit den Bestimmungen eines unionsweiten Zahlverfahrens auch für Überweisungen erreichbar sein, die von einem Zahler über einen in einem beliebigen Mitgliedstaat ansässigen Zahlungsdienstleister ausgelöst werden.

(2) Ein Zahlungsdienstleister eines Zahlers, der für eine Inlandslastschrift gemäß einem Zahlverfahren erreichbar ist, muss im Einklang mit den Bestimmungen eines unionsweiten Zahlverfahrens auch für Lastschriften erreichbar sein, die von einem Zahlungsempfänger über einen in einem beliebigen Mitgliedstaat ansässigen Zahlungsdienstleister veranlasst werden.

(3) Absatz 2 gilt nur für Lastschriften, die für die Verbraucher als Zahler nach dem Zahlverfahren verfügbar sind.

Artikel 4
Interoperabilität

(1) Zahlverfahren, die von Zahlungsdienstleistern für die Abwicklung von Überweisungen und Lastschriften genutzt werden, müssen folgende Bedingungen erfüllen:

a) ihre Bestimmungen sind für inländische und grenzüberschreitende Überweisungen innerhalb der Union und entsprechend für inländische und grenzüberschreitende Lastschriften innerhalb der Union die gleichen und

b) die Teilnehmer des Zahlverfahrens repräsentieren eine Mehrheit der Zahlungsdienstleister aus einer Mehrheit der Mitgliedstaaten und entsprechen einer Mehrheit der Zahlungsdienstleister innerhalb der Union, wobei nur Zahlungsdienstleister berücksichtigt werden, die Überweisungen bzw. Lastschriften anbieten.

Für die Zwecke des Unterabsatzes 1 Buchstabe b werden, wenn weder der Zahler noch der Zahlungsempfänger ein Verbraucher ist, nur die Mitgliedstaaten, in denen Zahlungsdienstleister solche Dienstleistungen anbieten, und nur Zahlungsdienstleister, die solche Dienstleistungen anbieten, berücksichtigt.

(2) Der Betreiber eines Massenzahlungssystems oder mangels eines offiziellen Betreibers die Teilnehmer an einem Massenzahlungssystem innerhalb der Union stellen sicher, dass die tech-

[2)] *ABl. L 124 vom 20.5.2003, S. 36.*

nische Interoperabilität ihrer Zahlungssysteme mit anderen Massenzahlungssystemen innerhalb der Union durch die Anwendung von internationalen oder europäischen Normungsgremien entwickelter Standards gewährleistet wird. Darüber hinaus beschließen sie keine Geschäftsregeln, die die Interoperabilität mit anderen Massenzahlungssystemen innerhalb der Union beschränken. Die gemäß der Richtlinie 98/26/EG des Europäischen Parlaments und des Rates vom 19. Mai 1998 über die Wirksamkeit von Abrechnungen in Zahlungs- sowie Wertpapierliefer- und -abrechnungssystemen[1)] bezeichneten Zahlungssysteme sind lediglich verpflichtet, die technische Interoperabilität mit den anderen gemäß dieser Richtlinie gemeldeten Zahlungssystemen sicherzustellen.

(3) Die Abwicklung von Überweisungen und Lastschriften darf nicht durch technische Hindernisse behindert werden.

(4) Der Inhaber eines Zahlverfahrens oder mangels eines offiziellen Inhabers eines Zahlverfahrens der führende Teilnehmer eines neuen Massenzahlverfahrens, das Teilnehmer in mindestens acht Mitgliedstaaten hat, kann bei den zuständigen Behörden des Mitgliedstaats, in dem der Eigentümer des Zahlverfahrens oder der führende Teilnehmer ansässig ist, eine befristete Ausnahme von den Anforderungen gemäß Absatz 1 Unterabsatz 1 Buchstabe b beantragen. Die zuständigen Behörden können nach Konsultation der zuständigen Behörden in dem anderen Mitgliedstaat, in dem das neue Massenzahlverfahren einen Teilnehmer hat, der Kommission und der EZB eine entsprechende Ausnahme für höchstens drei Jahre gewähren. Diese zuständigen Behörden stützen ihren Beschluss auf das Potenzial des neuen Zahlverfahrens, sich zu einem vollwertigen paneuropäischen Zahlverfahren zu entwickeln, und auf seinen Beitrag zur Verbesserung des Wettbewerbs oder zur Förderung von Innovationen.

(5) Mit Ausnahme der Zahlungsdienste, für die die Ausnahme gemäß Artikel 16 Absatz 4 gilt, gilt der vorliegende Artikel ab dem 1. Februar 2014.

Artikel 5
Anforderungen an Überweisungen und Lastschriften

(1) Zahlungsdienstleister führen Überweisungen und Lastschriften gemäß den nachstehenden Anforderungen aus:

a) Sie müssen für die Identifikation von Zahlungskonten unabhängig vom Standort des betreffenden Zahlungsdienstleisters den unter Nummer 1 Buchstabe a des Anhangs genannten Identifikator für Zahlungskonten verwenden.

b) Sie müssen bei der Übermittlung von Zahlungen an einen anderen Zahlungsdienstleister oder über ein Massenzahlungssystem die unter Nummer 1 Buchstabe b des Anhangs genannten Nachrichtenformate verwenden.

c) Sie müssen sicherstellen, dass Zahlungsdienstnutzer die unter Nummer 1 Buchstabe a des Anhangs genannte Zahlungskontonummer für die Identifikation der Zahlungskonten verwenden, und zwar unabhängig davon, ob der Zahlungsdienstleister des Zahlers und der Zahlungsdienstleister des Zahlungsempfängers oder der einzige am Zahlungsvorgang beteiligte Zahlungsdienstleister im selben Mitgliedstaat wie der Zahlungsdienstnutzer oder in einem anderen Mitgliedstaat ansässig sind.

d) Sie müssen sicherstellen, dass, falls ein Zahlungsdienstnutzer, der weder ein Verbraucher noch ein Kleinstunternehmen ist, einzelne Überweisungen oder einzelne Lastschriften veranlasst oder erhält, die nicht einzeln, sondern gebündelt übermittelt werden, die unter Nummer 1 Buchstabe b des Anhangs genannten Nachrichtenformate verwendet werden. Unbeschadet von Unterabsatz 1 Buchstabe b verwenden Zahlungsdienstleister auf ausdrücklichen Antrag eines Zahlungsdienstnutzers in ihren Beziehungen zu diesem Zahlungsdienstnutzer die unter Nummer 1 Buchstabe b des Anhangs genannten Nachrichtenformate.

(2) Zahlungsdienstleister führen Überweisungen gemäß folgenden Anforderungen, die den im nationalen Recht zur Umsetzung der Richtlinie 95/46/EG niedergelegten Verpflichtungen unterliegen, aus:

a) Der Zahlungsdienstleister des Zahlers muss sicherstellen, dass der Zahler die unter Nummer 2 Buchstabe a des Anhangs genannten Datenelemente übermittelt.

b) Der Zahlungsdienstleister des Zahlers muss die unter Nummer 2 Buchstabe b des Anhangs genannten Datenelemente an den Zahlungsdienstleister des Zahlungsempfängers übermitteln.

c) Der Zahlungsdienstleister des Zahlungsempfängers muss dem Zahlungsempfänger die unter Nummer 2 Buchstabe d des Anhangs genannten Datenelemente übermitteln oder sie ihm zur Verfügung stellen.

(3) Zahlungsdienstleister führen Lastschriften gemäß den folgenden Anforderungen, die den im nationalen Recht zur Umsetzung der Richtlinie 95/46/EG niedergelegten Verpflichtungen unterliegen, aus:

a) Der Zahlungsdienstleister des Zahlungsempfängers muss sicherstellen, dass:

i) der Zahlungsempfänger die unter Nummer 3 Buchstabe a des Anhangs genannten Datenelemente mit der ersten Lastschrift und bei einer einma-

---

Zu Artikel 4:
1) ABl. L 166 vom 11.6.1998, S. 45.

ligen Lastschrift und bei jedem wiederkehrenden Zahlungsvorgang übermittelt,

ii) der Zahler sowohl dem Zahlungsempfänger als auch dem Zahlungsdienstleister des Zahlers (direkt oder indirekt über den Zahlungsempfänger) seine Zustimmung erteilt, die Mandate zusammen mit nachfolgenden Änderungen oder Löschungen vom Zahlungsempfänger oder von einem Dritten im Auftrag des Zahlungsempfängers aufbewahrt werden, und der Zahlungsempfänger von dem Zahlungsdienstleister gemäß Artikel 41 und 42 der Richtlinie 2007/64/EG von dieser Anforderung in Kenntnis gesetzt wird.

b) Der Zahlungsdienstleister des Zahlungsempfängers muss dem Zahlungsdienstleister des Zahlers die unter Nummer 3 Buchstabe b des Anhangs genannten Datenelemente übermitteln.

c) Der Zahlungsdienstleister des Zahlers muss dem Zahler die in Nummer 3 Buchstabe c des Anhangs genannten Datenelemente übermitteln oder sie ihm zur Verfügung stellen.

d) Die Zahler müssen ihren Zahlungsdienstleistern den Auftrag erteilen können:

i) Lastschrifteinzüge auf einen bestimmten Betrag oder eine bestimmte Periodizität oder beides zu begrenzen;

ii) falls das Mandat gemäß dem Zahlverfahren kein Erstattungsrecht vorsieht, vor Belastung ihres Zahlungskontos jede Lastschrift anhand der Mandatsangaben zu überprüfen und zu kontrollieren, ob der Betrag und die Periodizität der vorgelegten Lastschrift den Vereinbarungen im Mandat entsprechen;

iii) sämtliche Lastschriften auf das Zahlungskonto des Zahlers oder sämtliche von einem oder mehreren genannten Zahlungsempfängern veranlasste Lastschriften zu blockieren bzw. lediglich durch einen oder mehrere genannte Zahlungsempfänger veranlasste Lastschriften zu autorisieren.

Ist weder der Zahler noch der Zahlungsempfänger ein Verbraucher, so sind die Zahlungsdienstleister nicht verpflichtet, Buchstabe d Ziffer i, ii oder iii einzuhalten.

Der Zahlungsdienstleister des Zahlers setzt gemäß Artikel 41 und 42 der Richtlinie 2007/64/EG den Zahler von den in Buchstabe d genannten Rechten in Kenntnis.

Der Zahlungsempfänger übermittelt mit der ersten Lastschrift oder bei einer einmaligen Lastschrift und bei jeder wiederkehrenden Lastschrift seinem Zahlungsdienstleister die mandatsbezogenen Informationen. Der Zahlungsdienstleister des Zahlungsempfängers übermittelt dem Zahlungsdienstleister des Zahlers diese Informationen bei jeder Lastschrift.

(4) Zusätzlich zu den in Absatz 1 genannten Anforderungen teilt der Zahlungsempfänger, der Überweisungen annimmt, den Zahlern bei jedem Überweisungsverlangen seinen unter Nummer 1 Buchstabe a des Anhangs genannten Identifikator für Zahlungskonten und bis 1. Februar 2014 für Inlandszahlungen sowie bis 1. Februar 2016 für grenzüberschreitende Zahlungen erforderlichenfalls die BIC seines Zahlungsdienstleisters mit.

(5) Vor der ersten Lastschrift teilt ein Zahler seinen unter Nummer 1 Buchstabe a des Anhangs genannten Identifikator für Zahlungskonten mit. Die BIC eines Zahlungsdienstleisters des Zahlers wird für Inlandszahlungen bis 1. Februar 2014 und für grenzüberschreitende Zahlungen bis 1. Februar 2016 vom Zahler erforderlichenfalls mitgeteilt.

(6) Sieht die Rahmenvereinbarung zwischen dem Zahler und seinem Zahlungsdienstleister kein Erstattungsrecht vor, so prüft der Zahlungsdienstleister des Zahlers vor Belastung von dessen Zahlungskonto unbeschadet der Bestimmungen von Absatz 3 Buchstabe a Ziffer ii jede Lastschrift anhand der Mandatsangaben im Hinblick darauf, ob der Betrag der übermittelten Lastschrift den Vereinbarungen im Mandat entsprechen.

(7) Nach dem 1. Februar 2014 für Inlandszahlungen und nach dem 1. Februar 2016 für grenzüberschreitende Zahlungen fordern Zahlungsdienstleister Zahlungsdienstnutzer nicht auf, die BIC des Zahlungsdienstleisters eines Zahlers oder des Zahlungsdienstleisters eines Zahlungsempfängers anzugeben.

(8) Die Zahlungsdienstleister des Zahlers und des Zahlungsempfängers erheben keine Entgelte oder sonstigen Entgelte für den Auslesevorgang, durch den automatisch ein Mandat für die Zahlungen erstellt wird, die mit einer Zahlungskarte oder mit Hilfe einer solchen an der Verkaufsstelle ausgelöst werden und zu einer Lastschrift führen.

Artikel 6
Enddaten

(1) Überweisungen werden ab 1. Februar 2014 im Einklang mit den in Artikel 5 Absätze 1, 2 und 4 und unter den Nummern 1 und 2 des Anhangs dargelegten technischen Anforderungen ausgeführt.

(2) Lastschriften werden ab 1. Februar 2014 im Einklang mit Artikel 8 Absätze 2 und 3 und Artikel 5 Absätze 1, 3, 5, 6 und 8 und den unter den Nummern 1 und 3 des Anhangs dargelegten Anforderungen ausgeführt.

(3) Unbeschadet Artikel 3 werden Lastschriften ab 1. Februar 2017 für Inlandszahlungen und ab 1. November 2012 für grenzüberschreitende Zahlungen im Einklang mit den in Artikel 8 Absatz 1 dargelegten Anforderungen ausgeführt.

(4) Für Inlandszahlungen können ein Mitgliedstaat oder mit Zustimmung des betreffenden Mitgliedstaats die Zahlungsdienstleister eines Mitgliedstaats, nachdem sie den Stand der Vorbereitungen und die Bereitschaft ihrer Bürger ge-

prüft und bewertet haben, frühere Termine als die in den Absätzen 1 und 2 genannten festlegen.

Artikel 7
Gültigkeit von Mandaten und Erstattungsrecht

(1) Ein vor dem 1. Februar 2014 gültiges Mandat eines Zahlungsempfängers zur Einziehung wiederkehrender Lastschriften im Rahmen eines Altzahlverfahrens bleibt nach diesem Datum gültig und gilt als Zustimmung des Zahlers gegenüber seinem Zahlungsdienstleister, die vom betreffenden Zahlungsempfänger eingezogenen wiederkehrenden Lastschriften gemäß dieser Verordnung auszuführen, sofern keine nationalen Rechtsvorschriften oder Kundenvereinbarungen über die weitere Gültigkeit der Lastschriftmandate existieren.

(2) Ein Mandat gemäß Absatz 1 gewährt ein bedingungsloses Erstattungsrecht und eine Erstattung zurückdatiert auf das Wertstellungsdatum der zu erstattenden Zahlung, wenn solche Erstattungsrechte in den rechtlichen Rahmenbedingungen für Mandate im Altzahlverfahren vorgesehen waren.

Artikel 8
Interbankenentgelte für Lastschriften

(1) Unbeschadet Absatz 2 finden für Lastschriften weder multilaterale Interbankenentgelte pro Lastschrift noch andere vereinbarte Vergütungen mit vergleichbarem Ziel oder vergleichbarer Wirkung Anwendung.

(2) Für R-Transaktionen kann ein multilaterales Interbankenentgelt erhoben werden, wenn folgende Voraussetzungen erfüllt sind:

a) die Vereinbarung dient dem Zweck, die Kosten effizient dem Zahlungsdienstleister oder dem Zahlungsdienstnutzer zuzuweisen, die die R-Transaktion veranlasst haben, wobei den Transaktionskosten Rechnung zu tragen und sicherzustellen ist, dass der Zahler nicht automatisch belastet wird und der Zahlungsdienstleister Zahlungsdienstnutzern für eine bestimmte Art von R-Transaktionen keine Entgelte in Rechnung stellt, die die dem Zahlungsdienstleister für derartige Transaktionen entstandenen Kosten überschreiten;

b) die Entgelte werden strikt kostenbasiert berechnet;

c) die Höhe der Entgelte darf die tatsächlichen Kosten für die Abwicklung einer R-Transaktion durch den kostengünstigsten vergleichbaren Zahlungsdienstleister, der im Hinblick auf Transaktionsvolumen und Art der Dienste eine repräsentative Partei der Vereinbarung ist, nicht überschreiten;

d) kommen gemäß den Buchstaben a, b und c Entgelte zur Anwendung, so erheben die Zahlungsdienstleister von ihren Zahlungsdienstnutzern keine zusätzlichen Entgelte für Kosten, die bereits durch diese Interbankenentgelte abgedeckt sind;

e) zur Vereinbarung besteht keine gangbare und wirtschaftlich tragbare Alternative, die eine Abwicklung von R-Transaktionen mit gleicher oder höherer Effizienz und zu gleichen oder niedrigeren Kosten für die Verbraucher ermöglicht.

Für die Zwecke von Unterabsatz 1 werden bei der Berechnung der Entgelte für die R-Transaktion nur Kostenkategorien berücksichtigt, die für die Abwicklung der R-Transaktion direkt und zweifelsfrei relevant sind. Diese Kosten werden genau bestimmt. Die Aufschlüsselung der Kosten, einschließlich der gesonderten Beschreibung aller Kostenbestandteile, ist Gegenstand der Vereinbarung, um eine einfache Kontrolle und Überwachung zu ermöglichen.

(3) Die Absätze 1 und 2 gelten entsprechend für unilaterale Vereinbarungen eines Zahlungsdienstleisters und bilaterale Vereinbarungen zwischen Zahlungsdienstleistern mit einer multilateralen Vereinbarung vergleichbarem Ziel oder vergleichbarer Wirkung.

Artikel 9
Zugänglichkeit von Zahlungen

(1) Ein Zahler, der eine Überweisung an einen Zahlungsempfänger vornimmt, der Inhaber eines Zahlungskontos innerhalb der Union ist, gibt nicht vor, in welchem Mitgliedstaat dieses Zahlungskonto zu führen ist, sofern das Zahlungskonto gemäß Artikel 3 erreichbar ist.

(2) Ein Zahlungsempfänger, der eine Überweisung annimmt oder eine Lastschrift verwendet, um Geldbeträge von einem Zahler einzuziehen, der Inhaber eines Zahlungskontos innerhalb der Union ist, gibt nicht vor, in welchem Mitgliedstaat dieses Zahlungskonto zu führen ist, sofern das Zahlungskonto gemäß Artikel 3 erreichbar ist.

Artikel 10
Zuständige Behörden

(1) Die Mitgliedstaaten benennen als zuständige Behörden, die für die Gewährleistung der Einhaltung dieser Verordnung verantwortlich sind, staatliche Behörden oder Stellen, die im innerstaatlichen Recht oder von staatlichen Behörden anerkannt sind und im innerstaatlichen Recht ausdrücklich für diese Zwecke befugt sind, einschließlich der nationalen Zentralbanken. Die Mitgliedstaaten können bestehende Stellen als zuständige Behörden benennen.

(2) Die Mitgliedstaaten notifizieren der Kommission bis zum 1. Februar 2013 die gemäß Absatz 1 bezeichneten Einrichtungen. Sie teilen der Kommission und der Europäischen Aufsichtsbe-

hörde (Europäische Bankenaufsichtsbehörde – EBA) unverzüglich jede nachfolgende Änderung mit, die diese Behörden betrifft.

(3) Die Mitgliedstaaten stellen sicher, dass die in Absatz 1 genannten zuständigen Behörden mit allen zur Erfüllung ihrer Aufgaben notwendigen Befugnissen ausgestattet sind. Gibt es im Hoheitsgebiet der Mitgliedstaaten für den unter diese Verordnung fallenden Regelungsbereich mehr als eine zuständige Behörde, so stellen die betreffenden Mitgliedstaaten sicher, dass diese Behörden eng zusammenarbeiten, damit sie ihre jeweiligen Aufgaben effizient erfüllen können.

(4) Die zuständigen Behörden überwachen die Einhaltung dieser Verordnung durch die Zahlungsdienstleister wirksam und treffen alle erforderlichen Maßnahmen, um diese Einhaltung sicherzustellen. Sie kooperieren untereinander gemäß Artikel 24 der Richtlinie 2007/64/EG und gemäß Artikel 31 der Verordnung (EU) Nr. 1093/2010.

Artikel 11
Sanktionen

(1) Die Mitgliedstaaten legen bis zum 1. Februar 2013 Regeln für die im Falle eines Verstoßes gegen diese Verordnung geltenden Sanktionen fest und treffen alle erforderlichen Maßnahmen, um sicherzustellen, dass diese angewandt werden. Die Sanktionen müssen wirksam, verhältnismäßig und abschreckend sein. Die Mitgliedstaaten teilen der Kommission diese Regeln und Maßnahmen bis zum 1. August 2013 mit und unterrichten sie unverzüglich über alle späteren Änderungen.

(2) Die in Absatz 1 genannten Sanktionen werden nicht auf Verbraucher angewandt.

Artikel 12
Außergerichtliche Beschwerde- und Rechtsbehelfsverfahren

(1) Die Mitgliedstaaten schaffen angemessene und wirksame außergerichtliche Beschwerde- und Rechtsbehelfsverfahren für die Beilegung von aus dieser Verordnung erwachsenden Streitigkeiten betreffend Rechte und Pflichten zwischen Zahlungsdienstnutzern und ihren Zahlungsdienstleistern. Die Mitgliedstaaten benennen für diese Zwecke bestehende Einrichtungen oder schaffen, soweit angebracht, neue Einrichtungen.

(2) Die Mitgliedstaaten notifizieren der Kommission bis zum 1. Februar 2013 die in Absatz 1 genannten Einrichtungen. Sie teilen der Kommission unverzüglich jede nachfolgende Änderung mit, die diese Einrichtungen betrifft.

(3) Die Mitgliedstaaten können beschließen, dass dieser Artikel nur für Zahlungsdienstnutzer gilt, die Verbraucher sind, oder nur für solche, die Verbraucher und Kleinstunternehmen sind. Die Mitgliedstaaten teilen der Kommission derartige Vorschriften bis 1. August 2013 mit.

Artikel 13
Übertragung von Befugnissen

Der Kommission wird die Befugnis übertragen, gemäß Artikel 14 zur Änderung des Anhangs delegierte Rechtsakte zu erlassen, um den technischen Fortschritt und Marktentwicklungen zu berücksichtigen.

Artikel 14
Ausübung der Befugnisübertragung

(1) Die Befugnis zum Erlass delegierter Rechtsakte wird der Kommission unter den in diesem Artikel festgelegten Bedingungen übertragen.

(2) Die Befugnis zum Erlass delegierter Rechtsakte gemäß Artikel 13 wird der Kommission für einen Zeitraum von fünf Jahren ab dem 31. März 2012 übertragen. Die Kommission erstellt spätestens neun Monate vor Ablauf des Zeitraums von fünf Jahren einen Bericht über die Befugnisübertragung. Die Befugnisübertragung verlängert sich stillschweigend um Zeiträume gleicher Länge, es sei denn, das Europäische Parlament oder der Rat widersprechen einer solchen Verlängerung spätestens drei Monate vor Ablauf des jeweiligen Zeitraums.

(3) Die Befugnisübertragung gemäß Artikel 13 kann vom Europäischen Parlament oder vom Rat jederzeit widerrufen werden. Der Beschluss über den Widerruf beendet die Übertragung der in diesem Beschluss angegebenen Befugnis. Er wird am Tag nach seiner Veröffentlichung im *Amtsblatt der Europäischen Union* oder zu einem im Beschluss über den Widerruf angegebenen späteren Zeitpunkt wirksam. Die Gültigkeit von delegierten Rechtsakten, die bereits in Kraft sind, wird von dem Beschluss über den Widerruf nicht berührt.

(4) Sobald die Kommission einen delegierten Rechtsakt erlässt, übermittelt sie ihn gleichzeitig dem Europäischen Parlament und dem Rat.

(5) Ein delegierter Rechtsakt, der gemäß Artikel 13 erlassen wurde, tritt nur in Kraft, wenn weder das Europäische Parlament noch der Rat innerhalb einer Frist von drei Monaten nach Übermittlung dieses Rechtsakts an das Europäische Parlament und den Rat Einwände erhoben haben oder wenn vor Ablauf dieser Frist das Europäische Parlament und der Rat beide der Kommission mitgeteilt haben, dass sie keine Einwände erheben werden. Auf Betreiben des Europäischen Parlaments oder des Rates wird diese Frist um drei Monate verlängert.

Artikel 15
Überprüfung

Die Kommission legt dem Europäischen Parlament, dem Rat, dem Europäischen Wirtschafts- und Sozialausschuss, der EZB und der EBA bis zum 1. Februar 2017 einen Bericht über die Anwendung dieser Verordnung vor und fügt diesem Bericht gegebenenfalls einen Vorschlag bei.

Artikel 16
Übergangsbestimmungen

(1) Abweichend von Artikel 6 Absätze 1 und 2 können Zahlungsdienstleister Zahlungsvorgänge in Euro, deren Format nicht den Vorgaben dieser Verordnung für Überweisungen und Lastschriften entspricht, bis zum 1. August 2014 weiterhin abwickeln.

Die Mitgliedstaaten wenden die gemäß Artikel 11 festgelegten Regeln für die im Falle eines Verstoßes gegen Artikel 6 Absätze 1 und 2 zu verhängenden Sanktionen ab dem 2. August 2014 an.

Abweichend von Artikel 6 Absätze 1 und 2 können Mitgliedstaaten Zahlungsdienstleistern bis zum 1. Februar 2016 gestatten, Konvertierungsdienstleistungen für Inlandszahlungen für Zahlungsdienstnutzer, die Verbraucher sind, anzubieten, wodurch diese weiterhin die BBAN statt dem unter Nummer 1 Buchstabe a des Anhangs genannten Identifikator für Zahlungskonten unter der Bedingung verwenden können, dass die Interoperabilität sichergestellt wird, indem die BBAN des Zahlers und des Zahlungsempfängers technisch und sicher auf den unter Nummer 1 Buchstabe a des Anhangs genannten Identifikator für Zahlungskonten konvertiert wird. Diese Zahlungskontonummer wird dem den Auftrag erteilenden Zahlungsdienstnutzer mitgeteilt, sofern zweckmäßig, bevor die Zahlung ausgeführt wird. In einem solchen Fall erheben Zahlungsdienstleister vom Zahlungsdienstnutzer keine direkt oder indirekt mit dieser Konvertierungsdienstleistung verknüpften zusätzlichen oder sonstigen Entgelte.
(ABl L 84 vom 20. 3. 2014, S 1)

(2) Zahlungsdienstleister, die auf Euro lautende Zahlungsdienste anbieten und die in einem Mitgliedstaat ansässig sind, der den Euro nicht als Währung eingeführt hat, erfüllen, wenn sie auf Euro lautende Zahlungsdienste anbieten, bis 31. Oktober 2016 die in Artikel 3 genannten Anforderungen. Wird der Euro in einem dieser Mitgliedstaaten jedoch vor dem 31. Oktober 2015 als Währung eingeführt, kommt der in diesem Mitgliedstaat ansässige Zahlungsdienstleister den Anforderungen von Artikel 3 binnen eines Jahres nach dem Zeitpunkt des Beitritts des betreffenden Mitgliedstaats zum Euroraum nach.

(3) Die Mitgliedstaaten können ihren zuständigen Behörden gestatten, für Überweisungen oder Lastschriften mit einem kumulativen Marktanteil, der gemäß den von der EZB jährlich veröffentlichten offiziellen Zahlungsstatistiken unter 10 % der Gesamtzahl der Überweisungen bzw. Lastschriften liegt, in dem betreffenden Mitgliedstaat bis zum 1. Februar 2016 Ausnahmen von allen oder einem Teil der in Artikel 6 Absätze 1 und 2 beschriebenen Anforderungen zu genehmigen.

(4) Die Mitgliedstaaten können ihren zuständigen Behörden gestatten, alle oder einen Teil der in Artikel 6 Absätze 1 und 2 genannten Anforderungen bis 1. Februar 2016 für Zahlungen auszusetzen, die an der Verkaufsstelle mit Hilfe einer Zahlungskarte generiert werden und zu einer Lastschrift auf ein bzw. von einem durch BBAN oder IBAN identifiziertes Zahlungskonto führen.

(5) Abweichend von Artikel 6 Absätze 1 und 2 können Mitgliedstaaten ihren zuständigen Behörden bis 1. Februar 2016 gestatten, Ausnahmen von der spezifischen Anforderung gemäß Artikel 5 Absatz 1 Buchstabe d zu genehmigen, die unter Nummer 1 Buchstabe b des Anhangs angegebenen Nachrichtenformate zu verwenden, wenn die Zahlungsdienstnutzer individuelle Überweisungen oder Lastschriften auslösen, die für die Zwecke der Übertragung gebündelt werden. Ungeachtet einer möglichen Ausnahme erfüllen Zahlungsdienstleister die Anforderungen gemäß Artikel 5 Absatz 1 Buchstabe d, wenn ein Zahlungsdienstnutzer eine entsprechende Dienstleistung beantragt.

(6) Abweichend von Artikel 6 Absätze 1 und 2 können Mitgliedstaaten die Anforderungen betreffend die Übermittlung der BIC für Inlandszahlungen gemäß Artikel 5 Absätze 4, 5 und 7 bis 1. Februar 2016 verschieben.

(7) Beabsichtigt ein Mitgliedstaat, eine der in den Absätzen 1, 3, 4, 5 oder 6 vorgesehenen Ausnahmen zu nutzen, unterrichtet er die Kommission bis zum 1. Februar 2013 entsprechend und erlaubt nachfolgend seiner zuständigen Behörde, gegebenenfalls Ausnahmen von einigen oder allen der in Artikel 5, Artikel 6 Absätze 1 oder 2 und dem Anhang genannten Anforderungen für die entsprechenden in den betreffenden Absätzen oder Unterabsätzen genannten Zahlungen für einen Zeitraum zu gestatten, der den der Ausnahme nicht überschreitet. Die Mitgliedstaaten unterrichten die Kommission über die der Ausnahme unterliegenden Zahlungsvorgänge und jede nachfolgende Änderung.

(8) Zahlungsdienstleister, die in einem Mitgliedstaat ansässig sind, der den Euro nicht als Währung eingeführt hat, und Zahlungsdienstnutzer, die einen Zahlungsdienst in einem solchen Mitgliedstaat nutzen, erfüllen bis zum 31. Oktober 2016 die in Artikel 4 und 5 genannten Anforderungen. Betreiber von Massenzahlungssystemen für einen Mitgliedstaat, der den Euro nicht als Währung eingeführt hat, erfüllen bis zum

31. Oktober 2016 die in Artikel 4 Absatz 2 genannten Anforderungen.

Wird der Euro in einem dieser Mitgliedstaaten jedoch vor dem 31. Oktober 2015 als Währung eingeführt, erfüllen die Zahlungsdienstleister oder gegebenenfalls die Betreiber von Massenzahlungssystemen, die in diesem Mitgliedstaat ansässig sind, und die Zahlungsdienstnutzer, die einen entsprechenden Zahlungsdienst in diesem Mitgliedstaat nutzen, die betreffenden Anforderungen binnen eines Jahres nach dem Zeitpunkt des Beitritts des betreffenden Mitgliedstaats zum Euroraum, jedoch nicht vor den entsprechenden Terminen, die für die Mitgliedstaaten gelten, die am 31. März 2012 den Euro als Währung eingeführt haben.

Artikel 17
Änderungen der Verordnung (EG) Nr. 924/2009

Die Verordnung (EG) Nr. 924/2009 wird wie folgt geändert:

1. Artikel 2 Nummer 10 erhält folgende Fassung:

„10. ‚Geldbetrag' Banknoten und Münzen, Giralgeld und elektronisches Geld im Sinne des Artikels 2 Nummer 2 der Richtlinie 2009/110/EG des Europäischen Parlaments und des Rates vom 16. September 2009 über die Aufnahme, Ausübung und Beaufsichtigung der Tätigkeit von E-Geld-Instituten[*)];

2. Artikel 3 Absatz 1 erhält folgende Fassung:

„(1) Zahlungsdienstleister erheben von einem Zahlungsdienstnutzer für grenzüberschreitende Zahlungen die gleichen Entgelte, wie sie sie von Zahlungsdienstnutzern für entsprechende Inlandszahlungen in gleicher Höhe und in der gleichen Währung erheben."

3. Artikel 4 wird wie folgt geändert:

a) Absatz 2 wird gestrichen.

b) Absatz 3 erhält folgende Fassung:

„(3) Der Zahlungsdienstleister kann dem Zahlungsdienstnutzer über das gemäß Artikel 3 Absatz 1 erhobene Entgelt hinausgehende Entgelte in Rechnung stellen, wenn der Zahlungsdienstnutzer dem Zahlungsdienstleister den Auftrag zur Ausführung der grenzüberschreitenden Zahlung ohne Angabe von IBAN und, sofern gemäß der Verordnung (EU) Nr. 260/2012 des Europäischen Parlaments und des Rates vom 14. März 2012 zur Festlegung der technischen Vorschriften und der Geschäftsanforderungen für Überweisungen und Lastschriften in Euro und zur Änderung der Verordnung (EG) Nr. 924/2009[*)] angebracht, entsprechender BIC für das Zahlungskonto in dem anderen Mitgliedstaat erteilt. Diese Entgelte müssen angemessen und an den anfallenden Kosten ausgerichtet sein. Sie werden zwischen dem Zahlungsdienstleister und dem Zahlungsdienstnutzer vereinbart. Der Zahlungsdienstleister muss dem Zahlungsdienstnutzer die Höhe der zusätzlichen Entgelte rechtzeitig, bevor der Zahlungsdienstnutzer durch eine solche Vereinbarung gebunden ist, mitteilen.

4. Artikel 5 Absatz 1 erhält folgende Faasung:

„(1) Die Mitgliedstaaten heben mit Wirkung vom 1. Februar 2016 zahlungsbilanzstatistisch begründete innerstaatliche Pflichten der Zahlungsdienstleister zur Meldung von Zahlungsverkehrsdaten im Zusammenhang mit Zahlungen ihrer Kunden auf."

5. Artikel 7 wird wie folgt geändert:

a) In Absatz 1 wird das Datum „1. November 2012" durch „1. Februar 2017" ersetzt.

b) In Absatz 2 wird das Datum „1. November 2012" durch „1. Februar 2017" ersetzt.

c) In Absatz 3 wird das Datum „1. November 2012" durch „1. Februar 2017" ersetzt.

6. Artikel 8 wird gestrichen.

Artikel 18
Inkrafttreten

Diese Verordnung tritt am Tag nach ihrer Veröffentlichung im *Amtsblatt der Europäischen Union* in Kraft.

Diese Verordnung ist in allen ihren Teilen verbindlich und gilt unmittelbar in jedem Mitgliedstaat.

Geschehen zu Straßburg am 14. März 2012.

Im Namen des Europäischen Parlaments	*Im Namen des Rates*
Der Präsident	*Der Präsident*
M. SCHULZ	N. WAMMEN

Zu Artikel 17:

[*)] ABl. L 267 vom 10.10.2009, S. 7."

[*)] ABl. L 94 vom 30.3.2012, S. 22".

ANHANG

ANHANG
TECHNISCHE ANFORDERUNGEN (ARTIKEL 5)

1. Zusätzlich zu den grundlegenden Anforderungen gemäß Artikel 5 gelten folgende technische Anforderungen für Überweisungen und Lastschriften:
   a) Der in Artikel 5 Absatz 1 Buchstaben a und c genannte Identifikator für Zahlungskonten muss die IBAN sein.
   b) Der Standard für das in Artikel 5 Absatz 1 Buchstaben b und d genannte Nachrichtenformat muss der XML- Standard der ISO 20022 sein.
   c) Das Feld „Verwendungszweck einer Zahlung" muss 140 Zeichen zulassen. Die Zahlverfahren können eine höhere Anzahl von Zeichen zulassen, es sei denn, das für die Übermittlung der Informationen verwendete Gerät unterliegt hinsichtlich der Anzahl der Zeichen technischen Beschränkungen, so dass in diesem Fall diese technisch bedingte Höchstgrenze des Geräts gilt.
   d) Die Angaben zum Verwendungszweck und alle anderen gemäß den Nummern 2 und 3 dieses Anhangs zur Verfügung gestellten Datenelemente müssen zwischen den Zahlungsdienstleistern in der Zahlungskette vollständig und unverändert weitergegeben werden.
   e) Sobald die geforderten Daten in elektronischer Form vorliegen, muss bei Zahlungsvorgängen in allen Prozessstadien der gesamten Zahlungskette eine vollständig automatisierte, elektronische Verarbeitung (durchgängige Verarbeitung) möglich sein, so dass der gesamte Zahlungsprozess ohne neue Dateneingabe oder manuelle Eingriffe elektronisch abgewickelt werden kann. Dies muss, soweit möglich, auch für die außergewöhnliche Abwicklung von Überwei-sungen und Lastschriften gelten.
   f) In den Zahlverfahren dürfen hinsichtlich des Betrags der Zahlung für Überweisungen und Lastschriften keine Mindestbeträge vorgegeben werden, jedoch besteht keine Verpflichtung, Zahlungen über einen Nullbetrag auszuführen.
   g) Die Zahlverfahren sind nicht verpflichtet, Überweisungen und Lastschriften über einem Betrag von 999 999 999,99 EUR auszuführen.
2. Zusätzlich zu den unter Nummer 1 genannten Anforderungen gelten für Überweisungen folgende Anforderungen:
   a) Die in Artikel 5 Absatz 2 Buchstabe a genannten Datenelemente sind folgende:
      i) Name des Zahlers und/oder IBAN des Zahlungskontos des Zahlers,
      ii) Überweisungsbetrag,
      iii) IBAN des Zahlungskontos des Zahlungsempfängers,
      iv) sofern verfügbar, Name des Zahlungsempfängers,
      v) gegebenenfalls Angaben zum Verwendungszweck.
   b) Die in Artikel 5 Absatz 2 Buchstabe b genannten Datenelemente sind folgende:
      i) Name des Zahlers,
      ii) IBAN des Zahlungskontos des Zahlers,
      iii) Überweisungsbetrag,
      iv) IBAN des Zahlungskontos des Zahlungsempfängers,
      v) gegebenenfalls Angaben zum Verwendungszweck,
      vi) gegebenenfalls Identifikationscode des Zahlungsempfängers,
      vii) gegebenenfalls Name der Referenzpartei des Zahlungsempfängers,
      viii) gegebenenfalls Zweck der Überweisung,
      ix) gegebenenfalls Kategorie des Zwecks der Überweisung.
   c) Darüber hinaus stellt der Zahlungsdienstleister des Zahlers dem Zahlungsdienstleister des Zahlungsempfängers folgende obligatorischen Datenelemente zur Verfügung:
      i) BIC des Zahlungsdienstleisters des Zahlers (sofern von den an der Zahlung beteiligten Zahlungsdienstleistern nicht anders vereinbart),

ii) BIC des Zahlungsdienstleisters des Zahlungsempfängers (sofern von den am Zahlungsvorgang beteiligten Zahlungsdienstleistern nicht anders vereinbart),

iii) Identifikationscode des Zahlverfahrens,

iv) Verrechnungsdatum der Überweisung,

v) Referenznummer der Überweisungsnachricht des Zahlungsdienstleisters des Zahlers.

d) Die in Artikel 5 Absatz 2 Buchstabe c genannten Datenelemente sind folgende:

i) Name des Zahlers,

ii) Überweisungsbetrag,

iii) gegebenenfalls Angaben zum Verwendungszweck.

3. Zusätzlich zu den unter Nummer 1 genannten Anforderungen gelten für Lastschriften folgende Anforderungen:

a) Die in Artikel 5 Absatz 3 Buchstabe a Ziffer i genannten Datenelemente sind folgende:

i) Art der Lastschrift (wiederkehrende, einmalige, erste, letzte Lastschrift, Rücklastschrift),

ii) Name des Zahlungsempfängers,

iii) IBAN des Zahlungskontos des Zahlungsempfängers, auf das die Gutschrift geleistet werden soll,

iv) sofern verfügbar, Name des Zahlers,

v) IBAN des Zahlungskontos des Zahlers, das durch den Einzug belastet werden soll,

vi) eindeutige Mandatsreferenz,

vii) Datum der Zeichnung des Mandats, sofern dieses vom Zahler nach dem 31. März 2012 erteilt wird,

viii) Höhe des Einzugsbetrags,

ix) (bei Übernahme des Mandats durch einen anderen als den Zahlungsempfänger, der das Mandat ursprünglich erhalten hat) die vom ursprünglichen Zahlungsempfänger mitgeteilte eindeutige Mandatsreferenz,

x) Identifikationsnummer des Zahlungsempfängers,

xi) bei Übernahme des Mandats durch einen anderen als den Zahlungsempfänger, der das Mandat ursprünglich erhalten hat, Identifikationsnummer des ursprünglichen Zahlungsempfängers,

xii) gegebenenfalls Angaben zum Verwendungszweck des Zahlungsempfängers für den Zahler,

xiii) gegebenenfalls Zweck des Einzugs,

xiv) gegebenenfalls Kategorie des Zwecks des Einzugs.

b) Die in Artikel 5 Absatz 3 Buchstabe b genannten Datenelemente sind folgende:

i) BIC des Zahlungsdienstleisters des Zahlungsempfängers (sofern von den am Zahlungsvorgang beteiligten Zahlungsdienstleistern nicht anders vereinbart),

ii) BIC des Zahlungsdienstleisters des Zahlers (sofern von den am Zahlungsvorgang beteiligten Zahlungsdienstleistern nicht anders vereinbart),

iii) Name der Referenzpartei des Zahlers (falls bei dematerialisiertem Mandat vorhanden),

iv) Identifikationscode der Referenzpartei des Zahlers (falls bei dematerialisiertem Mandat vorhanden),

v) Name der Referenzpartei des Zahlungsempfängers (falls bei dematerialisiertem Mandat vorhanden),

vi) Identifikationscode der Referenzpartei des Zahlungsempfängers (falls bei dematerialisiertem Mandat vorhanden),

vii) Identifikationscode des Zahlverfahrens,

viii) Verrechnungsdatum des Einzugs,

ix) Einzugsreferenz des Zahlungsdienstleisters des Zahlungsempfängers,

x) Art des Mandats,

xi) Art der Lastschrift (wiederkehrende, einmalige, erste, letzte Lastschrift, Rücklastschrift),

xii) Name des Zahlungsempfängers,

xiii) IBAN des Zahlungskontos des Zahlungsempfängers, auf das die Gutschrift geleistet werden soll,

xiv) sofern verfügbar, Name des Zahlers,

xv) IBAN des Zahlungskontos des Zahlers, das durch den Einzug belastet werden soll,

xvi) eindeutige Mandatsreferenz,

xvii) Datum der Zeichnung des Mandats, sofern dieses vom Zahler nach dem 31. März 2012 erteilt wird,

xviii) Höhe des Einzugsbetrags,

xix) die vom ursprünglichen Zahlungsempfänger mitgeteilte eindeutige Mandatsreferenz (bei Übernahme des Mandats durch einen anderen als den mandatserteilenden Zahlungsempfänger),

xx) Identifikationsnummer des Zahlungsempfängers,

xxi) Identifikationsnummer des ursprünglichen, mandatserteilenden Zahlungsempfängers (bei Übernahme des Mandats durch einen anderen als den mandatserteilenden Zahlungsempfänger),

xxii) gegebenenfalls Angaben zum Verwendungszweck des Zahlungsempfängers für den Zahler.

c) Die in Artikel 5 Absatz 3 Buchstabe c genannten Datenelemente sind folgende:

i) eindeutige Mandatsreferenz,

ii) Identifikationsnummer des Zahlungsempfängers,

iii) Name des Zahlungsempfängers,

iv) Höhe des Einzugsbetrags,

v) gegebenenfalls Angaben zum Verwendungszweck,

vi) Identifikationscode des Zahlverfahrens.

Bundesgesetz über die Vergleichbarkeit von Entgelten für Verbraucherzahlungskonten, den Wechsel von Verbraucherzahlungskonten und den Zugang zu Verbraucherzahlungskonten mit grundlegenden Funktionen (Verbraucherzahlungskontogesetz – VZKG)

BGBl I 2016/35 idF

1 BGBl I 2016/118
2 BGBl I 2017/158
3 BGBl I 2018/17
4 BGBl I 2018/72

Bundesgesetz über die Vergleichbarkeit von Entgelten für Verbraucherzahlungskonten, den Wechsel von Verbraucherzahlungskonten und den Zugang zu Verbraucherzahlungskonten mit grundlegenden Funktionen (Verbraucherzahlungskontogesetz – VZKG)

Inhaltsverzeichnis

1. Hauptstück
Allgemeine Bestimmungen

Regelungsgegenstand

§ 1. Dieses Bundesgesetz regelt

1. Informationen, die Zahlungsdienstleister einem Verbraucher über die für Zahlungskonten verlangten Entgelte erteilen müssen;

2. den Betrieb einer Website, die einen Vergleich der in Österreich für Zahlungskonten verlangten Entgelte ermöglicht, durch die Bundesarbeitskammer;

3. Pflichten, die Zahlungsdienstleister beim Wechsel eines Zahlungskontos gegenüber einem Verbraucher treffen;

4. die Voraussetzungen, unter denen ein Verbraucher Zugang zu einem Zahlungskonto mit grundlegenden Funktionen hat, und die Bedingungen, zu denen der Verbraucher ein solches Konto nutzen kann.

Begriffsbestimmungen

§ 2. Für die Zwecke dieses Bundesgesetzes bezeichnet der Ausdruck

1. „Verbraucher" jede natürliche Person, die zu Zwecken handelt, die nicht ihrer gewerblichen oder beruflichen Tätigkeit zugerechnet werden können;

2. „mit rechtmäßigem Aufenthalt in der Europäischen Union" den Fall, dass eine natürliche Person aufgrund des Unionsrechts oder aufgrund nationalen Rechts das Recht auf Aufenthalt in einem Mitgliedstaat der Europäischen Union hat, einschließlich Verbraucher ohne festen Wohnsitz und Asylsuchende im Sinne des Genfer Abkommens vom 28. Juli 1951 über die Rechtsstellung der Flüchtlinge, des dazugehörigen Protokolls vom 31. Januar 1967 und anderer einschlägiger völkerrechtlicher Verträge;

3. „Zahlungskonto" ein auf den Namen eines oder mehrerer Verbraucher lautendes Konto, das für die Ausführung von Zahlungsvorgängen genutzt wird;

4. „Zahlungsdienst" eine in § 1 Abs. 2 des „Zahlungsdienstegesetzes 2018 – ZaDiG 2018, BGBl. I Nr. 17/2018", genannte gewerbliche Tätigkeit; *(BGBl I 2018/17)*

5. „Zahlungsvorgang" die bzw. der vom Zahler oder Zahlungsempfänger ausgelöste Bereitstellung, Transfer oder Abhebung eines Geldbetrags, unabhängig von etwaigen zugrunde liegenden Verpflichtungen im Verhältnis zwischen Zahler und Zahlungsempfänger;

6. „mit einem Zahlungskonto verbundene Dienste" alle Dienste im Zusammenhang mit der Eröffnung, dem Führen und dem Schließen eines Zahlungskontos einschließlich Zahlungsdiensten und Zahlungsvorgängen, die unter „§ 3 Abs. 3 Z 7 ZaDiG 2018" fallen, sowie Überziehungsmöglichkeiten und Überschreitungen; *(BGBl I 2018/17)*

7. „Zahlungsdienstleister" ein in „§ 1 Abs. 3 ZaDiG 2018" angeführtes Rechtssubjekt; *(BGBl I 2018/17)*

8. „Kreditinstitut" ein Kreditinstitut im Sinne des Art. 4 Abs. 1 Nr. 1 der Verordnung (EU) Nr. 575/2013;

9. „Zahlungsinstrument" jedes personalisierte Instrument oder jeden personalisierten Verfahrensablauf, das oder der zwischen dem Zahlungsdienstnutzer und dem Zahlungsdienstleister vereinbart wurde und das oder der vom Zahlungsdienstnutzer eingesetzt werden kann, um einen Zahlungsauftrag zu erteilen;

10. „übertragender Zahlungsdienstleister" den Zahlungsdienstleister, von dem die für die Durchführung eines Kontowechsels erforderlichen Informationen übertragen werden;

11. „empfangender Zahlungsdienstleister" den Zahlungsdienstleister, an den die für die Durchführung eines Kontowechsels erforderlichen Informationen übertragen werden;

12. „Zahlungsauftrag" jeden Auftrag, den ein Zahler oder Zahlungsempfänger seinem Zahlungsdienstleister zur Ausführung eines Zahlungsvorgangs erteilt;

13. „Zahler" eine natürliche oder juristische Person, die Inhaber eines Zahlungskontos ist und die einen Zahlungsauftrag von diesem Zahlungskonto gestattet, oder – falls kein Zahlungskonto des Zahlers vorhanden ist – eine natürliche oder juristische Person, die einen Auftrag zur Zahlung auf das Zahlungskonto eines Zahlungsempfängers erteilt;

14. „Zahlungsempfänger" eine natürliche oder juristische Person, die den bei einem Zahlungsvorgang transferierten Geldbetrag als Empfänger erhalten soll;

15. „Entgelte" alle etwaigen Kosten und eventuelle Vertragsstrafen, die der Verbraucher für oder in Bezug auf die Erbringung von mit einem Zahlungskonto verbundenen Diensten an den Zahlungsdienstleister zu entrichten hat;

16. „Habenzinssatz" jeglichen Satz, zu dem Zinsen an den Verbraucher hinsichtlich seines Guthabens auf einem Zahlungskonto gezahlt werden;

17. „dauerhafter Datenträger" jedes Medium, das es dem Verbraucher gestattet, an ihn persönlich gerichtete Informationen derart zu speichern, dass er sie in der Folge für eine für die Zwecke der Informationen angemessene Dauer einsehen

kann, und das die unveränderte Wiedergabe der gespeicherten Informationen ermöglicht;

18. „Kontowechsel“ oder „Kontowechsel-Service“ die auf Wunsch eines Verbrauchers vorgenommene Übertragung von einem Zahlungsdienstleister zu einem anderen entweder der Informationen über alle oder bestimmte Daueraufträge für Überweisungen, wiederkehrende Lastschriften und wiederkehrende eingehende Überweisungen auf einem Zahlungskonto oder jeglichen positiven Saldos von einem Zahlungskonto auf das andere oder beides, mit oder ohne Schließung des früheren Zahlungskontos;

19. „Lastschrift“ einen vom Zahlungsempfänger ausgelösten inländischen oder grenzüberschreitenden Zahlungsdienst zur Belastung des Zahlungskontos des Zahlers aufgrund der Zustimmung des Zahlers zu einem Zahlungsvorgang;

20. „Überweisung“ einen vom Zahler ausgelösten inländischen oder grenzüberschreitenden Zahlungsdienst zum Zwecke der Erteilung einer Gutschrift auf das Zahlungskonto des Zahlungsempfängers zulasten des Zahlungskontos des Zahlers, in Ausführung eines oder mehrerer Zahlungsvorgänge durch den Zahlungsdienstleister, der das Zahlungskonto des Zahlers führt;

21. „Dauerauftrag“ eine vom Zahler an den Zahlungsdienstleister, der das Zahlungskonto des Zahlers führt, erteilte Anweisung, in regelmäßigen Abständen oder zu vorab festgelegten Terminen Überweisungen vorzunehmen;

22. „Geldbetrag“ Banknoten und Münzen, Giralgeld und elektronisches Geld im Sinne des § 1 Abs. 1 des E-Geldgesetzes 2010, BGBl. I Nr. 107/2010;

23. „Rahmenvertrag“ einen Zahlungsdienstvertrag, der die zukünftige Ausführung einzelner und aufeinanderfolgender Zahlungsvorgänge regelt und die Verpflichtung zur Einrichtung eines Zahlungskontos sowie die entsprechenden Bedingungen enthalten kann;

24. „Geschäftstag“ jeden Tag, an dem der jeweilige Zahlungsdienstleister den für die Ausführung von Zahlungsvorgängen erforderlichen Geschäftsbetrieb unterhält;

25. „Überziehungsmöglichkeit“ einen ausdrücklichen Kreditvertrag, bei dem ein Zahlungsdienstleister dem Verbraucher Beträge zur Verfügung stellt, die das aktuelle Guthaben auf dem laufenden Zahlungskonto des Verbrauchers überschreiten;

26. „Überschreitung“ eine stillschweigend akzeptierte Überziehung, bei der ein Zahlungsdienstleister dem Verbraucher Beträge zur Verfügung stellt, die das aktuelle Guthaben auf dem laufenden Zahlungskonto des Verbrauchers oder die vereinbarte Überziehungsmöglichkeit überschreiten;

27. „Liste der repräsentativsten mit einem Zahlungskonto verbundenen Dienste“ die von der Finanzmarktaufsichtsbehörde (FMA) gemäß § 29 Abs. 4 mit Verordnung festgelegte Liste von Diensten, die von Verbrauchern in Österreich im Zusammenhang mit ihrem Zahlungskonto am häufigsten genutzt werden oder die den Verbrauchern die höchsten Kosten sowohl insgesamt als auch pro Einheit verursachen, einschließlich der Begriffe und Begriffsbestimmungen, die in der Verordnung zu jedem der in der Liste angeführten Dienste festgelegt sind;

28. „jährliche Kontokosten“ die Summe aller Entgelte, die bei einem angebotenen Zahlungskonto jährlich für die Nutzung der repräsentativsten mit einem Zahlungskonto verbundenen Dienste ohne Berücksichtigung von Soll- und Habenzinsen anfällt, wenn von bestimmten Annahmen über das Nutzungsverhalten des Verbrauchers ausgegangen wird;

29. „außergerichtliche FIN-NET Schlichtungsstelle“ die Gemeinsame Schlichtungsstelle der Österreichischen Kreditwirtschaft als österreichisches Mitglied von FIN-NET, die in Österreich die außergerichtliche Streitbeilegungseinrichtung gemäß Art. 24 der Richtlinie 2014/92/EU ist.

Anwendungsbereich

§ 3. (1) Dieses Bundesgesetz gilt für Zahlungskonten, die dem Verbraucher mindestens Folgendes ermöglichen:

1. die Einzahlung eines Geldbetrags auf ein Zahlungskonto;

2. die Bargeldabhebung von einem Zahlungskonto;

3. die Ausführung und den Empfang von Zahlungsvorgängen, einschließlich Überweisungen, an Dritte und von Dritten.

(2) Das 2. und 3. Hauptstück gelten für Zahlungsdienstleister. Das 4. Hauptstück gilt für Kreditinstitute.

(3) Dieses Bundesgesetz ist auf die Österreichische Kontrollbank Aktiengesellschaft, die Europäische Zentralbank, die Österreichische Nationalbank und auf Zentralbanken anderer Mitgliedstaaten der Europäischen Union nicht anzuwenden.

(4) Die Bestimmungen der §§ 23 Abs. 4 und 5, 24, 27 und 28 sind auf Kreditinstitute nicht anzuwenden, die

1. keine anderen Zahlungskonten als solche mit grundlegenden Funktionen anbieten,

2. Rahmenverträge über solche Konten ausschließlich mit Verbrauchern abschließen, die nach der vom Bundesminister für Arbeit, Soziales und Konsumentenschutz gemäß § 26 Abs. 2 erlassenen Verordnung besonders schutzbedürftig sind, und

3. dem Verbraucher zusätzlich zu den in § 25 Abs. 1 angeführten Diensten eine unabhängige Finanzbildung bereitstellen, um den verantwortungsvollen Umgang des Verbrauchers mit seinen Finanzmitteln zu fördern.

Unwirksame Vereinbarungen

§ 4. (1) Soweit in Vereinbarungen zum Nachteil des Verbrauchers von den Bestimmungen dieses Bundesgesetzes abgewichen wird, sind sie unwirksam.

(2) Eine Vereinbarung, nach welcher der Verbraucher ein Entgelt für einzelne Bargeldabhebungen von seinem Zahlungskonto an Geldautomaten mit einer vom kontoführenden Zahlungsdienstleister zum Zahlungskonto ausgegebenen Zahlungskarte zu zahlen hat, ist unwirksam, es sei denn der Zahlungsdienstleister beweist, dass die Vertragsbestimmung mit dem Verbraucher im Einzelnen ausgehandelt worden ist. *(BGBl I 2017/158)*

Entgeltansprüche unabhängiger Betreiber von Geldautomaten

§ 4a. *(aufgehoben, BGBl I 2018/72, VfGH)*

2. Hauptstück

Vergleichbarkeit der Entgelte für Zahlungskonten

1. Abschnitt

Informationspflichten des Zahlungsdienstleisters

Unentgeltlichkeit der Informationen

§ 5. Der Zahlungsdienstleister hat dem Verbraucher alle nach diesem Abschnitt vorgeschriebenen Informationen unentgeltlich zu erteilen.

Entgeltinformation und Glossar

§ 6. (1) Der Zahlungsdienstleister hat dem Verbraucher rechtzeitig, bevor der Verbraucher durch einen Rahmenvertrag oder ein Vertragsangebot gebunden ist, eine Information über die Entgelte mitzuteilen, die für die einzelnen repräsentativsten mit einem Zahlungskonto verbundenenen Dienste verlangt werden, soweit diese Dienste vom Zahlungsdienstleister angeboten werden.

(2) Die Entgeltinformation muss

1. dem Verbraucher in Papierform oder, sofern der Verbraucher damit einverstanden ist, auf einem anderen dauerhaften Datenträger sowie gemeinsam mit den nach § 28 Abs. 1 ZaDiG vorgeschriebenen vorvertraglichen Informationen mitgeteilt werden;

2. ein kurz gehaltenes eigenständiges Dokument sein, das am oberen Ende der ersten Seite neben der Überschrift „Entgeltinformation“ das gemeinsame Symbol enthält, das in den von der Europäischen Kommission gemäß Art. 4 Abs. 6 der Richtlinie 2014/92/EU erlassenen technischen Durchführungsstandards festgelegt ist;

3. in dem Format präsentiert werden, das in den von der Europäischen Kommission gemäß Art. 4 Abs. 6 der Richtlinie 2014/92/EU erlassenen technischen Durchführungsstandards festgelegt ist;

4. die standardisierten Begriffe der Liste der repräsentativsten mit einem Zahlungskonto verbundenen Dienste enthalten, wobei in der Liste angeführte Dienste, die vom Zahlungsdienstleister nicht angeboten werden, entsprechend zu kennzeichnen sind;

5. sachlich richtig und frei von irreführenden Inhalten sein;

6. auf eine Art und Weise präsentiert und aufgemacht sein, die klar und leicht verständlich ist, wobei Buchstaben in gut leserlicher Größe zu verwenden sind;

7. auch als Schwarz-Weiß-Ausdruck oder -Fotokopie nicht weniger gut lesbar sein, wenn sie ursprünglich farbig gestaltet war;

8. in der Amtssprache des Mitgliedstaats der Europäischen Union abgefasst sein, in dem das Zahlungskonto angeboten wird, oder in einer anderen Sprache, auf die sich Verbraucher und Zahlungsdienstleister gemäß § 28 Abs. 1 Z 4 lit. c ZaDiG geeinigt haben;

9. auf die Währung des Zahlungskontos oder auf eine andere Währung eines Mitgliedstaates der Europäischen Union, auf die sich Verbraucher und Zahlungsdienstleister geeinigt haben, abgestellt sein;

10. einen Hinweis auf die von der Bundesarbeitskammer nach den §§ 10 ff betriebene Website und den dort möglichen Entgeltvergleich enthalten;

11. eine Erläuterung enthalten, dass darin die Entgelte für die repräsentativsten mit einem Zahlungskonto verbundenen Dienste aufgeführt sind und die vollständigen vorvertraglichen und vertraglichen Informationen zu sämtlichen Diensten den anderen, gemeinsam mit der Entgeltinformation ausgehändigten Dokumenten zu entnehmen sind.

(3) Werden einer oder mehrere der Dienste als Teil eines Dienstleistungspakets für ein Zahlungskonto angeboten, muss die Entgeltinformation Folgendes offenlegen:

1. die Dienste, die in dem Paket enthalten sind,

2. den Umfang, in dem diese Dienste in dem Paket enthalten sind,

3. die Entgelte, die für das Paket zu zahlen sind, und

4. die zusätzlichen Entgelte, die für etwaige Dienste anfallen, die über den von den Entgelten für das Paket erfassten Umfang hinausgehen.

(4) Der Zahlungsdienstleister hat dem Verbraucher gemeinsam mit der Entgeltinformation ein Glossar mitzuteilen, das zumindest die standardisierten Begriffe, die in der Liste der repräsentativsten mit einem Zahlungskonto verbundenen Dienste festgelegt sind, und die entsprechenden Begriffsbestimmungen enthält. Das Glossar einschließlich etwaiger weiterer Begriffsbestimmungen muss in klarer, eindeutiger und allgemein verständlicher Sprache abgefasst sein und es darf nicht irreführend sein.

(5) Der Zahlungsdienstleister hat die Entgeltinformation und das Glossar außerdem

1. einem Verbraucher auf Anfrage jederzeit in Papierform oder auf einem anderen dauerhaften Datenträger auszuhändigen,

2. in allen seinen für Verbraucher zugänglichen Geschäftsräumen bereitzustellen und

3. in elektronischer Form auf seiner Website, sofern verfügbar, leicht zugänglich zu machen.

Zahlungskonten im Paket mit anderen Produkten oder Diensten

§ 7. Bietet der Zahlungsdienstleister ein Zahlungskonto als Teil eines Pakets in Kombination mit einem anderen Produkt oder einem anderen Dienst an, das oder der nicht Bestandteil der eigentlichen Zahlungskontodienstleistung ist, muss er den Verbraucher rechtzeitig, bevor dieser durch einen Vertrag oder ein Vertragsangebot gebunden ist, darüber aufklären, ob es auch möglich ist, das Zahlungskonto separat zu erwerben. Ist das der Fall, muss der Zahlungsdienstleister dem Verbraucher gesondert Auskunft über die Kosten und Entgelte erteilen, die jeweils für die übrigen im Paket enthaltenen Produkte und Dienste anfallen, die separat erworben werden können.

Entgeltaufstellung

§ 8. (1) Unbeschadet seiner nach § 31 Abs. 2 bis 5 ZaDiG und allenfalls nach den §§ 21 und 22 des Verbraucherkreditgesetzes – VKrG, BGBl. I Nr. 28/2010, bestehenden Informationsverpflichtungen hat der Zahlungsdienstleister dem Verbraucher mindestens einmal jährlich und bei der Beendigung des Rahmenvertrags eine Entgeltaufstellung mitzuteilen oder zugänglich zu machen, die mindestens folgende Angaben enthalten muss:

1. das in Rechnung gestellte Einzelentgelt je Dienst und die Anzahl der Inanspruchnahmen der betreffenden Dienste während des Bezugszeitraums;

2. für den Fall, dass die Dienste in einem Paket zusammengefasst sind, das für das Gesamtpaket in Rechnung gestellte Entgelt, die Angabe, wie oft das Entgelt für das Gesamtpaket im Bezugszeitraum in Rechnung gestellt wurde, und das für jeden Dienst, der über den im Entgelt für das Paket enthaltenen Umfang hinausgeht, in Rechnung gestellte zusätzliche Entgelt;

3. den Gesamtbetrag der im Bezugszeitraum angefallenen Entgelte für jeden Dienst, jedes Dienstpaket und für Dienste, die über den im Entgelt für das Paket erfassten Umfang hinausgehen;

4. gegebenenfalls den Sollzinssatz für das Zahlungskonto und den Gesamtbetrag der wegen einer Überziehung oder Überschreitung im Bezugszeitraum in Rechnung gestellten Zinsen;

5. gegebenenfalls den Habenzinssatz für das Zahlungskonto und den Gesamtbetrag der im Bezugszeitraum aufgelaufenen Zinsen;

6. den in Rechnung gestellten Gesamtbetrag der Entgelte für sämtliche der im Bezugszeitraum geleisteten Dienste.

(2) Die Entgeltaufstellung muss

1. dem Verbraucher über den mit ihm vereinbarten Kommunikationsweg mitgeteilt oder zugänglich gemacht werden, wobei die Entgeltaufstellung dem Verbraucher zumindest auf Verlangen in Papierform mitzuteilen ist;

2. oberen Ende der ersten Seite neben der Überschrift „Entgeltaufstellung“ das gemeinsame Symbol enthalten, das in den von der Europäischen Kommission gemäß Art. 5 Abs. 4 der Richtlinie 2014/92/EU erlassenen technischen Durchführungsstandards festgelegt ist, sodass das Dokument von anderen Unterlagen zu unterscheiden ist;

3. in dem Format präsentiert werden, das in den von der Europäischen Kommission gemäß Art. 5 Abs. 4 der Richtlinie 2014/92/EU erlassenen technischen Durchführungsstandards festgelegt ist;

4. sachlich richtig und frei von irreführenden Inhalten sein;

5. auf eine Art und Weise präsentiert und aufgemacht sein, die klar und leicht verständlich ist, wobei Buchstaben in gut leserlicher Größe zu verwenden sind;

6. in der Amtssprache des Mitgliedstaats der Europäischen Union abgefasst sein, in dem das Zahlungskonto angeboten wird, oder in einer anderen Sprache, auf die sich Verbraucher und Zahlungsdienstleister gemäß § 28 Abs. 1 Z 4 lit. c ZaDiG geeinigt haben;

7. auf die Währung des Zahlungskontos oder auf eine andere Währung eines Mitgliedstaates der Europäischen Union, auf die sich Verbraucher und Zahlungsdienstleister geeinigt haben, abgestellt sein;

8. einen Hinweis auf die von der Bundesarbeitskammer nach den §§ 10 ff betriebene Website und den dort möglichen Entgeltvergleich enthalten.

(3) Im Fall einer Überschreitung, die seit mehr als drei Monaten durchgehend das eineinhalbfache der durchschnittlichen monatlichen Eingänge auf dem Zahlungskonto während dieses Zeitraums übersteigt, hat der Zahlungsdienstleister der Entgeltaufstellung Folgendes anzufügen:

1. die Standardinformationen gemäß § 5 VKrG zu mindestens einem Ratenkreditvertrag, mit dem der Finanzbedarf des Verbrauchers allenfalls kostengünstiger als mit der bestehenden Überschreitung gedeckt werden könnte;

2. ein Angebot zu einer die individuellen Bedürfnisse und Umstände des Verbrauchers berücksichtigenden Beratung über diesen Ratenkreditvertrag und über allfällige sonstige Kreditprodukte, die beim Zahlungsdienstleister für eine kostengünstigere Deckung des Finanzbedarfs des Verbrauchers verfügbar sind.

Verwendung firmeneigener Bezeichnungen

§ 9. (1) Der Zahlungsdienstleister hat in seinen Vertrags-, Geschäfts- und Marketinginformationen für Verbraucher die standardisierten Begriffe zu verwenden, die in der Liste der repräsentativsten mit einem Zahlungskonto verbundenen Dienste festgelegt sind. Firmeneigene Bezeichnungen für seine Dienste darf der Zahlungsdienstleister nur unter der Voraussetzung verwenden, dass sie den standardisierten Begriffen, denen sie entsprechen, eindeutig zugeordnet werden.

(2) In der Entgeltinformation und in der Entgeltaufstellung dürfen firmeneigene Produktbezeichnungen unter der Voraussetzung verwendet werden, dass diese firmeneigenen Produktbezeichnungen zusätzlich zu den standardisierten Begriffen verwendet werden, die in der Liste der repräsentativsten mit einem Zahlungskonto verbundenen Dienste festgelegt sind, und sie eine untergeordnete Bezeichnung für diese Dienste darstellen.

2. Abschnitt
Vergleichswebsite der Bundesarbeitskammer

Übertragung

§ 10. (1) Der Bundesarbeitskammer obliegt im übertragenen Wirkungsbereich der Betrieb einer öffentlich und kostenlos zugänglichen Website, die einen den Vorgaben des § 11 entsprechenden Vergleich der Entgelte ermöglicht, die von Zahlungsdienstleistern in Österreich für die repräsentativsten mit einem Zahlungskonto verbundenen Dienste verlangt werden.

(2) Die Bundesarbeitskammer hat die gemäß Abs. 1 übertragenen Aufgaben unabhängig von ihren im eigenen Wirkungsbereich nach dem Arbeiterkammergesetz 1992 – AKG, BGBl. Nr. 626/1991, wahrzunehmenden Aufgaben und unabhängig von Zahlungsdienstleistern oder deren Interessenvertretungen durchzuführen.

(3) Die Bundesarbeitskammer ist in dem durch dieses Bundesgesetz übertragenen Wirkungsbereich an die Weisungen des Bundesministers für Arbeit, Soziales und Konsumentenschutz gebunden.

(4) Auf der Website ist eindeutig offen zu legen, dass sie von der Bundesarbeitskammer betrieben wird.

Entgeltvergleich

§ 11. (1) In den Entgeltvergleich gemäß § 10 Abs. 1 muss eine breite Palette an Zahlungskontoangeboten einbezogen werden, die einen wesentlichen Teil des Marktes abdeckt. Falls die gemäß Abs. 2 ermittelten Suchergebnisse keine vollständige Marktübersicht bieten, muss der Verbraucher darauf unmissverständlich hingewiesen werden, bevor die Ergebnisse angezeigt werden.

(2) Dem Verbraucher muss für den Entgeltvergleich ein Berechnungstool zur Verfügung stehen, das ihm die Möglichkeit gibt, mit Hilfe standardisierter Voreinstellungen seine Wünsche zu den mit dem Zahlungskonto verbundenen Diensten und dem Umfang ihrer Nutzung sowie zur Art der Entgeltverrechnung anzugeben und auf dieser Grundlage für ihn passende Angebote zu ermitteln, die nach der Höhe der jährlichen Kontokosten zu reihen sind.

(3) Bei den gemäß Abs. 2 ermittelten Suchergebnissen sind neben den jährlichen Kontokosten jeweils auch anzugeben:

1. der dem Verbraucher im Fall von Überziehungen oder Überschreitungen verrechnete jährliche Sollzinssatz mit einem Hinweis darauf, ob dieser Zinssatz fix oder variabel ist;

2. der dem Verbraucher für Guthaben auf dem Zahlungskonto gewährte jährliche Habenzinssatz mit einem Hinweis darauf, ob dieser Zinssatz fix oder variabel ist;

3. ein Link, über den der Verbraucher Zugang zu den Informationen hat, die zu dem betreffenden Zahlungskontoangebot gemäß § 6 Abs. 5 auf der Website des Zahlungsdienstleisters verfügbar sein müssen;

4. ein Link, über den der Verbraucher Zugang zu Informationen hat über

a) die Anzahl, die Standorte und die Öffnungszeiten der Filialen des Zahlungsdienstleisters mit einem betreuten Schalterbereich;

b) die Anzahl der Selbstbedienungsfoyers des Zahlungsdienstleisters und die Anzahl der darin aufgestellten Selbstbedienungsautomaten;

c) die dem Verbraucher für eine Fernkommunikation mit dem Zahlungsdienstleister zur Verfügung stehenden Mittel und die Uhrzeiten, während der diese Fernkommunikationsmittel jeweils genutzt werden können.

(4) Die Bundesarbeitskammer hat sicherzustellen, dass die Zahlungsdienstleister bei den ermittelten Suchergebnissen gleich behandelt werden.

(5) Der Verbraucher muss die Möglichkeit haben, den Entgeltvergleich einzuschränken auf:

a) ein Bundesland; oder

b) Zahlungskonten mit grundlegenden Funktionen; oder

c) ein Bundesland und Zahlungskonten mit grundlegenden Funktionen.

(6) Sämtliche Kriterien, auf die sich der Vergleich stützt, müssen objektiv sein und dem Verbraucher stets klar offengelegt werden.

(7) Alle Informationen und Erläuterungen, die der Verbraucher im Zusammenhang mit dem Berechnungstool und dem Entgeltvergleich erhält, müssen in einer leicht verständlichen und eindeutigen Sprache abgefasst sein, wobei gegebenenfalls die standardisierten Begriffe der Liste der repräsentativsten mit einem Zahlungskonto verbundenen Dienste zu verwenden sind.

(8) Unrichtige Informationen, die über die Website öffentlich zugänglich sind, müssen der Bundesarbeitskammer jederzeit online gemeldet werden können.

(9) Die Bundesarbeitskammer hat ein Zahlungskontoangebot, das von einer Meldung gemäß Abs. 8 betroffen ist, unter gleichzeitiger Verständigung des Zahlungsdienstleisters solange vom Entgeltvergleich auszunehmen, bis der Zahlungsdienstleister entweder die beanstandete Information berichtigt hat oder er der Bundesarbeitskammer die Richtigkeit der Information mit ausreichenden Angaben bestätigt hat.

Teilnahme am Entgeltvergleich

§ 12. (1) Die Bundesarbeitskammer hat Zahlungsdienstleistern, die am Entgeltvergleich teilnehmen wollen, ein Formular online zur Verfügung zu stellen, mit dem diese die für den Entgeltvergleich notwendigen Daten zu ihren aktuellen Zahlungskontoangeboten melden müssen. Das Formular muss eine Verpflichtung des Zahlungsdienstleisters enthalten, die gemeldeten Daten im Fall von Änderungen mit dem Tag des Inkrafttretens der Änderung zu berichtigen.

(2) Sobald die Bundesarbeitskammer eine vollständige Meldung gemäß Abs. 1 erhalten hat, muss sie das betreffende Zahlungskontoangebot unverzüglich in den Entgeltvergleich einbeziehen, es sei denn, das Angebot ist an Bedingungen gebunden, die nicht repräsentativ sind.

Datenverwendung

§ 13. Die Bundesarbeitskammer ist unter Beachtung des Datenschutzgesetzes 2000 – DSG 2000, BGBl. I Nr. 165/1999, ermächtigt, ausschließlich zur Durchführung der ihr durch dieses Bundesgesetz übertragenen Aufgaben Daten gemäß den Bestimmungen des § 11 zu verarbeiten und an die Benutzer des für den Entgeltvergleich zur Verfügung stehenden Berechnungstools zu übermitteln.

3. Hauptstück

Kontowechsel

Bereitstellung eines Kontowechsel-Service

§ 14. Der Zahlungsdienstleister hat einem Verbraucher, der bei einem in Österreich ansässigen Zahlungsdienstleister ein Zahlungskonto eröffnet oder Inhaber eines solchen Kontos ist, einen Kontowechsel-Service gemäß den §§ 16 bis 19 zwischen Zahlungskonten, die in derselben Währung geführt werden, zur Verfügung zu stellen.

Informationen zum Kontowechsel-Service

§ 15. (1) Der Zahlungsdienstleister hat dem Verbraucher, bevor ihm dieser eine Ermächtigung gemäß § 16 erteilt, folgende Informationen über den Kontowechsel-Service mitzuteilen oder zugänglich zu machen:

1. Aufgaben des übertragenden und des empfangenden Zahlungsdienstleisters bei jedem Schritt des Kontowechselverfahrens gemäß den §§ 16 bis 19;

2. Fristen für die Durchführung der jeweiligen Schritte;

3. etwaige von ihm für das Kontowechselverfahren in Rechnung gestellte Entgelte;

4. alle Informationen, die beim Verbraucher angefordert werden;

5. Verfahren zur alternativen Streitbeilegung.

(2) Der Zahlungsdienstleister hat die Informationen gemäß Abs. 1 außerdem

1. einem Verbraucher auf Anfrage jederzeit unentgeltlich in Papierform oder auf einem anderen dauerhaften Datenträger auszuhändigen,

2. in allen seinen für Verbraucher zugänglichen Geschäftsräumen unentgeltlich in Papierform oder auf einem anderen dauerhaften Datenträger bereitzustellen, und

3. in elektronischer Form auf seiner Website, sofern verfügbar, leicht zugänglich zu machen.

Ermächtigung und Einleitung des Kontowechsels

§ 16. (1) Der empfangende Zahlungsdienstleister hat den Kontowechsel auf Wunsch des Verbrauchers einzuleiten, sobald er dazu die Ermächtigung des Verbrauchers erhalten hat. Bei zwei oder mehr Kontoinhabern ist die Ermächtigung jedes Kontoinhabers einzuholen.

(2) Die Ermächtigung ist vom Verbraucher schriftlich zu erteilen, wobei dem Verbraucher eine Kopie der Ermächtigung auszuhändigen ist.

(3) Die Ermächtigung muss in deutscher Sprache oder in jeder anderen von den Parteien vereinbarten Sprache verfasst sein.

(4) Die Ermächtigung muss es dem Verbraucher ermöglichen,

1. dem übertragenden Zahlungsdienstleister gezielt für die Wahrnehmung jeder der in § 17 genannten Aufgaben und dem empfangenden Zahlungsdienstleister gezielt für die Wahrnehmung jeder der in § 18 Abs. 1 genannten Aufgaben gesondert seine ausdrückliche Einwilligung zu geben;

2. die eingehenden Überweisungen, die Daueraufträge und die Lastschriftmandate zu bestimmen, die bei dem Kontowechsel transferiert werden sollen;

3. das Datum anzugeben, ab dem Daueraufträge und Lastschriften von dem beim empfangenden Zahlungsdienstleister eröffneten oder geführten Zahlungskonto auszuführen sind; dieses Datum muss mindestens sechs Geschäftstage nach dem Tag liegen, an dem der empfangende Zahlungsdienstleister die Unterlagen erhalten hat, die gemäß § 17 vom übertragenden Zahlungsdienstleister weitergegeben wurden.

(5) Sofern die Ermächtigung des Verbrauchers das vorsieht, hat der empfangende Zahlungsdienstleister den übertragenden Zahlungsdienstleister innerhalb von zwei Geschäftstagen nach Erhalt der Ermächtigung aufzufordern,

1. dem empfangenden Zahlungsdienstleister und – wenn vom Verbraucher ausdrücklich gewünscht – dem Verbraucher eine Liste der bestehenden Daueraufträge und die verfügbaren Informationen zu Lastschriftmandaten, die bei dem Kontowechsel transferiert werden, zu übermitteln;

2. dem empfangenden Zahlungsdienstleister und – wenn vom Verbraucher ausdrücklich gewünscht – dem Verbraucher die verfügbaren Informationen über wiederkehrende eingehende Überweisungen und vom Zahlungsempfänger veranlasste Lastschriften auf dem Zahlungskonto des Verbrauchers in den vorangegangenen 13 Monaten zu übermitteln;

3. mit Wirkung ab dem in der Ermächtigung angegebenen Datum Lastschriften und eingehende Überweisungen nicht mehr zu akzeptieren, wenn der übertragende Zahlungsdienstleister keinen Mechanismus für die automatische Umleitung der eingehenden Überweisungen und Lastschriften auf das beim empfangenden Zahlungsdienstleister geführte Zahlungskonto des Verbrauchers vorsieht;

4. Daueraufträge mit Wirkung ab dem in der Ermächtigung angegebenen Datum zu stornieren;

5. zu dem vom Verbraucher angegebenen Datum jeglichen verbleibenden positiven Saldo auf das bei dem empfangenden Zahlungsdienstleister eröffnete oder geführte Zahlungskonto zu überweisen;

6. zu dem vom Verbraucher angegebenen Datum das beim übertragenden Zahlungsdienstleister geführte Zahlungskonto zu schließen.

Pflichten des übertragenden Zahlungsdienstleisters

§ 17. (1) Sofern die Ermächtigung des Verbrauchers das vorsieht, hat der übertragende Zahlungsdienstleister nach Erhalt einer entsprechenden Aufforderung des empfangenden Zahlungsdienstleisters folgende Schritte zu unternehmen:

1. er schickt innerhalb von fünf Geschäftstagen die Angaben gemäß § 16 Abs. 5 Z 1 und 2 an den empfangenden Zahlungsdienstleister ab;

2. er akzeptiert mit Wirkung ab dem in der Ermächtigung angegebenen Datum auf dem Zahlungskonto keine eingehenden Überweisungen und Lastschriften mehr, wenn er nicht einen Mechanismus für eine automatische Umleitung von eingehenden Überweisungen und Lastschriften auf das vom Verbraucher beim empfangenden Zahlungsdienstleister geführte oder eröffnete Zahlungskonto vorsieht;

3. er storniert Daueraufträge mit Wirkung ab dem in der Ermächtigung angegebenen Datum;

4. er überweist zu dem in der Ermächtigung angegebenen Datum den verbleibenden positiven Saldo des Zahlungskontos auf das bei dem empfangenden Zahlungsdienstleister eröffnete oder geführte Zahlungskonto;

5. er schließt unbeschadet einer allenfalls im Rahmenvertrag entsprechend „§ 51 Abs. 1 ZaDiG 2018“ vereinbarten Kündigungsfrist das Zahlungskonto zu dem in der Ermächtigung angegebenen Datum, sofern der Verbraucher keine offenen Verpflichtungen auf diesem Zahlungskonto mehr hat und die Schritte nach den Z 1, 2 und 4 vollzogen wurden. *(BGBl I 2018/17)*

(2) Kann das Zahlungskonto des Verbrauchers aufgrund noch offener Verpflichtungen nicht zu dem in der Ermächtigung angegebenen Datum geschlossen werden, hat der übertragende Zahlungsdienstleister den Verbraucher davon umgehend zu verständigen.

(3) Der übertragende Zahlungsdienstleister darf Zahlungsinstrumente nicht vor dem in der Ermächtigung des Verbrauchers angegebenen Datum blockieren. Ein allenfalls bestehendes Recht des Zahlungsdienstleisters, ein Zahlungsinstrument entsprechend „§ 62 Abs. 1 ZaDiG 2018" zu sperren, bleibt davon unberührt. *(BGBl I 2018/17)*

Pflichten des empfangenden Zahlungsdienstleisters

§ 18. (1) Innerhalb von fünf Geschäftstagen nach Erhalt der vom übertragenden Zahlungsdienstleister angeforderten Angaben gemäß § 16 Abs. 5 Z 1 und 2 hat der empfangende Zahlungsdienstleister, sofern die Ermächtigung das vorsieht und in dem Umfang, in dem die vom übertragenden Zahlungsdienstleister oder vom Verbraucher übermittelten Angaben das dem empfangenden Zahlungsdienstleister erlauben, folgende Schritte zu unternehmen:

1. er richtet die vom Verbraucher gewünschten Daueraufträge ein und führt diese mit Wirkung ab dem in der Ermächtigung genannten Datum aus;

2. er trifft die notwendigen Vorkehrungen, um Lastschriften zu akzeptieren, und akzeptiert diese mit Wirkung ab dem in der Ermächtigung angegebenen Datum;

3. er informiert den Verbraucher gegebenenfalls über sein Recht, dem Zahlungsdienstleister den Auftrag zu erteilen,

a) Lastschrifteinzüge auf einen bestimmten Betrag oder eine bestimmte Periodizität oder beides zu begrenzen;

b) falls das Mandat gemäß dem Zahlverfahren kein Erstattungsrecht vorsieht, vor Belastung seines Zahlungskontos jede Lastschrift anhand der Mandatsangaben zu überprüfen und zu kontrollieren, ob der Betrag und die Periodizität der vorgelegten Lastschrift den Vereinbarungen im Mandat entsprechen;

c) sämtliche Lastschriften auf das Zahlungskonto oder sämtliche von einem oder mehreren genannten Zahlungsempfängern veranlasste Lastschriften zu blockieren bzw. lediglich durch einen oder mehrere genannte Zahlungsempfänger veranlasste Lastschriften zu autorisieren;

4. er teilt den in der Ermächtigung genannten Zahlern, die wiederkehrende eingehende Überweisungen auf das Zahlungskonto des Verbrauchers tätigen, die Angaben zur neuen Zahlungskontoverbindung des Verbrauchers beim empfangenden Zahlungsdienstleister mit und übermittelt ihnen eine Kopie dieses Punktes der Ermächtigung des Verbrauchers;

5. er teilt den in der Ermächtigung genannten Zahlungsempfängern, die im Lastschriftverfahren Geldbeträge vom Zahlungskonto des Verbrauchers abbuchen, die Angaben zur neuen Zahlungskontoverbindung des Verbrauchers beim empfangenden Zahlungsdienstleister sowie das Datum, ab dem Lastschriften von diesem Zahlungskonto abzubuchen sind, mit und übermittelt ihnen eine Kopie dieses Punktes der Ermächtigung des Verbrauchers.

(2) Verfügt der empfangende Zahlungsdienstleister nicht über alle Informationen, die er zur Unterrichtung der Zahler oder Zahlungsempfänger gemäß Abs. 1 Z 4 und 5 benötigt, fordert er den Verbraucher oder den übertragenden Zahlungsdienstleister auf, ihm die fehlenden Informationen mitzuteilen.

(3) Entscheidet sich der Verbraucher dafür, den Zahlern oder Zahlungsempfängern die Informationen nach Abs. 1 Z 4 und 5 persönlich zu übermitteln, anstatt dem empfangenden Zahlungsdienstleister gemäß § 16 seine diesbezügliche ausdrückliche Einwilligung zu geben, stellt der empfangende Zahlungsdienstleister ihm innerhalb der Frist nach Abs. 1 Musterschreiben zur Verfügung, welche die Angaben zur neuen Zahlungskontoverbindung sowie das in der Ermächtigung angegebene Datum enthalten.

Erleichterung der grenzüberschreitenden Kontoeröffnung

§ 19. (1) Der Zahlungsdienstleister hat einen Verbraucher, der bei ihm ein Zahlungskonto unterhält und der bei einem in einem anderen Mitgliedstaat ansässigen Zahlungsdienstleister ein Zahlungskonto eröffnen will, nach Erhalt einer entsprechenden Aufforderung in folgender Weise zu unterstützen:

1. er stellt dem Verbraucher unentgeltlich ein Verzeichnis zur Verfügung, das alle laufenden Daueraufträge und, sofern verfügbar, vom Zahler veranlassten Lastschriftmandate sowie mit den verfügbaren Informationen alle wiederkehrend eingehenden Überweisungen und vom Zahlungsempfänger veranlassten Lastschriften auf dem Zahlungskonto des Verbrauchers in den vorangegangenen 13 Monaten enthalten muss;

2. er überweist jeglichen verbleibenden positiven Saldo auf dem Zahlungskonto des Verbrauchers auf das bei dem neuen Zahlungsdienstleister eröffnete oder geführte Zahlungskonto, vorausgesetzt die Aufforderung enthält vollständige Angaben, welche die Identifizierung des neuen Zahlungsdienstleisters und des Zahlungskontos des Verbrauchers ermöglichen;

3. er schließt das Zahlungskonto des Verbrauchers.

(2) Sofern der Verbraucher auf diesem Zahlungskonto keine offenen Verpflichtungen mehr hat, hat der Zahlungsdienstleister die Schritte nach Abs. 1 Z 1 bis 3 zu dem vom Verbraucher genannten Datum zu vollziehen, das mindestens sechs

Geschäftstage nach dem Eingang des Verbraucherwunsches beim Zahlungsdienstleister liegen muss, wenn die Parteien nicht eine kürzere Frist vereinbart haben. Kann das Zahlungskonto aufgrund noch offener Verpflichtungen nicht geschlossen werden, hat der Zahlungsdienstleister den Verbraucher davon umgehend zu verständigen.

(3) Abs. 2 lässt eine allfällige entsprechend „§ 51 Abs. 1 ZaDiG 2018" vereinbarte Kündigungsfrist unberührt, die der Verbraucher bei einer ordentlichen Kündigung des Rahmenvertrags einzuhalten hat. *(BGBl I 2018/17)*

(4) Das dem Verbraucher gemäß Abs. 1 Z 1 zur Verfügung gestellte Verzeichnis verpflichtet den neuen Zahlungsdienstleister nicht, Dienstleistungen vorzusehen, die er ansonsten nicht erbringt.

Entgelte für den Kontowechsel-Service

§ 20. (1) Der übertragende und der empfangende Zahlungsdienstleister haben dem Verbraucher unentgeltlich Zugang zu seinen personenbezogenen Daten zu gewähren, die bei ihnen zu bestehenden Daueraufträgen und Lastschriften vorhanden sind.

(2) Der übertragende Zahlungsdienstleister hat die vom empfangenden Zahlungsdienstleister angeforderten Informationen gemäß § 17 Abs. 1 Z 1 zu übermitteln, ohne von diesem oder vom Verbraucher ein Entgelt dafür zu verlangen.

(3) Der übertragende Zahlungsdienstleister darf dem Verbraucher für die Kündigung des bei ihm geführten Zahlungskontos nur dann ein Entgelt verrechnen, wenn

1. der Rahmenvertrag für die Dauer von nicht mehr als zwölf Monaten abgeschlossen wurde,

2. das Entgelt im Rahmenvertrag gemäß „§ 48 Abs. 1 Z 3 lit. a ZaDiG 2018" vereinbart wurde und es angemessen und an den tatsächlichen Kosten des Zahlungsdienstleisters ausgerichtet ist, und *(BGBl I 2018/17)*

3. die Kündigung nicht vor dem Inkrafttreten einer Änderung des Rahmenvertrags gemäß „§ 50 Abs. 1 Z 2 lit. b ZaDiG 2018" erfolgt. *(BGBl I 2018/17)*

(4) Für alle anderen Dienste, die der übertragende oder der empfangende Zahlungsdienstleister nach den Bestimmungen dieses Hauptstücks bei einem Kontowechsel zu erbringen haben, dürfen dem Verbraucher nur dann Entgelte verrechnet werden, wenn sie

1. vorher gemäß „§ 48 Abs. 1 Z 3 lit. a ZaDiG 2018" vereinbart wurden und *(BGBl I 2018/17)*

2. angemessen und an den tatsächlichen Kosten des betreffenden Zahlungsdienstleisters ausgerichtet sind.

Haftung für Schäden des Verbrauchers

§ 21. (1) Kommt ein am Kontowechselverfahren beteiligter Zahlungsdienstleister seinen Verpflichtungen nach diesem Hauptstück nicht nach, hat er den Schaden, der dem Verbraucher dadurch entsteht, unverzüglich zu ersetzen.

(2) Die Haftung nach Abs. 1 erstreckt sich nicht auf

1. ungewöhnliche und unvorhersehbare Ereignisse, auf die der Zahlungsdienstleister, der sich auf diese Ereignisse beruft, keinen Einfluss hat und deren Folgen trotz allen gegenteiligen Bemühens nicht hätten vermieden werden können; oder

2. Fälle, in denen der Zahlungsdienstleister durch andere rechtliche Pflichten nach Gesetzgebungsakten der Europäischen Union oder eines ihrer Mitgliedstaaten gebunden ist.

4. Hauptstück

Zugang zu Zahlungskonten

Nichtdiskriminierung

§ 22. Ein Verbraucher mit rechtmäßigem Aufenthalt in der Europäischen Union, der ein Zahlungskonto oder den Zugang zu einem solchen Konto in Österreich beantragt, darf vom Kreditinstitut nicht wegen seiner Staatsangehörigkeit, seines Wohnsitzes, Geschlechts, Alters, seiner Rasse, Hautfarbe, ethnischen oder sozialen Herkunft, genetischen Merkmale, der Sprache, der Religion oder der Weltanschauung, der politischen oder sonstigen Anschauung, der Zugehörigkeit zu einer nationalen Minderheit, des Vermögens, der Geburt, einer Behinderung oder der sexuellen Ausrichtung diskriminiert werden.

Recht auf Zugang zu einem Zahlungskonto mit grundlegenden Funktionen

§ 23. (1) Jeder Verbraucher mit rechtmäßigem Aufenthalt in der Europäischen Union hat unabhängig von seinem Wohnort das Recht, ein Zahlungskonto mit grundlegenden Funktionen bei einem in Österreich ansässigen Kreditinstitut zu eröffnen und zu nutzen.

(2) Dieses Recht steht auch einem Verbraucher ohne festen Wohnsitz, einem Asylwerber im Sinne des § 2 Abs. 1 Z 14 des Asylgesetzes 2005 – AsylG 2005, BGBl. I Nr. 100/2005, sowie einem Verbraucher ohne Aufenthaltsrecht zu, der aus rechtlichen oder tatsächlichen Gründen nicht abschiebbar ist.

(3) Der Zugang zu einem Zahlungskonto mit grundlegenden Funktionen darf nicht vom Erwerb zusätzlicher Dienste oder von Geschäftsanteilen an dem Kreditinstitut abhängig gemacht werden, es sei denn, der Erwerb von Geschäftsanteilen

wird von allen Kunden des Kreditinstituts verlangt.

(4) Ein Kreditinstitut, das in Österreich Verbrauchern im Rahmen seiner Konzession Zahlungskonten im Sinne des § 3 Abs. 1 anbietet, darf den Antrag eines gemäß Abs. 1 oder 2 berechtigten Verbrauchers auf Eröffnung eines Zahlungskontos mit grundlegenden Funktionen nur dann ablehnen, wenn einer der in § 24 Abs. 1 angeführten Gründe vorliegt.

(5) Ein Kreditinstitut, das die in Abs. 4 angeführten Voraussetzungen erfüllt, hat unverzüglich und spätestens zehn Geschäftstage, nachdem der vollständige Antrag des Verbrauchers eingegangen ist, das Zahlungskonto mit grundlegenden Funktionen zu eröffnen oder den Antrag abzulehnen.

(6) Steht einem Verbraucher bei Abschluss eines Rahmenvertrags über ein Zahlungskonto mit grundlegenden Funktionen kein anderer amtlicher Lichtbildausweis zur Verfügung, der den Vorgaben des § 6 Abs. 2 des Finanzmarkt-Geldwäschegesetzes – FM-GwG, BGBl. I Nr. 118/2016, entspricht, hat das Kreditinstitut bei der Erfüllung seiner Sorgfaltspflichten zur Bekämpfung von Geldwäscherei und Terrorismusfinanzierung

1. die Identität eines Asylwerbers anhand einer gemäß den §§ 50 und 51 AsylG 2005 ausgestellten Verfahrenskarte oder Aufenthaltsberechtigungskarte festzustellen;

2. die Identität eines Verbrauchers ohne Aufenthaltsrecht, der aus rechtlichen oder tatsächlichen Gründen nicht abschiebbar ist, anhand einer gemäß § 46a Abs. 4 des Fremdenpolizeigesetzes 2005 – FPG, BGBl. I Nr. 100/2005, ausgestellten Karte für Geduldete festzustellen.
(BGBl I 2016/118)

(7) Die Bestimmungen dieses Hauptstücks berühren nicht die Pflichten des Kreditinstituts

1. nach den Bestimmungen des FM-GwG,

2. aufgrund von Maßnahmen des Rats oder der Österreichischen Nationalbank nach den §§ 3 und 4 des Devisengesetzes 2004, BGBl. I Nr. 123/2003, durch die der Kapital- und Zahlungsverkehr mit dem Ausland beschränkt wird, und

3. aufgrund völkerrechtlich verpflichtender Sanktionsmaßnahmen der Vereinten Nationen oder der Europäischen Union gemäß § 1 des Sanktionengesetzes 2010 – SanktG, BGBl. I Nr. 36/2010.
(BGBl I 2016/118)

Ablehnungsgründe

§ 24. (1) Das Kreditinstitut kann den Antrag auf ein Zahlungskonto mit grundlegenden Funktionen ablehnen, wenn

1. der Verbraucher bereits Inhaber eines Zahlungskontos bei einem in Österreich ansässigen Kreditinstitut ist und er die in § 25 Abs. 1 genannten Dienste nutzen kann, es sei denn, der Verbraucher erklärt, dass er von der Kündigung dieses Kontos benachrichtigt wurde;

2. gegen den Verbraucher wegen einer strafbaren vorsätzlichen Handlung zum Nachteil des Kreditinstituts oder eines seiner Mitarbeiter ein Strafverfahren anhängig ist, in dem Anklage gemäß § 210 Abs. 1 Strafprozessordnung 1975 – StPO, BGBl. Nr. 631/1975, erhoben wurde, oder der Verbraucher wegen einer solchen Tat verurteilt worden ist und die Verurteilung noch nicht getilgt ist.

(2) Das Kreditinstitut darf vor der Eröffnung eines Zahlungskontos mit grundlegenden Funktionen nachprüfen, ob der Verbraucher bereits Inhaber eines Zahlungskontos bei einem in Österreich ansässigen Kreditinstitut ist, das dem Verbraucher die Nutzung der in § 25 Abs. 1 genannten Dienste ermöglicht. Zu diesem Zweck darf das Kreditinstitut verlangen, dass der Verbraucher eine ehrenwörtliche Erklärung unterschreibt, nicht Inhaber eines solchen Kontos zu sein.

(3) Lehnt das Kreditinstitut den Antrag des Verbrauchers auf ein Zahlungskonto mit grundlegenden Funktionen ab, hat es den Verbraucher unmittelbar nach seiner Entscheidung schriftlich und unentgeltlich über Folgendes zu informieren:

1. über die Ablehnung und deren genaue Gründe, es sei denn, eine solche Mitteilung würde den Zielen der nationalen Sicherheit, der öffentlichen Ordnung oder den Bestimmungen des FM-GwG zuwiderlaufen; *(BGBl I 2016/118)*

2. über die Möglichkeit, gemäß § 29 Abs. 3 Z 1 bei der FMA eine Beschwerde gegen die Ablehnung einzulegen oder seine Rechte bei der außergerichtlichen FIN-NET Schlichtungsstelle geltend zu machen, wobei dem Verbraucher die Kontaktdaten dieser Einrichtungen mitzuteilen sind.

Merkmale eines Zahlungskontos mit grundlegenden Funktionen

§ 25. (1) Ein Zahlungskonto mit grundlegenden Funktionen ist vom Kreditinstitut zumindest in Euro anzubieten und umfasst folgende Dienste:

1. alle zur Eröffnung, Führung und Schließung des Zahlungskontos erforderlichen Vorgänge;

2. Dienste, die die Einzahlung eines Geldbetrags auf das Zahlungskonto ermöglichen;

3. Dienste, die innerhalb des Europäischen Wirtschaftsraums Barabhebungen von dem Zahlungskonto an einem Schalter sowie während und außerhalb der Öffnungszeiten des Kreditinstituts an Geldautomaten ermöglichen;

4. die Ausführung folgender Zahlungsvorgänge innerhalb des Europäischen Wirtschaftsraums:

a) Lastschriften;

b) Zahlungsvorgänge mit Zahlungskarten, einschließlich Online-Zahlungen;

c) Überweisungen einschließlich Daueraufträgen an, soweit vorhanden, Terminals und Schaltern oder über das Online-System des Kreditinstituts.

(2) Die in Abs. 1 genannten Dienste müssen

1. vom Kreditinstitut in dem Umfang angeboten werden, in dem es diese bereits für Verbraucher anbietet, die Inhaber anderer Zahlungskonten als jener mit grundlegenden Funktionen sind, und

2. vom Verbraucher für eine unbeschränkte Zahl von Vorgängen genutzt werden können.

(3) Ausgenommen für Zahlungsvorgänge mit einer Kreditkarte darf das Kreditinstitut unabhängig von der Zahl der über das Zahlungskonto ausgeführten Vorgänge kein höheres als das nach § 26 zulässige Entgelt erheben.

(4) Sofern beim Kreditinstitut beide Möglichkeiten verfügbar sind, muss der Verbraucher Zahlungsvorgänge über sein Zahlungskonto sowohl in den Geschäftsräumen des Kreditinstituts als auch über das Online-System des Kreditinstituts abwickeln und in Auftrag geben können.

(5) Das Kreditinstitut darf dem Verbraucher auf einem Zahlungskonto mit grundlegenden Funktionen nur dann und nur insoweit eine Überziehungs- oder Überschreitungsmöglichkeit bereitstellen, als die vom Verbraucher nach § 26 geschuldeten Entgelte nicht durch ein bestehendes Kontoguthaben abgedeckt werden können.

(6) Das Kreditinstitut darf ein Zahlungskonto mit grundlegenden Funktionen keinesfalls zu Bedingungen führen, die für den Verbraucher diskriminierend sind.

Entgelte

§ 26. (1) Bei einem Zahlungskonto mit grundlegenden Funktionen darf das Entgelt, das mit dem Verbraucher für die in § 25 Abs. 1 genannten Dienste vereinbart wird, pro Jahr 80 Euro nicht überschreiten.

(2) Um sozial oder wirtschaftlich besonders schutzbedürftigen Verbrauchern den Zugang zu einem Zahlungskonto mit grundlegenden Funktionen zu erleichtern, hat der Bundesminister für Arbeit, Soziales und Konsumentenschutz nach Anhörung der Bundesarbeitskammer und der Wirtschaftskammer Österreich durch Verordnung Gruppen von Verbrauchern festzulegen, bei denen die nach Abs. 1 maßgebliche Entgeltobergrenze für die Dauer ihrer besonderen Schutzbedürftigkeit 40 statt 80 Euro beträgt.

(3) Die in Abs. 1 und 2 angeführten Beträge ändern sich erstmals mit 1. Jänner 2019 und dann im Abstand von zwei Jahren in dem Ausmaß, in dem sich die von der Bundesanstalt Statistik Österreich für den Monat August des vorangegangenen Kalenderjahres verlautbarte Indexzahl des Verbraucherpreisindex 2015 oder des an seine Stelle tretenden Index gegenüber der für August 2016 verlautbarten Indexzahl geändert hat. Die neuen Beträge sind kaufmännisch auf ganze Cent zu runden und vom Bundesminister für Arbeit, Soziales und Konsumentenschutz im Bundesgesetzblatt kundzumachen.

(4) Entgelte, die das Kreditinstitut vom Verbraucher aufgrund der Nichteinhaltung seiner Verpflichtungen aus dem Rahmenvertrag verlangt, müssen angemessen sein. Bei der Beurteilung der Angemessenheit sind insbesondere die durchschnittlichen Entgelte zu berücksichtigen, die von Kreditinstituten in Österreich in solchen Fällen verrechnet werden.

Rahmenverträge und Kündigung

§ 27. (1) Rahmenverträge über ein Zahlungskonto mit grundlegenden Funktionen unterliegen den „Bestimmungen des ZaDiG 2018", sofern in Abs. 2 bis 4 nichts anderes vorgesehen ist. *(BGBl I 2018/17)*

(2) Das Kreditinstitut darf einen Rahmenvertrag über ein Zahlungskonto mit grundlegenden Funktionen nur dann einseitig kündigen, wenn mindestens eine der folgenden Bedingungen erfüllt ist:

1. der Verbraucher hat das Zahlungskonto absichtlich für nicht rechtmäßige Zwecke genutzt;

2. über das Zahlungskonto wurde in mehr als 24 aufeinanderfolgenden Monaten kein Zahlungsvorgang abgewickelt;

3. der Verbraucher hat unrichtige Angaben gemacht, um das Zahlungskonto mit grundlegenden Funktionen eröffnen zu können, wobei ihm dieses Recht bei Vorlage der richtigen Angaben verwehrt worden wäre;

4. der Verbraucher hat in der Europäischen Union keinen rechtmäßigen Aufenthalt mehr;

5. der Verbraucher hat in der Folge bei einem in Österreich ansässigen Kreditinstitut ein zweites Zahlungskonto eröffnet, das ihm die Nutzung der in § 25 Abs. 1 genannten Dienste ermöglicht;

6. gegen den Verbraucher wird wegen einer strafbaren vorsätzlichen Handlung zum Nachteil des Kreditinstituts oder eines seiner Mitarbeiter Anklage gemäß § 210 Abs. 1 StPO erhoben;

7. der Verbraucher hat das Zahlungskonto wiederholt für die Zwecke einer unternehmerischen Tätigkeit im Sinne des § 1 Abs. 1 Z 1 und Abs. 2 des Konsumentenschutzgesetzes – KSchG, BGBl. 140/1979, genutzt;

8. der Verbraucher hat eine Änderung des Rahmenvertrags abgelehnt, die das Kreditinstitut

allen Inhabern der bei ihm geführten Zahlungskonten mit grundlegenden Funktionen wirksam angeboten hat.

(3) Im Fall einer Kündigung aus den in Abs. 2 Z 2, 4, 5, 6, 7 und 8 genannten Gründen muss das Kreditinstitut den Verbraucher mindestens zwei Monate vor dem Wirksamwerden der Kündigung schriftlich und unentgeltlich über die Gründe und die Rechtfertigung der Kündigung unterrichten, es sei denn, eine solche Mitteilung würde der nationalen Sicherheit oder der öffentlichen Ordnung zuwiderlaufen. Kündigt das Kreditinstitut den Vertrag gemäß Absatz 2 Z 1 oder 3, ist die Kündigung sofort wirksam.

(4) Das Kreditinstitut hat den Verbraucher im Kündigungsschreiben über die Möglichkeit zu informieren, gemäß § 29 Abs. 3 Z 2 bei der FMA eine Beschwerde gegen die Kündigung einzulegen oder seine Rechte bei der außergerichtlichen FIN-NET Schlichtungsstelle geltend zu machen, wobei dem Verbraucher die Kontaktdaten dieser Einrichtungen mitzuteilen sind.

Allgemeine Informationen und Unterstützungsleistungen

§ 28. (1) Das Kreditinstitut hat einem Verbraucher auf Anfrage jederzeit unentgeltlich Informationen zu den Merkmalen, Entgelten und Nutzungsbedingungen der von ihm angebotenen Zahlungskonten mit grundlegenden Funktionen in Papierform oder auf einem anderen dauerhaften Datenträger zur Verfügung zu stellen.

(2) In den Informationen ist deutlich zu machen, dass der Zugang zu einem Zahlungskonto mit grundlegenden Funktionen nicht an den verpflichtenden Erwerb zusätzlicher Dienste gebunden ist.

(3) Das Kreditinstitut hat die Informationen gemäß Abs. 1 außerdem unentgeltlich

1. in allen seinen für Verbraucher zugänglichen Geschäftsräumen bereitzustellen,

2. in elektronischer Form auf seiner Website, sofern verfügbar, leicht zugänglich zu machen, und

3. einem Verbraucher in Papierform oder auf einem anderen dauerhaften Datenträger mitzuteilen, dessen Antrag auf Eröffnung eines anderen Zahlungskontos als eines solchen mit grundlegenden Funktionen es ablehnt.

(4) Das Kreditinstitut hat insbesondere Verbraucher, die nach der vom Bundesminister für Arbeit, Soziales und Konsumentenschutz gemäß § 26 Abs. 2 erlassenen Verordnung besonders schutzbedürftig sind, und Verbraucher aus anderen Mitgliedstaaten der Europäischen Union jederzeit unentgeltlich zu unterstützen, soweit eine Hilfestellung im Einzelfall erforderlich ist, damit der Verbraucher sein Recht auf Eröffnung eines Zahlungskontos mit grundlegenden Funktionen ausüben und die mit einem solchen Konto verbundenen Dienste zweckmäßig nutzen kann.

(5) Das Bundesministerium für Arbeit, Soziales und Konsumentenschutz hat angemessene Maßnahmen zu treffen, um die Öffentlichkeit für die Existenz von Zahlungskonten mit grundlegenden Funktionen, ihre allgemeinen Preisstrukturen, das Recht auf Zugang zu einem solchen Zahlungskonto und die Möglichkeit zu sensibilisieren, im Fall einer Verweigerung des Zugangs gemäß § 29 Abs. 3 bei der FMA Beschwerde einzulegen oder seine Rechte bei der außergerichtlichen FIN-NET Schlichtungsstelle geltend zu machen. Diese Maßnahmen müssen ausreichend und gezielt darauf ausgerichtet sein, insbesondere kontolose, schutzbedürftige und mobile Verbraucher ohne festen Wohnsitz zu erreichen.

5. Hauptstück

Zuständige Behörde

Aufgaben der FMA

§ 29. (1) Die FMA hat als gemäß Art. 21 Abs. 1 der Richtlinie 2014/92/EU zuständige Behörde die in den Abs. 2 bis 8 vorgesehenen Aufgaben und Befugnisse wahrzunehmen.

(2) Die FMA ist für die Verhängung der in § 32 Abs. 1 und 2 vorgesehenen Verwaltungsstrafen zuständig.

(3) Die FMA hat Beschwerden von Verbrauchern entgegenzunehmen, zu behandeln und zu beantworten,

1. deren Antrag auf ein Zahlungskonto mit grundlegenden Funktionen vom Kreditinstitut abgelehnt wurde; oder

2. deren Rahmenvertrag über ein Zahlungskonto mit grundlegenden Funktionen vom Kreditinstitut einseitig gekündigt wurde.

(4) Die FMA hat innerhalb von längstens drei Monaten nach dem Inkrafttreten der von der Europäischen Kommission gemäß Art. 3 Abs. 4 der Richtlinie 2014/92/EU erlassenen technischen Regulierungsstandards mit Verordnung und unter Berücksichtigung der Vorgaben des Art. 3 Abs. 5 der Richtlinie 2014/92/EU eine Liste der repräsentativsten mit einem Zahlungskonto verbundenen Dienste festzulegen.

(5) Die FMA hat

1. die Liste der repräsentativsten mit einem Zahlungskonto verbundenen Dienste alle vier Jahre ab ihrer Veröffentlichung zu bewerten und gegebenenfalls zu aktualisieren, sofern die Liste nicht mehr repräsentativ ist; und

2. der Europäischen Kommission und der Europäischen Bankenaufsichtsbehörde (EBA) das

Ergebnis ihrer Bewertung und gegebenenfalls die aktualisierte Liste zu übermitteln.

(6) Die FMA hat bei der Bewertung und Überprüfung gemäß Abs. 5 Z 1 unter Anwendung der von der EBA nach Art. 16 der Verordnung (EU) Nr. 1093/2010 herausgegebenen Leitlinien zu berücksichtigen, welche Dienste

1. von Verbrauchern im Zusammenhang mit ihrem Zahlungskonto am häufigsten genutzt werden und

2. den Verbrauchern die höchsten Kosten sowohl insgesamt als auch pro Einheit verursachen.

(7) Die FMA hat der Europäischen Kommission erstmals bis zum 18. September 2018 und danach alle zwei Jahre Informationen zu folgenden Aspekten zu übermitteln:

1. Einhaltung der Bestimmungen der §§ 6, 8 und 9 durch die Zahlungsdienstleister;

2. Einhaltung der Anforderungen zur Sicherstellung des Bestehens von Vergleichswebsites gemäß Art. 7 der Richtlinie 2014/92/EU;

3. Anzahl der vorgenommenen Zahlungskontowechsel und Anteil der abgelehnten Anträge auf einen Wechsel;

4. Anzahl der Kreditinstitute, die Zahlungskonten mit grundlegenden Funktionen anbieten, Anzahl der eröffneten derartigen Konten und Anteil der abgelehnten Anträge auf ein Zahlungskonto mit grundlegenden Funktionen.

(8) Soweit das im Interesse der Wahrnehmung ihrer Aufgaben gemäß Abs. 5 und 7 Z 3 und 4 erforderlich ist, hat die FMA durch Verordnung,

1. Daten festzulegen, die ihr Kreditinstitute zu den von ihnen für Verbraucher geführten oder Verbrauchern angebotenen Zahlungskonten melden müssen, und

2. festzulegen, für welche Zeiträume, innerhalb welcher Frist, in welcher Form und in welcher Gliederung ihr diese Meldungen zu übermitteln sind.

Verpflichtung zur Zusammenarbeit

§ 30. (1) Die FMA hat mit den zuständigen Behörden der anderen Mitgliedstaaten der Europäischen Union zusammenzuarbeiten und diesen Behörden Amtshilfe zu leisten, wann immer das zur Wahrnehmung der in der Richtlinie 2014/92/EU festgelegten Aufgaben der FMA und der anderen zuständigen Behörden erforderlich ist. Insbesondere hat die FMA mit den zuständigen Behörden der anderen Mitgliedstaaten Informationen auszutauschen und bei Ermittlungen oder der Überwachung zusammenzuarbeiten. Die FMA hat dabei von ihren Befugnissen Gebrauch zu machen, die ihr nach diesem Bundesgesetz oder anderen gesetzlichen Bestimmungen eingeräumt werden.

(2) Wenn die FMA Informationen mit anderen zuständigen Behörden austauscht, kann sie bei der Übermittlung der Informationen darauf hinweisen, dass diese nur mit ihrer ausdrücklichen Zustimmung veröffentlicht werden dürfen. In diesem Fall dürfen die Informationen nur für die Zwecke, für die die Zustimmung erteilt wurde, ausgetauscht werden.

(3) Die FMA darf die empfangenen Informationen an die anderen zuständigen Behörden weiterleiten. Die FMA darf diese Informationen jedoch nur mit ausdrücklicher Zustimmung der zuständigen Behörden, die sie übermittelt haben, und nur für die Zwecke, für die diese Behörden ihre Zustimmung gegeben haben, an andere Stellen oder natürliche oder juristische Personen weitergeben. Davon ausgenommen sind gebührend begründete Fälle, in denen die FMA unverzüglich die zuständige Behörde, die die Information übermittelt hatte, zu unterrichten hat.

(4) Die FMA kann ein Ersuchen auf Zusammenarbeit bei der Durchführung einer Ermittlung oder einer Überwachung oder auf Austausch von Informationen gemäß den Abs. 1 und 2 nur ablehnen, wenn

1. die Ermittlung, die Überprüfung vor Ort, die Überwachung oder der Austausch der Informationen die Souveränität, die Sicherheit oder die öffentliche Ordnung Österreichs beeinträchtigen könnte;

2. aufgrund derselben Handlungen und gegen dieselben Personen bereits ein Verfahren vor einem österreichischen Gericht anhängig ist;

3. in Österreich gegen die betreffenden Personen aufgrund derselben Handlungen bereits ein rechtskräftiges Urteil ergangen ist.

(5) Im Falle einer Ablehnung gemäß Abs. 4 teilt die FMA dies der ersuchenden zuständigen Behörde mit und übermittelt ihr möglichst genaue Informationen.

Berufsgeheimnis

§ 31. Von der FMA beauftragte Sachverständige unterliegen der Verschwiegenheitspflicht gemäß § 14 Abs. 2 Finanzmarktaufsichtsbehördengesetz – FMABG, BGBl. I Nr. 97/2001.

6. Hauptstück

Straf- und Schlussbestimmungen

Strafbestimmungen

§ 32. (1) Wer als gemäß § 9 des Verwaltungsstrafgesetzes 1991 – VStG, BGBl. Nr. 52/1991 idF BGBl. I Nr. 194/1999, Verantwortlicher eines Zahlungsdienstleisters oder einer in Österreich gemäß „§ 27 ZaDiG 2018“ errichteten Zweigstelle eines in einem anderen Mitgliedstaat zugelassenen Zahlungsdienstleisters *(BGBl I 2018/17)*

1. dem Verbraucher die nach den §§ 6, 7 und 15 vorgeschriebenen Informationen nicht oder nicht vollständig erteilt oder in diese Informationen falsche Angaben aufnimmt;

2. dem Verbraucher die nach § 8 vorgeschriebene Entgeltaufstellung nicht oder nicht vollständig zur Verfügung stellt oder in diese Entgeltaufstellung falsche Angaben aufnimmt;

3. in seinen Vertrags-, Geschäfts- und Marketinginformationen für Verbraucher oder in der Entgeltinformation gemäß § 6 oder in der Entgeltaufstellung gemäß § 8 für seine Dienste oder Produkte firmeneigene Bezeichnungen verwendet, ohne dabei die Vorgaben des § 9 einzuhalten;

4. entgegen § 14 einem Verbraucher keinen Kontowechsel-Service gemäß den §§ 16 bis 18 zur Verfügung stellt;

5. entgegen § 16 Abs. 1 einen Kontowechsel einleitet, ohne zuvor vom Verbraucher eine den Vorgaben in § 16 Abs. 2 bis 4 entsprechende Ermächtigung eingeholt zu haben;

6. entgegen § 19 Abs. 1 und 2 nach Erhalt einer Aufforderung durch den Verbraucher die zur Erleichterung der grenzüberschreitenden Kontoeröffnung vorgeschriebenen Schritte nicht oder nicht rechtzeitig vollzieht; oder

7. einem Verbraucher Entgelte verrechnet, die nach den §§ 5 und 20 unzulässig sind,

begeht eine Verwaltungsübertretung und ist von der FMA in den Fällen nach den Z 1 bis 3 mit einer Geldstrafe von bis zu 5 000 Euro und in den Fällen nach den Z 4 bis 7 mit einer Geldstrafe von bis zu 10 000 Euro zu bestrafen.

(2) Wer als gemäß § 9 VStG Verantwortlicher eines Kreditinstituts oder einer in Österreich gemäß § 9 BWG errichteten Zweigstelle eines in einem anderen Mitgliedstaats zugelassenen Kreditinstituts

1. einen Verbraucher entgegen § 22 beim Zugang zu einem Zahlungskonto mit grundlegenden Funktionen aus einem der in § 22 aufgezählten Gründen diskriminiert;

2. einem Verbraucher entgegen § 23 Abs. 1, 2, 4 und 5 die Eröffnung oder Nutzung eines Zahlungskontos mit grundlegenden Funktionen ohne Vorliegen eines in § 24 Abs. 1 angeführten Grundes verweigert oder den Zugang zu einem solchen Konto entgegen § 23 Abs. 3 vom Erwerb zusätzlicher Dienste oder von Geschäftsanteilen am Kreditinstitut abhängig macht;

3. einem Verbraucher im Zusammenhang mit einem Zahlungskonto mit grundlegenden Funktionen höhere Entgelte verrechnet, als sie nach § 26 Abs. 1 und den vom Bundesminister für Arbeit, Soziales und Konsumentenschutz gemäß § 26 Abs. 2 und 3 Z 2 erlassenen Verordnungen zulässig sind;

4. einen Rahmenvertrag über den Zugang zu einem Zahlungskonto mit grundlegenden Funktionen kündigt, ohne dass einer der in § 27 Abs. 2 genannten Gründe vorliegt;

5. dem Verbraucher nach der Ablehnung eines Antrags auf ein Zahlungskonto mit grundlegenden Funktionen nicht die nach § 24 Abs. 3 vorgesehenen Informationen oder nach der Kündigung eines Rahmenvertrags mit grundlegenden Funktionen nicht die nach den § 27 Abs. 4 vorgesehenen Informationen erteilt;

6. Verbrauchern nicht die nach § 28 Abs. 1 bis 3 vorgeschriebenen Informationen über Zahlungskonten mit grundlegenden Funktionen zur Verfügung stellt, oder

7. die durch Verordnung gemäß § 29 Abs. 8 festgelegten Daten nicht meldet oder bei der Meldung dieser Daten die in der Verordnung festgelegten Vorschriften zu Meldezeiträumen, Fristen, Form oder Gliederung nicht einhält,

begeht eine Verwaltungsübertretung und ist von der FMA in den Fällen nach den Z 1, 2 und 4 mit einer Geldstrafe von bis zu 30 000 Euro, im Fall der Z 3 mit einer Geldstrafe von bis zu 10 000 Euro und in den Fällen nach den Z 5 bis 7 mit einer Geldstrafe von bis zu 5 000 Euro zu bestrafen.

(3) Bei Verwaltungsübertretungen gemäß Abs. 1 bis 2 gilt anstelle der Verjährungsfrist des § 31 Abs. 1 VStG eine Verjährungsfrist von 18 Monaten.

Verweisungen und Verordnungen

§ 33. (1) Soweit in diesem Bundesgesetz auf Bestimmungen anderer Bundesgesetze verwiesen wird, sind diese in ihrer jeweils geltenden Fassung anzuwenden.

(2) Wenn in diesem Bundesgesetz auf folgende Rechtsakte der Europäischen Union verwiesen wird, sind diese in der folgenden Fassung anzuwenden:

1. Verordnung (EU) Nr. 575/2013 über Aufsichtsanforderungen an Kreditinstitute und Wertpapierfirmen und zur Änderung der Verordnung (EU) Nr. 646/2012, ABl. Nr. L 176 vom 27.06.2013 S. 1, zuletzt geändert durch die Delegierte Verordnung (EU) 2015/1556, ABl. Nr. L 244 vom 19.09.2015 S. 9;

2. Verordnung (EU) Nr. 260/2012 zur Festlegung der technischen Vorschriften und der Geschäftsanforderungen für Überweisungen und Lastschriften in Euro und zur Änderung der Verordnung (EG) Nr. 924/2009, ABl. Nr. L 94 vom 30.03.2012 S. 22, in der Fassung der Verordnung (EU) Nr. 248/2014, ABl. Nr. L 84 vom 20.03.2014 S. 1;

3. Verordnung (EU) Nr. 1093/2010 zur Errichtung einer Europäischen Aufsichtsbehörde (Euro-

päische Bankenaufsichtsbehörde), zur Änderung des Beschlusses Nr. 716/2009/EG und zur Aufhebung des Beschlusses 2009/78/EG der Kommission, ABl. Nr. L 331 vom 15.12.2010 S. 12, zuletzt geändert durch die Verordnung (EU) Nr. 806/2014, ABl. Nr. L 225 vom 30.07.2014 S. 1.

(3) Verordnungen auf Grund dieses Bundesgesetzes in seiner jeweiligen Fassung dürfen bereits von dem Tag an erlassen werden, der der Kundmachung des durchzuführenden Bundesgesetzes folgt; sie dürfen jedoch nicht vor den durchzuführenden Gesetzesbestimmungen in Kraft treten.

Sprachliche Gleichbehandlung

§ 34. Soweit in diesem Bundesgesetz personenbezogene Bezeichnungen nur in männlicher Form angeführt sind, beziehen sie sich auf Frauen und Männer in gleicher Weise. Bei der Anwendung auf bestimmte Personen ist die jeweils geschlechtsspezifische Form zu verwenden.

Vollziehung

§ 35. Mit der Vollziehung dieses Bundesgesetzes ist hinsichtlich

1. der §§ 4, 21 und 26 Abs. 4 der Bundesminister für Justiz,

2. der §§ 23 Abs. 6, 29, 30 und 31 der Bundesminister für Finanzen,

3. der §§ 6, 7, 8, 9, 15 und 28 Abs. 1 bis 3 der Bundesminister für Arbeit, Soziales und Konsumentenschutz im Einvernehmen mit dem Bundesminister für Finanzen,

4. der übrigen Bestimmungen der Bundesminister für Arbeit, Soziales und Konsumentenschutz

betraut.

Inkrafttreten

§ 36. (1) Die §§ 6 und 8 bis 13 treten neun Monate nach dem Inkrafttreten des delegierten Rechtsaktes in Kraft, den die Europäische Kommission gemäß Art. 3 Abs. 4 der Richtlinie 2014/92/EU zu erlassen hat.

(2) Im Übrigen tritt dieses Bundesgesetz mit 18. September 2016 in Kraft.

(3) § 23 Abs. 6 und 7 sowie § 24 Abs. 3 Z 1 in der Fassung des Bundesgesetzes BGBl. I Nr. 118/2016 treten mit 1. Jänner 2017 in Kraft. *(BGBl I 2016/118)*

(4) Die §§ 4 Abs. 2 und 4a in der Fassung des Bundesgesetzes BGBl. I Nr. 158/2017 und die Änderung im Inhaltsverzeichnis treten mit 13. Jänner 2018 in Kraft. *(BGBl I 2017/158)*

(5) § 2 Z 4, 6 und 7, § 17 Abs. 1 Z 3 und Abs. 3, § 19 Abs. 3, § 20 Abs. 3 Z 2 und 3, § 20 Abs. 4 Z 1, § 27 Abs. 1 und § 32 Abs. 1 in der Fassung des Bundesgesetzes BGBl. I Nr. 17/2018 treten mit 1. Juni 2018 in Kraft. *(BGBl I 2018/17)*

Umsetzung von Unionsrecht

§ 37. Durch dieses Bundesgesetz wird die Richtlinie 2014/92/EU über die Vergleichbarkeit von Zahlungskontoentgelten, den Wechsel von Zahlungskonten und den Zugang zu Zahlungskonten mit grundlegenden Funktionen, ABl. Nr. L 257 vom 28.08.2014 S. 214, umgesetzt.

Verordnung des Bundesministers für Arbeit, Soziales und Konsumentenschutz zur Festlegung von Gruppen sozial oder wirtschaftlich besonders schutzbedürftiger Verbraucher (VZKG-V)

BGBl II 2016/255

Verordnung des Bundesministers für Arbeit, Soziales und Konsumentenschutz zur Festlegung von Gruppen sozial oder wirtschaftlich besonders schutzbedürftiger Verbraucher (VZKG-V)

Aufgrund von § 26 Abs. 2 des Verbraucherzahlungskontogesetzes (VZKG), BGBl. I 35/2016, wird verordnet:

§ 1. Folgende Verbraucher sind sozial oder wirtschaftlich besonders bedürftig im Sinne des § 26 Abs. 2 VZKG:

(1) Personen, die eine Leistung nach den Sozialhilfe- oder Mindestsicherungsgesetzen beziehen, die von den Ländern in Ausführung der Vereinbarung gemäß Art. 15a B-VG zwischen dem Bund und den Ländern über eine bundesweite Bedarfsorientierte Mindestsicherung beschlossen wurden;

(2) Personen, die eine Pension aus der Pensionsversicherung beziehen und gemäß § 292 des Allgemeinen Sozialversicherungsgesetzes – ASVG, BGBl. Nr. 189/1955, einen Anspruch auf eine Ausgleichszulage zur Pension haben;

(3) Personen, die eine Pension aus der Pensionsversicherung beziehen, deren Höhe maximal dem Richtsatz gemäß § 293 ASVG entspricht;

(4) Personen, die nach den Bestimmungen des Arbeitslosenversicherungsgesetzes 1977 – AlVG, BGBl. Nr. 609/1977, ein Arbeitslosengeld oder eine Notstandshilfe beziehen, deren Höhe maximal dem Richtsatz gemäß § 293 ASVG entspricht;

(5) Personen, bei denen ein Schuldenregulierungsverfahren eröffnet wurde, bis zum Ende der im Sanierungs- oder Zahlungsplan vorgesehenen Zahlungsfrist oder bis zur Beendigung des Abschöpfungsverfahrens;

(6) Studierende, die eine Studienbeihilfe nach dem Studienförderungsgesetz 1992 – StudFG, BGBl. Nr. 305/1992, beziehen;

(7) Lehrlinge im Sinne des § 1 des Berufsausbildungsgesetzes – BAG, BGBl. Nr. 142/1969, die eine Lehrlingsentschädigung erhalten, deren Höhe maximal dem Richtsatz gemäß § 293 ASVG entspricht;

(8) Personen, die gemäß § 3 Abs. 5 des Rundfunkgebührengesetzes – RGG, BGBl. I Nr. 159/1999, von der Rundfunkgebühr befreit sind;

(9) Personen, die nach den Bestimmungen des Fernsprechentgeltzuschussgesetzes – FeZG, BGBl. I Nr. 142/2000, eine Zuschussleistung zum Fernsprechentgelt erhalten;

(10) Personen, die obdachlos im Sinne des § 1 Abs. 9 des Meldegesetzes – MeldeG, BGBl. Nr. 9/1992, sind;

(11) Asylwerber im Sinne des § 2 Abs. 1 Z 14 des Asylgesetzes 2005 – AsylG 2005, BGBl I Nr. 100/2005;

(12) Fremde, deren Aufenthalt im Bundesgebiet nach den Bestimmungen des § 46a des Fremdenpolizeigesetzes 2005 – FPG, BGBl. I Nr. 100/2005, geduldet ist;

(13) Personen, die in einem anderen Mitgliedstaat der Europäischen Union

a) einen Status haben, der einem in den Z 10 bis 12 genannten Status entspricht,

b) eine mit einer Bedarfsorientierten Mindestsicherung oder einer Ausgleichszulage vergleichbare soziale Leistung erhalten,

c) eine Leistung aus einer gesetzlichen Arbeitslosenversicherung erhalten, deren Höhe unter dem in diesem Mitgliedstaat für eine Leistung gemäß lit. b maßgeblichen Richtwert liegen,

d) von einem mit einem Schuldenregulierungsverfahren vergleichbaren Insolvenzverfahren betroffen sind, oder

e) eine staatliche Studienbeihilfe beziehen, die an die soziale Bedürftigkeit des Studierenden gebunden ist.

§ 2. Soweit in dieser Verordnung auf Bestimmungen in Bundesgesetzen Bezug genommen wird, sind diese, wenn nichts anderes bestimmt wird, in der jeweils geltenden Fassung anzuwenden.

§ 3. Diese Verordnung tritt mit 18. September 2016 in Kraft.

Verordnung (EU) 2015/847 des Europäischen Parlaments und des Rates vom 20. Mai 2015 über die Übermittlung von Angaben bei Geldtransfers (Geldtransfer-VO)

ABl L 141 vom 5. 6. 2015, S 1 idF

1 ABl L 334 vom 27. 12. 2019, S 144

DAS EUROPÄISCHE PARLAMENT UND DER RAT DER EUROPÄISCHEN UNION –

gestützt auf den Vertrag über die Arbeitsweise der Europäischen Union, insbesondere auf Artikel 114,

auf Vorschlag der Europäischen Kommission,

nach Zuleitung des Entwurfs des Gesetzgebungsakts an die nationalen Parlamente,

nach Stellungnahme der Europäischen Zentralbank[1)],

nach Stellungnahme des Europäischen Wirtschafts- und Sozialausschusses[2)],

gemäß dem ordentlichen Gesetzgebungsverfahren[3)],

in Erwägung nachstehender Gründe:

(1) Ströme von illegalem Geld mittels Geldtransfers können die Integrität, die Stabilität und das Ansehen des Finanzsektors schädigen und eine Bedrohung für den Binnenmarkt der Union sowie die internationale Entwicklung darstellen. Geldwäsche, die Finanzierung des Terrorismus und organisierte Kriminalität sind nach wie vor bedeutende Probleme, die auf Ebene der Union angegangen werden sollten. Die Solidität, Integrität und Stabilität des Systems der Geldtransfers und das Vertrauen in das Finanzsystem insgesamt könnten ernsthaft Schaden nehmen, wenn Straftäter und ihre Mittelsmänner versuchen, die Herkunft von Erlösen aus Straftaten zu verschleiern oder Geld für kriminelle Aktivitäten oder terroristische Zwecke zu transferieren.

(2) Ohne eine Koordinierung auf Unionsebene ist es wahrscheinlich, dass Geldwäscher und Geldgeber des Terrorismus, die Freiheit des Kapitalverkehrs im einheitlichen Finanzraum in der Union ausnutzen, um ihren kriminellen Aktivitäten leichter nachgehen zu können. Die internationale Zusammenarbeit im Rahmen der Arbeitsgruppe „Bekämpfung der Geldwäsche und der Terrorismusfinanzierung" (Financial Action Task Force – FATF) und die globale Umsetzung ihrer Empfehlungen zielen auf die Vermeidung von Geldwäsche und Terrorismusfinanzierung bei Geldtransfers ab.

(3) Wegen des Umfangs der vorzunehmenden Maßnahmen sollte die Union gewährleisten, dass die internationalen Standards zur Bekämpfung von Geldwäsche, Terrorismus- und Proliferationsfinanzierung der FATF vom 16. Februar 2012 (im Folgenden „überarbeitete FATF-Empfehlungen") und insbesondere die Empfehlung 16 der FATF zum elektronischen Zahlungsverkehr (im Folgenden „Empfehlung 16 der FATF") und die überarbeitete Auslegungsnote zu deren Umsetzung in der gesamten Union einheitlich umgesetzt werden und dass insbesondere eine Ungleich- oder Andersbehandlung von Zahlungen innerhalb eines Mitgliedstaats einerseits und grenzüberschreitenden Zahlungen zwischen den Mitgliedstaaten andererseits verhindert wird. Unkoordinierte Maßnahmen einzelner Mitgliedstaaten in Bezug auf grenzüberschreitende Geldtransfers könnten die Funktionsweise der Zahlungssysteme auf Unionsebene erheblich beeinträchtigen und so dem Finanzdienstleistungsbinnenmarkt schaden.

(4) Um im internationalen Kontext einen kohärenten Ansatz zu fördern und die Wirksamkeit der Bekämpfung der Geldwäsche und der Terrorismusfinanzierung zu erhöhen, sollten die weiteren Maßnahmen der Union den Entwicklungen auf der internationalen Ebene, namentlich den überarbeiteten FATF-Empfehlungen, Rechnung tragen.

(5) Die Umsetzung und die Durchsetzung dieser Verordnung, einschließlich der Empfehlung 16 der FATF, stellen sachdienliche und wirksame Mittel zur Vermeidung und Bekämpfung von Geldwäsche und Terrorismusfinanzierung dar.

(6) Diese Verordnung soll den Zahlungsdienstleistern oder den Personen, die ihre Dienste in

[1)] *ABl. C 166 vom 12.6.2013, S. 2.*

[2)] *ABl. C 271 vom 19.9.2013, S. 31.*

[3)] *Standpunkt des Europäischen Parlaments vom 11. März 2014 (noch nicht im Amtsblatt veröffentlicht) und Standpunkt des Rates in erster Lesung vom 20. April 2015 (noch nicht im Amtsblatt veröffentlicht). Standpunkt des Europäischen Parlaments vom 20. Mai 2015 (noch nicht im Amtsblatt veröffentlicht).*

Anspruch nehmen, keine unnötigen Lasten oder Kosten auferlegen. Deshalb sollte der präventive Ansatz zielgerichtet und verhältnismäßig sein und in völliger Übereinstimmung mit dem in der gesamten Union garantierten freien Verkehr von Kapital stehen.

(7) In der überarbeiteten Strategie der Union gegen die Terrorismusfinanzierung vom 17. Juli 2008 (im Folgenden „überarbeitete Strategie") wurde darauf hingewiesen, dass weiterhin Anstrengungen unternommen werden müssen, um die Terrorismusfinanzierung zu verhindern und zu kontrollieren, wie mutmaßliche Terroristen ihre eigenen finanziellen Mittel nutzen. Es wird anerkannt, dass sich die FATF ständig um Verbesserung ihrer Empfehlungen bemüht und sich dafür einsetzt, dass ihre Umsetzung auf einer gemeinsamen Basis erfolgt. In der überarbeiteten Strategie heißt es, dass die Umsetzung der überarbeiteten FATF-Empfehlungen durch alle FATF-Mitglieder und Mitglieder FATF-ähnlicher regionaler Gremien regelmäßig beurteilt wird und daher ein gemeinsamer Ansatz für die Umsetzung durch die Mitgliedstaaten wichtig ist.

(8) Mit den Verordnungen (EG) Nr. 2580/2001[4], (EG) Nr. 881/2002[5] und (EU) Nr. 356/2010[6] des Rates wurden Maßnahmen getroffen, deren Zweck es ist, die Terrorismusfinanzierung durch Einfrieren von Geldern und der wirtschaftlichen Ressourcen bestimmter Personen, Gruppen und Organisationen zu unterbinden. Mit dem gleichen Ziel wurden darüber hinaus Maßnahmen ergriffen, deren Zweck es ist, das Finanzsystem vor der Durchleitung von Geldern und anderen wirtschaftlichen Ressourcen für terroristische Zwecke zu schützen. Die Richtlinie (EU) 2015/849 des Europäischen Parlaments und des Rates[7] enthält eine Reihe solcher Maßnahmen. Diese Maßnahmen vermögen nicht, Terroristen oder anderen Straftätern den Zugang zu Zahlungssystemen gänzlich zu versperren und den Transfer von Geldern auf diesem Weg vollständig zu unterbinden.

(9) Die lückenlose Rückverfolgbarkeit von Geldtransfers kann bei der Verhinderung, Aufdeckung und Ermittlung von Geldwäsche und Terrorismusfinanzierung sowie bei der Umsetzung von restriktiven Maßnahmen, insbesondere derjenigen, die aufgrund der Verordnungen (EG) Nr. 2580/2001, (EG) Nr. 881/2002 und (EU) Nr. 356/2010 verhängt wurden, sowie bei der vollständigen Einhaltung der Unionsverordnungen zur Durchführung dieser Maßnahmen äußerst wichtig und hilfreich sein. Um zu gewährleisten, dass die Angaben während der gesamten Zahlungskette weitergeleitet werden, sollte ein System eingeführt werden, das die Zahlungsdienstleister dazu verpflichtet, bei einem Geldtransfer Angaben zum Auftraggeber und zum Begünstigten zu übermitteln.

(10) Diese Verordnung sollte unbeschadet der restriktiven Maßnahmen aufgrund von Verordnungen gelten, die sich auf Artikel 215 des Vertrags über die Arbeitsweise der Europäischen Union (AEUV) stützen, wie beispielsweise die Verordnungen (EG) Nr. 2580/2001, (EG) Nr. 881/2002 und (EU) Nr. 356/2010, die vorschreiben können, dass Zahlungsdienstleister von Auftraggebern und von Begünstigten sowie zwischengeschaltete Zahlungsdienstleister angemessene Maßnahmen ergreifen, um bestimmte Mittel einzufrieren, oder dass sie spezifische Beschränkungen für bestimmte Geldtransfers beachten.

(11) Diese Verordnung sollte ebenfalls unbeschadet der nationalen Rechtsvorschriften zur Umsetzung der Richtlinie 95/46/EG des Europäischen Parlaments und des Rates[8] gelten. Beispielsweise sollten zur Einhaltung dieser Verordnung erhobene personenbezogene Daten nicht in einer Weise weiterverarbeitet werden, die mit der Richtlinie 95/46/EG unvereinbar ist. Insbesondere sollte die Weiterverarbeitung personenbezogener Daten für kommerzielle Zwecke strengstens untersagt sein. Die Bekämpfung der Geldwäsche und der Terrorismusfinanzierung wird von allen

Zu Abs. 8:

4) Verordnung (EG) Nr. 2580/2001 des Rates vom 27. Dezember 2001 über spezifische, gegen bestimmte Personen und Organisationen gerichtete restriktive Maßnahmen zur Bekämpfung des Terrorismus (ABl. L 344 vom 28.12.2001, S. 70).

5) Verordnung (EG) Nr. 881/2002 des Rates vom 27. Mai 2002 über die Anwendung bestimmter spezifischer restriktiver Maßnahmen gegen bestimmte Personen und Organisationen, die mit dem Al-Qaida-Netzwerk Verbindung stehen (ABl. L 139 vom 29.5.2002, S. 9).

6) Verordnung (EU) Nr. 356/2010 des Rates vom 26. April 2010 über die Anwendung bestimmter spezifischer restriktiver Maßnahmen gegen bestimmte natürliche oder juristische Personen, Organisationen oder Einrichtungen aufgrund der Lage in Somalia (ABl. L 105 vom 27.4.2010, S. 1).

7) Richtlinie (EU) 2015/849 des Europäischen Parlaments und des Rates vom 20. Mai 2015 zur Verhinderung der Nutzung des Finanzsystems zum Zwecke der Geldwäsche und der Terrorismusfinanzierung, zur Änderung der Verordnung (EU) Nr. 648/2012 des Europäischen Parlaments und des Rates und zur Aufhebung der Richtlinie 2005/60/EG des Europäischen Parlaments und des Rates und der Richtlinie 2006/70/EG der Kommission (siehe Seite 73 dieses Amtsblatts).

Zu Abs. 11:

8) Richtlinie 95/46/EG des Europäischen Parlaments und des Rates vom 24. Oktober 1995 zum Schutz natürlicher Personen bei der Verarbeitung personenbezogener Daten und zum freien Datenverkehr (ABl. L 281 vom 23.11.1995, S. 31).

Mitgliedstaaten als wichtiges öffentliches Interesse anerkannt. Bei der Anwendung dieser Verordnung sollte daher die Übermittlung personenbezogener Daten in ein Drittland, das kein angemessenes Schutzniveau im Einklang mit Artikel 25 der Richtlinie 95/46/EG gewährleistet, nach Maßgabe des Artikels 26 jener Richtlinie gestattet sein. Es ist wichtig, dass Zahlungsdienstleister, die ihr Geschäft über Tochtergesellschaften oder Niederlassungen in verschiedenen Ländern außerhalb der Union betreiben, nicht daran gehindert werden sollten, Informationen über verdächtige Transaktionen innerhalb derselben Organisation weiterzuleiten, sofern sie angemessene Sicherungsmaßnahmen anwenden. Zusätzlich sollten die Zahlungsdienstleister des Auftraggebers und des Begünstigten und die zwischengeschalteten Zahlungsdienstleister über geeignete technische und organisatorische Maßnahmen zum Schutz personenbezogener Daten vor versehentlichem Verlust, Veränderung, unbefugter Weitergabe oder unbefugtem Zugriff verfügen.

(12) Personen, die ausschließlich in Papierform vorliegende Dokumente in elektronische Daten umwandeln und im Rahmen eines Vertrags mit einem Zahlungsdienstleister tätig sind, und Personen, die Zahlungsdienstleistern lediglich Systeme zur Übermittlung von Nachrichten oder sonstige Systeme zur Unterstützung der Übermittlung von Finanzmitteln oder ein Clearing- und Abwicklungssystem zur Verfügung stellen, fallen nicht in den Geltungsbereich dieser Verordnung.

(13) Geldtransfers, die den in Artikel 3 Buchstaben a bis m und o der Richtlinie 2007/64/EG des Europäischen Parlaments und des Rates[9] genannten Diensten entsprechen, fallen nicht in den Geltungsbereich dieser Verordnung. Auch Geldtransfers mit geringem Geldwäsche- oder Terrorismusfinanzierungsrisiko sollten vom Geltungsbereich dieser Verordnung ausgenommen werden. Solche Ausnahmen sollten für Zahlungskarten, E-Geld-Instrumente, Mobiltelefone oder andere im Voraus oder im Nachhinein bezahlte digitale oder Informationstechnologie-(IT-)Geräte mit ähnlichen Merkmalen gelten, soweit diese ausschließlich zum Erwerb von Waren oder Dienstleistungen verwendet werden und bei allen Geldtransfers die Nummer der Karte, des Instruments oder des Geräts übermittelt wird. Die Verwendung einer Zahlungskarte, eines E-Geld-Instruments, eines Mobiltelefons oder eines anderen im Voraus oder im Nachhinein bezahlten digitalen oder IT-Geräts mit ähnlichen Merkmalen für einen Geldtransfer von Person zu Person fällt dagegen in den Geltungsbereich dieser Verordnung. Darüber hinaus sind Abhebungen von Geldautomaten, Zahlungen von Steuern, Bußgeldern oder anderen Abgaben, Austausch von eingelesenen Schecks, einschließlich beleglosem Scheckeinzug, oder Wechsel und Geldtransfers, bei denen sowohl der Auftraggeber als auch der Begünstigte im eigenen Namen handelnde Zahlungsdienstleister sind, vom Geltungsbereich dieser Verordnung ausgenommen.

(14) Zur Berücksichtigung der besonderen Merkmale nationaler Zahlungssysteme und unter der Voraussetzung, dass eine Rückverfolgung des Geldtransfers bis zum Auftraggeber jederzeit möglich ist, sollten die Mitgliedstaaten außerdem Ausnahmeregelungen vom Geltungsbereich dieser Verordnung für bestimmte innerstaatliche Geldtransfers von geringem Wert, einschließlich elektronischer Girozahlungen, die für den Erwerb von Waren oder Dienstleistungen verwendet werden, vorsehen können.

(15) Zahlungsdienstleister sollten sicherstellen, dass die Angaben zum Auftraggeber und zum Begünstigten nicht fehlen oder unvollständig sind.

(16) Um die Effizienz der Zahlungssysteme nicht zu beeinträchtigen und um zwischen dem Risiko, dass Zahlungen aufgrund zu strenger Identifikationspflichten außerhalb des regulären Zahlungsverkehrs getätigt werden, und dem Terrorismusrisikopotenzial kleiner Geldtransfers abwägen zu können, sollte bei Geldtransfers, bei denen die Überprüfung noch nicht ausgeführt worden ist, die Pflicht zur Überprüfung der Richtigkeit der Angaben zum Auftraggeber und zum Begünstigten nur bei Einzelgeldtransfers, die 1 000 EUR übersteigen, bestehen, es sei denn, dass es Anhaltspunkte dafür gibt, dass eine Verbindung zu anderen Geldtransfers besteht, die zusammen 1 000 EUR übersteigen würden, dass das Geld als Bargeld oder anonymes E-Geld entgegengenommen oder ausgezahlt wurde, oder dass hinreichende Gründe für einen Verdacht auf Geldwäsche oder Terrorismusfinanzierung vorliegen.

(17) Bei Geldtransfers, bei denen die Überprüfung als ausgeführt gilt, sollten die Zahlungsdienstleister nicht verpflichtet sein, bei jedem Geldtransfer die Angaben zum Auftraggeber oder zum Begünstigten zu überprüfen, sofern die in der Richtlinie (EU) 2015/849 niedergelegten Verpflichtungen erfüllt wurden.

Zu Abs. 13:

[9] Richtlinie 2007/64/EG des Europäischen Parlaments und des Rates vom 13. November 2007 über Zahlungsdienste im Binnenmarkt, zur Änderung der Richtlinien 97/7/EG, 2002/65/EG, 2005/60/EG und 2006/48/EG sowie zur Aufhebung der Richtlinie 97/5/EG (ABl. L 319 vom 5.12.2007, S. 1).

(18) Angesichts der Rechtsakte der Union über Zahlungsdienste, insbesondere der Verordnung (EG) Nr. 924/2009 des Europäischen Parlaments und des Rates[10], der Verordnung (EU) Nr. 260/2012 des Europäischen Parlaments und des Rates[11] und der Richtlinie 2007/64/EG sollte es ausreichen, für Geldtransfers innerhalb der Union lediglich die Übermittlung vereinfachter Datensätze, wie die Nummer(n) von Zahlungskonten oder eine individuelle Transaktionskennziffer, vorzusehen.

(19) Damit die für die Bekämpfung der Geldwäsche oder der Terrorismusfinanzierung zuständigen Behörden in Drittländern die für diese Zwecke genutzten Gelder bis zu ihrem Ursprung zurückverfolgen können, sollte bei Geldtransfers aus der Union in Drittländer die Übermittlung der vollständigen Datensätze zum Auftraggeber und zum Begünstigten vorgeschrieben werden. Diesen Behörden sollte nur für Zwecke der Verhinderung, Aufdeckung und Ermittlung von Geldwäsche und Terrorismusfinanzierung Zugang zu vollständigen Datensätzen zum Auftraggeber und zum Begünstigten gewährt werden.

(20) Die für die Bekämpfung der Geldwäsche und der Terrorismusfinanzierung verantwortlichen Stellen der Mitgliedstaaten und die zuständigen Justiz- und Strafverfolgungsorgane in den Mitgliedstaaten sollten die Zusammenarbeit untereinander und mit den entsprechenden Stellen in Drittländern, einschließlich in Entwicklungsländern, verstärken, um die Transparenz zu erhöhen und den Austausch von Informationen und bewährten Verfahren weiter auszubauen.

(21) Im Hinblick auf Geldtransfers eines einzigen Auftraggebers an mehrere Begünstigte, die in Form von Sammelüberweisungen getätigt werden, sollte vorgesehen werden, dass die in Sammelüberweisungen enthaltenen Einzelaufträge aus der Union in Drittländer nur die Nummer des Zahlungskontos des Auftraggebers oder die individuelle Transaktionskennziffer sowie die vollständigen Angaben zum Begünstigten enthalten brauchen, sofern die Sammelüberweisung selbst mit allen erforderlichen Angaben zum Auftraggeber, die auf ihre Richtigkeit überprüft wurden, wie auch mit allen erforderlichen Angaben zum Begünstigten, die vollständig rückverfolgbar sind, versehen ist.

(22) Um überprüfen zu können, ob bei Geldtransfers die vorgeschriebenen Angaben zum Auftraggeber und zum Begünstigten übermittelt werden, und um verdächtige Transaktionen leichter ermitteln zu können, sollten der Zahlungsdienstleister des Begünstigten und der zwischengeschaltete Zahlungsdienstleister über wirksame Verfahren verfügen, mit deren Hilfe sie das Fehlen oder die Unvollständigkeit von Angaben zum Auftraggeber und zum Begünstigten feststellen können. Diese Verfahren sollten eine nachträgliche Überwachung oder eine Echtzeitüberwachung umfassen, soweit dies angemessen ist. Die zuständigen Behörden sollten sicherstellen, dass Zahlungsdienstleister die vorgeschriebenen Transaktionsangaben dem elektronischem Zahlungsverkehr oder einer damit in Zusammenhang stehenden Nachricht während der gesamten Zahlungskette beifügen.

(23) In Anbetracht des Risikopotenzials, das anonyme Geldtransfers in Bezug auf Geldwäsche und Terrorismusfinanzierung darstellen, sollten Zahlungsdienstleister verpflichtet werden, Angaben zum Auftraggeber und zum Begünstigten zu verlangen. Gemäß dem von der FATF entwickelten risikobasierten Ansatz sollten mit Blick auf eine gezieltere Bekämpfung des Risikos von Geldwäsche und Terrorismusfinanzierung Bereiche mit höherem und Bereiche mit geringerem Risiko ermittelt werden. Dementsprechend sollten der Zahlungsdienstleister des Begünstigten und der zwischengeschaltete Zahlungsdienstleister über wirksame risikobasierte Verfahren verfügen, die zur Anwendung kommen, wenn die erforderlichen Angaben zum Auftraggeber oder zum Begünstigten fehlen, damit sie entscheiden können, ob der betreffende Geldtransfer ausgeführt, zurückgewiesen oder ausgesetzt wird und welche Folgemaßnahmen angemessenerweise zu treffen sind.

(24) Sobald der Zahlungsdienstleister des Begünstigten und der zwischengeschaltete Zahlungsdienstleister feststellen, dass Angaben zum Auftraggeber oder zum Begünstigten ganz oder teilweise fehlen, sollten sie im Rahmen ihrer Risikoeinschätzung besondere Vorsicht walten lassen und verdächtige Transaktionen gemäß den Meldepflichten der Richtlinie (EU) 2015/849 und der nationalen Maßnahmen zur Umsetzung jener Richtlinie den zuständigen Behörden melden.

(25) Die Bestimmungen über Geldtransfers mit fehlenden oder unvollständigen Angaben zum

---

Zu Abs. 18:

[10] Verordnung (EG) Nr. 924/2009 des Europäischen Parlaments und des Rates vom 16. September 2009 über grenzüberschreitende Zahlungen in der Gemeinschaft und zur Aufhebung der Verordnung (EG) Nr. 2560/2001 (ABl. L 266 vom 9.10.2009, S. 11).

[11] Verordnung (EU) Nr. 260/2012 des Europäischen Parlaments und des Rates vom 14. März 2012 zur Festlegung der technischen Vorschriften und der Geschäftsanforderungen für Überweisungen und Lastschriften in Euro und zur Änderung der Verordnung (EG) Nr. 924/2009 (ABl. L 94 vom 30.3.2012, S. 22).

Auftraggeber oder zum Begünstigten gelten unbeschadet aller etwaigen Verpflichtungen der Zahlungsdienstleister und zwischengeschalteten Zahlungsdienstleister, Geldtransfers, die zivil-, verwaltungs- oder strafrechtliche Bestimmungen verletzen, auszusetzen und/oder zurückzuweisen.

(26) Mit dem Ziel, die Zahlungsdienstleister dabei zu unterstützen, wirksame Verfahren einzuführen, um Fälle aufzudecken, in denen sie Geldtransfers mit fehlenden oder unvollständigen Angaben zum Auftraggeber oder zum Begünstigten erhalten, und um Folgemaßnahmen zu ergreifen, sollten die Europäische Aufsichtsbehörde (Europäische Bankenaufsichtsbehörde) (EBA), die durch die Verordnung (EU) Nr. 1093/2010 des Europäischen Parlaments und des Rates[12] errichtet wurde, die Europäische Aufsichtsbehörde (Europäische Aufsichtsbehörde für das Versicherungswesen und die betriebliche Altersversorgung) (EIOPA), die durch die Verordnung (EU) Nr. 1094/2010 des Europäischen Parlaments und des Rates[13] errichtet wurde, und die Europäische Aufsichtsbehörde (Europäische Wertpapier- und Marktaufsichtsbehörde) (ESMA), die durch die Verordnung (EU) Nr. 1095/2010 des Europäischen Parlaments und des Rates[14] errichtet wurde, Leitlinien erstellen.

(27) Damit bei der Bekämpfung von Geldwäsche und Terrorismusfinanzierung rasch gehandelt werden kann, sollten Zahlungsdienstleister Auskunftsersuchen zum Auftraggeber und zum Begunstigten, die von den für die Bekämpfung von Geldwäsche oder Terrorismusfinanzierung zuständigen Behörden des Landes, in dem diese Zahlungsdienstleister ihren Sitz haben, stammen, unverzüglich beantworten.

(28) Die Anzahl der Tage, über die ein Zahlungsdienstleister verfügt, um einem Auskunftsersuchen zum Auftraggeber nachzukommen, richtet sich nach der Anzahl der Arbeitstage im Mitgliedstaat des Zahlungsdienstleisters des Auftraggebers.

(29) Da bei strafrechtlichen Ermittlungen die erforderlichen Daten oder beteiligten Personen unter Umständen erst viele Monate oder sogar Jahre nach dem ursprünglichen Geldtransfer ermittelt werden können und um bei Ermittlungen Zugang zu wesentlichen Beweismitteln zu haben, sollten Zahlungsdienstleister verpflichtet werden, die Angaben zum Auftraggeber und zum Begünstigten zu Zwecken der Verhinderung, Aufdeckung und Ermittlung von Geldwäsche und Terrorismusfinanzierung eine Zeit lang aufzubewahren. Diese Dauer der Aufbewahrung sollte fünf Jahre nicht überschreiten, nach deren Ablauf sämtliche personenbezogenen Daten vorbehaltlich anderer Vorgaben nationalen Rechts gelöscht werden sollten. Wenn dies zu Zwecken der Verhinderung, Aufdeckung oder Ermittlung von Geldwäsche oder Terrorismusfinanzierung erforderlich ist, sollten die Mitgliedstaaten nach Durchführung einer Prüfung der Erforderlichkeit und Verhältnismäßigkeit der Maßnahme die Aufbewahrung für einen weiteren Zeitraum von nicht mehr als fünf Jahren gestatten oder vorschreiben können; dies gilt unbeschadet der Beweisregelungen im nationalen Strafrecht, die auf laufende strafrechtliche Ermittlungen und Gerichtsverfahren Anwendung finden.

(30) Um die Einhaltung dieser Verordnung zu verbessern, sollten im Einklang mit der Mitteilung der Kommission vom 9. Dezember 2010 „Stärkung der Sanktionsregelungen im Finanzdienstleistungssektor" die Befugnisse der zuständigen Behörden zum Erlass von Aufsichtsmaßnahmen und zur Verhängung von Sanktionen gestärkt werden. Es sollten verwaltungsrechtliche Sanktionen und Maßnahmen vorgesehen werden, und die Mitgliedstaaten sollten angesichts der Bedeutung der Bekämpfung von Geldwäsche und Terrorismusfinanzierung wirksame, verhältnismäßige und abschreckende Sanktionen und Maßnahmen festlegen. Die Mitgliedstaaten sollten die Kommission und den Gemeinsamen Ausschuss von EBA, EIOPA und ESMA (im Folgenden „Europäische Aufsichtsbehörden") über diese Sanktionen unterrichten.

(31) Um einheitliche Bedingungen für die Durchführung des Kapitels V dieser Verordnung zu gewährleisten, sollten der Kommission Durchführungsbefugnisse übertragen werden. Diese Befugnisse sollten im Einklang mit der

Zu Abs. 26:

[12] Verordnung (EU) Nr. 1093/2010 des Europäischen Parlaments und des Rates vom 24. November 2010 zur Errichtung einer Europäischen Aufsichtsbehörde (Europäische Bankenaufsichtsbehörde), zur Änderung des Beschlusses Nr. 716/2009/EG und zur Aufhebung des Beschlusses 2009/78/EG der Kommission (ABl. L 331 vom 15.12.2010, S. 12).

[13] Verordnung (EU) Nr. 1094/2010 des Europäischen Parlaments und des Rates vom 24. November 2010 zur Errichtung einer Europäischen Aufsichtsbehörde (Europäische Aufsichtsbehörde für das Versicherungswesen und die betriebliche Altersversorgung), zur Änderung des Beschlusses Nr. 716/2009/EG und zur Aufhebung des Beschlusses 2009/79/EG der Kommission (ABl. L 331 vom 15.12.2010, S. 48).

[14] Verordnung (EU) Nr. 1095/2010 des Europäischen Parlaments und des Rates vom 24. November 2010 zur Errichtung einer Europäischen Aufsichtsbehörde (Europäische Wertpapier- und Marktaufsichtsbehörde), zur Änderung des Beschlusses Nr. 716/2009/EG und zur Aufhebung des Beschlusses 2009/77/EG der Kommission (ABl. L 331 vom 15.12.2010, S. 84).

Verordnung (EU) Nr. 182/2011 des Europäischen Parlaments und des Rates[15] ausgeübt werden.

(32) Eine Reihe von Ländern und Gebieten, die nicht dem Unionsgebiet angehören, sind mit einem Mitgliedstaat in einer Währungsunion verbunden oder Teil des Währungsgebiets eines Mitgliedstaats oder haben mit der durch einen Mitgliedstaat vertretenen Union eine Währungsvereinbarung unterzeichnet und verfügen über Zahlungsdienstleister, die unmittelbar oder mittelbar an den Zahlungs- und Abwicklungssystemen dieses Mitgliedstaats teilnehmen. Um zu vermeiden, dass die Anwendung dieser Verordnung auf Geldtransfers zwischen den betreffenden Mitgliedstaaten und diesen Ländern oder Gebieten für die Volkswirtschaften dieser Länder erhebliche Nachteile mit sich bringt, sollte die Möglichkeit eröffnet werden, derartige Geldtransfers wie Geldtransfers innerhalb der betreffenden Mitgliedstaaten zu behandeln.

(33) Angesichts der Anzahl der Änderungen, die aufgrund der vorliegenden Verordnung an der Verordnung (EG) Nr. 1781/2006 des Europäischen Parlaments und des Rates[16] vorgenommen werden müssten, sollte diese aus Gründen der Klarheit aufgehoben werden.

(34) Da die Ziele dieser Verordnung von den Mitgliedstaaten nicht ausreichend verwirklicht werden können, sondern vielmehr wegen des Umfangs oder der Wirkungen der Maßnahme auf Unionsebene besser zu verwirklichen sind, kann die Union im Einklang mit dem in Artikel 5 des Vertrags über die Europäische Union (EUV) verankerten Subsidiaritätsprinzip tätig werden. Entsprechend dem in demselben Artikel genannten Grundsatz der Verhältnismäßigkeit geht diese Verordnung nicht über das für die Verwirklichung dieser Ziele erforderliche Maß hinaus.

(35) Diese Verordnung steht im Einklang mit den Grundrechten und Grundsätzen, die mit der Charta der Grundrechte der Europäischen Union anerkannt wurden, insbesondere mit dem Recht auf Achtung des Privat- und Familienlebens (Artikel 7), dem Recht auf den Schutz personenbezogener Daten (Artikel 8), dem Recht auf einen wirksamen Rechtsbehelf und auf ein unparteiisches Gericht (Artikel 47) und dem Grundsatz *ne bis in idem*.

(36) Um die reibungslose Einführung des Rahmens zur Bekämpfung von Geldwäsche und Terrorismusfinanzierung sicherzustellen, sollte der Geltungsbeginn dieser Verordnung mit der Umsetzungsfrist für die Richtlinie (EU) 2015/849 zusammenfallen.

(37) Der Europäische Datenschutzbeauftragte wurde gemäß Artikel 28 Absatz 2 der Verordnung (EG) Nr. 45/2001 des Europäischen Parlaments und des Rates[17] angehört und hat am 4. Juli 2013 eine Stellungnahme abgegeben[18] –

HABEN FOLGENDE VERORDNUNG ERLASSEN:

KAPITEL I

GEGENSTAND, GELTUNGSBEREICH UND BEGRIFFSBESTIMMUNGEN

Artikel 1
Gegenstand

In dieser Verordnung werden Vorschriften zu den Angaben zu Auftraggebern und Begünstigten festgelegt, die für die Zwecke der Verhinderung, Aufdeckung und Ermittlung von Geldwäsche und Terrorismusfinanzierung bei Geldtransfers gleich welcher Währung zu übermitteln sind, wenn mindestens einer der am Geldtransfer beteiligten Zahlungsdienstleister seinen Sitz in der Union hat.

Artikel 2
Geltungsbereich

Für die Zwecke dieser Verordnung gelten folgende Begriffsbestimmungen:

(1) Diese Verordnung gilt für Geldtransfers gleich welcher Währung von oder an Zahlungsdienstleister(n) oder zwischengeschaltete(n) Zahlungsdienstleister(n) mit Sitz in der Union.

(2) Vom Geltungsbereich dieser Verordnung ausgenommen sind die in Artikel 3 Buchstaben

---

Zu Abs. 31:

[15] Verordnung (EU) Nr. 182/2011 des Europäischen Parlaments und des Rates vom 16. Februar 2011 zur Festlegung der allgemeinen Regeln und Grundsätze, nach denen die Mitgliedstaaten die Wahrnehmung der Durchführungsbefugnisse durch die Kommission kontrollieren (ABl. L 55 vom 28.2.2011, S. 13).

Zu Abs. 33:

[16] Verordnung (EG) Nr. 1781/2006 des Europäischen Parlaments und des Rates vom 15. November 2006 über die Übermittlung von Angaben zum Auftraggeber bei Geldtransfers (ABl. L 345 vom 8.12.2006, S. 1).

Zu Abs. 37:

[17] Verordnung (EG) Nr. 45/2001 des Europäischen Parlaments und des Rates vom 18. Dezember 2000 zum Schutz natürlicher Personen bei der Verarbeitung personenbezogener Daten durch die Organe und Einrichtungen der Gemeinschaft und zum freien Datenverkehr (ABl. L 8 vom 12.1.2001, S. 1).

[18] ABl. C 32 vom 4.2.2014, S. 9.

a bis m und o der Richtlinie 2007/64/EG aufgeführten Dienste.

(3) Diese Verordnung gilt nicht für Geldtransfers, die mit einer Zahlungskarte, einem E-Geld-Instrument oder einem Mobiltelefon oder anderen im Voraus oder im Nachhinein bezahlten digitalen oder IT-Geräten mit ähnlichen Merkmalen durchgeführt werden, sofern die folgenden Bedingungen erfüllt sind:

a) Die Karte, das Instrument oder das Gerät wird ausschließlich zur Bezahlung von Waren oder Dienstleistungen verwendet; und

b) bei allen im Zuge der Transaktion durchgeführten Transfers wird die Nummer der Karte, des Instruments oder des Geräts übermittelt.

Diese Verordnung findet jedoch Anwendung, wenn eine Zahlungskarte, ein E-Geld-Instrument oder ein Mobiltelefon oder andere im Voraus oder im Nachhinein bezahlte digitale oder IT-Geräte mit ähnlichen Merkmalen verwendet werden, um einen Geldtransfer von Person zu Person durchzuführen.

(4) Diese Verordnung gilt nicht für Personen, die lediglich Papierdokumente in elektronische Daten umwandeln und im Rahmen eines Vertrags mit einem Zahlungsdienstleister tätig sind, oder Personen, die Zahlungsdienstleistern lediglich ein System zur Übermittlung von Nachrichten oder sonstige Systeme zur Unterstützung der Übermittlung von Finanzmitteln oder ein Clearing- und Abwicklungssystem zur Verfügung stellen.

Diese Verordnung gilt nicht für Geldtransfers,

a) bei denen der Auftraggeber Bargeld von seinem eigenen Zahlungskonto abhebt;

b) die zur Begleichung von Steuern, Bußgeldern oder anderen Abgaben innerhalb eines Mitgliedstaats an Behörden erfolgen;

c) bei denen sowohl der Auftraggeber als auch der Begünstigte in eigenem Namen handelnde Zahlungsdienstleister sind;

d) die mittels eines Austauschs von eingelesenen Schecks, einschließlich beleglosem Scheckeinzug, durchgeführt werden.

(5) Ein Mitgliedstaat kann entscheiden, diese Verordnung nicht auf Inlandsgeldtransfers auf ein Zahlungskonto eines Begünstigten anzuwenden, auf das ausschließlich Zahlungen für die Lieferung von Gütern oder Dienstleistungen vorgenommen werden können, wenn alle folgenden Bedingungen erfüllt sind:

a) Der Zahlungsdienstleister des Begünstigten unterliegt der Richtlinie (EU) 2015/849,

b) der Zahlungsdienstleister des Begünstigten ist in der Lage, anhand einer individuellen Transaktionskennziffer über den Begünstigten den Geldtransfer bis zu der Person zurückzuverfolgen, die mit dem Begünstigten eine Vereinbarung über die Lieferung von Gütern oder Dienstleistungen getroffen hat,

c) der überwiesene Betrag beträgt höchstens 1 000 EUR.

Artikel 3
Begriffsbestimmungen

Im Sinne dieser Verordnung bezeichnet der Ausdruck

1. „Terrorismusfinanzierung“ die Terrorismusfinanzierung im Sinne des Artikels 1 Absatz 5 der Richtlinie (EU) 2015/849;

2. „Geldwäsche“ die in Artikel 1 Absätze 3 und 4 der Richtlinie (EU) 2015/849 genannten Geldwäscheaktivitäten;

3. „Auftraggeber“ eine Person, die als Zahlungskontoinhaber den Geldtransfer von diesem Zahlungskonto gestattet, oder, wenn kein Zahlungskonto vorhanden ist, die den Auftrag zu einem Geldtransfer erteilt;

4. „Begünstigter“ eine Person, die den Geldtransfer als Empfänger erhalten soll;

5. „Zahlungsdienstleister“ die Kategorien von Zahlungsdienstleistern nach Artikel 1 Absatz 1 der Richtlinie 2007/64/EG, natürliche oder juristische Personen, für die eine Ausnahmeregelung gemäß Artikel 26 jener Richtlinie gilt, und juristische Personen, für die eine Ausnahmeregelung gemäß Artikel 9 der Richtlinie 2009/110/EG des Europäischen Parlaments und des Rates[1)] gilt, die Geldtransferdienstleistungen erbringen;

6. „zwischengeschalteter Zahlungsdienstleister“ einen Zahlungsdienstleister, der nicht Zahlungsdienstleister des Auftraggebers oder des Begünstigten ist und der im Auftrag des Zahlungsdienstleisters des Auftraggebers oder des Begünstigten oder eines anderen zwischengeschalteten Zahlungsdienstleisters einen Geldtransfer entgegennimmt und übermittelt;

7. „Zahlungskonto“ ein Zahlungskonto im Sinne des Artikels 4 Nummer 14 der Richtlinie 2007/64/EG;

8. „Geldbetrag“ einen Geldbetrag im Sinne des Artikels 4 Nummer 15 der Richtlinie 2007/64/EG;

9. „Geldtransfer“ jede Transaktion, die im Auftrag eines Auftraggebers zumindest teilweise auf elektronischem Wege über einen Zahlungsdienstleister mit dem Ziel durchgeführt wird, einem Begünstigten über einen Zahlungsdienstleister einen Geldbetrag zur Verfügung zu stellen, unabhängig davon, ob es sich bei Auftraggeber und Begünstigtem um dieselbe Person handelt,

Zu Artikel 3:

[1)] Richtlinie 2009/110/EG des Europäischen Parlaments und des Rates vom 16. September 2009 über die Aufnahme, Ausübung und Beaufsichtigung der Tätigkeit von E-Geld-Instituten, zur Änderung der Richtlinien 2005/60/EG und 2006/48/EG sowie zur Aufhebung der Richtlinie 2000/46/EG (ABl. L 267 vom 10.10.2009, S. 7).

und unabhängig davon, ob es sich beim Zahlungsdienstleister des Auftraggebers und dem Zahlungsdienstleister des Begünstigen um ein und denselben handelt, einschließlich

a) Überweisungen im Sinne des Artikels 2 Nummer 1 der Verordnung (EU) Nr. 260/2012;

b) Lastschriften im Sinne des Artikels 2 Nummer 2 der Verordnung (EU) Nr. 260/2012;

c) nationale oder grenzüberschreitende Finanztransfers im Sinne des Artikels 4 Nummer 13 der Richtlinie 2007/64/EG;

d) Transfers, die mit einer Zahlungskarte, einem E-Geld-Instrument, einem Mobiltelefon oder einem anderen im Voraus oder im Nachhinein bezahlten digitalen oder IT-Gerät mit ähnlichen Merkmalen durchgeführt werden;

10. „Sammelüberweisung" eine Reihe von Einzelgeldtransfers, die für die Übermittlung gebündelt werden;

11. „individuelle Transaktionskennziffer" eine Buchstaben-, Zahlen- oder Zeichenkombination, die vom Zahlungsdienstleister gemäß den Protokollen der zur Ausführung des Geldtransfers verwendeten Zahlungs- und Abwicklungs- oder Nachrichtensysteme festgelegt wird und die Rückverfolgung der Transaktion bis zum Auftraggeber und zum Begünstigten ermöglicht;

12. „Geldtransfer von Person zu Person" einen Geldtransfer zwischen natürlichen Personen, die als Verbraucher handeln, und zwar zu Zwecken, die nichts mit einem Gewerbe, Geschäft oder Beruf zu tun haben.

KAPITEL II
PFLICHTEN DER ZAHLUNGSDIENSTLEISTER

ABSCHNITT 1
Pflichten des Zahlungsdienstleisters des Auftraggebers

Artikel 4
Bei Geldtransfers zu übermittelnde Angaben

(1) Der Zahlungsdienstleister des Auftraggebers stellt sicher, dass bei Geldtransfers folgende Angaben zum Auftraggeber übermittelt werden:

a) der Name des Auftraggebers,

b) die Nummer des Zahlungskontos des Auftraggebers und

c) die Anschrift des Auftraggebers, die Nummer eines amtlichen persönlichen Dokuments des Auftraggebers, die Kundennummer oder das Geburtsdatum und der Geburtsort des Auftraggebers.

(2) Der Zahlungsdienstleister des Auftraggebers stellt sicher, dass bei Geldtransfers folgende Angaben zum Begünstigten übermittelt werden:

a) der Name des Begünstigten und

b) die Nummer des Zahlungskontos des Begünstigten.

(3) Abweichend von Absatz 1 Buchstabe b und Absatz 2 Buchstabe b stellt der Zahlungsdienstleister des Auftraggebers im Falle, dass ein Geldtransfer nicht von einem Zahlungskonto oder auf ein Zahlungskonto erfolgt sicher, dass anstelle der Nummer(n) des Zahlungskontos bzw. der Zahlungskonten eine individuelle Transaktionskennziffer übermittelt wird.

(4) Vor Durchführung von Geldtransfers überprüft der Zahlungsdienstleister des Auftraggebers die Richtigkeit der in Absatz 1 genannten Angaben anhand von Dokumenten, Daten oder Informationen aus einer verlässlichen und unabhängigen Quelle.

(5) Die in Absatz 4 genannte Überprüfung gilt als ausgeführt, wenn:

a) die Identität des Auftraggebers gemäß Artikel 13 der Richtlinie (EU) 2015/849 überprüft wurde und die bei dieser Überprüfung ermittelten Daten gemäß Artikel 40 der genannten Richtlinie gespeichert wurden oder

b) Artikel 14 Absatz 5 der Richtlinie (EU) 2015/849 auf den Auftraggeber Anwendung findet.

(6) Unbeschadet der in den Artikeln 5 und 6 vorgesehenen Ausnahmen führt der Zahlungsdienstleister des Auftraggebers keine Geldtransfers durch, bevor die uneingeschränkte Einhaltung dieses Artikels sichergestellt wurde.

Artikel 5
Geldtransfers innerhalb der Union

(1) Abweichend von Artikel 4 Absätze 1 und 2 werden bei Geldtransfers, bei denen alle am Zahlungsvorgang beteiligten Zahlungsdienstleister ihren Sitz in der Union haben, zumindest die Nummern der Zahlungskonten des Auftraggebers und des Begünstigten oder, wenn Artikel 4 Absatz 3 zur Anwendung kommt, die individuelle Transaktionskennziffer übermittelt; dies gilt gegebenenfalls unbeschadet der in der Verordnung (EU) Nr. 260/2012 enthaltenen Informationspflichten.

(2) Ungeachtet des Absatzes 1 stellt der Zahlungsdienstleister des Auftraggebers dem Zahlungsdienstleister des Begünstigten oder dem zwischengeschalteten Zahlungsdienstleister auf dessen Antrag auf Übermittlung von Angaben innerhalb von drei Arbeitstagen nach Erhalt des Antrags Folgendes zur Verfügung:

a) bei Geldtransfers von mehr als 1 000 EUR, unabhängig davon, ob diese Transfers in einem einzigen Transfer oder in mehreren Transfers, die verbunden zu sein scheinen, erfolgen, Angaben zum Auftraggeber oder zum Begünstigten gemäß Artikel 4;

b) bei Geldtransfers von bis zu 1 000 EUR, bei denen es keine Anhaltspunkte dafür gibt, dass eine Verbindung zu anderen Geldtransfers besteht, die zusammen mit dem fraglichen Geldtransfer 1 000 EUR übersteigen, zumindest:

i) die Namen des Auftraggebers und des Begünstigten und

ii) die Nummern der Zahlungskonten des Auftraggebers und des Begünstigten oder, wenn Artikel 4 Absatz 3 zur Anwendung kommt, die individuelle Transaktionskennziffer.

(3) Abweichend von Artikel 4 Absatz 4 braucht der Zahlungsdienstleister des Auftraggebers bei Geldtransfers nach Absatz 2 Buchstabe b dieses Artikels die Angaben zum Auftraggeber nicht zu überprüfen, es sei denn, der Zahlungsdienstleister des Auftraggebers hat

a) die zu transferierenden Gelder in Form von Bargeld oder anonymem E-Geld entgegengenommen oder

b) hinreichende Gründe für einen Verdacht auf Geldwäsche oder Terrorismusfinanzierung.

Artikel 6
Geldtransfers nach außerhalb der Union

(1) Bei einer Sammelüberweisung eines einzigen Auftraggebers an Begünstigte, deren Zahlungsdienstleister ihren Sitz außerhalb der Union haben, findet Artikel 4 Absatz 1 keine Anwendung auf die in dieser Sammelüberweisung gebündelten Einzelaufträge, sofern die Sammelüberweisung die in Artikel 4 Absätze 1, 2 und 3 enthaltenen Angaben enthält, diese Angaben gemäß Artikel 4 Absätze 4 und 5 überprüft wurden und die Einzelaufträge mit der Nummer des Zahlungskontos des Auftraggebers oder, wenn Artikel 4 Absatz 3 zur Anwendung kommt, der individuellen Transaktionskennziffer versehen sind.

(2) Abweichend von Artikel 4 Absatz 1 und gegebenenfalls unbeschadet der gemäß der Verordnung (EU) Nr. 260/2012 erforderlichen Angaben, werden in Fällen, in denen der Zahlungsdienstleister des Begünstigten seinen Sitz außerhalb der Union hat, bei Geldtransfers von bis zu 1 000 EUR, bei denen es keine Anhaltspunkte dafür gibt, dass eine Verbindung zu anderen Geldtransfers besteht, die zusammen mit dem fraglichen Geldtransfer 1 000 EUR übersteigen, zumindest folgende Angaben übermittelt:

a) die Namen des Auftraggebers und des Begünstigten und

b) die Nummern der Zahlungskonten des Auftraggebers und des Begünstigten oder, wenn Artikel 4 Absatz 3 zur Anwendung kommt, die individuelle Transaktionskennziffer.

Abweichend von Artikel 4 Absatz 4 braucht der Zahlungsdienstleister des Auftraggebers die in diesem Absatz genannten Angaben zum Auftraggeber nicht auf ihre Richtigkeit zu überprüfen, es sei denn, der Zahlungsdienstleister des Auftraggebers hat

a) die zu transferierenden Gelder in Form von Bargeld oder anonymem E-Geld entgegengenommen oder

b) hinreichende Gründe für einen Verdacht auf Geldwäsche oder Terrorismusfinanzierung.

ABSCHNITT 2
Pflichten des Zahlungsdienstleisters des Begünstigten

Artikel 7
Feststellung fehlender Angaben zum Auftraggeber oder zum Begünstigten

(1) Der Zahlungsdienstleister des Begünstigten richtet wirksame Verfahren ein, mit deren Hilfe er feststellen kann, ob die Felder für Angaben zum Auftraggeber und zum Begünstigten in dem zur Ausführung des Geldtransfers verwendeten Nachrichten- oder Zahlungs- und Abwicklungssystem unter Verwendung der im Einklang mit den Übereinkünften über das betreffende System zulässigen Buchstaben oder Einträge ausgefüllt wurden.

(2) Der Zahlungsdienstleister des Begünstigten richtet wirksame Verfahren ein, einschließlich – soweit angebracht – einer nachträglichen Überwachung oder einer Echtzeitüberwachung, mit deren Hilfe er feststellen kann, ob folgende Angaben zum Auftraggeber oder zum Begünstigten fehlen:

a) im Falle von Geldtransfers, bei denen der Zahlungsdienstleister des Auftraggebers seinen Sitz in der Union hat, die in Artikel 5 genannten Angaben;

b) im Falle von Geldtransfers, bei denen der Zahlungsdienstleister des Auftraggebers seinen Sitz außerhalb der Union hat, die in Artikel 4 Absätze 1 und 2 genannten Angaben;

c) im Falle von Sammelüberweisungen, bei denen der Zahlungsdienstleister des Auftraggebers seinen Sitz außerhalb der Union hat, die in Artikel 4 Absätze 1 und 2 genannten Angaben in Bezug auf die Sammelüberweisung.

(3) Im Falle von Geldtransfers von mehr als 1 000 EUR, unabhängig davon, ob diese Transfers in einem einzigen Transfer oder in mehreren Transfers, die verbunden zu sein scheinen, erfolgen, überprüft der Zahlungsdienstleister des Begünstigten vor Ausführung der Gutschrift auf dem Zahlungskonto des Begünstigten oder Bereitstellung des Geldbetrags an den Begünstigten die Richtigkeit der in Absatz 2 dieses Artikels genannten Angaben zum Begünstigten anhand von Do-

kumenten, Daten oder Informationen aus einer verlässlichen und unabhängigen Quelle, unbeschadet der in den Artikeln 69 und 70 der Richtlinie 2007/64/EG festgelegten Anforderungen.

(4) Im Falle von Geldtransfers von bis zu 1 000 EUR, bei denen es keine Anhaltspunkte dafür gibt, dass eine Verbindung zu anderen Geldtransfers besteht, die zusammen mit dem fraglichen Geldtransfer 1 000 EUR übersteigen, braucht der Zahlungsdienstleister des Begünstigten die Richtigkeit der Angaben zum Begünstigten nicht zu überprüfen, es sei denn, der Zahlungsdienstleister des Begünstigten

a) zahlt den Geldbetrag in Form von Bargeld oder anonymem E-Geld aus oder

b) hat hinreichende Gründe für einen Verdacht auf Geldwäsche oder Terrorismusfinanzierung.

(5) Die in den Absätzen 3 und 4 genannte Überprüfung gilt als ausgeführt, wenn:

a) die Identität des Begünstigten gemäß Artikel 13 der Richtlinie (EU) 2015/849 überprüft wurde und die bei dieser Überprüfung ermittelten Daten gemäß Artikel 40 der genannten Richtlinie gespeichert wurden oder

b) Artikel 14 Absatz 5 der Richtlinie (EU) 2015/849 auf den Begünstigten Anwendung findet.

Artikel 8
Geldtransfers mit fehlenden oder unvollständigen Angaben zum Auftraggeber oder zum Begünstigten

(1) Der Zahlungsdienstleister des Begünstigten richtet wirksame risikobasierte Verfahren ein, einschließlich Verfahren, die sich auf die in Artikel 13 der Richtlinie (EU) 2015/849 genannte risikoorientierte Grundlage stützen, mit deren Hilfe festgestellt werden kann, ob ein Geldtransfer, bei dem die vorgeschriebenen vollständigen Angaben zum Auftraggeber und zum Begünstigten fehlen, auszuführen, zurückzuweisen oder auszusetzen ist, und welche Folgemaßnahmen angemessenerweise zu treffen sind.

Stellt der Zahlungsdienstleister des Begünstigten bei Erhalt von Geldtransfers fest, dass die in Artikel 4 Absatz 1 oder Absatz 2, Artikel 5 Absatz 1 oder Artikel 6 genannten Angaben fehlen oder unvollständig sind oder nicht, wie in Artikel 7 Absatz 1 vorgegeben, unter Verwendung der im Einklang mit den Übereinkünften über das Nachrichten- oder Zahlungs- und Abwicklungssystem zulässigen Buchstaben oder Einträge ausgefüllt wurden, so weist der Zahlungsdienstleister des Begünstigten auf risikoorientierter Grundlage den Transferauftrag zurück oder fordert die vorgeschriebenen Angaben zum Auftraggeber und zum Begünstigten an, bevor oder nachdem er die Gutschrift zugunsten des Zahlungskontos des Begünstigten ausführt oder dem Begünstigten den Geldbetrag zur Verfügung stellt.

(2) Versäumt es ein Zahlungsdienstleister wiederholt, die vorgeschriebenen Angaben zum Auftraggeber oder zum Begünstigten vorzulegen, so ergreift der Zahlungsdienstleister des Begünstigten Maßnahmen, die anfänglich Verwarnungen und Fristsetzungen umfassen können, bevor er entweder alle künftigen Transferaufträge dieses Zahlungsdienstleisters zurückweist oder die Geschäftsbeziehungen zu diesem Zahlungsdienstleister beschränkt oder beendet.

Der Zahlungsdienstleister des Begünstigten meldet dieses Versäumnis sowie die ergriffenen Maßnahmen der für die Überwachung der Einhaltung der Vorschriften über die Bekämpfung von Geldwäsche und Terrorismusfinanzierung zuständigen Behörde.

Artikel 9
Bewertung und Verdachtsmeldung

Bei der Bewertung, ob ein Geldtransfer oder eine damit verbundene Transaktion verdächtig ist und ob er der zentralen Meldestelle gemäß der Richtlinie (EU) 2015/849 zu melden ist, berücksichtigt der Zahlungsdienstleister des Begünstigten als einen Faktor, ob Angaben zum Auftraggeber oder zum Begünstigten fehlen oder unvollständig sind.

ABSCHNITT 3
Pflichten zwischengeschalteter Zahlungsdienstleister

Artikel 10
Erhaltung der Angaben zum Auftraggeber und zum Begünstigten bei einem Geldtransfer

Zwischengeschaltete Zahlungsdienstleister sorgen dafür, dass alle Angaben, die sie zum Auftraggeber und zum Begünstigten erlangt haben und die zusammen mit einem Geldtransfer übermittelt werden, auch bei der Weiterleitung des Transfers erhalten bleiben.

Artikel 11
Feststellung fehlender Angaben zum Auftraggeber oder zum Begünstigten

(1) Der zwischengeschaltete Zahlungsdienstleister richtet wirksame Verfahren ein, mit deren Hilfe er feststellen kann, ob die Felder für Angaben zum Auftraggeber und zum Begünstigten in dem zur Ausführung des Geldtransfers verwendeten Nachrichten- oder Zahlungs- und Abwicklungssystem unter Verwendung der im Einklang mit den Übereinkünften über das betreffende System zulässigen Buchstaben oder Einträge ausgefüllt wurden.

(2) Der zwischengeschaltete Zahlungsdienstleister richtet wirksame Verfahren ein, einschließlich – soweit angebracht – einer nachträglichen Überwachung oder einer Echtzeitüberwachung, mit deren Hilfe er feststellen kann, ob folgende Angaben zum Auftraggeber oder zum Begünstigten fehlen:

a) im Falle von Geldtransfers, bei denen die Zahlungsdienstleister des Auftraggebers und des Begünstigten ihren Sitz in der Union haben, die in Artikel 5 genannten Angaben;

b) im Falle von Geldtransfers, bei denen der Zahlungsdienstleister des Auftraggebers oder des Begünstigten seinen Sitz außerhalb der Union hat, die in Artikel 4 Absätze 1 und 2 genannten Angaben;

c) im Falle von Sammelüberweisungen, bei denen der Zahlungsdienstleister des Auftraggebers oder des Begünstigten seinen Sitz außerhalb der Union hat, die in Artikel 4 Absätze 1 und 2 genannten Angaben in Bezug auf die Sammelüberweisung.

Artikel 12
Geldtransfers mit fehlenden Angaben zum Auftraggeber oder zum Begünstigten

(1) Der zwischengeschaltete Zahlungsdienstleister richtet wirksame risikobasierte Verfahren ein, mit deren Hilfe festgestellt werden kann, ob ein Geldtransfer, bei dem die vorgeschriebenen Angaben zum Auftraggeber und zum Begünstigten nicht enthalten sind, auszuführen, zurückzuweisen oder auszusetzen ist, und welche Folgemaßnahmen angemessenerweise zu treffen sind.

Stellt der zwischengeschaltete Zahlungsdienstleister bei Erhalt von Geldtransfers fest, dass die in Artikel 4 Absätze 1 oder 2, Artikel 5 Absatz 1 oder Artikel 6 genannten Angaben zum Auftraggeber oder zum Begünstigen fehlen oder nicht, wie in Artikel 7 Absatz 1 vorgegeben, unter Verwendung der im Einklang mit den Übereinkünften über das Nachrichten- oder Zahlungs- und Abwicklungssystem zulässigen Buchstaben oder Einträgen ausgefüllt wurden, so weist er auf risikoorientierter Grundlage den Transferauftrag zurück oder fordert die vorgeschriebenen Angaben zum Auftraggeber und zum Begünstigten an, bevor oder nachdem er den Geldtransfer übermittelt.

(2) Versäumt es ein Zahlungsdienstleister wiederholt, die vorgeschriebenen Angaben zum Auftraggeber oder zum Begünstigten vorzulegen, so ergreift der zwischengeschaltete Zahlungsdienstleister Maßnahmen, die anfänglich Verwarnungen und Fristsetzungen umfassen können, bevor er entweder alle künftigen Transferaufträge dieses Zahlungsdienstleisters zurückweist oder die Geschäftsbeziehungen zu diesem Zahlungsdienstleister beschränkt oder beendet.

Der zwischengeschaltete Zahlungsdienstleister meldet dieses Versäumnis sowie die ergriffenen Maßnahmen der für die Überwachung der Einhaltung der Vorschriften über die Bekämpfung von Geldwäsche und Terrorismusfinanzierung zuständigen Behörde.

Artikel 13
Bewertung und Verdachtsmeldung

Bei der Bewertung, ob ein Geldtransfer oder eine damit verbundene Transaktion verdächtig ist und ob diese(r) der zentralen Meldestelle gemäß der Richtlinie (EU) 2015/849 zu melden ist, berücksichtigt der zwischengeschaltete Zahlungsdienstleister als einen Faktor, ob Angaben zum Auftraggeber oder zum Begünstigten fehlen.

KAPITEL III
INFORMATIONEN, DATENSCHUTZ UND AUFBEWAHRUNG VON AUFZEICHNUNGEN

Artikel 14
Erteilung von Informationen

Zahlungsdienstleister beantworten vollständig und unverzüglich, auch über eine zentrale Kontaktstelle gemäß Artikel 45 Absatz 9 der Richtlinie (EU) 2015/849, falls eine solche Kontaktstelle benannt wurde, und unter Einhaltung der Verfahrensvorschriften des Rechts seines Sitzmitgliedstaats ausschließlich Anfragen der für die Bekämpfung von Geldwäsche oder Terrorismusfinanzierung zuständigen Behörden dieses Mitgliedstaats zu den nach dieser Verordnung vorgeschriebenen Angaben.

Artikel 15
Datenschutz

(1) Für die Verarbeitung personenbezogener Daten im Rahmen dieser Verordnung gilt die Verordnung (EU) 2016/679 des Europäischen Parlaments und des Rates[*]. Für die Verarbeitung personenbezogener Daten im Rahmen dieser Verordnung durch die Kommission oder die EBA gilt die Verordnung (EU) 2018/1725 des Europäischen Parlament und des Rates[**] *(ABl L 334 vom 27. 12. 2019, S 144)*

Zu Artikel 15:

[*] Verordnung (EU) 2016/679 des Europäischen Parlaments und des Rates vom 27. April 2016 zum Schutz natürlicher Personen bei der Verarbeitung personenbezogener Daten, zum freien Datenverkehr und zur Aufhebung der Richtlinie 95/46/EG (Datenschutz-Grundverordnung) (ABl. L 119 vom 4.5.2016, S. 1.

[**] Verordnung (EU) 2018/1725 des Europäischen Parlaments und des Rates vom 23. Oktober 2018 zum Schutz natürlicher Personen bei der Verarbeitung perso-

(2) Personenbezogene Daten dürfen von Zahlungsdienstleistern auf der Grundlage dieser Verordnung ausschließlich für die Zwecke der Verhinderung von Geldwäsche und Terrorismusfinanzierung verarbeitet werden und nicht in einer Weise weiterverarbeitet werden, die mit diesen Zwecken unvereinbar ist. Es ist untersagt, personenbezogene Daten auf der Grundlage dieser Verordnung für kommerzielle Zwecke zu verarbeiten.

(3) Zahlungsdienstleister stellen neuen Kunden die nach Artikel 10 der Richtlinie 95/46/EG vorgeschriebenen Informationen zur Verfügung, bevor sie eine Geschäftsbeziehung begründen oder gelegentliche Transaktionen ausführen. Diese Informationen umfassen insbesondere einen allgemeinen Hinweis zu den rechtlichen Pflichten der Zahlungsdienstleister bei der Verarbeitung personenbezogener Daten zu Zwecken der Verhinderung von Geldwäsche und Terrorismusfinanzierung gemäß dieser Verordnung.

(4) Zahlungsdienstleister stellen sicher, dass die Vertraulichkeit der verarbeiteten Daten gewahrt ist.

Artikel 16
Aufbewahrung von Aufzeichnungen

(1) Angaben zum Auftraggeber und zum Begünstigten dürfen nicht länger als unbedingt erforderlich aufbewahrt werden. Die Zahlungsdienstleister des Auftraggebers und des Begünstigten bewahren Aufzeichnungen der in den Artikeln 4 bis 7 genannten Angaben fünf Jahre lang auf.

(2) Nach Ablauf der in Absatz 1 genannten Aufbewahrungsfrist stellen die Zahlungsdienstleister sicher, dass die personenbezogenen Daten gelöscht werden, es sei denn, das nationale Recht enthält andere Bestimmungen, die regeln, unter welchen Umständen die Zahlungsdienstleister die Daten länger aufbewahren dürfen oder müssen. Die Mitgliedstaaten dürfen eine weitere Aufbewahrung nur nach einer eingehenden Prüfung der Erforderlichkeit und Verhältnismäßigkeit einer solchen weiteren Aufbewahrung gestatten oder vorschreiben, wenn sie dies für die Verhinderung, Aufdeckung oder Ermittlung von Geldwäsche oder Terrorismusfinanzierung für erforderlich halten. Die Frist für diese weitere Aufbewahrung darf einen Zeitraum von fünf Jahren nicht überschreiten.

(3) Ist in einem Mitgliedstaat am 25. Juni 2015 ein Gerichtsverfahren betreffend die Verhinderung, Aufdeckung, Ermittlung oder Verfolgung von mutmaßlicher Geldwäsche oder Terrorismusfinanzierung anhängig und besitzt ein Zahlungsdienstleister Informationen oder Unterlagen im Zusammenhang mit diesem anhängigen Verfahren, so darf der Zahlungsdienstleister diese Informationen oder Unterlagen im Einklang mit den nationalen Rechtsvorschriften ab dem 25. Juni 2015 fünf Jahre lang aufbewahren. Die Mitgliedstaaten können unbeschadet ihrer Beweisregelungen im nationalen Strafrecht, die auf laufende strafrechtliche Ermittlungen und Gerichtsverfahren Anwendung finden, die Aufbewahrung dieser Informationen oder Unterlagen für weitere fünf Jahre gestatten oder vorschreiben, sofern die Erforderlichkeit und Verhältnismäßigkeit dieser weiteren Aufbewahrung für die Verhinderung, Aufdeckung, Ermittlung oder Verfolgung mutmaßlicher Geldwäsche oder Terrorismusfinanzierung festgestellt wurde.

KAPITEL IV
SANKTIONEN UND ÜBERWACHUNG

Artikel 17
Verwaltungsrechtliche Sanktionen und Maßnahmen

(1) Unbeschadet ihres Rechts, strafrechtliche Sanktionen vorzusehen und zu verhängen, legen die Mitgliedstaaten die Vorschriften für verwaltungsrechtliche Sanktionen und Maßnahmen für Verstöße gegen die Bestimmungen dieser Verordnung fest und ergreifen alle erforderlichen Maßnahmen, um deren Durchführung zu gewährleisten. Die vorgesehenen Sanktionen und Maßnahmen müssen wirksam, angemessen und abschreckend sein und mit denen des Kapitels VI Abschnitt 4 der Richtlinie (EU) 2015/849 im Einklang stehen.

Mitgliedstaaten können beschließen, für Verstöße gegen die Vorschriften dieser Verordnung, die nach ihrem nationalen Recht strafrechtlichen Sanktionen unterliegen, keine Vorschriften für verwaltungsrechtliche Sanktionen oder Maßnahmen festzulegen. In diesem Fall teilen sie der Kommission die einschlägigen strafrechtlichen Vorschriften mit.

(2) Die Mitgliedstaaten stellen sicher, dass bei für Zahlungsdienstleister geltenden Verpflichtungen im Falle von Verstößen gegen die Bestimmungen dieser Verordnung nach dem nationalen Recht Sanktionen oder Maßnahmen gegen die Mitglieder des Leitungsorgans und jede andere natürliche Person, die nach nationalem Recht für den Verstoß verantwortlich ist, verhängt werden können.

(3) Die Mitgliedstaaten teilen der Kommission und dem Gemeinsamen Ausschuss der Europäischen Aufsichtsbehörden die Vorschriften gemäß Absatz 1 bis zum 26. Juni 2017 mit. Die Mitgliedstaaten teilen der Kommission und der EBA un-

---

nenbezogener Daten durch die Organe, Einrichtungen und sonstigen Stellen der Union, zum freien Datenverkehr und zur Aufhebung der Verordnung (EG) Nr. 45/2001 und des Beschlusses Nr. 1247/2002/EG (ABl. L 295 vom 21.11.2018, S. 39).

verzüglich jegliche Änderung dieser Vorschriften mit. *(ABl L 334 vom 27. 12. 2019, S 144)*

(4) Die zuständigen Behörden sind gemäß Artikel 58 Absatz 4 der Richtlinie (EU) 2015/849 mit allen für die Wahrnehmung ihrer Aufgaben erforderlichen Aufsichts- und Ermittlungsbefugnissen ausgestattet. Um zu gewährleisten, dass die verwaltungsrechtlichen Sanktionen oder Maßnahmen die gewünschten Ergebnisse erzielen, arbeiten die zuständigen Behörden bei der Wahrnehmung ihrer Befugnis zur Auferlegung von verwaltungsrechtlichen Sanktionen und Maßnahmen eng zusammen und koordinieren ihre Maßnahmen in grenzüberschreitenden Fällen.

(5) Die Mitgliedstaaten stellen sicher, dass juristische Personen für Verstöße im Sinne des Artikels 18 verantwortlich gemacht werden können, die zu ihren Gunsten von einer Person begangen wurden, die allein oder als Teil eines Organs der juristischen Person gehandelt hat und die aufgrund einer der folgenden Befugnisse eine Führungsposition innerhalb der juristischen Person innehat:

a) Befugnis zur Vertretung der juristischen Person;

b) Befugnis, Entscheidungen im Namen der juristischen Person zu treffen; oder

c) Kontrollbefugnis innerhalb der juristischen Person.

(6) Die Mitgliedstaaten stellen ferner sicher, dass juristische Personen verantwortlich gemacht werden können, wenn mangelnde Überwachung oder Kontrolle durch eine Person im Sinne des Absatzes 5 dieses Artikels das Begehen eines der in Artikel 18 genannten Verstöße zugunsten der juristischen Person durch eine ihr unterstellte Person ermöglicht hat.

(7) Die zuständigen Behörden üben ihre Befugnis zum Verhängen von verwaltungsrechtlichen Sanktionen und Maßnahmen gemäß dieser Verordnung wie folgt aus:

a) unmittelbar;

b) in Zusammenarbeit mit anderen Behörden;

c) in eigener Verantwortung durch Übertragung von Aufgaben an solche anderen Behörden;

d) durch Antragstellung bei den zuständigen Justizbehörden.

Um zu gewährleisten, dass die verwaltungsrechtlichen Sanktionen oder Maßnahmen die gewünschten Ergebnisse erzielen, arbeiten die zuständigen Behörden bei der Wahrnehmung ihrer Befugnis zum Verhängen von verwaltungsrechtlichen Sanktionen und Maßnahmen eng zusammen und koordinieren ihre Maßnahmen in grenzüberschreitenden Fällen.

Artikel 18
Besondere Bestimmungen

Die Mitgliedstaaten gewährleisten, dass ihre verwaltungsrechtlichen Sanktionen und Maßnahmen für die im Folgenden genannten Verstöße zumindest die verwaltungsrechtlichen Sanktionen und Maßnahmen nach Artikel 59 Absätze 2 und 3 der Richtlinie (EU) 2015/849 umfassen:

a) wiederholte oder systematische Nichtübermittlung vorgeschriebener Angaben zum Auftraggeber oder zum Begünstigten durch einen Zahlungsdienstleister unter Verstoß gegen die Artikel 4, 5 oder 6;

b) wiederholtes, systematisches oder schweres Versäumnis eines Zahlungsdienstleisters, die Aufbewahrung von Aufzeichnungen gemäß Artikel 16 sicherzustellen;

c) Versäumnis eines Zahlungsdienstleisters, wirksame risikobasierte Verfahren einzuführen, unter Verstoß gegen Artikel 8 oder 12;

d) schwerwiegender Verstoß zwischengeschalteter Zahlungsdienstleister gegen Artikel 11 oder 12.

Artikel 19
Bekanntmachung von Sanktionen und Maßnahmen

Im Einklang mit Artikel 60 Absätze 1, 2 und 3 der Richtlinie (EU) 2015/849 machen die zuständigen Behörden verwaltungsrechtliche Sanktionen und Maßnahmen, die in den Artikel 17 und 18 dieser Verordnung genannten Fällen verhängt werden, unverzüglich unter Nennung der Art und des Wesens des Verstoßes und der Identität der für den Verstoß verantwortlichen Personen öffentlich bekannt, falls dies nach einer Prüfung im Einzelfall erforderlich und verhältnismäßig ist.

Artikel 20
Anwendung von Sanktionen und Maßnahmen durch die zuständigen Behörden

(1) Bei der Festlegung der Art der verwaltungsrechtlichen Sanktionen oder Maßnahmen und der Höhe der Geldbußen berücksichtigen die zuständigen Behörden alle maßgeblichen Umstände, darunter auch die in Artikel 60 Absatz 4 der Richtlinie (EU) 2015/849 genannten.

(2) In Bezug auf gemäß dieser Verordnung verhängte verwaltungsrechtliche Sanktionen und Maßnahmen gilt Artikel 62 der Richtlinie (EU) 2015/849.

Artikel 21
Meldung von Verstößen

(1) Die Mitgliedstaaten richten wirksame Mechanismen ein, um die Meldung von Verstößen

gegen diese Verordnung an die zuständigen Behörden zu fördern.

Diese Mechanismen umfassen zumindest die in Artikel 61 Absatz 2 der Richtlinie (EU) 2015/849 genannten.

(2) Die Zahlungsdienstleister richten in Zusammenarbeit mit den zuständigen Behörden angemessene interne Verfahren ein, über die ihre Mitarbeiter oder Personen in einer vergleichbaren Position Verstöße intern über einen sicheren, unabhängigen, spezifischen und anonymen Weg melden können und der in Bezug auf die Art und die Größe des betreffenden Zahlungsdienstleisters verhältnismäßig ist.

Artikel 22
Überwachung

(1) Die Mitgliedstaaten schreiben vor, dass die zuständigen Behörden eine wirksame Überwachung durchführen und die erforderlichen Maßnahmen treffen, um die Einhaltung dieser Verordnung sicherzustellen, und fördern durch wirksame Mechanismen die Meldung von Verstößen gegen die Bestimmungen dieser Verordnung an die zuständigen Behörden.

(2) Nach einer Mitteilung gemäß Artikel 17 Absatz 3 übermittelt die Kommission dem Europäischen Parlament und dem Rat einen Bericht über die Anwendung des Kapitels IV, insbesondere im Hinblick auf grenzüberschreitende Fälle. *(ABl L 334 vom 27. 12. 2019, S 144)*

KAPITEL V
DURCHFÜHRUNGSBEFUGNISSE

Artikel 23
Ausschussverfahren

(1) Die Kommission wird vom Ausschuss zur Verhinderung der Geldwäsche und der Terrorismusfinanzierung (im Folgenden „Ausschuss") unterstützt. Der Ausschuss ist ein Ausschuss im Sinne der Verordnung (EU) Nr. 182/2011.

(2) Wird auf diesen Absatz Bezug genommen, so gilt Artikel 5 der Verordnung (EU) Nr. 182/2011.

KAPITEL VI
AUSNAHMEREGELUNGEN

Artikel 24
Vereinbarungen mit Ländern und Gebieten, die nicht Teil des Unionsgebiets sind

(1) Die Kommission kann jedem Mitgliedstaat gestatten, mit einem Land oder Gebiet, das nicht zum räumlichen Geltungsbereich des EUV und des AEUV im Sinne des Artikels 355 AEUV gehört (im Folgenden „betreffendes Land oder Gebiet"), eine Vereinbarung mit Ausnahmeregelungen zu dieser Verordnung zu schließen, um zu ermöglichen, dass Geldtransfers zwischen diesem Land oder Gebiet und dem betreffenden Mitgliedstaat wie Geldtransfers innerhalb dieses Mitgliedstaats behandelt werden.

Solche Vereinbarungen können nur gestattet werden, wenn alle nachfolgenden Bedingungen erfüllt sind:

a) Das betreffende Land oder Gebiet ist mit dem betreffenden Mitgliedstaat in einer Währungsunion verbunden oder Teil seines Währungsgebiets oder hat eine Währungsvereinbarung mit der durch einen Mitgliedstaat vertretenen Union unterzeichnet;

b) Zahlungsdienstleister in dem betreffenden Land oder Gebiet nehmen unmittelbar oder mittelbar an den Zahlungs- und Abwicklungssystemen in dem betreffenden Mitgliedstaat teil; und

c) das betreffende Land oder Gebiet schreibt den in seinen Zuständigkeitsbereich fallenden Zahlungsdienstleistern vor, dieselben Bestimmungen wie nach dieser Verordnung anzuwenden.

(2) Will ein Mitgliedstaat eine Vereinbarung gemäß Absatz 1 schließen, so richtet er einen entsprechenden Antrag an die Kommission und liefert ihr alle Informationen, die für die Beurteilung des Antrags erforderlich sind.

(3) Sobald ein solcher Antrag bei der Kommission eingeht, werden Geldtransfers zwischen diesem Mitgliedstaat und dem betreffenden Land oder Gebiet bis zu einer Entscheidung nach dem Verfahren dieses Artikels vorläufig wie Geldtransfers innerhalb dieses Mitgliedstaats behandelt.

(4) Ist die Kommission innerhalb von zwei Monaten nach Eingang des Antrags der Ansicht, dass sie nicht über alle für die Beurteilung des Antrags erforderlichen Informationen verfügt, so nimmt sie mit dem betreffenden Mitgliedstaat Kontakt auf und teilt ihm mit, welche Informationen sie darüber hinaus benötigt.

(5) Innerhalb von einem Monat, nachdem die Kommission alle Informationen erhalten hat, die sie für eine Beurteilung des Antrags für erforderlich hält, teilt sie dies dem antragstellenden Mitgliedstaat mit und leitet den anderen Mitgliedstaaten Kopien des Antrags weiter.

(6) Innerhalb von drei Monaten nach der Mitteilung nach Absatz 5 dieses Artikels entscheidet die Kommission gemäß Artikel 23 Absatz 2, ob sie dem betreffenden Mitgliedstaat den Abschluss der Vereinbarung, die Gegenstand des Antrags ist, gestattet.

Die Kommission erlässt auf jeden Fall innerhalb von 18 Monaten nach Eingang des Antrags eine Entscheidung nach Unterabsatz 1.

(7) Bis zum 26. März 2017 übermitteln die Mitgliedstaaten, denen gemäß dem Durchfüh-

rungsbeschluss 2012/43/EU der Kommission[1], dem Beschluss 2010/259/EU der Kommission[2], dem Beschluss 2009/853/EG der Kommission[3] oder dem Beschluss 2008/982/EG der Kommission[4] gestattet wurde, Vereinbarungen mit einem betreffenden Land oder Gebiet zu schließen, der Kommission aktualisierte Informationen, die für eine Beurteilung nach Absatz 1 Unterabsatz 2 Buchstabe c erforderlich sind.

Innerhalb von drei Monaten nach Erhalt dieser Informationen prüft die Kommission die übermittelten Informationen, um sicherzustellen, dass das betreffende Land oder Gebiet den in seinen Zuständigkeitsbereich fallenden Zahlungsdienstleistern vorschreibt, dieselben Bestimmungen anzuwenden wie nach dieser Verordnung. Falls die Kommission nach dieser Prüfung der Auffassung ist, dass die Bedingung nach Absatz 1 Unterabsatz 2 Buchstabe c nicht mehr erfüllt ist, hebt sie den einschlägigen Beschluss oder Durchführungsbeschluss der Kommission auf.

Artikel 25
Leitlinien

Bis zum 26. Juni 2017 geben die Europäischen Aufsichtsbehörden für die zuständigen Behörden und Zahlungsdienstleister gemäß Artikel 16 der Verordnung (EU) Nr. 1093/2010 Leitlinien zu den gemäß der vorliegenden Verordnung zu ergreifenden Maßnahmen heraus, insbesondere hinsichtlich der Anwendung der Artikel 7, 8, 11 und 12. Ab dem 1. Januar 2020 gibt die EBA, soweit angemessen, solche Leitlinien heraus.

(ABl L 334 vom 27. 12. 2019, S 144)

KAPITEL VII
SCHLUSSBESTIMMUNGEN

Artikel 26
Aufhebung der Verordnung (EG) Nr. 1781/2006

Die Verordnung (EG) Nr. 1781/2006 wird aufgehoben.

Bezugnahmen auf die aufgehobene Verordnung gelten als Bezugnahmen auf die vorliegende Verordnung und sind nach Maßgabe der Entsprechungstabelle im Anhang zu lesen.

Artikel 27
Inkrafttreten

Diese Verordnung tritt am zwanzigsten Tag nach ihrer Veröffentlichung im *Amtsblatt der Europäischen Union* in Kraft.

Sie gilt ab dem 26. Juni 2017.

Diese Verordnung ist in allen ihren Teilen verbindlich und gilt unmittelbar in jedem Mitgliedstaat.

Geschehen zu Straßburg am 20. Mai 2015.

Im Namen des Europäischen Parlaments	*Im Namen des Rates*
Der Präsident	*Die Präsidentin*
M. SCHULZ	Z. KALNIŅA-LUKAŠEVICA

ENTSPRECHUNGSTABELLE NICHT ABGEDRUCKT

Zu Artikel 24:

[1] Durchführungsbeschluss 2012/43/EU der Kommission vom 25. Januar 2012 zur Ermächtigung des Königreichs Dänemark gemäß der Verordnung (EG) Nr. 1781/2006 des Europäischen Parlaments und des Rates, eine Vereinbarung mit Grönland und den Färöern zu schließen, damit Geldtransfers zwischen Dänemark und jedem dieser Gebiete wie innerdänische Geldtransfers behandelt werden können (ABl. L 24 vom 27.1.2012, S. 12).

[2] Beschluss 2010/259/EU der Kommission vom 4. Mai 2010 zur Ermächtigung der Französischen Republik gemäß der Verordnung (EG) Nr. 1781/2006 des Europäischen Parlaments und des Rates, eine Vereinbarung mit dem Fürstentum Monaco zu schließen, damit Geldtransfers zwischen der Französischen Republik und dem Fürstentum Monaco wie innerfranzösische Geldtransfers behandelt werden können (ABl. L 112 vom 5.5.2010, S. 23).

[3] Entscheidung 2009/853/EG der Kommission vom 26. November 2009 zur Ermächtigung Frankreichs, gemäß der Verordnung (EG) Nr. 1781/2006 des Europäischen Parlaments und des Rates eine Vereinbarung mit St. Pierre und Miquelon, Mayotte, Neukaledonien, Französisch-Polynesien beziehungsweise Wallis und Futuna zu schließen, damit Geldtransfers zwischen Frankreich und diesen Gebieten wie Geldtransfers innerhalb Frankreichs behandelt werden können (ABl. L 312 vom 27.11.2009, S. 71).

[4] Entscheidung 2008/982/EG der Kommission vom 8. Dezember 2008 betreffend die Genehmigung für das Vereinigte Königreich zum Abschluss einer Vereinbarung mit der Vogtei Jersey (Bailiwick of Jersey), der Vogtei Guernsey (Bailiwick of Guernsey) und der Isle of Man, der zufolge Geldtransfers zwischen dem Vereinigten Königreich und jedes dieser Gebiete gemäß der Verordnung (EG) Nr. 1781/2006 des Europäischen Parlaments und des Rates als Geldtransfers innerhalb des Vereinigten Königreichs behandelt werden (ABl. L 352 vom 31.12.2008, S. 34).

Verordnung (EU) Nr. 910/2014 des Europäischen Parlaments und des Rates vom 23. Juli 2014 über elektronische Identifizierung und Vertrauensdienste für elektronische Transaktionen im Binnenmarkt

ABl L 257 vom 28. 8. 2014, S 73 idF

1 ABl L 23 vom 29. 1. 2015, S 19 (Berichtigung)

2 ABl L 155 vom 14. 6. 2016, S 44 (Berichtigung)

DAS EUROPÄISCHE PARLAMENT UND DER RAT DER EUROPÄISCHEN UNION –

gestützt auf den Vertrag über die Arbeitsweise der Europäischen Union, insbesondere auf Artikel 114,

auf Vorschlag der Europäischen Kommission,

nach Zuleitung des Entwurfs des Gesetzgebungsakts an die nationalen Parlamente,

nach Stellungnahme des Europäischen Wirtschafts- und Sozialausschusses[1)],

gemäß dem ordentlichen Gesetzgebungsverfahren[2)],

in Erwägung nachstehender Gründe:

(1) Die wirtschaftliche und soziale Entwicklung setzt Vertrauen in das Online-Umfeld voraus. Mangelndes Vertrauen führt dazu, dass Verbraucher, Unternehmen und öffentliche Verwaltungen nur zögerlich elektronische Transaktionen durchführen oder neue Dienste einführen bzw. nutzen, vor allem, wenn sie die Befürchtung hegen, dass es an Rechtssicherheit mangelt.

(2) Diese Verordnung dient der Stärkung des Vertrauens in elektronische Transaktionen im Binnenmarkt, indem eine gemeinsame Grundlage für eine sichere elektronische Interaktion zwischen Bürgern, Unternehmen und öffentlichen Verwaltungen geschaffen wird, wodurch die Effektivität öffentlicher und privater Online-Dienstleistungen, des elektronischen Geschäftsverkehrs und des elektronischen Handels in der Union erhöht wird.

[1)] ABl. C 351 vom 15.11.2012, S. 73.

[2)] Standpunkt des Europäischen Parlaments vom 3. April 2014 (noch nicht im Amtsblatt veröffentlicht) und Beschluss des Rates vom 23. Juli 2014.

(3) Die Richtlinie 1999/93/EG des Europäischen Parlaments und des Rates[3)] hat Regelungen zu elektronischen Signaturen festgelegt, ohne einen umfassenden grenz- und sektorenübergreifenden Rahmen für sichere, vertrauenswürdige und einfach zu nutzende elektronische Transaktionen zu schaffen. Die vorliegende Verordnung stärkt und erweitert die Rechtsvorschriften jener Richtlinie.

(4) In der Mitteilung der Kommission vom 26. August 2010 „Eine Digitale Agenda für Europa" wurden die Fragmentierung des Binnenmarkts, der Mangel an Interoperabilität und die Zunahme der Cyberkriminalität als große Hemmnisse für den Erfolgszyklus der digitalen Wirtschaft benannt. In ihrem Bericht über die Unionsbürgerschaft 2010 mit dem Titel „Weniger Hindernisse für die Ausübung von Unionsbürgerrechten" betonte die Kommission überdies die Notwendigkeit, die Hauptprobleme zu lösen, die Unionsbürger davon abhalten, die Vorteile eines digitalen Binnenmarktes und grenzüberschreitender digitaler Dienste zu nutzen.

(5) In seinen Schlussfolgerungen vom 4. Februar 2011 und vom 23. Oktober 2011 forderte der Europäische Rat die Kommission zur Schaffung eines digitalen Binnenmarkts bis 2015 auf, um durch die Erleichterung der grenzüberschreitenden Nutzung von Online-Diensten und insbesondere der sicheren elektronischen Identifizierung und Authentifizierung rasch Fortschritte in Schlüsselbereichen der digitalen Wirtschaft zu erzielen und einen vollständig integrierten digitalen Binnenmarkt zu fördern.

(6) In seinen Schlussfolgerungen vom 27. Mai 2011 forderte der Rat die Kommission auf, zum digitalen Binnenmarkt beizutragen, indem geeig-

Zu Abs. 3:

[3)] Richtlinie 1999/93/EG des Europäischen Parlaments und des Rates vom 13. Dezember 1999 über gemeinschaftliche Rahmenbedingungen für elektronische Signaturen (ABl. L 13 vom 19.1.2000, S. 12).

nete Bedingungen für die grenzüberschreitende gegenseitige Anerkennung der Grundvoraussetzungen wie die elektronische Identifizierung, elektronische Dokumente, elektronische Signaturen und elektronische Zustelldienste sowie für interoperable elektronische Behördendienste in der gesamten Europäischen Union geschaffen werden.

(7) Das Europäische Parlament betonte in seiner Entschließung vom 21. September 2010 zur Vollendung des Binnenmarktes für den elektronischen Handel[1], dass die Sicherheit elektronischer Dienstleistungen – insbesondere elektronischer Signaturen – wichtig ist und dass auf europäischer Ebene eine Infrastruktur öffentlicher Schlüssel (PKI – Public Key Infrastructure) geschaffen werden muss, und forderte die Kommission auf, eine Schnittstelle der europäischen Validierungsstellen (European Validation Authorities Gateway) einzurichten, um die grenzüberschreitende Interoperabilität elektronischer Signaturen zu gewährleisten und die Sicherheit von Transaktionen, die über das Internet ausgeführt werden, zu erhöhen.

(8) Die Richtlinie 2006/123/EG des Europäischen Parlaments und des Rates[2] verpflichtet die Mitgliedstaaten zur Einrichtung von einheitlichen Ansprechpartnern genannt –, um sicherzustellen, dass alle Verfahren und Formalitäten, die die Aufnahme oder die Ausübung einer Dienstleistungstätigkeit betreffen, problemlos aus der Ferne und elektronisch über den betreffenden einheitlichen Ansprechpartner oder bei der betreffenden zuständigen Behörde abgewickelt werden können. Viele Online-Dienste, die über einheitliche Ansprechpartner zugänglich sind, erfordern eine elektronische Identifizierung, eine elektronische Authentifizierung und elektronische Signaturen.

(9) In der Regel können Bürger ihre elektronischen Identifizierungsmittel nicht verwenden, um sich in einem anderen Mtgliedstaat zu authentifizieren, weil die nationalen elektronischen Identifizierungssysteme ihres Landes in anderen Mitgliedstaaten nicht anerkannt werden. Aufgrund dieses elektronischen Hindernisses können Diensteanbieter die Vorteile des Binnenmarktes nicht vollständig ausschöpfen. Gegenseitig anerkannte elektronische Identifizierungsmittel werden die grenzüberschreitende Erbringung zahlreicher Dienstleistungen im Binnenmarkt erleichtern, und Unternehmen können grenzüberschreitend tätig werden, ohne beim Zusammenwirken mit öffentlichen Verwaltungen auf viele Hindernisse zu stoßen.

(10) Durch die Richtlinie 2011/24/EU des Europäischen Parlaments und des Rates[1] wird ein Netzwerk der für elektronische Gesundheitsdienste zuständigen nationalen Behörden eingerichtet. Im Hinblick auf die Verbesserung der Sicherheit und Kontinuität der grenzüberschreitenden Gesundheitsversorgung ist das Netzwerk gehalten, Leitlinien für den grenzüberschreitenden Zugang zu elektronischen Gesundheitsdaten und -diensten aufzustellen und „gemeinsame Identifizierungs- und Authentifizierungsmaßnahmen" zu unterstützen, „um die Übertragbarkeit von Daten in der grenzüberschreitenden Gesundheitsversorgung zu erleichtern". Die gegenseitige Anerkennung der elektronischen Identifizierung und Authentifizierung ist der Schlüssel zur Verwirklichung einer grenzüberschreitenden Gesundheitsversorgung der europäischen Bürger. Wenn sich Personen im Ausland behandeln lassen wollen, müssen ihre medizinischen Daten im Behandlungsland zur Verfügung stehen. Dies setzt einen soliden, sicheren und vertrauenswürdigen Rahmen für die elektronische Identifizierung voraus.

(11) Diese Verordnung sollte unter uneingeschränkter Beachtung der Grundsätze des Schutzes personenbezogener Daten gemäß der Richtlinie 95/46/EG des Europäischen Parlaments und des Rates[2] angewandt werden. Dabei sollten im Zusammenhang mit dem durch diese Verordnung festgelegten Grundsatz der gegenseitigen Anerkennung bei der Authentifizierung für einen Online-Dienst nur solche Identifizierungsdaten verarbeitet werden, die dem Zweck der Gewährung des Zugangs zu diesem Online-Dienst entsprechen, dafür erforderlich sind und nicht darüber hinausgehen. Des Weiteren sollten Vertrauensdiensteanbieter und Aufsichtsstellen die in der Richtlinie 95/46/EG festgelegten Anforderungen hinsichtlich der Vertraulichkeit und der Sicherheit der Verarbeitung einhalten.

(12) Eines der Ziele dieser Verordnung ist die Beseitigung bestehender Hindernisse bei der

Zu Abs. 7:

[1] ABl. C 50 E vom 21.2.2012, S. 1.

Zu Abs. 8:

[2] Richtlinie 2006/123/EG des Europäischen Parlaments und des Rates vom 12. Dezember 2006 über Dienstleistungen im Binnenmarkt (ABl. L 376 vom 27.12.2006, S. 36).

Zu Abs. 10:

[1] Richtlinie 2011/24/EU des Europäischen Parlaments und des Rates vom 9. März 2011 über die Ausübung der Patientenrechte in der grenzüberschreitenden Gesundheitsversorgung (ABl. L 88 vom 4.4.2011, S. 45).

Zu Abs. 11:

[2] Richtlinie 95/46/EG des Europäischen Parlaments und des Rates vom 24. Oktober 1995 zum Schutz natürlicher Personen bei der Verarbeitung personenbezogener Daten und zum freien Datenverkehr (ABl. L 281 vom 23.11.1995, S. 31).

grenzüberschreitenden Verwendung elektronischer Identifizierungsmittel, die in den Mitgliedstaaten zumindest die Authentifizierung für öffentliche Dienste ermöglichen. Diese Verordnung bezweckt keinen Eingriff in die in den Mitgliedstaaten bestehenden elektronischen Identitätsmanagementsysteme und zugehörigen Infrastrukturen. Sie soll vielmehr sicherstellen, dass beim Zugang zu Online-Diensten, die von den Mtgliedstaaten grenzüberschreitend angeboten werden, eine sichere elektronische Identifizierung und Authentifizierung möglich ist.

(13) Den Mtgliedstaaten sollte es freigestellt bleiben, zwecks elektronischer Identifizierung eigene Mittel für den Zugang zu Online-Diensten einzuführen oder zu verwenden. Sie sollten auch selbst entscheiden können, ob sie den Privatsektor in die Bereitstellung solcher Mttel einbeziehen. Die Mtgliedstaaten sollten nicht verpflichtet sein, ihre elektronischen Identifizierungssysteme der Kommission zu notifizieren. Die Entscheidung, alle, einige oder keines der elektronischen Identifizierungssysteme der Kommission zu notifizieren, die auf nationaler Ebene zumindest für den Zugang zu öffentlichen Online-Diensten oder bestimmten Diensten verwendet werden, ist Sache der Mtgliedstaaten.

(14) In der Verordnung müssen einige Voraussetzungen im Hinblick darauf festgelegt werden, welche elektronischen Identifizierungsmittel anerkannt werden müssen und wie die elektronischen Identifizierungssysteme notifiziert werden sollten. Diese Voraussetzungen sollen den Mitgliedstaaten helfen, das nötige Vertrauen in die elektronischen Identifizierungssysteme der anderen zu schöpfen und elektronische Identifizierungsmittel, die ihren jeweiligen notifizierten Systemen unterliegen, gegenseitig anzuerkennen. Der Grundsatz der gegenseitigen Anerkennung sollte nur dann Anwendung finden, wenn das elektronische Identifizierungssystem des notifizierenden Mitgliedstaats die Notifizierungsvoraussetzungen erfüllt und die Notifizierung im *Amtsblatt der Europäischen Union* veröffentlicht wurde. Der Grundsatz der gegenseitigen Anerkennung sollte jedoch nur für die Authentifizierung für einen Online-Dienst gelten. Der Zugang zu diesen Online-Diensten und ihre letztendliche Erbringung gegenüber dem Antragsteller sollten eng mit dem Anspruch auf solche Dienstleistungen unter den im nationalen Recht festgelegten Bedingungen verknüpft sein.

(15) Die Pflicht zur Anerkennung elektronischer Identifizierungsmittel sollte nur in Bezug auf diejenigen Mittel gelten, deren Identitätssicherungsniveau gegenüber dem für den betreffenden OnlineDienst erforderlichen Niveau gleichwertig ist oder höher ist. Außerdem sollte diese Pflicht nur dann gelten, wenn die betreffende öffentliche Stelle für den Zugang zu diesem Online-Dienst das Sicherheitsniveau „substanziell" oder „hoch" verwendet. Den Mitgliedstaaten sollte es im Einklang mit dem Unionsrecht freistehen, elektronische Identifizierungsmittel mit niedrigerem Sicherheitsniveau für die Identität anzuerkennen.

(16) Sicherheitsniveaus sollten den Grad der Vertrauenswürdigkeit eines elektronischen Identifizierungsmittels hinsichtlich der Feststellung der Identität einer Person beschreiben und damit Gewissheit schaffen, dass es sich bei der Person, die eine bestimmte Identität beansprucht, tatsächlich um die Person handelt, der diese Identität zugewiesen wurde. Das Sicherheitsniveau hängt vom Grad der Vertrauenswürdigkeit ab, den das elektronische Identifizierungsmittel hinsichtlich der beanspruchten oder behaupteten Identität einer Person gewährleistet, wobei Prozesse (beispielsweise Identitätsnachweis und -überprüfung, Authentifizierung), Verwaltungstätigkeiten (beispielsweise die elektronische Identifizierungsmittel ausstellende Einrichtung, Verfahren zur Ausstellung dieser Mittel) und durchgeführte technische Überprüfungen berücksichtigt werden. Es existiert eine Reihe technischer Definitionen und Beschreibungen von Sicherheitsniveaus als Ergebnis der von der Union finanzierter Großpilotprojekte, der Normung und internationaler Tätigkeiten. Insbesondere das Großpilotprojekt STORK und die ISO-Norm 29115 beziehen sich unter anderem auf die Niveaus 2, 3 und 4, die so weit wie möglich bei der Festlegung technischer Mindestanforderungen, Normen und Verfahren für die Sicherheitsniveaus „niedrig", „substanziell" und „hoch" im Sinne dieser Verordnung berücksichtigt werden sollten, wobei die kohärente Anwendung dieser Verordnung – insbesondere hinsichtlich des Sicherheitsniveaus „hoch" in Bezug auf den Identitätsnachweis für die Ausstellung qualifizierter Zertifikate – sichergestellt werden sollte. Die festgelegten Anforderungen sollten technologieneutral sein. Es sollte möglich sein, die erforderlichen Sicherheitsanforderungen durch verschiedene Technologien zu erreichen.

(17) Die Mitgliedstaaten sollten den Privatsektor dazu ermutigen, freiwillig elektronische Identifizierungsmittel im Rahmen eines notifizierten Systems zu Identifizierungszwecken zu verwenden, wenn dies für Online-Dienste oder elektronische Transaktionen nötig ist. Durch die Möglichkeit der Verwendung solcher elektronischen Identifizierungsmittel könnte sich der Privatsektor auf eine elektronische Identifizierung und Authentifizierung stützen, die in vielen Mitgliedstaaten zumindest bei öffentlichen Diensten schon weit verbreitet ist, und Unternehmen und Bürgern würde der grenzüberschreitende Zugang zu ihren Online-Diensten erleichtert. Um die

grenzüberschreitende Verwendung solcher elektronischen Identifizierungsmittel durch den Privatsektor zu erleichtern, sollten die von den einzelnen Mitgliedstaaten bereitgestellten Authentifizierungsmöglichkeiten den vertrauenden Beteiligten des Privatsektors, die außerhalb des Hoheitsgebiets dieses Mitgliedstaats niedergelassen sind, unter denselben Bedingungen zur Verfügung stehen, die für in diesem Mitgliedstaat niedergelassene vertrauende Beteiligte des Privatsektors gelten. Der notifizierende Mitgliedstaat kann folglich mit Blick auf die vertrauenden Beteiligten des Privatsektors Bedingungen für den Zugang zu den Authentifizierungsmitteln festlegen. Diese Zugangsbedingungen können angeben, dass das Authentifizierungsmittel für das notifizierte System den vertrauenden Beteiligten des Privatsektors derzeit noch nicht zur Verfügung steht.

(18) Diese Verordnung sollte die Haftung des notifizierenden Mitgliedstaats, des das elektronische Identifizierungsmittel ausstellenden Beteiligten und des das Authentifizierungsverfahren durchführenden Beteiligten für die Nichteinhaltung der einschlägigen Pflichten aus dieser Verordnung regeln. Sie sollte jedoch im Einklang mit den nationalen Vorschriften über die Haftung angewendet werden. Daher berührt sie diese nationalen Vorschriften nicht, soweit es etwa um den Schadensbegriff oder die einschlägigen geltende Verfahrensvorschriften – einschließlich der Bestimmungen über die Beweislast – geht.

(19) Die Sicherheit elektronischer Identifizierungssysteme ist ein wesentlicher Faktor für eine vertrauenswürdige grenzüberschreitende gegenseitige Anerkennung elektronischer Identifizierungsmittel. Die Mitgliedstaaten sollten in diesem Zusammenhang mit Blick auf die Sicherheit und die Interoperabilität der elektronischen Identifizierungssysteme auf Ebene der Union zusammenarbeiten. Wann immer für elektronische Identifizierungssysteme die Verwendung bestimmter Hardware oder Software durch vertrauende Beteiligte auf nationaler Ebene erforderlich sein könnte, verlangt die grenzüberschreitende Interoperabilität, dass die Mitgliedstaaten den außerhalb ihres Hoheitsgebiets niedergelassenen vertrauenden Parteien keine solchen Anforderungen und damit verbundene Kosten auferlegen. In diesem Fall sollten innerhalb des Anwendungsbereichs des Interoperabilitätsrahmens geeignete Lösungen erörtert und entwickelt werden. Technische Anforderungen, die sich zwangsläufig aus der Spezifikation der nationalen elektronischen Identifizierungsmittel ergeben und die voraussichtlich Nachteile für die Inhaber solcher Identifizierungsmittel (z. B. Chipkarten) mit sich bringen, sind hingegen unvermeidbar.

(20) Die Zusammenarbeit der Mitgliedstaaten sollte die technische Interoperabilität der notifizierten elektronischen Identifizierungssysteme im Hinblick auf die Förderung eines hohen Maßes an Vertrauen und Sicherheit erleichtern, das der Höhe des Risikos angemessen ist. Der Informationsaustausch und der Austausch bewährter Verfahren zwischen den Mitgliedstaaten im Hinblick auf ihre gegenseitige Anerkennung sollten bei dieser Zusammenarbeit hilfreich sein.

(21) Ferner sollte diese Verordnung einen allgemeinen Rechtsrahmen für die Verwendung von Vertrauensdiensten schaffen. Sie sollte aber keine allgemeine Verpflichtung zu deren Verwendung oder zur Einrichtung eines Zugangspunkts für alle bestehenden Vertrauensdienste einführen. Insbesondere sollte sie nicht die Erbringung von Vertrauensdiensten erfassen, die ausschließlich innerhalb geschlossener Systeme zwischen einem bestimmten Kreis von Beteiligten verwendet werden und keine Wirkung auf Dritte entfalten. So sollten beispielsweise die in Unternehmen oder Behördenverwaltungen eingerichteten Systeme zur Verwaltung interner Verfahren, bei denen Vertrauensdienste verwendet werden, nicht den Anforderungen dieser Verordnung unterliegen. Nur der Öffentlichkeit erbrachte Vertrauensdienste mit Wirkung gegenüber Dritten sollten den in dieser Verordnung festgelegten Anforderungen unterliegen. Ferner sollte diese Verordnung keine Aspekte im Zusammenhang mit dem Abschluss und der Gültigkeit von Verträgen oder anderen rechtlichen Verpflichtungen behandeln, für die nach nationalem Recht oder Unionsrecht Formvorschriften zu erfüllen sind. Unberührt bleiben sollten ferner auch nationale Formvorschriften für öffentliche Register, insbesondere das Handelsregister und das Grundbuch.

(22) Um ihre allgemeine grenzüberschreitende Verwendung zu fördern, sollte es in allen Mitgliedstaaten möglich sein, Vertrauensdienste in Gerichtsverfahren als Beweismittel zu verwenden. Die Rechtswirkung von Vertrauensdiensten ist jedoch durch nationales Recht festzulegen, sofern in dieser Verordnung nichts anderes bestimmt ist.

(23) Soweit die vorliegende Verordnung eine Verpflichtung zur Anerkennung eines Vertrauensdienstes schafft, kann solch ein Vertrauensdienst nur dann abgelehnt werden, wenn der Verpflichtete aus technischen Gründen, die außerhalb der unmittelbaren Kontrolle des Verpflichteten liegen, nicht in der Lage ist, den Dienst zu lesen oder zu überprüfen. Diese Verpflichtung allein sollte jedoch nicht dazu führen, dass sich eine öffentliche Stelle die für die technische Lesbarkeit aller bestehenden Vertrauensdienste erforderliche Hardware und Software beschaffen muss.

(24) Die Mitgliedstaaten können nationale Vorschriften für Vertrauensdienste im Einklang mit dem Unionsrecht beibehalten oder einführen, soweit diese Dienste durch die vorliegende Verordnung nicht vollständig harmonisiert sind. Vertrauensdienste, die dieser Verordnung entsprechen, sollten jedoch im Binnenmarkt frei verkehren können.

(25) Den Mitgliedstaaten sollte es freistehen, auch andere Arten von Vertrauensdiensten zusätzlich zu jenen festzulegen, die auf der in dieser Verordnung vorgesehenen abschließenden Liste der Vertrauensdienste stehen, um diese auf nationaler Ebene als qualifizierte Vertrauensdienste anzuerkennen.

(26) Angesichts des Tempos der technologischen Veränderungen sollte diese Verordnung einen für Innovationen offenen Ansatz verfolgen.

(27) Diese Verordnung sollte technologieneutral sein. Die von ihr ausgehenden Rechtswirkungen sollten mit allen technischen Mitteln erreicht werden können, sofern dadurch die Anforderungen dieser Verordnung erfüllt werden.

(28) Zur Stärkung insbesondere des Vertrauens kleiner und mittlerer Unternehmen (KMU) und der Verbraucher in den Binnenmarkt und zur Förderung der Verwendung von Vertrauensdiensten und -produkten sollten die Begriffe „qualifizierter Vertrauensdienst" und „qualifizierter Vertrauensdiensteanbieter" eingeführt werden, um Anforderungen und Pflichten festzulegen, die sicherstellen, dass bei der Benutzung oder Bereitstellung aller qualifizierten Vertrauensdienste und -produkte ein hohes Sicherheitsniveau herrscht.

(29) Im Einklang mit den Verpflichtungen aus dem Übereinkommen der Vereinten Nationen über die Rechte von Menschen mit Behinderungen, das durch den Beschluss 2010/48/EG des Rates[1] gebilligt wurde, insbesondere mit Blick auf Artikel 9 des Übereinkommens, sollten behinderte Menschen in der Lage sein, Vertrauensdienste und zur Erbringung solcher Dienste verwendete Endnutzerprodukte in gleicher Weise wie andere Verbraucher zu benutzen. Daher sollten Vertrauensdienste und zur Erbringung solcher Dienste verwendete Endnutzerprodukte Personen mit Behinderungen zugänglich und nutzbar gemacht werden, wann immer dies möglich ist. In die Bewertung der Durchführbarkeit sollten auch technische und wirtschaftliche Überlegungen einfließen.

(30) Die Mitgliedstaaten sollten eine oder mehrere Aufsichtsstellen zur Wahrnehmung der Aufsichtsaufgaben im Rahmen dieser Verordnung benennen. Ein Mtgliedstaat sollte auch aufgrund einer gegenseitigen Vereinbarung mit einem anderen Mtgliedstaat beschließen können, eine Aufsichtsstelle im Hoheitsgebiet dieses anderen Mtgliedstaats zu benennen.

(31) Die Aufsichtsstellen sollten mit Datenschutzbehörden zusammenarbeiten, beispielsweise indem sie diese über die Ergebnisse der Überprüfungen von qualifizierten Vertrauensdiensteanbietern unterrichten, falls dem Anschein nach gegen Datenschutzvorschriften verstoßen wurde. Die Übermittlung von Informationen sollte sich insbesondere auf Sicherheitsverletzungen und auf Verletzungen des Schutzes personenbezogener Daten erstrecken.

(32) Alle Vertrauensdiensteanbieter sollten gehalten sein, eine gute, den aus ihrer Tätigkeit erwachsenden Risiken angemessene Sicherheitspraxis anzuwenden und dadurch das Vertrauen der Benutzer in den Binnenmarkt zu erhöhen.

(33) Bestimmungen über die Benutzung von Pseudonymen in Zertifikaten sollten die Mitgliedstaaten nicht daran hindern, eine Identifizierung der Personen nach Unionsrecht oder nationalem Recht zu verlangen.

(34) Alle Mtgliedstaaten sollten gemeinsame wesentliche Anforderungen an die Aufsicht beachten, damit bei qualifizierten Vertrauensdiensten überall ein vergleichbares Sicherheitsniveau besteht. Um die einheitliche Anwendung dieser Anforderungen in der gesamten Union zu erleichtern, sollten die Mtgliedstaaten vergleichbare Verfahren schaffen und Informationen über ihre Aufsichtstätigkeit und bewährte Verfahren auf diesem Gebiet austauschen.

(35) Alle Vertrauensdiensteanbieter sollten – insbesondere in Bezug auf Sicherheit und Haftung – den Anforderungen dieser Verordnung unterliegen, um die gebotene Sorgfalt, Transparenz und Zurechenbarkeit ihrer Tätigkeiten und Dienste zu gewährleisten. Abhängig von der Art der von den Vertrauensdiensteanbietern erbrachten Vertrauensdienste ist es jedoch angemessen im Hinblick auf diese Anforderungen zwischen qualifizierten und nichtqualifizierten Vertrauensdiensteanbietern zu unterscheiden.

Zu Abs. 29:

[1] Beschluss 2010/48/EG des Rates vom 26. November 2009 über den Abschluss des Übereinkommens der Vereinten Nationen über die Rechte von Menschen mit Behinderungen durch die Europäische Gemeinschaft (ABl. L 23 vom 27.1.2010, S. 35).

(36) Durch die Errichtung eines Aufsichtssystems für alle Vertrauensdiensteanbieter sollten gleiche Rahmenbedingungen für die Sicherheit und die Zurechenbarkeit ihrer Tätigkeiten und Dienste gewährleistet werden, um zum Schutz der Nutzer und zum Funktionieren des Binnenmarkts beizutragen. Nichtqualifizierte Vertrauensdiensteanbieter sollten weniger strikten reaktiven Expost-Aufsichtstätigkeiten unterliegen, die durch die Art ihrer Dienste und Tätigkeiten gerechtfertigt sind. Die Aufsichtsstelle sollte daher keine generelle Verpflichtung zur Beaufsichtigung nichtqualifizierter Diensteanbieter haben. Sie sollte nur dann tätig werden, wenn sie (beispielsweise durch den nichtqualifizierten Vertrauensdiensteanbieter selbst, durch eine andere Aufsichtsstelle, durch Mitteilung eines Nutzers oder eines Geschäftspartners oder aufgrund ihrer eigenen Untersuchungen) erfährt, dass ein nichtqualifizierter Vertrauensdiensteanbieter die Anforderungen der Verordnung nicht erfüllt.

(37) Diese Verordnung sollte die Haftung aller Vertrauensdiensteanbieter vorsehen. Insbesondere schafft sie eine Haftungsregelung, in deren Rahmen alle Vertrauensdiensteanbieter für Schäden haften sollen, die einer natürlichen oder juristischen Person aufgrund einer Nichteinhaltung der Verpflichtungen gemäß dieser Verordnung entstehen. Um die Bewertung des finanziellen Risikos zu erleichtern, das für Vertrauensdiensteanbieter entstehen könnte oder gegen das diese sich versichern sollten, erlaubt diese Verordnung den Vertrauensdiensteanbietern, die Nutzung der von ihnen angebotenen Dienste unter bestimmten Bedingungen zu beschränken und damit eine Haftung für Schäden aus einer darüber hinausgehenden Nutzung auszuschließen. Die Kunden sollten über die Beschränkungen vorab in angemessener Form unterrichtet werden. Diese Beschränkungen sollten für eine dritte Partei erkennbar sein, z. B. durch einen Hinweis auf die Beschränkungen in den Geschäfts- und Nutzungsbedingungen für den zu erbringenden Dienst oder in anderer erkennbarer Form. Für die Zwecke der Durchsetzung dieser Grundsätze sollte diese Verordnung im Einklang mit den nationalen Vorschriften über die Haftung angewendet werden. Diese nationalen Vorschriften, zum Beispiel was die Definition von Schäden, Vorsatz oder Fahrlässigkeit angeht, und die diesbezüglich geltenden Verfahrensvorschriften bleiben daher durch diese Verordnung unberührt.

(38) Das Melden von Sicherheitsverletzungen und Sicherheitsrisikoabschätzungen ist wichtig im Hinblick auf die Übermittlung angemessener Informationen an die Betroffenen im Fall einer Sicherheitsverletzung oder eines Integritätsverlustes.

(39) Damit die Kommission und die Mitgliedstaaten die Wirksamkeit der durch diese Verordnung eingeführten Meldeverfahren für Sicherheitsverletzungen beurteilen können, sollten die Aufsichtsstellen der Kommission und der Agentur der Europäischen Union für Netz- und Informationssicherheit (ENISA) zusammengefasste Informationen hierüber übermitteln.

(40) Damit die Kommission und die Mitgliedstaaten die Wirksamkeit der durch diese Verordnung eingeführten erweiterten Aufsichtsmechanismen beurteilen können, sollten die Aufsichtsstellen verpflichtet werden, über ihre Tätigkeit zu berichten. Dies wäre von größter Bedeutung für die Erleichterung des Austauschs guter Verfahren zwischen den Aufsichtsstellen und würde es ermöglichen, die einheitliche und effiziente Umsetzung der wesentlichen Aufsichtsanforderungen in allen Mitgliedstaaten zu überprüfen.

(41) Zur Gewährleistung der Tragfähigkeit und Dauerhaftigkeit qualifizierter Vertrauensdienste und zur Stärkung des Vertrauens der Benutzer in die Kontinuität qualifizierter Vertrauensdienste sollten die Aufsichtsstellen überprüfen, dass für den Fall, dass qualifizierte Vertrauensdiensteanbieter ihre Tätigkeit einstellen, Vorschriften über Einstellungskonzepte vorliegen und diese ordnungsgemäß angewandt werden.

(42) Um die Beaufsichtigung qualifizierter Vertrauensdiensteanbieter zu erleichtern, wenn beispielsweise ein Anbieter seine Dienste in einem anderen Mtgliedstaat erbringt, in dem er keiner Aufsicht unterliegt, oder wenn sich die Rechner eines Anbieters in einem anderen Mtgliedstaat als dem seiner Niederlassung befinden, sollte ein System der gegenseitigen Amtshilfe zwischen den Aufsichtsstellen der Mtgliedstaaten eingerichtet werden.

(43) Um sicherzustellen, dass die qualifizierten Vertrauensdiensteanbieter und die von ihnen erbrachten Dienste den Anforderungen dieser Verordnung entsprechen, sollte eine Konformitätsbewertung durch eine Konformitätsbewertungsstelle durchgeführt werden, und die entsprechenden Konformitätsbewertungsberichte sollten der Aufsichtsstelle durch die qualifizierten Vertrauensdiensteanbieter vorgelegt werden. Wann immer die Aufsichtsstelle von einem qualifizierten Vertrauensdiensteanbieter verlangt, einen Ad-hoc-Konformitätsbewertungsbericht vorzulegen, sollte sie dabei insbesondere den Grundsätzen guter Verwaltungspraxis – einschließlich der Pflicht, ihre Entscheidungen zu begründen – und dem Grundsatz der Verhältnismäßigkeit Rechnung tragen. Die Aufsichtsstelle sollte daher ihre

Entscheidung, eine Ad-hoc-Konformitätsbewertung zu verlangen, gebührend begründen.

(44) Mt dieser Verordnung soll ein kohärenter Rahmen geschaffen werden, der ein hohes Maß an Sicherheit und Rechtssicherheit der Vertrauensdienste gewährleistet. Mt Blick darauf sollte die Kommission bei der Ausgestaltung der Konformitätsbewertung von Produkten und Diensten gegebenenfalls Synergien mit bestehenden einschlägigen europäischen und internationalen Systemen wie etwa der Verordnung (EG) Nr. 765/2008 des Europäischen Parlaments und des Rates[1)] über die Vorschriften für die Akkreditierung von Konformitätsbewertungsstellen und Marktüberwachung von Produkten anstreben.

(45) Im Hinblick auf eine effiziente Einleitung des Verfahrens zur Aufnahme qualifizierter Vertrauensdiensteanbieter und von ihnen erbrachter qualifizierter Vertrauensdienste in die Vertrauenslisten sollte bereits im Vorfeld ein Zusammenwirken möglicher künftiger qualifizierter Vertrauensdiensteanbieter mit der zuständigen Aufsichtsstelle gefördert werden, um die gebotene Sorgfalt zu erleichtern, die zur Erbringung qualifizierter Vertrauensdienste führt.

(46) Vertrauenslisten sind ein wesentliches Element für die Schaffung von Vertrauen unter den Marktteilnehmern, denn sie geben Auskunft über den Qualifikationsstatus des Vertrauensdiensteanbieters zum Zeitpunkt der Beaufsichtigung.

(47) Das Vertrauen in Online-Dienste und ihre Benutzerfreundlichkeit sind entscheidend dafür, dass Anwender elektronische Dienste in vollem Umfang nutzen und sich auf solche Dienste bewusst verlassen. Es sollte daher ein EU-Vertrauenssiegel zur Kennzeichnung qualifizierter Vertrauensdienste, die von qualifizierten Vertrauensdiensteanbietern erbracht werden, eingeführt werden. Mit einem EU-Vertrauenssiegel würden qualifizierte Vertrauensdienste eindeutig von anderen Vertrauensdiensten unterschieden, wodurch ein Beitrag zur Markttransparenz geleistet würde. Die Verwendung eines EU-Vertrauenssiegels durch qualifizierte Vertrauensdiensteanbieter sollte freiwillig sein und sollte zu keiner anderen Verpflichtung als den in dieser Verordnung bereits vorgesehenen Verpflichtungen führen.

(48) Zur Gewährleistung der gegenseitigen Anerkennung elektronischer Signaturen ist zwar ein hohes Sicherheitsniveau erforderlich, dennoch sollten in bestimmten Fällen wie im Zusammenhang mit der Entscheidung 2009/767/EG der Kommission[1)] auch elektronische Signaturen akzeptiert werden, die ein niedrigeres Sicherheitsniveau aufweisen.

(49) Diese Verordnung sollte den Grundsatz festlegen, dass einer elektronischen Signatur die Rechtswirkung nicht deshalb abgesprochen werden darf, weil sie in elektronischer Form vorliegt oder nicht alle Anforderungen einer qualifizierten elektronischen Signatur erfüllt. Die Rechtswirkung elektronischer Signaturen in den Mtgliedstaaten sollte jedoch durch nationales Recht festgelegt werden, außer hinsichtlich der in dieser Verordnung festgelegten Anforderungen, dass eine qualifizierte elektronische Signatur die gleiche Rechtswirkung wie eine handschriftliche Unterschrift haben sollte.

(50) Da zuständige Behörden in den Mtgliedstaaten derzeit zur elektronischen Unterzeichnung ihrer Dokumente unterschiedliche Formate fortgeschrittener elektronischer Signaturen verwenden, muss dafür gesorgt werden, dass die Mitgliedstaaten beim Empfang elektronisch unterzeichneter Dokumente zumindest eine gewisse Anzahl von Formaten fortgeschrittener elektronischer Signaturen technisch unterstützen können. Wenn zuständige Behörden in den Mtgliedstaaten fortgeschrittene elektronische Siegel verwenden, müsste ebenfalls dafür gesorgt werden, dass die Mitgliedstaaten zumindest eine gewisse Anzahl von Formaten fortgeschrittener elektronischer Siegel unterstützen.

(51) Es sollte dem Unterzeichner möglich sein, qualifizierte elektronische Signaturerstellungseinheiten der Obhut eines Dritten anzuvertrauen, sofern angemessene Mechanismen und Verfahren bestehen, die sicherstellen, dass der Unterzeichner die alleinige Kontrolle über die Verwendung seiner eigenen elektronischen Signaturerstellungsdaten hat und bei der Verwendung der Einheit die Anforderungen an qualifizierte elektronische Signaturen erfüllt werden.

(52) Die Erstellung elektronischer Fernsignaturen in einer von einem Vertrauensdiensteanbieter

Zu Abs. 44:

[1)] Verordnung (EG) Nr. 765/2008 des Europäischen Parlaments und des Rates vom 9. Juli 2008 über die Vorschriften für die Akkreditierung und Marktüberwachung im Zusammenhang mit der Vermarktung von Produkten und zur Aufhebung der Verordnung (EWG) Nr. 339/93 des Rates (ABl. L 218 vom 13.8.2008, S. 30).

Zu Abs. 48:

[1)] Entscheidung 2009/767/EG der Kommission vom 16. Oktober 2009 über Maßnahmen zur Erleichterung der Nutzung elektronischer Verfahren über „einheitliche Ansprechpartner" gemäß der Richtlinie 2006/123/EG des Europäischen Parlaments und des Rates über Dienstleistungen im Binnenmarkt (ABl. L 274 vom 20.10.2009, S. 36).

im Namen des Unterzeichners geführten Umgebung soll aufgrund der vielfältigen damit verbundenen wirtschaftlichen Vorteile ausgebaut werden. Damit elektronische Fernsignaturen tatsächlich rechtlich in gleicher Weise anerkannt werden können wie elektronische Signaturen, die vollständig in der Umgebung des Nutzers erstellt werden, sollten die Anbieter von elektronischen Fernsignaturdiensten jedoch spezielle Verfahren für die Handhabung und Sicherheitsverwaltung mit vertrauenswürdigen Systemen und Produkten anwenden, u. a. durch abgesicherte elektronische Kommunikationskanäle, um für eine vertrauenswürdige Umgebung zur Erstellung elektronischer Signaturen zu sorgen und zu gewährleisten, dass diese Umgebung unter alleiniger Kontrolle des Unterzeichners genutzt worden ist. Für qualifizierte elektronische Signaturen, die mit Einheiten zur Erstellung elektronischer Fernsignaturen erstellt werden, gelten die in dieser Verordnung festgelegten Anforderungen an die Vertrauensdiensteanbieter.

(53) Die Aussetzung qualifizierter Zertifikate ist in einer Reihe von Mitgliedstaaten etablierte Praxis von Vertrauensdiensteanbietern und unterscheidet sich vom Widerruf; sie führt zum vorübergehenden Verlust der Gültigkeit eines Zertifikats. Aus Gründen der Rechtssicherheit ist die Aussetzung eines Zertifikats stets deutlich auszuweisen. Vertrauensdiensteanbieter sollten daher dafür verantwortlich sein, den Status des Zertifikats und, wenn das Zertifikat ausgesetzt ist, den genauen Zeitraum, für den das Zertifikat ausgesetzt wurde, deutlich auszuweisen. Mit dieser Verordnung sollte Vertrauensdiensteanbietern oder Mitgliedstaaten die Anwendung der Aussetzung nicht auferlegt werden, aber es sollten Transparenzvorschriften vorgesehen werden, wenn eine solche Praxis zur Verfügung steht.

(54) Die grenzüberschreitende Interoperabilität und Anerkennung qualifizierter Zertifikate ist eine Vorbedingung für die grenzüberschreitende Anerkennung qualifizierter elektronischer Signaturen. Für qualifizierte Zertifikate sollten daher keine verbindlichen Anforderungen gelten, die über die in dieser Verordnung festgelegten hinausgehen. Auf nationaler Ebene sollte jedoch die Einbeziehung spezieller Merkmale wie etwa eindeutiger Identifikatoren in qualifizierte Zertifikate zulässig sein, sofern diese Merkmale die grenzüberschreitende Interoperabilität und Anerkennung qualifizierter Zertifikate und qualifizierter elektronischer Signaturen nicht behindern.

(55) Eine auf internationalen Normen wie der Norm ISO 15408 und damit verbundenen Evaluierungsmethoden und Regelungen für die gegenseitige Anerkennung beruhende IT-Sicherheitszertifizierung ist ein wichtiges Instrument, um die Sicherheit qualifizierter elektronischer Signaturerstellungseinheiten zu prüfen, und sollte gefördert werden. Innovative Lösungen und Dienste wie Mobiloder Cloud-Signierung stützen sich indes auf technische und organisatorische Lösungen für qualifizierte elektronische Signaturerstellungseinheiten, für die Sicherheitsstandards unter Umständen noch nicht zur Verfügung stehen oder die erste IT-Sicherheitszertifizierung im Gange ist. Nur wenn die Sicherheitsstandards nicht zur Verfügung stehen oder die erste IT-Sicherheitszertifizierung im Gange ist, könnte das Sicherheitsniveau solcher qualifizierter elektronischer Signaturerstellungseinheiten durch alternative Verfahren evaluiert werden. Diese Verfahren sollten mit den Standards für die IT-Sicherheitszertifizierung vergleichbar sein, soweit ihre Sicherheitsniveaus gleichwertig sind. Diese Verfahren könnten durch eine gegenseitige Begutachtung erleichtert werden.

(56) In dieser Verordnung sollten Anforderungen an qualifizierte elektronische Signaturerstellungseinheiten festgelegt werden, mit denen die Funktionalität fortgeschrittener elektronischer Signaturen gewährleistet werden soll. Diese Verordnung sollte nicht die gesamte Systemumgebung abdecken, in der die Einheit betrieben wird. Daher sollte sich der Anwendungsbereich der Zertifizierung qualifizierter Signaturerstellungseinheiten nur auf die Hardware und die Systemsoftware erstrecken, die verwendet werden, um die in der Signaturerstellungseinheit erstellten, gespeicherten oder verarbeiteten Signaturerstellungsdaten zu verwalten und zu schützen. Wie in den einschlägigen Normen angegeben, sollte der Anwendungsbereich der Zertifizierungspflicht Signaturerstellungsanwendungen ausschließen.

(57) Um Rechtssicherheit bezüglich der Gültigkeit der Signatur zu schaffen, müssen die Bestandteile einer qualifizierten elektronischen Signatur im Einzelnen festgelegt werden, die von dem vertrauenden Beteiligten, der die Validierung durchführt, überprüft werden sollten. Ferner dürften durch die Festlegung der Anforderungen an qualifizierte Vertrauensdiensteanbieter, die einen qualifizierten Validierungsdienst für vertrauende Dritte erbringen können, welche nicht willens oder in der Lage sind, qualifizierte elektronische Signaturen selbst zu validieren, für den privaten und öffentlichen Sektor Anreize zu Investitionen in solche Dienste entstehen. Beide Elemente sollten die Validierung qualifizierter elektronischer Signaturen auf Unionsebene für alle Beteiligten einfach und bequem machen.

(58) Erfordert eine Transaktion ein qualifiziertes elektronisches Siegel einer juristischen Person, so sollte eine qualifizierte elektronische Signatur

eines befugten Vertreters der juristischen Person ebenfalls akzeptabel sein.

(59) Elektronische Siegel sollten als Nachweis dafür dienen, dass ein elektronisches Dokument von einer juristischen Person ausgestellt wurde, und sollten den Ursprung und die Unversehrtheit des Dokuments belegen.

(60) Vertrauensdiensteanbieter, die qualifizierte Zertifikate für elektronische Siegel erstellen, sollten die erforderlichen Maßnahmen ergreifen, damit sie die Identität der natürlichen Person, welche die juristische Person vertritt, für die das qualifizierte Zertifikat für elektronische Siegel bestimmt ist, feststellen können, wenn eine solche Identifizierung auf nationaler Ebene im Zusammenhang mit Gerichts- oder Verwaltungsverfahren erforderlich ist.

(61) Diese Verordnung sollte die Langzeitbewahrung von Informationen gewährleisten, um die rechtliche Gültigkeit elektronischer Signaturen und elektronischer Siegel über lange Zeiträume zu gewährleisten und sicherzustellen, dass diese ungeachtet künftiger technologischer Veränderungen noch validiert werden können.

(62) Um die Sicherheit qualifizierter elektronischer Zeitstempel sicherzustellen, sollte diese Verordnung die Verwendung eines fortgeschrittenen elektronischen Siegels oder einer fortgeschrittenen elektronischen Signatur oder anderer gleichwertiger Methoden vorschreiben. Es ist davon auszugehen, dass im Zuge der Innovation möglicherweise neue Technologien entwickelt werden, die für Zeitstempel ein gleichwertiges Sicherheitsniveau gewährleisten können. Wann immer eine andere Methode als ein fortgeschrittenes elektronisches Siegel oder eine fortgeschrittene elektronische Signatur verwendet wird, sollte es Sache des qualifizierten Vertrauensdiensteanbieters sein, im Konformitätsbewertungsbericht darzulegen, dass eine solche Methode ein gleichwertiges Sicherheitsniveau gewährleistet und dass sie die in dieser Verordnung festgelegten Verpflichtungen erfüllt.

(63) Elektronische Dokumente sind wichtig für die weitere Entwicklung grenzüberschreitender Transaktionen im Binnenmarkt. Diese Verordnung sollte den Grundsatz festlegen, dass einem elektronischen Dokument die Rechtswirkung nicht deshalb abgesprochen werden darf, weil es in elektronischer Form vorliegt, damit sichergestellt ist, dass eine elektronische Transaktion nicht allein deshalb verweigert werden kann, weil ein Dokument in elektronischer Form vorliegt.

(64) Bei der Ausgestaltung der Formate fortgeschrittener elektronischer Signaturen und Siegel sollte die Kommission auf bestehenden Verfahren, Normen und Rechtsvorschriften, insbesondere dem Beschluss 2011/130/EU der Kommission[1)], aufbauen.

(65) Zusätzlich zur Authentifizierung eines von einer juristischen Person ausgestellten Dokuments können elektronische Siegel auch verwendet werden, um digitale Besitzgegenstände der juristischen Person wie z. B. Software-Code oder Server zu authentifizieren.

(66) Es ist von wesentlicher Bedeutung, dass ein Rechtsrahmen geschaffen wird, um die grenzüberschreitende Anerkennung zwischen den bestehenden nationalen rechtlichen Regelungen in Bezug auf Dienste für die Zustellung elektronischer Einschreiben zu erleichtern. Dieser Rahmen könnte Vertrauensdiensteanbietern der Union außerdem neue Marktchancen eröffnen, denn sie werden europaweit neue Dienste für die Zustellung elektronischer Einschreiben anbieten können.

(67) Website-Authentifizierungsdienste geben dem Besucher einer Website die Sicherheit, dass hinter der Website eine echte und rechtmäßige Einrichtung steht. Diese Dienste tragen zur Vertrauensbildung in der Abwicklung des elektronischen Geschäftsverkehrs bei, da die Nutzer einer authentifizierten Website vertrauen werden. Die Bereitstellung und Nutzung von Website-Authentifizierungsdiensten erfolgt ausschließlich auf freiwilliger Basis. Damit jedoch die Website-Authentifizierung zu einem Mttel wird, mit dem Vertrauen gestärkt wird, der Benutzer positivere Erfahrungen machen kann und das Wachstum im Binnenmarkt gefördert wird, sollten in dieser Verordnung Mndestanforderungen an Sicherheit und Haftung für die Anbieter und ihre Dienste festgelegt werden. Mt Blick darauf sind die Ergebnisse bestehender Initiativen unter Federführung der Branche, z. B. des Forums der Zertifizierungsstellen und Browser-Anbieter – CA/B-Forum – berücksichtigt worden. Des Weiteren sollte diese Verordnung weder die Nutzung anderer, nicht unter diese Verordnung fallender Mittel und Methoden zur Website-Authentifizierung behindern, noch die Anbieter von Website-Authentifizierungsdiensten aus Drittländern daran hindern, ihre Dienste für Kunden in der Union zu erbringen.

Zu Abs. 64:

[1)] Beschluss 2011/130/EU der Kommission vom 25. Februar 2011 über Mindestanforderungen für die grenzüberschreitende Verarbeitung von Dokumenten, die gemäß der Richtlinie 2006/123/EG des Europäischen Parlaments und des Rates über Dienstleistungen im Binnenmarkt von zuständigen Behörden elektronisch signiert worden sind (ABl. L 53 vom 26.2.2011, S. 66).

Die Website-Authentifizierungsdienste eines Anbieters aus einem Drittland sollten allerdings nur dann als qualifiziert im Sinne dieser Verordnung anerkannt werden können, wenn eine internationale Vereinbarung zwischen der Union und dem Land, in dem der Anbieter niedergelassen ist, geschlossen wurde.

(68) Der Begriff der „juristischen Person" im Sinne der Bestimmungen über die Niederlassung im Vertrag über die Arbeitsweise der Europäischen Union (AEUV) stellt es dem Marktteilnehmer frei, die Rechtsform zu wählen, die er für die Ausübung seiner Tätigkeit für geeignet hält. Folglich sind „juristische Personen" im Sinne des AEUV sämtliche Einrichtungen, die nach dem Recht eines Mtgliedstaats gegründet wurden oder diesem Recht unterstehen, unabhängig von ihrer Rechtsform.

(69) Die Organe, Einrichtungen und sonstigen Stellen der Union sollten elektronische Identifizierung und Vertrauensdienste, die unter diese Verordnung fallen, zum Zweck der Verwaltungszusammenarbeit anerkennen und dabei insbesondere Nutzen aus bewährten Verfahren und den Ergebnissen laufender Projekte in den unter diese Verordnung fallenden Bereichen ziehen.

(70) Im Hinblick auf eine flexible und zügige Vervollständigung bestimmter technischer Einzelaspekte dieser Verordnung sollte der Kommission die Befugnis übertragen werden, gemäß Artikel 290 AEUV Rechtsakte in Bezug auf die Kriterien, die die für die Zertifizierung qualifizierter elektronischer Signaturerstellungseinheiten zuständigen Stellen zu erfüllen haben, zu erlassen. Es ist von besonderer Bedeutung, dass die Kommission im Zuge ihrer Vorbereitungsarbeit angemessene Konsultationen, auch auf der Ebene von Sachverständigen, durchführt. Bei der Vorbereitung und Ausarbeitung delegierter Rechtsakte sollte die Kommission dafür sorgen, dass die einschlägigen Dokumente dem Europäischen Parlament und dem Rat gleichzeitig, rechtzeitig und auf angemessene Weise übermittelt werden.

(71) Zur Gewährleistung einheitlicher Bedingungen für die Durchführung dieser Verordnung sollten der Kommission Durchführungsbefugnisse übertragen werden, damit sie insbesondere Kennnummern für Normen festlegen kann, deren Einhaltung die Vermutung begründet, dass bestimmte Anforderungen, die in dieser Verordnung festgelegt sind, erfüllt werden. Diese Befugnisse sollten im Einklang mit der Verordnung (EU) Nr. 182/2011 des Europäischen Parlaments und des Rates[1)] ausgeübt werden.

(72) Damit ein hohes Maß an Sicherheit und Interoperabilität bei der elektronischen Identifizierung und bei den elektronischen Vertrauensdiensten herrscht, sollte die Kommission beim Erlass von delegierten Rechtsakten bzw. Durchführungsrechtsakten die von europäischen und internationalen Normungsorganisationen und -einrichtungen – insbesondere dem Europäischen Komitee für Normung (CEN), dem Europäischen Institut für Telekommunikationsnormen (ETSI), der Internationalen Normungsorganisation (ISO) und der Internationalen Fernmeldeunion (ITU) – festgelegten Normen und technischen Spezifikationen gebührend berücksichtigen.

(73) Aus Gründen der Rechtssicherheit und Klarheit sollte die Richtlinie 1999/93/EG aufgehoben werden.

(74) Zur Gewährleistung der Rechtssicherheit für Marktteilnehmer, die bereits qualifizierte Zertifikate verwenden, welche gemäß der Richtlinie 1999/93/EG an natürliche Personen ausgestellt wurden, ist es notwendig, für technische Zwecke einen ausreichenden Übergangszeitraum vorzusehen. Ebenso sollten Übergangsmaßnahmen für sichere Signaturerstellungseinheiten, deren Konformität gemäß der Richtlinie 1999/93/EG festgestellt wurde, sowie für Zertifizierungsdiensteanbieter, die vor dem 1. Juli 2016 qualifizierte Zertifikate ausstellen, vorgesehen werden. Schließlich ist es auch notwendig, der Kommission vor diesem Termin die Mittel zum Erlass der Durchführungsrechtsakte und delegierten Rechtsakte zur Verfügung zu stellen.

(75) Bestehende Verpflichtungen, denen die Mtgliedstaaten nach dem Unionsrecht, insbesondere nach der Richtlinie 2006/123/EG, bereits unterliegen, werden durch die in dieser Verordnung festgelegten Fristen für die Anwendung nicht berührt.

(76) Da die Ziele dieser Verordnung von den Mtgliedstaaten nicht ausreichend verwirklicht werden können, sondern vielmehr wegen des Umfangs der Maßnahmen auf Unionsebene besser zu verwirklichen sind, kann die Union im Einklang mit dem in Artikel 5 des Vertrags über die

Zu Abs. 71:

[1)] Verordnung (EU) Nr. 182/2011 des Europäischen Parlaments und des Rates vom 16. Februar 2011 zur Festlegung der allgemeinen Regeln und Grundsätze, nach denen die Mitgliedstaaten die Wahrnehmung der Durchführungsbefugnisse durch die Kommission kontrollieren (ABl. L 55 vom 28.2.2011, S. 13).

Europäische Union verankerten Subsidiaritätsprinzip tätig werden. Entsprechend dem in demselben Artikel genannten Grundsatz der Verhältnismäßigkeit geht diese Verordnung nicht über das für die Verwirklichung dieser Ziele erforderliche Maß hinaus.

(77) Der Europäische Datenschutzbeauftragte ist gemäß Artikel 28 Absatz 2 der Verordnung (EG) Nr. 45/2001 des Europäischen Parlaments und des Rates[1] angehört worden und hat am 27. September 2012 eine Stellungnahme abgegeben[2]–

HABEN FOLGENDE VERORDNUNG ERLASSEN:

KAPITEL I
ALLGEMEINE BESTIMMUNGEN

Artikel 1
Gegenstand

Um das ordnungsgemäße Funktionieren des Binnenmarkts und gleichzeitig ein angemessenes Sicherheitsniveau bei elektronischen Identifizierungsmitteln und Vertrauensdiensten sicherzustellen, ist in dieser Verordnung Folgendes geregelt:

a) Sie legt die Bedingungen fest, unter denen die Mtgliedstaaten elektronische Identifizierungsmittel für natürliche und juristische Personen, die einem notifizierten elektronischen Identifizierungssystem eines anderen Mtgliedstaats unterliegen, anerkennen.

b) Sie legt Vorschriften für Vertrauensdienste – insbesondere für elektronische Transaktionen – fest.

c) Sie legt einen Rechtsrahmen für elektronische Signaturen, elektronische Siegel, elektronische Zeitstempel, elektronische Dokumente, Dienste für die Zustellung elektronischer Einschreiben und Zertifizierungsdienste für die Website-Authentifizierung fest.

Artikel 2
Anwendungsbereich

(1) Diese Verordnung gilt für von einem Mitgliedstaat notifizierte elektronische Identifizierungssysteme und für in der Union niedergelassene Vertrauensdiensteanbieter.

(2) Diese Verordnung findet keine Anwendung auf die Erbringung von Vertrauensdiensten, die ausschließlich innerhalb geschlossener Systeme aufgrund von nationalem Recht oder von Vereinbarungen zwischen einem bestimmten Kreis von Beteiligten verwendet werden.

(3) Diese Verordnung berührt nicht das nationale Recht oder das Unionsrecht in Bezug auf den Abschluss und die Gültigkeit von Verträgen oder andere rechtliche oder verfahrensmäßige Formvorschriften.

Artikel 3
Begriffsbestimmungen

Für die Zwecke dieser Verordnung gelten die folgenden Begriffsbestimmungen:

1. „Elektronische Identifizierung" ist der Prozess der Verwendung von Personenidentifizierungsdaten in elektronischer Form, die eine natürliche oder juristische Person oder eine natürliche Person, die eine juristische Person vertritt, eindeutig repräsentieren.

2. „Elektronisches Identifizierungsmittel" ist eine materielle und/oder immaterielle Einheit, die Personenidentifizierungsdaten enthält und zur Authentifizierung bei Online-Diensten verwendet wird.

3. „Personenidentifizierungsdaten" sind ein Datensatz, der es ermöglicht, die Identität einer natürlichen oder juristischen Person oder einer natürlichen Person, die eine juristische Person vertritt, festzustellen.

4. „Elektronisches Identifizierungssystem" ist ein System für die elektronische Identifizierung, in dessen Rahmen natürlichen oder juristischen Personen oder natürlichen Personen, die juristische Personen vertreten, elektronische Identifizierungsmittel ausgestellt werden.

5. „Authentifizierung" ist ein elektronischer Prozess, der die Bestätigung der elektronischen Identifizierung einer natürlichen oder juristischen Person oder die Bestätigung des Ursprungs und der Unversehrtheit von Daten in elektronischer Form ermöglicht.

6. „Vertrauender Beteiligter" ist eine natürliche oder juristische Person, die auf eine elektronische Identifizierung oder einen Vertrauensdienst vertraut.

7. „Öffentliche Stelle" bezeichnet einen Staat, eine Gebietskörperschaft, eine Einrichtung des öffentlichen Rechts oder einen Verband, der aus einer oder mehreren dieser Körperschaften oder Einrichtungen des öffentlichen Rechts besteht, oder eine private Einrichtung, die von mindestens einer dieser Körperschaften, Einrichtungen oder Verbände mit der Erbringung von öffentlichen Dienstleistungen beauftragt wurde, wenn sie im Rahmen dieses Auftrags handelt.

Zu Abs. 77:

[1] Verordnung (EG) Nr. 45/2001 des Europäischen Parlaments und des Rates vom 18. Dezember 2000 zum Schutz natürlicher Personen bei der Verarbeitung personenbezogener Daten durch die Organe und Einrichtungen der Gemeinschaft und zum freien Datenverkehr (ABl. L 8 vom 12.1.2001, S. 1).

[2] ABl. C 28 vom 30.1.2013, S. 6.

8. „Einrichtung des öffentlichen Rechts" ist eine Einrichtung nach Artikel 2 Absatz 1 Nummer 4 der Richtlinie 2014/24/EU des Europäischen Parlaments und des Rates[1].

9. „Unterzeichner" ist eine natürliche Person, die eine elektronische Signatur erstellt.

10. „Elektronische Signatur" sind Daten in elektronischer Form, die anderen elektronischen Daten beigefügt oder logisch mit ihnen verbunden werden und die der Unterzeichner zum Unterzeichnen verwendet.

11. „Fortgeschrittene elektronische Signatur" ist eine elektronische Signatur, die die Anforderungen des Artikels 26 erfüllt.

12. „Qualifizierte elektronische Signatur" ist eine fortgeschrittene elektronische Signatur, die von einer qualifizierten elektronischen Signaturerstellungseinheit erstellt wurde und auf einem qualifizierten Zertifikat für elektronische Signaturen beruht.

13. „Elektronische Signaturerstellungsdaten" sind eindeutige Daten, die vom Unterzeichner zum Erstellen einer elektronischen Signatur verwendet werden.

14. „Zertifikat für elektronische Signaturen" ist eine elektronische Bescheinigung, die elektronische Signaturvalidierungsdaten mit einer natürlichen Person verknüpft und die mindestens den Namen oder das Pseudonym dieser Person bestätigt.

15. „Qualifiziertes Zertifikat für elektronische Signaturen" ist ein von einem qualifizierten Vertrauensdiensteanbieter ausgestelltes Zertifikat für elektronische Signaturen, das die Anforderungen des Anhangs I erfüllt.

16. „Vertrauensdienst" ist ein elektronischer Dienst, der in der Regel gegen Entgelt erbracht wird und aus Folgendem besteht:

a) Erstellung, Überprüfung und Validierung von elektronischen Signaturen, elektronischen Siegeln oder elektronischen Zeitstempeln, und Diensten für die Zustellung elektronischer Einschreiben sowie von diese Dienste betreffenden Zertifikaten oder

b) Erstellung, Überprüfung und Validierung von Zertifikaten für die Website-Authentifizierung oder

c) Bewahrung von diese Dienste betreffenden elektronischen Signaturen, Siegeln oder Zertifikaten.

17. „Qualifizierter Vertrauensdienst" ist ein Vertrauensdienst, der die einschlägigen Anforderungen dieser Verordnung erfüllt.

18. „Konformitätsbewertungsstelle" ist eine Stelle im Sinne der Begriffsbestimmung in Artikel 2 Nummer 13 der Verordnung (EG) Nr. 765/2008, die gemäß jener Verordnung als zur Durchführung der Konformitätsbewertung qualifizierter Vertrauensdiensteanbieter und der von ihnen erbrachten qualifizierten Vertrauensdienste befähigte Stelle akkreditiert worden ist.

19. „Vertrauensdiensteanbieter" ist eine natürliche oder juristische Person, die einen oder mehrere Vertrauensdienste als qualifizierter oder nichtqualifizierter Vertrauensdiensteanbieter erbringt.

20. „Qualifizierter Vertrauensdiensteanbieter" ist ein Vertrauensdiensteanbieter, der einen oder mehrere qualifizierte Vertrauensdienste erbringt und dem von der Aufsichtsstelle der Status eines qualifizierten Anbieters verliehen wurde.

21. „Produkt" bezeichnet Hardware, Software oder spezifische Komponenten von Hard- oder Software, die zur Erbringung von Vertrauensdiensten bestimmt sind.

22. „Elektronische Signaturerstellungseinheit" ist eine konfigurierte Software oder Hardware, die zum Erstellen einer elektronischen Signatur verwendet wird.

23. „Qualifizierte elektronische Signaturerstellungseinheit" ist eine elektronische Signaturerstellungseinheit, die die Anforderungen des Anhangs II erfüllt.

24. „Siegelersteller" ist eine juristische Person, die ein elektronisches Siegel erstellt.

25. „Elektronisches Siegel" sind Daten in elektronischer Form, die anderen Daten in elektronischer Form beigefügt oder logisch mit ihnen verbunden werden, um deren Ursprung und Unversehrtheit sicherzustellen.

26. „Fortgeschrittenes elektronisches Siegel" ist ein elektronisches Siegel, das die Anforderungen des Artikels 36 erfüllt.

27. „Qualifiziertes elektronisches Siegel" ist ein fortgeschrittenes elektronisches Siegel, das von einer qualifizierten elektronischen Siegelerstellungseinheit erstellt wird und auf einem qualifizierten Zertifikat für elektronische Siegel beruht.

28. „Elektronische Siegelerstellungsdaten" sind eindeutige Daten, die vom Siegelersteller zum Erstellen eines elektronischen Siegels verwendet werden.

29. „Zertifikat für elektronische Siegel" ist eine elektronische Bescheinigung, die elektronische Siegelvalidierungsdaten mit einer juristischen Person verknüpft und den Namen dieser Person bestätigt.

Zu Artikel 3:

[1] Richtlinie 2014/24/EU des Europäischen Parlaments und des Rates vom 26. Februar 2014 über die öffentliche Auftragsvergabe und zur Aufhebung der Richtlinie 2004/18/EG (ABl. L 94 vom 28.3.2014, S. 65).

30. „Qualifiziertes Zertifikat für elektronische Siegel" ist ein von einem qualifizierten Vertrauensdiensteanbieter ausgestelltes Zertifikat für elektronische Siegel, das die Anforderungen des Anhangs III erfüllt.

31. „Elektronische Siegelerstellungseinheit" ist eine konfigurierte Software oder Hardware, die zum Erstellen eines elektronischen Siegels verwendet wird.

32. „Qualifizierte elektronische Siegelerstellungseinheit" ist eine elektronische Siegelerstellungseinheit, die die Anforderungen des Anhangs II sinngemäß erfüllt.

33. „Elektronischer Zeitstempel" bezeichnet Daten in elektronischer Form, die andere Daten in elektronischer Form mit einem bestimmten Zeitpunkt verknüpfen und dadurch den Nachweis erbringen, dass diese anderen Daten zu diesem Zeitpunkt vorhanden waren.

34. „Qualifizierter elektronischer Zeitstempel" ist ein elektronischer Zeitstempel, der die Anforderungen des Artikels 42 erfüllt.

35. „Elektronisches Dokument" ist jeder in elektronischer Form, insbesondere als Text-, Ton-, Bild- oder audiovisuelle Aufzeichnung gespeicherte Inhalt.

36. „Dienst für die Zustellung elektronischer Einschreiben" ist ein Dienst, der die Übermittlung von Daten zwischen Dritten mit elektronischen Mitteln ermöglicht und einen Nachweis der Handhabung der übermittelten Daten erbringt, darunter den Nachweis der Absendung und des Empfangs der Daten, und der die übertragenen Daten vor Verlust, Diebstahl, Beschädigung oder unbefugter Veränderung schützt.

37. „Qualifizierter Dienst für die Zustellung elektronischer Einschreiben" ist ein Dienst für die Zustellung elektronischer Einschreiben, der die Anforderungen des Artikels 44 erfüllt.

38. „Zertifikat für die Website-Authentifizierung" ist ein Zertifikat, das die Authentifizierung einer Website ermöglicht und die Website mit der natürlichen oder juristischen Person verknüpft, der das Zertifikat ausgestellt wurde.

39. „Qualifiziertes Zertifikat für die Website-Authentifizierung" ist ein von einem qualifizierten Vertrauensdiensteanbieter ausgestelltes Zertifikat für Website-Authentifizierung, das die Anforderungen des Anhangs IV erfüllt.

40. „Validierungsdaten" sind Daten, die zur Validierung einer elektronischen Signatur oder eines elektronischen Siegels verwendet werden.

41. „Validierung" ist der Prozess der Überprüfung und Bestätigung der Gültigkeit einer elektronischen Signatur oder eines elektronischen Siegels.

Artikel 4
Binnenmarktgrundsatz

(1) Die Erbringung von Vertrauensdiensten im Gebiet eines Mitgliedstaats durch einen in einem anderen Mitgliedstaat niedergelassenen Vertrauensdiensteanbieter unterliegt keinen Beschränkungen aus Gründen, die in den Anwendungsbereich dieser Verordnung fallen.

(2) Produkte und Vertrauensdienste, die dieser Verordnung entsprechen, dürfen im Binnenmarkt frei verkehren.

Artikel 5
Datenverarbeitung und Datenschutz

(1) Personenbezogene Daten werden nach Maßgabe der Richtlinie 95/46/EG verarbeitet.

(2) Unbeschadet der Rechtswirkungen, die Pseudonyme nach nationalem Recht haben, darf die Benutzung von Pseudonymen bei elektronischen Transaktionen nicht untersagt werden.

KAPITEL II
ELEKTRONISCHE IDENTIFIZIERUNG

Artikel 6
Gegenseitige Anerkennung

(1) Ist für den Zugang zu einem von einer öffentlichen Stelle in einem Mitgliedstaat erbrachten Online-Dienst nach nationalem Recht oder aufgrund der Verwaltungspraxis eine elektronische Identifizierung mit einem elektronischen Identifizierungsmittel und mit einer Authentifizierung erforderlich, so wird ein in einem anderen Mitgliedstaat ausgestelltes elektronisches Identifizierungsmittel im ersten Mitgliedstaat für die Zwecke der grenzüberschreitenden Authentifizierung für diesen Online-Dienst anerkannt, sofern folgende Bedingungen erfüllt sind:

a) Das betreffende elektronische Identifizierungsmittel wird im Rahmen eines elektronischen Identifizierungssystems ausgestellt, das in der von der Kommission gemäß Artikel 9 veröffentlichten Liste aufgeführt ist.

b) Das Sicherheitsniveau des betreffenden elektronischen Identifizierungsmittels entspricht einem Sicherheitsniveau, das so hoch wie oder höher als das von der einschlägigen öffentlichen Stelle für den Zugang zu diesem Online-Dienst geforderte Sicherheitsniveau ist, sofern das Sicherheitsniveau dieses elektronischen Identifizierungsmittels dem Sicherheitsniveau „substanziell" oder „hoch" entspricht.

c) Die betreffende öffentliche Stelle verwendet für den Zugang zu diesem Online-Dienst das Sicherheitsniveau „substanziell" oder „hoch".

Diese Anerkennung muss spätestens 12 Monate nach Veröffentlichung der in Unterabsatz 1

Buchstabe a genannten Liste durch die Kommission erfolgen.

(2) Ein elektronisches Identifizierungsmittel, das über ein in der von der Kommission gemäß Artikel 9 veröffentlichten Liste enthaltenes elektronisches Identifizierungssystem ausgestellt wird und dem Sicherheitsniveau „niedrig" entspricht, kann von öffentlichen Stellen für die Zwecke der grenzüberschreitenden Authentifizierung der von diesen Stellen erbrachten Online-Dienste anerkannt werden.

Artikel 7
Voraussetzungen für die Notifizierung elektronischer Identifizierungssysteme

Ein elektronisches Identifizierungssystem kann nach Artikel 9 Absatz 1 notifiziert werden, wenn sämtliche folgenden Bedingungen erfüllt sind:

a) Die elektronischen Identifizierungsmittel im Rahmen des betreffenden Systems werden

i) vom notifizierenden Mitgliedstaat ausgestellt,

ii) im Auftrag des notifizierenden Mitgliedstaats ausgestellt oder

iii) unabhängig vom notifizierenden Mitgliedstaat ausgestellt und von diesem anerkannt.

b) Die elektronischen Identifizierungsmittel im Rahmen des elektronischen Identifizierungssystems können im notifizierenden Mitgliedstaat für den Zugang zu mindestens einem Dienst verwendet werden, der von einer öffentlichen Stelle bereitgestellt wird und für den eine elektronische Identifizierung erforderlich ist.

c) Das elektronische Identifizierungssystem und die im Rahmen dieses Systems ausgestellten elektronischen Identifizierungsmittel erfüllen die Anforderungen zumindest eines der Sicherheitsniveaus, die in dem in Artikel 8 Absatz 3 genannten Durchführungsrechtsakt aufgeführt sind.

d) Der notifizierende Mitgliedstaat stellt sicher, dass zum Zeitpunkt der Ausstellung des elektronischen Identifizierungsmittels im Rahmen des betreffenden Systems die Personenidentifizierungsdaten, die die betreffende Person eindeutig repräsentieren, der in Artikel 3 Nummer 1 genannten natürlichen oder juristischen Person entsprechend den technischen Spezifikationen, Normen und Verfahren für das einschlägige Sicherheitsniveau, die in dem in Artikel 8 Absatz 3 genannten Durchführungsrechtsakt aufgeführt sind, zugeordnet sind.

e) Der Beteiligte, der das elektronische Identifizierungsmittel im Rahmen des betreffenden Systems ausstellt, stellt sicher, dass das elektronische Identifizierungsmittel der in Buchstabe d dieses Artikels genannten Person entsprechend den technischen Spezifikationen, Normen und Verfahren für das betreffende Sicherheitsniveau, die in dem in Artikel 8 Absatz 3 genannten Durchführungsrechtsakt aufgeführt sind, zugewiesen wird.

f) Der notifizierende Mitgliedstaat stellt sicher, dass eine Online-Authentifizierung zur Verfügung steht, so dass jeder im Hoheitsgebiet eines anderen Mitgliedstaats niedergelassene vertrauende Beteiligte die in elektronischer Form empfangenen Personenidentifizierungsdaten bestätigen kann.

Für vertrauende Beteiligte, die keine öffentlichen Stellen sind, kann der notifizierende Mitgliedstaat Bedingungen für den Zugang zu dieser Authentifizierung festlegen. Die grenzüberschreitende Authentifizierung ist gebührenfrei, wenn sie in Bezug auf einen Online-Dienst erfolgt, der von einer öffentlichen Stelle erbracht wird.

Die Mitgliedstaaten machen vertrauenden Beteiligten, die eine solche Authentifizierung durchführen möchten, keine spezifischen unverhältnismäßigen technischen Vorgaben, wenn derartige Vorgaben die Interoperabilität der notifizierten elektronischen Identifizierungssysteme verhindern oder erheblich beeinträchtigen.

g) Der notifizierende Mitgliedstaat stellt den anderen Mitgliedstaaten für die Zwecke der Verpflichtung nach Artikel 12 Absatz 5 mindestens sechs Monate vor einer Notifizierung gemäß Artikel 9 Absatz 1 nach den in den Durchführungsrechtsakten gemäß Artikel 12 Absatz 7 genannten Verfahrensmodalitäten eine Beschreibung dieses Systems zur Verfügung.

h) Das elektronische Identifizierungssystem erfüllt die Anforderungen des in Artikel 12 Absatz 8 genannten Durchführungsrechtsakts.

Artikel 8
Sicherheitsniveaus elektronischer Identifizierungssysteme

(1) Ein gemäß Artikel 9 Absatz 1 notifiziertes elektronisches Identifizierungssystem gibt die Sicherheitsniveaus „niedrig", „substanziell" und/oder „hoch" an, die den nach diesem System ausgestellten elektronischen Identifizierungsmitteln zuerkannt wurden.

(2) Die Sicherheitsniveaus „niedrig", „substanziell" bzw. „hoch" erfüllen folgende Kriterien:

a) Das Sicherheitsniveau „niedrig" bezieht sich auf ein elektronisches Identifizierungmittel im Rahmen eines elektronischen Identifizierungssystems, das ein begrenztes Maß an Vertrauen in die beanspruchte oder behauptete Identität einer Person vermittelt und durch die Bezugnahme auf die diesbezüglichen technischen Spezifikationen, Normen und Verfahren einschließlich technischer Überprüfungen – deren Zweck in der Minderung der Gefahr des Identitätsmissbrauchs oder der Identitätsveränderung besteht – gekennzeichnet ist.

b) Das Sicherheitsniveau „substanziell" bezieht sich auf ein elektronisches Identifizierungsmittel im Rahmen eines elektronischen Identifizierungssystems, das ein substanzielles Maß an Vertrauen in die beanspruchte oder behauptete Identität einer Person vermittelt und durch die Bezugnahme auf die diesbezüglichen technischen Spezifikationen, Normen und Verfahren einschließlich entsprechender technischer Überprüfungen – deren Zweck in der substanziellen Minderung der Gefahr des Identitätsmissbrauchs oder der Identitätsveränderung besteht – gekennzeichnet ist.

c) Das Sicherheitsniveau „hoch" bezieht sich auf ein elektronisches Identifizierungsmittel im Rahmen eines elektronischen Identifizierungssystems, das ein höheres Maß an Vertrauen in die beanspruchte oder behauptete Identität einer Person als ein Identifizierungsmittel mit dem Sicherheitsniveau „substanziell" vermittelt und durch die Bezugnahme auf die diesbezüglichen technischen Spezifikationen, Normen und Verfahren einschließlich technischer Überprüfungen – deren Zweck in der Verhinderung des Identitätsmissbrauchs oder der Identitätsveränderung besteht – gekennzeichnet ist.

(3) Bis zum 18. September 2015 legt die Kommission unter Berücksichtigung der einschlägigen internationalen Normen vorbehaltlich des Absatzes 2 im Wege von Durchführungsrechtsakten technische Spezifikationen, Normen und Verfahren mit Mindestanforderungen fest, auf die sich die Festlegung der Sicherheitsniveaus „niedrig", „substanziell" und „hoch" für elektronische Identifizierungsmittel für die Zwecke des Absatzes 1 bezieht.

Diese technischen Spezifikationen, Normen und Verfahren mit Mindestanforderungen werden unter Bezugnahme auf die Zuverlässigkeit und Qualität folgender Elemente festgelegt:

a) des Verfahrens zum Nachweis und zur Überprüfung der Identität natürlicher oder juristischer Personen, die die Ausstellung elektronischer Identifizierungsmittel beantragen;

b) des Verfahrens zur Ausstellung der beantragten elektronischen Identifizierungsmittel;

c) des Authentifizierungsmechanismus, bei dem die natürliche oder juristische Person die elektronischen Identifizierungsmittel verwendet, um einem vertrauenden Beteiligten ihre Identität zu bestätigen;

d) der Einrichtung, die die Identifizierungsmittel ausstellt;

e) jeder anderen Stelle, die mit dem Antrag für die Ausstellung elektronischer Identifizierungsmittel befasst ist;

f) technischer und sicherheitsbezogener Spezifikationen der ausgestellten elektronischen Identifizierungsmittel.

Diese Durchführungsrechtsakte werden nach dem in Artikel 48 Absatz 2 genannten Prüfverfahren erlassen.

Artikel 9
Notifizierung

(1) Der notifizierende Mitgliedstaat notifiziert der Kommission folgende Informationen und unverzüglich alle späteren Änderungen dieser Informationen:

a) eine Beschreibung des elektronischen Identifizierungssystems einschließlich seiner Sicherheitsniveaus und des Ausstellers bzw. der Aussteller elektronischer Identifizierungsmittel im Rahmen des Systems;

b) das geltende Aufsichtssystem und Informationen über die Haftungsregelung in Bezug auf Folgendes:

i) den das elektronische Identifizierungsmittel ausstellenden Beteiligten;

ii) den das Authentifizierungsverfahren durchführenden Beteiligten;

c) die für das elektronische Identifizierungssystem zuständige(n) Behörde(n);

d) Informationen über die Einrichtung bzw. Einrichtungen, die die Registrierung der eindeutigen Personenidentifizierungsdaten verwaltet bzw. verwalten;

e) eine Beschreibung, inwieweit die Anforderungen des in Artikel 12 Absatz 8 genannten Durchführungsrechtsakts erfüllt werden;

f) eine Beschreibung der Authentifizierung gemäß Artikel 7 Buchstabe f;

g) Regelungen für die Aussetzung oder den Widerruf des notifizierten elektronischen Identifizierungssystems oder der Authentifizierung oder von den betroffenen beeinträchtigten Teilen.

(2) Ein Jahr nach dem Zeitpunkt des Beginns der Anwendung der Durchführungsrechtsakte gemäß Artikel 8 Absatz 3 und Artikel 12 Absatz 8 veröffentlicht die Kommission im *Amtsblatt der Europäischen Union* eine Liste der gemäß Absatz 1 dieses Artikels notifizierten elektronischen Identifizierungssysteme und die grundlegenden Informationen darüber.

(3) Geht der Kommission nach Ablauf der in Absatz 2 genannten Frist eine Notifizierung zu, so veröffentlicht sie die Änderungen an der in Absatz 2 genannten Liste innerhalb von zwei Monaten ab dem Zeitpunkt des Eingangs dieser Notifizierung im *Amtsblatt der Europäischen Union*.

(4) Ein Mitgliedstaat kann bei der Kommission die Streichung eines von diesem Mitgliedstaat notifizierten Identifizierungssystems aus der in Absatz 2 genannten Liste beantragen. Die Kommission veröffentlicht im *Amtsblatt der Europäischen Union* die entsprechenden Änderungen der

Liste innerhalb eines Monats ab dem Zeitpunkt, zu dem das Ersuchen des Mitgliedstaats eingegangen ist.

(5) Die Kommission kann im Wege von Durchführungsrechtsakten Einzelheiten, Form und Verfahren für die Notifizierung nach Absatz 1 festlegen. Diese Durchführungsrechtsakte werden nach dem in Artikel 48 Absatz 2 genannten Prüfverfahren erlassen.

Artikel 10
Sicherheitsverletzung

(1) Im Falle einer Verletzung oder partiellen Beeinträchtigung des nach Artikel 9 Absatz 1 notifizierten elektronischen Identifizierungssystems oder der in Artikel 7 Buchstabe f genannten Authentifizierung in einer Weise, die sich auf die Verlässlichkeit der grenzüberschreitenden Authentifizierung dieses Systems auswirkt, setzt der notifizierende Mitgliedstaat diese grenzüberschreitende Authentifizierung oder die entsprechenden beeinträchtigten Teile umgehend aus oder widerruft sie und unterrichtet hiervon die anderen Mitgliedstaaten und die Kommission.

(2) Wurde hinsichtlich der in Absatz 1 genannten Verletzung oder Beeinträchtigung Abhilfe geschaffen, so stellt der notifizierende Mitgliedstaat die grenzüberschreitende Authentifizierung wieder her und unterrichtet unverzüglich die anderen Mitgliedstaaten und die Kommission.

(3) Wird hinsichtlich der in Absatz 1 genannten Verletzung oder Beeinträchtigung nicht innerhalb von drei Monaten nach der Aussetzung oder dem Widerruf Abhilfe geschaffen, so meldet der notifizierende Mitgliedstaat den anderen Mitgliedstaaten und der Kommission die Zurücknahme des elektronischen Identifizierungssystems.

Die Kommission veröffentlicht die entsprechenden Änderungen an der in Artikel 9 Absatz 2 genannten Liste unverzüglich im *Amtsblatt der Europäischen Union*.

Artikel 11
Haftung

(1) Der notifizierende Mitgliedstaat haftet für die Schäden, die natürlichen oder juristischen Personen vorsätzlich oder fahrlässig zugefügt werden und die auf eine Verletzung der in Artikel 7 Buchstaben d und f festgelegten Pflichten bei einer grenzüberschreitenden Transaktion zurückzuführen sind.

(2) Der das elektronische Identifizierungsmittel ausstellende Beteiligte haftet für die Schäden, die natürlichen oder juristischen Personen vorsätzlich oder fahrlässig zugefügt werden und die auf eine Verletzung der in Artikel 7 Buchstabe e festgelegten Pflichten bei einer grenzüberschreitenden Transaktion zurückzuführen sind.

(3) Der das Authentifizierungsverfahren durchführende Beteiligte haftet für die Schäden, die natürlichen oder juristischen Personen vorsätzlich oder fahrlässig zugefügt werden und die auf die inkorrekte Durchführung der Authentifizierung nach Artikel 7 Buchstabe f bei einer grenzüberschreitenden Transaktion zurückzuführen sind.

(4) Die Absätze 1, 2 und 3 werden im Einklang mit den nationalen Vorschriften über die Haftung angewendet.

(5) Die Absätze 1, 2 und 3 berühren nicht die unter das nationale Recht fallende Haftung der Beteiligten an einer Transaktion, bei der dem gemäß Artikel 9 Absatz 1 notifizierten elektronischen Identifizierungssystem unterliegende elektronische Identifizierungsmittel verwendet wurden.

Artikel 12
Zusammenarbeit und Interoperabilität

(1) Die gemäß Artikel 9 Absatz 1 notifizierten nationalen elektronischen Identifizierungssysteme müssen interoperabel sein.

(2) Für die Zwecke des Absatzes 1 wird ein Interoperabilitätsrahmen geschaffen.

(3) Der Interoperabilitätsrahmen muss folgende Kriterien erfüllen:

a) Er ist auf Technologieneutralität angelegt und unterscheidet nicht zwischen spezifischen nationalen technischen Lösungen für die elektronische Identifizierung in dem betreffenden Mitgliedstaat,

b) er entspricht nach Möglichkeit den europäischen und internationalen Normen,

c) er fördert die Umsetzung des Grundsatzes des „eingebauten Datenschutzes" (privacy by design) und

d) er gewährleistet, dass personenbezogene Daten im Einklang mit der Richtlinie 95/46/EG verarbeitet werden.

(4) Der Interoperabilitätsrahmen besteht aus Folgendem:

a) einer Bezugnahme auf die mit den Sicherheitsniveaus nach Artikel 8 technischen Mindestanforderungen;

b) Angaben zur Entsprechung zwischen den nationalen Sicherheitsniveaus der notifizierten Identifizierungssysteme und den Sicherheitsniveaus nach Artikel 8;

c) einer Bezugnahme auf die technischen Mindestanforderungen für die Interoperabilität;

d) einer Bezugnahme auf einen über elektronische Identifizierungssysteme bereitgestellten Mindestsatz von Personenidentifizierungsdaten, die eine natürliche oder juristische Person eindeutig repräsentieren;

e) Verfahrensregelungen;

f) Regelungen zur Streitbeilegung und

g) gemeinsamen Sicherheitsnormen für den Betrieb.

(5) Die Mitgliedstaaten arbeiten in Bezug auf Folgendes zusammen:

a) Interoperabilität der nach Artikel 9 Absatz 1 notifizierten elektronischen Identifizierungssysteme und der elektronischen Identifizierungssysteme, die die Mitgliedstaaten notifizieren möchten, und

b) Sicherheit der elektronischen Identifizierungssysteme.

(6) Die Zusammenarbeit zwischen den Mitgliedstaaten umfasst Folgendes:

a) Austausch von Informationen, Erfahrungen und bewährten Verfahren in Bezug auf elektronische Identifizierungssysteme und insbesondere in Bezug auf technische Anforderungen an Interoperabilität und Sicherheitsniveaus;

b) Austausch von Informationen, Erfahrungen und bewährten Verfahren in Bezug auf Sicherheitsniveaus elektronischer Identifizierungssysteme nach Artikel 8;

c) gegenseitige Begutachtung der unter diese Verordnung fallenden elektronischen Identifizierungssysteme;

d) Prüfung der einschlägigen Entwicklungen auf dem Gebiet der elektronischen Identifizierung.

(7) Bis zum 18. März 2015 legt die Kommission im Wege von Durchführungsrechtsakten die nötigen Verfahrensmodalitäten fest, um die in den Absätzen 5 und 6 genannte Zusammenarbeit zwischen den Mitgliedstaaten im Hinblick auf die Förderung eines hohen Maßes an Vertrauen und Sicherheit, das der Höhe des Risikos angemessen ist, zu erleichtern.

(8) Bis zum 18. September 2015 erlässt die Kommission unter Zugrundelegung der in Absatz 3 aufgeführten Kriterien und unter Berücksichtigung der Ergebnisse der Zusammenarbeit zwischen den Mitgliedstaaten Durchführungsrechtsakte zum Interoperabilitätsrahmen gemäß Absatz 4, um einheitliche Voraussetzungen für die Umsetzung der Verpflichtung gemäß Absatz 1 vorzugeben.

(9) Die in den Absätzen 7 und 8 genannten Durchführungsrechtsakte werden nach dem in Artikel 48 Absatz 2 genannten Prüfverfahren erlassen.

KAPITEL III
VERTRAUENSDIENSTE

ABSCHNITT 1
Allgemeine Bestimmungen

Artikel 13
Haftung und Beweislast

(1) Unbeschadet des Absatzes 2 haften Vertrauensdiensteanbieter für alle natürlichen oder juristischen Personen vorsätzlich oder fahrlässig zugefügten Schäden, die auf eine Verletzung der in dieser Verordnung festgelegten Pflichten zurückzuführen sind.

Die Beweislast für den Nachweis des Vorsatzes oder der Fahrlässigkeit seitens eines nichtqualifizierten Vertrauensdiensteanbieters liegt bei der natürlichen oder juristischen Person, die den in Unterabsatz 1 genannten Schaden geltend macht.

Bei einem qualifizierten Vertrauensdiensteanbieter wird von Vorsatz oder Fahrlässigkeit ausgegangen, es sei denn, der qualifizierte Vertrauensdiensteanbieter weist nach, dass der in Unterabsatz 1 genannte Schaden entstanden ist, ohne dass er vorsätzlich oder fahrlässig gehandelt hat.

(2) Unterrichten Vertrauensdiensteanbieter ihre Kunden im Voraus hinreichend über Beschränkungen der Verwendung der von ihnen erbrachten Dienste und sind diese Beschränkungen für dritte Beteiligte ersichtlich, so haften die Vertrauensdiensteanbieter nicht für Schäden, die bei einer über diese Beschränkungen hinausgehenden Verwendung der Dienste entstanden sind.

(3) Die Absätze 1 und 2 werden im Einklang mit den nationalen Vorschriften über die Haftung angewendet.

Artikel 14
Internationale Aspekte

(1) Vertrauensdienste, die von in einem Drittland niedergelassenen Vertrauensdiensteanbietern bereitgestellt werden, werden als rechtlich gleichwertig mit den Vertrauensdiensten anerkannt, die von in der Union niedergelassenen qualifizierten Vertrauensdiensteanbietern bereitgestellt werden, sofern die Vertrauensdienste aus dem Drittland im Rahmen einer gemäß Artikel 218 AEUV geschlossenen Vereinbarung zwischen der Union und dem betreffenden Drittland oder einer internationalen Organisation anerkannt sind.

(2) Die in Absatz 1 genannten Vereinbarungen müssen insbesondere sicherstellen, dass

a) die Anforderungen, die für die in der Union niedergelassenen qualifizierten Vertrauensdiensteanbieter und für die von ihnen erbrachten qualifizierten Vertrauensdienste gelten, von den Vertrauensdiensteanbietern in den Drittländern oder internationalen Organisationen, mit denen die Vereinbarungen geschlossen wurden, sowie von den von diesen erbrachten Diensten eingehalten werden;

b) die qualifizierten Vertrauensdienste, die von in der Union niedergelassenen qualifizierten Vertrauensdiensteanbietern erbracht werden, als rechtlich gleichwertig mit den Vertrauensdiensten anerkannt werden, die von Vertrauensdiensteanbietern in den Drittländern oder internationalen Organisationen, mit denen die Vereinbarungen geschlossen wurden, erbracht werden.

Artikel 15
Zugänglichkeit für Personen mit Behinderungen

Soweit möglich werden Vertrauensdienste und zur Erbringung solcher Dienste verwendete Endnutzerprodukte Personen mit Behinderungen zugänglich und nutzbar gemacht.

Artikel 16
Sanktionen

Die Mitgliedstaaten legen Regeln für Sanktionen bei Verstößen gegen diese Verordnung fest. Diese Sanktionen müssen wirksam, verhältnismäßig und abschreckend sein.

ABSCHNITT 2
Aufsicht

Artikel 17
Aufsichtsstelle

(1) Die Mitgliedstaaten benennen eine Aufsichtsstelle, die in ihrem Hoheitsgebiet niedergelassen ist oder die aufgrund einer gegenseitigen Vereinbarung mit einem anderen Mitgliedstaat in diesem anderen Mitgliedstaat niedergelassen ist. Diese Aufsichtsstelle ist für die Wahrnehmung der Aufsichtsaufgaben im benennenden Mitgliedstaat verantwortlich.

Die Aufsichtsstellen verfügen über die für die Wahrnehmung ihrer Aufgaben notwendigen Befugnisse und eine angemessene Ausstattung mit Ressourcen.

(2) Die Mitgliedstaaten teilen der Kommission und den anderen Mitgliedstaaten Namen und Anschrift ihrer jeweiligen benannten Aufsichtsstellen mit.

(3) Die Aufsichtsstelle nimmt folgende Funktionen wahr:

a) Ausübung der Aufsicht über die im Hoheitsgebiet des benennenden Mitgliedstaats niedergelassenen qualifizierten Vertrauensdiensteanbieter mit dem Ziel, im Wege von Ex-ante- und Ex-post-Aufsichtstätigkeiten zu gewährleisten, dass diese qualifizierten Vertrauensdiensteanbieter und die von ihnen erbrachten qualifizierten Vertrauensdienste den Anforderungen dieser Verordnung entsprechen;

b) erforderlichenfalls Durchführung von Maßnahmen im Wege von Expost-Aufsichtstätigkeiten in Bezug auf die im Hoheitsgebiet des benennenden Mitgliedstaats niedergelassenen nichtqualifizierten Vertrauensdiensteanbieter, wenn sie Kenntnis davon erhalten, dass diese nichtqualifizierten Vertrauensdiensteanbieter oder die von ihnen erbrachten Vertrauensdienste die Anforderungen dieser Verordnung mutmaßlich nicht erfüllen.

(4) Für die Zwecke des Absatzes 3 und im Rahmen der dort vorgegebenen Beschränkungen umfassen die Aufgaben der Aufsichtsstelle insbesondere Folgendes:

a) Zusammenarbeit mit anderen Aufsichtsstellen und Unterstützung dieser Stellen gemäß Artikel 18;

b) Analyse der Konformitätsbewertungsberichte gemäß Artikel 20 Absatz 1 und Artikel 21 Absatz 1;

c) Unterrichtung der anderen Aufsichtsstellen und der Öffentlichkeit über Sicherheitsverletzungen oder Integritätsverluste gemäß Artikel 19 Absatz 2;

d) Berichterstattung an die Kommission über ihre Haupttätigkeiten gemäß Absatz 6;

e) Durchführung von Überprüfungen oder Beauftragung einer Konformitätsbewertungsstelle mit der Durchführung einer Konformitätsbewertung der qualifizierten Vertrauensdiensteanbieter gemäß Artikel 20 Absatz 2;

f) Zusammenarbeit mit den Datenschutzbehörden, insbesondere indem sie diese unverzüglich über die Ergebnisse der Überprüfungen von qualifizierten Vertrauensdiensteanbietern unterrichtet, falls dem Anschein nach gegen Datenschutzvorschriften verstoßen wurde;

g) Verleihung des Qualifikationsstatus an Vertrauensdiensteanbieter und die von ihnen erbrachten Dienste sowie Entzug dieses Status gemäß den Artikeln 20 und 21;

h) Unterrichtung der in Artikel 22 Absatz 3 genannten, für die nationale Vertrauensliste verantwortlichen Stelle über ihre Entscheidung, den Qualifikationsstatus zu verleihen oder zu entziehen, soweit es sich dabei nicht um die Aufsichtsstelle selbst handelt;

i) Überprüfung des Vorliegens und der ordnungsgemäßen Anwendung von Vorschriften über Beendigungspläne für den Fall, dass der Vertrauensdiensteanbieter seine Tätigkeit einstellt, wobei auch die Frage, wie die Informationen gemäß Artikel 24 Absatz 2 Buchstabe h weiter zugänglich gehalten werden, geprüft wird;

j) Verpflichtung der Vertrauensdiensteanbieter, bei jedem Fall von Nichteinhaltung der Anforderungen dieser Verordnung Abhilfe zu schaffen.

(5) Die Mitgliedstaaten können verlangen, dass die Aufsichtsstelle nach Maßgabe des nationalen Rechts eine Vertrauensinfrastruktur einrichtet, unterhält und aktualisiert.

(6) Bis zum 31. März jedes Jahres legt jede Aufsichtsstelle der Kommission einen Bericht über ihre Haupttätigkeiten im abgelaufenen Kalenderjahr zusammen mit einer Zusammenfassung der von den Vertrauensdiensteanbietern gemäß Artikel 19 Absatz 2 gemeldeten Sicherheitsverletzungen vor.

(7) Die Kommission macht den Mitgliedstaaten den in Absatz 6 genannten Jahresbericht zugänglich.

(8) Die Kommission kann im Wege von Durchführungsrechtsakten Form und Verfahren für die Berichterstattung nach Absatz 6 festlegen. Diese Durchführungsrechtsakte werden nach dem in Artikel 48 Absatz 2 genannten Prüfverfahren erlassen.

Artikel 18
Gegenseitige Amtshilfe

(1) Die Aufsichtsstellen arbeiten im Hinblick auf den Austausch bewährter Verfahren zusammen.

Eine Aufsichtsstelle leistet einer anderen Aufsichtsstelle nach Empfang eines begründeten Ersuchens hin Unterstützung, so dass die Tätigkeiten von Aufsichtsstellen kohärent ausgeübt werden können. Die Amtshilfe kann sich insbesondere auf Auskunftsersuchen und Aufsichtsmaßnahmen, beispielsweise Ersuchen um Nachprüfungen im Zusammenhang mit den Konformitätsbewertungsberichten gemäß den Artikeln 20 und 21 erstrecken.

(2) Die Aufsichtsstelle, an die ein Amtshilfeersuchen gerichtet wird, kann dieses Ersuchen aus einem der folgenden Gründe ablehnen:

a) Die Aufsichtsstelle ist für die Gewährung der erbetenen Unterstützung nicht zuständig;

b) die erbetene Unterstützung steht in keinem angemessenen Verhältnis zu den gemäß Artikel 17 durchgeführten Aufsichtstätigkeiten der Aufsichtsstelle;

c) die Gewährung der erbetenen Unterstützung wäre nicht vereinbar mit dieser Verordnung.

(3) Gegebenenfalls können die Mitgliedstaaten ihre jeweiligen Aufsichtsstellen ermächtigen, gemeinsame Untersuchungen durchzuführen, an denen Mitarbeiter der Aufsichtsstellen anderer Mitgliedstaaten teilnehmen. Die Vorkehrungen und Verfahren für derartige gemeinsame Maßnahmen werden von den betreffenden Mitgliedstaaten nach Maßgabe ihres jeweiligen nationalen Rechts vereinbart und festgelegt.

Artikel 19
Sicherheitsanforderungen an Vertrauensdiensteanbieter

(1) Qualifizierte und nichtqualifizierte Vertrauensdiensteanbieter ergreifen geeignete technische und organisatorische Maßnahmen zur Beherrschung der Sicherheitsrisiken im Zusammenhang mit den von ihnen erbrachten Vertrauensdiensten. Diese Maßnahmen müssen unter Berücksichtigung des jeweils neuesten Standes der Technik gewährleisten, dass das Sicherheitsniveau der Höhe des Risikos angemessen ist. Insbesondere sind Maßnahmen zu ergreifen, um Auswirkungen von Sicherheitsverletzungen zu vermeiden bzw. so gering wie möglich zu halten und die Beteiligten über die nachteiligen Folgen solcher Vorfälle zu informieren.

(2) Qualifizierte und nichtqualifizierte Vertrauensdiensteanbieter melden der Aufsichtsstelle und wo zutreffend anderen einschlägigen Stellen wie etwa der für Informationssicherheit zuständigen nationalen Stelle oder der Datenschutzbehörde unverzüglich, in jedem Fall aber innerhalb von 24 Stunden nach Kenntnisnahme von dem betreffenden Vorfall, jede Sicherheitsverletzung oder jeden Integritätsverlust, die bzw. der sich erheblich auf den erbrachten Vertrauensdienst oder die darin vorhandenen personenbezogenen Daten auswirkt.

Wenn sich die Sicherheitsverletzung oder der Integritätsverlust voraussichtlich nachteilig auf eine natürliche oder juristische Person auswirken, für die der Vertrauensdienst erbracht wurde, so unterrichtet der Vertrauensdiensteanbieter auch diese natürliche oder juristische Person unverzüglich über die Sicherheitsverletzung oder den Integritätsverlust.

Gegebenenfalls unterrichtet die notifizierte Aufsichtsstelle die Aufsichtsstellen anderer betroffener Mitgliedstaaten und die ENISA, insbesondere, wenn von der Sicherheitsverletzung oder dem Integritätsverlust zwei oder mehr Mitgliedstaaten betroffen sind.

Die notifizierte Aufsichtsstelle unterrichtet ferner die Öffentlichkeit oder verpflichtet den Vertrauensdiensteanbieter hierzu, wenn sie zu dem Schluss gelangt, dass die Bekanntgabe der Sicherheitsverletzung oder des Integritätsverlustes im öffentlichen Interesse liegt.

(3) Die Aufsichtsstelle übermittelt der ENISA einmal jährlich eine Übersicht über die von den Vertrauensdiensteanbietern gemeldeten Sicherheitsverletzungen und Integritätsverlusten.

(4) Die Kommission kann im Wege von Durchführungsrechtsakten Folgendes festlegen:

a) weitere Präzisierungen der in Absatz 1 genannten Maßnahmen;

b) Form und Verfahren – einschließlich der Fristen – für die Zwecke des Absatzes 2.

Diese Durchführungsrechtsakte werden nach dem in Artikel 48 Absatz 2 genannten Prüfverfahren erlassen.

ABSCHNITT 3

Qualifizierte Vertrauensdienste

Artikel 20
Beaufsichtigung qualifizierter Vertrauensdiensteanbieter

(1) Qualifizierte Vertrauensdiensteanbieter werden mindestens alle 24 Monate auf eigene Kosten von einer Konformitätsbewertungsstelle geprüft. Zweck dieser Prüfung ist es nachzuweisen, dass sie und die von ihnen erbrachten qualifizierten Vertrauensdienste die in dieser Verordnung festgelegten Anforderungen erfüllen. Die qualifizierten Vertrauensdiensteanbieter legen der Aufsichtsstelle den entsprechenden Konformitätsbewertungsbericht innerhalb von drei Arbeitstagen nach Empfang vor.

(2) Unbeschadet des Absatzes 1 kann die Aufsichtsstelle jederzeit eine Überprüfung vornehmen oder eine Konformitätsbewertungsstelle um eine Konformitätsbewertung der qualifizierten Vertrauensdiensteanbieter – auf Kosten dieser Vertrauensdiensteanbieter – ersuchen, um nachzuweisen, dass sie und die von ihnen erbrachten qualifizierten Vertrauensdienste die in dieser Verordnung festgelegten Anforderungen erfüllen. Ist dem Anschein nach gegen Vorschriften zum Schutz personenbezogener Daten verstoßen worden, so unterrichtet die Aufsichtsstelle die Datenschutzbehörden über die Ergebnisse ihrer Überprüfungen.

(3) Verlangt die Aufsichtsstelle vom qualifizierten Vertrauensdiensteanbieter, bei Nichteinhaltung der Anforderungen nach dieser Verordnung für Abhilfe zu sorgen und kommt dieser Anbieter dieser Aufforderung – und gegebenenfalls innerhalb einer von der Aufsichtsstelle gestellten Frist – nicht nach, so kann die Aufsichtsstelle unter Berücksichtigung insbesondere der Tragweite, der Dauer und der Auswirkungen der Nichteinhaltung dem Anbieter oder dem betreffenden von ihm erbrachten Dienst den Qualifikationsstatus entziehen und die in Artikel 22 Absatz 3 genannte Stelle unterrichten, damit die in Artikel 22 Absatz 1 genannte Vertrauensliste entsprechend aktualisiert wird. Die Aufsichtsstelle unterrichtet den qualifizierten Vertrauensdiensteanbieter darüber, dass ihm oder dem betreffenden Dienst der Qualifikationsstatus entzogen wurde.

(4) Die Kommission kann im Wege von Durchführungsrechtsakten Kennnummern für die folgenden Normen festlegen:

a) die Akkreditierung der Konformitätsbewertungsstellen und für den in Absatz 1 genannten Konformitätsbewertungsbericht;

b) die Überprüfungsvorschriften, gemäß denen Konformitätsbewertungsstellen ihre Konformitätsbewertung der qualifizierten Vertrauensdiensteanbieter im Sinne von Absatz 1 durchführen.

Diese Durchführungsrechtsakte werden nach dem in Artikel 48 Absatz 2 genannten Prüfverfahren erlassen.

Artikel 21
Beginn der Erbringung qualifizierter Vertrauensdienste

(1) Wenn Vertrauensdiensteanbieter ohne Qualifikationsstatus beabsichtigen, die Erbringung qualifizierter Vertrauensdienste aufzunehmen, legen sie der Aufsichtsstelle eine Mitteilung über ihre Absicht zusammen mit einem von einer Konformitätsbewertungsstelle ausgestellten Konformitätsbewertungsbericht vor.

(2) Die Aufsichtsstelle überprüft, ob der Vertrauensdiensteanbieter und die von ihm erbrachten Vertrauensdienste den in dieser Verordnung festgelegten Anforderungen genügen, insbesondere hinsichtlich der Anforderungen an qualifizierte Vertrauensdiensteanbieter und an die von ihnen erbrachten qualifizierten Vertrauensdienste.

Gelangt die Aufsichtsstelle zu dem Schluss, dass der Vertrauensdiensteanbieter und die von ihm erbrachten Vertrauensdienste den Anforderungen des Unterabsatzes 1 entsprechen, so verleiht sie dem Vertrauensdiensteanbieter und den von ihm erbrachten Vertrauensdiensten den Qualifikationsstatus und unterrichtet die in Artikel 22 Absatz 3 genannte Stelle, damit die in Artikel 22 Absatz 1 genannten Vertrauenslisten entsprechend aktualisiert werden; dies erfolgt spätestens drei Monate nach der Mitteilung gemäß Absatz 1 dieses Artikels.

Wird die Überprüfung nicht innerhalb von drei Monaten nach der Mitteilung abgeschlossen, so unterrichtet die Aufsichtsstelle den Vertrauensdiensteanbieter hierüber unter Angabe der Gründe für die Verzögerung und der Frist, innerhalb deren die Überprüfung abzuschließen ist.

(3) Qualifizierte Vertrauensdiensteanbieter können mit der Erbringung des qualifizierten Vertrauensdienstes beginnen, nachdem der qualifizierte Status in den in Artikel 22 Absatz 1 genannten Vertrauenslisten ausgewiesen wurde.

(4) Die Kommission kann im Wege von Durchführungsrechtsakten Form und Verfahren für die Zwecke der Absätze 1 und 2 festlegen. Diese Durchführungsrechtsakte werden nach dem

in Artikel 48 Absatz 2 genannten Prüfverfahren erlassen.

Artikel 22
Vertrauenslisten

(1) Jeder Mitgliedstaat sorgt für die Aufstellung, Führung und Veröffentlichung von Vertrauenslisten, die Angaben zu den qualifizierten Vertrauensdiensteanbietern, für die er verantwortlich ist, und den von ihnen erbrachten qualifizierten Vertrauensdiensten, umfassen.

(2) Die Mitgliedstaaten erstellen, führen und veröffentlichen auf gesicherte Weise elektronisch unterzeichnete oder besiegelte Vertrauenslisten gemäß Absatz 1 in einer für eine automatisierte Verarbeitung geeigneten Form.

(3) Die Mitgliedstaaten übermitteln der Kommission unverzüglich Informationen über die für die Erstellung, Führung und Veröffentlichung der nationalen Vertrauenslisten verantwortlichen Stellen, den Ort der Veröffentlichung der Listen, die zur Unterzeichnung oder Besiegelung der Vertrauenslisten verwendeten Zertifikate und alle etwaigen Änderungen dieser Informationen.

(4) Die Kommission macht die Informationen nach Absatz 3 auf sichere Weise und elektronisch unterzeichnet oder besiegelt in einer für eine automatisierte Verarbeitung geeigneten Form öffentlich zugänglich.

(5) Bis 18. September 2015 präzisiert die Kommission im Wege von Durchführungsrechtsakten die Angaben gemäß Absatz 1 und legt die technischen Spezifikationen und die Form der Vertrauenslisten für die Zwecke der Absätze 1 bis 4 fest. Diese Durchführungsrechtsakte werden nach dem in Artikel 48 Absatz 2 genannten Prüfverfahren erlassen.

Artikel 23
EU-Vertrauenssiegel für qualifizierte Vertrauensdiensteanbieter

(1) Nachdem der Qualifikationsstatus nach Artikel 21 Absatz 2 Unterabsatz 2 in der Vertrauensliste nach Artikel 22 Absatz 1 ausgewiesen wurde, können qualifizierte Vertrauensdiensteanbieter das EU-Vertrauenssiegel verwenden, um in einfacher, wiedererkennbarer und klarer Weise die von ihnen erbrachten qualifizierten Vertrauensdienste zu kennzeichnen.

(2) Qualifizierte Vertrauensdienstanbieter, die für die qualifizierten Vertrauensdienste das EU-Vertrauenssiegel nach Absatz 1 verwenden, sorgen dafür, dass auf ihrer Website ein Link zur einschlägigen Vertrauensliste zur Verfügung steht.

(3) Die Kommission legt bis 1. Juli 2015 im Wege von Durchführungsrechtsakten Spezifikationen zur Form und insbesondere zur Aufmachung, Zusammensetzung, Größe und Gestaltung des EU-Vertrauenssiegels für qualifizierte Vertrauensdienste fest. Diese Durchführungsrechtsakte werden nach dem in Artikel 48 Absatz 2 genannten Prüfverfahren erlassen.

Artikel 24
Anforderungen an qualifizierte Vertrauensdiensteanbieter

(1) Bei der Ausstellung eines qualifizierten Zertifikats für einen Vertrauensdienst überprüft der qualifizierte Vertrauensdiensteanbieter anhand geeigneter Mittel und im Einklang mit dem jeweiligen nationalen Recht die Identität und gegebenenfalls die spezifischen Attribute der natürlichen oder juristischen Person, der das qualifizierte Zertifikat ausgestellt wird.

Die Informationen nach Unterabsatz 1 werden vom qualifizierten Vertrauensdiensteanbieter im Einklang mit dem nationalen Recht entweder unmittelbar oder unter Rückgriff auf einen Dritten wie folgt überprüft:

a) durch persönliche Anwesenheit der natürlichen Person oder eines bevollmächtigten Vertreters der juristischen Person oder

b) aus der Ferne mittels elektronischer Identifizierungsmittel, für die vor der Ausstellung des qualifizierten Zertifikats eine persönliche Anwesenheit der natürlichen Person oder eines bevollmächtigten Vertreters der juristischen Person gewährleistet war und die die Anforderungen gemäß Artikel 8 hinsichtlich der Sicherheitsniveaus „substanziell" oder „hoch" erfüllen, oder

c) durch ein Zertifikat einer qualifizierten elektronischen Signatur oder eines qualifizierten elektronischen Siegels, das gemäß Buchstabe a oder b ausgestellt wurde, oder

d) durch sonstige Identifizierungsmethoden, die auf nationaler Ebene anerkannt sind und gleichwertige Sicherheit hinsichtlich der Verlässlichkeit bei der persönlichen Anwesenheit bieten. Die gleichwertige Sicherheit muss von einer Konformitätsbewertungsstelle bestätigt werden.

(2) Für qualifizierte Vertrauensdiensteanbieter, die qualifizierte Vertrauensdienste erbringen, gilt Folgendes:

a) Sie unterrichten die Aufsichtsstelle über alle Änderungen bei der Erbringung ihrer qualifizierten Vertrauensdienste und eine beabsichtigte Einstellung dieser Tätigkeiten.

b) Sie beschäftigen Personal und gegebenenfalls Unterauftragnehmer, das bzw. die über das erforderliche Fachwissen, die erforderliche Zuverlässigkeit, die erforderliche Erfahrung und die erforderlichen Qualifikationen verfügt bzw. verfügen, in Bezug auf die Vorschriften für die Sicherheit und den Schutz personenbezogener Daten angemessen geschult worden ist und Verwaltungs- und Managementverfahren anwendet, die den anerkannten europäischen oder internationalen Normen entsprechen.

c) Sie verfügen in Bezug auf das Haftungsrisiko für Schäden gemäß Artikel 13 über ausreichende Finanzmittel und/oder schließen eine angemessene Haftpflichtversicherung nach nationalem Recht ab.

d) Sie unterrichten Personen, die einen qualifizierten Vertrauensdienst nutzen wollen, klar und umfassend über die genauen Bedingungen für die Nutzung des Dienstes, einschließlich Nutzungsbeschränkungen, bevor sie vertragliche Beziehungen zu dieser Person eingehen.

e) Sie verwenden vertrauenswürdige Systeme und Produkte, die vor Veränderungen geschützt sind und die technische Sicherheit und Zuverlässigkeit der von ihnen unterstützten Prozesse sicherstellen.

f) Sie verwenden vertrauenswürdige Systeme für die Speicherung der ihnen übermittelten Daten in einer überprüfbaren Form, so dass

i) diese nur mit Zustimmung der Person, auf die sich die Daten beziehen, öffentlich abrufbar sind,

ii) nur befugte Personen Daten eingeben und gespeicherte Daten ändern können,

iii) die Daten auf ihre Echtheit hin überprüft werden können.

g) Sie ergreifen geeignete Maßnahmen gegen Fälschung und Diebstahl von Daten.

h) Sie zeichnen alle einschlägigen Informationen über die von dem qualifizierten Vertrauensdiensteanbieter ausgegebenen und empfangenen Daten auf und bewahren sie so auf, dass sie über einen angemessenen Zeitraum, auch über den Zeitpunkt der Einstellung der Tätigkeit des qualifizierten Vertrauensdiensteanbieters hinaus, verfügbar sind, um insbesondere bei Gerichtsverfahren entsprechende Beweise liefern zu können und die Kontinuität des Dienstes sicherzustellen. Die Aufzeichnung kann in elektronischer Form erfolgen.

i) Sie verfügen über einen fortlaufend aktualisierten Beendigungsplan, um die Dienstleistungskontinuität nach den von der Aufsichtsstelle gemäß Artikel 17 Absatz 4 Buchstabe i geprüften Vorgaben sicherzustellen.

j) Sie stellen eine rechtmäßige Verarbeitung personenbezogener Daten gemäß der Richtlinie 95/46/EG sicher.

k) Sie erstellen im Falle qualifizierter Vertrauensdiensteanbieter, die qualifizierte Zertifikate ausstellen, eine Zertifikatsdatenbank und halten sie auf dem neuesten Stand.

(3) Beschließt ein qualifizierter Vertrauensdiensteanbieter, der qualifizierte Zertifikate ausstellt, ein Zertifikat zu widerrufen, so registriert er den Widerruf in seiner Zertifikatsdatenbank und veröffentlicht den Widerrufsstatus des Zertifikats zeitnah und in jedem Fall innerhalb von 24 Stunden nach Erhalt des Ersuchens. Der Widerruf wird sofort nach seiner Veröffentlichung wirksam.

(4) Im Zusammenhang mit Absatz 3 stellen qualifizierte Vertrauensdiensteanbieter, die qualifizierte Zertifikate ausstellen, den vertrauenden Beteiligten Informationen über den Gültigkeits- oder Widerrufsstatus der von ihnen ausgestellten qualifizierten Zertifikate zur Verfügung. Diese Informationen werden zumindest auf Zertifikatsbasis jederzeit und über die Gültigkeitsdauer des Zertifikats hinaus automatisch auf zuverlässige, kostenlose und effiziente Weise bereitgestellt.

(5) Die Kommission kann im Wege von Durchführungsrechtsakten Kennnummern für Normen für vertrauenswürdige Systeme und Produkte festlegen, die die Anforderungen nach Absatz 2 Buchstaben e und f dieses Artikels erfüllen. Bei vertrauenswürdigen Systemen und Produkten, die diesen Normen entsprechen, wird davon ausgegangen, dass sie die Anforderungen dieses Artikels erfüllen. Diese Durchführungsrechtsakte werden nach dem in Artikel 48 Absatz 2 genannten Prüfverfahren erlassen.

ABSCHNITT 4

Elektronische Signaturen

Artikel 25

Rechtswirkung elektronischer Signaturen

(1) Einer elektronischen Signatur darf die Rechtswirkung und die Zulässigkeit als Beweismittel in Gerichtsverfahren nicht allein deshalb abgesprochen werden, weil sie in elektronischer Form vorliegt oder weil sie die Anforderungen an qualifizierte elektronische Signaturen nicht erfüllt.

(2) Eine qualifizierte elektronische Signatur hat die gleiche Rechtswirkung wie eine handschriftliche Unterschrift.

(3) Eine qualifizierte elektronische Signatur, die auf einem in einem Mitgliedstaat ausgestellten qualifizierten Zertifikat beruht, wird in allen anderen Mitgliedstaaten als qualifizierte elektronische Signatur anerkannt.

Artikel 26

Anforderungen an fortgeschrittene elektronische Signaturen

Eine fortgeschrittene elektronische Signatur erfüllt alle folgenden Anforderungen:

a) Sie ist eindeutig dem Unterzeichner zugeordnet.

b) Sie ermöglicht die Identifizierung des Unterzeichners.

c) Sie wird unter Verwendung elektronischer Signaturerstellungsdaten erstellt, die der Unterzeichner mit einem hohen Maß an Vertrauen unter seiner alleinigen Kontrolle verwenden kann.

d) Sie ist so mit den auf diese Weise unterzeichneten Daten verbunden, dass eine nachträgliche Veränderung der Daten erkannt werden kann.

Artikel 27
Elektronische Signaturen in öffentlichen Diensten

(1) Verlangt ein Mitgliedstaat für die Verwendung in einem OnlineDienst, der von einer öffentlichen Stelle oder im Namen einer öffentlichen Stelle angeboten wird, eine fortgeschrittene elektronische Signatur, so erkennt dieser Mitgliedstaat fortgeschrittene elektronische Signaturen, fortgeschrittene elektronische Signaturen, die auf einem qualifizierten Zertifikat für elektronische Signaturen beruhen, und qualifizierte elektronische Signaturen zumindest in den Formaten oder unter Verwendung der Verfahren an, die in den Durchführungsrechtsakten nach Absatz 5 festgelegt sind.

(2) Verlangt ein Mitgliedstaat für die Verwendung in einem OnlineDienst, der von einer öffentlichen Stelle oder im Namen einer öffentlichen Stelle angeboten wird, eine fortgeschrittene elektronische Signatur, die auf einem qualifizierten Zertifikat beruht, so erkennt dieser Mitgliedstaat fortgeschrittene elektronische Signaturen, die auf einem qualifizierten Zertifikat beruhen, und qualifizierte elektronische Signaturen zumindest in den Formaten oder unter Verwendung der Verfahren an, die in den Durchführungsrechtsakten nach Absatz 5 festgelegt sind.

(3) Die Mitgliedstaaten verlangen für die grenzüberschreitende Verwendung in einem Online-Dienst, der von einer öffentlichen Stelle angeboten wird, keine elektronische Signatur mit einem höheren Sicherheitsniveau als dem der qualifizierten elektronischen Signatur.

(4) Die Kommission kann im Wege von Durchführungsrechtsakten Kennnummern für Normen für qualifizierte Zertifikate für fortgeschrittene elektronische Signaturen festlegen. Bei fortgeschrittenen elektronischen Signaturen wird davon ausgegangen, dass sie die Anforderungen gemäß den Absätzen 1 und 2 dieses Artikels und Artikel 26 erfüllen, wenn sie diesen Normen entsprechen. Diese Durchführungsrechtsakte werden nach dem in Artikel 48 Absatz 2 genannten Prüfverfahren erlassen.

(5) Die Kommission legt bis zum 18. September 2015 im Wege von Durchführungsrechtsakten und unter Berücksichtigung der bestehenden Praxis sowie bestehender Normen und Unionsrechtsvorschriften Referenzformate für fortgeschrittene elektronische Signaturen oder Referenzverfahren fest, wenn alternative Formate verwendet werden. Diese Durchführungsrechtsakte werden nach dem in Artikel 48 Absatz 2 genannten Prüfverfahren erlassen.

Artikel 28
Qualifizierte Zertifikate für elektronische Signaturen

(1) Qualifizierte Zertifikate für elektronische Signaturen müssen die Anforderungen des Anhangs I erfüllen.

(2) Für qualifizierte Zertifikate für elektronische Signaturen dürfen keine obligatorischen Anforderungen gelten, die über die in Anhang I festgelegten hinausgehen.

(3) Qualifizierte Zertifikate für elektronische Signaturen können zusätzliche fakultative spezifische Attribute enthalten. Diese Attribute dürfen die Interoperabilität und Anerkennung qualifizierter elektronischer Signaturen nicht berühren.

(4) Wird ein qualifiziertes Zertifikat für elektronische Signaturen nach der anfänglichen Aktivierung widerrufen, ist es ab dem Zeitpunkt des Widerrufs nicht mehr gültig und sein Status darf unter keinen Umständen rückgängig gemacht werden.

(5) Die Mitgliedstaaten können vorbehaltlich der folgenden Bedingungen nationale Vorschriften zur vorläufigen Aussetzung eines qualifizierten Zertifikats für eine elektronische Signatur erlassen:

a) Ist ein qualifiziertes Zertifikat für elektronische Signaturen vorläufig ausgesetzt worden, so verliert dieses Zertifikat für die Dauer der Aussetzung seine Gültigkeit.

b) Die Dauer der Aussetzung wird in der Zertifikatsdatenbank deutlich angegeben und der Status der Aussetzung ist während der Dauer der Aussetzung im Rahmen des Dienstes, der die Informationen über den Status des Zertifikats bereitstellt, ersichtlich.

(6) Die Kommission kann im Wege von Durchführungsrechtsakten Kennnummern für Normen für qualifizierte Zertifikate für elektronische Signaturen festlegen. Bei qualifizierten Zertifikaten für elektronische Signaturen, die diesen Normen entsprechen, wird davon ausgegangen, dass sie die Anforderungen des Anhangs I erfüllen. Diese Durchführungsrechtsakte werden nach dem in Artikel 48 Absatz 2 genannten Prüfverfahren erlassen.

Artikel 29
Anforderungen an qualifizierte elektronische Signaturerstellungseinheiten

(1) Qualifizierte elektronische Signaturerstellungseinheiten müssen die Anforderungen des Anhangs II erfüllen.

(2) Die Kommission kann im Wege von Durchführungsrechtsakten Kennnummern für Normen für qualifizierte elektronische Signaturerstellungseinheiten festlegen. Bei qualifizierten elektronischen Signaturerstellungseinheiten, die diesen Normen entsprechen, wird davon ausgegangen, dass sie die Anforderungen des Anhangs II erfüllen. Diese Durchführungsrechtsakte werden nach dem in Artikel 48 Absatz 2 genannten Prüfverfahren erlassen.

Artikel 30
Zertifizierung qualifizierter elektronischer Signaturerstellungseinheiten

(1) Die Konformität qualifizierter elektronischer Signaturerstellungseinheiten mit den Anforderungen des Anhangs II wird von geeigneten, von den Mitgliedstaaten benannten öffentlichen oder privaten Stellen zertifiziert.

(2) Die Mitgliedstaaten teilen der Kommission die Namen und Anschriften der öffentlichen oder privaten Stellen gemäß Absatz 1 mit. Die Kommission stellt diese Informationen den Mitgliedstaaten zur Verfügung.

(3) Die Zertifizierung nach Absatz 1 beruht auf einem der folgenden Verfahren:

a) einem Sicherheitsbewertungsverfahren, das entsprechend einer der Normen für die Sicherheitsbewertung informationstechnischer Produkte durchgeführt wurde, die auf der gemäß Unterabsatz 2 aufzustellenden Liste stehen;

b) einem anderen als dem unter Buchstabe a genannten Verfahren, sofern dabei gleichwertige Sicherheitsniveaus angewendet werden und die öffentliche oder private Stelle gemäß Absatz 1 der Kommission dieses Verfahren mitteilt. Dieses Verfahren darf nur angewendet werden, wenn Normen im Sinne des Buchstaben a nicht vorliegen oder ein Sicherheitsbewertungsverfahren im Sinne des Buchstaben a im Gange ist.

Die Kommission stellt im Wege von Durchführungsrechtsakten eine Liste mit Normen für die Sicherheitsbewertung informationstechnischer Produkte nach Buchstabe a auf. Diese Durchführungsrechtsakte werden nach dem in Artikel 48 Absatz 2 genannten Prüfverfahren erlassen.

(4) Der Kommission wird die Befugnis übertragen, gemäß Artikel 47 delegierte Rechtsakte in Bezug auf die Festlegung besonderer Kriterien, die von den in Absatz 1 dieses Artikels aufgeführten benannten Stellen zu erfüllen sind, zu erlassen.

Artikel 31
Veröffentlichung einer Liste zertifizierter qualifizierter elektronischer Signaturerstellungseinheiten

(1) Die Mitgliedstaaten notifizieren der Kommission unverzüglich, spätestens aber innerhalb eines Monats nach Abschluss der Zertifizierung, Informationen über qualifizierte elektronische Signaturerstellungseinheiten, die von den in Artikel 30 Absatz 1 genannten Stellen zertifiziert worden sind. Sie notifizieren der Kommission ferner unverzüglich, spätestens aber innerhalb eines Monats nach Annullierung der Zertifizierung, Informationen über nicht mehr zertifizierte elektronische Signaturerstellungseinheiten.

(2) Auf der Grundlage der erhaltenen Informationen sorgt die Kommission für die Aufstellung, Veröffentlichung und Führung einer Liste zertifizierter qualifizierter elektronischer Signaturerstellungseinheiten.

(3) Die Kommission kann im Wege von Durchführungsrechtsakten Form und Verfahren für die Zwecke des Absatzes 1 festlegen. Diese Durchführungsrechtsakte werden nach dem in Artikel 48 Absatz 2 genannten Prüfverfahren erlassen.

Artikel 32
Anforderungen an die Validierung qualifizierter elektronischer Signaturen

(1) Mit dem Verfahren für die Validierung einer qualifizierten elektronischen Signatur wird die Gültigkeit einer qualifizierten elektronischen Signatur bestätigt, wenn

a) das der Signatur zugrunde liegende Zertifikat zum Zeitpunkt des Signierens ein qualifiziertes Zertifikat für elektronische Signaturen war, das die Anforderungen des Anhangs I erfüllt,

b) das qualifizierte Zertifikat von einem qualifizierten Vertrauensdiensteanbieter ausgestellt wurde und zum Zeitpunkt des Signierens gültig war,

c) die Signaturvalidierungsdaten den Daten entsprechen, die dem vertrauenden Beteiligten bereitgestellt werden,

d) der eindeutige Datensatz, der den Unterzeichner im Zertifikat repräsentiert, dem vertrauenden Beteiligten korrekt bereitgestellt wird,

e) die etwaige Benutzung eines Pseudonyms dem vertrauenden Beteiligten eindeutig angegeben wird, wenn zum Zeitpunkt des Signierens ein Pseudonym benutzt wurde,

f) die elektronische Signatur von einer qualifizierten elektronischen Signaturerstellungseinheit erstellt wurde,

g) die Unversehrtheit der unterzeichneten Daten nicht beeinträchtigt ist,

h) die Anforderungen des Artikels 26 zum Zeitpunkt des Signierens erfüllt waren.

(2) Das zur Validierung der qualifizierten elektronischen Signatur verwendete System stellt dem vertrauenden Beteiligten das korrekte Ergebnis des Validierungsprozesses bereit und ermöglicht es ihm, etwaige Sicherheitsprobleme zu erkennen.

(3) Die Kommission kann im Wege von Durchführungsrechtsakten Kennnummern für Normen für die Validierung qualifizierter elektronischer Signaturen festlegen. Bei einer Validierung qualifizierter elektronischer Signaturen, die diesen Normen entspricht, wird davon ausgegangen, dass sie die Anforderungen des Absatzes 1 erfüllt. Diese Durchführungsrechtsakte werden nach dem in Artikel 48 Absatz 2 genannten Prüfverfahren erlassen.

Artikel 33
Qualifizierter Validierungsdienst für qualifizierte elektronische Signaturen

(1) Qualifizierte Validierungsdienste für qualifizierte elektronische Signaturen können nur von qualifizierten Vertrauensdiensteanbietern erbracht werden, die

a) eine Validierung gemäß Artikel 32 Absatz 1 durchführen und

b) es vertrauenden Beteiligten ermöglichen, das Ergebnis des Validierungsprozesses automatisch in zuverlässiger und effizienter Weise mit Bestätigung durch die fortgeschrittene elektronische Signatur oder das fortgeschrittene elektronische Siegel des Anbieters des qualifizierten Validierungsdienstes zu erhalten.

(2) Die Kommission kann im Wege von Durchführungsrechtsakten Kennnummern für Normen für die in Absatz 1 genannten qualifizierten Validierungsdienste festlegen. Bei Validierungsdiensten für qualifizierte elektronische Signaturen, die diesen Normen entsprechen, wird davon ausgegangen, dass sie die Anforderungen in Absatz 1 erfüllen. Diese Durchführungsrechtsakte werden nach dem in Artikel 48 Absatz 2 genannten Prüfverfahren erlassen.

Artikel 34
Qualifizierter Bewahrungsdienst für qualifizierte elektronische Signaturen

(1) Ein qualifizierter Bewahrungsdienst für qualifizierte elektronische Signaturen kann nur von qualifizierten Vertrauensdiensteanbietern erbracht werden, die Verfahren und Technologien verwenden, die es ermöglichen, die Vertrauenswürdigkeit der qualifizierten elektronischen Signatur über den Zeitraum ihrer technologischen Geltung hinaus zu verlängern.

(2) Die Kommission kann im Wege von Durchführungsrechtsakten Kennnummern für Normen für den qualifizierten Bewahrungsdienst für qualifizierte elektronische Signaturen festlegen. Bei Maßnahmen zu qualifizierten Bewahrungsdiensten für qualifizierte elektronische Signaturen, die diesen Normen entsprechen, wird davon ausgegangen, dass sie die Anforderungen des Absatzes 1 erfüllen. Diese Durchführungsrechtsakte werden nach dem in Artikel 48 Absatz 2 genannten Prüfverfahren erlassen.

ABSCHNITT 5
Elektronische Siegel

Artikel 35
Rechtswirkung elektronischer Siegel

(1) Einem elektronischen Siegel darf die Rechtswirkung und die Zulässigkeit als Beweismittel in Gerichtsverfahren nicht allein deshalb abgesprochen werden, weil es in einer elektronischen Form vorliegt oder nicht die Anforderungen an qualifizierte elektronische Siegel erfüllt.

(2) Für ein qualifiziertes elektronisches Siegel gilt die Vermutung der Unversehrtheit der Daten und der Richtigkeit der Herkunftsangabe der Daten, mit denen das qualifizierte elektronische Siegel verbunden ist.

(3) Ein qualifiziertes elektronisches Siegel, das auf einem in einem Mitgliedstaat ausgestellten qualifizierten Zertifikat beruht, wird in allen anderen Mitgliedstaaten als qualifiziertes elektronisches Siegel anerkannt.

Artikel 36
Anforderungen an fortgeschrittene elektronische Siegel

Ein fortgeschrittenes elektronisches Siegel erfüllt alle folgenden Anforderungen:

a) Es ist eindeutig dem Siegelersteller zugeordnet.

b) Es ermöglicht die Identifizierung des Siegelerstellers.

c) Es wird unter Verwendung von elektronischen Siegelerstellungsdaten erstellt, die der Siegelersteller mit einem hohen Maß an Vertrauen unter seiner Kontrolle zum Erstellen elektronischer Siegel verwenden kann.

d) Es ist so mit den Daten, auf die es sich bezieht, verbunden, dass eine nachträgliche Veränderung der Daten erkannt werden kann.

Artikel 37
Elektronische Siegel in öffentlichen Diensten

(1) Verlangt ein Mitgliedstaat ein fortgeschrittenes elektronisches Siegel für die Verwendung

in einem Online-Dienst, der von einer öffentlichen Stelle oder im Namen einer öffentlichen Stelle angeboten wird, so erkennt dieser Mitgliedstaat fortgeschrittene elektronische Siegel, fortgeschrittene elektronische Siegel, die auf einem qualifizierten Zertifikat für elektronische Siegel beruhen, und qualifizierte elektronische Siegel zumindest in den Formaten oder unter Verwendung der Verfahren, die in den Durchführungsrechtsakten nach Absatz 5 festgelegt sind, an.

(2) Verlangt ein Mitgliedstaat für die Verwendung in einem OnlineDienst, der von einer öffentlichen Stelle oder im Namen einer öffentlichen Stelle angeboten wird, ein fortgeschrittenes elektronisches Siegel, das auf einem qualifizierten Zertifikat beruht, so erkennt dieser Mitgliedstaat fortgeschrittene elektronische Siegel, die auf einem qualifizierten Zertifikat beruhen, und qualifizierte elektronische Siegel zumindest in den Formaten oder unter Verwendung der Verfahren, die in den Durchführungsrechtsakten nach Absatz 5 festgelegt sind, an.

(3) Die Mitgliedstaaten verlangen für die grenzüberschreitende Verwendung in einem Online-Dienst, der von einer öffentlichen Stelle angeboten wird, kein elektronisches Siegel mit einem höheren Sicherheitsniveau als dem des qualifizierten elektronischen Siegels.

(4) Die Kommission kann im Wege von Durchführungsrechtsakten Kennnummern für Normen für qualifizierte Zertifikate für fortgeschrittene elektronische Siegel festlegen. Bei fortgeschrittenen elektronischen Siegeln wird davon ausgegangen, dass sie die Anforderungen gemäß den Absätzen 1 und 2 und Artikel 36 erfüllen, wenn sie diesen Normen entsprechen. Diese Durchführungsrechtsakte werden nach dem in Artikel 48 Absatz 2 genannten Prüfverfahren erlassen.

(5) Die Kommission legt bis zum 18. September 2015 im Wege von Durchführungsrechtsakten und unter Berücksichtigung der bestehenden Praxis sowie der bestehenden Normen und Unionsrechtsakte Durchführungsrechtsakte Referenzformate für fortgeschrittene elektronische Siegel oder Referenzverfahren fest, wenn alternative Formate verwendet werden. Diese Durchführungsrechtsakte werden nach dem in Artikel 48 Absatz 2 genannten Prüfverfahren erlassen.

Artikel 38
Qualifizierte Zertifikate für elektronische Siegel

(1) Qualifizierte Zertifikate für elektronische Siegel müssen die Anforderungen des Anhangs III erfüllen.

(2) Für qualifizierte Zertifikate für elektronische Siegel dürfen keine verbindlichen Anforderungen gelten, die über die in Anhang III festgelegten hinausgehen.

(3) Qualifizierte Zertifikate für elektronische Siegel können zusätzliche fakultative spezifische Attribute enthalten. Diese Attribute berühren nicht die Interoperabilität und Anerkennung qualifizierter elektronischer Siegel.

(4) Wird ein qualifiziertes Zertifikat für elektronische Siegel nach der anfänglichen Aktivierung widerrufen, ist es ab dem Zeitpunkt des Widerrufs nicht mehr gültig und sein Status darf unter keinen Umständen rückgängig gemacht werden.

(5) Die Mitgliedstaaten können vorbehaltlich der folgenden Bedingungen nationale Vorschriften zur vorläufigen Aussetzung qualifizierter Zertifikate für elektronische Siegel erlassen:

a) Ist ein qualifiziertes Zertifikat für elektronische Siegel vorläufig ausgesetzt worden, so verliert dieses Zertifikat für die Dauer der Aussetzung seine Gültigkeit.

b) Die Dauer der Aussetzung wird in der Zertifikatsdatenbank deutlich angegeben und der Status der Aussetzung ist während der Dauer der Aussetzung im Rahmen des Dienstes, der die Informationen über den Status des Zertifikats bereitstellt, ersichtlich.

(6) Die Kommission kann im Wege von Durchführungsrechtsakten Kennnummern für Normen für qualifizierte Zertifikate für elektronische Siegel festlegen. Bei qualifizierten Zertifikaten für elektronische Siegel, die diesen Normen entsprechen, wird davon ausgegangen, dass sie die Anforderungen des Anhangs III erfüllen. Diese Durchführungsrechtsakte werden nach dem in Artikel 48 Absatz 2 genannten Prüfverfahren erlassen.

Artikel 39
Qualifizierte elektronische Siegelerstellungseinheiten

(1) Artikel 29 gilt sinngemäß für die Anforderungen an qualifizierte elektronische Siegelerstellungseinheiten.

(2) Artikel 30 gilt sinngemäß für die Zertifizierung qualifizierter elektronischer Siegelerstellungseinheiten.

(3) Artikel 31 gilt sinngemäß für die Veröffentlichung einer Liste qualifizierter elektronischer Siegelerstellungseinheiten.

Artikel 40
Validierung und Bewahrung qualifizierter elektronischer Siegel

Die Artikel 32, 33 und 34 gelten sinngemäß für die Validierung und Bewahrung qualifizierter elektronischer Siegel.

ABSCHNITT 6

Elektronische Zeitstempel

Artikel 41
Rechtswirkung elektronischer Zeitstempel

(1) Einem elektronischen Zeitstempel darf die Rechtswirkung und die Zulässigkeit als Beweismittel in Gerichtsverfahren nicht allein deshalb abgesprochen werden, weil er in elektronischer Form vorliegt oder nicht die Anforderungen an qualifizierte elektronische Zeitstempel erfüllt.

(2) Für qualifizierte elektronische Zeitstempel gilt die Vermutung der Richtigkeit des Datums und der Zeit, die darin angegeben sind, sowie der Unversehrtheit der mit dem Datum und der Zeit verbundenen Daten.

(3) Ein in einem Mitgliedstaat ausgestellter qualifizierter elektronischer Zeitstempel wird in allen anderen Mitgliedstaaten als qualifizierter elektronischer Zeitstempel anerkannt.

Artikel 42
Anforderungen an qualifizierte elektronische Zeitstempel

(1) Der qualifizierte elektronische Zeitstempel muss die folgenden Anforderungen erfüllen:

a) Er verknüpft Datum und Zeit so mit Daten, dass die Möglichkeit der unbemerkten Veränderung der Daten nach vernünftigem Ermessen ausgeschlossen ist.

b) Er beruht auf einer korrekten Zeitquelle, die mit der koordinierten Weltzeit verknüpft ist.

c) Er wird mit einer fortgeschrittenen elektronischen Signatur unterzeichnet oder einem fortgeschrittenen elektronischen Siegel des qualifizierten Vertrauensdiensteanbieters versiegelt oder es wird ein gleichwertiges Verfahren verwendet.

(2) Die Kommission kann im Wege von Durchführungsrechtsakten Kennnummern für Normen für die Verknüpfung von Datums- und Zeitangaben mit Daten und für korrekte Zeitquellen festlegen. Bei einer Verknüpfung von Datums- und Zeitangaben mit Daten und bei korrekten Zeitquellen, die diesen Normen entsprechen, wird davon ausgegangen, dass die Anforderungen des Absatzes 1 erfüllt sind. Diese Durchführungsrechtsakte werden nach dem in Artikel 48 Absatz 2 genannten Prüfverfahren erlassen.

ABSCHNITT 7

Dienste für die Zustellung elektronischer Einschreiben

Artikel 43
Rechtswirkung eines Dienstes für die Zustellung elektronischer Einschreiben

(1) Daten, die mittels eines Dienstes für die Zustellung elektronischer Einschreiben abgesendet und empfangen werden, darf die Rechtswirkung und die Zulässigkeit als Beweismittel in Gerichtsverfahren nicht allein deshalb abgesprochen werden, weil sie in elektronischer Form vorliegen oder weil die Anforderungen an qualifizierte Dienste für die Zustellung elektronischer Einschreiben nicht erfüllt sind.

(2) Für Daten, die mittels eines qualifizierten Dienstes für die Zustellung elektronischer Einschreiben abgesendet und empfangen werden, gilt die Vermutung der Unversehrtheit der Daten, der Absendung dieser Daten durch den identifizierten Absender und des Empfangs der Daten durch den identifizierten Empfänger und der Korrektheit des Datums und der Uhrzeit der Absendung und des Empfangs, wie sie von dem qualifizierten Dienst für die Zustellung elektronischer Einschreiben angegeben werden.

Artikel 44
Anforderungen an qualifizierte Dienste für die Zustellung elektronischer Einschreiben

(1) Qualifizierte Dienste für die Zustellung elektronischer Einschreiben müssen folgende Anforderungen erfüllen:

a) Sie werden von einem oder mehreren qualifizierten Vertrauensdiensteanbietern erbracht.

b) Sie stellen die Identifizierung des Absenders mit einem hohen Maß an Vertrauenswürdigkeit sicher.

c) Sie stellen die Identifizierung des Empfängers vor der Zustellung der Daten sicher.

d) Das Absenden und Empfangen der Daten ist durch eine fortgeschrittene elektronische Signatur oder ein fortgeschrittenes elektronisches Siegel eines qualifizierten Vertrauensdiensteanbieters auf eine Weise gesichert, die die Möglichkeit einer unbemerkten Veränderung der Daten ausschließt.

e) Jede Veränderung der Daten, die zum Absenden oder Empfangen der Daten nötig ist, wird dem Absender und dem Empfänger der Daten deutlich angezeigt.

f) Das Datum und die Zeit des Absendens, Empfangens oder einer Änderung der Daten werden durch einen qualifizierten elektronischen Zeitstempel angezeigt.

Im Fall der Weiterleitung der Daten zwischen zwei oder mehreren qualifizierten Vertrauensdiensteanbietern gelten die Anforderungen der Buchstaben a bis f für alle beteiligten qualifizierten Vertrauensdiensteanbieter.

(2) Die Kommission kann im Wege von Durchführungsrechtsakten Kennnummern für Normen für Prozesse des Absendens und Empfangens von Daten festlegen. Bei Prozessen des Absendens und Empfangens von Daten, die diesen Normen entsprechen, wird davon ausgegangen, dass sie die Anforderungen des Absatzes 1 erfüllen. Diese Durchführungsrechtsakte werden nach dem in Artikel 48 Absatz 2 genannten Prüfverfahren erlassen.

ABSCHNITT 8

Website-Authentifizierung

Artikel 45
Anforderungen an qualifizierte Zertifikate für die Website-Authentifizierung

(1) Qualifizierte Zertifikate für die Website-Authentifizierung müssen die Anforderungen des Anhangs IV erfüllen.

(2) Die Kommission kann im Wege von Durchführungsrechtsakten Kennnummern für Normen für qualifizierte Zertifikate für die Website-Authentifizierung festlegen. Bei Zertifikaten für die Website-Authentifizierung, die diesen Normen entsprechen, wird davon ausgegangen, dass sie die Anforderungen des Anhangs IV erfüllen. Diese Durchführungsrechtsakte werden nach dem in Artikel 48 Absatz 2 genannten Prüfverfahren erlassen.

KAPITEL IV

ELEKTRONISCHE DOKUMENTE

Artikel 46
Rechtswirkung elektronischer Dokumente

Einem elektronischen Dokument darf die Rechtswirkung und die Zulässigkeit als Beweismittel in Gerichtsverfahren nicht allein deshalb abgesprochen werden, weil es in elektronischer Form vorliegt.

KAPITEL V

BEFUGNISÜBERTRAGUNGEN UND DURCHFÜHRUNGSBESTIMMUNGEN

Artikel 47
Ausübung der Befugnisübertragung

(1) Die Befugnis zum Erlass delegierter Rechtsakte wird der Kommission unter den in diesem Artikel festgelegten Bedingungen übertragen.

(2) Die Befugnis zum Erlass delegierter Rechtsakte gemäß Artikel 30 Absatz 4 wird der Kommission auf unbestimmte Zeit ab dem 17. September 2014 übertragen.

(3) Die Befugnisübertragung gemäß Artikel 30 Absatz 4 kann vom Europäischen Parlament oder vom Rat jederzeit widerrufen werden. Der Beschluss über den Widerruf beendet die Übertragung der in diesem Beschluss angegebenen Befugnis. Er wird am Tag nach seiner Veröffentlichung im *Amtsblatt der Europäischen Union* oder zu einem darin angegebenen späteren Zeitpunkt wirksam. Die Gültigkeit von delegierten Rechtsakten, die bereits in Kraft sind, wird von dem Beschluss über den Widerruf nicht berührt.

(4) Sobald die Kommission einen delegierten Rechtsakt erlässt, übermittelt sie ihn gleichzeitig dem Europäischen Parlament und dem Rat.

(5) Ein delegierter Rechtsakt, der gemäß Artikel 30 Absatz 4 erlassen wurde, tritt nur in Kraft, wenn weder das Europäische Parlament noch der Rat innerhalb einer Frist von zwei Monaten nach Übermittlung dieses Rechtsakts an das Europäische Parlament und den Rat Einwände erhoben haben oder wenn vor Ablauf dieser Frist das Europäische Parlament und der Rat beide der Kommission mitgeteilt haben, dass sie keine Einwände erheben werden. Auf Initiative des Europäischen Parlaments oder des Rates wird diese Frist um zwei Monate verlängert.

Artikel 48
Ausschussverfahren

(1) Die Kommission wird von einem Ausschuss unterstützt. Dieser Ausschuss ist ein Ausschuss im Sinne der Verordnung (EU) Nr. 182/2011.

(2) Wird auf diesen Absatz Bezug genommen, so gilt Artikel 5 der Verordnung (EU) Nr. 182/2011.

KAPITEL VI

SCHLUSSBESTIMMUNGEN

Artikel 49
Überprüfung

Die Kommission überprüft die Anwendung dieser Verordnung und erstattet dem Europäischen Parlament und dem Rat spätestens am 1. Juli 2020 darüber Bericht. Die Kommission bewertet insbesondere, ob es angezeigt ist, den Anwendungsbereich dieser Verordnung oder ihrer spezifischen Bestimmungen einschließlich Artikel 6, Artikel 7 Buchstabe f oder die Artikel 34, 43, 44 und 45 zu ändern, wobei den bei der Anwendung dieser Verordnung gesammelten Erfahrungen sowie den Entwicklungen der Technologie, des Marktes und des Rechts Rechnung getragen wird.

Dem in Absatz 1 genannten Bericht werden gegebenenfalls Gesetzgebungsvorschläge beigefügt.

Ferner legt die Kommission dem Europäischen Parlament und dem Rat alle vier Jahre nach dem in Absatz 1 genannten Bericht einen Bericht über die Fortschritte im Hinblick auf die Verwirklichung der mit dieser Verordnung verfolgten Ziele vor.

Artikel 50
Aufhebung

(1) Die Richtlinie 1999/93/EG wird mit Wirkung vom 1. Juli 2016 aufgehoben.

(2) Bezugnahmen auf die aufgehobene Richtlinie gelten als Bezugnahmen auf diese Verordnung.

Artikel 51
Übergangsmaßnahmen

(1) Sichere Signaturerstellungseinheiten, deren Übereinstimmung mit den Anforderungen gemäß Artikel 3 Absatz 4 der Richtlinie 1999/93/EG festgestellt wurde, gelten als qualifizierte Signaturerstellungseinheiten gemäß dieser Verordnung.

(2) Qualifizierte Zertifikate, die gemäß der Richtlinie 1999/93/EG für natürliche Personen ausgestellt worden sind, gelten bis zu ihrem Ablauf als qualifizierte Zertifikate für elektronische Signaturen gemäß dieser Verordnung.

(3) Ein Zertifizierungsdiensteanbieter, der qualifizierte Zertifikate gemäß der Richtlinie 1999/93/EG ausstellt, legt der Aufsichtsstelle so bald wie möglich, spätestens aber bis zum 1. Juli 2017 einen Konformitätsbewertungsbericht vor. Bis zur Vorlage dieses Konformitätsbewertungsberichts und zum Abschluss der Bewertung des Berichts durch die Aufsichtsstelle gilt dieser Zertifizierungsdiensteanbieter als qualifizierter Vertrauensdiensteanbieter im Sinne dieser Verordnung.

(4) Legt ein Zertifizierungsdiensteanbieter, der qualifizierte Zertifikate gemäß der Richtlinie 1999/93/EG ausstellt, der Aufsichtsstelle innerhalb der in Absatz 3 vorgesehenen Frist keinen Konformitätsbewertungsbericht vor, so gilt dieser Zertifizierungsdiensteanbieter ab dem 2. Juli 2017 nicht mehr als qualifizierter Vertrauensdiensteanbieter im Sinne dieser Verordnung.

Artikel 52
Inkrafttreten

(1) Diese Verordnung tritt am zwanzigsten Tag nach ihrer Veröffentlichung im *Amtsblatt der Europäischen Union* in Kraft.

(2) Diese Verordnung gilt ab dem 1. Juli 2016 mit folgenden Ausnahmen:

a) Artikel 8 Absatz 3, Artikel 9 Absatz 5, Artikel 12 Absätze 2 bis 9, Artikel 17 Absatz 8, Artikel 19 Absatz 4, Artikel 20 Absatz 4, Artikel 21 Absatz 4, Artikel 22 Absatz 5, Artikel 23 Absatz 3, Artikel 24 Absatz 5, Artikel 27 Absätze 4 und 5, Artikel 28 Absatz 6, Artikel 29 Absatz 2, Artikel 30 Absätze 3 und 4, Artikel 31 Absatz 3, Artikel 32 Absatz 3, Artikel 33 Absatz 2, Artikel 34 Absatz 2, Artikel 37 Absätze 4 und 5, Artikel 38 Absatz 6, Artikel 42 Absatz 2, Artikel 44 Absatz 2, Artikel 45 Absatz 2 sowie Artikel 47 und 48 gelten ab dem 17. September 2014;

b) Artikel 7, Artikel 8 Absätze 1 und 2, Artikel 9, 10, 11 und Artikel 12 Absatz 1 gelten ab dem Datum des Beginns der Anwendung der in Artikel 8 Absatz 3 und Artikel 12 Absatz 8 genannten Durchführungsrechtsakte;

c) Artikel 6 findet drei Jahre nach dem Datum des Beginns der Anwendung der in Artikel 8 Absatz 3 und Artikel 12 Absatz 8 genannten Durchführungsrechtsakte Anwendung.

(3) Ist das notifizierte elektronische Identifizierungssystem vor dem in Absatz 2 Buchstabe c genannten Datum in der von der Kommission gemäß Artikel 9 veröffentlichten Liste aufgeführt, so erfolgt die Anerkennung der elektronischen Identifizierungsmittel dieses Systems gemäß Artikel 6 spätestens 12 Monate nach der Veröffentlichung dieses Systems, jedoch nicht vor dem in Absatz 2 Buchstabe c genannten Datum.

(4) Abweichend von Absatz 2 Buchstabe c kann ein Mitgliedstaat entscheiden, dass elektronische Identifizierungsmittel eines von einem anderen Mitgliedstaat gemäß Artikel 9 Absatz 1 notifizierten elektronischen Identifizierungssystems in dem ersten Mitgliedstaat ab dem Datum des Beginns der Anwendung der in Artikel 8 Absatz 3 und Artikel 12 Absatz 8 genannten Durchführungsrechtsakte anerkannt werden. Die betreffenden Mitgliedstaaten setzen die Kommission davon in Kenntnis. Die Kommission veröffentlicht diese Informationen.

Diese Verordnung ist in allen ihren Teilen verbindlich und gilt unmittelbar in jedem Mitgliedstaat.

Anhänge: *Nicht abgedruckt. (Die Anhänge sind im Volltext auf www.lexisnexis.at unter dem Menüpunkt „Service“, Unterpunkt „Downloads & Updates“ abrufbar.)*

Durchführungsverordnung (EU) 2015/1501 der Kommission vom 8. September 2015 über den Interoperabilitätsrahmen gemäß Artikel 12 Absatz 8 der Verordnung (EU) Nr. 910/2014 des Europäischen Parlaments und des Rates über elektronische Identifizierung und Vertrauensdienste für elektronische Transaktionen im Binnenmarkt

ABl L 235 vom 9. 9. 2015, S 1 idF

1 ABl L 28 vom 4. 2. 2016, S 18

DIE EUROPÄISCHE KOMMISSION –

gestützt auf den Vertrag über die Arbeitsweise der Europäischen Union,

gestützt auf die Verordnung (EU) Nr. 910/2014 des Europäischen Parlaments und des Rates vom 23. Juli 2014 über elektronische Identifizierung und Vertrauensdienste für elektronische Transaktionen im Binnenmarkt und zur Aufhebung der Richtlinie 1999/93/EG[1)], insbesondere auf Artikel 12 Absatz 8,

in Erwägung nachstehender Gründe:

(1) Nach Artikel 12 Absatz 2 der Verordnung (EU) Nr. 910/2014 soll ein Interoperabilitätsrahmen geschaffen werden, um die Interoperabilität der nach Artikel 9 Absatz 1 der Verordnung notifizierten elektronischen Identifizierungssysteme herzustellen.

(2) Bei der Zusammenschaltung der elektronischen Identifizierungssysteme der Mitgliedstaaten kommt Knoten eine zentrale Rolle zu. Ihr Beitrag wird in der Dokumentation zu der durch die Verordnung (EU) Nr. 1316/2013 des Europäischen Parlaments und des Rates[2)] geschaffenen Fazilität „Connecting Europe" erläutert, in der auch auf die Funktionen und Bestandteile des „eIDAS-Knotens" eingegangen wird.

(3) Stellt ein Mitgliedstaat oder die Kommission Software bereit, welche die Authentifizierung bei einem in einem anderen Mitgliedstaat betriebenen Knoten ermöglicht, kann derjenige, der die zur Authentifizierung eingesetzte Software liefert und aktualisiert, mit demjenigen, der das Hosting der Software übernimmt, eine Vereinbarung darüber schließen, wie der Betrieb des Authentifizierungsvorgangs verwaltet werden soll. Eine derartige Vereinbarung sollte dem Hosting-Betreiber keine überzogenen technischen Anforderungen auferlegen bzw. übermäßige Kosten verursachen (einschließlich Unterstützungs-, Haftungs-, Hosting- und sonstige Kosten).

(4) Soweit die Umsetzung des Interoperabilitätsrahmens es rechtfertigt, könnte die Kommission in Zusammenarbeit mit den Mitgliedstaaten weitere technische Spezifikationen mit Einzelheiten zu in dieser Verordnung festgelegten technischen Anforderungen ausarbeiten, insbesondere unter Berücksichtigung von Stellungnahmen des in Artikel 14 Buchstabe d des Durchführungsbeschlusses (EU) 2015/296 der Kommission[3)] genannten Kooperationsnetzes. Solche Spezifikationen sollten entwickelt werden als Teil der digitalen Diensteinfrastrukturen entsprechend der Verordnung (EU) Nr. 1316/2013, in der die Mittel für die praktische Umsetzung eines Moduls für die elektronische Identifizierung vorgegeben werden.

(5) Die in dieser Verordnung festgelegten technischen Anforderungen sollten ungeachtet etwaiger Änderungen der technischen Spezifikationen gelten, die gemäß Artikel 12 dieser Verordnung entwickelt werden können.

(6) Das Großpilotprojekt STORK und die dort entwickelten Spezifikationen wie auch die

[1)] ABl. L 257 vom 28.8.2014, S. 73.

Zu Abs. 2:

[2)] Verordnung (EU) Nr. 1316/2013 des Europäischen Parlaments und des Rates vom 11. Dezember 2013 zur Schaffung der Fazilität „Connecting Europe", zur Änderung der Verordnung (EU) Nr. 913/2010 und zur Aufhebung der Verordnungen (EG) Nr. 680/2007 und (EG) Nr. 67/2010 (ABl. L 348 vom 20.12.2013, S. 129).

Zu Abs. 4:

[3)] Durchführungsbeschluss (EU) 2015/296 der Kommission vom 24. Februar 2015 zur Festlegung von Verfahrensmodalitäten für die Zusammenarbeit zwischen den Mitgliedstaaten auf dem Gebiet der elektronischen Identifizierung gemäß Artikel 12 Absatz 7 der Verordnung (EU) Nr. 910/2014 des Europäischen Parlaments und des Rates über elektronische Identifizierung und Vertrauensdienste für elektronische Transaktionen im Binnenmarkt (ABl. L 53 vom 25.2.2015, S. 14).

Grundsätze und Begriffe des Europäischen Interoperabilitätsrahmens für öffentliche Dienste haben bei der Aufstellung der Regelungen für den durch diese Verordnung geschaffenen Interoperabilitätsrahmen die größtmögliche Berücksichtigung gefunden.

(7) Die Ergebnisse der Zusammenarbeit zwischen den Mitgliedstaaten wurden weitestgehend berücksichtigt.

(8) Die in dieser Verordnung vorgesehenen Maßnahmen entsprechen der Stellungnahme des gemäß Artikel 48 der Verordnung (EU) Nr. 910/2014 eingesetzten Ausschusses –

HAT FOLGENDE VERORDNUNG ERLASSEN:

Artikel 1
Gegenstand

Diese Verordnung enthält technische und betriebliche Anforderungen für den Interoperabilitätsrahmen, durch die die Interoperabilität der elektronischen Identifizierungssysteme, die der Kommission von den Mitgliedstaaten notifiziert werden, gewährleistet werden soll.

Diese Anforderungen betreffen insbesondere

a) die technischen Mindestanforderungen an die Sicherheitsniveaus und die Entsprechung zwischen nationalen Sicherheitsniveaus notifizierter elektronischer Identifizierungsmittel, die nach einem notifizierten elektronischen Identifizierungssystem nach Artikel 8 der Verordnung (EU) Nr. 910/2014 ausgestellt wurden, gemäß den Artikeln 3 und 4;

b) die technischen Mindestanforderungen für die Interoperabilität gemäß den Artikeln 5 bis 8;

c) den Mindestsatz der Personenidentifizierungsdaten, die eine natürliche oder juristische Person eindeutig repräsentieren, gemäß Artikel 11 und dem Anhang;

d) gemeinsame Sicherheitsnormen für den Betrieb gemäß den Artikeln 6, 7, 9 und 10;

e) Regelungen zur Streitbeilegung gemäß Artikel 13.

Artikel 2
Begriffsbestimmungen

Für die Zwecke dieser Verordnung gelten die folgenden Begriffsbestimmungen:

1. „Knoten" ist ein Anschlusspunkt, der als Teil der Interoperabilitätsarchitektur für die elektronische Identifizierung an der grenzüberschreitenden Authentifizierung von Personen mitwirkt und der Datenübertragungen erkennen und verarbeiten oder an andere Knoten weiterleiten kann; er ermöglicht damit über eine Schnittstelle die Verbindung zwischen der nationalen elektronischen Identifizierungsinfrastruktur eines Mitgliedstaats und der nationalen elektronischen Identifizierungsinfrastruktur eines anderen Mitgliedstaats;

2. „Knotenbetreiber" ist die Stelle, die dafür verantwortlich ist, dass der Knoten seine Funktion als Anschlusspunkt ordnungsgemäß und zuverlässig erfüllt.

Artikel 3
Technische Mindestanforderungen an die Sicherheitsniveaus

Die technischen Mindestanforderungen an die Sicherheitsniveaus werden in der Durchführungsverordnung (EU) 2015/1502 der Kommission[1] festgelegt.

Artikel 4
Entsprechung zwischen nationalen Sicherheitsniveaus

Die Entsprechung zwischen nationalen Sicherheitsniveaus der notifizierten Identifizierungssysteme richtet sich nach den Anforderungen der Durchführungsverordnung (EU) 2015/1502. Die Entsprechungsergebnisse werden der Kommission anhand des im Durchführungsbeschluss (EU) 2015/1984 der Kommission[1] festgelegten Notifizierungsmusters mitgeteilt.

Artikel 5
Knoten

(1) Ein Knoten in einem Mitgliedstaat muss in der Lage sein, sich mit Knoten in anderen Mitgliedstaaten zu verbinden.

(2) Die Knoten müssen in der Lage sein, anhand technischer Mittel zwischen öffentlichen Stellen und anderen vertrauenden Beteiligten zu unterscheiden.

Zu Artikel 3:

[1] Durchführungsverordnung (EU) 2015/1502 der Kommission vom 8. September 2015 zur Festlegung von Mindestanforderungen an technische Spezifikationen und Verfahren für Sicherheitsniveaus elektronischer Identifizierungsmittel gemäß Artikel 8 Absatz 3 der Verordnung (EU) Nr. 910/2014 des Europäischen Parlaments und des Rates über elektronische Identifizierung und Vertrauensdienste für elektronische Transaktionen im Binnenmarkt (siehe Seite 7 dieses Amtsblatts).

Zu Artikel 4:

[1] 2015 zur Festlegung der Umstände, Formate und Verfahren der Notifizierung gemäß Artikel 9 Absatz 5 der Verordnung (EU) Nr. 910/2014 des Europäischen Parlaments und des Rates über elektronische Identifizierung und Vertrauensdienste für elektronische Transaktionen im Binnenmarkt (ABl. L 289 vom 5.11.2015, S. 18).

(3) Durch die Umsetzung der in dieser Verordnung festgelegten technischen Anforderungen in einem Mitgliedstaat dürfen anderen Mitgliedstaaten, um mit dem in jenem Mitgliedstaat umgesetzten System zusammenwirken zu können, keine überzogenen technischen Anforderungen bzw. übermäßigen Kosten auferlegt bzw. verursacht werden.

Artikel 6
Datenschutz und Vertraulichkeit

(1) Der Schutz der Privatsphäre und der Vertraulichkeit der ausgetauschten Daten sowie die Erhaltung der Unversehrtheit der Daten zwischen den Knoten werden durch den Einsatz der besten verfügbaren technischen Lösungen und Schutzverfahren sichergestellt.

(2) Außer zu dem in Artikel 9 Absatz 3 genannten Zweck dürfen die Knoten keine personenbezogenen Daten speichern.

Artikel 7
Unversehrtheit und Echtheit der Daten bei der Übermittlung

Bei der Datenübermittlung wird die Unversehrtheit und Echtheit der Daten gewährleistet, um sicherzustellen, dass alle Abfragen und Antworten echt sind und nicht verfälscht worden sind. Zu diesem Zweck setzen die Knoten Lösungen ein, die sich im grenzüberschreitenden Betrieb bereits bewährt haben.

Artikel 8
Meldungsformat für die Übermittlung

Die Knoten verwenden als Syntax gemeinsame Meldungsformate, die auf Normen beruhen, welche bereits mehrfach zwischen Mitgliedstaaten eingesetzt worden sind und sich im Betriebsumfeld bewährt haben. Die Syntax muss Folgendes ermöglichen:

a) ordnungsgemäße Verarbeitung des Mindestsatzes von Personenidentifizierungsdaten, die eine natürliche oder juristische Person eindeutig repräsentieren;

b) ordnungsgemäße Verarbeitung der Sicherheitsniveaus der elektronischen Identifizierungsmittel;

c) Unterscheidung zwischen öffentlichen Stellen und anderen vertrauenden Beteiligten;

d) Flexibilität im Falle eines Bedarfs an zusätzlichen Merkmalen für die Identifizierung.

Artikel 9
Verwaltung von Sicherheitsinformationen und Metadaten

(1) Der Knotenbetreiber übermittelt die Metadaten der Knotenverwaltung in genormter maschinenlesbarer Form auf sichere und vertrauenswürdige Weise.

(2) Zumindest die sicherheitsbezogenen Parameter werden automatisch abgerufen.

(3) Der Knotenbetreiber speichert Daten, mit denen im Falle eines Vorfalls die Abfolge des Meldungsaustauschs rekonstruiert werden kann, damit Ort und Art des Vorfalls festgestellt werden können. Die Daten werden für einen Zeitraum gespeichert, der im Einklang mit nationalen Vorgaben steht, und müssen zumindest folgende Elemente umfassen:

a) Kennung des Knotens;

b) Kennung der Meldung;

c) Datum und Uhrzeit der Meldung.

Artikel 10
Informationssicherheit und Sicherheitsnormen

(1) Knotenbetreiber von Knoten, die eine Authentifizierung vornehmen, müssen durch Zertifizierung oder ein gleichwertiges Bewertungsverfahren oder durch Einhaltung nationaler Rechtsvorschriften nachweisen, dass ihr Knoten im Hinblick auf die am Interoperabilitätsrahmen beteiligten Knoten die Anforderungen der Norm ISO/IEC 27001 erfüllt.

(2) Knotenbetreiber führen sicherheitskritische Aktualisierungen unverzüglich durch.

Artikel 11
Personenidentifizierungsdaten

(1) Wird ein Mindestsatz von Personenidentifizierungsdaten, die eine natürliche oder juristische Person eindeutig repräsentieren, in einem grenzüberschreitenden Umfeld verwendet, so muss er den Anforderungen des Anhangs entsprechen.

(2) Wird ein Mindestdatensatz einer natürlichen Person, die eine juristische Person repräsentiert, in einem grenzüberschreitenden Umfeld verwendet, so muss er die Kombination der Merkmale enthalten, die im Anhang für natürliche und juristische Personen aufgeführt sind.

(3) Die Datenübertragung erfolgt in den Original-Schriftzeichen sowie gegebenenfalls transliteriert in lateinischen Schriftzeichen.

Artikel 12
Technische Spezifikationen

(1) Soweit der Prozess der Umsetzung des Interoperabilitätsrahmens es rechtfertigt, kann das

durch den Durchführungsbeschluss (EU) 2015/296 der Kommission geschaffene Kooperationsnetz Stellungnahmen gemäß Artikel 14 Buchstabe d des genannten Beschlusses bezüglich des Bedarfs der Ausarbeitung technischer Spezifikationen abgeben. In solchen technischen Spezifikationen werden weitere Einzelheiten zu den technischen Anforderungen dieser Verordnung festgelegt.

(2) Aufgrund der in Absatz 1 genannten Stellungnahme arbeitet die Kommission in Zusammenarbeit mit den Mitgliedstaaten die technischen Spezifikationen als Teil der digitalen Diensteinfrastrukturen der Verordnung (EU) Nr. 1316/2013 aus.

(3) Das Kooperationsnetz gibt eine Stellungnahme gemäß Artikel 14 Buchstabe d des Durchführungsbeschlusses (EU) 2015/296 ab, in der es beurteilt, ob und in welchem Maße die gemäß Absatz 2 ausgearbeiteten technischen Spezifikationen dem in der Stellungnahme nach Absatz 1 festgestellten Bedarf oder den Anforderungen dieser Verordnung entsprechen. Es kann den Mitgliedstaaten empfehlen, die technischen Spezifikationen bei der Umsetzung des Interoperabilitätsrahmens zu berücksichtigen.

(4) Die Kommission stellt eine Referenzimplementierung als Beispiel für die Auslegung der technischen Spezifikationen bereit. Die Mitgliedstaaten können diese Referenzimplementierung anwenden oder sie als Muster zur Erprobung anderer Implementierungen der technischen Spezifikationen verwenden.

Artikel 13
Streitbeilegung

(1) Soweit möglich, werden Streitigkeiten in Bezug auf den Interoperabilitätsrahmen von den betroffenen Mitgliedstaaten auf dem Verhandlungsweg beigelegt.

(2) Wird keine Lösung gemäß Absatz 1 gefunden, ist das durch Artikel 12 des Durchführungsbeschlusses (EU) 2015/296 geschaffene Kooperationsnetz im Einklang mit seiner Geschäftsordnung für die Beilegung des Streits zuständig.

Artikel 14
Inkrafttreten

Diese Verordnung tritt am zwanzigsten Tag nach ihrer Veröffentlichung im *Amtsblatt der Europäischen Union* in Kraft.

Diese Verordnung ist in allen ihren Teilen verbindlich und gilt unmittelbar in jedem Mitgliedstaat.

Anhänge: *Nicht abgedruckt. (Die Anhänge sind im Volltext auf www.lexisnexis.at unter dem Menüpunkt „Service", Unterpunkt „Downloads & Updates" abrufbar.)*

Durchführungsverordnung (EU) 2015/1502 der Kommission vom 8. September 2015 zur Festlegung von Mindestanforderungen an technische Spezifikationen und Verfahren für Sicherheitsniveaus elektronischer Identifizierungsmittel gemäß Artikel 8 Absatz 3 der Verordnung (EU) Nr. 910/2014 des Europäischen Parlaments und des Rates über elektronische Identifizierung und Vertrauensdienste für elektronische Transaktionen im Binnenmarkt

ABl L 235 vom 9. 9. 2015, S 7

DIE EUROPÄISCHE KOMMISSION –

gestützt auf den Vertrag über die Arbeitsweise der Europäischen Union,

gestützt auf die Verordnung (EU) Nr. 910/2014 des Europäischen Parlaments und des Rates vom 23. Juli 2014 über elektronische Identifizierung und Vertrauensdienste für elektronische Transaktionen im Binnenmarkt und zur Aufhebung der Richtlinie 1999/93/EG[1)], insbesondere auf Artikel 8 Absatz 3,

in Erwägung nachstehender Gründe:

(1) Laut Artikel 8 der Verordnung (EU) Nr. 910/2014 muss ein gemäß Artikel 9 Absatz 1 notifiziertes elektronisches Identifizierungssystem die Sicherheitsniveaus „niedrig", „substanziell" und/oder „hoch" angeben, die den nach diesem System ausgestellten elektronischen Identifizierungsmitteln zuerkannt wurden.

(2) Die Festlegung von Mindestanforderungen an die technischen Spezifikationen, Normen und Verfahren ist entscheidend, wenn es darum geht, ein gemeinsames Verständnis der Einzelheiten der Sicherheitsniveaus herzustellen und, wie in Artikel 12 Absatz 4 Buchstabe b der Verordnung (EU) Nr. 910/2014 vorgesehen, die Interoperabilität bei der Zuordnung der Entsprechungen zwischen nationalen Sicherheitsniveaus notifizierter elektronischer Identifizierungsmittel und den Sicherheitsniveaus des Artikels 8 zu gewährleisten.

(3) Bei der Ausarbeitung der in dieser Durchführungsverordnung festgelegten Spezifikationen und Verfahren wurde die internationale Norm ISO/IEC 29115 als die wichtigste internationale Norm auf dem Gebiet der Sicherheitsniveaus für elektronische Identifizierungsmittel berücksichtigt. Die Verordnung (EU) Nr. 910/2014 weist jedoch inhaltliche Unterschiede zu dieser internationalen Norm auf, insbesondere im Hinblick auf Anforderungen an Identitätsnachweis und -überprüfung, aber auch in Bezug darauf, wie die Unterschiede zwischen Identitätsvorschriften der Mitgliedstaaten und die diesbezüglich bestehenden EU-Instrumente berücksichtigt werden. Deshalb sollte der Anhang zwar auf dieser internationalen Norm beruhen, aber keine Verweise auf bestimmte Inhalte der Norm ISO/IEC 29115 enthalten.

(4) Diese Verordnung wurde nach einem ergebnisorientierten Ansatz ausgearbeitet, da dieser sich am besten eignete; dies spiegelt sich auch in den in den Begriffsbestimmungen verwendeten Bezeichnungen und Begriffen wider. Diese tragen dem Ziel der Verordnung (EU) Nr. 910/2014 in Bezug auf die Sicherheitsniveaus elektronischer Identifizierungsmittel Rechnung. Daher sollten das Großpilotprojekt STORK und die dort entwickelten Spezifikationen wie auch die Begriffsbestimmungen und Konzepte der Norm ISO/IEC 29115 bei der Festlegung der in dieser Durchführungsverordnung vorgesehenen Spezifikationen und Verfahren weitestgehend berücksichtigt werden.

(5) Je nach dem Zusammenhang, in dem ein bestimmter Aspekt eines Beweismittels für die Identität überprüft werden muss, können verlässliche Quellen viele verschiedene Formen haben, z. B. Register, Urkunden, Stellen usw. Selbst in einem ähnlichen Zusammenhang können solche verlässlichen Quellen in den verschiedenen Mitgliedstaaten sehr unterschiedlich sein.

(6) Anforderungen an Identitätsnachweis und -überprüfung sollten unterschiedliche Systeme und Verfahrensweisen berücksichtigen, gleichzei-

[1)] *ABl. L 257 vom 28.8.2014, S. 73.*

tig aber eine hinreichend hohe Sicherheit bieten, um das erforderliche Vertrauen zu schaffen. Daher sollte die Anerkennung von Verfahren, die zuvor für andere Zwecke als die Ausstellung elektronischer Identifizierungsmittel verwendet wurden, vom Nachweis abhängig gemacht werden, dass diese Verfahren die für das betreffende Sicherheitsniveau vorgesehenen Anforderungen erfüllen.

(7) Üblicherweise werden gewisse Authentifizierungsfaktoren wie Geheimnisse, die allen Beteiligten bekannt sind, physische Mittel oder körperliche Merkmale verwendet. Um die Sicherheit des Authentifizierungsprozesses zu erhöhen, sollte jedoch die Verwendung einer größeren Zahl von Authentifizierungsfaktoren, insbesondere auch aus verschiedenen Kategorien, gefördert werden.

(8) Diese Verordnung sollte Vertretungsbefugnisse juristischer Personen unberührt lassen. Der Anhang sollte aber Anforderungen an die Verknüpfung von elektronischen Identifizierungsmitteln natürlicher und juristischer Personen enthalten.

(9) Die Bedeutung von Informationssicherheits- und Dienstemanagementsystemen sollte genauso anerkannt werden wie die Bedeutung der Verwendung bewährter Methoden und der Anwendung der in Normenreihen wie ISO/IEC 27000 und ISO/IEC 20000 verankerten Grundsätze.

(10) In den Mitgliedstaaten angewandte bewährte Verfahren in Bezug auf Sicherheitsniveaus sollten ebenfalls berücksichtigt werden.

(11) Die IT-Sicherheitszertifizierung auf der Grundlage internationaler Normen ist ein wichtiges Instrument, mit dem überprüft werden kann, ob die Sicherheitsmerkmale der Produkte den Anforderungen dieser Durchführungsverordnung entsprechen.

(12) Der in Artikel 48 der Verordnung (EU) Nr. 910/2014 genannte Ausschuss hat innerhalb der von seinem Vorsitz festgelegten Frist keine Stellungnahme abgegeben –

HAT FOLGENDE VERORDNUNG ERLASSEN:

Artikel 1

(1) Die Sicherheitsniveaus „niedrig", „substanziell" und „hoch" für elektronische Identifizierungsmittel, die nach einem notifizierten elektronischen Identifizierungssystem ausgestellt werden, werden unter Bezugnahme auf die Spezifikationen und Verfahren im Anhang bestimmt.

(2) Die im Anhang festgelegten Spezifikationen und Verfahren werden angewandt, um das Sicherheitsniveau der nach einem notifizierten elektronischen Identifizierungssystem ausgestellten elektronischen Identifizierungsmittel anhand der Zuverlässigkeit und Qualität folgender Elemente zu bestimmen:

a) Anmeldung nach Abschnitt 2.1 des Anhangs dieser Verordnung gemäß Artikel 8 Absatz 3 Buchstabe a der Verordnung (EU) Nr. 910/2014;

b) Verwaltung der elektronischen Identifizierungsmittel nach Abschnitt 2.2 des Anhangs dieser Verordnung gemäß Artikel 8 Absatz 3 Buchstaben b und f der Verordnung (EU) Nr. 910/2014;

c) Authentifizierung nach Abschnitt 2.3 des Anhangs dieser Verordnung gemäß Artikel 8 Absatz 3 Buchstabe c der Verordnung (EU) Nr. 910/2014;

d) Management und Organisation nach Abschnitt 2.4 des Anhangs dieser Verordnung gemäß Artikel 8 Absatz 3 Buchstaben d und e der Verordnung (EU) Nr. 910/2014.

(3) Erfüllt ein elektronisches Identifizierungsmittel, das nach einem notifizierten elektronischen Identifizierungssystem ausgestellt wird, eine Anforderung eines höheren Sicherheitsniveaus, so wird davon ausgegangen, dass es die entsprechende Anforderung eines niedrigeren Sicherheitsniveaus ebenfalls erfüllt.

(4) Soweit im betreffenden Teil des Anhangs nichts anderes festgelegt ist, müssen alle Elemente, die im Anhang zu einem bestimmten Sicherheitsniveau der nach einem notifizierten elektronischen Identifizierungssystem ausgestellten elektronischen Identifizierungsmittel aufgeführt sind, erfüllt sein, damit sie dem beanspruchten Sicherheitsniveau entsprechen.

Artikel 2

Diese Verordnung tritt am zwanzigsten Tag nach ihrer Veröffentlichung im *Amtsblatt der Europäischen Union* in Kraft.

Diese Verordnung ist in allen ihren Teilen verbindlich und gilt unmittelbar in jedem Mitgliedstaat.

Brüssel, den 8. September 2015

Anhänge: *Nicht abgedruckt. (Die Anhänge sind im Volltext auf www.lexisnexis.at unter dem Menüpunkt „Service", Unterpunkt „Downloads & Updates" abrufbar.)*

Verordnung (EU) 2015/751 des Europäischen Parlaments und des Rates vom 29. April 2015 über Interbankenentgelte für kartengebundene Zahlungsvorgänge (MIF-VO)

ABl L 123 vom 19. 5. 2015, S 1

DAS EUROPÄISCHE PARLAMENT UND DER RAT DER EUROPÄISCHEN UNION –

gestützt auf den Vertrag über die Arbeitsweise der Europäischen Union, insbesondere auf Artikel 114 Absatz 1,

auf Vorschlag der Europäischen Kommission,

nach Zuleitung des Entwurfs des Gesetzgebungsakts an die nationalen Parlamente,

nach Stellungnahme der Europäischen Zentralbank[1)],

nach Stellungnahme des Europäischen Wirtschafts- und Sozialausschusses[2)],

gemäß dem ordentlichen Gesetzgebungsverfahren[3)],

in Erwägung nachstehender Gründe:

(1) Eine Fragmentierung des Binnenmarkts beeinträchtigt Wettbewerbsfähigkeit, Wachstum und die Schaffung von Arbeitsplätzen in der Union. Die Beseitigung direkter und indirekter Hindernisse für das ordnungsgemäße Funktionieren und die Vollendung eines integrierten Marktes für elektronische Zahlungen, auf dem nicht zwischen inländischen und grenzübergreifenden Zahlungen unterschieden wird, ist Voraussetzung für das ordnungsgemäße Funktionieren des Binnenmarkts.

(2) Die Richtlinie 2007/64/EG des Europäischen Parlaments und des Rates[4)] bildet die Rechtsgrundlage für die Schaffung eines unionsweiten Zahlungsverkehrsbinnenmarkts, da sie die Tätigkeiten von Zahlungsdienstleistern durch einheitliche Vorschriften für die Erbringung von Zahlungsdiensten erheblich erleichtert hat.

(3) Nach der Verordnung (EG) Nr. 924/2009 des Europäischen Parlaments und des Rates[5)] dürfen für grenzüberschreitende Zahlungen in Euro – einschließlich kartengebundener Zahlungsvorgänge, die in den Anwendungsbereich der Verordnung fallen – grundsätzlich keine anderen Entgelte von Nutzern erhoben werden als für entsprechende Zahlungsvorgänge innerhalb eines Mitgliedstaats.

(4) Die Verordnung (EU) Nr. 260/2012 des Europäischen Parlaments und des Rates[6)] enthält Bestimmungen für Überweisungen und Lastschriften in Euro innerhalb des Binnenmarkts, wobei kartengebundene Zahlungsvorgängen allerdings von ihrem Anwendungsbereich ausgenommen wurden.

(5) Mit der Richtlinie 2011/83/EU des Europäischen Parlaments und des Rates[7)] sollen bestimmte Vorschriften für Verträge zwischen Verbrauchern und Unternehmern harmonisiert werden, unter anderem in Bezug auf Entgelte für die Verwendung bestimmter Zahlungsmittel, auf deren Grundlage die Mitgliedstaaten es Unternehmen untersagen, Verbrauchern für die Nutzung von Zahlungsmitteln Entgelte zu berechnen, die über

---

Zur Präambel

[1)] ABl. C 193 vom 24.6.2014, S. 2.

[2)] ABl. C 170 vom 5.6.2014, S. 78.

[3)] Standpunkt des Europäischen Parlaments vom 10. März 2015 (noch nicht im Amtsblatt veröffentlicht) und Beschluss des Rates vom 20. April 2015.

Zu Abs. 2:

[4)] Richtlinie 2007/64/EG des Europäischen Parlaments und des Rates vom 13. November 2007 über Zahlungsdienste im Binnenmarkt, zur Änderung der Richtlinien 97/7/EG, 2002/65/EG, 2005/60/EG und 2006/48/EG sowie zur Aufhebung der Richtlinie 97/5/EG (ABl. L 319 vom 5.12.2007, S. 1).

Zu Abs. 3:

[5)] Verordnung (EG) Nr. 924/2009 des Europäischen Parlaments und des Rates vom 16. September 2009 über grenzüberschreitende Zahlungen in der Gemeinschaft und zur Aufhebung der Verordnung (EG) Nr. 2560/2001 (ABl. L 266 vom 9.10.2009, S. 11).

Zu Abs. 4:

[6)] Verordnung (EU) Nr. 260/2012 des Europäischen Parlaments und des Rates vom 14. März 2012 zur Festlegung der technischen Vorschriften und der Geschäftsanforderungen für Überweisungen und Lastschriften in Euro und zur Änderung der Verordnung (EG) Nr. 924/2009 (ABl. L 94 vom 30.3.2012, S. 22).

Zu Abs. 5:

[7)] Richtlinie 2011/83/EU des Europäischen Parlaments und des Rates vom 25. Oktober 2011 über die Rechte der Verbraucher, zur Abänderung der Richtlinie 93/13/EWG des Rates und der Richtlinie 1999/44/EG des Europäischen Parlaments und des Rates sowie zur Aufhebung der Richtlinie 85/577/EWG des Rates und der Richtlinie 97/7/EG des Europäischen Parlaments und des Rates (ABl. L 304 vom 22.11.2011, S. 64).

die Kosten hinausgehen, die den Unternehmen für die Nutzung dieser Zahlungsmittel entstehen.

(6) Sichere, effiziente, wettbewerbsfähige und innovative elektronische Zahlungsmöglichkeiten sind insbesondere angesichts des weltweit immer wichtiger werdenden elektronischen Handels unabdingbar, wenn Verbraucher, Händler und Unternehmen in vollem Umfang von den Vorteilen des Binnenmarkts profitieren sollen.

(7) Einige Mitgliedstaaten haben zur direkten oder indirekten Regulierung der Interbankenentgelte Rechtsvorschriften erlassen oder arbeiten solche derzeit aus, die eine Reihe von Aspekten betreffen, unter anderem Obergrenzen für Interbankenentgelte auf verschiedenen Ebenen, Händlerentgelte, die Verpflichtung zur Akzeptanz aller Karten („Honour All Cards Rule") und Anreize. Doch variieren die derzeit in einigen Mitgliedstaaten geltenden Verwaltungsentscheidungen erheblich. Um die unterschiedliche Höhe von Interbankenentgelten kohärenter zu gestalten, ist mit der Schaffung von weiteren Regulierungsmaßnahmen auf nationaler Ebene bezüglich der Höhe dieser Entgelte oder der Unterschiede zwischen diesen Entgelten zu rechnen. Solche nationalen Maßnahmen würden jedoch erhebliche Hindernisse für die Vollendung des Binnenmarkts im Bereich der kartengebundenen Zahlungen, einschließlich über Internet und mobile Endgeräte, nach sich ziehen und den freien Dienstleistungsverkehr somit einschränken.

(8) Zahlungskarten sind das im Einzelhandel am häufigsten eingesetzte elektronische Zahlungsmittel. Die Integration des Kartenzahlungsmarktes in der Union ist jedoch bei Weitem noch nicht abgeschlossen, da sich viele Zahlungsarten nicht über nationale Grenzen hinweg verbreiten können und neue europaweit tätige Akteure am Markteintritt gehindert werden. Hindernisse für das reibungslose Funktionieren des Kartenzahlungsmarktes, einschließlich im Bereich der kartengebundenen Zahlungen, einschließlich über Internet und mobile Endgeräte, müssen beseitigt werden.

(9) Im Interesse eines reibungslos funktionierenden Binnenmarkts sollte die Nutzung elektronischer Zahlungen zum Vorteil von Händlern und Verbrauchern gefördert und erleichtert werden. Karten und andere elektronische Zahlungsmittel lassen sich vielseitiger – wie z. B. online – nutzen; sie ermöglichen es somit, die Möglichkeiten des Binnenmarkts und des elektronischen Handels auszuschöpfen, und stellen gleichzeitig auch für Händler potenziell sichere Zahlungsmittel dar. Kartengebundene Zahlungsvorgänge anstelle von Bargeldzahlungen könnten daher Vorteile für Händler und Verbraucher bringen, sofern die Entgelte für die Nutzung dieser Kartenzahlverfahren in einer wirtschaftlich angemessenen Höhe festgesetzt werden, und gleichzeitig fairen Wettbewerb, Innovationen und den Markteintritt neuer Anbieter fördern.

(10) Interbankenentgelte werden gewöhnlich zwischen Acquirern und Kartenemittenten im Rahmen desselben Kartenzahlverfahrens angewandt. Auf Interbankenentgelte entfällt ein erheblicher Teil der Entgelte, die die Acquirer den Händlern für jeden kartengebundenen Zahlungsvorgang berechnen. Die Händler wiederum preisen diese Kosten für Kartenzahlungen – wie auch ihre übrigen Kosten – in ihre Waren und Dienstleistungen ein. Der Wettbewerb zwischen Kartenzahlverfahren, um Zahlungsdienstleister dazu zu bewegen, die jeweils eigenen Karten auszugeben, zieht – im Gegensatz zur normalen preissenkenden Wirkung des Wettbewerbs in einer Marktwirtschaft – in der Regel nicht niedrigere, sondern höhere Interbankenentgelte am Markt nach sich. Zusätzlich zur kohärenten Anwendung der Wettbewerbsregeln auf die Interbankenentgelte würde eine Regulierung dieser Entgelte das Funktionieren des Binnenmarkts verbessern und zu einer Verringerung der Transaktionskosten für die Verbraucher beitragen.

(11) Die bestehende breite Spanne der Interbankenentgelte und ihre Höhe verhindern den Markteintritt neuer unionsweit tätiger Akteure, die sich auf Geschäftsmodelle mit niedrigeren Interbankenentgelten oder ohne Interbankenentgelte stützen, und beschränken somit potenzielle Größen- und Verbundvorteile sowie die damit verbundenen Effizienzsteigerungen. Dies bringt Nachteile für Händler und Verbraucher mit sich und verhindert Innovationen. Da unionsweit tätige Akteure den kartenausgebenden Banken mindestens das höchste auf dem anvisierten Markt gezahlte Interbankenentgelt bieten müssten, ergibt sich daraus auch eine dauerhafte Marktfragmentierung. Bestehende inländische Kartenzahlverfahren, für die geringere oder gar keine Interbankenentgelte berechnet werden, könnten angesichts des Drucks der Banken, höhere Einnahmen durch Interbankenentgelte zu erzielen, sogar aus dem Markt gedrängt werden. Die Folgen für Verbraucher und Händler sind ein begrenztes Angebot, höhere Preise und eine geringere Qualität der Zahlungsdienste bei außerdem eingeschränkten Möglichkeiten zur Nutzung unionsweiter Zahlungsmittel. Darüber hinaus können Händler die Unterschiede bei den Entgelten nicht dadurch umgehen, dass sie Kartenakzeptanzleistungen von Banken in anderen Mitgliedstaaten nutzen. Besondere Regeln der Kartenzahlverfahren sehen vor, dass das Interbankenentgelt der Verkaufsstelle („Point of Sale" – Land des Händlers) für jeden

Zahlungsvorgang gemäß den jeweiligen territorialen Systemen der Lizenzvergabe erhoben wird. Aufgrund dieser Anforderung können Acquirer ihre Dienstleistungen nicht erfolgreich grenzüberschreitend anbieten. Außerdem können Händler dadurch davon abgehalten werden, ihre Kosten für Zahlungen zum Wohle der Verbraucher zu senken.

(12) Die Anwendung der bestehenden Rechtsvorschriften durch die Kommission und die nationalen Wettbewerbsbehörden hat bisher nicht zur Lösung des Problems geführt.

(13) Zur Vermeidung einer Fragmentierung des Binnenmarkts und erheblicher Wettbewerbsverzerrungen aufgrund unterschiedlicher Rechtsvorschriften und Verwaltungsentscheidungen ist es daher erforderlich, Maßnahmen gemäß Artikel 114 des Vertrags über die Arbeitsweise der Europäischen Union zu treffen, um das Problem hoher und uneinheitlicher Interbankenentgelte anzugehen, damit Zahlungsdienstleister ihre Dienste grenzüberschreitend anbieten und Verbraucher und Händler diese Dienste grenzüberschreitend nutzen können.

(14) Die Anwendung dieser Verordnung sollte unbeschadet der Anwendung des Wettbewerbsrechts der Union und der Mitgliedstaaten erfolgen. Sie sollte die Mitgliedstaaten nicht daran hindern, niedrigere Obergrenzen oder Maßnahmen mit gleicher Zielsetzung oder Wirkung in nationalem Recht beizubehalten oder einzuführen.

(15) Um das reibungslose Funktionieren des Binnenmarkts für kartengebundene Zahlungen, einschließlich über Internet und mobile Endgeräte, zum Vorteil von Verbrauchern und Einzelhändlern zu erleichtern, sollte diese Verordnung für die grenzüberschreitende und die inländische Kartenausgabe und für die grenzüberschreitende und die inländische Annahme und Abrechnung („acquiring") von kartengebundenen Zahlungsvorgängen gelten. Sofern die Händler einen Acquirer außerhalb ihres eigenen Mitgliedstaats („grenzüberschreitende Annahme und Abrechnung") wählen können, was durch einheitliche Obergrenzen für inländische und grenzüberschreitende Interbankenentgelte und das Verbot von Lizenzen mit geografischen Einschränkungen begünstigt wird, sollte es möglich sein, die erforderliche Rechtsklarheit zu schaffen und Wettbewerbsverzerrungen zwischen den verschiedenen Kartenzahlverfahren zu vermeiden.

(16) Aufgrund unilateraler Verpflichtungen und Zusagen im Rahmen wettbewerbsrechtlicher Verfahren liegen die Interbankenentgelte für zahlreiche grenzüberschreitende kartengebundene Zahlungsvorgänge in der Union bereits unter den Obergrenzen. Um einen fairen Wettbewerb auf dem Markt für Annahme- und Abrechnungsdienste zu gewährleisten, sollten die Bestimmungen für grenzüberschreitende und inländische Transaktionen gleichzeitig und innerhalb eines angemessenen Zeitraums nach dem Inkrafttreten dieser Verordnung gelten, unter Berücksichtigung der Schwierigkeiten und der Komplexität der Umstellung der Kartenzahlverfahren, die diese Verordnung erforderlich macht.

(17) Es gibt im Wesentlichen zwei Arten von Kreditkarten auf dem Markt. Bei Debitkarten mit Zahlungsaufschub wird das Konto des Karteninhabers zu einem im Voraus vereinbarten spezifischen Zeitpunkt, in der Regel einmal monatlich, mit dem gesamten Betrag der Transaktionen belastet, ohne dass Zinsen zu zahlen sind. Bei anderen Kreditkarten kann der Karteninhaber eine Kreditfazilität nutzen, um einen Teil der Beträge zu einem späteren als dem angegebenen Zeitpunkt zurückzahlen, zuzüglich Zinsen oder sonstiger Kosten.

(18) Für alle debit- und kreditkartengebundenen Zahlungsvorgängen sollte ein Höchstsatz für das Interbankenentgelt gelten.

(19) Die Folgenabschätzung zeigt, dass sich ein Verbot von Interbankenentgelten für Debitkartentransaktionen günstig auf die Akzeptanz und Nutzung von Karten und die Entwicklung des Binnenmarkts auswirken sowie mehr Vorteile für Händler und Verbraucher mit sich bringen würde als eine Obergrenze, die auf einem höheren Niveau festgelegt wird. Darüber hinaus würden damit negative Auswirkungen einer höheren Obergrenze auf nationale Kartenzahlverfahren ohne Interbankenentgelte oder mit sehr niedrigen Interbankenentgelten für Debitkartentransaktionen verhindert werden, die darauf beruhen, dass grenzüberschreitende Expansionen oder neue Marktteilnehmer die Entgelte bis auf das Niveau der Obergrenze anheben. Ein Verbot von Interbankenentgelten für Debitkartentransaktionen verringert auch das Risiko einer Übertragung des Modells der Interbankenentgelte auf neue und innovative Zahlungsdienste wie etwa mobile Systeme oder Online-Systeme.

(20) Die Obergrenzen in dieser Verordnung basieren auf dem in der wirtschaftswissenschaftlichen Literatur entwickelten Grundsatz der Zahlungsmittelneutralität auf Händlerebene („Merchant Indifference Test"), anhand dessen ermittelt wird, welche Entgelte ein Händler bereit wäre zu zahlen, wenn der Händler die Kosten der Nutzung einer Zahlungskarte durch den Kunden mit den Kosten kartenloser (Bar-)Zahlungen vergleicht

(unter Berücksichtigung des an den Acquirer zu zahlenden Dienstleistungsentgelts, d. h. der Händlerentgelte und des Interbankenentgelts). Sie unterstützen daher die Nutzung effizienter Zahlungsinstrumente, da Karten gefördert werden, die größere transaktionsbezogene Vorteile bieten, und verhindern gleichzeitig unverhältnismäßig hohe Händlerentgelte, die für andere Verbraucher mit versteckten Kosten verbunden wären. Anderenfalls könnten die gemeinsamen Vereinbarungen über Interbankenentgelte zu überzogenen Händlerentgelte führen, da Händler aus Angst vor einem Umsatzverlust zögern könnten, teure Zahlungsinstrumente abzulehnen. Die Erfahrung hat gezeigt, dass diese Obergrenzen angemessen sind, da sie den Betrieb internationaler Kartenverfahren und die Tätigkeiten der Zahlungsdienstleister nicht in Frage stellen. Sie sind zudem vorteilhaft für Händler und Verbraucher und bieten Rechtssicherheit.

(21) Gleichwohl haben sich – wie aus der Folgenabschätzung hervorgeht – in einigen Mitgliedstaaten die Interbankenentgelte derart entwickelt, dass den Verbrauchern effiziente Debitkartenmärkte in Bezug auf Akzeptanz und Nutzung von Karten zur Verfügung stehen, mit Interbankenentgelten, die unter dem Niveau des Merchant Indifference Test liegen. Die Mitgliedstaaten sollten daher niedrigere Interbankenentgelte für inländische Debitkartentransaktionen festlegen können.

(22) Zusätzlich sollte die Möglichkeit beibehalten werden, die Obergrenzen für Interbankenentgelte als Pauschalbetrag festzulegen; damit soll sichergestellt werden, dass die Debitkartenentgelte unter Berücksichtigung der Struktur der inländischen Debitkartenmärkte in einer wirtschaftlich angemessenen Höhe festgesetzt werden. Ein Pauschalbetrag kann auch ein Anreiz für die Nutzung kartengebundener Zahlungen für geringfügige Beträge sein (Mikrozahlungen). Es sollte auch möglich sein, einen solchen Pauschalbetrag in Kombination mit einem Prozentsatz anzuwenden, vorausgesetzt, die Summe dieser Interbankenentgelte übersteigt nicht den festgelegten Prozentsatz des gesamten jährlichen Transaktionswerts auf Inlandsebene innerhalb eines jeden Kartenzahlverfahrens. Darüber hinaus sollte es möglich sein, eine niedrigere Obergrenze für das prozentuale Interbankenentgelt pro Transaktion festzulegen, und zur Beschränkung des Entgelts, das sich aufgrund des anwendbaren Prozentsatzes pro Transaktion ergibt, einen festen Höchstbetrag für das Entgelt festzulegen.

(23) Ferner muss eine gewisse Flexibilität für die inländischen Märkte für Zahlungskarten vorgesehen werden, da mit dieser Verordnung erstmals eine Harmonisierung der Interbankenentgelte in einem Kontext sehr unterschiedlicher bestehender Debitkartenverfahren und Interbankenentgelte erfolgt. Daher sollten die Mitgliedstaaten in Bezug auf inländische Debitkartentransaktionen während einer angemessenen Übergangsfrist auf alle inländischen Debitkartentransaktionen in jedem Kartenzahlverfahren ein gewichtetes durchschnittliches Interbankenentgelt von höchstens 0,2 % des durchschnittlichen jährlichen Transaktionswerts aller inländischen Debitkartentransaktionen in jedem Kartenzahlverfahren erheben können. In Bezug auf die Obergrenze des Interbankenentgelts, die anhand des durchschnittlichen jährlichen Transaktionswerts eines Kartenzahlverfahrens berechnet wird, reicht es aus, dass ein Zahlungsdienstleister an einem Kartenzahlverfahren (oder einer anderweitigen Vereinbarung zwischen Zahlungsdienstleistern) beteiligt ist, in dem auf alle inländischen Debitkartentransaktionen ein gewichtetes durchschnittliches Interbankenentgelt von höchstens 0,2 % erhoben wird. Auch hier kann ein Pauschalentgelt oder ein prozentuales Entgelt oder eine Kombination aus beiden erhoben werden, sofern die gewichtete durchschnittliche Obergrenze eingehalten wird.

(24) Zur Festlegung einer angemessenen Obergrenze für das auf inländische Debitkartentransaktionen erhobene Interbankenentgelt ist es angebracht, den für die Einhaltung dieser Verordnung zuständigen nationalen Behörden zu erlauben, dass sie Informationen über Umfang und Wert aller Debitkartentransaktionen innerhalb eines Kartenzahlverfahrens oder der Debitkartentransaktionen, die über einen oder mehrere Zahlungsdienstleister abgewickelt werden, erheben. Infolgedessen sollten Kartenzahlverfahren und Zahlungsdienstleister verpflichtet sein, den zuständigen nationalen Behörden die einschlägigen, von diesen angeforderten Daten innerhalb der von ihnen gesetzten Frist zu übermitteln. Die Meldepflicht sollte auf Zahlungsdienstleister wie Emittenten und Acquirer ausgeweitet werden und nicht nur auf Kartenzahlverfahren, um sicherzustellen, dass den zuständigen Behörden alle maßgeblichen Informationen zur Verfügung stehen, wobei die zuständigen Behörden in jedem Fall verlangen können sollten, dass die entsprechenden Informationen durch das Kartenzahlverfahren erhoben werden. Darüber hinaus ist es wichtig, dass die Mitgliedstaaten bezüglich der maßgeblichen Informationen zu den geltenden Obergrenzen für Interbankenentgelte ein angemessenes Maß an Offenlegung sicherstellen. In Anbetracht der Tatsache, dass es sich bei Kartenzahlverfahren generell nicht um einer Beaufsichtigung unterliegende Zahlungsdienstleister handelt, können die zuständigen Behörden verlangen, dass die von Kartenzahlverfahren übermittelten Informationen durch einen unabhängigen Prüfer testiert werden.

(25) Einige auf nationaler Ebene verwendete Zahlungsinstrumente ermöglichen es dem Zahler, kartengebundene Zahlungsvorgänge zu veranlassen, die durch das Kartenzahlverfahren nicht eindeutig der Kategorie Debit- oder Kreditkartentransaktion zugeordnet werden können. Da die Entscheidungen des Karteninhabers dem Kartenzahlverfahren und dem Acquirer nicht bekannt sind, ist es den Kartenzahlverfahren nicht möglich, die nach dieser Verordnung vorgeschriebenen unterschiedlichen Obergrenzen für Debitbzw. Kreditkartentransaktionen, die sich nach dem Zeitpunkt richten, der für die Abbuchung eines Zahlungsvorgangs vereinbart wurde, anzuwenden. In Anbetracht der Notwendigkeit, die Funktionsfähigkeit der bestehenden Geschäftsmodelle unter Vermeidung ungerechtfertigter oder überhöhter Kosten für die Einhaltung der gesetzlichen Vorgaben zu wahren, und im Interesse angemessener gleicher Wettbewerbsbedingungen für die verschiedenen Arten von Zahlungskarten, sollten für inländische Zahlungsvorgänge, die mit „Universalkarten" durchgeführt werden, dieselben Bestimmungen gelten, wie sie in dieser Verordnung für Debitkartentransaktionen vorgesehen sind. Diesen Zahlungsinstrumenten sollte jedoch eine längere Übergangsfrist gewährt werden. Daher sollten die Mitgliedstaaten abweichend von dieser Regelung und während einer Übergangsfrist von 18 Monaten nach Inkrafttreten dieser Verordnung einen Höchstanteil von inländischen Zahlungstransaktionen mit „Universalkarten" festlegen können, die als Kreditkartentransaktionen gleichgestellt angesehen werden. Beispielsweise könnte die Kreditkartenobergrenze auf den festgelegten Anteil des Gesamtwerts der Transaktionen für Händler oder Acquirer angewandt werden. Das mathematische Ergebnis der Bestimmungen würde dann der Anwendung einer einzigen Obergrenze für Interbankenentgelte auf inländische Zahlungstransaktionen mit Universalkarten entsprechen.

(26) Diese Verordnung sollte für alle Transaktionen gelten, bei denen der Zahlungsdienstleister des Zahlers und der Zahlungsdienstleister des Zahlungsempfängers in der Union ansässig sind.

(27) Im Einklang mit dem in der Digitalen Agenda für Europa dargelegten Grundsatz der Technologieneutralität sollte diese Verordnung für kartengebundene Zahlungsvorgänge unabhängig von deren Kontext gelten, und auch Einzelhandelszahlungsinstrumente und -dienste, die offoder online oder mit Hilfe mobiler Endgeräte verwendet werden, einschließen.

(28) Kartengebundene Zahlungsvorgänge erfolgen im Allgemeinen auf der Grundlage zweier Geschäftsmodelle, nämlich des Drei-Parteien-Kartenzahlverfahrens (Karteninhaber – Annahme- und Abrechnungs- sowie Kartenausgabeverfahren – Händler) und des Vier-Parteien-Kartenzahlverfahrens (Karteninhaber – kartenausgebende Bank – Acquirer – Händler). Viele Vier-Parteien-Kartenzahlverfahren umfassen ein explizit festgelegtes – meist multilaterale vereinbartes – Interbankenentgelt. Angesichts der Existenz impliziter Interbankenentgelte und im Interesse gleicher Wettbewerbsbedingungen sollten Drei-Parteien-Kartenzahlverfahren, bei denen Zahlungsdienstleister als Acquirer oder Emittenten auftreten, als Vier-Parteien-Kartenzahlverfahren gelten und denselben Vorschriften unterliegen, während Transparenzmaßnahmen und sonstige Maßnahmen in Bezug auf Geschäftsregeln für alle Anbieter gelten sollten. Um jedoch den Besonderheiten dieser Art von Drei-Parteien- Verfahren Rechnung zu tragen, ist es angemessen, eine Übergangsfrist vorzusehen, während der die Mitgliedstaaten entscheiden können, die Obergrenzen-Regelung für das Interbankenentgelt nicht anzuwenden, wenn diese Kartenzahlverfahren in dem betreffenden Mitgliedstaat nur einen sehr begrenzten Marktanteil haben.

(29) Die Kartenausgabe erfolgt auf der Grundlage einer Vertragsbeziehung zwischen dem Emittenten des Zahlungsinstruments und dem Zahler, unabhängig davon, ob der Emittent Gelder im Namen des Zahlers hält. Der Emittent stellt dem Zahler Zahlungskarten zur Verfügung, autorisiert Zahlungsvorgänge an Terminals oder entsprechenden Stellen und kann dem Acquirer die Zahlung für regelkonforme Zahlungsvorgänge im Rahmen des betreffenden Kartenzahlverfahrens garantieren. Deshalb handelt es sich bei dem reinen Vertrieb von Zahlungskarten oder der reinen Erbringung technischer Dienste (wie der Verarbeitung und Speicherung von Daten) nicht um eine Kartenausgabe.

(30) Die Annahme- und Abrechnungsleistung stellt eine Reihe von Vorgängen dar, von der Einleitung eines kartengebundenen Zahlungsvorgangs bis zum Transfer des Geldbetrags auf das Zahlungskonto des Zahlungsempfängers. Abhängig vom jeweiligen Mitgliedstaat und Geschäftsmodell wird die Annahme- und Abrechnungsleistung unterschiedlich gehandhabt. Daher geht der Zahlungsdienstleister, der das Interbankenentgelt zahlt, nicht immer eine direkte vertragliche Beziehung mit dem Zahlungsempfänger ein. Zwischengeschaltete Stellen, die einen Teil der Annahme- und Abrechnungsleistungen erbringen, aber keine direkte vertragliche Beziehung mit den Zahlungsempfängern haben, sollten gleichwohl als Acquirer im Sinne dieser Verordnung gelten. Die Annahme und Abrechnung ist nicht daran gebunden, dass der Acquirer Gelder im Namen des Zahlungsempfängers hält. Technische Dienstleistungen wie die reine Verarbeitung und Speicherung von

Daten oder das Betreiben von Terminals stellen keine Annahme und Abrechnung dar.

(31) Es ist wichtig sicherzustellen, dass die Bestimmungen über die von Zahlungsdienstleistern zu zahlenden bzw. erhaltenen Interbankenentgelte nicht durch alternative Entgeltzahlungen an Emittenten umgangen werden. Um dies zu vermeiden, sollte die aus gezahlten oder erhaltenen Entgelten bestehende „Nettovergütung" einschließlich möglicher Zulassungsentgelte, die der Emittent von einem Kartenzahlverfahren, Acquirer oder einer anderen zwischengeschalteten Stelle erhält oder an diese zahlt, als Interbankenentgelt betrachtet werden. Um zu überprüfen, ob Vorschriften umgangen werden, sollte bei der Berechnung des Interbankenentgelts der Gesamtbetrag der Zahlungen oder Anreize, die der Emittent im Zusammenhang mit den reglementierten Zahlungsvorgängen von dem Kartenzahlverfahren erhält, abzüglich der von dem Emittenten an das Kartenzahlverfahren entrichteten Entgelte berücksichtigt werden. Dabei können sowohl direkte (d. h. volumenbasierte oder vorgangsspezifische) als auch indirekte Zahlungen, Anreize und Entgelte (einschließlich Marketing-Anreizen, Prämien, Rabatten für die Erreichung bestimmter Transaktionsvolumina) einfließen. Bei der Bewertung, ob eine Umgehung der Bestimmungen dieser Verordnung vorliegt, sollten insbesondere die Gewinne der Emittent aus Sonderprogrammen, die gemeinsam von den Emittenten und Kartenzahlverfahren durchgeführt werden, sowie die Einnahmen aus Verarbeitung, Lizenzierung und sonstige Einkünfte der Kartenzahlverfahren berücksichtigt werden. Gegebenenfalls und sofern dies durch weitere objektive Elemente bekräftigt wird, kann auch die Ausgabe von Zahlungskarten in Drittstaaten bei der Bewertung einer etwaigen Umgehung dieser Verordnung berücksichtigt werden.

(32) Die Verbraucher sind sich der Entgelte, die Händler für das von ihnen verwendete Zahlungsinstrument zahlen, gewöhnlich nicht bewusst. Gleichzeitig bieten die Emittenten eine Reihe von Anreizen (wie z. B. Reisegutscheine, Prämien, Rabatte, Rückzahlungen, kostenlose Versicherungen usw.), um Verbraucher zur Verwendung von Zahlungsinstrumenten hinzulenken, womit sie hohe Entgelteinnahmen erzielen. Um dieser Entwicklung entgegenzuwirken, sollten Maßnahmen zur Begrenzung von Interbankenentgelten nur für Zahlungskarten gelten, die sich zu Produkten für den Massenmarkt entwickelt haben und von Händlern aufgrund ihrer weiten Verbreitung und Nutzung meist nur schwer abgelehnt werden können (d. h. Verbraucher-Debit- und -Kreditkarten). Im Interesse eines funktionierenden Marktes in den nicht reglementierten Teilen der Branche und zur Begrenzung der Verlagerung von Geschäften vom reglementierten zum nicht reglementierten Teil der Branche sind mehrere Maßnahmen erforderlich, darunter die Trennung von Kartenzahlverfahren und Infrastruktur, die Lenkung des Zahlers durch den Zahlungsempfänger und die Wahlmöglichkeit des Zahlungsempfängers, bestimmte Zahlungsinstrumente zu akzeptieren oder nicht.

(33) Die Trennung von Kartenzahlverfahren und Infrastruktur sollte es allen abwickelnden Stellen ermöglichen, in einen Wettbewerb um Kunden der Kartenzahlverfahren zu treten. Da die Abwicklungskosten einen erheblichen Teil der Gesamtkosten für die Kartenakzeptanz darstellen, ist es wichtig, diesen Teil der Wertschöpfungskette für einen echten Wettbewerb zu öffnen. Wegen der Trennung von Kartenzahlverfahren und Infrastruktur sollten Kartenzahlverfahren und abwickelnde Stellen hinsichtlich ihrer Rechnungslegung, ihrer Organisation und ihrer Entscheidungsverfahren voneinander unabhängig sein. Sie sollten nicht diskriminierend handeln, indem sie einander beispielsweise eine Vorzugsbehandlung gewähren oder privilegierte Informationen, die ihren Wettbewerbern im jeweiligen Marktsegment nicht zur Verfügung stehen, bereitstellen, ihren Wettbewerbern im jeweiligen Marktsegment unverhältnismäßige Informationspflichten auferlegen, ihre jeweiligen Tätigkeiten quersubventionieren oder gemeinsame organisatorische Vorkehrungen treffen. Solche diskriminierenden Praktiken tragen zur Marktfragmentierung bei, erschweren neuen Akteuren den Markteintritt, verhindern das Entstehen unionsweit tätiger Akteure und behindern somit – zum Nachteil von Händlern, Unternehmen und Verbrauchern – auch die Vollendung des Binnenmarktes im Bereich der kartengebundenen Zahlungen, einschließlich über Internet und mobile Endgeräte.

(34) Die Regeln von Kartenzahlverfahren und die Praktiken der Zahlungsdienstleister enthalten Händlern und Verbrauchern Informationen über Entgeltunterschiede meist vor und schränken somit die Markttransparenz ein, indem sie beispielsweise Entgelte „bündeln" (sog. Blending) oder den Händlern verbieten, bei Karten mit mehreren Akzeptanzmarken (Co-Badging) eine kostengünstigere Kartenmarke zu wählen oder die Verbraucher zur Verwendung einer solchen kostengünstigeren Karte hinzulenken. Selbst wenn den Händlern die Kostenunterschiede bekannt sind, ist es ihnen aufgrund der Regeln des Kartenzahlverfahrens oft unmöglich, Maßnahmen zur Verringerung dieser Entgelte zu treffen.

(35) Zahlungsinstrumente sind für den Zahlungsempfänger mit unterschiedlichen Kosten verbunden wobei bestimmte Zahlungsinstrumente teurer sind als andere. Der Zahlungsempfänger sollte daher im Einklang mit der Richtlinie

2007/64/EG die Möglichkeit haben, Zahler zur Verwendung eines bestimmten Zahlungsinstruments hinzulenken, soweit ein bestimmtes Zahlungsinstrument für bestimmte Zahlungskategorien nicht gesetzlich vorgeschrieben ist oder aufgrund seines Status als gesetzliches Zahlungsmittel nicht abgelehnt werden kann. Kartenverfahren und Zahlungsdienstleister erlegen den Zahlungsempfängern in diesem Zusammenhang zahlreiche Beschränkungen auf, etwa hinsichtlich der Ablehnung bestimmter Zahlungsinstrumente durch den Zahlungsempfänger bei kleinen Beträgen, der Information des Zahlers über die vom Zahlungsempfänger für bestimmte Zahlungsinstrumente zu entrichtenden Entgelte und der Anzahl von Kassen in seinem Geschäft, an denen bestimmte Zahlungsinstrumente akzeptiert werden. Diese Beschränkungen sollten aufgehoben werden.

(36) In Situationen, in denen der Zahlungsempfänger den Zahler zur Verwendung eines bestimmten Zahlungsinstruments hinlenkt, sollte der Zahlungsempfänger vom Zahler jedoch für die Verwendung von Zahlungsinstrumenten, bei denen die Interbankenentgelte gemäß der vorliegenden Verordnung reguliert werden, keine Entgelte verlangen, da in diesem Fall die Vorteile zusätzlicher Entgelte begrenzt sind, während sich die Marktkomplexität erhöht.

(37) Die den Zahlungsempfängern von Emittenten und Kartenzahlverfahren auferlegte Pflicht zur Akzeptanz aller Karten („Honour all Cards Rule") umfasst zwei Aspekte: Die Händler müssen alle Karten derselben Marke unabhängig von den mit einzelnen Karten verbundenen Kosten („Honour all Products") und unabhängig vom Kartenemittenten („Honour all Issuers") akzeptieren. Es liegt im Interesse der Verbraucher, dass der Zahlungsempfänger innerhalb der gleichen Kartenkategorie unterschiedliche Emittenten oder Karteninhaber nicht ungleich behandelt, weshalb die Kartenzahlverfahren und Zahlungsdienstleister dem Zahlungsempfänger eine solche Verpflichtung auferlegen können sollten. Daher ist die Verpflichtung, Karten unabhängig vom Emittenten anzunehmen, somit innerhalb eines Kartenzahlverfahrens zu rechtfertigen, da sie eine Ungleichbehandlung der einzelnen kartenausgebenden Banken verhindert. Die Verpflichtung, alle Karten derselben Marke zu akzeptieren, stellt im Wesentlichen ein Verbundgeschäft dar, das die Akzeptanz von Karten mit geringen Entgelten an die Akzeptanz von Karten mit hohen Entgelten knüpft. Eine Aufhebung der Verpflichtung zur Akzeptanz aller Karten einer Marke würde es den Händlern ermöglichen, die Auswahl der von ihnen akzeptierten Zahlungskarten auf Zahlungskarten mit gering(er)en Kosten zu beschränken, was durch geringere Händlerkosten auch den Verbrauchern zugutekäme. Händler, die Debitkarten akzeptieren, wären dann nicht zur Annahme von Kreditkarten gezwungen, und Händler, die Kreditkarten akzeptieren, müssten nicht auch Firmenkarten annehmen. Zum Schutz der Verbraucher und zur Wahrung der Möglichkeit für die Verbraucher, Zahlungskarten so oft wie möglich zu verwenden, sollten Händler verpflichtet werden, Karten, für die dieselben reglementierten Interbankenentgelte gelten, nur dann zu akzeptieren, wenn es sich um von derselben Marke ausgegebene Karten und um Karten derselben Art (Guthaben-, Debit- oder Kreditkarten) handelt. Eine solche Beschränkung würde auch zu einem stärkeren Wettbewerb bei Karten führen, die nicht unter diese Verordnung fallen, da die Händler hinsichtlich der Bedingungen, zu denen sie diese Karten akzeptieren, eine stärkere Verhandlungsposition erlangen würden. Solche Beschränkungen sollten nur in begrenztem Umfang möglich sein und nur dann als zulässig gelten, wenn sie der Verbesserung des Verbraucherschutzes dienen, indem für den Verbraucher ein angemessenes Maß an Sicherheit hinsichtlich der Akzeptanz seiner Zahlungskarte durch den Händler geschaffen wird.

(38) Die Zahlungsdienstleister sollten eine klare Unterscheidung zwischen Verbraucherkarten und Firmenkarten sowohl im Hinblick auf technische als auch auf wirtschaftliche Aspekte sicherstellen. Daher ist es wichtig, eine Firmenkarte als ein Zahlungsinstrument zu definieren, das lediglich für Geschäfts- oder Dienstausgaben genutzt wird, die direkt von dem Konto des Unternehmens oder der öffentlichen Stelle abgebucht werden.

(39) Die Zahlungsempfänger und die Zahler sollten feststellen können, um welche Art von Karte es sich im Einzelfall handelt. Die verschiedenen Marken und Kartenarten sollten deshalb elektronisch und bei neu ausgegebenen kartengebundenen Zahlungsinstrumenten optisch auf dem Gerät identifizierbar sein. Außerdem sollte der Zahler darüber informiert werden, ob sein(e) Zahlungsinstrument(e) bei einer bestimmten Verkaufsstelle akzeptiert wird/werden. Auf Einschränkungen der Verwendung einer bestimmten Marke muss der Zahlungsempfänger den Zahler zur gleichen Zeit und unter den gleichen Bedingungen hinweisen wie auf die Akzeptanz einer bestimmten Marke.

(40) Um sicherzustellen, dass zwischen verschiedenen Marken Wettbewerb herrscht, kommt es darauf an, dass die Entscheidung für eine Zahlungsanwendung auf der Ebene der Nutzer erfolgt und nicht bereits im Vorfeld – etwa durch bestehende Kartenzahlverfahren, Zahlungsdienstleister oder abwickelnde Stellen – vorgeschrieben wird. Eine solche Regelung sollte die Zahler und die Empfänger nicht daran hindern, sofern es

technisch möglich ist, eine Anwendungsoption voreinzustellen, unter der Voraussetzung, dass diese Auswahl bei jeder Transaktion geändert werden kann.

(41) Um den Rechtsschutz bei fehlerhafter Anwendung dieser Verordnung oder bei Streitigkeiten zwischen Zahlungsdienstnutzern und Zahlungsdienstleistern zu gewährleisten, sollten die Mitgliedstaaten angemessene und wirksame außergerichtliche Beschwerde- und Rechtsbehelfsverfahren schaffen oder gleichwertige Maßnahmen ergreifen. Die Mitgliedstaaten sollten festlegen, welche Sanktionen bei einem Verstoß gegen diese Verordnung zu verhängen sind, und sicherstellen, dass diese Sanktionen wirksam, verhältnismäßig und abschreckend sind und auch tatsächlich verhängt werden.

(42) Die Kommission sollte einen Bericht vorlegen, in dem die verschiedenen Auswirkungen dieser Verordnung auf das Funktionieren des Marktes untersucht werden. Die Kommission muss die Möglichkeit haben, die für die Erstellung dieses Berichts erforderlichen Informationen zu sammeln, und die zuständigen Behörden müssen bei der Sammlung von Informationen eng mit der Kommission zusammenarbeiten.

(43) Da die Ziele dieser Verordnung, nämlich die Festlegung einheitlicher Vorschriften für kartengebundene Zahlungsvorgänge, einschließlich über Internet und mobile Endgeräte, von den Mitgliedstaaten nicht ausreichend verwirklicht werden können, sondern vielmehr wegen des Umfangs der Maßnahme auf Unionsebene besser zu verwirklichen sind, kann die Union im Einklang mit dem in Artikel 5 des Vertrags über die Europäische Union verankerten Subsidiaritätsprinzip tätig werden. Entsprechend dem in demselben Artikel genannten Grundsatz der Verhältnismäßigkeit geht diese Verordnung nicht über das zur Erreichung dieser Ziele erforderliche Maß hinaus.

(44) Diese Verordnung steht im Einklang mit den Grundrechten und Grundsätzen, die insbesondere mit der Charta der Grundrechte der Europäischen Union anerkannt wurden, vor allem mit dem Recht auf einen wirksamen Rechtsbehelf und ein unparteiisches Gericht, der unternehmerischen Freiheit sowie dem Verbraucherschutz und ist im Einklang mit diesen Rechten und Grundsätzen anzuwenden –

Inhaltsverzeichnis

HABEN FOLGENDE VERORDNUNG ERLASSEN:

KAPITEL I
ALLGEMEINE BESTIMMUNGEN

Artikel 1
Anwendungsbereich

(1) In dieser Verordnung werden einheitliche technische und geschäftliche Anforderungen an innerhalb der Union abgewickelte kartengebundene Zahlungsvorgänge festgelegt, bei denen sowohl der Zahlungsdienstleister des Zahlers als auch der Zahlungsdienstleister des Zahlungsempfängers in der Union niedergelassen sind.

(2) Diese Verordnung gilt nicht für Dienstleistungen, die auf bestimmten nur begrenzt verwendbaren Zahlungsinstrumenten basieren, die eine der folgenden Bedingungen erfüllen:

a) die Instrumente gestatten ihrem Inhaber lediglich, im Rahmen einer direkten Geschäftsvereinbarung mit einem professionellen Emittenten in den Geschäftsräumen des Emittenten oder innerhalb eines beschränkten Netzes von Dienstleistern Waren und Dienstleistungen zu erwerben,

b) die Instrumente können nur zum Erwerb eines sehr begrenzten Waren- oder Dienstleistungsspektrums verwendet werden,

c) die Instrumente sind nur in einem Mitgliedstaat gültig, werden auf Ersuchen eines Unternehmens oder einer öffentlichen Stelle bereitgestellt, unterliegen zu bestimmten sozialen oder steuerlichen Zwecken den Vorschriften einer nationalen oder regionalen öffentlichen Stelle und dienen dem Erwerb bestimmter Waren oder Dienstleistungen von Anbietern, die eine gewerbliche Vereinbarung mit dem Emittenten geschlossen haben.

(3) Kapitel II gilt nicht für

a) Firmenkartentransaktionen,

b) Bargeldabhebungen an Geldautomaten oder am Schalter eines Zahlungsdienstleisters und

c) Transaktionen mit Zahlungskarten, die von Drei-Parteien-Kartenzahlverfahren ausgegeben werden.

(4) Artikel 7 gilt nicht für Drei-Parteien-Kartenzahlverfahren.

(5) Vergibt ein Drei-Parteien-Kartenzahlverfahren Lizenzen zur Ausgabe von kartengebundenen Zahlungsinstrumenten oder zur Annahme und Abrechnung von kartengebundenen Zahlungsvorgängen an andere Zahlungsdienstleister oder gibt es gemeinsam mit einem Co-Branding-Partner oder mittels eines Vertreters kartengebundene Zahlungsinstrumente heraus, so wird es als Vier-Parteien-Kartenzahlverfahren betrachtet. In Bezug auf inländische Zahlungsvorgänge kann solch ein Drei-Parteien-Kartenzahlverfahren jedoch bis zum 9. Dezember 2018 von den Pflichten nach Kapitel II befreit werden, sofern die kartengebundenen Zahlungsvorgänge, die in einem Mitgliedstaat im Rahmen eines solchen Drei-Parteien-Kartenzahlverfahrens vorgenommen werden, in einem Jahr höchstens 3 % des Werts sämtlicher in diesem Mitgliedstaat durchgeführten kartengebundenen Zahlungsvorgänge ausmachen.

Artikel 2
Begriffsbestimmungen

Für die Zwecke dieser Verordnung bezeichnet der Ausdruck

1. „Acquirer" einen Zahlungsdienstleister, der mit einem Zahlungsempfänger eine vertragliche Vereinbarung über die Annahme und die Verarbeitung kartengebundener Zahlungsvorgänge schließt, was den Transfer von Geldbeträgen zum Zahlungsempfänger bewirkt;

2. „Emittent" einen Zahlungsdienstleister, der eine vertragliche Vereinbarung schließt, um einem Zahler ein Zahlungsinstrument zur Veranlassung und Verarbeitung der kartengebundenen Zahlungsvorgänge des Zahlers zur Verfügung zu stellen;

3. „Verbraucher" eine natürliche Person, die bei den von dieser Verordnung erfassten Zahlungsdienstleistungsverträgen zu Zwecken handelt, die nicht ihrer gewerblichen, unternehmerischen oder beruflichen Tätigkeit zugerechnet werden können;

4. „Debitkartentransaktion" einen kartengebundenen Zahlungsvorgang, einschließlich kartengebundener Zahlungsvorgänge mit Guthabenkarten, der keine Kreditkartentransaktion ist;

5. „Kreditkartentransaktion" einen kartengebundenen Zahlungsvorgang, bei dem der Betrag der Transaktion gemäß einer vorab vereinbarten zu verzinsenden oder zinsfreien Kreditfazilität an einem vorab vereinbarten bestimmten Kalendertag vollständig oder teilweise beim Zahler abgebucht wird;

6. „Firmenkarte" jedes kartengebundene Zahlungsinstrument, das an Unternehmen oder öffentliche Stellen oder selbständige natürliche Personen ausgegeben wird und dessen Nutzung auf geschäftliche bzw. dienstliche Ausgaben beschränkt ist, wobei die mit einer solchen Karte vorgenommenen Zahlungen direkt von dem Konto des Unternehmens oder der öffentlichen Stelle oder der selbständigen natürlichen Person abgebucht werden;

7. „kartengebundener Zahlungsvorgang" eine Dienstleistung, die auf der Infrastruktur und den Geschäftsregeln eines Kartenzahlverfahrens beruht, um mit Hilfe einer Karte oder eines Telekommunikations-, Digital- oder IT-Geräts oder einer entsprechenden Software eine Zahlung auszuführen, wenn sich daraus eine Debit- oder eine Kreditkartentransaktion ergibt. Nicht als kartengebundene Zahlungsvorgänge zu betrachten sind Vorgänge, die an andere Arten von Zahlungsdiensten geknüpft sind;

8. „grenzüberschreitender Zahlungsvorgang" einen kartengebundenen Zahlungsvorgang, bei dem der Emittent und der Acquirer in unterschiedlichen Mitgliedstaaten niedergelassen sind oder das kartengebundene Zahlungsinstrument von einem Emittenten ausgegeben wird, der in einem anderen Mitgliedstaat als die Verkaufsstelle niedergelassen ist;

9. „inländischer Zahlungsvorgang" jeden kartengebundenen Zahlungsvorgang, der kein grenzüberschreitender Zahlungsvorgang ist;

10. „Interbankenentgelt" das Entgelt, das bei einem kartengebundenen Zahlungsvorgang für jede direkte oder indirekte (d. h. über einen Dritten vorgenommene) Transaktion zwischen dem Emittenten und dem Acquirer gezahlt wird. Die Nettovergütung oder andere vereinbarte Vergütungen sind Bestandteil des Interbankenentgelts;

11. „Nettovergütung" die Gesamtnettosumme der Zahlungen, Rabatte und Anreize, die ein

Emittent vom Kartenzahlverfahren, dem Acquirer oder einer zwischengeschalteten Stelle in Bezug auf einen kartengebundenen Zahlungsvorgang oder damit verbundene Tätigkeiten erhält;

12. „Händlerentgelt" das Entgelt, das der Zahlungsempfänger dem Acquirer in Bezug auf kartengebundene Zahlungsvorgänge zahlt;

13. „Zahlungsempfänger" eine natürliche oder juristische Person, die den bei einem Zahlungsvorgang transferierten Geldbetrag als Empfänger erhalten soll;

14. „Zahler" eine natürliche oder juristische Person, die Inhaber eines Zahlungskontos ist und die einen Zahlungsauftrag von diesem Zahlungskonto gestattet oder – falls kein Zahlungskonto vorhanden ist – eine natürliche oder juristische Person, die den Auftrag für einen Zahlungsvorgang erteilt;

15. „Zahlungskarte" eine Zahlungsinstrumentenart, die es dem Zahler ermöglicht, Debit- oder Kreditkartentransaktionen zu veranlassen;

16. „Kartenzahlverfahren" ein einheitliches Regelwerk aus Vorschriften, Praktiken, Standards und/oder Leitlinien für die Ausführung von kartengebundenen Zahlungsvorgängen, das von jeder Infrastruktur und jedem Zahlungssystem, die/das seinen Betrieb unterstützt, getrennt ist und einschließlich eines bestimmten Entscheidungsgremiums, einer bestimmten Organisation oder einer bestimmten Stelle, das bzw. die für das Funktionieren des Kartenzahlverfahrens verantwortlich ist;

17. „Vier-Parteien-Kartenzahlverfahren" ein Kartenzahlverfahren, bei dem vom Zahlungskonto eines Zahlers kartengebundene Zahlungsvorgänge auf das Zahlungskonto eines Zahlungsempfängers geleistet werden, unter Zwischenschaltung des Kartenzahlverfahrens, eines Emittenten (auf der Seite des Zahlers) und eines Acquirers (auf der Seite des Zahlungsempfängers);

18. „Drei-Parteien-Kartenzahlverfahren" ein Kartenzahlverfahren, bei dem das Kartenzahlverfahren selbst Annahme- und Abrechnungs- sowie Kartenausgabedienste erbringt und kartengebundene Zahlungsvorgänge von dem Zahlungskonto eines Zahlers auf das Zahlungskonto eines Zahlungsempfängers vornimmt. Vergibt ein Drei-Parteien-Kartenzahlverfahren Lizenzen zur Ausgabe von kartengebundenen Zahlungsinstrumenten oder zur Annahme und Abrechnung von kartengebundenen Zahlungsvorgängen an andere Zahlungsdienstleister oder gibt es gemeinsam mit einem Co-Branding-Partner oder mittels eines Vertreters kartengebundene Zahlungsinstrumente heraus, so wird es als Vier-Parteien-Kartenzahlverfahren betrachtet;

19. „Zahlungsinstrument" jedes personalisierte Instrument und/oder jeden personalisierten Verfahrensablauf, das bzw. der zwischen dem Zahlungsdienstnutzer und dem Zahlungsdienstleister vereinbart wurde und das bzw. der verwendet werden kann, um einen Zahlungsauftrag zu erteilen;

20. „kartengebundenes Zahlungsinstrument" jedes Zahlungsinstrument, einschließlich einer Karte, eines Mobiltelefons, eines Computers oder eines anderen technischen Geräts mit der erforderlichen Zahlungsanwendung, das dem Zahler die Veranlassung eines kartengebundenen Zahlungsvorgangs ermöglicht, bei dem es sich nicht um eine Überweisung oder Lastschrift im Sinne des Artikels 2 der Verordnung (EU) Nr. 260/2012 handelt;

21. „Zahlungsanwendung" eine auf ein Gerät geladene Computersoftware oder etwas Vergleichbares, die bzw. das die Veranlassung kartengebundener Zahlungsvorgänge ermöglicht und dem Zahler die Erteilung von Zahlungsaufträgen gestattet;

22. „Zahlungskonto" ein auf den Namen eines oder mehrerer Zahlungsdienstnutzer lautendes Konto, das für die Ausführung von Zahlungsvorgängen genutzt wird, einschließlich der Ausführung von Zahlungsvorgängen über ein spezielles Konto für E-Geld im Sinne von Artikel 2 Nummer 2 der Richtlinie 2009/110/EG des Europäischen Parlaments und des Rates[1)];

23. „Zahlungsauftrag" jede Anweisung, die ein Zahler seinem Zahlungsdienstleister zur Ausführung eines Zahlungsvorgangs erteilt;

24. „Zahlungsdienstleister" natürliche oder juristische Personen, die befugt sind, die im Anhang zur Richtlinie 2007/64/EG aufgeführten Zahlungsdienste zu erbringen oder als E-Geld-Emittenten gemäß Artikel 1 Absatz 1 der Richtlinie 2009/110/EG anerkannt sind. Ein Zahlungsdienstleister kann ein Emittent, ein Acquirer oder beides sein;

25. „Zahlungsdienstnutzer" eine natürliche oder juristische Person, die einen Zahlungsdienst als Zahler oder Zahlungsempfänger oder in beiden Eigenschaften in Anspruch nimmt;

26. „Zahlungsvorgang" einen vom Zahler bzw. in dessen Namen oder vom Zahlungsempfänger veranlassten Transfer eines Geldbetrags, unabhängig von allen zwischen Zahler und Zahlungsempfänger bestehenden etwaigen Verpflichtungen;

27. „Abwicklung" die Erbringung von Dienstleistungen zur Abwicklung von Zahlungsvorgängen, d. h. zur Durchführung der Schritte, die zur Bearbeitung einer Zahlungsanweisung zwischen

---

Zu Artikel 2:

[1)] Richtlinie 2009/110/EG des Europäischen Parlaments und des Rates vom 16. September 2009 über die Aufnahme, Ausübung und Beaufsichtigung der Tätigkeit von E-Geld-Instituten, zur Änderung der Richtlinien 2005/60/EG und 2006/48/EG sowie zur Aufhebung der Richtlinie 2000/46/EG (ABl. L 267 vom 10.10.2009, S. 7).

dem Acquirer und dem Emittenten erforderlich sind;

28. „abwickelnde Stelle" jede natürliche oder juristische Person, die Dienstleistungen zur Abwicklung von Zahlungsvorgängen erbringt;

29. „Verkaufsstelle" die Anschrift der realen Geschäftsräume des Händlers, in denen der Zahlungsvorgang veranlasst wird. Allerdings gilt Folgendes:

a) im Versandhandel oder bei Fernabsatzverträgen (d. h. beim elektronischen Geschäftsverkehr) im Sinne des Artikels 2 Nummer 7 der Richtlinie 2011/83/EU bezeichnet Verkaufsstelle die Anschrift der festen Niederlassung, an der der Händler seine Geschäfte abwickelt, unabhängig vom Standort der Website oder des Servers, über die bzw. den der Zahlungsvorgang veranlasst wird;

b) verfügt ein Händler nicht über eine feste Niederlassung, so gilt als Verkaufsstelle die Anschrift, für die der Händler über eine gültige Gewerbeerlaubnis verfügt und über die der Zahlungsvorgang veranlasst wird;

c) verfügt ein Händler weder über eine feste Niederlassung noch über eine gültige Gewerbeerlaubnis, so gilt als Verkaufsstelle die Korrespondenzanschrift, die für die Zahlung der in Verbindung mit der Verkaufstätigkeit anfallenden Steuern zugrunde gelegt wird und über die der Zahlungsvorgang veranlasst wird;

30. „Zahlungsmarke" jeder reale oder digitale Name, jeder materielle oder digitale Begriff, jedes materielle oder digitale Zeichen, jedes materielle oder digitale Symbol oder jede Kombination davon, unter dem bzw. der die kartengebundenen Zahlungsvorgänge abgewickelt werden;

31. „Co-badging" das Aufnehmen von zwei oder mehr Zahlungsmarken oder Zahlungsanwendungen auf dasselbe kartengebundene Zahlungsinstrument;

32. „Co-branding" das Aufnehmen von mindestens einer Zahlungsmarke und mindestens einer Nicht-Zahlungsmarke auf dasselbe kartengebundene Zahlungsinstrument;

33. „Debitkarte" eine Zahlungsinstrumentenart, die es dem Zahler ermöglicht, Debitkartentransaktionen zu veranlassen, mit Ausnahme von Zahlungsvorgängen mit Guthabenkarten;

34. „Kreditkarte" eine Zahlungsinstrumentenart, die es dem Zahler ermöglicht, Kreditkartentransaktionen zu veranlassen;

35. „Guthabenkarte" eine Zahlungsinstrumentenart, auf der E-Geld im Sinne von Artikel 2 Nummer 2 der Richtlinie 2009/110/EG gespeichert ist.

KAPITEL II
INTERBANKENENTGELTE

Artikel 3
Interbankenentgelte für Debitkartentransaktionen von Verbrauchern

(1) Das Interbankenentgelt, das Zahlungsdienstleister bei Debitkartentransaktionen pro Zahlungsvorgang bieten oder verlangen dürfen, beträgt höchstens 0,2 % des Transaktionswerts.

(2) Bei inländischen Debitkartentransaktionen können die Mitgliedstaaten entweder

a) eine Obergrenze für das prozentuale Interbankenentgelt pro Transaktion festlegen, die unter dem in Absatz 1 festgelegten Wert liegt, und einen festen Höchstbetrag zur Beschränkung des Entgelts vorschreiben, das sich aufgrund des anwendbaren Prozentsatzes ergibt, oder

b) den Zahlungsdienstleistern gestatten, ein Interbankenentgelt pro Transaktion von höchstens 0,05 EUR oder, in den Mitgliedstaaten, deren Währung nicht der Euro ist, den entsprechenden Wert in der nationalen Währung am 8. Juni 2015 zu erheben, wobei dieser Wert alle fünf Jahre oder bei erheblichen Änderungen der Wechselkurse angepasst wird. Dieses Interbankenentgelt pro Transaktion kann auch mit einem Höchstprozentsatz von maximal 0,2 % kombiniert werden, immer unter der Voraussetzung, dass die Summe der Interbankenentgelte des Kartenzahlverfahrens sich auf höchstens 0,2 % des gesamten jährlichen Transaktionswerts der inländischen Debitkartentransaktionen innerhalb eines jeden Kartenzahlverfahrens beläuft.

(3) Die Mitgliedstaaten können den Zahlungsdienstleistern bis zum 9. Dezember 2020 gestatten, in Bezug auf inländische Debitkartentransaktionen ein gewichtetes durchschnittliches Interbankenentgelt von höchstens 0,2 % des durchschnittlichen jährlichen Transaktionswerts sämtlicher inländischen Debitkartentransaktionen innerhalb eines jeden Kartenzahlverfahrens zu erheben. Die Mitgliedstaaten können für die Gesamtheit der inländischen Debitkartentransaktionen eine niedrigere Obergrenze für das gewichtete durchschnittliche Interbankenentgelt festlegen.

(4) Die in den Absätzen 2 und 3 genannten Werte werden jährlich berechnet, wobei das Rechnungsjahr am 1. Januar beginnt und am 31. Dezember endet; die errechneten Werte sind ab dem 1. April des Folgejahres anzuwenden. Der Bezugszeitraum für die erste Berechnung dieses Werts beginnt 15 Kalendermonate vor dem Datum der Anwendung der Absätze 2 und 3 und endet drei Kalendermonate vor diesem Datum.

(5) Die in Artikel 13 genannten zuständigen Behörden fordern die Kartenzahlverfahren und/oder Zahlungsdienstleister schriftlich dazu auf, ihnen alle Informationen zu übermitteln, die

erforderlich sind, um die ordnungsgemäße Anwendung der Absätze 3 und 4 dieses Artikels zu kontrollieren. Diese Informationen sind der zuständigen Behörde vor dem 1. März des auf den Bezugszeitraum gemäß Absatz 4 Satz 1 folgenden Jahres zu übermitteln. Jede weitere Information, die es den zuständigen Behörden ermöglicht, die Einhaltung der Bestimmungen dieses Kapitels zu kontrollieren, wird ihnen auf schriftliche Aufforderung innerhalb der von ihnen gesetzten Frist übermittelt. Die zuständigen Behörden können verlangen, dass diese Informationen von einem unabhängigen Prüfer bestätigt werden.

Artikel 4
Interbankenentgelte für Transaktionen mit Verbraucher-Kreditkarten

Das Interbankenentgelt, das Zahlungsdienstleister bei Kreditkartentransaktionen pro Zahlungsvorgang bieten oder verlangen dürfen, beträgt höchstens 0,3 % des Transaktionswerts. Für inländische Kreditkartentransaktionen können die Mitgliedstaaten eine unter diesem Wert liegende Obergrenze für das Interbankenentgelt pro Zahlungsvorgang festlegen.

Artikel 5
Umgehungsverbot

Für die Zwecke der Anwendung der Obergrenzen nach den Artikeln 3 und 4 wird jede vereinbarte Vergütung, einschließlich Nettovergütungen, mit gleichem Zweck oder gleicher Wirkung wie ein Interbankenentgelt, die ein Emittent von dem Kartenzahlverfahren, dem Acquirer oder einer zwischengeschalteten Stelle in Bezug auf Zahlungsvorgänge oder damit verbundene Tätigkeiten erhält, als Teil des Interbankenentgelts behandelt.

KAPITEL III
GESCHÄFTSREGELN

Artikel 6
Lizenzvergabe

(1) Jede territoriale Beschränkung innerhalb der Union und jede Vorschrift gleicher Wirkung in Lizenzvereinbarungen oder in den Vorschriften von Kartenzahlverfahren für die Ausgabe von Zahlungskarten oder die Annahme und Abrechnung von kartengebundenen Zahlungsvorgängen ist untersagt.

(2) Jede Anforderung oder Pflicht, wonach für grenzüberschreitende Tätigkeiten eine länderspezifische Lizenz oder Zulassung eingeholt werden muss, und jede Vorschrift gleicher Wirkung in Lizenzvereinbarungen oder in den Vorschriften von Kartenzahlverfahren für die Ausgabe von Zahlungskarten oder die Annahme und Abrechnung von kartengebundenen Zahlungsvorgängen ist untersagt.

Artikel 7
Trennung von Kartenzahlverfahren und abwickelnden Stellen

(1) Kartenzahlverfahren und abwickelnde Stellen

a) sind hinsichtlich ihrer Rechnungslegung, ihrer Organisation und ihrer Entscheidungsverfahren voneinander unabhängig;

b) weisen die Preise für Tätigkeiten des Kartenzahlverfahrens und die Preise für Abwicklungstätigkeiten nicht als Paketpreis aus und nehmen keine Quersubventionen zwischen diesen Tätigkeiten vor;

c) gewährleisten, dass ihre Tochterunternehmen und Gesellschafter auf der einen und die Nutzer von Kartenzahlverfahren und andere Vertragspartner auf der anderen Seite gleich behandelt werden und machen die Erbringung ihrer Dienstleistungen nicht in irgendeiner Weise davon abhängig, dass ihr Vertragspartner einen ihrer anderen Dienste akzeptiert.

(2) Die zuständige Behörde des Mitgliedstaats, in dem das Kartenzahlverfahren seinen satzungsmäßigen Sitz hat, kann von einem Kartenzahlverfahren die Vorlage eines unabhängigen Berichts verlangen, in dem bestätigt wird, dass es die Bestimmungen des Absatzes 1 einhält.

(3) Kartenzahlverfahren lassen die Möglichkeit zu, dass Autorisierung und Clearing einzelner kartengebundener Zahlungsvorgänge voneinander getrennt und von unterschiedlichen abwickelnden Stellen abgewickelt werden.

(4) Jede territoriale Diskriminierung bei den Abwicklungsvorschriften von Kartenzahlverfahren ist untersagt.

(5) Die abwickelnden Stellen in der Union stellen die technische Interoperabilität ihres Systems mit den Systemen anderer abwickelnden Stellen in der Union sicher, indem sie die Normen internationaler oder europäischer Normungsgremien verwenden. Zusätzlich dazu sehen Kartenzahlverfahren davon ab, Geschäftsregeln einzuführen oder anzuwenden, die die Interoperabilität der abwickelnden Stellen in der Union einschränken.

(6) Nach Anhörung eines Beratungsgremiums gemäß Artikel 41 der Verordnung (EU) Nr. 1093/2010 des Europäischen Parlaments und des Rates[1] kann die Europäische Bankenaufsichts-

Zu Artikel 7:

[1] *Verordnung (EU) Nr. 1093/2010 des Europäischen Parlaments und des Rates vom 24. November 2010 zur Errichtung einer Europäischen Aufsichtsbehörde (Europäische Bankenaufsichtsbehörde), zur Änderung des Beschlus-*

behörde (EBA) Entwürfe technischer Regulierungsstandards ausarbeiten, in denen Anforderungen festgelegt werden, die die Kartenzahlverfahren und die abwickelnden Stellen erfüllen müssen, um die Anwendung von Absatz 1 Buchstabe a dieses Artikels sicherzustellen.

Die EBA legt der Kommission diese Entwürfe technischer Regulierungsstandards bis zum 9. Dezember 2015 vor.

Der Kommission wird die Befugnis übertragen, die in Unterabsatz 1 dieses Absatzes genannten technischen Regulierungsstandards gemäß den Artikeln 10 bis 14 der Verordnung (EU) Nr. 1093/2010 zu erlassen.

Artikel 8
Co-badging und Wahl der Zahlungsmarke oder Zahlungsanwendung

(1) Jegliche Vorschriften von Kartenzahlverfahren und jegliche in Lizenzvereinbarungen enthaltenen Vorschriften oder Maßnahmen gleicher Wirkung, die einen Emittenten daran hindern, ein kartengebundenes Zahlungsinstrument mit zwei oder mehr unterschiedlichen Zahlungsmarken oder Zahlungsanwendungen (Co-badging) auszustatten, sind untersagt.

(2) Geht ein Verbraucher ein Vertragsverhältnis mit einem Zahlungsdienstleister ein, so kann der Verbraucher verlangen, dass er zwei oder mehrere unterschiedliche Zahlungsmarken auf seinem kartengebundenen Zahlungsinstrument erhält, vorausgesetzt sein Zahlungsdienstleister bietet diesen Dienst an. Rechtzeitig vor der Unterzeichnung des Vertrags informiert der Zahlungsdienstleister den Verbraucher in klarer und objektiver Weise über alle verfügbaren Zahlungsmarken und deren Eigenschaften, einschließlich ihrer Funktionsweise, Kosten und Sicherheit.

(3) Jede mit Regeln des Kartenzahlverfahrens und Lizenzvereinbarungen einhergehende Ungleichbehandlung von Emittenten oder Acquirern beim Aufbringen verschiedener Zahlungsmarken oder Zahlungsanwendungen (Co-badging) auf einem kartengebundenen Zahlungsinstrument muss objektiv gerechtfertigt und frei von Diskriminierung sein.

(4) Kartenzahlverfahren schreiben kartenausgebenden und abrechnenden Zahlungsdienstleistern für Transaktionen mit einem Gerät, das ihre Zahlungsmarke trägt, aber über ein anderes Kartenzahlverfahren abgewickelt werden, keine Meldepflichten, Entgeltzahlungen oder ähnliche Verpflichtungen gleicher Zielsetzung oder Wirkung vor.

(5) Jede Weiterleitungsregel oder Maßnahme gleicher Wirkung, die darauf abzielt, Transaktionen über bestimmte Kanäle oder Prozesse abzuwickeln, sowie alle anderen Technik- und Sicherheitsstandards und -anforderungen, die den Umgang mit kartengebundenen Zahlungsinstrumenten, die zwei oder mehrere unterschiedliche Zahlungsmarken oder Zahlungsanwendungen tragen, betreffen, dürfen keine dieser Marken diskriminieren und sind diskriminierungsfrei anzuwenden.

(6) Kartenzahlverfahren, Emittenten, Acquirer, abwickelnde Stellen und andere Anbieter von technischen Diensten statten ein Zahlungsinstrument oder eine an der Verkaufsstelle genutzte Ausrüstung nicht mit automatischen Mechanismen, Software oder Vorrichtungen aus, die die Wahl der Zahlungsmarke oder Zahlungsanwendung des Zahlers und des Zahlungsempfängers bei der Verwendung eines mit mehreren Akzeptanzmarken versehenen Zahlungsinstruments (Co-badging) einschränken.

Die Zahlungsempfänger behalten die Möglichkeit, in der an der Verkaufsstelle genutzten Ausrüstung automatische Mechanismen zu installieren, die eine Vorauswahl einer bestimmten Zahlungsmarke oder Zahlungsanwendung treffen, allerdings dürfen die Zahlungsempfänger den Zahler nicht daran hindern, sich bei den Kategorien der vom Zahlungsempfänger akzeptierten Karten oder entsprechenden Zahlungsinstrumenten über diese automatische Vorauswahl, die der Zahlungsempfänger in seinen Geräten festgelegt hat, hinwegzusetzen.

Artikel 9
Entgeltaufschlüsselung

(1) Jeder Acquirer bietet und fakturiert seinem Zahlungsempfänger für die verschiedenen Kartenarten und -marken mit unterschiedlich hohen Interbankenentgelten individuell aufgeschlüsselte Händlerentgelte, es sei denn, die Zahlungsempfänger haben die Acquirer schriftlich um Bündelung der Händlerentgelte gebeten.

(2) In ihren Vereinbarungen mit den Zahlungsempfängern nehmen die Acquirer nach Kartenart und -marke individuell aufgeschlüsselte Angaben zur Höhe der Händlerentgelte, Interbankenentgelte und Entgelte des Kartenzahlverfahrens auf, es sei denn, der Zahlungsempfänger stellt in der Folge schriftlich einen anderslautenden Antrag.

Artikel 10
Pflicht zur Akzeptanz aller Karten

(1) Kartenzahlverfahren und Zahlungsdienstleister sehen von jeder Regel ab, die Zahlungsempfänger, die die von einem Emittenten ausgegebenen kartengebundenen Zahlungsinstrumente akzeptieren, dazu verpflichtet, auch andere kartengebundene Zahlungsinstrumente zu akzeptieren,

ses Nr. 716/2009/EG und zur Aufhebung des Beschlusses 2009/78/EG der Kommission (ABl. L 331 vom 15.12.2010, S. 12).

die im Rahmen desselben Kartenzahlverfahrens ausgegeben wurden.

(2) Absatz 1 gilt nicht für verbraucherkartengebundene Zahlungsinstrumente derselben Marke und derselben Art (Guthaben-, Debit- oder Kreditkarte), die Interbankenentgelten nach Kapitel II dieser Verordnung unterliegen.

(3) Absatz 1 schließt nicht aus, dass Kartenzahlverfahren und Zahlungsdienstleister vorschreiben können, dass Karten nicht deswegen abgelehnt werden dürfen, weil es sich um bestimmte Emittenten oder Karteninhaber handelt.

(4) Zahlungsempfänger, die entscheiden, nicht alle Karten oder sonstigen Zahlungsinstrumente eines Kartenzahlverfahrens zu akzeptieren, teilen dies den Verbrauchern klar, unmissverständlich und zu demselben Zeitpunkt mit, zu dem sie die Verbraucher über die Akzeptanz anderer Karten und Zahlungsinstrumente des Kartenzahlverfahrens informieren. Diese Information wird am Geschäftseingang und an der Kasse deutlich sichtbar angezeigt.

In Falle des Versandhandels ist diese Information auf der Website des Zahlungsempfängers oder einem anderen elektronischen oder mobilen Medium anzuzeigen. Diese Information wird dem Zahler rechtzeitig vor Abschluss eines Kaufvertrags zwischen dem Zahler und dem Zahlungsempfänger zur Verfügung gestellt.

(5) Die Emittenten stellen sicher, dass ihre Zahlungsinstrumente elektronisch identifizierbar sind und neu ausgegebene kartengebundene Zahlungsinstrumente auch optisch identifiziert werden können, damit Zahlungsempfänger und Zahler eindeutig festzustellen können, welche Marke und Art von Guthaben-, Debit-, Kredit- oder Firmenkarte der Zahler gewählt hat.

Artikel 11
Lenkungsregeln

(1) Lizenzvereinbarungen, Regeln der Kartenzahlverfahren, die von Kartenzahlverfahren angewandt werden, und zwischen Acquirern und Zahlungsempfängern geschlossene Vereinbarungen dürfen keine Regel enthalten, die Zahlungsempfänger daran hindert, Verbrauchern Anreize zur Nutzung eines vom Zahlungsempfänger bevorzugten Zahlungsinstruments zu geben. Unter dieses Verbot fällt auch jede Regel, die es Zahlungsempfängern untersagt, die kartengebundenen Zahlungsinstrumente eines bestimmten Kartenzahlverfahrens gegenüber anderen zu bevorzugen oder zu benachteiligen.

(2) Lizenzvereinbarungen, Regeln der Kartenzahlverfahren, die von Kartenzahlverfahren angewandt werden, und zwischen Acquirern und Zahlungsempfängern geschlossene Vereinbarungen dürfen keine Regel enthalten, die Zahlungsempfänger daran hindert, die Zahler über Interbankenentgelte und Händlerentgelte zu informieren.

(3) Die Absätze 1 und 2 berühren nicht die Bestimmungen der Richtlinie 2007/64/EG und der Richtlinie 2011/83/EU über Entgelte, Ermäßigungen oder andere Anreize.

Artikel 12
Information an den Zahlungsempfänger bei einzelnen kartengebundenen Zahlungsvorgängen

(1) Nach Ausführung eines kartengebundenen Zahlungsvorgangs übermittelt der Zahlungsdienstleister des Zahlungsempfängers diesem die folgenden Angaben:

a) die Referenz, die dem Zahlungsempfänger die Identifizierung des kartengebundenen Zahlungsvorgangs ermöglicht;

b) den Betrag, der Gegenstand des Zahlungsvorgangs ist, in der Währung, in der die Gutschrift auf dem Zahlungskonto des Zahlungsempfängers erfolgt;

c) die Höhe aller etwaigen für den kartengebundenen Zahlungsvorgang zu entrichtenden Entgelte, wobei die Händlerentgelte und das Interbankenentgelt gesondert ausgewiesen werden.

Die Angaben nach Unterabsatz 1 können nach Marken, Anwendungen, Zahlungsinstrumentenarten und den für den jeweiligen Zahlungsvorgang geltenden Interbankenentgeltsätzen zusammengefasst werden, wenn der Zahlungsempfänger dem vorab ausdrücklich zugestimmt hat.

(2) Verträge zwischen Acquirern und Zahlungsempfängern dürfen eine Klausel enthalten, wonach die Angaben nach Absatz 1 Unterabsatz 1 regelmäßig, mindestens aber einmal im Monat, nach einem vereinbarten Verfahren so zu übermitteln oder bereitzustellen sind, dass die Zahlungsempfänger sie unverändert speichern und reproduzieren können.

KAPITEL IV
SCHLUSSBESTIMMUNGEN

Artikel 13
Zuständige Behörden

(1) Die Mitgliedstaaten benennen die zuständigen Behörden, die befugt sind, die Durchsetzung dieser Verordnung sicherzustellen, und mit den entsprechenden Untersuchungs- und Vollstreckungsbefugnissen ausgestattet sind.

(2) Die Mitgliedstaaten können bestehende Stellen als zuständige Behörden benennen.

(3) Die Mitgliedstaaten können eine oder mehrere zuständige Behörden benennen.

(4) Die Mitgliedstaaten teilen der Kommission bis zum 9. Juni 2016 mit, welche zuständigen

Behörden sie benannt haben. Sie teilen der Kommission umgehend jede nachfolgende, diese Behörden betreffende Änderung mit.

(5) Zur Wahrnehmung ihrer Aufgaben verfügen die nach Absatz 1 benannten zuständigen Behörden über angemessene Ressourcen.

(6) Die Mitgliedstaaten verlangen von den zuständigen Behörden, dass sie die Einhaltung dieser Verordnung wirksam überwachen – auch um jegliche Versuche der Zahlungsdienstleister, diese Verordnung zu umgehen, zu verhindern – und alle notwendigen Maßnahmen treffen, um die Einhaltung sicherzustellen.

Artikel 14
Sanktionen

(1) Die Mitgliedstaaten legen Vorschriften über Sanktionen fest, die bei Verstößen gegen diese Verordnung zu verhängen sind, und treffen alle erforderlichen Vorkehrungen für ihre Anwendung.

(2) Die Mitgliedstaaten teilen der Kommission diese Vorschriften bis zum 9. Juni 2016 mit und melden ihr nachfolgende Änderungen unverzüglich.

Artikel 15
Streitbeilegung, außergerichtliche Beschwerde- und Rechtsbehelfsverfahren

(1) Die Mitgliedstaaten gewährleisten und fördern angemessene und wirksame außergerichtliche Beschwerde- und Rechtsbehelfsverfahren oder treffen gleichwertige Vorkehrungen für die Beilegung etwaiger aus dieser Verordnung erwachsender Streitigkeiten zwischen Zahlungsempfängern und ihren Zahlungsdienstleistern. Für diese Zwecke werden von den Mitgliedstaaten bestehende Einrichtungen benannt, soweit dies angebracht ist, oder neue Einrichtungen geschaffen. Diese Einrichtungen sind von den Parteien unabhängig.

(2) Die Mitgliedstaaten teilen der Kommission bis zum 9. Juni 2017 mit, welche Einrichtungen sie benannt haben. Sie teilen der Kommission umgehend jede nachfolgende, diese Einrichtungen betreffende Änderung mit.

Artikel 16
Universalkarten

(1) Für die Zwecke dieser Verordnung gelten für inländische Zahlungsvorgänge, die durch das Kartenzahlverfahren nicht eindeutig der Kategorie Debitkarten- oder Kreditkartentransaktion zugeordnet werden können, die Bestimmungen für Debitkarten oder Debitkartentransaktionen.

(2) Abweichend von Absatz 1 können die Mitgliedstaaten bis zum 9. Dezember 2016 festlegen, dass ein Anteil von höchstens 30 % der inländischen Zahlungsvorgänge nach Absatz 1 als Kreditkartentransaktionen gleichgestellt gilt, auf die die Obergrenze für das Interbankenentgelt nach Artikel 4 anwendbar ist.

Artikel 17
Überprüfungsklausel

Die Kommission legt dem Europäischen Parlament und dem Rat bis 9. Juni 2019 einen Bericht über die Anwendung dieser Verordnung vor. In diesem Bericht wird sich die Kommission insbesondere mit der Angemessenheit der Höhe der Interbankenentgelte und mit den Lenkungsmechanismen, wie den Entgelten, befassen und dabei der Nutzung und den Kosten der verschiedenen Zahlungsmittel, der Anzahl neuer Akteure, neuer Technologien sowie innovativer Geschäftsmodelle auf dem Markt Rechnung tragen. Bei der Bewertung wird insbesondere Folgendes berücksichtigt:

a) die Entwicklung der Entgelte für Zahler;

b) das Wettbewerbsniveau unter den Zahlungsdienstleistern und Kartenzahlverfahren;

c) die Auswirkungen auf die Kosten für Zahler und Zahlungsempfänger;

d) das Ausmaß der Weitergabe der reduzierten Interbankenentgelte durch die Händler;

e) die technischen Voraussetzungen und deren Auswirkungen auf die beteiligten Parteien;

f) die Auswirkungen des Co-badging auf die Nutzerfreundlichkeit, insbesondere für ältere und andere gefährdete Nutzer;

g) die Auswirkungen der Ausnahme für Firmenkarten von Kapitel II auf den Markt, wobei ein Vergleich der Situation in Mitgliedstaaten, in denen zusätzliche Entgelte verboten sind, mit der Situation in Mitgliedstaaten, in denen diese erlaubt sind, angestellt wird;

h) die Auswirkungen der besonderen Bestimmungen für Interbankenentgelte für inländische Debitkartentransaktionen auf den Markt;

i) die Entwicklung der grenzüberschreitenden Annahme und Abrechnung und ihre Auswirkungen auf den Binnenmarkt, wobei die Situation in Bezug auf Karten, bei denen einen Entgeltobergrenze besteht, und solchen, für die keine Entgeltobergrenze festgelegt wurde, verglichen wird, um die Möglichkeit einer Klarstellung zu prüfen, welches Interbankenentgelt für die grenzüberschreitende Annahme und Abrechnung anfällt;

j) die praktische Anwendung der Vorschriften über die Trennung von Kartenzahlverfahren und abwickelnden Stellen und die Notwendigkeit, die rechtliche Entflechtung erneut zu prüfen;

k) die möglicherweise notwendige Überarbeitung von Artikel 3 Absatz 1 – je nachdem, wie sich dieser auf den tatsächlichen Betrag der Interbankenentgelte für Debitkartentransaktionen von mittlerem und hohem Wert auswirkt –, um festzulegen, dass die Obergrenze von 0,07 EUR oder 0,2 % des Transaktionswerts, je nachdem, welcher Betrag niedriger ist, nicht überschritten werden sollte.

Der Bericht der Kommission wird gegebenenfalls von einem Gesetzgebungsvorschlag begleitet, der einen Vorschlag für eine Änderung der Obergrenzen für Interbankenentgelte enthalten kann.

Artikel 18

Inkrafttreten

(1) Diese Verordnung tritt am zwanzigsten Tag nach ihrer Veröffentlichung im *Amtsblatt der Europäischen Union* in Kraft.

(2) Sie gilt ab dem 8. Juni 2015 mit Ausnahme der Artikel 3, 4, 6 und 12, die ab dem 9. Dezember 2015 gelten, und der Artikel 7, 8, 9 und 10, die ab dem 9. Juni 2016 gelten.

Diese Verordnung ist in allen ihren Teilen verbindlich und gilt unmittelbar in jedem Mitgliedstaat.

Geschehen zu Straßburg am 29. April 2015.

Im Namen des Europäischen Parlaments	*Im Namen des Rates*
Der Präsident	*Die Präsidentin*
M. SCHULZ	Z. KALNIŅA-LUKAŠEVICA

Delegierte Verordnung (EU) 2018/72 zur Ergänzung der Verordnung (EU) 2015/751 des Europäischen Parlaments und des Rates über Interbankenentgelte für kartengebundene Zahlungsvorgänge durch technische Regulierungsstandards zur Festlegung der von Kartenzahlverfahren und abwickelnden Stellen zu erfüllenden Anforderungen zur Gewährleistung der Anwendung von Anforderungen in Bezug auf ihre Unabhängigkeit hinsichtlich Rechnungslegung, Organisation und Entscheidungsverfahren

ABl L 13 vom 18. 1. 2018, S 1 idF

1 ABl L 74 vom 16. 3. 2018, S 11 (Berichtigung)

DIE EUROPÄISCHE KOMMISSION –

gestützt auf den Vertrag über die Arbeitsweise der Europäischen Union,

gestützt auf die Verordnung (EU) 2015/751 des Europäischen Parlaments und des Rates vom 29. April 2015 über Interbankenentgelte für kartengebundene Zahlungsvorgänge[1)], insbesondere auf Artikel 7 Absatz 6,

in Erwägung nachstehender Gründe:

(1) Um die Anforderungen festzulegen, die für die Gewährleistung der Trennung von Kartenzahlverfahren und abwickelnden Stellen erfüllt sein müssen, sollten unabhängig von der Rechtsform dieser Unternehmen bestimmte Begriffe im Zusammenhang mit Rechnungslegung, Organisation und Entscheidungsverfahren von Kartenzahlverfahren und abwickelnden Stellen definiert werden.

(2) Kartenzahlverfahren und abwickelnde Stellen sollten Rechnungslegungsverfahren nutzen, mit denen sie Finanzinformationen zu getrennten Gewinn- und Verlustrechnungen sowie Erläuterungen zu diesen Finanzinformationen erstellen können. Für Kartenzahlverfahren und abwickelnde Stellen bereits geltende Rechnungslegungsgrundsätze und -standards oder Anforderungen in Bezug auf den Jahresabschluss sollten durch diese Anforderungen nicht ersetzt oder geändert werden.

(3) Zu diesem Zweck ist es angezeigt festzulegen, wie die Einnahmen und Ausgaben nach diesen Rechnungslegungsverfahren zuzuweisen sind. Die Verfahren sollten ordnungsgemäß dokumentiert werden, insbesondere in Bezug auf die Übertragung von Mitteln von Kartenzahlverfahren auf abwickelnde Stellen und umgekehrt.

(4) Zur Gewährleistung der Unabhängigkeit sollten Kartenzahlverfahren und abwickelnde Stellen mindestens einmal jährlich Finanzinformationen erstellen, die von einem unabhängigen Prüfer bestätigt werden sollten. Diese Informationen sowie ihre Überprüfung sollten den zuständigen Behörden auf Antrag zur Verfügung gestellt werden, damit sie die Anforderungen in Bezug auf die Unabhängigkeit durchsetzen können.

(5) Kartenzahlverfahren und abwickelnde Stellen, bei denen es sich nicht um separate juristische Personen handelt, sollten zumindest als getrennte interne Geschäftsbereiche organisiert werden. Die Mitarbeiter und Führungskräfte von Kartenzahlverfahren sollten unabhängig vom Personal abwickelnder Stellen und in separaten Geschäftsräumen mit beschränktem, einer Kontrolle unterliegendem Zugang untergebracht sein. Um die Unabhängigkeit auf Ebene der Führungskräfte zu fördern, wenn zwei Stellen Teil derselben Gruppe sind, und um einen Drehtür-Effekt zu vermeiden, sollte es Führungskräften nach Ende ihrer Tätigkeit für die eine Stelle mindestens ein Jahr lang nicht gestattet sein, für die andere Stelle tätig zu werden.

(6) Das Personal von Kartenzahlverfahren sollte nur dann Aufgaben im Zusammenhang mit der Entwicklung, Aktualisierung oder Einführung von Abwicklungsverfahren übernehmen dürfen, wenn spezifische Voraussetzungen erfüllt sind, die die Einhaltung der Anforderungen in Bezug auf die Unabhängigkeit gewährleisten.

Zur Präambel:

1) ABl. L 123 vom 19.5.2015, S. 1.

(7) Damit für das Personal von Kartenzahlverfahren und abwickelnden Stellen kein Anreiz für gegenseitige Vorzugsbehandlung oder die gegenseitige Übermittlung privilegierter Informationen, die ihren Wettbewerbern nicht zur Verfügung stehen, besteht, sollten weder die Vergütungssysteme für das Personal von Kartenzahlverfahren direkt oder indirekt an die wirtschaftliche Leistung der abwickelnden Stellen noch die Vergütungssysteme für das Personal von abwickelnden Stellen direkt oder indirekt an die wirtschaftliche Leistung der Kartenzahlverfahren gebunden sein. Das Vergütungssystem sollte den zuständigen Behörden auf Antrag in vollem Umfang offengelegt werden.

(8) Für den Fall, dass Kartenzahlverfahren und abwickelnde Stelle Teil derselben juristischen Person oder Gruppe sind, ist es angezeigt, in einem Verhaltenskodex, der wirksame Sanktionen und Durchsetzungsmechanismen umfasst und öffentlich gemacht wird, Vorschriften festzulegen, die gewährleisten, dass das Personal die Bestimmungen dieser Verordnung einhält.

(9) Kartenzahlverfahren und abwickelnden Stellen sollte die Nutzung gemeinsamer Dienste gestattet sein, sofern dies nicht dazu führt, dass sensible Informationen geteilt werden, und die Voraussetzungen für die gemeinsame Nutzung der Dienste einschließlich der finanziellen Voraussetzungen, unter denen die Dienste angeboten werden, ordnungsgemäß in einem einzigen Dokument beschrieben werden. Dieses Dokument sollte den zuständigen Behörden auf Antrag zur Verfügung gestellt werden, damit sie die Anwendung der Anforderungen in Bezug auf die Unabhängigkeit gewährleisten können. Es sollten spezifische Voraussetzungen für die gemeinsame Nutzung des Informationsverwaltungssystems eingeführt werden. Allerdings sollte der Austausch sensibler Informationen zwischen Kartenzahlverfahren und abwickelnden Stellen, der dem Kartenzahlverfahren oder der abwickelnden Stelle einen Wettbewerbsvorteil verschaffen kann, verboten sein.

(10) Es ist angezeigt, unabhängig von der Rechtsform und organisatorischen Regelungen der Leitungsorgane der Kartenzahlverfahren und abwickelnden Stellen Voraussetzungen für ihre Zusammensetzung festzulegen, um sicherzustellen, dass potenzielle Interessenkonflikte zwischen Kartenzahlverfahren und abwickelnden Stellen bei der Entscheidungsfindung angemessen entschärft werden. Diese Voraussetzungen sollten veröffentlicht werden und einer Überprüfung durch die zuständigen Behörden unterliegen. Ferner sollten Kartenzahlverfahren und abwickelnde Stellen über getrennte, von ihren jeweiligen Leitungsorganen gebilligte jährliche Geschäftspläne verfügen. Diese getrennten jährlichen Geschäftspläne sollten den zuständigen Behörden auf Antrag in vollem Umfang zur Verfügung gestellt werden, damit sie die Anforderungen in Bezug auf die Unabhängigkeit durchsetzen können.

(11) Diese Verordnung stützt sich auf den Entwurf technischer Regulierungsstandards, der der Kommission von der Europäischen Bankenaufsichtsbehörde (EBA) vorgelegt wurde.

(12) Die EBA hat zu diesem Entwurf offene öffentliche Konsultationen durchgeführt, die damit verbundenen potenziellen Kosten- und Nutzeneffekte analysiert und die Stellungnahme der gemäß Artikel 37 der Verordnung (EU) Nr. 1093/2010 des Europäischen Parlament und des Rates eingesetzten Interessengruppe Bankensektor eingeholt[2] –

HAT FOLGENDE VERORDNUNG ERLASSEN:

KAPITEL I
ALLGEMEINE BESTIMMUNGEN

Artikel 1
Gegenstand

In dieser Verordnung werden die Anforderungen festgelegt, die von Kartenzahlverfahren und abwickelnde Stellen zur Gewährleistung der Anwendung des Artikels 7 Absatz 1 Buchstabe a der Verordnung (EU) 2015/751 zu erfüllen sind.

Artikel 2
Begriffsbestimmungen

Für die Zwecke dieser Verordnung bezeichnet der Ausdruck

1. „Leitungsorgan" das Organ eines Kartenzahlverfahrens oder einer abwickelnden Stelle, dessen Mitglieder nach nationalem Recht bestellt werden und das befugt ist, Strategie, Ziele und Gesamtrichtung des Unternehmens vorzugeben und die Entscheidungen der Führungskräfte beaufsichtigt und überwacht und dem die Personen angehören, die die Geschäfte des Unternehmens tatsächlich führen; *(ABl L 74 vom 16. 3. 2018, S 11)*

Zu Abs. 12:

[2] Verordnung (EU) Nr. 1093/2010 des Europäischen Parlaments und des Rates vom 24. November 2010 zur Errichtung einer Europäischen Aufsichtsbehörde (Europäische Bankenaufsichtsbehörde), zur Änderung des Beschlusses Nr. 716/2009/EG und zur Aufhebung des Beschlusses 2009/78/EG der Kommission (ABl. L 331 vom 15.12.2010, S. 12).

2. „Führungskräfte" die natürlichen Personen, die bei einem Kartenzahlverfahren oder einer abwickelnden Stelle Geschäftsführungsaufgaben wahrnehmen und gegenüber dem Leitungsorgan für das Tagesgeschäft des Kartenzahlverfahrens oder der abwickelnden Stelle verantwortlich und rechenschaftspflichtig sind;

3. „Vergütung" alle Formen der festen und variablen Vergütung, einschließlich geleisteter Zahlungen und monetärer und nicht-monetärer Vorteile, die dem Personal direkt oder für Rechnung eines Kartenzahlverfahrens oder einer abwickelnden Stelle gewährt werden;

4. „gemeinsame Dienste" jede Tätigkeit, jede Aufgabe oder jeden Dienst, der entweder von einem internen Geschäftsbereich eines Kartenzahlverfahrens oder einer abwickelnden Stelle oder von einer getrennten juristischen Person zum Nutzen des Kartenzahlverfahrens wie auch der abwickelnden Stelle erbracht wird;

5. „Gruppe" ein Mutterunternehmen und alle Tochterunternehmen im Sinne des Artikels 2 Nummer 11 der Richtlinie 2013/34/EU des Europäischen Parlaments und des Rates[1)].

KAPITEL II

RECHNUNGSLEGUNG

Artikel 3
Finanzinformationen

(1) Kartenzahlverfahren und teilnehmende abwickelnde Stellen nutzen Rechnungslegungsverfahren, mit denen sie Finanzinformationen zu getrennten Gewinn- und Verlustrechnungen sowie Erläuterungen zu diesen Finanzinformationen erstellen können.

(2) Die Finanzinformationen gemäß Absatz 1 stehen in Einklang mit dem geltenden Rechnungslegungsrahmen für die Erstellung von Abschlüssen von Kartenzahlverfahren und abwickelnden Stellen.

Artikel 4
Zuweisung von Ausgaben und Einnahmen

(1) Für die Zwecke der Finanzinformationen gemäß Artikel 3 Absatz 1 werden Ausgaben und Einnahmen nach folgenden Vorschriften dem Kartenzahlverfahren bzw. der abwickelnden Stelle zugewiesen;

a) Ausgaben und Einnahmen, die direkt der Erbringung von Abwicklungsleistungen zuzurechnen sind, werden der abwickelnden Stelle zugewiesen;

b) Ausgaben und Einnahmen, die direkt dem Kartenzahlverfahren zuzurechnen sind, werden dem Kartenzahlverfahren zugewiesen;

c) Ausgaben und Einnahmen, die nicht direkt der Erbringung von Abwicklungsleistungen oder dem Kartenzahlverfahren zuzurechnen sind, werden nach der Prozesskostenrechnung (PKR) zugewiesen, bei der indirekte Ausgaben und Einnahmen im Verhältnis zur tatsächlichen Nutzung durch die abwickelnde Stelle bzw. das Kartenzahlverfahren zugewiesen werden;

d) Ausgaben und Einnahmen, die weder direkt noch nach der PKR zugewiesen werden können, werden nach einem Rechnungslegungsverfahren zugewiesen, das in einem begleitenden Vermerk dokumentiert wird.

(2) Der begleitende Vermerk gemäß Absatz 1 Buchstabe d weist für jede Aufwendung und jeden Ertrag, deren Zuweisung nach diesem Verfahren erfolgt, Folgendes aus:

a) die Grundlage für die Zuweisung;

b) eine Begründung dieser Grundlage.

Artikel 5
Dokumentation der Übertragung von Finanzmitteln zwischen Kartenzahlverfahren und abwickelnden Stellen

(1) Zu jeder Übertragung von Finanzmitteln zwischen Kartenzahlverfahren und abwickelnden Stellen, die für die Erbringung von Diensten oder die Nutzung gemeinsamer Dienste gemäß Artikel 12 erfolgt, erstellen die Kartenzahlverfahren und abwickelnden Stellen einen spezifischen erläuternden Vermerk. Dieser erläuternde Vermerk enthält die Preise und Gebühren für diese Dienste, unabhängig von etwaigen zugrunde liegenden Verpflichtungen und organisatorischen Regelungen, die zwischen Kartenzahlverfahren und abwickelnden Stellen bestehen können. Die erläuternden Vermerke sind Teil der Finanzinformationen gemäß Artikel 3 Absatz 1.

(2) Sind Kartenzahlverfahren und abwickelnde Stellen Teil derselben juristischen Person oder Gruppe, muss in den erläuternden Vermerken gemäß Absatz 1 nachgewiesen werden, dass die Preise und Gebühren für die gegenseitige Erbringung von Diensten oder die Nutzung gemeinsamer Dienste nicht von den Preisen und Gebühren abweichen, die für dieselben oder, in Ermangelung dessen, für vergleichbare Dienste berechnet werden, wenn Kartenzahlverfahren und abwickeln-

Zu Artikel 2:

[1)] Richtlinie 2013/34/EU des Europäischen Parlaments und des Rates vom 26. Juni 2013 über den Jahresabschluss, den konsolidierten Abschluss und damit verbundene Berichte von Unternehmen bestimmter Rechtsformen und zur Änderung der Richtlinie 2006/43/EG des Europäischen Parlaments und des Rates und zur Aufhebung der Richtlinien 78/660/EWG und 83/349/EWG des Rates (ABl. L 182 vom 29.6.2013, S. 19).

de Stelle nicht derselben juristischen Person oder Gruppe angehören.

Artikel 6
Prüfung und Häufigkeit von Finanzinformationen

(1) Die gemäß den Artikeln 3, 4 und 5 erstellten Finanzinformationen werden von einem unabhängigen und zugelassenen Prüfer bestätigt.

(2) Im Rahmen der Prüfung gemäß Absatz 1 wird ein Prüfbericht erstellt, der

a) einen zuverlässigen und vollständigen Überblick über die von den Kartenzahlverfahren und abwickelnden Stellen vorgelegten Finanzinformationen vermittelt;

b) Kohärenz und Vergleichbarkeit der Finanzinformationen mit den Rechnungslegungsrahmen für die Erstellung von Abschlüssen von Kartenzahlverfahren und abwickelnden Stellen gewährleistet;

c) die Kohärenz der Finanzinformationen mit den Zuweisungsstrategien der Vorjahre gewährleistet oder, in Ermangelung solcher Kohärenz, eine Erläuterung dafür gibt, weshalb die Zuweisungsstrategie geändert wurde, und die Zahlen für die Vorjahre anpasst.

(3) Die Finanzinformationen gemäß den Artikeln 3, 4 und 5 werden dem in Absatz 1 genannten Prüfer jährlich vorgelegt und den zuständigen Behörden zusammen mit dem Prüfbericht auf Antrag in vollem Umfang zur Verfügung gestellt.

KAPITEL III
ORGANISATION

Artikel 7
Funktionelle Trennung

Kartenzahlverfahren und abwickelnde Stellen, bei denen es sich nicht um separate juristische Personen handelt, werden als zwei getrennte interne Geschäftsbereiche organisiert.

Artikel 8
Trennung der Geschäftsräume

Kartenzahlverfahren und abwickelnde Stellen, die sich Bürogebäude teilen, haben getrennte Geschäftsräume mit beschränktem, einer Kontrolle unterliegendem Zugang.

Artikel 9
Unabhängigkeit der Führungskräfte

Führungskräfte von Kartenzahlverfahren oder entsprechenden Geschäftsbereichen dürfen nicht gleichzeitig Führungskräfte von abwickelnden Stellen oder entsprechenden Geschäftsbereichen sein und müssen unabhängig handeln. Führungskräfte von Kartenzahlverfahren oder entsprechenden Geschäftsbereichen dürfen nach Ende ihrer Tätigkeit für diese Stelle mindestens ein Jahr lang nicht für abwickelnde Stellen oder entsprechende Geschäftsbereiche tätig werden, und umgekehrt.

Artikel 10
Unabhängigkeit des Personals

(1) Kartenzahlverfahren und abwickelnde Stellen verfügen über unterschiedliches Personal.

(2) Das Personal von Kartenzahlverfahren und abwickelnden Stellen darf Aufgaben im Zusammenhang mit der Erbringung gemeinsam genutzter Dienste gemäß Artikel 12 wahrnehmen.

(3) Das Personal einer abwickelnden Stelle darf Aufgaben im Bereich der Entwicklung des einheitlichen Regelwerks aus Vorschriften, Praktiken, Standards und Durchführungsleitlinien für die Ausführung von kartengebundenen Zahlungsvorgängen wahrnehmen, sofern:

a) die Aufgaben im Bereich der Entwicklung des einheitlichen Regelwerks in nichtdiskriminierender Weise von anderen abwickelnden Stellen wahrgenommen werden dürfen;

b) ein repräsentativer Querschnitt aller abwickelnden Stellen, die an dem Kartenzahlverfahren teilnehmen, an der Entwicklung beteiligt ist.

Artikel 11
Vergütung

(1) Abwickelnde Stellen verfolgen eine Vergütungspolitik, die für das Personal keine Anreize schafft, einem Kartenzahlverfahren eine Vorzugsbehandlung zu gewähren oder privilegierte Informationen zukommen zu lassen, die anderen Wettbewerbern nicht zur Verfügung stehen. Die Personalvergütung spiegelt folglich die Leistung der abwickelnden Stelle wider und darf nicht direkt oder indirekt an die Leistung des Kartenzahlverfahrens gebunden sein, für das die abwickelnde Stelle Leistungen erbringt.

(2) Kartenzahlverfahren verfolgen eine Vergütungspolitik, die für das Personal keine Anreize schafft, einer abwickelnden Stelle eine Vorzugsbehandlung zu gewähren oder privilegierte Informationen zukommen zu lassen, die anderen Wettbewerbern nicht zur Verfügung stehen. Die Personalvergütung spiegelt folglich die Leistung des Kartenzahlverfahrens wider und darf nicht direkt oder indirekt an die Leistung der abwickelnden Stelle gebunden sein, für die das Kartenzahlverfahren Leistungen erbringt.

(3) Die Vergütungspolitik gemäß den Absätzen 1 und 2 wird den zuständigen Behörden auf Antrag in vollem Umfang zur Verfügung gestellt.

Artikel 12
Nutzung gemeinsamer Dienste

(1) Kartenzahlverfahren und abwickelnde Stellen, die gemeinsame Dienste nutzen, beschreiben in einem einzigen Dokument die Liste der gemeinsamen Dienste und die Voraussetzungen, einschließlich der finanziellen Voraussetzungen, unter denen diese Dienste erbracht werden.

(2) Das einzige Dokument gemäß Absatz 1 wird den zuständigen Behörden auf Antrag in vollem Umfang zur Verfügung gestellt.

Artikel 13
Nutzung eines gemeinsamen Informationsverwaltungssystems

Wird ein Informationsverwaltungssystem von einem Kartenzahlverfahren und einer abwickelnden Stelle gemeinsam genutzt, muss gewährleistet sein, dass:

a) für das Personal des Kartenzahlverfahrens und das Personal der abwickelnden Stelle getrennte Authentifizierungsverfahren für den Zugang zu dem Informationsverwaltungssystem angewendet werden;

b) die Nutzer nur Zugang zu Informationen haben, zu deren Erhalt sie in Einklang mit dieser Verordnung befugt sind. Insbesondere darf das Personal eines Kartenzahlverfahrens nicht auf sensible Informationen im Sinne des Artikels 14 einer abwickelnden Stelle und das Personal einer abwickelnden Stelle nicht auf sensible Informationen im Sinne des Artikels 14 eines Kartenzahl verfahrens zugreifen.

Artikel 14
Sensible Informationen

Sensible Informationen, die entweder dem Kartenzahlverfahren oder der abwickelnden Stelle einen Wettbewerbsvorteil verschaffen, dürfen von Kartenzahlverfahren und abwickelnden Stellen nicht ausgetauscht werden, wenn diese Informationen anderen Wettbewerbern nicht zur Verfügung gestellt werden.

Artikel 15
Verhaltenskodex

(1) Kartenzahlverfahren und abwickelnde Stellen, die Teil derselben juristischen Person oder Gruppe sind, erstellen und veröffentlichen auf ihrer Website einen Verhaltenskodex, in dem beschrieben ist, wie sich das Personal verhalten muss, um die Einhaltung dieser Verordnung zu gewährleisten. In den Verhaltenskodex werden auch wirksame Durchsetzungsmechanismen aufgenommen.

(2) Insbesondere werden in dem Verhaltenskodex Vorschriften festgelegt, die den Austausch sensibler Informationen im Sinne des Artikels 14 zwischen Kartenzahlverfahren und abwickelnden Stellen verhindern. Der Verhaltenskodex unterliegt der Überprüfung durch die zuständigen Behörden.

KAPITEL IV
ENTSCHEIDUNGSVERFAHREN

Artikel 16
Unabhängigkeit der Leitungsorgane

(1) Kartenzahlverfahren und abwickelnde Stellen gewährleisten, dass Interessenkonflikte zwischen Kartenzahlverfahren und abwickelnden Stellen bei Entscheidungsverfahren durch die Zusammensetzung ihrer jeweiligen Leitungsorgane entschärft werden, indem beispielsweise klare und objektive Kriterien dafür festgelegt werden, wann dieselbe Person gleichzeitig eine Leitungsposition in einem Organ eines Kartenzahlverfahrens und in einem Organ einer abwickelnden Stelle bekleiden darf. Diese Kriterien werden veröffentlicht und durch die zuständigen Behörden geprüft.

(2) Die Leitungsorgane von Kartenzahlverfahren und abwickelnden Stellen, die Teil derselben juristischen Person oder Gruppe sind, billigen und überprüfen regelmäßig Strategien für den Umgang mit Interessenkonflikten zur Verwaltung und Überwachung der Einhaltung dieser Verordnung.

(3) Darf dieselbe Person gleichzeitig eine Leitungsposition in einem Organ eines Kartenzahlverfahrens und in einem Organ einer abwickelnden Stelle bekleiden, sorgen die Kartenzahlverfahren und abwickelnde Stellen für die Zwecke von Absatz 2 für:

a) die Einrichtung eines getrennten Leitungsorgans, das für Entscheidungen im Zusammenhang mit der Tätigkeit des Kartenzahlverfahrens zuständig ist, mit Ausnahme der gemeinsam genutzten Dienste, auf die in Artikel 12 Bezug genommen wird, und das sich aus Mitgliedern des Leitungsorgans zusammensetzt, die keine Führungsaufgaben mit Bezug auf Abwicklungstätigkeiten wahrnehmen. Diese Mitglieder beraten das Leitungsorgan in Einklang mit dieser Verordnung hinsichtlich der Strategie des Kartenzahlverfahrens und unterstützen das Leitungsorgan bei der Überwachung der Umsetzung dieser Strategie durch die Führungskräfte.

b) die Einrichtung eines getrennten Leitungsorgans, das für Entscheidungen im Zusammenhang mit den Tätigkeiten der abwickelnden Stelle zuständig ist, mit Ausnahme der gemeinsam genutzten Dienste, auf die in Artikel 12 Bezug genommen wird, und das sich aus Mitgliedern des Leitungsorgans zusammensetzt, die keine Führungsaufgaben mit Bezug auf Tätigkeiten von Kartenzahlverfahren wahrnehmen. Diese Mitglieder beraten das Leitungsorgan in Einklang mit dieser Verordnung hinsichtlich der Strategie der abwickelnden Stelle und unterstützen das Leitungsorgan bei der Überwachung der Umsetzung dieser Strategie durch die Führungskräfte.

c) unabhängige Berichtspflichten der Führungskräfte des Geschäftsbereichs Kartenzahlverfahren bzw. des Geschäftsbereichs abwickelnde Stelle an das Leitungsorgan.

(4) Die gemäß Absatz 3 getroffenen organisatorischen Regelungen werden den zuständigen Behörden auf Antrag in vollem Umfang zur Verfügung gestellt.

(5) Das Leitungsorgan trägt weiterhin die Gesamtverantwortung für die Gewährleistung der Einhaltung dieser Verordnung.

Artikel 17
Unabhängigkeit der jährlichen Geschäftspläne

(1) Kartenzahlverfahren und abwickelnde Stellen verfügen über getrennte jährliche Geschäftspläne, in denen die Mittelausstattung einschließlich Investitions- und Betriebsaufwendungen sowie etwaige Befugnisübertragungen für die Tätigung dieser Ausgaben festgelegt sind, und die ihrem jeweiligen Leitungsorgan oder gegebenenfalls dem Leitungsorgan gemäß Artikel 16 zur Genehmigung vorgelegt werden.

(2) Die getrennten jährlichen Geschäftspläne werden den zuständigen Behörden auf Antrag in vollem Umfang zur Verfügung gestellt.

KAPITEL V
SCHLUSSBESTIMMUNGEN

Artikel 18
Inkrafttreten

Diese Verordnung tritt am zwanzigsten Tag nach ihrer Veröffentlichung im *Amtsblatt der Europäischen Union* in Kraft.

Diese Verordnung ist in allen ihren Teilen verbindlich und gilt unmittelbar in jedem Mitgliedstaat.

Brüssel, den 4. Oktober 2017

Für die Kommission
Der Präsident
Jean-Claude JUNCKER

Delegierte Verordnung (EU) 2018/32 zur Ergänzung der Richtlinie 2014/92/EU des Europäischen Parlaments und des Rates durch technische Regulierungsstandards für die standardisierte Unionsterminologie für die repräsentativsten mit einem Zahlungskonto verbundenen Dienste

ABl L 6 vom 11. 1. 2018, S 3

DIE EUROPÄISCHE KOMMISSION –

gestützt auf den Vertrag über die Arbeitsweise der Europäischen Union,

gestützt auf die Richtlinie 2014/92/EU des Europäischen Parlaments und des Rates vom 23. Juli 2014 über die Vergleichbarkeit von Zahlungskontoentgelten, den Wechsel von Zahlungskonten und den Zugang zu Zahlungskonten mit grundlegenden Funktionen[1)], insbesondere auf Artikel 3 Absatz 4 Unterabsatz 3,

in Erwägung nachstehender Gründe:

(1) Nach der Richtlinie 2014/92/EU müssen die Mitgliedstaaten vorläufige Listen der repräsentativsten mit einem Zahlungskonto verbundenen entgeltpflichtigen Dienste erstellen und die standardisierte Unionsterminologie in die endgültige Fassung dieser Liste aufnehmen.

(2) Es sollte eine standardisierte Unionsterminologie für die Dienste festgelegt werden, die mindestens einer Mehrheit der Mitgliedstaaten gemeinsam sind. Einige Mitgliedstaaten haben verschiedene Varianten ein und desselben Dienstes in ihre vorläufige Liste der repräsentativsten Dienste aufgenommen. Manche Mitgliedstaaten haben zudem zwischen der Einrichtung eines Dienstes und der Durchführung dieses Dienstes unterschieden. Um möglichst viele der am häufigsten genutzten Dienste innerhalb der Union zu ermitteln und gleichzeitig eine angemessene Vereinheitlichung der Terminologie der Dienste zu gewährleisten, damit die Verbraucher die Zahlungskontoentgelte und -angebote grenzüberschreitend nachvollziehen und vergleichen können, sollten die grundlegenden Aspekte der Dienste berücksichtigt werden.

(3) Die Begriffsbestimmungen sollten möglichst so formuliert werden, dass die Rolle des Zahlungsdienstleisters als Erbringer der mit einem Zahlungskonto verbundenen Dienste daraus hervorgeht.

[1)] *ABl. L 257 vom 28.8.2014, S. 214.*

(4) Gemäß der Richtlinie 2014/92/EU sollten die Begriffe und Begriffsbestimmungen für jeden Mitgliedstaat einzeln festgelegt werden.

(5) Diese Verordnung beruht auf dem Entwurf technischer Regulierungsstandards, der der Kommission von der Europäischen Bankenaufsichtsbehörde (EBA) vorgelegt wurde.

(6) Die EBA hat zu diesem Entwurf offene öffentliche Konsultationen durchgeführt, dessen potenzielle Kosten und potenziellen Nutzen analysiert und die Stellungnahme der eingesetzten Interessengruppe Bankensektor eingeholt[2)] —

HAT FOLGENDE VERORDNUNG ERLASSEN:

Artikel 1
Standardisierte Begriffe und Begriffsbestimmungen

Die in Artikel 3 Absatz 4 Unterabsatz 1 der Richtlinie 2014/92/EU genannten standardisierten Begriffe und Begriffsbestimmungen der Union für die am häufigsten genutzten mit einem Zahlungskonto verbundenen Dienste sind im Anhang festgelegt.

Artikel 2
Inkrafttreten

Diese Verordnung tritt am zwanzigsten Tag nach ihrer Veröffentlichung im Amtsblatt der Europäischen Union in Kraft.

Diese Verordnung ist in allen ihren Teilen verbindlich und gilt unmittelbar in jedem Mitgliedstaat.

Zu Abs. 6:

[2)] *Verordnung (EU) Nr. 1093/2010 des Europäischen Parlaments und des Rates vom 24. November 2010 zur Errichtung einer Europäischen Aufsichtsbehörde (Europäische Bankenaufsichtsbehörde), zur Änderung des Beschlusses Nr. 716/2009/EG und zur Aufhebung des Beschlusses 2009/78/EG der Kommission (ABl. L 331 vom 15.12.2010, S. 12).*

Brüssel, den 28. September 2017

Für die Kommission

Der Präsident

Jean-Claude JUNCKER

ANHANG

ANHANG

Standardisierte Begriffe und Begriffsbestimmungen für mit Zahlungskonten verbundene Dienste, die mindestens einer Mehrheit der Mitgliedstaaten gemeinsam sind (gemäß Artikel 3 Absatz 4 der Richtlinie 2014/92/EU)

BELGIEN

Französisch

Begriff	Begriffsbestimmung
Tenue de compte	Le prestataire de compte gère le compte utilisé par le client.
Fourniture d'une carte de débit	Le prestataire de compte fournit une carte de paiement liée au compte du client. Le montant de chaque opération effectuée à l'aide de cette carte est prélevé directement et intégralement sur le compte du client.
Fourniture d'une carte de crédit	Le prestataire de compte fournit une carte de paiement liée au compte de paiement du client. Le montant total correspondant aux opérations effectuées à l'aide de cette carte au cours d'une période convenue est prélevé intégralement ou partiellement sur le compte de paiement du client à une date convenue. Un contrat de crédit entre le prestataire et le client détermine si des intérêts seront facturés au client au titre du montant emprunté.
Facilité de découvert	Le prestataire de compte et le client conviennent à l'avance que le client peut aller en négatif lorsqu'il n'y a plus de liquidités sur le compte. Le contrat définit le montant maximal susceptible d'être emprunté et précise si des frais et des intérêts seront facturés au client.
Virement	Le prestataire de compte vire, sur instruction du client, une somme d'argent du compte du client vers un autre compte.
Ordre permanent	Le prestataire de compte effectue, sur instruction du client, des virements réguliers, d'un montant fixe, du compte du client vers un autre compte.
Domiciliation	Le client autorise quelqu'un d'autre (le bénéficiaire) à donner instruction au prestataire de compte de virer une somme d'argent du compte du client vers celui du bénéficiaire. Le prestataire de compte vire ensuite le montant considéré au bénéficiaire à la date ou aux dates convenue(s) entre le client et le bénéficiaire. Le montant concerné peut varier.
Retrait d'espèces	Le client retire des espèces à partir de son compte.

Deutsch

Begriff	Begriffsbestimmung
Kontoführung	Der Kontoanbieter führt das Konto, das durch den Kunden genutzt wird.
Ausgabe einer Debitkarte	Der Kontoanbieter stellt eine Zahlungskarte bereit, die mit dem Konto des Kunden verbunden ist. Der Betrag jeder Transaktion durch die Verwendung der Zahlungskarte wird direkt und in voller Höhe von dem Konto des Kunden abgebucht.
Ausgabe einer Kreditkarte	Der Kontoanbieter stellt eine Zahlungskarte bereit, die mit dem Konto des Kunden verbunden ist. Der Gesamtbetrag der Transaktionen durch die Verwendung der Zahlungskarte innerhalb eines vereinbarten Zeitraums wird zu einem bestimmten Termin in voller Höhe oder teilweise von dem Konto des Kunden abgebucht. In einer Kreditvereinbarung zwischen dem Anbieter und dem Kunden wird festgelegt, ob dem Kunden für die Inanspruchnahme des Kredits Zinsen berechnet werden.

Begriff	Begriffsbestimmung
Eingeräumte Kontoüberziehung	Der Kontoanbieter und der Kunde vereinbaren im Voraus, dass der Kunde sein Konto belasten kann, auch wenn kein Geld mehr auf dem Konto vorhanden ist. In der Vereinbarung wird festgelegt, bis zu welcher Höhe das Konto in diesem Fall maximal noch belastet werden kann und ob dem Kunden Entgelte und Zinsen berechnet werden.
Überweisung	Der Kontoanbieter führt auf Anweisung des Kunden Geldüberweisungen von dem Konto des Kunden auf ein anderes Konto durch.
Dauerauftrag	Der Kontoanbieter überweist auf Anweisung des Kunden regelmäßig einen festen Geldbetrag vom Konto des Kunden auf ein anderes Konto.
Lastschrift	Der Kunde ermächtigt eine andere Person (Empfänger) den Kontoanbieter anzuweisen, Geld vom Konto des Kunden auf das Konto des Empfängers zu übertragen. Der Kontoanbieter überträgt dann zu einem oder mehreren von Kunde und Empfänger vereinbarten Termin(en) Geld von dem Konto des Kunden auf das Konto des Empfängers. Der Betrag kann unterschiedlich hoch sein.
Bargeldauszahlung	Der Kunde hebt Bargeld von seinem Konto ab.

Niederländisch

Begriff	Begriffsbestimmung
Beheren van de rekening	De rekeningaanbieder beheert de rekening voor de klant.
Aanbieden van een debetkaart	De rekeningaanbieder verschaft een debetkaart die gekoppeld is aan de rekening van de klant. Het bedrag van elke transactie die met de debetkaart wordt uitgevoerd, wordt onmiddellijk en volledig afgehouden van de rekening van de klant.
Aanbieden van een kredietkaart	De rekeningaanbieder verschaft een kredietkaart die gekoppeld is aan de rekening van de klant. Het totaalbedrag van de met de kaart uitgevoerde transacties gedurende een overeengekomen période, wordt ofwel volledig, ofwel gedeeltelijk op een overeengekomen datum afgehouden van de betaalrekening van de klant. In een kredietovereenkomst tussen de aanbieder en de klant wordt bepaald of de klant rente in rekening wordt gebracht voor het opnemen van krediet.
Geoorloofde debetstand	De rekeningaanbieder en de klant komen vooraf overeen dat de klant in negatief mag gaan wanneer er geen geld meer beschikbaar is op de betaalrekening van de klant. In deze over-eenkomst wordt ook het maximumbedrag bepaald dat ter beschikking kan worden gesteld, en of de klant vergoedingen en rente in rekening worden gebracht.
Overschrijving	De rekeningaanbieder maakt, op instructie van de klant, geld over van de rekening van de klant naar een andere rekening.
Doorlopende betalingsopdracht	De rekeningaanbieder maakt, op instructie van de klant, regelmatig een vast geldbedrag over van de rekening van de klant naar een andere rekening.
Domiciliëring	De klant geeft toestemming aan iemand anders (de begunstigde) om aan de rekeningaanbieder de instructie te geven geld over te maken van de rekening van de klant naar die van de begunstigde. De rekeningaanbieder maakt vervolgens geld over aan de begunstigde op een door de klant en de begunstigde overeengekomen datum of data. Het bedrag kan variëren.
Geldopneming	De klant neemt geld op van zijn of haar eigen rekening.

BULGARIEN

Bulgarisch

Begriff	Begriffsbestimmung
Поддържане на сметка	Доставчикът на платежни услуги обслужва платежна сметка, която се използва от клиента.
Предоставяне на дебитна карта	Доставчикът на платежни услуги предоставя платежна карта, свързана с платежната сметка на клиента. Сумата на всяка операция

Begriff	Begriffsbestimmung
	с картата се осчетоводява директно и в пълен размер от платежната сметка на клиента.
Предоставяне на кредитна карта	Доставчикът на платежни услуги предоставя платежна карта, свързана с платежната сметка на клиента. Общата сума от операциите, извършени с картата за договорен период, се осчетоводява от платежната сметка на клиента в пълен размер или частично на договорена дата. С договор за кредит между доставчика и клиента се определя дали на клиента се начислява лихва за предоставения заем.
Овърдрафт	Доставчикът на платежни услуги и клиентът се договарят предварително, че клиентът има право да взема заем, в случай че в неговата платежна сметка не са останали средства. В договора се определя максимална сума, която може да се заема, и дали се начисляват такси и лихва за клиента.
Кредитен превод	По искане на клиента доставчикът на платежни услуги извършва парични преводи от платежната сметка на клиента по друга платежна сметка.
Нареждане за периодични преводи	По искане на клиента доставчикът на платежни услуги извършва редовни парични преводи за определена сума от платежната сметка на клиента по друга платежна сметка.
Директен дебит	Клиентът дава съгласието си трето лице (получател) да нареди на доставчика на платежни услуги да извърши паричен превод от платежната сметка на клиента по платежната сметка на получателя. Доставчикът на платежни услуги извършва паричен превод до получателя на дата или дати, договорени от клиента и получателя. Сумата може да е различна.
Теглене в брой	Клиентът тегли пари в брой от своята платежна сметка.

TSCHECHISCHE REPUBLIK

Tschechisch

Begriff	Begriffsbestimmung
Vedení účtu	Poskytovatel účtu vede účet zákazníka a umožňuje mu jeho používání.
Poskytnutí debetní karty	Poskytovatel účtu poskytne zákazníkovi platební kartu spojenou s jeho účtem. Částka každé transakce provedené pomocí této karty je v plné výši stržena přímo z účtu zákazníka.
Poskytnutí kreditní karty	Poskytovatel účtu poskytne zákazníkovi platební kartu spojenou s jeho účtem. Celková částka transakcí provedených touto kartou během dohodnutého období se k dohodnutému datu odečítá v plné nebo částečné výši z účtu zákazníka. Úvěrová smlouva mezi poskytovatelem a zákazníkem stanoví, zda bude zákazníkovi za úvěr účtován úrok.
Přečerpání	Poskytovatel účtu a zákazník se předem dohodnou, že pokud zákazník nebude mít na účtu žádné peníze, mohou mu být poskytovatelem poskytnuty formou úvěru. V dohodě bude stanoveno, jaká je maximální výše poskytnutého úvěru a zda budou zákazníkovi účtovány poplatky a úrok.
Úhrada	Poskytovatel účtu převede peníze na základě pokynů zákazníka z účtu zákazníka na jiný účet.
Trvalý příkaz	Poskytovatel účtu provádí pravidelné převody pevně stanovené částky peněz z účtu zákazníka na jiný účet na základě pokynů zákazníka.
Inkaso	Zákazník umožní jiné osobě (příjemci), aby dala poskytovateli účtu pokyn k převodu peněz z účtu zákazníka na účet příjemce. Na základě tohoto pokynu pak poskytovatel účtu převede peníze příjemci, a to k datu nebo k datům dohodnutým mezi zákazníkem a příjemcem. Částky jednotlivých převodů se mohou lišit.
Výběr hotovosti	Zákazník vybere hotovost ze svého účtu.

DÄNEMARK

Dänisch

Begriff	Begriffsbestimmung
Drift af en konto (kontogebyr)	Kontoudbyderen sørger for driften af den konto, som kunden benytter.
Udstedelse af debetkort	Kontoudbyderen udsteder et betalingskort, der er knyttet til kundens konto. For hver enkelt transaktion, der er foretaget med kortet, trækkes det fulde beløb direkte fra kundens konto.
Udstedelse af kreditkort	Kontoudbyderen udsteder et betalingskort, der er knyttet til kundens betalingskonto. Det fulde beløb for de transaktioner, der er foretaget med kortet gennem en aftalt periode, trækkes enten helt eller delvist fra kundens betalingskonto på en i forvejen aftalt dato. En kreditaftale mellem kontoudbyderen og kunden afgør, om kunden vil blive pålagt renter for dette lån.
Bevilliget overtræk	Kontoudbyderen og kunden indgår på forhånd en aftale om, at kunden kan låne penge, når der ikke er flere tilbage på kontoen. Aftalen fastlægger et maksimumsbeløb, der kan lånes, og om kunden vil blive pålagt gebyrer og renter.
Pengeoverførsler	På kundens anmodning overfører kontoudbyderen penge fra kundens konto til en anden konto.
Faste overførsler	På kundens anmodning foretager kontoudbyderen regelmæssige overførsler af et bestemt beløb fra kundens konto til en anden konto.
Direkte debitering	Kunden tillader en anden (modtageren) at anmode kontoudbyderen om at overføre penge fra kundens konto til denne modtager. Kontoudbyderen overfører derefter penge til modtageren på den eller de dato(er), som kunden og modtageren har aftalt. Beløbet kan variere.
Hævning af kontanter	Kunden hæver kontanter på sin konto.

DEUTSCHLAND

Deutsch

Begriff	Begriffsbestimmung
Kontoführung	Der Kontoanbieter führt das Konto, das durch den Kunden genutzt wird.
Ausgabe einer Debitkarte	Der Kontoanbieter stellt eine Zahlungskarte bereit, die mit dem Konto des Kunden verbunden ist. Der Betrag jeder Transaktion durch die Verwendung der Zahlungskarte wird direkt und in voller Höhe von dem Konto des Kunden abgebucht.
Ausgabe einer Kreditkarte	Der Kontoanbieter stellt eine Zahlungskarte bereit, die mit dem Konto des Kunden verbunden ist. Der Gesamtbetrag der Transaktionen durch die Verwendung der Zahlungskarte innerhalb eines vereinbarten Zeitraums wird zu einem bestimmten Termin in voller Höhe oder teilweise von dem Konto des Kunden abgebucht. In einer Kreditvereinbarung zwischen dem Anbieter und dem Kunden wird festgelegt, ob dem Kunden für die Inanspruchnahme des Kredits Zinsen berechnet werden.
Eingeräumte Kontoüberziehung	Der Kontoanbieter und der Kunde vereinbaren im Voraus, dass der Kunde sein Konto belasten kann, auch wenn kein Geld mehr auf dem Konto vorhanden ist. In der Vereinbarung wird festgelegt, bis zu welcher Höhe das Konto in diesem Fall maximal noch belastet werden kann und ob dem Kunden Entgelte und Zinsen berechnet werden.
Überweisung	Der Kontoanbieter führt auf Anweisung des Kunden Geldüberweisungen von dem Konto des Kunden auf ein anderes Konto durch.
Dauerauftrag	Der Kontoanbieter überweist auf Anweisung des Kunden regelmäßig einen festen Geldbetrag vom Konto des Kunden auf ein anderes Konto.
Lastschrift	Der Kunde ermächtigt eine andere Person (Empfänger) den Kontoanbieter anzuweisen, Geld vom Konto des Kunden auf das Konto des Empfängers zu übertragen. Der Kontoanbieter überträgt dann zu einem oder mehreren von

Begriff	Begriffsbestimmung
	Kunde und Empfänger vereinbarten Termin(en) Geld von dem Konto des Kunden auf das Konto des Empfängers. Der Betrag kann unterschiedlich hoch sein.
Bargeldauszahlung	Der Kunde hebt Bargeld von seinem Konto ab.

ESTLAND

Estnisch

Begriff	Begriffsbestimmung
Konto haldamine	Kontohaldur haldab kliendi kasutatavat kontot.
Deebetkaardiga varustamine	Kontohaldur pakub kliendile kliendikontoga seotud maksekaardi. Iga kaarditehingu summa võetakse otse ja kogu ulatuses kliendikontolt.
Krediitkaardiga varustamine	Kontohaldur pakub kliendile kliendi maksekontoga seotud maksekaardi. Kokkulepitud perioodi kaarditehingute kogusumma võetakse kokkulepitud kuupäeval kliendi maksekontolt osaliselt või kogu ulatuses. Kontohalduri ja kliendi vahelises krediidilepingus määratletakse, kas klient peab laenusummalt maksma intresse.
Arvelduskrediit	Kontohaldur ja klient lepivad eelnevalt kokku, et klient võib raha laenata ka siis, kui kontol enam raha ei ole. Lepingus määratletakse laenu maksimumsumma ja kas sellelt arvestatakse tasusid ja intresse.
Maksekorraldus	Kontohaldur kannab kliendi juhise kohaselt raha kliendikontolt teisele kontole.
Püsikorraldus	Kontohaldur kannab regulaarselt kliendi juhise kohaselt kindla summa kliendikontolt teisele kontole.
Otsekorraldus	Klient lubab teisel isikul (saajal) anda kontohaldurile juhised raha ülekandeks kliendikontolt selle isiku (saaja) kontole. Kontohaldur kannab seejärel kliendi ja saaja kokkulepitud kuupäeva(de)l raha saaja kontole. Summa suurus võib muutuda.
Sularaha väljavõtmine	Klient võtab kliendikontolt sularaha välja.

IRLAND

Englisch

Begriff	Begriffsbestimmung
Maintaining the account	The account provider operates the account for use by the customer.
Providing a debit card	The account provider provides a payment card linked to the customer's account. The amount of each transaction made using the card is taken directly and in full from the customer's account.
Providing a credit card	The account provider provides a payment card linked to the customer's payment account. The total amount of the transactions made using the card during an agreed period is taken either in full or in part from the customer's payment account on an agreed date. A credit agreement between the provider and the customer determines whether interest will be charged to the customer for the borrowing.
Overdraft	The account provider and the customer agree in advance that the customer may borrow money when there is no money left in the account. The agreement determines a maximum amount that can be borrowed, and whether fees and interest will be charged to the customer.
Credit transfer	The account provider transfers money, on the instruction of the customer, from the customer's account to another account.
Standing order	The account provider makes regular transfers, on the instruction of the customer, of a fixed amount of money from the customer's account to another account.

Begriff	Begriffsbestimmung
Direct debit	The customer permits someone else (recipient) to instruct the account provider to transfer money from the customer's account to that recipient. The account provider then transfers money to the recipient on a date or dates agreed by the customer and the recipient. The amount may vary.
Cash withdrawal	The customer takes cash out of the customer's account.

Irisch

Begriff	Begriffsbestimmung
An cuntas a chothabháil	Oibríonn an soláthraí cuntais an cuntas lena úsáid ag an gcustaiméir.
Cárta dochair a sholáthar	Soláthraíonn an soláthraí cuntais cárta íocaíochta atá nasctha le cuntas an chustaiméara. Méid gach idirbhirt arna dhéanamh ag baint úsáid as an gcárta, déantar é a bhaint go díreach agus go hiomlán de chuntas an chustaiméara.
Cárta creidmheasa a sholáthar	Soláthraíonn an soláthraí cuntais cárta íocaíochta atá nasctha le cuntas íocaíochta an chust-aiméara. Méid iomlán na n-idirbheart arna ndéanamh ag baint úsáid as an gcárta le linn tréimhse comhaontaithe, déantar é a bhaint, ina iomláine nó i bpáirt, de chuntas íocaíochta an chustaiméara ar dháta comhaontaithe. Cinntear trí chomhaontú creidmheasa idir an soláthraí agus an custaiméir cibé acu an ngearrfar ús ar an gcustaiméir le haghaidh na hias-achta.
Rótharraingt	Comhaontaíonn an soláthraí cuntais agus an custaiméir roimh ré gur féidir leis an gcust-aiméir airgead a fháil ar iasacht nuair nach mbíonn airgead fágtha sa chuntas. Cinntear sa chomhaontú an t-uasmhéid is féidir a fháil ar iasacht, agus cibé acu an ngearrfar táillí agus ús ar an gcustaiméir.
Aistriú creidmheasa	Aistríonn an soláthraí cuntais airgead, ar ordú ón gcustaiméir, ó chuntas an chustaiméara chuig cuntas eile.
Buanordú	Déanann an soláthraí cuntais aistrithe ar bhonn rialta, ar ordú ón gcustaiméir, de mhéid seasta airgid ó chuntas an chustaiméara chuig cuntas eile.
Dochar díreach	Ceadaíonn an custaiméir do dhuine eile (faighteoir) ordú a thabhairt don soláthraí cuntais chun airgead a aistriú ó chuntas an chustaiméara chuig an bhfaighteoir sin. Déanann an soláthraí cuntais airgead a aistriú ina dhiaidh sin chuig an bhfaighteoir ar dháta nó ar dhátaí ar a gcomhaontóidh an custaiméir agus an faighteoir. Féadfar an méid a athrú.
Aistarraingt airgid	Baineann an custaiméir airgead amach as cuntas an chustaiméara.

GRIECHENLAND

Griechisch

Begriff	Begriffsbestimmung
Τήρηση του λογαριασμού	*Ο πάροχος του λογαριασμού τηρεί τον λογαριασμό προκειμένου να τον χρησιμοποιεί ο πελάτης.*
Παροχή χρεωστικής κάρτας	*Ο πάροχος του λογαριασμού παρέχει κάρτα πληρωμών που συνδέεται με τον λογαριασμό του πελάτη. Το ποσό για κάθε συναλλαγή που πραγματοποιείται με τη χρήση της κάρτας λαμβάνεται απευθείας και εξ ολοκλήρου από τον λογαριασμό του πελάτη.*
Παροχή πιστωτικής κάρτας	*Ο πάροχος του λογαριασμού παρέχει κάρτα πληρωμών που συνδέεται με τον λογαριασμό πληρωμών του πελάτη. Το συνολικό ποσό των συναλλαγών που πραγματοποιούνται με τη χρήση της κάρτας κατά τη διάρκεια συμφωνηθείσας περιόδου λαμβάνεται εν όλω ή εν μέρει από τον λογαριασμό πληρωμών του πελάτη σε συμφωνημένη ημερομηνία. Η σύμβαση πίστωσης μεταξύ του παρόχου και του πελάτη προσδιορίζει αν θα χρεώνονται τόκοι στον πελάτη για τον δανεισμό των χρημάτων.*
Υπερανάληψη	*Ο πάροχος του λογαριασμού και ο πελάτης συμφωνούν εκ των προτέρων ότι ο πελάτης μπορεί να δανείζεται χρήματα όταν δεν υπάρχουν χρήματα στον λογαριασμό του. Η συμφωνία καθορίζει το ανώτατο ποσό που μπορεί*

Begriff	Begriffsbestimmung
	να χορηγηθεί ως δάνειο, και κατά πόσον τέλη και τόκοι θα χρεώνονται στον πελάτη.
Μεταφορά πίστωσης	*Ο πάροχος του λογαριασμού μεταφέρει χρήματα, βάσει εντολής του πελάτη, από τον λογαριασμό του πελάτη σε άλλο λογαριασμό.*
Πάγια εντολή	*Ο πάροχος του λογαριασμού πραγματοποιεί τακτικές μεταφορές, βάσει εντολής του πελάτη, ενός συγκεκριμένου χρηματικού ποσού από τον λογαριασμό του πελάτη σε άλλο λογαριασμό.*
Άμεση χρέωση	*Ο πελάτης εξουσιοδοτεί άλλο πρόσωπο (τον αποδέκτη) να δώσει εντολή στον πάροχο του λογαριασμού να μεταφέρει χρήματα από τον λογαριασμό του πελάτη προς τον εν λόγω αποδέκτη. Ο πάροχος του λογαριασμού μεταφέρει στη συνέχεια τα χρήματα στον αποδέκτη την ημερομηνία ή τις ημερομηνίες που έχουν συμφωνηθεί από τον πελάτη και τον αποδέκτη. Το ποσό μπορεί να ποικίλλει.*
Ανάληψη μετρητών	*Ο πελάτης αναλαμβάνει μετρητά από τον λογαριασμό του.*

SPANIEN

Spanisch

Begriff	Begriffsbestimmung
Mantenimiento de la cuenta	La entidad gestiona la cuenta para que el cliente pueda operar con ella.
Emisión y mantenimiento de una tarjeta de débito	La entidad facilita una tarjeta de pago asociada a la cuenta del cliente. El importe de cada una de las operaciones realizadas con la tarjeta se carga directamente y en su totalidad a la cuenta del cliente.
Emisión y mantenimiento de una tarjeta de crédito	La entidad facilita una tarjeta de pago asociada a la cuenta del cliente. El importe total correspondiente a las operaciones realizadas con la tarjeta durante un periodo de tiempo acordado se carga total o parcialmente a la cuenta del cliente en la fecha acordada. En el contrato de crédito formalizado entre la entidad y el cliente se determina si se aplican intereses por las cantidades dispuestas.
Descubierto expreso	La entidad y el cliente acuerdan por anticipado que este último pueda disponer de fondos cuando no quede saldo disponible en su cuenta. En el acuerdo se determina la cantidad máxima de la que puede disponerse y si el cliente deberá abonar comisiones e intereses.
Transferencia	Siguiendo instrucciones del cliente, la entidad transfiere fondos desde la cuenta del cliente a otra cuenta.
Orden permanente	Siguiendo instrucciones del cliente, la entidad realiza periódicamente transferencias de un importe determinado desde la cuenta del cliente a otra cuenta.
Domiciliación bancaria	El cliente permite a un tercero (beneficiario) ordenar a la entidad que transfiera fondos desde la cuenta del cliente a la del beneficiario, la entidad transfiere los fondos al beneficiario en la fecha o fechas acordadas entre el cliente y el beneficiario. El importe de dichos adeudos puede variar.
Retirada de efectivo	El cliente retira efectivo de su cuenta.

FRANKREICH

Französisch

Begriff	Begriffsbestimmung
Tenue de compte	L'établissement tient le compte du client
Fourniture d'une carte de débit	L'établissement fournit une carte de paiement liée au compte du client. Le montant de chaque opération effectuée à l'aide de cette carte est débité directement et intégralement sur le compte du client.
Fourniture d'une carte de crédit	L'établissement fournit une carte de paiement liée au compte de paiement du client. Le montant total correspondant aux opérations effectuées à l'aide de

Begriff	Begriffsbestimmung
	cette carte au cours d'une période convenue est débité intégralement ou partiellement sur le compte de paiement du client à une date convenue. Un contrat de crédit entre l'établissement et le client détermine si des intérêts seront facturés au client au titre du montant emprunté.
Découvert	L'établissement et le client conviennent à l'avance que le client peut emprunter de l'argent lorsqu'il n'y a plus d'argent sur le compte. Le contrat définit le montant maximal susceptible d'être emprunté et précise si des frais et des intérêts seront facturés au client.
Virement	L'établissement qui tient le compte vire, sur instruction du client, une somme d'argent du compte du client vers un autre compte.
Virement permanent	L'établissement qui tient le compte effectue, sur instruction du client, des virements réguliers, d'un montant fixe, du compte du client vers un autre compte.
Prélèvement	Le client autorise un tiers (le bénéficiaire) à donner instruction à l'établissement qui tient le compte de ce client de virer une somme d'argent du compte du client vers celui du bénéficiaire. Cet établissement vire ensuite le montant considéré au bénéficiaire à la date ou aux dates convenues entre le client et le bénéficiaire. Le montant concerné peut varier.
Retrait d'espèces	Le client retire des espèces à partir de son compte.

KROATIEN

Kroatisch

Begriff	Begriffsbestimmung
Vođenje računa	Pružatelj računa upravlja računom kako bi ga potrošač mogao koristiti.
Izdavanje debitne kartice	Pružatelj računa izdaje platnu karticu koja je povezana s računom potrošača. Iznos svake pojedinačne transakcije izvršene putem kartice u cijelosti se skida izravno s računa potrošača.
Izdavanje kreditne kartice	Pružatelj računa izdaje platnu karticu koja je povezana s računom za plaćanje potrošača. Ukupan iznos transakcija izvršenih putem kartice u ugovorenom razdoblju skida se u cijelosti ili djelomično s računa za plaćanje potrošača na ugovoreni datum. Ugovorom o kreditu sklopljenim između pružatelja i potrošača utvrđuje se hoće li se potrošaču obračunati kamate na pozajmljeni iznos.
Prekoračenje	Pružatelj računa i potrošač unaprijed ugovaraju da potrošač smije pozajmiti novac kada na računu više nema novčanih sredstava. Tim se ugovorom utvrđuje maksimalni iznos koji se može pozajmiti te hoće li se potrošaču obračunati naknade i kamate.
Kreditni transfer	Pružatelj računa u skladu s instrukcijom potrošača prenosi novčana sredstva s računa potrošača na drugi račun.
Trajni nalog	Pružatelj računa u skladu s instrukcijom potrošača izvršava redovite prijenose fiksnih iznosa novčanih sredstava s računa potrošača na drugi račun.
Izravno terećenje	Potrošač dozvoljava drugoj osobi (primatelju plaćanja) da pružatelju računa naloži prijenos sredstava s računa potrošača na račun primatelja plaćanja. Pružatelj računa potom prenosi novac primatelju plaćanja na datum ili datume koji/koje su potrošač i primatelj plaćanja međusobno ugovorili. Iznos se može mijenjati.
Podizanje gotovog novca	Potrošač podiže gotov novac sa svog računa.

ITALIEN

Italienisch

Begriff	Begriffsbestimmung
Tenuta del conto	La banca/intermediario gestisce il conto rendendone possibile l'uso da parte del cliente.

Begriff	Begriffsbestimmung
Rilascio di una carta di debito	Rilascio, da parte della banca/intermediario, di una carta di pagamento collegata al conto del cliente. L'importo di ogni operazione effettuata tramite la carta viene addebitato direttamente e per intero sul conto del cliente.
Rilascio di una carta di credito	Rilascio, da parte della banca/intermediario, di una carta di pagamento collegata al conto del cliente. L'importo complessivo delle operazioni effettuate tramite la carta durante un intervallo di tempo concordato è addebitato per intero o in parte sul conto del cliente a una data convenuta. Se il cliente deve pagare interessi sulle somme utilizzate, gli interessi sono disciplinati dal contratto di credito tra la banca/intermediario e il cliente.
Fido	Contratto in base al quale la banca/intermediario si impegna a mettere a disposizione del cliente una somma di denaro oltre il saldo disponibile sul conto. Il contratto stabilisce l'importo massimo della somma messa a disposizione e l'eventuale addebito al cliente di una commissione e degli interessi.
Bonifico	Con il bonifico la banca/intermediario trasferisce una somma di denaro dal conto del cliente a un altro conto, secondo le istruzioni del cliente.
Ordine permanente di bonifico	Trasferimento periodico di una determinata somma di denaro dal conto del cliente a un altro conto, eseguito dalla banca/intermediario secondo le istruzioni del cliente.
Addebito diretto	Con l'addebito diretto il cliente autorizza un terzo (beneficiario) a richiedere alla banca/intermediario il trasferimento di una somma di denaro dal conto del cliente a quello del beneficiario. Il trasferimento viene eseguito dalla banca/intermediario alla data o alle date convenute dal cliente e dal beneficiario. L'importo trasferito può variare.
Prelievo di contante	Operazione con la quale il cliente ritira contante dal proprio conto.

ZYPERN

Griechisch

Begriff	Begriffsbestimmung
Τήρηση του λογαριασμού	*Ο πάροχος του λογαριασμού διαχειρίζεται τον λογαριασμό που χρησιμοποιεί ο πελάτης.*
Παροχή χρεωστικής κάρτας	*Ο πάροχος του λογαριασμού παρέχει κάρτα πληρωμών που συνδέεται με τον λογαριασμό του πελάτη. Το ποσό για κάθε συναλλαγή που γίνεται με την κάρτα αυτή λαμβάνεται απευθείας και εξ ολοκλήρου από τον λογαριασμό του πελάτη.*
Παροχή πιστωτικής κάρτας	*Ο πάροχος του λογαριασμού παρέχει κάρτα πληρωμών που συνδέεται με τον λογαριασμό πληρωμών του πελάτη. Το συνολικό ποσό των συναλλαγών που πραγματοποιούνται με την κάρτα αυτή κατά τη διάρκεια συμφωνηθείσας περιόδου λαμβάνεται είτε εξ ολοκλήρου είτε εν μέρει από τον λογαριασμό πληρωμών του πελάτη σε συμφωνημένη ημερομηνία. Η σύμβαση πίστωσης μεταξύ του παρόχου και του πελάτη προσδιορίζει αν ο πελάτης θα επιβαρύνεται από τόκους για τον δανεισμό χρημάτων.*
Υπερανάληψη	*Ο πάροχος του λογαριασμού και ο πελάτης συμφωνούν εκ των προτέρων ότι ο πελάτης μπορεί να δανείζεται χρήματα όταν δεν υπάρχουν χρήματα στον λογαριασμό του. Η συμφωνία καθορίζει το μέγιστο ποσό δανεισμού χρημάτων, και κατά πόσον τα τέλη και οι τόκοι θα χρεώνονται στον πελάτη.*
Μεταφορά πίστωσης	*Ο πάροχος του λογαριασμού μεταφέρει χρήματα, βάσει των εντολών του πελάτη, από τον λογαριασμό του πελάτη σε άλλο λογαριασμό.*
Πάγια εντολή	*Ο πάροχος του λογαριασμού πραγματοποιεί τακτικές μεταφορές, βάσει των εντολών του πελάτη, ενός συγκεκριμένου ποσού χρημάτων από τον λογαριασμό του πελάτη σε άλλο λογαριασμό.*
Άμεση χρέωση	*Ο πελάτης εξουσιοδοτεί άλλο πρόσωπο (τον αποδέκτη) να αναθέσει στον πάροχο του λογαριασμού τη μεταβίβαση χρημάτων από τον λογαριασμό του πελάτη προς τον εν λόγω αποδέκτη. Ο πάροχος του λογαριασμού μεταφέρει στη συνέχεια τα χρήματα στον αποδέκτη την ημερομηνία ή τις*

Begriff	Begriffsbestimmung
	ημερομηνίες που έχουν συμφωνηθεί από τον πελάτη και τον αποδέκτη. Το *ποσό μπορεί να κυμαίνεται.*
Ανάληψη μετρητών	Ο *πελάτης προβαίνει σε ανάληψη μετρητών από τον λογαριασμό του.*

LETTLAND

Lettisch

Begriff	Begriffsbestimmung
Konta uzturēšana	Konta nodrošinātājs sniedz klientam iespēju izmantot kontu.
Debetkartes nodrošināšana	Konta nodrošinātājs nodrošina maksājumu karti, kas piesaistīta klienta kontam. Katra ar karti veiktā darījuma summa tiek tieši un pilnā apjomā ņemta no klienta konta.
Kredītkartes nodrošināšana	Konta nodrošinātājs nodrošina maksājumu karti, kas piesaistīta klienta maksājumu kontam. Nolīgtā laikposmā ar karti veikto darījumu kopsumma nolīgtā datumā tiek pilnā apjomā vai daļēji ņemta no klienta maksājumu konta. Konta nodrošinātāja un klienta kredītlīgumā nosaka, vai par naudas aizņemšanos klientam tiks piemērota procentu likme.
Pārsnieguma kredīts	Konta nodrošinātājs un klients laikus vienojas, ka klients var aizņemties naudu gadījumos, kad viņa kontā nav naudas līdzekļu. Līgumā noteikta maksimālā summa, ko var aizņemties, un tas, vai klientam par to tiks piemērota maksa un procentu likme.
Pārskaitījums	Konta nodrošinātājs pēc klienta pieprasījuma pārskaita naudu no klienta konta uz citu kontu.
Regulārais maksājums	Konta nodrošinātājs pēc klienta pieprasījuma veic regulārus noteiktas naudas summas pārskaitījumus no klienta konta uz citu kontu.
Tiešais debets	Klients pilnvaro citu personu (saņēmēju) pieprasīt konta nodrošinātājam pārskaitīt naudu no klienta konta šim saņēmējam. Konta nodrošinātājs pārskaita naudu saņēmējam klienta un saņēmēja nolīgtajā datumā vai datumos. Naudas summas var būt dažādas.
Skaidrās naudas izņemšana	Klients izņem skaidro naudu no klienta konta.

LITAUEN

Litauisch

Begriff	Begriffsbestimmung
Sąskaitos tvarkymas	Sąskaitos teikėjas tvarko kliento vardu atidarytą sąskaitą.
Debeto kortelės išdavimas	Sąskaitos teikėjas išduoda su kliento sąskaita susietą mokėjimo kortelę. Kiekvieno kortele atlikto mokėjimo suma visa iškart nurašoma iš kliento sąskaitos.
Kredito kortelės išdavimas	Sąskaitos teikėjas išduoda su kliento mokėjimo sąskaita susietą mokėjimo kortelę. Per sutartą laikotarpį kortele atliktų mokėjimų suma visa arba dalimis iš kliento sąskaitos nurašoma nustatytą dieną. Sąskaitos teikėjo ir kliento sudarytoje kredito sutartyje nustatoma, ar klientas už pasiskolintą sumą mokės palūkanas.
Sąskaitos kreditavimas	Sąskaitos teikėjas ir klientas iš anksto susitaria, kad klientas gali pasiskolinti pinigų, kai jo sąskaitoje nebėra lėšų. Susitarime nustatoma maksimali suma, kurią klientas gali pasiskolinti, ir ar bus taikomi mokesčiai ir palūkanos.
Kredito pervedimas	Kliento nurodymu sąskaitos teikėjas perveda pinigus iš kliento sąskaitos į kitą sąskaitą.
Periodinis nurodymas	Sąskaitos teikėjas kliento nurodymu reguliariai perveda tam tikrą pinigų sumą iš kliento sąskaitos į kitą sąskaitą.

Begriff	Begriffsbestimmung
Tiesioginis debetas	Klientas suteikia kitam asmeniui (gavėjui) teisę nurodyti sąskaitos teikėjui pervesti pinigus iš kliento sąskaitos į gavėjo sąskaitą. Sąskaitos teikėjas perveda pinigus gavėjui kliento ir gavėjo susitartą dieną arba susitartomis dienomis. Suma gali kisti.
Grynųjų pinigų išėmimas	Klientas pasiima grynuosius pinigus iš savo sąskaitos.

LUXEMBURG

Französisch

Begriff	Begriffsbestimmung
Tenue de compte	Le prestataire de compte gère le compte utilisé par le client.
Fourniture d'une carte de débit	Le prestataire de compte fournit une carte de paiement liée au compte du client. Le montant de chaque opération effectuée à l'aide de cette carte est prélevé directement et intégralement sur le compte du client.
Fourniture d'une carte de crédit	Le prestataire de compte fournit une carte de paiement liée au compte de paiement du client. Le montant total correspondant aux opérations effectuées à l'aide de cette carte au cours d'une période convenue est prélevé intégralement ou partiellement sur le compte de paiement du client à une date convenue. Un contrat de crédit entre le prestataire de compte et le client détermine si des intérêts seront facturés au client au titre du montant emprunté.
Découvert	Le prestataire de compte et le client conviennent à l'avance que le client peut emprunter de l'argent lorsqu'il n'y a plus d'argent sur le compte. Le contrat définit le montant maximal susceptible d'être emprunté et précise si des frais et des intérêts seront facturés au client.
Virement	Le prestataire de compte vire, sur instruction du client, une somme d'argent du compte du client vers un autre compte.
Ordre permanent	Le prestataire de compte effectue, sur instruction du client, des virements réguliers, d'un montant fixe, du compte du client vers un autre compte.
Domiciliation	Le client autorise un tiers (le bénéficiaire) à donner instruction au prestataire de compte de virer une somme d'argent du compte du client vers celui du bénéficiaire. Le prestataire de compte vire ensuite le montant considéré au bénéficiaire à la date ou aux dates convenues entre le client et le bénéficiaire. Le montant concerné peut varier.
Retrait d'espèces	Le client retire des espèces de son compte.

Deutsch

Begriff	Begriffsbestimmung
Kontoführung	Der Kontoanbieter führt das Konto, das durch den Kunden genutzt wird.
Ausgabe einer Debitkarte	Der Kontoanbieter stellt eine Zahlungskarte bereit, die mit dem Konto des Kunden verbunden ist. Der Betrag jeder Transaktion durch die Verwendung der Zahlungskarte wird direkt und in voller Höhe von dem Konto des Kunden abgebucht.
Ausgabe einer Kreditkarte	Der Kontoanbieter stellt eine Zahlungskarte bereit, die mit dem Konto des Kunden verbunden ist. Der Gesamtbetrag der Transaktionen durch die Verwendung der Zahlungskarte innerhalb eines vereinbarten Zeitraums wird zu einem bestimmten Termin in voller Höhe oder teilweise von dem Konto des Kunden abgebucht. In einer Kreditvereinbarung zwischen dem Anbieter und dem Kunden wird festgelegt, ob dem Kunden für die Inanspruchnahme des Kredits Zinsen berechnet werden.
Eingeräumte Kontoüberziehung	Der Kontoanbieter und der Kunde vereinbaren im Voraus, dass der Kunde sein Konto belasten kann, auch wenn kein Geld mehr auf dem Konto vorhanden ist. In der Vereinbarung wird festgelegt, bis zu welcher Höhe das Konto in diesem

Begriff	Begriffsbestimmung
	Fall maximal noch belastet werden kann und ob dem Kunden Entgelte und Zinsen berechnet werden.
Überweisung	Der Kontoanbieter führt auf Anweisung des Kunden Geldüberweisungen von dem Konto des Kunden auf ein anderes Konto durch.
Dauerauftrag	Der Kontoanbieter überweist auf Anweisung des Kunden regelmäßig einen festen Geldbetrag vom Konto des Kunden auf ein anderes Konto.
Lastschrift	Der Kunde ermächtigt eine andere Person (Empfänger) den Kontoanbieter anzuweisen, Geld vom Konto des Kunden auf das Konto des Empfängers zu übertragen. Der Kontoanbieter überträgt dann zu einem oder mehreren von Kunde und Empfänger vereinbarten Termin(en) Geld von dem Konto des Kunden auf das Konto des Empfängers. Der Betrag kann unterschiedlich hoch sein.
Bargeldauszahlung	Der Kunde hebt Bargeld von seinem Konto ab.

UNGARN

Ungarisch

Begriff	Begriffsbestimmung
Számlavezetés	A számlavezető számlát vezet az ügyfél általi használat céljából.
Betéti kártya szolgáltatás	A számlavezető az ügyfél számlájához kapcsolódó fizetési kártyát bocsát rendelkezésre. A betéti kártyával végrehajtott valamennyi fizetési művelet összegével közvetlenül és teljes egészében megterhelésre kerül az ügyfél számlája.
Hitelkártya szolgáltatás	A számlavezető az ügyfél számlájához kapcsolódó fizetési kártyát bocsát rendelkezésre. A hitelkártyával egy megállapodás szerinti időszak során végrehajtott valamennyi fizetési művelet összegével a megállapodás szerinti időpont(ok)ban részben vagy teljes egészében megterhelésre kerül az ügyfél számlája. A számlavezető és az ügyfél között létrejött hitelszerződés határozza meg azt, hogy az ügyfél részére a hitel után felszámítanak-e kamatot.
Folyószámlahitel	A számlavezető és az ügyfél előre megállapodnak abban, hogy az ügyfél kölcsönt vehet fel, amennyiben nem áll rendelkezésére pénz a számláján. Ez a szerződés rögzíti a kölcsön maximális összegét, valamint azt, hogy díjat és kamatot felszámítanak-e az ügyfél részére.
Átutalás	A számlavezető az ügyfél utasítására pénzt juttat el az ügyfél számlájáról egy másik számlára.
Rendszeres átutalás	A számlavezető az ügyfél utasítására rendszeresen azonos összegben pénzt juttat el az ügyfél számlájáról egy másik számlára.
Beszedés	Az ügyfél engedélyezi valaki másnak (kedvezményezett), hogy az ügyfél számlavezetőjének utasítást adjon arra, hogy az ügyfél számlájáról a kedvezményezett részére pénzt juttasson el. A számlavezető az ügyfél és a kedvezményezett által megállapodott napon vagy napokon teljesíti a kedvezményezett részére a fizetési műveleteket. A fizetési művelet összege változó nagyságú lehet.
Készpénzfelvétel	Az ügyfél készpénzt vesz fel a saját számlájáról.

MALTA

Englisch

Begriff	Begriffsbestimmung
Maintaining the account	The account provider operates the account for use by the customer.
Providing a debit card	The account provider provides a payment card linked to the customer's account. The amount of each transaction made using the card is taken directly and in full from the customer's account.
Providing a credit card	The account provider provides a payment card linked to the customer's payment account. The total amount of the transactions made using the card during an

Begriff	Begriffsbestimmung
	agreed period is taken either in full or in part from the customer's payment account on an agreed date. A credit agreement between the provider and the customer determines whether interest will be charged to the customer for the borrowing.
Arranged overdraft	The account provider and the customer agree in advance that the customer may borrow money when there is no money left in the account. The agreement determines a maximum amount that can be borrowed, and whether fees and interest will be charged to the customer.
Sending money	The account provider transfers money, on the instruction of the customer, from the customer's account to another account.
Standing order	The account provider makes regular transfers, on the instruction of the customer, of a fixed amount of money from the customer's account to another account.
Direct debit	The customer permits someone else (recipient) to instruct the account provider to transfer money from the customer's account to that recipient. The account provider then transfers money to the recipient on a date or dates agreed by the customer and the recipient. The amount may vary.
Cash withdrawal	The customer takes cash out of the customer's account.

Maltesisch

Begriff	Begriffsbestimmung
Iżżomm il-kont	Il-fornitur tal-kont jopera l-kont għ all-użu mill-konsumatur.
Il-forniment ta' karta ta' debitu	Il-fornitur tal-kont iforni karta ta' pagament marbuta mal-kont tal-klijent. L-ammont ta' kull tranżazzjoni bl-użu tal-karta jittieħ ed direttament u b'mod sħ iħ mill-kont tal-konsumatur.
Il-forniment ta' karta ta' kreditu	Il-fornitur tal-kont iforni karta ta' pagament marbuta mal-kont tal-pagamenti tal-klijent. L-ammont totali tat-tranżazzjonijiet permezz tal-karta matul perjodu maqbul jittieħ ed jew b'mod sħ iħ jew parzjali mill-kont tal-pagamenti tal-klijent f'data maqbula. Ftehim ta' kreditu bejn il-fornitur u l-konsumatur li jiddetermina jekk hux se jkun hemm imgħ ax meta l-konsumatur jissellef.
Overdraft	Il-fornitur tal-kont u l-konsumatur jaqblu minn qabel li l-konsumatur jista' jissellef il-flus meta m'hemmx aktar flus fil-kont. Il-ftehim jiddetermina ammont massimu li jista' jiġi missellef, u jekk it-tariffi u l-imgħ ax hux se jiġu ċċarġjati lill-konsumatur.
Trasferiment ta' kreditu	Il-fornitur tal-kont jittrasferixxi l-flus, wara struzzjoni mill-konsumatur, mill-kont tal-konsumatur għ al kont ieħ or.
Ordnijiet permanenti	Il-fornitur tal-kont jagħ mel trasferimenti regolari, wara struzzjoni mill-konsumatur, ta' ammont fiss ta' flus mill-kont tal-konsumatur għ al kont ieħ or.
Debit dirett	Il-konsumatur jippermetti li ħ addieħ or (riċevitur) jagħ ti struzzjonijiet lill-fornitur tal-kont biex jittrasferixxi l-flus mill-kont tal-konsumatur għ al dak ir-riċevitur. Il-fornitur tal-kont imbagħ ad jittrasferixxi l-flus lir-riċevitur f'data jew dati li jkunu maqbula mill-konsumatur u r-riċevitur. L-ammont jista' jvarja.
Ġbid ta' fluss	Il-konsumatur jieħ u l-flus mill-kont tal-konsumatur.

NIEDERLANDE

Niederländisch

Begriff	Begriffsbestimmung
Aanhouden van de betaalrekening	De aanbieder van de rekening beheert de rekening voor de klant.
Aanbieden van een betaalpas	De aanbieder van de rekening verschaft een betaalpas die gekoppeld is aan de rekening van de klant. Het bedrag van elke transactie die met de betaalpas wordt uitgevoerd, wordt onmid-dellijk en volledig afgeschreven van de rekening van de klant.

Begriff	Begriffsbestimmung
Aanbieden van een creditcard	De aanbieder van de rekening verschaft een creditcard die gekoppeld is aan de rekening van de klant. Die creditcard mag de klant gedurende een overeengekomen periode gebruiken. Bij het gebruik van de creditcard wordt het totaalbedrag van de uitgevoerde transacties ofwel volledig, ofwel gedeeltelijk op een overeengekomen datum afgeschreven van de betaalrekening van de klant. In een eventuele kredietovereenkomst tussen de aanbieder en de klant wordt bepaald of de klant rente in rekening wordt gebracht voor het opnemen van krediet.
Rood staan	De aanbieder van de rekening en de klant komen vooraf overeen dat aan de klant meer geld ter beschikking kan worden gesteld dan het beschikbare tegoed op de betaalrekening van de klant. In deze overeenkomst wordt ook het maximumbedrag bepaald dat ter beschikking kan worden gesteld, en of de klant vergoedingen en rente in rekening worden gebracht.
Overboeking	De aanbieder van de rekening schrijft in opdracht van de klant geld over van de rekening van de klant naar een andere rekening.
Periodieke overboeking	De aanbieder van de rekening schrijft in opdracht van de klant regelmatig een vast geldbedrag over van de rekening van de klant naar een andere rekening.
Incasso	De klant machtigt iemand anders (de ontvanger) om de aanbieder van de rekening te instrueren om geld over te schrijven van de rekening van de klant naar die van de ontvanger. De aanbieder van de rekening schrijft vervolgens geld over aan de ontvanger op een door de klant en de ontvanger overeengekomen datum of data. Het bedrag kan variëren.
Opname van contant geld	De klant neemt contant geld op van zijn of haar eigen rekening.

ÖSTERREICH

Deutsch

Begriff	Begriffsbestimmung
Kontoführung	Der Kontoanbieter führt das Konto, das durch den Kunden genutzt wird.
Bereitstellung einer Debitkarte	Der Kontoanbieter stellt eine Zahlungskarte bereit, die mit dem Konto des Kunden verbunden ist. Der Betrag jeder Transaktion durch die Verwendung der Karte wird direkt und in voller Höhe dem Konto des Kunden belastet.
Bereitstellung einer Kreditkarte	Der Kontoanbieter stellt eine Zahlungskarte bereit, die mit dem Konto des Kunden verbunden ist. Der Gesamtbetrag der Transaktionen durch die Verwendung der Karte innerhalb eines vereinbarten Zeitraums wird zu einem bestimmten Termin in voller Höhe oder teilweise dem Zahlungskonto des Kunden belastet. In einer Kreditvereinbarung zwischen dem Anbieter und dem Kunden wird festgelegt, ob der Kunde für die Kreditnahme mit Zinsen belastet wird.
Eingeräumte Kontoüberziehung	Der Kontoanbieter und der Kunde vereinbaren im Voraus, dass der Kunde sein Konto belasten kann, auch wenn kein Geld mehr auf dem Konto ist. In der Vereinbarung wird festgelegt, in welcher Höhe maximal das Konto in diesem Fall noch belastet werden kann und ob dem Kunden Gebühren und Zinsen berechnet werden.
Überweisung	Der Kontoanbieter führt auf Anweisung des Kunden Geldüberweisungen von dem Konto des Kunden auf ein anderes Konto durch.
Dauerauftrag	Der Kontoanbieter überweist auf Anweisung des Kunden regelmäßig einen festen Geldbetrag vom Konto des Kunden auf ein anderes Konto.
Lastschrift	Der Kunde ermächtigt eine andere Person (Empfänger) den Kontoanbieter anzuweisen, Geld vom Konto des Kunden auf das Konto des Empfängers zu überweisen. Der Kontoanbieter überweist dann zu einem oder mehreren von Kunde und Empfänger vereinbarten Termin(en) Geld von dem Konto des Kunden auf das Konto des Empfängers. Der Betrag kann unterschiedlich hoch sein.
Bargeldbehebung	Der Kunde behebt Bargeld von seinem Konto.

POLEN

Polnisch

Begriff	Begriffsbestimmung
Prowadzenie rachunku	Uprawniony podmiot prowadzi rachunek płatniczy do użytkowania przez klienta.
Użytkowanie karty debetowej	Uprawniony podmiot wydaje kartę płatniczą umożliwiającą wykonywanie transakcji płatniczych, z wyjątkiem transakcji w ciężar środków udostępnionych z tytułu kredytu, powiązaną z rachunkiem klienta. Kwota każdej transakcji dokonanej przy użyciu karty debetowej jest pobierana w całości bezpośrednio z rachunku klienta.
Użytkowanie karty kredytowej	Uprawniony podmiot wydaje kartę płatniczą powiązaną z rachunkiem płatniczym klienta, umożliwiającą wykonywanie transakcji płatniczych w ciężar środków udostępnionych z tytułu kredytu. Pełna kwota transakcji dokonanych przy użyciu karty kredytowej w uzgodnionym okresie jest pobierana w całości lub w części z rachunku płatniczego klienta w określonym dniu. Umowa o kredyt zawarta między podmiotem a klientem określa, czy od klienta zostaną pobrane odsetki za kredyt.
Kredyt w rachunku bieżącym	Podmiot prowadzący rachunek i klient umawiają się z góry, że klient może zaciągać kredyt w ramach rachunku. Umowa określa maksymalną kwotę kredytu w rachunku oraz wysokość ewentualnych opłat i odsetek pobieranych od klienta.
Polecenie przelewu	Na zlecenie klienta podmiot prowadzący rachunek przelewa środki z rachunku klienta na inny rachunek.
Zlecenie stałe	Na zlecenie klienta podmiot prowadzący rachunek regularnie przelewa środki w określonej wysokości z rachunku klienta na inny rachunek.
Polecenie zapłaty	Polecenie zapłaty stanowi udzieloną bankowi dyspozycję wierzyciela przelania określonej kwoty z rachunku bankowego dłużnika na rachunek bankowy wierzyciela.
Wypłata gotówki	Posiadacz rachunku pobiera gotówkę ze swojego rachunku.

PORTUGAL

Portugiesisch

Begriff	Begriffsbestimmung
Manutenç ão de conta	O prestador de serviç os de pagamento gere a conta para utilizaç ão pelo cliente.
Disponibilizaç ão de um cartão de débito	O prestador de serviç os de pagamento disponibiliza um cartão de pagamento associado à conta do cliente. O montante de cada transaç ão efetuada com o cartão é debitado imediata e integralmente na conta do cliente.
Disponibilizaç ão de um cartão de crédito	O prestador de serviç os de pagamento disponibiliza um cartão de pagamento associado à conta do cliente. O montante total das transaç ões efetuadas com o cartão durante um período acordado é debitado integral ou parcialmente na conta de pagamento do cliente numa data acordada. O contrato de crédito entre o prestador de serviç os de pagamento e o cliente determina se são cobrados juros ao cliente pelo dinheiro emprestado.
Descoberto	O prestador de serviç os de pagamento e o cliente acordam previamente que o cliente pode dispor de fundos que excedam o saldo da sua conta. O contrato de crédito determina um montante máximo que pode ser emprestado, e se são cobrados comissões e juros ao cliente.
Transferência a crédito	O prestador de serviç os de pagamento transfere, por ordem do cliente, fundos da conta do cliente para outra conta.
Ordem permanente	O prestador de serviç os de pagamento efetua, por ordem do cliente, transferências regulares de um montante fixo de dinheiro da conta do cliente para outra conta.
Débito direto	O cliente autoriza que outra pessoa (o beneficiário) ordene ao prestador de serviç os de pagamento que transfira dinheiro da conta do cliente para esse benefi-

Begriff	Begriffsbestimmung
	ciário. O prestador de serviç os de pagamento transfere, de seguida, os fundos para o beneficiário em data ou datas acordada(s) entre o cliente e o beneficiário. O montante pode variar.
Levantamento de numerário	O cliente retira numerário da sua conta.

RUMÄNIEN

Rumänisch

Begriff	Begriffsbestimmung
Administrarea contului	Furnizorul contului administrează contul în scopul utilizării de către client.
Furnizarea unui card de debit	Furnizorul contului furnizează un card de plată asociat contului clientului. Suma fiecărei tranzacții efectuate prin card este luată total sau parțial din contul clientului.
Furnizarea unui card de credit	Furnizorul contului furnizează un card de plată conectat la contul de plăți al clientului. Suma totală a tranzacțiilor efectuate prin card într-o perioadă convenită este luată total sau parțial din contul de plăți al clientului la o dată convenită. Un contract de credit între furnizor și client stabilește dacă clientul trebuie să plătească dobândă pentru împrumut.
Descoperitul de cont	Furnizorul contului și clientul convin în prealabil că clientul poate împrumuta bani atunci când nu mai există bani pe cont. Acordul stabilește suma maximă care poate fi împrumutată și dacă există taxe și dobânzi care trebuie achitate de client.
Transfer credit	Furnizorul contului transferă bani, în baza unei instrucțiuni date de client, din contul clientului în alt cont.
Ordine de plată programată	Furnizorul contului efectuează transferuri regulate, în baza unei instrucțiuni date de client, a unei sume fixe de bani din contul clientului în alt cont.
Debitare directă	Clientul autorizează o altă persoană (destinatarul) să dea o instrucțiune furnizorului contului să transfere bani din contul clientului către acel destinatar. Furnizorul contului transferă apoi destinatarului banii la o dată sau la date convenite de client și de destinatar. Suma respectivă poate varia.
Retrageri de numerar	Clientul retrage numerar din contul clientului.

SLOWENIEN

Slowenisch

Begriff	Begriffsbestimmung
Vodenje računa	Ponudnik računa upravlja račun, da ga stranka lahko koristi.
Izdaja debetne kartice	Ponudnik računa izda plačilno kartico, povezano z računom stranke. Znesek vsake transakcije, izvedene s kartico, se trga neposredno in v celoti s strankinega računa.
Izdaja kreditne kartice	Ponudnik računa izda plačilno kartico, povezano s plačilnim računom stranke. Celoten znesek transakcij, izvedenih z uporabo kartice v dogovorjenem obdobju, se na dogovorjeni datum deloma ali v celoti trga s strankinega plačilnega računa. Kreditna pogodba, sklenjena med ponudnikom in stranko, določa, ali se stranki za izposojo denarja zaračunajo obresti.
Prekoračitev	Ponudnik računa in stranka se vnaprej dogovorita, da si lahko stranka izposodi denar, če na njenem računu ni več sredstev. Pogodba določa največji znesek, ki si ga stranka lahko izposodi, in ali se ji zato zaračunajo nadomestila in obresti.
Kreditno plačilo	Ponudnik računa po navodilih stranke nakaže denar z računa stranke na drug račun.

Begriff	Begriffsbestimmung
Trajni nalog	Ponudnik računa po navodilih stranke redno nakazuje fiksen znesek z računa stranke na drug račun.
Direktna obremenitev	Stranka dovoli drugi osebi (prejemniku), da ponudniku računa naroči prenos denarnih sredstev z računa stranke na račun druge osebe (prejemnika). Ponudnik računa nato nakaže denar prejemniku na datum ali datume, dogovorjene med stranko in prejemnikom. Zneski se lahko spreminjajo.
Dvig gotovine	Stranka lahko s svojega računa dvigne gotovino.

Italienisch

Begriff	Begriffsbestimmung
Tenuta del conto	La banca/intermediario gestisce il conto rendendone possibile l'uso da parte del cliente.
Rilascio di una carta di debito	Rilascio, da parte della banca/intermediario, di una carta di pagamento collegata al conto del cliente. L'importo di ogni operazione effettuata tramite la carta viene addebitato direttamente e per intero sul conto del cliente.
Rilascio di una carta di credito	Rilascio, da parte della banca/intermediario, di una carta di pagamento collegata al conto del cliente. L'importo complessivo delle operazioni effettuate tramite la carta durante un intervallo di tempo concordato è addebitato per intero o in parte sul conto del cliente a una data convenuta. Se il cliente deve pagare interessi sulle somme utilizzate, gli interessi sono disciplinati dal contratto di credito tra la banca/intermediario e il cliente.
Fido	Contratto in base al quale la banca/intermediario si impegna a mettere a disposizione del cliente una somma di denaro oltre il saldo disponibile sul conto. Il contratto stabilisce l'importo massimo della somma messa a disposizione e l'eventuale addebito al cliente di una commissione e degli interessi.
Bonifico	Con il bonifico la banca/intermediario trasferisce una somma di denaro dal conto del cliente a un altro conto, secondo le istruzioni del cliente.
Ordine permanente di bonifico	Trasferimento periodico di una determinata somma di denaro dal conto del cliente a un altro conto, eseguito dalla banca/intermediario secondo le istruzioni del cliente.
Addebito diretto	Con l'addebito diretto il cliente autorizza un terzo (beneficiario) a richiedere alla banca/intermediario il trasferimento di una somma di denaro dal conto del cliente a quello del beneficiario. Il trasferimento viene eseguito dalla banca/intermediario alla data o alle date convenute dal cliente e dal beneficiario. L'importo trasferito può variare.
Prelievo di contante	Operazione con la quale il cliente ritira contante dal proprio conto.

Ungarisch

Begriff	Begriffsbestimmung
Számlavezetés	A számlavezető számlát vezet az ügyfél általi használat céljából.
Betéti kártya szolgáltatás	A számlavezető az ügyfél számlájához kapcsolódó fizetési kártyát bocsát rendelkezésre. A betéti kártyával végrehajtott valamennyi fizetési művelet összegével közvetlenül és teljes egészében megterhelésre kerül az ügyfél számlája.
Hitelkártya szolgáltatás	A számlavezető az ügyfél számlájához kapcsolódó fizetési kártyát bocsát rendelkezésre. A hitelkártyával egy megállapodás szerinti időszak során végrehajtott valamennyi fizetési művelet összegével a megállapodás szerinti időpont(ok)ban részben vagy teljes egészében megterhelésre kerül az ügyfél számlája. A számlavezető és az ügyfél között létrejött hitelszerződés határozza meg azt, hogy az ügyfél részére a hitel után felszámítanak-e kamatot.
Folyószámlahitel	A számlavezető és az ügyfél előre megállapodnak abban, hogy az ügyfél kölcsönt vehet fel, amennyiben nem áll rendelkezésére pénz a számláján. Ez a

Begriff	Begriffsbestimmung
	szerződés rögzíti a kölcsön maximális összegét, valamint azt, hogy díjat és kamatot felszámítanak-e az ügyfél részére.
Átutalás	A számlavezető az ügyfél utasítására pénzt juttat el az ügyfél számlájáról egy másik számlára.
Rendszeres átutalás	A számlavezető az ügyfél utasítására rendszeresen azonos összegben pénzt juttat el az ügyfél számlájáról egy másik számlára.
Beszedés	Az ügyfél engedélyezi valaki másnak (kedvezményezett), hogy az ügyfél számlavezetőjének utasítást adjon arra, hogy az ügyfél számlájáról a kedvezményezett részére pénzt juttasson el. A számlavezető az ügyfél és a kedvezményezett által megállapodott napon vagy napokon teljesíti a kedvezményezett részére a fizetési műveleteket. A fizetési művelet összege változó nagyságú lehet.
Készpénzfelvétel	Az ügyfél készpénzt vesz fel a saját számlájáról.

SLOWAKEI
Slowakisch

Begriff	Begriffsbestimmung
Vedenie účtu	Poskytovateľ účtu vedie účet, ktorý je určený na použitie zákazníkom.
Poskytnutie debetnej karty	Poskytovateľ účtu poskytne zákazníkovi platobnú kartu spojenú s jeho účtom. Suma každej transakcie vykonanej pomocou tejto karty sa odpočíta priamo a v plnej výške z účtu zákazníka.
Poskytnutie kreditnej karty	Poskytovateľ účtu poskytne zákazníkovi platobnú kartu spojenú s jeho platobným účtom. Celková suma transakcií vykonaných pomocou tejto karty počas dohodnutého časového obdobia sa k dohodnutému dátumu odpočíta buď v plnej výške alebo čiastočne z platobného účtu zákazníka. Úverovou zmluvou medzi poskytovateľom a zákazníkom sa stanovuje, či sa zákazníkovi účtuje úrok za pôžičku.
Prečerpanie	Poskytovateľ účtu a zákazník sa vopred dohodnú, že v prípade, že zákazník na účte nemá žiadne finančné prostriedky, môže si ich požičať. V dohode sa stanovuje maximálna suma, ktorú si môže požičať, ako aj to, či mu budú účtované poplatky a úrok.
Úhrady	Poskytovateľ účtu prevedie finančné prostriedky podľa pokynov zákazníka z jeho účtu na iný účet.
Trvalý príkaz	Poskytovateľ účtu pravidelne vykonáva prevody pevne stanovenej sumy finančných prostriedkov podľa pokynov zákazníka z jeho účtu na iný účet.
Inkaso	Zákazník umožní inej osobe (príjemcovi), aby poskytovateľovi účtu prikázala previezť finančné prostriedky z účtu zákazníka na účet príjemcu. Poskytovateľ účtu následne prevedie finančné prostriedky príjemcovi k dátumu alebo dátumom dohodnutým medzi zákazníkom a príjemcom. Suma finančných prostriedkov sa môže meniť.
Výbery hotovosti	Zákazník vyberie hotovosť zo svojho účtu.

FINNLAND
Finnisch

Begriff	Begriffsbestimmung
Tilin ylläpito	Tilin tarjoaja ylläpitää asiakkaan tiliä.
Debit-kortin tarjoaminen	Tilin tarjoaja myöntää debit-kortin, joka on liitetty asiakkaan tiliin. Kunkin korttia käyttäen tehdyn maksutapahtuman määrä veloitetaan heti ja täysimääräisenä asiakkaan tililtä.
Luottokortin tarjoaminen	Tilin tarjoaja myöntää luottokortin, joka on liitetty asiakkaan tiliin. Korttia käyttäen tehtyjen, sovitun ajan kuluessa kertyneiden maksutapahtumien yhteismäärä veloitetaan joko kokonaan tai osittain asiakkaan tililtä sovittuna päivänä. Tilin tarjoajan ja asiakkaan välinen luottoso-pimus määrittää, peritäänkö asiakkaalta korkoa kyseisen luoton käyttämisestä.

Begriff	Begriffsbestimmung
Tilinylitys	Tilin tarjoaja ja asiakas sopivat etukäteen siitä, että asiakas voi lainata rahaa, kun tilillä ei ole enää rahaa käytettävissä. Sopimuksessa määrätään lainattavissa olevan rahan enimmäismäärä ja se, peritäänkö asiakkaalta siitä maksuja ja korkoja.
Tilisiirto	Tilin tarjoaja siirtää asiakkaan ohjeiden mukaan rahaa asiakkaan tililtä toiselle tilille.
Toistuva maksu	Tilin tarjoaja siirtää asiakkaan ohjeiden mukaan säännöllisesti tietyn rahamäärän asiakkaan tililtä toiselle tilille.
Suoraveloitus	Asiakas sallii jonkun toisen (maksunsaajan) antaa tilin tarjoajalle ohjeet siirtää rahaa asiak-kaan tililtä maksunsaajalle. Tilin tarjoaja siirtää sitten rahaa maksunsaajalle asiakkaan ja maksunsaajan sopimana päivänä tai sopimina päivinä. Rahamäärä saattaa vaihdella.
Käteisnosto	Asiakas nostaa käteistä rahaa tililtään

Schwedisch

Begriff	Begriffsbestimmung
Tillhandahållande av konto	Kontohållaren tillhandahåller kontot för användning av konsumenten.
Tillhandahållande av debetkort	Kontohållaren tillhandahåller ett betalkort kopplat till konsumentens konto. Beloppet för varje enskild transaktion som görs med hjälp av kortet dras direkt och i sin helhet från konsumentens konto.
Tillhandahållande av kreditkort	Kontohållaren tillhandahåller ett betalkort kopplat till konsumentens betalkonto. Hela beloppet för de transaktioner som gjorts med hjälp av kortet under en överenskommen tids-period debiteras kontot i sin helhet eller uppdelat vid ett överenskommet datum. Ett kredit-avtal mellan kontohållaren och konsumenten fastställer om ränta tas ut av konsumenten för lånet.
Övertrasseringsrätt	Kontohållaren och konsumenten avtalar i förväg om att konsumenten får låna pengar när det inte finns några pengar kvar på kontot. Avtalet fastställer ett maxbelopp som kan lånas och om konsumenten ska betala avgifter och ränta.
Girering	På uppdrag av konsumenten överför kontohållaren pengar från konsumentens konto till ett annat konto.
Stående överföring	På uppdrag av konsumenten utför kontohållaren regelbundna överföringar av ett fast belopp från konsumentens konto till ett annat konto.
Direktdebitering	Konsumenten tillåter någon annan (betalningsmottagaren) att ge uppdrag till kontohållaren om att överföra pengar från konsumentens konto till betalningsmottagaren. Kontohållaren överför sedan pengar till betalningsmottagaren på det datum eller de datum som konsumenten och betalningsmottagaren avtalat. Beloppet kan variera.
Kontantuttag	Konsumenten tar ut kontanter från sitt konto.

SCHWEDEN

Schwedisch

Begriff	Begriffsbestimmung
Tillhandahållande av konto	Kontohållaren tillhandahåller kontot för användning av konsumenten.
Tillhandahållande av debetkort	Kontohållaren tillhandahåller ett betalkort kopplat till konsumentens konto. Beloppet för varje enskild transaktion som görs med hjälp av kortet dras direkt och i sin helhet från konsumentens konto.
Tillhandahållande av kreditkort	Kontohållaren tillhandahåller ett betalkort kopplat till konsumentens betalkonto. Hela beloppet för de transaktioner som gjorts med hjälp av kortet under en överenskommen tids-period debiteras kontot i sin helhet. Betalning sker i sin helhet eller uppdelat av konsumenten vid ett överenskommet datum. Ett kredi-

Begriff	Begriffsbestimmung
	tavtal mellan kontohållaren och konsumenten fastställer om ränta tas ut av konsumenten för lånet.
Kontokredit	Kontohållaren och konsumenten avtalar i förväg om att konsumenten får låna pengar när det inte finns några pengar kvar på kontot. Avtalet fastställer ett maxbelopp som kan lånas och om konsumenten ska betala avgifter och ränta.
Betalning	På uppdrag av konsumenten överför kontohållaren pengar från konsumentens konto till ett annat konto.
Stående överföring	På uppdrag av konsumenten utför kontohållaren regelbundna överföringar av ett fast belopp från konsumentens konto till ett annat konto.
Autogiro	Konsumenten tillåter någon annan (betalningsmottagaren) att ge uppdrag till kontohållaren om att överföra pengar från konsumentens konto till betalningsmottagaren. Kontohållaren överför sedan pengar till betalningsmottagaren på det datum eller de datum som konsumenten och betalningsmottagaren avtalat. Beloppet kan variera.
Kontantuttag	Konsumenten tar ut kontanter från sitt konto.

VEREINIGTES KÖNIGREICH

Englisch

Begriff	Begriffsbestimmung
Maintaining the account	The account provider operates the account for use by the customer.
Providing a debit card	The account provider provides a payment card linked to the customer's account. The amount of each transaction made using the card is taken directly and in full from the customer's account.
Providing a credit card	The account provider provides a payment card linked to the customer's payment account. The total amount of the transactions made using the card during an agreed period is taken either in full or in part from the customer's payment account on an agreed date. A credit agreement between the provider and the customer determines whether interest will be charged to the customer for the borrowing.
Arranged overdraft	The account provider and the customer agree in advance that the customer may borrow money when there is no money left in the account. The agreement determines a maximum amount that can be borrowed, and whether fees and interest will be charged to the customer.
Sending money	The account provider transfers money, on the instruction of the customer, from the customer's account to another account.
Standing order	The account provider makes regular transfers, on the instruction of the customer, of a fixed amount of money from the customer's account to another account.
Direct debit	The customer permits someone else (recipient) to instruct the account provider to transfer money from the customer's account to that recipient. The account provider then transfers money to the recipient on a date or dates agreed by the customer and the recipient. The amount may vary.
Cash withdrawal	The customer takes cash out of the customer's account.

Durchführungsverordnung (EU) 2018/33 zur Festlegung technischer Durchführungsstandards für das standardisierte Format für die Präsentation der Entgeltaufstellung und des betreffenden gemeinsamen Symbols gemäß der Richtlinie 2014/92/EU des Europäischen Parlaments und des Rates

ABl L 6 vom 11. 1. 2018, S 26 idF

1 ABl L 82 vom 26. 3. 2018, S 18 **2** ABl L 221 vom 31. 8. 2018, S 3

DIE EUROPÄISCHE KOMMISSION –

gestützt auf den Vertrag über die Arbeitsweise der Europäischen Union,

gestützt auf die Richtlinie 2014/92/EU des Europäischen Parlaments und des Rates vom 23. Juli 2014 über die Vergleichbarkeit von Zahlungskontoentgelten, den Wechsel von Zahlungskonten und den Zugang zu Zahlungskonten mit grundlegenden Funktionen[1)], insbesondere auf Artikel 5 Absatz 4 Unterabsatz 2,

in Erwägung nachstehender Gründe:

(1) Nach der Richtlinie 2014/92/EU müssen die Mitgliedstaaten sicherstellen, dass die Zahlungsdienstleister den Verbrauchern mindestens einmal jährlich unentgeltlich eine Aufstellung sämtlicher angefallenen Entgelte sowie gegebenenfalls Informationen über die Zinssätze für die mit einem Zahlungskonto verbundenen Dienste zur Verfügung stellen. Hierbei müssen die Zahlungsdienstleister die standardisierten Begriffe verwenden, die in der endgültigen Liste der repräsentativsten mit einem Zahlungskonto verbundenen Dienste festgelegt sind. Die Mitgliedstaaten müssen die endgültigen Listen veröffentlichen und darin die in der Delegierten Verordnung (EU) 2018/32 der Kommission[2)] festgelegte standardisierte Unionsterminologie verwenden.

(2) Um sicherzustellen, dass mit der Entgeltaufstellung die mit der Richtlinie 2014/92/EU verfolgten Ziele erreicht werden und der Verbraucher zugleich alle maßgeblichen, für größere Vergleichbarkeit und Transparenz erforderlichen Angaben erhält, sollten die Zahlungsdienstleister für die Entgeltaufstellung ein standardisiertes Muster verwenden.

(3) Bei der Präsentation der mit einem Zahlungskonto verbundenen Dienstleistungspakete sollte der Tatsache Rechnung getragen werden, dass die Zahlungsdienstleister Pakete unterschiedlicher Art anbieten. Während einige Pakete in einem allgemeinen Entgelt, wie der Kontoführungsgebühr, inbegriffen sind, werden andere gesondert in Rechnung gestellt und schließen wiederum andere nur eine bestimmte Anzahl von Diensten ein. Damit für die Verbraucher leichter ersichtlich ist, welche Dienste die verschiedenen Pakete enthalten und welche Entgelte dafür in Rechnung gestellt werden, sollten die Pakete in der Entgeltaufstellung gesondert aufgeführt werden. Pakete sollten insbesondere dann, wenn sie als Teil eines allgemeinen Entgelts in Rechnung gestellt werden, zusammen mit diesem Entgelt ausgewiesen werden.

(4) Die Mitgliedstaaten können verlangen, dass in der Entgeltaufstellung Schlüsselindikatoren, wie ein umfassender Kostenindikator, angegeben werden. Aus diesem Grund sollte das Muster für die Entgeltaufstellung für Zahlungsdienstleister, die derartige Vorgaben erfüllen müssen, eine separate Tabelle enthalten.

(5) Um den Zahlungsdienstleistern die Erstellung der Entgeltaufstellung zu erleichtern, sollten sie darüber hinaus eine klare Anleitung zum Ausfüllen der Entgeltaufstellung erhalten.

(6) Diese Verordnung beruht auf dem Entwurf technischer Durchführungsstandards, der der Kommission von der Europäischen Aufsichtsbehörde (Europäische Bankenaufsichtsbehörde, im Folgenden „EBA") vorgelegt wurde.

(7) Die EBA hat zu diesem Entwurf offene öffentliche Konsultationen durchgeführt, dessen potenzielle Kosten und potenziellen Nutzen analysiert und die Stellungnahme der nach Artikel 37 der Verordnung (EU) Nr. 1093/2010 des Europä-

[1)] ABl. L 257 vom 28.8.2014, S. 214.

Zu Abs. 1:

[2)] Delegierte Verordnung (EU) 2018/32 der Kommission vom 28. September 2017 zur Ergänzung der Richtlinie 2014/92/EU des Europäischen Parlaments und des Rates durch technische Regulierungsstandards für die standardisierte Unionsterminologie für die repräsentativsten mit einem Zahlungskonto verbundenen Dienste (siehe Seite 3 dieses Amtsblatts).

ischen Parlaments und des Rates[3]) eingesetzten Interessengruppe Bankensektor eingeholt –

HAT FOLGENDE VERORDNUNG ERLASSEN:

Artikel 1
Muster für die Entgeltaufstellung und das betreffende gemeinsame Symbol

(1) Die Zahlungsdienstleister verwenden das im Anhang festgelegte Muster und füllen es gemäß den Artikeln 2 bis 18 aus.

(2) Beim Ausfüllen des Musters für die Entgeltaufstellung nehmen die Zahlungsdienstleister an diesem Muster keine anderen als die in dieser Verordnung vorgesehenen Änderungen vor. Insbesondere halten sie die Reihenfolge der in dem Muster vorgegebenen Angaben, Überschriften und Teilüberschriften ein.

(3) Die Entgeltaufstellung muss

a) im A4 Hochformat vorgelegt werden;

b) am oberen Ende der ersten Seite genau zwischen dem Logo des Zahlungsdienstleisters an der oberen linken Ecke und dem gemeinsamen Symbol an der oberen rechten Ecke mit „Entgeltaufstellung" überschrieben sein;

c) das gemeinsame Symbol enthalten, dessen Abmessungen nicht über 2,5 cm × 2,5 cm hinausgehen dürfen und das der Abbildung auf dem im Anhang festgelegten Muster entsprechen muss;

d) die Schriftart Arial oder eine ähnliche Schriftart und Schriftgröße 11 verwenden – außer beim Titel „Entgeltaufstellung", der in Schriftgröße 16 und fett zu drucken ist; die Überschriften sind in Schriftgröße 14 und fett, die Teilüberschriften in Schriftgröße 12 und fett zu drucken, es sei denn, gemäß nationalem Recht oder einer Vereinbarung zwischen dem Verbraucher und dem Zahlungsdienstleiter ist eine größere Schriftgröße oder BrailleSchrift für Menschen mit Sehbehinderung zu verwenden;

e) in Schwarz-Weiß gedruckt werden, mit Ausnahme des Zahlungsdienstleister-Logos und des gemeinsamen Symbols, die nach Maßgabe des Artikels 2 in Farbe dargestellt werden können;

f) für die Überschriften den Farbton Halbdunkelgrau des RGB-Farbmodells, Referenznummer 166,166,166, und für die Teilüberschriften den Farbton Hellgrau des RGB-Farbmodells, Referenznummer 191,191,191 verwenden;

g) eine Seitennummerierung aufweisen.

Artikel 2
Gemeinsames Symbol und Logo des Zahlungsdienstleisters

(1) Ist das gemeinsame Symbol in Farbe dargestellt, muss der Hintergrund den Farbton mit der Referenznummer 0/51/153 (Hexadezimalwert: 003399) des RGB-Farbmodells und das Symbol selbst den Farbton 255/204/0 (Hexadezimalwert: FFCC00) des RGB-Farbmodells haben.

(2) Das Zahlungsdienstleister-Logo und das gemeinsame Symbol müssen die gleiche Größe haben.

(3) Das Logo darf nur in Farbe dargestellt werden, wenn auch das gemeinsame Symbol in Farbe dargestellt ist. Bei Schwarz-Weiß-Druck muss das gemeinsame Symbol deutlich lesbar sein.

Artikel 3
Name und Kontaktdaten des Kontoanbieters

(1) Der Zahlungsdienstleister ersetzt die Angaben in eckigen Klammern durch den Namen des Kontoanbieters in Fettdruck und linksbündig.

(2) Der Zahlungsdienstleister ersetzt die Angaben in eckigen Klammern durch seine Kontaktdaten, wie seine Anschrift, Telefonnummer, E-Mail-Adresse, Faxnummer, Internetadresse und Kontaktperson/-stelle, die der Zahlungskontoinhaber für künftige Korrespondenz nutzen kann.

Die Kontaktdaten sind linksbündig auszurichten.

Artikel 4
Name und Kontaktdaten des Zahlungskontoinhabers

(1) Der Zahlungsdienstleister ersetzt die Angaben in eckigen Klammern durch den Namen des Zahlungskontoinhabers.

Der Name muss in Fettdruck und linksbündig erscheinen.

(2) Der Zahlungsdienstleister ersetzt die Angaben in eckigen Klammern durch die Anschrift des Zahlungskontoinhabers.

Die Anschrift ist linksbündig auszurichten und mit Ausnahme des jeweils ersten Buchstabens in Kleinbuchstaben anzugeben.

Artikel 5
Kontobezeichnung und -kennung

(1) Der Zahlungsdienstleister gibt die Bezeichnung des Zahlungskontos an.

Diese muss in Fettdruck und linksbündig unmittelbar nach „Konto" aufgeführt werden.

Zu Abs. 7:

[3]) Verordnung (EU) Nr. 1093/2010 des Europäischen Parlaments und des Rates vom 24. November 2010 zur Errichtung einer Europäischen Aufsichtsbehörde (Europäische Bankenaufsichtsbehörde), zur Änderung des Beschlusses Nr. 716/2009/EG und zur Aufhebung des Beschlusses 2009/78/EG der Kommission (ABl. L 331 vom 15.12.2010, S. 12).

(2) Der Zahlungsdienstleister liefert die Angaben zur Kontokennung, wie die internationale Bankleitzahl (BIC), die internationale Kontonummer (IBAN), die nationale Kontonummer und die nationale Bankleitzahl.

Diese Angaben sind linksbündig auszurichten.

Artikel 6
Kalenderzeitraum

In der Zeile „Zeitraum" gibt der Zahlungsdienstleister linksbündig den Kalenderzeitraum an, auf den sich die Entgeltaufstellung bezieht.

Artikel 7
Datum

In der Zeile „Datum" gibt der Zahlungsdienstleister linksbündig den Kalendertag an, an dem er die Entgeltaufstellung bereitstellt.

Artikel 8
Einleitende Hinweise

Die einleitenden Hinweise sind unverändert in die Entgeltinformation zu übernehmen, wobei der Zeilenabstand 1,15 mit 0 pt vor und 10 pt nach diesen Hinweisen betragen muss.

Artikel 9
Entgelt- und Zinsübersicht

(1) Der Zahlungsdienstleister gibt rechtsbündig in Fettdruck die Gesamtsumme der Entgelte und Zinsen an, die in den vier Tabellen unter „Entgelt- und Zinsübersicht" einzeln aufzuführen sind.

(2) Fallen bei einem bestimmten Konto keine Zinsen an und kann oder muss diese Angabe nach den nationalen Bestimmungen zur Umsetzung der Richtlinie 2014/92/EU erteilt werden, gibt der Zahlungsdienstleister hier rechtsbündig und in Kleinbuchstaben „unzutreffend" an.

(3) Fallen zwar grundsätzlich Zinsen an, belaufen sich diese im Bezugszeitraum aber auf Null, gibt der Zahlungsdienstleister hier für den Fall, dass diese Angabe nach den nationalen Bestimmungen zur Umsetzung der Richtlinie 2014/92/EU erteilt werden kann oder muss, in der betreffenden Tabelle „0" an.

(4) Sofern es die nationalen Bestimmungen zur Umsetzung der Richtlinie 2014/92/EU verlangen, gibt der Zahlungsdienstleister den umfassenden Kostenindikator, in dem die jährlichen Gesamtkosten des Zahlungskontos zusammengefasst sind, in einer gesonderten Tabelle an. Ist der Zahlungsdienstleister diesen nationalen Bestimmungen zufolge nicht zur Angabe des umfassenden Kostenindikators verpflichtet, streicht er diese Tabelle.

Artikel 10
Aufstellung der für das Konto gezahlten Entgelte

(1) In der mit „Aufstellung der für das Konto gezahlten Entgelte" überschriebenen Tabelle führt der Zahlungsdienstleister alle Entgelte an, die im Bezugszeitraum für die entsprechenden Dienste angefallen sind.

Entgelte für die Bereitstellung oder Führung des Kontos sind unter der Teilüberschrift „Allgemeine mit dem Konto verbundene Dienste" aufzuführen.

(2) Die entsprechenden Dienste führt der Zahlungsdienstleister linksbündig und fettgedruckt in der Unterspalte „Dienst" an, wobei er einen einzeiligen Abstand lässt, mit 0 pt vor und 0 pt nach jedem Dienst.

(3) In der Unterspalte „Häufigkeit der Inanspruchnahme des Dienstes" gibt der Zahlungsdienstleister rechtsbündig an, wie viele Male jeder Dienst in dem Zeitraum, auf den sich die Entgeltaufstellung bezieht, in Anspruch genommen wurde, und richtet sich dabei in Schriftgröße und -art nach den Vorgaben in Artikel 1 Absatz 3 Buchstabe d.

Die Unterspalte „Häufigkeit der Inanspruchnahme des Dienstes" ist freizulassen, wenn

a) ein Dienst in Anspruch genommen wurde, der Zahlungsdienstleister dafür aber kein Entgelt in Rechnung gestellt hat, und

b) die nationalen Bestimmungen zur Umsetzung der Richtlinie 2014/92/EU eine solche Angabe zulassen oder verlangen.

(4) In der Unterspalte „Einzelentgelt" gibt der Zahlungsdienstleister für jeden in Anspruch genommenen Dienst rechtsbündig die Struktur des Einzelentgelts und die Kosten jedes in Anspruch genommenen Dienstes an.

(5) In der Unterspalte „Häufigkeit der Inrechnungstellung des Entgelts" gibt der Zahlungsdienstleister rechtsbündig an, wie viele Male jeder Dienst in dem Zeitraum, auf den sich die Entgeltaufstellung bezieht, in Rechnung gestellt wurde. „Der Zahlungsdienstleister gibt in der entsprechenden Unterspalte „Es wurde kein Entgelt in Rechnung gestellt" an, wenn"

a) ein Dienst in Anspruch genommen, aber kein Entgelt in Rechnung gestellt wurde, und

b) die nationalen Bestimmungen zur Umsetzung der Richtlinie 2014/92/EU eine solche Angabe zulassen oder verlangen.
(ABl L 82 vom 26. 3. 2018, S 18)

(6) In der Unterspalte „Summe" gibt der Zahlungsdienstleister in Fettdruck den Gesamtbetrag der im Bezugszeitraum für diesen Dienst gezahlten Entgelte an.

(7) Wird unter einer Teilüberschrift kein Dienst aufgeführt, ist diese Teilüberschrift vom Zahlungs-

dienstleister zu streichen. Ebenfalls vom Zahlungsdienstleister zu streichen ist diese Teilüberschrift, wenn der Zahlungskontoinhaber im Bezugszeitraum über die im Dienstleistungspaket inbegriffene Anzahl von Diensten hinaus keine weiteren Dienste in Anspruch genommen hat.

(8) Die von einem Zahlungskontoinhaber im Bezugszeitraum insgesamt entrichteten Entgelte weist der Zahlungsdienstleister in Fettdruck in der Zeile „Insgesamt gezahlte Entgelte" aus.

Artikel 11
Präsentation der verschiedenen Entgeltarten

(1) Werden in einem der nachstehend genannten Fälle gesonderte Entgelte in Rechnung gestellt, führt der Zahlungsdienstleister in der Tabelle „Aufstellung der für das Konto gezahlten Entgelte" in der Spalte „Dienst" bei dem betreffenden Dienst in einer separaten Zeile jede/n entgeltpflichtige/n Fall, Kanal oder Bedingung („Entgeltarten") auf:

a) wenn für die Bereitstellung eines Dienstes unterschiedliche Entgelte in Rechnung gestellt werden, wie ein anfängliches Entgelt für die Einrichtung des Dienstes und die nachfolgenden Entgelte für die Ausführung desselben Dienstes;

b) wenn ein Dienst über verschiedene Kanäle angefordert, in Anspruch genommen oder bereitgestellt wird, wie per Telefon, in einer Zweigstelle oder online;

c) wenn für ein und denselben Dienst eine bestimmte Voraussetzung erfüllt ist, wie die Einhaltung einer Mindest- oder Höchstgrenze für Geldüberweisungen oder Bargeldabhebungen.

Diese Angaben sind linksbündig auszurichten. Die Entgelte sind in der Spalte „Einzelentgelt" rechtsbündig auszuweisen.

(2) In Fällen, in denen sich die Entgelte aus einer Kombination verschiedener Entgeltarten ergeben, wie Entgelte, die von Kanal zu Kanal unterschiedlich sind und bei Erreichung eines Schwellenwerts weiter aufgesplittet werden, führt der Zahlungsdienstleister zusätzlich zu den in Artikel 10 Absatz 5 geforderten Angaben „rechts eingerückt" jede weitere Entgeltart auf. *(ABl L 221 vom 31. 8. 2018, S 3)*

(3) Hat sich das Entgelt im Laufe des Bezugszeitraums geändert, führt der Zahlungsdienstleister für jeden einzelnen Zeitraum das betreffende Entgelt auf und fügt zu diesem Zweck in der Spalte „Einzelentgelt" neue Zeilen hinzu.

Artikel 12
Präsentation der Dienstleistungspakete, die als Teil der Entgelte unter der Teilüberschrift „Allgemeine, mit dem Konto verbundene Dienste" in Rechnung gestellt werden

(1) Wird ein mit einem Zahlungskonto verbundenes Dienstleistungspaket mit dem Konto zusammen angeboten und werden die hierfür anfallenden Entgelte mit den unter der Teilüberschrift „Allgemeine mit dem Konto verbunden Dienste" ausgewiesenen Entgelten in Rechnung gestellt, führt der Zahlungsdienstleister in der Tabelle „Aufstellung der für das Konto gezahlten Entgelte" in der Zeile „Dienstleistungspakete" die Angaben zu den im Paket inbegriffenen Diensten in der Spalte „Dienst" und die Zahl der Inanspruchnahmen des Pakets in der Spalte „Häufigkeit der Inanspruchnahme des Dienstes" auf. In den Spalten unter „Entgelt" weist der Zahlungsdienstleister das für das Paket insgesamt in Rechnung gestellte Entgelt sowie die Zahl der Male aus, bei denen das Paketentgelt im Bezugszeitraum jeweils gemäß Artikel 11 Absatz 1 in Rechnung gestellt wurde. Wird das Dienstleistungspaket getrennt von dem Entgelt für die allgemeinen, mit dem Konto verbundenen Dienste in Rechnung gestellt, ist diese Zeile zu streichen.

(2) Jedes Entgelt, das für Dienste in Rechnung gestellt wird, die über die im Paket inbegriffene Anzahl hinausgehen, werden gemäß den Artikeln 1 bis 11 in der Tabelle für Dienste und Entgelte ausgewiesen.

(3) Unterliegen die im Paket inbegriffenen Dienste keiner zahlenmäßigen Beschränkung oder wurde die Anzahl der im Paket inbegriffenen Dienste nicht überschritten, streicht der Zahlungsdienstleister den Zusatz „Über diese Anzahl hinausgehende Dienste wurden getrennt in Rechnung gestellt" am Ende der Zeile.

Artikel 13
Präsentation der mit einem Zahlungskonto verbundenen Dienstleistungspakete, die getrennt von den unter der Teilüberschrift „Allgemeine mit dem Konto verbundene Dienste" ausgewiesenen Entgelten in Rechnung gestellt werden

(1) Bietet ein Zahlungsdienstleister zusammen mit dem Konto ein Dienstleistungspaket an und wird dieses Paket getrennt von den unter der Teilüberschrift „Allgemeine mit dem Konto verbundene Dienste" in der Tabelle mit Diensten und Entgelten ausgewiesenen Entgelten in Rechnung gestellt, führt er in der Tabelle für Dienstleistungspakete Folgendes an:

a) in der Spalte „Dienstleistungspakete" die firmeneigene Produktbezeichnung, falls vorhanden, oder die im Paket inbegriffenen Dienste, wobei die eckigen Klammern zu entfernen sind;

b) in der Spalte „Entgelt" rechtsbündig das Entgelt, das in dem Zeitraum, auf den sich die Entgeltaufstellung bezieht, für das Paket insgesamt in Rechnung gestellt wurde.

c) in der dritten Spalte die Zahl der Male, die das Paketentgelt im Bezugszeitraum in Rechnung gestellt wurde.

Jedes zusätzliche Entgelt, das für Dienste in Rechnung gestellt wird, die über die im Paketentgelt inbegriffene Anzahl hinausgehen, wird gemäß den Artikeln 10 und 11 in der Tabelle zur Auflistung der Dienste und Entgelte ausgewiesen.

(2) Wird das Paket in regelmäßigen Abständen in Rechnung gestellt, sind die Intervalle linksbündig in der Spalte „Entgelt" anzugeben, wobei in der Zeile direkt unter dieser Intervallangabe in Fettdruck mit der einleitenden Formulierung „Jährliche Gesamtkosten" die jährlichen Gesamtkosten auszuweisen sind.

(3) Werden im Bezugszeitraum für unterschiedliche Pakete unterschiedliche Entgelte in Rechnung gestellt, sind die in Absatz 1 genannten Angaben für jedes Paket in einer gesonderten Tabelle zu liefern.

(4) Wird ein Dienstleistungspaket nicht für ein Konto bereitgestellt oder das mit dem Konto angebotene Dienstleistungspaket im Rahmen des Entgelts für „Allgemeine mit dem Konto verbundene Dienste" in Rechnung gestellt, ist die gesamte Tabelle einschließlich der Überschrift „Aufstellung der im Dienstleistungspaket inbegriffenen Entgelte" vom Zahlungsdienstleister zu löschen.

(5) Unterliegt keiner der im Paket inbegriffenen Dienste einer zahlenmäßigen Beschränkung oder wurde die Anzahl der im Dienstleistungspaket inbegriffenen Dienste nicht überschritten, streicht der Zahlungsdienstleister den Zusatz „Über diese Anzahl hinausgehende Dienste wurden getrennt in Rechnung gestellt" am Ende der Tabelle.

Artikel 14
Aufstellung der für das Konto gezahlten Zinsen

(1) In der Tabelle „Aufstellung der für das Konto gezahlten Zinsen" gibt der Zahlungsdienstleister gegebenenfalls an, wieviel Zinsen der Zahlungskontoinhaber in dem Zeitraum, auf den sich die Entgeltaufstellung bezieht, gezahlt hat.

(2) In der Spalte „Zinssatz" gibt der Zahlungsdienstleister den Jahreszins in Prozent an. Hat sich der Zinssatz im Bezugszeitraum geändert, weist der Zahlungsdienstleister für jeden Einzelzeitraum den betreffenden Zinssatz in einer gesonderten Zeile aus.

(3) In der Spalte „Zinsen" gibt der Zahlungsdienstleister in der Währung, auf die das Konto lautet, die vom Zahlungskontoinhaber gezahlten Zinsen in Fettdruck an. Hat sich der Zinssatz im Bezugszeitraum geändert, weist der Zahlungsdienstleister die vom Zahlungskontoinhaber gezahlten Zinsen für jeden Einzelzeitraum in einer gesonderten Zeile aus.

(4) Die vom Zahlungskontoinhaber im Bezugszeitraum insgesamt gezahlten Zinsen weist der Zahlungsdienstleister in der Zeile „Insgesamt gezahlte Zinsen" in Fettdruck aus.

(5) Wenn von einem Zahlungskontoinhaber keine Zinsen gezahlt werden, weil bei dem Konto keine Zinsen anfallen, und diese Angabe nach den nationalen Bestimmungen zur Umsetzung der Richtlinie 2014/92/EU erteilt werden muss oder kann, gibt der Zahlungsdienstleister in der Zeile „Insgesamt gezahlte Zinsen" linksbündig und in Kleinbuchstaben „unzutreffend" an.

Artikel 15
Aufstellung der für das Konto erhaltenen Zinsen

(1) In der Tabelle „Aufstellung der für das Konto erhaltenen Zinsen" gibt der Zahlungsdienstleister gegebenenfalls an, wieviel Zinsen der Zahlungskontoinhaber in dem Zeitraum, auf den sich die Entgeltaufstellung bezieht, erhalten hat.

(2) Der Zahlungsdienstleister ersetzt „Kontobezeichnung" durch die Bezeichnung des betreffenden Kontos in Fettdruck.

(3) In der Spalte „Zinssatz" gibt der Zahlungsdienstleister den Jahreszins in Prozent an. Hat sich der Zinssatz im Bezugszeitraum geändert, weist der Zahlungsdienstleister für jeden Einzelzeitraum den betreffenden Zinssatz in einer gesonderten Zeile aus.

(4) In der Spalte „Zinsen" gibt der Zahlungsdienstleister in der Währung, auf die das Konto lautet, die vom Zahlungskontoinhaber erhaltenen Zinsen in Fettdruck an. Hat sich der Zinssatz im Zeitraum, auf den sich die Entgeltaufstellung bezieht, geändert, weist der Zahlungsdienstleister die vom Zahlungskontoinhaber erhaltenen Zinsen für jeden Einzelzeitraum in einer gesonderten Zeile aus. Gilt ein Zinssatz, liegt aber im maßgeblichen Zeitraum bei Null, gibt der Zahlungsdienstleister in der Spalte „Zinsen" „0" an.

(5) Werden für ein bestimmtes Konto keine Zinsen gezahlt, weil für dieses Konto keine Zinsen anfallen, gibt der Zahlungsdienstleister in der Zeile „Zinsen" linksbündig und in Kleinbuchstaben „unzutreffend" an.

(6) In der Zeile „Insgesamt erhaltene Zinsen" gibt der Zahlungsdienstleister in Fettdruck den Zinsbetrag an, den der Zahlungskontoinhaber in dem Zeitraum, auf den sich die Entgeltaufstellung bezieht, insgesamt erhalten hat.

(7) Wenn für ein bestimmtes Konto keine Zinsen gezahlt werden, weil bei dem Konto keine

Zinsen anfallen, und diese Angabe nach den nationalen Bestimmungen zur Umsetzung der Richtlinie 2014/92/EU erteilt werden muss oder kann, gibt der Zahlungsdienstleister in der Zeile „Insgesamt erhaltene Zinsen" in Kleinbuchstaben, linksbündig und fett „unzutreffend" an.

Artikel 16
Weitere Angaben

(1) In der Tabelle „Weitere Angaben" liefert der Zahlungsdienstleister alle etwaigen, über die in den Artikeln 2 bis 15 verlangten Angaben hinausgehenden Informationen, die im Bezugszeitraum unmittelbar mit den in Artikel 5 Absatz 2 der Richtlinie 2014/92/EU genannten Diensten, in Rechnung gestellten oder erhaltenen Zinsen oder angewandten Zinssätzen zusammenhängen. Die in dieser Tabelle gelieferten weiteren Angaben müssen die in den nationalen Bestimmungen vorgeschriebenen Angaben einschließen.

(2) Beim Ausfüllen der Tabelle befolgt der Zahlungsdienstleister erforderlichenfalls das in dieser Verordnung vorgegebene Präsentationsformat.

(3) Liefert der Zahlungsdienstleister keine Angaben der in Absatz 1 genannten Art, streicht er diese Tabelle.

Artikel 17
Firmeneigene Produktbezeichnungen

Wird eine firmeneigene Produktbezeichnung verwendet, muss diese unmittelbar auf die Bezeichnung des Dienstes folgen und in der in Artikel 1 Absatz 3 Buchstabe d genannten Standardschriftgröße und -art in eckige Klammern gesetzt werden.

Artikel 18
Nutzung elektronischer Kanäle

(1) Wird die Entgeltaufstellung in elektronischer Form zur Verfügung gestellt, darf der Zahlungsdienstleister – sofern der Verbraucher gleichzeitig eine Kopie der dem Muster im Anhang entsprechenden, nach den Artikeln 2 bis 17 ausgefüllten Entgeltaufstellung erhält – das Muster nur auf eine der nachstehend genannten Weisen ändern:

a) abweichend von Artikel 1 Absatz 3 Buchstabe d darf er größere Schriftgrößen verwenden, sofern die in Artikel 1 Absatz 3 festgelegten Größenproportionen dabei unverändert bleiben;

b) für den Fall, dass sich bei Nutzung elektronischer Kanäle bei der Verwendung mehrerer Tabellen und Spalten die Lesbarkeit der Entgeltaufstellung verschlechtert, darf er eine einzige Spalte oder eine einzige Tabelle verwenden, sofern die Reihenfolge der Angaben, Überschriften und Teilüberschriften dabei unverändert bleibt;

c) er darf auf elektronische Tools, wie Layer und Pop-ups zurückgreifen, sofern der Titel „Entgeltaufstellung", das gemeinsame Symbol und die Überschriften und Teilüberschriften deutlich sichtbar sind und die Reihenfolge der Angaben unverändert bleibt.

(2) Wird auf die in Absatz 1 Buchstabe c genannten Tools zurückgegriffen, dürfen diese sich nicht so stark aufdrängen, dass sie den Verbraucher von den in der Entgeltaufstellung enthaltenen Angaben ablenken könnten. Über Layer und Pop-ups dürfen nur Angaben bereitgestellt werden, die in dieser Verordnung vorgesehen sind.

Artikel 19
Inkrafttreten

Diese Verordnung tritt am zwanzigsten Tag nach ihrer Veröffentlichung im *Amtsblatt der Europäischen Union* in Kraft.

Diese Verordnung ist in allen ihren Teilen verbindlich und gilt unmittelbar in jedem Mitgliedstaat.

Brüssel, den 28. September 2017

Für die Kommission
Der Präsident
Jean-Claude JUNCKER

Anhang 1

ANHANG

Muster Entgeltaufstellung

Entgeltaufstellung

[Name des Kontoanbieters]

[Kontaktdaten des Kontoanbieters]

[Name des Kunden]

[Kontaktdaten]

Konto	
Kontokennung	
Zeitraum	von bis
Datum	

- Hiermit erhalten Sie einen Überblick über sämtliche Entgelte, die im oben genannten Zeitraum für die mit Ihrem Zahlungskonto verbundenen Dienste gezahlt worden sind.
- Darüber hinaus werden Sie über alle Zinsen informiert, die Sie in dieser Zeit möglicherweise gezahlt oder erhalten haben.
- Angaben zu einzelnen Transaktionen sowie den Saldo Ihres Kontos entnehmen Sie bitte Ihren Kontoauszügen.

Entgelt- und Zinsübersicht

Insgesamt gezahlte Entgelte (einschließlich Dienstleistungspaket)	[•]

Insgesamt gezahlte Zinsen	[•]

Insgesamt erhaltene Zinsen	[•]

Umfassender Kostenindikator	[•]

Aufstellung der für das Konto gezahlten Entgelte

Dienst		Entgelt		
Dienst	Häufigkeit der Inanspruchnahme des Dienstes	Einzelentgelt	Häufigkeit der Inrechnungstellung des Entgelts	Summe
Allgemeine mit dem Konto verbundene Dienste				
[•] Umfasst ein **Dienstleistungspaket** bestehend aus: Über diese Anzahl hinausgehende Dienste wurden getrennt in Rechnung gestellt				[•]
Zahlungen (ohne Karten)				
				[•]
Karten und Bargeld				
				[•]
Überziehungen und damit verbundene Dienste				
				[•]
Sonstige Dienste				
				[•]
Insgesamt gezahlte Entgelte				[•]

Aufstellung der im Dienstleistungspaket inbegriffenen Entgelte

Dienstleistungspaket	Entgelt	Häufigkeit der Inrechnungstellung des Entgelts
Im Dienstleistungspaket inbegriffener Dienst [firmeneigene Produktbezeichnung, falls vorhanden] Umfasst:	[•]	[•]
Über diese Anzahl hinausgehende Dienste wurden getrennt in Rechnung gestellt		

Aufstellung der für das Konto gezahlten Zinsen

	Zinssatz	Zinsen
		[•]
Insgesamt gezahlte Zinsen		[•]

Aufstellung der für das Konto erhaltenen Zinsen

	Zinssatz	Zinsen
„Kontobezeichnung“		[•]
Insgesamt erhaltene Zinsen		[•]

Weitere Angaben
[•]

Durchführungsverordnung (EU) 2018/34 zur Festlegung technischer Durchführungsstandards für das standardisierte Format für die Entgeltinformation und des betreffenden gemeinsamen Symbols gemäß der Richtlinie 2014/92/EU des Europäischen Parlaments und des Rates

ABl L 6 vom 11. 1. 2018, S 37 idF

1 ABl L 83 vom 27. 3. 2018, S 20 **2** ABl L 221 vom 31. 8. 2018, S 3

DIE EUROPÄISCHE KOMMISSION –

gestützt auf den Vertrag über die Arbeitsweise der Europäischen Union,

gestützt auf die Richtlinie 2014/92/EU des Europäischen Parlaments und des Rates vom 23. Juli 2014 über die Vergleichbarkeit von Zahlungskontoentgelten, den Wechsel von Zahlungskonten und den Zugang zu Zahlungskonten mit grundlegenden Funktionen[1)], insbesondere auf Artikel 4 Absatz 6 Unterabsatz 3,

in Erwägung nachstehender Gründe:

(1) Nach der Richtlinie 2014/92/EU müssen die Mitgliedstaaten sicherstellen, dass die Zahlungsdienstleister den Verbrauchern eine Entgeltinformation in Papierform oder auf einem anderen dauerhaften Datenträger zur Verfügung stellen, die die standardisierten Begriffe der endgültigen Liste der repräsentativsten mit einem Zahlungskonto verbundenen Dienste und – sofern diese Dienste von dem Zahlungsdienstleister angeboten werden – Angaben zu den für die einzelnen Dienste verlangten Entgelten enthält. Die Mitgliedstaaten müssen die endgültigen Listen veröffentlichen und darin die in der Delegierten Verordnung (EU) 2018/32[2)] festgelegte standardisierte Unionsterminologie verwenden.

(2) Um sicherzustellen, dass mit der Entgeltinformation die mit der Richtlinie 2014/92/EU verfolgten Ziele erreicht werden und der Verbraucher zugleich alle maßgeblichen, für größere Vergleichbarkeit und Transparenz erforderlichen Angaben erhält, sollten die Zahlungsdienstleister für die Entgeltinformation ein standardisiertes Muster mit einer klaren Anleitung zur Ausfüllung der Entgeltinformation verwenden.

(3) Da die Entgeltinformation dazu gedacht ist, den Verbrauchern vor dem Abschluss eines Vertrags über ein Zahlungskonto die für einen Vergleich der Zahlungskontoangebote notwendigen Informationen an die Hand zu geben, sollte der Zahlungsdienstleister bei der Erstellung der Entgeltinformation für jedes dem Verbraucher angebotene Zahlungskonto das standardisierte Muster verwenden.

(4) Damit einerseits die Verbraucher das Zahlungskontoangebot auswählen können, das ihren Bedürfnissen am besten gerecht wird, und andererseits trotzdem noch eine hohe Vereinheitlichung gewährleistet wird, sollte es möglich sein, eine passende Kombination aus Paketen vorzulegen; daher sollte der Zahlungsdienstleister mehr als eine Entgeltinformation für ein bestimmtes Zahlungskonto erstellen können, falls in jeder Entgeltinformation mindestens ein Paket enthalten ist.

(5) Damit für die Verbraucher leichter ersichtlich ist, welche Dienste die verschiedenen Pakete enthalten und welche Entgelte dafür in Rechnung gestellt werden, sollten die Pakete in der Entgeltinformation gesondert aufgeführt werden.

(6) Um den Verbrauchern einen klaren Überblick über das Paket zu geben, sollten Dienste, die über die im Paket inbegriffene Anzahl hinausgehen und nicht in der nationalen endgültigen Liste der repräsentativsten Dienste enthalten sind und daher nicht in der Entgeltinformation aufgeführt sind, in einer gesonderten Tabelle angegeben und nicht mit Informationen über den Inhalt der Pakete kombiniert werden.

(7) Da der Inhalt einer jeden dem Verbraucher vorgelegten Entgeltinformation vom jeweiligen Dienstangebot des Zahlungsdienstleisters und von der endgültigen Liste der repräsentativsten mit einem Zahlungskonto verbundenen Dienste ab-

---

1) ABl. L 257 vom 28.8.2014, S. 214.

Zu Abs. 1:

2) Delegierte Verordnung (EU) 2018/32 der Kommission vom 28. September 2017 zur Ergänzung der Richtlinie 2014/92/EU des Europäischen Parlaments und des Rates durch technische Regulierungsstandards für die standardisierte Unionsterminologie für die repräsentativsten mit einem Zahlungskonto verbundenen Dienste (siehe Seite 3 dieses Amtsblatts).

hängt, sollten im Muster für die Entgeltinformation zwecks Vergleichbarkeit der im Binnenmarkt vorhandenen Zahlungskontoangebote bestimmte Überschriften aufgeführt sein, unter denen die einzelnen Dienste zusammengefasst werden sollten.

(8) Das Muster für die Entgeltinformation für Zahlungsdienstleister, die auch einen umfassenden Kostenindikator angeben müssen, sollte eine separate Tabelle enthalten.

(9) Diese Verordnung beruht auf dem Entwurf technischer Durchführungsstandards, der der Kommission von der Europäischen Aufsichtsbehörde (Europäische Bankenaufsichtsbehörde, im Folgenden „EBA") vorgelegt wurde.

(10) Die EBA hat zu diesem Entwurf offene öffentliche Konsultationen durchgeführt, dessen potenzielle Kosten und potenziellen Nutzen analysiert und die Stellungnahme der nach Artikel 37 der Verordnung (EU) Nr. 1093/2010 des Europäischen Parlaments und des Rates[1] eingesetzten Interessengruppe Bankensektor eingeholt –

HAT FOLGENDE VERORDNUNG ERLASSEN:

Artikel 1
Muster für die Entgeltinformation und das betreffende gemeinsame Symbol

(1) Die Zahlungsdienstleister verwenden das im Anhang festgelegte Muster und füllen es gemäß den Artikeln 2 bis 13 aus.

(2) Beim Ausfüllen des Musters für die Entgeltinformation nehmen die Zahlungsdienstleister an diesem Muster keine anderen als die in dieser Verordnung vorgesehenen Änderungen vor. Insbesondere halten sie die Reihenfolge der in dem Muster vorgegebenen Angaben, Überschriften und Teilüberschriften ein. Die Entgeltinformation muss:

a) im A4-Hochformat vorgelegt werden;

b) am oberen Ende der ersten Seite zwischen dem Logo des Zahlungsdienstleisters an der oberen linken Ecke und dem gemeinsamen Symbol an der oberen rechten Ecke mittig mit „Entgeltinformation" überschrieben sein;

c) das gemeinsame Symbol enthalten, dessen Abmessungen 2,5 cm × 2,5 cm betragen müssen und das der Abbildung auf dem im Anhang festgelegten Muster entsprechen muss;

d) die Schriftart Arial oder eine ähnliche Schriftart und Schriftgröße 11 verwenden – außer beim Titel „Entgeltinformation", der in Schriftgröße 16 und fett zu drucken ist; die Überschriften sind in Schriftgröße 14 und fett, die Teilüberschriften in Schriftgröße 12 und fett zu drucken, es sei denn, gemäß nationalem Recht oder einer Vereinbarung zwischen dem Verbraucher und dem Zahlungsdienstleiter ist eine größere Schriftgröße oder BrailleSchrift für Menschen mit Sehbehinderung zu verwenden;

e) in Schwarz-Weiß gedruckt werden, mit Ausnahme des Zahlungsdienstleister-Logos und des gemeinsamen Symbols, die nach Maßgabe des Artikels 2 in Farbe dargestellt werden können;

f) für die Überschriften den Farbton Halbdunkelgrau des RGB-Farbmodells, Referenznummer 166,166,166, und für die Teilüberschriften den Farbton Hellgrau des RGB-Farbmodells, Referenznummer 191,191,191, verwenden;

g) eine Seitennummerierung aufweisen.

(3) Der Zahlungsdienstleister erstellt für jedes Zahlungskontoangebot, das er dem Verbraucher unterbreitet, eine gesonderte Entgeltinformation.

(4) Ungeachtet der in Kapitel IV der Richtlinie 2014/92/EU genannten Bestimmungen für ein Zahlungskonto mit grundlegenden Funktionen kann der Zahlungsdienstleister, wenn er dem Verbraucher nur ein einziges Zahlungskontoangebot unterbreitet, das nach Artikel 4 Absatz 3 der Richtlinie 2014/92/EU mit verschiedenen Dienstleistungspaketen kombiniert werden kann, mehr als eine Entgeltinformation für ein bestimmtes Konto erstellen, falls in jeder Entgeltinformation mindestens ein Paket enthalten ist.

Artikel 2
Gemeinsames Symbol und Logo des Zahlungsdienstleisters

(1) Ist das gemeinsame Symbol in Farbe dargestellt, muss der Hintergrund den Farbton mit der Referenznummer 0/51/153 (Hexadezimalwert: 003399) des RGB-Farbmodells und das Symbol selbst den Farbton 255/204/0 (Hexadezimalwert: FFCC00) des RGB-Farbmodells haben.

(2) Das Zahlungsdienstleister-Logo und das gemeinsame Symbol müssen die gleiche Größe haben.

(3) Das Logo darf nur in Farbe dargestellt werden, wenn auch das gemeinsame Symbol in Farbe dargestellt ist. Bei Schwarz-Weiß-Druck muss das gemeinsame Symbol deutlich lesbar sein.

Zu Abs. 10:

[1] Verordnung (EU) Nr. 1093/2010 des Europäischen Parlaments und des Rates vom 24. November 2010 zur Errichtung einer Europäischen Aufsichtsbehörde (Europäische Bankenaufsichtsbehörde), zur Änderung des Beschlusses Nr. 716/2009/EG und zur Aufhebung des Beschlusses 2009/78/EG der Kommission (ABl. L 331 vom 15.12.2010, S. 12).

Artikel 3
Name des Kontoanbieters

Der Name des Zahlungsdienstleisters, der das Konto anbietet, wird in Fettdruck und linksbündig aufgeführt.

Artikel 4
Kontobezeichnung

„Die Kontobezeichnung wird in Fettdruck und linksbündig unter dem Namen des Kontoanbieters aufgeführt.“ *(ABl L 83 vom 27. 3. 2018, S 20)*

Artikel 5
Datum

„Das Datum der letzten Aktualisierung der Entgeltinformation wird in der in Artikel 1 Absatz 2 Buchstabe d festgelegten Schriftgröße und -art linksbündig unter der Kontobezeichnung aufgeführt.“ *(ABl L 83 vom 27. 3. 2018, S 20)*

Artikel 6
Einleitende Hinweise

(1) Die einleitenden Hinweise sind unverändert in die Entgeltinformation zu übernehmen, wobei der Zeilenabstand 1,15 mit 0 pt vor und 10 pt nach diesen Hinweisen betragen muss.

(2) Der Zahlungsdienstleister ersetzt die eckigen Klammern durch die Bezeichnungen der betreffenden vorvertraglichen und vertraglichen Unterlagen.

Artikel 7
Tabelle mit Diensten und Entgelten

(1) Sofern der Zahlungsdienstleister Dienste anbietet, die in der in Artikel 3 Absatz 5 der Richtlinie 2014/92/EU genannten nationalen endgültigen Liste der repräsentativsten mit einem Zahlungskonto verbundenen Dienste enthalten sind, listet er diese sowie die verlangten Entgelte in der Tabelle mit Diensten und Entgelten wie folgt auf:

a) die entsprechenden Dienste werden linksbündig und fett gedruckt in der Spalte „Dienst“ aufgeführt;

b) jeder Dienst wird nur einmal unter der jeweiligen in der Tabelle angegebenen Teilunterschrift aufgelistet; so wird etwa die Bereitstellung oder Führung des Kontos unter der Teilüberschrift „Allgemeine mit dem Konto verbundene Dienste“ aufgeführt;

c) die jeweils für die Dienste verlangten Entgelte werden rechtsbündig in der Spalte „Entgelt“ aufgeführt;

d) wird ein Entgelt nicht nutzungsabhängig, sondern in regelmäßigen Abständen erhoben, werden die Intervalle in der Spalte „Entgelt“ linksbündig und das entsprechende Entgelt für diesen Zeitraum rechtsbündig aufgeführt; die jährlichen Gesamtentgelte werden in Fettdruck und linksbündig unmittelbar unter der Intervallangabe mit der einleitenden Formulierung „Jährliche Gesamtentgelte“ und mit der jeweiligen Entgelthöhe rechtsbündig aufgeführt;

e) der Zeilenabstand ist einzeilig, mit 0 pt vor und 0 pt nach jedem Dienst und Entgelt.

(2) Ist keiner der vom Zahlungsdienstleister angebotenen und unter eine Teilüberschrift fallenden Dienste in der nationalen endgültigen Liste der repräsentativsten mit einem Zahlungskonto verbundenen Dienste enthalten, wird die gesamte für diese Teilüberschrift vorgesehene Zeile einschließlich der Bezeichnung der Teilüberschrift gelöscht.

(3) Bietet der Zahlungsdienstleister nicht einen oder mehrere Dienste aus der in Artikel 3 Absatz 5 der Richtlinie 2014/92/EU genannten endgültigen nationalen Liste der repräsentativsten Dienste an oder steht dieser Dienst nicht im Rahmen des Kontos zur Verfügung, ist die Formulierung „Dienst nicht verfügbar“ anzugeben.

(4) Werden in einem der nachstehend genannten Fälle gesonderte Entgelte in Rechnung gestellt, führt der Zahlungsdienstleister in der Spalte „Entgelt“ dieses Dienstes in einer separaten Zeile jede/n entgeltpflichtige/n Fall, Kanal oder Bedingung („Entgeltarten“) auf:

a) wenn für die Bereitstellung eines Dienstes unterschiedliche Entgelte in Rechnung gestellt werden, wie ein anfängliches Entgelt für die Einrichtung des Dienstes und die nachfolgenden Entgelte für die Ausführung desselben Dienstes;

b) wenn ein Dienst über verschiedene Kanäle angefordert, in Anspruch genommen oder bereitgestellt wird, wie per Telefon, in einer Zweigstelle oder online;

c) wenn für ein und denselben Dienst eine bestimmte Voraussetzung erfüllt ist, wie die Einhaltung einer Mindest- oder Höchstgrenze für Geldüberweisungen oder Bargeldabhebungen.

Die Beschreibung wird linksbündig und das Entgelt rechtsbündig aufgeführt.

(5) In Fällen, in denen sich die Entgelte aus einer Kombination verschiedener Entgeltarten ergeben, wie Entgelte, die von Kanal zu Kanal unterschiedlich sind und bei Erreichung eines Schwellenwerts weiter aufgesplittet werden, führt der Zahlungsdienstleister zusätzlich zu den in Absatz 4 geforderten Angaben „rechts eingerückt“ jede weitere Entgeltart auf. *(ABl L 221 vom 31. 8. 2018, S 3)*

Artikel 8
Präsentation der Dienstleistungspakete, die als Teil der Entgelte unter der Teilüberschrift „Allgemeine, mit dem Konto verbundene Dienste" in Rechnung gestellt werden

(1) Wird ein mit einem Zahlungskonto verbundenes Dienstleistungspaket als Teil der Entgelte unter der Teilüberschrift „Allgemeine, mit dem Konto verbundene Dienste" in Rechnung gestellt, werden alle im Paket enthaltenen Dienste unabhängig davon, ob sie in der in Artikel 3 Absatz 5 der Richtlinie 2014/92/EU genannten endgültigen Liste der repräsentativsten mit einem Zahlungskonto verbundenen Dienste enthalten sind, in der Rubrik „Allgemeine, mit dem Konto verbundene Dienste" der Tabelle aufgelistet.

(2) „Der Zahlungsdienstleister führt gemäß Artikel 10 Informationen über zusätzliche Entgelte für Dienste an, die über die im Dienstleistungspaket inbegriffene Anzahl hinausgehen" *(ABl L 83 vom 27. 3. 2018, S 20)*

(3) „Unterliegen die im Dienstleistungspaket inbegriffenen Dienste keiner zahlenmäßigen Beschränkung, streicht der Zahlungsdienstleister den Zusatz „Über diese Anzahl hinausgehende Dienste werden getrennt in Rechnung gestellt"" in der untersten Zeile. *(ABl L 83 vom 27. 3. 2018, S 20)*

(4) Wird ein Dienstleistungspaket nicht mit dem Konto angeboten oder getrennt von dem Entgelt für die allgemeinen, mit dem Konto verbundenen Dienste in Rechnung gestellt, ist die gesamte das Dienstleistungspaket betreffende Zeile zu streichen.

Artikel 9
Präsentation der Dienstleistungspakete, die getrennt von den Entgelten unter der Teilüberschrift „Allgemeine, mit dem Konto verbundene Dienste" in Rechnung gestellt werden

(1) Bietet ein Zahlungsdienstleister zusammen mit dem Konto ein Dienstleistungspaket an und wird dieses Paket getrennt von den unter der Teilüberschrift „Allgemeine mit dem Konto verbundene Dienste" in der Tabelle mit Diensten und Entgelten ausgewiesenen Entgelten in Rechnung gestellt, führt er in der Tabelle für Dienstleistungspakete Folgendes an:

a) eine Liste mit allen im Paket enthaltenen Diensten, unabhängig davon, ob sie in der in Artikel 3 Absatz 5 der Richtlinie 2014/92/EU genannten endgültigen nationalen Liste der repräsentativsten mit einem Zahlungskonto verbundenen Dienste enthalten sind;

b) die im Paketentgelt inbegriffene Anzahl von Diensten, was entweder eine Zahl oder die Angabe sein kann, dass die Anzahl der Dienste unbegrenzt ist;

c) das Paketentgelt, das rechtsbündig in der Spalte „Entgelt" aufzuführen ist.

(2) Wird das Paket in regelmäßigen Abständen in Rechnung gestellt, sind die Intervalle linksbündig in der Spalte „Entgelt" anzugeben, wobei die jährlichen Gesamtentgelte in der Zeile direkt unter dieser Intervallangabe in Fettdruck mit der einleitenden Formulierung „Jährliche Gesamtentgelte" auszuweisen sind.

(3) „Der Zahlungsdienstleister führt gemäß Artikel 10 Informationen über zusätzliche Entgelte für Dienste an, die über die im Dienstleistungspaket inbegriffene Anzahl hinausgehen" *(ABl L 83 vom 27. 3. 2018, S 20)*

(4) „Unterliegen die im Dienstleistungspaket inbegriffenen Dienste keiner zahlenmäßigen Beschränkung, streicht der Zahlungsdienstleister den Zusatz „Über diese Anzahl hinausgehende Dienste werden getrennt in Rechnung gestellt"" am Ende der Tabelle. *(ABl L 83 vom 27. 3. 2018, S 20)*

(5) Ist mehr als ein unter Absatz 1 fallendes Paket in der Entgeltinformation enthalten, führt der Zahlungsdienstleister die Informationen gemäß diesem Artikel für jedes Paket in einer gesonderten Tabelle und, falls vorhanden, unter Angabe der firmeneigenen Produktbezeichnung des Dienstleistungspakets auf.

(6) Wird ein Dienstleistungspaket nicht für ein Konto bereitgestellt oder das mit dem Konto angebotene Dienstleistungspaket im Rahmen des Entgelts für „Allgemeine mit dem Konto verbundene Dienste" in Rechnung gestellt, ist die gesamte Tabelle vom Zahlungsdienstleister zu löschen.

Artikel 10
Tabelle zusätzlicher Entgelte für Dienste, die über die in den mit einem Zahlungskonto verbundenen Dienstleistungspaketen inbegriffene Anzahl hinausgehen

(1) In dieser Tabelle führt der Zahlungsdienstleister Informationen über zusätzliche Entgelte für Dienste an, deren Anzahl über die gemäß Artikel 8 und 9 in einem Paket inbegriffene Anzahl hinausgeht, falls diese Informationen nicht in der Tabelle mit Diensten und Entgelten enthalten sind oder die für die einzelnen Dienste verlangten Entgelte von denen in der Tabelle abweichen.

(2) Wenn der Zahlungsdienstleister mehr als ein Paket anbietet und die in Absatz 1 genannten zusätzlichen Entgelte je nach Paket variieren, listet der Zahlungsdienstleister die einzelnen Entgelte gesondert für jedes Paket auf und gibt, falls vorhanden, die firmeneigene Produktbezeichnung des Dienstleistungspakets an.

(3) Beim Ausfüllen dieser Tabelle befolgt der Zahlungsdienstleister erforderlichenfalls die in dieser Verordnung vorgegebenen Anweisungen zu Präsentation und Struktur.

(4) Enthält die Entgeltinformation keine Informationen über Dienstleistungspakete, löscht der Zahlungsdienstleister die in Absatz 1 genannte Tabelle.

Artikel 11
Umfassender Kostenindikator

(1) Sofern es die nationalen Bestimmungen verlangen, gibt der Zahlungsdienstleister den umfassenden Kostenindikator, in dem die jährlichen Gesamtkosten des Zahlungskontos zusammengefasst sind, in einer gesonderten Tabelle an.

(2) Ist der Zahlungsdienstleister diesen nationalen Bestimmungen zufolge nicht zur Angabe des umfassenden Kostenindikators verpflichtet, streicht er die Tabelle mit dem umfassenden Kostenindikator.

Artikel 12
Firmeneigene Produktbezeichnungen

Wird eine firmeneigene Produktbezeichnung verwendet, muss diese unmittelbar auf die Bezeichnung des Dienstes folgen und in der in Artikel 1 Absatz 2 Buchstabe d festgelegten Schriftgröße und -art in eckige Klammern gesetzt werden.

Artikel 13
Nutzung elektronischer Kanäle

(1) Wird die Entgeltinformation in elektronischer Form zur Verfügung gestellt, darf der Zahlungsdienstleister – sofern der Verbraucher gleichzeitig eine Kopie der dem Muster im Anhang entsprechenden, nach den Artikeln 2 bis 12 ausgefüllten Entgeltinformation erhält – das Muster nur auf eine der nachstehend genannten Weisen ändern:

a) abweichend von Artikel 1 Absatz 2 Buchstabe d darf er größere Schriftgrößen verwenden, sofern die in Artikel 1 Absatz 2 festgelegten Größenproportionen dabei unverändert bleiben;

b) für den Fall, dass sich bei Nutzung elektronischer Kanäle bei der Verwendung mehrerer Tabellen und Spalten die Lesbarkeit der Entgeltinformation verschlechtert, darf er eine einzige Spalte oder eine einzige Tabelle verwenden, sofern die Reihenfolge der Angaben, Überschriften und Teilüberschriften dabei unverändert bleibt;

c) er darf auf elektronische Tools, wie Layer und Pop-ups zurückgreifen, sofern der Titel „Entgeltinformation", das gemeinsame Symbol, die einleitenden Hinweise und die Überschriften und Teilüberschriften deutlich sichtbar sind und die Reihenfolge der Angaben unverändert bleibt.

(2) Wird auf die in Absatz 1 Buchstabe c genannten Tools zurückgegriffen, dürfen diese sich nicht so stark aufdrängen, dass sie den Verbraucher von den in der Entgeltinformation enthaltenen Angaben ablenken könnten. Über Layer und Pop-ups dürfen nur Angaben bereitgestellt werden, die in dieser Verordnung vorgesehen sind.

Artikel 14
Inkrafttreten

Diese Verordnung tritt am zwanzigsten Tag nach ihrer Veröffentlichung im *Amtsblatt der Europäischen Union* in Kraft.

Diese Verordnung ist in allen ihren Teilen verbindlich und gilt unmittelbar in jedem Mitgliedstaat.

Brüssel, den 28. September 2017

Für die Kommission
Der Präsident
Jean-Claude JUNCKER

Anhang 1

ANHANG

Muster Entgeltinformation

Entgeltinformation

Name des Kontoanbieters:
Kontobezeichnung:
Datum:

- Hiermit informieren wir Sie über die Entgelte, die bei Nutzung der wichtigsten mit dem Zahlungskonto verbundenen Dienste anfallen, damit Sie diese mit anderen Konten vergleichen können.
- Darüber hinaus können auch Entgelte für hier nicht aufgeführte Dienste anfallen. Umfassende Informationen erhalten Sie in [Bezeichnung der betreffenden vorvertraglichen und vertraglichen Unterlagen angeben].
- Ein Glossar der hier verwendeten Begriffe ist kostenfrei erhältlich.

Dienst	Entgelt
Allgemeine mit dem Konto verbundene Dienste	
[**Dienst**] [firmeneigene Produktbezeichnung] Umfasst ein **Dienstleistungspaket** bestehend aus: Über diese Anzahl hinausgehende Dienste werden getrennt in Rechnung gestellt.	[•]
Zahlungen (ohne Karten)	
	[•]
Karten und Bargeld	
	[•]
Überziehungen und damit verbundene Dienste	
	[•]
Sonstige Dienste	
	[•]

Dienstleistungspaket	Entgelt
[firmeneigene Produktbezeichnung]	[•] [•]
Über diese Anzahl hinausgehende Dienste werden getrennt in Rechnung gestellt.	

Informationen über zusätzliche Dienste

Informationen über die Entgelte bei Diensten, die über die im Dienstleistungspaket inbegriffene Anzahl an Diensten hinausgehen (ohne die oben aufgeführten Entgelte)

Dienst	Entgelt
[firmeneigene Produktbezeichnung]	[•]

Umfassender Kostenindikator	[•]

Bundesgesetz über die Ausgabe von E-Geld und die Aufnahme, Ausübung und Beaufsichtigung der Tätigkeit von E-Geld-Instituten (E-Geldgesetz 2010)

BGBl I 2010/107 (Art 2) idF

1 BGBl I 2011/145
2 BGBl I 2012/35 (2. StabG 2012)
3 BGBl I 2013/70
4 BGBl I 2013/184
5 BGBl I 2014/11
6 BGBl I 2014/59
7 BGBl I 2015/68 (RÄ-BG 2015)
8 BGBl I 2016/118
9 BGBl I 2017/107
10 BGBl I 2018/17
11 BGBl I 2018/37

STICHWORTVERZEICHNIS

Bundesgesetz über die Ausgabe von E-Geld und die Aufnahme, Ausübung und Beaufsichtigung der Tätigkeit von E-Geld-Instituten (E-Geldgesetz 2010)

Inhaltsverzeichnis

1. Hauptstück

Anwendungsbereich und Begriffsbestimmungen

E-Geld und E-Geld-Emittenten

§ 1. (1) E-Geld bezeichnet jeden elektronisch – darunter auch magnetisch – gespeicherten monetären Wert in Form einer Forderung gegenüber dem E-Geld-Emittenten, der gegen Zahlung eines Geldbetrags ausgestellt wird, um damit Zahlungsvorgänge im Sinne von „§ 4 Z 5 des Zahlungsdienstegesetzes 2018 – ZaDiG 2018, BGBl. I Nr. 17/2018" durchzuführen, und der auch von anderen natürlichen oder juristischen Personen als dem E-Geld-Emittenten angenommen wird. *(BGBl I 2018/17)*

(2) Nur E-Geld-Emittenten sind zur Ausgabe von E-Geld berechtigt. E-Geld-Emittenten sind:

1. „Kreditinstitute und CRR-Kreditinstitute gemäß § 1 und § 1a Z 1 Bankwesengesetz – BWG, BGBl. Nr. 532/1993" , die nach dem Recht ihres Herkunftmitgliedstaates zur Ausgabe von E-Geld berechtigt sind, einschließlich deren Zweigstellen sowie Zweigstellen ausländischer Kreditinstitute im Sinne des § 2 Z 13 BWG, sofern sich diese Zweigstellen innerhalb des Europäischen Wirtschaftsraumes befinden; *(BGBl I 2013/184)*

2. E-Geld-Institute im Sinne des § 3 Abs. 2 sowie E-Geld-Institute gemäß § 9, die nach dem Recht ihres Herkunftmitgliedstaates („Art. 4 Abs. 1 Nummer 43 der Verordnung (EU) Nr. 575/2013") zur Ausgabe von E-Geld berechtigt sind, einschließlich innerhalb des Europäischen Wirtschaftsraumes ansässiger Zweigstellen von E-Geld-Instituten, deren Sitz sich außerhalb des Europäischen Wirtschaftsraumes befindet, sofern die Europäische Union entsprechende Abkommen abgeschlossen hat oder sofern diesen eine Konzession gemäß § 4 Abs. 6 erteilt worden ist; *(BGBl I 2013/184)*

3. die Post, im Rahmen des Geldverkehrs;

4. die Europäische Zentralbank, die Österreichische Nationalbank, sowie andere Zentralbanken des Europäischen Wirtschaftsraumes, sofern sie nicht in ihrer Eigenschaft als Währungsbehörden oder sonst als Behörden handeln;

5. der Bund, die Länder und Gemeinden, wenn sie als Behörden handeln;

6. die Österreichische Kontrollbank AG.

(3) Auf den Inhalt der in diesem Bundesgesetz verwendeten Begriffe sind, soweit in diesem Bundesgesetz nicht ausdrücklich anderes festgelegt wird, die „Begriffsbestimmungen des ZaDiG 2018" anzuwenden. *(BGBl I 2018/17)*

Ausnahmen

§ 2. (1) Dieses Bundesgesetz ist auf die Europäische Zentralbank und Zentralbanken anderer Mitgliedstaaten des Europäischen Wirtschaftsraumes, wenn sie in ihrer Eigenschaft als Währungsbehörde oder sonst als Behörde handeln, und auf die Österreichische Nationalbank, wenn sie in ihrer Eigenschaft als Währungsbehörde oder im Rahmen der ihr durch dieses Bundesgesetz, das BWG, das Nationalbankgesetz 1984 – NBG, BGBl. Nr. 50/1984, das Devisengesetz 2004, BGBl. I Nr. 123/2003, das Finalitätsgesetz, BGBl. I Nr. 123/1999, das Scheidemünzengesetz 1988, BGBl. Nr. 597/1988, das Sanktionengesetz, BGBl. I Nr. 36/2010, das ZaDiG oder das Finanzmarktaufsichtsbehördengesetz – FMABG, BGBl. I Nr. 97/2001, übertragenen Aufgaben handelt, nicht anzuwenden.

(2) Das 2. Hauptstück ist nicht anzuwenden auf

1. „Kreditinstitute und CRR-Kreditinstitute gemäß den §§ 1 und 1a BWG" , die nach dem Recht ihres Herkunftmitgliedstaates zur Ausgabe von E-Geld berechtigt sind, einschließlich deren Zweigstellen sowie Zweigstellen ausländischer Kreditinstitute im Sinne des § 2 Z 13 BWG, sofern sich diese Zweigstellen innerhalb des Europäischen Wirtschaftsraumes befinden; *(BGBl I 2013/184)*

2. die Post hinsichtlich ihres Geldverkehrs; *(BGBl I 2016/118)*

3. die Europäische Zentralbank, die Österreichische Nationalbank, sowie andere Zentralbanken der Europäischen Union, sofern sie nicht im Sinne von Abs. 1 als Währungsbehörde oder sonst als Behörde handeln oder wenn die Österreichische Nationalbank nicht im Rahmen der ihr durch in Abs. 1 genannten Bundesgesetze übertragenen Aufgaben handelt;

4. den Bund, die Länder und Gemeinden, wenn sie als Behörden handeln;

5. die Österreichische Kontrollbank AG.

(3) Kein E-Geld im Sinne dieses Bundesgesetzes ist

1. ein monetärer Wert, der auf Instrumenten im Sinne des § 3 Abs. 3 Z 11 ZaDiG 2018 gespeichert ist oder

2. ein monetärer Wert, der für Zahlungsvorgänge gemäß § 3 Abs. 3 Z 12 ZaDiG 2018 eingesetzt wird.
(BGBl I 2018/17)

(4) § 25 Abs. 2 Z 4 findet in Bezug auf die Einhaltung des „§ 20 Abs. 3 Z 6 ZaDiG 2018“** „“* einschließlich der mit „dieser Bestimmung“* im Zusammenhang stehenden Verfahren und Datenverarbeitungssysteme im Sinne des „§ 20 Abs. 3 Z 4 ZaDiG 2018“** derart Anwendung, dass Vor-Ort-Prüfungen von der FMA durchzuführen sind. Abweichend von § 22 Abs. 3 und § 25 Abs. 3 dieses Bundesgesetzes sind die §§ 70 Abs. 1a und 1b sowie 79 Abs. 4 BWG diesbezüglich nicht anwendbar. *(BGBl I 2011/145; *BGBl I 2016/118; **BGBl I 2018/17)*

2. Hauptstück
E-Geld-Institute

1. Abschnitt
Konzession

Erfordernis und Umfang der Konzession

§ 3. (1) Die gewerbliche Ausgabe von E-Geld gemäß § 1 Abs. 1 im Inland bedarf, außer im Falle des § 2 Abs. 2, der Konzession als E-Geld-Institut durch die FMA.

(2) Ein E-Geld-Institut ist eine juristische Person mit Sitz und Hauptverwaltung im Inland, die auf Grund dieses Bundesgesetzes zur Ausgabe von E-Geld gemäß § 1 Abs. 1 unter Beachtung der Bestimmungen dieses Bundesgesetzes berechtigt ist.

(3) Weiters dürfen E-Geld-Institute folgende Tätigkeiten ausüben, soweit ihre Zulassung sie dazu berechtigt:

1. Die Erbringung der in „§ 1 Abs. 2 ZaDiG 2018“ genannten Zahlungsdienste, wobei „§ 7 Abs. 3, 4 und 5 ZaDiG 2018“ (Verbot des Einlagengeschäftes) anzuwenden ist, sofern die entgegengenommenen Geldbeträge nicht mit der Ausgabe von E-Geld in Verbindung stehen; *(BGBl I 2018/17)*

2. die Gewährung von Krediten im Zusammenhang mit Zahlungsdiensten gemäß „§ 1 Abs. 2 Z 4 oder 5 ZaDiG 2018“ unter den in „§ 7 Abs. 6 ZaDiG 2018“ genannten Bedingungen, wobei *(BGBl I 2018/17)*

a) die Kredite nicht aus den für die Ausgabe von E-Geld entgegengenommenen und gemäß § 12 gehaltenen Geldbeträgen gewährt werden dürfen und

b) die Bestimmungen des ABGB, des Konsumentenschutzgesetzes – KSchG, BGBl. Nr. 140/1979 betreffend den Verbraucherkredit sowie des Verbraucherkreditgesetzes – VKrG, BGBl. I Nr. 28/2010 unberührt bleiben;

3. die Erbringung von betrieblichen Dienstleistungen und damit eng verbundenen Nebendienstleistungen, die mit der Ausgabe von E-Geld oder der in Z 1 erwähnten Erbringung von Zahlungsdiensten in Zusammenhang stehen;

4. den Betrieb von Zahlungssystemen im Sinne von „§ 4 Z 7 ZaDiG 2018“ unbeschadet von „§ 5 ZaDiG 2018“; *(BGBl I 2018/17)*

5. sonstige Geschäftstätigkeiten, die nicht in der Ausgabe von E-Geld bestehen, sofern dem nicht Rechtsvorschriften des Unionsrechtes oder Bestimmungen in anderen Bundesgesetzen entgegenstehen.

(4) E-Geld-Institute dürfen keine Einlagen oder andere rückzahlbare Gelder des Publikums gemäß § 1 Abs. 1 Z 1 BWG, auch nicht auf der Basis der Ausgabe von Inhaber- oder Orderschuldverschreibungen entgegennehmen.

(5) Gelder, die E-Geld-Institute von ihren Kunden zum Zweck der Ausgabe von E-Geld entgegennehmen, sind unverzüglich in E-Geld umzutauschen. Solche Gelder gelten nicht als Einlagen oder andere rückzahlbare Gelder des Publikums gemäß § 1 Abs. 1 Z 1 BWG und für solche Gelder dürfen keine Zinsen oder andere Vorteile gewährt werden, die im Zusammenhang mit dem Zeitraum stehen, in dem ein E-Geld-Inhaber das E-Geld hält.

(6) Eine Kreditgewährung gemäß Abs. 3 Z 2 gilt nicht als Kreditgeschäft im Sinne des § 1 Abs. 1 Z 3 BWG.

Konzessionsantrag und Konzessionserteilung

§ 4. (1) Für die Beantragung einer Konzession als E-Geld-Institut ist das Verfahren gemäß „§ 9 ZaDiG 2018“ anzuwenden, wobei hinsichtlich *(BGBl I 2018/17)*

1. der Information über das Geschäftsmodell („§ 9 Abs. 1 Z 1 ZaDiG 2018“) anzugeben ist, wie die Ausgabe von E-Geld erfolgen soll und ob auch Zahlungsdienste unter konkreter Bezeichnung und Beschreibung derselben erbracht werden sollen; *(BGBl I 2018/17)*

2. des Nachweises über das Anfangskapital für die Höhe desselben § 11 Abs. 1 maßgeblich ist;

3. der Maßnahmen zum Schutz der Kundengelder („§ 9 Abs. 1 Z 4 ZaDiG 2018“) *(BGBl I 2018/17)*

a) bezüglich der Ausgabe von E-Geld Maßnahmen zum Schutz der Geldbeträge der E-Geld-Inhaber gemäß § 12 und

b) bezüglich der Erbringung von Zahlungsdiensten gemäß „§ 1 Abs. 2 ZaDiG 2018" Maßnahmen zum Schutz der Geldbeträge der Zahlungsdienstnutzer gemäß „§ 18 ZaDiG 2018" *(BGBl I 2018/17)*

zu beschreiben sind;

4. der Geschäftsleiter („§ 9 Abs. 1 Z 14 ZaDiG 2018") im Hinblick auf ihre fachliche Eignung nachzuweisen ist, dass diese angemessene Kenntnisse und Fähigkeiten für die Ausgabe von E-Geld und, falls auch Zahlungsdienste erbracht werden sollen, dass die Geschäftsleiter auch dafür über angemessene Kenntnisse und Fähigkeiten verfügen. *(BGBl I 2018/17)*

(2) Ein E-Geld-Institut, das seinen Sitz außerhalb des Europäischen Wirtschaftsraumes hat und in seinem Sitzstaat zur Ausgabe von E-Geld gemäß § 1 Abs. 1 berechtigt ist (ausländisches E-Geld-Institut), und einen Antrag auf Erteilung einer Konzession für den Betrieb einer inländischen Zweigstelle stellt, hat zusätzlich zu den Informationen gemäß Abs. 1 Z 1, 3 und 4 dieses Bundesgesetzes und „§ 9 Abs. 1 Z 2, 5 bis 13, 16, 17 ZaDiG 2018" folgende Angaben und Informationen anzuschließen: *(BGBl I 2018/17)*

1. Die letzten drei Jahresabschlüsse des Unternehmens;

2. die vom ausländischen Unternehmen betriebenen Geschäfte gemäß § 1 Abs. 1 sowie die Standorte, an denen jene betrieben werden;

3. die den Geschäftsleitern im Inland in Euro unbeschränkt und ohne Belastung zur freien Verfügung stehende Anfangsdotation;

4. die Entscheidungsbefugnisse der Leitung der Zweigstelle sowie über die Stellen der Hauptniederlassung, deren Zustimmung zu bestimmten Entscheidungen im Innenverhältnis eingeholt werden muss;

5. eine schriftliche Erklärung der Aufsichtsbehörde der Hauptniederlassung des Unternehmens, wonach seitens dieser gegen die Eröffnung einer Zweigstelle des Unternehmens in Österreich keine Bedenken bestehen.

(3) Bei der Erteilung einer Konzession ist „§ 10 Abs. 1 und 2 ZaDiG 2018" mit der Maßgabe anzuwenden, dass hinsichtlich *(BGBl I 2018/17)*

1. der Organisationsanforderungen („§ 10 Abs. 1 Z 3 ZaDiG 2018") auf die Art der Ausgabe von E-Geld und die sonst gemäß § 3 Abs. 3 beabsichtigten Tätigkeiten, insbesondere Zahlungsdienste, abzustellen ist; *(BGBl I 2018/17)*

2. des Anfangskapitals („§ 10 Abs. 1 Z 7 ZaDiG 2018") den Geschäftsleitern ein Betrag von 350 000 Euro (§ 11 Abs. 1) unbeschränkt und ohne Belastung im Inland zur freien Verfügung zu stehen hat; *(BGBl I 2018/17)*

3. der Maßnahmen zum Schutz der Kundengelder („§ 10 Abs. 1 Z 8 ZaDiG 2018") *(BGBl I 2018/17)*

a) bezüglich der Ausgabe von E-Geld die Maßnahmen zum Schutz der Geldbeträge der E-Geld-Inhaber gemäß § 12 und

b) bezüglich der Erbringung von Zahlungsdiensten gemäß „§ 1 Abs. 2 ZaDiG 2018" die Maßnahmen zum Schutz der Geldbeträge der Zahlungsdienstnutzer gemäß „§ 18 ZaDiG 2018" *(BGBl I 2018/17)*

zufrieden stellend sein müssen;

4. der Geschäftsleiter keine Ausschließungsgründe („§ 10 Abs. 1 Z 12 ZaDiG 2018") als Geschäftsleiter eines Zahlungsinstitutes oder E-Geld-Institutes in einem anderen Mitgliedstaat vorliegen dürfen; *(BGBl I 2018/17)*

5. der fachlichen Eignung der Geschäftsleiter („§ 10 Abs. 1 Z 11 ZaDiG 2018") mindestens einer die für den Betrieb des E-Geld-Institutes erforderlichen Erfahrungen und in ausreichendem Maße theoretische und praktische Kenntnisse in den beantragten Geschäften gemäß § 1 Abs. 1 und § 3 Abs. 3 Z 1 haben muss, und keinen anderen Hauptberuf („§ 10 Abs. 1 Z 15 ZaDiG 2018") außerhalb des Bankwesens, Zahlungsdienstewesens oder E-Geldwesens ausüben darf; *(BGBl I 2018/17)*

6. der Satzung keine Bestimmungen („§ 10 Abs. 1 Z 16 ZaDiG 2018") enthalten sein dürfen, die die Sicherheit der dem E-Geld-Institut anvertrauten Geldbeträge und die ordnungsgemäße Durchführung der Geschäfte gemäß § 1 Abs. 2 (Ausgabe von E-Geld) und gegebenenfalls § 3 Abs. 3 Z 1 (Zahlungsdienste) nicht gewährleisten; *(BGBl I 2018/17)*

7. der Konsultation der zuständigen Behörde in einem anderen Mitgliedstaat im Hinblick auf den Geschäftsleiter die für die Beaufsichtigung von E-Geld-Instituten und gegebenenfalls für Zahlungsdienste zuständige Behörde in dem betreffenden Mitgliedstaat zu kontaktieren ist.

(4) Die Konzession ist bei sonstiger Nichtigkeit schriftlich zu erteilen; sie kann mit entsprechenden Bedingungen und Auflagen versehen werden, auf die Ausgabe von E-Geld entweder alleine oder zusammen mit einem einzelnen oder mehreren Zahlungsdiensten des „§ 1 Abs. 2 ZaDiG 2018" lauten und Teile von einzelnen Zahlungsdiensten aus dem Konzessionsumfang ausnehmen. Gleichzeitig mit der Konzessionserteilung hat die FMA die Eintragung im E-Geld-Institutsregister gemäß § 6 Abs. 2 vorzunehmen. *(BGBl I 2018/17)*

(5) Geht ein E-Geld-Institut zugleich anderen Geschäftstätigkeiten im Sinne von § 3 Abs. 3 Z 5 nach, so kann die FMA vorschreiben, dass ein getrenntes Unternehmen mit eigener Rechtspersönlichkeit für das E-Geldgeschäft und gegebe-

nenfalls für das Zahlungsdienstegeschäft geschaffen werden muss, wenn

1. die Nicht-E-Geld- und Nicht-Zahlungsdienstegeschäfte des E-Geld-Instituts die finanzielle Solidität des E-Geld-Instituts beeinträchtigen oder beeinträchtigen könnten oder

2. die Nicht-E-Geld- und Nicht-Zahlungsdienstegeschäfte des E-Geld-Instituts die Möglichkeit der FMA, zu überprüfen, ob das E-Geld-Institut sämtlichen Anforderungen dieses Bundesgesetzes genügt, beeinträchtigen oder beeinträchtigen könnten.

(6) Im Falle der Konzessionserteilung zum Betrieb einer Zweigstelle eines ausländischen E-Geld-Institutes im Sinne von Abs. 2 in Österreich hat die FMA eine Ausfertigung des Bescheides der Aufsichtsbehörde der Hauptniederlassung zu übermitteln und die Europäische Kommission unverzüglich zu informieren. Auf diese Zweigstellen finden die §§ 3, 5 bis 8 und 11 bis 16 dieses Hauptstückes Anwendung. Diese Zweigstellen sind nur insoweit zur Erbringung von Zahlungsdiensten berechtigt, als diese mit der Ausgabe von E-Geld in Zusammenhang stehen.

Konzessionsrücknahme und Erlöschen der Konzession

§ 5. (1) Hinsichtlich der Rücknahme der Konzession ist „§ 11 ZaDiG 2018“ anzuwenden, wobei *(BGBl I 2018/17)*

1. „§ 11 Abs. 2 Z 3 ZaDiG 2018“ mit der Maßgabe anzuwenden ist, dass die Konzession auch zurückzunehmen ist, wenn eine Fortsetzung der Ausgabe von E-Geld oder der Zahlungsdienste durch ein E-Geldinstitut eine Gefährdung für die Stabilität des Zahlungssystems darstellen würde; *(BGBl I 2018/17)*

2. „§ 11 Abs. 2 Z 4 ZaDiG 2018“ mit der Maßgabe anzuwenden ist, dass die Konzession zurückzunehmen ist, wenn das E-Geld-Institut die in „§ 7 Abs. 6 ZaDiG 2018“ oder in § 3 Abs. 3 Z 2 lit. a dieses Bundesgesetzes festgesetzten Beschränkungen für die Gewährung von Krediten überschreitet oder entgegen § 3 Abs. 4 Einlagen entgegennimmt oder entgegen § 17 E-Geld über dem Nennwert des entgegengenommenen Geldbetrages ausgibt. *(BGBl I 2018/17)*

(2) Hinsichtlich des Erlöschens der Konzession ist „§ 12 ZaDiG 2018“ anzuwenden, wobei der Verweis auf § 4 Abs. 4 anstelle des Verweises auf „§ 10 Abs. 3 ZaDiG 2018“ tritt. *(BGBl I 2018/17)*

(3) Unbeschadet von Abs. 1 ist die Konzession inländischer Zweigstellen ausländischer E-Geld-Institute (§ 4 Abs. 2) zurückzunehmen, wenn der Hauptniederlassung die Konzession entzogen wurde. Eine Ausfertigung des Bescheides über die Konzessionsrücknahme ist überdies der zuständigen Behörde des ausländischen E-Geld-Institutes zuzustellen und die Europäische Kommission unverzüglich zu informieren.

Firmenbuch und E-Geld-Institutsregister

§ 6. (1) E-Geld-Institute dürfen nur dann in das Firmenbuch eingetragen werden, wenn die entsprechenden rechtskräftigen Bescheide in Urschrift oder beglaubigter Abschrift (Kopie) vorliegen. Das zuständige Gericht hat Beschlüsse über solche Firmenbucheintragungen auch der FMA zuzustellen.

(2) Die FMA hat ein öffentliches Register der zugelassenen E-Geld-Institute, ihrer Agenten und Zweigstellen einzurichten, in das alle E-Geld-Institute mit Sitz in Österreich einzutragen sind und das auf der Internet-Seite der FMA eingesehen werden kann und regelmäßig aktualisiert wird. Die Eintragung hat unverzüglich nach Eintritt der Rechtskraft des Konzessionsbescheides zu erfolgen. Neben der Firma, dem Konzessionsumfang und Sitz des E-Geld-Institutes ist auch die Firmenbuchnummer, soweit sie der FMA mitgeteilt wurde, anzugeben. Sofern das E-Geld-Institut seine Dienste über Agenten oder Zweigstellen erbringt, sind auch diese unter Angabe von Name oder Firma, Sitz und Firmenbuchnummer, sofern eine solche der FMA mitgeteilt wurde, anzugeben. Die FMA kann weiters in dieser Datenbank ein Verzeichnis der E-Geld-Institute aus Mitgliedstaaten führen, die im Inland zur Ausgabe von E-Geld und gegebenenfalls zur Erbringung von Zahlungsdiensten im Wege der Dienstleistungsfreiheit oder über eine Zweigstelle berechtigt sind, soweit diese Tätigkeiten im Inland gemäß Art. 3 Abs. 1 der Richtlinie 2009/110/EG in Verbindung mit „Art. 28 der Richtlinie (EU) 2015/2366“ notifiziert wurden. *(BGBl I 2018/17)*

(3) Das E-Geld-Institut hat der FMA seine Firmenbuchnummer und jede Änderung derselben unverzüglich schriftlich anzuzeigen.

(4) Die FMA hat auf individuelle Anfrage in angemessener Frist Auskünfte über den Konzessionsumfang von E-Geld-Instituten gemäß § 1 Abs. 2 Z 2 zu erteilen.

Änderung der Konzessionsgrundlagen

§ 7. (1) Das E-Geld-Institut hat der FMA unverzüglich jede für die Konzessionserteilung maßgebliche Änderung schriftlich anzuzeigen, – wobei im Fall einer Beschlussfassung das Eintreten der Wirksamkeit des Beschlussgegenstandes nicht abzuwarten ist, – und zwar:

1. Jede Satzungsänderung und den Beschluss auf Auflösung;

2. jede Änderung der Voraussetzungen gemäß „§ 10 Abs. 1 Z 9, 10, 13 und 15 ZaDiG 2018“ bei bestehenden Geschäftsleitern; *(BGBl I 2018/17)*

3. jede Änderung in der Person der Geschäftsleiter sowie die Einhaltung von „§ 10 Abs. 1 Z 9 bis 15 ZaDiG 2018“ in Verbindung mit § 4 Abs. 3 Z 4 und 5 dieses Bundesgesetzes; *(BGBl I 2018/17)*

4. die beabsichtigte Eröffnung sowie die Verlegung, Schließung oder vorübergehende Einstellung des Geschäftsbetriebes der Hauptniederlassung;

5. Umstände, die für einen ordentlichen Geschäftsleiter erkennen lassen, dass die Erfüllbarkeit der Verpflichtungen gefährdet ist;

6. den Eintritt der Zahlungsunfähigkeit oder der Überschuldung;

7. jede beabsichtigte Erweiterung des Geschäftsgegenstandes;

8. jede Herabsetzung des eingezahlten Kapitals gemäß § 11 Abs. 1;

9. jede beabsichtigte wesentliche Änderung im Hinblick auf die Sicherung der Kundengelder, die zur Ausführung von Zahlungsdiensten entgegengenommen werden;

10. den oder die Verantwortlichen für die interne Revision sowie Änderungen in deren Person;

11. das Absinken der anrechenbaren Eigenmittel unter die in § 11 Abs. 1 genannten Beträge;

12. jede beabsichtigte Änderung bei der Auslagerung von betrieblichen Aufgaben gemäß § 15;

13. jede beabsichtigte Änderung bei Vertrieb und Rücktausch von E-Geld und jede beabsichtigte Änderung der Identität eines Agenten für die Erbringung von Zahlungsdiensten einschließlich einer Änderung der Firmenbuchnummer oder Adresse oder des Sitzes der Agenten gemäß § 15 Abs. 2;

14. jede mehr als einen Monat andauernde Nichteinhaltung von Maßstäben, die gemäß § 11 sowie auf Grundlage dieses Bundesgesetzes erlassener Verordnungen oder Bescheide vorgeschrieben sind.

(2) Das E-Geld-Institut hat der FMA im Voraus jede wesentliche Änderung der zur Sicherung der Kundengelder getroffenen Maßnahmen, die für ausgegebenes E-Geld entgegengenommen worden sind, wie insbesondere die Änderung der Methode der Sicherung („§ 18 Abs. 1 Z 1 oder 2 ZaDiG 2018“), die Änderung des Kreditinstitutes, bei dem die Beträge hinterlegt werden oder das die Beträge garantiert („§ 18 Abs. 1 ZaDiG 2018“) oder der Versicherung („§ 18 Abs. 1 Z 2 ZaDiG 2018“) anzuzeigen. *(BGBl I 2018/17)*

Qualifizierte Beteiligungen an E-Geld-Instituten

§ 8. (1) Jeder, der beabsichtigt, eine qualifizierte Beteiligung im Sinne von „Art. 4 Abs. 1 Nummer 36 der Verordnung (EU) Nr. 575/2013“ an einem E-Geld-Institut direkt oder indirekt zu erwerben oder aufzugeben oder eine solche qualifizierte Beteiligung direkt oder indirekt zu erhöhen oder zu verringern, mit der Folge, dass sein Anteil an den Stimmrechten oder am Kapital 20 vH, 30 vH oder 50 vH erreichen, überschreiten oder unterschreiten würde oder dass das E-Geld-Institut zu seinem Tochterunternehmen würde oder nicht mehr sein Tochterunternehmen wäre, hat diese Absicht der FMA vor dem Erwerb, der Aufgabe, der Erhöhung oder der Verringerung unter Angabe des Umfanges der geplanten Beteiligung zusammen mit den Informationen gemäß § 20b Abs. 3 BWG anzuzeigen. Die Anzeigepflicht gilt auch für gemeinsam handelnde Personen, die zusammen eine qualifizierte Beteiligung erwerben oder erreichen würden. Die Anzeige kann durch alle gemeinsam, mehrere oder jeden der gemeinsam handelnden Personen einzeln vorgenommen werden. Die FMA hat dabei das Verfahren gemäß §§ 20a und 20b BWG anzuwenden und hat zu diesem Zweck die gemäß § 20b Abs. 3 BWG zu erlassende Verordnung im Hinblick auf E-Geld-Institute zu ergänzen. *(BGBl I 2013/184)*

(2) Falls sich der von den qualifiziert beteiligten Eigentümern oder solchen interessierten Erwerbern ausgeübte Einfluss zulasten einer umsichtigen und soliden Geschäftsführung des E-Geld-Institutes auswirken könnte, so hat die FMA den geplanten Beteiligungserwerb zu untersagen oder im Falle einer bereits bestehenden Beteiligung oder bei Verletzung der Pflicht zur vorherigen Anzeige Maßnahmen gemäß § 20 Abs. 4 oder 5 BWG zu ergreifen und es findet § 20 Abs. 4 Z 1 und 2 und gegebenenfalls § 20 Abs. 6 BWG Anwendung.

(3) Wird eine qualifizierte Beteiligung trotz Untersagung durch die FMA gemäß Abs. 2 erworben, so hat die FMA unbeschadet weiterer Maßnahmen gemäß § 20 Abs. 4 und 5 BWG unverzüglich die Anordnung des Ruhens der Stimmrechte gemäß § 20 Abs. 5 Z 3 BWG zu beantragen und es findet § 20 Abs. 4 und 6 BWG Anwendung.

(4) Im Falle einer Rechtsformänderung, Verschmelzung oder Spaltung ist das Verfahren gemäß § 21 Abs. 1a bis 3 BWG sowie die §§ 3 bis 5 dieses Bundesgesetzes anzuwenden.

2. Abschnitt

Niederlassungs- und Dienstleistungsfreiheit

E-Geld-Institute aus Mitgliedstaaten in Österreich

§ 9. (1) Die Ausgabe von E-Geld gemäß Art. 2 Nummer 2 der Richtlinie 2009/110/EG sowie Zahlungsdienste gemäß „Art. 4 Nummer 3 der Richtlinie (EU) 2015/2366"** können von einem E-Geld-Institut im Sinne von Art. 1 Abs. 1 Buchstabe b der Richtlinie 2009/110/EG, das in einem anderen Mitgliedstaat (§ 2 Z 5 BWG) zugelassen ist, nach Maßgabe der Richtlinie 2009/110/EG in Österreich über eine Zweigstelle erbracht oder ausgeübt oder im Wege der Dienstleistungsfreiheit erbracht werden, soweit seine Zulassung es dazu berechtigt. Nebendienstleistungen gemäß § 3 Abs. 3 Z 2 bis 4 dürfen nur im Zusammenhang mit der Ausgabe von E-Geld oder der Erbringung von Zahlungsdiensten erbracht werden. Nebentätigkeiten im Sinne des § 3 Abs. 3 Z 5 sind nicht von den Bestimmungen der Dienstleistungs- und Niederlassungsfreiheit nach diesem Bundesgesetz erfasst. Es findet das Verfahren „gemäß „§ 27 Abs. 2, 4 und 5, § 29 Abs. 1 und 2 sowie § 30 Abs. 1 und 3 bis 5 ZaDiG 2018"**"* Anwendung. *(*BGBl I 2013/184; **BGBl I 2018/17)*

(2) E-Geld-Institute mit Sitz in einem anderen Mitgliedstaat „ ", die Tätigkeiten in Österreich über eine Zweigstelle ausüben, haben die Bestimmungen des 3. Hauptstückes dieses Bundesgesetzes sowie § 36 BWG und sofern sie auch Zahlungsdienste erbringen, die „Bestimmungen des 3. und 4. Hauptstückes des ZaDiG 2018" sowie die auf Grund dieser Bestimmungen erlassenen Verordnungen und Bescheide einzuhalten. *(BGBl I 2016/118; BGBl I 2018/17)*

Österreichische E-Geld-Institute in Mitgliedstaaten

§ 10. Jedes E-Geld-Institut gemäß § 3 Abs. 2, das im Hoheitsgebiet eines anderen Mitgliedstaates eine Zweigstelle errichten möchte oder im Rahmen der Dienstleistungsfreiheit E-Geld-Dienste oder Zahlungsdienste erbringen möchte, hat dies zuvor der FMA schriftlich anzuzeigen. Dabei findet das Verfahren gemäß „§ 28, § 29 Abs. 3 und § 30 Abs. 2 ZaDiG 2018" Anwendung. *(BGBl I 2018/17)*

3. Abschnitt

Sonstige Anforderungen und Ordnungsvorschriften für den aufrechten Betrieb

Eigenmittel

§ 11. (1) Das harte Kernkapital gemäß Teil 2 Titel II Kapitel 2 der Verordnung (EU) Nr. 575/2013, darf zu keinem Zeitpunkt weniger als 350 000 Euro betragen. *(BGBl I 2013/184)*

(2) Das harte Kernkapital (Teil 2 Titel II Kapitel 2 der Verordnung (EU) Nr. 575/2013) des E-Geld-Instituts darf nicht unter den jeweils höheren der in den Abs. 1 und 3 oder, für den in Abs. 4 ersten Satz genannten Fall nicht unter den jeweils höheren der in den Abs. 1 und 4, genannten Beträge absinken. *(BGBl I 2013/184)*

(3) E-Geld-Institute haben jederzeit ausreichende Eigenmittel zu halten. Abgesehen von den Bestimmungen über das Anfangskapital gemäß § 4 Abs. 3 Z 2 in Verbindung mit Abs. 1 dieser Bestimmung haben E-Geld-Institute jederzeit zumindest Eigenmittel in einer Höhe zu halten, die nach folgenden Methoden berechnet wird:

1. Für die Erbringung von Zahlungsdiensten (§ 3 Abs. 3 Z 1), die nicht mit der Ausgabe von E-Geld in Verbindung stehen, sind die Eigenmittel nach einer der drei in „§ 17 Abs. 1 in Verbindung mit Abs. 2 ZaDiG 2018" genannten Methoden (Methode A, B oder C) zu berechnen. Die Festlegung der geeigneten Methode hat nach dem in „§ 17 Abs. 3 und 4 ZaDiG 2018" festgelegten Verfahren zu erfolgen. *(BGBl I 2018/17)*

2. Für die Ausgabe von E-Geld haben sich die Eigenmittel auf mindestens 2 vH des durchschnittlichen E-Geld-Umlaufes zu belaufen (Methode D). Der durchschnittliche E-Geld-Umlauf ist der durchschnittliche Gesamtbetrag der am Ende jedes Kalendertages über die vergangenen sechs Kalendermonate bestehenden, aus E-Geld erwachsenden finanziellen Verbindlichkeiten; dieser Betrag ist jeweils am ersten Kalendertag jedes Kalendermonates zu berechnen und gilt für diesen Kalendermonat.

Die Eigenmittel gemäß Z 1 und 2 müssen kumulativ vorliegen.

(4) Erbringt ein E-Geld-Institut Zahlungsdienste, die weder mit der Ausgabe von E-Geld noch mit den in § 3 Abs. 3 Z 2 bis 5 genannten Tätigkeiten in Verbindung stehen, und ist die Höhe des E-Geldumlaufs im Voraus nicht bekannt, so hat die FMA nach Konsultation der Österreichischen Nationalbank diesem E-Geld-Institut abweichend von Abs. 3 Z 2 auf Antrag zu gestatten, seine Eigenmittel unter Zugrundelegung eines repräsentativen Anteils zu berechnen, der typischerweise für die Ausgabe von E-Geld verwendet wird, sofern sich dieser repräsentative Anteil auf der

Grundlage historischer Daten nach Überzeugung der FMA mit hinreichender Sicherheit schätzen lässt. Kann ein E-Geld-Institut nicht auf eine ausreichend lange Geschäftstätigkeit zurückblicken, so sind seine Eigenmittel abweichend von Abs. 3 Z 2 auf der Grundlage des aus seinem Geschäftsplan hervorgehenden erwarteten E-Geld-Umlaufes zu berechnen. Die FMA kann jedoch jederzeit eine Anpassung dieses Geschäftsplanes an die tatsächlichen Entwicklungen verlangen.

(5) Die FMA kann auf der Grundlage einer Bewertung des Risikomanagements, der Verlustdatenbanken und der internen Kontrollmechanismen des E-Geld-Instituts

1. dem E-Geld-Institut vorschreiben, dass seine Eigenmittel einem Betrag entsprechen müssen, der um bis zu 20 vH höher ist als der Betrag, der sich aus der einschlägigen Methode gemäß Abs. 3 ergeben würde; oder

2. dem E-Geld-Institut gestatten, dass seine Eigenmittel einem Betrag entsprechen, der bis zu 20 vH niedriger ist als der Betrag, der sich aus der einschlägigen Methode gemäß Abs. 3 ergeben würde.

(6) Werden im Zusammenhang mit der Erbringung von Zahlungsdiensten Kredite gewährt, so müssen die Eigenmittel des E-Geld-Institutes jederzeit in einem nach Auffassung der FMA angemessenen Verhältnis zum Gesamtbetrag der gewährten Kredite stehen. Die FMA kann unter Berücksichtigung der Berechnungsmethoden gemäß Abs. 3 und 4 und unter Bedachtnahme auf Umfang und Volumen des Kreditgeschäftes im Verhältnis zum Gesamtgeschäft mittels Verordnung festlegen, in welchem Verhältnis die Eigenmittel gemäß Abs. 1 und 2 zum Gesamtbetrag der gewährten Kredite stehen müssen.

(7) Erbringen E-Geld-Institute noch andere Tätigkeiten, so dürfen die Eigenmittel gemäß Abs. 1 und Abs. 2 nicht für solche Tätigkeiten angerechnet werden. Ebenso dürfen Eigenmittel, die E-Geld-Institute zur Erfüllung von Eigenmittelanforderungen nach anderen Bundesgesetzen auf Grund anderer Tätigkeiten allenfalls halten, nicht als Eigenmittel für die Tätigkeit als E-Geld-Institut angerechnet werden.

Sicherung der Kundengelder

§ 12. (1) E-Geld-Institute haben die Geldbeträge,

1. die sie für die Ausgabe von E-Geld entgegengenommen haben oder

2. die sie im Rahmen der Erbringung von Zahlungsdiensten (§ 3 Abs. 3 Z 1), die nicht mit der Ausgabe von E-Geld in Verbindung stehen, für die Ausführung von Zahlungsvorgängen entgegengenommen haben,

gemäß „§ 18 Abs. 1, 2 und 4 ZaDiG 2018" zu sichern. „§ 18 Abs. 3 ZaDiG 2018" betreffend den Nachweis über die ausreichenden Sicherungsmaßnahmen ist ebenfalls anzuwenden. Die FMA kann auch nach Anhörung des E-Geld-Instituts eine bestimmte Sicherungsmethode (Variante A gemäß „§ 18 Abs. 1 Z 1 ZaDiG 2018" oder Variante B gemäß „§ 18 Abs. 1 Z 2 ZaDiG 2018") unter Bedachtnahme auf die tatsächliche Situation des E-Geld-Institutes vorschreiben. *(BGBl I 2018/17)*

(2) Sofern Geldbeträge zum Zweck der Ausgabe von E-Geld (Abs. 1 Z 1) durch Zahlung mittels eines Zahlungsinstrumentes entgegengenommen werden, sind diese Geldbeträge, sobald sie einem Zahlungskonto („§ 4 Z 12 ZaDiG 2018") eines E-Geld-Instituts gutgeschrieben oder gegebenenfalls einem E-Geld-Institut gemäß den in den „§§ 77 und 78 ZaDiG 2018" festgelegten Anforderungen betreffend die Ausführungszeit in anderer Form zur Verfügung gestellt wurden, spätestens aber fünf Geschäftstage („§ 4 Z 34 ZaDiG 2018") nach der Ausgabe des E-Geldes, gemäß dieser Bestimmung zu sichern. *(BGBl I 2018/17)*

Organisations- und Sorgfaltsanforderungen

§ 13. (1) Die „§ 20 Abs. 1 bis 4, §§ 21, 24 und 26 ZaDiG 2018"** sowie „die §§ 36 und 42 Abs. 1 bis 3, Abs. 4 Z 1 und 3 und Abs. 5 bis 7 BWG"* sind auf E-Geld-Institute anzuwenden, wobei hinsichtlich „§ 20 Abs. 1, 2 und 4 ZaDiG 2018"** sowohl auf die zahlungsdienstgeschäftlichen und zahlungsdienstbetrieblichen als auch auf die E-Geld-geschäftlichen und E-Geld-betrieblichen Risiken Bedacht zu nehmen ist; § 42 Abs. 3 BWG ist mit der Maßgabe anzuwenden, dass das Erfordernis von mindestens zwei Geschäftsleitern nur dann gilt, wenn das E-Geld-Institut auf Grund seiner Größe und Organisation tatsächlich mindestens zwei Geschäftsleiter hat. „"* *(*BGBl I 2016/118; **BGBl I 2018/17)*

(2) E-Geld-Institute sowie die für sie tätigen Personen sind zur Verschwiegenheit über Geheimnisse verpflichtet, die sie ausschließlich im Zusammenhang mit der Ausgabe von E-Geld (§ 1 Abs. 1) oder aus Zahlungsdiensten („§ 1 Abs. 2 ZaDiG 2018"), die sie im Auftrag ihrer Kunden ausführen, erfahren haben, außer *(BGBl I 2018/17)*

1. dieser Verschwiegenheitspflicht steht eine gesetzliche Auskunftspflicht entgegen;

2. der Kunde stimmt der Offenbarung des Geheimnisses schriftlich zu;

3. die Offenbarung des Geheimnisses ist zur Klärung von Rechtsangelegenheiten aus dem Verhältnis zwischen E-Geld-Institut und seinem Kunden erforderlich.

Rechnungslegung und Abschlussprüfung

§ 14. (1) „E-Geld-Institute, die Finanzinstitute im Sinne von Art. 4 Abs. 1 Nr. 26 der Verordnung (EU) Nr. 575/2013 sind, haben die §§ 43 Abs. 1, 2 und 3, 45 bis 59a, 64 und 65 Abs. 2 BWG anzuwenden.“ Alle übrigen E-Geld-Institute haben nur die Bestimmungen des Dritten Buches des Unternehmensgesetzbuches (UGB), dRGBl. 1897, S. 219 sowie jene Bestimmungen, die für ihre Rechtsform gelten, anzuwenden. Sämtliche E-Geld-Institute haben im Anhang die Eigenmittel, die Eigenmittelerfordernisse und die Einhaltung der Eigenmittelanforderungen offen zu legen. Hinsichtlich der Veröffentlichung ist § 65 Abs. 1 BWG mit der Maßgabe anzuwenden, dass anstelle des Verweises auf § 63 Abs. 5 BWG der Verweis auf § 14 Abs. 3 dieses Bundesgesetzes tritt. *(BGBl I 2015/68)*

(2) Erbringen E-Geld-Institute auch Tätigkeiten im Sinne des § 3 Abs. 3 Z 4 oder 5 in wesentlichem Umfang, dann sind im Anhang ihres Jahres- oder Konzernabschlusses besondere Segmentinformationen über E-Geld-Dienste im Sinne von § 1 Abs. 1 samt Nebentätigkeiten im Sinne des § 3 Abs. 3 Z 3 sowie gegebenenfalls Zahlungsdienste im Sinne von § 3 Abs. 3 Z 1 und 2 offen zu legen, die auch die Pflichtangaben des Anhangs umfassen. Die Segmentinformationen müssen ein getreues Bild der Vermögens-, Finanz- und Ertragslage des Segments „E-Geld-Dienste, und damit verbundene Nebendienstleistungen” und gegebenenfalls „Zahlungsdienste, und damit verbundene Nebendienstleistungen” in einem angemessenen Detaillierungsgrad vermitteln und eine Überleitungsrechnung auf die entsprechenden Angaben des gesamten Unternehmens oder Konzerns enthalten. Die Informationen für dieses Segment sind auf der Grundlage der Erfassungs-, Bewertungs- und Gliederungsbestimmungen der §§ 43 und 45 bis 59a BWG oder, soweit maßgeblich, der internationalen Rechnungslegungsstandards gemäß § 245a UGB zu erstellen.

(3) Der Jahresabschluss und, soweit erforderlich, der Lagebericht oder der Konzernabschluss und der Konzernlagebericht von E-Geld-Instituten sowie die Beachtung des § 3 Abs. 3 und 4, des § 4 Abs. 1 dieses Bundesgesetzes in Verbindung mit „§ 9 Abs. 1 Z 11 ZaDiG 2018“**, des § 4 Abs. 3 dieses Bundesgesetzes in Verbindung mit „§ 10 Abs. 1 Z 3 ZaDiG 2018“**, der §§ 7, 11, 12, 14 Abs. 1, 15, 16 Abs. 2 und 20 sowie der sonstigen Vorschriften dieses Bundesgesetzes, der „§§ 20 bis 22 und 24 ZaDiG 2018“**, „der §§ 4 bis 17, 19 Abs. 2, 20 bis 24, 29 und 40 Abs. 1 des Finanzmarkt-Geldwäschegesetz – FM-GwG, BGBl. I Nr. 118/2016 sowie der Verpflichtungen des E-Geld-Institutes gemäß der Verordnung (EU) 2015/847“* sind von einem Abschlussprüfer zu prüfen. Diese Prüfung umfasst die Organisationsstruktur und die Verwaltungs-, Rechnungs- und Kontrollverfahren (§ 13 Abs. 1 dieses Bundesgesetzes in Verbindung mit „§ 20 Abs. 1 und 4 ZaDiG 2018“**), die die Geschäftsleiter im Hinblick auf die angeführten Bestimmungen eingerichtet haben. Das Ergebnis dieser Prüfung ist in einer Anlage zum Prüfungsbericht über den Jahresabschluss (aufsichtlicher Prüfungsbericht für E-Geld-Institute) darzustellen. Das Ergebnis der Prüfung über die Beachtung des § 3 Abs. 3 und 4 sowie der §§ 11, 12 und 14 Abs. 1 dieses Bundesgesetzes ist mit einer positiven Zusicherung, das Ergebnis der Prüfung über die Beachtung des § 4 Abs. 1 dieses Bundesgesetzes in Verbindung mit „§ 9 Abs. 1 Z 11 ZaDiG 2018“**, des § 4 Abs. 3 dieses Bundesgesetzes in Verbindung mit „§ 10 Abs. 1 Z 3 ZaDiG 2018“**, der §§ 7, 15, 16 Abs. 2 und 20 dieses Bundesgesetzes, der „§§ 20 bis 22 und 24 ZaDiG 2018“**, „der §§ 4 bis 17, 19 Abs. 2, 20 bis 24, 29 und 40 Abs. 1 FM-GwG sowie der Verpflichtungen des E-Geld-Institutes gemäß der Verordnung (EU) 2015/847“* zumindest mit einer negativen Zusicherung zu verbinden. Betreffend die Prüfung über die Beachtung sonstiger Vorschriften dieses Bundesgesetzes hat der Abschlussprüfer wesentliche Wahrnehmungen zu berichten, die er im Rahmen seiner Tätigkeit festgestellt hat, auch wenn diese zu keiner Berichtspflicht gemäß § 27 Abs. 1 oder 2 führen. Der geprüfte Jahresabschluss samt Anhang und Lagebericht sowie, soweit erforderlich, der Konzernabschluss samt Anhang und der Konzernlagebericht, der Prüfungsbericht des Abschlussprüfers und die Anlage zum Prüfungsbericht sind der FMA und der Oesterreichischen Nationalbank unter Anwendung der Fristen des § 44 Abs. 1 BWG zu übermitteln. Dieser Prüfungsbericht samt Anlage ist den Geschäftsleitern und den nach Gesetz oder Satzung bestehenden Aufsichtsorganen des E-Geld-Instituts so zeitgerecht zu übermitteln, dass die Vorlagefrist an die FMA und Oesterreichische Nationalbank eingehalten werden kann. Die FMA kann Art der Übermittlung, Form und Gliederung der Anlage zum Prüfungsbericht durch Verordnung festsetzen. Die FMA kann nach Anhörung der Oesterreichischen Nationalbank durch Verordnung vorschreiben, dass eine elektronische Übermittlung bestimmten Gliederungen und technischen Mindestanforderungen zu entsprechen hat. Die FMA ist ermächtigt, durch Verordnung vorzuschreiben, dass die elektronische Übermittlung ausschließlich an die Oesterreichische Nationalbank zu erfolgen hat, wenn dies aus Gründen der Wirtschaftlichkeit zweckmäßig ist, die jederzeitige elektronische Verfügbarkeit der Daten für die FMA gewährleistet bleibt und Aufsichtsinteressen nicht beeinträchtigt werden. *(BGBl I 2015/68; *BGBl I 2016/118; **BGBl I 2018/17)*

(4) Die Auskunfts-, Vorlage- und Einschaurechte (§ 272 UGB) des Abschlussprüfers erstrecken

sich auf alle Unterlagen und Datenträger auch dann, wenn diese von einem Dritten geführt oder bei diesem verwahrt werden oder wenn sie im Ausland geführt oder verwahrt werden. Werden zu prüfende Unterlagen, insbesondere die Buchhaltung, im Ausland geführt oder verwahrt, so hat das E-Geld-Institut unbeschadet der vorstehenden Einschaurechte des Abschlussprüfers für die jederzeitige Verfügbarkeit der Unterlagen des laufenden Geschäftsjahres und mindestens dreier vorhergehender Geschäftsjahre im Inland zu sorgen. Das E-Geld-Institut hat dem Abschlussprüfer die Prüfungspläne und Prüfungsberichte der internen Revision zur Verfügung zu stellen.

(5) Abschlussprüfer von E-Geld-Instituten können beeidete Wirtschaftsprüfer oder Wirtschaftsprüfungsgesellschaften sowie die Prüfungsorgane gesetzlich zuständiger Prüfungseinrichtungen sein.

(6) Zu Abschlussprüfern dürfen Personen, bei denen Ausschließungsgründe gemäß § 62 BWG oder gemäß §§ 271 und 271a UGB oder nach anderen Bundesgesetzen vorliegen, nicht bestellt werden. Der Ausschlussgrund in § 62 Z 1a BWG ist mit der Maßgabe anzuwenden, dass anstelle des Verweises auf § 63 Abs. 4 bis 6a BWG ein Verweis auf § 14 Abs. 3 erster Satz tritt, und der Ausschließungsgrund in § 62 Z 17 ist mit der Maßgabe anzuwenden, dass anstelle des Verweises auf § 63 Abs. 3 BWG ein Verweis auf § 27 tritt. Die Vorschriften gemäß § 62a BWG in Verbindung mit § 275 UGB über die Verantwortlichkeit des Abschlussprüfers sind auch auf E-Geld-Institute anzuwenden.

(7) Die Bestellung von Abschlussprüfern hat vor Beginn des zu prüfenden Geschäftsjahres zu erfolgen und ist der FMA unverzüglich schriftlich anzuzeigen; wenn eine Wirtschaftsprüfungsgesellschaft zum Abschlussprüfer bestellt ist, so sind in der Anzeige auch die nach § 88 Abs. 7 des Wirtschaftstreuhandberufsgesetzes – WTBG, BGBl. I Nr. 58/1999, für den Prüfungsauftrag namhaft gemachten natürlichen Personen anzugeben. Jede Änderung dieser Personen ist der FMA unverzüglich anzuzeigen. Die FMA kann gegen die Bestellung eines Abschlussprüfers oder gegen eine bestimmte nach § 88 Abs. 7 WTBG namhaft gemachte natürliche Person Widerspruch im Sinne des § 270 Abs. 3 UGB erheben, wenn der begründete Verdacht des Vorliegens eines Ausschließungsgrundes oder einer sonstigen Befangenheit besteht; soweit die Bestellung anzeigepflichtig war, hat der Widerspruch innerhalb eines Monats zu erfolgen. Über den Widerspruch hat das Gericht unter Berücksichtigung der Ausschließungsgründe zu entscheiden; bis zur rechtskräftigen gerichtlichen Entscheidung darf der Abschlussprüfer oder die nach § 88 Abs. 7 WTBG namhaft gemachte natürliche Person weder Prüfungshandlungen vornehmen noch dürfen diesen der Verschwiegenheit nach § 13 Abs. 2 unterliegende Auskünfte durch das E-Geld-Institut erteilt werden.

(8) Der Abschlussprüfer hat innerhalb von zwei Wochen nach seiner Bestellung der FMA zu bescheinigen, dass keine Ausschließungsgründe vorliegen. Er hat auf ihr Verlangen alle zur Beurteilung erforderlichen weiteren Bescheinigungen und Nachweise zu erbringen. Wird einem solchen Verlangen nicht entsprochen, so kann die FMA gemäß Abs. 7 vorgehen.

(9) Zweigstellen ausländischer E-Geld-Institute haben überdies die Jahresabschlüsse des ausländischen E-Geld-Institutes innerhalb von sechs Monaten nach Abschluss des Geschäftsjahres der FMA und der Österreichischen Nationalbank zu übermitteln. Zweigstellen ausländischer E-Geld-Institute haben überdies den Jahresabschluss und den konsolidierten Abschluss des ausländischen E-Geld-Institutes im „Amtsblatt zur Wiener Zeitung" oder in einem allgemein erhältlichen Bekanntmachungsblatt zu veröffentlichen. Der Lagebericht und der konsolidierte Lagebericht des ausländischen E-Geld-Institutes sind am Sitz der Zweigstelle für jedermann zur Einsichtnahme bereitzuhalten. Der Bundesminister für Finanzen ist ermächtigt, nach Anhörung der FMA mit Ländern außerhalb des Europäischen Wirtschaftsraumes auf Grundlage der Gegenseitigkeit Abkommen zu schließen, die Zweigstellen ausländischer E-Geld-Institute von der Verpflichtung entbinden, einen auf ihre eigene Tätigkeit bezogenen Jahresabschluss offen zu legen.

4. Abschnitt

Vertrieb über Dritte, Auslagerung, Agenten und Haftung für zurechenbare Personen

Vertrieb von E-Geld über Dritte, Auslagerung und Agenten

§ 15. (1) Der Vertrieb und Rücktausch von E-Geld durch natürliche oder juristische Personen, die im Namen des E-Geld-Institutes tätig sind, ist unter Einhaltung von „§ 21 ZaDiG 2018" zulässig. Sofern ein E-Geld-Institut unter Nutzung der Dienste einer solchen Person E-Geld in einem anderen Mitgliedstaat zu vertreiben beabsichtigt, ist das Verfahren gemäß „§ 28 ZaDiG 2018" anzuwenden. *(BGBl I 2018/17)*

(2) Eine Ausgabe von E-Geld über Agenten („§ 4 Z 35 ZaDiG 2018") oder Personen gemäß Abs. 1 ist unzulässig. Die Erbringung von Zahlungsdiensten durch Agenten ist unter Einhaltung von „§ 22 ZaDiG 2018" zulässig. *(BGBl I 2018/17)*

(3) Die Auslagerung betrieblicher Aufgaben ist unter Einhaltung von „§ 21 ZaDiG 2018" zulässig. *(BGBl I 2018/17)*

Haftung für zurechenbare Personen

§ 16. (1) E-Geld-Institute haften zwingend für das Verhalten ihrer Angestellten, Agenten, Zweigstellen oder Personen, zu denen Tätigkeiten gemäß § 15 Abs. 1 oder 3 ausgelagert werden, wie für ihr eigenes.

(2) Ein E-Geld-Institut, das Dritte mit betrieblichen Aufgaben betraut, hat angemessene Vorkehrungen zu treffen, um zu gewährleisten, dass die Anforderungen dieses Bundesgesetzes erfüllt werden. Die Auslagerung betrieblicher Aufgaben an Dienstleister darf jedenfalls nicht so erfolgen, dass die Qualität der internen Kontrolle oder die Möglichkeit der FMA zu überprüfen, ob das Unternehmen sämtlichen Anforderungen genügt, wesentlich beeinträchtigt werden. Bei Abschluss, Durchführung oder Kündigung einer Vereinbarung über die Auslagerung von wesentlichen betrieblichen Aufgaben, E-Geld-Diensten oder Zahlungsdiensten an einen Dienstleister ist mit der gebotenen Professionalität und Sorgfalt zu verfahren. Insbesondere ist eine klare Aufteilung der Rechte und Pflichten zwischen dem E-Geld-Institut und dem Dienstleister in Form einer schriftlichen Vereinbarung vorzunehmen.

3. Hauptstück

Ausgabe und Rücktauschbarkeit von E-Geld

Ausgabe zum Nennwert

§ 17. Der E-Geld-Emittent hat E-Geld stets in der Höhe des Nennwertes des entgegengenommenen Geldbetrages auszugeben. Soweit in Vereinbarungen davon zulasten von E-Geld-Inhabern abgewichen wird, sind diese Bestimmungen unwirksam.

Rücktauschbarkeit

§ 18. (1) Der E-Geld-Emittent hat dem E-Geld-Inhaber auf Verlangen jederzeit den monetären Wert des gehaltenen E-Geldes zum Nennwert, unter Berücksichtigung von § 19, zu erstatten. Soweit in Vereinbarungen davon zulasten von E-Geld-Inhabern abgewichen wird, sind diese Bestimmungen unwirksam.

(2) Verpflichtungen nach anderen Bundesgesetzen oder gemäß gerichtlichen, staatsanwaltlichen oder verwaltungsbehördlichen Anordnungen zur Sperrung eines Zahlungsinstrumentes oder Einfrieren von Geldern bleiben von Abs. 1 unberührt.

Rücktauschbedingungen, Entgelte

§ 19. (1) Die Rücktauschbedingungen, einschließlich allfälliger diesbezüglicher Entgelte (Abs. 2), sind im Vertrag zwischen E-Geld-Emittenten und E-Geld-Inhaber eindeutig und klar erkennbar anzugeben. Der E-Geld-Emittent hat dem E-Geld-Inhaber diese Bedingungen rechtzeitig, bevor der Kunde durch einen Vertrag oder ein Vertragsangebot gebunden ist, mitzuteilen. Soweit in Vereinbarungen davon zulasten von Verbrauchern („§ 4 Z 20 ZaDiG 2018") abgewichen wird, sind diese Bestimmungen unwirksam. *(BGBl I 2018/17)*

(2) Entgelte für den Rücktausch dürfen nur verrechnet werden, wenn der E-Geld-Inhaber

1. vor Vertragsablauf vom E-Geld-Emittenten einen Rücktausch verlangt,

2. im Fall eines befristeten Vertrages den Vertrag vor Ablauf der Frist beendet oder

3. den Rücktausch nach mehr als einem Jahr nach Vertragsablauf verlangt.

Solche Entgelte sind überdies nur zulässig, wenn sie vorher wirksam gemäß Abs. 1 vertraglich vereinbart worden und verhältnismäßig sind und in einem angemessenen Verhältnis zu den tatsächlich entstandenen Kosten des E-Geld-Emittenten stehen.

(3) Vor Vertragsablauf kann der E-Geld-Inhaber entweder einen Teil oder den gesamten Betrag des E-Geldes verlangen.

(4) Fordert der E-Geld-Inhaber bei Vertragsablauf oder bis zu einem Jahr nach Vertragsablauf den Rücktausch, so ist der gesamte Nennwert des gehaltenen E-Geldes zu erstatten. Falls ein E-Geld-Institut auch andere Geschäftstätigkeiten gemäß § 3 Abs. 3 Z 5 ausübt, und im Voraus nicht bekannt ist, welcher Betrag für E-Geld verwendet wird, so ist der Gesamtbetrag, der vom E-Geld-Inhaber gefordert wird, zu erstatten.

(5) Soweit in Vereinbarungen von den Abs. 2 bis 4 zulasten von E-Geld-Inhabern abgewichen wird, sind diese Bestimmungen unwirksam.

Verbot der Verzinsung

§ 20. Die Gewährung von Zinsen oder anderen Vorteilen, die im Zusammenhang mit dem Zeitraum stehen, in dem ein E-Geld-Inhaber das E-Geld hält, ist unzulässig.

4. Hauptstück

Insolvenzbestimmungen, Aufsicht und internationale Zusammenarbeit

1. Abschnitt

Geschäftsaufsicht und Insolvenzbestimmungen

§ 21. Über das Vermögen eines E-Geld-Institutes kann ein Sanierungsverfahren nicht eröffnet werden. Im Konkurs eines E-Geld-Institutes findet ein Sanierungsplanantrag nicht statt. Auf das Geschäftsaufsichts- und Konkursverfahren eines E-Geld-Institutes sind die „§§ 106 bis 114 ZaDiG 2018" anzuwenden. Das Gericht hat im Wege der FMA, wenn es über eine inländische Zweigstelle eines ausländischen E-Geld-Institutes die Geschäftsaufsicht verhängt hat, die zuständigen Behörden allfälliger anderer Mitgliedstaaten, in denen solche Zweigstellen E-Geldgeschäfte betreiben, von seiner Entscheidung auf Anordnung der Geschäftsaufsicht sowie den konkreten Wirkungen der Geschäftsaufsicht unverzüglich in Kenntnis zu setzen. Um Doppelentscheidungen zu vermeiden, sind vor der Entscheidung die zuständigen Behörden in den anderen Mitgliedstaaten von der beabsichtigten Entscheidung zu unterrichten und ist nach Möglichkeit das Vorgehen abzustimmen. *(BGBl I 2018/17)*

2. Abschnitt
Aufsicht

Zuständige Behörden

§ 22. (1) Die FMA hat die Einhaltung

1. der §§ 1, 3 bis 16 dieses Bundesgesetzes durch E-Geld-Institute gemäß § 3 Abs. 2 und deren Zweigstellen gemäß § 10,

2. der §§ 1, 3 bis 8 und 11 bis 16 dieses Bundesgesetzes durch Zweigstellen ausländischer E-Geld-Institute gemäß § 4 Abs. 6 sowie

3. des § 20 dieses Bundesgesetzes durch sämtliche E-Geld-Emittenten

zu überwachen und dabei auf das volkswirtschaftliche Interesse an einem funktionsfähigen Finanzmarkt und die Finanzmarktstabilität Bedacht zu nehmen. Weiters ist die FMA zur Verhängung von Verwaltungsstrafen bei Verstößen gegen die §§ 17 bis 20 dieses Bundesgesetzes zuständig. *(BGBl I 2016/118)*

(2) Die Zuordnung der Kosten der Aufsicht nach diesem Bundesgesetz innerhalb des Rechnungskreises 1 gemäß § 19 Abs. 1 Z 1 FMABG hat gemäß „§ 89 Abs. 2 bis 8 ZaDiG 2018" zu erfolgen. Kostenpflichtig sind alle E-Geld-Institute gemäß § 3 Abs. 2 und Zweigstellen gemäß § 9. Kosten der Aufsicht nach diesem Bundesgesetz über Kreditinstitute sind Kosten im Rahmen der Bankenaufsicht. *(BGBl I 2018/17)*

(3) Die FMA und die Österreichische Nationalbank arbeiten zur wirksamen Erfüllung ihrer jeweiligen Aufgaben nach Maßgabe dieses Bundesgesetzes eng zusammen. § 79 BWG findet mit der Maßgabe Anwendung, dass die dort für den Bereich der Bankenaufsicht geregelten Aufgaben der Österreichischen Nationalbank für die Zwecke dieses Bundesgesetzes für den Bereich der E-Geld-Institutsaufsicht gelten und an die Stelle des Verweises auf § 73 BWG ein Verweis auf § 7 dieses Bundesgesetzes und an die Stelle des Verweises auf § 44 BWG ein Verweis auf § 14 dieses Bundesgesetzes treten. An die Stelle des Verweises auf § 74 BWG tritt ein Verweis auf „§ 26 ZaDiG 2018". *(BGBl I 2018/17)*

(4) Bei der Zusammenarbeit mit anderen Behörden ist § 72 BWG anzuwenden.

(5) Die FMA hat im Internet folgende Informationen zu veröffentlichen und laufend zu aktualisieren:

1. Den Wortlaut der im Bereich der E-Geld-Institutsaufsicht geltenden Gesetze und Verordnungen;

2. die Mindeststandards und Rundschreiben der FMA im Bereich der E-Geld-Institutsaufsicht;

3. die Ausübung der in der Richtlinie 2009/110/EG eröffneten Wahlrechte.

(6) Die Aufgaben, Rechte und Pflichten der Österreichischen Nationalbank im Bereich der Zahlungssystemaufsicht nach § 44a NBG bleiben von den Bestimmungen dieses Bundesgesetzes unberührt.

Datenschutz

§ 23. (1) „Die FMA und die Oesterreichische Nationalbank sind zur Verarbeitung von personenbezogenen Daten im Sinne der Verordnung (EU) 2016/679 ermächtigt, soweit dies für die Wahrnehmung ihrer Aufgaben nach diesem Bundesgesetz erforderlich ist; das sind:" *(BGBl I 2018/37)*

1. Konzessionen von E-Geld-Instituten und die für die Erteilung maßgeblichen Umstände;

2. Leitung, verwaltungsmäßige und buchhalterische Organisation sowie interne Kontrolle und Revision von E-Geld-Instituten;

3. Zweigstellen und die Ausübung des freien Dienstleistungsverkehrs;

4. Eigenkapital;

5. Qualifizierte Beteiligungen an E-Geld-Instituten;

6. Jahresabschluss und Rechnungslegung;

7. aufsichtsbehördliche Maßnahmen gemäß §§ 25 und 26;

8. Verwaltungsstrafen gemäß §§ 28 und 29;

9. Ermittlungen gemäß § 22b FMABG;

10. Informationen, die von zuständigen Behörden im Rahmen des Informationsaustausches gemäß §§ 32 bis 35 erlangt wurden;

11. Führung des E-Geld-Institutsregisters;

12. die Zuordnung von Kosten für die E-Geld-Diensteaufsicht.

(2) Die Übermittlung von Daten gemäß Abs. 1 durch die FMA ist im Rahmen der Amtshilfe zu-

lässig sowie an zuständige Behörden von Mitgliedstaaten, soweit dies für die Erfüllung von Aufgaben, die den Aufgaben der FMA und der Österreichischen Nationalbank nach diesem Bundesgesetz entsprechen, erforderlich ist, und soweit die übermittelten Daten bei diesen Behörden dem Berufsgeheimnis gemäß „Art. 24 der Richtlinie (EU) 2015/2366" unterliegen. *(BGBl I 2018/17)*

(3) Die Übermittlung von Daten gemäß Abs. 1 durch die FMA ist innerhalb desselben Rahmens, zu denselben Zwecken und mit denselben Beschränkungen wie an zuständige Behörden von Mitgliedstaaten gemäß Abs. 2 auch an Behörden von Drittländern, die den Aufgaben der FMA oder der Oesterreichischen Nationalbank entsprechende Aufgaben wahrzunehmen haben, nur zulässig, soweit die übermittelten Daten bei diesen Behörden einem dem Berufsgeheimnis in Art. 24 der Richtlinie (EU) 2015/2366 entsprechenden Berufsgeheimnis unterliegen und die Übermittlung im Einklang mit Kapitel V der Verordnung (EU) 2016/679 steht. *(BGBl I 2018/37)*

Berufsgeheimnis

§ 24. Von der FMA oder der Österreichischen Nationalbank beauftragte Sachverständige unterliegen der Verschwiegenheitspflicht gemäß § 14 Abs. 2 FMABG.

Untersuchungen und Prüfungen

§ 25. (1) Die FMA hat alle Untersuchungen durchzuführen und jene Maßnahmen zu ergreifen, die zur Wahrnehmung der ihr nach diesem Bundesgesetz gemäß § 22 Abs. 1 zukommenden Aufgaben erforderlich sind.

(2) In Ausübung der Zuständigkeiten gemäß Abs. 1 ist die FMA unbeschadet der ihr auf Grund anderer bundesgesetzlicher Bestimmungen zustehenden Befugnisse jederzeit ermächtigt,

1. in die Bücher, Schriftstücke und Datenträger der Unternehmen gemäß § 22 Abs. 1 Einsicht zu nehmen und Kopien von ihnen zu erhalten; auf den Umfang der Auskunfts-, Vorlage und Einschaurechte der FMA und die Verpflichtung zur Verfügbarkeit von Unterlagen im Inland ist § 14 Abs. 4 anzuwenden;

2. von den Unternehmen gemäß § 22 Abs. 1 und ihren Organen sowie von allen Agenten und Stellen, an die Zahlungsdienste oder E-Geld-Dienste ausgelagert wurden, Auskünfte zu verlangen und gemäß den Verwaltungsverfahrensgesetzen Personen vorzuladen und zu befragen;

3. durch Abschlussprüfer oder sonstige Sachverständige alle erforderlichen Prüfungen durchführen zu lassen, wobei die in § 14 Abs. 6 genannten Ausschließungsgründe anzuwenden sind; die Erteilung von Auskünften durch die FMA an die von ihr beauftragten Prüfer ist zulässig, soweit dies zur Erfüllung des Prüfungsauftrages zweckdienlich ist;

4. die Österreichische Nationalbank mit der Prüfung von E-Geld-Instituten und deren Zweigstellen und Repräsentanzen außerhalb Österreichs zu beauftragen; die Kompetenz der Österreichischen Nationalbank zur Vor-Ort-Prüfung im Bereich der Aufsicht über E-Geld-Institute erstreckt sich dabei umfassend auf die Prüfung aller Geschäftsfelder und aller Risikoarten; die Österreichische Nationalbank hat dafür zu sorgen, dass sie über ausreichende personelle und organisatorische Ressourcen zur Durchführung der genannten Prüfungen verfügt; die FMA ist berechtigt, eigene Mitarbeiter an Prüfungen der Österreichischen Nationalbank teilnehmen zu lassen;

5. zur Prüfung von Zweigstellen und Repräsentanzen in Mitgliedstaaten auch die Behörden des Aufnahmemitgliedstaates um die Vornahme der Prüfung zu ersuchen, wenn dies gegenüber einer Prüfung gemäß Z 4 das Verfahren vereinfacht oder beschleunigt oder wenn dies im Interesse der Zweckmäßigkeit, Einfachheit, Raschheit oder Kostenersparnis gelegen ist; unter diesen Voraussetzungen kann auch die Österreichische Nationalbank zur Teilnahme an einer solchen Prüfung verpflichtet werden und können eigene Mitarbeiter der FMA an einer solchen Prüfung teilnehmen;

6. von den Abschlussprüfern Auskünfte einzuholen.

(3) Bei einer Prüfung gemäß Abs. 2 Z 3 bis 5 sind die Prüfungsorgane mit einem schriftlichen Prüfungsauftrag zu versehen und haben sich vor Beginn der Prüfung unaufgefordert auszuweisen sowie den Prüfungsauftrag vorzuweisen. Im Übrigen ist § 71 BWG anzuwenden. Hinsichtlich der Zusammenarbeit der FMA mit der Österreichischen Nationalbank und der Vornahme von Prüfungen durch diese sind die §§ 70 Abs. 1a bis 1c und 79 BWG anzuwenden.

Aufsichtsmaßnahmen und Veröffentlichungen

§ 26. (1) Zur Abwendung einer Gefahr für die finanziellen Belange der Kunden eines E-Geld-Instituts gemäß § 3 Abs. 2 im Zusammenhang mit dessen Tätigkeit kann die FMA befristete Maßnahmen durch Bescheid anordnen, die spätestens 18 Monate nach Wirksamkeitsbeginn außer Kraft treten. Die FMA kann durch Bescheid insbesondere

1. Kapital- und Gewinnentnahmen sowie Kapital- und Gewinnausschüttungen ganz oder teilweise untersagen;

2. eine fachkundige Aufsichtsperson (Regierungskommissär) bestellen, die dem Berufsstand der Rechtsanwälte oder der Wirtschaftsprüfer

angehört; die Aufsichtsperson, der alle Rechte gemäß § 25 Abs. 2 zustehen, hat

a) diesem E-Geld-Institut alle Geschäfte zu untersagen, die geeignet sind, die obige Gefahr zu vergrößern, oder

b) im Falle, dass dem E-Geld-Institut die Fortführung der Geschäfte ganz oder teilweise untersagt wurde, einzelne Geschäfte zu erlauben, die die obige Gefahr nicht vergrößern;

3. Geschäftsleitern des E-Geld-Instituts unter gleichzeitiger Verständigung des zur Bestellung der Geschäftsleiter zuständigen Organs die Führung des Unternehmens ganz oder teilweise untersagen; das zuständige Organ hat binnen eines Monats die entsprechende Anzahl von Geschäftsleitern neu zu bestellen; die Bestellung bedarf zu ihrer Rechtswirksamkeit der Zustimmung der FMA, die zu versagen ist, wenn die neu bestellten Geschäftsleiter nicht geeignet scheinen, eine Abwendung der obigen Gefahr herbeiführen zu können;

4. die Fortführung des Geschäftsbetriebes ganz oder teilweise untersagen.

(2) Die FMA kann auf Antrag der gemäß Abs. 1 Z 2 oder Abs. 3 bestellten Aufsichtsperson (Regierungskommissär) einen Stellvertreter bestellen, wenn und so lange dies aus wichtigen Gründen, insbesondere wegen vorübergehender Verhinderung der Aufsichtsperson, erforderlich ist. Für die Bestellung des Stellvertreters sowie für dessen Rechte und Pflichten finden die für die Aufsichtsperson geltenden Bestimmungen Anwendung. Die Aufsichtsperson (Regierungskommissär) kann sich mit Genehmigung der FMA zur Erfüllung ihrer Aufgaben fachlich geeigneter Personen bedienen, soweit dies nach Umfang und Schwierigkeit der Aufgaben erforderlich ist. Die Genehmigung der FMA hat diese Personen namentlich zu benennen und ist auch dem E-Geld-Institut zuzustellen. Diese Personen handeln auf Weisung und im Namen der Aufsichtsperson (Regierungskommissär) oder ihres Stellvertreters.

(3) Die FMA hat vom Österreichischen Rechtsanwaltskammertag und von der Kammer der Wirtschaftstreuhänder Meldungen über geeignete Regierungskommissäre einzuholen. Ist ein Regierungskommissär nach Abs. 1 Z 2 oder ein Stellvertreter nach Abs. 2 zu bestellen und ist keine Bestellung auf Grund dieser Meldungen möglich, so hat die FMA die nach dem Sitz des E-Geld-Instituts zuständige Rechtsanwaltskammer oder die Kammer der Wirtschaftstreuhänder zu benachrichtigen, damit diese einen fachlich geeigneten Rechtsanwalt oder Wirtschaftsprüfer als Regierungskommissär namhaft machen. Bei Gefahr in Verzug kann die FMA

1. einen Rechtsanwalt oder

2. einen Wirtschaftstreuhänder

vorläufig als Regierungskommissär bestellen. Diese Bestellung tritt mit der Bestellung eines Rechtsanwaltes oder Wirtschaftsprüfers nach dem ersten Satz außer Kraft.

(4) Alle von der FMA gemäß Abs. 1 und 2 angeordneten Maßnahmen ruhen für die Dauer eines Geschäftsaufsichtsverfahrens.

(5) Dem Regierungskommissär ist von der FMA eine Vergütung (Funktionsgebühr) zu leisten, die in einem angemessenen Verhältnis zu der mit der Aufsicht verbundenen Arbeit und den Aufwendungen hiefür steht. Der Regierungskommissär ist zur Rechnungslegung über das jeweils vorangegangene Quartal sowie nach Beendigung seiner Tätigkeit berechtigt. Die FMA hat die Vergütung unverzüglich nach Rechnungsprüfung zu leisten.

(6) Bescheide, mit denen Geschäftsleitern die Führung eines E-Geld-Institutes gemäß § 3 Abs. 2 ganz oder teilweise untersagt wird (Abs. 1 Z 3 und Abs. 8), sind, wie auch eine allfällige Aufhebung dieser Maßnahme, von der FMA dem Firmenbuchgericht zur Eintragung in das Firmenbuch zu übermitteln.

(7) Liegt eine Konzessionsvoraussetzung gemäß § 4 Abs. 3 nach Erteilung der Konzession nicht mehr vor oder verletzt ein E-Geld-Institut gemäß § 3 Abs. 2 Bestimmungen gemäß § 22 Abs. 1 dieses Bundesgesetzes, einer auf Grund dieses Bundesgesetzes erlassenen Verordnung oder eines Bescheides, so hat die FMA die in § 70 Abs. 4 Z 1 bis 3 BWG genannten Maßnahmen in Bezug auf dieses E-Geld-Institut zu ergreifen und gegebenenfalls die Konzession gemäß § 5 Abs. 1 zu entziehen.

(8) Die FMA kann von ihr getroffene Maßnahmen nach Abs. 1, 3 und 7 sowie Sanktionen wegen einer Verletzung dieses Bundesgesetzes oder auf Grund dieses Bundesgesetzes ergangener Verordnungen durch Kundmachung im Internet, Abdruck im „Amtsblatt zur Wiener Zeitung" oder in einer Zeitung mit Verbreitung im gesamten Bundesgebiet oder durch Aushang an geeigneter Stelle in den Geschäftsräumlichkeiten des E-Geld-Institutes (§ 3 Abs. 2) bekannt machen. Veröffentlichungen von Maßnahmen nach Abs. 7 in Verbindung mit § 70 Abs. 4 Z 1 BWG dürfen jedoch nur vorgenommen werden, wenn dies nach Art und Schwere des Verstoßes zur Information der Öffentlichkeit erforderlich und im Hinblick auf mögliche Nachteile des Betroffenen verhältnismäßig ist. Diese Veröffentlichungsmaßnahmen können auch kumulativ getroffen werden.

(9) Die FMA kann durch Kundmachung im Internet, Abdruck im „Amtsblatt zur Wiener Zeitung" oder in einer Zeitung mit Verbreitung im gesamten Bundesgebiet die Öffentlichkeit informieren, dass eine namentlich genannte natürliche oder juristische Person (Person) zur Ausgabe von E-Geld (§ 1 Abs. 1) oder zur Vornahme be-

stimmter Zahlungsdienste („§ 1 Abs. 2 ZaDiG 2018“) nicht berechtigt ist, sofern diese Person dazu Anlass gegeben hat und eine Information der Öffentlichkeit erforderlich und im Hinblick auf mögliche Nachteile des Betroffenen verhältnismäßig ist. Diese Veröffentlichungsmaßnahmen können auch kumulativ getroffen werden. Diese Person muss in der Veröffentlichung eindeutig identifizierbar sein; zu diesem Zweck können, soweit der FMA bekannt, auch Geschäftsanschrift oder Wohnanschrift und Firmenbuchnummer, Internetadresse, Telefonnummer und Telefaxnummer angegeben werden. *(BGBl I 2018/17)*

(10) Der von der Veröffentlichung Betroffene kann eine Überprüfung der Rechtmäßigkeit der Veröffentlichung gemäß Abs. 8 oder 9 in einem bescheidmäßig zu erledigenden Verfahren bei der FMA beantragen. Die FMA hat diesfalls die Einleitung eines solchen Verfahrens in gleicher Weise bekannt zu machen. Wird im Rahmen der Überprüfung die Rechtswidrigkeit der Veröffentlichung festgestellt, so hat die FMA die Veröffentlichung richtig zu stellen oder auf Antrag des Betroffenen entweder zu widerrufen oder aus dem Internetauftritt zu entfernen. Wird einer Beschwerde gegen einen Bescheid, der gemäß Abs. 8 bekannt gemacht worden ist, in einem Verfahren vor den Gerichtshöfen öffentlichen Rechts aufschiebende Wirkung zuerkannt, so hat die FMA dies in gleicher Weise bekannt zu machen. Die Veröffentlichung ist richtig zu stellen oder auf Antrag des Betroffenen entweder zu widerrufen oder aus dem Internetauftritt zu entfernen, wenn der Bescheid aufgehoben wird.

(11) *(entfällt, BGBl I 2016/118)*

(12) Die FMA kann nach Anhörung der Österreichischen Nationalbank durch Verordnung vorschreiben, dass die Anzeigen und Übermittlungen gemäß § 6 Abs. 3, § 7, § 10 dieses Bundesgesetzes in Verbindung mit „§ 28 Abs. 1 ZaDiG 2018“ , § 15 dieses Bundesgesetzes in Verbindung mit „§ 21 Abs. 3 sowie § 22 Abs. 1 ZaDiG 2018“ und § 14 Abs. 7 ausschließlich in elektronischer Form zu erfolgen sowie bestimmten Gliederungen, technischen Mindestanforderungen und Übermittlungsmodalitäten zu entsprechen haben. Die FMA hat sich dabei an den Grundsätzen der Wirtschaftlichkeit und Zweckmäßigkeit zu orientieren und dafür zu sorgen, dass die jederzeitige elektronische Verfügbarkeit der Daten für die FMA und die Österreichische Nationalbank gewährleistet bleibt und Aufsichtsinteressen nicht beeinträchtigt werden. Weiters kann die FMA in dieser Verordnung Abschlussprüfern für Bescheinigungen, Übermittlungen, Berichte und Meldungen gemäß § 14 Abs. 8 und § 27 Abs. 1, 2 und 3 eine fakultative Teilnahme an dem elektronischen System der Übermittlung gemäß dem ersten Satz ermöglichen. Die FMA hat geeignete Vorkehrungen dafür zu treffen, dass sich die Meldepflichtigen oder gegebenenfalls ihre Einbringungsverantwortlichen während eines angemessenen Zeitraums im System über die Richtigkeit und Vollständigkeit der von ihnen oder ihren Einbringungsverantwortlichen erstatteten Meldedaten vergewissern können. *(BGBl I 2018/17)*

Berichtspflicht von Abschlussprüfern

§ 27. (1) Stellt ein Abschlussprüfer, der den Jahresabschluss eines E-Geld-Institutes im Sinne von § 3 Abs. 2 prüft oder bei diesem eine sonstige gesetzlich vorgeschriebene Tätigkeit ausübt, Tatsachen fest, die eine Berichtspflicht gemäß § 273 Abs. 2 und 3 UGB begründen, so hat er unverzüglich, spätestens gleichzeitig, den gemäß § 273 Abs. 3 UGB zu erstattenden Bericht auch der FMA und der Österreichischen Nationalbank zu übermitteln.

(2) Der Abschlussprüfer hat, auch wenn keine Berichtspflicht gemäß § 273 Abs. 2 und 3 UGB besteht, der FMA und der Österreichischen Nationalbank sowie den Geschäftsleitern und dem nach Gesetz oder Satzung zuständigen Aufsichtsorgan unverzüglich schriftlich mit Erläuterungen zu berichten, wenn er bei seiner Prüfungstätigkeit Tatsachen feststellt, die

1. einen erheblichen Verstoß gegen die in § 22 Abs. 1 genannten Bestimmungen oder gegen auf Grund dieses Bundesgesetzes erlassene Verordnungen oder Bescheide der FMA erkennen lässt; oder

2. die Erfüllbarkeit der Verpflichtungen des E-Geld-Instituts für gefährdet erkennen lassen; oder

3. eine wesentliche Verschärfung der Risikolage darstellen; oder

4. wesentliche Bilanzposten oder außerbilanzielle Positionen als nicht werthaltig festgestellt werden; oder

5. begründete Zweifel an der Richtigkeit der Unterlagen oder an der Vollständigkeitserklärung der Geschäftsleiter vorliegen.

Stellt der Abschlussprüfer sonstige Mängel, nicht besorgniserregende Veränderungen der Risikolage oder der wirtschaftlichen Situation oder nur geringfügige Verletzungen von Vorschriften fest, und sind die Mängel und Verletzungen von Vorschriften kurzfristig behebbar, so muss der Abschlussprüfer der FMA und der Österreichischen Nationalbank erst dann berichten, wenn das E-Geld-Institut nicht binnen einer angemessenen Frist, längstens jedoch binnen drei Monaten, die festgestellten Mängel behoben und dies dem Abschlussprüfer nachgewiesen hat. Zu berichten ist auch dann, wenn die Geschäftsleiter eine vom Abschlussprüfer geforderte Auskunft innerhalb einer angemessenen Frist nicht ordnungsgemäß erteilen. In Fällen, in denen eine Wirtschaftsprüfungsgesellschaft als Abschlussprüfer bestellt wird, trifft die Berichtspflicht auch die nach § 88 Abs. 7 WTBG namhaft gemachten natürlichen Personen.

(3) Der Abschlussprüfer ist auch zur Meldung derartiger Sachverhalte verpflichtet, von denen er in Ausübung einer der vorgenannten Tätigkeiten in einem Unternehmen Kenntnis erlangt, das ein verbundenes Unternehmen „(§ 189a Z 8 UGB)" zu dem in § 3 Abs. 2 genannten E-Geld-Institut ist, für das er diese Tätigkeit ausübt. *(BGBl I 2015/68)*

(4) Der Abschlussprüfer ist bei der Wahrnehmung seiner Aufgaben auch außerhalb von Prüfungsaufträgen des Aufsichtsorgans zur Verständigung des Aufsichtsratsvorsitzenden verpflichtet, wenn eine Berichterstattung an die Geschäftsleiter wegen der Art und Umstände der festgestellten Ordnungswidrigkeiten den Zweck der Beseitigung der Mängel nicht erreichen würde und diese schwerwiegend sind.

(5) Erstattet der Abschlussprüfer in gutem Glauben einen Bericht nach Abs. 1 bis 4, so gilt dies nicht als Verletzung einer vertraglich oder durch Rechts- oder Verwaltungsvorschriften geregelten Bekanntmachungsbeschränkung und zieht für ihn keine Haftung nach sich.

Verfahrens- und Strafbestimmungen

§ 28. Wer vertrauliche Tatsachen entgegen § 13 Abs. 2 offenbart oder verwertet, um sich oder einem anderen einen Vermögensvorteil zu verschaffen oder um einem anderen einen Nachteil zuzufügen, ist vom Gericht mit Freiheitsstrafe bis zu sechs Monaten oder mit Geldstrafe bis zu 360 Tagessätzen zu bestrafen. Der Täter ist nur mit Ermächtigung des in seinem Interesse an der Geheimhaltung Verletzten zu verfolgen.

§ 29. (1) Wer E-Geld gemäß § 1 Abs. 1 ohne die erforderliche Berechtigung ausgibt, begeht, eine Verwaltungsübertretung und ist von der FMA mit Geldstrafe bis zu „100 000 Euro" zu bestrafen. *(BGBl I 2012/35)*

(2) Wer E-Geld entgegen § 17 über dem Nennwert des entgegengenommenen Geldbetrages ausgibt, begeht, eine Verwaltungsübertretung und ist von der FMA mit Geldstrafe bis zu „60 000 Euro" zu bestrafen. *(BGBl I 2012/35)*

(3) *(entfällt, BGBl I 2016/118)*

(4) Wer als Verantwortlicher (§ 9 VStG) eines E-Geld-Instituts gemäß § 3 Abs. 2 oder einer Zweigstelle gemäß § 10

1. gegen eine Beschränkung gemäß § 3 dieses Bundesgesetzes oder gegen eine Verpflichtung gemäß „§ 20 Abs. 1 bis 4 oder § 24 ZaDiG 2018" verstößt oder *(BGBl I 2018/17)*

2. gegen eine Verpflichtung gemäß § 11 dieses Bundesgesetzes oder gegen „§ 26 ZaDiG 2018" verstößt oder *(BGBl I 2018/17)*

3. *(entfällt, BGBl I 2016/118)*

4. gegen eine Verpflichtung gemäß § 42 Abs. 1, 2, 3, 4 Z 1 oder 3, Abs. 5, 6 oder 7 BWG verstößt,

begeht eine Verwaltungsübertretung und ist von der FMA hinsichtlich der Z 1 mit Geldstrafe bis zu „100 000 Euro" und hinsichtlich der Z 2, der Z 3 oder Z 4 mit Geldstrafe bis zu „60 000 Euro" zu bestrafen. *(BGBl I 2012/35)*

(5) Wer als Verantwortlicher (§ 9 VStG) eines E-Geld-Instituts gemäß § 3 Abs. 2 oder einer Zweigstelle gemäß § 10 die Sicherungspflichten des § 12 dieses Bundesgesetzes oder des „§ 18 ZaDiG 2018"** verletzt, begeht eine Verwaltungsübertretung und ist von der FMA mit Geldstrafe bis zu „100 000 Euro"* zu bestrafen. *(*BGBl I 2012/35; **BGBl I 2018/17)*

(6) Wer als Abschlussprüfer eines E-Geld-Instituts gemäß § 3 Abs. 2 oder einer Zweigstelle gemäß § 10 seine Meldepflichten gemäß § 27 Abs. 1, 2 oder 3 verletzt, begeht eine Verwaltungsübertretung und ist von der FMA mit Geldstrafe bis zu „100 000 Euro" zu bestrafen. *(BGBl I 2012/35)*

(7) Wer als Verantwortlicher (§ 9 VStG) eines E-Geld-Instituts gemäß § 3 Abs. 2 oder einer Zweigstelle gemäß § 10 unterlässt, der FMA entgegen § 14 Abs. 3 den Jahresabschluss rechtzeitig vorzulegen, begeht eine Verwaltungsübertretung und ist von der FMA mit Geldstrafe bis „20 000 Euro" zu bestrafen. *(BGBl I 2012/35)*

(8) Wer als Verantwortlicher (§ 9 VStG) eines E-Geld-Instituts gemäß § 3 Abs. 2

1. die Pflichten gemäß §§ 15, 16 Abs. 2 verletzt oder entgegen § 17 E-Geld unter dem Nennwert des entgegengenommenen Geldbetrages ausgibt oder

2. die Pflichten gemäß §§ 18, 19 oder 20 verletzt oder

3. die unverzügliche schriftliche Anzeige von in § 6 Abs. 3 oder § 7 genannten Sachverhalten an die FMA unterlässt oder

4. die unverzügliche schriftliche Anzeige gemäß „§ 21 Abs. 3 ZaDiG 2018" von in § 15 dieses Bundesgesetzes genannten Sachverhalten an die FMA unterlässt, *(BGBl I 2018/17)*

begeht, eine Verwaltungsübertretung und ist von der FMA in den Fällen nach Z 1 mit Geldstrafe bis zu „60 000 Euro" und in Fällen nach Z 2 bis 4 mit einer Geldstrafe bis zu „10 000 Euro" zu bestrafen. *(BGBl I 2012/35)*

(9) Wer als Verantwortlicher (§ 9 VStG) einer Zweigstelle gemäß § 9 Abs. 2

1. entgegen § 17 E-Geld unter dem Nennwert des entgegengenommenen Geldbetrages ausgibt oder

2. die Pflichten der §§ 18 bis 20 verletzt,

begeht, eine Verwaltungsübertretung und ist von der FMA in Fällen nach Z 1 mit Geldstrafe bis zu „60 000 Euro" und in den Fällen nach Z 2 mit Geldstrafe bis zu „10 000 Euro" zu bestrafen. *(BGBl I 2012/35)*

(10) Wer als Verantwortlicher (§ 9 VStG) eines E-Geld-Emittenten gemäß § 1 Abs. 2 Z 1 oder 3 bis 6

1. entgegen § 17 E-Geld unter dem Nennwert des entgegengenommenen Geldbetrages ausgibt oder

2. die Pflichten der §§ 18 bis 20 dieses Bundesgesetzes verletzt,

begeht, eine Verwaltungsübertretung und ist von der FMA in den Fällen nach Z 1 mit Geldstrafe bis zu „60 000 Euro" und in Fällen nach Z 2 mit Geldstrafe bis zu „10 000 Euro" zu bestrafen. *(BGBl I 2012/35)*

(11) *(entfällt, BGBl I 2016/118)*

(13) *(entfällt, BGBl I 2017/107)*

§ 30. (1) Für die Verhängung von Verwaltungsstrafen gemäß § 29 ist in erster Instanz die FMA zuständig. *(BGBl I 2014/59)*

(2) *(entfällt, BGBl I 2017/107)*

(3) Bei der Ermittlung in Verwaltungsstrafverfahren gemäß § 29 Abs. 1 bis 11 kommen der FMA alle Kompetenzen gemäß § 25 Abs. 2 zu. *(BGBl I 2014/59)*

(4) Die FMA hat E-Geld-Inhaber, die eine Beschwerde gegen einen Verstoß eines E-Geld-Institutes gegen § 12 oder eines E-Geld-Emittenten gegen das 3. Hauptstück zur Anzeige bringen, auf die Möglichkeit einer Beschwerde bei der „außergerichtlichen Schlichtungsstelle (§ 98 ZaDiG 2018)" unter Angabe von deren Sitz und Adresse zu verweisen. *(BGBl I 2018/17)*

§ 31. Wer E-Geld gemäß § 1 Abs. 1 ohne die erforderliche Berechtigung ausgibt oder entgegen den Beschränkungen des § 3 Abs. 3 Z 2 dieses Bundesgesetzes in Verbindung mit „§ 7 Abs. 6 ZaDiG 2018" Kredite gewährt oder entgegen § 3 Abs. 4 Einlagen entgegennimmt oder entgegen § 17 E-Geld über dem Nennwert des entgegengenommenen Geldbetrages ausgibt oder entgegen § 20 Zinsen gewährt, hat auf alle mit diesen Geschäften verbundenen Vergütungen, Kosten und Entgelte keinen Anspruch. Die Rechtsunwirksamkeit der mit diesen Geschäften verbundenen Vereinbarungen zieht nicht die Rechtsunwirksamkeit des ganzen Geschäfts nach sich. Entgegenstehende Vereinbarungen sowie mit diesen Geschäften verbundene Bürgschaften und Garantien sind rechtsunwirksam. *(BGBl I 2018/17)*

3. Abschnitt
Internationale Zusammenarbeit

Kontaktstelle und Informationsaustausch

§ 32. (1) Die FMA ist zuständige Behörde gemäß Art. 3 Abs. 1 der Richtlinie 2009/110/EG in Verbindung mit „Art. 22 Abs. 1 der Richtlinie (EU) 2015/2366". Die FMA kann jederzeit Auskünfte über Tätigkeiten österreichischer E-Geld-Institute im Ausland und die Lage ausländischer E-Geld-Institute, deren Tätigkeit sich auf das österreichische Finanzmarktwesen auswirken kann, einholen, wenn dies im volkswirtschaftlichen Interesse an einem funktionsfähigen Finanzmarktwesen oder im Interesse des Gläubigerschutzes erforderlich ist. *(BGBl I 2018/17)*

(2) Die FMA kann mit zuständigen Behörden anderer Mitgliedstaaten, der Europäischen Zentralbank sowie den Zentralbanken anderer Mitgliedstaaten in ihrer Eigenschaft als Währungs- und Aufsichtsbehörden und anderen Behörden, die in anderen Mitgliedstaaten für die Aufsicht über Zahlungsund Abwicklungssysteme, den Schutz natürlicher Personen bei der Verarbeitung personenbezogener Daten „ "* zuständig sind, zusammen arbeiten, wenn dies zur Wahrnehmung von in der Richtlinie 2009/110/EG festgelegten Aufgaben oder im Wege der Amts- und Rechtshilfe erforderlich ist und soweit die an diese Behörden übermittelten Informationen bei diesen dem Berufsgeheimnis gemäß „Art. 24 der Richtlinie (EU) 2015/2366"** unterliegen. Die FMA kann für die Zwecke der Zusammenarbeit und zur Weiterleitung von Daten nach diesem Hauptstück von ihren Befugnissen Gebrauch machen, auch wenn die Verhaltensweise, die Gegenstand der Ermittlung ist, keinen Verstoß gegen eine in Österreich geltende Vorschrift darstellt. Von ihren Befugnissen nach § 25 Abs. 2 Z 1 und 2 kann die FMA für die Zwecke der Zusammenarbeit auch gegenüber juristischen Personen Gebrauch machen, die in ihrem Herkunftmitgliedstaat zur Ausgabe von E-Geld und gegebenenfalls zur Erbringung von Zahlungsdiensten als E-Geld-Institut im Sinne von Art. 2 Z 1 der Richtlinie 2009/110/EG zugelassen sind. *(*BGBl I 2016/118; **BGBl I 2018/17)*

(3) Hat die FMA begründeten Anlass zu der Vermutung, dass Unternehmen, die nicht ihrer Aufsicht unterliegen, im Hoheitsgebiet eines anderen Mitgliedstaates gegen die Bestimmungen der Richtlinie 2009/110/EG verstoßen oder verstoßen haben, so hat sie dies der zuständigen Behörde des anderen Mitgliedstaates so genau wie möglich mitzuteilen. Sie hat ihrerseits geeignete Maßnahmen zu ergreifen, wenn sie eine solche Mitteilung von einer anderen zuständigen Behörde erhalten hat, und hat diese Behörde über den Ausgang dieser Maßnahmen und soweit wie

möglich über wesentliche zwischenzeitlich eingetretene Entwicklungen zu unterrichten. Die Befugnisse der FMA als zuständige Behörde, die die Information übermittelt hat, werden durch diesen Absatz nicht berührt.

Zusammenarbeit bei der Überwachung, Überprüfung vor Ort und bei Ermittlungen

§ 33. (1) Die FMA kann die zuständige Behörde eines anderen Mitgliedstaates um Zusammenarbeit bei einer Überwachung oder einer Überprüfung vor Ort oder einer Ermittlung ersuchen. Erhält die FMA ein Ersuchen um eine Überprüfung vor Ort oder eine Ermittlung, so hat sie im Rahmen ihrer Befugnisse tätig zu werden, indem sie

1. die Überprüfungen oder Ermittlungen selbst vornimmt oder der Oesterreichischen Nationalbank überträgt oder

2. der ersuchenden Behörde die Durchführung der Überprüfung oder Ermittlung gestattet oder

3. Wirtschaftsprüfern oder Sachverständigen im behördlichen Auftrag die Durchführung der Überprüfung oder Ermittlung gestattet.

(2) Die FMA hat anderen zuständigen Behörden die für die Wahrnehmung der Aufgaben der gemäß Art. 3 Abs. 1 der Richtlinie 2009/110/EG in Verbindung mit „Art. 22 Abs. 1 der Richtlinie (EU) 2015/2366" benannten zuständigen Behörden erforderlichen Informationen zu übermitteln, die sich aus diesem Bundesgesetz ergeben, insbesondere bei Zuwiderhandlungen oder mutmaßlichen Zuwiderhandlungen eines Agenten, einer Zweigstelle oder einer Geschäftseinheit, zu der Tätigkeiten ausgelagert werden. Die FMA hat dabei auf Verlangen alle zweckdienlichen Informationen zu übermitteln und von sich aus alle wesentlichen Informationen vorzulegen. Die FMA kann sich, wenn sie Informationen mit anderen zuständigen Behörden austauscht, bei der Übermittlung vorbehalten, dass diese Informationen nur mit ihrer ausdrücklichen Zustimmung veröffentlicht werden dürfen. In diesem Fall dürfen sie nur für die Zwecke, für die die Zustimmung erteilt wurde, ausgetauscht werden. *(BGBl I 2018/17)*

(3) Der Bundesminister für Finanzen kann auf gemeinsamen Vorschlag der FMA und der Österreichischen Nationalbank folgende Abkommen mit zuständigen Behörden über die Vorgangsweise bei der Zusammenarbeit mit der FMA und der Österreichischen Nationalbank bei der Wahrnehmung ihrer Aufgaben der Überwachung und Beaufsichtigung der E-Geld-Institute schließen, sofern der Bundesminister für Finanzen zum Abschluss von Übereinkommen gemäß Art. 66 Abs. 2 B-VG ermächtigt ist:

1. Abkommen mit zuständigen Behörden anderer Mitgliedstaaten; in diesen Abkommen können insbesondere Verfahren der Zusammenarbeit der FMA mit den zuständigen Behörden der Mitgliedstaaten hinsichtlich des in „Art. 26 der Richtlinie (EU) 2015/2366" in Verbindung mit Art. 3 Abs. 1 der Richtlinie 2009/110/EG genannten Informationsaustausches geregelt werden. *(BGBl I 2018/17)*

2. Abkommen mit zuständigen Behörden von Drittländern, sofern der Informationsaustausch mit diesen zuständigen Behörden unter der Bedingung eines „Art. 24 der Richtlinie (EU) 2015/2366" in Verbindung mit Art. 3 Abs. 1 der Richtlinie 2009/110/EG gleichwertigen Berufsgeheimnisses der Erfüllung von Aufsichtsaufgaben dieser zuständigen Behörden dient. *(BGBl I 2018/17)*

Befugnisse als Aufnahmemitgliedstaat

§ 34. Die FMA als zuständige Behörde des Aufnahmemitgliedstaates kann in Ausübung der ihr nach diesem Bundesgesetz übertragenen Befugnisse von den Zweigstellen der E-Geld-Institute gemäß § 9 die Angaben verlangen, die erforderlich sind, um die Einhaltung der auf diese Unternehmen anwendbaren Normen zu kontrollieren. Diese Anforderungen dürfen nicht strenger sein als die Anforderungen, die die FMA den konzessionierten Instituten zur Überwachung der Einhaltung derselben Normen auferlegt.

Sicherungsmaßnahmen

§ 35. (1) Hat die FMA als zuständige Behörde des Aufnahmemitgliedstaates klare und nachweisliche Gründe zu der Annahme, dass ein in Österreich im Rahmen des freien Dienstleistungsverkehrs tätiges E-Geld-Institut oder mittels einer Zweigstelle gemäß § 9 gegen die Verpflichtungen verstößt, die ihm aus diesem Bundesgesetz oder der Verordnung (EG) Nr. 924/2009 über grenzüberschreitende Zahlungen in der Gemeinschaft „ " erwachsen, die der FMA als zuständiger Behörde des Aufnahmemitgliedstaates keine Zuständigkeit übertragen, so hat sie ihre Erkenntnisse der zuständigen Behörde des Herkunftmitgliedstaates mitzuteilen. *(BGBl I 2016/118)*

(2) Stellt die FMA als zuständige Behörde des Aufnahmemitgliedstaates fest, dass ein E-Geld-Institut gemäß § 9, das eine Zweigstelle in Österreich hat, die österreichischen Rechts- oder Verwaltungsvorschriften betreffend die Zuständigkeit der FMA als Behörde des Aufnahmemitgliedstaates gemäß § 22 Abs. 1 verletzt, so hat die FMA das betreffende E-Geld-Institut aufzufordern, binnen einer angemessenen, drei Monate nicht übersteigenden Frist den rechtmäßigen Zustand herzustellen. Kommt das E-Geld-Institut der Aufforderung nicht nach, so hat die FMA als zuständige Behörde des Aufnahmemitgliedstaates alle geeigneten Maßnahmen zu treffen, damit das betreffende E-Geld-Institut den rechtsmäßigen

Zustand wiederherstellt. Die FMA hat die Art dieser Maßnahmen den zuständigen Behörden des Herkunftmitgliedstaates mitzuteilen. Verletzt das E-Geld-Institut trotz der von der FMA getroffenen Maßnahmen weiter die in §§ 28 Abs. 1, 2 oder 3 oder in 29 Abs. 8 oder 10 genannten österreichischen Rechts- oder Verwaltungsvorschriften, so kann die FMA nach Unterrichtung der zuständigen Behörden des Herkunftmitgliedstaates geeignete Maßnahmen ergreifen, um weitere Verstöße zu verhindern oder zu ahnden; soweit erforderlich, kann sie den verantwortlichen Geschäftsleitern der Zweigstelle des E-Geld-Instituts die Geschäftsführung ganz oder teilweise untersagen und dem E-Geld-Institut auch neue Geschäfte in Österreich untersagen.

(3) Die FMA hat jede Maßnahme gemäß den Abs. 1 oder 2, die Sanktionen oder Einschränkungen der Tätigkeit eines E-Geld-Instituts beinhaltet, ordnungsgemäß zu begründen und dem betreffenden E-Geld-Institut mittels Bescheid mitzuteilen.

(4) Verletzt ein E-Geld-Institut gemäß § 3 Abs. 2, das seine Tätigkeiten in einem Mitgliedstaat durch eine Zweigstelle erbringt, trotz Aufforderung durch die zuständigen Behörden, den rechtmäßigen Zustand herzustellen, weiter die nationalen Vorschriften des Aufnahmemitgliedstaates, so hat die FMA nach Verständigung durch die zuständigen Behörden des Aufnahmemitgliedstaates geeignete Maßnahmen nach § 26 Abs. 7 zu setzen, um den rechtmäßigen Zustand im Aufnahmemitgliedstaat herzustellen. Die zuständige Behörde des Aufnahmemitgliedstaates ist von den getroffenen Maßnahmen unverzüglich in Kenntnis zu setzen.

(5) Wird einem E-Geld-Institut gemäß § 3 Abs. 2 die Konzession entzogen, so hat die FMA dies den zuständigen Behörden der Mitgliedstaaten, in denen das E-Geld-Institut seine Tätigkeiten ausübt, unverzüglich schriftlich zur Kenntnis zu bringen.

5. Hauptstück
Übergangs- und Schlussbestimmungen

Übergangsbestimmung

§ 36. „(1)“ E-Geld-Institute, die vor dem 30. April 2011 Tätigkeiten im Einklang mit dem Recht ihres Herkunftmitgliedstaates zur Umsetzung der Richtlinie 2000/46/EG in ihrem Herkunftsmitgliedstaat oder im Einklang mit dem E-Geldgesetz, BGBl. I Nr. 45/2002 in Österreich aufgenommen haben, dürfen diese Tätigkeiten in Österreich im Einklang mit dem E-Geldgesetz, BGBl. I Nr. 45/2002 oder mit den Bestimmungen der Richtlinie 2000/46/EG über die gegenseitige Anerkennung bis längstens 30. Oktober 2011 fortsetzen, ohne dass sie eine Konzession gemäß § 3 beantragen müssen; das 3. Hauptstück dieses Bundesgesetzes ist jedoch anzuwenden. Die E-Geld-Institute, die eine Konzession gemäß § 1 E-Geldgesetz, BGBl. I Nr. 45/2002 innehaben, haben der FMA bis längstens 31. Mai 2011 alle sachdienlichen Angaben zur Überprüfung zu übermitteln, ob diese E-Geld-Institute sämtliche Anforderungen des E-Geldgesetzes 2010 erfüllen. Die FMA hat bis längstens 30. Oktober 2011 mittels Bescheid festzustellen, ob diese E-Geld-Institute die Anforderungen erfüllen und sie diesfalls in das E-Geld-Institutsregister aufzunehmen oder entsprechende Maßnahmen vorzuschreiben oder die Konzession zu entziehen und die Ausgabe von E-Geld zu untersagen. E-Geld-Institute mit Sitz in einem anderen Mitgliedstaat dürfen ihre Tätigkeiten nach dem 30. Oktober 2011 fortsetzen, sofern sie dazu auch in ihrem Herkunftmitgliedstaat im Einklang mit der Richtlinie 2009/110/EG berechtigt sind. *(BGBl I 2016/118)*

(2) Bis zum Ablauf des 25. Juni 2017 ist § 14 Abs. 3 in der Fassung des Bundesgesetzes BGBl. I Nr. 118/2016 mit der Maßgabe anzuwenden, dass anstatt auf die Verordnung (EU) 2015/847 auf die Verordnung (EU) Nr. 1781/2006 verwiesen wird. *(BGBl I 2016/118)*

Verweise und Verordnungen

§ 37. (1) Soweit in diesem Bundesgesetz auf andere Bundesgesetze verwiesen wird, sind diese in ihrer jeweils geltenden Fassung anzuwenden, außer es ist ausdrücklich anderes angeordnet.

(2) Wenn in diesem Bundesgesetz auf folgende Rechtsakte der Europäischen Union verwiesen wird, sind diese, sofern nichts anderes angeordnet ist, jeweils in der folgenden Fassung anzuwenden:

1. Richtlinie (EU) 2015/2366 über Zahlungsdienste im Binnenmarkt, zur Änderung der Richtlinien 2002/65/EG, 2009/110/EG und 2013/36/EU und der Verordnung (EU) Nr. 1093/2010 sowie zur Aufhebung der Richtlinie 2007/64/EG, ABl. Nr. L 337 vom 23.12.2015, S. 35; *(BGBl I 2018/17)*

2. Richtlinie 2013/36/EU über den Zugang zur Tätigkeit von Kreditinstituten und die Beaufsichtigung von Kreditinstituten und Wertpapierfirmen, zur Änderung der Richtlinie 2002/87/EG und zur Aufhebung der Richtlinien 2006/48/EG und 2006/49/EG, ABl. Nr. L 176 vom 27.6.2013 S. 338; *(BGBl I 2013/184)*

3. Verordnung (EG) Nr. 924/2009 über grenzüberschreitende Zahlungen in der Gemeinschaft und zur Aufhebung der Verordnung (EG) Nr. 2560/2001, ABl. Nr. L 266 vom 9.10.2009, S. 11;

4. Richtlinie (EU) 2015/849 zur Verhinderung der Nutzung des Finanzsystems zum Zwecke der Geldwäsche und der Terrorismusfinanzierung,

zur Änderung der Verordnung (EU) Nr. 648/2012 und zur Aufhebung der Richtlinie 2005/60/EG und der Richtlinie 2006/70/EG, ABl. Nr. L 141 vom 05.06.2015 S. 73; *(BGBl I 2016/118)*

5. Verordnung (EU) 2016/679 zum Schutz natürlicher Personen bei der Verarbeitung personenbezogener Daten, zum freien Datenverkehr und zur Aufhebung der Richtlinie 95/46/EG (Datenschutz-Grundverordnung), ABl. Nr. L 119 vom 04.05.2016 S. 1; *(BGBl I 2018/37)*

6. Richtlinie 2009/110/EG vom 16. September 2009 über die Aufnahme, Ausübung und Beaufsichtigung der Tätigkeit von E-Geld-Instituten, zur Änderung der Richtlinien 2005/60/EG und 2006/48EG sowie zur Aufhebung der Richtlinie 2000/46/EG, ABl. Nr. L 267 vom 10.10.2009, S. 7;

7. Verordnung (EU) Nr. 575/2013 über Aufsichtsanforderungen an Kreditinstitute und Wertpapierfirmen und zur Änderung der Verordnung (EU) Nr. 648/2012, ABl. Nr. L 176 vom 27.6.2013 S. 1; *(BGBl I 2013/184)*

8. Verordnung (EG) Nr. 1781/2006 über die Übermittlung von Angaben zum Auftraggeber bei Geldtransfers, ABl. Nr. L 345 vom 08.12.2006, S. 1.

9. Verordnung (EU) 2015/847 über die Übermittlung von Angaben bei Geldtransfers und zur Aufhebung der Verordnung (EU) Nr. 1781/2006, ABl. Nr. L 141 vom 05.06.2015 S. 1. *(BGBl I 2016/118)*

(3) Verordnungen auf Grund dieses Bundesgesetzes in seiner jeweiligen Fassung dürfen bereits von dem Tag an erlassen werden, der der Kundmachung des durchzuführenden Bundesgesetzes folgt; sie dürfen jedoch nicht vor den durchzuführenden Gesetzesbestimmungen in Kraft treten.

Sprachliche Gleichbehandlung

§ 38. Soweit in diesem Bundesgesetz personenbezogene Bezeichnungen nur in männlicher Form angeführt sind, beziehen sie sich auf Frauen und Männer in gleicher Weise. Bei der Anwendung auf bestimmte Personen ist die jeweils geschlechtsspezifische Form zu verwenden.

Außerkrafttreten

§ 39. Das E-Geldgesetz, BGBl. I Nr. 45/2002 in der Fassung des Bundesgesetzes BGBl. I Nr. 141/2006, tritt mit Ablauf des 29. April 2011 außer Kraft, ist jedoch auf E-Geld-Institute, die vor dem 30. April 2011 Tätigkeiten gemäß dem E-Geldgesetz aufgenommen haben, in Einklang mit § 36 bis 30. Oktober 2011 weiterhin anzuwenden.

Vollziehung

§ 40. Mit der Vollziehung dieses Bundesgesetzes ist

1. hinsichtlich der §§ 6 Abs. 1, 16 Abs. 1, 21, 28 und 31 der Bundesminister für Justiz,

2. hinsichtlich der §§ 5, 17 bis 19 der Bundesminister für Finanzen im Einvernehmen mit dem Bundesminister für Justiz,

3. hinsichtlich der übrigen Bestimmungen der Bundesminister für Finanzen betraut.

Inkrafttreten

§ 41. „(1)" Dieses Bundesgesetz tritt mit 30. April 2011 in Kraft. § 36 tritt jedoch mit dem der Kundmachung folgenden Tag in Kraft. *(BGBl I 2011/145)*

(2) § 2 Abs. 4 in der Fassung des Bundesgesetzes BGBl. I Nr. 145/2011 tritt mit 31. Dezember 2011 in Kraft. *(BGBl I 2011/145)*

(3) § 29 Abs. 1 bis 11 in der Fassung des 2. Stabilitätsgesetzes 2012, BGBl. I Nr. 35/2012, tritt mit 1. Mai 2012 in Kraft. *(BGBl I 2012/35)*

(4) § 30 Abs. 2 in der Fassung des Bundesgesetzes BGBl. I Nr. 70/2013 tritt mit 1. Jänner 2014 in Kraft. *(BGBl I 2013/70)*

(5) § 1 Abs. 1 Z 1, § 1 Abs. 2 Z 2, § 2 Abs. 2 Z 1, § 8 Abs. 1, § 9 Abs. 1, § 11 Abs. 1 und 2, § 14 Abs. 1, § 22 Abs. 2, § 37 Abs. 2 Z 2 und 7 in der Fassung des Bundesgesetzes BGBl. I Nr. 184/2013 treten mit 1. Jänner 2014 in Kraft. *(BGBl I 2013/184)*

(6) § 14 Abs. 1 und 3 und § 27 Abs. 3 in der Fassung des Bundesgesetzes BGBl. I Nr. 68/2015 treten mit 20. Juli 2015 in Kraft. Bei Unterlagen der Rechnungslegung für Geschäftsjahre, die vor dem 1. Jänner 2016 begonnen haben, ist § 14 Abs. 1 in der Fassung des Bundesgesetzes BGBl. I Nr. 68/2015 mit der Maßgabe anzuwenden, dass die Bestimmungen des BWG gemäß den Vorgaben des § 107 Abs. 87 BWG anzuwenden sind. § 14 Abs. 3 in der Fassung des Bundesgesetzes BGBl. I Nr. 68/2015 ist erstmals bei Jahresabschlussprüfungen für das Geschäftsjahr 2015 anzuwenden; bei Jahresabschlussprüfungen für das Geschäftsjahr 2014 ist § 14 Abs. 3 in der Fassung vor dem Bundesgesetz BGBl. I Nr. 68/2015 anzuwenden. *(BGBl I 2015/68)*

(7) § 2 Abs. 2 Z 2, Abs. 4, § 9 Abs. 2, § 13 Abs. 1, § 14 Abs. 3, § 22 Abs. 1, § 32 Abs. 2, § 35 Abs. 1, § 36 und § 37 Abs. 2 in der Fassung des Bundesgesetzes BGBl. I Nr. 118/2016 treten mit 1. Jänner 2017 in Kraft. § 13 Abs. 1 letzter Satz, § 26 Abs. 11, § 29 Abs. 3, Abs. 4 Z 3 und Abs. 11 treten mit Ablauf des 31. Dezember 2016 außer Kraft. *(BGBl I 2016/118)*

(8) § 29 Abs. 13 und § 30 Abs. 2 treten mit Ablauf des 2. Jänner 2018 außer Kraft. *(BGBl I 2017/107)*

(9) § 1 Abs. 1 und 3, § 2 Abs. 3 Z 1 und 2, § 3 Abs. 3 Z 1, 2 und 4, Einleitungsteil des § 4 Abs. 1, § 4 Abs. 1 Z 1, 3 und 4, § 4 Abs. 1 Z 3 lit. b, § 4 Abs. 2, Einleitungsteil des § 4 Abs. 3, § 4 Abs. 3 Z 1 bis 6, § 4 Abs. 3 Z 3 lit. b, § 4 Abs. 4, Einleitungsteil des § 5 Abs. 1, § 5 Abs. 1 Z 1 und 2, § 5 Abs. 2, § 6 Abs. 2, § 7 Abs. 1 Z 2 und 3, § 7 Abs. 2, § 9 Abs. 1 und 2, § 10, § 11 Abs. 3 Z 1, Schlussteil des § 12 Abs. 1, § 12 Abs. 2, § 13 Abs. 1, Einleitungsteil des § 13 Abs. 2, § 14 Abs. 3, § 15 Abs. 1 bis 3, § 19 Abs. 1, § 21, § 22 Abs. 2 und 3, § 23 Abs. 2 und 3, § 26 Abs. 9 und 12, § 29 Abs. 4 Z 1 und 2, § 29 Abs. 5, § 29 Abs. 8 Z 4, § 30 Abs. 4, § 31, § 32 Abs. 1 und 2, § 33 Abs. 2, § 33 Abs. 3 Z 1 und 2 sowie § 37 Abs. 2 Z 1 in der Fassung des Bundesgesetzes BGBl. I Nr. 17/2018 treten mit 1. Juni 2018 in Kraft. *(BGBl I 2018/17)*

Verordnung der Finanzmarktaufsichtsbehörde (FMA) über die Anlage zum Prüfungsbericht für E-Geld-Institute (EGAPV)

BGBl II 2011/348 idF

1 BGBl II 2015/345
2 BGBl II 2017/94
3 BGBl II 2018/197

Verordnung der Finanzmarktaufsichtsbehörde (FMA) über die Anlage zum Prüfungsbericht für E-Geld-Institute (EGAPV)

Auf Grund des § 14 Abs. 3 des E-Geldgesetzes 2010, BGBl. I Nr. 107, wird verordnet:

§ 1. (1) Das Ergebnis der Prüfung gemäß § 14 Abs. 3 des E-Geldgesetzes 2010 ist in einer Anlage zum Prüfungsbericht über den Jahresabschluss entsprechend der in der **Anlage** vorgesehenen Gliederung darzustellen und die Richtigkeit mittels Unterschrift des Prüfers zu bestätigen.

(2) Die Übermittlung der Anlage zum Prüfungsbericht über den Jahresabschluss gemäß § 14 Abs. 3 des E-Geldgesetzes 2010 hat innerhalb von sechs Monaten nach Abschluss des Geschäftsjahres unter Zugrundelegung der FMA-Incoming-Plattformverordnung – FMA-IPV, BGBl. II Nr. 184/2010, sowie im Rahmen des Meldewesens in standardisierter Form im Wege einer elektronischen Datenübertragung an die Oesterreichische Nationalbank zu erfolgen.

§ 2. (1) Feststellungen sind in der **Anlage** jeweils unter Angabe der einschlägigen Gesetzesreferenzen in den dafür gekennzeichneten Feldern darzustellen. Dies gilt ebenso für die Darstellung wesentlicher Wahrnehmungen, sofern diese mit einer einschlägigen gesetzlichen Bestimmung in Verbindung gebracht werden können.

(2) Soweit in der **Anlage** enthaltene Prüfmodule auf ein E-Geld-Institut nicht zutreffen, ist dieser Umstand im betroffenen Prüfmodul mit „nicht anwendbar“, „keine Geschäftsfälle“ oder einer gleichwertigen Kennzeichnung darzustellen und zu erläutern.

(BGBl II 2015/345)

§ 3. „(1)“ Diese Verordnung ist erstmals auf Geschäftsjahre anzuwenden, die nach dem 30. Dezember 2011 enden. *(BGBl II 2015/345)*

(2) § 2 sowie die **Anlage** in der Fassung der Verordnung BGBl. II Nr. 345/2015 sind erstmals auf Geschäftsjahre anzuwenden, die nach dem 30. Dezember 2015 enden. *(BGBl II 2015/345)*

(3) Die **Anlage** in der Fassung der Verordnung BGBl. II Nr. 94/2017 ist erstmals auf Geschäftsjahre anzuwenden, die nach dem 30. Dezember 2017 enden. *(BGBl II 2017/94)*

(4) Die **Anlage** in der Fassung der Verordnung BGBl. II Nr. 197/2018 ist erstmals auf Geschäftsjahre anzuwenden, die nach dem 30. Dezember 2018 enden. *(BGBl II 2018/197)*

Anhänge: *Nicht abgedruckt. (Die Anhänge sind im Volltext auf www.lexisnexis.at unter dem Menüpunkt „Service“, Unterpunkt „Downloads & Updates“ abrufbar.)*

Devisengesetz 2004

BGBl I 2003/123 (Art I) idF

1 BGBl I 2010/36
2 BGBl I 2012/50 (SNG)
3 BGBl I 2013/64
4 BGBl I 2015/4
5 BGBl I 2017/136
6 BGBl I 2018/37

STICHWORTVERZEICHNIS

Bundesgesetz, mit dem das Bundesgesetz über den Kapital- und Zahlungsverkehr mit Auslandsbezug (Devisengesetz 2004) erlassen und das Überweisungsgesetz und das Börsegesetz geändert werden

Der Nationalrat hat beschlossen:

Artikel I

Devisengesetz 2004

Begriffsbestimmungen

§ 1. (1) Im Sinne dieses Bundesgesetzes sind:

1. ausländische Währungen: sämtliche Währungen mit Ausnahme des Euro;

2. Zahlungsmittel: Banknoten und Münzen mit gesetzlicher Zahlkraft;

3. ausländische Zahlungsmittel: Zahlungsmittel, die auf eine ausländische Währung lauten;

4. Forderungen in inländischer Währung: Forderungen, die auf Euro lauten;

5. Gold: Feingold und legiertes Gold (roh oder als Halbmaterial), außer Kurs gesetzte oder nicht mehr umlauffähige Goldmünzen sowie Forderungen und Verpflichtungen auf Lieferung von Gold;

6. inländische Wertpapiere: Wertpapiere, die von einem Inländer ausgestellt sind, sowie Zins-, Gewinnanteil- und Erneuerungsscheine von solchen Wertpapieren;

7. ausländische Wertpapiere: Wertpapiere, die von einem Ausländer ausgestellt sind, sowie Zins-, Gewinnanteil- und Erneuerungsscheine von solchen Wertpapieren;

8. inländischer Vermögensstatus: Forderungen oder Verpflichtungen von Inländern gegenüber anderen Inländern;

9. Inland: Das Gebiet innerhalb der Grenzen der Republik Österreich;

10. Ausland: Das Gebiet außerhalb der Grenzen der Republik Österreich;

11. Inländer: Natürliche Personen, die ihren Wohnsitz im Inland haben oder sich länger als drei Monate im Inland aufhalten; juristische Personen, Personengesellschaften des Handelsrechts und Erwerbsgesellschaften, die ihren Sitz oder Ort der Leitung im Inland haben; Niederlassungen eines ausländischen Unternehmens im Inland und inländische Betriebe eines Ausländers gelten ohne Rücksicht darauf, ob sie rechtlich selbständig sind oder nicht, als Inländer, auch wenn sich der Ort ihrer Leitung im Ausland befindet;

12. Ausländer: Natürliche Personen, die nicht Inländer sind; juristische Personen, Personengesellschaften des Handelsrechts und Erwerbsgesellschaften, die ihren Sitz oder Ort der Leitung im Ausland haben; ausländische Niederlassungen inländischer Unternehmungen gelten ohne Rücksicht darauf, ob sie rechtlich selbständig sind oder nicht, als Ausländer, wenn sich der Ort ihrer Leitung im Ausland befindet;

13. Verfügung: Rechtsgeschäft, sonstiger Rechtsvorgang oder tatsächliche Handlung, die unmittelbar die Begründung, Änderung oder Aufhebung eines Rechts bewirkt;

14. Drittstaat: Ein Staat, der nicht Mitglied der „Europäischen Union (EU)" ist. *(BGBl I 2010/36)*

(2) Die Regelungen dieses Bundesgesetzes gelten unbeschadet der Zuständigkeit der Länder zur Regelung des Grundverkehrs gemäß Artikel 15 Abs. 1 B-VG sowie Art. VII der B-VG-Novelle 1974, BGBl. Nr. 444/1974.

Kapital- und Zahlungsverkehr

§ 2. Der Kapital- und Zahlungsverkehr mit dem Ausland unterliegt, abgesehen von den in den „Art. 64 bis 66, 75 und 215 AEUV" sowie §§ 3 und 4 dieses Bundesgesetzes genannten Fällen, keinen Beschränkungen. *(BGBl I 2010/36)*

§ 3. (1) Soweit der Rat Maßnahmen gemäß „Art. 64 Abs. 2 und 3, Art. 66, 75 und 215 AEUV" trifft, hat die Oesterreichische Nationalbank gemäß § 4 allenfalls erforderliche Schritte zur Durchführung dieser Maßnahmen gegenüber dem betroffenen Drittstaat zu setzen. *(BGBl I 2010/36)*

„(2)" Zur Erfüllung völkerrechtlicher Verpflichtungen oder zur Wahrung der auswärtigen Interessen Österreichs kann die Oesterreichische Nationalbank, sofern unmittelbar anwendbares Recht der Europäischen Union nicht entgegensteht, gemäß § 4 die zur Einschränkung des Kapital- und Zahlungsverkehrs erforderlichen Maßnahmen treffen, um

1. die Sicherheit der Republik Österreich zu gewährleisten oder

2. eine Störung des friedlichen Zusammenlebens der Völker zu verhindern oder

3. die Wirtschaftsbeziehungen Österreichs im Bereich des Kapital- und Zahlungsverkehrs mit Staaten einzuschränken, in denen ein bewaffneter Konflikt herrscht oder wiederholt schwere Menschenrechtsverletzungen stattfinden, oder

4. zu verhüten, dass die auswärtigen Beziehungen der Republik Österreich erheblich gestört werden, oder

5. völkerrechtlich verbindliche Beschlüsse im Rahmen der Gemeinsamen Außen- und Sicherheitspolitik der Europäischen Union durchzuführen.

(BGBl I 2010/36)

(3) Die Abs. 1 und 2 kommen nicht zur Anwendung, soweit das Sanktionengesetz 2010, BGBl. I Nr. 36/2010, anwendbar ist. *(BGBl I 2010/36)*

§ 4. (1) Die Oesterreichische Nationalbank kann in Vollziehung des § 3 durch Verordnung oder Bescheid einzelne oder alle der in Abs. 4 genannten Rechtsgeschäfte und Handlungen für bewilligungspflichtig erklären oder teilweise oder zur Gänze untersagen. Die Oesterreichische Nationalbank hat diese Maßnahmen aufzuheben, sobald die Notwendigkeit ihrer Verhängung gemäß § 3 wegfällt.

(2) Die Erlassung und Aufhebung von Verordnungen nach Abs. 1 bedarf der Zustimmung der Bundesregierung, bei Gefahr im Verzug genügt die Zustimmung des Bundeskanzlers.

(3) Zur Erteilung von Bewilligungen für die gemäß Abs. 1 durch Verordnung oder Bescheid

bewilligungspflichtig gestellten Rechtsgeschäfte und Handlungen ist die Oesterreichische Nationalbank zuständig.

(4) Rechtsgeschäfte und Handlungen im Sinne des Abs. 1 sind:

1. Verfügung über ausländische Zahlungsmittel;

2. Verfügung über inländische Zahlungsmittel und Gold, soweit diese zugunsten eines Ausländers erfolgt oder ein Ausländer an der Verfügung beteiligt ist;

3. Verfügung über Forderungen oder Verbindlichkeiten in ausländischer Währung;

4. Verfügung über Forderungen oder Verbindlichkeiten in inländischer Währung, soweit diese zugunsten eines Ausländers erfolgt oder ein Ausländer an der Verfügung beteiligt ist;

5. Verfügung über ausländische Wertpapiere;

6. Verfügung über inländische Wertpapiere, soweit diese zugunsten eines Ausländers erfolgt oder ein Ausländer an der Verfügung beteiligt ist;

7. Verbringung oder Versendung von Zahlungsmitteln, Gold oder Wertpapieren ins Ausland;

8. Verfügung über nicht in Wertpapieren verbriefte Anteilsrechte an juristischen Personen sowie Unternehmen, gleich welcher Rechtsform, mit Sitz im Inland, soweit diese zugunsten eines Ausländers erfolgt oder ein Ausländer an der Verfügung beteiligt ist;

9. Verfügung über nicht in Wertpapieren verbriefte Anteilsrechte an juristischen Personen sowie Unternehmen, gleich welcher Rechtsform, mit Sitz im Ausland;

10. Verfügung über eine im Ausland gelegene Liegenschaft eines Inländers oder über ein dingliches Recht eines Inländers an einer im Ausland gelegenen Liegenschaft;

11. Verfügung über eine im Inland gelegene Liegenschaft eines Ausländers oder über ein dingliches Recht eines Ausländers an einer im Inland gelegenen Liegenschaft;

12. Verfügung über eine im Inland gelegene Liegenschaft eines Inländers oder über ein dingliches Recht eines Inländers an einer im Inland gelegenen Liegenschaft jeweils zugunsten eines Ausländers;

13. Verfügung über Immaterialgüterrechte, soweit diese zugunsten eines Ausländers erfolgt oder ein Ausländer an der Verfügung beteiligt ist.

§ 5. (1) Die Oesterreichische Nationalbank hat die Einhaltung der von ihr gemäß § 4 Abs. 1 durch Verordnung oder Bescheid erlassenen Kapital- und Zahlungsverkehrsbeschränkungen sowie die Einhaltung jener Kapitalund Zahlungsverkehrsbeschränkungen zu überwachen, die in Bezug auf die in § 4 Abs. 4 genannten Rechtsgeschäfte und Handlungen auf Grund von unmittelbar anwendbarem Recht der Europäischen „Union" bestehen. *(BGBl I 2010/36)*

(2) Zur Wahrnehmung der in Abs. 1 genannten Aufgaben ist die Oesterreichische Nationalbank berechtigt, von natürlichen und juristischen Personen sowie von sonstigen Einrichtungen mit Rechtspersönlichkeit die hiefür erforderlichen Auskünfte und Meldungen einzuholen und Daten zu ermitteln und zu verarbeiten; dieses Recht umfasst auch die Befugnis, in Bücher, Schriftstücke und EDV-Datenträger vor Ort Einsicht zu nehmen und sich Auszüge davon herstellen zu lassen. Falls die erteilten Auskünfte oder Unterlagen keine ausreichenden Aufschlüsse zulassen, oder falls begründete Zweifel an der Richtigkeit oder Vollständigkeit der Auskünfte oder Unterlagen bestehen, ist die Oesterreichische Nationalbank berechtigt, entsprechende Erläuterungen oder Nachweise zu verlangen.

(3) Die Verpflichtung zur Wahrung des Bankgeheimnisses (§ 38 Bankwesengesetz, BGBl. Nr. 532/1993) steht der Berechtigung der Oesterreichischen Nationalbank gemäß Abs. 2 nicht entgegen.

(4) Der Bundesminister für Finanzen ist im Einvernehmen mit dem Bundesminister für Europa, Integration und Äußeres ermächtigt, die Oesterreichische Nationalbank durch Verordnung zu ermächtigen, die in Vollziehung der §§ 4 und 5 erhobenen personenbezogenen Daten auch an bestimmte internationale Organisationen zu übermitteln, soweit dies zur Erfüllung der völkerrechtlichen Verpflichtungen Österreichs erforderlich ist und soweit die Voraussetzungen gemäß Kapitel V der Verordnung (EU) 2016/679 zum Schutz natürlicher Personen bei der Verarbeitung personenbezogener Daten, zum freien Datenverkehr und zur Aufhebung der Richtlinie 95/46/EG (Datenschutz-Grundverordnung), ABl. Nr. L 119 vom 04.05.2016 S. 1 erfüllt sind. *(BGBl I 2018/37)*

Zahlungsbilanz

§ 6. (1) Die Oesterreichische Nationalbank hat die nationale Zahlungsbilanz, die Statistik betreffend die internationale Vermögensposition und die Direktinvestitionsstatistik sowie jene Statistiken, welche die Darstellung von Außenwirtschaftsbeziehungen im Rahmen der Zahlungsbilanzstatistik, der internationalen Vermögensposition und der Direktinvestitionsstatistik zum Gegenstand haben und auf Grund gemeinschaftsrechtlicher Vorgaben durchzuführen sind, zu erstellen und der Öffentlichkeit auf geeignete Weise zugänglich zu machen.

(2) Die Oesterreichische Nationalbank ist berechtigt, sofern gemeinschaftsrechtliche Vorschriften nicht entgegenstehen, zum Zwecke der Erstellung der in Abs. 1 genannten Statistiken von na-

türlichen und juristischen Personen sowie von sonstigen Einrichtungen mit Rechtspersönlichkeit Auskünfte und Meldungen einzuholen, und zwar

1. in Bezug auf die in § 4 Abs. 4 genannten Rechtsgeschäfte und Handlungen und die daraus resultierenden Forderungs- und Verpflichtungsstände,

2. über die Erbringung entgeltlicher und unentgeltlicher Dienstleistungen und Transfers durch Inländer für Ausländer und Ausländer für Inländer sowie

3. über inländische Vermögensstatus, soweit deren Kenntnis zur Berechnung, Abschätzung oder Klärung von wirtschaftlichen Beziehungen zwischen Inländern und Ausländern oder deren Veränderungen zum Zwecke des Abs. 1 erforderlich ist.

Dieses Recht umfasst auch die Befugnis, Unterlagen einzuholen, in Bücher, Schriftstücke und EDV- Datenträger vor Ort Einsicht zu nehmen und sich Auszüge davon herstellen zu lassen. Falls die erteilten Auskünfte oder Unterlagen keine ausreichenden Aufschlüsse zulassen, oder falls begründete Zweifel an der Richtigkeit oder Vollständigkeit der Auskünfte oder Unterlagen bestehen, ist die Oesterreichische Nationalbank berechtigt, entsprechende Erläuterungen oder Nachweise zu verlangen.

(3) Die Oesterreichische Nationalbank hat unter Bedachtnahme auf die gemeinschaftsrechtlichen Vorgaben durch Verordnung Termine, Form und Gliederung der für die in Abs. 1 genannten Statistiken zu liefernden Daten vorzuschreiben. „Die von der OeNB eingeholten Meldungen gemäß Abs. 2 sind in standardisierter Form ausschließlich mittels elektronischer Übermittlung zu erstatten. Die Übermittlung hat bestimmten, von der OeNB bekannt zu gebenden Mindestanforderungen zu entsprechen.“ *(BGBl I 2017/136)*

(4) Die von der Oesterreichischen Nationalbank eingeholten Daten dürfen nur zu statistischen Zwecken verwendet werden, ihre Übermittlung darf vorbehaltlich des Abs. 5 nur in einer Form erfolgen, die eine direkte Identifizierung des Betroffenen unmöglich macht. Mit Ausnahme für Zwecke der Registerpflege ist eine Aufbewahrung von Einzeldaten nur insoweit zulässig, als dies zur Durchführung von Maßnahmen der Qualitätskontrolle erforderlich ist.

(5) Die eingeholten Daten dürfen von der Oesterreichischen Nationalbank an die Bundesanstalt „Statistik Österreich“ und, soweit auf Grund entsprechender gemeinschaftsrechtlicher Vorschriften erforderlich, auch an das Statistische Amt der „EU“ (EUROSTAT) und an die Europäische Zentralbank (EZB) in personenbezogener Form übermittelt werden. *(BGBl I 2010/36)*

(6) Stellen, die öffentliche Register gemäß § 3 Z 18 Bundesstatistikgesetz 2000, BGBl. I Nr. 163/1999, führen, sowie die Inhaber von Verwaltungsdaten gemäß § 3 Z 17 Bundesstatistikgesetz 2000 und Statistikdaten gemäß § 3 Z 16 Bundesstatistikgesetz 2000 sind verpflichtet, der Oesterreichischen Nationalbank zum Zweck der Erstellung der in Abs. 1 genannten Statistiken auf Verlangen Daten zu übermitteln, soweit diese Daten

1. von der Oesterreichischen Nationalbank zur Feststellung des Kreises potentieller Auskunftspflichtiger oder

2. für Zwecke der Hochrechnung benötigt werden oder

3. die direkte Befragung Auskunftspflichtiger ersetzen können oder

4. der Reduzierung der Anzahl der Erhebungsmerkmale bei direkten Befragungen dienen und so zur Entlastung von Auskunftspflichtigen beitragen.

(7) Die Übermittlung der Daten gemäß Abs. 6 hat unentgeltlich und mittels elektronischer Übermittlung oder auf elektronischem Datenträger zu erfolgen, wenn die Daten in elektronisch lesbarer Form vorhanden sind. Falls die übermittelten Daten keine ausreichenden Aufschlüsse zulassen, sind der Oesterreichischen Nationalbank auf Verlangen entsprechende Auskünfte zu erteilen.

(8) Die Verpflichtung zur Wahrung des Bankgeheimnisses (§ 38 Bankwesengesetz) steht der Berechtigung der Oesterreichischen Nationalbank gemäß Abs. 2 nicht entgegen.

§ 7. Anstelle der Durchführung eigener Datenerhebungen gemäß § 44 Nationalbankgesetz 1984, BGBl. Nr. 50, ist die Oesterreichische Nationalbank berechtigt, die bereits gemäß § 6 Abs. 2 und 6 erhobenen Daten in unanonymisierter Form zu diesem Zweck heranzuziehen, sofern dadurch eine Belastung der Auskunftspflichtigen verringert wird. Die Daten dürfen nur nach Maßgabe des § 44 Nationalbankgesetz verarbeitet und übermittelt werden.

Strafbestimmungen

Verwaltungsstrafbestimmungen

§ 8. (1) Wer entgegen den gemäß § 4 Abs. 1 erlassenen Verordnungen oder Bescheiden oder entgegen gemäß „Art. 64 bis 66, 75 und 215 AEUV“* erlassenem unmittelbar anwendbarem Recht der Europäischen „Union“* Rechtsgeschäfte oder Handlungen gemäß § 4 Abs. 4 vornimmt, begeht eine Verwaltungsübertretung und ist von der Bezirksverwaltungsbehörde – im „Gebiet einer Gemeinde, für das die Landespolizeidirektion zugleich Sicherheitsbehörde erster Instanz ist, von der Landespolizeidirektion“** – mit Geldstrafe bis zu „50 000 Euro“* zu bestrafen. *(*BGBl I 2010/36; **BGBl I 2012/50)*

(2) Der Versuch ist strafbar.

(3) Die im Abs. 1 bezeichneten Rechtsgeschäfte und Handlungen sind auch dann strafbar, wenn sie von einem Inländer im Ausland begangen werden.

§ 9. Wer eine Bewilligung, die auf Grund einer nach diesem Bundesgesetz erlassenen Verordnung oder eines Bescheides oder auf Grund einer gemäß „Art. 64 bis 66, 75 und 215 AEUV"* erlassenen unmittelbar anwendbarer Rechtsvorschriften der Europäischen „Union"* erforderlich ist, durch unrichtige oder unvollständige Angaben erschleicht, begeht eine Verwaltungsübertretung und ist von der Bezirksverwaltungsbehörde – im „Gebiet einer Gemeinde, für das die Landespolizeidirektion zugleich Sicherheitsbehörde erster Instanz ist, von der Landespolizeidirektion"** – mit Geldstrafe bis zu „50 000 Euro"* zu bestrafen. *(*BGBl I 2010/36; **BGBl I 2012/50)*

§ 10. Wer seinen in § 5 Abs. 2 und § 6 Abs. 2 normierten Verpflichtungen zur Erteilung von Auskünften, zur Bekanntgabe von Daten, zur Vorlage von Unterlagen und Nachweisen oder zur Einsichtgewährung nicht vollständig und fristgerecht nachkommt, oder wer wissentlich unvollständige oder unrichtige Angaben macht, begeht eine Verwaltungsübertretung und ist von der Bezirksverwaltungsbehörde – im „Gebiet einer Gemeinde, für das die Landespolizeidirektion zugleich Sicherheitsbehörde erster Instanz ist, von der Landespolizeidirektion" – mit Geldstrafe bis zu 5 000 Euro zu bestrafen. *(BGBl I 2012/50)*

§ 11. (1) Eine Verwaltungsübertretung nach den §§ 8 bis 10 liegt nicht vor, wenn das Sanktionengesetz 2010, BGBl. I Nr. 36/2010 zur Anwendung gelangt oder die Tat den Tatbestand einer in die Zuständigkeit der Gerichte fallenden strafbaren Handlung bildet. *(BGBl I 2010/36)*

(2) Für Verwaltungsübertretungen gemäß §§ 8 bis 10 gilt anstelle der Verjährungsfrist „von einem Jahr gemäß § 31 Abs. 1 Verwaltungsstrafgesetz 1991 – VStG, BGBl. Nr. 52/1991," eine Verjährungsfrist von 18 Monaten. *(BGBl I 2013/64)*

Gerichtliche Strafbestimmungen

§ 12. (1) Wer entgegen den gemäß § 4 Abs. 1 erlassenen Verordnungen oder Bescheiden oder entgegen gemäß „Art. 64 bis 66, 75 und 215 AEUV" erlassenem unmittelbar anwendbarem Recht der Europäischen „Union" ein Rechtsgeschäft oder eine Handlung gemäß § 4 Abs. 4 im Wert von mehr als 75 000 Euro vornimmt, ist vom Gericht mit Freiheitsstrafe bis zu einem Jahr zu bestrafen. *(BGBl I 2010/36)*

(2) Die im Abs. 1 bezeichneten Rechtsgeschäfte und Handlungen sind auch dann strafbar, wenn sie von einem Inländer im Ausland begangen werden.

(3) Die Abs. 1 und 2 kommen nicht zur Anwendung, wenn das Sanktionengesetz 2010, BGBl. I Nr. 36/2010 zur Anwendung gelangt. *(BGBl I 2010/36)*

Zivilrechtliche Bestimmungen

§ 13. (1) Rechtsgeschäfte, durch deren Abschluss das Tatbild des § 8 Abs. 1 oder des § 12 Abs. 1 verwirklicht wird, sind nichtig. Sie sind jedoch vom Zeitpunkt ihrer Vornahme an wirksam, wenn die erforderliche Bewilligung nachträglich erteilt wird.

(2) Ist zur Leistung des Schuldners eine Bewilligung nach diesem Bundesgesetz erforderlich, so ist die Verurteilung oder Zwangsvollstreckung nur zulässig, wenn die Bewilligung erteilt worden ist.

(3) Wird auf eine bewilligungspflichtige Leistung geklagt, so ist das Verfahren auf Antrag einer Partei zu unterbrechen, bis die Entscheidung der Oesterreichischen Nationalbank vorliegt.

(4) Soweit auf Grund einer nach diesem Bundesgesetz erlassenen Verordnung oder eines Bescheides oder auf Grund gemäß „Art. 64 bis 66, 75 und 215 AEUV" erlassenen unmittelbar anwendbaren Rechts der Europäischen „Union" Werte nur mit Bewilligung erworben werden dürfen oder über Werte nur mit Bewilligung verfügt werden darf, gilt dies auch für den Erwerb oder für Verfügungen im Wege der Zwangsvollstreckung. *(BGBl I 2010/36)*

Verfahrensbestimmungen

§ 14. (1) Alle Organe des Bundes, der Länder und der Gemeinden sind im Rahmen ihres gesetzlichen Wirkungsbereiches zur Hilfeleistung an die Oesterreichische Nationalbank, soweit diese auf Grund dieses Bundesgesetzes tätig wird, verpflichtet.

(2) Die Organe des öffentlichen Sicherheitsdienstes sowie die Zollorgane haben der Oesterreichischen Nationalbank über deren Ersuchen zur Sicherung der Überwachungsbefugnisse gemäß § 5 im Rahmen ihres gesetzlichen Wirkungsbereiches Hilfe zu leisten.

(3) Die Organe des öffentlichen Sicherheitsdienstes sowie die Zollorgane haben an der Vollziehung der §§ 8 und 12 durch Maßnahmen zur Vorbeugung gegen drohende gerichtlich strafbare Handlungen oder drohende Verwaltungsübertretungen sowie durch Maßnahmen, die für die Einleitung von Verwaltungsstrafverfahren erforderlich sind, mitzuwirken.

§ 15. (1) Gegen Bescheide der Oesterreichischen Nationalbank, die in Vollziehung dieses Bundesgesetzes oder einer auf Grund dieses Bundesgesetzes erlassenen Verordnung ergangen sind, ist eine Beschwerde an das Bundesverwaltungsgericht zulässig. Auf das von der Oesterreichischen Nationalbank zu führende Verwaltungsverfahren findet das Allgemeine Verwaltungsverfahrensgesetz 1991 – AVG, BGBl. Nr. 51/1991, Anwendung. *(BGBl I 2013/64)*

(1a) Beschwerden gegen Bescheide der Oesterreichischen Nationalbank, welche in Vollziehung dieses Bundesgesetzes oder einer auf Grund dieses Bundesgesetzes erlassenen Verordnung ergangen sind, sowie Vorlageanträge, haben keine aufschiebende Wirkung. Auf Antrag ist der Beschwerde die aufschiebende Wirkung durch das Bundesverwaltungsgericht nach Anhörung der Oesterreichischen Nationalbank mit Beschluss zuzuerkennen, insoweit dem nicht zwingende öffentliche Interessen entgegenstehen und nach Abwägung aller berührten Interessen mit dem Vollzug für den Beschwerdeführer ein unverhältnismäßiger Nachteil verbunden wäre. Wird die aufschiebende Wirkung zuerkannt, ist der Vollzug des angefochtenen Bescheides aufzuschieben und sind die hiezu erforderlichen Verfügungen zu treffen. Wenn sich die Voraussetzungen, die für den Beschluss über die aufschiebende Wirkung maßgebend waren, wesentlich geändert haben, ist auf Antrag einer Partei neu zu entscheiden. *(BGBl I 2013/64)*

(2) Verordnungen der Oesterreichischen Nationalbank sind im Bundesgesetzblatt kundzumachen *(BGBl I 2015/4)*

(3) Bei der Erfüllung der ihr durch dieses Bundesgesetz übertragenen hoheitlichen Aufgaben unterliegt die Oesterreichische Nationalbank den Weisungen des Bundesministers für Finanzen. Das Weisungsrecht besteht gemäß „Art. 130 AEUV“ nicht in Angelegenheiten, die in den Aufgabenbereich des Europäischen Systems der Zentralbanken fallen. *(BGBl I 2010/36)*

Übergangs- und Schlussbestimmungen

§ 16. Soweit in diesem Bundesgesetz auf andere Bundesgesetze verwiesen wird, sind diese in ihrer jeweils geltenden Fassung anzuwenden.

§ 17. (1) Mit In-Kraft-Treten dieses Bundesgesetzes tritt das Bundesgesetz vom 25. Juli 1946 über die Devisenbewirtschaftung (Devisengesetz), BGBl. Nr. 162/1946, außer Kraft.

(2) und (3) *(aufgehoben, BGBl I 2010/36)*

§ 18. Mit der Vollziehung dieses Bundesgesetzes ist hinsichtlich des § 12 der Bundesminister für Justiz, hinsichtlich des § 13 der Bundesminister für Finanzen und der Bundesminister für Justiz, hinsichtich des § 14 Abs. 2 und 3 der Bundesminister für Finanzen und der Bundesminister für Inneres und hinsichtlich der übrigen Bestimmungen der Bundesminister für Finanzen betraut.

§ 19. (1) Dieses Bundesgesetz tritt mit 1. Jänner 2004 in Kraft.

(2) Verordnungen auf Grund der Vorschriften dieses Bundesgesetzes können bereits von dem seiner Kundmachung folgenden Tag an erlassen werden. Diese Verordnungen dürfen frühestens mit dem in Abs. 1 bezeichneten Zeitpunkt in Kraft gesetzt werden.

(3) § 1 Abs. 1 Z 14, § 2, § 3 Abs. 1 bis 3, § 5 Abs. 1, § 6 Abs. 5, § 8 Abs. 1, § 9, § 11 Abs. 1, § 12 Abs. 1 und 3, § 13 Abs. 4, § 15 Abs. 3, § 17 Abs. 2 und 3, und § 19 Abs. 3 in der Fassung des Bundesgesetzes BGBl. I Nr. 36/2010 treten mit 1. Juli 2010 in Kraft. *(BGBl I 2010/36)*

(4) § 8 Abs. 1 sowie §§ 9 und 10 in der Fassung des Bundesgesetzes BGBl. I Nr. 50/2012 treten mit 1. September 2012 in Kraft. *(BGBl I 2012/50)*

(5) § 11 Abs. 2 und § 15 Abs. 1 und 1a in der Fassung des Bundesgesetzes BGBl. I Nr. 64/2013 treten mit 1. Jänner 2014 in Kraft. *(BGBl I 2013/64)*

Verordnung der Oesterreichischen Nationalbank betreffend statistische Erhebungen über die Importe und Exporte von Dienstleistungen und grenzüberschreitende Finanzbeziehungen

vom 12. 8. 2009 (Wr Zeitung vom 20. 8. 2009)

STICHWORTVERZEICHNIS

Verordnung der Oesterreichischen Nationalbank betreffend statistische Erhebungen über die Importe und Exporte von Dienstleistungen und grenzüberschreitende Finanzbeziehungen

Auf Grund des § 6 Abs. 3 Devisengesetz 2004 wird verordnet:

Erhebungsgegenstand

§ 1. Zum Zwecke der Erstellung von Statistiken gemäß § 6 Abs. 1 Devisengesetz 2004 werden von der Oesterreichischen Nationalbank (OeNB) bei den im § 2 angeführten statistischen Einheiten Erhebungen über die Importe und Exporte von Dienstleistungen und über grenzüberschreitende Finanzbeziehungen durchgeführt, sofern keine Statistikdaten gemäß den Meldeverordnungen ZABIL 1/2004 und ZABIL 1/2009 vorliegen. Die erhobenen Daten dienen der Evaluierung und Aktualisierung der Grundgesamtheit der für die Meldungslegungen gemäß den Meldeverordnungen ZABIL 1/2004 und ZABIL 1/2009 der Oesterreichischen Nationalbank relevanten Meldepopulationen.

Erhebungsbereich, Statistische Einheiten

§ 2. (1) Statistische Einheiten im Sinne dieser Verordnung sind:

1. Unternehmen,

2. Arbeitsgemeinschaften und

3. Betriebe im Sinne des § 2 des Körperschaftsteuergesetzes 1988, sofern diese Unternehmer im Sinne des § 2 Abs. 3 des Umsatzsteuergesetzes 1994 sind, sowie Wasserwerke, Schlachthöfe, Anstalten zur Müllbeseitigung und zur Abfuhr von Spülwasser und Abfällen sowie die Vermietung und Verpachtung von Grundstücken durch öffentlich rechtliche Körperschaften,

die schwerpunktmäßig Wirtschaftstätigkeiten gemäß den Abteilungen 05 bis 43, 45 bis 63, 66 bis 82 sowie 95 der nach § 4 Abs. 5 des Bundesstatistikgesetzes 2000 in der Bundesanstalt Statistik Österreich aufgelegten und unter der Internetadresse www.statistik.at veröffentlichten Systematik der Wirtschaftstätigkeiten – ÖNACE 2008 – oder eine mit einer solchen Tätigkeit verbundene Dienstleistung selbständig, regelmäßig und in der Absicht zur Erzielung eines Ertrages oder sonstigen wirtschaftlichen Vorteils verrichten.

(2) Unternehmen sind im Sinne von Artikel 1 und 2 der Verordnung (EWG) Nr. 696/93 zu verstehen.

(3) Eine Arbeitsgemeinschaft ist ein Zusammenschluss mehrerer Unternehmen, die sich vertraglich zur gemeinsamen Durchführung eines Projektes verpflichtet haben und deren kaufmännische Leitung (kaufmännische Federführung) einem Unternehmen obliegt.

(4) Von der Wirtschaftstätigkeit gemäß Abs. 1 sind die Privatzimmervermietung gemäß § 2 Abs. 1 Z 9 Gewerbeordnung 1994 (GewO 1994) und der Buschenschank gemäß § 2 Abs. 9 GewO 1994 ausgenommen.

Erhebungsmerkmale

§ 3. (1) Folgende Merkmale werden erhoben:

1. die Identifikationsmerkmale der statistischen Einheit,

2. die Gesamtsumme der Erlöse aus den in der Berichtsperiode erbrachten grenzüberschreitenden Dienstleistungen (Dienstleistungsexporte),

3. die Gesamtsumme der Aufwendungen für die in der Berichtsperiode bezogenen grenzüberschreitenden Dienstleistungen (Dienstleistungsimporte),

4. grenzüberschreitende Finanzbeziehungen, und zwar Direktinvestitionen (Beteiligungen an ausländischen Unternehmen ab 10 %), Portfolioinvestitionen (Wertpapierdepots im Ausland), Sonstige Investitionen (Forderungen und Verpflichtungen gegenüber Ausländern) sowie Vermietung und Verpachtung von Liegenschaften/Immobilien mit Ausländern.

(2) Als grenzüberschreitende Dienstleistungen und grenzüberschreitende Finanzbeziehungen gelten die in der Anlage zu dieser Verordnung angeführten Transaktionen, die zwischen Österreich und den übrigen Mitgliedstaaten der Europäischen Union, zwischen Österreich und den übrigen Staaten und Zollgebieten (Drittstaaten) sowie zwischen Österreich und Institutionen der Europäischen Union und Internationalen Organisationen erbracht werden.

Erhebungsart

§ 4. Die Erhebungsmerkmale werden von der OeNB auf folgende Arten erhoben:

1. die Merkmale gemäß § 3 Abs. 1 Z 1 durch Heranziehung der Daten des Unternehmensregisters gemäß § 25 Bundesstatistikgesetz 2000,

2. alle übrigen Merkmale gemäß § 3 Abs. 1 durch Befragung.

Auskunftspflicht

§ 5. (1) Bei Befragung gemäß § 4 Z 2 besteht Auskunftspflicht über:

1. statistische Einheiten gemäß § 2 Abs. 1 Z 1 und 3, die schwerpunktmäßig Wirtschaftstätigkeiten

a) gemäß den Abteilungen 05 bis 43 der ÖNACE 2008 ausüben, mit 20 und mehr Beschäftigten,

b) gemäß Abteilungen 45 und 46 sowie der Klasse 47.73 der ÖNACE 2008 ausüben, mit einem in der Berichtsperiode erzielten Gesamtumsatz exklusive Umsatzsteuer ab drei Millionen Euro,

c) gemäß Abteilung 47 (ohne Klasse 47.73), den Gruppen 49.4 und 79.1 sowie der Klasse 52.29 der ÖNACE 2008 ausüben, mit einem in der Berichtsperiode erzielten Gesamtumsatz exklusive Umsatzsteuer ab 1,8 Millionen Euro

d) gemäß den Abschnitten H (ohne Gruppe 49.4 sowie Klasse 52.29), I, J, L, M (ohne Abteilung 75) und N (ohne Gruppe 79.1) sowie den Abteilungen 66 und 95 der ÖNACE 2008 ausüben, mit einem in der Berichtsperiode erzielten Gesamtumsatz exklusive Umsatzsteuer ab 850.000 Euro,

e) gemäß der Abteilung 75 der ÖNACE 2008 ausüben, mit einem in der Berichtsperiode erzielten Gesamtumsatz exklusive Umsatzsteuer ab 300.000 Euro,

f) gemäß der Gruppe 58.2, den Klassen 62.03, 62.09, 63.12, 70.21, 73.12 sowie der Unterklasse 73.11-2 der ÖNACE 2008 ausüben, mit 10 und mehr Beschäftigten im Jahresdurchschnitt der Berichtsperiode,

g) gemäß den Abteilungen 69, 71 und 78, der Gruppe 73.2, den Klassen 62.01, 62.02, 63.11, 70.22 sowie der Unterklasse 73.11-1 der ÖNACE 2008 ausüben, mit 20 und mehr Beschäftigten im Jahresdurchschnitt der Berichtsperiode,

2. statistische Einheiten gemäß § 2 Abs. 1 Z 2 ab einem in der Berichtsperiode erzielten Gesamtauftragswert exklusive Umsatzsteuer von einer Million Euro.

(2) Die Auskunftspflicht gemäß Abs. 1 Z 1 lit. a besteht über die Berichtsperiode, in der die Voraussetzungen vorliegen, auch wenn die statistische Einheit nicht während der gesamten Berichtsperiode bestanden hat, wobei die Anzahl der Beschäftigten zum 30. September der Berichtsperiode ausschlaggebend ist.

(3) Beträgt der gesamte Umsatz aller durch die Auskunftspflicht gemäß Abs. 1 Z 1 lit. a und Abs. 2 erfassten statistischen Einheiten in einem der Wirtschaftszweige gemäß den Abteilungen 05 bis 43 der ÖNACE 2008 nicht mindestens 90% des Gesamtumsatzes aller in diesem Zweig tätigen Unternehmen, so besteht die Auskunftspflicht auch über statistische Einheiten gemäß § 2 Abs. 1 Z 1 und 3 mit weniger als 20 Beschäftigten, sofern diese im, dem 30. September der Berichtsperiode unmittelbar vorausgehenden Zeitraum von zwölf

Kalendermonaten oder im letzten abgeschlossenen Wirtschaftsjahr in Summe einen Umsatz (exklusive Umsatzsteuer) von mindestens einer Million Euro erzielten.

(4) Zur Auskunftserteilung sind jene natürlichen oder juristischen Personen sowie eingetragene Personengesellschaften verpflichtet, die eine statistische Einheit, über die gemäß Abs. 1 bis 3 Auskunftspflicht besteht, im eigenen Namen betreiben und die von der OeNB durch Übermittlung eines Erhebungsformulars (§ 6) zur Auskunftserteilung aufgefordert werden. Hat ein Unternehmer einen Fiskalvertreter gemäß § 27 Abs. 7 und 8 des Umsatzsteuergesetzes 1994 beauftragt, so ist der Fiskalvertreter zur Auskunftserteilung verpflichtet.

Erhebungsunterlagen

§ 6. Die Befragung (§ 4 Z 2) erfolgt durch kostenlose Übermittlung der bundesweit einheitlich gestalteten Erhebungsformulare an die statistischen Einheiten, über die Auskunftspflicht besteht (§ 5 Abs. 1 bis 3), oder an den Fiskalvertreter (§ 5 Abs. 4).

Mitwirkungspflicht der Auskunftspflichtigen

§ 7. Die Auskunftspflichtigen gemäß § 5 Abs. 4 sind verpflichtet, die ihnen von der OeNB oder einer von der OeNB beauftragten Institution übermittelten Erhebungsformulare vollständig und nach dem besten Wissen auszufüllen und diese bis zum 30. September des der Berichtsperiode folgenden Jahres – für die Berichtsperiode 2008 jedoch bis zum 31. Oktober 2009 – an die im Erhebungsformular angegebene Stelle und Adresse zu übermitteln. Die Übermittlung der ausgefüllten Formulare an die angegebene Stelle auf elektronischem Weg ist bei Einhaltung der im Erhebungsformular hiefür bekannt gegebenen technischen Standards zulässig.

Verwendung der geschlechtsspezifischen Form

§ 8. Soweit in dieser Verordnung personenbezogene Begriffe verwendet werden, kommt ihnen keine geschlechtsspezifische Bedeutung zu. Sie sind bei der Anwendung auf bestimmte Personen in der jeweils geschlechtsspezifischen Form zu verwenden.

Schlussbestimmungen

§ 9. (1) Diese Verordnung tritt mit dem auf ihre Kundmachung im Amtsblatt zur Wiener Zeitung folgenden Tag in Kraft.

(2) Meldepflichtige, die aufgrund der Meldeverordnung ZABIL 1/2009 der Oesterreichischen Nationalbank Meldungen zu grenzüberschreitenden Dienstleistungsexporten und -importen erstatten, sind in Bezug auf die Erhebungsmerkmale gemäß § 3 Abs. 1 Z 2 und 3 von der Auskunftspflicht gemäß § 5 befreit.

(3) Meldepflichtige, die aufgrund der Meldeverordnung ZABIL 1/2004 der Oesterreichischen Nationalbank Meldungen zu grenzüberschreitenden Finanzbeziehungen erstatten, sind in Bezug auf die Erhebungsmerkmale gemäß § 3 Abs. 1 Z 4 von der Auskunftspflicht gemäß § 5 befreit.

(4) Mit Inkrafttreten dieser Verordnung tritt die Verordnung der Oesterreichischen Nationalbank betreffend statistische Erhebungen über die Importe und Exporte von Dienstleistungen vom 11. August 2004, kundgemacht im Amtsblatt zur Wiener Zeitung Nr. 160 vom 17. August 2004, außer Kraft.

Verweisungen

§ 10. Soweit in dieser Verordnung auf andere Rechtsvorschriften verwiesen wird, sind diese in folgender Fassung anzuwenden:

1. Verordnung (EG) Nr. 1893/2006 zur Aufstellung der statistischen Systematik der Wirtschaftszweige NACE Revision 2 und zur Änderung der Verordnung (EWG) Nr. 3037/90 des Rates sowie einiger Verordnungen der EG über bestimmte Bereiche der Statistik, ABl. Nr. L 393 vom 30. Dezember 2006, S 1;

2. Verordnung (EWG) Nr. 696/93 betreffend die statistischen Einheiten für die Beobachtung und Analyse der Wirtschaft in der Gemeinschaft, ABl. Nr. L 76 vom 30. März 1993, S 1, in der Fassung der Verordnung (EG) Nr. 1882/2003, ABl. Nr. L 284 vom 31. Oktober 2003, S 1;

3. Devisengesetz 2004, BGBl. I Nr. 123/2003;

4. Bundesstatistikgesetz 2000, BGBl. I Nr. 163/1999, in der Fassung des Bundesgesetzes BGBl. I Nr. 92/2007;

5. Gewerbeordnung 1994 (GewO 1994), BGBl. Nr. 194/1994, in der Fassung des Bundesgesetzes BGBl. I Nr. 68/2008;

6. Körperschaftsteuergesetz 1988 (KStG 1988), BGBl. Nr. 401/1988, in der Fassung des Bundesgesetzes BGBl. I Nr. 81/2008;

7. Umsatzsteuergesetz 1994 (UStG 1994), BGBl. Nr. 663/1994, in der Fassung des Bundesgesetzes BGBl. I Nr. 140/2008;

8. Meldeverordnung ZABIL 1/2009 der Oesterreichischen Nationalbank betreffend die statistische Erfassung des grenzüberschreitenden Dienstleistungsverkehrs vom 26. November 2008, Amtsblatt zur Wiener Zeitung Nr. 242 vom 10. Dezember 2008;

9. Meldeverordnung ZABIL 1/2004 der Oesterreichischen Nationalbank vom 24. November 2004, Amtsblatt zur Wiener Zeitung Nr. 237 vom 3. Dezember 2004;

Wien, am 12. August 2009

DIREKTORIUM
DER OESTERREICHISCHEN NATIONALBANK

Anlage

A. Dienstleistungen im Sinne des § 3 sind:

1. **Transportleistungen:**

Seetransportleistungen, Lufttransportleistungen, Eisenbahntransportleistungen, Straßentransportleistungen, Transportleistungen der Binnenschifffahrt jeweils in Bezug auf Personenbeförderung, Güterbeförderung und sonstige Transportleistungen; Raumtransportleistungen, Transport in Rohrleitungen und Elektrizitätsübertragung; sonstige Hilfs- und Nebentätigkeiten für den Verkehr.

2. **Kommunikationsleistungen:**

Post- und Kurierdienste, Telekommunikationsleistungen.

3. **Bauleistungen:**

Vorbereitende Baustellenarbeiten; Hoch- und Tiefbauarbeiten; Bauinstallationsarbeiten; Ausbau- und Bauhilfstätigkeiten.

4 **Versicherungsdienstleistungen:**

Prämien für Transportversicherungen, Sachversicherungen, reine Ablebensversicherungen, Rückversicherungen; Versicherungshilfsdienste.

5. **Finanzdienstleistungen:**

Vermittlung und Erbringung von Dienstleistungen finanzieller Art und zugehörige Hilfsdienste.

6. **EDV- und Informationsdienstleistungen:**

EDV-Dienstleistungen; Informationsdienstleistungen wie Dienstleistungen von Nachrichtenagenturen und sonstige Informationsdienstleistungen.

7. **Patente und Lizenzen:**

Sonstige Patente und Lizenzen; Zahlungen und Einnahmen im Zusammenhang mit der autorisierten Nutzung sowie Kauf und Verkauf von Patenten und Lizenzen; Franchisen und ähnliche Rechte.

8. **Sonstige unternehmensbezogene Dienstleistungen:**

Transithandelsankäufe und -verkäufe und sonstige Handelsleistungen; Operational Leasing; übrige unternehmensbezogene, freiberufliche und technische Dienstleistungen wie Rechtsberatung; Wirtschaftsprüfung, Buchführung und Steuerberatung; Unternehmens- und Public-Relations-Beratung; Werbung, Marktforschung und Meinungsumfragen; Forschung und Entwicklung; Architektur-, Ingenieur- und übrige technische Dienstleistungen; Dienstleistungen für die Landwirtschaft und Bergbau sowie Vor-Ort-Bearbeitung inklusive Abfallbehandlung und Reinigungsdienste; übrige unternehmensbezogene Dienstleistungen; Leistungen zwischen verbundenen Unternehmen.

9. **Dienstleistungen für persönliche Zwecke, für Kultur und Freizeit:**

Audiovisuelle und verwandte Dienstleistungen; sonstige Dienstleistungen für persönliche Zwecke, für Kultur und Freizeit wie Bildungsdienstleistungen, Gesundheitsdienstleistungen.

10. **Personalaufwand für ArbeitnehmerInnen, die in Österreich keinen Hauptwohnsitz haben:**

Bruttolöhne und -gehälter sowie sonstige Bar- und Sachleistungen für ArbeitnehmerInnen, die in Österreich keinen Hauptwohnsitz haben.

B. Finanzbeziehungen im Sinne des § 3 sind:

1. **Direktinvestitionen (Beteiligungen an ausländischen Unternehmen)**

Eine Direktinvestition (kurz DI) ist die Beteiligung der auskunftspflichtigen statistischen Einheit (des Direktinvestors) an einem Unternehmen (dem DI-Unternehmen) im Ausland mit dem Ziel, eine langfristige wirtschaftliche Beziehung einzugehen und auf die Geschäftsführung Einfluss zu nehmen (vgl. § 228 UGB). Darunter fallen insbesondere gesellschaftsrechtliche Kapitalanteile an erwerbswirtschaftlich orientierten juristischen Personen, Personengesellschaften und Gesellschaften nach bürgerlichem Recht, aber auch atypische stille Beteiligungen und Genussscheine mit Eigenkapitalcharakter. Investitionen in rechtlich nicht selbstständige Filialen, Zweigniederlassungen oder Betriebsstätten sind ebenfalls erfasst.

Für Zwecke der Zahlungsbilanzerstellung liegt ab einer grenzüberschreitenden Beteiligung von 10% am stimmberechtigten Gesellschaftskapital eine Direktinvestitionsbeziehung vor.

2. Portfolioinvestitionen (Wertpapierdepots im Ausland)

Wertpapierbestände, die im Eigentum der auskunftspflichtigen statistischen Einheit stehen und nicht bei inländischen Depotführern verwahrt werden (Wertpapierdepots bei ausländischen Banken, Wertpapiere in Eigenverwahrung).

3. Sonstige Investitionen (Forderungen und Verpflichtungen gegenüber Ausländern)

Sonstige Investitionen (kurz SI) umfassen alle Finanztransaktionen (Forderungen und Verpflichtungen) der auskunftspflichtigen statistischen Einheit mit Ausländern, die weder den Direktinvestitionen, den Portfolioinvestitionen noch den Finanzderivaten (im Sinne der Meldeverordnung ZABIL 1/2004 der Oesterreichischen Nationalbank) zuzurechnen sind.

Darunter fallen Kredite und Darlehen, Bankeinlagen, Verrechnungskonten (auch für Cash-Pooling), Finanzleasing sowie sonstige Forderungen und Verpflichtungen (aus Treuhandgeschäften, ABS-Geschäften, etc.).

4 Vermietung und Verpachtung von Liegenschaften/Immobilien mit Ausländern

Anmietung oder Pacht von im Ausland oder in Österreich gelegenen Liegenschaften und Gebäuden durch die auskunftspflichtige statistische Einheit von einem Ausländer oder/und die Vermietung oder Verpachtung von im Ausland oder in Österreich gelegenen Liegenschaften und Gebäuden durch die auskunftspflichtige statistische Einheit an einen Ausländer.

Meldeverordnung ZABIL 1/2013*)

*) *Gem BGBl II 2020/573 Norm außer Kraft mit 1.1.2022.*

vom 10. April 2013 (Wr Zeitung vom 19. 04. 2013) idF

1 BGBl II 2016/10

STICHWORTVERZEICHNIS

Inhaltsverzeichnis

1 Allgemeiner Teil

1.1 Gesetzesauftrag

Gemäß „§ 6 Abs. 1 des Devisengesetzes 2004, BGBl. I Nr. 123/2003 idF BGBl. I Nr. 4/2015 (DevG 2004)“, ist die Oesterreichische Nationalbank (OeNB) verpflichtet, *(BGBl II 2016/10)*

– die Zahlungsbilanz Österreichs
– die Statistik betreffend die Internationale Vermögensposition
– die Direktinvestitionsstatistik sowie
– alle Statistiken, die Außenwirtschaftsbeziehungen im Rahmen dieser Statistiken darstellen,

zu erstellen und der Öffentlichkeit auf geeignete Weise zugänglich zu machen. Die Veröffentlichung der genannten Statistiken erfolgt u.a. auf der Internet-Homepage der OeNB.
Zur Erfüllung dieses Gesetzesauftrages ist die OeNB gemäß § 6 Abs. 2 DevG 2004 berechtigt, von inländischen natürlichen und juristischen Personen sowie von sonstigen Einrichtungen mit Rechtspersönlichkeit Auskünfte und Meldungen einzuholen.
Die OeNB hat durch Verordnung Termine, Form und Gliederung der zu liefernden Daten vorzuschreiben. Gestützt auf § 6 Abs. 2 und 3 DevG 2004 wird dazu die gegenständliche Meldeverordnung erlassen, aufgrund der die Meldepflichtigen bestimmt und diese verpflichtet werden, zu den festgesetzten Terminen die angeführten Meldungen mit den definierten Meldeinhalten zu erstatten.

1.2 Meldegegenstand

Gegenstand der Meldung sind Daten betreffend grenzüberschreitende *Direktinvestitionen (DI), Portfolioinvestitionen (PI),* grenzüberschreitende *Sonstige Investitionen (SI),* grenzüberschreitende liegenschaftsbezogene Transaktionen und *Vermögensübertragungen* sowie zu grenzüberschreitenden Geschäften mit *Finanzderivaten* (FD) gemäß den Abschnitten 2-6 und den Anlagen 1-17 (Belegschaubilder).

1.3 Zweck der Meldung

Die auf Basis der nach dieser Verordnung erhobenen Daten erstellten Statistiken zeigen die außenwirtschaftliche Verflechtung der österreichischen Volkswirtschaft und dienen währungs- und wirtschaftspolitischen Zwecken. Sie werden u. a. von der EZB und EUROSTAT sowie vom IWF gefordert. Weiters sind die Daten dieser Statistiken wichtige Indikatoren bei der Analyse der Wettbewerbsfähigkeit des Wirtschaftsstandortes Österreich.

1.4 Geheimhaltung

Die von der OeNB eingeholten Daten dürfen nur zu statistischen Zwecken verwendet werden und sind nach Maßgabe von § 6 Abs. 4 des DevG 2004 streng vertraulich zu behandeln. Die Verpflichtung zur Wahrung des Bankgeheimnisses gemäß § 38 Bankwesengesetz (BWG) steht der

Berechtigung der OeNB zur Auskunftseinholung nicht entgegen (§ 6 Abs. 8 DevG 2004).

1.5 Meldungslegung

Die Meldungen sind nach den von der OeNB vorgegebenen technischen Standards auf elektronischem Weg zu erstatten.

Alternativ können Meldungen mittels Meldevordrucken erbracht werden. Die Meldevordrucke und Erläuterungen für die zu erstattenden Meldungen sind auf Anfrage kostenlos bei der OeNB (Otto-Wagner-Platz 3, 1090 Wien) zu beziehen.

Die Meldungen sind in deutscher Sprache zu legen.

Die vorgegebenen Standards und Erläuterungen zur Meldungslegung können über folgende Internet-Adresse abgerufen werden:

http://www.zahlungsbilanz.oenb.at

1.6 Allgemeine Regeln

Die Beträge sind auf die Einerstelle kaufmännisch gerundet auszuweisen. Rundungen bis Tausend Währungseinheiten sind zulässig. Ausnahme: Rundungen bei Angaben in Gold (ISO-Code XAU), welches in Feinunzen notiert, sind nicht erlaubt.

Bei Standmeldungen, die in Euro oder Eurogegenwert zu melden sind, sind die Fremdwährungsbeträge mit dem EZB-Referenzkurs am Meldestichtag in Euro umzurechnen – für Transaktionsmeldungen, die in Euro oder Eurogegenwert zu melden sind, ist am Tag der Transaktion in Euro umzurechnen. Für Währungen, für die die Europäische Zentralbank keinen Referenzkurs veröffentlicht, ist der Devisenmittelkurs anzuwenden.

Sofern im Bereich der zu meldenden Stammdaten zu einem *Ausländer* gemäß Belegschaubild die Steuer- bzw. Firmenbuch-Nummer angeführt ist, so bezieht sich diese Verpflichtung auf Nummern, die im Sitzstaat des *Ausländers* vergeben wurden. Diese Regelung umfasst nur *Ausländer* mit Sitz im Europäischen Wirtschaftsraum und der Schweiz.

Fällt das Ende einer Meldungslegungsfrist auf einen Samstag, Sonntag oder gesetzlichen Feiertag, so verlängert sich diese auf den nächstfolgenden Werktag.

Zu einer Meldeperiode sind pro Beleg alle Meldeinhalte grundsätzlich in nur einer Meldung zu legen. Ergibt sich nachträglich Änderungsbedarf zu einer bereits übermittelten Meldung, müssen diese Änderungen (Richtigstellen, Hinzufügen oder Weglassen von Daten) durch das Erstellen einer gänzlich neuen Ersatzmeldung oder einer Komplettierungsmeldung bekannt gegeben werden. Seitens der OeNB kann eine komplette Ersatzmeldung aufgrund technischer oder inhaltlicher Fehler bzw. eine Komplettierungsmeldung aufgrund von fehlenden Meldeinhalten (Teillieferung oder unvollständige Meldung) angefordert werden.

Die Meldepflichtigen haben die Meldungen nach bestem Wissen auszufüllen und innerhalb der Meldungslegungsfristen an die OeNB zu übermitteln.

Verstöße gegen die Meldepflicht stellen eine Verwaltungsübertretung nach § 10 des DevG 2004 dar und können mit einer Geldstrafe bis zu Euro 5.000,-- geahndet werden.

Der zur Auskunftserteilung Verpflichtete kann sich einer bevollmächtigten Person bedienen. Auf Verlangen der OeNB hat der Bevollmächtigte das Bestehen des Vollmachtsverhältnisses nachzuweisen. Ungeachtet des Bestehens eines derartigen Vollmachtsverhältnisses steht es der OeNB frei, Rückfragen, Mängelbehebungsaufforderungen und andere Auskunftsaufforderungen direkt an den Meldepflichtigen zu richten.

Bedient sich ein *Inländer* bei der Begründung eines meldepflichtigen Sachverhaltes eines Treuhänders, so obliegt die Meldepflicht dem Treugeber (dem *Inländer*). Wird bei der Begründung eines meldepflichtigen Sachverhaltes von Seiten des *Ausländers* ein inländischer Treuhänder beauftragt, so obliegt die Meldepflicht dem Treuhänder.

Inländische Zweigniederlassungen von *Ausländern* sind hinsichtlich der Meldepflicht *Inländern* gleichgestellt.

Kursiv geschriebene Ausdrücke werden in den Begriffsbestimmungen (Anhang A) erklärt.

2 Meldung zu Direktinvestitionen (DI)

2.1 DI-Transaktionsmeldung

2.1.1 Meldeinhalt

Inhalt der Meldung sind grenzüberschreitende *DI-Transaktionen*

a) im Zusammenhang mit aktiven *Direktinvestitionen*,

b) im Zusammenhang mit passiven *Direktinvestitionen*,

c) sowie den damit verbundenen Stammdaten bei Erstmeldung des *Ausländers* und bei Änderung dieser Daten, gemäß den Belegschaubildern D1, D2 und D3 (Anlagen 1, 2 und 3).

Die Meldung erfolgt in Euro oder Eurogegenwert.

DI-Transaktionen mit indirekt gehaltenen Beteiligungen, zum Beispiel Großmutterzuschüsse, müssen als *DI-Transaktion* mit der/den direkten Beteiligung/en gemeldet werden.

2.1.2 Meldepflichtige

Meldepflichtig sind *Inländer*, die *Direktinvestitionen* im Ausland tätigen (aktive *Direktinvestition*), oder die das Ziel von *Direktinvestitionen* aus dem Ausland sind (passive *Direktinvestition*).

2.1.3 Meldegrenze

Zu melden sind *DI-Transaktionen*, die pro Geschäftsfall Euro 500.000,-- bzw. Eurogegenwert erreichen oder übersteigen. *DI-Transaktionen*, die zu einer Auflösung einer bereits in der DI-Transaktions- oder DI-Standmeldung gemeldeten *Direktinvestition* führen, unterliegen keiner Meldegrenze. Leermeldungen sind nur auf Aufforderung zu schicken. Ein meldepflichtiger Geschäftsfall umfasst alle diesen Geschäftsfall betreffende *DI-Transaktionen*, die innerhalb einer Meldeperiode stattfinden und die entweder eine Veränderung der Eigenkapitalbeziehungen, eine Gewinnausschüttung oder einen Erwerb/Verkauf von Anteilsrechten zwischen einem meldepflichtigen *Inländer* und einem *Ausländer* betreffen, auch wenn dieser Geschäftsfall in mehreren Einzelschritten abgewickelt oder gegebenenfalls in mehrere Zahlungstranchen aufgeteilt wird.

2.1.4 Meldeperiode

Die Meldung erfolgt im Anlassfall und ist bis zum 15. Kalendertag des Folgemonats zu erstatten. Die Meldeperiode ist der Monat, in dem eine *DI-Transaktion* stattgefunden hat.

2.2 DI-Standmeldung

Neben der Einholung von Meldungen zu den *DI-Transaktionen* ist es für die in Abschnitt 1.3 genannten Zwecke notwendig, von einem statistisch relevanten Melderkreis Daten über Stände von aktiven und passiven *Direktinvestitionen* und die Gesamterträge aus solchen *Direktinvestitionen* zu erheben.

Zu diesem Zweck werden *Inländer* jährlich über Einzelbescheid zur Auskunftserteilung aufgefordert.

3 Meldung zu Portfolioinvestitionen (PI)

Alle Meldungen zu *Portfolioinvestitionen* sind auf Basis von Einzelwertpapieren mit Wertpapier-Kennnummer, und zwar dem *ISIN-Code* oder – falls nicht vorhanden – einer speziell definierten internen Nummer, welche der OeNB im Rahmen der Stammdatenmeldung gemäß Abschnitt 3.6.1 zu melden ist, zu legen.

Als Kriterium für die Zuordnung eines Geschäftes in eine bestimmte Meldeperiode ist der Buchungstag zu verwenden.

Generelle Nullmeldungen auf Kennnummernbasis und Leermeldungen sind nicht zu erstatten.

3.1 Wertpapier-Depotmeldung für inländische Depotführer

3.1.1 Meldeinhalt

Inhalt der Meldung sind Bestände von und Transaktionen zu Wertpapieren, gemäß dem Belegschaubild P1 (Anlage 4).

Unabhängig vom Lagerort der Wertpapiere sind

- sämtliche Wertpapiereigenbestände (ausgenommen Auslandsfilialen), gleichgültig, ob sie selbst verwahrt werden, oder bei Dritten zur Verwahrung liegen
- die Bestände sowie Wertpapierdepotein- und -ausgänge von für inländische Nicht-Depotführer verwahrten Wertpapieren und
- die Bestände sowie Wertpapierdepotein- und -ausgänge von für Ausländer verwahrten Wertpapieren

entlang vordefinierter Depotgruppen zu melden.

Wird in einer Meldeperiode durch Wertpapierdepotein- bzw. -ausgänge eine Veränderung des Depotgruppenbestandes (eines Wertpapiers) auf Null herbeigeführt, ist für dieses Wertpapier für den entsprechenden Monat, in dem der Depotbestand Null erreicht, eine Meldung zu legen.

(BGBl II 2016/10)

3.1.2 Meldepflichtige

Meldepflichtig sind *inländische Depotführer.*

3.1.3 Meldegrenze

Meldungen haben unabhängig von einer Wertgrenze zu erfolgen.

3.1.4 Meldeperiode

Die Meldung ist monatlich innerhalb von „10 Bankwerktagen" nach dem Meldestichtag zu erstatten. Der Meldestichtag ist der letzte Tag eines jeden Monats. *(BGBl II 2016/10)*

3.2. Meldung von echten Pensionsgeschäften mit Wertpapieren und Wertpapierleihe-Geschäften

(entfällt, BGBl II 2016/10)

3.3 Depotinhaber-Meldung

(entfällt, BGBl II 2016/10)

3.4 Wertpapiermeldung – Wertpapiere nicht auf Depots bei inländischen Depotführern verwahrt

3.4.1 Meldeinhalt

Inhalt der Meldung sind Wertpapierbestände und entsprechende Wertpapierein- und -ausgänge für in- und ausländische Wertpapiere, die nicht auf Depots bei *inländischen Depotführern* zur Verwahrung liegen, gemäß dem Belegschaubild P2 (Anlage 5).

Bestandsveränderungen aufgrund von *echten und unechten Pensionsgeschäften mit Wertpapieren* oder *Wertpapierleihe-Geschäften* sind in dieser Wertpapiermeldung ebenfalls zu melden.

Beteiligungen an inländischen Firmen in Form von Wertpapieren (Stammaktien bzw. Konzernfinanzierungen über Schuldverschreibungen) sind ebenfalls in dieser Wertpapiermeldung zu melden.

Beteiligungen an ausländischen Firmen in Form von ausländischen Anteilspapieren können, müssen jedoch nicht berücksichtigt werden, sofern diese Anteilspapiere in der DI Standmeldung gemäß Abschnitt 2.2 gemeldet werden.

Ausländische Schuldverschreibungen im Zusammenhang mit Konzernfinanzierungen sind zu melden.

Wird in einer Meldeperiode durch Ein-/Ausgänge eine Veränderung des Bestandes eines Wertpapiers auf Null herbeigeführt, sind bei Erstattung der Quartals- bzw. Jahresmeldung sowohl die Transaktion als auch der Periodenendstand Null in der entsprechenden Meldeperiode zu melden.

3.4.2 Meldepflichtige

Meldepflichtig sind *inländische Nicht-Depotführer.*

3.4.3 Meldegrenzen

Wertpapierbestände mit einem Wert ab Euro 5.000.000,-- oder Eurogegenwert zum Ende des Kalenderjahres bewirken eine jährliche Meldepflicht, Wertpapierbestände mit einem Wert ab Euro 30.000.000,-- oder Eurogegenwert zum Ende des Kalenderquartals eine quartalsmäßige Meldepflicht.

Wird nach erfolgter Quartalsmeldung innerhalb der nächsten Meldeperiode die Meldegrenze zur Kalenderquartalsmeldung unterschritten, so muss für diese Meldeperiode dennoch eine Quartalsmeldung erstattet werden. Weitere Quartalsmeldungen sind erst wieder bei neuerlichem Erreichen oder Überschreiten der Meldegrenze erforderlich.

3.4.4 Meldeperiode

Bei der Quartalsmeldung ist die Meldeperiode das Kalenderquartal. Der Meldestichtag ist der letzte Tag eines jeden Kalenderquartals. Die Meldung ist spätestens am 15. Kalendertag des Folgemonats der OeNB zu übermitteln.

Bei der Jahresmeldung ist die Meldeperiode das Kalenderjahr. Der Meldestichtag ist der 31. Dezember eines jeden Kalenderjahres. Die Meldung ist spätestens am 31. Jänner des Folgejahres der OeNB zu übermitteln.

3.5 Meldung von echten Pensionsgeschäften mit Wertpapieren und Wertpapierleihe-Geschäften – nur Geschäfte mit ausländischen Partnern

3.5.1 Meldeinhalt

Inhalt der Meldung sind Einzeltransaktionen bzw. Bestände zu *echten Pensionsgeschäften mit Wertpapieren* und zu *Wertpapierleihe-Geschäften* mit ausländischen Partnern gemäß dem Belegschaubild P4 (Anlage 7). Die Meldung ist sowohl für inländische als auch für ausländische Wertpapiere – unabhängig davon, wo das betroffene Wertpapier verwahrt wird – zu legen. Es sind jeweils die Geschäftsarten Pensionsnahme und -gabe sowie Leihenahme und -gabe zu unterscheiden.

3.5.2 Meldepflichtige

Meldepflichtig sind *inländische Nicht-Depotführer.*

3.5.3 Meldegrenzen

Wertpapierbestände mit einem Wert ab Euro 5.000.000,-- oder Eurogegenwert zum Ende des Kalenderjahres bewirken eine jährliche Meldepflicht, Wertpapierbestände mit einem Wert ab

Euro 30.000.000,-- oder Eurogegenwert zum Ende des Kalenderquartals eine quartalsmäßige Meldepflicht.

Wird nach erfolgter Quartalsmeldung innerhalb der nächsten Meldeperiode die Meldegrenze zur Kalenderquartalsmeldung unterschritten, so muss für diese Meldeperiode dennoch eine Quartalsmeldung erstattet werden. Weitere Quartalsmeldungen sind erst wieder bei neuerlichem Erreichen oder Überschreiten der Meldegrenze erforderlich.

3.5.4 Meldeperiode

Bei der Quartalsmeldung ist die Meldeperiode das Kalenderquartal. Der Meldestichtag ist der letzte Tag eines jeden Kalenderquartals. Die Meldung ist spätestens am 15. Kalendertag des Folgemonats der OeNB zu übermitteln.

Bei der Jahresmeldung ist die Meldeperiode das Kalenderjahr. Der Meldestichtag ist der 31. Dezember eines jeden Kalenderjahres. Die Meldung ist spätestens am 31. Jänner des Folgejahres der OeNB zu übermitteln.

3.6 Meldung von Stammdaten zu internen Wertpapier-Kennnummern

3.6.1 Meldeinhalt

Für den Fall, dass zum Meldungslegungszeitpunkt für die gemäß Abschnitt 3 zu meldenden Wertpapiere kein *ISIN-Code* existiert, muss eine interne Wertpapier-Kennnummer gemäß dem Belegschaubild P5 (Anlage 8) mit den für das zu meldende Wertpapier spezifischen Stammdaten gemeldet werden.

3.6.2 Meldepflichtige

Die Meldung von Stammdaten zu internen Wertpapier-Kennnummern ist zu legen von

- allen *inländischen Depotführern* und *Nicht-Depotführern*, die in ihrem Eigenbestand oder Kundenbestand ein Wertpapier führen, zu dem kein gültiger *ISIN-Code* existiert, und
- allen inländischen Emittenten eines Wertpapiers, zu dem kein gültiger *ISIN-Code* existiert.

3.6.3 Meldeperiode

Die Meldung muss gelegt werden, falls während eines Kalendermonats eines der folgenden Ereignisse eingetreten ist:

1. Vergabe einer neuen internen Wertpapier-Kennnummer (Neuvergabe),
2. Änderung der Stammdaten zu einer bereits gemeldeten internen Wertpapier-Kennnummer,
3. Löschung einer internen Wertpapier-Kennnummer aus dem Datenbestand,
4. Wechsel von einer internen Wertpapier-Kennnummer auf einen *ISIN-Code,*
5. Reaktivierung einer bereits gelöschten internen Wertpapier-Kennnummer.

Es ist der am Meldestichtag – das ist der letzte Tag des Monats, in dem die Neuvergabe bzw. Änderungen stattgefunden haben – gültige Stammdatensatz zu liefern.

Die Meldung muss spätestens gleichzeitig mit den Meldungen gemäß Abschnitt 3.1 bis 3.5 bei der OeNB eintreffen.

4 Meldung zu Sonstigen Investitionen (SI)

4.1 Meldung von Forderungs- und Verpflichtungsständen

4.1.1 Meldeinhalt

Inhalt der Meldung sind Forderungs- und Verpflichtungsstände – einschließlich nicht-transaktionsbedingter Veränderungen – zu grenzüberschreitenden *Sonstigen Investitionen* gegliedert in

a) Meldungen für *Ausländer*, unterteilt in

a. „Meldung SI-Forderungen und SI-Verpflichtungen" gemäß den Belegschaubildern S1 und S2 (Anlage 9), und in

b. „Meldung SI-Forderungen und SI-Verpflichtungen aus *Handelskrediten*" gemäß den Belegschaubildern SA und SB (Anlage 11), sowie

b) Meldungen für ausländische Konzernunternehmen, unterteilt in

a. „Meldung SI-Forderungen und SI-Verpflichtungen gegen ausländische Konzernunternehmen" gemäß den Belegschaubildern S3 und S4 (Anlage 10), und in

b. „Meldung SI-Forderungen und SI-Verpflichtungen aus *Handelskrediten* gegen ausländische Konzernunternehmen" gemäß den Belegschaubildern SC und SD (Anlage 12).

Die Meldung erfolgt in Originalwährung. Bei Forderungs- bzw. Verpflichtungsständen sind die aushaftenden Nominalstände zu melden, bei Angabe von Anteilen an Unternehmen unter 10% die Buchwerte (kein Nominalkapital). Stände sind grundsätzlich ohne Vorzeichen auszuweisen. Da Stände auch negative Werte annehmen können, gelten jedoch folgende Ausnahmen: Stände auf

Verrechnungskonten, Clearingkonten, Cash-Pooling-Konten sowie Stände aus täglich fälligen Einlagen sind nur unter „Forderungen" gemäß dem Belegschaubild S1 (Anlage 9) bzw. S3 (Anlage 10) zu melden. Im Falle von Negativ-Ständen ist bei diesen Ständen das Vorzeichen Minus (-) anzugeben.

Die Meldung ist auch dann erforderlich, wenn sich zur gemeldeten Vorperiode keine Standveränderung ergeben hat.

4.1.2 Meldepflichtige

4.1.2.1 Allgemeine Regelung

Meldepflichtig sind alle *Inländer*, die grenzüberschreitende *Sonstige Investitionen* tätigen oder Ziel einer solchen sind.

Beauftragt ein *Ausländer* zur Eintreibung seiner Forderungen aus *Sonstigen Investitionen* gegen *Inländer* einen *Inländer* als Inkassanten, obliegt die Meldepflicht dem Inkassanten. Für den meldepflichtigen Inkassanten erstreckt sich die Meldepflicht auf den Gesamtstand der offenen, zum Inkasso stehenden Forderungen des *Ausländers*, wobei in der Meldung (Belegschaubild S2, Anlage 9) dieser Gesamtstand unter dem Abschnitt „Verpflichtungen" auszuweisen ist.

4.1.2.2 Weitere spezielle Regelungen

- Einlagen entgegennehmende Unternehmen gemäß Artikel 1 lit. a Z 2 sublit. a der Verordnung (EU) Nr. 1071/2013 der Europäischen Zentralbank vom 24. 09.2013 über die Bilanz des Sektors der monetären Finanzinstitute (EZB/2013/33) ABl. L 297 vom 7.11 2013 – *im Folgenden EZB-Monetärstatistik-VO* – unterliegen der speziellen Regelung zur Meldung von *Sonstigen Investitionen* gemäß Abschnitt 4.3.
- Länder und Gemeinden, die gemäß der Verordnung des Bundesministers für Finanzen über die Statistik der Gebarung im öffentlichen Sektor (Gebarungsstatistik-VO 2014, BGBl. II Nr. 345/2013, idgF) Meldungen zeitgerecht, vollständig und korrekt an die Bundesanstalt Statistik Österreich erstatten, erfüllen hiermit ihre Meldeverpflichtung gemäß Abschnitt 4.
- Verwaltungsgesellschaften (§ 3 Abs. 2 Z 1 Investmentfondsgesetz 2011, BGBl. I Nr. 77/2011 idgF) sowie Kapitalanlagegesellschaften für Immobilien (§ 2 Immobilien-Investmentfondsgesetz, BGBl. I Nr. 80/2003 idgF), die gemäß Verordnung Nr. 1073/2013 der Europäischen Zentralbank vom 27. Juli 2007 über die Statistik über Aktiva und Passiva von Investmentfonds, ABl. L 211 vom 11.8.2007, melden, sind von der Meldungslegung der grenzüberschreitenden *Sonstigen Investitionen* von Investmentfonds gemäß den Anlagen 9 und 10 befreit. *Sonstige Investitionen* auf eigene Rechnung und Namen sind hingegen zu melden.

(BGBl II 2016/10)

4.1.3 Meldegrenze

Sofern die Summe der Forderungs- oder Verpflichtungsstände aus grenzüberschreitenden *Sonstigen Investitionen* (exklusive *Handelskredite*) den Betrag von Euro 10.000.000,-- oder Eurogegenwert erreicht oder übersteigt, sind sowohl die aushaftenden Forderungsstände als auch die aushaftenden Verpflichtungsstände aus *Sonstigen Investitionen* (exklusive *Handelskredite*) zu melden.

Sofern die Summe der Forderungs- oder Verpflichtungsstände aus *Handelskrediten* den Betrag von Euro 10.000.000,-- oder Eurogegenwert erreicht oder übersteigt, sind sowohl die aushaftenden Forderungsstände als auch die aushaftenden Verpflichtungsstände aus *Handelskrediten* zu melden.

Für die Feststellung der Meldepflicht sind Forderungsseite und Verpflichtungsseite jeweils getrennt voneinander zu betrachten. Wenn in einer Meldeperiode die Meldegrenze überschritten wurde, besteht die Meldepflicht auch für die nachfolgenden Perioden fort und erlischt erst, wenn die Meldegrenze während sechs aufeinanderfolgenden Meldeperioden unterschritten wurde, und zwar mit Beginn der siebenten Meldeperiode. Beim Unterschreiten der Meldegrenze soll der aushaftende Betrag, mit dem die Meldegrenze unterschritten wird, gemeldet werden. Wird jedoch bei einem gemeldeten Finanzierungsinstrument in einer Meldeperiode der Stand „Null" erreicht, so ist in der betreffenden Meldeperiode letztmalig der Stand „Null" zu melden.

4.1.4 Meldeperiode

Die Meldung ist monatlich zu erstatten. Der Meldestichtag ist der letzte Tag des Monats. Die Meldung ist spätestens bis zum 15. Kalendertag des Folgemonats zu erstatten.

4.2 Meldung von Zinsertrag und Zinsaufwand

4.2.1 Meldeinhalt

Inhalt der Meldung sind *Zinserträge und Zinsaufwendungen* und *zinsähnliche Erträge und Aufwendungen* aus *Sonstigen Investitionen*, gegliedert nach ausländischen Kreditinstituten und sonstigen *Ausländern* gemäß den Belegschaubildern S5 und S6 (Anlage 13).

Die Meldung erfolgt in Originalwährung.

Es sind keinesfalls kumulierte Zinsstände zu melden. *Zinserträge und Zinsaufwendungen* sind grundsätzlich nicht in den Forderungs- bzw. Verpflichtungsständen zu zeigen. Werden die Zinsen allerdings kapitalisiert, d.h. dem Kapital zugerechnet, sind sie dem zu meldenden Bestand an Forderungen bzw. Verpflichtungen zuzurechnen.

4.2.2 Meldepflichtige

Meldepflichtig sind alle *Inländer*, die gemäß Abschnitt 4.1 Forderungs- und Verpflichtungsstände zu grenzüberschreitenden *Sonstigen Investitionen* melden müssen, sowie die in Abschnitt 4.3.1 genannten „Monetären Finanzinstitute" *MFIs*, und die in Abschnitt 4.1.2.2 genannten Verwaltungsgesellschaften und Kapitalanlagegesellschaften für Immobilien. *(BGBl II 2016/10)*

4.2.3 Meldegrenze

Die Meldung von *Zinserträgen und Zinsaufwendungen* unterliegt keiner Meldegrenze.

4.2.4 Meldeperiode

Die Meldung erfolgt im Anlassfall. Die Meldeperiode ist der Monat, in dem *Zinserträge bzw. Zinsaufwendungen* aus *Sonstigen Investitionen* gemäß vertraglicher Vereinbarung fällig sind, unabhängig davon, ob bereits eine Zahlung erfolgte oder nicht. Der Meldestichtag ist der letzte Tag des Monats. Die Meldung ist spätestens bis zum 15. Kalendertag des Folgemonats zu erstatten. „MFIs, die den speziellen Regelungen gemäß Abschnitt 4.3 unterliegen, müssen die Meldungen innerhalb von 10 Bankwerktagen ab Monatsultimo übermitteln." *(BGBl II 2016/10)*

4.3 Spezielle Regelung zur Meldung von Sonstigen Investitionen durch MFIs

4.3.1 Meldepflichtige

Meldepflichtig sind Einlagen entgegennehmende Unternehmen gemäß Artikel 1 lit. a Z 2 sublit. a der *EZB-Monetärstatistik-VO*, die ihren Sitz im Inland haben oder im Inland über eine Zweigstelle tätig sind.

4.3.2 Meldung von DI-Ausleihungen und DI-Einlagen MFIs

4.3.2.1 Meldeinhalt

Inhalt der Meldung sind alle jene Forderungen und Verpflichtungen, die unter den Kategorien Ausleihungen und Einlagen gegenüber ausländischen Gläubigern bzw. Schuldnern – ausgenommen ausländische *MFIs* und ausländische Banken – existieren, mit denen Direktinvestitionsbeziehungen gemäß Abschnitt 2 bestehen.

Die Definitionen und Abgrenzungen des Vermögensausweises (VERA-V gemäß § 74 BWG) zur Bestimmung der melderelevanten ausländischen Beteiligungen und Anteilsrechte, sind anzuwenden. Betroffen sind in diesem Fall jene ausländischen Gläubiger bzw. Schuldner, die im Rahmen des Vermögensausweises als grenzüberschreitende Beteiligung und Anteilsrechte gemeldet werden.

Die Meldung gliedert sich in Meldungen von Forderungen und Verpflichtungen von *MFIs*, aus *Sonstigen Investitionen* gegen ausländische Konzernunternehmen, unterteilt in Einlagen und Ausleihungen, gemäß der Anlage 14.

4.3.2.2 Meldegrenze

Die Meldung von DI-Ausleihungen und DI-Einlagen durch MFIs unterliegt keiner Meldegrenze.

4.3.2.3 Meldeperiode

Die Meldung ist monatlich zu erstatten. Der Meldestichtag ist der letzte Tag des Monats. Die Meldung ist spätestens bis zum 10. Bankwerktag des Folgemonats zu erstatten.

4.3.3 Meldung zusätzlicher Inhalte für Zwecke der Außenwirtschaftsstatistiken

4.3.3.1 Meldeinhalt

Es sind die in der Anlage 15 aufgelisteten Inhalte zu melden.

4.3.3.2 Meldegrenze

Die Meldung dieser Inhalte unterliegt keiner Meldegrenze.

4.3.3.3 Meldeperiode

Die Meldung ist monatlich zu erstatten. Der Meldestichtag ist der letzte Tag des Monats. Die Meldung ist spätestens bis zum 10. Bankwerktag des Folgemonats zu erstatten.

(BGBl II 2016/10)

5 Meldung zu Finanzderivaten (FD)

5.1 Meldeinhalt

Inhalt der Meldung sind regional gegliederte Zahlungsein- und -ausgänge und Bestände an Forderungen und Verpflichtungen aus grenzüberschreitenden Geschäften mit *Finanzderivaten*, unterteilt nach gekauften bzw. geschriebenen Optionen, Futures und sonstigen *Finanzderivaten* gemäß dem Belegschaubild F1 (Anlage 16).

Die Meldung erfolgt in Euro oder Eurogegenwert.

Unter Zahlungsein- und -ausgängen sind die über eine Meldeperiode summierten Finanzderivatein- und -ausgänge je regionaler Zuordnung und je *Finanzderivate*-Kategorie anzugeben. Die Betragsfelder zeigen positive Werte, ausgenommen davon sind Stornobuchungen, die mit einem negativen Vorzeichen eingebucht werden können.

Unter dem bewerteten Endstand ist der marktbewertete Forderungs- bzw. Verpflichtungsstand je regionaler Zuordnung zu melden, wobei unter Forderungen positive Marktwerte und unter Verpflichtungen negative Marktwerte zu subsummieren sind, jedoch die jeweiligen Absolutwerte ausgewiesen werden müssen.

5.2 Meldepflichtige

5.2.1 Zahlungsein- und -ausgänge

Meldepflichtig in Bezug auf Zahlungsein- und -ausgänge aus grenzüberschreitenden Geschäften mit *Finanzderivaten* sind alle *Inländer*, die solche Geschäfte mit *Ausländern* tätigen.

5.2.2 Bestände

Zur Meldung von Beständen an Forderungen und Verpflichtungen aus grenzüberschreitenden Geschäften mit *Finanzderivaten* sind jene *Inländer* verpflichtet, die die Rechnungslegungsvorschriften IAS 39 (International Accounting Standard) anwenden oder „die zur Berechnung gemäß Artikel 274 der Verordnung (EU) Nr. 575/2013, ABl. L 176 vom 26. Juni 2013 des Europäischen Parlaments und des Rates – im Folgenden CRR –" die *Finanzderivate* ausschließlich entsprechend dem Marktbewertungsansatz gewichten. *(BGBl II 2016/10)*

5.3 Meldegrenzen

5.3.1 Zahlungsein- und -ausgänge

Sofern der Saldo der Zahlungsein- und -ausgänge aus allen grenzüberschreitenden Geschäften mit *Finanzderivaten* innerhalb einer Meldeperiode den Absolutbetrag von Euro 1.000.000,-- oder Eurogegenwert erreicht oder übersteigt, sind diese Zahlungsein- und -ausgänge zu melden.

Wird nach erfolgter Meldung innerhalb der nächsten Meldeperiode die genannte Meldegrenze unterschritten oder erreicht der Saldo der Zahlungsein- und -ausgänge den Wert „Null", muss dieser Betrag (auch durch Angabe des Wertes „Null") letztmalig gemeldet werden. Weitere Meldungen sind erst wieder bei neuerlichem Erreichen oder Überschreiten der Meldegrenze erforderlich.

5.3.2 Bestände

Sofern die Summe aus Forderungs- oder Verpflichtungsständen aus allen grenzüberschreitenden Geschäften mit *Finanzderivaten* am Kalenderquartalsende den Betrag von Euro 5.000.000,-- oder Eurogegenwert erreicht oder übersteigt, sind diese Bestände zu melden.

Wird nach erfolgter Meldung innerhalb der nächsten Meldeperiode die genannte Meldegrenze unterschritten oder erreicht der Stand „Null", muss dieser Betrag (auch durch Angabe des Standes „Null") letztmalig gemeldet werden. Weitere Meldungen sind erst wieder bei neuerlichem Erreichen oder Überschreiten der Meldegrenze erforderlich.

5.4 Meldeperiode

5.4.1 Zahlungsein- und -ausgänge

Die Meldung ist monatlich innerhalb von 15 Kalendertagen nach dem Meldestichtag zu erstatten. Meldestichtag ist der letzte Tag des Monats, in welchem die Zahlungsein- und -ausgänge verbucht wurden.

5.4.2 Bestände

Die Meldeperiode für die Meldung von Beständen an Forderungen und Verpflichtungen aus grenzüberschreitenden Geschäften mit *Finanzderivaten* ist das Kalenderquartal. Der Meldestichtag ist der letzte Tag des Kalenderquartals. Die Meldung ist innerhalb von 15 Kalendertagen nach dem Meldestichtag zu erstatten.

6 Meldung zu grenzüberschreitenden liegenschaftsbezogenen Transaktionen und Vermögensübertragungen

6.1 Meldeinhalt

Inhalt der Meldung sind regional gegliederte grenzüberschreitende liegenschaftsbezogene

Transaktionen und *Vermögensübertragungen*, unterteilt in

a) Meldungen zum grenzüberschreitenden Ankauf/Verkauf von Liegenschaften,

b) Meldungen zu grenzüberschreitenden Zahlungen aus Vermietung/Verpachtung von Liegenschaften einschließlich Meldungen zu grenzüberschreitenden Zahlungen für die Rechte zur Nutzung natürlicher Ressourcen, sowie

c) Meldungen zu grenzüberschreitenden *Vermögensübertragungen,*

gemäß dem Belegschaubild L4 (Anlage 17).

Die Meldung erfolgt in Euro oder Eurogegenwert.

Unentgeltliche Übertragungen (z. B. Schenkungen oder Erbschaften) von Liegenschaften, entweder durch *Ausländer* an *Inländer* oder durch *Inländer* an *Ausländer*, sind mit dem Verkehrswert der Liegenschaft zu melden.

6.2 Meldepflichtige

6.2.1 An- und Verkauf von Liegenschaften

Bei grenzüberschreitendem Ankauf/Verkauf von Liegenschaften zwischen einem *Inländer* und einem *Ausländer* trifft die Meldepflicht den inländischen Käufer/Verkäufer der in- oder ausländischen Liegenschaft.

6.2.2 Vermietung/Verpachtung einschließlich der Nutzung natürlicher Ressourcen

Bei grenzüberschreitenden Zahlungen aus Vermietung/Verpachtung von Liegenschaften und Gebäuden/Gebäudeteilen trifft die Meldepflicht den inländischen Vermieter/Verpächter bzw. inländischen Mieter/Pächter. Bei grenzüberschreitenden Zahlungen für die Rechte zur Nutzung natürlicher Ressourcen trifft die Meldepflicht den Inländer, der einem *Ausländer* die Nutzungsrechte einräumt bzw. die Nutzungsrechte von einem *Ausländer* eingeräumt bekommt.

6.2.3 Vermögensübertragungen

Bei *Vermögensübertragungen* von *Ausländern* trifft die Meldepflicht den inländischen Begünstigten der *Vermögensübertragung*. Bei *Vermögensübertragungen* an *Ausländer* trifft die Meldepflicht den die *Vermögensübertragung* vornehmenden *Inländer*. Bei *Vermögensübertragungen* an *Ausländer* im Erbweg, die über einen inländischen Notar abgewickelt werden, obliegt die Meldepflicht dem inländischen Notar.

6.3 Meldegrenze

Zu melden sind die unter Punkt 6.1 definierten Geschäftsfälle, die Euro 100.000,-- bzw. Eurogegenwert erreichen oder übersteigen.

Im Falle der Vermietung/Verpachtung von Liegenschaften und Gebäuden/Gebäudeteilen bezieht sich die Meldegrenze auf die in der Meldeperiode in Summe erhaltenen oder geleisteten Mietzins-/Pachtzinszahlungen.

6.4 Meldeperiode

Die Meldung erfolgt im Anlassfall und ist bis zum 15. Kalendertag des Folgemonats zu erstatten. Die Meldeperiode ist der Monat, in dem ein grenzüberschreitender An- und Verkauf von Liegenschaften, eine Zahlung aus Vermietung/Verpachtung, eine Zahlung aus Rechten zur Nutzung von natürlichen Ressourcen oder eine Vermögenübertragung stattgefunden hat.

7 Ausnahmen von der Meldepflicht

Von der Verpflichtung zur Erstattung von Meldungen im Sinne dieser Meldeverordnung sind befreit:

- Personen, die in einem Dienstverhältnis zu einer österreichischen Gebietskörperschaft oder einer österreichischen öffentlich-rechtlichen Körperschaft stehen, soweit sie die österreichische Staatsbürgerschaft besitzen und ihren Dienstort im Ausland haben, sowie die im gleichen Haushalt lebenden Familienangehörigen,
- Internationale Organisationen bzw. Personen mit ausländischer Staatsbürgerschaft, denen aufgrund von internationalen (zwischenstaatlichen) Übereinkommen diplomatische oder konsularische Vorrechte bzw. Immunitäten oder Privilegien auf devisenrechtlichem Gebiet eingeräumt worden sind.

8 Übergangs- und Schlussbestimmungen

8.1 Inkrafttreten

Die gegenständliche Meldeverordnung tritt am 1. Jänner 2014 in Kraft. Sie ist erstmalig auf Meldungen zum Stichtag 31. Dezember 2013 anzuwenden.

8.2 Außerkrafttreten

Mit Inkrafttreten dieser Verordnung tritt die Meldeverordnung ZABIL 1/2004 der Oesterreichischen Nationalbank vom 24. November 2004, kundgemacht im Amtsblatt zur Wiener Zeitung Nr. 237 vom 3.12.2004 in der Fassung der Verordnung ZABIL 2/2009 der Oesterreichischen Nationalbank vom 12. August 2009, kundgemacht im Amtsblatt zur Wiener Zeitung Nr. 161 vom 21.8.2009, außer Kraft. Sie ist letztmalig auf monatliche Meldungen anzuwenden, deren Meldeperiode am 30. November 2013 endet, auf quartalsweise Meldungen, deren Meldeperiode am 30. September 2013 endet, und auf jährliche Meldungen, deren Meldeperiode am 31. Dezember 2012 endet.

Wien, 10. April 2013

Direktorium

der Oesterreichischen Nationalbank

Anhänge: *Nicht abgedruckt. (Die Anhänge sind im Volltext auf www.lexisnexis.at unter dem Menüpunkt „Service“, Unterpunkt „Downloads & Updates“ abrufbar.)*

Meldeverordnung ZABIL 1/2012 betreffend die statistische Erfassung des grenzüberschreitenden Dienstleistungsverkehrs

vom 12. 9. 2012 (Wr Zeitung vom 25. 9. 2012)

STICHWORTVERZEICHNIS

1. Allgemeiner Teil

1.1 Gesetzesauftrag

Gemäß § 6 Abs. 1 des Devisengesetzes 2004, BGBl. I Nr. 123/2003, ist die Oesterreichische Nationalbank (OeNB) verpflichtet,

1. die Zahlungsbilanz Österreichs,

2. die Statistik betreffend die internationale Vermögensposition,

3. die Direktinvestitionsstatistik sowie

4. alle Statistiken, die Außenwirtschaftsbeziehungen im Rahmen dieser Statistiken darstellen,

zu erstellen und der Öffentlichkeit auf geeignete Weise zugänglich zu machen. Die Veröffentlichung der genannten Statistiken erfolgt u.a. auf der Internet-Homepage der OeNB.

Zur Erfüllung dieses Gesetzesauftrages ist die OeNB gemäß § 6 Abs. 2 des Devisengesetzes 2004 berechtigt, von inländischen natürlichen und juristischen Personen sowie von sonstigen Einrichtungen mit Rechtspersönlichkeit Auskünfte und Meldungen einzuholen.

Die OeNB hat durch Verordnung Termine, Form und Gliederung der zu liefernden Daten vorzuschreiben. Gestützt auf § 6 Abs. 2 und 3 des Devisengesetzes 2004 wird dazu die gegenständliche Meldeverordnung erlassen, aufgrund der die Meldepflichtigen bestimmt und verpflichtet werden, zu den festgesetzten Terminen die angeführten Meldungen mit den definierten Meldeinhalten zu erstatten.

1.2 Meldegegenstand

Den Gegenstand der Meldungen gemäß den Ziffern 2. und 3. bilden die in der Beilage zu dieser Verordnung angeführten grenzüberschreitenden Leistungen und Transfers, im Folgenden zusammengefasst als grenzüberschreitende Dienstleistungen bezeichnet. Grenzüberschreitend ist eine Dienstleistung dann, wenn der Vertragspartner des inländischen Meldepflichtigen, der die Dienstleistung erbringt (Dienstleistungsimport) oder der die Dienstleistung bezieht (Dienstleistungsexport), seinen Sitz/Wohnsitz nicht in Österreich, sondern im Ausland hat oder eine internationale Organisation oder eine diplomatische Einrichtung (Botschaft, Konsulat) eines ausländischen Staates in Österreich ist.

Die Definitionen der einzelnen, in der Beilage zu dieser Verordnung genannten Leistungen sind im Anhang II der Verordnung (EU) Nr. 555/2012 vom 22. Juni 2012 zur Änderung der Verordnung (EG) Nr. 184/2005 betreffend die gemeinschaftliche Statistik der Zahlungsbilanz, des internationalen Dienstleistungsverkehrs und der Direktinvestitionen im Hinblick auf die Aktualisierung der Datenanforderungen und Definitionen enthalten. Entsprechende Definitionen enthält auch die Leitlinie der Europäischen Zentralbank vom 9. Dezember 2011 über die statistischen Berichtsanforderungen der Europäischen Zentralbank im Bereich der außenwirtschaftlichen Statistiken (EZB/2011/23).[1)]

1.3 Geheimhaltung

Die von der OeNB eingeholten Daten dürfen nur zu statistischen Zwecken verwendet werden und sind nach Maßgabe des § 6 Abs. 4 des Devisengesetzes 2004 vollkommen vertraulich zu behandeln; die Verpflichtung zur Wahrung des Bankgeheimnisses (§ 38 Bankwesengesetz, BGBl. Nr. 532/1993 idgF - BWG) steht der Berechtigung der OeNB zur Auskunftseinholung nicht entgegen (§ 6 Abs. 8 Devisengesetz 2004).

1.4 Meldungslegung

Die Meldungen sind nach den vorgegebenen technischen Standards auf elektronischem Weg zu erstatten.

Die vorgegebenen Standards und Erläuterungen zur Meldungslegung können über folgende Internet-Adressen abgerufen werden:

http://www.zahlungsbilanz.oenb.at oder
http://www.netquest.at

In den Erläuterungen finden sich weitere Beschreibungen zur Meldungslegung, insbesondere die Meldecodes und Ausführungen zu den einzelnen Meldepositionen.

Die Meldungen sind in deutscher Sprache zu legen.

Alternativ können Meldungen mittels Meldevordrucken erbracht werden. Die Meldevordrucke und Erläuterungen für die zu erstattenden Meldungen sind auf Anfrage kostenlos bei der OeNB (1090 Wien, Otto-Wagner-Platz 3) oder bei der von der OeNB beauftragten Bundesanstalt Statistik Österreich (1110 Wien, Guglgasse 13) zu beziehen.

1.5 Meldepflicht

Die Meldepflichtigen haben die Meldungen nach bestem Wissen auszufüllen und innerhalb der Meldungslegungsfristen, die in den Ziffern

---

[1)] *Siehe auf der Internetseite der OeNB unter Statistik und Melderservice – Melderservice – Außenwirtschaftsstatistik – Rechtliche Grundlagen:* http://www.oenb.at/de/stat_melders/melderservice/mb_zabil/grundlagen/rechtliche_grundlagen.jsp

2. und 3. definiert sind, entsprechend den in diesen Ziffern angegebenen Zuständigkeiten entweder an die OeNB oder an die von der OeNB beauftragte Bundesanstalt Statistik Österreich zu übermitteln. Fällt das Ende der Meldungslegungsfrist auf einen Samstag, Sonntag oder gesetzlichen Feiertag, so verlängert sich diese auf den nächstfolgenden Werktag.

Verstöße gegen die Meldepflicht stellen eine Verwaltungsübertretung nach § 10 des Devisengesetzes 2004 dar und können mit einer Geldstrafe bis zu € 5.000 geahndet werden.

1.6 Wirtschaftstätigkeiten

Die in Ziffer 2. und 3. angeführten Wirtschaftstätigkeiten entsprechen der laut § 4 Abs. 5 Bundesstatistikgesetz 2000, BGBl. I Nr. 163/1999 idgF in der Bundesanstalt Statistik Österreich aufliegenden und auf der Internet-Homepage der Bundesanstalt Statistik Österreich (http://www.statistik.at) veröffentlichten Systematik der Wirtschaftstätigkeiten – ÖNACE 2008 – und erstrecken sich auf Abteilungen, Gruppen, Klassen und Unterklassen folgender Gliederungsebenen:

ÖNACE 2008	Bezeichnung
Abschnitt B	Bergbau und Gewinnung von Steinen und Erden
Abschnitt C	Herstellung von Waren
Abschnitt D	Energieversorgung
Abschnitt E	Wasserversorgung; Abwasser- und Abfallentsorgung und Beseitigung von Umweltverschmutzungen
Abschnitt F	Bau
Abschnitt G	Handel; Instandhaltung und Reparatur von Kraftfahrzeugen
Abschnitt H	Verkehr und Lagerei
Abschnitt I	Beherbergung und Gastronomie
Abschnitt J	Information und Kommunikation
Abteilung 64	Erbringung von Finanzdienstleistungen
Gruppe 64.2	Beteiligungsgesellschaften
Abteilung 65	Versicherungen, Rückversicherungen und Pensionskassen (ohne Sozialversicherung)
Abteilung 66	Mit Finanz- und Versicherungsdienstleistungen verbundene Tätigkeiten
Abschnitt L	Grundstücks- und Wohnungswesen
Abschnitt M	Erbringung von freiberuflichen, wissenschaftlichen und technischen Dienstleistungen
Abschnitt N	Erbringung von sonstigen wirtschaftlichen Dienstleistungen
Abschnitt P	Erziehung und Unterricht
Abschnitt Q	Gesundheits- und Sozialwesen
Abschnitt R	Kunst, Unterhaltung und Erholung
Abschnitt S	Erbringung von sonstigen Dienstleistungen

1.7 ISO-Code

Der in den Ziffern 2. und 3. angesprochene ISO-Code ist der Ländercode für das Sitzland (den Wohnsitz) des ausländischen Vertragspartners bzw. für die Internationale Organisation, die als Vertragspartner auftritt, gemäß ISO-Standard 3166 (International Organization for Standardization). Eine Liste der aktuellen Codes kann über folgende Internetadressen abgerufen werden:

http://www.zahlungsbilanz.oenb.at oder
http://www.netquest.at

2. Meldung des grenzüberschreitenden Dienstleistungsverkehrs im volkswirtschaftlichen Sektor Unternehmen betreffend die Abschnitte B bis J, L bis N, P bis S sowie die Gruppe 64.2 und die Abteilung 66 der ÖNACE 2008

2.1 Meldepflichtige

Zur Meldung des grenzüberschreitenden Dienstleistungsverkehrs entsprechend den Bestimmungen der Ziffern 1., 2. und 4. der gegenständlichen Verordnung sind jene natürlichen oder juristischen Personen sowie eingetragene Personengesellschaften verpflichtet,

1. die ihren Sitz/Wohnsitz im Inland haben,

2. die schwerpunktmäßig Wirtschaftstätigkeiten gemäß der Abschnitte B bis J, L bis N, P bis S sowie der Gruppe 64.2 und der Abteilung 66 der ÖNACE 2008 selbständig und regelmäßig verrichten und

3. a) deren Gesamterlöse (exklusive Umsatzsteuer) aus für das Ausland erbrachten grenzüberschreitenden Dienstleistungen (Dienstleistungs-Exporte) oder deren Gesamtaufwendungen (exklusive Umsatzsteuer) für aus dem Ausland bezogene grenzüberschreitende Dienstleistungen

(Dienstleistungs-Importe) in dem der aktuellen Meldeperiode vorangegangenen Kalenderjahr die Meldegrenze gemäß Ziffer 2.2 erreicht oder überschritten haben, oder

b) deren Gesamterlöse bzw Gesamtaufwendungen aus solchen Dienstleistungs-Exporten oder Dienstleistungs-Importen in einer Meldeperiode des aktuellen Kalenderjahrs die Meldegrenze gemäß Ziffer 2.2 erreicht oder überschritten haben, ungeachtet dessen, ob die Meldegrenze auch im vorangegangenen Kalenderjahr erreicht oder überschritten wurde.

Im Anwendungsfall des Punktes 3 lit a) besteht die Meldepflicht für alle vier Quartale des dem Kalenderjahr, in dem die Meldegrenze erreicht oder überschritten wurde, folgenden Jahres.

Im Anwendungsfall des Punktes 3 lit b) besteht die Meldepflicht für alle Quartale des aktuellen Kalenderjahres, beginnend mit dem Quartal, in dem die Meldegrenze erreicht oder überschritten wurde, sowie für alle vier Quartale des folgenden Jahres.

Eine durch Überschreiten der Meldegrenzen ausgelöste Meldepflicht besteht auch dann bis zum Ende der oben festgelegten Meldeperioden weiter, wenn die Meldegrenze während einzelner dieser Meldeperioden nicht mehr erreicht oder überschritten wird bzw. keine grenzüberschreitenden Dienstleistungen im Sinne des Punktes 3 mehr getätigt werden (Leermeldung).

Tritt ein Fiskalvertreter (§ 27 Umsatzsteuergesetz 1994, BGBl. Nr. 663/1994 idgF) auf, so ist dieser zur Meldung verpflichtet.

2.2 Meldegrenzen

Die Meldegrenze im Sinne der Ziffer 2.1 beträgt für Gesamterlöse aus Dienstleistungs-Exporten bzw. Gesamtaufwendungen für Dienstleistungs-Importe jeweils € 500.000.

2.3 Merkmale der Meldungen

Vom Meldepflichtigen sind kalendervierteljährlich folgende Merkmale zu melden:

2.3.1 Seine **Identifikationsdaten**, und zwar

1. Vor- und Zuname bzw. Firma

2. Vollständige Anschrift einschließlich Postleitzahl

3. Umsatzsteuer-Identifikationsnummer, Firmenbuchnummer

2.3.2 Seine **Dienstleistungs-Exporte**, und zwar

die Summe der Erlöse (exklusive Umsatzsteuer) aus den in der Meldeperiode für das Ausland erbrachten (grenzüberschreitenden) Dienstleistungen

2.3.3 Seine **Dienstleistungs-Importe**, und zwar

die Summe der Aufwendungen (exklusive Umsatzsteuer) für die in der Meldeperiode aus dem Ausland bezogenen (grenzüberschreitenden) Dienstleistungen

2.4 Gliederung der Meldungen

Die in den Meldeperioden erbrachten Dienstleistungs-Exporte und bezogenen Dienstleistungs-Importe sind vierteljährlich in der Gliederung nach

1. den in der Beilage zur gegenständlichen Meldeverordnung angeführten Einzelpositionen der grenzüberschreitenden Dienstleistungen und

2. den Ländern, in denen die ausländischen Leistungsbezieher/Leistungserbringer ihren Sitz (Wohnsitz) haben, unter Angabe des ISO-Codes

zu melden

2.5 Meldeperioden, Meldungslegungsfristen

Die Meldungen sind vierteljährlich an die von der OeNB beauftragte Bundesanstalt Statistik Österreich zu erstatten.

Meldungen von Verwaltungsgesellschaften (§ 3 Abs. 2 Z. 1 Investmentfondsgesetz 2011, BGBl. I 2011/177 idgF) sowie von Kapitalanlagegesellschaften für Immobilien (§ 2 Immobilien-Investmentfondsgesetz, BGBl. I Nr. 80/2003 idgF) müssen, sofern diese Gesellschaften schwerpunktmäßig Tätigkeiten gemäß Abteilung 66 der ÖNACE 2008 („Mit dem Finanz- und Versicherungsdienstleistungen verbundene Tätigkeiten") ausüben, jedoch an die OeNB erstattet werden.

Die Meldeperiode ist das Kalenderquartal, in dem die erbrachte oder bezogene Dienstleistung fakturiert wurde.

Die Meldung über das abgelaufene Kalenderquartal ist spätestens am 15. Kalendertag des dem Kalenderquartal unmittelbar nachfolgenden Monats zu erstatten.

3. Meldung des grenzüberschreitenden Dienstleistungsverkehrs im volkswirtschaftlich finanziellen Sektor betreffend die Abteilungen 64 und 65 der ÖNACE 2008 (exklusive Gruppe 64.2)

3.1 Meldungen von Kreditinstituten

Kreditinstitute im Sinne dieser Meldeverordnung sind Kreditinstitute gemäß § 1 und § 9 BWG sowie Finanzinstitute gemäß § 11 BWG.

3.1.1 Meldepflichtige

Zur Meldung des grenzüberschreitenden Dienstleistungsverkehrs entsprechend den Bestimmungen der Ziffern 1., 3.1, und 4. der gegenständlichen Verordnung sind jene Kreditinstitute verpflichtet, die

1. ihren Sitz im Inland haben oder die Ihre Tätigkeit in Österreich über eine inländische Zweigstelle (BWG) ausüben,

2. schwerpunktmäßig Wirtschaftstätigkeiten gemäß der Abteilung 64 der ÖNACE 2008 selbständig und regelmäßig ausüben (exklusive Gruppe 64.2),

3. grenzüberschreitende Dienstleistungen für das Ausland erbringen oder grenzüberschreitende Dienstleistungen aus dem Ausland beziehen und

4. bei denen in dem, der Meldeperiode vorangegangenen Kalenderjahr die Summe der Provisionserträge und Provisionsaufwendungen aus dem Dienstleistungsgeschäft (laut Erfolgsausweis gemäß der Vermögens-, Erfolgs- und Risikoausweis-Verordnung, BGBl. II Nr. 63/2011) den Betrag von € 10.000.000 erreicht oder überschritten hat.

3.1.2 Merkmale der Meldungen

Vom Meldepflichtigen sind kalendervierteljährlich folgende Merkmale zu melden:

1. Seine **OeNB-Identnummer**

2. Seine **Dienstleistungs-Exporte**, und zwar die Summe der Erlöse (exklusive Umsatzsteuer) aus den in der Meldeperiode für das Ausland erbrachten (grenzüberschreitenden) Dienstleistungen

3. Seine **Dienstleistungs-Importe**, und zwar die Summe der Aufwendungen (exklusive Umsatzsteuer) für die in der Meldeperiode aus dem Ausland bezogenen (grenzüberschreitenden) Dienstleistungen

3.1.3 Gliederung der Meldungen

Die in den Meldeperioden erbrachten Dienstleistungs-Exporte und bezogenen Dienstleistungs-Importe sind vierteljährlich in der Gliederung nach

1. den in der Beilage zur gegenständlichen Meldeverordnung angeführten Einzelpositionen der grenzüberschreitenden Dienstleistungen und

2. den Ländern, in denen die ausländischen Leistungsbezieher/Leistungserbringer ihren Sitz (Wohnsitz) haben, unter Angabe des ISO-Codes

zu melden.

3.1.4 Meldeperioden, Meldungslegungsfristen

Die Meldungen sind vierteljährlich an die OeNB zu erstatten.

Die Meldeperiode ist das Kalenderquartal, in dem die erbrachte oder bezogene Dienstleistung fakturiert wurde.

Die Meldung über das abgelaufene Kalenderquartal ist spätestens am 15. Kalendertag des dem Kalenderquartal unmittelbar nachfolgenden Monats zu erstatten.

Alternativ können die Meldungen auch auf monatlicher Basis übermittelt werden.

Bei der monatlichen Meldung ist die Meldeperiode der Kalendermonat, in dem die erbrachte oder bezogene Dienstleistung fakturiert wurde.

Die Meldung über den abgelaufenen Kalendermonat ist spätestens am 15. Kalendertag des Folgemonats zu erstatten.

3.2 Zusätzliche Meldungen von Kreditinstituten, die schwerpunktmäßig Bankgeschäfte gemäß § 1 Abs. 1 Z 6 BWG betreiben (Kartenorganisationen)

3.2.1 Meldepflichtige

Entsprechend den Bestimmungen der Ziffern 1., 3.2, und 4. der gegenständlichen Verordnung sind jene Kreditinstitute, die

1. ihren Sitz im Inland haben oder die ihre Tätigkeit in Österreich über eine inländische Zweigstelle (BWG) ausüben und

2. schwerpunktmäßig Bankgeschäfte gemäß § 1 Abs.1 Z 6 BWG betreiben (Kartenorganisationen),

– unbeschadet einer allfälligen Meldepflicht nach Ziffer 3.1 – in Bezug auf das grenzüberschreitende Kundengeschäft meldepflichtig.

3.2.2 Merkmale der Meldungen

Vom Meldepflichtigen sind folgende Merkmale monatlich und jährlich zu melden:

1. Seine **OeNB-Identnummer**

2. Die **Summe** der von ausländischen Kartenorganisationen in der Meldeperiode refundierten Beträge **(Zahlungseingänge)** zum Ausgleich aller Zahlungen, die der Meldepflichtige an Inländer vorgenommen hat, um Transaktionen zu bezahlen, welche Ausländer unter Verwendung von Kredit- und Bankomatkarten mit Inländern getätigt haben

3. Die **Summe** der an ausländische Kartenorganisationen in der Meldeperiode refundierten Beträge **(Zahlungsausgänge)** zum Ausgleich aller Zahlungen, die diese Organisationen vorgenommen haben, um Transaktionen zu bezahlen, welche Inländer unter Verwendung von Kredit- und Bankomatkarten des Meldepflichtigen mit Ausländern getätigt haben

3.2.3 Gliederung der Meldungen

3.2.3.1 Monatliche Meldungen

Die in der Meldeperiode erhaltenen und geleisteten Zahlungen (Zahlungseingänge und Zahlungsausgänge gemäß Ziffer 3.2.2) sind in der Gliederung nach den Ländern, in denen die ausländischen Transaktionspartner ihren Sitz (Wohnsitz) haben, unter Angabe des ISO-Codes, zu melden.

3.2.3.2 Jährliche Meldungen

Die in der Meldeperiode erhaltenen und geleisteten Zahlungen (Zahlungseingänge und Zahlungsausgänge gemäß Ziffer 3.2.2) sind in der Gliederung nach

- Tankstellen,
- Unterkünfte aller Art,
- Bewirtung aller Art,
- Flugverkehr,
- Sonstige Verkehrsmittel,
- Leistungen von Reisebüros und Reiseveranstaltern,
- Handel (ausgenommen Versandhandel),
- Versandhandel, Internetauktionen,
- Teilnahme an Glücksspielen und
- restliche Kreditkarten- und Bankomatkartentransaktionen

zu melden.

3.2.4 Meldeperioden, Meldungslegungsfristen

Die Meldungen sind monatlich bzw. jährlich an die OeNB zu erstatten.

Bei der monatlichen Meldung ist die Meldeperiode der Kalendermonat, in dem die erbrachte oder bezogene Dienstleistung fakturiert wurde.

Die Meldung über den abgelaufenen Kalendermonat ist spätestens am 15. Kalendertag des Folgemonats zu erstatten.

Bei der jährlichen Meldung ist die Meldeperiode das Kalenderjahr, in dem die erbrachte oder bezogene Dienstleistung fakturiert wurde.

Die Meldung über das abgelaufene Kalenderjahr ist spätestens am 15. Februar des Folgejahres zu erstatten.

3.3 Meldungen von Versicherungsunternehmen gemäß Versicherungsaufsichtsgesetz

3.3.1 Meldung von grenzüberschreitenden Versicherungsdienstleistungen

3.3.1.1 Meldepflichtige

Entsprechend den Bestimmungen der Ziffern 1., 3.3.1, 3.3.3 und 4. der gegenständlichen Verordnung sind jene Versicherungsunternehmen, die

1. ihren Sitz im Inland haben oder die ihre Tätigkeit in Österreich über eine inländische Zweigniederlassung (VAG) ausüben und

2. schwerpunktmäßig Wirtschaftstätigkeiten gemäß der Abteilung 65 der ÖNACE 2008 selbständig und regelmäßig verrichten,

in Bezug auf grenzüberschreitende Versicherungsdienstleistungen meldepflichtig.

3.3.1.2 Merkmale der Meldungen

3.3.1.2.1 Quartalsweise Meldungen

Vom Meldepflichtigen sind folgende Merkmale zu melden:

1. Seine **OeNB-Identnummer**

2. Seine **Direktversicherungs- und Rückversicherungsleistungs-Exporte**, und zwar seine Erlöse in Form von **verdienten bzw. abgegrenzten Prämien**, die aufgrund von mit Ausländern abgeschlossenen Versicherungsverträgen in der Meldeperiode erhalten wurden

3. Seine **Direktversicherungs- und Rückversicherungsleistungs-Exporte**, und zwar seine Erlöse in Form von **verrechneten Prämien**, die

aufgrund von mit Ausländern abgeschlossenen Versicherungsverträgen in der Meldeperiode erhalten wurden

4. Seine **Rückversicherungsleistungs-Importe**, und zwar seine Aufwendungen in Form von **verdienten bzw. abgegrenzten Prämien**, die aufgrund von mit Ausländern abgeschlossenen Versicherungsverträgen in der Meldeperiode geleistet wurden

5. Seine **Rückversicherungsleistungs-Importe**, und zwar seine Aufwendungen in Form von **verrechneten Prämien**, die aufgrund von mit Ausländern abgeschlossenen Versicherungsverträgen in der Meldeperiode geleistet wurden

6. Seine **Schadenszahlungen** in Form von **abgegrenzten Schäden**, die aufgrund von mit Ausländern abgeschlossenen Direkt und Rückversicherungsverträgen in der Meldeperiode geleistet oder erhalten wurden

7. Seine **Schadenszahlungen** in Form von **Zahlungen für Versicherungsfälle**, die aufgrund von mit Ausländern abgeschlossenen Direkt- und Rückversicherungsverträgen in der Meldeperiode geleistet oder erhalten wurden

Darüber hinaus muss der Meldepflichtige – im Anlassfall – bei Schadenszahlungen in das Ausland, die einen Wert von € 10.000.000 erreichen oder überschreiten, eine Einzelmeldung (Großschadensmeldung) erstatten.

3.3.1.2.2 Jährliche Meldungen

Vom Meldepflichtigen sind folgende Merkmale zu melden:

1. Seine **OeNB-Identnummer**

2. Seine **Rückversicherungsleistungs-Exporte**, und zwar seine Erlöse in Form von **verdienten bzw. abgegrenzten Prämien**, die aufgrund von mit Ausländern abgeschlossenen Versicherungsverträgen in der Meldeperiode erhalten wurden

3. Seine **Rückversicherungsleistungs-Exporte**, und zwar seine Erlöse in Form von **verrechneten Prämien**, die aufgrund von mit Ausländern abgeschlossenen Versicherungsverträgen in der Meldeperiode erhalten wurden

4. Seine **Rückversicherungsleistungs-Importe**, und zwar seine Aufwendungen in Form von **verdienten bzw. abgegrenzten Prämien**, die aufgrund von mit Ausländern abgeschlossenen Versicherungsverträgen in der Meldeperiode geleistet wurden

5. Seine **Rückversicherungsleistungs-Importe**, und zwar seine Aufwendungen in Form von **verrechneten Prämien**, die aufgrund von mit Ausländern abgeschlossenen Versicherungsverträgen in der Meldeperiode geleistet wurden

6. Seine **Schadenszahlungen in der Rückversicherung** in Form von **abgegrenzten Schäden**, die aufgrund von mit Ausländern abgeschlossenen Rückversicherungsverträgen in der Meldeperiode geleistet oder erhalten wurden

7. Seine **Schadenszahlungen in der Rückversicherung** in Form von **Zahlungen für Versicherungsfälle**, die aufgrund von mit Ausländern abgeschlossenen Rückversicherungsverträgen in der Meldeperiode geleistet oder erhalten wurden

8. Seinen Bestand an **Finanzforderungen aus der abgegebenen Rückversicherung** gegenüber ausländischen Versicherungsunternehmen zum Jahresultimo

9. Seinen Bestand an **Finanzverbindlichkeiten aus der übernommenen Rückversicherung** gegenüber ausländischen Versicherungsunternehmen zum Jahresultimo

10. Seinen Bestand an **versicherungstechnischen Rückstellungen** in der Lebensversicherung zum Jahresultimo

3.3.1.3 Gliederung der Meldungen

3.3.1.3.1 Quartalsweise Meldungen

Die in der Meldeperiode erbrachten Direktversicherungs- und Rückversicherungsleistungs-Exporte, die bezogenen Rückversicherungsleistungs-Importe sowie die erhaltenen und geleisteten Schadenszahlungen sind in der Gliederung nach

1. fonds- und indexgebundener sowie sonstiger Lebensversicherung, Frachtversicherung und Sonstiger Direktversicherung sowie nach abgegebener und übernommener Rückversicherung,

2. den Ländern, in denen die ausländischen Leistungsbezieher/Leistungserbringer ihren Sitz (Wohnsitz) haben, unter Angabe des ISO-Codes (inklusive AT für Österreich) und

3. der Unterscheidung in freien Dienstleistungs- oder Niederlassungsverkehr (für alle Länder außer AT)

zu melden.

3.3.1.3.2 Jährliche Meldungen

Die in der Meldeperiode erbrachten Rückversicherungsleistungs-Exporte, die bezogenen Rückversicherungsleistungs-Importe, die erhaltenen und geleisteten Schadenszahlungen in der Rückversicherung sind in der Gliederung nach

1. abgegebener und übernommener Rückversicherung und

2. den Ländern, in denen die ausländischen Leistungsbezieher/Leistungserbringer ihren Sitz (Wohnsitz) haben, unter Angabe des ISO-Codes

zu melden.

Die Bestände an Finanzforderungen aus der abgegebenen Rückversicherung und Finanzverbindlichkeiten aus der übernommenen Rückversicherung sind in der Gliederung nach den Ländern, in denen die ausländischen Leistungserbringer/Leistungsbezieher ihren Sitz (Wohnsitz) haben, unter Angabe des ISO-Codes zu melden.

Der Bestand an versicherungstechnischen Rückstellungen in der Lebensversicherung ist getrennt nach fonds- und indexgebundener Lebensversicherung sowie sonstiger Lebensversicherung zu melden. Anzugeben sind die aushaftenden Nominalstände für in- und ausländische Versicherungsnehmer in Summe.

3.3.2 Meldung des sonstigen grenzüberschreitenden Dienstleistungsverkehrs

3.3.2.1 Meldepflichtige

Entsprechend den Bestimmungen der Ziffern 1., 3.3.2, 3.3.3 und 4. der gegenständlichen Verordnung sind jene Versicherungsunternehmen, die

1. ihren Sitz im Inland haben oder die ihre Tätigkeit in Österreich über eine inländische Zweigniederlassung (VAG) ausüben,

2. schwerpunktmäßig Wirtschaftstätigkeiten gemäß der Abteilung 65 der ÖNACE 2008 selbständig und regelmäßig verrichten und

3. bei denen die Summe sämtlicher Erlöse und Aufwendungen aus grenzüberschreitenden Versicherungsdienstleistungen („Eigengeschäft" gemäß Ziffer 3.3.1) im Jahr den Betrag von € 20.000.000 erreicht bzw. überschreitet,

in Bezug auf den sonstigen grenzüberschreitenden Dienstleistungsverkehr meldepflichtig.

3.3.2.2 Merkmale der Meldungen

Vom Meldepflichtigen sind kalendervierteljährlich folgende Merkmale zu melden:

1. Seine **OeNB-Identnummer**

2. Seine **Dienstleistungs-Exporte**, und zwar die Summe der Erlöse (exklusive Umsatzsteuer) aus den in der Meldeperiode für das Ausland erbrachten (grenzüberschreitenden) Dienstleistungen (exklusive dem Eigengeschäft)

3. Seine **Dienstleistungs-Importe**, und zwar die Summe der Aufwendungen (exklusive Umsatzsteuer) für die in der Meldeperiode aus dem Ausland bezogenen (grenzüberschreitenden) Dienstleistungen (exklusive dem Eigengeschäft)

3.3.2.3 Gliederung der Meldungen

Die in den Meldeperioden erbrachten Dienstleistungs-Exporte und bezogenen Dienstleistungs-Importe sind vierteljährlich in der Gliederung nach

1. den in der Beilage zur gegenständlichen Meldeverordnung angeführten Einzelpositionen der grenzüberschreitenden Dienstleistungen und

2. den Ländern, in denen die ausländischen Leistungsbezieher/Leistungserbringer ihren Sitz (Wohnsitz) haben, unter Angabe des ISO-Codes

zu melden.

3.3.3 Meldeperioden, Meldungslegungsfristen

Die Meldungen sind vierteljährlich bzw. jährlich an die OeNB zu erstatten.

Bei der vierteljährlichen Meldung sowohl der grenzüberschreitenden Versicherungs¬dienstleistungen gemäß Ziffer 3.3.1 als auch des sonstigen grenzüberschreitenden Dienstleistungsverkehrs gemäß Ziffer 3.3.2 ist die Meldeperiode das Kalenderquartal, in dem die erbrachte oder bezogene Dienstleistung fakturiert wurde.

Die Meldung über das abgelaufene Kalenderquartal ist spätestens am 15. Kalendertag des dem Kalenderquartal unmittelbar nachfolgenden Monats zu erstatten.

Bei der jährlichen Meldung der grenzüberschreitenden Versicherungsdienstleistungen gemäß Ziffer 3.3.1 ist die Meldeperiode das Kalenderjahr, in dem die erbrachte oder bezogene Dienstleistung fakturiert wurde bzw. in dem der Forderungs- bzw. Verpflichtungsbestand gebucht wurde.

Die Meldung über das abgelaufene Kalenderjahr ist spätestens am 15. Februar des Folgejahres zu erstatten.

Bei der Großschadensmeldung ist die Meldeperiode das Kalenderquartal, in dem die Schadenszahlung geleistet wurde.

Die Meldung über das abgelaufene Kalenderquartal ist spätestens am 15. Kalendertag des dem Kalenderquartal unmittelbar nachfolgenden Monats zu erstatten.

4. Schlussbestimmungen

4.1 Verwendung der geschlechtsspezifischen Form

Soweit in dieser Meldeverordnung personenbezogene Begriffe verwendet werden, kommt ihnen keine geschlechtsspezifische Bedeutung zu. Sie sind bei der Anwendung auf bestimmte Personen in der jeweils geschlechtsspezifischen Form zu verwenden.

4.2 Wegfall der Auskunftspflicht

Meldepflichtige, die aufgrund der gegenständlichen Meldeverordnung Meldungen erstatten, sind von der Auskunftspflicht gemäß § 5 der Verordnung der Oesterreichischen Nationalbank betreffend statistische Erhebungen über die Importe und Exporte von Dienstleistungen und grenzüberschreitende Finanzbeziehungen (verlautbart im Amtsblatt zur Wiener Zeitung Nr. 160 vom 20. August 2009) befreit.

4.3 Inkrafttreten

Die gegenständliche Meldeverordnung tritt am 1. Jänner 2013 in Kraft.

Auf quartalsweise und monatliche Meldungen gem. Ziffern 2. und 3. ist die gegenständliche Verordnung erstmalig auf Meldeperioden im ersten Quartal 2013 anzuwenden.

Für die jährlichen Meldungen von Kartenorganisationen gem. Ziffer 3.2.3.2 und von Versicherungsunternehmen gem. Ziffer 3.3.1.3 ist diese Verordnung erstmalig auf die Meldeperiode 2012 anzuwenden.

Mit Inkrafttreten dieser Verordnung tritt die Meldeverordnung ZABIL 1/2009 der Oesterreichischen Nationalbank betreffend die statistische Erfassung des grenzüberschreitenden Dienstleistungsverkehrs vom 26. November 2008 (verlautbart im Amtsblatt zur Wiener Zeitung Nr. 242 vom 10. Dezember 2008) außer Kraft. Sie ist letztmalig auf quartalsweise und monatliche Meldungen anzuwenden, deren Meldeperiode am 31. Dezember 2012 endet und auf jährliche Meldungen, deren Meldeperiode am 31. Dezember 2011 endet.

Wien, am 25. September 2012

Direktorium der Oesterreichischen Nationalbank

Anhänge: *Nicht abgedruckt. (Die Anhänge sind im Volltext auf www.lexisnexis.at unter dem Menüpunkt „Service", Unterpunkt „Downloads & Updates" abrufbar.)*

Meldeverordnung ZABIL 1/2022 der Oesterreichischen Nationalbank betreffend die statistische Erfassung des grenzüberschreitenden Kapitalverkehrs

BGBl II 2020/573

Meldeverordnung ZABIL 1/2022 der Oesterreichischen Nationalbank betreffend die statistische Erfassung des grenzüberschreitenden Kapitalverkehrs

1. Hauptstück

Allgemeine Bestimmungen

Anordnung zur Erstellung der Statistiken und Zweck der Meldung

§ 1. (1) Gemäß § 6 Abs. 1 Devisengesetz 2004, BGBl. I Nr. 123/2003 idF BGBl. I Nr. 37/2018 (DevG 2004), ist die Oesterreichische Nationalbank (OeNB) verpflichtet, folgende Statistiken zu erstellen und der Öffentlichkeit auf geeignete Weise zugänglich zu machen:

1. die Zahlungsbilanz Österreichs,
2. die Statistik betreffend die Internationale Vermögensposition,
3. die Direktinvestitionsstatistik sowie
4. Statistiken, die Außenwirtschaftsbeziehungen im Rahmen dieser Statistiken darstellen. Die Veröffentlichung der genannten Statistiken erfolgt u. a. auf der Website der OeNB.

(2) Zur Erfüllung dieses Gesetzesauftrages ist die OeNB gemäß § 6 Abs. 2 DevG 2004 berechtigt, von inländischen natürlichen und juristischen Personen sowie von sonstigen Einrichtungen mit Rechtspersönlichkeit Auskünfte und Meldungen einzuholen.

(3) Die OeNB hat Termine, Form und Gliederung der zu liefernden Daten durch Verordnung vorzuschreiben. Gestützt auf § 6 Abs. 2 und 3 DevG 2004 wird dazu diese Meldeverordnung erlassen, auf deren Grundlage die Meldepflichtigen bestimmt und diese verpflichtet werden, zu den festgesetzten Terminen die angeführten Meldungen mit den definierten Meldeinhalten zu erstatten.

(4) Eine Auslegungshilfe sowie technische Erläuterungen zur Meldungslegung sind der Ausweisrichtlinie zur gegenständlichen Meldeverordnung zu entnehmen, welche auf der Website der OeNB abgerufen werden kann.

(5) Auf Basis der nach dieser Meldeverordnung erhobenen Daten erstellt die OeNB Statistiken, welche die außenwirtschaftlichen Verflechtungen der österreichischen Volkswirtschaft zeigen und währungs- und wirtschaftspolitischen Zwecken dienen. Gefordert werden diese Statistiken u. a. von der Europäischen Zentralbank (EZB) und dem Statistischen Amt der Europäischen Union (Eurostat) sowie vom Internationalen Währungsfonds (IWF). Die Daten dieser Statistiken stellen weiters wichtige Indikatoren bei der Analyse der Wettbewerbsfähigkeit des Wirtschaftsstandortes Österreich dar.

Meldegegenstand

§ 2. Gegenstand der Meldung sind Daten (einschließlich Stammdaten) gemäß dem 2. Hauptstück und den Anlagen zur gegenständlichen Verordnung (Erhebungsschaubilder) betreffend grenzüberschreitende Direktinvestitionen, grenzüberschreitende Sonstige Investitionen, grenzüberschreitende Vermögensübertragungen und liegenschaftsbezogene Transaktionen, grenzüberschreitende Geschäfte mit Finanzderivaten sowie Wertpapier- bzw. Portfolioinvestitionen.

Allgemeine Meldebestimmungen

§ 3. (1) Die Meldungen und Stammdaten sind nach den von der OeNB vorgegebenen technischen Standards, die auf der Website der OeNB abgerufen werden können, auf elektronischen Übermittlungswegen zu legen.

(2) Die Meldungen sind in deutscher Sprache zu legen.

(3) Die zur Datenübermittlung erforderlichen Registrierungs-, Anmeldungs- und Authentisierungsschritte sind zeitgerecht vor der Meldungslegung zu setzen. Diesbezügliche Informationen können auf der Website der OeNB abgerufen werden.

(4) Die Meldeinhalte sind je Erhebung entsprechend den Ausprägungen zu gliedern, welche auf der Website der OeNB abgerufen werden können.

(5) Zu einer Meldeperiode sind je Erhebung alle Meldeinhalte in einer Meldung zu legen.

(6) Für ausgewählte Erhebungen sind Stammdaten zeitgerecht vor der Meldungslegung zu übermitteln. Die Stammdaten müssen für die jeweilige Meldungslegung aktualisiert bzw. vervollständigt werden.

(7) Euro-Gegenwerte sind mit den Wechselkursen umzurechnen, welche auf der Website der OeNB abgerufen werden können.

(8) Länder- und Währungscodes sind entsprechend den aktuell gültigen ISO-Standards anzugeben, welche auf der Website der OeNB abgerufen werden können.

(9) Fällt der Meldetermin auf einen Samstag, Sonntag oder gesetzlichen Feiertag, so verschiebt sich der Termin auf den nächstfolgenden Werktag.

(10) Ergibt sich nachträglich Änderungsbedarf zu einer bereits gelegten Meldung (Richtigstellen, Hinzufügen oder Weglassen von Daten), ist unverzüglich eine korrigierte Meldung zu legen. Die OeNB kann eine korrigierte Meldung aus technischen oder inhaltlichen Gründen bzw. aufgrund fehlender Meldeinhalte anfordern.

(11) Meldepflichtige können für die Meldungslegung eine dritte Person berechtigen. Diese Person hat die ihr übertragene Berechtigung nachzuweisen. Ungeachtet des Bestehens eines derartigen Berechtigungsverhältnisses steht es der OeNB frei, Rückfragen, Mängelbehebungsaufforderungen und andere Auskunftaufforderungen direkt an die Meldepflichtigen zu richten.

(12) Bedient sich ein Inländer bei der Begründung eines meldepflichtigen Sachverhalts eines Treuhänders, so obliegt die Meldepflicht dem Treugeber (d. h. dem Inländer). Wird bei der Begründung eines meldepflichtigen Sachverhalts von Seiten eines Ausländers ein inländischer Treuhänder beauftragt, so obliegt die Meldepflicht dem Treuhänder.

(13) Inländische rechtlich unselbstständige Einheiten (z. B. Zweigniederlassungen) im Eigentum von Ausländern sind hinsichtlich der Meldepflicht Inländern gleichgestellt.

Ausnahmen von der Meldepflicht

§ 4. Von der Verpflichtung zur Erstattung von Meldungen im Sinne der gegenständlichen Verordnung sind befreit:

1. Personen, die in einem Dienstverhältnis zu einer österreichischen Gebietskörperschaft oder einer österreichischen öffentlich-rechtlichen Körperschaft stehen, soweit sie die österreichische Staatsbürgerschaft besitzen und ihren Dienstort im Ausland haben sowie die im gleichen Haushalt lebenden Familienangehörigen,

2. internationale Organisationen bzw. Personen mit ausländischer Staatsbürgerschaft, denen aufgrund von internationalen (zwischenstaatlichen) Übereinkommen diplomatische oder konsularische Vorrechte bzw. Immunitäten oder Privilegien auf devisenrechtlichem Gebiet eingeräumt worden sind.

Strafbestimmungen

§ 5. Verstöße gegen die Meldepflicht stellen eine Verwaltungsübertretung nach § 10 DevG 2004 dar und können mit einer Geldstrafe geahndet werden. Der Meldepflicht ist unabhängig von allfälligen Strafzahlungen nachzukommen.

Geheimhaltung

§ 6. Die von der OeNB eingeholten Daten dürfen nur zu statistischen Zwecken verwendet werden und sind nach Maßgabe von § 6 Abs. 4 DevG 2004 streng vertraulich zu behandeln. Die Verpflichtung zur Wahrung des Bankgeheimnisses gemäß § 38 Bankwesengesetz (BWG) steht der Berechtigung der OeNB zur Auskunftseinholung nicht entgegen (§ 6 Abs. 8 DevG 2004).

2. Hauptstück
Erhebungen

1. Abschnitt
Grenzüberschreitende Gesellschafter und Beteiligungen – Transaktionen

Meldeinhalt

§ 7. (1) Zu melden sind grenzüberschreitende Transaktionen

1. im Zusammenhang mit Direktinvestitionen im Ausland (aktive Direktinvestitionen) und mit Direktinvestitionen aus dem Ausland (passive Direktinvestitionen) sowie

2. im Zusammenhang mit Sonstigen Investitionen im Ausland (aktiv gehaltene Anteile von unter 10%, ausgenommen Aktien) und mit Sonstigen Investitionen aus dem Ausland (passiv gehaltene Anteile von unter 10%, ausgenommen Aktien) gemäß dem Erhebungsschaubild AWBET (Anlage A).

(2) Die Meldung ist in Euro zu legen, wobei Euro-Gegenwerte generell mit dem Wechselkurs des Tages umzurechnen sind, an dem der wirtschaftliche Übergang stattfand. Bei Gewinnausschüttungen und Gewinnentnahmen sind jedoch Euro-Gegenwerte mit dem Wechselkurs jenes Tages umzurechnen, an dem die Zahlung stattfand.

(3) Transaktionen mit indirekt gehaltenen Beteiligungen, z. B. Großmutterzuschüsse, müssen als Transaktionen mit der direkten Beteiligung bzw. den direkten Beteiligungen gemeldet werden.

Meldepflichtige

§ 8. Meldepflichtig sind Inländer, die Direktinvestitionen im Ausland tätigen (aktive Direktinvestitionen), die das Ziel von Direktinvestitionen aus dem Ausland sind (passive Direktinvestitionen), die Anteile von unter 10% an ausländischen Einheiten im Ausland halten (aktiv gehaltene

Anteile von unter 10%, ausgenommen Aktien), oder die das Ziel von Investitionen von unter 10% aus dem Ausland sind (passiv gehaltene Anteile von unter 10%, ausgenommen Aktien).

Meldegrenze

§ 9. Zu melden sind Transaktionen, die je Geschäftsfall 500.000 EUR bzw. einen Euro-Gegenwert in dieser Höhe erreichen oder überschreiten. Transaktionen, die zu einer Auflösung einer bereits gemeldeten Direktinvestition (Unterschreitung der 10%-Grenze) oder einer kompletten Desinvestition führen, unterliegen keiner Meldegrenze und sind daher jedenfalls zu melden.

Meldeperiode

§ 10. Die Meldung ist im Anlassfall spätestens bis zum 15. Kalendertag des Folgemonats zu legen. Die Meldeperiode ist generell der Monat, in dem der wirtschaftliche Übergang im Rahmen des meldepflichtigen Geschäftsfalls stattfand. Bei Gewinnausschüttungen und Gewinnentnahmen ist jedoch die Meldeperiode der Monat des Zahlungszeitpunkts.

2. Abschnitt

Grenzüberschreitende Gesellschafter und Beteiligungen – Bestände

Erhebung per Bescheid

§ 11. (1) Von einem statistisch relevanten Melderkreis werden jährlich Daten zu Beständen von aktiven (direkten und indirekten Beteiligungen) und passiven Direktinvestitionen und den Erträgen aus solchen Direktinvestitionen erhoben.

(2) Zu diesem Zweck werden ausgewählte Inländer jährlich per Bescheid zur Meldungslegung aufgefordert.

(3) Die Meldung ist in Euro zu legen, wobei der Wechselkurs zum Stichtag der zugrundeliegenden Bilanzdaten zu verwenden ist.

(4) Gibt es keine meldepflichtigen Gesellschafter und Beteiligungen, ist eine Leermeldung zu übermitteln.

3. Abschnitt

Grenzüberschreitende Forderungen und Verbindlichkeiten

Meldeinhalt

§ 12. (1) Zu melden sind regional bzw. nach ausländischen Konzerneinheiten oder Counterparties gegliederte, grenzüberschreitende Forderungs- und Verpflichtungsbestände – einschließlich nicht transaktionsbedingter Veränderungen und Zinsen – zu grenzüberschreitenden Sonstigen Investitionen gemäß dem Erhebungsschaubild AWFUV (Anlage B).

(2) Die Meldung ist in Originalwährung zu legen.

(3) Bei Forderungs- bzw. Verpflichtungsbeständen sind die aushaftenden Nominalbestände zu melden.

(4) Die Meldung ist auch dann zu legen, wenn sich zur gemeldeten Vorperiode keine Bestandsveränderung ergeben hat.

Meldepflichtige – Allgemeine Regelung

§ 13. (1) Meldepflichtig sind alle Inländer, die grenzüberschreitende Sonstige Investitionen tätigen oder Ziel von solchen sind.

(2) Beauftragt ein Ausländer zur Eintreibung seiner Forderungen aus Sonstigen Investitionen gegen Inländer einen Inländer als Inkassanten, obliegt die Meldepflicht dem Inkassanten. Für den meldepflichtigen Inkassanten erstreckt sich die Meldepflicht auf den Gesamtbestand der offenen, zum Inkasso stehenden Forderungen des Ausländers, wobei dieser Gesamtbestand mit der Art des Bestands "Verpflichtung" zu melden ist.

Meldepflichtige – Spezielle Regelung

§ 14. (1) Einlagen entgegennehmende Unternehmen gemäß Artikel 1 lit. a Z 2 sublit. a der Verordnung (EU) Nr. 1071/2013 der Europäischen Zentralbank vom 24. September 2013 über die Bilanz des Sektors der monetären Finanzinstitute (MFIs) (EZB/2013/33) ABl. L 366 vom 20. Dezember 2014 (im Folgenden EZB-Monetärstatistik-VO) unterliegen der speziellen Regelung zur Meldung von Sonstigen Investitionen gemäß § 17.

(2) Verwaltungsgesellschaften im Sinne des § 3 Abs. 2 Z 1 Investmentfondsgesetz 2011, BGBl. Nr. 77/2011 idgF sowie Kapitalanlagegesellschaften für Immobilien im Sinne des § 2 Immobilien-Investmentfondsgesetz, BGBl. I Nr. 80/2003 idgF, die gemäß Verordnung Nr. 1073/2013 der Europäischen Zentralbank vom 18. Oktober 2013 über die Statistik über Aktiva und Passiva von Investmentfonds (EZB/2013/38) ABl. L 319 vom 29. November 2013 melden, sind von der Meldungslegung der grenzüberschreitenden Sonstigen Investitionen von Investmentfonds gemäß 2. Hauptstück, 3. Abschnitt, Erhebungsschaubild AWFUV (Anlage B) befreit. Sonstige Investitionen auf eigene Rechnung und Namen sind hingegen zu melden.

Meldegrenze

§ 15. (1) Sofern die Summe der Forderungs- oder Verpflichtungsbestände aus grenzüberschreitenden Sonstigen Investitionen (exklusive Handelskredite) den Betrag von 10.000.000 EUR bzw. einen Euro-Gegenwert in dieser Höhe erreicht oder überschreitet, sind sowohl die aushaftenden Forderungsbestände als auch die aushaftenden Verpflichtungsbestände aus Sonstigen Investitionen (exklusive Handelskredite) zu melden.

(2) Sofern die Summe der Forderungs- oder Verpflichtungsbestände aus Handelskrediten (exklusive Sonstige Investitionen) den Betrag von 10.000.000 EUR bzw. einen Euro-Gegenwert in dieser Höhe erreicht oder überschreitet, sind sowohl die aushaftenden Forderungsbestände als auch die aushaftenden Verpflichtungsbestände aus Handelskrediten (exklusive Sonstige Investitionen) zu melden.

(3) Für die Feststellung der Meldepflicht sind Forderungsseite und Verpflichtungsseite jeweils getrennt voneinander zu betrachten. Wenn in einer Meldeperiode die Meldegrenze überschritten wurde, besteht die Meldepflicht auch für die nachfolgenden Perioden fort und erlischt erst, wenn die Meldegrenze während sechs aufeinanderfolgender Meldeperioden unterschritten wurde (mit Beginn der siebten Meldeperiode). Beim Unterschreiten der Meldegrenze ist der aushaftende Betrag, mit dem die Meldegrenze unterschritten wird, zu melden. Wird jedoch bei einem gemeldeten Finanzierungsinstrument in einer Meldeperiode der Bestand Null erreicht, so ist in der betreffenden Meldeperiode letztmalig der Bestand Null zu melden.

Meldeperiode

§ 16. Die Meldung ist monatlich spätestens bis zum 15. Kalendertag des Folgemonats zu legen. Der Meldestichtag ist der letzte Tag des jeweiligen Monats.

Spezielle Regelung zur Meldung von Sonstigen Investitionen durch MFIs

§ 17. (1) Meldepflichtig sind Einlagen entgegennehmende Unternehmen gemäß Artikel 1 lit. a Z 2 sublit. a der EZB-Monetärstatistik-VO, die ihren Sitz im Inland haben oder im Inland über eine Zweigstelle tätig sind.

(2) Meldung von Direktinvestitions-Ausleihungen und Direktinvestitions-Einlagen MFIs:

1. Zu melden sind all jene Forderungen und Verpflichtungen, die unter den Kategorien Ausleihungen und Einlagen gegenüber ausländischen Gläubigern bzw. Schuldnern (ausgenommen ausländische MFIs und ausländische Banken) existieren, mit denen Direktinvestitions-Beziehungen gemäß 2. Hauptstück, 1. und 2. Abschnitt bestehen.

2. Die Meldung gliedert sich in Meldungen von Forderungen und Verpflichtungen von MFIs aus Sonstigen Investitionen gegenüber ausländischen Konzernunternehmen, unterteilt in Einlagen und Ausleihungen, gemäß der Anlage B.1.

3. Zur Bestimmung der melderelevanten ausländischen Beteiligungen und Anteilsrechte sind die Definitionen und Abgrenzungen des Vermögensausweises (Verordnung der Finanzmarktaufsichtbehörde (FMA) zum Vermögens-, Erfolgs- und Risikoausweis (VERA-V), BGBl. II Nr. 471/2006 idgF) heranzuziehen. Betroffen sind in diesem Fall jene ausländischen Gläubiger bzw. Schuldner, die im Rahmen des Vermögensausweises als grenzüberschreitende Beteiligung und Anteilsrechte gemeldet werden.

4. Die Meldung von Direktinvestitions-Ausleihungen und Direktinvestitions-Einlagen durch MFIs unterliegt keiner Meldegrenze.

5. Die Meldung ist monatlich spätestens bis zum 10. Bankwerktag des Folgemonats zu legen. Der Meldestichtag ist der letzte Tag des jeweiligen Monats.

(3) Meldung zusätzlicher Inhalte für Zwecke der Außenwirtschaftsstatistiken:

1. Es sind die in der Anlage B.2 aufgelisteten Inhalte zu melden.

2. Die Meldung dieser Inhalte unterliegt keiner Meldegrenze.

3. Die Meldung ist monatlich spätestens bis zum 10. Bankwerktag des Folgemonats zu legen. Der Meldestichtag ist der letzte Tag des jeweiligen Monats.

4. Abschnitt

Grenzüberschreitende Vermögensübertragungen und liegenschaftsbezogene Transaktionen

Meldeinhalt

§ 18. (1) Zu melden sind regional gegliederte, grenzüberschreitende Vermögensübertragungen und liegenschaftsbezogene Transaktionen, unterteilt in

1. Meldungen zu grenzüberschreitenden Vermögensübertragungen,

2. Meldungen zum grenzüberschreitenden Ankauf und Verkauf von Liegenschaften,

3. Meldungen zu grenzüberschreitenden Miet- und Pachtzahlungen sowie

4. Meldungen zu grenzüberschreitenden Zahlungen für die Rechte zur Nutzung natürlicher Ressourcen gemäß dem Erhebungsschaubild AWVLM (Anlage C).

(2) Die Meldung ist in Euro zu legen, wobei Euro-Gegenwerte mit dem Wechselkurs des Tages umzurechnen sind, an dem der wirtschaftliche Übergang stattfand.

(3) Unentgeltliche Übertragungen (z. B. Schenkungen oder Erbschaften) von Liegenschaften, entweder durch Ausländer an Inländer oder durch Inländer an Ausländer, sind mit dem Verkehrswert der Liegenschaft als Vermögensübertragung zu melden.

Meldepflichtige

§ 19. (1) Vermögensübertragungen sind vom Inländer, der eine Vermögensübertragung gegenüber dem Ausland tätigt oder dem Vermögenswerte aus dem Ausland übertragen werden, zu melden. Bei Vermögensübertragungen an Ausländer im Erbweg, die über einen inländischen Notar abgewickelt werden, obliegt die Meldepflicht dem inländischen Notar.

(2) Bei einem grenzüberschreitenden Ankauf bzw. Verkauf von Liegenschaften zwischen einem Inländer und einem Ausländer trifft die Meldepflicht den inländischen Käufer oder Verkäufer der Liegenschaft. Bei einem Ankauf bzw. Verkauf von inländischen Liegenschaften zwischen zwei Ausländern, die über einen inländischen Notar abgewickelt werden, obliegt die Meldepflicht dem inländischen Notar.

(3) Bei grenzüberschreitenden Miet- und Pachtzahlungen zu Liegenschaften, Gebäuden oder Gebäudeteilen trifft die Meldepflicht den inländischen Vermieter oder Verpächter bzw. den inländischen Mieter oder Pächter.

(4) Bei grenzüberschreitenden Zahlungen für die Rechte zur Nutzung natürlicher Ressourcen trifft die Meldepflicht den Inländer, der einem Ausländer die Nutzungsrechte einräumt bzw. die Nutzungsrechte von einem Ausländer eingeräumt bekommt.

Meldegrenze

§ 20. Zu melden sind Transaktionen, die je Geschäftsfall 100.000 EUR bzw. einen Euro-Gegenwert in dieser Höhe erreichen oder überschreiten. Im Fall der Vermietung bzw. Verpachtung von Liegenschaften, Gebäuden oder Gebäudeteilen bezieht sich die Meldegrenze auf die in der Meldeperiode in Summe erhaltenen oder geleisteten Miet- oder Pachtzahlungen.

Meldeperiode

§ 21. Die Meldung ist im Anlassfall spätestens bis zum 15. Kalendertag des Folgemonats zu legen. Die Meldeperiode ist der Monat des wirtschaftlichen Übergangs bei Vermögensübertragungen und liegenschaftsbezogenen Transaktionen. Miet- und Pachtzahlungen sind monatlich über die gesamte Wirksamkeit des zugrundeliegenden Vertrages hinweg zu melden. Zahlungen für die Rechte zur Nutzung natürlicher Ressourcen sind mit dem Beginn des Nutzungsrechtes zu melden.

5. Abschnitt
Grenzüberschreitende Finanzderivate

Meldeinhalt

§ 22. (1) Zu melden sind regional gegliederte grenzüberschreitende Transaktionen (Zahlungsein- und -ausgänge) und Bestände (Forderungen und Verpflichtungen) aus Geschäften mit Finanzderivaten gemäß dem Erhebungsschaubild AWFDE (Anlage D).

(2) Die Meldung ist in Euro zu legen, wobei für Transaktionen der Wechselkurs des entsprechenden Tages und für Bestände der letzte verfügbare Wechselkurs des Monats der Meldeperiode zu verwenden ist.

(3) Transaktionen (Zahlungsein- und -ausgänge) sind als Saldo einer Meldeperiode und je regionaler Zuordnung zu melden. Positive Salden sind als positive Werte, negative Salden als negative Werte zu erfassen.

(4) Bestände (Forderungen und Verpflichtungen) sind mit dem beizulegenden Zeitwert (Fair Value) je regionaler Zuordnung zu bewerten, wobei unter Forderungen positive Zeitwerte und unter Verpflichtungen negative Zeitwerte zu subsummieren sind, welche jeweils als Absolutwerte auszuweisen sind.

Meldepflichtige

§ 23. Meldepflichtig sind alle Inländer, die mit Ausländern grenzüberschreitende Geschäfte mit Finanzderivaten tätigen.

Meldegrenze

§ 24. (1) Transaktionen (Zahlungsein- und -ausgänge):

1. Sofern der Saldo der Transaktionen (Zahlungsein- und -ausgänge) aus allen grenzüberschreitenden Geschäften mit Finanzderivaten innerhalb einer Meldeperiode den Absolutbetrag von 1.000.000 EUR bzw. einen Euro-Gegenwert in dieser Höhe erreicht oder überschreitet, sind diese Transaktionen (Zahlungsein- und -ausgänge) zu melden.

2. Wird der Absolutbetrag von 1.000.000 EUR nicht erreicht bzw. nicht überschritten, jedoch die Meldegrenze für Bestände (Forderungen und Verpflichtungen), sind dennoch sowohl Bestände als auch Transaktionen (Zahlungsein- und -ausgänge) mit dem entsprechenden Wert zu melden.

3. Wird nach erfolgter Meldung innerhalb der nächsten Meldeperiode die genannte Meldegrenze sowohl bei Transaktionen (Zahlungsein- und -

ausgängen) als auch bei Beständen (Forderungen und Verpflichtungen) unterschritten, muss die Unterschreitung der Meldegrenze durch die Abgabe einer Leermeldung letztmalig gemeldet werden. Weitere Meldungen sind erst wieder bei neuerlichem Erreichen oder Überschreiten der Meldegrenze erforderlich.

(2) Bestände (Forderungen und Verpflichtungen):

1. Sofern die Summe aus Beständen (Forderungen und Verpflichtungen) aus allen grenzüberschreitenden Geschäften mit Finanzderivaten am letzten Tag des Monats den Betrag von 1.000.000 EUR bzw. einen Euro-Gegenwert in dieser Höhe erreicht oder überschreitet, sind diese Bestände (Forderungen und Verpflichtungen) zu melden.

2. Wird der Absolutbetrag von 1.000.000 EUR nicht erreicht bzw. nicht überschritten, jedoch die Meldegrenze für Transaktionen (Zahlungsein- und -ausgänge), sind dennoch sowohl Transaktionen als auch Bestände (Forderungen und Verpflichtungen) mit dem entsprechenden Wert zu melden.

3. Wird nach erfolgter Meldung innerhalb der nächsten Meldeperiode die genannte Meldegrenze sowohl bei Beständen (Forderungen und Verpflichtungen) als auch bei Transaktionen (Zahlungsein- und -ausgängen) unterschritten, muss die Unterschreitung der Meldegrenze durch die Abgabe einer Leermeldung letztmalig gemeldet werden. Weitere Meldungen sind erst wieder bei neuerlichem Erreichen oder Überschreiten der Meldegrenze erforderlich.

Meldeperiode

§ 25. (1) Transaktionen (Zahlungsein- und -ausgänge): Die Meldung ist monatlich spätestens bis zum 15. Kalendertag des Folgemonats zu legen. Der Meldestichtag ist der letzte Tag des Monats, in dem die Transaktionen (Zahlungsein- und -ausgänge) verbucht wurden.

(2) Bestände (Forderungen und Verpflichtungen): Die Meldung ist monatlich spätestens bis zum 15. Kalendertag des Folgemonats zu legen. Der Meldestichtag ist der letzte Tag des jeweiligen Monats.

6. Abschnitt

Wertpapierdepots Inland

Meldeinhalt

§ 26. (1) Zu melden sind unabhängig vom Lagerort:

1. Wertpapier-Eigenbestände (ausgenommen Auslandsfilialen), gleichgültig, ob sie selbst verwahrt werden, oder bei Dritten zur Verwahrung liegen,

2. Transaktionen und Bestände von für andere verwahrten oder verwalteten Wertpapieren (ausgenommen Eigenbestände anderer meldepflichtiger Einheiten) gemäß dem Erhebungsschaubild AWWPI (Anlage E).

(2) Die Meldung hat auf Basis von Einzelwertpapieren unter Verwendung der Internationalen Wertpapierkennnummer (ISIN) zu erfolgen. Existiert für ein zu meldendes Wertpapier keine ISIN, sind Stammdaten zu übermitteln.

(3) Die Meldung ist in Euro und ggf. in Nominalwährung zu legen, wobei für Bestände der letzte verfügbare Wechselkurs des Monats der Meldeperiode und für Transaktionen der Wechselkurs des entsprechenden Tages zu verwenden ist.

(4) Für alle Datensätze, zu denen in der Vorperiode ein Bestand ungleich Null gemeldet wurde, ist in der aktuellen Meldeperiode ein Bestandswert (auch Null) zu melden.

Meldepflichtige

§ 27. Meldepflichtig sind MFIs (ausgenommen Geldmarktfonds) und Inländer, die Wertpapiere für andere verwahren oder verwalten (Depotgeschäft).

Meldegrenze

§ 28. Die Meldung ist unabhängig von einer Wertgrenze zu legen.

Meldeperiode

§ 29. Die Meldung ist monatlich spätestens bis zum 15. Kalendertag des Folgemonats zu legen. MFIs haben die Meldung monatlich spätestens bis zum 10. Bankwerktag zu legen. Der Meldestichtag ist der letzte Tag des jeweiligen Monats.

7. Abschnitt

Wertpapierdepots Ausland, Eigenverwahrung und Kryptoanlagen

Meldeinhalt

§ 30. (1) Zu melden sind Wertpapier-Eigenbestände, die nicht auf einem inländischen Depot zur Verwahrung oder Verwaltung liegen gemäß dem Erhebungsschaubild AWWPA (Anlage F). Hierunter fallen Wertpapiere, die

1. auf einem ausländischen Depot,

2. in Eigenverwahrung (z. B. physisch, Aktienbuch),

3. mittels Kryptoanlage (z. B. Blockchain),

4. mittels anderer Verwahrung oder Verwaltung gehalten werden.

(2) Die Meldung hat auf Basis von Einzelwertpapieren unter Verwendung der Internationalen Wertpapierkennnummer (ISIN) zu erfolgen. Existiert für ein zu meldendes Wertpapier keine ISIN, sind Stammdaten zu übermitteln.

(3) Die Meldung ist in Euro und ggf. in Nominalwährung zu legen, wobei der letzte verfügbare Wechselkurs des Monats der Meldeperiode zu verwenden ist.

(4) Für alle Datensätze, zu denen in der Vorperiode ein Bestand ungleich Null gemeldet wurde, ist in der aktuellen Meldeperiode ein Bestandswert (auch Null) zu melden.

Meldepflichtige

§ 31. Meldepflichtig sind Inländer (ausgenommen Meldepflichtige gemäß 2. Hauptstück, 6. Abschnitt), die Wertpapiere besitzen, die nicht auf einem inländischen Depot zur Verwahrung oder Verwaltung liegen.

Meldegrenze

§ 32. Eine Meldepflicht besteht, wenn die Summe aller Wertpapier-Eigenbestände, die nicht auf einem inländischen Depot zur Verwahrung oder Verwaltung liegen, einen Wert von 5.000.000 EUR bzw. einen Euro-Gegenwert in dieser Höhe erreicht oder überschreitet.

Meldeperiode

§ 33. Die Meldung ist quartalsweise spätestens bis zum 15. Kalendertag des Folgemonats zu legen.

Der Meldestichtag ist der letzte Tag des jeweiligen Quartals.

3. Hauptstück

Übergangs- und Schlussbestimmungen

Verwendung der geschlechtsspezifischen Form

§ 34. Soweit in der gegenständlichen Meldeverordnung personenbezogene Begriffe verwendet werden, kommt ihnen keine geschlechtsspezifische Bedeutung zu. Sie sind bei der Anwendung auf bestimmte Personen in der jeweils geschlechtsspezifischen Form zu verwenden.

Inkrafttreten

§ 35. Die gegenständliche Meldeverordnung tritt am 1. Jänner 2022 in Kraft und ist erstmalig auf Meldungen zum Stichtag 31. Dezember 2021 anzuwenden.

Außerkrafttreten

§ 36. Die Meldeverordnung ZABIL 1/2013 der Oesterreichischen Nationalbank betreffend die statistische Erfassung des grenzüberschreitenden Kapitalverkehrs, kundgemacht im Amtsblatt zur Wiener Zeitung Nr. 078 vom 19. April 2013, in der Fassung der Meldeverordnung ZABIL 1/2016 der Oesterreichischen Nationalbank, BGBl. II Nr. 10/2016, tritt mit Ablauf des 31. Dezembers 2021 außer Kraft. Sie ist letztmalig auf monatliche Meldungen anzuwenden, deren Meldeperiode am 30. November 2021 endet, auf quartalsweise Meldungen, deren Meldeperiode am 30. September 2021 endet und auf jährliche Meldungen, deren Meldeperiode am 31. Dezember 2020 endet.

Anhänge: *Nicht abgedruckt. (Die Anhänge sind im Volltext auf www.lexisnexis.at unter dem Menüpunkt „Service", Unterpunkt „Downloads & Updates" abrufbar.)*

Verordnung der Oesterreichischen Nationalbank betreffend statistische Erhebungen über Exporte und Importe von Dienstleistungen (LSEZE 2015)

BGBl II 2016/9

Verordnung der Oesterreichischen Nationalbank betreffend statistische Erhebungen über Exporte und Importe von Dienstleistungen (LSEZE 2015)

Auf Grund des § 6 Abs. 3 des Devisengesetzes 2004, BGBl. I Nr. 123/2003 idF BGBl. I Nr. 4/2015, wird verordnet:

Erhebungsgegenstand

§ 1. Zum Zwecke der Erstellung von Statistiken gemäß § 6 Abs. 1 des Devisengesetzes 2004 werden von der Oesterreichischen Nationalbank (OeNB) bei den im § 2 angeführten statistischen Einheiten Exporte und Importe von Dienstleistungen gemäß vorliegender Verordnung im Kalenderjahr 2015 oder, bei einem vom Kalenderjahr abweichenden Wirtschaftsjahr, in jenem Wirtschaftsjahr, das im Kalenderjahr 2015 abgeschlossen wird, (Berichtsperiode) erhoben. Die erhobenen Daten dienen der Evaluierung und Aktualisierung der Grundgesamtheit der für die Meldungslegungen gemäß der Meldeverordnung ZABIL 1/2012 der Oesterreichischen Nationalbank relevanten Meldepopulationen.

Erhebungsbereich, Statistische Einheiten

§ 2. (1) Statistische Einheiten im Sinne dieser Verordnung sind:

1. Unternehmen,

2. Arbeitsgemeinschaften,

3. Betriebe gewerblicher Art von Körperschaften des öffentlichen Rechts im Sinne von § 2 des Körperschaftsteuergesetzes 1988, sofern diese gewerblich oder beruflich im Sinne des § 2 Abs. 3 des Umsatzsteuergesetzes 1994 tätig sind, und

4. Verbände von Körperschaften öffentlichen Rechts,

die schwerpunktmäßig Wirtschaftstätigkeiten gemäß den Abteilungen 05 bis 43, 45 bis 63, 66 bis 82 sowie 95 der nach § 4 Abs. 5 des Bundesstatistikgesetzes 2000 in der Bundesanstalt Statistik Österreich aufgelegten und unter der Internetadresse www.statistik.at veröffentlichten Systematik der Wirtschaftstätigkeiten – ÖNACE 2008 – oder eine mit einer solchen Tätigkeit verbundene Dienstleistung selbständig, regelmäßig und in der Absicht zur Erzielung eines Ertrages oder sonstigen wirtschaftlichen Vorteils verrichten.

(2) Unternehmen sind im Sinne von Artikel 1 und 2 der Verordnung (EWG) Nr. 696/93 zu verstehen.

(3) Eine Arbeitsgemeinschaft ist ein Zusammenschluss mehrerer Unternehmen, die sich vertraglich zur gemeinsamen Durchführung eines Projektes verpflichtet haben und deren kaufmännische Leitung einem dieser Unternehmen obliegt, unabhängig davon, ob sie als Außen- oder Innengesellschaft oder als Mischform tätig wird.

(4) Ein Verband von Körperschaften öffentlichen Rechts ist ein Zusammenschluss mehrerer Körperschaften öffentlichen Rechts, die sich vertraglich zur gemeinsamen Durchführung einer Tätigkeit gemäß den Abteilungen 36 bis 39 der Systematik der Wirtschaftstätigkeiten ÖNACE 2008 oder zu einer mit einer solchen Tätigkeit verbundenen Dienstleistung verpflichtet haben und diese Tätigkeit selbständig, regelmäßig und zur Erzielung eines Ertrages oder sonstigen wirtschaftlichen Vorteils verrichten.

(5) Von der Wirtschaftstätigkeit gemäß Abs. 1 sind die Privatzimmervermietung gemäß § 2 Abs. 1 Z 9 Gewerbeordnung 1994 (GewO 1994) und der Buschenschank gemäß § 2 Abs. 9 der GewO 1994 ausgenommen.

Erhebungsmerkmale

§ 3. (1) Folgende Merkmale werden erhoben:

1. die Identifikationsmerkmale der statistischen Einheit;

2. die Gesamtsumme der Erlöse aus den in der Berichtsperiode erbrachten grenzüberschreitenden Dienstleistungen (Dienstleistungsexporte); sowie davon die Gesamtsumme der Erlöse aus Dienstleistungen, die an Länder außerhalb der EU (EXTRA-EU) erbracht wurden; ferner Angaben zu den zwei Hauptpartnerländern in der Extra-EU;

3. die Gesamtsumme der Aufwendungen für die in der Berichtsperiode bezogenen grenzüberschreitenden Dienstleistungen (Dienstleistungsimporte); sowie davon die Gesamtsumme der Aufwendungen für Dienstleistungen, die aus Ländern außerhalb der EU (EXTRA-EU) bezogen wurden; ferner Angaben zu den zwei Hauptpartnerländern in der Extra-EU.

(2) Als grenzüberschreitende Dienstleistungen gelten die in der Anlage zu dieser Verordnung angeführten Dienstleistungsarten.

Erhebungsart

§ 4. Die Erhebungsmerkmale werden von der OeNB auf folgende Arten erhoben:

1. die Merkmale gemäß § 3 Abs. 1 Z 1 durch Heranziehung der Daten des Registers der statistischen Einheiten gemäß § 25a des Bundesstatistikgesetzes 2000,

2. alle übrigen Merkmale gemäß § 3 Abs. 1 durch Befragung.

Auskunftspflicht

§ 5. (1) Bei Befragung gemäß § 4 Z 2 besteht Auskunftspflicht über:

1. statistische Einheiten gemäß § 2 Abs. 1 Z 1, 3 und 4, die schwerpunktmäßig Wirtschaftstätigkeiten

a) gemäß den Abteilungen 05 bis 43 der ÖNACE 2008 ausüben, mit 20 und mehr Beschäftigten,

b) gemäß den Abteilungen 45 und 46 sowie der Klasse 47.73 der ÖNACE 2008 ausüben, mit einem in der Berichtsperiode erzielten Gesamtumsatz exklusive Umsatzsteuer ab drei Millionen Euro,

c) gemäß der Abteilung 47 (ohne Klasse 47.73), den Gruppen 49.4 und 79.1, der Klasse 52.29 sowie der Unterklasse 55.10-1 der ÖNACE 2008 ausüben, mit einem in der Berichtsperiode erzielten Gesamtumsatz exklusive Umsatzsteuer ab 1,9 Millionen Euro,

d) gemäß den Abschnitten H (ohne Gruppe 49.4 sowie Klasse 52.29), I (ohne Unterklasse 55.10-1), J, L, M (ohne Abteilung 75) und N (ohne Gruppe 79.1) sowie den Abteilungen 66 und 95 der ÖNACE 2008 ausüben, mit einem in der Berichtsperiode erzielten Gesamtumsatz exklusive Umsatzsteuer ab 900.000 Euro,

e) gemäß der Abteilung 75 der ÖNACE 2008 ausüben, mit einem in der Berichtsperiode erzielten Gesamtumsatz exklusive Umsatzsteuer ab 300.000 Euro,

f) gemäß der Gruppe 58.2, den Klassen 62.03, 62.09, 63.12, 70.21, 73.12 sowie der Unterklasse 73.11 2 der ÖNACE 2008 ausüben, mit 10 und mehr Beschäftigten im Jahresdurchschnitt der Berichtsperiode,

g) gemäß den Abschnitten G, H, I, J, L, M, N (ohne der Gruppe 58.2, den Klassen 62.03, 62.09, 63.12, 70.21, 73.12 sowie der Unterklasse 73.11-2) und den Abteilungen 66 und 95 der ÖNACE 2008 ausüben, mit 20 und mehr Beschäftigten im Jahresdurchschnitt der Berichtsperiode

2. statistische Einheiten gemäß § 2 Abs. 1 Z 2 ab einem in der Berichtsperiode erzielten Gesamtauftragswert exklusive Umsatzsteuer von einer Million Euro.

(2) Die Auskunftspflicht gemäß Abs. 1 Z 1 lit. a besteht über die Berichtsperiode, in der die Voraussetzungen vorliegen, auch wenn die statistische Einheit nicht während der gesamten Berichtsperiode bestanden hat, wobei die Anzahl der Beschäftigten zum 30. September der Berichtsperiode ausschlaggebend ist.

(3) Beträgt der gesamte Umsatz aller durch die Auskunftspflicht gemäß Abs. 1 Z 1 lit. a erfassten statistischen Einheiten in einem der Wirtschaftszweige gemäß den Abteilungen 05 bis 42 der ÖNACE 2008 nicht mindestens 90% und gemäß der Abteilung 43 der ÖNACE 2008 nicht mindestens 60% des Gesamtumsatzes aller in diesem Zweig tätigen statistischen Einheiten im Sinne des § 2 Abs. 1 Z 1, 3 und 4, so besteht Auskunftspflicht auch über statistische Einheiten gemäß § 2 Abs. 1 Z 1, 3 und 4 mit weniger als 20 Beschäftigten (einschließlich Eigen- und Fremdpersonal), sofern diese in der Berichtsperiode einen Umsatz (exklusive Umsatzsteuer) von mindestens

1. 1,5 Millionen Euro in Wirtschaftszweigen gemäß den Abteilungen 05 bis 42 der ÖNACE 2008

oder

2. 2,5 Millionen Euro im Wirtschaftszweig gemäß der Abteilung 43 der ÖNACE 2008 hatten.

(4) Zur Auskunftserteilung sind jene natürlichen oder juristischen Personen sowie eingetragene Personengesellschaften verpflichtet, die eine statistische Einheit, über die gemäß Abs. 1 bis 3 Auskunftspflicht besteht, im eigenen Namen betreiben und die durch Übermittlung der Zugangsberechtigung zur Auskunftserteilung aufgefordert werden (§ 6). Hat ein Unternehmer einen Fiskalvertreter gemäß § 27 Abs. 7 und 8 des Umsatzsteuergesetzes 1994 beauftragt, so ist der Fiskalvertreter, sofern ihm die Zugangsberechtigung zur elektronischen Meldung übermittelt wurde (§ 6), zur Auskunftserteilung verpflichtet.

Erhebung

§ 6. Die Befragung (§ 4 Z 2) erfolgt durch ein bundesweit einheitlich gestaltetes elektronisches Erhebungsformular, zu welchem den Betreibern von statistischen Einheiten, über die Auskunftspflicht besteht (§ 5), oder im Fall des § 5 Abs. 4 zweiter Satz dem Fiskalvertreter, die notwendige Zugangsberechtigung brieflich übermittelt wird.

Mitwirkungspflicht der Auskunftspflichtigen

§ 7. (1) Die Auskunftspflichtigen (§ 5 Abs. 4) sind verpflichtet, die elektronischen Erhebungsformulare vollständig und nach bestem Wissen auszufüllen und diese bis zum 30. September 2016 an die im Erhebungsformular angegebene Stelle elektronisch zu übermitteln.

(2) Soweit beim Auskunftspflichtigen die technischen Voraussetzungen für eine elektronische Meldung nicht gegeben sind, so hat der Auskunftspflichtige dies innerhalb von zwei Wochen nach Erhalt der Zugangsberechtigung für die Erhebungsformulare der im Übermittlungsschreiben angegebenen Stelle und Adresse schriftlich mitzuteilen. Es werden dann Erhebungsformulare in Papierform zugestellt, die bis zum 30. September 2016 ausgefüllt der angegebenen Stelle und Adresse postalisch zu übermitteln sind.

(3) Sind keine Erlöse oder Aufwendungen aus grenzüberschreitenden Dienstleistungen in der Berichtsperiode angefallen, müssen die Erhebungsformulare mit einer Null befüllt übermittelt werden.

(4) Meldepflichtige, die aufgrund der Meldeverordnung ZABIL 1/2012 der Oesterreichischen Nationalbank Meldungen betreffend die statistische Erfassung des grenzüberschreitenden Dienstleistungsverkehrs erstatten, sind von der Auskunftspflicht gemäß § 5 dieser Verordnung befreit.

Form

§ 8. Soweit in dieser Verordnung personenbezogene Begriffe verwendet werden, kommt ihnen keine geschlechtsspezifische Bedeutung zu. Sie sind bei der Anwendung auf bestimmte Personen in der jeweils geschlechtsspezifischen Form zu verwenden.

Schlussbestimmungen

§ 9. (1) Diese Verordnung tritt mit dem auf ihre Kundmachung im Bundesgesetzblatt folgenden Tag in Kraft.

(2) Mit Inkrafttreten dieser Verordnung tritt die Verordnung der Oesterreichischen Nationalbank betreffend statistische Erhebungen über die Importe und Exporte von Dienstleistungen und grenzüberschreitende Finanzbeziehungen, erschienen im Amtsblatt zur Wiener Zeitung Nr. 160 vom 20. August 2009 außer Kraft.

Verweisungen

§ 10. Soweit in dieser Verordnung auf andere Rechtsvorschriften verwiesen wird, sind diese in folgenden Fassungen anzuwenden:

1. Verordnung (EG) Nr. 1893/2006 zur Aufstellung der statistischen Systematik der Wirtschaftszweige NACE Revision 2 und zur Änderung der Verordnung (EWG) Nr. 3037/90 des Rates sowie einiger Verordnungen der EG über bestimmte Bereiche der Statistik, ABl. Nr. L 393 vom 20. Dezember 2006 S. 1, in der Fassung der Verordnung (EG) Nr. 295/2008 ABl. Nr. L 97 vom 9. April 2008 S.13;

2. Verordnung (EWG) Nr. 696/93 betreffend die statistischen Einheiten für die Beobachtung und Analyse der Wirtschaft in der Gemeinschaft, ABl. Nr. L 76 vom 30. März 1993 S. 1, zuletzt geändert durch die Verordnung (EG) Nr. 1137/2008, ABl. Nr. L 311 vom 21. November 2008 S. 1;

3. Devisengesetz 2004, BGBl. I Nr. 123/2003 idF BGBl. I Nr. 4/2015;

4. Bundesstatistikgesetz 2000, BGBl. I Nr. 163/1999, in der Fassung des Bundesgesetzes BGBl. I Nr. 40/2014;

5. Gewerbeordnung 1994, BGBl. Nr. 194/1994, in der Fassung der Kundmachung BGBl. I Nr. 81/2015;

6. Körperschaftsteuergesetz 1988, BGBl. Nr. 401/1988, in der Fassung des Bundesgesetzes BGBl. I Nr. 118/2015;

7. Umsatzsteuergesetz 1994, BGBl. Nr. 663/1994, in der Fassung des Bundesgesetzes BGBl. I Nr. 118/2015;

8. Meldeverordnung ZABIL 1/2012 der Oesterreichischen Nationalbank betreffend die statistische Erfassung des grenzüberschreitenden Dienstleistungsverkehrs, Amtsblatt zur Wiener Zeitung. Nr. 186 vom 26.9.2012;

ANLAGE

Dienstleistungen im Sinn des § 3 Abs. 2 sind:

1. Vergütung für Dienstleistungen im Rahmen der Lohnveredelung
2. Instandhaltungs- und Reparaturleistungen a.n.g.
3. Transportleistungen

   Seetransportleistungen, Lufttransportleistungen, Raumtransportleistungen, Eisenbahntransportleistungen, Straßentransportleistungen, Transportleistungen der Binnenschifffahrt, Transport in Rohrleitungen, Elektrizitätsübertragung, sonstige Hilfs- und Nebentätigkeiten für den Verkehr, Postdienste, Kurierdienste.
4. Bauleistungen

   Vorbereitende Baustellenarbeiten; Hoch- und Tiefbauarbeiten; Bauinstallationsarbeiten; Ausbau- und Bauhilfstätigkeiten.
5. Versicherungsdienstleistungen

   Prämien und Leistungen für Transportversicherungen, Sachversicherungen, reine Ablebensversicherungen, Rückversicherungen, Pensionskassen und standardisierte Garantien; Versicherungshilfsdienste.
6. Explizit verrechnete Finanzdienstleistungen
7. Gebühren für die Nutzung von geistigem Eigentum a.n.g.

   Lizenzen für Handelsmarken und Franchise-Verträge, Lizenzen für die Nutzung der Ergebnisse von Forschung und Entwicklung, Lizenzen für die Reproduktion und/oder den Vertrieb von Computersoftware, Lizenzen für die Reproduktion und/oder den Vertrieb von audiovisuellen und damit verbundenen künstlerischen Rechten.
8. Telekommunikations-, EDV- und Informationsdienstleistungen

   Telekommunikationsleistungen, Computer Dienstleistungen (Computer-Software, sonstige EDV-Dienstleistungen), Informationsdienstleistungen (Dienstleistungen von Nachrichtenagenturen, sonstige Informationsdienstleistungen).
9. Leistungen der Forschung und Entwicklung

   Dienstleistungen der Forschung und Entwicklung als systematisch durchgeführte Arbeiten zur Erweiterung des Kenntnisstands, Kauf/Verkauf von Eigentumsrechten an Ergebnissen der Forschung und Entwicklung, sonstige Leistungen der Forschung und Entwicklung.
10. Freiberufliche Dienstleistungen und Unternehmensberatungsleistungen

    Rechtsberatung, Wirtschaftsprüfung, Buchführung und Steuerberatung, Unternehmens- und Public-Relations-Beratung, Werbung, Marktforschung und Meinungsumfragen.
11. Technische Dienstleistungen

    Architekturleistungen, Ingenieurleistungen, wissenschaftliche und übrige technische Dienstleistungen.
12. Abfallbehandlung und Reinigungsdienste
13. Dienstleistungen in Land-, Forstwirtschaft und Fischerei
14. Dienstleistungen im Bergbau und in der Öl- und Gasgewinnung
15. Operationelles Leasing
16. Handelsbezogene Dienstleistungen
17. Übrige unternehmensbezogene Dienstleistungen a.n.g.
18. Persönliche Dienstleistungen, Kultur und Freizeit

    Audiovisuelle und damit verbundene künstlerische Dienstleistungen, Gesundheitsdienstleistungen, Bildungsdienstleistungen, Dienstleistungen im Zusammenhang mit dem Kulturerbe und der Freizeit, übrige persönliche Dienstleistungen.
19. Transithandel (An- und Verkäufe)

Bundesgesetz über die Durchführung internationaler Sanktionsmaßnahmen (Sanktionengesetz 2010 – SanktG)

BGBl I 2010/36 idF

1 BGBl I 2012/50
2 BGBl I 2013/64
3 BGBl I 2015/4
4 BGBl I 2018/17
5 BGBl I 2018/37

STICHWORTVERZEICHNIS

Bundesgesetz über die Durchführung internationaler Sanktionsmaßnahmen (Sanktionengesetz 2010 – SanktG)

1. Abschnitt: Allgemeine Bestimmungen

Anwendungsbereich

§ 1. Dieses Bundesgesetz regelt die Durchführung völkerrechtlich verpflichtender Sanktionsmaßnahmen der Vereinten Nationen oder der Europäischen Union, einschließlich unmittelbar anwendbarer Sanktionsmaßnahmen der Europäischen Union, soweit diese nicht in einem anderen Bundesgesetz geregelt ist.

Innerstaatliche Durchführungsmaßnahmen

§ 2. (1) Soweit dies zur Erfüllung von völkerrechtlich verpflichtenden Sanktionsmaßnahmen der Vereinten Nationen oder der Europäischen Union erforderlich ist, ist die Oesterreichische Nationalbank ermächtigt, durch Verordnung oder Bescheid die nachstehend angeführten Maßnahmen anzuordnen:

1. das Einfrieren von Vermögenswerten von

a) Personen, die terroristische Handlungen begehen, zu begehen versuchen oder sich an deren Begehung beteiligen oder diese erleichtern sowie von sonstigen Personen oder Einrichtungen, gegen die Sanktionsmaßnahmen der Vereinten Nationen oder der Europäischen Union verhängt wurden,

b) Einrichtungen, die unmittelbar oder mittelbar im Eigentum oder unter der Kontrolle von Personen oder Einrichtungen gemäß lit. a) stehen,

c) Personen und Einrichtungen, die im Namen oder auf Anweisung von Personen gemäß lit. a) und oder Einrichtungen gemäß lit. a) oder lit. b) handeln,

einschließlich der Gelder, die aus Vermögen stammen oder hervorgehen, das unmittelbar oder mittelbar im Eigentum oder unter der Kontrolle dieser Personen und mit ihnen verbundener Personen und Einrichtungen steht;

2. die Untersagung der direkten oder indirekten Bereitstellung von Vermögenswerten für Personen und Einrichtungen gemäß Z 1 oder zu deren Gunsten.

Die Erlassung und Aufhebung von Verordnungen nach diesem Absatz bedarf der Zustimmung der Bundesregierung, bei Gefahr im Verzug genügt die Zustimmung des Bundeskanzlers.

(2) Soweit dies zur Erfüllung von völkerrechtlich verpflichtenden Sanktionsmaßnahmen der Vereinten Nationen oder der Europäischen Union erforderlich ist, ist die Bundesregierung ermächtigt, durch Verordnung oder Bescheid die nachstehend angeführten Maßnahmen anzuordnen:

1. die Beschlagnahme von Verkehrsmitteln, die sich mehrheitlich im Eigentum einer Person oder eines Unternehmens mit Sitz oder Tätigkeit in einem bestimmten Staat befinden oder von solchen Personen oder Unternehmen kontrolliert werden;

2. den Verfall der unter Z 1 angeführten Verkehrsmittel, wenn festgestellt wird, dass sie zur Begehung eines Verstoßes gegen bestehende Ein-, Aus- oder Durchfuhrbestimmungen verwendet wurden;

3. die Beschlagnahme von Verkehrsmitteln sowie von diesen beförderten Waren, wenn der Verdacht besteht, dass sie zur Begehung eines Verstoßes gegen bestehende Ein-, Aus- oder Durchfuhrbestimmungen verwendet beziehungsweise entgegen solchen Bestimmungen befördert wurden;

4. den Verfall der unter Z 3 angeführten Verkehrsmittel und Waren, wenn festgestellt wird, dass sie zur Begehung eines Verstoßes gegen bestehende Ein-, Aus- oder Durchfuhrbestimmungen verwendet beziehungsweise entgegen solchen Bestimmungen befördert wurden;

5. das Verbot der Erbringung von Dienstleistungen an natürliche oder juristische Personen zum Zweck der Ausübung geschäftlicher Tätigkeiten in einem bestimmten Staat;

6. die Befreiung von der Verpflichtung zur Erfüllung zivilrechtlicher Forderungen, wenn sie im Zusammenhang mit Verträgen oder sonstigen Rechtsgeschäften geltend gemacht werden, deren Erfüllung durch Sanktionsmaßnahmen der Vereinten Nationen oder der Europäischen Union beeinträchtigt wurde.

Die Erlassung von Verordnungen nach diesem Absatz bedarf des Einvernehmens mit dem Hauptausschuss des Nationalrats.

(3) Rechtsakte gemäß Abs. 1 und 2 sind aufzuheben, sobald die diesen zugrundeliegenden Sanktionsmaßnahmen der Vereinten Nationen oder der Europäischen Union aufgehoben werden.

Humanitäre und sonstige Ausnahmen

§ 3. (1) Die Oesterreichische Nationalbank kann, wenn es dem Ziel der Sanktionsmaßnahmen nicht entgegensteht, spezifische Genehmigungen erteilen für

1. die Verwendung eingefrorener Gelder oder die Bereitstellung von Vermögenswerten jeweils zur Deckung der Grundbedürfnisse einer durch einen Rechtsakt nach § 2 Abs. 1 betroffenen Person oder ihrer Familienmitglieder;

2. Zahlungen von eingefrorenen Konten für folgende Zwecke:

a) Zahlung innerhalb der Europäischen Union von Steuern, Pflichtversicherungsprämien und Gebühren für öffentliche Versorgungsleistungen wie Gas, Wasser, Strom und Telekommunikation;

b) Zahlung von Kontoführungsgebühren an ein Kredit- oder Finanzinstitut gemäß § 1 des Bankwesengesetzes – BWG, BGBl. Nr. 532/1993;

c) Zahlungen zur Befriedigung von Gläubigern, wenn diese ihre Forderung vor dem Einfrieren und ohne schuldhafte Beteiligung am den Sanktionsmaßnahmen zugrundeliegenden Sachverhalt erworben haben;

3. Zahlungen an eine durch einen Rechtsakt nach § 2 Abs. 1 betroffene Person aufgrund von Verträgen, Vereinbarungen oder Verpflichtungen, die vor Inkrafttreten dieses Rechtsakts geschlossen bzw. eingegangen wurden, sofern diese Zahlungen auf ein eingefrorenes Konto in der Europäischen Union geleistet werden.

(2) Genehmigungsanträge sind bei der Oesterreichischen Nationalbank zu stellen.

Kosten und Schadenersatz

§ 4. (1) In einem Rechtsakt gemäß § 2 Abs. 1 sowie Abs. 2 Z 1 bis 4 kann angeordnet werden, dass mit der Durchführung dieses Rechtsakts entstehende Kosten zu Lasten der Eigentümer der betroffenen Verkehrsmittel, Waren oder sonstiger Vermögenswerte gehen.

(2) Schadenersatzansprüche können aus dem Umstand nicht erhoben werden, dass eine Person in fahrlässiger Unkenntnis, dass eine Person oder Einrichtung von einem Rechtsakt gemäß § 2 nicht erfasst ist, einen Vertrag oder ein sonstiges Rechtsgeschäft verspätet oder nicht erfüllt hat.

Erfüllung zivilrechtlicher Forderungen

§ 5. (1) Im Zusammenhang mit einem Rechtsakt gemäß § 2 Abs. 2 Z 6 obliegt der Beweis dafür, dass die Erfüllung eines Vertrages oder eines sonstigen Rechtsgeschäftes durch die Sanktionsmaßnahme nicht berührt wurde, dem, der den Anspruch geltend macht.

(2) Wer eine Leistung erbringt, obwohl sie auf Grund eines Rechtsakts nach § 2 Abs. 2 Z 6 nicht zu erbringen war, kann daraus Dritten gegenüber keine Ansprüche ableiten, es sei denn, dass er die Leistung unfreiwillig erbracht hat oder er bei ihrer Erbringung weder wusste noch wissen musste, dass die Forderung nach § 2 Abs. 2 Z 6 nicht zu erfüllen war.

Eintragungen im Grundbuch oder im Firmenbuch

§ 6. (1) Sind im Grundbuch oder im Firmenbuch Vermögenswerte ersichtlich, die aufgrund eines Rechtsakts nach § 2 Abs. 1 oder aufgrund unmittelbar anwendbarer Sanktionsmaßnahmen der Europäischen Union eingefroren sind, so hat die Bundesministerin für Inneres diesen Umstand dem für die Liegenschaft oder den Rechtsträger zuständigen Gericht (§§ 118, 120 der Jurisdiktionsnorm – JN, RGBl. Nr. 111/1895) mitzuteilen. In dieser Mitteilung sind der Rechtsakt oder die Sanktionsmaßnahme, die betroffene Person oder Einrichtung sowie der Vermögenswert bestimmt zu bezeichnen.

(2) Aufgrund einer Mitteilung im Sinn des Abs. 1 hat das Gericht von Amts wegen im Grundbuch (§ 8 Z 3 des Allgemeinen Grundbuchsgesetzes 1955 – GBG, BGBl. Nr. 39) oder im Firmenbuch einzutragen, dass das Vermögen der betreffenden Person oder Einrichtung eingefroren ist. Dabei ist auch der zugrundeliegende Rechtsakt nach § 2 Abs. 1 oder die zugrundeliegende unmittelbar anwendbare Sanktionsmaßnahme der Europäischen Union anzuführen.

(3) Wird der Rechtsakt nach § 2 Abs. 1 oder die unmittelbar anwendbare Sanktionsmaßnahme der Europäischen Union in weiterer Folge aufgehoben, so hat die Bundesministerin für Inneres das zuständige Gericht auch davon zu verständigen; in diesem Fall hat das Gericht die Eintragung von Amts wegen zu löschen.

Reisebeschränkungen

§ 7. Soweit gegen Personen in völkerrechtlich verpflichtenden Sanktionsmaßnahmen der Vereinten Nationen oder der Europäischen Union Reisebeschränkungen erlassen wurden, kann die Bundesministerin für Inneres diesen Personen die Ein- und Durchreise in oder durch die Republik Österreich untersagen.

2. Abschnitt: Verfahrensbestimmungen

Überwachung und Auskünfte

§ 8. (1) Die Bundesministerin für Inneres hat die Durchführung von Sanktionsmaßnahmen gemäß § 1 durch Verwaltungsbehörden, soweit es sich nicht um die Erlassung von Rechtsakten gemäß § 2 handelt, sowie die Einhaltung von Rechtsakten gemäß § 2 und von unmittelbar anwendbaren Sanktionsmaßnahmen der Europäischen Union zu überwachen. Die Überwachung der Einhaltung von Rechtsakten gemäß § 2 Abs. 1 und von unmittelbar anwendbaren Sanktionsmaßnahmen der Europäischen Union, soweit es sich um Maßnahmen der in § 2 Abs. 1 umschriebenen Art handelt, jeweils im Bereich der Kredit- und Finanzinstitute gemäß § 1 BWG sowie der in „§ 4 Z 4 des Zahlungsdienstegesetzes 2018 – ZaDiG 2018, BGBl. I Nr. 17/2018", genannten Zahlungsinstitute ist Aufgabe der Oesterreichischen Nationalbank. *(BGBl I 2018/17)*

(2) Zur Wahrnehmung der in Abs. 1 genannten Aufgaben sind die Bundesministerin für Inneres und die Oesterreichische Nationalbank berechtigt, von natürlichen und juristischen Personen sowie von sonstigen Einrichtungen mit Rechtspersönlichkeit die hiefür erforderlichen Auskünfte und Meldungen einzuholen und Daten zu ermitteln und zu verarbeiten; dieses Recht umfasst auch die Befugnis, in Bücher, Schriftstücke und EDV-Datenträger vor Ort Einsicht zu nehmen und sich Auszüge davon herstellen zu lassen. Falls die erteilten Auskünfte oder Unterlagen keine ausreichenden Aufschlüsse zulassen, oder falls begründete Zweifel an der Richtigkeit oder Vollständigkeit der Auskünfte oder Unterlagen bestehen, sind die Bundesministerin für Inneres und die Oesterreichische Nationalbank berechtigt, entsprechende Erläuterungen oder Nachweise zu verlangen. In allen vorgenannten Fällen hat die Behörde auf den amtlichen Charakter der Ermittlung hinzuweisen. Der Hinweis kann unterbleiben, wenn wegen wiederholter Kontakte über diese Umstände kein Zweifel besteht.

(3) Gemäß Abs. 2 ermittelte personenbezogene Daten dürfen ausschließlich für Zwecke des Abs. 1 und nur durch besonders befugte Organe verarbeitet werden. Für den Fall, dass festgestellt wird, dass unrichtige oder entgegen den Bestimmungen dieses Bundesgesetzes ermittelte perso-

nenbezogene Daten aufbewahrt werden, so ist unverzüglich eine Berichtigung bzw. Löschung vorzunehmen. Dies gilt insbesondere für den Fall, dass Rechtsakte nach § 2 infolge von erhobenen Rechtsmitteln oder von Amts wegen als ungerechtfertigt aufgehoben werden. Auf der Grundlage von Abs. 1 verarbeitete personenbezogene Daten hat die Behörde mindestens einmal jährlich daraufhin zu überprüfen, ob sie zu berichtigen oder zu löschen sind. *(BGBl I 2018/37)*

Hilfeleistung und Mitwirkung an der Vollziehung

§ 9. (1) Alle Organe des Bundes, der Länder und der Gemeinden sind im Rahmen ihres gesetzlichen Wirkungsbereiches zur Hilfeleistung an die Oesterreichische Nationalbank, soweit diese auf Grund dieses Bundesgesetzes tätig wird, verpflichtet.

(2) Die Organe des öffentlichen Sicherheitsdienstes sowie die Zollorgane haben an der Vollziehung der §§ 11 bis 14 durch Maßnahmen zur Vorbeugung gegen drohende gerichtlich strafbare Handlungen oder drohende Verwaltungsübertretungen sowie durch Maßnahmen, die für die Einleitung von Verwaltungsstrafverfahren erforderlich sind, mitzuwirken.

Rechtsmittel, Verlautbarung und Weisungsgebundenheit

§ 10. (1) Verordnungen der Oesterreichischen Nationalbank sind im Bundesgesetzblatt kundzumachen *(BGBl I 2013/64; BGBl I 2015/4)*

„(2)" Bei der Erfüllung der ihr durch dieses Bundesgesetz übertragenen hoheitlichen Aufgaben unterliegt die Oesterreichische Nationalbank den Weisungen des Bundesministers für Finanzen. *(BGBl I 2013/64)*

(3) Beschwerden gegen Bescheide der Oesterreichischen Nationalbank, welche in Vollziehung dieses Bundesgesetzes ergangen sind, sowie Vorlageanträge, haben keine aufschiebende Wirkung. Auf Antrag ist der Beschwerde die aufschiebende Wirkung durch das Bundesverwaltungsgericht nach Anhörung der Oesterreichischen Nationalbank mit Beschluss zuzuerkennen, insoweit dem nicht zwingende öffentliche Interessen entgegenstehen und nach Abwägung aller berührten Interessen mit dem Vollzug für den Beschwerdeführer ein unverhältnismäßiger Nachteil verbunden wäre. Wird die aufschiebende Wirkung zuerkannt, ist der Vollzug des angefochtenen Bescheides aufzuschieben und sind die hiezu erforderlichen Verfügungen zu treffen. Wenn sich die Voraussetzungen, die für den Beschluss über die aufschiebende Wirkung maßgebend waren, wesentlich geändert haben, ist auf Antrag einer Partei neu zu entscheiden. *(BGBl I 2013/64)*

(4) In Verfahren über Beschwerden gegen Bescheide der Oesterreichischen Nationalbank, welche in Vollziehung dieses Bundesgesetzes ergangen sind, entscheidet das Bundesverwaltungsgericht durch Senat. *(BGBl I 2013/64)*

3. Abschnitt: Strafbestimmungen

Gerichtliche Strafbestimmungen

§ 11. (1) Wer entgegen einer Verordnung nach § 2 Abs. 1 oder einem nach dieser Bestimmung gegen ihn erlassenen Bescheid oder entgegen unmittelbar anwendbaren Sanktionsmaßnahmen der Europäischen Union eine Transaktion oder ein sonstiges Rechtsgeschäft in Bezug auf Vermögensbestandteile in einem 100 000 € übersteigenden Wert durchführt, ist, sofern die Tat nicht nach anderen Bestimmungen mit strengerer Strafe bedroht ist, mit einer Freiheitsstrafe von bis zu einem Jahr oder Geldstrafe bis zu 360 Tagessätzen zu bestrafen.

(2) Das Verfahren wegen der in Abs. 1 bezeichneten Tat obliegt den Landesgerichten.

(3) Wer entgegen einer Verordnung nach § 2 Abs. 2 Z 5 oder einem nach dieser Bestimmung gegen ihn erlassenen Bescheid oder entgegen unmittelbar anwendbaren Sanktionsmaßnahmen der Europäischen Union Dienstleistungen in einem 100 000 € übersteigenden Wert an natürliche oder juristische Personen zum Zweck der Ausübung geschäftlicher Tätigkeiten in einem bestimmten Staat erbringt, ist, sofern die Tat nicht nach anderen Bestimmungen mit strengerer Strafe bedroht ist, mit Freiheitsstrafe von bis zu zwei Jahren oder mit Geldstrafe bis zu 360 Tagessätzen zu bestrafen.

Verwaltungsstrafbestimmungen

§ 12. (1) Wer entgegen einer Verordnung nach § 2 Abs. 1 oder einem nach dieser Bestimmung gegen ihn erlassenen Bescheid oder entgegen unmittelbar anwendbaren Sanktionsmaßnahmen der Europäischen Union eine Transaktion oder ein sonstiges Rechtsgeschäft durchführt, begeht eine Verwaltungsübertretung und ist von der Bezirksverwaltungsbehörde – im „Gebiet einer Gemeinde, für das die Landespolizeidirektion zugleich Sicherheitsbehörde erster Instanz ist, von der Landespolizeidirektion" – mit Geldstrafe bis zu 50 000 € zu bestrafen. *(BGBl I 2012/50)*

(2) Wer entgegen einer Verordnung nach § 2 Abs. 2 Z 5 oder einem nach dieser Bestimmung gegen ihn erlassenen Bescheid oder entgegen unmittelbar anwendbaren Sanktionsmaßnahmen der Europäischen Union Dienstleistungen an natürliche oder juristische Personen zum Zweck der Ausübung geschäftlicher Tätigkeiten in einem bestimmten Staat erbringt, begeht eine Verwal-

tungsübertretung und ist von der Bezirksverwaltungsbehörde – im „Gebiet einer Gemeinde, für das die Landespolizeidirektion zugleich Sicherheitsbehörde erster Instanz ist, von der Landespolizeidirektion" – mit Freiheitsstrafe bis zu sechs Wochen oder mit Geldstrafe bis zu 50 000 € zu bestrafen. *(BGBl I 2012/50)*

(3) Der Versuch ist strafbar.

§ 13. Wer eine in § 3 oder in einer unmittelbar anwendbaren Sanktionsmaßnahme der Europäischen Union vorgesehene Genehmigung durch unrichtige oder unvollständige Angaben erschleicht, begeht eine Verwaltungsübertretung und ist von der Bezirksverwaltungsbehörde – im „Gebiet einer Gemeinde, für das die Landespolizeidirektion zugleich Sicherheitsbehörde erster Instanz ist, von der Landespolizeidirektion" – mit Geldstrafe bis zu 50 000 € zu bestrafen. *(BGBl I 2012/50)*

§ 14. Wer seinen in § 8 Abs. 2 normierten Verpflichtungen zur Erteilung von Auskünften, zur Bekanntgabe von Daten, zur Vorlage von Unterlagen und Nachweisen oder zur Einsichtgewährung nicht vollständig und fristgerecht nachkommt, oder wer wissentlich unvollständige oder unrichtige Angaben macht, begeht eine Verwaltungsübertretung und ist von der Bezirksverwaltungsbehörde – im „Gebiet einer Gemeinde, für das die Landespolizeidirektion zugleich Sicherheitsbehörde erster Instanz ist, von der Landespolizeidirektion" – mit Geldstrafe bis zu 5 000 € zu bestrafen. *(BGBl I 2012/50)*

§ 15. (1) Eine Verwaltungsübertretung nach den §§ 12 bis 14 liegt nicht vor, wenn die Tat den Tatbestand einer in die Zuständigkeit der Gerichte fallenden strafbaren Handlung bildet.

(2) Für Verwaltungsübertretungen gemäß den §§ 12 bis 14 gilt anstelle der Verjährungsfrist von „einem Jahr gemäß § 31 Abs. 1" des Verwaltungsstrafgesetzes 1991 – VStG, BGBl. Nr. 52, eine Verjährungsfrist von 18 Monaten. *(BGBl I 2013/64)*

4. Abschnitt: Übergangs- und Schlussbestimmungen

Übergangsbestimmung

§ 16. Die Verordnung (Kundmachung) der Oesterreichischen Nationalbank DL 2/2002 in der Fassung der Verordnung (Kundmachung) DL 1/2009 gilt als Verordnung nach § 2 Abs. 1 dieses Bundesgesetzes und erstreckt sich auf sämtliche Vermögenswerte der darin genannten Personen.

Verweisungen

§ 17. (1) Soweit in diesem Bundesgesetz auf andere Bundesgesetze verwiesen wird, sind diese, wenn nichts anderes angeordnet ist, in ihrer jeweils geltenden Fassung anzuwenden.

(2) Durch dieses Bundesgesetz werden die Bestimmungen des Amtshaftungsgesetzes – AHG, BGBl. Nr. 20/1949 nicht berührt.

Sprachliche Gleichbehandlung

§ 18. Soweit sich die in diesem Bundesgesetz verwendeten Bezeichnungen auf natürliche Personen beziehen, gilt die gewählte Form für beide Geschlechter. Bei der Anwendung dieser Bezeichnungen auf bestimmte natürliche Personen ist die jeweils geschlechtsspezifische Form zu verwenden.

Vollziehung

§ 19. Mit der Vollziehung von § 2 Abs. 2 ist die Bundesregierung, mit der Vollziehung der übrigen Bestimmungen der jeweils zuständige Bundesminister nach dem Bundesministeriengesetz 1986, BGBl. Nr. 76, betraut.

Inkrafttreten

§ 20. (1) Dieses Bundesgesetz tritt mit 1. Juli 2010 in Kraft.

(2) Mit In-Kraft-Treten dieses Bundesgesetzes tritt das Bundesgesetz über die Durchführung internationaler Sanktionsmaßnahmen, BGBl. Nr. 406/1993, außer Kraft.

(3) § 12 Abs. 1 und 2 sowie §§ 13 und 14 in der Fassung des Bundesgesetzes BGBl. I Nr. 50/2012 treten mit 1. September 2012 in Kraft. *(BGBl I 2012/50)*

(4) § 10 und § 15 Abs. 2 in der Fassung des Bundesgesetzes BGBl. I Nr. 64/2013 treten mit 1. Jänner 2014 in Kraft. *(BGBl I 2013/64)*

(5) § 8 Abs. 1 in der Fassung des Bundesgesetzes BGBl. I Nr. 17/2018 tritt mit 1. Juni 2018 in Kraft. *(BGBl I 2018/17)*

1. Euro-Justiz-Begleitgesetz

BGBl I 1998/125 idF

1 BGBl I 2001/41
2 BGBl I 2001/131
3 BGBl I 2005/120
4 BGBl I 2008/2 (1. BVRBG)
5 BGBl I 2012/30 (GB-Nov 2012)
6 BGBl I 2013/51

STICHWORTVERZEICHNIS

Bundesgesetz, mit dem im Zivilrecht begleitende Maßnahmen für die Einführung des Euro getroffen, das Handelsgesetzbuch, die 4. handelsrechtliche Einführungsverordnung, das Aktiengesetz, das Gesetz über Gesellschaften mit beschränkter Haftung, das Kapitalberichtigungsgesetz, das Spaltungsgesetz, das Firmenbuchgesetz und das Preisauszeichnungsgesetz geändert sowie einige Bestimmungen über Fremdwährungs- und Goldklauseln aufgehoben werden (1. Euro-Justiz-Begleitgesetz – 1. Euro-JuBeG)

Artikel I

Bundesgesetz, mit dem im Zivilrecht begleitende Maßnahmen für die Einführung des Euro getroffen werden

Erster Abschnitt

Allgemeine zivil- und zivilprozeßrechtliche Begleitmaßnahmen

Ersetzung des Diskont- und Lombardzinssatzes

§ 1. „ “ *(BGBl I 2008/2)*

(1) „ “ Der Basiszinssatz entspricht der Höhe nach zunächst dem mit 31. Dezember 1998 maßgeblichen Diskontsatz. Er verändert sich in dem Ausmaß, in dem sich der Zinssatz eines von der Bundesregierung mit Verordnung (Abs. 3) bestimmten währungspolitischen Instruments der Europäischen Zentralbank verändert, wobei Veränderungen von insgesamt weniger als 0,5 Prozentpunkten seit 1. Jänner 1999 und in der Folge seit der jeweils letzten Änderung des Basiszinssatzes außer Betracht bleiben. Die Oesterreichische Nationalbank hat solche Änderungen des Basiszinssatzes im Amtsblatt zur Wiener Zeitung unverzüglich zu verlautbaren. *(BGBl I 2008/2)*

(1a) Auch wenn der Basiszinssatz einen negativen Wert erreicht, kann ein Zinssatz, dessen Höhe unmittelbar oder mittelbar vom Basiszinssatz bestimmt wird, nicht unter null sinken. *(BGBl I 2013/51)*

(2) Soweit der Lombardsatz der Oesterreichischen Nationalbank als Bezugsgröße in Bundesgesetzen oder in Verordnungen von mit Aufgaben der Bundesverwaltung betrauten Organen verwendet wird, tritt mit 1. Jänner 1999 an seine Stelle der Referenzzinssatz. „ “ Er verändert sich in dem Ausmaß, in dem sich der Zinssatz eines von der Bundesregierung mit Verordnung (Abs. 3) bestimmten währungspolitischen Instruments der Europäischen Zentralbank verändert, wobei Veränderungen von insgesamt weniger als 0,5 Prozentpunkten seit dem 1. Jänner 1999 und in der Folge seit der letzten Änderung des Referenzzinssatzes außer Betracht bleiben. Abs. 1 letzter Satz ist sinngemäß anzuwenden. *(BGBl I 2008/2)*

(3) Die Bundesregierung hat zur Feststellung von Veränderungen des Basis- und des Referenzzinssatzes solche währungspolitische Instrumente der Europäischen Zentralbank zu bestimmen, die nach ihrer Funktion und ihrer voraussichtlichen Entwicklung der Funktion und der Entwicklung des Diskont- bzw. Lombardsatzes am ehesten entsprechen. Vor der Erlassung der Verordnung ist die Oesterreichische Nationalbank zu hören.

(4) *(aufgehoben, BGBl I 2008/2)*

Entfall vereinbarter Wertmesser

§ 2. (1) Fällt ein von den Vertragsparteien einer Vereinbarung zugrunde gelegter Wertmesser nach Einführung des Euro weg, so ist der dem weggefallenen Wertmesser nach dessen Funktion und nach der Absicht der Parteien am ehesten entsprechende Wertmesser heranzuziehen.

(2) In Vereinbarungen, denen die Vertragsparteien den Diskontsatz in dieser oder in einer anderen Bezeichnung zugrunde gelegt haben, tritt an dessen Stelle der Basiszinssatz (§ 1 Abs. 1). In Vereinbarungen, denen die Vertragsparteien den Lombardsatz in dieser oder in einer anderen Bezeichnung zugrunde gelegt haben, tritt an dessen Stelle der Referenzzinssatz (§ 1 Abs. 2).

(3) An die Stelle der in Wien festgestellten Zwischenbankzinssätze (Vienna Interbank Offered Rate – VIBOR), die von Vertragsparteien ihren Vereinbarungen zugrunde gelegt worden sind, treten die entsprechenden für das Gebiet der Währungsunion festgestellten Zwischenbankzinssätze (Euro Interbank Offered Rate – EURIBOR). Gleiches gilt für andere Zwischenbankzinssätze, die in anderen Mitgliedstaaten der Europäischen Union, die die einheitliche Währung angenommen haben, nach Einführung des EURIBOR wegfallen.

(4) Die Abs. 1 bis 3 sind nicht anzuwenden, wenn die Vertragsparteien für den Entfall der dort genannten Wertmesser anderes vereinbart haben oder vereinbaren.

Angabe von Euro und Schilling in Verträgen

§ 3. (1) In Verträgen zwischen Unternehmern und Verbrauchern (§ 1 KSchG), die zwischen dem 1. Jänner 1999 und dem 31. Dezember 2001 geschlossen werden und deren Vertragsdauer über diesen Zeitpunkt hinausreicht, sind die vom Verbraucher zu zahlenden Beträge, ein allfälliges Entgelt für räumliche, mengenmäßige oder zeitliche Leistungseinheiten und ein allfälliges Grundentgelt in Euro und in Schilling anzugeben. Von einer solchen Angabe kann abgesehen werden, wenn die Vertragsparteien vereinbaren, daß der Unternehmer dem Verbraucher spätestens zum 31. Dezember 2001 unentgeltlich eine schriftliche

Mitteilung zusendet, in der die im ersten Satz genannten Beträge in der dann jeweils maßgeblichen Höhe in Euro und in Schilling angegeben werden.

(2) In Verträgen zwischen Unternehmern und Verbrauchern, die vor dem 1. Jänner 1999 geschlossen werden und deren Vertragsdauer über den 31. Dezember 2001 hinausreicht, hat der Unternehmer dem Verbraucher spätestens zum 31. Dezember 2001 unentgeltlich eine schriftliche Mitteilung mit den in Abs. 1 genannten Angaben zuzusenden.

(3) In Rechnungen, die Verbrauchern aus Verträgen nach den Abs. 1 oder 2 zwischen dem 1. Oktober 2001 und demjenigen Zeitpunkt, in dem der Schilling die Eigenschaft als gesetzliches Zahlungsmittel verliert, gelegt werden, hat der Unternehmer die in Abs. 1 erster Satz genannten Beträge in Euro und in Schilling anzugeben. Hat der Unternehmer dem Verbraucher vor der Rechnungslegung eine Mitteilung nach den Abs. 1 oder 2 zukommen lassen, so genügt es, wenn in der Rechnung nur die vom Verbraucher zu zahlenden Beträge in Euro und in Schilling angegeben werden.

(4) Die Parteien können die Mitteilungspflichten nach den Abs. 1 bis 3 im einzelnen abbedingen.

(5) Die Rechtswirksamkeit eines Vertrags oder einer Rechtshandlung wird von den Mitteilungspflichten nach den Abs. 1 bis 3 nicht berührt.

(6) Die Abs. 1 bis 5 gelten nicht für Verträge über Wertpapiergeschäfte von Kreditinstituten.

Euro-Klagen und -Anträge

§ 4. (1) Zwischen dem 1. Jänner 1999 und dem 31. Dezember 2001 ist im Fall einer auf Euro lautenden Klage vor deren weiteren Bearbeitung von Amts wegen der Klagsbetrag in Schilling umzurechnen.

(2) Für Verfahren über Euro-Klagen ist bis 31. Dezember 2001 der in Schilling umgerechnete Streitwert maßgebend; die Kosten und Gebühren des Verfahrens sind bis dahin in Schilling zu verzeichnen und zuzusprechen.

(3) Begehrt ein Kläger in einer zwischen dem 1. Jänner 1999 und dem 31. Dezember 2001 eingebrachten Klage ausdrücklich Leistung durch Verrechnung in Euro, so hat er die Nummer des Kontos, auf das die Gutschrift erfolgen soll, und das kontoführende Kreditinstitut anzugeben. Das Gericht hat die Verpflichtung zur Leistung in Euro in den Spruch seiner Entscheidung aufzunehmen.

(4) Die Abs. 1 bis 3 gelten sinngemäß für Ansprüche, die nicht durch Klage, sondern auf andere Weise gerichtlich geltend gemacht werden.

(5) In automationsunterstützt hergestellten schriftlichen Ausfertigungen gerichtlicher Erledigungen sind ab 1. Jänner 1999 Endbeträge, die auf Schilling lauten, auch in Euro anzugeben.

Eintragungen in das Grundbuch

§ 5. (1) Bei Eintragungen in das Grundbuch, die auf Euro oder eine andere Währungseinheit als Schilling lauten, ist die Währungsbezeichnung im Antrag und im Grundbuch anzuführen. Bei Eintragungen, die auf Schilling lauten, entfällt eine Währungsbezeichnung.

(2) Eintragungen im Grundbuch, die keine Währungsbezeichnung enthalten, gelten als Eintragungen auf Schilling.

(3) Eintragungen auf Währungen von Staaten, die nicht der Europäischen Union oder dem Europäischen Wirtschaftsraum angehören, sind nicht zulässig.

(4) Eintragungen auf Schilling oder andere Währungseinheiten, die in den Euro aufgegangen sind, sind auch dann nicht zulässig, wenn eine solche Eintragung geändert werden soll. In diesem Fall sind im Antrag der zu ändernde Betrag in Euro umzurechnen, der Änderungsbetrag in Euro anzugeben und die Eintragung auf den sich so ergebenden Eurobetrag zu beantragen. *(BGBl I 2012/30)*

Zweiter Abschnitt

Rechnungslegung

Umrechnung von Fremdwährungen

§ 6. Bargeld, Forderungen, Verbindlichkeiten und Rückstellungen, die auf Währungseinheiten der an der Währungsunion teilnehmenden anderen Mitgliedstaaten oder auf Ecu im Sinne des Art. 2 der Verordnung Nr. 1103/97 des Rates vom 17. Juni 1997, ABl. EG Nr. L 162 lauten, sind zum nächsten auf den 30. Dezember 1998 folgenden Stichtag im Jahresabschluß und im Konzernabschluß mit dem vom Rat der Europäischen Union gemäß Artikel 109 l Abs. 4 erster Satz des EG-Vertrages unwiderruflich festgelegten Kurs umzurechnen und anzusetzen. Erträge, die sich bei Forderungen und Verbindlichkeiten aus der Umrechnung und dem entsprechenden Bilanzansatz ergeben, dürfen auf der Passivseite in einen gesonderten Posten nach dem Eigenkapital eingestellt werden. Der Posten ist insoweit aufzulösen, als die Forderungen und Verbindlichkeiten, für die er gebildet worden ist, erlöschen. Eine vorzeitige Auflösung ist zulässig.

Im Zusammenhang mit der Währungsumstellung entstehende Aufwendungen

§ 7. (1) Die Aufwendungen für die Währungsumstellung auf Euro dürfen als Aktivposten ausgewiesen werden, soweit es sich um selbstgeschaffene immaterielle Vermögensgegenstände des Anlagevermögens handelt. Der Posten ist in der Bilanz unter der Bezeichnung „Aufwendungen für die Währungsumstellung auf Euro" vor dem Posten „Anlagevermögen" auszuweisen. Die für die Währungsumstellung auf Euro aktivierten Beträge sind für jedes Geschäftsjahr zu mindestens einem Fünftel abzuschreiben.

(2) Werden solche Aufwendungen im Jahresabschluß von Kapitalgesellschaften und Personengesellschaften im Sinn des § 221 Abs. 5 UGB ausgewiesen, so sind sie im Anhang zu erläutern. § 226 Abs. 1 UGB gilt sinngemäß. Gewinne dürfen in diesem Fall nur ausgeschüttet werden, soweit die nach der Ausschüttung verbleibenden jederzeit auflösbaren Rücklagen zuzüglich eines Gewinnvortrags und abzüglich eines Verlustvortrags dem ausgewiesenen Betrag mindestens entsprechen. *(BGBl I 2005/120)*

Dritter Abschnitt

Für Aktiengesellschaften geltende Bestimmungen

Gesetzliche Umrechnung der Aktiennennbeträge und des Grundkapitals

§ 8. (1) Aktiennennbeträge werden auf Grundlage des kleinsten Aktiennennbetrags mit dem vom Rat der Europäischen Union gemäß Artikel 109l Abs. 4 erster Satz des EG-Vertrages unwiderruflich festgelegten Umrechnungskurs umgerechnet. Der ermittelte Betrag wird auf zwei Stellen hinter dem Komma gerundet. Ausgehend von diesem Betrag werden die höheren Aktiennennbeträge als ein Vielfaches dieses Betrages errechnet. Das Grundkapital ergibt sich aus der Summe der so errechneten Aktiennennbeträge. Das Verhältnis der mit den Aktien verbundenen Rechte zueinander und das Verhältnis ihrer Nennbeträge zum Nennkapital bleiben durch die Umrechnung unverändert. Unterschiedsbeträge, die sich aus der Umrechnung ergeben, sind in die gebundene Kapitalrücklage einzustellen bzw. zuerst aus ungebundenen Gewinnrücklagen, danach aus ungebundenen Kapitalrücklagen, sodann aus der gesetzlichen Rücklage und zuletzt aus gebundenen Kapitalrücklagen zu decken; allfällige noch bestehende Fehlbeträge sind in die Gewinn- und Verlustrechnung aufzunehmen.

(2) Werden Nennbetragsaktien vor Umstellung der Aktiennennbeträge und des Grundkapitals auf Euro in Stückaktien umgewandelt, so kann die Hauptversammlung auch abweichend von Abs. 1 beschließen, das Grundkapital mit dem vom Rat der Europäischen Union gemäß Artikel 109l Abs. 4 erster Satz des EG-Vertrages unwiderruflich festgelegten Kurs umzurechnen.

Erhöhung des Grundkapitals aus Gesellschaftsmitteln zur Anpassung des Grundkapitals und der Aktiennennbeträge

§ 9. (1) Für eine Erhöhung des Grundkapitals aus Gesellschaftsmitteln in dem Ausmaß, das erforderlich ist, um die Nennbeträge der Aktien auf volle Euro zu stellen, genügt abweichend von § 2 Abs. 1 Kapitalberichtigungsgesetz in Verbindung mit § 149 Abs. 1 AktG die einfache Mehrheit des bei der Beschlußfassung vertretenen Grundkapitals. Ist der der Beschlußfassung zugrunde liegende Jahresabschluß mit einem uneingeschränkten Bestätigungsvermerk versehen, so können der Bericht des Vorstands und der Prüfungsbericht des Abschlußprüfers (§ 2 Abs. 5 Kapitalberichtigungsgesetz) entfallen. „Der dieser Kapitalerhöhung aus Gesellschaftsmitteln zugrunde gelegte Jahresabschluss muss abweichend von § 2 Abs. 4 Kapitalberichtigungsgesetz zu einem Stichtag aufgestellt sein, der nicht mehr als zwölf Monate vor der Anmeldung des Beschlusses über diese Kapitalerhöhung zur Eintragung in das Firmenbuch liegt.“ *(BGBl I 2001/131)*

(2) Die einfache Mehrheit des bei der Beschlußfassung vertretenen Grundkapitals genügt auch für mit der Kapitalerhöhung verbundene Beschlüsse über die entsprechende Anpassung eines genehmigten Kapitals und über die Teilung der auf volle Euro gestellten Aktien. Gleiches gilt für mit der Kapitalerhöhung verbundene Beschlüsse über sonstige erforderliche Anpassungen der Satzung an die Bestimmungen dieses Bundesgesetzes, sofern das Verhältnis der mit den Aktien verbundenen Rechte zueinander und das Verhältnis ihrer Nennbeträge zum Nennkapital unverändert bleiben.

(3) Die Kapitalerhöhung kann durch Erhöhung des Nennbetrags der Aktien oder durch Neueinteilung der Aktiennennbeträge ausgeführt werden. Die Neueinteilung der Nennbeträge bedarf der Zustimmung jener Aktionäre, auf die nicht ihrem Anteil entsprechende volle Aktien oder nur eine geringere Zahl an Aktien als zuvor entfallen; bei teileingezahlten Aktien ist sie ausgeschlossen. § 67 Abs. 1 zweiter Satz AktG ist nicht anzuwenden.

Herabsetzung des Grundkapitals zur Anpassung des Grundkapitals und der Aktiennennbeträge

§ 10. (1) Für eine Herabsetzung des Grundkapitals in dem Ausmaß, das erforderlich ist, um die Nennbeträge der Aktien auf volle Euro zu stellen, genügt abweichend von § 175 Abs. 1 AktG die einfache Mehrheit des bei der Beschlußfassung vertretenen Grundkapitals, wobei in der Hauptversammlung zumindest die Hälfte des Grundkapitals vertreten sein muß. Die Beträge, die aus der Kapitalherabsetzung gewonnen werden, sind in die gebundene Kapitalrücklage einzustellen.

(2) Die einfache Mehrheit des bei der Beschlußfassung vertretenen Grundkapitals genügt auch für mit der Kapitalherabsetzung verbundene Beschlüsse über die entsprechende Anpassung eines genehmigten Kapitals oder über die Teilung der auf volle Euro gestellten Aktien. Gleiches gilt für mit der Kapitalherabsetzung verbundene Beschlüsse über sonstige erforderliche Anpassungen der Satzung an die Bestimmungen dieses Bundesgesetzes, sofern das Verhältnis der mit den Aktien verbundenen Rechte zueinander und das Verhältnis ihrer Nennbeträge zum Nennkapital unverändert bleiben.

(3) Die Kapitalherabsetzung kann durch Herabsetzung des Nennbetrags der Aktien oder durch Neueinteilung der Aktiennennbeträge ausgeführt werden. Die Neueinteilung der Nennbeträge bedarf der Zustimmung jener Aktionäre, auf die nicht ihrem Anteil entsprechende volle Aktien oder nur eine geringere Zahl an Aktien als zuvor entfallen; bei teileingezahlten Aktien ist sie ausgeschlossen. § 67 Abs. 1 zweiter Satz AktG ist nicht anzuwenden.

Bestimmungen in den Satzungen

§ 11. Die in den §§ 9 und 10 (Kapitalerhöhung, Kapitalherabsetzung) vorgesehenen Verfahrensvereinfachungen gelten auch dann, wenn die Satzung höhere Mehrheiten oder weitere Erfordernisse vorsieht.

Vierter Abschnitt

Für Gesellschaften mit beschränkter Haftung geltende Bestimmungen

Gesetzliche Umrechnung der Stammeinlagen und des Stammkapitals

§ 12. (1) Jede Stammeinlage wird mit dem vom Rat der Europäischen Union gemäß Artikel 1091 Abs. 4 erster Satz des EG-Vertrages unwiderruflich festgelegten Umrechnungskurs umgerechnet. Der ermittelte Betrag wird auf zwei Stellen hinter dem Komma gerundet. Das Stammkapital ergibt sich aus der Summe der so errechneten Stammeinlagen.

(2) Das Verhältnis der mit den Stammeinlagen verbundenen Rechte zueinander, das Verhältnis der Nennbeträge der Stammeinlagen zum Nennkapital und das Verhältnis der Stimmrechte bleiben durch die Währungsumstellung unverändert.

(3) Unterschiedsbeträge, die sich aus der Umrechnung ergeben, sind bei großen Gesellschaften mit beschränkter Haftung in die gebundene Kapitalrücklage einzustellen bzw. zuerst aus ungebundenen Gewinnrücklagen, danach aus ungebundenen Kapitalrücklagen, sodann aus der gesetzlichen Rücklage und zuletzt aus gebundenen Kapitalrücklagen zu decken. Bei mittelgroßen und kleinen Gesellschaften mit beschränkter Haftung sind sie in die Gewinn- und Verlustrechnung aufzunehmen.

Anpassung des Gesellschaftsvertrags

§ 13. (1) Der Gesellschaftsvertrag ist in der Weise an die Bestimmungen dieses Bundesgesetzes anzupassen, daß das Verhältnis der mit den Stammeinlagen verbundenen Rechte zueinander, das Verhältnis der Nennbeträge der Stammeinlagen zum Nennkapital und das Verhältnis der Stimmrechte durch die Umrechnung unverändert bleiben. Sollen diese Verhältnisse verändert werden, so bedarf dies der Zustimmung sämtlicher davon betroffener Gesellschafter.

(2) Der Beschluß über die Änderung des Gesellschaftsvertrags hat auf die Anpassung an die Bestimmungen dieses Bundesgesetzes und die damit verbundenen Rechtsfolgen (Art. X § 5 dieses Bundesgesetzes) ausdrücklich hinzuweisen und unabhängig davon, ob sich die bisherigen Verhältnisse durch die Anpassung verändern, die bisherigen und die auf Grund der Anpassung zukünftig bestehenden Verhältnisse (Abs. 1) darzustellen.

(3) Änderungen des Gesellschaftsvertrags, mit denen dieser an die Bestimmungen dieses Bundesgesetzes angepaßt wird und die die bisherigen Verhältnisse nicht verändern, kann die Generalversammlung in Abweichung von § 50 Abs. 1 GmbHG mit einfacher Mehrheit beschließen. Dies gilt auch dann, wenn der Gesellschaftsvertrag höhere Mehrheiten oder weitere Erfordernisse vorsieht.

Erhöhung des Stammkapitals

§ 14. (1) Für eine Kapitalerhöhung durch bar zu leistende Stammeinlagen um einen Betrag von höchstens 700 Euro, die der Anpassung des Gesellschaftsvertrags an die Bestimmungen dieses Bundesgesetzes dient, findet die Verpflichtung zur Leistung der Mindesteinzahlungen auf die neuen Stammeinlagen keine Anwendung. Werden jedoch Einzahlungen auf die neuen Stammeinlagen geleistet, so ist die Vorlage einer schriftlichen Bestätigung eines Kreditinstituts zum Nachweis der Einzahlungen (§ 10 Abs. 3 GmbHG) nicht erforderlich.

(2) Für eine Erhöhung des Stammkapitals aus Gesellschaftsmitteln zur Glättung der Stammeinlagen in dem Ausmaß, das erforderlich ist, um das Verhältnis der mit den Stammeinlagen verbundenen Rechte zueinander, das Verhältnis der Nennbeträge der Stammeinlagen zum Stammkapital und das Verhältnis der Stimmrechte beizubehalten, muss der dieser Kapitalerhöhung aus Gesellschaftsmitteln zugrunde gelegte Jahresabschluss abweichend von § 2 Abs. 4 Kapitalberichtigungsgesetz zu einem Stichtag aufgestellt sein, der nicht mehr als zwölf Monate vor der Anmeldung des Beschlusses über diese Kapitalerhöhung zur Eintragung in das Firmenbuch liegt.

(BGBl I 2001/131)

Herabsetzung des Stammkapitals

§ 15. Für eine Herabsetzung des Stammkapitals um einen Betrag von höchstens 700 Euro, die zur Anpassung des Gesellschaftsvertrags an die Bestimmungen dieses Bundesgesetzes in vereinfachter Form vorgenommen werden kann, genügt abweichend von § 50 Abs. 1 GmbHG die einfache Mehrheit der abgegebenen Stimmen; dies gilt auch dann, wenn der Gesellschaftsvertrag höhere Mehrheiten oder weitere Erfordernisse vorsieht. Große Gesellschaften (§ 221 UGB) haben die im Zuge dieser Herabsetzung des Stammkapitals frei werdenden Beträge in die gebundene Kapitalrücklage einzustellen. Kleine und mittelgroße Gesellschaften können diese Beträge in eine nicht gebundene Kapitalrücklage einstellen oder in die Gewinn- und Verlustrechnung aufnehmen. § 59 Abs. 1 GmbHG gilt mit der Einschränkung sinngemäß, dass die §§ 183 und 185 bis 188 AktG mit Ausnahme von § 188 Abs. 1 keine Anwendung finden. *(BGBl I 2005/120)*

(BGBl I 2001/131)

Artikel IX

Verweisungen

(1) Soweit in diesem Bundesgesetz auf Bestimmungen anderer Bundesgesetze verwiesen wird, sind diese in ihrer jeweils geltenden Fassung anzuwenden.

(2) Soweit in anderen Bundesgesetzen und Verordnungen auf Bestimmungen verwiesen ist, die durch dieses Bundesgesetz geändert oder aufgehoben werden, erhält die Verweisung ihren Inhalt aus den entsprechenden Bestimmungen dieses Bundesgesetzes.

Artikel X

Inkrafttreten, Übergangsbestimmungen und Vollziehung

Inkrafttreten

§ 1. (1) *(aufgehoben, BGBl I 2008/2)*

(2) Die übrigen Bestimmungen dieses Bundesgesetzes treten, soweit nicht anderes angeordnet ist, mit 1. Jänner 1999 in Kraft.

(3) Die Aufhebung des Artikels X § 2 Abs. 3 durch das Bundesgesetz BGBl. I Nr. 41/2001 tritt rückwirkend mit 1. Jänner 1999 in Kraft. *(BGBl I 2001/41)*

(3) Art. I § 9 Abs. 1 letzter Satz, §§ 14 und 15 sowie Art. X § 7 Abs. 1 zweiter Satz in der Fassung des Bundesgesetzes BGBl. I Nr. 131/2001 treten mit 1. Jänner 2002 in Kraft. *(BGBl I 2001/131)*

(4) Art. I § 5 Abs. 4 in der Fassung des Bundesgesetzes BGBl. I Nr. 30/2012 tritt mit 1. Mai 2012 in Kraft und ist auf Verfahren anzuwenden, bei denen der verfahrenseinleitende Antrag nach dem 30. April 2012 gestellt wurde. *(BGBl I 2012/30)*

Rechnungslegung

§ 2. (1) Die §§ 193, 223, 237, 265 und 277 UGB in der Fassung dieses Bundesgesetzes sind erstmals auf Geschäftsjahre anzuwenden, die nach dem 31. Dezember 1998 enden. Die Jahres- und Konzernabschlüsse von Geschäftsjahren, die vor dem 1. Jänner 2002 enden, dürfen auch noch in Schilling aufgestellt werden. In diesem Fall sind vorgeschriebene Angaben weiterhin in Schilling zu machen und die §§ 223 Abs. 2 sowie 277 Abs. 3 UGB in der bisher geltenden Fassung anzuwenden. *(BGBl I 2005/120)*

(2) Bei Aufstellung des Jahresabschlusses und des Konzernabschlusses in Euro ist § 223 Abs. 2 UGB mit der Maßgabe anzuwenden, daß zu jedem Posten der entsprechende Betrag des vorhergehenden Geschäftsjahrs in Euro zu dem vom Rat der Europäischen Union gemäß Artikel 109l Abs. 4 erster Satz des EG-Vertrages unwiderruflich festgelegten Umrechnungskurs anzugeben ist. Gleiches gilt für die Angaben nach § 226 Abs. 1 UGB. *(BGBl I 2005/120)*

(3) *(aufgehoben, BGBl I 2001/41, die Aufhebung des Art X § 2 Abs 4 durch BGBl I 2001/141 trat rückwirkend mit 1. 1. 1999 in Kraft - vgl Art X § 1 Abs 3.)*

(4) Art. I § 7 ist erstmals auf nach dem 31. Dezember 1997 endende Geschäftsjahre anzuwenden.

Vor dem 1. Jänner 1999 bereits eingetragene oder zur Eintragung angemeldete Aktiengesellschaften

§ 3. Für vor dem 1. Jänner 1999 bereits eingetragene oder zur Eintragung in das Firmenbuch angemeldete Aktiengesellschaften gilt folgendes:

1. Grundkapital und Aktien dürfen weiterhin auf einen in Schilling bestimmten Nennbetrag lauten.

2. Die in den §§ 7, 8, 86, 211 und 225c AktG sowie in den §§ 242, 244, 245, 270 und 271 UGB angeführten Beträge sind in der bisher geltenden Fassung bis zur

a) Anpassung der Aktiennennbeträge an die mit Inkrafttreten dieses Bundesgesetzes geltenden Nennbeträge oder

b) Umstellung der Nennbetragsaktien auf Stückaktien

weiter anzuwenden. *(BGBl I 2005/120)*

3. Beschlüsse über die Erhöhung oder Herabsetzung des Grundkapitals sind nach dem 31. Dezember 2001 vom Gericht nur dann in das Firmenbuch einzutragen, wenn die Satzung an die mit Inkrafttreten dieses Bundesgesetzes geltenden Bestimmungen angepaßt ist oder gleichzeitig angepaßt wird.

4. Werden bis 31. Dezember 2000 die Aktiennennbeträge an die mit Inkrafttreten dieses Bundesgesetzes geltenden Nennbeträge angepaßt oder die Nennbetragsaktien auf Stückaktien umgestellt und ergibt sich daraus eine Veränderung der gesetzlich zulässigen Zahl der Aufsichtsratsmitglieder, so kann die Zahl der Aufsichtsratsmitglieder bis längstens 31. Dezember 2001 beibehalten werden.

Nach dem 31. Dezember 1998 zur Eintragung angemeldete und bis zum 31. Dezember 2001 eingetragene Aktiengesellschaften mit Nennbetragsaktien

§ 4. Für nach dem 31. Dezember 1998 zur Eintragung angemeldete und spätestens zum 31. Dezember 2001 in das Firmenbuch eingetragene Aktiengesellschaften, deren Grundkapital in Nennbetragsaktien zerlegt ist, gilt folgendes:

1. Grundkapital und Aktien dürfen weiterhin auf einen in Schilling bestimmten Nennbetrag lauten.

2. Die in den §§ 7, 8, 86, 211 und 225c AktG sowie in den §§ 242, 244, 245, 270 und 271 UGB angeführten Beträge sind in der bisher geltenden Fassung bis zur

a) Anpassung der Aktiennennbeträge an die mit Inkrafttreten dieses Bundesgesetzes geltenden Nennbeträge oder

b) Umstellung der Nennbetragsaktien auf Stückaktien

weiter anzuwenden. *(BGBl I 2005/120)*

3. Die Satzung ist bis spätestens 31. Dezember 2002 an die mit Inkrafttreten dieses Bundesgesetzes geltenden Bestimmungen anzupassen. Nach Ablauf dieser Frist sind Eintragungen auf Grund von Anmeldungen in das Firmenbuch nur dann vom Gericht vorzunehmen, wenn die Satzung an die mit Inkrafttreten dieses Bundesgesetzes geltenden Bestimmungen angepaßt ist oder gleichzeitig angepaßt wird. Beschlüsse über die Erhöhung oder Herabsetzung des Grundkapitals sind bereits nach dem 31. Dezember 2001 vom Gericht nur dann in das Firmenbuch einzutragen, wenn die Satzung an die mit Inkrafttreten dieses Bundesgesetzes geltenden Bestimmungen angepaßt ist oder gleichzeitig angepaßt wird.

Vor dem 1. Jänner 1999 bereits eingetragene oder zur Eintragung angemeldete Gesellschaften mit beschränkter Haftung

§ 5. Für vor dem 1. Jänner 1999 bereits eingetragene oder zur Eintragung in das Firmenbuch angemeldete Gesellschaften mit beschränkter Haftung gilt folgendes:

1. Das Stammkapital und die Stammeinlagen dürfen weiterhin auf einen in Schilling bestimmten Betrag lauten.

2. Die in den §§ 6, 10, 29, 39, 45, 54, 58 und 89 GmbHG sowie die in den §§ 242, 244, 245, 270 und 271 UGB angeführten Beträge sind in der bisher geltenden Fassung bis zur Anpassung des Gesellschaftsvertrags an die mit Inkrafttreten dieses Bundesgesetzes geltenden Bestimmungen weiter anzuwenden. *(BGBl I 2005/120)*

3. Beschlüsse über die Erhöhung oder Herabsetzung des Stammkapitals sind nach dem 31. Dezember 2001 vom Gericht nur dann in das Firmenbuch einzutragen, wenn der Gesellschaftsvertrag an die mit Inkrafttreten dieses Bundesgesetzes geltenden Bestimmungen angepaßt ist oder gleichzeitig angepaßt wird (Art. I § 13 dieses Bundesgesetzes).

Nach dem 31. Dezember 1998 zur Eintragung angemeldete und bis zum 31. Dezember 2001 eingetragene Gesellschaften mit beschränkter Haftung

§ 6. Für nach dem 31. Dezember 1998 zur Eintragung angemeldete und spätestens zum 31. Dezember 2001 in das Firmenbuch eingetragene Gesellschaften mit beschränkter Haftung gilt folgendes:

1. Stammkapital und Stammeinlagen dürfen weiterhin auf einen in Schilling bestimmten Nennbetrag lauten.

2. Die §§ 6, 10, 39, 45, 54, 58 und 89 GmbHG sowie die §§ 242, 244, 245, 270 und 271 UGB in

der Fassung dieses Bundesgesetzes sind mit der Maßgabe anzuwenden, daß die dort angeführten Beträge mit dem vom Rat der Europäischen Union gemäß Artikel 109l Abs. 4 Satz 1 des EG-Vertrages unwiderruflichfestgelegten Umrechnungskurs in Schilling umzurechnen sind. *(BGBl I 2005/120)*

3. Eine Änderung des Gesellschaftsvertrags ist nach dem 31. Dezember 2001 nur dann in das Firmenbuch einzutragen, wenn die im Gesellschaftsvertrag enthaltenen, auf Schilling lautenden Beträge durch auf Euro lautende Beträge ersetzt wurden oder gleichzeitig ersetzt werden, wobei die Rückrechnung der Schilling-Beträge auf Euro-Beträge auf jenen Euro-Betrag, von dem nach Z 2 ausgegangen worden ist, erfolgt.

Gerichtsgebührenbefreiung, Eintragung der Anpassung

§ 7. (1) Anmeldungen zur Eintragung in das Firmenbuch, die die Anpassung der Satzungen oder der Gesellschaftsverträge an die mit Inkrafttreten dieses Bundesgesetzes geltenden Bestimmungen zum Gegenstand haben, sowie Firmenbucheintragungen, die auf Grund solcher Anmeldungen vorgenommen werden, sind von den Gerichtsgebühren befreit, wenn die Anmeldung vor dem 1. Jänner 2003 beim Firmenbuchgericht eingelangt ist. „Von dieser Gebührenbefreiung sind auch Erhöhungen und Herabsetzungen des Stammkapitals erfasst, die über jenes Ausmaß nicht hinausgehen, das zur Beibehaltung des Verhältnisses der mit den Stammeinlagen verbundenen Rechte zueinander, des Verhältnisses der Nennbeträge der Stammeinlagen zum Stammkapital und des Verhältnisses der Stimmrechte erforderlich ist.“ Wird in der Eingabe, die die Anmeldung enthält, darüber hinaus noch die Vornahme weiterer Eintragungen begehrt, so sind für diese Eintragungen die Eintragungsgebühren nach Tarifpost 10 I lit. b bzw. c GGG und allfällige zusätzliche Gebühren für Einschaltungskosten (Tarifpost 10 Anmerkung 6 GGG) zu entrichten; hingegen ist auch in diesen Fällen die Eingabe von den Gerichtsgebühren nach Tarifpost 10 I lit. a GGG befreit. *(BGBl I 2001/131)*

(2) In der Eintragung ist auf die Anpassung an die Bestimmungen dieses Bundesgesetzes hinzuweisen.

Eintragung der Art der Aktien und Anpassung der Satzung

§ 8. (1) Der Vorstand hat bei bereits bestehenden Aktiengesellschaften die nach § 5 Z 2 FBG geforderten Angaben mit der nächsten Anmeldung zum Firmenbuch nachzuholen. Die Eintragung dieser Angaben ist von den Gerichtsgebühren befreit.

(2) Behalten Aktiengesellschaften die Zerlegung des Grundkapitals in Nennbetragsaktien bei, so ist eine Anpassung der Satzung an § 17 AktG in der Fassung dieses Bundesgesetzes nicht erforderlich.

Umstellung von Nennbetragsaktien auf Stückaktien

§ 9. (1) Hauptversammlungsbeschlüsse, mit denen eine Aktiengesellschaft ihre Nennbetragsaktien auf Stückaktien umstellt, können bereits vor Inkrafttreten dieses Bundesgesetzes gefaßt, aber erst nach dem 31. Dezember 1998 zur Eintragung in das Firmenbuch angemeldet werden. Die Änderung ist vom Gericht nur dann in das Firmenbuch einzutragen, wenn die Satzung an die mit Inkrafttreten dieses Bundesgesetzes geltenden Bestimmungen angepaßt ist oder gleichzeitig angepaßt wird.

(2) Beschließt eine Aktiengesellschaft die Umstellung ihrer Nennbetragsaktien auf Stückaktien vor dem 1. Jänner 1999, so kann gleichzeitig von der Hauptversammlung beschlossen werden, dem Aufsichtsrat die Befugnis zu übertragen, die in der Satzung enthaltenen Schilling-Beträge durch Euro-Beträge zu ersetzen.

Artikel XII

Aufgehobene Rechtsvorschriften

§ 1. Mit Ablauf des 31. Dezember 1998 treten folgende Vorschriften außer Kraft:

1. Verordnung der Bundesregierung vom 23. März 1933 über die Erfüllung von Verpflichtungen, die auf fremde Währungen oder auf Gold lauten (Goldklauselverordnung), BGBl. Nr. 73/1933 in der Fassung BGBl. Nr. 149/1933, 71/1934, 469/1934 und 334/1936;

2. Verordnung der Bundesregierung vom 23. März 1933 über Erleichterungen beim Dienst der auf Schilling Gold lautenden Pfandbriefe und fundierten Bankschuldverschreibungen sowie bestimmter auf Schilling Gold lautender Forderungen (Goldschuldenerleichterungsverordnung), BGBl. Nr. 71/1933 in der Fassung BGBl. Nr. 149/1933 und 91/1935;

3. Verordnung der Bundesregierung vom 26. April 1933 über die Anwendung der Goldschuldenerleichterungsverordnung auf einzelne andere Schuldverhältnisse, BGBl. Nr. 150/1933, und Kundmachung des Bundesministers für Finanzen über die Anwendung der Goldschuldenerleichterungsverordnung auf einzelne Schuldverhältnisse, BGBl. Nr. 359/1936;

4. Bundesgesetz über Erleichterungen in der Erfüllung gewisser Goldverpflichtungen (Hypothekenerleichterungsgesetz), BGBl. Nr. 474/1936;

5. Bundesgesetz über Erleichterungen in der Erfüllung gewisser Geldverpflichtungen (Kommunalschulden-Erleichterungsgesetz), BGBl. Nr. 466/1937;

6. Bundesgesetz über Erleichterungen im Dienste der auf Schillinge Gold lautenden Schuldverschreibungen der Wohnbauanleihe 1931 und der ihr zugrundeliegenden Goldverpflichtungen (Wohnbauanleihegesetz), BGBl. Nr. 487/1937;

7. Bundesgesetz, betreffend die Umwandlung von Hypothekarforderungen auf Schillinge mit Goldklausel in Hypothekarforderungen auf Schillinge, BGBl. Nr. 224/1936;

8. Bundesgesetz über die Gebührenbefreiung zur Förderung der Ausmerzung von Gold- oder Wertsicherungsklauseln aus Geldverpflichtungen, BGBl. Nr. 214/1937;

9. Gesetz vom 26. Juni 1936, dRGBl. I S 515, über Fremdwährungs-Schuldverschreibungen;

10. Verordnung vom 5. Dezember 1936, dRGBl. I S 1010, über Fremdwährungsschulden;

11. Verordnung vom 21. Juni 1939, dRGBl. I S 1037/1056, zur Regelung der auf Goldschilling und Goldkronen lautenden Schuldverhältnisse;

12. Verordnung vom 29. Dezember 1939, dRGBl. 1940 I S 38, über die Umstellung von Schuldverhältnissen aus Geldgeschäften im Verwaltungsbezirk Vorarlberg, sowie

13. Verordnung vom 16. November 1940, dRGBl. I S 1521, über wertbeständige Rechte.

§ 2. Soweit die in § 1 genannten Rechtsvorschriften für bestehende Rechtsverhältnisse noch bedeutsam sind, sind sie auch nach dem 31. Dezember 1998 weiterhin anzuwenden.

1. Euro-Finanzbegleitgesetz[*)]

[*)] Tritt gem BGBl I 2018/61 mit 31. 12. 2018 außer Kraft.

BGBl I 1998/126 idF

1 BGBl I 2008/2 (1. BVRBG)

1. Euro-Finanzbegleitgesetz umfassend Bundesgesetz zur Umstellung von Bundesanleihen auf Euro (Euro-Bundesanleihenumstellungsgesetz); Bundesgesetz zur Umstellung von Anleihen privater Emittenten auf Euro (Euro-Anleihenumstellungsgesetz); Bundesgesetz, mit dem im Steuerrecht begleitende Maßnahmen für die Einführung des Euro getroffen werden; Bundesgesetz, mit dem das Einkommensteuergesetz 1988, das Umsatzsteuergesetz 1994, das Zollrechts-Durchführungsgesetz, das Versicherungsaufsichtsgesetz, das Bankwesengesetz, das Bausparkassengesetz, das Börsegesetz 1989, das Wertpapieraufsichtsgesetz, das Pensionskassengesetz und das Bundesgesetz, mit dem finanzielle Beziehungen zwischen dem Bund und der Österreichischen Industrieholding Aktiengesellschaft geregelt werden, geändert werden.

Der Nationalrat hat beschlossen:

Artikel 1

Bundesgesetz zur Umstellung von Bundesanleihen auf Euro (Euro-Bundesanleihenumstellungsgesetz)

§ 1. Im Sinne dieses Bundesgesetzes sind:

1. Anleihen: die Teilschuldverschreibungen des Bundes;

2. Stückelung: die Unterteilung einer Anleihe in Teilschuldverschreibungen mit einem bestimmten Nennwert;

3. Umrechnungsfaktor: der unwiderruflich gemäß Art. 109 l (4) erster Satz EG-V festgelegte Umrechnungskurs, zu dem die Schilling-Währung durch die Euro-Währung ersetzt wird.

§ 2. *(aufgehoben, BGBl I 2008/2)*

§ 3. Eine Umstellung nach diesem Bundesgesetz hat auf Grundlage der Schilling-Stückelung der Anleihe zu erfolgen. Bei Umstellung der Anleihen sind die Nennwerte der Stückelungen mit 0,01 Euro festzulegen.

§ 4. Bei der Umstellung wird jedes Schilling-Anleihestück mit dem Umrechnungsfaktor umgerechnet und auf Euro-Beträge mit zwei Nachkommastellen gerundet. Das Gesamtnominale der in Euro umgestellten Anleihe ergibt sich aus der Addition der Nominalbeträge für die umgerechneten und gerundeten Schilling-Stücke. Der Bund ist zur Einlösung der Anleihe auf Grundlage des vorstehend beschriebenen Umstellungsverfahrens verpflichtet. Die Zahlung von fälligen Kupons durch den Bund erfolgt auf Basis des gesamten Euro-Nominales der umgestellten Anleihe. Für das jeweilige Depot wird der Kundenbetrag vom Depotstand errechnet; durch Rundungen allenfalls entstehende Differenzbeträge werden vom jeweiligen Verwahrer getragen.

§ 5. Der Bund wird für die Schilling-Sammelurkunde der umzustellenden Schilling-Anleihe anläßlich der Umstellung eine entsprechende Sammelurkunde in Euro gegen Vernichtung der Schilling-Sammelurkunde ausstellen.

§ 6. Der Bund hat den Zeitpunkt, zu dem die Umstellung und die Ergänzung oder Änderung der Anleihebedingungen wirksam werden sollen, spätestens einen Monat vor diesem Zeitpunkt in dem in den Anleihebedingungen vorgesehenen Bekanntmachungsorgan und im Amtsblatt der Wiener Zeitung bekanntzugeben. Im Falle von börsegehandelten Anleihen hat die Bekanntmachung auch im Veröffentlichungsorgan des Wiener Börseunternehmens zu erfolgen.

§ 7. (1) Dieses Bundesgesetz tritt mit Ausnahme von § 2 am 1. Oktober 1998 in Kraft.

(2) *(aufgehoben, BGBl I 2008/2)*

Artikel 2

Bundesgesetz zur Umstellung von Anleihen privater Emittenten auf Euro (Euro-Anleihenumstellungsgesetz)

§ 1. Im Sinne dieses Bundesgesetzes sind:

1. Anleihen: Teilschuldverschreibungen, Kassenobligationen, Wandelschuldverschreibungen, Pfandbriefe, Kommunalschuldverschreibungen, Bankschuldverschreibungen und sonstige Formen von in Wertpapieren verkörperten Schuldverpflich-

tungen, die am Kapitalmarkt gehandelt werden können, sowie Geldmarkttitel;

2. Stückelung: Unterteilung einer Anleihe in Teilschuldverschreibungen mit einem bestimmten Nennwert;

3. Umrechnungsfaktor: der unwiderruflich gemäß Art. 109 l (4) erster Satz EG-V festgelegte Umrechnungskurs, zu dem die Schilling-Währung durch die Euro-Währung ersetzt wird.

§ 2. Jeder Emittent kann Anleihen auf die in diesem Gesetz genannte Weise von Schilling auf Euro umstellen. Das Kuratorengesetz findet bei Umstellungen nach diesem Bundesgesetz keine Anwendung.

§ 3. Ausgenommen von einer Umstellung nach diesem Bundesgesetz sind Anleihen, die nach dem Euro-Bundesanleihenumstellungsgesetz umgestellt werden.

§ 4. Eine Umstellung nach diesem Bundesgesetz hat auf Grundlage der kleinsten Schilling-Stückelung der Anleihe zu erfolgen. Bei Umstellung der Anleihen sind die Nennwerte der Stückelungen mit 0,01 Euro festzulegen.

§ 5. Der Emittent darf die Anleihebedingungen anläßlich der Umstellung dergestalt ändern, daß der Anspruch auf die Ausgabe von Urkunden, die auf Euro lauten, ausgeschlossen oder eingeschränkt wird.

§ 6. Bei der Umstellung wird das kleinste Schilling-Anleihestück mit dem Umrechnungsfaktor umgerechnet und auf Euro-Beträge mit zwei Nachkommastellen gerundet. Das Gesamtnominale der in Euro umgestellten Anleihe ergibt sich aus der Multiplikation des Betrages für das kleinste Schilling-Stück mit der Zahl, die der Anzahl der kleinsten Schilling-Stücke entspricht, welche das Gesamtvolumen der Schilling-Anleihe ausmachen. Der Emittent ist zur Einlösung der Anleihe auf Grundlage des vorstehend beschriebenen Umstellungsverfahrens verpflichtet. Die Zahlung von fälligen Kupons durch den Emittenten erfolgt auf Basis des gesamten Euro-Nominales der umgestellten Anleihe; bei der Auszahlung des auf ein Depot jeweils entfallenden Kuponbetrages, errechnet vom Gesamtnominale dieser Kategorie, werden durch Rundungen allenfalls entstehende Differenzbeträge vom jeweiligen Verwahrer getragen.

§ 7. (1) Ist die Schilling-Anleihe in einer Sammelurkunde dargestellt, hat der Emittent anläßlich der Umstellung eine entsprechende Sammelurkunde in Euro gegen Vernichtung der Schilling-Sammelurkunde auszustellen.

(2) Ist die Schilling-Anleihe in ausgedruckten Stücken dargestellt, bleiben die Stücke nach Umstellung wirksam, doch ist der Nennwert entsprechend dem Umrechnungsfaktor und gerundet auf zwei Nachkommastellen in Euro zu lesen. Allenfalls gemäß § 5 geänderte Anleihebedingungen gelten entsprechend ihrer Bekanntmachung gemäß § 8 anstelle der aufgedruckten Bedingungen. Nach Bekanntmachung der Umstellung gemäß § 8 verlieren die umlaufenden Anleihe-Stücke zum festgesetzten Umstellungstag ihre börsemäßige Handelbarkeit. Zu diesem Zeitpunkt hat der Emittent eine variable in Euro denominierte Zwischensammelurkunde oder Sammelurkunde auszustellen, die jedenfalls bei börsegehandelten Anleihen bei der Wertpapiersammelbank zu hinterlegen ist. Die Kreditinstitute haben in Sammelverwahrung verwahrte Stücke der Wertpapiersammelbank zum Umtausch gegen Erhöhung der variablen Euro-(Zwischen-)Sammelurkunde einzuliefern. Hierzu bedarf es keiner weiteren Zustimmung der aus den Wertpapieren Berechtigten.

§ 8. Der Emittent hat die beabsichtigte Umstellung, die allenfalls geänderten Anleihebedingungen und den Umstellungstermin spätestens ein Monat vor diesem Zeitpunkt in dem in den Anleihebedingungen vorgesehenen Bekanntmachungsorgan und im Amtsblatt der Wiener Zeitung bekanntzugeben. Im Falle von an einer Börse gehandelten Anleihen hat die Bekanntmachung auch im Veröffentlichungsorgan der betreffenden Börse zu erfolgen.

§ 9. Die aus der Umstellung von Anleihen entstehenden Kosten sind vom Emittenten zu tragen. Die Kosten des depotführenden Kreditinstituts werden mit einem angemessenen Pauschalbetrag pro umgestellter Wertpapierposition abgegolten.

§ 10. Dieses Bundesgesetz tritt am 1. Oktober 1998 in Kraft.

Artikel 3

Bundesgesetz, mit dem im Steuerrecht begleitende Maßnahmen für die Einführung des Euro getroffen werden (Steuerliches Euro-Begleitgesetz)

Umrechnung von Fremdwährungen

§ 1. (1) Bargeld, Forderungen, Verbindlichkeiten und Rückstellungen, die auf Währungseinheiten der an der Wirtschafts- und Währungsunion teilnehmenden anderen Mitgliedstaaten oder auf ECU im Sinne des Art. 2 der Verordnung (EG) Nr. 1103/97 des Rates vom 17. Juni 1997, ABl. EG Nr. L 162, lauten, sind zum Schluß des Wirtschaftsjahres, das nach dem 30. Dezember 1998 endet, mit dem vom Rat der Europäischen Union gemäß Artikel 109l Abs. 4 erster Satz des EG-Vertrages unwiderruflich festgelegten Kurs umzurechnen und anzusetzen.

(2) Für Gewinne, die sich bei den Forderungen und Verbindlichkeiten aus dem jeweiligen Ansatz für das einzelne Wirtschaftsgut ergeben, kann eine steuerfreie Rücklage gebildet werden. Die steuerfreie Rücklage ist insoweit gewinnerhöhend aufzulösen, als das Wirtschaftsgut, für dessen Ansatz sie gebildet wurde, aus dem Betriebsvermögen ausscheidet. Eine vorzeitige Auflösung ist zulässig. Die steuerfreie Rücklage ist in der Bilanz (im Jahresabschluß) gesondert auszuweisen.

Verbot der Bildung von Rückstellungen

§ 2. Rückstellungen im Zusammenhang mit Aufwendungen für die Währungsumstellung auf den Euro dürfen nicht gebildet werden.

Bundesgesetz, mit dem Maßnahmen auf dem Gebiete der Währung im Zusammenhang mit der Ausgabe der Euro-Banknoten und -Münzen erlassen werden (Eurogesetz)

BGBl I 2000/72

Bundesgesetz, mit dem Maßnahmen auf dem Gebiete der Währung im Zusammenhang mit der Ausgabe der Euro-Banknoten und -Münzen erlassen werden (Eurogesetz), und das Scheidemünzengesetz 1988 und das Nationalbankgesetz 1984 geändert werden

§ 1. Ab dem 1. Jänner 2002 sind in der Republik Österreich – nach Maßgabe der Verordnung (EG) Nr. 974/98 über die Einführung des Euro, ABl. Nr. L 139 vom 11. Mai 1998, – gesetzliche Zahlungsmittel:

1. auf Euro lautende Banknoten, die von der Oesterreichischen Nationalbank, der Europäischen Zentralbank (EZB) oder anderen nationalen Zentralbanken der an der dritten Stufe der Wirtschafts- und Währungsunion (WWU) ohne Ausnahmeregelung teilnehmenden Mitgliedstaaten ausgegeben wurden,

2. auf Euro oder Cent lautende Münzen, die gemäß den Bestimmungen des Artikels 106 Abs. 2 EG-Vertrag und Artikel 11 der Verordnung (EG) Nr. 974/98 über die Einführung des Euro, ABl. Nr. L 139 vom 11. Mai 1998, von der Münze Österreich Aktiengesellschaft oder anderen an der dritten Stufe der WWU ohne Ausnahmeregelung teilnehmenden Mitgliedstaaten ausgegeben wurden,

3. auf Euro oder Cent lautende Sammlermünzen, die von der Münze Österreich Aktiengesellschaft gemäß § 12 des Scheidemünzengesetzes, BGBl. Nr. 597/1988, in der Fassung BGBl. I Nr. 72/2000 ausgegeben wurden, sowie

4. vorbehaltlich der Bestimmung des § 2 die auf Schilling lautenden Banknoten und die auf Schilling oder Groschen lautenden Scheidemünzen.

§ 2. Mit Ablauf des 28. Februar 2002 verlieren die auf Schilling lautenden Banknoten und die auf Schilling oder Groschen lautenden Scheidemünzen ihre Eigenschaft als gesetzliche Zahlungsmittel.

§ 3. (1) Mit Wirkung 1. Jänner 2002 ist der Staatshaushalt sowie jeder andere öffentliche Haushalt in Euro zu führen.

(2) Ab dem 1. Jänner 2002 sind Geldbeträge, in

1. gerichtlich oder notariell aufgenommenen oder sonst erstellten öffentlichen Urkunden zivilrechtlichen Inhalts,

2. gerichtlichen Urteilen und Beschlüssen, auch wenn das Klagebegehren oder Gesuch vor dem 1. Jänner 2002 eingebracht worden ist,

3. Verordnungen und Bescheiden sowie

4. öffentlichen Kundmachungen und Beschlüssen von Verwaltungsbehörden, Gerichten und öffentlichen Körperschaften

in Euro auszudrücken.

(3) Die Bestimmungen der Abs. 1 und 2 finden keine Anwendung auf Geldbeträge und Verbindlichkeiten, die kraft gesetzlicher Vorschriften in einer anderen Währung als Euro oder in einer bestimmten Münzsorte zu leisten sind.

§ 4. Bücher und Aufzeichnungen, die nach handelsrechtlichen, abgabenrechtlichen oder sonstigen Rechtsvorschriften zu führen sind, sind für Zeiträume ab dem 1. Jänner 2002 in Euro zu führen.

§ 5. (1) Mit Inkrafttreten dieses Bundesgesetzes treten außer Kraft:

1. Das Gesetz vom 30. November 1945 über Maßnahmen auf dem Gebiet der Währung (Schillinggesetz), StGBl. Nr. 231/1945;

2. das Bundesgesetz vom 19. November 1947 über die Verringerung des Geldumlaufs und der Geldeinlagen bei Kreditunternehmungen (Währungsschutzgesetz), BGBl. Nr. 250/1947;

3. das Bundesgesetz vom 19. März 1952, womit Bestimmungen des Schillinggesetzes vom 30. November 1945, StGBl. Nr. 231, und des Währungsschutzgesetzes vom 19. November 1947, BGBl. Nr. 250, erläutert werden, BGBl. Nr. 59/1952;

4. das Bundesgesetz vom 25. Juni 1952, womit § 17 des Währungsschutzgesetzes vom 19. November 1947, BGBl. Nr. 250, erläutert wird, BGBl. Nr. 138/1952.

(2) Unbeschadet des Abs. 1 Z 1 bleibt die Unterteilung des Schilling in 100 Groschen bestehen.

§ 6. Dieses Bundesgesetz tritt am 1. Jänner 2002 in Kraft.

§ 7. Mit der Vollziehung dieses Bundesgesetzes ist der Bundesminister für Finanzen, hinsichtlich des § 3 Abs. 2 Z 1, 2 und 4 im Einvernehmen mit dem Bundesminister für Justiz, betraut.

Scheidemünzengesetz 1988

BGBl 1988/597 idF

1 BGBl 1992/22
2 BGBl 1996/425
3 BGBl I 1998/60
4 BGBl I 2000/72
5 BGBl I 2005/10
6 BGBl I 2005/38
7 BGBl I 2014/40 (BudgetbegleitG 2014)
8 BGBl I 2016/13

STICHWORTVERZEICHNIS

Bundesgesetz vom 20. Oktober 1988 über die Ausprägung und Ausgabe von Scheidemünzen und über die Änderung der Strafgesetznovelle vom Jahre 1932 (Scheidemünzengesetz 1988)

Der Nationalrat hat beschlossen:

Artikel I

Münze Österreich Aktiengesellschaft

§ 1. (1) Der Bundesminister für Finanzen ist ermächtigt, zur Fortführung des Bundesbetriebes „Österreichisches Hauptmünzamt" in eine von der Oesterreichischen Nationalbank zu gründende

Aktiengesellschaft mit der Firma „Münze Österreich Aktiengesellschaft" und dem Sitz in Wien im Wege der Gesamtrechtsnachfolge sämtliche Aktiven und Passiven des Österreichischen Hauptmünzamtes durch Sacheinlage über eine nachfolgende Kapitalerhöhung einzubringen.

(2) Der Rechtsübergang gemäß Abs. 1 tritt am 1. Jänner 1989 ein. Auch alle öffentlich-rechtlichen Rechte und Verpflichtungen des Österreichischen Hauptmünzamtes gehen mit 1. Jänner 1989 über. Hinsichtlich der Gewerbeberechtigungen, die das Österreichische Hauptmünzamt am 31. Dezember 1988 besitzt, darf die Münze Österreich Aktiengesellschaft die entsprechenden Gewerbe vom 1. Jänner 1989 bis längstens 31. Dezember 1989 weiter ausüben; mit Ablauf dieses Tages enden die Gewerbeberechtigungen. Vom Bundesminister für Finanzen ist eine Amtsbestätigung darüber auszustellen, ob eine Liegenschaft oder ein bücherliches Recht zu dem am 31. Dezember 1988 vom Österreichischen Hauptmünzamt verwalteten Vermögen zählt. Eine solche Amtsbestätigung gilt als Urkunde im Sinne des § 33 des Allgemeinen Grundbuchsgesetzes 1955, BGBl. Nr. 39.

(3) Mit dem Antrag auf Eintragung der Kapitalerhöhung in das Firmenbuch gemäß Abs. 1 ist eine Einbringungsbilanz des Betriebes des Österreichischen Hauptmünzamtes vorzulegen, die durch einen vom Bundesministerium für Finanzen bestellten beeideten Wirtschaftsprüfer geprüft und bestätigt wurde. Die Einbringungsbilanz hat als Anlage eine Aufstellung der Aktiven und Passiven des einzubringenden Betriebes zu enthalten, aus der die übergehenden Gläubigerund Schuldnerpositionen erkennbar sind. Der Prüfungsbericht gilt als Gründungsprüfungsbericht gemäß §§ 25 und 45 Aktiengesetz 1965. Die der Eintragung zugrunde liegende Bilanz ist zum 31. Dezember 1988 zu Buchwerten aufzustellen.

(4) Von den in der Einbringungsbilanz festgestellten Eigenmitteln sind 74 Millionen Schilling dem Grundkapital, der Rest der gesetzlichen Rücklage zuzuweisen.

(5) Die Aktien der Münze Österreich Aktiengesellschaft sind als vinkulierte Namensaktien auszugeben.

(6) Die Münze Österreich Aktiengesellschaft kann nur durch Bundesgesetz aufgelöst werden. Im Falle der Auflösung ist den Aktionären der Wert der Aktien der Münze Österreich Aktiengesellschaft zu erstatten. Im übrigen gehen die Aktiven und Passiven der Münze Österreich Aktiengesellschaft auf jene Stelle über, die ihre Geschäfte weiterführt. Diese Stelle hat insbesondere auch das aktive Personal der Münze Österreich Aktiengesellschaft mit allen seinen Rechten und Pflichten sowie die Pensionsverpflichtungen zu übernehmen. Für den Tag der Übernahme ist eine Abschlußbilanz aufzustellen.

§ 2. „Ausschließlich die Münze Österreich Aktiengesellschaft ist berechtigt, in Österreich Scheidemünzen und Handelsmünzen nach diesem Bundesgesetz zu prägen und Münzgeld in Verkehr zu setzen und einzuziehen." Die Münze Österreich Aktiengesellschaft führt in ihrem Siegel das Wappen der Republik Österreich. *(BGBl I 2000/72)*

§ 3. (1) Der Bundesminister für Finanzen ist ermächtigt, die gegen Sacheinlage gemäß § 1 Abs. 1 gewährten Aktien an die Oesterreichische Nationalbank mit Wirkung vom 1. Jänner 1989 gegen die Entrichtung eines Kaufpreises von mindestens acht Milliarden Schilling zu übertragen. Diese wird ermächtigt, die Aktien zu erwerben und Vorauszahlungen auf den Kaufpreis ab 1. Jänner 1989 zu entrichten. Der Kaufpreis ist bis spätestens 31. Dezember 1989 zu entrichten. Für die Zeit vom 1. Jänner 1989 bis zur Entrichtung des Kaufpreises ist dieser mit den gewichteten durchschnittlichen Gesamtkosten für die erste Bundesanleihe des Jahres 1989 zu verzinsen.

(2) Jede vermögensrechtliche Verfügung über die Aktien der Münze Österreich Aktiengesellschaft, insbesondere die gänzliche oder teilweise Veräußerung der Aktien der Münze Österreich Aktiengesellschaft durch die Oesterreichische Nationalbank oder durch spätere Erwerber dieser Aktien bedarf zu ihrer Wirksamkeit der Bewilligung des Bundesministers für Finanzen; diese Bewilligung darf nur erteilt werden, wenn ihr volkswirtschaftliche Interessen nicht entgegenstehen.

(3) Die Münze Österreich Aktiengesellschaft hat für die Verpflichtungen gemäß § 8 Abs. 4, § 10, § 11 und § 14 keine Rückstellungen zu bilden. *(BGBl I 2016/13)*

(4) Der Jahresabschluss ist so zeitgerecht aufzustellen, dass eine phasenkongruente Dividendenaktivierung beim Aktionär möglich ist. *(BGBl I 2014/40)*

(5) Die Bildung von Gewinnrücklagen gemäß § 229 Abs. 3 des Unternehmensgesetzbuches – UGB, dRGBl. S 219/1897, in der jeweils geltenden Fassung ist für die Verpflichtungen gemäß § 8 Abs. 4, § 10, § 11 und § 14 nicht zulässig; die diesbezüglichen Gewinnrücklagen sind aufzulösen. *(BGBl I 2016/13)*

(6) Ein sich allfällig unter Berücksichtigung von Abs. 3 und 5 ergebender Bilanzgewinn ist zu 90vH dem Aktionär zuzuführen; der Rest ist gemäß Beschluss der Hauptversammlung zu verwenden. *(BGBl I 2014/40)*

Schadloshaltung des Bundes

§ 3a. (1) Der Bund hält die Münze Österreich Aktiengesellschaft aus ihren sich gemäß § 8 Abs. 4, § 10, § 11 und § 14 Abs. 1 ergebenden Rücklöseverpflichtungen für Scheidemünzen gemäß § 8 Abs. 1 schadlos, und zwar bis zur Höhe des Umlaufs von Scheidemünzen gemäß § 8 Abs. 1 Z 1 lit. a, Z 2 und Z 3, wenn diese in einem Geschäftsjahr aus der Erfüllung dieser Rücklöseverpflichtungen Zahlungen zu leisten hat, die nicht aus den mit den Scheidemünzen gemäß § 8 Abs. 1 Z 1 lit. a, Z 2 und Z 3 im Zusammenhang stehenden Erlösen unter Berücksichtigung der Prägeaufwendungen dieser Scheidemünzen gedeckt werden können.

(2) Der Bundesminister für Finanzen ist darüber hinaus ermächtigt nach Maßgabe des jeweiligen Bundesfinanzgesetzes an die Münze Österreich Aktiengesellschaft Auszahlungen bis zum Gesamtbetrag von 30 vH des Umlaufs von Scheidemünzen gemäß § 8 Abs. 1 Z 1 lit. a, Z 2 und Z 3 zu leisten, um der Münze Österreich Aktiengesellschaft einen Umtausch oder eine Rücklösung in den in Abs. 1 genannten Fällen zu ermöglichen, die andernfalls erwiesenermaßen zu einer Gefährdung des Bestands der Münze Österreich Aktiengesellschaft führen würden. Der ausgezahlte Betrag ist auf die Schadloshaltung gemäß Abs. 1 anzurechnen. *(BGBl I 2016/13)*

(3) Die Münze Österreich Aktiengesellschaft hat die Verpflichtungen gemäß § 82 Abs. 2 Z 1 bis 4 Bundeshaushaltsgesetz 2013 – BHG 2013, BGBl. I Nr. 139/2009, in der jeweils geltenden Fassung einzuhalten. Der Bundesminister für Finanzen und die Münze Österreich Aktiengesellschaft haben zur näheren Regelung binnen drei Monaten nach Verlautbarung dieses Bundesgesetzes im Bundesgesetzblatt eine Vereinbarung gemäß § 82 Abs. 2 BHG 2013 abzuschließen. Es besteht keine Verpflichtung der Münze Österreich Aktiengesellschaft zur Entrichtung eines Haftungsentgeltes gemäß § 82 Abs. 2 Z 5 BHG 2013 sowie kein Rückgriffsrecht des Bundes gemäß § 82 Abs. 2 Z 6 BHG 2013.

(BGBl I 2016/13)

Bundesaufsicht

§ 4. (1) Die Münze Österreich Aktiengesellschaft unterliegt der Aufsicht des Bundesministers für Finanzen. Der Bundesminister für Finanzen hat die Einhaltung der Vorschriften dieses Bundesgesetzes und der sonstigen von der Münze Österreich Aktiengesellschaft bei Erfüllung ihrer Aufgaben nach diesem Bundesgesetz einzuhaltenden Rechtsvorschriften zu überwachen.

(2) Der Bundesminister für Finanzen hat zur Ausübung seines Aufsichtsrechts bei der Münze Österreich Aktiengesellschaft einen Staatskommissär und dessen Stellvertreter zu bestellen. [§ 26 des Kreditwesengesetzes, BGBl. Nr. 63/1979, in der jeweils geltenden Fassung] ist hierauf sinngemäß anzuwenden.

Personalrechtliche Bestimmungen

§ 5. (1) Für die Bediensteten des Bundes, die am 31. Dezember 1988 beim Österreichischen Hauptmünzamt beschäftigt waren, gilt ab 1. Jänner 1989 folgende Regelung:

1. Beamte gehören auf die Dauer ihres Dienststandes dem bei der Münze Österreich Aktiengesellschaft zu errichtenden Amt an; die Münze Österreich Aktiengesellschaft hat für sie dem Bund den Aufwand der Aktivbezüge zu ersetzen;

2. Vertragsbedienstete werden Arbeitnehmer der Münze Österreich Aktiengesellschaft; die am 31. Dezember 1988 bestehenden Rechte bleiben ihnen gewahrt.

(2) Dienststelle für die in Abs. 1 Z 1 genannten Beamten ist das bei der Münze Österreich Aktiengesellschaft zu errichtende Amt. Diese Dienststelle ist dem Bundesministerium für Finanzen unmittelbar nachgeordnet und wird vom Vorsitzenden des Vorstandes der Münze Österreich Aktiengesellschaft geleitet. Der Vorsitzende des Vorstandes der Münze Österreich Aktiengesellschaft ist in dieser Funktion an die Weisungen des Bundesministers für Finanzen gebunden.

(3) Die in Abs. 1 Z 1 bezeichneten Beamten haben Anspruch auf Aufnahme in ein Arbeitsverhältnis zur Münze Österreich Aktiengesellschaft, wenn sie innerhalb von fünf Jahren nach Inkrafttreten dieses Bundesgesetzes ihren Austritt aus dem Bundesdienst erklären. Wenn zum Zeitpunkt der Aufnahme Forderungen des Bundes gegenüber diesen Beamten bestehen, sind sie dem Bund von der Münze Österreich Aktiengesellschaft zu refundieren.

(4) Forderungen des Bundes, die zum 31. Dezember 1988 gegenüber den Beamten im Sinne des Abs. 1 Z 1 bestehen, gehen nicht auf die Münze Österreich Aktiengesellschaft über; Forderungen des Bundes gegenüber Vertragsbediensteten im Sinne des Abs. 1 Z 2 sind dem Bund von der Münze Österreich Aktiengesellschaft zu refundieren.

§ 6. (1) Die Münze Österreich Aktiengesellschaft hat an den Bund ab dem 1. Jänner 1989 monatlich einen Beitrag zur Deckung des Pensionsaufwandes zu leisten. Dieser Beitrag beträgt 30 vH des Aufwandes an Aktivbezügen für die nach § 5 Abs. 1 Z 1 dem bei der Münze Österreich Aktiengesellschaft zu errichtenden Amt angehörenden Beamten. Pensionsbeiträge, die bei der Auszahlung der Aktivbezüge dieser Personen bereits vom Bund einbehalten wurden, mit Ausnahme der besonderen Pensionsbeiträge, sind auf diesen Betrag anzurechnen.

(2) Überweisungsbeträge, die ab dem 1. Jänner 1989 von Sozialversicherungsträgern geleistet werden, sind dem Bund in voller Höhe zu überweisen.

(3) Aktivbezüge im Sinne des Abs. 1 sind alle Geldleistungen, von denen der Pensionsbeitrag zu entrichten ist.

(4) Die Münze Österreich Aktiengesellschaft ist verpflichtet, dem Bundesministerium für Finanzen alle Unterlagen zur Verfügung zu stellen, die für die Erstellung des Bundesvoranschlages und des Bundesrechnungsabschlusses bezüglich des Beitrages nach Abs. 1 erforderlich sind.

Steuerrechtliche Bestimmungen

§ 7. (1) Die Münze Österreich Aktiengesellschaft ist von der Körperschaftsteuer, der Gewerbesteuer vom Ertrag, der Vermögensteuer und vom Erbschaftssteueräquivalent befreit.

(2) Die Vorgänge gemäß § 1 Abs. 1 und 3 sind von allen bundesgesetzlich geregelten Abgaben befreit.

(3) Schriften und Abhandlungen, die im Zusammenhang mit den Vorgängen gemäß § 1 Abs. 1 und 3 erforderlich sind, sind von den Gebühren im Sinne des Gerichtsgebührengesetzes, BGBl. Nr. 501/1984, in der jeweils geltenden Fassung befreit.

(4) Bei Grundbuchseintragungen über Rechte, die gemäß § 1 Abs. 1 und 3 auf die Münze Österreich Aktiengesellschaft übergehen, ist auf deren Antrag die bisherige Bezeichnung des Berechtigten durch die Bezeichnung „Münze Österreich Aktiengesellschaft" zu ersetzen; § 136 des Allgemeinen Grundbuchsgesetzes 1955, BGBl. Nr. 39, ist sinngemäß anzuwenden.

Scheidemünzen

§ 8. (1) Scheidemünzen im Sinne diese Bundesgesetzes sind:

1. Euro- und Cent-Münzen, die gemäß den Bestimmungen des Artikels 106 Abs. 2 EG-Vertrag und Artikel 11 der Verordnung (EG) Nr. 974/98 über die Einführung des Euro, ABl. Nr. L 139 vom 11. Mai 1998, von

a) der Münze Österreich Aktiengesellschaft oder

b) von anderen an der dritten Stufe der Wirtschafts- und Währungsunion ohne Ausnahmeregelung teilnehmenden Mitgliedstaaten

ausgegeben wurden,

2. Sammlermünzen gemäß § 12 und

3. Schilling- und Groschen-Münzen.

(2) Scheidemünzen gemäß Abs. 1 sind bis zu ihrer Außerkurssetzung gemäß § 10 Abs. 3 gesetzliche Zahlungsmittel. § 2 Eurogesetz, BGBl. I Nr. 72/2000, bleibt unberührt.

(3) Bei einer einzelnen Zahlung müssen noch nicht außer Kurs gesetzte Scheidemünzen gemäß Abs. 1

1. von der Oesterreichischen Nationalbank und der Münze Österreich Aktiengesellschaft ohne Begrenzung,

2. von den Gebietskörperschaften bis zu einhundert Stück und

3. von allen übrigen Personen im Ausmaß von bis zu fünfzig Stück gemäß Artikel 11 der Verordnung (EG) Nr. 974/98 über die Einführung des Euro, ABl. Nr. L 139 vom 11. Mai 1998, davon Scheidemünzen gemäß § 12 Abs. 1 Z 1 und Z 3 jedoch nur bis zu zehn Stück „und bis zu einem Gesamthöchstbetrag von 1000 Euro", *(BGBl I 2005/10)*

angenommen werden.

(4) Die Münze Österreich Aktiengesellschaft ist verpflichtet, noch nicht außer Kurs gesetzte Scheidemünzen ohne Begrenzung gegen Banknoten oder andere Scheidemünzen umzutauschen.

(5) Die Oesterreichische Nationalbank hat die von der Münze Österreich Aktiengesellschaft geprägten Scheidemünzen gemäß Abs. 1 Z 1 lit. a gegen Bezahlung des vollen Nennwertes zu übernehmen und in Umlauf zu bringen.

(6) Die Menge, die Nennwerte, die Legierung, das Aussehen und die Ausmaße der von der Münze Österreich Aktiengesellschaft auszuprägenden Scheidemünzen bedarf der Zustimmung der Oesterreichischen Nationalbank, wobei diese auf eine ausreichende Versorgung der österreichischen Volkswirtschaft mit Münzgeld Bedacht zu nehmen hat. Die Oesterreichische Nationalbank darf die Zustimmung jedoch nur erteilen, wenn

1. der Umfang der Ausgabe der Scheidemünzen von der Europäischen Zentralbank (EZB) genehmigt wurde und

2. die Scheidemünzen nicht mit den vom Rat gemäß Artikel 106 Abs. 2 des EG-Vertrages erlassenen Vorschriften im Widerspruch stehen.

(7) Scheidemünzen gemäß Abs. 1 Z 3 dürfen ab dem 1. Jänner 2002 weder ausgeprägt noch ausgegeben werden.

(BGBl I 2000/72)

§ 9. (1) Vor der Ausgabe neuer Scheidemünzen gemäß § 8 Abs. 1 Z 1 lit. a und Z 2 hat die Münze Österreich Aktiengesellschaft im Amtsblatt zur Wiener Zeitung kundzumachen:

1. den Ausgabetag;

2. den Nennwert;

3. die Zusammensetzung der Legierung sowie Aussehen und Ausmaße der Scheidemünzen;

4. die Stückzahl bei Sammlermünzen gemäß § 12.

(2) Zur Information der Bevölkerung hat die Münze Österreich Aktiengesellschaft die von anderen an der dritten Stufe der Wirtschafts- und Währungsunion ohne Ausnahmeregelung teilnehmenden Mitgliedstaaten verfügte Ausgabe von

Euro- und Cent-Münzen, die in allen an der dritten Stufe der Wirtschafts- und Währungsunion teilnehmenden Mitgliedstaaten gesetzliche Zahlungsmittel sind, unverzüglich im Amtsblatt zur Wiener Zeitung bekannt zu machen. Die Bekanntmachung hat die in Abs. 1 Z 1 bis 3 vorgesehenen Angaben zu enthalten.

(BGBl I 2000/72)

§ 10. (1) Die Münze Österreich Aktiengesellschaft hat Scheidemünzen einzuziehen, soweit die Einziehung auf Grund von Maßnahmen des Rates gemäß Artikel 106 Abs. 2 EG-Vertrag notwendig wird. Sofern dies mit solchen Maßnahmen nicht im Widerspruch steht, kann sie darüber hinaus von ihr ausgeprägte Scheidemünzen „mit Zustimmung der Oesterreichischen Nationalbank und des Bundesministers für Finanzen" einziehen, wenn dies aus münzpolitischen Gründen erforderlich ist. *(BGBl I 2016/13)*

(2) Vor der Einziehung von Scheidemünzen gemäß § 8 Abs. 1 Z 1 lit. a, Z 2 und Z 3 hat die Münze Österreich Aktiengesellschaft im Amtsblatt zur Wiener Zeitung kundzumachen:

1. die Bezeichnung der einzuziehenden Scheidemünzen;

2. Beginn und Ende der Einlieferungsfrist;

3. die Einlieferungsstellen.

(3) Mit Ablauf der Einlieferungsfrist gemäß Abs. 2 endet die gesetzliche Zahlungsmitteleigenschaft der eingezogenen Scheidemünzen. Die Außerkurssetzung von Euro- und Cent-Münzen gemäß § 8 Abs. 1 Z 1 lit. b bestimmt sich nach den nationalen Rechtsvorschriften des ausgebenden Mitgliedstaates.

(4) Sofern keine anders lautende gemeinschaftsrechtliche Regelung getroffen wird, können außer Kurs gesetzte Scheidemünzen unbefristet bei der Münze Österreich Aktiengesellschaft und an den Schaltern der Oesterreichischen Nationalbank gegen gesetzliche Zahlungsmittel umgewechselt werden. Für außer Kurs gesetzte Scheidemünzen gemäß § 8 Abs. 1 Z 1 lit. b, für die nach den nationalen Regeln des ausgebenden Mitgliedstaates nur eine befristete Umwechslung vorgesehen ist, endet die Verpflichtung zur Umwechslung durch die Münze Österreich Aktiengesellschaft und die Oesterreichische Nationalbank drei Wochen vor Ende dieser Umwechslungsfrist.

(5) Zur Information der Bevölkerung hat die Münze Österreich Aktiengesellschaft die von anderen an der dritten Stufe der Wirtschafts- und Währungsunion ohne Ausnahmeregelung teilnehmenden Mitgliedstaaten verfügte Einziehung der von ihnen ausgegebenen Euro- und Cent-Münzen, die in allen an der dritten Stufe der Wirtschafts- und Währungsunion ohne Ausnahmeregelung teilnehmenden Mitgliedstaaten gesetzliches Zahlungsmittel sind, unverzüglich im Amtsblatt zur Wiener Zeitung bekannt zu machen. Die Bekanntmachung hat, unter Berücksichtigung der Einziehungsmodalitäten des betreffenden Mitgliedstaates, die in Abs. 2 vorgesehenen Angaben und die Kundmachung des Endes der Frist zur Umwechslung gemäß Abs. 4 bei der Münze Österreich Aktiengesellschaft und der Oesterreichischen Nationalbank zu enthalten.

(BGBl I 2000/72)

§ 11. (1) Sammeln sich in den Kassen der Oesterreichischen Nationalbank Scheidemünzen gemäß § 8 Abs. 1 Z 1 lit. a und Z 3 einer Sorte an, deren Gesamtbetrag während eines ununterbrochenen Zeitraumes von neun Monaten über 15 vH des Umlaufes einer Sorte liegt, so ist die Oesterreichische Nationalbank berechtigt, den 15 vH am Schluss des letzten Monats übersteigenden Betrag an derartigen Scheidemünzen der Münze Österreich Aktiengesellschaft in Rechnung zu stellen und ihr die entsprechenden Scheidemünzen zurückzustellen.

(2) Für Sammlermünzen gemäß § 12 gilt Abs. 1 mit der Maßgabe, dass anstelle des Satzes von 15 vH der Satz von 7,5 vH tritt.

(BGBl I 2000/72)

§ 12. (1) Sammlermünzen im Sinne dieses Bundesgesetzes sind von der Münze Österreich Aktiengesellschaft ausgeprägte

1. auf Euro oder Cent lautende Gedenkmünzen,

2. Sonderanfertigungen von Scheidemünzen gemäß § 8 Abs. 1 Z 1 lit. a, die auf Grund besonderer Prägequalität oder Verpackung zu einem über dem Nennwert liegenden Verkaufspreis ausgegeben werden und

3. auf Euro oder Cent lautende Münzen aus Gold mit einem Feingewicht von einer Troy-Unze oder einem Bruchteil einer Troy-Unze und jeweils einem Mischungsverhältnis von 999 vT, die zum jeweiligen Tageswert für Barrengold (Londoner Goldfixing, umgerechnet zum Devisenmittelkurs für den US-Dollar) zuzüglich einer Prägegebühr in Umlauf gebracht werden.

(2) Sammlermünzen gemäß Abs. 1 Z 1 und 3 müssen die Bezeichnung „Republik Österreich" tragen.

(3) Bei Ausgabe der Sammlermünzen gemäß Abs. 1 Z 1 kann die Münze Österreich Aktiengesellschaft im Einvernehmen mit der Oesterreichischen Nationalbank einen über dem Nennwert liegenden Verkaufspreis festsetzen; die Festlegung des Verkaufspreises für Sammlermünzen gemäß Abs. 1 Z 2 hat im Einvernehmen mit der Oesterreichischen Nationalbank zu erfolgen.

(4) Die Münze Österreich Aktiengesellschaft ist berechtigt, Sammlermünzen gemäß Abs. 1 selbst in Umlauf zu bringen.

(5) Die Münze Österreich Aktiengesellschaft hat Menge und Nennwert der selbst in Umlauf gebrachten Sammlermünzen der Oesterreichischen Nationalbank zu melden.

(BGBl I 2000/72)

§ 13. *(aufgehoben, BGBl I 2000/72)*

§ 14. (1) Scheidemünzen, deren Gewicht oder Erkennbarkeit durch längeren Umlauf erheblich verringert wurde, bleiben gesetzliche Zahlungsmittel, sind aber von den Kassen der Gebietskörperschaften und der Oesterreichischen Nationalbank bei ihrer Vorlage aus dem Verkehr zu ziehen und bei der Münze Österreich Aktiengesellschaft zum Umtausch auf deren Kosten einzureichen.

(2) Scheidemünzen, die auf andere Weise als durch gewöhnlichen Umlauf an Gewicht verloren haben oder sonst auffallend verändert wurden, deren Nennwert aber noch erkennbar ist, sind keine gesetzlichen Zahlungsmittel. Solche Scheidemünzen dürfen im Zahlungsverkehr nicht mehr verwendet werden; die Münze Österreich Aktiengesellschaft ist gegen Einhebung eines Kostenersatzes zum Umtausch dieser Scheidemünzen gegen gesetzliche Zahlungsmittel verpflichtet. „Die Münze Österreich Aktiengesellschaft hat den Umtausch von nicht für den Umlauf geeigneten Euro-Münzen, die entweder mutwillig oder durch ein Verfahren verändert wurden, bei dem eine Veränderung zu erwarten war, abzulehnen.“ *(BGBl I 2016/13)*

Handelsmünzen

§ 15. (1) Die Münze Österreich Aktiengesellschaft ist berechtigt, folgende Sorten von Handelsmünzen auszuprägen:

1. Die in Artikel IX des Gesetzes womit die Kronenwährung festgestellt wird, RGBl. Nr. 126/1892, bezeichneten Dukaten;

2. die im Gesetz über die Einführung neuer Goldmünzen, RGBl. Nr. 22/1870, bezeichneten Goldmünzen zu 8 und 4 Gulden;

3. die in Artikel IV des Gesetzes womit die Kronenwährung festgestellt wird, RGBl. Nr. 126/1892, genannten Landesgoldmünzen zu 20 und zu 10 Kronen;

4. die im Gesetz betreffend die Ausprägung von Hundertkronenstücken und die weitere Ausprägung von Fünfkronenstücken, RGBl. Nr. 201/1907, genannten Landesgoldmünzen zu 100 Kronen;

5. den im Artikel XXII des Gesetzes womit die Kronenwährung festgestellt wird, RGBl. Nr. 126/1892, bezeichneten sogenannten Levantiner-Thaler mit dem Bildnisse der Kaiserin Maria Theresia.

(2) Die Handelsmünzen nach Abs. 1 sind keine gesetzlichen Zahlungsmittel. „Die Goldmünzen gemäß Abs. 1 Z 1 bis 4 gelten als Goldmünzen im Sinne des § 1 Abs. 1 Z 5 Devisengesetz 2004, BGBl. I Nr. 123/2003, in der jeweils geltenden Fassung.“ *(BGBl I 2005/38)*

§ 16. Neu geprägte Handelsmünzen nach § 15 Abs. 1 müssen in der Zusammensetzung ihrer Legierung, ihren Ausmaßen und ihrem Aussehen den gesetzlichen Vorschriften entsprechen, die für ihre seinerzeitige Ausprägung gegolten haben; sie haben ein Prägejahr zu tragen, das in die Zeit ihrer seinerzeitigen Ausprägung in der für die Neuprägung gewählten Ausstattung fällt. Die Prägung darf nicht in Ausstattungen erfolgen, in denen sie für besondere Anlässe als Gedenkmünzen geprägt wurden.

Verbote und Strafbestimmungen

§ 17. (1) Verboten ist

1. die unbefugte Nachprägung von Handelsmünzen der in § 15 Abs. 1 bezeichneten Sorten sowie die Einfuhr und Verbreitung solcher unbefugt nachgeprägten Handelsmünzen;

2. die Verwendung der Worte „Goldmünzen“ oder „Silbermünzen“ oder von Bezeichnungen inländischer oder ausländischer Münzen für sich allein oder in einer Wortverbindung für Gold- oder Silberstücke, die nicht auf Grund einer inländischen oder ausländischen Rechtsvorschrift mit einem bestimmten Feingehalt ausgeprägt wurden, bei der Verkaufswerbung oder beim Verkauf; die Anwendung der für Goldmünzen bestehenden devisenrechtlichen Bestimmungen auf solche Goldstücke wird jedoch hiedurch nicht berührt;

3. die Herstellung, die Einfuhr und die Verbreitung von Erzeugnissen, die wegen ihrer Ähnlichkeit mit

a) Sammlermünzen gemäß § 12 Abs. 1 Z 1 oder Z 3,

b) Schilling- und Groschenmünzen oder

c) Handelsmünzen zur Verwechslung mit diesen geeignet sind.
(BGBl I 2005/38)

[4. die Herstellung, die Einfuhr und die Verbreitung von Medaillen, die wegen ihrer Ähnlichkeit mit den bereits festgelegten Münzbildern von Euro- oder Cent-Münzen zur Verwechslung mit diesen geeignet sind. Auf Medaillen darf die Bezeichnung Euro oder Cent(s) nicht enthalten sein.] *(BGBl I 2000/72)*

(2) Wer den Verboten

1. des Abs. 1 Z 1 und 3 sowie

2. der Artikel 2 bis 4 der Verordnung (EG) Nr. 2182/2004 des Rates vom 6. Dezember 2004 über Medaillen und Münzstücke mit ähnlichen Merkmalen wie Euro-Münzen, ABl. Nr. L 373

vom 21. 12. 2004, zuwiderhandelt, begeht, sofern die Tat nicht den Tatbestand einer in die Zuständigkeit der Gerichte fallenden strafbaren Handlung bildet oder nach anderen Verwaltungsstrafbestimmungen mit strengerer Strafe bedroht ist, eine Verwaltungsübertretung und ist mit Geldstrafe bis zu 7 000 Euro zu bestrafen.
(BGBl I 2005/38, siehe auch die Übergangsbestimmung in § 19 Abs 8)

(3) Wer dem Verbot des Abs. 1 Z 2 zuwiderhandelt, begeht, sofern die Tat nicht den Tatbestand einer in die Zuständigkeit der Gerichte fallenden strafbaren Handlung bildet oder nach anderen Verwaltungsstrafbestimmungen mit strengerer Strafe bedroht ist, eine Verwaltungsübertretung und ist mit Geldstrafe bis zu 3 500 Euro zu bestrafen. *(BGBl I 2000/72)*

(4) Gegenstände, auf die sich eine nach Abs. 2 strafbare Handlung bezieht, sind zu Gunsten des Bundes für verfallen zu erklären.

§ 18. Der Bundesminister für Finanzen hat auf Antrag festzustellen, ob eine Verwechslungsgefahr im Sinne des „§ 17 Abs. 1 Z 3 „ "**"*besteht. *(*BGBl I 1998/60; **BGBl I 2005/38)*

Übergangs- und Schlußbestimmungen

§ 19. (1) Dieses Bundesgesetz tritt mit 1. Jänner 1989 in Kraft.

(2) Abweichend von Abs. 1 treten § 1 Abs. 1 bis 5, § 2 letzter Satz und § 7 mit der Kundmachung in Kraft.

(3) Mit dem Inkrafttreten dieses Bundesgesetzes treten außer Kraft:

1. Das Bundesgesetz über die Ausprägung und Ausgabe von Scheidemünzen, BGBl. Nr. 178/1963 (Scheidemünzengesetz 1963) in der Fassung der Bundesgesetze BGBl. Nr. 154/1967, 276/1969, 331/1970, 115/1973, 773/1974, 118/1980 und 264/1988;

2. das Bundesgesetz, BGBl. Nr. 303/1976, über die Ausprägung von Goldmünzen (Bundesgoldmünzengesetz 1976);

3. das Bundesgesetz, BGBl. Nr. 133/1964, über die Ausprägung von Goldmünzen (Goldmünzengesetz).

(4) Die §§ 11 Abs. 2 und 21 in der Fassung des Bundesgesetzes BGBl. Nr. 22/1992 treten mit 1. Jänner 1989 in Kraft. *(BGBl 1992/22)*

(5) § 10 Abs. 4 in der Fassung des Bundesgesetzes BGBl. I Nr. 72/2000 findet auf Scheidemünzen, deren Umwechslungsfrist (§ 10 Abs. 2 Z 4 in der Fassung BGBl. Nr. 425/1996) am 1. Jänner 1999 bereits abgelaufen ist, keine Anwendung. *(BGBl I 2000/72)*

(6) § 21 Abs. 1 in der Fassung des Bundesgesetzes BGBl. I Nr. 60/1998 tritt mit der Teilnahme Österreichs an der dritten Stufe der Wirtschafts- und Währungsunion (WWU) ohne Ausnahmeregelung im Sinne des Artikels 109k des Vertrages zur Gründung der Europäischen Gemeinschaft (EGVertrag) in Kraft. *(BGBl I 1998/60)*

(7) § 2, § 3, §§ 8 bis 12, § 17 Abs. 2 und 3, § 19 Abs. 5, § 21 sowie der Entfall von § 13 in der Fassung des Bundesgesetzes BGBl. I Nr. 72/2000 treten am 1. Jänner 2002 in Kraft. *(BGBl I 2000/72)*

(8) § 17 Abs. 1 Z 3, § 17 Abs. 2 sowie § 18 in der Fassung des Bundesgesetzes BGBl. I Nr. 38/2005 treten mit 1. Juli 2005 in Kraft; § 17 Abs. 1 Z 4 in der Fassung des Bundesgesetzes BGBl. I Nr. 38/2005 tritt gleichzeitig außer Kraft. § 17 Abs. 2 Z 2 in der Fassung des Bundesgesetzes 38/2005 ist auf Medaillen und Münzstücke, die vor dem 21. Dezember 2004 hergestellt, eingeführt oder verbreitet wurden, erst ab dem 1. Jänner 2010 anzuwenden. Bis zu diesem Zeitpunkt gilt für solche Erzeugnisse § 17 Abs. 1 Z 4 in der Fassung des Bundesgesetzes BGBl. I Nr. 72/2000. *(BGBl I 2005/38)*

(9) § 3 Abs. 3 bis 6 in der Fassung des Budgetbegleitgesetzes 2014, BGBl. I Nr. 40/2014, tritt mit 1. Juli 2014 in Kraft. *(BGBl I 2014/40)*

(9) § 3 Abs. 3 und Abs. 5, § 3a Abs. 1 und 3 und § 10 Abs. 1 in der Fassung des Bundesgesetzes BGBl. I Nr. 13/2016 treten mit 31. Dezember 2015, § 3a Abs. 2 in der Fassung des Bundesgesetzes BGBl. I Nr. 13/2016 tritt mit 1. Jänner 2017 in Kraft. *(BGBl I 2016/13)*

§ 20. (1) Die auf Grund des Scheidemünzengesetzes, BGBl. Nr. 146/1946, des Scheidemünzengesetzes 1953, BGBl. Nr. 64, des Silbermünzengesetzes, BGBl. Nr. 63/1955, des Scheidemünzengesetzes 1963, BGBl. Nr. 178, und des Bundesgoldmünzengesetzes 1976, BGBl. Nr. 303, erlassenen Verordnungen gelten als Bundesgesetze. Diese Bundesgesetze treten jeweils nach Maßgabe einer Einziehung der entsprechenden Scheidemünzen gemäß § 10 außer Kraft.

(2) Die Verweise auf das Österreichische Hauptmünzamt (Hauptmünzamt, Münzamt) im Nationalbankgesetz 1984, BGBl. Nr. 50, im Punzierungsgesetz, BGBl. Nr. 68/1954, in der Strafprozeßordnung 1975, BGBl. Nr. 631, und in den in Abs. 1 genannten Bundesgesetzen gelten sinngemäß als Verweise auf die Münze Österreich Aktiengesellschaft.

§ 21. (1) Sammeln sich in den Kassen der Oesterreichischen Nationalbank Silbermünzen im Nennwert von 25, 50, 100 und 500 S an, die bis zum 31. Dezember 1988 ausgegeben wurden „ ", so ist die Oesterreichische Nationalbank berechtigt,

1. diese Silbermünzen dem Bund zurückzustellen,

2. die Nenwerte der angesammelten Silbermünzen in eine unverzinste Forderung gegen den Bund einzustellen.

3. *(aufgehoben, BGBl I 1998/60, zum Inkrafttreten des § 21 Abs 1 idF BGBl I 1998/60 vgl § 19 Abs 6.)*

Die dem Bund zurückgestellten Silbermünzen sind einzuschmelzen, der Einschmelzerlös ist zur Tilgung der nach dem ersten Satz entstandenen Bundesschuld zu verwenden. *(BGBl 1992/22; BGBl 1996/425)*

(2) Der Bund hat die nach Abs. 1 entstehende Schuld abzüglich jenes Betrages, der 7,5 vH des Nennwertes des Umlaufs der betroffenen Silbermünzen entspricht und nicht in die Tilgung mit einzubeziehen ist, beginnend ab 1992 in jährlichen Raten zu „5 813 800 Euro“**) zu tilgen. „Der Bund hat die am 31. Dezember 2040 noch bestehende tilgbare Schuld im Jahre 2041 und in den vier Folgejahren in gleichen jährlichen Raten zu tilgen. Sammeln sich in den Kassen der Oesterreichischen Nationalbank nach dem 31. Dezember 2040 weitere Silbermünzen gemäß Abs. 1 an, so ist darauf Abs. 1 mit der Maßgabe anzuwenden, daß die daraus entstehende tilgbare Bundesschuld vom Bund unverzüglich nach Aufforderung durch die Oesterreichische Nationalbank zu tilgen ist.“* Zum Zweck dieser Tilgung hat die Oesterreichische Nationalbank die Auszahlung des Reingewinnanteiles des Bundes gemäß § 69 Abs. 3 Nationalbankgesetz entsprechend zu verringern. *(BGBl 1992/22; *BGBl 1996/425; **BGBl I 2000/72)*

(3) Die Münze Österreich Aktiengesellschaft und die Oesterreichische Nationalbank oder ein späterer Erwerber der Aktien der Münze Österreich Aktiengesellschaft haben alles zu unternehmen, um ein Ansammeln von Silbermünzen nach Abs. 1 zu vermeiden.

§ 22. (1) Das Bundesrechenamt hat auf Ersuchen der Münze Österreich Aktiengesellschaft die ihm bis zum 31. Dezember 1988 auf Grund des § 2 Abs. 1 Z 9 des Bundesrechenamtsgesetzes, BGBl. Nr. 123/1978, für das Österreichische Hauptmünzamt obliegenden Aufgaben weiterhin, längstens jedoch bis zum 31. Dezember 1990 gegen angemessenen Kostenersatz zu besorgen.

(2) Pensionsbehörde für die ehemaligen Beamten des Österreichischen Hauptmünzamtes ist das Bundesrechenamt.

Artikel II

Die Strafgesetznovelle vom Jahre 1932, BGBl. Nr. 241/1932, wird wie folgt geändert:

Im Artikel II entfällt die Zitierung des § 325.

Artikel III

Mit der Vollziehung dieses Bundesgesetzes sind betraut:

1. Der Bundesminister für Justiz hinsichtlich § 1 Abs. 1, soweit er die Gesamtrechtsnachfolge betrifft, § 1 Abs. 2 ausgenommen die gewerberechtlichen Berechtigungen, § 1 Abs. 3 bis 6, § 3 Abs. 3, § 5 Abs. 1 Z 2, Abs. 3 und § 7 Abs. 3 und 4;

2. der [Bundesminister für wirtschaftliche Angelegenheiten] hinsichtlich § 1 Abs. 2, soweit er gewerberechtliche Berechtigungen betrifft;

3. der Bundeskanzler hinsichtlich § 7 Abs. 2, soweit er Bundesverwaltungsabgaben betrifft;

4. der Bundesminister für Finanzen hinsichtlich aller übrigen Bestimmungen.

Wechselgesetz

BGBl 1955/49 idF

1 BGBl 1963/190
2 BGBl 1978/306
3 BGBl I 1999/186
4 BGBl I 2001/61
5 BGBl I 2010/58 (IRÄ-BG)

GLIEDERUNG

STICHWORTVERZEICHNIS

Stichwortverzeichnis

Stichwortverzeichnis

Bundesgesetz vom 16. Feber 1955, betreffend das Wechselrecht (Wechselgesetz 1955).

ERSTER TEIL

Gezogener Wechsel

ERSTER ABSCHNITT

Ausstellung und Form des gezogenen Wechsels

Artikel 1.

Der gezogene Wechsel enthält:

1. die Bezeichnung als Wechsel im Text der Urkunde, und zwar in der Sprache, in der sie ausgestellt ist;

2. die unbedingte Anweisung, eine bestimmte Geldsumme zu zahlen;

3. den Namen dessen, der zahlen soll (Bezogener);

4. die Angabe der Verfallzeit;

5. die Angabe des Zahlungsortes;

6. den Namen dessen, an den oder an dessen Order gezahlt werden soll;

7. die Angabe des Tages und des Ortes der Ausstellung;

8. die Unterschrift des Ausstellers.

Artikel 2.

(1) Eine Urkunde, der einer der im vorstehenden Artikel bezeichneten Bestandteile fehlt, gilt nicht als gezogener Wechsel, vorbehaltlich der in den folgenden Absätzen bezeichneten Fälle.

(2) Ein Wechsel ohne Angabe der Verfallzeit gilt als Sichtwechsel.

(3) Mangels einer besonderen Angabe gilt der bei dem Namen des Bezogenen angegebene Ort als Zahlungsort und zugleich als Wohnort des Bezogenen.

(4) Ein Wechsel ohne Angabe des Ausstellungsortes gilt als ausgestellt an dem Ort, der bei dem Namen des Ausstellers angegeben ist.

Artikel 3.

(1) Der Wechsel kann an die eigene Order des Ausstellers lauten.

(2) Er kann auf den Aussteller selbst gezogen werden.

(3) Er kann für Rechnung eines Dritten gezogen werden.

Artikel 4.

Der Wechsel kann bei einem Dritten, am Wohnort des Bezogenen oder an einem anderen Ort zahlbar gestellt werden.

Artikel 5.

(1) In einem Wechsel, der auf Sicht oder auf eine bestimmte Zeit nach Sicht lautet, kann der Aussteller bestimmen, daß die Wechselsumme zu verzinsen ist. Bei jedem anderen Wechsel gilt der Zinsvermerk als nicht geschrieben.

(2) Der Zinsfuß ist im Wechsel anzugeben; fehlt diese Angabe, so gilt der Zinsvermerk als nicht geschrieben.

(3) Die Zinsen laufen vom Tag der Ausstellung des Wechsels, sofern nicht ein anderer Tag bestimmt ist.

Artikel 6.

(1) Ist die Wechselsumme in Buchstaben und in Ziffern angegeben, so gilt bei Abweichungen die in Buchstaben angegebene Summe.

(2) Ist die Wechselsumme mehrmals in Buchstaben oder mehrmals in Ziffern angegeben, so gilt bei Abweichungen die geringste Summe.

Artikel 7.

Trägt ein Wechsel Unterschriften von Personen, die eine Wechselverbindlichkeit nicht eingehen können, gefälschte Unterschriften, Unterschriften erdichteter Personen oder Unterschriften, die aus irgendeinem anderen Grund für die Personen, die unterschrieben haben oder mit deren Namen unterschrieben worden ist, keine Verbindlichkeit begründen, so hat dies auf die Gültigkeit der übrigen Unterschriften keinen Einfluß.

Artikel 8.

Wer auf einen Wechsel seine Unterschrift als Vertreter eines anderen setzt, ohne hiezu ermächtigt zu sein, haftet selbst wechselmäßig und hat, wenn er den Wechsel einlöst, dieselben Rechte, die der angeblich Vertretene haben würde. Das gleiche gilt von einem Vertreter, der seine Vertretungsbefugnis überschritten hat.

Artikel 9.

(1) Der Aussteller haftet für die Annahme und die Zahlung des Wechsels.

(2) Er kann die Haftung für die Annahme ausschließen; jeder Vermerk, durch den er die Haftung für die Zahlung ausschließt, gilt als nicht geschrieben.

Artikel 10.

Wenn ein Wechsel, der bei der Begebung unvollständig war, den getroffenen Vereinbarungen zuwider ausgefüllt worden ist, so kann die Nichteinhaltung dieser Vereinbarungen dem Inhaber nicht entgegengesetzt werden, es sei denn, daß er den Wechsel in bösem Glauben erworben hat oder ihm beim Erwerb eine grobe Fahrlässigkeit zur Last fällt.

ZWEITER ABSCHNITT
Indossament

Artikel 11.

(1) Jeder Wechsel kann durch Indossament übertragen werden, auch wenn er nicht ausdrücklich an Order lautet.

(2) Hat der Aussteller in den Wechsel die Worte „nicht an Order" oder einen gleichbedeutenden Vermerk aufgenommen, so kann der Wechsel nur in der Form und mit den Wirkungen einer gewöhnlichen Abtretung übertragen werden.

(3) Das Indossament kann auch auf den Bezogenen, gleichviel ob er den Wechsel angenommen hat oder nicht, auf den Aussteller oder auf jeden anderen Wechselverpflichteten lauten. Diese Personen können den Wechsel weiter indossieren.

Artikel 12.

(1) Das Indossament muß unbedingt sein. Bedingungen, von denen es abhängig gemacht wird, gelten als nicht geschrieben.

(2) Ein Teilindossament ist nichtig.

(3) Ein Indossament an den Inhaber gilt als Blankoindossament.

Artikel 13.

(1) Das Indossament muß auf den Wechsel oder auf ein mit dem Wechsel verbundenes Blatt (Anhang) gesetzt werden. Es muß von dem Indossanten unterschrieben werden.

(2) Das Indossament braucht den Indossatar nicht zu bezeichnen und kann selbst in der bloßen Unterschrift des Indossanten bestehen (Blankoindossament). In diesem letzteren Fall muß das Indossament, um gültig zu sein, auf die Rückseite des Wechsels oder auf den Anhang gesetzt werden.

Artikel 14.

(1) Das Indossament überträgt alle Rechte aus dem Wechsel.

(2) Ist es ein Blankoindossament, so kann der Inhaber

1. das Indossament mit seinem Namen oder mit dem Namen eines anderen ausfüllen;

2. den Wechsel durch ein Blankoindossament oder an eine bestimmte Person weiter indossieren;

3. den Wechsel weiter begeben, ohne das Blankoindossament auszufüllen und ohne ihn zu indossieren.

Artikel 15.

(1) Der Indossant haftet mangels eines entgegenstehenden Vermerks für die Annahme und die Zahlung.

(2) Er kann untersagen, daß der Wechsel weiter indossiert wird; in diesem Fall haftet er denen nicht, an die der Wechsel weiter indossiert wird.

Artikel 16.

(1) Wer den Wechsel in Händen hat, gilt als rechtmäßiger Inhaber, sofern er sein Recht durch eine ununterbrochene Reihe von Indossamenten nachweist, und zwar auch dann, wenn das letzte ein Blankoindossament ist. Ausgestrichene Indossamente gelten hiebei als nicht geschrieben. Folgt auf ein Blankoindossament ein weiteres Indossament, so wird angenommen, daß der Aussteller dieses Indossaments den Wechsel durch das Blankoindossament erworben hat.

(2) Ist der Wechsel einem früheren Inhaber irgendwie abhanden gekommen, so ist der neue Inhaber, der sein Recht nach den Vorschriften des vorstehenden Absatzes nachweist, zur Herausgabe des Wechsels nur verpflichtet, wenn er ihn in bösem Glauben erworben hat oder ihm beim Erwerb eine grobe Fahrlässigkeit zur Last fällt.

Artikel 17.

Wer aus dem Wechsel in Anspruch genommen wird, kann dem Inhaber keine Einwendungen entgegensetzen, die sich auf seine unmittelbaren Beziehungen zu dem Aussteller oder zu einem früheren Inhaber gründen, es sei denn, daß der Inhaber bei dem Erwerb des Wechsels bewußt zum Nachteil des Schuldners gehandelt hat.

Artikel 18.

(1) Enthält das Indossament den Vermerk „Wert zur Einziehung", „zum Inkasso", „in Prokura" oder einen anderen nur eine Bevollmächtigung ausdrückenden Vermerk, so kann der Inhaber alle Rechte aus dem Wechsel geltend machen; aber er kann ihn nur durch ein weiteres Vollmachtsindossament übertragen.

(2) Die Wechselverpflichteten können in diesem Fall dem Inhaber nur solche Einwendungen entgegensetzen, die ihnen gegen den Indossanten zustehen.

(3) Die in dem Vollmachtsindossament enthaltene Vollmacht erlischt weder mit dem Tod noch mit dem Eintritt der Handlungsunfähigkeit des Vollmachtgebers.

Artikel 19.

(1) Enthält das Indossament den Vermerk „Wert zur Sicherheit", „Wert zum Pfande" oder einen anderen eine Verpfändung ausdrückenden Vermerk, so kann der Inhaber alle Rechte aus dem Wechsel geltend machen; ein von ihm ausgestelltes Indossament hat aber nur die Wirkung eines Vollmachtsindossaments.

(2) Die Wechselverpflichteten können dem Inhaber keine Einwendungen entgegensetzen, die sich auf ihre unmittelbaren Beziehungen zu dem Indossanten gründen, es sei denn, daß der Inhaber bei dem Erwerb des Wechsels bewußt zum Nachteil des Schuldners gehandelt hat.

Artikel 20.

(1) Ein Indossament nach Verfall hat dieselben Wirkungen wie ein Indossament vor Verfall. Ist jedoch der Wechsel erst nach Erhebung des Protestes mangels Zahlung oder nach Ablauf der hiefür bestimmten Frist indossiert worden, so hat das Indossament nur die Wirkungen einer gewöhnlichen Abtretung.

(2) Bis zum Beweis des Gegenteils wird vermutet, daß ein nicht datiertes Indossament vor Ablauf der für die Erhebung des Protestes bestimmten Frist auf den Wechsel gesetzt worden ist.

DRITTER ABSCHNITT

Annahme

Artikel 21.

Der Wechsel kann von dem Inhaber oder von jedem, der den Wechsel auch nur in Händen hat, bis zum Verfall dem Bezogenen an seinem Wohnort zur Annahme vorgelegt werden.

Artikel 22.

(1) Der Aussteller kann in jedem Wechsel mit oder ohne Bestimmung einer Frist vorschreiben, daß der Wechsel zur Annahme vorgelegt werden muß.

(2) Er kann im Wechsel die Vorlegung zur Annahme untersagen, wenn es sich nicht um einen Wechsel handelt, der bei einem Dritten oder an einem von dem Wohnort des Bezogenen verschiedenen Ort zahlbar ist oder der auf eine bestimmte Zeit nach Sicht lautet.

(3) Er kann auch vorschreiben, daß der Wechsel nicht vor einem bestimmten Tag zur Annahme vorgelegt werden darf.

(4) Jeder Indossant kann, wenn nicht der Aussteller die Vorlegung zur Annahme untersagt hat, mit oder ohne Bestimmung einer Frist vorschreiben, daß der Wechsel zur Annahme vorgelegt werden muß.

Artikel 23.

(1) Wechsel, die auf eine bestimmte Zeit nach Sicht lauten, müssen binnen einem Jahr nach dem Tag der Ausstellung zur Annahme vorgelegt werden.

(2) Der Aussteller kann eine kürzere oder eine längere Frist bestimmen.

(3) Die Indossanten könne die Vorlegungsfristen abkürzen.

Artikel 24.

(1) Der Bezogene kann verlangen, daß ihm der Wechsel am Tag nach der ersten Vorlegung nochmals vorgelegt wird. Die Beteiligten können sich darauf, daß diesem Verlangen nicht entsprochen worden ist, nur berufen, wenn das Verlangen im Protest vermerkt ist.

(2) Der Inhaber ist nicht verpflichtet, den zur Annahme vorgelegten Wechsel in der Hand des Bezogenen zu lassen.

Artikel 25.

(1) Die Annahmeerklärung wird auf den Wechsel gesetzt. Sie wird durch das Wort „angenommen" oder ein gleichbedeutendes Wort ausgedrückt, sie ist vom Bezogenen zu unterschrei-

ben. Die bloße Unterschrift des Bezogenen auf der Vorderseite des Wechsels gilt als Annahme.

(2) Lautet der Wechsel auf eine bestimmte Zeit nach Sicht oder ist er infolge eines besonderen Vermerks innerhalb einer bestimmten Frist zur Annahme vorzulegen, so muß die Annahmeerklärung den Tag bezeichnen, an dem sie erfolgt ist, sofern nicht der Inhaber die Angabe des Tages der Vorlegung verlangt. Ist kein Tag angegeben, so muß der Inhaber, um seine Rückgriffsrechte gegen die Indossanten und den Aussteller zu wahren, diese Unterlassung rechtzeitig durch einen Protest feststellen lassen.

Artikel 26.

(1) Die Annahme muß unbedingt sein; der Bezogene kann sie aber auf einen Teil der Wechselsumme beschränken.

(2) Wenn die Annahmeerklärung irgendeine andere Abweichung von den Bestimmungen des Wechsels enthält, so gilt die Annahme als verweigert. Der Annehmende haftet jedoch nach dem Inhalt seiner Annahmeerklärung.

Artikel 27.

(1) Hat der Aussteller im Wechsel einen von dem Wohnort des Bezogenen verschiedenen Zahlungsort angegeben, ohne einen Dritten zu bezeichnen, bei dem die Zahlung geleistet werden soll, so kann der Bezogene bei der Annahmeerklärung einen Dritten bezeichnen. Mangels einer solchen Bezeichnung wird angenommen, daß sich der Annehmer verpflichtet hat, selbst am Zahlungsort zu zahlen.

(2) Ist der Wechsel beim Bezogenen selbst zahlbar, so kann dieser in der Annahmeerklärung eine am Zahlungsort befindliche Stelle bezeichnen, wo die Zahlung geleistet werden soll.

Artikel 28.

(1) Der Bezogene wird durch die Annahme verpflichtet, den Wechsel bei Verfall zu bezahlen.

(2) Mangels Zahlung hat der Inhaber, auch wenn er der Aussteller ist, gegen den Annehmer einen unmittelbaren Anspruch aus dem Wechsel auf alles, was auf Grund der Art. 48 und 49 gefordert werden kann.

Artikel 29.

(1) Hat der Bezogene die auf den Wechsel gesetzte Annahmeerklärung vor der Rückgabe des Wechsels gestrichen, so gilt die Annahme als verweigert. Bis zum Beweis des Gegenteils wird vermutet, daß die Streichung vor der Rückgabe des Wechsels erfolgt ist.

(2) Hat der Bezogene jedoch dem Inhaber oder einer Person, deren Unterschrift sich auf dem Wechsel befindet, die Annahme schriftlich mitgeteilt, so haftet er diesen nach dem Inhalt seiner Annahmeerklärung.

VIERTER ABSCHNITT

Wechselbürgschaft

Artikel 30.

(1) Die Zahlung der Wechselsumme kann ganz oder teilweise durch Wechselbürgschaft gesichert werden.

(2) Diese Sicherheit kann von einem Dritten oder auch von einer Person geleistet werden, deren Unterschrift sich schon auf dem Wechsel befindet.

Artikel 31.

(1) Die Bürgschaftserklärung wird auf den Wechsel oder auf einen Anhang gesetzt.

(2) Sie wird durch die Worte „als Bürge“ oder einen gleichbedeutenden Vermerk ausgedrückt; sie ist von dem Wechselbürgen zu unterschreiben.

(3) Die bloße Unterschrift auf der Vorderseite des Wechsels gilt als Bürgschaftserklärung, soweit es sich nicht um die Unterschrift des Bezogenen oder des Ausstellers handelt.

(4) In der Erklärung ist anzugeben, für wen die Bürgschaft geleistet wird; mangels einer solchen Angabe gilt sie für den Aussteller.

Artikel 32.

(1) Der Wechselbürge haftet in der gleichen Weise wie derjenige, für den er sich verbürgt hat.

(2) Seine Verpflichtungserklärung ist auch gültig, wenn die Verbindlichkeit, für die er sich verbürgt hat, aus einem anderen Grund als wegen eines Formfehlers nichtig ist.

(3) Der Wechselbürge, der den Wechsel bezahlt, erwirbt die Rechte aus dem Wechsel gegen denjenigen, für den er sich verbürgt hat, und gegen alle, die diesem wechselmäßig haften.

FÜNFTER ABSCHNITT

Verfall

Artikel 33.

(1) Ein Wechsel kann gezogen werden auf Sicht; auf eine bestimmte Zeit nach Sicht; auf eine bestimme Zeit nach der Ausstellung; auf einen bestimmten Tag.

(2) Wechsel mit anderen oder mit mehreren aufeinanderfolgenden Verfallzeiten sind nichtig.

Artikel 34.

(1) Der Sichtwechsel ist bei der Vorlegung fällig. Er muß binnen einem Jahr nach der Ausstellung zur Zahlung vorgelegt werden. Der Aussteller kann eine kürzere oder eine längere Frist bestimmen. Die Indossanten können die Vorlegungsfristen abkürzen.

(2) Der Aussteller kann vorschreiben, daß der Sichtwechsel nicht vor einem bestimmten Tag zur Zahlung vorgelegt werden darf. In diesem Fall beginnt die Vorlegungsfrist mit diesem Tag.

Artikel 35.

(1) Der Verfall eines Wechsels, der auf eine bestimmte Zeit nach Sicht lautet, richtet sich nach dem in der Annahmeerklärung angegebenen Tag oder nach dem Tag des Protestes.

(2) Ist in der Annahmeerklärung ein Tag nicht angegeben und ein Protest nicht erhoben worden, so gilt dem Annehmer gegenüber der Wechsel als am letzten Tag der für die Vorlegung zur Annahme vorgesehenen Frist angenommen.

Artikel 36.

(1) Ein Wechsel, der auf einen oder mehrere Monate nach der Ausstellung oder nach Sicht lautet, verfällt an dem entsprechenden Tag des Zahlungsmonats. Fehlt dieser Tag, so ist der Wechsel am letzten Tag des Monats fällig.

(2) Lautet der Wechsel auf einen oder mehrere Monate und einen halben Monat nach der Ausstellung oder nach Sicht, so werden die ganzen Monate zuerst gezählt.

(3) Ist als Verfallzeit der Anfang, die Mitte oder das Ende eines Monats angegeben, so ist darunter der erste, der fünfzehnte oder der letzte Tag des Monats zu verstehen.

(4) Die Ausdrücke „acht Tage" oder „fünfzehn Tage" bedeuten nicht eine oder zwei Wochen, sondern volle acht oder fünfzehn Tage.

(5) Der Ausdruck „halber Monat" bedeutet fünfzehn Tage.

Artikel 37.

(1) Ist ein Wechsel an einem bestimmten Tag an einem Ort zahlbar, dessen Kalender von dem des Ausstellungsortes abweicht, so ist für den Verfalltag der Kalender des Zahlungsortes maßgebend.

(2) Ist ein zwischen zwei Orten mit verschiedenem Kalender gezogener Wechsel eine bestimmte Zeit nach der Ausstellung zahlbar, so wird der Tag der Ausstellung in den nach dem Kalender des Zahlungsortes entsprechenden Tag umgerechnet und hienach der Verfalltag ermittelt.

(3) Auf die Berechnung der Fristen für die Vorlegung von Wechseln findet die Vorschrift des vorstehenden Absatzes entsprechende Anwendung.

(4) Die Vorschriften dieses Artikels finden keine Anwendung, wenn sich aus einem Vermerk im Wechsel oder sonst aus dessen Inhalt ergibt, daß etwas anderes beabsichtigt war.

SECHSTER ABSCHNITT

Zahlung

Artikel 38.

(1) Der Inhaber eines Wechsels, der an einem bestimmten Tag oder bestimmte Zeit nach der Ausstellung oder nach Sicht zahlbar ist, hat den Wechsel am Zahlungstag oder an einem der beiden folgenden Werktage zur Zahlung vorzulegen.

(2) Die Einlieferung in eine Abrechnungsstelle steht der Vorlegung zur Zahlung gleich.

(3) Als Abrechnungsstellen im Sinne des vorstehenden Absatzes sind die Abrechnungsstellen, die bei der Hauptanstalt der Oesterreichischen Nationalbank in Wien oder bei einer ihrer Zweiganstalten errichtet sind oder errichtet werden, anzusehen. Wechsel können in eine Abrechnungsstelle eingeliefert werden, wenn der Bezogene oder die am Zahlungsort befindliche Stelle, wo die Zahlung geleistet werden soll, bei der Abrechnungsstelle als Teilnehmer am Abrechnungsverkehr zugelassen ist oder bei ihr durch einen Teilnehmer vertreten wird. Die Einlieferungen müssen den für den Geschäftsverkehr der Abrechnungsstelle maßgebenden Bestimmungen entsprechen.

Artikel 39.

(1) Der Bezogene kann vom Inhaber gegen Zahlung die Aushändigung des quittierten Wechsels verlangen.

(2) Der Inhaber darf eine Teilzahlung nicht zurückweisen.

(3) Im Fall der Teilzahlung kann der Bezogene verlangen, daß sie auf dem Wechsel vermerkt und ihm eine Quittung erteilt wird.

Artikel 40.

(1) Der Inhaber des Wechsels ist nicht verpflichtet, die Zahlung vor Verfall anzunehmen.

(2) Der Bezogene, der vor Verfall zahlt, handelt auf eigene Gefahr.

(3) Wer bei Verfall zahlt, wird von seiner Verbindlichkeit befreit, wenn ihm nicht Arglist oder grobe Fahrlässigkeit zur Last fällt. Er ist verpflichtet, die Ordnungsmäßigkeit der Reihe der Indossamente, aber nicht die Unterschriften der Indossanten zu prüfen.

Artikel 41.

(1) Lautet der Wechsel auf eine Währung, die am Zahlungsort nicht gilt, so kann die Wechselsumme in der Landeswährung nach dem Wert gezahlt werden, den sie am Verfalltag besitzt. Wenn der Schuldner die Zahlung verzögert, so kann der Inhaber wählen, ob die Wechselsumme nach dem Kurs des Verfalltages oder nach dem Kurs des Zahlungstages in die Landeswährung umgerechnet werden soll.

(2) Der Wert der fremden Währung bestimmt sich nach den Handelsgebräuchen des Zahlungsortes. Der Aussteller kann jedoch im Wechsel für die zu zahlende Summe einen Umrechnungskurs bestimmen.

(3) Die Vorschriften der beiden ersten Absätze finden keine Anwendung, wenn der Aussteller die Zahlung in einer bestimmten Währung vorgeschrieben hat (Effektivvermerk).

(4) Lautet der Wechsel auf eine Geldsorte, die im Land der Ausstellung dieselbe Bezeichnung, aber einen anderen Wert hat als in dem der Zahlung, so wird vermutet, daß die Geldsorte des Zahlungsortes gemeint ist.

Artikel 42.

Wird der Wechsel nicht innerhalb der im Artikel 38 bestimmten Frist zur Zahlung vorgelegt, so kann der Schuldner die Wechselsumme bei der zuständigen Behörde auf Gefahr und Kosten des Inhabers hinterlegen.

SIEBENTER ABSCHNITT

Rückgriff mangels Annahme und mangels Zahlung

Artikel 43.

(1) Der Inhaber kann gegen die Indossanten, den Aussteller und die anderen Wechselverpflichteten bei Verfall des Wechsels Rückgriff nehmen, wenn der Wechsel nicht bezahlt worden ist.

(2) Das gleiche Recht steht dem Inhaber schon vor Verfall zu,

1. wenn die Annahme ganz oder teilweise verweigert worden ist;

2. wenn über das Vermögen des Bezogenen, gleichviel, ob er den Wechsel angenommen hat oder nicht, „das Insolvenzverfahren“ eröffnet oder die Geschäftsaufsicht angeordnet worden ist oder wenn der Bezogene auch nur seine Zahlungen eingestellt hat oder wenn eine Zwangsvollstreckung in sein Vermögen fruchtlos verlaufen ist; *(BGBl I 2010/58)*

3. wenn über das Vermögen des Ausstellers eines Wechsels, dessen Vorlegung zur Annahme untersagt ist, „das Insolvenzverfahren“ eröffnet oder über dessen Geschäftsführung die Aufsicht angeordnet worden ist. *(BGBl I 2010/58)*

Artikel 44.

(1) Die Verweigerung der Annahme oder der Zahlung muß durch eine öffentliche Urkunde (Protest mangels Annahme oder mangels Zahlung) festgestellt werden.

(2) Der Protest mangels Annahme muß innerhalb der Frist erhoben werden, die für die Vorlegung zur Annahme gilt. Ist im Fall des Art. 24 Abs. 1 der Wechsel am letzten Tag der Frist zum ersten Mal vorgelegt worden, so kann der Protest noch am folgenden Tag erhoben werden.

(3) Der Protest mangels Zahlung muß bei einem Wechsel, der an einem bestimmten Tag oder bestimmte Zeit nach der Ausstellung oder nach Sicht zahlbar ist, an einem der beiden auf den Zahlungstag folgenden Werktage erhoben werden. Bei einem Sichtwechsel muß der Protest mangels Zahlung in den gleichen Fristen erhoben werden, wie sie im vorhergehenden Absatz für den Protest mangels Annahme vorgesehen sind.

(4) Ist Protest mangels Annahme erhoben worden, so bedarf es weder der Vorlegung zur Zahlung noch des Protestes mangels Zahlung.

(5) Hat der Bezogene, gleichviel ob er den Wechsel angenommen hat oder nicht, seine Zahlungen eingestellt oder ist eine Zwangsvollstreckung in sein Vermögen fruchtlos verlaufen, so kann der Inhaber nur Rückgriff nehmen, nachdem der Wechsel dem Bezogenen zur Zahlung vorgelegt und Protest erhoben worden ist.

(6) Ist über das Vermögen des Bezogenen, gleichviel ob er den Wechsel angenommen hat oder nicht, oder ist über das Vermögen des Ausstellers eines Wechsels, dessen Vorlegung zur Annahme untersagt ist, das Insolvenzverfahren eröffnet oder die Geschäftsaufsicht angeordnet worden, so genügt es zur Ausübung des Rückgriffsrechts, dass der gerichtliche Beschluss über die Eröffnung des Insolvenzverfahrens oder über die Anordnung der Geschäftsaufsicht vorgelegt wird. Die Vorlage der Bekanntmachung des gerichtlichen Beschlusses im amtlichen Kundmachungsorgan, insbesondere eines Ausdrucks aus der Insolvenzdatei, ist der Vorlage des gerichtlichen Beschlusses gleichzuhalten. *(BGBl I 2010/58)*

Artikel 45.

(1) Der Inhaber muß seinen unmittelbaren Vormann und den Aussteller von dem Unterbleiben der Annahme oder der Zahlung innerhalb der vier Werktage benachrichtigen, die auf den Tag der Protesterhebung oder im Fall des Vermerks „ohne Kosten“ auf den Tag der Vorlegung folgen. Jeder Indossant muß innerhalb zweier Werktage

nach Empfang der Nachricht seinem unmittelbaren Vormann von der Nachricht, die er erhalten hat, Kenntnis geben und ihm die Namen und Adressen derjenigen mitteilen, die vorher Nachricht gegeben haben, und so weiter in der Reihenfolge bis zum Aussteller. Die Fristen laufen vom Empfang der vorhergehenden Nachricht.

(2) Wird nach Maßgabe des vorhergehenden Absatzes einer Person, deren Unterschrift sich auf dem Wechsel befindet, Nachricht gegeben, so muß die gleiche Nachricht in derselben Frist ihrem Wechselbürgen gegeben werden.

(3) Hat ein Indossant seine Adresse nicht oder in unleserlicher Form angegeben, so genügt es, daß sein unmittelbarer Vormann benachrichtigt wird.

(4) Die Nachricht kann in jeder Form gegeben werden, auch durch die bloße Rücksendung des Wechsels.

(5) Der zur Benachrichtigung Verpflichtete hat zu beweisen, daß er in der vorgeschriebenen Frist benachrichtigt hat. Die Frist gilt als eingehalten, wenn ein Schreiben, das die Benachrichtigung enthält, innerhalb der Frist zur Post gegeben worden ist.

(6) Wer die rechtzeitige Benachrichtigung versäumt, verliert nicht den Rückgriff; er haftet für den etwa durch seine Nachlässigkeit entstandenen Schaden, jedoch nur bis zur Höhe der Wechselsumme.

Artikel 46.

(1) Der Aussteller sowie jeder Indossant oder Wechselbürge kann durch den Vermerk „ohne Kosten", „ohne Protest" oder einen gleichbedeutenden auf den Wechsel gesetzten und unterzeichneten Vermerk den Inhaber von der Verpflichtung befreien, zum Zweck der Ausübung des Rückgriffs Protest mangels Annahme oder mangels Zahlung erheben zu lassen.

(2) Der Vermerk befreit den Inhaber nicht von der Verpflichtung, den Wechsel rechtzeitig vorzulegen und die erforderlichen Nachrichten zu geben. Der Beweis, daß die Frist nicht eingehalten worden ist, liegt demjenigen ob, der sich dem Inhaber gegenüber darauf beruft.

(3) Ist der Vermerk vom Aussteller beigefügt, so wirkt er gegenüber allen Wechselverpflichteten; ist er von einem Indossanten oder einem Wechselbürgen beigefügt, so wirkt er nur diesen gegenüber. Läßt der Inhaber ungeachtet des vom Aussteller beigefügten Vermerks Protest erheben, so fallen ihm die Kosten zur Last. Ist der Vermerk von einem Indossanten oder einem Wechselbürgen beigefügt, so sind alle Wechselverpflichteten zum Ersatz der Kosten eines dennoch erhobenen Protestes verpflichtet.

Artikel 47.

(1) Alle, die einen Wechsel ausgestellt, angenommen, indossiert oder mit einer Bürgschaftserklärung versehen haben, haften dem Inhaber als Gesamtschuldner.

(2) Der Inhaber kann jeden einzeln oder mehrere oder alle zusammen in Anspruch nehmen, ohne an die Reihenfolge gebunden zu sein, in der sie sich verpflichtet haben.

(3) Das gleiche Recht steht jedem Wechselverpflichteten zu, der den Wechsel eingelöst hat.

(4) Durch die Geltendmachung des Anspruchs gegen einen Wechselverpflichteten verliert der Inhaber nicht seine Rechte gegen die anderen Wechselverpflichteten, auch nicht gegen die Nachmänner desjenigen, der zuerst in Anspruch genommen worden ist.

Artikel 48.

(1) Der Inhaber kann im Weg des Rückgriffs verlangen:

1. die Wechselsumme, soweit der Wechsel nicht angenommen oder nicht eingelöst worden ist, mit den etwa bedungenen Zinsen;

2. Zinsen zu sechs vom Hundert seit dem Verfalltag;

3. die Kosten des Protestes und der Nachrichten sowie die anderen Auslagen;

4. eine Vergütung, die mangels besonderer Vereinbarung ein Drittel vom Hundert der Hauptsumme des Wechsels beträgt und diesen Satz keinesfalls überschreiten darf.

(2) Wird der Rückgriff vor Verfall genommen, so werden von der Wechselsumme Zinsen abgezogen. Diese Zinsen werden auf Grund des öffentlich bekanntgemachten Diskontsatzes (Satz der Zentralnotenbank) berechnet, der am Tag des Rückgriffs am Wohnort des Inhabers gilt.

Artikel 49.

Wer den Wechsel eingelöst hat, kann von seinen Vormännern verlangen:

1. den vollen Betrag, den er gezahlt hat;

2. die Zinsen dieses Betrages zu sechs vom Hundert seit dem Tag der Einlösung;

3. seine Auslagen;

4. eine Vergütung, die nach den Vorschriften des Art. 48 Abs. 1 Z. 4 berechnet wird.

Artikel 50.

(1) Jeder Wechselverpflichtete, gegen den Rückgriff genommen wird oder genommen werden kann, ist berechtigt, zu verlangen, daß ihm gegen Entrichtung der Rückgriffssumme der

Wechsel mit dem Protest und eine quittierte Rechnung ausgehändigt werden.

(2) Jeder Indossant, der den Wechsel eingelöst hat, kann sein Indossament und die Indossamente seiner Nachmänner ausstreichen.

Artikel 51.

Bei dem Rückgriff nach einer Teilannahme kann derjenige, der den nicht angenommenen Teil der Wechselsumme entrichtet, verlangen, daß dies auf dem Wechsel vermerkt und ihm darüber Quittung erteilt wird. Der Inhaber muß ihm ferner eine beglaubigte Abschrift des Wechsels und den Protest aushändigen, um den weiteren Rückgriff zu ermöglichen.

Artikel 52.

(1) Wer zum Rückgriff berechtigt ist, kann mangels eines entgegenstehenden Vermerks den Rückgriff dadurch nehmen, daß er auf einen seiner Vormänner einen neuen Wechsel (Rückwechsel) zieht, der auf Sicht lautet und am Wohnort dieses Vormannes zahlbar ist.

(2) Der Rückwechsel umfaßt, außer den in den Art. 48 und 49 angegebenen Beträgen, die Mäklergebühr und die Stempelgebühr für den Rückwechsel.

(3) Wird der Rückwechsel vom Inhaber gezogen, so richtet sich die Höhe der Wechselsumme nach dem Kurs, den ein vom Zahlungsort des ursprünglichen Wechsels auf dem Wohnort des Vormannes gezogener Sichtwechsel hat. Wird der Rückwechsel von einem Indossanten gezogen, so richtet sich die Höhe der Wechselsumme nach dem Kurs, den ein vom Wohnort des Ausstellers des Rückwechsels auf den Wohnort des Vormannes gezogener Sichtwechsel hat.

Artikel 53.

(1) Mit der Versäumung der Fristen für die Vorlegung eines Wechsels, der auf Sicht oder auf eine bestimmte Zeit nach Sicht lautet,

für die Erhebung des Protestes mangels Annahme oder mangels Zahlung,

für die Vorlegung zur Zahlung im Falle des Vermerks „ohne Kosten“

verliert der Inhaber seine Rechte gegen die Indossanten, den Aussteller und alle anderen Wechselverpflichteten, mit Ausnahme des Annehmers.

(2) Versäumt der Inhaber die vom Aussteller für die Vorlegung zur Annahme vorgeschriebene Frist, so verliert er das Recht, mangels Annahme und mangels Zahlung Rückgriff zu nehmen, sofern nicht der Wortlaut des Vermerks ergibt, daß der Aussteller nur die Haftung für die Annahme hat ausschließen wollen.

(3) Ist die Frist für die Vorlegung in einem Indossament enthalten, so kann sich nur der Indossant darauf berufen.

Artikel 54.

(1) Steht der rechtzeitigen Vorlegung des Wechsels oder der rechtzeitigen Erhebung des Protestes ein unüberwindliches Hindernis entgegen (gesetzliche Vorschrift eines Staates oder ein anderer Fall höherer Gewalt), so werden die für diese Handlungen bestimmten Fristen verlängert.

(2) Der Inhaber ist verpflichtet, seinen unmittelbaren Vormann von dem Fall der höheren Gewalt unverzüglich zu benachrichtigen und die Benachrichtigung unter Beifügung des Tages und Ortes sowie seiner Unterschrift auf dem Wechsel oder einem Anhang zu vermerken; im übrigen finden die Vorschriften des Art. 45 Anwendung.

(3) Fällt die höhere Gewalt weg, so muß der Inhaber den Wechsel unverzüglich zur Annahme oder zur Zahlung vorlegen und gegebenenfalls Protest erheben lassen.

(4) Dauert die höhere Gewalt länger als dreißig Tage nach Verfall, so kann Rückgriff genommen werden, ohne daß es der Vorlegung oder der Protesterhebung bedarf.

(5) Bei Wechseln, die auf Sicht oder auf eine bestimmte Zeit nach Sicht lauten, läuft die dreißigtägige Frist von dem Tag, an dem der Inhaber seinen Vormann von dem Fall der höheren Gewalt benachrichtigt hat; diese Nachricht kann schon vor Ablauf der Vorlegungsfrist gegeben werden. Bei Wechseln, die auf bestimmte Zeit nach Sicht lauten, verlängert sich die dreißigtägige Frist um die im Wechsel angegebene Nachsichtfrist.

(6) Tatsachen, die rein persönlich den Inhaber oder denjenigen betreffen, den er mit der Vorlegung des Wechsels oder mit der Protesterhebung beauftragt hat, gelten nicht als Fälle höherer Gewalt.

(7) Wird die rechtzeitige Vornahme einer Handlung, die im Ausland zur Ausübung oder Erhaltung der Rechte aus einem Wechsel vorzunehmen ist, durch eine dort erlassene Vorschrift verhindert, so kann die Bundesregierung durch Verordnung bestimmen, daß die Rechte ungeachtet der Versäumung bestehen bleiben, sofern die Handlung unverzüglich nach Wegfall des Hindernisses nachgeholt wird. In gleicher Weise kann verordnet werden, daß bei einer solchen Verhinderung nach einer bestimmten Frist Rückgriff genommen werden kann, ohne daß es der Vornahme der Handlung bedarf.

ACHTER ABSCHNITT
Ehreneintritt

1. Allgemeine Vorschriften

Artikel 55.

(1) Der Aussteller sowie jeder Indossant oder Wechselbürge kann eine Person angeben, die im Notfall annehmen oder zahlen soll.

(2) Der Wechsel kann unter den nachstehend bezeichneten Voraussetzungen zu Ehren eines jeden Wechselverpflichteten, gegen den Rückgriff genommen werden kann, angenommen oder bezahlt werden.

(3) Jeder Dritte, auch der Bezogene, sowie jeder aus dem Wechsel bereits Verpflichtete, mit Ausnahme des Annehmers, kann einen Wechsel zu Ehren annehmen oder bezahlen.

(4) Wer zu Ehren annimmt oder zahlt, ist verpflichtet, den Wechselverpflichteten, für den er eintritt, innerhalb zweier Werktage hievon zu benachrichtigen. Hält er die Frist nicht ein, so haftet er für den etwa durch seine Nachlässigkeit entstandenen Schaden, jedoch nur bis zur Höhe der Wechselsumme.

2. Ehrenannahme

Artikel 56.

(1) Die Ehrenannahme ist in allen Fällen zulässig, in denen der Inhaber vor Verfall Rückgriff nehmen kann, es sei denn, daß es sich um einen Wechsel handelt, dessen Vorlegung zur Annahme untersagt ist.

(2) Ist auf dem Wechsel eine Person angegeben, die im Notfall am Zahlungsort annehmen oder zahlen soll, so kann der Inhaber vor Verfall gegen denjenigen, der die Notadresse beigefügt hat, und gegen seine Nachmänner nur Rückgriff nehmen, wenn er den Wechsel der in der Notadresse bezeichneten Person vorgelegt hat und im Fall der Verweigerung der Ehrenannahme die Verweigerung durch einen Protest hat feststellen lassen.

(3) In den anderen Fällen des Ehreneintritts kann der Inhaber die Ehrenannahme zurückweisen. Läßt er sie aber zu, so verliert er den Rückgriff vor Verfall gegen denjenigen, zu dessen Ehren die Annahme erklärt worden ist, und gegen dessen Nachmänner.

Artikel 57.

Die Ehrenannahme wird auf dem Wechsel vermerkt; sie ist von demjenigen, der zu Ehren annimmt, zu unterschreiben. In der Annahmeerklärung ist anzugeben, für wen die Ehrenannahme stattfindet; mangels eine solchen Angabe gilt sie für den Aussteller.

Artikel 58.

(1) Wer zu Ehren annimmt, haftet dem Inhaber und den Nachmännern desjenigen, für den er eingetreten ist, in der gleichen Weise wie dieser selbst.

(2) Trotz der Ehrenannahme können der Wechselverpflichtete, zu dessen Ehren der Wechsel angenommen worden ist, und seine Vormänner vom Inhaber gegen Erstattung des im Art. 48 angegebenen Betrags die Aushändigung des Wechsels und gegebenenfalls des erhobenen Protestes sowie einer quittierten Rechnung verlangen.

3. Ehrenzahlung

Artikel 59.

(1) Die Ehrenzahlung ist in allen Fällen zulässig, in denen der Inhaber bei Verfall oder vor Verfall Rückgriff nehmen kann.

(2) Die Ehrenzahlung muß den vollen Betrag umfassen, den der Wechselverpflichtete, für den sie stattfindet, zahlen müßte.

(3) Sie muß spätestens am Tag nach Ablauf der Frist für die Erhebung des Protestes mangels Zahlung stattfinden.

Artikel 60.

(1) Ist der Wechsel von Personen zu Ehren angenommen, die ihren Wohnsitz am Zahlungsort haben, oder sind am Zahlungsort wohnende Personen angegeben, die im Notfall zahlen sollen, so muß der Inhaber spätestens am Tag nach Ablauf der Frist für die Erhebung des Protestes mangels Zahlung den Wechsel allen diesen Personen vorlegen und gegebenenfalls Protest wegen unterbliebener Ehrenzahlung erheben lassen.

(2) Wird der Protest nicht rechtzeitig erhoben, so werden derjenige, der die Notadresse angegeben hat oder zu dessen Ehren der Wechsel angenommen worden ist, und die Nachmänner frei.

Artikel 61.

Weist der Inhaber die Ehrenzahlung zurück, so verliert er den Rückgriff gegen diejenigen, die frei geworden wären.

Artikel 62.

(1) Über die Ehrenzahlung ist auf dem Wechsel eine Quittung auszustellen, die denjenigen bezeichnet, für den gezahlt wird. Fehlt die Bezeichnung, so gilt die Zahlung für den Aussteller.

(2) Der Wechsel und der etwa erhobene Protest sind dem Ehrenzahler auszuhändigen.

Artikel 63.

(1) Der Ehrenzahler erwirbt die Rechte aus dem Wechsel gegen den Wechselverpflichteten, für den er gezahlt hat, und gegen die Personen, die diesem aus dem Wechsel haften. Er kann jedoch den Wechsel nicht weiter indossieren.

(2) Die Nachmänner des Wechselverpflichteten, für den gezahlt worden ist, werden frei.

(3) Sind mehrere Ehrenzahlungen angeboten, so gebührt derjenigen der Vorzug, durch welche die meisten Wechselverpflichteten frei werden. Wer entgegen dieser Vorschrift in Kenntnis der Sachlage zu Ehren zahlt, verliert den Rückgriff gegen diejenigen, die sonst frei geworden wären.

NEUNTER ABSCHNITT

Ausfertigung mehrerer Stücke eines Wechsels; Wechselabschriften

1. Ausfertigungen

Artikel 64.

(1) Der Wechsel kann in mehreren gleichen Ausfertigungen ausgestellt werden.

(2) Diese Ausfertigungen müssen im Text der Urkunde mit fortlaufenden Nummern versehen sein; andernfalls gilt jede Ausfertigung als besonderer Wechsel.

(3) Jeder Inhaber eines Wechsels kann auf seine Kosten die Übergabe mehrerer Ausfertigungen verlangen, sofern nicht aus dem Wechsel zu ersehen ist, daß er in einer einzigen Ausfertigung ausgestellt worden ist. Zu diesem Zweck hat sich der Inhaber an seinen unmittelbaren Vormann zu wenden, der wieder an seinen Vormann zurückgehen muß, und so weiter in der Reihenfolge bis zum Aussteller. Die Indossanten sind verpflichtet, ihre Indossamente auf den neuen Anfertigungen zu wiederholen.

Artikel 65.

(1) Wird eine Ausfertigung bezahlt, so erlöschen die Rechte aus allen Ausfertigungen, auch wenn diese nicht den Vermerk tragen, daß durch die Zahlung auf eine Ausfertigung die anderen ihre Gültigkeit verlieren. Jedoch bleibt der Bezogene aus jeder angenommenen Ausfertigung, die ihm nicht zurückgegeben worden ist, verpflichtet.

(2) Hat ein Indossant die Ausfertigungen an verschiedene Personen übertragen, so haften er und seine Nachmänner aus allen Ausfertigungen, die ihre Unterschrift tragen und nicht herausgegeben worden sind.

Artikel 66.

(1) Wer eine Ausfertigung zur Annahme versendet, hat auf den anderen Ausfertigungen den Namen dessen anzugeben, bei dem sich die versendete Ausfertigung befindet. Dieser ist verpflichtet, sie dem rechtmäßigen Inhaber einer anderen Ausfertigung auszuhändigen.

(2) Wird die Aushändigung verweigert, so kann der Inhaber nur Rückgriff nehmen, nachdem er durch einen Protest hat feststellen lassen:

1. daß ihm die zur Annahme versendete Ausfertigung auf sein Verlangen nicht ausgehändigt worden ist;

2. daß die Annahme oder die Zahlung auch nicht auf eine andere Ausfertigung zu erlangen war.

2. Abschriften

Artikel 67.

(1) Jeder Inhaber eines Wechsels ist befugt, Abschriften davon herzustellen.

(2) Die Abschrift muß die Urschrift mit den Indossamenten und allen anderen darauf befindlichen Vermerken genau wiedergeben. Es muß angegeben sein, wie weit die Abschrift reicht.

(3) Die Abschrift kann auf dieselbe Weise und mit denselben Wirkungen indossiert und mit einer Bürgschaftserklärung versehen werden wie die Urschrift.

Artikel 68.

(1) In der Abschrift ist der Verwahrer der Urschrift zu bezeichnen. Dieser ist verpflichtet, die Urschrift dem rechtmäßigen Inhaber der Abschrift auszuhändigen.

(2) Wird die Aushändigung verweigert, so kann der Inhaber gegen die Indossanten der Abschrift und gegen diejenigen, die eine Bürgschaftserklärung auf die Abschrift gesetzt haben, nur Rückgriff nehmen, nachdem er durch einen Protest hat feststellen lassen, daß ihm die Urschrift auf sein Verlangen nicht ausgehändigt worden ist.

(3) Enthält die Urschrift nach dem letzten, vor Anfertigung der Abschrift daraufgesetzten Indossament den Vermerk „von hier ab gelten Indossamente nur noch auf der Abschrift“ oder einen gleichbedeutenden Vermerk, so ist ein später auf die Urschrift gesetztes Indossament nichtig.

ZEHNTER ABSCHNITT

Änderungen

Artikel 69.

Wird der Text eines Wechsels geändert, so haften diejenigen, die nach der Änderung ihre

Unterschrift auf den Wechsel gesetzt haben, entsprechend dem geänderten Text; wer früher unterschrieben hat, haftet nach dem ursprünglichen Text.

ELFTER ABSCHNITT

Verjährung

Artikel 70.

(1) Die wechselmäßigen Ansprüche gegen den Annehmer verjähren in drei Jahren vom Verfalltag.

(2) Die Ansprüche des Inhabers gegen die Indossanten und gegen den Aussteller verjähren in einem Jahr vom Tag des rechtzeitig erhobenen Protestes oder im Fall des Vermerks „ohne Kosten" vom Verfalltag.

(3) Die Ansprüche eines Indossanten gegen andere Indossanten und gegen den Aussteller verjähren in sechs Monaten von dem Tag, an dem der Wechsel vom Indossanten eingelöst oder ihm gegenüber gerichtlich geltend gemacht worden ist.

Artikel 71.

(1) Die Unterbrechung der Verjährung wirkt nur gegen den Wechselverpflichteten, in Ansehung dessen die Tatsache eingetreten ist, welche die Unterbrechung bewirkt.

(2) Der Anbringung der Klage stehen in bezug auf die Unterbrechung der wechselrechtlichen Verjährung die vom Beklagten bewirkte Streitverkündigung und die Geltendmachung des Anspruchs in der mündlichen Verhandlung gleich.

ZWÖLFTER ABSCHNITT

Allgemeine Vorschriften

Artikel 72.

(1) Verfällt der Wechsel an einem gesetzlichen Feiertag, so kann die Zahlung erst am nächsten Werktag verlangt werden. Auch alle anderen auf den Wechsel bezüglichen Handlungen, insbesondere die Vorlegung zur Annahme und die Protesterhebung, können nur an einem Werktag stattfinden.

(2) Fällt der letzte Tag einer Frist, innerhalb deren eine dieser Handlungen vorgenommen werden muß, auf einen gesetzlichen Feiertag, so wird die Frist bis zum nächsten Werktag verlängert. Feiertage, die in den Lauf einer Frist fallen, werden bei der Berechnung der Frist mitgezählt.

(3) Feiertage im Sinne der vorstehenden Absätze sind außer den Sonntagen die nach dem Feiertagsruhegesetz 1957, BGBl. Nr. 153, in der jeweils geltenden Fassung als Feiertage bestimmten Tage; Samstage, der Karfreitag und der 24. Dezember werden den Feiertagen gleichgestellt. *(BGBl 1978/306)*

Artikel 73.

Bei der Berechnung der gesetzlichen oder im Wechsel bestimmten Fristen wird der Tag, von dem sie zu laufen beginnen, nicht mitgezählt.

Artikel 74.

Weder gesetzliche noch richterliche Respekttage werden anerkannt.

ZWEITER TEIL

Eigener Wechsel

Artikel 75.

Der eigene Wechsel enthält:

1. die Bezeichnung als Wechsel im Text der Urkunde, und zwar in der Sprache, in der sie ausgestellt ist;

2. das unbedingte Versprechen, eine bestimmte Geldsumme zu zahlen;

3. die Angabe der Verfallzeit;

4. die Angabe des Zahlungsortes;

5. den Namen dessen, an den oder an dessen Order gezahlt werden soll;

6. die Angabe des Tages und des Ortes der Ausstellung;

7. die Unterschrift des Ausstellers.

Artikel 76.

(1) Eine Urkunde, der einer der im vorstehenden Artikel bezeichneten Bestandteile fehlt, gilt nicht als eigener Wechsel, vorbehaltlich der in den folgenden Absätzen bezeichneten Fälle.

(2) Ein eigener Wechsel ohne Angabe der Verfallzeit gilt als Sichtwechsel.

(3) Mangels einer besonderen Angabe gilt der Ausstellungsort als Zahlungsort und zugleich als Wohnort des Ausstellers.

(4) Ein eigener Wechsel ohne Angabe des Ausstellungsortes gilt als ausgestellt an dem Ort, der bei dem Namen des Ausstellers angegeben ist.

Artikel 77.

(1) Für den eigenen Wechsel gelten, soweit sie nicht mit seinem Wesen in Widerspruch stehen, die für den gezogenen Wechsel gegebenen Vorschriften über

das Indossament (Art. 11 bis 20),
den Verfall (Art. 33 bis 37),
die Zahlung (Art. 38 bis 42),

den Rückgriff mangels Zahlung (Art. 43 bis 50, 52 bis 54),
die Ehrenzahlung (Art. 55, 59 bis 63),
die Abschriften (Art. 67 und 68),
die Änderungen (Art. 69),
die Verjährung (Art. 70 und 71),
die Feiertage, die Fristenberechnung und das Verbot der Respekttage (Art. 72 bis 74).

(2) Ferner gelten für den eigenen Wechsel die Vorschriften über gezogene Wechsel, die bei einem Dritten oder an einem von dem Wohnort des Bezogenen verschiedenen Ort zahlbar sind (Art. 4 und 27), über den Zinsvermerk (Art. 5), über die Abweichungen bei der Angabe der Wechselsumme (Art. 6), über die Folgen einer ungültigen Unterschrift (Art. 7) oder die Unterschrift einer Person, die ohne Vertretungsbefugnis handelt oder ihre Vertretungsbefugnis überschreitet (Art. 8) und über den Blankowechsel (Art. 10).

(3) Ebenso finden auf den eigenen Wechsel die Vorschriften über die Wechselbürgschaft Anwendung (Art. 30 bis 32); im Fall des Art. 31 Abs. 4 gilt die Wechselbürgschaft, wenn die Erklärung nicht angibt, für wen sie geleistet wird, für den Aussteller des eigenen Wechsels.

Artikel 78.

(1) Der Aussteller eines eigenen Wechsels haftet in der gleichen Weise wie der Annehmer eines gezogenen Wechsels.

(2) Eigene Wechsel, die auf eine bestimmte Zeit nach Sicht lauten, müssen dem Aussteller innerhalb der im Art. 23 bezeichneten Fristen zur Sicht vorgelegt werden. Die Sicht ist von dem Aussteller auf dem Wechsel unter Angabe des Tages und Beifügung der Unterschrift zu bestätigen. Die Nachsichtfrist läuft vom Tag des Sichtvermerks. Weigert sich der Aussteller, die Sicht unter Angabe des Tages zu bestätigen, so ist dies durch einen Protest festzustellen (Art. 25); die Nachsichtfrist läuft dann vom Tag des Protestes.

DRITTER TEIL

Ergänzende Vorschriften

ERSTER ABSCHNITT

Protest

Artikel 79.

Jeder Protest muß durch einen Notar oder einen Gerichtsbeamten aufgenommen werden.

Artikel 80.

(1) In den Protest sind aufzunehmen:

1. der Name dessen, für den protestiert wird, sowie der Name dessen, gegen den protestiert wird;

2. die Angabe, daß derjenige, gegen den protestiert wird, ohne Erfolg zur Vornahme der wechselrechtlichen Leistung aufgefordert worden oder nicht anzutreffen gewesen ist oder daß seine Geschäftsräume oder seine Wohnung sich nicht haben ermitteln lassen;

3. die Angabe des Ortes und des Tages, an dem die Aufforderung geschehen oder ohne Erfolg versucht worden ist.

(2) Verlangt der Bezogene, dem ein Wechsel zur Annahme vorgelegt wird, die nochmalige Vorlegung am nächsten Tag, so ist dies im Protest zu vermerken.

(3) Der Protest ist von dem Protestbeamten zu unterschreiben und mit dem Amtssiegel oder dem Amtsstempel zu versehen.

Artikel 81.

(1) Der Protest ist auf dem Wechsel oder auf ein mit dem Wechsel zu verbindendes Blatt zu setzen.

(2) Er soll unmittelbar hinter den letzten auf der Rückseite des Wechsels befindlichen Vermerk, in Ermangelung eines solchen unmittelbar an einen Rand der Rückseite gesetzt werden.

(3) Wird der Protest auf ein Blatt gesetzt, das mit dem Wechsel verbunden wird, so soll die Verbindungsstelle mit dem Amtssiegel oder dem Amtsstempel versehen werden. Ist dies geschehen, so braucht der Unterschrift des Protestbeamten ein Siegel oder Stempel nicht beigefügt zu werden.

(4) Wird der Protest unter Vorlegung mehrerer Ausfertigungen desselben Wechsels oder unter Vorlegung der Urschrift und einer Abschrift erhoben, so genügt die Beurkundung auf einer der Ausfertigungen oder auf der Urschrift. Auf den anderen Ausfertigungen oder auf der Abschrift ist zu vermerken, auf welche Ausfertigung der Protest gesetzt worden ist oder daß er sich auf der Urschrift befindet. Auf den Vermerk finden die Vorschriften des Abs. 2 und des Abs. 3 Satz 1 entsprechende Anwendung. Der Protestbeamte hat den Vermerk zu unterschreiben.

Artikel 82.

(1) Der Protest, den der Inhaber einer Abschrift nach Art. 68 Abs. 2 gegen den Verwahrer der Urschrift erheben läßt, ist auf die Abschrift oder auf ein damit zu verbindendes Blatt zu setzen.

(2) Wird Protest erhoben, weil die Annahme auf einen Teil der Wechselsumme beschränkt worden ist, so ist eine Abschrift des Wechsels anzufertigen und der Protest auf diese Abschrift

oder auf ein damit zu verbindendes Blatt zu setzen. Die Abschrift hat auch die auf dem Wechsel befindlichen Indossamente und anderen Vermerke zu enthalten.

(3) Die Vorschriften des Art. 81 Abs. 2 und 3 finden entsprechende Anwendung.

Artikel 83.

Muß eine wechselrechtliche Leistung von mehreren Personen oder von derselben Person mehrfach verlangt werden, so ist über die mehrfache Aufforderung nur eine Protesturkunde erforderlich.

Artikel 84.

Der Wechsel kann an den Protestbeamten bezahlt werden. Die Befugnis des Protestbeamten zur Annahme der Zahlung kann nicht ausgeschlossen werden.

Artikel 85.

(1) Schreibfehler, Auslassungen und sonstige Mängel der Protesturkunde können bis zur Aushändigung der Urkunde an denjenigen, für den der Protest erhoben worden ist, von dem Protestbeamten berichtigt werden. Die Berichtigung ist als solche unter Beifügung der Unterschrift kenntlich zu machen.

(2) Von dem Protest ist eine beglaubigte Abschrift zurückzubehalten. Über den Inhalt des Wechsels oder der Wechselabschrift ist ein Vermerk aufzunehmen.

Der Vermerk hat zu enthalten:

1. den Betrag des Wechsels;

2. die Verfallzeit;

3. den Ort und den Tag der Ausstellung;

4. den Namen des Ausstellers, den Namen dessen, an den oder an dessen Order gezahlt werden soll, und den Namen des Bezogenen;

5. falls eine vom Bezogenen oder bei eigenen Wechseln vom Aussteller verschiedene Person angegeben ist, bei der die Zahlung geleistet werden soll, den Namen dieser Person sowie die Namen der etwaigen Notadressen und derjenigen, die den Wechsel zu Ehren angenommen haben.

(3) Die Abschriften und Vermerke sind geordnet aufzubewahren.

Artikel 86.

Proteste sollen in der Zeit von neun Uhr vormittags bis sechs Uhr abends erhoben werden, außerhalb dieser Zeit nur dann, wenn derjenige, gegen den protestiert wird, ausdrücklich einwilligt.

Artikel 87.

Die Vorlegung zur Annahme oder Zahlung, die Protesterhebung, die Abforderung einer Ausfertigung sowie alle sonstigen bei einer bestimmten Person vorzunehmenden Handlungen müssen in deren Geschäftsräumen oder, wenn sich solche nicht ermitteln lassen, in deren Wohnung vorgenommen werden. An einer anderen Stelle, insbesondere an der Börse, kann dies nur mit beiderseitigem Einverständnis geschehen.

Artikel 88.

(1) Ist in dem Protest vermerkt, daß sich die Geschäftsräume oder die Wohnung nicht haben ermitteln lassen, so ist der Protest nicht deshalb unwirksam, weil die Ermittlung möglich war.

(2) Die Verantwortlichkeit des Protestbeamten, der es unterläßt, geeignete Ermittlungen anzustellen, wird durch die Vorschrift des ersten Absatzes nicht berührt. Ist eine Nachfrage bei der Polizeibehörde des Ortes ohne Erfolg geblieben, so ist der Protestbeamte zu weiteren Nachforschungen nicht verpflichtet.

ZWEITER ABSCHNITT

Bereicherung

Artikel 89.

(1) Ist die wechselmäßige Verbindlichkeit des Ausstellers oder des Annehmers durch Verjährung oder dadurch erloschen, daß eine zur Erhaltung des Wechselrechts notwendige Handlung versäumt worden ist, so bleiben sie dem Inhaber des Wechsels soweit verpflichtet, als sie sich mit dessen Schaden bereichern würden. Der Anspruch auf Herausgabe der Bereicherung verjährt in drei Jahren nach dem Erlöschen der wechselmäßigen Verbindlichkeit.

(2) Gegen die Indossanten, deren wechselmäßige Verbindlichkeit erloschen ist, findet ein solcher Anspruch nicht statt.

DRITTER ABSCHNITT

Abhanden gekommene Wechsel und Protesturkunden

Artikel 90.

(1) Für das Verfahren zur Kraftloserklärung von Wechseln gilt das Kraftloserklärungsgesetz 1951, BGBl. Nr. 86, soweit nicht im folgenden etwas anderes bestimmt wird. Die Aufgebotsfrist beträgt zwei Monate; sie läuft, wenn der Wechsel noch nicht fällig ist, vom ersten Tag nach der Verfallzeit des Wechsels. Von der Einleitung des Verfahrens zur Kraftloserkärung sind, soweit dies tunlich ist, alle im Wechsel genannten Personen zu verständigen. Nach Einleitung des Verfahrens

zur Kraftloserklärung und nach der Verfallzeit des Wechsels kann der Antragsteller vom Annehmer eines gezogenen Wechsels (Aussteller eines eigenen Wechsels) oder dessen Wechselbürgen Zahlung fordern, wenn er bis zur Kraftloserklärung Sicherheit leistet. Ohne eine solche Sicherstellung ist der Antragsteller nur berechtigt, zu verlangen, daß die Wechselsumme auf seine Kosten bei Gericht hinterlegt werde. Der Verpflichtete, der diesem Verlangen entspricht, wird von seiner Wechselverbindlichkeit frei.

(2) Eine abhanden gekommene oder vernichtete Protesturkunde kann durch ein Zeugnis über die Protesterhebung ersetzt werden. Es ist von jener Stelle zu erteilen, die die beglaubigte Abschrift der Urkunde verwahrt. In dem Zeugnis muß der Inhalt des Protestes und des gemäß Art. 85 Abs. 2 aufgenommenen Vermerkes angegeben sein.

VIERTER TEIL

Geltungsbereich der Gesetze

Artikel 91.

(1) Die Fähigkeit einer Person, eine Wechselverbindlichkeit einzugehen, bestimmt sich nach dem Recht des Staates, dem sie angehört. Erklärt dieses Recht das Recht eines anderen Staates für maßgebend, so ist das letztere Recht anzuwenden.

(2) Wer nach dem im vorstehenden Absatz bezeichneten Recht nicht wechselfähig ist, wird gleichwohl gültig verpflichtet, wenn die Unterschrift in dem Gebiet eines Staates abgegeben worden ist, nach dessen Recht er wechselfähig wäre. Diese Vorschrift findet keine Anwendung, wenn die Verbindlichkeit von einem Inländer im Ausland übernommen worden ist.

Artikel 92.

(1) Die Form einer Wechselerklärung bestimmt sich nach dem Recht des Staates, in dessen Gebiet die Erklärung unterschrieben worden ist.

(2) Wenn jedoch eine Wechselerklärung, die nach den Vorschriften des vorstehenden Absatzes ungültig ist, dem Recht des Staates entspricht, in dessen Gebiet eine spätere Wechselerklärung unterschrieben worden ist, so wird durch Mängel in der Form der ersten Wechselerklärung die Gültigkeit der späteren Wechselerklärung nicht berührt.

(3) Eine Wechselerklärung, die ein Inländer im Ausland abgegeben hat, ist im Inland gegenüber anderen Inländern gültig, wenn die Erklärung den Formerfordernissen des inländischen Rechtes genügt.

Artikel 93.

(1) Die Wirkungen der Verpflichtungserklärungen des Annehmers eines gezogenen Wechsels und des Ausstellers eines eigenen Wechsels bestimmen sich nach dem Recht des Zahlungsortes.

(2) Die Wirkungen der übrigen Wechselerklärungen bestimmen sich nach dem Recht des Staates, in dessen Gebiet die Erklärungen unterschrieben worden sind.

Artikel 94.

Die Fristen für die Ausübung der Rückgriffsrechte werden für alle Wechselverpflichteten durch das Recht des Ortes bestimmt, an dem der Wechsel ausgestellt worden ist.

Artikel 95.

Das Recht des Ausstellungsortes bestimmt, ob der Inhaber eines gezogenen Wechsels die seiner Ausstellung zugrunde liegende Forderung erwirbt.

Artikel 96.

(1) Das Recht des Zahlungsortes bestimmt, ob die Annahme eines gezogenen Wechsels auf einen Teil der Summe beschränkt werden kann und ob der Inhaber verpflichtet oder nicht verpflichtet ist, eine Teilzahlung anzunehmen.

(2) Dasselbe gilt für die Zahlung bei einem eigenen Wechsel.

Artikel 97.

Die Form des Protestes und die Fristen für die Protesterhebung sowie die Form der übrigen Handlungen, die zur Ausübung oder Erhaltung der Wechselrechte erforderlich sind, bestimmen sich nach dem Recht des Staates, in dessen Gebiet der Protest zu erheben oder die Handlung vorzunehmen ist.

Artikel 98.

Das Recht des Zahlungsortes bestimmt die Maßnahmen, die bei Verlust oder Diebstahl eines Wechsels zu ergreifen sind.

FÜNFTER TEIL

Schlußbestimmungen

Artikel 99.

Soweit in Gesetzen und Verordnungen auf die Wechselordnung oder das Wechselgesetz verwiesen ist, treten an dessen Stelle die entsprechenden Vorschriften des Wechselgesetzes 1955.

Artikel 100.

(1) Folgende Vorschriften treten außer Kraft:

1. das Wechselgesetz vom 21. Juni 1933, Deutsches RGBl. I S. 399;

2. der Art. 2 des Einführungsgesetzes zum Wechselgesetz vom 21. Juni 1933, Deutsches RGBl. I S. 409, in Verbindung mit den Vorschriften des Gesetzes über die Wechsel- und Scheckzinsen vom 3. Juli 1925, Deutsches RGBl. I S. 93;

3. die Verordnung über benachbarte Orte im Wechsel- und Scheckverkehr vom 26. Feber 1934, Deutsches RGBl. I S. 161, nebst der zu ihrer Ergänzung erlassenen Verordnung vom 7. Dezember 1935, Deutsches RGBl. I S. 1432;

4. die Verordnung über die Einführung des Wechselrechtes im Lande Österreich vom 21. April 1938, Deutsches RGBl. I S. 421;

5. die Verordnung über Abrechnungsstellen im Wechsel- und Scheckverkehr vom 28. Oktober 1943, Deutsches RGBl. I S. 582;

6. die Verordnung, betreffend die Festsetzung der Feiertage im Sinne des Wechselgesetzes vom 29. Dezember 1933, BGBl. Nr. 606.

(2) Der § 558 der ZPO erhält nachfolgende Fassung:
„**§ 558.** Die Vorschriften des § 557 gelten auch für die Geltendmachung von Rückgriffsansprüchen vor Verfall des Wechsels, wenn die in den Art. 43 und 44 des Wechselgesetzes weiters hiefür geforderten Voraussetzungen durch glaubwürdige, der Klage in Urschrift beigelegte Urkunden nachgewiesen sind. Zum Nachweis der Eröffnung des Konkurses (Ausgleichsverfahrens, der Geschäftsaufsicht) genügt die Vorlegung einer der im Art. 44 Abs. 6 des Wechselgesetzes angeführten Bekanntmachungen.“

Artikel 101.

Dieses Bundesgesetz tritt mit 1. Mai 1955 in Kraft.

Artikel 102.

Mit der Vollziehung dieses Bundesgesetzes ist das Bundesministerium für Justiz im Einvernehmen mit den [Bundesministerien für Handel und Wiederaufbau] und für Finanzen, hinsichtlich der Bestimmung des Art. 54 Abs. 7 die Bundesregierung betraut.

Scheckgesetz

BGBl 1955/50 idF

1 BGBl 1963/190
2 BGBl 1976/91
3 BGBl 1978/306
4 BGBl 1989/343
5 BGBl I 1999/186
6 BGBl I 2001/64
7 BGBl I 2001/98
8 BGBl I 2003/112
9 BGBl I 2010/58 (IRÄ-BG)

GLIEDERUNG

STICHWORTVERZEICHNIS

Stichwortverzeichnis

Bundesgesetz vom 16. Feber 1955, betreffend das Scheckrecht (Scheckgesetz 1955)

ERSTER ABSCHNITT

Ausstellung und Form des Schecks

Artikel 1.

Der Scheck enthält:

1. die Bezeichnung als Scheck im Text der Urkunde, und zwar in der Sprache, in der sie ausgestellt ist;

2. die unbedingte Anweisung, eine bestimmte Geldsumme zu zahlen;

3. den Namen dessen, der zahlen soll (Bezogener);

4. die Angabe des Zahlungsortes;

5. die Angabe des Tages und des Ortes der Ausstellung;

6. die Unterschrift des Ausstellers.

Artikel 2.

(1) Eine Urkunde, in der einer der im vorstehenden Artikel bezeichneten Bestandteile fehlt, gilt nicht als Scheck, vorbehaltlich der in den folgenden Absätzen bezeichneten Fälle.

(2) Mangels einer besonderen Angabe gilt der bei dem Namen des Bezogenen angegebene Ort als Zahlungsort. Sind mehrere Orte bei dem Namen des Bezogenen angegeben, so ist der Scheck an dem an erster Stelle angegebenen Ort zahlbar.

(3) Fehlt eine solche und jede andere Angabe, so ist der Scheck an dem Ort zahlbar, an dem der Bezogene seine Hauptniederlassung hat.

(4) Ein Scheck ohne Angabe des Ausstellungsortes gilt als ausgestellt an dem Ort, der bei dem Namen des Ausstellers angegeben ist.

Artikel 3.

Der Scheck darf nur auf einen Bankier gezogen werden, bei dem der Aussteller ein Guthaben hat, und gemäß einer ausdrücklichen oder stillschweigenden Vereinbarung, wonach der Aussteller das Recht hat, über dieses Guthaben mittels Schecks zu verfügen. Die Gültigkeit der Urkunde als Scheck wird jedoch durch die Außerachtlassung dieser Vorschriften nicht berührt.

Artikel 4.

Der Scheck kann nicht angenommen werden. Ein auf den Scheck gesetzter Annahmevermerk gilt als nicht geschrieben.

Artikel 4a.

(1) Versieht die Oesterreichische Nationalbank einen auf sie gezogenen Scheck mit einem Bestätigungsvermerk, so wird sie dadurch dem Inhaber zur Einlösung verpflichtet; für die Einlösung haftet sie auch dem Aussteller und dem Indossanten. Die Oesterreichische Nationalbank ist nur nach vorheriger Deckung befugt, Schecks mit einem Bestätigungsvermerk zu versehen.

(2) Die Einlösung des bestätigten Schecks darf auch dann nicht verweigert werden, wenn inzwischen über das Vermögen des Ausstellers „ein Insolvenzverfahren" eröffnet wurde. Die Verpflichtung aus der Bestätigung erlischt, wenn der Scheck nicht binnen acht Tagen nach der Ausstellung zur Zahlung vorgelegt wird. Auf den Nachweis der Vorlegung sind die Vorschriften des Art. 40 anzuwenden. *(BGBl I 2010/58)*

(3) Der Anspruch aus der Bestätigung verjährt in zwei Jahren vom Ablauf der Vorlegungsfrist an.

(4) Die Bestätigung begründet nicht die Verpflichtung zur Entrichtung einer öffentlichen Abgabe.

Artikel 5.

(1) Der Scheck kann zahlbar gestellt werden:

an eine bestimmte Person, mit oder ohne den ausdrücklichen Vermerk „an Order";

an eine bestimmte Person, mit dem Vermerk „nicht an Order" oder mit einem gleichbedeutenden Vermerk;

an den Inhaber.

(2) Ist im Scheck eine bestimmte Person mit dem Zusatz „oder Überbringer" oder mit einem gleichbedeutenden Vermerk als Zahlungsempfänger bezeichnet, so gilt der Scheck als auf den Inhaber gestellt.

(3) Ein Scheck ohne Angabe des Nehmers gilt als zahlbar an den Inhaber.

Artikel 6.

(1) Der Scheck kann an die eigene Order des Ausstellers lauten.

(2) Der Scheck kann für Rechnung eines Dritten gezogen werden.

(3) Der Scheck kann nicht auf den Aussteller selbst gezogen werden, es sei denn, daß es sich um einen Scheck handelt, der von einer Niederlassung auf eine andere Niederlassung des Ausstellers gezogen wird.

Artikel 7.

Ein in den Scheck aufgenommener Zinsvermerk gilt als nicht geschrieben.

Artikel 8.

Der Scheck kann bei einem Dritten, am Wohnort des Bezogenen oder an einem anderen Ort, zahlbar gestellt werden, sofern der Dritte Bankier ist.

Artikel 9.

(1) Ist die Schecksumme in Buchstaben und in Ziffern angegeben, so gilt bei Abweichungen die in Buchstaben angegebene Summe.

(2) Ist die Schecksumme mehrmals in Buchstaben oder mehrmals in Ziffern angegeben, so gilt bei Abweichungen die geringste Summe.

Artikel 10.

Trägt ein Scheck Unterschriften von Personen, die eine Scheckverbindlichkeit nicht eingehen können, gefälschte Unterschriften, Unterschriften erdichteter Personen oder Unterschriften, die aus irgendeinem anderen Grund für die Personen, die unterschrieben haben, oder mit deren Namen unterschrieben worden ist, keine Verbindlichkeit begründen, so hat dies auf die Gültigkeit der übrigen Unterschriften keinen Einfluß.

Artikel 11.

Wer auf einen Scheck seine Unterschrift als Vertreter eines anderen setzt, ohne hiezu ermächtigt zu sein, haftet selbst scheckmäßig und hat, wenn er den Scheck einlöst, dieselben Rechte, die der angeblich Vertretene haben würde. Das gleiche gilt von einem Vertreter, der seine Vertretungsbefugnis überschritten hat.

Artikel 12.

Der Aussteller haftet für die Zahlung des Schecks. Jeder Vermerk, durch den er diese Haftung ausschließt, gilt als nicht geschrieben.

Artikel 13.

Wenn ein Scheck, der bei der Begebung unvollständig war, den getroffenen Vereinbarungen zuwider ausgefüllt worden ist, so kann die Nichteinhaltung dieser Vereinbarungen dem Inhaber nicht entgegengesetzt werden, es sei denn, daß er den Scheck in bösem Glauben erworben hat oder ihm beim Erwerb eine grobe Fahrlässigkeit zur Last fällt.

ZWEITER ABSCHNITT

Übertragung

Artikel 14.

(1) Der auf eine bestimmte Person zahlbar gestellte Scheck mit oder ohne den ausdrücklichen Vermerk „an Order“ kann durch Indossament übertragen werden.

(2) Der auf eine bestimmte Person zahlbar gestellte Scheck mit dem Vermerk „nicht an Order“ oder mit einem gleichbedeutenden Vermerk kann nur in der Form und mit den Wirkungen einer gewöhnlichen Abtretung übertragen werden.

(3) Das Indossament kann auch auf den Aussteller oder jeden anderen Scheckverpflichteten lauten. Diese Personen können den Scheck weiter indossieren.

Artikel 15.

(1) Das Indossament muß unbedingt sein. Bedingungen, von denen es abhängig gemacht wird, gelten als nicht geschrieben.

(2) Ein Teilindossament ist nichtig.

(3) Ebenso ist ein Indossament des Bezogenen nichtig.

(4) Ein Indossament an den Inhaber gilt als Blankoindossament.

(5) Das Indossament an den Bezogenen gilt nur als Quittung, es sei denn, daß der Bezogene mehrere Niederlassungen hat und das Indossament auf eine andere Niederlassung lautet als diejenige, auf die der Scheck gezogen worden ist.

Artikel 16.

(1) Das Indossament muß auf den Scheck oder ein mit dem Scheck verbundenes Blatt (Anhang) gesetzt werden. Es muß von dem Indossanten unterschrieben werden.

(2) Das Indossament braucht den Indossatar nicht zu bezeichnen und kann selbst in der bloßen Unterschrift des Indossanten bestehen (Blankoindossament). In diesem letzteren Fall muß das Indossament, um gültig zu sein, auf die Rückseite des Schecks oder auf den Anhang gesetzt werden.

Artikel 17.

(1) Das Indossament überträgt alle Rechte aus dem Scheck.

(2) Ist es ein Blankoindossament, so kann der Inhaber

1. das Indossament mit seinem Namen oder mit dem Namen eines anderen ausfüllen;

2. den Scheck durch ein Blankoindossament oder an eine bestimmte Person weiter indossieren;

3. den Scheck weiterbegeben, ohne das Blankoindossament auszufüllen und ohne ihn zu indossieren.

Artikel 18.

(1) Der Indossant haftet mangels eines entgegenstehenden Vermerks für die Zahlung.

(2) Er kann untersagen, daß der Scheck weiter indossiert wird; in diesem Fall haftet er denen nicht, an die der Scheck weiter indossiert wird.

Artikel 19.

Wer einen durch Indossament übertragbaren Scheck in Händen hat, gilt als rechtmäßiger Inhaber, sofern er sein Recht durch eine ununterbrochene Reihe von Indossamenten nachweist, und zwar auch dann, wenn das letzte ein Blankoindossament ist. Ausgestrichene Indossamente gelten hiebei als nicht geschrieben. Folgt auf ein Blankoindossament ein weiteres Indossament, so wird angenommen, daß der Aussteller dieses Indossaments den Scheck durch das Blankoindossament erworben hat.

Artikel 20.

Ein Indossament auf einem Inhaberscheck macht den Indossanten nach den Vorschriften über den Rückgriff haftbar, ohne aber die Urkunde in einen Orderscheck umzuwandeln.

Artikel 21.

Ist der Scheck einem früheren Inhaber irgendwie abhanden gekommen, so ist der Inhaber, in dessen Hände der Scheck gelangt ist – sei es, daß es sich um einen Inhaberscheck handelt, sei es, daß es sich um einen durch Indossament übertragbaren Scheck handelt und der Inhaber sein Recht gemäß Art. 19 nachweist –, zur Herausgabe des Schecks nur verpflichtet, wenn er ihn in bösem Glauben erworben hat oder ihm beim Erwerb eine grobe Fahrlässigkeit zur Last fällt.

Artikel 22.

Wer aus dem Scheck in Anspruch genommen wird, kann dem Inhaber keine Einwendungen entgegensetzen, die sich auf seine unmittelbaren Beziehungen zu dem Aussteller oder zu einem früheren Inhaber gründen, es sei denn, daß der

Inhaber beim Erwerb des Schecks bewußt zum Nachteil des Schuldners gehandelt hat.

Artikel 23.

(1) Enthält das Indossament den Vermerk „Wert zur Einziehung“, „zum Inkasso“, „in Prokura“ oder einen anderen nur eine Bevollmächtigung ausdrückenden Vermerk, so kann der Inhaber alle Rechte aus dem Scheck geltend machen; aber er kann ihn nur durch ein weiteres Vollmachtindossament übertragen.

(2) Die Scheckverpflichteten können in diesem Fall dem Inhaber nur solche Einwendungen entgegensetzen, die ihnen gegen den Indossanten zustehen.

(3) Die in dem Vollmachtindossament enthaltene Vollmacht erlischt weder mit dem Tod noch mit dem Eintritt der Handlungsunfähigkeit des Vollmachtgebers.

Artikel 24.

(1) Ein Indossament, das nach Erhebung des Protestes oder nach Vornahme einer gleichbedeutenden Feststellung oder nach Ablauf der Vorlegungsfrist auf den Scheck gesetzt wird, hat nur die Wirkungen einer gewöhnlichen Abtretung.

(2) Bis zum Beweis des Gegenteils wird vermutet, daß ein nicht datiertes Indossament vor Erhebung des Protestes oder vor der Vornahme einer gleichbedeutenden Feststellung oder vor Ablauf der Vorlegungsfrist auf den Scheck gesetzt worden ist.

DRITTER ABSCHNITT

Scheckbürgschaft

Artikel 25.

(1) Die Zahlung der Schecksumme kann ganz oder teilweise durch Scheckbürgschaft gesichert werden.

(2) Diese Sicherheit kann von einem Dritten, mit Ausnahme des Bezogenen, oder auch von einer Person geleistet werden, deren Unterschrift sich schon auf dem Scheck befindet.

Artikel 26.

(1) Die Bürgschaftserklärung wird auf den Scheck oder auf einen Anhang gesetzt.

(2) Sie wird durch die Worte „als Bürge“ oder einen gleichbedeutenden Vermerk ausgedrückt; sie ist von dem Scheckbürgen zu unterschreiben.

(3) Die bloße Unterschrift auf der Vorderseite des Schecks gilt als Bürgschaftserklärung, soweit es sich nicht um die Unterschrift des Ausstellers handelt.

(4) In der Erklärung ist anzugeben, für wen die Bürgschaft geleistet wird; mangels einer solchen Angabe gilt sie für den Aussteller.

Artikel 27.

(1) Der Scheckbürge haftet in der gleichen Weise wie derjenige, für den er sich verbürgt hat.

(2) Seine Verpflichtungserklärung ist auch gültig, wenn die Verbindlichkeit, für die er sich verbürgt hat, aus einem anderen Grund als wegen eines Formfehlers nichtig ist.

(3) Der Scheckbürge, der den Scheck bezahlt, erwirbt die Rechte aus dem Scheck gegen denjenigen, für den er sich verbürgt hat, und gegen alle, die diesem scheckmäßig haften.

VIERTER ABSCHNITT

Vorlegung und Zahlung

Artikel 28.

(1) Der Scheck ist bei Sicht zahlbar. Jede gegenteilige Angabe gilt als nicht geschrieben.

(2) Ein Scheck, der vor Eintritt des auf ihm angegebenen Ausstellungstages zur Zahlung vorgelegt wird, ist am Tag der Vorlegung zahlbar.

Artikel 29.

(1) Ein Scheck, der in dem Staat der Ausstellung zahlbar ist, muß binnen acht Tagen zur Zahlung vorgelegt werden.

(2) Ein Scheck, der in einem anderen Staat als dem der Ausstellung zahlbar ist, muß binnen zwanzig Tagen vorgelegt werden, wenn Ausstellungsort und Zahlungsort sich in demselben Erdteil befinden, und binnen siebzig Tagen, wenn Ausstellungsort und Zahlungsort sich in verschiedenen Erdteilen befinden.

(3) Hiebei gelten die in einem Staat Europas ausgestellten und in einem an das Mittelmeer grenzenden Staat zahlbaren Schecks, ebenso wie die in einem an das Mittelmeer grenzenden Staat ausgestellten und in einem Staat Europas zahlbaren Schecks als Schecks, die in demselben Erdteil ausgestellt und zahlbar sind.

(4) Die vorstehend erwähnten Fristen beginnen an dem Tag zu laufen, der in dem Scheck als Ausstellungstag angegeben ist.

Artikel 30.

Ist ein Scheck auf einen Ort gezogen, dessen Kalender von dem des Ausstellungortes abweicht, so wird der Tag der Ausstellung in den nach dem Kalender des Zahlungsortes entsprechenden Tag umgerechnet.

Artikel 31.

(1) Die Einlieferung in eine Abrechnungsstelle steht der Vorlegung zur Zahlung gleich.

(2) Als Abrechnungsstellen im Sinne des vorstehenden Absatzes sind die Abrechnungsstellen, die bei der Hauptanstalt der Oesterreichischen Nationalbank in Wien oder bei einer ihrer Zweiganstalten errichtet sind oder errichtet werden, anzusehen. Schecks können in eine Abrechnungsstelle eingeliefert werden, wenn der Bezogene oder die Zahlstelle bei der Abrechnungsstelle als Teilnehmer am Abrechnungsverkehr zugelassen ist oder bei ihr durch einen Teilnehmer vertreten wird. Die Einlieferungen müssen den für den Geschäftsverkehr der Abrechnungsstelle maßgebenden Bestimmungen entsprechen.

Artikel 32.

(1) Ein Widerruf des Schecks ist erst nach Ablauf der Vorlegungsfrist wirksam.

(2) Wenn der Scheck nicht widerrufen ist, kann der Bezogene auch nach Ablauf der Vorlegungsfrist Zahlung leisten.

Artikel 33.

Auf die Wirksamkeit des Schecks ist es ohne Einfluß, wenn der Aussteller nach der Begebung des Schecks stirbt oder handlungsunfähig wird.

Artikel 34.

(1) Der Bezogene kann vom Inhaber gegen Zahlung die Aushändigung des quittierten Schecks verlangen.

(2) Der Inhaber darf eine Teilzahlung nicht zurückweisen.

(3) Im Falle der Teilzahlung kann der Bezogene verlangen, daß sie auf dem Scheck vermerkt und ihm eine Quittung erteilt wird.

Artikel 35.

Der Bezogene, der einen durch Indossament übertragbaren Scheck einlöst, ist verpflichtet, die Ordnungsmäßigkeit der Reihe der Indossamente, aber nicht die Unterschriften der Indossanten zu prüfen.

Artikel 36.

(1) Lautet der Scheck auf eine Währung, die am Zahlungsort nicht gilt, so kann die Schecksumme in der Landeswährung nach dem Wert gezahlt werden, den sie am Tag der Vorlegung besitzt. Wenn die Zahlung bei Vorlegung nicht erfolgt ist, so kann der Inhaber wählen, ob die Schecksumme nach dem Kurs des Vorlegungstages oder nach dem Kurs des Zahlungstages in die Landeswährung umgerechnet werden soll.

(2) Der Wert der fremden Währung bestimmt sich nach den Handelsgebräuchen des Zahlungsortes. Der Aussteller kann jedoch im Scheck für die zu zahlende Summe einen Umrechnungskurs bestimmen.

(3) Die Vorschriften der beiden ersten Absätze finden keine Anwendung, wenn der Aussteller die Zahlung in einer bestimmten Währung vorgeschrieben hat (Effektivvermerk).

Artikel 37.

Lautet der Scheck auf eine Geldsorte, die im Staat der Ausstellung dieselbe Bezeichnung, aber einen anderen Wert hat als in dem der Zahlung, so wird vermutet, daß die Geldsorte des Zahlungsortes gemeint ist.

FÜNFTER ABSCHNITT

Verrechnungsscheck

Artikel 38.

(1) Der Aussteller sowie jeder Inhaber eines Schecks kann durch den quer über die Vorderseite gesetzten Vermerk „nur zur Verrechnung" oder durch einen gleichbedeutenden Vermerk untersagen, daß der Scheck bar bezahlt wird.

(2) Der Bezogene darf in diesem Fall den Scheck nur im Weg der Gutschrift einlösen (Verrechnung, Überweisung, Ausgleichung). Die Gutschrift gilt als Zahlung.

(3) Die Streichung des Vermerks „nur zur Verrechnung" gilt als nicht erfolgt.

(4) Der Bezogene, der den vorstehenden Vorschriften zuwiderhandelt, haftet für den entstandenen Schaden, jedoch nur bis zur Höhe der Schecksumme.

Artikel 39.

(1) Die im Ausland ausgestellten gekreuzten Schecks (zwei gleichlaufende Striche auf der Vorderseite des Schecks) werden im Inland als Verrechnungsscheck behandelt.

(2) Die Streichung der Kreuzung gilt als nicht erfolgt.

SECHSTER ABSCHNITT

Rückgriff mangels Zahlung

Artikel 40.

Der Inhaber kann gegen die Indossanten, den Aussteller und die anderen Scheckverpflichteten Rückgriff nehmen, wenn der rechtzeitig vorgelegte Scheck nicht eingelöst und die Verweigerung der Zahlung festgestellt worden ist:

1. durch eine öffentliche Urkunde (Protest) oder

2. durch eine schriftliche, datierte Erklärung des Bezogenen auf dem Scheck, die den Tag der Vorlegung angibt, oder

3. durch eine datierte Erklärung einer Abrechnungsstelle, daß der Scheck rechtzeitig eingeliefert und nicht bezahlt worden ist.

Artikel 41.

(1) Der Protest oder die gleichbedeutende Feststellung muß vor Ablauf der Vorlegungsfrist vorgenommen werden.

(2) Ist die Vorlegung am letzten Tag der Frist erfolgt, so kann der Protest oder die gleichbedeutende Feststellung auch noch an dem folgenden Werktag vorgenommen werden.

Artikel 42.

(1) Der Inhaber muß seinen unmittelbaren Vormann und den Aussteller von dem Unterbleiben der Zahlung innerhalb der vier Werktage benachrichtigen, die auf den Tag der Protesterhebung oder der Vornahme der gleichbedeutenden Feststellung oder, im Fall des Vermerks „ohne Kosten", auf den Tag der Vorlegung folgen. Jeder Indossant muß innerhalb zweier Werktage nach Empfang der Nachricht seinem unmittelbaren Vormann von der Nachricht, die er erhalten hat, Kenntnis geben und ihm die Namen und Adressen derjenigen mitteilen, die vorher Nachricht gegeben haben, und so weiter in der Reihenfolge bis zum Aussteller. Die Fristen laufen vom Empfang der vorhergehenden Nachricht.

(2) Wird nach Maßgabe des vorhergehenden Absatzes einer Person, deren Unterschrift sich auf dem Scheck befindet, Nachricht gegeben, so muß die gleiche Nachricht in derselben Frist ihrem Scheckbürgen gegeben werden.

(3) Hat ein Indossant seine Adresse nicht oder in unleserlicher Form angegeben, so genügt es, daß sein unmittelbarer Vormann benachrichtigt wird.

(4) Die Nachricht kann in jeder Form gegeben werden, auch durch die bloße Rücksendung des Schecks.

(5) Der zur Benachrichtigung Verpflichtete hat zu beweisen, daß er in der vorgeschriebenen Frist benachrichtigt hat. Die Frist gilt als eingehalten, wenn ein Schreiben, das die Benachrichtigung enthält, innerhalb der Frist zur Post gegeben worden ist.

(6) Wer die rechtzeitige Benachrichtigung versäumt, verliert nicht den Rückgriff; er haftet für den etwa durch seine Nachlässigkeit entstandenen Schaden, jedoch nur bis zur Höhe der Schecksumme.

Artikel 43.

(1) Der Aussteller sowie jeder Indossant oder Scheckbürge kann durch den Vermerk „ohne Kosten", „ohne Protest" oder einen gleichbedeutenden auf den Scheck gesetzten und unterzeichneten Vermerk den Inhaber von der Verpflichtung befreien, zum Zweck der Ausübung des Rückgriffs Protest erheben oder eine gleichbedeutende Feststellung vornehmen zu lassen.

(2) Der Vermerk befreit den Inhaber nicht von der Verpflichtung, den Scheck rechtzeitig vorzulegen und die erforderlichen Nachrichten zu geben. Der Beweis, daß die Frist nicht eingehalten worden ist, liegt demjenigen ob, der sich dem Inhaber gegenüber darauf beruft.

(3) Ist der Vermerk vom Aussteller beigefügt, so wirkt er gegenüber allen Scheckverpflichteten; ist er von einem Indossanten oder einem Scheckbürgen beigefügt, so wirkt er nur diesen gegenüber. Läßt der Inhaber ungeachtet des vom Aussteller beigefügten Vermerks Protest erheben oder eine gleichbedeutende Feststellung vornehmen, so fallen ihm die Kosten zur Last. Ist der Vermerk von einem Indossanten oder einem Scheckbürgen beigefügt, so sind alle Scheckverpflichteten zum Ersatz der Kosten eines dennoch erhobenen Protestes oder einer gleichbedeutenden Feststellung verpflichtet.

Artikel 44.

(1) Alle Scheckverpflichteten haften dem Inhaber als Gesamtschuldner.

(2) Der Inhaber kann jeden einzeln oder mehrere oder alle zusammen in Anspruch nehmen, ohne an die Reihenfolge gebunden zu sein, in der sie sich verpflichtet haben.

(3) Das gleiche Recht steht jedem Scheckverpflichteten zu, der den Scheck eingelöst hat.

(4) Durch die Geltendmachung des Anspruchs gegen einen Scheckverpflichteten verliert der Inhaber nicht seine Rechte gegen die anderen Scheckverpflichteten, auch nicht gegen die Nachmänner desjenigen, der zuerst in Anspruch genommen worden ist.

Artikel 45.

Der Inhaber kann im Wege des Rückgriffs verlangen:

1. die Schecksumme, soweit der Scheck nicht eingelöst worden ist;

2. Zinsen zu sechs vom Hundert seit dem Tag der Vorlegung;

3. die Kosten des Protestes oder der gleichbedeutenden Feststellung und der Nachrichten sowie die anderen Auslagen;

4. eine Vergütung, die mangels besonderer Vereinbarung ein Drittel vom Hundert der

Hauptsumme des Schecks beträgt und diesen Satz keinesfalls überschreiten darf.

Artikel 46.

Wer den Scheck eingelöst hat, kann von seinen Vormännern verlangen:

1. den vollen Betrag, den er gezahlt hat;

2. die Zinsen dieses Betrages zu sechs vom Hundert seit dem Tag der Einlösung;

3. seine Auslagen;

4. eine Vergütung, die nach den Vorschriften des Art. 45 Z. 4 berechnet wird.

Artikel 47.

(1) Jeder Scheckverpflichtete, gegen den Rückgriff genommen wird oder genommen werden kann, ist berechtigt, zu verlangen, daß ihm gegen Entrichtung der Rückgriffssumme der Scheck mit dem Protest oder der gleichbedeutenden Feststellung und eine quittierte Rechnung ausgehändigt werden.

(2) Jeder Indossant, der den Scheck eingelöst hat, kann sein Indossament und die Indossamente seiner Nachmänner ausstreichen.

Artikel 48.

(1) Steht der rechtzeitigen Vorlegung des Schecks oder der rechtzeitigen Erhebung des Protestes oder der Vornahme einer gleichbedeutenden Feststellung ein unüberwindliches Hindernis entgegen (gesetzliche Vorschrift eines Staates oder ein anderer Fall höherer Gewalt), so werden die für diese Handlungen bestimmten Fristen verlängert.

(2) Der Inhaber ist verpflichtet, seinen unmittelbaren Vormann von dem Fall der höheren Gewalt unverzüglich zu benachrichtigen und die Benachrichtigung unter Beifügung des Tages und Ortes sowie seiner Unterschrift auf dem Scheck oder einem Anhang zu vermerken; im übrigen sind die Vorschriften des Artikels 42 anzuwenden.

(3) Fällt die höhere Gewalt weg, so muß der Inhaber den Scheck unverzüglich zur Zahlung vorlegen und gegebenenfalls Protest erheben oder eine gleichbedeutende Feststellung vornehmen lassen.

(4) Dauert die höhere Gewalt länger als fünfzehn Tage seit dem Tag, an dem der Inhaber, selbst vor Ablauf der Vorlegungsfrist, seinen Vormann von dem Fall der höheren Gewalt benachrichtigt hat, so kann Rückgriff genommen werden, ohne daß es der Vorlegung oder der Protesterhebung oder einer gleichbedeutenden Feststellung bedarf.

(5) Tatsachen, die rein persönlich den Inhaber oder denjenigen betreffen, den er mit der Vorlegung des Schecks oder mit der Erhebung des Protestes oder mit der Herbeiführung einer gleichbedeutenden Feststellung beauftragt hat, gelten nicht als Fälle höherer Gewalt.

(6) Wird die rechtzeitige Vornahme einer Handlung, die im Ausland zur Ausübung oder Erhaltung der Rechte aus einem Scheck vorzunehmen ist, durch eine dort erlassene Vorschrift verhindert, so kann die Bundesregierung durch Verordnung bestimmen, daß die Rechte ungeachtet der Versäumung bestehen bleiben, sofern die Handlung unverzüglich nach Wegfall des Hindernisses nachgeholt wird. In gleicher Weise kann verordnet werden, daß bei einer solchen Verhinderung nach einer bestimmten Frist Rückgriff genommen werden kann, ohne daß es der Vornahme der Handlung bedarf.

SIEBENTER ABSCHNITT

Ausfertigung mehrerer Stücke eines Schecks

Artikel 49.

Schecks, die nicht auf den Inhaber gestellt sind und in einem anderen Staat als dem der Ausstellung oder in einem überseeischen Gebiet des Staates der Ausstellung zahlbar sind, und umgekehrt, oder in dem überseeischen Gebiet eines Staates ausgestellt und zahlbar sind, oder in dem überseeischen Gebiet eines Staates ausgestellt und in einem anderen überseeischen Gebiet desselben Staates zahlbar sind, können in mehreren gleichen Ausfertigungen ausgestellt werden. Diese Ausfertigungen müssen im Text der Urkunde mit fortlaufenden Nummern versehen sein; andernfalls gilt jede Ausfertigung als besonderer Scheck.

Artikel 50.

(1) Wird eine Ausfertigung bezahlt, so erlöschen die Rechte aus allen Ausfertigungen, auch wenn diese nicht den Vermerk tragen, daß durch die Zahlung auf eine Ausfertigung die anderen ihre Gültigkeit verlieren.

(2) Hat ein Indossant die Ausfertigungen an verschiedene Personen übertragen, so haften er und seine Nachmänner aus allen Ausfertigungen, die ihre Unterschrift tragen und nicht herausgegeben worden sind.

ACHTER ABSCHNITT

Änderungen

Artikel 51.

Wird der Text eines Schecks geändert, so haften diejenigen, die ihre Unterschrift nach der Änderung auf den Scheck gesetzt haben, entsprechend dem geänderten Text; wer früher unterschrieben hat, haftet nach dem ursprünglichen Text.

NEUNTER ABSCHNITT
Verjährung

Artikel 52.

(1) Die Rückgriffsansprüche des Inhabers gegen die Indossanten, den Aussteller und die anderen Scheckverpflichteten verjähren in sechs Monaten vom Ablauf der Vorlegungsfrist.

(2) Die Rückgriffsansprüche eines Verpflichteten gegen einen anderen Scheckverpflichteten verjähren in sechs Monaten von dem Tag, an dem der Scheck von dem Verpflichteten eingelöst oder ihm gegenüber gerichtlich geltend gemacht worden ist.

Artikel 53.

(1) Die Unterbrechung der Verjährung wirkt nur gegen den Scheckverpflichteten, in Ansehung dessen die Tatsache eingetreten ist, welche die Unterbrechung bewirkt.

(2) Der Anbringung der Klage stehen in bezug auf die Unterbrechung der scheckrechtlichen Verjährung die vom Beklagten bewirkte Streitverkündigung und die Geltendmachung des Anspruchs in der mündlichen Verhandlung gleich.

ZEHNTER ABSCHNITT
Allgemeine Vorschriften

Artikel 54.

Als Bankiers im Sinne dieses Bundesgesetzes sind anzusehen:

1. diejenigen Anstalten des öffentlichen Rechtes, diejenigen unter staatlicher Aufsicht stehenden Anstalten sowie diejenigen in das Firmenbuch eingetragenen Genossenschaften, die sich nach den für ihren Geschäftsbetrieb maßgebenden Bestimmungen mit der Annahme von Geld und der Leistung von Zahlungen für fremde Rechnung befassen, ferner die unter amtlicher Aufsicht stehenden Sparkassen, wenn sie die für sie geltenden Aufsichtsbestimmungen erfüllen;

2. die in das Firmenbuch eingetragenen Firmen, die gewerbsmäßig Bankiergeschäfte betreiben.

Artikel 55.

(1) Die Vorlegung und der Protest eines Schecks können nur an einem Werktag stattfinden.

(2) Fällt der letzte Tag einer Frist, innerhalb derer eine auf den Scheck bezügliche Handlung, insbesondere die Vorlegung, der Protest oder eine gleichbedeutende Feststellung vorgenommen werden muß, auf einen gesetzlichen Feiertag, so wird die Frist bis zum nächsten Werktag verlängert. Feiertage, die in den Lauf einer Frist fallen, werden bei der Berechnung der Frist mitgezählt.

(3) Feiertage im Sinne des vorstehenden Absatzes sind außer den Sonntagen die nach dem Feiertagsruhegesetz 1957, BGBl. Nr. 153, in der jeweils geltenden Fassung als Feiertage bestimmten Tage; Samstage, der Karfreitag und der 24. Dezember werden den Feiertagen gleichgestellt. *(BGBl 1978/306)*

(4) Im übrigen sind auf die Vorlegung des Schecks und den Protest die Vorschriften der Art. 79 bis 88 des Wechselgesetzes 1955, BGBl. Nr. 49/1955, sinngemäß anzuwenden.

Artikel 56.

Bei der Berechnung der in diesem Bundesgesetz vorgesehenen Fristen wird der Tag, an dem sie zu laufen beginnen, nicht mitgezählt.

Artikel 57.

Weder gesetzliche noch richterliche Respekttage werden anerkannt.

ELFTER ABSCHNITT
Ergänzende Vorschriften

Artikel 58.

(1) Der Aussteller, dessen Rückgriffsverbindlichkeit durch Unterlassung rechtzeitiger Vorlegung oder Verjährung erloschen ist, bleibt dem Inhaber des Schecks so weit verpflichtet, als er sich mit dessen Schaden bereichern würde.

(2) Der Anspruch verjährt in einem Jahr seit der Ausstellung des Schecks.

Artikel 59.

(1) Für das Verfahren zur Kraftloserklärung von Schecks gilt das Kraftloserklärungsgesetz 1951, BGBl. Nr. 86, soweit nicht im folgenden etwas anderes bestimmt wird. Die Aufgebotsfrist beträgt zwei Monate; sie läuft von dem Tag, an dem der Scheck spätestens vorzulegen war (Art. 29). Von der Einleitung des Verfahrens zur Kraftloserklärung sind, soweit dies tunlich ist, alle im Scheck genannten Personen zu verständigen. Nach Einleitung des Verfahrens zur Kraftloserklärung kann der Antragsteller vom Aussteller des rechtzeitig zur Zahlung vorgelegten, aber vom Bezogenen nicht eingelösten Schecks oder vom Scheckbürgen Zahlung fordern, wenn er bis zur Kraftloserklärung Sicherheit leistet. Ohne eine solche Sicherstellung ist der Antragsteller nur berechtigt zu verlangen, daß die Schecksumme auf seine Kosten bei Gericht hinterlegt werde.

Der Verpflichtete, der diesem Verlangen entspricht, wird von seiner Scheckverbindlichkeit frei. Eine abhanden gekommene oder vernichtete Protesturkunde kann durch ein Zeugnis über die Protesterhebung ersetzt werden. Es ist von jener Stelle zu erteilen, die die beglaubigte Abschrift der Urkunde verwahrt. In dem Zeugnis muß der Inhalt des Protestes und des Vermerkes über den Inhalt des Schecks oder der Scheckabschrift angegeben sein. Der Vermerk hat den Betrag des Schecks, den Ort und den Tag der Ausstellung, den Namen des Ausstellers, den Namen dessen, an den oder an dessen Order gezahlt werden soll, und den Namen des Bezogenen zu enthalten. In den Fällen der Z. 2 und 3 des Art. 40 genügt ein Zeugnis der dort genannten Stelle.

(2) Bei Einleitung des Verfahrens zur Kraftloserklärung kann das Gericht auf Antrag des Berechtigten dem Bezogenen mittels einstweiliger Verfügung die Einlösung des Schecks untersagen (§§ 389 bis 400 Exekutionsordnung). Eine dem Verbot zuwider vorgenommene Einlösung des Schecks ist dem Antragsteller gegenüber unwirksam.

(3) Für Anträge auf Kraftloserklärung von Schecks ist das Handelsgericht (Handelssenat des „Landesgerichtes" des Zahlungsortes zuständig.

Artikel 59a.

(1) Für die Geltendmachung von Rückgriffsansprüchen aus einem Scheck und von Ansprüchen auf Grund der Bestätigung (Art. 4a) gelten die für Wechselsachen erlassenen Zuständigkeits- und Prozeßvorschriften.

(2) Die Zuständigkeit für die gerichtliche Verfolgung von Schadenersatzansprüchen wegen mangelnder Deckung des Schecks und für Streitigkeiten aus dem unmittelbaren Rechtsverhältnis zwischen dem Inhaber des Schecks und dem Aussteller oder dem unmittelbaren Vormann des Inhabers richtet sich nach den allgemeinen Zuständigkeitsvorschriften für streitige Rechtssachen.

ZWÖLFTER ABSCHNITT.

Geltungsbereich der Gesetze.

Artikel 60.

(1) Die Fähigkeit einer Person, eine Scheckverbindlichkeit einzugehen, bestimmt sich nach dem Recht des Staates, dem sie angehört. Erklärt dieses Recht das Recht eines anderen Staates für maßgebend, so ist das letztere Recht anzuwenden.

(2) Wer nach dem im vorstehenden Absatz bezeichneten Recht eine Scheckverbindlichkeit nicht eingehen kann, wird gleichwohl gültig verpflichtet, wenn die Unterschrift in dem Gebiet eines Staates abgegeben worden ist, nach dessen Recht er scheckfähig wäre. Diese Vorschrift ist nicht anzuwenden, wenn die Verbindlichkeit von einem Inländer im Ausland übernommen worden ist.

Artikel 61.

(1) Das Recht des Staates, in dem der Scheck zahlbar ist, bestimmt die Personen, auf die ein Scheck gezogen werden kann.

(2) Ist nach diesem Recht der Scheck im Hinblick auf die Person des Bezogenen nichtig, so sind gleichwohl die Verpflichtungen aus Unterschriften gültig, die in Staaten auf den Scheck gesetzt worden sind, deren Recht die Nichtigkeit aus einem solchen Grund nicht vorsieht.

Artikel 62.

(1) Die Form einer Scheckerklärung bestimmt sich nach dem Recht des Staates, in dessen Gebiet die Erklärung unterschrieben worden ist. Es genügt jedoch die Beobachtung der Form, die das Recht des Zahlungsortes vorschreibt.

(2) Wenn eine Scheckerklärung, die nach den Vorschriften des vorstehenden Absatzes ungültig ist, dem Recht des Staates entspricht, in dessen Gebiet eine spätere Scheckerklärung unterschrieben worden ist, so wird durch Mängel in der Form der ersten Scheckerklärung die Gültigkeit der späteren Scheckerklärung nicht berührt.

(3) Eine Scheckerklärung, die ein Inländer im Ausland abgegeben hat, ist im Inland gegenüber anderen Inländern gültig, wenn die Erklärung den Formerfordernissen des inländischen Rechts genügt.

Artikel 63.

Die Wirkungen der Scheckerklärungen bestimmen sich nach dem Recht des Staates, in dessen Gebiet die Erklärungen unterschrieben worden sind.

Artikel 64.

Die Fristen für die Ausübung der Rückgriffsrechte werden für alle Scheckverpflichteten durch das Recht des Ortes bestimmt, an dem der Scheck ausgestellt worden ist.

Artikel 65.

Das Recht des Staates, in dessen Gebiet der Scheck zahlbar ist, bestimmt:

1. ob der Scheck notwendigerweise bei Sicht zahlbar ist oder ob er auf eine bestimmte Zeit nach Sicht gezogen werden kann, und welches die Wirkungen sind, wenn auf dem Scheck ein späterer als der wirkliche Ausstellungstag angegeben worden ist;

2. die Vorlegungsfrist;

3. ob ein Scheck angenommen, zertifiziert, bestätigt oder mit einem Visum versehen werden kann, und welches die Wirkungen dieser Vermerke sind;

4. ob der Inhaber eine Teilzahlung verlangen kann und ob er eine solche annehmen muß;

5. ob ein Scheck gekreuzt oder mit dem Vermerk „nur zur Verrechnung" oder mit einem gleichbedeutenden Vermerk versehen werden kann, und welches die Wirkungen der Kreuzung oder des Verrechnungsvermerks oder eines gleichbedeutenden Vermerks sind;

6. ob der Inhaber besondere Rechte auf die Deckung hat und welches der Inhalt dieser Rechte ist;

7. ob der Aussteller den Scheck widerrufen oder gegen die Einlösung des Schecks Widerspruch erheben kann;

8. die Maßnahmen, die im Fall des Verlustes oder des Diebstahls des Schecks zu ergreifen sind;

9. ob ein Protest oder eine gleichbedeutende Feststellung zur Erhaltung des Rückgriffs gegen die Indossanten, den Aussteller und die anderen Scheckverpflichteten notwendig ist.

Artikel 66.

Die Form des Protestes und die Fristen für die Protesterhebung sowie die Form der übrigen Handlungen, die zur Ausübung oder Erhaltung der Scheckrechte erforderlich sind, bestimmen sich nach dem Recht des Staates, in dessen Gebiet der Protest zu erheben oder die Handlung vorzunehmen ist.

DREIZEHNTER ABSCHNITT

Strafbestimmung

Artikel 67.

(1) Unterbleibt die Einlösung eines Schecks, weil dem Aussteller zur Zeit der rechtzeitigen Vorlegung des Schecks zur Zahlung bei dem Bezogenen kein zur Scheckeinlösung verwendbares Guthaben zusteht, oder wird der Scheck wegen unzureichender Deckung nicht voll eingelöst, so ist über den Aussteller, sofern er nicht bei der Ausstellung des Schecks mit Grund annehmen konnte, daß zur Zeit der rechtzeitigen Vorlegung genügende Deckung vorhanden sein werde, eine Ordnungsstrafe in der Höhe bis zu zwanzig vom Hundert des nichtgedeckten Scheckbetrages, mindestens aber in der Höhe von „72 Euro" zu verhängen. Die Strafe fließt der Gemeinde zu, in der der Aussteller seinen Wohnsitz hat; wenn ein solcher im Inland nicht besteht oder nicht bekannt ist, der Gemeinde, in der das Gericht, das die Strafe verhängte, seinen Sitz hat. *(BGBl 1989/343; BGBl I 2001/98)*

(2) Bei Zahlungsunfähigkeit ist die Ordnungsstrafe in Haft umzuwandeln. Die Dauer der Haft hat das Gericht zu bestimmen; sie darf zehn Tage nicht überschreiten.

(3) Die Ordnungsstrafe wird von dem Bezirksgericht verhängt, in dessen Sprengel der Aussteller seinen allgemeinen Gerichtsstand hat; falls ein solcher im Inland nicht besteht, vom Bezirksgericht Innere Stadt Wien. Das der Strafverhängung vorausgehende Verfahren richtet sich nach den „Bestimmungen des Außerstreitgesetzes". *(BGBl I 2003/112)*

(4) Das Verfahren wird von Amts wegen eingeleitet, wenn ein Gericht durch einen vor ihm durchgeführten Prozeß von der mangelnden Deckung des Schecks Kenntnis erlangt, sonst auf Antrag des Inhabers des Schecks. Das Verfahren kann von Amts wegen nur binnen sechs Monaten seit der Vorlegung des Schecks zur Zahlung eingeleitet werden; die gleiche Frist gilt für den Antrag des Scheckinhabers auf Einleitung des Verfahrens.

(5) Die Ordnungsstrafe ist unbeschadet einer etwaigen strafgerichtlichen Verfolgung des Ausstellers wegen Betruges zu verhängen. Durch die Verhängung der Ordnungsstrafe werden die dem Inhaber des Schecks nach diesem Bundesgesetz zustehenden Ansprüche nicht berührt. Neben ihnen kann der Inhaber des Schecks, auch wenn gegen den Aussteller die Ordnungsstrafe verhängt wurde, vom Aussteller Ersatz jenes Schadens begehren, der ihm durch die unterbliebene oder unvollständige Einlösung des Schecks verursacht wurde.

VIERZEHNTER ABSCHNITT

Schlußbestimmungen

Artikel 68.

Soweit in Gesetzen und Verordnungen auf das Scheckgesetz verwiesen ist, treten an dessen Stelle die entsprechenden Vorschriften des Scheckgesetzes 1955.

Artikel 69.

Folgende Vorschriften treten außer Kraft:

1. das Scheckgesetz vom 14. August 1933, Deutsches RGBl. I S. 597, in der Fassung des Gesetzes vom 28. März 1934, Deutsches RGBl. I S. 251;

2. der Art. 2 des Einführungsgesetzes zum Scheckgesetz vom 14. August 1933, Deutsches RGBl. I S. 605, in Verbindung mit den Vorschriften des Gesetzes über die Wechsel- und Scheckzinsen vom 3. Juli 1925, Deutsches RGBl. I S. 93;

3. der Art. 3 des Einführungsgesetzes zum Scheckgesetz vom 14. August 1933, Deutsches RGBl. I S. 605;

4. die Verordnung über die Einführung des Scheckrechts im Lande Österreich vom 21. April 1938, Deutsches RGBl. I S. 422.

Artikel 70.

Dieses Bundesgesetz tritt mit 1. Mai 1955 in Kraft. Ist die Kraftloserklärung eines Schecks vor dem Inkrafttreten dieses Bundesgesetzes beantragt worden, so bleibt es hinsichtlich der Zuständigkeit bei den bisherigen Vorschriften.

Artikel 71.

Mit der Vollziehung dieses Bundesgesetzes ist das Bundesministerium für Justiz im Einvernehmen mit den [Bundesministerien für Handel und Wiederaufbau] und für Finanzen, hinsichtlich der Bestimmung des Art. 48 Abs. 6 die Bundesregierung betraut.

KODEX
DES ÖSTERREICHISCHEN RECHTS
HERAUSGEBER: UNIV.-PROF. DR. WERNER DORALT
LEBENSMITTEL-
RECHT
1 LMSVG
2 Kenn-zeichnung
3 Lebens-mittel
4 LM für spez. Gruppen
5 Wasser
6 Zusatz-stoffe
7 Hygiene
8 Gebrauchs-gegen-stände
9 Kosmetika
10 Amtl Kontrolle
11 EG-Basis-Verordnung
12 EG-Hygiene-Verordnungen
13 EG-KontrollV
14 EG-ClaimsV
15 EG-An-reicherungsV
16 EU-Novel FoodV
17 EU-QuaDG
LexisNexis

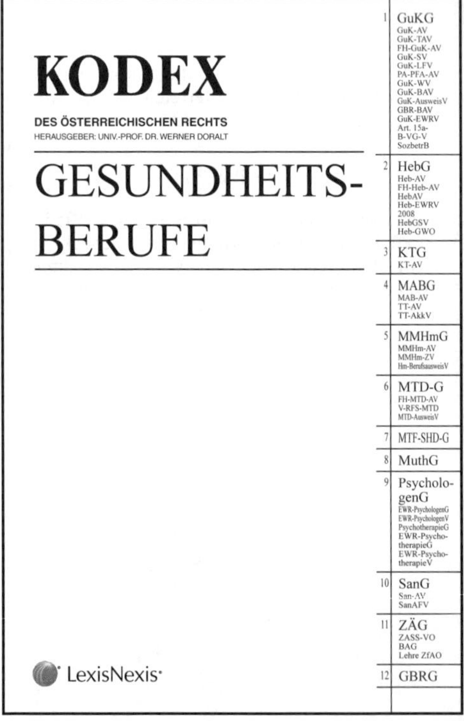
KODEX
DES ÖSTERREICHISCHEN RECHTS
HERAUSGEBER: UNIV.-PROF. DR. WERNER DORALT
GESUNDHEITS-
BERUFE
1 GuKG
GuK-AV
GuK-TAV
FH-GuK-AV
GuK-SV
GuK-LFV
PA-PFA-AV
GuK-WV
GuK-BAV
GuK-AusweisV
GBR-BAV
GuK-EWRV
Art. 15a-B-VG-V
SozbetrB
2 HebG
Heb-AV
FH-Heb-AV
HebAV
Heb-EWRV 2008
HebGSV
Heb-GWO
3 KTG
KT-AV
4 MABG
MAB-AV
TT-AV
TT-AkkV
5 MMHmG
MMHm-AV
MMHm-ZV
Hm-BerufsausweisV
6 MTD-G
FH-MTD-AV
V-RFS-MTD
MTD-AusweisV
7 MTF-SHD-G
8 MuthG
9 Psychologen G
EWR-PsychologenG
EWR-PsychologenV
PsychotherapieG
EWR-PsychotherapieG
EWR-PsychotherapieV
10 SanG
San-AV
SanAFV
11 ZÄG
ZASS-VO
BAG
Lehre ZfAO
12 GBRG
LexisNexis

KODEX
DES ÖSTERREICHISCHEN RECHTS
HERAUSGEBER: UNIV.-PROF. DR. WERNER DORALT
POLIZEI-
RECHT
1 SPG + Ven
2 PStSG
3 WaffGebrG
4 BKA-G
5 BAK-G
6 PolKG EU-PolKG
7 Sonstige
8 StGB VbVG
9 NebenG
10 StPO JGG
11 StRegG TilgG
12 Sonstige
13 EGVG + Sonstige
14 AVG
15 VStG VVG + VwGVG
16 ZustellG
17 MeldeG + DV
18 PassG + DV
19 BFA-G + DV BFA-VG + DV
20 FPG + DV
21 NAG + DV
22 AsylG + DV
23 GrekoG
24 SDÜ + Sonstige
25 AuslBG
26 WaffG + Ven
27 KriegsmatG + V
28 PyroTG + DV
29 SprG + Ven
30 MedienG
31 VersammlG
32 StVO + Ven
33 FSG + DV
34 KFG + Ven
35 Sonstige
36 B-VG
37 EMRK + ZP StGG HausRG PersFrG
38 Sonstige
39 ABGB
40 AHG, OrgHG PolBEG
41 ASVG
42 BDG + Ven
LexisNexis

KODEX
DES ÖSTERREICHISCHEN RECHTS
HERAUSGEBER: UNIV.-PROF. DR. WERNER DORALT
BESONDERES
VERWALTUNGS-
RECHT
1 BVergG 2006
2 DSG
3 UG 2002
4 DMSG
5 KAKuG
6 GTG
7 SPG + BG KorruptPräv + PStSG
8 MeldeG
9 PassG
10 FPG
11 NAG
12 AsylG 2005
13 GVG-B 2005
14 WaffG
15 BFA-G
16 BFA-VG
17 PStG 2013
18 ForstG
19 WRG
20 AWG
21 IG-L
22 EG-K
23 UVP-G
24 StVO
25 KFG
26 FSG
27 GewO
LexisNexis

Verbraucherkreditgesetz

BGBl I 2010/28 (DaKRÄG) idF

1 BGBl I 2013/50 (ZVG)
2 BGBl I 2013/83 (DSG-Nov 2014; Begriffsersetzung)
3 BGBl I 2015/135 (HIKrG)
4 BGBl I 2017/93 (RW-VG)
5 BGBl I 2021/1

STICHWORTVERZEICHNIS

Bundesgesetz über Verbraucherkreditverträge und andere Formen der Kreditierung zu Gunsten von Verbrauchern (Verbraucherkreditgesetz – VKrG)

1. Abschnitt

Regelungsgegenstand, Begriffsbestimmungen, zwingendes Recht

Regelungsgegenstand

§ 1. Dieses Bundesgesetz regelt zur Umsetzung der Richtlinie 2008/48/EG des Europäischen Parlaments und des Rates vom 23. April 2008 über Verbraucherkreditverträge, ABl. Nr. L 133 vom 22. Mai 2008, S. 66, bestimmte Gesichtspunkte von Verbraucherkreditverträgen und anderen Formen der Kreditierung zu Gunsten von Verbrauchern, insbesondere die vorvertraglichen Pflichten des Kreditgebers, seine Pflichten beim Vertragsabschluss, die Rechte des Verbrauchers zum Rücktritt vom Vertrag, zur Kündigung des Vertrags und zur vorzeitigen Rückzahlung sowie die Pflichten von Kreditvermittlern.

Begriffsbestimmungen

§ 2. (1) Kreditgeber ist ein Unternehmer im Sinn des § 1 Abs. 1 Z 1 KSchG, der einen Kredit gewährt oder zu gewähren verspricht oder eine sonstige Kreditierung einräumt.

(2) Kreditnehmer ist ein Verbraucher im Sinn des § 1 Abs. 1 Z 2 und Abs. 3 KSchG, der einen Kredit oder eine sonstige Kreditierung in Anspruch nimmt.

(3) Verbraucherkreditvertrag (Kreditvertrag) ist ein Kreditvertrag im Sinn des § 988 ABGB, an dem ein Unternehmer als Kreditgeber und ein Verbraucher als Kreditnehmer beteiligt sind.

(4) Kreditvermittler ist eine natürliche oder juristische Person, die nicht als Kreditgeber handelt und die in Ausübung ihrer gewerblichen oder beruflichen Tätigkeit gegen ein Entgelt, das aus einer Geldzahlung oder einem sonstigen vereinbarten wirtschaftlichen Vorteil bestehen kann,

1. Verbrauchern Kreditverträge oder sonstige Kreditierungen vorstellt oder anbietet,

2. Verbrauchern bei anderen als den in Z 1 genannten Vorarbeiten zum Abschluss von Kreditverträgen oder sonstigen Kreditierungen behilflich ist oder

3. für den Kreditgeber Kreditverträge mit Verbrauchern abschließt oder bei sonstigen Kreditierungen für den Kreditgeber handelt.

(5) Gesamtkosten des Kredits für den Verbraucher sind sämtliche Kosten einschließlich der Zinsen, Provisionen etwa für die Vermittlung des Kredits, Abgaben und Kosten jeder Art — ausgenommen Notariatsgebühren —, die der Verbraucher im Zusammenhang mit dem Kreditvertrag zu zahlen hat und die dem Kreditgeber bekannt sind. Dazu zählen auch Kosten für Nebenleistungen im Zusammenhang mit dem Kreditvertrag, insbesondere Versicherungsprämien, wenn der Abschluss des Vertrags über diese Nebenleistung eine vom Kreditgeber geforderte Voraussetzung dafür ist, dass der Kredit überhaupt oder nach den vorgesehenen Vertragsbedingungen gewährt wird.

(6) Der vom Verbraucher zu zahlende Gesamtbetrag ist die Summe des Gesamtkreditbetrags und der Gesamtkosten des Kredits für den Verbraucher.

(7) Der effektive Jahreszins drückt die Gesamtkosten des Kredits für den Verbraucher als jährlichen Prozentsatz des Gesamtkreditbetrags aus (§ 27).

(8) Sollzinssatz ist der als fester oder variabler periodischer Prozentsatz ausgedrückte Zinssatz, der auf jährlicher Basis auf die in Anspruch genommenen Kreditauszahlungsbeträge angewandt wird.

(9) Ein fester Sollzinssatz liegt dann vor, wenn der Kreditgeber und der Verbraucher im Kreditvertrag einen einzigen Sollzinssatz für die gesamte Laufzeit des Kreditvertrags oder mehrere Sollzinssätze für verschiedene Teilzeiträume der Gesamtlaufzeit vereinbaren, wobei ausschließlich ein bestimmter fester Prozentsatz zugrunde gelegt wird. Sind in dem Kreditvertrag nicht alle Sollzinssätze festgelegt, so gilt der Sollzinssatz nur für diejenigen Teilzeiträume der Gesamtlaufzeit als vereinbart, für die die Sollzinssätze ausschließlich durch einen bei Abschluss des Kreditvertrags vereinbarten bestimmten festen Prozentsatz festgelegt wurden.

(10) Gesamtkreditbetrag ist die Obergrenze oder die Summe aller Beträge, die auf Grund eines Kreditvertrags zur Verfügung gestellt werden.

(11) Dauerhafter Datenträger ist jedes Medium, das es dem Verbraucher gestattet, an ihn persönlich gerichtete Informationen derart zu speichern, dass er sie in der Folge für eine den Zwecken der Informationen angemessene Dauer einsehen kann, und das die unveränderte Wiedergabe der gespeicherten Informationen ermöglicht.

(12) Fremdwährungskredit ist ein Kredit, der dem Verbraucher ganz oder teilweise in einer anderen Währung als in Euro gewährt wird.

(13) Kredit mit Tilgungsträger ist ein Kredit, bei dem die Zahlungen des Verbrauchers zunächst nicht der Tilgung des Kreditbetrags, sondern der Bildung von Kapital auf einem Tilgungsträger dienen und vorgesehen ist, dass der Kredit später zumindest teilweise mit Hilfe des Tilgungsträgers zurückgezahlt wird. Tilgungsträger können Wertpapiere, Kapitallebensversicherungen oder sonstige Finanzprodukte sein.

Unwirksame Vereinbarungen

§ 3. Soweit in Vereinbarungen zum Nachteil des Verbrauchers von den Bestimmungen dieses Bundesgesetzes abgewichen wird, sind sie unwirksam.

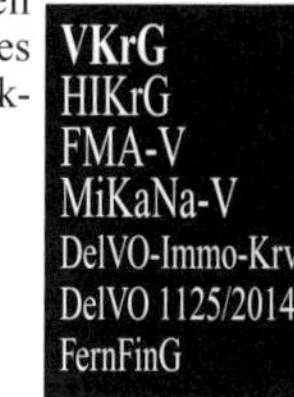

2. Abschnitt

Verbraucherkreditverträge

Anwendungsbereich

§ 4. (1) Dieser Abschnitt gilt für Verbraucherkreditverträge (Kreditverträge) mit einem Gesamtkreditbetrag von zumindest 200 Euro.

(2) Dieser Abschnitt gilt nicht für Kreditverträge,

1. bei denen der Kredit binnen drei Monaten zurückzuzahlen ist und nur geringe Kosten anfallen,

2. bei denen der Kreditnehmer nur mit einer dem Kreditgeber übergebenen Sache haftet,

3. die zwischen Arbeitgebern und Arbeitnehmern als Nebenleistung aus dem Arbeitsverhältnis zu einem effektiven Jahreszins unter dem marktüblichen Zins geschlossen werden,

4. die in Gestalt eines vor einem Gericht oder einer sonstigen staatlichen Einrichtung geschlossenen Vergleichs oder als dessen Ergebnis geschlossen werden,

5. die mit einem begrenzten Kundenkreis im Rahmen gesetzlicher Bestimmungen im Gemeinwohlinteresse geschlossen werden, sei es zinslos oder zu einem niedrigeren als dem marktüblichen Zinssatz oder zu anderen, für den Verbraucher günstigeren als den marktüblichen Bedingungen und zu Zinssätzen, die nicht über den marktüblichen Zinssätzen liegen, *(BGBl I 2021/1)*

6. die durch ein Pfandrecht oder ein sonstiges Recht an einer unbeweglichen Sache oder einem Superädifikat besichert werden, *(BGBl I 2015/135)*

7. die für den Erwerb oder die Erhaltung von Eigentumsrechten an einer unbeweglichen Sache oder einem bestehenden oder geplanten Superädifikat bestimmt sind. *(BGBl I 2015/135, ab 21. 3. 2016)*

Werbung

§ 5. (1) Werden in einer Werbung für Kreditverträge Zinssätze oder sonstige, auf die Kosten eines Kredits für den Verbraucher bezogene Zahlen genannt, so muss die Werbung klar, prägnant und auffallend anhand eines repräsentativen Beispiels folgende Standardinformationen enthalten:

1. den festen oder variablen Sollzinssatz oder den festen und den variablen Sollzinssatz, zusammen mit Einzelheiten aller für den Verbraucher anfallenden, in die Gesamtkosten des Kredits einbezogenen Kosten, im Fall einer Kombination von festem und variablem Sollzinssatz die Geltungsdauer des festen Sollzinssatzes,

2. den Gesamtkreditbetrag,

3. den effektiven Jahreszins,

4. gegebenenfalls die Laufzeit des Kreditvertrags und

5. gegebenenfalls den vom Verbraucher zu zahlenden Gesamtbetrag sowie den Betrag der Teilzahlungen.

(2) Ist der Abschluss eines Vertrags über die Inanspruchnahme einer Nebenleistung, insbesondere eines Versicherungsvertrags, im Zusammenhang mit dem Kreditvertrag eine vom Kreditgeber geforderte Voraussetzung dafür, dass der Kredit überhaupt oder nach den vorgesehenen Vertragsbedingungen gewährt wird, und können die Kosten der Nebenleistung nicht im Voraus bestimmt werden, so ist auf die Verpflichtung zum Abschluss jenes Vertrags ebenfalls klar und prägnant an optisch hervorgehobener Stelle zusammen mit dem effektiven Jahreszinssatz hinzuweisen.

Vorvertragliche Informationspflichten

§ 6. (1) Rechtzeitig bevor der Verbraucher durch einen Kreditvertrag oder ein Angebot gebunden ist, muss der Kreditgeber dem Verbraucher auf der Grundlage der vom Kreditgeber angebotenen Kreditbedingungen und gegebenenfalls der vom Verbraucher geäußerten Präferenzen und vorgelegten Auskünfte diejenigen Informationen zur Verfügung stellen, die der Verbraucher benötigt, um verschiedene Angebote zu vergleichen und eine fundierte Entscheidung über den Abschluss eines Kreditvertrags zu treffen. Diese Informationen müssen auf Papier oder einem anderen dauerhaften Datenträger mitgeteilt werden und insbesondere folgende Angaben enthalten:

1. die Art des Kredits;

2. die Identität und die Anschrift des Kreditgebers sowie gegebenenfalls die Identität und die Anschrift des beteiligten Kreditvermittlers;

3. den Gesamtkreditbetrag und die Bedingungen für die Inanspruchnahme;

4. die Laufzeit des Kreditvertrags;

5. bei verbundenen Kreditverträgen die Ware oder die Dienstleistung und den Barzahlungspreis;

6. den Sollzinssatz, die Bedingungen für die Anwendung des Sollzinssatzes und, soweit vorhanden, Indizes oder Referenzzinssätze, die auf den anfänglichen Sollzinssatz Anwendung finden, ferner die Zeiträume, die Bedingungen und die Vorgangsweise bei der Anpassung des Sollzinssatzes; gelten abhängig von den Umständen unterschiedliche Sollzinssätze, so sind die genannten Informationen für alle anzuwendenden Sollzinssätze zur Verfügung zu stellen;

7. den effektiven Jahreszins und den vom Verbraucher zu zahlenden Gesamtbetrag, erläutert durch ein repräsentatives Beispiel unter Angabe sämtlicher in die Berechnung des Jahreszinses einfließenden Annahmen gemäß § 27; hat der Verbraucher dem Kreditgeber seine Wünsche über ein oder mehrere Elemente seines Kredits mitgeteilt, beispielsweise über die Laufzeit des Kreditvertrags oder den Gesamtkreditbetrag, so muss der Kreditgeber diese Elemente berücksichtigen; sofern ein Kreditvertrag unterschiedliche Verfahren der Inanspruchnahme mit jeweils unterschiedlichen Entgelten oder Sollzinssätzen vorsieht und der Kreditgeber die Vermutung nach Anhang I Teil II Buchstabe b in Anspruch nimmt, hat er darauf hinzuweisen, dass andere Mechanismen der Inanspruchnahme bei der Art des Kreditvertrags zu einem höheren effektiven Jahreszins führen können;

8. den Betrag, die Anzahl und die Fälligkeit der vom Verbraucher zu leistenden Zahlungen und gegebenenfalls die Reihenfolge, in der die Zahlungen auf verschiedene ausstehende Restbeträge, für die unterschiedliche Sollzinssätze gelten, zum Zweck der Rückzahlung angerechnet werden;

9. gegebenenfalls die Entgelte für die Führung eines oder mehrerer Konten für die Buchung der Zahlungsvorgänge und der in Anspruch genommenen Kreditbeträge, es sei denn, die Eröffnung eines entsprechenden Kontos ist fakultativ, zusammen mit den Entgelten für die Verwendung eines Zahlungsmittels, mit dem sowohl Zahlungsvorgänge als auch Abhebungen getätigt werden können, sonstige Entgelte auf Grund des Kreditvertrags und die Bedingungen, unter denen diese Entgelte geändert werden können;

10. gegebenenfalls einen Hinweis auf vom Verbraucher bei Abschluss des Kreditvertrags zu zahlende Notariatsgebühren;

11. gegebenenfalls die Verpflichtung, einen mit dem Kreditvertrag zusammenhängenden Vertrag, insbesondere über eine Versicherung, abzuschließen, wenn der Abschluss eines solchen Vertrags eine vom Kreditgeber geforderte Voraussetzung dafür ist, dass der Kredit überhaupt oder nach den vorgesehenen Vertragsbedingungen gewährt wird;

12. den anwendbaren Satz der Verzugszinsen und die Art seiner etwaigen Anpassung sowie gegebenenfalls anfallende Verzugskosten;

13. einen Warnhinweis über die Folgen ausbleibender Zahlungen;

14. die gegebenenfalls verlangten Sicherheiten;

15. das Bestehen oder Nichtbestehen eines Rücktrittsrechts;

16. das Recht auf vorzeitige Rückzahlung und gegebenenfalls die Informationen zum Anspruch des Kreditgebers auf Entschädigung sowie zur Art der Berechnung dieser Entschädigung gemäß § 16;

17. das Recht des Verbrauchers auf unverzügliche und unentgeltliche Verständigung gemäß § 7 Abs. 4 über das Ergebnis einer Datenbankabfrage zur Beurteilung der Kreditwürdigkeit;

18. das Recht des Verbrauchers, auf Verlangen unentgeltlich eine Kopie des Kreditvertragsentwurfs zu erhalten; diese Bestimmung gilt nicht, wenn der Kreditgeber zum Zeitpunkt des Verlangens nicht zum Abschluss eines Kreditvertrags mit dem Verbraucher bereit ist;

19. gegebenenfalls den Zeitraum, während dessen der Kreditgeber an die vorvertraglichen Informationen gebunden ist.

Für die Mitteilung der in Z 1 bis 19 angeführten Informationen ist das Informationsformular nach Anhang II („Europäische Standardinformationen für Kreditierungen nach dem Verbraucherkreditgesetz") zu verwenden. Mit dieser Mitteilung der Standardinformationen gelten die spezifischen Informationspflichten des Kreditgebers nach diesem Absatz und nach § 5 Abs. 1 FernFinG als erfüllt. Etwaige zusätzliche Informationen des Kreditgebers für den Verbraucher, etwa Informationen nach Abs. 6 oder 7, sind in einem gesonderten Dokument zu erteilen, das dem Informationsformular nach Anhang II beigefügt werden kann.

(1a) Wird in dem Kreditvertrag auf einen Referenzwert im Sinn des Artikels 3 Absatz 1 Nummer 3 der Verordnung (EU) 2016/1011 über Indizes, die bei Finanzinstrumenten und Finanzkontrakten als Referenzwert oder zur Messung der Wertentwicklung eines Investmentfonds verwendet werden, und zur Änderung der Richtlinien 2008/48/EG und 2014/17/EU sowie der Verordnung (EU) Nr. 596/2014, ABl. Nr. L 171 vom 29.06.2016 S. 1, in der Fassung der Berichtigung ABl. Nr. L 306 vom 15.11.2016, S. 43, Bezug genommen, so hat der Kreditgeber dem Verbraucher in einem eigenen Dokument, das dem Informationsformular nach Anhang II beigefügt werden kann, den Namen des Referenzwerts und seines Administrators sowie dessen mögliche Auswirkungen auf den Verbraucher mitzuteilen. *(BGBl I 2017/93)*

(2) Bei Ferngesprächen im Sinn des § 6 FernFinG muss die nach § 6 Abs. 2 Z 2 FernFinG gebotene Beschreibung der Hauptmerkmale der Finanzdienstleistung zumindest die in Abs. 1 Z 3, 4, 5, 6 und 8 vorgesehenen Angaben und den anhand eines repräsentativen Beispiels erläuterten effektiven Jahreszins sowie den vom Verbraucher zu zahlenden Gesamtbetrag enthalten.

(3) Wurde der Vertrag auf Ersuchen des Verbrauchers mittels eines Fernkommunikationsmittels geschlossen, bei dem die Erteilung der vorvertraglichen Informationen gemäß Abs. 1 nicht möglich ist, insbesondere in dem in Abs. 2 genannten Fall, so hat der Kreditgeber dem Verbraucher unverzüglich nach Abschluss des Kreditvertrags die vollständigen vorvertraglichen Informationen mittels des Informationsformulars nach Anhang II mitzuteilen.

(4) Der Kreditgeber hat dem Verbraucher auf dessen Verlangen zusätzlich zum Informationsformular nach Anhang II unentgeltlich eine Kopie des Kreditvertragsentwurfs zur Verfügung zu stellen. Diese Bestimmung gilt nicht, wenn der Kreditgeber zum Zeitpunkt des Verlangens nicht zum Abschluss eines Kreditvertrags mit dem Verbraucher bereit ist.

(5) Der Kreditgeber hat dem Verbraucher angemessene Erklärungen zu geben, gegebenenfalls durch Erläuterung der vorvertraglichen Informationen gemäß Abs. 1, der Hauptmerkmale der angebotenen Produkte und der möglichen spezifischen Auswirkungen der Produkte auf den Verbraucher, einschließlich der Konsequenzen bei Zahlungsverzug des Verbrauchers, damit der Verbraucher in die Lage versetzt wird, zu beurteilen, ob der Vertrag seinen Bedürfnissen und seiner wirtschaftlichen Lage entspricht.

(6) Bei einem Kredit mit Tilgungsträger muss aus den nach Abs. 1 zur Verfügung gestellten vorvertraglichen Informationen klar und prägnant hervorgehen, welche Risiken mit einem solchen Kredit im Vergleich mit einem Ratenkredit verbunden sind und dass im Besonderen der Kreditvertrag oder der Vertrag über den Tilgungsträger keine Garantie für die Rückzahlung des auf Grund des Kreditvertrags in Anspruch genommenen Gesamtbetrags vorsieht, es sei denn, eine solche Garantie wird gegeben. Wird der Vertrag über den Tilgungsträger mit dem Kreditgeber selbst abgeschlossen oder von diesem vermittelt, so müssen diese Informationen überdies eine grafische Darstellung der bisherigen Wertentwicklung des Tilgungsträgers über einen Zeitraum, der das vom Verbraucher zu tragende Veranlagungsrisiko anschaulich verdeutlicht, sowie eine tabellarische prozentmäßige und – sofern möglich – auch betragsmäßige Darstellung sämtlicher Kosten des Tilgungsträgers enthalten.

(7) Bei einem Fremdwährungskredit müssen aus den nach Abs. 1 zur Verfügung gestellten

vorvertraglichen Informationen das mit der anderen Währung verbundene Wechselkurs- und Zinsänderungsrisiko sowie alle gegenüber einem gleichartigen Kredit in Euro zusätzlich anfallenden Kosten klar und prägnant hervorgehen. Die Information über das Wechselkurs- und Zinsänderungsrisiko muss auch eine grafische Darstellung der Entwicklung des Wechselkurses im Verhältnis zum Euro seit dessen Bestehen, höchstens aber für die letzten zehn Jahre, bei einem Kredit ohne festen Sollzinssatz eine grafische Darstellung der Entwicklung des für Änderungen des Sollzinssatzes maßgeblichen Referenzzinssatzes seit dessen Veröffentlichung, höchstens aber für die letzten zehn Jahre, sowie ein Rechenbeispiel enthalten, in dem unter Zugrundelegung der Schwankungsneigung der anderen Währung die Risiken des Fremdwährungskredits anschaulich verdeutlicht werden.

(8) Die in den Abs. 1 bis 7 vorgesehenen Informationspflichten gelten auch für den Kreditvermittler, sofern es sich bei diesem nicht um einen an der Kreditvermittlung nur in untergeordneter Funktion beteiligten Warenlieferanten oder Dienstleistungserbringer handelt.

Prüfung der Kreditwürdigkeit des Verbrauchers

§ 7. (1) Vor Abschluss des Kreditvertrags hat der Kreditgeber die Kreditwürdigkeit des Verbrauchers anhand ausreichender Informationen zu prüfen, die er – soweit erforderlich – vom Verbraucher verlangt; erforderlichenfalls hat er auch Auskünfte aus einer zur Verfügung stehenden Datenbank einzuholen.

(2) Wenn diese Prüfung erhebliche Zweifel an der Fähigkeit des Verbrauchers ergibt, seine Pflichten aus dem Kreditvertrag vollständig zu erfüllen, hat der Kreditgeber den Verbraucher auf diese Bedenken gegen dessen Kreditwürdigkeit hinzuweisen.

(3) Sofern Kreditgeber und Verbraucher übereinkommen, den Gesamtkreditbetrag nach Abschluss des Kreditvertrags zu ändern, hat der Kreditgeber die ihm zur Verfügung stehenden Finanzinformationen über den Verbraucher auf neuen Stand zu bringen und die Kreditwürdigkeit des Verbrauchers vor jeder deutlichen Erhöhung des Gesamtkreditbetrags zu prüfen. Abs. 2 gilt entsprechend.

(4) Wird ein Kreditantrag auf Grund einer Datenbankabfrage abgelehnt, so hat der Kreditgeber den Verbraucher unverzüglich und unentgeltlich über das Ergebnis dieser Abfrage und über die Angaben der betreffenden Datenbank zu informieren, es sei denn, dies liefe Zielen der öffentlichen Ordnung oder der öffentlichen Sicherheit zuwider. „Die Bestimmungen der Verordnung (EU) 2016/679 zum Schutz natürlicher Personen bei der Verarbeitung personenbezogener Daten, zum freien Datenverkehr und zur Aufhebung der Richtlinie 95/46/EG (Datenschutz-Grundverordnung), ABl. Nr. L 119 vom 4.5.2016 S. 1, in der Fassung der Berichtigung ABl. Nr. L 127 vom 23.5.2018 S. 2, bleiben unberührt.“ *(BGBl I 2021/1)*

(5) *(entfällt, BGBl I 2021/1)*

Zugang zu Datenbanken

§ 8. Bei grenzüberschreitenden Krediten ist der Zugang zu Datenbanken, die zur Bewertung der Kreditwürdigkeit des Verbrauchers verwendet werden, ohne Diskriminierung auch Kreditgebern aus anderen Mitgliedstaaten der Europäischen Union oder anderen Vertragsstaaten des Abkommens über den Europäischen Wirtschaftsraum zu gewähren. „Die Bestimmungen der Datenschutz-Grundverordnung bleiben unberührt.“ *(BGBl I 2021/1)*

Zwingende Angaben in Kreditverträgen

§ 9. (1) Unbeschadet der Wirksamkeit des Rechtsgeschäfts sind Kreditverträge auf Papier oder auf einem anderen dauerhaften Datenträger zu erstellen. Der Kreditgeber hat allen Vertragsparteien unverzüglich nach Vertragsabschluss eine Ausfertigung des Kreditvertrags zur Verfügung zu stellen.

(2) Im Kreditvertrag ist klar und prägnant Folgendes anzugeben:

1. die Art des Kredits;

2. die Identität und die Anschriften der Vertragsparteien sowie gegebenenfalls die Identität und die Anschrift des beteiligten Kreditvermittlers;

3. die Laufzeit des Kreditvertrags;

4. der Gesamtkreditbetrag und die Bedingungen für die Inanspruchnahme;

5. bei verbundenen Kreditverträgen die Ware oder die Dienstleistung und der Barzahlungspreis;

6. der Sollzinssatz, die Bedingungen für die Anwendung des Sollzinssatzes und, soweit vorhanden, Indizes oder Referenzzinssätze, die sich auf den anfänglichen Sollzinssatz beziehen, ferner die Zeiträume, die Bedingungen und die Vorgangsweise bei der Anpassung des Sollzinssatzes; gelten unter verschiedenen Umständen unterschiedliche Sollzinssätze, so sind die genannten Informationen für alle anzuwendenden Sollzinssätze zu erteilen;

7. der effektive Jahreszins unter Angabe aller in dessen Berechnung einfließenden Annahmen gemäß § 27 und der vom Verbraucher zu zahlende Gesamtbetrag, berechnet zum Zeitpunkt des Abschlusses des Kreditvertrags;

8. der Betrag, die Anzahl und die Fälligkeit der vom Verbraucher zu leistenden Zahlungen und gegebenenfalls die Reihenfolge, in der die Zahlungen auf verschiedene ausstehende Restbeträge, für die unterschiedliche Sollzinssätze gelten, zum Zweck der Rückzahlung angerechnet werden;

9. im Fall der Kredittilgung bei einem Kreditvertrag mit fester Laufzeit das Recht des Verbrauchers, auf Verlangen kostenlos und zu jedem beliebigen Zeitpunkt während der Gesamtlaufzeit des Kreditvertrags eine Aufstellung in Form eines Tilgungsplans zu erhalten (§ 10);

10. sofern die Zahlung von Entgelten und Zinsen ohne Kapitaltilgung vorgesehen ist, eine Aufstellung der Zeiträume und Bedingungen für die Zahlung der Sollzinsen und der damit verbundenen wiederkehrenden und nicht wiederkehrenden Entgelte;

11. gegebenenfalls die Entgelte für die Führung eines oder mehrerer Konten für die Buchung der Zahlungsvorgänge und der in Anspruch genommenen Kreditbeträge, es sei denn, die Eröffnung eines Kontos ist fakultativ, zusammen mit den Entgelten für die Verwendung eines Zahlungsmittels, mit dem sowohl Zahlungsvorgänge als auch Abhebungen getätigt werden können, sonstige Entgelte auf Grund des Kreditvertrags und die Bedingungen, unter denen diese Entgelte geändert werden können;

12. der Verzugszinssatz gemäß der zum Zeitpunkt des Abschlusses des Kreditvertrags geltenden Regelung und die Art seiner etwaigen Anpassung sowie gegebenenfalls anfallende Verzugskosten;

13. ein Warnhinweis über die Folgen ausbleibender Zahlungen;

14. gegebenenfalls ein Hinweis auf anfallende Notariatsgebühren;

15. gegebenenfalls die verlangten Sicherheiten und Versicherungen;

16. das Bestehen oder Nichtbestehen eines Rücktrittsrechts sowie die Frist und die anderen Modalitäten für die Ausübung des Rücktrittsrechts, einschließlich der Angaben zu der Verpflichtung des Verbrauchers, das in Anspruch genommene Kapital zurückzuzahlen, den Zinsen gemäß § 12 Abs. 3 und der Höhe der Zinsen pro Tag;

17. Informationen über die aus § 13 erwachsenden Rechte und über die Bedingungen für die Ausübung dieser Rechte;

18. das Recht auf vorzeitige Rückzahlung, das Verfahren bei vorzeitiger Rückzahlung und gegebenenfalls Informationen über den Anspruch des Kreditgebers auf Entschädigung sowie über die Art der Berechnung dieser Entschädigung;

19. die einzuhaltenden Modalitäten bei der Ausübung des Rechts auf Kündigung des Kreditvertrags;

20. die Angabe, ob der Verbraucher Zugang zu einem außergerichtlichen Beschwerde- oder Schlichtungsverfahren hat, und gegebenenfalls die Voraussetzungen für diesen Zugang;

21. gegebenenfalls weitere Vertragsbedingungen;

22. gegebenenfalls der Name und die Anschrift der zuständigen Aufsichtsbehörde.

(3) Bei einem Kredit mit Tilgungsträger muss aus dem Kreditvertrag überdies klar und prägnant hervorgehen, welche Risiken mit einem solchen Kredit im Vergleich mit einem Ratenkredit verbunden sind und dass im Besonderen der Kreditvertrag oder der Vertrag über den Tilgungsträger keine Garantie für die Rückzahlung des auf Grund des Kreditvertrags in Anspruch genommenen Gesamtbetrags vorsieht, es sei denn, eine solche Garantie wird gegeben. Wird der Vertrag über den Tilgungsträger mit dem Kreditgeber selbst abgeschlossen oder von diesem vermittelt, so muss der Kreditvertrag außerdem die in § 6 Abs. 6 zweiter Satz genannten Informationen enthalten.

(4) Bei einem Fremdwährungskredit muss der Kreditvertrag auch die in § 6 Abs. 7 genannten Informationen über das mit der anderen Währung verbundene Wechselkurs- und Zinsänderungsrisiko sowie über die zusätzlich anfallenden Kosten enthalten.

(5) Bei den nachstehend angeführten Mängeln im Kreditvertrag gilt Folgendes:

1. Enthält der Kreditvertrag keine Angaben zum Sollzinssatz, zum effektiven Jahreszins oder zu dem vom Verbraucher zu zahlenden Gesamtbetrag, so gilt der in § 1000 Abs. 1 ABGB genannte Zinssatz als vereinbarter Sollzinssatz, sofern nicht ein niedrigerer Sollzinssatz vereinbart war. Bei einem Ratenkredit hat der Kreditgeber die dadurch verminderten Teilzahlungen zu berechnen und dem Verbraucher bekanntzugeben.

2. Ist im Kreditvertrag der effektive Jahreszins zu niedrig angegeben, so gilt ein Sollzinssatz als vereinbart, der dieser Angabe unter Berücksichtigung der sonstigen Vertragsinhalte entspricht. Z 1 zweiter Satz gilt entsprechend.

3. Enthält der Kreditvertrag keine Angaben zu den Bedingungen, unter denen der Sollzinssatz oder sonstige Entgelte geändert werden können, so kann der Kreditgeber solche Änderungen zum Nachteil des Verbrauchers nicht vornehmen.

4. Enthält der Kreditvertrag keine Angaben zum Recht auf vorzeitige Rückzahlung oder zum Anspruch auf Entschädigung, so kann der Kreditgeber keine Entschädigung verlangen.

Die in Z 1 bis 4 genannten Rechtsfolgen treten nicht ein, wenn der Verbraucher die im Kreditvertrag fehlenden oder unrichtig angegebenen Informationen den späteren vertraglichen Vereinbarungen entsprechend bereits im Rahmen der vorvertraglichen Information nach § 6 Abs. 1 erhalten hat.

Tilgungsplan

§ 10. (1) Bei einem Kreditvertrag mit fester Laufzeit hat der Kreditgeber dem Verbraucher auf dessen Verlangen kostenlos und zu jedem beliebigen Zeitpunkt während der Gesamtlaufzeit des Kreditvertrags eine Aufstellung in Form eines Tilgungsplans zur Verfügung zu stellen.

(2) Aus dem Tilgungsplan muss hervorgehen, welche Zahlungen in welchen Zeitabständen zu leisten sind und welche Bedingungen für diese Zahlungen gelten. In dem Plan sind die einzelnen periodischen Rückzahlungen nach der Kredittilgung, den nach dem Sollzinssatz berechneten Zinsen und allfälligen zusätzlichen Kosten aufzuschlüsseln. Im Fall eines Kreditvertrags, bei dem kein fester Zinssatz vereinbart wurde oder die zusätzlichen Kosten geändert werden können, ist im Tilgungsplan klar und prägnant anzugeben, dass die Daten im Tilgungsplan nur bis zur nächsten Änderung des Sollzinssatzes oder der zusätzlichen Kosten gemäß dem Kreditvertrag Gültigkeit haben.

Änderung des Sollzinssatzes; Kontomitteilung

§ 11. (1) Bevor eine Änderung des Sollzinssatzes wirksam wird, hat der Kreditgeber den Verbraucher auf Papier oder einem anderen dauerhaften Datenträger über den angepassten Sollzinssatz, die angepasste Höhe der Teilzahlungen sowie über allfällige Änderungen in der Anzahl oder der Fälligkeit der Teilzahlungen zu informieren. Eine Änderung des Sollzinssatzes zum Nachteil des Verbrauchers wird diesem gegenüber erst wirksam, wenn ihm der Kreditgeber die vorgenannten Informationen zur Verfügung gestellt hat.

(2) Geht die Änderung des Sollzinssatzes auf die Änderung eines Referenzzinssatzes zurück und wird der neue Referenzzinssatz auf geeigneten Wegen öffentlich zugänglich gemacht, so können die Vertragsparteien einen von Abs. 1 abweichenden Zeitpunkt für die Wirksamkeit der Änderung des Sollzinssatzes vereinbaren. In diesen Fällen muss der Vertrag eine Pflicht des Kreditgebers vorsehen, dem Verbraucher die Information nach Abs. 1 in regelmäßigen Zeitabständen zu übermitteln. Außerdem muss der Verbraucher die Höhe des Referenzzinssatzes in den Geschäftsräumen des Kreditgebers einsehen können.

(3) Die periodische Zahlungspflicht des Verbrauchers ist bei einer Änderung des Sollzinssatzes so anzupassen, dass der vom Verbraucher zu zahlende Gesamtbetrag innerhalb der ursprünglich vereinbarten Laufzeit zur Gänze beglichen ist. Eine abweichende Vereinbarung ist zulässig, wenn sie im Einzelnen ausgehandelt wird.

(4) Der Kreditgeber hat dem Verbraucher in jedem ersten Vierteljahr eines Kalenderjahres eine Kontomitteilung auszuhändigen, in der zum Stichtag 31. Dezember des jeweiligen Vorjahres zumindest die Summe der vom Verbraucher geleisteten Zahlungen, die Summe der Belastungen sowie die aushaftenden Salden enthalten sind.

Rücktrittsrecht

§ 12. (1) Der Verbraucher kann von einem Kreditvertrag innerhalb von vierzehn Tagen ohne Angabe von Gründen zurücktreten. Die Frist für die Ausübung des Rücktrittsrechts beginnt mit dem Tag, an dem der Kreditvertrag abgeschlossen wurde. Erhält der Verbraucher die Vertragsbedingungen und die Informationen gemäß § 9 erst später, so beginnt die Frist mit diesem Tag.

(2) Die Frist des Abs. 1 ist jedenfalls gewahrt, wenn der Rücktritt auf Papier oder einem anderen, dem Kreditgeber zur Verfügung stehenden und zugänglichen dauerhaften Datenträger erklärt und diese Erklärung vor dem Ablauf der Frist an den Kreditgeber abgesendet wird. Der Kreditgeber muss den Rücktritt jedenfalls gegen sich gelten lassen, sofern die Rücktrittserklärung den Informationen entspricht, die er selbst dem Verbraucher gemäß § 9 Abs. 2 Z 16 gegeben hat.

(3) Nach dem Rücktritt hat der Verbraucher dem Kreditgeber unverzüglich, spätestens jedoch binnen 30 Kalendertagen nach Absendung der Rücktrittserklärung, den ausbezahlten Betrag samt den seit der Auszahlung aufgelaufenen Zinsen zurückzuzahlen. Die Zinsen sind auf der Grundlage des vereinbarten Sollzinssatzes zu berechnen. Der Kreditgeber hat überdies Anspruch auf Ersatz der Zahlungen, die er an öffentliche Stellen entrichtet hat und nicht zurückverlangen kann; sonstige Entschädigungen hat der Verbraucher nicht zu leisten.

(4) Übt der Verbraucher sein Rücktrittsrecht aus, so gilt der Rücktritt auch für eine Vereinbarung über eine Restschuldversicherung oder eine sonstige Nebenleistung, die im Zusammenhang mit dem Kreditvertrag vom Kreditgeber selbst oder auf Grund einer Vereinbarung mit dem Kreditgeber von einem Dritten erbracht wird.

(5) Wenn der Verbraucher nach Abs. 1 zum Rücktritt berechtigt ist, entfällt ein Recht zum Rücktritt vom Kreditvertrag gemäß § 8 FernFinG oder § 3 Abs. 1 bis 3 KSchG.

(6) *(aufgehoben, BGBl I 2015/135, ab 21. 3. 2016)*

Verbundene Kreditverträge

§ 13. (1) Ein verbundener Kreditvertrag ist ein Kreditvertrag, der

1. ganz oder teilweise der Finanzierung eines Vertrags über die Lieferung bestimmter Waren

oder die Erbringung einer bestimmten Dienstleistung dient und

2. mit dem finanzierten Vertrag objektiv betrachtet eine wirtschaftliche Einheit bildet; von einer wirtschaftlichen Einheit ist insbesondere dann auszugehen,

a) wenn der Kredit dem Verbraucher vom Warenlieferanten oder Dienstleistungserbringer selbst gewährt wird,

b) wenn sich der Kreditgeber bei der Vorbereitung oder dem Abschluss des Kreditvertrags der Mitwirkung des Warenlieferanten oder Dienstleistungserbringers bedient,

c) wenn im Kreditvertrag ausdrücklich die spezifischen Waren oder die Erbringung einer spezifischen Dienstleistung angegeben sind oder

d) wenn der Kreditgeber und der Warenlieferant oder Dienstleistungserbringer im Rahmen dieser Finanzierung zueinander in eine vertragliche Beziehung treten oder miteinander wegen derartiger Finanzierungen in ständiger Geschäftsverbindung stehen.

(2) Im Fall eines verbundenen Kreditvertrags kann der Verbraucher die Befriedigung des Kreditgebers verweigern, soweit ihm Einwendungen aus dem Rechtsverhältnis zum Lieferanten oder Dienstleistungserbringer gegen diesen zustehen und von ihm erfolglos gegen den Lieferanten oder Dienstleistungserbringer geltend gemacht wurden.

(3) Tritt der Verbraucher nach verbraucherschutzrechtlichen Vorschriften von einem Vertrag über die Lieferung von Waren oder die Erbringung von Dienstleistungen zurück, so gilt der Rücktritt auch für einen damit verbundenen Kreditvertrag. Der Kreditgeber hat in diesem Fall Anspruch auf Ersatz der Zahlungen, die er an öffentliche Stellen entrichtet hat und nicht zurückfordern kann, nicht aber auf sonstige Entschädigungen oder Zinsen.

(4) Tritt der Verbraucher gemäß § 12 vom Kreditvertrag zurück, so kann er binnen einer Woche ab Abgabe der Rücktrittserklärung von einem Vertrag über die Lieferung von Waren oder die Erbringung von Dienstleistungen zurücktreten, wenn der Kreditvertrag mit diesem Vertrag im Sinn des Abs. 1 verbunden ist. Dies gilt nicht, wenn sich die wirtschaftliche Einheit nur aus der Angabe der Waren oder der Dienstleistung im Kreditvertrag ergibt (Abs. 1 Z 2 lit. c).

(5) Die Abs. 2 bis 4 gelten nicht für Kreditverträge, die der Finanzierung des Erwerbs von Finanzinstrumenten dienen.

Kündigungsrecht und ähnliche Rechte des Kreditgebers

§ 14. (1) Der Kreditgeber kann einen auf unbestimmte Zeit geschlossenen Kreditvertrag abweichend von § 986 Abs. 2 ABGB nur kündigen, wenn dieses Recht mit dem Verbraucher vereinbart worden ist und eine zumindest zweimonatige Kündigungsfrist eingehalten wird. Die Kündigung muss dem Verbraucher auf Papier oder einem anderen dauerhaften Datenträger zugehen.

(2) Dem Kreditgeber kommt das gesetzliche Auszahlungsverweigerungsrecht nach § 991 ABGB nicht zu; er kann sich aber vertraglich das Recht vorbehalten, die Auszahlung von Kreditbeträgen, die der Verbraucher noch nicht in Anspruch genommen hat, aus sachlich gerechtfertigten Gründen zu verweigern. Beabsichtigt er, von diesem Recht Gebrauch zu machen, so hat er dies dem Verbraucher unverzüglich auf Papier oder einem anderen dauerhaften Datenträger unter Angabe der Gründe mitzuteilen. Die Angabe der Gründe hat zu unterbleiben, soweit dadurch die öffentliche Sicherheit oder Ordnung gefährdet würde.

(3) Hat der Verbraucher seine Schuld in Raten zu zahlen und hat sich der Kreditgeber für den Fall der Nichtzahlung von Teilbeträgen oder Nebenforderungen das Recht vorbehalten, die sofortige Entrichtung der gesamten noch offenen Schuld zu fordern (Terminsverlust), so darf er dieses Recht nur ausüben, wenn er selbst seine Leistungen bereits erbracht hat, zumindest eine rückständige Leistung des Verbrauchers seit mindestens sechs Wochen fällig ist sowie der Kreditgeber den Verbraucher unter Androhung des Terminsverlustes und unter Setzung einer Nachfrist von mindestens zwei Wochen erfolglos gemahnt hat.

Kündigung durch den Verbraucher

§ 15. Der Verbraucher kann einen auf unbestimmte Zeit geschlossenen Kreditvertrag jederzeit kündigen. Für die Kündigung dürfen ihm keine Kosten verrechnet werden. Eine Kündigungsfrist ist abweichend von § 986 Abs. 2 ABGB nur dann einzuhalten, wenn sie im Vertrag vereinbart wurde und einen Monat nicht übersteigt.

Vorzeitige Rückzahlung

§ 16. (1) Der Kreditnehmer hat das jederzeit ausübbare Recht, den Kreditbetrag vor Ablauf der bedungenen Zeit zum Teil oder zur Gänze zurückzuzahlen. Die vorzeitige Rückzahlung des gesamten Kreditbetrags samt Zinsen gilt als Kündigung des Kreditvertrags. „Die vom Kreditnehmer zu zahlenden Zinsen verringern sich bei vorzeitiger Kreditrückzahlung entsprechend dem dadurch verminderten Außenstand und gegebenenfalls entsprechend der dadurch verkürzten Vertragsdauer; die Kosten verringern sich verhältnismäßig.“ *(BGBl I 2021/1)*

(2) Der Kreditgeber kann vom Kreditnehmer eine angemessene und objektiv gerechtfertigte Entschädigung für den ihm aus der vorzeitigen Rückzahlung voraussichtlich unmittelbar entstehenden Vermögensnachteil verlangen. Dies gilt nicht, wenn

1. die vorzeitige Rückzahlung mit einer Versicherungsleistung aus einem Versicherungsvertrag getätigt wird, der vereinbarungsgemäß die Rückzahlung des Kredits gewährleisten soll,

2. die Rückzahlung in einen Zeitraum fällt, für den kein fester Sollzinssatz vereinbart wurde,

3. der vorzeitig zurückgezahlte Betrag 10 000 Euro innerhalb eines Zeitraums von zwölf Monaten nicht übersteigt oder

4. der Kredit in Gestalt einer Überziehungsmöglichkeit gewährt worden ist.

(3) Die Entschädigung darf die Zinsen, die der Verbraucher bis zum Ende der Laufzeit des Kreditvertrags für den betreffenden Kreditbetrag hätte zahlen müssen, nicht übersteigen. Sie darf überdies höchstens

1. 0,5% des vorzeitig zurückgezahlten Kreditbetrags, wenn der Zeitraum zwischen der vorzeitigen Rückzahlung und dem vereinbarten Ablauf des Kreditvertrags ein Jahr nicht überschreitet, und

2. 1% in allen anderen Fällen

betragen.

(4) *(aufgehoben, BGBl I 2015/135, ab 21. 3. 2016)*

(5) Bei einem Kredit mit Tilgungsträger muss der Kreditgeber auf Verlangen des Kreditnehmers auf ein vertragliches Recht hinsichtlich der auf den Tilgungsträger zu leistenden Zahlungen insoweit verzichten, als der Kreditnehmer den Kredit vorzeitig zurückzahlt.

Forderungsabtretung

§ 17. Werden die Ansprüche des Kreditgebers aus einem Kreditvertrag abgetreten oder der Kreditvertrag selbst zulässigerweise auf einen Dritten übertragen, so ist der Verbraucher darüber zu unterrichten, es sei denn, der ursprüngliche Kreditgeber tritt mit dem Einverständnis des Zessionars oder des Vertragsübernehmers dem Verbraucher gegenüber nach wie vor als Kreditgeber auf. Von § 1396 ABGB kann nicht zum Nachteil des Verbrauchers durch Vereinbarung abgewichen werden.

3. Abschnitt
Überziehungsmöglichkeiten

Definition und anwendbare Bestimmungen

§ 18. (1) Eine Überziehungsmöglichkeit ist ein ausdrücklicher Kreditvertrag, mit dem sich der Kreditgeber verpflichtet, dem Verbraucher Beträge zur Verfügung zu stellen, die das aktuelle Guthaben auf dem laufenden Konto des Verbrauchers überschreiten.

(2) Für Überziehungsmöglichkeiten, bei denen der Kredit nach Aufforderung oder binnen drei Monaten zurückzuzahlen ist (kurzfristige Überziehungsmöglichkeiten), sind vom 2. Abschnitt nur die §§ 4, 5 Abs. 1 Z 1 bis 3 und Abs. 2, die §§ 7, 8, 9 Abs. 1 und 3 und die §§ 13 und 14 Abs. 3 mit den in den §§ 21 und 22 geregelten Besonderheiten anzuwenden. Überdies gelten für diese Überziehungsmöglichkeiten die §§ 19 und 20.

(3) Für sonstige Überziehungsmöglichkeiten ist der 2. Abschnitt mit den in den §§ 21 und 22 geregelten Besonderheiten anzuwenden.

Vorvertragliche Informationspflichten bei kurzfristigen Überziehungsmöglichkeiten

§ 19. (1) Rechtzeitig bevor der Verbraucher durch einen Kreditvertrag oder ein Angebot für einen Kreditvertrag in Form einer Überziehungsmöglichkeit gebunden ist, bei dem der Kredit nach Aufforderung oder binnen drei Monaten zurückzuzahlen ist, muss der Kreditgeber dem Verbraucher auf der Grundlage der vom Kreditgeber angebotenen Kreditbedingungen und gegebenenfalls der vom Verbraucher geäußerten Präferenzen und vorgelegten Auskünfte diejenigen Informationen zur Verfügung stellen, die der Verbraucher benötigt, um verschiedene Angebote zu vergleichen und eine fundierte Entscheidung über den Abschluss eines Kreditvertrags zu treffen. Diese Informationen müssen auf Papier oder einem anderen dauerhaften Datenträger mitgeteilt werden und insbesondere folgende Angaben – alle in gleicher Weise optisch hervorgehoben – enthalten:

1. die Art des Kredits,

2. die Identität und die Anschrift des Kreditgebers sowie gegebenenfalls die Identität und die Anschrift des beteiligten Kreditvermittlers,

3. den Gesamtkreditbetrag,

4. die Laufzeit des Kreditvertrags,

5. den Sollzinssatz, die Bedingungen für die Anwendung des Sollzinssatzes sowie Indizes oder Referenzzinssätze, die auf den anfänglichen Sollzinssatz Anwendung finden, die vom Zeitpunkt des Vertragsabschlusses des Kreditvertrags an zu zahlenden Entgelte und gegebenenfalls die

Bedingungen, unter denen diese Entgelte geändert werden können,

6. den effektiven Jahreszins, erläutert anhand repräsentativer Beispiele unter Angabe sämtlicher in die Berechnung des Jahreszinses einfließenden Annahmen gemäß § 27,

7. die Bedingungen und das Verfahren zur Beendigung des Kreditvertrags,

8. gegebenenfalls den Hinweis, dass der Verbraucher jederzeit zur Rückzahlung des gesamten Kreditbetrags aufgefordert werden kann,

9. den Zinssatz, der im Verzugsfall Anwendung findet, und die Art seiner etwaigen Anpassung sowie gegebenenfalls anfallende Verzugskosten,

10. das Recht des Verbrauchers auf unverzügliche und unentgeltliche Verständigung gemäß § 7 Abs. 4 über das Ergebnis einer Datenbankabfrage zur Beurteilung seiner Kreditwürdigkeit,

11. Angaben zu den ab Abschluss des Kreditvertrags einschlägigen Kosten und, sofern zutreffend, die Bedingungen, nach denen diese Kosten geändert werden können,

12. gegebenenfalls den Zeitraum, während dessen der Kreditgeber an die vorvertraglichen Informationen gebunden ist.

Wird für die Mitteilung der in Z 1 bis 12 angeführten Informationen das Informationsformular nach Anhang III („Europäische Standardinformationen für Überziehungsmöglichkeiten nach dem Verbraucherkreditgesetz") verwendet, so gelten die spezifischen Informationspflichten des Kreditgebers nach diesem Absatz und nach § 5 Abs. 1 FernFinG als erfüllt.

(2) Bei Ferngesprächen oder falls der Verbraucher verlangt, dass die Überziehungsmöglichkeit sofort zur Verfügung steht, muss die Beschreibung der Hauptmerkmale der Finanzdienstleistung zumindest die in Abs. 1 Z 3, 5, 6 und 8 vorgesehenen Angaben enthalten.

(3) Wurde der Vertrag auf Ersuchen des Verbrauchers mittels eines Fernkommunikationsmittels geschlossen, bei dem die Erteilung der vorvertraglichen Informationen gemäß Abs. 1 – einschließlich der in Abs. 2 genannten Fälle – nicht möglich ist, so hat der Kreditgeber unverzüglich nach Abschluss des Kreditvertrags seinen Verpflichtungen gemäß Abs. 1 nachzukommen, indem er dem Verbraucher die vertraglichen Informationen gemäß § 20 vorlegt.

(4) Der Kreditgeber hat dem Verbraucher auf dessen Verlangen zusätzlich zu den Informationen nach Abs. 1 oder 2 unentgeltlich eine Kopie des Kreditvertragsentwurfs mit den vertraglichen Informationen gemäß § 20 zur Verfügung zu stellen. Diese Bestimmung gilt nicht, wenn der Kreditgeber zum Zeitpunkt des Verlangens nicht zum Abschluss eines Kreditvertrags mit dem Verbraucher bereit ist.

(5) Die in dieser Bestimmung vorgesehenen Informationspflichten gelten auch für den Kreditvermittler, sofern es sich bei diesem nicht um einen an der Kreditvermittlung nur in untergeordneter Funktion beteiligten Warenlieferanten oder Dienstleistungserbringer handelt.

Zwingende Angaben bei kurzfristigen Überziehungsmöglichkeiten

§ 20. Bei Kreditverträgen in Form von Überziehungsmöglichkeiten, bei denen der Kredit nach Aufforderung oder binnen drei Monaten zurückzuzahlen ist, ist klar und prägnant Folgendes anzugeben:

1. die Art des Kredits;

2. die Identität und die Anschriften der Vertragsparteien sowie gegebenenfalls die Identität und die Anschrift des beteiligten Kreditvermittlers;

3. die Laufzeit des Kreditvertrags;

4. der Gesamtkreditbetrag und die Bedingungen für die Inanspruchnahme des Kredits;

5. der Sollzinssatz, die Bedingungen für die Anwendung des Sollzinssatzes und, soweit vorhanden, Indizes oder Referenzzinssätze, die sich auf den anfänglichen Sollzinssatz beziehen, ferner die Zeiträume, die Bedingungen und die Vorgangsweise bei der Anpassung des Sollzinssatzes; gelten abhängig von den Umständen unterschiedliche Sollzinssätze, so sind die genannten Informationen für alle anzuwendenden Sollzinssätze zu erteilen;

6. der effektive Jahreszins unter Angabe aller in dessen Berechnung einfließenden Annahmen gemäß § 27 und die Gesamtkosten des Kredites für den Verbraucher, berechnet zum Zeitpunkt des Abschlusses des Kreditvertrags;

7. der Hinweis, dass der Verbraucher jederzeit zur Rückzahlung des gesamten Kreditbetrags aufgefordert werden kann;

8. die einzuhaltenden Modalitäten bei der Ausübung des Rechts auf Kündigung des Kreditvertrags und

9. Angaben über die vom Zeitpunkt des Abschlusses des Kreditvertrags an einschlägigen Entgelte und, soweit zutreffend, die Bedingungen, unter denen diese Entgelte geändert werden können.

Kontoauszug

§ 21. Wird einem Verbraucher ein Kredit in Form einer Überziehungsmöglichkeit eingeräumt, so hat ihn der Kreditgeber regelmäßig mittels eines Kontoauszugs auf Papier oder einem anderen dauerhaften Datenträger zu informieren. Der Kontoauszug hat folgende Einzelheiten zu enthalten:

1. den genauen Zeitraum, auf den sich der Kontoauszug bezieht,

2. die in Anspruch genommenen Beträge und das Datum der Inanspruchnahme,

3. den Saldo sowie das Datum des letzten Kontoauszugs,

4. den neuen Saldo,

5. das jeweilige Datum und den jeweiligen Betrag der Zahlungen des Verbrauchers,

6. den angewandten Sollzinssatz,

7. etwaige erhobene Entgelte,

8. den gegebenenfalls zu zahlenden Mindestbetrag.

Informationen bei Änderung des Sollzinssatzes

§ 22. (1) Bei einem Kredit in Form einer Überziehungsmöglichkeit kann eine Erhöhung des Sollzinssatzes oder der erhobenen Entgelte erst wirksam werden, nachdem der Kreditgeber den Verbraucher auf Papier oder einem anderen dauerhaften Datenträger darüber informiert hat.

(2) Unter den Voraussetzungen des § 11 Abs. 2 kann ein abweichender Zeitpunkt für die Wirksamkeit der Änderung des Sollzinssatzes vereinbart werden, wobei die Information in Form eines Kontoauszugs gemäß § 21 zu erteilen ist.

4. Abschnitt

Überschreitungen

Definition und anwendbare Bestimmungen

§ 23. (1) Überschreitung ist eine stillschweigend akzeptierte Überziehung, bei der der Kreditgeber dem Verbraucher entgeltlich Beträge zur Verfügung stellt, die das aktuelle Guthaben auf dem laufenden Konto des Verbrauchers oder die vereinbarte Überziehungsmöglichkeit überschreiten.

(2) Für Überschreitungen von zumindest 200 Euro gilt § 24; ausgenommen sind Überschreitungen, bei denen der kreditierte Betrag binnen drei Monaten zurückzuzahlen ist und nur geringe Kosten anfallen. Der 2. Abschnitt ist auf Überschreitungen nicht anwendbar.

Zwingende Angaben im Vertrag und Informationspflichten

§ 24. (1) Ein Vertrag über die Eröffnung eines laufenden Kontos, der dem Verbraucher die Möglichkeit der Überschreitung einräumt, muss Informationen über den Sollzinssatz, über die Bedingungen für die Anwendung des Sollzinssatzes, über Indizes oder Referenzzinssätze, die auf den anfänglichen Sollzinssatz Anwendung finden, über die vom Zeitpunkt einer Überschreitung an zu zahlenden Entgelte und gegebenenfalls über die Bedingungen, unter denen diese Entgelte geändert werden können, enthalten. Der Kreditgeber muss diese Informationen in regelmäßigen Abständen auf Papier oder einem anderen dauerhaften Datenträger mitteilen.

(2) Im Fall einer erheblichen Überschreitung für die Dauer von mehr als einem Monat hat der Kreditgeber dem Verbraucher unverzüglich auf Papier oder einem anderen dauerhaften Datenträger Folgendes mitzuteilen:

1. das Vorliegen einer Überschreitung,

2. den betreffenden Betrag,

3. den Sollzinssatz,

4. allfällige Vertragsstrafen, Entgelte oder Verzugszinsen.

5. Abschnitt

Zahlungsaufschub und sonstige Finanzierungshilfen

Anwendbare Bestimmungen

§ 25. (1) Auf Verträge, mit denen ein Unternehmer einem Verbraucher einen entgeltlichen Zahlungsaufschub oder eine sonstige entgeltliche Finanzierungshilfe gewährt, sind die Bestimmungen des 2. Abschnitts mit Ausnahme von § 11 Abs. 4 und mit den nachfolgenden Sonderregelungen anzuwenden. Von der Anwendung des 2. Abschnitts ausgenommen sind jedoch Verträge über die wiederkehrende Erbringung von Dienstleistungen oder über die Lieferung von Waren gleicher Art, bei denen der Verbraucher für die Dauer der Erbringung oder Lieferung Teilzahlungen für diese Dienstleistungen oder Waren leistet.

(2) Bei einem Zahlungsaufschub für eine bestimmte Ware oder Dienstleistung müssen die Standardinformationen in der Werbung (§ 5 Abs. 1) auch den Barzahlungspreis und die Höhe etwaiger Anzahlungen enthalten. Der Barzahlungspreis sowie die Ware oder die Dienstleistung müssen auch in den vorvertraglichen Informationen (§ 6 Abs. 1) und im Kreditvertrag (§ 9 Abs. 2) angegeben werden.

Verbraucherleasingverträge

§ 26. (1) Verträge, bei denen ein Unternehmer einem Verbraucher eine Sache entgeltlich zum Gebrauch überlässt, gelten als Finanzierungshilfe im Sinn des § 25 Abs. 1, wenn im Vertrag selbst oder in einem gesonderten Vertrag zusätzlich vereinbart ist, dass

1. der Verbraucher zum Erwerb der Sache verpflichtet ist,

2. der Unternehmer vom Verbraucher den Erwerb der Sache verlangen kann,

3. der Verbraucher bei Beendigung des Vertrags das Recht hat, die Sache zu einem bestimmten Preis zu erwerben, und er, falls er dieses Recht nicht ausübt, dem Unternehmer dafür einzustehen hat, dass die Sache diesen Wert hat, oder

4. der Verbraucher dem Unternehmer bei Beendigung des Vertrags für einen bestimmten Wert der Sache einzustehen hat, ohne dass ihm das Recht eingeräumt wird, die Sache zu erwerben.

(2) Für Verbraucherleasingverträge gilt § 25 Abs. 2 entsprechend; als Barzahlungspreis gilt der vom Unternehmer für den Erwerb der Sache zu zahlende Kaufpreis. Bei Erfüllung seiner Informationspflicht nach § 6 hat der Unternehmer den Verbraucher auch über das von diesem zu tragende Restwertrisiko und über die Art der Feststellung des Wertes der Sache bei Beendigung des Vertrags aufzuklären; diese Informationen sind auch in den Vertrag (§ 9) aufzunehmen.

(3) Auf Verbraucherleasingverträge nach Abs. 1 Z 3 und 4 sind § 12 und § 15 nicht anzuwenden.

(4) Auf Verbraucherleasingverträge nach Abs. 1 Z 1 ist § 16 Abs. 1 mit der Maßgabe anzuwenden, dass der vorzeitige Erwerb der Sache als vorzeitige Rückzahlung im Sinn dieser Bestimmung gilt. In diesem Fall vermindern sich die vom Verbraucher zu leistenden Zahlungen entsprechend der durch den vorzeitigen Erwerb verkürzten Vertragsdauer. Der Unternehmer hat die für die Vornahme dieser Berechnung erforderlichen Grundlagen im Vertrag (§ 9) anzugeben.

(5) Macht bei einem Verbraucherleasingvertrag nach Abs. 1 Z 2 der Verbraucher von seinem Recht nach § 16 Abs. 1 Gebrauch, so kann der Unternehmer darauf bestehen, dass der Verbraucher die Sache dennoch erwirbt. In diesem Fall vermindern sich die vom Verbraucher zu leistenden Zahlungen entsprechend der durch den vorzeitigen Erwerb verkürzten Vertragsdauer. Stellt der Verbraucher hingegen mangels eines Erwerbsverlangens des Unternehmers die Sache vorzeitig zurück, so sind die von ihm zu leistenden Zahlungen überdies um den Wert der Sache zum Zeitpunkt der Rückstellung zu vermindern. Der Unternehmer hat die für die Vornahme dieser Berechnungen erforderlichen Grundlagen im Vertrag (§ 9) anzugeben.

(6) Macht bei einem Verbraucherleasingvertrag nach Abs. 1 Z 3 der Verbraucher von seinem Recht nach § 16 Abs. 1 Gebrauch, so hat er zu erklären, ob er die Sache vorzeitig erwirbt. In diesem Fall vermindern sich die von ihm zu leistenden Zahlungen entsprechend der durch den vorzeitigen Erwerb verkürzten Vertragsdauer. Stellt der Verbraucher hingegen die Sache vorzeitig zurück, so sind die von ihm zu leistenden Zahlungen überdies um den Wert der Sache zum Zeitpunkt der Rückstellung zu vermindern. Abs. 5 letzter Satz ist anzuwenden.

(7) Auf Verbraucherleasingverträge nach Abs. 1 Z 4 ist § 16 nicht anzuwenden. Solche Verträge können jedoch vom Verbraucher jederzeit gekündigt werden. Der Unternehmer kann in diesem Fall gleich hohe Zahlungen verlangen, wie sie bei einem Verbraucherleasingvertrag nach Abs. 1 Z 2 oder 3 der Verbraucher auf Grund einer vorzeitigen Rückstellung der Sache nach Abs. 5 dritter Satz oder Abs. 6 dritter Satz zu leisten hätte. Bei Erfüllung seiner Informationspflicht nach § 6 hat der Unternehmer den Verbraucher auch über dessen Kündigungsrecht, über die den Verbraucher diesfalls treffende Zahlungspflicht und über deren Berechnung aufzuklären; diese Informationen sind auch in den Vertrag (§ 9) aufzunehmen.

6. Abschnitt

Ergänzende Bestimmungen

Berechnung des effektiven Jahreszinses

§ 27. (1) Der effektive Jahreszins, der auf Jahresbasis die Gleichheit zwischen den Gegenwartswerten der gesamten gegenwärtigen oder künftigen Verpflichtungen (in Anspruch genommene Kreditbeträge, Tilgungszahlungen und Entgelte) des Kreditgebers und des Verbrauchers herstellt, ist anhand der mathematischen Formel in Teil I des Anhangs I zu berechnen.

(2) Für die Berechnung des effektiven Jahreszinses sind die Gesamtkosten des Kredits für den Verbraucher maßgebend, mit Ausnahme der Kosten, die er bei Nichterfüllung einer seiner Verpflichtungen aus dem Kreditvertrag zu tragen hat, sowie der Kosten mit Ausnahme des Kaufpreises, die er beim Erwerb von Waren oder Dienstleistungen unabhängig davon zu tragen hat, ob es sich um ein Bar- oder ein Kreditgeschäft handelt. Die Kosten für die Führung eines Kontos, auf dem sowohl Zahlungen als auch in Anspruch genommene Kreditbeträge verbucht werden, die Kosten für die Verwendung eines Zahlungsmittels, mit dem sowohl Zahlungen getätigt als auch Kreditbeträge in Anspruch genommen werden können, sowie sonstige Kosten für Zahlungsgeschäfte sind als Gesamtkosten des Kredits für den Verbraucher zu berücksichtigen, es sei denn, die Eröffnung des Kontos ist fakultativ und die mit dem Konto verbundenen Kosten sind im Kreditvertrag oder in einem anderen mit dem Verbraucher geschlossenen Vertrag klar und getrennt ausgewiesen.

(3) Bei der Berechnung des effektiven Jahreszinses ist von der Annahme auszugehen, dass der Kreditvertrag für den vereinbarten Zeitraum gilt und dass Kreditgeber und Verbraucher ihren Verpflichtungen unter den im Kreditvertrag festgelegten Bedingungen und zu den dort festgelegten Zeitpunkten nachkommen.

(4) In Kreditverträgen mit Klauseln, nach denen der Sollzinssatz und gegebenenfalls die Entgelte, die im effektiven Jahreszins enthalten sind, deren Bezifferung zum Zeitpunkt seiner Berechnung aber nicht möglich ist, geändert werden können, ist bei der Berechnung des effektiven Jahreszinses von der Annahme auszugehen, dass der Sollzinssatz und die sonstigen Kosten gemessen an der ursprünglichen Höhe fest bleiben und bis zum Ende des Kreditvertrags gelten.

(5) Erforderlichenfalls kann für die Berechnung des effektiven Jahreszinses von den in Anhang I genannten zusätzlichen Annahmen ausgegangen werden.

Strafbestimmungen

§ 28. Sofern die Tat nicht den Tatbestand einer gerichtlich strafbaren Handlung bildet oder nach anderen Verwaltungsstrafbestimmungen mit strengerer Strafe bedroht ist, begeht eine Verwaltungsübertretung und ist mit einer Geldstrafe bis zu 10 000 Euro zu bestrafen, wer

1. Kredite ohne die gemäß § 5 erforderlichen oder mit falschen Angaben bewirbt;

2. in die gemäß § 6 oder § 19 gebotenen vorvertraglichen Informationen falsche Angaben aufnimmt oder die Informationspflichten gemäß § 6 oder § 19 nicht oder nicht vollständig erfüllt,

3. die Kreditwürdigkeit des Verbrauchers nicht entsprechend § 7 Abs. 1 bewertet, den Verbraucher nicht gemäß § 7 Abs. 2 auf die Bedenken gegen die Kreditwürdigkeit hinweist oder den Verbraucher nicht gemäß § 7 Abs. 4 über das Ergebnis der Datenbankabfrage informiert,

4. nicht alle gemäß § 9 oder § 20 vorgesehenen oder falsche Angaben in einen Kreditvertrag aufnimmt,

5. dem Verbraucher auf dessen Verlangen keinen Tilgungsplan gemäß § 10 zur Verfügung stellt,

6. nicht entsprechend § 11 oder § 22 über eine Änderung des Sollzinssatzes informiert,

7. den Verbraucher nicht mittels eines den Anforderungen des § 21 entsprechenden Kontoauszugs informiert,

8. bei einem Konto mit Überschreitungsmöglichkeit in die gemäß § 24 gebotenen Informationen falsche Angaben aufnimmt oder die Informationspflichten gemäß § 24 nicht oder nicht vollständig erfüllt,

9. eine der in Z 1 bis 6 genannten Taten bei einem entgeltlichen Zahlungsaufschub oder einer sonstigen entgeltlichen Finanzierungshilfe begeht und dadurch gegen § 25 in Verbindung mit den Bestimmungen des 2. Abschnitts verstößt,

10. eine der in Z 1 bis 6 genannten Taten bei einem Verbraucherleasingvertrag begeht und dadurch gegen § 25 und § 26 in Verbindung mit § 25 Abs. 1 und den Bestimmungen des 2. Abschnitts verstößt.

Inkrafttretens- und Übergangsbestimmung

§ 29. (1) Dieses Bundesgesetz tritt mit 11. Juni 2010 in Kraft.

(2) Es ist – soweit die folgenden Absätze nichts anderes bestimmen – nur auf Kreditverträge und Kreditierungen anzuwenden, die nach dem 10. Juni 2010 geschlossen beziehungsweise gewährt werden.

(3) Die §§ 11, 14 Abs. 1 und 2, §§ 15, 17, 22 und 24 Abs. 1 zweiter Satz und Abs. 2 sind auch auf Kreditverträge und Kreditierungen anzuwenden, die vor dem 11. Juni 2010 geschlossen beziehungsweise gewährt wurden und am 11. Juni 2010 noch aufrecht sind. Im Übrigen sind auf Kreditverträge und Kreditierungen, die vor dem 11. Juni 2010 geschlossen beziehungsweise gewährt wurden, die bisherigen Bestimmungen weiter anzuwenden.

(4) § 6 ist im Zeitraum ab 11. Juni 2010 bis einschließlich 31. Oktober 2010 mit der Maßgabe anzuwenden, dass die darin vorgesehenen Informationen neben der in § 6 angeführten Form auch auf andere zumutbare Weise erteilt werden können. § 19 ist im Zeitraum ab 11. Juni 2010 bis einschließlich 31. Oktober 2010 mit der Maßgabe anzuwenden, dass die darin vorgesehenen Informationen neben der in § 19 angeführten Form auch auf andere zumutbare Weise erteilt werden können.

(5) § 9 ist im Zeitraum ab 11. Juni 2010 bis einschließlich 31. Oktober 2010 mit der Maßgabe anzuwenden, dass die darin vorgesehenen Angaben neben der in § 9 angeführten Form auch auf andere zumutbare Weise erteilt werden können, soweit nicht die auf das Vertragsverhältnis bisher anwendbaren Vorschriften eine bestimmte Form der Mitteilung von Angaben im Vertrag vorgesehen haben. Durch eine dem vorstehenden Satz entsprechende Mitteilung der Angaben gilt die Voraussetzung des § 12 Abs. 1 letzter Satz für den Beginn der Rücktrittsfrist als erfüllt.

(6) § 25 Abs. 1 ist im Zeitraum ab 11. Juni 2010 bis einschließlich 31. Oktober 2010 auf Vertragsabschlüsse mittels eines Fernkommunikationsmittels im Sinn des § 5a KSchG mit der Maßgabe anzuwenden, dass die Verpflichtungen nach §§ 6 und 9 als erfüllt gelten, wenn die darin vorgesehenen Informationen dem Verbraucher spätestens zusammen mit der Lieferung der Ware auf Papier oder einem anderen dauerhaften Datenträger mitgeteilt werden.

(7) §§ 10 und 21 sind erst ab 1. November 2010 anzuwenden, ab diesem Zeitpunkt aber auch auf Kreditverträge und Kreditierungen, die zwischen dem 11. Juni 2010 und dem 1. November 2010

geschlossen beziehungsweise gewährt wurden und am 1. November 2010 noch aufrecht sind.

(8) Anhang I in der Fassung des Zahlungsverzugsgesetzes, BGBl. I Nr. 50/2013, tritt am 1. Jänner 2013 in Kraft. *(BGBl I 2013/50)*

(9) §§ 4, 7, 12 und 16 in der Fassung des Bundesgesetzes BGBl. I Nr. 135/2015, treten mit 21. März 2016 in Kraft. *(BGBl I 2015/135)*

(10) § 6 in der Fassung des Bundesgesetzes BGBl. I Nr. 93/2017 tritt mit 1. Juli 2018 in Kraft. *(BGBl I 2017/93)*

(11) §§ 4, 7 und 8 in der Fassung des Bundesgesetzes BGBl. I Nr. 1/2021 treten mit 1. Jänner 2021 in Kraft und sind auf Kreditverträge und Kreditierungen anzuwenden, die nach dem 31. Dezember 2020 geschlossen beziehungsweise gewährt werden. *(BGBl I 2021/1)*

(12) § 16 in der Fassung des Bundesgesetzes BGBl. I Nr. 1/2021 tritt mit 1. Jänner 2021 in Kraft und ist auf Kreditverträge und Kreditierungen anzuwenden, die nach dem 11. September 2019 geschlossen beziehungsweise gewährt werden, sofern die vorzeitige Rückzahlung nach dem 31. Dezember 2020 geleistet wird. *(BGBl I 2021/1)*

Vollziehung

§ 30. Mit der Vollziehung dieses Bundesgesetzes ist hinsichtlich der §§ 7 Abs. 5 sowie 28 der Bundeskanzler und im Übrigen der Bundesminister für Justiz betraut.

Anhang I

I. Grundgleichung zur Darstellung der Gleichheit zwischen Kredit-Auszahlungsbeträgen einerseits und Rückzahlungen (Tilgung und Kreditkosten) andererseits

(1) Die nachstehende Gleichung zur Ermittlung des effektiven Jahreszinses drückt auf jährlicher Basis die rechnerische Gleichheit zwischen der Summe der Gegenwartswerte der in Anspruch genommenen Kredit-Auszahlungsbeträge einerseits und der Summe der Gegenwartswerte der Rückzahlungen (Tilgung und Kosten) andererseits aus:

$$\sum_{k=1}^{m} C_k(1+X)^{-t_k} = \sum_{l=1}^{m'} D_l(1+X)^{-s_l}$$

Dabei ist

- X der effektive Jahreszins;
- m die laufende Nummer des letzten Kredit-Auszahlungsbetrags;
- k die laufende Nummer eines Kredit-Auszahlungsbetrags, wobei $1 \leq k \leq m$;
- C_k die Höhe des Kredit-Auszahlungsbetrags mit der Nummer k;
- t_k der in Jahren oder Jahresbruchteilen ausgedrückte Zeitraum zwischen der ersten Kreditauszahlung und dem Zeitpunkt der einzelnen nachfolgenden in Anspruch genommenen Kredit-Auszahlungsbeträge, wobei t1 = 0;
- m’ die laufende Nummer der letzten Tilgungs- oder Kostenzahlung;
- l die laufende Nummer einer Tilgungs- oder Kostenzahlung;
- D_l der Betrag einer Tilgungs- oder Kostenzahlung;
- s_l der in Jahren oder Jahresbruchteilen ausgedrückte Zeitraum zwischen dem Zeitpunkt der Inanspruchnahme des ersten Kredit-Auszahlungsbetrags und dem Zeitpunkt jeder einzelnen Tilgungs- oder Kostenzahlung.

(2) Bei der Berechnung ist Folgendes zu berücksichtigen:

a) Die von beiden Seiten zu unterschiedlichen Zeitpunkten gezahlten Beträge sind nicht notwendigerweise gleich groß und werden nicht notwendigerweise in gleichen Zeitabständen entrichtet.

b) Anfangszeitpunkt ist der Tag der Auszahlung des ersten Kreditbetrags.

c) Der Zeitraum zwischen diesen Zeitpunkten wird in Jahren oder Jahresbruchteilen ausgedrückt. Zugrunde gelegt werden für ein Jahr 365 Tage (bzw. für ein Schaltjahr 366 Tage), 52 Wochen oder zwölf Standardmonate. Ein Standardmonat hat 30,41666 Tage (d. h. 365/12), unabhängig davon, ob es sich um ein Schaltjahr handelt oder nicht.

d) Das Rechenergebnis wird auf mindestens eine Dezimalstelle genau angegeben. Ist die Ziffer der darauf folgenden Dezimalstelle größer als oder gleich 5, so erhöht sich die Ziffer der ersten Dezimalstelle um den Wert 1.

e) Mathematisch darstellen lässt sich diese Gleichung durch eine einzige Summation unter Verwendung des Faktors „Ströme“ (Ak), die entweder positiv oder negativ sind, je nachdem, ob sie für Auszahlungen oder für Rückzahlungen innerhalb der Perioden 1 bis k, ausgedrückt in Jahren, stehen:

$$S = \sum_{k=1}^{n} A_k(1+X)^{-t_k}$$

dabei ist S der Saldo der Gegenwartswerte aller „Ströme“, deren Wert gleich Null sein muss, damit die Gleichheit zwischen den „Strömen“ gewahrt bleibt.

II. Es gelten die folgenden zusätzlichen Annahmen für die Berechnung des effektiven Jahreszinses:

a) Ist es dem Verbraucher nach dem Kreditvertrag freigestellt, wann er den Kredit in Anspruch nehmen will, so gilt der gesamte Kredit als sofort in voller Höhe in Anspruch genommen.

b) Ist dem Verbraucher nach dem Kreditvertrag generell freigestellt, wann er den Kredit in Anspruch nehmen will, sind jedoch je nach Art der Inanspruchnahme Beschränkungen in Bezug auf Kreditbetrag und Zeitraum vorgesehen, so gilt der gesamte Kredit als zu dem im Kreditvertrag vorgesehenen frühestmöglichen Zeitpunkt mit den entsprechenden Beschränkungen in Anspruch genommen.

c) Sieht der Kreditvertrag verschiedene Arten der Inanspruchnahme mit unterschiedlichen Kosten oder Sollzinssätzen vor, so gilt der gesamte Kredit als zu den höchsten Kosten und zum höchsten Sollzinssatz in Anspruch genommen, wie sie für die Kategorie von Geschäften gelten, die bei dieser Kreditvertragsart am häufigsten vorkommt.

d) Bei einer Überziehungsmöglichkeit gilt der gesamte Kreditbetrag als in voller Höhe und für die gesamte Laufzeit des Kreditvertrags in Anspruch genommen. Ist die Dauer der Überziehungsmöglichkeit nicht bekannt, so wird bei der Berechnung des effektiven Jahreszinses von der Annahme ausgegangen, dass die Laufzeit des Kreditvertrags drei Monate beträgt.

e) Bei unbefristeten Kreditverträgen, die keine Überziehungsmöglichkeiten sind, wird angenommen, dass

i) der Kredit ab der ersten Inanspruchnahme für einen Zeitraum von einem Jahr gewährt wird und dass mit der letzten Zahlung des Verbrauchers der Saldo, die Zinsen und etwaige sonstige Kosten ausgeglichen sind;

ii) der Kreditbetrag in gleich hohen monatlichen Zahlungen, beginnend einen Monat nach dem Zeitpunkt der ersten Inanspruchnahme zurückgezahlt wird. Muss der Kreditbetrag jedoch vollständig, in Form einer einmaligen Zahlung, innerhalb jedes Zahlungszeitraums zurückgezahlt werden, so wird angenommen, dass spätere Inanspruchnahmen und Rückzahlungen des gesamten Kreditbetrags durch den Verbraucher innerhalb eines Jahres stattfinden. Zinsen und sonstige Kosten werden entsprechend diesen Inanspruchnahmen und Tilgungszahlungen und nach den Bestimmungen des Kreditvertrags festgelegt.

Als unbefristete Kreditverträge gelten für die Zwecke dieses Punkts Kreditverträge ohne feste Laufzeit, einschließlich solcher Kredite, bei denen der Kreditbetrag innerhalb oder nach Ablauf eines Zeitraums vollständig zurückgezahlt werden muss, dann aber erneut in Anspruch genommen werden kann.

f) Bei anderen Kreditverträgen, die weder Überziehungsmöglichkeiten noch unbefristete Kredite sind (siehe die Annahmen unter d und e), gilt Folgendes:

i) Lassen sich der Zeitpunkt oder die Höhe einer vom Verbraucher zu leistenden Tilgungszahlung nicht feststellen, so wird angenommen, dass die Rückzahlung zu dem im Kreditvertrag genannten frühestmöglichen Zeitpunkt und in der darin festgelegten geringsten Höhe erfolgt.

ii) Ist der Zeitpunkt des Abschlusses des Kreditvertrags nicht bekannt, so wird angenommen, dass der Kredit erstmals zu dem Zeitpunkt in Anspruch genommen wurde, der sich aus dem kürzesten zeitlichen Abstand zwischen diesem Zeitpunkt und der Fälligkeit der ersten vom Verbraucher zu leistenden Zahlung ergibt.

g) Lassen sich der Zeitpunkt oder die Höhe einer vom Verbraucher zu leistenden Tilgungszahlung nicht anhand des Kreditvertrags oder der Annahmen nach den Buchstaben d, e oder f feststellen, so wird angenommen, dass die Zahlung in Übereinstimmung mit den vom Kreditgeber bestimmten Fristen und Bedingungen erfolgt, und dass, falls diese nicht bekannt sind,

i) die Zinszahlungen zusammen mit den Tilgungszahlungen erfolgen,

ii) Zahlungen für Kosten, die keine Zinsen sind und die als Einmalbetrag ausgedrückt sind, bei Abschluss des Kreditvertrags erfolgen,

iii) Zahlungen für Kosten, die keine Zinsen sind und die als Mehrfachzahlungen ausgedrückt sind, beginnend mit der ersten Tilgungszahlung in regelmäßigen Abständen erfolgen, und es sich, falls die Höhe dieser Zahlungen nicht bekannt ist, um jeweils gleich hohe Beträge handelt,

iv) mit der letzten Zahlung der Saldo, die Zinsen und etwaige sonstige Kosten ausgeglichen sind.

h) Wurde noch keine Kreditobergrenze vereinbart, so wird eine Obergrenze in Höhe von 1 500 Euro angenommen.

i) Werden für einen begrenzten Zeitraum oder Betrag verschiedene Sollzinssätze und Kosten angeboten, so werden als Sollzinssatz oder als Kosten während der gesamten Laufzeit des Kreditvertrags der höchste Zinssatz bzw. die höchsten Kosten angenommen.

j) Bei Verbraucherkreditverträgen, bei denen für den Anfangszeitraum ein fester Sollzinssatz vereinbart wurde, nach dessen Ablauf ein neuer Sollzinssatz festgelegt wird, der anschließend in regelmäßigen Abständen nach einem vereinbarten Indikator angepasst wird, wird bei der Berechnung des effektiven Jahreszinses von der Annahme ausgegangen, dass der Sollzinssatz ab dem Ende der Festzinsperiode dem Sollzinssatz entspricht, der sich aus dem Wert des vereinbarten Indikators im Zeitpunkt der Berechnung des effektiven Jahreszinses ergibt.

(BGBl I 2013/50)

Anhang II

Europäische Standardinformationen für Kreditierungen nach dem Verbraucherkreditgesetz

1. Name und Kontaktangaben des Kreditgebers/Kreditvermittlers

Kreditgeber Anschrift Telefon[1)] E-Mail[1)] Fax[1)] Internet-Adresse[1)]	[Name] [Anschrift für Kontakte mit dem Verbraucher]
(falls zutreffend) Kreditvermittler Anschrift Telefon[1)] E-Mail[1)] Fax[1)] Internet-Adresse[1)]	[Name] [Anschrift für Kontakte mit dem Verbraucher]

[1)] *Freiwillige Angaben des Kreditgebers*

In allen Fällen, in denen „falls zutreffend" angegeben ist, muss der Kreditgeber das betreffende Kästchen ausfüllen, wenn die Information für das Kreditprodukt relevant ist, oder die betreffende Information bzw. die gesamte Zeile durchstreichen, wenn die Information für die in Frage kommende Kreditart nicht relevant ist.

Die Vermerke in eckigen Klammern dienen zur Erläuterung und sind durch die entsprechenden Angaben zu ersetzen.

2. Beschreibung der wesentlichen Merkmale des Kreditprodukts

Kreditart	
Gesamtkreditbetrag *Obergrenze oder Summe aller Beträge, die auf Grund des Kreditvertrags zur Verfügung gestellt wird*	
Bedingungen für die Inanspruchnahme Gemeint ist, wie und wann Sie das Geld erhalten	
Laufzeit des Kreditvertrags	
Teilzahlungen und gegebenenfalls Reihenfolge, in der die Teilzahlungen angerechnet werden	Sie müssen folgende Zahlungen leisten: [Betrag, Anzahl und Fälligkeit der vom Verbraucher zu leistenden Zahlungen] Zinsen und/oder Kosten sind wie folgt zu entrichten:
Von Ihnen zu zahlender Gesamtbetrag *Betrag des geliehenen Kapitals zuzüglich Zinsen und etwaiger Kosten im Zusammenhang mit Ihrem Kredit*	[Summe des Gesamtkreditbetrags und der Gesamtkosten des Kredits]
(falls zutreffend) Der Kredit wird in Form eines Zahlungsaufschubs für eine Ware oder Dienstleistung gewährt oder ist mit der Lieferung bestimmter Waren oder der Erbringung einer Dienstleistung verbunden. Bezeichnung des Produkts/der Dienstleistung Barzahlungspreis	
(falls zutreffend) Verlangte Sicherheiten	[Art der Sicherheiten]

Beschreibung der von Ihnen im Zusammenhang mit dem Kreditvertrag zu stellenden Sicherheiten	
(falls zutreffend) *Zahlungen dienen nicht der unmittelbaren Kapitaltilgung*	

3. Kreditkosten

Sollzinssatz oder gegebenenfalls die verschiedenen Sollzinssätze, die für den Kreditvertrag gelten	[% – fest oder – variabel (mit dem Index oder Referenzzinssatz für den anfänglichen Sollzinssatz) – Zeiträume]
Effektiver Jahreszins *Gesamtkosten ausgedrückt als jährlicher Prozentsatz des Gesamtkreditbetrags* *Diese Angabe hilft Ihnen dabei, unterschiedliche Angebote zu vergleichen.*	[%. Repräsentatives Beispiel unter Angabe sämtlicher in die Berechnung des Jahreszinses einfließender Annahmen]
Ist – der Abschluss einer Kreditversicherung oder – die Inanspruchnahme einer anderen mit dem Kreditvertrag zusammenhängenden Nebenleistung zwingende Voraussetzung dafür, dass der Kredit überhaupt oder nach den vorgesehenen Vertragsbedingungen gewährt wird? *Falls der Kreditgeber die Kosten dieser Dienstleistungen nicht kennt, sind sie nicht im effektiven Jahreszins enthalten.*	Ja/nein [Falls ja, Art der Versicherung:] Ja/nein [Falls ja, Art der Nebenleistung:]
Kosten im Zusammenhang mit dem Kredit	
(falls zutreffend) Die Führung eines oder mehrerer Konten ist für die Buchung der Zahlungsvorgänge und der in Anspruch genommenen Kreditbeträge erforderlich.	
(falls zutreffend) Höhe der Kosten für die Verwendung eines bestimmten Zahlungsmittels (z. B. einer Kreditkarte)	
(falls zutreffend) Sonstige Kosten im Zusammenhang mit dem Kreditvertrag	
(falls zutreffend) Bedingungen, unter denen die vorstehend genannten Kosten im Zusammenhang mit dem Kreditvertrag geändert werden können	
(falls zutreffend) Verpflichtung zur Zahlung von Notariatsgebühren	
Kosten bei Zahlungsverzug *Ausbleibende Zahlungen können schwerwiegende Folgen für Sie haben (z. B. Zwangsversteigerung) und die Erlangung eines Kredits erschweren.*	Bei Zahlungsverzug wird Ihnen [… (anwendbarer Zinssatz und Regelungen für seine Anpassung sowie gegebenenfalls Verzugskosten)] berechnet. *(BGBl I 2013/50, ab 21. 3. 2013)*

4. Andere wichtige rechtliche Aspekte

Rücktrittsrecht *Sie haben das Recht, innerhalb von 14 Kalendertagen vom Kreditvertrag zurückzutreten.*	ja/nein
Vorzeitige Rückzahlung Sie haben das Recht, den Kredit jederzeit ganz oder teilweise vorzeitig zurückzuzahlen.	
(falls zutreffend) Dem Kreditgeber steht bei vorzeitiger Rückzahlung eine Entschädigung zu	Festlegung der Entschädigung (Berechnungsmethode) gemäß § 16 Verbraucherkreditgesetz]
Datenbankabfrage *Der Kreditgeber muss Sie unverzüglich und unentgeltlich über das Ergebnis einer Datenbankabfrage informieren, wenn ein Kreditantrag auf Grund einer solchen Abfrage abgelehnt wird.* *Dies gilt nicht, wenn eine entsprechende Unterrichtung den Zielen der öffentlichen Ordnung oder der öffentlichen Sicherheit zuwiderläuft.*	
Recht auf einen Kreditvertragsentwurf *Sie haben das Recht, auf Verlangen unentgeltlich eine Kopie des Kreditvertragsentwurfs zu erhalten. Diese Bestimmung gilt nicht, wenn der Kreditgeber zum Zeitpunkt des Verlangens nicht zum Abschluss eines Kreditvertrags mit Ihnen bereit ist.*	
(falls zutreffend) Zeitraum, während dessen der Kreditgeber an die vorvertraglichen Informationen gebunden ist	Diese Informationen gelten vom … bis ...

(falls zutreffend)

5. Zusätzliche Informationen beim Fernabsatz von Finanzdienstleistungen

a) zum Kreditgeber	
(falls zutreffend) Vertreter des Kreditgebers in dem Mitgliedstaat, in dem Sie Ihren Wohnsitz haben Anschrift Telefon[1)] E-Mail[1)] Fax[1)] Internet-Adresse[1)]	[Name] [tatsächliche Anschrift, für den Verbraucher]
(falls zutreffend) Eintragung im Firmenbuch (Handelsregister)	[Firmenbuch (Handelsregister), in das der Kreditgeber eingetragen ist, und seine Firmenbuchnummer (Handelsregisternummer oder eine gleichwertige in diesem Register verwendete Kennung)]
(falls zutreffend) Zuständige Aufsichtsbehörde	
b) zum Kreditvertrag	
(falls zutreffend) Ausübung des Rücktrittsrechts	[Praktische Hinweise zur Ausübung des Rücktrittsrechts, darunter Rücktrittsfrist, Angabe der Anschrift, an die die Rücktrittserklärung zu senden ist, sowie Folgen bei Nichtausübung dieses Rechts]
(falls zutreffend)	

Recht, das der Kreditgeber der Aufnahme von Beziehungen zu Ihnen vor Abschluss des Kreditvertrags zugrunde legt	
(falls zutreffend) Klauseln über das auf den Kreditvertrag anwendbare Recht und/oder die zuständige Gerichtsbarkeit	[entsprechende Klausel hier wiedergeben]
(falls zutreffend) Wahl der Sprache	Die Informationen und Vertragsbedingungen werden in [Angabe der Sprache] vorgelegt. Mit Ihrer Zustimmung werden wir während der Laufzeit des Kreditvertrags in [Angabe der Sprache(n)] mit Ihnen Kontakt halten.
c) zu den Rechtsmitteln	
Verfügbarkeit außergerichtlicher Beschwerde- oder Schlichtungsverfahren und Zugang dazu	[Angabe, ob der Verbraucher, der Vertragspartei eines Fernabsatzvertrags ist, Zugang zu einem außergerichtlichen Beschwerde- oder Schlichtungsverfahren hat, und gegebenenfalls die Voraussetzungen für diesen Zugang]

[1)] *Freiwillige Angaben des Kreditgebers.*

Anhang III

Europäische Verbraucherkreditinformationen bei Überziehungsmöglichkeiten nach dem Verbraucherkreditgesetz

1. Name und Kontaktangaben des Kreditgebers/Kreditvermittlers

Kreditgeber Anschrift Telefon[1)] E-Mail[1)] Fax[1)] Internet-Adresse[1)]	[Name] [Anschrift für Kontakte mit dem Verbraucher]
(falls zutreffend) Kreditvermittler Anschrift Telefon[1)] E-Mail[1)] Fax[1)] Internet-Adresse[1)]	[Name] [Anschrift für Kontakte mit dem Verbraucher]

[1)] *Freiwillige Angaben des Kreditgebers.*

In allen Fällen, in denen „falls zutreffend" angegeben ist, muss der Kreditgeber das betreffende Kästchen ausfüllen, wenn die Information für das Kreditprodukt relevant ist, oder die betreffende Information bzw. die gesamte Zeile durchstreichen, wenn die Information für die in Frage kommende Kreditart nicht relevant ist.

Die Vermerke in eckigen Klammern dienen zur Erläuterung und sind durch die entsprechenden Angaben zu ersetzen.

2. Beschreibung der wesentlichen Merkmale des Kreditprodukts

Kreditart	
Gesamtkreditbetrag *Obergrenze oder Summe aller Beträge, die auf Grund des Kreditvertrags zur Verfügung gestellt wird*	
Laufzeit des Kreditvertrags	
(falls zutreffend) Sie können jederzeit zur Rückzahlung des gesamten Kreditbetrags aufgefordert werden.	

3. Kreditkosten

Sollzinssatz oder gegebenenfalls die verschiedenen Sollzinssätze, die für den Kreditvertrag gelten	[% – fest oder – variabel (mit dem Index oder Referenzzinssatz für den anfänglichen Sollzinssatz)]
effektiver Jahreszins *Gesamtkosten ausgedrückt als jährlicher Prozentsatz des Gesamtkreditbetrags des Kredits. Der effektive Jahreszins soll dem Verbraucher einen Vergleich der verschiedenen Angebote ermöglichen.*	[%. Repräsentatives Beispiel unter Angabe sämtlicher in die Berechnung des Jahreszinses einfließender Annahmen]
(falls zutreffend) Kosten (falls zutreffend)	[sämtliche vom Zeitpunkt einer Überschreitung an zu zahlende Kosten]

Bedingungen, unter denen diese Kosten geändert werden können	
Kosten bei Zahlungsverzug	Bei Zahlungsverzug wird Ihnen [… (anwendbarer Zinssatz und Regelungen für seine Anpassung sowie gegebenenfalls Verzugskosten)] berechnet. *(BGBl I 2013/50, ab 21. 3. 2013)*

4. Andere wichtige rechtliche Aspekte

Beendigung des Kreditvertrags	[Bedingungen und Verfahren zur Beendigung des Kreditvertrags]
Datenbankabfrage *Der Kreditgeber muss Sie unverzüglich und unentgeltlich über das Ergebnis einer Datenbankabfrage informieren, wenn ein Kreditantrag auf Grund einer solchen Abfrage abgelehnt wird.* *Dies gilt nicht, wenn eine entsprechende Unterrichtung den Zielen der öffentlichen Ordnung oder der öffentlichen Sicherheit zuwiderläuft.*	
(falls zutreffend) Zeitraum, während dessen der Kreditgeber an die vorvertraglichen Informationen gebunden ist	Diese Informationen gelten vom … bis ...

Falls zutreffend

5. Zusätzlich zu gebende Informationen beim Fernabsatz von Finanzdienstleistungen

a) zum Kreditgeber	
(falls zutreffend) Vertreter des Kreditgebers in dem Mitgliedstaat, in dem Sie Ihren Wohnsitz haben Anschrift Telefon[1] E-Mail[1] Fax[1] Internet-Adresse[1]	[Name] [Anschrift für Kontakte mit dem Verbraucher]
(falls zutreffend) Eintrag im Firmenbuch (Handelsregister)	[Firmenbuch (Handelsregister), in das der Kreditgeber eingetragen ist, und seine Firmenbuchnummer (Handelsregisternummer oder eine gleichwertige in diesem Register verwendete Kennung)]
(falls zutreffend) zuständige Aufsichtsbehörde	
b) zum Kreditvertrag	
Rücktrittsrecht *Sie haben das Recht, innerhalb von 14 Tagen vom Kreditvertrag zurückzutreten.* (falls zutreffend) Ausübung des Rücktrittsrechts	Ja/Nein [praktische Hinweise zur Ausübung des Rücktrittsrechts, u.a. Anschrift, an die die Rücktrittserklärung zu senden ist, sowie Folgen bei Nichtausübung dieses Rechts]
(falls zutreffend) Recht, das der Kreditgeber der Aufnahme von Beziehungen zu Ihnen vor Abschluss des Kreditvertrags zugrunde legt	
(falls zutreffend) Klauseln über das auf den Kreditvertrag anwendbare Recht und/oder die zuständige Gerichtsbarkeit	[entsprechende Klausel hier wiedergeben]

(falls zutreffend) Wahl der Sprache	Die Informationen und Vertragsbedingungen werden in [Angabe der Sprache] vorgelegt. Mit Ihrer Zustimmung werden wir während der Laufzeit des Kreditvertrags in [Angabe der Sprache(n)] mit Ihnen Kontakt halten.
c) zu den Rechtsmitteln	
Verfügbarkeit außergerichtlicher Beschwerde- oder Schlichtungsverfahren und Zugang zu ihnen	[Angabe, ob der Verbraucher, der Vertragspartei eines Fernabsatzvertrags ist, Zugang zu einem außergerichtlichen Beschwerde- oder Schlichtungsverfahren hat, und gegebenenfalls die Voraussetzungen für diesen Zugang]

[1)] Freiwillige Angaben des Kreditgebers.

Bundesgesetz über Hypothekar- und Immobilienkreditverträge und sonstige Kreditierungen zu Gunsten von Verbrauchern (Hypothekar- und Immobilienkreditgesetz – HIKrG)

BGBl I 2015/135 idF

1 BGBl I 2017/93 (RW-VG) **2** BGBl I 2021/1

1. Abschnitt

Regelungsgegenstand, Begriffsbestimmungen, allgemeine Bestimmungen

Regelungsgegenstand

§ 1. Dieses Bundesgesetz regelt zur Umsetzung der Richtlinie 2014/17/EU über Wohnimmobilienkreditverträge für Verbraucher und zur Änderung der Richtlinien 2008/48/EG und 2013/36/EU und der Verordnung (EU) Nr. 1093/2010, ABl. Nr. L 60 vom 28.02.2014 S. 34, „in der Fassung der Berichtigung ABl. Nr. L 47 vom 20.02.2015 S. 34 und der Berichtigung ABl. Nr. L 246 vom 23.09.2015 S. 11", bestimmte Gesichtspunkte von Verbraucherkreditverträgen und anderen Formen der Kreditierung zu Gunsten von Verbrauchern, wenn diese Verträge entweder an einer Liegenschaft oder einem Superädifikat besichert werden oder für den Erwerb oder die Erhaltung von Eigentumsrechten an einer unbeweglichen Sache oder einem bestehenden oder geplanten Superädifikat bestimmt sind. *(BGBl I 2017/93, ab 1. 7. 2018)*

Begriffsbestimmungen

§ 2. (1) Kreditgeber ist ein Unternehmer im Sinn des § 1 Abs. 1 Z 1 KSchG, der einen Kredit gewährt oder zu gewähren verspricht oder eine sonstige Kreditierung einräumt.

(2) Kreditnehmer ist ein Verbraucher im Sinn des § 1 Abs. 1 Z 2 und Abs. 3 KSchG, der einen Kredit oder eine sonstige Kreditierung in Anspruch nimmt.

(3) Verbraucherkreditvertrag (Kreditvertrag) ist ein Kreditvertrag im Sinn des § 988 ABGB, an dem ein Unternehmer als Kreditgeber und ein Verbraucher als Kreditnehmer beteiligt sind.

(4) Nebenleistung ist eine Dienstleistung, die dem Verbraucher im Zusammenhang mit dem Kreditvertrag angeboten wird.

(5) Kreditvermittler ist eine natürliche oder juristische Person, die nicht als Kreditgeber oder als Notar handelt, die nicht lediglich einen Verbraucher direkt oder indirekt mit einem Kreditgeber oder Kreditvermittler in Kontakt bringt und die in Ausübung ihrer gewerblichen oder beruflichen Tätigkeit gegen eine Vergütung, die aus einer Geldzahlung oder einem sonstigen vereinbarten wirtschaftlichen Vorteil bestehen kann,

1. Verbrauchern Kreditverträge oder sonstige Kreditierungen vorstellt oder anbietet,

2. Verbrauchern bei anderen als den in Z 1 genannten Vorarbeiten oder anderen vorvertraglichen administrativen Tätigkeiten zum Abschluss von Kreditverträgen oder sonstigen Kreditierungen behilflich ist oder

3. für den Kreditgeber Kreditverträge mit Verbrauchern abschließt oder bei sonstigen Kreditierungen für den Kreditgeber handelt.

(6) Gruppe ist eine Gruppe von Kreditgebern, die zum Zweck der Erstellung eines konsolidierten Abschlusses im Sinn der Richtlinie 2013/34/EU über den Jahresabschluss, den konsolidierten Abschluss und damit verbundene Berichte von Unternehmen bestimmter Rechtsformen und zur Änderung der Richtlinie 2006/43/EG des Europäischen Parlaments und des Rates und zur Aufhebung der Richtlinien 78/660/EWG und 83/349/EWG des Rates, ABl. Nr. L 182 vom 29.06.2013 S. 19, zuletzt geändert durch die Richtlinie 2014/102/EU, ABl. Nr. L 334 vom 21.11.2014 S. 86, zu konsolidieren sind.

(7) Gebundener Kreditvermittler ist ein Kreditvermittler, der im Namen und unter der unbeschränkten und vorbehaltlosen Verantwortung

1. nur eines Kreditgebers,

2. nur einer Gruppe oder

3. mehrerer Kreditgeber oder Gruppen, die auf dem Markt zusammen keine Mehrheit bilden, handelt.

(8) Gesamtkreditbetrag ist die Obergrenze oder die Summe aller Beträge, die auf Grund eines Kreditvertrags zur Verfügung gestellt werden.

(9) Gesamtkosten des Kredits für den Verbraucher sind sämtliche Kosten einschließlich der Zinsen, Provisionen etwa für die Vermittlung des Kredits, Abgaben und Kosten jeder Art – ausgenommen Notariatsgebühren –, die der Verbraucher im Zusammenhang mit dem Kreditvertrag

zu zahlen hat und die dem Kreditgeber bekannt sind. Dazu zählen auch Kosten für Nebenleistungen im Zusammenhang mit dem Kreditvertrag, insbesondere Versicherungsprämien, wenn der Abschluss des Vertrags über diese Nebenleistung eine vom Kreditgeber geforderte Voraussetzung dafür ist, dass der Kredit überhaupt oder nach den vorgesehenen Vertragsbedingungen gewährt wird, sowie die Kosten für die Liegenschaftsbewertung, sofern eine solche Bewertung für die Gewährung des Kredits erforderlich ist, jedoch nicht die Gebühren für die Eintragung der Eigentumsübertragung in das Grundbuch, außerdem nicht Entgelte, die der Verbraucher für die Nichteinhaltung der im Kreditvertrag festgelegten Verpflichtungen zahlen muss.

(10) Der vom Verbraucher zu zahlende Gesamtbetrag ist die Summe des Gesamtkreditbetrags und der Gesamtkosten des Kredits für den Verbraucher.

(11) Der effektive Jahreszins drückt die Gesamtkosten des Kredits für den Verbraucher als jährlichen Prozentsatz des Gesamtkreditbetrags aus (§ 29).

(12) Sollzinssatz ist der als fester oder variabler periodischer Prozentsatz ausgedrückte Zinssatz, der auf jährlicher Basis auf die in Anspruch genommenen Kreditauszahlungsbeträge angewandt wird.

(13) Kreditwürdigkeitsprüfung ist die Bewertung der Aussicht, dass den Verpflichtungen aus dem Kreditvertrag nachgekommen wird.

(14) Dauerhafter Datenträger ist jedes Medium, das es dem Verbraucher gestattet, an ihn persönlich gerichtete Informationen derart zu speichern, dass er sie in der Folge für eine den Zwecken der Informationen angemessene Dauer einsehen kann, und das die unveränderte Wiedergabe der gespeicherten Informationen ermöglicht.

(15) Immobilienverzehrkredite sind Kreditverträge, bei denen der Kreditgeber

1. pauschale oder regelmäßige Zahlungen leistet oder andere Formen der Kreditauszahlung vornimmt und im Gegenzug einen Betrag aus dem künftigen Erlös des Verkaufs einer Wohnimmobilie erhält oder ein Recht an einer Wohnimmobilie erwirbt, und

2. erst nach dem Tod des Verbrauchers oder dem endgültigen Auszug des Verbrauchers aus der Wohnimmobilie eine Rückzahlung fordern kann, außer der Verbraucher verstößt gegen die Vertragsbestimmungen, was dem Kreditgeber erlaubt, den Kreditvertrag zu kündigen.

(16) Kredit mit Tilgungsträger ist ein Kredit, bei dem die Zahlungen des Verbrauchers zunächst nicht der Tilgung des Kreditbetrags, sondern der Bildung von Kapital auf einem Tilgungsträger dienen und vorgesehen ist, dass der Kredit später zumindest teilweise mit Hilfe des Tilgungsträgers zurückgezahlt wird. Tilgungsträger können Wertpapiere, Kapitallebensversicherungen oder sonstige Finanzprodukte sein.

Unwirksame Vereinbarungen

§ 3. Soweit in Vereinbarungen zum Nachteil des Verbrauchers von den Bestimmungen dieses Bundesgesetzes abgewichen wird, sind sie unwirksam.

Unentgeltlichkeit von Informationen

§ 4. Wenn dieses Bundesgesetz Informationen für Verbraucher vorsieht, sind diese Informationen unentgeltlich zu erteilen.

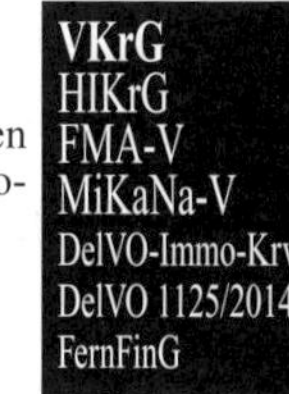

2. Abschnitt
Hypothekar- und Immobilienkreditverträge

Anwendungsbereich

§ 5. (1) Dieser Abschnitt gilt für Verbraucherkreditverträge (Kreditverträge),

1. die durch ein Pfandrecht oder ein sonstiges Recht an einer unbeweglichen Sache oder einem Superädifikat besichert werden oder

2. die für den Erwerb oder die Erhaltung von Eigentumsrechten an einer unbeweglichen Sache oder einem bestehenden oder geplanten Superädifikat bestimmt sind.

(2) Dieser Abschnitt gilt nicht für Kreditverträge,

1. die zwischen Arbeitgebern und Arbeitnehmern als Nebenleistung aus dem Arbeitsverhältnis zu einem effektiven Jahreszins unter dem marktüblichen Zins geschlossen werden,

2. die in Gestalt eines vor einem Gericht oder einer sonstigen staatlichen Einrichtung geschlossenen Vergleichs oder als dessen Ergebnis geschlossen werden,

3. die mit einem begrenzten Kundenkreis im Rahmen gesetzlicher Bestimmungen im Gemeinwohlinteresse geschlossen werden, sei es zinslos oder zu einem niedrigeren als dem marktüblichen Zinssatz oder zu anderen, für den Verbraucher günstigeren als den marktüblichen Bedingungen und zu Zinssätzen, die nicht über den marktüblichen Zinssätzen liegen, *(BGBl I 2021/1)*

4. die Immobilienverzehrkredite sind.

Werbung

§ 6. (1) Werden in einer Werbung für Kreditverträge Zinssätze oder sonstige auf die Kosten eines Kredits für den Verbraucher bezogene

Zahlen genannt, so muss die Werbung klar, prägnant und auffallend folgende Standardinformationen enthalten:

1. die Identität des Kreditgebers oder gegebenenfalls des Kreditvermittlers,

2. gegebenenfalls den Hinweis, dass der Kreditvertrag durch ein Pfandrecht oder ein sonstiges Recht an einer unbeweglichen Sache oder einem Superädifikat besichert wird,

3. den Sollzinssatz und die Angabe, ob es sich um einen festen oder einen variablen Zinssatz oder eine Kombination aus beiden handelt, sowie Einzelheiten aller für den Verbraucher anfallenden, in die Gesamtkreditkosten einbezogenen Kosten,

4. den Gesamtkreditbetrag,

5. den effektiven Jahreszins, der in der Werbung mindestens genauso hervorzuheben ist wie jeder Zinssatz,

6. gegebenenfalls die Laufzeit des Kreditvertrags,

7. gegebenenfalls die Höhe der Raten,

8. gegebenenfalls den vom Verbraucher zu zahlenden Gesamtbetrag,

9. gegebenenfalls die Anzahl der Raten,

10. gegebenenfalls einen Warnhinweis, dass sich mögliche Wechselkursschwankungen auf die Höhe des vom Verbraucher zu zahlenden Betrags auswirken könnten.

(2) Die in Abs. 1 angeführten Informationen mit Ausnahme der Angaben nach Z 1, 2 und 10 sind durch ein repräsentatives Beispiel zu veranschaulichen und richten sich durchwegs nach diesem repräsentativen Beispiel. Der Gesamtkreditbetrag, die Laufzeit und die Ratenanzahl des repräsentativen Beispiels müssen dem beworbenen Vertragstyp entsprechen, insbesondere gegebenenfalls dem aus der Werbung erkennbaren Finanzierungszweck. Bei der Auswahl des Beispiels muss der Kreditgeber von einem effektiven Jahreszins ausgehen, von dem er erwarten darf, dass er den überwiegenden Teil der auf Grund der Werbung zustande kommenden Verträge zu dem angegebenen oder einem niedrigeren effektiven Jahreszins abschließen wird.

(3) Ist der Abschluss eines Vertrags über die Inanspruchnahme einer Nebenleistung, insbesondere eines Versicherungsvertrags, zwingende Voraussetzung dafür, dass der Kredit überhaupt oder nach den vorgesehenen Vertragsbedingungen gewährt wird, und können die Kosten der Nebenleistung nicht im Voraus bestimmt werden, so ist auf die Verpflichtung zum Abschluss jenes Vertrags klar, prägnant und auffallend zusammen mit dem effektiven Jahreszins hinzuweisen.

(4) Die Informationen nach den Abs. 1 und 3 müssen je nach dem für die Werbung verwendeten Medium gut lesbar beziehungsweise akustisch gut verständlich sein.

(5) Wenn Kommunikation für Werbe- und Marketingzwecke, die Kreditverträge betrifft, nicht redlich und eindeutig ist, insbesondere wenn sie beim Verbraucher falsche Erwartungen in Bezug auf die Zugänglichkeit oder die Kosten eines Kredits weckt oder irreführend ist, gilt sie als unlautere Geschäftspraktik im Sinn des § 1 UWG.

Allgemeine Informationen

§ 7. Kreditgeber und gegebenenfalls gebundene Kreditvermittler haben jederzeit klare und verständliche allgemeine Informationen über Kreditverträge auf Papier oder auf einem anderen dauerhaften Datenträger oder in elektronischer Form bereitzustellen. Diese allgemeinen Informationen haben zumindest zu umfassen:

1. die Identität und Anschrift des Urhebers der Informationen;

2. die Zwecke, für die der Kredit verwendet werden kann;

3. die Formen von Sicherheiten einschließlich gegebenenfalls der Möglichkeit, dass diese in einem anderen Mitgliedstaat belegen sein dürfen;

4. die mögliche Laufzeit der Kreditverträge;

5. die Arten von angebotenen Sollzinssätzen mit Angabe, ob es sich um einen festen oder einen variablen Zinssatz oder beide handelt, mit einer kurzen Darstellung der Merkmale eines festen und eines variablen Zinssatzes, einschließlich der sich daraus ergebenden Konsequenzen für den Verbraucher;

5a. falls Verträge verfügbar sind, in denen auf einen Referenzwert im Sinn des Artikels 3 Absatz 1 Nummer 3 der Verordnung (EU) 2016/1011 über Indizes, die bei Finanzinstrumenten und Finanzkontrakten als Referenzwert oder zur Messung der Wertentwicklung eines Investmentfonds verwendet werden, und zur Änderung der Richtlinien 2008/48/EG und 2014/17/EU sowie der Verordnung (EU) Nr. 596/2014, ABl. Nr. L 171 vom 29.06.2016 S. 1, in der Fassung der Berichtigung ABl. Nr. L 306 vom 15.11.2016, S. 43, Bezug genommen wird, die Namen der Referenzwerte und ihrer Administratoren sowie die möglichen Auswirkungen auf den Verbraucher; *(BGBl I 2017/93, ab 1. 7. 2018)*

6. falls Fremdwährungskredite verfügbar sind, eine Angabe der ausländischen Währungen, einschließlich einer Erläuterung der Konsequenzen für den Verbraucher in Fällen, in denen der Kredit auf eine ausländische Währung lautet;

7. ein repräsentatives Beispiel des Gesamtkreditbetrags, der Gesamtkosten des Kredits für den Verbraucher, des vom Verbraucher zu zahlenden Gesamtbetrags und des effektiven Jahreszinses;

8. einen Hinweis auf mögliche weitere im Zusammenhang mit einem Kreditvertrag anfallende Kosten, die nicht in den Gesamtkosten des Kredits für den Verbraucher enthalten sind;

9. das Spektrum der verschiedenen möglichen Optionen zur Rückzahlung des Kredits an den Kreditgeber einschließlich Anzahl, Häufigkeit und Höhe der regelmäßigen Rückzahlungsraten;

10. gegebenenfalls einen klaren und prägnanten Hinweis darauf, dass die Einhaltung der Bedingungen des Kreditvertrags die Rückzahlung des aufgrund des Kreditvertrags in Anspruch genommenen Gesamtkreditbetrags nicht garantiert;

11. eine Beschreibung der für eine vorzeitige Rückzahlung unmittelbar geltenden Bedingungen;

12. die Angabe, ob eine Bewertung der Immobilie erforderlich ist und, falls ja, wer verantwortlich dafür ist, dass die Bewertung durchgeführt wird, sowie Angaben dazu, ob dem Verbraucher dadurch Kosten entstehen;

13. Angaben zu den Nebenleistungen, die der Verbraucher als Voraussetzung dafür erwerben muss, dass der Kredit überhaupt oder nach den vorgesehenen Vertragsbedingungen gewährt wird, und gegebenenfalls eine Präzisierung, dass die Nebenleistungen von einem anderen Anbieter als dem Kreditgeber erworben werden können, und

14. einen allgemeinen Warnhinweis bezüglich möglicher Konsequenzen der Nichteinhaltung der mit dem Kreditvertrag eingegangenen Verpflichtungen.

Vorvertragliche Informationspflichten

§ 8. (1) Der Kreditgeber hat dem Verbraucher auf ihn zugeschnittene Informationen zu erteilen, die der Verbraucher benötigt, um die auf dem Markt verfügbaren Kreditprodukte zu vergleichen, ihre jeweiligen Auswirkungen zu prüfen und eine fundierte Entscheidung über den Abschluss eines Kreditvertrags zu treffen.

(2) Diese Informationen sind auf Papier oder einem anderen dauerhaften Datenträger mittels des ESIS-Merkblatts in Anhang II zu erteilen, und zwar

1. unverzüglich nachdem der Verbraucher die erforderlichen Angaben zu seinen Bedürfnissen, seiner finanziellen Situation und seinen Präferenzen gemäß § 9 Abs. 2 gemacht hat, und

2. rechtzeitig, bevor der Verbraucher durch einen Kreditvertrag oder ein Angebot gebunden ist.

(3) Mit der Vorlage des ESIS-Merkblatts gelten die Anforderungen in Bezug auf die Information des Verbrauchers vor Abschluss eines Fernabsatzvertrags gemäß § 5 Abs. 1 FernFinG durch den Kreditgeber als erfüllt. Die Anforderungen des § 7 Abs. 1 FernFinG gelten nur dann als erfüllt, wenn das ESIS-Merkblatt zumindest vor Abschluss des Vertrags vorgelegt worden ist.

(4) Bei Ferngesprächen im Sinn des § 6 FernFinG muss die nach § 6 Abs. 2 Z 2 FernFinG gebotene Beschreibung der Hauptmerkmale der Finanzdienstleistung zumindest die in Anhang II Teil A Abschnitte 3 bis 6 vorgesehenen Angaben enthalten.

(5) Etwaige zusätzliche Informationen, die der Kreditgeber dem Verbraucher erteilt, sind in einem gesonderten Dokument, das dem ESIS-Merkblatt beigefügt werden kann, mitzuteilen. Dies gilt auch dann, wenn der Kreditgeber zur Erteilung der zusätzlichen Informationen verpflichtet ist, wie etwa nach Abs. 7 und 8.

(6) Der Kreditgeber hat dem Verbraucher angemessene Erläuterungen zu den angebotenen Kreditverträgen und etwaigen Nebenleistungen zu geben, damit der Verbraucher in die Lage versetzt wird, zu beurteilen, ob die vorgeschlagenen Kreditverträge und die Nebenleistungen seinen Bedürfnissen und seiner finanziellen Situation gerecht werden. Die Erläuterungen müssen gegebenenfalls insbesondere Folgendes enthalten:

1. die vorvertraglichen Informationen gemäß Abs. 1 bis 5,

2. die Hauptmerkmale der angebotenen Produkte,

3. die möglichen spezifischen Auswirkungen der angebotenen Produkte auf den Verbraucher, einschließlich der Konsequenzen bei Zahlungsverzug des Verbrauchers, und

4. wenn Nebenleistungen mit einem Kreditvertrag gebündelt werden, ob jeder einzelne Bestandteil des Pakets einzeln beendet werden kann und welche Folgen dies für den Verbraucher hätte.

(7) Bei einem Kredit mit Tilgungsträger muss aus den nach Abs. 1 zur Verfügung gestellten vorvertraglichen Informationen klar und prägnant hervorgehen, welche Risiken mit einem solchen Kredit im Vergleich mit einem Ratenkredit verbunden sind und dass im Besonderen der Kreditvertrag oder der Vertrag über den Tilgungsträger keine Garantie für die Rückzahlung des auf Grund des Kreditvertrags in Anspruch genommenen Gesamtbetrags vorsieht, es sei denn, eine solche Garantie wird gegeben. Wird der Vertrag über den Tilgungsträger mit dem Kreditgeber selbst abgeschlossen oder von diesem vermittelt, so müssen diese Informationen überdies eine grafische Darstellung der bisherigen Wertentwicklung des Tilgungsträgers über einen Zeitraum, der das vom Verbraucher zu tragende Veranlagungsrisiko anschaulich verdeutlicht, sowie eine tabellarische prozentmäßige und – sofern möglich – auch betragsmäßige Darstellung sämtlicher Kosten des Tilgungsträgers enthalten.

(8) Bei einem Kredit, der dem Verbraucher ganz oder teilweise in einer anderen Währung als

in Euro gewährt wird, müssen aus den nach Abs. 1 zur Verfügung gestellten vorvertraglichen Informationen das mit der anderen Währung verbundene Wechselkurs- und Zinsänderungsrisiko sowie alle gegenüber einem gleichartigen Kredit in Euro zusätzlich anfallenden Kosten klar und prägnant hervorgehen. Die Information über das Wechselkurs- und Zinsänderungsrisiko muss auch eine grafische Darstellung der Entwicklung des Wechselkurses im Verhältnis zum Euro seit dessen Bestehen, höchstens aber für die letzten zehn Jahre, bei einem Kredit ohne festen Sollzinssatz eine grafische Darstellung der Entwicklung des für Änderungen des Sollzinssatzes maßgeblichen Referenzzinssatzes seit dessen Veröffentlichung, höchstens aber für die letzten zehn Jahre, sowie ein Rechenbeispiel enthalten, in dem unter Zugrundelegung der Schwankungsneigung der anderen Währung die Risiken des Fremdwährungskredits anschaulich verdeutlicht werden.

(9) Die in den Abs. 1 bis 8 vorgesehenen Informationspflichten gelten auch für den Kreditvermittler.

(10) Wenn ein Kreditvertrag nicht für den Erwerb oder die Erhaltung von Eigentumsrechten an einer unbeweglichen Sache oder einem bestehenden oder geplanten Superädifikat bestimmt ist, gelten die in Abs. 1 bis 9 vorgesehenen Informationspflichten auch dann als erfüllt, wenn die Informationspflichten des § 6 VKrG eingehalten werden, insbesondere das Informationsformular nach Anhang II des VKrG verwendet wird. Soweit in § 12 und in § 13 auf das ESIS-Merkblatt Bezug genommen wird, kann bei solchen Kreditverträgen auch das Informationsformular nach Anhang II des VKrG verwendet werden.

(11) Wird ein Kreditvertrag in Form einer Überziehungsmöglichkeit gewährt, bei der der Kredit binnen eines Monats zurückzuzahlen ist, so gelten die in Abs. 1 bis 9 vorgesehenen Informationspflichten auch dann als erfüllt, wenn die Informationspflichten des § 19 Abs. 1, 2, 3 und 5 VKrG eingehalten werden. Soweit in § 12 und in § 13 auf das ESIS-Merkblatt Bezug genommen wird, ist bei solchen Kreditverträgen die Einhaltung der in § 19 Abs. 1 VKrG vorgesehenen Informationspflichten ausreichend.

Prüfung der Kreditwürdigkeit des Verbrauchers

§ 9. (1) Vor Abschluss eines Kreditvertrags hat der Kreditgeber eine eingehende Prüfung der Kreditwürdigkeit des Verbrauchers vorzunehmen. Bei der Kreditwürdigkeitsprüfung sind die Faktoren, die für die Prüfung der Aussichten relevant sind, dass der Verbraucher seinen Verpflichtungen aus dem Kreditvertrag nachkommt, in angemessener Form zu berücksichtigen.

(2) Die Kreditwürdigkeitsprüfung ist auf der Grundlage notwendiger, ausreichender und angemessener Informationen zu Einkommen, Ausgaben sowie anderen finanziellen und wirtschaftlichen Umständen des Verbrauchers vorzunehmen. Der Kreditgeber hat die Informationen aus einschlägigen internen oder externen Quellen zu ermitteln, einschließlich des Verbrauchers. Die Informationen müssen auch die Auskünfte einschließen, die dem Kreditvermittler im Zuge des Kreditantragsverfahrens erteilt wurden. Die Informationen sind in angemessener Weise zu überprüfen, erforderlichenfalls auch durch Einsichtnahme in unabhängig nachprüfbare Unterlagen. Der Kreditvermittler hat dem Kreditgeber die vom Verbraucher erhaltenen erforderlichen Angaben korrekt vorzulegen, damit die Kreditwürdigkeitsprüfung durchgeführt werden kann.

(3) Die Kreditwürdigkeitsprüfung darf sich nicht hauptsächlich darauf stützen, dass der Wert der unbeweglichen Sache oder des Superädifikats (der Sache) den Kreditbetrag übersteigt, oder auf die Annahme, dass der Wert der Sache zunimmt, es sei denn, der Kreditvertrag dient zum Bau oder zur Renovierung der Sache.

(4) Die Verfahren und Angaben, auf die sich die Bewertung stützt, hat der Kreditgeber festzulegen, zu dokumentieren und aufzubewahren.

(5) Der Kreditgeber darf dem Verbraucher den Kredit nur gewähren, wenn aus der Kreditwürdigkeitsprüfung hervorgeht, dass es wahrscheinlich ist, dass die Verpflichtungen im Zusammenhang mit dem Kreditvertrag in der gemäß diesem Vertrag vorgeschriebenen Weise erfüllt werden.

(6) Vor einer deutlichen Erhöhung des Gesamtkreditbetrags nach dem Abschluss des Kreditvertrags hat der Kreditgeber die Kreditwürdigkeit des Verbrauchers auf der Grundlage von aktualisierten Angaben erneut zu prüfen, es sei denn, ein derartiger zusätzlicher Kredit war bereits im Rahmen der ursprünglichen Kreditwürdigkeitsprüfung vorgesehen und enthalten.

(7) Wird ein Kreditantrag abgelehnt, so hat der Kreditgeber den Verbraucher unverzüglich über die Ablehnung zu unterrichten und gegebenenfalls darüber, dass die Entscheidung auf einer automatisierten Verarbeitung von Daten beruht. Beruht die Ablehnung auf dem Ergebnis einer Datenbankabfrage, so hat der Kreditgeber den Verbraucher über das Ergebnis dieser Abfrage und über die Einzelheiten der betreffenden Datenbank zu unterrichten.

(8) Ein von einem Kreditgeber mit einem Verbraucher abgeschlossener Kreditvertrag kann vom Kreditgeber nicht nachträglich mit der Begründung aufgehoben, beendet oder zum Nachteil des Verbrauchers geändert werden, dass die Prüfung der Kreditwürdigkeit nicht ordnungsgemäß durchgeführt wurde oder die vor Abschluss des Kreditvertrags vom Verbraucher erhaltenen An-

gaben unvollständig waren, es sei denn, der Verbraucher hat Informationen im Sinn des Abs. 2 wissentlich vorenthalten oder gefälscht.

(9) Die Bestimmungen der Verordnung (EU) 2016/679 zum Schutz natürlicher Personen bei der Verarbeitung personenbezogener Daten, zum freien Datenverkehr und zur Aufhebung der Richtlinie 95/46/EG (Datenschutz-Grundverordnung), ABl. Nr. L 119 vom 4.5.2016 S. 1, in der Fassung der Berichtigung ABl. Nr. L 127 vom 23.5.2018 S. 2, bleiben unberührt. *(BGBl I 2021/1)*

Vorvertragliche Informationen zur Kreditwürdigkeitsprüfung

§ 10. (1) Der Kreditgeber hat in der vorvertraglichen Phase klare und einfache Angaben dazu zu machen, welche erforderlichen Informationen und unabhängig nachprüfbaren Nachweise der Verbraucher für die Kreditwürdigkeitsprüfung beizubringen hat, und den Zeitrahmen anzugeben, innerhalb dessen der Verbraucher die Informationen zu liefern hat. Dieses Auskunftsersuchen muss verhältnismäßig und auf diejenigen Auskünfte beschränkt sein, die erforderlich sind, um eine ordnungsgemäße Kreditwürdigkeitsprüfung durchzuführen. Der Kreditgeber kann um Klärung der als Antwort auf dieses Auskunftsersuchen erhaltenen Informationen nachsuchen, wo dies erforderlich ist, um eine Kreditwürdigkeitsprüfung zu ermöglichen.

(2) Der Kreditgeber oder der Kreditvermittler hat den Verbraucher darüber zu informieren, dass der Verbraucher auf Auskunftsersuchen nach Abs. 1 korrekte Angaben vorlegen muss und dass diese Angaben so vollständig sein müssen, wie dies für eine ordnungsgemäße Kreditwürdigkeitsprüfung erforderlich ist.

(3) Der Kreditgeber oder der Kreditvermittler hat den Verbraucher zu warnen, dass der Kredit nicht gewährt werden kann, wenn der Kreditgeber nicht imstande ist, eine Kreditwürdigkeitsprüfung vorzunehmen, weil sich der Verbraucher weigert, die für die Prüfung seiner Kreditwürdigkeit erforderlichen Informationen oder Nachweise vorzulegen. Die Warnung kann in standardisierter Form erfolgen.

(4) Wenn eine Datenbankabfrage vorgenommen wird, hat der Kreditgeber den Verbraucher im Einklang mit Artikel 13 der Datenschutz-Grundverordnung darüber zu informieren. *(BGBl I 2021/1)*

(5) Die Bestimmungen der Datenschutz-Grundverordnung bleiben unberührt. *(BGBl I 2021/1)*

Zugang zu Datenbanken

§ 11. (1) Kreditgebern aus anderen Mitgliedstaaten der Europäischen Union oder anderen Vertragsstaaten des Abkommens über den Europäischen Wirtschaftsraum ist ohne Diskriminierung der Zugang zu Datenbanken zu gewähren, die zur Bewertung der Kreditwürdigkeit des Verbrauchers verwendet werden und mit deren Verwendung ausschließlich überwacht werden soll, inwieweit Verbraucher während der Laufzeit eines Kreditvertrags ihre Kreditverpflichtungen erfüllen.

(2) Abs. 1 gilt sowohl für von privaten Kreditbüros und Kreditauskunfteien betriebene Datenbanken als auch für öffentliche Register.

(3) Die Bestimmungen der Datenschutz-Grundverordnung bleiben unberührt. *(BGBl I 2021/1)*

Verbindliche Angebote

§ 12. (1) Macht ein Kreditgeber dem Verbraucher ein verbindliches Angebot, so ist es auf Papier oder einem anderen dauerhaften Datenträger zu übermitteln. Der Kreditgeber oder gegebenenfalls der Kreditvermittler hat dem Verbraucher zum Zeitpunkt der Vorlage eines für den Kreditgeber verbindlichen Angebots eine Ausfertigung des Kreditvertragsentwurfs auszuhändigen. Dem Angebot ist überdies ein ESIS-Merkblatt beizufügen, wenn

1. dem Verbraucher zuvor noch kein ESIS-Merkblatt vorgelegt wurde oder

2. die Merkmale des Angebots von den Informationen abweichen, die im zuvor vorgelegten ESIS-Merkblatt enthalten sind.

(2) Ein Angebot muss für mindestens sieben Tage verbindlich bleiben. Werden allerdings der Sollzinssatz oder andere für das Angebot maßgebliche Kosten auf Basis des Verkaufs zugrunde liegender Anleihen oder anderer langfristiger Finanzierungsinstrumente festgelegt, so können der Sollzinssatz oder die anderen Kosten entsprechend dem Wert des zugrunde liegenden Wertpapiers oder des langfristigen Finanzierungsinstruments von den Angaben des Angebots abweichen.

(3) Der Verbraucher kann das Angebot auch vor Ablauf der Bindungsfrist jederzeit annehmen.

(4) Bei den nachstehend angeführten Mängeln im ESIS-Merkblatt, das dem Verbraucher bei Abgabe seiner Vertragserklärung vorliegt, gilt Folgendes:

1. Enthält das ESIS-Merkblatt keine Angaben zum Sollzinssatz, zum effektiven Jahreszins oder zu dem vom Verbraucher zu zahlenden Gesamtbetrag, so gilt der in § 1000 Abs. 1 ABGB genannte Zinssatz als vereinbarter Sollzinssatz, sofern nicht ein niedrigerer Sollzinssatz vereinbart wird. Bei einem Ratenkredit hat der Kreditgeber die

dadurch verminderten Teilzahlungen zu berechnen und dem Verbraucher bekanntzugeben.

2. Ist im ESIS-Merkblatt der effektive Jahreszins zu niedrig angegeben, so gilt ein Sollzinssatz als vereinbart, der dieser Angabe unter Berücksichtigung der sonstigen Vertragsinhalte entspricht. Z 1 zweiter Satz gilt entsprechend.

3. Enthält das ESIS-Merkblatt keine Angaben zu den Bedingungen, unter denen der Sollzinssatz oder sonstige Entgelte geändert werden können, so kann der Kreditgeber solche Änderungen zum Nachteil des Verbrauchers nicht vornehmen.

4. Enthält das ESIS-Merkblatt keine Angaben zum Recht auf vorzeitige Rückzahlung oder zum Anspruch auf Entschädigung, so kann der Kreditgeber keine Entschädigung verlangen.

Rücktrittsrecht

§ 13. (1) Gibt der Verbraucher seine Vertragserklärung innerhalb von zwei Werktagen nach Erhalt des ESIS-Merkblatts ab oder gibt er diese ab, ohne ein ESIS-Merkblatt erhalten zu haben, so kann er von seiner Vertragserklärung oder vom Vertrag innerhalb von zwei Werktagen ab Abgabe der Vertragserklärung ohne Angabe von Gründen zurücktreten. Der Samstag gilt nicht als Werktag. Die Rücktrittsfrist beginnt nicht zu laufen, bevor der Verbraucher das ESIS-Merkblatt einschließlich der Belehrung über das Rücktrittsrecht erhalten hat. Das Rücktrittsrecht erlischt spätestens einen Monat nach Zustandekommen des Vertrags.

(2) Die Frist des Abs. 1 ist jedenfalls gewahrt, wenn der Rücktritt auf Papier oder einem anderen, dem Kreditgeber zur Verfügung stehenden und zugänglichen dauerhaften Datenträger erklärt und diese Erklärung vor dem Ablauf der Frist an den Kreditgeber abgesendet wird. Der Kreditgeber muss den Rücktritt jedenfalls gegen sich gelten lassen, sofern die Rücktrittserklärung den Informationen entspricht, die er selbst dem Verbraucher gegeben hat.

(3) Nach dem Rücktritt hat der Verbraucher dem Kreditgeber unverzüglich, spätestens jedoch binnen 30 Kalendertagen nach Absendung der Rücktrittserklärung, den ausbezahlten Betrag samt den seit der Auszahlung aufgelaufenen Zinsen zurückzuzahlen. Die Zinsen sind auf der Grundlage des vereinbarten Sollzinssatzes zu berechnen. Der Kreditgeber hat überdies Anspruch auf Ersatz der Zahlungen, die er an öffentliche Stellen entrichtet hat und nicht zurückverlangen kann; sonstige Entschädigungen hat der Verbraucher nicht zu leisten.

(4) Übt der Verbraucher sein Rücktrittsrecht aus, so gilt der Rücktritt auch für eine Vereinbarung über eine Restschuldversicherung oder eine sonstige Nebenleistung, die im Zusammenhang mit dem Kreditvertrag vom Kreditgeber selbst oder auf Grund einer Vereinbarung mit dem Kreditgeber von einem Dritten erbracht wird.

Standards für Beratungsdienstleistungen

§ 14. (1) Unter Beratungsdienstleistungen ist die Erteilung individueller Empfehlungen an einen Verbraucher in Bezug auf ein oder mehrere Geschäfte im Zusammenhang mit Kreditverträgen zu verstehen. Beratungsdienstleistungen sind von der Gewährung eines Kredits und von der in § 2 Abs. 5 genannten Kreditvermittlungstätigkeit zu unterscheiden.

(2) Kreditgeber und Kreditvermittler haben den Verbraucher im Zusammenhang mit einem entsprechenden Geschäft ausdrücklich darüber zu informieren, ob Beratungsdienstleistungen für den Verbraucher erbracht werden oder erbracht werden können.

(3) Vor der Erbringung von Beratungsdienstleistungen oder gegebenenfalls vor dem Abschluss eines Vertrags über die Erbringung von Beratungsdienstleistungen haben Kreditvermittler dem Verbraucher folgende Informationen auf Papier oder einem anderen dauerhaften Datenträger zu erteilen:

1. ob die Empfehlung sich nur auf ihre eigene Produktpalette im Einklang mit Abs. 4 Z 2 oder eine größere Auswahl von Produkten auf dem Markt gemäß Abs. 4 Z 3 bezieht, damit der Verbraucher verstehen kann, auf welcher Grundlage die Empfehlung ergeht;

2. gegebenenfalls das vom Verbraucher für die Beratungsdienstleistungen zu zahlende Entgelt bzw. – wenn sich der Betrag zum Zeitpunkt der Offenlegung nicht feststellen lässt – die für seine Berechnung verwendete Methode.

Die in Z 1 und 2 genannten Informationen können dem Verbraucher in Form von zusätzlichen vorvertraglichen Informationen erteilt werden.

(4) Erbringen Kreditvermittler Beratungsdienstleistungen für die Verbraucher, so gilt Folgendes:

1. Kreditvermittler haben die erforderlichen Informationen über die persönliche und finanzielle Situation, Präferenzen und Ziele des Verbrauchers einzuholen, damit sie geeignete Kreditverträge empfehlen können. Die entsprechende Bewertung muss sich auf zum betreffenden Zeitpunkt aktuelle Informationen stützen und realistische Annahmen bezüglich der Risiken für die Situation des Verbrauchers während der Laufzeit des angebotenen Kreditvertrags zugrunde legen.

2. Gebundene Kreditvermittler haben eine ausreichende Zahl von Kreditverträgen aus ihrer Produktpalette einzubeziehen und unter Berücksichtigung der Bedürfnisse, der finanziellen Situation und der persönlichen Umstände des Verbrauchers einen geeigneten Kreditvertrag oder mehrere geeignete Kreditverträge aus ihrer Produktpalette zu empfehlen.

3. Nicht gebundene Kreditvermittler haben eine ausreichende Zahl von auf dem Markt verfügbaren Kreditverträgen einzubeziehen und unter Berücksichtigung der Bedürfnisse, der finanziellen Situation und der persönlichen Umstände des Verbrauchers einen auf dem Markt verfügbaren geeigneten Kreditvertrag oder mehrere auf dem Markt verfügbare geeignete Kreditverträge zu empfehlen.

4. Kreditvermittler haben im besten Interesse der Verbraucher zu handeln, indem sie

a) sich über die Bedürfnisse und Umstände des Verbrauchers informieren und

b) geeignete Kreditverträge im Einklang mit Z 1 bis 3 empfehlen.

5. Kreditvermittler haben dem Verbraucher eine Aufzeichnung der abgegebenen Empfehlung auf Papier oder einem anderen dauerhaften Datenträger zur Verfügung zu stellen.

(5) Erbringen Kreditgeber Beratungsdienstleistungen für die Verbraucher, so gelten Abs. 3 und Abs. 4 Z 1, 2, 4 und 5 entsprechend.

Wohlverhaltensregeln in Bezug auf die Vergabe von Verbraucherkrediten

§ 15. Kreditgeber und Kreditvermittler haben bei der Gestaltung von Kreditprodukten, bei der Gewährung und der Vermittlung von Kreditverträgen, bei der Erbringung von Beratungsdienstleistungen zu Kreditverträgen und gegebenenfalls von Nebenleistungen für Verbraucher sowie bei der Ausführung eines Kreditvertrags unter Berücksichtigung der Rechte und Interessen der Verbraucher ehrlich, redlich, transparent und professionell zu handeln.

Tilgungsplan

§ 16. (1) Bei einem Kreditvertrag mit fester Laufzeit hat der Kreditgeber dem Verbraucher auf dessen Verlangen kostenlos und zu jedem beliebigen Zeitpunkt während der Gesamtlaufzeit des Kreditvertrags eine Aufstellung in Form eines Tilgungsplans zur Verfügung zu stellen.

(2) Aus dem Tilgungsplan muss hervorgehen, welche Zahlungen in welchen Zeitabständen zu leisten sind und welche Bedingungen für diese Zahlungen gelten. In dem Plan sind die einzelnen periodischen Rückzahlungen nach der Kredittilgung, den nach dem Sollzinssatz berechneten Zinsen und allfälligen zusätzlichen Kosten aufzuschlüsseln. Im Fall eines Kreditvertrags, bei dem kein fester Zinssatz vereinbart wurde oder die zusätzlichen Kosten geändert werden können, ist im Tilgungsplan klar und prägnant anzugeben, dass die Daten im Tilgungsplan nur bis zur nächsten Änderung des Sollzinssatzes oder der zusätzlichen Kosten gemäß dem Kreditvertrag Gültigkeit haben.

Änderung des Sollzinssatzes; Kontomitteilung

§ 17. (1) Bevor eine Änderung des Sollzinssatzes wirksam wird, hat der Kreditgeber den Verbraucher auf Papier oder einem anderen dauerhaften Datenträger über den angepassten Sollzinssatz, die angepasste Höhe der Teilzahlungen sowie über allfällige Änderungen in der Anzahl oder der Fälligkeit der Teilzahlungen zu informieren. Eine Änderung des Sollzinssatzes zum Nachteil des Verbrauchers wird diesem gegenüber erst wirksam, wenn ihm der Kreditgeber die vorgenannten Informationen zur Verfügung gestellt hat.

(2) Geht die Änderung des Sollzinssatzes auf die Änderung eines Referenzzinssatzes zurück und wird der neue Referenzzinssatz auf geeigneten Wegen öffentlich zugänglich gemacht, so können die Vertragsparteien einen von Abs. 1 abweichenden Zeitpunkt für die Wirksamkeit der Änderung des Sollzinssatzes vereinbaren. In diesen Fällen muss der Vertrag eine Pflicht des Kreditgebers vorsehen, dem Verbraucher die Information nach Abs. 1 in regelmäßigen Zeitabständen zu übermitteln. Die Höhe des Referenzzinssatzes muss dem Verbraucher zusammen mit diesen Informationen mitgeteilt werden. Außerdem muss der Verbraucher die Höhe des Referenzzinssatzes in den Geschäftsräumen des Kreditgebers einsehen können.

(3) Die periodische Zahlungspflicht des Verbrauchers ist bei einer Änderung des Sollzinssatzes so anzupassen, dass der vom Verbraucher zu zahlende Gesamtbetrag innerhalb der ursprünglich vereinbarten Laufzeit zur Gänze beglichen ist. Eine abweichende Vereinbarung ist zulässig, wenn sie im Einzelnen ausgehandelt wird.

(4) Der Kreditgeber hat dem Verbraucher in jedem ersten Vierteljahr eines Kalenderjahres eine Kontomitteilung auszuhändigen, in der zum Stichtag 31. Dezember des jeweiligen Vorjahres zumindest die einzelnen vom Verbraucher geleisteten Zahlungen, die einzelnen Belastungen sowie die aushaftenden Salden enthalten sind.

Kündigungsrecht und ähnliche Rechte des Kreditgebers

§ 18. (1) Der Kreditgeber kann einen auf unbestimmte Zeit geschlossenen Kreditvertrag abweichend von § 986 Abs. 2 ABGB nur kündigen, wenn eine zumindest zweimonatige Kündigungsfrist eingehalten wird. Die Kündigung muss dem Verbraucher auf Papier oder einem anderen dauerhaften Datenträger zugehen.

(2) Dem Kreditgeber kommt das gesetzliche Auszahlungsverweigerungsrecht nach § 991 ABGB nicht zu; er kann sich aber vertraglich das Recht vorbehalten, die Auszahlung von Kreditbeträgen, die der Verbraucher noch nicht in Anspruch genommen hat, aus sachlich gerechtfertig-

ten Gründen zu verweigern. Beabsichtigt er, von diesem Recht Gebrauch zu machen, so hat er dies dem Verbraucher unverzüglich auf Papier oder einem anderen dauerhaften Datenträger unter Angabe der Gründe mitzuteilen. Die Angabe der Gründe hat zu unterbleiben, soweit dadurch die öffentliche Sicherheit oder Ordnung gefährdet würde.

(3) Hat der Verbraucher seine Schuld in Raten zu zahlen und hat sich der Kreditgeber für den Fall der Nichtzahlung von Teilbeträgen oder Nebenforderungen das Recht vorbehalten, die sofortige Entrichtung der gesamten noch offenen Schuld zu fordern (Terminsverlust), so darf er dieses Recht nur ausüben, wenn er selbst seine Leistungen bereits erbracht hat, zumindest eine rückständige Leistung des Verbrauchers seit mindestens sechs Wochen fällig ist sowie der Kreditgeber den Verbraucher unter Androhung des Terminsverlustes und unter Setzung einer Nachfrist von mindestens zwei Wochen erfolglos gemahnt hat.

Kündigung durch den Verbraucher

§ 19. Der Verbraucher kann einen auf unbestimmte Zeit geschlossenen Kreditvertrag jederzeit kündigen. Für die Kündigung dürfen ihm keine Kosten verrechnet werden. Eine Kündigungsfrist ist abweichend von § 986 Abs. 2 ABGB nur dann einzuhalten, wenn sie im Vertrag vereinbart wurde und einen Monat nicht übersteigt.

Vorzeitige Rückzahlung

§ 20. (1) Der Kreditnehmer hat das jederzeit ausübbare Recht, den Kreditbetrag vor Ablauf der bedungenen Zeit zum Teil oder zur Gänze zurückzuzahlen. Die vorzeitige Rückzahlung des gesamten Kreditbetrags samt Zinsen gilt als Kündigung des Kreditvertrags. „Die vom Kreditnehmer zu zahlenden Zinsen verringern sich bei vorzeitiger Kreditrückzahlung entsprechend dem dadurch verminderten Außenstand und gegebenenfalls entsprechend der dadurch verkürzten Vertragsdauer; die Kosten verringern sich verhältnismäßig.“ *(BGBl I 2021/1)*

(2) Der Kreditgeber kann vom Kreditnehmer eine angemessene und objektiv gerechtfertigte Entschädigung für den ihm aus der vorzeitigen Rückzahlung voraussichtlich unmittelbar entstehenden Vermögensnachteil verlangen. Dies gilt nicht, wenn

1. die vorzeitige Rückzahlung mit einer Versicherungsleistung aus einem Versicherungsvertrag getätigt wird, der vereinbarungsgemäß die Rückzahlung des Kredits gewährleisten soll,

2. die Rückzahlung in einen Zeitraum fällt, für den kein fester Sollzinssatz vereinbart wurde,

3. der vorzeitig zurückgezahlte Betrag 10 000 Euro innerhalb eines Zeitraums von zwölf Monaten nicht übersteigt oder

4. der Kredit in Gestalt einer Überziehungsmöglichkeit gewährt worden ist.

(3) Die Entschädigung darf die Zinsen, die der Verbraucher bis zum Ende der Laufzeit des Kreditvertrags für den betreffenden Kreditbetrag hätte zahlen müssen, nicht übersteigen. Sie darf überdies höchstens

1. 0,5% des vorzeitig zurückgezahlten Kreditbetrags, wenn der Zeitraum zwischen der vorzeitigen Rückzahlung und dem vereinbarten Ablauf des Kreditvertrags ein Jahr nicht überschreitet, und

2. 1% in allen anderen Fällen

betragen.

(4) Bei einem hypothekarisch gesicherten Kredit kann für die vorzeitige Rückzahlung eine Kündigungsfrist von höchstens sechs Monaten oder bis zum Ablauf einer allfällig vereinbarten Periode mit festem Sollzinssatz vereinbart werden. Hält der Kreditnehmer die vereinbarte Kündigungsfrist nicht ein, so kann der Kreditgeber für den nicht eingehaltenen Teil der Kündigungsfrist eine Entschädigung nach Abs. 2 erster Satz verlangen; auf diese ist Abs. 2 zweiter Satz nicht anzuwenden. Für die Höhe der Entschädigung gilt Abs. 3. §§ 18, 19 und 21 HypBG und § 8 PfandbriefG bleiben unberührt.

(5) Bei einem Kredit mit Tilgungsträger muss der Kreditgeber auf Verlangen des Kreditnehmers auf ein vertragliches Recht hinsichtlich der auf den Tilgungsträger zu leistenden Zahlungen insoweit verzichten, als der Kreditnehmer den Kredit vorzeitig zurückzahlt.

(6) Wenn der Verbraucher eine vorzeitige Rückzahlung beabsichtigt und dies dem Kreditgeber mitteilt, so hat ihm der Kreditgeber auf Papier oder einem anderen dauerhaften Datenträger unverzüglich die Informationen zu erteilen, die für die Prüfung dieser Möglichkeit erforderlich sind. Diese Informationen müssen zumindest die Auswirkungen der vorzeitigen Rückzahlung für den Verbraucher quantifizieren und etwaige herangezogene Annahmen klar angeben. Alle herangezogenen Annahmen müssen vernünftig und zu rechtfertigen sein.

Forderungsabtretung

§ 21. Werden die Ansprüche des Kreditgebers aus einem Kreditvertrag abgetreten oder der Kreditvertrag selbst zulässigerweise auf einen Dritten übertragen, so ist der Verbraucher darüber zu unterrichten, es sei denn, der ursprüngliche Kreditgeber tritt mit dem Einverständnis des

Zessionars oder des Vertragsübernehmers dem Verbraucher gegenüber nach wie vor als Kreditgeber auf. Von § 1396 ABGB kann nicht zum Nachteil des Verbrauchers durch Vereinbarung abgewichen werden.

Kreditverträge mit variablem Zinssatz

§ 22. (1) Der Kreditgeber hat zur Berechnung des Sollzinssatzes für Kreditverträge mit variablem Zinssatz ausschließlich Indizes oder Referenzzinssätze heranzuziehen, die klar, verfügbar, objektiv und von den Vertragsparteien des Kreditvertrags und der Finanzmarktaufsichtsbehörde überprüfbar sind.

(2) Frühere Aufzeichnungen der Indizes oder Referenzzinssätze zur Berechnung des Sollzinssatzes hat der Kreditgeber aufzubewahren, es sei denn, sie werden von den Stellen aufbewahrt, die diese Indizes oder Referenzzinssätze zur Verfügung stellen.

Kopplungs- und Bündelungsgeschäfte

§ 23. (1) Ein Kopplungsgeschäft ist das Angebot oder der Abschluss eines Kreditvertrags in einem Paket gemeinsam mit anderen gesonderten Finanzprodukten oder -dienstleistungen, bei dem der Kreditvertrag nicht separat von dem Verbraucher abgeschlossen werden kann.

(2) Kopplungsgeschäfte sind außer in den in Abs. 3 und 4 genannten Fällen unzulässig.

(3) Der Kreditgeber kann vom Verbraucher oder einem Familienangehörigen oder einem nahen Verwandten des Verbrauchers verlangen,

1. ein Zahlungs- oder ein Sparkonto zu eröffnen, dessen einziger Zweck die Ansammlung von Kapital ist, um den Kredit zurückzuzahlen oder zu bedienen, Mittel zusammenzulegen, um den Kredit zu erhalten, oder eine zusätzliche Sicherheit für den Kreditgeber für den Fall eines Zahlungsausfalls zu leisten;

2. ein Anlageprodukt oder ein privates Rentenprodukt zu erwerben oder zu behalten, wenn dieses Produkt, das dem Investor in erster Linie ein Ruhestandseinkommen bietet, auch als zusätzliche Sicherheit für den Kreditgeber im Fall eines Zahlungsausfalls oder zur Ansammlung von Kapital dient, um den Kredit zurückzuzahlen oder zu bedienen oder Mittel zusammenzulegen, um den Kredit zu erhalten;

3. einen gesonderten Kreditvertrag in Verbindung mit einem Kreditvertrag mit Wertbeteiligung abzuschließen, um den Kredit zu erhalten.

(4) Der Kreditgeber kann vom Verbraucher verlangen, eine einschlägige Versicherung im Zusammenhang mit dem Kreditvertrag abzuschließen, muss aber die Versicherungspolice eines anderen als seines bevorzugten Anbieters akzeptieren, wenn diese eine gleichwertige Garantieleistung wie die vom Kreditgeber angebotene Versicherungspolice bietet.

(5) Abs. 1 bis 4 berühren die Zulässigkeit von Bündelungsgeschäften nicht. Ein Bündelungsgeschäft ist das Angebot oder der Abschluss eines Kreditvertrags in einem Paket gemeinsam mit anderen gesonderten Finanzprodukten oder -dienstleistungen, bei dem der Kreditvertrag separat von dem Verbraucher abgeschlossen werden kann, jedoch nicht zwangsläufig zu den gleichen Bedingungen, zu denen er mit den Nebenleistungen gebündelt angeboten wird.

Fremdwährungskredite

§ 24. (1) Ein Fremdwährungskredit ist ein Kreditvertrag, bei dem der Kredit

1. auf eine andere Währung lautet als die, in der der Verbraucher sein Einkommen bezieht oder die Vermögenswerte hält, aus denen der Kredit zurückgezahlt werden soll, oder

2. auf eine andere Währung als die Währung des Mitgliedstaats lautet, in welchem der Verbraucher seinen Wohnsitz hat.

(2) Bei einem Fremdwährungskredit hat der Verbraucher das Recht, den Kreditvertrag jeweils zum Quartalsende unter Einhaltung einer Frist von vierzehn Tagen auf eine alternative Währung umzustellen. Im Kreditvertrag können andere Umstellungstermine in zumindest gleicher Anzahl festgelegt werden, sofern dies etwa durch abweichende Zinsanpassungstermine gerechtfertigt ist.

(3) Die in Abs. 2 genannte alternative Währung ist entweder

1. die Währung, in der der Verbraucher überwiegend sein Einkommen bezieht oder Vermögenswerte hält, aus denen der Kredit zurückgezahlt werden soll, wie zum Zeitpunkt der jüngsten Kreditwürdigkeitsprüfung, die im Zusammenhang mit dem Kreditvertrag durchgeführt wurde, angegeben, oder

2. die Währung des Mitgliedstaats, in welchem der Verbraucher seinen Wohnsitz hat oder in welchem er bei Abschluss des Kreditvertrags seinen Wohnsitz hatte.

(4) Die in Abs. 2 genannte alternative Währung kann vertraglich auf die in Abs. 3 Z 1 oder die in Abs. 3 Z 2 genannte Währung eingeschränkt werden.

(5) Der für die Umstellung verwendete Wechselkurs hat dem am Tag des Antrags auf Umstellung geltenden Marktwechselkurs zu entsprechen. Im Kreditvertrag kann ein anderer Tag festgelegt werden, der aber nicht mehr als vierzehn Tage nach dem Tag des Antrags auf Umstellung liegen darf.

(6) Der Kreditgeber hat einen Verbraucher, der einen Fremdwährungskredit aufgenommen hat, auf Papier oder einem anderen dauerhaften

Datenträger regelmäßig zumindest dann zu warnen, wenn der Wert des vom Verbraucher noch zu zahlenden Gesamtbetrags oder der regelmäßigen Raten um mehr als 20 % von dem Wert abweicht, der gegeben wäre, wenn der Wechselkurs zwischen der Währung des Kreditvertrags und der Währung des Mitgliedstaats zum Zeitpunkt des Abschlusses des Kreditvertrags angewandt würde. Mit dieser Warnung ist der Verbraucher über einen Anstieg des vom Verbraucher zu zahlenden Gesamtbetrags sowie gegebenenfalls über sein Recht auf Umstellung in eine andere Währung und die dafür geltenden Bedingungen zu informieren. Der Kreditgeber hat auch andere anwendbare Mechanismen zu erläutern, um das Wechselkursrisiko für den Verbraucher zu begrenzen.

(7) Der Verbraucher ist im ESIS-Merkblatt und im Kreditvertrag über die nach Abs. 2 bis 6 geltenden Regelungen zu unterrichten. Ist im Kreditvertrag keine Bestimmung vorgesehen, wonach das Wechselkursrisiko für den Verbraucher auf eine Wechselkursschwankung von weniger als 20 % begrenzt wird, so ist im ESIS-Merkblatt ein Beispiel anzugeben, das die Auswirkungen einer Wechselkursschwankung von 20 % deutlich macht.

Benannte Vertreter

§ 25. Soweit in diesem Abschnitt auf Kreditvermittler Bezug genommen wird, gelten diese Bestimmungen auch für benannte Vertreter. Ein benannter Vertreter ist eine natürliche oder juristische Person, die Kreditvermittlungstätigkeiten (§ 2 Abs. 5) ausübt und die im Namen und unter der unbeschränkten und vorbehaltlosen Verantwortung nur eines einzigen Kreditvermittlers handelt.

3. Abschnitt

Zahlungsaufschub und sonstige Finanzierungshilfen

Anwendbare Bestimmungen

§ 26. Der 2. Abschnitt ist auch auf Verträge anzuwenden, mit denen ein Unternehmer gegenüber einem Verbraucher eine entgeltliche Finanzierungshilfe, etwa einen entgeltlichen Zahlungsaufschub, gewährt,

1. die durch ein Pfandrecht oder ein sonstiges Recht an einer unbeweglichen Sache oder einem Superädifikat besichert werden oder

2. die für den Erwerb oder die Erhaltung von Eigentumsrechten an einer unbeweglichen Sache oder einem bestehenden oder geplanten Superädifikat bestimmt ist.

4. Abschnitt

Kreditierungen im Gemeinwohlinteresse

Vorvertragliche Informationen und Werbung

§ 27. „Werden in § 5 Abs. 1 genannte Verbraucherkreditverträge oder in § 26 genannte Finanzierungshilfen im Rahmen gesetzlicher Bestimmungen im Gemeinwohlinteresse mit einem begrenzten Kundenkreis geschlossen oder diesem gewährt, sei es zinslos oder zu einem niedrigeren als dem marktüblichen Zinssatz oder zu anderen, für den Verbraucher günstigeren als den marktüblichen Bedingungen und zu Zinssätzen, die nicht über den marktüblichen Zinssätzen liegen, so gilt Folgendes:"

1. Der Kreditgeber hat den Verbraucher in der vorvertraglichen Phase rechtzeitig auf Papier oder einem anderen dauerhaften Datenträger über die Hauptmerkmale, Risiken und Kosten solcher Kreditverträge oder Finanzierungshilfen zu informieren.

2. Die Werbung für solche Kreditverträge und Finanzierungshilfen hat den Kriterien der Redlichkeit und Eindeutigkeit zu genügen und darf nicht irreführend sein.

(BGBl I 2021/1)

5. Abschnitt

Immobilienverzehrkredite

Vorvertragliche Informationen und Werbung

§ 28. Werden in § 5 Abs. 1 genannte Verbraucherkreditverträge oder in § 26 genannte Finanzierungshilfen in Form von Immobilienverzehrkrediten geschlossen oder gewährt, so gelten die in § 27 Z 1 und 2 genannten Anforderungen entsprechend.

6. Abschnitt

Ergänzende Bestimmungen

Berechnung des effektiven Jahreszinses

§ 29. (1) Der effektive Jahreszins ist anhand der mathematischen Formel in Anhang I zu berechnen.

(2) Die Kosten für die Eröffnung und Führung eines spezifischen Kontos, die Kosten für die Verwendung eines Zahlungsmittels, mit dem sowohl Geschäfte auf diesem Konto getätigt als auch Kreditbeträge in Anspruch genommen werden können, sowie sonstige Kosten für Zahlungsgeschäfte sind im Rahmen der Gesamtkosten des

Kredits für den Verbraucher zu berücksichtigen, wenn die Eröffnung oder Führung eines Kontos Voraussetzung dafür ist, dass der Kredit überhaupt oder nach den vorgesehenen Vertragsbedingungen gewährt wird.

(3) Bei der Berechnung des effektiven Jahreszinses ist von der Annahme auszugehen, dass der Kreditvertrag für den vereinbarten Zeitraum gilt und dass Kreditgeber und Verbraucher ihren Verpflichtungen zu den im Kreditvertrag niedergelegten Bedingungen und Terminen nachkommen.

(4) In Kreditverträgen mit Klauseln, nach denen der Sollzinssatz und gegebenenfalls die Entgelte, die im effektiven Jahreszins enthalten sind, deren Quantifizierung zum Zeitpunkt seiner Berechnung aber nicht möglich ist, geändert werden können, ist bei der Berechnung des effektiven Jahreszinses von der Annahme auszugehen, dass der Sollzinssatz und die sonstigen Kosten gemessen an der bei Abschluss des Vertrags festgesetzten Höhe unverändert bleiben werden.

(5) Bei Kreditverträgen, bei denen ein fester Sollzinssatz für einen Anfangszeitraum von mindestens fünf Jahren vereinbart wurde, nach dessen Ablauf ein neuer fester Sollzinssatz für einen weiteren Zeitraum von mehreren Jahren ausgehandelt wird, hat sich die Berechnung des zusätzlichen, als Beispiel dienenden effektiven Jahreszinses, der im ESIS-Merkblatt angegeben wird, nur auf die anfängliche Festzinsperiode zu beziehen, wobei von der Annahme auszugehen ist, dass das Restkapital am Ende des Zinsfestschreibungszeitraums zurückgezahlt wird.

(6) Sieht der Kreditvertrag die Möglichkeit von Änderungen des Zinssatzes vor, so ist der Verbraucher zumindest mittels des ESIS-Merkblatts über die möglichen Auswirkungen der Änderungen auf die zu zahlenden Beträge und den effektiven Jahreszins zu informieren. Dem Verbraucher sind zu diesem Zweck mittels eines zusätzlichen effektiven Jahreszinses die möglichen Risiken zu veranschaulichen, die mit einer signifikanten Erhöhung des Zinssatzes verbunden sind. Ist der Zinssatz nicht gedeckelt, so ist dieser Information ein Warnhinweis beizufügen, mit dem darauf hingewiesen wird, dass sich die Gesamtkosten des Kredits für den Verbraucher, die aus dem effektiven Jahreszins deutlich werden, ändern können. Diese Bestimmung gilt nicht für Kreditverträge, bei denen der Zinssatz für einen Anfangszeitraum von mindestens fünf Jahren festgeschrieben wird, nach dessen Ablauf ein neuer fester Sollzinssatz für einen weiteren Zeitraum von mehreren Jahren ausgehandelt wird, für den ein zusätzlicher, als Beispiel dienender effektiver Jahreszins im ESIS-Merkblatt angegeben wird.

(7) Falls zutreffend, ist für die Berechnung des effektiven Jahreszinses von den in Anhang I genannten zusätzlichen Annahmen auszugehen.

Strafbestimmungen

§ 30. Sofern die Tat nicht den Tatbestand einer gerichtlich strafbaren Handlung bildet oder nach anderen Verwaltungsstrafbestimmungen mit strengerer Strafe bedroht ist, begeht eine Verwaltungsübertretung und ist mit einer Geldstrafe bis zu 10 000 Euro zu bestrafen, wer

1. Kredite ohne die gemäß § 6 erforderlichen oder mit falschen Angaben bewirbt;

2. die in § 7 vorgesehenen allgemeinen Informationen nicht oder nicht vollständig bereitstellt;

3. in die gemäß § 8 gebotenen vorvertraglichen Informationen falsche Angaben aufnimmt, die Informationspflichten gemäß § 8, § 10 oder § 14 Abs. 2 und 3 nicht oder nicht vollständig erfüllt oder bei einem verbindlichen Angebot die in § 12 Abs. 1 enthaltenen Formpflichten verletzt;

4. die Kreditwürdigkeit des Verbrauchers nicht entsprechend § 9 Abs. 1 bis 3 und § 9 Abs. 6 bewertet, die Festlegungs-, Dokumentations- oder Aufbewahrungspflichten nach § 9 Abs. 4 verletzt, einen Kredit trotz Fehlens der Voraussetzungen des § 9 Abs. 5 gewährt oder den Verbraucher nicht gemäß § 9 Abs. 7 über die Ablehnung oder die Datenbankabfrage informiert;

5. die Ausübungsregeln des § 14 Abs. 4 oder des § 15 missachtet;

6. nicht entsprechend § 17 über eine Änderung des Sollzinssatzes informiert;

7. Indizes oder Referenzzinssätze heranzieht, die den Anforderungen des § 22 Abs. 1 widersprechen, oder die Aufbewahrungspflichten des § 22 Abs. 2 verletzt,

8. Kopplungsgeschäfte anbietet oder abschließt, die nach § 23 unzulässig sind;

9. eine der in Z 1 bis 8 genannten Taten bei einem entgeltlichen Zahlungsaufschub oder einer sonstigen entgeltlichen Finanzierungshilfe begeht und dadurch gegen § 26 in Verbindung mit den Bestimmungen des 2. Abschnitts verstößt;

10. die Informationspflichten gemäß § 27 Z 1 oder § 28 nicht oder nicht vollständig erfüllt oder die Anforderungen an die Werbung in § 27 Z 2 oder § 28 missachtet.

Inkrafttretens- und Übergangsbestimmung

§ 31. (1) Dieses Bundesgesetz tritt mit 21. März 2016 in Kraft.

(2) Es ist nur auf Kreditverträge und Kreditierungen anzuwenden, die nach dem 20. März 2016 geschlossen beziehungsweise gewährt werden. Auf Kreditverträge und Kreditierungen, die vor dem 21. März 2016 geschlossen beziehungsweise gewährt wurden, sind die bisherigen Bestimmungen weiter anzuwenden.

(3) Bis zum 21. März 2019 kann anstelle des nach diesem Bundesgesetz vorgesehenen ESIS-

Merkblatts (Anhang II) das Informationsformular nach Anhang II des Verbraucherkreditgesetzes verwendet werden.

(4) § 1, § 7 und Anhang II in der Fassung des Bundesgesetzes BGBl. I Nr. 93/2017 treten mit 1. Juli 2018 in Kraft. *(BGBl I 2017/93)*

(5) §§ 5, 9, 10, 11, 20 und 27 sowie die Bezeichnung des 4. Abschnitts in der Fassung des Bundesgesetzes BGBl. I Nr. 1/2021 treten mit 1. Jänner 2021 in Kraft und sind auf Kreditverträge und Kreditierungen anzuwenden, die nach dem 31. Dezember 2020 geschlossen beziehungsweise gewährt werden. *(BGBl I 2021/1)*

Vollziehung

§ 32. Mit der Vollziehung dieses Bundesgesetzes ist hinsichtlich des § 11 Abs. 3 und des § 30 der Bundeskanzler und im Übrigen der Bundesminister für Justiz betraut.

1029 d.B.

Artikel 7

Änderung des Hypothekar- und Immobilienkreditgesetzes

Das Hypothekar- und Immobilienkreditgesetz – HIKrG, BGBl. I Nr. 135/2015, zuletzt geändert durch das Bundesgesetz BGBl. I Nr. XX/XXX, wird wie folgt geändert:

1. *§ 20 Abs. 4 letzter Satz entfällt.*

2. *Dem § 31 wird folgender Abs. 6 angefügt:*
„(6) § 20 Abs. 4 in der Fassung des Bundesgesetzes BGBl. I Nr. XX/XXX tritt mit 8. Juli 2022 in Kraft.“

Anhang I

BERECHNUNG DES EFFEKTIVEN JAHRESZINSES

I. Grundgleichung zur Darstellung der Gleichheit zwischen Kredit-Auszahlungsbeträgen einerseits und Rückzahlungen (Tilgung und Kreditkosten) andererseits

(1) Die nachstehende Gleichung zur Ermittlung des effektiven Jahreszinses drückt auf jährlicher Basis die rechnerische Gleichheit zwischen der Summe der Gegenwartswerte der in Anspruch genommenen Kredit-Auszahlungsbeträge einerseits und der Summe der Gegenwartswerte der Rückzahlungen (Tilgung und Kreditkosten) andererseits aus:

$$\sum_{k=1}^{m} C_k(1+X)^{-t_k} = \sum_{l=1}^{m'} D_l(1+X)^{-s_l}$$

Dabei ist

- X der effektive Jahreszins;
- m die laufende Nummer des letzten Kredit-Auszahlungsbetrags;
- k die laufende Nummer eines Kredit-Auszahlungsbetrags, wobei $1 \leq k \leq m$;
- C_k die Höhe des Kredit-Auszahlungsbetrags mit der Nummer k;
- t_k der in Jahren oder Jahresbruchteilen ausgedrückte Zeitraum zwischen der ersten Kreditauszahlung und dem Zeitpunkt der einzelnen nachfolgenden in Anspruch genommenen Kredit-Auszahlungsbeträge, wobei $t_1 = 0$;
- m' die laufende Nummer der letzten Tilgungs- oder Kostenzahlung;
- l die laufende Nummer einer Tilgungs- oder Kostenzahlung;
- D_l der Betrag einer Tilgungs- oder Kostenzahlung;
- s_l der in Jahren oder Jahresbruchteilen ausgedrückte Zeitraum zwischen dem Zeitpunkt der Inanspruchnahme des ersten Kredit-Auszahlungsbetrags und dem Zeitpunkt jeder einzelnen Tilgungs- oder Kostenzahlung.

(2) Anmerkungen:

a) Die von beiden Seiten zu unterschiedlichen Zeitpunkten gezahlten Beträge sind nicht notwendigerweise gleich groß und werden nicht notwendigerweise in gleichen Zeitabständen entrichtet.

b) Anfangszeitpunkt ist der Tag der Auszahlung des ersten Kreditbetrags.

c) Der Zeitraum zwischen diesen Zeitpunkten wird in Jahren oder Jahresbruchteilen ausgedrückt. Zugrunde gelegt werden für ein Jahr 365 Tage (bzw. für ein Schaltjahr 366 Tage), 52 Wochen oder 12 Standardmonate. Ein Standardmonat hat 30,41666 Tage (d. h. 365/12), unabhängig davon, ob es sich um ein Schaltjahr handelt oder nicht.

Können die Zeiträume zwischen den in den Berechnungen verwendeten Zeitpunkten nicht als ganze Zahl von Wochen, Monaten oder Jahren ausgedrückt werden, so sind sie als ganze Zahl eines dieser Zeitabschnitte in Kombination mit einer Anzahl von Tagen auszudrücken. Bei der Verwendung von Tagen

i) werden alle Tage einschließlich Wochenenden und Feiertagen gezählt;

ii) werden gleich lange Zeitabschnitte und dann Tage bis zur Inanspruchnahme des ersten Kreditbetrags zurückgezählt;

iii) wird die Länge des in Tagen bemessenen Zeitabschnitts ohne den ersten und einschließlich des letzten Tages berechnet und in Jahren ausgedrückt, indem dieser Zeitabschnitt durch die Anzahl von Tagen des gesamten Jahres (365 oder 366 Tage), zurückgezählt ab dem letzten Tag bis zum gleichen Tag des Vorjahres, geteilt wird.

d) Das Rechenergebnis wird auf mindestens eine Dezimalstelle genau angegeben. Ist die Ziffer der darauf folgenden Dezimalstelle größer als oder gleich 5, so erhöht sich die Ziffer der vorangehenden Dezimalstelle um den Wert 1.

e) Mathematisch darstellen lässt sich diese Gleichung durch eine einzige Summation unter Verwendung des Faktors „Ströme“ (A_k), die entweder positiv oder negativ sind, je nachdem, ob sie für Auszahlungen oder für Rückzahlungen innerhalb der Perioden 1 bis n, ausgedrückt in Jahren, stehen:

$$S = \sum_{k=1}^{n} A_k (1 + X)^{-t_k}$$

dabei ist S der Saldo der Gegenwartswerte aller „Ströme“, deren Wert gleich Null sein muss, damit die Gleichheit zwischen den „Strömen“ gewahrt bleibt.

II. Zusätzliche Annahmen für die Berechnung des effektiven Jahreszinses

a) Ist es dem Verbraucher nach dem Kreditvertrag freigestellt, wann er den Kredit in Anspruch nehmen will, so gilt der gesamte Kredit als sofort in voller Höhe in Anspruch genommen.

b) Sieht der Kreditvertrag verschiedene Arten der Inanspruchnahme mit unterschiedlichen Kosten oder Sollzinssätzen vor, so gilt der gesamte Kredit als zu den höchsten Kosten und zum höchsten Sollzinssatz in Anspruch genommen, wie sie für die Kategorie von Geschäften gelten, die bei dieser Kreditvertragsart am häufigsten vorkommt.

c) Ist es dem Verbraucher nach dem Kreditvertrag generell freigestellt, wann er den Kredit in Anspruch nehmen will, sind jedoch je nach Art der Inanspruchnahme Beschränkungen in Bezug auf Kreditbetrag und Zeitraum vorgesehen, so gilt der gesamte Kredit als zu dem im Kreditvertrag vorgesehenen frühestmöglichen Zeitpunkt mit den entsprechenden Beschränkungen in Anspruch genommen.

d) Werden für einen begrenzten Zeitraum oder Betrag verschiedene Sollzinssätze und Kosten angeboten, so werden als Sollzinssatz oder als Kosten während der gesamten Laufzeit des Kreditvertrags der höchste Sollzinssatz bzw. die höchsten Kosten angenommen.

e) Bei Kreditverträgen, bei denen für den Anfangszeitraum ein fester Sollzinssatz vereinbart wurde, nach dessen Ablauf ein neuer Sollzinssatz festgelegt wird, der anschließend in regelmäßigen Abständen nach einem vereinbarten Indikator oder einem internen Referenzzinssatz angepasst wird, wird bei der Berechnung des effektiven Jahreszinses von der Annahme ausgegangen, dass der Sollzinssatz ab dem Ende der Festzinsperiode dem Sollzinssatz entspricht, der sich aus dem Wert des vereinbarten Indikators oder des internen Referenzzinssatzes zum Zeitpunkt der Berechnung des effektiven Jahreszinses ergibt, die Höhe des festen Sollzinssatzes jedoch nicht unterschreitet.

f) Wurde noch keine Kreditobergrenze vereinbart, so wird eine Obergrenze in Höhe von 170 000 Euro angenommen. Bei Kreditverträgen, die weder Eventualverpflichtungen noch Garantien sind und die nicht für den Erwerb oder die Erhaltung eines Rechts an Wohnimmobilien oder Grundstücken bestimmt sind, bei Überziehungsmöglichkeiten, Debit-Karten mit Zahlungsaufschub oder Kreditkarten wird eine Obergrenze von 1 500 Euro angenommen.

g) Bei Kreditverträgen, die weder Überziehungsmöglichkeiten noch Überbrückungsdarlehen, Kreditverträge mit Wertbeteiligung, Eventualverpflichtungen oder Garantien sind, und bei unbefristeten Kreditverträgen (siehe die Annahmen unter den Buchstaben i, j, k, l und m) gilt Folgendes:

i) Lassen sich der Zeitpunkt oder die Höhe einer vom Verbraucher zu leistenden Tilgungszahlung nicht feststellen, so wird angenommen, dass die Rückzahlung zu dem im Kreditvertrag genannten frühestmöglichen Zeitpunkt und in der darin festgelegten geringsten Höhe erfolgt.

ii) Lässt sich der Zeitraum zwischen der ersten Inanspruchnahme und der ersten vom Verbraucher zu leistenden Zahlung nicht feststellen, so wird der kürzestmögliche Zeitraum angenommen.

h) Lassen sich der Zeitpunkt oder die Höhe einer vom Verbraucher zu leistenden Zahlung nicht anhand des Kreditvertrags oder der Annahmen nach den Buchstaben g, i, j, k, l und m feststellen, so wird angenommen, dass die Zahlung in Übereinstimmung mit den vom Kreditgeber bestimmten Fristen und Bedingungen erfolgt, und dass, falls diese nicht bekannt sind,

i) die Zinszahlungen zusammen mit den Tilgungszahlungen erfolgen,

ii) Zahlungen für Kosten, die keine Zinsen sind und die als Einmalbetrag ausgedrückt sind, bei Abschluss des Kreditvertrags erfolgen,

iii) Zahlungen für Kosten, die keine Zinsen sind und die als Mehrfachzahlungen ausgedrückt sind, beginnend mit der ersten Tilgungszahlung in regelmäßigen Abständen erfolgen, und es sich, falls die Höhe dieser Zahlungen nicht bekannt ist, um jeweils gleich hohe Beträge handelt,

iv) mit der letzten Zahlung der Saldo, die Zinsen und etwaige sonstige Kosten ausgeglichen sind.

i) Bei einer Überziehungsmöglichkeit gilt der gesamte Kredit als in voller Höhe und für die gesamte Laufzeit des Kreditvertrags in Anspruch genommen. Ist die Dauer der Überziehungsmöglichkeit nicht bekannt, so wird bei der Berechnung des effektiven Jahreszinses von der Annahme ausgegangen, dass die Laufzeit des Kreditvertrags drei Monate beträgt.

j) Bei einem Überbrückungsdarlehen gilt der gesamte Kredit als in voller Höhe und für die gesamte Laufzeit des Kreditvertrags in Anspruch genommen. Ist die Laufzeit des Kreditvertrags nicht bekannt, so wird bei der Berechnung des effektiven Jahreszinses von der Annahme ausgegangen, dass sie 12 Monate beträgt.

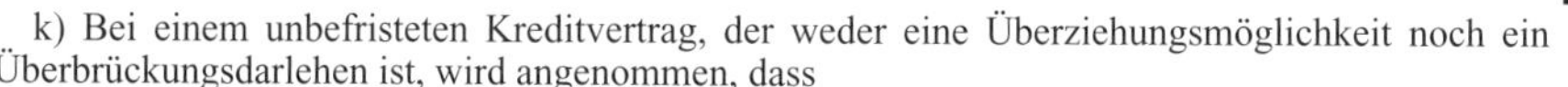

k) Bei einem unbefristeten Kreditvertrag, der weder eine Überziehungsmöglichkeit noch ein Überbrückungsdarlehen ist, wird angenommen, dass

i) bei Kreditverträgen, die für den Erwerb oder die Erhaltung von Rechten an Immobilien bestimmt sind, der Kredit für einen Zeitraum von 20 Jahren ab der ersten Inanspruchnahme gewährt wird und dass mit der letzten Zahlung des Verbrauchers der Saldo, die Zinsen und etwaige sonstige Kosten ausgeglichen sind; bei Kreditverträgen, die nicht für den Erwerb oder die Erhaltung von Rechten an Immobilien bestimmt sind oder bei denen der Kredit im Rahmen von Debit-Karten mit Zahlungsaufschub oder Kreditkarten in Anspruch genommen wird, beträgt dieser Zeitraum ein Jahr;

ii) der Kreditbetrag in gleich hohen monatlichen Zahlungen, beginnend einen Monat nach dem Zeitpunkt der ersten Inanspruchnahme, zurückgezahlt wird. Muss der Kreditbetrag jedoch vollständig, in Form einer einmaligen Zahlung, innerhalb jedes Zahlungszeitraums zurückgezahlt werden, so wird angenommen, dass spätere Inanspruchnahmen und Rückzahlungen des gesamten Kreditbetrags durch den Verbraucher innerhalb eines Jahres stattfinden. Zinsen und sonstige Kosten werden entsprechend diesen Inanspruchnahmen und Tilgungszahlungen und nach den Bestimmungen des Kreditvertrags festgelegt.

Als unbefristete Kreditverträge gelten für die Zwecke dieses Punkts Kreditverträge ohne feste Laufzeit, einschließlich solcher Kredite, bei denen der Kreditbetrag innerhalb oder nach Ablauf eines Zeitraums vollständig zurückgezahlt werden muss, dann aber erneut in Anspruch genommen werden kann.

l) Bei Eventualverpflichtungen oder Garantien wird angenommen, dass der gesamte Kredit zum früheren der beiden folgenden Zeitpunkte als einmaliger Betrag vollständig in Anspruch genommen wird:

a) dem letztzulässigen Zeitpunkt nach dem Kreditvertrag, welcher die potenzielle Quelle der Eventualverbindlichkeit oder Garantie ist; oder

b) bei einem Roll-over-Kreditvertrag am Ende der ersten Zinsperiode vor der Erneuerung der Vereinbarung.

m) Bei Kreditverträgen mit Wertbeteiligung wird angenommen, dass

i) die Zahlungen der Verbraucher zu den letzten nach dem Kreditvertrag möglichen Zeitpunkten geleistet werden;

ii) die prozentuale Wertsteigerung der Immobilie, die die Sicherheit für den Vertrag darstellt, und ein in dem Vertrag genannter Inflationsindex ein Prozentsatz ist, der – je nachdem, welcher Satz höher ist – dem aktuellen Inflationsziel der Zentralbank oder der Höhe der Inflation in dem Mitgliedstaat, in dem die Immobilie belegen ist, zum Zeitpunkt des Abschlusses des Kreditvertrags oder dem Wert 0 %, falls diese Prozentsätze negativ sind, entspricht.

Anhang II

EUROPÄISCHES STANDARDISIERTES MERKBLATT (ESIS-MERKBLATT)

TEIL A

Das folgende Muster ist im selben Wortlaut in das ESIS-Merkblatt zu übernehmen. Text in eckigen Klammern ist durch die entsprechende Angabe zu ersetzen. Hinweise für den Kreditgeber oder gegebenenfalls den Kreditvermittler zum Ausfüllen des ESIS-Merkblatts finden sich in Teil B.

Bei Angaben, denen der Text „falls zutreffend" vorangestellt ist, hat der Kreditgeber die erforderlichen Angaben zu machen, wenn sie für den Kreditvertrag relevant sind. Ist die betreffende Information nicht relevant, ist die entsprechende Rubrik bzw. der gesamte Abschnitt vom Kreditgeber zu streichen (beispielsweise wenn der Abschnitt nicht anwendbar ist). Wird der gesamte Abschnitt gestrichen, so ist die Nummerierung der einzelnen Abschnitte des ESIS-Merkblatts entsprechend anzupassen.

Die nachstehenden Informationen müssen in einem einzigen Dokument enthalten sein. Es ist eine gut lesbare Schriftgröße zu wählen. Zur Hervorhebung sind Fettdruck, Schattierung oder eine größere Schriftgröße zu verwenden. Sämtliche Warnhinweise sind optisch hervorzuheben.

(Vorbemerkungen)
Dieses Dokument wurde am [Datum] für [Name des Verbrauchers] erstellt. Das Dokument wurde auf der Grundlage der bereits von Ihnen gemachten Angaben sowie der aktuellen Bedingungen am Finanzmarkt erstellt. Die nachstehenden Informationen bleiben bis [Gültigkeitsdatum] gültig, (falls zutreffend) mit Ausnahme des Zinssatzes und anderer Kosten. Danach können sie sich je nach Marktbedingungen ändern. (falls zutreffend) Die Ausfertigung dieses Dokuments begründet für [Name des Kreditgebers] keinerlei Verpflichtung zur Gewährung eines Kredits.
1. Kreditgeber
[Name] [Telefon] [Anschrift] (Fakultativ) [E-Mail] (Fakultativ)[Faxnummer] (Fakultativ)[Internetadresse] (Fakultativ) [Kontaktperson/-stelle] (Falls zutreffend, Informationen darüber, ob Beratungsdienstleistungen erbracht werden:) [(Wir empfehlen nach Analyse Ihres Bedarfs und Ihrer Situation, dass Sie diesen Kredit aufnehmen./Wir empfehlen Ihnen keinen bestimmten Kredit. Aufgrund Ihrer Antworten auf einige der Fragen erhalten Sie von uns jedoch Informationen zu diesem Kredit, damit Sie Ihre eigene Entscheidung treffen können.)].

2. (falls zutreffend) Kreditvermittler
[Name] [Telefon] [Anschrift] (Fakultativ) [E-Mail] (Fakultativ)[Faxnummer] (Fakultativ)[Internetadresse] (Fakultativ) [Kontaktperson/-stelle] (Falls zutreffend, Informationen darüber, ob Beratungsdienstleistungen erbracht werden:) [(Wir empfehlen nach Analyse Ihres Bedarfs und Ihrer Situation, dass Sie diesen Kredit aufnehmen./Wir empfehlen Ihnen keinen bestimmten Kredit. Aufgrund Ihrer Antworten auf einige der Fragen erhalten Sie von uns jedoch Informationen zu diesem Kredit, damit Sie Ihre eigene Entscheidung treffen können.)]. [Vergütung]
3. Hauptmerkmale des Kredits
Kreditbetrag und Währung: [Wert] [Währung] (falls zutreffend) Dieser Kredit lautet nicht auf [Landeswährung des Kreditnehmers]. (falls zutreffend) Der Wert Ihres Kredits in [Landeswährung des Kreditnehmers] kann sich ändern. (falls zutreffend) Wenn beispielsweise [Landeswährung des Kreditnehmers] gegenüber [Kreditwährung] um 20 % an Wert verliert, würde sich der Wert Ihres Kredits um [Betrag in der Landeswährung des Kreditnehmers] erhöhen. Allerdings könnte es sich auch um einen höheren Betrag handeln, falls [Landeswährung des Kreditnehmers] um mehr als 20 % an Wert verliert. (falls zutreffend) Der Wert Ihres Kredits beläuft sich auf maximal [Betrag in der Landeswährung des Kreditnehmers]. (falls zutreffend) Sie erhalten einen Warnhinweis, falls der Kreditbetrag [Betrag in der Landeswährung des Kreditnehmers] erreicht. (falls zutreffend) Sie haben die Möglichkeit, [Recht auf Neuverhandlung eines Fremdwährungskreditvertrags oder Recht, den Kredit in [einschlägige Währung] umzuwandeln, und Bedingungen]. Laufzeit des Kredits: [Laufzeit] [Kreditart] [Art des anwendbaren Zinssatzes] Zurückzuzahlender Gesamtbetrag: Dies bedeutet, dass Sie [Betrag] je geliehene(n) [Währungseinheit] zurückzuzahlen haben. (falls zutreffend) Bei dem gewährten Kredit/einem Teil des gewährten Kredits handelt es sich um einen endfälligen Kredit. Ihre Schuld nach Ablauf der Laufzeit des Kredits beträgt [Kreditbetrag nach Endfälligkeit].

(falls zutreffend) Für dieses Merkblatt zugrunde gelegter Schätzwert der Immobilie [Betrag] (falls zutreffend] Beleihungsgrenze (maximale Höhe des Kredits im Verhältnis zum Wert der Immobilie) [Verhältnis] oder Mindestwert der Immobilie als Voraussetzung für die Aufnahme eines Kredits in der angegebenen Höhe [Betrag] (falls zutreffend) [Sicherheit]
4. Zinssatz und andere Kosten
Der effektive Jahreszins entspricht den Gesamtkosten des Kredits, ausgedrückt als jährlicher Prozentsatz. Der effektive Jahreszins erleichtert den Vergleich verschiedener Angebote. Der für Ihren Kredit geltende effektive Jahreszins beträgt [effektiver Jahreszins]. Er setzt sich zusammen aus: Zinssatz: [Wert in Prozent oder, falls zutreffend, Angabe eines Referenzzinssatzes und Prozentwerts der Zinsmarge des Kreditgebers] [sonstige Komponenten des effektiven Jahreszinses] Einmalige Kosten: (falls zutreffend) Für die Eintragung der Hypothek bzw. Grundschuld wird eine Gebühr fällig. [Gebühr sofern bekannt oder Grundlage für die Berechnung.] Regelmäßig anfallende Kosten: (falls zutreffend) Dieser effektive Jahreszins wird anhand des angenommenen Zinssatzes berechnet. (falls zutreffend) Da es sich bei Ihrem Kredit [einem Teil Ihres Kredits] um einen Kredit mit variablem Zinssatz handelt, kann der tatsächliche effektive Jahreszins von dem angegebenen effektiven Jahreszins abweichen, falls sich der Zinssatz ihres Kredits ändert. Falls sich der Zinssatz beispielsweise auf [unter Teil B beschriebenes Szenario] erhöht, kann der effektive Jahreszins auf [Beispiel für den gemäß diesem Szenario fälligen effektiven Jahreszins] ansteigen. (falls zutreffend) Beachten Sie bitte, dass bei der Berechnung dieses effektiven Jahreszinses davon ausgegangen wird, dass der Zinssatz während der gesamten Vertragslaufzeit auf dem für den Anfangszeitraum festgelegten Niveau bleibt. (falls zutreffend) Die folgenden Kosten sind dem Kreditgeber nicht bekannt und sind daher im effektiven Jahreszins nicht enthalten: [Kosten] (falls zutreffend) Für die Eintragung der Hypothek bzw. Grundschuld wird eine Gebühr fällig. Bitte vergewissern Sie sich, dass Sie alle im Zusammenhang mit Ihrem Kredit anfallenden Kosten und Gebühren bedacht haben.
5. Häufigkeit und Anzahl der Ratenzahlungen
Häufigkeit der Ratenzahlungen: [Zahlungsintervall]

Anzahl der Zahlungen: [Anzahl]
6. Höhe der einzelnen Raten
[Betrag] [Währung] Ihre Einkommenssituation kann sich ändern. Prüfen Sie bitte, ob Sie Ihre [Zahlungsintervall] Raten auch dann noch zahlen können, wenn sich Ihr Einkommen verringern sollte. (falls zutreffend) Da es sich bei dem [gewährten Kredit/einem Teil des gewährten Kredits] um einen endfälligen Kredit handelt, müssen Sie eine gesonderte Regelung für die Tilgung der Schuld von [Kreditbetrag nach Endfälligkeit] nach Ablauf der Laufzeit des Kredits treffen. Berücksichtigen Sie dabei auch alle Zahlungen, die Sie zusätzlich zu der hier angegebenen Ratenhöhe leisten müssen. (falls zutreffend) Der Zinssatz dieses Kredits oder eines Teils davon kann sich ändern. Daher kann die Höhe Ihrer Raten steigen oder sinken. Falls sich der Zinssatz beispielsweise auf [unter Teil B beschriebenes Szenario] erhöht, können Ihre Ratenzahlungen auf [Angabe der Höhe der gemäß diesem Szenario fälligen Rate] ansteigen. (falls zutreffend) Die Höhe der [Zahlungsintervall] in [Landeswährung des Kreditnehmers] fälligen Zahlungen kann sich ändern. (falls zutreffend) Ihre pro [Zahlungsperiode] fälligen Zahlungen können sich auf [Höchstbetrag in der Landeswährung des Kreditnehmers] erhöhen. (falls zutreffend) Wenn beispielsweise [Landeswährung des Kreditnehmers] gegenüber [Kreditwährung] um 20 % an Wert verliert, müssten Sie pro [Zeitraum] [Betrag in der Landeswährung des Kreditnehmers] mehr zahlen. Ihre Zahlungen könnten auch um einen höheren Betrag ansteigen. (falls zutreffend) Bei der Umrechnung Ihrer in [Kreditwährung] geleisteten Rückzahlungen in [Landeswährung des Kreditnehmers] wird der von [Name der den Wechselkurs veröffentlichenden Einrichtung] am [Datum] veröffentlichte oder auf der Grundlage von [Bezeichnung der Bezugsgrundlage oder Berechnungsmethode] am [Datum] errechnete Wechselkurs zugrunde gelegt. (falls zutreffend) [Spezifische Angaben zu verbundenen Sparprodukten und Krediten mit abgegrenztem Zins]
7. (falls zutreffend) Beispiel eines Tilgungsplans
Der folgenden Tabelle ist die Höhe des pro [Zahlungsintervall] zu zahlenden Betrags zu entnehmen. Die Raten (Spalte [Nummer]) setzen sich aus zu zahlenden Zinsen (Spalte [Nummer]) und, falls zutreffend, zu zahlender Tilgung (Spalte [Nummer]) sowie, falls zutreffend, sonstigen Kosten (Spalte [Nummer]) zusammen. (falls zutreffend) Die in der Spalte „sonstige Kosten" angegebenen Kosten betreffen [Aufzählung der Kosten]. Das Restkapital (Spalte [Nummer]) ist der nach einer Ratenzahlung noch verbleibende zurückzuzahlende Kreditbetrag. [Tabelle]
8. Zusätzliche Auflagen
Der Kreditnehmer muss folgende Auflagen erfüllen, um in den Genuss der im vorliegenden Dokument genannten Kreditkonditionen zu kommen. [Auflagen]

(falls zutreffend) Beachten Sie bitte, dass sich die in diesem Dokument genannten Kreditkonditionen (einschließlich Zinssatz) ändern können, falls Sie diese Auflagen nicht erfüllen. (falls zutreffend) Beachten Sie bitte die möglichen Konsequenzen einer späteren Kündigung der mit dem Kredit verbundenen Nebenleistungen: [Konsequenzen]
9. Vorzeitige Rückzahlung
Sie können den Kredit ganz oder teilweise vorzeitig zurückzahlen. (falls zutreffend) [Bedingungen] (falls zutreffend) Ablösungsentschädigung: [Betrag oder, sofern keine Angabe möglich ist, Berechnungsmethode] (falls zutreffend) Sollten Sie beschließen, den Kredit vorzeitig zurückzuzahlen, setzen Sie sich bitte mit uns in Verbindung, um die genaue Höhe der Ablösungsentschädigung zum betreffenden Zeitpunkt in Erfahrung zu bringen.
10. Flexible Merkmale
(falls zutreffend) [Information über Übertragbarkeit/Abtretung] Sie können den Kredit auf [einen anderen Kreditgeber] [oder] [eine andere Immobilie] übertragen. [Bedingungen] (falls zutreffend) Sie können den Kredit nicht auf [einen anderen Kreditgeber] [oder] [eine andere Immobilie] übertragen. (falls zutreffend) Zusätzliche Merkmale: [Erläuterung der in Teil B aufgelisteten zusätzlichen Merkmale und – fakultativ – aller weiteren Merkmale, die der Kreditgeber im Rahmen des Kreditvertrags anbietet und die nicht in den vorausgehenden Abschnitten genannt sind].
11. Sonstige Rechte des Kreditnehmers
(falls zutreffend) Bevor Sie sich für die Aufnahme des Kredits entscheiden, haben Sie ab dem [Zeitpunkt, zu dem die Bedenkzeit beginnt][Dauer der Bedenkzeit] Bedenkzeit. (falls zutreffend) Sobald Sie den Kreditvertrag vom Kreditgeber erhalten haben, können Sie diesen nicht vor Ablauf einer Frist von [Zeitraum der Bedenkzeit] annehmen. (falls zutreffend) Sie können während eines Zeitraums von [Dauer der Widerrufsfrist] ab [Zeitpunkt, zu dem die Widerruffrist beginnt] von Ihrem Widerrufsrecht Gebrauch machen. [Bedingungen][Verfahren] (falls zutreffend) Sie können Ihr Widerrufsrecht verlieren, wenn Sie innerhalb dieses Zeitraums eine Immobilie erwerben oder veräußern, die im Zusammenhang mit diesem Kreditvertrag steht. (falls zutreffend) Sollten Sie beschließen, von Ihrem Recht auf Widerruf [des Kreditvertrags] Gebrauch zu machen, so prüfen Sie bitte, ob Sie durch andere [, in Abschnitt 8 genannte] Auflagen im Zusammenhang mit dem Kredit [einschließlich der mit dem Kredit verbundenen Nebenleistungen] weiter gebunden bleiben.

12. Beschwerden
Im Fall einer Beschwerde wenden Sie sich bitte an [interne Kontaktstelle und Informationsquelle zum weiteren Verfahren] (falls zutreffend) Maximale Frist für die Bearbeitung der Beschwerde: [Zeitraum] (falls zutreffend) Sollten wir die Beschwerde nicht intern zu Ihrer Zufriedenheit beilegen, so können Sie sich auch an [Name der externen Stelle für außergerichtliche Beschwerde- und Rechtsbehelfsverfahren] wenden (falls zutreffend) oder Sie können weitere Informationen bei FIN-NET oder der entsprechenden Stelle in Ihrem eigenen Land erfragen.
13. Nichteinhaltung der aus dem Kreditvertrag erwachsenden Verpflichtungen: Konsequenzen für den Kreditnehmer
[Arten eines Verstoßes gegen die Verpflichtungen] [finanzielle und/oder rechtliche Folgen] Sollten Sie Schwierigkeiten haben, die [Zahlungsintervall] Zahlungen zu leisten, so nehmen Sie bitte umgehend Kontakt mit uns auf, damit nach möglichen Lösungen gesucht werden kann. (falls zutreffend) Kommen Sie Ihren Zahlungsverpflichtungen nicht nach, kann als letztes Mittel Ihre Immobilie zwangsversteigert werden.
(falls zutreffend) 14. Zusätzliche Informationen
(falls zutreffend) [auf den Kreditvertrag anwendbares Recht]. (Sofern der Kreditgeber eine Sprache verwenden möchte, die sich von der Sprache des ESIS-Merkblatts unterscheidet) Informationen und Vertragsbedingungen werden in [Angabe der Sprache] vorgelegt. Mit Ihrer Zustimmung werden wir während der Laufzeit des Kreditvertrags mit Ihnen in [Angabe der Sprache(n)] kommunizieren. [Hinweis betreffend das Recht, dass der Kreditvertrags gegebenenfalls im Entwurf vorgelegt oder dies angeboten wird].
15. Aufsichtsbehörde
Die Aufsicht über diesen Kreditgeber obliegt: [Bezeichnung(en) und Internetadresse(n) der Aufsichtsbehörde(n)]. (falls zutreffend) Die Aufsicht über diesen Kreditvermittler obliegt: [Bezeichnung und Internetadresse der Aufsichtsbehörde]

TEIL B

Hinweise zum Ausfüllen des ESIS-Merkblatts

Beim Ausfüllen des ESIS-Merkblatts sind die folgenden Hinweise zu beachten.

Abschnitt „Vorbemerkungen“

Das Datum, bis zu dem die Angaben gelten, ist optisch angemessen hervorzuheben. Für die Zwecke dieses Abschnitts bezeichnet der Begriff „Gültigkeitsdatum“ den Zeitraum, innerhalb dessen die im ESISMerkblatt enthaltenen Angaben, etwa der Sollzinssatz, unverändert bleiben und zur Anwendung kommen werden, falls der Kreditgeber beschließt, den Kredit innerhalb dieser Frist zu bewilligen. Hängt die Festlegung des anwendbaren Sollzinssatzes und anderer Kosten vom Ergebnis des Verkaufs zugrunde liegender Wertpapiere ab, so können der letztliche Sollzinssatz und andere Kosten gegebenenfalls von diesen Angaben abweichen. Ausschließlich unter diesen Umständen ist auf die Tatsache, dass sich das Gültigkeitsdatum nicht auf den Sollzinssatz und andere Kosten bezieht, mit folgender Angabe hinzuweisen: „mit Ausnahme des Zinssatzes und anderer Kosten“.

Abschnitt „1. Kreditgeber“

(1) Name, Telefonnummer und Anschrift des Kreditgebers müssen die Kontaktdaten sein, die der Verbraucher im künftigen Schriftwechsel verwenden kann.

(2) Angaben zu E-Mail-Adresse, Faxnummer, Internetadresse und Kontaktperson/-stelle sind fakultativ.

(3) Wird der Kreditvertrag im Rahmen eines Fernabsatzgeschäfts angeboten, muss der Kreditgeber im Einklang mit Artikel 3 der Richtlinie 2002/65/EG gegebenenfalls Namen und Anschrift seines Vertreters in dem Mitgliedstaat, in dem der Verbraucher seinen Wohnsitz hat, angeben. Die Angabe von Telefonnummer, E-Mail-Adresse und Internetadresse des Vertreters des Kreditgebers ist fakultativ.

(4) Kommt Abschnitt 2 nicht zur Anwendung, so unterrichtet der Kreditgeber unter Verwendung der Formulierungen in Teil A den Verbraucher darüber, ob und auf welcher Grundlage Beratungsdienstleistungen erbracht werden.

(falls zutreffend) Abschnitt „2. Kreditvermittler“

Erhält der Verbraucher die Produktinformationen von einem Kreditvermittler, so erteilt dieser die folgenden Informationen:

(1) Name, Telefonnummer und Anschrift des Kreditvermittlers müssen die Kontaktdaten sein, die der Verbraucher im künftigen Schriftwechsel verwenden kann.

(2) Angaben zu E-Mail-Adresse, Faxnummer, Internetadresse und Kontaktperson/-stelle sind fakultativ.

(3) Der Kreditvermittler unterrichtet unter Verwendung der Formulierungen in Teil A den Verbraucher darüber, ob und auf welcher Grundlage Beratungsdienstleistungen erbracht werden.

(4) Erläuterungen zur Art und Weise der Vergütung des Kreditvermittlers. Erhält dieser eine Provision vom Kreditgeber, so sind der Betrag und – sofern abweichend von der Angabe unter Abschnitt 1 – der Name des Kreditgebers anzugeben.

Abschnitt „3. Hauptmerkmale des Kredits“

(1) In diesem Abschnitt sind die Hauptmerkmale des Kredits, einschließlich des Wertes, der Währung und der potenziellen Risiken, die mit dem Sollzinssatz (darunter die unter Nummer 8 genannte Risiken) und der Amortisationsstruktur verbunden sind, klar darzulegen.

(2) Handelt es sich bei der Kreditwährung nicht um die Landeswährung des Verbrauchers, so weist der Kreditgeber darauf hin, dass der Verbraucher zumindest einen regelmäßigen Warnhinweis erhält, sobald der Wechselkurs um mehr als 20 % schwankt, gegebenenfalls das Recht hat, die Währung des Kreditvertrags umzuwandeln, oder die Möglichkeit hat, die Bedingungen neu auszuhandeln, sowie auf alle sonstigen Regelungen, die dem Verbraucher zur Begrenzung des Wechselkursrisikos zur Verfügung stehen. Ist im Kreditvertrag eine Bestimmung zur Begrenzung des

Wechselkursrisikos vorgesehen, so gibt der Kreditgeber den Höchstbetrag an, den der Verbraucher gegebenenfalls zurückzuzahlen hat. Ist im Kreditvertrag keine Bestimmung vorgesehen, wonach das Wechselkursrisiko für den Verbraucher auf eine Wechselkursschwankung von weniger als 20 % begrenzt wird, so gibt der Kreditgeber ein anschauliches Beispiel dafür, wie sich ein Kursverfall der Landeswährung des Verbrauchers von 20 % gegenüber der Kreditwährung auf den Wert des Kredits auswirkt.

(3) Die Laufzeit des Kredits ist – je nach Relevanz – in Jahren oder Monaten auszudrücken. Kann sich die Kreditlaufzeit während der Geltungsdauer des Vertrags ändern, erläutert der Kreditgeber, wann und unter welchen Bedingungen dies möglich ist. Handelt es sich um einen unbefristeten Kredit, etwa für eine gesicherte Kreditkarte, so ist dies vom Kreditgeber klar anzugeben.

(4) Die Art des Kredits ist genau anzugeben (z. B. hypothekarisch besicherter Kredit, wohnungswirtschaftlicher Kredit, gesicherte Kreditkarte). Bei der Beschreibung der Kreditart ist klar anzugeben, wie Kapital und Zinsen während der Laufzeit des Kredits zurückzuzahlen sind (d. h. die Amortisationsstruktur) und ob der Kreditvertrag auf einer Kapitalrückzahlung oder auf der Endfälligkeit basiert oder eine Mischung von beidem ist.

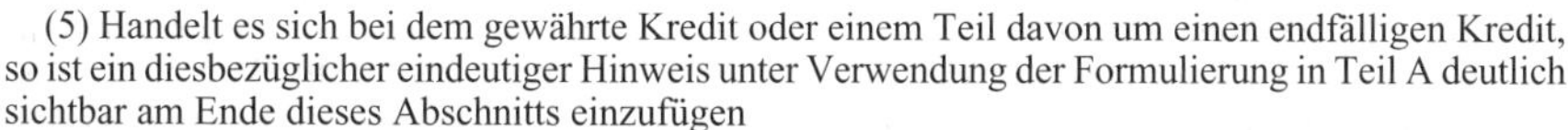

(5) Handelt es sich bei dem gewährte Kredit oder einem Teil davon um einen endfälligen Kredit, so ist ein diesbezüglicher eindeutiger Hinweis unter Verwendung der Formulierung in Teil A deutlich sichtbar am Ende dieses Abschnitts einzufügen

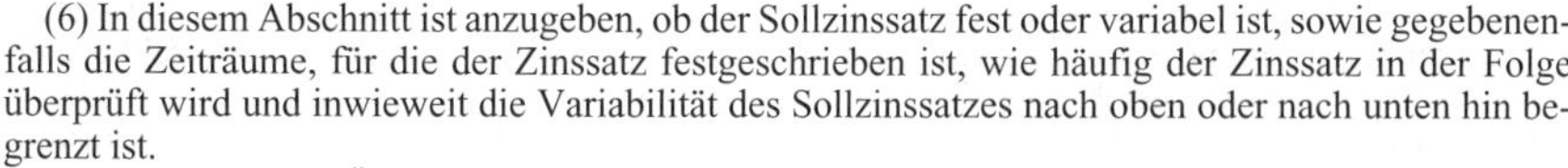

(6) In diesem Abschnitt ist anzugeben, ob der Sollzinssatz fest oder variabel ist, sowie gegebenenfalls die Zeiträume, für die der Zinssatz festgeschrieben ist, wie häufig der Zinssatz in der Folge überprüft wird und inwieweit die Variabilität des Sollzinssatzes nach oben oder nach unten hin begrenzt ist.

Die Formel für die Überprüfung des Sollzinssatzes und seiner einzelnen Bestandteile (z. B. Referenzzinssatz, Zinsmarge) ist zu erläutern. Der Kreditgeber hat anzugeben, etwa mittels einer Internetadresse, wo weitere Informationen zu den in der Formel zugrunde gelegten Indizes oder Zinssätzen zu finden sind, z. B. Euribor-Satz oder Referenzzinsatz der Zentralbank.

(7) Gelten unter bestimmten Umständen unterschiedliche Sollzinssätze, so sind diese Angaben für alle anzuwendenden Sollzinssätze zu machen.

(8) Der „zurückzuzahlende Gesamtbetrag" entspricht dem Gesamtbetrag, den der Verbraucher zu zahlen hat. Er wird dargestellt als die Summe aus Kreditbetrag und Gesamtkosten des Kredits für den Verbraucher. Ist der Sollzinssatz für die Laufzeit des Vertrags nicht festgelegt, so ist optisch hervorzuheben, dass dieser Betrag lediglich Beispielcharakter hat und insbesondere bei einer Veränderung des Sollzinssatzes variieren kann.

(9) Wird der Kredit durch eine Hypothek auf die Immobilie oder durch eine andere vergleichbare Sicherheit oder ein Recht an einer Immobilie gesichert, hat der Kreditgeber den Verbraucher darauf hinzuweisen. Der Kreditgeber hat gegebenenfalls den geschätzten Wert der Immobilie oder der sonstigen Sicherheiten zu nennen, die zur Erstellung dieses Merkblatts herangezogen wurden.

(10) Der Kreditgeber gibt gegebenenfalls Folgendes an:

a) die „Beleihungsgrenze" (maximale Höhe des Kredits im Verhältnis zum Wert der Immobilie,) die das Verhältnis zwischen Kredithöhe und Objektwert angibt. Neben der entsprechenden Angabe ist ein konkretes Zahlenbeispiel für die Ermittlung des Höchstbetrags zu nennen, der bei einem bestimmten Immobilienwert als Kredit aufgenommen werden kann; oder

b) den „Mindestwert der Immobilie, den der Kreditgeber für die Vergabe eines Kredits in der angegebenen Höhe voraussetzt".

(11) Bei mehrteiligen Krediten (z B. zum Teil mit festem und zum Teil mit variablem Zinssatz) muss dies aus den Angaben zur Art des Kredits hervorgehen und die vorgeschriebenen Informationen müssen für jeden Teil des Kredits angegeben werden.

Abschnitt „4. Zinssatz und andere Kosten“

(1) Der Begriff „Zinssatz“ bezeichnet den Sollzinssatz oder die Sollzinssätze.

(2) Der Sollzinssatz ist als Prozentwert anzugeben. Handelt es sich um einen variablen Sollzinssatz auf Basis eines Referenzzinssatzes, so kann der Kreditgeber den Sollzinssatz in Form eines Referenzzinssatzes und eines Prozentwerts seiner Zinsmarge angeben. Der Kreditgeber muss allerdings den am Tag der Ausstellung des ESIS-Merkblatts geltenden Wert des Referenzzinssatzes angeben.

Im Falle eines variablen Sollzinssatzes ist Folgendes anzugeben: a) die für die Berechnung des effektiven Jahreszinses zugrunde gelegten Annahmen, b) gegebenenfalls die geltenden Ober- und Untergrenzen sowie c) ein Warnhinweis, dass sich die Variabilität negativ auf die tatsächliche Höhe des effektiven Jahreszinses auswirken könnte. Der Warnhinweis hat in größerer Schrift deutlich sichtbar im Hauptteil des ESIS-Merkblatts zu erscheinen, damit die Aufmerksamkeit der Verbraucher darauf gelenkt wird. Der Warnhinweis sollte durch ein anschauliches Beispiel zum effektiven Jahreszins ergänzt werden. Besteht eine Obergrenze für den Sollzinssatz, so basiert das Beispiel auf der Annahme, dass der Sollzinssatz bei frühestmöglicher Gelegenheit auf das höchste im Kreditvertrag vorgesehene Niveau ansteigt. Besteht keine Obergrenze, so bildet das Beispiel den effektiven Jahreszins beim höchsten Sollzinssatz der mindestens letzten zwanzig Jahre ab oder – falls die der Berechnung des Sollzinssatzes zugrunde liegenden Daten nur für einen Zeitraum von weniger als 20 Jahren vorliegen – des längsten Zeitraums, für den solche Daten vorliegen, und zwar ausgehend vom Höchststand des jeweiligen externen Referenzsatzes, der gegebenenfalls für die Berechnung des Sollzinssatzes herangezogen wurde oder vom Höchststand eines Benchmarkzinssatzes, der von einer zuständigen Behörde oder der EBA festgesetzt wird, sofern der Kreditgeber keinen externen Referenzsatz verwendet. Diese Anforderung gilt nicht für Kreditverträge, bei denen für einen konkreten Anfangszeitraum von mehreren Jahren ein fester Sollzinssatz vereinbart wurde, der anschließend nach Verhandlungen zwischen Kreditgeber und Verbraucher für einen weiteren Zeitraum festgeschrieben werden kann. Im Falle von Kreditverträgen, bei denen für einen konkreten Anfangszeitraum von mehreren Jahren ein fester Sollzinssatz vereinbart wurde, der anschließend nach Verhandlungen zwischen Kreditgeber und Verbraucher für einen weiteren Zeitraum festgeschrieben werden kann, muss das Merkblatt einen Warnhinweis enthalten, dass der effektive Jahreszins auf der Grundlage des Sollzinssatzes für den Anfangszeitraum berechnet worden ist. Der Warnhinweis ist durch ein zusätzliches anschauliches Beispiel für den „gemäß Artikel 17 Absatz 5“ errechneten effektiven Jahreszins zu ergänzen. Bei mehrteiligen Krediten (z. B. zugleich zum Teil mit festem und zum Teil mit variablem Zinssatz) sind die entsprechenden Informationen für jeden einzelnen Teil des Kredits zu erteilen.
(BGBl I 2017/93, ab 1. 7. 2018)

(3) In der Rubrik „sonstige Komponenten des effektiven Jahreszinses“ sind alle sonstigen im effektiven Jahreszins enthaltenen Kosten aufzuführen, einschließlich einmaliger Kosten – etwa Verwaltungsgebühren – sowie regelmäßige Kosten wie jährliche Verwaltungsgebühren. Der Kreditgeber listet die einzelnen Kosten nach Kategorien auf (einmalige Kosten, in den Raten enthaltene regelmäßig anfallende Kosten, in den Raten nicht enthaltene regelmäßig anfallende Kosten) und gibt die jeweiligen Beträge, den Zahlungsempfänger und den Zeitpunkt der Fälligkeit an. Dabei müssen die für Vertragsverletzungen anfallenden Kosten nicht enthalten sein. Ist die Höhe der Kosten nicht bekannt, so gibt der Kreditgeber, falls möglich, einen Näherungswert an; ist dies nicht möglich, so erläutert er, wie sich der Betrag berechnen wird, wobei ausdrücklich anzugeben ist, dass der genannte Betrag lediglich Hinweischarakter hat. Sind einzelne Kosten im effektiven Jahreszins nicht enthalten, weil sie dem Kreditgeber nicht bekannt sind, so ist dies optisch hervorzuheben.

Hat der Verbraucher dem Kreditgeber seine Wünsche in Bezug auf eines oder mehrere Elemente seines Kredits mitgeteilt, beispielsweise in Bezug auf die Laufzeit des Kreditvertrags oder den Gesamtkreditbetrag, so muss der Kreditgeber diese Elemente soweit möglich aufgreifen; sofern ein Kreditvertrag unterschiedliche Verfahren der Inanspruchnahme mit jeweils unterschiedlichen Gebühren oder Sollzinssätzen vorsieht und der Kreditgeber die Annahmen nach Anhang I Teil II zugrunde legt, so weist er darauf hin, dass andere Mechanismen der Inanspruchnahme bei dieser Art des Kreditvertrags zu einem höheren effektiven Jahreszins führen können. Falls die Bedingungen für die Inanspruchnahme in die Berechnung des effektiven Jahreszinses einfließen, hebt der Kreditgeber die Gebühren optisch hervor, die mit anderen Mechanismen der Inanspruchnahme verbunden sein können, welche nicht notwendigerweise diejenigen sind, anhand deren der effektive Jahreszins berechnet worden ist.

(4) Fällt eine Gebühr für die Eintragung einer Hypothek oder vergleichbaren Sicherheit an, so ist diese zusammen mit dem Betrag (sofern bekannt) in diesem Abschnitt anzugeben, oder – falls dies nicht möglich ist – ist die Grundlage für die Festsetzung dieses Betrags anzugeben. Ist die Gebühr bekannt und wurde sie in den effektiven Jahreszins eingerechnet, so sind das Anfallen der Gebühr und deren Höhe unter „einmalige Kosten" auszuweisen. Ist dem Kreditgeber die Gebühr nicht bekannt und wurde diese daher nicht in den effektiven Jahreszins eingerechnet, so muss das Anfallen einer Gebühr klar und deutlich in der Liste der dem Kreditgeber nicht bekannten Kosten aufgeführt werden. In beiden Fällen ist die Standardformulierung gemäß Teil A unter der entsprechenden Rubrik zu verwenden.

Abschnitt „5. Häufigkeit und Anzahl der Ratenzahlungen"

(1) Sind regelmäßige Zahlungen zu leisten, ist das Zahlungsintervall (z. B. monatlich) anzugeben. Sind Zahlungen in unregelmäßigen Abständen vorgesehen, ist dies dem Verbraucher klar zu erläutern.

(2) Es sind alle über die gesamte Kreditlaufzeit zu leistenden Zahlungen aufzuführen.

Abschnitt „6. Höhe der einzelnen Raten"

(1) Es ist klar anzugeben, in welcher Währung der Kredit bereitgestellt wird und die Raten gezahlt werden.

(2) Kann sich die Höhe der Raten während der Kreditlaufzeit ändern, hat der Kreditgeber anzugeben, für welchen Zeitraum die anfängliche Ratenhöhe unverändert bleibt und wann und wie häufig sie sich in der Folge ändern wird.

(3) Handelt es sich bei dem gewährte Kredit oder einem Teil davon um einen endfälligen Kredit, so ist ein diesbezüglicher eindeutiger Hinweis unter Verwendung der Formulierung in Teil A deutlich sichtbar am Ende dieses Abschnitts einzufügen.

Muss der Verbraucher ein damit verbundenes Sparprodukt aufnehmen, um einen durch eine Hypothek oder eine vergleichbare Sicherheit gesicherten endfälligen Kredit zu erhalten, sind Betrag und Häufigkeit von Zahlungen für dieses Produkt anzugeben.

(4) Im Falle eines variablen Sollzinssatzes muss das Merkblatt einen diesbezüglichen Hinweis enthalten, wobei die Formulierung unter Teil A zu verwenden und ein anschauliches Beispiel für die maximale Zahlungsrate anzuführen ist. Besteht eine Obergrenze, so muss in dem Beispiel die Höhe der Raten aufgezeigt werden, die fällig sind, falls der Sollzinssatz die Obergrenze erreicht. Besteht keine Obergrenze, so bildet der ungünstigste denkbare Verlauf die Höhe der Ratenzahlungen beim höchsten Sollzinssatz der letzten 20 Jahre ab oder – falls die der Berechnung des Sollzinssatzes zugrunde liegenden Daten nur für einen Zeitraum von weniger als 20 Jahren vorliegen – des längsten Zeitraums, für den solche Daten vorliegen, und zwar ausgehend vom Höchststand des jeweiligen externen Referenzsatzes, der gegebenenfalls für die Berechnung des Sollzinssatzes herangezogen wurde oder vom Höchststand eines Benchmarkzinssatzes, der von einer zuständigen Behörde oder der EBA festgesetzt wird, sofern der Kreditgeber keinen externen Referenzsatz verwendet. Die Anforderung, ein anschauliches Beispiel anzuführen, gilt nicht für Kreditverträge, bei denen ein fester Sollzinssatz für einen konkreten Anfangszeitraum vom mehreren Jahren vereinbart wurde, der anschließend nach Verhandlungen zwischen Kreditgeber und Verbraucher für einen weiteren Zeitraum festgelegt werden kann. Bei mehrteiligen Krediten (d. h. zugleich zum Teil mit festem und zum Teil mit variablem Zinssatz) sind die entsprechenden Informationen für jeden einzelnen Teil des Kredits und für den Gesamtkredit anzugeben.

(5) (falls zutreffend) Wird der Kredit in einer anderen Währung als der Landeswährung des Verbrauchers bereitgestellt oder ist er auf eine andere Währung als die Landeswährung des Verbrauchers indexiert, verdeutlicht der Kreditgeber – unter Verwendung der Formulierung unter Teil A – anhand eines Zahlenbeispiels, wie sich Änderungen des maßgeblichen Wechselkurses auf die Höhe der Raten auswirken können. Dieses Beispiel basiert auf einem Kursverlust der Landeswährung des Verbrauchers von 20 % und wird von einem Hinweis an hervorgehobener Stelle begleitet, dass die Raten um mehr als den in diesem Beispiel angenommen Betrag steigen können. Besteht eine Obergrenze, die den Anstieg auf weniger als 20 % begrenzt, so ist stattdessen der Höchstwert der Zahlungen in der Landeswährung des Verbrauchers anzugeben und der Hinweis auf etwaige weitere Anstiege entfällt.

(6) Handelt es sich bei dem gesamten Kreditvertrag oder eines Teils davon um einen Kreditvertrag mit variablem Zinssatz und kommt ferner Nummer 5 zur Anwendung, so ist das Beispiel nach Nummer 3 auf der Grundlage der Ratenhöhe im Sinne von Nummer 1 anzugeben.

(7) Werden die Raten in einer anderen Währung als der Kreditwährung gezahlt oder hängt die Höhe der einzelnen in der Landeswährung des Verbrauchers ausgedrückten Raten von dem entsprechenden Betrag in einer anderen Währung ab, so sind in diesem Abschnitt der Termin, zu dem der anwendbare Wechselkurs berechnet wurde sowie entweder der Wechselkurs oder die Grundlage für dessen Berechnung und die Häufigkeit der Anpassung desselben anzugeben. Gegebenenfalls ist dabei der Name der den Wechselkurs veröffentlichenden Einrichtung zu nennen.

(8) Handelt es sich um einen Kredit mit abgegrenztem Zins, bei dem der fällige Zins durch die Raten nicht vollständig zurückbezahlt und zum ausstehenden Gesamtkreditbetrag hinzuaddiert wird, so ist zu erläutern, wie und wann der abgegrenzte Zins als Barbetrag zu dem Kredit hinzuaddiert wird und wie sich dies auf die Restschuld des Verbrauchers auswirkt.

Abschnitt „7. Beispiel eines Tilgungsplans"

(1) Dieser Abschnitt ist aufzunehmen falls es sich um einen Kredit mit abgegrenztem Zins handelt, bei dem der fällige Zins durch die Raten nicht vollständig zurückbezahlt und zum ausstehenden Gesamtkreditbetrag hinzuaddiert wird oder falls der Sollzinssatz für die Laufzeit des Kreditvertrags festgeschrieben ist.

Hat der Verbraucher ein Recht auf einen überarbeiteten Tilgungsplan, so ist dies zusammen mit den Bedingungen anzugeben, unter denen der Verbraucher dieses Recht hat.

(2) Kann der Sollzinssatz während der Kreditlaufzeit variieren, so hat der Kreditgeber nach Angabe des Sollzinssatzes den Zeitraum zu nennen, während dessen der Anfangszinssatz unverändert bleibt.

(3) Die Tabelle in diesem Abschnitt muss folgende Spalten enthalten: „Rückzahlungsplan" (z. B. Monat 1, Monat 2, Monat 3), „Ratenhöhe", „pro Rate zu zahlende Zinsen", „sonstige in der Rate enthaltene Kosten" (falls zutreffend), „pro Rate zurückgezahltes Kapital" und „nach der jeweiligen Ratenzahlung noch zurückzuzahlendes Kapital".

(4) Für das erste Jahr der Rückzahlung sind für jede einzelne Ratenzahlung die betreffenden Angaben und für jede einzelne Spalte die Zwischensumme am Ende des ersten Jahres anzugeben. Für die Folgejahre können die Angaben auf Jahresbasis gemacht werden. Am Ende der Tabelle ist eine Reihe mit den Gesamtbeträgen für alle Spalten anzufügen. Die vom Verbraucher gezahlten Gesamtkosten des Kredits (d. h. die Gesamtsumme der Spalte „Höhe der Ratenzahlung") sind optisch deutlich hervorzuheben und als solche darzustellen.

(5) Ist der Sollzinssatz Gegenstand einer Überprüfung und ist die Ratenhöhe nach einer solchen Überprüfung nicht bekannt, kann der Kreditgeber im Tilgungsplan für die gesamte Kreditlaufzeit dieselbe Ratenhöhe angeben. In diesem Fall macht der Kreditgeber den Verbraucher darauf aufmerksam, indem er den Unterschied zwischen bereits feststehenden Beträgen und hypothetischen Beträgen optisch verdeutlicht (z. B. durch Schriftgröße, Rahmen oder Schattierung). Außerdem ist in leicht verständlicher Form zu erläutern, für welche Zeiträume und aus welchen Gründen sich die in der Tabelle angegebenen Beträge ändern können.

Abschnitt „8. Zusätzliche Auflagen"

(1) Der Kreditgeber nennt in diesem Abschnitt die mit der Kreditvergabe verbundenen Auflagen, so die Auflage, die Immobilie zu versichern, eine Lebensversicherung abzuschließen, das Gehalt auf ein bei dem Kreditgeber geführtes Konto überweisen zu lassen oder ein anderes Produkt oder eine andere Dienstleistung zu erwerben. Für jede dieser Auflagen gibt der Kreditgeber an, wem gegenüber die Verpflichtung besteht und bis wann ihr nachzukommen ist.

(2) Der Kreditgeber gibt die Dauer der Auflage an, z. B. bis zum Ablauf des Kreditvertrags. Der Kreditgeber gibt für jede Verpflichtung die dem Verbraucher entstehenden Kosten an, die im effektiven Jahreszins nicht berücksichtigt wurden.

(3) Der Kreditgeber teilt mit, ob der Verbraucher zum Erwerb etwaiger Nebenleistungen verpflichtet ist, um den Kredit zu den genannten Bedingungen zu erhalten, und ob der Verbraucher gegebenenfalls verpflichtet ist, diese vom bevorzugten Anbieter des Kreditgebers zu erwerben oder ob er diese von einem Anbieter seiner Wahl erwerben kann. Hängt eine solche Möglichkeit davon ab, dass die Nebenleistungen bestimmte Mindestmerkmale aufweisen, so sind diese in dieser Rubrik zu beschreiben.

Sofern der Kreditvertrag mit anderen Produkten gebündelt angeboten wird, nennt der Kreditgeber die wichtigsten Merkmale dieser anderen Produkte und gibt eindeutig an, ob der Verbraucher das Recht hat, den Kreditvertrag oder die an ihn geknüpften Produkte voneinander getrennt zu kündigen, und zu welchen Bedingungen und mit welchen Folgen dies möglich ist sowie gegebenenfalls die möglichen Folgen der Kündigung der in Verbindung mit dem Kreditvertrag vorgeschriebenen Nebenleistungen.

Abschnitt „9. Vorzeitige Rückzahlung“

(1) Der Kreditgeber nennt die etwaigen Bedingungen für eine vorzeitige vollständige oder teilweise Rückzahlung des Kredits.

(2) In der Rubrik Ablöseentschädigung weist der Kreditgeber den Verbraucher auf jedwede Ablöseentschädigung oder sonstigen Kosten einer vorzeitigen Rückzahlung zur Entschädigung des Kreditgebers hin und gibt sofern möglich deren Höhe an. Hängt die Höhe der Entschädigung von verschiedenen Faktoren ab, wie etwa der Höhe des bereits zurückgezahlten Betrags oder dem zum Zeitpunkt der vorzeitigen Rückzahlung geltenden Sollzinssatz, so erläutert der Kreditgeber, wie die Entschädigung berechnet wird, und gibt den potenziellen Höchstbetrag der Entschädigung an oder – falls dies nicht möglich ist – macht er dem Verbraucher in einem anschaulichen Beispiel deutlich, wie hoch die Entschädigung bei Zugrundelegung unterschiedlicher möglicher Szenarien ausfällt.

Abschnitt „10. Flexible Merkmale“

(1) Gegebenenfalls erläutert der Kreditgeber die Möglichkeit und die Bedingungen für die Übertragung des Kredits auf einen anderen Kreditgeber oder eine andere Immobilie.

(2) (Falls zutreffend) Zusätzliche Merkmale: Wenn Produkte eines der unten unter Nummer 5 aufgelisteten Merkmale enthalten, muss dieser Abschnitt diese Merkmale auflisten und eine knappe Erläuterung der folgenden Punkte enthalten: die Bedingungen, unter denen der Verbraucher dieses Merkmal nutzen kann; jegliche mit dem Merkmal verbundenen Bedingungen; ob gewöhnlich mit dem Merkmal verbundene gesetzliche oder andere Schutzvorkehrungen für den Verbraucher wegfallen, wenn das Merkmal Bestandteil des durch eine Hypothek oder vergleichbare Sicherheit gesicherten Kredits ist, und die Firma, die das Merkmal anbietet (sofern mit dem Kreditgeber nicht identisch).

(3) Wenn das Merkmal zusätzliche Kredite umfasst, müssen dem Verbraucher in diesem Abschnitt die folgenden Punkte erläutert werden: der Gesamtkreditbetrag (einschließlich des Kredits, der durch die Hypothek oder vergleichbare Sicherheit gesichert ist); ob der zusätzliche Kredit besichert ist; die entsprechenden Sollzinssätze und ob er einer Regulierung unterliegt. Dieser zusätzliche Kreditbetrag ist entweder im Rahmen der ursprünglichen Kreditwürdigkeitsprüfung enthalten oder – wenn dies nicht der Fall ist – es wird in diesem Abschnitt klargestellt, dass die Verfügbarkeit des zusätzlichen Betrags von einer weiteren Prüfung der Fähigkeit des Verbrauchers, den Kredit zurückzuzahlen, abhängt.

(4) Wenn das Merkmal einen Träger für Spareinlagen umfasst, sind die entsprechenden Zinssätze zu erläutern.

(5) Die möglichen weiteren Merkmale sind: „Überzahlungen/Unterzahlungen“ [es wird mehr oder weniger zurückgezahlt als die im Rahmen der Amortisationsstruktur vereinbarte normale Rate]; „Zahlungsunterbrechungen“ [Zeiträume, während denen der Verbraucher keine Zahlungen leisten muss]; „Rückdarlehen“ [Möglichkeit für den Verbraucher, Beträge, die bereits in Anspruch genommen und zurückbezahlt wurden, erneut aufzunehmen]; „verfügbare zusätzliche Kreditaufnahme ohne weitere Genehmigung“; „zusätzliche besicherte oder unbesicherte Kreditaufnahme [in Übereinstimmung mit Nummer 3 oben] „Kreditkarte“; „damit verbundenes Girokonto“ sowie „damit verbundenes Sparkonto“.

(6) Der Kreditgeber kann alle weiteren Merkmale erläutern, die er als Teil des Kreditvertrags anbietet und die nicht in den vorausgehenden Abschnitten genannt sind.

Abschnitt „11. Sonstige Rechte des Kreditnehmers“

(1) Der Kreditgeber weist auf die bestehenden Rechte hin wie etwa ein Recht auf Widerruf oder Bedenkzeit oder gegebenenfalls andere Rechte wie etwa ein Recht auf Übertragbarkeit (einschließlich Abtretung), spezifiziert die Voraussetzungen für ihre Ausübung, die bei ihrer Ausübung vom Verbraucher einzuhaltenden Verfahren – unter anderem die Adresse, an die die Mitteilung über den Widerruf zu richten ist – sowie die entsprechenden Gebühren (falls zutreffend).

(2) Falls der Verbraucher ein Recht auf Bedenkzeit oder Widerruf hat, so wird deutlich darauf hingewiesen.

(3) Wird der Kreditvertrag im Rahmen eines Fernabsatzgeschäfts angeboten, ist der Verbraucher im Einklang mit Artikel 3 der Richtlinie 2002/65/EG darüber zu unterrichten, ob er über ein Widerrufsrecht verfügt oder nicht.

Abschnitt „12. Beschwerden“

(1) In diesem Abschnitt werden die interne Kontaktstelle [Bezeichnung der einschlägigen Abteilung] und ein Weg zur Kontaktaufnahme mit dieser Beschwerdestelle [Anschrift] oder [Telefonnummer] oder [eine Kontaktperson] [Kontaktangaben] sowie ein Link zu einem Beschwerdeverfahren auf der entsprechenden Seite einer Website oder ähnlichen Informationsquelle angegeben.

(2) Es wird der Name der externen Stelle für außergerichtliche Beschwerde- und Rechtsbehelfsverfahren angegeben und – falls die Nutzung des internen Beschwerdeverfahrens eine Voraussetzung für den Zugang zu dieser Stelle ist – wird unter Verwendung der Formulierung in Teil A auf diesen Umstand hingewiesen.

(3) Bei Kreditverträgen mit einem Verbraucher, der seinen Wohnsitz in einem anderen Mitgliedstaat hat, macht der Kreditgeber diesen auf das FIN-NET aufmerksam (http://ec.europa.eu/internal_market/finnet/).

Abschnitt „13. Nichteinhaltung der aus dem Kreditvertrag erwachsenden Verpflichtungen: Konsequenzen für den Kreditnehmer“

(1) Kann die Nichteinhaltung einer aus dem Kredit erwachsenden Verpflichtung durch den Verbraucher für diesen finanzielle oder rechtliche Konsequenzen haben, erläutert der Kreditgeber in diesem Abschnitt die wichtigsten Fälle (z. B. Zahlungsverzug/Zahlungsausfall, Nichteinhaltung der in Abschnitt 8 – „Zusätzliche Auflagen“ – genannten Verpflichtungen) und gibt an, wo weitere Informationen eingeholt werden können.

(2) Der Kreditgeber gibt für jeden dieser Fälle in klarer, leicht verständlicher Form an, welche Sanktionen oder Konsequenzen daraus erwachsen können. Hinweise auf schwerwiegende Konsequenzen sind optisch hervorzuheben.

(3) Kann die zur Besicherung des Kredits verwendete Immobilie an den Kreditgeber zurückgegeben oder übertragen werden, falls der Verbraucher seinen Verpflichtungen nicht nachkommt, so ist in diesem Abschnitt unter Verwendung der Formulierung in Teil A auf diesen Umstand hinzuweisen.

Abschnitt „14. Weitere Angaben“

(1) Im Falle von Fernabsatz enthält dieser Abschnitt sämtliche Angaben zu dem auf den Kreditvertrag anwendbaren Recht oder zur zuständigen Gerichtsbarkeit.

(2) Beabsichtigt der Kreditgeber, während der Vertragslaufzeit mit dem Verbraucher in einer anderen Sprache als der des ESIS-Merkblatts zu kommunizieren, wird dies ebenfalls erwähnt und die

Sprache angegeben, in der kommuniziert werden soll. Die Bestimmungen des Artikels 3 Absatz 1 sowie des Artikels 3 Absatz 3 Buchstabe g der Richtlinie 2002/65/EG bleiben hiervon unberührt.

(3) Der Kreditgeber oder der Kreditvermittler weisen auf das Recht des Verbrauchers hin, dass er gegebenenfalls zumindest zum Zeitpunkt der Vorlage eines für den Kreditgeber verbindlichen Angebots eine Ausfertigung des Kreditvertragsentwurfs erhält oder ihm dies angeboten wird.

Abschnitt „15. Aufsichtsbehörde"

Es sind die Behörden anzugeben, die für die Überwachung des vorvertraglichen Stadiums der Kreditvergabe zuständig sind.

FMA-Mitarbeiterkategorien- und Nachweis-Verordnung (MiKaNa-V)

BGBl II 2016/151

Auf Grund des § 33 Abs. 2 des Bankwesengesetzes – BWG, BGBl. Nr. 532/1993, zuletzt geändert durch das Bundesgesetz BGBl. I Nr. 43/2016, wird verordnet:

Differenzierung der Kategorien von Mitarbeitern hinsichtlich der Mindestanforderungen an Kenntnissen und Fähigkeiten gemäß § 33 Abs. 1 BWG

§ 1. (1) Mitarbeiter eines Kreditinstituts, die Beratungsdienstleistungen gemäß § 14 Abs. 1 des Hypothekar- und Immobilienkreditgesetzes – HIKrG, BGBl. I Nr. 135/2015, im Zusammenhang mit Hypothekar- und Immobilienkreditverträgen erbringen, die in den Anwendungsbereich des 2. oder 3. Abschnittes des HIKrG fallen (im Folgenden: Hypothekar- und Immobilienkreditverträge), haben über jene Kenntnisse und Fähigkeiten gemäß § 33 Abs. 1 Z 1 bis 9 BWG zu den in die Beratung einbezogenen Kreditprodukten im Sinne von § 33 Abs. 1 Z 1 BWG (im Folgenden: Kreditprodukte) zu verfügen, die nach Art, Umfang und Komplexität dieser Kreditprodukte erforderlich sind.

(2) Mitarbeiter eines Kreditinstituts, die mit dem Abschluss von Hypothekar- und Immobilienkreditverträgen befasst sind, haben über jene Kenntnisse und Fähigkeiten gemäß § 33 Abs. 1 Z 1, 2, 4 und 7 bis 9 BWG zu den vom Kreditinstitut angebotenen Kreditprodukten zu verfügen, die nach Art, Umfang und Komplexität der Kreditprodukte erforderlich sind.

(3) Mitarbeiter eines Kreditinstituts, die mit der Bewertung oder laufenden Überwachung von Sicherheiten oder beidem im Zusammenhang mit Hypothekar- und Immobilienkreditverträgen befasst sind, haben über jene Kenntnisse und Fähigkeiten gemäß § 33 Abs. 1 Z 3 bis 6 BWG zu verfügen, die unter Berücksichtigung von Art, Umfang und Komplexität der Sicherheiten und Bewertungsverfahren erforderlich sind.

Art, Umfang und Periodizität des Nachweises der Kenntnisse und Fähigkeiten gemäß § 33 Abs. 1 BWG

§ 2. Kreditinstitute haben eine Evidenz zu führen und aktuell zu halten, aus der sich differenziert nach der Kategorisierung der Mitarbeiter gemäß § 1 alle erforderlichen Nachweise zu den Kenntnissen und Fähigkeiten jedes einzelnen Mitarbeiters dieser Kategorien ergeben, um eine Überwachung der Einhaltung der Anforderungen gemäß § 33 Abs. 1 BWG zu ermöglichen. Die Evidenz umfasst zumindest

1. die Nennung institutsinterner Richtlinien je nach Kategorie, die zumindest die jeweils vorausgesetzten Berufsqualifikationen und Berufserfahrung sowie die Kriterien enthalten, wann die derart nachgewiesenen Kenntnisse und Fähigkeiten aktualisiert werden müssen,

2. die Anzahl der Mitarbeiter je Kategorie sowie

3. die konkrete Belegbarkeit der Berufserfahrung oder Berufsqualifikationen oder von beidem, wobei auf Belege in der einschlägigen Personaldokumentation der einzelnen Mitarbeiter verwiesen werden kann.

Inkrafttreten

§ 3. Diese Verordnung tritt mit 1. Oktober 2016 in Kraft.

Delegierte Verordnung (EU) 1125/2014 der Kommission vom 19. September 2014 zur Ergänzung der Richtlinie 2014/17/EU des Europäischen Parlaments und des Rates im Hinblick auf technische Regulierungsstandards für die Mindestdeckungssumme der Berufshaftpflichtversicherung oder gleichwertigen Garantie für Kreditvermittler

ABl L 305 vom 24. 10. 2014, S 57

DIE EUROPÄISCHE KOMMISSION –

gestützt auf den Vertrag über die Arbeitsweise der Europäischen Union,

gestützt auf die Richtlinie 2014/17/EU des Europäischen Parlaments und des Rates vom 4. Februar 2014 über Wohnimmobilienkreditverträge für Verbraucher und zur Änderung der Richtlinien 2008/48/EG und 2013/36/EU und der Verordnung (EU) Nr. 1093/2010[1], insbesondere auf Artikel 29 Absatz 2 Buchstabe a,

in Erwägung nachstehender Gründe:

(1) Nach Artikel 29 Absatz 2 Buchstabe a der Richtlinie 2014/17/EU müssen Kreditvermittler eine für die Gebiete, in denen sie ihre Dienste anbieten, geltende Berufshaftpflichtversicherung oder eine andere gleichwertige, die Haftung bei Verletzung beruflicher Sorgfaltspflichten abdeckende Garantie abschließen.

(2) Während die Verpflichtung zum Abschluss einer Berufshaftpflichtversicherung oder gleichwertigen Garantie für Kreditvermittler im Hypothekenbereich auf EU-Ebene eine neue Vorschrift ist, besteht diese Anforderung auf nationaler Ebene in bestimmten Mitgliedstaaten. Die Länder, die über Erfahrungen mit Berufshaftpflicht-Anforderungen verfügen, weisen auch die höchsten Anteile vermittelter Hypothekenkredite in der Union und eine seit Jahren erhebliche Marktdurchdringung der Kreditvermittler auf und verfolgen somit auch einen konkreteren Ansatz bei der Regulierung dieses Bereichs. Daher sollten die Vorschriften der Union über den Mindestbetrag der Berufshaftpflichtversicherung oder gleichwertigen Garantie auf den Erfahrungen dieser Länder beruhen, wenn es gilt, den geeignetsten Ansatz zur Berechnung dieses Betrags festzulegen.

(3) Dieser Ansatz würde sich für die gesamte Union einschließlich der Länder mit kleineren Märkten für Hypothekenkredite eignen. Dies liegt daran, dass Forderungen gegen Kreditvermittler nicht mit der Höhe der zugrunde liegenden Hypothekenkredite korrelieren, die innerhalb der Union sehr unterschiedlich ausfallen kann, sondern sich auf die Verletzung beruflicher Sorgfaltspflichten, bei der die sich ergebenden Schäden deutlich weniger variieren, stützen.

(4) In Artikel 29 Absatz 2 Buchstabe a Unterabsatz 3 der Richtlinie 2014/17/EU wird eine regelmäßige Überprüfung der Mindestdeckungssumme der Berufshaftpflichtversicherung oder gleichwertigen Garantie vorgeschrieben. Folglich könnten in Zukunft andere Optionen oder Methoden für die Bestimmung des Ausmaßes dieser Pflichten für Kreditvermittler geeigneter sein, vor allem wenn weitere historische Daten und mehr aufsichtliche Erfahrungen in Bezug auf das Funktionieren der Berufshaftpflichtversicherung vorliegen.

(5) Zur eindeutigen Festlegung der Mindestdeckungssumme der Berufshaftpflichtversicherung oder gleichwertigen Garantie sowie zur Gewährleistung eines einheitlicheren Ansatzes in der gesamten Union wäre es angebracht, die Anwendung dieses Mindestbetrags pro Schadensfall und pro Jahr zu spezifizieren. In der Richtlinie 2002/92/EG des Europäischen Parlaments und des Rates[2] wird ein Mindestbetrag der Berufshaftpflichtversicherung oder gleichwertigen Garantie vorgeschrieben, der pro Jahr und pro Schadensfall festzulegen ist. Daher sind die meisten Vermittler, die Versicherungen vermitteln, und ihre Versicherer mit diesem Konzept vertraut, weshalb es angebracht ist, ein ähnliches System für Kreditvermittler einzurichten. Außerdem verfolgt die Mehrzahl der Mitgliedstaaten, deren nationale Rechtsvorschriften eine Berufshaftpflichtversicherung für Kreditvermittler vorschreiben, einen derartigen Ansatz. Daher sollten Regeln für die Berufshaft-

[1] *ABl. L 60 vom 28.2.2014, S. 34.*

Zu Abs. 5:

[2] *Richtlinie 2002/92/EG des Europäischen Parlaments und des Rates vom 9. Dezember 2002 über Versicherungsvermittlung (ABl. L 9 vom 15.1.2003, S. 3).*

pflichtversicherung von Kreditvermittlern ebenfalls eine solche Unterscheidung nach Jahr und nach Schadensfall vorsehen.

(6) Diese Verordnung stützt sich auf die Entwürfe für technische Regulierungsstandards, die der Kommission von der Europäischen Bankenaufsichtsbehörde vorgelegt wurden.

(7) Die Europäische Bankenaufsichtsbehörde hat zu den Entwürfen für technische Regulierungsstandards, auf die sich diese Verordnung stützt, offene öffentliche Konsultationen durchgeführt, die damit verbundenen potenziellen Kosten- und Nutzeneffekte analysiert und die Stellungnahme der nach Artikel 37 der Verordnung (EU) Nr. 1093/2010 des Europäischen Parlaments und des Rates[3)] eingesetzten Interessengruppe Bankensektor eingeholt –

Zu Abs. 7:

[3)] Verordnung (EU) Nr. 1093/2010 des Europäischen Parlaments und des Rates vom 24. November 2010 zur Errichtung einer Europäischen Aufsichtsbehörde (Europäische Bankenaufsichtsbehörde), zur Änderung des Beschlusses Nr. 716/2009/EG und zur Aufhebung des Beschlusses 2009/78/EG der Kommission (ABl. L 331 vom 15.12.2010, S. 12).

HAT FOLGENDE VERORDNUNG ERLASSEN:

Artikel 1

Die Mindestdeckungssumme der Berufshaftpflichtversicherung oder gleichwertigen Garantie, die von Kreditvermittlern gemäß Artikel 29 Absatz 2 Buchstabe a Unterabsatz 1 der Richtlinie 2014/17/EU abzuschließen ist, beträgt:

a) 460 000 EUR für jeden einzelnen Schadensfall;

b) insgesamt 750 000 EUR pro Kalenderjahr für alle Schadensfälle.

Artikel 2

Diese Verordnung tritt am zwanzigsten Tag nach ihrer Veröffentlichung im *Amtsblatt der Europäischen Union* in Kraft.

Diese Verordnung ist in allen ihren Teilen verbindlich und gilt unmittelbar in jedem Mitgliedstaat.

Brüssel, den 19. September 2014

Für die Kommission
Der Präsident
José Manuel BARROSO

Fern-Finanzdienstleistungs-Gesetz

BGBl I 2004/62 idF

1 BGBl I 2009/66
2 BGBl I 2015/34 (VAG 2016)
3 BGBl I 2018/17

STICHWORTVERZEICHNIS

Bundesgesetz, mit dem ein Bundesgesetz über den Fernabsatz von Finanzdienstleistungen an Verbraucher (Fern-Finanzdienstleistungs-Gesetz – FernFinG) erlassen wird und das Konsumentenschutzgesetz, das Versicherungsvertragsgesetz sowie das Wertpapieraufsichtsgesetz geändert werden

Der Nationalrat hat beschlossen:

Artikel 1

Bundesgesetz über den Fernabsatz von Finanzdienstleistungen an Verbraucher (Fern-Finanzdienstleistungs-Gesetz – FernFinG)

1. Abschnitt

Allgemeine Bestimmungen

Anwendungsbereich

§ 1. Dieses Bundesgesetz gilt für Fernabsatzverträge über Finanzdienstleistungen zwischen einem Unternehmer und einem Verbraucher im Sinn des Konsumentenschutzgesetzes (KSchG), BGBl. Nr. 140/1979.

§ 2. (1) Bei Verträgen über Finanzdienstleistungen, die eine Grundvereinbarung mit daran anschließenden aufeinander folgenden Leistungen oder einer daran anschließenden Reihe von zeitlich zusammenhängenden Leistungen der gleichen Art umfassen, gelten die Bestimmungen dieses Bundesgesetzes nur für die Grundvereinbarung.

(2) Sofern die Vertragsparteien zwar keine Grundvereinbarung abgeschlossen haben, aber zwischen ihnen aufeinander folgende oder getrennte und zeitlich zusammenhängende Leistungen der gleichen Art erbracht werden, gelten die Informationspflichten der §§ 5 und 6 nur für die erste Leistung. Wenn jedoch länger als ein Jahr keine Leistung der gleichen Art erbracht wird, gelten diese Informationspflichten für die nächste Leistung.

Begriffsbestimmungen

§ 3. Im Sinn dieses Bundesgesetzes bedeuten:

1. Fernabsatzvertrag: ein Vertrag, der unter ausschließlicher Verwendung eines oder mehrerer Fernkommunikationsmittel im Rahmen eines für den Fernabsatz organisierten Vertriebs- oder Dienstleistungssystems des Unternehmers abgeschlossen wird;

2. Finanzdienstleistung: jede Bankdienstleistung sowie jede Dienstleistung im Zusammenhang mit einer Kreditgewährung, Versicherung, Altersversorgung von Einzelpersonen, Geldanlage oder Zahlung;

3. Fernkommunikationsmittel: jedes Kommunikationsmittel, das ohne gleichzeitige körperliche Anwesenheit des Unternehmers und des Verbrauchers für den Fernabsatz einer Dienstleistung zwischen den Parteien eingesetzt werden kann;

4. dauerhafter Datenträger: jedes Medium, das es dem Empfänger gestattet, an ihn persönlich gerichtete Informationen derart zu speichern, dass

er sie in der Folge für eine für die Zwecke der Informationen angemessene Dauer einsehen kann, und das die unveränderte Wiedergabe der gespeicherten Informationen ermöglicht.

Unwirksame Vereinbarungen

§ 4. Soweit in Vereinbarungen zum Nachteil des Verbrauchers von den Bestimmungen dieses Bundesgesetzes abgewichen wird, sind sie unwirksam.

2. Abschnitt
Informationspflichten

Vertriebsinformationen

§ 5. (1) Dem Verbraucher sind rechtzeitig vor der Abgabe seiner Vertragserklärung (Anbot oder Annahme) folgende Informationen, deren geschäftlicher Zweck unzweideutig erkennbar sein muss, in klarer und verständlicher, dem verwendeten Fernkommunikationsmittel angepasster Art und Weise zur Verfügung zu stellen:

1. über den Unternehmer:

a) Name (Firma) und Hauptgeschäftstätigkeit des Unternehmers, die geografische Anschrift seiner Niederlassung und jede andere Anschrift, die für die Geschäftsbeziehung zwischen den Vertragsparteien maßgeblich ist;

b) Name (Firma) eines allfälligen Vertreters des Unternehmers in demjenigen Mitgliedstaat, in dem der Verbraucher seinen Wohnsitz hat, sowie die geografische Anschrift, die für die Geschäftsbeziehung zwischen dem Verbraucher und diesem Vertreter maßgeblich ist;

c) wenn der Verbraucher mit einer anderen gewerblich tätigen Person als dem Unternehmer in Geschäftsbeziehung stehen soll, Name (Firma) dieser Person, die Eigenschaft, in der sie dem Verbraucher gegenüber tätig wird, sowie die geografische Anschrift, die für die Geschäftsbeziehung zwischen dem Verbraucher und dieser Person maßgeblich ist;

d) wenn der Unternehmer in das Firmenbuch oder ein vergleichbares ausländisches öffentliches Register eingetragen ist, die Firmenbuchnummer und das Firmenbuchgericht oder das vergleichbare ausländische öffentliche Register und die in diesem Register verwendete Kennung und,

e) soweit für die Tätigkeit des Unternehmers eine Zulassung erforderlich ist, Bezeichnung und Anschrift der zuständigen Aufsichtsbehörde;

2. über die Finanzdienstleistung:

a) eine Beschreibung der wesentlichen Merkmale der Finanzdienstleistung;

b) den Gesamtpreis, den der Verbraucher dem Unternehmer für die Finanzdienstleistung schuldet, einschließlich aller damit verbundenen Provisionen, Gebühren und Abgaben sowie aller über den Unternehmer abgeführten Steuern, oder, wenn kein genauer Preis angegeben werden kann, die Grundlage für seine Berechnung, die dem Verbraucher eine Überprüfung des Preises ermöglicht;

c) gegebenenfalls einen Hinweis darauf, dass sich die Finanzdienstleistung auf Finanzinstrumente bezieht, die wegen ihrer spezifischen Merkmale oder der durchzuführenden Vorgänge mit speziellen Risiken behaftet sind oder deren Preis Schwankungen auf dem Finanzmarkt unterliegt, auf die der Unternehmer keinen Einfluss hat, sowie einen Hinweis darauf, dass in der Vergangenheit erwirtschaftete Erträge kein Indikator für künftige Erträge sind;

d) einen Hinweis auf mögliche weitere Steuern oder Kosten, die nicht über den Unternehmer abgeführt oder von ihm in Rechnung gestellt werden;

e) eine allfällige Beschränkung des Zeitraums, in dem die zur Verfügung gestellten Informationen gültig sind;

f) Einzelheiten der Zahlung und der Erfüllung sowie

g) alle besonderen zusätzlichen Kosten, die der Verbraucher für die Benutzung des Fernkommunikationsmittels zu tragen hat, wenn solche zusätzliche Kosten in Rechnung gestellt werden;

3. über den Fernabsatzvertrag:

a) Bestehen oder Nichtbestehen eines Rücktrittsrechts nach § 8, die Frist und Modalitäten für dessen Ausübung einschließlich des Betrags, den der Verbraucher gegebenenfalls gemäß § 12 zu entrichten hat, sowie die Folgen der Nichtausübung des Rechts;

b) die Mindestlaufzeit des Vertrags, wenn dieser die Erbringung einer dauernden oder regelmäßig wiederkehrenden Finanzdienstleistung zum Inhalt hat;

c) Angaben zum Recht der Parteien, den Vertrag auf Grund der Vertragsbedingungen zu kündigen, einschließlich aller Reugelder oder sonstigen Belastungen, die in einem solchen Fall auferlegt werden;

d) praktische Hinweise zur Ausübung des Rücktrittsrechts einschließlich der Anschrift, an die die Rücktrittserklärung zu senden ist;

e) das Recht, das der Unternehmer der Aufnahme von Beziehungen zum Verbraucher vor Abschluss des Vertrags zu Grunde legt;

f) beabsichtigte vertragliche Vereinbarungen über das auf den Vertrag anzuwendende Recht und über die gerichtliche Zuständigkeit und

g) Angaben darüber, in welchen Sprachen die Informationen und Vertragsbedingungen mitgeteilt werden, sowie darüber, welche Sprachen der

Unternehmer für die Kommunikation mit dem Verbraucher mit dessen Zustimmung während der Laufzeit des Vertrags zu verwenden verspricht;

4. über Rechtsbehelfe:

a) Angaben über den Zugang des Verbrauchers zu außergerichtlichen Beschwerde- oder Schlichtungsverfahren und die Voraussetzungen für diesen Zugang sowie

b) Angaben über das Bestehen eines Garantiefonds oder anderer Entschädigungsregelungen, die nicht unter die Richtlinie 94/19/EG über Einlagensicherungssysteme, ABl. Nr. L 135 vom 31. Mai 1994, S. 5, und die Richtlinie 97/9/EG über Systeme für die Entschädigung der Anleger, ABl. Nr. L 84 vom 26. März 1997, S. 22, fallen.

(2) Die Informationen nach Abs. 1 müssen im Einklang mit jenem Recht stehen, dessen Anwendbarkeit auf den Vertrag im Falle seines Abschlusses anzunehmen ist.

(3) Sonstige Informationspflichten bleiben unberührt.

(4) Abs. 1 Z 1, Z 2 lit. a und b, Z 3 lit. b, c, f und g sowie Z 4 lit. a finden auf Zahlungsdienste (§ 1 Abs. 2 des Zahlungsdienstegesetzes 2018 – ZaDiG 2018, BGBl. I Nr. 17/2018) keine Anwendung. *(BGBl I 2009/66; BGBl I 2018/17)*

Informationen bei Ferngesprächen mit Verbrauchern

§ 6. (1) Bei Ferngesprächen mit Verbrauchern sind der Name oder die Firma des Unternehmers und der geschäftliche Zweck eines von diesem initiierten Anrufs zu Beginn eines jeden Gesprächs klar und verständlich offen zu legen.

(2) Sofern der Verbraucher dem ausdrücklich zugestimmt hat, müssen ihm bei Ferngesprächen nur folgende Informationen rechtzeitig vor Abgabe seiner Vertragserklärung (§ 5) übermittelt werden:

1. Name (Firma) der Kontaktperson des Verbrauchers und deren Verbindung zum Unternehmer;

2. Beschreibung der Hauptmerkmale der Finanzdienstleistung;

3. Gesamtpreis, den der Verbraucher dem Unternehmer für die Finanzdienstleistung schuldet, einschließlich aller damit verbundenen Provisionen, Gebühren und Abgaben sowie aller über den Unternehmer abgeführten Steuern, oder, wenn kein genauer Preis angegeben werden kann, die Grundlage für seine Berechnung, die dem Verbraucher eine Überprüfung des Preises ermöglicht;

4. ein Hinweis auf mögliche weitere Steuern oder Kosten, die nicht über den Unternehmer abgeführt oder von ihm in Rechnung gestellt werden, und

5. Bestehen oder Nichtbestehen eines Rücktrittsrechts nach § 8 sowie die Frist und Modalitäten für dessen Ausübung einschließlich des Betrags, den der Verbraucher gegebenenfalls gemäß § 12 zu entrichten hat.

(3) Der Verbraucher ist bei Ferngesprächen ferner darüber zu informieren, dass auf Wunsch weitere Informationen übermittelt werden können, und welcher Art diese Informationen sind. Der Unternehmer hat jedenfalls dann sämtliche Informationen zu erteilen, wenn er seiner Verpflichtung nach § 7 nachkommt.

(4) Sonstige Informationspflichten bleiben unberührt.

Übermittlung der Vertragsbedingungen und Vertriebsinformationen

§ 7. (1) Der Unternehmer hat dem Verbraucher rechtzeitig vor Abgabe seiner Vertragserklärung alle Vertragsbedingungen sowie die in § 5 genannten Informationen in Papierform oder auf einem anderen dauerhaften Datenträger, der dem Verbraucher zur Verfügung steht und zu dem er Zugang hat, zu übermitteln.

(2) Sofern der Vertrag auf Ersuchen des Verbrauchers mittels eines Fernkommunikationsmittels geschlossen wurde, das die Vorlage der Vertragsbedingungen und Informationen gemäß Abs. 1 nicht gestattet, hat der Unternehmer der Verpflichtung nach Abs. 1 unverzüglich nach Abschluss des Fernabsatzvertrages nachzukommen.

(3) Der Verbraucher kann zu jedem Zeitpunkt des Vertragsverhältnisses die Vorlage der Vertragsbedingungen in Papierform verlangen. Er ist zudem berechtigt, ein anderes Fernkommunikationsmittel zu verwenden, es sei denn, dass dies mit dem abgeschlossenen Vertrag oder der Art der erbrachten Finanzdienstleistung unvereinbar ist.

3. Abschnitt
Rücktritt vom Vertrag

Rücktrittsrecht

§ 8. (1) Der Verbraucher kann vom Vertrag oder seiner Vertragserklärung bis zum Ablauf der in Abs. 2 genannten Fristen zurücktreten.

(2) Die Rücktrittsfrist beträgt 14 Tage, bei Lebensversicherungen im Sinn der „Richtlinie 2009/138/EG betreffend die Aufnahme und Ausübung der Versicherungs- und Rückversicherungstätigkeit (Solvabilität II) (Neufassung), ABl. Nr. L 335 vom 17.12.2009 S. 1, zuletzt geändert durch die Richtlinie 2014/51/EU, ABl. Nr. L 153 vom 22.05.2014 S. 1," und bei Fernabsatzverträgen über die Altersversorgung von Einzelperso-

nen aber 30 Tage. Die Frist ist jedenfalls gewahrt, wenn der Rücktritt schriftlich oder auf einem anderen, dem Empfänger zur Verfügung stehenden und zugänglichen dauerhaften Datenträger erklärt und diese Erklärung vor dem Ablauf der Frist abgesendet wird. *(BGBl I 2015/34, ab 1. 1. 2016)*

(3) Die Rücktrittsfrist beginnt mit dem Tag des Vertragsabschlusses. Bei Lebensversicherungen (Abs. 2) beginnt die Frist mit dem Zeitpunkt, zu dem der Verbraucher über den Abschluss des Vertrags informiert wird.

(4) Hat aber der Verbraucher die Vertragsbedingungen und Vertriebsinformationen erst nach Vertragsabschluss erhalten, so beginnt die Rücktrittsfrist mit dem Erhalt aller dieser Bedingungen und Informationen.

(5) Innerhalb der Rücktrittsfrist darf mit der Erfüllung des Vertrags erst nach ausdrücklicher Zustimmung des Verbrauchers begonnen werden.

§ 9. Hat der Verbraucher im Zusammenhang mit einem Fernabsatzvertrag über eine Finanzdienstleistung einen anderen Fernabsatzvertrag über Dienstleistungen des Unternehmers oder eines Dritten auf Grundlage einer Vereinbarung zwischen dem Dritten und dem Unternehmer abgeschlossen, so gilt der Rücktritt vom Vertrag über die Finanzdienstleistung auch für diesen zusätzlichen Vertrag.

Ausnahmen vom Rücktrittsrecht

§ 10. Der Verbraucher hat kein Rücktrittsrecht bei

1. Verträgen über Finanzdienstleistungen, deren Preis auf dem Finanzmarkt Schwankungen unterliegt, auf die der Unternehmer keinen Einfluss hat und die innerhalb der Rücktrittsfrist auftreten können, insbesondere über Dienstleistungen im Zusammenhang mit

a) Devisen,

b) Geldmarktinstrumenten,

c) handelbaren Wertpapieren,

d) Anteilen an Anlagegesellschaften,

e) Finanztermingeschäften (Futures) einschließlich gleichwertiger Instrumente mit Barzahlung,

f) Zinstermingeschäften (FRA),

g) Zins- und Devisenswaps sowie Swaps auf Aktien- oder Aktienindexbasis („Equity Swaps") sowie

h) Kauf- oder Verkaufsoptionen auf alle in lit. a bis g genannten Instrumente einschließlich gleichwertiger Instrumente mit Barzahlung, wie insbesondere Devisen- und Zinsoptionen;

2. Verträgen über Reise- und Gepäckversicherungen oder ähnliche kurzfristige Versicherungen mit einer Laufzeit von weniger als einem Monat und

3. Verträgen, die mit ausdrücklicher Zustimmung des Verbrauchers von beiden Seiten bereits voll erfüllt wurden, bevor der Verbraucher sein Rücktrittsrecht ausübt.

§ 11. Die §§ 8 bis 10 gelten nicht für Kreditverträge, die gemäß § 5h KSchG oder § 9 des Teilzeitnutzungsgesetzes, BGBl. I Nr. 32/1997, aufgelöst wurden.

§ 12. (1) Tritt der Verbraucher nach § 8 zurück, so kann der Unternehmer von ihm lediglich die unverzügliche Zahlung des Entgelts für die vertragsgemäß tatsächlich bereits erbrachte Dienstleistung verlangen. Der zu zahlende Betrag darf nicht höher sein, als es dem Anteil der bereits erbrachten Dienstleistungen im Verhältnis zum Gesamtumfang der vertraglich vereinbarten Dienstleistungen entspricht. Der Unternehmer kann die Zahlung dieses Entgelts nur verlangen, wenn er die Informationspflicht nach § 5 Abs. 1 Z 3 lit. a erfüllt hat und wenn der Verbraucher dem Beginn der Erfüllung des Vertrags vor Ende der Rücktrittsfrist ausdrücklich zugestimmt hat.

(2) Tritt der Verbraucher nach § 8 vom Vertrag zurück, so hat

1. der Unternehmer dem Verbraucher unverzüglich, spätestens aber binnen 30 Tagen ab Erhalt der Rücktrittserklärung, jeden Betrag, den er von diesem vertragsgemäß erhalten hat, abzüglich des in Abs. 1 genannten Betrags, zu erstatten;

2. der Verbraucher unverzüglich, spätestens aber innerhalb von 30 Tagen ab Absendung der Rücktrittserklärung, dem Unternehmer von diesem erhaltene Geldbeträge und Gegenstände zurückzugeben.

4. Abschnitt

Schlussbestimmungen

In-Kraft-Treten

§ 13. „(1)" Dieses Bundesgesetz tritt mit 1. Oktober 2004 in Kraft. Es ist auf Verträge, die vor diesem Zeitpunkt abgeschlossen wurden, nicht anzuwenden. *(BGBl I 2009/66)*

(2) § 5 Abs. 4 in der Fassung des Bundesgesetzes BGBl. I Nr. 66/2009 tritt mit 1. November 2009 in Kraft. *(BGBl I 2009/66)*

(3) § 8 Abs. 2 in der Fassung des Bundesgesetzes BGBl. I Nr. 34/2015 tritt mit 1. Jänner 2016 in Kraft. *(BGBl I 2015/34)*

(4) § 5 Abs. 4 in der Fassung des Bundesgesetzes BGBl. I Nr. 17/2018 tritt mit 1. Juni 2018 in Kraft. *(BGBl I 2018/17)*

Verweisungen

§ 14. Soweit in diesem Bundesgesetz auf andere Bundesgesetze verwiesen wird, sind diese in ihrer jeweils geltenden Fassung anzuwenden.

Vollzug

§ 15. Mit der Vollziehung dieses Bundesgesetzes ist der Bundesminister für Justiz betraut.

Hinweis auf Umsetzung

§ 16. Mit diesem Bundesgesetz wird die Richtlinie 2002/65/EG des Europäischen Parlaments und des Rates vom 23. September 2002 über den Fernabsatz von Finanzdienstleistungen an Verbraucher und zur Änderung der Richtlinie 90/619/EWG des Rates und der Richtlinien 97/7/EG und 98/27/EG, ABl. Nr. L 271 vom 9. Oktober 2002, S. 16, umgesetzt.

KODEX
DES ÖSTERREICHISCHEN RECHTS
HERAUSGEBER: UNIV.-PROF. DR. WERNER DORALT
COMPLIANCE
FÜR UNTERNEHMEN
LexisNexis
1 StrafR StGB VbVG VStG
2 Lobbying u Medientransp. LobbyG BVG MedKF-T
3 FinanzR FinStrG BAO
4 Wettbe-werbsR KartG UWG AEUV
5 DatenschutzR DSG DSGVO
6 Kapital-marktR BörseG ECV EU-Verordnungen
7 GesellschaftsR ÖCGK GmbH AktG EKEG UGB
8 GewO GewO 2. GTV-GewO
9 ImmaterialgR UrhG MarkschG MuSchG PatG
10 ArbeitsR AZG ARG ASchG GlBG LSD-BG ASVG ArbVG
11 Produkt-sicherheit PSG 2004 PHG

KODEX
DES ÖSTERREICHISCHEN RECHTS
HERAUSGEBER: UNIV.-PROF. DR. WERNER DORALT
DATEN-
SCHUTZ
Linde
LexisNexis
1 Datenschutz international DSGVO GDPR RGPD DS Übk EMRK, GRC
2 Datenschutz national DSG 2018 ABGB, ArbVG MedienG StGB, VStG ECG
3 Telekom u E-Gov DSRL elektr Kom TKG TKG-DSVO E-GovG StZRegBehV ERegV
4 AuskPfl u Infoweiterv AuskPflG AuskPflG Länder IWG
5 InfoSicherheit NIS-RL InfoSiG InfoSiV
6 Gesundheit GTelG GTelV ÄrzteG
7 Finanz FM-GwG WAG, VersVG ZaDiG VKrG WiEReg
8 Transparenz-datenbank TDBG TDB-BetriebsV 2. TDB-LeistAngV TDB-LeistungsV TDB-ÜbertragV 2. TDB-ÜbertragV
9 Fluggastdaten PNR-Daten RL
Anhang

KODEX
DES ÖSTERREICHISCHEN RECHTS
HERAUSGEBER: UNIV.-PROF. DR. WERNER DORALT
VERSICHERUNGS-
RECHT
LexisNexis
1 VersVG
2 PHG KSchG, FernFinG
3 EuGVVO Rom I + IPRG
4 KFG + ZustV EKHG
5 KHVG AKHB + AKKB
6 KHV Euro-Üb Abk Ö-Schweiz
7 VOEG Vertrag Ö-Schweiz
8 LFG BGzLV
9 GewO RSV + ERV-RVB
10 RAO | EIRAG | NO WTBG | BiBuG ÄrzteG
11 Sonstige HP-Vers
12 AVB Leben Kranken | Unfall Sachversicherung Einbruchdiebstahl Feuer | Glas Haftpfl., USKV, ÖÄK Haushalt Rechtsschutz Transport + AÖSp (SVS/RVS)
13 VAG + VOen
14 PRIIP-VO
15 FMABG + VOen
16 BAG + VOen
17 GewO + VOen
18 MaklerG AGB-VersMakler
19 Hagelvers-FöG
20 Tiervers-FöG
21 Waldbrandvers-Fö ForstG + VO
22 Kapitalvers-FöG EStG
23 VersStG + VO
24 FeuerschStG + VO
25 PKG + VOen
26 BPG
27 Kartellrecht
28 FM-GwG + VOen

KODEX
DES ÖSTERREICHISCHEN RECHTS
HERAUSGEBER: UNIV.-PROF. DR. WERNER DORALT
VERSICHERUNGS-
RECHT
LexisNexis
1 Solvency II
2 L2-VO
3 ITS Zweck-gesellschaften Solvabilität Gruppenaufsicht Informationen Aufsicht und Verfahren Übergangs-bestimmungen
4 EIOPA-GL Allg. Best. Governance Solvabilität Gruppenaufsicht Informationen Aufsicht und Verfahren Übergangs-bestimmungen
5 Intl. Abk. Gleichwertigkeit
6 IMD + IDD + Beschwerde-Management
7 PRIIP-VO
8 EIOPA-VO
9 §§ 189 ff UGB Bilanz-RL VersBil-RL
10 §§ 268 ff UGB AP-RL & VO
11 IORP/EbAV
12 4. GW-RL

Finanzmarkt-Geldwäsche-Gesetz

BGBl I 2016/118 idF

1 BGBl I 2017/107
2 BGBl I 2017/136
3 BGBl I 2018/17
4 BGBl I 2018/37
5 BGBl I 2019/62
6 BGBl I 2021/25
7 BGBl I 2021/98

STICHWORTVERZEICHNIS

Stichwortverzeichnis

Inhaltsverzeichnis

1. Abschnitt

Anwendungsbereich und Begriffsbestimmungen

Anwendungsbereich

§ 1. „(1)“ Dieses Bundesgesetz ist auf Kredit- und Finanzinstitute „sowie auf Dienstleister in Bezug auf virtuelle Währungen“ (Verpflichtete) anzuwenden. Davon ausgenommen sind die in anderen Mitgliedstaaten gelegenen Zweigstellen bzw. Zweigniederlassungen von Kredit- und Finanzinstituten mit Sitz im Inland. *(BGBl I 2019/62)*

(2) Dieses Bundesgesetz dient ferner der Regelung des Koordinierungsgremiums zur Entwicklung von Maßnahmen und Strategien zur Verhinderung der Geldwäscherei und Terrorismusfinanzierung, der von diesem Gremium zu erstellenden nationalen Risikoanalyse und der Besorgung der damit im Zusammenhang erforderlichen Statistik- und Analyseaufgaben. *(BGBl I 2019/62)*

Begriffsbestimmungen

§ 2. Für die Zwecke dieses Bundesgesetzes bezeichnet der Ausdruck:

1. Kreditinstitut: ein Kreditinstitut gemäß § 1 Abs. 1 BWG und ein CRR-Kreditinstitut gemäß § 9 BWG, das Tätigkeiten im Inland über eine Zweigstelle erbringt.

2. Finanzinstitut:

a) ein Finanzinstitut gemäß § 1 Abs. 2 Z 1 bis 6 BWG;

b) ein Versicherungsunternehmen gemäß § 1 Abs. 1 Z 1 VAG 2016 und ein kleines Versicherungsunternehmen gemäß § 1 Abs. 1 Z 2 VAG 2016 jeweils im Rahmen des Betriebes der Lebensversicherung (Zweige 19 bis 22 gemäß Anlage A zum VAG 2016);

c) eine Wertpapierfirma gemäß § 3 Abs. 1 WAG 2018 und ein Wertpapierdienstleistungsunternehmen gemäß § 4 Abs. 1 WAG 2018; *(BGBl I 2017/107)*

d) einen AIFM gemäß § 1 Abs. 5 und § 4 Abs. 1 AIFMG und einen Nicht-EU-AIFM gemäß § 39 Abs. 3 AIFMG;

e) ein E-Geldinstitut gemäß § 3 Abs. 2 E-Geldgesetz 2010;

f) ein Zahlungsinstitut gemäß „§ 10 ZaDiG 2018“; g) die Post hinsichtlich ihres Geldverkehrs; *(BGBl I 2018/17)*

h) Finanzinstitute gemäß Art. 3 Z 2 lit. a bis d der Richtlinie (EU) 2015/849 mit Sitz in einem anderen Mitgliedstaat mit dem über im Inland gelegene Zweigstellen bzw. Zweigniederlassungen ausgeübten Geschäftsbetrieb sowie im Inland gelegene Zweigstellen bzw. Zweigniederlassungen von solchen Finanzinstituten, die in Drittländern zugelassen sind.

3. wirtschaftlicher Eigentümer: ein wirtschaftlicher Eigentümer gemäß § 2 WiEReG. § 2 Z 1 WiEReG ist nicht auf börsenotierte Gesellschaften anzuwenden, deren Wertpapiere zum Handel auf einem geregelten Markt in einem oder mehreren Mitgliedstaaten zugelassen sind, oder börsenotierte Gesellschaften aus Drittländern, die gemäß einer auf Grund des „§ 122 Abs. 10 BörseG 2018“ durch die FMA zu erlassenden Verordnung Offenlegungsanforderungen unterliegen, die dem Uni-

onsrecht entsprechen oder mit diesem vergleichbar sind. *(BGBl I 2017/136; BGBl I 2018/37)*

4. Dienstleister für Trusts oder Gesellschaften: jede Person, die gewerbsmäßig eine der folgenden Dienstleistungen für Dritte erbringt:

a) Gründung von Gesellschaften oder anderen juristischen Personen;

b) Ausübung der Leitungs- oder Geschäftsführungsfunktion einer Gesellschaft, der Funktion eines Gesellschafters einer Personengesellschaft oder einer vergleichbaren Funktion bei einer anderen juristischen Person oder Bestellung einer anderen Person für die zuvor genannten Funktionen;

c) Bereitstellung eines Sitzes, einer Geschäfts-, Post- oder Verwaltungsadresse und anderer damit zusammenhängender Dienstleistungen für eine Gesellschaft, eine Personengesellschaft oder eine andere juristische Person oder Rechtsvereinbarung;

d) Ausübung der Funktion eines Trustees eines Express Trusts oder einer ähnlichen Rechtsvereinbarung oder Bestellung einer anderen Person für die zuvor genannten Funktionen;

e) Ausübung der Funktion eines nominellen Anteilseigners für eine andere Person, bei der es sich nicht um eine an einem geregelten Markt notierte Gesellschaft handelt, die dem Unionsrecht entsprechenden Offenlegungsanforderungen oder gleichwertigen internationalen Standards unterliegt, oder Bestellung einer anderen Person für die zuvor genannten Funktionen.

5. Korrespondenzbank-Beziehung:

a) die Erbringung von Bankdienstleistungen durch ein Kreditinstitut als Korrespondenzbank für ein anderes Kreditinstitut als Respondenzbank; hierzu zählen unter anderem die Unterhaltung eines Kontokorrent- oder eines anderen Bezugskontos und die Erbringung damit verbundener Leistungen wie Verwaltung von Barmitteln, internationale Geldtransfers, Scheckverrechnung, Dienstleistungen im Zusammenhang mit Durchlaufkonten und Devisengeschäfte;

b) die Beziehungen zwischen Kreditinstituten und Finanzinstituten, sowohl mit- als auch untereinander, wenn ähnliche Leistungen durch ein Korrespondenzinstitut für ein Respondenzinstitut erbracht werden; dies umfasst unter anderem Beziehungen, die für Wertpapiergeschäfte oder Geldtransfers aufgenommen wurden.

6. politisch exponierte Person: eine natürliche Person, die wichtige öffentliche Ämter ausübt oder ausgeübt hat; hierzu zählen insbesondere:

a) Staatschefs, Regierungschefs, Minister, stellvertretende Minister und Staatssekretäre; im Inland betrifft dies insbesondere den Bundespräsidenten, den Bundeskanzler und die Mitglieder der Bundesregierung und der Landesregierungen;

b) Parlamentsabgeordnete oder Mitglieder vergleichbarer Gesetzgebungsorgane; im Inland betrifft dies insbesondere die Abgeordneten des Nationalrates und des Bundesrates;

c) Mitglieder der Führungsgremien politischer Parteien; im Inland betrifft dies insbesondere Mitglieder der Führungsgremien von im Nationalrat vertretenen politischen Parteien;

d) Mitglieder von obersten Gerichtshöfen, Verfassungsgerichtshöfen oder sonstigen hohen Gerichten, gegen deren Entscheidungen, von außergewöhnlichen Umständen abgesehen, kein Rechtsmittel mehr eingelegt werden kann; im Inland betrifft dies insbesondere Richter des Obersten Gerichtshofs, des Verfassungsgerichtshofs und des Verwaltungsgerichtshofs;

e) Mitglieder von Rechnungshöfen oder der Leitungsorgane von Zentralbanken; im Inland betrifft dies insbesondere den Präsidenten des Bundesrechnungshofes sowie die Direktoren der Landesrechnungshöfe und Mitglieder des Direktoriums der Oesterreichischen Nationalbank;

f) Botschafter, Geschäftsträger und hochrangige Offiziere der Streitkräfte; im Inland sind hochrangige Offiziere der Streitkräfte insbesondere Militärpersonen ab dem Dienstgrad Generalleutnant;

g) Mitglieder der Verwaltungs-, Leitungs- oder Aufsichtsorgane staatseigener Unternehmen; im Inland betrifft dies insbesondere Unternehmen bei denen der Bund mit mindestens 50 vH des Stamm-, Grund- oder Eigenkapitals beteiligt ist oder die der Bund alleine betreibt oder die der Bund durch finanzielle oder sonstige wirtschaftliche oder organisatorische Maßnahmen tatsächlich beherrscht; bei Unternehmen an denen ein Land mit mindestens 50 vH des Stamm-, Grund- oder Eigenkapitals beteiligt ist oder die ein Land alleine betreibt oder die ein Land durch finanzielle oder sonstige wirtschaftliche oder organisatorische Maßnahmen tatsächlich beherrscht – sofern der jährliche Gesamtumsatz eines solchen Unternehmens 1 000 000 Euro übersteigt – der Vorstand bzw. die Geschäftsführung. Der jährliche Gesamtumsatz bestimmt sich nach den jährlichen Umsatzerlösen aus dem letzten festgestellten Jahresabschluss. *(BGBl I 2017/136)*

h) Direktoren, stellvertretende Direktoren und Mitglieder des Leitungsorgans oder eine vergleichbare Funktion bei einer internationalen Organisation.

Keine der unter lit. a bis h genannten öffentlichen Funktionen umfasst Funktionsträger mittleren oder niedrigeren Ranges.

7. Familienmitglieder: insbesondere

a) den Ehegatten einer politisch exponierten Person, eine dem Ehegatten einer politisch exponierten Person gleichgestellte Person oder den Lebensgefährten im Sinne von § 72 Abs. 2 StGB,

b) die Kinder (einschließlich Wahl- und Pflegekinder) einer politisch exponierten Person und deren Ehegatten, den Ehegatten gleichgestellte Personen oder Lebensgefährten im Sinne von § 72 Abs. 2 StGB,

c) die Eltern einer politisch exponierten Person.

8. bekanntermaßen nahestehende Personen:

a) natürliche Personen, die bekanntermaßen gemeinsam mit einer politisch exponierten Person wirtschaftliche Eigentümer von juristischen Personen oder Rechtsvereinbarungen sind oder sonstige enge Geschäftsbeziehungen zu einer politisch exponierten Person unterhalten;

b) natürliche Personen, die alleiniger wirtschaftlicher Eigentümer einer juristischen Person oder einer Rechtsvereinbarung sind, welche bekanntermaßen de facto zugunsten einer politisch exponierten Person errichtet wurde.

9. Führungsebene: Führungskräfte oder Beschäftigte der Verpflichteten mit ausreichendem Wissen über die Risiken, die für das Institut in Bezug auf Geldwäscherei und Terrorismusfinanzierung bestehen, und ausreichender Seniorität, um Entscheidungen mit Auswirkungen auf die Risikolage treffen zu können, wobei es sich nicht in jedem Fall um ein Mitglied des Leitungsorgans handeln muss.

10. Geschäftsbeziehung: jede geschäftliche, berufliche oder gewerbliche Beziehung, die mit den gewerblichen Tätigkeiten eines Verpflichteten in Verbindung steht und bei der bei Zustandekommen des Kontakts davon ausgegangen wird, dass sie von gewisser Dauer sein wird.

11. Gruppe: eine Gruppe von Unternehmen, die aus einem Mutterunternehmen, seinen Tochterunternehmen und den Unternehmen, an denen das Mutterunternehmen oder seine Tochterunternehmen eine Beteiligung halten, besteht, sowie Unternehmen, die untereinander durch eine Beziehung im Sinne von Art. 22 der Richtlinie 2013/34/EU verbunden sind.

12. E-Geld: E-Geld gemäß § 1 Abs. 1 E-Geldgesetz 2010.

13. Bank-Mantelgesellschaft (shell bank): ein Kreditinstitut, ein Finanzinstitut oder ein Institut, das Tätigkeiten ausübt, die denen eines Kreditinstituts oder eines Finanzinstituts gleichwertig sind, das in einem Land eingetragen ist, in dem es nicht physisch präsent ist, so dass eine echte Leitung und Verwaltung stattfinden könnte, und das keiner regulierten Finanzgruppe angeschlossen ist.

14. Geldwäschemeldestelle: die Geldwäschemeldestelle gemäß § 4 Abs. 2 Z 1 und 2 BKA-G.

15. Kunde: jede Person, die mit dem Verpflichteten eine Geschäftsbeziehung begründet hat oder begründen will, sowie jede Person für die der Verpflichtete eine Transaktion durchführt oder durchführen soll, die nicht in den Rahmen einer Geschäftsbeziehung fällt (gelegentliche Transaktion).

16. Drittländer mit hohem Risiko: Drittländer, die in ihren nationalen Systemen zur Bekämpfung von Geldwäscherei und Terrorismusfinanzierung strategische Mängel aufweisen, die wesentliche Risiken für das Finanzsystem der Union darstellen und dies von der Europäischen Kommission mit einer delegierten Verordnung gemäß Art. 9 der Richtlinie (EU) 2015/849 festgestellt wurde.

17. Mitgliedstaat: einen Mitgliedstaat der Europäischen Union oder einen anderen Vertragsstaat des Abkommens über den Europäischen Wirtschaftsraum, BGBl. Nr. 909/1993 in der Fassung des Anpassungsprotokolls BGBl. Nr. 910/1993 (EWR).

18. Drittland: jeden Staat, der kein Mitgliedstaat gemäß Z 17 ist.

19. Lebensversicherungsverträge: Lebensversicherungsverträge (Zweige 19 bis 22 gemäß Anlage A zum VAG 2016) und Lebensversicherungsverträge und andere Versicherungen mit Anlagezweck, sofern diese im Wege der Niederlassungsfreiheit im Inland vertrieben werden.

20. Europäische Bankenaufsichtsbehörde: die Europäische Bankenaufsichtsbehörde gemäß Verordnung (EU) Nr. 1093/2010 *(BGBl I 2021/25)*

21. Virtuelle Währungen: eine digitale Darstellung eines Werts, die von keiner Zentralbank oder öffentlichen Stelle emittiert wurde oder garantiert wird und nicht zwangsläufig an eine gesetzlich festgelegte Währung angebunden ist und die nicht den gesetzlichen Status einer Währung oder von Geld besitzt, aber von natürlichen oder juristischen Personen als Tauschmittel akzeptiert wird und die auf elektronischem Wege übertragen, gespeichert und gehandelt werden kann. *(BGBl I 2019/62)*

22. Dienstleister in Bezug auf virtuelle Währungen: alle Dienstleister, die eine oder mehrere der folgenden Dienstleistungen anbieten

a) Dienste zur Sicherung privater kryptografischer Schlüssel, um virtuelle Währungen im Namen eines Kunden zu halten, zu speichern und zu übertragen (Anbieter von elektronischen Geldbörsen);

b) den Tausch von virtuellen Währungen in Fiatgeld und umgekehrt;

c) den Tausch einer oder mehrerer virtueller Währungen untereinander;

d) die Übertragung von virtuellen Währungen;

e) die Zurverfügungstellung von Finanzdienstleistungen für die Ausgabe und den Verkauf von virtuellen Währungen.
(BGBl I 2019/62)

2. Abschnitt
Risikoanalyse

Nationale Zusammenarbeit und Erstellung der Risikoanalyse

§ 3. (1) Zur Ermittlung, zur Bewertung, zum Verständnis und zur Minderung der im Inland bestehenden Risiken der Geldwäscherei und Terrorismusfinanzierung sowie aller Datenschutzprobleme in diesem Zusammenhang ist beim Bundesminister für Finanzen ein Koordinierungsgremium zur Entwicklung von Maßnahmen und Strategien zur Verhinderung der Geldwäscherei und Terrorismusfinanzierung einzurichten. Die Bundesminister „für Verfassung, Reformen, Deregulierung und Justiz“, für Inneres, „für Digitalisierung und Wirtschaftsstandort“, für Europa, Integration und Äußeres sowie die FMA und die Oesterreichische Nationalbank haben zumindest ein Mitglied und einen Stellvertreter zu nominieren. Der Vorsitzende und sein Stellvertreter sind vom Bundesminister für Finanzen zu nominieren. Der Vorsitzende hat das Koordinierungsgremium zumindest zweimal im Kalenderjahr einzuberufen. Die Mitglieder des Koordinierungsgremiums können bei Vorliegen wichtiger Gründe eine Einberufung verlangen. *(BGBl I 2019/62)*

(2) Das Koordinierungsgremium hat eine nationale Risikoanalyse zu erstellen und laufend zu aktualisieren. Die Grundlage der nationalen Risikoanalyse stellen die Beiträge der in Abs. 1 genannten Mitglieder dar, die diese im Rahmen ihrer jeweiligen Zuständigkeit zu erstellen haben. Die in dem Koordinierungsgremium vertretenen Bundesminister haben bei der Erstellung ihrer Beiträge jeweils die zuständigen Aufsichtsbehörden, die Geldwäschemeldestelle und andere relevante Behörden, insbesondere die Finanzämter und die Strafverfolgungsbehörden, in ihrem Vollzugsbereich in geeigneter Weise einzubinden und deren Erkenntnisse zu berücksichtigen. Der Bundesminister für Finanzen hat darüber hinaus die zuständigen Landesbehörden im Rahmen der Aufsicht über Landesbewilligte für Glücksspielautomaten und Wettunternehmer anzuhören, soweit deren diesbezügliche Aufgaben betroffen sind. Bei der Erstellung der nationalen Risikoanalyse sind die Ergebnisse des Berichts der Europäischen Kommission über die Risiken der Geldwäscherei und Terrorismusfinanzierung im Binnenmarkt gemäß Art. 6 Abs. 1 der Richtlinie (EU) 2015/849 zu berücksichtigen. Ebenso können gegebenenfalls einschlägige zusätzliche Informationen von anderen Mitgliedstaaten berücksichtigt werden. Der Vorsitzende des Koordinierungsgremiums hat die Erstellung zu koordinieren. Der Bericht darf keine vertraulichen Informationen enthalten. *(BGBl I 2019/62)*

(3) Die nationale Risikoanalyse dient folgenden Zwecken:

1. der Verbesserung des Systems zur Bekämpfung von Geldwäscherei und Terrorismusfinanzierung, insbesondere zur Ermittlung aller etwaigen Bereiche, in denen die Verpflichteten verstärkte Maßnahmen anwenden müssen und zur Empfehlung der zu treffenden Maßnahmen;

2. der Identifikation von Sektoren oder Bereichen mit geringem oder erhöhtem Risiko für Geldwäscherei und Terrorismusfinanzierung;

3. der Identifikation von Risiken der Geldwäscherei und Terrorismusfinanzierung in Bezug auf die Entwicklung von neuen Produkten und neuen Geschäftspraktiken inklusive neuen Vertriebsmechanismen und der Nutzung von neuen oder sich entwickelnden Technologien sowohl für neue als auch bereits existierenden Produkte;

4. der Zuteilung von Ressourcen und zur Prioritätensetzung bei den Ressourcen für die Bekämpfung von Geldwäscherei und Terrorismusfinanzierung;

5. der Sicherstellung, dass für jeden Sektor oder Bereich den Risiken der Geldwäscherei und Terrorismusfinanzierung entsprechende angemessene Regelungen festgelegt werden „;“ *(BGBl I 2019/62)*

6. der umgehenden Versorgung der Verpflichteten mit angemessenen Informationen, damit diese ihre eigene Bewertung des Risikos der Geldwäscherei und Terrorismusfinanzierung leichter vornehmen können „;“ *(BGBl I 2019/62)*

7. der Beschreibung der institutionellen Struktur und der Grundzüge der Systeme zur Bekämpfung der Geldwäscherei und Terrorismusfinanzierung im Inland, unter anderem in Bezug auf die Geldwäschemeldestelle, die Aufsichtsbehörden (§ 12 Abs. 1 Z 3 WiEReG), die Registerbehörde (§ 14 WiEReG), die Finanzämter und die Strafverfolgungsbehörden, sowie der zugewiesenen Human- und Finanzressourcen, soweit diese Informationen zur Verfügung stehen und *(BGBl I 2019/62)*

8. der Beschreibung der nationalen Anstrengungen und Ressourcen (Arbeitskräfte und Finanzmittel), die zur Bekämpfung der Geldwäscherei und Terrorismusfinanzierung zur Verfügung gestellt werden. *(BGBl I 2019/62)*

Die Bundesminister für Finanzen, „für Verfassung, Reformen, Deregulierung und Justiz“, für Inneres, „für Digitalisierung und Wirtschaftsstandort“, für Europa, Integration und Äußeres sowie die FMA und die Oesterreichische Nationalbank haben im Rahmen ihrer Zuständigkeit entsprechende Maßnahmen zur Verwirklichung dieser Zwecke zu setzen. *(BGBl I 2019/62)*

(4) Die Oesterreichische Nationalbank und die FMA haben im Rahmen ihrer Zuständigkeit dem Bundesminister für Finanzen auf Anfrage unver-

züglich alle für die Erstellung der nationalen Risikoanalyse erforderlichen, den Finanzmarkt betreffenden Daten, Informationen, Analysen und Bewertungen zu übermitteln. Die Oesterreichische Nationalbank hat der FMA jene Daten zu übermitteln, die sie gemäß § 8 Abs. 2 des SanktG ermittelt und verarbeitet hat, soweit diese für die Wahrnehmung der Aufgaben der FMA nach diesem Bundesgesetz erforderlich sind.

(5) Der Bundesminister für Finanzen hat die Ergebnisse der nationalen Risikoanalyse „, einschließlich der zugehörigen Aktualisierungen," der Europäischen Kommission zu übermitteln und auf der Homepage des Bundesministeriums für Finanzen zu veröffentlichen. *(BGBl I 2019/62)*

(6) Das Koordinierungsgremium hat weiters Strategien und Maßnahmen zur Bekämpfung von Geldwäscherei und Terrorismusfinanzierung auf nationaler Ebene zu entwickeln, regelmäßig auf ihre Aktualität zu überprüfen und Umsetzungsempfehlungen auszusprechen. „Abs. 2 ist sinngemäß anzuwenden." *(BGBl I 2019/62)*

(7) Um die wirksame Zusammenarbeit und insbesondere den Informationsaustausch zu erleichtern und zu fördern, hat der Bundesminister für Finanzen der Europäischen Kommission eine Liste der für die Beaufsichtigung der Verpflichteten (§ 9 Abs. 1 Z 1 bis 14 WiEReG) zuständigen Behörden einschließlich ihrer Kontaktdaten zu übermitteln. Der Bundesminister für Finanzen hat diese Liste laufend aktuell zu halten. „Die in der Liste genannten Behörden sind innerhalb ihrer Befugnisse die Kontaktstelle für die entsprechenden zuständigen Behörden der anderen Mitgliedstaaten. Die FMA ist die Kontaktstelle für die Europäische Bankenaufsichtsbehörde." *(BGBl I 2019/62; BGBl I 2021/25)*

(8) Die Bundesminister für Finanzen, für Verfassung, Reformen, Deregulierung und Justiz, für Inneres, für Digitalisierung und Wirtschaftsstandort, für Europa, Integration und Äußeres sowie die FMA und die Oesterreichische Nationalbank haben im Rahmen ihrer Zuständigkeit für die Verhinderung der Geldwäscherei und Terrorismusfinanzierung als Beitrag zur Vorbereitung der Nationalen Risikoanalyse und für die Zwecke der Überprüfung der Wirksamkeit der nationalen Systeme zur Bekämpfung von Geldwäscherei und Terrorismusfinanzierung umfassende Statistiken über Faktoren, die für die Wirksamkeit solcher Systeme relevant sind, zu führen. Diese Statistiken haben zu umfassen:

1. Daten zur Messung von Größe und Bedeutung der verschiedenen Sektoren, die in den Anwendungsbereich der Richtlinie (EU) 2015/849 fallen, einschließlich der Anzahl der natürlichen Personen und der Einheiten sowie der wirtschaftlichen Bedeutung jedes Sektors,

2. Daten zur Messung von Verdachtsmeldungen, Untersuchungen und Gerichtsverfahren im Rahmen des nationalen Systems zur Bekämpfung von Geldwäscherei und Terrorismusfinanzierung, einschließlich der Anzahl der bei der Geldwäschemeldestelle erstatteten Verdachtsmeldungen, der im Anschluss daran ergriffenen Maßnahmen und – auf Jahresbasis – der Anzahl der untersuchten Fälle, der verfolgten Personen und der wegen § 165 StGB verurteilten Personen, der Arten der Vortaten, wenn derartige Informationen vorliegen, sowie des Werts des eingefrorenen, beschlagnahmten oder eingezogenen Vermögens in Euro,

3. sofern vorhanden, Daten über die Zahl und den Anteil der Verdachtsmeldungen, die zu weiteren Untersuchungen führen, zusammen mit einem Jahresbericht für die Verpflichteten, in dem der Nutzen ihrer Verdachtsmeldungen und die daraufhin ergriffenen Maßnahmen erläutert werden,

4. Daten über die Zahl der grenzüberschreitenden Informationsersuchen, die von der zentralen Meldestelle gestellt wurden, bei ihr eingingen, von ihr abgelehnt oder teilweise bzw. vollständig beantwortet wurden, aufgeschlüsselt nach ersuchendem Mitgliedstaat oder Drittland,

5. das Personal, das den für die Aufsicht über die Bekämpfung von Geldwäscherei und Terrorismusfinanzierung zuständigen Behörden zugewiesen wurde, sowie das der Geldwäschemeldestelle für die Ausübung ihrer Aufgaben zugewiesene Personal,

6. die Anzahl der Maßnahmen der Aufsichtsbehörden vor Ort und anderswo, die Anzahl der auf der Grundlage der Maßnahmen der Aufsichtsbehörden (§ 12 Abs. 1 Z 3 WiEReG) und der Registerbehörde (§ 14 Abs. 1 WiEReG) festgestellten Verstöße und die Anzahl der von den Aufsichtsbehörden angewandten Sanktionen/Verwaltungsmaßnahmen.

(BGBl I 2019/62)

(9) Das Koordinierungsgremium hat auf Jahresbasis die Statistiken gemäß Abs. 8 zu konsolidieren und eine Zusammenfassung zu erstellen. Hierbei sind auch die Statistiken der zuständigen Landesbehörden im Rahmen der Aufsicht über Landesbewilligte für Glücksspielautomaten und Wettunternehmer zu berücksichtigen. Der Bundesminister für Finanzen hat die Zusammenfassung auf der Homepage des Bundesministeriums für Finanzen zu veröffentlichen und hat die konsolidierten Statistiken jährlich an die Europäische Kommission zu übermitteln. *(BGBl I 2019/62)*

(10) Das Bundesministerium für Europa, Integration und Äußeres hat eine Liste, in der die genauen Funktionen angegeben sind, die gemäß § 2 Z 6 lit. h als wichtige öffentliche Ämter anzusehen sind, zu erstellen, aktuell zu halten und zumindest jährlich dem Koordinierungsgremium zu übermitteln. Nach Behandlung im Koordinierungsgremium ist diese Liste „und die Liste jener Funktionen, die gemäß § 2 Z 6 als wichtige öffent-

liche Ämter anzusehen sind“ vom Bundesminister für Finanzen an die Europäische Kommission zu übermitteln. *(BGBl I 2019/62; BGBl I 2021/25)*

(11) Der Bundesminister für Finanzen hat der Europäischen Kommission, der Europäischen Bankenaufsichtsbehörde und den anderen Mitgliedstaten eine Beschreibung des auf Basis dieser Bestimmung eingerichteten Mechanismus gemäß Art. 7 der Richtlinie (EU) 2015/849 zu übermitteln. *(BGBl I 2021/25)*

Risikoanalyse auf Unternehmensebene

§ 4. (1) Die Verpflichteten haben die potentiellen Risiken der Geldwäscherei und Terrorismusfinanzierung, denen ihr Unternehmen ausgesetzt ist, auf Basis von Daten und Informationen unter Berücksichtigung von sämtlichen relevanten Risikofaktoren, insbesondere jene in Bezug auf Kunden, Länder oder geografische Gebiete, Produkte, Dienstleistungen, Transaktionen und Vertriebskanäle sowie sonstigen neuen oder sich entwickelnden Technologien sowohl für neue als auch bereits existierenden Produkte, zu ermitteln und zu bewerten. Dabei haben sie die Ergebnisse der nationalen Risikoanalyse (§ 3) und des Berichts der Europäischen Kommission über die Risiken der Geldwäscherei und Terrorismusfinanzierung im Binnenmarkt (Art. 6 Abs. 1 der Richtlinie (EU) 2015/849) zu berücksichtigen. Die Ermittlung und Bewertung in Bezug auf neue Produkte, Praktiken und Technologien hat jedenfalls vor der Einführung dieser zu erfolgen. Die Ermittlungs- und Bewertungsschritte haben in einem angemessenen Verhältnis zu Art und Größe der Verpflichteten zu stehen.

(2) Die Verpflichteten haben die gemäß Abs. 1 durchgeführten Ermittlungs- und Bewertungsschritte und deren Ergebnis nachvollziehbar aufzuzeichnen, die Aufzeichnung auf aktuellem Stand zu halten und der FMA auf Anfrage in einem allgemein gebräuchlichen elektronischen Format zur Verfügung zu stellen. Die FMA kann mit Verordnung festlegen, dass die Aufzeichnung einer Risikoanalyse gemäß Abs. 1 für bestimmte Arten von Verpflichteten eines Sektors nicht erforderlich ist, wenn die in dem Sektor bestehenden konkreten Risiken klar erkennbar sind und von den Verpflichteten dieses Sektors verstanden werden.

3. Abschnitt
Sorgfaltspflichten gegenüber Kunden

Anwendung der Sorgfaltspflichten

§ 5. Die Verpflichteten haben in folgenden Fällen Sorgfaltspflichten gegenüber Kunden gemäß § 6 anzuwenden:

1. bei Begründung einer Geschäftsbeziehung; Spareinlagengeschäfte nach § 31 Abs. 1 BWG und Geschäfte nach § 12 Depotgesetz gelten stets als Geschäftsbeziehung;

2. bei Durchführung von allen nicht in den Rahmen einer Geschäftsbeziehung fallenden Transaktionen (gelegentliche Transaktionen),

a) deren Betrag sich auf mindestens 15 000 Euro oder Euro-Gegenwert beläuft, und zwar unabhängig davon, ob die Transaktion in einem einzigen Vorgang oder in mehreren Vorgängen, zwischen denen eine Verbindung offenkundig gegeben ist, getätigt wird, oder

b) bei denen es sich um Geldtransfers im Sinne des Art. 3 Z 9 der Verordnung (EU) 2015/847 von mehr als 1 000 Euro handelt;

ist der Betrag in den Fällen der lit. a vor Beginn der Transaktion nicht bekannt, so sind die Sorgfaltspflichten dann anzuwenden, sobald der Betrag bekannt ist und festgestellt wird, dass er mindestens 15 000 Euro oder Euro-Gegenwert beträgt;

3. bei jeder Einzahlung auf Spareinlagen und bei jeder Auszahlung von Spareinlagen, wenn der ein- oder auszuzahlende Betrag mindestens 15 000 Euro oder Euro-Gegenwert beträgt;

4. wenn der Verdacht oder der berechtigte Grund zu der Annahme besteht, dass der Kunde einer terroristischen Vereinigung (§ 278b StGB) angehört oder dass der Kunde objektiv an Transaktionen mitwirkt, die der Geldwäscherei (§ 165 StGB – unter Einbeziehung von Vermögensbestandteilen, die aus einer strafbaren Handlung des Täters selbst herrühren) oder der Terrorismusfinanzierung (§ 278d StGB) dienen;

5. bei Zweifeln an der Echtheit oder der Angemessenheit zuvor erhaltener Kundenidentifikationsdaten.

Umfang der Sorgfaltspflichten

§ 6. (1) Die Sorgfaltspflichten gegenüber Kunden umfassen:

1. Feststellung der Identität des Kunden und Überprüfung der Identität auf der Grundlage von Dokumenten, Daten oder Informationen, die von einer glaubwürdigen und unabhängigen Quelle stammen „, einschließlich elektronischer Mittel für die Identitätsfeststellung und einschlägiger Vertrauensdienste gemäß der Verordnung (EU) Nr. 910/2014 und anderer sicherer Verfahren zur Identifizierung aus der Ferne oder auf elektronischem Weg nach Maßgabe des Abs. 4;“ *(BGBl I 2019/62)*

2. Feststellung der Identität des wirtschaftlichen Eigentümers und Ergreifung angemessener Maßnahmen zur Überprüfung seiner Identität, so dass die Verpflichteten davon überzeugt sind zu wissen, wer der wirtschaftliche Eigentümer ist; im Falle von juristischen Personen, Trusts, Gesellschaften, Stiftungen und ähnlichen Rechtsverein-

barungen schließt dies ein, dass angemessene Maßnahmen ergriffen werden, um die Eigentums- und Kontrollstruktur des Kunden zu verstehen „. Wenn der ermittelte wirtschaftliche Eigentümer ein Angehöriger der obersten Führungsebene gemäß § 2 Z 1 lit. b WiEReG ist, haben die Verpflichteten die erforderlichen angemessenen Maßnahmen zu ergreifen, um die Identität der natürlichen Personen, die der obersten Führungsebene angehören, zu überprüfen, und haben Aufzeichnungen über die ergriffenen Maßnahmen sowie über etwaige während des Überprüfungsvorgangs aufgetretene Schwierigkeiten zu führen. Eine angemessene Maßnahme ist die Einsicht in das Register der wirtschaftlichen Eigentümer nach Maßgabe des § 11 WiEReG;“ *(BGBl I 2019/62)*

3. Bewertung und Einholung von Informationen über den Zweck und die angestrebte Art der Geschäftsbeziehung;

4. Einholung und Überprüfung von Informationen über die Herkunft der eingesetzten Mittel; solche Informationen können unter anderem die Berufs- bzw. Geschäftstätigkeit, das Einkommen bzw. das Geschäftsergebnis oder die allgemeinen Vermögensverhältnisse des Kunden und seiner wirtschaftlichen Eigentümer umfassen;

5. Feststellung und Überprüfung der Identität des Treugebers und des Treuhänders gemäß Abs. 3;

6. kontinuierliche Überwachung der Geschäftsbeziehung, einschließlich einer Überprüfung der im Verlauf der Geschäftsbeziehung ausgeführten Transaktionen, um sicherzustellen, dass diese mit den Kenntnissen der Verpflichteten über den Kunden, seine Geschäftstätigkeit und sein Risikoprofil, einschließlich erforderlichenfalls der Herkunft der Mittel, übereinstimmen;

7. regelmäßige Überprüfung des Vorhandenseins sämtlicher aufgrund dieses Bundesgesetzes erforderlichen Informationen, Daten und Dokumente sowie Aktualisierung dieser Informationen, Daten und Dokumente.

Die Identität jeder Person, die angibt im Namen des Kunden handeln zu wollen (vertretungsbefugte natürliche Person) ist gemäß Z 1 festzustellen und zu überprüfen. Die Vertretungsbefugnis ist auf geeignete Art und Weise zu überprüfen. Der Kunde hat Änderungen der Vertretungsbefugnis während aufrechter Geschäftsbeziehung von sich aus unverzüglich bekannt zu geben.

(2) Die Überprüfung der Identität gemäß Abs. 1 Z 1 hat bei

1. einer natürlichen Person durch die persönliche Vorlage eines amtlichen Lichtbildausweises zu erfolgen. Als amtlicher Lichtbildausweis in diesem Sinn gelten von einer staatlichen Behörde ausgestellte Dokumente, die mit einem nicht austauschbaren erkennbaren Kopfbild der betreffenden Person versehen sind, und den Namen, das Geburtsdatum und die Unterschrift der Person sowie die ausstellende Behörde enthalten; bei Reisedokumenten von Fremden muss die Unterschrift und das vollständige Geburtsdatum dann nicht im Reisedokument enthalten sein, wenn dies dem Recht des ausstellenden Staates entspricht. Von den Kriterien des amtlichen Lichtbildausweises können einzelne Kriterien entfallen, wenn auf Grund des technischen Fortschritts andere gleichwertige Kriterien eingeführt werden, wie beispielsweise biometrische Daten, die den entfallenen Kriterien in ihrer Legitimationswirkung zumindest gleichwertig sind. Das Kriterium der Ausstellung durch eine staatliche Behörde muss jedoch immer gegeben sein;

2. einer juristischen Person anhand von beweiskräftigen Urkunden zu erfolgen, die gemäß dem am Sitz der juristischen Personen landesüblichen Rechtsstandard verfügbar sind. Jedenfalls zu überprüfen sind der aufrechte Bestand, der Name, die Rechtsform, die Vertretungsbefugnis und der Sitz der juristischen Person.

(3) Die Verpflichteten haben den Kunden aufzufordern, Folgendes bekannt zu geben:

1. ob er die Geschäftsbeziehung (§ 5 Abs. 1 Z 1) oder die gelegentliche Transaktion (§ 5 Abs. 1 Z 2) auf eigene oder fremde Rechnung bzw. im fremden Auftrag betreiben will und

2. die Identität seines oder seiner wirtschaftlichen Eigentümer.

Der Kunde hat der Aufforderung zu entsprechen und diesbezügliche Änderungen während aufrechter Geschäftsbeziehung von sich aus unverzüglich bekannt zu geben. Gibt der Kunde bekannt, dass er auf fremde Rechnung bzw. im fremden Auftrag handeln will (Z 1), so hat er dem Verpflichteten auch die Identität des Treugebers nachzuweisen und die Verpflichteten haben die Identität des Treugebers festzustellen und zu überprüfen. Die Identität des Treuhänders ist gemäß Abs. 2 Z 1 und zwar ausschließlich bei physischer Anwesenheit des Treuhänders festzustellen. Eine Identifizierung des Treuhänders durch Dritte ist ebenfalls ausgeschlossen. Die Feststellung und Überprüfung der Identität des Treugebers hat bei natürlichen Personen durch Vorlage des Originals oder einer Kopie des amtlichen Lichtbildausweises (Abs. 2 Z 1) des Treugebers zu erfolgen, bei juristischen Personen durch beweiskräftige Urkunden (Abs. 2 Z 2). Der Treuhänder hat weiters eine schriftliche Erklärung gegenüber dem Verpflichteten abzugeben, dass er sich persönlich oder durch verlässliche Gewährspersonen von der Identität des Treugebers überzeugt hat. Verlässliche Gewährspersonen in diesem Sinn sind Gerichte und sonstige staatliche Behörden, Notare, Rechtsanwälte und Dritte im Sinne § 13.

(4) Die persönliche Vorlage des amtlichen Lichtbildausweises im Sinne Abs. 2 kann bei Geschäftsbeziehungen oder Transaktionen ohne persönliche Kontakte durch Sicherungsmaßnah-

men ersetzt werden. Den Verpflichteten müssen jedenfalls Name, Geburtsdatum und Adresse des Kunden, bei juristischen Personen die Firma und der Sitz bekannt sein. Als Sicherungsmaßnahmen sind zulässig:

1. die Vorlage des amtlichen Lichtbildausweises im Rahmen eines videogestützten elektronischen Verfahrens (Online-Identifikation),

2. ein gesetzlich vorgesehenes Verfahren, das gesichert dieselbe Information wie mit der Vorlage eines amtlichen Lichtbildausweises zur Verfügung stellt (elektronischer Ausweis),

3. die Abgabe der rechtsgeschäftliche Erklärung des Kunden in Form einer qualifizierten elektronischen Signatur gemäß Art. 3 Z 12 der Verordnung (EU) Nr. 910/2014 oder die Zustellung der rechtsgeschäftlichen Erklärung des Verpflichteten mit eingeschriebener Postzustellung an diejenige Kundenadresse, die als Wohnsitz oder Sitz des Kunden angegeben worden ist, wenn zusätzlich

a) bei juristischen Personen der Sitz zugleich der Sitz der zentralen Verwaltung ist, worüber der Kunde eine schriftliche Erklärung abzugeben hat,

b) eine Kopie des amtlichen Lichtbildausweises des Kunden oder seines gesetzlichen Vertreters oder bei juristischen Personen des vertretungsbefugten Organs dem Verpflichteten vor dem Zeitpunkt des Vertragsabschlusses vorliegt, sofern nicht das Rechtsgeschäft elektronisch an Hand einer qualifizierten elektronischen Signatur abgeschlossen wird und

c) bei Kunden mit Sitz oder Wohnsitz in einem Drittland, eine schriftliche Bestätigung eines anderen Kreditinstitutes, mit dem der Kunde eine dauernde Geschäftsverbindung hat, vorliegt, dass die Identität des Kunde im Sinne dieses Bundesgesetzes festgestellt und überprüft wurde und dass die dauernde Geschäftsverbindung aufrecht ist. Hat das bestätigende Kreditinstitut seinen Sitz in einem Drittland, so muss dieses Drittland die Anforderungen gemäß § 13 Abs. 4 erfüllen. An Stelle einer Identifizierung und Bestätigung durch ein Kreditinstitut ist auch eine Identifizierung und schriftliche Bestätigung durch die österreichische Vertretungsbehörde im betreffenden Drittland oder einer anerkannten Beglaubigungsstelle zulässig,

oder

4. die erste Zahlung im Rahmen der Transaktionen über ein Konto abgewickelt wird, das im Namen des Kunden bei einem Kreditinstitut im Sinne des § 13 eröffnet wurde und ihnen Kopien von Dokumenten des Kunden vorliegen, aufgrund derer die Angaben des Kunden bzw. seiner vertretungsbefugten natürlichen Person glaubhaft nachvollzogen werden können. Anstelle dieser Kopien ist es ausreichend, wenn eine schriftliche Bestätigung des Kreditinstitutes vorliegt, über das die erste Zahlung abgewickelt werden soll, dass die Identität des Kunden im Sinne dieses Bundesgesetzes oder der Richtlinie (EU) 2015/849 festgestellt und überprüft wurde.

Die FMA hat mit Zustimmung des Bundesministers für Finanzen mit Verordnung festzulegen, welche Maßnahmen bei der Online-Identifikation zum Ausgleich des erhöhten Risikos erforderlich sind und dabei insbesondere Anforderungen an die Datensicherheit, Fälschungssicherheit und an jene Personen, die die Online-Identifikation durchführen festzulegen.

(5) Die Verpflichteten können den Umfang der in Abs. 1 bis 3 genannten Sorgfaltspflichten auf risikoorientierter Grundlage bestimmen. Bei der Bewertung der Risiken von Geldwäscherei und Terrorismusfinanzierung sind zumindest die in Anlage I aufgeführten Variablen zu berücksichtigen. Als Ergebnis dieser Bewertung ist jeder Kunde in eine Risikoklasse einzustufen. Die Verpflichteten müssen der FMA gegenüber nachweisen können, dass die von ihnen getroffenen Maßnahmen angesichts der ermittelten Risiken von Geldwäscherei und Terrorismusfinanzierung angemessen sind.

FM-GwG
SpVV
Schulspar-SoV
Online-IDV
AndKo-SoV
BVK-RiSoV
LV-SoV
WiEReG + V
4. GW-RL
DelV Hochrisikolän
DelV 2018/1108
DelV Drittländer
5. GW-RL

Zeitpunkt der Anwendung der Sorgfaltspflichten

§ 7. (1) Die Feststellung und Überprüfung der Identität des Kunden, des wirtschaftlichen Eigentümers, des Treugebers und des Treuhänders (§ 6 Abs. 1 Z 1, 2 und 5) und die Einholung und Überprüfung von Informationen über den Zweck und die angestrebte Art der Geschäftsbeziehung und über die Herkunft der eingesetzten Mittel (§ 6 Abs. 1 Z 3 und 4) hat vor Begründung einer Geschäftsbeziehung und vor Ausführung einer gelegentlichen Transaktion zu erfolgen. Die Feststellung und Überprüfung der Identität einer vertretungsbefugten natürlichen Person (§ 6 Abs. 1 Schlussteil) hat zu erfolgen, wenn sich diese auf ihre Vertretungsbefugnis beruft. „Zu Beginn einer neuen Geschäftsbeziehung mit einem Rechtsträger gemäß § 1WiEReG haben die Verpflichteten einen Auszug aus dem Register der wirtschaftlichen Eigentümer gemäß § 9 oder § 10 WiEReG als Nachweis der Registrierung der wirtschaftlichen Eigentümer einzuholen. Zu Beginn einer neuen Geschäftsbeziehung mit einer Gesellschaft, einem Trust, einer Stiftung, einer mit einer Stiftung vergleichbaren juristischen Person oder mit einer trustähnlichen Rechtsvereinbarung mit Sitz in einem anderen Mitgliedstaat oder in einem Drittland, die mit einem Rechtsträger im Sinne des § 1 WiEReG vergleichbar sind, haben die Verpflichteten einen Nachweis der Registrierung oder einen Auszug einzuholen, sofern dessen wirtschaftliche Eigentümer in einem den Anforderungen der Art. 30 oder 31 der Richtlinie (EU)

2015/849 entsprechendem Register registriert werden müssen.“ *(BGBl I 2019/62)*

(2) Abweichend von Abs. 1 können die Verpflichteten die Überprüfung der Identität des Kunden, des wirtschaftlichen Eigentümers und des Treugebers erst während der Begründung einer Geschäftsbeziehung abschließen, wenn dies notwendig ist, um den normalen Geschäftsablauf nicht zu unterbrechen und ein geringes Risiko der Geldwäscherei oder Terrorismusfinanzierung besteht. In diesem Fall werden die betreffenden Verfahren so bald wie möglich nach dem ersten Kontakt abgeschlossen.

(3) Abweichend von Abs. 1 ist die Eröffnung eines Bankkontos – einschließlich Konten, über die Wertpapiertransaktionen vorgenommen werden können – bei einem Verpflichteten zulässig, sofern ausreichend sichergestellt ist, dass Transaktionen von dem Kunden oder für den Kunden erst vorgenommen werden, wenn die Sorgfaltspflichten gemäß § 6 Abs. 1 Z 1 bis 5 vollständig erfüllt sind.

(4) Bei Lebensversicherungsverträgen haben Versicherungsunternehmen neben den Sorgfaltspflichten gegenüber Kunden und wirtschaftlichen Eigentümern auch hinsichtlich der Begünstigten von Lebensversicherungsverträgen die folgenden Sorgfaltspflichten zu erfüllen:

1. bei Begünstigten, deren Identität als namentlich genannte Person oder Rechtsvereinbarung festgestellt wurde, hält das Versicherungsunternehmen die Namen der betreffenden Personen fest;

2. bei Begünstigten, die nach Merkmalen, Gattung oder auf andere Weise bestimmt werden, haben Versicherungsunternehmen ausreichende Informationen über diese Begünstigten einzuholen, um sicherzugehen, dass sie zum Zeitpunkt der Auszahlung in der Lage sein werden, deren Identität festzustellen.

Die Versicherungsunternehmen haben in den in Z 1 und 2 genannten Fällen die Identität der Begünstigten vor der Auszahlung zu überprüfen. Wird der Lebensversicherungsvertrag ganz oder teilweise von einen Dritten übernommen oder wird ein Anspruch aus diesem Vertrag ganz oder teilweise an einen Dritten abgetreten, so haben die über diese Übernahme oder Abtretung unterrichteten Versicherungsunternehmen die Identität des neuen Kunden bzw. des wirtschaftlichen Eigentümers zu dem Zeitpunkt festzustellen und zu überprüfen, zu dem die Ansprüche aus dem Vertrag an die natürliche oder juristische Person oder die Rechtsvereinbarung abgetreten werden oder von dieser übernommen werden.

(5) Wenn die Begünstigten von Trusts oder von ähnlichen Rechtsvereinbarungen nach besonderen Merkmalen oder nach der Gattung bestimmt werden, haben die Verpflichteten ausreichende Informationen über die Begünstigten einzuholen, um sicherzugehen, dass sie zum Zeitpunkt der Auszahlung oder zu dem Zeitpunkt, zu dem ein Begünstigter seine erworbenen Rechte wahrnimmt, in der Lage sein werden, die Identität des Begünstigten festzustellen. Die Identität der Begünstigten ist jedenfalls vor der Auszahlung zu überprüfen.

(6) Die Verpflichteten haben die Sorgfaltspflichten gegenüber Kunden nicht nur auf alle neuen Kunden, sondern zu geeigneter Zeit auch auf die bestehende Kundschaft auf risikobasierter Grundlage anzuwenden. „Dies ist insbesondere dann der Fall, wenn sich bei einem Kunden maßgebliche Umstände ändern oder wenn der Verpflichtete rechtlich verpflichtet ist, den Kunden im Laufe des betreffenden Kalenderjahres zu kontaktieren, um etwaige einschlägige Informationen über den oder die wirtschaftlichen Eigentümer zu überprüfen, oder wenn der Verpflichtete gemäß der Richtlinie 2011/16/EU des Rates dazu verpflichtet ist.“ *(BGBl I 2019/62)*

(7) Wenn die Verpflichteten ihren Sorgfaltspflichten gegenüber einem Kunden, mit Ausnahme von § 6 Abs. 1 Z 6 und 7 nicht nachkommen oder nachkommen können, dürfen sie keine Transaktion über ein Bankkonto vornehmen, keine Geschäftsbeziehung begründen und keine Transaktionen ausführen. Zudem müssen sie eine bereits bestehende Geschäftsbeziehung beenden. Versicherungsunternehmen dürfen bei Lebensversicherungsverträgen keine Geschäftsbeziehung begründen und keine Transaktion durchführen, wenn sie ihren Sorgfaltspflichten gegenüber einem Kunden oder einem Begünstigten nicht nachkommen oder nachkommen können. Betriebliche Mitarbeitervorsorgekassen dürfen keine Transaktion durchführen, wenn sie ihren Sorgfaltspflichten gegenüber einem Kunden nicht nachkommen oder nachkommen können. In Fällen des § 6 Abs. 1 Z 6 kann eine Transaktion bis zum Abschluss der erforderlichen Prüfschritte aufgehalten werden. In allen Fällen haben die Verpflichteten in Erwägung zu ziehen, in Bezug auf den Kunden eine Verdachtsmeldung gemäß § 16 an die Geldwäschemeldestelle zu erstatten.

(8) Die Entgegennahme und der Erwerb von Wertpapieren für

1. Wertpapierkonten (§ 11 Depotgesetz) und

2. Geschäftsbeziehungen gemäß § 12 Depotgesetz,

die vor dem 1. August 1996 eröffnet oder eingegangen worden sind, sind nur dann zulässig, wenn zuvor die Sorgfaltspflichten gegenüber Kunden gemäß § 6 angewandt worden sind. Die Veräußerung von Wertpapieren und die Auszahlung von Guthaben und Erträgen von Wertpapierkonten (§ 11 Depotgesetz) und aus Geschäftsbeziehungen gemäß § 12 Depotgesetz darf nur dann erfolgen, wenn zuvor die Sorgfaltspflichten gegenüber Kunden gemäß § 6 angewandt worden sind.

(9) Auf bestehende Sparkonten gemäß § 31 BWG dürfen, sofern die Sorgfaltspflichten gegenüber Kunden gemäß § 6 noch nicht angewandt worden sind, weder Einzahlungen geleistet noch entgegengenommen werden oder Beträge aus Überweisungen auf solche Sparkonten gutgeschrieben werden.

(10) Sparkonten, bei denen die Sorgfaltspflichten gegenüber Kunden gemäß § 6 noch nicht angewandt worden sind, sind als besonders gekennzeichnete Konten zu führen. Ein- und Auszahlungen auf und von diesen Konten dürfen erst durchgeführt und Überweisungen erst gutgeschrieben werden, wenn die Sorgfaltspflichten gegenüber Kunden gemäß § 6 angewandt worden sind.

(11) Bestehende anonyme Schließfächer dürfen, sofern die Sorgfaltspflichten gegenüber Kunden gemäß § 6 noch nicht angewandt worden sind, nicht verwendet werden und sind als besonders gekennzeichnet zu führen. Diese dürfen erst in irgendeiner Weise verwendet werden, wenn die Sorgfaltspflichten gegenüber Kunden gemäß § 6 angewandt worden sind. *(BGBl I 2019/62)*

Transaktionsmonitoring unter Verwendung eines auf künstlicher Intelligenz basierenden Ansatzes

§ 7a. (1) Das aufgrund der Bestimmungen dieses Bundesgesetzes zu implementierende Transaktionsmonitoring kann unter Verwendung eines auf künstlicher Intelligenz oder anderen fortschrittlichen Technologien basierenden Ansatzes durchgeführt oder ergänzt werden, wenn die Voraussetzungen des Abs. 2 eingehalten werden.

(2) Die Verwendung eines Ansatzes gemäß Abs. 1 ist entsprechend § 6 Abs. 1 Z 6 zulässig, wenn

1. die Funktionsweise des Ansatzes gemäß Abs. 1 so entwickelt und umgesetzt wird, dass dieser auf Basis der verwendeten Szenarien, Parameter, Schwellenwerte und anderen Mechanismen die Anforderungen des § 6 Abs. 1 Z 6 und § 9 Abs. 3 risikobasiert unter Berücksichtigung der jeweiligen Risikoanalyse auf Unternehmensebene (§ 4) sowie auf Kundenebene (§ 6 Abs. 5) erfüllt,

2. der Ansatz gemäß Abs. 1 auf aktuellem Stand gehalten und anlassbezogen aktualisiert und auf Basis der Informationen, erstatteten Rückmeldungen der Geldwäschemeldestelle und Daten gemäß § 16 Abs. 4 und Abs. 6 angepasst wird und

3. die Entwicklung und die Umsetzung der Funktionsweise des Ansatzes gemäß Abs. 1 hinreichend dokumentiert ist, damit die Funktionsweise nachvollzogen und der FMA gegenüber entsprechend belegt werden kann.

(3) Bei der Entwicklung und Durchführung des Transaktionsmonitorings dürfen von Verpflichteten für die Zwecke dieses Bundesgesetzes verarbeitete Daten und Daten aus öffentlich verfügbaren Datenquellen automationsunterstützt verarbeitet werden, soweit dies für die Verhinderung der Geldwäscherei und der Terrorismusfinanzierung angemessen und erforderlich ist.

(BGBl I 2021/25)

Vereinfachte Sorgfaltspflichten

§ 8. (1) Wenn ein Verpflichteter aufgrund seiner Risikoanalyse (§ 4) feststellt, dass in bestimmten Bereichen nur ein geringes Risiko der Geldwäscherei oder Terrorismusfinanzierung besteht, so kann er vereinfachte Sorgfaltspflichten gegenüber Kunden anwenden. Hierbei sind die Risiken von Geldwäscherei und Terrorismusfinanzierung für bestimmte Arten von Kunden, geografische Gebiete und für bestimmte Produkte, Dienstleistungen, Transaktionen oder Vertriebskanäle zu bewerten und zumindest die in Anlage II dargelegten Faktoren für ein potenziell geringes Risiko zu berücksichtigen.

(2) Bevor die Verpflichteten vereinfachte Sorgfaltspflichten gegenüber einem Kunden anwenden, haben sie sich zu vergewissern, dass die konkrete Geschäftsbeziehung oder Transaktion tatsächlich mit einem geringen Risiko verbunden ist. Insbesondere dürfen sie nicht von einem geringen Risiko der Geldwäscherei oder der Terrorismusfinanzierung ausgehen, wenn die ihnen vorliegenden Informationen darauf schließen lassen, dass das Risiko der Geldwäscherei oder der Terrorismusfinanzierung möglicherweise nicht gering ist.

(3) Auch in jenen Bereichen, in denen die Verpflichteten vereinfachte Sorgfaltspflichten anwenden, haben sie die Transaktionen und die Geschäftsbeziehungen in ausreichendem Umfang zu überwachen, um die Aufdeckung ungewöhnlicher oder verdächtiger Transaktionen zu ermöglichen.

(4) Die Verpflichteten haben ausreichende Informationen aufzubewahren, um nachweisen zu können, dass die Voraussetzungen für die Anwendung der vereinfachten Sorgfaltspflichten vorliegen.

(5) Die FMA kann mit Zustimmung des Bundesministers für Finanzen mit Verordnung festlegen, in welchen Bereichen ein geringes Risiko der Geldwäscherei oder Terrorismusfinanzierung besteht, wenn dies in der nationalen Risikoanalyse (§ 3) festgestellt wurde oder die FMA selbst das Vorliegen eines geringen Risikos unter Berücksichtigung von Abs. 1 zweiter Satz festgestellt hat. In einer Verordnung gemäß diesem Absatz hat die FMA soweit erforderlich den konkreten Umfang der vereinfachten Sorgfaltspflichten gegenüber Kunden festzulegen.

(6) Die Verordnung (EU) 2015/847 findet keine Anwendung auf Inlandsgeldtransfers auf ein

Konto eines Begünstigten, auf das Zahlungen für die Lieferung von Gütern oder Dienstleistungen vorgenommen werden können, wenn

1. der Zahlungsverkehrsdienstleister des Begünstigten den Verpflichtungen der Richtlinie (EU) 2015/849 unterliegt,

2. der Zahlungsverkehrsdienstleister des Begünstigten in der Lage ist, anhand einer kundenbezogenen Referenznummer über den Begünstigten den Geldtransfer bis zu der natürlichen oder juristischen Person zurückzuverfolgen, die mit dem Begünstigten eine Vereinbarung über die Lieferung von Gütern und Dienstleistungen getroffen hat, und

3. der überwiesene Betrag 1 000 Euro oder weniger beträgt.

Verstärkte Sorgfaltspflichten

§ 9. (1) In den in § 9a bis § 12 genannten Fällen, sowie wenn ein Verpflichteter aufgrund seiner Risikoanalyse (§ 4) oder auf andere Weise feststellt, dass ein erhöhtes Risiko der Geldwäscherei oder Terrorismusfinanzierung besteht, hat er verstärkte Sorgfaltspflichten gegenüber Kunden zur angemessenen Steuerung und Minderung dieser Risiken anzuwenden. Hierbei sind die Risiken von Geldwäscherei und Terrorismusfinanzierung für bestimmte Arten von Kunden, geografische Gebiete und für bestimmte Produkte, Dienstleistungen, Transaktionen oder Vertriebskanäle zu bewerten und zumindest die in Anlage III dargelegten Faktoren für ein potenziell erhöhtes Risiko zu berücksichtigen. *(BGBl I 2019/62)*

(2) Wenn Verpflichtete über Zweigstellen bzw. Zweigniederlassungen oder Tochterunternehmen mit Sitz in Drittländern mit hohem Risiko verfügen, müssen sie in diesen nicht automatisch verstärkte Sorgfaltspflichten gegenüber Kunden anwenden, wenn sich diese Zweigstellen bzw. Zweigniederlassungen oder Tochterunternehmen uneingeschränkt an die gruppenweit anzuwendenden Strategien und Verfahren (§ 24) halten. Diesfalls haben die Verpflichteten auf risikoorientierter Grundlage zu beurteilen, ob die Anwendung verstärkter Sorgfaltspflichten erforderlich ist.

(3) Die Verpflichteten haben, soweit dies im angemessenen Rahmen möglich ist, Hintergrund und Zweck aller Transaktionen zu untersuchen, die eine der folgenden Bedingungen erfüllen:

1. es handelt sich um komplexe Transaktionen;

2. die Transaktionen sind ungewöhnlich groß;

3. die Transaktionen folgen einem ungewöhnlichen Transaktionsmuster;

4. die Transaktionen haben keinen offensichtlichen wirtschaftlichen oder rechtmäßigen Zweck.

Um zu bestimmen, ob diese Transaktionen oder Tätigkeiten verdächtig sind, haben die Verpflichteten insbesondere den Umfang und die Art der Überwachung der Geschäftsbeziehung zu verstärken. *(BGBl I 2019/62)*

(4) Die FMA kann mit Zustimmung des Bundesministers für Finanzen mit Verordnung festlegen, in welchen Bereichen, neben den in diesem Bundesgesetz genannten, ein erhöhtes Risiko der Geldwäscherei oder Terrorismusfinanzierung besteht, wenn dies in der nationalen Risikoanalyse (§ 3) festgestellt wurde oder die FMA selbst das Vorliegen eines erhöhten Risikos unter Berücksichtigung von Abs. 1 zweiter Satz festgestellt hat. In einer Verordnung gemäß diesem Absatz hat die FMA soweit erforderlich den konkreten Umfang der verstärkten Sorgfaltspflichten gegenüber Kunden festzulegen.

Geschäftsbeziehungen und Transaktionen mit Bezug zu Drittländern mit hohem Risiko

§ 9a. (1) In Bezug auf Geschäftsbeziehungen oder Transaktionen, an denen Drittländer mit hohem Risiko beteiligt sind, haben die Verpflichteten jedenfalls die folgenden verstärkten Sorgfaltsmaßnahmen gegenüber Kunden anzuwenden:

1. Einholung und angemessene Überprüfung zusätzlicher Informationen über den Kunden und seine wirtschaftlichen Eigentümer;

2. Einholung zusätzlicher Informationen über den Zweck und die angestrebte Art der Geschäftsbeziehung;

3. Einholung von zusätzlichen Informationen für die Überprüfung der Herkunft der eingesetzten Mittel und Einholung von zusätzlichen Informationen über die Vermögensverhältnisse des Kunden und seiner wirtschaftlichen Eigentümer;

4. Einholung von Informationen über die Gründe für die geplanten oder durchgeführten Transaktionen;

5. Einholung der Zustimmung ihrer Führungsebene, bevor sie Geschäftsbeziehungen zu diesen Kunden aufnehmen oder fortführen und

6. verstärkte kontinuierliche Überwachung der Geschäftsbeziehung durch eine weitere Erhöhung der Häufigkeit und der Intervalle der Kontrollen und durch die zusätzliche Auswahl von Transaktionsmustern, die einer weiteren Prüfung bedürfen.

(2) Zusätzlich zu den in Abs. 1 vorgesehenen verstärkten Sorgfaltsmaßnahmen kann die FMA mit Zustimmung des Bundesministers für Finanzen in Bezug auf Geschäftsbeziehungen oder Transaktionen, an denen Drittländer mit hohem Risiko beteiligt sind, mit Verordnung im Einklang mit den internationalen Pflichten der Union eine oder mehrere zusätzliche risikomindernde Maßnahmen hinsichtlich aller oder bestimmter Dritt-

länder mit hohem Risiko anordnen. Diese Maßnahmen haben aus einem oder mehreren der folgenden Elemente zu bestehen:

1. der Anwendung zusätzlicher verstärkter Sorgfaltsmaßnahmen;

2. der Einführung verstärkter relevanter Meldemechanismen oder einer systematischen Meldepflicht für Finanztransaktionen;

3. der Beschränkung der geschäftlichen Beziehungen oder Transaktionen mit natürlichen oder juristischen Personen aus Drittländern mit hohem Risiko.

(3) Im Umgang mit Drittländern mit hohem Risiko kann der Bundesminister für Finanzen mit Verordnung gegebenenfalls zusätzlich zu den in Abs. 1 genannten Maßnahmen und im Einklang mit den internationalen Pflichten der Union eine oder mehrere der folgenden Maßnahmen in Bezug auf alle oder bestimmte Drittländer mit hohem Risiko anordnen:

1. Verwehrung der Gründung von Tochterunternehmen, Zweigstellen bzw. Zweigniederlassungen oder Repräsentanzen von Verpflichteten aus dem betreffenden Drittland oder anderweitige Berücksichtigung der Tatsache, dass der betreffende Verpflichtete aus einem Drittland mit hohem Risiko stammt;

2. Einführung des für Verpflichtete geltenden Verbots der Gründung von Zweigstellen bzw. Zweigniederlassungen oder Repräsentanzen in dem betreffenden Drittland oder anderweitige Berücksichtigung der Tatsache, dass sich die betreffende Zweigstelle bzw. Zweigniederlassung beziehungsweise die betreffende Repräsentanz in einem Drittland mit hohem Risiko befinden würde;

3. Einführung einer verstärkten Überprüfung von Zweigstellen bzw. Zweigniederlassungen und Tochterunternehmen von Verpflichteten in dem betreffenden Drittland durch die FMA oder Einführung einer Verpflichtung eine verstärkte externe Überprüfung vorzusehen;

4. Einführung verschärfter Anforderungen in Bezug auf die Jahresabschlussprüfung von in dem betreffenden Land befindlichen Zweigstellen bzw. Zweigniederlassungen und Tochterunternehmen von Finanzgruppen, deren Mutterunternehmen seinen Sitz im Inland hat;

5. Einführung der für Kredit- und Finanzinstitute geltenden Pflicht, Korrespondenzbankbeziehungen zu Respondenzinstituten in dem betreffenden Drittland zu überprüfen und zu ändern oder erforderlichenfalls zu beenden.

(4) Die FMA und der Bundesminister für Finanzen haben beim Erlass oder bei der Anwendung der in den Abs. 2 und 3 genannten Maßnahmen gegebenenfalls einschlägige Evaluierungen, Bewertungen oder Berichte internationaler Organisationen oder von Einrichtungen für die Festlegung von Standards mit Kompetenzen im Bereich der Verhinderung von Geldwäscherei und der Bekämpfung der Terrorismusfinanzierung hinsichtlich der von einzelnen Drittländern ausgehenden Risiken gebührend zu berücksichtigen.

(5) Der Bundesminister für Finanzen unterrichtet die Europäische Kommission vor dem Erlass einer Verordnung gemäß Abs. 2 oder 3.

(BGBl I 2019/62)

Korrespondenzbankbeziehungen

§ 10. Bei grenzüberschreitenden Korrespondenzbankbeziehungen „die die Ausführung von Zahlungen mit einem Respondenzinstitut mit Sitz in einem Drittland umfassen," haben „Kredit- und Finanzinstitute" zusätzlich zu den in § 6 festgelegten Sorgfaltspflichten gegenüber Kunden „bei Aufnahme einer Geschäftsbeziehung" *(BGBl I 2019/62)*

1. ausreichende Informationen über ein Respondenzinstitut zu sammeln, um die Art seiner Geschäftstätigkeit in vollem Umfang zu verstehen und sich auf der Grundlage öffentlich verfügbarer Informationen von seinem Ruf und der Qualität der Beaufsichtigung überzeugen zu können,

2. sich von der Angemessenheit der Kontrollen zur Bekämpfung der Geldwäscherei und der Terrorismusfinanzierung zu überzeugen, die das Respondenzinstitut vornimmt,

3. die Zustimmung der Führungsebene einzuholen, bevor sie neue Korrespondenzbankbeziehungen eingehen,

4. die jeweiligen Verantwortlichkeiten eines jeden Instituts zu dokumentieren und

5. sich im Falle von Durchlaufkonten („payable-through accounts") zu vergewissern, dass das Respondenzinstitut die Identität der Kunden, die direkten Zugang zu den Konten des Respondenzinstituts haben, überprüft hat und diese Kunden ferner einer kontinuierlichen Überwachung unterzogen sind; sowie dass das Respondenzinstitut in der Lage ist, dem Verpflichteten auf dessen Ersuchen entsprechende Daten in Bezug auf diese Sorgfaltspflichten gegenüber Kunden vorzulegen.

Transaktionen und Geschäftsbeziehungen mit politisch exponierten Personen

§ 11. (1) Die Verpflichteten haben zusätzlich zu den in § 6 festgelegten Sorgfaltspflichten gegenüber Kunden

1. über angemessene Risikomanagementsysteme, einschließlich risikobasierter Verfahren, zu verfügen, um feststellen zu können, ob es sich bei dem Kunden, dem wirtschaftlichen Eigentümer des Kunden oder dem Treugeber des Kunden um eine politisch exponierte Person handelt und

diese Verfahren vor Begründung der Geschäftsbeziehung sowie in angemessenen regelmäßigen Abständen während aufrechter Geschäftsbeziehung anzuwenden.

2. im Falle von Geschäftsbeziehungen zu politisch exponierten Personen

a) die Zustimmung ihrer Führungsebene einzuholen, bevor sie Geschäftsbeziehungen zu diesen Personen aufnehmen oder fortführen,

b) angemessene Maßnahmen zu ergreifen, um die Herkunft des Vermögens und der Gelder, die im Rahmen von Geschäftsbeziehungen oder Transaktionen mit diesen Personen eingesetzt werden, zu bestimmen und

c) die Geschäftsbeziehung einer verstärkten kontinuierlichen Überwachung zu unterziehen.

„Wenn die wirtschaftlichen Eigentümer des Kunden gemäß § 2 Z 1 lit. b sublit. cc WiEReG ermittelt wurden, ist Z 2 im Falle von inländischen politisch exponierten Personen nicht anzuwenden, wenn keine Risikofaktoren vorliegen, die ein erhöhtes Risiko indizieren." *(BGBl I 2017/136)*

(2) Versicherungsunternehmen haben angemessene Maßnahmen zu treffen, um zu bestimmen, ob es sich bei dem Begünstigten aus einem Lebensversicherungsvertrag und/oder, sofern erforderlich, bei dem wirtschaftlichen Eigentümer des Begünstigten um eine politisch exponierte Personen handelt. Diese Maßnahmen sind spätestens vor der Auszahlung oder zum Zeitpunkt der vollständigen oder teilweisen Abtretung des Lebensversicherungsvertrages zu treffen. Falls erhöhte Risiken ermittelt wurden, haben die Verpflichteten zusätzlich zu den in § 6 festgelegten Sorgfaltspflichten gegenüber Kunden

1. ihre Führungsebene vor der Auszahlung zu unterrichten und

2. die gesamte Geschäftsbeziehung zu dem Versicherungsnehmer einer verstärkten Überprüfung zu unterziehen.

(3) Wenn eine politisch exponierte Person nicht mehr mit einem wichtigen öffentlichen Amt in einem Mitgliedstaat oder Drittland oder mit einem wichtigen öffentlichen Amt bei einer internationalen Organisation betraut ist, so haben die Verpflichteten für mindestens zwölf Monate das von dieser Person weiterhin ausgehende Risiko zu berücksichtigen und so lange angemessene und risikoorientierte Maßnahmen zu treffen, bis davon auszugehen ist, dass diese Person kein Risiko mehr darstellt, das spezifisch für politisch exponierte Personen ist.

(4) Die in diesem Paragraphen genannten Maßnahmen gelten auch für Familienmitglieder oder Personen, die politisch exponierten Personen bekanntermaßen nahestehen.

Unzulässige Geschäftsbeziehungen und Maßnahmen bei Nicht-Kooperationsstaaten

§ 12. (1) Die Verpflichteten haben die Aufnahme oder Fortführung einer Korrespondenzbankbeziehung mit einer Bank-Mantelgesellschaft zu unterlassen und haben angemessene Maßnahmen zu ergreifen, um dafür zu sorgen, dass sie keine Korrespondenzbankbeziehung mit einem Kredit- oder Finanzinstitut eingehen oder fortführen, das bekanntermaßen zulässt, dass seine Konten von einer Bank-Mantelgesellschaft genutzt werden.

(2) Den Verpflichteten ist jedenfalls das Führen anonymer Konten, anonymer Sparbücher oder anonymer Schließfächer untersagt; § 7 Abs. 8 bis 11 ist entsprechend anzuwenden. *(BGBl I 2019/62)*

(3) Die Bundesregierung hat im Einvernehmen mit dem Hauptausschuss des Nationalrates durch Verordnung jene Staaten als Nicht-Kooperationsstaaten zu bezeichnen, die auf ihrem Territorium oder in ihrem sonstigen Hoheitsbereich nicht die nach internationalen Standards erforderlichen Maßnahmen gegen Geldwäscherei ergreifen. Eine Verletzung internationaler Standards ist insbesondere dann anzunehmen, wenn der Rat der Europäischen Union oder die Financial Action Task Force on Money Laundering entsprechende Beschlüsse gefasst haben.

(4) Im Zusammenhang mit Nicht-Kooperationsstaaten gelten folgende Bestimmungen:

1. Personen mit Sitz oder Wohnsitz in einem Nicht-Kooperationsstaat gelten, sofern nicht das Gegenteil bewiesen wird, jedenfalls als Personen, welche den im Interesse einer soliden und umsichtigen Führung eines Verpflichteten zu stellenden Ansprüchen nicht genügen.

2. Eine Konzession darf an einen Verpflichteten nicht erteilt werden, wenn eine oder mehrere Personen, die eine qualifizierte Beteiligung an dem Antragsteller halten, ihren Sitz oder Wohnsitz in einem Nicht-Kooperationsstaat haben, es sei denn, der Antragsteller beweist, dass der Verpflichtete nicht zu Zwecken der Geldwäsche benutzt wird und keine Geschäfte entgegen völkerrechtlich verbindlichen Entscheidungen der Vereinten Nationen tätigt.

3. Die FMA hat den Erwerb einer qualifizierten Beteiligung durch Personen mit Sitz oder Wohnsitz in einem Nicht-Kooperationsstaat an einem Verpflichteten zu untersagen.

4. Die Feststellung der Identität eines Kunden mit Sitz oder Wohnsitz in einem Nicht-Kooperationsstaat darf ausschließlich dadurch erfolgen, dass der Kunde persönlich beim Verpflichteten erscheint und sich durch einen amtlichen Lichtbildausweis im Original ausweist, wobei diese Erfordernisse bei Geschäften auf fremde Rechnung sowohl für den Treuhänder als auch für den Treugeber gelten; die Verpflichteten haben von

den Lichtbildausweisen Kopien herzustellen und gemäß § 21 aufzubewahren.

5. Alle Transaktionen,

a) deren Auftraggeber oder Empfänger eine Person mit Sitz oder Wohnsitz in einem Nicht-Kooperationsstaat ist, oder

b) die auf ein Konto oder von einem Konto bei einem ausländischen Kredit- oder Finanzinstitut mit Sitz in einem Nicht-Kooperationsstaat getätigt werden,

sind, sofern der Betrag sich auf mindestens 100 000 Euro oder Euro-Gegenwert beläuft, von Kredit- und Finanzinstituten unverzüglich der Geldwäschemeldestelle zu melden; § 16 ist anzuwenden. Die Meldepflicht gilt unabhängig davon, ob die Transaktion in einem einzigen Vorgang oder in mehreren Vorgängen, zwischen denen eine Verbindung offenkundig gegeben ist, getätigt wird; ist der Betrag zu Beginn der Transaktion nicht bekannt, so ist die Meldung zu erstatten, sobald der Betrag bekannt ist und festgestellt wird, dass er mindestens 100 000 Euro oder Euro-Gegenwert beträgt.

4. Abschnitt

Ausführung durch Dritte

Zulässigkeit der Ausführung durch Dritte

§ 13. (1) Die Verpflichteten können zur Erfüllung der in § 6 Abs. 1 Z 1 bis 5 und 7 genannten Sorgfaltspflichten gegenüber Kunden auf Dritte zurückgreifen, soweit ihnen nicht Hinweise vorliegen, die eine gleichwertige Erfüllung der genannten Pflichten bezweifeln lassen. Die endgültige Verantwortung für die Erfüllung dieser Anforderungen verbleibt jedoch bei dem Verpflichteten, der auf den Dritten zurückgreift.

(2) Die Verpflichteten haben bei dem Dritten, auf den sie zurückgreifen, die notwendigen Informationen zu den in § 6 Abs. 1 Z 1 bis 5 und 7 genannten Sorgfaltspflichten gegenüber Kunden unverzüglich einzuholen. Sie haben weiters angemessene Schritte zu unternehmen, um zu gewährleisten, dass der Dritte ihnen unverzüglich auf ihr Ersuchen Kopien der bei der Erfüllung dieser Sorgfaltspflichten verwendeten Unterlagen sowie anderer maßgeblicher Unterlagen über die Identität des Kunden oder des wirtschaftlichen Eigentümers weiterleiten kann. „Dies umfasst auch elektronische Mittel für die Identitätsfeststellung und Vertrauensdienste gemäß der Verordnung (EU) Nr. 910/2014 sowie andere sichere Verfahren zur Identifizierung aus der Ferne oder auf elektronischem Weg nach Maßgabe des § 6 Abs. 4.“ *(BGBl I 2019/62)*

(3) Als Dritte im Sinne dieses Paragraphen gelten Kredit- und Finanzinstitute mit Sitz im Inland, sofern sie nicht ausschließlich über eine Berechtigung für die Durchführung des Wechselstubengeschäfts (§ 1 Abs. 1 Z 22 BWG) verfügen, die in Art. 2 Abs. 1 Z 3 lit. a und b der Richtlinie (EU) 2015/849 genannten Personen und Versicherungsvermittler gemäß „§ 365m1 Abs. 2 Z 4 GewO 1994“ mit Sitz im Inland. *(BGBl I 2021/25)*

(4) Als Dritte im Sinne dieses Paragraphen gelten auch Kredit- und Finanzinstitute gemäß Art. 3 Z 1 und 2 der Richtlinie (EU) 2015/849, sofern sie nicht ausschließlich über eine Berechtigung für die Durchführung des Wechselstubengeschäfts verfügen, und die in Art. 2 Abs. 1 Z 3 lit. a und b der Richtlinie (EU) 2015/849 genannten Personen jeweils mit Sitz in einem anderen Mitgliedstaat und diesen entsprechende Verpflichtete mit Sitz in einem Drittland

1. deren Sorgfalts- und Aufbewahrungspflichten den in der Richtlinie (EU) 2015/849 festgelegten entsprechen und

2. sie einer Aufsicht in Bezug auf die Einhaltung dieser Anforderungen unterliegen, die dem 2. Abschnitt des Kapitel VI der Richtlinie (EU) 2015/849 entspricht.

Auf Dritte, die in Drittländern mit hohem Risiko niedergelassen sind, dürfen Verpflichtete nicht zurückgreifen. Dies gilt nicht für Zweigstellen bzw. Zweigniederlassungen von Dritten mit Sitz im Inland oder einem anderen Mitgliedstaat und deren Tochterunternehmen, wenn sich diese Zweigstellen bzw. Zweigniederlassungen und Tochterunternehmen uneingeschränkt an die gruppenweit anzuwendenden Strategien und Verfahren halten.

Ausführung durch Dritte bei Gruppen

§ 14. Die Anforderungen gemäß § 13 können durch die Umsetzung eines Gruppenprogramms (gruppenweit anzuwendende Strategien und Verfahren gemäß § 24) erfüllt werden, bei dem alle folgenden Voraussetzungen erfüllt sind:

1. der Verpflichtete zieht Informationen eines Dritten heran, der derselben Gruppe angehört;

2. die in dieser Gruppe angewandten Sorgfaltspflichten, Aufbewahrungsvorschriften und Programme zur Bekämpfung von Geldwäscherei und Terrorismusfinanzierung stehen mit diesem Bundesgesetz bzw. der Richtlinie (EU) 2015/849 oder gleichwertigen Vorschriften in Einklang;

3. die effektive Umsetzung der unter Z 2 genannten Anforderungen wird auf Gruppenebene von einer zuständigen Behörde des Herkunftsmitgliedstaats oder des Drittlandes beaufsichtigt.

Auslagerungen und Vertretungsverhältnisse

§ 15. Dieser Abschnitt gilt nicht für Auslagerungs- oder Vertretungsverhältnisse, bei denen auf der Grundlage eines Vertrages der Auslagerungsdienstleister oder Vertreter als Teil des Verpflichteten anzusehen ist.

5. Abschnitt
Meldepflichten

Meldungen an die Geldwäschemeldestelle

§ 16. (1) Die Verpflichteten haben unverzüglich von sich aus mittels einer Verdachtsmeldung die Geldwäschemeldestelle zu informieren, wenn sie Kenntnis davon erhalten, den Verdacht oder berechtigten Grund zu der Annahme haben, dass

1. eine versuchte, bevorstehende, laufende oder bereits erfolgte Transaktion im Zusammenhang mit Vermögensbestandteilen, die aus einer in § 165 StGB aufgezählten strafbaren Handlung herrühren (unter Einbeziehung von Vermögensbestandteilen, die aus einer strafbaren Handlung des Täters selbst herrühren), steht,

2. ein Vermögensbestandteil aus einer in § 165 StGB aufgezählten strafbaren Handlung herrührt (unter Einbeziehung von Vermögensbestandteilen, die aus einer strafbaren Handlung des Täters selbst herrühren),

3. der Kunde der Verpflichtung zur Offenlegung von Treuhandbeziehungen gemäß § 6 Abs. 3 zuwidergehandelt hat oder

4. die versuchte, bevorstehende, laufende oder bereits erfolgte Transaktion oder der Vermögensbestandteil im Zusammenhang mit einer kriminellen Organisation gemäß § 278a StGB, einer terroristischen Vereinigung gemäß § 278b StGB, einer terroristischen Straftat gemäß § 278c StGB oder der Terrorismusfinanzierung gemäß § 278d StGB steht.

Die Verdachtsmeldung ist in einem geläufigen elektronischen Format unter Verwendung der durch die Geldwäschemeldestelle festgelegten, sicheren Kommunikationskanäle zu übermitteln.

(2) Die Verpflichteten und gegebenenfalls deren Beschäftigte haben mit der Geldwäschemeldestelle in vollem Umfang zusammenzuarbeiten, indem sie der Geldwäschemeldestelle unabhängig von einer Verdachtsmeldung gemäß Abs. 1, „auf Verlangen unmittelbar alle erforderlichen Auskünfte erteilen", die dieser zur Verhinderung oder zur Verfolgung von Geldwäscherei oder von Terrorismusfinanzierung erforderlich scheinen. *(BGBl I 2019/62)*

(3) Kreditinstitute haben die Geldwäschemeldestelle unverzüglich von allen Anträgen auf Auszahlungen von Spareinlagen in Kenntnis zu setzen, wenn

1. für die Spareinlage noch keine Identitätsfeststellung gemäß § 6 Abs. 1 erfolgt ist und

2. die Auszahlung von einer Spareinlage erfolgen soll, deren Guthabensstand mindestens 15 000 Euro oder Euro-Gegenwert beträgt.

Auszahlungen von solchen Spareinlagen dürfen erst nach Ablauf von sieben Kalendertagen ab dem Auszahlungsantrag erfolgen, es sei denn, dass die Geldwäschemeldestelle gemäß § 17 Abs. 4 eine längere Frist anordnet.

(4) Die Geldwäschemeldestelle hat den Verpflichteten Zugang zu aktuellen Informationen über Methoden der Geldwäscherei und der Terrorismusfinanzierung und über Anhaltspunkte zu verschaffen, an denen sich verdächtige Transaktionen erkennen lassen. Ebenso hat sie dafür zu sorgen, dass eine zeitgerechte Rückmeldung in Bezug auf die Wirksamkeit von Verdachtsmeldungen bei Geldwäscherei oder Terrorismusfinanzierung und die daraufhin getroffenen Maßnahmen erfolgt.

(5) Zur Verhinderung oder zur Verfolgung von Geldwäscherei oder von Terrorismusfinanzierung ist die Geldwäschemeldestelle ermächtigt, die erforderlichen Daten von natürlichen und juristischen Personen sowie von sonstigen Einrichtungen mit Rechtspersönlichkeit zu ermitteln und gemeinsam mit Daten, die sie in Vollziehung von Bundes- oder Landesgesetzen verarbeitet hat oder verarbeiten darf „mittels operativer oder strategischer Analyse"**, „zu verarbeiten"*. Die Daten sind zu löschen, sobald sie für die Erfüllung der Aufgaben nicht mehr benötigt werden, längstens jedoch nach fünf Jahren. Übermittlungen sind nach Maßgabe des § 4 Abs. 2 Z 1 und 2 BKA-G zulässig. *(*BGBl I 2018/37; **BGBl I 2019/62)*

(6) Die Geldwäschemeldestelle kann an Verpflichtete und an andere nach Bundes- und Landesgesetzen für die Prävention von Geldwäscherei und Terrorismusfinanzierung zuständige Behörden im elektronischen Weg über einen sicheren Kommunikationskanal (Abs. 1) die folgenden Daten, Kopien, Szenarien, Parameter und Schwellenwerte übermitteln:

1. Daten über und Kopien von falschen, verfälschten oder unterdrückten Ausweisdokumenten, von anderen Dokumenten und Lichtbildern, die für die Erfüllung der Sorgfaltspflichten gegenüber Kunden verwendet werden können, soweit dies für die Verhinderung der Geldwäscherei oder Terrorismusfinanzierung angemessen und erforderlich ist,

2. Szenarien, Parameter und Schwellenwerte, die im Rahmen der kontinuierlichen Überwachung von Geschäftsbeziehungen von Verpflichteten zur Verhinderung der Geldwäscherei und Terrorismusfinanzierung verwendet werden können und

3. bei natürlichen Personen den Namen, das Geburtsdatum, den Geburtsort, die Staatsbürgerschaft, das Geschlecht und den Wohnsitz, bei juristischen Personen den Namen, den Sitz, das

Stammregister und die Stammzahl oder bei Konten die internationale Kontonummer (International Bank Account Number, IBAN), soweit erforderlich die Internationale Bankleitzahl (Bank Identifier Code, BIC) oder die Kontonummer und die Bankleitzahl, wenn bei diesen der Verdacht besteht, dass diese in einem Zusammenhang mit einem Sachverhalt gemäß § 16 Abs. 1 stehen und die Übermittlung angemessen und unbedingt erforderlich ist, um Geldwäscherei oder Terrorismusfinanzierung zu verhindern.

Wenn die Gründe für eine Übermittlung nach Z 1 und 3 nicht mehr vorliegen, so ist diese unverzüglich zu widerrufen. Die Daten und Kopien sind von der Geldwäschemeldestelle, soweit sie nicht mehr für Zwecke der Verhinderung der Geldwäscherei oder Terrorismusfinanzierung erforderlich sind, möglichst rasch, jedenfalls aber längstens nach fünf Jahren zu löschen. Die gemäß Z 2 übermittelten Szenarien, Parameter und Schwellenwerte dürfen keinen Rückschluss auf konkrete natürliche oder juristische Personen erlauben. Die von der Geldwäschemeldestelle gemäß diesem Absatz übermittelten Daten, Kopien, Szenarien, Parameter und Schwellenwerte dürfen von den Verpflichteten nur für die Zwecke der Verhinderung der Geldwäscherei oder Terrorismusfinanzierung verarbeitet werden, soweit dies angemessen und erforderlich ist. *(BGBl I 2021/25)*

(7) Die Geldwäschemeldestelle hat mit

1. der FMA,

2. den zuständigen Behörden gemäß Art. 4 Abs. 1 Nr. 40 der Verordnung (EU) Nr. 575/2013,

3. den Behörden, die im öffentlichen Auftrag mit der Beaufsichtigung der in Art. 2 Abs. 1 Nr. 1 und 2 der Richtlinie (EU) 2015/849 angeführten Verpflichteten bezüglich der Einhaltung der genannten Richtlinie betraut sind, und

4. anderen zentralen Meldestellen

eng zusammenzuarbeiten und diesen Informationen zur Verfügung zu stellen, die für ihre jeweiligen Aufgaben gemäß diesem Bundesgesetz, der Richtlinie 2013/36/EU, der Verordnung (EU) Nr. 575/2013 und der Richtlinie (EU) 2015/849 von Relevanz sind, sofern diese Zusammenarbeit und dieser Informationsaustausch keine laufenden Untersuchungen, Ermittlungen oder Verfahren nach dem österreichischen Straf- oder Verwaltungsrecht beeinträchtigen würden. *(BGBl I 2021/98)*

Nichtabwicklung von Transaktionen

§ 17. (1) Die Verpflichteten haben nach Abgabe einer Verdachtsmeldung (§ 16 Abs. 1) jede weitere Abwicklung von diesbezüglichen Transaktionen zu unterlassen und allen weiteren besonderen Anweisungen der Geldwäschemeldestelle Folge zu leisten. Diese hat hierbei zu berücksichtigen, ob die Gefahr besteht, dass die Verzögerung oder Unterlassung der Transaktion die Ermittlung des Sachverhalts oder die Verfolgung der Nutznießer einer verdächtigen Transaktion erschweren oder verhindern könnte.

(2) Falls eine Unterlassung der Abwicklung der in Abs. 1 genannten Transaktionen nicht möglich ist oder die Unterlassung oder Verzögerung die Verfolgung der Nutznießer einer verdächtigen Transaktion behindern könnte, haben die Verpflichteten die Verdachtsmeldung (§ 16 Abs. 1) an die Geldwäschemeldestelle umgehend im Anschluss daran abzugeben. Im Zweifel dürfen Aufträge über Geldeingänge durchgeführt werden und sind Aufträge über Geldausgänge zu unterlassen.

(3) Die Verpflichteten sind berechtigt, von der Geldwäschemeldestelle zu verlangen, dass diese entscheidet, ob gegen die unverzügliche Abwicklung einer Transaktion Bedenken bestehen; äußert sich die Geldwäschemeldestelle bis zum Ende des folgenden Bankarbeitstages nicht, so darf die Transaktion unverzüglich abgewickelt werden.

(4) Die Geldwäschemeldestelle ist ermächtigt anzuordnen, dass eine laufende oder bevorstehende Transaktion, die gemäß § 16 Abs. 1 meldepflichtig ist, unterbleibt oder vorläufig aufgeschoben wird und dass Aufträge des Kunden über Geldausgänge nur mit Zustimmung der Geldwäschemeldestelle durchgeführt werden dürfen. Die Geldwäschemeldestelle hat die Staatsanwaltschaft ohne unnötigen Aufschub von der Anordnung zu verständigen. Der Kunde ist ebenfalls zu verständigen, wobei die Verständigung des Kunden längstens für fünf Bankarbeitstage aufgeschoben werden kann, wenn diese ansonsten die Verfolgung der Begünstigten einer verdächtigen Transaktion behindern könnte. Die Verpflichteten sind über den Aufschub der Verständigung des Kunden zu informieren. Die Verständigung des Kunden hat den Hinweis zu enthalten, dass er oder ein sonst Betroffener berechtigt sei, Beschwerde wegen Verletzung seiner Rechte an das zuständige Verwaltungsgericht zu erheben.

(5) Die Geldwäschemeldestelle hat die Anordnung nach Abs. 4 aufzuheben, sobald die Voraussetzungen für die Erlassung weggefallen sind oder die Staatsanwaltschaft erklärt, dass die Voraussetzungen für eine Beschlagnahme gemäß § 109 Z 2 und § 115 Abs. 1 Z 3 StPO nicht bestehen. Die Anordnung tritt im Übrigen außer Kraft,

1. wenn seit ihrer Erlassung sechs Monate vergangen sind oder

2. sobald das Gericht über einen Antrag auf Beschlagnahme gemäß § 109 Z 2 und § 115 Abs. 1 Z 3 StPO rechtskräftig entschieden hat.

Verdachtsmeldung der Behörden an die Geldwäschemeldestelle

§ 18. (1) Ergibt sich der FMA oder der Oesterreichischen Nationalbank bei Ausübung ihrer Aufsichtstätigkeit der Verdacht, dass eine Transaktion der Geldwäscherei oder der Terrorismusfinanzierung dient, so haben sie die Geldwäschemeldestelle hiervon unverzüglich in Kenntnis zu setzen. Dies gilt sinngemäß auch für den Bundesminister für Finanzen als Registerbehörde gemäß § 14 Abs. 1 WiEReG und die Abgabenbehörden des Bundes bei Wahrnehmung ihrer Aufgaben.

(2) Die FMA hat, wenn sie Informationen von der Geldwäschemeldestelle im Wege der Amtshilfe oder des Informationsaustausches erhält, der Geldwäschemeldestelle eine Rückmeldung über die Verwendung dieser Informationen und die Ergebnisse der auf Grundlage der bereitgestellten Informationen durchgeführten Ermittlungen oder Prüfungen zu geben.

(BGBl I 2019/62)

Ausschluss von Schadenersatzansprüchen und Schutz vor Bedrohungen

§ 19. (1) Schadenersatzansprüche können aus dem Umstand, dass Verpflichtete bzw. deren Beschäftigte in fahrlässiger Unkenntnis, dass der Verdacht auf Geldwäscherei oder der Terrorismusfinanzierung oder der Verdacht auf ein Zuwiderhandeln im Sinne des § 6 Abs. 3 falsch war, eine Transaktion verspätet oder nicht durchgeführt haben, nicht erhoben werden.

(2) Die Verpflichteten haben sicherzustellen, dass Einzelpersonen, einschließlich Beschäftigte und Vertreter der Verpflichteten, die intern oder der Geldwäschemeldestelle einen Verdacht auf Geldwäscherei oder Terrorismusfinanzierung melden, „vor Bedrohungen, Vergeltungsmaßnahmen“ oder Anfeindungen und insbesondere vor nachteiligen oder diskriminierenden Maßnahmen im Beschäftigungsverhältnis geschützt werden. *(BGBl I 2019/62)*

(3) Die FMA hat zu gewährleisten, dass Einzelpersonen, die Bedrohungen, Vergeltungsmaßnahmen oder Anfeindungen oder nachteiligen oder diskriminierenden Maßnahmen im Beschäftigungsverhältnis ausgesetzt sind, weil sie intern oder der Geldwäschemeldestelle einen Verdacht auf Geldwäscherei oder Terrorismusfinanzierung gemeldet haben, bei der FMA auf sichere Weise den gemeldeten Verdacht sowie weitere Hinweise auf die Nichteinhaltung der Vorschriften dieses Bundesgesetzes oder der Verordnung (EU) 2015/847 gemäß § 40 Abs. 2 bis 4 melden können. *(BGBl I 2019/62)*

Verbot der Informationsweitergabe

§ 20. (1) Die Verpflichteten haben alle Vorgänge, die der Wahrnehmung der § 16 und § 17 dienen, gegenüber Kunden und Dritten geheim zu halten. Zudem haben die Verpflichteten, wenn sie Kenntnis davon erhalten, den Verdacht oder berechtigten Grund zu der Annahme haben, dass ein meldepflichtiger Sachverhalt gemäß § 16 Abs. 1 vorliegt und sie vernünftigerweise davon ausgehen können, dass die Anwendung der Sorgfaltspflichten gegenüber Kunden die Verfolgung der Begünstigten einer verdächtigen Transaktion behindern könnte, die Anwendung der Sorgfaltspflichten gegenüber Kunden auszusetzen und haben stattdessen die Geldwäschemeldestelle umgehend mittels Verdachtsmeldung zu informieren.

(2) Sobald der Kunde von der Geldwäschemeldestelle von der Anordnung nach § 17 Abs. 4 verständigt wurde, sind die Verpflichteten jedoch ermächtigt, den Kunden – jedoch nur auf dessen Nachfrage – zur Geldwäschemeldestelle zu verweisen; mit Zustimmung der Geldwäschemeldestelle sind sie außerdem ermächtigt, den Kunden selbst von der Anordnung zu informieren.

(3) Das Verbot gemäß diesem Paragraph

1. steht einer Weitergabe von Informationen an die FMA, die Oesterreichische Nationalbank oder einer Weitergabe von Informationen zu Zwecken der Strafverfolgung nicht entgegen;

2. steht einer Informationsweitergabe zwischen derselben Unternehmensgruppe angehörenden Kredit- und Finanzinstituten mit Sitz in Mitgliedstaaten oder zwischen diesen und ihren Zweigstellen bzw. Zweigniederlassungen und ihren Tochterunternehmen in Drittländern nicht entgegen, sofern sich diese uneingeschränkt an die gruppenweit anzuwendenden Strategien und Verfahren (§ 24) halten und die gruppenweit anzuwendenden Strategien und Verfahren die Anforderungen der Richtlinie (EU) 2015/849 erfüllen; *(BGBl I 2019/62)*

3. steht einer Informationsweitergabe gemäß § 22 Abs. 2 in jenen Fällen, die sich auf denselben Kunden und dieselbe Transaktion beziehen, an der zwei oder mehr Verpflichtete beteiligt sind, nicht entgegen. *(BGBl I 2021/25)*

6. Abschnitt

Aufbewahrung von Aufzeichnungen, Datenschutz, Informationsaustausch und Anforderungen an die interne Organisation

Aufbewahrungspflichten und Datenschutz

§ 21. (1) Die Verpflichteten haben aufzubewahren:

1. Kopien der erhaltenen Dokumente und Informationen, die für die Erfüllung der Sorgfaltspflichten gegenüber Kunden erforderlich sind, „einschließlich elektronischer Mittel für die Identitätsfeststellung und einschlägiger Vertrauensdienste gemäß der Verordnung (EU) Nr. 910/2014 sowie anderer sicherer Verfahren zur Identifizierung aus der Ferne oder auf elektronischem Weg nach Maßgabe des § 6 Abs. 4,“ für die Dauer von „zehn“ Jahren nach Beendigung der Geschäftsbeziehung mit dem Kunden oder nach dem Zeitpunkt einer gelegentlichen Transaktion; *(BGBl I 2019/62)*

2. die Transaktionsbelege und -aufzeichnungen, die für die Ermittlung von Transaktionen erforderlich sind, für die Dauer von „zehn“ Jahren nach Beendigung der Geschäftsbeziehung mit dem Kunden oder nach einer gelegentlichen Transaktion. *(BGBl I 2019/62)*

(2) Die Verpflichteten haben alle personenbezogenen Daten, die sie ausschließlich für die Zwecke dieses Bundesgesetzes verarbeitet haben, nach Ablauf der Aufbewahrungsfristen nach Abs. 1 zu löschen, es sei denn, Vorschriften anderer Bundesgesetze erfordern oder berechtigen zu einer längeren Aufbewahrungsfrist. Keine Löschung der Daten darf bis zur rechtskräftigen Beendigung eines anhängigen Ermittlungs-, Haupt- oder Rechtsmittelverfahrens wegen § 165, § 278a, § 278b, § 278c, § 278d oder § 278e StGB erfolgen, wenn der Verpflichtete davon nachweislich Kenntnis erlangt hat.

(3) *(entfällt, BGBl I 2019/62)*

(4) Personenbezogene Daten, die von den Verpflichteten ausschließlich auf der Grundlage dieses Bundesgesetzes für die Zwecke der Verhinderung von Geldwäscherei und Terrorismusfinanzierung verarbeitet werden, dürfen nicht in einer Weise weiterverarbeitet werden, die mit diesen Zwecken unvereinbar ist. Diese personenbezogenen Daten dürfen nicht für andere Zwecke, wie beispielsweise für kommerzielle Zwecke, verarbeitet werden.

(5) Die Verpflichteten haben neuen Kunden die nach „Art. 13 und 14 der Verordnung (EU) 2016/679“ vorgeschriebenen Informationen zur Verfügung zu stellen, bevor sie eine Geschäftsbeziehung begründen oder gelegentliche Transaktionen ausführen. Diese Informationen haben insbesondere einen allgemeinen Hinweis zu den rechtlichen Pflichten der Verpflichteten gemäß diesem Bundesgesetz bei der Verarbeitung personenbezogener Daten zu Zwecken der Verhinderung von Geldwäscherei und Terrorismusfinanzierung zu enthalten. *(BGBl I 2018/37)*

(6) „Die Verarbeitung personenbezogener Daten auf Grundlage dieses Bundesgesetzes, zu Zwecken der Verhinderung von Geldwäscherei und Terrorismusfinanzierung ist als Angelegenheit von öffentlichem Interesse gemäß der Verordnung (EU) 2016/679 anzusehen.“ Die Sicherstellung öffentlicher Interessen gemäß Art. 23 Abs. 1 der Verordnung (EU) 2016/679 kann dann vorliegen, wenn die Verweigerung einer Auskunft (§ 20 Abs. 1) zur Geheimhaltung von Vorgängen, die der Wahrnehmung des § 16 und des § 17 dienen, erforderlich ist, um *(BGBl I 2019/62)*

1. dem Verpflichteten oder der FMA die ordnungsgemäße Wahrnehmung seiner oder ihrer Aufgaben für die Zwecke dieses Bundesgesetzes zu ermöglichen oder

2. behördliche oder gerichtliche Ermittlungen, Analysen, Untersuchungen oder Verfahren für die Zwecke dieses Bundesgesetzes nicht zu behindern und zu gewährleisten, dass die Verhinderung, Ermittlung und Aufdeckung von Geldwäscherei und Terrorismusfinanzierung nicht gefährdet wird.

(BGBl I 2018/37)

Informationsaustausch

§ 22. „(1)“ Die Verpflichteten haben über Systeme zu verfügen, die es ihnen ermöglichen, über sichere Kommunikationskanäle und auf eine Art und Weise, die die vertrauliche Behandlung der Anfragen sicherstellt, auf Anfragen der Geldwäschemeldestelle oder der FMA, die diesen zur Verhinderung oder Verfolgung von Geldwäscherei oder Terrorismusfinanzierung erforderlich erscheinen, vollständig und rasch Auskunft darüber zu geben, ob sie mit bestimmten Personen eine Geschäftsbeziehung unterhalten oder während eines Zeitraums von fünf Jahren vor der Anfrage unterhalten haben, sowie über die Art dieser Geschäftsbeziehung. *(BGBl I 2021/25)*

(2) Verpflichtete dürfen in Fällen, die sich auf denselben Kunden oder dieselbe Transaktion beziehen, an der zwei oder mehr Verpflichtete beteiligt sind, Informationen austauschen, wenn dies für die Zwecke der Verhinderung der Geldwäscherei und der Terrorismusfinanzierung angemessen und erforderlich ist; dies gilt auch für

1. Kredit- und Finanzinstitute gemäß Art. 3 Z 1 und 2 der Richtlinie (EU) 2015/849 mit Sitz in einem anderen Mitgliedstaat, welche nicht ausschließlich über eine Berechtigung für die Durchführung des Wechselstubengeschäfts verfügen und

2. Art. 3 Z 1 und 2 der Richtlinie (EU) 2015/849 entsprechenden Verpflichteten mit Sitz in einem Drittland, in dem der Richtlinie (EU) 2015/849 gleichwertige Anforderungen gelten, wenn diese Verpflichteten gleichwertigen Verpflichtungen in Bezug auf das Berufsgeheimnis und den Schutz personenbezogener Daten unterliegen.

Die ausgetauschten Informationen dürfen ausschließlich für die Zwecke der Verhinderung der

Geldwäscherei und der Terrorismusfinanzierung verwendet werden. *(BGBl I 2021/25)*

Anforderungen an die interne Organisation und Schulungen

§ 23. (1) Die Verpflichteten haben Strategien, Kontrollen und Verfahren zur wirksamen Minderung und Steuerung der auf Unionsebene, auf nationaler Ebene und auf Unternehmensebene ermittelten Risiken von Geldwäscherei und Terrorismusfinanzierung einzurichten, die in einem angemessenen Verhältnis zu Art und Größe des Verpflichteten zu stehen haben. Dabei haben sie den Bericht der Europäischen Kommission gemäß Art. 6 Abs. 1 der Richtlinie (EU) 2015/849, die nationale Risikoanalyse (§ 3) und die Risikoanalyse auf Unternehmensebene (§ 4) zu berücksichtigen. Die Strategien, Kontrollen und Verfahren haben insbesondere Folgendes zu umfassen:

1. die Risikoklassifizierung auf Kundenebene (§ 6 Abs. 5),

2. die Risikomanagementsysteme (§ 11 Abs. 1 Z 1),

3. die Sorgfaltspflichten gegenüber Kunden; dies beinhaltet auch Maßnahmen in Bezug auf neue Produkte, Praktiken und Technologien zum Ausgleich der damit in Zusammenhang stehenden Risiken,

4. die Verdachtsmeldungen,

5. die Aufbewahrung von Unterlagen und

6. die Vorkehrungen zur Einhaltung des Abs. 6

(2) Die Strategien, Kontrollen und Verfahren (Abs. 1) sind in schriftlicher Form festzulegen und vom Leitungsorgan zu genehmigen; sie sind laufend anzuwenden und sofern erforderlich entsprechend anzupassen. Die laufende Einhaltung der internen Vorschriften, die Teil der Strategien, Kontrollen und Verfahren sind, durch die diesen unterworfenen Mitarbeiter, ist durch den besonderen Beauftragten (Abs. 3) zu überwachen. Dieser ist insbesondere auch für die Einhaltung der gruppenweiten Strategien und Verfahren gemäß § 24 verantwortlich. Darüber hinaus hat eine risikobasierte unabhängige Prüfung der Strategien, Verfahren und Kontrollen sowie deren laufenden Anwendung durch die interne Revision zu erfolgen. Sofern Verpflichtete zur Einrichtung einer internen Revision nicht verpflichtet sind und eine unabhängige Prüfung im Hinblick auf Art und Umfang der Geschäftstätigkeit erforderlich ist, hat die Prüfung durch eine unabhängige Stelle zu erfolgen.

(3) Die Verpflichteten haben „ “ einen besonderen Beauftragten zur Sicherstellung der Einhaltung der Bestimmungen dieses Bundesgesetzes zu bestellen. Die Position des besonderen Beauftragten ist so einzurichten, dass dieser lediglich dem Leitungsorgan gegenüber verantwortlich ist und dem Leitungsorgan direkt – ohne Zwischenebenen – zu berichten hat. Weiters ist ihm freier Zugang zu sämtlichen Informationen, Daten, Aufzeichnungen und Systemen, die in irgendeinem möglichen Zusammenhang mit Geldwäscherei und Terrorismusfinanzierung stehen könnten, sowie ausreichende Befugnisse zur Durchsetzung der Einhaltung der Bestimmungen dieses Bundesgesetzes einzuräumen. Verpflichtete haben durch entsprechende organisatorische Vorkehrungen sicherzustellen, dass die Aufgaben des besonderen Beauftragten jederzeit vor Ort erfüllt werden können. Die Verpflichteten haben sicherzustellen, dass der besondere Beauftragte jederzeit über ausreichende Berufsqualifikationen, Kenntnisse und Erfahrungen verfügt (fachliche Qualifikation) und zuverlässig und integer ist (persönliche Zuverlässigkeit). *(BGBl I 2017/136)*

(4) Die Verpflichteten haben ein Mitglied des Leitungsorgans zu bestimmen, das für die Einhaltung der Bestimmungen, die der Verhinderung oder der Bekämpfung der Geldwäscherei oder der Terrorismusfinanzierung dienen, zuständig ist.

(5) Die Verpflichteten haben durch Maßnahmen, die in angemessenem Verhältnis zu ihren Risiken, ihrer Art und ihrer Größe stehen, sicherzustellen, dass ihre Beschäftigten die Bestimmungen, die der Verhinderung oder der Bekämpfung der Geldwäscherei oder der Terrorismusfinanzierung dienen, in dem Ausmaß kennen, das für die Erfüllung ihrer Aufgaben erforderlich ist. Diese Maßnahmen haben unter anderem die Teilnahme der zuständigen Beschäftigten an besonderen fortlaufenden Fortbildungsprogrammen einzuschließen, bei denen sie lernen, möglicherweise mit Geldwäscherei oder Terrorismusfinanzierung zusammenhängende Transaktionen zu erkennen und sich in solchen Fällen richtig zu verhalten.

(6) Im Übrigen haben die Verpflichteten bei der Auswahl ihrer Beschäftigten auf Zuverlässigkeit in Bezug auf deren Verbundenheit mit den rechtlichen Werten zu achten; ebenso ist vor der Wahl ihrer Aufsichtsräte auf deren Verbundenheit mit den rechtlichen Werten zu achten.

(7) E-Geld-Emittenten im Sinne des Art. 2 Z 3 der Richtlinie 2009/110/EG und Zahlungsdienstleister im Sinne des Art. 4 Z 11 der Richtlinie (EU) 2015/2366, die ihren Sitz in einem anderen Mitgliedstaat haben und im Inland in anderer Form als einer Zweigstelle niedergelassen sind, haben im Inland eine zentrale Kontaktstelle zu benennen, wenn sie die in dem Delegierten Rechtsakt gemäß Art. 45 Abs. 10 der Richtlinie (EU) 2015/849 genannten Kriterien erfüllen, die dafür zuständig ist, im Auftrag des benennenden Instituts die Einhaltung der Vorschriften zur Bekämpfung von Geldwäsche und Terrorismusfinanzierung zu gewährleisten und die Aufsicht durch die FMA zu erleichtern, indem sie unter anderem

der FMA auf Ersuchen Dokumente und Informationen zur Verfügung stellt.

Strategien und Verfahren bei Gruppen

§ 24. (1) Verpflichtete, die Teil einer Gruppe sind, haben gruppenweit anzuwendende Strategien und Verfahren für die Zwecke der Bekämpfung von Geldwäscherei und Terrorismusfinanzierung, darunter Datenschutzstrategien sowie Strategien und Verfahren für den Informationsaustausch innerhalb der Gruppe, einzurichten, in schriftlicher Form festzulegen und laufend anzuwenden. Diese Strategien und Verfahren sind auf Ebene der Zweigstellen bzw. Zweigniederlassungen und Tochterunternehmen in Mitgliedstaaten und Drittländern wirksam umzusetzen.

(2) Verpflichtete haben sicherzustellen, dass ihre Zweigstellen bzw. Zweigniederlassungen in anderen Mitgliedstaaten den zur Umsetzung der Richtlinie (EU) 2015/849 verabschiedeten nationalen Rechtsvorschriften des betreffenden Mitgliedstaats Folge leisten.

(3) Verpflichtete haben sicherzustellen, dass ihre Zweigstellen bzw. Zweigniederlassungen und ihre Tochterunternehmen in Drittländern, deren Mindestanforderungen an die Bekämpfung der Geldwäscherei und Terrorismusfinanzierung weniger streng als jene gemäß diesem Bundesgesetz sind, die Anforderungen dieses Bundesgesetzes anwenden, soweit das Recht des Drittlandes dies zulässt.

(4) Die Verpflichteten haben in Fällen, in denen die Umsetzung der gemäß Abs. 1 erforderlichen gruppenweit anzuwendenden Strategien und Verfahren nach dem Recht eines Drittlandes nicht zulässig ist, die FMA zu informieren. Zudem haben die Verpflichteten sicherzustellen, dass ihre Zweigstellen bzw. Zweigniederlassungen und ihre Tochterunternehmen in diesem Drittland zusätzliche Maßnahmen anwenden, um dem Risiko der Geldwäscherei oder Terrorismusfinanzierung wirksam zu begegnen. Reichen die zusätzlichen Maßnahmen nicht aus, so hat die FMA zusätzliche Aufsichtsmaßnahmen zu treffen. Die FMA kann unter anderem vorschreiben, dass die Gruppe in dem Drittland keine Geschäftsbeziehungen eingehen darf oder diese zu beenden hat und keine Transaktionen in dem Drittland vornehmen darf oder dass die Gruppe ihre Geschäfte in dem Drittland erforderlichenfalls einzustellen hat.

(5) Die FMA hat „die Europäische Bankenaufsichtsbehörde"** über Fälle zu unterrichten, in denen die Umsetzung der gemäß Abs. 1 erforderlichen Strategien und Verfahren nach dem Recht eines Drittlandes nicht zulässig ist. In solchen Fällen kann im Rahmen eines abgestimmten Vorgehens eine Lösung angestrebt werden. „Bei der Beurteilung, welche Drittländer die Umsetzung der gemäß Abs. 1 erforderlichen Strategien und Verfahren nicht gestatten, hat die FMA etwaige rechtliche Beschränkungen zu berücksichtigen, durch die die ordnungsgemäße Umsetzung dieser Strategien und Verfahren behindert werden kann, einschließlich Beschränkungen in Bezug auf Geheimhaltungspflicht oder Datenschutz und andere Beschränkungen, die den Austausch von Informationen, die für diese Zweck relevant sein können, behindern."* *(*BGBl I 2019/62; **BGBl I 2021/25)*

(6) Ein Informationsaustausch, einschließlich personenbezogener Daten von Kunden, innerhalb der Gruppe für die Zwecke der Bekämpfung von Geldwäscherei und Terrorismusfinanzierung ist zulässig; insbesondere können die Dokumente und Informationen, die für die Erfüllung der Sorgfaltspflichten gegenüber Kunden erforderlich sind innerhalb der Gruppe weitergegeben werden, um die gruppenweit anzuwendenden Strategien und Verfahren gemäß Abs. 1 zu erfüllen. Die mit einer Verdachtsmeldung übermittelten Informationen sind innerhalb der Gruppe weiterzugeben, es sei denn die Geldwäschemeldestelle oder die zentrale Meldestelle eines anderen Mitgliedstaates oder eines Drittlandes erteilt andere Anweisungen. *(BGBl I 2019/62)*

7. Abschnitt
Aufsicht

Ziele und Grundsätze der Beaufsichtigung

§ 25. (1) Die FMA hat die Einhaltung der Vorschriften dieses Bundesgesetzes und der Verordnung (EU) 2015/847 durch

1. Kreditinstitute gemäß § 2 Z 1,

2. Finanzinstitute gemäß § 2 Z 2 lit. a, die einer Kreditinstitutsgruppe gemäß § 30 BWG oder einer von der FMA gemäß § 197 Abs. 1 VAG 2016 zu beaufsichtigenden Gruppe angehören „," *(BGBl I 2019/62)*

3. Finanzinstitute gemäß § 2 Z 2 lit. b bis h „und" *(BGBl I 2019/62)*

4. Dienstleister gemäß § 2 Z 22 *(BGBl I 2019/62)*

mit dem Ziel zu überwachen, die Nutzung des Finanzsystems zum Zwecke der Geldwäscherei und der Terrorismusfinanzierung zu verhindern. Dabei hat sie auf das volkswirtschaftliche Interesse an einem funktionsfähigen Finanzsystem zu achten. Abweichend von § 1 gelten als Verpflichtete im Sinne dieses Abschnittes nur die in „Z 1 bis 4" genannten. *(BGBl I 2021/25)*

(2) Die FMA hat bei der Ausübung ihrer Aufgaben und Aufsichtsbefugnisse gemäß diesem Bundesgesetz nach einem risikobasierten Ansatz vorzugehen. Sie hat

1. die im Inland bestehenden Risiken der Geldwäscherei und Terrorismusfinanzierung des Finanzsystems zu analysieren und zu bewerten,

2. sich hinsichtlich der Häufigkeit und Intensität von Prüfungen vor Ort und außerhalb der Räumlichkeiten von Verpflichteten an deren Risikoprofil und den im Inland vorhandenen Risiken von Geldwäscherei und Terrorismusfinanzierung zu orientieren,

3. das Risikoprofil der Verpflichteten im Hinblick auf Geldwäscherei und Terrorismusfinanzierung, einschließlich der Risiken der Nichteinhaltung einschlägiger Vorschriften, in regelmäßigen Abständen und bei Eintritt wichtiger Ereignisse oder Entwicklungen in der Geschäftsleitung und Geschäftstätigkeit des Verpflichteten neu zu bewerten und

4. den Ermessensspielräumen, die den Verpflichteten zustehen, Rechnung zu tragen und die Risikobewertungen, die diesem Ermessensspielraum zugrunde liegen, sowie die Eignung und Umsetzung der internen Strategien, Kontrollen und Verfahren der Verpflichteten in angemessener Weise zu überprüfen.

(3) Die FMA hat bei der Vollziehung der Bestimmungen dieses Bundesgesetzes, einschließlich der Erlassung von Verordnungen auf Grund dieses Bundesgesetzes und deren Vollziehung, und der Verordnung (EU) 2015/847 der europäischen Konvergenz der Aufsichtsinstrumente und Aufsichtsverfahren Rechnung zu tragen. Zu diesem Zweck hat sich die FMA an den Tätigkeiten „der Europäischen Bankenaufsichtsbehörde" zu beteiligen, die Leitlinien und die Empfehlungen und andere von den europäischen Aufsichtsbehörden beschlossenen Maßnahmen anzuwenden. Die FMA kann von „den vorgenannten Leitlinien und Empfehlungen"" abweichen, sofern dafür berechtigte Gründe, insbesondere Widerspruch zu bundesgesetzlichen Vorschriften, vorliegen. *(BGBl I 2021/25)*

(4) Die FMA hat „nach Maßgabe der Verordnung (EU) Nr. 1093/2010 mit der Europäischen Bankenaufsichtsbehörde" und mit den anderen Teilnehmern des Europäischen Finanzaufsichtssystems – ESFS gemäß Art. 1 Abs. 3 der Verordnung (EU) Nr. 1092/2010 zusammenarbeiten und diesen unverzüglich alle zur Wahrnehmung ihrer Aufgaben nach den vorgenannten Verordnungen erforderlichen Informationen zur Verfügung stellen, die diese aufgrund der Richtlinie (EU) 2015/849 benötigen. *(BGBl I 2021/25)*

(5) Die FMA kann mit Behörden in Mitgliedstaaten und Drittländern, die den Aufgaben der FMA entsprechende Aufgaben wahrzunehmen haben, wechselseitig zusammenarbeiten und alle Informationen übermitteln, soweit die Übermittlung der Informationen für die Zwecke der Aufsicht über den Finanzmarkt dienlich ist. Darunter fallen auch Informationen über die Aktionäre, die Mitglieder des Vorstands, des Aufsichtsrats, des Verwaltungsrats und die geschäftsführenden Direktoren der Verpflichteten sowie Informationen in Bezug auf die Kunden der Verpflichteten. Die FMA kann von ihren bundesgesetzlichen Befugnissen auch ausschließlich für die Zwecke einer Zusammenarbeit oder eines Informationsaustausches nach diesem Absatz Gebrauch machen, auch wenn die Verhaltensweise, die Gegenstand der Ermittlung ist, keinen Verstoß gegen eine im Inland geltende Vorschrift darstellt.

(6) Die Übermittlung von Informationen an Behörden in Drittländern gemäß Abs. 5 ist nur zulässig, wenn diese einem dem Berufsgeheimnis gemäß der jeweiligen europäischen Rechtsakte, die die Tätigkeit von Verpflichteten regeln, gleichwertigen Berufsgeheimnis unterliegen oder sich zu einem solchen verpflichtet haben „und die Übermittlung personenbezogener Daten im Einklang mit Kapitel V der Verordnung (EU) 2016/679 steht". Wenn Informationen betroffen sind, die der FMA von der zuständigen Behörde eines anderen Mitgliedstaats übermittelt wurden, dürfen diese nur mit der ausdrücklichen Zustimmung dieser Behörde und nur für Zwecke weitergegeben werden, denen diese Behörde zugestimmt hat. Zudem ist die Übermittlung nur auf Grund von einer Gegenseitigkeitserklärung oder tatsächlich geleisteter Gegenseitigkeit zulässig. *(BGBl I 2018/37)*

(7) Bei Kredit- und Finanzinstituten, die Teil einer Gruppe sind, deren Mutterunternehmen seinen Sitz im Inland hat, hat die FMA die wirksame Umsetzung der gruppenweiten Strategien und Verfahren gemäß § 24 Abs. 1 zu beaufsichtigen. Zu diesem Zweck und in dem Fall, dass Kredit- und Finanzinstitute mit Sitz im Inland Teil einer Gruppe mit einem Mutterunternehmen mit Sitz in einem anderen Mitgliedstaat sind, hat die FMA mit den zuständigen Behörden der Mitgliedstaaten zusammenzuarbeiten. Dies gilt auch im Hinblick auf Zweigstellen bzw. Zweigniederlassungen von Kredit- und Finanzinstituten, die Teil einer Gruppe sind. *(BGBl I 2019/62)*

(8) Die FMA ist im sachlichen Anwendungsbereich der Bekämpfung der Geldwäscherei und Terrorismusfinanzierung zum Informationsaustausch und zur Amtshilfe mit anderen Behörden in Mitgliedstaaten und Drittländern, die den Aufgaben der FMA entsprechende Aufgaben wahrzunehmen haben, ermächtigt. Die FMA darf ein Ersuchen auf Informationsaustausch oder Amtshilfe im sachlichen Anwendungsbereich der Bekämpfung der Geldwäscherei und Terrorismusfinanzierung nicht aus einem der folgenden Gründe ablehnen:

1. das Ersuchen berührt nach Ansicht der FMA auch steuerliche Belange;

2. die Verpflichteten, von denen diese Informationen stammen, unterliegen Geheimhaltungs-

pflichten oder sind verpflichtet die Vertraulichkeit zu wahren, außer in den Fällen, in denen die Informationen, auf die sich das Ersuchen bezieht, durch ein Zeugnisverweigerungsrecht geschützt werden oder in denen eine Verschwiegenheitspflicht von Notaren, Rechtsanwälten, Verteidigern in Strafsachen, Wirtschaftsprüfern, Bilanzbuchhaltern, Steuerberatern, Wirtschaftstreuhändern oder sonstigen rechtsberatenden Berufen, sofern für diese eine Verschwiegenheitsverpflichtung gesetzlich vorgesehen ist, zur Anwendung kommt;

3. im Inland ist eine Ermittlung, eine Untersuchung oder ein Verfahren anhängig, es sei denn, die Ermittlung, die Untersuchung oder das Verfahren würde durch den Informationsaustausch oder die Amtshilfe beeinträchtigt;

4. Art und Stellung der ersuchenden zuständigen Behörde unterscheiden sich von Art und Stellung der FMA.
(BGBl I 2019/62)

(9) Um zu gewährleisten, dass die Aufsichtsmaßnahmen der FMA, die Ahndung von Pflichtverletzungen und die Veröffentlichungen die gewünschten Ergebnisse erzielen, hat die FMA mit den anderen zuständigen Behörden im Inland und in grenzüberschreitenden Fällen mit den zuständigen Behörden in Mitgliedstaaten und Drittländern bei der Wahrnehmung ihrer diesbezüglichen Befugnisse gemäß den Bestimmungen dieses Bundesgesetzes eng zusammen zu arbeiten und ihre Maßnahmen zu koordinieren. *(BGBl I 2019/62)*

(10) Die FMA hat sicherzustellen, dass ihr Personal, das für die FMA in Vollziehung dieses Bundesgesetzes tätig ist – auch in Fragen der Vertraulichkeit, des Datenschutzes und der Standards im Umgang mit Interessenkonflikten – in Bezug auf seine Integrität hohen Maßstäben genügt und entsprechend qualifiziert ist und mit hohem professionellen Standard arbeitet. *(BGBl I 2019/62)*

Ermächtigung zur Verarbeitung von personenbezogenen Daten

§ 26. Die FMA ist zur Verarbeitung von personenbezogenen Daten im Sinne der Verordnung (EU) 2016/679 ermächtigt, soweit dies für die Wahrnehmung ihrer Aufgaben nach diesem Bundesgesetz erforderlich ist.

(BGBl I 2018/37)

Mitwirkung der Bundesrechnungszentrum GmbH

§ 27. Die Bundesrechenzentrum GmbH hat bei der Besorgung der Geschäfte, die der FMA nach diesem Bundesgesetz und der Verordnung (EU) 2015/847 obliegen, mitzuwirken, soweit eine solche Mitwirkung im Interesse der Einfachheit, Zweckmäßigkeit und Kostenersparnis gelegen ist.

Kosten der Aufsicht

§ 28. (1) Die Kosten der FMA für die Beaufsichtigung der Verpflichteten nach diesem Bundesgesetz „sind Kosten der Rechnungskreise Bankenaufsicht, Versicherungsaufsicht, Wertpapieraufsicht und Pensionskassenaufsicht gemäß § 19 Abs. 1 Z 1 bis 4 FMABG und sind nach Maßgabe der in Abs. 2 bis 6“ festgelegten Zuordnung zu den Rechnungskreisen oder, soweit innerhalb der Rechnungskreise gemäß Bundesgesetz Subrechnungskreise einzurichten sind, zu den Subrechnungskreisen, zu erstatten. *(BGBl I 2019/62)*

(2) Die Kosten für die Beaufsichtigung der Kreditinstitute gemäß § 1 Abs. 1 BWG mit Ausnahme der Kreditinstitute gemäß § 1 Abs. 1 Z 13, 13a und 21 BWG, die Kosten für die Beaufsichtigung der CRR-Kreditinstitute gemäß § 9 BWG, die Tätigkeiten im Inland über eine Zweigstelle erbringen, der Finanzinstitute gemäß § 1 Abs. 2 Z 1 bis 6 BWG, die Teil einer Kreditinstitutsgruppe gemäß § 30 BWG sind, der CRR-Finanzinstitute gemäß § 11 und § 13 BWG, die Tätigkeiten im Inland über eine Zweigstelle erbringen, der E-Geldinstitute gemäß § 3 Abs. 2 E-Geldgesetz 2010, der Zweigstellen gemäß § 9 des E-Geld-Gesetzes 2010, der Zahlungsinstitute gemäß „§ 10 ZaDiG 2018“ und der Zweigstellen gemäß „§ 27 ZaDiG 2018“, sind dem gemäß § 69a Abs. 1 BWG einzurichtenden Subrechnungskreis innerhalb des Rechnungskreises Bankenaufsicht gemäß § 19 Abs. 1 Z 1 FMABG zuzuordnen. *(BGBl I 2018/17)*

(3) Die Kosten für die Beaufsichtigung der Versicherungsunternehmen gemäß § 5 Z 1 VAG 2016, der kleinen Versicherungsunternehmen gemäß § 5 Z 3 VAG 2016, der Zweigniederlassungen von EWR-Versicherungsunternehmen gemäß § 5 Z 7 VAG 2016, der Zweigniederlassungen von DrittlandVersicherungsunternehmen gemäß § 5 Z 5 VAG 2016 und der Finanzinstitute gemäß § 1 Abs. 2 Z 1 bis 6 BWG, die Teil einer gemäß § 197 VAG 2016 von der FMA zu beaufsichtigenden Gruppe sind, sind dem Rechnungskreis Versicherungsaufsicht gemäß § 19 Abs. 1 Z 2 FMABG zuzuordnen.

(4) Die Kosten für die Beaufsichtigung der Wertpapierfirmen gemäß § 3 Abs. 1 WAG 2018, der Wertpapierdienstleistungsunternehmen gemäß § 4 Abs. 1 WAG 2018 und der Wertpapierfirmen gemäß Art. 4 Abs. 1 Nr. 1 der Richtlinie 2014/65/EU, die in einem anderen Mitgliedstaat zugelassen sind und Tätigkeiten im Inland gemäß § 17 WAG 2018 über eine Zweigstelle erbringen, sind dem gemäß § 89 Abs. 1 WAG 2018 einzurichtenden Subrechnungskreis Erbringer von Wertpapierdienstleistungen innerhalb des Rech-

nungskreises Wertpapieraufsicht gemäß § 19 Abs. 1 Z 3 FMABG zuzuordnen. *(BGBl I 2017/107)*

(5) Die Kosten für die Beaufsichtigung der AIFM gemäß § 4 Abs. 1 AIFMG, der gemäß § 33 AIFMG errichteten Zweigstellen, der Nicht-EU-AIFM gemäß § 39 Abs. 3 AIFMG, der Verwaltungsgesellschaften gemäß § 5 Abs. 1 InvFG 2011, der gemäß § 36 Abs. 2 InvFG 2011 errichteten Zweigstellen, der Kapitalanlagegesellschaften für Immobilien gemäß § 2 Abs. 1 ImmoInvFG und der Betrieblichen Vorsorgekassen gemäß § 18 Abs. 1 BMSVG sind dem gemäß § 45a Abs. 1 BMSVG, § 56 Abs. 5 AIFMG, § 2 Abs. 12 ImmoInvFG und § 144 Abs. 1 InvFG 2011 einzurichtenden Subrechnungskreis innerhalb des Rechnungskreises Wertpapieraufsicht gemäß § 19 Abs. 1 Z 3 FMABG zuzuordnen.

(6) Die Kosten für die Beaufsichtigung der Dienstleister gemäß § 2 Z 22 sind Kosten gemäß § 19 Abs. 2 Satz 2 FMABG. Registrierte Dienstleister gemäß § 32a Abs. 1 haben als Ersatz für die Aufwendungen aus der Aufsicht einen Kostenbeitrag zu leisten, der von der FMA mit Bescheid vorzuschreiben ist; die Festsetzung von Pauschalbeträgen ist zulässig. Die FMA hat nähere Regelungen über diese Kostenaufteilung und ihre Vorschreibung mit Verordnung festzusetzen. Hierbei sind insbesondere zu regeln:

1. Die Bemessungsgrundlagen der einzelnen Arten von Kostenvorschreibungen, wobei die Festsetzung von Pauschalbeträgen zulässig ist;

2. die Termine für die Kostenbescheide und die Fristen für die Zahlungen der Kostenpflichtigen.

Die kostenpflichtigen Dienstleister haben der FMA alle erforderlichen Auskünfte über die Grundlagen der Kostenbemessung zu erteilen. *(BGBl I 2019/62)*

Auskunfts- und Vorlagepflichten

§ 29. (1) Die FMA kann von den Verpflichteten jederzeit Auskünfte über alle Angelegenheiten verlangen, die von diesem Bundesgesetz und der Verordnung (EU) 2015/847 umfasst sind und die Vorlage entsprechender Unterlagen verlangen und festlegen, auf welche Art und Weise die Unterlagen vorzulegen sind.

(2) Die FMA kann, um die Rechtmäßigkeit des Versicherungsvertriebes sicher zu stellen, auch von Versicherungsvermittlern gemäß § 365m Abs. 3 Z 4 GewO 1994 jederzeit Auskunft und die Vorlage von Unterlagen, insbesondere Informationen über von diesen gehaltene Verträge oder Verträge mit Dritten, verlangen und sie vor Ort prüfen; § 30 Abs. 1 bis 3 gilt sinngemäß.

(3) Die FMA kann im Rahmen der ihr nach diesem Bundesgesetz auferlegten Überwachungspflichten von jedermann Auskunft über Angelegenheiten verlangen, die von diesem Bundesgesetz umfasst sind. Eine nach anderen gesetzlichen Bestimmungen bestehende Verschwiegenheitspflicht wird dadurch nicht berührt. Der Abschlussprüfer des Verpflichteten kann sich jedoch nicht auf seine Verschwiegenheitspflicht berufen.

(4) Die Verpflichtung zur Auskunftserteilung schließt die Verbindlichkeit in sich, Urkunden und andere schriftliche Unterlagen vorzulegen oder die Einsichtnahme in diese zu gestatten.

Prüfung vor Ort

§ 30. (1) Die Prüforgane der FMA können die Einhaltung der Bestimmungen dieses Bundesgesetzes bei den Verpflichteten jederzeit vor Ort prüfen.

(2) Zur Überprüfung der wirksamen Umsetzung der Strategien und Verfahren gemäß § 24 kann die FMA mit Zustimmung der zuständigen Behörde des Aufnahmestaates Prüfungen von Zweigstellen bzw. Zweigniederlassungen und Tochterunternehmen von Verpflichteten mit Sitz im Inland in Mitgliedstaaten und Drittländern vornehmen. Abs. 3 bis 8 sind entsprechend anzuwenden. Die FMA kann die zuständige Behörde des Aufnahmestaates um die Vornahme der Prüfung ersuchen, wenn dies das Verfahren vereinfacht oder beschleunigt oder wenn dies im Interesse der Zweckmäßigkeit, Einfachheit, Raschheit oder Kostenersparnis gelegen ist.

(3) Soweit erforderlich, kann die FMA Prüfungsorgane bestellen, die nicht der FMA angehören. Ihnen ist von der FMA eine Vergütung zu leisten, die in einem angemessenen Verhältnis zu der mit der Prüfung verbundenen Arbeit und zu den Aufwendungen hiefür steht.

(4) Die Prüfung ist zumindest eine Woche vor Beginn anzukündigen, sofern dadurch der Zweck der Prüfung nicht vereitelt wird. Die Prüfungsorgane sind mit einem schriftlichen Prüfungsauftrag zu versehen und haben sich vor Beginn der Prüfung unaufgefordert auszuweisen sowie den Prüfungsauftrag vorzuweisen. Der Prüfungsauftrag hat den Gegenstand der Prüfung zu umschreiben.

(5) Die Verpflichteten haben den Prüfungsorganen die für die Prüfung erforderlichen Unterlagen zur Verfügung zu stellen und ihnen Einsicht in die Bücher, Belege und Schriften zu gewähren sowie Auskünfte zu erteilen. Sie haben den Prüfungsorganen überdies innerhalb der üblichen Geschäfts- und Arbeitszeit jederzeit Zutritt zu den Geschäfts- und Arbeitsräumen zu gewähren.

(6) Die Prüfungsorgane können die für die Prüfung erforderlichen Auskünfte und Geschäftsunterlagen unmittelbar von jeder beim Verpflichteten beschäftigten Person in deren Wirkungsbereich verlangen.

(7) Zur Durchführung der Prüfung sind den Prüfungsorganen geeignete Räumlichkeiten und

Hilfsmittel zur Verfügung zu stellen. Sind Eintragungen oder Aufbewahrungen unter Verwendung von Datenträgern vorgenommen worden, so sind vom Verpflichteten auf seine Kosten innerhalb angemessener Frist diejenigen Hilfsmittel zur Verfügung zu stellen, die notwendig sind, um die Unterlagen lesbar zu machen und, soweit erforderlich, ohne Hilfsmittel lesbare dauerhafte Wiedergaben in der benötigten Anzahl beizubringen.

(8) Die in der Prüfung getroffenen Feststellungen sind schriftlich festzuhalten. Dem betroffenen Verpflichteten ist Gelegenheit zur Stellungnahme zu geben.

(9) Die Abs. 1 bis 8 sind sinngemäß auf Dienstleister anzuwenden, auf die Funktionen oder Geschäftstätigkeiten von Verpflichteten ausgelagert worden sind, und zwar unabhängig davon, ob die Übertragung der Genehmigung bedarf. Wenn der Dienstleister seinen Sitz in einem anderen Mitgliedstaat oder einem Drittland hat, hat die FMA die Zustimmung der zuständigen Behörde des Aufnahmestaates einzuholen, bevor eine Prüfung vor Ort vorgenommen wird. Im Falle eines nicht beaufsichtigten Unternehmens ist die zuständige Behörde des Aufnahmestaats, in dem der Dienstleister seinen Sitz hat, die zuständige Behörde. Die FMA kann eine Prüfung vor Ort an die zuständige Behörde des Aufnahmestaats delegieren, in dem der Dienstleister seinen Sitz hat.

(10) Ein Dienstleister mit Sitz im Inland, auf den von einem Kredit- und Finanzinstitut gemäß Art. 3 Z 1 und 2 lit. a bis d der Richtlinie (EU) 2015/849 mit Sitz in einem anderen Mitgliedstaat oder einem vergleichbaren Unternehmen aus einem Drittland Funktionen oder Geschäftstätigkeiten ausgelagert wurden, darf von der zuständigen Behörde des betreffenden Mitgliedstaats oder Drittlands oder von ihr beauftragten Personen mit Zustimmung der FMA vor Ort geprüft werden. Die FMA kann sich an dieser Prüfung selbst oder durch von ihr gemäß Abs. 3 bestellte Prüfungsorgane beteiligen. Abs. 4 bis 8 sind sinngemäß anzuwenden. Die FMA kann auf Ersuchen der Behörden des Herkunftsstaates die Prüfung vornehmen, wenn dies das Verfahren vereinfacht oder beschleunigt oder wenn dies im Interesse der Zweckmäßigkeit, Einfachheit, Raschheit oder Kostenersparnis gelegen ist.

(11) Inländische Zweigstellen bzw. Zweigniederlassungen und Tochterunternehmen von Kredit- und Finanzinstituten gemäß Art. 3 Z 1 und 2 lit. a bis d der Richtlinie (EU) 2015/849 mit Sitz in einem anderen Mitgliedstaat oder diesen vergleichbare Unternehmen aus Drittländern können von den zuständigen Behörden des Herkunftsstaates oder von ihnen beauftragten Personen auf die wirksame Umsetzung der Strategien und Verfahren im Sinne des Art. 45 Abs. 1 Richtlinie (EU) 2015/849 mit Zustimmung der FMA geprüft werden. Die FMA kann sich an einer solchen Prüfung selbst oder durch von ihr gemäß Abs. 3 bestellte Prüfungsorgane beteiligen. Abs. 4 bis 8 sind sinngemäß anzuwenden. Die FMA kann auf Ersuchen der Behörden des Herkunftsstaates die Prüfung vornehmen, wenn dies das Verfahren vereinfacht oder beschleunigt oder wenn dies im Interesse der Zweckmäßigkeit, Einfachheit, Raschheit oder Kostenersparnis gelegen ist.

Aufsichtsmaßnahmen der FMA

§ 31. (1) Die FMA hat alle Anordnungen zu treffen, die erforderlich und geeignet sind, um den Geschäftsbetrieb von Verpflichteten mit diesem Bundesgesetz und der Verordnung (EU) 2015/847 in Einklang zu halten. „Insbesondere hat die FMA anzuordnen, dass der Verpflichtete oder die betreffende natürliche Person ihre Verhaltensweise einzustellen und von einer Wiederholung abzusehen hat.“ *(BGBl I 2019/62)*

(2) Anordnungen nach Abs. 1 können, wenn ihr Zweck es verlangt, außer an den Verpflichteten selbst, auch an

1. die Mitglieder des Leitungsorgans des Verpflichteten, sowie an die den Verpflichteten kontrollierenden Personen oder

2. Dienstleister, auf die Funktionen oder Geschäftstätigkeiten ausgelagert wurden, und zwar unabhängig davon, ob die Auslagerung der Genehmigung bedarf,

gerichtet werden.

(3) Bei Pflichtverletzungen gemäß § 34 Abs. 2 und 3 kann die FMA:

1. jeder für die Verletzung der Bestimmungen verantwortlich gemachten Person, unabhängig davon ob diese Leitungsaufgaben bei dem Verpflichteten bereits wahrgenommen hat, durch eine Anordnung vorübergehend untersagen, bei Verpflichteten Leitungsaufgaben wahrzunehmen „,“ *(BGBl I 2019/62)*

2. die von der FMA erteilte Konzession gemäß den in § 9 Abs. 1 Z 4 AIFMG, § 6 Abs. 2 Z 3 iVm § 70 Abs. 4 BWG, § 26 Abs. 7 E-GeldG, § 148 Abs. 5 InvFG 2011, § 285 VAG 2016, „§ 90 Abs. 3 Z 5 iVm § 92 Abs. 8 WAG 2018“* oder „§ 94 Abs. 7 ZaDiG 2018“** festgelegten Verfahren widerrufen „und“*** *(*BGBl I 2017/107; **BGBl I 2018/17; ***BGBl I 2019/62)*

3. die von der FMA vorgenommene Registrierung gemäß § 32a widerrufen. *(BGBl I 2019/62)*

Beaufsichtigung im Rahmen der Niederlassungs- und Dienstleistungsfreiheit

§ 32. (1) Verletzt ein Kredit- oder Finanzinstitut „Art. 3 Z 1 und 2 der Richtlinie (EU) 2015/849“ mit Sitz in einem anderen Mitgliedstaat, das im Inland einen Geschäftsbetrieb ausübt, die Bestimmungen dieses Bundesgesetzes oder der Verordnung (EU) 2015/847, so hat die FMA dieses Unternehmen aufzufordern, diese Mängel zu beheben. Diese Aufforderung ergeht nicht in Form eines Bescheides. Gleichzeitig hat die FMA der zuständigen Behörde des Herkunftsmitgliedstaats ihre Erkenntnisse mitzuteilen. *(BGBl I 2018/37)*

(2) Kommt das Kredit- oder Finanzinstitut „Art. 3 Z 1 und 2 der Richtlinie (EU) 2015/849" mit Sitz in einem anderen Mitgliedstaat der Aufforderung gemäß Abs. 1 nicht nach, so hat die FMA dies der zuständigen Behörde des Herkunftsmitgliedstaats mitzuteilen und diese zu ersuchen, die geeigneten Maßnahmen zur Behebung der Mängel zu ergreifen. *(BGBl I 2018/37)*

(3) Ergreift die zuständige Behörde des Herkunftsmitgliedstaats keine Maßnahmen oder erweisen sich ihre Maßnahmen als unzureichend oder unwirksam, so hat die FMA unter Anwendung des § 31 die erforderlichen und geeigneten Anordnungen gegen das Kredit- oder Finanzinstitut „Art. 3 Z 1 und 2 der Richtlinie (EU) 2015/849" mit Sitz in einem anderen Mitgliedstaat zu treffen. Vor Anordnung einer Maßnahme nach diesem Absatz ist die zuständige Behörde des Herkunftsmitgliedstaats zu verständigen. *(BGBl I 2018/37)*

(4) Ist eine Maßnahme zur Verhinderung der Nutzung des Finanzsystems zum Zwecke der Geldwäscherei und Terrorismusfinanzierung dringend erforderlich, so hat die FMA ohne Verfahren gemäß Abs. 1 bis 3 unter Anwendung des § 31 die erforderlichen und geeigneten Anordnungen gegen das Kredit- oder Finanzinstitut „Art. 3 Z 1 und 2 der Richtlinie (EU) 2015/849" mit Sitz in einem anderen Mitgliedstaat zu treffen. Nach Anordnung einer Maßnahme nach diesem Absatz ist die zuständige Behörde des Herkunftsmitgliedstaats zu verständigen. *(BGBl I 2018/37)*

Registrierung von Dienstleistern von virtuellen Währungen

§ 32a. (1) Beabsichtigt ein Dienstleister gemäß § 2 Z 22 im Inland seine Tätigkeit zu erbringen oder vom Inland aus seine Tätigkeiten anzubieten, so hat er zuvor bei der FMA eine Registrierung zu beantragen. Dem Antrag sind folgende Angaben und Unterlagen anzuschließen:

1. Der Name oder die Firma des Dienstleisters und sofern vorhanden der oder die Geschäftsleiter;

2. der Sitz des Unternehmens und die für Zustellungen maßgebliche Geschäftsanschrift;

3. eine Beschreibung des Geschäftsmodells, aus dem insbesondere die Art der beabsichtigten Dienstleistungen hervorgeht;

4. eine Beschreibung des internen Kontrollsystems, das der Antragsteller einzuführen beabsichtigt, sowie eine Beschreibung der geplanten Strategien und Verfahren, um die Anforderungen dieses Bundesgesetzes und der Verordnung (EU) 2015/847 zu erfüllen und

5. bei juristischen Personen zusätzlich die Identität und die Höhe des Beteiligungsbetrages der Eigentümer, die direkt oder indirekt eine qualifizierte Beteiligung gemäß Art. 4 Abs. 1 Nr. 36 der Verordnung (EU) Nr. 575/2013 am Antragsteller halten.

(2) Verfügt die FMA aufgrund der Angaben und Unterlagen gemäß Abs. 1 über konkrete Anhaltspunkte, dass die Anforderungen dieses Bundesgesetzes nicht erfüllt werden können oder hat die FMA Zweifel an der persönlichen Zuverlässigkeit des oder der Geschäftsleiter, der natürlichen Person, die eine qualifizierte Beteiligung hält (Abs. 1 Z 5) oder der natürlichen Person, die beabsichtigt als Dienstleister gemäß § 2 Z 22 tätig zu werden, hat die FMA die Registrierung nicht vorzunehmen.

(3) Änderungen der in Abs. 1 genannten Angaben hat der Dienstleister der FMA unverzüglich anzuzeigen.

(4) Die Angaben gemäß Abs. 1 Z 1, 2 und 3 hat die FMA auf ihrer offiziellen Website zu veröffentlichen und laufend aktuell zu halten.

(BGBl I 2019/62)

§ 32b. Die FMA hat die Tätigkeit von Dienstleistern gemäß § 2 Z 22 ohne Registrierung gemäß § 32a Abs. 1 zu untersagen. Zu diesem Zweck stehen der FMA die Befugnisse gemäß §§ 22b bis 22e FMABG zu.

(BGBl I 2019/62)

Berufsgeheimnis und Zusammenarbeit zwischen der FMA und anderen Behörden im Rahmen der Bekämpfung der Geldwäscherei und Terrorismusfinanzierung

§ 33. (1) Unbeschadet von § 14 Abs. 2 FMABG unterliegen alle Personen, die für die FMA tätig sind oder waren und von der FMA beauftragte Wirtschaftsprüfer und Sachverständige mit den Informationen, die sie in Ausübung ihrer Pflichten nach diesem Bundesgesetz erhalten haben, dem Berufsgeheimnis. Mit Ausnahme der vom Strafrecht erfassten Fälle dürfen vertrauliche Informationen, die die im ersten Satz genannten Personen in Ausübung ihrer Pflichten nach diesem Bundesgesetz erhalten, nur in zusammengefasster oder aggregierter Form weitergegeben werden, sodass einzelne „Verpflichtete" nicht identifiziert werden können. *(BGBl I 2021/25)*

(2) Abs. 1 steht einem Informationsaustausch und einer wechselseitigen Zusammenarbeit der FMA mit anderen Behörden in Mitgliedstaaten und Drittländern, die der FMA entsprechende Aufgaben wahrnehmen, insbesondere gemäß § 25

Abs. 4 bis 6 und § 30, soweit dies für die Erfüllung der Aufgaben zur Verhinderung der Geldwäscherei und Terrorismusfinanzierung oder für andere gesetzliche Aufgaben im Rahmen der Aufsicht über den Finanzmarkt dienlich ist, nicht entgegen. Dies gilt ebenso für die Europäische Zentralbank, wenn sie im Einklang mit der Verordnung (EU) 1024/2013 tätig wird. Die FMA kann mit den anderen zuständigen Behörden, die Kredit- und Finanzinstitute gemäß der Richtlinie (EU) 2015/849 im Einklang mit dieser Richtlinie überwachen, und mit Unterstützung „die Europäische Bankenaufsichtsbehörde", mit der Europäischen Zentralbank, wenn diese gemäß Art. 27 Abs. 2 der Verordnung (EU) 1024/2013 und Art. 56 Unterabsatz 1 lit. g der Richtlinie 2013/36/EU handelt, eine Vereinbarung über die praktischen Modalitäten für den Informationsaustausch abschließen. *(BGBl I 2021/25)*

(3) Die FMA darf vertrauliche Informationen, die sie im Rahmen des Informationsaustausches mit anderen Behörden gemäß Art. 57a Abs. 1 der Richtlinie (EU) 2015/849 erhält, nur für die folgenden Zwecke verwenden:

1. zur Ausübung ihrer Pflichten nach diesem Bundesgesetz oder anderen nationalen oder europäischen Rechtsakten im Bereich der Bekämpfung der Geldwäsche und der Terrorismusfinanzierung, der Finanzdienstleistungsaufsicht und der Beaufsichtigung von Kredit- und Finanzinstituten, einschließlich der Verhängung von Verwaltungsstrafen;

2. im Rahmen eines Verfahrens über ein Rechtsmittel gegen eine Entscheidung der FMA, einschließlich damit zusammenhängender Gerichtsverfahren;

3. im Rahmen eines Gerichtsverfahrens, das aufgrund besonderer Bestimmungen des Unionsrechts im Bereich der Richtlinie (EU) 2015/849 oder im Bereich der Finanzdienstleistungsaufsicht beziehungsweise Beaufsichtigung von Kredit- und Finanzinstituten eingeleitet wird.

(4) Die FMA hat bei Beaufsichtigung der Kredit- und Finanzinstitute mit anderen zur Beaufsichtigung von Kredit- und Finanzinstituten zuständigen Behörden in anderen Mitgliedstaaten im größtmöglichen Umfang zusammenzuarbeiten. Eine solche Zusammenarbeit darf auch die Durchführung von Untersuchungen, innerhalb der Befugnisse der zuständigen Behörde, um deren Unterstützung ersucht wurde, im Namen der ersuchenden zuständigen Behörde und den anschließenden Austausch der im Rahmen solcher Untersuchungen gewonnen Informationen einschließen.

(5) Die FMA kann im Rahmen der Beaufsichtigung der Kredit- und Finanzinstitute, vom Bundesminister für Finanzen ermächtigt werden, mit den zuständigen Behörden von Drittländern, die den Aufgaben der FMA entsprechende Aufgaben wahrzunehmen haben, Kooperationsvereinbarungen zwecks Zusammenarbeit und Austausch vertraulicher Informationen abzuschließen, soweit dies für die Zwecke der Aufsicht über den Finanzmarkt dienlich ist. Solche Kooperationsvereinbarungen dürfen nur auf Basis der Gegenseitigkeit geschlossen werden und nur dann, wenn gewährleistet ist, dass die zuständigen Behörden von Drittländern, an die Informationen übermittelt werden, zumindest den Anforderungen des Berufsgeheimnisses gemäß Abs. 1 unterliegen. Die gemäß diesen Kooperationsvereinbarungen ausgetauschten Informationen müssen der Erfüllung der aufsichtsrechtlichen Aufgaben dieser Behörden dienen. Informationen, die die FMA von einem anderen Mitgliedstaat oder Drittland erhalten hat, darf sie nur mit ausdrücklicher Zustimmung der zuständigen Behörde, die diese Informationen mitgeteilt hat, und gegebenenfalls nur für Zwecke, denen diese Behörde zugestimmt hat, an eine Behörde in einem Drittland weitergeben.

(6) Unter Berücksichtigung der Anwendung der Bestimmungen dieses Bundesgesetzes und unter Berücksichtigung von beruflichen Verschwiegenheitsverpflichtungen kann die FMA für die Zwecke der Verhinderung von Geldwäscherei und der Terrorismusfinanzierung Informationen mit folgenden Behörden austauschen:

1. dem Bundesminister für Finanzen im Rahmen der Aufsicht über Bundeskonzessionäre gemäß § 14 und § 21 GSpG und als Registerbehörde gemäß § 14 Abs. 1 WiEReG;

2. den zuständigen Landesbehörden im Rahmen der Aufsicht über Landesbewilligte für Glücksspielautomaten und Wettunternehmer nach Maßgabe landesrechtlicher Vorschriften;

3. den Rechtsanwaltskammern im Rahmen der Aufsicht über Rechtsanwälte;

4. der Notariatskammer im Rahmen der Aufsicht über Notare;

5. der Kammer der Steuerberater und Wirtschaftsprüfer im Rahmen der Aufsicht über Steuerberater und Wirtschaftsprüfer;

6. dem Präsident der Wirtschaftskammer Österreich im Rahmen der Aufsicht über Bilanzbuchhalter, Buchhalter und Personalverrechner gemäß § 1 BiBuG 2014;

7. den Behörden gemäß § 333 GewO im Rahmen der Aufsicht über Verpflichtete gemäß § 365m1 Abs. 2 GewO „;" *(BGBl I 2021/25; BGBl I 2021/98)*

8. der Geldwäschemeldestelle, wobei die FMA zu einer engen Zusammenarbeit mit der Geldwäschemeldestelle und einem Austausch von Informationen, die für die Geldwäschemeldestelle für ihre Aufgaben nach diesem Bundesgesetz von Relevanz sind, verpflichtet ist, sofern diese Zusammenarbeit und dieser Informationsaustausch keine laufenden Untersuchungen, Ermittlungen

oder Verfahren im Einklang mit dem österreichischen Straf- oder Verwaltungsrecht beeinträchtigen würden. *(BGBl I 2021/98)*

Ebenso ist ein Austausch von Informationen mit Behörden in anderen Mitgliedstaaten oder Drittländern, die mit den in „Z 1 bis 8" genannten Behörden vergleichbare Aufgaben wahrnehmen, zulässig, wenn gewährleistet ist, dass diese Behörden Anforderungen an eine berufliche Geheimhaltungspflicht unterliegen, die jener gemäß Abs. 1 zumindest gleichwertig ist. *(BGBl I 2021/98)*

(7) Ungeachtet des Abs. 1 und Abs. 3 kann die FMA Informationen mit Strafverfolgungsbehörden, den Staatsanwaltschaften und den Gerichten für strafrechtliche Zwecke und für die Zwecke der Verhinderung von Geldwäscherei und der Terrorismusfinanzierung austauschen. Gemäß diesem Absatz ausgetauschte vertrauliche Informationen dürfen aber nur der Erfüllung der gesetzlichen Aufgaben der betreffenden Behörden dienen. Personen, die Zugang zu diesen Informationen haben, müssen den Anforderungen an eine berufliche Geheimhaltungspflicht unterliegen, die den in Abs. 1 genannten Anforderungen mindestens gleichwertig sind.

(BGBl I 2019/62)

8. Abschnitt
Strafbestimmungen und Veröffentlichungen

Pflichtverletzungen

§ 34. (1) Wer als Verantwortlicher (§ 9 VStG) eines Verpflichteten, die Pflichten gemäß

1. § 4 (Durchführung, Aufzeichnung und Aktualisierung der Risikoanalyse),

2. § 5 bis § 12 (Sorgfaltspflichten gegenüber Kunden) und der aufgrund von § 6 Abs. 4, § 8 Abs. 5 und § 9 Abs. 4 erlassenen Verordnungen der FMA,

3. § 13 bis § 15 (Ausführung durch Dritte),

4. § 16 bis § 17 (Meldepflichten),

5. § 19 Abs. 2 (Schutz vor Bedrohungen oder Anfeindungen im Beschäftigungsverhältnis),

6. § 20 (Verbot der Informationsweitergabe),

7. § 21 Abs. 1 bis 3 (Aufbewahrungspflichten) und der aufgrund von § 21 Abs. 3 erlassenen Verordnungen der FMA,

8. § 23 Abs. 1 bis 3 oder 6 (interne Organisation),

9. § 23 Abs. 4, 5 oder 7 (Schulungen, Verantwortlichkeit des Leitungsorgans und Benennung der zentralen Kontaktstelle) „," *(BGBl I 2019/62)*

10. § 24 (Strategien und Verfahren bei Gruppen) „oder" *(BGBl I 2019/62)*

11. § 11 Abs. 1 dritter Satz WiEReG (Sorgfaltspflichten bei der Feststellung und Überprüfung von wirtschaftlichen Eigentümern in Bezug auf Trusts und trustähnliche Vereinbarungen) *(BGBl I 2019/62)*

verletzt, begeht eine Verwaltungsübertretung und ist von der FMA mit einer Geldstrafe bis zu 150 000 Euro zu bestrafen.

(2) Wenn es sich bei den Pflichtverletzungen gemäß Abs. 1 Z 2, 4, 7, 9 und 10 um schwerwiegende, wiederholte oder systematische Verstöße oder eine Kombination davon handelt, beträgt die Geldstrafe bis zu 5 000 000 Euro oder bis zu dem Zweifachen des aus der Pflichtverletzung gezogenen Nutzens, soweit sich dieser beziffern lässt.

(3) Wer als Verantwortlicher (§ 9 VStG) eines Verpflichteten

1. wiederholt oder systematisch vorgeschriebene Angaben zum Auftraggeber oder zum Begünstigten unter Verstoß gegen Art. 4 bis 6 der Verordnung (EU) 2015/847 nicht übermittelt,

2. die Aufbewahrung von Aufzeichnungen gemäß Art. 16 der Verordnung (EU) 2015/847 nicht sicherstellt und dies ein wiederholtes, systematisches und schweres Versäumnis darstellt,

3. es verabsäumt wirksame risikobasierte Verfahren unter Verstoß gegen Art. 8 oder 12 der Verordnung (EU) 2015/847 einzuführen oder

4. sofern der Verpflichtete ein zwischengeschalteter Zahlungsdienstleister gemäß Art. 3 Z 5 ist, in schwerwiegender Weise gegen Art. 11 oder 12 der Verordnung (EU) 2015/847 verstößt,

begeht eine Verwaltungsübertretung und ist von der FMA mit einer Geldstrafe bis zu 5 000 000 Euro oder bis zu dem Zweifachen des aus der Pflichtverletzung gezogenen Nutzens, soweit sich dieser beziffern lässt, zu bestrafen.

(4) Wer Dienstleistungen in Bezug auf virtuelle Währungen gemäß § 2 Z 22 ohne die erforderliche Registrierung gemäß § 32a Abs. 1 anbietet, begeht eine Verwaltungsübertretung und ist von der FMA mit einer Geldstrafe bis zu 200 000 Euro zu bestrafen. *(BGBl I 2019/62)*

(5) Wer als Treuhänder seiner Offenlegungsverpflichtung gemäß § 6 Abs. 3 nicht nachkommt, begeht eine Verwaltungsübertretung und ist von der FMA mit einer Geldstrafe bis zu 60 000 Euro zu bestrafen.

Strafbarkeit von juristischen Personen

§ 35. (1) Die FMA kann Geldstrafen gegen juristische Personen verhängen, wenn eine Pflichtverletzung gemäß § 34 Abs. 1 bis 3 zu ihren Gunsten von einer Person begangen wurde, die allein oder als Teil eines Organs der juristischen Person gehandelt hat und die aufgrund einer der folgenden Befugnisse eine Führungsposition innerhalb der juristischen Person innehat:

1. Befugnis zur Vertretung der juristischen Person,

2. Befugnis, Entscheidungen im Namen der juristischen Person zu treffen oder

3. Kontrollbefugnis innerhalb der juristischen Person.

(2) Juristische Personen können wegen Pflichtverletzungen gemäß § 34 Abs. 1 bis 3 auch dann verantwortlich gemacht werden, wenn mangelnde Überwachung oder Kontrolle durch eine in Abs. 1 genannte Person die Begehung einer in § 34 Abs. 1 bis 3 genannten Pflichtverletzungen zugunsten der juristischen Person durch eine für sie tätige Person ermöglicht hat.

(3) Die Geldstrafe gemäß Abs. 1 und 2 beträgt bei Pflichtverletzungen gemäß § 34 Abs. 1 bis zu 150 000 Euro und bei Pflichtverletzungen gemäß § 34 Abs. 2 und 3 bis zu 5 000 000 Euro oder 10 vH des jährlichen Gesamtumsatzes. Der jährliche Gesamtumsatz bestimmt sich nach den jährlichen Umsatzerlösen aus dem letzten festgestellten Jahresabschluss. Wenn es sich bei dem Verpflichteten um ein Kreditinstitut, ein E-Geld-Institut gemäß § 3 Abs. 2 und § 9 Abs. 1 E-Geldgesetz 2010, das ein CRR-Finanzinstitut gemäß Art. 4 Abs. 1 Nr. 26 der Verordnung (EU) Nr. 575/2013 ist, ein Zahlungsinstitut gemäß „§ 4 Z 4 ZaDiG 2018"**, das ein CRR-Finanzinstitut gemäß Art. 4 Abs. 1 Nr. 26 der Verordnung (EU) Nr. 575/2013 ist, einen AIFM gemäß § 2 Abs. 1 Z 2 AIFMG oder eine Wertpapierfirma gemäß „§ 1 Z 1 WAG 2018"* handelt, ist der jährliche Gesamtumsatz die Summe der in Z 1 bis 7 der Anlage 2 zu § 43 BWG angeführten Erträge abzüglich der dort angeführten Aufwendungen. Wenn es sich bei dem Verpflichteten um ein Versicherungsunternehmen gemäß § 5 Z 1 VAG 2016 oder um ein kleines Versicherungsunternehmen gemäß § 5 Z 3 VAG 2016 handelt, ist der jährliche Gesamtumsatz die Summe der in § 146 Abs. 4 Z 1 bis 8 und 10 bis 11 VAG 2016 angeführten Erträge abzüglich der dort angeführten Aufwendungen. Wenn es sich bei dem Verpflichteten um eine Muttergesellschaft oder die Tochtergesellschaft einer Muttergesellschaft handelt, die einen konsolidierten Abschluss nach Art. 22 der Richtlinie 2013/34/EU aufzustellen hat, so bestimmt sich der jährliche Gesamtumsatz nach den jährlichen Umsatzerlösen oder der entsprechenden Einkunftsart gemäß den einschlägigen Rechnungslegungsrichtlinien, die im letzten verfügbaren festgestellten konsolidierten Abschluss ausgewiesen sind. Soweit die FMA die Grundlagen für den Gesamtumsatz nicht ermitteln oder berechnen kann, hat sie diese zu schätzen. Dabei sind alle Umstände zu berücksichtigen, die für die Schätzung von Bedeutung sind. *(*BGBl I 2017/107; **BGBl I 2018/17)*

(4) *(aufgehoben, BGBl I 2017/107)*

Verlängerung der Verjährungsfrist

§ 36. Bei Verwaltungsübertretungen gemäß diesem Bundesgesetz gilt anstelle der Frist für die Verfolgungsverjährung (§ 31 Abs. 1 VStG) eine Frist von drei Jahren. Die Frist für die Strafbarkeitsverjährung (§ 31 Abs. 2 VStG) beträgt in diesen Fällen fünf Jahre.

Veröffentlichungen

§ 37. (1) Die FMA kann den Namen der natürlichen Person oder juristischen Person bei einer Pflichtverletzung gemäß § 34 Abs. 2 und 3 und § 35 in Verbindung mit § 34 Abs. 2 und 3 unter Anführung der begangenen Pflichtverletzung auf ihrer Homepage veröffentlichen, sofern eine solche Veröffentlichung die Stabilität der Finanzmärkte nicht ernstlich gefährdet oder den Beteiligten keinen unverhältnismäßig hohen Schaden zufügt.

(2) Die FMA hat rechtskräftig verhängte Geldstrafen wegen Pflichtverletzungen gemäß § 34 Abs. 2 und 3 und § 35 in Verbindung mit § 34 Abs. 2 und 3 und rechtskräftige Aufsichtsmaßnahmen wegen Verstößen gegen die in § 34 Abs. 2 und 3 angeführten Pflichten mitsamt der Identität der sanktionierten beziehungsweise von der Aufsichtsmaßnahme betroffenen natürlichen oder juristischen Person und den Informationen zu Art und Charakter der zu Grunde liegenden Pflichtverletzung unverzüglich, nachdem die betroffene Person von der Rechtskraft der Geldstrafe oder Aufsichtsmaßnahme informiert wurde, auf ihrer Homepage zu veröffentlichen.

(3) Wenn die FMA nach einer fallbezogenen Prüfung der Verhältnismäßigkeit der Veröffentlichung der Identität oder personenbezogener Daten der in Abs. 2 genannten betroffenen natürlichen oder juristischen Person die Veröffentlichung dieser Daten für unverhältnismäßig hält, die Veröffentlichung dieser Daten die Stabilität der Finanzmärkte eines Mitgliedstaats oder mehrerer Mitgliedstaaten oder die Durchführung laufender Ermittlungen gefährden würde, so hat die FMA die Entscheidung (Abs. 2):

1. erst dann zu veröffentlichen, wenn die Gründe für ihre Nichtveröffentlichung weggefallen sind,

2. auf anonymer Basis zu veröffentlichen, wenn diese anonymisierte Veröffentlichung einen wirksamen Schutz der betreffenden personenbezogenen Daten gewährleistet; wird die Veröffentlichung auf anonymer Basis beschlossen, so kann die FMA die Veröffentlichung der diesbezüglichen Daten um einen angemessenen Zeitraum verschieben, wenn davon auszugehen ist, dass die Gründe für eine anonymisierte Veröffentlichung innerhalb dieses Zeitraums wegfallen werden oder

3. nicht zu veröffentlichen, wenn die Möglichkeiten nach Z 1 und 2 nicht ausreichen, um zu gewährleisten,

a) dass die Stabilität von Finanzmärkten nicht gefährdet wird, oder

b) dass bei Maßnahmen, die als geringfügig angesehen werden, bei der Bekanntmachung der Entscheidungen die Verhältnismäßigkeit gewahrt ist.

(4) Der von einer Veröffentlichung Betroffene kann eine Überprüfung der Rechtmäßigkeit der Veröffentlichung gemäß Abs. 1, 2 oder 3 in einem bescheidmäßig zu erledigenden Verfahren bei der FMA beantragen. Die FMA hat in diesem Falle die Einleitung eines solchen Verfahrens in gleicher Weise wie die ursprüngliche Veröffentlichung bekannt zu machen. Wird im Rahmen der Überprüfung die Rechtswidrigkeit der Veröffentlichung festgestellt, so hat die FMA die Veröffentlichung richtig zu stellen oder gemäß dem Antrag des Betroffenen entweder zu widerrufen oder aus dem Internetauftritt zu entfernen.

(5) Wird ein Rechtsmittel gegen den der Veröffentlichung gemäß Abs. 1 bis 3 zugrunde liegenden Bescheid erhoben, so ist dies sowie das Ergebnis dieses Verfahrens in gleicher Weise wie die ursprüngliche Veröffentlichung bekannt zu machen. Wird einem solchen Rechtsmittel in einem gerichtlichen Verfahren aufschiebende Wirkung zuerkannt, so hat die FMA dies ebenso bekannt zu machen. Wird einem Rechtsmittel gegen eine der Veröffentlichung gemäß Abs. 1 bis 3 zugrunde liegende Entscheidung stattgegeben, kann die Veröffentlichung auf Antrag des Betroffenen aus dem Internetauftritt entfernt werden.

(6) Ist eine Veröffentlichung nicht aufgrund einer Entscheidung gemäß Abs. 4 und 5 zu widerrufen oder aus den Internetauftritt zu entfernen, so ist sie für fünf Jahre aufrecht zu erhalten. Dabei ist die Veröffentlichung personenbezogener Daten jedoch nur so lange aufrecht zu erhalten, so lange nicht die Kriterien für eine anonymisierte Veröffentlichung vorliegen.

Wirksame Ahndung von Pflichtverletzungen

§ 38. „(1)“ Bei der Festsetzung einer Aufsichtsmaßnahme gemäß § 31 Abs. 3 oder der Verhängung einer Geldstrafe gemäß § 34 oder § 35 hat die FMA alle maßgeblichen Umstände zu berücksichtigen, darunter gegebenenfalls

1. die Schwere und Dauer der Pflichtverletzung,

2. den Verschuldensgrad der verantwortlich gemachten natürlichen oder juristischen Person,

3. die Finanzkraft der verantwortlich gemachten natürlichen oder juristischen Person, wie sie sich beispielsweise aus dem Gesamtumsatz der verantwortlich gemachten juristischen Person oder den Jahreseinkünften der verantwortlich gemachten natürlichen Person ableiten lässt,

4. die von der verantwortlich gemachten natürlichen oder juristischen Person durch die Pflichtverletzung erzielten Gewinne, sofern sich diese beziffern lassen,

5. die Verluste, die Dritten durch die Pflichtverletzung entstanden sind, sofern sich diese beziffern lassen,

6. der Bereitwilligkeit der verantwortlich gemachten natürlichen oder juristischen Person, mit der zuständigen Behörde zusammenzuarbeiten und

7. frühere Pflichtverletzungen der verantwortlich gemachten natürlichen oder juristischen Person „und Verurteilungen wegen § 165 StGB (Geldwäscherei), § 278a StGB (kriminelle Organisation), § 278b StGB (terroristischen Vereinigung), § 278c StGB (terroristischen Straftat) oder der § 278d StGB (Terrorismusfinanzierung) bei natürlichen Personen oder Verurteilungen wegen vergleichbarer Straftaten in anderen Mitgliedstaaten oder Drittstaaten“.

Die Bestimmungen des VStG bleiben durch diesen Absatz unberührt.
(BGBl I 2019/62)
(BGBl I 2019/62)

(2) Die FMA hat vor Verhängung einer Geldstrafe gemäß § 34 oder § 35 eine Strafregisterauskunft von der beschuldigten natürlichen Person oder von der oder den natürlichen Personen, die gemäß § 35 allein oder als Teil eines Organs der juristischen Person gehandelt haben, einzuholen. Bestehen Anhaltspunkte, die einen Eintrag in einem Strafregister eines anderen Mitgliedstaates nahelegen, dann hat die FMA die Landespolizeidirektion Wien um die Einholung von Strafregisterauskünften aus dem oder den betreffenden Mitgliedstaaten zu ersuchen. *(BGBl I 2019/62)*

Verwendung von eingenommenen Geldstrafen

§ 39. Die von der FMA gemäß diesem Bundesgesetz verhängten Geldstrafen fließen dem Bund zu.

Schutz von Hinweisgebern

§ 40. (1) Die Verpflichteten haben über angemessene Verfahren zu verfügen, die es ihren Beschäftigten unter Wahrung der Vertraulichkeit ihrer Identität ermöglichen, betriebsinterne Verstöße gegen dieses Bundesgesetz, gegen auf Grund dieses Bundesgesetzes erlassene Verordnungen oder Bescheide, gegen die Bestimmungen der Verordnung (EU) 2015/847 oder eines auf Basis dieser Verordnung erlassenen Bescheides an eine geeignete Stelle zu melden. Die Verfahren nach diesem Absatz müssen den Anforderungen des Abs. 3 Z 2 bis 5 entsprechen.

(2) Die FMA hat über wirksame Mechanismen zu verfügen, die dazu ermutigen, Verstöße oder den Verdacht eines Verstoßes gegen die Bestimmungen dieses Bundesgesetzes, gegen auf Grund dieses Bundesgesetzes erlassene Verordnungen oder Bescheide, gegen die Bestimmungen der Verordnung (EU) 2015/847 oder eines auf Basis dieser Verordnung erlassenen Bescheides anzuzeigen.

(3) Die in Abs. 2 genannten Mechanismen umfassen zumindest Folgendes:

1. spezielle Verfahren für die Entgegennahme der Meldung von Verstößen und diesbezüglicher Folgemaßnahmen;

2. einen angemessenen Schutz für Beschäftigte der Verpflichteten, die Verstöße innerhalb des Verpflichteten melden;

3. einen angemessenen Schutz für die beschuldigte Person;

4. den Schutz personenbezogener Daten gemäß den Grundsätzen „der Verordnung (EU) 2016/679" sowohl für die Person, die die Verstöße meldet, als auch für die natürliche Person, die mutmaßlich für einen Verstoß verantwortlich ist; *(BGBl I 2018/37)*

5. klare Regeln, welche die Geheimhaltung der Identität der Person, die die Verstöße anzeigt, gewährleisten, soweit nicht die Offenlegung der Identität im Rahmen eines staatsanwaltschaftlichen, gerichtlichen oder verwaltungsrechtlichen Verfahrens zwingend zu erfolgen hat.

(4) Die FMA hat ein Verfahren zum Informationsaustausch und zur Zusammenarbeit gegen Bedrohungen, Vergeltungsmaßnahmen oder Anfeindungen oder nachteilige oder diskriminierende Maßnahmen im Beschäftigungsverhältnis, wie sie aufgrund der Meldung eines Verstoßes gegen Vorschriften dieses Bundesgesetzes oder der Verordnung (EU) 2015/847 entstehen können, mit anderen relevanten Behörden, denen eine Rolle beim Schutz von Einzelpersonen zukommt, die der FMA entsprechende Verdachtsfälle melden, einzurichten. Das Verfahren zum Informationsaustausch und zur Zusammenarbeit hat mindestens Folgendes zu gewährleisten:

1. meldenden Personen haben umfassende Informationen und Beratungen zu den nach nationalem Recht verfügbaren Rechtsbehelfen und Verfahren zum Schutz vor Bedrohungen, Vergeltungsmaßnahmen oder Anfeindungen oder nachteiligen oder diskriminierenden Maßnahmen im Beschäftigungsverhältnis zur Verfügung zu stehen, einschließlich der Verfahren zur Einforderung einer finanziellen Entschädigung;

2. meldende Personen haben von den zuständigen Behörden wirksame Unterstützung gegenüber anderen relevanten Behörden zu erhalten, die an ihrem Schutz vor Benachteiligung beteiligt sind, einschließlich der Bestätigung bei arbeitsrechtlichen Streitigkeiten, dass die Einzelperson als Informant auftritt.
(BGBl I 2019/62)

Meldungen an die Europäischen Aufsichtsbehörden

§ 41. Die FMA hat alle wegen Pflichtverletzungen gemäß den § 34 Abs. 2 und 3 und § 35 in Verbindung mit § 34 Abs. 2 und 3 verhängten Geldstrafen sowie gemäß § 31 Abs. 3 festgesetzten Aufsichtsmaßnahmen an die „Europäische Bankenaufsichtsbehörde" zu melden. Wurde ein Rechtsmittelverfahren eingeleitet, so ist sowohl diese Tatsache als auch der Ausgang des Rechtsmittelverfahrens ebenfalls an die „Europäische Bankenaufsichtsbehörde" zu melden. *(BGBl I 2021/25)*

9. Abschnitt

Schlussbestimmungen

Inkrafttreten

§ 42. (1) Dieses Bundesgesetz tritt mit Ausnahme von § 8 Abs. 6 und § 34 bis § 38 mit 1. Jänner 2017 in Kraft. § 34 Abs. 1, 2, 4 und 5 sowie § 35 bis § 38 in der Fassung des Bundesgesetzes BGBl. I Nr. 118/2016 treten mit Ablauf des Tages der Kundmachung im Bundesgesetzblatt, frühestens jedoch mit 1. Jänner 2017 in Kraft. § 8 Abs. 6 und § 34 Abs. 3 treten mit 26. Juni 2017 in Kraft.

(2) § 46 mitsamt Überschrift tritt mit Ablauf des 25. Juni 2017 außer Kraft.

(3) Die FMA kann Verordnungen auf Grund der Ermächtigungen in diesem Bundesgesetz bereits von dem seiner Kundmachung folgenden Tag an erlassen. Diese Verordnungen dürfen frühestens mit dem Inkrafttreten der entsprechenden Ermächtigungen in Kraft gesetzt werden.

(4) § 2 Abs. 1 lit. f, § 28 Abs. 2, § 31 Abs. 3 Z 2, § 35 Abs. 3 und § 44 Abs. 1 Z 17 in der Fassung des Bundesgesetzes BGBl. I Nr. 17/2018 treten mit 1. Juni 2018 in Kraft. *(BGBl I 2018/17)*

Inkrafttreten von Änderungen

§ 43. (1) § 46 samt Überschrift in der Fassung des Bundesgesetzes BGBl. I Nr. 107/2017 tritt mit 26. Juni 2017 in Kraft.

(2) § 2 Z 2 lit. c, § 28 Abs. 4, § 31 Abs. 3 Z 2, § 35 Abs. 3 und § 44 Abs. 1 Z 16 in der Fassung des Bundesgesetzes BGBl. I Nr. 107/2017 treten mit 3. Jänner 2018 in Kraft. § 33 samt Überschrift, § 34 Abs. 4 und § 35 Abs. 4 treten mit Ablauf des 2. Jänner 2018 außer Kraft.

(3) § 2 Z 3, Z 6 lit. g, § 11 Abs. 1 Schlussteil, § 23 Abs. 3 und § 44 Abs. 1 Z 22 in der Fassung des Bundesgesetzes BGBl. I Nr. 136/2017 treten

mit dem der Kundmachung folgenden Tag in Kraft. *(BGBl I 2017/136)*

(4) § 1, § 3 Abs. 1 bis 3 und 5 bis 9, § 16 Abs. 5, § 18, § 21 Abs. 6, § 24 Abs. 6, § 25 Abs. 9, § 31 Abs. 1 und § 38 treten mit 1. August 2019 in Kraft. § 2 Z 21, § 6 Abs. 1 Z 1 und 2, § 7 Abs. 1, 6 und 11, § 9 Abs. 1 und 3, § 9a samt Überschrift, § 10, § 12 Abs. 2, § 13 Abs. 2, § 16 Abs. 2, § 19 Abs. 2 und 3, § 20 Abs. 3 Z 2, § 21 Abs. 1, § 24 Abs. 5, § 25 Abs. 1 Z 2 bis 4, Abs. 7 und 8, § 28 Abs. 1 und 6, § 31 Abs. 3 Z 1 bis 3, § 32b, § 33 samt Überschrift, § 34 Abs. 1 Z 9 bis 11, § 34 Abs. 4, § 40 Abs. 4 und § 44 Abs. 1 Z 23 und 24, Abs. 2 Z 4 bis 7, Abs. 3 Z 5, 6 und 8 bis 10 sowie Z 3 in Anlage II und Z 1 lit. f und g, Z 2 lit. c, e und f in Anlage III sowie die Änderungen des Inhaltsverzeichnisses zu § 9a, § 32a und § 33 treten mit 10. Jänner 2020 in Kraft. § 46 samt Überschrift in der Fassung des Bundesgesetzes BGBl. I Nr. 37/2018 sowie der Eintrag zu § 46 im Inhaltsverzeichnis treten mit Ablauf des 31. Dezember 2019 außer Kraft. § 21 Abs. 3 tritt mit Ablauf des 9. Jänner 2020 außer Kraft. § 2 Z 22 und § 32a samt Überschrift treten am 1. Oktober 2019 mit der Maßgabe in Kraft, dass die Verpflichtung zur Registrierung mit 10. Jänner 2020 eintritt. *(BGBl I 2019/62)*

(5) § 2 Z 20, § 3 Abs. 7, 10 und 11, § 7a mitsamt Überschrift, § 13 Abs. 3, § 16 Abs. 6, § 20 Abs. 3 Z 3, die Bezeichnung des 6. Abschnitts, § 22 samt Überschrift, § 24 Abs. 5, § 25 Abs. 1, 3 und 4, § 33 Abs. 1, 2 und 6 Z 7, § 41, § 44 Abs. 3 Z 3 und Z 4 bis 8, § 47 Z 2 sowie die Änderung des Inhaltsverzeichnisses zu § 7a, zum 6. Abschnitt und zu § 22 in der Fassung des Bundesgesetzes BGBl. I Nr. 25/2021, treten mit 1. März 2021 in Kraft. § 44 Abs. 3 Z 4 und 5 tritt mit Ablauf des 28. Februar 2021 außer Kraft. *(BGBl I 2021/25)*

(BGBl I 2017/107)

Verweisungen

§ 44. (1) Soweit in diesem Bundesgesetz auf folgende Gesetze verwiesen wird, sind diese, wenn nicht Anderes angeordnet ist, in ihrer jeweils geltenden Fassung anzuwenden:

1. Depotgesetz, BGBl. Nr. 424/1969;

2. Strafgesetzbuch (StGB), BGBl. Nr. 60/1974;

3. Strafprozeßordnung 1975 (StPO), BGBl. Nr. 631/1975;

4. Verwaltungsstrafgesetz 1991 (VStG), BGBl. Nr. 52/1991;

5. Verwaltungsvollstreckungsgesetz 1991 (VVG), BGBl. Nr. 53/1991;

6. Bankwesengesetz (BWG), BGBl. Nr. 532/1993;

7. Privatstiftungsgesetz (PSG), BGBl. I Nr. 694/1993;

8. Gewerbeordnung 1994 (GewO 1994), BGBl. Nr. 194/1994;

9. Genossenschaftsrevisionsgesetz 1997 (GenRevG 1997), BGBl. I Nr. 127/1997;

10. „Börsegesetz 2018 (BörseG 2018), BGBl. I Nr. 107/2017“ *(BGBl I 2018/37)*

11. Finanzmarktaufsichtsbehördengesetz (FMABG), BGBl. I Nr. 97/2001

12. Bundeskriminalamt-Gesetz (BKA-G), BGBl. I Nr. 22/2002;

13. Vereinsgesetz 2002 (VerG), BGBl. I Nr. 66/2002;

14. Betriebliches Mitarbeiter- und Selbständigenvorsorgegesetz (BMSVG), BGBl. I Nr. 100/2002;

15. Immobilien-Investmentfondsgesetz (ImmoInvFG), BGBl. I Nr. 80/2003;

16. Wertpapieraufsichtsgesetz 2018 – WAG 2018, BGBl. I Nr. 107/2017; *(BGBl I 2017/107)*

17. Zahlungsdienstegesetz 2018 – ZaDiG 2018, BGBl. I Nr. 17/2018; *(BGBl I 2018/17)*

18. E-Geldgesetz 2010, BGBl. I Nr. 107/2010;

19. Investmentfondsgesetz 2011 (InvFG 2011), BGBl. I Nr. 77/2011;

20. Alternative Investmentfonds Manager-Gesetz (AIFMG), BGBl. I Nr. 135/2013;

21. Versicherungsaufsichtsgesetz 2016 (VAG 2016), BGBl. I Nr. 34/2015;

22. Wirtschaftliche Eigentümer Registergesetz (WiEReG), BGBl. I Nr. 136/2017 „;“ *(BGBl I 2017/136; BGBl I 2019/62)*

23. Glücksspielgesetz (GSpG), BGBl. Nr. 620/1989; *(BGBl I 2019/62)*

24. Bilanzbuchhaltungsgesetz 2014 (BiBuG 2014), BGBl. I Nr. 191/2013. *(BGBl I 2019/62)*

(2) Soweit in diesem Bundesgesetz auf Richtlinien der Europäischen Union verwiesen wird, sind diese, wenn nicht Anderes angeordnet ist, in der nachfolgend genannten Fassung anzuwenden:

1. Richtlinie 2007/64/EG über Zahlungsdienste im Binnenmarkt, zur Änderung der Richtlinien 97/7/EG, 2002/65/EG, 2005/60/EG und 2006/48/EG sowie zur Aufhebung der Richtlinie 97/5/EG, ABl. Nr. L 319 vom 5.12.2007, S. 1, zuletzt geändert durch die Richtlinie 2009/111/EG ABl. Nr. L 302 vom 17.11.2009, S. 97;

2. Richtlinie 2009/110/EG über die Aufnahme, Ausübung und Beaufsichtigung der Tätigkeit von E-Geld-Instituten, zur Änderung der Richtlinien 2005/60/EG und 2006/48/EG sowie zur Aufhebung der Richtlinie 2000/46/EG, ABl. Nr. L 267 vom 10.10.2009, S. 7;

3. Richtlinie 2013/34/EU über den Jahresabschluss, den konsolidierten Abschluss und damit verbundene Berichte von Unternehmen bestimm-

ter Rechtsformen und zur Änderung der Richtlinie 2006/43/EG und zur Aufhebung der Richtlinien 78/660/EWG und 83/349/EWG, ABl. Nr. L 182, 29.06.2013, S.19, zuletzt geändert durch die Richtlinie 2014/102/EU, ABl. Nr. L 334 vom 21.11.2014, S. 86 „;“ *(BGBl I 2017/107)*

4. Richtlinie (EU) 2015/849 zur Verhinderung der Nutzung des Finanzsystems zum Zwecke der Geldwäsche und der Terrorismusfinanzierung, zur Änderung der Verordnung (EU) Nr. 648/2012 des Europäischen Parlaments und des Rates und zur Aufhebung der Richtlinie 2005/60/EG des Europäischen Parlaments und des Rates und der Richtlinie 2006/70/EG der Kommission, ABl. Nr. L 141 vom 05.06.2015, S. 73 „;“ *(BGBl I 2019/62)*

5. Richtlinie 2014/65/EU über Märkte für Finanzinstrumente sowie zur Änderung der Richtlinien 2002/92/EG und 2011/61/EU, ABl. Nr. L 173 vom 12.06.2014 S. 349, zuletzt geändert durch die Richtlinie (EU) 2016/1034, ABl. Nr. L 175 vom 23.06.2016 S. 8, in der Fassung der Berichtigung, ABl. Nr. L 64 vom 10.03.2017 S. 116 „;“ *(BGBl I 2017/107; BGBl I 2019/62)*

6. Richtlinie 2013/36/EU über den Zugang zur Tätigkeit von Kreditinstituten und die Beaufsichtigung von Kreditinstituten und Wertpapierfirmen, zur Änderung der Richtlinie 2002/87/EG und zur Aufhebung der Richtlinien 2006/48/EG und 2006/49/EG, ABl. Nr. L 176 vom 27.06.2013 S. 338, zuletzt geändert durch die Richtlinie (EU) 2018/843, ABl. Nr. L 156 vom 19.06.2018, S. 43 und *(BGBl I 2019/62)*

7. Richtlinie 2011/16/EU über die Zusammenarbeit der Verwaltungsbehörden im Bereich der Besteuerung und zur Aufhebung der Richtlinie 77/799/EWG, ABl. Nr. L 64 vom 11.03.2011 S. 1, zuletzt geändert durch die Richtlinie (EU) 2018/822, ABl. Nr. L 139 vom 05.06.2018 S. 1. *(BGBl I 2019/62)*

(3) Soweit in diesem Bundesgesetz auf Verordnungen der Europäischen Union Bezug genommen wird, sind diese, wenn nicht Anderes angeordnet ist, in der nachfolgend genannten Fassung maßgeblich:

1. Verordnung (EG) Nr. 1781/2006 über die Übermittlung von Angaben zum Auftraggeber bei Geldtransfers, ABl. Nr. L 345 vom 08.12.2006 S. 1;

2. Verordnung (EU) Nr. 1092/2010 über die Finanzaufsicht der Europäischen Union auf Makroebene und zur Errichtung eines Europäischen Ausschusses für Systemrisiken, ABl. L 331 vom 15.12.2010 S. 1;

3. Verordnung (EU) Nr. 1093/2010 zur Errichtung einer Europäischen Aufsichtsbehörde (Europäische Bankenaufsichtsbehörde), zur Änderung des Beschlusses Nr. 716/2009/EG und zur Aufhebung des Beschlusses 2009/78/EG, ABl. Nr. L 331 vom 15.12.2010 S. 12, zuletzt geändert durch die Verordnung (EU) Nr. 2019/2175, ABl. Nr. L 334 vom 27.12.2019 S. 1; *(BGBl I 2021/25)*

„4.“ Verordnung (EU) Nr. 575/2013 über Aufsichtsanforderungen an Kreditinstitute und Wertpapierfirmen und zur Änderung der Verordnung (EU) Nr. 646/2012, ABl. Nr. L 176 vom 27.06.2013, S. 1, zuletzt geändert durch die Delegierte Verordnung (EU) 2018/405 ABl. Nr. L 74 vom 16.03.2018. *(BGBl I 2019/62; BGBl I 2021/25)*

„5.“** Verordnung (EU) 2015/847 über die Übermittlung von Angaben bei Geldtransfers und zur Aufhebung der Verordnung (EU) Nr. 1781/2006, ABl. Nr. L 141 vom 05.06.2015 S. 1 „;“* *(*BGBl I 2018/37; **BGBl I 2021/25)*

„6.“** Verordnung (EU) 2016/679 zum Schutz natürlicher Personen bei der Verarbeitung personenbezogener Daten, zum freien Datenverkehr und zur Aufhebung der Richtlinie 95/46/EG (Datenschutz-Grundverordnung), ABl. Nr. L 119 vom 04.05.2016 S. 1 „;“* *(BGBl I 2018/37; *BGBl I 2019/62; **BGBl I 2021/25)*

„7.“ Verordnung (EU) Nr. 910/2014 über elektronische Identifizierung und Vertrauensdienste für elektronische Transaktionen im Binnenmarkt und zur Aufhebung der Richtlinie 1999/93/EG, ABl. Nr. L 257 vom 28.8.2014 S. 73 und *(BGBl I 2019/62; BGBl I 2021/25)*

„8.“ Verordnung (EU) Nr. 1024/2013 zur Übertragung besonderer Aufgaben im Zusammenhang mit der Aufsicht über Kreditinstitute auf die Europäische Zentralbank, ABl. Nr. L 287 vom 29.10.2013 S. 63, in der Fassung der Berichtigung ABl. Nr. L 218 vom 19.08.2015 S. 82. *(BGBl I 2019/62; BGBl I 2021/25)*

Sprachliche Gleichbehandlung

§ 45. Soweit in diesem Bundesgesetz personenbezogene Bezeichnungen nur in männlicher Form angeführt sind, beziehen sie sich auf Frauen und Männer in gleicher Weise. Bei der Anwendung auf bestimmte Personen ist die jeweils geschlechtsspezifische Form zu verwenden.

§ 46. *(entfällt samt Überschrift, BGBl I 2019/62)*

Vollzugsklausel

§ 47. Mit der Vollziehung dieses Bundesgesetzes ist betraut

1. hinsichtlich § 19, der Bundesminister für Justiz;

2. hinsichtlich § 16 Abs. 4 bis 7 und § 17 Abs. 4 und 5 der Bundesminister für Inneres; *(BGBl I 2021/98)*

3. hinsichtlich § 16 Abs. 1 und 2, § 17 Abs. 1 bis 3 und § 22 der Bundesminister für Finanzen

im Einvernehmen mit dem Bundesminister für Inneres und

4. hinsichtlich der übrigen Bestimmungen der Bundesminister für Finanzen.

Anlagen

Anlage I

Zu (§ 6):

Die nachstehende Liste ist eine nicht erschöpfende Aufzählung von Risikovariablen, denen die Verpflichteten bei der Festlegung der zur Anwendung der Sorgfaltspflichten nach § 6 Abs. 5 zu ergreifenden Maßnahmen Rechnung tragen müssen:

1. Zweck eines Kontos oder einer Geschäftsbeziehung,
2. Höhe der von einem Kunden eingezahlten Vermögenswerte oder Umfang der ausgeführten Transaktionen,
3. Regelmäßigkeit oder Dauer der Geschäftsbeziehung.

Anlage II

Zu (§ 8):

Die nachstehende Liste ist eine nicht erschöpfende Aufzählung von Faktoren und möglichen Anzeichen für ein potenziell geringes Risiko nach § 8 Abs. 1:

1. Risikofaktoren bezüglich Kunden:
   a) börsennotierte Gesellschaften, deren Wertpapiere zum Handel auf einem geregelten Markt in einem oder mehreren Mitgliedstaaten zugelassen sind, oder börsennotierte Gesellschaften aus Drittländern, die gemäß einer auf Grund des „§ 122 Abs. 10 BörseG 2018" durch die FMA zu erlassenden Verordnung Offenlegungsanforderungen unterliegen, die dem Unionsrecht entsprechen oder mit diesem vergleichbar sind *(BGBl I 2018/37)*
   b) öffentliche Verwaltungen oder Unternehmen,
   c) Kunden mit Wohnsitz in geografischen Gebieten mit geringem Risiko nach Z 3.
2. Risikofaktoren bezüglich Produkte, Dienstleistungen, Transaktionen oder Vertriebskanäle:
   a) Lebensversicherungsverträge mit niedriger Prämie,
   b) Versicherungspolicen für Rentenversicherungsverträge, sofern die Verträge weder eine Rückkaufklausel enthalten noch als Sicherheit für Darlehen dienen können,
   c) Rentensysteme und Pensionspläne beziehungsweise vergleichbare Systeme, wie beispielsweise die Hereinnahme und Veranlagung von Abfertigungsbeiträgen und Selbstständigenvorsorgebeiträgen durch Betriebliche Vorsorgekassen, die den Arbeitnehmern Altersversorgungsleistungen bieten, wobei die Beiträge vom Gehalt abgezogen werden und die Regeln des Systems es den Begünstigten nicht gestatten, ihre Rechte zu übertragen,
   d) Finanzprodukte oder -dienste, die bestimmten Kunden angemessen definierte und begrenzte Dienstleistungen mit dem Ziel der Einbindung in das Finanzsystem („financial inclusion") anbieten,
   e) Produkte, bei denen die Risiken der Geldwäscherei und Terrorismusfinanzierung durch andere Faktoren wie etwa Beschränkungen der elektronischen Geldbörse oder die Transparenz der Eigentumsverhältnisse gesteuert werden (z. B. bestimmten Arten von E-Geld).
3. Risikofaktoren in geographischer Hinsicht „ – Registrierung, Niederlassung, Wohnsitz in": *(BGBl I 2019/62)*
   a) Mitgliedstaaten,
   b) Drittländer mit gut funktionierenden Systemen zur Bekämpfung von Geldwäscherei und Terrorismusfinanzierung,
   c) Drittländer, in denen Korruption und andere kriminelle Tätigkeiten laut glaubwürdigen Quellen schwach ausgeprägt sind,
   d) Drittländer, deren Anforderungen an die Bekämpfung von Geldwäscherei und Terrorismusfinanzierung laut glaubwürdigen Quellen (z. B. gegenseitige Evaluierungen, detaillierte Be-

wertungsberichte oder veröffentlichte Follow-up-Berichte) den überarbeiteten FATF-Empfehlungen entsprechen und die diese Anforderungen wirksam umsetzen.

Anlage III

Zu (§ 9):

Die nachstehende Liste ist eine nicht erschöpfende Aufzählung von Faktoren und möglichen Anzeichen für ein potenziell erhöhtes Risiko nach § 9 Abs. 1:

1. Risikofaktoren bezüglich Kunden:
   a) außergewöhnliche Umstände der Geschäftsbeziehung,
   b) Kunden, die in geografischen Gebieten mit hohem Risiko gemäß Z 3 ansässig sind,
   c) juristische Personen oder Rechtsvereinbarungen, die als Instrumente für die private Vermögensverwaltung dienen,
   d) Unternehmen mit nominellen Anteilseignern oder als Inhaberpapieren emittierten Aktien,
   e) bargeldintensive Unternehmen,
   f) angesichts der Art der Geschäftstätigkeit als ungewöhnlich oder übermäßig kompliziert erscheinende Eigentumsstruktur des Unternehmens „,“ *(BGBl I 2019/62)*
   g) „der Kunde ist ein Drittstaatsangehöriger, der Aufenthaltsrechte oder die Staatsbürgerschaft eines Mitgliedstaats im Austausch gegen die Übertragung von Kapital, den Kauf von Immobilien oder Staatsanleihen oder Investitionen in Gesellschaften in diesem Mitgliedstaat beantragt;“ *(BGBl I 2019/62)*
2. Risikofaktoren bezüglich Produkten, Dienstleistungen, Transaktionen oder Vertriebskanälen:
   a) Banken mit Privatkundengeschäft,
   b) Produkte oder Transaktionen, die Anonymität begünstigen könnten,
   c) Geschäftsbeziehungen oder Transaktionen ohne persönliche Kontakte und ohne bestimmte Sicherungsmaßnahmen „einschließlich elektronischer Mittel für die Identitätsfeststellung und einschlägiger Vertrauensdienste gemäß der Verordnung (EU) Nr. 910/2014 und anderer sicherer Verfahren zur Identifizierung aus der Ferne oder auf elektronischem Weg nach Maßgabe des § 6 Abs. 4“, *(BGBl I 2019/62)*
   d) Eingang von Zahlungen unbekannter oder nicht verbundener Dritter,
   e) neue Produkte und neue Geschäftsmodelle einschließlich neuer Vertriebsmechanismen sowie Nutzung neuer oder in der Entwicklung begriffener Technologien für neue oder bereits bestehende Produkte „,“ *(BGBl I 2019/62)*
   f) „Transaktionen in Bezug auf Öl, Waffen, Edelmetalle, Tabakerzeugnisse, Kulturgüter und andere Artikel von archäologischer, historischer, kultureller oder religiöser Bedeutung oder von außergewöhnlichem wissenschaftlichen Wert sowie Elfenbein und geschützte Arten;“ *(BGBl I 2019/62)*
3. Risikofaktoren in geographischer Hinsicht:
   a) unbeschadet des § 2 Z 17, ermittelte Länder, deren Finanzsysteme laut glaubwürdigen Quellen (z. B. gegenseitige Evaluierungen, detaillierte Bewertungsberichte oder veröffentlichte Follow-up-Berichte) nicht über hinreichende Systeme zur Bekämpfung von Geldwäscherei und Terrorismusfinanzierung verfügen,
   b) Drittländer, in denen Korruption oder andere kriminelle Tätigkeiten laut glaubwürdigen Quellen signifikant stark ausgeprägt sind,
   c) Länder, gegen die beispielsweise die Union oder die Vereinten Nationen Sanktionen, Embargos oder ähnliche Maßnahmen verhängt hat/haben,
   d) Länder, die terroristische Aktivitäten finanziell oder anderweitig unterstützen oder in denen bekannte terroristische Organisationen aktiv sind.

FMA-Sparvereinverordnung

BGBl II 2015/62 idF

1 BGBl II 2017/3

Auf Grund des § 95 Abs. 1a des Bankwesengesetzes – BWG, BGBl. Nr. 532/1993, zuletzt geändert durch das Bundesgesetz BGBl. I Nr. 34/2015, wird verordnet:

Anwendungsbereich

§ 1. Durch diese Verordnung wird festgelegt, dass in Bezug auf die Feststellung und Überprüfung der Identität der Mitglieder von Sparvereinen von Kreditinstituten geringere Maßnahmen als die in „§ 6 Abs. 3 des Finanzmarkt-Geldwäschegesetzes (FM-GwG), BGBl. I Nr. 118/2016," festgelegten Pflichten angewendet werden können. *(BGBl II 2017/3)*

Geringere Maßnahmen zur Feststellung und Überprüfung der Identität

§ 2. (1) Abweichend von § 95 Abs. 1 BWG kann die Identifizierung der Mitglieder eines Sparvereins durch ein Organ des Vereins anhand einer dem Kreditinstitut auszufolgenden Liste mit den Namen, Geburtsdaten und Adressen der Mitglieder erfolgen, sofern

1. eine vom Kreditinstitut durchgeführte Beurteilung ergibt, dass der Sparverein als Kunde ein geringes Risiko der Geldwäscherei und Terrorismusfinanzierung darstellt und

2. der von einem einzelnen Sparvereinsmitglied in einem Kalenderjahr eingezahlte Betrag 1 500 Euro nicht übersteigt und

3. alle Mitglieder des Sparvereins natürliche Personen sind.

Übersteigt der von einem einzelnen Sparvereinsmitglied in einem Kalenderjahr eingezahlte Betrag 1 500 Euro, so ist das betreffende Mitglied im Zuge der die Überschreitung verursachenden Einzahlung nach Maßgabe des § 95 Abs. 1 BWG zu identifizieren.

(2) Eine Beurteilung nach Abs. 1 Z 1 hat gemäß „§ 6 Abs. 5 FM-GwG" zu erfolgen. Die Kreditinstitute dürfen bei Sparvereinen als Kunden nicht von einem geringen Risiko der Geldwäscherei oder Terrorismusfinanzierung ausgehen, wenn die ihnen vorliegenden Informationen darauf schließen lassen, dass das Risiko der Geldwäscherei oder der Terrorismusfinanzierung möglicherweise nicht gering ist. Diesfalls sind die in dieser Verordnung geregelten Erleichterungen nicht anzuwenden. *(BGBl II 2017/3)*

Inkrafttreten

§ 3. Diese Verordnung tritt mit dem der Kundmachung folgenden Tag in Kraft.

Schulsparen-Sorgfaltspflichtenverordnung – Schulspar-SoV

BGBl II 2017/2

Verordnung der Finanzmarktaufsichtsbehörde (FMA) über die Anwendbarkeit vereinfachter Sorgfaltspflichten im Bereich des Schulsparens (Schulsparen-Sorgfaltspflichtenverordnung – Schulspar-SoV)

Auf Grund des § 8 Abs. 5 des Finanzmarkt-Geldwäschegesetzes – FM-GwG, BGBl. I Nr. 118/2016, wird mit Zustimmung des Bundesministers für Finanzen verordnet:

Festlegung eines geringen Risikos der Geldwäscherei und Terrorismusfinanzierung im Bereich des Schulsparens

§ 1. (1) Im Bereich des Einlagengeschäftes gemäß § 1 Abs. 1 Z 1 des Bankwesengesetzes (BWG), BGBl. Nr. 532/1993, in der Fassung des Bundesgesetzes BGBl. I Nr. 118/2016, besteht in Bezug auf die in Abs. 2 genannten Spareinlagen (§ 31 BWG) ein geringes Risiko der Geldwäscherei oder Terrorismusfinanzierung.

(2) Abweichend von § 6 Abs. 1 Z 1 in Verbindung mit § 6 Abs. 2 Z 1 und Abs. 3 FM-GwG können Kreditinstitute (§ 2 Z 1 FM-GwG) gegenüber Kunden in Bezug auf

1. Spareinlagen, die im Rahmen des Schulsparens für jeweils einen einzelnen minderjährigen Schüler entgegengenommen werden („Einzelschulspareinlage“);

2. Spareinlagen, die im Rahmen des Schulsparens für mehrere minderjährige Schüler der gleichen Klasse (Jahrgang) im Sinne des § 9 des Schulunterrichtsgesetzes (SchUG), BGBl. Nr. 472/1986, in der Fassung des Bundesgesetzes BGBl. I Nr. 56/2016, von einer Lehrperson als Treuhänder entgegengenommen werden („Klassen-Sammelschulspareinlage“)

und die damit zusammenhängenden Transaktionen die in den §§ 2 und 3 festgelegten vereinfachten Sorgfaltspflichten anwenden.

(3) Die Festlegung eines geringen Risikos der Geldwäscherei oder Terrorismusfinanzierung und die Anwendbarkeit der in den §§ 2 und 3 festgelegten vereinfachten Sorgfaltspflichten gegenüber Kunden in Bezug auf die in Abs. 2 genannten Spareinlagen gelten auch für CRR-Kreditinstitute, welche die Tätigkeit gemäß Nr. 1 des Anhangs I der Richtlinie 2013/36/EU über den Zugang zur Tätigkeit von Kreditinstituten und die Beaufsichtigung von Kreditinstituten und Wertpapierfirmen, ABl. Nr. L 176 vom 27.06.2013 S. 338, in der Fassung der Berichtigung ABl. Nr. L 208 vom 02.08.2013 S. 73, zuletzt geändert durch die Richtlinie 2014/59/EU, ABl. Nr. L 173 vom 12.06.2014 S. 190, in Österreich über eine Zweigstelle gemäß § 9 BWG erbringen.

Vereinfachte Sorgfaltspflichten im Hinblick auf die Identifizierung von Schülern bei Einzelschulspareinlagen

§ 2. (1) Bei Spareinlagen gemäß § 1 Abs. 2 Z 1 kann die Identifizierung der einzelnen minderjährigen Schüler, für die eine Spareinlage eröffnet wird,

1. durch den einzelnen minderjährigen Schüler selbst im Beisein einer Lehrperson oder

2. treuhändig durch eine Lehrperson

erfolgen.

(2) Die Feststellung der Identität der einzelnen minderjährigen Schüler durch Kreditinstitute kann anhand

1. der Schülerausweise der betreffenden Schüler oder

2. von Kopien der Schülerausweise der betreffenden Schüler oder

3. einer den Kreditinstituten auszuhändigenden Liste mit Namen, Geburtsdaten und Adressen der betreffenden Schüler, für die eine Spareinlage gemäß § 1 Abs. 2 Z 1 eröffnet wird,

erfolgen.

(3) Die Mitwirkung des gesetzlichen Vertreters bei der Identifizierung gemäß Abs. 1 sowie bei der Feststellung der Identität gemäß Abs. 2 ist nicht erforderlich.

Vereinfachte Sorgfaltspflichten im Hinblick auf die Identifizierung von Schülern bei Klassen-Sammelschulspareinlagen

§ 3. (1) Bei Spareinlagen gemäß § 1 Abs. 2 Z 2 kann die Identifizierung der einzelnen minderjährigen Schüler, die aus der Spareinlage berechtigt sind, treuhändig durch eine Lehrperson erfolgen.

(2) Die Feststellung der Identität der einzelnen minderjährigen Schüler, die aus der Spareinlage berechtigt sind, durch Kreditinstitute kann anhand einer den Kreditinstituten auszuhändigenden Liste mit Namen, Geburtsdaten und Adressen der betreffenden minderjährigen Schüler erfolgen.

(3) Die Mitwirkung des gesetzlichen Vertreters bei der Identifizierung gemäß Abs. 1 sowie bei der Feststellung der Identität gemäß Abs. 2 ist nicht erforderlich.

Online-Identifikationsverordnung – Online-IDV

BGBl II 2017/5 idF

1 BGBl II 2018/199
2 BGBl II 2020/169
3 BGBl II 2020/414
4 BGBl II 2021/265
5 BGBl II 2021/455

Verordnung der Finanzmarktaufsichtsbehörde (FMA) über die videogestützte Online-Identifikation von Kunden (Online-Identifikationsverordnung – Online-IDV)

Auf Grund des § 6 Abs. 4 des Finanzmarkt-Geldwäschegesetzes – FM-GwG, BGBl. I Nr. 118/2016, wird mit Zustimmung des Bundesministers für Finanzen verordnet:

1. Teil

Allgemeine Bestimmungen

Gegenstand

§ 1. (1) Diese Verordnung regelt die erforderlichen Sicherungsmaßnahmen, um das erhöhte Risiko auszugleichen, das sich aus der Feststellung und Überprüfung der Identität einer Person ergibt, die oder deren vertretungsbefugte natürliche Person nicht physisch anwesend ist, wenn stattdessen ein videogestütztes elektronisches Verfahren (Online-Identifikation) verwendet wird.

(2) Die gemäß dieser Verordnung zu setzenden erforderlichen Sicherungsmaßnahmen gelten unbeschadet der weiteren Sorgfaltspflichten zur Prävention von Geldwäscherei oder Terrorismusfinanzierung gemäß dem FM-GwG.

(3) Die Verpflichteten können unbeschadet der nach dieser Verordnung zu setzenden erforderlichen Sicherungsmaßnahmen weitere Sicherungsmaßnahmen zur Anhebung des Sicherheitsniveaus setzen.

(4) Die Bestimmungen dieser Verordnung gelten unbeschadet der auf die Online-Identifikation anzuwendenden datenschutzrechtlichen Anforderungen.

Begriffsbestimmungen

§ 2. Im Sinne dieser Verordnung bezeichnet der Ausdruck

1. Bildschirmkopie: eine mittels elektronischer Datenverarbeitung gefertigte und gespeicherte Graphik, die den Bildschirminhalt als visuelle Komponente der Online-Identifikation bezogen auf den Zeitpunkt ihrer Erstellung in einer Qualität wiedergibt, die den jeweiligen Überprüfungs- und Dokumentationszwecken entspricht;

2. amtlicher Lichtbildausweis: ein amtlicher Lichtbildausweis im Sinne von § 6 Abs. 2 Z 1 FM-GwG, der über optische Sicherheitsmerkmale verfügt, welche im Vergleich zu bewegungsoptisch wirksamen (holographischen) Elementen zumindest gleichwertig sind „;“ *(BGBl II 2018/199)*

3. Auftragsverarbeiter: ein Auftragsverarbeiter gemäß Art. 4 Nr. 8 der Verordnung (EU) 2016/679 zum Schutz natürlicher Personen bei der Verarbeitung personenbezogener Daten, zum freien Datenverkehr und zur Aufhebung der Richtlinie 95/46/EG (Datenschutz-Grundverordnung), ABl. Nr. L 119 vom 04.05.2016 S. 1, „in der Fassung der Berichtigung ABl. Nr. L 74 vom 04.03.2021 S. 35“, auf den die Bestimmungen bezüglich Dritten gemäß dem 4. Abschnitt des FM-GwG anwendbar sind „;“ *(BGBl II 2018/199; BGBl II 2021/455)*

4. Biometrische Identifikationsverfahren: Verfahren zur Online-Identifikation, bei denen die gesamte Online-Identifikation oder einzelne Schritte davon ohne Beteiligung eines Mitarbeiters im Rahmen eines automatisierten elektronischen Verfahrens durchgeführt werden. *(BGBl II 2021/455)*

2. Teil

Sicherungsmaßnahmen

Organisatorische Sicherungsmaßnahmen

§ 3. (1) Der Verpflichtete darf für die Online-Identifikation nur Mitarbeiter einsetzen, die für die Durchführung der Online-Identifikation hinreichend geschult und zuverlässig sind. Diese Schulung hat zumindest den rechtlichen Rahmen, die technischen Voraussetzungen sowie die praktische Sicherstellung der Überprüfung zu umfassen.

(2) Der Verpflichtete hat sicherzustellen, dass die im Rahmen der Online-Identifikation herangezogenen Anwendungen sowie die übertragenen Daten zu keinem Konflikt mit anderen Prozessen des Verpflichteten führen, eine Beeinflussung ausgeschlossen ist und die Anwendungen sowie die Daten vor einem unbefugten Zugriff geschützt sind.

(3) Mitarbeiter des Verpflichteten dürfen die Online-Identifikation nur in einem abgetrennten,

mit einer Zugangskontrolle ausgestatteten Raum durchführen.

(4) Abweichend von Abs. 3 dürfen Mitarbeiter des Verpflichteten die Online-Identifikation an ihrem Wohnsitz in einem abgetrennten, geschlossenen Raum durchführen (Online-Identifikation im Home-Office). Es ist sicherzustellen, dass sich der Mitarbeiter während der gesamten Dauer der Online-Identifikation alleine und ungestört in diesem Raum aufhält. Wenn die Online-Identifikation durch einen Mitarbeiter im Home-Office stattfindet, ist der potentielle Kunde vorab über diesen Umstand zu informieren und auf den Umstand hinzuweisen, dass alternative Identifikationsmöglichkeiten bestehen. Die übrigen Bestimmungen dieser Verordnung bleiben hievon unberührt. *(BGBl II 2020/169, in Kraft ab 22. 4. 2020 und tritt mit Ablauf des 31. Dezember 2021 außer Kraft.)*

Verfahrensbezogene Sicherungsmaßnahmen

§ 4. (1) Soweit personenbezogene Daten nach den Bestimmungen dieser Verordnung verarbeitet werden, geschieht dies aufgrund von § 6 Abs. 4 FM-GwG für die Zwecke der Verhinderung von Geldwäscherei und Terrorismusfinanzierung (§ 21 Abs. 4 FM-GwG).

(2) Das Gespräch oder der Gesprächsteil, das oder der dem Zwecke der Online-Identifikation dient, ist jedenfalls akustisch in seiner Gesamtheit aufzuzeichnen; „§ 12 Abs. 4 Z 2 DSG" ist anzuwenden. Darüber hinaus sind Bildschirmkopien anzufertigen, die bei geeigneten Belichtungsverhältnissen Folgendes aus der Online-Identifikation graphisch abbilden:

1. Jedenfalls das Gesicht des potentiellen Kunden oder der vertretungsbefugten natürlichen Person des potentiellen Kunden,

2. die Präsentation der Vorderseite des amtlichen Lichtbildausweises oder von dessen Datenseite und

3. die Präsentation der Rückseite des amtlichen Lichtbildausweises oder von dessen Datenseite.

Die Bildschirmkopien haben dabei jedenfalls von einer solchen Qualität zu sein, dass der potentielle Kunde oder die vertretungsbefugte natürliche Person des potentiellen Kunden und die auf dem amtlichen Lichtbildausweis enthaltenen Daten vollständig und zweifelsfrei erkennbar sind. *(BGBl II 2018/199)*

(3) Der potentielle Kunde oder dessen vertretungsbefugte natürliche Person hat während der Online-Identifikation nach Aufforderung

1. seinen Kopf unter Präsentation des Gesichts zu bewegen und getrennt davon

2. die Seriennummer seines amtlichen Lichtbildausweises oder eine vom Verpflichteten zufällig generierte, mindestens vier Zeichen umfassende Zeichen- oder Wortfolge mitzuteilen. *(BGBl II 2021/455)*

(4) Der Mitarbeiter, der die Online-Identifikation durchführt, hat sich von der Authentizität des amtlichen Lichtbildausweises wie folgt zu vergewissern:

1. Visuelle Überprüfung des Vorhandenseins der optischen Sicherheitsmerkmale einschließlich bewegungsoptischer (holographischer) oder gleichwertiger Sicherheitsmerkmale, die nach Aufforderung zum horizontalen und vertikalen Kippen des amtlichen Lichtbildausweises deutlich erkennbar sein müssen,

2. Überprüfung der korrekten alphanumerischen Ziffernorthographie der Seriennummer,

3. Überprüfung der Unversehrtheit der Laminierung, die den amtlichen Lichtbildausweis umschließt, oder vergleichbarer Merkmale, die für die Unversehrtheit des Dokumentes sprechen,

4. Überprüfung zum Zwecke des Ausschlusses, dass es sich nur um ein nachträglich mit dem amtlichen Lichtbildausweis verbundenes Lichtbild handelt,

5. Überprüfung der logischen Konsistenz

a) der Merkmale des potentiellen Kunden oder der vertretungsbefugten natürlichen Person des potentiellen Kunden einerseits und der Personenbeschreibung sowie des Lichtbildes im amtlichen Lichtbildausweis andererseits, außerdem

b) des Lichtbildes, des Ausstellungsdatums und des Geburtsdatums im amtlichen Lichtbildausweis zueinander, außerdem

c) aller weiterer unter Umständen bereits vorhandener Kundendaten einerseits und der entsprechenden weiteren Angaben auf dem amtlichen Lichtbildausweis andererseits.

(5) Der potentielle Kunde oder dessen vertretungsbefugte natürliche Person hat während der laufenden Videoübertragung eine eigens für den Zweck der Online-Identifikation gültige, zentral generierte und an ihn per E-Mail oder SMS übermittelte Ziffernfolge unmittelbar einzugeben und an den Mitarbeiter elektronisch zurückzusenden.

(6) Die Online-Identifikation kann auch durch geeignete Biometrische Identifikationsverfahren erfolgen, soweit dies gemäß Art. 9 Abs. 2 Buchstabe a der Verordnung (EU) 2016/679 zulässig ist und der Verpflichtete geeignete technische und organisatorische Maßnahmen trifft, um ein dem Risiko angemessenes Schutzniveau im Sinne des Art. 32 der Verordnung (EU) 2016/679 zu erreichen. Dabei sind die Anforderungen dieser Verordnung nach Maßgabe der folgenden Bestimmungen einzuhalten:

1. Das Biometrische Identifikationsverfahren muss jedenfalls dem aktuellen Stand der Technik entsprechen, anlassbezogen aktualisiert werden und ein Sicherheitsniveau erreichen, mit dem zu-

mindest eine der Online-Identifikation durch Mitarbeiter gleichwertige Erfüllung sichergestellt werden kann. Der Verpflichtete muss geeignete Maßnahmen zur Sicherung der Integrität und Sicherheit der verwendeten Verfahren treffen, einschließlich laufender aktiver Überwachungsmaßnahmen, um etwaige Probleme unmittelbar zu erkennen und zu beseitigen.

2. Das Biometrische Identifikationsverfahren ist vom Verpflichteten nachvollziehbar zu dokumentieren. Abs. 2 erster Satz ist mit der Maßgabe anzuwenden, dass Aufnahmen, die zum Zwecke der Online-Identifikation erstellt werden, vom Verpflichteten als elektronische Mittel im Sinne des § 21 Abs. 1 Z 1 FM-GwG aufzubewahren sind. Die Dokumentation umfasst jedenfalls auch die im Rahmen der Überprüfung herangezogenen Sicherheitsfaktoren und die Ergebnisse der einzelnen Prüfungsschritte.

3. Abs. 2 Z 2 und 3 ist mit der Maßgabe anzuwenden, dass anstelle der Anfertigung von Bildschirmkopien bei der Überprüfung elektronisch signierter Lichtbildausweise (Z 5) die elektronisch signierten Daten zu speichern sind.

4. Werden die Anforderungen gemäß Abs. 3 und 5 durch ein Biometrisches Identifikationsverfahren erfüllt, hat der Verpflichtete die tatsächliche Teilnahme des potentiellen Kunden oder seiner vertretungsbefugten natürlichen Person an der Online-Identifikation anhand geeigneter Sicherungsmaßnahmen zu überprüfen, die jedenfalls die Überprüfung anhand einer während der Online-Identifikation erstellten Videoaufnahme umfassen (Anwesenheitsprüfung). Die Anwesenheitsprüfung kann von Abs. 3 Z 1 und 2 und Abs. 5 abweichen und kann auch als passive Anwesenheitsprüfung durchgeführt werden.

5. Für Biometrische Identifikationsverfahren dürfen nur Lichtbildausweise, deren Inhalt von der ausstellenden Behörde elektronisch signiert worden ist, verwendet werden. Der Verpflichtete hat dabei die Echtheit der elektronischen Signatur des Lichtbildausweises und die Integrität der elektronisch signierten Daten zu überprüfen und sicherzustellen, dass zur Signatur kein kompromittierter Schlüssel verwendet worden ist. Im Rahmen des Biometrischen Identifikationsverfahrens hat der Verpflichtete auch eine Überprüfung der logischen Konsistenz gemäß Abs. 4 Z 5 vorzunehmen. Abs. 4 Z 1 bis 4 ist auf die Überprüfung der Authentizität des Lichtbildausweises im Rahmen eines Biometrischen Identifikationsverfahrens nicht anwendbar.
(BGBl II 2021/455)

Zwingender Abbruch der Online-Identifikation

§ 5. (1) Der Vorgang der Online-Identifikation ist vorbehaltlich der Fälle gemäß Abs. 2 abzubrechen, wenn

1. eine geeignete Überprüfung des potentiellen Kunden oder des amtlichen Lichtbildausweises oder von beiden unter Berücksichtigung der verfahrensbezogenen Sicherungsmaßnahmen (§ 4) nicht möglich ist, *(BGBl II 2021/455)*

2. bei Vorliegen sonstiger Unstimmigkeiten,

3. bei Vorliegen sonstiger Unsicherheiten.

(2) Trifft den Verpflichteten die Sorgfaltspflicht gegenüber dem Kunden, dessen Identität und diejenige seiner vertretungsberechtigten natürlichen Person festzustellen und zu überprüfen, bei Vorliegen eines Falles gemäß § 5 Z 4 oder 5 FM-GwG, so ist die Online-Identifikation zu Ende zu führen und zu erwägen, eine Verdachtsmeldung gemäß § 16 FM-GwG an die Geldwäschemeldestelle zu erstatten.

Ausführung der Online-Identifikation durch Auftragsverarbeiter“

§ 6. (1) Bedient sich ein Verpflichteter für die Ausführung der Online-Identifikation gemäß dieser Verordnung eines „Auftragsverarbeiters“, hat er dafür Sorge zu tragen, dass der „Auftragsverarbeiter“ Sicherungsmaßnahmen ergreift, die sowohl hinsichtlich des Umfanges als auch der Qualität, den Anforderungen in dieser Verordnung entsprechen. Die endgültige Verantwortung für die Erfüllung dieser Anforderungen verbleibt jedoch beim Verpflichteten, der auf den „Auftragsverarbeiter“ zurückgreift. Bei Abschluss, Durchführung und Kündigung der Vereinbarung mit einem „Auftragsverarbeiter“ ist mit der gebotenen Professionalität und Sorgfalt zu verfahren und namentlich eine klare Aufteilung der Rechte und Pflichten schriftlich zu vereinbaren. „ “ *(BGBl II 2018/199)*

(2) Auslagerungs- und Vertretungsverhältnisse im Sinne von § 15 FM-GwG dürfen weder die Qualität der internen Kontrolle noch die Möglichkeit der FMA zur Prüfung der Einhaltung aller Anforderungen an die Online-Identifikation wesentlich beeinträchtigen.

3. Teil

Schlussbestimmungen

Verweise

§ 7. (1) Soweit auf Bestimmungen des FM-GwG verwiesen wird, ist das Finanzmarkt-Geldwäschegesetz (FM-GwG), BGBl. I Nr. 118/2016, in der Fassung des Bundesgesetzes BGBl. I Nr. 37/2018 anzuwenden.

(2) Soweit auf Bestimmungen des DSG verwiesen wird, ist das Datenschutzgesetz (DSG), BGBl. I Nr. 165/1999, in der Fassung des Bundesgesetzes BGBl. I Nr. 24/2018 anzuwenden.

(BGBl II 2018/199)

Personenbezogene Bezeichnungen

§ 8. Soweit sich die in dieser Verordnung verwendeten Bezeichnungen auf natürliche Personen beziehen, gilt die gewählte Form für beide Geschlechter.

In- und Außerkrafttreten

§ 9. „(1)" § 3 Abs. 4 in der Fassung der Verordnung BGBl. II Nr. 169/2020 tritt mit dem der Kundmachung folgenden Tag in Kraft und mit Ablauf des „31. Dezember 2021" außer Kraft. *(BGBl II 2021/265; BGBl II 2021/455)*

(2) § 2 Z 3 und 4, § 4 Abs. 3 Z 2 und Abs. 6 sowie § 5 Abs. 1 Z 1 in der Fassung der Verordnung BGBl. II Nr. 455/2021 treten mit dem auf die Kundmachung folgenden Tag in Kraft. Bis zum 31. Dezember 2022 können Verpflichtete von § 4 Abs. 6 Z 5 in der Fassung der Verordnung BGBl. II Nr. 455/2021 abweichende Biometrische Identifikationsverfahren einsetzen, sofern das Verfahren § 4 Abs. 4 Z 1 bis 5 entspricht. *(BGBl II 2021/455)*

(BGBl II 2020/169)

Anderkonten-Sorgfaltspflichtenverordnung – AndKo-SoV

BGBl II 2017/5

Verordnung der Finanzmarktaufsichtsbehörde (FMA) über die Anwendbarkeit vereinfachter Sorgfaltspflichten im Bereich der Anderkonten von Rechtsanwälten, Notaren oder Immobilienverwaltern (Anderkonten-Sorgfaltspflichtenverordnung – AndKo-SoV)

Auf Grund des § 8 Abs. 5 des Finanzmarkt-Geldwäschegesetzes – FM-GwG, BGBl. I Nr. 118/2016, wird mit Zustimmung des Bundesministers für Finanzen verordnet:

Festlegung eines geringen Risikos der Geldwäscherei und Terrorismusfinanzierung im Bereich der Anderkonten von Rechtsanwälten, Notaren oder Immobilienverwaltern

§ 1. (1) Im Bereich des Einlagengeschäftes gemäß § 1 Abs. 1 Z 1 des Bankwesengesetzes (BWG), BGBl. Nr. 532/1993, in der Fassung des Bundesgesetzes BGBl. I Nr. 118/2016, und im Bereich des Girogeschäftes gemäß § 1 Abs. 1 Z 2 BWG besteht in Bezug auf die in Abs. 2 genannten Anderkonten ein geringes Risiko der Geldwäscherei oder Terrorismusfinanzierung.

(2) Abweichend von § 6 Abs. 3 FM-GwG können Kreditinstitute (§ 2 Z 1 FM-GwG) gegenüber Kunden in Bezug auf

1. Sammelanderkonten von Rechtsanwälten oder Notaren;

2. Verlassenschaftsanderkonten von Rechtsanwälten oder Notaren;

3. Pflegschaftsanderkonten von Rechtsanwälten oder Notaren;

4. Insolvenzanderkonten von Rechtsanwälten oder Notaren;

5. Anderkonten von befugten Immobilienverwaltern für Eigentümergemeinschaften von Immobilien gemäß § 20 Abs. 6 des Wohnungseigentumsgesetzes 2002 (WEG 2002), BGBl. I Nr. 70/2002, in der Fassung des Bundesgesetzes BGBl. I Nr. 87/2015,

die in den §§ 2 und 3 festgelegten vereinfachten Sorgfaltspflichten anwenden.

(3) Die Kreditinstitute haben auch bei der Anwendung der vereinfachten Sorgfaltspflichten gemäß dieser Verordnung die Transaktionen und die Geschäftsbeziehungen in ausreichendem Umfang zu überwachen, um die Aufdeckung ungewöhnlicher oder verdächtiger Transaktionen zu ermöglichen.

(4) Die Kreditinstitute dürfen bei den in Abs. 2 genannten Anderkonten nicht von einem geringen Risiko der Geldwäscherei oder Terrorismusfinanzierung ausgehen, wenn die ihnen vorliegenden Informationen darauf schließen lassen, dass das Risiko der Geldwäscherei oder der Terrorismusfinanzierung nicht gering ist. Diesfalls sind die in dieser Verordnung festgelegten vereinfachten Sorgfaltspflichten nicht anzuwenden.

(5) Die Festlegung eines geringen Risikos der Geldwäscherei oder Terrorismusfinanzierung, die Anwendbarkeit der in den §§ 2 und 3 festgelegten vereinfachten Sorgfaltspflichten gegenüber Kunden in Bezug auf die in Abs. 2 genannten Anderkonten sowie die Abs. 3 und 4 gelten auch für CRR-Kreditinstitute, welche die Tätigkeiten gemäß Nummer 1 und 4 des Anhangs I der Richtlinie 2013/36/EU über den Zugang zur Tätigkeit von Kreditinstituten und die Beaufsichtigung von Kreditinstituten und Wertpapierfirmen, ABl. Nr. L 176 vom 27.06.2013 S. 338, in der Fassung der Berichtigung ABl. Nr. L 208 vom 02.08.2013 S. 73, zuletzt geändert durch die Richtlinie 2014/59/EU, ABl. Nr. L 173 vom 12.06.2014 S. 190, in Österreich über eine Zweigestelle gemäß § 9 BWG erbringen.

Vereinfachte Sorgfaltspflichten im Hinblick auf die Feststellung und Überprüfung der Identität des Treugebers bei Sammel-, Verlassenschafts-, Pflegschafts- oder Insolvenzanderkonten von Rechtsanwälten oder Notaren

§ 2. (1) Bei den in § 1 Abs. 2 Z 1 bis 4 genannten Anderkonten kann die Feststellung und Überprüfung der Identität des Treugebers oder der Treugeber durch die Kreditinstitute unterbleiben.

(2) Stellen die Kreditinstitute fest, dass sie zur Erfüllung der Sorgfalts- und Meldepflichten gemäß FM-GwG hinsichtlich der in § 1 Abs. 2 Z 1 bis 4 genannten Anderkonten weitere Informationen zur Identität des oder der Treugeber benötigen, haben sie die notwendigen Informationen bei dem Rechtsanwalt oder Notar, für den das jeweilige Anderkonto geführt wird, anzufordern.

Vereinfachte Sorgfaltspflichten im Hinblick auf die Feststellung und Überprüfung der Identität des Treugebers bei Anderkonten von Rechtsanwälten und befugten Immobilienverwaltern für Eigentümergemeinschaften

§ 3. (1) Bei den in § 1 Abs. 2 Z 5 genannten Anderkonten kann die Feststellung und Überprüfung der Identität der Miteigentümer als Treugeber durch die Kreditinstitute anhand eines Grundbuchsauszuges erfolgen. Dieser Grundbuchsauszug kann nur für jene Miteigentümer als Treugeberidentitätsnachweis herangezogen werden, die natürliche Personen sind.

(2) Stellen die Kreditinstitute fest, dass sie zur Erfüllung der Sorgfalts- und Meldepflichten gemäß FM-GwG hinsichtlich der in § 1 Abs. 2 Z 5 genannten Anderkonten weitere Informationen zur Identität der Treugeber benötigen, haben sie die notwendigen Informationen bei dem befugten Immobilienverwalter, für den das jeweilige Anderkonto geführt wird, anzufordern.

BVK-Risikoanalyse- und Sorgfaltspflichtenverordnung – BVK-RiSoV

BGBl II 2017/4

Verordnung der Finanzmarktaufsichtsbehörde (FMA) über die Ausnahme von der Verpflichtung zur Aufzeichnung einer Risikoanalyse und der Anwendbarkeit vereinfachter Sorgfaltspflichten im Bereich des Betrieblichen Vorsorgekassengeschäfts (BVK-Risikoanalyse- und Sorgfaltspflichtenverordnung – BVK-RiSoV)

Auf Grund des § 4 Abs. 2 und des § 8 Abs. 5 des Finanzmarkt-Geldwäschegesetzes – FM-GwG, BGBl. I Nr. 118/2016, wird – hinsichtlich des § 8 Abs. 5 mit Zustimmung des Bundesministers für Finanzen – verordnet:

Ausnahme von der Pflicht zur Aufzeichnung einer Risikoanalyse

§ 1. Die Aufzeichnung einer Risikoanalyse gemäß § 4 Abs. 1 FM-GwG für Betriebliche Vorsorgekassen (BV-Kassen) gemäß § 18 Abs. 1 des Betrieblichen Mitarbeiter- und Selbständigenvorsorgegesetzes (BMSVG), BGBl. I Nr. 100/2002, in der Fassung des Bundesgesetzes BGBl. I Nr. 118/2016, ist nicht erforderlich.

Festlegung eines geringen Risikos der Geldwäscherei und Terrorismusfinanzierung im Bereich des Betrieblichen Vorsorgekassengeschäfts

§ 2. (1) Im Bereich des Betrieblichen Vorsorgekassengeschäfts gemäß § 1 Abs. 1 Z 21 des Bankwesengesetzes (BWG), BGBl. 532/1993, in der Fassung des Bundesgesetzes BGBl. I Nr. 118/2016, besteht ein geringes Risiko der Geldwäscherei oder Terrorismusfinanzierung.

(2) Abweichend von § 6 Abs. 1 Z 1 in Verbindung mit § 6 Abs. 2 Z 1 FM-GwG können BV-Kassen in Bezug auf

1. die Feststellung und Überprüfung der Identität der Anwartschaftsberechtigten von BV-Kassen gemäß § 3 Z 2 BMSVG;

2. die Feststellung und Überprüfung der Identität der Anwartschaftsberechtigten von BV-Kassen gemäß § 51 Z 1 BMSVG;

3. die Feststellung und Überprüfung der Identität der Anwartschaftsberechtigten von BV-Kassen gemäß § 63 Z 1 BMSVG, oder

4. die Feststellung und Überprüfung der Identität von Arbeitgebern, die gemäß § 27a Abs. 5 BMSVG einer BV-Kasse zugewiesen werden,

die in den §§ 3 bis 6 festgelegten vereinfachten Sorgfaltspflichten anwenden.

Vereinfachte Sorgfaltspflichten im Hinblick auf die Feststellung und Überprüfung der Identität von Anwartschaftsberechtigten gemäß § 3 Z 2 BMSVG

§ 3. (1) Die Feststellung und Überprüfung der Identität eines Anwartschaftsberechtigten gemäß § 3 Z 2 BMSVG kann mittels der Stammdaten des Anwartschaftsberechtigten erfolgen, die der BV-Kasse im Wege des Hauptverbandes der Sozialversicherungsträger gemäß § 27 Abs. 4 BMSVG gemeldet werden.

(2) Abs. 1 ist in jenen Fällen nicht anzuwenden, in denen der Anwartschaftsberechtigte in eine direkte Geschäftsbeziehung mit der BV-Kasse tritt.

Vereinfachte Sorgfaltspflichten im Hinblick auf die Feststellung und Überprüfung der Identität von Anwartschaftsberechtigten gemäß § 51 Z 1 BMSVG

§ 4. Die Feststellung und Überprüfung der Identität eines Anwartschaftsberechtigten gemäß § 51 Z 1 BMSVG kann mittels der Daten des Anwartschaftsberechtigten erfolgen, die der BV-Kasse im Wege der Sozialversicherungsanstalt der Gewerblichen Wirtschaft gemäß § 50 Abs. 3 BMSVG gemeldet werden.

Vereinfachte Sorgfaltspflichten im Hinblick auf die Feststellung und Überprüfung der Identität von Anwartschaftsberechtigten gemäß § 63 Z 1 BMSVG

§ 5. Die Feststellung und Überprüfung der Identität jener Anwartschaftsberechtigten gemäß § 63 Z 1 BMSVG, bei denen die Beitragseinhebung durch einen Sozialversicherungsträger erfolgt, kann mittels der Daten des Anwartschaftsberechtigten erfolgen, die der BV-Kasse im Wege der Sozialversicherungsträger gemäß § 62 Abs. 2 in Verbindung mit § 50 Abs. 3 BMSVG gemeldet werden.

Vereinfachte Sorgfaltspflichten im Hinblick auf die Feststellung und Überprüfung der Identität von gemäß § 27a Abs. 5 BMSVG zugewiesenen Arbeitgebern

§ 6. Die Feststellung und Überprüfung der Identität eines Arbeitgebers, der einer BV-Kasse gemäß § 27a Abs. 5 BMSVG zugewiesen wird, kann mittels der Stammdaten erfolgen, die der BV-Kasse im Wege des Hauptverbandes der Sozialversicherungsträger gemäß § 27 Abs. 4 BMSVG gemeldet werden.

Lebensversicherung-Sorgfaltspflichtenverordnung – LV-SoV

BGBl II 2017/1

Verordnung der Finanzmarktaufsichtsbehörde (FMA) über die Anwendung vereinfachter Sorgfaltspflichten im Bereich der Lebensversicherung (Lebensversicherung-Sorgfaltspflichtenverordnung – LV-SoV)

Auf Grund des § 8 Abs. 5 des Finanzmarkt-Geldwäschegesetzes – FM-GwG, BGBl. I Nr. 118/2016, wird mit Zustimmung des Bundesministers für Finanzen verordnet:

Festlegung eines geringen Risikos der Geldwäscherei und Terrorismusfinanzierung im Bereich des Betriebes der Lebensversicherung

§ 1. Im Bereich des Betriebes der Lebensversicherung gemäß den Z 19 bis 22 der Anlage A zu § 7 Abs. 4 des Versicherungsaufsichtsgesetzes 2016 (VAG 2016), BGBl. I Nr. 34/2015, in der Fassung des Bundesgesetzes BGBl. I Nr. 118/2016, besteht in Bezug auf die in § 2 genannten Versicherungsverträge ein geringes Risiko der Geldwäscherei oder Terrorismusfinanzierung.

§ 2. (1) Versicherungsunternehmen können gegenüber Kunden oder Begünstigten von Lebensversicherungsverträgen in Bezug auf

1. Lebensversicherungsverträge, bei denen die Höhe der im Laufe des Jahres zu zahlenden Prämien 1 200 Euro nicht übersteigt;

2. Lebensversicherungsverträge, bei denen bei Zahlung einer einmaligen Prämie diese nicht mehr als 2 500 Euro beträgt;

3. Rentenversicherungsverträge, sofern diese weder eine Rückkaufklausel enthalten noch als Sicherheit für ein Darlehen dienen können;

4. Versicherungsverträge im Rahmen der betrieblichen Altersvorsorge;

5. Verträge im Rahmen der prämienbegünstigten Zukunftsvorsorge gemäß § 108g des Einkommensteuergesetzes 1988 (EStG 1988), BGBl. Nr. 400/1988, in der Fassung des Bundesgesetzes BGBl. I Nr. 77/2016;

6. Verträge im Rahmen der Pensionszusatzversicherung gemäß § 108b EStG 1988

und die damit zusammenhängenden Transaktionen vereinfachte Sorgfaltspflichten anwenden.

(2) Die Versicherungsunternehmen haben auch bei der Anwendung vereinfachter Sorgfaltspflichten die Transaktionen und die Geschäftsbeziehungen in ausreichendem Umfang zu überwachen, um die Aufdeckung ungewöhnlicher oder verdächtiger Transaktionen zu ermöglichen. Sie dürfen bei den in Abs. 1 genannten Lebensversicherungsverträgen nicht von einem geringen Risiko der Geldwäscherei oder Terrorismusfinanzierung ausgehen, wenn die ihnen vorliegenden Informationen darauf schließen lassen, dass das Risiko der Geldwäscherei oder der Terrorismusfinanzierung nicht gering ist. Diesfalls sind die vereinfachten Sorgfaltspflichten nicht anzuwenden.

Bundesgesetz über die Einrichtung eines Registers der wirtschaftlichen Eigentümer von Gesellschaften, anderen juristischen Personen und Trusts (Wirtschaftliche Eigentümer Registergesetz – WiEReG)

BGBl I 2017/136 idF

1 BGBl I 2017/150
2 BGBl I 2018/37
3 BGBl I 2018/62
4 BGBl I 2019/62
5 BGBl I 2019/104 (FORG)
6 BGBl I 2020/23 (3. COVID-19-Gesetz)
7 BGBl I 2021/25
8 BGBl I 2021/148

STICHWORTVERZEICHNIS

Bundesgesetz über die Einrichtung eines Registers der wirtschaftlichen Eigentümer von Gesellschaften, anderen juristischen Personen und Trusts (Wirtschaftliche Eigentümer Registergesetz – WiEReG)

Inhaltsverzeichnis

Anwendungsbereich

§ 1. (1) Dieses Bundesgesetz ist auf die in Abs. 2 genannten Rechtsträger anzuwenden.

(2) Rechtsträger im Sinne dieses Bundesgesetzes sind die folgenden Gesellschaften und sonstigen juristischen Personen mit Sitz im Inland „ , Trusts und trustähnliche Vereinbarungen nach Maßgabe von Z 17 und 18 sowie meldepflichtige ausländische Rechtsträger nach Maßgabe von Z 19“: *(BGBl I 2021/25)*

1. offene Gesellschaften;

2. Kommanditgesellschaften;

3. Aktiengesellschaften;

4. Gesellschaften mit beschränkter Haftung;

5. Erwerbs- und Wirtschaftsgenossenschaften;

6. Versicherungsvereine auf Gegenseitigkeit;

7. kleine Versicherungsvereine;

8. Sparkassen;

9. Europäische wirtschaftliche Interessensvereinigungen;

10. Europäische Gesellschaften (SE);

11. Europäische Genossenschaften (SCE);

12. Privatstiftungen gemäß § 1 PSG;

13. sonstige Rechtsträger, deren Eintragung im Firmenbuch gemäß § 2 Z 13 FBG vorgesehen ist;

14. Vereine gemäß § 1 VerG;

15. Stiftungen und Fonds gemäß § 1 BStFG 2015;

16. aufgrund eines Landesgesetzes eingerichtete Stiftungen und Fonds, sofern die Anwendung dieses Bundesgesetzes landesgesetzlich vorgesehen ist;

17. Trusts gemäß Abs. 3, wenn sie vom Inland aus verwaltet werden, oder falls sich die Verwaltung nicht im Inland oder in einem anderen Mitgliedstaat befindet, wenn der Trustee im Namen des Trusts im Inland eine Geschäftsbeziehung aufnimmt „oder sich verpflichten, Eigentum an einem im Inland gelegenen Grundstück zu erwerben“. Eine Verwaltung im Inland liegt insbesondere dann vor, wenn der Trustee seinen Wohnsitz bzw. Sitz im Inland hat; *(BGBl I 2021/25) (BGBl I 2019/62)*

18. trustähnliche Vereinbarungen; das sind andere Vereinbarungen, wie beispielsweise fiducie, bestimmte Arten von Treuhand oder fideicomisio, sofern diese in Funktion oder Struktur mit einem Trust vergleichbar sind und vom Inland aus verwaltet werden, oder falls sich die Verwaltung nicht im Inland oder in einem anderen Mitgliedstaat befindet, wenn die mit einem Trustee vergleichbare Person im Namen der trustähnlichen Vereinbarung im Inland eine Geschäftsbeziehung aufnimmt „oder sich verpflichten, Eigentum an einem im Inland gelegenen Grundstück zu erwerben“. Eine Verwaltung im Inland liegt

insbesondere dann vor, wenn der mit einem Trustee vergleichbare Gewalthaber (Treuhänder) seinen Wohnsitz bzw. Sitz im Inland hat. *(BGBl I 2019/62; BGBl I 2021/25)*

19. Meldepflichtige ausländische Rechtsträger; das sind Gesellschaften, Stiftungen und vergleichbare juristische Personen, deren Sitz sich nicht im Inland oder einem anderen Mitgliedstaat befindet, sofern sie sich verpflichten, Eigentum an einem im Inland gelegenen Grundstück zu erwerben. *(BGBl I 2021/25)*

„Ein Mitgliedstaat im Sinne dieses Bundesgesetzes ist ein Mitgliedstaat der Europäischen Union oder ein anderer Vertragsstaat des Abkommens über den Europäischen Wirtschaftsraum, BGBl. Nr. 909/1993 in der Fassung des Anpassungsprotokolls BGBl. Nr. 910/1993 (EWR). Ein Erwerb des Eigentums an einem im Inland gelegenen Grundstück im Sinne dieses Bundesgesetzes ist ein Erwerbsvorgang gemäß § 1 Abs. 1 und 2 GrEStG 1987. Nach dem Erwerb des Eigentums an einem im Inland gelegenen Grundstück unterliegen meldepflichtige ausländische Rechtsträger sowie Trusts und trustähnliche Vereinbarungen, deren Verwaltung sich nicht im Inland oder in einem anderen Mitgliedstaat befindet, diesem Bundesgesetz, solange sich dieses Grundstück in deren Vermögen befindet oder sie dieses Grundstück auf eigene Rechnung verwerten können.“ *(BGBl I 2021/25)*

(3) Ein Trust im Sinne dieses Bundesgesetzes ist die von einer Person (dem Settlor/Trustor) durch Rechtsgeschäft unter Lebenden oder durch letztwillige Verfügung geschaffene Rechtsbeziehung, bei der Vermögen zugunsten eines Begünstigten oder für einen bestimmten Zweck der Aufsicht eines Trustees unterstellt wird, wobei der Trust selbst auch rechtsfähig sein kann. Ein Trust hat folgende Eigenschaften:

1. Das Vermögen des Trusts stellt ein getrenntes Sondervermögen dar und ist nicht Bestandteil des persönlichen Vermögens des Trustees;

2. die Rechte in Bezug auf das Vermögen des Trusts lauten auf den Namen des Trustees oder auf den einer anderen Person in Vertretung des Trustees;

3. der Trustee hat die Befugnis und die Verpflichtung, über die er Rechenschaft abzulegen hat, das Vermögen in Übereinstimmung mit den Trustbestimmungen und den ihm durch das Recht auferlegten besonderen Verpflichtungen zu verwalten, zu verwenden oder darüber zu verfügen.

Die Tatsache, dass sich der Settlor/Trustor bestimmte Rechte und Befugnisse vorbehält oder dass der Trustee selbst Rechte als Begünstigter hat, steht dem Bestehen eines Trusts nicht notwendigerweise entgegen.

(4) Der Bundesminister für Finanzen hat mit Verordnung die Merkmale von trustähnlichen Vereinbarungen, die nach inländischem Recht eingerichtet werden können, zu beschreiben, damit festgestellt werden kann, welche Rechtsvereinbarungen in ihrer Struktur oder Funktion mit Trusts vergleichbar sind. Der Bundesminister für Finanzen hat die Kategorien, eine Beschreibung der Merkmale, die Namen und allenfalls die Rechtsgrundlage der in § 1 Abs. 2 Z 17 und 18 genannten Trusts und trustähnlichen Vereinbarungen, sofern diese nach inländischem Recht eingerichtet werden können, jährlich an die Europäische Kommission zu übermitteln. *(BGBl I 2019/62)*

Definition des wirtschaftlichen Eigentümers

§ 2. Wirtschaftlicher Eigentümer sind alle natürlichen Personen, in deren Eigentum oder unter deren Kontrolle ein Rechtsträger letztlich steht, hierzu gehört zumindest folgender Personenkreis:

1. bei Gesellschaften, insbesondere bei Rechtsträgern gemäß § 1 Abs. 2 Z 1 bis 11, 13 und 14:

a) alle natürlichen Personen, die direkt oder indirekt einen ausreichenden Anteil von Aktien oder Stimmrechten (einschließlich in Form von Inhaberaktien) halten, ausreichend an der Gesellschaft beteiligt sind (einschließlich in Form eines Geschäfts- oder Kapitalanteils) oder die Kontrolle auf die „ “ Gesellschaft ausüben: *(BGBl I 2018/37)*

aa) Direkter wirtschaftlicher Eigentümer: wenn eine natürliche Person einen Anteil von Aktien oder Stimmrechten von mehr als 25 vH oder eine Beteiligung von mehr als 25 vH an der Gesellschaft hält oder eine natürliche Person oder mehrere natürliche Personen gemeinsam direkt Kontrolle auf die Gesellschaft ausüben, so ist diese natürliche Person oder sind diese natürliche Personen direkte wirtschaftliche Eigentümer. *(BGBl I 2018/37)*

bb) „Indirekter wirtschaftlicher Eigentümer: wenn ein Rechtsträger einen Anteil von Aktien oder Stimmrechten von mehr als 25 vH oder eine Beteiligung von mehr als 25 vH an der Gesellschaft hält und eine natürliche Person oder mehrere natürliche Personen gemeinsam direkt oder indirekt Kontrolle auf diesen Rechtsträger ausübt, so ist diese natürliche Person oder sind diese natürliche Personen indirekte wirtschaftliche Eigentümer der Gesellschaft.“

Wenn mehrere Rechtsträger, die von derselben natürlichen Person oder denselben natürlichen Personen direkt oder indirekt kontrolliert werden, insgesamt einen „Anteil von Aktien oder Stimmrechten von mehr als 25 vH“ oder eine Beteiligung von mehr als 25 vH an der Gesellschaft halten, so ist diese natürliche Person oder sind diese natürlichen Personen wirtschaftliche Eigentümer.

Ein von der oder den vorgenannten natürlichen Personen „direkt gehaltener Anteil an Aktien oder Stimmrechten" oder eine direkt gehaltene Beteiligung ist jeweils hinzuzurechnen.

Oberste Rechtsträger sind jene Rechtsträger in einer Beteiligungskette, die von indirekten wirtschaftlichen Eigentümern direkt kontrolliert werden sowie jene Rechtsträger an denen indirekte wirtschaftliche Eigentümer „direkt Aktien, Stimmrechte oder eine Beteiligung halten", wenn diese zusammen mit dem oder den vorgenannten Rechtsträger(n) das wirtschaftliche Eigentum begründen. Wenn der wirtschaftliche Eigentümer eine Funktion gemäß Z 2 oder Z 3 ausübt, dann ist der betreffende Rechtsträger stets oberster Rechtsträger.

Der Begriff Rechtsträger im Sinne dieser Ziffer umfasst auch vergleichbare Rechtsträger im Sinne des § 1 mit Sitz in einem anderen Mitgliedstaat oder in einem Drittland.
(BGBl I 2018/37)

Kontrolle liegt bei einem Aktienanteil von 50 vH zuzüglich einer Aktie oder einer Beteiligung von mehr als 50 vH, direkt oder indirekt gehalten, vor. Weiters ist Kontrolle auch bei Vorliegen der Kriterien gemäß § 244 Abs. 2 UGB oder bei Ausübung einer Funktion gemäß Z 2 oder Z 3 bei einem obersten Rechtsträger gegeben „oder wenn die Gesellschaft auf andere Weise letztlich kontrolliert wird."Im Übrigen begründet ein Treugeber oder eine vergleichbare Person Kontrolle durch ein Treuhandschaftsverhältnis oder ein vergleichbares Rechtsverhältnis. *(BGBl I 2018/37)*

b) die natürlichen Personen, die der obersten Führungsebene der Gesellschaft angehören, wenn nach Ausschöpfung aller Möglichkeiten und sofern keine Verdachtsmomente vorliegen, keine Person nach lit. a ermittelt werden kann. Für die nachfolgend genannten Gesellschaften gilt:

aa) bei offenen Gesellschaften und Kommanditgesellschaften mit ausschließlich natürlichen Personen als Gesellschaftern gelten die geschäftsführenden Gesellschafter als wirtschaftliche Eigentümer, sofern keine Anhaltspunkte vorliegen, dass die Gesellschaft direkt oder indirekt unter der Kontrolle einer oder mehrerer anderer natürlichen Personen steht.

bb) bei Erwerbs- und Wirtschaftsgenossenschaften gelten die Mitglieder der obersten Führungsebene (Vorstand) als wirtschaftlicher Eigentümer oder, sofern auch Geschäftsleiter eingetragen sind, nur die Geschäftsleiter als wirtschaftliche Eigentümer. *(BGBl I 2018/37)*

cc) bei eigentümerlosen Gesellschaften gelten die natürlichen Personen, die der obersten Führungsebene angehören als wirtschaftliche Eigentümer, sofern keine Anhaltspunkte vorliegen, dass die Gesellschaft direkt oder indirekt unter der Kontrolle einer oder mehrerer anderer natürlichen Personen steht.

2. bei Trusts, insbesondere bei Rechtsträgern gemäß § 1 Abs. 2 Z 17:

a) der/die Settlor/Trustor(en); *(BGBl I 2019/62)*

b) der/die Trustee(s);

c) der/die Protektor(en), sofern vorhanden; *(BGBl I 2019/62)*

d) die Begünstigten oder sofern die Einzelpersonen, die Begünstigte des Trusts sind, noch bestimmt werden müssen die Gruppe von Personen, in deren Interesse der Trust errichtet oder betrieben wird (Begünstigtenkreis); erhalten Personen aus dieser Gruppe Zuwendungen von dem Trust, deren Wert 2 000 Euro in einem Kalenderjahr übersteigt, dann gelten sie in dem betreffenden Kalenderjahr als Begünstigte;

e) jede sonstige natürliche Person, die den Trust auf andere Weise letztlich kontrolliert.

3. bei Stiftungen, vergleichbaren juristischen Personen und trustähnlichen Rechtsvereinbarungen gemäß § 1 Abs. 2 Z 18, die natürlichen Personen, die gleichwertige oder ähnliche wie die unter Z 2 genannten Funktionen bekleiden; dies betrifft bei

a) Privatstiftungen (§ 1 Abs. 2 Z 12):

aa) die Stifter;

bb) die Begünstigten, die Gruppe von Personen, aus der aufgrund einer gesonderten Feststellung (§ 5 PSG) die Begünstigten ausgewählt werden (Begünstigtenkreis) erhalten Personen aus dieser Gruppe Zuwendungen der Privatstiftung, deren Wert 2 000 Euro in einem Kalenderjahr übersteigt, dann gelten sie in dem betreffenden Kalenderjahr als Begünstigte oder bei Privatstiftungen gemäß § 66 VAG 2016, Sparkassenstiftungen gemäß § 27a SpG, Unternehmenszweckförderungsstiftungen gemäß § 4d Abs. 1 EStG 1988, Arbeitnehmerförderungsstiftungen gemäß § 4d Abs. 2 EStG 1988 und Belegschafts- und Mitarbeiterbeteiligungsstiftungen gemäß § 4d Abs. 3 und 4 EStG 1988 stets den Begünstigtenkreis;

cc) die Mitglieder des Stiftungsvorstands;

dd) sowie jede sonstige natürliche Person, die die Privatstiftung auf andere Weise letztlich kontrolliert.

b) bei Stiftungen und Fonds (§ 1 Abs. 2 Z 15 und 16):

aa) die Gründer;

bb) die Mitglieder des Stiftungs- oder Fondsvorstands;

cc) den Begünstigtenkreis;

dd) sowie jede sonstige natürliche Person, die die Stiftung oder den Fonds auf andere Weise letztlich kontrolliert.

Sorgfaltspflichten der Rechtsträger in Bezug auf ihre wirtschaftlichen Eigentümer

§ 3. (1) Die Rechtsträger haben die Identität ihres wirtschaftlichen Eigentümers festzustellen und angemessene Maßnahmen zur Überprüfung seiner Identität zu ergreifen, so dass sie davon überzeugt sind zu wissen, wer ihr wirtschaftlicher Eigentümer ist; dies schließt die Ergreifung angemessener Maßnahmen mit ein, um die Eigentums- und Kontrollstruktur zu verstehen. Zudem haben sie den Verpflichteten (§ 9 Abs. 1), wenn diese Sorgfaltspflichten gegenüber Kunden anwenden, zusätzlich zu den Informationen über ihren rechtlichen Eigentümer auch beweiskräftige Unterlagen zu ihren wirtschaftlichen Eigentümern vorzulegen.

(2) Die Rechtsträger haben Kopien der Dokumente und Informationen, die für die Erfüllung der Sorgfaltspflichten gemäß Abs. 1 erforderlich sind, bis mindestens fünf Jahre nach dem Ende des wirtschaftlichen Eigentums der natürlichen Person aufzubewahren. „Durch die Übermittlung eines vollständigen Compliance-Packages für einen Rechtsträger gilt diese Verpflichtung als erfüllt.“ *(BGBl I 2019/62)*

(3) Die Rechtsträger haben die Sorgfaltspflichten gemäß Abs. 1 zumindest jährlich durchzuführen und dabei angemessene, präzise und aktuelle Informationen über die wirtschaftlichen Eigentümer, einschließlich genauer Angaben zum wirtschaftlichen Interesse, einzuholen und zu prüfen, ob die an das Register gemeldeten wirtschaftlichen Eigentümer noch aktuell sind. *(BGBl I 2019/62)*

(4) „Bei Trusts und trustähnlichen Vereinbarungen treffen die Rechte und Pflichten gemäß diesem Bundesgesetz den Trustee (§ 2 Z 2 lit. b) oder eine mit dem Trustee vergleichbare Person. Dieser oder diese haben gegenüber Verpflichteten, wenn diese Sorgfaltspflichten gegenüber ihren Kunden anwenden, ihren Status offenzulegen und die Angaben über die wirtschaftlichen Eigentümer des Trust oder der trustähnlichen Vereinbarung zeitnah bei Aufnahme einer Geschäftsbeziehung oder bei Durchführung einer gelegentlichen Transaktion oberhalb der Schwellenwerte zu übermitteln. Sie haben weiters dafür zu sorgen, dass der Trust oder die trustähnliche Vereinbarung in das Ergänzungsregister für sonstige Betroffene eingetragen ist und gegebenenfalls einen Antrag auf Eintragung in das Ergänzungsregister für sonstige Betroffene zu stellen. Für diesen Antrag gilt folgendes:“

1. Als rechtsgültige Bezeichnung des Trusts bzw. der trustähnlichen Vereinbarung gilt die von den Parteien vertraglich festgelegte Bezeichnung. In Ermangelung einer solchen ist der Vor- und Nachname des Settlors unter Nachstellung der Bezeichnung „Trust“ zu verwenden. Bei trustähnlichen Vereinbarungen ist der Vor- und Nachname der mit dem Settlor vergleichbaren Person (Treugeber) unter Nachstellung der Bezeichnung „trustähnliche Vereinbarung“ zu verwenden;

2. Die Angabe über die Rechts- oder Organisationsform lautet entweder „Trust“ oder „trustähnliche Vereinbarung“;

3. Als Anschrift und Sitz ist der Ort von dem aus der Trust oder die trustähnliche Vereinbarung verwaltet wird anzugeben;

4. Als Angabe über den Bestandszeitraum, ist der Zeitpunkt anzugeben ab dem der Trust oder die trustähnliche Vereinbarung rechtswirksam geworden ist.
(BGBl I 2019/62)

(5) Die Verpflichtung zur Eintragung im Ergänzungsregister und zur Meldung der wirtschaftlichen Eigentümer gemäß § 5 entfällt, wenn ein Trust oder eine trustähnliche Vereinbarung, der auch von einem anderen Mitgliedstaat aus verwaltet wird, in einem Register gemäß Art. 31 der Richtlinie (EU) 2015/849 eines anderen Mitgliedstaates eingetragen ist. Dies gilt ebenso bei Trusts oder trustähnlichen Vereinbarungen, bei denen sich die Verwaltung nicht im Inland oder in einem anderen Mitgliedstaat befindet, wenn dieser oder diese in einem Register gemäß Art. 31 der Richtlinie (EU) 2015/849 eines anderen Mitgliedstaates eingetragen ist und für diesen oder diese im Inland keine Liegenschaften erworben wurden. Nach Nachweis der Registrierung kann die Eintragung des Trusts oder der trustähnlichen Vereinbarung im Ergänzungsregister beendet werden. *(BGBl I 2019/62)*

(6) Die meldepflichtigen ausländischen Rechtsträger haben gegenüber Verpflichteten, wenn diese Sorgfaltspflichten gegenüber ihren Kunden anwenden, ihren Status offenzulegen und die Angaben über die wirtschaftlichen Eigentümer zeitnah bei Aufnahme einer Geschäftsbeziehung oder bei Durchführung einer gelegentlichen Transaktion oberhalb der Schwellenwerte zu übermitteln. Die meldepflichtigen ausländischen Rechtsträger haben einen Antrag auf Eintragung des meldepflichtigen ausländischen Rechtsträgers in das Ergänzungsregister für sonstige Betroffene zu stellen. Für diesen Antrag gilt Folgendes:

1. Die Angabe über die Rechts- oder Organisationsform lautet „meldepflichtiger ausländischer Rechtsträger;

2. als Sitz ist der Sitz des meldepflichtigen ausländischen Rechtsträgers einzutragen und als Zustelladresse ist die inländische Zustelladresse des berufsmäßigen Parteienvertreters anzugeben, der mit der Wahrnehmung der Sorgfaltspflichten beauftragt wurde;

3. als Angabe über den Bestandszeitraum ist der Zeitpunkt der Antragstellung anzugeben.
(BGBl I 2021/25)

(7) Meldepflichtige ausländische Rechtsträger sowie Trusts und trustähnliche Vereinbarungen, deren Verwaltung sich nicht im Inland oder in einem anderen Mitgliedstaat befindet, haben einen berufsmäßigen Parteienvertreter mit Sitz im Inland, der auch Zustellungsbevollmächtigter sein muss, mit der Wahrnehmung der Sorgfaltspflichten gemäß diesem Bundesgesetz zu beauftragen. *(BGBl I 2021/25)*

(8) Vor der Beurkundung oder Aufnahme einer Notariatsurkunde zum Zwecke des Erwerbs eines im Inland gelegenen Grundstücks haben meldepflichtige ausländische Rechtsträger sowie Trusts und trustähnliche Vereinbarungen, deren Verwaltung sich nicht im Inland oder in einem anderen Mitgliedstaat befindet, dem Notar vor der Beurkundung beweiskräftige Unterlagen zu ihren wirtschaftlichen Eigentümern vorzulegen und die Meldung der wirtschaftlichen Eigentümer gemäß § 5 nachzuweisen. Der Nachweis der Meldung kann auch dadurch erfolgen, dass der beurkundende Notar selbst einen Auszug gemäß § 9 einholt. *(BGBl I 2021/25)*

Pflichten der rechtlichen und wirtschaftlichen Eigentümer

§ 4. Eigentümer und wirtschaftliche Eigentümer von Rechtsträgern „(einschließlich wirtschaftliche Eigentümer aufgrund von Anteilen an Aktien und Inhaberaktien, Stimmrechten, Beteiligungen oder anderen Formen von Kontrolle)" haben diesen alle für die Erfüllung der Sorgfaltspflichten (§ 3) erforderlichen Dokumente und Informationen zur Verfügung zu stellen. *(BGBl I 2019/62)*

Meldung der Daten durch die Rechtsträger

§ 5. (1) Die Rechtsträger haben die folgenden Daten über ihre wirtschaftlichen Eigentümer an die Bundesanstalt Statistik Österreich als „Auftragsverarbeiterin"* der Registerbehörde zu melden:

1. bei direkten wirtschaftlichen Eigentümern:

a) Vor- und Zuname;

b) sofern diese über keinen Wohnsitz im Inland verfügen, die Nummer und die Art des amtlichen Lichtbildausweises;

c) Geburtsdatum und Geburtsort;

d) Staatsangehörigkeit;

e) Wohnsitz;

Wenn ein wirtschaftlicher Eigentümer verstorben ist, ist dies anzugeben; Diesfalls entfallen die Angaben gemäß lit. b bis e.

2. bei indirekten wirtschaftlichen Eigentümern:

a) die Informationen gemäß Z 1 über den indirekten wirtschaftlichen Eigentümer;

b) sofern es sich bei einem obersten Rechtsträger um einen Rechtsträger gemäß § 1 handelt, die Stammzahl sowie den Anteil an Aktien, Stimmrechten oder die Beteiligung des wirtschaftlichen Eigentümers am obersten Rechtsträger;

c) sofern es sich bei einem obersten Rechtsträger um einen mit § 1 vergleichbaren Rechtsträger mit Sitz in einem anderen Mitgliedstaat oder einem Drittland handelt, den Namen und den Sitz des Rechtsträgers, die Rechtsform, die der Stammzahl und dem Stammregister entsprechenden Identifikatoren sowie den Anteil an Aktien, Stimmrechten oder die Beteiligung des wirtschaftlichen Eigentümers am obersten Rechtsträger.

Indirekte wirtschaftliche Eigentümer sind nicht zu melden, wenn deren wirtschaftliches Eigentum durch einen obersten Rechtsträger gemäß § 2 Z 2 und 3 begründet wird, der selbst als Rechtsträger im Register eingetragen ist.

3. die Art und den Umfang des wirtschaftlichen Interesses für jeden wirtschaftlichen Eigentümer durch die Angabe

a) im Fall des § 2 Z 1 lit. a ob der Rechtsträger im Eigentum des wirtschaftlichen Eigentümers steht (unter Angabe des Anteils an Aktien oder der Beteiligung) oder der wirtschaftliche Eigentümer Stimmrechte hält (unter Angabe des Anteils) oder auf andere Weise unter der Kontrolle des wirtschaftlichen Eigentümers steht „(unter Angabe des Anteils auf den Kontrolle ausgeübt wird, sofern sich dieser ermitteln lässt, und unter Angabe, ob ein relevantes Treuhandschaftsverhältnis vorliegt und ob der wirtschaftliche Eigentümer Treuhänder oder Treugeber ist)"; *(BGBl I 2019/62)*

b) im Fall des § 2 Z 1 lit. b ob der wirtschaftliche Eigentümer der Führungsebene des Rechtsträgers angehört „und ob kein wirtschaftlicher Eigentümer vorhanden ist oder ob nach Ausschöpfung aller Möglichkeiten die wirtschaftlichen Eigentümer nicht festgestellt und überprüft werden konnten;" *(BGBl I 2019/62)*

c) im Fall des § 2 Z 2 welche der unter § 2 Z 2 lit. a bis d spezifizierte Funktion der wirtschaftliche Eigentümer ausübt oder ob der wirtschaftliche Eigentümer eine andere Form der Kontrolle gemäß § 2 Z 2 lit. e ausübt.

d) im Fall des § 2 Z 3 welche der unter § 2 Z 3 lit. a sublit. aa bis cc oder lit. b sublit. aa bis cc spezifizierte Funktion der wirtschaftliche Eigentümer bei Privatstiftungen oder Stiftungen und Fonds gemäß § 1 Abs. 2 Z 15 und 16 ausübt oder ob der wirtschaftliche Eigentümer eine andere Form der Kontrolle gemäß § 2 Z 3 lit. a sublit. dd oder lit. b sublit. dd ausübt.

e) in allen übrigen Fällen, dass das wirtschaftliche Eigentum auf sonstige Weise hergestellt wird.

4. bei Meldungen durch einen berufsmäßigen Parteienvertreter (§ 9 Abs. 1 Z 6 bis 10) die Angabe,

a) ob die wirtschaftlichen Eigentümer durch den berufsmäßigen Parteienvertreter gemäß den Anforderungen dieses Bundesgesetzes festgestellt und überprüft wurden,

b) ob ein Compliance-Package (§ 5a) übermittelt wird und bejahendenfalls, ob dessen Inhalt von allen Verpflichteten oder nur auf Anfrage eingesehen werden kann (eingeschränktes Compliance-Package). Im Falle eines eingeschränkten Compliance-Packages, gegebenenfalls ob bestimmten Verpflichteten Einsicht gewährt werden soll. Bei eingeschränkten Compliance- Packages ist anzugeben, ob der berechtigte Parteienvertreter oder der Rechtsträger oder beide Freigaben erteilen können;

c) die Angabe einer E-Mailadresse des berufsmäßigen Parteienvertreters und allenfalls des Rechtsträgers, sofern ein Compliance-Package übermittelt wird; Die Angabe einer E-Mailadresse des Rechtsträgers ist im Falle eines eingeschränkten Compliance-Packages verpflichtend, wenn der Rechtsträger selbst Freigaben erteilen soll; und

d) die Angabe ob an die angegebene E-Mailadresse des berufsmäßigen Parteienvertreters oder des Rechtsträgers Rückfragen im Zusammenhang mit einer Meldung oder einem Compliance-Package im elektronischen Wege übermittelt werden dürfen.
(BGBl I 2019/62)

„Der Rechtsträger hat die Daten binnen vier Wochen nach der erstmaligen Eintragung in das jeweilige Stammregister oder bei Trusts und trustähnlichen Vereinbarungen nach der Begründung der Verwaltung im Inland zu übermitteln. Änderungen der Angaben sind binnen vier Wochen nach Kenntnis der Änderung zu übermitteln.“**„Bei Daten des Rechtsträgers selbst, die im jeweiligen Stammregister eingetragen sind, ist jedenfalls Kenntnis ab deren Eintragung im jeweiligen Stammregister anzunehmen. Entfalten Umstände bereits vor Eintragung in das Stammregister eine Wirkung auf die wirtschaftlichen Eigentümer eines Rechtsträgers, so ist für den Beginn der Meldefrist auf den Beginn der Wirksamkeit abzustellen. Bei Vorliegen einer Meldebefreiung gemäß § 6 entfällt die Verpflichtung zur Meldung der Änderungen, wenn die Eintragung im jeweiligen Stammregister binnen vier Wochen beantragt wird. Rechtsträger, die nicht gemäß § 6 von der Meldepflicht befreit sind, haben binnen vier Wochen nach der Fälligkeit der jährlichen Überprüfung gemäß § 3 Abs. 3, die bei der Überprüfung festgestellten Änderungen zu melden oder die gemeldeten Daten zu bestätigen.“ *(BGBl I 2018/37; BGBl I 2019/62)*

(2) Die Meldung der in Abs. 1 genannten Daten hat von den Rechtsträgern im elektronischen Wege über das Unternehmensserviceportal (§ 1 USPG) an die Bundesanstalt Statistik Österreich als „Auftragsverarbeiterin“ der Registerbehörde zu erfolgen. Eine Übermittlung der Daten durch berufsmäßige Parteienvertreter gemäß § 5 Abs. 1 Z 2 USPG ist zulässig. Es dürfen nur Geräte zum Einsatz kommen, die über ein nach Maßgabe des jeweiligen Standes der Technik anerkanntes Protokoll kommunizieren. Bei natürlichen Personen ohne Wohnsitz im Inland hat der Rechtsträger eine Kopie des unter Abs. 1 Z 1 lit. b angegebenen amtlichen Lichtbildausweises im elektronischen Wege über das Unternehmensserviceportal an die Registerbehörde zu übermitteln. *(BGBl I 2018/37)*

(3) Zum Zwecke der eindeutigen Identifikation von wirtschaftlichen Eigentümern „, von jenen natürlichen Personen, die für die Zwecke der automatisationsunterstützt erstellten Darstellung gemäß § 9 Abs. 5 Z 1 benötigt werden, und von vertretungsbefugten natürlichen Personen der Rechtsträger“** hat die Bundesanstalt Statistik Österreich über das Stammzahlenregister automatisationsunterstützt das „ “* bereichsspezifische Personenkennzeichen des Bereichs „Steuern und Abgaben – SA” zu ermitteln. „Die Registerbehörde und die Bundesanstalt Statistik Österreich haben die im Zentralen Melderegister verarbeiteten Daten abzufragen, um die Daten über die wirtschaftlichen Eigentümer zu übernehmen, zu ergänzen und aktuell zu halten und können zu diesem Zweck auch das Ergänzungsregister für natürliche Personen abfragen.“* Der Bundesminister für Inneres ist ermächtigt, der Bundesanstalt Statistik Österreich auf deren Verlangen zum Zweck der Ergänzung und der Überprüfung der Daten der wirtschaftlichen Eigentümer eine Abfrage gemäß § 16a Abs. 4 MeldeG auf das Zentrale Melderegister zu eröffnen. Danach ist der Änderungsdienst gemäß § 16c MeldeG zu verwenden. Zum Zwecke der eindeutigen Identifikation von obersten Rechtsträgern mit Sitz im Inland hat die Bundesanstalt Statistik Österreich deren Daten mit dem Stammzahlenregister automationsunterstützt abzugleichen. Wenn kein automationsunterstützter Abgleich im Hinblick auf die vorgenannten Rechtsträger möglich ist, dann dürfen diese nicht gemeldet werden. Insoweit einzelne, der in Abs. 1 genannten Daten durch die Bundesanstalt Statistik Österreich automatisationsunterstützt ergänzt werden, ist keine Meldung der betreffenden Daten durch den Rechtsträger erforderlich. *(*BGBl I 2017/150; **BGBl I 2018/37)*

(4) Jeder Rechtsträger ist berechtigt über das Unternehmensserviceportal Einsicht in die über ihn im Register erfassten Daten zu nehmen. Die Einsicht ist im Wege einer Information über den Registerstand zu gewähren, die alle Elemente des Auszuges gemäß § 9 Abs. 4 enthält.

(5) Wenn bei Rechtsträgern gemäß § 1 Abs. 2 Z 1, 2, 3, 4, 9, 10, 11 und 13 die wirtschaftlichen Eigentümer gemäß § 2 Z 1 lit. b festgestellt wurden, ist nur zu melden, dass die natürlichen Personen, die der obersten Führungsebene des

Rechtsträgers angehören, als wirtschaftliche Eigentümer festgestellt wurden. Die Bundesanstalt Statistik Österreich hat diese aus dem Firmenbuch zu übernehmen und laufend aktuell zu halten. „Wenn die natürlichen Personen, die der obersten Führungsebene angehören nicht mehr im Firmenbuch eingetragen sind, so hat die Bundesanstalt Statistik Österreich die Meldung gemäß § 5 Abs. 5 WiEReG zu beenden.“ *(BGBl I 2018/37; BGBl I 2019/62)*

(6) Wenn für einen Rechtsträger noch keine Meldung von einem berufsmäßigen Parteienvertreter abgegeben wurde, so kann jeder berufsmäßige Parteienvertreter unter Berufung auf die ihm erteilte Vollmacht eine Meldung gemäß diesem Paragraphen abgeben. Nach Abgabe einer Meldung von einem berufsmäßigen Parteienvertreter für einen Rechtsträger, kann ein anderer berufsmäßiger Parteienvertreter für diesen Rechtsträger nur dann eine Meldung abgeben, wenn dieser im elektronischen Wege der Registerbehörde unter Berufung auf die erteile Vollmacht den Wechsel der Berechtigung zur Abgabe einer Meldung anzeigt. Die Registerbehörde hat den Rechtsträger über den Wechsel der Berechtigung zu informieren und darauf hinzuweisen, dass der Wechsel binnen zwei Wochen ab deren Beantragung im Register eingetragen wird, sofern kein Widerspruch des Rechtsträgers innerhalb dieser Frist bei der Registerbörde eingeht. Nach Ablauf der Frist endet die Möglichkeit zur Meldung für den ursprünglich vertretungsbefugten Parteienvertreter und Meldungen können nur von dem berufsmäßigen Parteienvertreter eingebracht werden, der zuletzt den Wechsel der Berechtigung angezeigt hat. Die Registerbehörde kann auf Antrag des Rechtsträgers den Wechsel der Berechtigung schon vor Ablauf der zweiwöchigen Frist eintragen, wenn dies zur Wahrung der Meldefrist erforderlich ist. *(BGBl I 2019/62)*

(7) Gegen berufsmäßige Parteienvertreter oder deren Beschäftigte, die wirtschaftliche Eigentümer gemäß § 9 Abs. 4 Z 7a festgestellt, überprüft und gemeldet oder ein Compliance-Package gemäß § 9 Abs. 5a übermittelt haben, können Dritte daraus Schadenersatzansprüche nur dann erheben, wenn die berufsmäßigen Parteienvertreter oder deren Beschäftigte vorsätzlich oder krass grob fahrlässig gegen ihre Sorgfaltspflichten nach diesem Bundesgesetz verstoßen haben. *(BGBl I 2019/62)*

Übermittlung der Dokumentation über die Anwendung der Sorgfaltspflichten zur Feststellung und Überprüfung der Identität von wirtschaftlichen Eigentümern (Compliance-Package)

§ 5a. (1) Ein berufsmäßiger Parteienvertreter kann, wenn er die wirtschaftlichen Eigentümer eines Rechtsträgers gemäß den Anforderungen dieses Bundesgesetzes festgestellt und überprüft hat, alle für die Feststellung und Überprüfung der Identität der wirtschaftlichen Eigentümer erforderlichen Informationen, Daten und Dokumente im elektronischen Wege über das Unternehmensserviceportal an die Registerbehörde übermitteln (Compliance-Package). Hiebei sind jedenfalls die folgenden Informationen, Daten und Dokumente im elektronischen Wege über das Unternehmensserviceportal an die Registerbehörde zu übermitteln:

1. ein Organigramm, aus dem sich die relevante Eigentums- und Kontrollstruktur ergibt, bei Rechtsträgern gemäß § 1 Abs. 2 Z 1 bis 4, 9 und 10;

2. für den meldenden Rechtsträger selbst,

a) bei offenen Gesellschaften, Kommanditgesellschaften und Europäischen wirtschaftlichen Interessensvereinigungen der Gesellschaftsvertrag bzw. das Gründungsdokument oder ein anderer Nachweis über die Beteiligungsverhältnisse;

b) bei Aktiengesellschaften und Europäischen Gesellschaften (SE) ein Nachweis über für das wirtschaftliche Eigentum relevante Anteilsrechte und Aktien sowie die Satzung, soweit sich aus dieser abweichende Stimmrechte oder Kontrollverhältnisse ergeben;

c) bei Gesellschaften mit beschränkter Haftung der Gesellschaftsvertrag, soweit sich aus diesem von den Beteiligungsverhältnissen abweichende Stimmrechte oder Kontrollverhältnisse ergeben;

d) bei Privatstiftungen gemäß § 1 PSG die Stiftungsurkunde sowie die Stiftungszusatzurkunde und alle weiteren Nachweise, die für die Feststellung und Überprüfung aller Begünstigten der Privatstiftung gemäß diesem Bundesgesetz notwendig sind;

e) bei Stiftungen und Fonds gemäß § 1 BStFG 2015 und bei aufgrund eines Landesgesetzes eingerichteten Stiftungen und Fonds die Stiftungsurkunde, Gründungserklärung oder ein vergleichbarer Nachweis;

f) bei Trusts und trustähnlichen Vereinbarungen die Trusturkunde, sonstige Dokumente, aus denen sich Begünstigte des Trusts ergeben, und alle weiteren Nachweise, die für die Feststellung und Überprüfung aller Begünstigten des Trusts oder der trustähnlichen Vereinbarung gemäß diesem Bundesgesetz notwendig sind;

g) Nachweise und Erklärungen, aufgrund derer sich allfällige, für die Stellung als wirtschaftlicher Eigentümer gemäß diesem Bundesgesetz relevante Treuhandschaften ergeben;

h) sonstige Nachweise und Dokumente, die für die Feststellung und Überprüfung der wirtschaftlichen Eigentümer des Rechtsträgers erforderlich sind; solche sind insbesondere dann erforderlich, wenn relevante Stimmrechte vorliegen, die von der jeweiligen Beteiligung oder dem Anteil von

Aktien abweichen oder wenn andere Kontrollverhältnisse vorliegen, die für die Feststellung und Überprüfung der wirtschaftlichen Eigentümer relevant sind und diese nicht bereits von lit. a bis g erfasst sind.

3. für relevante inländische übergeordnete Rechtsträger sind die in Z 2 lit. a bis h genannten Dokumente zu übermitteln. Sofern Dokumente zu übermitteln sind, ist die Stammzahl des übergeordneten inländischen Rechtsträgers anzugeben. Wenn für einen „übergeordneten Rechtsträger" mit Sitz im Inland ein gültiges Compliance-Package im Register im Zeitpunkt der Meldung gespeichert ist, entfällt die Verpflichtung zur Übermittlung der Dokumente für diesen „übergeordneten Rechtsträger" gemäß dieser Ziffer, wenn die Stammzahl „dieses übergeordneten Rechtsträgers" und der Umstand gemeldet wird, dass auf dieses Compliance-Package verwiesen wird. In diesem Fall ist nur der Umstand, dass auf dieses Compliance-Package verwiesen wird, Bestandteil der Meldung. *(BGBl I 2021/25)*

4. für ausländische übergeordnete Rechtsträger, die für das wirtschaftliche Eigentum am Rechtsträger relevant sind, die Angabe des Namens, der Stammzahl, der Rechtsform und des Sitzlandes sowie jene am Sitz des übergeordneten Rechtsträgers gemäß dem landesüblichen Rechtsstandard verfügbaren

a) Nachweise, die für die Überprüfung der Existenz einer juristischen Person im Sitzland vorgesehen sind;

b) Nachweise, die zum Zwecke der Überprüfung der Eigentumsverhältnisse im Sitzland vorgesehen sind;

c) Gesellschaftsverträge, Statuten und dergleichen, soweit sich von lit. b abweichende Stimmrechte oder Kontrollverhältnisse ergeben;

d) Nachweise und Erklärungen, aufgrund derer sich allfällige, für die Stellung als wirtschaftlicher Eigentümer gemäß diesem Bundesgesetz relevante Treuhandschaften ergeben und die für die Feststellung und Überprüfung dieser wirtschaftlichen Eigentümer notwendig sind; dies unabhängig von den aufgrund der landesüblichen Rechtsstandards verfügbaren Nachweisen;

e) sonstige Nachweise und Dokumente, die für die Feststellung und Überprüfung der wirtschaftlichen Eigentümer des Rechtsträgers erforderlich sind; solche Nachweise sind insbesondere dann erforderlich, wenn relevante Stimmrechte vorliegen, die von der jeweiligen Beteiligung oder dem Anteil an Aktien abweichen oder wenn andere Kontrollverhältnisse vorliegen, die für die Feststellung und Überprüfung der wirtschaftlichen Eigentümer relevant sind und nicht bereits gemäß lit. a bis d übermittelt werden.

Wenn für einen Rechtsträger mit Sitz im Inland, der sich auf der letzten inländischen Ebene einer Eigentums- oder Kontrollkette befindet, ein gültiges Compliance-Package gespeichert wurde, entfällt die Verpflichtung zur Übermittlung der Dokumente gemäß dieser Ziffer für jene relevanten Rechtsträger mit Sitz im Ausland, deren Dokumente in diesem Compliance-Package enthalten sind, wenn die Stammzahl dieses Rechtsträgers und der Umstand gemeldet wird, dass auf dieses Compliance-Package verwiesen wird. In diesem Fall ist nur der Umstand, dass auf dieses Compliance-Package verwiesen wird, Bestandteil der Meldung.

(2) Soweit es sich bei den Dokumenten um Urkunden handelt, muss es sich um beweiskräftige Urkunden handeln, die gemäß dem am Sitz der juristischen Personen landesüblichen Rechtsstandard verfügbar sind. Befindet sich der Sitz eines relevanten übergeordneten ausländischen Rechtsträgers im Zeitpunkt der Übermittlung des Compliance-Packages in einem Drittland mit hohem Risiko (§ 2 Z 16 FM-GwG) oder bestehen Zweifel an der Echtheit einer Urkunde, dann müssen die betreffenden Urkunden dem berufsmäßigen Parteienvertreter im Original oder in einer beglaubigten Kopie vorliegen. Nach erfolgter Prüfung sind Kopien der vorgelegten Originaldokumente anzufertigen, mit dem Vermerk „Original vorgelegt am:" unter Angabe des Datums und einem Hinweis auf einen nachvollziehbar erkennbaren Vermerkersteller zu erstellen und an das Register zu übermitteln. Originaldokumente können an den Rechtsträger retourniert werden. Sofern Dokumente nicht in deutscher oder englischer Sprache abgefasst sind, so sind zusätzlich zum Originaldokument beglaubigte Übersetzungen des Dokuments oder jedenfalls der relevanten Teile in deutscher oder englischer Sprache zu übermitteln.

(3) Bestehen berechtigte Gründe gegen eine Übermittlung einer Urkunde an das Register, so kann anstelle der Übermittlung der Urkunde, ein vollständiger Aktenvermerk an das Register übermittelt werden, wenn der berufsmäßige Parteienvertreter, der die wirtschaftlichen Eigentümer des Rechtsträgers festgestellt und überprüft hat oder ein Dritter gemäß Art. 2 Abs. 1 Z 3 lit. a und b der Richtlinie (EU) 2015/849 mit Sitz im Inland oder einem Mitgliedstaat oder nach Maßgabe des § 13 Abs. 4 FM-GwG mit Sitz in einem Drittland, Einsicht in die Urkunde genommen und diesen Aktenvermerk angefertigt hat. Ein vollständiger Aktenvermerk hat Folgendes zu enthalten:

1. Datum und Ort der Einsichtnahme,

2. Vorname, Nachname, Geburtsdatum und Unterschrift der die Einsicht vornehmenden Person,

3. genaue Bezeichnung des eingesehenen Dokumentes und von wem das Dokument in welcher Funktion errichtet oder ausgestellt und unterzeichnet wurde,

4. eine Beschreibung des Inhalts des Dokumentes und eine Zusammenfassung aller für das wirtschaftliche Eigentum am Rechtsträger relevanten Teile des Dokumentes.

Die Übermittlung von Aktenvermerken anstelle von Dokumenten ist nicht zulässig, wenn sich der Sitz des Ausstellers des Dokumentes, der Sitz einer der Vertragsparteien, die das Dokument errichtet haben, oder der Sitz des Rechtsträges, den das Dokument betrifft, in einem Drittland mit hohem Risiko (§ 2 Z 16 FM-GwG) befindet.

(4) Die Dokumente müssen im Zeitpunkt der Übermittlung an das Register aktuell sein. Auszüge aus ausländischen Handels-, Gesellschafts- oder Trustregistern und die Bestätigung der Geschäftsführung des Rechtsträgers gemäß Abs. 1 Z 2 lit. i dürfen bei Meldungen und Änderungsmeldungen nicht älter als 6 Wochen sein. Ältere Dokumente dürfen nur in begründeten Ausnahmefällen gemeinsam mit den Gründen dafür übermittelt werden.

(5) Vor der Übermittlung, Änderung oder Ergänzung eines Compliance-Packages hat der berufsmäßige Parteienvertreter eine firmenmäßig gezeichnete Bestätigung der Geschäftsführung des Rechtsträgers einzuholen, in der diese bestätigt, dass alle zur Feststellung und Überprüfung der wirtschaftlichen Eigentümer erforderlichen Dokumente dem berufsmäßigen Parteienvertreter vorliegen, aktuell sind und in dem zu übermittelnden Compliance-Package enthalten sind und keine von der Meldung abweichenden Stimmrechte, Kontroll- oder Treuhandschaftsbeziehungen bestehen. Der berufsmäßige Parteienvertreter hat in der Meldung den Erhalt dieser Bestätigung zu bestätigen. „Keine Bestätigung der Geschäftsführung des Rechtsträgers ist erforderlich, wenn bei einer Ergänzung eines Compliance-Package keine Änderung der relevanten inländischen oder ausländischen übergeordneten Rechtsträger und keine Änderung bei den zu übermittelnden Dokumenten vorgenommen wird.“ *(BGBl I 2021/25)*

(6) Die übermittelten Informationen, Daten und Dokumente sind für die Zwecke der Verhinderung der Geldwäscherei und der Terrorismusfinanzierung zu speichern und sind fünf Jahre nach dem Zeitpunkt, bei dem diese mit einem Compliance-Package übermittelt wurden, zu löschen. Das Compliance-Package ist für die Dauer von zwölf Monaten nach der letzten Meldung, bei der ein Compliance-Package gemäß Abs. 1 oder Abs. 7 übermittelt wurde, gültig.

(7) Der gemäß § 5 Abs. 6 berechtigte berufsmäßige Parteienvertreter kann eine Änderungsmeldung zu einem bestehenden Compliance-Package übermitteln, durch die die Gültigkeit des Compliance- Package um weitere zwölf Monate verlängert wird. Bei dieser Meldung hat der berufsmäßige Parteienvertreter die Vollständigkeit des Compliance-Packages gemäß Abs. 1 und die Aktualität aller Dokumente gemäß Abs. 4 zu überprüfen und zu bestätigen.

(8) Der gemäß § 5 Abs. 6 berechtigte berufsmäßige Parteienvertreter kann eine Ergänzung zu einem bestehenden gültigen Compliance-Package übermitteln, „bei der relevante inländische und ausländische übergeordnete Rechtsträger hinzufügt, entfernt oder deren Daten geändert werden können, übermittelte Dokumente gelöscht, neue Dokumente hinzugefügt oder die über Dokumente gespeicherten Daten geändert werden können,“ das Compliance-Package eingeschränkt oder die Einschränkung aufgehoben werden kann, die E-Mailadresse des berufsmäßigen Parteienvertreters und des Rechtsträgers geändert werden können, festgelegt werden kann, ob der berufsmäßige Parteienvertreter und/oder der Rechtsträger Freigaben erteilen oder Rückfragen beantworten können und festgelegt werden kann, welchen Verpflichteten in ein eingeschränktes Compliance-Package Einsicht gewährt werden soll, ohne dass jedoch Änderungen bei den gemeldeten wirtschaftlichen Eigentümern vorgenommen werden können. Bei jeder Ergänzung hat der berufsmäßige Parteienvertreter die Aktualität der zusätzlich übermittelten Dokumente zu prüfen und zu bestätigen. Die Dauer der Gültigkeit des Compliance-Package gemäß Abs. 6 ändert sich durch die Übermittlung einer Ergänzung nicht. *(BGBl I 2021/25)*

(9) Der berufsmäßige Parteienvertreter hat bei der Übermittlung der Dokumente im Rahmen des Compliance-Packages an das Register zu erklären, dass der Rechtsträger gegenüber ihm bestätigt hat, dass die erforderlichen Einwilligungserklärungen, die den Anforderungen des Art. 7 der Verordnung (EU) 2016/679 entsprechen, und die Freigabe zur Übermittlung des Compliance-Packages vorliegen.

(BGBl I 2019/62)

Befreiung von der Meldepflicht

§ 6. (1) Offene Gesellschaften gemäß § 1 Abs. 2 Z 1 und Kommanditgesellschaften gemäß § 1 Abs. 2 Z 2 sind von der Meldung gemäß § 5 befreit, wenn alle Gesellschafter natürliche Personen sind. Sind weniger als vier Gesellschafter im Firmenbuch eingetragen, dann sind diese als wirtschaftliche Eigentümer von der Bundesanstalt Statistik Österreich zu übernehmen. Wenn vier oder mehr Gesellschafter im Firmenbuch eingetragen sind, dann sind die im Firmenbuch eingetragenen geschäftsführenden Gesellschafter von der Bundesanstalt Statistik Österreich als wirtschaftliche Eigentümer zu übernehmen. Wenn eine andere natürliche Person wirtschaftlicher Eigentümer gemäß § 2 der offenen Gesellschaft oder der Kommanditgesellschaft ist, dann hat die offene Gesellschaft oder die Kommanditgesellschaft eine Meldung gemäß § 5 Abs. 1 vorzunehmen. *(BGBl I 2018/37)*

(2) Gesellschaften mit beschränkter Haftung gemäß § 1 Abs. 2 Z 4 sind von der Meldung gemäß § 5 befreit, wenn alle Gesellschafter natürliche Personen sind. Diesfalls sind die im Firmenbuch eingetragenen Gesellschafter von der Bundesanstalt Statistik Österreich als wirtschaftliche Eigentümer zu übernehmen, wenn diese eine Beteiligung von mehr als 25 vH halten. Hält kein Gesellschafter eine Beteiligung von mehr als 25 vH, so sind die im Firmenbuch eingetragenen Geschäftsführer von der Bundesanstalt Statistik Österreich als wirtschaftliche Eigentümer zu übernehmen. Wenn eine andere natürliche Person wirtschaftlicher Eigentümer gemäß § 2 der Gesellschaft mit beschränkter Haftung ist, dann hat die Gesellschaft mit beschränkter Haftung eine Meldung gemäß § 5 Abs. 1 vorzunehmen. *(BGBl I 2018/37)*

(3) Erwerbs- und Wirtschaftsgenossenschaften gemäß § 1 Abs. 2 Z 5 sind von der Meldung gemäß § 5 befreit. Diesfalls sind die im Firmenbuch eingetragenen Mitglieder des Vorstands oder, sofern auch Geschäftsleiter eingetragen sind, nur die Geschäftsleiter von der Bundesanstalt Statistik Österreich als wirtschaftliche Eigentümer zu übernehmen. Wenn eine andere natürliche Person wirtschaftlicher Eigentümer gemäß § 2 der Erwerbs- und Wirtschaftsgenossenschaft ist, dann hat die Erwerbs- und Wirtschaftsgenossenschaft eine Meldung gemäß § 5 Abs. 1 vorzunehmen. *(BGBl I 2018/37)*

(4) Versicherungsvereine auf Gegenseitigkeit gemäß § 1 Abs. 2 Z 6, kleine Versicherungsvereine gemäß § 1 Abs. 2 Z 7 und Sparkassen gemäß § 1 Abs. 2 Z 8 sind von der Meldung gemäß § 5 befreit. Diesfalls sind die im Firmenbuch oder im Ergänzungsregister für sonstige Betroffene eingetragenen Mitglieder des Vorstands von der Bundesanstalt Statistik Österreich als wirtschaftliche Eigentümer zu übernehmen. Wenn eine andere natürliche Person direkt oder indirekt Kontrolle „auf die vorgenannten Gesellschaften" ausübt, dann hat diese Gesellschaft eine Meldung gemäß § 5 Abs. 1 vorzunehmen. *(BGBl I 2018/37)*

(5) Vereine gemäß § 1 Abs. 2 Z 14 sind von der Meldung gemäß § 5 befreit. Diesfalls sind die im Vereinsregister eingetragenen organschaftlichen Vertreter des Vereins von der Bundesanstalt Statistik Österreich als wirtschaftliche Eigentümer zu übernehmen. Wenn eine andere natürliche Person direkt oder indirekt Kontrolle „auf den Verein" ausübt, dann hat der Verein eine Meldung gemäß § 5 Abs. 1 vorzunehmen. *(BGBl I 2018/37)*

(6) Wenn ein Rechtsträger eine Meldung gemäß den vorgenannten Absätzen vornimmt oder auf die Meldebefreiung verzichtet, dann hat keine Übernahme der Daten durch die Bundesanstalt Statistik Österreich für diesen Rechtsträger zu erfolgen. Wenn die Voraussetzungen für die Befreiung in späterer Folge wieder zutreffen, kann der Rechtsträger dies im elektronischen Weg über das Unternehmensserviceportal an die Bundesanstalt Statistik Österreich als Auftragsverarbeiterin der Registerbehörde melden. *(BGBl I 2018/37)*

(7) Die Bundesanstalt Statistik Österreich hat die gemäß diesem Paragraph übernommenen Daten laufend aktuell zu halten.

Führung des Registers der wirtschaftlichen Eigentümer

§ 7. (1) Die Registerbehörde hat zum Zweck der Verhinderung der Nutzung des Finanzsystems für Zwecke der Geldwäscherei und der Terrorismusfinanzierung ein Register der wirtschaftlichen Eigentümer (Register) als regelmäßig ergänzte, zeitlich geschichtete Datensammlung zu führen und sich hiefür der in „Abs. 5"** genannten „gesetzlichen Auftragsverarbeiterinnen sowie allfälliger Sub-Auftragsverarbeiter"** zu bedienen. Dieses Register hat die in § 5 und dieser Bestimmung genannten Daten unter Verwendung des „ "* bereichsspezifischen Personenkennzeichens des Bereichs „Steuern und Abgaben – SA" sowie die Daten betreffend der Rechtsträger gemäß § 25 Abs. 1 Z 1 bis 5 und 7 des Bundesstatistikgesetzes 2000 zu enthalten. *(*BGBl I 2017/150; **BGBl I 2018/37)*

(2) Der Bundesanstalt Statistik Österreich als „Auftragsverarbeiterin"* der Registerbehörde sind zur Aufnahme in das Register die Daten gemäß § 25 Abs. 1 Z 1 bis 5 des Bundesstatistikgesetzes 2000 sowie die Daten zur Kapitalbeteiligung an Rechtsträgern und deren Änderungen (Berichtigungen, Löschungen) betreffend

1. die im Firmenbuch eingetragenen Rechtsträger gemäß § 1 Abs. 2 Z 1 bis 13,

2. die im Vereinsregister eingetragenen Rechtsträger gemäß § 1 Abs. 2 Z 14,

3. die im Stiftungs- und Fondsregistern eingetragenen Rechtsträger gemäß § 1 Abs. 2 Z 15 und

4. die in aufgrund eines Landesgesetzes eingerichteten Registern eingetragenen Rechtsträger gemäß § 1 Abs. 2 Z 16

von den jeweils zuständigen Behörden in den Fällen gemäß Z 1 bis 3 unverzüglich auf elektronischem Wege nach Kenntnisnahme über eine von der Bundesanstalt definierte Schnittstelle unentgeltlich zu übermitteln. Im Falle der Z 4 gilt dies unter der Maßgabe, dass eine unentgeltliche Übermittlung auf elektronischem Wege über eine von der Bundesanstalt definierte Schnittstelle landesgesetzlich vorgesehen wird. Die organschaftlichen Vertreter der Vereine (§ 16 Abs. 1 Z 7 und 8 VerG) sind mit dem verschlüsselten bereichsspezifischen Personenkennzeichen des Bereichs „Steuern und Abgaben – SA" zu übermitteln. Die zur Führung des jeweiligen Registers zuständigen Behörden haben die Stammzahlenregisterbehörde im elektronischen Wege zu ersuchen, die in das Register gemäß Z 3 und 4 einzutragenden Rechtsträger in das Ergänzungsregister für sonstige Betroffene einzutragen, sofern diese noch nicht eingetragen sind. Die Bundesanstalt Statistik Österreich hat zu jedem Rechtsträger die gemäß § 25 Abs. 1 Z 1, 2, 4 und 5 des Bundesstatistikgesetzes 2000 im Unternehmensregister gespeicherten Daten in das Register zu übernehmen. Darunter fallen auch die „mit der Rechtsform „Trust", „trustähnliche Vereinbarung" und „meldepflichtiger ausländischer Rechtsträger"“** im Ergänzungsregister für sonstige Betroffene gespeicherten Rechtsträger. Insoweit eine Übernahme der Daten möglich ist, entfällt die Verpflichtung zur gesonderten Übermittlung der Daten durch die jeweils zuständigen Behörden. § 25 Abs. 3 bis 5 des Bundesstatistikgesetzes 2000 ist sinngemäß anzuwenden. *(*BGBl I 2018/37; **BGBl I 2021/25)*

(3) Die Bundesanstalt Statistik Österreich hat geeignete Maßnahmen zu treffen, dass die Daten über einen wirtschaftlichen Eigentümer einer Gesellschaft nach Ablauf von „zehn“ Jahren ab dem Ende seines wirtschaftlichen Eigentums an dieser Gesellschaft „und die Daten eines Rechtsträgers nach Ablauf von zehn Jahren nach der Beendigung des Rechtsträgers im Register der wirtschaftlichen Eigentümer“ nicht mehr zugänglich sind. *(BGBl I 2019/62)*

(4) Die Daten über die wirtschaftlichen Eigentümer sind an die Bundesanstalt Statistik Österreich zu übermitteln, die diese Daten für statistische Zwecke verarbeiten darf.

(5) Die Registerbehörde ist datenschutzrechtlicher „Verantwortlicher“ für das Register. Die Bundesanstalt Statistik Österreich und die Bundesrechenzentrum Gesellschaft mit beschränkter Haftung (Bundesrechenzentrum GmbH) sind für das Register gesetzliche „Auftragsverarbeiterinnen“, sofern nicht ausdrücklich etwas anderes bestimmt ist. *(BGBl I 2018/37)*

Beauftragung der Bundesrechenzentrum GmbH und der Bundesanstalt Statistik Österreich

§ 8. Der Bundesminister für Finanzen hat die Bundesanstalt Statistik Österreich und die Bundesrechenzentrum GmbH mit der Errichtung, inklusive der Herstellung der erforderlichen Anbindungen, dem Betrieb und der Weiterentwicklung des Registers zu beauftragen. Die Kooperation zwischen Bundesanstalt Statistik Österreich und der Bundesrechenzentrum GmbH hat in Abstimmung mit dem Bundesminister für Finanzen zu erfolgen. Die Leistungen der Bundesanstalt Statistik Österreich sind gemäß § 32 des Bundesstatistikgesetzes 2000 und die Leistungen der Bundesrechenzentrum GmbH sind gemäß § 5 BRZ GmbH zu erbringen.

Einsicht der Verpflichteten in das Register

§ 9. (1) Die nachfolgend Genannten gelten als Verpflichtete im Sinne dieses Bundesgesetzes und sind nach Maßgabe des Abs. 2 zur Einsicht in das Register berechtigt:

1. Kreditinstitute gemäß § 2 Z 1 FM-GwG, Abbaugesellschaften gemäß § 162 BaSAG, Abbaueinheiten die gemäß § 2 GSA gegründet wurden, Abbaueinheiten gemäß § 83 BaSAG und Versicherungsunternehmen gemäß § 2 Z 2 lit. b FM-GwG; *(BGBl I 2018/37)*

2. Kredit- und Finanzinstitute gemäß § 2 Z 1 und Z 2 FM-GwG, die der Aufsicht der FMA gemäß § 25 Abs. 1 FM-GwG unterliegen, soweit diese nicht unter Z 1 erfasst sind;

3. Finanzinstitute gemäß § 2 Z 2 FM-GwG, die nicht der Aufsicht der FMA gemäß § 25 Abs. 1 FM-GwG unterliegen;

4. Bundeskonzessionäre gemäß § 14 und § 21 GSpG;

5. Bewilligte für Glücksspielautomaten und Wettunternehmer, die aufgrund einer landesgesetzlichen Bewilligung eingerichtet sind, nach Maßgabe landesrechtlicher Vorschriften;

6. Rechtsanwälte;

7. Notare;

8. Wirtschaftsprüfer gemäß § 1 Abs. 1 Z 1 WTBG 2017;

9. Steuerberater gemäß § 1 Abs. 1 Z 2 WTBG 2017;

10. Bilanzbuchhalter, Buchhalter und Personalverrechner gemäß § 1 BiBuG 2014;

11. Handelsgewerbetreibende gemäß § 365m1 Abs. 2 Z 1 lit. a und b GewO 1994 und Gewerbetreibende gemäß § 365m1 Abs. 2 Z 1 lit. c GewO 1994; *(BGBl I 2021/25)*

12. Immobilienmakler gemäß § 365m1 Abs. 2 Z 2 GewO 1994;

13. Unternehmensberater gemäß § 365m1 Abs. 2 Z 3 GewO 1994;

14. Versicherungsvermittler gemäß § 365m1 Abs. 2 Z 4 GewO 1994;

15. die Österreichische Bundesfinanzierungsagentur „;“ *(BGBl I 2019/62)*

16. Dienstleister in Bezug auf virtuelle Währungen gemäß § 2 Z 22 FM-GwG. *(BGBl I 2019/62)*

(2) Verpflichtete dürfen nur im Rahmen der Anwendung der Sorgfaltspflichten zur Verhinderung der Geldwäscherei und Terrorismusfinanzierung gegenüber ihren Kunden Einsicht in das Register nehmen. Darüber hinaus dürfen Verpflichtete gemäß Abs. 1 Z 6 bis 10 Einsicht für

die Zwecke der Beratung ihrer Mandanten „und genossenschaftliche Revisionsverbände für die Zwecke der Beratung ihrer Mitglieder jeweils“** im Hinblick auf die Feststellung, Überprüfung und Meldung der wirtschaftlichen Eigentümer ihrer Mandanten nehmen „und für die Zwecke der Beratung von wirtschaftlichen Eigentümern im Hinblick auf die Stellung von Anträgen gemäß „§ 10a und § 14 Abs. 7“***.“* *(*BGBl I 2018/62; **BGBl I 2019/62; ***BGBl I 2021/25)*

(3) Die Einsicht in das Register hat über das Unternehmensserviceportal zu erfolgen und ist durch einen mit einer Amtssignatur der Registerbehörde versehenen Auszug gemäß Abs. 4 oder einen erweiterten Auszug gemäß Abs. 5 zu gewährleisten. Suchbegriffe dürfen nur konkrete Rechtsträger oder konkrete natürliche Personen sein. Eine Suche nach einer natürlichen Person ist nur für Verpflichtete gemäß § 9 Abs. 1 Z 1, 4 und 6 bis 10 zulässig. Zudem ist es erforderlich, dass die natürliche Person neben ihrem Namen durch die Eingabe eines oder mehrerer zusätzlicher Identifikatoren eindeutig bestimmt werden kann. Sämtliche Zugangsdaten sind geheim zu halten. Seitens der Verpflichteten ist sicherzustellen, dass unbefugte Dritte keinen Zugriff auf die Zugangsdaten und etwaige erforderliche Hilfsmittel haben. Die Einsicht in die gemäß § 5 Abs. 2 übermittelten Dokumente „und das zu einem Rechtsträger gespeicherte gültige Compliance-Package“** ist über das Unternehmensserviceportal zu gewährleisten. Sofern dies beantragt wird, sind in einen einfachen oder erweiterten Auszug auch historische Daten gemäß „Abs. 4 Z 1 bis 4, 5 lit. a bis d, f und g, 6 lit. a bis d, f bis h, 7 und 8 sowie Abs. 5 Z 2“** aufzunehmen. „Für die Zwecke dieses Absatzes kann auch ein Webservice des Unternehmensserviceportals verwendet werden.“** *(*BGBl I 2017/150; **BGBl I 2019/62)*

(4) Die Verpflichteten können über das Unternehmensserviceportal einen mit einer Amtssignatur der Registerbehörde versehenen Auszug aus dem Register anfordern, der ihnen im Wege einer automatisationsunterstützen Datenübertragung über das Unternehmensserviceportal zur Verfügung gestellt wird. Dieser Auszug enthält die folgenden Angaben:

1. Name des Rechtsträgers und Adressmerkmale;

2. Stammzahl und Stammregister des Rechtsträgers;

3. Rechtsform und eine Information über den Bestandszeitraum des Rechtsträgers;

4. ÖNACE-Code für Haupttätigkeiten des Rechtsträgers, soweit dieser gemäß § 21 des Bundesstatistikgesetzes 2000 festgestellt wurde;

5. die folgenden Informationen über direkte wirtschaftliche Eigentümer:

a) Vor- und Zuname;

b) Geburtsdatum;

c) Staatsangehörigkeit;

d) Geburtsort

e) Wohnsitz;

f) Art und Umfang des wirtschaftlichen Interesses;

g) soweit verfügbar, die Angabe, dass ein wirtschaftlicher Eigentümer verstorben ist;

6. die folgenden Informationen über alle indirekten wirtschaftlichen Eigentümer:

a) Vor- und Zuname;

b) Geburtsdatum;

c) Staatsangehörigkeit;

d) Geburtsort;

e) Wohnsitz;

f) die Angaben gemäß Z 1 bis 4 über die jeweiligen obersten Rechtsträger, soweit verfügbar;

g) Art und Umfang des wirtschaftlichen Interesses;

h) soweit verfügbar, die Angabe, dass ein wirtschaftlicher Eigentümer verstorben ist;

7. den Zeitpunkt der letzten Meldung und die Angabe, ob eine Befreiung von der Meldepflicht gemäß § 6 zur Anwendung gelangt;

7a. die Angabe, ob die wirtschaftlichen Eigentümer durch einen berufsmäßigen Parteienvertreter festgestellt und überprüft wurden; *(BGBl I 2019/62)*

7b. die Angabe, ob ein gültiges Compliance-Package für den Rechtsträger eingesehen werden kann; *(BGBl I 2019/62)*

7c. wenn die wirtschaftlichen Eigentümer gemäß § 2 Z 1 lit. b festgestellt wurden, die Angabe, ob nach Ausschöpfung aller Möglichkeiten die wirtschaftlichen Eigentümer nicht festgestellt und überprüft werden konnten; *(BGBl I 2019/62)*

8. den Umstand, dass ein aufrechter Vermerk gemäß § 11 Abs. 4 und § 13 Abs. 3 vorliegt;

9. die Angabe, ob und aus welcher Quelle die Daten von der Bundesanstalt Statistik Österreich übernommen wurden und bei den gemeldeten Daten den Hinweis, dass es sich um Daten handelt, die vom Rechtsträger gemeldet wurden;

10. den Hinweis, dass keine Gewähr für die Richtigkeit und Vollständigkeit der Daten übernommen werden kann.

Bei Vorliegen einer Auskunftssperre gemäß VerG enthält der Auszug anstelle der Angaben gemäß Z 1, 2, 5 und 6 nur den Namen des Vereins, die Stammzahl und die Angabe, dass sich der Sitz des Vereins im Inland befindet, sowie den Hinweis, dass eine Auskunftssperre vorliegt. Dies gilt nicht für Verpflichtete gemäß „gemäß Abs. 1 Z 1, 2 und 7“. „Bei Begünstigten von Rechtsträgern gemäß § 1 Abs. 2 Z 12, 17 und 18 und vergleichbaren Rechtsträgern mit Sitz in einem anderen Mitgliedstaat oder in einem Drittland, die oberste Rechtsträger sind, hat der Auszug, außer bei Verpflichteten gemäß Abs. 1 Z 1, 2 und 7, anstelle der Wohnsitze der direkten und indirekten wirtschaftlichen Eigentümer gemäß Z 5 lit. e und Z 6 lit. e nur das Wohnsitzland zu enthalten."Bei diesen hat der Auszug anstelle der Wohnsitze der direkten und indirekten wirtschaftlichen Eigentümer gemäß Z 5 lit. e und Z 6 lit. e nur das Wohnsitzland sowie den Hinweis, dass eine Auskunftssperre vorliegt, zu enthalten. Wenn nach natürlichen Personen gesucht wird, die wirtschaftliche Eigentümer eines Vereins sind, für den eine Auskunftssperre besteht, darf dieser Verein nicht in der Trefferliste angezeigt werden. Bei Vorliegen einer Auskunftssperre gemäß MeldeG enthält der Auszug anstelle der Angaben gemäß Z 5 lit. e und Z 6 lit. e nur die Angabe, dass sich der Wohnsitz im Inland befindet, sowie den Hinweis, dass eine Auskunftssperre vorliegt. *(BGBl I 2018/37)*

(5) Die Verpflichteten können über das Unternehmensserviceportal einen mit einer Amtssignatur der Registerbehörde versehenen erweiterten Auszug aus dem Register anfordern, der ihnen im Wege einer automatisationsunterstützen Datenübertragung über das Unternehmensserviceportal zur Verfügung gestellt wird. Dieser Auszug enthält über die in Abs. 4 genannten Angaben hinaus die folgenden Angaben:

1. eine auf Basis der Eintragungen im Register automationsunterstützt generierte Darstellung aller bekannten Beteiligungsebenen, sofern diese für die Ermittlung des wirtschaftlichen Eigentümers relevant sind und über die jeweiligen Rechtsträger Daten im Register verfügbar sind; sofern keine ausreichenden Daten zu einzelnen Ebenen vorhanden sind, ist darauf hinzuweisen, dass keine Daten verfügbar sind; die Darstellung ist auf 20 Ebenen zu beschränken;

2. die Angabe der Daten gemäß Abs. 4 Z 5 lit. a bis d und g zu den vertretungsbefugten Personen des Rechtsträgers, soweit diese im Register gespeichert sind und zu den errechneten wirtschaftlichen Eigentümern und die Angabe der Daten gemäß Abs. 4 Z 6 lit. f zu den errechneten obersten Rechtsträgern; *(BGBl I 2019/62)*

3. die Angabe, ob und aus welcher Quelle die Daten von der Bundesanstalt Statistik Österreich übernommen wurden und den Hinweis, dass es sich um eine automatisationsunterstütze Darstellung handelt;

4. die Angabe, ob es sich um einen vollständigen erweiterten Auszug handelt; dies ist dann der Fall, wenn alle Daten vollständig vorhanden sind, die gemeldeten Daten mit den automationsunterstützt generierten Daten übereinstimmen und kein aufrechter Vermerk vorliegt;

5. den Hinweis, dass keine Gewähr für die Richtigkeit der Daten übernommen werden kann.

(5a) Wird ein erweiterter Auszug aus dem Register angefordert, kann der Verpflichtete in ein hochgeladenes Compliance-Package Einsicht nehmen und die darin gespeicherten Dokumente herunterladen. Wenn in dem Compliance-Package auf ein anderes Compliance-Package verwiesen wird, dann kann auch für den Rechtsträger auf den verwiesen wird, ein erweiterter Auszug angefordert werden und in dessen Compliance-Package Einsicht genommen werden. Wenn das Compliance-Package oder ein verwiesenes Compliance-Package nur auf Anfrage zur Verfügung gestellt wurde, und dem Verpflichteten dieses nicht bereits bei der Meldung freigegeben wurde, kann der Verpflichtete die Freigabe des betreffenden Compliance-Packages über das Unternehmensserviceportal unter Angabe von Gründen und einer E-Mailadresse anfragen. Diesfalls ist der Rechtsträger und/oder der berechtigte berufsmäßige Parteienvertreter über das Unternehmensserviceportal im elektronischen Weg über die Anfrage unter Angabe des Namens und der Stammzahl des anfragenden Verpflichteten sowie der Gründe für die Anfrage zu informieren. Der Rechtsträger selbst und/oder der berufsmäßige Parteienvertreter können sodann das Compliance-Package binnen zwei Wochen für den anfragenden Verpflichteten für die Dauer von vier Wochen freigeben. Erfolgt keine Freigabe binnen zwei Wochen, wird die Anfrage automatisch abgelehnt. Der anfragende Verpflichtete ist im elektronischen Weg über eine Freigabe oder eine Ablehnung seiner Anfrage zu informieren. Die im Compliance-Package enthaltenen Dokumente darf der Verpflichtete im Rahmen der Anwendung der Sorgfaltspflichten zur Verhinderung der Geldwäscherei und Terrorismusfinanzierung verwenden. Der Rechtsträger selbst und/oder der berufsmäßige Parteienvertreter können die erteilte Freigabe für ein Compliance-Package innerhalb der vierwöchigen Frist widerrufen. Diesfalls ist der anfragende Verpflichtete im elektronischen Weg zu informieren. *(BGBl I 2019/62)*

(5b) Wenn in der Meldung von einem berufsmäßigen Parteienvertreter gemäß § 5 Abs. 1 Z 4 angegeben wurde, dass Rückfragen im Zusammenhang mit einer Meldung oder einem Compliance-Package an den berufsmäßigen Parteienvertreter und/oder den Rechtsträger übermittelt werden dürfen, dann ist dem Verpflichteten bei der Einsicht in das Register über das Unternehmensserviceportal die Möglichkeit einer Kontaktaufnahme im elektronischen Weg einzuräumen. *(BGBl I 2019/62)*

(6) Sofern Daten zur genauen Feststellung der Einstufung der Verpflichteten gemäß Abs. 1 Z 1 bis 10 und 12 bis 14 nicht aus dem Unternehmensregister übermittelt werden können oder bereits dem Unternehmensserviceportal zur Verfügung stehen, haben die Aufsichtsbehörden, die für die in Abs. 1 Z 1 bis 4 und 6 bis 14 genannten Ver-

pflichteten zuständig sind, den Namen und die Stammzahl der ihrer Aufsicht unterliegenden Verpflichteten auf elektronischem Wege, soweit möglich über eine Schnittstelle oder über eine Online-Applikation, unentgeltlich an die Registerbehörde zu übermitteln. Änderungen bei den für die Teilnahme erforderlichen Daten sind tunlichst innerhalb einer Woche ab der Änderung zu übermitteln. Ein Verpflichteter gemäß Abs. 1 Z 1 bis 10 und 12 bis 14 kann bei der für ihn zuständigen Aufsichtsbehörde eine Einsichtsberechtigung beantragen, sofern diese nicht bereits automatisationsunterstützt eingeräumt wurde. Die Aufsichtsbehörde hat bei Gewährung der Einsichtsberechtigung den Namen und die Stammzahl des betreffenden Verpflichteten auf elektronischem Wege, soweit möglich über eine Schnittstelle oder über eine Online-Applikation, der Registerbehörde zu übermitteln. Dieser Absatz ist nach Maßgabe landesrechtlicher Vorschriften auch auf die Aufsichtsbehörden anzuwenden, die für die in Abs. 1 Z 5 genannten Verpflichteten zuständig sind.

(7) Handelsgewerbetreibende können gegenüber der zuständigen Gewerbebehörde erklären, dass sie den Vorschriften der GewO zur Verhinderung der Geldwäscherei und Terrorismusfinanzierung unterliegen und eine Einsichtsberechtigung in das Register beantragen. Finanzinstitute gemäß § 2 Z 2 lit. a FM-GwG, die gemäß § 25 Abs. 1 FM-GwG nicht der Aufsicht der FMA unterliegen, können bei der zuständigen Gewerbebehörde eine Einsichtsberechtigung in das Register beantragen. Die Gewerbebehörde hat bei Gewährung der Einsichtsberechtigung den Namen und die Stammzahl der betreffenden Verpflichteten auf elektronischem Wege, soweit möglich über eine Schnittstelle oder über eine Online-Applikation, der Registerbehörde zu übermitteln.

(8) Die Bundesanstalt Statistik Österreich hat in geeigneter Weise Daten über Verwendungsvorgänge, wie insbesondere Abfragen, Vermerke und Änderungen aufzuzeichnen, sodass die Einhaltung der Bestimmungen dieses Bundesgesetzes sowie der datenschutzrechtlichen Vorschriften überprüft werden kann.

(9) Die Bundesanstalt Statistik Österreich hat täglich über eine Schnittstelle die Stammzahlen jener Rechtsträger zum Abruf bereitzustellen, bei denen Folgendes zutrifft (Änderungsdienst):

1. eine Meldung gemäß § 5 Abs. 1, Abs. 5 oder § 6 wurde eingetragen,

2. eine Meldung gemäß § 5 Abs. 1, Abs. 5 oder § 6 wurde eingetragen, die zu einer Veränderung der in Abs. 4 Z 5 lit. a, f oder g sowie in Z 6 lit. a, f, g oder h gespeicherten Daten führt, *(BGBl I 2021/25)*

3. eine Meldung gemäß § 5 Abs. 1 oder Abs. 5 oder eine Ergänzung eines Compliance-Packages gemäß § 5a Abs. 8 wurde eingetragen, die zu einer Änderung der Daten gemäß § 5a Abs. 1 Z 1 bis 4 führt, *(BGBl I 2021/25)*

4. bei einem Rechtsträger, der eine Meldung gemäß § 5 abgegeben hat, ist diese Meldung in vier Wochen länger als ein Jahr aufrecht (Eintritt der jährlichen Meldepflicht) oder eine Meldung wurde gemäß § 5 Abs. 5 letzter Satz beendet oder ein Rechtsträger, der von der Meldepflicht gemäß § 6 befreit ist, fällt nicht mehr unter den Anwendungsbereich von § 6. *(BGBl I 2021/25)*
(BGBl I 2019/62)

Öffentliche Einsicht

§ 10. Im elektronischen Wege kann von jedermann ein mit einer Amtssignatur der Registerbehörde versehener öffentlicher Auszug aus dem Register angefordert werden. Dieser Auszug enthält folgende Angaben:

1. die Angaben gemäß § 9 Abs. 4 Z 1 bis 3 über den Rechtsträger und gemäß § 9 Abs. 4 Z 5 lit. a bis c über direkte wirtschaftliche Eigentümer und die Angaben gemäß § 9 Abs. 4 Z 6 lit. a bis c über indirekte wirtschaftliche Eigentümer sowie jeweils das Wohnsitzland und

2. im Hinblick auf Art und Umfang des wirtschaftlichen Interesses die Angabe, ob dieses durch

a) eine Kapitalbeteiligung begründet wird, wenn ein Fall des § 2 Z 1 lit. a aufgrund des Vorliegens von Eigentum gegeben ist,

b) die Zugehörigkeit zur Führungsebene begründet wird, wenn ein Fall des § 2 Z 1 lit. b vorliegt,

c) die Ausübung einer Funktion vermittelt wird, wenn ein Fall des § 2 Z 2 lit. a bis d, des § 2 Z 3 lit. a sublit. aa bis cc oder des § 2 Z 3 lit. b sublit. aa bis cc vorliegt oder

d) Kontrolle vermittelt wird, wenn ein Fall des § 2 Z 1 lit. a aufgrund des Vorliegens von Kontrolle gegeben ist, ein Fall des § 2 Z 2 lit. e, des § 2 Z 3 lit. a sublit. dd oder des § 2 Z 3 lit. b sublit. dd vorliegt.

(BGBl I 2019/62)

Einschränkung der Einsicht bei Vorliegen von außergewöhnlichen Umständen

§ 10a. (1) Auf schriftlichen Antrag eines wirtschaftlichen Eigentümers hat die Registerbehörde zu entscheiden, dass Daten über diesen wirtschaftlichen Eigentümer in Auszügen aus dem Register für Verpflichtete gemäß § 9 Abs. 1 Z 3 bis 6 und 8 bis 15 nicht angezeigt werden, wenn dieser nachweist, dass der Einsichtnahme unter Berücksichtigung aller Umstände des Einzelfalls überwiegende, schutzwürdige Interessen des wirtschaftlichen Eigentümers entgegenstehen (Einschränkung der Einsicht). Im Antrag sind die Rechtsträger zu bezeichnen, bei denen die Einsicht eingeschränkt werden soll. Die Einschränkung der Einsicht bewirkt, dass in Auszügen aus dem Register für die beantragten Rechtsträger die Daten über den wirtschaftlichen Eigentümer nicht angezeigt werden und stattdessen auf die Einschränkung der Einsicht gemäß diesem Paragrafen hingewiesen wird.

(2) Überwiegende, schutzwürdige Interessen des wirtschaftlichen Eigentümers liegen vor, wenn Tatsachen die Annahme rechtfertigen, dass die Einsichtnahme den wirtschaftlichen Eigentümer dem unverhältnismäßigen Risiko aussetzen würde, Opfer einer der folgenden Straftaten zu werden:

1. eines Betrugs gemäß § 146 bis 148 StGB,

2. einer erpresserischen Entführung gemäß § 102 StGB oder einer Erpressung gemäß § 144 und § 145 StGB,

3. einer strafbaren Handlung gegen Leib oder Leben gemäß § 75, § 76 und § 83 bis § 87 StGB oder

4. einer Nötigung gemäß § 105 und § 106 StGB, einer gefährlichen Drohung gemäß § 107 StGB oder einer beharrliche Verfolgung gemäß § 107a StGB.

Überwiegende schutzwürdige Interessen des wirtschaftlichen Eigentümers liegen jedenfalls dann vor, wenn der wirtschaftliche Eigentümer minderjährig oder geschäftsunfähig ist. Ein Risiko ist als unverhältnismäßig anzusehen, wenn die Eintrittswahrscheinlichkeit einer Straftat gegen den wirtschaftlichen Eigentümer aufgrund von Tatsachen deutlich höher erscheint, als bei durchschnittlichen wirtschaftlichen Eigentümern in vergleichbarer Position, insbesondere weil in der Vergangenheit bereits Straftaten gegen den wirtschaftlichen Eigentümer oder nahe Angehörige verübt oder angedroht wurden, oder weil aus sonstigen Umständen eine besondere Gefährdungslage hervorgeht. Der bloße Umstand, dass das wirtschaftliche Eigentum bekannt wird, stellt im Allgemeinen keine unverhältnismäßige Gefahr dar. Schutzwürdige Interessen des wirtschaftlichen Eigentümers liegen nicht vor, wenn sich die Daten bereits aus anderen öffentlichen Registern ergeben.

(3) Die Registerbehörde hat binnen 14 Tagen ab Einlangen des Antrages zu verfügen, dass Daten über diesen wirtschaftlichen Eigentümer in Auszügen aus dem Register für die genannten Rechtsträger nicht angezeigt werden, es sei denn der Antrag ist offenkundig unbegründet. Binnen zwölf Monaten ab Einlangen des Antrages hat die Registerbehörde diesen bescheidmäßig unter eingehender Berücksichtigung aller Umstände des Einzelfalls zu erledigen. Dem Antrag auf Einschränkung der Einsicht kann ganz oder teilweise, insbesondere im Hinblick auf die Rechtsträger, für welche die Einsicht auf die Daten eines wirtschaftlichen Eigentümers eingeschränkt wird, entsprochen werden. Über Beschwerden gegen Entscheidungen der Registerbehörde erkennt das Bundesverwaltungsgericht.

(4) Die Einschränkung der Einsicht wird für die Dauer von fünf Jahren gewährt. Bei minderjährigen wirtschaftlichen Eigentümern wird sie bis zur Erreichung der Volljährigkeit gewährt. Wenn die Voraussetzungen der Einschränkung der Einsicht vor Ablauf dieser Frist wegfallen, so hat der wirtschaftliche Eigentümer dies der Registerbehörde schriftlich anzuzeigen. Eine Verlängerung der Einschränkung der Einsicht ist zulässig, wenn der wirtschaftliche Eigentümer der Registerbehörde nachweist, dass weiterhin außergewöhnliche überwiegend schutzwürdige Interessen des wirtschaftlichen Eigentümers einer Einsicht entgegenstehen.

(5) Wenn ein Verpflichteter nach einem wirtschaftlichen Eigentümer sucht, für den die Einsicht bei einem oder mehreren Rechtsträgern eingeschränkt wurde, so ist anstelle der Daten des Rechtsträgers der Hinweis anzuzeigen, dass die Einsicht gemäß dieser Bestimmung eingeschränkt wurde. Dies gilt nicht für Verpflichtete gemäß § 9 Abs. 1 Z 1, 2 und 7.

(6) Wenn eine neue Meldung zu einer Änderung eines Datensatzes über einen wirtschaftlichen Eigentümer führt, für den die Einsicht eingeschränkt wurde, dann gilt auch für den geänderten Datensatz die Einschränkung der Einsicht, sofern der betreffende wirtschaftliche Eigentümer durch ein bereichsspezifisches Personenkennzeichen des Bereichs „Steuern und Abgaben – SA" eindeutig identifiziert ist.

(7) Die Registerbehörde hat auf der Homepage des Bundesministeriums für Finanzen jährlich statistische Daten über die Anzahl der gewährten Ausnahmen und in genereller Form deren Begründungen zu veröffentlichen und diese der Europäischen Kommission vorzulegen.

(BGBl I 2018/62)

Sorgfaltspflichten der Verpflichteten gegenüber Kunden

§ 11. (1) Verpflichtete dürfen sich bei der Anwendung ihrer Sorgfaltspflichten gegenüber Kunden nicht ausschließlich auf die im Register enthaltenen Angaben über die wirtschaftlichen Eigentümer eines Rechtsträgers verlassen, sondern haben bei der Erfüllung ihrer Sorgfaltspflichten nach einem risikobasierten Ansatz vorzugehen. „Der Auszug aus dem Register gemäß § 9 Abs. 4 und gemäß § 10 kann zur Feststellung der wirtschaftlichen Eigentümer, nicht aber zur Überprüfung der wirtschaftlichen Eigentümer herangezogen werden. Vor Begründung einer Geschäftsbeziehung mit einem Trust oder einer trustähnlichen Vereinbarung und im Zuge der Anwendung der Sorgfaltspflichten gegenüber bestehenden Kunden auf risikoorientierter Grundlage haben sich die Verpflichteten nachweislich zu vergewissern, dass der Trust bzw. die trustähnliche Vereinbarung im Register eingetragen ist. „Vor der Beurkundung oder Aufnahme einer Notariatsurkunde zum Zwecke eines Erwerbs eines im Inland gelegenen Grundstücks durch meldepflichtige ausländische Rechtsträger sowie Trusts und trustähnliche Vereinbarungen, deren Verwaltung sich nicht im Inland oder in einem anderen Mitgliedstaat befindet, hat sich der Notar zu vergewissern, dass diese ihre wirtschaftlichen Eigentümer gemäß § 5 gemeldet haben."**** *(*BGBl I 2019/62; **BGBl I 2021/25)*

(2) Die Überprüfung der Identität des wirtschaftlichen Eigentümers kann auf Basis eines vollständigen erweiterten Auszuges aus dem Register gemäß § 9 Abs. 5 erfolgen, sofern keine Faktoren für ein erhöhtes Risiko vorliegen und sich der Verpflichtete durch Rückfrage bei seinem Kunden vergewissert hat, dass keine von dem erweiterten Auszug abweichenden Kontrollverhältnisse oder Treuhandbeziehungen bestehen und er daher überzeugt ist zu wissen, wer der wirtschaftliche Eigentümer ist. In allen übrigen Fällen ist auf risikobasierter Grundlage zu beurteilen, welche zusätzlichen Maßnahmen zur Überprüfung der Identität des wirtschaftlichen Eigentümers zu setzen sind.

(2a) Ein Verpflichteter kann die wirtschaftlichen Eigentümer eines Kunden auf Basis eines erweiterten Auszuges feststellen und im Rahmen der Überprüfung der Identität des wirtschaftlichen Eigentümers auf die in einem vollständigen und gültigen Compliance-Package enthaltenen Dokumente und Nachweise zurückgreifen, sofern ihm aufgrund der risikoorientierten Anwendung der Sorgfaltspflichten keine Anhaltspunkte vorliegen, die ihn an der Richtigkeit der Meldung oder der Echtheit, Aktualität, Richtigkeit und Vollständigkeit der im Compliance-Package enthaltenen Dokumente und Nachweise zweifeln lassen. *(BGBl I 2019/62)*

(3) Stellt ein Verpflichteter bei Anwendung seiner Sorgfaltspflichten gegenüber Kunden fest, dass für einen Kunden, der ein Rechtsträger im Sinne dieses Bundesgesetzes ist, die im Register eingetragenen wirtschaftlichen Eigentümer nicht jenen entsprechen, die er im Rahmen seiner Sorgfaltspflichten gegenüber Kunden festgestellt hat und ist er überzeugt zu wissen, dass die im Register eingetragenen Daten über die wirtschaftlichen Eigentümer unrichtig oder unvollständig sind, dann hat er im elektronischen Weg über das Unternehmensserviceportal einen Vermerk zu setzen und die Gründe für die Setzung des Vermerkes in standardisierter Form zu übermitteln. Die Verpflichtung zur Setzung eines Vermerkes entfällt, wenn der Verpflichtete seinen Kunden auf die unrichtige oder unvollständige Eintragung hinweist und dieser binnen angemessener Frist eine Berichtigung vornimmt. Wenn ein Sachverhalt vorliegt, der mittels Verdachtsmeldung an die Geldwäschemeldestelle zu melden ist, dann dürfen die Verpflichteten keinen Vermerk setzen und haben stattdessen die Geldwäschemeldestelle darauf hinzuweisen, dass die Setzung eines Vermerkes aufgrund der Verdachtsmeldung unterblieben ist. *(BGBl I 2019/62)*

(4) Wenn ein Verpflichteter gemäß Abs. 3 gemeldet hat, dass der eingetragene wirtschaftliche Eigentümer nicht verifiziert werden konnte, dann hat die Bundesanstalt Statistik Österreich unter Angabe des Datums im Register zu vermerken, dass die Eintragung nicht verifiziert werden konnte. Verpflichtete haben bei Vorliegen eines Vermerkes bei der Feststellung und Überprüfung der Identität des wirtschaftlichen Eigentümers zusätzliche angemessene Maßnahmen zu setzen, sodass sie überzeugt sind zu wissen, wer der wirtschaftliche Eigentümer ist. Eine Einstufung des Kunden in eine höhere Risikokategorie ist alleine aufgrund dieses Vermerkes nicht erforderlich.

(5) Die Bundesanstalt Statistik Österreich als Auftragsverarbeiterin der Registerbehörde hat das Unternehmensserviceportal im elektronischen Weg von dem Umstand, dass ein Vermerk gesetzt wurde, und den in standardisierter Form gemeldeten Gründen zu verständigen. Der Rechtsträger ist von der Registerbehörde über das Unternehmensserviceportal über den Umstand, dass ein Vermerk gesetzt wurde, unter Angabe der Gründe zu informieren. Wenn der Rechtsträger eine neuerliche Meldung gemäß § 5 vornimmt, ist der Vermerk von der Bundesanstalt Statistik Österreich zu beenden. Der Verpflichtete, der den Vermerk gesetzt hat, ist auf elektronischem Wege über das Unternehmensserviceportal von der Meldung des Rechtsträgers zu verständigen. Wenn die Setzung eines Vermerkes rechtswidrig war, dann ist dieser auf Antrag von der Registerbehörde zu löschen. *(BGBl I 2019/62)*

(6) Die Verpflichteten haben Aufzeichnungen über die getroffenen Maßnahmen zur Ermittlung des wirtschaftlichen Eigentümers zu führen.

(7) Schadenersatzansprüche können aus dem Umstand, dass Verpflichtete bzw. deren Beschäftigte in fahrlässiger Unkenntnis, dass der Verdacht im Hinblick auf die Unrichtigkeit oder Unvollständigkeit einer Eintragung im Register falsch war, einen Vermerk gesetzt haben, nicht erhoben werden.

(8) „Abs. 1 bis 7 sind" nicht auf Bewilligte für Glücksspielautomaten und Wettunternehmer, die aufgrund einer landesgesetzlichen Bewilligung eingerichtet sind, anzuwenden. *(BGBl I 2019/62)*

Behördliche Einsicht in das Register

§ 12. (1) Die folgenden Behörden sind zu einer Einsicht in das Register berechtigt:

1. die Registerbehörde im Rahmen der ihr nach diesem Bundesgesetz zustehenden Befugnisse;

2. die Geldwäschemeldestelle (§ 4 Abs. 2 BKA-G) im Rahmen der ihr nach dem BKA-G zustehenden Befugnisse;

3. die folgenden Aufsichtsbehörden im Rahmen ihrer Aufgaben zur Verhinderung der Nutzung des Finanzsystems zum Zwecke der Geldwäscherei und Terrorismusfinanzierung:

a) die FMA im Rahmen der Aufsicht über Kredit- und Finanzinstitute gemäß § 25 FM-GwG;

b) der Bundesminister für Finanzen im Rahmen der Aufsicht über Bundeskonzessionäre gemäß § 14 und § 21 GSpG;

c) die zuständigen Landesbehörden im Rahmen der Aufsicht über Landesbewilligte für Glücksspielautomaten und Wettunternehmer gemäß § 9 Abs. 1 Z 5 nach Maßgabe landesrechtlicher Vorschriften;

d) die Rechtsanwaltskammer im Rahmen der Aufsicht über Rechtsanwälte;

e) die Notariatskammer im Rahmen der Aufsicht über Notare;

f) die Kammer der Wirtschaftstreuhänder im Rahmen der Aufsicht über Wirtschaftsprüfer und Steuerberater;

g) der Präsident der Wirtschaftskammer Österreich im Rahmen der Aufsicht über Bilanzbuchhalter, Buchhalter und Personalverrechner gemäß § 1 BiBuG 2014;

h) die Bezirksverwaltungsbehörden im Rahmen der Aufsicht über Finanzinstitute gemäß § 9 Abs. 1 Z 3, Handelsgewerbetreibende einschließlich Versteigerer, soweit sie Zahlungen von mindestens 10 000 Euro in bar annehmen gemäß § 365m1 Abs. 2 Z 1 GewO, Immobilienmakler gemäß § 365m1 Abs. 2 Z 2 GewO, Unternehmensberater gemäß § 365m1 Abs. 2 Z 3 GewO, Versicherungsvermittler gemäß § 365m1 Abs. 2 Z 4 GewO;

4. die Bezirksverwaltungsbehörden für die Zwecke der Einleitung und Führung von Verwaltungsstrafverfahren;

5. die Strafverfolgungsbehörden, die Staatsanwaltschaften und Gerichte für strafrechtliche Zwecke;

6. die Finanzstrafbehörden und das Bundesfinanzgericht für finanzstrafrechtliche Zwecke;

7. die Abgabenbehörden des Bundes und das Bundesfinanzgericht für abgabenrechtliche Zwecke, wenn dies im Interesse der Abgabenerhebung zweckmäßig und angemessen ist;

8. die Oesterreichische Nationalbank für die Zwecke der Wahrnehmung ihrer Aufgaben gemäß § 8 SanktG und § 5 des Devisengesetzes 2004;

9. der Bundesminister für Inneres für die Zwecke der Wahrnehmung seiner Aufgaben gemäß § 8 SanktG;

10. die Sicherheitsbehörden für Zwecke der Sicherheitspolizei.

(2) Die Einsicht gemäß Abs. 1 hat im elektronischen Wege zu erfolgen. § 9 Abs. 2, 4, 5 und 8 sind sinngemäß anzuwenden. Eine Einsicht gemäß Abs. 1 ist für jeden Stichtag möglich, zu dem Daten im Register erfasst sind. Sofern dies beantragt wird, sind in einen einfachen oder erweiterten Auszug auch historische Daten gemäß § 9 Abs. 4 Z 1 bis 4, 5 lit. a bis d bis g, 6 lit. a bis d, f bis h, 7 und 8 sowie Abs. 5 Z 2 aufzunehmen. Zudem kann auch beantragt werden, dass auch alle Rechtsträger angezeigt werden, bei dem ein bestimmter Rechtsträger als oberster Rechtsträger gemeldet wurde. § 9 Abs. 4 Schlussteil ist nur auf Behörden gemäß Abs. 1 Z 3 lit. d bis g sinngemäß anzuwenden.

(3) Die Registerbehörde, die Geldwäschemeldestelle und die Kriminalpolizei, die Staatsanwaltschaften und die Gerichte für strafrechtliche Zwecke können durch Eingabe eines oder mehrere Identifikatoren einer natürlichen Person alle Rechtsträger suchen, bei denen diese Person als wirtschaftlicher Eigentümer gemeldet wurde und einen Auszug anfordern, der sämtliche in dem Register über diese Person gespeicherten Daten enthält. Dieser Auszug wird mit einer Amtssignatur der Registerbehörde versehen. *(BGBl I 2019/62)*

(4) Die Registerbehörde, die Geldwäschemeldestelle und die Kriminalpolizei, die Staatsanwaltschaften und die Gerichte für strafrechtliche Zwecke dürfen zu einem gemeldeten obersten Rechtsträger alle Rechtsträger suchen, bei denen dieser oberste Rechtsträger gemeldet wurde. *(BGBl I 2019/62)*

(5) Die in Abs. 1 genannten Behörden haben im Wege der Amtshilfe Auszüge gemäß § 10 an die zuständigen Behörden und zentralen Meldestellen der anderen Mitgliedstaaten zu übermitteln. *(BGBl I 2019/62)*

(6) Die Registerbehörde darf in gemäß § 5a übermittelte Compliance-Packages Einsicht nehmen. Andere Behörden gemäß Abs. 1 dürfen nur dann in Compliance-Packages Einsicht nehmen, wenn diese nicht eingeschränkt sind. *(BGBl I 2019/62)*

(7) Der Geldwäschemeldestelle und „der Direktion Staatsschutz und Nachrichtendienst" (§ 1 Abs. 3 „SNG") darf von der Registerbehörde für die Zwecke der Verhinderung der Geldwäscherei und Terrorismusfinanzierung Einsicht über ein Anzeigetool auf bestimmte Daten der Risikoanalyse gemäß § 14 Abs. 3 Z 1 gewährt werden und

ein Webservice für die Einbindung des Register eingerichtet werden. Der Registerbehörde steht es frei, hinsichtlich der Ausgestaltung der Risikoanalyse und dem Webservice mit der Geldwäschemeldestelle und „der Direktion Staatsschutz und Nachrichtendienst“ zusammenzuarbeiten. Aufwände, die mit der Ausgestaltung und Durchführung der Risikoanalysen, dem Anzeigetool und dem Webservice zusammenhängen, sind nach einem zu vereinbarenden Schlüssel von der Geldwäschemeldestelle und „der Direktion Staatsschutz und Nachrichtendienst“ mitzutragen. *(BGBl I 2019/62; BGBl I 2021/148)*

Behördliche Meldung des wirtschaftlichen Eigentümers und behördlicher Vermerk

§ 13. (1) „Wenn die Registerbehörde zu der Überzeugung gelangt, dass die Daten über die wirtschaftlichen Eigentümer eines Rechtsträgers unrichtig sind und ist die Registerbehörde überzeugt zu wissen, wer der oder die wirtschaftlichen Eigentümer eines Rechtsträgers sind, oder welche Daten einer Meldung zu berichtigen sind, dann kann sie im elektronischen Wege eine Meldung unter sinngemäßer Anwendung des § 5 Abs. 1 und 4 vornehmen.“Die Bundesanstalt Statistik Österreich hat die behördlich gemeldeten Daten über den wirtschaftlichen Eigentümer mit dem Vermerk zu übernehmen, dass es sich um eine behördliche Meldung des wirtschaftlichen Eigentümers gemäß § 13 Abs. 1 handelt. *(BGBl I 2019/62)*

(2) „ “Der Rechtsträger ist von der Registerbehörde über das Unternehmensserviceportal von der behördlichen Meldung zu verständigen. Diese Verständigung hat den Hinweis zu enthalten, dass es sich um keine rechtswirksame Feststellung handelt und der Rechtsträger jederzeit eine Meldung gemäß § 5 Abs. 1 vornehmen kann. *(BGBl I 2019/62)*

(3) „Wenn eine der in § 12 Abs. 1 genannten Behörden im Zuge ihrer Tätigkeit zu der Überzeugung gelangt, dass die Daten über die wirtschaftlichen Eigentümer eines Rechtsträgers unrichtig sind, dann kann sie im elektronischen Weg einen Vermerk setzen und hat die Gründe für die Setzung des Vermerkes in standardisierter Form zu übermitteln.“ „Die Registerbehörde kann die Gründe für die Setzung eines Vermerkes auch in der Schriftform anführen.“Die Bundesanstalt Statistik Österreich hat unter Angabe des Datums im Register anzumerken, dass die Eintragung nicht verifiziert werden konnte. Verpflichtete haben bei Vorliegen eines Vermerkes bei der Feststellung und Überprüfung der Identität des wirtschaftlichen Eigentümers zusätzliche geeignete Maßnahmen zu setzen, sodass sie überzeugt sind zu wissen, wer der wirtschaftliche Eigentümer ist. Eine Einstufung des Kunden in eine höhere Risikokategorie ist alleine aufgrund dieses Vermerkes nicht erforderlich. *(BGBl I 2019/62)*

(4) Die Bundesanstalt Statistik Österreich als Auftragsverarbeiterin der Registerbehörde hat das Unternehmensserviceportal im elektronischen Wege von dem Umstand, dass ein Vermerk gesetzt wurde und über die standardisierten Gründe sowie bei Vermerken der Registerbehörde auch über die Gründe in Schriftform zu verständigen. Der Rechtsträger ist von der Registerbehörde über das Unternehmensserviceportal über den Umstand, dass ein Vermerk gesetzt wurde unter Angabe der standardisierten Gründe und der Gründe in Schriftform zu informieren. Wenn der Rechtsträger eine neuerliche Meldung gemäß § 5 vornimmt, dann ist der Vermerk von der Bundesanstalt Statistik Österreich zu beenden. Wenn die Setzung eines Vermerkes rechtswidrig war, dann ist dieser auf Antrag von der Registerbehörde zu löschen. *(BGBl I 2019/62)*

Behördliche Aufsicht

§ 14. (1) Die Registerbehörde ist der Bundesminister für Finanzen.

(2) Die Registerbehörde ist berechtigt im Rahmen der Führung des Registers Daten zu verarbeiten und Analysen zur Gewährleistung der Richtigkeit und Vollständigkeit der Daten sowie zur Einhaltung der Bestimmungen dieses Bundesgesetzes und der Verhinderung der Geldwäscherei und Terrorismusfinanzierung vorzunehmen und darf zu diesen Zwecken auch die im Register gespeicherten Daten mit anderen öffentlich verfügbaren Datenquellen abgleichen. Zu diesen Zwecken hat die Bundesanstalt Statistik Österreich nach Maßgabe der technischen Möglichkeiten der Registerbehörde Analysen und Auswertungen zu allen im Register gespeicherten Merkmalen zur Verfügung zu stellen. *(BGBl I 2019/62)*

(3) Die Registerbehörde hat für die Zwecke der Gewährleistung, dass die im Register gespeicherten Daten angemessen, präzise und aktuell sind, die folgenden Maßnahmen zu treffen:

1. automatisationsunterstützte Analyse der Meldungen mit dem Zweck diese in Risikokategorien einzustufen und potentiell unrichtige Meldungen zu identifizieren,

2. stichprobenartige Überprüfung von eingehenden Meldungen auf Basis der Risikoanalyse gemäß Z 1 und ergänzend nach einer zufälligen Auswahl,

3. laufendes Monitoring der eingehenden Vermerke und stichprobenartige Überprüfung von jenen Rechtsträgern, die einen Vermerk nicht binnen sechs Wochen durch eine neue Meldung ersetzen,

4. anlassfallbezogene und prospektive Durchführung von Analysen gemäß Abs. 2. *(BGBl I 2019/62)*

(4) Die Registerbehörde kann von Rechtsträgern, und deren rechtlichen und wirtschaftlichen Eigentümern jederzeit Auskünfte über die für die Beurteilung des wirtschaftlichen Eigentums an dem betreffenden Rechtsträger erforderlichen Sachverhalte und die Vorlage entsprechender Urkunden und anderer schriftlicher Unterlagen verlangen. *(BGBl I 2019/62)*

(5) Für die Vollstreckung eines Bescheides der Registerbehörde tritt an die Stelle des in § 5 Abs. 3 VVG angeführten Betrages bei juristischen Personen der Betrag von 30 000 Euro und bei natürlichen Personen der Betrag von 15 000 Euro. *(BGBl I 2019/62)*

„(6)"* Die Verhängung von Zwangsstrafen gemäß § 16 sowie deren Einhebung, Sicherung und Einbringung obliegt „dem Finanzamt Österreich"**. „ "** *(*BGBl I 2019/62; **BGBl I 2019/104)*

„(7)" Wenn eine betroffene Person gemäß Art. 16 oder 17 Verordnung (EU) 2016/679 eine Berichtigung oder Löschung von personenbezogenen Daten verlangt, dann hat die Registerbehörde die personenbezogenen Daten bei Vorliegen der Voraussetzungen des Art. 16 zu berichtigen und bei Vorliegen der Voraussetzungen des Art. 17 zu löschen. Es ist ein Hinweis aufzunehmen, wenn Daten gemäß Art. 16 Verordnung (EU) 2016/679 berichtigt oder gemäß Art. 17 Verordnung (EU) 2016/679 gelöscht wurden. Wenn eine betroffene Person zusätzlich eine Einschränkung der Verarbeitung gemäß Art. 18 Verordnung (EU) 2016/679 verlangt, dann hat die Registerbehörde die Einschränkung der Verarbeitung im Register anzumerken, wenn die Voraussetzungen des Art. 18 Abs. 1 Verordnung (EU) 2016/679 vorliegen. Die Einschränkung der Verarbeitung bewirkt, dass in Auszügen aus dem Register die betroffenen personenbezogenen Daten nicht angezeigt werden und auf die Einschränkung der Verarbeitung gemäß Art. 18 Verordnung (EU) 2016/679 hingewiesen wird. Die Registerbehörde hat den betroffenen Rechtsträger über eine Berichtigung, Löschung und Einschränkung der Verarbeitung zu informieren und einen Vermerk gemäß § 13 Abs. 3 zu setzen. *(BGBl I 2018/37; BGBl I 2019/62)*

„(8)" Die Registerbehörde hat Meldungen „," Vermerke „und Logdateien, die Zugriffe auf das Register aufzeichnen" für zehn Jahre in elektronischer Form aufzubewahren. „Logdateien, die aus technischen Gründen geführt werden, sind für die Dauer von einem Jahr aufzubewahren." *(BGBl I 2019/62, ab 10. 1. 2020)*

„(9)" Die Registerbehörde kann mit Bescheid feststellen, dass keine Berechtigung zur Einsicht gemäß § 9 besteht oder sie kann einen Verpflichteten mit Bescheid von der Einsicht gemäß § 9 auf bestimmte oder unbestimmte Dauer ausschließen, wenn dieser das Register unrechtmäßig oder missbräuchlich nützt oder genützt hat. Einem Rechtsmittel gegen solche Bescheide kommt keine aufschiebende Wirkung zu. Zwölf Monate nach Rechtskraft eines Bescheides, mit dem ein Verpflichteter von der Einsicht gemäß § 9 ausgeschlossen wurde, hat die Registerbehörde dem Verpflichteten auf Antrag wieder Einsicht in das Register zu gewähren, wenn zu erwarten ist, dass das unrechtmäßige oder missbräuchliche Verhalten nicht wiederholt werden wird. „Über Beschwerden gegen Entscheidungen der Registerbehörde gemäß dieser Bestimmung erkennt das Bundesverwaltungsgericht." *(BGBl I 2018/37; BGBl I 2019/62, ab 10. 1. 2020)*

(10) Die Registerbehörde hat Statistiken über die Nutzung des Registers, die Effektivität des Registers und über die angedrohten und festgesetzten Zwangsstrafen gemäß § 16 und die verhängten Strafen wegen Finanzvergehen gemäß § 15 zu führen. *(BGBl I 2019/62)*

Strafbestimmungen

§ 15. (1) Eines Finanzvergehens macht sich schuldig, wer

1. eine unrichtige oder unvollständige Meldung (§ 5) abgibt und dadurch wirtschaftliche Eigentümer nicht offenlegt,

2. seiner Meldepflicht (§ 5) trotz zweimaliger Aufforderung nicht nachkommt,

3. bei Wegfall einer Meldebefreiung nach § 6 keine, eine unrichtige oder eine unvollständige Meldung abgibt,

3. bei Wegfall einer Meldebefreiung nach § 6 oder in den Fällen des § 3 Abs. 8 vor der Beurkundung oder Aufnahme einer Notariatsurkunde zum Zwecke des Erwerbs eines im Inland gelegenen Grundstücks keine, eine unrichtige oder eine unvollständige Meldung abgibt und dadurch wirtschaftliche Eigentümer nicht offenlegt, *(BGBl I 2021/25)*

4. Änderungen der Angaben über die wirtschaftlichen Eigentümer nicht binnen vier Wochen nach Kenntnis der Änderung übermittelt (§ 5 Abs. 1), „ " *(BGBl I 2021/25)*

5. seinen Status als Trustee nicht gemäß § 3 Abs. 4 offenlegt und die Angaben über die wirtschaftlichen Eigentümer des Trusts oder der trustähnlichen Vereinbarung nicht gemäß § 3 Abs. 4 übermittelt „ , oder" *(BGBl I 2021/25)*

6. seinen Status als meldepflichtiger ausländischer Rechtsträger nicht gemäß § 3 Abs. 6 offenlegt und die Angaben über die wirtschaftlichen Eigentümer des meldepflichtigen ausländischen Rechtsträgers nicht gemäß § 3 Abs. 6 übermittelt *(BGBl I 2021/25)*

und ist bei vorsätzlicher Begehung mit einer Geldstrafe bis zu 200 000 Euro zu bestrafen. Wer die Tat grob fahrlässig begeht, ist mit einer Geldstrafe bis zu 100 000 Euro zu bestrafen.

(2) Wer unter Verletzung von § 3 Abs. 2 die für die Erfüllung der Sorgfaltspflichten gemäß § 3 Abs. 1 erforderlichen Kopien der Dokumente und Informationen nicht bis mindestens fünf Jahre nach dem Ende des wirtschaftlichen Eigentums der natürlichen Person aufbewahrt, macht sich eines Finanzvergehens schuldig, und ist bei vorsätzlicher Begehung mit einer Geldstrafe bis zu 75 000 Euro zu bestrafen. Wer die Tat grob fahrlässig begeht, ist mit einer Geldstrafe bis zu 25 000 Euro zu bestrafen.

(3) Wer, ohne den Tatbestand des Abs. 1 zu erfüllen, im Zuge der Übermittlung eines Compliance-Packages vorsätzlich falsche oder verfälschte Dokumente an das Register übermittelt, macht sich eines Finanzvergehens schuldig, und ist mit einer Geldstrafe bis zu 75 000 Euro zu bestrafen. *(BGBl I 2019/62)*

(4) Einer Finanzordnungswidrigkeit macht sich schuldig, wer vorsätzlich, ohne den Tatbestand der Abs. 1 oder 3 zu erfüllen, eine unrichtige oder unvollständige Meldung abgibt, und ist mit einer Geldstrafe von bis zu 25 000 Euro zu bestrafen. *(BGBl I 2019/62)*

(5) Einer Finanzordnungswidrigkeit macht sich schuldig, wer vorsätzlich, ohne den Tatbestand der Abs. 1 oder 3 zu erfüllen, bei der Übermittlung eines Compliance-Packages erforderliche Dokumente (§ 5a Abs. 1) nicht übermittelt oder sonstige Pflichten nach § 5a nicht erfüllt, und ist mit einer Geldstrafe bis zu 10 000 Euro zu bestrafen. *(BGBl I 2019/62)*

(6) Eines Finanzvergehens macht sich schuldig, wer vorsätzlich Datensätze, die mit einer Auskunftssperre oder einer Einschränkung der Einsicht (§ 10a) gekennzeichnet sind, oder wer vorsätzlich Auszüge, in denen solche Datensätze enthalten sind, an Dritte weitergibt, und ist mit einer Geldstrafe bis zu 50 000 Euro zu bestrafen. *(BGBl I 2019/62)*

(7) Die Finanzvergehen nach Abs. 1 bis 6 hat das Gericht niemals zu ahnden.

(8) Ergibt sich innerhalb des dienstlichen Wirkungsbereiches der Registerbehörde der begründete Verdacht auf das Vorliegen eines Finanzvergehens oder einer Finanzordnungswidrigkeit nach Abs. 1 bis 6, hat die Registerbehörde die gemäß § 58 FinStrG zuständige Finanzstrafbehörde hiervon zu verständigen.

(BGBl I 2019/62)

Zwangsstrafen

§ 16. (1) Wird die Meldung gemäß § 5 nicht „ “** erstattet, kann „das Finanzamt Österreich“*** deren Vornahme durch Verhängung einer Zwangsstrafe gemäß § 111 BAO erzwingen. „Die Androhung der Zwangsstrafe ist mit Setzung einer Frist von „sechs Wochen“** vorzunehmen.“* *(*BGBl I 2018/37; **BGBl I 2019/62; ***BGBl I 2019/104)*

(2) Zwangsstrafen gemäß Abs. 1 gelten als Abgaben im Sinne des § 213 Abs. 2 BAO.

Nutzungsentgelte

§ 17. (1) Der Bundesminister für Finanzen hat für die Nutzung des Registers mit Verordnung ein Nutzungsentgelt für die folgenden Nutzungsarten des Registers vorzusehen:

1. Einsicht „ “ gemäß § 10; *(BGBl I 2019/62)*

2. Einsicht der Verpflichteten mittels einfacher Auszüge gemäß § 9 Abs. 4;

3. Einsicht der Verpflichteten mittels erweiterter Auszüge gemäß § 9 Abs. 5;

3a. Einsicht der Verpflichteten mittels erweiterter Auszüge gemäß § 9 Abs. 5 unter gleichzeitiger Einsicht in ein Compliance-Package gemäß § 9 Abs. 5a; *(BGBl I 2019/62)*

4. Einsicht der Verpflichteten unter Verrechnung eines jährlichen pauschalen Nutzungsentgeltes. Das jährliche pauschale Nutzungsentgelt berechtigt zu einfachen Auszügen gemäß § 9 Abs. 4 „, erweiterten Auszügen gemäß § 9 Abs. 5 und erweiterten Auszügen gemäß § 9 Abs. 5 unter gleichzeitiger Einsicht in ein Compliance-Package gemäß § 9 Abs. 5a“ sowie zur Vornahme von Meldungen als Parteienvertreter für Rechtsträger. Ein bereits entrichtetes jährliches Nutzungsentgelt kann nicht rückerstattet werden. Das pauschale Nutzungsentgelt kann entsprechend der erwarteten Nutzung des Registers festgelegt werden. *(BGBl I 2019/62)*

(2) Die Registerbehörde hat das Nutzungsentgelt vor der Nutzung des Registers im Wege eines elektronischen Zahlungsverfahrens zu verrechnen. Wenn Verpflichtete bereits die Einsicht gemäß Abs. 1 Z 4 nutzen, so hat die Registerbehörde im elektronischen Wege über das Unternehmensserviceportal diese vier Wochen vor Beginn des neuen Nutzungszeitraumes zur Zahlung des Nutzungsentgeltes für den folgenden Nutzungszeitraum aufzufordern. Sollte der Verpflichtete bis zum Beginn des neuen Nutzungszeitraums keine Zahlung durchführen, so endet die Nutzung gemäß Abs. 1 Z 4 mit dem Ende des Nutzungszeitraums.

(3) Das Nutzungsentgelt ist von der Bundesrechenzentrum GmbH für die Registerbehörde zu vereinnahmen und laufend auf einem für diesen Zweck eingerichteten Konto gutzuschreiben. Hierbei ist die Bundesrechenzentrum GmbH lediglich eine Zahlstelle. Die vereinnahmten Nutzungsentgelte sind monatlich bis zum 15. des folgenden Kalendermonats in voller Höhe an den Bundesminister für Finanzen abzuführen. Gleichzeitig sind der Bundesrechenzentrum

GmbH die Betriebs- und die Weiterentwicklungskosten des Registers gemäß § 8 zu ersetzen.

(4) Die Nutzungsentgelte gemäß Abs. 1 dürfen nicht über die dadurch verursachten Verwaltungskosten hinausgehen. Verwaltungskosten sind:

1. sämtliche Aufwendungen für die Errichtung des Registers,

2. sämtliche Aufwendungen für den Betrieb des Registers,

3. ein Zuschlag von 50 vH von Z 2 für die behördliche Aufsicht und

4. Aufwendungen für zukünftige Weiterentwicklungen des Registers, wenn diese schon hinreichend feststehen und innerhalb der nächsten drei Jahre eintreten.

Der Bundesminister für Finanzen hat jährlich zu prüfen, ob die Summe der vereinnahmten Nutzungsentgelte geringer als die Summe der Verwaltungskosten ist. Maßgeblich hiefür sind jeweils die letzten zehn Kalenderjahre, beginnend mit dem Kalenderjahr 2016. Wenn die Summe der vereinnahmten Nutzungsentgelte die Summe der Verwaltungskosten übersteigt, dann hat der Bundesminister für Finanzen die Nutzungsentgelte im nächsten Kalenderjahr entsprechend herabzusetzen. Der Bundesminister für Finanzen kann die Nutzungsentgelte erhöhen, wenn nicht zu erwarten ist, dass die Summe der vereinnahmten Nutzungsentgelte die Verwaltungskosten im nächsten Kalenderjahr übersteigt.

(5) Der Bundesminister für Finanzen kann mit Verordnung die technischen Vorkehrungen für die gemäß der Richtlinie (EU) 2015/849 vorgesehene Vernetzung der Register auf europäischer Ebene treffen und zusätzliche technische Möglichkeiten für die Einsicht in das Register vorsehen und hiefür ein gesondertes Nutzungsentgelt festlegen.

Übergangsvorschriften

§ 18. (1) Die Rechtsträger haben die Meldungen gemäß § 5 Abs. 1 erstmalig bis zum 1. Juni 2018 zu erstatten.

(2) Die Möglichkeiten zur Einsicht gemäß § 9, § 10 und § 12 sind ab dem 2. Mai 2018 bereitzustellen.

(3) Die Fristen zur Meldung der Daten gemäß § 5 Abs. 1 sowie die Frist zur Androhung und Verhängung einer Zwangsstrafe gemäß § 16 Abs. 1 werden jeweils unterbrochen, wenn die Fristen mit Ablauf des 16. März 2020 noch nicht abgelaufen waren oder der Beginn des Fristenlaufs in die Zeit von 16. März 2020 bis zum Ablauf des 30. April 2020 fällt. Die genannten Fristen beginnen mit 1. Mai 2020 neu zu laufen. *(BGBl I 2020/23, außer Kraft mit 31.12.2020)*

(4) Der Bundesminister für Finanzen wird ermächtigt, durch Verordnung bis längstens 31. Dezember 2020

1. die in Abs. 3 angeordnete allgemeine Unterbrechung von Fristen zu verlängern oder weitere allgemeine Ausnahmen von der Unterbrechung vorzusehen, soweit dies zur Verhütung und Bekämpfung der Verbreitung von COVID-19 erforderlich ist;

2. weitere Bestimmungen vorzusehen, die den Einfluss der Maßnahmen, die zur Verhinderung der Verbreitung von COVID-19 getroffen werden, auf den Lauf von Fristen und die Einhaltung von Terminen für anhängige oder noch anhängig zu machende ordentliche Rechtsmittelverfahren regeln. Er kann betreffend das ordentliche Rechtsmittelverfahren insbesondere die Unterbrechung, die Hemmung, die Verlängerung oder die Verkürzung von Fristen anordnen, Säumnisfolgen bei Nichteinhaltung von Terminen ausschließen sowie bestimmen, ob und auf welche Weise verfahrensrechtliche Rechtsnachteile, die durch die Versäumung von Fristen oder Terminen eintreten können, hintangehalten und bereits eingetretene wieder beseitigt werden. Dabei sind die Interessen an der Fortsetzung dieser Verfahren, insbesondere die Abwehr eines erheblichen und unwiederbringlichen Schadens von den Verfahrensparteien, einerseits und das Interesse der Allgemeinheit an der Verhütung und Bekämpfung der Verbreitung von COVID-19 sowie am Schutz der Aufrechterhaltung eines geordneten Verwaltungsbetriebes andererseits gegeneinander abzuwägen.
(BGBl I 2020/23, außer Kraft mit 31.12.2020)

Inkrafttreten

§ 19. „(1)“ Dieses Bundesgesetz tritt mit Ausnahme der § 1 und § 2 am 15. Jänner 2018 in Kraft. § 1 und § 2 treten mit dem der Kundmachung folgenden Tag in Kraft. *(BGBl I 2017/150)*

(2) § 5 Abs. 3 und § 7 in der Fassung des Bundesgesetzes BGBl. I Nr. 150/2017 treten mit dem der Kundmachung folgenden Tag in Kraft. § 9 Abs. 3 und § 10 Abs. 2 in der Fassung des Bundesgesetzes BGBl. I Nr. 150/2017 treten mit 15. Jänner 2018 in Kraft. *(BGBl I 2017/150)*

(3) § 2 Z 1, § 5 Abs. 3, § 6 Abs. 1 bis 6, § 9 Abs. 1 Z 1, § 12 Abs. 3, § 14 Abs. 3, § 15 Abs. 3 bis 5, § 16 Abs. 1 und § 20 Abs. 1 in der Fassung des Bundesgesetzes BGBl. I Nr. 37/2018 treten mit 1. August 2018 in Kraft. § 5 Abs. 5 tritt mit 1. Oktober 2018 in Kraft. Für alle von § 5 Abs. 5 erfassten Rechtsträger, die wirtschaftliche Eigentümer gemäß § 2 Z 1 lit. b vor diesem Stichtag gemeldet haben, sind mit diesem Stichtag die natürlichen Personen, die der obersten Führungsebene des Rechtsträgers angehören, von der Bundesanstalt Statistik Österreich aus dem Firmenbuch

zu übernehmen und laufend aktuell zu halten. *(BGBl I 2018/37)*

(4) Die §§ 9 Abs. 2, 10a, 15 Abs. 4 und 20 Abs. 1 sowie die Änderung des Inhaltsverzeichnisses in der Fassung des Bundesgesetzes BGBl. I Nr. 62/2018 treten mit 1. Oktober 2018 in Kraft. *(BGBl I 2018/62)*

(5) § 1 Abs. 2 Z 17 und 18 und Abs. 4, § 2 Z 2 lit. a und c, § 3 Abs. 3 bis 5, § 4, § 5 Abs. 1 Z 3 lit. a und b sowie Abs. 1 Schlussteil, § 5 Abs. 5, § 7 Abs. 3, § 9 Abs. 1 Z 15 und 16, Abs. 2, 3, 5 Z 2 und Abs. 9, § 10, § 11 Abs. 1, 3, 5 und 8, § 12 Abs. 3 bis 5 und 7, § 13 Abs. 1 bis 4, § 14, § 15 Abs. 1, 2, 4, 6 bis 8, § 16 Abs. 1, § 17 Abs. 1 Z 1 und § 20 Abs. 2 Z 2 sowie die Änderungen des Inhaltsverzeichnis zu § 10 treten in der Fassung des BGBl. Nr. 62/2019 mit 10. Jänner 2020 in Kraft. § 3 Abs. 2, § 5 Abs. 1 Z 4 und Abs. 7, § 5a samt Überschrift, § 9 Abs. 4 Z 7a bis 7c, § 9 Abs. 5a und 5b, § 11 Abs. 2a, § 12 Abs. 6, § 15 Abs. 3 und 5, § 17 Abs. 1 Z 3a und 4 sowie die Änderung des Inhaltsverzeichnis zu § 5a in der Fassung des BGBl. I Nr. 62/2019 treten mit 10. November 2020 in Kraft. § 5 Abs. 6 tritt mit 10. März 2021 in Kraft. Die Änderungen in § 5 Abs. 1 Z 3 lit. a und b sind auf Meldungen anzuwenden, die nach dem 10. Jänner 2020 übermittelt werden. *(BGBl I 2019/62)*

(6) § 14 Abs. 6 und § 16 Abs. 1, jeweils in der Fassung des Bundesgesetzes BGBl. I Nr. 104/2019, treten mit 1. Juli 2020 in Kraft. *(BGBl I 2019/104)*

„(7)“ § 18 Abs. 3 und 4 in der Fassung des Bundesgesetzes BGBl. I Nr. 23/2020 treten mit Ablauf des Tages der Kundmachung des genannten Bundesgesetzes in Kraft und mit Ablauf des 31. Dezember 2020 außer Kraft. *(BGBl I 2020/23; BGBl I 2021/25)*

(8) § 1 Abs. 2 Einleitungssatz, § 1 Abs. 2 Z 17 bis 19, § 1 Abs. 2 Schlussteil, § 3 Abs. 6 bis 8, § 5a Abs. 1 Z 3, § 5a Abs. 5 und 8, § 7 Abs. 2, § 9 Abs. 1 Z 11, § 9 Abs. 2, § 9 Abs. 9, § 11 Abs. 1, § 15 Abs. 1 Z 3 und 6 und § 20 Abs. 1 Z 25 in der Fassung des Bundesgesetzes BGBl. I Nr. 25/2021 treten am 1. April 2021 in Kraft. Dieses Bundesgesetz in der Fassung des Bundesgesetzes BGBl. I Nr. 25/2021 ist auf meldepflichtige ausländische Rechtsträger sowie Trusts und trustähnliche Vereinbarungen anzuwenden, deren Verwaltung sich nicht im Inland oder in einem anderen Mitgliedstaat befindet, die sich nach dem 1. April 2021 verpflichtet haben, Eigentum an einem im Inland gelegenen Grundstück zu erwerben. *(BGBl I 2021/25)*

Verweisungen

§ 20. (1) Soweit in diesem Bundesgesetz auf folgende Gesetze verwiesen wird, sind diese, wenn nicht Anderes angeordnet ist, in ihrer jeweils geltenden Fassung anzuwenden:

1. Unternehmensgesetzbuch, dRGBl. S 219/1897;

2. Bundesabgabenordnung (BAO), BGBl. Nr. 194/1961;

3. Sparkassengesetz (SpG), BGBl. Nr. 64/1979;

4. Einkommensteuergesetz 1988 (EStG 1988), BGBl. Nr. 400/1988;

5. Glücksspielgesetz (GSpG), BGBl. Nr. 620/1989;

6. Firmenbuchgesetz (FBG), BGBl. Nr. 10/1991;

7. Meldegesetz 1991 (MeldeG), BGBl. Nr. 9/1992;

8. Gewerbeordnung 1994 (GewO), BGBl. Nr. 194/1994;

9. Bundesgesetz über die Bundesrechenzentrum GmbH (BRZ GmbH), BGBl. Nr. 757/1996;

10. Wirtschaftstreuhandberufsgesetz 2017 (WTBG 2017), BGBl. I Nr. 137/2017;

11. Bundesgesetz über die Bundesstatistik (Bundesstatistikgesetz 2000), BGBl I Nr. 163/1999;

12. Bundeskriminalamt-Gesetz (BKA-G), BGBl. I Nr. 22/2002;

13. Vereinsgesetz 2002 (VerG), BGBl. I Nr. 66/2002;

14. Devisengesetz 2004, BGBl. I Nr. 123/2003;

15. Unternehmensserviceportalgesetz (USPG), BGBl. I Nr. 52/2009;

16. Sanktionengesetz 2010 (SanktG), BGBl. I Nr. 36/2010;

17. Bilanzbuchhaltungsgesetz 2014 (BiBuG 2014), BGBl. I Nr. 191/2013;

18. Versicherungsaufsichtsgesetz 2016 (VAG 2016), BGBl. I Nr. 34/2015;

19. Gemeinsamer Meldestandard-Gesetz (GMSG), BGBl. I Nr. 116/2015;

20. Bundes-Stiftungs- und Fondsgesetz 2015 (BStFG 2015), BGBl. I Nr. 160/2015;

21. Finanzmarkt-Geldwäschegesetz (FM-GwG), BGBl. I Nr. 118/2016 „,“ *(BGBl I 2018/37)*

22. Bundesgesetz zur Schaffung einer Abbaueinheit (GSA), BGBl. I Nr. 51/2014; *(BGBl I 2018/37)*

23. Bundesgesetz über die Sanierung und Abwicklung von Banken (Sanierungs- und Abwicklungsgesetz – BaSAG), BGBl. I Nr. 98/2014 „;“ *(BGBl I 2018/37; BGBl I 2018/62)*

24. Strafgesetzbuch (StGB), BGBl. Nr. 60/1974 „;“ *(BGBl I 2018/62; BGBl I 2021/25)*

25. Grunderwerbsteuergesetz 1987 (GrEStG 1987), BGBl. Nr. 309/1987. *(BGBl I 2021/25)*

(2) Soweit in diesem Bundesgesetz auf Richtlinien der Europäischen Union verwiesen wird, sind diese, wenn nicht Anderes angeordnet ist, in der nachfolgend genannten Fassung anzuwenden:

1. Richtlinie 2013/34/EU über den Jahresabschluss, den konsolidierten Abschluss und damit verbundene Berichte von Unternehmen bestimmter Rechtsformen und zur Änderung der Richtlinie 2006/43/EG und zur Aufhebung der Richtlinien 78/660/EWG und 83/349/EWG, ABl. Nr. L 182 vom 29.06.2013 S.19, zuletzt geändert durch die Richtlinie 2014/102/EU, ABl. Nr. L 334 vom 21.11.2014 S. 86;

2. Richtlinie (EU) 2015/849 zur Verhinderung der Nutzung des Finanzsystems zum Zwecke der Geldwäsche und der Terrorismusfinanzierung, zur Änderung der Verordnung (EU) Nr. 648/2012 des Europäischen Parlaments und des Rates und zur Aufhebung der Richtlinie 2005/60/EG des Europäischen Parlaments und des Rates und der Richtlinie 2006/70/EG der Kommission, ABl. Nr. L 141 vom 05.06.2015 S. 73, zuletzt geändert durch die Richtlinie (EU) 2018/843 vom 30. Mai 2018. *(BGBl I 2019/62)*

(3) Soweit in diesem Bundesgesetz auf Verordnungen der Europäischen Union Bezug genommen wird, sind diese, wenn nicht Anderes angeordnet ist, in der nachfolgend genannten Fassung maßgeblich:

1. Verordnung (EU) 2016/679 zum Schutz natürlicher Personen bei der Verarbeitung personenbezogener Daten, zum freien Datenverkehr und zur Aufhebung der Richtlinie 95/46/EG (Datenschutz-Grundverordnung), ABl. Nr. L 119 vom 04.05.2016 S. 1.
(BGBl I 2018/37)

Sprachliche Gleichbehandlung

§ 21. Soweit in diesem Bundesgesetz personenbezogene Bezeichnungen nur in männlicher Form angeführt sind, beziehen sie sich auf Frauen und Männer in gleicher Weise. Bei der Anwendung auf bestimmte Personen ist die jeweils geschlechtsspezifische Form zu verwenden.

Vollzugsklausel

§ 22. Mit der Vollziehung dieses Bundesgesetzes ist der Bundesminister für Finanzen betraut.

Verordnung des Bundesministers für Finanzen zur Festlegung der Nutzungsentgelte für die Nutzung des Registers der wirtschaftlichen Eigentümer (WiEReG-NutzungsentgelteV)

BGBl II 2018/77 idF

1 BGBl II 2019/108 **2** BGBl II 2019/437

Verordnung des Bundesministers für Finanzen zur Festlegung der Nutzungsentgelte für die Nutzung des Registers der wirtschaftlichen Eigentümer (WiEReG-NutzungsentgelteV)

Auf Grund des § 17 des Wirtschaftliche Eigentümer Registergesetzes (WiEReG), BGBl. I Nr. 136/2017, zuletzt geändert durch das Bundesgesetz BGBl. I Nr. 150/2017, wird verordnet:

Einzelverrechnung des Nutzungsentgeltes

§ 1. (1) Das Nutzungsentgelt für die Einsicht in das Register der wirtschaftlichen Eigentümer beträgt für jeden Auszug bei der Einsicht

1. der Verpflichteten mittels einfacher Auszüge gemäß § 9 Abs. 4 WiEReG............... 3,00 Euro;

2. der Verpflichteten mittels erweiterter Auszüge gemäß § 9 Abs. 5 WiEReG.......... 3,60 Euro;

3. der Verpflichteten mittels erweiterter Auszüge gemäß § 9 Abs. 5 WiEReG unter gleichzeitiger Einsicht in ein Compliance-Package gemäß § 9 Abs. 5a... 7,20 Euro.

(BGBl II 2019/437)

4. bei öffentlichen Auszügen gemäß § 10 WiEReG.. 3,00 Euro.

(BGBl II 2019/437)

(2) Das Nutzungsentgelt ist im Wege des elektronischen Zahlungsverkehrs im Voraus zu entrichten.

Pauschales Nutzungsentgelt

§ 2. (1) Auf Antrag eines Verpflichteten ist die Einsicht in das Register unter Verrechnung eines im Voraus zu entrichtenden, jährlichen pauschalen Nutzungsentgeltes zu gewähren. Das jährliche pauschale Nutzungsentgelt berechtigt zu einfachen Auszügen gemäß § 9 Abs. 4 WiEReG „, zu erweiterten Auszügen gemäß § 9 Abs. 5 WiEReG und zu erweiterten Auszügen unter gleichzeitiger Einsicht in ein Compliance-Package gemäß § 9 Abs. 5a WiEReG“ sowie zur Vornahme von Meldungen als Parteienvertreter für Rechtsträger. *(BGBl II 2019/437)*

(2) Es beträgt für ein Kontingent von

1. 50 „Abfragen“............................ 130 Euro;

(BGBl II 2019/437)

2. 250 „Abfragen“...........................600 Euro;

(BGBl II 2019/437)

3. 750 „Abfragen“....................... 1 650 Euro;

(BGBl II 2019/437)

4. 2 500 „Abfragen“................... 5 250 Euro;

(BGBl II 2019/437)

5. 7 500 „Abfragen“..................15 000 Euro.

(BGBl II 2019/437)

„Eine Abfrage berechtigt zum Abruf eines einfachen oder erweiterten Auszuges. Für den Abruf eines erweiterten Auszuges unter gleichzeitiger Einsicht in ein Compliance-Package sind zwei Abfragen erforderlich.“ *(BGBl II 2019/437)*

(3) Nach dem Ende des jährlichen Nutzungszeitraums kann ein nicht ausgenütztes Kontingent nicht mehr verwendet werden. Bei Beantragung eines beliebigen neuen Kontingentes gemäß Abs. 2 wird ein nicht ausgenütztes Kontingent auf dieses übertragen und kann weiter verwendet werden. Ein bereits entrichtetes jährliches pauschales Nutzungsentgelt kann nicht rückerstattet werden. *(BGBl II 2019/108)*

(4) Wenn vor dem Ablauf des aktuellen Nutzungszeitraums ein neues Kontingent beantragt wird, dann beginnt der neue Nutzungszeitraum zu dem Zeitpunkt, in dem der aktuelle Nutzungszeitraum durch Zeitablauf endet. Ist das aktuelle Kontingent zu einem früheren Zeitpunkt vollständig verbraucht, beginnt der neue Nutzungszeitraum zu diesem Zeitpunkt.

(5) Auf Antrag eines Verpflichteten kann das jährliche pauschale Nutzungsentgelt auch als Abonnement gewährt werden, wenn dieser einer dauerhaften Zahlungsmethode zugestimmt hat. In diesem Fall kann der Verpflichtete wählen, welches Kontingent gemäß Abs. 2 nach dem Ende des jährlichen Nutzungszeitraumes aktiviert werden soll. Einen Monat vor Ablauf des aktuellen Nutzungszeitraumes oder sobald 75vH eines Kontingents verbraucht wurden, ist der Verpflichtete zu informieren, dass nach Ende des aktuellen Nutzungszeitraumes bzw. nach Verbrauch des Kontingents gemäß dem Abonnements das gewählte Kontingent aktiviert wird und das Nut-

zungsentgelt zu entrichten ist. Bis zum Beginn eines neuen jährlichen Nutzungszeitraums kann der Verpflichtete das Abonnement jederzeit deaktivieren oder den Umfang des beantragten Kontingents ändern. Kann das Nutzungsentgelt nicht über die vereinbarte dauerhafte Zahlungsmethode entrichtet werden, dann ist Abs. 6 sinngemäß anzuwenden. *(BGBl II 2019/108)*

(6) Sollte eine bereits erfolgte Zahlung eines Nutzungsentgeltes auf welche Art auch immer widerrufen werden, so kann ein zu diesem Zeitpunkt noch nicht ausgenütztes Kontingent nicht mehr weiter verwendet werden. Erst nach vollständiger Entrichtung des Nutzungsentgeltes kann ein noch nicht ausgenütztes Kontingent bis zum Ende des ursprünglichen Nutzungszeitraumes verwendet werden. Sollte eine bereits erfolgte Zahlung eines Nutzungsentgeltes in Missbrauchsabsicht widerrufen werden, so kann der Bundesminister für Finanzen vom Verpflichteten für die bereits erfolgte Ausnutzung des Kontingents eine angemessene Entschädigung verlangen. *(BGBl II 2019/108)*

Inkrafttreten

§ 3. „(1)“ Diese Verordnung tritt mit 1. Mai 2018 in Kraft. *(BGBl II 2019/108)*

(2) § 2 Abs. 3 in der Fassung der Verordnung, BGBl. II Nr. 108/2019, tritt mit 1. Mai 2019 in Kraft und § 2 Abs. 5 und 6 in der Fassung der Verordnung, BGBl. II Nr. 108/2019, tritt mit 1. Oktober 2019 in Kraft. *(BGBl II 2019/108)*

(3) § 1 Abs. 1 und § 2 Abs. 1 und 2 in der Fassung der Verordnung, BGBl. II Nr. 437/2019 treten mit 10. Jänner 2020 in Kraft. § 2 Abs. 1 und 2 sind mit der Maßgabe anzuwenden, dass Nutzungsentgelte für Abrufe von erweiterten Auszügen unter gleichzeitiger Einsicht in ein Compliance-Package gemäß § 9 Abs. 5a WiEReG erst ab 10. November 2020 vorgeschrieben werden dürfen. § 2 Abs. 2 ist auf zum 10. Jänner 2020 bestehende Kontingente mit der Maßgabe anzuwenden, dass diese ab dem 10. Jänner 2020 zu Abfragen in der Höhe der noch vorhandenen einfachen oder erweiterten Auszügen berechtigen. *(BGBl II 2019/437)*

Verordnung des Bundesministers für Finanzen über zusätzliche technische Möglichkeiten für die Einsicht in das Register (WiEReG-EinsichtsV)

BGBl II 2019/390 idF

1 BGBl II 2020/571

Verordnung des Bundesministers für Finanzen über zusätzliche technische Möglichkeiten für die Einsicht in das Register (WiEReG-EinsichtsV)

Auf Grund des § 9 und des § 17 Abs. 5 des Wirtschaftliche Eigentümer Registergesetzes (WiEReG), BGBl. I Nr. 136/2017, zuletzt geändert durch das Bundesgesetz BGBl. I Nr. 104/2019, wird verordnet:

Inhalt von XML-Dateien

§ 1. (1) Bei Abruf eines erweiterten Auszuges durch einen Verpflichteten aus dem Register der wirtschaftlichen Eigentümer mit dem Webservice des Unternehmensserviceportals gemäß § 9 Abs. 3 WiEReG ist zusätzlich eine Datei im Extensible Markup Language Format (XML-Datei) zur Verfügung zu stellen.

(2) Die XML-Datei hat Folgendes zu enthalten:

1. Allgemeine Daten:

a) die Angabe, ob ein vollständiger erweiterter Auszug vorliegt;

b) die Angabe, ob ein aufrechter Vermerk gemäß § 11 Abs. 4 oder § 13 Abs. 3 WiEReG vorliegt;

c) den Zeitpunkt der letzten Meldung und die Angabe, ob eine Befreiung von der Meldepflicht gemäß § 6 WiEReG zur Anwendung gelangt und ob auf diese verzichtet wurde;

d) die Angabe, ob die wirtschaftlichen Eigentümer durch einen berufsmäßigen Parteienvertreter festgestellt und überprüft wurden; *(BGBl II 2020/571)*

e) die Angabe, ob ein gültiges Compliance-Package für den Rechtsträger eingesehen werden kann; *(BGBl II 2020/571)*

f) wenn die wirtschaftlichen Eigentümer gemäß § 2 Z 1 lit. b WiEReG festgestellt wurden, die Angabe, ob nach Ausschöpfung aller Möglichkeiten die wirtschaftlichen Eigentümer nicht festgestellt und überprüft werden konnten; *(BGBl II 2020/571)*

2. Angaben zum Rechtsträger:

a) Name des Rechtsträgers und Adressmerkmale;

b) Rechtsform und eine Information über den Bestandszeitraum des Rechtsträgers;

c) Stammzahl und Stammregister des Rechtsträgers;

d) ÖNACE-Code für Haupttätigkeiten des Rechtsträgers, soweit dieser im Register gespeichert ist;

3. Angaben zu den Wirtschaftlichen Eigentümern:

a) die Daten über alle direkten wirtschaftlichen Eigentümer gemäß § 9 Abs. 4 Z 5 WiEReG;

b) die Daten über alle indirekten wirtschaftlichen Eigentümer gemäß § 9 Abs. 4 Z 6 lit. a bis e, g und h WiEReG und die Daten gemäß § 9 Abs. 4 Z 6 lit. f WiEReG über die jeweiligen obersten Rechtsträger, soweit diese verfügbar sind;

4. die auf Basis der Eintragungen im Register automationsunterstützt generierte Darstellung aller bekannten Beteiligungsebenen gemäß § 9 Abs. 5 Z 1 WiEReG mit den Daten gemäß § 9 Abs. 4 Z 1 bis 4 WiEReG zu den errechneten Rechtsträgern und den Daten gemäß § 9 Abs. 4 Z 5 lit. a bis d und g WiEReG zu den errechneten natürlichen Personen, jeweils soweit diese verfügbar sind;

5. Daten gemäß § 9 Abs. 4 Z 5 lit. a bis d und g WiEReG zu den vertretungsbefugten Personen des Rechtsträgers; *(BGBl II 2020/571)*

6. zum Compliance-Package die Informationen, Daten und Dokumente, die gemäß § 5a Abs. 1 Z 1 bis 4 und Abs. 3 WiEReG übermittelt wurden; *(BGBl II 2020/571)*

„7." sonstige Informationen:

a) die Angabe, ob bei einem wirtschaftlichen Eigentümer oder bei einer vertretungsbefugten Person die Daten mit dem Zentralen Melderegister abgeglichen und laufend aktuell gehalten werden;

b) die Angabe, ob bei einem Rechtsträger oder obersten Rechtsträger die Daten mit dem jeweiligen Stammregister abgeglichen und laufend aktuell gehalten werden;

c) die Angabe, ob Datensätze mit einer Auskunftssperre (§ 9 Abs. 4 WiEReG), einer Einschränkung der Einsicht (§ 10a WiEReG) oder einer Einschränkung der Verarbeitung (§ 14 Abs. 7 WiEReG) gekennzeichnet sind oder gelöscht wurden (§ 14 Abs. 7 WiEReG);

d) eine eindeutige Identifizierung von natürlichen und juristischen Personen innerhalb der

XML-Datei, die bei Erstellung der XML-Datei neu vergeben wird;

e) die anteiligen Kosten des Auszuges basierend auf dem aktuellen jährlichen pauschalen Nutzungsentgelt;

f) den Hinweis, dass keine Gewähr für die Richtigkeit und Vollständigkeit der Daten übernommen werden kann.
(BGBl II 2020/571)

§ 2. § 1 Abs. 2 ist sinngemäß für die Übermittlung von Auszugsdaten in einer XML-Datei über das Webservice zur Einbindung der Geldwäschemeldestelle und des Bundesamtes für Verfassungsschutz und Terrorismusbekämpfung (§ 1 Abs. 3 Polizeiliches Staatsschutzgesetz (PStSG), BGBl. I Nr. 5/2016 in der Fassung des Bundesgesetzes BGBl. I Nr. 32/2018) anzuwenden.

Inkrafttreten

§ 3. „(1)" Diese Verordnung tritt mit 11. März 2020 in Kraft. *(BGBl II 2020/571)*

(2) § 1 Abs. 2 Z 1 und 5 bis 7 in der Fassung der Verordnung BGB1. II Nr. 571/2020 tritt mit 18. Dezember 2020 in Kraft.

(BGBl II 2020/571)

Durchführungsverordnung (EU) 2021/369 der Kommission vom 1. März 2021 zur Festlegung technischer Spezifikationen und Verfahren für das System der Vernetzung zentraler Register gemäß Richtlinie (EU) 2015/849 des Europäischen Parlaments und des Rates

ABl L 71 vom 2. 3. 2021, S 11

DIE EUROPÄISCHE KOMMISSION –

gestützt auf den Vertrag über die Arbeitsweise der Europäischen Union,

gestützt auf die Richtlinie (EU) 2015/849 des Europäischen Parlaments und des Rates vom 20. Mai 2015 zur Verhinderung der Nutzung des Finanzsystems zum Zwecke der Geldwäsche und der Terrorismusfinanzierung, zur Änderung der Verordnung (EU) Nr. 648/2012 des Europäischen Parlaments und des Rates und zur Aufhebung der Richtlinie 2005/60/EG des Europäischen Parlaments und des Rates und der Richtlinie 2006/70/EG der Kommission[1)], insbesondere auf Artikel 31a,

in Erwägung nachstehender Gründe:

(1) Die Mitgliedstaaten sind verpflichtet, ihre nationalen zentralen Register wirtschaftlicher Eigentümer über die nach Artikel 22 Absatz 1 der Richtlinie (EU) 2017/1132 des Europäischen Parlaments und des Rates[2)] eingerichtete zentrale Europäische Plattform zu vernetzen; die Vernetzung sollte im Einklang mit den technischen Spezifikationen und Verfahren erfolgen, die in den von der Kommission nach Artikel 24 der genannten Richtlinie erlassenen Durchführungsrechtsakten festgelegt sind. Da im Hinblick auf Zweck, Umfang und Inhalt jedoch Unterschiede zwischen den nach der Richtlinie (EU) 2017/1132 vernetzten Registern und den nach der Richtlinie (EU) 2015/849 eingerichteten zentralen Registern wirtschaftlicher Eigentümer bestehen, sind weitere technische Spezifikationen, Maßnahmen und andere Anforderungen, die einheitliche Bedingungen für die Umsetzung des Systems gewährleisten, festzulegen und anzunehmen.

(2) Die in dieser Verordnung vorgesehenen Maßnahmen entsprechen der Stellungnahme des Ausschusses zur Verhinderung der Geldwäsche und der Terrorismusfinanzierung –

HAT FOLGENDE VERORDNUNG ERLASSEN:

Artikel 1. Die technischen Spezifikationen und Verfahren für das System der Registervernetzung nach den Artikeln 30 und 31 der Richtlinie (EU) 2015/849 sind im Anhang festgelegt.

Artikel 2. Diese Verordnung tritt am zwanzigsten Tag nach ihrer Veröffentlichung im *Amtsblatt der Europäischen Union* in Kraft.

Diese Verordnung ist in allen ihren Teilen verbindlich und gilt unmittelbar in jedem Mitgliedstaat.

Brüssel, den 1. März 2021

Für die Kommission

Die Präsidentin

Ursula VON DER LEYEN

[1)] *ABl. L 141 vom 5.6.2015, S. 73.*

Zu Abs. 1:

[2)] *Richtlinie (EU) 2017/1132 des Europäischen Parlaments und des Rates vom 14. Juni 2017 über bestimmte Aspekte des Gesellschaftsrechts (ABl. L 169 vom 30.6.2017, S. 46).*

ANHANG

ANHANG

Technische Spezifikationen und Verfahren gemäß Artikel 1

1. **Gegenstand**

Das System zur Vernetzung der Register wirtschaftlicher Eigentümer (BORIS) wird als dezentrales System eingerichtet, das die nationalen zentralen Register wirtschaftlicher Eigentümer und das Europäische Justizportal[1] über die zentrale Europäische Plattform[2] miteinander verbindet. Das BORIS dient als zentraler Suchdienst, über den sämtliche Angaben zu wirtschaftlichen Eigentümern im Einklang mit den Bestimmungen der Richtlinie (EU) 2015/849[3] bereitgestellt werden.

2. **Begriffsbestimmungen**

a) „Register" steht für die nationalen zentralen Register für Angaben zum wirtschaftlichen Eigentümer nach den Artikeln 30 und 31 der Richtlinie (EU) 2015/849;

b) „qualifizierter Nutzer" steht für Nutzer des BORIS nach Artikel 30 Absatz 5 Buchstaben a und b und Artikel 31 Absatz 4 der Richtlinie (EU) 2015/849;

c) „obligatorische Mindestangaben" steht für den gemeinsamen Datensatz mit derselben Struktur und denselben Datenarten in allen Registern in den Mitgliedstaaten;

d) „zusätzliche Informationen" steht für den gemeinsam vorab festgelegten Datensatz, den die Mitgliedstaaten zusätzlich zu den „obligatorischen Mindestangaben" vollständig oder teilweise über das BORIS teilen können;

e) „nationale Registernummer" steht für die individuelle Identifikationsnummer, die einem Unternehmen oder einer juristischen Person, einem Trust oder einer ähnlichen Rechtsvereinbarung im Register wirtschaftlicher Eigentümer nach nationalem Recht zugewiesen wird.

3. **Zusammenhang zwischen der nationalen Registernummer, der europäischen einheitlichen Kennung (EUID) und der Unternehmensregisternummer**

3.1. Die nationalen Registernummern sowie die den Unternehmen im System für die Verknüpfung von Unternehmens registern („BRIS")[4] zugeordneten europäischen einheitlichen Kennungen (European Unique Identifier – EUID) und die Unternehmensregisternummern, falls diese von den jeweiligen nationalen Registernummern abweichen, werden der zentralen Europäischen Plattform über das Register wirtschaftlicher Eigentümer bereitgestellt. Enthält das BRIS für bestimmte Unternehmen noch keine EUID, wird diesen anhand der Unternehmensregisternummern eine EUID zugewiesen. Anderen juristischen Personen, Trusts oder ähnlichen Rechtsvereinbarungen wird die EUID auf der Grundlage der nationalen Registernummer zugeordnet.

3.2. Die Nutzer des BORIS können anhand der nationalen Registernummer und der Unternehmensregisternummer, falls diese von der nationalen Registernummer abweicht, im System Recherchen zu Unternehmen, anderen juristischen Personen, Trusts oder ähnlichen Rechtsvereinbarungen anstellen.

3.3. Die Mitgliedstaaten können beschließen, für Trusts oder ähnliche Rechtsvereinbarungen keine nationalen Registernummern bereitzustellen. Im Hinblick auf Trusts oder ähnliche nach dem Recht des Mitgliedstaats geschaffene Rechtsvereinbarungen, die im Register wirtschaftlicher Eigentümer geführt werden, gilt diese Ausnahme lediglich für einen Zeitraum von fünf Jahren ab dem Zeitpunkt, zu dem das BORIS in Betrieb genommen wird.

4. **Kommunikationsmethoden**

Zur Vernetzung der Register nutzt das BORIS dienstbasierte Methoden der elektronischen Kommunikation wie etwa Webdienste.

Die Kommunikation zwischen dem Portal und der Plattform und zwischen einem Register und der Plattform erfolgt im Wege einer Eins-zu-eins-Kommunikation.

5. **Kommunikationsprotokolle**

Für die Kommunikation zwischen dem Portal, der Plattform und den Registern werden sichere Internet-Protokolle wie HTTPS verwendet.

---

[1] *Im Folgenden „Portal".*

[2] *Die zentrale Europäische Plattform (im Folgenden „Plattform") wurde mit Artikel 22 Absatz 1 der Richtlinie (EU) 2017/1132 des Europäischen Parlaments und des Rates vom 14. Juni 2017 über bestimmte Aspekte des Gesellschaftsrechts (ABl. L 169 vom 30.6.2017, S. 46) eingerichtet.*

[3] *Dies gilt unbeschadet etwaiger zusätzlicher Funktionen, mit denen das BORIS möglicherweise künftig ausgestattet wird.*

[4] *Artikel 16 Absatz 1 der Richtlinie (EU) 2017/1132 des Europäischen Parlaments und des Rates vom 14. Juni 2017 über bestimmte Aspekte des Gesellschaftsrechts und Artikel 8 des Anhangs der Durchführungsverordnung (EU) 2015/884 der Kommission vom 8. Juni 2015 zur Festlegung technischer Spezifikationen und Verfahren für das System der Registervernetzung gemäß Richtlinie 2009/101/EG des Europäischen Parlaments und des Rates.*

Für die Übertragung von Daten und Metadaten werden Standard-Kommunikationsprotokolle wie SOAP (Simple Object Access Protocol) verwendet.

6. **Sicherheitsstandards**

Die technischen Maßnahmen, mit denen im Hinblick auf die Bereitstellung und Verbreitung von Informationen über das BORIS die Einhaltung von IT-Mindestsicherheitsstandards gewährleistet werden soll, müssen Folgendes umfassen:

a) Maßnahmen, die die Vertraulichkeit der Informationen gewährleisten, z. B. durch Nutzung sicherer Kanäle wie HTTPS;

b) Maßnahmen, die die Integrität der Daten während des Austauschs gewährleisten;

c) Maßnahmen, die gewährleisten, dass die Herkunft der Informationen innerhalb des BORIS sowie der Empfang der Informationen nicht in Abrede gestellt werden können;

d) Maßnahmen, die die Protokollierung von sicherheitsrelevanten Ereignissen im Einklang mit anerkannten internationalen Empfehlungen für IT-Sicherheitsstandards gewährleisten;

e) Maßnahmen, die die Authentifizierung und Autorisierung qualifizierter Nutzer gewährleisten, und Maßnahmen zur Überprüfung der Identität der innerhalb des BORIS mit dem Portal, der Plattform oder den Registern verbundenen Systeme;

f) gegebenenfalls Maßnahmen zum Schutz vor automatisierten Abfragen und Vervielfältigung von Registern, z. B. Begrenzung der angezeigten Suchergebnisse auf eine Höchstzahl pro Register und die Nutzung einer CAPTCHA[5]-Funktion.

7. **Innerhalb des BORIS-Rahmens auszutauschende Daten**

7.1. Die in den nationalen Registern enthaltenen Datensätze zu einem Unternehmen oder einer anderen juristischen Person, einem Trust oder einer ähnlichen Rechtsvereinbarung werden als „BO-Eintrag" bezeichnet. Der BO-Eintrag umfasst Daten zum Profil des betreffenden Unternehmens oder der betreffenden Rechtsvereinbarung, zur Person des wirtschaftlichen Eigentümers oder zu den wirtschaftlichen Eigentümern dieses Unternehmens oder dieser Rechtsvereinbarung sowie zu den/dem von diesen Eigentümern gehaltenen wirtschaftlichen Interesse(n).

7.2. Im Zusammenhang mit einem Unternehmen oder einer anderen juristischen Person sowie im Zusammenhang mit einem Trust oder einer ähnlichen Rechtsvereinbarung umfassen die Profildaten Angaben zum Namen, zur Rechtsform sowie die Registrierungsanschrift und gegebenenfalls die nationale Registernummer.

7.3. Jeder Mitgliedstaat hat die Möglichkeit, die obligatorischen Mindestangaben durch zusätzliche Informationen zu erweitern. Im Hinblick auf den wirtschaftlichen Eigentümer und das von diesem gehaltene wirtschaftliche Interesse bestehen die obligatorischen Mindestangaben aus den in Artikel 30 Absatz 5 Unterabsatz 2 und Artikel 31 Absatz 4 Unterabsatz 2 der Richtlinie (EU) 2015/849 aufgeführten Angaben. Im Hinblick auf die Identität des wirtschaftlichen Eigentümers umfassen zusätzliche Informationen mindestens das Geburtsdatum oder Kontaktdaten gemäß Artikel 30 Absatz 5 letzter Satz und Artikel 31 Absatz 4 Unterabsatz 3. Das Format der Daten des BO-Eintrags stützt sich auf die festgelegte Schnittstellenspezifikation.

7.4. Der Informationsaustausch umfasst auch Nachrichten, die für den Betrieb des Systems erforderlich sind, etwa für die Empfangsbestätigung, Protokollierung und Berichterstattung.

8. **Struktur des standardisierten Nachrichtenformats**

Der Informationsaustausch zwischen den Registern, der Plattform und dem Portal erfolgt auf der Grundlage standardisierter Datenstrukturierungsmethoden und mittels eines standardisierten Nachrichtenformats wie XML[6].

9. **Für die Plattform bereitzustellende Daten**

9.1. Im Einklang mit den Interoperabilitätsanforderungen müssen die von Registern angebotenen Dienste einheitlich sein und dieselbe Schnittstelle aufweisen, damit die Abfrageanwendung, etwa die Plattform, nur mit einer einzigen Art von Schnittstelle und einem gemeinsamen Satz von Datenelementen interagieren muss. Die Mitgliedstaaten passen ihre interne Datenstruktur mit Hilfe von Zuordnungstabellen oder durch eine ähnliche technische Umsetzung an die von der Kommission vorgegebenen Schnittstellenspezifikationen an.

---

[5] *Completely Automated Public Turing Test to tell Computers and Humans Apart (vollautomatischer öffentlicher Turing-Test zur Unterscheidung von Computern und Menschen).*

[6] *Extensible Markup Language*

9.2. Damit die Plattform ihre Aufgaben erfüllen kann, sind folgende Arten von Daten bereitzustellen:

a) Daten zur Identifizierung der mit der Plattform verbundenen Systeme: Diese Daten können aus URLs oder aus sonstigen Zahlen oder Codes bestehen, die eine eindeutige Identifizierung jedes Systems innerhalb des BORIS ermöglichen;

b) alle sonstigen Betriebsdaten, die erforderlich sind, damit die Plattform den ordnungsgemäßen und effizienten Betrieb des Suchsystems und die Interoperabilität der Register mit der Plattform gewährleisten kann. Diese Daten können Codelisten, Referenzdaten, Glossare und Übersetzungen dieser Metadaten sowie Protokollierungs- und Berichterstattungsdaten umfassen.

9.3. Die Daten und Metadaten, mit denen die Plattform umgeht, werden im Einklang mit den in Abschnitt 5 aufgeführten Sicherheitsstandards verarbeitet und gespeichert.

10. **Betriebsmethoden des Systems und von der Plattform bereitgestellte IT-Dienste**

1. Für die Verbreitung und den Austausch von Informationen liegen dem System folgende technische Maßnahmen zugrunde:

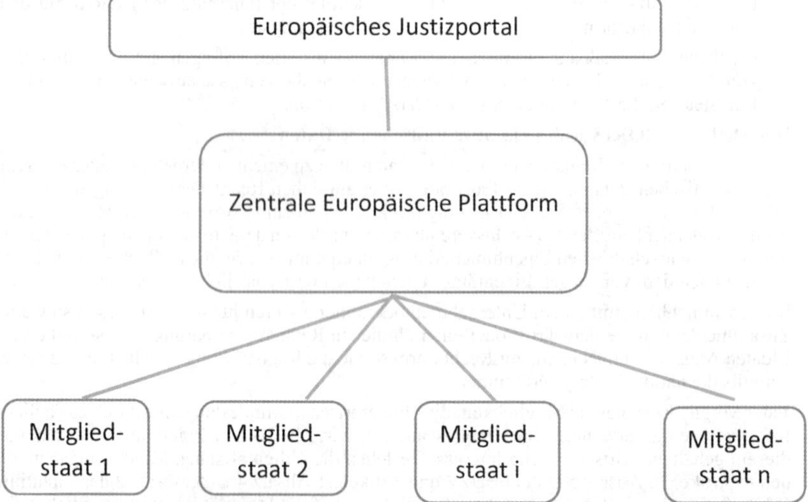

2. Zur Erstellung von Mitteilungen in der jeweiligen Sprachfassung stellt das Europäische Justizportal Referenzdaten artefakte wie Codelisten, kontrollierte Vokabulare und Glossare bereit. Gegebenenfalls werden diese in die EU-Amtssprachen übersetzt. Soweit möglich, werden anerkannte Standards und standardisierte Mitteilungen verwendet.

3. Die Kommission wird die Mitgliedstaaten über weitere Einzelheiten des technischen Betriebs und der Implementierung der von der Plattform bereitgestellten IT-Dienste unterrichten.

11. **Suchkriterien**

11.1. Bei einer Suche ist mindestens ein Land auszuwählen.

11.2. Das Portal bietet folgende harmonisierte Suchkriterien an:

a) in Bezug auf Unternehmen oder andere juristische Personen, Trusts oder ähnliche Rechtsvereinbarungen:

i) Name des Rechtsträgers oder der Rechtsvereinbarung;

ii) nationale Registernummer.

Die Suchkriterien unter den Ziffern i und ii können wahlweise verwendet werden;

b) in Bezug auf Personen als wirtschaftliche Eigentümer:

i) Vor- und Nachname des wirtschaftlichen Eigentümers;

ii) Geburtsdatum des wirtschaftlichen Eigentümers.

Die Suchkriterien unter den Ziffern i und ii können gemeinsam verwendet werden.

11.3. Gegebenenfalls kann das Portal weitere Suchkriterien anbieten.

12. **Zahlungsmodalitäten und Online-Registrierung**

12.1. Im Falle bestimmter Daten, die über das BORIS im Portal zur Verfügung gestellt werden und für die die Mitgliedstaaten Gebühren erheben, ermöglicht das System den Nutzern eine Online-Zahlung mittels allgemein verbreiteter Zahlungsarten wie Kredit- und Debitkartenzahlungen.

12.2. Das BORIS umfasst Maßnahmen, die die Möglichkeit einer Online-Registrierung nach Artikel 30 Absatz 5a und Artikel 31 Absatz 4a der Richtlinie (EU) 2015/849 gewährleisten.

13. **Verfügbarkeit von Diensten**

13.1. Der Dienst wird 24 Stunden am Tag und 7 Tage die Woche verfügbar sein, wobei die Verfügbarkeitsquote des BORIS ohne planmäßige Wartungen bei mindestens 98 % liegen muss.

13.2. Die Mitgliedstaaten setzen die Kommission im Voraus von etwaigen Wartungsarbeiten in Kenntnis. Dabei gelten folgende Fristen:

a) 5 Arbeitstage vor Wartungsarbeiten, die eine Nichtverfügbarkeit von bis zu 4 Stunden zur Folge haben können;

b) 10 Arbeitstage vor Wartungsarbeiten, die eine Nichtverfügbarkeit von bis zu 12 Stunden zur Folge haben können;

c) 30 Arbeitstage vor Wartungsarbeiten an der Infrastruktur des Datenzentrums, die eine Nichtverfügbarkeit von bis zu 6 Tagen pro Jahr zur Folge haben können.

Soweit möglich, werden Wartungsarbeiten außerhalb der Arbeitszeiten (19.00 Uhr bis 8.00 Uhr MEZ) geplant.

13.3. Sofern Mitgliedstaaten feste wöchentliche Wartungszeiten festgelegt haben, unterrichten sie die Kommission darüber, an welchem Wochentag und zu welchen Uhrzeiten solche festen wöchentlichen Wartungszeiten geplant sind. Unbeschadet der unter 13.2 Buchstaben a bis c genannten Verpflichtungen können Mitgliedstaaten, wenn ihre Systeme während solcher fester Wartungszeiten nicht verfügbar sind, davon absehen, die Kommission davon in Kenntnis zu setzen.

13.4. Im Falle eines unerwarteten technischen Versagens, infolge dessen ihre Systeme mehr als eine halbe Stunde lang nicht verfügbar sind, unterrichten die Mitgliedstaaten die Kommission unverzüglich während der Arbeitszeiten (9.00 Uhr bis 16.00 Uhr MEZ) über die Nichtverfügbarkeit des Systems und, soweit bekannt, über den geplanten Zeitpunkt der Wiederaufnahme des Dienstes.

13.5. Im Falle eines unerwarteten Ausfalls der zentralen Plattform oder des Portals unterrichtet die Kommission die Mitgliedstaaten unverzüglich während der Arbeitszeiten (9.00 Uhr bis 16.00 Uhr MEZ) über die Nichtverfügbarkeit der Plattform oder des Portals und, soweit bekannt, über den Zeitpunkt, zu dem der Dienst wiederaufgenommen werden dürfte.

14. **Transkriptions- und Transliterationsregeln**

Jeder Mitgliedstaat muss die an ihn gerichteten Suchanfragen und die zurückgesendeten Ergebnisse im Einklang mit seinen nationalen Normen transkribieren oder transliterieren.

Richtlinie (EU) 2015/849 des Europäischen Parlaments und des Rates vom 20. Mai 2015 zur Verhinderung der Nutzung des Finanzsystems zum Zwecke der Geldwäsche und der Terrorismusfinanzierung

ABl L 141 vom 12. 6. 2015, S 73 idF

1 ABl L 156 vom 19. 6. 2018, S 43 (5. Geldwäscherichtlinie)

2 ABl L 334 vom 27. 12. 2019, S 161

DAS EUROPÄISCHE PARLAMENT UND DER RAT DER EUROPÄISCHEN UNION –

gestützt auf den Vertrag über die Arbeitsweise der Europäischen Union, insbesondere auf Artikel 114,

auf Vorschlag der Europäischen Kommission,

nach Zuleitung des Entwurfs des Gesetzgebungsakts an die nationalen Parlamente,

nach Stellungnahme der Europäischen Zentralbank[1)],

nach Stellungnahme des Europäischen Wirtschafts- und Sozialausschusses[2)],

gemäß dem ordentlichen Gesetzgebungsverfahren[3)],

in Erwägung nachstehender Gründe:

(1) Ströme von illegalem Geld können die Integrität, Stabilität und das Ansehen des Finanzsektors schädigen und eine Bedrohung für den Binnenmarkt der Union sowie die internationale Entwicklung darstellen. Geldwäsche, die Finanzierung des Terrorismus und organisierte Kriminalität sind nach wie vor bedeutende Probleme, die auf Ebene der Union angegangen werden sollten. Ergänzend zur Weiterentwicklung strafrechtlicher Maßnahmen auf Unionsebene sind zielgerichtete und verhältnismäßige Maßnahmen, die verhindern, dass das Finanzsystem zum Zwecke der Geldwäsche und der Terrorismusfinanzierung genutzt wird, unverzichtbar und können hier zu zusätzlichen Ergebnissen führen.

(2) Die Solidität, Integrität und Stabilität der Kreditinstitute und Finanzinstitute sowie das Vertrauen in das Finanzsystem insgesamt könnten schweren Schaden nehmen, wenn Straftäter und ihre Mittelsmänner versuchen, die Herkunft von Erträgen aus Straftaten zu verschleiern oder Geld aus rechtmäßigen oder unrechtmäßigen Quellen terroristischen Zwecken zuzuführen. Geldwäscher und Geldgeber des Terrorismus könnten versuchen, die Freiheit des Kapitalverkehrs und die Finanzdienstleistungsfreiheit, die der integrierte Finanzraum der Union bietet, für ihre kriminellen Aktivitäten auszunutzen. Daher ist auf Unionsebene eine gewisse Koordinierung erforderlich. Gleichzeitig sollten die Ziele des Schutzes der Gesellschaft vor Kriminalität und des Schutzes der Stabilität und Integrität des Finanzsystems der Union mit der Notwendigkeit ins Gleichgewicht gebracht werden, ein regulatorisches Umfeld zu schaffen, das den Unternehmen Wachstum ermöglicht, ohne dass ihnen dabei aufgrund der Einhaltung von Vorschriften unverhältnismäßig hohe Kosten entstehen.

(3) Diese Richtlinie ist die vierte Richtlinie, die sich mit der Gefahr der Geldwäsche befasst. Die Richtlinie 91/308/EWG des Rates[4)] stellte in ihrer Geldwäsche-Definition auf Drogenstraftaten ab und legte nur für den Finanzsektor Pflichten fest. Mit der Richtlinie 2001/97/EG des Europäischen Parlaments und des Rates[5)] wurde der Geltungsbereich der Richtlinie 91/308/EWG sowohl in Bezug auf die abgedeckten Straftaten als auch in Bezug auf das erfasste Berufs- und Tätigkeitsspektrum erweitert. Im Juni 2003 überarbeitete die Financial Action Task Force (FATF) ihre Empfehlungen, um auch die Terrorismusfinanzierung abzudecken, und formulierte detailliertere Anforderungen hinsichtlich der Feststellung und Überprüfung der Kundenidentität, der Fälle, in denen ein höheres Risiko der Geldwäsche oder Terrorismus-

---

[1)] ABl. C 166 vom 12.6.2013, S. 2.

[2)] ABl. C 271 vom 19.9.2013, S. 31.

[3)] Standpunkt des Europäischen Parlaments vom 11. März 2014 (noch nicht im Amtsblatt veröffentlicht) und Standpunkt des Rates in erster Lesung vom 20. April 2015 (noch nicht im Amtsblatt veröffentlicht). Standpunkt des Europäischen Parlaments vom 20. Mai 2015 (noch nicht im Amtsblatt veröffentlicht).

Zu Abs. 3:

[4)] Richtlinie 91/308/EWG des Rates vom 10. Juni 1991 zur Verhinderung der Nutzung des Finanzsystems zum Zwecke der Geldwäsche (ABl. L 166 vom 28.6.1991, S. 77).

[5)] Richtlinie 2001/97/EG des Europäischen Parlaments und des Rates vom 4. Dezember 2001 zur Änderung der Richtlinie 91/308/EWG des Rates zur Verhinderung der Nutzung des Finanzsystems zum Zwecke der Geldwäsche (ABl. L 344 vom 28.12.2001, S. 76).

finanzierung verstärkte Maßnahmen rechtfertigen kann, sowie der Fälle, in denen ein geringeres Risiko weniger strenge Kontrollen rechtfertigen kann. Rechnung getragen wurde diesen Änderungen in der Richtlinie 2005/60/EG des Europäischen Parlaments und des Rates[6] und in der Richtlinie 2006/70/EG der Kommission[7].

(4) Geldwäsche und Terrorismusfinanzierung finden häufig in internationalem Kontext statt. Maßnahmen, die nur auf nationaler oder selbst auf Unionsebene erlassen würden, ohne grenzübergreifende Koordinierung und Zusammenarbeit einzubeziehen, hätten nur sehr begrenzte Wirkung. Aus diesem Grund sollten die von der Union auf diesem Gebiet erlassenen Maßnahmen mit den im Rahmen der internationalen Gremien ergriffenen Maßnahmen vereinbar und mindestens so streng sein wie diese. Insbesondere sollten sie auch weiterhin den Empfehlungen der FATF und den Instrumenten anderer internationaler Gremien, die im Kampf gegen Geldwäsche und Terrorismusfinanzierung aktiv sind, Rechnung tragen. Um Geldwäsche und Terrorismusfinanzierung noch wirksamer bekämpfen zu können, sollten die einschlägigen Rechtsakte der Union gegebenenfalls an die internationalen Standards zur Bekämpfung von Geldwäsche, Terrorismus- und Proliferationsfinanzierung der FATF vom Februar 2012 (im Folgenden „überarbeitete FATF-Empfehlungen") angepasst werden.

(5) Wenn das Finanzsystem dazu missbraucht wird, unrechtmäßig oder auch selbst rechtmäßig erworbene Gelder terroristischen Zwecken zuzuführen, stellt dies ebenfalls ein klares Risiko für die Integrität, das ordnungsgemäße Funktionieren, das Ansehen und die Stabilität des Finanzsystems dar. Folglich sollten die in dieser Richtlinie festgelegten Präventivmaßnahmen auf die Erträge schwerer Straftaten und die Sammlung von Geldern und Vermögenswerten für terroristische Zwecke eingehen.

(6) Hohe Barzahlungen können sehr leicht für Geldwäsche und Terrorismusfinanzierung missbraucht werden. Um die Wachsamkeit zu erhöhen und die mit solchen Barzahlungen verbundenen Risiken zu mindern, sollten Personen, die mit Gütern handeln, von dieser Richtlinie erfasst werden, wenn sie Barzahlungen von 10 000 EUR oder mehr tätigen oder entgegennehmen. Die Mitgliedstaaten sollten niedrigere Schwellenwerte, zusätzliche generelle Barzahlungsbeschränkungen und weitere strengere Vorschriften erlassen können.

(7) Die Verwendung von E-Geld-Produkten wird zunehmend als Ersatz für Bankkonten betrachtet, weshalb es gerechtfertigt ist, diese Produkte nicht nur der Richtlinie 2009/110/EG des Europäischen Parlaments und des Rates[8], sondern auch den Verpflichtungen zur Bekämpfung der Geldwäsche und der Terrorismusfinanzierung zu unterwerfen. Allerdings sollten die Mitgliedstaaten in Fällen, in denen erwiesenermaßen ein geringes Risiko besteht, und sofern strikte risikomindernde Maßnahmen ergriffen werden, E-Geld von bestimmten Sorgfaltspflichten gegenüber Kunden ausnehmen können, etwa von der Pflicht zur Feststellung und Überprüfung der Identität des Kunden und des wirtschaftlichen Eigentümers, jedoch nicht von der Pflicht zur Überwachung von Transaktionen oder Geschäftsbeziehungen. Zu den risikomindernden Voraussetzungen sollte zählen, dass die ausgenommenen E-Geld-Produkte ausschließlich für den Erwerb von Waren oder Dienstleistungen genutzt werden und dass der elektronisch gespeicherte Betrag so gering sein muss, dass eine Umgehung der Vorschriften über die Bekämpfung der Geldwäsche und der Terrorismusfinanzierung ausgeschlossen werden kann. Diese Ausnahme sollte keinen Einfluss auf das den Mitgliedstaaten zugestandene Ermessen haben, den Verpflichteten zu gestatten, bei anderen E-Geld-Produkten, die mit einem geringeren Risiko behaftet sind, gemäß Artikel 15 vereinfachte Maßnahmen zur Erfüllung ihrer Sorgfaltspflichten gegenüber Kunden anzuwenden.

(8) Hinsichtlich der Verpflichteten, die dieser Richtlinie unterliegen, könnte der Begriff Immobilienmakler so verstanden werden, dass er gegebenenfalls auch Vermietungsmakler umfasst.

(9) Angehörige von rechtsberatenden Berufen im Sinne der von den Mitgliedstaaten vorgenommenen Definition sollten dieser Richtlinie unterliegen, wenn sie sich – einschließlich durch

FM-GwG
SpVV
Schulspar-SoV
Online-IDV
AndKo-SoV
BVK-RiSoV
LV-SoV
WiEReG + V
4. GW-RL
DelV Hochrisikolän
DelV 2018/1108
DelV Drittländer
5. GW-RL

[6] Richtlinie 2005/60/EG des Europäischen Parlaments und des Rates vom 26. Oktober 2005 zur Verhinderung der Nutzung des Finanzsystems zum Zwecke der Geldwäsche und der Terrorismusfinanzierung (ABl. L 309 vom 25.11.2005, S. 15).

[7] Richtlinie 2006/70/EG vom 1. August 2006 mit Durchführungsbestimmungen für die Richtlinie 2005/60/EG des Europäischen Parlaments und des Rates hinsichtlich der Begriffsbestimmung von „politisch exponierte Personen" und der Festlegung der technischen Kriterien für vereinfachte Sorgfaltspflichten sowie für die Befreiung in Fällen, in denen nur gelegentlich oder in sehr eingeschränktem Umfang Finanzgeschäfte getätigt werden (ABl. L 214 vom 4.8.2006, S. 29).

Zu Abs. 7:

[8] Richtlinie 2009/110/EG des Europäischen Parlaments und des Rates vom 16. September 2009 über die Aufnahme, Ausübung und Beaufsichtigung der Tätigkeit von E-Geld-Instituten, zur Änderung der Richtlinien 2005/60/EG und 2006/48/EG sowie zur Aufhebung der Richtlinie 2000/46/EG (ABl. L 267 vom 10.10.2009, S. 7).

Steuerberatung – an Finanz- oder Unternehmenstransaktionen beteiligen, bei denen die Gefahr, dass ihre Dienste für das Waschen von Erträgen aus kriminellen Tätigkeiten oder für die Zwecke der Terrorismusfinanzierung missbraucht werden, am größten ist. Es sollten jedoch Ausnahmen von der Pflicht zur Meldung von Informationen vorgesehen werden, die vor, während oder nach einem Gerichtsverfahren oder im Rahmen der Beurteilung der Rechtslage für einen Klienten erlangt wurden. Die Rechtsberatung sollte deshalb auch weiterhin der Geheimhaltungspflicht unterliegen, es sei denn, der Angehörige eines rechtsberatenden Berufs ist an Geldwäsche oder Terrorismusfinanzierung beteiligt, die Rechtsberatung wird zum Zwecke der Geldwäsche oder Terrorismusfinanzierung erteilt oder der Angehörige eines rechtsberatenden Berufs weiß, dass der Klient die Rechtsberatung für Zwecke der Geldwäsche oder Terrorismusfinanzierung in Anspruch nimmt.

(10) Unmittelbar vergleichbare Dienstleistungen sollten auf gleiche Weise behandelt werden, wenn sie von Angehörigen der von dieser Richtlinie erfassten Berufe erbracht werden. Zur Wahrung der in der Charta der Grundrechte der Europäischen Union (im Folgenden „Charta") verankerten Rechte sollten die Informationen, die Abschlussprüfer, externe Buchprüfer und Steuerberater, die in einigen Mitgliedstaaten dazu befugt sind, ihre Klienten in einem Gerichtsverfahren zu verteidigen oder zu vertreten oder die Rechtslage für ihre Klienten zu beurteilen, in Ausübung dieser Tätigkeiten erlangen, nicht Gegenstand der in dieser Richtlinie festgelegten Meldepflichten sein.

(11) Es sollte ausdrücklich darauf hingewiesen werden, dass den überarbeiteten FATF-Empfehlungen entsprechend „Steuerstraftaten" im Zusammenhang mit direkten und indirekten Steuern von der weit auszulegenden Definition des Begriffs „kriminelle Tätigkeit" nach dieser Richtlinie erfasst werden. Da in jedem Mitgliedstaat möglicherweise andere Steuervergehen als „kriminelle Tätigkeiten" gelten, die mit den in Artikel 3 Absatz 4 Buchstabe f dieser Richtlinie genannten Sanktionen belegt werden können, dürfte es auch bei den nationalen strafrechtlichen Definitionen des Begriffs „Steuerstraftat" Unterschiede geben. Zwar wird keine Harmonisierung der nationalen strafrechtlichen Definitionen des Begriffs „Steuerstraftat" angestrebt, doch sollten die Mitgliedstaaten im Rahmen ihres nationalen Rechts so weit wie möglich gestatten, dass die zentralen Meldestellen der EU untereinander Informationen austauschen oder einander Amtshilfe leisten.

(12) Jede natürliche Person, in deren Eigentum oder unter deren Kontrolle eine juristische Person steht, sollte identifiziert werden. Damit tatsächlich Transparenz herrscht, sollten die Mitgliedstaaten dafür sorgen, dass ein möglichst breites Spektrum von juristischen Personen, die in ihrem Hoheitsgebiet eingetragen oder durch ein anderes Verfahren geschaffen wurden, erfasst wird. Auch wenn die Ermittlung eines bestimmten prozentualen Aktienanteils oder einer bestimmten Beteiligung nicht automatisch dazu führt, dass der wirtschaftliche Eigentümer gefunden wird, sollte dies doch einen der zu berücksichtigenden Beweisfaktoren darstellen. Die Mitgliedstaaten sollten jedoch beschließen können, dass ein geringerer Prozentsatz einen Hinweis auf Eigentum oder Kontrolle darstellen kann.

(13) Falls relevant, sollten sich Feststellung und Überprüfung der Identität der wirtschaftlichen Eigentümer auch auf juristische Personen erstrecken, die Eigentümer anderer juristischer Personen sind, und sollten die Verpflichteten versuchen, die natürliche Person oder die natürlichen Personen zu ermitteln, die die juristische Person, d. h. den Kunden, durch Eigentumsrechte oder auf andere Weise letztlich kontrolliert bzw. kontrollieren. Andere Formen der Kontrolle können unter anderem die Kontrollkriterien einschließen, die bei der Vorbereitung konsolidierter Abschlüsse herangezogen werden, etwa Kontrolle durch eine Vereinbarung der Anteilseigner, die Ausübung eines beherrschenden Einflusses oder die Befugnis zur Ernennung der Führungsebene. Es kann Fälle geben, in denen keine natürliche Person ermittelt werden kann, in deren Eigentum oder unter deren Kontrolle die juristische Person letztlich steht. In diesen Ausnahmefällen können die Verpflichteten nach Ausschöpfung aller anderen Mittel zur Feststellung der Identität des Eigentümers den bzw. die Angehörigen der Führungsebene als wirtschaftliche(n) Eigentümer betrachten, sofern keine Verdachtsmomente vorliegen.

(14) Die Verpflichtung zum Vorhalten präziser und aktueller Daten zum wirtschaftlichen Eigentümer ist eine wichtige Voraussetzung für das Aufspüren von Straftätern, die ihre Identität ansonsten hinter einer Gesellschaftsstruktur verbergen könnten. Die Mitgliedstaaten sollten deshalb dafür sorgen, dass in ihrem Staatsgebiet gemäß dem nationalen Recht eingetragene Unternehmen zusätzlich zu den grundlegenden Informationen, wie Name und Anschrift der Gesellschaft, Nachweis der Gründung und des rechtlichen Eigentums, auch angemessene, präzise und aktuelle Angaben zu ihrem wirtschaftlichen Eigentümer beschaffen und vorhalten müssen. Im Interesse größerer Transparenz zwecks Bekämpfung des Missbrauchs von juristischen Personen sollten die Mitgliedstaaten sicherstellen, dass die Informationen über den wirtschaftlichen Eigentümer unter vollständiger Einhaltung des Unionsrechts in einem Zentralregister außerhalb der Gesell-

schaft gespeichert werden. Die Mitgliedstaaten können hierfür eine zentrale Datenbank, in der Informationen über wirtschaftliche Eigentümer gespeichert werden, das Handelsregister oder ein anderes Zentralregister verwenden. Die Mitgliedstaaten können beschließen, dass die Verpflichteten für die Eintragungen in das Register verantwortlich sind. Die Mitgliedstaaten sollten sicherstellen, dass diese Informationen den zuständigen Behörden und den zentralen Meldestellen in allen Fällen sowie den Verpflichteten dann, wenn diese Maßnahmen zur Erfüllung ihrer Sorgfaltspflichten gegenüber Kunden ergreifen, zur Verfügung gestellt werden. Die Mitgliedstaaten sollten des Weiteren sicherstellen, dass anderen Personen, die ein legitimes Interesse im Zusammenhang mit Geldwäsche, Terrorismusfinanzierung und damit zusammenhängende Vortaten – wie Bestechung, Steuerstraftaten und Betrug – nachweisen können, im Einklang mit den Datenschutzbestimmungen Zugang zu den Informationen über den wirtschaftlichen Eigentümer gewährt wird. Personen, die ein legitimes Interesse nachweisen können, sollten Zugang zu Informationen über Art und Umfang des wirtschaftlichen Interesses erhalten, die Aufschluss über dessen ungefähres Gewicht geben.

(15) Zu diesem Zweck sollten die Mitgliedstaaten in ihrem nationalen Recht einen umfangreicheren Zugang ermöglichen können als er gemäß dieser Richtlinie vorgesehen ist.

(16) Der zeitnahe Zugang zu Informationen über den wirtschaftlichen Eigentümer sollte so gewährleistet werden, dass nicht die Gefahr besteht, dass die betreffende Gesellschaft gewarnt wird.

(17) Um faire Wettbewerbsbedingungen unter den verschiedenen Arten von Rechtsformen zu gewährleisten, sollten Trustees ebenfalls verpflichtet sein, Angaben zum wirtschaftlichen Eigentümer zu beschaffen, vorzuhalten und Verpflichteten, die Maßnahmen zur Erfüllung ihrer Sorgfaltspflichten gegenüber Kunden ergreifen, zur Verfügung zu stellen und diese Angaben an ein Zentralregister oder eine zentrale Datenbank zu übermitteln, und sie sollten den Verpflichteten ihren Status offenlegen. Juristische Personen wie Stiftungen und trustähnliche Rechtsvereinbarungen sollten vergleichbaren Anforderungen unterworfen sein.

(18) Diese Richtlinie sollte auch für die über das Internet ausgeübten Tätigkeiten von Verpflichteten gelten.

(19) Neue Technologien ermöglichen zeit- und kostensparende Lösungen für Unternehmen und Kunden und sollten daher bei der Risikobewertung Berücksichtigung finden. Die zuständigen Behörden und die Verpflichteten sollten bei der Bekämpfung neuer und innovativer Geldwäschemethoden proaktiv vorgehen.

(20) Den Vertretern der Union in den Verwaltungsorganen der Europäischen Bank für Wiederaufbau und Entwicklung wird nahegelegt, diese Richtlinie umzusetzen und auf ihrer Website Grundsätze zur Bekämpfung der Geldwäsche zu veröffentlichen, die detaillierte Verfahren enthalten, die dieser Richtlinie Wirkung verleihen.

(21) Die Nutzung der Dienstleistungen des Glücksspielsektors zum Waschen von Erträgen aus kriminellen Tätigkeiten gibt Anlass zur Sorge. Um die mit Glücksspieldienstleistungen verbundenen Risiken zu mindern, sollte diese Richtlinie eine Verpflichtung für Anbieter von Glücksspieldiensten, bei denen höhere Risiken bestehen, vorsehen, bei Transaktionen von 2 000 EUR oder mehr die Sorgfaltspflichten gegenüber Kunden anzuwenden. Die Mitgliedstaaten sollten sicherstellen, dass die Verpflichteten denselben Schwellenwert auf Gewinne, auf Einsätze, einschließlich des Kaufs und Verkaufs von Spielmarken, oder beides anwenden. Anbieter von Glücksspieldienstleistungen mit physischen Räumlichkeiten wie Kasinos und Spielbanken sollten sicherstellen, dass zwischen den Kundendaten, die in Erfüllung der Sorgfaltspflichten gegenüber Kunden bei Betreten der Räumlichkeiten erhoben wurden, und den von diesen Kunden in diesen Räumlichkeiten vollzogenen Transaktionen eine Zuordnung möglich ist. Allerdings sollten die Mitgliedstaaten unter gewissen Umständen, in denen erwiesenermaßen ein geringes Risiko besteht, bestimmte Glücksspieldienste von einigen oder allen in dieser Richtlinie festgelegten Anforderungen ausnehmen können. Sie sollten eine Ausnahmeregelung nur in ganz bestimmten und begründeten Fällen ins Auge fassen, wenn das Risiko der Geldwäsche oder Terrorismusfinanzierung gering ist. Die Ausnahmen sollten einer konkreten Risikobewertung unterzogen werden, bei der auch der Anfälligkeitsgrad der betreffenden Transaktionen berücksichtigt wird. Die Ausnahmen sollten der Kommission mitgeteilt werden. Bei der Risikobewertung sollten die Mitgliedstaaten angeben, wie sie relevante Feststellungen in den von der Kommission im Rahmen der supranationalen Risikobewertung erstellten Berichten berücksichtigt haben.

(22) Das Risiko der Geldwäsche und Terrorismusfinanzierung ist nicht in allen Fällen gleich hoch. Aus diesem Grund sollte nach einem ganzheitlichen, risikobasierten Ansatz verfahren werden. Dieser stellt nicht die Möglichkeit einer ungebührlich ausufernden Freistellung für Mitgliedstaaten und Verpflichtete dar. Er setzt eine fakten-

gestützte Entscheidungsfindung voraus, die es ermöglicht, gezielter auf die für die Union und die dort tätigen natürlichen und juristischen Personen bestehenden Risiken der Geldwäsche und Terrorismusfinanzierung einzugehen.

(23) Das Bedürfnis der Mitgliedstaaten und der Union, die für sie bestehenden Risiken von Geldwäsche und Terrorismusfinanzierung zu ermitteln, zu verstehen und zu mindern, bildet die Grundlage des risikobasierten Ansatzes. Die Bedeutung eines länderübergreifenden Vorgehens bei der Risikoermittlung wurde auf internationaler Ebene anerkannt, und die Europäische Aufsichtsbehörde (Europäische Bankaufsichtsbehörde) (EBA), die durch die Verordnung (EU) Nr. 1093/2010 des Europäischen Parlaments und des Rates[9)] geschaffen wurde, die Europäische Aufsichtsbehörde (Europäische Aufsichtsbehörde für das Versicherungswesen und die betriebliche Altersversorgung) (EIOPA), die durch die Verordnung (EU) Nr. 1094/2010 des Europäischen Parlaments und des Rates[10)] geschaffen wurde, und die Europäische Aufsichtsbehörde (Europäische Wertpapier- und Marktaufsichtsbehörde) (ESMA), die durch die Verordnung (EU) Nr. 1095/2010 des Europäischen Parlaments und des Rates[11)] geschaffen wurde, sollten beauftragt werden, über ihren Gemeinsamen Ausschuss zu den Risiken für den Finanzsektor der Union Stellung zu nehmen.

(24) Die Kommission ist in der Lage, bestimmte grenzüberschreitende Bedrohungen, die den Binnenmarkt beeinträchtigen und von einzelnen Mitgliedstaaten nicht erkannt und wirksam bekämpft werden können, zu untersuchen. Daher sollte sie beauftragt werden, die Bewertung der Bedrohungen im Zusammenhang mit grenzüberschreitenden Tätigkeiten zu koordinieren. Damit dies in effizienter Weise geschieht, müssen die einschlägigen Sachverständigen, beispielsweise die Expertengruppe für Geldwäsche und Terrorismusfinanzierung und die Vertreter der zentralen Meldestellen, sowie gegebenenfalls Vertreter anderer Unionsgremien eingebunden werden. Auch die nationalen Risikobewertungen und Erfahrungen liefern dabei wichtige Informationen. Diese Bewertung der grenzüberschreitenden Risiken durch die Kommission sollte keine Verarbeitung personenbezogener Daten beinhalten. Die Daten sollten auf jeden Fall vollständig anonymisiert werden. Die nationalen Datenschutzaufsichtsbehörden und die der Union sollten nur hinzugezogen werden, wenn die Bewertung des Risikos der Geldwäsche und der Terrorismusbekämpfung sich auf den Schutz von Privatsphäre und personenbezogenen Daten auswirkt.

(25) Die Ergebnisse der Risikobewertungen sollten den Verpflichteten, falls zweckmäßig, zeitnah zur Verfügung gestellt werden, damit diese ihre eigenen Risiken ermitteln, verstehen, steuern und mindern können.

(26) Um die Risiken auf Unionsebene noch besser ermitteln, verstehen, steuern und mindern zu können, sollten die Mitgliedstaaten die Ergebnisse ihrer Risikobewertungen den anderen Mitgliedstaaten, der Kommission sowie der EBA, der EIOPA und der ESMA (im Folgenden „Europäische Aufsichtsbehörden") zugänglich machen.

(27) Bei der Anwendung dieser Richtlinie sollte den Charakteristika und Erfordernissen der von ihr erfassten kleineren Verpflichteten Rechnung getragen und sichergestellt werden, dass sie ihren speziellen Bedürfnissen und der Art ihrer Geschäftstätigkeit entsprechend behandelt werden.

(28) Um das ordnungsgemäße Funktionieren des Finanzsystems der Union und des Binnenmarkts vor Geldwäsche und Terrorismusfinanzierung zu schützen, sollte der Kommission die Befugnis zum Erlass von Rechtsakten gemäß Artikel 290 des Vertrags über die Arbeitsweise der Europäischen Union (AEUV) übertragen werden, um die Drittländer zu ermitteln, die in ihren nationalen Systemen zur Bekämpfung von Geldwäsche und Terrorismusfinanzierung strategische Mängel aufweisen (im Folgenden „Drittländer mit hohem Risiko"). Da die von Geldwäsche und Terrorismusfinanzierung ausgehenden Bedrohungen immer neue Formen annehmen, was durch die kontinuierliche Weiterentwicklung der Technologie und der den Straftätern zur Verfügung stehenden Mittel noch begünstigt wird, muss der rechtliche Rahmen in Bezug auf die Drittländer mit hohem

---

Zu Abs. 23:

9) Verordnung (EU) Nr. 1093/2010 des Europäischen Parlaments und des Rates vom 24. November 2010 zur Errichtung einer Europäischen Aufsichtsbehörde (Europäische Bankenaufsichtsbehörde), zur Änderung des Beschlusses Nr. 716/2009/EG und zur Aufhebung des Beschlusses 2009/78/EG der Kommission (ABl. L 331 vom 15.12.2010, S. 12).

10) Verordnung (EU) Nr. 1094/2010 des Europäischen Parlaments und des Rates vom 24. November 2010 zur Errichtung einer Europäischen Aufsichtsbehörde (Europäische Aufsichtsbehörde für das Versicherungswesen und die betriebliche Altersversorgung), zur Änderung des Beschlusses Nr. 716/2009/EG und zur Aufhebung des Beschlusses 2009/79/EG der Kommission (ABl. L 331 vom 15.12.2010, S. 48).

11) Verordnung (EU) Nr. 1095/2010 des Europäischen Parlaments und des Rates vom 24. November 2010 zur Errichtung einer Europäischen Aufsichtsbehörde (Europäische Wertpapier- und Marktaufsichtsbehörde), zur Änderung des Beschlusses Nr. 716/2009/EG und zur Aufhebung des Beschlusses 2009/77/EG der Kommission (ABl. L 331 vom 15.12.2010, S. 84).

Risiko rasch und fortlaufend angepasst werden, um den bestehenden Risiken wirksam zu begegnen und neuen Risiken vorzubeugen. Die Kommission sollte die Informationen internationaler Organisationen und Einrichtungen für die Festlegung von Standards im Bereich der Bekämpfung von Geldwäsche und Terrorismusfinanzierung, beispielsweise öffentliche Bekanntgaben der FATF, gegenseitige Evaluierungen oder detaillierte Bewertungsberichte oder veröffentlichte Follow-up-Berichte, berücksichtigen und ihre Bewertungen gegebenenfalls an die darin enthaltenen Änderungen anpassen.

(29) Die Mitgliedstaaten sollten wenigstens vorsehen, dass die Verpflichteten verstärkte Maßnahmen zur Erfüllung ihrer Sorgfaltspflichten gegenüber Kunden ergreifen müssen, wenn sie es mit natürlichen oder juristischen Personen zu tun haben, die in von der Kommission ermittelten Drittländern mit hohem Risiko niedergelassen sind. Auch sollte es verboten sein, auf Dritte zurückzugreifen, die in solchen Drittländern mit hohem Risiko niedergelassen sind. Bei Ländern, die nicht auf der Liste stehen, sollte nicht automatisch vorausgesetzt werden, dass sie über wirksame Systeme zur Bekämpfung von Geldwäsche und Terrorismusfinanzierung verfügen; bei der Bewertung der in diesen Ländern niedergelassenen natürlichen oder juristischen Personen sollte risikoorientiert vorgegangen werden.

(30) Risiken sind naturgemäß veränderlich, und die Variablen können das potenzielle Risiko für sich genommen oder in Kombination mit anderen erhöhen oder verringern und damit den als angemessen anzusehenden Umfang der Präventivmaßnahmen, zum Beispiel der Sorgfaltspflichten gegenüber Kunden, beeinflussen. Es gibt daher Umstände, unter denen verstärkte Sorgfaltspflichten gelten sollten, und andere, unter denen vereinfachte Sorgfaltspflichten ausreichen können.

(31) Es sollte anerkannt werden, dass in bestimmten Situationen ein erhöhtes Risiko der Geldwäsche oder Terrorismusfinanzierung besteht. Wenngleich die Identität und das Geschäftsprofil sämtlicher Kunden festgestellt werden sollte, gibt es Fälle, in denen eine besonders gründliche Feststellung und Überprüfung der Kundenidentität erforderlich ist.

(32) Dies gilt insbesondere für Beziehungen zu Einzelpersonen, die innerhalb der Union oder international wichtige öffentliche Ämter bekleiden oder bekleidet haben und insbesondere zu Personen, die aus Ländern stammen, in denen Korruption weit verbreitet ist. Für den Finanzsektor können derartige Geschäftsbeziehungen vor allem ein großes Reputations- und Rechtsrisiko bedeuten. Auch in Anbetracht der internationalen Bemühungen um Korruptionsbekämpfung ist es notwendig, diesen Personen besondere Aufmerksamkeit zu widmen und in Bezug auf Personen, die im In- oder Ausland mit wichtigen öffentlichen Funktionen betraut wurden oder die in internationalen Organisationen hohe Posten bekleiden, angemessene verstärkte Sorgfaltspflichten gegenüber Kunden anzuwenden.

(33) Die Anforderungen betreffend politisch exponierter Personen sind präventiver, nicht strafrechtlicher, Art und sollten nicht als Stigmatisierung politisch exponierter Personen in dem Sinne ausgelegt werden, als wären diese als solche an strafbaren Handlungen beteiligt. Die Ablehnung einer Geschäftsbeziehung zu einer Person, die sich lediglich auf die Feststellung stützt, dass es sich um eine politisch exponierte Person handelt, läuft den Buchstaben und dem Geist dieser Richtlinie und der überarbeiteten FATF-Empfehlungen zuwider.

(34) Die Einholung der Zustimmung der Führungsebene zur Aufnahme von Geschäftsbeziehungen erfordert nicht in jedem Fall die Einholung der Zustimmung des Leitungsorgans. Eine solche Zustimmung sollten auch Personen erteilen können, die ausreichend mit dem Geldwäsche- und Terrorismusfinanzierungsrisiko des Instituts vertraut sind und deren Position hoch genug ist, um Entscheidungen treffen zu können, die die Risikolage des Instituts beeinflussen.

(35) Um eine wiederholte Feststellung der Identität von Kunden zu vermeiden, die zu Verzögerungen und Ineffizienz bei Geschäften führen würde, sollte es vorbehaltlich geeigneter Sicherungsmaßnahmen erlaubt sein, dass Kunden, deren Identität bereits andernorts festgestellt wurde, bei den Verpflichteten eingeführt werden. Wenn ein Verpflichteter auf einen Dritten zurückgreift, sollte die endgültige Verantwortung für die Erfüllung der Sorgfaltspflichten gegenüber dem Kunden bei dem Verpflichteten verbleiben, bei dem der Kunde eingeführt wird. Auch der Dritte oder die Person, die den Kunden eingeführt hat, sollte – soweit er eine unter diese Richtlinie fallende Kundenbeziehung unterhält – weiterhin selbst für die Einhaltung dieser Richtlinie verantwortlich sein, wozu auch die Meldung verdächtiger Transaktionen und die Führung und Aufbewahrung von Aufzeichnungen zählen.

(36) Für den Fall, dass zwischen Verpflichteten und nicht unter diese Richtlinie fallenden externen Personen Vertretungs- oder Auslagerungsverträge bestehen, können diesen Vertretern oder Auslagerungsdienstleistern als Bestandteil der Verpflichteten Pflichten zur Bekämpfung von Geldwäsche

und Terrorismusfinanzierung nur aus dem Vertrag zwischen den Parteien und nicht aus dieser Richtlinie erwachsen. Daher sollte die Verantwortung für die Einhaltung dieser Richtlinie in erster Linie bei dem Verpflichteten verbleiben.

(37) Zur Erhebung und Auswertung der Informationen, die die Mitgliedstaaten mit dem Ziel entgegennehmen, etwaige Verbindungen zwischen verdächtigen Transaktionen und zugrunde liegenden kriminellen Tätigkeiten zu ermitteln, um Geldwäsche und Terrorismusfinanzierung zu verhüten und zu bekämpfen, sollten alle Mitgliedstaaten über unabhängig arbeitende und eigenständige zentrale Meldestellen verfügen oder solche einrichten. Unabhängig arbeitende und eigenständige zentrale Meldestelle sollte bedeuten, dass die zentrale Meldestelle über die Befugnis und die Fähigkeit verfügt, ihre Aufgaben ungehindert wahrzunehmen, wozu auch gehört, dass sie eigenständig beschließen kann, bestimmte Informationen zu analysieren, anzufordern und weiterzugeben. Verdächtige Transaktionen und andere Informationen, die für Geldwäsche, damit zusammenhängende Vortaten oder Terrorismusfinanzierung von Belang sind, sollten der zentralen Meldestelle gemeldet werden; diese sollte als zentrale nationale Stelle fungieren, deren Aufgabe darin besteht, die Informationen entgegenzunehmen, zu analysieren und die Ergebnisse ihrer Analysen an die zuständigen Behörden weiterzugeben. Alle verdächtigen Transaktionen einschließlich versuchter Transaktionen sollten unabhängig von ihrem Betrag gemeldet werden. Die Meldungen können auch Angaben enthalten, die auf Schwellenwerten beruhen.

(38) Abweichend vom allgemeinen Verbot, verdächtige Transaktionen auszuführen, sollten die Verpflichteten verdächtige Transaktionen vor Unterrichtung der zuständigen Behörden ausführen können, falls die Nichtausführung nicht möglich ist oder falls dadurch die Verfolgung der Begünstigten einer mutmaßlichen Geldwäsche oder Terrorismusfinanzierung behindert werden könnte. Davon unberührt bleiben sollten jedoch die von den Mitgliedstaaten eingegangenen internationalen Verpflichtungen, wonach Finanzmittel oder andere Vermögenswerte von Terroristen, terroristischen Vereinigungen oder denjenigen, die den Terrorismus finanzieren, gemäß den einschlägigen Resolutionen des Sicherheitsrates der Vereinten Nationen unverzüglich einzufrieren sind.

(39) Für bestimmte Verpflichtete sollten die Mitgliedstaaten die Möglichkeit haben, eine geeignete Selbstverwaltungseinrichtung als Stelle zu benennen, die statt der zentralen Meldestelle als Erste zu unterrichten ist. Im Einklang mit der Rechtsprechung des Europäischen Gerichtshofs für Menschenrechte bietet ein System, bei dem als Erste eine Selbstverwaltungseinrichtung zu unterrichten ist, eine wichtige Garantie dafür, dass der Schutz der Grundrechte bei den für Rechtsanwälte geltenden Meldepflichten gewahrt bleibt. Die Mitgliedstaaten sollten Mittel und Wege vorsehen, die die Wahrung des Berufsgeheimnisses, der Vertraulichkeit und der Privatsphäre ermöglichen.

(40) Beschließt ein Mitgliedstaat, eine solche Selbstverwaltungseinrichtung zu benennen, so kann er zulassen oder vorschreiben, dass die Einrichtung keine Informationen an die zentrale Meldestelle weitergibt, die sie von Personen erhalten hat, die von ihr vertreten werden, soweit die Informationen von einem Klienten der Einrichtung erhalten oder in Bezug auf diesen erlangt wurde, wenn sie für ihn die Rechtslage beurteilen oder ihn in oder im Zusammenhang mit einem Gerichtsverfahren verteidigen oder vertreten, wozu auch eine Beratung über das Betreiben oder Vermeiden solcher Verfahren zählt, wobei unerheblich ist, ob diese Informationen vor, bei oder nach einem solchen Verfahren empfangen oder erlangt werden.

(41) Es hat bereits eine Reihe von Fällen gegeben, in denen Angestellte, nachdem sie einen Verdacht auf Geldwäsche gemeldet hatten, bedroht oder angefeindet wurden. Wenngleich mit dieser Richtlinie nicht in die Justizverfahren der Mitgliedstaaten eingegriffen werden kann, ist es von erheblicher Bedeutung, dass dieser Aspekt berücksichtigt wird, um die Wirksamkeit des Systems zur Bekämpfung von Geldwäsche und Terrorismusfinanzierung zu gewährleisten. Die Mitgliedstaaten sollten sich dieses Problems bewusst sein und alles in ihren Möglichkeiten Stehende tun, damit Personen einschließlich Angestellter und Vertreter der Verpflichteten vor derartigen Bedrohungen oder Anfeindungen geschützt sind, und um diesen Personen gemäß dem nationalen Recht angemessenen Schutz zu bieten, insbesondere hinsichtlich ihres Rechts auf Schutz ihrer personenbezogenen Daten und auf wirksamen Rechtsschutz sowie wirksame Rechtsvertretung.

(42) Für die Verarbeitung personenbezogener Daten für die Zwecke dieser Richtlinie gilt die in nationales Recht umgesetzte Richtlinie 95/46/EG des Europäischen Parlaments und des Rates[12].

Zu Abs. 42:

[12] Richtlinie 95/46/EG des Europäischen Parlaments und des Rates vom 24. Oktober 1995 zum Schutz natürlicher Personen bei der Verarbeitung personenbezogener Daten und zum freien Datenverkehr (ABl. L 281 vom 23.11.1995, S. 31).

Für die Verarbeitung personenbezogener Daten durch die Organe und Einrichtungen der Union für die Zwecke dieser Richtlinie gilt die Verordnung (EG) Nr. 45/2001 des Europäischen Parlaments und des Rates[13]. Die Bekämpfung der Geldwäsche und der Terrorismusfinanzierung wird von allen Mitgliedstaaten als wichtiges öffentliches Interesse anerkannt. Diese Richtlinie gilt unbeschadet des Schutzes personenbezogener Daten, die im Rahmen der polizeilichen und justiziellen Zusammenarbeit in Strafsachen verarbeitet werden, und berührt nicht den in nationales Recht umgesetzten Rahmenbeschluss 2008/977/JI des Rates[14].

(43) Es ist von grundlegender Bedeutung, dass die Angleichung dieser Richtlinie an die überarbeiteten FATF-Empfehlungen in vollem Einklang mit den Rechtsvorschriften der Union durchgeführt wird, insbesondere hinsichtlich des Datenschutzrechts der Union und des Schutzes der in der Charta verankerten Grundrechte. Bestimmte Aspekte der Umsetzung der vorliegenden Richtlinie umfassen die Erhebung, Analyse und Speicherung sowie den Austausch von Daten. Diese Verarbeitung personenbezogener Daten sollte unter vollständiger Wahrung der Grundrechte nur zu den in dieser Richtlinie festgelegten Zwecken und für die gemäß dieser Richtlinie erforderlichen Tätigkeiten wie die Erfüllung der Sorgfaltspflichten gegenüber Kunden, die laufende Überwachung, die Untersuchung und Meldung außergewöhnlicher und verdächtiger Transaktionen, die Identifizierung des wirtschaftlichen Eigentümers einer juristischen Person oder Rechtsvereinbarung, die Identifizierung einer politisch exponierten Person sowie den Informationsaustausch durch zuständige Behörden und Informationsaustausch durch Kreditinstitute und Finanzinstitute und andere Verpflichtete zulässig sein. Personenbezogene Daten sollten von den Verpflichteten nur in dem Umfang erhoben und weiterverarbeitet werden, wie dies zur Erfüllung der Anforderungen dieser Richtlinie notwendig ist, und personenbezogene Daten sollten nicht in einer Weise weiterverarbeitet werden, die nicht mit diesem Zweck vereinbar ist. Insbesondere die Weiterverarbeitung personenbezogener Daten zu gewerblichen Zwecken sollte streng untersagt sein.

(44) Wie aus den überarbeiteten FATF-Empfehlungen hervorgeht, sollten die Verpflichteten die erforderlichen Informationen, die sie durch Maßnahmen zur Erfüllung ihrer Sorgfaltspflichten gegenüber Kunden erlangt haben, sowie die Aufzeichnungen über Transaktionen mindestens fünf Jahre lang aufbewahren, um eine umfassende Kooperation leisten und den Informationsersuchen der zuständigen Behörden zwecks Prävention, Aufdeckung und Untersuchung von Geldwäsche und Terrorismusfinanzierung zeitnah nachkommen zu können. Um unterschiedliche Vorgehensweisen zu vermeiden, die Auflagen für den Schutz personenbezogener Daten zu erfüllen und Rechtssicherheit zu gewährleisten, sollte die Aufbewahrungsfrist auf fünf Jahre ab dem Ende einer Geschäftsbeziehung oder nach einer gelegentlichen Transaktion festgesetzt werden. Wenn dies für die Zwecke der Prävention, Aufdeckung oder Untersuchung von Geldwäsche und Terrorismusfinanzierung erforderlich ist, sollten die Mitgliedstaaten jedoch nach einer Bewertung der Erforderlichkeit und Verhältnismäßigkeit eine längere Aufbewahrung für einen Zeitraum von maximal fünf weiteren Jahren gestatten oder vorschreiben können; das nationale Strafrecht bleibt hiervon im Hinblick auf Beweismittel, die auf laufende strafrechtliche Ermittlungen und Verfahren Anwendung finden, unberührt. Die Mitgliedstaaten sollten die Schaffung spezieller Sicherungsmaßnahmen zur Gewährleistung der Datensicherheit verlangen und festlegen, welche Personen, Personengruppen oder Behörden ausschließlichen Zugang zu den aufbewahrten Daten erhalten sollten.

(45) Damit während der Frist für die Umsetzung dieser Richtlinie in das nationale Recht der Mitgliedstaaten die angemessene und wirksame Rechtspflege sichergestellt ist und ihr reibungsloses Zusammenspiel mit dem nationalen Verfahrensrecht ermöglicht wird, sollten Informationen und Dokumente im Zusammenhang mit laufenden Verfahren zwecks Prävention, Aufdeckung oder Untersuchung möglicher Geldwäsche und Terrorismusfinanzierung, die in den Mitgliedstaaten zum Zeitpunkt des Inkrafttretens dieser Richtlinie anhängig sind, ab diesem Datum fünf Jahre lang aufbewahrt werden; dieser Zeitraum sollte um weitere fünf Jahre verlängert werden können.

(46) Die Zugangsrechte der betroffenen Person gelten für personenbezogene Daten, die für die Zwecke dieser Richtlinie verarbeitet werden. Der Zugang der betroffenen Person zu Informationen im Zusammenhang mit Verdachtsmeldungen würde hingegen die Wirksamkeit der Bekämpfung von Geldwäsche und Terrorismusfinanzierung erheblich beeinträchtigen. Aus diesem Grund können Ausnahmen und Beschränkungen dieses Rechts gemäß Artikel 13 der Richtlinie 95/46/EG

---

[13] *Verordnung (EG) Nr. 45/2001 des Europäischen Parlaments und des Rates vom 18. Dezember 2000 zum Schutz natürlicher Personen bei der Verarbeitung personenbezogener Daten durch die Organe und Einrichtungen der Gemeinschaft zum freien Datenverkehr (ABl. L 8 vom 12.1.2001, S. 1).*

[14] *Rahmenbeschluss 2008/977/JI des Rates vom 27. November 2008 über den Schutz personenbezogener Daten, die im Rahmen der polizeilichen und justiziellen Zusammenarbeit in Strafsachen verarbeitet werden (ABl. L 350 vom 30.12.2008, S. 60).*

und gegebenenfalls Artikel 20 der Verordnung (EG) Nr. 45/2001 gerechtfertigt sein. Die betroffene Person hat das Recht zu verlangen, dass die Stelle nach Artikel 28 der Richtlinie 95/46/EG oder gegebenenfalls der Europäische Datenschutzbeauftragte die Rechtmäßigkeit der Verarbeitung überprüft, sowie das Recht, einen Rechtsbehelf gemäß Artikel 22 der Richtlinie 95/46/EG einzulegen. Die Kontrollstelle nach Artikel 28 der Richtlinie 95/46/EG kann auch von Amts wegen tätig werden. Unbeschadet der Einschränkungen des Zugangsrechts sollte die Kontrollstelle der betroffenen Person mitteilen können, dass alle erforderlichen Überprüfungen durch die Kontrollstelle erfolgt sind und zu welchen Ergebnissen sie hinsichtlich der Rechtmäßigkeit der betreffenden Verarbeitung gelangt ist.

(47) Personen, die ausschließlich in Papierform vorliegende Dokumente in elektronische Daten umwandeln und im Rahmen eines Vertrags mit einem Kredit- oder Finanzinstitut tätig sind und Personen, die Kreditinstituten oder Finanzinstituten lediglich Systeme zur Übermittlung von Nachrichten oder sonstige Systeme zur Unterstützung der Übermittlung von Finanzmitteln oder ein Clearing- und Abwicklungssystem zur Verfügung stellen, fallen nicht in den Geltungsbereich dieser Richtlinie.

(48) Geldwäsche und Terrorismusfinanzierung sind ein internationales Problem und sollten deshalb auch global bekämpft werden. Kreditinstitute und Finanzinstitute der Union mit Zweigstellen oder Tochterunternehmen in Drittländern, in denen die Erfordernisse in diesem Bereich weniger streng sind als in dem Mitgliedstaat, sollten auf diese Zweigstellen oder Tochterunternehmen Unionsstandards anwenden, um zu vermeiden, dass innerhalb eines Instituts oder einer Institutsgruppe höchst unterschiedliche Standards zur Anwendung kommen, oder, falls die Anwendung solcher Standards nicht möglich ist, die zuständigen Behörden des Herkunftsmitgliedstaats benachrichtigen.

(49) Die Verpflichteten sollten, soweit dies praktikabel ist, Rückmeldung über den Nutzen ihrer Verdachtsmeldung und die daraufhin ergriffenen Maßnahmen erhalten. Zu diesem Zweck und um die Wirksamkeit ihrer Systeme zur Bekämpfung von Geldwäsche und Terrorismusfinanzierung überprüfen zu können, sollten die Mitgliedstaaten einschlägige Statistiken führen und deren Qualität verbessern. Zur weiteren Verbesserung von Qualität und Kohärenz der auf Unionsebene erhobenen statistischen Daten sollte die Kommission die Situation im Hinblick auf die Bekämpfung von Geldwäsche und Terrorismusfinanzierung unionsweit im Blick behalten und regelmäßige Übersichten veröffentlichen.

(50) Sofern die Mitgliedstaaten E-Geld-Emittenten und Zahlungsdienstleistern, die in ihrem Hoheitsgebiet in anderer Form als einer Zweigstelle niedergelassen sind und deren Hauptsitz sich in einem anderen Mitgliedstaat befindet, vorschreiben, eine zentrale Kontaktstelle in ihrem Hoheitsgebiet zu benennen, so sollten sie verlangen können, dass diese zentrale Kontaktstelle, die im Auftrag des benennenden Instituts handelt, gewährleistet, dass sich die Niederlassungen an die Vorschriften über die Bekämpfung der Geldwäsche und der Terrorismusfinanzierung halten. Sie sollten überdies sicherstellen, dass diese Anforderung verhältnismäßig ist und nicht über das hinausgeht, was für die Erreichung des Ziels der Einhaltung der Vorschriften über die Bekämpfung der Geldwäsche und der Terrorismusfinanzierung erforderlich ist, auch durch Erleichterung der jeweiligen Aufsicht.

(51) Die zuständigen Behörden sollten sicherstellen, dass bei Wechselstuben, Scheckeinlösestellen, Dienstleistern für Trusts oder Gesellschaften oder Anbietern von Glücksspieldiensten die Personen, die die Geschäfte des betreffenden Unternehmens tatsächlich führen, sowie die wirtschaftlichen Eigentümer über die notwendige Zuverlässigkeit und fachliche Eignung verfügen. Bei den Kriterien, nach denen bestimmt wird, ob eine Person über die notwendige Zuverlässigkeit und fachliche Eignung verfügt, sollte zumindest der Notwendigkeit, diese Unternehmen vor Missbrauch zu kriminellen Zwecken durch ihre Geschäftsführer oder wirtschaftlichen Eigentümer zu schützen, Rechnung getragen werden.

(52) Betreibt ein Verpflichteter – auch über ein Netz von Agenten – Niederlassungen in einem anderen Mitgliedstaat, so sollte die zuständige Behörde des Herkunftsmitgliedstaats dafür verantwortlich sein zu überwachen, ob der Verpflichtete die Strategien und Verfahren der Gruppe für die Bekämpfung von Geldwäsche und Terrorismusfinanzierung befolgt. Dies kann auch Besuche vor Ort bei Niederlassungen in anderen Mitgliedstaaten einschließen. Die zuständige Behörde des Herkunftsmitgliedstaats sollte eng mit der zuständigen Behörde des Aufnahmemitgliedstaats zusammenarbeiten und diese über alle Sachverhalte informieren, die ihr Urteil darüber, ob die Niederlassung die Vorschriften des Aufnahmelandes in Bezug auf die Bekämpfung von Geldwäsche und Terrorismusfinanzierung einhält, beeinflussen könnten.

(53) Betreibt ein Verpflichteter – auch über ein Netz von Agenten oder von Personen im Sinne des Artikels 3 Absatz 4 der Richtlinie 2009/110/EG, die E-Geld vertreiben – Niederlassungen in einem anderen Mitgliedstaat, so hat weiterhin die zuständige Behörde des Aufnahme-

mitgliedstaats die Verantwortung dafür zu sorgen, dass sich die Niederlassung an die Vorschriften über die Bekämpfung von Geldwäsche und Terrorismusfinanzierung hält, gegebenenfalls auch indem sie Prüfungen vor Ort und externe Überwachung durchführt und bei schweren Verstößen gegen diese Vorschriften geeignete und verhältnismäßige Maßnahmen ergreift. Die zuständige Behörde des Aufnahmemitgliedstaats sollte eng mit der zuständigen Behörde des Herkunftsmitgliedstaats zusammenarbeiten und diese über alle Sachverhalte informieren, die ihre Bewertung darüber, ob der Verpflichtete die Strategien und Verfahren der Gruppe für die Bekämpfung von Geldwäsche und Terrorismusfinanzierung befolgt, beeinflussen könnten. Bei schweren Verstößen gegen die Vorschriften über die Bekämpfung von Geldwäsche und Terrorismusfinanzierung, die sofortiger Abhilfe bedürfen, sollte die zuständige Behörde des Aufnahmemitgliedstaats in der Lage sein, geeignete und verhältnismäßige befristete Abhilfemaßnahmen zu ergreifen, die sie unter vergleichbaren Umständen auch auf ihrer Zuständigkeit unterliegende Verpflichtete anwenden würde, um solche schweren Mängel – gegebenenfalls mit Unterstützung oder in Zusammenarbeit mit der zuständigen Behörde des Herkunftsmitgliedstaats – zu beseitigen.

(54) Angesichts des länderübergreifenden Charakters der Geldwäsche und der Terrorismusfinanzierung sind die Koordinierung und Zusammenarbeit zwischen den zentralen Meldestellen außerordentlich wichtig. In dieser Richtlinie werden detaillierte Bestimmungen festgelegt, um diese Koordinierung und Zusammenarbeit zu verbessern und insbesondere sicherzustellen, dass Meldungen verdächtiger Transaktionen die zentrale Meldestelle des Mitgliedstaats, für den sie besonders relevant sind, tatsächlich erreichen.

(55) Die Plattform der zentralen Meldestellen der EU, eine seit 2006 bestehende informelle Gruppe aus Vertretern der zentralen Meldestellen, wird genutzt, um die Zusammenarbeit der zentralen Meldestellen zu fördern und Meinungen über diesbezügliche Fragen auszutauschen, etwa über eine effektive Zusammenarbeit unter zentralen Meldestellen und zwischen zentralen Meldestellen und zentralen Meldestellen in Drittländern, die gemeinsame Analyse grenzüberschreitender Fälle sowie Entwicklungen und Faktoren, die für die Bewertung von Risiken der Geldwäsche und Terrorismusfinanzierung auf nationaler und supranationaler Ebene von Belang sind.

(56) Angesichts des länderübergreifenden Charakters der Geldwäsche und der Terrorismusfinanzierung kommt der Verbesserung des Informationsaustauschs zwischen den zentralen Meldestellen innerhalb der Union besondere Bedeutung zu. Die Mitgliedstaaten sollten die Nutzung gesicherter Übertragungswege für den Informationsaustausch, insbesondere des dezentralen Computernetzes FIU.net (im Folgenden „FIU.net") oder seines Nachfolgers und der technischen Möglichkeiten dieses Netzes, fördern. Ein erster Austausch von Informationen über Geldwäsche und Terrorismusfinanzierung zwischen den zentralen Meldestellen – zu Analysezwecken, ohne dass diese Informationen weiterverarbeitet oder weitergegeben werden – sollte erlaubt sein, sofern der Informationsaustausch den Grundprinzipien des nationalen Rechts nicht zuwiderläuft. Der Austausch von Informationen über Fälle, bei denen es nach Erkenntnissen der zentralen Meldestellen der EU möglicherweise um Steuerstraftaten geht, sollte den Austausch von Informationen im Bereich der Besteuerung nach Maßgabe der Richtlinie 2011/16/EU des Rates[15] oder der internationalen Standards für den Informationsaustausch und die Zusammenarbeit der Verwaltungsbehörden in Steuersachen nicht berühren.

(57) Um Anfragen der zentralen Meldestellen umfassend und umgehend beantworten zu können, müssen die Verpflichteten über effektive Systeme verfügen, so dass sie auf Informationen über Geschäftsbeziehungen, die sie mit bestimmten Personen unterhalten oder unterhalten haben, uneingeschränkt und zeitnah über gesicherte und vertrauliche Kanäle zugreifen können. Im Einklang mit dem Unionsrecht und dem nationalen Recht könnten die Mitgliedstaaten beispielsweise erwägen, Bankenregistersysteme oder elektronische Kontenabrufsysteme einzurichten, über die die zentralen Meldestellen gegebenenfalls unbeschadet richterlicher Genehmigung auf Informationen über Bankkonten zugreifen könnten. Die Mitgliedstaaten könnten ferner erwägen, Mechanismen einzuführen, die sicherstellen, dass die zuständigen Behörden über Verfahren verfügen, mit denen Vermögenswerte ermittelt werden können, ohne dass der Eigentümer hiervon vorab unterrichtet wird.

(58) Die Mitgliedstaaten sollten ihre zuständigen Behörden darin bestärken, unbeschadet der geltenden Vorschriften oder Verfahren für die justizielle Zusammenarbeit in Strafsachen rasch, konstruktiv und wirksam eine möglichst weitreichende grenzüberschreitende Zusammenarbeit für die Zwecke dieser Richtlinie in die Wege zu leiten. Die Mitgliedstaaten sollten insbesondere

Zu Abs. 56:

[15] Richtlinie 2011/16/EU des Rates vom 15. Februar 2011 über die Zusammenarbeit der Verwaltungsbehörden im Bereich der Besteuerung und zur Aufhebung der Richtlinie 77/799/EWG (ABl. L 64 vom 11.3.2011, S. 1).

sicherstellen, dass ihre zentralen Meldestellen unter Berücksichtigung des Unionsrechts und der von der Egmont-Gruppe der zentralen Meldestellen ausgearbeiteten Grundsätze für den Informationsaustausch frei, spontan oder auf Antrag Informationen mit den zentralen Meldestellen von Drittländern austauschen.

(59) Die Bedeutung der Bekämpfung von Geldwäsche und Terrorismusfinanzierung sollte die Mitgliedstaaten veranlassen, im nationalen Recht wirksame, verhältnismäßige und abschreckende verwaltungsrechtliche Sanktionen und Maßnahmen für den Fall vorzusehen, dass die zur Umsetzung dieser Richtlinie erlassenen nationalen Vorschriften nicht eingehalten werden. Derzeit wenden die Mitgliedstaaten bei Verstößen gegen die wichtigsten Präventivvorschriften eine ganze Reihe unterschiedlicher verwaltungsrechtlicher Sanktionen und Maßnahmen an. Diese Diversität könnte jedoch die Bemühungen zur Bekämpfung von Geldwäsche und Terrorismusfinanzierung beeinträchtigen und bedroht die Einheitlichkeit der Gegenmaßnahmen der Union. Daher sollte diese Richtlinie verwaltungsrechtliche Sanktionen und Maßnahmen der Mitgliedstaaten zumindest für schwere, wiederholte oder systematische Verstöße gegen die Anforderungen an die Sorgfaltspflichten gegenüber Kunden, die Aufbewahrung von Aufzeichnungen und Belegen, die Meldung von verdächtigen Transaktionen und die internen Kontrollen der Verpflichteten anwenden können, vorsehen. Die Sanktionen und Maßnahmen sollten ausreichend breit gefächert sein, damit die Mitgliedstaaten und die zuständigen Behörden den Unterschieden zwischen Verpflichteten, insbesondere zwischen Kreditinstituten und Finanzinstituten und anderen Verpflichteten, was ihre Größe, Merkmale und Art der Geschäftstätigkeit anbelangt, Rechnung tragen können. Die Mitgliedstaaten sollten bei der Umsetzung dieser Richtlinie dafür sorgen, dass gemäß dieser Richtlinie auferlegte verwaltungsrechtliche Sanktionen und Maßnahmen und gemäß dem nationalen Recht auferlegte strafrechtliche Sanktionen nicht gegen den Grundsatz *ne bis in idem* verstoßen.

(60) Um die Eignung von Personen, die eine leitende Funktion in Verpflichteten ausüben oder diese auf andere Weise kontrollieren, bewerten zu können, sollte jeglicher Austausch von Informationen über strafrechtliche Verurteilungen im Einklang mit den in nationales Recht umgesetzten Bestimmungen des Rahmenbeschlusses 2009/315/JI des Rates[16] und des Beschlusses 2009/316/JI des Rates[17] und anderen einschlägigen nationalen Rechtsvorschriften durchgeführt werden.

(61) Technische Regulierungsstandards für Finanzdienstleistungen sollten unionsweit eine konsequente Harmonisierung und einen angemessenen Schutz von Einlegern, Anlegern und Verbrauchern gewährleisten. Da die Europäischen Aufsichtsbehörden über hochspezialisierte Fachkräfte verfügen, wäre es sinnvoll und angemessen, ihnen die Aufgabe zu übertragen, für technische Regulierungsstandards, die keine politischen Entscheidungen erfordern, Entwürfe zur Vorlage an die Kommission auszuarbeiten.

(62) Die Kommission sollte die von den Europäischen Aufsichtsbehörden erstellten Entwürfe technischer Regulierungsstandards gemäß dieser Richtlinie mittels delegierter Rechtsakte gemäß Artikel 290 AEUV und gemäß den Artikeln 10 bis 14 der Verordnungen (EU) Nr. 1093/2010, (EU) Nr. 1094/2010 und (EU) Nr. 1095/2010 verabschieden.

(63) Angesichts der tiefgreifenden Änderungen, die an den Richtlinien 2005/60/EG und 2006/70/EG aufgrund der vorliegenden Richtlinie vorzunehmen sind, sollten diese aus Gründen der Klarheit und Kohärenz zusammengefasst und ersetzt werden.

(64) Da das Ziel dieser Richtlinie, nämlich der Schutz des Finanzsystems durch Prävention, Aufdeckung und Untersuchung von Geldwäsche und Terrorismusfinanzierung, in Anbetracht dessen, dass Einzelmaßnahmen der Mitgliedstaaten zum Schutz ihres Finanzsystems mit dem Funktionieren des Binnenmarkts sowie den Regeln der Rechtsstaatlichkeit und der öffentlichen Ordnung in der Union unvereinbar sein könnten, von den Mitgliedstaaten nicht ausreichend verwirklicht werden kann, sondern vielmehr wegen des Umfangs und der Wirkungen der Maßnahme auf Unionsebene besser zu verwirklichen ist, kann die Union im Einklang mit dem in Artikel 5 des Vertrags über die Europäische Union verankerten Subsidiaritätsprinzip tätig werden. Entsprechend dem in demselben Artikel genannten Grundsatz der Verhältnismäßigkeit geht diese Richtlinie nicht über das für die Verwirklichung dieses Ziels erforderliche Maß hinaus.

Zu Abs. 60:

[16] Rahmenbeschluss 2009/315/JI des Rates vom 26. Februar 2009 über die Durchführung und den Inhalt des Austauschs von Informationen aus dem Strafregister zwischen den Mitgliedstaaten (ABl. L 93 vom 7.4.2009, S. 23).

[17] Beschluss 2009/316/JI des Rates vom 6. April 2009 zur Einrichtung des Europäischen Strafregisterinformationssystems (ECRIS) gemäß Artikel 11 des Rahmenbeschlusses 2009/315/JI (ABl. L 93 vom 7.4.2009, S. 33).

(65) Diese Richtlinie steht im Einklang mit den Grundrechten und den mit der Charta anerkannten Grundsätzen, insbesondere dem Recht auf Achtung des Privat- und Familienlebens, dem Recht auf Schutz personenbezogener Daten, der unternehmerischen Freiheit, dem Verbot von Diskriminierung, dem Recht auf einen wirksamen Rechtsbehelf und ein unparteiisches Gericht, der Unschuldsvermutung und den Rechten der Verteidigung.

(66) Im Einklang mit dem in Artikel 21 der Charta niedergelegten Verbot jeglicher Diskriminierung müssen die Mitgliedstaaten sicherstellen, dass bei der Umsetzung dieser Richtlinie in Bezug auf die Risikobewertungen im Rahmen der Sorgfaltspflichten gegenüber Kunden jede Diskriminierung ausgeschlossen ist.

(67) Gemäß der Gemeinsamen Politischen Erklärung der Mitgliedstaaten und der Kommission zu erläuternden Dokumenten vom 28. September 2011[18] haben sich die Mitgliedstaaten verpflichtet, in begründeten Fällen zusätzlich zur Mitteilung ihrer Umsetzungsmaßnahmen ein oder mehrere Dokumente zu übermitteln, in dem beziehungsweise denen der Zusammenhang zwischen den Bestandteilen einer Richtlinie und den entsprechenden Teilen einzelstaatlicher Umsetzungsinstrumente erläutert wird. In Bezug auf diese Richtlinie hält der Gesetzgeber die Übermittlung derartiger Dokumente für gerechtfertigt.

(68) Der Europäische Datenschutzbeauftragte wurde gemäß Artikel 28 Absatz 2 der Verordnung (EG) Nr. 45/2001 angehört und hat am 4. Juli 2013 eine Stellungnahme abgegeben[19] –

HABEN FOLGENDE RICHTLINIE ERLASSEN:

KAPITEL I
ALLGEMEINE BESTIMMUNGEN

ABSCHNITT 1
Gegenstand, Geltungsbereich und Begriffsbestimmungen

Artikel 1

(1) Ziel dieser Richtlinie ist die Verhinderung der Nutzung des Finanzsystems der Union zum Zwecke der Geldwäsche und der Terrorismusfinanzierung.

(2) Die Mitgliedstaaten sorgen dafür, dass Geldwäsche und Terrorismusfinanzierung untersagt werden.

(3) Als Geldwäsche im Sinne dieser Richtlinie gelten die folgenden Handlungen, wenn sie vorsätzlich begangen werden:

a) der Umtausch oder Transfer von Vermögensgegenständen in Kenntnis der Tatsache, dass diese Gegenstände aus einer kriminellen Tätigkeit oder aus der Teilnahme an einer solchen Tätigkeit stammen, zum Zwecke der Verheimlichung oder Verschleierung des illegalen Ursprungs der Vermögensgegenstände oder der Unterstützung von Personen, die an einer solchen Tätigkeit beteiligt sind, damit diese den Rechtsfolgen ihrer Tat entgehen;

b) die Verheimlichung oder Verschleierung der wahren Natur, Herkunft, Lage, Verfügung oder Bewegung von Vermögensgegenständen oder von Rechten oder Eigentum an Vermögensgegenständen in Kenntnis der Tatsache, dass diese Gegenstände aus einer kriminellen Tätigkeit oder aus der Teilnahme an einer solchen Tätigkeit stammen;

c) der Erwerb, der Besitz oder die Verwendung von Vermögensgegenständen, wenn dem Betreffenden bei der Übernahme dieser Vermögensgegenstände bekannt war, dass sie aus einer kriminellen Tätigkeit oder aus der Teilnahme an einer solchen Tätigkeit stammen;

d) die Beteiligung an einer der unter den Buchstaben a, b und c aufgeführten Handlungen, Zusammenschlüsse zur Ausführung einer solchen Handlung, Versuche einer solchen Handlung, Beihilfe, Anstiftung oder Beratung zur Ausführung einer solchen Handlung oder Erleichterung ihrer Ausführung.

(4) Der Tatbestand der Geldwäsche liegt auch dann vor, wenn die Handlungen, die den zu waschenden Vermögensgegenständen zugrunde liegen, im Hoheitsgebiet eines anderen Mitgliedstaats oder eines Drittlandes vorgenommen wurden.

(5) Im Sinne dieser Richtlinie bedeutet „Terrorismusfinanzierung" die Bereitstellung oder Sammlung finanzieller Mittel, gleichviel auf welche Weise, unmittelbar oder mittelbar, mit dem Vorsatz oder in Kenntnis dessen, dass sie ganz oder teilweise dazu verwendet werden, eine der Straftaten im Sinne der Artikel 1 bis 4 des Rahmenbeschlusses 2002/475/JI des Rates[1] zu begehen.

(6) Ob Kenntnis, Vorsatz oder Zweck, die ein Merkmal der in den Absätzen 3 und 5 genannten

Zu Abs. 67:

[18] ABl. C 369 vom 17.12.2011, S. 14.

Zu Abs. 68:

[19] ABl. C 32 vom 4.2.2014, S. 9.

Zu Artikel 1:

[1] Rahmenbeschluss 2002/475/JI des Rates vom 13. Juni 2002 zur Terrorismusbekämpfung (ABl. L 164 vom 22.6.2002, S. 3).

Handlungen sein müssen, vorliegen, kann aus den objektiven Tatumständen abgeleitet werden.

Artikel 2

(1) Diese Richtlinie gilt für die folgenden Verpflichteten

1. Kreditinstitute,

2. Finanzinstitute,

3. die folgenden natürlichen oder juristischen Personen bei der Ausübung ihrer beruflichen Tätigkeit:

a) Abschlussprüfer, externe Buchprüfer und Steuerberater sowie jede andere Person, die — unmittelbar oder über Dritte, mit denen diese andere Person verbunden ist, — als wesentliche geschäftliche oder gewerbliche Tätigkeit materielle Hilfe, Unterstützung oder Beratung im Hinblick auf Steuerangelegenheiten leistet; *(ABl L 156 vom 19. 6. 2018, S 43)*

b) Notare und andere selbständige Angehörige von rechtsberatenden Berufen, wenn sie im Namen und auf Rechnung ihres Klienten Finanz- oder Immobilientransaktionen durchführen oder für ihren Klienten an der Planung oder Durchführung von Transaktionen mitwirken, die Folgendes betreffen:

i) den Kauf und Verkauf von Immobilien oder Gewerbebetrieben,

ii) die Verwaltung von Geld, Wertpapieren oder sonstigen Vermögenswerten ihres Klienten,

iii) die Eröffnung oder Verwaltung von Bank-, Spar- oder Wertpapierkonten,

iv) die Beschaffung der zur Gründung, zum Betrieb oder zur Verwaltung von Gesellschaften erforderlichen Mittel,

v) die Gründung, den Betrieb oder die Verwaltung von Trusts, Gesellschaften, Stiftungen oder ähnlichen Strukturen,

c) Dienstleister für Trusts oder Gesellschaften, die nicht unter die Buchstaben a oder b fallen,

d) Immobilienmakler, auch in ihrer Tätigkeit bei der Vermietung von Immobilien, aber nur in Bezug auf Transaktionen, bei denen sich die monatliche Miete auf 10 000 EUR oder mehr beläuft; *(ABl L 156 vom 19. 6. 2018, S 43)*

e) andere Personen, die mit Gütern handeln, soweit sie Zahlungen in Höhe von 10 000 EUR oder mehr in bar tätigen oder entgegennehmen, unabhängig davon, ob die Transaktion in einem einzigen Vorgang oder in mehreren Vorgängen, zwischen denen eine Verbindung zu bestehen scheint, getätigt wird,

f) Anbieter von Glücksspieldiensten.

g) Dienstleister, die virtuelle Währungen in Fiatgeld und umgekehrt tauschen; *(ABl L 156 vom 19. 6. 2018, S 43)*

h) Anbieter von elektronischen Geldbörsen; *(ABl L 156 vom 19. 6. 2018, S 43)*

i) Personen, die mit Kunstwerken handeln oder beim Handel mit Kunstwerken als Vermittler tätig werden, auch Kunstgalerien und Auktionshäuser, sofern sich der Wert einer Transaktion oder einer Reihe verbundener Transaktionen auf 10 000 EUR oder mehr beläuft; *(ABl L 156 vom 19. 6. 2018, S 43)*

j) Personen, die Kunstwerke lagern, mit Kunstwerken handeln oder beim Handel mit Kunstwerken als Vermittler tätig werden, wenn dies durch Freihäfen ausgeführt wird, sofern sich der Wert einer Transaktion oder einer Reihe verbundener Transaktionen auf 10 000 EUR oder mehr beläuft. *(ABl L 156 vom 19. 6. 2018, S 43)*

(2) Nach einer angemessenen Risikobewertung können die Mitgliedstaaten beschließen, Anbieter von bestimmten Glücksspieldiensten, mit Ausnahme von Kasinos, ganz oder teilweise von der Anwendung nationaler Vorschriften zur Umsetzung dieser Richtlinie auszunehmen, wenn das von der Art und gegebenenfalls dem Umfang der Tätigkeiten solcher Dienstleister ausgehende Risiko nachgewiesenermaßen gering ist.

Unter den Faktoren, die bei der Risikobewertung geprüft werden, haben die Mitgliedstaaten auch den Grad der Missbrauchsanfälligkeit der einschlägigen Transaktionen, einschließlich in Bezug auf die verwendeten Zahlungsarten, zu bewerten.

Bei ihrer Risikobewertung geben die Mitgliedstaaten an, wie sie relevante Feststellungen in den von der Kommission gemäß Artikel 6 erstellten Berichten berücksichtigt haben.

Jeder von einem Mitgliedstaat in Anwendung von Unterabsatz 1 gefasste Beschluss ist der Kommission zusammen mit einer Begründung auf Basis der jeweiligen Risikobewertung mitzuteilen. Die Kommission setzt die anderen Mitgliedstaaten von diesem Beschluss in Kenntnis.

(3) Die Mitgliedstaaten können beschließen, dass Personen, die eine Finanztätigkeit nur gelegentlich oder in sehr begrenztem Umfang ausüben und bei denen ein geringes Risiko der Geldwäsche oder Terrorismusfinanzierung besteht, nicht unter diese Richtlinie fallen, wenn alle nachstehend genannten Kriterien erfüllt sind:

a) Die Finanztätigkeit ist in absoluter Hinsicht begrenzt;

b) die Finanztätigkeit ist auf Transaktionsbasis begrenzt;

c) die Finanztätigkeit stellt nicht die Haupttätigkeit der Personen dar;

d) die Finanztätigkeit ist eine Nebentätigkeit und hängt unmittelbar mit der Haupttätigkeit der Personen zusammen;

e) die Haupttätigkeit der Personen ist keine der in Absatz 1 Nummer 3 Buchstaben a bis d oder Buchstabe f aufgeführten Tätigkeiten;

f) die Finanztätigkeit wird nur für Kunden der Haupttätigkeit der Personen und nicht für die allgemeine Öffentlichkeit erbracht.

Unterabsatz 1 gilt nicht für Personen, die Finanztransfers im Sinne von Artikel 4 Nummer 13 der Richtlinie 2007/64/EG des Europäischen Parlaments und des Rates[1] durchführen.

(4) Für die Zwecke des Absatzes 3 Buchstabe a schreiben die Mitgliedstaaten vor, dass der Gesamtumsatz der Finanztätigkeit einen Schwellenwert, der ausreichend niedrig anzusetzen ist, nicht überschreitet. Dieser Schwellenwert wird abhängig von der Art der Finanztätigkeit auf nationaler Ebene festgelegt.

(5) Für die Zwecke des Absatzes 3 Buchstabe b wenden die Mitgliedstaaten einen maximalen Schwellenwert je Kunde und einzelner Transaktion an, unabhängig davon, ob die Transaktion in einem einzigen Vorgang oder in mehreren Vorgängen, die miteinander verknüpft zu sein scheinen, ausgeführt wird. Dieser maximale Schwellenwert wird abhängig von der Art der Finanztätigkeit auf nationaler Ebene festgelegt. Er muss so niedrig sein, dass sichergestellt ist, dass die fraglichen Transaktionen für Zwecke der Geldwäsche oder Terrorismusfinanzierung nicht praktikabel und ungeeignet sind, und 1 000 EUR nicht übersteigen.

(6) Für die Zwecke des Absatzes 3 Buchstabe c schreiben die Mitgliedstaaten vor, dass der Umsatz der Finanztätigkeit nicht über 5 % des jährlichen Gesamtumsatzes der betroffenen natürlichen oder juristischen Person hinausgehen darf.

(7) Bei der Bewertung des Risikos der Geldwäsche oder Terrorismusfinanzierung im Sinne dieses Artikels richten die Mitgliedstaaten ihr spezielles Augenmerk auf alle Finanztätigkeiten, die naturgemäß als besonders geeignet gelten, für Zwecke der Geldwäsche oder Terrorismusfinanzierung genutzt oder missbraucht zu werden.

(8) Die Beschlüsse der Mitgliedstaaten nach Absatz 3 sind zu begründen. Die Mitgliedstaaten dürfen beschließen, solche Beschlüsse bei geänderten Voraussetzungen zurückzunehmen. Die Mitgliedstaaten übermitteln derartige Beschlüsse der Kommission. Die Kommission setzt die anderen Mitgliedstaaten von diesen Beschlüssen in Kenntnis.

(9) Die Mitgliedstaaten legen risikobasierte Überwachungsmaßnahmen fest oder treffen andere geeignete Maßnahmen, um sicherzustellen, dass eine durch Beschlüsse aufgrund dieses Artikels gewährte Ausnahmeregelung nicht missbraucht wird.

Artikel 3

Im Sinne dieser Richtlinie bezeichnet der Ausdruck

1. „Kreditinstitut" ein Kreditinstitut im Sinne von Artikel 4 Absatz 1 Nummer 1 der Verordnung (EU) Nr. 575/2013 des Europäischen Parlaments und des Rates[1] sowie dessen in der Union gelegene Zweigstellen – im Sinne von Artikel 4 Absatz 1 Nummer 17 jener Verordnung –, unabhängig davon, ob sich sein Sitz in der Union oder in einem Drittstaat befindet;

2. „Finanzinstitut":

a) ein anderes Unternehmen als ein Kreditinstitut, das eine oder mehrere der in Anhang I Nummern 2 bis 12, 14 und 15 der Richtlinie 2013/36/EU des Europäischen Parlaments und des Rates[2] aufgeführten Tätigkeiten ausübt, einschließlich der Tätigkeiten von Wechselstuben (bureaux de change);

b) ein Versicherungsunternehmen im Sinne von Artikel 13 Nummer 1 der Richtlinie 2009/138/EG des Europäischen Parlaments und des Rates[3], soweit es Lebensversicherungstätigkeiten ausübt, die unter jene Richtlinie fallen;

c) eine Wertpapierfirma im Sinne von Artikel 4 Absatz 1 Nummer 1 der Richtlinie 2004/39/EG des Europäischen Parlaments und des Rates[4];

Zu Artikel 2:

[1] Richtlinie 2007/64/EG des Europäischen Parlaments und des Rates vom 13. November 2007 über Zahlungsdienste im Binnenmarkt, zur Änderung der Richtlinien 97/7/EG, 2002/65/EG, 2005/60/EG und 2006/48/EG sowie zur Aufhebung der Richtlinie 97/5/EG (ABl. L 319 vom 5.12.2007, S. 1).

Zu Artikel 3:

[1] Verordnung (EU) Nr. 575/2013 des Europäischen Parlaments und des Rates vom 26. Juni 2013 über Aufsichtsanforderungen an Kreditinstitute und Wertpapierfirmen und zur Änderung der Verordnung (EU) Nr. 648/2012 (ABl. L 176 vom 27.6.2013, S. 1).

[2] Richtlinie 2013/36/EU des Europäischen Parlaments und des Rates vom 26. Juni 2013 über den Zugang zur Tätigkeit von Kreditinstituten und die Beaufsichtigung von Kreditinstituten und Wertpapierfirmen, zur Änderung der Richtlinie 2002/87/EG und zur Aufhebung der Richtlinien 2006/48/EG und 2006/49/EG (ABl. L 176 vom 27.6.2013, S. 338).

[3] Richtlinie 2009/138/EG des Europäischen Parlaments und des Rates vom 25. November 2009 betreffend die Aufnahme und Ausübung der Versicherungs- und der Rückversicherungstätigkeit (Solvabilität II) (ABl. L 335 vom 17.12.2009, S. 1).

[4] Richtlinie 2004/39/EG des Europäischen Parlaments und des Rates vom 21. April 2004 über Märkte für Finanzinstrumente, zur Änderung der Richtlinie 85/611/EWG und 93/6/EWG des Rates und der Richtlinie 2000/12/EG des Europäischen Parlaments und des Rates zur Aufhebung der Richtlinie 93/22/EWG des Rates (ABl. L 145 vom 30.4.2004, S. 1).

d) einen Organismus für gemeinsame Anlagen, der seine Anteilscheine oder Anteile vertreibt;

e) einen Versicherungsvermittler im Sinne von Artikel 2 Nummer 5 der Richtlinie 2002/92/EG des Europäischen Parlaments und des Rates[5)], wenn dieser im Zusammenhang mit Lebensversicherungen und anderen Dienstleistungen mit Anlagezweck tätig wird, mit Ausnahme eines vertraglich gebundenen Versicherungsvermittlers im Sinne von Nummer 7 jenes Artikels;

f) in der Union gelegene Zweigstellen von unter den Buchstaben a bis e genannten Finanzinstituten, unabhängig davon, ob deren Sitz in einem Mitgliedstaat oder einem Drittland liegt;

3. „Vermögensgegenstand" Vermögenswerte aller Art, ob körperlich oder nichtkörperlich, beweglich oder unbeweglich, materiell oder immateriell, und Rechtstitel oder Urkunden in jeder – einschließlich elektronischer oder digitaler – Form, die das Eigentumsrecht oder Rechte an solchen Vermögenswerten belegen;

4. „kriminelle Tätigkeit" jede Form der kriminellen Beteiligung an der Begehung der folgenden schweren Straftaten:

a) terroristische Straftaten, Straftaten im Zusammenhang mit einer terroristischen Vereinigung und Straftaten im Zusammenhang mit terroristischen Aktivitäten gemäß den Titeln II und III der Richtlinie (EU) 2017/541[6)] *(ABl L 156 vom 19. 6. 2018, S 43)*

b) alle Straftaten, die in Artikel 3 Absatz 1 Buchstabe a des Übereinkommens der Vereinten Nationen von 1988 gegen den unerlaubten Verkehr mit Suchtstoffen und psychotropen Stoffen aufgeführt sind;

c) die Tätigkeiten krimineller Vereinigungen im Sinne des Artikels 1 Absatz 1 des Rahmenbeschlusses 2008/841/JI des Rates[7)]; *(ABl L 156 vom 19. 6. 2018, S 43)*

d) Betrug zum Nachteil der finanziellen Interessen der Union im Sinne von Artikel 1 Absatz 1 und Artikel 2 Absatz 1 des Übereinkommens über den Schutz der finanziellen Interessen der Europäischen Gemeinschaften[8)], zumindest in schweren Fällen;

e) Bestechung;

f) alle Straftaten, einschließlich Steuerstraftaten, im Zusammenhang mit direkten und indirekten Steuern und entsprechend der Definitionen im nationalen Recht der Mitgliedstaaten, die mit einer Freiheitsstrafe oder einer die Freiheit beschränkenden Maßregel der Sicherung und Besserung im Höchstmaß von mehr als einem Jahr oder – in Mitgliedstaaten, deren Rechtssystem ein Mindeststrafmaß für Straftaten vorsieht – die mit einer Freiheitsstrafe oder einer die Freiheit beschränkenden Maßregel der Sicherung und Besserung von mindestens mehr als sechs Monaten belegt werden können;

5. „Selbstverwaltungseinrichtung" eine Einrichtung, die Angehörige eines Berufes vertritt und die eine Rolle bei deren Regulierung, bei der Wahrnehmung bestimmter Aufgaben aufsichts- oder überwachungsrechtlicher Art sowie bei der Gewährleistung der Durchsetzung der sie betreffenden Regeln wahrnimmt;

6. „wirtschaftlicher Eigentümer" alle natürlichen Personen, in deren Eigentum oder unter deren Kontrolle der Kunde letztlich steht, und/oder die natürliche(n) Person(en), in deren Auftrag eine Transaktion oder Tätigkeit ausgeführt wird; hierzu gehört zumindest folgender Personenkreis:

a) bei Gesellschaften:

i) alle natürliche(n) Person(en), in deren Eigentum oder unter deren Kontrolle eine juristische Person – bei der es sich nicht um eine an einem geregelten Markt notierte Gesellschaft handelt, die dem Unionsrecht entsprechenden Offenlegungspflichten bzw. gleichwertigen internationalen Standards, die angemessene Transparenz der Informationen über die Eigentumsverhältnisse gewährleisten, unterliegt – über das direkte oder indirekte Halten eines ausreichenden Anteils von Aktien oder Stimmrechten oder eine Beteiligung an jener juristischen Person, einschließlich in Form von Inhaberaktien, oder durch andere Formen der Kontrolle letztlich steht.

Hält eine natürliche Person einen Aktienanteil von 25 % zuzüglich einer Aktie oder eine Beteiligung von mehr als 25 % am Kunden, so gilt dies als Hinweis auf direktes Eigentum. Hält eine Gesellschaft, die von einer oder mehreren natürlichen Personen kontrolliert wird, oder halten mehrere Gesellschaften, die von derselben natürlichen Person oder denselben natürlichen Personen kontrolliert werden, einen Aktienanteil von 25 % zuzüglich einer Aktie oder eine Beteiligung von mehr als 25 % am Kunden, so gilt dies als Hinweis auf indirektes Eigentum. Dies gilt unbeschadet des Rechts der Mitgliedstaaten zu beschließen, dass ein niedrigerer Prozentsatz als Hinweis auf Eigentum oder Kontrolle gelten kann. Andere Formen der Kontrolle können unter anderem gemäß den Kriterien bestimmt werden, die in Artikel 22 Absätze 1 bis 5 der Richtlinie 2013/34/EU

5) Richtlinie 2002/92/EG des Europäischen Parlament und des Rates vom 9. Dezember 2002 über Versicherungsvermittlung (ABl. L 9 vom 15.1.2003, S. 3).

6) Richtlinie (EU) 2017/541 des Europäischen Parlaments und des Rates vom 15. März 2017 zur Terrorismusbekämpfung und zur Ersetzung des Rahmenbeschlusses 2002/475/JI des Rates und zur Änderung des Beschlusses 2005/671/JI des Rates (ABl. L 88 vom 31.3.2017, S. 6).

7) Rahmenbeschluss 2008/841/JI des Rates vom 24. Oktober 2008 zur Bekämpfung der organisierten Kriminalität (ABl. L 300, 11.11.2008, S. 42).

8) ABl. C 316 vom 27.11.1995, S. 49.

des Europäischen Parlaments und des Rates[9] aufgeführt sind;

ii) wenn nach Ausschöpfung aller Möglichkeiten und sofern keine Verdachtsmomente vorliegen, keine Person nach Ziffer i ermittelt worden ist oder wenn der geringste Zweifel daran besteht, dass es sich bei der/den ermittelten Person(en) um den/die wirtschaftlichen Eigentümer handelt, die natürliche(n) Person(en), die der Führungsebene angehört/angehören; die Verpflichteten führen Aufzeichnungen über die getroffenen Maßnahmen zur Ermittlung des wirtschaftlichen Eigentums nach Ziffer i und der vorliegenden Ziffer;

b) bei Trusts alle folgenden Personen:

i) den/die Settlor;

ii) den/die Trustee(s);

iii) den/die Protektor(en), sofern vorhanden;

iv) die Begünstigten oder — sofern die Einzelpersonen, die Begünstigte der Rechtsvereinbarung oder juristischen Person sind, noch bestimmt werden müssen — die Gruppe von Personen, in deren Interesse die Rechtsvereinbarung oder die juristische Person in erster Linie errichtet oder betrieben wird;

v) jede sonstige natürliche Person, die den Trust durch direkte oder indirekte Eigentumsrechte oder auf andere Weise letztlich kontrolliert; *(ABl L 156 vom 19. 6. 2018, S 43)*

c) bei juristischen Personen wie Stiftungen und bei Rechtsvereinbarungen, die Trusts ähneln, die natürliche(n) Person(en), die gleichwertige oder ähnliche wie die unter Buchstabe b genannten Funktionen bekleidet/bekleiden;

7. „Dienstleister für Trusts oder Gesellschaften" jede Person, die gewerbsmäßig eine der folgenden Dienstleistungen für Dritte erbringt:

a) Gründung von Gesellschaften oder anderen juristischen Personen;

b) Ausübung der Leitungs- oder Geschäftsführungsfunktion einer Gesellschaft, der Funktion eines Gesellschafters einer Personengesellschaft oder einer vergleichbaren Funktion bei einer anderen juristischen Person oder Bestellung einer anderen Person für die zuvor genannten Funktionen;

c) Bereitstellung eines Sitzes, einer Geschäfts-, Post- oder Verwaltungsadresse und anderer damit zusammenhängender Dienstleistungen für eine Gesellschaft, eine Personengesellschaft oder eine andere juristische Person oder Rechtsvereinbarung;

d) Ausübung der Funktion eines Trustees eines Express Trusts oder einer ähnlichen Rechtsvereinbarung oder Bestellung einer anderen Person für die zuvor genannte Funktionen;

e) Ausübung der Funktion eines nominellen Anteilseigners für eine andere Person, bei der es sich nicht um eine an einem geregelten Markt notierte Gesellschaft handelt, die dem Unionsrecht entsprechenden Offenlegungsanforderungen oder gleichwertigen internationalen Standards unterliegt, oder Bestellung einer anderen Person für die zuvor genannten Funktionen;

8. „Korrespondenzbank-Beziehung"

a) die Erbringung von Bankdienstleistungen durch eine Bank als Korrespondenzbank für eine andere Bank als Respondenzbank; hierzu zählen unter anderem die Unterhaltung eines Kontokorrent- oder eines anderen Bezugskontos und die Erbringung damit verbundener Leistungen wie Verwaltung von Barmitteln, internationale Geldtransfers, Scheckverrechnung, Dienstleistungen im Zusammenhang mit Durchlaufkonten und Devisengeschäfte;

b) die Beziehungen zwischen Kreditinstituten und Finanzinstituten, sowohl mit- als auch untereinander, wenn ähnliche Leistungen durch ein Korrespondenzinstitut für ein Respondenzinstitut erbracht werden; dies umfasst unter anderem Beziehungen, die für Wertpapiergeschäfte oder Geldtransfers aufgenommen wurden;

9. „politisch exponierte Person" eine natürliche Person, die wichtige öffentliche Ämter ausübt oder ausgeübt hat; hierzu zählen unter anderem:

a) Staatschefs, Regierungschefs, Minister, stellvertretende Minister und Staatssekretäre;

b) Parlamentsabgeordnete oder Mitglieder vergleichbarer Gesetzgebungsorgane;

c) Mitglieder der Führungsgremien politischer Parteien;

d) Mitglieder von obersten Gerichtshöfen, Verfassungsgerichtshöfen oder sonstigen hohen Gerichten, gegen deren Entscheidungen, von außergewöhnlichen Umständen abgesehen, kein Rechtsmittel mehr eingelegt werden kann;

e) Mitglieder von Rechnungshöfen oder der Leitungsorgane von Zentralbanken;

f) Botschafter, Geschäftsträger und hochrangige Offiziere der Streitkräfte;

g) Mitglieder der Verwaltungs-, Leitungs- oder Aufsichtsorgane staatseigener Unternehmen;

h) Direktoren, stellvertretende Direktoren und Mitglieder des Leitungsorgans oder eine vergleichbare Funktion bei einer internationalen Organisation.

[9] *Richtlinie 2013/34/EU des Europäischen Parlaments und des Rates vom 26. Juni 2013 über den Jahresabschluss, den konsolidierten Abschluss und damit verbundene Berichte von Unternehmen bestimmter Rechtsformen und zur Änderung der Richtlinie 2006/43/EG des Europäischen Parlaments und des Rates und zur Aufhebung der Richtlinien 78/660/EWG und 83/349/EWG des Rates (ABl. L 182 vom 29.6.2013, S. 19).*

Keine der unter den Buchstaben a bis h genannten öffentlichen Funktionen umfasst Funktionsträger mittleren oder niedrigeren Ranges;

10. „Familienmitglieder" umfasst unter anderem

a) den Ehepartner einer politisch exponierten Person oder eine dem Ehepartner einer politisch exponierten Person gleichgestellte Person,

b) die Kinder einer politisch exponierten Person und deren Ehepartner oder den Ehepartnern gleichgestellte Personen,

c) die Eltern einer politisch exponierten Person;

11. „bekanntermaßen nahestehende Personen"

a) natürliche Personen, die bekanntermaßen gemeinsam mit einer politisch exponierten Person wirtschaftliche Eigentümer von juristischen Personen oder Rechtsvereinbarungen sind oder sonstige enge Geschäftsbeziehungen zu einer politisch exponierten Person unterhalten;

b) natürliche Personen, die alleiniger wirtschaftlicher Eigentümer einer juristischen Person oder einer Rechtsvereinbarung sind, welche bekanntermaßen de facto zugunsten einer politisch exponierten Person errichtet wurde;

12. „Führungsebene" Führungskräfte oder Mitarbeiter mit ausreichendem Wissen über die Risiken, die für das Institut in Bezug auf Geldwäsche und Terrorismusfinanzierung bestehen, und ausreichendem Dienstalter, um Entscheidungen mit Auswirkungen auf die Risikolage treffen zu können, wobei es sich nicht in jedem Fall um ein Mitglied des Leitungsorgans handeln muss;

13. „Geschäftsbeziehung" jede geschäftliche, berufliche oder gewerbliche Beziehung, die mit den beruflichen Tätigkeiten eines Verpflichteten in Verbindung steht und bei der bei Zustandekommen des Kontakts davon ausgegangen wird, dass sie von gewisser Dauer sein wird;

14. „Glücksspieldienste" einen Dienst, der einen geldwerten Einsatz bei Glücksspielen erfordert, wozu auch Spiele zählen, die eine gewisse Geschicklichkeit voraussetzen, wie Lotterien, Kasinospiele, Pokerspiele und Wetten, die an einem physischen Ort oder auf beliebigem Wege aus der Ferne, auf elektronischem Wege oder über eine andere kommunikationserleichternde Technologie und auf individuelle Anfrage eines Diensteempfängers angeboten werden;

15. „Gruppe" eine Gruppe von Unternehmen, die aus einem Mutterunternehmen, seinen Tochterunternehmen und den Unternehmen, an denen das Mutterunternehmen oder seine Tochterunternehmen eine Beteiligung halten, besteht, sowie Unternehmen, die untereinander durch eine Beziehung im Sinne von Artikel 22 der Richtlinie 2013/34/EU verbunden sind;

16. „E-Geld" E-Geld im Sinne von Artikel 2 Nummer 2 der Richtlinie 2009/110/EG, jedoch ohne den monetären Wert im Sinne von Artikel 1 Absätze 4 und 5 jener Richtlinie; *(ABl L 156 vom 19. 6. 2018, S 43)*

17. „Bank-Mantelgesellschaft (shell bank)" ein Kreditinstitut, ein Finanzinstitut oder ein Institut, das Tätigkeiten ausübt, die denen eines Kreditinstituts oder eines Finanzinstituts gleichwertig sind, das in einem Land eingetragen ist, in dem es nicht physisch präsent ist, so dass eine echte Leitung und Verwaltung stattfinden könnte, und das keiner regulierten Finanzgruppe angeschlossen ist.

18. „virtuelle Währungen" eine digitale Darstellung eines Werts, die von keiner Zentralbank oder öffentlichen Stelle emittiert wurde oder garantiert wird und nicht zwangsläufig an eine gesetzlich festgelegte Währung angebunden ist und die nicht den gesetzlichen Status einer Währung oder von Geld besitzt, aber von natürlichen oder juristischen Personen als Tauschmittel akzeptiert wird und die auf elektronischem Wege übertragen, gespeichert und gehandelt werden kann; *(ABl L 156 vom 19. 6. 2018, S 43)*

19. „Anbieter von elektronischen Geldbörsen" einen Anbieter, der Dienste zur Sicherung privater kryptografischer Schlüssel im Namen seiner Kunden anbietet, um virtuelle Währungen zu halten, zu speichern und zu übertragen. *(ABl L 156 vom 19. 6. 2018, S 43)*

Artikel 4

(1) Die Mitgliedstaaten sorgen in Übereinstimmung mit dem risikobasierten Ansatz dafür, dass der Geltungsbereich dieser Richtlinie ganz oder teilweise auf Berufe und Unternehmenskategorien ausgedehnt wird, die zwar keine Verpflichteten im Sinne von Artikel 2 Absatz 1 sind, jedoch Tätigkeiten ausüben, bei denen es besonders wahrscheinlich ist, dass diese für Zwecke der Geldwäsche oder der Terrorismusfinanzierung genutzt werden.

(2) Dehnt ein Mitgliedstaat den Geltungsbereich dieser Richtlinie auf andere als die in Artikel 2 Absatz 1 genannten Berufe oder Unternehmenskategorien aus, so teilt er dies der Kommission mit.

Artikel 5

Die Mitgliedstaaten können zur Verhinderung von Geldwäsche und Terrorismusfinanzierung in den Grenzen des Unionsrechts strengere Vorschriften auf dem unter diese Richtlinie fallenden Gebiet erlassen oder beibehalten.

ABSCHNITT 2
Risikobewertung

Artikel 6

(1) Die Kommission führt eine Bewertung der Risiken der Geldwäsche und der Terrorismusfinanzierung für den Binnenmarkt durch, die mit grenzüberschreitenden Tätigkeiten im Zusammenhang stehen.

Zu diesem Zweck erstellt die Kommission bis zum 26. Juni 2017 einen Bericht, in dem diese Risiken auf Unionsebene ermittelt, analysiert und bewertet werden. Anschließend aktualisiert die Kommission ihren Bericht alle zwei Jahre oder bei Bedarf auch öfter.

(2) Der Bericht nach Absatz 1 erstreckt sich zumindest auf Folgendes:

a) die Bereiche des Binnenmarkts, für die das größte Risiko besteht;

b) die mit den einzelnen relevanten Sektoren verbundenen Risiken, einschließlich — sofern verfügbar — von Eurostat bereitgestellter Schätzungen des monetären Volumens der Geldwäsche für jeden dieser Sektoren; *(ABl L 156 vom 19. 6. 2018, S 43)*

c) die gängigsten Methoden, die von Straftätern zum Waschen von illegal erwirtschafteten Erträgen angewendet werden, einschließlich — sofern verfügbar — derjenigen, die insbesondere bei Transaktionen zwischen Mitgliedstaaten und Drittländern verwendet werden, ungeachtet der Einstufung eines Drittlands als Drittland mit hohem Risiko gemäß Artikel 9 Absatz 2. *(ABl L 156 vom 19. 6. 2018, S 43)*

(3) Die Kommission leitet den Bericht nach Absatz 1 an die Mitgliedstaaten und Verpflichteten weiter, um diesen bei der Ermittlung, dem Verständnis, der Steuerung und der Minderung des Risikos von Geldwäsche und Terrorismusfinanzierung zu helfen und um anderen Interessenträgern, darunter nationalen Gesetzgebern, dem Europäischen Parlament, der mit Verordnung (EU) Nr. 1093/2010 des Europäischen Parlamentes und des Rates[1] geschaffenen Europäischen Aufsichtsbehörde (Europäischen Bankenaufsichtsbehörde) (EBA) und Vertretern der zentralen Meldestellen der EU, ein besseres Verständnis dieser Risiken zu ermöglichen. Der Bericht wird spätestens sechs Monate, nachdem sie den Mitgliedstaaten zur Verfügung gestellt wurden, der Öffentlichkeit zugänglich gemacht, ausgenommen die Teile des Berichts, die vertrauliche Informationen enthalten. *(ABl L 334 vom 27. 12. 2019, S 161)*

(4) Die Kommission richtet Empfehlungen für geeignete Maßnahmen zur Begegnung der ermittelten Risiken an die Mitgliedstaaten. Falls die Mitgliedstaaten beschließen, die Empfehlungen in ihren nationalen Systemen zur Bekämpfung von Geldwäsche und Terrorismusfinanzierung nicht umzusetzen, teilen sie dies der Kommission mit und begründen ihre Entscheidung.

(5) Bis zum 26. Dezember 2016 erstellen die Europäischen Aufsichtsbehörden durch ihren gemeinsamen Ausschuss eine Stellungnahme zu den Risiken der Geldwäsche und der Terrorismusfinanzierung für den Finanzsektor der Union (im Folgenden „gemeinsame Stellungnahme"). „Danach gibt die EBA alle zwei Jahre eine Stellungnahme ab." *(ABl L 334 vom 27. 12. 2019, S 161)*

(6) Bei der Durchführung der Bewertung nach Absatz 1 koordiniert die Kommission die Arbeit auf Unionsebene, berücksichtigt die in Absatz 5 genannten gemeinsamen Stellungnahmen und bezieht Experten aus den Mitgliedstaaten im Bereich der Bekämpfung der Geldwäsche und der Terrorismusfinanzierung, Vertreter der zentralen Meldestellen und andere Gremien auf Unionsebene, soweit angebracht, mit ein. Die Kommission leitet die gemeinsamen Stellungnahmen an die Mitgliedstaaten und Verpflichteten weiter, um diese bei der Ermittlung, Steuerung und Minderung des Risikos von Geldwäsche und Terrorismusfinanzierung zu unterstützen.

(7) Die Kommission legt dem Europäischen Parlament und dem Rat alle zwei Jahre oder gegebenenfalls auch häufiger einen Bericht über die Ergebnisse der regelmäßigen Risikobewertungen und die auf Grundlage dieser Ergebnisse getroffenen Maßnahmen vor.

Artikel 7

(1) Jeder Mitgliedstaat unternimmt angemessene Schritte, um die für ihn bestehenden Risiken der Geldwäsche und Terrorismusfinanzierung sowie alle Datenschutzprobleme in diesem Zusammenhang zu ermitteln, zu bewerten, zu verstehen und zu mindern. Der Mitgliedstaat hält die Risikobewertung auf aktuellem Stand.

(2) Jeder Mitgliedstaat benennt eine Behörde oder richtet einen Mechanismus zur Koordinierung der nationalen Reaktion auf die in Absatz 1 genannten Risiken ein. „Der Name dieser Behörde oder die Beschreibung dieses Mechanismus wird der Kommission, der EBA sowie den anderen Mitgliedstaaten mitgeteilt." *(ABl L 334 vom 27. 12. 2019, S 161)*

(3) Wenn die Mitgliedstaaten die in Absatz 1 dieses Artikels genannte Bewertung vornehmen,

---

Zu Artikel 6:

[1] Verordnung (EU) Nr. 1093/2010 des Europäischen Parlaments und des Rates vom 24. November 2010 zur Errichtung einer Europäischen Aufsichtsbehörde (Europäische Bankenaufsichtsbehörde), zur Änderung des Beschlusses Nr. 716/2009/EG und zur Aufhebung des Beschlusses 2009/78/EG der Kommission (ABl. L 331 vom 15.12.2010, S. 12).

nutzen sie dabei die Ergebnisse des in Artikel 6 Absatz 1 genannten Berichts.

(4) Hinsichtlich der Risikobewertung nach Absatz 1 verfährt jeder Mitgliedstaat wie folgt:

a) er nutzt sie, um sein System zur Bekämpfung von Geldwäsche und Terrorismusfinanzierung zu verbessern, insbesondere indem er alle etwaigen Bereiche, in denen die Verpflichteten verstärkte Maßnahmen anwenden müssen, ermittelt und gegebenenfalls die zu treffenden Maßnahmen nennt;

b) er identifiziert gegebenenfalls Sektoren oder Bereiche mit geringerem oder höherem Risiko für Geldwäsche und Terrorismusfinanzierung;

c) er nutzt sie für die Zuteilung von und Prioritätensetzung bei den Ressourcen für die Bekämpfung von Geldwäsche und Terrorismusfinanzierung;

d) er nutzt sie um sicherzustellen, dass für jeden Sektor oder Bereich den Risiken der Geldwäsche und Terrorismusfinanzierung entsprechende angemessene Regelungen festgelegt werden;

e) er stellt den Verpflichteten umgehend angemessene Informationen zur Verfügung, damit diese ihre eigene Bewertung des Risikos der Geldwäsche und Terrorismusfinanzierung leichter vornehmen können.

f) er meldet die institutionelle Struktur und die groben Verfahren der eigenen Systeme zur Bekämpfung der Geldwäsche und Terrorismusfinanzierung, unter anderem in Bezug auf die zentralen Meldestellen, Steuerbehörden und Staatsanwälte, sowie die zugewiesenen Human- und Finanzressourcen, soweit diese Informationen zur Verfügung stehen; *(ABl L 156 vom 19. 6. 2018, S 43)*

g) er meldet nationale Anstrengungen und Ressourcen (Arbeitskräfte und Finanzmittel), die zur Bekämpfung der Geldwäsche und Terrorismusfinanzierung zur Verfügung gestellt wurden. *(ABl L 156 vom 19. 6. 2018, S 43)*

(5) „Die Mitgliedstaaten stellen der Kommission, der EBA und den anderen Mitgliedstaaten die Ergebnisse ihrer Risikobewertungen, einschließlich der zugehörigen Aktualisierungen, zur Verfügung." *(ABl L 334 vom 27. 12. 2019, S 161)*

Artikel 8

(1) Die Mitgliedstaaten sorgen dafür, dass die Verpflichteten angemessene Schritte unternehmen, um die für sie bestehenden Risiken der Geldwäsche und Terrorismusfinanzierung unter Berücksichtigung von Risikofaktoren, einschließlich in Bezug auf ihre Kunden, Länder oder geografische Gebiete, Produkte, Dienstleistungen, Transaktionen oder Vertriebskanäle zu ermitteln und zu bewerten. Diese Schritte stehen in einem angemessenen Verhältnis zu Art und Größe der Verpflichteten.

(2) Die in Absatz 1 genannten Risikobewertungen werden aufgezeichnet, auf aktuellem Stand gehalten und den jeweiligen zuständigen Behörden und den betroffenen Selbstverwaltungseinrichtungen zur Verfügung gestellt. Die zuständigen Behörden können beschließen, dass einzelne aufgezeichnete Risikobewertungen nicht erforderlich sind, wenn die in dem Sektor bestehenden konkreten Risiken klar erkennbar sind und sie verstanden werden.

(3) Die Mitgliedstaaten sorgen dafür, dass die Verpflichteten über Strategien, Kontrollen und Verfahren zur wirksamen Minderung und Steuerung der auf Unionsebene, auf mitgliedstaatlicher Ebene und bei sich selbst ermittelten Risiken von Geldwäsche und Terrorismusfinanzierung verfügen. Die Strategien, Kontrollen und Verfahren stehen in einem angemessenen Verhältnis zu Art und Größe dieser Verpflichteten.

(4) Die in Absatz 3 genannten Strategien, Kontrollen und Verfahren umfassen

a) die Ausarbeitung interner Grundsätze, Kontrollen und Verfahren, unter anderem in Bezug auf eine vorbildliche Risikomanagementpraxis, Sorgfaltspflichten gegenüber Kunden, Verdachtsmeldungen, Aufbewahrung von Unterlagen, interne Kontrolle, Einhaltung der einschlägigen Vorschriften einschließlich der Benennung eines für die Einhaltung der einschlägigen Vorschriften zuständigen Beauftragten auf Leitungsebene, wenn dies angesichts des Umfangs und der Art der Geschäftstätigkeit angemessen ist und Mitarbeiterüberprüfung;

b) eine unabhängige Prüfung, die die unter Buchstabe a genannten internen Strategien, Kontrollen und Verfahren testet, sollte dies mit Blick auf Art und Umfang der Geschäftstätigkeit angemessen sein.

(5) Die Mitgliedstaaten stellen der Kommission, den Europäischen Aufsichtsbehörden und den anderen Mitgliedstaaten die Ergebnisse ihrer Risikobewertungen, einschließlich der zugehörigen Aktualisierungen, zur Verfügung. Andere Mitgliedstaaten können dem die Risikobewertung durchführenden Mitgliedstaat gegebenenfalls einschlägige zusätzliche Informationen zur Verfügung stellen. Eine Zusammenfassung der Bewertung wird öffentlich zugänglich gemacht. Diese Zusammenfassung enthält keine vertraulichen Informationen. *(ABl L 156 vom 19. 6. 2018, S 43)*

ABSCHNITT 3

Vorgehen gegenüber Drittländern

Artikel 9

(1) Zum Schutz des reibungslosen Funktionierens des Binnenmarkts wird ermittelt, welche Drittländer in ihren nationalen Systemen zur Be-

kämpfung von Geldwäsche und Terrorismusfinanzierung strategische Mängel aufweisen, die wesentliche Risiken für das Finanzsystem der Union darstellen (im Folgenden „Drittländer mit hohem Risiko").

(2) Der Kommission wird die Befugnis übertragen, gemäß Artikel 64 delegierte Rechtsakte zu erlassen, um Drittländer mit hohem Risiko zu ermitteln, wobei strategische Mängel zu berücksichtigen sind, die insbesondere die folgenden Bereiche betreffen:

a) den rechtlichen und institutionellen Rahmen für die Bekämpfung der Geldwäsche und der Terrorismusfinanzierung in dem Drittland, insbesondere

i) die Einstufung der Geldwäsche und der Terrorismusfinanzierung als Straftatbestand,

ii) Maßnahmen in Bezug auf Sorgfaltspflichten gegenüber Kunden,

iii) Anforderungen an die Führung von Aufzeichnungen,

iv) die Pflicht, verdächtige Transaktionen zu melden,

v) die Verfügbarkeit korrekter und aktueller Informationen über die wirtschaftlichen Eigentümer von juristischen Personen und Rechtsvereinbarungen für die zuständigen Behörden;

b) die Befugnisse und Verfahren der zuständigen Behörden des Drittlands für die Zwecke der Bekämpfung der Geldwäsche und der Terrorismusfinanzierung, einschließlich angemessen wirksamer, verhältnismäßiger und abschreckender Sanktionen, sowie die Praxis des Drittlands bezüglich der Zusammenarbeit und des Austauschs von Informationen mit den zuständigen Behörden der Mitgliedstaaten; *(ABl L 156 vom 19. 6. 2018, S 43)*

c) die Wirksamkeit des Systems des Drittlands zur Bekämpfung der Geldwäsche und der Terrorismusfinanzierung beim Vorgehen gegen die entsprechenden Risiken. *(ABl L 156 vom 19. 6. 2018, S 43)*
(ABl L 156 vom 19. 6. 2018, S 43)

(3) Die delegierten Rechtsakte nach Absatz 2 werden innerhalb eines Monats nach Ermittlung der in jenem Absatz genannten strategischen Mängel erlassen.

(4) Bei der Ausarbeitung der in Absatz 2 genannten delegierten Rechtsakte berücksichtigt die Kommission einschlägige Evaluierungen, Bewertungen oder Berichte internationaler Organisationen und Einrichtungen für die Festlegung von Standards mit Kompetenzen im Bereich der Verhinderung von Geldwäsche und der Bekämpfung der Terrorismusfinanzierung. *(ABl L 156 vom 19. 6. 2018, S 43)*

KAPITEL II
SORGFALTSPFLICHTEN GEGENÜBER KUNDEN

ABSCHNITT 1
Allgemeine Bestimmungen

Artikel 10

(1) Die Mitgliedstaaten untersagen ihren Kredit- und Finanzinstituten das Führen anonymer Konten, anonymer Sparbücher oder anonymer Schließfächer. Die Mitgliedstaaten schreiben auf jeden Fall vor, dass die Inhaber und Begünstigten bestehender anonymer Konten, anonymer Sparbücher oder anonymer Schließfächer bis zum 10. Januar 2019 und auf jeden Fall bevor diese Konten, Sparbücher oder Schließfächer in irgendeiner Weise verwendet werden, der Anwendung von Sorgfaltspflichten gegenüber Kunden unterworfen werden. *(ABl L 156 vom 19. 6. 2018, S 43)*

(2) Die Mitgliedstaaten ergreifen Maßnahmen, um den Missbrauch von Inhaberaktien und Bezugsrechten auf Inhaberaktien zu verhindern.

Artikel 11

Die Mitgliedstaaten stellen sicher, dass die Verpflichteten unter den folgenden Umständen Sorgfaltspflichten gegenüber Kunden anwenden:

a) bei Begründung einer Geschäftsbeziehung,

b) bei Ausführung gelegentlicher Transaktionen,

i) die sich auf 15 000 EUR oder mehr belaufen, und zwar unabhängig davon, ob diese Transaktion in einem einzigen Vorgang oder in mehreren Vorgängen, zwischen denen eine Verbindung zu bestehen scheint, ausgeführt wird, oder

ii) bei denen es sich um Geldtransfers im Sinne des Artikels 3 Nummer 9 der Verordnung (EU) 2015/847 des Europäischen Parlaments und des Rates[1] von mehr als 1 000 EUR handelt;

c) im Falle von Personen, die mit Gütern handeln, bei Abwicklung gelegentlicher Transaktionen in bar in Höhe von 10 000 EUR oder mehr, und zwar unabhängig davon, ob die Transaktion in einem einzigen Vorgang oder in mehreren Vorgängen, zwischen denen eine Verbindung zu bestehen scheint, ausgeführt wird,

d) im Falle von Anbietern von Glücksspieldiensten im Zusammenhang mit Gewinnen oder Einsätzen bei Glücksspielen oder mit beidem bei

---

Zu Artikel 11:

[1] *Verordnung (EU) 2015/847 des Europäischen Parlaments und des Rates vom 20. Mai 2015 über die Übermittlung von Angaben bei Geldtransfers und zur Aufhebung der Verordnung (EG) Nr. 1781/2006 (siehe Seite 1 dieses Amtsblatts).*

Ausführung von Transaktionen in Höhe von 2 000 EUR oder mehr, und zwar unabhängig davon, ob die Transaktion in einem einzigen Vorgang oder in mehreren Vorgängen, zwischen denen eine Verbindung zu bestehen scheint, ausgeführt wird,

e) bei Verdacht auf Geldwäsche oder Terrorismusfinanzierung, ungeachtet etwaiger Ausnahmeregelungen, Befreiungen oder Schwellenwerte,

f) bei Zweifeln an der Richtigkeit oder Eignung zuvor erhaltener Kundenidentifikationsdaten.

Artikel 12

(1) Abweichend von Artikel 13 Absatz 1 Unterabsatz 1 Buchstaben a, b und c und Artikel 14 können die Mitgliedstaaten nach einer angemessenen Risikobewertung, die ein geringes Risiko belegt, gestatten, dass die Verpflichteten bestimmte Sorgfaltspflichten gegenüber Kunden bei E-Geld nicht anwenden, wenn alle nachstehenden risikomindernden Voraussetzungen erfüllt sind:

a) Das Zahlungsinstrument kann nicht wieder aufgeladen werden oder die Zahlungsvorgänge, die mit ihm ausgeführt werden können, sind auf monatlich 150 EUR begrenzt, die nur in diesem Mitgliedstaat genutzt werden können; *(ABl L 156 vom 19. 6. 2018, S 43)*

b) der elektronisch gespeicherte Betrag übersteigt nicht 150 EUR; *(ABl L 156 vom 19. 6. 2018, S 43)*

c) das Zahlungsinstrument wird ausschließlich für den Kauf von Waren und Dienstleistungen genutzt;

d) das Zahlungsinstrument kann nicht mit anonymem E-Geld erworben oder aufgeladen werden;

e) der Emittent überwacht die Transaktionen oder die Geschäftsbeziehung in ausreichendem Umfang, um die Aufdeckung ungewöhnlicher oder verdächtiger Transaktionen zu ermöglichen.

„ “ *(ABl L 156 vom 19. 6. 2018, S 43)*

(2) Die Mitgliedstaaten stellen sicher, dass die Ausnahmeregelung nach Absatz 1 des vorliegenden Artikels bei Rücktausch — in Bargeld — oder Barabhebung des monetären Wertes des E-Geldes, wenn der rückgetauschte Betrag 50 EUR übersteigt, oder bei Fernzahlungsvorgängen im Sinne von Artikel 4 Nummer 6 der Richtlinie (EU) 2015/2366 des Europäischen Parlaments und des Rates[2], wenn der gezahlte Betrag 50 EUR pro Transaktion übersteigt, keine Anwendung findet. *(ABl L 156 vom 19. 6. 2018, S 43)*

(3) Die Mitgliedstaaten stellen sicher, dass Kredit- und Finanzinstitute, die als Erwerber auftreten, Zahlungen mit in Drittländern ausgestellten anonymen Guthabenkarten nur akzeptieren, wenn diese Karten Anforderungen erfüllen, die den in den Absätzen 1 und 2 genannten gleichwertig sind.

Die Mitgliedstaaten können beschließen, auf ihrem Hoheitsgebiet keine Zahlungen mittels anonymer Guthabenkarten zu akzeptieren.
(ABl L 156 vom 19. 6. 2018, S 43)

Artikel 13

(1) Die Sorgfaltspflichten gegenüber Kunden umfassen:

a) Feststellung der Identität des Kunden und Überprüfung der Kundenidentität auf der Grundlage von Dokumenten, Daten oder Informationen, die von einer glaubwürdigen und unabhängigen Quelle stammen, einschließlich soweit verfügbar elektronischer Mittel für die Identitätsfeststellung, einschlägiger Vertrauensdienste gemäß der Verordnung (EU) Nr. 910/2014 des Europäischen Parlaments und des Rates[1] oder mittels anderer von den zuständigen nationalen Behörden regulierter, anerkannter, gebilligter oder akzeptierter sicherer Verfahren zur Identifizierung aus der Ferne oder auf elektronischem Weg eingeholt wurden; *(ABl L 156 vom 19. 6. 2018, S 43)*

b) Feststellung der Identität des wirtschaftlichen Eigentümers und Ergreifung angemessener Maßnahmen zur Überprüfung seiner Identität, so dass die Verpflichteten davon überzeugt sind zu wissen, wer der wirtschaftliche Eigentümer ist; im Falle von juristischen Personen, Trusts, Gesellschaften, Stiftungen und ähnlichen Rechtsvereinbarungen schließt dies ein, dass angemessene Maßnahmen ergriffen werden, um die Eigentums- und Kontrollstruktur des Kunden zu verstehen; „Wenn der ermittelte wirtschaftliche Eigentümer ein Angehöriger der Führungsebene im Sinne von Artikel 3 Nummer 6 Buchstabe a Ziffer ii ist, ergreifen die Verpflichteten die erforderlichen angemessenen Maßnahmen, um die Identität der natürlichen Person, die die Position als Angehöriger der Führungsebene innehat, zu überprüfen, und führen Aufzeichnungen über die ergriffenen Maßnahmen sowie über etwaige während des Überprüfungsvorgangs aufgetretene Schwierigkeiten.“ *(ABl L 156 vom 19. 6. 2018, S 43)*

Zu Artikel 12:

[2] Richtlinie (EU) 2015/2366 des Europäischen Parlaments und des Rates vom 25. November 2015 über Zahlungsdienste im Binnenmarkt, zur Änderung der Richtlinien 2002/65/EG, 2009/110/EG und 2013/36/EU und der Verordnung (EU) Nr. 1093/2010 sowie zur Aufhebung der Richtlinie 2007/64/EG (ABl. L 337 vom 23.12.2015, S. 35).

Zu Artikel 13:

[1] Verordnung (EU) Nr. 910/2014 des Europäischen Parlaments und des Rates vom 23. Juli 2014 über elektronische Identifizierung und Vertrauensdienste für elektronische Transaktionen im Binnenmarkt und zur Aufhebung der Richtlinie 1999/93/EG (ABl. L 257 vom 28.8.2014, S. 73).

c) Bewertung und gegebenenfalls Einholung von Informationen über den Zweck und die angestrebte Art der Geschäftsbeziehung;

d) kontinuierliche Überwachung der Geschäftsbeziehung, einschließlich einer Überprüfung der im Verlauf der Geschäftsbeziehung ausgeführten Transaktionen, um sicherzustellen, dass diese mit den Kenntnissen der Verpflichteten über den Kunden, seine Geschäftstätigkeit und sein Risikoprofil, einschließlich erforderlichenfalls der Herkunft der Mittel, übereinstimmen, und Gewährleistung, dass die betreffenden Dokumente, Daten oder Informationen auf aktuellem Stand gehalten werden.

Bei Durchführung der unter Unterabsatz 1 Buchstaben a und b genannten Maßnahmen müssen sich die Verpflichteten zudem vergewissern, dass jede Person, die vorgibt, im Namen des Kunden zu handeln, dazu berechtigt ist, und die Identität dieser Person feststellen und überprüfen.

(2) Die Mitgliedstaaten sorgen dafür, dass die Verpflichteten alle in Absatz 1 genannten Sorgfaltspflichten gegenüber Kunden erfüllen. Die Verpflichteten können den Umfang dieser Sorgfaltspflichten jedoch auf risikoorientierter Grundlage bestimmen.

(3) Die Mitgliedstaaten schreiben vor, dass die Verpflichteten bei der Bewertung der Risiken von Geldwäsche und Terrorismusfinanzierung zumindest die in Anhang I aufgeführten Variablen berücksichtigen.

(4) Die Mitgliedstaaten sorgen dafür, dass die Verpflichteten gegenüber zuständigen Behörden oder Selbstverwaltungseinrichtungen nachweisen können, dass die Maßnahmen angesichts der ermittelten Risiken von Geldwäsche und Terrorismusfinanzierung angemessen sind.

(5) Für Lebensversicherungen oder andere Versicherungen mit Anlagezweck stellen die Mitgliedstaaten sicher, dass die Kreditinstitute und die Finanzinstitute neben den Sorgfaltspflichten gegenüber Kunden und wirtschaftlichen Eigentümern hinsichtlich der Begünstigten von Lebensversicherungs- und anderen Versicherungspolicen mit Anlagezweck die nachstehend genannten Sorgfaltspflichten erfüllen, sobald diese Begünstigten ermittelt oder bestimmt sind:

a) Bei Begünstigten, die als namentlich genannte Person oder Rechtsvereinbarung identifiziert werden, hält das Kreditoder Finanzinstitut den Namen dieser Person fest;

b) bei Begünstigten, die nach Merkmalen oder nach Kategorie oder auf andere Weise bestimmt werden, holt das Kreditinstitut oder das Finanzinstitut ausreichende Informationen über diese Begünstigten ein, um sicherzugehen, dass es zum Zeitpunkt der Auszahlung in der Lage sein wird, ihre Identität festzustellen.

In den in Unterabsatz 1 Buchstaben a und b genannten Fällen wird die Identität der Begünstigten zum Zeitpunkt der Auszahlung überprüft. Wird die Lebens- oder andere Versicherung mit Anlagezweck ganz oder teilweise an einen Dritten abgetreten, so stellen die über diese Abtretung unterrichteten Kreditinstitute und Finanzinstitute die Identität des wirtschaftlichen Eigentümers zu dem Zeitpunkt fest, in dem die Ansprüche aus der übertragenen Police an die natürliche oder juristische Person oder die Rechtsvereinbarung abgetreten werden.

(6) Werden die Begünstigten von Trusts oder von ähnlichen Rechtsvereinbarungen nach besonderen Merkmalen oder nach Kategorie bestimmt, so holt ein Verpflichteter ausreichende Informationen über den Begünstigten ein, um sicherzugehen, dass er zum Zeitpunkt der Auszahlung oder zu dem Zeitpunkt, zu dem der Begünstigte seine erworbenen Rechte wahrnimmt, in der Lage sein wird, die Identität des Begünstigten festzustellen.

Artikel 14

(1) Die Mitgliedstaaten schreiben vor, dass die Überprüfung der Identität des Kunden und des wirtschaftlichen Eigentümers vor Begründung einer Geschäftsbeziehung oder Ausführung der Transaktion erfolgt. „Zu Beginn einer neuen Geschäftsbeziehung mit einer Gesellschaft oder einer anderen juristischen Person oder einem Trust oder einer Rechtsvereinbarung, die in ihrer Struktur oder ihren Funktionen Trusts ähnelt (im Folgenden „ähnliche Rechtsvereinbarung"), über deren wirtschaftlichen Eigentümer gemäß Artikel 30 oder 31 Angaben registriert werden müssen, holen die Verpflichteten gegebenenfalls den Nachweis der Registrierung oder einen Auszug aus dem Register ein." *(ABl L 156 vom 19. 6. 2018, S 43)*

(2) Abweichend von Absatz 1 können die Mitgliedstaaten gestatten, dass die Überprüfung der Identität des Kunden und des wirtschaftlichen Eigentümers erst während der Begründung einer Geschäftsbeziehung abgeschlossen wird, wenn dies notwendig ist, um den normalen Geschäftsablauf nicht zu unterbrechen, und sofern ein geringes Risiko der Geldwäsche oder Terrorismusfinanzierung besteht. In diesem Fall werden die betreffenden Verfahren so bald wie möglich nach dem ersten Kontakt abgeschlossen.

(3) Abweichend von Absatz 1 können die Mitgliedstaaten die Eröffnung eines Bankkontos – einschließlich Konten, über die Wertpapiertransaktionen vorgenommen werden können – bei einem Kreditinstitut oder Finanzinstitut gestatten, sofern ausreichende Sicherungsmaßnahmen getroffen wurden, die gewährleisten, dass von dem Kunden oder für den Kunden Transaktionen erst vorgenommen werden, wenn die in Artikel 13 Absatz 1 Unterabsatz 1 Buchstaben a und b ge-

nannten Sorgfaltspflichten gegenüber Kunden vollständig erfüllt sind.

(4) Die Mitgliedstaaten schreiben vor, dass die Verpflichteten – wenn sie den in Artikel 13 Absatz 1 Unterabsatz 1 Buchstabe a, b oder c genannten Sorgfaltspflichten gegenüber Kunden nicht nachkommen können – keine Transaktion über ein Bankkonto vornehmen, keine Geschäftsbeziehung begründen und keine Transaktionen ausführen dürfen und dass sie die Geschäftsbeziehung beenden und in Erwägung ziehen müssen, in Bezug auf den Kunden eine Verdachtsmeldung gemäß Artikel 33 an die zentrale Meldestelle zu erstatten.

Bei Notaren, anderen selbständigen Angehörigen von rechtsberatenden Berufen, Abschlussprüfern, externen Buchprüfern und Steuerberatern sehen die Mitgliedstaaten von einer Anwendung des Unterabsatzes 1 nur ab, wenn diese Personen die Rechtslage für einen Klienten beurteilen oder ihn in oder im Zusammenhang mit einem Gerichtsverfahren verteidigen oder vertreten, wozu auch eine Beratung über das Betreiben oder Vermeiden eines Verfahrens zählt.

(5) Die Mitgliedstaaten schreiben vor, dass die Verpflichteten ihre Sorgfaltspflichten gegenüber Kunden nicht nur in Bezug auf alle neuen Kunden, sondern zu geeigneter Zeit auch in Bezug auf die bestehende Kundschaft auf risikobasierter Grundlage erfüllen, oder auch dann, wenn sich bei einem Kunden maßgebliche Umstände ändern oder wenn der Verpflichtete rechtlich verpflichtet ist, den Kunden im Laufe des betreffenden Kalenderjahres zu kontaktieren, um etwaige einschlägige Informationen über den oder die wirtschaftlichen Eigentümer zu überprüfen, oder wenn der Verpflichtete gemäß der Richtlinie 2011/16/EU des Rates dazu verpflichtet ist.[1] *(ABl L 156 vom 19. 6. 2018, S 43)*

ABSCHNITT 2

Vereinfachte Sorgfaltspflichten gegenüber Kunden

Artikel 15

(1) Stellt ein Mitgliedstaat oder ein Verpflichteter fest, dass in bestimmten Bereichen nur ein geringeres Risiko besteht, so kann der betreffende Mitgliedstaat den Verpflichteten gestatten, vereinfachte Sorgfaltspflichten gegenüber Kunden anzuwenden.

(2) Bevor die Verpflichteten vereinfachte Sorgfaltspflichten gegenüber Kunden anwenden, vergewissern sie sich, dass die Geschäftsbeziehung oder die Transaktion tatsächlich mit einem geringeren Risiko verbunden ist.

(3) Die Mitgliedstaaten sorgen dafür, dass die Verpflichteten die Transaktionen und die Geschäftsbeziehungen in ausreichendem Umfang überwachen, um die Aufdeckung ungewöhnlicher oder verdächtiger Transaktionen zu ermöglichen.

Artikel 16

Wenn Mitgliedstaaten und Verpflichtete die Risiken von Geldwäsche und Terrorismusfinanzierung für bestimmte Arten von Kunden, geografische Gebiete und für bestimmte Produkte, Dienstleistungen, Transaktionen oder Vertriebskanäle bewerten, berücksichtigen sie zumindest die in Anhang II dargelegten Faktoren für ein potenziell geringeres Risiko.

Artikel 17

„Bis zum 26. Juni 2017 geben die Europäischen Aufsichtsbehörden für die zuständigen Behörden und für die Kreditinstitute und Finanzinstitute im Einklang mit Artikel 16 der Verordnung (EU) Nr. 1093/2010 Leitlinien dazu heraus, welche Risikofaktoren zu berücksichtigen sind und welche Maßnahmen in Fällen, in denen vereinfachte Sorgfaltspflichten gegenüber Kunden angemessen sind, zu treffen sind. Ab dem 1. Januar 2020 gibt die EBA, soweit angemessen, solche Leitlinien heraus.“ Besonders berücksichtigt werden Art und Umfang der Geschäftstätigkeit, und es werden, soweit angemessen und verhältnismäßig, spezifische Maßnahmen festgelegt. *(ABl L 334 vom 27. 12. 2019, S 161)*

ABSCHNITT 3

Verstärkte Sorgfaltspflichten gegenüber Kunden

Artikel 18

(1) „In den in den Artikeln 18a bis 24 genannten Fällen sowie in anderen Fällen mit höheren Risiken, die Mitgliedstaaten oder Verpflichtete ermittelt haben, schreiben die Mitgliedstaaten den Verpflichteten zur angemessenen Steuerung und Minderung dieser Risiken verstärkte Sorgfaltspflichten vor.“

Bei Zweigstellen von in der Union niedergelassenen Verpflichteten und bei mehrheitlich im Besitz dieser Verpflichteten befindlichen Tochterunternehmen, die ihren Standort Drittländern mit hohem Risiko haben, müssen nicht automatisch verstärkte Sorgfaltspflichten gegenüber Kunden angewandt werden, wenn sich diese Zweigstellen oder Tochterunternehmen uneingeschränkt an die gruppenweit anzuwendenden Strategien und Verfahren gemäß Artikel 45 halten. Die Mitglied-

Zu Artikel 14:

[1] *Richtlinie 2011/16/EU des Rates vom 15. Februar 2011 über die Zusammenarbeit der Verwaltungsbehörden im Bereich der Besteuerung und zur Aufhebung der Richtlinie 77/799/EWG (ABl. L 64, vom 11.3.2011, S. 1).*

staaten sorgen dafür, dass die Verpflichteten diese Fälle nach einem risikobasierten Ansatz handhaben.
(ABl L 156 vom 19. 6. 2018, S 43)

(2) Die Mitgliedstaaten schreiben vor, dass die Verpflichteten — soweit dies im angemessenen Rahmen möglich ist — Hintergrund und Zweck aller Transaktionen untersuchen, die eine der folgenden Bedingungen erfüllen:

i) es handelt sich um komplexe Transaktionen;

ii) die Transaktionen sind ungewöhnlich groß;

iii) sie folgen einem ungewöhnlichen Transaktionsmuster;

iv) sie haben keinen offensichtlichen wirtschaftlichen oder rechtmäßigen Zweck.

Um zu bestimmen, ob diese Transaktionen oder Tätigkeiten verdächtig sind, verbessern die Verpflichteten insbesondere den Umfang und die Art der Überwachung der Geschäftsbeziehung. *(ABl L 156 vom 19. 6. 2018, S 43)*

(3) Wenn Mitgliedstaaten und Verpflichtete die Risiken von Geldwäsche und Terrorismusfinanzierung bewerten, berücksichtigen sie zumindest die in Anhang III dargelegten Faktoren für ein potenziell höheres Risiko.

(4) „Bis zum 26. Juni 2017 geben die Europäischen Aufsichtsbehörden für die zuständigen Behörden und für die Kreditinstitute und Finanzinstitute im Einklang mit Artikel 16 der Verordnung (EU) Nr. 1093/2010 Leitlinien dazu heraus, welche Risikofaktoren zu berücksichtigen sind und welche Maßnahmen in Fällen, in denen verstärkte Sorgfaltspflichten gegenüber Kunden angemessen sind, zu treffen sind. Ab dem 1. Januar 2020 gibt die EBA, soweit angemessen, solche Leitlinien heraus.“ Besonders berücksichtigt werden Art und Umfang der Geschäftstätigkeit, und es werden, soweit angemessen und verhältnismäßig, spezifische Maßnahmen festgelegt. *(ABl L 334 vom 27. 12. 2019, S 161)*

Artikel 18a

(1) In Bezug auf Geschäftsbeziehungen oder Transaktionen, an denen gemäß Artikel 9 Absatz 2 ermittelte Drittländer mit hohem Risiko beteiligt sind, schreiben die Mitgliedstaaten vor, dass die Verpflichteten die folgenden verstärkten Sorgfaltsmaßnahmen gegenüber Kunden anwenden:

a) Einholung zusätzlicher Informationen über den Kunden und den/die wirtschaftlichen Eigentümer;

b) Einholung zusätzlicher Informationen über die angestrebte Art der Geschäftsbeziehung;

c) Einholung von Informationen über die Herkunft der Gelder und die Herkunft des Vermögens des Kunden und des wirtschaftlichen Eigentümers/der wirtschaftlichen Eigentümer;

d) Einholung von Informationen über die Gründe für die geplanten oder durchgeführten Transaktionen;

e) Einholung der Zustimmung der Führungsebene zur Schaffung oder Weiterführung der Geschäftsbeziehung;

f) verstärkte Überwachung der Geschäftsbeziehung durch häufigere und zeitlich besser geplante Kontrollen sowie durch Auswahl von Transaktionsmustern, die einer weiteren Prüfung bedürfen.

Die Mitgliedstaaten können vorschreiben, dass die Verpflichteten gegebenenfalls sicherstellen müssen, dass die erste Zahlung über ein Konto im Namen des Kunden bei einem Kreditinstitut erfolgt, das Sorgfaltspflichten unterliegt, die nicht weniger strikt sind als die in dieser Richtlinie festgelegten.

(2) Zusätzlich zu den in Absatz 1 vorgesehenen Maßnahmen und in Übereinstimmung mit den internationalen Pflichten der Union schreiben die Mitgliedstaaten den Verpflichteten vor, auf natürliche oder juristische Personen, die Transaktionen durchführen, an denen gemäß Artikel 9 Absatz 2 ermittelte Drittländer mit hohem Risiko beteiligt sind, gegebenenfalls eine oder mehrere zusätzliche risikomindernde Maßnahmen anzuwenden. Diese Maßnahmen bestehen aus einem oder mehreren der folgenden Elemente:

a) der Anwendung zusätzlicher verstärkter Sorgfaltsmaßnahmen;

b) der Einführung verstärkter einschlägiger Meldemechanismen oder einer systematischen Meldepflicht für Finanztransaktionen;

c) der Beschränkung der geschäftlichen Beziehungen oder Transaktionen mit natürlichen oder juristischen Personen aus gemäß Artikel 9 Absatz 2 ermittelten Drittländern mit hohem Risiko.

(3) Im Umgang mit gemäß Artikel 9 Absatz 2 ermittelten Drittländern mit hohem Risiko ergreifen die Mitgliedstaaten gegebenenfalls zusätzlich zu den in Absatz 1 genannten Maßnahmen und im Einklang mit den internationalen Pflichten der Union eine oder mehrere der folgenden Maßnahmen:

a) Verwehrung der Gründung von Tochtergesellschaften, Zweigniederlassungen oder Repräsentanzbüros von Verpflichteten aus dem betreffenden Drittland oder anderweitige Berücksichtigung der Tatsache, dass der fragliche Verpflichtete aus einem Drittland stammt, das über keine angemessenen Systeme zur Bekämpfung der Geldwäsche oder der Terrorismusfinanzierung verfügt;

b) Einführung des für Verpflichtete geltenden Verbots der Gründung von Zweigniederlassungen oder Repräsentanzbüros in dem betreffenden Drittland oder anderweitige Berücksichtigung der Tatsache, dass sich die betreffende Zweigniederlassung beziehungsweise das betreffende Repräsentanzbüro in einem Drittland befinden würde, das über keine angemessenen Systeme zur Bekämpfung der Geldwäsche oder der Terrorismusfinanzierung verfügt;

c) Einführung der für Zweigniederlassungen und Tochtergesellschaften von in dem betreffenden Land niedergelassenen Verpflichteten geltenden Pflicht, sich einer verschärften aufsichtlichen Prüfung oder einem verschärften externen Audit zu unterziehen;

d) Einführung verschärfter Anforderungen in Bezug auf das externe Audit von in dem betreffenden Land niedergelassenen Zweigniederlassungen und Tochtergesellschaften von Finanzgruppen;

e) Einführung der für Kredit- und Finanzinstitute geltenden Pflicht, Korrespondenzbankbeziehungen zu Respondenzinstituten in dem betreffenden Land zu überprüfen und zu ändern oder erforderlichenfalls zu beenden.

(4) Die Mitgliedstaaten berücksichtigen beim Erlass oder bei der Anwendung der in den Absätzen 2 und 3 genannten Maßnahmen gegebenenfalls einschlägige Evaluierungen, Bewertungen oder Berichte internationaler Organisationen oder von Einrichtungen für die Festlegung von Standards mit Kompetenzen im Bereich der Verhinderung von Geldwäsche und der Bekämpfung der Terrorismusfinanzierung hinsichtlich der von einzelnen Drittländern ausgehenden Risiken.

(5) Die Mitgliedstaaten unterrichten die Kommission vor dem Erlass oder der Anwendung der in den Absätzen 2 und 3 genannten Maßnahmen.

(ABl L 156 vom 19. 6. 2018, S 43)

Artikel 19

„Bei grenzüberschreitenden Korrespondenzbankbeziehungen, die die Ausführung von Zahlungen mit einem Respondenzinstitut in einem Drittland umfassen, schreiben die Mitgliedstaaten ihren Kredit- und Finanzinstituten zusätzlich zu den in Artikel 13 festgelegten Sorgfaltspflichten gegenüber Kunden vor, dass sie bei Aufnahme einer Geschäftsbeziehung"

a) ausreichende Informationen über das Respondenzinstitut sammeln, um die Art seiner Geschäftstätigkeit in vollem Umfang verstehen und auf der Grundlage öffentlich verfügbarer Informationen seinen Ruf und die Qualität der Beaufsichtigung bewerten zu können,

b) die Kontrollen zur Bekämpfung der Geldwäsche und der Terrorismusfinanzierung bewerten, die das Respondenzinstitut vornimmt,

c) die Zustimmung ihrer Führungsebene einholen, bevor sie neue Korrespondenzbankbeziehungen eingehen,

d) die jeweiligen Verantwortlichkeiten eines jeden Instituts dokumentieren,

e) sich im Falle von Durchlaufkonten („payable-through accounts") vergewissern, dass das Respondenzinstitut die Identität der Kunden, die direkten Zugang zu den Konten des Korrespondenzinstituts haben, überprüft hat und seine Sorgfaltspflichten gegenüber diesen Kunden kontinuierlich erfüllt hat und dass es in der Lage ist, dem Korrespondenzinstitut auf dessen Ersuchen entsprechende Daten in Bezug auf diese Sorgfaltspflichten vorzulegen.

(ABl L 156 vom 19. 6. 2018, S 43)

Artikel 20

Bei Transaktionen mit oder Geschäftsbeziehungen zu politisch exponierten Personen schreiben die Mitgliedstaaten den Verpflichteten zusätzlich zu den in Artikel 13 festgelegten Sorgfaltspflichten gegenüber Kunden vor, dass sie

a) über angemessene Risikomanagementsysteme, einschließlich risikobasierter Verfahren, verfügen, um feststellen zu können, ob es sich bei dem Kunden oder dem wirtschaftlichen Eigentümer des Kunden um eine politisch exponierte Person handelt,

b) im Falle von Geschäftsbeziehungen zu politisch exponierten Personen

i) die Zustimmung ihrer Führungsebene einholen, bevor sie Geschäftsbeziehungen zu diesen Personen aufnehmen oder fortführen,

ii) angemessene Maßnahmen ergreifen, um die Herkunft des Vermögens und der Gelder, die im Rahmen von Geschäftsbeziehungen oder Transaktionen mit diesen Personen eingesetzt werden, zu bestimmen,

iii) die Geschäftsbeziehung einer verstärkten fortlaufenden Überwachung unterziehen.

Artikel 20a

(1) Jeder Mitgliedstaat erstellt eine Liste und hält sie auf dem neuesten Stand, in der die genauen Funktionen angegeben sind, die gemäß den nationalen Rechts-und Verwaltungsvorschriften als wichtige öffentliche Ämter im Sinne von Artikel 3 Nummer 9 angesehen werden. Die Mitgliedstaaten verlangen von jeder auf ihrem Staatsgebiet akkreditierten internationalen Organisationen, eine Liste der wichtigen öffentlichen Ämter im Sinne von Artikel 3 Nummer 9 bei dieser internationalen Organisation zu erstellen und auf dem neuesten Stand zu halten. Diese Listen werden der Kommission übermittelt und können veröffentlicht werden.

(2) Die Kommission erstellt die Liste der genauen Funktionen, die auf Ebene der Organe und Einrichtungen der Union als wichtige öffentliche Ämter gelten, und hält sie auf dem neuesten Stand. Diese Liste umfasst auch alle Funktionen, die Vertretern von Drittstaaten und auf Unions-

ebene akkreditierten internationalen Einrichtungen übertragen werden können.

(3) Die Kommission erstellt auf der Grundlage der in den Absätzen 1 und 2 des vorliegenden Artikels vorgesehenen Listen eine einzige Liste aller wichtigen öffentlichen Ämter im Sinne von Artikel 3 Nummer 9. Diese einzige Liste wird veröffentlicht.

(4) Die in die Liste gemäß Absatz 3 des vorliegenden Artikels aufgenommenen Daten werden gemäß den Bedingungen des Artikels 41 Absatz 2 behandelt.

(ABl L 156 vom 19. 6. 2018, S 43)

Artikel 21

Die Mitgliedstaaten verlangen von den Verpflichteten, angemessene Maßnahmen zu treffen, um zu bestimmen, ob es sich bei den Begünstigten einer Lebensversicherungs- oder anderen Versicherungspolice mit Anlagezweck und/oder, sofern erforderlich, bei dem wirtschaftlichen Eigentümer des Begünstigten um politisch exponierte Personen handelt. Diese Maßnahmen sind spätestens zum Zeitpunkt der Auszahlung oder zum Zeitpunkt der vollständigen oder teilweisen Abtretung der Police zu treffen. Falls höhere Risiken ermittelt wurden, schreiben die Mitgliedstaaten den Verpflichteten zusätzlich zu den in Artikel 13 festgelegten Sorgfaltspflichten gegenüber Kunden vor, dass sie

a) ihre Führungsebene vor Auszahlung der Versicherungserlöse unterrichten,

b) die gesamte Geschäftsbeziehung zu dem Versicherungsnehmer einer verstärkten Überprüfung unterziehen.

Artikel 22

Ist eine politisch exponierte Person nicht mehr mit einem wichtigen öffentlichen Amt in einem Mitgliedstaat oder Drittland oder mit einem wichtigen öffentlichen Amt bei einer internationalen Organisation betraut, so haben die Verpflichteten für mindestens 12 Monate das von dieser Person weiterhin ausgehende Risiko zu berücksichtigen und so lange angemessene und risikoorientierte Maßnahmen zu treffen, bis davon auszugehen ist, dass diese Person kein Risiko mehr darstellt, das spezifisch für politisch exponierte Personen ist.

Artikel 23

Die in den Artikeln 20 und 21 genannten Maßnahmen gelten auch für Familienmitglieder oder Personen, die politisch exponierten Personen bekanntermaßen nahestehen.

Artikel 24

Die Mitgliedstaaten untersagen den Kreditinstituten und Finanzinstituten die Aufnahme oder Fortführung einer Korrespondenzbankbeziehung mit einer Bank-Mantelgesellschaft (shell bank). Sie schreiben vor, dass diese Institute geeignete Maßnahmen ergreifen, um dafür zu sorgen, dass sie keine Korrespondenzbankbeziehung mit einem Kreditinstitut oder Finanzinstitut eingehen oder fortführen, das bekanntermaßen zulässt, dass seine Konten von einer Bank-Mantelgesellschaft genutzt werden.

ABSCHNITT 4

Ausführung durch Dritte

Artikel 25

Die Mitgliedstaaten können den Verpflichteten gestatten, zur Erfüllung der in Artikel 13 Absatz 1 Unterabsatz 1 Buchstaben a, b und c festgelegten Sorgfaltspflichten gegenüber Kunden auf Dritte zurückzugreifen. Die endgültige Verantwortung für die Erfüllung dieser Anforderungen verbleibt jedoch bei dem Verpflichteten, der auf den Dritten zurückgreift.

Artikel 26

(1) Für die Zwecke dieses Abschnitts bezeichnet der Begriff „Dritte" Verpflichtete, die in Artikel 2 aufgeführt sind, die Mitgliedsorganisationen oder Verbände dieser Verpflichteten oder andere in einem Mitgliedstaat oder Drittland ansässige Institute und Personen,

a) deren Sorgfalts- und Aufbewahrungspflichten den in dieser Richtlinie festgelegten entsprechen und

b) deren Einhaltung der Anforderungen dieser Richtlinie in einer Weise beaufsichtigt wird, die mit Kapitel VI Abschnitt 2 im Einklang steht.

(2) Die Mitgliedstaaten verbieten den Verpflichteten, auf Dritte zurückzugreifen, die in Drittländern mit hohem Risiko niedergelassen sind. Mitgliedstaaten können Zweigstellen von in der Union niedergelassenen Verpflichteten und mehrheitlich im Besitz dieser Verpflichteten befindliche Tochterunternehmen von diesem Verbot ausnehmen, wenn sich diese Zweigstellen und Tochterunternehmen uneingeschränkt an die gruppenweit anzuwendenden Strategien und Verfahren gemäß Artikel 45 halten.

Artikel 27

(1) Die Mitgliedstaaten sorgen dafür, dass die Verpflichteten bei dem Dritten, auf den sie zurückgreifen, die notwendigen Informationen zu den in Artikel 13 Absatz 1 Unterabsatz 1 Buchsta-

ben a, b und c festgelegten Sorgfaltspflichten gegenüber Kunden einholen.

(2) Die Mitgliedstaaten sorgen dafür, dass Verpflichtete, an die der Kunde verwiesen wird, angemessene Schritte unternehmen, um zu gewährleisten, dass der Dritte auf Ersuchen umgehend maßgebliche Kopien der Daten hinsichtlich der Feststellung und Überprüfung der Identität des Kunden oder des wirtschaftlichen Eigentümers einschließlich Informationen — soweit verfügbar —, die mittels elektronischer Mittel für die Identitätsfeststellung, einschlägiger Vertrauensdienste gemäß der Verordnung (EU) Nr. 910/2014 oder mittels anderer von den einschlägigen nationalen Behörden regulierter, anerkannter, gebilligter oder akzeptierter sicherer Verfahren zur Identifizierung aus der Ferne oder auf elektronischem Weg eingeholt wurden, vorlegt. *(ABl L 156 vom 19. 6. 2018, S 43)*

Artikel 28

Die Mitgliedstaaten sorgen dafür, dass die zuständige Behörde des Herkunftsmitgliedstaats (in Bezug auf die gruppenweiten Strategien und Verfahren) und die zuständige Behörde des Aufnahmemitgliedstaats (in Bezug auf Zweigstellen und Tochterunternehmen) davon ausgehen können, dass ein Verpflichteter den gemäß den Artikeln 26 und 27 erlassenen Bestimmungen durch sein Gruppenprogramm genügt, wenn alle folgenden Voraussetzungen erfüllt sind:

a) Der Verpflichtete zieht Informationen eines Dritten heran, der derselben Gruppe angehört;

b) die in dieser Gruppe angewandten Sorgfaltspflichten, Aufbewahrungsvorschriften und Programme zur Bekämpfung von Geldwäsche und Terrorismusfinanzierung stehen mit dieser Richtlinie oder gleichwertigen Vorschriften in Einklang;

c) die effektive Umsetzung der unter Buchstabe b genannten Anforderungen wird auf Gruppenebene von einer zuständigen Behörde des Herkunftsmitgliedstaats oder des Drittlandes beaufsichtigt.

Artikel 29

Dieser Abschnitt gilt nicht für Auslagerungen oder Vertretungsverhältnisse, bei denen der Auslagerungsdienstleister oder der Vertreter aufgrund einer vertraglichen Vereinbarung als Teil des Verpflichteten anzusehen ist.

KAPITEL III

ANGABEN ZUM WIRTSCHAFTLICHEN EIGENTÜMER

Artikel 30

(1) „Die Mitgliedstaaten sorgen dafür, dass die in ihrem Gebiet eingetragenen Gesellschaften oder anderen juristischen Personen angemessene, präzise und aktuelle Informationen über die wirtschaftlichen Eigentümer, einschließlich genauer Angaben zum wirtschaftlichen Interesse, einholen und aufbewahren müssen. Die Mitgliedstaaten tragen auch dafür Sorge, dass für Verstöße gegen diesen Artikel wirksame, verhältnismäßige und abschreckende Maßnahmen oder Sanktionen verhängt werden.“

Sie stellen sicher, dass diese Gesellschaften und sonstigen juristischen Personen den Verpflichteten, wenn sie Sorgfaltspflichten gegenüber Kunden gemäß Kapitel II anwenden, zusätzlich zu den Informationen über ihren rechtlichen Eigentümer auch Angaben zum wirtschaftlichen Eigentümer vorlegen müssen.

„Die Mitgliedstaaten schreiben vor, dass die wirtschaftlichen Eigentümer von Gesellschaften oder anderen juristischen Personen, einschließlich über Anteile, Stimmrechte, Beteiligungen, Inhaberaktien oder andere Formen der Kontrolle, diesen Einheiten alle notwendigen Informationen zur Verfügung stellen, damit die Gesellschaft oder andere juristische Person die Anforderungen gemäß Unterabsatz 1 erfüllen kann.“ *(ABl L 156 vom 19. 6. 2018, S 43)*

(2) Die Mitgliedstaaten schreiben vor, dass die zuständigen Behörden und die zentralen Meldestellen zeitnah auf die in Absatz 1 genannten Angaben zugreifen können.

(3) Die Mitgliedstaaten sorgen dafür, dass die in Absatz 1 genannten Angaben in einem zentralen Register in jedem Mitgliedstaat aufbewahrt werden, z. B. in einem in Artikel 3 der Richtlinie 2009/101/EG des Europäischen Parlaments und des Rates[1] genannten Handels- oder Gesellschaftsregister oder in einem öffentlichen Register. Die Mitgliedstaaten übermitteln der Kommission eine Beschreibung der Merkmale dieser nationalen Mechanismen. Die Angaben zu den wirtschaftlichen Eigentümern in diesen Datenbanken können gemäß den nationalen Systemen erhoben werden.

(4) Die Mitgliedstaaten schreiben vor, dass die Angaben, die im zentralen Register gemäß Absatz

---

Zu Artikel 30:

[1] Richtlinie 2009/101/EG des Europäischen Parlaments und des Rates vom 16. September 2009 zur Koordinierung der Schutzbestimmungen, die in den Mitgliedstaaten den Gesellschaften im Sinne des Artikels 48 Absatz 2 des Vertrags im Interesse der Gesellschafter sowie Dritter vorgeschrieben sind, um diese Bestimmungen gleichwertig zu gestalten (ABl. L 258 vom 1.10.2009, S. 11).

3 aufbewahrt werden, angemessen, präzise und aktuell sind, und schaffen entsprechende Mechanismen. Diese Mechanismen umfassen eine Verpflichtung der Verpflichteten und — sofern angemessen und soweit diese Verpflichtung ihre Funktionen nicht unnötig beeinträchtigt — der zuständigen Behörden, etwaige Unstimmigkeiten zu melden, die sie zwischen den Angaben über die wirtschaftlichen Eigentümer, die in den zentralen Registern zur Verfügung stehen, und den ihnen zur Verfügung stehenden Angaben über die wirtschaftlichen Eigentümer feststellen. Wenn Unstimmigkeiten gemeldet werden, sorgen die Mitgliedstaaten dafür, dass angemessene Maßnahmen ergriffen werden, um diese Unstimmigkeiten zeitnah zu beseitigen, und gegebenenfalls in der Zwischenzeit eine entsprechende Anmerkung im zentralen Register vorgenommen wird. *(ABl L 156 vom 19. 6. 2018, S 43)*

(5) Die Mitgliedstaaten stellen sicher, dass die Informationen über die wirtschaftlichen Eigentümer in allen Fällen zugänglich sind für

a) die zuständigen Behörden und die zentralen Meldestellen, ohne Einschränkung,

b) Verpflichtete im Rahmen der Erfüllung der Sorgfaltspflichten gegenüber Kunden gemäß Kapitel II,

c) alle Mitglieder der Öffentlichkeit.

Die Personen nach Buchstabe c haben Zugang mindestens zum Namen, Monat und Jahr der Geburt, dem Wohnsitzland und der Staatsangehörigkeit des wirtschaftlichen Eigentümers sowie zu Art und Umfang des wirtschaftlichen Interesses.

Die Mitgliedstaaten können unter Bedingungen, die im nationalen Recht festzulegen sind, den Zugang zu weiteren Informationen vorsehen, die die Identifizierung des wirtschaftlichen Eigentümers ermöglichen. Diese weiteren Informationen umfassen im Einklang mit den Datenschutzbestimmungen mindestens das Geburtsdatum oder die Kontaktdaten.
(ABl L 156 vom 19. 6. 2018, S 43)

(5a) Die Mitgliedstaaten können entscheiden, die in ihren nationalen Registern gemäß Absatz 3 gespeicherten Informationen unter der Bedingung zur Verfügung zu stellen, dass eine Online-Registrierung erfolgt und eine Gebühr gezahlt wird, die die Verwaltungskosten für die Bereitstellung der Informationen einschließlich der Kosten für Betrieb und Weiterentwicklung des Registers nicht überschreiten darf. *(ABl L 156 vom 19. 6. 2018, S 43)*

(6) Die Mitgliedstaaten stellen sicher, dass die zuständigen Behörden und die zentralen Meldestellen zeitnah und ungehindert sowie ohne Einschränkungen und ohne Inkenntnissetzung des betroffenen Unternehmens auf alle im zentralen Register nach Absatz 3 gespeicherten Informationen zugreifen können. Die Mitgliedstaaten erlauben auch, dass Verpflichtete bei der Wahrnehmung ihrer Sorgfaltspflichten gegenüber Kunden gemäß Kapitel II zeitnah auf diese Informationen zugreifen können.

Zuständige Behörden, denen Zugang zu dem in Absatz 3 genannten zentralen Register zu gewähren ist, sind alle Behörden, denen Zuständigkeiten für die Bekämpfung der Geldwäsche oder der Terrorismusfinanzierung übertragen wurden, sowie Steuerbehörden, Aufsichtsbehörden von Verpflichteten und Behörden, die für Ermittlungen oder Strafverfolgungsmaßnahmen in Fällen von Geldwäsche und damit zusammenhängenden Vortaten und von Terrorismusfinanzierung sowie für die Ermittlung, die Beschlagnahme, das Einfrieren und die Einziehung von Vermögenswerten aus Straftaten zuständig sind.
(ABl L 156 vom 19. 6. 2018, S 43)

(7) Die Mitgliedstaaten sorgen dafür, dass die zuständigen Behörden und die zentralen Meldestellen in der Lage sind, die Informationen nach den Absätzen 1 und 3 zeitnah und kostenlos an die zuständigen Behörden und die zentralen Meldestellen anderer Mitgliedstaaten zu liefern. *(ABl L 156 vom 19. 6. 2018, S 43)*

(8) Die Mitgliedstaaten schreiben vor, dass sich die Verpflichteten nicht ausschließlich auf das in Absatz 3 genannte zentrale Register verlassen dürfen, um ihre Sorgfaltspflichten gegenüber Kunden nach Kapitel II zu erfüllen. Bei der Erfüllung dieser Pflichten ist nach einem risikobasierten Ansatz vorzugehen.

(9) Für außergewöhnliche, nach nationalem Recht festzulegende Umstände, unter denen der wirtschaftliche Eigentümer durch den in Absatz 5 Unterabsatz 1 Buchstaben b und c genannten Zugang einem unverhältnismäßigen Risiko von Betrug, Entführung, Erpressung, Schutzgelderpressung, Schikane, Gewalt oder Einschüchterung ausgesetzt würde, oder für den Fall, dass der wirtschaftliche Eigentümer minderjährig oder anderweitig geschäftsunfähig ist, können die Mitgliedstaaten im Einzelfall eine Ausnahme von dem besagten vollständigen oder teilweisen Zugang zu den Informationen über den wirtschaftlichen Eigentümer vorsehen. Die Mitgliedstaaten stellen sicher, dass diese Ausnahmen nach eingehender Bewertung der außergewöhnlichen Natur der Umstände gewährt werden. Rechte auf eine verwaltungsrechtliche Prüfung des Beschlusses über die Ausnahme und auf einen wirksamen Rechtsbehelf werden gewährt. Ein Mitgliedstaat, der Ausnahmen gewährt hat, veröffentlicht jährlich statistische Daten über die Anzahl der gewährten Ausnahmen und deren Begründungen und legt diese Daten der Kommission vor.

Die gemäß Unterabsatz 1 des vorliegenden Absatzes gewährten Ausnahmen gelten weder für Kredit- und Finanzinstitute noch für Verpflichtete gemäß Artikel 2 Absatz 1 Unterabsatz 3 Buchstabe b, bei denen es sich um öffentliche Bedienstete handelt.

(ABl L 156 vom 19. 6. 2018, S 43)

(10) Die Mitgliedstaaten stellen sicher, dass die in Absatz 3 genannten zentralen Register über die durch Artikel 22 Absatz 1 der Richtlinie (EU) 2017/1132 des Europäischen Parlaments und des Rates[2)] geschaffene zentrale Europäische Plattform miteinander vernetzt werden. Die Vernetzung der zentralen Register der Mitgliedstaaten mit der Plattform erfolgt nach Maßgabe der technischen Spezifikationen und Verfahren, die durch von der Kommission gemäß Artikel 24 der Richtlinie (EU) 2017/1132 und Artikel 31a der vorliegenden Richtlinie erlassene Durchführungsrechtsakte festgelegt werden.

Die Mitgliedstaaten tragen dafür Sorge, dass die in Absatz 1 genannten Informationen über das Netz der nationalen Register gemäß Artikel 22 Absatz 1 der Richtlinie (EU) 2017/1132 und im Einklang mit den nationalen Rechtsvorschriften zur Umsetzung der Absätze 5, 5a und 6 des vorliegenden Artikels verfügbar sind.

Die in Absatz 1 genannten Informationen bleiben nach der Löschung einer Gesellschaft oder einer anderen juristischen Person aus dem Register noch für einen Zeitraum von mindestens fünf und höchstens zehn Jahren über die nationalen Register und das Netz der nationalen Register öffentlich zugänglich. Die Mitgliedstaaten arbeiten untereinander und mit der Kommission zusammen, um die verschiedenen Arten des Zugangs gemäß diesem Artikel umzusetzen.
(ABl L 156 vom 19. 6. 2018, S 43)

Artikel 31

(1) Die Mitgliedstaaten tragen dafür Sorge, dass dieser Artikel auf Trusts und andere Rechtsvereinbarungen wie beispielsweise „fiducie“, bestimmte Arten von Treuhand oder „fideicomiso“ Anwendung findet, sofern diese Rechtsvereinbarungen in ihrer Struktur oder ihren Funktionen Trusts ähneln. Die Mitgliedstaaten legen die Merkmale fest, durch die festgestellt werden kann, ob solche Rechtsvereinbarungen, die unter ihr Recht fallen, in ihrer Struktur oder ihren Funktionen Trusts ähneln.

Die Mitgliedstaaten schreiben vor, dass die Trustees eines in dem jeweiligen Mitgliedstaat verwalteten Express Trusts angemessene, präzise und aktuelle Angaben zu den wirtschaftlichen Eigentümern in Bezug auf den Trust einholen und aufbewahren. Diese Angaben umfassen die Identität:

a) des/der Settlor,

b) des/der Trustee(s);

c) des Protektors/der Protektoren (sofern vorhanden),

d) der Begünstigten oder Kategorie von Begünstigten sowie

e) jeder anderen natürlichen Person, unter deren tatsächlicher Kontrolle der Trust steht.

Die Mitgliedstaaten tragen auch dafür Sorge, dass für Verstöße gegen diesen Artikel wirksame, verhältnismäßige und abschreckende Maßnahmen oder Sanktionen verhängt werden. *(ABl L 156 vom 19. 6. 2018, S 43)*

(2) Die Mitgliedstaaten sorgen dafür, dass Trustees oder Personen, die gleichwertige Positionen in ähnlichen Rechtsvereinbarungen im Sinne von Artikel 31 Absatz 1 innehaben, den Verpflichteten ihren Status offenlegen und die Angaben nach Absatz 1 des vorliegenden Artikels zeitnah übermitteln, wenn sie als Trustee oder Person, die eine gleichwertige Positionen in einer ähnlichen Rechtsvereinbarung innehat, eine Geschäftsbeziehung aufnehmen oder eine gelegentliche Transaktion oberhalb der in Artikel 11 Buchstaben b, c und d genannten Schwellenwerte durchführen. *(ABl L 156 vom 19. 6. 2018, S 43)*

(3) Die Mitgliedstaaten schreiben vor, dass die zuständigen Behörden und die zentralen Meldestellen zeitnah auf die in Absatz 1 genannten Angaben zugreifen können.

(3a) Die Mitgliedstaaten schreiben vor, dass die Angaben über die wirtschaftlichen Eigentümer von Express Trusts und ähnlichen Rechtsvereinbarungen gemäß Absatz 1 in einem von dem Mitgliedstaat, in dem der Trustee des Trusts oder eine Person, die eine gleichwertige Position in einer ähnlichen Rechtsvereinbarung inne hat, niedergelassen oder ansässig ist, eingerichteten zentralen Register wirtschaftlicher Eigentümer gespeichert wird.

Befindet sich der Ort der Niederlassung oder der Wohnsitz des Trustees des Trusts oder eine Person, die eine gleichwertige Position in einer ähnlichen Rechtsvereinbarung außerhalb der Union, werden die in Absatz 1 genannten Informationen in einem zentralen Register des Mitgliedstaats aufbewahrt, in dem der Trustee eines Trust oder eine Person, die eine gleichwertige Position in einer ähnlichen Rechtsvereinbarung inne hat, eine Geschäftsbeziehung aufnimmt oder im Namen des Trusts oder der ähnlichen Rechtsvereinbarung Immobilien erwirbt.

Wenn die Trustees eines Trusts oder Personen, die gleichwertige Positionen in einer ähnlichen Rechtsvereinbarung inne haben, in unterschiedlichen Mitgliedstaaten niedergelassen oder ansässig sind oder wenn der Trustee eines Trusts oder eine Person, die eine gleichwertige Position in einer ähnlichen Rechtsvereinbarung inne hat, im Namen des Trusts oder der ähnlichen Rechtsvereinbarung mehrere Geschäftsbeziehungen in verschiedenen Mitgliedstaaten aufnimmt, kann ein Nachweis

---

[2)] *Richtlinie (EU) 2017/1132 des Europäischen Parlaments und des Rates vom 14. Juni 2017 über bestimmte Aspekte des Gesellschaftsrechts (ABl. L 169 vom 30.6.2017, S. 46).*

der Registrierung oder ein Auszug aus den Angaben über die wirtschaftlichen Eigentümer, die von einem Mitgliedstaat in einem Register geführt werden, als ausreichend angesehen werden, damit die Verpflichtung der Registrierung als erfüllt gilt.
(ABl L 156 vom 19. 6. 2018, S 43)

(4) Die Mitgliedstaaten stellen sicher, dass die Informationen über die wirtschaftlichen Eigentümer eines Trusts oder einer ähnlichen Rechtsvereinbarungen in allen Fällen zugänglich sind für:

a) die zuständigen Behörden und die zentralen Meldestellen, ohne Einschränkung;

b) Verpflichtete im Rahmen der Erfüllung der Sorgfaltspflichten gegenüber Kunden gemäß Kapitel II;

c) alle natürlichen oder juristischen Personen, die ein berechtigtes Interesse nachweisen können;

d) alle natürlichen oder juristischen Personen, die einen schriftlichen Antrag in Bezug auf einen Trust oder eine ähnliche Rechtsvereinbarung stellen, die direkt oder indirekt eine Kontrolle verleihende Beteiligung an einer Gesellschaft oder einer anderen juristischen Person mit Ausnahme der in Artikel 30 Absatz 1 genannten hält oder besitzt, einschließlich in Form von Inhaberaktien oder durch andere Formen der Kontrolle.

Die Informationen, die natürlichen oder juristischen Personen nach den Buchstaben c und d dieses Unterabsatzes zur Verfügung stehen, umfassen mindestens den Namen, Monat und Jahr der Geburt, das Wohnsitzland und die Staatsangehörigkeit des wirtschaftlichen Eigentümers sowie Art und Umfang des wirtschaftlichen Interesses.

Die Mitgliedstaaten können unter Bedingungen, die im nationalen Recht festzulegen sind, im Einklang mit den Datenschutzbestimmungen den Zugang zu weiteren Informationen, die die Identifizierung des wirtschaftlichen Eigentümers ermöglichen, vorsehen. Diese weiteren Informationen umfassen mindestens das Geburtsdatum oder Kontaktdaten. Die Mitgliedstaaten können einen weitergehenden Zugang zu den in dem Register enthaltenen Informationen im Einklang mit ihren nationalen Rechtsvorschriften erlauben.

Zuständige Behörden, denen Zugang zu dem in Absatz 3a genannten zentralen Register zu gewähren ist, sind Behörden, denen Zuständigkeiten für die Bekämpfung der Geldwäsche oder der Terrorismusfinanzierung übertragen wurden, sowie Steuerbehörden, Aufsichtsbehörden von Verpflichteten und Behörden, die für Ermittlungen oder Strafverfolgungsmaßnahmen in Fällen von Geldwäsche und damit zusammenhängenden Vortaten und von Terrorismusfinanzierung sowie für die Ermittlung, die Beschlagnahme, das Einfrieren und die Einziehung von Vermögenswerten aus Straftaten zuständig sind.
(ABl L 156 vom 19. 6. 2018, S 43)

(4a) Die Mitgliedstaaten können entscheiden, die in ihren nationalen Registern gemäß Absatz 3a gespeicherten Informationen unter der Bedingung zur Verfügung zu stellen, dass eine Online-Registrierung erfolgt und eine Gebühr gezahlt wird, die die Verwaltungskosten für die Bereitstellung der Informationen einschließlich der Kosten für Betrieb und Weiterentwicklung des Registers nicht überschreiten darf. *(ABl L 156 vom 19. 6. 2018, S 43)*

(5) Die Mitgliedstaaten schreiben vor, dass die Informationen, die im zentralen Register gemäß Absatz 3a aufbewahrt werden, angemessen, präzise und aktuell sind, und schaffen entsprechende Mechanismen. Diese Mechanismen umfassen eine Verpflichtung der Verpflichteten und — sofern angemessen und soweit diese Verpflichtung ihre Funktionen nicht unnötig beeinträchtigt — der zuständigen Behörden, etwaige Unstimmigkeiten zu melden, die sie zwischen den Angaben über die wirtschaftlichen Eigentümer, die in den zentralen Registern zur Verfügung stehen, und den ihnen zur Verfügung stehenden Informationen über die wirtschaftlichen Eigentümer feststellen. Wenn Unstimmigkeiten gemeldet werden, sorgen die Mitgliedstaaten dafür, dass angemessene Maßnahmen ergriffen werden, um diese Unstimmigkeiten zeitnah zu beseitigen, und gegebenenfalls in der Zwischenzeit eine entsprechende Anmerkung im zentralen Register vorgenommen wird. *(ABl L 156 vom 19. 6. 2018, S 43)*

(6) Die Mitgliedstaaten sorgen dafür, dass sich die Verpflichteten nicht ausschließlich auf das in Absatz 4 genannte zentrale Register verlassen dürfen, um ihre Sorgfaltspflichten gegenüber Kunden nach Kapitel II zu erfüllen. Bei der Erfüllung dieser Pflichten ist nach einem risikobasierten Ansatz vorzugehen.

(7) Die Mitgliedstaaten sorgen dafür, dass die zuständigen Behörden und die zentralen Meldestellen in der Lage sind, Informationen nach den Absätzen 1 und 3 zeitnah und kostenlos an die zuständigen Behörden und die zentralen Meldestellen anderer Mitgliedstaaten zu liefern. *(ABl L 156 vom 19. 6. 2018, S 43)*

(7a) Für außergewöhnliche, nach nationalem Recht festzulegende Umstände, unter denen der wirtschaftliche Eigentümer durch den in Absatz 4 Unterabsatz 1 Buchstaben b, c und d genannten Zugang einem unverhältnismäßigen Risiko von Betrug, Entführung, Erpressung, Schutzgelderpressung, Schikane, Gewalt oder Einschüchterung ausgesetzt würde, oder für den Fall, dass der wirtschaftliche Eigentümer minderjährig oder anderweitig geschäftsunfähig ist, können die Mitgliedstaaten im Einzelfall eine Ausnahme von dem besagten vollständigen oder teilweisen Zugang zu den Informationen über den wirtschaftlichen Eigentümer vorsehen. Die Mitgliedstaaten stellen sicher, dass diese Ausnahmen nach eingehender Bewertung der außergewöhnlichen Natur der Umstände gewährt werden. Rechte auf eine verwaltungsrechtliche Prüfung des Beschlusses über die Ausnahme und auf einen wirksamen Rechtsbehelf werden gewahrt. Ein Mitgliedstaat, der Ausnahmen gewährt hat, veröffentlicht jährlich statistische Daten über die Anzahl der gewährten Ausnahmen und deren Begründungen und legt diese Daten der Kommission vor.

Die gemäß Unterabsatz 1 gewährten Ausnahmen gelten nicht für Kredit- und Finanzinstitute sowie Verpflichtete gemäß Artikel 2 Absatz 1 Unterabsatz 3 Buchstabe b, wenn es sich dabei um öffentliche Bedienstete handelt.

Beschließt ein Mitgliedstaat eine Ausnahme gemäß Unterabsatz 1, schränkt er den Zugang der zuständigen Behörden und der zentralen Meldestellen zu den Informationen nicht ein.
(ABl L 156 vom 19. 6. 2018, S 43)

(8) *(aufgehoben, ABl L 156 vom 19. 6. 2018, S 43)*

(9) Die Mitgliedstaaten stellen sicher, dass die in Absatz 3a genannten zentralen Register über die durch Artikel 22 Absatz 1 der Richtlinie (EU) 2017/1132 geschaffene zentrale Europäische Plattform miteinander vernetzt werden. Die Vernetzung der zentralen Register der Mitgliedstaaten mit der Plattform erfolgt nach Maßgabe der technischen Spezifikationen und Verfahren, die durch von der Kommission gemäß Artikel 24 der Richtlinie (EU) 2017/1132 und Artikel 31a der vorliegenden Richtlinie erlassene Durchführungsrechtsakte festgelegt werden

Die Mitgliedstaaten tragen dafür Sorge, dass die in Absatz 1 des vorliegenden Artikels genannten Informationen über das Netz der nationalen Register gemäß Artikel 22 Absatz 2 der Richtlinie (EU) 2017/1132 und im Einklang mit den nationalen Rechtsvorschriften zur Umsetzung der Absätze 4 und 5 des vorliegenden Artikels verfügbar sind.

Die Mitgliedstaaten ergreifen angemessene Maßnahmen, um sicherzustellen, dass ausschließlich aktuelle, sich auf die tatsächlichen wirtschaftlichen Eigentümer beziehende Informationen nach Absatz 1 über ihre nationalen Register und das Netz der nationalen Register verfügbar gemacht werden und der Zugriff im Einklang mit den Datenschutzvorschriften erfolgt.

Die in Absatz 1 genannten Angaben bleiben noch für einen Zeitraum von mindestens fünf und höchstens 10 Jahren, nachdem die Gründe für die Registrierung der in Absatz 3a genannten Informationen über die wirtschaftlichen Eigentümer zu bestehen aufgehört haben, über die nationalen Register und das Netz der nationalen Register öffentlich zugänglich. Die Mitgliedstaaten arbeiten mit der Kommission zusammen, um die verschiedenen Arten des Zugangs gemäß den Absätzen 4 und 4a umzusetzen.
(ABl L 156 vom 19. 6. 2018, S 43)

(10) Die Mitgliedstaaten übermitteln der Kommission bis zum 10. Juli 2019 die Kategorien, eine Beschreibung der Merkmale, die Namen und sofern angezeigt die geltende Rechtsgrundlage der in Absatz 1 genannten Trusts und ähnliche Rechtsvereinbarungen. Die Kommission veröffentlicht die konsolidierte Liste dieser Trusts und ähnlicher Rechtsvereinbarungen bis zum 10. September 2019 im *Amtsblatt der Europäischen Union.*

Die Kommission legt dem Europäischen Parlament und dem Rat bis zum 26. Juni 2020 einen Bericht vor, in dem bewertet wird, ob alle in Absatz 1 genannten Trusts und ähnliche Rechtsvereinbarungen und dem Recht von Mitgliedstaaten unterliegen, ordnungsgemäß ermittelt wurden und unter die in dieser Richtlinie festgelegten Verpflichtungen fallen. Gegebenenfalls trifft die Kommission die erforderlichen Maßnahmen, um auf die Ergebnisse dieses Berichts zu reagieren.
(ABl L 156 vom 19. 6. 2018, S 43)

Durchführungsrechtsakte

Artikel 31a

Wenn dies zusätzlich zu den von der Kommission gemäß Artikel 24 der Richtlinie (EU) 2017/1132 und gemäß dem Geltungsbereich der Artikel 30 und 31 dieser Richtlinie erlassenen Durchführungsrechtsakten erforderlich ist, erlässt die Kommission im Wege von Durchführungsrechtsakten technische Spezifikationen und Verfahren, die erforderlich sind, um für die Vernetzung der zentralen Register der Mitgliedstaaten im Sinne von Artikel 30 Absatz 10 und Artikel 31 Absatz 9 zu sorgen, in Bezug auf

a) die technischen Spezifikationen zur Festlegung der technischen Daten, die benötigt werden, damit die Plattform ihre Aufgaben erfüllen kann, und die Methode für Speicherung, Verwendung und Schutz dieser Daten,

b) die gemeinsamen Kriterien, nach denen die Angaben über die wirtschaftlichen Eigentümer über das Netz der nationalen Register verfügbar sind, abhängig von dem Ausmaß des von den Mitgliedstaaten gewährten Zugangs,

c) die technischen Details hinsichtlich der Frage, wie die Informationen über die wirtschaftlichen Eigentümer zur Verfügung gestellt werden sollen,

d) die technischen Bedingungen für die Verfügbarkeit des Netzes der nationalen Register,

e) die technischen Modalitäten für die Umsetzung der verschiedenen Arten des Zugangs zu Informationen über die wirtschaftlichen Eigentümer auf der Grundlage von Artikel 30 Absatz 5 und Artikel 31 Absatz 4,

f) die Zahlungsbedingungen, wenn für den Zugang zu Angaben über die wirtschaftlichen

Eigentümer eine Gebühr gemäß Artikel 30 Absatz 5a und Artikel 31 Absatz 4a zu entrichten ist, wobei die verfügbaren Zahlungsmöglichkeiten wie Fernzahlungsvorgänge zu berücksichtigen sind.

Diese Durchführungsrechtsakte werden gemäß dem in Artikel 64a Absatz 2 genannten Prüfverfahren erlassen.

Bei ihren Durchführungsrechtsakten bemüht sich die Kommission, bereits erprobte Technologien und bereits bestehende Verfahren wiederzuverwenden. Die Kommission sollte sicherstellen, dass durch die zu entwickelnden Systeme keine Kosten entstehen, die über das für die Umsetzung dieser Richtlinie unbedingt erforderliche Maß hinausgehen. Die Durchführungsrechtsakte der Kommission sind durch Transparenz und den Austausch von Erfahrungen und Informationen zwischen der Kommission und den Mitgliedstaaten geprägt.

(ABl L 156 vom 19. 6. 2018, S 43)

KAPITEL IV
MELDEPFLICHTEN

ABSCHNITT 1
Allgemeine Bestimmungen

Artikel 32

(1) Jeder Mitgliedstaat richtet eine zentrale Meldestelle zur Verhinderung, Aufdeckung und wirksamen Bekämpfung der Geldwäsche und der Terrorismusfinanzierung ein.

(2) Die Mitgliedstaaten teilen der Kommission Name und Anschrift ihrer zentralen Meldestellen schriftlich mit.

(3) Jede zentrale Meldestelle arbeitet unabhängig und ist eigenständig, was bedeutet, dass sie über die Befugnis und die Fähigkeit verfügt, ihre Aufgaben ungehindert wahrzunehmen, und in der Lage ist, unabhängige Entscheidungen zu treffen, ob bestimmte Informationen analysiert, angefordert und weitergegeben werden. Als zentrale nationale Stelle ist die zentrale Meldestelle dafür zuständig, Meldungen über verdächtige Transaktionen und sonstige Informationen, die im Hinblick auf Geldwäsche, damit zusammenhängende Vortaten oder Terrorismusfinanzierung von Belang sind, entgegenzunehmen und zu analysieren. Ihr obliegt es, bei begründetem Verdacht auf Geldwäsche, damit zusammenhängende Vortaten oder Terrorismusfinanzierung die Ergebnisse ihrer Analysen und alle zusätzlichen relevanten Informationen an die zuständigen Behörden weiterzugeben. Sie muss in der Lage sein, von den Verpflichteten zusätzliche Informationen einzuholen.

Die Mitgliedstaaten statten die zentralen Meldestellen mit angemessenen finanziellen, personellen und technischen Mitteln aus, so dass sie ihre Aufgaben erfüllen können.

(4) Die Mitgliedstaaten stellen sicher, dass ihre zentralen Meldestellen zeitnah unmittelbar oder mittelbar Zugang zu den Finanz-, Verwaltungs- und Strafverfolgungsinformationen erhalten, die sie zur ordnungsgemäßen Erfüllung ihrer Aufgaben benötigen. Die zentralen Meldestellen müssen in der Lage sein, Auskunftsersuchen der zuständigen Behörden ihres jeweiligen Mitgliedstaats zu beantworten, sofern die Auskunftsersuchen auf Belangen im Zusammenhang mit Geldwäsche, damit im Zusammenhang stehenden Vortaten oder Terrorismusfinanzierung beruhen. Die zentralen Meldestellen entscheiden selbst, ob sie Informationen analysieren oder weitergeben.

(5) Gibt es objektive Gründe für die Annahme, dass sich die Bereitstellung solcher Informationen negativ auf laufende Ermittlungen oder Analysen auswirken würde, oder in Ausnahmefällen, wenn die Weitergabe der Informationen eindeutig in einem Missverhältnis zu den rechtmäßigen Interessen einer natürlichen oder juristischen Person stünde oder die Informationen für die Zwecke, zu denen sie angefordert wurden, irrelevant sind, ist die zentrale Meldestelle nicht verpflichtet, dem Auskunftsersuchen nachzukommen.

(6) Die Mitgliedstaaten schreiben vor, dass die zuständigen Behörden der zentralen Meldestelle Rückmeldung über die Verwendung der gemäß diesem Artikel bereitgestellten Informationen und die Ergebnisse der auf Grundlage der bereitgestellten Informationen durchgeführten Ermittlungen oder Prüfungen geben.

(7) Die Mitgliedstaaten stellen sicher, dass die zentrale Meldestelle befugt ist, im Falle des Verdachts, dass eine Transaktion mit Geldwäsche oder Terrorismusfinanzierung zusammenhängt, unmittelbar oder mittelbar Sofortmaßnahmen zu ergreifen, um die Zustimmung zu einer laufenden Transaktion zu versagen oder auszusetzen, damit sie die Transaktion analysieren, dem Verdacht nachgehen und die Ergebnisse der Analyse an die zuständigen Behörden weitergeben kann. Die zentrale Meldestelle ist befugt, auf Ersuchen einer zentralen Meldestelle eines anderen Mitgliedstaats für die Zeiträume und unter den Bedingungen, die im Recht ihres eigenen Mitgliedstaats festgelegt sind, unmittelbar oder mittelbar solche Maßnahmen zu ergreifen.

(8) Die Analyseaufgaben der zentralen Meldestelle umfassen

a) die operative Analyse mit Schwerpunkt auf Einzelfällen und Einzelzielen oder auf geeigneten ausgewählten Informationen, je nach Art und Umfang der empfangenen Informationen und der voraussichtlichen Verwendung der Informationen nach ihrer Weitergabe, sowie

b) die strategische Analyse von Entwicklungstrends und Fallmustern im Bereich der Geldwäsche und Terrorismusfinanzierung.

Artikel 32a

(1) Die Mitgliedstaaten richten zentrale automatische Mechanismen wie zentrale Register oder zentrale elektronische Datenabrufsysteme ein, die die zeitnahe Ermittlung aller natürlichen oder juristischen Personen ermöglichen, die bei Kreditinstituten in ihrem Hoheitsgebiet durch die IBAN identifizierte Zahlungskonten und Bankkonten im Sinne der Verordnung (EU) Nr. 260/2012 des Europäischen Parlaments und des Rates[1], oder Schließfächer innehaben oder kontrollieren. Die Mitgliedstaaten übermitteln der Kommission eine Beschreibung der Merkmale dieser nationalen Mechanismen.

(2) Die Mitgliedstaaten tragen dafür Sorge, dass die Informationen, die in den in Absatz 1 des vorliegenden Artikels genannten zentralen Mechanismen aufbewahrt werden, den nationalen zentralen Meldestellen direkt, sofort und ungefiltert zugänglich sind. Die Informationen müssen auch den nationalen zuständigen Behörden zugänglich sein, damit diese ihren Pflichten im Rahmen dieser Richtlinie nachkommen können. Die Mitgliedstaaten stellen sicher, dass jede zentrale Meldestelle anderen zentralen Meldestellen Informationen, die in den in Absatz 1 des vorliegenden Artikels genannten zentralen Mechanismen aufbewahrt werden, zeitnah gemäß Artikel 53 übermitteln kann.

(3) Es wird sichergestellt, dass die in Absatz 1 genannten zentralen Mechanismen den Zugriff auf und die Suche in folgenden Informationen ermöglichen:

- in Bezug auf den Inhaber des Kundenkontos und jede Person, die vorgibt, im Namen des Kunden zu handeln: den Namen, ergänzt entweder durch die anderen Identifizierungsdaten, die nach den nationalen Bestimmungen zur Umsetzung von Artikel 13 Absatz 1 Buchstabe a vorgeschrieben sind, oder eine individuelle Kennnummer;
- in Bezug auf den wirtschaftlichen Eigentümer des Inhabers des Kundenkontos: den Namen, ergänzt entweder durch die anderen Identifizierungsdaten, die nach den nationalen Bestimmungen zur Umsetzung von Artikel 13 Absatz 1 Buchstabe b vorgeschrieben sind, oder eine individuelle Kennnummer;
- in Bezug auf das Bank- oder Zahlungskonto: die IBAN-Nummer und das Datum der Kontoeröffnung und -schließung;
- in Bezug auf das Schließfach: den Namen des Mieters, ergänzt entweder durch die anderen Identifizierungsdaten, die nach den nationalen Bestimmungen zur Umsetzung von Artikel 13 Absatz 1 vorgeschrieben sind, oder durch eine individuelle Kennnummer, und die Dauer des Mietzeitraums.

(4) Die Mitgliedstaaten können vorschreiben, dass andere Informationen, die für zentrale Meldestellen und zuständige Behörden für die Erfüllung ihrer Pflichten im Rahmen dieser Richtlinie als wesentlich angesehen werden, über die zentralen Mechanismen verfügbar und durchsuchbar sind.

(5) Die Kommission legt dem Europäischen Parlament und dem Rat bis zum 26. Juni 2020 einen Bericht vor, in dem die Bedingungen und technischen Spezifikationen und Verfahren für die Gewährleistung einer sicheren und effizienten Vernetzung der zentralen automatischen Mechanismen bewertet werden. Gegebenenfalls wird dem Bericht ein Gesetzgebungsvorschlag beigefügt.

(ABl L 156 vom 19. 6. 2018, S 43)

Artikel 32b

(1) Die Mitgliedstaaten geben den zentralen Meldestellen und den zuständigen Behörden Zugang zu Informationen, die die zeitnahe Identifizierung aller natürlichen oder juristischen Personen ermöglichen, die in ihrem Hoheitsgebiet Eigentümer von Immobiliensind, unter anderem über Register oder elektronische Datenabrufsysteme, soweit solche Register oder Systeme zur Verfügung stehen.

(2) Die Kommission legt dem Europäischen Parlament und dem Rat bis zum 31. Dezember 2020 einen Bericht vor, in dem beurteilt wird, inwiefern es notwendig und verhältnismäßig ist, die in den Registern enthaltenen Informationen zu vereinheitlichen, und inwiefern es erforderlich ist, diese Register zu vernetzen. Gegebenenfalls wird dem Bericht ein Gesetzgebungsvorschlag beigefügt.

(ABl L 156 vom 19. 6. 2018, S 43)

Artikel 33

(1) Die Mitgliedstaaten schreiben den Verpflichteten und gegebenenfalls deren leitendem Personal und deren Angestellten vor, in vollem Umfang zusammenzuarbeiten, indem sie umgehend

Zu Artikel 32a:

[1] *Verordnung (EU) Nr. 260/2012 des Europäischen Parlaments und des Rates vom 14. März 2012 zur Festlegung der technischen Vorschriften und der Geschäftsanforderungen für Überweisungen und Lastschriften in Euro und zur Änderung der Verordnung (EG) Nr. 924/2009 (ABl. L 94 vom 30.3.2012, S. 22).*

a) die zentrale Meldestelle von sich aus unter anderem mittels einer Meldung umgehend informieren, wenn der Verpflichtete Kenntnis davon erhält oder den Verdacht oder berechtigten Grund zu der Annahme hat, dass Gelder unabhängig vom betreffenden Betrag aus kriminellen Tätigkeiten stammen oder mit Terrorismusfinanzierung in Verbindung stehen, und etwaigen Aufforderungen der zentralen Meldestelle zur Übermittlung zusätzlicher Auskünfte umgehend Folge leisten, und

b) der zentralen Meldestelle auf Verlangen unmittelbar alle erforderlichen Auskünfte zur Verfügung stellen. *(ABl L 156 vom 19. 6. 2018, S 43)*

Alle verdächtigen Transaktionen einschließlich versuchter Transaktionen müssen gemeldet werden.

(2) Die Person, die gemäß Artikel 8 Absatz 4 Buchstabe a benannt wurde, leitet die in Absatz 1 genannten Informationen an die zentrale Meldestelle desjenigen Mitgliedstaats weiter, in dessen Hoheitsgebiet der Verpflichtete, der diese Informationen übermittelt, niedergelassen ist.

Artikel 34

(1) Abweichend von Artikel 33 Absatz 1 können die Mitgliedstaaten im Falle der in Artikel 2 Absatz 1 Nummer 3 Buchstaben a, b und d genannten Verpflichteten eine geeignete Selbstverwaltungseinrichtung der betreffenden Berufsgruppe als Stelle benennen, die die in Artikel 33 Absatz 1 genannten Informationen entgegennimmt.

Unbeschadet des Absatzes 2 leitet die benannte Selbstverwaltungseinrichtung die Informationen in den in Unterabsatz 1 dieses Absatzes genannten Fällen umgehend und ungefiltert an die zentrale Meldestelle weiter.

(2) Bei Notaren, anderen selbständigen Angehörigen von rechtsberatenden Berufen, Abschlussprüfern, externen Buchprüfern und Steuerberatern sehen die Mitgliedstaaten von einer Anwendung der Verpflichtungen nach Artikel 33 Absatz 1 nur ab, soweit eine solche Ausnahme für Informationen gilt, die sie von einem Klienten erhalten oder in Bezug auf diesen erlangen, wenn sie für ihn die Rechtslage beurteilen oder ihn in oder im Zusammenhang mit einem Gerichtsverfahren verteidigen oder vertreten, wozu auch eine Beratung über das Betreiben oder Vermeiden solcher Verfahren zählt, wobei unerheblich ist, ob diese Informationen vor, bei oder nach einem solchen Verfahren empfangen oder erlangt werden.

(3) Die von den Mitgliedstaaten benannten Selbstverwaltungseinrichtungen veröffentlichen einen Jahresbericht mit Informationen über

a) die gemäß den Artikeln 58, 59 und 60 ergriffenen Maßnahmen,

b) die Anzahl der erhaltenen Berichte über Verstöße gemäß Artikel 61, sofern zutreffend,

c) die Anzahl der von der Selbstverwaltungseinrichtung erhaltenen Berichte gemäß Absatz 1 und die Anzahl der Berichte, die von der Selbstverwaltungseinrichtung an die zentrale Meldestelle weitergeleitet wurde, sofern zutreffend,

d) sofern zutreffend die Anzahl und eine Beschreibung der Maßnahmen, die gemäß Artikel 47 und 48 durchgeführt wurden, um zu überprüfen, ob die Verpflichteten ihre Verpflichtungen gemäß den folgenden Artikeln einhalten:

i) Artikel 10 bis 24 (Sorgfaltspflicht gegenüber Kunden),

ii) Artikel 33, 34 und 35 (Verdachtsmeldungen),

iii) Artikel 40 (Aufbewahrung von Aufzeichnungen) und

iv) Artikel 45 und 46 (interne Kontrollen). *(ABl L 156 vom 19. 6. 2018, S 43)*

Artikel 35

(1) Die Mitgliedstaaten schreiben den Verpflichteten vor, Transaktionen, von denen sie wissen oder vermuten, dass sie mit Erträgen aus kriminellen Tätigkeiten oder Terrorismusfinanzierung in Verbindung stehen, erst dann durchzuführen, wenn sie die nach Artikel 33 Absatz 1 Unterabsatz 1 Buchstabe a erforderliche Maßnahme abgeschlossen und alle weiteren besonderen Anweisungen der zentralen Meldestelle oder der zuständigen Behörden im Einklang mit dem Recht des jeweiligen Mitgliedstaats befolgt haben.

(2) Falls ein Verzicht auf die Durchführung der in Absatz 1 genannten Transaktionen nicht möglich ist oder die Durchführung die Verfolgung der Begünstigten einer verdächtigen Transaktion behindern könnte, unterrichten die Verpflichteten die zentrale Meldestelle umgehend im Anschluss daran.

Artikel 36

(1) Die Mitgliedstaaten sorgen dafür, dass die in Artikel 48 genannten zuständigen Behörden die zentrale Meldestelle umgehend unterrichten, wenn sie im Rahmen von Kontrollen von Verpflichteten oder bei anderen Gelegenheiten Tatsachen aufdecken, die mit Geldwäsche oder Terrorismusfinanzierung zusammenhängen könnten.

(2) Die Mitgliedstaaten sorgen dafür, dass Aufsichtsbehörden, die aufgrund von Rechts- oder Verwaltungsvorschriften zur Überwachung der Aktien-, Devisen- und Finanzderivatemärkte befugt sind, die zentrale Meldestelle unterrichten, wenn sie Tatsachen aufdecken, die mit Geldwäsche oder Terrorismusfinanzierung zusammenhängen könnten.

Artikel 37

Geben Verpflichtete bzw. Angestellte oder leitendes Personal dieser Verpflichteten im guten Glauben Informationen gemäß den Artikeln 33 und 34 weiter, so gilt dies nicht als Verletzung einer vertraglich oder durch Rechts- oder Verwaltungsvorschriften geregelten Beschränkung der Informationsweitergabe und zieht für den Verpflichteten oder sein leitendes Personal oder seine Angestellten keinerlei Haftung nach sich, und zwar auch nicht in Fällen, in denen ihnen die zugrunde liegende kriminelle Tätigkeit nicht genau bekannt war, und unabhängig davon, ob tatsächlich eine rechtswidrige Handlung begangen wurde.

Artikel 38

(1) Die Mitgliedstaaten sorgen dafür, dass Einzelpersonen, einschließlich Angestellte und Vertreter des Verpflichteten, die intern oder der zentralen Meldestelle einen Verdacht auf Geldwäsche oder Terrorismusfinanzierung melden, rechtlich vor Bedrohungen, Vergeltungsmaßnahmen oder Anfeindungen und insbesondere vor nachteiligen oder diskriminierenden Maßnahmen im Beschäftigungsverhältnis geschützt werden.

(2) Die Mitgliedstaaten sorgen dafür, dass Einzelpersonen, die Bedrohungen, Vergeltungsmaßnahmen oder Anfeindungen oder nachteiligen oder diskriminierenden Maßnahmen im Beschäftigungsverhältnis ausgesetzt sind, weil sie intern oder der zentralen Meldestelle einen Verdacht auf Geldwäsche oder Terrorismusfinanzierung gemeldet haben, bei der jeweiligen zuständigen Behörden auf sichere Weise eine Beschwerde einreichen können. Unbeschadet der Vertraulichkeit der von der zentralen Meldestelle gesammelten Informationen, sorgen die Mitgliedstaaten auch dafür, dass solche Einzelpersonen das Recht auf einen wirksamen Rechtsbehelf haben, um ihre Rechte gemäß diesem Absatz zu schützen.

(ABl L 156 vom 19. 6. 2018, S 43)

ABSCHNITT 2

Verbot der Informationsweitergabe

Artikel 39

(1) Verpflichtete sowie ihr leitendes Personal und ihre Angestellten dürfen weder den betroffenen Kunden noch Dritte davon in Kenntnis setzen, dass gemäß Artikel 33 oder 34 eine Übermittlung von Informationen gerade erfolgt, erfolgen wird oder erfolgt ist oder dass eine Analyse wegen Geldwäsche oder Terrorismusfinanzierung gerade stattfindet oder stattfinden könnte.

(2) Das Verbot nach Absatz 1 bezieht sich nicht auf die Weitergabe von Informationen an die zuständigen Behörden, einschließlich der Selbstverwaltungseinrichtungen, oder auf die Weitergabe von Informationen zu Strafverfolgungszwecken.

(3) Das Verbot nach Absatz 1 des vorliegenden Artikels steht einer Informationsweitergabe zwischen derselben Unternehmensgruppe angehörenden Kredit- und Finanzinstituten der Mitgliedstaaten oder zwischen diesen Instituten und ihren Zweigstellen und mehrheitlich in ihrem Besitz befindlichen Tochterunternehmen in Drittländern nicht entgegen, sofern sich diese Zweigstellen und Tochterunternehmen uneingeschränkt an die gruppenweit anzuwendenden Strategien und Verfahren gemäß Artikel 45, darunter Verfahren für den Informationsaustausch innerhalb der Gruppe, halten und die gruppenweit anzuwendenden Strategien und Verfahren die Anforderungen dieser Richtlinie erfüllen. *(ABl L 156 vom 19. 6. 2018, S 43)*

(4) Das Verbot nach Absatz 1 steht einer Informationsweitergabe zwischen den in Artikel 2 Absatz 1 Nummer 3 Buchstaben a und b genannten Verpflichteten oder Einrichtungen aus Drittländern, in denen dieser Richtlinie gleichwertige Anforderungen gelten, nicht entgegen, sofern sie ihre berufliche Tätigkeit, ob als Angestellte oder nicht, in derselben juristischen Person oder in einer umfassenderen Struktur, der die Person angehört und die gemeinsame Eigentümer oder eine gemeinsame Leitung hat oder über eine gemeinsame Kontrolle in Bezug auf die Einhaltung der einschlägigen Vorschriften verfügt.

(5) Bei den in Artikel 2 Absatz 1 Nummern 1 und 2 sowie Nummer 3 Buchstaben a und b genannten Verpflichteten steht das Verbot nach Absatz 1 in Fällen, die sich auf denselben Kunden und dieselbe Transaktion beziehen und an denen zwei oder mehr Verpflichtete beteiligt sind, einer Informationsweitergabe zwischen den betreffenden Verpflichteten nicht entgegen, sofern es sich bei diesen um Verpflichtete aus einem Mitgliedstaat oder um Einrichtungen in einem Drittland, in dem dieser Richtlinie gleichwertige Anforderungen gelten, handelt und sofern sie derselben Berufskategorie angehören und Verpflichtungen in Bezug auf das Berufsgeheimnis und den Schutz personenbezogener Daten unterliegen.

(6) Wenn die in Artikel 2 Absatz 1 Nummer 3 Buchstaben a und b genannten Verpflichteten sich bemühen, einen Klienten davon abzuhalten, eine rechtswidrige Handlung zu begehen, gilt dies nicht als Informationsweitergabe im Sinne von Absatz 1 dieses Artikels.

KAPITEL V

DATENSCHUTZ, AUFBEWAHRUNG VON AUFZEICHNUNGEN UND STATISTISCHE DATEN

Artikel 40

(1) Die Mitgliedstaaten schreiben vor, dass die Verpflichteten die nachstehenden Dokumente und Informationen im Einklang mit dem nationalen Recht für die Zwecke der Verhinderung, Aufdeckung und Ermittlung möglicher Geldwäsche oder Terrorismusfinanzierung durch die zentrale Meldestelle oder andere zuständige Behörden aufbewahren:

a) bei Sorgfaltspflichten gegenüber Kunden eine Kopie der erhaltenen Dokumente und Informationen, die für die Erfüllung der Sorgfaltspflichten gegenüber Kunden gemäß Kapitel II erforderlich sind, einschließlich Informationen — soweit verfügbar —, die mittels elektronischer Mittel für die Identitätsfeststellung, einschlägiger Vertrauensdienste gemäß der Verordnung (EU) Nr. 910/2014 oder mittels anderer von den einschlägigen nationalen Behörden regulierter, anerkannter, gebilligter oder akzeptierter sicherer Verfahren zur Identifizierung aus der Ferne oder auf elektronischem Weg eingeholt wurden, für die Dauer von fünf Jahren nach Beendigung der Geschäftsbeziehung mit dem Kunden oder nach dem Zeitpunkt einer gelegentlichen Transaktion;

Die Aufbewahrungsfrist gemäß diesem Absatz, einschließlich der weiteren Aufbewahrungsfrist, die zusätzliche fünf Jahre nicht überschreitet, gilt auch für Daten, die über die in Artikel 32a genannten zentralen Mechanismen zugänglich sind. *(ABl L 156 vom 19. 6. 2018, S 43)*

b) die Transaktionsbelege und -aufzeichnungen – als Originale oder als Kopien, die nach dem nationalen Recht in Gerichtsverfahren anerkannt werden –, die für die Ermittlung von Transaktionen erforderlich sind, für die Dauer von fünf Jahren nach Beendigung der Geschäftsbeziehung mit dem Kunden oder nach dem Zeitpunkt einer gelegentlichen Transaktion.

Die Mitgliedstaaten sorgen dafür, dass die Verpflichteten die personenbezogenen Daten nach Ablauf der Aufbewahrungsfristen nach Unterabsatz 1 löschen, es sei denn, das nationale Recht enthält andere Bestimmungen, die regeln, unter welchen Umständen die Verpflichteten Daten länger speichern dürfen oder müssen. Die Mitgliedstaaten dürfen eine weitere Aufbewahrung nach einer eingehenden Prüfung ihrer Erforderlichkeit und Verhältnismäßigkeit gestatten oder vorschreiben, wenn sie dies für die Verhinderung, Aufdeckung oder Ermittlung von Geldwäsche oder Terrorismusfinanzierung für erforderlich halten. Die Frist für diese weitere Aufbewahrung darf einen Zeitraum von fünf zusätzlichen Jahren nicht überschreiten.

(2) Ist in einem Mitgliedstaat am 25. Juni 2015 ein Gerichtsverfahren betreffend die Verhinderung, Aufdeckung, Ermittlung oder Verfolgung von mutmaßlicher Geldwäsche oder Terrorismusfinanzierung anhängig, und besitzt ein Verpflichteter Informationen oder Unterlagen im Zusammenhang mit diesem anhängigen Verfahren, so darf der Verpflichtete diese Informationen oder Unterlagen im Einklang mit den nationalen Rechtsvorschriften ab dem 25. Juni 2015 fünf Jahre lang aufbewahren. Die Mitgliedstaaten können unbeschadet ihrer Beweisregelungen im nationalen Strafrecht, die auf laufende strafrechtliche Ermittlungen und Gerichtsverfahren Anwendung finden, die Aufbewahrung dieser Informationen oder Unterlagen für weitere fünf Jahre gestatten oder vorschreiben, sofern die Erforderlichkeit und Verhältnismäßigkeit dieser weiteren Aufbewahrung für die Verhinderung, Aufdeckung, Ermittlung oder Verfolgung mutmaßlicher Geldwäsche oder Terrorismusfinanzierung festgestellt wurde.

Artikel 41

(1) Für die Verarbeitung personenbezogener Daten im Rahmen dieser Richtlinie gelten die Verordnungen (EU) 2016/679[1] und (EU) 2018/1725[2] des Europäischen Parlaments und des Rates. *(ABl L 334 vom 27. 12. 2019, S 161)*

(2) Personenbezogene Daten dürfen von Verpflichteten auf der Grundlage dieser Richtlinie ausschließlich für die Zwecke der Verhinderung von Geldwäsche und Terrorismusfinanzierung gemäß Artikel 1 verarbeitet werden und dürfen nicht in einer Weise weiterverarbeitet werden, die mit diesen Zwecken unvereinbar ist. Es ist untersagt, personenbezogene Daten auf der Grundlage dieser Richtlinie für andere Zwecke wie beispielsweise für kommerzielle Zwecke zu verarbeiten.

(3) Die Verpflichteten stellen neuen Kunden die nach Artikel 10 der Richtlinie 95/46/EG vorgeschriebenen Informationen zur Verfügung, bevor sie eine Geschäftsbeziehung begründen oder gelegentliche Transaktionen ausführen. Diese

Zu Artikel 41:

[1] Verordnung (EU) 2016/679 des Europäischen Parlaments und des Rates vom 27. April 2016 zum Schutz natürlicher Personen bei der Verarbeitung personenbezogener Daten, zum freien Datenverkehr und zur Aufhebung der Richtlinie 95/46/EG (Datenschutz-Grundverordnung) (ABl. L 119 vom 4.5.2016, S. 1).

[2] Verordnung (EU) 2018/1725 des Europäischen Parlaments und des Rates vom 23. Oktober 2018 zum Schutz natürlicher Personen bei der Verarbeitung personenbezogener Daten durch die Organe, Einrichtungen und sonstigen Stellen der Union, zum freien Datenverkehr und zur Aufhebung der Verordnung (EG) Nr. 45/2001 und des Beschlusses Nr. 1247/2002/EG (ABl. L 295 vom 21.11.2018, S. 39).

Informationen umfassen insbesondere einen allgemeinen Hinweis zu den rechtlichen Pflichten der Verpflichteten gemäß der vorliegenden Richtlinie bei der Verarbeitung personenbezogener Daten zu Zwecken der Verhinderung von Geldwäsche und Terrorismusfinanzierung gemäß Artikel 1 der vorliegenden Richtlinie.

(4) In Anwendung des Verbots der Informationsweitergabe gemäß Artikel 39 Absatz 1 haben die Mitgliedstaaten Rechtsvorschriften zu erlassen, mit denen das Recht der betroffenen Person auf Zugang zu ihren personenbezogenen Daten vollständig oder teilweise eingeschränkt wird, soweit diese teilweise oder vollständige Einschränkung in einer demokratischen Gesellschaft eine erforderliche und verhältnismäßige Maßnahme darstellt und den berechtigten Interessen der betroffenen Person Rechnung trägt, um

a) dem Verpflichteten oder der zuständigen nationalen Behörde die ordnungsgemäße Wahrnehmung seiner/ihrer Aufgaben für die Zwecke dieser Richtlinie zu ermöglichen oder

b) behördliche oder gerichtliche Ermittlungen, Analysen, Untersuchungen oder Verfahren für die Zwecke dieser Richtlinie nicht zu behindern und zu gewährleisten, dass die Verhinderung, Ermittlung und Aufdeckung von Geldwäsche und Terrorismusfinanzierung nicht gefährdet wird.

Artikel 42

Die Mitgliedstaaten schreiben vor, dass ihre Verpflichteten über Systeme verfügen, die es ihnen ermöglichen, über sichere Kommunikationskanäle und auf eine Art und Weise, die die vertrauliche Behandlung der Anfragen voll und ganz sicherstellt, auf Anfragen ihrer zentralen Meldestelle oder anderer Behörden im Einklang mit dem nationalen Recht vollständig und rasch Auskunft darüber zu geben, ob sie mit bestimmten Personen eine Geschäftsbeziehung unterhalten oder während eines Zeitraums von fünf Jahren vor der Anfrage unterhalten haben, sowie über die Art dieser Geschäftsbeziehung.

Artikel 43

Die Verarbeitung personenbezogener Daten auf der Grundlage dieser Richtlinie zu Zwecken der Verhinderung von Geldwäsche und Terrorismusfinanzierung gemäß Artikel 1 ist als Angelegenheit von öffentlichem Interesse gemäß der Verordnung (EU) 2016/679 des Europäischen Parlaments und des Rates[1] anzusehen.

(ABl L 156 vom 19. 6. 2018, S 43)

Artikel 44

(1) Die Mitgliedstaaten stellen als Beitrag zur Vorbereitung der Risikobewertung gemäß Artikel 7 sicher, dass sie die Wirksamkeit ihrer Systeme zur Bekämpfung von Geldwäsche oder Terrorismusfinanzierung überprüfen können, indem sie umfassende Statistiken über Faktoren, die für die Wirksamkeit solcher Systeme relevant sind, führen.

(2) Die in Absatz 1 genannten Statistiken erfassen:

a) Daten zur Messung von Größe und Bedeutung der verschiedenen Sektoren, die in den Geltungsbereich dieser Richtlinie fallen, einschließlich der Anzahl der natürlichen Personen und der Einheiten sowie der wirtschaftlichen Bedeutung jedes Sektors,

b) Daten zur Messung von Verdachtsmeldungen, Untersuchungen und Gerichtsverfahren im Rahmen des nationalen Systems zur Bekämpfung von Geldwäsche und Terrorismusfinanzierung, einschließlich der Anzahl der bei der zentralen Meldestelle erstatteten Verdachtsmeldungen, der im Anschluss daran ergriffenen Maßnahmen und — auf Jahresbasis — der Anzahl der untersuchten Fälle, der verfolgten Personen und der wegen Delikten der Geldwäsche oder Terrorismusfinanzierung verurteilten Personen, der Arten der Vortaten, wenn derartige Informationen vorliegen, sowie des Werts des eingefrorenen, beschlagnahmten oder eingezogenen Vermögens in Euro,

c) sofern vorhanden, Daten über die Zahl und den Anteil der Meldungen, die zu weiteren Untersuchungen führen, zusammen mit einem Jahresbericht für die Verpflichteten, in dem der Nutzen ihrer Meldungen und die daraufhin ergriffenen Maßnahmen erläutert werden,

d) Daten über die Zahl der grenzüberschreitenden Informationsersuchen, die von der zentralen Meldestelle gestellt wurden, bei ihr eingingen, von ihr abgelehnt oder teilweise bzw. vollständig beantwortet wurden, aufgeschlüsselt nach ersuchendem Staat,

e) das Personal, das den für die Aufsicht über die Bekämpfung von Geldwäsche und Terrorismusfinanzierung zuständigen Behörden zugewiesen wurde, sowie das den zentralen Meldestellen für die Ausführung der in Artikel 32 angegebenen Aufgaben zugewiesene Personal,

f) die Anzahl der Maßnahmen der Aufsichtsbehörden vor Ort und anderswo, die Anzahl der auf der Grundlage der Maßnahmen der Aufsichtsbehörden festgestellten Verstöße und die Anzahl der von den Aufsichtsbehörden angewandten Sanktionen/Verwaltungsmaßnahmen.

Zu Artikel 43:

[1] Verordnung (EU) 2016/679 des Europäischen Parlaments und des Rates vom 27. April 2016 zum Schutz natürlicher Personen bei der Verarbeitung personenbezogener Daten, zum freien Datenverkehr und zur Aufhebung der Richtlinie 95/46/EG (Datenschutz-Grundverordnung) (ABl. L 119 vom 4.5.2016, S. 1).

(3) Die Mitgliedstaaten sorgen dafür, dass auf Jahresbasis eine konsolidierte Zusammenfassung ihrer Statistiken veröffentlicht wird.

(4) Die Mitgliedstaaten übermitteln der Kommission jährlich die in Absatz 2 genannten Statistiken. Die Kommission veröffentlicht einen jährlichen Bericht, in dem die in Absatz 2 genannten Statistiken zusammengefasst und erläutert werden und der auf ihrer Website zur Verfügung gestellt wird.

(ABl L 156 vom 19. 6. 2018, S 43)

KAPITEL VI

STRATEGIEN, VERFAHREN UND AUFSICHT

ABSCHNITT 1

Interne Verfahren, Schulungen und Rückmeldung

Artikel 45

(1) Die Mitgliedstaaten schreiben vor, dass die Verpflichteten, die Teil einer Gruppe sind, gruppenweit anzuwendende Strategien und Verfahren einrichten, darunter Datenschutzstrategien sowie Strategien und Verfahren für den Informationsaustausch innerhalb der Gruppe für die Zwecke der Bekämpfung von Geldwäsche und Terrorismusfinanzierung. Diese Strategien und Verfahren müssen auf Ebene der Zweigstellen und mehrheitlich im Besitz der Verpflichteten befindlichen Tochterunternehmen in Mitgliedstaaten und Drittländern wirksam umgesetzt werden.

(2) Die Mitgliedstaaten schreiben vor, dass Verpflichtete mit Niederlassungen in einem anderen Mitgliedstaat sicherstellen, dass diese Niederlassungen den zur Umsetzung dieser Richtlinie verabschiedeten nationalen Rechtsvorschriften des anderen Mitgliedstaats Folge leisten.

(3) Die Mitgliedstaaten sorgen dafür, dass in dem Fall, dass Verpflichtete Zweigstellen oder mehrheitlich in ihrem Besitz befindliche Tochterunternehmen in Drittländern haben, in denen die Mindestanforderungen an die Bekämpfung von Geldwäsche und Terrorismusfinanzierung weniger streng sind als die Anforderungen des betreffenden Mitgliedstaats, diese Zweigstellen und mehrheitlich in ihrem Besitz befindlichen Tochterunternehmen in den betreffenden Drittländern die Anforderungen des betreffenden Mitgliedstaats, einschließlich in Bezug auf den Datenschutz, anwenden, soweit das Recht des Drittlandes dies zulässt.

(4) Die Mitgliedstaaten und die EBA unterrichten einander über Fälle, in denen die Umsetzung der gemäß Absatz 1 erforderlichen Strategien und Verfahren nach dem Recht eines Drittlandes nicht zulässig ist. In solchen Fällen kann eine Lösung im Rahmen eines abgestimmten Vorgehens angestrebt werden. Bei der Feststellung, welche Drittländer die Umsetzung der gemäß Absatz 1 erforderlichen Maßnahmen und Verfahren nicht gestatten, berücksichtigen die Mitgliedstaaten und die EBA etwaige rechtliche Beschränkungen, durch die die ordnungsgemäße Umsetzung dieser Maßnahmen und Verfahren behindert werden kann, einschließlich Beschränkungen in Bezug auf Geheimhaltungspflicht oder Datenschutz und andere Beschränkungen, die den Austausch von Informationen, die für diesen Zweck relevant sein können, behindern. *(ABl L 334 vom 27. 12. 2019, S 161)*

(5) Die Mitgliedstaaten schreiben vor, dass in Fällen, in denen die Umsetzung der gemäß Absatz 1 erforderlichen Strategien und Verfahren nach dem Recht eines Drittlandes nicht zulässig ist, die Verpflichteten sicherstellen, dass die Zweigstellen und mehrheitlich in ihrem Besitz befindlichen Tochterunternehmen in diesem Drittland zusätzliche Maßnahmen anwenden, um dem Risiko der Geldwäsche oder Terrorismusfinanzierung wirksam zu begegnen, und die zuständigen Behörden ihres Herkunftsmitgliedstaats unterrichten. Reichen die zusätzlichen Maßnahmen nicht aus, so treffen die zuständigen Behörden des Herkunftsmitgliedstaats zusätzliche Aufsichtsmaßnahmen, wobei sie unter anderem vorschreiben, dass die Gruppe in dem Drittland keine Geschäftsbeziehungen eingeht oder diese beendet und keine Transaktionen in dem Drittland vornimmt, und nötigenfalls verlangen, dass die Gruppe ihre Geschäfte dort einstellt.

(6) Die EBA erstellt Entwürfe technischer Regulierungsstandards zur Spezifizierung der Art der in Absatz 5 genannten zusätzlichen Maßnahmen sowie der Maßnahmen, die von Kreditinstituten und Finanzinstituten mindestens zu treffen sind, wenn die Umsetzung der gemäß den Absätzen 1 und 3 erforderlichen Maßnahmen nach dem Recht des Drittlands nicht zulässig ist.

Die EBA übermittelt der Kommission die Entwürfe technischer Regulierungsstandards nach Unterabsatz 1 bis zum 26. Dezember 2016. *(ABl L 334 vom 27. 12. 2019, S 161)*

(7) Der Kommission wird die Befugnis übertragen, die in Absatz 6 dieses Artikels genannten technischen Regulierungsstandards nach den Artikeln 10 bis 14 der Verordnungen (EU) Nr. 1093/2010, (EU) Nr. 1094/2010 und (EU) Nr. 1095/2010 zu erlassen.

(8) Die Mitgliedstaaten stellen sicher, dass innerhalb der Gruppe ein Informationsaustausch zugelassen ist. Der zentralen Meldestelle übermittelte Informationen über einen Verdacht, dass Gelder aus kriminellen Tätigkeiten stammen oder mit Terrorismusfinanzierung in Verbindung stehen, werden innerhalb der Gruppe weitergegeben,

es sei denn, die zentrale Meldestelle erteilt andere Anweisungen.

(9) Die Mitgliedstaaten können vorschreiben, dass E-Geld-Emittenten im Sinne des Artikels 2 Nummer 3 der Richtlinie 2009/110/EG und Zahlungsdienstleister im Sinne des Artikels 4 Nummer 9 der Richtlinie 2007/64/EG, die in ihrem Hoheitsgebiet in anderer Form als einer Zweigstelle niedergelassen sind und deren Hauptsitz sich in einem anderen Mitgliedstaat befindet, in ihrem Hoheitsgebiet eine zentrale Kontaktstelle benennen, die dafür zuständig ist, im Auftrag des benennenden Instituts die Einhaltung der Vorschriften zur Bekämpfung von Geldwäsche und Terrorismusfinanzierung zu gewährleisten und die Aufsicht durch die zuständigen Behörden zu erleichtern, indem sie ihnen unter anderem auf Ersuchen Dokumente und Informationen zur Verfügung stellt.

(10) Die EBA erstellt Entwürfe technischer Regulierungsstandards zu Kriterien für die Bestimmung der Umstände, unter denen die Benennung einer zentralen Kontaktstelle gemäß Absatz 9 angebracht ist, und dazu, welche Aufgaben den zentralen Kontaktstellen zukommen.

Die EBA übermittelt der Kommission die Entwürfe technischer Regulierungsstandards nach Unterabsatz 1 bis zum 26. Juni 2017.
(ABl L 334 vom 27. 12. 2019, S 161)

(11) Der Kommission wird die Befugnis übertragen, die in Absatz 10 dieses Artikels genannten technischen Regulierungsstandards nach den Artikeln 10 bis 14 der Verordnungen (EU) Nr. 1093/2010, (EU) Nr. 1094/2010 und (EU) Nr. 1095/2010 zu erlassen.

Artikel 46

(1) Die Mitgliedstaaten schreiben vor, dass die Verpflichteten durch Maßnahmen, die in angemessenem Verhältnis zu ihren Risiken, ihrer Art und ihrer Größe stehen, sicherstellen, dass ihre Angestellten die aufgrund dieser Richtlinie erlassenen Vorschriften, einschließlich einschlägiger Datenschutzbestimmungen, kennen.

Diese Maßnahmen schließen die Teilnahme ihrer Angestellten an besonderen fortlaufenden Fortbildungsprogrammen ein, bei denen sie lernen, möglicherweise mit Geldwäsche oder Terrorismusfinanzierung zusammenhängende Transaktionen zu erkennen und sich in solchen Fällen richtig zu verhalten.

Falls eine natürliche Person, die unter eine der in Artikel 2 Absatz 1 Nummer 3 genannten Kategorien fällt, eine berufliche Tätigkeit als Angestellter einer juristischen Person ausübt, gelten die in diesem Abschnitt genannten Pflichten nicht für die natürliche, sondern vielmehr für die juristische Person.

(2) Die Mitgliedstaaten sorgen dafür, dass die Verpflichteten Zugang zu aktuellen Informationen über Methoden der Betreiber von Geldwäsche und der Finanzierung von Terrorismus, haben und Informationen über Anhaltspunkte erhalten, an denen sich verdächtige Transaktionen erkennen lassen.

(3) Die Mitgliedstaaten sorgen dafür, dass eine zeitnahe Rückmeldung an die Verpflichteten in Bezug auf die Wirksamkeit von Verdachtsmeldungen bei Geldwäsche oder Terrorismusfinanzierung und die daraufhin getroffenen Maßnahmen erfolgt, soweit dies praktikabel ist.

(4) Die Mitgliedstaaten schreiben vor, dass die Verpflichteten das Mitglied des Leitungsorgans bestimmen, das für die Einhaltung der zur Umsetzung dieser Richtlinie erlassenen Rechts- und Verwaltungsvorschriften verantwortlich ist, soweit dies angebracht ist.

ABSCHNITT 2

Aufsicht

Artikel 47

(1) Die Mitgliedstaaten sehen vor, dass Dienstleistungsanbieter, bei denen virtuelle in Fiatgeld und umgekehrt getauscht werden können, und Anbieter von elektronischen Geldbörsen eingetragen werden müssen und dass Wechselstuben, Scheckeinlösestellen und Dienstleister für Trusts und Gesellschaften zugelassen oder eingetragen und Anbieter von Glücksspieldiensten reguliert sein müssen. *(ABl L 156 vom 19. 6. 2018, S 43)*

(2) Die Mitgliedstaaten schreiben vor, dass die zuständigen Behörden sicherstellen, dass die Personen, die eine leitende Funktion bei den in Absatz 1 genannten Einrichtungen innehaben oder deren wirtschaftliche Eigentümer sind, über die notwendige Zuverlässigkeit und fachliche Eignung verfügen.

(3) Die Mitgliedstaaten stellen in Bezug auf die in Artikel 2 Absatz 1 Nummer 3 Buchstaben a, b und d genannten Verpflichteten sicher, dass die zuständigen Behörden die erforderlichen Maßnahmen ergreifen, um zu verhindern, dass einschlägig verurteilte Straftäter oder ihre Mittelsmänner eine leitende Funktion bei den betreffenden Verpflichteten innehaben oder deren wirtschaftliche Eigentümer sind.

Artikel 48

(1) Die Mitgliedstaaten schreiben vor, dass die zuständigen Behörden eine wirksame Überwachung durchführen und die erforderlichen Maßnahmen treffen, um die Einhaltung dieser Richtlinie sicherzustellen.

(1a) Um die wirksame Zusammenarbeit und insbesondere den Informationsaustausch zu erleichtern und zu fördern, übermitteln die Mitgliedstaaten der Kommission die Liste der zuständigen Behörden der in Artikel 2 Absatz 1 aufgeführten Verpflichteten einschließlich ihrer Kontaktdaten. Die Mitgliedstaaten tragen dafür Sorge, dass die der Kommission übermittelten Informationen auf dem neuesten Stand gehalten werden.

Die Kommission veröffentlicht ein Verzeichnis dieser Behörden und ihre Kontaktdaten auf ihrer Website. Die in dem Verzeichnis aufgeführten Behörden fungieren innerhalb ihrer Befugnisse als Kontaktstelle für die entsprechenden zuständigen Behörden der anderen Mitgliedstaaten. „Die Finanzaufsichtsbehörden der Mitgliedstaaten fungieren außerdem als eine Kontaktstelle für die EBA."

Um für eine angemessene Durchsetzung dieser Richtlinie zu sorgen, schreiben die Mitgliedstaaten vor, dass alle Verpflichteten einer angemessenen Aufsicht unterliegen, einschließlich der Befugnis, vor Ort und anderswo eine Beaufsichtigung durchzuführen und ergreifen angemessene und verhältnismäßige Verwaltungsmaßnahmen, um bei Verstößen Abhilfe zu schaffen.
(ABl L 156 vom 19. 6. 2018, S 43; ABl L 334 vom 27. 12. 2019, S 161)

(2) Die Mitgliedstaaten sorgen dafür, dass die zuständigen Behörden über angemessene Befugnisse verfügen, einschließlich der Befugnis, alle Auskünfte zu verlangen, die für die Überwachung der Einhaltung der einschlägigen Vorschriften relevant sind, und Kontrollen durchzuführen, sowie über die zur Wahrnehmung ihrer Aufgaben angemessenen finanziellen, personellen und technischen Mittel. Die Mitgliedstaaten stellen sicher, dass das Personal dieser Behörden — auch in Fragen der Vertraulichkeit, des Datenschutzes und der Standards im Umgang mit Interessenkonflikten — in Bezug auf seine Integrität hohen Maßstäben genügt und entsprechend qualifiziert ist und mit hohem professionellem Standard arbeitet. *(ABl L 156 vom 19. 6. 2018, S 43)*

(3) Im Falle von Kreditinstituten und Finanzinstituten sowie Anbietern von Glücksspieldiensten verfügen die zuständigen Behörden über verstärkte Aufsichtsbefugnisse.

(4) Die Mitgliedstaaten sorgen dafür, dass die zuständigen Behörden des Mitgliedstaats, in dem der Verpflichtete Niederlassungen unterhält, die Einhaltung der zur Umsetzung dieser Richtlinie verabschiedeten nationalen Rechtsvorschriften dieses Mitgliedstaats durch diese Niederlassungen beaufsichtigen.

Bei Kredit- und Finanzinstituten, die Teil einer Gruppe sind, stellen die Mitgliedstaaten sicher, dass für die Zwecke des Unterabsatzes 1 die zuständigen Behörden des Mitgliedstaats, in dem ein Mutterunternehmen niedergelassen ist, mit den zuständigen Behörden der Mitgliedstaaten zusammenarbeiten, in denen sich die Niederlassungen befinden, die Teil der Gruppe sind.

Bei den in Artikel 45 Absatz 9 genannten Niederlassungen kann die Aufsicht gemäß Unterabsatz 1 des vorliegenden Absatzes geeignete und verhältnismäßige Maßnahmen umfassen, mit denen schwere Mängel behoben werden sollen, die sofortiger Abhilfe bedürfen. Diese Maßnahmen sind befristet und werden aufgehoben, wenn die festgestellten Mängel behoben sind, was auch mit Hilfe der oder in Zusammenarbeit mit den zuständigen Behörden im Herkunftsmitgliedstaat des Verpflichteten im Einklang mit Artikel 45 Absatz 2 erfolgen kann.
(ABl L 156 vom 19. 6. 2018, S 43)

(5) Die Mitgliedstaaten sorgen dafür, dass die zuständigen Behörden des Mitgliedstaats, in dem der Verpflichtete Niederlassungen unterhält, mit den zuständigen Behörden des Mitgliedstaats, in dem der Verpflichtete seinen Hauptsitz hat, zusammenarbeiten, um eine wirksame Aufsicht in Bezug auf die Anforderungen dieser Richtlinie zu gewährleisten.

„Bei Kredit- und Finanzinstituten, die Teil einer Gruppe sind, stellen die Mitgliedstaaten sicher, dass die zuständigen Behörden des Mitgliedstaats, in dem ein Mutterunternehmen niedergelassen ist, die wirksame Umsetzung der gruppenweiten Strategien und Verfahren gemäß Artikel 45 Absatz 1 beaufsichtigen. Zu diesem Zweck stellen die Mitgliedstaaten sicher, dass die zuständigen Behörden des Mitgliedstaats, in dem die Kredit- und Finanzinstitute, die Teil der Gruppe sind, niedergelassen sind, mit den zuständigen Behörden des Mitgliedstaats, in dem das Mutterunternehmen niedergelassen ist, zusammenarbeiten."
(ABl L 156 vom 19. 6. 2018, S 43)

(6) Die Mitgliedstaaten stellen sicher, dass die zuständigen Behörden, die bei der Aufsicht nach einem risikobasierten Ansatz vorgehen,

a) ein klares Verständnis der in ihrem Mitgliedstaat vorhandenen Risiken von Geldwäsche und Terrorismusfinanzierung haben,

b) sowohl vor Ort als auch von außerhalb der Räumlichkeiten des Verpflichteten Zugang zu allen relevanten Informationen über die besonderen nationalen und internationalen Risiken im Zusammenhang mit dessen Kunden, Produkten und Dienstleistungen des Verpflichteten haben und

c) sich hinsichtlich der Häufigkeit und Intensität von Prüfungen vor Ort und außerhalb der Räumlichkeiten von Verpflichteten an deren Risikoprofil und den im Mitgliedstaat vorhandenen Risiken von Geldwäsche und Terrorismusfinanzierung orientieren.

(7) Das Risikoprofil der Verpflichteten im Hinblick auf Geldwäsche und Terrorismusfinanzierung, einschließlich der Risiken der Nichtein-

haltung einschlägiger Vorschriften, wird in regelmäßigen Abständen und bei Eintritt wichtiger Ereignisse oder Entwicklungen in der Geschäftsleitung und Geschäftstätigkeit des Verpflichteten neu bewertet.

(8) Die Mitgliedstaaten stellen sicher, dass die zuständigen Behörden den dem Verpflichteten zustehenden Ermessensspielräumen Rechnung tragen und die Risikobewertungen, die diesem Ermessensspielraum zugrunde liegen, sowie die Eignung und Umsetzung der internen Strategien, Kontrollen und Verfahren des Verpflichteten in angemessener Weise überprüfen.

(9) Im Falle der in Artikel 2 Absatz 1 Nummer 3 Buchstaben a, b und d genannten Verpflichteten können die Mitgliedstaaten zulassen, dass die in Absatz 1 dieses Artikels genannten Aufgaben von Selbstverwaltungseinrichtungen wahrgenommen werden, sofern diese Selbstverwaltungseinrichtungen den Anforderungen nach Absatz 2 dieses Artikels genügen.

(10) „Bis zum 26. Juni 2017 veröffentlichen die Europäischen Aufsichtsbehörden gemäß Artikel 16 der Verordnung (EU) Nr. 1093/2010 an die zuständigen Behörden gerichtete Leitlinien über Merkmale eines risikobasierten Ansatzes für die Aufsicht und die bei der Aufsicht nach risikobasiertem Ansatz zu unternehmenden Schritte. Ab dem 1. Januar 2020 gibt die EBA, soweit angemessen, solche Leitlinien heraus.“ Besonders berücksichtigt werden Art und Umfang der Geschäftstätigkeit, und es werden, soweit angemessen und verhältnismäßig, spezifische Maßnahmen festgelegt. *(ABl L 334 vom 27. 12. 2019, S 161)*

ABSCHNITT 3

Zusammenarbeit

Unterabschnitt I

Nationale Zusammenarbeit

Artikel 49

Die Mitgliedstaaten stellen sicher, dass die politischen Entscheidungsträger, die zentralen Meldestellen, die Aufsichtsbehörden und andere an der Bekämpfung von Geldwäsche und Terrorismusfinanzierung beteiligte zuständige Behörden sowie Steuerbehörden und Strafverfolgungsbehörden, wenn sie innerhalb des Geltungsbereich dieser Richtlinie tätig werden, auch im Hinblick auf die Erfüllung ihrer Pflicht nach Artikel 7 über wirksame Mechanismen verfügen, die bei der Entwicklung und Umsetzung von Strategien und Maßnahmen zur Bekämpfung von Geldwäsche und Terrorismusfinanzierung die Zusammenarbeit und Koordinierung im Inland ermöglichen.

(ABl L 156 vom 19. 6. 2018, S 43)

Unterabschnitt II

Zusammenarbeit mit der EBA

Artikel 50

Die zuständigen Behörden stellen der EBA alle Informationen zur Verfügung, die zur Durchführung ihrer Aufgaben aufgrund dieser Richtlinie erforderlich sind.

(ABl L 334 vom 27. 12. 2019, S 161)

Unterabschnitt IIa

Zusammenarbeit zwischen den zuständigen Behörden der Mitgliedstaaten

Artikel 50a

Die Mitgliedstaaten unterwerfen den Informationsaustausch oder die Amtshilfe zwischen zuständigen Behörden für die Zwecke dieser Richtlinie weder einem Verbot noch unangemessenen oder übermäßig restriktiven Bedingungen. Sie stellen insbesondere sicher, dass die zuständigen Behörden etwaige Amtshilfeersuchen nicht aus folgenden Gründen ablehnen:

a) das Ersuchen berührt nach ihrem Dafürhalten auch steuerliche Belange;

b) das nationale Recht schreibt vor, dass die Verpflichteten die Geheimhaltung oder die Vertraulichkeit wahren müssen, außer in den Fällen, in denen die einschlägigen Informationen, auf die sich das Ersuchen bezieht, durch ein Zeugnisverweigerungsrecht geschützt werden oder in denen ein Berufsgeheimnis gemäß Artikel 34 Absatz 2 gilt;

c) in dem ersuchenden Mitgliedstaat ist eine Ermittlung, eine Untersuchung oder ein Verfahren anhängig, es sei denn, die Ermittlung, die Untersuchung oder das Verfahren würde durch die Amtshilfe beeinträchtigt;

d) Art und Stellung der ersuchenden zuständigen Behörde unterscheiden sich von Art und Stellung der ersuchten zuständigen Behörde.

(ABl L 156 vom 19. 6. 2018, S 43)

Unterabschnitt III

Zusammenarbeit zwischen den zentralen Meldestellen und mit der Kommission

Artikel 51

Die Kommission kann die erforderliche Unterstützung leisten, um die Koordinierung, einschließlich des Informationsaustauschs zwischen den zentralen Meldestellen innerhalb der Union, zu erleichtern. Sie kann in regelmäßigen Abständen Sitzungen der Plattform der zentralen Meldestellen der EU, die sich aus Vertretern der zentralen Meldestellen der Mitgliedstaaten zusammensetzt, einberufen, um die Zusammenarbeit zwischen den zentralen Meldestellen zu erleichtern, Ansichten auszutauschen und im Zusammenhang mit Umsetzungsfragen, die für die zentralen Meldestellen und die meldenden Einrichtungen relevant sind, sowie mit Fragen der Zusammenarbeit zu beraten, so z. B. bei Fragen in Bezug auf eine effektive Zusammenarbeit der zentralen Meldestellen, die Feststellung verdächtiger Transaktionen mit grenzüberschreitender Dimension, die Standardisierung der Meldeformate durch das Computernetz FIU.net oder seinen Nachfolger, die gemeinsame Analyse grenzüberschreitender Fälle sowie die Feststellung von Trends und Faktoren, die für die Einschätzung der Risiken der Geldwäsche und der Terrorismusfinanzierung auf nationaler und supranationaler Ebene relevant sind.

Artikel 52

Die Mitgliedstaaten stellen sicher, dass zentrale Meldestellen unabhängig von ihrem Organisationsstatus miteinander im größtmöglichen Umfang zusammenarbeiten.

Artikel 53

(1) „Die Mitgliedstaaten sorgen dafür, dass die zentralen Meldestellen spontan oder auf Ersuchen sämtliche Informationen austauschen, die für die zentralen Meldestellen bei der Verarbeitung oder Auswertung von Informationen im Zusammenhang mit Geldwäsche oder Terrorismusfinanzierung und bezüglich der beteiligten natürlichen oder juristischen Personen von Belang sein können, selbst wenn zum Zeitpunkt des Austauschs die Art der Vortaten, die damit im Zusammenhang stehen können, nicht feststeht, und unabhängig von der Art dieser Vortaten.“

Im Ersuchen sind die relevanten Tatsachen, Hintergrundinformationen, Gründe für das Ersuchen und die beabsichtigte Verwendung der verlangten Informationen anzugeben. Wenn die zentralen Meldestellen dies vereinbaren, können unterschiedliche Austauschmechanismen zur Anwendung kommen, insbesondere was den Austausch über das FIU.net oder seinen Nachfolger betrifft.

Geht bei einer zentralen Meldestelle eine Meldung gemäß Artikel 33 Absatz 1 Unterabsatz 1 Buchstabe a ein, die einen anderen Mitgliedstaat betrifft, so leitet sie diese Meldung umgehend an die zentrale Meldestelle des betreffenden Mitgliedstaats weiter.
(ABl L 156 vom 19. 6. 2018, S 43)

(2) Die Mitgliedstaaten stellen sicher, dass die ersuchte zentrale Meldestelle bei Beantwortung eines Auskunftsersuchens, das eine andere zentrale Meldestelle gemäß Absatz 1 an sie gerichtet hat, dazu verpflichtet ist, sämtliche verfügbaren Befugnisse zu nutzen, die sie normalerweise im Inland zur Entgegennahme und Auswertung von Informationen nutzen würde. Die zentrale Meldestelle, an die das Ersuchen gerichtet ist, erteilt zeitnah Antwort.

Wenn eine zentrale Meldestelle zusätzliche Informationen von einem in ihrem Hoheitsgebiet tätigen Verpflichteten, der in einem anderen Mitgliedstaats eingetragen ist, einholen möchte, ist das Ersuchen an die zentrale Meldestelle des Mitgliedstaats zu richten, in dessen Hoheitsgebiet der Verpflichtete niedergelassen ist. „Diese zentrale Meldestelle holt die Informationen gemäß Artikel 33 Absatz 1 ein und leitet die Antworten umgehend weiter.“
(ABl L 156 vom 19. 6. 2018, S 43)

(3) Eine zentrale Meldestelle kann den Informationsaustausch nur in Ausnahmefällen verweigern, wenn der Austausch im Widerspruch zu den Grundprinzipien ihres nationalen Rechts stehen könnte. Diese Ausnahmefälle müssen so spezifiziert werden, dass es nicht zu Missbrauch und unzulässigen Einschränkungen des freien Informationsaustauschs zu Analysezwecken kommen kann.

Artikel 54

Gemäß den Artikeln 52 und 53 erhaltene Informationen und Dokumente werden zur Wahrnehmung der in dieser Richtlinie festgelegten Aufgaben der zentralen Meldestelle verwendet. Beim Austausch von Informationen und Dokumenten gemäß den Artikeln 52 und 53 kann die übermittelnde zentrale Meldestelle Einschränkungen und Bedingungen für die Verwendung der Informationen festlegen. Die entgegennehmende zentrale Meldestelle beachtet diese Einschränkungen und Bedingungen.

„Die Mitgliedstaaten sorgen dafür, dass die zentralen Meldestellen mindestens eine Kontaktperson oder Kontaktstelle benennen, die für die Annahme von Informationsersuchen der zentralen Meldestellen in anderen Mitgliedstaaten zuständig ist.“
(ABl L 156 vom 19. 6. 2018, S 43)

Artikel 55

(1) Die Mitgliedstaaten stellen sicher, dass die gemäß den Artikeln 52 und 53 ausgetauschten Informationen nur zu dem Zweck verwendet werden, zu dem sie verlangt oder zur Verfügung gestellt wurden, und dass für jegliche Weitergabe der Informationen durch die entgegennehmende zentrale Meldestelle an eine andere Behörde, Stelle oder Abteilung und für jegliche Nutzung dieser Informationen für über die ursprünglich gebilligten Zwecke hinausgehende Zwecke die vorherige Zustimmung der übermittelnden zentralen Meldestelle erforderlich ist.

(2) Die Mitgliedstaaten sorgen dafür, dass die vorherige Zustimmung der ersuchten zentralen Meldestelle zur Weitergabe der Informationen unabhängig von der Art der Vortaten, die damit im Zusammenhang stehen können, umgehend und möglichst weitgehend an die zuständigen Behörden erteilt wird. Die ersuchte zentrale Meldestelle verweigert ihre Zustimmung zu dieser Weitergabe nur, wenn dies nicht in den Anwendungsbereich ihrer Bestimmungen über Geldwäsche und Terrorismusfinanzierung fällt oder zur Behinderung einer Ermittlung führen kann oder auf andere Weise den Grundprinzipien des nationalen Rechts dieses Mitgliedstaats zuwiderläuft. Eine derartige Verweigerung der Zustimmung ist angemessen zu begründen. Diese Ausnahmefälle müssen so definiert werden, dass es nicht zu Missbrauch und unzulässigen Einschränkungen der Weitergabe von Informationen an die zuständigen Behörden kommen kann. *(ABl L 156 vom 19. 6. 2018, S 43)*

Artikel 56

(1) Die Mitgliedstaaten schreiben vor, dass ihre zentralen Meldestellen für Kontakte untereinander gesicherte Kommunikationskanäle nutzen, und sie legen die Verwendung des FIU.net oder seines Nachfolgers nahe.

(2) Die Mitgliedstaaten sorgen dafür, dass ihre zentralen Meldestellen im Hinblick auf die Nutzung moderner Technologien im Einklang mit ihrem nationalen Recht zusammenarbeiten, um ihre in dieser Richtlinie festgelegten Aufgaben zu erfüllen. Diese Technologien sollten es den zentralen Meldestellen ermöglichen, ihre Daten mit denen anderer zentraler Meldestellen anonym und unter Gewährleistung eines vollständigen Schutzes personenbezogener Daten abzugleichen, um in anderen Mitgliedstaaten Personen von Interesse für die zentrale Meldestelle aufzuspüren und um zu ermitteln, welche Erträge diese Personen erzielen und über welche Mittel sie verfügen.

Artikel 57

Unterschiedliche Definitionen von Vortaten im Sinne von Artikel 3 Nummer 4 im jeweiligen nationalen Recht dürfen dem nicht entgegenstehen, dass die zentralen Meldestellen einer anderen zentralen Meldestelle Amtshilfe leisten, und sie dürfen auch nicht zu Einschränkungen des Austauschs, der Verbreitung und der Verwendung von Informationen gemäß den Artikeln 53, 54 und 55 führen.

(ABl L 156 vom 19. 6. 2018, S 43)

Unterabschnitt IIIa

Zusammenarbeit zwischen den für die Beaufsichtigung der Kredit - und Finanzinstitute zu ständigen Behörden und anderen dem Berufsgeheimnis unterliegenden Behörden

Artikel 57a

(1) Die Mitgliedstaaten schreiben vor, dass alle Personen, die für die Behörden tätig sind oder waren, die für die Beaufsichtigung der Kredit- und Finanzinstitute im Rahmen dieser Richtlinie zuständig sind, und die von diesen zuständigen Behörden beauftragten Wirtschaftsprüfer und Sachverständigen dem Berufsgeheimnis unterliegen.

Unbeschadet der vom Strafrecht erfassten Fälle dürfen vertrauliche Informationen, die die in Unterabsatz 1 genannten Personen in Ausübung ihrer Pflichten nach dieser Richtlinie erhalten, nur in zusammengefasster oder aggregierter Form so weitergegeben werden, dass einzelne Kredit- und Finanzinstitute nicht identifiziert werden können.

(2) Absatz 1 steht einem Informationsaustausch zwischen folgenden Stellen nicht entgegen:

a) zuständige Behörden, die im Einklang mit dieser Richtlinie oder anderen für die Beaufsichtigung der Kredit- und Finanzinstitute geltenden Gesetzgebungsakten Kredit- und Finanzinstitute innerhalb eines Mitgliedstaats beaufsichtigen;

b) zuständige Behörden, die im Einklang mit dieser Richtlinie oder anderen für die Beaufsichtigung der Kredit- und Finanzinstitute geltenden Gesetzgebungsakten Kredit- und Finanzinstitute in verschiedenen Mitgliedstaaten beaufsichtigen, darunter die Europäische Zentralbank (EZB), wenn sie im Einklang mit der Verordnung (EU) Nr. 1024/2013 des Rates[1)] tätig wird. Der Austausch von Informationen fällt unter das Berufsgeheimnis gemäß Absatz 1.

Bis zum 10. Januar 2019 schließen die zuständigen Behörden, die Kredit- und Finanzinstitute im Einklang mit dieser Richtlinie überwachen, und die EZB, die gemäß Artikel 27 Absatz 2 der Verordnung (EU) Nr. 1024/2013 und Artikel 56 Unterabsatz 1 Buchstabe g der Richtlinie 2013/36/EU des Europäischen Parlaments und des Rates[2)] handelt, mit Unterstützung der Euro-

Zu Artikel 57a:

[1)] Verordnung (EU) Nr. 1024/2013 des Rates vom 15. Oktober 2013 zur Übertragung besonderer Aufgaben im Zusammenhang mit der Aufsicht über Kreditinstitute auf die Europäische Zentralbank (ABl. L 287 vom 29.10.2013, S. 63).

[2)] Richtlinie 2013/36/EU des Europäischen Parlaments und des Rates vom 26. Juni 2013 über den Zugang zur Tätigkeit von Kreditinstituten und die Beaufsichtigung von Kreditinstituten und Wertpapierfirmen, zur Änderung der Richtlinie 2002/87/EG und zur Aufhebung der Richtlinien

päischen Aufsichtsbehörden eine Vereinbarung über die praktischen Modalitäten für den Informationsaustausc

(3) Für die Beaufsichtigung der Kredit- und Finanzinstitute zuständige Behörden, die vertrauliche Informationen gemäß Absatz 1 erhalten, verwenden diese Information nur

a) in Ausübung ihrer Pflichten nach dieser Richtlinie oder anderen Gesetzgebungsakten im Bereich der Bekämpfung der Geldwäsche und der Terrorismusfinanzierung, der Finanzdienstleistungsaufsicht und der Beaufsichtigung von Kredit- und Finanzinstituten, einschließlich der Verhängung von Sanktionen,

b) im Rahmen eines Verfahrens über die Anfechtung einer Entscheidung der für die Beaufsichtigung der Kredit- und Finanzinstitute zuständigen Behörde, einschließlich bei Gerichtsverfahren,

c) im Rahmen eines Gerichtsverfahrens, das aufgrund besonderer Bestimmungen des Unionsrechts im Bereich dieser Richtlinie oder im Bereich der Finanzdienstleistungsaufsicht beziehungsweise Beaufsichtigung von Kredit- und Finanzinstituten eingeleitet wird.

(4) Die Mitgliedstaaten stellen sicher, dass die für die Beaufsichtigung der Kredit- und Finanzinstitute zuständigen Behörden unabhängig von ihrer Art oder ihrem Status für die Zwecke dieser Richtlinie im größtmöglichen Umfang zusammenarbeiten. Eine solche Zusammenarbeit umfasst auch die Fähigkeit, innerhalb der Befugnisse der zuständigen Behörde, um deren Unterstützung ersucht wurde, im Namen der ersuchenden zuständigen Behörde Untersuchungen durchzuführen, und den anschließenden Austausch der im Rahmen solcher Untersuchungen gewonnenen Informationen.

(5) Die Mitgliedstaaten können ihren nationalen Behörden, die für die Beaufsichtigung der Kredit- und Finanzinstitute zuständig sind, gestatten, mit den zuständigen Behörden von Drittländern, die diesen zuständigen nationalen Behörden entsprechen, Kooperationsvereinbarungen zwecks Zusammenarbeit und Austauschs vertraulicher Informationen zu schließen. Solche Kooperationsvereinbarungen werden auf Basis der Gegenseitigkeit geschlossen und nur dann, wenn gewährleistet ist, dass die übermittelten Informationen zumindest den in Artikel 1 beschriebenen Anforderungen des Berufsgeheimnisses unterliegen. Die gemäß diesen Kooperationsvereinbarungen ausgetauschten Informationen müssen der Erfüllung der aufsichtsrechtlichen Aufgaben dieser Behörden dienen.

Stammen die ausgetauschten Informationen aus einem anderen Mitgliedstaat, so dürfen sie nur mit ausdrücklicher Zustimmung der zuständigen Behörde, die diese Informationen mitgeteilt haben, und gegebenenfalls nur für Zwecke, denen diese Behörde zugestimmt hat, weitergegeben werden.

(ABl L 156 vom 19. 6. 2018, S 43)

Artikel 57b

(1) Ungeachtet des Artikels 57a Absätze 1 und 3 und unbeschadet des Artikels 34 Absatz 2 können die Mitgliedstaaten den Austausch von Informationen zwischen den zuständigen Behörden innerhalb eines Mitgliedstaats oder in anderen Mitgliedstaaten, zwischen den zuständigen Behörden und Behörden, die mit der Aufsicht über Unternehmen der Finanzbranche betraut sind, und mit natürlichen und juristischen Personen in der Ausübung ihrer beruflichen Tätigkeit nach Artikel 2 Absatz 1 Nummer 3 und mit den mit der Aufsicht über die Finanzmärkte aufgrund Gesetzes betrauten Behörden gestatten, wenn dieser Austausch im Rahmen der ihnen übertragenen Aufsichtsaufgaben stattfindet.

Die übermittelten Informationen unterliegen in jedem Fall Anforderungen an eine berufliche Geheimhaltungspflicht, die den nach Artikel 57a Absatz 1 genannten Anforderungen mindestens gleichwertig sind.

(2) Ungeachtet des Artikels 57a Absätze 1 und 3 können die Mitgliedstaaten durch nationales Gesetz die Weitergabe bestimmter Informationen an andere nationale Behörden, die aufgrund Gesetzes für die Beaufsichtigung von Kredit- und Finanzinstituten zuständig sind oder denen Zuständigkeiten für die Bekämpfung oder Ermittlung von Geldwäsche, den damit zusammenhängenden Vortaten und Terrorismusfinanzierung übertragen wurden, gestatten.

Gemäß dem vorliegenden Absatz 2 ausgetauschte vertrauliche Informationen dürfen aber nur der Erfüllung der gesetzlichen Aufgaben der betreffenden Behörden dienen. Personen, die Zugang zu diesen Informationen haben, unterliegen Anforderungen an eine berufliche Geheimhaltungspflicht, die den nach Artikel 57a Absatz 1 genannten Anforderungen mindestens gleichwertig sind.

(3) Die Mitgliedstaaten können die Weitergabe bestimmter Informationen im Zusammenhang mit der Überwachung der Einhaltung dieser Richtlinie durch Kreditinstitute an parlamentarische Untersuchungsausschüsse, Rechnungshöfe und andere mit Untersuchungen befasste Einrichtungen in ihrem Mitgliedstaat unter folgenden Bedingungen gestatten:

a) Die Einrichtungen haben gemäß dem nationalen Recht ein präzises Mandat zur Untersuchung oder Prüfung der Tätigkeiten von Behörden, die für die Beaufsichtigung dieser Kreditinstitute oder die Rechtsvorschriften für diese Aufsicht verantwortlich sind.

2006/48/EG und 2006/49/EG (ABl. L 176 vom 27.6.2013, S. 338).

b) Die Informationen sind für die Erfüllung des Mandats gemäß Buchstabe a unbedingt erforderlich.

c) Personen, die Zugang zu den Informationen haben, unterliegen einer beruflichen Geheimhaltungspflicht nach nationalem Recht, die der nach Artikel 57a Absatz 1 mindestens gleichwertig ist.

d) Informationen, die aus einem anderen Mitgliedstaat stammen, dürfen nur mit ausdrücklicher Zustimmung der zuständigen Behörden, die diese Informationen mitgeteilt haben, und nur für Zwecke, denen diese Behörden zugestimmt haben, weitergegeben werden.

(ABl L 156 vom 19. 6. 2018, S 43)

ABSCHNITT 4

Sanktionen

Artikel 58

(1) Die Mitgliedstaaten stellen sicher, dass die Verpflichteten für Verstöße gegen die nationalen Vorschriften zur Umsetzung dieser Richtlinie gemäß diesem Artikel und den Artikeln 59 bis 61 verantwortlich gemacht werden können. Jede sich daraus ergebende Sanktion oder Maßnahme muss wirksam, verhältnismäßig und abschreckend sein.

(2) Unbeschadet des Rechts der Mitgliedstaaten, strafrechtliche Sanktionen vorzusehen und zu verhängen, legen die Mitgliedstaaten Vorschriften für verwaltungsrechtliche Sanktionen und Maßnahmen fest, stellen sicher, dass ihre zuständigen Behörden solche Sanktionen und Maßnahmen für Verstöße gegen die zur Umsetzung dieser Richtlinie erlassenen nationalen Rechtsvorschriften verhängen können, und gewährleisten, dass sie angewandt werden.

Die Mitgliedstaaten können beschließen, für Verstöße, die nach ihrem nationalen Recht strafrechtlichen Sanktionen unterliegen, keine Vorschriften für verwaltungsrechtliche Sanktionen oder Maßnahmen festzulegen. In diesem Fall teilen sie der Kommission die einschlägigen strafrechtlichen Vorschriften mit.

„Die Mitgliedstaaten stellen ferner sicher, dass ihre zuständigen Behörden, wenn sie strafrechtlich zu ahndende Verstöße feststellen, die Strafverfolgungsbehörden zeitnah davon in Kenntnis setzen."
(ABl L 156 vom 19. 6. 2018, S 43)

(3) Die Mitgliedstaaten stellen sicher, dass bei für juristische Personen geltenden Verpflichtungen im Falle von Verstößen gegen die zur Umsetzung dieser Richtlinie erlassenen nationalen Rechtsvorschriften Sanktionen und Maßnahmen gegen die Mitglieder des Leitungsorgans und andere natürliche Personen, die nach nationalem Recht für den Verstoß verantwortlich sind, verhängt werden können.

(4) Die Mitgliedstaaten stellen sicher, dass die zuständigen Behörden mit allen für die Wahrnehmung ihrer Aufgaben erforderlichen Aufsichts- und Ermittlungsbefugnissen ausgestattet sind.

(5) Die zuständigen Behörden üben ihre Befugnisse zum Verhängen von verwaltungsrechtlichen Sanktionen und Maßnahmen gemäß dieser Richtlinie und den nationalen Rechtsvorschriften auf eine der folgenden Arten aus:

a) unmittelbar;

b) in Zusammenarbeit mit anderen Behörden;

c) in eigener Verantwortung durch Übertragung von Aufgaben an solche anderen Behörden;

d) durch Antrag bei den zuständigen Justizbehörden.

Um zu gewährleisten, dass die verwaltungsrechtlichen Sanktionen oder Maßnahmen die gewünschten Ergebnisse erzielen, arbeiten die zuständigen Behörden bei der Wahrnehmung ihrer Befugnis zum Verhängen von verwaltungsrechtlichen Sanktionen und Maßnahmen eng zusammen und koordinieren ihre Maßnahmen in grenzüberschreitenden Fällen.

Artikel 59

(1) Die Mitgliedstaaten tragen dafür Sorge, dass dieser Artikel zumindest für die Verstöße gegen die in folgenden Artikeln festgelegten Anforderungen durch die Verpflichteten gilt, wenn es sich um schwerwiegende, wiederholte oder systematische Verstöße oder eine Kombination davon handelt:

a) Artikel 10 bis 24 (Sorgfaltspflicht gegenüber Kunden),

b) Artikel 33, 34 und 35 (Verdachtsmeldungen),

c) Artikel 40 (Aufbewahrung von Aufzeichnungen) und

d) Artikel 45 und 46 (interne Kontrollen).

(2) Die Mitgliedstaaten sorgen dafür, dass in den in Absatz 1 genannten Fällen die verwaltungsrechtlichen Sanktionen und Maßnahmen, die verhängt werden können, mindestens Folgendes umfassen:

a) die öffentliche Bekanntgabe der natürlichen oder juristischen Person und der Art des Verstoßes;

b) eine Anordnung, nach der die natürliche oder juristische Person ihre Verhaltensweise einzustellen und von einer Wiederholung abzusehen hat;

c) bei Verpflichteten, die einer Zulassungspflicht unterliegen, Entzug oder Aussetzung der Zulassung;

d) vorübergehendes Verbot für jede für den Verstoß verantwortlich gemachte Person, die Leitungsaufgaben bei einem Verpflichteten wahrnimmt, oder jede andere für den Verstoß verantwortlich gemachte natürliche Person, bei Verpflichteten Leitungsaufgaben wahrzunehmen;

e) maximale Geldbußen in mindestens zweifacher Höhe der infolge des Verstoßes erzielten Gewinne, soweit sich diese beziffern lassen, oder von mindestens 1 000 000 EUR.

(3) Abweichend von Absatz 2 Buchstabe e stellen die Mitgliedstaaten sicher, dass für Verpflichtete, die ein Kreditinstitut oder Finanzinstitut sind, folgende Sanktionen ebenfalls zur Anwendung kommen können:

a) im Falle einer juristischen Person maximale Geldbußen von mindestens 5 000 000 EUR oder 10 % des jährlichen Gesamtumsatzes gemäß dem letzten verfügbaren vom Leitungsorgan gebilligten Abschluss; wenn es sich bei dem Verpflichteten um eine Muttergesellschaft oder die Tochtergesellschaft einer Muttergesellschaft handelt, die einen konsolidierten Abschluss nach Artikel 22 der Richtlinie 2013/34/EU aufzustellen hat, so ist der relevante jährliche Gesamtumsatz der jährliche Gesamtumsatz oder die entsprechende Einkunftsart gemäß den einschlägigen Rechnungslegungsrichtlinien, der bzw. die im letzten verfügbaren konsolidierten Abschluss ausgewiesen ist, der vom Leitungsorgan der Muttergesellschaft an der Spitze gebilligt wurde;

b) im Falle einer natürlichen Person maximale Geldbußen von mindestens 5 000 000 EUR bzw. in den Mitgliedstaaten, deren Währung nicht der Euro ist, Geldbußen in entsprechender Höhe in der Landeswährung am 25. Juni 2015.

(4) Die Mitgliedstaaten können die zuständigen Behörden ermächtigen, weitere Arten von verwaltungsrechtlichen Sanktionen zusätzlich zu den in Absatz 2 Buchstaben a bis d vorgesehenen verwaltungsrechtlichen Sanktionen zu verhängen oder Geldbußen zu verhängen, die über die in Absatz 2 Buchstabe e und in Absatz 3 genannten Beträge hinausgehen.

Artikel 60

(1) Die Mitgliedstaaten stellen sicher, dass unanfechtbare Entscheidungen, mit denen eine verwaltungsrechtliche Sanktion oder Maßnahme wegen des Verstoßes gegen die nationalen Vorschriften zur Umsetzung dieser Richtlinie verhängt wird, von den zuständigen Behörden unverzüglich, nachdem die von der Sanktion betroffene Person über diese Entscheidung unterrichtet wurde, auf ihrer offiziellen Website veröffentlicht werden. Dabei werden mindestens Art und Wesen des Verstoßes und die Identität der verantwortlichen Personen bekanntgemacht. Die Mitgliedstaaten sind nicht verpflichtet, diesen Unterabsatz auf Entscheidungen anzuwenden, mit denen Maßnahmen mit Ermittlungscharakter verhängt werden.

Hält die zuständige Behörde nach einer fallbezogenen Prüfung der Verhältnismäßigkeit der Veröffentlichung der Identität oder personenbezogener Daten der in Absatz 1 genannten verantwortlichen Person die Veröffentlichung dieser Daten für unverhältnismäßig oder gefährdet die Veröffentlichung dieser Daten die Stabilität von Finanzmärkten oder laufende Ermittlungen, so verfahren die zuständigen Behörden wie folgt:

a) sie machen die Entscheidung, mit der eine verwaltungsrechtliche Sanktion oder Maßnahme verhängt wird, erst dann bekannt, wenn die Gründe für ihre Nichtbekanntmachung weggefallen sind;

b) sie machen die Entscheidung, mit der eine verwaltungsrechtliche Sanktion oder Maßnahme verhängt wird, im Einklang mit dem nationalen Recht auf anonymer Basis bekannt, wenn diese anonymisierte Bekanntmachung einen wirksamen Schutz der betreffenden personenbezogenen Daten gewährleistet; wird die Veröffentlichung einer verwaltungsrechtliche Sanktion oder Maßnahme auf anonymer Basis beschlossen, so kann die Veröffentlichung der diesbezüglichen Daten um einen angemessenen Zeitraum verschoben werden, wenn davon ausgegangen wird, dass die Gründe für eine anonymisierte Veröffentlichung innerhalb dieses Zeitraums wegfallen werden;

c) sie sehen davon ab, die Entscheidung, mit der die verwaltungsrechtliche Sanktion oder Maßnahme verhängt wird, bekanntzumachen, wenn die Möglichkeiten nach den Buchstaben a und b ihrer Ansicht nach nicht ausreichen, um zu gewährleisten,

i) dass die Stabilität von Finanzmärkten nicht gefährdet wird, oder

ii) dass bei Maßnahmen, die als geringfügig angesehen werden, bei der Bekanntmachung der Entscheidungen die Verhältnismäßigkeit gewahrt ist.

(2) Gestatten die Mitgliedstaaten die Veröffentlichung von Entscheidungen, gegen die Rechtsmittel eingelegt werden können, so machen die zuständigen Behörden auch diesen Sachverhalt und alle weiteren Informationen über das Ergebnis des Rechtsmittelverfahrens unverzüglich auf ihrer offiziellen Website bekannt. Ferner wird jede Entscheidung, mit der eine frühere Entscheidung über die Verhängung einer verwaltungsrechtlichen Sanktion oder Maßnahme für ungültig erklärt wird, ebenfalls bekanntgemacht.

(3) Die zuständigen Behörden stellen sicher, dass jede Bekanntmachung nach diesem Artikel vom Zeitpunkt ihrer Veröffentlichung an mindestens fünf Jahre lang auf ihrer offiziellen Website zugänglich bleibt. Enthält die Bekanntmachung jedoch personenbezogene Daten, so bleiben diese nur so lange auf der offiziellen Website der zuständigen Behörde einsehbar, wie dies nach den geltenden Datenschutzbestimmungen erforderlich ist.

(4) Die Mitgliedstaaten stellen sicher, dass die zuständigen Behörden bei der Festsetzung von Art und Ausmaß der verwaltungsrechtlichen Sanktionen oder Maßnahmen alle maßgeblichen Umstände berücksichtigen, darunter gegebenenfalls

a) die Schwere und Dauer des Verstoßes,

b) den Verschuldensgrad der verantwortlich gemachten natürlichen oder juristischen Person,

c) die Finanzkraft der verantwortlich gemachten natürlichen oder juristischen Person, wie sie sich beispielsweise aus dem Gesamtumsatz der verantwortlich gemachten juristischen Person oder den Jahreseinkünften der verantwortlich gemachten natürlichen Person ablesen lässt,

d) die von der verantwortlich gemachten natürlichen oder juristischen Person durch den Verstoß erzielten Gewinne, sofern sich diese beziffern lassen,

e) die Verluste, die Dritten durch den Verstoß entstanden sind, sofern sich diese beziffern lassen,

f) der Bereitwilligkeit der verantwortlich gemachten natürlichen oder juristischen Person, mit der zuständigen Behörde zusammenzuarbeiten,

g) frühere Verstöße der verantwortlich gemachten natürlichen oder juristischen Person.

(5) Die Mitgliedstaaten stellen sicher, dass eine juristische Person für Verstöße im Sinne des Artikels 59 Absatz 1 verantwortlich gemacht werden kann, die zu ihren Gunsten von einer Person begangen wurden, die allein oder als Teil eines Organs der juristischen Person gehandelt hat und die aufgrund einer der folgenden Befugnisse eine Führungsposition innerhalb der juristischen Person innehat:

a) Befugnis zur Vertretung der juristischen Person,

b) Befugnis, Entscheidungen im Namen der juristischen Person zu treffen, oder

c) Kontrollbefugnis innerhalb der juristischen Person.

(6) Die Mitgliedstaaten stellen ferner sicher, dass eine juristische Person verantwortlich gemacht werden kann, wenn mangelnde Überwachung oder Kontrolle durch eine in Absatz 5 dieses Artikels genannte Person das Begehen eines der in Artikel 59 Absatz 1 genannten Verstöße zugunsten der juristischen Person durch eine ihr unterstellte Person ermöglicht hat.

Artikel 61

(1) Die Mitgliedstaaten sorgen dafür, dass die zuständigen Behörden sowie — sofern zutreffend — die Selbstverwaltungseinrichtungen wirksame und zuverlässige Mechanismen schaffen, um die Meldung möglicher oder tatsächlicher Verstöße gegen die zur Umsetzung dieser Richtlinie erlassenen nationalen Vorschriften an die zuständigen Behörden und — sofern zutreffend — die Selbstverwaltungseinrichtungen zu fördern.

Zu diesem Zweck stellen sie einen oder mehrere sichere Kommunikationskanäle für die in Unterabsatz 1 genannte Meldung zur Verfügung. Durch solche Kanäle wird sichergestellt, dass die Identität der Personen, die Informationen zur Verfügung stellen, nur den zuständigen Behörden sowie — sofern zutreffend — den Selbstverwaltungseinrichtungen bekannt ist.
(ABl L 156 vom 19. 6. 2018, S 43)

(2) Die in Absatz 1 genannten Mechanismen umfassen zumindest Folgendes:

a) spezielle Verfahren für die Entgegennahme der Meldung von Verstößen und diesbezüglicher Folgemaßnahmen;

b) einen angemessenen Schutz für Angestellte der Verpflichteten oder Personen in einer vergleichbaren Position, die Verstöße innerhalb des Verpflichteten melden;

c) einen angemessenen Schutz für die beschuldigte Person;

d) den Schutz personenbezogener Daten gemäß den Grundsätzen der Richtlinie 95/46/EG sowohl für die Person, die die Verstöße meldet, als auch für die natürliche Person, die mutmaßlich für einen Verstoß verantwortlich ist;

e) klare Vorschriften, die gewährleisten, dass in Bezug auf die Person, die die innerhalb des Verpflichteten begangenen Verstöße meldet, in allen Fällen Vertraulichkeit garantiert wird, es sei denn, eine Weitergabe der Information ist nach nationalem Recht im Rahmen weiterer Ermittlungen oder nachfolgender Gerichtsverfahren erforderlich.

(3) Die Mitgliedstaaten schreiben vor, dass die Verpflichteten über angemessene Verfahren verfügen, über die ihre Angestellten oder Personen in einer vergleichbaren Position Verstöße intern über einen speziellen, unabhängigen und anonymen Kanal melden können und die in einem angemessenen Verhältnis zu Art und Größe des betreffenden Verpflichteten stehen.

„Die Mitgliedstaaten sorgen dafür, dass Einzelpersonen, einschließlich Angestellten und Vertretern des Verpflichteten, die intern oder der zentralen Meldestelle einen Verdacht auf Geldwäsche oder Terrorismusfinanzierung melden, rechtlich vor Bedrohungen, Vergeltungsmaßnahmen oder Anfeindungen und insbesondere vor nachteiligen oder diskriminierenden Maßnahmen im Beschäftigungsverhältnis geschützt werden.“

„Die Mitgliedstaaten sorgen dafür, dass Einzelpersonen, die Bedrohungen, Anfeindungen oder nachteiligen oder diskriminierenden Maßnahmen im Beschäftigungsverhältnis ausgesetzt sind, weil sie intern oder der zentralen Meldestelle einen Verdacht auf Geldwäsche oder Terrorismusfinanzierung gemeldet haben, berechtigt sind bei der jeweiligen zuständigen Behörden auf sichere

Weise eine Beschwerde einzureichen.. Unbeschadet der Vertraulichkeit der von der zentralen Meldestelle gesammelten Informationen, sorgen die Mitgliedstaaten auch dafür, dass solche Einzelpersonen das Recht auf einen wirksamen Rechtsbehelf zum Schutz ihrer Rechte gemäß diesem Absatz haben."
(ABl L 156 vom 19. 6. 2018, S 43)

Artikel 62

(1) Die Mitgliedstaaten stellen sicher, dass ihre zuständigen Behörden die EBA über alle verwaltungsrechtlichen Sanktionen und Maßnahmen, die gemäß den Artikeln 58 und 59 gegen Kreditinstitute und Finanzinstitute verhängt werden, sowie über alle diesbezüglichen Rechtsmittelverfahren und deren Ergebnisse informieren. *(ABl L 334 vom 27. 12. 2019, S 161)*

(2) Die Mitgliedstaaten stellen sicher, dass ihre zuständigen Behörden im Einklang mit ihrem nationalen Recht im Strafregister überprüfen, ob eine einschlägige Verurteilung der betreffenden Person vorliegt. Jeder Informationsaustausch für diese Zwecke wird im Einklang mit dem Beschluss 2009/316/JI und dem Rahmenbeschluss 2009/315/JI gemäß der jeweiligen Umsetzung in nationales Recht durchgeführt.

(3) Die EBA unterhält eine Website mit Links zu den Veröffentlichungen jeder zuständigen Behörde in Bezug auf verwaltungsrechtliche Sanktionen und Maßnahmen, die gemäß Artikel 60 gegen Kreditinstitute und Finanzinstitute verhängt wurden, und gibt den Zeitraum an, für den jeder Mitgliedstaat verwaltungsrechtliche Sanktionen und Maßnahmen veröffentlicht. *(ABl L 334 vom 27. 12. 2019, S 161)*

KAPITEL VII
SCHLUSSBESTIMMUNGEN

Artikel 63

Artikel 25 Absatz 2 Buchstabe d der Verordnung (EU) Nr. 648/2012 des Europäischen Parlaments und des Rates[1] erhält folgende Fassung:

„d) die CCP in einem Drittstaat niedergelassen oder zugelassen ist, bei dem die Kommission in Einklang mit der Richtlinie (EU) 2015/849 des Europäischen Parlaments und des Rates (*) nicht davon ausgeht, dass sein nationales System zur Bekämpfung von Geldwäsche und Terrorismusfinanzierung strategische Mängel aufweist, die wesentliche Risiken für das Finanzsystem der Union darstellen.

(*) Richtlinie (EU) 2015/849 des Europäischen Parlaments und des Rates vom 20. Mai 2015 zur Verhinderung der Nutzung des Finanzsystems zum Zwecke der Geldwäsche und der Terrorismusfinanzierung, zur Änderung der Verordnung (EU) Nr. 648/2012 des Europäischen Parlaments und des Rates und zur Aufhebung der Richtlinie 2005/60/EG des Europäischen Parlaments und des Rates und der Richtlinie 2006/70/EG der Kommission (ABl. L 141 vom 5.6.2015, S. 73)."

Artikel 64

(1) Die Befugnis zum Erlass delegierter Rechtsakte wird der Kommission unter den in diesem Artikel festgelegten Bedingungen übertragen.

(2) Die Befugnis zum Erlass delegierter Rechtsakte gemäß Artikel 9 wird der Kommission auf unbestimmte Zeit ab dem 25. Juni 2015 übertragen.

(3) Die Befugnis zum Erlass delegierter Rechtsakte gemäß Artikel 9 kann vom Europäischen Parlament oder vom Rat jederzeit widerrufen werden. Der Beschluss über den Widerruf beendet die Übertragung der in diesem Beschluss angegebenen Befugnis. Er wird am Tag nach seiner Veröffentlichung im *Amtsblatt der Europäischen Union* oder zu einem im Beschluss über den Widerruf angegebenen späteren Zeitpunkt wirksam. Die Gültigkeit von delegierten Rechtsakten, die bereits in Kraft sind, wird von dem Beschluss über den Widerruf nicht berührt.

(4) Sobald die Kommission einen delegierten Rechtsakt erlässt, übermittelt sie ihn gleichzeitig dem Europäischen Parlament und dem Rat.

(5) Ein delegierter Rechtsakt, der gemäß Artikel 9 erlassen wurde, tritt nur in Kraft, wenn weder das Europäische Parlament noch der Rat innerhalb einer Frist von einem Monat nach Übermittlung dieses Rechtsakts an das Europäische Parlament und den Rat Einwände erhoben haben oder wenn vor Ablauf dieser Frist das Europäische Parlament und der Rat beide der Kommission mitgeteilt haben, dass sie keine Einwände erheben werden. Auf Initiative des Europäischen Parlaments oder des Rates wird diese Frist um einen Monat verlängert.

Artikel 64a

(1) Die Kommission wird vom Ausschuss zur Verhinderung der Geldwäsche und der Terrorismusfinanzierung (im Folgenden „der Ausschuss") gemäß Artikel 23 der Verordnung (EU) 2015/847

Zu Artikel 63:

[1] *Verordnung (EU) Nr. 648/2012 des Europäischen Parlaments und des Rates vom 4. Juli 2012 über OTC-Derivate, zentrale Gegenparteien und Transaktionsregister (ABl. L 201 vom 27.7.2012, S. 1).*

des Europäischen Parlaments und des Rates[1] unterstützt. Dieser Ausschuss ist ein Ausschuss im Sinne der Verordnung (EU) Nr. 182/2011[2].

(2) Wird auf diesen Absatz Bezug genommen, so gilt Artikel 5 der Verordnung (EU) Nr. 182/2011.

(ABl L 156 vom 19. 6. 2018, S 43)

Artikel 65

(1) Bis zum 11. Januar 2022 und danach alle drei Jahre erarbeitet die Kommission einen Bericht über die Umsetzung dieser Richtlinie und legt ihn dem Europäischen Parlament und dem Rat vor.

Der Bericht enthält insbesondere Folgendes:

a) eine Darstellung der ergriffenen spezifischen Maßnahmen und der eingerichteten Mechanismen auf Ebene der Union und der Mitgliedstaaten, um neu auftretende Probleme und neue Entwicklungen, die eine Bedrohung für das Finanzsystem der Union darstellen, zu verhindern und zu bewältigen;

b) Folgemaßnahmen, die auf Ebene der Union und der Mitgliedstaaten auf der Grundlage der ihnen zur Kenntnis gebrachten Anliegen, einschließlich Beschwerden in Bezug darauf, dass nationale Rechtsvorschriften die Aufsichts- und Ermittlungsbefugnisse der zuständigen Behörden und Selbstverwaltungseinrichtungen behindern, ergriffen wurden;

c) eine Darstellung der Verfügbarkeit der einschlägigen Informationen, die den zuständigen Behörden und den zentralen Meldestellen der Mitgliedstaaten zur Verhinderung der Nutzung des Finanzsystems zum Zwecke der Geldwäsche und der Terrorismusfinanzierung zur Verfügung stehen;

d) eine Darstellung der internationalen Zusammenarbeit und des Informationsaustauschs zwischen den zuständigen Behörden und den zentralen Meldestellen;

e) eine Darstellung der Maßnahmen, die die Kommission ergreifen muss, um zu überprüfen, dass die Mitgliedstaaten Maßnahmen zur Erfüllung dieser Richtlinie ergriffen haben, und um neu auftretende Probleme und neue Entwicklungen in den Mitgliedstaaten zu beurteilen;

f) eine Analyse der Durchführbarkeit von spezifischen Maßnahmen und Mechanismen auf Ebene der Union und der Mitgliedstaaten bezüglich der Möglichkeiten, die Angaben über die wirtschaftlichen Eigentümer von Gesellschaften und anderen juristischen Personen mit Sitz außerhalb der Union zu erfassen und darauf zuzugreifen, und bezüglich der Verhältnismäßigkeit der Maßnahmen im Sinne von Artikel 20 Buchstabe b.

g) eine Beurteilung der Frage, inwieweit die in der Charta der Grundrechte der Europäischen Union anerkannten Grundrechte und Grundsätze gewahrt wurden.

Dem ersten Bericht, der bis zum 11. Januar 2022 veröffentlicht wird, werden, falls erforderlich, geeignete Gesetzgebungsvorschläge beigefügt, beispielsweise in Bezug auf virtuelle Währungen, Ermächtigungen zur Einrichtung und Pflege einer für die zentralen Meldestellen zugänglichen zentralen Datenbank für die Erfassung von Benutzeridentitäten und Adressen von Anbietern elektronischer Geldbörsen sowie Eigenerklärungsformulare für Nutzer virtueller Währungen und in Bezug auf die Verbesserung der Zusammenarbeit zwischen den Vermögensabschöpfungsstellen der Mitgliedstaaten und eine risikobasierte Anwendung der in Artikel 20 Buchstabe b genannten Maßnahmen.

(2) Bis zum ...1. Juni 2019 bewertet die Kommission die Rahmenbedingungen für die Zusammenarbeit der zentralen Meldestellen mit Drittländern sowie Hindernisse und Möglichkeiten zur Verbesserung der Zusammenarbeit zwischen den zentralen Meldestellen in der Union, einschließlich der Möglichkeit, einen Koordinierungs- und Unterstützungsmechanismus einzurichten.

(3) Die Kommission legt dem Europäischen Parlament und dem Rat gegebenenfalls einen Bericht vor, in dem beurteilt wird, inwiefern es notwendig und verhältnismäßig ist, den Prozentsatz für die Identifizierung der wirtschaftlichen Eigentümer von juristischen Personen zu senken, wenn man bedenkt, dass internationale Organisationen und Einrichtungen für die Festlegung von Standards mit Kompetenzen im Bereich der Verhinderung von Geldwäsche und der Bekämpfung der Terrorismusfinanzierung infolge einer neuen Bewertung eine diesbezügliche Empfehlung abgegeben haben, und ihnen bei Bedarf einen Legislativvorschlag unterbreiten.

(ABl L 156 vom 19. 6. 2018, S 43)

Artikel 66

Die Richtlinien 2005/60/EG und 2006/70/EG werden mit Wirkung vom 26. Juni 2017 aufgehoben.

Zu Artikel 64a:

[1] Verordnung (EU) 2015/847 des Europäischen Parlaments und des Rates vom 20. Mai 2015 über die Übermittlung von Angaben bei Geldtransfers und zur Aufhebung der Verordnung (EG) Nr. 1781/2006 (ABl. L 141 vom 5.6.2015, S. 1).

[2] Verordnung (EU) Nr. 182/2011 des Europäischen Parlaments und des Rates vom 16. Februar 2011 zur Festlegung der allgemeinen Regeln und Grundsätze, nach denen die Mitgliedstaaten die Wahrnehmung der Durchführungsbefugnisse durch die Kommission kontrollieren (ABl. L 55 vom 28.2.2011, S. 13).

Verweise auf die aufgehobenen Richtlinien gelten als Verweise auf diese Richtlinie gemäß der Entsprechungstabelle in Anhang IV

Artikel 67

(1) Die Mitgliedstaaten setzen die erforderlichen Rechts- und Verwaltungsvorschriften in Kraft, um dieser Richtlinie bis zum 26. Juni 2017 nachzukommen.

Die Mitgliedstaaten wenden Artikel 12 Absatz 3 ab dem 10. Juli 2020 an.

Die Mitgliedstaaten richten die Register gemäß Artikel 30 bis zum 10. Januar 2020 und die in Artikel 31 genannte Register bis zum 10. März 2020 und die zentralen automatischen Mechanismen gemäß Artikel 32a bis zum 10. September 2020 ein.

Die Kommission sorgt bis zum 10. März 2021 gemeinsam mit den Mitgliedstaaten für die Vernetzung der Register gemäß den Artikeln 30 und 31.

Die Mitgliedstaaten teilen der Kommission den Wortlaut der Vorschriften gemäß diesem Absatz unverzüglich mit.

Bei Erlass dieser Vorschriften nehmen die Mitgliedstaaten in den Vorschriften selbst oder durch einen Hinweis bei der amtlichen Veröffentlichung auf die vorliegende Richtlinie Bezug. Die Mitgliedstaaten regeln die Einzelheiten dieser Bezugnahme.

(ABl L 156 vom 19. 6. 2018, S 43)

(2) Die Mitgliedstaaten teilen der Kommission den Wortlaut der wichtigsten nationalen Rechtsvorschriften mit, die sie auf dem unter diese Richtlinie fallenden Gebiet erlassen.

Artikel 68

Diese Richtlinie tritt am zwanzigsten Tag nach ihrer Veröffentlichung im *Amtsblatt der Europäischen Union* in Kraft.

Artikel 69

Diese Richtlinie ist an die Mitgliedstaaten gerichtet.

Geschehen zu Straßburg am 20. Mai 2015.

Im Namen des Europäischen Parlaments	*Im Namen des Rates*
Der Präsident	*Die Präsidentin*
M. SCHULZ	Z. KALNIŅA-LUKAŠEVICA

Anhänge: *Nicht abgedruckt. (Die Anhänge sind im Volltext auf www.lexisnexis.at unter dem Menüpunkt „Service", Unterpunkt „Downloads & Updates" abrufbar.)*

Delegierte Verordnung (EU) 2016/1675 der Kommission vom 14. Juli 2016 zur Ergänzung der Richtlinie (EU) 2015/849 des Europäischen Parlaments und des Rates durch Ermittlung von Drittländern mit hohem Risiko, die strategische Mängel aufweisen

ABl L 254 vom 20. 9. 2016, S 1 idF

1 ABl L 19 vom 24. 1. 2018, S 1
2 ABl L 41 vom 14. 2. 2018, S 4
3 ABl L 246 vom 2. 10. 2018, S 1
4 ABl L 195 vom 19. 6. 2020, S 1
5 ABl L 14 vom 18. 1. 2021, S 1

DIE EUROPÄISCHE KOMMISSION –

gestützt auf den Vertrag über die Arbeitsweise der Europäischen Union,

gestützt auf die Richtlinie (EU) 2015/849 des Europäischen Parlaments und des Rates vom 20. Mai 2015 zur Verhinderung der Nutzung des Finanzsystems zum Zwecke der Geldwäsche und der Terrorismusfinanzierung, zur Änderung der Verordnung (EU) Nr. 648/2012 des Europäischen Parlaments und des Rates und zur Aufhebung der Richtlinie 2005/60/EG des Europäischen Parlaments und des Rates und der Richtlinie 2006/70/EG der Kommission[1)], insbesondere auf Artikel 9 Absatz 2,

in Erwägung nachstehender Gründe:

(1) Die Union muss wirksame Schutzmechanismen für den gesamten Binnenmarkt gewährleisten, um die Rechtssicherheit für Wirtschaftsteilnehmer und Interessenträger im Allgemeinen in ihren Beziehungen zu Drittländern zu erhöhen. Die Integrität der Finanzmärkte und das ordnungsgemäße Funktionieren des Binnenmarkts insgesamt werden durch Länder, deren nationalen Systeme zur Bekämpfung von Geldwäsche und Terrorismusfinanzierung strategische Mängel aufweisen, ernsthaft gefährdet. Diese Länder, deren rechtlicher und institutioneller Rahmen niedrige Standards im Bereich der Kontrolle von Geldflüssen aufweist, stellen wesentliche Risiken für das Finanzsystem der Union dar.

(2) Alle Verpflichteten in der Union im Sinne der Richtlinie (EU) 2015/849 sollten in ihren Beziehungen zu natürlichen und juristischen Personen, die in Drittländern mit hohem Risiko niedergelassen sind, verstärkte Sorgfaltspflichten anwenden und damit unionsweit vergleichbare Anforderungen an die Marktteilnehmer gewährleisten.

[1)] *ABl. L 141 vom 5.6.2015, S. 73.*

(3) In Artikel 9 der Richtlinie (EU) 2015/849 sind die Kriterien festgelegt, auf die die Kommission ihre Beurteilung stützen wird; ferner wird der Kommission darin die Befugnis übertragen, unter Berücksichtigung dieser Kriterien Drittländer mit hohem Risiko zu ermitteln.

(4) Die Ermittlung von Drittländern mit hohem Risiko muss auf der Grundlage einer klaren und objektiven Bewertung erfolgen, die sich auf die Erfüllung der Kriterien der Richtlinie (EU) 2015/849 durch das betreffende Land in Bezug auf seinen rechtlichen und institutionellen Rahmen für die Bekämpfung von Geldwäsche und Terrorismusfinanzierung, auf die Befugnisse und Verfahren seiner zuständigen Behörden für die Zwecke der Bekämpfung von Geldwäsche und Terrorismusfinanzierung und auf die Effektivität seines Systems zur Bekämpfung von Geldwäsche und Terrorismusfinanzierung beim Vorgehen gegen die entsprechenden Risiken stützt.

(5) Alle Feststellungen, auf denen die Entscheidung der Kommission, ein Land in die Liste der Drittländer mit hohem Risiko aufzunehmen, basiert, sollten sich auf zuverlässige, überprüfbare und aktuelle Informationen stützen.

(6) Es ist sehr wichtig, dass die Kommission die einschlägigen Arbeiten zur Ermittlung von Drittländern mit hohem Risiko, die auf internationaler Ebene, besonders von der Arbeitsgruppe „Bekämpfung der Geldwäsche und der Terrorismusfinanzierung" (Financial Action Task Force, „FATF"), bereits geleistet wurden, uneingeschränkt anerkennt. Im Hinblick auf die Gewährleistung der Integrität des weltweiten Finanzsystems ist es von größter Bedeutung, dass die auf Unionsebene festgelegte Liste von Drittländern gegebenenfalls eng mit den auf internationaler Ebene vereinbarten Listen abgestimmt wird. Durch Förderung eines globalen Ansatzes auf internationaler Ebene trägt die Union zur Stärkung der finanziellen Integrität weltweit und zur Ver-

besserung des Schutzes des internationalen Finanzsystems vor Ländern mit hohem Risiko bei. Ein solcher globaler Ansatz dient dazu, vergleichbare Bedingungen für Verpflichtete zu erreichen und Störungen des internationalen Finanzsystems zu vermeiden.

(7) Im Einklang mit den Kriterien der Richtlinie (EU) 2015/849 hat die Kommission alle verfügbaren fachlichen Bewertungen der Faktoren berücksichtigt, die zur besonderen Anfälligkeit eines Landes bzw. eines Rechtsraums für Geldwäsche, Terrorismusfinanzierung oder andere illegale finanzielle Aktivitäten beitragen. Insbesondere berücksichtigte die Kommission gegebenenfalls die jüngste Öffentliche Bekanntgabe der FATF, Dokumente der FATF (Improving Global AML/CFT Compliance: on-going process), Berichte der FATF über die Prüfung der internationalen Zusammenarbeit sowie den von der FATF und von FATF-ähnlichen regionalen Gremien erstellten Bericht über gegenseitige Evaluierungen hinsichtlich der von einzelnen Drittländern ausgehenden Risiken nach Artikel 9 Absatz 4 der Richtlinie (EU) 2015/849.

(8) Angesichts des hohen Grades der Integration des internationalen Finanzsystems, der engen Verbindungen zwischen den Marktteilnehmern, des großen Volumens grenzüberschreitender Transaktionen in die bzw. aus der EU sowie des Grades der Marktöffnung wird davon ausgegangen, dass eine von den nationalen Systemen zur Bekämpfung von Geldwäsche und Terrorismusfinanzierung ausgehende Gefahr für das internationale Finanzsystem auch eine Gefahr für das Finanzsystem der EU darstellt.

(9) Im Einklang mit den jüngsten einschlägigen Informationen ist die Kommission in ihrer Analyse zu dem Schluss gelangt, dass Afghanistan, Bosnien und Herzegowina, Guyana, Irak, die Demokratische Volksrepublik Laos, Syrien, Uganda, Vanuatu und Jemen als Drittländer betrachtet werden sollten, die in ihren Systemen zur Bekämpfung von Geldwäsche und Terrorismusfinanzierung strategische Mängel aufweisen, die wesentliche Risiken für das Finanzsystem der Union darstellen. Diese Länder haben sich auf hoher politischer Ebene schriftlich dazu verpflichtet, die festgestellten Mängel anzugehen, und haben in Zusammenarbeit mit der FATF einen Aktionsplan erarbeitet, sodass eine Erfüllung der Anforderungen der Richtlinie (EU) 2015/849 möglich sein dürfte.

(10) Im Einklang mit den jüngsten einschlägigen Informationen gelangte die Kommission in ihrer Analyse ferner zu dem Schluss, dass Iran als Drittland betrachtet werden sollte, das in seinen Systemen zur Bekämpfung von Geldwäsche und Terrorismusfinanzierung strategische Mängel aufweist, die wesentliche Risiken für das Finanzsystem der Union darstellen. Dieses in der Öffentlichen Bekanntgabe der FATF angegebene Land hat sich auf hoher politischer Ebene dazu verpflichtet, die festgestellten Mängel anzugehen, und beschlossen, im Hinblick auf die Erfüllung der Anforderungen der Richtlinie (EU) 2015/849 um technische Unterstützung für die Umsetzung des FATF-Aktionsplans zu ersuchen.

(11) Im Einklang mit den jüngsten einschlägigen Informationen gelangte die Kommission in ihrer Analyse ferner zu dem Schluss, dass die Demokratische Volksrepublik Korea als Drittland betrachtet werden sollte, das in seinen Systemen zur Bekämpfung von Geldwäsche und Terrorismusfinanzierung strategische Mängel aufweist, die wesentliche Risiken für das Finanzsystem der Union darstellen. Dieses in der Öffentlichen Bekanntgabe der FATF genannte Land weist anhaltende wesentliche Risiken hinsichtlich Geldwäsche und Terrorismusfinanzierung auf und ist die festgestellten Mängel wiederholt nicht angegangen.

(12) Es ist von wesentlicher Bedeutung, dass die Kommission die als Länder mit hohem Risiko eingestuften Drittländer dazu auffordert, in vollem Umfang mit der Kommission und internationalen Einrichtungen zusammenzuarbeiten, um Maßnahmen zur Behebung der strategischen Mängel in ihren Systemen zur Bekämpfung von Geldwäsche und Terrorismusfinanzierung zu vereinbaren und wirksam umzusetzen.

(13) Im Hinblick auf eine Aktualisierung der Liste der Drittländer mit hohem Risiko, die strategische Mängel aufweisen, ist es von größter Bedeutung, dass die Kommission die Entwicklungen bei der Bewertung der rechtlichen und institutionellen Rahmen in Drittländern, die Befugnisse und Verfahren der zuständigen Behörden und die Wirksamkeit ihrer Systeme zur Bekämpfung von Geldwäsche und Terrorismusfinanzierung fortlaufend überwacht –

HAT FOLGENDE VERORDNUNG ERLASSEN:

Artikel 1

Die Liste der Drittländer, die in ihren Systemen zur Bekämpfung von Geldwäsche und Terrorismusfinanzierung strategische Mängel aufweisen, die wesentliche Risiken für das Finanzsystem der Union darstellen („Drittländer mit hohem Risiko“), ist im Anhang aufgeführt.

Artikel 2

Diese Verordnung tritt am dritten Tag nach ihrer Veröffentlichung im *Amtsblatt der Europäischen Union* in Kraft.

Diese Verordnung ist in allen ihren Teilen verbindlich und gilt gemäß den Verträgen unmittelbar in den Mitgliedstaaten.

Brüssel, den 14. Juli 2016

Für die Kommission
Der Präsident
Jean-Claude JUNCKER

ANHANG

Drittländer mit hohem Risiko

I. Drittländer mit hohem Risiko, die sich schriftlich auf hoher politischer Ebene dazu verpflichtet haben, die festgestellten Mängel anzugehen, und mit der FATF einen Aktionsplan erarbeitet haben.

Nr.	Drittland mit hohem Risiko
1	Afghanistan
2	Bahamas
3	Barbados
4	Botsuana
5	Kambodscha
6	Ghana
7	Irak
8	Jamaika
9	Mauritius
10	„ “ *(ABl L 14 vom 18. 1. 2021, S 1)*
11	Myanmar/Birma
12	Nicaragua
13	Pakistan
14	Panama
15	Syrien
16	Trinidad und Tobago
17	Uganda
18	Vanuatu
19	Jemen
20	Simbabwe

(ABl L 195 vom 19. 6. 2020, S 1)

II. Drittländer mit hohem Risiko, die in der Öffentlichen Bekanntgabe der FATF angegeben sind, sich auf hoher politischer Ebene dazu verpflichtet haben, die festgestellten Mängel anzugehen, und beschlossen haben, um technische Unterstützung für die Umsetzung des FATF-Aktionsplans zu ersuchen.

Nr.	Drittland mit hohem Risiko
1	Iran

III. Drittländer mit hohem Risiko, die in der Öffentlichen Bekanntgabe der FATF angegeben sind, anhaltende wesentliche Risiken hinsichtlich Geldwäsche und Terrorismusfinanzierung darstellen und die festgestellten Mängel wiederholt nicht angegangen sind.

Nr.	Drittland mit hohem Risiko
1	Demokratische Volksrepublik Korea (DVK)

Delegierte Verordnung (EU) 2018/1108 der Kommission vom 7. Mai 2018 zur Ergänzung der Richtlinie (EU) 2015/849 des Europäischen Parlaments und des Rates durch technische Regulierungsstandards zur Festlegung der Kriterien für die Benennung zentraler Kontaktstellen für E-Geld-Emittenten und Zahlungsdienstleister sowie ihrer Aufgaben

ABl L 203 vom 10. 8. 2018, S 2

DIE EUROPÄISCHE KOMMISSION –

gestützt auf den Vertrag über die Arbeitsweise der Europäischen Union,

gestützt auf die Richtlinie (EU) 2015/849 des Europäischen Parlaments und des Rates vom 20. Mai 2015 zur Verhinderung der Nutzung des Finanzsystems zum Zwecke der Geldwäsche und der Terrorismusfinanzierung, zur Änderung der Verordnung (EU) Nr. 648/2012 des Europäischen Parlaments und des Rates und zur Aufhebung der Richtlinie 2005/60/EG des Europäischen Parlaments und des Rates und der Richtlinie 2006/70/EG der Kommission[1)], insbesondere auf Artikel 45 Absatz 11,

in Erwägung nachstehender Gründe:

(1) E-Geld-Emittenten und Zahlungsdienstleister können eine zentrale Kontaktstelle benennen, die im Namen des Instituts, das sie benannt hat, sicherstellt, dass die Vorschriften zur Bekämpfung von Geldwäsche und Terrorismusfinanzierung eingehalten werden, und die Beaufsichtigung durch die zuständigen Behörden erleichtert. Die Mitgliedstaaten können die Benennung einer zentralen Kontaktstelle verlangen, wenn Zahlungsdienstleister und E-Geld-Emittenten in ihrem Hoheitsgebiet Dienstleistungen über Niederlassungen erbringen, die keine Zweigstellen sind; dies gilt jedoch nicht, wenn die Dienstleistungen ohne eine Niederlassung erbracht werden.

(2) Die Benennung einer zentralen Kontaktstelle zur Gewährleistung der Einhaltung der Vorschriften zur Bekämpfung von Geldwäsche und Terrorismusfinanzierung erscheint gerechtfertigt, wenn die von Zahlungsdienstleistern und E-Geld-Emittenten über Niederlassungen außer Zweigstellen durchgeführten Tätigkeiten von ihrer Größenordnung und ihrem Umfang her bestimmte Schwellenwerte erreichen oder überschreiten. Diese Schwellenwerte sollten in einem angemessenen Verhältnis zu dem Ziel der Richtlinie (EU) 2015/849 stehen, durch Benennung einer zentralen Kontaktstelle, die im Namen des Instituts, das sie benannt hat, die Einhaltung der Vorschriften zur Bekämpfung von Geldwäsche und Terrorismusfinanzierung durch die betreffenden Niederlassungen gewährleistet, den zuständigen Behörden die Beaufsichtigung dieser Niederlassungen ohne übermäßige regelungsbedingte Auflagen für Zahlungsdienstleister und E-Geld-Emittenten zu erleichtern.

(3) Die Verpflichtung, eine zentrale Kontaktstelle zu benennen, erscheint auch dann gerechtfertigt, wenn ein Mitgliedstaat der Auffassung ist, dass mit dem Betrieb einer solchen Niederlassung ein erhöhtes Risiko der Geldwäsche und Terrorismusfinanzierung verbunden ist, was z. B. auf der Grundlage einer Bewertung des mit bestimmten Kategorien von Zahlungsdienstleistern oder E-Geld-Emittenten verbundenen Risikos der Geldwäsche und Terrorismusfinanzierung nachgewiesen werden kann. Die Mitgliedstaaten sollten nicht verpflichtet sein' zu diesem Zweck eine Risikobewertung der einzelnen Institute vorzunehmen.

(4) In Ausnahmefällen, in denen die Mitgliedstaaten berechtigten Grund zu der Annahme haben, dass mit einem bestimmten Zahlungsdienstleister oder E-Geld-Emittenten, der Niederlassungen in ihrem Hoheitsgebiet unterhält, ein hohes Risiko der Geldwäsche oder der Terrorismusfinanzierung verbunden ist, sollten sie jedoch in der Lage sein, den Zahlungsdienstleister oder E-Geld-Emittenten zu verpflichten, eine zentrale Kontaktstelle zu benennen, auch wenn dieser Zahlungsdienstleister oder E-Geld-Emittent nicht die in dieser Verordnung festgelegten Schwellenwerte erreicht oder nicht zu einer Kategorie von Instituten gehört, die auf der Grundlage der von dem Mitgliedstaat vorgenommenen einschlägigen Risikobewertung zur Benennung einer zentralen Kontaktstelle verpflichtet ist.

(5) Wird eine zentrale Kontaktstelle benannt, sollte sie im Namen des E-Geld-Emittenten oder Zahlungsdienstleisters, der sie benannt hat, sicher-

[1)] *ABl. L 141 vom 5.6.2015, S. 73.*

stellen, dass seine Niederlassungen den geltenden Vorschriften zur Bekämpfung von Geldwäsche und Terrorismusfinanzierung nachkommen. Hierzu sollte die zentrale Kontaktstelle über eine solide Kenntnis der geltenden Vorschriften zur Bekämpfung von Geldwäsche und Terrorismusfinanzierung verfügen und die Entwicklung und Umsetzung der Strategien und Verfahren zur Bekämpfung von Geldwäsche und Terrorismusfinanzierung erleichtern.

(6) Die zentrale Kontaktstelle sollte unter anderem im Verhältnis zwischen dem E-Geld-Emittenten oder Zahlungsdienstleister, der sie benannt hat, und dessen Niederlassungen sowie im Verhältnis zwischen dem E-Geld-Emittenten oder Zahlungsdienstleister und den zuständigen Behörden des Mitgliedstaats, in dem die Niederlassungen tätig sind, eine zentrale Koordinierungsfunktion übernehmen, um die Beaufsichtigung der Niederlassungen zu erleichtern.

(7) Die Mitgliedstaaten sollten auf der Grundlage ihrer Gesamtbewertung der Risiken der Geldwäsche und Terrorismusfinanzierung, die mit der Tätigkeit von Zahlungsdienstleistern und E-Geld-Emittenten verbunden sind, die in ihrem Hoheitsgebiet in anderer Form als einer Zweigstelle niedergelassen sind, entscheiden können, dass zentrale Kontaktstellen in Wahrnehmung ihrer Pflicht zur Gewährleistung der Einhaltung örtlich bestehender Verpflichtungen zur Bekämpfung von Geldwäsche und Terrorismusfinanzierung bestimmte zusätzliche Aufgaben übernehmen müssen. Insbesondere könnte es zweckmäßig sein, dass die Mitgliedstaaten von den zentralen Kontaktstellen verlangen, dass sie der Zentralstelle für Geldwäsche-Verdachtsanzeigen (im Folgenden „zentrale Meldestelle") des Aufnahmemitgliedstaats, in dessen Hoheitsgebiet der Verpflichtete niedergelassen ist, im Namen des E-Geld-Emittenten oder Zahlungsdienstleisters verdächtige Transaktionen melden.

(8) Jeder Mitgliedstaat kann frei entscheiden, ob die zentrale Kontaktstelle einer besonderen Form bedarf. Ist eine bestimmte Form vorgeschrieben, sollten die Mitgliedstaaten sicherstellen, dass die Anforderungen verhältnismäßig sind und nicht über das hinausgehen, was notwendig ist, um die Einhaltung der Vorschriften zur Bekämpfung von Geldwäsche und Terrorismusfinanzierung zu gewährleisten und die Aufsicht zu erleichtern.

(9) Diese Verordnung beruht auf dem Entwurf technischer Regulierungsstandards, der der Kommission von den Europäischen Aufsichtsbehörden (Europäische Bankenaufsichtsbehörde, Europäische Aufsichtsbehörde für das Versicherungswesen und die betriebliche Altersversorgung und Europäische Wertpapier- und Marktaufsichtsbehörde) vorgelegt wurde.

(10) Die Europäischen Aufsichtsbehörden haben zu dem Entwurf technischer Regulierungsstandards, auf den sich diese Verordnung stützt, offene öffentliche Konsultationen durchgeführt, die damit verbundenen potenziellen Kosten- und Nutzeneffekte analysiert und die Stellungnahmen der Interessengruppen nach Artikel 37 der Verordnung (EU) Nr. 1093/2010 des Europäischen Parlaments und des Rates[1)], Artikel 37 der Verordnung (EU) Nr. 1094/2010 des Europäischen Parlaments und des Rates[2)] und Artikel 37 der Verordnung (EU) Nr. 1095/2010 des Europäischen Parlaments und des Rates[3)] eingeholt –

HAT FOLGENDE VERORDNUNG ERLASSEN:

FM-GwG
SpVV
Schulspar-SoV
Online-IDV
AndKo-SoV
BVK-RiSoV
LV-SoV
WiEReG + V
4. GW-RL
DelV Hochrisikolän
DelV 2018/1108
DelV Drittländer
5. GW-RL

Artikel 1
Gegenstand und Anwendungsbereich

Diese Verordnung regelt

a) die Kriterien für die Bestimmung der Umstände' unter denen die Benennung einer zentralen Kontaktstelle gemäß Artikel 45 Absatz 9 der Richtlinie (EU) 2015/849 angebracht ist;

b) die Aufgaben der zentralen Kontaktstellen.

Artikel 2
Begriffsbestimmungen

Für die Zwecke dieser Verordnung bezeichnet der Ausdruck

1. „zuständige Behörde" die Behörde eines Mitgliedstaats, die dafür zuständig ist sicherzustellen, dass E-Geld-Emittenten und Zahlungsdienst-

---

Zu Abs. 10:

[1)] Verordnung (EU) Nr. 1093/2010 des Europäischen Parlaments und des Rates vom 24. November 2010 zur Errichtung einer Europäischen Aufsichtsbehörde (Europäische Bankenaufsichtsbehörde), zur Änderung des Beschlusses Nr. 716/2009/EG und zur Aufhebung des Beschlusses 2009/78/EG der Kommission (ABl. L 331 vom 15.12.2010, S. 12).

[2)] Verordnung (EU) Nr. 1094/2010 des Europäischen Parlaments und des Rates vom 24. November 2010 zur Errichtung einer Europäischen Aufsichtsbehörde (Europäische Aufsichtsbehörde für das Versicherungswesen und die betriebliche Altersversorgung), zur Änderung des Beschlusses Nr. 716/2009/EG und zur Aufhebung des Beschlusses 2009/79/EG der Kommission (ABl. L 331 vom 15.12.2010, S. 48).

[3)] Verordnung (EU) Nr. 1095/2010 des Europäischen Parlaments und des Rates vom 24. November 2010 zur Errichtung einer Europäischen Aufsichtsbehörde (Europäische Wertpapier- und Marktaufsichtsbehörde), zur Änderung des Beschlusses Nr. 716/2009/EG und zur Aufhebung des Beschlusses 2009/77/EG der Kommission (ABl. L 331 vom 15.12.2010, S. 84).

leister, die in ihrem Hoheitsgebiet in anderer Form als einer Zweigstelle niedergelassen sind und deren Hauptsitz sich in einem anderen Mitgliedstaat befindet, die Anforderungen der nationalen Rechtsvorschriften zur Umsetzung der Richtlinie (EU) 2015/849 erfüllen;

2. „Aufnahmemitgliedstaat" den Mitgliedstaat, in dessen Hoheitsgebiet E-Geld-Emittenten und Zahlungsdienstleister, deren Hauptsitz sich in einem anderen Mitgliedstaat befindet, in anderer Form als einer Zweigstelle niedergelassen sind;

3. „E-Geld-Emittenten und Zahlungsdienstleister" E-Geld-Emittenten im Sinne des Artikels 2 Nummer 3 der Richtlinie 2009/110/EG des Europäischen Parlaments und des Rates[1] und Zahlungsdienstleister im Sinne des Artikels 4 Nummer 9 der Richtlinie 2007/64/EG des Europäischen Parlaments und des Rates[2].

Artikel 3
Kriterien für die Benennung einer zentralen Kontaktstelle

(1) Die Aufnahmemitgliedstaaten können E-Geld-Emittenten und Zahlungsdienstleister, die in ihrem Hoheitsgebiet in anderer Form als einer Zweigstelle niedergelassen sind und deren Hauptsitz sich in einem anderen Mitgliedstaat befindet, verpflichten, eine zentrale Kontaktstelle zu benennen, wenn eines der folgenden Kriterien gegeben ist:

a) Der E-Geld-Emittent oder der Zahlungsdienstleister unterhält mindestens zehn Niederlassungen.

b) Der Gesamtbetrag des ausgegebenen und zurückgenommenen E-Gelds oder der Gesamtwert der von den Niederlassungen ausgeführten Zahlungsvorgänge wird pro Geschäftsjahr voraussichtlich 3 Mio. EUR übersteigen oder überstieg im vorausgegangenen Geschäftsjahr 3 Mio. EUR.

c) Die nötigen Angaben für die Feststellung, ob das Kriterium unter Buchstabe a oder b zutrifft, wurden der zuständigen Behörde des Aufnahmemitgliedstaats trotz ihres Ersuchens nicht rechtzeitig mitgeteilt.

(2) Unbeschadet der Kriterien in Absatz 1 können die Aufnahmemitgliedstaaten von bestimmten Kategorien von E-Geld-Emittenten und Zahlungsdienstleistern, die in ihrem Hoheitsgebiet in anderer Form als einer Zweigstelle niedergelassen sind und deren Hauptsitz sich in einem anderen Mitgliedstaat befindet, verlangen, dass sie eine zentrale Kontaktstelle benennen, wenn dies in Anbetracht des mit dem Betrieb der Niederlassungen verbundenen Risikos der Geldwäsche oder Terrorismusfinanzierung angemessen ist.

(3) Die Aufnahmemitgliedstaaten stützen ihre Bewertung des mit dem Betrieb der Niederlassungen verbundenen Risikos der Geldwäsche oder Terrorismusfinanzierung auf die Ergebnisse der Risikobewertungen gemäß Artikel 6 Absatz 1 und Artikel 7 Absatz 1 der Richtlinie (EU) 2015/849 sowie auf andere glaubwürdige und zuverlässige Quellen, die ihnen zur Verfügung stehen. Im Rahmen dieser Bewertung berücksichtigen die Aufnahmemitgliedstaaten mindestens folgende Kriterien:

a) das mit der Art der angebotenen Produkte und Dienstleistungen und den genutzten Vertriebskanälen verbundene Risiko der Geldwäsche und Terrorismusfinanzierung;

b) das mit den Arten von Kunden verbundene Risiko der Geldwäsche und Terrorismusfinanzierung;

c) das aufgrund der Prävalenz gelegentlicher Transaktionen gegenüber etablierten Geschäftsbeziehungen bestehende Risiko der Geldwäsche und Terrorismusfinanzierung;

d) das mit den bedienten Ländern und geografischen Gebieten verbundene Risiko der Geldwäsche und Terrorismusfinanzierung.

(4) Unbeschadet der Kriterien in den Absätzen 1 und 2 kann ein Aufnahmemitgliedstaat ausnahmsweise seine zuständige Behörde ermächtigen, von einem E-Geld-Emittenten oder Zahlungsdienstleister, der in seinem Hoheitsgebiet in anderer Form als einer Zweigstelle niedergelassen ist und dessen Hauptsitz sich in einem anderen Mitgliedstaat befindet, zu verlangen, dass er eine zentrale Kontaktstelle benennt, wenn der Aufnahmemitgliedstaat berechtigten Grund zu der Annahme hat, dass mit den Niederlassungen dieses E-Geld-Emittenten oder Zahlungsdienstleisters ein hohes Risiko der Geldwäsche oder der Terrorismusfinanzierung verbunden ist.

Artikel 4
Sicherstellung der Einhaltung der Vorschriften zur Bekämpfung von Geldwäsche und Terrorismusfinanzierung

Die zentrale Kontaktstelle stellt sicher' dass Niederlassungen im Sinne des Artikels 45 Absatz 9 der Richtlinie (EU) 2015/849 den Vorschriften des Aufnahmemitgliedstaats zur Bekämpfung

Zu Artikel 2:

[1] *Richtlinie 2009/110/EG des Europäischen Parlaments und des Rates vom 16. September 2009 über die Aufnahme, Ausübung und Beaufsichtigung der Tätigkeit von E-Geld-Instituten, zur Änderung der Richtlinien 2005/60/EG und 2006/48/EG sowie zur Aufhebung der Richtlinie 2000/46/EG (ABl. L 267 vom 10.10.2009, S. 7).*

[2] *Richtlinie 2007/64/EG des Europäischen Parlaments und des Rates vom 13. November 2007 über Zahlungsdienste im Binnenmarkt, zur Änderung der Richtlinien 97/7/EG, 2002/65/EG, 2005/60/EG und 2006/48/EG sowie zur Aufhebung der Richtlinie 97/5/EG (ABl. L 319 vom 5.12.2007, S. 1).*

von Geldwäsche und Terrorismusfinanzierung nachkommen. Hierzu obliegen der zentralen Kontaktstelle folgende Aufgaben:

a) Sie erleichtert die Entwicklung und Umsetzung der Strategien und Verfahren zur Bekämpfung von Geldwäsche und Terrorismusfinanzierung gemäß Artikel 8 Absätze 3 und 4 der Richtlinie (EU) 2015/849, indem sie den E-Geld-Emittenten oder Zahlungsdienstleister, der sie benannt hat, über die im Aufnahmemitgliedstaat in Bezug auf die Bekämpfung der Geldwäsche und Terrorismusfinanzierung geltenden Anforderungen informiert;

b) sie beaufsichtigt im Namen des E-Geld-Emittenten oder Zahlungsdienstleisters, der sie benannt hat, die effektive Einhaltung der im Aufnahmemitgliedstaat in Bezug auf die Bekämpfung von Geldwäsche und Terrorismusfinanzierung geltenden Anforderungen durch die betreffenden Niederlassungen sowie die Strategien, Kontrollen und Verfahren des E-Geld-Emittenten oder Zahlungsdienstleisters, die gemäß Artikel 8 Absätze 3 und 4 der Richtlinie (EU) 2015/849 angenommen wurden;

c) sie informiert den Hauptsitz des E-Geld-Emittenten oder Zahlungsdienstleisters, der sie benannt hat, über alle in den betreffenden Niederlassungen festgestellten Verstöße oder Probleme bei der Einhaltung der Vorschriften, einschließlich der Umstände, die die Fähigkeit der Niederlassung beeinträchtigen können, die Strategien und Verfahren des E-Geld-Emittenten oder Zahlungsdienstleisters für die Bekämpfung von Geldwäsche und Terrorismusfinanzierung effektiv anzuwenden, oder die sich anderweitig auf die Risikobewertung des E-Geld-Emittenten oder des Zahlungsdienstleisters auswirken können;

d) sie stellt im Namen des E-Geld-Emittenten oder Zahlungsdienstleisters, der sie benannt hat, sicher, dass Korrekturmaßnahmen ergriffen werden, wenn die betreffenden Niederlassungen den geltenden Vorschriften zur Bekämpfung der Geldwäsche und der Terrorismusfinanzierung nicht nachkommen oder die Gefahr besteht, dass sie ihnen nicht nachkommen;

e) sie stellt im Namen des E-Geld-Emittenten oder Zahlungsdienstleisters, der sie benannt hat, sicher, dass die betreffenden Niederlassungen und ihr Personal an Fortbildungsprogrammen im Sinne des Artikels 46 Absatz 1 der Richtlinie (EU) 2015/849 teilnehmen;

f) sie vertritt den E-Geld-Emittenten oder Zahlungsdienstleister, der sie benannt hat, im Verkehr mit den zuständigen Behörden und der zentralen Meldestelle des Aufnahmemitgliedstaats.

Artikel 5
Erleichterung der Beaufsichtigung durch die zuständigen Behörden des Aufnahmemitgliedstaats

Die zentralen Kontaktstellen erleichtern den zuständigen Behörden des Aufnahmemitgliedstaats die Beaufsichtigung von Niederlassungen im Sinne des Artikels 45 Absatz 9 der Richtlinie (EU) 2015/849. Hierzu wird die zentrale Kontaktstelle im Namen des E-Geld-Emittenten oder Zahlungsdienstleisters, der sie benannt hat, wie folgt tätig:

a) Sie vertritt den E-Geld-Emittenten oder Zahlungsdienstleister, der sie benannt hat, im Verkehr mit den zuständigen Behörden;

b) sie greift auf Informationen im Besitz der betreffenden Niederlassungen zu;

c) sie reagiert auf alle Ersuchen der zuständigen Behörden in Bezug auf die Tätigkeit der betreffenden Niederlassungen, sie stellt den zuständigen Behörden relevante Informationen, die sich im Besitz des E-Geld-Emittenten oder Zahlungsdienstleisters, der sie benannt hat, oder der betreffenden Niederlassungen befinden, bereit und erstattet gegebenenfalls regelmäßig Bericht;

d) sie erleichtert auf Verlangen der zuständigen Behörden Vor-Ort-Prüfungen in den betreffenden Niederlassungen.

Artikel 6
Zusätzliche Aufgaben einer zentralen Kontaktstelle

(1) Zusätzlich zu den in den Artikeln 4 und 5 genannten Aufgaben können die Aufnahmemitgliedstaaten die zentralen Kontaktstellen dazu verpflichten, im Namen des E-Geld-Emittenten oder Zahlungsdienstleisters, der sie benannt hat, eine oder mehrere der folgenden Aufgaben wahrzunehmen:

a) gemäß den nationalen Rechtvorschriften des Aufnahmemitgliedstaats zur Umsetzung von Artikel 33 Absatz 1 der Richtlinie (EU) 2015/849 Bericht zu erstatten;

b) auf alle Ersuchen der zentralen Meldestelle im Zusammenhang mit der Tätigkeit der Niederlassungen gemäß Artikel 45 Absatz 9 der Richtlinie (EU) 2015/849 zu reagieren und der Meldestelle einschlägige Informationen in Bezug auf die betreffenden Niederlassungen zur Verfügung zu stellen;

c) unter Berücksichtigung des Umfangs und der Komplexität der Transaktionen des E-Geld-Emittenten oder Zahlungsdienstleisters im Aufnahmemitgliedstaat gegebenenfalls Prüfungen vorzunehmen, um verdächtige Transaktionen festzustellen.

(2) Die Aufnahmemitgliedstaaten können zentrale Kontaktstellen dazu verpflichten, eine oder mehrere der in Absatz 1 genannten zusätzlichen Aufgaben wahrzunehmen' wenn diese zusätzlichen Aufgaben dem Gesamtrisiko für Geldwäsche und Terrorismusfinanzierung entsprechen, das von der Tätigkeit der betreffenden Zahlungsdienstleister und E-Geld-Emittenten ausgeht' die in ihrem Hoheitsgebiet in anderer Form als einer Zweigstelle niedergelassen sind.

(3) Die Aufnahmemitgliedstaaten stützen ihre Bewertung des mit dem Betrieb der betreffenden Niederlassungen verbundenen Risikos der Geldwäsche oder Terrorismusfinanzierung auf die Ergebnisse der Risikobewertungen gemäß Artikel 6 Absatz 1 und Artikel 7 Absatz 1 der Richtlinie (EU) 2015/849, gegebenenfalls Artikel 3 Absatz 2 dieser Verordnung sowie auf andere glaubwürdige und zuverlässige Quellen, die ihnen zur Verfügung stehen.

Artikel 7
Inkrafttreten

Diese Verordnung tritt am zwanzigsten Tag nach ihrer Veröffentlichung im *Amtsblatt der Europäischen Union* in Kraft.

Diese Verordnung ist in allen ihren Teilen verbindlich und gilt unmittelbar in jedem Mitgliedstaat.

Brüssel, den 7. Mai 2018

Für die Kommission
Der Präsident
Jean-Claude JUNCKER

Delegierte Verordnung (EU) 2019/758 der Kommission vom 31. Januar 2019 zur Ergänzung der Richtlinie (EU) 2015/849 des Europäischen Parlaments und des Rates durch technische Regulierungsstandards für die von Kredit- und Finanzinstituten zur Minderung des Risikos von Geldwäsche und Terrorismusfinanzierung in bestimmten Drittländern mindestens zu treffenden Maßnahmen und die Art zusätzlich zu treffender Maßnahmen

ABl L 125 vom 14. 5. 2019, S 4

DIE EUROPÄISCHE KOMMISSION –

gestützt auf den Vertrag über die Arbeitsweise der Europäischen Union,

gestützt auf die Richtlinie (EU) 2015/849 des Europäischen Parlaments und des Rates vom 20. Mai 2015 zur Verhinderung der Nutzung des Finanzsystems zum Zwecke der Geldwäsche und der Terrorismusfinanzierung, zur Änderung der Verordnung (EU) Nr. 648/2012 des Europäischen Parlaments und des Rates und zur Aufhebung der Richtlinie 2005/60/EG des Europäischen Parlaments und des Rates und der Richtlinie 2006/70/EG der Kommission[1)], insbesondere auf den Artikel 45 Absatz 7,

in Erwägung nachstehender Gründe:

(1) Kreditinstitute und Finanzinstitute müssen das Risiko von Geldwäsche und Terrorismusfinanzierung, dem sie ausgesetzt sind, ermitteln, bewerten und steuern, insbesondere in Fällen, in denen sie in Drittländern Zweigstellen oder mehrheitlich in ihrem Besitz befindliche Tochterunternehmen gegründet haben oder die Gründung von Zweigstellen oder mehrheitlich in ihrem Besitz befindlichen Tochterunternehmen in Drittländern erwägen. Aus diesem Grund werden in der Richtlinie (EU) 2015/849 Standards für eine wirksame Bewertung und Steuerung des Risikos von Geldwäsche und Terrorismusfinanzierung auf Gruppenebene festgelegt.

(2) Die konsequente Umsetzung von gruppenweit anzuwendenden Strategien und Verfahren zur Bekämpfung von Geldwäsche und Terrorismusfinanzierung ist von zentraler Bedeutung für eine solide und wirksame Steuerung des Risikos von Geldwäsche und Terrorismusfinanzierung innerhalb der Unternehmensgruppe.

[1)] *ABl. L 141 vom 5.6. 2015, S. 73.*

(3) Es gibt jedoch Fälle, in denen eine Unternehmensgruppe Zweigstellen oder mehrheitlich in ihrem Besitz befindliche Tochterunternehmen in einem Drittland unterhält, nach dessen Recht die Umsetzung der gruppenweit anzuwendenden Strategien und Verfahren zur Bekämpfung von Geldwäsche und Terrorismusfinanzierung nicht zulässig ist. Dies kann zum Beispiel der Fall sein, wenn es der Unternehmensgruppe aufgrund der Rechtsvorschriften des Drittlandes zum Datenschutz oder Bankgeheimnis nur begrenzt möglich ist, auf Informationen über Kunden von Zweigstellen oder mehrheitlich im Besitz der Gruppe befindlichen Tochterunternehmen in dem betreffenden Drittland zuzugreifen oder diese zu verarbeiten und auszutauschen.

(4) Unter diesen Umständen sind zusätzliche Strategien und Verfahren zur wirksamen Steuerung des Risikos von Geldwäsche und Terrorismusfinanzierung einzuführen; dies gilt auch in Fällen, in denen die zuständigen Behörden an einer wirksamen Beaufsichtigung der Unternehmensgruppe bezüglich der Einhaltung der Anforderungen der Richtlinie (EU) 2015/849 gehindert werden, weil die zuständigen Behörden keinen Zugang zu relevanten Informationen in Zweigstellen oder mehrheitlich im Besitz der Gruppe befindlichen Tochterunternehmen in Drittländern haben. Zu diesen zusätzlichen Strategien und Verfahren kann auch die Einholung der Zustimmung der Kunden gehören, mit der sich in Ermangelung anderer Optionen bestimmte rechtliche Hindernisse bezüglich der Umsetzung von gruppenweit anzuwendenden Strategien und Verfahren zur Bekämpfung von Geldwäsche und Terrorismusfinanzierung in Drittländern überwinden lassen.

(5) Die Notwendigkeit, den rechtlichen Hemmnissen für die Umsetzung von gruppenweit anzuwendenden Strategien und Verfahren konse-

quent auf Unionsebene zu begegnen, rechtfertigt die Auflage von spezifischen Maßnahmen, die Kredit- und Finanzinstituten in derartigen Fällen mindestens abverlangt werden sollten. Solche zusätzlichen Strategien und Verfahren sollten jedoch risikobasiert sein.

(6) Kredit- und Finanzinstitute sollten ihren zuständigen Behörden gegenüber nachweisen können, dass der Umfang der von ihnen getroffenen zusätzlichen Maßnahmen in Bezug auf das Risiko von Geldwäsche und Terrorismusfinanzierung ausreichend ist. Sollte jedoch die zuständige Behörde die von einem Kredit- oder Finanzinstitut getroffenen zusätzlichen Maßnahmen zur Steuerung des Risikos nicht für ausreichend halten, so sollte die zuständige Behörde dem Kredit- oder Finanzinstitut die Anweisung erteilen können, spezifische Maßnahmen zu ergreifen, um die Einhaltung der Verpflichtungen zur Bekämpfung von Geldwäsche und Terrorismusfinanzierung durch das Kredit- oder Finanzinstitut sicherzustellen.

(7) Die Verordnung (EU) Nr. 1093/2010 des Europäischen Parlaments und des Rates[2], die Verordnung (EU) Nr. 1094/2010 des Europäischen Parlaments und des Rates[3] und die Verordnung (EU) Nr. 1095/2010 des Europäischen Parlaments und des Rates[4] geben der Europäische Bankenaufsichtsbehörde (EBA), der Europäischen Aufsichtsbehörde für das Versicherungswesen und die betriebliche Altersversorgung (EIOPA) und der Europäischen Wertpapier- und Marktaufsichtsbehörde (ESMA) jeweils die Befugnis, gemeinsame Leitlinien zur Sicherstellung der gemeinsamen, einheitlichen und konsequenten Anwendung des Unionsrechts herauszugeben. Bei der Einhaltung der Vorschriften der vorliegenden Verordnung sollten Kredit- und Finanzinstitute die im Einklang mit Artikel 17 und Artikel 18 Absatz 4 der Richtlinie (EU) 2015/849 herausgegebenen gemeinsamen Leitlinien über vereinfachte und verstärkte Maßnahmen zur Erfüllung ihrer Sorgfaltspflichten gegenüber Kunden berücksichtigen und auch die Faktoren bedenken, die Kredit- und Finanzinstitute bei der Bewertung des mit individuellen Geschäftsbeziehungen und gelegentlichen Transaktionen einhergehenden Risikos von Geldwäsche und Terrorismusfinanzierung beachten sollten, und sie sollten alle Anstrengungen unternehmen, um diesen Leitlinien nachzukommen.

(8) Die Bestimmungen der vorliegenden Verordnung sollten unbeschadet der Pflicht der zuständigen Behörden des Herkunftsmitgliedstaats gelten, gemäß Artikel 45 Absatz 5 der Richtlinie (EU) 2015/849 zusätzliche Aufsichtsmaßnahmen zu treffen, wenn sich die Anwendung der in dieser Verordnung definierten Maßnahmen als nicht ausreichend erweist.

(9) Die Bestimmungen dieser Verordnung sollten außerdem unbeschadet der verstärkten Maßnahmen zur Erfüllung der Sorgfaltspflichten gelten, die Kredit- und Finanzinstitute ergreifen müssen, wenn sie es mit natürlichen oder juristischen Personen zu tun haben, die in von der Kommission nach Artikel 9 der Richtlinie (EU) 2015/849 ermittelten Drittländern mit hohem Risiko niedergelassen sind.

(10) Kredit- und Finanzinstituten sollte genug Zeit eingeräumt werden, um ihre Strategien und Verfahren im Einklang mit den Vorschriften der vorliegenden Verordnung anzupassen. Dazu ist es angemessen, die Anwendung dieser Verordnung nach dem Datum ihres Inkrafttretens noch drei Monate aufzuschieben.

(11) Diese Verordnung stützt sich auf die von den Europäischen Aufsichtsbehörden (Europäische Bankenaufsichtsbehörde, Europäische Aufsichtsbehörde für das Versicherungswesen und die betriebliche Altersversorgung und Europäische Wertpapier- und Marktaufsichtsbehörde) erarbeiteten und der Kommission vorgelegten Entwürfe technischer Regulierungsstandards.

(12) Die Europäischen Aufsichtsbehörden haben öffentliche Konsultationen zu den Entwürfen technischer Regulierungsstandards durchgeführt, auf die sich diese Verordnung stützt, die damit verbundenen potenziellen Kosten- und Nutzeffekte analysiert und die gemäß Artikel 37 der Verordnung (EU)Nr. 1093/2010 eingesetzte Interessen-

---

Zu Abs. 7:

[2] *Verordnung (EU) Nr. 1093/2010 des Europäischen Parlaments und des Rates vom 24. November 2010 zur Errichtung einer Europäischen Aufsichtsbehörde (Europäische Bankenaufsichtsbehörde), zur Änderung des Beschlusses Nr. 716/2009/EG und zur Aufhebung des Beschlusses 2009/78/EG der Kommission (ABl. L 331 vom 15.12.2010, S. 12).*

[3] *Verordnung (EU) Nr. 1094/2010 des Europäischen Parlaments und des Rates vom 24. November 2010 zur Errichtung einer Europäischen Aufsichtsbehörde (Europäische Aufsichtsbehörde für das Versicherungswesen und die betriebliche Altersversorgung), zur Änderung des Beschlusses Nr. 716/2009/EG und zur Aufhebung des Beschlusses 2009/79/EG der Kommission (ABl. L 331 vom 15.12.2010, S. 48).*

[4] *Verordnung (EU) Nr. 1095/2010 des Europäischen Parlaments und des Rates vom 24. November 2010 zur Errichtung einer Europäischen Aufsichtsbehörde (Europäische Bankenaufsichtsbehörde), zur Änderung des Beschlusses Nr. 716/2009/EG und zur Aufhebung des Beschlusses 2009/77/EG der Kommission (ABl. L 331 vom 15.12.2010, S. 84).*

gruppe Bankensektor um Stellungnahme gebeten –

HAT FOLGENDE VERORDNUNG ERLASSEN:

Artikel 1
Gegenstand und Geltungsbereich

In dieser Verordnung sind eine Reihe von zusätzlichen Maßnahmen festgelegt, einschließlich der Maßnahmen, die Kredit- und Finanzinstitute mindestens ergreifen müssen, um dem Risiko von Geldwäsche und Terrorismusfinanzierung wirksam zu begegnen, wenn die Rechtsvorschriften eines Drittlandes die Umsetzung der in Artikel 45 Absätze 1 und 3 der Richtlinie (EU) 2015/849 genannten gruppenweit anzuwendenden Strategien und Verfahren auf Ebene der zu der Gruppe gehörenden und in dem Drittland niedergelassenen Zweigstellen oder mehrheitlich im Besitz der Gruppe befindlichen Tochterunternehmen nicht zulassen.

Artikel 2
Allgemeine Pflichten für jedes Drittland

Kredit- und Finanzinstitute verfahren für jedes Drittland, in dem sie eine Zweigstelle errichtet haben oder ein Tochterunternehmen unterhalten, das sich mehrheitlich in ihrem Besitz befindet, mindestens wie folgt:

a) Sie bewerten das für ihre Gruppe bestehende Risiko von Geldwäsche und Terrorismusfinanzierung und gewährleisten die Aufzeichnung und fortlaufende Aktualisierung dieser Bewertung sowie deren Aufbewahrung zum Zwecke ihrer gemeinsamen Nutzung mit der für die Gruppe zuständigen Behörde;

b) sie stellen sicher, dass dem unter Buchstabe a genannten Risiko in den gruppenweit anzuwendenden Strategien und Verfahren zur Bekämpfung von Geldwäsche und Terrorismusfinanzierung der Gruppe angemessen Rechnung getragen wird;

c) sie holen die Genehmigung der Geschäftsleitung auf Gruppenebene für die unter Buchstabe a genannte Risikobewertung und die unter Buchstabe b genannten gruppenweit anzuwendenden Strategien und Verfahren zur Bekämpfung von Geldwäsche und Terrorismusfinanzierung ein;

d) sie bieten gezielte Schulungen für relevante Mitarbeiter in dem Drittland an, um ihnen die Erkennung von Risikoindikatoren hinsichtlich Geldwäsche und Terrorismusfinanzierung zu ermöglichen, und stellen die Wirksamkeit der Schulungen sicher.

Artikel 3
Individuelle Risikobewertungen

(1) Sofern die Rechtsvorschriften des Drittlandes die Anwendung der Strategien und Verfahren, die zur Erkennung und angemessenen Bewertung des mit einer Geschäftsbeziehung oder gelegentlichen Transaktion verbundenen Risikos von Geldwäsche und Terrorismusfinanzierung notwendig sind, aufgrund von Einschränkungen des Zugriffs auf relevante Informationen über Kunden und wirtschaftliche Eigentümer oder Einschränkungen der Verwendung derartiger Informationen zur Erfüllung der Sorgfaltspflichten gegenüber Kunden nicht oder nur begrenzt zulassen, verfahren Kredit- und Finanzinstitute mindestens wie folgt:

a) Sie benachrichtigen die zuständige Behörde des Herkunftsmitgliedstaats binnen kürzester Frist und in jedem Fall innerhalb von 28 Kalendertagen nach der Identifizierung des Drittlandes unter Angabe der folgenden Informationen:

i) Name des betreffenden Drittlandes;

ii) die Art und Weise, wie die Rechtsvorschriften des Drittlandes die Anwendung der zur Erkennung und Bewertung des mit einem Kunden verbundenen Risikos von Geldwäsche und Terrorismusfinanzierung notwendigen Strategien und Verfahren verbieten oder einschränken;

b) sie stellen sicher, dass ihre Zweigstellen oder mehrheitlich in ihrem Besitz befindlichen Tochterunternehmen, die in dem Drittland niedergelassen sind, ermitteln, ob die unter Buchstabe a Ziffer ii genannten Einschränkungen oder Verbote durch die Zustimmung ihrer Kunden und gegebenenfalls der wirtschaftlichen Eigentümer ihrer Kunden auf rechtmäßige Weise überwunden werden können;

c) sie stellen sicher, dass ihre Zweigstellen oder mehrheitlich in ihrem Besitz befindlichen Tochterunternehmen, die in dem Drittland niedergelassen sind, die Zustimmung ihrer Kunden und gegebenenfalls der wirtschaftlichen Eigentümer ihrer Kunden verlangen, um die unter Buchstabe a Ziffer ii genannten Einschränkungen oder Verbote, soweit dies unter Einhaltung der Rechtsvorschriften des Drittlandes möglich ist, zu überwinden.

(2) Sollte die Einholung der in Absatz 1 Buchstabe c genannten Zustimmung nicht möglich sein, so müssen die Kredit- und Finanzinstitute neben ihren Standardmaßnahmen zur Bekämpfung von Geldwäsche und Terrorismusfinanzierung zusätzliche Maßnahmen ergreifen, um dem Risiko der Geldwäsche oder Terrorismusfinanzierung zu begegnen.

Zu diesen zusätzlichen Maßnahmen gehören auch die in Artikel 8 Buchstabe c genannte zusätzliche Maßnahme und eine oder mehrere der in

Artikel 8 Buchstaben a, b, d, e und f aufgeführten Maßnahmen.

Sollte ein Kredit- oder Finanzinstitut nicht in der Lage sein, dem Risiko von Geldwäsche und Terrorismusfinanzierung unter Anwendung der in den Absätzen 1 und 2 genannten Maßnahmen wirksam zu begegnen, so verfährt es wie folgt:

a) Es stellt sicher, dass die Zweigstelle oder das mehrheitlich in seinem Besitz befindliche Tochterunternehmen die Geschäftsbeziehung beendet;

b) Es stellt sicher, dass die Zweigstelle oder das mehrheitlich in seinem Besitz befindliche Tochterunternehmen die gelegentlich getätigte Transaktion nicht ausführt;

c) es stellt die von seiner Zweigstelle oder dem mehrheitlich in seinem Besitz befindlichen Tochterunternehmen in dem Drittland ausgeführten Tätigkeiten ganz oder teilweise ein.

(3) Kredit- und Finanzinstitute müssen den Umfang der in den Absätzen 2 und 3 genannten zusätzlichen Maßnahmen auf risikobasierter Grundlage ermitteln und in der Lage sein, ihrer zuständigen Behörde gegenüber nachzuweisen, dass der Umfang der zusätzlichen Maßnahmen in Anbetracht des bestehenden Risikos von Geldwäsche und Terrorismusfinanzierung angemessen ist.

Artikel 4
Austausch und Verarbeitung von Kundendaten

(1) In Fällen, in denen die Rechtsvorschriften eines Drittlandes den Austausch oder die Verarbeitung von Kundendaten innerhalb der Gruppe zum Zwecke der Bekämpfung von Geldwäsche und Terrorismusfinanzierung nicht oder nur begrenzt zulassen, verfahren Kredit- und Finanzinstitute mindestens wie folgt:

a) Sie benachrichtigen die zuständige Behörde des Herkunftsmitgliedstaats binnen kürzester Frist und in jedem Fall innerhalb von 28 Tagen nach der Identifizierung des Drittlandes unter Angabe der folgenden Informationen:

i) Name des betreffenden Drittlandes;

ii) die Art und Weise, wie die Rechtsvorschriften des Drittlandes den Austausch oder die Verarbeitung von Kundendaten zum Zwecke der Bekämpfung von Geldwäsche und Terrorismusfinanzierung verbieten oder einschränken;

b) sie stellen sicher, dass ihre Zweigstellen oder mehrheitlich in ihrem Besitz befindlichen Tochtergesellschaften, die in dem Drittland niedergelassen sind, ermitteln, ob die unter Buchstabe a Ziffer ii genannten Einschränkungen oder Verbote durch die Zustimmung ihrer Kunden und gegebenenfalls der wirtschaftlichen Eigentümer ihrer Kunden auf rechtmäßige Weise überwunden werden können;

c) sie stellen sicher, dass ihre Zweigstellen oder mehrheitlich in ihrem Besitz befindlichen Tochterunternehmen, die in dem Drittland niedergelassen sind, die Zustimmung ihrer Kunden und gegebenenfalls der wirtschaftlichen Eigentümer ihrer Kunden verlangen, um die unter Buchstabe a Ziffer ii genannten Beschränkungen oder Verbote, soweit dies unter Einhaltung der Rechtsvorschriften des Drittlandes möglich ist, zu überwinden.

(2) Sollte die Einholung der in Absatz 1 Buchstabe c genannten Zustimmung nicht möglich sein, so ergreifen die Kredit- und Finanzinstitute neben ihren Standardmaßnahmen zur Bekämpfung von Geldwäsche und Terrorismusfinanzierung zusätzliche Maßnahmen zur Steuerung des Risikos. Zu diesen zusätzlichen Maßnahmen gehört auch die in Artikel 8 Buchstabe a oder die in Artikel 8 Buchstabe c aufgeführte zusätzliche Maßnahme. In Fällen, in denen das Risiko von Geldwäsche und Terrorismusfinanzierung so groß ist, dass weitere zusätzliche Maßnahmen erforderlich werden, ergreifen Kredit- und Finanzinstitute eine oder mehrere der übrigen zusätzlichen Maßnahmen in Artikel 8 Buchstaben a bis c.

(3) In Fällen, in denen ein Kredit- oder Finanzinstitut dem Risiko von Geldwäsche und Terrorismusfinanzierung unter Anwendung der in den Absätzen 1 und 2 genannten Maßnahmen nicht wirksam begegnen kann, so stellt es die von seiner Zweigstelle oder dem mehrheitlich in seinem Besitz befindlichen Tochterunternehmen in dem Drittland ausgeführten Tätigkeiten ganz oder teilweise ein.

(4) Kredit- und Finanzinstitute müssen den Umfang der in den Absätzen 2 und 3 genannten zusätzlichen Maßnahmen auf risikobasierter Grundlage ermitteln und in der Lage sein, ihrer zuständigen Behörde gegenüber nachzuweisen, dass der Umfang der zusätzlichen Maßnahmen in Anbetracht des bestehenden Risikos von Geldwäsche und Terrorismusfinanzierung angemessen ist.

Artikel 5
Offenlegung von Informationen zu verdächtigen Transaktionen

(1) In Fällen, in denen die Rechtsvorschriften des Drittlandes den Austausch der in Artikel 33 Absatz 1 der Richtlinie (EU) 2015/849 genannten Informationen durch Zweigstellen und mehrheitlich im Besitz der Gruppe befindliche Tochterunternehmen in dem Drittland mit anderen der Gruppe zugehörigen Unternehmen nicht oder nur begrenzt zulassen, verfahren Kredit- und Finanzinstitute mindestens wie folgt:

a) Sie benachrichtigen die zuständige Behörde des Herkunftsmitgliedstaats binnen kürzester Frist und in jedem Fall innerhalb von 28 Tagen nach der Identifizierung des Drittlandes unter Angabe der folgenden Informationen:

i) Name des betreffenden Drittlandes;

ii) die Art und Weise, wie die Rechtsvorschriften des Drittlandes den Austausch oder die Verarbeitung der Inhalte der in Artikel 33 Absatz 1 der Richtlinie (EU) 2015/849 genannten Informationen, die von einer Zweigstelle oder einem mehrheitlich im Besitz der Gruppe befindlichen Tochterunternehmen in einem Drittland identifiziert wurden, mit anderen Unternehmen der Gruppe verbieten oder einschränken;

b) sie verlangen von der Zweigstelle oder dem mehrheitlich im Besitz der Gruppe befindlichen Tochterunternehmen die Bereitstellung aller relevanten Informationen für die Geschäftsleitung des Kredit- oder Finanzinstituts, um dieser die Bewertung des Risikos von Geldwäsche und Terrorismusfinanzierung, das mit der Tätigkeit einer solchen Zweigstelle oder eines solchen mehrheitlich im Besitz der Gruppe befindlichen Tochterunternehmens verbunden ist, sowie der Auswirkungen dieses Risikos auf die Gruppe zu ermöglichen, wie zum Beispiel:

i) die Anzahl der verdächtigen Transaktionen, die innerhalb eines bestimmten Zeitraums gemeldet wurden;

ii) aggregierte statistische Daten, die einen Überblick über die Umstände bieten, die zu dem Verdacht führten.

(2) Kredit- und Finanzinstitute müssen sowohl zusätzliche Maßnahmen als auch ihre Standardmaßnahmen zur Bekämpfung von Geldwäsche und Terrorismusfinanzierung und die in Absatz 1 genannten Maßnahmen zur Steuerung des Risikos ergreifen.

Zu diesen zusätzlichen Maßnahmen gehören auch eine oder mehrere der in Artikel 8 Buchstaben a bis c und g bis i genannten zusätzlichen Maßnahmen.

(3) In Fällen, in denen Kredit- oder Finanzinstitute dem Risiko von Geldwäsche und Terrorismusfinanzierung unter Anwendung der in Absätzen 1 und 2 genannten Maßnahmen nicht wirksam begegnen können, stellen sie die von ihrer Zweigstelle oder dem mehrheitlich in ihrem Besitz befindlichen Tochterunternehmen in dem Drittland ausgeführten Tätigkeiten ganz oder teilweise ein.

(4) Kredit- und Finanzinstitute müssen den Umfang der in Absätzen 2 und 3 genannten zusätzlichen Maßnahmen auf risikobasierter Grundlage ermitteln und in der Lage sein, ihrer zuständigen Behörde gegenüber nachzuweisen, dass der Umfang der zusätzlichen Maßnahmen in Anbetracht des bestehenden Risikos von Geldwäsche und Terrorismusfinanzierung angemessen ist.

Artikel 6
Übermittlung von Kundendaten an Mitgliedstaaten

In Fällen, in denen die Rechtsvorschriften des Drittlandes die Übermittlung von kundenbezogenen Daten einer Zweigstelle oder eines mehrheitlich im Besitz der Gruppe befindlichen Tochterunternehmens in dem Drittland an einen Mitgliedstaat zum Zwecke der Beaufsichtigung zur Bekämpfung von Geldwäsche und Terrorismusfinanzierung nicht oder nur begrenzt zulassen, verfahren Kredit- und Finanzinstitute mindestens wie folgt:

a) Sie benachrichtigen die zuständige Behörde des Herkunftsmitgliedstaats binnen kürzester Frist und in jedem Fall innerhalb von 28 Kalendertagen nach der Identifizierung des Drittlandes unter Angabe der folgenden Informationen:

i) Name des betreffenden Drittlandes;

ii) die Art und Weise, wie die Rechtsvorschriften des Drittlandes die Übermittlung von kundenbezogenen Daten zum Zwecke der Beaufsichtigung zur Bekämpfung von Geldwäsche und Terrorismusfinanzierung verbieten oder einschränken;

b) sie führen verstärkte Überprüfungen durch, darunter auch – soweit dies dem mit der Tätigkeit der Zweigstelle oder des mehrheitlich im Besitz der Gruppe befindlichen Tochterunternehmens in dem Drittland verbundenen Risiko angemessen ist – Vor-Ort-Kontrollen oder unabhängige Audits, um sich davon zu überzeugen, dass die Zweigstelle oder das mehrheitlich im Besitz der Gruppe befindliche Tochterunternehmen gruppenweit anzuwendende Strategien und Verfahren wirksam umsetzt und Risiken von Geldwäsche und Terrorismusfinanzierung angemessen erkennt, bewertet und steuert;

c) sie übermitteln die Ergebnisse der in Buchstabe b genannten Überprüfungen auf Anfrage an die zuständige Behörde des Herkunftsmitgliedstaats;

d) sie verlangen von der Zweigstelle oder dem mehrheitlich im Besitz der Gruppe befindlichen Tochterunternehmen in dem Drittland die regelmäßige Bereitstellung relevanter Informationen für die Geschäftsleitung des Kredit- oder Finanzinstituts, darunter mindestens die folgenden Angaben:

i) Anzahl der Kunden mit hohem Risiko und aggregierte statistische Daten, die einen Überblick über die Gründe bieten, die dazu führten, dass Kunden als Kunden mit hohem Risiko eingestuft wurden, wie zum Beispiel der Status einer „politisch exponierten Person";

ii) Anzahl der erkannten und gemeldeten verdächtigen Transaktionen und aggregierte statistische Daten, die einen Überblick über die Umstände bieten, die zu einem Verdacht führten;

e) sie übermitteln die in Buchstabe d genannten Informationen auf Anfrage an die zuständige Behörde des Herkunftsmitgliedstaats.

Artikel 7
Aufbewahrung von Aufzeichnungen

(1) Sollte die Anwendung von Maßnahmen zur Aufbewahrung von Aufzeichnungen, die den in Kapitel V der Richtlinie (EU) 2015/849 genannten Maßnahmen gleichwertig sind, aufgrund der Rechtsvorschriften des Drittlandes nicht oder nur begrenzt zulässig sein, so verfahren Kredit- und Finanzinstitute mindestens wie folgt:

a) Sie benachrichtigen die zuständige Behörde des Herkunftsmitgliedstaats binnen kürzester Frist und in jedem Fall innerhalb von 28 Tagen nach der Identifizierung des Drittlandes unter Angabe der folgenden Informationen:

i) Name des betreffenden Drittlandes;

ii) die Art und Weise, wie die Rechtsvorschriften des Drittlandes die Anwendung von Maßnahmen zur Aufbewahrung von Aufzeichnungen, die den in Richtlinie (EU) 2015/849 festgelegten Maßnahmen gleichwertig sind, verbieten oder einschränken;

b) sie ermitteln, ob mit der Zustimmung des Kunden oder gegebenenfalls des wirtschaftlichen Eigentümers die in Buchstabe a Ziffer ii genannten Einschränkungen oder Verbote auf rechtmäßige Weise überwunden werden können;

c) sie stellen sicher, dass ihre Zweigstellen oder mehrheitlich in ihrem Besitz befindlichen Tochterunternehmen, die in dem Drittland niedergelassen sind, die Zustimmung ihrer Kunden und gegebenenfalls der wirtschaftlichen Eigentümer ihrer Kunden verlangen, um die unter Buchstabe a Ziffer ii genannten Einschränkungen oder Verbote, soweit dies unter Einhaltung der Rechtsvorschriften des Drittlandes möglich ist, zu überwinden.

(2) Sollte die Einholung der in Absatz 1 Buchstabe c genannten Zustimmung nicht durchführbar sein, so ergreifen die Kredit- und Finanzinstitute sowohl zusätzliche Maßnahmen als auch ihre Standardmaßnahmen zur Bekämpfung von Geldwäsche und Terrorismusfinanzierung und die in Absatz 1 genannten Maßnahmen zur Steuerung des Risikos. Zu diesen zusätzlichen Maßnahmen gehören auch eine oder mehrere der in Artikel 8 Buchstaben a bis c und j genannten zusätzlichen Maßnahmen.

(3) Kredit- und Finanzinstitute müssen den Umfang der in Absatz 2 genannten zusätzlichen Maßnahmen auf risikobasierter Grundlage ermitteln und in der Lage sein, ihrer zuständigen Behörde gegenüber nachzuweisen, dass der Umfang der zusätzlichen Maßnahmen in Anbetracht des bestehenden Risikos von Geldwäsche und Terrorismusfinanzierung angemessen ist.

Artikel 8
Zusätzliche Maßnahmen

Kredit- und Finanzinstitute treffen entsprechend Artikel 3 Absatz 2, Artikel 4 Absatz 2, Artikel 5 Absatz 2 und Artikel 7 Absatz 2 die folgenden zusätzlichen Maßnahmen:

a) Sie stellen sicher, dass ihre Zweigstellen oder mehrheitlich in ihrem Besitz befindlichen Tochterunternehmen, die in dem Drittland niedergelassenen sind, die von der Zweigstelle oder dem mehrheitlich im Besitz der Gruppe befindlichen Tochterunternehmen angebotenen Finanzprodukte und Finanzdienstleistungen in ihrer Art und Beschaffenheit so beschränken, dass sie ein geringes Risiko von Geldwäsche und Terrorismusfinanzierung aufweisen und sich nur geringfügig auf das Gesamtrisiko der Gruppe auswirken;

b) sie stellen sicher, dass andere Unternehmen der gleichen Gruppe sich nicht auf die Maßnahmen zur Erfüllung der Sorgfaltspflichten gegenüber Kunden, die von einer Zweigstelle oder einem mehrheitlich im Besitz der Gruppe befindlichen Tochterunternehmen in dem Drittland durchgeführt wurden, verlassen, sondern selbst Maßnahmen zur Erfüllung der Sorgfaltspflichten in Bezug auf alle Kunden einer Zweigstelle oder eines mehrheitlich im Besitz der Gruppe befindlichen Tochterunternehmens in dem Drittland durchführen, die Produkte oder Dienstleistungen dieser anderen Unternehmen der gleichen Gruppe in Anspruch nehmen möchten, auch wenn die Bedingungen nach Artikel 28 der Richtlinie (EU) 2015/849 erfüllt sind;

c) sie führen verstärkte Überprüfungen durch, darunter auch – soweit dies dem mit der Tätigkeit der Zweigstelle oder des mehrheitlich im Besitz der Gruppe befindlichen Tochterunternehmens in dem Drittland verbundenen Risiko angemessen ist – Vor-Ort-Kontrollen oder unabhängige Audits, um sich davon zu überzeugen, dass die Zweigstelle oder das mehrheitlich im Besitz der Gruppe befindliche Tochterunternehmen Risiken von Geldwäsche und Terrorismusfinanzierung angemessen erkennt, bewertet und steuert;

d) sie stellen sicher, dass ihre Zweigstellen oder mehrheitlich in ihrem Besitz befindlichen Tochterunternehmen in dem Drittland die Zustimmung der Geschäftsleitung des Kredit- oder Finanzinstituts zum Aufbau und zur Pflege von Geschäftsbeziehungen mit einem erhöhten Risiko oder zur Durchführung gelegentlicher Transaktionen mit einem erhöhten Risiko einholen;

e) sie stellen sicher, dass ihre Zweigstellen oder mehrheitlich in ihrem Besitz befindlichen Tochterunternehmen in dem Drittland die Herkunft und gegebenenfalls den Bestimmungsort von Mitteln feststellen, die im Rahmen der betreffenden Geschäftsbeziehung oder gelegentlichen Transaktion verwendet werden sollen;

f) sie stellen sicher, dass ihre Zweigstellen oder mehrheitlich in ihrem Besitz befindlichen Tochterunternehmen in dem Drittland die Geschäftsbeziehung so lange einer verstärkten und fortlaufenden Überwachung – einschließlich einer verstärkten Überwachung der Transaktionen – unterziehen, bis die Zweigstellen oder mehrheitlich in Besitz der Gruppe befindlichen Tochterunternehmen sich angemessen vergewissert haben, dass sie sich über das mit der Geschäftsbeziehung verbundene Risiko von Geldwäsche und Terrorismusfinanzierung im Klaren sind;

g) sie stellen sicher, dass ihre Zweigstellen oder mehrheitlich in ihrem Besitz befindlichen Tochterunternehmen in dem Drittland mit dem Kredit- oder Finanzinstitut Informationen austauschen, auf denen die Meldung einer verdächtigen Transaktion beruht und die zu der Erkenntnis, dem Verdacht oder zu hinreichenden Gründen für einen Verdacht führten, dass sich ein Versuch oder ein Fall von Geldwäsche und Terrorismusfinanzierung ereignet hat; derartige Informationen können beispielsweise Tatbestände, Transaktionen, Umstände und Dokumente sein, auf die sich ein Verdacht stützt, darunter auch personenbezogene Angaben, soweit dies nach dem Recht des Drittlandes möglich ist;

h) sie führen eine verstärkte und fortlaufende Überwachung von Kunden und gegebenenfalls den wirtschaftlichen Eigentümern von Kunden einer Zweigstelle oder eines mehrheitlich im Besitz der Gruppe befindlichen Tochterunternehmens in dem Drittland, über die es bekanntermaßen Meldungen verdächtiger Transaktionen von anderen Unternehmen der gleichen Gruppe gibt, durch;

i) sie stellen sicher, dass ihre Zweigstellen oder mehrheitlich in ihrem Besitz befindlichen Tochterunternehmen in dem Drittland über wirksame Systeme und Kontrollen zur Erkennung und Meldung verdächtiger Transaktionen verfügen;

j) sie stellen sicher, dass ihre Zweigstellen oder mehrheitlich in ihrem Besitz befindlichen Tochterunternehmen in dem Drittland das Risikoprofil und die die Sorgfaltspflichten betreffenden Informationen in Bezug auf Kunden einer Zweigstelle oder eines mehrheitlich im Besitz der Gruppe befindlichen Tochterunternehmens in dem Drittland auf dem aktuellsten Stand halten und so lange sicher aufbewahren, wie dies rechtlich möglich ist, aber in jedem Fall mindestens für die Dauer der Geschäftsbeziehung.

Artikel 9
Inkrafttreten

Diese Verordnung tritt am zwanzigsten Tag nach ihrer Veröffentlichung im *Amtsblatt der Europäischen Union* in Kraft.

Sie gilt ab dem 3. September 2019.

Diese Verordnung ist in allen ihren Teilen verbindlich und gilt unmittelbar in allen Mitgliedstaaten.

Brüssel, den 31. Januar 2019

Für die Kommission
Der Präsident
Jean-Claude JUNCKER

Richtlinie (EU) 2018/843 zur Änderung der Richtlinie (EU) 2015/849 zur Verhinderung der Nutzung des Finanzsystems zum Zwecke der Geldwäsche und der Terrorismusfinanzierung und zur Änderung der Richtlinien 2009/138/EG und 2013/36/EU

ABl L 156 vom 19. 6. 2018, S 43 idF

DAS EUROPÄISCHE PARLAMENT UND DER RAT DER EUROPÄISCHEN UNION –

gestützt auf den Vertrag über die Arbeitsweise der Europäischen Union, insbesondere auf Artikel 114,

auf Vorschlag der Europäischen Kommission,

nach Zuleitung des Entwurfs des Gesetzgebungsakts an die nationalen Parlamente,

nach Stellungnahme der Europäischen Zentralbank[1)],

nach Stellungnahme des Europäischen Wirtschafts- und Sozialausschusses[2)],

gemäß dem ordentlichen Gesetzgebungsverfahren[3)],

in Erwägung nachstehender Gründe:

(1) Die Richtlinie (EU) 2015/849 des Europäischen Parlaments und des Rates[4)] ist das wichtigste Rechtsinstrument zur Verhinderung der Nutzung des Finanzsystems der Union zum Zwecke der Geldwäsche und der Terrorismusfinanzierung. Durch jene Richtlinie, deren Umsetzungsfrist der 26. Juni 2017 war, wurde ein wirksamer und umfassender Rechtsrahmen für das Vorgehen gegen die Sammlung von Geldern oder Vermögenswerten für terroristische Zwecke geschaffen, bei dem den Mitgliedstaaten die Aufgabe obliegt, bestehende Risiken im Zusammenhang mit Geldwäsche und Terrorismusfinanzierung zu ermitteln, zu analysieren und zu mindern.

(2) Die jüngsten Terroranschläge haben neue Tendenzen zu Tage treten lassen, insbesondere bei der Art und Weise der Finanzierung terroristischer Gruppen und bei ihrer Vorgehensweise. Bestimmte moderne Technologiedienstleistungen, werden als alternative Finanzsysteme immer beliebter, bleiben jedoch außerhalb des Geltungsbereichs des Unionsrechts oder profitieren von Ausnahmen von rechtlichen Regelungen, die möglicherweise nicht länger gerechtfertigt sind. Um mit den Entwicklungen Schritt halten zu können, sollten innerhalb des präventiven Rechtsrahmens der Union weitere Maßnahmen zur Stärkung der Transparenz von finanziellen Transaktionen, von Gesellschaften oder anderen juristischen Personen sowie von Trusts und Rechtsvereinbarungen, die in ihrer Struktur oder ihren Funktionen Trusts ähneln (im Folgenden: „ähnliche Rechtsvereinbarungen") getroffen werden, damit der bestehende präventive Rahmen verbessert und die Terrorismusfinanzierung wirksamer bekämpft werden kann. Es ist darauf hinzuweisen, dass die getroffenen Maßnahmen in einem angemessenen Verhältnis zu den Risiken stehen sollten.

(3) Die Vereinten Nationen, Interpol und Europol berichten über eine zunehmende Annäherung zwischen der organisierten Kriminalität und dem Terrorismus. Die Verbindungen zwischen organisierter Kriminalität und Terrorismus und die Verbindungen zwischen kriminellen und terroristischen Gruppen stellen eine erhöhte Sicherheitsbedrohung für die Union dar. Die Verhinderung der Nutzung des Finanzsystems zum Zwecke der Geldwäsche und der Terrorismusfinanzierung ist ein wesentlicher Bestandteil jeder Strategie zur Bewältigung dieser Bedrohung.

(4) Auch wenn es bei der Annahme und Umsetzung der von der Arbeitsgruppe für finanzielle Maßnahmen (Financial Action Task Force – FATF) festgelegten Standards und der Unterstützung der Arbeit der Organisation für wirtschaftliche Zusammenarbeit und Entwicklung zu Trans-

1) ABl. C 459 vom 9.12.2016, S. 3.

2) ABl. C 34 vom 2.2.2017, S. 121.

3) Standpunkt des Europäischen Parlaments vom 19. April 2018 (noch nicht im Amtsblatt veröffentlicht) und Beschluss des Rates vom 14. Mai 2018.

Zu Abs. 1:

4) Richtlinie (EU) 2015/849 des Europäischen Parlaments und des Rates vom 20. Mai 2015 zur Verhinderung der Nutzung des Finanzsystems zum Zwecke der Geldwäsche und der Terrorismusfinanzierung, zur Änderung der Verordnung (EU) Nr. 648/2012 des Europäischen Parlaments und des Rates und zur Aufhebung der Richtlinie 2005/60/EG des Europäischen Parlaments und des Rates und der Richtlinie 2006/70/EG der Kommission (ABl. L 141 vom 5.6.2015, S. 73).

parenz durch die Mitgliedstaaten in den letzten Jahren beträchtliche Fortschritte gab, ist offensichtlich, dass die allgemeine Transparenz des wirtschaftlichen und finanziellen Umfelds der Union weiter verbessert werden muss. Geldwäsche und Terrorismusfinanzierung können nur wirkungsvoll verhindert werden, wenn das Umfeld für Betrüger, die ihre Finanzen durch undurchsichtige Strukturen schützen möchten, ungünstig ist. Die Integrität des Finanzsystems der Union hängt von der Transparenz von Gesellschaften oder sonstigen juristischen Personen, Trusts und ähnlichen Rechtsvereinbarungen ab. Ziel dieser Richtlinie ist es nicht nur, Geldwäsche zu ermitteln und zu untersuchen, sondern auch ihr Vorkommen zu verhindern. Durch mehr Transparenz könnte eine starke abschreckende Wirkung entfaltet werden.

(5) Die Ziele der Richtlinie (EU) 2015/849 sollten weiterverfolgt werden und alle Änderungen an ihr sollten im Einklang mit den laufenden Maßnahmen der Union im Bereich der Bekämpfung des Terrorismus und der Terrorismusfinanzierung stehen. Bei der Vornahme dieser Änderungen sollten das Grundrecht auf Schutz personenbezogener Daten gebührend berücksichtigt und der Grundsatz der Verhältnismäßigkeit eingehalten und angewendet werden. In der Mitteilung der Kommission an das Europäische Parlament, den Rat, den Europäischen Wirtschaftsund Sozialausschuss und den Ausschuss der Regionen mit dem Titel „Die Europäische Sicherheitsagenda" wurde auf die Notwendigkeit hingewiesen, Maßnahmen für eine wirksamere und umfassendere Bekämpfung der Terrorismusfinanzierung zu ergreifen, und unterstrichen, dass die Unterwanderung der Finanzmärkte die Finanzierung des Terrorismus ermöglicht. Der Europäische Rat hat in den Schlussfolgerungen zu seiner Tagung vom 17./18. Dezember 2015 zudem die Notwendigkeit betont, rasch weitere Maßnahmen zur Bekämpfung der Terrorismusfinanzierung in sämtlichen Bereichen zu ergreifen.

(6) In der Mitteilung der Kommission an das Europäische Parlament und an den Rat mit dem Titel „Aktionsplan zur Intensivierung der Bekämpfung der Terrorismusfinanzierung" wird die Notwendigkeit hervorgehoben, sich an neue Bedrohungen anzupassen und die Richtlinie (EU) 2015/849 entsprechend zu ändern.

(7) Ferner sollten die Maßnahmen der Union die internationalen Entwicklungen und die auf internationaler Ebene eingegangenen Verpflichtungen genau widerspiegeln. Aus diesem Grund muss der Resolution 2195 (2014) „Bedrohungen des Weltfriedens und der internationalen Sicherheit" des Sicherheitsrats der Vereinten Nationen und den Resolutionen 2199(2015) und 2253(2015) „Bedrohungen des Weltfriedens und der internationalen Sicherheit durch terroristische Handlungen" Rechnung getragen werden. Diese Resolutionen befassen sich mit den Verbindungen zwischen dem Terrorismus und der grenzüberschreitenden organisierten Kriminalität mit der Verhinderung des Zugangs terroristischer Gruppen zu internationalen Finanzinstitutionen und mit der Erweiterung des Sanktionsrahmens auf die Organisation Islamischer Staat in Irak und der Levante..

(8) Dienstleistungsanbieter, die den Tausch zwischen virtuellen Währungen und Fiatgeld (d. h. Münzen und Geldscheine, die zu gesetzlichen Zahlungsmitteln erklärt wurden, und elektronisches Geld eines Landes, die bzw. das im ausgebenden Land als Tauschmittel akzeptiert werden bzw. wird) ausführen, sowie Anbieter von elektronischen Geldbörsen werden nicht durch die Union verpflichtet, verdächtige Aktivitäten zu melden. Daher könnten terroristische Gruppen Gelder in das Finanzsystem der Union oder zwischen Netzen virtueller Währungen transferieren, indem sie die Transfers entweder verbergen oder sich die Anonymität, die diese Plattformen ermöglichen, zunutze machen. Es ist daher von wesentlicher Bedeutung, den sachlichen Anwendungsbereich der Richtlinie (EU) 2015/849 auf Dienstleistungsanbieter, die den Umtausch von virtuellen Währungen in Fiatgeld ausführen, sowie auf Anbieter von elektronischen Geldbörsen auszuweiten. Zur Bekämpfung der Geldwäsche und der Terrorismusfinanzierung sollten die zuständigen Behörden in der Lage sein, die Verwendung virtueller Währungen mittels Verpflichteter zu überwachen. Durch diese Überwachung würde ein ausgewogener und verhältnismäßiger Ansatz geschaffen, bei dem die technischen Fortschritte und die hohe Transparenz, die auf dem Gebiet der alternativen Finanzierung und des sozialen Unternehmertums bisher erreicht wurden, gewahrt blieben.

(9) Die Anonymität virtueller Währungen ermöglicht ihren potenziellen Missbrauch für kriminelle Zwecke. Durch die Erfassung von Dienstleistungsanbietern, die den Umtausch zwischen virtuellen Währungen und Fiatgeld anbieten, und von Anbietern von elektronischen Geldbörsen wird das Problem der Anonymität bei Transaktionen mit virtuellen Währungen allerdings nur teilweise angegangen, da ein Großteil dieser Transaktionen weiterhin anonym erfolgen wird, weil die Nutzer solche Transaktionen auch ohne solche Anbieter durchführen können. Zur Bekämpfung der Risiken im Zusammenhang mit der Anonymität sollten die nationalen zentralen Meldestellen die Möglichkeit haben, Informationen einzuholen, die es ihnen ermöglichen, der Identität des Eigentümers von virtuellem Geld virtuelle Währungs-

adressen zuzuordnen. Darüber hinaus sollte die Möglichkeit, den Nutzern zu erlauben, gegenüber den benannten Behörden eine Selbsterklärung auf freiwilliger Basis abzugeben, weiter ausgelotet werden.

(10) Virtuelle Währungen sind nicht zu verwechseln mit elektronischem Geld im Sinne von Artikel 2 Nummer 2 der Richtlinie 2009/110/EG des Europäischen Parlaments und des Rates[1], mit dem umfassenderen Begriff von „Geldbeträgen" im Sinne von Artikel 4 Nummer 25 der Richtlinie (EU) 2015/2366 des Europäischen Parlaments und des Rates[2], mit Diensten oder Zahlungsvorgängen nach Artikel 3 Buchstaben k und l der Richtlinie (EU) 2015/2366 oder mit Spielwährungen, die ausschließlich innerhalb einer vorgegebenen Spieleumgebung genutzt werden können. Auch wenn virtuelle Währungen häufig als Zahlungsmittel eingesetzt werden können, könnten sie für andere Zwecke verwendet werden und umfassendere Anwendungen finden, beispielsweise als Tauschmittel, als Investition, als Wertaufbewahrungsprodukte oder zum Einsatz in Online-Kasinos. Diese Richtlinie soll alle potenziellen Verwendungszwecke von virtuellen Währungen abdecken.

(11) Lokale Währungen, auch bekannt als ergänzende Währungen, die nur in sehr begrenztem Umfang (wie innerhalb einer Stadt oder Region) oder nur von einer geringen Anzahl von Nutzern verwendet werden, sollten nicht als virtuelle Währungen betrachtet werden.

(12) Geschäftsbeziehungen oder Transaktionen, an denen Drittländer mit hohem Risiko beteiligt sind, sollten beschränkt werden, wenn im System zur Bekämpfung von Geldwäsche und Terrorismusfinanzierung eines betroffenen Drittlandes wesentliche Schwachstellen aufgedeckt werden, es sei denn, es werden zusätzliche angemessene risikomindernde Maßnahmen oder Gegenmaßnahmen ergriffen. Beim Umgang mit diesen Fällen von hohem Risiko und diesen Geschäftsbeziehungen oder Transaktionen sollten die Mitgliedstaaten, den Verpflichteten vorschreiben, verstärkte Sorgfaltspflichten zu erfüllen, um diese Risiken zu steuern und abzuschwächen. Daher bestimmt jeder Mitgliedstaat auf nationaler Ebene, welche Maßnahmen im Rahmen der verstärkten Sorgfaltspflichten gegenüber Drittländern mit hohem Risiko zu treffen sind. Diese unterschiedlichen Ansätze der einzelnen Mitgliedstaaten führen zu Schwachstellen bei der Steuerung der Geschäftsbeziehungen zu von der Kommission ermittelten Drittländern mit hohem Risiko. Es ist wichtig, die Wirksamkeit der von der Kommission erstellten Liste der Drittländer mit hohem Risiko durch eine harmonisierte Behandlung dieser Länder auf Unionsebene zu verbessern. Dieser harmonisierte Ansatz sollte in erster Linie auf die verstärkten Sorgfaltspflichten gegenüber Kunden abzielen, wenn solche Maßnahmen nicht bereits nach nationalem Recht vorgesehen sind. Den Mitgliedstaaten sollte gestattet sein, sofern dies zutrifft, im Einklang mit den internationalen Pflichten ergänzend zu den verstärkten Sorgfaltsmaßnahmen gemäß einem risikobasierten Ansatz und unter Berücksichtigung der besonderen Umstände von Geschäftsbeziehungen oder Transaktionen den Verpflichteten weitere risikomindernde Maßnahmen aufzuerlegen. Internationale Organisationen und Einrichtungen für die Festlegung von Standards mit Kompetenzen im Bereich der Verhinderung von Geldwäsche und der Bekämpfung der Terrorismusfinanzierung können dazu aufrufen, geeignete Gegenmaßnahmen zum Schutz des internationalen Finanzsystems vor den aktuellen, erheblichen Risiken in Bezug auf Geldwäsche und Terrorismusfinanzierung zu ergreifen, die von bestimmten Ländern ausgehen. Außerdem sollten die Mitgliedstaaten bezüglich der von der Kommission ermittelten Drittländer mit hohem Risiko den Verpflichteten die Ergreifung zusätzlicher risikomindernder Maßnahmen auferlegen und dabei geforderten Gegenmaßnahmen und Empfehlungen, wie denen der FATF, Rechnung tragen sowie die aus völkerrechtlichen Übereinkünften resultierenden Verpflichtungen berücksichtigen.

(13) Da sich die durch Geldwäsche und die Terrorismusfinanzierung entstehenden Bedrohungen und Schwachstellen ständig weiterentwickeln, sollte die Union ein Gesamtkonzept festlegen, das sich auf eine Bewertung der Wirksamkeit der nationalen Systeme für die Bekämpfung von Geldwäsche und Terrorismusfinanzierung gründet und auf diese Weise sicherstellt, dass diese nationalen Systeme den von der Union festgelegten Anforderungen entsprechen. Um die ordnungsgemäße Umsetzung der von der Union festgelegten Anforderungen in nationale Systeme zur Bekämpfung der Geldwäsche und der Terrorismusfinanzierung sowie die wirksame Anwendung dieser Vorschriften und die Eignung dieser Systeme für die Schaffung eines wirksamen präventiven

Zu Abs. 10:

[1] Richtlinie 2009/110/EG des Europäischen Parlaments und des Rates vom 16. September 2009 über die Aufnahme, Ausübung und Beaufsichtigung der Tätigkeit von E-Geld-Instituten, zur Änderung der Richtlinien 2005/60/EG und 2006/48/EG sowie zur Aufhebung der Richtlinie 2000/46/EG (ABl. L 267 vom 10.10.2009, S. 7).

[2] Richtlinie (EU) 2015/2366 des Europäischen Parlaments und des Rates vom 25. November 2015 über Zahlungsdienste im Binnenmarkt, zur Änderung der Richtlinien 2002/65/EG, 2009/110/EG und 2013/36/EU und der Verordnung (EU) Nr. 1093/2010 sowie zur Aufhebung der Richtlinie 2007/64/EG (ABl. L 337 vom 23.12.2015, S. 35).

Rahmens in diesem Bereich zu überwachen, sollte die Kommission ihre Bewertung auf die nationalen Systeme zur Bekämpfung der Geldwäsche und der Terrorismusfinanzierung stützen; dies sollte unbeschadet der Bewertungen geschehen, die von internationalen Organisationen und Einrichtungen für die Festlegung von Standards mit Kompetenzen im Bereich der Verhinderung von Geldwäsche und der Bekämpfung der Terrorismusfinanzierung (FATF, Expertenausschuss des Europarates für die Bewertung von Maßnahmen gegen Geldwäsche usw.) durchgeführt werden.

(14) Allgemein verwendbare Guthabenkarten haben legitime Verwendungszwecke und tragen zur soziale und finanziellen Inklusion bei. Anonyme Guthabenkarten lassen sich allerdings ohne Weiteres zur Finanzierung von terroristischen Anschlägen oder zu logistischen Vorkehrungen dafür nutzen. Damit Terroristen ihre Machenschaften nicht auf diesem Wege finanzieren können, ist es daher unerlässlich, die Obergrenzen und die Höchstbeträge, unterhalb der die Verpflichteten bestimmte in der Richtlinie (EU) 2015/849 festgelegte Sorgfaltsmaßnahmen nicht anzuwenden brauchen, abzusenken. Es ist daher von wesentlicher Bedeutung, die geltenden Schwellenbeträge für allgemein verwendbare anonyme Guthabenkarten zu senken und bei Fernzahlungsvorgängen, bei denen der Betrag des Zahlungsvorgangs mehr als 50 EUR beträgt, den Kunden zu identifizieren, gleichzeitig jedoch den Bedürfnissen der Verbraucher in Bezug auf für die allgemeine Verwendung bestimmte Zahlungsinstrumente auf Guthabenbasis Rechnung zu tragen und sicherzustellen, dass die Nutzung derartiger Zahlungsinstrumente für die Förderung der sozialen und finanziellen Inklusion nicht verhindert wird.

(15) Zwar ist die Nutzung von in der Union ausgegebenen anonymen Guthabenkarten im Wesentlichen auf das Gebiet der Union begrenzt, doch bei vergleichbaren Karten, die in Drittländern ausgegeben wurden, ist dies nicht immer der Fall. Daher sollte sichergestellt werden, dass anonyme Guthabenkarten, die außerhalb der Union ausgegeben werden, innerhalb der Union nur verwendet werden können, wenn davon ausgegangen werden kann, dass sie Anforderungen erfüllen, die den im Unionsrecht festgelegten Anforderungen gleichwertig sind. Diese einschlägige Regelung sollte in vollständiger Übereinstimmung mit den Pflichten der Union auf dem Gebiet des internationalen Handels und insbesondere den Vorschriften des Allgemeinen Übereinkommens über den Handel mit Dienstleistungen erlassen werden.

(16) Die zentralen Meldestellen spielen eine wichtige Rolle bei der Aufdeckung (insbesondere grenzüberschreitender) finanzieller Operationen terroristischer Netze und ihrer Finanzierungsquellen. Finanzinformationen können bei der Aufdeckung von Maßnahmen zur Förderung terroristischer Straftaten und von Netzen und Systemen terroristischer Organisationen von grundlegender Bedeutung sein. Aufgrund fehlender verbindlicher internationaler Standards bestehen zwischen den zentralen Meldestellen erhebliche Unterschiede in Bezug auf ihre Aufgaben, Zuständigkeiten und Befugnisse. Die Mitgliedstaaten sollten bemüht sein, einen effizienteren und stärker koordinierten Ansatz in Bezug auf Finanzermittlungen im Zusammenhang mit Terrorismus sicherzustellen, einschließlich Ermittlungen in Verbindung mit dem Missbrauch virtueller Währungen. Die derzeitigen Unterschiede dürfen die Tätigkeit einer zentralen Meldestelle jedoch nicht beeinträchtigen, insbesondere nicht ihre Fähigkeit, präventive Analysen durchzuführen, um die für die Sammlung und Auswertung sachdienlicher Erkenntnisse zuständigen Behörden, die Ermittlungs- und Justizbehörden und die internationale Zusammenarbeit zu unterstützen. Die zentralen Meldestellen müssen bei der Erfüllung ihrer Aufgaben auf Informationen zugreifen und diese ungehindert untereinander austauschen können, auch im Rahmen einer entsprechenden Zusammenarbeit mit Strafverfolgungsbehörden. In allen Fällen, in denen ein Verdacht auf Vorliegen einer Straftat und insbesondere ein Zusammenhang mit der Terrorismusfinanzierung besteht, sollten Informationen unmittelbar und ohne unnötige Verzögerungen weitergegeben werden können. Um die Wirksamkeit und die Effizienz der zentralen Meldestellen weiter zu verbessern, ist es daher von wesentlicher Bedeutung, ihre Befugnisse und ihre Zusammenarbeit näher zu präzisieren.

(17) Die zentralen Meldestellen müssen in der Lage sein, von allen Verpflichteten sämtliche erforderlichen Informationen über deren Funktion einzuholen. Deren ungehinderter Zugang zu Informationen ist von grundlegender Bedeutung, wenn es darum geht, dass Finanzströme ordnungsgemäß zurückverfolgt und illegale Netze und Finanzströme frühzeitig aufgedeckt werden können. Auslöser eines Verdachts auf Geldwäsche oder Terrorismusfinanzierung, aufgrund dessen die zentralen Meldestellen zusätzliche Informationen von Verpflichteten einholen müssen, können nicht nur eine zuvor der Meldestelle gemeldete Verdachtsanzeige, sondern auch andere Faktoren wie eine eigene Analyse der zentralen Meldestellen, von zuständigen Behörden übermittelte sachdienliche Erkenntnisse oder im Besitz einer anderen zentralen Meldestelle befindliche Informationen sein. Folglich sollten die zentralen Meldestellen im Rahmen ihrer Funktionen selbst dann von einem Verpflichteten Informationen einholen können, wenn zuvor keine Verdachtsanzeige übermittelt

wurde. Dies umfasst keine wahllosen Auskunftsersuchen an die Verpflichteten im Rahmen der Analyse der zentralen Meldestellen, sondern nur Auskunftsersuchen auf der Grundlage ausreichend definierter Voraussetzungen. Eine zentrale Meldestelle sollte solche Informationen auch auf Ersuchen einer anderen zentralen Meldestelle der Union einholen und mit dieser austauschen können.

(18) Der Zweck von zentralen Meldestellen besteht darin, die Informationen, die sie erhalten, zu sammeln und zu analysieren, damit etwaige Verbindungen zwischen verdächtigen Transaktionen und zugrunde liegenden kriminellen Tätigkeiten ermittelt werden, um Geldwäsche und Terrorismusfinanzierung zu verhindern und zu bekämpfen, und die Ergebnisse ihrer Analysen und alle zusätzlichen relevanten Informationen bei begründetem Verdacht auf Geldwäsche, damit zusammenhängende Vortaten oder Terrorismusfinanzierung an die zuständigen Behörden weiterzugeben. Eine zentrale Meldestelle sollte den Informationsaustausch mit einer anderen zentralen Meldestelle – spontan oder auf Ersuchen – nicht aus Gründen wie der fehlenden Identifizierung der damit zusammenhängenden Vortat, Merkmalen des nationalen Strafrechts und unterschiedlichen Definitionen der damit zusammenhängenden Vortaten oder dem Fehlen von Verweisen auf bestimmte damit zusammenhängende Vortaten unterlassen oder verweigern. Ebenso sollte eine zentrale Meldestelle ihre vorherige Zustimmung zur Weitergabe der Informationen an die zuständigen Behörden gegenüber einer anderen zentralen Meldestelle unabhängig von der Art der möglicherweise damit zusammenhängenden Vortat erteilen, damit die Funktion der Verbreitung von Informationen wirksam wahrgenommen werden kann. Die zentralen Meldestellen haben über Schwierigkeiten beim Informationsaustausch berichtet, die auf Unterschiede in den nationalen Definitionen gewisser Vortaten wie Steuerstraftaten zurückzuführen sind, die nicht durch Unionsrecht harmonisiert sind. Diese Unterschiede sollten den Austausch, die Verbreitung an die zuständigen Behörden und die Nutzung dieser Informationen im Sinne dieser Richtlinie nicht behindern. Die zentralen Meldestellen sollten zügig, konstruktiv und wirksam eine möglichst weitreichende internationale Zusammenarbeit mit den zentralen Meldestellen von Drittländern in Bezug auf Geldwäsche, damit zusammenhängende Vortaten und Terrorismusfinanzierung im Einklang mit den Empfehlungen der FATF und den Grundsätzen der Egmont-Gruppe zum Informationsaustausch zwischen den zentralen Meldestellen sicherstellen.

(19) Aufsichtsrechtliche Informationen in Bezug auf Kredit- und Finanzinstitute, wie Informationen in Bezug auf die Eignung und Zuverlässigkeit von Direktoren und Anteilseignern, die internen Kontrollmechanismen, die Verwaltung, die Gewährleistung der Einhaltung der einschlägigen Vorschriften oder das Risikomanagement, sind für eine angemessene Überwachung der Bekämpfung von Geldwäsche und Terrorismusfinanzierung durch diese Institute häufig unerlässlich. In ähnlicher Weise sind Informationen über die Bekämpfung von Geldwäsche und Terrorismusfinanzierung auch für die Aufsicht über solche Institute wichtig. Folglich sollten der Austausch vertraulicher Informationen und die Zusammenarbeit zwischen für die Bekämpfung von Geldwäsche und Terrorismusfinanzierung zuständigen Aufsichtsbehörden, die Kredit- und Finanzinstitute beaufsichtigen, und Aufsichtsbehörden nicht durch Rechtsunsicherheit behindert werden, die auf einen Mangel an ausdrücklichen Bestimmungen in diesem Bereich zurückgehen kann. Die Klärung des Rechtsrahmens ist umso wichtiger, wenn man bedenkt, dass die Aufsicht in einer Reihe von Fällen anderen als den für die Aufsicht über die Bekämpfung von Geldwäsche und Terrorismusfinanzierung zuständigen Behörden, wie der Europäischen Zentralbank (EZB), anvertraut wurde.

(20) Durch einen verzögerten Zugang zentraler Meldestellen und anderer zuständiger Behörden zu Informationen über die Identität von Inhabern von Bank- und Zahlungskonten und Schließfächern, vor allem wenn es sich um anonyme Bank- und Zahlungskonten und Schließfächer handelt, wird die Aufdeckung von im Zusammenhang mit dem Terrorismus stehenden Geldtransfers behindert. Die nationalen Daten, die die Identifizierung der Bank- und Zahlungskonten und von Schließfächern ermöglichen, die ein und derselben Person gehören, sind fragmentiert, weshalb die zentralen Meldestellen und andere zuständige Behörden nicht zeitnah auf sie zugreifen können. Daher ist es von wesentlicher Bedeutung, dass in allen Mitgliedstaaten zentrale automatische Mechanismen wie ein Register oder ein Datenabrufsystem eingerichtet werden, um über ein wirksames Mittel zu verfügen, das einen zeitnahen Zugang zu Informationen über die Identität der Inhaber von Bank- und Zahlungskonten und von Schließfächern sowie über die Identität der bevollmächtigten Inhaber und der wirtschaftlichen Eigentümer ermöglicht. Bei der Anwendung der Vorschriften über den Zugang ist es angezeigt, dass die bereits bestehenden Mechanismen verwendet werden, sofern die nationalen zentralen Meldestellen sofort und ungefiltert auf die Daten zugreifen können, für die sie Untersuchungen vornehmen. Die Mitgliedstaaten sollten in Erwägung ziehen, weitere Informationen in solche Mechanismen einfließen zu lassen, die für eine wirksamere Eindämmung der Risiken der Geldwäsche und Terrorismusfinanzierung als notwen-

dig und verhältnismäßig erachtet werden. Bezüglich der Anfragen und zugehörigen Informationen sollte durch die zentralen Meldestellen und die zuständigen Behörden abgesehen von den für die Strafverfolgung zuständigen Behörden vollständige Vertraulichkeit sichergestellt werden.

(21) Zur Wahrung der Privatsphäre und zum Schutz personenbezogener Daten sollten nicht mehr Daten als für die Ermittlungen zur Geldwäschebekämpfung erforderlich in zentralen automatischen Mechanismen für Bank- und Zahlungskonten, wie beispielsweise Registern oder Datenabrufsystemen aufbewahrt werden. Die Mitgliedstaaten sollten die Möglichkeit haben festzulegen, bei welchen Daten die Erfassung sinnvoll und verhältnismäßig ist, und zwar unter Berücksichtigung der bestehenden Systeme und rechtlichen Gepflogenheiten zur Identifizierung der wirtschaftlichen Eigentümer. Bei der Umsetzung der Bestimmungen über diese Mechanismen sollten die Mitgliedstaaten Speicherzeiträume festlegen, die den Zeiträumen der Speicherung der im Rahmen der Anwendung der Sorgfaltspflichten erhaltenen Dokumentation und Informationen entsprechen. Die Mitgliedstaaten sollten die Möglichkeit haben, die Speicherzeiträume allgemein gesetzlich zu verlängern, ohne Einzelfallentscheidungen zu benötigen. Die Dauer dieser weiteren Speicherung sollte einen Zeitraum von zusätzlichen fünf Jahren nicht überschreiten. Die nationalen Rechtsvorschriften zur Festlegung von Anforderungen an die Datenspeicherung, auf deren Grundlage Einzelfallentscheidungen möglich sind, um Straf- oder Verwaltungsverfahren zu erleichtern, sollten davon unberührt bleiben. Der Zugang zu diesen Mechanismen sollte nur Personen gewährt werden, die davon Kenntnis haben müssen.

(22) Die genaue Identifizierung und Überprüfung von Daten natürlicher und juristischer Personen ist von wesentlicher Bedeutung für die Bekämpfung von Geldwäsche oder Terrorismusfinanzierung. Dank der neuesten technischen Entwicklungen auf dem Gebiet der Digitalisierung von Transaktionen und Zahlungen ist es inzwischen möglich, eine sichere Identifizierung aus der Ferne oder auf elektronischem Wege vorzunehmen. Diese Identifizierungsmittel gemäß der Verordnung (EU) Nr. 910/2014 des Europäischen Parlaments und des Rates[1] sollten berücksichtigt werden, insbesondere notifizierte elektronische Identifizierungssysteme und -mittel, die eine grenzüberschreitende rechtliche Anerkennung sicherstellen, welche hochgradig sichere IT-Instrumente bieten und einen Maßstab für die Bewertung der auf nationaler Ebene eingeführten Identifizierungsmethoden liefern. Außerdem können weitere sichere Verfahren zur Identifizierung aus der Ferne oder auf elektronischem Weg, die von der zuständigen nationalen Behörde reguliert, anerkannt, gebilligt oder akzeptiert werden, berücksichtigt werden. Sofern angemessenen sollte beim Identifizierungsverfahren auch die Anerkennung von elektronischen Dokumenten und Vertrauensdiensten gemäß der Verordnung (EU) Nr. 910/2014 berücksichtigt werden. Dem Grundsatz der Technologieneutralität sollte bei der Anwendung dieser Richtlinie Rechnung getragen werden.

(23) Damit politisch exponierte Personen in der Union identifiziert werden können, sollten von den Mitgliedstaaten Listen herausgegeben werden, in denen die einzelnen Funktionen angegeben sind, die gemäß dem nationalen Rechts- und Verwaltungsvorschriften als wichtige öffentliche Ämter angesehen werden. Die Mitgliedstaaten sollten alle internationalen Organisationen, die ihren Sitz auf ihrem Hoheitsgebiet haben verpflichten, eine Liste der wichtigen öffentlichen Ämter in der internationalen Organisation herauszugeben und auf dem aktuellen Stand zu halten.

(24) Das Konzept für die Überprüfung der vorhandenen Kunden im derzeitigen Rahmen ist risikobasiert. Angesichts des höheren Risikos für Geldwäsche, Terrorismusfinanzierung und damit zusammenhängende Vortaten, die mit bestimmten zwischengeschalteten Strukturen in Verbindung gebracht werden, lässt dieses Konzept unter Umständen keine rechtzeitige Aufdeckung und Bewertung der Risiken zu. Deshalb ist es wichtig, dass bestimmte klar festgelegte Kategorien bestehender Kunden ebenfalls regelmäßig überwacht werden.

(25) Die Mitgliedstaaten haben gemäß den geltenden Bestimmungen dafür zu sorgen, dass in ihrem Gebiet niedergelassene Gesellschaften und sonstige juristische Personen angemessene, präzise und aktuelle Angaben über ihren wirtschaftlichen Eigentümer einholen und aufbewahren. Die Pflicht, präzise und aktuelle Daten zum wirtschaftlichen Eigentümer vorzuhalten, ist eine wichtige Voraussetzung für das Aufspüren von Straftätern, die ihre Identität ansonsten hinter einer Gesellschaftsstruktur verbergen könnten. Im weltweit vernetzten Finanzsystem lassen sich Gelder verschleiern oder um den ganzen Globus transferieren, und Geldwäscher wie auch Geldgeber des Terrorismus und andere Kriminelle machen von dieser Möglichkeit auch immer häufiger Gebrauch.

Zu Abs. 22:

[1] Verordnung (EU) Nr. 910/2014 des Europäischen Parlaments und des Rates vom 23. Juli 2014 über elektronische Identifizierung und Vertrauensdienste für elektronische Transaktionen im Binnenmarkt und zur Aufhebung der Richtlinie 1999/93/EG (ABl. L 257 vom 28.8.2014, S. 73).

(26) Die Bestimmung des Mitgliedstaats, der für die Überwachung und Registrierung von Angaben zum wirtschaftlichen Eigentümer von Trusts und ähnlichen Rechtsvereinbarungen verantwortlich ist, sollte präzisiert werden. Aufgrund von Unterschieden zwischen den Rechtsordnungen der Mitgliedstaaten werden bestimmte Trusts und ähnliche Rechtsvereinbarungen nirgendwo in der Union registriert oder kontrolliert. Angaben zum wirtschaftlichen Eigentümer von Trusts und ähnlichen Rechtsvereinbarungen sollten dort registriert werden, wo Trustees von Trusts und Personen, die eine gleichwertige Position in ähnlichen Rechtsvereinbarungen innehaben, niedergelassen oder ansässig sind. Zur Gewährleistung einer wirksamen Überwachung und Erfassung von Informationen über die wirtschaftlichen Eigentümer von Trusts und ähnlicher Rechtsvereinbarungen bedarf es ferner der Zusammenarbeit zwischen den Mitgliedstaaten. Durch die Vernetzung der Register der wirtschaftlichen Eigentümer von Trusts und ähnlichen Rechtsvereinbarungen in den Mitgliedstaaten würden diese Informationen zur Verfügung gestellt werden und es würde sichergestellt werden, dass eine Mehrfachregistrierung derselben Trusts und ähnlicher Rechtsvereinbarungen innerhalb der Union vermieden wird.

(27) Vorschriften, die für Trusts und ähnliche Rechtsvereinbarungen bezüglich des Zugangs zu den Angaben zu ihren wirtschaftlichen Eigentümern gelten, sollten mit den entsprechenden Vorschriften, die für Gesellschaften und andere juristische Personen gelten, vergleichbar sein. Aufgrund der Vielzahl unterschiedlicher Arten von Trusts, die es derzeit in der Union gibt, sowie einer noch größeren Bandbreite an ähnlichen Rechtsvereinbarungen sollte die Entscheidung, ob ein Trust oder eine ähnliche Rechtsvereinbarung mit Gesellschaften und anderen juristischen Personen vergleichbar ist, von den Mitgliedstaaten getroffen werden. Ziel der nationalen Rechtsvorschriften zur Umsetzung dieser Bestimmungen sollte es sein, zu verhindern, dass Trusts oder ähnliche Rechtsvereinbarungen zum Zwecke der Geldwäsche, der Terrorismusfinanzierung oder damit zusammenhängender Vortaten genutzt werden.

(28) In Bezug auf die unterschiedlichen Eigenschaften von Trusts und ähnlichen Rechtsvereinbarungen sollten die Mitgliedstaaten gemäß den nationalen Rechtsvorschriften und im Einklang mit den Datenschutzvorschriften festlegen können, welches Maß an Transparenz für Trusts und ähnlichen Rechtsvereinbarungen, die nicht mit Gesellschaften und anderen juristischen Personen vergleichbar sind, gelten soll. Die zugehörigen Risiken der Geldwäsche und der Terrorismusfinanzierung können abhängig von den Eigenschaften der Art des Trusts oder der ähnlichen Rechtsvereinbarung unterschiedlich sein, und das Verständnis dieser Risiken kann sich im Laufe der Zeit entwickeln, beispielsweise infolge nationaler und supranationaler Risikobeurteilungen. Deshalb sollten die Mitgliedstaaten die Möglichkeit haben, einen umfassenderen Zugang zu Informationen über die wirtschaftlichen Eigentümer von Trusts und ähnlichen Rechtsvereinbarungen vorzusehen, sofern dieser Zugang eine notwendige und verhältnismäßige Maßnahme für das legitime Ziel der Verhinderung der Nutzung des Finanzsystems zum Zwecke der Geldwäsche oder Terrorismusfinanzierung darstellt. Bei der Festlegung des Maßes an Transparenz der Angaben über die wirtschaftlichen Eigentümer dieser Trusts oder ähnlicher Rechtsvereinbarungen sollten die Mitgliedstaaten dem Schutz der Grundrechte natürlicher Personen, insbesondere dem Recht auf Schutz der Privatsphäre und dem Schutz personenbezogener Daten, angemessen Rechnung tragen. Der Zugang zu den Angaben über die wirtschaftlichen Eigentümer von Trusts und ähnlichen Rechtsvereinbarungen sollte allen Personen gewährt werden, die ein berechtigtes Interesse nachweisen können. Der Zugang sollte auch allen Personen gewährt werden, die einen schriftlichen Antrag in Bezug auf einen Trust oder eine ähnliche Rechtsvereinbarung stellen, der/die direkt oder indirekt eine Kontrolle verleihende Beteiligung an einer Gesellschaft oder einer anderen juristischen Person mit Sitz außerhalb der Union hält oder besitzt, einschließlich in Form von Inhaberaktien oder durch andere Formen der Kontrolle. Die Kriterien und Voraussetzungen, unter denen Anträgen auf Zugang zu Angaben über die wirtschaftlichen Eigentümer von Trusts und ähnlichen Rechtsvereinbarungen stattgegeben wird, sollten ausreichend präzise sein und mit den Zielen dieser Richtlinie im Einklang stehen. Die Mitgliedstaaten sollten die Möglichkeit haben, einen schriftlichen Antrag abzulehnen, wenn Grund zu der Annahme besteht, dass der schriftliche Antrag nicht mit den Zielen dieser Richtlinie im Einklang steht.

(29) Um für Rechtssicherheit und gleiche Wettbewerbsbedingungen zu sorgen, muss unbedingt eindeutig festgelegt werden, welche in der Union niedergelassenen Rechtsvereinbarungen aufgrund ihrer Funktionen oder Struktur als Trusts ähnlich angesehen werden sollten. Daher sollte jeder Mitgliedstaat verpflichtet sein, die Trusts, wenn sie nach nationalen Rechtsvorschriften anerkannt werden, und ähnlichen Rechtsvereinbarungen zu identifizieren, die gemäß seinen nationalen Rechtsvorschriften oder Gepflogenheiten eingerichtet werden können und die in ihrer Struktur oder ihren Funktionen Trusts ähneln, beispielsweise dadurch, dass sie eine Entkopplung oder Trennung zwischen dem rechtlichen und

dem wirtschaftlichen Eigentümer von Vermögenswerten erlauben. Anschließend sollten die Mitgliedstaaten der Kommission die Kategorien, die Beschreibung der Eigenschaften, die Namen und gegebenenfalls die Rechtsgrundlagen solcher Trusts und ähnlichen Rechtsvereinbarungen zwecks ihrer Veröffentlichung im *Amtsblatt der Europäischen Union* mitteilen, damit sie von anderen Mitgliedstaaten identifiziert werden können. Es sollte berücksichtigt werden, dass Trusts und ähnliche Rechtsvereinbarungen innerhalb der Union unterschiedliche rechtliche Eigenschaften haben können. Wenn die Eigenschaften des Trusts oder der ähnlichen Rechtsvereinbarung bezüglich der Struktur oder Funktionen mit den Eigenschaften von Gesellschaften oder anderen juristischen Personen vergleichbar sind, würde ein Zugang der Öffentlichkeit zu den Angaben über die wirtschaftlichen Eigentümer dazu beitragen, den Missbrauch von Trusts und ähnlichen Rechtsvereinbarungen zu bekämpfen, ähnlich wie der Zugang der Öffentlichkeit dazu beitragen kann, den Missbrauch von Gesellschaften und anderen juristischen Personen für die Zwecke der Geldwäsche und der Terrorismusfinanzierung zu verhindern.

(30) Durch den Zugang der Öffentlichkeit zu Angaben über die wirtschaftlichen Eigentümer wird eine größere Kontrolle der Informationen durch die Zivilgesellschaft (einschließlich Presse und zivilgesellschaftlichen Organisationen) ermöglicht und das Vertrauen in die Integrität der Geschäftstätigkeit und des Finanzsystems gestärkt. Auf diese Weise kann insofern ein Beitrag zur Bekämpfung des Missbrauchs von Gesellschaften und anderen juristischen Personen und ähnlichen Rechtsvereinbarungen für die Zwecke der Geldwäsche und der Terrorismusfinanzierung geleistet werden, als Ermittlungen erleichtert und Reputationseffekte bewirkt werden können, da jedem, der Geschäfte abschließen könnte, die Identität der wirtschaftlichen Eigentümer bekannt ist. Schließlich wird auch eine zeitnahe und effiziente Verfügbarkeit von Informationen für Finanzinstitute sowie Behörden, einschließlich Behörden von Drittländern, die an der Bekämpfung solcher Straftaten mitarbeiten, erleichtert. Der Zugang zu diesen Informationen würde dazu beitragen, Ermittlungen in Bezug auf Geldwäsche, damit zusammenhängende Vortaten und Terrorismusfinanzierung durchzuführen.

(31) Das Vertrauen der Anleger und der breiten Öffentlichkeit in die Finanzmärkte hängt zu einem großen Teil von der Existenz einer präzisen Offenlegungspflicht ab, die für Transparenz in Bezug auf die wirtschaftlichen Eigentümer und die Kontrollstrukturen der Unternehmen sorgt. Dies gilt insbesondere für Unternehmensführungsmodelle, die – wie in der Union – von konzentrierten Eigentumsverhältnissen gekennzeichnet sind. Einerseits können Großanleger, die umfangreiche Stimm- und Dividendenrechte besitzen, zu langfristigem Wachstum und einer soliden Unternehmensleistung beitragen. Andererseits könnten kontrollierende wirtschaftliche Eigentümer mit umfangreichen Stimmrechten dazu angeregt werden, zulasten der Minderheitsinvestoren Unternehmensvermögen umzuleiten und Möglichkeiten zur persönlichen Bereicherung zu schaffen. Die mögliche Verbesserung des Vertrauens in die Finanzmärkte sollte als positiver Nebeneffekt und nicht als Zweck erhöhter Transparenz angesehen werden, der darin besteht, ein Umfeld zu schaffen, das weniger leicht für die Zwecke von Geldwäschern und Geldgebern des Terrorismus genutzt werden kann.

(32) Das Vertrauen der Anleger und der breiten Öffentlichkeit in die Finanzmärkte hängt zu einem großen Teil von der Existenz einer präzisen Offenlegungspflicht ab, die für Transparenz in Bezug auf die wirtschaftlichen Eigentümer und die Kontrollstrukturen von Gesellschaften und anderen juristischen Personen sowie bestimmter Arten von Trusts und ähnlichen Rechtsvereinbarungen sorgt. Die Mitgliedstaaten sollten daher in hinreichend kohärenter und koordinierter Weise einen Zugang zu Angaben über die wirtschaftlichen Eigentümer ermöglichen, indem sie eindeutige Vorschriften für den Zugang der Öffentlichkeit festlegen, sodass Dritte in der gesamten Union feststellen können, wer die wirtschaftlichen Eigentümer von Gesellschaften und anderen juristischen Personen sowie bestimmter Arten von Trusts und ähnlichen Rechtsvereinbarungen sind.

(33) Die Mitgliedstaaten sollten daher in hinreichend kohärenter und koordinierter Weise einen Zugang zu Angaben über die wirtschaftlichen Eigentümer von Gesellschaften und anderen juristischen Personen ermöglichen, der über die zentralen Register erfolgt, in denen die Informationen über die wirtschaftlichen Eigentümer erfasst werden; sie sollten zu diesem Zweck klare Regeln für den Zugang der Öffentlichkeit zu diesen Informationen festlegen, damit Dritte in der gesamten Union in Erfahrung bringen können, wer die wirtschaftlichen Eigentümer von Gesellschaften und anderen juristischen Personen sind. Es muss unbedingt ein kohärenter Rechtsrahmen geschaffen werden, durch den ein besserer Zugang zu Informationen über die wirtschaftlichen Eigentümer von Trusts und ähnlichen Rechtsvereinbarungen sichergestellt wird, sobald sie in der Union registriert sind. Vorschriften, die für Trusts und ähnliche Rechtsvereinbarungen bezüglich des Zugangs zu den Angaben über ihre wirtschaftlichen Eigentümer gelten, sollten mit den entsprechenden Vorschriften, die für Gesellschaften und andere juristische Personen gelten, vergleichbar sein.

(34) In allen Fällen, sowohl in Bezug auf Gesellschaften und andere juristische Personen als auch in Bezug auf Trusts und ähnliche Rechtsvereinbarungen, sollten insbesondere das allgemeine öffentliche Interesse an der Verhinderung von Geldwäsche und Terrorismusfinanzierung sowie die Grundrechte der betroffenen Personen in ausgewogener Weise berücksichtigt werden. Die Daten, die der Öffentlichkeit zugänglich zu machen sind, sollten von ihrem Umfang her begrenzt sowie klar und erschöpfend definiert werden; sie sollten zudem allgemeiner Art sein, damit mögliche Beeinträchtigungen für wirtschaftliche Eigentümer auf ein Mindestmaß beschränkt werden. Gleichzeitig sollten sich die der Öffentlichkeit zur Verfügung gestellten Informationen nicht wesentlich von den derzeit erhobenen Daten unterscheiden. Zur Begrenzung des Eingriffs in das Recht auf Achtung ihres Privatlebens im Allgemeinen und in das Recht auf den Schutz personenbezogener Daten im Besonderen sollten sich diese Informationen im Wesentlichen auf die Stellung der wirtschaftlichen Eigentümer von Gesellschaften und anderen juristischen Personen und von Trusts und ähnlichen Rechtsvereinbarungen beziehen und ausschließlich die wirtschaftliche Tätigkeit, in deren Rahmen die wirtschaftlichen Eigentümer tätig sind, betreffen. In Fällen, in denen Angehörige der Führungsebene nur aufgrund ihrer Position als wirtschaftliche Eigentümer identifiziert wurden und nicht aufgrund von Beteiligungen, die sie innehaben, oder auf andere Weise ausgeübter Kontrolle, sollte dies in den Registern eindeutig angegeben werden. Bei Informationen über die wirtschaftlichen Eigentümer können die Mitgliedstaaten vorsehen, dass die Angabe zur Staatsangehörigkeit in das zentrale Register aufgenommen wird, insbesondere bei ausländischen wirtschaftlichen Eigentümern. Um die Registrierungsverfahren zu vereinfachen und da die übergroße Mehrheit der wirtschaftlichen Eigentümer Staatsangehörige des Staats sein werden, der das zentrale Register unterhält, können die Mitgliedstaaten davon ausgehen, dass ein wirtschaftlicher Eigentümer ihr eigener Staatsangehöriger ist, sofern keine gegenteilige Eintragung erfolgt.

(35) Durch die verstärkte öffentliche Kontrolle wird ein Beitrag zur Verhinderung des Missbrauchs von juristischen Personen und Rechtsvereinbarungen einschließlich der Steuerumgehung geleistet. Daher ist es wichtig, dass die Angaben über die wirtschaftlichen Eigentümer noch für mindestens fünf Jahre nachdem die Gründe für die Registrierung der Angaben über die wirtschaftlichen Eigentümer eines Trusts oder einer ähnlichen Rechtsvereinbarung über die nationalen Register und das Netz der nationalen Register zu bestehen aufgehört haben, zugänglich bleiben. Die Mitgliedstaaten sollten jedoch in der Lage sein, rechtlich vorzusehen, dass Informationen über die wirtschaftlichen Eigentümer einschließlich personenbezogener Daten auch zu anderen Zwecken verarbeitet werden dürfen, wenn diese Verarbeitung dem öffentlichen Interesse dient und eine notwendige und in einem angemessenen Verhältnis zu dem verfolgten legitimen Zweck stehende Maßnahme in einer demokratischen Gesellschaft darstellt.

(36) Darüber hinaus sollten die Mitgliedstaaten mit dem Ziel der Sicherstellung eines angemessenen und ausgewogenen Ansatzes und zur Wahrung des Rechts auf Achtung des Privatlebens und auf den Schutz personenbezogener Daten die Möglichkeit haben, Ausnahmen von der Offenlegungspflicht der Register für Angaben über den wirtschaftlichen Eigentümer und von der Zugriffsmöglichkeit auf solche Informationen für außergewöhnliche Fälle vorzusehen, in denen der wirtschaftliche Eigentümer durch die Informationen einem unverhältnismäßigen Risiko von Betrug, Entführung, Erpressung, Schutzgelderpressung, Schikane, Gewalt oder Einschüchterung ausgesetzt würde. Die Mitgliedstaaten sollten auch die Möglichkeit haben eine Online-Registrierung zur Identifizierung aller Personen, die Informationen aus dem Register anfordern, zu verlangen, ebenso wie die Zahlung einer Gebühr für den Zugang zu den im Register enthaltenen Informationen.

(37) Die Vernetzung der zentralen Register der Mitgliedstaaten mit Angaben über die wirtschaftlichen Eigentümer über die mit der Richtlinie (EU) 2017/1132 des Europäischen Parlaments und des Rates[1)] eingerichtete zentrale Europäische Plattform erfordert die Koordinierung nationaler Systeme mit unterschiedlichen technischen Eigenschaften. Dies erfordert die Annahme technischer Maßnahmen und Spezifikationen, bei denen die Unterschiede zwischen den Registern zu berücksichtigen sind. Um einheitliche Bedingungen für die Durchführung dieser Richtlinie zu gewährleisten, sollten der Kommission Durchführungsbefugnisse zur Bewältigung dieser technischen und operativen Fragen übertragen werden. Diese Befugnisse sollten im Einklang mit dem Prüfverfahren gemäß Artikel 5 der Verordnung (EU) Nr. 182/2011 des Europäischen Parlaments und des Rates[2)] wahrgenommen werden. Die Einbezie-

FM-GwG
SpVV
Schulspar-SoV
Online-IDV
AndKo-SoV
BVK-RiSoV
LV-SoV
WiEReG + V
4. GW-RL
DelV Hochrisikolän
DelV 2018/1108
DelV Drittländer
5. GW-RL

Zu Abs. 37:

1) Richtlinie (EU) 2017/1132 des Europäischen Parlaments und des Rates vom 14. Juni 2017 über bestimmte Aspekte des Gesellschaftsrechts (ABl. L 169 vom 30.6.2017, S. 46).

2) Verordnung (EU) Nr. 182/2011 des Europäischen Parlaments und des Rates vom 16. Februar 2011 zur Festlegung der allgemeinen Regeln und Grundsätze, nach denen die Mitgliedstaaten die Wahrnehmung der Durch-

hung der Mitgliedstaaten in das Funktionieren des gesamten Systems sollte durch einen regelmäßigen Dialog zwischen der Kommission und den Vertretern der Mitgliedstaaten über Fragen betreffend den Betrieb des Systems und seiner künftigen Entwicklung sichergestellt werden.

(38) Die Verordnung (EU) 2016/679 des Europäischen Parlaments und des Rates[3)] gilt für die Verarbeitung personenbezogener Daten im Rahmen dieser Richtlinie. Demnach sollten natürliche Personen, deren personenbezogene Daten in den nationalen Registern als wirtschaftliche Eigentümer vorgehalten werden, entsprechend in Kenntnis gesetzt werden. Ferner sollten nur solche personenbezogenen Daten verfügbar gemacht werden, die sich auf dem neuesten Stand befinden und sich auf die tatsächlichen wirtschaftlichen Eigentümer beziehen; außerdem sollten die Begünstigten über ihre Rechte nach dem geltenden Rechtsrahmen für den Datenschutz in der Union – Verordnung (EU) 2016/675 und Richtlinie (EU) 2016/680 des Europäischen Parlaments und des Rates[1)] – und die geltenden Verfahren für die Ausübung dieser Rechte belehrt werden. Um zu verhindern, dass die in den Registern gespeicherten Informationen missbraucht werden und den Rechten der wirtschaftlichen Eigentümer angemessen Rechnung zu tragen, könnten die Mitgliedstaaten in Erwägung ziehen, die Informationen über die Person, die den Antrag stellt, sowie die Rechtsgrundlage für den Antrag auch dem wirtschaftlichen Eigentümer zur Verfügung zu stellen.

(39) Wenn durch die Meldung von Unstimmigkeiten durch die zentralen Meldestellen und die zuständigen Behörden eine laufende Ermittlung gefährdet würde, sollten die zentralen Meldestellen oder die zuständigen Behörden die Meldung der Unstimmigkeiten solange aufschieben, bis die Gründe dafür, den Vorfall nicht zu melden, nicht mehr vorliegen. Außerdem sollten zentrale Meldestellen und zuständige Behörden Unstimmigkeiten nicht melden, wenn dies gegen nationale Rechtsvorschriften über Vertraulichkeit verstoßen würde oder jemand rechtswidrig gewarnt würde.

(40) Diese Richtlinie gilt unbeschadet des Schutzes personenbezogener Daten, die von den zuständigen Behörden nach Maßgabe der Richtlinie (EU) 2016/680 verarbeitet werden.

(41) Der Zugang zu den Informationen und die Definition berechtigter Interessen sollte dem Recht des Mitgliedstaats unterliegen, in dem der Trustee eines Trusts oder eine Person mit einer gleichwertigen Position in einer ähnlichen Rechtsvereinbarung niedergelassen oder ansässig ist. Wenn der Trustee eines Trusts oder eine Person mit einer gleichwertigen Position in einer ähnlichen Rechtsvereinbarung weder in einem Mitgliedstaat niedergelassen noch dort ansässig ist, sollten der Zugang zu den Informationen und die Definition legitimer Interessen dem Recht des Mitgliedstaats unterliegen, in dem die Angaben über den wirtschaftlichen Eigentümer des Trusts oder der ähnlichen Rechtsvereinbarung im Einklang mit den Bestimmungen dieser Richtlinie registriert sind.

(42) Die Mitgliedstaaten sollten „berechtigtes Interesse" sowohl als allgemeines Konzept als auch als Kriterium für den Zugang zu Angaben über den wirtschaftlichen Eigentümer in ihren nationalen Rechtsvorschriften definieren. Insbesondere sollten diese Definitionen das Konzept des berechtigten Interesses nicht auf Fälle beschränken, bei denen Verwaltungs- oder Gerichtsverfahren anhängig sind, und sollten es gegebenenfalls ermöglichen, die präventive Arbeit im Bereich der Bekämpfung von Geldwäsche, Terrorismusfinanzierung und damit zusammenhängenden Vortaten zu berücksichtigen, die von nichtstaatlichen Organisationen und investigativen Journalisten durchgeführt wurde. Sobald die Vernetzung der Register wirtschaftlicher Eigentümer der Mitgliedstaaten abgeschlossen ist, sollte sowohl der innerstaatliche als auch der grenzüberschreitende Zugang zu dem Register jedes Mitgliedstaats auf der Grundlage der Definition berechtigter Interessen in dem Mitgliedstaat, in dem die Informationen über den wirtschaftlichen Eigentümer des Trusts oder der ähnlichen Rechtsvereinbarung im Einklang mit den Bestimmungen dieser Richtlinie registriert worden sind, infolge einer Entscheidung der zuständigen Behörden dieses Mitgliedstaats gewährt werden. In Bezug auf die Register wirtschaftlicher Eigentümer in den Mitgliedstaaten, sollten die Mitgliedstaaten auch die Möglichkeit haben, Mechanismen für Beschwerden gegen Beschlüsse über die Gewährung oder Verweigerung des Zugangs zu den Angaben über die wirtschaftlichen Eigentümer einzurichten. Damit die Registrierung und der

---

führungsbefugnisse durch die Kommission kontrollieren (ABl. L 55 vom 28.2.2011, S. 13).

Zu Abs. 38:

3) Verordnung (EU) 2016/679 des Europäischen Parlaments und des Rates vom 27. April 2016 zum Schutz natürlicher Personen bei der Verarbeitung personenbezogener Daten, zum freien Datenverkehr und zur Aufhebung der Richtlinie 95/46/EG (DatenschutzGrundverordnung) (ABl. L 119 vom 4.5.2016, S. 1).

1) Richtlinie (EU) 2016/680 des Europäischen Parlaments und des Rates vom 27. April 2016 zum Schutz natürlicher Personen bei der Verarbeitung personenbezogener Daten durch die zuständigen Behörden zum Zwecke der Verhütung, Ermittlung, Aufdeckung oder Verfolgung von Straftaten oder der Strafvollstreckung sowie zum freien Datenverkehr und zur Aufhebung des Rahmenbeschlusses 2008/977/JI des Rates (ABl. L 119 vom 4.5.2016, S. 89).

Informationsaustausch auf kohärente und effiziente Weise erfolgen können, sollten die Mitgliedstaaten sicherstellen, dass ihre für das Register der Informationen über die wirtschaftlichen Eigentümer von Trusts und ähnlichen Rechtsvereinbarungen zuständige Behörde mit den für diesen Bereich zuständigen Behörden der anderen Mitgliedstaaten zusammenarbeitet und mit diesen Behörden Informationen über die wirtschaftlichen Eigentümer von Trusts oder ähnlichen Rechtsvereinbarungen austauscht, die dem Recht eines Mitgliedstaats unterliegen, jedoch in einem anderen Mitgliedstaat verwaltet werden.

(43) Grenzüberschreitende Korrespondenzbankbeziehungen zu Respondenzinstituten in Drittländern sind durch ihre dauerhafte, repetitive Art gekennzeichnet. Deshalb sollten die Mitgliedstaaten, wenn sie in diesem Zusammenhang die Annahme von verstärkten Sorgfaltspflichten fordern, berücksichtigen, dass Korrespondenzbankbeziehungen keine einmaligen Transaktionen oder den reinen Austausch von Mitteilungsfunktionen umfassen. Angesichts der Tatsache, dass nicht alle grenzüberschreitenden Korrespondenzbankdienstleistungen das gleiche Risiko der Geldwäsche und der Terrorismusfinanzierung mit sich bringen, kann die Intensität der in dieser Richtlinie festgelegten Maßnahmen durch die Anwendung der Grundsätze des risikobasierten Ansatzes festgelegt werden, und der Höhe des Risikos der Geldwäsche und der Terrorismusfinanzierung, die ein bestimmtes Respondenzinstitut darstellt, wird dadurch nicht vorgegriffen.

(44) Es gilt sicherzustellen, dass die Vorschriften für die Bekämpfung der Geldwäsche und der Terrorismusfinanzierung von den Verpflichteten ordnungsgemäß umgesetzt werden. In diesem Zusammenhang sollten die Mitgliedstaaten die Rolle jener öffentlichen Behörden stärken, die als zuständige Behörden fungieren und über besondere Zuständigkeiten für die Bekämpfung von Geldwäsche oder Terrorismusfinanzierung verfügen – darunter die zentralen Meldestellen, Behörden, die für Ermittlungen oder Strafverfolgungsmaßnahmen in Fällen von Geldwäsche und damit zusammenhängenden Vortaten und von Terrorismusfinanzierung sowie für die Ermittlung, die Beschlagnahme, das Einfrieren und die Einziehung von Vermögenswerten aus Straftaten zuständig sind, sowie Behörden, die Meldungen über die grenzüberschreitende Verbringung von Bargeld und übertragbaren Inhaberpapieren erhalten, und mit Aufsichts- oder Überwachungsaufgaben betraute Behörden, die sicherstellen sollen, dass die Verpflichteten die Vorschriften einhalten. Die Mitgliedstaaten sollten die Rolle der anderen einschlägigen Behörden stärken, einschließlich der für die Bekämpfung von Korruption zuständigen Behörden und der Steuerbehörden.

(45) Die Mitgliedstaaten sollten für eine wirksame und unparteiische Aufsicht über alle Verpflichteten sorgen, vorzugsweise durch die Behörden über eine separate und unabhängige nationale Regulierungs- oder Aufsichtsbehörde.

(46) Straftäter bewegen illegal erwirtschaftete Beträge über zahlreiche Finanzvermittler, um eine Aufdeckung zu vermeiden. Deshalb ist es wichtig, dass es den Kredit- und Finanzinstituten gestattet wird, Informationen nicht nur gruppenintern, sondern auch mit anderen Kredit- und Finanzinstituten auszutauschen, wobei für eine gebührende Berücksichtigung der Datenschutzbestimmungen des nationalen Rechts gesorgt werden muss.

(47) Die Behörden, die für die Überwachung der Einhaltung der Richtlinie durch die Verpflichteten zuständig sind, sollten ungeachtet ihrer Art oder ihres Status zur Zusammenarbeit und zum Austausch von vertraulichen Informationen befugt sein. Zu diesem Zweck sollten diese zuständigen Behörden über eine angemessene Rechtsgrundlage für den Austausch vertraulicher Informationen verfügen, und die Zusammenarbeit zwischen für die Bekämpfung von Geldwäsche und Terrorismusfinanzierung zuständigen Aufsichtsbehörden und Aufsichtsbehörden sollte nicht unabsichtlich durch Rechtsunsicherheit, die auf einen Mangel an ausdrücklichen Bestimmungen in diesem Bereich zurückgehen kann, behindert werden. Die Beaufsichtigung der wirksamen Umsetzung der gemeinsamen Politik zur Bekämpfung von Geldwäsche und Terrorismusfinanzierung sollte im Einklang mit den Grundsätzen und Modalitäten der konsolidierten Beaufsichtigung gemäß den einschlägigen branchenspezifischen europäischen Rechtsvorschriften erfolgen.

(48) Der Informationsaustausch und die Amtshilfe zwischen den zuständigen Behörden der Mitgliedstaaten sind für die Zwecke dieser Richtlinie unabdingbar. Dementsprechend sollten die Mitgliedstaaten den Informationsaustausch oder die Amtshilfe zwischen den zuständigen Behörden weder einem Verbot noch unangemessenen oder übermäßig restriktiven Bedingungen unterwerfen.

(49) Gemäß der Gemeinsamen Politischen Erklärung der Mitgliedstaaten und der Kommission vom 28. September 2011 zu erläuternden Dokumenten[1] haben sich die Mitgliedstaaten verpflichtet, in begründeten Fällen zusätzlich zur Mitteilung ihrer Umsetzungsmaßnahmen ein oder mehrere Dokumente zu übermitteln, in denen der

Zu Abs. 49:

[1] ABl. C 369 vom 17.12.2011, S. 14.

Zusammenhang zwischen den Bestandteilen einer Richtlinie und den entsprechenden Teilen nationaler Umsetzungsinstrumente erläutert wird. In Bezug auf diese Richtlinie hält der Gesetzgeber die Übermittlung derartiger Dokumente für gerechtfertigt.

(50) Da das Ziel dieser Richtlinie, nämlich der Schutz des Finanzsystems durch Prävention, Aufdeckung und Untersuchung von Geldwäsche und Terrorismusfinanzierung, in Anbetracht dessen, dass Einzelmaßnahmen der Mitgliedstaaten zum Schutz ihres Finanzsystems mit dem Funktionieren des Binnenmarkts sowie den Regeln der Rechtsstaatlichkeit und der öffentlichen Ordnung in der Union unvereinbar sein könnten, von den Mitgliedstaaten nicht ausreichend verwirklicht werden kann, sondern vielmehr wegen des Umfangs und der Wirkungen der Maßnahme auf Unionsebene besser zu verwirklichen ist, kann die Union im Einklang mit dem in Artikel 5 des Vertrags über die Europäische Union verankerten Subsidiaritätsprinzip tätig werden. Entsprechend dem in demselben Artikel genannten Grundsatz der Verhältnismäßigkeit geht diese Richtlinie nicht über das für die Verwirklichung dieses Ziels erforderliche Maß hinaus.

(51) Diese Richtlinie wahrt die durch die Charta der Grundrechte der Europäischen Union (im Folgenden „Charta") anerkannten Grundrechte und Grundsätze, insbesondere das Recht auf Achtung des Privat- und Familienlebens (Artikel 7 der Charta), das Recht auf den Schutz personenbezogener Daten (Artikel 8 der Charta) und die unternehmerische Freiheit (Artikel 16 der Charta).

(52) Bei der Ausarbeitung eines Berichts mit einer Beurteilung der Umsetzung dieser Richtlinie sollte die Kommission die Achtung der in der Charta anerkannten Grundrechte und Grundsätze angemessen berücksichtigen.

(53) Da die angenommenen Maßnahmen dringend umgesetzt werden sollten, um die bestehende Unionsregelung zur Prävention der Geldwäsche und der Terrorismusfinanzierung zu verschärfen, und die Mitgliedstaaten sich verpflichtet haben, die Richtlinie (EU) 2015/849 rasch umzusetzen, sollten die Änderungen der Richtlinie (EU) 2015/849 bis zum 10. Januar 2020 umgesetzt werden. Die Mitgliedstaaten sollten bis zum 10. Januar 2020 Register wirtschaftlicher Eigentümer für Gesellschaften und andere juristische Personen und bis zum 10. März 2020 für Trusts und ähnliche Rechtsvereinbarungen einrichten. Die zentralen Register sollten bis zum 10. März 2021 über die zentrale Europäische Plattform vernetzt werden. Die Mitgliedstaaten sollten bis zum 10. September 2020 zentrale automatische Mechanismen einrichten, die die Ermittlung von Inhabern von Bank- und Zahlungskonten sowie von Inhabern von Schließfächern ermöglichen.

(54) Der Europäische Datenschutzbeauftragte wurde gemäß Artikel 28 Absatz 2 der Verordnung (EG) Nr. 45/2001 des Europäischen Parlaments und des Rates[1)] angehört und hat am 2. Februar 2017 eine Stellungnahme[2)] abgegeben.

(55) Die Richtlinie (EU) 2015/849 sollte daher entsprechend geändert werden –

HABEN FOLGENDE RICHTLINIE ERLASSEN:

Artikel 1
Änderung der Richtlinie (EU) 2015/849

Die Richtlinie (EU) 2015/849 wird wie folgt geändert:

1. Artikel 2 Absatz 1 Nummer 3 wird wie folgt geändert:

a) Buchstabe a erhält folgende Fassung:

„a) Abschlussprüfer, externe Buchprüfer und Steuerberater sowie jede andere Person, die – unmittelbar oder über Dritte, mit denen diese andere Person verbunden ist, – als wesentliche geschäftliche oder gewerbliche Tätigkeit materielle Hilfe, Unterstützung oder Beratung im Hinblick auf Steuerangelegenheiten leistet;"

b) Buchstabe d erhält folgende Fassung:

„d) Immobilienmakler, auch in ihrer Tätigkeit bei der Vermietung von Immobilien, aber nur in Bezug auf Transaktionen, bei denen sich die monatliche Miete auf 10 000 EUR oder mehr beläuft;"

c) folgende Buchstaben werden angefügt:

„g) Dienstleister, die virtuelle Währungen in Fiatgeld und umgekehrt tauschen;

h) Anbieter von elektronischen Geldbörsen;

i) Personen, die mit Kunstwerken handeln oder beim Handel mit Kunstwerken als Vermittler tätig werden, auch Kunstgalerien und Auktionshäuser, sofern sich der Wert einer Transaktion oder einer Reihe verbundener Transaktionen auf 10 000 EUR oder mehr beläuft;

Zu Abs. 54:

[1)] *Verordnung (EG) Nr. 45/2001 des Europäischen Parlaments und des Rates vom 18. Dezember 2000 zum Schutz natürlicher Personen bei der Verarbeitung personenbezogener Daten durch die Organe und Einrichtungen der Gemeinschaft und zum freien Datenverkehr (ABl. L 8 vom 12.1.2001, S. 1).*

[2)] *ABl. C 85 vom 18.3.2017, S. 3.*

j) Personen, die Kunstwerke lagern, mit Kunstwerken handeln oder beim Handel mit Kunstwerken als Vermittler tätig werden, wenn dies durch Freihäfen ausgeführt wird, sofern sich der Wert einer Transaktion oder einer Reihe verbundener Transaktionen auf 10 000 EUR oder mehr beläuft."

2. Artikel 3 wird wie folgt geändert:

a) Nummer 4 wird wie folgt geändert:

i) Buchstabe a erhält folgende Fassung:

„a) terroristische Straftaten, Straftaten im Zusammenhang mit einer terroristischen Vereinigung und Straftaten im Zusammenhang mit terroristischen Aktivitäten gemäß den Titeln II und III der Richtlinie (EU) 2017/541 (*);

(*) Richtlinie (EU) 2017/541 des Europäischen Parlaments und des Rates vom 15. März 2017 zur Terrorismusbekämpfung und zur Ersetzung des Rahmenbeschlusses 2002/475/JI des Rates und zur Änderung des Beschlusses 2005/671/JI des Rates (ABl. L 88 vom 31.3.2017, S. 6)."

ii) Buchstabe c erhält folgende Fassung:

„c) die Tätigkeiten krimineller Vereinigungen im Sinne des Artikels 1 Absatz 1 des Rahmenbeschlusses 2008/841/JI des Rates (*);

(*) Rahmenbeschluss 2008/841/JI des Rates vom 24. Oktober 2008 zur Bekämpfung der organisierten Kriminalität (ABl. L 300, 11.11.2008, S. 42).";

b) Nummer 6 Buchstabe b erhält folgende Fassung:

„b) bei Trusts alle folgenden Personen:

i) den/die Settlor;

ii) den/die Trustee(s);

iii) den/die Protektor(en), sofern vorhanden;

iv) die Begünstigten oder – sofern die Einzelpersonen, die Begünstigte der Rechtsvereinbarung oder juristischen Person sind, noch bestimmt werden müssen – die Gruppe von Personen, in deren Interesse die Rechtsvereinbarung oder die juristische Person in erster Linie errichtet oder betrieben wird;

v) jede sonstige natürliche Person, die den Trust durch direkte oder indirekte Eigentumsrechte oder auf andere Weise letztlich kontrolliert;"

c) Nummer 16 erhält folgende Fassung:

„16. „E-Geld" E-Geld im Sinne von Artikel 2 Nummer 2 der Richtlinie 2009/110/EG, jedoch ohne den monetären Wert im Sinne von Artikel 1 Absätze 4 und 5 jener Richtlinie;";

d) folgende Nummern werden angefügt:

„18. „virtuelle Währungen" eine digitale Darstellung eines Werts, die von keiner Zentralbank oder öffentlichen Stelle emittiert wurde oder garantiert wird und nicht zwangsläufig an eine gesetzlich festgelegte Währung angebunden ist und die nicht den gesetzlichen Status einer Währung oder von Geld besitzt, aber von natürlichen oder juristischen Personen als Tauschmittel akzeptiert wird und die auf elektronischem Wege übertragen, gespeichert und gehandelt werden kann;

19. „Anbieter von elektronischen Geldbörsen" einen Anbieter, der Dienste zur Sicherung privater kryptografischer Schlüssel im Namen seiner Kunden anbietet, um virtuelle Währungen zu halten, zu speichern und zu übertragen."

3. Artikel 6 wird wie folgt geändert:

a) in Absatz 2 erhalten die Buchstaben b und c folgende Fassung:

„b) die mit den einzelnen relevanten Sektoren verbundenen Risiken, einschließlich – sofern verfügbar – von Eurostat bereitgestellter Schätzungen des monetären Volumens der Geldwäsche für jeden dieser Sektoren;

c) die gängigsten Methoden, die von Straftätern zum Waschen von illegal erwirtschafteten Erträgen angewendet werden, einschließlich – sofern verfügbar – derjenigen, die insbesondere bei Transaktionen zwischen Mitgliedstaaten und Drittländern verwendet werden, ungeachtet der Einstufung eines Drittlands als Drittland mit hohem Risiko gemäß Artikel 9 Absatz 2.";

b) Absatz 3 erhält folgende Fassung:

„(3) Die Kommission leitet den Bericht nach Absatz 1 an die Mitgliedstaaten und Verpflichteten weiter, um diesen bei der Ermittlung, dem Verständnis, der Steuerung und der Minderung des Risikos von Geldwäsche und Terrorismusfinanzierung zu helfen und um anderen Interessenträgern, darunter nationalen Gesetzgebern, dem Europäischen Parlament, den Europäischen Aufsichtsbehörden und Vertretern der zentralen Meldestellen, ein besseres Verständnis der Risiken zu ermöglichen. Die Berichte werden spätestens sechs Monate, nachdem sie den Mitgliedstaaten zur Verfügung gestellt wurden, der Öffentlichkeit zugänglich gemacht, ausgenommen die Teile der Berichte, die vertrauliche Informationen enthalten."

4. Artikel 7 wird wie folgt geändert:

a) in Absatz 4 werden folgende Buchstaben angefügt:

„f) er meldet die institutionelle Struktur und die groben Verfahren der eigenen Systeme zur Bekämpfung der Geldwäsche und Terrorismusfinanzierung, unter anderem in Bezug auf die zentralen Meldestellen, Steuerbehörden und Staatsanwälte, sowie die zugewiesenen Human- und Finanzressourcen, soweit diese Informationen zur Verfügung stehen;

g) er meldet nationale Anstrengungen und Ressourcen (Arbeitskräfte und Finanzmittel), die zur Bekämpfung der Geldwäsche und Terrorismusfinanzierung zur Verfügung gestellt wurden."

b) Absatz 5 erhält folgende Fassung:

„(5) Die Mitgliedstaaten stellen der Kommission, den Europäischen Aufsichtsbehörden und den anderen Mitgliedstaaten die Ergebnisse ihrer Risikobewertungen, einschließlich der zugehörigen Aktualisierungen, zur Verfügung. Andere Mitgliedstaaten können dem die Risikobewertung durchführenden Mitgliedstaat gegebenenfalls einschlägige zusätzliche Informationen zur Verfügung stellen. Eine Zusammenfassung der Bewertung wird öffentlich zugänglich gemacht. Diese Zusammenfassung enthält keine vertraulichen Informationen."

5. Artikel 9 wird wie folgt geändert:

a) Absatz 2 erhält folgende Fassung:

„(2) Der Kommission wird die Befugnis übertragen, gemäß Artikel 64 delegierte Rechtsakte zu erlassen, um Drittländer mit hohem Risiko zu ermitteln, wobei strategische Mängel zu berücksichtigen sind, die insbesondere die folgenden Bereiche betreffen:

a) den rechtlichen und institutionellen Rahmen für die Bekämpfung der Geldwäsche und der Terrorismusfinanzierung in dem Drittland, insbesondere

i) die Einstufung der Geldwäsche und der Terrorismusfinanzierung als Straftatbestand,

ii) Maßnahmen in Bezug auf Sorgfaltspflichten gegenüber Kunden,

iii) Anforderungen an die Führung von Aufzeichnungen,

iv) die Pflicht, verdächtige Transaktionen zu melden,

v) die Verfügbarkeit korrekter und aktueller Informationen über die wirtschaftlichen Eigentümer von juristischen Personen und Rechtsvereinbarungen für die zuständigen Behörden;

b) die Befugnisse und Verfahren der zuständigen Behörden des Drittlands für die Zwecke der Bekämpfung der Geldwäsche und der Terrorismusfinanzierung, einschließlich angemessen wirksamer, verhältnismäßiger und abschreckender Sanktionen, sowie die Praxis des Drittlands bezüglich der Zusammenarbeit und des Austauschs von Informationen mit den zuständigen Behörden der Mitgliedstaaten;

c) die Wirksamkeit des Systems des Drittlands zur Bekämpfung der Geldwäsche und der Terrorismusfinanzierung beim Vorgehen gegen die entsprechenden Risiken."

b) Absatz 4 erhält folgende Fassung:

„(4) Bei der Ausarbeitung der in Absatz 2 genannten delegierten Rechtsakte berücksichtigt die Kommission einschlägige Evaluierungen, Bewertungen oder Berichte internationaler Organisationen und Einrichtungen für die Festlegung von Standards mit Kompetenzen im Bereich der Verhinderung von Geldwäsche und der Bekämpfung der Terrorismusfinanzierung."

6. Artikel 10 Absatz 1 erhält folgende Fassung:

„(1) Die Mitgliedstaaten untersagen ihren Kredit- und Finanzinstituten das Führen anonymer Konten, anonymer Sparbücher oder anonymer Schließfächer. Die Mitgliedstaaten schreiben auf jeden Fall vor, dass die Inhaber und Begünstigten bestehender anonymer Konten, anonymer Sparbücher oder anonymer Schließfächer bis zum 10. Januar 2019 und auf jeden Fall bevor diese Konten, Sparbücher oder Schließfächer in irgendeiner Weise verwendet werden, der Anwendung von Sorgfaltspflichten gegenüber Kunden unterworfen werden."

7. Artikel 12 wird wie folgt geändert:

a) Absatz 1 wird wie folgt geändert:

i) in Unterabsatz 1 erhalten die Buchstaben a und b folgende Fassung:

„a) Das Zahlungsinstrument kann nicht wieder aufgeladen werden oder die Zahlungsvorgänge, die mit ihm ausgeführt werden können, sind auf monatlich 150 EUR begrenzt, die nur in diesem Mitgliedstaat genutzt werden können;

b) der elektronisch gespeicherte Betrag übersteigt nicht 150 EUR;"

ii) Unterabsatz 2 wird gestrichen;

b) Absatz 2 erhält folgende Fassung:

„(2) Die Mitgliedstaaten stellen sicher, dass die Ausnahmeregelung nach Absatz 1 des vorliegenden Artikels bei Rücktausch – in Bargeld – oder Barabhebung des monetären Wertes des E-Geldes, wenn der rückgetauschte Betrag 50 EUR übersteigt, oder bei Fernzahlungsvorgängen im

Sinne von Artikel 4 Nummer 6 der Richtlinie (EU) 2015/2366 des Europäischen Parlaments und des Rates (*), wenn der gezahlte Betrag 50 EUR pro Transaktion übersteigt, keine Anwendung findet.

(*) Richtlinie (EU) 2015/2366 des Europäischen Parlaments und des Rates vom 25. November 2015 über Zahlungsdienste im Binnenmarkt, zur Änderung der Richtlinien 2002/65/EG, 2009/110/EG und 2013/36/EU und der Verordnung (EU) Nr. 1093/2010 sowie zur Aufhebung der Richtlinie 2007/64/EG (ABl. L 337 vom 23.12.2015, S. 35)."

c) folgender Absatz wird angefügt:

„(3) Die Mitgliedstaaten stellen sicher, dass Kredit- und Finanzinstitute, die als Erwerber auftreten, Zahlungen mit in Drittländern ausgestellten anonymen Guthabenkarten nur akzeptieren, wenn diese Karten Anforderungen erfüllen, die den in den Absätzen 1 und 2 genannten gleichwertig sind.

Die Mitgliedstaaten können beschließen, auf ihrem Hoheitsgebiet keine Zahlungen mittels anonymer Guthabenkarten zu akzeptieren."

8. Artikel 13 Absatz 1 wird wie folgt geändert:

a) Buchstabe a erhält folgende Fassung:

„a) Feststellung der Identität des Kunden und Überprüfung der Kundenidentität auf der Grundlage von Dokumenten, Daten oder Informationen, die von einer glaubwürdigen und unabhängigen Quelle stammen, einschließlich soweit verfügbar elektronischer Mittel für die Identitätsfeststellung, einschlägiger Vertrauensdienste gemäß der Verordnung (EU) Nr. 910/2014 des Europäischen Parlaments und des Rates (*) oder mittels anderer von den zuständigen nationalen Behörden regulierter, anerkannter, gebilligter oder akzeptierter sicherer Verfahren zur Identifizierung aus der Ferne oder auf elektronischem Weg eingeholt wurden;

(*) Verordnung (EU) Nr. 910/2014 des Europäischen Parlaments und des Rates vom 23. Juli 2014 über elektronische Identifizierung und Vertrauensdienste für elektronische Transaktionen im Binnenmarkt und zur Aufhebung der Richtlinie 1999/93/EG (ABl. L 257 vom 28.8.2014, S. 73)."

b) am Ende von Buchstabe b wird folgender Satz angefügt:

„Wenn der ermittelte wirtschaftliche Eigentümer ein Angehöriger der Führungsebene im Sinne von Artikel 3 Nummer 6 Buchstabe a Ziffer ii ist, ergreifen die Verpflichteten die erforderlichen angemessenen Maßnahmen, um die Identität der natürlichen Person, die die Position als Angehöriger der Führungsebene innehat, zu überprüfen, und führen Aufzeichnungen über die ergriffenen Maßnahmen sowie über etwaige während des Überprüfungsvorgangs aufgetretene Schwierigkeiten."

9. Artikel 14 wird wie folgt geändert:

a) in Absatz 1 wird folgender Satz angefügt:

„Zu Beginn einer neuen Geschäftsbeziehung mit einer Gesellschaft oder einer anderen juristischen Person oder einem Trust oder einer Rechtsvereinbarung, die in ihrer Struktur oder ihren Funktionen Trusts ähnelt (im Folgenden „ähnliche Rechtsvereinbarung"), über deren wirtschaftlichen Eigentümer gemäß Artikel 30 oder 31 Angaben registriert werden müssen, holen die Verpflichteten gegebenenfalls den Nachweis der Registrierung oder einen Auszug aus dem Register ein."

b) Absatz 5 erhält folgende Fassung:

„(5) Die Mitgliedstaaten schreiben vor, dass die Verpflichteten ihre Sorgfaltspflichten gegenüber Kunden nicht nur in Bezug auf alle neuen Kunden, sondern zu geeigneter Zeit auch in Bezug auf die bestehende Kundschaft auf risikobasierter Grundlage erfüllen, oder auch dann, wenn sich bei einem Kunden maßgebliche Umstände ändern oder wenn der Verpflichtete rechtlich verpflichtet ist, den Kunden im Laufe des betreffenden Kalenderjahres zu kontaktieren, um etwaige einschlägige Informationen über den oder die wirtschaftlichen Eigentümer zu überprüfen, oder wenn der Verpflichtete gemäß der Richtlinie 2011/16/EU des Rates dazu verpflichtet ist. (*)

(*) Richtlinie 2011/16/EU des Rates vom 15. Februar 2011 über die Zusammenarbeit der Verwaltungsbehörden im Bereich der Besteuerung und zur Aufhebung der Richtlinie 77/799/EWG (ABl. L 64, vom 11.3.2011, S. 1)."

10. Artikel 18 wird wie folgt geändert:

a) Absatz 1 Unterabsatz 1 erhält folgende Fassung:

„In den in den Artikeln 18a bis 24 genannten Fällen sowie in anderen Fällen mit höheren Risiken, die Mitgliedstaaten oder Verpflichtete ermittelt haben, schreiben die Mitgliedstaaten den Verpflichteten zur angemessenen Steuerung und Minderung dieser Risiken verstärkte Sorgfaltspflichten vor."

b) Absatz 2 erhält folgende Fassung:

„(2) Die Mitgliedstaaten schreiben vor, dass die Verpflichteten – soweit dies im angemessenen Rahmen möglich ist – Hintergrund und Zweck aller Transaktionen untersuchen, die eine der folgenden Bedingungen erfüllen:

i) es handelt sich um komplexe Transaktionen;

ii) die Transaktionen sind ungewöhnlich groß;

iii) sie folgen einem ungewöhnlichen Transaktionsmuster;

iv) sie haben keinen offensichtlichen wirtschaftlichen oder rechtmäßigen Zweck.

Um zu bestimmen, ob diese Transaktionen oder Tätigkeiten verdächtig sind, verbessern die Verpflichteten insbesondere den Umfang und die Art der Überwachung der Geschäftsbeziehung."

11. folgender Artikel wird eingefügt:

„Artikel 18a

(1) In Bezug auf Geschäftsbeziehungen oder Transaktionen, an denen gemäß Artikel 9 Absatz 2 ermittelte Drittländer mit hohem Risiko beteiligt sind, schreiben die Mitgliedstaaten vor, dass die Verpflichteten die folgenden verstärkten Sorgfaltsmaßnahmen gegenüber Kunden anwenden:

a) Einholung zusätzlicher Informationen über den Kunden und den/die wirtschaftlichen Eigentümer;

b) Einholung zusätzlicher Informationen über die angestrebte Art der Geschäftsbeziehung;

c) Einholung von Informationen über die Herkunft der Gelder und die Herkunft des Vermögens des Kunden und des wirtschaftlichen Eigentümers/der wirtschaftlichen Eigentümer;

d) Einholung von Informationen über die Gründe für die geplanten oder durchgeführten Transaktionen;

e) Einholung der Zustimmung der Führungsebene zur Schaffung oder Weiterführung der Geschäftsbeziehung;

f) verstärkte Überwachung der Geschäftsbeziehung durch häufigere und zeitlich besser geplante Kontrollen sowie durch Auswahl von Transaktionsmustern, die einer weiteren Prüfung bedürfen.

Die Mitgliedstaaten können vorschreiben, dass die Verpflichteten gegebenenfalls sicherstellen müssen, dass die erste Zahlung über ein Konto im Namen des Kunden bei einem Kreditinstitut erfolgt, das Sorgfaltspflichten unterliegt, die nicht weniger strikt sind als die in dieser Richtlinie festgelegten.

(2) Zusätzlich zu den in Absatz 1 vorgesehenen Maßnahmen und in Übereinstimmung mit den internationalen Pflichten der Union schreiben die Mitgliedstaaten den Verpflichteten vor, auf natürliche oder juristische Personen, die Transaktionen durchführen, an denen gemäß Artikel 9 Absatz 2 ermittelte Drittländer mit hohem Risiko beteiligt sind, gegebenenfalls eine oder mehrere zusätzliche risikomindernde Maßnahmen anzuwenden. Diese Maßnahmen bestehen aus einem oder mehreren der folgenden Elemente:

a) der Anwendung zusätzlicher verstärkter Sorgfaltsmaßnahmen;

b) der Einführung verstärkter einschlägiger Meldemechanismen oder einer systematischen Meldepflicht für Finanztransaktionen;

c) der Beschränkung der geschäftlichen Beziehungen oder Transaktionen mit natürlichen oder juristischen Personen aus gemäß Artikel 9 Absatz 2 ermittelten Drittländern mit hohem Risiko.

(3) Im Umgang mit gemäß Artikel 9 Absatz 2 ermittelten Drittländern mit hohem Risiko ergreifen die Mitgliedstaaten gegebenenfalls zusätzlich zu den in Absatz 1 genannten Maßnahmen und im Einklang mit den internationalen Pflichten der Union eine oder mehrere der folgenden Maßnahmen:

a) Verwehrung der Gründung von Tochtergesellschaften, Zweigniederlassungen oder Repräsentanzbüros von Verpflichteten aus dem betreffenden Drittland oder anderweitige Berücksichtigung der Tatsache, dass der fragliche Verpflichtete aus einem Drittland stammt, das über keine angemessenen Systeme zur Bekämpfung der Geldwäsche oder der Terrorismusfinanzierung verfügt;

b) Einführung des für Verpflichtete geltenden Verbots der Gründung von Zweigniederlassungen oder Repräsentanzbüros in dem betreffenden Drittland oder anderweitige Berücksichtigung der Tatsache, dass sich die betreffende Zweigniederlassung beziehungsweise das betreffende Repräsentanzbüro in einem Drittland befinden würde, das über keine angemessenen Systeme zur Bekämpfung der Geldwäsche oder der Terrorismusfinanzierung verfügt;

c) Einführung der für Zweigniederlassungen und Tochtergesellschaften von in dem betreffenden Land niedergelassenen Verpflichteten geltenden Pflicht, sich einer verschärften aufsichtlichen Prüfung oder einem verschärften externen Audit zu unterziehen;

d) Einführung verschärfter Anforderungen in Bezug auf das externe Audit von in dem betreffenden Land niedergelassenen Zweigniederlassungen und Tochtergesellschaften von Finanzgruppen;

e) Einführung der für Kredit- und Finanzinstitute geltenden Pflicht, Korrespondenzbankbeziehungen zu Respondenzinstituten in dem betreffenden Land zu überprüfen und zu ändern oder erforderlichenfalls zu beenden.

(4) Die Mitgliedstaaten berücksichtigen beim Erlass oder bei der Anwendung der in den Absätzen 2 und 3 genannten Maßnahmen gegebenenfalls einschlägige Evaluierungen, Bewertungen oder Berichte internationaler Organisationen oder

von Einrichtungen für die Festlegung von Standards mit Kompetenzen im Bereich der Verhinderung von Geldwäsche und der Bekämpfung der Terrorismusfinanzierung hinsichtlich der von einzelnen Drittländern ausgehenden Risiken.

(5) Die Mitgliedstaaten unterrichten die Kommission vor dem Erlass oder der Anwendung der in den Absätzen 2 und 3 genannten Maßnahmen."

12. in Artikel 19 erhält die Einleitung folgende Fassung:

„Bei grenzüberschreitenden Korrespondenzbankbeziehungen, die die Ausführung von Zahlungen mit einem Respondenzinstitut in einem Drittland umfassen, schreiben die Mitgliedstaaten ihren Kredit- und Finanzinstituten zusätzlich zu den in Artikel 13 festgelegten Sorgfaltspflichten gegenüber Kunden vor, dass sie bei Aufnahme einer Geschäftsbeziehung"

13. folgender Artikel wird eingefügt:

„Artikel 20a

(1) Jeder Mitgliedstaat erstellt eine Liste und hält sie auf dem neuesten Stand, in der die genauen Funktionen angegeben sind, die gemäß den nationalen Rechts- und Verwaltungsvorschriften als wichtige öffentliche Ämter im Sinne von Artikel 3 Nummer 9 angesehen werden. Die Mitgliedstaaten verlangen von jeder auf ihrem Staatsgebiet akkreditierten internationalen Organisationen, eine Liste der wichtigen öffentlichen Ämter im Sinne von Artikel 3 Nummer 9 bei dieser internationalen Organisation zu erstellen und auf dem neuesten Stand zu halten. Diese Listen werden der Kommission übermittelt und können veröffentlicht werden.

(2) Die Kommission erstellt die Liste der genauen Funktionen, die auf Ebene der Organe und Einrichtungen der Union als wichtige öffentliche Ämter gelten, und hält sie auf dem neuesten Stand. Diese Liste umfasst auch alle Funktionen, die Vertretern von Drittstaaten und auf Unionsebene akkreditierten internationalen Einrichtungen übertragen werden können.

(3) Die Kommission erstellt auf der Grundlage der in den Absätzen 1 und 2 des vorliegenden Artikels vorgesehenen Listen eine einzige Liste aller wichtigen öffentlichen Ämter im Sinne von Artikel 3 Nummer 9. Diese einzige Liste wird veröffentlicht.

(4) Die in die Liste gemäß Absatz 3 des vorliegenden Artikels aufgenommenen Daten werden gemäß den Bedingungen des Artikels 41 Absatz 2 behandelt."

14. Artikel 27 Absatz 2 erhält folgende Fassung:

„(2) Die Mitgliedstaaten sorgen dafür, dass Verpflichtete, an die der Kunde verwiesen wird, angemessene Schritte unternehmen, um zu gewährleisten, dass der Dritte auf Ersuchen umgehend maßgebliche Kopien der Daten hinsichtlich der Feststellung und Überprüfung der Identität des Kunden oder des wirtschaftlichen Eigentümers einschließlich Informationen – soweit verfügbar –, die mittels elektronischer Mittel für die Identitätsfeststellung, einschlägiger Vertrauensdienste gemäß der Verordnung (EU) Nr. 910/2014 oder mittels anderer von den einschlägigen nationalen Behörden regulierter, anerkannter, gebilligter oder akzeptierter sicherer Verfahren zur Identifizierung aus der Ferne oder auf elektronischem Weg eingeholt wurden, vorlegt."

15. Artikel 30 wird wie folgt geändert:

a) Absatz 1 wird wie folgt geändert:

i) Unterabsatz 1 erhält folgende Fassung:

„Die Mitgliedstaaten sorgen dafür, dass die in ihrem Gebiet eingetragenen Gesellschaften oder anderen juristischen Personen angemessene, präzise und aktuelle Informationen über die wirtschaftlichen Eigentümer, einschließlich genauer Angaben zum wirtschaftlichen Interesse, einholen und aufbewahren müssen. Die Mitgliedstaaten tragen auch dafür Sorge, dass für Verstöße gegen diesen Artikel wirksame, verhältnismäßige und abschreckende Maßnahmen oder Sanktionen verhängt werden."

ii) folgender Unterabsatz wird angefügt:

„Die Mitgliedstaaten schreiben vor, dass die wirtschaftlichen Eigentümer von Gesellschaften oder anderen juristischen Personen, einschließlich über Anteile, Stimmrechte, Beteiligungen, Inhaberaktien oder andere Formen der Kontrolle, diesen Einheiten alle notwendigen Informationen zur Verfügung stellen, damit die Gesellschaft oder andere juristische Person die Anforderungen gemäß Unterabsatz 1 erfüllen kann."

b) Absatz 4 erhalt folgende Fassung:

„(4) Die Mitgliedstaaten schreiben vor, dass die Angaben, die im zentralen Register gemäß Absatz 3 aufbewahrt werden, angemessen, präzise und aktuell sind, und schaffen entsprechende Mechanismen. Diese Mechanismen umfassen eine Verpflichtung der Verpflichteten und – sofern angemessen und soweit diese Verpflichtung ihre Funktionen nicht unnötig beeinträchtigt – der zuständigen Behörden, etwaige Unstimmigkeiten zu melden, die sie zwischen den Angaben über die wirtschaftlichen Eigentümer, die in den zentralen Registern zur Verfügung stehen, und den ihnen zur Verfügung stehenden Angaben über die wirtschaftlichen Eigentümer feststellen. Wenn Unstimmigkeiten gemeldet werden, sorgen die Mitgliedstaaten dafür, dass angemessene Maßnahmen ergriffen werden, um diese Unstimmigkeiten zeitnah zu beseitigen, und gegebenenfalls in der Zwischenzeit eine entsprechende Anmerkung im zentralen Register vorgenommen wird."

c) Absatz 5 erhält folgende Fassung:

„(5) Die Mitgliedstaaten stellen sicher, dass die Informationen über die wirtschaftlichen Eigentümer in allen Fällen zugänglich sind für

a) die zuständigen Behörden und die zentralen Meldestellen, ohne Einschränkung,

b) Verpflichtete im Rahmen der Erfüllung der Sorgfaltspflichten gegenüber Kunden gemäß Kapitel II,

c) alle Mitglieder der Öffentlichkeit.

Die Personen nach Buchstabe c haben Zugang mindestens zum Namen, Monat und Jahr der Geburt, dem Wohnsitzland und der Staatsangehörigkeit des wirtschaftlichen Eigentümers sowie zu Art und Umfang des wirtschaftlichen Interesses.

Die Mitgliedstaaten können unter Bedingungen, die im nationalen Recht festzulegen sind, den Zugang zu weiteren Informationen vorsehen, die die Identifizierung des wirtschaftlichen Eigentümers ermöglichen. Diese weiteren Informationen umfassen im Einklang mit den Datenschutzbestimmungen mindestens das Geburtsdatum oder die Kontaktdaten."

d) folgender Absatz wird eingefügt:

„(5a) Die Mitgliedstaaten können entscheiden, die in ihren nationalen Registern gemäß Absatz 3 gespeicherten Informationen unter der Bedingung zur Verfügung zu stellen, dass eine Online-Registrierung erfolgt und eine Gebühr gezahlt wird, die die Verwaltungskosten für die Bereitstellung der Informationen einschließlich der Kosten für Betrieb und Weiterentwicklung des Registers nicht überschreiten darf."

e) Absatz 6 erhält folgende Fassung:

„(6) Die Mitgliedstaaten stellen sicher, dass die zuständigen Behörden und die zentralen Meldestellen zeitnah und ungehindert sowie ohne Einschränkungen und ohne Inkenntnissetzung des betroffenen Unternehmens auf alle im zentralen Register nach Absatz 3 gespeicherten Informationen zugreifen können. Die Mitgliedstaaten erlauben auch, dass Verpflichtete bei der Wahrnehmung ihrer Sorgfaltspflichten gegenüber Kunden gemäß Kapitel II zeitnah auf diese Informationen zugreifen können.

Zuständige Behörden, denen Zugang zu dem in Absatz 3 genannten zentralen Register zu gewähren ist, sind alle Behörden, denen Zuständigkeiten für die Bekämpfung der Geldwäsche oder der Terrorismusfinanzierung übertragen wurden, sowie Steuerbehörden, Aufsichtsbehörden von Verpflichteten und Behörden, die für Ermittlungen oder Strafverfolgungsmaßnahmen in Fällen von Geldwäsche und damit zusammenhängenden Vortaten und von Terrorismusfinanzierung sowie für die Ermittlung, die Beschlagnahme, das Einfrieren und die Einziehung von Vermögenswerten aus Straftaten zuständig sind."

f) Absatz 7 erhält folgende Fassung:

„(7) Die Mitgliedstaaten sorgen dafür, dass die zuständigen Behörden und die zentralen Meldestellen in der Lage sind, die Informationen nach den Absätzen 1 und 3 zeitnah und kostenlos an die zuständigen Behörden und die zentralen Meldestellen anderer Mitgliedstaaten zu liefern."

g) die Absätze 9 und 10 erhalten folgende Fassung:

„(9) Für außergewöhnliche, nach nationalem Recht festzulegende Umstände, unter denen der wirtschaftliche Eigentümer durch den in Absatz 5 Unterabsatz 1 Buchstaben b und c genannten Zugang einem unverhältnismäßigen Risiko von Betrug, Entführung, Erpressung, Schutzgelderpressung, Schikane, Gewalt oder Einschüchterung ausgesetzt würde, oder für den Fall, dass der wirtschaftliche Eigentümer minderjährig oder anderweitig geschäftsunfähig ist, können die Mitgliedstaaten im Einzelfall eine Ausnahme von dem besagten vollständigen oder teilweisen Zugang zu den Informationen über den wirtschaftlichen Eigentümer vorsehen. Die Mitgliedstaaten stellen sicher, dass diese Ausnahmen nach eingehender Bewertung der außergewöhnlichen Natur der Umstände gewährt werden. Rechte auf eine verwaltungsrechtliche Prüfung des Beschlusses über die Ausnahme und auf einen wirksamen Rechtsbehelf werden gewahrt. Ein Mitgliedstaat, der Ausnahmen gewährt hat, veröffentlicht jährlich statistische Daten über die Anzahl der gewährten Ausnahmen und deren Begründungen und legt diese Daten der Kommission vor.

Die gemäß Unterabsatz 1 des vorliegenden Absatzes gewährten Ausnahmen gelten weder für Kredit- und Finanzinstitute noch für Verpflichtete gemäß Artikel 2 Absatz 1 Unterabsatz 3 Buchstabe b, bei denen es sich um öffentliche Bedienstete handelt.

(10) Die Mitgliedstaaten stellen sicher, dass die in Absatz 3 genannten zentralen Register über die durch Artikel 22 Absatz 1 der Richtlinie (EU) 2017/1132 des Europäischen Parlaments und des Rates (*) geschaffene zentrale Europäische Plattform miteinander vernetzt werden. Die Vernetzung der zentralen Register der Mitgliedstaaten mit der Plattform erfolgt nach Maßgabe der technischen Spezifikationen und Verfahren, die durch von der Kommission gemäß Artikel 24 der Richtlinie (EU) 2017/1132 und Artikel 31a der vorliegenden Richtlinie erlassene Durchführungsrechtsakte festgelegt werden.

Die Mitgliedstaaten tragen dafür Sorge, dass die in Absatz 1 genannten Informationen über das Netz der nationalen Register gemäß Artikel 22 Absatz 1 der Richtlinie (EU) 2017/1132 und im Einklang mit den nationalen Rechtsvorschriften zur Umsetzung der Absätze 5, 5a und 6 des vorliegenden Artikels verfügbar sind.

Die in Absatz 1 genannten Informationen bleiben nach der Löschung einer Gesellschaft oder einer anderen juristischen Person aus dem Register noch für einen Zeitraum von mindestens fünf und höchstens zehn Jahren über die nationalen Register und das Netz der nationalen Register öffentlich zugänglich. Die Mitgliedstaaten arbeiten untereinander und mit der Kommission zusammen, um die verschiedenen Arten des Zugangs gemäß diesem Artikel umzusetzen.

(*) Richtlinie (EU) 2017/1132 des Europäischen Parlaments und des Rates vom 14. Juni 2017 über bestimmte Aspekte des Gesellschaftsrechts (ABl. L 169 vom 30.6.2017, S. 46)."

16. Artikel 31 wird wie folgt geändert:

a) Absatz 1 erhält folgende Fassung:

„(1) Die Mitgliedstaaten tragen dafür Sorge, dass dieser Artikel auf Trusts und andere Rechtsvereinbarungen wie beispielsweise „fiducie", bestimmte Arten von Treuhand oder „fideicomiso" Anwendung findet, sofern diese Rechtsvereinbarungen in ihrer Struktur oder ihren Funktionen Trusts ähneln. Die Mitgliedstaaten legen die Merkmale fest, durch die festgestellt werden kann, ob solche Rechtsvereinbarungen, die unter ihr Recht fallen, in ihrer Struktur oder ihren Funktionen Trusts ähneln.

Die Mitgliedstaaten schreiben vor, dass die Trustees eines in dem jeweiligen Mitgliedstaat verwalteten Express Trusts angemessene, präzise und aktuelle Angaben zu den wirtschaftlichen Eigentümern in Bezug auf den Trust einholen und aufbewahren. Diese Angaben umfassen die Identität:

a) des/der Settlor,

b) des/der Trustee(s);

c) des Protektors/der Protektoren (sofern vorhanden),

d) der Begünstigten oder Kategorie von Begünstigten sowie

e) jeder anderen natürlichen Person, unter deren tatsächlicher Kontrolle der Trust steht.

Die Mitgliedstaaten tragen auch dafür Sorge, dass für Verstöße gegen diesen Artikel wirksame, verhältnismäßige und abschreckende Maßnahmen oder Sanktionen verhängt werden."

b) Absatz 2 erhält folgende Fassung:

„(2) Die Mitgliedstaaten sorgen dafür, dass Trustees oder Personen, die gleichwertige Positionen in ähnlichen Rechtsvereinbarungen im Sinne von Artikel 31 Absatz 1 innehaben, den Verpflichteten ihren Status offenlegen und die Angaben nach Absatz 1 des vorliegenden Artikels zeitnah übermitteln, wenn sie als Trustee oder Person, die eine gleichwertige Positionen in einer ähnlichen Rechtsvereinbarung innehat, eine Geschäftsbeziehung aufnehmen oder eine gelegentliche Transaktion oberhalb der in Artikel 11 Buchstaben b, c und d genannten Schwellenwerte durchführen."

c) folgender Absatz wird eingefügt:

„(3a) Die Mitgliedstaaten schreiben vor, dass die Angaben über die wirtschaftlichen Eigentümer von Express Trusts und ähnlichen Rechtsvereinbarungen gemäß Absatz 1 in einem von dem Mitgliedstaat, in dem der Trustee des Trusts oder eine Person, die eine gleichwertige Position in einer ähnlichen Rechtsvereinbarung inne hat, niedergelassen oder ansässig ist, eingerichteten zentralen Register wirtschaftlicher Eigentümer gespeichert wird.

Befindet sich der Ort der Niederlassung oder der Wohnsitz des Trustees des Trusts oder eine Person, die eine gleichwertige Position in einer ähnlichen Rechtsvereinbarung außerhalb der Union, werden die in Absatz 1 genannten Informationen in einem zentralen Register des Mitgliedstaats aufbewahrt, in dem der Trustee eines Trust oder eine Person, die eine gleichwertige Position in einer ähnlichen Rechtsvereinbarung inne hat, eine Geschäftsbeziehung aufnimmt oder im Namen des Trusts oder der ähnlichen Rechtsvereinbarung Immobilien erwirbt.

Wenn die Trustees eines Trusts oder Personen, die gleichwertige Positionen in einer ähnlichen Rechtsvereinbarung inne haben, in unterschiedlichen Mitgliedstaaten niedergelassen oder ansässig sind oder wenn der Trustee eines Trusts oder eine Person, die eine gleichwertige Position in einer ähnlichen Rechtsvereinbarung inne hat, im Namen des Trusts oder der ähnlichen Rechtsvereinbarung mehrere Geschäftsbeziehungen in verschiedenen Mitgliedstaaten aufnimmt, kann ein Nachweis der Registrierung oder ein Auszug aus den Angaben über die wirtschaftlichen Eigentümer, die von einem Mitgliedstaat in einem Register geführt werden, als ausreichend angesehen werden, damit die Verpflichtung der Registrierung als erfüllt gilt."

d) Absatz 4 erhält folgende Fassung:

„(4) Die Mitgliedstaaten stellen sicher, dass die Informationen über die wirtschaftlichen Eigentümer eines Trusts oder einer ähnlichen Rechtsvereinbarungen in allen Fällen zugänglich sind für:

a) die zuständigen Behörden und die zentralen Meldestellen, ohne Einschränkung;

b) Verpflichtete im Rahmen der Erfüllung der Sorgfaltspflichten gegenüber Kunden gemäß Kapitel II;

c) alle natürlichen oder juristischen Personen, die ein berechtigtes Interesse nachweisen können;

d) alle natürlichen oder juristischen Personen, die einen schriftlichen Antrag in Bezug auf einen Trust oder eine ähnliche Rechtsvereinbarung stellen, die direkt oder indirekt eine Kontrolle verleihende Beteiligung an einer Gesellschaft oder einer anderen juristischen Person mit Ausnahme der in Artikel 30 Absatz 1 genannten hält oder besitzt, einschließlich in Form von Inhaberaktien oder durch andere Formen der Kontrolle.

Die Informationen, die natürlichen oder juristischen Personen nach den Buchstaben c und d dieses Unterabsatzes zur Verfügung stehen, umfassen mindestens den Namen, Monat und Jahr der Geburt, das Wohnsitzland und die Staatsangehörigkeit des wirtschaftlichen Eigentümers sowie Art und Umfang des wirtschaftlichen Interesses.

Die Mitgliedstaaten können unter Bedingungen, die im nationalen Recht festzulegen sind, im Einklang mit den Datenschutzbestimmungen den Zugang zu weiteren Informationen, die die Identifizierung des wirtschaftlichen Eigentümers ermöglichen, vorsehen. Diese weiteren Informationen umfassen mindestens das Geburtsdatum oder Kontaktdaten. Die Mitgliedstaaten können einen weitergehenden Zugang zu den in dem Register enthaltenen Informationen im Einklang mit ihren nationalen Rechtsvorschriften erlauben.

Zuständige Behörden, denen Zugang zu dem in Absatz 3a genannten zentralen Register zu gewähren ist, sind Behörden, denen Zuständigkeiten für die Bekämpfung der Geldwäsche oder der Terrorismusfinanzierung übertragen wurden, *sowie* Steuerbehörden, Aufsichtsbehörden von Verpflichteten und Behörden, die für Ermittlungen oder Strafverfolgungsmaßnahmen in Fällen von Geldwäsche und damit zusammenhängenden Vortaten und von Terrorismusfinanzierung sowie für die Ermittlung, die Beschlagnahme, das Einfrieren und die Einziehung von Vermögenswerten aus Straftaten zuständig sind."

e) folgender Absatz wird eingefügt:

„(4a) Die Mitgliedstaaten können entscheiden, die in ihren nationalen Registern gemäß Absatz 3a gespeicherten Informationen unter der Bedingung zur Verfügung zu stellen, dass eine Online-Registrierung erfolgt und eine Gebühr gezahlt wird, die die Verwaltungskosten für die Bereitstellung der Informationen einschließlich der Kosten für Betrieb und Weiterentwicklung des Registers nicht überschreiten darf."

f) Absatz 5 erhält folgende Fassung:

„(5) Die Mitgliedstaaten schreiben vor, dass die Informationen, die im zentralen Register gemäß Absatz 3a aufbewahrt werden, angemessen, präzise und aktuell sind, und schaffen entsprechende Mechanismen. Diese Mechanismen umfassen eine Verpflichtung der Verpflichteten und – sofern angemessen und soweit diese Verpflichtung ihre Funktionen nicht unnötig beeinträchtigt – der zuständigen Behörden, etwaige Unstimmigkeiten zu melden, die sie zwischen den Angaben über die wirtschaftlichen Eigentümer, die in den zentralen Registern zur Verfügung stehen, und den ihnen zur Verfügung stehenden Informationen über die wirtschaftlichen Eigentümer feststellen. Wenn Unstimmigkeiten gemeldet werden, sorgen die Mitgliedstaaten dafür, dass angemessene Maßnahmen ergriffen werden, um diese Unstimmigkeiten zeitnah zu beseitigen, und gegebenenfalls in der Zwischenzeit eine entsprechende Anmerkung im zentralen Register vorgenommen wird."

g) Absatz 7 erhält folgende Fassung:

„(7) Die Mitgliedstaaten sorgen dafür, dass die zuständigen Behörden und die zentralen Meldestellen in der Lage sind, Informationen nach den Absätzen 1 und 3 zeitnah und kostenlos an die zuständigen Behörden und die zentralen Meldestellen anderer Mitgliedstaaten zu liefern."

h) folgender Absatz wird eingefügt:

„(7a) Für außergewöhnliche, nach nationalem Recht festzulegende Umstände, unter denen der wirtschaftliche Eigentümer durch den in Absatz 4 Unterabsatz 1 Buchstaben b, c und d genannten Zugang einem unverhältnismäßigen Risiko von Betrug, Entführung, Erpressung, Schutzgelderpressung, Schikane, Gewalt oder Einschüchterung ausgesetzt würde, oder für den Fall, dass der wirtschaftliche Eigentümer minderjährig oder anderweitig geschäftsunfähig ist, können die Mitgliedstaaten im Einzelfall eine Ausnahme von dem besagten vollständigen oder teilweisen Zugang zu den Informationen über den wirtschaftlichen Eigentümer vorsehen. Die Mitgliedstaaten stellen sicher, dass diese Ausnahmen nach eingehender Bewertung der außergewöhnlichen Natur der Umstände gewährt werden. Rechte auf eine verwaltungsrechtliche Prüfung des Beschlusses über die Ausnahme und auf einen wirksamen Rechtsbehelf werden gewahrt. Ein Mitgliedstaat, der Ausnahmen gewährt hat, veröffentlicht jährlich statistische Daten über die Anzahl der gewährten Ausnahmen und deren Begründungen und legt diese Daten der Kommission vor.

Die gemäß Unterabsatz 1 gewährten Ausnahmen gelten nicht für Kredit- und Finanzinstitute sowie Verpflichtete gemäß Artikel 2 Absatz 1 Unterabsatz 3 Buchstabe b, wenn es sich dabei um öffentliche Bedienstete handelt.

Beschließt ein Mitgliedstaat eine Ausnahme gemäß Unterabsatz 1, schränkt er den Zugang der zuständigen Behörden und der zentralen Meldestellen zu den Informationen nicht ein."

i) Absatz 8 wird gestrichen;

j) Absatz 9 erhält folgende Fassung:

„(9) Die Mitgliedstaaten stellen sicher, dass die in Absatz 3a genannten zentralen Register über die durch Artikel 22 Absatz 1 der Richtlinie (EU) 2017/1132 geschaffene zentrale Europäische Plattform miteinander vernetzt werden. Die Vernetzung der zentralen Register der Mitgliedstaaten mit der Plattform erfolgt nach Maßgabe der technischen Spezifikationen und Verfahren, die durch von der Kommission gemäß Artikel 24 der Richtlinie (EU) 2017/1132 und Artikel 31a der vorliegenden Richtlinie erlassene Durchführungsrechtsakte festgelegt werden.

Die Mitgliedstaaten tragen dafür Sorge, dass die in Absatz 1 des vorliegenden Artikels genannten Informationen über das Netz der nationalen Register gemäß Artikel 22 Absatz 2 der Richtlinie (EU) 2017/1132 und im Einklang mit den nationalen Rechtsvorschriften zur Umsetzung der Absätze 4 und 5 des vorliegenden Artikels verfügbar sind.

Die Mitgliedstaaten ergreifen angemessene Maßnahmen, um sicherzustellen, dass ausschließlich aktuelle, sich auf die tatsächlichen wirtschaftlichen Eigentümer beziehende Informationen nach Absatz 1 über ihre nationalen Register und das Netz der nationalen Register verfügbar gemacht werden und der Zugriff im Einklang mit den Datenschutzvorschriften erfolgt.

Die in Absatz 1 genannten Angaben bleiben noch für einen Zeitraum von mindestens fünf und höchstens 10 Jahren, nachdem die Gründe für die Registrierung der in Absatz 3a genannten Informationen über die wirtschaftlichen Eigentümer zu bestehen aufgehört haben, über die nationalen Register und das Netz der nationalen Register öffentlich zugänglich. Die Mitgliedstaaten arbeiten mit der Kommission zusammen, um die verschiedenen Arten des Zugangs gemäß den Absätzen 4 und 4a umzusetzen."

k) folgender Absatz wird angefügt:

„(10) Die Mitgliedstaaten übermitteln der Kommission bis zum 10. Juli 2019 die Kategorien, eine Beschreibung der Merkmale, die Namen und sofern angezeigt die geltende Rechtsgrundlage der in Absatz 1 genannten Trusts und ähnliche Rechtsvereinbarungen. Die Kommission veröffentlicht die konsolidierte Liste dieser Trusts und ähnlicher Rechtsvereinbarungen bis zum 10. September 2019 im *Amtsblatt der Europäischen Union*.

Die Kommission legt dem Europäischen Parlament und dem Rat bis zum 26. Juni 2020 einen Bericht vor, in dem bewertet wird, ob alle in Absatz 1 genannten Trusts und ähnliche Rechtsvereinbarungen und dem Recht von Mitgliedstaaten unterliegen, ordnungsgemäß ermittelt wurden und unter die in dieser Richtlinie festgelegten Verpflichtungen fallen. Gegebenenfalls trifft die Kommission die erforderlichen Maßnahmen, um auf die Ergebnisse dieses Berichts zu reagieren."

17. folgender Artikel wird eingefügt:

„Artikel 31a

Durchführungsrechtsakte

Wenn dies zusätzlich zu den von der Kommission gemäß Artikel 24 der Richtlinie (EU) 2017/1132 und gemäß dem Geltungsbereich der Artikel 30 und 31 dieser Richtlinie erlassenen Durchführungsrechtsakten erforderlich ist, erlässt die Kommission im Wege von Durchführungsrechtsakten technische Spezifikationen und Verfahren, die erforderlich sind, um für die Vernetzung der zentralen Register der Mitgliedstaaten im Sinne von Artikel 30 Absatz 10 und Artikel 31 Absatz 9 zu sorgen, in Bezug auf

a) die technischen Spezifikationen zur Festlegung der technischen Daten, die benötigt werden, damit die Plattform ihre Aufgaben erfüllen kann, und die Methode für Speicherung, Verwendung und Schutz dieser Daten,

b) die gemeinsamen Kriterien, nach denen die Angaben über die wirtschaftlichen Eigentümer über das Netz der nationalen Register verfügbar sind, abhängig von dem Ausmaß des von den Mitgliedstaaten gewährten Zugangs,

c) die technischen Details hinsichtlich der Frage, wie die Informationen über die wirtschaftlichen Eigentümer zur Verfügung gestellt werden sollen,

d) die technischen Bedingungen für die Verfügbarkeit des Netzes der nationalen Register,

e) die technischen Modalitäten für die Umsetzung der verschiedenen Arten des Zugangs zu Informationen über die wirtschaftlichen Eigentümer auf der Grundlage von Artikel 30 Absatz 5 und Artikel 31 Absatz 4,

f) die Zahlungsbedingungen, wenn für den Zugang zu Angaben über die wirtschaftlichen Eigentümer eine Gebühr gemäß Artikel 30 Absatz 5a und Artikel 31 Absatz 4a zu entrichten ist, wobei die verfügbaren Zahlungsmöglichkeiten wie Fernzahlungsvorgänge zu berücksichtigen sind.

Diese Durchführungsrechtsakte werden gemäß dem in Artikel 64a Absatz 2 genannten Prüfverfahren erlassen.

Bei ihren Durchführungsrechtsakten bemüht sich die Kommission, bereits erprobte Technologien und bereits bestehende Verfahren wiederzuverwenden. Die Kommission sollte sicherstellen, dass durch die zu entwickelnden Systeme keine Kosten entstehen, die über das für die Umsetzung dieser Richtlinie unbedingt erforderliche Maß hinausgehen. Die Durchführungsrechtsakte der Kommission sind durch Transparenz und den Austausch von Erfahrungen und Informationen zwischen der Kommission und den Mitgliedstaaten geprägt."

18. In Artikel 32 wird folgender Absatz wird angefügt:

„(9) Unbeschadet des Artikels 34 Absatz 2 kann jede zentrale Meldestelle im Rahmen ihrer Aufgaben von jedem Verpflichteten Informationen für den in Absatz 1 genannten Zweck anfordern, einholen und nutzen, selbst wenn keine vorherige Meldung gemäß Artikel 33 Absatz 1 Buchstabe a oder Artikel 34 Absatz 1 erstattet wurde."

19. folgender Artikel wird eingefügt:

„Artikel 32a

(1) Die Mitgliedstaaten richten zentrale automatische Mechanismen wie zentrale Register oder zentrale elektronische Datenabrufsysteme ein, die die zeitnahe Ermittlung aller natürlichen oder juristischen Personen ermöglichen, die bei Kreditinstituten in ihrem Hoheitsgebiet durch die IBAN identifizierte Zahlungskonten und Bankkonten im Sinne der Verordnung (EU) Nr. 260/2012 des

Europäischen Parlaments und des Rates (*), oder Schließfächer innehaben oder kontrollieren. Die Mitgliedstaaten übermitteln der Kommission eine Beschreibung der Merkmale dieser nationalen Mechanismen.

(2) Die Mitgliedstaaten tragen dafür Sorge, dass die Informationen, die in den in Absatz 1 des vorliegenden Artikels genannten zentralen Mechanismen aufbewahrt werden, den nationalen zentralen Meldestellen direkt, sofort und ungefiltert zugänglich sind. Die Informationen müssen auch den nationalen zuständigen Behörden zugänglich sein, damit diese ihren Pflichten im Rahmen dieser Richtlinie nachkommen können. Die Mitgliedstaaten stellen sicher, dass jede zentrale Meldestelle anderen zentralen Meldestellen Informationen, die in den in Absatz 1 des vorliegenden Artikels genannten zentralen Mechanismen aufbewahrt werden, zeitnah gemäß Artikel 53 übermitteln kann.

(3) Es wird sichergestellt, dass die in Absatz 1 genannten zentralen Mechanismen den Zugriff auf und die Suche in folgenden Informationen ermöglichen:

– in Bezug auf den Inhaber des Kundenkontos und jede Person, die vorgibt, im Namen des Kunden zu handeln: den Namen, ergänzt entweder durch die anderen Identifizierungsdaten, die nach den nationalen Bestimmungen zur Umsetzung von Artikel 13 Absatz 1 Buchstabe a vorgeschrieben sind, oder eine individuelle Kennnummer;

– in Bezug auf den wirtschaftlichen Eigentümer des Inhabers des Kundenkontos: den Namen, ergänzt entweder durch die anderen Identifizierungsdaten, die nach den nationalen Bestimmungen zur Umsetzung von Artikel 13 Absatz 1 Buchstabe b vorgeschrieben sind, oder eine individuelle Kennnummer;

– in Bezug auf das Bank- oder Zahlungskonto: die IBAN-Nummer und das Datum der Kontoeröffnung und -schließung;

– in Bezug auf das Schließfach: den Namen des Mieters, ergänzt entweder durch die anderen Identifizierungsdaten, die nach den nationalen Bestimmungen zur Umsetzung von Artikel 13 Absatz 1 vorgeschrieben sind, oder durch eine individuelle Kennnummer, und die Dauer des Mietzeitraums.

(4) Die Mitgliedstaaten können vorschreiben, dass andere Informationen, die für zentrale Meldestellen und zuständige Behörden für die Erfüllung ihrer Pflichten im Rahmen dieser Richtlinie als wesentlich angesehen werden, über die zentralen Mechanismen verfügbar und durchsuchbar sind.

(5) Die Kommission legt dem Europäischen Parlament und dem Rat bis zum 26. Juni 2020 einen Bericht vor, in dem die Bedingungen und technischen Spezifikationen und Verfahren für die Gewährleistung einer sicheren und effizienten Vernetzung der zentralen automatischen Mechanismen bewertet werden. Gegebenenfalls wird dem Bericht ein Gesetzgebungsvorschlag beigefügt.

(*) Verordnung (EU) Nr. 260/2012 des Europäischen Parlaments und des Rates vom 14. März 2012 zur Festlegung der technischen Vorschriften und der Geschäftsanforderungen für Überweisungen und Lastschriften in Euro und zur Änderung der Verordnung (EG) Nr. 924/2009 (ABl. L 94 vom 30.3.2012, S. 22)."

20. Folgender Artikel wird eingefügt:

„Artikel 32b

(1) Die Mitgliedstaaten geben den zentralen Meldestellen und den zuständigen Behörden Zugang zu Informationen, die die zeitnahe Identifizierung aller natürlichen oder juristischen Personen ermöglichen, die in ihrem Hoheitsgebiet Eigentümer von Immobiliensind, unter anderem über Register oder elektronische Datenabrufsysteme, soweit solche Register oder Systeme zur Verfügung stehen.

(2) Die Kommission legt dem Europäischen Parlament und dem Rat bis zum 31. Dezember 2020 einen Bericht vor, in dem beurteilt wird, inwiefern es notwendig und verhältnismäßig ist, die in den Registern enthaltenen Informationen zu vereinheitlichen, und inwiefern es erforderlich ist, diese Register zu vernetzen. Gegebenenfalls wird dem Bericht ein Gesetzgebungsvorschlag beigefügt."

21. Artikel 33 Absatz 1 Buchstabe b erhält folgende Fassung:

„b) der zentralen Meldestelle auf Verlangen unmittelbar alle erforderlichen Auskünfte zur Verfügung stellen.";

22. in Artikel 34 wird folgender Absatz eingefügt:

„(3) Die von den Mitgliedstaaten benannten Selbstverwaltungseinrichtungen veröffentlichen einen Jahresbericht mit Informationen über

a) die gemäß den Artikeln 58, 59 und 60 ergriffenen Maßnahmen,

b) die Anzahl der erhaltenen Berichte über Verstöße gemäß Artikel 61, sofern zutreffend,

c) die Anzahl der von der Selbstverwaltungseinrichtung erhaltenen Berichte gemäß Absatz 1 und die Anzahl der Berichte, die von der Selbstverwaltungseinrichtung an die zentrale Meldestelle weitergeleitet wurde, sofern zutreffend,

d) sofern zutreffend die Anzahl und eine Beschreibung der Maßnahmen, die gemäß Artikel 47 und 48 durchgeführt wurden, um zu überprüfen, ob die Verpflichteten ihre Verpflichtungen gemäß den folgenden Artikeln einhalten:

i) Artikel 10 bis 24 (Sorgfaltspflicht gegenüber Kunden),

ii) Artikel 33, 34 und 35 (Verdachtsmeldungen),

iii) Artikel 40 (Aufbewahrung von Aufzeichnungen) und

iv) Artikel 45 und 46 (interne Kontrollen)."

23. Artikel 38 erhält folgende Fassung:

„Artikel 38

(1) Die Mitgliedstaaten sorgen dafür, dass Einzelpersonen, einschließlich Angestellte und Vertreter des Verpflichteten, die intern oder der zentralen Meldestelle einen Verdacht auf Geldwäsche oder Terrorismusfinanzierung melden, rechtlich vor Bedrohungen, Vergeltungsmaßnahmen oder Anfeindungen und insbesondere vor nachteiligen oder diskriminierenden Maßnahmen im Beschäftigungsverhältnis geschützt werden.

(2) Die Mitgliedstaaten sorgen dafür, dass Einzelpersonen, die Bedrohungen, Vergeltungsmaßnahmen oder Anfeindungen oder nachteiligen oder diskriminierenden Maßnahmen im Beschäftigungsverhältnis ausgesetzt sind, weil sie intern oder der zentralen Meldestelle einen Verdacht auf Geldwäsche oder Terrorismusfinanzierung gemeldet haben, bei der jeweiligen zuständigen Behörden auf sichere Weise eine Beschwerde einreichen können. Unbeschadet der Vertraulichkeit der von der zentralen Meldestelle gesammelten Informationen, sorgen die Mitgliedstaaten auch dafür, dass solche Einzelpersonen das Recht auf einen wirksamen Rechtsbehelf haben, um ihre Rechte gemäß diesem Absatz zu schützen."

24. Artikel 39 Absatz 3 erhält folgende Fassung:

„(3) Das Verbot nach Absatz 1 des vorliegenden Artikels steht einer Informationsweitergabe zwischen derselben Unternehmensgruppe angehörenden Kredit- und Finanzinstituten der Mitgliedstaaten oder zwischen diesen Instituten und ihren Zweigstellen und mehrheitlich in ihrem Besitz befindlichen Tochterunternehmen in Drittländern nicht entgegen, sofern sich diese Zweigstellen und Tochterunternehmen uneingeschränkt an die gruppenweit anzuwendenden Strategien und Verfahren gemäß Artikel 45, darunter Verfahren für den Informationsaustausch innerhalb der Gruppe, halten und die gruppenweit anzuwendenden Strategien und Verfahren die Anforderungen dieser Richtlinie erfüllen."

25. Artikel 40 Absatz 1 wird wie folgt geändert:

a) Buchstaben a erhält folgende Fassung:

„a) bei Sorgfaltspflichten gegenüber Kunden eine Kopie der erhaltenen Dokumente und Informationen, die für die Erfüllung der Sorgfaltspflichten gegenüber Kunden gemäß Kapitel II erforderlich sind, einschließlich Informationen – soweit verfügbar –, die mittels elektronischer Mittel für die Identitätsfeststellung, einschlägiger Vertrauensdienste gemäß der Verordnung (EU) Nr. 910/2014 oder mittels anderer von den einschlägigen nationalen Behörden regulierter, anerkannter, gebilligter oder akzeptierter sicherer Verfahren zur Identifizierung aus der Ferne oder auf elektronischem Weg eingeholt wurden, für die Dauer von fünf Jahren nach Beendigung der Geschäftsbeziehung mit dem Kunden oder nach dem Zeitpunkt einer gelegentlichen Transaktion;"

b) folgender Unterabsatz wird angefügt:

„Die Aufbewahrungsfrist gemäß diesem Absatz, einschließlich der weiteren Aufbewahrungsfrist, die zusätzliche fünf Jahre nicht überschreitet, gilt auch für Daten, die über die in Artikel 32a genannten zentralen Mechanismen zugänglich sind."

26. Artikel 43 erhält folgende Fassung:

„Artikel 43

Die Verarbeitung personenbezogener Daten auf der Grundlage dieser Richtlinie zu Zwecken der Verhinderung von Geldwäsche und Terrorismusfinanzierung gemäß Artikel 1 ist als Angelegenheit von öffentlichem Interesse gemäß der Verordnung (EU) 2016/679 des Europäischen Parlaments und des Rates (*) anzusehen.

(*) Verordnung (EU) 2016/679 des Europäischen Parlaments und des Rates vom 27. April 2016 zum Schutz natürlicher Personen bei der Verarbeitung personenbezogener Daten, zum freien Datenverkehr und zur Aufhebung der Richtlinie 95/46/EG (Datenschutz-Grundverordnung) (ABl. L 119 vom 4.5.2016, S. 1)."

27. Artikel 44 erhält folgende Fassung:

„Artikel 44

(1) Die Mitgliedstaaten stellen als Beitrag zur Vorbereitung der Risikobewertung gemäß Artikel 7 sicher, dass sie die Wirksamkeit ihrer Systeme zur Bekämpfung von Geldwäsche oder Terrorismusfinanzierung überprüfen können, indem sie umfassende Statistiken über Faktoren, die für die Wirksamkeit solcher Systeme relevant sind, führen.

(2) Die in Absatz 1 genannten Statistiken erfassen

a) Daten zur Messung von Größe und Bedeutung der verschiedenen Sektoren, die in den Geltungsbereich dieser Richtlinie fallen, einschließlich der Anzahl der natürlichen Personen und der Einheiten sowie der wirtschaftlichen Bedeutung jedes Sektors,

b) Daten zur Messung von Verdachtsmeldungen, Untersuchungen und Gerichtsverfahren im Rahmen des nationalen Systems zur Bekämpfung von Geldwäsche und Terrorismusfinanzierung, einschließlich der Anzahl der bei der zentralen Meldestelle erstatteten Verdachtsmeldungen, der im Anschluss daran ergriffenen Maßnahmen und – auf Jahresbasis – der Anzahl der untersuchten Fälle, der verfolgten Personen und der wegen Delikten der Geldwäsche oder Terrorismusfinanzierung verurteilten Personen, der Arten der Vortaten, wenn derartige Informationen vorliegen, sowie des Werts des eingefrorenen, beschlagnahmten oder eingezogenen Vermögens in Euro,

c) sofern vorhanden, Daten über die Zahl und den Anteil der Meldungen, die zu weiteren Untersuchungen führen, zusammen mit einem Jahresbericht für die Verpflichteten, in dem der Nutzen ihrer Meldungen und die daraufhin ergriffenen Maßnahmen erläutert werden,

d) Daten über die Zahl der grenzüberschreitenden Informationsersuchen, die von der zentralen Meldestelle gestellt wurden, bei ihr eingingen, von ihr abgelehnt oder teilweise bzw. vollständig beantwortet wurden, aufgeschlüsselt nach ersuchendem Staat,

e) das Personal, das den für die Aufsicht über die Bekämpfung von Geldwäsche und Terrorismusfinanzierung zuständigen Behörden zugewiesen wurde, sowie das den zentralen Meldestellen für die Ausführung der in Artikel 32 angegebenen Aufgaben zugewiesene Personal,

f) die Anzahl der Maßnahmen der Aufsichtsbehörden vor Ort und anderswo, die Anzahl der auf der Grundlage der Maßnahmen der Aufsichtsbehörden festgestellten Verstöße und die Anzahl der von den Aufsichtsbehörden angewandten Sanktionen/Verwaltungsmaßnahmen.

(3) Die Mitgliedstaaten sorgen dafür, dass auf Jahresbasis eine konsolidierte Zusammenfassung ihrer Statistiken veröffentlicht wird.

(4) Die Mitgliedstaaten übermitteln der Kommission jährlich die in Absatz 2 genannten Statistiken. Die Kommission veröffentlicht einen jährlichen Bericht, in dem die in Absatz 2 genannten Statistiken zusammengefasst und erläutert werden und der auf ihrer Website zur Verfügung gestellt wird."

28. Artikel 45 Absatz 4 erhält folgende Fassung:

„(4) Die Mitgliedstaaten und die Europäischen Aufsichtsbehörden unterrichten einander über Fälle, in denen die Umsetzung der gemäß Absatz 1 erforderlichen Strategien und Verfahren nach dem Recht eines Drittlandes nicht zulässig ist. In solchen Fällen kann im Rahmen eines abgestimmten Vorgehens eine Lösung angestrebt werden. Bei der Beurteilung, welche Drittländer die Umsetzung der gemäß Absatz 1 erforderlichen Maßnahmen und Verfahren nicht gestatten, berücksichtigen die Mitgliedstaaten und die Europäischen Aufsichtsbehörden etwaige rechtliche Beschränkungen, durch die die ordnungsgemäße Umsetzung dieser Maßnahmen und Verfahren behindert werden kann, einschließlich Beschränkungen in Bezug auf Geheimhaltungspflicht oder Datenschutz und andere Beschränkungen, die den Austausch von Informationen, die für diesen Zweck relevant sein können, behindern."

29. Artikel 47 Absatz 1 erhält folgende Fassung:

„(1) Die Mitgliedstaaten sehen vor, dass Dienstleistungsanbieter, bei denen virtuelle in Fiatgeld und umgekehrt getauscht werden können, und Anbieter von elektronischen Geldbörsen eingetragen werden müssen und dass Wechselstuben, Scheckeinlösestellen und Dienstleister für Trusts und Gesellschaften zugelassen oder eingetragen und Anbieter von Glücksspieldiensten reguliert sein müssen."

30. Artikel 48 wird wie folgt geändert:

a) folgender Absatz wird eingefügt:

„(1a) Um die wirksame Zusammenarbeit und insbesondere den Informationsaustausch zu erleichtern und zu fördern, übermitteln die Mitgliedstaaten der Kommission die Liste der zuständigen Behörden der in Artikel 2 Absatz 1 aufgeführten Verpflichteten einschließlich ihrer Kontaktdaten. Die Mitgliedstaaten tragen dafür Sorge, dass die der Kommission übermittelten Informationen auf dem neuesten Stand gehalten werden.

Die Kommission veröffentlicht ein Verzeichnis dieser Behörden und ihre Kontaktdaten auf ihrer Website. Die in dem Verzeichnis aufgeführten Behörden fungieren innerhalb ihrer Befugnisse als Kontaktstelle für die entsprechenden zuständigen Behörden der anderen Mitgliedstaaten. Die Finanzaufsichtsbehörden der Mitgliedstaaten fungieren außerdem als eine Kontaktstelle für die Europäischen Aufsichtsbehörden.

Um für eine angemessene Durchsetzung dieser Richtlinie zu sorgen, schreiben die Mitgliedstaaten vor, dass alle Verpflichteten einer angemessenen Aufsicht unterliegen, einschließlich der Befugnis, vor Ort und anderswo eine Beaufsichtigung durchzuführen und ergreifen angemessene und verhältnismäßige Verwaltungsmaßnahmen, um bei Verstößen Abhilfe zu schaffen."

b) Absatz 2 erhält folgende Fassung:

„(2) Die Mitgliedstaaten sorgen dafür, dass die zuständigen Behörden über angemessene Befugnisse verfügen, einschließlich der Befugnis, alle Auskünfte zu verlangen, die für die Überwachung der Einhaltung der einschlägigen Vorschriften relevant sind, und Kontrollen durchzuführen, sowie über die zur Wahrnehmung ihrer Aufgaben angemessenen finanziellen, personellen und technischen Mittel. Die Mitgliedstaaten stellen sicher, dass das Personal dieser Behörden – auch in Fragen der Vertraulichkeit, des Datenschutzes und der Standards im Umgang mit Interessenkonflikten – in Bezug auf seine Integrität hohen Maßstäben genügt und entsprechend qualifiziert ist und mit hohem professionellem Standard arbeitet."

c) Absatz 4 erhält folgende Fassung:

„(4) Die Mitgliedstaaten sorgen dafür, dass die zuständigen Behörden des Mitgliedstaats, in dem der Verpflichtete Niederlassungen unterhält, die Einhaltung der zur Umsetzung dieser Richtlinie verabschiedeten nationalen Rechtsvorschriften dieses Mitgliedstaats durch diese Niederlassungen beaufsichtigen.

Bei Kredit- und Finanzinstituten, die Teil einer Gruppe sind, stellen die Mitgliedstaaten sicher, dass für die Zwecke des Unterabsatzes 1 die zuständigen Behörden des Mitgliedstaats, in dem ein Mutterunternehmen niedergelassen ist, mit den zuständigen Behörden der Mitgliedstaaten zusammenarbeiten, in denen sich die Niederlassungen befinden, die Teil der Gruppe sind.

Bei den in Artikel 45 Absatz 9 genannten Niederlassungen kann die Aufsicht gemäß Unterabsatz 1 des vorliegenden Absatzes geeignete und verhältnismäßige Maßnahmen umfassen, mit denen schwere Mängel behoben werden sollen, die sofortiger Abhilfe bedürfen. Diese Maßnahmen sind befristet und werden aufgehoben, wenn die festgestellten Mängel behoben sind, was auch mit Hilfe der oder in Zusammenarbeit mit den zuständigen Behörden im Herkunftsmitgliedstaat des Verpflichteten im Einklang mit Artikel 45 Absatz 2 erfolgen kann."

d) in Absatz 5 wird folgender Unterabsatz eingefügt:

„Bei Kredit- und Finanzinstituten, die Teil einer Gruppe sind, stellen die Mitgliedstaaten sicher, dass die zuständigen Behörden des Mitgliedstaats, in dem ein Mutterunternehmen niedergelassen ist, die wirksame Umsetzung der gruppenweiten Strategien und Verfahren gemäß Artikel 45 Absatz 1 beaufsichtigen. Zu diesem Zweck stellen die Mitgliedstaaten sicher, dass die zuständigen Behörden des Mitgliedstaats, in dem die Kredit- und Finanzinstitute, die Teil der Gruppe sind, niedergelassen sind, mit den zuständigen Behörden des Mitgliedstaats, in dem das Mutterunternehmen niedergelassen ist, zusammenarbeiten."

31. Artikel 49 erhält folgende Fassung:

„Artikel 49

Die Mitgliedstaaten stellen sicher, dass die politischen Entscheidungsträger, die zentralen Meldestellen, die Aufsichtsbehörden und andere an der Bekämpfung von Geldwäsche und Terrorismusfinanzierung beteiligte zuständige Behörden sowie Steuerbehörden und Strafverfolgungsbehörden, wenn sie innerhalb des Geltungsbereich dieser Richtlinie tätig werden, auch im Hinblick auf die Erfüllung ihrer Pflicht nach Artikel 7 über wirksame Mechanismen verfügen, die bei der Entwicklung und Umsetzung von Strategien und Maßnahmen zur Bekämpfung von Geldwäsche und Terrorismusfinanzierung die Zusammenarbeit und Koordinierung im Inland ermöglichen."

32. in Kapitel VI Abschnitt 3 wird folgender Unterabschnitt eingefügt:

„Unterabschnitt IIa

Zusammenarbeit zwischen den zuständigen Behörden der Mitgliedstaaten

„Artikel 50a

Die Mitgliedstaaten unterwerfen den Informationsaustausch oder die Amtshilfe zwischen zuständigen Behörden für die Zwecke dieser Richtlinie weder einem Verbot noch unangemessenen oder übermäßig restriktiven Bedingungen. Sie stellen insbesondere sicher, dass die zuständigen Behörden etwaige Amtshilfeersuchen nicht aus folgenden Gründen ablehnen:

a) das Ersuchen berührt nach ihrem Dafürhalten auch steuerliche Belange;

b) das nationale Recht schreibt vor, dass die Verpflichteten die Geheimhaltung oder die Vertraulichkeit wahren müssen, außer in den Fällen, in denen die einschlägigen Informationen, auf die sich das Ersuchen bezieht, durch ein Zeugnisverweigerungsrecht geschützt werden oder in denen ein Berufsgeheimnis gemäß Artikel 34 Absatz 2 gilt;

c) in dem ersuchenden Mitgliedstaat ist eine Ermittlung, eine Untersuchung oder ein Verfahren anhängig, es sei denn, die Ermittlung, die Untersuchung oder das Verfahren würde durch die Amtshilfe beeinträchtigt;

d) Art und Stellung der ersuchenden zuständigen Behörde unterscheiden sich von Art und Stellung der ersuchten zuständigen Behörde."

33. Artikel 53 wird wie folgt geändert:

a) Absatz 1 Unterabsatz 1 erhält folgende Fassung:

„(1) Die Mitgliedstaaten sorgen dafür, dass die zentralen Meldestellen spontan oder auf Ersuchen sämtliche Informationen austauschen, die für die zentralen Meldestellen bei der Verarbeitung oder Auswertung von Informationen im Zusammenhang mit Geldwäsche oder Terrorismusfinanzierung und bezüglich der beteiligten natürlichen oder juristischen Personen von Belang sein können, selbst wenn zum Zeitpunkt des Austauschs die Art der Vortaten, die damit im Zusammenhang stehen können, nicht feststeht, und unabhängig von der Art dieser Vortaten."

b) Absatz 2 Unterabsatz 2 Satz 2 erhält folgende Fassung:

„Diese zentrale Meldestelle holt die Informationen gemäß Artikel 33 Absatz 1 ein und leitet die Antworten umgehend weiter."

34. in Artikel 54 wird folgender Unterabsatz angefügt:

„Die Mitgliedstaaten sorgen dafür, dass die zentralen Meldestellen mindestens eine Kontaktperson oder Kontaktstelle benennen, die für die Annahme von Informationsersuchen der zentralen Meldestellen in anderen Mitgliedstaaten zuständig ist."

35. Artikel 55 Absatz 2 erhält folgende Fassung:

„(2) Die Mitgliedstaaten sorgen dafür, dass die vorherige Zustimmung der ersuchten zentralen Meldestelle zur Weitergabe der Informationen unabhängig von der Art der Vortaten, die damit im Zusammenhang stehen können, umgehend und möglichst weitgehend an die zuständigen Behörden erteilt wird. Die ersuchte zentrale Meldestelle verweigert ihre Zustimmung zu dieser Weitergabe nur, wenn dies nicht in den Anwendungsbereich ihrer Bestimmungen über Geldwäsche und Terrorismusfinanzierung fällt oder zur Behinderung einer Ermittlung führen kann oder auf andere Weise den Grundprinzipien des nationalen Rechts dieses Mitgliedstaats zuwiderläuft. Eine derartige Verweigerung der Zustimmung ist angemessen zu begründen. Diese Ausnahmefälle müssen so definiert werden, dass es nicht zu Missbrauch und unzulässigen Einschränkungen der Weitergabe von Informationen an die zuständigen Behörden kommen kann."

36. Artikel 57 erhält folgende Fassung:

„Artikel 57

Unterschiedliche Definitionen von Vortaten im Sinne von Artikel 3 Nummer 4 im jeweiligen nationalen Recht dürfen dem nicht entgegenstehen, dass die zentralen Meldestellen einer anderen zentralen Meldestelle Amtshilfe leisten, und sie dürfen auch nicht zu Einschränkungen des Austauschs, der Verbreitung und der Verwendung von Informationen gemäß den Artikeln 53, 54 und 55 führen."

37. in Kapitel VI Abschnitt 3 wird folgender Unterabschnitt eingefügt:

„Unterabschnitt IIIa

Zusammenarbeit zwischen den für die Beaufsichtigung der Kredit- und Finanzinstitute zuständigen Behörden und anderen dem Berufsgeheimnis unterliegen den Behörden

Artikel 57a

(1) Die Mitgliedstaaten schreiben vor, dass alle Personen, die für die Behörden tätig sind oder waren, die für die Beaufsichtigung der Kredit- und Finanzinstitute im Rahmen dieser Richtlinie zuständig sind, und die von diesen zuständigen Behörden beauftragten Wirtschaftsprüfer und Sachverständigen dem Berufsgeheimnis unterliegen.

Unbeschadet der vom Strafrecht erfassten Fälle dürfen vertrauliche Informationen, die die in Unterabsatz 1 genannten Personen in Ausübung ihrer Pflichten nach dieser Richtlinie erhalten, nur in zusammengefasster oder aggregierter Form so weitergegeben werden, dass einzelne Kredit- und Finanzinstitute nicht identifiziert werden können.

(2) Absatz 1 steht einem Informationsaustausch zwischen folgenden Stellen nicht entgegen:

a) zuständige Behörden, die im Einklang mit dieser Richtlinie oder anderen für die Beaufsichtigung der Kredit- und Finanzinstitute geltenden Gesetzgebungsakten Kredit- und Finanzinstitute innerhalb eines Mitgliedstaats beaufsichtigen;

b) zuständige Behörden, die im Einklang mit dieser Richtlinie oder anderen für die Beaufsichtigung der Kredit- und Finanzinstitute geltenden Gesetzgebungsakten Kredit- und Finanzinstitute in verschiedenen Mitgliedstaaten beaufsichtigen, darunter die Europäische Zentralbank (EZB), wenn sie im Einklang mit der Verordnung (EU) Nr. 1024/2013 des Rates (*) tätig wird. Der Austausch von Informationen fällt unter das Berufsgeheimnis gemäß Absatz 1.

Bis zum 10. Januar 2019 schließen die zuständigen Behörden, die Kredit- und Finanzinstitute im Einklang mit dieser Richtlinie überwachen, und die EZB, die gemäß Artikel 27 Absatz 2 der Verordnung (EU) Nr. 1024/2013 und Artikel 56 Unterabsatz 1 Buchstabe g der Richtlinie 2013/36/EU des Europäischen Parlaments und des Rates (**) handelt, mit Unterstützung der Europäischen Aufsichtsbehörden eine Vereinbarung über die praktischen Modalitäten für den Informationsaustausch.

(3) Für die Beaufsichtigung der Kredit- und Finanzinstitute zuständige Behörden, die vertrauliche Informationen gemäß Absatz 1 erhalten, verwenden diese Information nur

a) in Ausübung ihrer Pflichten nach dieser Richtlinie oder anderen Gesetzgebungsakten im Bereich der Bekämpfung der Geldwäsche und der Terrorismusfinanzierung, der Finanzdienstleistungsaufsicht und der Beaufsichtigung von Kredit- und Finanzinstituten, einschließlich der Verhängung von Sanktionen,

b) im Rahmen eines Verfahrens über die Anfechtung einer Entscheidung der für die Beaufsichtigung der Kredit- und Finanzinstitute zuständigen Behörde, einschließlich bei Gerichtsverfahren,

c) im Rahmen eines Gerichtsverfahrens, das aufgrund besonderer Bestimmungen des Unionsrechts im Bereich dieser Richtlinie oder im Bereich der Finanzdienstleistungsaufsicht beziehungsweise Beaufsichtigung von Kredit- und Finanzinstituten eingeleitet wird.

(4) Die Mitgliedstaaten stellen sicher, dass die für die Beaufsichtigung der Kredit- und Finanzinstitute zuständigen Behörden unabhängig von ihrer Art oder ihrem Status für die Zwecke dieser Richtlinie im größtmöglichen Umfang zusammenarbeiten. Eine solche Zusammenarbeit umfasst auch die Fähigkeit, innerhalb der Befugnisse der zuständigen Behörde, um deren Unterstützung ersucht wurde, im Namen der ersuchenden zuständigen Behörde Untersuchungen durchzuführen, und den anschließenden Austausch der im Rahmen solcher Untersuchungen gewonnenen Informationen.

(5) Die Mitgliedstaaten können ihren nationalen Behörden, die für die Beaufsichtigung der Kredit- und Finanzinstitute zuständig sind, gestatten, mit den zuständigen Behörden von Drittländern, die diesen zuständigen nationalen Behörden entsprechen, Kooperationsvereinbarungen zwecks Zusammenarbeit und Austauschs vertraulicher Informationen zu schließen. Solche Kooperationsvereinbarungen werden auf Basis der Gegenseitigkeit geschlossen und nur dann, wenn gewährleistet ist, dass die übermittelten Informationen zumindest den in Artikel 1 beschriebenen Anforderungen des Berufsgeheimnisses unterliegen. Die gemäß diesen Kooperationsvereinbarungen ausgetauschten Informationen müssen der Erfüllung der aufsichtsrechtlichen Aufgaben dieser Behörden dienen.

Stammen die ausgetauschten Informationen aus einem anderen Mitgliedstaat, so dürfen sie nur mit ausdrücklicher Zustimmung der zuständigen Behörde, die diese Informationen mitgeteilt haben, und gegebenenfalls nur für Zwecke, denen diese Behörde zugestimmt hat, weitergegeben werden.

Artikel 57b

(1) Ungeachtet des Artikels 57a Absätze 1 und 3 und unbeschadet des Artikels 34 Absatz 2 können die Mitgliedstaaten den Austausch von Informationen zwischen den zuständigen Behörden innerhalb eines Mitgliedstaats oder in anderen Mitgliedstaaten, zwischen den zuständigen Behörden und Behörden, die mit der Aufsicht über Unternehmen der Finanzbranche betraut sind, und mit natürlichen und juristischen Personen in der Ausübung ihrer beruflichen Tätigkeit nach Artikel 2 Absatz 1 Nummer 3 und mit den mit der Aufsicht über die Finanzmärkte aufgrund Gesetzes betrauten Behörden gestatten, wenn dieser Austausch im Rahmen der ihnen übertragenen Aufsichtsaufgaben stattfindet.

Die übermittelten Informationen unterliegen in jedem Fall Anforderungen an eine berufliche Geheimhaltungspflicht, die den nach Artikel 57a Absatz 1 genannten Anforderungen mindestens gleichwertig sind.

(2) Ungeachtet des Artikels 57a Absätze 1 und 3 können die Mitgliedstaaten durch nationales Gesetz die Weitergabe bestimmter Informationen an andere nationale Behörden, die aufgrund Gesetzes für die Beaufsichtigung von Kredit- und Finanzinstituten zuständig sind oder denen Zuständigkeiten für die Bekämpfung oder Ermittlung von Geldwäsche, den damit zusammenhängenden Vortaten und Terrorismusfinanzierung übertragen wurden, gestatten.

Gemäß dem vorliegenden Absatz 2 ausgetauschte vertrauliche Informationen dürfen aber nur der Erfüllung der gesetzlichen Aufgaben der betreffenden Behörden dienen. Personen, die Zugang zu diesen Informationen haben, unterliegen Anforderungen an eine berufliche Geheimhaltungspflicht, die den nach Artikel 57a Absatz 1 genannten Anforderungen mindestens gleichwertig sind.

(3) Die Mitgliedstaaten können die Weitergabe bestimmter Informationen im Zusammenhang mit der Überwachung der Einhaltung dieser Richtlinie durch Kreditinstitute an parlamentarische Untersuchungsausschüsse, Rechnungshöfe und andere mit Untersuchungen befasste Einrichtungen in ihrem Mitgliedstaat unter folgenden Bedingungen gestatten:

a) Die Einrichtungen haben gemäß dem nationalen Recht ein präzises Mandat zur Untersuchung oder Prüfung der Tätigkeiten von Behörden, die für die Beaufsichtigung dieser Kreditinstitute oder die Rechtsvorschriften für diese Aufsicht verantwortlich sind.

b) Die Informationen sind für die Erfüllung des Mandats gemäß Buchstabe a unbedingt erforderlich.

c) Personen, die Zugang zu den Informationen haben, unterliegen einer beruflichen Geheimhaltungspflicht nach nationalem Recht, die der nach Artikel 57a Absatz 1 mindestens gleichwertig ist.

d) Informationen, die aus einem anderen Mitgliedstaat stammen, dürfen nur mit ausdrücklicher Zustimmung der zuständigen Behörden, die diese Informationen mitgeteilt haben, und nur für Zwecke, denen diese Behörden zugestimmt haben, weitergegeben werden."

(*) Verordnung (EU) Nr. 1024/2013 des Rates vom 15. Oktober 2013 zur Übertragung besonderer Aufgaben im Zusammenhang mit der Aufsicht über Kreditinstitute auf die Europäische Zentralbank (ABl. L 287 vom 29.10.2013, S. 63).

(**) Richtlinie 2013/36/EU des Europäischen Parlaments und des Rates vom 26. Juni 2013 über den Zugang zur Tätigkeit von Kreditinstituten und die Beaufsichtigung von Kreditinstituten und Wertpapierfirmen, zur Änderung der Richtlinie 2002/87/EG und zur Aufhebung der Richtlinien 2006/48/EG und 2006/49/EG (ABl. L 176 vom 27.6.2013, S. 338)."

38. in Artikel 58 Absatz 2 wird folgender Unterabsatz angefügt:

„Die Mitgliedstaaten stellen ferner sicher, dass ihre zuständigen Behörden, wenn sie strafrechtlich zu ahndende Verstöße feststellen, die Strafverfolgungsbehörden zeitnah davon in Kenntnis setzen."

39. Artikel 61 wird wie folgt geändert:

a) Absatz 1 erhält folgende Fassung:

„(1) Die Mitgliedstaaten sorgen dafür, dass die zuständigen Behörden sowie – sofern zutreffend – die Selbstverwaltungseinrichtungen wirksame und zuverlässige Mechanismen schaffen, um die Meldung möglicher oder tatsächlicher Verstöße gegen die zur Umsetzung dieser Richtlinie erlassenen nationalen Vorschriften an die zuständigen Behörden und – sofern zutreffend – die Selbstverwaltungseinrichtungen zu fördern.

Zu diesem Zweck stellen sie einen oder mehrere sichere Kommunikationskanäle für die in Unterabsatz 1 genannte Meldung zur Verfügung. Durch solche Kanäle wird sichergestellt, dass die Identität der Personen, die Informationen zur Verfügung stellen, nur den zuständigen Behörden sowie – sofern zutreffend – den Selbstverwaltungseinrichtungen bekannt ist."

b) in Absatz 3 werden folgende Unterabsätze angefügt:

„Die Mitgliedstaaten sorgen dafür, dass Einzelpersonen, einschließlich Angestellten und Vertretern des Verpflichteten, die intern oder der zentralen Meldestelle einen Verdacht auf Geldwäsche oder Terrorismusfinanzierung melden, rechtlich vor Bedrohungen, Vergeltungsmaßnahmen oder Anfeindungen und insbesondere vor nachteiligen oder diskriminierenden Maßnahmen im Beschäftigungsverhältnis geschützt werden.

Die Mitgliedstaaten sorgen dafür, dass Einzelpersonen, die Bedrohungen, Anfeindungen oder nachteiligen oder diskriminierenden Maßnahmen im Beschäftigungsverhältnis ausgesetzt sind, weil sie intern oder der zentralen Meldestelle einen Verdacht auf Geldwäsche oder Terrorismusfinanzierung gemeldet haben, berechtigt sind bei der jeweiligen zuständigen Behörden auf sichere Weise eine Beschwerde einzureichen.. Unbeschadet der Vertraulichkeit der von der zentralen Meldestelle gesammelten Informationen, sorgen die Mitgliedstaaten auch dafür, dass solche Einzelpersonen das Recht auf einen wirksamen Rechtsbehelf zum Schutz ihrer Rechte gemäß diesem Absatz haben."

40. folgender Artikel wird eingefügt:

„Artikel 64a

(1) Die Kommission wird vom Ausschuss zur Verhinderung der Geldwäsche und der Terrorismusfinanzierung (im Folgenden „der Ausschuss") gemäß Artikel 23 der Verordnung (EU) 2015/847 des Europäischen Parlaments und des Rates (*) unterstützt. Dieser Ausschuss ist ein Ausschuss im Sinne der Verordnung (EU) Nr. 182/2011 (**).

(2) Wird auf diesen Absatz Bezug genommen, so gilt Artikel 5 der Verordnung (EU) Nr. 182/2011.

(*) Verordnung (EU) 2015/847 des Europäischen Parlaments und des Rates vom 20. Mai 2015 über die Übermittlung von Angaben bei Geldtransfers und zur Aufhebung der Verordnung (EG) Nr. 1781/2006 (ABl. L 141 vom 5.6.2015, S. 1).

(**) Verordnung (EU) Nr. 182/2011 des Europäischen Parlaments und des Rates vom 16. Februar 2011 zur Festlegung der allgemeinen Regeln und Grundsätze, nach denen die Mitgliedstaaten die Wahrnehmung der Durchführungsbefugnisse durch die Kommission kontrollieren (ABl. L 55 vom 28.2.2011, S. 13)."

41. Artikel 65 erhält folgende Fassung:

„Artikel 65

(1) Bis zum 11. Januar 2022 und danach alle drei Jahre erarbeitet die Kommission einen Bericht über die Umsetzung dieser Richtlinie und legt ihn dem Europäischen Parlament und dem Rat vor.

Der Bericht enthält insbesondere Folgendes:

a) eine Darstellung der ergriffenen spezifischen Maßnahmen und der eingerichteten Mechanismen auf Ebene der Union und der Mitgliedstaaten, um neu auftretende Probleme und neue Entwicklungen, die eine Bedrohung für das Finanzsystem der Union darstellen, zu verhindern und zu bewältigen;

b) Folgemaßnahmen, die auf Ebene der Union und der Mitgliedstaaten auf der Grundlage der ihnen zur Kenntnis gebrachten Anliegen, einschließlich Beschwerden in Bezug darauf, dass nationale Rechtsvorschriften die Aufsichtsund Ermittlungsbefugnisse der zuständigen Behörden und Selbstverwaltungseinrichtungen behindern, ergriffen wurden;

c) eine Darstellung der Verfügbarkeit der einschlägigen Informationen, die den zuständigen Behörden und den zentralen Meldestellen der Mitgliedstaaten zur Verhinderung der Nutzung des Finanzsystems zum Zwecke der Geldwäsche und der Terrorismusfinanzierung zur Verfügung stehen;

d) eine Darstellung der internationalen Zusammenarbeit und des Informationsaustauschs zwischen den zuständigen Behörden und den zentralen Meldestellen;

e) eine Darstellung der Maßnahmen, die die Kommission ergreifen muss, um zu überprüfen, dass die Mitgliedstaaten Maßnahmen zur Erfüllung dieser Richtlinie ergriffen haben, und um neu auftretende Probleme und neue Entwicklungen in den Mitgliedstaaten zu beurteilen;

f) eine Analyse der Durchführbarkeit von spezifischen Maßnahmen und Mechanismen auf Ebene der Union und der Mitgliedstaaten bezüglich der Möglichkeiten, die Angaben über die wirtschaftlichen Eigentümer von Gesellschaften und anderen juristischen Personen mit Sitz außerhalb der Union zu erfassen und darauf zuzugreifen, und bezüglich der Verhältnismäßigkeit der Maßnahmen im Sinne von Artikel 20 Buchstabe b.

g) eine Beurteilung der Frage, inwieweit die in der Charta der Grundrechte der Europäischen Union anerkannten Grundrechte und Grundsätze gewahrt wurden.

Dem ersten Bericht, der bis zum 11. Januar 2022 veröffentlicht wird, werden, falls erforderlich, geeignete Gesetzgebungsvorschläge beigefügt, beispielsweise in Bezug auf virtuelle Währungen, Ermächtigungen zur Einrichtung und Pflege einer für die zentralen Meldestellen zugänglichen zentralen Datenbank für die Erfassung von Benutzeridentitäten und Adressen von Anbietern elektronischer Geldbörsen sowie Eigenerklärungsformulare für Nutzer virtueller Währungen und in Bezug auf die Verbesserung der Zusammenarbeit zwischen den Vermögensabschöpfungsstellen der Mitgliedstaaten und eine risikobasierte Anwendung der in Artikel 20 Buchstabe b genannten Maßnahmen.

(2) Bis zum ...1. Juni 2019 bewertet die Kommission die Rahmenbedingungen für die Zusammenarbeit der zentralen Meldestellen mit Drittländern sowie Hindernisse und Möglichkeiten zur Verbesserung der Zusammenarbeit zwischen den zentralen Meldestellen in der Union, einschließlich der Möglichkeit, einen Koordinierungs- und Unterstützungsmechanismus einzurichten.

(3) Die Kommission legt dem Europäischen Parlament und dem Rat gegebenenfalls einen Bericht vor, in dem beurteilt wird, inwiefern es notwendig und verhältnismäßig ist, den Prozentsatz für die Identifizierung der wirtschaftlichen Eigentümer von juristischen Personen zu senken, wenn man bedenkt, dass internationale Organisationen und Einrichtungen für die Festlegung von Standards mit Kompetenzen im Bereich der Verhinderung von Geldwäsche und der Bekämpfung der Terrorismusfinanzierung infolge einer neuen Bewertung eine diesbezügliche Empfehlung abgegeben haben, und ihnen bei Bedarf einen Legislativvorschlag unterbreiten."

42. Artikel 67 Absatz 1 erhält folgende Fassung:

„(1) Die Mitgliedstaaten setzen die erforderlichen Rechts- und Verwaltungsvorschriften in Kraft, um dieser Richtlinie bis zum 26. Juni 2017 nachzukommen.

Die Mitgliedstaaten wenden Artikel 12 Absatz 3 ab dem 10. Juli 2020 an.

Die Mitgliedstaaten richten die Register gemäß Artikel 30 bis zum 10. Januar 2020 und die in Artikel 31 genannte Register bis zum 10. März 2020 und die zentralen automatischen Mechanismen gemäß Artikel 32a bis zum 10. September 2020 ein.

Die Kommission sorgt bis zum 10. März 2021 gemeinsam mit den Mitgliedstaaten für die Vernetzung der Register gemäß den Artikeln 30 und 31.

Die Mitgliedstaaten teilen der Kommission den Wortlaut der Vorschriften gemäß diesem Absatz unverzüglich mit.

Bei Erlass dieser Vorschriften nehmen die Mitgliedstaaten in den Vorschriften selbst oder durch einen Hinweis bei der amtlichen Veröffentlichung auf die vorliegende Richtlinie Bezug. Die Mitgliedstaaten regeln die Einzelheiten dieser Bezugnahme."

43. die Einleitung von Anhang II Nummer 3 erhält folgende Fassung:

„(3) Faktoren bezüglich des geografischen Risikos – Registrierung, Niederlassung, Wohnsitz in:"

44. Anhang III wird wie folgt geändert:

a) in Nummer 1 wird folgender Buchstabe angefügt:

„g) der Kunde ist ein Drittstaatsangehöriger, der Aufenthaltsrechte oder die Staatsbürgerschaft eines Mitgliedstaats im Austausch gegen die Übertragung von Kapital, den Kauf von Immobilien oder Staatsanleihen oder Investitionen in Gesellschaften in diesem Mitgliedstaat beantragt."

b) Nummer 2 wird wie folgt geändert:

i) Buchstabe c erhält folgende Fassung:

„c) Geschäftsbeziehungen oder Transaktionen ohne persönliche Kontakte und ohne bestimmte Sicherungsmaßnahmen wie elektronische Mittel für die Identitätsfeststellung, einschlägige Vertrauensdienste gemäß der Definition in der Verordnung (EU) Nr. 910/2014 oder andere von den einschlägigen nationalen Behörden regulierte, anerkannte, gebilligte oder akzeptierte sichere Verfahren zur Identifizierung aus der Ferne oder auf elektronischem Weg;"

ii) folgender Buchstabe wird angefügt:

„f) Transaktionen in Bezug auf Öl, Waffen, Edelmetalle, Tabakerzeugnisse, Kulturgüter und andere Artikel von archäologischer, historischer, kultureller oder religiöser Bedeutung oder von außergewöhnlichem wissenschaftlichen Wert sowie Elfenbein und geschützte Arten."

Artikel 2
Änderung der Richtlinie 2009/138/EG

In Artikel 68 Absatz 1 Buchstabe b der Richtlinie 2009/138/EG wird folgende Ziffer angefügt:

„iv) Behörden, die für die Überwachung der Einhaltung der Richtlinie (EU) 2015/849 des Europäischen Parlaments und des Rates (*) durch die in Artikel 2 Absatz 1 Nummer 1 und 2 der genannten Richtlinie aufgeführten Verpflichteten zuständig sind;

(*) Richtlinie (EU) 2015/849 des Europäischen Parlaments und des Rates vom 20. Mai 2015 zur Verhinderung der Nutzung des Finanzsystems zum Zwecke der Geldwäsche und der Terrorismusfinanzierung, zur Änderung der Verordnung (EU) Nr. 648/2012 des Europäischen Parlaments und des Rates und zur Aufhebung der Richtlinie 2005/60/EG des Europäischen Parlaments und des Rates und der Richtlinie 2006/70/EG der Kommission (ABl. L 141 vom 5.6.2015, S. 73)."

Artikel 3
Änderung der Richtlinie 2013/36/EU

In Artikel 56 Absatz 1 der Richtlinie 2013/36/EU wird folgender Buchstabe angefügt:

„g) Behörden, die für die Überwachung der Einhaltung der Richtlinie (EU) 2015/849 des Europäischen Parlaments und des Rates (*) durch die in Artikel 2 Absatz 1 Nummer 1 und 2 der genannten Richtlinie aufgeführten Verpflichteten zuständig sind.

(*) Richtlinie (EU) 2015/849 des Europäischen Parlaments und des Rates vom 20. Mai 2015 zur Verhinderung der Nutzung des Finanzsystems zum Zwecke der Geldwäsche und der Terrorismusfinanzierung, zur Änderung der Verordnung (EU) Nr. 648/2012 des Europäischen Parlaments und des Rates und zur Aufhebung der Richtlinie 2005/60/EG des Europäischen Parlaments und des Rates und der Richtlinie 2006/70/EG der Kommission (ABl. L 141 vom 5.6.2015, S. 73)."

Artikel 4
Umsetzung

(1) Die Mitgliedstaaten erlassen die erforderlichen Rechts- und Verwaltungsvorschriften, um dieser Richtlinie bis zum 10. Januar 2020 nachzukommen. Sie teilen der Kommission unverzüglich den Wortlaut dieser Vorschriften mit.

Bei Erlass dieser Maßnahmen nehmen die Mitgliedstaaten in den Maßnahmen selbst oder durch einen Hinweis bei der amtlichen Veröffentlichung auf die vorliegende Richtlinie Bezug.

(2) Die Mitgliedstaaten teilen der Kommission den Wortlaut der wichtigsten nationalen Rechtsvorschriften mit, die sie auf dem unter diese Richtlinie fallenden Gebiet erlassen.

Artikel 5
Inkrafttreten

Diese Richtlinie tritt am zwanzigsten Tag nach ihrer Veröffentlichung im *Amtsblatt der Europäischen Union* in Kraft.

Artikel 6
Adressaten

Diese Richtlinie ist an die Mitgliedstaaten gerichtet.

Geschehen zu Straßburg am 30. Mai 2018.

Im Namen des Europäischen Parlaments	*Im Namen des Rates*
Der Präsident	*Der Präsident*
A. TAJANI	L. PAVLOVA

Richtlinie (EU) 2018/1673 des europäischen Parlaments und des Rates über die strafrechtliche Bekämpfung der Geldwäsche

ABl L 284 vom 12. 11. 2018, S 22

DAS EUROPÄISCHE PARLAMENT UND DER RAT DER EUROPÄISCHEN UNION –

gestützt auf den Vertrag über die Arbeitsweise der Europäischen Union, insbesondere auf Artikel 83 Absatz 1,

auf Vorschlag der Europäischen Kommission,

nach Zuleitung des Entwurfs des Gesetzgebungsakts an die nationalen Parlamente,

gemäß dem ordentlichen Gesetzgebungsverfahren[1],

in Erwägung nachstehender Gründe:

(1) Geldwäsche und die damit verbundene Terrorismusfinanzierung und organisierte Kriminalität sind nach wie vor bedeutende Probleme auf Ebene der Union, die der Integrität, der Stabilität und dem Ansehen des Finanzsektors schaden und den Binnenmarkt und die innere Sicherheit der Union gefährden. Um diese Probleme zu bewältigen und die Anwendung der Richtlinie (EU) 2015/849 des Europäischen Parlaments und des Rates[2] zu ergänzen und zu stärken, zielt die vorliegende Richtlinie auf die strafrechtliche Bekämpfung der Geldwäsche ab und ermöglicht eine effizientere und zügigere grenzüberschreitende Zusammenarbeit zwischen den zuständigen Behörden.

(2) Würden Maßnahmen nur auf nationaler oder gar auf Unionsebene erlassen, ohne dass dabei die grenzübergreifende Koordinierung und Zusammenarbeit einbezogen würde, hätte dies nur sehr begrenzte Wirkung. Aus diesem Grund sollten die von der Union zur Bekämpfung der Geldwäsche erlassenen Maßnahmen mit den im Rahmen der internationalen Gremien ergriffenen Maßnahmen vereinbar und mindestens genauso streng sein.

(3) Insbesondere sollten die Maßnahmen der Union auch weiterhin den Empfehlungen der Arbeitsgruppe „Bekämpfung der Geldwäsche und der Terrorismusfinanzierung" (FATF) und den Instrumenten anderer internationaler Organisationen und Gremien, die im Kampf gegen Geldwäsche und Terrorismusfinanzierung aktiv sind, Rechnung tragen. Die einschlägigen Rechtsakte der Union sollten gegebenenfalls weiter an die internationalen Standards zur Bekämpfung von Geldwäsche, Terrorismus- und Proliferationsfinanzierung der FATF vom Februar 2012 (im Folgenden „überarbeitete FATF-Empfehlungen") angeglichen werden. Als Unterzeichnerin des Übereinkommens des Europarats über Geldwäsche sowie Ermittlung, Beschlagnahme und Einziehung von Erträgen aus Straftaten und über die Finanzierung des Terrorismus sollte die Union die Anforderungen dieses Übereinkommens in ihre Rechtsordnung umsetzen.

(4) Der Rahmenbeschluss 2001/500/JI des Rates[3] enthält Bestimmungen über die Einstufung der Geldwäsche als Straftatbestand. Dieser Rahmenbeschluss ist jedoch nicht umfassend genug, und die derzeitige strafrechtliche Ahndung der Geldwäsche ist nicht ausreichend stimmig, um die Geldwäsche in der gesamten Union wirksam zu bekämpfen und führt zu Durchsetzungslücken und Hindernisse bei der Zusammenarbeit zwischen den zuständigen Behörden in den verschiedenen Mitgliedstaaten.

(5) Die Definition der kriminellen Tätigkeiten, die Vortaten zur Geldwäsche darstellen, sollte in allen Mitgliedstaaten hinreichend einheitlich sein. Die Mitgliedstaaten sollten dafür sorgen, dass alle Straftaten, die mit Freiheitsstrafe in einer in dieser Richtlinie festgelegten Höhe geahndet werden, als Vortaten zur Geldwäsche eingestuft werden. Darüber hinaus sollten die Mitgliedstaaten inner-

FM-GwG
SpVV
Schulspar-SoV
Online-IDV
AndKo-SoV
BVK-RiSoV
LV-SoV
WiEReG + V
4. GW-RL
DelV Hochrisikolän
DelV 2018/1108
DelV Drittländer
5. GW-RL

---

[1] *Standpunkt des Europäischen Parlaments vom 12. September 2018 (noch nicht im Amtsblatt veröffentlicht) und Beschluss des Rates vom 11. Oktober 2018.*

Zu Abs. 1:

[2] *Richtlinie (EU) 2015/849 des Europäischen Parlaments und des Rates vom 20. Mai 2015 zur Verhinderung der Nutzung des Finanzsystems zum Zwecke der Geldwäsche und der Terrorismusfinanzierung, zur Änderung der Verordnung (EU) Nr. 648/2012 des Europäischen Parlaments und des Rates und zur Aufhebung der Richtlinie 2005/60/EG des Europäischen Parlaments und des Rates und der Richtlinie 2006/70/EG der Kommission (ABl. L 141 vom 5.6.2015, S. 73).*

Zu Abs. 4:

[3] *Rahmenbeschluss 2001/500/JI des Rates vom 26. Juni 2001 über Geldwäsche sowie Ermittlung, Einfrieren, Beschlagnahme und Einziehung von Tatwerkzeugen und Erträgen aus Straftaten (ABl. L 182 vom 5.7.2001, S. 1).*

halb jeder in dieser Richtlinie festgelegten Kategorie von Straftaten eine Reihe von Straftaten erfassen, soweit das nicht bereits durch die Anwendung der Mindeststrafmaße erfolgt. Dabei sollten die Mitgliedstaaten in der Lage sein zu entscheiden, wie sie das Spektrum von Straftaten in der jeweiligen Kategorie abgrenzen. Wenn eine Kategorie von Straftaten wie Terrorismus oder Umweltstraftaten Straftaten umfasst, die in Rechtsakten der Union aufgeführt sind, sollte in dieser Richtlinie auf diese Rechtsakte verwiesen werden. Die Mitgliedstaaten sollten jedoch die in diesen Rechtsakten genannten Straftaten als Vortat zur Geldwäsche einstufen. Jede strafbare Beteiligung an der Begehung einer Vortat, die nach nationalem Recht unter Strafe gestellt ist, sollte für die Zwecke dieser Richtlinie ebenfalls als kriminelle Tätigkeit gelten. Können die Mitgliedstaaten nach dem Unionsrecht andere Sanktionen als strafrechtliche Sanktionen vorsehen, sollte diese Richtlinie die Mitgliedstaaten nicht dazu verpflichten, die Straftaten in diesen Fällen als Vortaten für die Zwecke dieser Richtlinie zu bestimmen.

(6) Aus der Sicht der Geldwäschebekämpfung birgt die Verwendung virtueller Währungen neue Gefahren und Probleme. Die Mitgliedstaaten sollten dafür sorgen, dass angemessen gegen diese Gefahren vorgegangen wird.

(7) Da sich von Inhabern öffentlicher Ämter begangene Geldwäschestraftaten nachteilig auf das öffentliche Leben und die Integrität öffentlicher Einrichtungen auswirken, sollten die Mitgliedstaaten die Möglichkeit haben, strengere Strafen für Inhaber öffentlicher Ämter in ihren jeweiligen einzelstaatlichen Rahmen und im Einklang mit ihren rechtlichen Traditionen zu erwägen.

(8) Steuerstraftaten im Zusammenhang mit direkten und indirekten Steuern sollten entsprechend den überarbeiteten FATF-Empfehlungen von der Definition des Begriffs „kriminelle Tätigkeit" erfasst werden. Da in jedem Mitgliedstaat unterschiedliche Steuerstraftaten als kriminelle Tätigkeit gelten können, die mit den in dieser Richtlinie genannten Sanktionen geahndet wird, können je nach nationalem Recht Steuerstraftaten unterschiedlich definiert werden. Durch diese Richtlinie wird jedoch keine Harmonisierung der Definitionen von Steuerstraftaten im nationalen Recht angestrebt.

(9) In Strafverfahren wegen Geldwäsche sollten die Mitgliedstaaten einander möglichst weitgehend unterstützen und dafür sorgen, dass die Informationen wirksam und rechtzeitig gemäß den einzelstaatlichen Rechtsvorschriften und dem geltenden Rechtsrahmen der Union ausgetauscht werden. Unterschiedliche Definitionen des Begriffs „Vortat" in den einzelstaatlichen Rechtsvorschriften sollten die internationale Zusammenarbeit in Strafverfahren wegen Geldwäsche nicht behindern. Es sollte mehr mit Drittstaaten zusammengearbeitet werden, indem insbesondere die Einleitung wirksamer Maßnahmen und die Einrichtung wirksamer Verfahren zur Geldwäschebekämpfung gefördert und unterstützt und für eine bessere internationale Zusammenarbeit in diesem Bereich gesorgt wird.

(10) Diese Richtlinie findet keine Anwendung auf Geldwäsche im Zusammenhang mit Erträgen aus Straftaten zum Nachteil der finanziellen Interessen der Union, da eine solche Handlung unter besondere Vorschriften der Richtlinie (EU) 2017/1371 des Europäischen Parlaments und des Rates[1] fällt. Davon unberührt bliebt die Möglichkeit der Mitgliedstaaten, die vorliegende Richtlinie und die Richtlinie (EU) 2017/1371 auf nationaler Ebene in einem einzigen umfassenden Rahmen umzusetzen. Gemäß Artikel 325 Absatz 2 des Vertrags über die Arbeitsweise der Europäischen Union (AEUV) müssen die Mitgliedstaaten zur Bekämpfung von Betrügereien, die sich gegen die finanziellen Interessen der Union richten, die gleichen Maßnahmen ergreifen, die sie auch zur Bekämpfung von Betrügereien ergreifen, die sich gegen ihre eigenen finanziellen Interessen richten.

(11) Die Mitgliedstaaten sollten sicherstellen, dass bestimmte Arten von Geldwäsche auch dann strafbar sind, wenn sie vom Urheber der kriminellen Tätigkeit, aus denen die Vermögensgegenstände stammen, begangen wurde (Selbstgeldwäsche). Betrifft die Geldwäsche in derlei Fällen nicht nur den bloßen Besitz oder die Verwendung von n, sondern auch den Transfer, den Umtausch, die Verheimlichung oder die Verschleierung von Vermögensgegenständen und hat sie weitere Schäden als die durch die kriminelle Tätigkeit bereits verursachten Schäden zur Folge, indem beispielsweise die aus einer kriminellen Tätigkeit stammenden Vermögensgegenstände in den Verkehr gebracht werden und dabei ihr illegaler Ursprung verschleiert wird, sollte diese Geldwäsche-Tätigkeit strafbar sein.

(12) Damit strafrechtliche Maßnahmen gegen Geldwäsche wirksam sind, sollte eine Verurtei-

Zu Abs. 10:

[1] Richtlinie (EU) 2017/1371 des Europäischen Parlaments und des Rates vom 5. Juli 2017 über die strafrechtliche Bekämpfung von gegen die finanziellen Interessen der Union gerichteten Betrug (ABl. L 198 vom 28.7.2017, S. 29).

lung möglich sein, ohne dass genau bestimmt werden muss, aus welcher kriminellen Tätigkeit die Vermögenswerte stammen, und es sollte keine frühere oder gleichzeitige Verurteilung wegen dieser kriminellen Tätigkeit erforderlich sein, wohingegen alle bedeutsamen Umstände und Beweise berücksichtigt werden. Die Mitgliedstaaten sollten dies gemäß ihrer nationalen Rechtsordnung durch andere Mittel als durch Rechtsvorschriften sicherstellen können. Die Strafverfolgung von Geldwäsche sollte vorbehaltlich der in dieser Richtlinie festgelegten Bedingungen auch nicht durch den Umstand beeinträchtigt werden, dass die kriminelle Tätigkeit in einem anderen Mitgliedstaat oder in einem Drittstaat begangen wurde.

(13) Ziel dieser Richtlinie ist, Geldwäsche unter Strafe zu stellen, wenn sie vorsätzlich und mit dem Wissen begangen wird, dass die Vermögensgegenstände aus einer kriminellen Tätigkeit stammen. In diesem Zusammenhang sollte die vorliegende Richtlinie nach der weit gefassten Definition des Begriffs „Ertrag" in der Richtlinie 2014/42/EU des Europäischen Parlaments und des Rates[1] nicht zwischen Situationen unterscheiden, in denen die Vermögensgegenstände direkt oder indirekt aus einer kriminellen Tätigkeit stammen. In jedem Fall sollten bei der Prüfung der Frage, ob die Vermögensgegenstände aus einer kriminellen Tätigkeit stammen und ob die Person das wusste, die besonderen Umstände des Falls berücksichtigt werden, wie etwa der Umstand, dass der Wert der Vermögensgegenstände nicht im Verhältnis zum rechtmäßigen Einkommen der beschuldigten Person steht und dass die kriminelle Tätigkeit und der Erwerb von Vermögensgegenständen im selben Zeitrahmen stattgefunden haben. Vorsatz und Wissen können aus den objektiven Tatumständen geschlossen werden. Da diese Richtlinie Mindestvorschriften für die Definition von Straftaten und Sanktionen im Bereich der Geldwäsche enthält, steht es den Mitgliedstaaten frei, strengere strafrechtliche Bestimmungen in diesem Bereich zu erlassen oder beizubehalten. Die Mitgliedstaaten sollten zum Beispiel vorsehen können, dass rücksichtslos oder leichtfertig begangene Geldwäsche einen Straftatbestand darstellt. Bezugnahmen in dieser Richtlinie auf fahrlässig begangene Geldwäsche sollten für die Mitgliedstaaten, in denen diese Handlungen strafbar sind, als solche verstanden werden.

(14) Zur Entfaltung einer abschreckenden Wirkung bei Geldwäsche in der gesamten Union sollten die Mitgliedstaaten sicherstellen, dass eine solche Handlung mit einer Freiheitsstrafe im Höchstmaß von mindestens vier Jahren geahndet wird. Diese Verpflichtung lässt die individuelle Sanktionsfestsetzung, die Verhängung und die Vollstreckung von Strafen nach Maßgabe der im konkreten Einzelfall vorliegenden Umstände unberührt. Außerdem sollten die Mitgliedstaaten zusätzliche Sanktionen oder Maßnahmen vorsehen, beispielsweise Geldstrafen, den zeitweiligen oder dauerhaften Ausschluss vom Zugang zu öffentlicher Finanzierung, darunter Ausschreibungsverfahren, Beihilfen und Genehmigungen, das vorübergehende Verbot der Ausübung einer gewerblichen Tätigkeit oder das vorübergehende Verbot einer Kandidatur für gewählte oder öffentliche Ämter. Diese Verpflichtung gilt unbeschadet des Ermessens des Richters oder des Gerichts, darüber zu entscheiden, ob unter Berücksichtigung aller Umstände des jeweiligen Falls zusätzliche Sanktionen oder Maßnahmen zu verhängen sind.

(15) Auch wenn keine Verpflichtung besteht, das Strafmaß zu verschärfen, sollten die Mitgliedstaaten sicherstellen, dass der Richter oder das Gericht bei der Verurteilung von Tätern erschwerenden Umständen im Sinne dieser Richtlinie Rechnung tragen können. Es liegt im Ermessen des Richters oder des Gerichts, darüber zu entscheiden, ob unter Berücksichtigung aller Fakten des jeweiligen Falls aufgrund von speziellen erschwerenden Umstände das Strafmaß zu verschärfen ist. Die Mitgliedstaaten sollten nicht verpflichtet werden, erschwerende Umstände vorzusehen, wenn das nationale Recht vorsieht, dass Straftaten im Sinne des Rahmenbeschlusses 2008/841/JI[2] oder Straftaten, die von natürlichen Personen begangen werden, die in der Ausübung ihrer beruflichen Tätigkeit als Verpflichtete handeln, als eigenständige Straftat strafbar sind und daher strenger bestraft werden können.

(16) Mit der Sicherstellung und Einziehung von Tatwerkzeugen und Erträgen aus Straftaten wird den finanziellen Anreizen für das Begehen von Straftaten entgegengewirkt. In der Richtlinie 2014/42/EU sind Mindestanforderungen an die Sicherstellung und Einziehung von Tatwerkzeugen und Erträgen aus Straftaten in Strafsachen vorgesehen. Gemäß dieser Richtlinie ist die Kommission außerdem verpflichtet, dem Europäischen Parlament und dem Rat Bericht über ihre

FM-GwG
SpVV
Schulspar-SoV
Online-IDV
AndKo-SoV
BVK-RiSoV
LV-SoV
WiEReG + V
4. GW-RL
DelV Hochrisikolän
DelV 2018/1108
DelV Drittländer
5. GW-RL

Zu Abs. 13:

[1] Richtlinie 2014/42/EU des Europäischen Parlaments und des Rates vom 3. April 2014 über die Sicherstellung und Einziehung von Tatwerkzeugen und Erträgen aus Straftaten in der Europäischen Union (ABl. L 127 vom 29.4.2014, S. 39).

Zu Abs. 15:

[2] Rahmenbeschluss 2008/841/JI des Rates vom 24. Oktober 2008 zur Bekämpfung der organisierten Kriminalität (ABl. L 300 vom 11.11.2008, S. 42).

Umsetzung zu erstatten und bei Bedarf angemessene Vorschläge vorzulegen. Die Mitgliedstaaten sollten mindestens dafür sorgen, dass die Tatwerkzeuge und Erträge aus Straftaten in allen in der Richtlinie 2014/42/EU genannten Fällen sichergestellt und eingezogen werden. Ferner sollten die Mitgliedstaaten ernsthaft in Erwägung ziehen, die Einziehung in allen Fällen zu ermöglichen, in denen Strafverfahren nicht eingeleitet oder abgeschlossen werden können, etwa auch dann, wenn der Täter verstorben ist. Wie in der Richtlinie 2014/42/EU beigefügten Erklärung vom Europäischen Parlament und dem Rat gefordert, legt die Kommission einen Bericht vor, in dem die Durchführbarkeit und mögliche Vorteile der Einführung weiterer gemeinsamer Bestimmungen zur Einziehung von Vermögensgegenständen, die aus kriminellen Handlungen stammen, untersucht werden, auch wenn keine konkrete Person oder konkreten Personen dafür verurteilt wurde bzw. wurden. Bei dieser Untersuchung werden die Unterschiede zwischen den Rechtsordnungen und -traditionen der Mitgliedstaaten berücksichtigt.

(17) In Anbetracht der Mobilität der Täter und der Erträge aus kriminellen Tätigkeiten sowie der komplexen grenzüberschreitenden Ermittlungen, die zur Bekämpfung der Geldwäsche erforderlich sind, sollten alle Mitgliedstaaten ihre gerichtliche Zuständigkeit begründen, um den zuständigen Behörden zu ermöglichen, diese Tätigkeiten zu untersuchen und strafrechtlich zu verfolgen. Die Mitgliedstaaten sollten dabei sicherstellen, dass sich ihre gerichtliche Zuständigkeit auch auf die Fälle erstreckt, in denen eine Straftat mittels einer Informations- und Kommunikationstechnologie von ihrem Hoheitsgebiet aus begangen wird, unabhängig davon, ob sich die Technologie in ihrem Hoheitsgebiet befindet.

(18) Gemäß dem Rahmenbeschluss 2009/948/JI des Rates[1] und dem Beschluss 2002/187/JI[2] des Rates haben sich die zuständigen Behörden zweier oder mehrerer Mitgliedstaaten, die parallele Strafverfahren wegen derselben Tat mit derselben Person führen, mit Unterstützung von Eurojust direkt miteinander abzustimmen, damit insbesondere alle von dieser Richtlinie erfassten Straftaten strafrechtlich verfolgt werden.

(19) Um Ermittlungen bei Geldwäschedelikten und deren Verfolgung zu erleichtern, sollten die für die Ermittlung oder Verfolgung verantwortlichen Personen die Möglichkeit haben, wirksame Ermittlungsinstrumente einzusetzen, wie sie zur Bekämpfung des organisierten Verbrechens oder sonstiger schwerer Straftaten verwendet werden. Dabei sollte sichergestellt werden, dass ausreichend Personal und gezielte Schulungsmaßnahmen, Ressourcen und technologische Kapazitäten auf dem neuesten Stand zur Verfügung stehen. Der Einsatz dieser Instrumente gemäß dem nationalen Recht sollte gezielt erfolgen, dem Grundsatz der Verhältnismäßigkeit sowie der Art und Schwere der untersuchten Straftaten Rechnung tragen und unter Einhaltung des Rechts auf den Schutz personenbezogener Daten erfolgen.

(20) Für die durch die vorliegende Richtlinie gebundenen Mitgliedstaaten ersetzt diese bestimmte Bestimmungen des Rahmenbeschlusses 2001/500/JI.

(21) Diese Richtlinie steht im Einklang mit den Grundsätzen nach Artikel 2 des Vertrags über die Europäische Union (EUV), den Grundrechten und -freiheiten und den Grundsätzen insbesondere gemäß der Charta der Grundrechte der Europäischen Union, auch denen in Titel II, III, V und VI, die unter anderem das Recht auf Achtung des Privat- und Familienlebens und das Recht auf den Schutz personenbezogener Daten, die Grundsätze der Rechtmäßigkeit und der Verhältnismäßigkeit von Straftaten zu Strafen, zu denen auch die Forderung nach Genauigkeit, Klarheit und Vorhersehbarkeit im Strafrecht, die Unschuldsvermutung sowie die Rechte verdächtiger und beschuldigter Personen auf Rechtsbeistand, das Recht, sich nicht selbst zu belasten, und das Recht auf ein freies Verfahren gehören. Die vorliegende Richtlinie ist im Einklang mit diesen Rechten und Grundsätzen umzusetzen, wobei auch die Europäische Konvention zum Schutze der Menschenrechte und Grundfreiheiten, der Internationale Pakt über bürgerliche und politische Rechte und andere völkerrechtliche Menschenrechtsverpflichtungen zu berücksichtigen sind.

(22) Da das Ziel dieser Richtlinie, die Geldwäsche in allen Mitgliedstaaten mit wirksamen, angemessenen und abschreckenden strafrechtlichen Sanktionen zu ahnden, von den Mitgliedstaaten nicht ausreichend verwirklicht werden kann, sondern vielmehr wegen des Umfangs und der Wirkungen dieser Richtlinie auf Unionsebene besser zu verwirklichen ist, kann die Union im Einklang mit dem in Artikel 5 EUV niedergelegten Subsidiaritätsprinzip tätig werden. Entsprechend dem in demselben Artikel genannten Grundsatz der Verhältnismäßigkeit geht diese

Zu Abs. 18:

[1] *Rahmenbeschluss 2009/948/JI des Rates vom 30. November 2009 zur Vermeidung und Beilegung von Kompetenzkonflikten in Strafverfahren (ABl. L 328 vom 15.12.2009, S. 42).*

[2] *Beschluss 2002/187/JI des Rates vom 28. Februar 2002 über die Errichtung von Eurojust zur Verstärkung der Bekämpfung der schweren Kriminalität (ABl. L 63 vom 6.3.2002, S. 1).*

Richtlinie nicht über das für die Verwirklichung dieses Ziels erforderliche Maß hinaus.

(23) Gemäß den Artikeln 1 und 2 des dem EUV und dem AEUV beigefügten Protokolls Nr. 21 über die Position des Vereinigten Königreichs und Irlands hinsichtlich des Raums der Freiheit, der Sicherheit und des Rechts und unbeschadet des Artikels 4 dieses Protokolls beteiligen sich das Vereinigte Königreich und Irland nicht an der Annahme und Anwendung dieser Richtlinie, die daher für sie weder bindend noch ihnen gegenüber anwendbar ist.

(24) Gemäß den Artikeln 1 und 2 des dem EUV und dem AEUV beigefügten Protokolls Nr. 22 über die Position Dänemarks beteiligt sich Dänemark nicht an der Annahme dieser Richtlinie, die damit für diesen Staat weder bindend noch ihm gegenüber anwendbar ist. Der Rahmenbeschluss 2001/500/JI ist für Dänemark weiterhin bindend und Dänemark gegenüber anwendbar –

HABEN FOLGENDE RICHTLINIE ERLASSEN:

Artikel 1
Gegenstand und Anwendungsbereich

(1) Diese Richtlinie enthält Mindestvorschriften für die Definition von Straftatbeständen und Sanktionen im Bereich der Geldwäsche.

(2) Diese Richtlinie findet keine Anwendung auf Geldwäsche im Zusammenhang mit Erträgen aus Straftaten zum Nachteil der finanziellen Interessen der Union, die unter spezielle Vorschriften der Richtlinie (EU) 2017/1371 fällt.

Artikel 2
Begriffsbestimmungen

Für die Zwecke dieser Richtlinie bezeichnet der Ausdruck

1. „kriminelle Tätigkeit" jede Form der kriminellen Beteiligung an Straftaten, die gemäß dem nationalen Recht mit einer Freiheitsstrafe oder mit Freiheitsentzug im Höchstmaß von mehr als einem Jahr oder – in Mitgliedstaaten, deren Rechtssystem ein Mindeststrafmaß für Straftaten vorsieht – mit einer Freiheitsstrafe oder einer die Freiheit beschränkenden Maßnahme im Mindestmaß von mehr als sechs Monaten geahndet werden können. In jedem Fall gelten Straftaten der nachfolgend genannten Kategorien als kriminelle Tätigkeit:

a) Beteiligung an einer organisierten kriminellen Vereinigung und Erpressung, einschließlich der im Rahmenbeschluss 2008/841/JI des Rates genannten Straftaten;

b) Terrorismus, einschließlich der in der Richtlinie (EU) 2017/541 des Europäischen Parlaments und des Rates[1] genannten Straftaten;

c) Menschenhandel und Schleusung von Migranten, einschließlich der in der Richtlinie 2011/36/EU des Europäischen Parlaments und des Rates[2] und im Rahmenbeschluss 2002/946/JI des Rates[3] genannten Straftaten;

d) sexuelle Ausbeutung, einschließlich der in der Richtlinie 2011/93/EU des Europäischen Parlaments und des Rates[4] genannten Straftaten;

e) illegaler Handel mit Drogen und psychotropen Stoffen, einschließlich der im Rahmenbeschluss 2004/757/JI des Rates[5] genannten Straftaten;

f) illegaler Waffenhandel;

g) illegaler Handel mit gestohlenen und sonstigen Waren;

h) Korruption, einschließlich der im Übereinkommen über die Bekämpfung der Bestechung, an der Beamte der Europäischen Gemeinschaften oder der Mitgliedstaaten der Europäischen Union beteiligt sind[6], und im Rahmenbeschluss 2003/568/JI des Rates[7] genannten Straftaten;

FM-GwG
SpVV
Schulspar-SoV
Online-IDV
AndKo-SoV
BVK-RiSoV
LV-SoV
WiEReG + V
4. GW-RL
DelV Hochrisikolän
DelV 2018/1108
DelV Drittländer
5. GW-RL

Zu Artikel 2:

[1] Richtlinie (EU) 2017/541 des Europäischen Parlaments und des Rates vom 15. März 2017 zur Terrorismusbekämpfung und zur Ersetzung des Rahmenbeschlusses 2002/475/JI des Rates und zur Änderung des Beschlusses 2005/671/JI des Rates (ABl. L 88 vom 31.3.2017, S. 6).

[2] Richtlinie 2011/36/EU des Europäischen Parlaments und des Rates vom 5. April 2011 zur Verhütung und Bekämpfung des Menschenhandels und zum Schutz seiner Opfer sowie zur Ersetzung des Rahmenbeschlusses 2002/629/JI des Rates (ABl. L 101 vom 15.4.2011, S. 1).

[3] Rahmenbeschluss 2002/946/JI des Rates vom 28. November 2002 betreffend die Verstärkung des strafrechtlichen Rahmens für die Bekämpfung der Beihilfe zur unerlaubten Ein- und Durchreise und zum unerlaubten Aufenthalt (ABl. L 328 vom 5.12.2002, S. 1).

[4] Richtlinie 2011/93/EU des Europäischen Parlaments und des Rates vom 13. Dezember 2011 zur Bekämpfung des sexuellen Missbrauchs und der sexuellen Ausbeutung von Kindern sowie der Kinderpornografie sowie zur Ersetzung des Rahmenbeschlusses 2004/68/JI des Rates (ABl. L 335 vom 17.12.2011, S. 1).

[5] Rahmenbeschluss 2004/757/JI des Rates vom 25. Oktober 2004 zur Festlegung von Mindestvorschriften über die Tatbestandsmerkmale strafbarer Handlungen und die Strafen im Bereich des illegalen Drogenhandels (ABl. L 335 vom 11.11.2004, S. 8).

[6] Rechtsakt des Rates vom 26. Mai 1997 über die Ausarbeitung des Übereinkommens aufgrund von Artikel K.3 Absatz 2 Buchstabe c des Vertrags über die Europäische Union über die Bekämpfung der Bestechung, an der Beamte der Europäischen Gemeinschaften oder der Mitgliedstaaten der Europäischen Union beteiligt sind (ABl. C 195 vom 25.6.1997, S. 1).

[7] Rahmenbeschluss 2003/568/JI des Rates vom 22. Juli 2003 zur Bekämpfung der Bestechung im privaten Sektor (ABl. L 192 vom 31.7.2003, S. 54).

i) Betrug, einschließlich der im Rahmenbeschluss 2001/413/JI des Rates[8)] genannten Straftaten;

j) Geldfälschung, einschließlich der in der Richtlinie 2014/62/EU des Europäischen Parlaments und des Rates[9)] genannten Straftaten;

k) Produktfälschung und Produktpiraterie;

l) Umweltkriminalität, einschließlich der in der Richtlinie 2008/99/EG des Europäischen Parlaments und des Rates[10)] oder in der Richtlinie 2009/123/EG des Europäischen Parlaments und des Rates[11)] genannten Straftaten;

m) vorsätzliche Tötung, schwere Körperverletzung;

n) Entführung, Freiheitsberaubung und Geiselnahme;

o) Raub oder Diebstahl;

p) Schmuggel;

q) Steuerstraftaten im Zusammenhang mit direkten und indirekten Steuern gemäß dem nationalen Recht;

r) Erpressung;

s) Fälschung;

t) Piraterie;

u) Insider-Geschäfte und Marktmanipulation, einschließlich der in der Richtlinie 2014/57/EU des Europäischen Parlaments und des Rates[12)] genannten Straftaten;

v) Cyberkriminalität, einschließlich der in der Richtlinie 2013/40/EU des Europäischen Parlaments und des Rates[13)] genannten Straftaten;

2. „Vermögensgegenstand" Vermögenswerte aller Art, ob körperlich oder nichtkörperlich, beweglich oder unbeweglich, materiell oder immateriell, und Rechtstitel oder Urkunden in jeder – einschließlich elektronischer oder digitaler – Form, die das Eigentumsrecht oder Rechte an solchen Vermögenswerten belegen;

3. „juristische Person" jedes Rechtssubjekt, das nach dem jeweils geltenden Recht Rechtspersönlichkeit besitzt, mit Ausnahme von Staaten oder öffentlich-rechtlichen Körperschaften in der Ausübung staatlicher Hoheitsrechte oder solcher von öffentlich-rechtlichen internationalen Organisationen.

Artikel 3
Straftatbestände der Geldwäsche

(1) Die Mitgliedstaaten treffen die erforderlichen Maßnahmen, um sicherzustellen, dass die vorsätzliche Begehungsweise folgender Handlungen unter Strafe gestellt ist:

a) der Umtausch oder Transfer von Vermögensgegenständen in Kenntnis der Tatsache, dass diese Gegenstände aus einer kriminellen Tätigkeit stammen, zum Zwecke der Verheimlichung oder Verschleierung des illegalen Ursprungs der Vermögensgegenstände oder der Unterstützung einer Person, die an einer solchen Tätigkeit beteiligt ist, damit diese den Rechtsfolgen ihrer Tat entgehen;

b) die Verheimlichung oder Verschleierung der wahren Natur, Herkunft, Lage, Verfügung oder Bewegung von Vermögensgegenständen oder von Rechten oder Eigentum an Vermögensgegenständen in Kenntnis der Tatsache, dass diese Gegenstände aus einer kriminellen Tätigkeit stammen;

c) der Erwerb, der Besitz oder die Verwendung von Vermögensgegenständen, in Kenntnis – bei der Übernahme dieser Vermögensgegenstände – der Tatsache, dass sie aus einer kriminellen Tätigkeit stammen.

(2) Die Mitgliedstaaten können die erforderlichen Maßnahmen treffen, um sicherzustellen, dass eine Handlung nach Absatz 1 strafbar ist, wenn der Täter den Verdacht hatte oder ihm bekannt hätte sein müssen, dass die Vermögensgegenstände aus einer kriminellen Tätigkeit stammen.

(3) Die Mitgliedstaaten treffen die erforderlichen Maßnahmen, um sicherzustellen, dass

a) eine frühere oder gleichzeitige Verurteilung wegen der kriminellen Tätigkeit, aus der die Vermögensgegenstände stammen, keine Voraussetzung für eine Verurteilung wegen der Straftaten nach den Absätzen 1 und 2 ist;

b) eine Verurteilung wegen der Straftaten nach den Absätzen 1 und 2 möglich ist, wenn festgestellt wird, dass die Vermögensgegenstände aus einer kriminellen Tätigkeit stammen, ohne dass

---

8) Rahmenbeschluss 2001/413/JI des Rates vom 28. Mai 2001 zur Bekämpfung von Betrug und Fälschung im Zusammenhang mit unbaren Zahlungsmitteln (ABl. L 149 vom 2.6.2001, S. 1).

9) Richtlinie 2014/62/EU des Europäischen Parlaments und des Rates vom 15. Mai 2014 zum strafrechtlichen Schutz des Euro und anderer Währungen gegen Geldfälschung und zur Ersetzung des Rahmenbeschlusses 2000/383/JI des Rates (ABl. L 151 vom 21.5.2014, S. 1).

10) Richtlinie 2008/99/EG des Europäischen Parlaments und des Rates vom 19. November 2008 über den strafrechtlichen Schutz der Umwelt (ABl. L 328 vom 6.12.2008, S. 28).

11) Richtlinie 2009/123/EG des Europäischen Parlaments und des Rates vom 21. Oktober 2009 zur Änderung der Richtlinie 2005/35/EG über die Meeresverschmutzung durch Schiffe und die Einführung von Sanktionen für Verstöße (ABl. L 280 vom 27.10.2009, S. 52).

12) Richtlinie 2014/57/EU des Europäischen Parlaments und des Rates vom 16. April 2014 über strafrechtliche Sanktionen bei Marktmanipulation (Marktmissbrauchsrichtlinie) (ABl. L 173 vom 12.6.2014, S. 179).

13) Richtlinie 2013/40/EU des Europäischen Parlaments und des Rates vom 12. August 2013 über Angriffe auf Informationssysteme und zur Ersetzung des Rahmenbeschlusses 2005/222/JI des Rates (ABl. L 218 vom 14.8.2013, S. 8).

es erforderlich wäre, alle Sachverhaltselemente bzw. alle Umstände im Zusammenhang mit dieser Tätigkeit festzustellen, darunter auch die Identität des Täters;

c) die Straftaten nach den Absätzen 1 und 2 auch Vermögensgegenstände erfassen, die aus einer Handlung im Hoheitsgebiet eines anderen Mitgliedstaats oder eines Drittstaates stammen, wenn die Handlung eine kriminelle Tätigkeit darstellen würde, wäre sie im Inland begangen worden.

(4) Im Falle von Absatz 3 Buchstabe c des vorliegenden Artikels können die Mitgliedstaaten ferner verlangen, dass die betreffende Handlung nach dem nationalen Recht des anderen Mitgliedstaats oder des Drittstaates, in dem diese Handlung begangen wurde, eine Straftat darstellt, es sei denn, diese Handlung stellt eine der Straftaten aus Artikel 2 Absatz 1 Buchstaben a bis e und h und gemäß geltendem Unionsrecht dar.

(5) Die Mitgliedstaaten treffen die erforderlichen Maßnahmen, um sicherzustellen, dass eine Handlung nach Absatz 1 Buchstaben a und b unter Strafe gestellt wird, wenn sie von Personen verübt wird, die an der kriminellen Tätigkeit, aus der die Vermögensgegenstände stammen, als Täter oder in anderer Weise beteiligt waren.

Artikel 4

Beihilfe, Anstiftung und Versuch

Die Mitgliedstaaten treffen die erforderlichen Maßnahmen, um sicherzustellen, dass die Beihilfe und die Anstiftung zu einer Straftat nach Artikel 3 Absätze 1 und 5 sowie der Versuch der Begehung einer solchen Straftat unter Strafe gestellt werden.

Artikel 5

Strafen für natürliche Personen

(1) Die Mitgliedstaaten treffen die erforderlichen Maßnahmen, um sicherzustellen, dass die in den Artikeln 3 und 4 genannten Straftaten mit wirksamen, angemessenen und abschreckenden strafrechtlichen Sanktionen geahndet werden.

(2) Die Mitgliedstaaten treffen die erforderlichen Maßnahmen, um sicherzustellen, dass die in Artikel 3 Absätze 1 und 5 genannten Straftaten mit einer Freiheitsstrafe im Höchstmaß von mindestens vier Jahren geahndet werden.

(3) Ferner treffen die Mitgliedstaaten die erforderlichen Maßnahmen, um sicherzustellen, dass gegen natürliche Personen, die die in den Artikeln 3 oder 4 genannten Straftaten begangen haben, gegebenenfalls zusätzliche Sanktionen oder Maßnahmen verhängt werden.

Artikel 6

Erschwerende Umstände

(1) Die Mitgliedstaaten treffen die erforderlichen Maßnahmen, um sicherzustellen, dass die folgenden Umstände bei Straftaten nach Artikel 3 Absätze 1 und 5 und Artikel 4 als erschwerende Umstände gelten:

a) die Straftat wurde im Rahmen einer kriminellen Vereinigung im Sinne des Rahmenbeschlusses 2008/841/JI begangen, oder

b) der Täter ist ein Verpflichteter im Sinne des Artikels 2 der Richtlinie (EU) 2015/849 und hat die Straftat in Ausübung seiner beruflichen Tätigkeit begangen.

(2) Die Mitgliedstaaten können vorsehen, dass die folgenden Umstände bei Straftaten nach Artikel 3 Absätze 1 und 5 und Artikel 4 als erschwerende Umstände gelten:

a) Die gewaschenen Vermögensgegenstände haben einen beträchtlichen Wert.

b) Die gewaschenen Vermögensgegenstände stammen aus einer der in Artikel 2 Absatz 1 Buchstaben a bis e und h genannten Straftaten.

Artikel 7

Verantwortlichkeit juristischer Personen

(1) Die Mitgliedstaaten treffen die erforderlichen Maßnahmen, um sicherzustellen, dass eine juristische Person für jede Straftat nach Artikel 3 Absätze 1 und 5 und Artikel 4 verantwortlich gemacht werden kann, die zu ihren Gunsten von einer Person begangen wurde, die entweder allein oder als Teil eines Organs der juristischen Person gehandelt hat und die eine Führungsposition innerhalb der juristischen Person innehat, der Folgendes zugrunde liegt:

a) eine Befugnis zur Vertretung der juristischen Person,

b) eine Befugnis, Entscheidungen im Namen der juristischen Person zu treffen, oder

c) eine Kontrollbefugnis innerhalb der juristischen Person.

(2) Die Mitgliedstaaten treffen die erforderlichen Maßnahmen, um sicherzustellen, dass juristische Personen verantwortlich gemacht werden können, wenn mangelnde Überwachung oder Kontrolle durch eine in Absatz 1 dieses Artikels genannte Person die Straftatennach Artikel 3 Absätze 1 und 5 und Artikel 4 zugunsten der juristischen Person durch eine ihr unterstellte Person ermöglicht hat.

(3) Die Verantwortlichkeit der juristischen Personen nach den Absätzen 1 und 2 dieses Artikels schließt die strafrechtliche Verfolgung natürlicher Personen als Täter, Anstifter oder Gehilfen einer Straftat im Sinne von Artikel 3 Absätze 1 und 5 und Artikel 4 nicht aus.

Artikel 8
Sanktionen gegen juristische Personen

Die Mitgliedstaaten treffen die erforderlichen Maßnahmen, um sicherzustellen, dass gegen eine juristische Person, die nach Artikel 7 verantwortlich gemacht wird, wirksame, angemessene und abschreckende Sanktionen verhängt werden, zu denen Geldstrafen oder Geldbußen gehören und die andere Sanktionen einschließen können, beispielsweise:

a) Ausschluss von öffentlichen Zuwendungen oder Hilfen,

b) zeitweiliger oder dauerhafter Ausschluss vom Zugang zu öffentlicher Finanzierung, darunter auch Ausschreibungsverfahren, Beihilfen und Genehmigungen,

c) vorübergehendes oder dauerhaftes Verbot der Ausübung einer gewerblichen Tätigkeit,

d) Unterstellung unter gerichtliche Aufsicht,

e) richterlich angeordnete Auflösung,

f) vorübergehende oder endgültige Schließung von Einrichtungen, die zur Begehung der Straftat genutzt wurden.

Artikel 9
Einziehung

Die Mitgliedstaaten treffen die erforderlichen Maßnahmen, um gegebenenfalls sicherzustellen, dass ihre zuständigen Behörden die Erträge aus in der vorliegenden Richtlinie genannten Straftaten und die Tatwerkzeuge, die bei der Begehung dieser Straftaten oder bei einer Beihilfe zu deren Begehung verwendet wurden oder verwendet werden sollten, gemäß der Richtlinie 2014/42/EU sicherstellen oder einziehen.

Artikel 10
Gerichtliche Zuständigkeit

(1) Jeder Mitgliedstaat trifft die erforderlichen Maßnahmen, um seine gerichtliche Zuständigkeit für die in den Artikeln 3 und 4 genannten Straftaten zu begründen, wenn

a) die Straftat ganz oder teilweise in seinem Hoheitsgebiet begangen wurde;

b) es sich bei dem Täter um einen seiner Staatsangehörigen handelt.

(2) Ein Mitgliedstaat unterrichtet die Kommission über seine Entscheidung, seine gerichtliche Zuständigkeit für die in den Artikeln 3 und 4 genannten Straftaten, die außerhalb seines Hoheitsgebiets begangen wurden, zu begründen, wenn

a) der gewöhnliche Aufenthalt des Täters in seinem Hoheitsgebiet liegt;

b) die Straftat zugunsten einer in seinem Hoheitsgebiet niedergelassenen juristischen Person begangen wird.

(3) Fällt eine Straftat nach den Artikeln 3 und 4 in die gerichtliche Zuständigkeit von mehreren Mitgliedstaaten und kann jeder dieser Mitgliedstaaten auf der Grundlage desselben Sachverhalts die Strafverfolgung übernehmen, so entscheiden diese Mitgliedstaaten gemeinsam, welcher von ihnen den Täter strafrechtlich verfolgt, mit dem Ziel, die Strafverfolgung in einem einzigen Mitgliedstaat zu konzentrieren.

Dabei werden die nachstehenden Faktoren berücksichtigt:

a) das Hoheitsgebiet des Mitgliedstaats, in dem die Straftat begangen wurde;

b) die Staatsangehörigkeit oder der Wohnsitz des Täters;

c) das Herkunftsland des Opfers oder der Opfer; und

d) das Hoheitsgebiet, in dem der Täter aufgegriffen wurde.

Gegebenenfalls wird die Angelegenheit gemäß Artikel 12 des Rahmenbeschlusses 2009/948/JI an Eurojust verwiesen.

Artikel 11
Ermittlungsinstrumente

Die Mitgliedstaaten ergreifen die notwendigen Maßnahmen, um sicherzustellen, dass den für die Ermittlung oder strafrechtliche Verfolgung der Straftaten nach Artikel 3 Absätze 1 und 5 und Artikel 4 zuständigen Personen, Stellen oder Diensten wirksame Ermittlungsinstrumente zur Verfügung stehen, wie sie zur Bekämpfung organisierter Kriminalität oder anderer schwerer Straftaten verwendet werden.

Artikel 12
Ersetzung bestimmter Bestimmungen des Rahmenbeschlusses 2001/500/JI

Artikel 1 Buchstabe b und Artikel 2 des Rahmenbeschlusses 2001/500/JI werden für die Mitgliedstaaten ersetzt, die durch die vorliegende Richtlinie gebunden sind, unbeschadet der Verpflichtungen dieser Mitgliedstaaten im Zusammenhang mit der Frist für die Umsetzung des Rahmenbeschlusses in nationales Recht.

Für die Mitgliedstaaten, die durch die vorliegende Richtlinie gebunden sind, gelten Bezugnahmen auf den in Absatz 1 genannten Rahmenbeschluss 2001/500/JI als Bezugnahmen auf die vorliegende Richtlinie.

Artikel 13
Umsetzung

(1) Die Mitgliedstaaten setzen die Rechts- und Verwaltungsvorschriften in Kraft, die erforderlich sind, um dieser Richtlinie bis zum 3. Dezember 2020 nachzukommen. Sie teilen der Kommission

unverzüglich den Wortlaut dieser Vorschriften mit.

Bei Erlass dieser Vorschriften nehmen die Mitgliedstaaten in den Vorschriften selbst oder durch einen Hinweis bei der amtlichen Veröffentlichung auf diese Richtlinie Bezug. Die Mitgliedstaaten regeln die Einzelheiten dieser Bezugnahme.

(2) Die Mitgliedstaaten teilen der Kommission den Wortlaut der wichtigsten nationalen Vorschriften mit, die sie auf dem unter diese Richtlinie fallenden Gebiet erlassen.

Artikel 14
Berichterstattung

Die Kommission übermittelt dem Europäischen Parlament und dem Rat bis zum 3. Dezember 2020 einen Bericht, in dem sie bewertet, inwieweit die Mitgliedstaaten die erforderlichen Maßnahmen getroffen haben, um dieser Richtlinie nachzukommen.

Die Kommission übermittelt dem Europäischen Parlament und dem Rat bis zum 3. Dezember 2023 einen Bericht, in dem sie den Mehrwert dieser Richtlinie für die Bekämpfung der Geldwäsche und ihre Auswirkungen auf die Grundrechte und -freiheiten bewertet. Auf der Grundlage dieses Berichts legt die Kommission erforderlichenfalls einen Legislativvorschlag zur Änderung dieser Richtlinie vor. Die Kommission berücksichtigt die von den Mitgliedstaaten bereitgestellten Informationen.

Artikel 15
Inkrafttreten

Diese Richtlinie tritt am zwanzigsten Tag nach ihrer Veröffentlichung im Amtsblatt der Europäischen Union in Kraft.

Artikel 16
Adressaten

Diese Richtlinie ist gemäß den Verträgen an die Mitgliedstaaten gerichtet.

Geschehen zu Straßburg am 23. Oktober 2018.

Im Namen des Europäischen Parlaments	*Im Namen des Rates*
Der präsident	*Die präsidentin*
A. TAJANI	K. EDTSTADLER

Verordnung (EU) 2018/1672 des europäischen Parlaments und des Rates vom 23. Oktober 2018 über die Überwachung von Barmitteln, die in die Union oder aus der Union verbracht werden, und zur Aufhebung der Verordnung (EG) Nr. 1889/2005 (2. EU-Barmittel-Verordnung)

ABl L 284 vom 12. 11. 2018, S 6 idF

1 ABl L 435 vom 23. 12. 2020, S 79

DAS EUROPÄISCHE PARLAMENT UND DER RAT DER EUROPÄISCHEN UNION –

gestützt auf den Vertrag über die Arbeitsweise der Europäischen Union, insbesondere auf die Artikel 33 und 114,

auf Vorschlag der Europäischen Kommission,

nach Zuleitung des Entwurfs des Gesetzgebungsakts an die nationalen Parlamente,

nach Stellungnahme des Europäischen Wirtschafts- und Sozialausschusses[1],

nach Anhörung des Ausschusses der Regionen,

gemäß dem ordentlichen Gesetzgebungsverfahren[2],

in Erwägung nachstehender Gründe:

(1) Eine der Prioritäten der Union ist die Förderung der harmonischen, nachhaltigen und integrativen Entwicklung des Binnenmarkts als Raum, in dem der freie und sichere Verkehr von Waren, Personen, Dienstleistungen und Kapital gewährleistet ist.

(2) Die Wiedereinleitung von rechtswidrig erzielten Erlösen in die Wirtschaft und die Umleitung von Geldern zur Finanzierung illegaler Aktivitäten führen zu Verzerrungen und zu Wettbewerbsnachteilen für gesetzestreue Bürger und Unternehmen und stellen daher eine Bedrohung für das Funktionieren des Binnenmarkts dar. Überdies unterstützen diese Praktiken kriminelle und terroristische Tätigkeiten, die die Sicherheit der Bürger der Union gefährden. Entsprechend hat die Union Maßnahmen getroffen, um sich selbst zu schützen.

(3) Einer der Hauptpfeiler der von der Union getroffenen Maßnahmen war die Richtlinie 91/308/EWG des Rates[3], in der eine Reihe von Maßnahmen und Verpflichtungen für Finanzinstitute, Rechtspersonen und bestimmte Berufe bezüglich u. a. Transparenz und das Führen von Aufzeichnungen sowie „Kenne-deinen-Kunden"-Vorschriften und die Verpflichtung, verdächtige Transaktionen nationalen zentralen Meldestellen zu melden, festgelegt wurden. Die zentralen Meldestellen wurden als Knotenpunkte eingerichtet, um solche Transaktionen zu bewerten, mit ihren Pendants in anderen Ländern zusammenzuwirken und soweit erforderlich Kontakt zu den Justizbehörden aufzunehmen. Die Richtlinie 91/308/EWG wurde seitdem geändert und durch aufeinanderfolgende Maßnahmen ersetzt. Derzeit finden sich die Bestimmungen zur Verhinderung von Geldwäsche in der Richtlinie (EU) 2015/849 des Europäischen Parlaments und des Rates[4].

(4) Angesichts der Gefahr, dass die Anwendung der Richtlinie 91/308/EWG zu einem Anstieg der Barmittelbewegungen zu illegalen Zwecken führt, was das Finanzsystem und den Binnenmarkt bedrohen könnte, wurde diese Richtlinie durch die Verordnung (EG) Nr. 1889/2005 des Europäischen Parlaments und des Rates[5] ergänzt. Mit der genannten Verordnung sollen Geldwäsche und Terrorismusfinanzierung mit einem System von Kontrollen verhindert

[1] ABl. C \246 vom 28.7.2017, S. 22.

[2] Standpunkt des Europäischen Parlaments vom 12. September 2018 (noch nicht im Amtsblatt veröffentlicht) und Beschluss des Rates vom 9. Oktober 2018.

Zu Abs. 3:

[3] Richtlinie 91/308/EWG des Rates vom 10. Juni 1991 zur Verhinderung der Nutzung des Finanzsystems zum Zwecke der Geldwäsche (ABl. L 166 vom 28.6.1991, S. 77).

[4] Richtlinie (EU) 2015/849 des Europäischen Parlaments und des Rates vom 20. Mai 2015 zur Verhinderung der Nutzung des Finanzsystems zum Zwecke der Geldwäsche und der Terrorismusfinanzierung, zur Änderung der Verordnung (EU) Nr. 648/2012 des Europäischen Parlaments und des Rates und zur Aufhebung der Richtlinie 2005/60/EG des Europäischen Parlaments und des Rates und der Richtlinie 2006/70/EG der Kommission (ABl. L 141 vom 5.6.2015, S. 73).

Zu Abs. 4:

[5] Verordnung (EG) Nr. 1889/2005 des Europäischen Parlaments und des Rates vom 26. Oktober 2005 über die Überwachung von Barmitteln, die in die Gemeinschaft oder aus der Gemeinschaft verbracht werden (ABl. L 309 vom 25.11.2005, S. 9).

und aufgedeckt werden, das bei natürlichen Personen, die in die Union einreisen oder sie verlassen und Barmittelbeträge oder übertragbare Inhaberpapiere im Wert von 10 000 EUR oder mehr oder deren Gegenwert in einer anderen Währung mit sich führen, anzuwenden ist. Der Ausdruck „in die Union oder aus der Union verbracht werden" bzw. „in die Union einreisen oder aus der Union ausreisen" sollte mit einem Verweis auf das Gebiet der Union im Sinne von Artikel 355 des Vertrags über die Arbeitsweise der Europäischen Union (AEUV) definiert werden, um sicherzustellen, dass die vorliegende Verordnung den größtmöglichen Geltungsbereich aufweist und dass keine Gebiete davon ausgenommen sind und Möglichkeiten zur Umgehung der durchzuführenden Kontrollen bieten.

(5) Mit der Verordnung (EG) Nr. 1889/2005 wurden in der Gemeinschaft die von der Arbeitsgruppe „Finanzielle Maßnahmen gegen die Geldwäsche" (Financial Action Task Force – FATF) ausgearbeiteten internationalen Standards zur Bekämpfung von Geldwäsche und Terrorismusfinanzierung umgesetzt.

(6) Die FATF, die 1989 auf dem G7-Gipfel in Paris eingesetzt wurde, ist ein zwischenstaatliches Gremium, das Standards festlegt und eine wirksame Durchführung rechtlicher, regulatorischer und operativer Maßnahmen zur Bekämpfung von Geldwäsche, Terrorismusfinanzierung und anderen damit zusammenhängenden Bedrohungen der Integrität des internationalen Finanzsystems fördert. Mehrere Mitgliedstaaten sind Mitglieder der FATF oder in der FATF durch regionale Gremien vertreten. Die Union ist in der FATF durch die Kommission vertreten und hat sich verpflichtet, die Empfehlungen der FATF wirksam umzusetzen. Die Empfehlung 32 der FATF zum Thema Bargeldkuriere sieht vor, dass Maßnahmen für angemessene Kontrollen grenzüberschreitender Bewegungen von Barmitteln vorhanden sein sollten.

(7) In der Richtlinie (EU) 2015/849 wird eine Reihe krimineller Tätigkeiten beschrieben, deren Erträge Gegenstand von Geldwäsche sein oder der Terrorismusfinanzierung dienen könnten. Häufig werden die Erträge aus kriminellen Tätigkeiten für die Zwecke der Geldwäsche oder der Terrorismusfinanzierung über die Außengrenzen der Union verbracht. In dieser Verordnung sollte dieser Tatsache Rechnung getragen und ein Regelsystem festgelegt werden, das nicht nur zur Verhinderung von Geldwäsche – insbesondere von Vortaten wie Steuerstraftaten entsprechend der Definition in nationalem Recht – und Terrorismusfinanzierung beiträgt, sondern auch die Prävention, Aufdeckung und Untersuchung krimineller Tätigkeiten gemäß der Richtlinie (EU) 2015/849 erleichtert.

(8) Es wurden Fortschritte in Bezug auf Einblicke in die Mechanismen, die für die grenzüberschreitende Verbringung illegal erworbener Werte genutzt werden, erzielt. Infolgedessen wurden die FATF-Empfehlungen aktualisiert, die Richtlinie (EU) 2015/849 hat Änderungen des Rechtsrahmens der Union eingeführt, und es wurden neue bewährte Verfahren entwickelt. Angesichts dieser Entwicklungen sowie der Ergebnisse der Bewertung bestehender Rechtsvorschriften der Union ist es notwendig, die Verordnung (EG) Nr. 1889/2005 zu ändern. Angesichts der umfangreichen Änderungen, die notwendig wären, sollte jedoch Verordnung (EG) Nr. 1889/2005 aufgehoben und durch eine neue Verordnung ersetzt werden.

(9) Diese Verordnung berührt nicht die Möglichkeit der Mitgliedstaaten, im Rahmen ihres nationalen Rechts zusätzliche nationale Kontrollen von Barmittelbewegungen innerhalb der Union vorzusehen, vorausgesetzt, diese Kontrollen stehen im Einklang mit den Grundfreiheiten der Union, insbesondere mit den Artikeln 63 und 65 des AEUV.

(10) Gäbe es auf Unionsebene Vorschriften, mit denen vergleichbare Kontrollen von Barmitteln innerhalb der Union erzielt werden können, so würde dies die Anstrengungen enorm erleichtern, die zur Verhinderung der Geldwäsche und der Terrorismusfinanzierung unternommen werden.

(11) Diese Verordnung betrifft weder die Maßnahmen der Union oder der Mitgliedstaaten gemäß Artikel 66 AEUV, die Kapitalbewegungen, die das Funktionieren der Wirtschafts- und Währungsunion schwerwiegend stören oder zu stören drohen, zu beschränken, noch diejenigen gemäß den Artikeln 143 und 144 des AEUV im Falle einer plötzlichen Zahlungsbilanzkrise.

(12) Die Zollbehörden sollten aufgrund ihrer Präsenz an den Außengrenzen der Union, aufgrund ihrer Fachkompetenz bei der Durchführung von Kontrollen von Passagieren und Gütern, die die Außengrenzen überschreiten, sowie ihrer Erfahrungen mit der Anwendung der Verordnung (EG) Nr. 1889/2005 auch für die Zwecke dieser Verordnung als die zuständigen Behörden fungieren. Zugleich sollten die Mitgliedstaaten nach wie vor andere nationale Behörden mit Präsenz an den Außengrenzen als zuständige Behörden benennen können. Die Mitgliedstaaten sollten weiterhin für eine angemessene Schulung der Mitarbeiter der Zollbehörden und anderer nationaler

Behörden, die diese Kontrollen durchführen, sorgen, unter anderem in Bezug auf unter Verwendung von Barmitteln durchgeführte Geldwäsche.

(13) Einer der wichtigsten Ansätze in dieser Verordnung ist die Definition des Begriffs „Barmittel", die in vier Kategorien unterteilt werden: Bargeld, übertragbare Inhaberpapiere, Rohstoffe als hochliquide Wertaufbewahrungsmittel und bestimmte Arten von Guthabenkarten. Angesichts ihrer Merkmale könnten bestimmte übertragbare Inhaberpapiere, Rohstoffe als hochliquide Wertaufbewahrungsmittel sowie Guthabenkarten, die nicht mit einem Bankkonto verbunden sind und einem schwierig zu ermittelnden Geldbetrag entsprechen können, anstelle von Bargeld als anonyme Mittel zum Werttransfer über die Außengrenzen verwendet werden, die mit dem herkömmlichen Überwachungssystem der staatlichen Behörden nicht verfolgbar sind. Diese Verordnung sollte daher die wesentlichen Elemente des Begriffs „Barmittel" festlegen und es der Kommission gleichzeitig ermöglichen, die nicht wesentlichen Elemente dieser Verordnung zu ändern, um darauf reagieren zu können, wenn Straftäter und ihre Mittelsmänner eine Maßnahme zu umgehen versuchen, mit der nur eine Art von hochliquiden Wertaufbewahrungsmitteln kontrolliert wird, indem sie eine andere Art über die Außengrenzen verbringen. Sollte ein solches Verhalten in erheblichem Ausmaß festgestellt werden, so ist es von größter Bedeutung, rasch Abhilfemaßnahmen zu treffen. Obgleich virtuelle Währungen mit einem hohen Risiko verbunden sind, wie aus dem Bericht der Kommission vom 26. Juni 2017 über die Bewertung der mit grenzüberschreitenden Tätigkeiten im Zusammenhang stehenden Risiken der Geldwäsche und der Terrorismusfinanzierung für den Binnenmarkt hervorgeht, verfügen die Zollbehörden nicht über die entsprechende Zuständigkeit für ihre Überwachung.

(14) Übertragbare Inhaberpapiere ermöglichen es dem physischen Inhaber, die Zahlung eines Geldbetrags ohne Registrierung oder Namensnennung zu fordern. Sie können leicht verwendet werden, um erhebliche Wertbeträge zu übertragen, und weisen in Bezug auf Liquidität, Anonymität und Missbrauchsrisiko ausgeprägte Ähnlichkeiten mit Bargeld auf.

(15) Rohstoffe als hochliquide Wertaufbewahrungsmittel weisen einen hohen Wert im Verhältnis zu ihrem Volumen auf, es gibt für sie einen leicht zugänglichen internationalen Markt, auf dem sie mit nur geringen Transaktionskosten in Bargeld umgewandelt werden können. Solche Rohstoffe sind größtenteils einheitlich aufgemacht, was eine rasche Überprüfung ihres Wertes ermöglicht.

(16) Guthabenkarten sind nicht namensgebundene Karten mit einem Geldwert oder Geldbetrag bzw. mit einem Zugang dazu, die für Zahlungsvorgänge, den Erwerb von Waren oder Dienstleistungen oder für die Auszahlung von Bargeld verwendet werden können. Sie sind nicht mit einem Bankkonto verbunden. Guthabenkarten umfassen anonyme Guthabenkarten im Sinne der Richtlinie (EU) 2015/849. Sie sind weit verbreitet und werden zu vielfältigen Zwecken verwendet, von denen einige einem eindeutigen sozialen Interesse dienen. Solche Guthabenkarten sind leicht zu übertragen und können zum Transfer beträchtlicher Werte über die Außengrenzen verwendet werden. Deshalb ist es notwendig, Guthabenkarten in die Definition des Begriffs „Barmittel" einzubeziehen, wobei dies insbesondere für Guthabenkarten gilt, die ohne Erfüllung kundenbezogener Sorgfaltspflichten erworben werden können. Dadurch wird es möglich sein, die Kontrollen in begründeten Fällen und unter Berücksichtigung von Verhältnismäßigkeit und praktischer Durchsetzbarkeit sowie unter Berücksichtigung der verfügbaren Technologie auf bestimmte Arten von Guthabenkarten auszudehnen.

(17) Zur Verhinderung von Geldwäsche und Terrorismusfinanzierung sollte eine Anmeldepflicht für Barmittel auferlegt werden, die für natürliche Personen, die in die Union einreisen oder diese verlassen, gilt. Um den freien Verkehr nicht unnötig einzuschränken oder Bürger und Behörden nicht mit Verwaltungsformalitäten zu überlasten, sollte die Verpflichtung an einen Schwellenwert von 10 000 EUR gekoppelt werden. Sie sollte für Mitführende gelten, die diese Beträge am Körper, in ihrem Gepäck oder in dem Beförderungsmittel, in dem sie die Außengrenzen überschreiten, mit sich führen. Sie sollten verpflichtet werden, den zuständigen Behörden die Barmittel zur Kontrolle bereitzustellen und die Barmittel diesen Behörden bei Bedarf vorzulegen. Der Begriff „Mitführender" sollte dahin gehend verstanden werden, dass Mitführende, die Waren oder Personen gewerblich befördern, nicht darunterfallen.

(18) In Bezug auf Bewegungen von unbegleiteten Barmitteln, wie im Fall von Barmitteln, die in Postpaketen, in Sendungen mit Kurierdiensten, in unbegleitetem Reisegepäck oder als Containerfracht in die Union oder aus der Union verbracht werden, sollten die zuständigen Behörden befugt sein, im Einklang mit den nationalen Verfahren entweder systematisch oder fallweise vom Absender oder vom Empfänger oder von einem Vertreter dieser Person eine Offenlegungserklärung zu verlangen. Eine solche Offenlegung sollte eine Reihe von Elementen umfassen, die in den dem Zoll üblicherweise vorgelegten Unterlagen wie Frachtpapieren und Zollanmeldungen nicht aufge-

führt sind. Solche Elemente sind Ursprung, Bestimmung, wirtschaftliche Herkunft und beabsichtigte Verwendung der Barmittel. Für die Offenlegungspflicht für unbegleitete Barmittel sollte ein Schwellenwert gelten, der dem Schwellenwert für von Mitführenden mitgeführte Barmittel entspricht.

(19) Eine Reihe standardisierter Datenelemente im Zusammenhang mit Barmittelbewegungen, wie die personenbezogenen Daten des Erklärenden, des Eigentümers oder des Empfängers, Angaben zur wirtschaftlichen Herkunft und Angaben zur beabsichtigten Verwendung der Barmittel, sollten erfasst werden, um die Ziele dieser Verordnung zu erreichen. Es ist erforderlich, dass der Erklärende, Eigentümer oder Empfänger die in ihren Ausweisdokumenten enthaltenen personenbezogenen Daten zur Verfügung stellen, um das Risiko von Fehlern bezüglich ihrer Identitäten und Verzögerungen aufgrund einer etwaigen sich später als notwendig erweisenden Überprüfung auf ein Mindestmaß zu reduzieren.

(20) Was die Anmeldepflicht für begleitete Barmittel und die Offenlegungspflicht für unbegleitete Barmittel angeht, sollten die zuständigen Behörden die Befugnis erhalten, alle erforderlichen Kontrollen von Personen, ihres Gepäcks, des bei Überschreiten der Außengrenzen genutzten Beförderungsmittels sowie aller unbegleiteten Sendungen oder Behältnisse, die diese Grenzen überschreiten und Barmittel enthalten könnten, oder eines Beförderungsmittels, das Barmittel befördert, durchzuführen. Wird den Verpflichtungen nicht nachgekommen, sollten die zuständigen Behörden von Amts wegen eine Erklärung für die anschließende Übermittlung der einschlägigen Informationen an andere Behörden erstellen.

(21) Um für die einheitliche Anwendung der Kontrollen durch die zuständigen Behörden zu sorgen, sollten diese Kontrollen in erster Linie auf einer Risikoanalyse beruhen, damit die Risiken ermittelt und bewertet sowie die erforderlichen Gegenmaßnahmen ausgearbeitet werden können.

(22) Die Schaffung eines gemeinsamen Rahmens für das Risikomanagement sollte die zuständigen Behörden nicht daran hindern, stichprobenartige Überprüfungen oder spontane Kontrollen durchzuführen, wann immer sie dies für erforderlich halten.

(23) Wenn Barmittelbeträge unterhalb des Schwellenwerts festgestellt werden, jedoch Hinweise darauf vorliegen, dass die Barmittel mit kriminellen Tätigkeiten gemäß dieser Verordnung in Zusammenhang stehen könnten, sollten die zuständigen Behörden in der Lage sein, im Fall von begleiteten Barmitteln Informationen über den Mitführenden, den Eigentümer und gegebenenfalls den vorgesehenen Empfänger aufzuzeichnen, darunter den vollständigen Namen, Kontaktdaten, Einzelheiten zu Art und Betrag oder Wert der Barmittel und zu ihrer wirtschaftlichen Herkunft und beabsichtigten Verwendung.

(24) Im Falle von unbegleiteten Barmitteln sollten die zuständigen Behörden befugt sein, Informationen über den Erklärenden, den Eigentümer, den Absender und den Empfänger bzw. den vorgesehenen Empfänger der Barmittel aufzuzeichnen, darunter den vollständigen Namen, Kontaktdaten, Einzelheiten zu Art und Betrag oder Wert der Barmittel und zu ihrer wirtschaftlichen Herkunft und beabsichtigten Verwendung.

(25) Diese Informationen sollten an die nationale zentrale Meldestelle des betreffenden Mitgliedstaats weitergeleitet werden, der dafür sorgen sollte, dass die zentrale Meldestelle alle relevanten Informationen auf eigene Initiative oder auf Ersuchen an die zentralen Meldestellen der anderen Mitgliedstaaten übermittelt. Diese Stellen fungieren als Knotenpunkte bei der Bekämpfung von Geldwäsche und Terrorismusfinanzierung und erhalten und verarbeiten Informationen aus verschiedenen Quellen, beispielsweise von Finanzinstituten, und sie stellen mittels Analyse dieser Informationen fest, ob es Gründe für eine weitere Untersuchung gibt, die für die zuständigen Behörden, die die Erklärungen sammeln und Kontrollen gemäß dieser Verordnung vornehmen, nicht ersichtlich sind. Um einen wirksamen Informationsfluss sicherzustellen, sollten alle zentralen Meldestellen mit dem durch die Verordnung (EG) Nr. 515/97 des Rates[1] geschaffenen Zollinformationssystem (ZIS) verbunden sein; und die von den zuständigen Behörden und zentralen Meldestellen erstellten oder ausgetauschten Daten sollten kompatibel und vergleichbar sein.

(26) Damit die Folgemaßnahmen zu dieser Verordnung erfolgreich sind, sind ein wirksamer Informationsaustausch zwischen den einschlägigen Behörden sowie zwischen den zentralen Meldestellen im Rahmen der für diese Stellen geltenden Rechtsvorschriften und die Vertiefung der Zusammenarbeit zwischen den zentralen Meldestellen in der Union von großer Bedeutung;

Zu Abs. 25:

[1] Verordnung (EG) Nr. 515/97 des Rates vom 13. März 1997 über die gegenseitige Amtshilfe zwischen Verwaltungsbehörden der Mitgliedstaaten und die Zusammenarbeit dieser Behörden mit der Kommission im Hinblick auf die ordnungsgemäße Anwendung der Zoll- und der Agrarregelung (ABl. L 82 vom 22.3.1997, S. 1).

daher sollte die Kommission bis zum 1. Juni 2019 prüfen, ob ein gemeinsames Verfahren zur Bekämpfung der Geldwäsche und der Terrorismusfinanzierung eingerichtet werden kann.

(27) In diesem Zusammenhang ist die Ermittlung von Barmittelbeträgen unter dem Schwellenwert in Situationen, in denen es Hinweise auf eine kriminelle Tätigkeit gibt, von großer Bedeutung. Folglich sollte auch bei unter dem Schwellenwert liegenden Beträgen ein Informationsaustausch mit den zuständigen Behörden in anderen Mitgliedstaaten möglich sein, wenn Hinweise auf eine kriminelle Tätigkeit vorliegen.

(28) Angesichts der Tatsache, dass die Barmittelbewegungen, die im Rahmen dieser Verordnung Gegenstand von Kontrollen sind, über die Außengrenzen erfolgen und ein Tätigwerden schwierig ist, sobald die Barmittel die Eingangs- oder Ausgangszollstelle verlassen haben, sowie angesichts des damit einhergehenden Risikos der unrechtmäßigen Verwendung von selbst geringen Beträgen sollten die zuständigen Behörden vorbehaltlich eines Systems von Kontrollen und Gegenkontrollen in der Lage sein, Barmittel unter bestimmten Umständen vorübergehend einzubehalten: erstens, wenn der Anmeldepflicht oder der Offenlegungspflicht von Barmitteln nicht nachgekommen wurde, und zweitens, wenn es Hinweise auf eine kriminelle Tätigkeit gibt, unabhängig vom Wert der Barmittel und davon, ob sie begleitet oder unbegleitet sind. Angesichts der Art einer solchen vorübergehenden Einbehaltung sowie der möglichen Auswirkungen auf die Freizügigkeit und das Recht auf Eigentum sollte der Einbehaltungszeitraum auf die absolute Mindestzeit begrenzt werden, die andere zuständige Behörden für die Feststellung benötigen, ob es Gründe für weitere Maßnahmen, wie Untersuchungen oder Beschlagnahme der Barmittel, auf der Grundlage anderer Rechtsinstrumente gibt. Eine Entscheidung über die vorübergehende Einbehaltung von Barmitteln im Rahmen dieser Verordnung sollte mit einer Begründung versehen sein und die spezifischen Faktoren, die zu dieser Maßnahme geführt haben, angemessen beschreiben. Es sollte möglich sein, die Dauer der vorübergehenden Einbehaltung der Barmittel in bestimmten und ordnungsgemäß beurteilten Fällen zu verlängern, wenn etwa die zuständigen Behörden Schwierigkeiten haben, Informationen zu einer möglichen kriminellen Tätigkeit einzuholen, u. a. wenn ein Austausch mit einem Drittstaat erforderlich ist, wenn Dokumente übersetzt werden müssen oder wenn es sich im Falle unbegleiteter Barmittel als schwierig erweist, den Absender oder den Empfänger zu ermitteln und zu kontaktieren. Wurde bis zum Ende des Einbehaltungszeitraums keine Entscheidung über das weitere Vorgehen getroffen oder entscheidet die zuständige Behörde, dass es keinen Grund für eine weitere Einbehaltung der Barmittel gibt, sollten sie je nach den Umständen der Person, von der Barmittel vorübergehend einbehalten wurden, d. h. dem Mitführenden oder dem Eigentümer, unverzüglich zurückgegeben werden.

(29) Um diese Verordnung bekannt zu machen, sollten die Mitgliedstaaten in Zusammenarbeit mit der Kommission geeignete Materialien mit Blick auf die Pflicht zur Anmeldung oder Offenlegung von Barmitteln ausarbeiten.

(30) Es ist von wesentlicher Bedeutung, dass die zuständigen Behörden, die gemäß dieser Verordnung Informationen zusammentragen, diese der nationalen zentralen Meldestelle rechtzeitig übermitteln, damit sie die Informationen entsprechend der Richtlinie (EU) 2015/849 analysieren und mit anderen Daten vergleichen können.

(31) Stellen die zuständigen Behörden eine Nichtanmeldung oder Nichtoffenlegung von Barmitteln fest oder liegen Hinweise auf eine kriminelle Tätigkeit vor, sollten sie diese Informationen über geeignete Kanäle umgehend für die Zwecke dieser Verordnung mit den zuständigen Behörden anderer Mitgliedstaaten austauschen. Ein solcher Datenaustausch wäre verhältnismäßig, da Personen, die die Anmeldepflicht und Offenlegungspflicht von Barmitteln verletzen und in einem Mitgliedstaat aufgegriffen werden, wahrscheinlich einen anderen Eingangs- oder Ausgangsmitgliedstaat wählen werden, in dem die zuständigen Behörden keine Kenntnis von ihren früheren Zuwiderhandlungen haben. Ein solcher Informationsaustausch sollte zwingend vorgeschrieben werden, um eine konsequente Anwendung dieser Verordnung in allen Mitgliedstaaten zu gewährleisten. Gibt es Hinweise darauf, dass die Barmittel im Zusammenhang mit einer kriminellen Tätigkeit stehen, die den finanziellen Interessen der Union schaden könnte, sollten diese Informationen auch der Kommission, der Europäischen Staatsanwaltschaft, die durch die Verordnung (EU) 2017/1939 des Rates[1] eingerichtet wurde – durch Mitgliedstaaten, die an der Verstärkten Zusammenarbeit gemäß jener Verordnung teilnehmen –, und Europol gemäß der Verordnung (EU) 2016/794 des Europäischen Parlaments und des Rates[2] zur Verfügung gestellt

---

Zu Abs. 31:

[1] *Verordnung (EU) 2017/1939 des Rates vom 12. Oktober 2017 zur Durchführung einer Verstärkten Zusammenarbeit zur Errichtung der Europäischen Staatsanwaltschaft (EUStA) (ABl. L 283 vom 31.10.2017, S. 1).*

[2] *Verordnung (EU) 2016/794 des Europäischen Parlaments und des Rates vom 11. Mai 2016 über die Agentur der Europäischen Union für die Zusammenarbeit auf dem Gebiet der Strafverfolgung (Europol) und zur Ersetzung*

werden. Damit die Präventiv- und Abschreckungsziele dieser Verordnung in Bezug auf die Umgehung der Anmeldepflicht oder Offenlegungspflicht von Barmitteln erreicht werden können, sollten die Mitgliedstaaten und die Kommission gehalten sein, auch anonymisierte risikobezogene Informationen und Ergebnisse der Risikoanalysen im Einklang mit den Standards der Durchführungsrechtsakte auszutauschen, die gemäß dieser Verordnung zu erlassen sind.

(32) Ein Informationsaustausch zwischen einer zuständigen Behörde eines Mitgliedstaats oder der Kommission und den Behörden eines Drittstaats sollte unter angemessenen Garantien ermöglicht werden. Ein solcher Austausch sollte nur zulässig sein, wenn die einschlägigen nationalen Bestimmungen und die Unionsbestimmungen in Bezug auf die Grundrechte eingehalten werden und nachdem er von den Behörden, die die Informationen ursprünglich erhalten haben, genehmigt wurde. Die Kommission sollte über jeden Informationsaustausch mit Drittstaaten gemäß dieser Verordnung unterrichtet werden und dem Europäischen Parlament und dem Rat darüber Bericht erstatten.

(33) Angesichts der Art der zusammengetragenen Informationen und der legitimen Erwartungen der Mitführenden und Erklärenden, dass ihre personenbezogenen Daten und Informationen über den Wert der Barmittel, die sie in die Union oder aus der Union verbracht haben, vertraulich behandelt werden, sollten die zuständigen Behörden für ausreichende Garantien in Bezug auf die Wahrung des Berufsgeheimnisses durch Personen, die Zugang zu den Informationen verlangen, Sorge tragen und die Informationen angemessen gegen unbefugten Zugriff und unbefugte Nutzung oder Weitergabe schützen. Sofern in dieser Verordnung oder nach nationalem Recht, insbesondere im Rahmen von Gerichtsverfahren, nichts anderes bestimmt ist, sollten solche Informationen nicht ohne Zustimmung der Behörde, die sie erhalten hat, weitergegeben werden.

Die Datenverarbeitung gemäß dieser Verordnung kann auch die Verarbeitung personenbezogener Daten umfassen und sollte im Einklang mit dem Unionsrecht erfolgen. Die Mitgliedstaaten und die Kommission sollten personenbezogene Daten nur im Einklang mit den Zielen der Verordnung verarbeiten. Für jede Sammlung, Weitergabe, Übertragung, Kommunikation und sonstige Verarbeitung personenbezogener Daten innerhalb des Geltungsbereichs dieser Verordnung sollten die Anforderungen der Verordnungen (EG) Nr. 45/2001[3)] und (EU) 2016/679[4)] des Europäischen Parlaments und des Rates gelten. Die Verarbeitung personenbezogener Daten im Rahmen dieser Verordnung sollte auch im Einklang mit den Grundrechten auf Achtung des Privat- und Familienlebens gemäß Artikel 8 der Konvention zum Schutz der Menschenrechte und Grundfreiheiten des Europarats und dem Recht auf Achtung des Privat- und Familienlebens und dem Recht auf Schutz personenbezogener Daten gemäß Artikel 7 bzw. 8 der Charta der Grundrechte der Europäischen Union (im Folgenden „Charta") erfolgen.

(34) Für die Zwecke der von den zentralen Meldestellen vorgenommenen Analyse und um es Behörden anderer Mitgliedstaaten zu ermöglichen, die Anmeldepflicht von Barmitteln zu kontrollieren und durchzusetzen, insbesondere in Bezug auf die Personen, die bereits zuvor gegen diese Verpflichtung verstoßen haben, ist es erforderlich, die in Erklärungen gemäß dieser Verordnung enthaltenen Daten über einen ausreichend langen Zeitraum zu speichern. Damit die zentralen Meldestellen ihre Analysen wirksam durchführen können und die zuständigen Behörden die Anmeldepflicht oder Offenlegungspflicht von Barmitteln wirksam kontrollieren und durchsetzen können, sollte die Frist für die Aufbewahrung von in Erklärungen gemäß dieser Verordnung enthaltenen Daten fünf Jahre nicht überschreiten, wobei nach eingehender Bewertung der Notwendigkeit und Verhältnismäßigkeit einer solchen fortgesetzten Aufbewahrung eine weitere Verlängerung um höchstens drei Jahre möglich sein sollte.

(35) Um die Einhaltung der Vorschriften zu fördern und von deren Umgehung abzuschrecken, sollten die Mitgliedstaaten Sanktionen für den Fall einführen, dass der Anmeldepflicht oder der Offenlegungspflicht von Barmitteln nicht nachgekommen wird. Diese Sanktionen sollten allein deshalb Anwendung finden, weil eine Anmeldung oder eine Offenlegung von Barmitteln im Rahmen dieser Verordnung nicht erfolgt ist, und die mögliche mit den Barmitteln verbundene kriminelle Tätigkeit, die Gegenstand weiterer Untersuchun-

und Aufhebung der Beschlüsse 2009/371/JI, 2009/934/JI, 2009/935/JI, 2009/936/JI und 2009/968/JI des Rates (ABl. L 135 vom 24.5.2016, S. 53).

Zu Abs. 33:

3) Verordnung (EG) Nr. 45/2001 des Europäischen Parlaments und des Rates vom 18. Dezember 2000 zum Schutz natürlicher Personen bei der Verarbeitung personenbezogener Daten durch die Organe und Einrichtungen der Gemeinschaft und zum freien Datenverkehr (ABl. L 8 vom 12.1.2001, S. 1).

4) Verordnung (EU) 2016/679 des Europäischen Parlaments und des Rates vom 27. April 2016 zum Schutz natürlicher Personen bei der Verarbeitung personenbezogener Daten, zum freien Datenverkehr und zur Aufhebung der Richtlinie 95/46/EG (Datenschutz-Grundverordnung) (ABl. L 119 vom 4.5.2016, S. 1).

gen und Maßnahmen außerhalb des Geltungsbereichs dieser Verordnung sein kann, nicht berücksichtigen. Diese Sanktionen sollten wirksam, angemessen und abschreckend sein und nicht über das für die Einhaltung der Vorschriften notwendige Maß hinausgehen. Die von den Mitgliedstaaten eingeführten Sanktionen sollten in der gesamten Union eine vergleichbare abschreckende Wirkung in Bezug auf Verstöße gegen diese Verordnung entfalten.

(36) Auch wenn die meisten Mitgliedstaaten bereits auf freiwilliger Basis ein einheitliches Meldeformular, den EU-Vordruck zur Anmeldung von Barmitteln, verwenden, sollten – um die einheitliche Anwendung von Kontrollen und die effiziente Bearbeitung, Übermittlung und Analyse der Erklärungen durch die zuständigen Behörden sicherzustellen – der Kommission Durchführungsbefugnisse übertragen werden, die Muster für das Anmelde- bzw. Offenlegungsformular anzunehmen, die Kriterien für einen gemeinsamen Rahmen für das Risikomanagement zu bestimmen, die technischen Regeln für den Informationsaustausch sowie das zu verwendende Muster des Formulars für die Übermittlung von Informationen und Regeln und das Format für die Übermittlung statistischer Informationen an die Kommission festzulegen. Diese Befugnisse sollten im Einklang mit der Verordnung (EU) Nr. 182/2011 des Europäischen Parlaments und des Rates[1] ausgeübt werden.

(37) Um die gegenwärtige Situation zu verbessern, in der der Zugang zu statistischen Daten eingeschränkt ist und nur wenige Hinweise dazu vorliegen, in welchem Ausmaß Straftäter Barmittel über die Außengrenzen der Union schmuggeln, sollte eine wirksamere, auf dem Austausch von Informationen beruhende Zusammenarbeit zwischen den zuständigen Behörden und mit der Kommission begründet werden. Damit dieser Informationsaustausch wirksam und effizient vonstattengeht, sollte die Kommission prüfen, ob das geschaffene System zweckmäßig ist oder ob Hindernisse für einen zeitnahen direkten Austausch von Informationen bestehen. Die Kommission sollte fernerhin statistische Daten auf ihrer Website veröffentlichen.

(38) Um künftigen Änderungen internationaler Standards, wie die von der FATF aufgestellten Standards, rasch Rechnung tragen und einer Umgehung dieser Verordnung durch Rückgriff auf Rohstoffe als hochliquide Wertaufbewahrungsmittel oder auf Guthabenkarten begegnen zu können, sollte der Kommission in Bezug auf Änderungen des Anhangs I dieser Verordnung die Befugnis übertragen werden, Rechtsakte gemäß Artikel 290 des AEUV zu erlassen. Es ist von besonderer Bedeutung, dass die Kommission im Zuge ihrer Vorbereitungsarbeit angemessene Konsultationen, auch auf der Ebene von Sachverständigen, durchführt und dass diese Konsultationen mit den Grundsätzen in Einklang stehen, die in der Interinstitutionellen Vereinbarung vom 13. April 2016 über bessere Rechtsetzung[2] niedergelegt wurden. Um insbesondere eine gleichberechtigte Beteiligung an der Ausarbeitung delegierter Rechtsakte zu gewährleisten, sollten das Europäische Parlament und der Rat alle Dokumente zur gleichen Zeit wie die Sachverständigen der Mitgliedstaaten erhalten, und ihre Sachverständigen sollten systematisch Zugang zu den Sitzungen der Sachverständigengruppen der Kommission haben, die mit der Ausarbeitung der delegierten Rechtsakte befasst sind.

(39) Da die Ziele dieser Verordnung von den Mitgliedstaaten nicht ausreichend verwirklicht werden können, sondern wegen der staatenübergreifenden Dimension von Geldwäsche und Terrorismusfinanzierung sowie der Besonderheiten des Binnenmarkts und seiner Grundfreiheiten, die nur dann umfassend umgesetzt werden können, wenn sichergestellt wird, dass es keine übermäßige Ungleichbehandlung aufgrund nationaler Rechtsvorschriften im Zusammenhang mit die Außengrenzen der Union überschreitenden Barmitteln gibt, auf Unionsebene besser zu verwirklichen sind, kann die Union im Einklang mit dem in Artikel 5 des Vertrags über die Europäische Union (EUV) verankerten Subsidiaritätsprinzip tätig werden. Entsprechend dem in demselben Artikel genannten Grundsatz der Verhältnismäßigkeit geht diese Verordnung nicht über das für die Verwirklichung dieser Ziele erforderliche Maß hinaus.

(40) Diese Verordnung steht im Einklang mit den Grundrechten und Grundsätzen, die in Artikel 6 EUV anerkannt und in die Charta, insbesondere in Titel II, aufgenommen wurden.

Zu Abs. 36:

[1] Verordnung (EU) Nr. 182/2011 des Europäischen Parlaments und des Rates vom 16. Februar 2011 zur Festlegung der allgemeinen Regeln und Grundsätze, nach denen die Mitgliedstaaten die Wahrnehmung der Durchführungsbefugnisse durch die Kommission kontrollieren (ABl. L 55 vom 28.2.2011, S. 13).

Zu Abs. 38:

[2] ABl. L 123 vom 12.5.2016, S. 1.

(41) Der Europäische Datenschutzbeauftragte wurde gemäß Artikel 28 Absatz 2 der Verordnung (EG) Nr. 45/2001 angehört –

HABEN FOLGENDE VERORDNUNG ERLASSEN:

Artikel 1
Gegenstand

Diese Verordnung sieht ein Kontrollsystem für Barmittel vor, die in die Union oder aus der Union verbracht werden, und ergänzt den in der Richtlinie (EU) 2015/849 festgeschriebenen Rechtsrahmen für die Verhinderung von Geldwäsche und Terrorismusfinanzierung.

Artikel 2
Begriffsbestimmungen

(1) Für die Zwecke dieser Verordnung bezeichnet der Ausdruck:

a) „Barmittel":

i) Bargeld;

ii) übertragbare Inhaberpapiere;

iii) Rohstoffe als hochliquide Wertaufbewahrungsmittel;

iv) Guthabenkarten;

b) „in die Union oder aus der Union verbracht werden" oder „in die Union einreisen oder aus der Union ausreisen" aus einem Hoheitsgebiet, das nicht unter Artikel 355 AEUV fällt, in das Hoheitsgebiet, das unter den genannten Artikel fällt, verbracht werden oder einreisen, oder aus dem von dem genannten Artikel erfassten Hoheitsgebiet verbracht werden oder ausreisen;

c) „Bargeld" Banknoten und Münzen, die als Zahlungsmittel im Umlauf sind oder als Zahlungsmittel im Umlauf waren und über Finanzinstitute oder Zentralbanken gegen Banknoten und Münzen, die als Zahlungsmittel im Umlauf sind, eingetauscht werden können;

d) „übertragbare Inhaberpapiere" andere Instrumente als Bargeld, die deren Inhaber berechtigen, einen Geldbetrag gegen Vorlage der Instrumente zu verlangen, ohne einen Nachweis ihrer Identität oder ihres Anspruchs auf diesen Betrag erbringen zu müssen. Dabei handelt es sich um:

i) Reiseschecks; und

ii) Schecks, Solawechsel und Zahlungsanweisungen, entweder mit Inhaberklausel, unterzeichnet ohne Angabe des Zahlungsempfängers, ohne Einschränkung indossiert, auf einen fiktiven Zahlungsempfänger ausgestellt oder in einer anderen Form, die den Übergang des Rechtsanspruchs bei Übergabe bewirkt;

e) „Rohstoffe als hochliquide Wertaufbewahrungsmittel" Waren gemäß Anhang I Nummer 1, die einen hohen Wert im Verhältnis zu ihrem Volumen aufweisen und auf zugänglichen Handelsmärkten einfach in Bargeld umgewandelt werden können, wobei nur geringe Transaktionskosten anfallen;

f) „Guthabenkarte" eine nicht namensgebundene Karte gemäß Anhang I Nummer 2 mit einem Geldwert oder Geldbetrag bzw. mit einem Zugang dazu, die für Zahlungsvorgänge, den Erwerb von Waren oder Dienstleistungen oder für die Auszahlung von Bargeld verwendet werden kann, wenn die Karte nicht mit einem Bankkonto verbunden ist;

g) „zuständige Behörden" die Zollbehörden der Mitgliedstaaten und alle übrigen Behörden, die von den Mitgliedstaaten zur Anwendung dieser Verordnung ermächtigt werden;

h) „Mitführender" jede natürliche Person, die in die Union einreist oder aus der Union ausreist und Barmittel am Körper, in ihrem Gepäck oder ihrem Beförderungsmittel mit sich führt;

i) „unbegleitete Barmittel" Barmittel, die Teil einer Sendung sind, an der kein Mitführender beteiligt ist;

j) „kriminelle Tätigkeit" die Tätigkeiten gemäß Artikel 3 Nummer 4 der Richtlinie (EU) 2015/849;

k) „zentrale Meldestelle" die Stelle, die der Mitgliedstaat für die Zwecke der Umsetzung des Artikels 32 der Richtlinie (EU) 2015/849 eingerichtet hat.

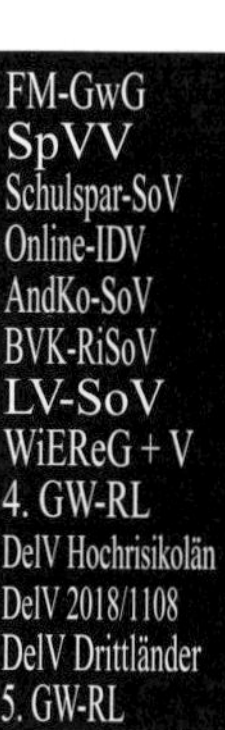

(2) Der Kommission wird die Befugnis übertragen, zur Änderung des Anhangs I dieser Verordnung delegierte Rechtsakte gemäß Artikel 15 dieser Verordnung zu erlassen, um neuen Tendenzen bei Geldwäsche im Sinne des Artikels 1 Absätze 3 und 4 der Richtlinie (EU) 2015/849 oder Terrorismusfinanzierung im Sinne des Artikels 1 Absatz 5 jener Richtlinie oder bewährten Verfahren für die Verhinderung von Geldwäsche oder Terrorismusfinanzierung Rechnung zu tragen oder Straftäter daran zu hindern, Rohstoffe als hochliquide Wertaufbewahrungsmittel und Guthabenkarten zur Umgehung der Verpflichtungen gemäß den Artikeln 3 und 4 dieser Verordnung zu verwenden.

Artikel 3
Anmeldepflicht für begleitete Barmittel

(1) Mitführende, die in die Union einreisen oder aus der Union ausreisen und Barmittel im Wert von 10 000 EUR oder mehr mit sich führen, müssen diesen Barmittelbetrag bei den zuständigen Behörden des Mitgliedstaats, über den sie in die Union einreisen oder aus der die Union ausreisen, anmelden und ihnen die Barmittel für eine Kontrolle zur Verfügung stellen. Die Anmeldepflicht für Barmittel gilt als nicht erfüllt, wenn die übermittelten Informationen unrichtig oder

unvollständig sind oder die Barmittel nicht für eine Kontrolle zur Verfügung gestellt werden.

(2) Die Anmeldeerklärung im Sinne des Absatzes 1 enthält Angaben über Folgendes:

a) den Mitführenden, einschließlich des vollständigen Namens, Kontaktdaten (einschließlich der Anschrift), Geburtsdatum und Geburtsort, Staatsangehörigkeit und Nummer des Ausweisdokuments;

b) den Eigentümer der Barmittel, einschließlich des vollständigen Namens, Kontaktdaten (einschließlich der Anschrift), Geburtsdatum und Geburtsort, Staatsangehörigkeit und Nummer des Ausweisdokuments, wenn der Eigentümer eine natürliche Person ist, und des vollständigen Namens, Kontaktdaten (einschließlich der Anschrift), Identifikationsnummer und, sofern vorhanden, Umsatzsteuer-Identifikationsnummer, wenn der Eigentümer eine juristische Person ist;

c) sofern vorhanden, den vorgesehenen Empfänger der Barmittel, einschließlich des vollständigen Namens, Kontaktdaten (einschließlich der Anschrift), Geburtsdatum und Geburtsort, Staatsangehörigkeit und Nummer des Ausweisdokuments, wenn der vorgesehene Empfänger eine natürliche Person ist, und des vollständigen Namens, Kontaktdaten (einschließlich der Anschrift), Identifikationsnummer und, sofern vorhanden, Umsatzsteuer-Identifikationsnummer, wenn der vorgesehene Empfänger eine juristische Person ist;

d) zu Art und Betrag oder Wert der Barmittel;

e) zur wirtschaftlichen Herkunft der Barmittel;

f) zur vorgesehenen Verwendung der Barmittel;

g) zum Reiseweg; und

h) zum Beförderungsmittel.

(3) Die in Absatz 2 dieses Artikels genannten Angaben werden schriftlich oder elektronisch unter Verwendung des Anmeldeformulars gemäß Artikel 16 Absatz 1 Buchstabe a vorgelegt. Dem Erklärenden wird auf Antrag eine beglaubigte Kopie der Anmeldeerklärung ausgehändigt.

Artikel 4
Offenlegungspflicht für unbegleitete Barmittel

(1) Werden unbegleitete Barmittel im Wert von 10 000 EUR oder mehr in die Union oder aus der Union verbracht, können die zuständigen Behörden des Mitgliedstaats, über den die Barmittel in die Union oder aus der Union verbracht werden, je nach Fall den Absender oder den Empfänger der Barmittel oder einen Vertreter dieser Person auffordern, binnen einer Frist von 30 Tagen eine Offenlegungserklärung abzugeben. Die zuständigen Behörden können die Barmittel so lange einbehalten, bis der Absender oder der Empfänger oder ein Vertreter dieser Person die Offenlegungserklärung abgibt. Die Offenlegungspflicht für unbegleitete Barmittel gilt als nicht erfüllt, wenn die Offenlegung nicht vor Ablauf der Frist erfolgt, die übermittelten Informationen unrichtig oder unvollständig sind oder die Barmittel nicht für eine Kontrolle bereitgestellt werden.

(2) Die Offenlegungserklärung enthält Angaben über Folgendes:

a) den Erklärenden, einschließlich des vollständigen Namens, Kontaktdaten (einschließlich der Anschrift), Geburtsdatum und Geburtsort, Staatsangehörigkeit und Nummer des Ausweisdokuments;

b) den Eigentümer der Barmittel, einschließlich des vollständigen Namens, Kontaktdaten (einschließlich der Anschrift), Geburtsdatum und Geburtsort, Staatsangehörigkeit und Nummer des Ausweisdokuments, wenn der Eigentümer eine natürliche Person ist, und des vollständigen Namens, Kontaktdaten (einschließlich der Anschrift), Identifikationsnummer und, sofern vorhanden, Umsatzsteuer-Identifikationsnummer, wenn der Eigentümer eine juristische Person ist;

c) den Absender der Barmittel, einschließlich des vollständigen Namens, Kontaktdaten (einschließlich der Anschrift), Geburtsdatum und Geburtsort, Staatsangehörigkeit und Nummer des Ausweisdokuments, wenn der Absender eine natürliche Person ist, und des vollständigen Namens, Kontaktdaten (einschließlich der Anschrift), Identifikationsnummer und, sofern vorhanden, Umsatzsteuer-Identifikationsnummer, wenn der Absender eine juristische Person ist;

d) den Empfänger oder den vorgesehenen Empfänger der Barmittel, einschließlich des vollständigen Namens, Kontaktdaten (einschließlich der Anschrift), Geburtsdatum und Geburtsort, Staatsangehörigkeit und Nummer des Ausweisdokuments, wenn der Empfänger oder vorgesehene Empfänger eine natürliche Person ist, und des vollständigen Namens, Kontaktdaten (einschließlich der Anschrift), Identifikationsnummer und, sofern vorhanden, Umsatzsteuer-Identifikationsnummer, wenn der Empfänger oder vorgesehene Empfänger eine juristische Person ist;

e) zu Art und Betrag oder Wert der Barmittel;

f) zur wirtschaftlichen Herkunft der Barmittel; und

g) zur vorgesehenen Verwendung der Barmittel.

(3) Die in Absatz 2 dieses Artikels genannten Angaben werden schriftlich oder elektronisch unter Verwendung des Offenlegungsformulars gemäß Artikel 16 Absatz 1 Buchstabe a vorgelegt. Dem Erklärenden wird auf Antrag eine beglaubigte Kopie der Offenlegungserklärung ausgehändigt.

Artikel 5
Befugnisse der zuständigen Behörden

(1) Zur Überwachung der Einhaltung der Anmeldepflicht für begleitete Barmittel nach Artikel 3 sind die zuständigen Behörden im Einklang mit den nach nationalem Recht festgelegten Bedingungen befugt, natürliche Personen, ihr Gepäck und ihre Beförderungsmittel zu kontrollieren.

(2) Für die Zwecke der Durchsetzung der Offenlegungspflicht für unbegleitete Barmittel nach Artikel 4 sind die zuständigen Behörden im Einklang mit den nach nationalem Recht festgelegten Bedingungen befugt, alle Sendungen, Behältnisse oder Beförderungsmittel, die unbegleitete Barmittel enthalten können, zu kontrollieren.

(3) Wird der Anmeldepflicht für begleitete Barmittel nach Artikel 3 oder der Offenlegungspflicht für unbegleitete Barmittel nach Artikel 4 nicht nachgekommen, erstellen die zuständigen Behörden schriftlich oder in elektronischer Form von Amts wegen eine Erklärung, die so weit wie möglich die Angaben gemäß Artikel 3 Absatz 2 oder Artikel 4 Absatz 2 enthält.

(4) Die Kontrollen basieren in erster Linie auf einer Risikoanalyse, die der Ermittlung und der Bewertung der Risiken und der Ausarbeitung der erforderlichen Gegenmaßnahmen dient, und werden aufgrund eines gemeinsamen Rahmens für das Risikomanagement entsprechend den in Artikel 16 Absatz 1 Buchstabe b festgelegten Kriterien durchgeführt, wobei auch die von der Kommission und den zentralen Meldestellen im Rahmen der Richtlinie (EU) 2015/849 erstellten Risikobewertungen berücksichtigt werden.

(5) Für die Zwecke des Artikels 6 üben die zuständigen Behörden auch die ihnen gemäß diesem Artikel übertragenen Befugnisse aus.

Artikel 6
Beträge unter dem Schwellenwert, bei denen der Verdacht auf einen Zusammenhang mit einer kriminellen Tätigkeit besteht

(1) Wenn die zuständigen Behörden einen Mitführenden mit einem Barmittelbetrag unterhalb des Schwellenwerts nach Artikel 3 feststellen und es Hinweise darauf gibt, dass die Barmittel mit einer kriminellen Tätigkeit in Zusammenhang stehen, erfassen sie diese Informationen und die Angaben nach Artikel 3 Absatz 2.

(2) Wenn die zuständigen Behörden feststellen, dass unbegleitete Barmittel unterhalb des Schwellenwerts nach Artikel 4 in die Union oder aus der Union verbracht werden und es Hinweise darauf gibt, dass die Barmittel mit einer kriminellen Tätigkeit in Zusammenhang stehen, erfassen sie diese Informationen und die Angaben nach Artikel 4 Absatz 2.

Artikel 7
Vorübergehende Einbehaltung von Barmitteln durch die zuständigen Behörden

(1) Die zuständigen Behörden können Barmittel im Einklang mit den nach nationalem Recht festgelegten Bedingungen im Zuge einer Verwaltungsentscheidung vorübergehend einbehalten, wenn

a) die Anmeldepflicht für begleitete Barmittel nach Artikel 3 oder Offenlegungspflicht für unbegleitete Barmittel nach Artikel 4, nicht eingehalten wird oder

b) es Hinweise darauf gibt, dass die Barmittel – unabhängig vom Betrag – in Zusammenhang mit einer kriminellen Tätigkeit stehen.

(2) Die Verwaltungsentscheidung nach Absatz 1 unterliegt einem wirksamen Rechtbehelf im Einklang mit den im nationalen Recht vorgesehenen Verfahren. Die zuständigen Behörden übermitteln eine Begründung für die Verwaltungsentscheidung an folgende Personen:

a) der Person, die verpflichtet ist, die Anmeldung gemäß Artikel 3 oder die Offenlegung gemäß Artikel 4 vorzunehmen, oder

b) der Person, die verpflichtet ist, die Informationen gemäß Artikel 6 Absatz 1 oder Absatz 2 bereitzustellen.

(3) Der Zeitraum der vorübergehenden Einbehaltung wird im nationalen Recht auf die unbedingt erforderliche Zeit beschränkt, die die zuständigen Behörden für die Feststellung benötigen, ob die jeweiligen Umstände eine weitere Einbehaltung rechtfertigen. Die Dauer der vorübergehenden Einbehaltung darf 30 Tage nicht überschreiten. Nachdem die zuständigen Behörden die Notwendigkeit und Verhältnismäßigkeit einer weiteren vorübergehenden Einbehaltung eingehend beurteilt haben, können sie beschließen, den Zeitraum der vorübergehenden Einbehaltung auf höchstens 90 Tage zu verlängern.

Wird innerhalb dieser Frist keine Entscheidung über die weitere Einbehaltung der Barmittel getroffen oder wird entschieden, dass die jeweiligen Umstände eine weitere Einbehaltung nicht rechtfertigen, so werden die Barmittel folgenden Personen unverzüglich zurückgegeben:

a) der Person, von der Barmittel unter den in Artikel 3 oder 4 genannten Umständen vorübergehend einbehalten wurden, oder

b) der Person, von der Barmittel unter den in Artikel 6 Absatz 1 oder 2 genannten Umständen vorübergehend einbehalten wurden.

Artikel 8
Informationskampagnen

Die Mitgliedstaaten stellen sicher, dass Personen, die in die Union einreisen oder aus der Union ausreisen oder Personen, die unbegleitete Barmittel aus der Union senden oder unbegleitete Barmittel in der Union erhalten, über ihre Rechte und Pflichten gemäß dieser Verordnung unterrichtet werden, und erstellen in Zusammenarbeit mit der Kommission geeignete Materialien für diese Personen.

Die Mitgliedstaaten stellen sicher, dass hinreichende Finanzmittel für diese Informationskampagnen zur Verfügung stehen.

Artikel 9
Übermittlung von Informationen an die zentrale Meldestelle

(1) Die zuständigen Behörden erfassen die Informationen, die sie gemäß Artikel 3 oder 4, Artikel 5 Absatz 3 oder Artikel 6 erhalten, und übermitteln sie im Einklang mit den technischen Vorschriften gemäß Artikel 16 Absatz 1 Buchstabe c der zentralen Meldestelle des Mitgliedstaats, in dem sie erhalten wurden.

(2) Die Mitgliedstaaten stellen sicher, dass die zentrale Meldestelle des jeweiligen Mitgliedstaats diese Informationen mit den entsprechenden zentralen Meldestellen der anderen Mitgliedstaaten im Einklang mit Artikel 53 Absatz 1 der Richtlinie (EU) 2015/849 austauscht.

(3) Die zuständigen Behörden übermitteln die in Absatz 1 genannten Informationen so rasch wie möglich und in jedem Fall spätestens 15 Arbeitstage nach dem Zeitpunkt des Erhalts der Informationen.

Artikel 10
Austausch von Informationen zwischen den zuständigen Behörden und mit der Kommission

(1) Die zuständige Behörde jedes Mitgliedstaats übermittelt auf elektronischem Wege die folgenden Informationen an die zuständigen Behörden aller übrigen Mitgliedstaaten:

a) von Amts wegen erstellte Erklärungen nach Artikel 5 Absatz 3;

b) erhaltene Informationen nach Artikel 6;

c) Erklärungen nach Artikel 3 oder 4, wenn es Hinweise darauf gibt, dass die Barmittel in Zusammenhang mit einer kriminellen Tätigkeit stehen;

d) Anonymisierte risikobezogene Informationen und Ergebnisse einer Risikoanalyse.

(2) Gibt es Hinweise darauf, dass die Barmittel im Zusammenhang mit einer kriminellen Tätigkeit stehen, die den finanziellen Interessen der Union schaden könnte, werden die in Absatz 1 genannten Informationen auch der Kommission, der Europäischen Staatsanwaltschaft – durch Mitgliedstaaten, die an der Verstärkten Zusammenarbeit gemäß der Verordnung (EU) 2017/1939 teilnehmen und im Rahmen ihrer Befugnis gemäß Artikel 22 jener Verordnung – und Europol im Rahmen seiner Befugnis gemäß Artikel 3 der Verordnung (EU) 2016/794 übermittelt.

(3) Die zuständige Behörde übermittelt die in den Absätzen 1 und 2 genannten Informationen im Einklang mit den technischen Vorschriften gemäß Artikel 16 Absatz 1 Buchstabe c und unter Verwendung des Formulars gemäß Artikel 16 Absatz 1 Buchstabe d.

(4) Die in Absatz 1 Buchstaben a, b und c sowie Absatz 2 genannten Informationen werden so rasch wie möglich und in jedem Fall spätestens 15 Arbeitstage nach dem Zeitpunkt des Erhalts der Informationen übermittelt.

(5) Die in Absatz 1 Buchstabe d genannten Informationen und Ergebnisse werden halbjährlich mitgeteilt.

Artikel 11
Informationsaustausch mit Drittstaaten

(1) Für die Zwecke dieser Verordnung können die Mitgliedstaaten oder die Kommission im Rahmen der gegenseitigen Amtshilfe einem Drittstaat die folgenden Informationen übermitteln; diese Übermittlung erfolgt mit schriftlicher Genehmigung der zuständigen Behörde, die diese Informationen ursprünglich erhalten hat, und unter Einhaltung der einschlägigen nationalen und unionsrechtlichen Vorschriften über die Übermittlung personenbezogener Daten an Drittstaaten:

a) von Amts wegen erstellte Erklärungen nach Artikel 5 Absatz 3;

b) erhaltene Informationen nach Artikel 6;

c) Erklärungen nach Artikel 3 oder 4, wenn es Hinweise darauf gibt, dass die Barmittel im Zusammenhang mit Geldwäsche oder Terrorismusfinanzierung stehen.

(2) Die Mitgliedstaaten unterrichten die Kommission über jede Übermittlung von Informationen gemäß Absatz 1.

Artikel 12
Geheimhaltung und Vertraulichkeit und Datensicherheit

(1) Die zuständigen Behörden gewährleisten die Sicherheit der gemäß den Artikeln 3 und 4, Artikel 5 Absatz 3 und Artikel 6 erhaltenen Daten.

(2) Alle von den zuständigen Behörden erhaltenen Informationen unterliegen der Geheimhaltungspflicht.

Artikel 13
Schutz personenbezogener Daten und Aufbewahrungsfristen

(1) Die zuständigen Behörden kontrollieren als Verantwortliche die personenbezogenen Daten,

die sie gemäß den Artikeln 3 und 4, Artikel 5 Absatz 3 und Artikel 6 erhalten haben.

(2) Die Verarbeitung personenbezogener Daten auf der Grundlage dieser Verordnung darf nur für die Zwecke der Verhinderung und Bekämpfung krimineller Tätigkeiten erfolgen.

(3) Die gemäß den Artikeln 3 und 4, Artikel 5 Absatz 3 und Artikel 6 erhaltenen personenbezogenen Daten dürfen nur von ordnungsgemäß bevollmächtigten Mitarbeitern der zuständigen Behörden abgerufen werden und müssen angemessen gegen unbefugten Zugriff und unbefugte Weitergabe geschützt werden. Sofern in den Artikeln 9, 10 und 11 nichts anderes bestimmt ist, dürfen die Daten nicht ohne ausdrückliche Genehmigung der zuständigen Behörde, die sie ursprünglich erhalten hat, offengelegt oder weitergegeben werden. Diese Genehmigung ist jedoch nicht erforderlich, wenn die zuständigen Behörden gehalten sind, diese Daten nach Maßgabe des nationalen Rechts des betreffenden Mitgliedstaats, insbesondere im Zusammenhang mit Gerichtsverfahren, offenzulegen oder weiterzugeben.

(4) Die zuständigen Behörden und die zentrale Meldestelle speichern personenbezogene Daten, die gemäß Artikel 3, Artikel 4, Artikel 5 Absatz 3 und Artikel 6 erhalten wurden, für einen Zeitraum von fünf Jahren ab dem Zeitpunkt des Erhalts der Daten. Am Ende dieses Zeitraums werden die personenbezogenen Daten gelöscht.

(5) Die Aufbewahrungsfrist kann einmalig um einen Zeitraum von höchstens drei Jahren verlängert werden, sofern

a) die zentrale Meldestelle zu dem Schluss kommt, dass eine weitere Aufbewahrung erforderlich ist, nachdem sie die Notwendigkeit und die Verhältnismäßigkeit einer solchen weiteren Aufbewahrung eingehend bewertet und mit Blick auf die Erfüllung ihrer Aufgaben im Zusammenhang mit der Bekämpfung der Geldwäsche und der Terrorismusfinanzierung als berechtigt erachtet hat, oder

b) die zuständigen Behörden zu dem Schluss gekommen sind, dass eine weitere Aufbewahrung erforderlich ist, nachdem sie die Notwendigkeit und die Verhältnismäßigkeit einer solchen weiteren Aufbewahrung eingehend bewertet und mit Blick auf die Erfüllung ihrer Aufgabe hinsichtlich wirksamer Kontrollen der Anmeldepflicht für begleitete Barmittel oder der Offenlegungspflicht für unbegleitete Barmittel als berechtigt erachtet haben.

Artikel 14
Sanktionen

Jeder Mitgliedstaat legt Sanktionen fest, die bei Nichterfüllung der Anmeldepflicht für begleitete Barmittel nach Artikel 3 oder der Offenlegungspflicht für unbegleitete Barmittel nach Artikel 4 verhängt werden. Diese Sanktionen müssen wirksam, verhältnismäßig und abschreckend sein.

Artikel 15
Ausübung übertragener Befugnisse

(1) Die Befugnis zum Erlass delegierter Rechtsakte wird der Kommission unter den in diesem Artikel festgelegten Bedingungen übertragen.

(2) Die Befugnis zum Erlass delegierter Rechtsakte gemäß Artikel 2 Absatz 2 wird der Kommission auf unbestimmte Zeit ab dem 2. Dezember 2018 übertragen.

(3) Die Befugnisübertragung gemäß Artikel 2 Absatz 2 kann vom Europäischen Parlament oder vom Rat jederzeit widerrufen werden. Der Beschluss über den Widerruf beendet die Übertragung der in diesem Beschluss angegebenen Befugnis. Er wird am Tag nach seiner Veröffentlichung im Amtsblatt der Europäischen Union oder zu einem im Beschluss über den Widerruf angegebenen späteren Zeitpunkt wirksam. Die Gültigkeit von delegierten Rechtsakten, die bereits in Kraft sind, wird von dem Beschluss über den Widerruf nicht berührt.

(4) Vor dem Erlass eines delegierten Rechtsakts konsultiert die Kommission in Einklang mit den Grundsätzen, die in der Interinstitutionellen Vereinbarung über bessere Rechtsetzung vom 13. April 2016 niedergelegt wurden, die von den einzelnen Mitgliedstaaten benannten Sachverständigen.

(5) Sobald die Kommission einen delegierten Rechtsakt erlässt, übermittelt sie ihn gleichzeitig dem Europäischen Parlament und dem Rat.

(6) Ein delegierter Rechtsakt, der gemäß Artikel 2 Absatz 2 erlassen wurde, tritt nur in Kraft, wenn weder das Europäische Parlament noch der Rat innerhalb einer Frist von zwei Monaten nach Übermittlung dieses Rechtsakts an das Europäische Parlament und den Rat Einwände erhoben haben oder wenn vor Ablauf dieser Frist das Europäische Parlament und der Rat beide der Kommission mitgeteilt haben, dass sie keine Einwände erheben werden. Auf Initiative des Europäischen Parlaments oder des Rates wird diese Frist um zwei Monate verlängert.

Artikel 16
Durchführungsrechtsakte

(1) Die Kommission erlässt im Wege von Durchführungsrechtsakten folgende Maßnahmen zur Gewährleistung der einheitlichen Durchführung von Kontrollen durch die zuständigen Behörden:

a) die Muster des Anmeldeformulars gemäß Artikel 3 Absatz 3 und des Offenlegungsformulars gemäß Artikel 4 Absatz 3;

b) die Kriterien des gemeinsamen Rahmens für das Risikomanagement gemäß Artikel 5 Absatz 4, wozu insbesondere die Risikokriterien, Standards und vorrangigen Kontrollbereiche auf der Grundlage der gemäß Artikel 10 Absatz 1 Buchstabe d ausgetauschten Informationen und von Strategien und bewährten Verfahren auf Unionsebene und internationaler Ebene gehören;

c) die technischen Vorschriften für den wirksamen Informationsaustausch gemäß Artikel 9 Absätze 1 und 3 und Artikel 10 dieser Verordnung, der über das in Artikel 23 der Verordnung (EG) Nr. 515/97 vorgesehene ZIS erfolgt;

d) das Muster des Formulars für die Übermittlung von Informationen gemäß Artikel 10 Absatz 3 und

e) die Regeln und das von den Mitgliedstaaten zu verwendende Format für die Übermittlung anonymer statistischer Informationen über Erklärungen und Verstöße gemäß Artikel 18.

(2) Die in Absatz 1 dieses Artikels genannten Durchführungsrechtsakte werden gemäß dem in Artikel 17 Absatz 2 genannten Prüfverfahren erlassen.

Artikel 17
Ausschussverfahren

(1) Die Kommission wird durch einen Barmittelkontrollausschuss unterstützt. Dieser Ausschuss ist ein Ausschuss im Sinne der Verordnung (EU) Nr. 182/2011.

(2) Wird auf diesen Absatz Bezug genommen, so gilt Artikel 5 der Verordnung (EU) Nr. 182/2011.

Artikel 18
Übermittlung von Informationen im Zusammenhang mit der Umsetzung dieser Verordnung

(1) Bis zum 4. Dezember 2021 übermitteln die Mitgliedstaaten der Kommission

a) das Verzeichnis der zuständigen Behörden;

b) die Einzelheiten der gemäß Artikel 14 eingeführten Sanktionen;

c) Anonymisierte statistische Informationen zu Erklärungen, Kontrollen und Verstößen unter Verwendung des Formats gemäß Artikel 16 Absatz 1 Buchstabe e.

(2) Die Mitgliedstaaten unterrichten die Kommission über alle nachfolgenden Änderungen der Informationen gemäß Absatz 1 Buchstaben a und b spätestens einen Monat nach ihrem Wirksamwerden.

Die Informationen gemäß Absatz 1 Buchstabe c werden der Kommission mindestens alle sechs Monate vorgelegt.

(3) Die Kommission macht die Informationen gemäß Absatz 1 Buchstabe a und alle nachfolgenden Änderungen dieser Informationen gemäß Absatz 2 allen übrigen Mitgliedstaaten zugänglich.

(4) Die Kommission veröffentlicht jährlich die Informationen nach Absatz 1 Buchstaben a und c und alle nachfolgenden Änderungen dieser Informationen gemäß Absatz 2 auf ihrer Website und informiert die Nutzer in verständlicher Weise über die Kontrollen, die für Barmittel, die in die Union oder aus der Union verbracht werden, durchgeführt werden.

Artikel 19
Bewertung

(1) Die Kommission legt dem Europäischen Parlament und dem Rat auf der Grundlage der von den Mitgliedstaaten regelmäßig erhaltenen Informationen „bis zum 3. Juni 2024 und anschließend alle fünf Jahre“ einen Bericht über die Anwendung dieser Verordnung vor.

In dem in Unterabsatz 1 genannten Bericht wird insbesondere bewertet, ob

a) weitere Vermögensgegenstände in den Anwendungsbereich dieser Verordnung aufgenommen werden sollten,

b) das Offenlegungsverfahren für unbegleitete Barmittel wirkungsvoll ist,

c) der Schwellenwert für unbegleitete Barmittel geprüft werden sollte,

d) die Informationsströme gemäß den Artikeln 9 und 10 und insbesondere die Verwendung des ZIS wirksam sind oder ob es Hindernisse für den zeitnahen und direkten Austausch kompatibler und vergleichbarer Informationen zwischen den zuständigen Behörden und mit den zentralen Meldestellen gibt und

e) die von den Mitgliedstaaten verhängten Sanktionen wirksam, verhältnismäßig und abschreckend sind und im Einklang mit der ständigen Rechtsprechung des Gerichtshofs der Europäischen Union stehen und ob sie in der gesamten Union eine vergleichbare abschreckende Wirkung in Bezug auf den Verstoß gegen diese Verordnung entfalten.

(ABl L 435 vom 23. 12. 2020, S 79)

(2) Sofern verfügbar, enthält der in Absatz 1 genannte Bericht Folgendes:

a) eine Zusammenstellung der von den Mitgliedstaaten erhaltenen Informationen in Bezug auf Barmittel im Zusammenhang mit kriminellen Tätigkeiten, die den finanziellen Interessen der Union schaden könnten; und

b) Informationen über den Informationsaustausch mit Drittstaaten.

Artikel 20
Aufhebung der Verordnung (EG) Nr. 1889/2005

Die Verordnung (EG) Nr. 1889/2005 wird aufgehoben.

Bezugnahmen auf die aufgehobene Verordnung gelten als Bezugnahmen auf die vorliegende Verordnung und sind nach der Entsprechungstabelle in Anhang II zu lesen.

Artikel 21
Inkrafttreten und Anwendung

Diese Verordnung tritt am zwanzigsten Tag nach ihrer Veröffentlichung im *Amtsblatt der Europäischen Union* in Kraft.

Sie gilt ab dem 3. Juni 2021. Artikel 16 gilt jedoch ab dem 2. Dezember 2018.

Diese Verordnung ist in allen ihren Teilen verbindlich und gilt unmittelbar in jedem Mitgliedstaat.

Geschehen zu Straßburg am 23. Oktober 2018.

Im Namen des Europäischen Parlaments	*Im Namen des Rates*
Der präsident	*Die präsidentin*
A. TAJANI	K. EDTSTADLER

ANHANG I

ANHANG I

Als hochliquide Wertaufbewahrungsmittel verwendete Rohstoffe und Guthabenkarten, die nach Artikel 2 Absatz 1 Buchstabe a Ziffern iii und iv als Barmittel gelten

1. Als hochliquide Wertaufbewahrungsmittel verwendete Rohstoffe:

a) Münzen mit einem Goldgehalt von mindestens 90 % und

b) ungemünztes Gold in Form von Barren, Nuggets oder Klumpen mit einem Goldgehalt von mindestens 99,5 %.

2. Guthabenkarten: pro memoria

ANHANG II

ANHANG II

ENTSPRECHUNGSTABELLE

Verordnung (EG) Nr. 1889/2005	Vorliegende Verordnung
Artikel 1	Artikel 1
Artikel 2	Artikel 2
Artikel 3	Artikel 3
–	Artikel 4
Artikel 4 Absatz 1	Artikel 5
Artikel 5 Absatz 2	Artikel 6
Artikel 4 Absatz 2	Artikel 7
–	Artikel 8
Artikel 5 Absatz 1	Artikel 9
Artikel 6	Artikel 10
Artikel 7	Artikel 11
Artikel 8	Artikel 12
–	Artikel 13
Artikel 9	Artikel 14
–	Artikel 15
–	Artikel 16
–	Artikel 17
–	Artikel 18
Artikel 10	Artikel 19
–	Artikel 20
Artikel 11	Artikel 21
–	Anhang I
–	Anhang II

Bundesgesetz, mit dem eine Stabilitätsabgabe von Kreditinstituten eingeführt wird (Stabilitätsabgabegesetz – StabAbgG)

BGBl I 2010/111 (BudgetbegleitG 2011) idF

1 BGBl I 2012/22 (1. StabG 2012)
2 BGBl I 2013/184
3 BGBl I 2014/13
4 BGBl I 2014/40 (BudgetbegleitG 2014)
5 BGBl I 2014/98
6 BGBl I 2016/117
7 BGBl I 2019/104 (FORG)

STICHWORTVERZEICHNIS

Bundesgesetz, mit dem eine Stabilitätsabgabe von Kreditinstituten eingeführt wird (Stabilitätsabgabegesetz – StabAbgG)

Steuergegenstand

§ 1. Der Stabilitätsabgabe unterliegt der Betrieb von Kreditinstituten. Kreditinstitute im Sinne dieses Bundesgesetzes sind solche, die über eine Konzession nach dem Bankwesengesetz (BWG), BGBl. Nr. 532/1993, verfügen und Zweigstellen von ausländischen Kreditinstituten, die gemäß BWG berechtigt sind, Dienstleistungen im Wege einer Zweigstelle in Österreich anzubieten. BV-Kassen im Sinne des Betrieblichen Mitarbeiter- und Selbständigenvorsorgegesetzes (BMSVG), BGBl. I Nr. 100/2002, sind keine Kreditinstitute im Sinne dieses Bundesgesetzes.

Bemessungsgrundlage der Abgabe

§ 2. (1) Bemessungsgrundlage für die Stabilitätsabgabe ist die durchschnittliche unkonsolidierte Bilanzsumme (Abs. 2) des Kreditinstitutes, vermindert um die in Abs. 2 genannten Beträge. Für die Kalenderjahre 2011, 2012 und 2013 ist die durchschnittliche unkonsolidierte Bilanzsumme jenes Geschäftsjahres zugrunde zu legen, das im Jahr 2010 endet. Ab dem darauf folgenden Kalenderjahr ist die durchschnittliche unkonsolidierte Bilanzsumme jenes Geschäftsjahres, das im Jahr vor dem Kalenderjahr endet, für das die Stabilitätsabgabe zu entrichten ist, zugrunde zu legen.

(2) „Die durchschnittliche unkonsolidierte Bilanzsumme errechnet sich aus dem arithmetischen Mittel der für die ersten drei Kalendervierteljahre des Geschäftsjahres übermittelten Aufstellung über die Kapital- und Gruppensolvenz, die im Rahmen des Meldewesens (§ 74 BWG) ermittelt wird, und der Bilanzsumme des Jahresabschlusses des Geschäftsjahres.“ Die Bilanzsumme des Kreditinstitutes ist nach den Vorschriften des § 43 ff BWG und der Anlage 2 zu § 43 BWG zu ermitteln. Die Bilanzsumme des Jahresabschlusses und die Vermögensausweise gemäß § 74 BWG sind dabei jeweils um folgende Beträge zu vermindern: *(BGBl I 2013/184)*

1. Gedeckte Einlagen gemäß § 7 Abs. 1 Z 5 des Einlagensicherungs- und Anlegerentschädigungsgesetzes (ESAEG), BGBl. I Nr. 117/2015; *(BGBl I 2016/117)*

2. gezeichnetes Kapital und Rücklagen;

3. *(außer Kraft getreten, BGBl I 2013/184, vgl § 9 (2))*

3a. Verpflichtungen gegenüber Kreditinstituten, soweit diese aus der Erfüllung des Liquiditätserfordernisses gemäß Teil 6 der Verordnung (EU) Nr. 575/2013 entstanden sind. Eine Verminderung ist nur in jenem Ausmaß zulässig, als Forderungen an das Zentralinstitut oder ein anderes Kreditinstitut gemäß § 27a BWG bestehen, die der Erfüllung der eigenen Liquiditätshaltungspflicht gemäß Teil 6 der Verordnung (EU) Nr. 575/2013 dienen und das Zentralinstitut oder das andere Kreditinstitut gemäß § 27a BWG der Stabilitätsabgabe gemäß diesem Bundesgesetz oder einer vergleichbaren Abgabe in einem Mitgliedstaat (§ 2 Z 5 BWG) unterliegt; *(BGBl I 2013/184)*

4. Verbindlichkeiten und andere Passivposten von Kreditinstituten, die der Europäischen Kommission nach den unionsrechtlichen Vorschriften über staatliche Beihilfen gemäß Art 107 ff AEUV einen Abwicklungs- oder Restrukturierungsplan vorzulegen haben, sofern das Kreditinstitut abgewickelt wird und kein Neugeschäft abgeschlossen werden darf; dies umfasst auch Verbindlichkeiten von Kreditinstituten aus Anleiheemissionen, deren Gegenwert solchen Kreditinstituten zur Verfügung gestellt wurde und diese Transaktion Teil des Restrukturierungsplanes ist;

5. Verbindlichkeiten, für die der Bund Haftungen nach dem Ausfuhrfinanzierungsförderungsgesetz 1981, (AFFG), BGBl. Nr. 216/1981, übernommen hat sowie Verbindlichkeiten aus Guthaben des Bundes auf den gemäß § 5 AFFG und § 7 des Ausfuhrförderungsgesetzes, (AusfFG), BGBl. Nr. 215/1981, eingerichteten Konten; *(BGBl I 2016/117)*

6. Verbindlichkeiten auf Grund von Treuhandgeschäften, für die das Kreditinstitut lediglich das Gestionsrisiko trägt, soweit sie in der Bilanzsumme enthalten sind.

7. Verbindlichkeiten der „Österreichischer Exportfonds" GmbH, die der Refinanzierung von Rechtsgeschäften mit Haftung des Bundes gemäß den §§ 1 und 2 AusfFG dienen; *(BGBl I 2016/117)*

8. Verbindlichkeiten der Oesterreichische Entwicklungsbank AG, die zur Erfüllung ihrer Aufgaben gemäß § 9 Abs. 2 AusfFG eingegangen worden sind. *(BGBl I 2016/117)*

(3) Bei ab dem Jahr 2010 neu gegründeten Kreditinstituten, die nicht unter Abs. 5 fallen, ist die durchschnittliche unkonsolidierte Bilanzsumme jenes Geschäftsjahres, das im Jahr vor dem Kalenderjahr endet, für das die Stabilitätsabgabe zu entrichten ist, zugrunde zu legen.

(4) Kommen in einem Kalenderjahr mehrere Bilanzsummen des Jahresabschlusses als Bemessungsgrundlage in Betracht, dann ist jener Jahresabschluss maßgebend, der für das zuletzt im Kalenderjahr endende Geschäftsjahr aufgestellt wird. Endet in einem Kalenderjahr kein Geschäftsjahr, dann ist die Bilanzsumme der Eröffnungsbilanz maßgebend. Bei einem Rumpfgeschäftsjahr ist Abs. 1 letzter Satz entsprechend der Anzahl der vorhandenen Kalendervierteljahre sinngemäß anzuwenden.

(5) Ist im Zeitraum zwischen dem nach Abs. 1 maßgeblichen Bilanzstichtag und dem Jahr, für das die Stabilitätsabgabe zu entrichten ist, Vermögen durch eine Umgründung im Sinne des Umgründungssteuergesetzes (UmgrStG), BGBl. Nr. 699/1991, auf ein Kreditinstitut im Sinne des § 1 übergegangen, erfolgt eine Erfassung dieses Vermögens beim Rechtsnachfolger. Beim Rechtsvorgänger ist dieses Vermögen zum Abzug zu bringen.

(6) Für Kreditinstitute gemäß § 1 mit Sitz in einem anderen Mitgliedstaat (§ 2 Z 5 BWG), die in Österreich im Wege einer Zweigstelle tätig sind, ist eine fiktive Bilanzsumme des dieser Zweigstelle zuzurechnenden Geschäftsvolumens nach den Bestimmungen des Abs. 1 bis 5 zu errechnen und bildet diese die Bemessungsgrundlage. „Dabei treten anstelle der Einlagen gemäß Abs. 2 Z 1 gedeckte Einlagen, die einem vergleichbaren Sicherungssystem eines Mitgliedstaates unterliegen und bei der Zweigstelle entgegengenommen werden." *(BGBl I 2016/117)*

Höhe der Stabilitätsabgabe

§ 3. Die Stabilitätsabgabe beträgt für jene Teile der Bemessungsgrundlage gemäß § 2,

1. die einen Betrag von „300 Millionen" Euro überschreiten und 20 Milliarden Euro nicht überschreiten, „0,024%", *(BGBl I 2016/117)*

2. die einen Betrag von 20 Milliarden Euro überschreiten, „0,029%", *(BGBl I 2016/117)*

Begrenzung der Stabilitätsabgabe

§ 4. Die gemäß § 2 und § 3 errechnete Stabilitätsabgabe wird nach Maßgabe der folgenden Bestimmungen begrenzt:

1. Die Stabilitätsabgabe darf höchstens 20% des Jahresüberschusses/Jahresfehlbetrages gemäß Anlage 2 zu Artikel I § 43 BWG zuzüglich des im Jahresüberschuss/Jahresfehlbetrag enthaltenen Aufwands für die Stabilitätsabgabe und die Sonderzahlung sowie unter Außerachtlassung des außerordentlichen Ergebnisses aus der Dotierung/Auflösung des Fonds für allgemeine Bankrisiken gemäß § 57 Abs. 3 BWG betragen (Zumutbarkeitsgrenze). Dabei ist der Jahresüberschuss/Jahresfehlbetrag jenes Geschäftsjahres heranzuziehen, das vor dem Kalenderjahr endet, für das die Stabilitätsabgabe zu entrichten ist.

2. Die Stabilitätsabgabe darf 50% des arithmetischen Mittels der letzten drei nach Z 1 ermittelten Jahresergebnisse nicht übersteigen (Belastungsobergrenze). Für die Berechnung des arithmetischen Mittels sind negative Jahresergebnisse mit Null anzusetzen.

3. Die zu entrichtende Stabilitätsabgabe beträgt mindestens 5% der nach den Bestimmungen der §§ 2 und 3 errechneten Stabilitätsabgabe, auch wenn damit die Zumutbarkeitsgrenze der Z 1 oder

die Belastungsobergrenze der Z 2 überschritten werden (Mindestbeitrag).

4. Für die Ermittlung der Zumutbarkeitsgrenze und der Belastungsobergrenze sind im Fall eines Rumpfwirtschaftsjahres die nach Z 1 ermittelten Jahresüberschüsse/Jahresfehlbeträge auf ein volles Wirtschaftsjahr hochzurechnen.

5. Wird ein Kreditinstitut neu gegründet und ist § 2 Abs. 5 nicht anzuwenden, sind die Z 1 bis 3 für die Berechnung der Stabilitätsabgabe für das Jahr der Neugründung nicht anzuwenden.

(BGBl I 2016/117)

Sonderzahlung

§ 5. (1) Zusätzlich zur Abgabenschuld der Stabilitätsabgabe hat das Kreditinstitut (§ 1) eine Sonderzahlung zu entrichten. Die Sonderzahlung wird nach Maßgabe folgender Bestimmungen errechnet:

1. Die Bemessungsgrundlage bemisst sich nach § 2. Der Sonderzahlung ist die durchschnittliche unkonsolidierte Bilanzsumme (§ 2) jenes Geschäftsjahres zugrunde zu legen, das im Jahr 2015 endet.

2. Die Sonderzahlung beträgt für jene Teile der Bemessungsgrundlage gemäß Abs. 1,

a) die einen Betrag von 300 Millionen Euro überschreiten und 20 Milliarden Euro nicht überschreiten 0,211%,

b) die einen Betrag von 20 Milliarden Euro überschreiten .... 0,258%.

§ 4 ist für die Berechnung der Sonderzahlung nicht anzuwenden. § 2 Abs. 5 ist sinngemäß anzuwenden.

3. Die Abgabenschuld für die Sonderzahlung entsteht jeweils zu einem Viertel am 1. Jänner der Jahre 2017 bis 2020 und ist jeweils bis zum 31. März in den Jahren 2017 bis 2020 selbst zu berechnen und zu entrichten. Bis zum 31. März der Jahre 2017 bis 2020 hat das Kreditinstitut jeweils eine Voranmeldung „beim Finanzamt für Großbetriebe“ einzureichen, in der die Bemessungsgrundlage und die Abgabenschuld für den Voranmeldungszeitraum selbst berechnet werden. Die Voranmeldung gilt als Steuererklärung. *(BGBl I 2019/104)*

4. Die Abgabenschuld für die Sonderzahlung entsteht mit Beginn des letzten Kalendervierteljahres 2016, wenn ein Kreditinstitut die Sonderzahlung bis zum 31. Jänner 2017 selbst berechnet, mit einer Verrechnungsweisung (§ 214 Abs. 4 der Bundesabgabenordnung, BGBl. Nr. 194/1961) „Sonderzahlung Stabilitätsabgabe 2016“ auf das Abgabenkonto entrichtet und dies dem „Finanzamt für Großbetriebe“ unter Bekanntgabe der Bemessungsgrundlage und der Abgabenschuld mitteilt. Diese Mitteilung gilt als Steuererklärung. *(BGBl I 2019/104)*

(2) Die Sonderzahlung ist eine ausschließliche Bundesabgabe.

(BGBl I 2016/117)

Abgabenschuldner und Abgabenschuld

§ 6. (1) Abgabenschuldner ist das Kreditinstitut im Sinne des § 1.

(2) Die Abgabenschuld entsteht mit 1. Jänner des Kalenderjahres, für das die Stabilitätsabgabe zu entrichten ist. Abweichend davon entsteht die Abgabenschuld bei unterjähriger Neugründung eines Kreditinstitutes mit der Eintragung des Kreditinstitutes im Firmenbuch.

(3) Bei unterjähriger Begründung oder Beendigung der Abgabepflicht ist die Stabilitätsabgabe anteilig nach der Zahl der vollen Kalendermonate zu entrichten, in denen die Steuerpflicht im Kalenderjahr bestanden hat.

(4) Die Abgabenschuld für Kreditinstitute im Sinne des§ 2 Abs. 2 Z 4 endet mit jenem Monat, in dem die Europäische Kommission den Beschluss gefasst hat, dass die staatliche Beihilfe für die geordnete Abwicklung eines Kreditinstituts mit dem Binnenmarkt gemäß Art. 107 Abs.v3 Buchst. b AEUV vereinbar ist. *(BGBl I 2014/40)*

Erhebung der Abgabe

StabAbgG

§ 7. (1) Jedes Kreditinstitut im Sinne des § 1 hat bis zum 31. Oktober des Kalenderjahres, für das die Stabilitätsabgabe zu berechnen ist, eine Abgabenerklärung über die Stabilitätsabgabe abzugeben. Dies hat elektronisch zu erfolgen. Der Bundesminister für Finanzen wird ermächtigt, den Inhalt und das Verfahren der elektronischen Übermittlung mit Verordnung festzulegen. In der Verordnung kann vorgesehen werden, dass sich der Abgabenschuldner einer bestimmten öffentlich-rechtlichen oder privatrechtlichen Übermittlungsstelle zu bedienen hat.

(2) Die Stabilitätsabgabe ist vom Kreditinstitut selbst zu berechnen und vierteljährlich jeweils bis zum 31. Jänner, 30. April, 31. Juli und 31. Oktober zu gleichen Teilen zu entrichten (Fälligkeitstage). Soweit sich aus der Abgabenerklärung und dem Betrag, der den vierteljährlichen Zahlungen zu Grunde gelegt wird, ein Unterschiedsbetrag ergibt, mindert oder erhöht dieser die Zahlung am 31. Oktober entsprechend.

(3) Bei Neugründung eines Kreditinstitutes nach dem 31. Oktober eines Kalenderjahres ist die Stabilitätsabgabe dieses Kalenderjahres erstmals zum 31. Jänner des Folgejahres zu entrichten. Die Abgabenerklärung für dieses Kalenderjahr ist bis zum 31. Jänner des Folgejahres abzugeben.

Sonderbeitrag zur Stabilitätsabgabe

§ 7a. *(entfällt, BGBl I 2016/117)*

§ 7b. (1) Abweichend von § 6 Abs. 2 erster Satz entsteht die Abgabenschuld für das Kalenderjahr 2014 mit 1. April 2014. Der zum 31. Jänner 2014 zu entrichtende Betrag gemäß § 7 Abs. 2 stellt eine Vorauszahlung auf die Stabilitätsabgabe dar.

(2) Für das Kalenderjahr 2014 berechnet sich die Stabilitätsabgabe wie folgt:

1. Für das erste Kalendervierteljahr ist das Stabilitätsabgabegesetz in der Fassung vor dem Bundesgesetz BGBl. I Nr. 13/2014 anzuwenden mit der Maßgabe, dass ein Viertel der durchschnittlichen unkonsolidierten Bilanzsumme gemäß § 2 Abs. 2 in der Fassung vor dem Bundesgesetz BGBl. I Nr. 184/2013 für das Geschäftsjahr 2013 die Bemessungsgrundlage für den Steuersatz gemäß § 3 in der Fassung vor dem Bundesgesetz BGBl. I Nr. 13/2014 bildet. Für die Berechnung der Stabilitätsabgabe für das erste Kalendervierteljahr ist § 3 in der Fassung vor dem Bundesgesetz BGBl. I Nr. 13/2014 mit der Maßgabe anzuwenden, dass an die Stelle des Betrages von einer Milliarde ein Betrag von 250 Millionen und an die Stelle des Betrages von 20 Milliarden ein Betrag von fünf Milliarden tritt. Ein Viertel des durchschnittlichen Geschäftsvolumens der Derivate gemäß § 4 Abs. 2 in der Fassung vor dem Bundesgesetz BGBl. I Nr. 13/2014 des Kalenderjahres 2013 bildet die Bemessungsgrundlage für den Steuersatz gemäß § 4 Abs. 1 in der Fassung vor dem Bundesgesetz BGBl. I Nr. 13/2014.

2. Für das zweite bis vierte Kalendervierteljahr ist die Stabilitätsabgabe gemäß §§ 2 und 3 zu berechnen mit der Maßgabe, dass drei Viertel der durchschnittlichen unkonsolidierten Bilanzsumme gemäß § 2 Abs. 2 in der Fassung vor dem Bundesgesetz BGBl. I Nr. 184/2013 für das Geschäftsjahr 2013 die Bemessungsgrundlage für den Steuersatz gemäß § 3 bilden. Für die Berechnung der Stabilitätsabgabe für das zweite bis vierte Kalendervierteljahr ist § 3 mit der Maßgabe anzuwenden, dass an die Stelle des Betrages von einer Milliarde ein Betrag von 750 Millionen und an die Stelle des Betrages von 20 Milliarden ein Betrag von 15 Milliarden tritt.

3. Die errechnete Steuer gemäß Z 1 ist mit der errechneten Steuer gemäß Z 2 zu addieren und bildet die Abgabenschuld für das Jahr 2014.

(BGBl I 2014/13)

Zuständigkeit

§ 8. Die Erhebung der Stabilitätsabgabe obliegt dem „Finanzamt für Großbetriebe". *(BGBl I 2019/104)*

Inkrafttreten

§ 9. „(1)" Dieses Bundesgesetz tritt mit 1. Jänner 2011 in Kraft. *(BGBl I 2013/184)*

(2) § 2 Abs. 2 erster Satz und Z 3 und § 4 Abs. 2 in der Fassung des Bundesgesetzes BGBl. I Nr. 184/2013 treten mit 1. Jänner 2014 in Kraft. § 2 Abs. 2 Z 3a in der Fassung des Bundesgesetzes BGBl. I Nr. 184/2013 tritt mit 1. Jänner 2015 in Kraft. § 2 Abs. 2 Z 3 in der Fassung des Bundesgesetzes BGBl. I Nr. 184/2013 tritt mit Ablauf des 31. Dezember 2014 außer Kraft. *(BGBl I 2013/184)*

(3) § 3, § 7a und § 7b in der Fassung des Bundesgesetzes BGBl. I Nr. 13/2014 treten mit 1. April 2014 in Kraft. § 4 und § 5 treten mit Ablauf des 31. März 2014 außer Kraft. *(BGBl I 2014/13)*

(4) § 6 Abs. 4 tritt mit der Veranlagung 2013 in Kraft. *(BGBl I 2014/40)*

(5) Die §§ 2 Abs. 2 Z 1 und Abs. 6 sowie die §§ 3 und 4 in der Fassung des Bundesgesetzes BGBl. I Nr. 117/2016 treten mit 1. Jänner 2017 in Kraft. *(BGBl I 2016/117)*

(6) § 2 Abs. 2 Z 5, Z 7 und Z 8 sowie § 5 in der Fassung des Bundesgesetzes BGBl. I Nr. 117/2016 treten mit 31. Dezember 2016 in Kraft. *(BGBl I 2016/117)*

(7) § 7a tritt mit Ablauf des 31. Dezember 2016 außer Kraft. *(BGBl I 2016/117)*

(8) § 10 Abs. 1 in der Fassung des Bundesgesetzes BGBl. I Nr. 117/2016 tritt mit 1. Jänner 2017 in Kraft und ist erstmals für Zahlungen anzuwenden, die für Abgabenschulden geleistet werden, die nach dem 31. Dezember 2016 entstehen. *(BGBl I 2016/117)*

(9) § 10 Abs. 2 in der Fassung des Bundesgesetzes BGBl. I Nr. 117/2016 tritt mit 1. Jänner 2017 in Kraft und ist, wenn ein Kreditinstitut § 5 Abs. 1 Z 4 in Anspruch nimmt, bereits bei der Körperschaftsteuerveranlagung für das Jahr 2016 anzuwenden. *(BGBl I 2016/117)*

(10) § 5 Abs. 1 Z 3 und Z 4 und § 8, jeweils in der Fassung des Bundesgesetzes BGBl. I Nr. 104/2019 treten mit 1. Juli 2020 in Kraft. *(BGBl I 2019/104)*

Schlussbestimmungen

§ 10. (1) Die Stabilitätsabgabe stellt eine nicht abzugsfähige Betriebsausgabe dar (§ 12 Abs. 1 Z 6 Körperschaftsteuergesetz 1988, BGBl. Nr. 401/1988). *(BGBl I 2016/117)*

(2) Abweichend von Abs. 1 ist die Sonderzahlung (§ 5) als Betriebsausgabe abzugsfähig. *(BGBl I 2016/117)*

„(3)" Mit der Vollziehung dieses Bundesgesetzes ist „die Bundesministerin oder" der Bundesminister für Finanzen betraut. *(BGBl I 2014/98; BGBl I 2016/117)*

„(4)“ Der Bundesminister für Finanzen hat im Hinblick auf die Entwicklungen in der Europäischen Union die Stabilitätsabgabe unter Einbeziehung der Oesterreichischen Nationalbank spätestens bis 30. September 2012 „und im Hinblick auf die Wirkungsweise des Fonds gemäß § 7a Abs. 3 spätestens bis 30. September 2013“ zu evaluieren. *(BGBl I 2012/22; BGBl I 2016/117)*

„(5)“ Soweit in diesem Bundesgesetz auf Bestimmungen anderer Bundesgesetze verwiesen wird, sind diese in ihrer jeweils geltenden Fassung anzuwenden. *(BGBl I 2016/117)*

Kontenregister- und Konteneinschaugesetz

BGBl I 2015/116 idF

1 BGBl I 2016/77
2 BGBl I 2016/118
3 BGBl I 2017/107
4 BGBl I 2018/62
5 BGBl I 2020/99
6 BGBl I 2021/25
7 BGBl I 2021/148

Bundesgesetz über die Einrichtung eines Kontenregisters und die Konteneinschau – KontRegG

Inhaltsverzeichnis

1. Teil
Kontenregister

Einrichtung des Kontenregisters

§ 1. (1) Der Bundesminister für Finanzen hat für das gesamte Bundesgebiet ein Register (Kontenregister) zur Erfüllung von Aufgaben im öffentlichen Interesse, zur Durchführung von Strafverfahren, verwaltungsbehördlichen Finanzstrafverfahren, der Erhebung der Abgaben des Bundes und für den internationalen Informationsaustausch in Steuerangelegenheiten, sowie zur Verhinderung der Geldwäscherei und Terrorismusfinanzierung und zur Durchführung internationaler Sanktionsmaßnahmen zu führen. Im Kontenregister sind enthalten:

1. Konten im Einlagengeschäft (§ 1 Abs. 1 Z 1 des Bankwesengesetzes – BWG, BGBl. Nr. 532/1993),

2. Konten im Girogeschäft (§ 1 Abs. 1 Z 2 BWG),

3. Konten im Bauspargeschäft (§ 1 Abs. 1 Z 12 BWG),

4. Konten im Kreditgeschäft (§ 1 Abs. 1 Z 3 BWG), wenn diese Konten durch die internationale Kontonummer (International Bank Account Number, IBAN) identifizierte Zahlungskonten im Sinne der Verordnung (EU) Nr. 260/2012 zur Festlegung der technischen Vorschriften und der Geschäftsanforderungen für Überweisungen und Lastschriften in Euro, ABl. Nr. L 94 vom 30.3.2012 S. 22, sind,

5. Zahlungskonten zur Erbringung von Zahlungsdiensten (§ 1 Abs. 2 Z 7 BWG), wenn diese Konten durch die IBAN identifizierte Zahlungskonten im Sinne der Verordnung (EU) Nr. 260/2012 sind,

6. Depots im Depotgeschäft (§ 1 Abs. 1 Z 5 BWG) der Kreditinstitute und

7. Schließfächer von Kreditinstituten und von gewerblichen Schließfachanbietern, die Finanzinstitute nach § 1 Abs. 2 Z 6 BWG sind. *(BGBl I 2021/25)*

(2) Kreditinstitute im Sinne dieses Bundesgesetzes sind:

1. Kreditinstitute gemäß § 1 Abs. 1 BWG ausgenommen Betriebliche Vorsorgekassen gemäß Betriebliches Mitarbeiter- und Selbständigenvorsorgegesetz – BMSVG, BGBl. I Nr. 100/2002,

2. Zweigstellen von CRR-Kreditinstituten gemäß § 9 BWG, von CRR-Finanzinstituten gemäß § 11 BWG oder von Tochterunternehmen von CRR-Finanzinstituten gemäß § 13 BWG, die berechtigt sind, im Inland Tätigkeiten gemäß den Nr. 1 oder 12 des Anhangs I der Richtlinie 2013/36/EU, über den Zugang zur Tätigkeit von Kreditinstituten und die Beaufsichtigung von Kreditinstituten und Wertpapierfirmen, zur Änderung der Richtlinie 2002/87/EG und zur Aufhebung der Richtlinien 2006/48/EG und 2006/49/EG, ABl. Nr. L 176 vom 27.06.2013 S. 338, zuletzt geändert durch die Richtlinie

2014/59/EU, ABl. Nr. L 173 vom 12.06.2014 S. 190, zu erbringen sowie

3. Zweigstellen von Wertpapierfirmen gemäß „§ 17 des Wertpapieraufsichtsgesetzes 2018 – WAG 2018, BGBl. I Nr. 107/2017“, die berechtigt sind, im Inland Nebendienstleistungen gemäß Nr. 1 des Abschnitts B des Anhangs I der Richtlinie 2004/39/EG, über Märkte für Finanzinstrumente, zur Änderung der Richtlinien 85/611/EWG und 93/6/EWG und der Richtlinie 2000/12/EG und zur Aufhebung der Richtlinie 93/22/EWG, ABl. Nr. L 145 vom 30.04.2004 S. 1, zuletzt geändert durch die Richtlinie 2010/78/EU, ABl. Nr. L 331 vom 15.12.2010 S. 120, in der Fassung der Berichtigung ABl. Nr. L 54 vom 22.02.2014 S. 23, zu erbringen. *(BGBl I 2017/107)*

(3) Schließfächer im Sinne dieses Bundesgesetzes sind Schließfächer, die hohen Sicherheitsstandards durch Zugangsbeschränkungen unterliegen und zum Zweck der Verwahrung von Wertgegenständen auf unbefristete Zeit oder für die Dauer von mindestens einer Woche auf der Grundlage von Verträgen oder Nutzungsvereinbarungen von Kreditinstituten und gewerblichen Schließfachanbietern vermietet werden. Ein Mitverschluss durch das Kreditinstitut oder den gewerblichen Schließfachanbieter ist keine zwingende Voraussetzung für die Qualifikation als Schließfach. *(BGBl I 2021/25)*

(4) Finanzinstitute im Sinne dieses Bundesgesetzes sind Finanzinstitute gemäß § 1 Abs. 2 Z 6 und 7 BWG. *(BGBl I 2021/25)*

Inhalt des Kontenregisters

§ 2. (1) „In das Kontenregister sind folgende Daten betreffend die in § 1 Abs. 1 angeführten Konten, Depots und Schließfächer aufzunehmen:“

1. bei natürlichen Personen als Kunden das bereichsspezifische Personenkennzeichen für Steuern und Abgaben (bPK SA); sofern das bPK SA über das Stammzahlenregister nicht ermittelt werden konnte, sind Vorname, Zuname, Geburtsdatum, Adresse und Ansässigkeitsstaat aufzunehmen;

2. bei Rechtsträgern als Kunden die Stammzahl des Unternehmens gemäß § 6 Abs. 3 des E-Government-Gesetzes – E-GovG, BGBl. I Nr. 10/2004, oder ein Ordnungsbegriff, mit dem diese Stammzahl ermittelt werden kann; sofern die Stammzahl bzw. der Ordnungsbegriff über das Unternehmensregister nicht ermittelt werden konnte, sind Name, Adresse und Ansässigkeitsstaat aufzunehmen;

3. allfällige gegenüber dem Kreditinstitut hinsichtlich des Kontos oder des Depots vertretungsbefugte Personen, Treugeber und wirtschaftliche Eigentümer gemäß § 2 des Wirtschaftliche Eigentümer Registergesetzes – WiEReG, BGBl. I Nr. 136/2017, wobei Z 1 bis 3 sinngemäß anzuwenden sind, sowie die IBAN (Kontonummer) bzw. Depotnummer;
(BGBl I 2021/25)

4. eine eindeutige Nummer bei Schließfächern und, sofern der Mieter des Schließfaches eine juristische Person ist, gegenüber dem Kreditinstitut oder dem gewerblichen Schließfachanbieter hinsichtlich des Schließfaches vertretungsbefugte Personen und wirtschaftliche Eigentümer gemäß § 2 WiEReG, wobei Z 1 bis 3 sinngemäß anzuwenden sind,
(BGBl I 2021/25)

5. der Tag der Eröffnung und der Auflösung des Kontos bzw. des Depots,

6. „die Bezeichnung des meldepflichtigen Kreditinstitutes oder Finanzinstitutes,“ *(BGBl I 2021/25)*

7. bei Schließfächern Beginn und Dauer des Mietzeitraums.
(BGBl I 2021/25)

(2) Bei Sparurkunden im Sinne des § 31 Abs. 3 BWG ist der identifizierte Kunde als Kontoinhaber zu melden. „Sparkonten gemäß § 7 Abs. 10 Finanzmarkt-Geldwäschegesetz – FM-GwG, BGBl. I Nr. 118/2016, und Depots gemäß § 7 Abs. 8 FM-GwG sind dann zu melden, wenn eine Identitätsfeststellung des Kunden gemäß den Bestimmungen des FM-GwG erfolgt ist.“ *(BGBl I 2016/118)*

(3) Für Zwecke der Abgabenerhebung und im Zusammenhang mit dem Abgleich der Grunddatenverwaltung der Finanzverwaltung mit den im Kontenregister gespeicherten Daten sind die Abgabenbehörden berechtigt, auf automationsgestütztem Weg in das automationsgestützt geführte Ergänzungsregister für sonstige Betroffene (§ 6 Abs. 4 E-GovG) Einsicht zu nehmen. *(BGBl I 2016/77)*

(4) Sofern bei natürlichen Personen das bPK SA übermittelt wurde, dürfen im Kontenregister auch folgende „personenbezogene Daten“ gespeichert werden, und zwar Vorname, Zuname, Geburtsdatum, Geschlecht, Adresse und Ansässigkeitsstaat. *(BGBl I 2016/77; BGBl I 2018/62)*

(5) Sofern bei Rechtsträgern die Stammzahl des Unternehmens oder ein Ordnungsbegriff, mit dem diese Stammzahl ermittelt werden kann, übermittelt wurde, dürfen im Kontenregister auch folgende Daten gespeichert werden, und zwar Name, Adresse, Ansässigkeitsstaat sowie Ordnungsbegriffe für die Entität: Kennziffer des Unternehmensregisters (KUR), Firmenbuchnummer, Vereinsregisterzahl, Ordnungsnummer im Ergänzungsregister für sonstige Betroffene, Global Location Number (GLN). *(BGBl I 2016/77)*

(6) Anlässlich der Abfrage einer natürlichen Person oder eines Rechtsträgers im Kontenregister durch eine Abgabenbehörde darf auch die „Steuernummer“ dieser Person oder dieses Rechtsträ-

gers verarbeitet werden. *(BGBl I 2016/77; BGBl I 2020/99)*

(7) Zu den meldepflichtigen Kreditinstituten dürfen auch die Internationale Bankleitzahl (Bank Identifier Code, BIC) sowie die IBAN gespeichert werden. *(BGBl I 2021/25)*

(8) Bei vertretungsbefugten Personen darf auch die Art der Vertretungsbefugnis gespeichert werden. Dabei handelt es sich um folgende Kategorien: vertretungsbefugt, zeichnungsberechtigt, Masseverwalter, Erwachsenenvertreter, Vorsorgebevollmächtigter, Eltern für minderjährige Kinder. *(BGBl I 2018/62)*

(9) Zu den Konten, Depots und Schließfächern dürfen die Ordnungsbegriffe des Kreditinstituts gespeichert werden (Ordnungsnummer und die Art der Ordnungsnummer). *(BGBl I 2021/25)*

Übermittlungen der meldepflichtigen Kredit- und Finanzinstitute

§ 3. (1) Die meldepflichtigen Kredit- und Finanzinstitute haben die nach § 2 erforderlichen Daten laufend dem Kontenregister elektronisch zu übermitteln. Anstatt der in § 2 Abs. 1 Z 1 angeführten bPK SA ist diese als verschlüsseltes bereichsspezifisches Personenkennzeichen für Steuern und Abgaben (vbPK SA) von den meldepflichtigen Kredit- und Finanzinstituten zu übermitteln.

(1a) Die Übermittlungspflicht der meldepflichtigen Kreditinstitute hinsichtlich der in § 1 Abs. 1 Z 1 bis 3 und Z 6 angeführten Konten und Depots beginnt mit der durch Verordnung festgelegten Inbetriebnahme des Kontenregisters. Die erstmalige Übermittlung hat die Daten (§ 2) mit Stand zum 1. März 2015 sowie die bis zum Datum der Inbetriebnahme erfolgten Eröffnungen und Auflösungen zu umfassen. Für die am 1. März 2015 aufrechten Konten und Depots gilt dieser Tag als Tag der Eröffnung (§ 2 Abs. 1 Z 5).

(1b) Die Übermittlungspflicht der meldepflichtigen Kredit- und Finanzinstitute hinsichtlich der in § 1 Abs. 3 angeführten Schließfächer beginnt mit dem durch Verordnung (§ 6) festgelegten Datum. Die erstmalige Übermittlung hat die Daten der Mietverhältnisse (§ 2) mit Stand zum 1. Jänner 2021 zu umfassen. Für die am 1. Jänner 2021 aufrechten Mietverhältnisse gilt dieser Tag als Tag des Beginns des Mietverhältnisses.

(1c) Insoweit meldepflichtige Konten im Kreditgeschäft der Kreditinstitute und meldepflichtige Zahlungskonten von Finanzinstituten zur Erbringung von Zahlungsdiensten (§ 1 Abs. 1 Z 4 und 5) bestehen, beginnt die Übermittlungspflicht mit dem durch Verordnung festgelegtem Datum. Die erstmalige Übermittlung hat die Daten (§ 2) mit Stand zum 1. Jänner 2021 zu umfassen. Für die am 1. Jänner 2021 aufrechten Konten gilt dieser Tag als Tag der Eröffnung.

(2) Zum Zweck der Datenübermittlung an das Kontenregister sind die meldepflichtigen Kredit- und Finanzinstitute berechtigt, wie Auftraggeber des öffentlichen Bereichs gemäß § 10 Abs. 2 E-GovG die Ausstattung ihrer Datenanwendungen mit verschlüsselten bereichsspezifischen Personenkennzeichen für Steuern und Abgaben von der Stammzahlenregisterbehörde zu verlangen. Sofern es sich um Daten gemäß § 2 Abs. 1 Z 2 handelt, sind die meldepflichtigen Kredit- und Finanzinstitute berechtigt, diese Daten über das Unternehmensregister zu ermitteln. In diesem Zusammenhang anfallende Kosten inklusive jener der Stammzahlenregisterbehörde und der Bundesanstalt Statistik Österreich sind vom Kreditinstitut bzw. vom Finanzinstitut zu tragen.

(3) Finanzinstitute im Sinne dieses Bundesgesetzes haben sich elektronisch zu registrieren, um die erforderlichen Berechtigungen für Übermittlungen an das Kontenregister zu erhalten.

(4) Die Kontrolle der Einhaltung der Vorschriften der Abs. 1b und 1c obliegt dem zuständigen Finanzamt.

(BGBl I 2021/25)

2. Teil

Einsicht in das Kontenregister

Auskünfte aus dem Kontenregister

§ 4. (1) Auskünfte aus dem Kontenregister sind im Wege elektronischer Einsicht zu erteilen:

1. für strafrechtliche Zwecke den Staatsanwaltschaften und den Strafgerichten,

2. für finanzstrafrechtliche Zwecke überdies den Finanzstrafbehörden und dem Bundesfinanzgericht,

3. wenn es im Interesse der Abgabenerhebung zweckmäßig und angemessen ist, für abgabenrechtliche Zwecke den Abgabenbehörden des Bundes und dem Bundesfinanzgericht „,“ *(BGBl I 2021/25)*

4. für die Zwecke der Verhinderung und Bekämpfung der Geldwäscherei und damit zusammenhängender Vortaten sowie der Terrorismusfinanzierung der Geldwäschemeldestelle gemäß § 4 Abs. 2 Z 1 und 2 des Bundeskriminalamt-Gesetzes – BKA-G, BGBl. I Nr. 22/2002 und dem „Direktion Staatsschutz und Nachrichtendienst“ gemäß § 1 Abs. 3 des „Staatsschutz- und Nachrichtendienst-Gesetzes“ – „SNG“, BGBl. I Nr. 5/2016; *(BGBl I 2021/25; BGBl I 2021/148)*

5. für Zwecke der Verhinderung der Geldwäscherei und der Terrorismusfinanzierung gemäß § 25 Abs. 1 FM-GwG, der Finanzmarktaufsichtsbehörde; *(BGBl I 2021/25)*

6. für Zwecke der Verhütung, Aufdeckung, Untersuchung oder Verfolgung von Straftaten im

Sinne des Anhangs I der Verordnung (EU) Nr. 2016/794 über die Agentur der Europäischen Union für die Zusammenarbeit auf dem Gebiet der Strafverfolgung (Europol) ABl. Nr. L 135 vom 24.05.2016 S. 53, dem Bundeskriminalamt, dem Bundesamt zur Korruptionsprävention und Korruptionsbekämpfung und dem „Direktion Staatsschutz und Nachrichtendienst“; *(BGBl I 2021/25; BGBl I 2021/148)*

7. für sanktionenrechtliche Zwecke der Oesterreichischen Nationalbank und dem Bundesminister für Inneres. *(BGBl I 2021/25)*

(1a) Die Geldwäschemeldestelle hat dem Europäischen Polizeiamt (Europol) im Rahmen seiner Zuständigkeiten für Zwecke der Aufgabenerfüllung von Europol und nach Bundes- und Landesgesetzen für die Verhinderung von Geldwäscherei und Terrorismusfinanzierung zuständigen Behörden auf deren Ersuchen Auskünfte aus dem Kontenregister zugänglich zu machen, sofern letztere die Auskünfte für die Zwecke der Verhinderung der Geldwäscherei und Terrorismusfinanzierung benötigen. Die Geldwäschemeldestelle hat die Auskünfte gemäß Abs. 1 Z 4 oder Z 6 einzuholen und auf einem sicheren Übertragungsweg zu übermitteln. *(BGBl I 2021/25)*

(2) Suchbegriffe dürfen nur konkrete Personen, Konten oder Schließfächer sein. *(BGBl I 2021/25)*

(3) Jede Abfrage und Übermittlung personenbezogener Daten aus dem Kontenregister ist so zu protokollieren, dass eine Zuordnung der Abfrage oder Übermittlung zu einem bestimmten Organwalter möglich ist. Die Protokollaufzeichnungen sind zehn Jahre aufzubewahren und dann zu löschen.

(3a) Die Erteilung von Auskünften an die in Abs. 1 genannten Behörden darf nur im Einzelfall erfolgen und ist dem innerhalb der jeweils zuständigen Behörde eigens zur Wahrnehmung dieser Aufgaben benannten und ermächtigten Personal vorbehalten. Diese Behörden haben sicherzustellen, dass das abfrageberechtigte Personal in Bezug auf die Vertraulichkeit und den Datenschutz hochprofessionell arbeitet und in hohem Maße integer und ausreichend qualifiziert ist. *(BGBl I 2021/25)*

(4) Betroffene Personen und Unternehmer haben das Recht auf Auskunft, welche sie betreffende Daten in das Kontenregister aufgenommen wurden. Die Abfrage kann über FinanzOnline erfolgen.

(5) Außerhalb einer Außenprüfung sind im Verfahren zur Veranlagung der Einkommensteuer, der Körperschaftsteuer und der Umsatzsteuer Auskünfte aus dem Kontenregister nicht zulässig, es sei denn, dass die Abgabenbehörde Bedenken gegen die Richtigkeit der Abgabenerklärung hat, Ermittlungen gemäß § 161 Abs. 2 der Bundesabgabenordnung – BAO, BGBl. Nr. 194/1961 einleitet und der Abgabepflichtige vorher Gelegenheit zur Stellungnahme hatte. Die Würdigung der Stellungnahme ist aktenkundig zu machen. *(BGBl I 2021/25)*

(6) Über eine durchgeführte Kontenregistereinsicht der Abgabenbehörde ist der Abgabepflichtige über FinanzOnline zu informieren.

(7) **(Verfassungsbestimmung)** Abs. 1 „und Abs. 1a“ „können“ vom Nationalrat nur in Anwesenheit von mindestens der Hälfte der Abgeordneten und mit einer Mehrheit von zwei Dritteln der abgegebenen Stimmen abgeändert werden. *(BGBl I 2021/25)*

Führung des Kontenregisters

§ 5. (1) Das Kontenregister ist automationsunterstützt zu führen. Die erfassten Daten sind zehn Jahre ab Ablauf des Jahres der Auflösung des Kontos bzw. Depots aufzubewahren.

(2) „Der Bundesminister für Finanzen ist Verantwortlicher gemäß Art. 4 Z 7 DSGVO für das Kontenregister.“* Er hat dessen Einrichtung und Betrieb zu gewährleisten. „Er hat sicherzustellen, dass sein Personal, das in Vollziehung dieses Bundesgesetzes tätig ist – auch in Fragen der Vertraulichkeit und des Datenschutzes – in Bezug auf seine Integrität hohen Maßstäben genügt und entsprechend qualifiziert ist und mit hohem professionellen Standard arbeitet.“** *(*BGBl I 2018/62; **BGBl I 2021/25)*

(3) Die Bundesrechenzentrum Gesellschaft mit beschränkter Haftung (BRZ GmbH) ist für das Kontenregister gesetzliche Auftragsverarbeiterin im Sinne des Art. 4 Z 8 DSGVO. *(BGBl I 2018/62)*

(4) Die statistischen Auswertungen über die protokollierten Abfragen und Auskünfte nach § 4 Abs. 3 sind den zuständigen Behörden (§ 4 Abs. 1) zu übermitteln. *(BGBl I 2021/25)*

Verordnungsermächtigung

§ 6. „(1)“ Der Bundesminister für Finanzen hat mit Verordnung das Verfahren der Übermittlung (§ 3) und der Auskunftserteilung (§§ 4 und 8) im Wege von FinanzOnline einschließlich der elektronischen Protokollierung der Abfragen durch die berechtigten Behörden „sowie die Bereitstellung statistischer und protokollierter Daten aus dem Kontenregister an die berechtigten Behörden“ in organisatorischer und technischer Hinsicht näher zu regeln. *(BGBl I 2021/25)*

(2) Der Bundesminister für Finanzen hat mit Verordnung die Verfahren nach Abs. 1 hinsichtlich der Daten gemäß § 1 Abs. 1 Z 4, 5 und 7 sowie das Verfahren der Registrierung nach § 3 Abs. 3 gesondert zu regeln. *(BGBl I 2021/25)*

Strafbestimmungen

§ 7. (1) Wer die Übermittlungspflicht des § 3 vorsätzlich verletzt, macht sich eines Finanzvergehens schuldig und ist mit einer Geldstrafe bis zu 200 000 Euro zu bestrafen.

(2) Wer die Tat nach Abs. 1 grob fahrlässig begeht, ist mit einer Geldstrafe bis zu 100 000 Euro zu bestrafen.

(3) Die Finanzvergehen nach Abs. 1 und Abs. 2 hat das Gericht niemals zu ahnden.

(4) *(entfällt, BGBl I 2016/77)*

3. Teil

Konteneinschau und Rechtsschutz

Auskunftsverlangen an Kreditinstitute

§ 8. (1) Die Abgabenbehörde ist berechtigt, in einem Ermittlungsverfahren nach Maßgabe des § 165 der Bundesabgabenordnung – BAO, BGBl. Nr. 194/1961, über Tatsachen einer Geschäftsverbindung „ “ von Kreditinstituten Auskunft zu verlangen, wenn

1. begründete Zweifel an der Richtigkeit der Angaben des Abgabepflichtigen bestehen, „oder im Fall, dass der Abgabepflichtige trotz Aufforderung keine Angaben macht oder gemacht hat, Grund zur Annahme besteht, dass der Abgabepflichtige Angaben machen müsste, um Bestand und Umfang seiner Abgabepflicht offen zu legen,“ *(BGBl I 2021/25)*

2. zu erwarten ist, dass die Auskunft geeignet ist, die Zweifel aufzuklären und

3. zu erwarten ist, dass der mit der Auskunftserteilung verbundene Eingriff in die schutzwürdigen Geheimhaltungsinteressen des Kunden des Kreditinstitutes nicht außer Verhältnis zu dem Zweck der Ermittlungsmaßnahme steht. *(BGBl I 2018/62)*

(2) Auskunftsverlangen bedürfen der Schriftform und sind vom Leiter der Abgabenbehörde zu unterfertigen. „Auskunftsverlangen der Finanzämter oder des Zollamtes können auch vom Fachbereichsleiter oder der Fachbereichsleiterin unterfertigt werden. Auskunftsverlangen des Amtes für Betrugsbekämpfung sind, soweit sie im Abgabenverfahren erfolgen, durch die Fachbereichsleiterin oder den Fachbereichsleiter der aktenführenden Abgabenbehörde zu unterfertigen.“ Auskunftsersuchen und ihre Begründung sind im Abgabenakt zu dokumentieren. *(BGBl I 2021/25)*

(3) „Außerhalb einer Außenprüfung sind im Verfahren zur Veranlagung der Einkommensteuer, der Körperschaftsteuer und der Umsatzsteuer Auskunftsverlangen (Abs. 1) nicht zulässig, es sei denn, dass – nach Ausräumung von Zweifeln durch einen Ergänzungsauftrag nach § 161 Abs. 1 BAO – die Abgabenbehörde Bedenken gegen die Richtigkeit der Abgabenerklärung hat, Ermittlungen gemäß § 161 Abs. 2 BAO einleitet und der Abgabepflichtige vorher Gelegenheit zur Stellungnahme hatte.“ Die Würdigung der Stellungnahme ist aktenkundig zu machen. § 8 Abs. 1 gilt sinngemäß. *(BGBl I 2021/25)*

(4) Wenn der Abgabepflichtige nicht Inhaber des Kontos, sondern vertretungsbefugt, Treugeber oder wirtschaftlicher Eigentümer ist, darf ein schriftliches Auskunftsverlangen erst dann gestellt werden, wenn der Inhaber des Kontos vorher Gelegenheit zur Stellungnahme hatte. Die Würdigung der Stellungnahme ist aktenkundig zu machen. § 8 Abs. 1 gilt sinngemäß.

Besonderer Rechtsschutz

§ 9. (1) **(Verfassungsbestimmung)** Das Bundesfinanzgericht entscheidet durch Einzelrichter mit Beschluss über die Bewilligung einer Konteneinschau. *(BGBl I 2021/25)*

(2) Auskunftsverlangen (§ 8) bedürfen der Bewilligung durch das Bundesfinanzgericht. Dazu hat die Abgabenbehörde folgende Unterlagen elektronisch vorzulegen:

1. „als Nachweis betreffend die Wahrung des Parteiengehörs zu § 8 Abs. 1 Z 1“** die Niederschrift über Anhörung des Abgabepflichtigen oder den diesbezüglichen Schriftverkehr, wenn es aus Gründen, die beim Abgabepflichtigen liegen, nicht zu einer Anhörung gekommen ist; in den Fällen des „ § 8 Abs. 4“* auch die Würdigung der Stellungnahme der Person, die nicht Partei des Abgabenverfahrens ist, *(*BGBl I 2018/62; **BGBl I 2021/25)*

2. das „gemäß § 8 Abs. 2“ der Abgabenbehörde unterfertigte Auskunftsverlangen, und *(BGBl I 2021/25)*

3. die Begründung.

(3) Das Bundesfinanzgericht prüft auf Basis des vorgelegten Auskunftsverlangens das Vorliegen der Voraussetzungen für eine Konteneinschau nach diesem Gesetz. Die Entscheidung ist tunlichst binnen 3 Tagen zu treffen.

(4) **(Verfassungsbestimmung)** Gegen den Beschluss des Bundesfinanzgerichts nach Abs. 1 kann ein Rekurs eingelegt werden, über den das Bundesfinanzgericht durch einen Senat entscheidet. § 288 BAO ist sinngemäß anzuwenden.

(5) Entscheidet das Bundesfinanzgericht nach Abs. 4 dass die Konteneinschau zu Unrecht bewilligt wurde, dann gilt bezüglich der bei dieser Konteneinschau gewonnenen Beweise ein Verwertungsverbot in dem Abgabenverfahren, in dem das Auskunftsverlangen gestellt wurde.

4. Teil
Rechtsschutzbeauftragter

Pflichten der Abgabenbehörde gegenüber dem Rechtsschutzbeauftragten

§ 10. (1) Zur Wahrnehmung des besonderen Rechtsschutzes im Abgabenverfahren im Zusammenhang mit Auskünften aus dem Kontenregister (§ 4 Abs. 1 Z 3) hat die Abgabenbehörde gegenüber dem gemäß § 74a FinStrG bestellten Rechtsschutzbeauftragten bei der Wahrnehmung seiner Aufgaben folgende Pflichten:

1. jederzeit Einblick in alle erforderlichen Unterlagen und Aufzeichnungen zu gewähren,
2. ihm auf Verlangen Abschriften (Ablichtungen) einzelner Aktenstücke unentgeltlich auszufolgen
3. ihm die Protokollaufzeichnungen der Kontenregisterabfragen (§ 4 Abs. 3) zugänglich zu machen und
4. alle erforderlichen Auskünfte zu erteilen.

(2) Die Abgabenbehörde kann sich gegenüber dem Rechtsschutzbeauftragten weder auf die Amtsverschwiegenheit (Art. 20 Abs. 3 B-VG) noch auf die abgabenrechtliche Geheimhaltungspflicht (§ 48a BAO) berufen.

Pflichten des Rechtsschutzbeauftragten

§ 11. Der gemäß § 74a FinStrG bestellte Rechtsschutzbeauftragte hat folgende Pflichten:

1. Dem Rechtsschutzbeauftragten obliegt die Prüfung der Protokollaufzeichnungen der Kontenregisterabfragen (§ 4 Abs. 3).
2. Der Rechtsschutzbeauftragte hat dem Bundesminister für Finanzen jährlich bis spätestens 31. März des Folgejahres einen Bericht über seine Tätigkeit und Wahrnehmungen im Rahmen seiner Aufgabenerfüllung nach diesem Gesetz zu übermitteln.

5. Teil
Schlussbestimmungen

Verweis auf andere Rechtsvorschriften

§ 12. Soweit in diesem Bundesgesetz auf Bestimmungen anderer Bundesgesetze verwiesen wird, sind diese in ihrer jeweils geltenden Fassung anzuwenden.

Personenbezogene Bezeichnungen

§ 13. Soweit sich die in diesem Bundesgesetz verwendeten Bezeichnungen auf natürliche Personen beziehen, gilt die gewählte Form für beide Geschlechter.

Vollziehung

§ 14. Mit der Vollziehung dieses Bundesgesetzes ist der Bundesminister für Finanzen betraut.

Inkrafttreten

§ 15. „(1)" § 2 Abs. 2 zweiter Satz in der Fassung des Bundesgesetzes BGBl. I Nr. 118/2016 tritt mit 1. Jänner 2017 in Kraft. *(BGBl I 2017/107)*

(2) § 1 Abs. 2 Z 3 in der Fassung des Bundesgesetzes BGBl. I Nr. 107/2017 tritt mit 3. Jänner 2018 in Kraft. *(BGBl I 2017/107)*

(3) § 1 Abs. 1, § 2 Abs. 4 und Abs. 8, § 3 Abs. 2 erster Satz, § 5 Abs. 2 erster Satz, § 5 Abs.3, § 8 Abs. 1 Z 1 und § 9 Abs. 2 Z 1 in der Fassung des Bundesgesetzes BGBl. I Nr. 62/2018 treten mit 25. Mai 2018 in Kraft. *(BGBl I 2018/62)*

(4) § 2 Abs. 6 in der Fassung des Bundesgesetzes BGBl. I Nr. 99/2020 tritt mit 1. Juli 2020 in Kraft. *(BGBl I 2020/99)*

(5) **(Verfassungsbestimmung)** § 4 Abs. 7 und § 9 Abs. 1 in der Fassung des Bundesgesetzes BGBl. I Nr. 25/2021 treten mit dem der Kundmachung folgenden Tag in Kraft. *(BGBl I 2021/25)*

(6) § 1 Abs. 1, 3 und 4, § 2 Abs. 1 Einleitungssatz, Abs. 1 Z 3, 4, 6 und 7, § 2 Abs. 7 und 9, § 3 mitsamt Überschrift, § 4 Abs. 1 Z 3 bis 6, Abs. 1a, 2, 3a und 5, § 5 Abs. 2 und 4, § 6 Abs. 1 und 2, § 8 Abs. 1 Z 1, Abs. 3 erster Satz, § 9 Abs. 2 Z 1 in der Fassung des Bundesgesetzes BGBl. I Nr. 25/2021 treten mit dem der Kundmachung folgenden Tag in Kraft. *(BGBl I 2021/25)*

(7) § 8 Abs. 2 und § 9 Abs. 2 Z 2 in der Fassung des Bundesgesetzes BGBl. I Nr. 25/2021 treten mit 1. Jänner 2021 in Kraft. *(BGBl I 2021/25)*

(BGBl I 2016/118)

Verordnung des BMF zur Durchführung des Kontenregister- und Konteneinschaugesetzes (KontReg-DV)

BGBl II 2016/92 idF

1 BGBl II 2020/579

Verordnung des Bundesministers für Finanzen zur Durchführung des Kontenregister- und Konteneinschaugesetzes (Kontenregister-Durchführungsverordnung – KontReg-DV)

Auf Grund von § 3 Abs. 1 und § 6 des Kontenregister- und Konteneinschaugesetzes –(KontRegG), BGBl. I Nr. 116/2015, wird verordnet:

Verfahren

§ 1. (1) Diese Verordnung trifft nähere Regelungen für die elektronische Übertragung von Daten der Kreditinstitute an den Bundesminister für Finanzen.

(2) Die elektronische Übermittlung der Daten hat nach der FinanzOnline-Verordnung 2006, (FonV 2006), BGBl. II Nr. 97/2006, in der jeweils geltenden Fassung, im Verfahren FinanzOnline (https://finanzonline.bmf.gv.at) zu erfolgen. Die Übermittlung ist nur zulässig im Weg der Datenstromübermittlung und im Weg eines Webservices.

Teilnehmer

§ 2. (1) Teilnehmer sind die Kreditinstitute nach § 1 Abs. 2 KontRegG. Die Teilnehmer können sich zur Datenübermittlung eines Dienstleisters (insbesondere eines Rechenzentrums) bedienen, den sie dem Bundesminister für Finanzen namhaft zu machen haben. In gleicher Weise haben die Kreditinstitute die Stammzahlenregisterbehörde sowie die Bundesanstalt Statistik Österreich davon zu verständigen. Die Beendigung des Dienstleistungsverhältnisses ist dem Bundesminister für Finanzen unverzüglich mitzuteilen.

(2) Der Bundesminister für Finanzen kann im Einzelfall den Dienstleister ablehnen oder ihn bei sinngemäßer Anwendung des § 6 FonV 2006 ausschließen.

Datenübermittlung

§ 3. (1) Die elektronisch zu übermittelnden Daten sind:

1. die im § 2 Abs. 1 in Verbindung mit § 3 Abs. 1 zweiter Satz KontRegG bezeichneten Daten, wobei als Bezeichnung des Kreditinstituts ihr Bank Identifier Code („BIC“) anzugeben ist, und

2. zum Zweck der Identifikation des Kreditinstituts in FinanzOnline dessen „Steuernummer“. *(BGBl II 2020/579)*

(2) Bei Gemeinschaftskonten von Miteigentumsgemeinschaften und bei Konten von Wohnungseigentümergemeinschaften sind die wirtschaftlichen Eigentümer nur zu melden, wenn ihr jeweiliger Anteil mehr als 25 % beträgt. Dies gilt auch dann, wenn es sich um ein Anderkonto handelt.

(3) Bei nach Inbetriebnahme (Abs. 6 Z 1) neu angelegten Anderkonten sind auch die Namen aller Treugeber zu übermitteln. Bis zum 31. Jänner 2017 hat das Kreditinstitut dem Bundesminister für Finanzen die Anzahl jener Anderkonten zu melden, die vor der Inbetriebnahme bereits bestanden haben und hinsichtlich derer dem Kreditinstitut kein Treugeber bekannt gegeben worden ist. Bei Sammelanderkonten der Rechtsanwälte, Notare und Wirtschaftstreuhänder sowie bei Verlassenschafts-, Pflegschafts- und Insolvenzanderkonten müssen Treugeber nicht gemeldet werden.

(4) Bei Vorlage von Dispositionsscheinen für Verfügungen betreffend Wertpapierkonten und Geschäftsbeziehungen gemäß § 40 Abs. 5 erster Satz BWG müssen ab dem Datum der Inbetriebnahme des Kontenregisters (Abs. 6) die Identitäten der Vorleger im Rahmen bestehender elektronischer Systeme festgehalten werden.

(5) Die Strukturen für die Datenübermittlung sind im Internet unter https://www.bmf.gv.at zu veröffentlichen.

(6) Für die Datenübermittlungen gilt:

1. Die Inbetriebnahme des Kontenregisters erfolgt mit 10. August 2016.

2. Erstübermittlung: Ab der Inbetriebnahme des Kontenregisters und bis spätestens zum Ablauf des 30. September 2016 ist als Initiallieferung der Datenbestand zum 1. März 2015 zu übermitteln. Die Übermittlung hat auch die vom 1. März 2015 bis einschließlich 31. Juli 2016 erfolgten Änderungen im Datenbestand, welche mit Ablauf des 31. Juli 2016 im Vergleich zum 1. März 2015 noch bestehen (Stichtagsvergleich), sowie die Eröffnungen und Auflösungen zu umfassen. Die Bundesrechenzentrum Gesellschaft mit beschränkter Haftung (BRZ GmbH) hat als gesetzliche Dienstleisterin für den Bundesminister für Finan-

zen den Empfang von Datenübermittlungen zu Testzwecken ab dem 25. Mai 2016 und für Echtübermittlungen ab der Inbetriebnahme des Kontenregisters technisch zu ermöglichen.

3. Folgeübermittlung: Die Übermittlung der Daten hinsichtlich der nach dem 31. Juli 2016 eingetretenen Änderungen im Datenbestand sowie hinsichtlich der Eröffnungen und Auflösungen von Konten ist bis zum 25. Tag des folgenden Kalendermonates vorzunehmen und hat alle angefallenen Änderungen zu umfassen. Fällt der 25. Tag auf einen Samstag, Sonntag, gesetzlichen Feiertag oder auf den Karfreitag, so ist die Übermittlung der Daten am nächsten Tag, der nicht einer der vorgenannten Tage ist, vorzunehmen. Folgeübermittlungen betreffend August 2016 sind spätestens am 26. September 2016 vorzunehmen, wenn die Erstübermittlung vor dem 16. September 2016 erfolgt ist. Alle anderen Folgeübermittlungen betreffend August und September 2016 sind spätestens am 25. Oktober 2016 vorzunehmen.

4. Korrekturübermittlung: Auf Änderungen sowie erkannte Unrichtigkeiten in Bezug auf einen bereits übermittelten Datensatz ist Z 3 sinngemäß anzuwenden.

Auskünfte aus dem Kontenregister

§ 4. (1) Die Auskünfte aus dem Kontenregister durch elektronische Einsicht, ausgenommen die Einsicht durch die Staatsanwaltschaften und Strafgerichte, die Abgabenbehörden, die Finanzstrafbehörden und das Bundesfinanzgericht, erfolgen im Verfahren FinanzOnline (https://finanzonline.bmf.gv.at) und beginnen mit dem 5. Oktober 2016.

(2) Den betroffenen Personen und Unternehmen, die Teilnehmer an FinanzOnline sind, ist die Auskunft, welche sie betreffenden Daten übermittelt und in das Kontenregister aufgenommen sind, ausschließlich in FinanzOnline zu ermöglichen. Eine solche Abfrage steht nur dem Teilnehmer an FinanzOnline im Sinn des § 2 Abs. 1 FonV 2006 zu. Parteienvertretern im Sinn des § 2 Abs. 2 FonV 2006 und anderen Teilnehmern an FinanzOnline steht in Bezug auf die Daten Dritter kein Abfragerecht zu

(3) Die Übermittlung der Information über eine durchgeführte Kontenregistereinsicht der Abgabenbehörde hat an den betroffenen Teilnehmer an FinanzOnline im Sinn des § 2 Abs. 1 FonV 2006, nicht jedoch an seinen Parteienvertreter im Sinn des § 2 Abs. 2 FonV 2006 oder an andere Teilnehmer an FinanzOnline zu erfolgen.

2. Verordnung des Bundesministers für Finanzen zur Durchführung des Kontenregister- und Konteneinschaugesetzes (2. Kontenregister-Durchführungsverordnung – 2. KontReg-DV)

BGBl II 2021/176

Auf Grund von § 3 Abs. 1b, 1c und § 6 des Kontenregister- und Konteneinschaugesetzes (KontRegG), BGBl. I Nr. 116/2015 zuletzt geändert durch das Bundesgesetz BGBl. I Nr. 25/2021, wird verordnet:

Verfahren

§ 1. (1) Diese Verordnung trifft nähere Regelungen für die elektronische Übertragung von Daten der meldepflichtigen Kredit- und Finanzinstitute hinsichtlich der in § 1 Abs. 1 und 3 KontRegG angeführten meldepflichtigen Konten im Kreditgeschäft der Kreditinstitute und meldepflichtigen Zahlungskonten von Finanzinstituten zur Erbringung von Zahlungsdienstleistungen sowie der Schließfächer an den Bundesminister für Finanzen.

(2) Die elektronische Übermittlung der Daten hat nach der FinanzOnline-Verordnung 2006, (FOnV 2006), BGBl. II Nr. 97/2006, in der jeweils geltenden Fassung, im Verfahren FinanzOnline (https://finanzonline.bmf.gv.at) zu erfolgen. Die Übermittlung ist nur zulässig im Weg der Datenstromübermittlung und im Weg eines Webservice.

§ 2. (1) Teilnehmer sind die Kredit- und Finanzinstitute nach § 1 Abs. 2 und 4 KontRegG. Finanzinstitute nach § 1 Abs. 2 Z 6 des Bankwesengesetzes – BWG, BGBl. Nr. 532/1993, (gewerbliche Schließfachanbieter) haben sich elektronisch unter Verwendung des Formulars Schliess 1 entsprechend der **Anlage A** zu registrieren, um die erforderlichen Berechtigungen für Übermittlungen an das Kontenregister zu erhalten. Die Teilnehmer können sich zur Datenübermittlung eines Auftragsverarbeiters (insbesondere eines Rechenzentrums) bedienen, den sie dem Bundesminister für Finanzen namhaft zu machen haben. Die Beendigung des Dienstleistungsverhältnisses ist dem Bundesminister für Finanzen unverzüglich mitzuteilen. In gleicher Weise haben die Kreditinstitute die Stammzahlenregisterbehörde sowie die Bundesanstalt Statistik Österreich davon zu verständigen.

(2) Der Bundesminister für Finanzen kann im Einzelfall den Auftragsverarbeiter ablehnen oder ihn bei sinngemäßer Anwendung des § 6 FOnV 2006 ausschließen.

Datenübermittlung

§ 3. (1) Die elektronisch zu übermittelnden Daten sind die in § 2 Abs. 1 in Verbindung mit § 3 Abs. 1b und 1c KontRegG bezeichneten Daten, wobei als Bezeichnung des Kredit- oder Finanzinstituts ihr Bank Identifier Code („BIC") anzugeben ist.

(2) Ausschließlich zum Zweck der Identifikation in FinanzOnline ist die Steuernummer des Kredit- oder Finanzinstituts zu übermitteln.

(3) Die Strukturen für die Datenübermittlung sind im Internet unter https://www.bmf.gv.at zu veröffentlichen.

(4) Für die Datenübermittlungen gilt:

1. Erstübermittlung: die Daten sind mit Stand zum 1. Jänner 2021 bis spätestens zum Ablauf des 31. Mai 2021 als Initiallieferung zu übermitteln.

2. Folgeübermittlung: Die Übermittlung der Daten hinsichtlich der nach dem 1. Jänner 2021 eingetretenen Änderungen im Datenbestand sowie hinsichtlich der Eröffnungen und Auflösungen von Konten nach § 1 oder des Beginns und der Beendigung des Mietzeitraums von Schließfächern ist bis zum 25. Tag des folgenden Kalendermonates vorzunehmen und hat alle angefallenen Änderungen zu umfassen. Fällt der 25. Tag auf einen Samstag, Sonntag, gesetzlichen Feiertag oder auf den Karfreitag, so ist die Übermittlung der Daten am nächsten Tag, der nicht einer der vorgenannten Tage ist, vorzunehmen.

3. Korrekturübermittlung: Auf Änderungen sowie erkannte Unrichtigkeiten in Bezug auf einen bereits übermittelten Datensatz ist Z 2 sinngemäß anzuwenden.

(5) Bei Ander- und sonstigen Treuhandkonten, auf die eine Verordnung gemäß § 8 Abs. 5 des Finanzmarkt-Geldwäschegesetzes – FM-GwG, BGBl. I Nr. 118/2016, oder § 95 BWG angewandt wird, sowie bei Ander- und sonstigen Treuhandkonten, auf die vereinfachte Sorgfaltspflichten auf risikoorientierter Grundlage gemäß § 6 Abs. 5 FM-GwG angewandt werden, kann die Meldung des Treugebers oder der Treugeber unterbleiben.

Auskünfte aus dem Kontenregister

§ 5. Die Auskünfte aus dem Kontenregister durch elektronische Einsicht werden der Geldwäschemeldestelle, dem Bundesamt für Verfassungsschutz und Terrorismusbekämpfung, der Finanzmarktaufsichtsbehörde, dem Bundeskriminalamt, dem Bundesamt zur Korruptionsprävention und Korruptionsbekämpfung, der Oesterreichischen Nationalbank und dem Bundesminister für Inneres im Weg des jeweiligen Portalverbund-Stammportals gewährt.

Anhang

Hinweis (wird nicht ausgedruckt): Bitte verwenden Sie die letzte Version des Adobe Acrobat Reader. Nur so können Sie das Formular mit Ihren ausgefüllten Daten speichern!

An das Finanzamt

Eingangsvermerk

BITTE BEACHTEN SIE:

Dieses Formular wird maschinell gelesen, füllen Sie es daher nur mittels Tastatur und Bildschirm aus. ***Eine handschriftliche Befüllung ist unbedingt zu vermeiden.*** *Betragsangaben in EURO und Cent (rechtsbündig). Eintragungen* ***außerhalb der Eingabefelder*** *können maschinell nicht gelesen werden.*

Datenschutzerklärung auf bmf.gv.at/datenschutz oder auf Papier in allen Finanz- und Zolldienststellen

BITTE DIESES GRAUE FELD NICHT BESCHRIFTEN

Registrierung – Gewerbliche Schließfachanbieter

Schließfachanbieter

FIRMA

Firmenbuchnummer

Rechtsform (z.B. GmbH, AG, KG, OG)

ANSCHRIFT (Straße, Haus-Nr., Tür-Nr.)

Postleitzahl

ORT

Homepage der/des Gewerbetreibenden

Steuernummer

Registrierungsnummer Datenübermittlung Sonderausgaben

UID-Nummer

ÖNACE

Ort der Geschäftsleitung (Befindet sich der Ort der Geschäftsleitung nicht im Inland, bitte den Firmensitz anführen.)

ANSCHRIFT (Straße, Haus-Nr., Tür-Nr.)

Postleitzahl

ORT

Anzahl der Schließfächer

Anzahl der Schließfächer

bmf.gv.at

Bundesministerium Finanzen

Im gesamten Formular werden weibliche Formen wie z.B. „Vertreterin" aus Gründen der Textökonomie nicht explizit genannt.

Schliess 1-PDF Bundesministerium für Finanzen

Schliess 1, Seite 1, Version vom 28.09.2020

Teilbetrieb/Betriebsstätte (Weiterer Standort eines Schließfachsafes)

FIRMA

ANSCHRIFT (Straße, Haus-Nr., Tür-Nr.)

Postleitzahl

ORT

Angaben zu den Vorstandsmitgliedern bzw. den Geschäftsführern

FAMILIEN- ODER NACHNAME

VORNAME

Geburtsdatum (TTMMJJJJ)

ANSCHRIFT (Straße, Haus-Nr., Tür-Nr.)

Postleitzahl

ORT

Beteiligt am Unternehmen (nur bei GmbH) in %

Funktion (z.B. Vorstand, Geschäftsführer, Prokurist...)

Zur Identitätsprüfung wird Führerschein, Reisepass, Personalausweis, Moped-, Lehrling-, Schülerausweis, edu.card oder Behindertenpass benötigt.

- ☐ Führerschein
- ☐ Reisepass
- ☐ Personalausweis
- ☐ Lehrlingsausweis
- ☐ Schülerausweis
- ☐ Mopedausweis
- ☐ edu.card
- ☐ Behindertenpass

Nummer des Dokuments

Datum der Ausstellung des Dokuments (TTMMJJJJ)

Unterschrift, firmenmäßige Zeichnung

Übernahmebestätigung für Zugangskennungen und Erstinformation.

Datum (TTMMJJJJ) D

Unterschrift

Nur vom Finanzamt auszufüllen

☐ Antrag erledigt

Schliess 1-PDF

Schliess 1, Seite 2, Version vom 28.09.2020

Bundesgesetz über die Meldepflicht von Kapitalabflüssen und von Kapitalzuflüssen (Kapitalabfluss-Meldegesetz)

BGBl I 2015/116 idF

1 BGBl I 2016/77
2 BGBl I 2018/17
3 BGBl I 2018/62
4 BGBl I 2019/104 (FORG)

Bundesgesetz über die Meldepflicht von Kapitalabflüssen und von Kapitalzuflüssen (Kapitalabfluss-Meldegesetz)

Inhaltsverzeichnis

Begriffsbestimmungen

§ 1. Im Sinne dieses Bundesgesetzes bedeutet:

1. Kreditinstitut: ein Kreditinstitut gemäß § 1 Abs. 2 des Kontenregistergesetzes – KontRegG, BGBl. I Nr. 116/2015.

2. Zahlungsinstitut: ein Zahlungsinstitut gemäß „§ 7 Abs. 1 des Zahlungsdienstegesetzes 2018 – ZaDiG 2018, BGBl. I Nr. 17/2018“ oder eine Zweigstelle eines Zahlungsinstitutes gemäß „§ 27 ZaDiG 2018“. *(BGBl I 2018/17)*

3. Kapitalabfluss:

a) die Auszahlung und Überweisung von Sicht-, Termin- und Spareinlagen,

b) die Auszahlung und Überweisung im Rahmen der Erbringung von Zahlungsdiensten gemäß „§ 1 Abs. 2 ZaDiG 2018“ oder im Zusammenhang mit dem Verkauf von Bundesschätzen, *(BGBl I 2018/17)*

c) die Übertragung von Eigentum an Wertpapieren (§ 1 Abs. 1 des Depotgesetzes, BGBl. Nr. 424/1969, und § 3 Abs. 2 Z 13 des Investmentfondsgesetzes 2011 – InvFG 2011, BGBl. I Nr. 77/2011) mittels Schenkung im Inland sowie

d) die Verlagerung von Wertpapieren in ausländische Depots.

4. Kapitalzufluss:

a) die Einzahlung und Überweisung von Sicht-, Termin- und Spareinlagen,

b) die Einzahlung und Überweisung im Rahmen der Erbringung von Zahlungsdiensten gemäß „§ 1 Abs. 2 ZaDiG 2018“ oder im Zusammenhang mit dem Verkauf von Bundesschätzen, *(BGBl I 2018/17)*

c) die Übertragung von Eigentum an Wertpapieren (§ 1 Abs. 1 des Depotgesetzes, BGBl. Nr. 424/1969, und § 3 Abs. 2 Z 13 des Investmentfondsgesetzes 2011 – InvFG 2011, BGBl. I Nr. 77/2011) mittels Schenkung sowie

d) die Verlagerung von Wertpapieren in inländische Depots.

1. Teil
Kapitalabfluss-Meldepflicht

Meldepflicht

§ 2. Kreditinstitute, Zahlungsinstitute und die Österreichische Bundesfinanzierungsagentur (ÖBFA) sind verpflichtet, hohe Kapitalabflüsse nach Maßgabe dieses Bundesgesetzes an den Bundesminister für Finanzen zur Überprüfung der Einhaltung der abgabenrechtlichen Vorschriften zu melden.

(BGBl I 2018/62)

Umfang der Meldepflicht

§ 3. (1) Meldepflichtig sind Kapitalabflüsse von Beträgen von mindestens 50 000 Euro von Konten oder Depots natürlicher Personen. Ausgenommen von dieser Meldepflicht sind Kapitalabflüsse von Geschäftskonten von Unternehmern und von Anderkonten von Rechtsanwälten, Notaren oder Wirtschaftstreuhändern. Die Umwidmung eines bestehenden Kontos in ein Geschäftskonto sowie die Überweisung von einem Privatkonto auf ein Geschäftskonto stellen Kapitalabflüsse nach § 1 Z 3 dar.

(2) Eine Meldepflicht tritt unabhängig davon ein, ob der Kapitalabfluss in einem einzigen Vorgang oder in mehreren Vorgängen, zwischen denen eine Verbindung offenkundig gegeben ist, getätigt wird. Schadenersatzansprüche können aus dem Umstand, dass ein Meldepflichtiger gemäß § 1 oder ein dort Beschäftigter in fahrlässiger Unkenntnis, dass es sich nicht um eine verbundene Transaktion nach diesem Absatz handelt, diese als eine verbundene Transaktion nach diesem Absatz meldet, nicht erhoben werden.

(3) Die Meldung hat zu enthalten:

1. das verschlüsselte bereichsspezifische Personenkennzeichen für Steuern und Abgaben (vbPK SA); sofern das vbPK SA über das Stammzahlenregister nicht ermittelt werden konnte, sind Vorname, Zuname, Geburtsdatum, Adresse und Ansässigkeitsstaat aufzunehmen;

2. die Konto- oder Depotnummer und den jeweiligen Betrag.

(4) Zum Zweck der Datenübermittlung sind die Meldepflichtigen gemäß § 1 berechtigt, wie „Verantwortliche" des öffentlichen Bereichs gemäß § 10 Abs. 2 des E-Government-Gesetzes – E-GovG, BGBl. I Nr. 10/2004, die Ausstattung ihrer „Datenverarbeitung´" mit vbPK SA von der Stammzahlenregisterbehörde zu verlangen. In diesem Zusammenhang anfallende Kosten inklusive jener der Stammzahlenregisterbehörde sind vom Meldepflichtigen gemäß § 1 zu tragen. *(BGBl I 2018/62)*

(5) Sofern ein Meldepflichtiger aus Anlass eines Kapitalabflusses von mindestens 50 000 Euro von Geschäftskonten von Unternehmern eine Meldung zur Bekämpfung der Geldwäsche an die Geldwäschemeldestelle des Bundeskriminalamtes (§ 4 Abs. 2 des Bundeskriminalamt-Gesetzes – BKA-G, BGBl. I Nr. 22/2002) erstattet, hat die Geldwäschemeldestelle diese Meldung an das Bundesministerium für Finanzen weiterzuleiten.

Meldezeitraum

§ 4. (1) Die Meldung ist jeweils bis zum letzten Tag des auf den Kapitalabfluss folgenden Monats abzugeben. Die Meldepflicht für den Zeitraum 1. Jänner 2016 bis 31. Dezember 2016 ist bis 31. Jänner 2017 wahrzunehmen.

(2) **(Verfassungsbestimmung)** Die Meldepflicht ist erstmalig für den Zeitraum vom 1. März 2015 bis 31. Dezember 2015 wahrzunehmen, wobei die Meldung spätestens bis 31. Oktober 2016 zu erstatten ist.

2. Teil
Kapitalzufluss-Meldepflicht

Meldepflicht

(5) Kreditinstitute, Zahlungsinstitute und die Österreichische Bundesfinanzierungsagentur (ÖBFA) sind verpflichtet, hohe Kapitalzuflüsse aus der Schweizerischen Eidgenossenschaft und dem Fürstentum Liechtenstein nach Maßgabe dieses Bundesgesetzes an den Bundesminister für Finanzen zur Überprüfung der Einhaltung der abgabenrechtlichen Vorschriften zu melden, soweit sie in den in § 7 angeführten Zeiträumen erfolgten.

(BGBl I 2018/62)

Umfang der Meldepflicht

§ 6. (1) Meldepflichtig sind Kapitalzuflüsse von mindestens 50 000 Euro auf Konten oder Depots von

1. natürlichen Personen; ausgenommen von dieser Meldepflicht sind Kapitalzuflüsse auf Geschäftskonten von Unternehmern;

2. liechtensteinischen Stiftungen und stiftungsähnlichen Anstalten; im Zweifel kann der Meldepflichtige davon ausgehen, dass eine Anstalt stiftungsähnlich ist.

(2) Sofern ein Kapitalzufluss von mindestens 50 000 Euro auf ein Konto oder Depot im Meldezeitraum vorliegt, so sind auch alle anderen im Meldezeitraum erfolgten Zuflüsse in die Meldung aufzunehmen.

(3) Die Meldung hat zu enthalten:

1. das verschlüsselte bereichsspezifische Personenkennzeichen für Steuern und Abgaben (vbPK SA); sofern das vbPK SA über das Stammzahlenregister nicht ermittelt werden konnte, sind Vorname, Zuname, Geburtsdatum, Adresse und Ansässigkeitsstaat aufzunehmen;

2. die Konto- oder Depotnummer und

3. den jeweiligen Betrag.

(4) Zum Zweck der Datenübermittlung sind die Meldepflichtigen gemäß § 5 berechtigt, wie „Verantwortliche" des öffentlichen Bereichs gemäß § 10 Abs. 2 des E-Government-Gesetzes – E-GovG, BGBl. I Nr. 10/2004, die Ausstattung ihrer „Datenverarbeitung" mit vbPK SA von der Stammzahlenregisterbehörde zu verlangen. In diesem Zusammenhang anfallende Kosten inklusive jener der Stammzahlenregisterbehörde sind vom Meldepflichtigen gemäß § 5 zu tragen. *(BGBl I 2018/62)*

Meldezeitraum

§ 7. (1) **(Verfassungsbestimmung)** Die Meldepflicht ist wahrzunehmen:

1. für Kapitalzuflüsse aus der Schweizerischen Eidgenossenschaft für den Zeitraum von 1. Juli 2011 bis 31. Dezember 2012,

2. für Kapitalzuflüsse aus dem Fürstentum Liechtenstein für den Zeitraum von 1. Jänner 2012 bis 31. Dezember 2013.

(2) Die Meldungen sind spätestens bis 31. Dezember 2016 zu erstatten.

3. Teil

Nachversteuerung von meldepflichtigen Kapitalzuflüssen

Einmalzahlung

§ 8. (1) Inhaber von Konten oder Depots, auf denen gemäß § 6 meldepflichtige Kapitalzuflüsse verbucht wurden, können bis einschließlich 31. März 2016 dem meldepflichtigen Kreditinstitut unwiderruflich schriftlich mitteilen, die Nachversteuerung dieser Vermögenswerte im Wege einer Einmalzahlung mit Abgeltungswirkung vorzunehmen. Sie haben für deren Begleichung den erforderlichen Geldbetrag bereitzustellen.

(2) Die Einmalzahlung beträgt 38 % der meldepflichtigen Vermögenswerte. Sie ist von dem meldepflichtigen Kreditinstitut bis spätestens 30. September 2016 einzubehalten und abzuführen; über die erfolgten Einmalzahlungen ist innerhalb eines Monats nach Ablauf dieser Frist dem für die Erhebung der Körperschaftsteuer zuständigen Finanzamt eine Anmeldung zu übermitteln.

(3) Über die erfolgte Einmalzahlung hat das Kreditinstitut eine Bescheinigung an die Konto- oder Depotinhaber auszustellen, die folgende Angaben zu enthalten hat:

1. die Identität (Name und Geburtsdatum oder Bezeichnung) und Wohnsitz oder Sitz der Konto- oder Depotinhaber;

2. die Identität (Name und Geburtsdatum oder Bezeichnung) und Wohnsitz oder Sitz der Verfügungsberechtigten;

3. die Identität (Name und Geburtsdatum oder Bezeichnung) und Wohnsitz oder Sitz der Inhaber jener Konten oder Depots, von denen aus der meldepflichtige Zufluss erfolgt ist;

4. soweit bekannt, deren österreichische „ “ Steuernummer und/oder Sozialversicherungsnummer; *(BGBl I 2019/104)*

5. den BIC-Code des Kreditinstitutes;

6. die Kundennummer (Kunden-, Konto- oder Depot-Nummer, IBAN-Code);

7. den Betrag der Einmalzahlung und Berechnungsgrundlage einschließlich der übertragenen Wirtschaftsgüter.

(4) Mit der vollständigen Gutschrift der Einmalzahlung auf dem Abgabenkonto des Kreditinstitutes gelten die Erbschaftssteuer- und Schenkungssteuer und die Ansprüche auf die gemeinschaftlichen Bundesabgaben gemäß § 8 Abs. 1 erster und dritter Fall des Finanzausgleichsgesetzes 2008 – FAG 2008, BGBl. I Nr. 103/2007, sowie die Stiftungseingangssteuer- und Versicherungssteueransprüche als abgegolten. Die Abgeltungswirkung gilt für alle Gesamtschuldner der betroffenen Abgaben. Sie umfasst vor dem Zufluss entstandene Abgabenansprüche betreffend die genannten Abgaben, soweit ihnen Sachverhalte zugrunde liegen, die zur Bildung von Vermögenswerten geführt haben, deren Zufluss im Inland der Meldepflicht nach § 6 unterliegt, im Betrag bis zur Höhe der Bemessungsgrundlage der Einmalzahlung. Gleichzeitig entfällt die Meldeverpflichtung gemäß § 6 für den zugrundeliegenden Zufluss.

(5) Die Abgeltungswirkung nach Abs. 4 tritt nicht ein, soweit

1. die Vermögenswerte aus einer Vortat zur Geldwäscherei gemäß § 165 Abs. 1 des Strafgesetzbuches – StGB, BGBl Nr. 60/1974, mit Ausnahme des § 33 iVm §§ 38a oder 39 des Finanzstrafgesetzes – FinStrG, BGBl Nr. 129/1958 herrühren oder

2. zum Zeitpunkt der Mitteilung gemäß Abs. 1

a) einer Abgaben- oder Finanzstrafbehörde bereits konkrete Hinweise auf nicht versteuerte Vermögenswerte, die der Meldepflicht unterliegen, vorlagen und dies dem Verfügungsberechtigten bekannt war;

b) abgabenrechtliche Ermittlungen geführt werden oder

c) diesbezüglich bereits Verfolgungshandlungen (§ 29 Abs. 3 lit. a FinStrG) gesetzt worden sind.

In diesen Fällen wird eine geleistete Einmalzahlung als freiwillige Zahlung auf die geschuldeten Steuern der verfügungsberechtigten Person behandelt. § 214 Abs. 1 der Bundesabgabenordnung – BAO, BGBl Nr. 194/1961 gilt sinngemäß.

(6) Abs. 4 hat keine Auswirkung auf die Berechnung der Grundlage der Mehrwertsteuereigenmittel nach der Verordnung (EWG, Euratom) Nr. 1553/89 über die endgültige einheitliche Regelung für die Erhebung der Mehrwertsteuereigenmittel.

(7) Insoweit gemäß Abs. 4 und 5 Abgabenansprüche abgegolten sind, tritt Strafbefreiung hinsichtlich damit zusammenhängender Finanzvergehen ein.

Bedeckung

§ 9. (1) Verfügen die Konto- oder Depotinhaber nicht über einen ausreichenden Geldbetrag auf einem Konto des meldepflichtigen Kreditinstitutes, so muss dieses den Konto- oder Depotinhabern schriftlich unter Setzung einer Frist von längstens vier Wochen, längstens aber bis zum 29. September 2016, auffordern, einen ausreichenden Geldbetrag bereitzustellen. Zugleich sind die Konto- oder Depotinhaber auf die Verpflichtung zur Meldung des Kapitalzuflusses hinzuweisen.

(2) Kann das Kreditinstitut wegen fehlender flüssiger Mittel die Einmalzahlung nicht vollständig einbehalten, hat das Kreditinstitut nach Ablauf der Frist gemäß Abs. 1 seiner Meldeverpflichtung nach § 6 nachzukommen.

Selbstanzeige

§ 10. (1) Wird Selbstanzeige (§ 29 FinStrG) wegen Finanzvergehen erstattet, denen ein Sachverhalt zugrunde liegt, der zur Bildung von Vermögenswerten geführt hat, deren Zufluss gemäß § 6 meldepflichtig ist, ist insoweit § 29 Abs. 3 lit. d FinStrG nicht anzuwenden.

(2) Für Selbstanzeigen gemäß Abs. 1 tritt strafbefreiende Wirkung nur insoweit ein, als auch eine Abgabenerhöhung entrichtet wird. § 29 Abs. 6 FinStrG gilt sinngemäß.

4. Teil

Gemeinsame Bestimmungen und Schlussbestimmungen

Verordnungsermächtigung

§ 11. Der Bundesminister für Finanzen hat mit Verordnung das Verfahren der Übermittlung der Meldungen im Wege von FinanzOnline nach den §§ 3 und 6 in organisatorischer und technischer Hinsicht zu regeln.

Verfahren bei der Abgabenbehörde

§ 12. (1) Die Abgabenbehörden haben einlangende Meldungen von Kapitalabflüssen (§ 3) der elektronischen Dokumentation gemäß § 114 Abs. 2 BAO hinzuzufügen; daneben dürfen die Meldungen ausschließlich für eine Analyse für Zwecke der Betrugsbekämpfung unter Abgleich der über den Steuerpflichtigen im Abgabenakt vorhandenen Daten und für damit in Zusammenhang stehende allgemeine Aufsichtsmaßnahmen nach §§ 143 und 144 BAO oder Außenprüfungen nach § 147 BAO herangezogen werden. Die Bestimmungen des Finanzstrafgesetzes bleiben davon unberührt.

(2) Die Abgabenbehörden haben einlangende Meldungen von Kapitalzuflüssen (§ 6) der elektronischen Dokumentation gemäß § 114 Abs. 2 BAO hinzuzufügen und im Sinne des § 115 Abs. 1 BAO lückenlos zu prüfen. Die Bestimmungen des Finanzstrafgesetzes bleiben davon unberührt.

Strafbestimmungen

§ 13. (1) Wer die Meldepflichten der §§ 3 und 6 vorsätzlich verletzt, macht sich eines Finanzvergehens schuldig und ist mit einer Geldstrafe bis zu 200 000 Euro zu bestrafen.

(2) Wer die Tat nach Abs. 1 grob fahrlässig begeht, ist mit einer Geldstrafe bis zu 100 000 Euro zu bestrafen.

(3) Die Finanzvergehen nach Abs. 1 und Abs. 2 hat das Gericht niemals zu ahnden.

(4) *(entfällt, BGBl I 2016/77)*

Verweis auf andere Rechtsvorschriften

§ 14. Soweit in diesem Bundesgesetz auf Bestimmungen anderer Bundesgesetze verwiesen wird, sind diese in ihrer jeweils geltenden Fassung anzuwenden.

Personenbezogene Bezeichnungen

§ 15. Soweit sich die in diesem Bundesgesetz verwendeten Bezeichnungen auf natürliche Personen beziehen, gilt die gewählte Form für beide Geschlechter.

Außerkrafttreten

§ 16. Meldungen nach diesem Bundesgesetz sind letztmalig für Kapitalabflüsse im Dezember 2022 zu erstatten.

Vollziehung

§ 17. Mit der Vollziehung dieses Bundesgesetzes ist der Bundesminister für Finanzen betraut.

Inkrafttreten

§ 18. „(1)" § 1 Abs. 2, § 1 Z 3 lit. b und § 1 Z 4 lit. b in der Fassung des Bundesgesetzes BGBl. I Nr. 17/2018 treten mit 1. Juni 2018 in Kraft. *(BGBl I 2018/62)*

(2) § 2, § 3 Abs. 4 erster Satz, § 5 und § 6 Abs. 4 erster Satz in der Fassung des Bundesgesetzes BGBl. I Nr. 62/2018 treten mit 25. Mai 2018 in Kraft. *(BGBl I 2018/62)*

(3) § 8 Abs. 3 Z 4 in der Fassung des Bundesgesetzes BGBl. I Nr. 104/2019, tritt mit 1. Juli 2020 in Kraft. *(BGBl I 2019/104)*

(BGBl I 2018/17)

Verordnung des BMF zur Durchführung des Kapitalabfluss-Meldegesetzes (KapAbfl-DV)

BGBl II 2016/91 idF

1 BGBl II 2020/579

Verordnung des Bundesministers für Finanzen zur Durchführung des Kapitalabfluss-Meldegesetzes (Kapitalabfluss-Durchführungsverordnung – KapAbfl-DV)

Auf Grund des § 11 des Kapitalabfluss-Meldegesetzes, BGBl. I Nr. 116/2015, wird verordnet:

Verfahren

§ 1. (1) Diese Verordnung trifft nähere Regelungen für die elektronische Übertragung von Daten der Kreditinstitute, Zahlungsinstitute und der Österreichischen Bundesfinanzierungsagentur (ÖBFA) an den Bundesminister für Finanzen.

(2) Die elektronische Übermittlung der Daten hat nach der FinanzOnline-Verordnung 2006, (FonV 2006), BGBl. II Nr. 97/2006, in der jeweils geltenden Fassung, im Verfahren FinanzOnline (https://finanzonline.bmf.gv.at) zu erfolgen. Die Übermittlung ist nur zulässig im Weg der Datenstromübermittlung und im Weg eines Webservices.

Teilnehmer

§ 2. (1) Teilnehmer sind die Kreditinstitute und die Zahlungsinstitute (§ 1 Z 1 und 2 des Kapitalabfluss-Meldegesetzes), sowie die ÖBFA. Die Teilnehmer können sich zur Datenübermittlung eines Dienstleisters (insbesondere eines Rechenzentrums) bedienen, den sie dem Bundesminister für Finanzen namhaft machen müssen. Die Beendigung des Dienstleistungsverhältnisses ist dem Bundesminister für Finanzen unverzüglich mitzuteilen. In gleicher Weise haben die Kreditinstitute die Stammzahlenregisterbehörde sowie die Bundesanstalt Statistik Österreich davon zu verständigen.

(2) Der Bundesminister für Finanzen kann im Einzelfall den Dienstleister ablehnen oder ihn bei sinngemäßer Anwendung des § 6 FonV 2006 ausschließen.

Ermittlung und Übermittlung der Daten

§ 3. (1) Die elektronisch zu übermittelnden Daten sind

1. bei Kapitalabflüssen die im § 3 Abs. 3 des Kapitalabfluss-Meldegesetzes bezeichneten Daten einschließlich des Betrages,

2. bei Kapitalzuflüssen die im § 6 Abs. 3 des Kapitalabfluss-Meldegesetzes bezeichneten Daten einschließlich des Betrages, sowie

3. in den Fällen der Z 1 und 2 als Bezeichnung des Kreditinstituts, Zahlungsinstituts bzw. der ÖBFA sein bzw. ihr Bank Identifier Code („BIC"), sowie zum Zweck der Identifikation in FinanzOnline seine bzw. ihre „Steuernummer", *(BGBl II 2020/579)*

4. in den Fällen der Z 1 und 2 bei vermögensverwaltenden Personengesellschaften die Firmennamen.

(2) Für die Ermittlung von Kapitalabflüssen und Kapitalzuflüssen gilt:

1. Die Übertragung von Eigentum an Wertpapieren im Inland ist als Kapitalabfluss meldepflichtig, wenn eine Depotübertragung mittels freier Lieferung erfolgt und es sich nicht um bloße Eigenüberträge handelt

2. Meldepflichtige Kapitalzuflüsse auf Depots sind wie folgt zu ermitteln:

a) Bei Vorliegen von Kapitalzuflüssen von jeweils unter 50 000 Euro aus der Schweizerischen Eidgenossenschaft oder dem Fürstentum Liechtenstein auf einem inländischen Bankkonto, ist zu überprüfen, ob relevante Zuflüsse auf einem Depot desselben Inhabers vorliegen. Hinsichtlich der Herkunft der Zuflüsse ist dabei auf die liefernden Kreditinstitute (auftraggebende Kreditinstitute) abzustellen.

b) Erfolgt eine Meldung aufgrund eines Kapitalzuflusses von mindestens 50 000 Euro auf einem Konto, kann eine gesonderte Meldung von Zuflüssen auf Depots unterbleiben.

(3) Bei Einmalzahlung für Zuflüsse (§ 8 des Kapitalabfluss-Meldegesetzes) sind verbleibende Zuflüsse, für die keine Einmalzahlung vorgenommen wird, zu melden, auch wenn diese Zuflüsse unter 50 000 Euro liegen.

(4) Die Strukturen für die Datenübermittlung sind im Internet unter https://www.bmf.gv.at zu veröffentlichen.

(5) Für die Datenübermittlungen gilt:

1. Datenübermittlungen in Bezug auf Kapitalabflüsse sind nicht vor dem Vorliegen der jeweiligen technischen und organisatorischen Voraussetzungen zulässig, doch hat die Bundesrechenzentrum Gesellschaft mit beschränkter Haftung (BRZ GmbH) als gesetzliche Dienstleisterin für den Bundesminister für Finanzen den Empfang

von Datenübermittlungen spätestens ab folgenden Terminen technisch zu ermöglichen:

a) für Kapitalabflüsse im Zeitraum 1. März 2015 bis 31. Dezember 2015 ab dem 5. Oktober 2016,

b) für Kapitalabflüsse im Zeitraum 1. Jänner 2016 bis 31. Dezember 2016 ab dem 1. Jänner 2017,

c) für laufende Meldungen von Kapitalabflüssen ab dem 1. Jänner 2017 jeweils ab dem ersten Tag des auf den Kapitalabfluss folgenden Monats.

2. Verbundene Transaktionen: Kapitalabflüsse, die als eine verbundene Transaktion im Sinn des Kapitalabfluss-Meldegesetzes anzusehen sind, sind quartalsweise zusammenzurechnen und gelten im gesamten zusammengerechneten Betrag mit Ultimo des Kalenderquartals als abgeflossen, in welchem die Summe den Betrag von 50 000 Euro erstmals oder neuerlich erreicht.

3. Datenübermittlungen in Bezug auf Kapitalzuflüsse aus der Schweizerischen Eidgenossenschaft und aus dem Fürstentum Liechtenstein sind nicht vor dem Vorliegen der jeweiligen technischen und organisatorischen Voraussetzungen zulässig, doch hat die BRZ GmbH als gesetzliche Dienstleisterin für den Bundesminister für Finanzen den Empfang von Datenübermittlungen spätestens ab dem 1. Dezember 2016 technisch zu ermöglichen. Dies gilt auch für die Übermittlung von Änderungen sowie erkannte Unrichtigkeiten in Bezug auf einen bereits übermittelten Datensatz

Bundesgesetz zur Umsetzung des gemeinsamen Meldestandards für den automatischen Austausch von Informationen über Finanzkonten (Gemeinsamer Meldestandard-Gesetz – GMSG)

BGBl I 2015/116 idF

1 BGBl I 2015/163
2 BGBl I 2016/77
3 BGBl I 2016/118
4 BGBl I 2018/62
5 BGBl I 2019/91 (AbgÄG 2020)
6 BGBl I 2019/104 (FORG)
7 BGBl I 2020/96

Gemeinsamer Meldestandard-Gesetz – GMSG

Inhaltsverzeichnis

1. Hauptstück

Allgemeine Bestimmungen

Umsetzung von Unionsrecht und der mehrseitigen Vereinbarung

§ 1. (1) Dieses Bundesgesetz regelt die Durchführung der Amtshilfe zwischen Österreich und den anderen Mitgliedstaaten der Europäischen Union (Mitgliedstaaten) im Rahmen des globalen Standards für den automatischen Informationsaustausch über Finanzkonten in Steuersachen auf Grund der Richtlinie 2011/16/EU über die Zusammenarbeit der Verwaltungsbehörden im Bereich der Besteuerung und zur Aufhebung der Richtlinie 77/799/EWG, ABl. Nr. L 64 vom 11.03.2011 S. 1, zuletzt geändert durch die „Richtlinie (EU) 822/2018, ABl. Nr. L 139 vom 05.06.2018 S. 1“ (im Folgenden: Amtshilferichtlinie). *(BGBl I 2020/96)*

(2) Dieses Bundesgesetz regelt weiters die Durchführung der Amtshilfe zwischen Österreich und anderen Staaten, die nicht Mitgliedstaaten sind, im Rahmen des globalen Standards für den automatischen Informationsaustausch über Finanzkonten in Steuersachen.

Anwendung der Meldepflichten

§ 2. Die Bestimmungen dieses Bundesgesetzes betreffend die Identifikation von meldepflichtigen Konten und die Meldung der entsprechenden Finanzinformationen sind ungeachtet anderer gesetzlicher Bestimmungen anzuwenden.

Allgemeine Meldepflichten

§ 3. (1) Vorbehaltlich des § 6 meldet jedes meldende Finanzinstitut für jedes meldepflichtige Konto dieses meldenden Finanzinstitutes „dem zuständigen Finanzamt“ die folgenden Informationen:

1. von jeder meldepflichtigen Person, die Kontoinhaber ist

a) Name,

b) Adresse,

c) Ansässigkeitsstaat(en),

d) „ausländische“ Steueridentifikationsnummer(n), sowie *(BGBl I 2018/62)*

e) Geburtsdatum und Geburtsort (bei natürlichen Personen),

2. von jedem Rechtsträger, der Kontoinhaber ist und für den nach Anwendung der Verfahren zur Erfüllung der Sorgfaltspflichten nach den §§ 33 bis 53 eine oder mehrere beherrschende Person(en) ermittelt wurden, die meldepflichtige Personen sind

a) Name,

b) Adresse,

c) Ansässigkeitsstaat(en) und (sofern vorhanden) andere Ansässigkeitsstaaten und

d) Steueridentifikationsnummer(n);

e) sowie von jeder meldepflichtigen Person

aa) Name,

bb) Adresse,

cc) Ansässigkeitsstaat(en)

dd) Steueridentifikationsnummer(n), sowie

ee) Geburtsdatum und Geburtsort.
(BGBl I 2019/91)

(1a) Das zuständige Finanzamt ist das Finanzamt für Großbetriebe. *(BGBl I 2019/104)*

(2) Weiters sind die folgenden Informationen zu melden:

1. die Kontonummer oder deren funktionale Entsprechung, wenn keine Kontonummer vorhanden ist;

2. der Name und die österreichische Steueridentifikationsnummer des meldenden Finanzinstituts;

3. der Kontosaldo oder –wert (einschließlich des Barwerts oder Rückkaufwerts bei rückkaufsfähigen Versicherungs- oder Rentenversicherungsverträgen) zum Ende des betreffenden Kalenderjahrs oder, wenn das Konto im Laufe des Jahres beziehungsweise Zeitraums aufgelöst wurde, die Auflösung des Kontos.

(3) Zusätzlich zu den in den Abs. 1 und 2 angeführten Informationen sind bei Verwahrkonten zu melden:

1. der Gesamtbruttobetrag der Zinsen, der Gesamtbruttobetrag der Dividenden und der Gesamtbruttobetrag anderer Einkünfte, die mittels der auf dem Konto vorhandenen Vermögenswerte erzielt und jeweils auf das Konto (oder in Bezug auf das Konto) im Laufe des Kalenderjahrs eingezahlt oder dem Konto gutgeschrieben wurden, sowie

2. die Gesamtbruttoerlöse aus der Veräußerung oder dem Rückkauf von Finanzvermögen, die während des Kalenderjahrs auf das Konto eingezahlt oder dem Konto gutgeschrieben wurden und für die das meldende Finanzinstitut als Verwahrstelle, Makler, Bevollmächtigter oder anderweitig als Vertreter für den Kontoinhaber tätig war.

(4) Zusätzlich zu den in den Abs. 1 und 2 angeführten Informationen ist bei Einlagenkonten der Gesamtbruttobetrag der Zinsen, die während des Kalenderjahrs auf das Konto eingezahlt oder dem Konto gutgeschrieben wurden, zu melden.

(5) Zusätzlich zu den in den Abs. 1 und 2 angeführten Informationen ist bei allen anderen Konten, die nicht unter Abs. 3 oder 4 fallen, der Gesamtbruttobetrag, der in Bezug auf das Konto während des Kalenderjahrs an den Kontoinhaber gezahlt oder ihm gutgeschrieben wurde und für den das meldende Finanzinstitut Schuldner „oder Verpflichteter“ ist, einschließlich der Gesamthöhe aller Einlösungsbeträge, die während des Kalenderjahrs an den Kontoinhaber geleistet wurden, zu melden. *(BGBl I 2019/91)*

(6) In den gemeldeten Informationen muss die Währung genannt werden, auf die die Beträge lauten.

Zeitpunkt, Form und Übermittlung der Meldung

§ 4. (1) Meldende Finanzinstitute haben die Meldung jeweils bis Ende des Monates „Juli“ eines Kalenderjahres für den davor liegenden Meldezeitraum zu übermitteln. Die Übermittlung hat elektronisch zu erfolgen. Der Bundesminister für Finanzen wird ermächtigt, den Inhalt und das Verfahren der elektronischen Übermittlung mit Verordnung festzulegen. Die Meldung gilt als Abgabenerklärung. *(BGBl I 2018/62)*

(2) § 112 Abs. 2 ist sinngemäß anzuwenden.

(3) Die meldenden Finanzinstitute melden „dem zuständigen Finanzamt“ nur Informationen betreffend jene Staaten und Jurisdiktionen, die

1. teilnehmende Staaten gemäß § 91 Z 1 und Z 3 sind, oder

2. teilnehmende Staaten gemäß § 91 Z 2 sind, welche entweder die in § 7 der mehrseitigen Vereinbarung vom 29. Oktober 2014, BGBl. III Nr. 182/2017, über den automatischen Austausch von Informationen über Finanzkonten (OECD-MCAA) geforderten Voraussetzungen erfüllen oder ein anderes bilaterales Übereinkommen abgeschlossen haben. Eine Liste dieser Staaten und Jurisdiktionen findet sich in der Verordnung des Bundesministers für Finanzen zu § 91 Z 2 GMSG über die Liste der teilnehmenden Staaten in der jeweils gültigen Fassung.
(BGBl I 2018/62; BGBl I 2019/91)

Identifikation von meldepflichtigen Konten und Information der zu meldenden Personen

§ 5. (1) Zur Durchführung dieses Bundesgesetzes ist jedes meldende Finanzinstitut „verpflichtet“, die in § 3 bzw. § 12 genannten Informationen für alle Kontoinhaber und sonstigen Kunden hinsichtlich aller bestehenden Konten und aller Neukonten zu ermitteln, zu erfassen, zu speichern und zu verarbeiten, unabhängig davon, ob es sich bei dem Kontoinhaber oder dem sonstigen Kunden um eine meldepflichtige Person im Sinne dieses Gesetzes handelt. *(BGBl I 2018/62)*

(2) Jedes meldende Finanzinstitut teilt vor der erstmaligen Übermittlung der Informationen an das zuständige Finanzamt „ “ jeder betroffenen Person in allgemeiner Form mit oder macht dieser zugänglich, dass die gemäß diesem Gesetz ermittelten Informationen, soweit aufgrund dieses Bundesgesetzes erforderlich, an das Finanzamt übermittelt werden. *(BGBl I 2019/91)*

(3) Jedes meldepflichtige Finanzinstitut hat die gemäß diesem Bundesgesetz übermittelten Informationen 5 Jahre nach Ablauf des Meldezeitraumes, auf den sich diese Informationen beziehen, zu löschen.“ *(BGBl I 2018/62)*

Entfall von Meldepflichten

§ 6. (1) Ungeachtet des § 3 Abs. 1 müssen „die Steueridentifikationsnummer(n) oder das Geburtsdatum“ in Bezug auf meldepflichtige Konten, die bestehende Konten sind, nicht gemeldet werden, wenn diese Steueridentifikationsnummer(n) beziehungsweise dieses Geburtsdatum nicht in den Unterlagen des meldenden Finanzinstituts enthalten sind und nicht nach innerstaatlichem Recht oder anderen Rechtsinstrumenten der Union von diesem meldenden Finanzinstitut zu erfassen sind. Ein meldendes Finanzinstitut ist jedoch verpflichtet, angemessene Anstrengungen zu unternehmen, um bei bestehenden Konten die Steueridentifikationsnummer(n) und das Geburtsdatum bis zum Ende des zweiten Kalenderjahrs, das dem Jahr folgt, in dem bestehende Konten als meldepflichtige Konten identifiziert wurden, zu beschaffen. *(BGBl I 2019/91)*

(2) Ungeachtet des § 3 Abs. 1 ist die Steueridentifikationsnummer nicht zu melden, wenn vom betreffenden Ansässigkeitsstaat keine Steueridentifikationsnummer ausgegeben wird.

(3) Ungeachtet des § 3 Abs. 1 ist der Geburtsort nicht zu melden, es sei denn,

1. das meldende Finanzinstitut hat oder hatte ihn nach innerstaatlichem Recht zu beschaffen und zu melden oder das meldende Finanzinstitut hat oder hatte ihn nach einem geltenden oder am 5. Jänner 2015 geltenden Rechtsinstrument der Union zu beschaffen und zu melden und

2. er ist in den elektronisch durchsuchbaren Daten des meldenden Finanzinstituts verfügbar.

2. Hauptstück

Allgemeine Sorgfaltspflichten

Meldepflichtiges Konto

§ 7. (1) Ein Konto gilt ab dem Tag als meldepflichtiges Konto, an dem es nach den Verfahren zur Erfüllung der Sorgfaltspflichten in den §§ 7 bis 53 als solches identifiziert wird und, sofern nichts anderes vorgesehen ist, müssen die Informationen in Bezug auf ein meldepflichtiges Konto jährlich in dem Kalenderjahr gemeldet werden, das dem Jahr folgt, auf das sich die Informationen beziehen.

(2) Der Saldo oder Wert eines Kontos wird zum letzten Tag des Kalenderjahrs ermittelt.

(3) Ist eine Saldo- oder Wertgrenze zum letzten Tag eines Kalenderjahrs zu ermitteln, so muss der betreffende Saldo oder Wert zum letzten Tag des Meldezeitraums ermittelt werden, der mit diesem Kalenderjahr oder innerhalb dieses Kalenderjahrs endet.

Inanspruchnahme von Dienstleistern

§ 8. Jedes meldende Finanzinstitut kann zur Erfüllung der ihm auferlegten Melde- und Sorgfaltspflichten Dienstleister in Anspruch nehmen. In diesem Fall bleibt das meldende Finanzinstitut für die Erfüllung seiner Pflichten verantwortlich.

Freiwillige Anwendung strengerer Standards

§ 9. Jedes meldende Finanzinstitut kann

1. die für Neukonten geltenden Verfahren zur Erfüllung der Sorgfaltspflichten auf bestehende Konten anwenden oder

2. die für Konten von hohem Wert geltenden Verfahren zur Erfüllung der Sorgfaltspflichten auf Konten von geringem Wert anwenden.

3. Hauptstück

Sorgfaltspflichten bei bestehenden Konten natürlicher Personen

1. Abschnitt

Identifizierung von Konten von geringem Wert

Geltungsbereich des Abschnittes

§ 10. Die in den §§ 11 bis 16 geregelten Verfahren gelten für Konten von geringem Wert.

Wohnsitzadresse

§ 11. (1) Liegt dem meldenden Finanzinstitut anhand der erfassten Belege eine aktuelle Wohnsitzadresse der natürlichen Person vor, die Kontoinhaber ist, kann das meldende Finanzinstitut die natürliche Person, die Kontoinhaber ist, zur Feststellung, ob diese Person, die Kontoinhaber ist, eine meldepflichtige Person ist, als in „dem Staat" steuerlich ansässig behandeln, in dem die Adresse liegt. *(BGBl I 2019/91)*

(2) Jedenfalls kann das meldende Finanzinstitut eine meldepflichtige Person als in einem Staat steuerlich ansässig behandeln, wenn die in den Kontoeröffnungsunterlagen erfasste Wohnsitzadresse in jenem Staat gelegen ist, der den in Abs. 1 genannten erfassten Beleg ausgestellt „hat, sofern es sich dabei um die aktuelle Wohnsitzadresse handelt." *(BGBl I 2019/91)*

(3) *(entfällt, BGBl I 2019/91)*

Suche in elektronischen Datensätzen

§ 12. Verlässt sich das meldende Finanzinstitut hinsichtlich einer aktuellen Wohnsitzadresse der natürlichen Person, die Kontoinhaber ist, nicht auf erfasste Belege nach § 11, muss das meldende Finanzinstitut seine elektronisch durchsuchbaren Daten auf folgende Indizien überprüfen und die §§ 13 bis 16 anwenden:

1. Identifizierung des Kontoinhabers als Ansässiger eines teilnehmenden Staates,

2. aktuelle Postadresse oder Wohnsitzadresse (einschließlich einer Postfachadresse) in einem teilnehmenden Staat,

3. eine oder mehrere Telefonnummern in einem teilnehmenden Staat und keine Telefonnummer in Österreich,

4. Dauerauftrag (ausgenommen bei Einlagenkonten) für Überweisungen auf ein in einem teilnehmenden Staat geführtes Konto,

5. aktuell gültige, an eine Person mit Adresse in einem teilnehmenden Staat erteilte Vollmacht oder Zeichnungsberechtigung oder

6. ein Postlagerungsauftrag oder eine c/o-Adresse in einem teilnehmenden Staat, sofern dem meldenden Finanzinstitut keine andere Adresse des Kontoinhabers vorliegt.

Änderung der Gegebenheiten und des Kontowerts

§ 13. (1) Werden bei der elektronischen Suche keine Indizien im Sinne von § 12 festgestellt, sind keine weiteren Maßnahmen erforderlich, bis eine Änderung der Gegebenheiten eintritt, die dazu führt, dass dem Konto ein oder mehrere Indizien zugeordnet werden können oder das Konto zu einem Konto von hohem Wert wird.

(2) Hat sich ein meldendes Finanzinstitut auf die in § 11 geregelte Überprüfung der Wohnsitzadresse verlassen und tritt eine Änderung der Gegebenheiten ein, aufgrund welcher dem meldenden Finanzinstitut bekannt ist oder bekannt sein müsste, dass die ursprünglichen Belege (oder andere gleichwertige Dokumente) nicht zutreffend oder unglaubwürdig sind, so muss das meldende Finanzinstitut entweder bis zum letzten Tag des maßgeblichen Kalenderjahres oder 90 Kalendertage nach Mitteilung oder Feststellung einer solchen Änderung der Gegebenheiten – je nachdem, welches Datum später ist – eine Selbstauskunft und neue Belege beschaffen, um die steuerliche(n) Ansässigkeit(en) des Kontoinhabers festzustellen. Kann das meldende Finanzinstitut bis zu diesem Datum keine Selbstauskunft und keine neuen Belege beschaffen, so muss es die in den §§ 12 bis 16 beschriebene Suche in elektronischen Datensätzen durchführen.

Vorliegen von Indizien

§ 14. Werden bei der elektronischen Suche Indizien im Sinne von § 12 Z 1 bis 5 festgestellt oder tritt eine Änderung der Gegebenheiten ein, die dazu führt, dass dem Konto ein oder mehrere Indizien zugeordnet werden können, muss das meldende Finanzinstitut den Kontoinhaber als steuerlich ansässige Person in jedem teilnehmenden Staat, für den ein Indiz identifiziert wird, betrachten, es sei denn, es entscheidet sich für die Anwendung von § 16 und eine der dort genannten Ausnahmen trifft auf dieses Konto zu.

Sonderbestimmungen bei Postlagerungsauftrag oder c/o-Adresse

§ 15. Werden bei der elektronischen Suche ein Postlagerungsauftrag oder eine c/o-Adresse und keine andere Adresse und keine der in § 12 Z 1 bis 5 angeführten Indizien für den Kontoinhaber festgestellt, wendet das meldende Finanzinstitut in der jeweils geeignetsten Reihenfolge die Suche in Papierunterlagen gemäß § 19 an oder versucht, vom Kontoinhaber eine Selbstauskunft oder Belege zu beschaffen, um die steuerliche(n) Ansässigkeit(en) des Kontoinhabers festzustellen. Wird bei der Suche in Papierunterlagen kein Indiz festgestellt und ist der Versuch, eine Selbstauskunft oder Belege zu beschaffen erfolglos, meldet gemäß § 4 das meldende Finanzinstitut dem „ “ zuständigen Finanzamt das Konto als nicht dokumentiertes Konto. *(BGBl I 2019/91)*

Widerlegung der Ansässigkeit in einem teilnehmenden Staat

§ 16. Ungeachtet der Feststellung von Indizien nach § 12 ist ein meldendes Finanzinstitut berechtigt aber nicht verpflichtet, einen Kontoinhaber in den folgenden Fällen nicht als in einem teilnehmenden Staat ansässige Person zu betrachten:

1. Die Daten des Kontoinhabers enthalten eine aktuelle Postadresse oder Wohnsitzadresse in jenem teilnehmenden Staat, eine oder mehrere Telefonnummern in jenem teilnehmenden Staat (und keine Telefonnummer in Österreich) oder einen Dauerauftrag (bei Finanzkonten mit Ausnahme von Einlagenkonten) für Überweisungen auf ein in einem teilnehmenden Staat geführtes Konto und das meldende Finanzinstitut beschafft die nachstehenden Dokumente oder hat diese bereits geprüft und erfasst:

a) eine Selbstauskunft des Kontoinhabers über seine(n) Ansässigkeitsstaat(en), die jenen teilnehmenden Staat nicht umfassen, und

b) Belege für den nicht meldepflichtigen Status des Kontoinhabers.

2. Die Daten des Kontoinhabers beinhalten eine aktuell gültige, an eine Person mit Adresse in jenem teilnehmenden Staat erteilte Vollmacht oder Zeichnungsberechtigung und das meldende Finanzinstitut beschafft die nachstehenden Dokumente oder hat diese bereits geprüft und erfasst:

a) eine Selbstauskunft des Kontoinhabers über seine(n) Ansässigkeitsstaat(en) oder andere(n) Ansässigkeitsstaat(en), die diesen teilnehmenden Staat nicht umfassen, oder

b) Belege für den nicht meldepflichtigen Status des Kontoinhabers.

2. Abschnitt

Identifizierung von Konten von hohem Wert

Geltungsbereich des Abschnittes

§ 17. Die in den §§ 18 bis 26 geregelten erweiterten Überprüfungsverfahren gelten für Konten von hohem Wert.

Suche in elektronischen Datensätzen

§ 18. Bei Konten von hohem Wert muss das meldende Finanzinstitut seine elektronisch durchsuchbaren Daten auf die in § 12 angeführten Indizien überprüfen.

Suche in Papierunterlagen

§ 19. Enthalten die elektronisch durchsuchbaren Datenbanken des meldenden Finanzinstituts Felder für alle in § 20 genannten Informationen und erfassen diese, ist keine weitere Suche in den Papierunterlagen erforderlich. Sind in den elektronischen Datenbanken nicht alle diese Informationen erfasst, so muss das meldende Finanzinstitut bei Konten von hohem Wert auch die aktuelle Kundenstammakte und, soweit die Informationen dort nicht enthalten sind, die folgenden kontobezogenen, vom meldenden Finanzinstitut innerhalb der letzten fünf Jahre beschafften Unterlagen auf die in § 12 genannten Indizien überprüfen:

1. die neuesten für dieses Konto erfassten Belege,

2. den neuesten Kontoeröffnungsvertrag beziehungsweise die neuesten Kontoeröffnungsunterlagen,

3. die neuesten vom meldenden Finanzinstitut aufgrund von Verfahren zur Bekämpfung der Geldwäsche (AML/KYC) oder für sonstige aufsichtsrechtliche Zwecke beschafften Unterlagen,

4. derzeit gültige Vollmacht oder Zeichnungsberechtigung und

5. derzeit gültiger Dauerauftrag für Überweisungen (ausgenommen bei Einlagenkonten).

Ausnahme von der Suche in Papierunterlagen

§ 20. Ein meldendes Finanzinstitut ist nicht zur Suche in Papierunterlagen gemäß § 19 verpflichtet, soweit seine elektronisch durchsuchbaren Informationen Folgendes enthalten:

1. den Ansässigkeitsstatus des Kontoinhabers,

2. die derzeit beim meldenden Finanzinstitut hinterlegte Wohnsitzadresse und Postadresse des Kontoinhabers,

3. gegebenenfalls die derzeit beim meldenden Finanzinstitut hinterlegte(n) Telefonnummer(n) des Kontoinhabers,

4. im Fall von Finanzkonten, bei denen es sich nicht um Einlagenkonten handelt, Angaben dazu, ob Daueraufträge für Überweisungen von diesem Konto auf ein anderes Konto vorliegen (einschließlich eines Kontos bei einer anderen Zweigniederlassung des meldenden Finanzinstituts oder einem anderen Finanzinstitut),

5. Angaben dazu, ob für den Kontoinhaber aktuell ein Postlagerungsauftrag oder eine c/o-Adresse vorliegt, und

6. Angaben dazu, ob eine Vollmacht oder Zeichnungsberechtigung für das Konto vorliegt.

Nachfrage beim Kundenbetreuer

§ 21. Zusätzlich zur Suche in elektronischen Datensätzen und Papierunterlagen gemäß § 18 und § 19 muss ein meldendes Finanzinstitut das einem Kundenbetreuer zugewiesene Konto von hohem Wert (einschließlich der mit diesem Konto von hohem Wert zusammengefassten Finanzkonten) als meldepflichtiges Konto betrachten, wenn dem Kundenbetreuer tatsächlich bekannt ist, dass der Kontoinhaber eine meldepflichtige Person ist.

Folgen der Feststellung von Indizien

§ 22. (1) Werden bei der in diesem Abschnitt beschriebenen erweiterten Überprüfung von Konten von hohem Wert keine der in § 12 angeführten Indizien festgestellt und wird das Konto nicht aufgrund von § 21 als Konto einer meldepflichtigen Person identifiziert, sind keine weiteren Maßnahmen erforderlich, bis eine Änderung der Gegebenheiten eintritt, die dazu führt, dass dem Konto ein oder mehrere Indizien zugeordnet werden.

(2) Werden hingegen bei der in diesem Abschnitt beschriebenen erweiterten Überprüfung von Konten von hohem Wert Indizien gemäß § 12 Z 1 bis 5 festgestellt oder tritt anschließend eine Änderung der Gegebenheiten ein, die dazu führt, dass dem Konto ein oder mehrere Indizien zugeordnet werden, so muss das meldende Finanzinstitut das Konto für jeden teilnehmenden Staat, für den ein Indiz festgestellt wird, als meldepflichtiges Konto betrachten, es sei denn, es entscheidet sich für die Anwendung von § 16 und eine der in § 16 genannten Ausnahmen trifft auf dieses Konto zu.

GMSG + V
ADG

(3) Werden bei der in diesem Abschnitt beschriebenen erweiterten Überprüfung von Konten von hohem Wert ein Postlagerungsauftrag oder eine c/o-Adresse festgestellt und keine andere Adresse und keine der in § 12 Z 1 bis 5 angeführten Indizien für den Kontoinhaber festgestellt, muss das meldende Finanzinstitut vom Kontoinhaber eine Selbstauskunft oder Belege beschaffen, um die steuerliche(n) Ansässigkeit(en) des Kontoinhabers festzustellen. Kann das meldende Finanzinstitut keine Selbstauskunft oder Belege beschaffen, muss es das Konto dem gemäß „ “ zuständigen Finanzamt als nicht dokumentiertes Konto gemäß § 4 melden. *(BGBl I 2019/91)*

Änderung zu einem Konto von hohem Wert

§ 23. Bei einem bestehenden Konto natürlicher Personen, das zum 30. September 2016 kein Konto von hohem Wert ist, zum letzten Tag eines darauffolgenden Kalenderjahrs jedoch ein Konto von hohem Wert ist, muss das meldende Finanzinstitut die in diesem Abschnitt beschriebenen erweiterten Überprüfungsverfahren für dieses Konto innerhalb des auf das Kalenderjahr, in dem das Konto ein Konto von hohem Wert wird, folgende Kalenderjahr abschließen. Wird das Konto aufgrund dieser Überprüfung als meldepflichtiges Konto identifiziert, so muss das meldende Finanzinstitut die erforderlichen kontobezogenen Informationen für das Jahr, in dem das Konto als meldepflichtiges Konto identifiziert wird, und für die Folgejahre jährlich melden, es sei denn, der Kontoinhaber ist keine meldepflichtige Person mehr.

Wiederholung der Überprüfung

§ 24. Führt ein meldendes Finanzinstitut die in diesem Abschnitt genannten erweiterten Überprüfungsverfahren für ein Konto von hohem Wert durch, so ist es in den Folgejahren nicht verpflichtet, für dasselbe Konto von hohem Wert diese Verfahren erneut durchzuführen, abgesehen von der Nachfrage beim Kundenbetreuer gemäß § 21, es sei denn, es handelt sich um ein nicht dokumentiertes Konto, bei dem das meldende Finanzinstitut diese Verfahren jährlich erneut durchzuführen hat, bis das Konto nicht mehr undokumentiert ist.

Änderung der Gegebenheiten

§ 25. (1) Tritt bei einem Konto von hohem Wert eine Änderung der Gegebenheiten ein, die dazu führt, dass dem Konto ein oder mehrere in § 12 beschriebene Indizien zugeordnet werden, so muss das meldende Finanzinstitut das Konto für jeden teilnehmenden Staat, für den ein Indiz festgestellt wird, als meldepflichtiges Konto betrachten, es sei denn, es entscheidet sich für die Anwendung von § 16 und eine der in diesem genannten Ausnahmen trifft auf dieses Konto zu.

(2) Das meldende Finanzinstitut kann im Fall einer Änderung der Gegebenheiten zur Widerlegung der Ansässigkeit in einem teilnehmenden Staat gemäß § 16 ein Konto von hohem Wert für einen Zeitraum von 90 Kalendertagen ab dem Zeitpunkt, an dem die Änderung der Gegebenheiten eingetreten ist, so behandeln, wie wenn keine Änderung der Gegebenheiten eingetreten wäre.

Erkennung der Änderung von Gegebenheiten

§ 26. Ein meldendes Finanzinstitut muss Verfahren einrichten, mit denen sichergestellt wird, dass die Kundenbetreuer Änderungen der Gegebenheiten bei einem Konto erkennen. Wird ein Kundenbetreuer beispielsweise benachrichtigt, dass der Kontoinhaber eine neue Postadresse in einem teilnehmenden Staat hat, so muss das meldende Finanzinstitut die neue Adresse als eine Änderung der Gegebenheiten betrachten und ist, sofern es sich für die Anwendung von § 16 entscheidet, dazu verpflichtet, die entsprechenden Unterlagen vom Kontoinhaber zu beschaffen.

3. Abschnitt

Überprüfungszeitraum

Zeitpunkt der erstmaligen Überprüfung

§ 27. Die Überprüfung von bestehenden Konten von hohem Wert natürlicher Personen muss bis zum 31. Dezember 2017 abgeschlossen sein. Die Überprüfung von bestehenden Konten von geringerem Wert natürlicher Personen muss bis zum 31. Dezember 2018 abgeschlossen sein. „Hinsichtlich teilnehmender Staaten, für die erstmals für den Meldezeitraum 2018 die in § 3 genannten Informationen zu erfassen sind, verschieben sich diese Fristen jedoch auf den 31. Dezember 2018 für bestehende Konten von hohem Wert und auf den 31. Dezember 2019 für bestehende Konten von geringerem Wert.“ *(BGBl I 2018/62)*

Dauer der Meldepflicht von Konten

§ 28. Ein bestehendes Konto natürlicher Personen, das nach diesem Hauptstück als meldepflichtiges Konto identifiziert wurde, gilt in allen Folgejahren als meldepflichtiges Konto, es sei denn, der Kontoinhaber ist keine meldepflichtige Person mehr.

4. Hauptstück

Sorgfaltspflichten bei Neukonten natürlicher Personen

Geltungsbereich des Abschnittes

§ 29. Die in den §§ 30 bis 32 geregelten Verfahren gelten für die Identifizierung meldepflichtiger Konten unter den Neukonten natürlicher Personen.

Selbstauskunft

§ 30. (1) Bei Neukonten natürlicher Personen muss das meldende Finanzinstitut bei Kontoeröffnung eine Selbstauskunft beschaffen, die Bestandteil der Kontoeröffnungsunterlagen sein kann und anhand derer das meldende Finanzinstitut die steuerliche(n) Ansässigkeit(en) des Kontoinhabers feststellen kann, sowie die Plausibilität dieser Selbstauskunft anhand der vom meldenden Finanzinstitut bei Kontoeröffnung beschafften Informationen, einschließlich der aufgrund von Verfahren zur Bekämpfung der Geldwäsche (AML/KYC) erfassten Unterlagen, bestätigen.

(2) Eine Kontoeröffnung darf nur bei Vorliegen der Selbstauskunft erfolgen.

Ansässigkeit in einem teilnehmenden Staat

§ 31. Geht aus der Selbstauskunft hervor, dass der Kontoinhaber in einem teilnehmenden Staat steuerlich ansässig ist, so muss das meldende Finanzinstitut das Konto als meldepflichtiges Konto betrachten und die Selbstauskunft auch die Steueridentifikationsnummer des Kontoinhabers in dem teilnehmenden Staat (vorbehaltlich des § 6 Abs. 2) sowie das Geburtsdatum enthalten.

Änderung der Gegebenheiten

§ 32. (1) Tritt bei einem Neukonto natürlicher Personen eine Änderung der Gegebenheiten ein, aufgrund derer dem meldenden Finanzinstitut bekannt ist oder bekannt sein müsste, dass die ursprüngliche Selbstauskunft nicht zutreffend oder unglaubwürdig ist, so darf es sich nicht auf die ursprüngliche Selbstauskunft verlassen und muss eine gültige Selbstauskunft beschaffen, aus der die steuerliche(n) Ansässigkeit(en) des Kontoinhabers hervorgeht bzw. hervorgehen.

(2) Das meldende Finanzinstitut kann im Fall einer Änderung der Gegebenheiten bis zur Beschaffung einer gültigen Selbstauskunft ein Neukonto für einen Zeitraum von längstens 90 Kalendertagen ab dem Zeitpunkt, an dem die Änderung der Gegebenheiten eingetreten ist, so behandeln, wie wenn keine Änderung der Gegebenheiten eingetreten wäre.

5. Hauptstück

Sorgfaltspflichten bei bestehenden Konten von Rechtsträgern

1. Abschnitt

Überprüfungs-, Identifizierungs- und Meldepflicht von Konten

Geltungsbereich des Abschnittes

§ 33. Die in den §§ 34 bis 39 geregelten Verfahren gelten für die Identifizierung meldepflichtiger Konten unter den bestehenden Konten von Rechtsträgern.

Konten im Gegenwert von höchstens 250 000 US-Dollar

§ 34. Sofern sich das meldende Finanzinstitut nicht entweder für alle oder jeweils für eine eindeutig identifizierte Gruppe bestehender Konten von Rechtsträgern anderweitig entscheidet, muss ein bestehendes Konto von Rechtsträgern, das zum 30. September 2016 einen Gesamtkontosaldo oder –wert im Gegenwert von höchstens 250 000 US-Dollar aufweist, nicht als meldepflichtiges Konto überprüft, identifiziert oder gemeldet werden, bis der Gesamtkontosaldo oder –wert zum letzten Tag eines darauffolgenden Kalenderjahrs diesen Betrag übersteigt.

Überprüfungspflichtige Konten

§ 35. Ein bestehendes Konto von Rechtsträgern mit einem Gesamtkontosaldo oder –wert im Gegenwert von mehr als 250 000 US-Dollar zum 30. September 2016 und ein bestehendes Konto von Rechtsträgern, dessen Gesamtkontosaldo oder –wert zum 30. September 2016 diesen Betrag nicht übersteigt, zum letzten Tag eines darauffolgenden Kalenderjahrs jedoch diesen Betrag übersteigt, muss nach den in den §§ 37 bis 39 festgelegten Verfahren gemeldet werden.

Meldepflichtige Konten

§ 36. Von den bestehenden Konten im Sinne des § 35 gelten nur diejenigen Konten als meldepflichtige Konten, die von einem oder mehreren Rechtsträgern gehalten werden, die meldepflichtige Personen sind, oder von passiven NFEs mit einer oder mehreren beherrschenden Personen, die meldepflichtige Personen sind.

Verpflichtende Überprüfungsverfahren

§ 37. Bei den bestehenden Konten gemäß § 35 muss ein meldendes Finanzinstitut die Überprüfungsverfahren gemäß § 38 und § 39 durchführen, um festzustellen, ob eine oder mehrere meldepflichtige Person(en) oder passive NFEs mit einer oder mehreren beherrschenden Person(en), die meldepflichtige Personen sind, Kontoinhaber ist/sind.

Feststellung, ob der Rechtsträger eine meldepflichtige Person ist

§ 38. (1) Das meldende Finanzinstitut muss die zu aufsichtsrechtlichen Zwecken oder für die Kundenbetreuung verwahrten Informationen (einschließlich der aufgrund von Verfahren zur Bekämpfung der Geldwäsche (AML/KYC) erhobenen Informationen) auf Hinweise überprüfen, dass der Kontoinhaber in einem teilnehmenden Staat ansässig ist. Für diesen Zweck gilt ein Gründungsort, ein Sitz oder eine Adresse in einem teilnehmenden Staat als Hinweis, dass der Kontoinhaber in einem teilnehmenden Staat ansässig ist.

(2) Weisen die Informationen darauf hin, dass der Kontoinhaber in einem teilnehmenden Staat ansässig ist, so muss das meldende Finanzinstitut das Konto als meldepflichtiges Konto betrachten, es sei denn, das meldende Finanzinstitut beschafft vom Kontoinhaber eine Selbstauskunft oder stellt anhand von in seinem Besitz befindlichen oder öffentlich verfügbaren Informationen in vertretbarer Weise fest, dass es sich bei dem Kontoinhaber nicht um eine meldepflichtige Person handelt.

Feststellung, ob der Rechtsträger ein bestimmter passiver NFE ist

§ 39. Bei einem Kontoinhaber eines bestehenden Kontos von Rechtsträgern (einschließlich eines Rechtsträgers, der eine meldepflichtige Person ist), muss das meldende Finanzinstitut feststellen, ob der Kontoinhaber ein passiver NFE mit einer oder mehreren beherrschenden Person(en) ist, bei denen es sich um meldepflichtige Personen handelt. Handelt es sich bei einer beherrschenden Person eines passiven NFE um eine meldepflichtige Person, so ist das Konto als meldepflichtiges Konto zu betrachten. Bei diesen Feststellungen muss das meldende Finanzinstitut die in den Z 1 bis 3 angeführten Leitlinien in der jeweils geeignetsten Reihenfolge befolgen.

1. Feststellung, ob der Kontoinhaber ein passiver NFE ist: Zur Feststellung, ob der Kontoinhaber ein passiver NFE ist, muss das meldende Finanzinstitut eine Selbstauskunft des Kontoinhabers zum Nachweis seines Status beschaffen, es sei denn, das meldende Finanzinstitut kann anhand von in seinem Besitz befindlichen oder öffentlich verfügbaren Informationen in vertretbarer Weise feststellen, dass der Kontoinhaber ein aktiver NFE ist oder ein anderes Finanzinstitut als ein Investmentunternehmen gemäß § 59 Abs. 1 Z 2, bei dem es sich nicht um ein Finanzinstitut eines teilnehmenden Staates handelt.

2. Feststellung der beherrschenden Personen eines Kontoinhabers: Zur Feststellung der beherrschenden Personen eines Kontoinhabers kann sich ein meldendes Finanzinstitut auf die aufgrund von Verfahren zur Bekämpfung der Geldwäsche (AML/KYC) erhobenen und verwahrten Informationen verlassen.

3. Feststellung, ob eine beherrschende Person eines passiven NFE eine meldepflichtige Person ist: Zur Feststellung, ob eine beherrschende Person eines passiven NFE eine meldepflichtige Person ist, kann sich ein meldendes Finanzinstitut auf Folgendes verlassen:

a) bei einem bestehenden Konto von Rechtsträgern, dessen Inhaber ein oder mehrere NFE(s) ist/sind und dessen Gesamtkontosaldo oder –wert einen Betrag im Gegenwert von 1 000 000 US-Dollar nicht übersteigt, auf die aufgrund von Verfahren zur Bekämpfung der Geldwäsche (AML/KYC) erfassten und verwahrten Informationen oder

b) auf eine Selbstauskunft des Kontoinhabers oder dieser beherrschenden Person aus dem/den teilnehmende Staat(en) oder anderen Staat(en), in dem/denen die beherrschende Person steuerlich ansässig ist.

2. Abschnitt

Überprüfungszeitraum

Konten im Gegenwert von mehr als 250 000 US-Dollar

§ 40. Die Überprüfung bestehender Konten von Rechtsträgern mit einem Gesamtkontosaldo oder –wert eines Betrags im Gegenwert von mehr als 250 000 US-Dollar zum 30. September 2016 muss bis 31. Dezember 2018 abgeschlossen sein.

Konten im Gegenwert von höchstens 250 000 US-Dollar

§ 41. Die Überprüfung bestehender Konten von Rechtsträgern, deren Gesamtkontosaldo oder –wert zum 30. September 2016 einen Betrag im Gegenwert von 250 000 US-Dollar nicht übersteigt, zum 31. Dezember eines Folgejahres jedoch diesen Betrag übersteigt, muss innerhalb des Kalenderjahrs nach dem Jahr, in dem der Gesamtkontosaldo oder –wert diesen Betrag übersteigt, abgeschlossen sein.

Änderung der Gegebenheiten

§ 42. Tritt bei bestehenden Konten von Rechtsträgern eine Änderung der Gegebenheiten ein, aufgrund derer dem meldenden Finanzinstitut bekannt ist oder bekannt sein müsste, dass die Selbstauskunft oder andere kontobezogene Unterlagen nicht zutreffend oder unglaubwürdig sind, so muss es den Status des Kontos nach den in den §§ 37 bis 39 festgelegten Verfahren neu bestimmen. Dazu muss das meldende Finanzinstitut bis zum letzten Tag eines Kalenderjahres oder 90 Kalendertage nach Mitteilung oder Feststellung einer solchen Änderung der Gegebenheiten – je nachdem, welches Datum später ist – entweder eine neue Selbstauskunft oder eine schlüssige Erklärung sowie gegebenenfalls Unterlagen, die die Plausibilität der bisherigen Selbstauskunft oder der bisherigen Unterlagen unterstützen, beschaffen. Diese Bestimmung findet auf Neukonten von Rechtsträgern sinngemäß Anwendung.

(BGBl I 2019/91)

6. Hauptstück

Sorgfaltspflichten bei Neukonten von Rechtsträgern

Geltungsbereich des Hauptstückes

§ 43. Die in den §§ 44 bis 46 geregelten Verfahren gelten für die Identifizierung meldepflichtiger Konten unter den Neukonten von Rechtsträgern.

Überprüfungsverfahren

§ 44. (1) Bei Neukonten von Rechtsträgern muss ein meldendes Finanzinstitut die Überprüfungsverfahren gemäß §§ 45 und 46 durchführen, um festzustellen, ob das Konto von einer oder mehreren meldepflichtige Person(en) oder von passiven NFEs mit einer oder mehreren beherrschenden Person(en), die meldepflichtige Personen sind, gehalten wird.

(2) Eine Kontoeröffnung darf nur bei Vorliegen der Selbstauskunft erfolgen.

Feststellung, ob der Rechtsträger eine meldepflichtige Person ist

§ 45. (1) Das meldende Finanzinstitut muss eine Selbstauskunft, die Bestandteil der Kontoeröffnungsunterlagen sein kann und anhand derer das meldende Finanzinstitut die steuerliche(n) Ansässigkeit(en) des Kontoinhabers ermitteln kann, beschaffen und die Plausibilität dieser Selbstauskunft anhand der vom meldenden Finanzinstitut bei Kontoeröffnung beschafften Informationen, einschließlich der aufgrund von Verfahren zur Bekämpfung der Geldwäsche (AML/KYC) erfassten Unterlagen bestätigen. Erklärt der Rechtsträger, es liege keine steuerliche Ansässigkeit vor, so kann sich das meldende Finanzinstitut zur Bestimmung der Ansässigkeit des Kontoinhabers auf die Adresse des Hauptsitzes des Rechtsträgers verlassen.

(2) Enthält die Selbstauskunft Hinweise darauf, dass der Kontoinhaber in einem teilnehmenden Staat ansässig ist, so muss das meldende Finanzinstitut das Konto als meldepflichtiges Konto betrachten, es sei denn, das meldende Finanzinstitut stellt anhand der in seinem Besitz befindlichen oder öffentlich verfügbaren Informationen in vertretbarer Weise fest, dass es sich bei dem Kontoinhaber nicht um eine meldepflichtige Person im Sinne dieses Gesetzes handelt.

Feststellung, ob der Rechtsträger ein bestimmter passiver NFE ist

§ 46. Bei einem Kontoinhaber eines Neukontos von Rechtsträgern (einschließlich eines Rechtsträgers, der eine meldepflichtige Person ist), muss das meldende Finanzinstitut feststellen, ob der Kontoinhaber ein passiver NFE mit einer oder mehreren beherrschenden Person(en) ist, bei denen es sich um meldepflichtige Personen handelt. Handelt es sich bei einer beherrschenden Person eines passiven NFE um eine meldepflichtige Person, so ist das Konto als meldepflichtiges Konto zu betrachten. Bei diesen Feststellungen soll das meldende Finanzinstitut die Z 1 bis 3 in der jeweils geeignetsten Reihenfolge befolgen.

1. Feststellung, ob der Kontoinhaber ein passiver NFE ist: Zur Feststellung, ob der Kontoinhaber ein passiver NFE ist, muss sich das meldende Finanzinstitut auf eine Selbstauskunft des Kontoinhabers zum Nachweis seines Status verlassen, es sei denn, das meldende Finanzinstitut kann anhand von in seinem Besitz befindlichen oder öffentlich verfügbaren Informationen in vertretbarer Weise feststellen, dass der Kontoinhaber ein aktiver NFE ist oder ein anderes Finanzinstitut als ein Investmentunternehmen gemäß § 59 Abs. 1 Z 2, bei dem es sich nicht um ein Finanzinstitut eines teilnehmenden Staates handelt.

2. Feststellung der beherrschenden Personen eines Kontoinhabers: Zur Feststellung der beherrschenden Personen eines Kontoinhabers kann sich ein meldendes Finanzinstitut auf die aufgrund von Verfahren zur Bekämpfung der Geldwäsche (AML/KYC) erhobenen und verwahrten Informationen verlassen.

3. Feststellung, ob eine beherrschende Person eines passiven NFE eine meldepflichtige Person ist: Zur Feststellung, ob eine beherrschende Person eines passiven NFE eine meldepflichtige Person ist, kann sich ein meldendes Finanzinstitut nur auf eine Selbstauskunft des Kontoinhabers oder dieser beherrschenden Person verlassen.

7. Hauptstück

Besondere Sorgfaltsvorschriften im Zusammenhang mit der Anwendung von Vorschriften des 3. bis 6. Hauptstückes

Verlass auf Selbstauskünfte und Belege

§ 47. Ein meldendes Finanzinstitut darf sich nicht auf eine Selbstauskunft oder auf Belege verlassen, wenn ihm bekannt ist oder bekannt sein müsste, dass die Selbstauskunft oder die Belege nicht zutreffend oder unglaubwürdig sind.

Alternative Verfahren für Versicherungsverträge

§ 48. (1) Für Finanzkonten begünstigter natürlicher Personen

1. eines rückkaufsfähigen Versicherungsvertrags oder

2. eines Rentenversicherungsvertrags oder für

3. rückkaufsfähige Gruppenversicherungsverträge (Abs. 2) oder

4. Gruppenrentenversicherungsverträge (Abs. 3)

sind alternative Verfahren (§§ 49 und 50) vorgesehen.

(2) Der Ausdruck „rückkaufsfähiger Gruppenversicherungsvertrag" bezeichnet einen rückkaufsfähigen Versicherungsvertrag, der

1. eine Deckung für natürliche Personen vorsieht, die über einen Arbeitgeber, einen Berufsverband, eine Arbeitnehmerorganisation oder eine

andere Vereinigung oder Gruppe angeschlossen sind, und

2. für jedes Mitglied der Gruppe (oder Mitglied einer Kategorie innerhalb dieser Gruppe) die Zahlung eines Versicherungsbeitrags vorsieht, der unabhängig von den Gesundheitsmerkmalen der natürlichen Person – mit Ausnahme von Alter, Geschlecht und Tabakkonsum des Mitglieds (oder der Mitgliederkategorie) der Gruppe – festgelegt wird.

(3) Der Ausdruck „Gruppenrentenversicherungsvertrag" bezeichnet einen Rentenversicherungsvertrag, bei dem die Anspruchsberechtigten natürliche Personen sind, die über einen Arbeitgeber, einen Berufsverband, eine Arbeitnehmerorganisation oder eine andere Vereinigung oder Gruppe angeschlossen sind.

Rückkaufsfähige Versicherungsverträge und Rentenversicherungsverträge

§ 49. Ein meldendes Finanzinstitut kann davon ausgehen, dass eine begünstigte natürliche Person (mit Ausnahme des Eigentümers) eines rückkaufsfähigen Versicherungsvertrags oder eines Rentenversicherungsvertrags, die eine Todesfallleistung erhält, keine meldepflichtige Person ist und dieses Finanzkonto als ein nicht meldepflichtiges Konto betrachten, es sei denn, dem meldenden Finanzinstitut ist bekannt oder müsste bekannt sein, dass der Begünstigte eine meldepflichtige Person ist. Einem meldenden Finanzinstitut müsste bekannt sein, dass ein Begünstigter eines rückkaufsfähigen Versicherungsvertrags oder eines Rentenversicherungsvertrags eine meldepflichtige Person ist, wenn die vom meldenden Finanzinstitut erhobenen und dem Begünstigten zugeordneten Informationen Indizien im Sinne der §§ 11 bis 16 enthalten. Ist einem meldenden Finanzinstitut tatsächlich bekannt oder müsste ihm bekannt sein, dass der Begünstigte eine meldepflichtige Person ist, so muss das meldende Finanzinstitut die Verfahren in §§ 11 bis 16 einhalten.

Rückkaufsfähige Gruppenversicherungsverträge und Gruppenrentenversicherungsverträge

§ 50. Ein meldendes Finanzinstitut kann ein Finanzkonto, das den Anteil eines Mitglieds an einem rückkaufsfähigen Gruppenversicherungsvertrag oder einem Gruppenrentenversicherungsvertrag darstellt, bis zu dem Zeitpunkt, zu dem die Zahlung eines Betrags an den Arbeitnehmer/Inhaber des Versicherungsscheins oder Begünstigten fällig wird, als ein nicht meldepflichtiges Konto behandeln, sofern das Finanzkonto, das den Anteil eines Mitglieds an einem rückkaufsfähigen Gruppenversicherungsvertrag oder einem Gruppenrentenversicherungsvertrag darstellt, die folgenden Anforderungen erfüllt:

1. der rückkaufsfähige Gruppenversicherungsvertrag oder der Gruppenrentenversicherungsvertrag ist auf einen Arbeitgeber ausgestellt und erstreckt sich auf mindestens 25 Arbeitnehmer oder Versicherungsscheininhaber,

2. die Arbeitnehmer/Versicherungsscheininhaber haben Anspruch auf einen ihrem Anteil entsprechenden Vertragswert und dürfen Begünstigte benennen, an die die Leistungen im Falle des Ablebens des Arbeitnehmers zu zahlen sind, und

3. der an einen Arbeitnehmer/Versicherungsscheininhaber oder Begünstigten zu zahlende Gesamtbetrag beträgt höchstens einen Betrag im Gegenwert von 1 000 000 US-Dollar.

Zusammenfassung von Konten natürlicher Personen

§ 51. (1) Für die Zwecke der Bestimmung des Gesamtsaldos oder –werts von Finanzkonten einer natürlichen Person muss ein meldendes Finanzinstitut alle von ihm geführten Finanzkonten zusammenfassen, jedoch nur insoweit, als die computergestützten Systeme des meldenden Finanzinstituts die Finanzkonten durch Verweis auf ein Datenelement wie eine Kundennummer oder Steueridentifikationsnummer miteinander verknüpfen und eine Zusammenfassung der Kontosalden oder –werte ermöglichen.

(2) Für die Zwecke der Anwendung der Zusammenfassungsvorschrift des Abs. 1 wird jedem Inhaber eines gemeinsamen Finanzkontos der gesamte Saldo oder Wert des gemeinsamen Finanzkontos zugerechnet.

Zusammenfassung von Konten von Rechtsträgern

§ 52. (1) Für die Zwecke der Bestimmung des Gesamtsaldos oder –werts von Finanzkonten von Rechtsträgern muss ein meldendes Finanzinstitut alle von ihm geführten Finanzkonten berücksichtigen, jedoch nur insoweit, als die computergestützten Systeme des meldenden Finanzinstituts die Finanzkonten durch Verweis auf ein Datenelement wie eine Kundennummer oder Steueridentifikationsnummer miteinander verknüpfen und eine Zusammenfassung der Kontosalden oder –werte ermöglichen.

(2) Für die Zwecke der Anwendung der Zusammenfassungsvorschrift des Abs. 1 wird jedem Inhaber eines gemeinsamen Finanzkontos der gesamte Saldo oder Wert des gemeinsamen Finanzkontos zugerechnet.

Zusammenfassungsvorschrift für Kundenbetreuer

§ 53. Für die Zwecke der Bestimmung des Gesamtsaldos oder –werts von Finanzkonten einer Person zur Feststellung, ob es sich bei einem Finanzkonto um ein Konto von hohem Wert handelt, ist ein meldendes Finanzinstitut im Fall von Finanzkonten, bei denen einem Kundenbetreuer bekannt ist oder bekannt sein müsste, dass sie unmittelbar oder mittelbar derselben Person gehören, dieselbe Person über sie verfügt oder sie von derselben Person (außer in treuhänderischer Eigenschaft) eröffnet wurden, auch verpflichtet, alle diese Konten zusammenzufassen.

8. Hauptstück
Begriffsbestimmungen

1. Abschnitt
Der Begriff „meldendes Finanzinstitut"

Meldendes Finanzinstitut

§ 54. (1) Der Ausdruck „meldendes Finanzinstitut" bedeutet ein österreichisches Finanzinstitut, bei dem es sich nicht um ein nicht meldendes Finanzinstitut handelt.

(2) Der Ausdruck „österreichisches Finanzinstitut" bedeutet

1. ein in Österreich ansässiges Finanzinstitut, jedoch nicht Zweigniederlassungen dieses Finanzinstituts, die sich außerhalb Österreichs befinden, oder

2. eine Zweigniederlassung eines nicht in Österreich ansässigen Finanzinstituts, wenn diese sich in Österreich befindet.

Finanzinstitut eines teilnehmenden Staats

§ 55. (1) Der Ausdruck „Finanzinstitut eines teilnehmenden Staats" bedeutet

1. ein in einem teilnehmenden Staat ansässiges Finanzinstitut, jedoch nicht Zweigniederlassungen dieses Finanzinstituts, die sich außerhalb dieses teilnehmenden Staats befinden, oder

2. eine Zweigniederlassung eines nicht in einem teilnehmenden Staat ansässigen Finanzinstituts, wenn diese sich in diesem teilnehmenden Staat befindet.

(2) Ein Finanzinstitut ist in einem teilnehmenden Staat „ansässig", wenn es der Hoheitsgewalt dieses teilnehmenden Staats untersteht (das heißt, der teilnehmende Staat kann die Meldepflichten des Finanzinstituts durchsetzen). Im Allgemeinen untersteht ein Finanzinstitut, wenn es in einem teilnehmenden Staat steuerlich ansässig ist, der Hoheitsgewalt dieses teilnehmenden Staats und ist somit Finanzinstitut eines teilnehmenden Staats. Ein Trust, der ein Finanzinstitut ist, gilt (unabhängig davon, ob er in einem teilnehmenden Staat steuerlich ansässig ist) als der Hoheitsgewalt eines teilnehmenden Staats unterstehend, wenn einer oder mehrere seiner Treuhänder in diesem teilnehmenden Staat ansässig sind, es sei denn, der Trust meldet alle gemäß dieser Richtlinie meldepflichtigen Informationen über von dem Trust geführte meldepflichtige Konten an einen anderen teilnehmenden Staat, weil er in diesem anderen teilnehmenden Staat steuerlich ansässig ist. Hat ein Finanzinstitut (mit Ausnahme von Trusts) jedoch keine steuerliche Ansässigkeit (zum Beispiel weil es als steuerlich transparent gilt oder in einem Staat niedergelassen ist, der keine Einkommensteuer erhebt), so gilt es als der Hoheitsgewalt eines teilnehmenden Staats unterstehend und ist somit ein Finanzinstitut eines teilnehmenden Staats, wenn folgende Voraussetzungen erfüllt sind:

1. es ist nach dem Recht des teilnehmenden Staats eingetragen,

2. es hat den Ort seiner Geschäftsleitung (einschließlich der tatsächlichen Geschäftsleitung) in dem teilnehmenden Staat, oder

3. es unterliegt der Finanzaufsicht in dem teilnehmenden Staat.

Ist ein Finanzinstitut (mit Ausnahme von Trusts) in zwei oder mehr teilnehmenden Staaten ansässig, so gelten die Melde- und Sorgfaltspflichten des Staats, in dem es die Finanzkonten führt.

Finanzinstitut

§ 56. Der Ausdruck „Finanzinstitut" bedeutet ein Verwahrinstitut (§ 57), ein Einlageninstitut (§ 58), ein Investmentunternehmen (§ 59) oder eine spezifizierte Versicherungsgesellschaft (§ 61).

Verwahrinstitut

§ 57. Der Ausdruck „Verwahrinstitut" bedeutet einen Rechtsträger, dessen Geschäftstätigkeit im Wesentlichen darin besteht, für fremde Rechnung Finanzvermögen zu verwahren. Die Geschäftstätigkeit eines Rechtsträgers besteht im Wesentlichen darin, für fremde Rechnung Finanzvermögen zu verwahren, wenn die dem Verwahren von Finanzvermögen und damit zusammenhängenden Finanzdienstleistungen zuzurechnenden Bruttoeinkünfte des Rechtsträgers mindestens 20 % der Bruttoeinkünfte des Rechtsträgers entsprechen, und zwar entweder

1. während des dreijährigen Zeitraums, der am 31. Dezember (oder dem letzten Tag eines nicht einem Kalenderjahr entsprechenden Abrechnungszeitraums) vor dem Bestimmungsjahr endet, oder

2. während des Zeitraums des Bestehens des Rechtsträgers,

je nachdem, welcher Zeitraum kürzer ist.

Einlageninstitut

§ 58. Der Ausdruck „Einlageninstitut" bedeutet einen Rechtsträger, der im Rahmen gewöhnlicher Bankgeschäfte oder einer ähnlichen Geschäftstätigkeit Einlagen entgegennimmt.

Investmentunternehmen

§ 59. (1) Der Ausdruck „Investmentunternehmen" bedeutet einen Rechtsträger,

1. der gewerblich vorwiegend eine oder mehrere der folgenden Tätigkeiten für einen Kunden ausübt:

a) Handel mit Geldmarktinstrumenten (zum Beispiel Schecks, Wechsel, Einlagenzertifikate, Derivate), Devisen, Wechselkurs-, Zins- und Indexinstrumenten, übertragbaren Wertpapieren oder Warentermingeschäfte,

b) individuelle und kollektive Vermögensverwaltung oder

c) sonstige Arten der Anlage oder Verwaltung von Finanzvermögen oder Kapital im Auftrag Dritter

oder

2. dessen Bruttoeinkünfte vorwiegend der Anlage oder Wiederanlage von Finanzvermögen oder dem Handel damit zuzurechnen sind, wenn der Rechtsträger von einem anderen Rechtsträger verwaltet wird, bei dem es sich um ein Einlageninstitut, ein Verwahrinstitut, eine spezifizierte Versicherungsgesellschaft oder ein Investmentunternehmen im Sinne der Z 1 handelt. „Ein Rechtsträger wird von einem anderen Rechtsträger verwaltet, wenn letzterer selbst oder über einen Dienstleister für den verwalteten Rechtsträger die in Abs. 1 lit a bis c angeführten Tätigkeiten durchführt und dabei über das vollständige Ermessen verfügt, das Finanzvermögen des anderen Rechtsträgers zu verwalten." *(BGBl I 2019/91)*

(2) Ein Rechtsträger übt gewerblich vorwiegend eine oder mehrere Tätigkeiten im Sinne des Abs. 1 Z 1 aus beziehungsweise die Bruttoeinkünfte eines Rechtsträgers sind vorwiegend der Anlage oder Wiederanlage von Finanzvermögen oder dem Handel damit im Sinne von Abs. 1 Z 2 zuzurechnen, wenn die den entsprechenden Tätigkeiten zuzurechnenden Bruttoeinkünfte des Rechtsträgers mindestens 50 % der Bruttoeinkünfte des Rechtsträgers entsprechen, und zwar entweder

1. während des dreijährigen Zeitraums, der am 31. Dezember des Jahres vor dem Bestimmungsjahr endet, oder

2. während des Zeitraums des Bestehens des Rechtsträgers,

je nachdem, welcher Zeitraum kürzer ist.

(3) Der Ausdruck „Investmentunternehmen" umfasst nicht einen Rechtsträger, bei dem es sich aufgrund der Erfüllung der Kriterien in § 95 Z 4 bis 7 um einen aktiven NFE handelt.

(4) Abs. 1 bis 3 sind auf eine Weise auszulegen, die mit dem ähnlichen Wortlaut der Definition von „Finanzinstitut" in den Empfehlungen der Arbeitsgruppe Finanzielle Maßnahmen gegen Geldwäsche („Financial Action Task Force on Money Laundering" – FATF) vereinbar ist.

Finanzvermögen

§ 60. (1) Der Ausdruck „Finanzvermögen" umfasst

1. Wertpapiere, wie zum Beispiel Anteile am Aktienkapital einer Kapitalgesellschaft, Beteiligungen oder wirtschaftliches Eigentum an den Beteiligungen an einer in Streubesitz befindlichen oder börsennotierten Personalgesellschaft oder einem Trust sowie Obligationen, Anleihen, Schuldverschreibungen oder sonstige Schuldurkunden,

2. Beteiligungen an Personengesellschaften, Warengeschäften, Swaps (wie zum Beispiel Zinsswaps, Währungsswaps, Basisswaps, Zinscaps, Zinsfloors, Warenswaps, Aktienswaps, Aktienindexswaps und ähnliche Vereinbarungen),

3. Versicherungs- oder Rentenversicherungsverträge oder

4. Beteiligungen (darunter börsengehandelte und nicht börsengehandelte Termingeschäfte und Optionen) an Wertpapieren, Beteiligungen an Personengesellschaften, Warengeschäften, Swaps oder Versicherungs- oder Rentenversicherungsverträgen.

(2) Der Ausdruck „Finanzvermögen" umfasst keine nicht fremdfinanzierten unmittelbaren Immobilienbeteiligungen.

Spezifizierte Versicherungsgesellschaft

§ 61. Der Ausdruck „spezifizierte Versicherungsgesellschaft" bedeutet einen Rechtsträger, bei dem es sich um eine Versicherungsgesellschaft (oder die Holdinggesellschaft einer Versicherungsgesellschaft) handelt, die einen rückkaufsfähigen Versicherungsvertrag oder einen Rentenversicherungsvertrag abschließt oder zur Leistung von Zahlungen in Bezug auf einen solchen Vertrag verpflichtet ist.

2. Abschnitt

Der Begriff „nicht meldendes Finanzinstitut"

Nicht meldendes Finanzinstitut

§ 62. Der Ausdruck „nicht meldendes Finanzinstitut" bedeutet ein Finanzinstitut, bei dem es sich um Folgendes handelt:

1. einen staatlichen Rechtsträger, eine internationale Organisation oder eine Zentralbank, außer bei Zahlungen, die aus einer Verpflichtung in Zusammenhang mit gewerblichen Finanzaktivitäten stammen, die denen einer spezifizierten Versicherungsgesellschaft, eines Verwahr- oder eines Einlageninstituts entsprechen,

2. einen Altersvorsorgefonds mit breiter Beteiligung, einen Altersvorsorgefonds mit geringer Beteiligung, einen Pensionsfonds eines staatlichen Rechtsträgers, einer internationalen Organisation oder einer Zentralbank oder einen qualifizierten Kreditkartenanbieter,

3. „einen sonstigen Rechtsträger, bei dem ein geringes Risiko besteht, dass er zur Steuerhinterziehung missbraucht wird und der im Wesentlichen ähnliche Eigenschaften wie die in Z 1 und Z 2 genannten Rechtsträger aufweist, sofern sein Status als nicht meldendes Finanzinstitut dem Zweck dieses Gesetzes nicht entgegensteht.“ Der Bundesminister für Finanzen ist ermächtigt mit Verordnung festzulegen, welche Rechtsträger diese Voraussetzungen erfüllen. *(BGBl I 2019/91)*

4. einen ausgenommenen Organismus für gemeinsame Anlagen oder

5. einen Trust, soweit der Treuhänder des Trusts ein meldendes Finanzinstitut ist und sämtliche nach dem 1. Hauptstück zu meldenden Informationen zu sämtlichen meldepflichtigen Konten des Trusts meldet.

Staatlicher Rechtsträger

§ 63. (1) Der Ausdruck „staatlicher Rechtsträger“ bedeutet die Regierung eines teilnehmenden Staats oder anderen Staates, eine Gebietskörperschaft eines teilnehmenden Staats oder anderen Staates (wobei es sich unter anderen um einen Gliedstaat, eine Provinz, einen Landkreis oder eine Gemeinde handeln kann) oder eine Behörde oder Einrichtung, die sich im Alleineigentum eines teilnehmenden Staats oder anderen Staates oder einer oder mehrerer Gebietskörperschaften befindet (jeweils ein „staatlicher Rechtsträger“). Diese Kategorie besteht aus den wesentlichen Instanzen, beherrschten Rechtsträgern und Gebietskörperschaften eines teilnehmenden Staats oder anderen Staates.

(2) Eine „wesentliche Instanz“ eines teilnehmenden Staats oder anderen Staates bedeutet unabhängig von ihrer Bezeichnung eine Person, eine Organisation, eine Behörde, ein Amt, einen Fonds, eine Einrichtung oder eine sonstige Stelle, die eine Regierungsbehörde eines teilnehmenden Staats oder anderen Staates ist. Die Nettoeinkünfte der Regierungsbehörde müssen ihrem eigenen Konto oder sonstigen Konten des teilnehmenden Staats oder anderen Staates gutgeschrieben werden, ohne dass ein Teil davon einer Privatperson zugutekommt. Eine wesentliche Instanz umfasst nicht eine natürliche Person, bei der es sich um einen in seiner Eigenschaft als Privatperson handelnden Regierungsvertreter, Beamten oder Verwalter handelt.

(3) Ein „beherrschter Rechtsträger“ bedeutet einen Rechtsträger, der formal von dem teilnehmenden Staat oder anderen Staat getrennt ist oder auf andere Weise eine eigenständige juristische Person ist, sofern

1. der Rechtsträger sich unmittelbar oder über einen oder mehrere beherrschte Rechtsträger im Alleineigentum und unter der Beherrschung eines oder mehrerer staatlicher Rechtsträger befindet,

2. die Nettoeinkünfte des Rechtsträgers seinem eigenen Konto oder den Konten eines oder mehrerer staatlicher Rechtsträger gutgeschrieben werden, ohne dass ein Teil seiner Einkünfte einer Privatperson zugutekommt,

3. die Vermögenswerte des Rechtsträgers bei seiner Auflösung einem oder mehreren staatlichen Rechtsträgern zufallen.

(4) Einkünfte kommen nicht Privatpersonen zugute, wenn es sich bei diesen Personen um die vorgesehenen Begünstigten eines Regierungsprogramms handelt und die Programmaktivitäten für die Allgemeinheit im Interesse des Gemeinwohls ausgeübt werden oder sich auf die Verwaltung eines Regierungsbereichs beziehen. Ungeachtet der vorstehenden Bestimmungen gelten Einkünfte jedoch als Einkünfte, die Privatpersonen zugutekommen, wenn sie aus über einen staatlichen Rechtsträger ausgeübten gewerblichen Tätigkeiten, wie zum Beispiel Geschäftsbankengeschäften, stammen, bei denen Finanzdienstleistungen an Privatpersonen erbracht werden.

Internationale Organisation

§ 64. Der Ausdruck „internationale Organisation“ bedeutet eine internationale Organisation oder eine in ihrem Alleineigentum stehende Behörde oder Einrichtung. Diese Kategorie umfasst eine zwischenstaatliche Organisation (einschließlich einer übernationalen Organisation),

1. die hauptsächlich aus Regierungen besteht,

2. die mit Österreich oder einem teilnehmenden Staat ein Sitzabkommen oder im Wesentlichen ähnliches Abkommen geschlossen hat und

3. deren Einkünfte nicht Privatpersonen zugutekommen.

Zentralbank

§ 65. Der Ausdruck „Zentralbank“ bedeutet ein Institut, das auf Grund des Gesetzes oder einer staatlichen Genehmigung neben der Regierung Österreichs oder eines teilnehmenden Staates die oberste Behörde für die Ausgabe von als Währung vorgesehenen Zahlungsmitteln ist. Dieses Institut kann eine von der Regierung Österreichs oder eines teilnehmenden Staates getrennte Einrichtung umfassen, die ganz oder teilweise im Eigentum Österreichs oder eines teilnehmenden Staates stehen kann.

Altersvorsorgefonds mit breiter Beteiligung

§ 66. Der Ausdruck „Altersvorsorgefonds mit breiter Beteiligung“ bedeutet einen Fonds zur Gewährung von Altersvorsorge- und Invaliditätsleistungen sowie Leistungen im Todesfall oder einer Kombination dieser Leistungen als Gegenleistung für erbrachte Leistungen an Begünstigte, die derzeitige oder ehemalige Arbeitnehmer (oder von ihnen bestimmte Personen) eines oder mehrerer Arbeitgeber sind, sofern der Fonds

1. nicht einen einzigen Begünstigten hat, der Anspruch auf mehr als 5 % der Vermögenswerte des Fonds hat,

2. staatlicher Regelung unterliegt und Informationen an die Steuerbehörden übermittelt und

3. mindestens eine der folgenden Voraussetzungen erfüllt:

a) der Fonds ist aufgrund seines Status als Altersvorsorgeplan grundsätzlich von der Ertragsteuer auf Kapitaleinkünfte befreit oder die Besteuerung entsprechender Erträge erfolgt nachgelagert beziehungsweise zu einem ermäßigten Satz;

b) der Fonds bezieht mindestens 50 % seiner Gesamtbeiträge (mit Ausnahme von Vermögensübertragungen von anderen in § 66 bis 68 genannten Plänen oder in § 87 Z 1 genannten Altersvorsorgekonten) von den Arbeitgebern;

c) Ausschüttungen oder Entnahmen aus dem Fonds dürfen nur bei Eintritt konkreter Ereignisse im Zusammenhang mit Ruhestand, Invalidität oder Tod vorgenommen werden (mit Ausnahme von aus einem Altersvorsorgeplan an andere in § 66 bis 68 genannte Altersvorsorgefonds oder in § 87 Z 1 genannte Altersvorsorgekonten übertragene Ausschüttungen), andernfalls finden Sanktionen Anwendung, oder

d) die Arbeitnehmerbeiträge an den Fonds (mit Ausnahme bestimmter zugelassener Ausgleichsbeiträge) werden durch das Erwerbseinkommen des Arbeitnehmers begrenzt oder dürfen – unter Anwendung der in § 51 bis § 53 genannten Vorschriften für die Zusammenfassung von Konten und die Währungsumrechnung – jährlich einen Betrag im Gegenwert von 50 000 US-Dollar nicht übersteigen.

Altersvorsorgefonds mit geringer Beteiligung

§ 67. Der Ausdruck „Altersvorsorgefonds mit geringer Beteiligung“ bedeutet einen Fonds zur Gewährung von Altersvorsorge- und Invaliditätsleistungen sowie Leistungen im Todesfall als Gegenleistung für erbrachte Leistungen an Begünstigte, die derzeitige oder ehemalige Arbeitnehmer (oder von ihnen bestimmte Personen) eines oder mehrerer Arbeitgeber sind sofern

1. weniger als 50 Personen am Fonds beteiligt sind,

2. ein oder mehrere Arbeitgeber in den Fonds einzahlen, bei denen es sich nicht um Investmentunternehmen oder passive NFEs handelt,

3. die Arbeitnehmer- und Arbeitgeberbeiträge an den Fonds (mit Ausnahme von Vermögensübertragungen von in § 87 Z 1 genannten Altersvorsorgekonten) durch das Erwerbseinkommen beziehungsweise die Vergütung des Arbeitnehmers begrenzt werden,

4. nicht im teilnehmenden Staat des Fonds ansässige Beteiligte auf höchstens 20 % der Vermögenswerte des Fonds Anspruch haben und

5. der Fonds staatlicher Regelung unterliegt und Informationen an die Steuerbehörden übermittelt.

Pensionsfonds eines staatlichen Rechtsträgers, einer internationalen Organisation oder einer Zentralbank

§ 68. Der Ausdruck „Pensionsfonds eines staatlichen Rechtsträgers, einer internationalen Organisation oder einer Zentralbank“ bedeutet einen von einem staatlichen Rechtsträger, einer internationalen Organisation oder einer Zentralbank errichteten Fonds zur Gewährung von Altersvorsorge- und Invaliditätsleistungen sowie Leistungen im Todesfall an Begünstigte oder Beteiligte, bei denen es sich um derzeitige oder ehemalige Arbeitnehmer (oder von ihnen bestimmte Personen) oder um Personen handeln kann, die keine derzeitigen oder ehemaligen Arbeitnehmer sind, falls die Leistungen diesen Begünstigten und Beteiligten als Gegenleistung für ihre dem staatlichen Rechtsträger, der internationalen Organisation oder der Zentralbank persönlich geleisteten Dienste gewährt werden.

Qualifizierter Kreditkartenanbieter

§ 69. Der Ausdruck „qualifizierter Kreditkartenanbieter“ bedeutet ein Finanzinstitut, das folgende Voraussetzungen erfüllt:

1. Das Finanzinstitut gilt nur als Finanzinstitut, weil es ein Kreditkartenanbieter ist, der Einlagen nur akzeptiert, wenn ein Kunde eine Zahlung leistet, die einen in Bezug auf die Karte fälligen Saldo übersteigt, und die Überzahlung nicht unverzüglich an den Kunden zurücküberwiesen wird.

2. Spätestens ab dem 1. Oktober 2016 setzt das Finanzinstitut Maßnahmen und Verfahren um, die entweder verhindern, dass ein Kunde eine Überzahlung in Höhe eines Betrags im Gegenwert von mehr als 50 000 US-Dollar leistet, oder sicherstellen, dass jede Überzahlung eines Kunden, die über diesem Betrag liegt, dem Kunden innerhalb von 60 Tagen zurückerstattet wird, wobei in bei-

den Fällen die Vorschriften für die Zusammenfassung von Konten (§ 51 bis § 53) und für die Währungsumrechnung (§ 106) gelten. Überzahlungen von Kunden in diesem Sinne umfassen nicht Guthaben im Zusammenhang mit strittigen Abbuchungen, schließen jedoch Guthaben infolge der Rückgabe von Waren ein.

Ausgenommener Organismus für gemeinsame Anlagen

§ 70. (1) Der Ausdruck „ausgenommener Organismus für gemeinsame Anlagen" bedeutet ein Investmentunternehmen, das als Organismus für gemeinsamen Anlagen der Aufsicht untersteht, sofern sämtliche Beteiligungen an dem Organismus für gemeinsamen Anlagen von natürlichen Personen oder Rechtsträgern, die keine meldepflichtigen Personen sind, oder über diese gehalten werden, mit Ausnahme eines passiven NFE mit beherrschenden Personen, die meldepflichtige Personen sind.

(2) Ein Investmentunternehmen, das als Organismus für gemeinsame Anlagen der Aufsicht untersteht, gilt auch dann nach Abs. 1 als ausgenommener Organismus für gemeinsame Anlagen, wenn der Organismus für gemeinsame Anlagen effektive Inhaberanteile ausgibt, sofern

1. der Organismus für gemeinsame Anlagen nach dem 30. September 2016 keine effektiven Inhaberanteile ausgegeben hat oder ausgibt,

2. der Organismus für gemeinsame Anlagen bei Rückkauf alle diese Anteile einzieht,

3. der Organismus für gemeinsame Anlagen die in den §§ 7 bis 53 angeführten Verfahren zur Erfüllung der Sorgfaltspflichten durchführt und alle meldepflichtigen Informationen zu diesen Anteilen meldet, wenn diese zum Einlösen oder zu sonstiger Zahlung vorgelegt werden, und

4. der Organismus für gemeinsame Anlagen über Maßnahmen und Verfahren verfügt, um sicherzustellen, dass die betreffenden Anteile so bald wie möglich und auf jeden Fall vor dem 1. Januar 2018 eingelöst werden oder nicht mehr verkehrsfähig sind.

3. Abschnitt

Der Begriff „Finanzkonto"

Finanzkonto

§ 71. (1) Der Ausdruck „Finanzkonto" bedeutet ein von einem Finanzinstitut geführtes Konto und umfasst ein Einlagenkonto, ein Verwahrkonto und

1. im Fall eines Investmentunternehmens Eigen- und Fremdkapitalbeteiligungen an dem Finanzinstitut. Ungeachtet der vorstehenden Bestimmung umfasst der Ausdruck „Finanzkonto" keine Eigen- und Fremdkapitalbeteiligungen an einem Rechtsträger, der nur als Investmentunternehmen gilt, weil er für den Zweck der Anlage oder Verwaltung von Finanzvermögen, das bei einem anderen Finanzinstitut als diesem Rechtsträger im Namen eines Kunden eingezahlt wurde, für oder im Auftrag dieses Kunden

a) Anlageberatung erbringt oder

b) Vermögenswerte verwaltet,

2. im Fall eines nicht unter Z 1 beschriebenen Finanzinstituts Eigen- und Fremdkapitalbeteiligungen an dem Finanzinstitut, sofern die Beteiligungskategorie zur Vermeidung der Meldepflicht nach § 3 bis § 6 eingeführt wurde, sowie

3. von einem Finanzinstitut ausgestellte oder verwaltete rückkaufsfähige Versicherungsverträge und Rentenversicherungsverträge, mit Ausnahme von nicht mit einer Kapitalanlage verbundenen und nicht übertragbaren sofortigen Leibrenten, die auf natürliche Personen lauten und eine Altersvorsorge- oder Invaliditätsleistung monetisieren, die aufgrund eines Kontos erbracht wird, bei dem es sich um ein ausgenommenes Konto handelt.

(2) Der Ausdruck „Finanzkonto" umfasst keine Konten, bei denen es sich um ausgenommene Konten im Sinne von § 87 handelt.

Einlagenkonto

§ 72. Der Ausdruck „Einlagenkonto" umfasst Geschäfts-, Giro-, Spar- und Terminkonten sowie Konten, die durch Einlagenzertifikate, Sparbriefe, Investmentzertifikate, Schuldtitel oder vergleichbare Instrumente verbrieft sind, die von einem Finanzinstitut im Rahmen gewöhnlicher Bankgeschäfte oder einer ähnlichen Geschäftstätigkeit geführt werden. Ein Einlagenkonto umfasst auch Beträge, die von einer Versicherungsgesellschaft aufgrund eines garantierten Kapitalanlagevertrags oder einer ähnlichen Vereinbarung zur Zahlung oder Gutschrift von Zinsen auf diese Beträge gehalten werden.

Verwahrkonto

§ 73. Der Ausdruck „Verwahrkonto" bedeutet ein Konto (nicht jedoch einen Versicherungsvertrag oder Rentenversicherungsvertrag), in dem Finanzvermögen zugunsten eines Dritten verwahrt wird.

Eigenkapitalbeteiligung

§ 74. Der Ausdruck „Eigenkapitalbeteiligung" bedeutet im Fall einer Personengesellschaft, die ein Finanzinstitut ist, entweder eine Kapital- oder eine Gewinnbeteiligung an der Personengesellschaft. Im Fall eines Trusts, der ein Finanzinstitut ist, gilt eine Eigenkapitalbeteiligung als von einer Person gehalten, die als Treugeber oder Begünstigter des gesamten oder eines Teils des Trusts betrachtet wird, oder von einer sonstigen natürlichen Person, die den Trust tatsächlich beherrscht. Eine meldepflichtige Person gilt als Begünstigter eines Trusts, wenn sie berechtigt ist, unmittelbar oder mittelbar (zum Beispiel durch einen Bevollmächtigten) eine Pflichtausschüttung aus dem Trust zu erhalten, oder unmittelbar oder mittelbar eine freiwillige Ausschüttung aus dem Trust erhalten kann.

Versicherungsvertrag

§ 75. Der Ausdruck „Versicherungsvertrag" bedeutet einen Vertrag (nicht jedoch einen Rentenversicherungsvertrag), bei dem sich der Versicherungsgeber bereit erklärt, bei Eintritt eines konkreten Ereignisses im Zusammenhang mit einem Todesfall-, Krankheits-, Unfall-, Haftungs- oder Sachschadenrisiko einen Betrag zu zahlen.

Rentenversicherungsvertrag

§ 76. Der Ausdruck „Rentenversicherungsvertrag" bedeutet einen Vertrag, bei dem sich der Versicherungsgeber bereit erklärt, für einen vollständig oder teilweise anhand der Lebenserwartung einer oder mehrerer natürlicher Personen ermittelten Zeitraum Zahlungen zu leisten. Der Ausdruck umfasst auch einen Vertrag, der nach dem Recht, den Vorschriften oder der Rechtsübung des teilnehmenden Staats oder anderen Staates, in dem er ausgestellt wurde, als Rentenversicherungsvertrag gilt und bei dem sich der Versicherungsgeber bereit erklärt, für eine bestimmte Anzahl von Jahren Zahlungen zu leisten.

Rückkaufsfähiger Versicherungsvertrag

§ 77. Der Ausdruck „rückkaufsfähiger Versicherungsvertrag" bedeutet einen Versicherungsvertrag (nicht jedoch einen Rückversicherungsvertrag zwischen zwei Versicherungsgesellschaften) mit einem Barwert.

Barwert

§ 78. (1) Der Ausdruck „Barwert" bedeutet

1. den Betrag, zu dessen Erhalt der Versicherungsnehmer nach Rückkauf oder Kündigung des Vertrags berechtigt ist (ohne Minderung wegen einer Rückkaufgebühr oder eines Polizzendarlehens ermittelt), oder

2. den Betrag, den der Versicherungsnehmer im Rahmen des Vertrags oder in Bezug auf den Vertrag als Darlehen aufnehmen kann, je nachdem, welcher Betrag höher ist.

(2) Ungeachtet des Abs. 1 umfasst der Ausdruck „Barwert" nicht einen aufgrund eines Versicherungsvertrags wie folgt zahlbaren Betrag:

1. ausschließlich aufgrund des Todes einer natürlichen Person, die über einen Lebensversicherungsvertrag verfügt,

2. in Form einer Leistung bei Personenschaden oder Krankheit oder einer sonstigen Leistung zur Entschädigung für einen bei Eintritt des Versicherungsfalls erlittenen wirtschaftlichen Verlust,

3. in Form einer Rückerstattung einer aufgrund eines Versicherungsvertrags (nicht jedoch eines an Kapitalanlagen gebundenen Lebens- oder Rentenversicherungsvertrags) bereits gezahlten Prämie (abzüglich Versicherungsgebühren unabhängig von deren tatsächlicher Erhebung) bei Vertragsaufhebung oder –kündigung, Verringerung des Risikopotenzials während der Vertragslaufzeit oder Berichtigung einer Fehlbuchung oder eines vergleichbaren Fehlers in Bezug auf die Vertragsprämie,

4. in Form einer an den Versicherungsnehmer zahlbaren Dividende (nicht jedoch eines Schlussüberschussanteils), sofern die Dividende aus einem Versicherungsvertrag stammt, bei dem nur Leistungen nach Z 2 zu zahlen sind, oder

5. in Form einer Rückerstattung einer Prämienvorauszahlung oder eines Prämiendepots für einen Versicherungsvertrag mit mindestens jährlich fälliger Prämienzahlung, sofern die Höhe der Prämienvorauszahlung oder des Prämiendepots die nächste vertragsgemäß fällige Jahresprämie nicht übersteigt.

Bestehendes Konto

§ 79. Der Ausdruck „bestehendes Konto" bedeutet

1. ein Finanzkonto, das zum 30. September 2016 von einem meldenden Finanzinstitut geführt wird;

2. jedes Finanzkonto eines Kontoinhabers, ungeachtet des Zeitpunkts der Eröffnung dieses Finanzkontos, wenn

a) der Kontoinhaber auch Inhaber eines Finanzkontos bei dem meldenden Finanzinstitut (oder einem verbundenen Rechtsträger in demselben teilnehmenden Staat wie das meldende Finanzinstitut) ist, das ein bestehendes Konto nach Z 1 ist;

b) das meldende Finanzinstitut (und gegebenenfalls der verbundene Rechtsträger in demselben teilnehmenden Staat wie das meldende Finanzinstitut) diese beiden Finanzkonten und alle weiteren Finanzkonten des Kontoinhabers, die als bestehende Konten nach dieser Ziffer behandelt werden, für die Zwecke der Erfüllung der in § 47 genannten Anforderungen in Bezug auf den Kenntnisstand und für die Zwecke der Ermittlung des Saldos oder Werts eines der Finanzkonten bei der Anwendung eines der kontospezifischen Schwellenwerte als ein einziges Finanzkonto behandelt;

c) das meldende Finanzinstitut in Bezug auf ein Finanzkonto, das den Verfahren zur Bekämpfung der Geldwäsche (AML/KYC) unterliegt, die

Anforderungen dieser Verfahren in Bezug auf das Finanzkonto erfüllen darf, indem es sich auf die Verfahren zur Bekämpfung der Geldwäsche (AML/KYC) verlässt, die für das unter Z 1 beschriebene bestehende Konto durchgeführt wurden, und

d) die Eröffnung des Finanzkontos – außer für die Zwecke dieses Gesetzes – keine Bereitstellung neuer, zusätzlicher oder geänderter Kundeninformationen durch den Kontoinhaber erfordert.

Neukonto

§ 80. Der Ausdruck „Neukonto“ bedeutet ein von einem meldenden Finanzinstitut geführtes Finanzkonto, das am oder nach dem 1. Oktober 2016 eröffnet wird, sofern es nicht als bestehendes Konto gemäß § 79 Z 2 behandelt wird.

Bestehendes Konto natürlicher Personen

§ 81. Der Ausdruck „bestehendes Konto natürlicher Personen“ bedeutet ein bestehendes Konto, dessen Inhaber eine natürliche Person ist oder mehrere natürliche Personen sind.

Neukonto natürlicher Personen

§ 82. Der Ausdruck „Neukonto natürlicher Personen“ bedeutet ein Neukonto, dessen Inhaber eine natürliche Person ist oder mehrere natürliche Personen sind.

Bestehendes Konto von Rechtsträgern

§ 83. Der Ausdruck „bestehendes Konto von Rechtsträgern“ bedeutet ein bestehendes Konto, dessen Inhaber ein Rechtsträger ist oder mehrere Rechtsträger sind.

Konto von geringem Wert

§ 84. Der Ausdruck „Konto von geringem Wert“ bedeutet ein bestehendes Konto natürlicher Personen mit einem Gesamtsaldo oder -wert in Höhe eines Betrags im Gegenwert von höchstens 1 000 000 US-Dollar zum 30. September 2016.

Konto von hohem Wert

§ 85. Der Ausdruck „Konto von hohem Wert“ bedeutet ein bestehendes Konto natürlicher Personen mit einem Gesamtsaldo oder -wert in Höhe eines Betrags im Gegenwert von mehr als 1 000 000 US-Dollar zum 30. September 2016 oder 31. Dezember eines Folgejahres.

Neukonto von Rechtsträgern

§ 86. Der Ausdruck „Neukonto von Rechtsträgern“ bedeutet ein Neukonto, dessen Inhaber ein Rechtsträger ist oder mehrere Rechtsträger sind.

Ausgenommenes Konto

§ 87. Der Ausdruck „ausgenommenes Konto“ bedeutet eines der folgenden Konten:

1. ein Altersvorsorgekonto, das folgende Voraussetzungen erfüllt:

a) Das Konto untersteht als persönliches Altersvorsorgekonto der Aufsicht oder ist Teil eines registrierten oder der Aufsicht unterstehenden Altersvorsorgeplans für die Gewährung von Renten- und Pensionsleistungen (einschließlich Invaliditätsleistungen und Leistungen im Todesfall).

b) Das Konto ist steuerbegünstigt (das heißt, auf das Konto eingezahlte Beiträge, die andernfalls steuerpflichtig wären, sind von den Bruttoeinkünften des Kontoinhabers abziehbar oder ausgenommen oder werden mit einem ermäßigten Steuersatz besteuert, oder die mit dem Konto erzielten Kapitalerträge werden nachgelagert oder mit einem ermäßigten Steuersatz besteuert).

c) In Bezug auf das Konto besteht eine Pflicht zur Informationsübermittlung an die Steuerbehörden.

d) Entnahmen sind an das Erreichen eines bestimmten Ruhestandsalters, Invalidität oder den Todesfall geknüpft oder es werden bei Entnahmen vor Eintritt dieser Ereignisse Vorschusszinsen fällig.

e) Entweder

- die jährlichen Beiträge sind auf einen Betrag im Gegenwert von höchstens 50 000 US-Dollar begrenzt oder
- für das Konto gilt eine auf die gesamte Lebenszeit bezogene Beitragsgrenze in Höhe eines Betrags im Gegenwert von höchstens 1 000 000 US-Dollar,

wobei in beiden Fällen die Vorschriften für die Zusammenfassung von Konten (§§ 51 bis 53) und für die Währungsumrechnung (§ 106) gelten.

Ein Finanzkonto, das die in lit. e genannte Voraussetzung grundsätzlich erfüllt, wird diese auch dann erfüllen, wenn auf das Finanzkonto Vermögenswerte oder Geldbeträge von einem oder mehreren Finanzkonten, die die Voraussetzungen nach Z 1 oder 2, oder von einem oder mehreren Altersvorsorge- oder Pensionsfonds, die die Voraussetzungen nach den §§ 66 bis 68 erfüllen, übertragen werden können;

2. ein Konto, das folgende Voraussetzungen erfüllt:

a) Das Konto untersteht als Anlageinstrument für andere Zwecke als die Altersvorsorge der Aufsicht und wird regelmäßig an einer anerkannten Börse gehandelt oder das Konto untersteht als Sparinstrument für andere Zwecke als die Altersvorsorge der Aufsicht.

b) Das Konto ist steuerbegünstigt (das heißt, auf das Konto eingezahlte Beiträge, die andernfalls steuerpflichtig wären, sind von den Bruttoeinkünften des Kontoinhabers abziehbar oder ausgenommen oder werden mit einem ermäßigten Steuersatz besteuert, oder die mit dem Konto erzielten Kapitalerträge werden nachgelagert oder mit einem ermäßigten Steuersatz besteuert).

c) Entnahmen sind an die Erfüllung bestimmter Kriterien geknüpft, die in Zusammenhang mit dem Zweck des Anlage- oder Sparkontos (beispielsweise Gewährung von ausbildungsbezogenen oder medizinischen Leistungen) stehen, oder es werden bei Entnahmen vor Erfüllung dieser Kriterien Vorschusszinsen fällig.

d) Die jährlichen Beiträge sind auf einen Betrag im Gegenwert von höchstens 50 000 US-Dollar begrenzt, wobei die Vorschriften für die Zusammenfassung von Konten (§§ 51 bis 53) und für die Währungsumrechnung (§ 106) gelten.

Ein Finanzkonto, das die in lit. d genannte Voraussetzung grundsätzlich erfüllt, wird diese auch dann erfüllen, wenn auf das Finanzkonto Vermögenswerte oder Geldbeträge von einem oder mehreren Finanzkonten, die die Voraussetzungen nach Z 1 oder 2 erfüllen, oder von einem oder mehreren Altersvorsorge- oder Pensionsfonds, die die Voraussetzungen der §§ 66 bis 68 erfüllen, übertragen werden können;

3. einen Lebensversicherungsvertrag mit einer Versicherungszeit, die vor Vollendung des 90. Lebensjahres der versicherten natürlichen Person endet, sofern der Vertrag folgende Voraussetzungen erfüllt:

a) Während der Vertragslaufzeit oder bis zur Vollendung des 90. Lebensjahres des Versicherten – je nachdem, welcher Zeitraum kürzer ist – sind mindestens jährlich regelmäßige Prämien fällig, die im Laufe der Zeit nicht sinken.

b) Der Vertrag besitzt keinen Vertragswert, auf den eine Person ohne Kündigung des Vertrags (durch Entnahme, Beleihung oder auf andere Weise) zugreifen kann.

c) Der bei Vertragsaufhebung oder –kündigung auszahlbare Betrag (mit Ausnahme einer Leistung im Todesfall) kann die Gesamthöhe der für den Vertrag gezahlten Prämien abzüglich der Summe aus den Gebühren für Todesfall- und Krankheitsrisiko und Aufwendungen (unabhängig von deren tatsächlicher Erhebung) für die Vertragslaufzeit beziehungsweise –laufzeiten sowie sämtlichen vor Vertragsaufhebung oder –kündigung ausgezahlten Beträgen nicht übersteigen.

d) Der Inhaber des Vertrags ist kein entgeltlicher Erwerber;

4. ein Konto, dessen ausschließlicher Inhaber ein Nachlass ist, sofern die Unterlagen zu diesem Konto eine Kopie des Testaments oder der Sterbeurkunde des Verstorbenen enthalten;

5. ein Konto, das eingerichtet wird im Zusammenhang mit

a) einer gerichtlichen Verfügung oder einem Gerichtsurteil;

b) einem Verkauf, einem Tausch oder einer Vermietung eines unbeweglichen oder beweglichen Vermögensgegenstands, sofern das Konto folgende Voraussetzungen erfüllt:

aa) Das Konto wird ausschließlich mit einer Anzahlung, einer Einlage in einer zur Sicherung einer unmittelbar mit der Transaktion verbundenen Verpflichtung angemessenen Höhe oder einer ähnlichen Zahlung finanziert oder mit Finanzvermögen, das im Zusammenhang mit dem Verkauf, dem Tausch oder der Vermietung des Vermögensgegenstands auf das Konto eingezahlt wird.

bb) Das Konto wird nur zur Sicherung der Verpflichtung des Käufers zur Zahlung des Kaufpreises für den Vermögensgegenstand, der Verpflichtung des Verkäufers zur Begleichung von Eventualverbindlichkeiten beziehungsweise der Verpflichtung des Vermieters oder Mieters zur Begleichung von Schäden im Zusammenhang mit dem Mietobjekt nach dem Mietvertrag eingerichtet und genutzt.

cc) Die Vermögenswerte des Kontos, einschließlich der daraus erzielten Einkünfte, werden bei Verkauf, Tausch oder Übertragung des Vermögensgegenstands beziehungsweise Ende des Mietvertrags zugunsten des Käufers, Verkäufers, Vermieters oder Mieters ausgezahlt oder auf andere Weise verteilt (auch zur Erfüllung einer Verpflichtung einer dieser Personen).

dd) Das Konto ist nicht ein im Zusammenhang mit einem Verkauf oder Tausch von Finanzvermögen eingerichtetes Margin-Konto oder ähnliches Konto.

ee) Das Konto steht nicht in Verbindung mit einem Konto gemäß Z 6;

c) einer Verpflichtung eines Finanzinstituts, das ein durch Immobilien besichertes Darlehen verwaltet, zur Zurücklegung eines Teils einer Zahlung ausschließlich zur Ermöglichung der Entrichtung von Steuern oder Versicherungsbeiträgen im Zusammenhang mit den Immobilien zu einem späteren Zeitpunkt oder

d) einer Verpflichtung eines Finanzinstituts ausschließlich zur Ermöglichung der Entrichtung von Steuern zu einem späteren Zeitpunkt;

6. ein Einlagenkonto, das folgende Voraussetzungen erfüllt:

a) Das Konto besteht ausschließlich, weil ein Kunde eine Zahlung leistet, die einen in Bezug auf eine Kreditkarte oder eine sonstige revolvierende Kreditfazilität fälligen Saldo übersteigt, und die Überzahlung nicht unverzüglich an den Kunden zurücküberwiesen wird.

b) Spätestens ab dem 1. Oktober 2016 setzt das Finanzinstitut Maßnahmen und Verfahren um, die entweder verhindern, dass ein Kunde eine Überzahlung in Höhe eines auf die Landeswährung jedes teilnehmenden Staats lautenden Betrags im Gegenwert von mehr als 50 000 US-Dollar leistet, oder sicherstellen, dass jede Überzahlung eines Kunden, die über diesem Betrag liegt, dem Kunden innerhalb von 60 Tagen zurückerstattet wird. In beiden Fällen ist § 106 anzuwenden. Überzahlungen von Kunden in diesem Sinne umfassen nicht Guthaben im Zusammenhang mit strittigen Abbuchungen, schließen jedoch Guthaben infolge der Rückgabe von Waren ein.

7. ein ruhendes Konto. „Ein ruhendes Konto ist ein Konto, ausgenommen ein Rentenversicherungsvertrag, mit einem den Gegenwert von 1 000 US-Dollar nicht überschreitenden Wert, das folgende Voraussetzungen erfüllt:“

a) ein Konto mit einem den Gegenwert von 1 000 US-Dollar nicht überschreitenden Wert, das folgende Voraussetzungen erfüllt:

- Der Kontoinhaber hat innerhalb der letzten drei Jahre keine Transaktion hinsichtlich dieses Kontos oder eines anderen, mit diesem Konto gemäß § 51 zusammengefassten Konto, beim meldenden Finanzinstitut veranlasst;

- der Kontoinhaber ist innerhalb der letzten sechs Jahre mit dem meldenden Finanzinstitut betreffend das ruhende Konto oder ein anderes, mit diesem Konto gemäß § 51 zusammengefassten Konto, nicht in Kontakt getreten; und,

- im Fall eines rückkaufsfähigen Versicherungsvertrags, ist das meldende Finanzinstitut nicht mit dem Kontoinhaber hinsichtlich dieses Kontos oder eines anderen, mit diesem Konto gemäß § 51 zusammengefassten Kontos innerhalb der letzten sechs Jahre in Kontakt getreten.

b) *(entfällt, BGBl I 2019/91)*

Jedes meldende Finanzinstitut kann auf ruhende Konten auch die Bestimmungen für meldepflichtige Konten anwenden; und *(BGBl I 2019/91)*

8. ein sonstiges Konto, bei dem ein geringes Risiko besteht, dass es zur Steuerhinterziehung missbraucht wird, das im Wesentlichen ähnliche Eigenschaften wie die in Z 1 bis 6 beschriebenen Konten aufweist, sofern sein Status als ausgenommenes Konto dem Zweck dieses Gesetzes nicht entgegensteht. Der Bundesminister für Finanzen wird ermächtigt mit Verordnung festzulegen, welche Konten diese Voraussetzungen erfüllen. Jedes meldende Finanzinstitut kann auf ausgenommene Konten auch die Bestimmungen für meldepflichtige Konten anwenden. *(BGBl I 2019/91)*

4. Abschnitt
Der Begriff „meldepflichtiges Konto“

Meldepflichtiges Konto

§ 88. Der Ausdruck „meldepflichtiges Konto“ bedeutet ein von einem meldenden Finanzinstitut eines teilnehmenden Staates geführtes Finanzkonto, dessen Inhaber eine oder mehrere meldepflichtige Person(en) oder ein passiver NFE, der von einer oder mehreren meldepflichtigen Personen(en) beherrscht wird, ist oder sind, sofern es nach den in den §§ 7 bis 53 beschriebenen Verfahren zur Erfüllung der Sorgfaltspflichten als solches identifiziert wurde.

Meldepflichtige Person

§ 89. Der Ausdruck „meldepflichtige Person“ bedeutet eine Person eines teilnehmenden Staates, jedoch nicht

1. eine Kapitalgesellschaft, deren Aktien regelmäßig an einer oder mehreren anerkannten Wertpapierbörsen gehandelt werden,

2. eine Kapitalgesellschaft, die ein verbundener Rechtsträger einer Kapitalgesellschaft nach Z 1 ist,

3. einen staatlichen Rechtsträger,

4. eine internationale Organisation,

5. eine Zentralbank oder

6. ein Finanzinstitut.

Person eines teilnehmenden Staats

§ 90. Der Ausdruck „Person eines teilnehmenden Staats“ bedeutet eine natürliche Person oder einen Rechtsträger, die beziehungsweise der nach dem Steuerrecht eines beliebigen teilnehmenden Staats in diesem ansässig ist, oder einen Nachlass eines Erblassers, der in einem beliebigen anderen teilnehmenden Staat ansässig war. In diesem Sinne gilt ein Rechtsträger, bei dem keine steuerliche Ansässigkeit vorliegt, beispielsweise eine Personengesellschaft, eine Limited Liability Partnership oder ein ähnliches Rechtsgebilde, als in dem Staat ansässig, in dem sich der Ort seiner tatsächlichen Geschäftsleitung befindet.

Teilnehmender Staat

§ 91. Der Ausdruck „teilnehmender Staat“ bedeutet:

1. einen anderen Mitgliedstaat der Europäischen Union;

2. einen anderen Staat, mit dem ein Abkommen besteht, wonach der andere Staat die in § 3 genannten Informationen übermittelt. „Der Bundesminister für Finanzen wird ermächtigt, im Einvernehmen mit dem Hauptausschuss des Nationalrats mit Verordnung festzulegen, welche Staaten als

teilnehmende Staaten gemäß der mehrseitigen Vereinbarung vom 29. Oktober 2014 (OECD-MCAA), BGBl. III Nr. 182/2017, oder einem anderen bilateralen Übereinkommen anzusehen sind und welche teilnehmenden Staaten die Voraussetzungen des § 7 OECD-MCAA erfüllen." Die Liste der Staaten, die gemäß dieser Verordnung als teilnehmende Staaten anzusehen sind, wird der Europäischen Kommission mitgeteilt. *(BGBl I 2018/62)*

3. einen anderen Staat,

a) mit dem die Europäische Union ein Abkommen geschlossen hat, wonach der andere Staat die in § 3 und § 6 genannten Informationen übermittelt, und

b) der in einer von der Europäischen Kommission veröffentlichten Liste angeführt ist.

Beherrschende Personen

§ 92. (1) Der Ausdruck „beherrschende Personen" bedeutet die natürlichen Personen, die einen Rechtsträger beherrschen.

(2) Im Fall eines Trusts bedeutet dieser Ausdruck den oder die Treugeber, den oder die Treuhänder, (gegebenenfalls) den Protektor oder die Protektoren, den oder die Begünstigten oder die Begünstigtenklasse(n) sowie jede/alle sonstige(n) natürliche(n) Person(en), die den Trust tatsächlich beherrscht bzw. beherrschen.

(3) Im Fall eines Rechtsgebildes, das kein Trust ist, bedeutet dieser Ausdruck Personen in gleichwertigen oder ähnlichen Positionen wie den in Abs. 2 erwähnten.

(4) Der Ausdruck „beherrschende Personen" ist auf eine Weise auszulegen, die mit den FATF-Empfehlungen vereinbar ist.

NFE (Non-Financial Entity)

§ 93. Der Ausdruck „NFE" bedeutet einen Rechtsträger, der kein Finanzinstitut ist.

Passiver NFE

§ 94. Der Ausdruck „passiver NFE" bedeutet

a) einen NFE, der kein aktiver NFE ist, oder

b) ein Investmentunternehmen gemäß § 59 Abs. 1 Z 2, das kein Finanzinstitut eines teilnehmenden Staats ist.

Aktiver NFE

§ 95. Der Ausdruck „aktiver NFE" bedeutet einen NFE, der eines der folgenden Kriterien erfüllt:

1. Weniger als 50 % der Bruttoeinkünfte des NFE im vorangegangenen Kalenderjahr sind passive Einkünfte und weniger als 50 % der Vermögenswerte, die sich während des vorangegangenen Kalenderjahrs im Besitz des NFE befanden, sind Vermögenswerte, mit denen passive Einkünfte erzielt werden oder erzielt werden sollen.

2. Die Aktien des NFE werden regelmäßig an einer anerkannten Wertpapierbörse gehandelt oder der NFE ist ein verbundener Rechtsträger eines Rechtsträgers, dessen Aktien regelmäßig an einer anerkannten Wertpapierbörse gehandelt werden.

3. Der NFE ist ein staatlicher Rechtsträger, eine internationale Organisation, eine Zentralbank oder ein Rechtsträger, der im Alleineigentum einer oder mehrerer der vorgenannten Institutionen steht.

4. Im Wesentlichen alle Tätigkeiten des NFE bestehen im (vollständigen oder teilweisen) Besitzen der ausgegebenen Aktien einer oder mehrerer Tochtergesellschaften, die eine andere Geschäftstätigkeit als die eines Finanzinstituts ausüben, sowie in der Finanzierung und Erbringung von Dienstleistungen für diese Tochtergesellschaften, mit der Ausnahme, dass ein Rechtsträger nicht die Kriterien für diesen Status erfüllt, wenn er als Anlagefonds tätig ist (oder sich als solchen bezeichnet), wie zum Beispiel ein Beteiligungskapitalfonds, ein Wagniskapitalfonds, ein Fonds für fremdfinanzierte Übernahmen („Leveraged-Buy-out-Fonds") oder ein Anlageinstrument, dessen Zweck darin besteht, Gesellschaften zu erwerben oder zu finanzieren und anschließend Anteile an diesen Gesellschaften als Anlagevermögen zu halten.

5. Der NFE betreibt noch kein Geschäft und hat auch in der Vergangenheit kein Geschäft betrieben, legt jedoch Kapital in Vermögenswerten an mit der Absicht, ein anderes Geschäft als das eines Finanzinstituts zu betreiben; der NFE fällt jedoch nach dem Tag, der auf einen Zeitraum von 24 Monaten nach dem Gründungsdatum des NFE folgt, nicht unter diese Ausnahmeregelung.

6. Der NFE war in den vergangenen fünf Jahren kein Finanzinstitut und veräußert derzeit seine Vermögenswerte oder führt eine Umstrukturierung durch mit der Absicht, eine andere Tätigkeit als die eines Finanzinstituts fortzusetzen oder wieder aufzunehmen.

7. Die Tätigkeit des NFE besteht vorwiegend in der Finanzierung und Absicherung von Transaktionen mit oder für verbundene Rechtsträger, die keine Finanzinstitute sind, und er erbringt keine Finanzierungs- oder Absicherungsleistungen für Rechtsträger, die keine verbundenen Rechtsträger sind, mit der Maßgabe, dass der Konzern dieser verbundenen Rechtsträger vorwiegend eine andere Geschäftstätigkeit als die eines Finanzinstituts ausübt.

8. Der NFE erfüllt alle der folgenden Anforderungen:

a) Er wird in seinem Ansässigkeitsstaat ausschließlich für religiöse, gemeinnützige, wissenschaftliche, künstlerische, kulturelle, sportliche oder erzieherische Zwecke errichtet und betrieben, oder er wird in seinem Ansässigkeitsstaat errichtet und betrieben und ist ein Berufsverband, eine Vereinigung von Geschäftsleuten, eine Handelskammer, ein Arbeitnehmerverband, ein Landwirtschafts- oder Gartenbauverband, eine Bürgervereinigung oder eine Organisation, die ausschließlich zur Wohlfahrtsförderung betrieben wird.

b) Er ist in seinem Ansässigkeitsstaat von der Steuer auf Einkommen befreit.

c) Er hat keine Anteilseigner oder Mitglieder, die Eigentums- oder Nutzungsrechte an seinen Einkünften oder Vermögenswerten haben.

d) Nach dem geltenden Recht des Ansässigkeitsstaats oder den Gründungsunterlagen des NFE dürfen seine Einkünfte und Vermögenswerte nicht an eine Privatperson oder einen nicht gemeinnützigen Rechtsträger ausgeschüttet oder zu deren Gunsten verwendet werden, außer in Übereinstimmung mit der Ausübung der gemeinnützigen Tätigkeit des NFE, als Zahlung einer angemessenen Vergütung für erbrachte Leistungen oder als Zahlung in Höhe des Marktwerts eines vom NFE erworbenen Vermögensgegenstands.

e) Nach dem geltenden Recht des Ansässigkeitsstaats oder den Gründungsunterlagen des NFE müssen bei seiner Abwicklung oder Auflösung alle seine Vermögenswerte an einen staatlichen Rechtsträger oder eine andere gemeinnützige Organisation verteilt werden oder fallen der Regierung des Ansässigkeitsstaats des NFE oder einer seiner Gebietskörperschaften anheim.

5. Abschnitt

Sonstige Begriffsbestimmungen

Kontoinhaber

§ 96. Der Ausdruck „Kontoinhaber" bedeutet die Person, die vom kontoführenden Finanzinstitut als Inhaber eines Finanzkontos geführt oder identifiziert wird. Eine Person, die kein Finanzinstitut ist und als Treuhänder, Vertreter, Verwahrer, Bevollmächtigter, Unterzeichner, Anlageberater oder Intermediär zugunsten oder für Rechnung einer anderen Person ein Finanzkonto unterhält, gilt nicht als Kontoinhaber im Sinne dieses Gesetzes, stattdessen gilt die andere Person als Kontoinhaber. Im Fall eines rückkaufsfähigen Versicherungsvertrags oder eines Rentenversicherungsvertrags ist der Kontoinhaber jede Person, die berechtigt ist, auf den Barwert zuzugreifen oder den Begünstigten des Vertrags zu ändern. Kann niemand auf den Barwert zugreifen oder den Begünstigten des Vertrags ändern, so ist der Kontoinhaber jede Person, die im Vertrag als Eigentümer genannt ist, und jede Person, die nach den Vertragsbedingungen einen unverfallbaren Zahlungsanspruch hat. Bei Fälligkeit eines rückkaufsfähigen Versicherungsvertrags oder eines Rentenversicherungsvertrags gilt jede Person, die vertragsgemäß einen Anspruch auf Erhalt einer Zahlung hat, als Kontoinhaber. „ " *(BGBl I 2019/91)*

Verfahren zur Bekämpfung der Geldwäsche (AML/KYC)

§ 97. Der Ausdruck „Verfahren zur Bekämpfung der Geldwäsche (AML/KYC)" bedeutet die Verfahren eines meldenden Finanzinstituts zur Erfüllung der Sorgfaltspflichten gegenüber Kunden nach den Auflagen zur Geldwäschebekämpfung und ähnlichen Vorschriften, denen dieses meldende Finanzinstitut auf Grund bundesgesetzlicher Regelungen unterliegt.

Rechtsträger

§ 98. (1) Der Ausdruck „Rechtsträger" bedeutet eine juristische Person oder ein Rechtsgebilde wie zum Beispiel eine Kapitalgesellschaft, eine Personengesellschaft, einen Trust oder eine Stiftung.

(2) Ein Rechtsträger, wie eine Personengesellschaft, eine Limited Liability Partnership oder ein ähnliches Rechtsgebilde, bei dem keine steuerliche Ansässigkeit nach § 90 vorliegt, gilt als in dem Staat ansässig, in dem sich der Ort seiner tatsächlichen Geschäftsleitung befindet. Zu diesem Zweck gelten juristische Personen oder Rechtsgebilde als einer Personengesellschaft und einer Limited Liability Partnership „ähnlich", wenn sie in einem teilnehmenden Staat nach dessen Steuerrecht nicht als steuerpflichtige Rechtsträger behandelt werden. Um jedoch (angesichts des breiten Geltungsbereichs des Begriffs „beherrschende Personen" bei Trusts) Doppelmeldungen zu vermeiden, kann ein Trust, der ein passiver NFE ist, nicht als ähnliches Rechtsgebilde gelten.

Verbundener Rechtsträger

§ 99. Ein Rechtsträger ist ein „verbundener Rechtsträger" eines anderen Rechtsträgers, wenn

1. einer der beiden Rechtsträger den anderen beherrscht,

2. die beiden Rechtsträger der gleichen Beherrschung unterliegen oder

3. die beiden Rechtsträger Investmentunternehmen im Sinne des § 59 Abs. 1 Z 2 sind, eine gemeinsame Geschäftsleitung haben und diese Geschäftsleitung die Sorgfaltspflichten solcher Investmentunternehmen einhält.

Für diesen Zweck umfasst Beherrschung unmittelbares oder mittelbares Eigentum an mehr als 50 % der Stimmrechte und des Wertes eines Rechtsträgers.

Steueridentifikationsnummer

§ 100. Der Ausdruck „Steueridentifikationsnummer" bedeutet die Identifikationsnummer eines Steuerpflichtigen (oder die funktionale Entsprechung, wenn keine Steueridentifikationsnummer vorhanden ist).

Belege

§ 101. (1) Der Ausdruck „Belege" umfasst insbesondere folgende Dokumente:

1. eine Ansässigkeitsbescheinigung, ausgestellt von einer autorisierten staatlichen Stelle (beispielsweise einer Regierung oder einer ihrer Behörden oder einer Gemeinde) des teilnehmenden Staates oder anderen Staates, in dem der Zahlungsempfänger ansässig zu sein behauptet;

2. bei einer natürlichen Person einen von einer autorisierten staatlichen Stelle (beispielsweise einer Regierung oder einer ihrer Behörden oder einer Gemeinde) ausgestellten gültigen Ausweis, der den Namen der natürlichen Person enthält und normalerweise zur Feststellung der Identität verwendet wird;

3. bei einem Rechtsträger ein von einer autorisierten staatlichen Stelle (beispielsweise einer Regierung oder einer ihrer Behörden oder einer Gemeinde) ausgestelltes amtliches Dokument, das den Namen des Rechtsträgers enthält sowie entweder die Adresse seines Hauptsitzes in dem teilnehmenden Staat oder anderen Staat, in dem er ansässig zu sein behauptet, oder den teilnehmenden Staat oder anderen Staat, in dem der Rechtsträger eingetragen oder gegründet wurde;

4. einen geprüften Jahresabschluss, eine Kreditauskunft eines Dritten, einen Insolvenzantrag oder einen Bericht der Börsenaufsichtsbehörde.

(2) Was bestehende Konten von Rechtsträgern angeht, so kann ein meldendes Finanzinstitut als Beleg jede Einstufung in seinen Unterlagen in Bezug auf den Kontoinhaber verwenden, die auf der Grundlage eines standardisierten Branchenkodierungssystems (Abs. 3) ermittelt wurde, welches das meldende Finanzinstitut im Einklang mit seiner üblichen Geschäftspraxis für die Zwecke von Verfahren zur Bekämpfung der Geldwäsche (AML/KYC) oder zu anderen gesetzlichen Zwecken (außer zu Steuerzwecken) dokumentiert und vor dem Datum eingeführt hat, an dem das Finanzkonto als bestehendes Konto eingestuft wurde, sofern dem meldenden Finanzinstitut nicht bekannt ist oder nicht bekannt sein müsste, dass diese Einstufung nicht zutreffend oder unglaubwürdig ist.

(3) Der Ausdruck „standardisiertes Branchenkodierungssystem" bedeutet ein Kodierungssystem, das zur Einstufung von Einrichtungen nach Art der Geschäftstätigkeit zu anderen Zwecken als zu Steuerzwecken verwendet wird.

(4) Für Zwecke des Abs. 1 Z 3 ist die Adresse des Hauptsitzes des Rechtsträgers im Allgemeinen der Ort, an dem sich seine tatsächliche Geschäftsleitung befindet. Die Adresse des Finanzinstituts, bei dem der Rechtsträger ein Konto führt, ein Postfach oder eine reine Postadresse, ist nicht die Adresse des Hauptsitzes des Rechtsträgers, es sei denn, diese Adresse ist die einzige, die von dem Rechtsträgers verwendet wird, und erscheint als eingetragene Adresse des Rechtsträgers in dessen Geschäftsdokumenten. Ferner ist eine Adresse, die mit der Anweisung angegeben wird, den gesamten Schriftverkehr postlagernd an diese Adresse zu richten, nicht die Adresse des Hauptsitzes des Rechtsträgers.

Änderung der Gegebenheiten

§ 102. Eine „Änderung der Gegebenheiten" umfasst jede Änderung, die die Aufnahme neuer für den Status einer Person relevanter Informationen zur Folge hat oder in anderer Weise im Widerspruch zum Status dieser Person steht. Zudem umfasst eine Änderung der Gegebenheiten jede Änderung oder Aufnahme von Informationen zum Konto des Kontoinhabers (einschließlich der Aufnahme, Ersetzung oder jeder anderen Änderung eines Kontoinhabers) oder jede Änderung oder Aufnahme von Informationen zu jedem mit einem solchen Konto verbundenen Konto (unter Anwendung der Vorschriften für die Zusammenfassung von Konten gemäß den §§ 51 bis 53), wenn sich diese Änderung oder Aufnahme von Informationen auf den Status des Kontoinhabers auswirkt.

Geführte Konten

§ 103. Im Allgemeinen ist davon auszugehen, dass Konten von folgenden Finanzinstituten geführt werden:

1. Verwahrkonten von dem Finanzinstitut, das das Vermögen auf dem Konto verwahrt (einschließlich Finanzinstituten, die Vermögen als Makler für einen Kontoinhaber bei diesem Institut verwahren);

2. Einlagenkonten von dem Finanzinstitut, das verpflichtet ist, Zahlungen in Bezug auf das Konto zu leisten (mit Ausnahme von Vertretern von Finanzinstituten, unabhängig davon, ob dieser Vertreter ein Finanzinstitut ist);

3. Eigen- oder Fremdkapitalbeteiligungen an einem Finanzinstitut in Form eines Finanzkontos von diesem Finanzinstitut;

4. Rückkaufsfähige Versicherungsverträge oder Rentenversicherungsverträge von dem Finanzinstitut, das verpflichtet ist, Zahlungen in Bezug auf den Vertrag zu leisten.

Elektronisch durchsuchbare Daten

§ 104. Unter elektronisch durchsuchbaren Daten sind Informationen zu verstehen, die ein meldendes Finanzinstitut in der Kundenstammakte oder in vergleichbaren Akten hält und die in Form einer elektronischen Datenbank, die Standardabfragen in Programmiersprachen wie z. B. Structured Query Language (SQL) ermöglicht, gehalten werden. Informationen, Daten und Dateien, die in Form eines Bilderkennungssystems gespeichert sind (.pdf oder gescannte Dokumente) gelten nicht als elektronisch durchsuchbare Daten.

Kundenstammakte

§ 105. Die Kundenstammakte umfasst die Stammdateien eines meldenden Finanzinstituts, die für Zwecke der Informationen über den Kontoinhaber geführt werden, wie zum Beispiel Informationen, die für die Kontaktaufnahme mit dem Kontoinhaber oder die Erfüllung von Verfahren zur Bekämpfung der Geldwäsche (AML/KYC) verwendet werden.

Währungsumrechnung

§ 106. Für Zwecke dieses Bundesgesetzes sind für die Währungsumrechnung die von der Europäischen Zentralbank veröffentlichten Wechselkurse (Euro foreign exchange reference rates) zum maßgeblichen Stichtag heranzuziehen. Wird von der Europäischen Zentralbank für eine Währung kein Wechselkurs veröffentlicht, so ist der letzte, vor dem jeweils maßgeblichen Stichtag veröffentlichte Kassenwert heranzuziehen.

9. Hauptstück
Strafbestimmungen

Verletzung der Meldepflicht

§ 107. (1) Wer vorsätzlich eine Meldeverpflichtung nach § 3 dadurch verletzt, dass

1. eine Meldung nicht fristgerecht erstattet wird, oder

2. meldepflichtige Personen nicht gemeldet werden, oder

3. Angaben, die zur Identifikation einer Person, insbesondere Angaben zum Namen, zur Adresse oder zum Geburtsdatum, erforderlich sind nicht oder unrichtig gemeldet werden, oder

4. Angaben zur Ansässigkeit oder zum zu meldenden Betrag nicht oder unrichtig gemeldet werden,

macht sich eines Finanzvergehens schuldig und ist mit Geldstrafe bis zu 200 000 Euro zu bestrafen.

(2) Wer die Tat nach Abs. 1 grob fahrlässig begeht, ist mit Geldstrafe bis zu 100 000 Euro zu bestrafen.

Verletzung der Sorgfaltsverpflichtung

§ 108. (1) Wer, ohne den Tatbestand des § 107 zu verwirklichen, vorsätzlich die Sorgfaltsverpflichtungen nach den Hauptstücken 3 bis 7 verletzt, macht sich eines Finanzvergehens schuldig und ist mit Geldstrafe bis zu 20 000 Euro zu bestrafen.

(2) Wer die Tat nach Abs. 1 grob fahrlässig begeht, ist mit Geldstrafe bis zu 10 000 Euro zu bestrafen.

Missbrauch

§ 108a. (1) Durch Missbrauch von Gestaltungsmöglichkeiten des privaten Rechts kann die Meldepflicht nicht umgangen werden.

(2) Missbrauch liegt vor, wenn eine rechtliche Gestaltung, die einen oder mehrere Schritte umfassen kann, oder eine Abfolge rechtlicher Gestaltungen im Hinblick auf die wirtschaftliche Zielsetzung unangemessen ist. Unangemessen sind solche Gestaltungen, die unter Außerachtlassung der damit verbundenen Umgehung einer Meldung gemäß § 3 nicht mehr sinnvoll erscheinen, weil der wesentliche Zweck in der Vermeidung der Meldung gemäß § 3 besteht.

(3) Wird ein meldendes Finanzinstitut von einem behördlich festgestellten „Missbrauch" informiert, so ist die Meldung gemäß § 3 so zu erstellen, wie sie bei einer den wirtschaftlichen Vorgängen, Tatsachen und Verhältnissen angemessenen rechtlichen Gestaltung zu erstellen wäre.

(BGBl I 2019/91)

Ausschluss der gerichtlichen Verfolgung

§ 109. Die Finanzvergehen nach den §§ 107 und 108 hat das Gericht niemals zu ahnden.

Kontrollmaßnahmen der meldenden Finanzinstitute

§ 110. (1) Meldende Finanzinstitute haben geeignete Kontrollmaßnahmen zu ergreifen, um die Einhaltung der Meldeverpflichtung gemäß § 3 und der Sorgfaltspflichten nach den Hauptstücken 3 bis 7 dieses Gesetzes sicherzustellen.

(2) Die meldenden Finanzinstitute berichten der zuständigen Abgabenbehörde aus Anlass von Maßnahmen gemäß § 144, § 147 und § 153a BAO über die Kontrollmaßnahmen gemäß Abs. 1.

(BGBl I 2019/91)

Zuständigkeit für die Kontrolle der Einhaltung der Sorgfalts- und Meldeverpflichtungen

§ 111. Die Kontrolle der Einhaltung der Vorschriften der §§ 3 bis 53 obliegt „dem zuständigen Finanzamt". „ " Hierbei sind die für die Erhebung der Abgaben geltenden Bestimmungen, wie insbesondere die Bundesabgabenordnung – BAO, BGBl. Nr. 194/1961, sinngemäß anzuwenden. Die Meldungen (§ 3) gelten als Abgabenerklärungen. *(BGBl I 2019/91)*

10. Hauptstück
Übermittlung und Weiterleitung der Informationen

Übermittlung der gemeldeten Informationen an ausländische Behörden

§ 112. (1) Der Bundesminister für Finanzen übermittelt jährlich innerhalb von neun Monaten nach Ablauf des Kalenderjahres, auf das sich die Informationen beziehen, nach einem automatisierten Verfahren der zuständigen Behörde jedes teilnehmenden Staats folgende Informationen:

1. Name, Adresse, Steueridentifikationsnummer(n) sowie Geburtsdatum und –ort (bei natürlichen Personen) jeder meldepflichtigen Person, die Inhaber des Kontos ist, sowie bei einem Rechtsträger, der Kontoinhaber ist und für den nach Anwendung von Verfahren zur Erfüllung der Sorgfaltspflichten nach den Anlagen eine oder mehrere beherrschende Personen ermittelt wurden, die meldepflichtige Personen sind, Name, Adresse und Steueridentifikationsnummer(n) des Rechtsträgers sowie Name, Adresse, Steueridentifikationsnummer(n), Geburtsdatum und –ort jeder meldepflichtigen Person,

2. Kontonummer (oder funktionale Entsprechung, wenn keine Kontonummer vorhanden),

3. Name und (gegebenenfalls) Identifikationsnummer des meldenden Finanzinstituts,

4. Kontosaldo oder –wert (einschließlich des Barwerts oder Rückkaufwerts bei rückkaufsfähigen Versicherungs- oder Rentenversicherungsverträgen) zum Ende des betreffenden Kalenderjahrs oder, wenn das Konto im Laufe des Jahres beziehungsweise Zeitraums aufgelöst wurde, die Auflösung des Kontos,

5. bei Verwahrkonten:

a) Gesamtbruttobetrag der Zinsen, Gesamtbruttobetrag der Dividenden und Gesamtbruttobetrag anderer Einkünfte, die mittels der auf dem Konto vorhandenen Vermögenswerte erzielt und jeweils auf das Konto (oder in Bezug auf das Konto) im Laufe des Kalenderjahrs eingezahlt oder dem Konto gutgeschrieben wurden, sowie

b) Gesamtbruttoerlöse aus der Veräußerung oder dem Rückkauf von Finanzvermögen, die während des Kalenderjahrs auf das Konto eingezahlt oder dem Konto gutgeschrieben wurden und für die das meldende Finanzinstitut als Verwahrstelle, Makler, Bevollmächtigter oder anderweitig als Vertreter für den Kontoinhaber tätig war,

6. bei Einlagenkonten der Gesamtbruttobetrag der Zinsen, die während des Kalenderjahrs auf das Konto eingezahlt oder dem Konto gutgeschrieben wurden, und

7. bei allen anderen Konten, die nicht unter Z 5 oder Z 6 aufgeführt sind, der Gesamtbruttobetrag, der in Bezug auf das Konto während des Kalenderjahrs an den Kontoinhaber gezahlt oder ihm gutgeschrieben wurde und für den das meldende Finanzinstitut Schuldner ist, einschließlich der Gesamthöhe aller Einlösungsbeträge, die während des Kalenderjahrs an den Kontoinhaber geleistet wurden.

(2) Die nach Abs. 1 zu übermittelnden Informationen beziehen sich auf Besteuerungszeiträume ab dem 1. Jänner 2017. Abweichend davon sind in Bezug auf Neukonten im Sinne der §§ 82 und 86 bereits Informationen erfasst, die den Zeitraum zwischen 1. Oktober 2016 und 31. Dezember 2016 betreffen.

(3) Ungeachtet des Abs. 1 erfolgt eine Übermittlung der Informationen gemäß § 3 nur an die zuständige Behörde jener teilnehmenden Staaten gemäß § 91 Z 2, welche die in § 7 der mehrseitigen Vereinbarung vom 29. Oktober 2014, BGBl. III Nr. 182/2017, über den automatischen Austausch von Informationen über Finanzkonten (OECD-MCAA) geforderten Voraussetzungen erfüllen. *(BGBl I 2018/62)*

Weiterleitung ausländischer Informationen an die zuständigen Abgabenbehörden

§ 113. Von teilnehmenden Staaten im Rahmen des nach diesem Bundesgesetz vorgesehenen automatischen Informationsaustausches eingehende Informationen werden vom Bundesminister für Finanzen ein Mal jährlich an die zuständigen Abgabenbehörden weiter geleitet.

11. Hauptstück
Schlussbestimmungen

Verweise auf andere Rechtsvorschriften

§ 114. Soweit in diesem Bundesgesetz auf Bestimmungen anderer Bundesgesetze verwiesen wird, sind diese in ihrer jeweils geltenden Fassung anzuwenden.

Personenbezogene Bezeichnungen

§ 115. Soweit sich die in diesem Bundesgesetz verwendeten Bezeichnungen auf natürliche Personen beziehen, gilt die gewählte Form für beide Geschlechter.

Vollziehung

§ 116. Mit der Vollziehung dieses Bundesgesetzes ist der Bundesminister für Finanzen betraut.

Inkrafttreten

§ 117. „(1)“ Dieses Bundesgesetz tritt mit 1. Jänner 2016 in Kraft. *(BGBl I 2016/118)*

(2) § 87 Z 7 lit. b und § 96 in der Fassung des Bundesgesetzes BGBl. I Nr. 118/2016 treten mit 1. Jänner 2017 in Kraft. *(BGBl I 2016/118)*

(3) 5 Abs. 1 in der Fassung des BGBl. I Nr. 62/2018 tritt mit 1. Jänner 2019 in Kraft. *(BGBl I 2018/62)*

(4) § 4 Abs. 3, § 5 Abs. 2, § 11 Abs. 2, § 11 Abs. 3, § 15, § 22 Abs. 3 und § 111, jeweils in der Fassung des Bundesgesetzes BGBl. I Nr. xx/2019, treten mit 1. Jänner 2020 in Kraft. *(BGBl I 2019/91)*

(5) § 3 Abs. 1a in der Fassung des Bundesgesetzes BGBl. I Nr. 104/2019 tritt mit 1. Juli 2020 in Kraft. *(BGBl I 2019/104)*

(BGBl I 2015/163)

Verordnung des Bundesministers für Finanzen zur Durchführung des Gemeinsamen Meldestandard-Gesetzes (GMSG-DV)

Die Änderungen gem BGBl II 2019/339 treten mit 1. 1. 2020 in Kraft.

BGBl II 2015/439 idF

1 BGBl II 2019/339

Verordnung des Bundesministers für Finanzen zur Durchführung des Gemeinsamen Meldestandard-Gesetzes (GMSG-DV)

Aufgrund des § 62 Z 3 und des § 87 Z 8 des Bundesgesetzes zur Umsetzung des gemeinsamen Meldestandards für den automatischen Austausch von Informationen über Finanzkonten (Gemeinsamer Meldestandard-Gesetz – GMSG, BGBl. I Nr. 116/2015) wird verordnet:

§ 1. Unbeschadet der bereits von § 62 Z 1, 2, 4 oder 5 GMSG erfassten Fälle sind von der Meldepflicht ausgenommen:

1. Betriebliche Vorsorgekassen im Sinne des Betrieblichen Mitarbeiter- und Selbständigenvorsorgegesetzes – BMSVG, BGBl. I Nr. 100/2002 in der Fassung des Bundesgesetzes BGBl. I Nr. 62/2019;

2. die OeKB CSD GmbH;

3. Kapitalanlagegesellschaften für Immobilien im Sinne des Immobilien-Investmentfondsgesetzes – ImmoInvFG, BGBl. I Nr. 80/2003 in der Fassung des Bundesgesetzes BGBl. I Nr. 62/2019;

4. die Oesterreichische Kontrollbank Aktiengesellschaft;

5. die Österreichische Bundesfinanzierungsagentur GmbH (OeBFA) im Sinne des Bundesfinanzierungsgesetzes, BGBl. Nr. 763/1992 in der Fassung des Bundesgesetzes BGBl. I Nr. 107/2017;

6. Pensionskassen im Sinne des Pensionskassengesetzes – PKG, BGBl. Nr. 281/1990 in der Fassung des Bundesgesetzes BGBl. I Nr. 81/2018, oder des Betriebspensionsgesetzes – BPG, BGBl. Nr. 282/1990 in der Fassung des Bundesgesetzes BGBl. I Nr. 100/2018;

7. Verwaltungsgesellschaften im Sinne des Investmentfondsgesetzes 2011 – InvFG 2011, BGBl. I Nr. 77/2011 in der Fassung des Bundesgesetzes BGBl. I Nr. 62/2019.

(BGBl II 2019/339)

§ 2. Unbeschadet der bereits von § 87 Z 1 bis 6 GMSG erfassten Fälle sind von der Meldepflicht ausgenommen:

1. Abfertigungs- und Jubiläumsgeldauslagerungsversicherungen;

2. Begräbniskostenversicherungen;

3. Betriebliche Kollektivversicherungen im Sinne der §§ 93 bis 98 des Versicherungsaufsichtsgesetzes 2016 – VAG 2016, BGBl. I Nr. 34/2015 in der Fassung des Bundesgesetzes BGBl. I Nr. 26/2019;

4. Konten von Wohnungseigentümergemeinschaften und Miteigentumsgemeinschaften im Sinne des Wohnungseigentumsgesetzes 2002 – WEG 2002, BGBl. I Nr. 70/2002 in der Fassung des Bundesgesetzes BGBl. I Nr. 58/2018;

5. Bauspareinlagen im Sinne des § 1 Abs. 1 des Bausparkassengesetzes – BSpG, BGBl. I Nr. 532/1993 in der Fassung des Bundesgesetzes BGBl. I Nr. 107/2017;

6. Pensionszusatzversicherungen im Sinne des § 108b des Einkommensteuergesetzes 1988 – EStG 1988, BGBl. I Nr. 400/1988 in der Fassung des Bundesgesetzes BGBl. I Nr. 83/2018;

7. Risikoversicherungen, bei denen der Eintritt des Versicherungsfalls ungewiss ist;

8. Treuhandkonten (Anderkonten), deren Treuhänder ein befugter Parteienvertreter (Rechtsanwalt, Notar oder Wirtschaftstreuhänder) ist, sofern es sich um ein Sammelanderkonto handelt, das den standesrechtlichen Bestimmungen, denen der befugte Parteienvertreter unterliegt, entsprechend eingerichtet, geführt und geschlossen wird oder sofern das Konto der Verwahrung von Geldern gemäß § 1 iVm § 104 Notariatsordnung – NO, RGBl. Nr. 75/1871 in der Fassung des Bundesgesetzes BGBl. I Nr. 61/2019, dient oder sofern das Konto im Zusammenhang mit einem der in § 87 Z 5 GMSG angeführten Zwecke eingerichtet ist. Davon ausgenommen sind Treuhandkonten, die der Verwaltung von Vermögenswerten dienen;

9. Versicherungen im Rahmen der Zukunftssicherung im Sinne des § 3 Abs. 1 Z 15 lit. a EStG 1988 in der Fassung des Bundesgesetzes BGBl. I Nr. 83/2018;

10. Versicherungen und Pensionsinvestmentfonds im Rahmen der Zukunftsvorsorge im Sinne der §§ 108g bis 108i EStG 1988 in der Fassung des Bundesgesetzes BGBl. I Nr. 83/2018.

(BGBl II 2019/339)

§ 3. § 1 und § 2, jeweils in der Fassung BGBl. II Nr. 339/2019, treten mit 1.1.2020 in Kraft.

(BGBl II 2019/339)

Liste der als „Ausgenommene Konten“ zu behandelnden Konten gemäß Abschnitt VIII Unterabschnitt C Nummer 17 Buchstabe g des Anhangs I der Richtlinie 2011/16/EU

ABl C 362 vom 31. 10. 2015, S 7

Liste der als „Ausgenommene Konten“ zu behandelnden Konten gemäß Abschnitt VIII Unterabschnitt C Nummer 17 Buchstabe g des Anhangs I der Richtlinie 2011/16/EU

Mitgliedstaat	Konten (in der jeweiligen Landessprache)
Belgien	– Certaines pensions complémentaires liées à l'activité professionnelle souscrites par l'employeur/l'entreprise telles que définies dans ou aux fins des législations suivantes: (1) Loi du 28 avril 2003 relative aux pensions complémentaires et au régime fiscal de celles-ci et de certains avantages complémentaires en matière de sécurité sociale; (2) Titre 4 „Pension complémentaire pour dirigeants d'entreprise“ de la loi du 15 mai 2014 portant des dispositions diverses; (3) Articles 43 à 61, 71 et 77 de l'Arrêté royal du 14 novembre 2003 relatif à l'activité d'assurance sur la vie; (4) Articles 34, 52, 3o, b, 59, 145-1, 1o, 145-3 et 195 du Code des impôts sur les revenus 1992/Bepaalde bedrijfsgebonden aanvullende pensioenen onderschreven door de werkgever/de onderneming, zoals omschreven in of voor de toepassing van de volgende wetgevingen: (1) Wet van 28 April 2003 betreffende de aanvullende pensioenen en het belastingstelsel van die pensioenen en van sommige aanvullende voordelen inzake sociale zekerheid; (2) Title 4, „Aanvullend pensioen voor bedrijfsleiders“ van de Wet van 15 mei 2014 houdende diverse bepalingen; (3) Artikelen 43 tot 61, 71 en 77 van het Koninklijk besluit van 14 november 2003 betreffende de levensverzekeringsactiviteit; (4) Artikelen 34, 52, 3o, b, 59, 145-1, 1o, 145-3 en 195 van het Wetboek der inkomstenbelastingen 1992.
Bulgarien	– Набирателни сметки за капитала на дружество в процес на регистрация с наличност до 1 000 USD. – Набирателни сметки за капитала на дружество в процес на регистрация с наличност над 1 000 USD, които ще бъдат обект на комплексна проверка в срок до 2 години от откриването им. – Сметки на етажна собственост с наличност до 50 000 USD, които се използват единствено за управлението и поддръжката на етажната собственост.
Tschechische Republik	– Důchodové spoření podle zákona o důchodovém spoření. – Penzijní připojištění se státním příspěvkem podle zákona o penzijním připojištění se státním příspěvkem a splňující podmínky podle vyhlášky o vyňatých účtech pro účely automatické výměny informací v rámci mezinárodní spolupráce při správě daní. – Doplňkové penzijní spoření podle zákona o doplňkovém penzijním spoření a splňující podmínky podle vyhlášky o vyňatých účtech pro účely automatické výměny informací v rámci mezinárodní spolupráce při správě daní.
Dänemark	– Pensionsordninger omfattet af pensionsbeskatningslovens § 2 (pensionsordninger med løbende livsbetingede ydelser). – Pensionsordninger omfattet af pensionsbeskatningslovens § 5 (garanterede ydelser). – Selvpensioneringskonti omfattet af pensionsbeskatningslovens § 51. – Uddannelseskonti oprettet i overensstemmelse med lov om uddannelsesopsparing. – Boligsparekontrakter oprettet i overensstemmelse med lov om boligsparekontrakter.
Deutschland	– Rücklagenkonten von Wohnungseigentümergemeinschaften (WEG).

Mitgliedstaat	Konten (in der jeweiligen Landessprache)
Estland	Kein Konto ist als ausgenommenes Konto zu behandeln.
Irland	– A Personal Retirement Savings Account (PRSA) in respect of an approved PRSA product. – An Approved Retirement Fund or an Approved Minimum Retirement Fund. – An Approved Pension Scheme or Product. – Pension Annuities.
Griechenland	– *Ομαδικά συνταξιοδοτικά προγράμματα του ν.*4172/2013.
Spanien	– Los seguros colectivos que instrumentan compromisos por pensiones en aplicación de la disposición adicional primera del Texto refundido de la Ley de regulación de Planes y Fondos de pensiones, aprobado por Real Decreto Legislativo 1/2002, de 29 de noviembre, siempre que las aportaciones se determinen mediante convenio colectivo entre la empresa y los representantes sindicales, o por ley. – Una cuenta representativa de las aportaciones a patrimonios protegidos de las personas con discapacidad a que hace referencia el artículo 54 y la disposición adicional decimoctava de la Ley 35/2006, de 28 de noviembre, del Impuesto sobre la Renta de las Personas Físicas y de modificación parcial de las Leyes de los Impuestos sobre Sociedades, sobre la Renta de no Residentes y sobre el Patrimonio. – Una cuenta preexistente (a excepción de un contrato de anualidades) con un saldo anual inferior a un importe en euros correspondiente a 1 000 dólares estadounidenses, que tenga la consideración de cuenta inactiva, de acuerdo con la definición prevista en los Comentarios a la Sección III del Estándar Común de Comunicación del Información.
Frankreich	– Accord de participation. – Complémentaire retraite des hospitaliers (CRH). – Compte courant bloqué. – Compte d'épargne logement (CEL). – Contrats obsèques. – Contrat „Madelin". – Contrat „Madelin Agricole". – Contrat COREM (complémentaire retraite mutualiste), anciennement dénommé CREF (Complément de retraite de l'éducation nationale et de la fonction publique). – Contrat de retraite collective d'entreprise (dit contrat de l'article 83 du CGI). – Contrat PREFON. – Livret A. – Livret Bleu. – Livret d'Épargne Populaire (LEP). – Livret de développement durable (LDD). – Livret jeune. – Plan d'Épargne Entreprises (PEE). – Plan d'Épargne Interentreprises (PEI). – Plan d'Épargne Logement (PEL). – Plan d'Épargne Populaire (PEP). – Plan d'Épargne pour la Retraite Collectif (PERCO). – Plan d'Épargne pour la Retraite Collectif Interentreprises (PERCOI). – Plan d'Épargne Retraite Entreprise (PÉRE). – Plan d'Épargne Retraite Populaire (PERP).
Kroatien	Kein Konto ist als ausgenommenes Konto zu behandeln.
Italien	– Polizze collettive TFR a beneficio dei dipendenti calcolate su salari o stipendi e assoggettate a tassazione e contribuzione previdenziale.

Mitgliedstaat	Konten (in der jeweiligen Landessprache)
	– Piani pensionistici individuali.
Zypern	Kein Konto ist als ausgenommenes Konto zu behandeln.
Lettland	– Individuālais pensiju konts, kas izveidots atbilstoši likumam „Par privātajiem pensiju fondiem“. – Finanšu iestāde ir tiesīga atzīt par izslēgtu kontu iepriekšpastāvējušo fiziskas personas finanšu kontu (izņemot anuitātes līgumu), kas atbilst šādām pazīmēm: 1) tā ikgadējs konta beigu atlikums nepārsniedz summu, kas pēc Eiropas Centrālās bankas publicētā euro atsauces kursa ir ekvivalenta euro un atbilst USD 1 000; 2) konta turētājs saistībā ar šo vai konta turētāja citu kontu attiecīgajā finanšu iestādē nav veicis ne vienu darījumu pēdējo trīs gadu laikā; 3) finanšu iestādē pēdējo sešu gadu laikā nav saņēmusi no konta turētāja jaunu, papildu vai precizēto informāciju saistībā ar šī konta vai konta turētāja cita konta uzturēšanu; 4) uzkrājošās apdrošināšanas līguma gadījumā, attiecīgā finanšu iestāde pēdējo sešu gadu laikā nav sazinājusies ar konta turētāju saistībā ar jebkuru kontu, ko tas tur attiecīgajā finanšu iestādē.
Litauen	Kein Konto ist als ausgenommenes Konto zu behandeln.
Luxemburg	– Comptes ouverts en vertu d'un contrat prévoyance-vieillesse visé par l'article 111bis de la loi modifiée du 4 décembre 1967 concernant l'impôt sur le revenu. – Comptes ouverts en vertu d'un contrat d'épargne-logement visé par l'article 111 alinéa 1er de la loi modifiée du 4 décembre 1967 concernant l'impôt sur le revenu. – Comptes ouverts en vertu d'un régime complémentaire de pension visé par l'article 110 de la loi modifiée du 4 décembre 1967 concernant l'impôt sur le revenu.
Ungarn	– Étkezési kártya számlák. – Stabilitási Megtakarítási Számla. – Ügyvédi, közjegyzői letéti számla. – Nyugdíj-előtakarékossági számla. – Start számla.
Malta	Kein Konto ist als ausgenommenes Konto zu behandeln.
Niederlande	– Levensloprekening, levensloopverzekering and levensloop recht van deelneming. – Oudedagslijfrenten. – Kapitaalverzekering eigen woning. – Spaarrekening eigen woning and Beleggingsrecht eigen woning. – Bouwdepot. – Alimentatie lijfrenten. – Gouden-handdruk stamrecht. – Invalide kind lijfrente.
Österreich	– Abfertigungs- und Jubiläumsgeldauslagerungsversicherungen. – Begräbniskostenversicherungen. – Betriebliche Kollektivversicherungen im Sinne der §§ 93 bis 98 des Versicherungsaufsichtsgesetzes 2016. – Ein bestehendes Konto mit einem den Gegenwert von 1 000 US-Dollar nicht überschreitenden Wert (ausgenommen ein Rentenversicherungsvertrag), das ein ruhendes Konto nach der Definition im Kommentar zu Abschnitt III des Gemeinsamen Meldestandards ist.

Mitgliedstaat	Konten (in der jeweiligen Landessprache)
	– Ein bestehendes, vor dem 1. Juli 2002 eröffnetes Konto mit einem den Gegenwert von 10 000 US-Dollar nicht überschreitenden Wert (ausgenommen ein Rentenversicherungsvertrag), * das ein ruhendes Konto entsprechend der Definition im Kommentar zu Abschnitt III des Gemeinsamen Meldestandards ist, * bei dem Ein- und Auszahlungen sowie die Gutschrift von Überweisungen bzw. die Entgegennahme, der Erwerb und die Veräußerung von Wertpapieren sowie die Auszahlung von Guthaben und Erträgen nur nach Feststellung der Identität des Kunden gemäß den Verfahren zur Bekämpfung der Geldwäsche und Terrorismusfinanzierung zulässig sind; diese Regelungen werden von der Finanzmarktaufsicht beaufsichtigt, die Nichtbefolgung wird sanktioniert und * bei dem die Feststellung der Identität gemäß den Verfahren zur Bekämpfung der Geldwäsche und Terrorismusfinanzierung wiederum die Anwendung der Sorgfalts- und Meldepflichten nach dem Gemeinsamen Meldestandard nach sich zieht, da es sich ab diesem Zeitpunkt nicht mehr um ein ausgenommenes Konto handelt. – Konten von Wohnungseigentümergemeinschaften und Miteigentumsgemeinschaften im Sinne des Wohnungseigentumsgesetzes 2002. – Bauspareinlage gemäß § 1 Abs. 1 Bausparkassengesetz. – Risikoversicherungen, bei denen der Eintritt des Versicherungsfalls ungewiss ist. – Treuhandkonten (Anderkonten), deren Treuhänder ein befugter Parteienvertreter (Rechtsanwalt oder Notar) ist, sofern das Konto im Zusammenhang mit einem der in § 87 Z 5 GMSG angeführten Zwecke eingerichtet ist. – Versicherungen im Rahmen der Zukunftssicherung im Sinne des § 3 Abs. 1 Z 15 lit. a EStG 1988.
Polen	– Indywidualne konto emerytalne. – Indywidualne konto zabezpieczenia emerytalnego. – Pracowniczy program emerytalny.
Portugal	– Planos Poupança Reforma. – Uma conta pré-existente (desde que não se trate de um Contrato de renda) cujo saldo anual não exceda 1 000 USD, que seja uma conta inativa de acordo com a definição prevista nos Comentários à Secção III da Norma Comum de Comunicação.
Rumänien	Kein Konto ist als ausgenommenes Konto zu behandeln.
Slowenien	– Varčevalni račun po nacionalni stanovanjski varčevalni shemi, če znesek, privarčevan letno, ne presega petdeset tisoč eurov (50 000 EUR). – Račun rezervnega sklada po Stvarnopravnem zakoniku in Stanovanjskem zakonu, ki se vodi v Sloveniji.
Slowakei	– Osobný dôchodkový účet sporiteľa starobného dôchodkového sporenia (2. pilier). – Osobný účet účastníka a poberateľa dávky doplnkového dôchodkového sporenia (3. pilier).
Finnland	Kein Konto ist als ausgenommenes Konto zu behandeln.
Schweden	– Pensionssparkonto som uppfyller kraven i inkomstskattelagen (1999:1229) och som tecknas och förvaltas i Sverige. – Privat pensionsförsäkring som uppfyller kraven i inkomstskattelagen (1999:1229).
Vereinigtes Königreich	– Pension schemes registered with HMRC under Part 4 of Finance Act 2004. – Non-registered pension arrangements where the annual contributions are limited to £50 000 and funds contributed cannot be accessed before the age of 55 except in circumstances of serious ill health.

Mitgliedstaat	Konten (in der jeweiligen Landessprache)
	– Immediate needs annuities within section 725 Income Tax (Trading and Other Income) Act 2005. – An account within the meaning of the Individual Savings Account Regulations 1998. – Premium Bonds issued by the UK National Savings and Investments. – Fixed Interest Savings Certificates issued by UK National Savings and Investments. – Index Linked Savings Certificates issued by UK National Savings and Investments. – A CSOP (Company Share Option Plans) scheme approved by HMRC under Schedule 4 to Income Tax (Earnings and Pensions) Act 2003. – A dormant account (other than an annuity contract) with a balance that does not exceed US$1 000. Treatment as an excluded account is subject to election by the Financial Institution. An account is a dormant account if: a) the account holder has not initiated a transaction with regard to the account or any other account held by the account holder with the reporting financial institution in the previous three years, b) the account holder has not communicated with the reporting financial institution regarding the account or any other account held by the account holder with the reporting financial institution in the previous six years, c) the account is treated as a dormant account under the reporting financial institutions normal operating procedures, and d) in the case of a cash value insurance contract, the reporting financial institution has not communicated with the account holder regarding the account or any other account held by the account holder with the reporting financial institution in the previous six years.

Liste der Rechtsträger, die für die Zwecke von Abschnitt VIII Unterabschnitt B Nummer 1 Buchstabe c des Anhangs I der Richtlinie 2011/16/EU des Rates als nicht meldende Finanzinstitute zu behandeln sind

ABl C 362 vom 31. 10. 2015, S 13

Liste der Rechtsträger, die für die Zwecke von Abschnitt VIII Unterabschnitt B Nummer 1 Buchstabe c des Anhangs I der Richtlinie 2011/16/EU des Rates als nicht meldende Finanzinstitute zu behandeln sind

Mitgliedstaat	Rechtsträger (in der jeweiligen Landessprache)
Belgien	– Les institutions de retraite professionnelle visées par la Directive 2003/41/CE du Parlement Européen et du Conseil du 3 juin 2003 concernant les activités et la surveillance des institutions de retraite professionnelle/Instellingen voor bedrijfspensioenvoorziening geviseerd door de Richtlijn 2003/41/EG van het Europees Parlement en de Raad van 3 juni 2003 betreffende de werkzaamheden van en het toezicht op instellingen voor bedrijfspensioenvoorziening. – Les fonds Communs de Placement visés à l'article 145/16 du code des impôts sur les revenus 1992/Gemeenschappelijke Beleggingsfondsen geviseerd door artikel 145/16 van het wetboek van de inkomstenbelastingen 1992.
Bulgarien	Kein als nicht meldendes Finanzinstitut zu behandelnder Rechtsträger.
Tschechische Republik	Kein als nicht meldendes Finanzinstitut zu behandelnder Rechtsträger.
Dänemark	– Tværgående pensionskasser som defineret i lov om finansiel virksomhed § 304, med selvstændige erhvervsdrivende som medlemmer. – Arbejdsmarkedsrelaterede livsforsikringsselskaber, som defineret i lov om finansiel virksomhed § 307. – Livsforsikringsselskaber, der opfylder kravene i lov om finansiel virksomhed § 307, stk. 1, nr. 1 og 2. – Livsforsikringsselskaber, der direkte eller indirekte fuldt ud ejes af forsikringstagernes faglige organisationer i fællesskab med tværgående pensionskasser omfattet af lov om finansiel virksomhed § 304, og som kun har arbejdsmarkedspensionsordninger.
Deutschland	– Die Anstalt im Sinne des Finanzmarktstabilisierungsfondsgesetzes. – von der Bankenaufsicht beaufsichtigte Abbauportfolien, Abwicklungsbanken, Auffangbanken und ähnliche Gesellschaftsformen („Bad Banks"). – Förderbanken.
Estland	Kein als nicht meldendes Finanzinstitut zu behandelnder Rechtsträger.
Irland	Kein als nicht meldendes Finanzinstitut zu behandelnder Rechtsträger.
Griechenland	Kein als nicht meldendes Finanzinstitut zu behandelnder Rechtsträger.
Spanien	Kein als nicht meldendes Finanzinstitut zu behandelnder Rechtsträger.
Frankreich	Kein als nicht meldendes Finanzinstitut zu behandelnder Rechtsträger.
Kroatien	– Dobrovoljni mirovinski fondovi.
Italien	– Cassa Depositi e Prestiti S.p.A. – Enti di previdenza e sicurezza sociale privatizzati dal decreto legislativo 30 giugno 1994, n. 509, o istituiti ai sensi del decreto legislativo 10 febbraio 1996, n. 103 (Casse previdenziali). – Forme pensionistiche complementari istituite ai sensi del decreto legislativo 5 dicembre 2005, n. 252.
Zypern	Kein als nicht meldendes Finanzinstitut zu behandelnder Rechtsträger.

Mitgliedstaat	Rechtsträger (in der jeweiligen Landessprache)
Lettland	– Privātais pensiju fonds attiecībā uz individuālajiem pensiju kontiem, kas tiek uzraudzīti atbilstoši likumam „Par privātajiem pensiju fondiem".
Litauen	– 2 pakopos pensijų fondas (įskaitant savarankiškai dirbančius asmenis).
Luxemburg	Kein als nicht meldendes Finanzinstitut zu behandelnder Rechtsträger.
Ungarn	Kein als nicht meldendes Finanzinstitut zu behandelnder Rechtsträger.
Malta	Kein als nicht meldendes Finanzinstitut zu behandelnder Rechtsträger.
Niederlande	– N.V. Settlement Bank of the Netherlands. – Stichting Contractspelerfonds KNVB (CFK).
Österreich	– Betriebliche Vorsorgekassen im Sinne des Betrieblichen Mitarbeiter- und Selbständigenvorsorgegesetzes. – Oesterreichische Entwicklungsbank AG. – Oesterreichische Kontrollbank Aktiengesellschaft. – „Österreichischer Exportfonds" GmbH. – Österreichische Hotel- und Tourismusbank Gesellschaft m.b.H.
Polen	– Otwarte fundusze emerytalne. – Dobrowolne fundusze emerytalne. – Pracownicze fundusze emerytalne.
Portugal	Kein als nicht meldendes Finanzinstitut zu behandelnder Rechtsträger.
Rumänien	Kein als nicht meldendes Finanzinstitut zu behandelnder Rechtsträger.
Slowenien	Kein als nicht meldendes Finanzinstitut zu behandelnder Rechtsträger.
Slowakei	– Fondy starobneho dôchodkoveho sporenia – II. pilier. – Fondy doplnkoveho dochodkoveho sporenia – III. pilier.
Finnland	Kein als nicht meldendes Finanzinstitut zu behandelnder Rechtsträger.
Schweden	– Pensionsstiftelser enligt lagen (1967:531) om tryggande av pensionsutfästelse m.m. – Vinstandelsstiftelser.
Vereinigtes Königreich	Kein als nicht meldendes Finanzinstitut zu behandelnder Rechtsträger.

Verordnung zu § 91 Z 2 GMSG über die Liste der teilnehmenden Staaten

BGBl II 2021/248

Verordnung des Bundesministers für Finanzen zu § 91 Z 2 GMSG über die Liste der teilnehmenden Staaten

Auf Grund des § 91 Z 2 des Gemeinsamer Meldestandard-Gesetzes, BGBl. I Nr. 116/2015, zuletzt geändert durch das Bundesgesetz BGBl. I Nr. 96/2020, wird im Einvernehmen mit dem Hauptausschuss des Nationalrats verordnet:

§ 1. Die folgenden Staaten, die bis einschließlich 1. Februar 2021 dem OECD-MCAA vom 29. Oktober 2014, BGBl. III Nr. 182/2017, beitraten, sind teilnehmende Staaten im Sinne des § 91 Z 2 GMSG:

1. Albanien
2. Anguilla
3. Antigua und Barbuda
4. Argentinien
5. Aruba
6. Australien
7. Aserbaidschan
8. Bahamas
9. Bahrain
10. Barbados
11. Belize
12. Bermuda
13. Brasilien
14. Britische Jungferninseln
15. Brunei Darussalam
16. Cayman Islands
17. Chile
18. China
19. Cook Inseln
20. Costa Rica
21. Curaçao
22. Dominica
23. Ecuador
24. Färöer Inseln
25. Ghana
26. Gibraltar
27. Grenada
28. Grönland
29. Guernsey
30. Hongkong
31. Indien
32. Indonesien
33. Island
34. Israel
35. Isle of Man
36. Japan

37. Jersey
38. Kanada
39. Kasachstan
40. Katar
41. Kolumbien
42. Korea, Republik
43. Kuwait
44. Libanon
45. Macau
46. Malaysia
47. Marokko
48. Marshall Inseln
49. Mauritius
50. Mexiko
51. Montserrat
52. Nauru
53. Neukaledonien
54. Neuseeland
55. Niederlande, soweit nicht vom Anwendungsbereich der Richtlinie 2011/16/EU über die Zusammenarbeit der Verwaltungsbehörden im Bereich der Besteuerung und zur Aufhebung der Richtlinie 77/99/EWG, ABl. Nr. L 64 vom 11.03.2011 S.1, zuletzt geändert durch die Richtlinie (EU) 2020/876, ABl. Nr. L 204 vom 26.06.2020 S. 46, umfasst
56. Nigeria
57. Niue
58. Norwegen
59. Oman
60. Pakistan
61. Panama
62. Peru
63. Russland
64. Saint Kitts und Nevis
65. Saint Lucia
66. Saint Vincent und die Grenadinen
67. Samoa
68. Saudi Arabien
69. Seychellen
70. Singapur
71. Sint Maarten
72. Südafrika
73. Türkei
74. Turks und Caicos Inseln
75. Uruguay
76. Vanuatu
77. Vereinigte Arabische Emirate
78. Vereinigtes Königreich

§ 2. Folgende teilnehmenden Staaten erfüllen gemäß § 91 Z 2 GMSG die Voraussetzungen des § 7 OECD-MCAA:

1. Antigua und Barbuda
2. Argentinien
3. Australien

4. Aserbaidschan
5. Barbados
6. Brasilien
7. Chile
8. China
9. Cook Inseln
10. Costa Rica
11. Curaçao
12. Färöer Inseln
13. Gibraltar
14. Grönland
15. Guernsey
16. Hongkong
17. Indien
18. Indonesien
19. Island
20. Israel
21. Isle of Man
22. Japan
23. Jersey
24. Kanada
25. Kolumbien
26. Korea, Republik
27. Malaysia
28. Mauritius
29. Mexiko
30. Neuseeland
31. Niederlande, soweit nicht vom Anwendungsbereich der Richtlinie 2011/16/EU über die Zusammenarbeit der Verwaltungsbehörden im Bereich der Besteuerung und zur Aufhebung der Richtlinie 77/99/EWG, ABl. Nr. L 64 vom 11.03.2011 S.1, zuletzt geändert durch die Richtlinie (EU) 2020/876, ABl. Nr. L 204 vom 26.06.2020 S. 46, umfasst.
32. Norwegen
33. Pakistan
34. Panama
35. Peru
36. Russland
37. Saint Lucia
38. Saudi Arabien
39. Seychellen
40. Singapur
41. Südafrika
42. Türkei
43. Uruguay
44. Vereinigtes Königreich

§ 3. Diese Verordnung tritt am 1. Mai 2021 in Kraft.

§ 4. Die Verordnung BGBl. II Nr. 234/2020 tritt am 1. Mai 2021 außer Kraft.

Bundesgesetz über die Umsetzung der OECD-Grundsätze der internationalen abgabenrechtlichen Amtshilfe (Amtshilfe-Durchführungsgesetz – ADG)

BGBl I 2009/102 idF

1 BGBl I 2014/40 (BudgetbegleitG 2014)
2 BGBl I 2015/116
3 BGBl I 2019/103 (StRefG 2020)
4 BGBl I 2019/104 (FORG)
5 BGBl I 2020/99

STICHWORTVERZEICHNIS

Bundesgesetz über die Umsetzung der OECD-Grundsätze der internationalen abgabenrechtlichen Amtshilfe (Amtshilfe-Durchführungsgesetz – ADG)

Der Nationalrat hat beschlossen:

Anwendungsbereich des Gesetzes

§ 1. Dieses Bundesgesetz regelt die Umsetzung der OECD-Grundsätze für bilateralen Informationsaustausch im Bereich der Besteuerung. Es berührt jedoch nicht die im Gemeinsamer Meldestandard-Gesetz – GMSG, BGBl. I Nr. 116/2015, enthaltenen Bestimmungen.

(BGBl I 2015/116)

Erledigung von Amtshilfeersuchen

§ 2. (1) Soweit in diesem Bundesgesetz nicht anderes bestimmt ist, richtet sich der Umfang der auf Grund von „Unionsrecht", Doppelbesteuerungsabkommen, anderen völkerrechtlichen Verträgen oder sonstigen innerstaatlichen oder im Verhältnis zu ausländischen Gebieten anzuwendenden Rechtsgrundlagen zu leistenden verwaltungsbehördlichen Amtshilfe nach den Bestimmungen dieser Normen und nach den inländischen Abgaben- und sonstigen maßgeblichen Rechtsvorschriften. Im Rahmen der anzuwendenden Vorschriften sind die in Erfüllung eines ausländischen Amtshilfeersuchens erforderlichen Erhebungsmaßnahmen in gleicher Weise vorzunehmen, als ob es sich bei den ausländischen Abgaben um inländische handelte. Die Erhebungsmaßnahmen gelten als abgabenbehördliche Maßnahmen zur Durchführung der Abgabenvorschriften im Sinn des „§ 1 Abs. 3 der Bundesabgabenordnung", BGBl. Nr. 194/1961. *(BGBl I 2019/103; BGBl I 2019/104)*

(2) Ist auf Grund von Gemeinschaftsrecht, Doppelbesteuerungsabkommen, anderen völkerrechtlichen Verträgen oder sonstigen innerstaatlichen oder im Verhältnis zu ausländischen Gebieten anzuwendenden Rechtsgrundlagen Amtshilfe nicht nur für Zwecke der Abgabenfestsetzung, sondern auch für Zwecke der Strafverfolgung zu leisten, so sind sinngemäß die Verfahrensvorschriften „des verwaltungsbehördlichen Finanzstrafverfahrens mit Ausnahme des § 99 Abs. 6 des Finanzstrafgesetzes" anzuwenden, wenn die zuständige Behörde des umAmtshilfe ersuchenden Vertragsstaats bestätigt, dass ein verwaltungsbehördliches oder gerichtliches Strafverfahren anhängig ist. *(BGBl I 2014/40)*

(3) Liegt ein ausländisches Amtshilfeersuchen im Sinn des Abs. 1 vor, ist von der für die Durchführung des Amtshilfeverfahrens in Österreich zuständigen Behörde vor Veranlassung der erforderlichen Erhebungsmaßnahmen unverzüglich zu prüfen, ob die Voraussetzungen für die Erteilung der Amtshilfe gemäß den Bestimmungen des Gemeinschaftsrechts, des Doppelbesteuerungsabkommens, des anderen völkerrechtlichen Vertrags oder der sonstigen innerstaatlichen oder im Verhältnis zu einem ausländischen Gebiet anzuwendenden Rechtsgrundlage vorliegen. Allfällige Fragen, die sich im Zusammenhang mit dieser Prüfung ergeben, sind unverzüglich mit der um

Amtshilfe ersuchenden zuständigen ausländischen Behörde abzuklären. Ist im Zuge der Erfüllung eines ausländischen Amtshilfeersuchens die Beschaffung von Informationen erforderlich, die unter das Bankgeheimnis fallen, sind diese zu beschaffen und zu erteilen, wenn das anwendbare Gemeinschaftsrecht, Doppelbesteuerungsabkommen, der andere völkerrechtliche Vertrag oder die sonstige innerstaatliche oder im Verhältnis zu einem ausländischen Gebiet anzuwendende Rechtsgrundlage eine Amtshilfebestimmung enthält, wonach die Erteilung von Informationen in keinem Fall nur deshalb abgelehnt werden darf, weil sich die Informationen bei einem Kreditinstitut befinden.

(4) Der Bundesminister für Finanzen kann andere Abgaben- oder Finanzstrafbehörden des Bundes „oder das Amt für Betrugsbekämpfung" mit der Vornahme und Koordinierung der zur Erfüllung des Amtshilfeersuchens erforderlichen Erhebungsmaßnahmen im eigenen Verantwortungsbereich beauftragen. Dies gilt insbesondere für die Entscheidung, welche Erhebungsmaßnahmen für die Beschaffung der benötigten Informationen zu ergreifen sind, für deren Vornahme sowie für erforderliche Abstimmungen mit Vertretern der zuständigen Behörde des anderen Vertragsstaats. *(BGBl I 2020/99)*

Beschaffung von Bankauskünften bei ausländischen Auskunftsersuchen

§ 3. (1) Wird gemäß § 2 Abs. 3 von einem Kreditinstitut die Erteilung von Informationen verlangt, die unter das Bankgeheimnis fallen, so ist das über diese Informationen verfügende Kreditinstitut verpflichtet, diese Informationen zu erteilen sowie die Urkunden und Unterlagen einsehen zu lassen und herauszugeben. Die für die Durchführung des Amtshilfeersuchens in Österreich zuständige Behörde hat die Erteilung dieser Informationen unter Setzung einer angemessenen Frist ab dem Zeitpunkt, zu dem die Voraussetzungen gemäß § 4 Abs. 3 vorliegen, unverzüglich zu verlangen. In diesem Verlangen hat die in Österreich zuständige Behörde zu bestätigen, dass die Voraussetzungen gemäß § 4 Abs. 3 erfüllt sind.

(2) Die Offenbarung und Herausgabe von Informationen hat auf Verlangen auf einem elektronischen Datenträger in einem allgemein gebräuchlichen Dateiformat zu erfolgen, wenn zur Führung der Geschäftsverbindung automationsunterstützte Datenverarbeitung verwendet wird.

Feststellung und Prüfung der Offenbarungspflicht bei Bankauskünften

§ 4. (1) Das vom ausländischen Amtshilfeersuchen betroffene Kreditinstitut ist nach erfolgter Prüfung gemäß § 2 Abs. 3 unverzüglich über das ausländische Amtshilfeersuchen und die erbetenen Auskünfte von der für die Durchführung des Amtshilfeverfahrens in Österreich zuständigen Behörde zu verständigen. Das Auskunftsbegehren und alle damit verbundenen Tatsachen und Vorgänge sind gegenüber Kunden und Dritten geheim zu halten.

(2) Bezieht sich das ausländische Amtshilfeersuchen auf eine Gruppe von nicht einzeln identifizierten Personen, hinsichtlich derer seitens des um Amtshilfe ersuchenden Staates Grund zur Vermutung besteht, dass die von dieser Gruppe umfassten Personen steuerrechtliche Vorschriften des um Amtshilfe ersuchenden Staates nicht eingehalten haben (Gruppenersuchen), ist dem Ersuchen nur dann zu entsprechen, wenn der um Amtshilfe ersuchende Staat in Übereinstimmung mit den die Grundlage dieses Ersuchens bildenden zwischenstaatlichen Rechtsvorschriften die Gruppe sowie die konkreten Sachverhalte und Umstände, die zu dem Ersuchen geführt haben, ausreichend beschreibt und dabei darlegt, um welche steuerrechtlichen Vorschriften des um Amtshilfe ersuchenden Staates es sich dabei handelt, auf Grund welcher Umstände Grund zur Annahme besteht, dass die von der Gruppe umfassten Personen diese steuerrechtlichen Vorschriften verletzt haben könnten, und dass die erbetenen Informationen für die Feststellung, ob diese Rechtsvorschriften verletzt worden sind, von Nutzen sind.

(3) Die Voraussetzungen zur Erteilung von Informationen sind erfüllt, wenn seitens der für die Durchführung des Amtshilfeverfahrens zuständigen Behörde hinsichtlich des ausländischen Amtshilfeersuchens keine formellen Beanstandungen getroffen werden. Sie sind auch dann erfüllt, wenn in diesem Ersuchen die Identität der Person nicht durch den Namen, sondern lediglich durch ein anderes Identifikationsmerkmal, wie zB eine Kontonummer, bekannt gegeben wird.

(4) Ist das Kreditinstitut auf Grund der Angaben im ausländischen Amtshilfeersuchen nicht in der Lage, die erforderlichen Informationen bekannt zu geben, hat dieses unverzüglich die Gründe hiefür der für die Durchführung des Amtshilfeverfahrens in Österreich zuständigen Behörde mitzuteilen. Diese wird sich erforderlichenfalls mit der um Amtshilfe ersuchenden ausländischen Behörde ins Einvernehmen setzen und nach Einlangen entsprechender ergänzender Angaben das Amtshilfeersuchen entsprechend modifizieren.

(5) Das Kreditinstitut ist weder verpflichtet noch berechtigt, die Richtigkeit der behördlichen Feststellungen über die Erfüllung der Voraussetzungen gemäß Abs. 3 zu prüfen.

(BGBl I 2014/40)

Abgrenzung zur gerichtlichen Rechtshilfe

§ 5. (1) Vorbehaltlich des Abs. 2 findet dieses Bundesgesetz auf die gerichtliche Rechtshilfe keine Anwendung.

(2) Dieses Bundesgesetz ist in jenen Fällen, in denen im ersuchenden Staat ein gerichtliches Strafverfahren wegen einer Abgabenangelegenheit anhängig ist, nur insoweit anzuwenden, als die mit dem Strafverfahren betraute Justizbehörde ein Ersuchen um Ermittlung des Sachverhalts an die zuständige Verwaltungsbehörde dieses Staates richtet. In diesem Fall ist, ungeachtet der allfälligen Möglichkeit der Einleitung eines gerichtlichen Rechtshilfeersuchens auf Grund eines internationalen Vertrags über die gerichtliche Rechtshilfe, ein Ersuchen gemäß § 1 zulässig.

Verweisungen

§ 6. Sofern in diesem Bundesgesetz auf andere Bundesgesetze verwiesen wird, sind diese, sofern nichts Anderes bestimmt ist, in ihrer jeweils geltenden Fassung anzuwenden.

Vollziehung

§ 7. Mit der Vollziehung dieses Bundesgesetzes ist der Bundesminister für Finanzen betraut.

Inkrafttreten

§ 8. „(1)“ Dieses Bundesgesetz tritt mit dem der Kundmachung folgenden Tag in Kraft.[1] *(BGBl I 2014/40)*

(2) § 2 Abs. 2 und § 4, jeweils in der Fassung des Budgetbegleitgesetzes 2014, BGBl. I Nr. 40/2014, treten mit dem der Kundmachung des genannten Bundesgesetzes folgenden Tag in Kraft. *(BGBl I 2014/40)*

(3) § 4 in der Fassung des Bundesgesetzes BGBl. I Nr. 102/2009 ist nach Maßgabe von Art. 131 Abs. 3 B-VG in der Fassung des Bundesgesetzes BGBl. I Nr. 51/2012 auf begründete Anträge der vom ausländischen Amtshilfeersuchen betroffenen, aus der Geschäftsverbindung mit dem Kreditinstitut verfügungsberechtigten Personen auf einen Bescheid, welcher über das Vorliegen der gemäß § 2 Abs. 3 für die Durchbrechung des Bankgeheimnisses maßgeblichen Voraussetzungen für die Durchführung des Amtshilfeverfahrens abspricht, anzuwenden, welche bei der zuständigen Behörde vom 1. Jänner 2014 bis zum Zeitpunkt des Inkrafttretens des § 4 in der Fassung des Budgetbegleitgesetzes 2014, BGBl. I Nr. 40/2014, eingelangt sind. *(BGBl I 2014/40)*

(4) § 2 Abs. 1 in der Fassung des Bundesgesetzes BGBl. I Nr. 104/2019 tritt mit 1. Jänner 2021 in Kraft. *(BGBl I 2020/99)*

(5) § 2 Abs. 4 in der Fassung des Bundesgesetzes BGBl. I Nr. 99/2020 tritt mit 1. Jänner 2021 in Kraft. *(BGBl I 2020/99)*

Zu § 8:

[1] *Die Kundmachung im Bundesgesetzblatt erfolgte am 8. September 2009.*

Durchführungsverordnung (EU) 2015/2378 zur Festlegung von Durchführungsbestimmungen zu bestimmten Artikeln der Richtlinie 2011/16/EU des Rates über die Zusammenarbeit der Verwaltungsbehörden im Bereich der Besteuerung und zur Aufhebung der Durchführungsverordnung (EU) Nr. 1156/2012

ABl L 332 vom 18. 12. 2015, S 19 idF

1 ABl L 303 vom 10. 11. 2016, S 4 (DfVO (EU) 2016/1963)
2 ABl L 17 vom 23. 1. 2018, S 29 (DfVO (EU) 2018/99)
3 ABl L 88 vom 29. 3. 2019, S 25 (DfVO (EU) 2019/532)

Durchführungsverordnung (EU) 2015/2378 der Kommission vom 15. Dezember 2015 zur Festlegung von Durchführungsbestimmungen zu bestimmten Artikeln der Richtlinie 2011/16/EU des Rates über die Zusammenarbeit der Verwaltungsbehörden im Bereich der Besteuerung und zur Aufhebung der Durchführungsverordnung (EU) Nr. 1156/2012

Artikel 1
Standardformblätter für den Informationsaustausch auf Ersuchen, den spontanen Informationsaustausch sowie für Zustellungen und Rückmeldungen

(1) In Bezug auf die zu verwendenden Formblätter bezeichnet der Begriff „Feld" eine Stelle in einem Formblatt, an der die gemäß der Richtlinie 2011/16/EU auszutauschenden Informationen eingetragen werden können.

(2) Das Formblatt für Ersuchen um Informationen und um behördliche Ermittlungen gemäß Artikel 5 der Richtlinie 2011/16/EU sowie für die gemäß Artikel 7 der genannten Richtlinie erfolgenden Antworten, Empfangsbestätigungen, Ersuchen um zusätzliche Hintergrundinformationen und Mitteilungen, dass die ersuchte Behörde zur Beantwortung des Ersuchens nicht in der Lage ist oder eine Beantwortung ablehnt, erfüllt die Anforderungen in Anhang I dieser Verordnung.

(3) Das Formblatt für den spontanen Informationsaustausch und seine Bestätigung gemäß den Artikeln 9 und 10 der Richtlinie 2011/16/EU erfüllt die Anforderungen in Anhang II dieser Verordnung.

(4) Das Formblatt für Zustellungsersuchen gemäß Artikel 13 Absätze 1 und 2 der Richtlinie 2011/16/EU sowie die erfolgenden Antworten gemäß Artikel 13 Absatz 3 der genannten Richtlinie erfüllt die Anforderungen in Anhang III dieser Verordnung.

(5) Das Formblatt für Rückmeldungen gemäß Artikel 14 Absatz 1 der Richtlinie 2011/16/EU erfüllt die Anforderungen in Anhang IV dieser Verordnung.

Artikel 2
Elektronische Formate für den verpflichtenden automatischen Informationsaustausch

(1) Das elektronische Format, über das der verpflichtende automatische Informationsaustausch gemäß Artikel 8 Absatz 1 der Richtlinie 2011/16/EU zu erfolgen hat, erfüllt die Anforderungen in Anhang V dieser Verordnung.

(2) Das elektronische Format, über das der verpflichtende automatische Informationsaustausch gemäß Artikel 8 Absatz 3a der Richtlinie 2011/16/EU zu erfolgen hat, erfüllt die Anforderungen in Anhang VI dieser Verordnung.

Artikel 2a
Standardformblätter einschließlich der Sprachenregelung für den verpflichtenden automatischen Informationsaustausch über grenzüberschreitende Vorbescheide und Vorabverständigungen über die Verrechnungspreisgestaltung

(1) In Bezug auf die zu verwendenden Formblätter bezeichnen die Begriffe „Element" und „Feld" eine Stelle in einem Formblatt, an der die gemäß der Richtlinie 2011/16/EU auszutauschenden Informationen eingetragen werden können.

(2) Das gemäß Artikel 8a der Richtlinie 2011/16/EU für den verpflichtenden automatischen Informationsaustausch über grenzüberschreitende Vorbescheide und Vorabverständigungen über die Verrechnungspreisgestaltung zu verwendende Standardformblatt muss Anhang VII der vorliegenden Verordnung entsprechen.

(3) Die in Artikel 20 Absatz 5 der Richtlinie 2011/16/EU genannten Schlüsselelemente sind

die in Artikel 8a Absatz 6 Buchstaben b, h und i genannten Elemente; diese Schlüsselelemente sind außerdem in Englisch zu übermitteln.

(ABl L 303 vom 10. 11. 2016, S 4)

Artikel 2b
Sprachenregelung für den verpflichtenden automatischen Informationsaustausch über den länderbezogenen Bericht

Die in Artikel 20 Absatz 6 der Richtlinie 2011/16/EU genannten Schlüsselelemente sind die in Anhang III Abschnitt III Tabelle 3 der genannten Richtlinie enthaltenen Informationen oder Erläuterungen; diese sind außerdem in Englisch zu übermitteln, es sei denn, der übermittelnde Mitgliedstaat hat mit allen anderen Mitgliedstaaten, an die die Informationen gemäß Artikel 8aa Absatz 2 der Richtlinie 2011/16/EU gesendet werden, die Verwendung einer anderen Amtssprache der Union vereinbart.

(ABl L 303 vom 10. 11. 2016, S 4)

Artikel 2c
Formblatt und Bedingungen für die Übermittlung der jährlichen Bewertung

(1) Das Formblatt für die Übermittlung der jährlichen Bewertung der Wirksamkeit des automatischen Informationsaustauschs und der erreichten praktischen Ergebnisse gemäß Artikel 23 Absatz 3 der Richtlinie 2011/16/EU ist in Anhang VIII dieser Verordnung festgelegt.

(2) Die Mitgliedstaaten übermitteln der Kommission alljährlich vor dem 1. April auf elektronischem Weg die jährliche Bewertung und verwenden dabei das in Absatz 1 genannte Formblatt. Die Bewertung bezieht sich auf das vorangegangene Kalenderjahr.

(ABl L 17 vom 23. 1. 2018, S 29)

Artikel 2d
Liste statistischer Angaben

(1) Die Liste der gemäß Artikel 23 Absatz 4 der Richtlinie 2011/16/EU für alle Formen der Verwaltungszusammenarbeit außer dem verpflichtenden automatischen Informationsaustausch benötigten statistischen Angaben ist in Anhang IX dieser Verordnung festgelegt.

Die Liste der für den verpflichtenden automatischen Informationsaustausch gemäß Artikel 8 Absatz 1 der Richtlinie 2011/16/EU benötigten statistischen Angaben ist in Anhang X dieser Verordnung festgelegt.

Die Liste der für den verpflichtenden automatischen Informationsaustausch gemäß Artikel 8 Absatz 3a der Richtlinie 2011/16/EU benötigten statistischen Angaben ist in Anhang XI dieser Verordnung festgelegt.

Die Liste der für den verpflichtenden automatischen Informationsaustausch gemäß Artikel 8 Absatz 3a der Richtlinie 2011/16/EU benötigten statistischen Angaben ist in Anhang XI dieser Verordnung festgelegt.

(2) Die Mitgliedstaaten übermitteln der Kommission alljährlich vor dem 1. April auf elektronischem Weg die statistischen Angaben zu allen Formen der Verwaltungszusammenarbeit außer dem verpflichtenden automatischen Informationsaustausch gemäß der in Anhang IX festgelegten Liste für das vorangegangene Kalenderjahr.

(3) Die Mitgliedstaaten übermitteln der Kommission alljährlich vor dem 1. November auf elektronischem Weg die statistischen Angaben zum verpflichtenden automatischen Informationsaustausch gemäß der in Anhang X, Anhang XI und Anhang XII festgelegten Liste.

(ABl L 17 vom 23. 1. 2018, S 29)

Artikel 2e
Standardformblätter, einschließlich der Sprachenregelung, für den verpflichtenden automatischen Informationsaustausch über meldepflichtige grenzüberschreitende Gestaltungen

(1) In Bezug auf die zu verwendenden Formblätter bezeichnen die Begriffe ‚Element' und ‚Feld' eine Stelle in einem Formblatt, an der die gemäß der Richtlinie 2011/16/EU auszutauschenden Informationen eingetragen werden können.

(2) Bei dem gemäß Artikel 8ab der Richtlinie 2011/16/EU für den verpflichtenden automatischen Informationsaustausch über meldepflichtige grenzüberschreitende Gestaltungen zu verwendenden Standardformblatt ist Anhang XIII der vorliegenden Verordnung zu befolgen.

GMSG + V
ADG

(3) Die in Artikel 20 Absatz 5 Unterabsatz 3 der Richtlinie 2011/16/EU genannten Schlüsselelemente sind die in Artikel 8ab Absatz 14 Buchstaben b, c und e dieser Richtlinie genannten Elemente, und für diese Schlüsselelemente gelten dieselben Sprachregelungen, die in Artikel 2a Absatz 3 dieser Verordnung vorgesehen sind.

(ABl L 88 vom 29. 3. 2019, S 25)

Artikel 3
Praktische Regelungen zur Nutzung des CCN-Netzes

(1) Die Berichte, Bescheinigungen und anderen Schriftstücke, auf die in den gemäß der Richtlinie 2011/16/EU übermittelten Informationen Bezug genommen wird, können auf anderem Wege als über das CCN-Netz übermittelt werden.

(2) Werden die Informationen gemäß der Richtlinie 2011/16/EU nicht auf elektronischem Weg mit Hilfe des CCN-Netzes übermittelt, werden sie — soweit bilateral nicht anders vereinbart — mit einem Schreiben übersandt, das von der für die Informationsübermittlung zuständigen Behörde unterzeichnet wurde.

Artikel 4
Aufhebung

Die Durchführungsverordnung (EU) Nr. 1156/2012 wird mit Wirkung vom 1. Januar 2016 aufgehoben.

Verweise auf die aufgehobene Durchführungsverordnung gelten als Verweise auf die vorliegende Verordnung.

Artikel 5
Inkrafttreten und Geltungsbeginn

Diese Verordnung tritt am dritten Tag nach ihrer Veröffentlichung im *Amtsblatt der Europäischen Union* in Kraft.

Sie gilt ab dem 1. Januar 2016.

Diese Verordnung ist in allen ihren Teilen verbindlich und gilt unmittelbar in jedem Mitgliedstaat.

Anhänge: *Nicht abgedruckt. (Die Anhänge sind im Volltext auf www.lexisnexis.at unter dem Menüpunkt „Service“, Unterpunkt „Update“ abrufbar.)*

Finanzmarktaufsichtsbehördengesetz

BGBl I 2001/97 idF

1 BGBl I 2002/45
2 BGBl I 2002/100
3 BGBl I 2003/33
4 BGBl I 2003/35
5 BGBl I 2003/80
6 BGBl I 2004/70
7 BGBl I 2005/32
8 BGBl I 2005/33
9 BGBl I 2005/78
10 BGBl I 2005/120 (HGB durch UGB ersetzt)
11 BGBl I 2006/48 (FAM-ÄG 2005)
12 BGBl I 2006/141
13 BGBl I 2007/56
14 BGBl I 2007/60 (WAG 2007)
15 BGBl I 2007/108
16 BGBl I 2008/2 (1. BVRBG)
17 BGBl I 2008/136
18 BGBl I 2009/22
19 BGBl I 2009/66
20 BGBl I 2010/37
21 BGBl I 2010/68
22 BGBl I 2010/107
23 BGBl I 2011/50
24 BGBl I 2011/77
25 BGBl I 2011/145
26 BGBl I 2012/97
27 BGBl I 2013/21
28 BGBl I 2013/70
29 BGBl I 2013/135
30 BGBl I 2013/160
31 BGBl I 2013/184
32 BGBl I 2014/51 (HypoSanG)
33 BGBl I 2014/59 (SSM)
34 BGBl I 2014/98
35 BGBl I 2015/34 (VAG 2016)
36 BGBl I 2015/69
37 BGBl I 2015/117
38 BGBl I 2015/159
39 BGBl I 2016/35
40 BGBl I 2016/73
41 BGBl I 2016/118
42 BGBl I 2017/93
43 BGBl I 2017/107
44 BGBl I 2017/136
45 BGBl I 2017/149
46 BGBl I 2018/11 (VfGH)
47 BGBl I 2018/15
48 BGBl I 2018/17
49 BGBl I 2018/37
50 BGBl I 2018/76
51 BGBl I 2018/112
52 BGBl I 2019/62 (EU-FinAnpG 2019)
53 BGBl I 2019/104 (FORG)
54 BGBl I 2020/23 (3. COVID-19-Gesetz)
55 BGBl I 2020/89
56 BGBl I 2021/25

Bundesgesetz über die Errichtung und Organisation der Finanzmarktaufsichtsbehörde (Finanzmarktaufsichtsbehördengesetz – FMABG)

Finanzmarktaufsichtsbehörde

§ 1. (1) **(Verfassungsbestimmung)** Zur Durchführung der Bankenaufsicht, der Versicherungsaufsicht, der Wertpapieraufsicht und der Pensionskassenaufsicht wird unter der Bezeichnung „Finanzmarktaufsichtsbehörde" (FMA) eine Anstalt des öffentlichen Rechts mit eigener Rechtspersönlichkeit eingerichtet. Diese ist in Ausübung ihres Amtes an keine Weisungen gebunden. *(BGBl I 2002/45)*

(2) Der Sitz der FMA ist Wien. Ihr Wirkungsbereich erstreckt sich auf das gesamte Bundesgebiet. Sie ist berechtigt, das Bundeswappen zu führen.

(3) Die Bestimmungen der Gewerbeordnung 1994 – GewO 1994, BGBl. Nr. 194/1994, sind auf die FMA nicht anzuwenden.

§ 2. (1) Zur Bankenaufsicht zählt die Wahrnehmung der behördlichen Aufgaben und Befugnisse, die

1. im Bankwesengesetz – BWG, BGBl. Nr. 532/1993 Art. I,

2. im Sparkassengesetz – SpG, BGBl. Nr. 64/1979,

3. im Bausparkassengesetz – BSpG, BGBl. Nr. 532/1993 Art. III,

4. in der Einführungsverordnung zum Hypothekenbank- und zum Pfandbriefgesetz, dRGBl. 1938 I S 1574,

5. im Hypothekenbankgesetz, dRGBL 1899 S 375,

6. im Pfandbriefgesetz, dRGBl. 1927 I S 492,

7. im Bankschuldverschreibungsgesetz, RGBl. Nr. 213/1905,

8. im Depotgesetz, BGBl. Nr. 424/1969,

9. im Finanzkonglomerategesetz, BGBl. I Nr. 70/2004,

10. im Zahlungsdienstegesetz 2018 – ZaDiG 2018, BGBl. I Nr. 17/2018, *(BGBl I 2018/17)*

11. im E-Geldgesetz 2010, BGBl. I Nr. 107/2010,

12. im Ratingagenturenvollzugsgesetz – RAVG, BGBl. I Nr. 68/2010,

13. im Gesetz zur Schaffung einer Abbaueinheit – GSA, BGBl. I Nr. 51/2014

14. im Bundesgesetz über die Sanierung und Abwicklung von Banken – BaSAG, BGBl. I Nr. 98/2014,

15. im Einlagensicherungs- und Anlegerentschädigungsgesetz – ESAEG, BGBl. I Nr. 117/2015,

16. im 2. Teil des Zentralverwahrer-Vollzugsgesetzes – ZvVG, BGBl. I Nr. 69/2015,

17. im Verbraucherzahlungskontogesetz – VZKG, BGBl. I Nr. 35/2016,

18. im SFT-Vollzugsgesetz, BGBl. I Nr. 73/2016,

19. im Finanzmarkt-Geldwäschegesetz – FM-GwG, BGBl. I Nr. 118/2016, *(BGBl I 2016/118)*

20. im PRIIP-Vollzugsgesetz, BGBl. I Nr. 15/2017, *(BGBl I 2018/15)*

21. im STS-Verbriefungsvollzugsgesetz – STS-VVG, BGBl. I Nr. 76/2018, *(BGBl I 2018/76)*

geregelt und der FMA zugewiesen sind. *(BGBl I 2016/73)*

(2) Zur Versicherungsaufsicht zählt die Wahrnehmung der behördlichen Aufgaben und Befugnisse, die

1. im Versicherungsaufsichtsgesetz 2016 (VAG 2016), BGBl. I Nr. 34/2015,

2. im Kraftfahrzeug-Haftpflichtversicherungsgesetz 1994, BGBl. Nr. 651/1994,

3. im Bundesgesetz über die Entschädigung von Verkehrsopfern (Verkehrsopfer-Entschädigungsgesetz – VOEG), BGBl. I Nr. 37/2007,

4. im Bundesgesetz über die zivilrechtliche Haftung für Schäden durch Radioaktivität (Atomhaftungsgesetz 1999, AtomHG 1999), BGBl. I Nr. 170/1998,

5. im Finanzkonglomerategesetz, BGBl. I Nr. 70/2004,

6. im Ratingagenturenvollzugsgesetz – RAVG, BGBl. I Nr. 68/2010,

7. im SFT-Vollzugsgesetz, BGBl. I Nr. 73/2016,

8. im FM-GwG, *(BGBl I 2016/118)*

9. im PRIIP-Vollzugsgesetz, *(BGBl I 2018/15)*

10. im STS-VVG, *(BGBl I 2018/76)*

geregelt und der FMA zugewiesen sind. *(BGBl I 2016/73)*

(3) Zur Wertpapieraufsicht zählt die Wahrnehmung der behördlichen Aufgaben und Befugnisse, die

1. im Wertpapieraufsichtsgesetz 2018 – WAG 2018, BGBl. I Nr. 107/2017, *(BGBl I 2017/107)*

2. im Börsegesetz 2018 – BörseG 2018, BGBl. I Nr. 107/2017, *(BGBl I 2017/107)*

3. im Kapitalmarktgesetz 2019, BGBl. I Nr. 62/2019, *(BGBl I 2019/62)*

4. im Betrieblichen Mitarbeiter- und Selbständigenvorsorgegesetz – BMSVG, BGBl. I Nr. 100/2002,

5. im Immobilien-Investmentfondsgesetz – ImmoInvFG, BGBl. I Nr. 80/2003,

6. im Finanzkonglomerategesetz, BGBl. I Nr. 70/2004,

7. im Ratingagenturenvollzugsgesetz – RAVG, BGBl. I Nr. 68/2010,

8. im Investmentfondsgesetz 2011 – InvFG 2011, BGBl. I Nr. 77/2011 Art. II,

9. im Zentrale Gegenparteien-Vollzugsgesetz – ZGVG, BGBl. I Nr. 97/2012,

10. im Rechnungslegungs-Kontrollgesetz – RL-KG, BGBl. I Nr. 21/2013,

11. im Alternative Investmentfonds Manager-Gesetz – AIFMG, BGBl. I Nr. 135/2013,

12. im 1. Teil des ZvVG,

13. im SFT-Vollzugsgesetz, BGBl. I Nr. 73/2016,

14. im FM-GwG, *(BGBl I 2016/118)*

15. Referenzwerte-Vollzugsgesetz – RW-VG, BGBl. I Nr. 93/2017, *(BGBl I 2017/93)*

16. im PRIIP-Vollzugsgesetz, *(BGBl I 2018/15)*

17. im STS-VVG, *(BGBl I 2018/76)*

geregelt und der FMA zugewiesen sind. *(BGBl I 2016/73)*

(4) Zur Pensionskassenaufsicht zählt die Wahrnehmung der behördlichen Aufgaben und Befugnisse, die

1. im Pensionskassengesetz – PKG, BGBl. Nr. 281/1990,

2. im Betriebspensionsgesetz – BPG, BGBl. Nr. 282/1990,

3. im SFT-Vollzugsgesetz, BGBl. I Nr. 73/2016,

4. im STS-VVG, *(BGBl I 2018/76)*

geregelt und der FMA zugewiesen sind. *(BGBl I 2016/73)*

(5) Wenn die FMA erkennt, dass im Bezug auf einen Rechtsträger gemäß § 1 Finanzmarktstabilitätsgesetz (FinStaG), BGBl. I Nr. 136/2008, die Voraussetzungen des § 1 FinStaG vorliegen könnten, hat sie dies dem Bundesminister für Finanzen umgehend mitzuteilen. *(BGBl I 2008/136)*

(6) Unbeschadet § 70 Abs. 1b BWG hat die FMA für jeden der in den Abs. 1 bis 4 angeführten Aufsichtsbereiche jährliche Prüfungsschwerpunkte festzulegen und diese auf ihrer Internetsei-

te zu veröffentlichen; ebenso hat die FMA die gemäß § 70 Abs. 1b Z 4 BWG gemeinsam mit der Oesterreichischen Nationalbank im Rahmen des jährlichen Prüfungsprogramms festgelegten themenmäßigen Prüfungsschwerpunkte auf ihrer Internetseite zu veröffentlichen. *(BGBl I 2017/149)*

Haftung für die Tätigkeit der FMA

§ 3. (1) Für die von Organen und Bediensteten der FMA in Vollziehung der in § 2 genannten Bundesgesetze zugefügten Schäden, einschließlich Schäden gemäß § 29 Abs. 1 DSG 2018, haftet der Bund nach den Bestimmungen des Amtshaftungsgesetzes – AHG, BGBl. Nr. 20/1949. Schäden im Sinne dieser Bestimmung sind solche, die Rechtsträgern unmittelbar zugefügt wurden, die der Aufsicht nach diesem Bundesgesetz unterliegen. Die FMA sowie deren Bedienstete und Organe haften dem Geschädigten nicht. *(BGBl I 2018/37)*

(2) Die FMA hat bei ihrer Tätigkeit nach pflichtgemäßem Ermessen alle nach den Umständen des Einzelfalls erforderlichen, zweckmäßigen und angemessenen Aufsichtsmaßnahmen zu ergreifen. Sie hat dabei auf die Wahrung der Finanzmarktstabilität zu achten. Sie kann bei der Wahrnehmung ihrer Aufgaben die Prüfungsberichte der Abschlussprüfer und Organe der ihrer Aufsicht unterliegenden Unternehmen sowie die Prüfungsberichte der Oesterreichischen Nationalbank im Rahmen ihrer gesetzlichen Prüfungsbefugnisse nach dem BWG zu Grunde legen, es sei denn, dass sie begründete Zweifel an der Richtigkeit oder Vollständigkeit dieser Prüfungsberichte oder an der Fachkunde oder Sorgfalt der Prüfer hat oder solche Zweifel bei entsprechender Sorgfalt hätte haben müssen. Gleiches gilt für die Prüfungsberichte der von der FMA selbst beauftragten Prüfer hinsichtlich der Prüfungshandlungen gemäß den in § 2 genannten Bundesgesetzen.

(3) Hat der Bund einem Geschädigten den Schaden gemäß Abs. 1 ersetzt, so kann er von den Organen oder Bediensteten der FMA Rückersatz nach den Bestimmungen des AHG begehren.

(4) Die FMA hat den Bund im Amtshaftungs- und Rückersatzverfahren nach den Abs. 1 und 2 in jeder zweckdienlichen Weise zu unterstützen. Sie hat insbesondere alle Informationen und Unterlagen, die das Amtshaftungs- oder Rückersatzverfahren betreffen, zur Verfügung zu stellen sowie dafür zu sorgen, dass der Bund das Wissen und die Kenntnisse der Organe und Bediensteten der FMA über die verfahrensgegenständlichen Aufsichtmaßnahmen in Anspruch nehmen kann.

(5) Die von den der Aufsicht unterliegenden Unternehmen bestellten Abschlussprüfer sind nicht Organe im Sinne des § 1 Abs. 1 AHG, es sei denn, dass sie im gesonderten Auftrag der FMA für diese Prüfungen nach den in § 2 genannten Bundesgesetzen durchführen. Gleiches gilt für die Prüfungsorgane gesetzlich zuständiger Prüfungseinrichtungen.

(6) Ein auf bundesgesetzlicher Regelung beruhender Ersatzanspruch aus Handlungen der FMA, ihrer Bediensteten oder ihrer Organe, die im Rahmen der Verordnung (EU) Nr. 1024/2013 zur Übertragung besonderer Aufgaben im Zusammenhang mit der Aufsicht über Kreditinstitute auf die Europäische Zentralbank, ABl. Nr. L 287 vom 29.10.2013 S. 63, tätig werden, ist in folgenden Fällen ausgeschlossen:

1. Handlungen in Vollziehung einer Weisung oder Erfüllung eines Auftrages der Europäischen Zentralbank;

2. Handlungen in Vorbereitung oder Durchführung von Entscheidungen der Europäischen Zentralbank;

3. Zusammenarbeit, Informationsaustausch oder sonstige Unterstützung der Europäischen Zentralbank.

(BGBl I 2014/59)

(7) Ein auf bundesgesetzlicher Vorschrift beruhender Ersatzanspruch aus Handlungen der FMA, ihrer Organe oder ihrer Bediensteten sowie Handlungen der Abwicklungsbehörde oder ihrer Bediensteten, die im Rahmen der Verordnung (EU) Nr. 806/2014 zur Festlegung einheitlicher Vorschriften und eines einheitlichen Verfahrens für die Abwicklung von Kreditinstituten und bestimmten Wertpapierfirmen im Rahmen eines einheitlichen Abwicklungsmechanismus und eines einheitlichen Abwicklungsfonds sowie zur Änderung der Verordnung (EU) Nr. 1093/2010, ABl. Nr. L 225 vom 30.07.2014, S. 1, tätig werden, ist in folgenden Fällen ausgeschlossen:

1. Handlungen aufgrund einer Weisung des Ausschusses gemäß § 2 Z 18a BaSAG;

2. Handlungen in Vorbereitung oder Durchführung von Beschlüssen des Ausschusses gemäß § 2 Z 18a BaSAG;

3. Handlungen im Bereich Zusammenarbeit, Informationsaustausch oder sonstige Unterstützung des Ausschusses gemäß § 2 Z 18a BaSAG.

(BGBl I 2015/159)

(BGBl I 2005/33)

Organe

§ 4. Organe der FMA sind:

1. der Vorstand,

2. der Aufsichtsrat.

Vorstand

§ 5. (1) Der Vorstand der FMA besteht aus zwei Mitgliedern.

(2) Die Mitglieder des Vorstandes werden auf Vorschlag der Bundesregierung vom Bundespräsidenten bestellt; die Wiederbestellung ist zulässig. Die Funktionsperiode beträgt fünf Jahre. *(BGBl I 2007/108)*

(3) Vor der Bestellung von Mitgliedern des Vorstandes hat der Bundesminister für Finanzen eine Ausschreibung zu veranlassen; das Stellenbesetzungsgesetz 1998, BGBl. I Nr. 26/1998, ist anzuwenden. Auf Grund der Ergebnisse des Ausschreibungsverfahrens haben für den Vorschlag der Bundesregierung gemäß Abs. 2 aus dem Kreis der Bewerber namhaft zu machen:

1. Bei der Bestellung des ersten Vorstandes der FMA der Bundesminister für Finanzen und die Oesterreichische Nationalbank je eine Person,

2. bei jeder weiteren Bestellung von Mitgliedern des Vorstandes jene Institution, die das Mitglied des Vorstandes namhaft gemacht hat, dessen Funktionsbeendigung (§ 7 Abs. 1) die Bestellung eines neuen Vorstandsmitglieds erfordert, eine Person.

Die Einbringung des Antrags zur Beschlussfassung der Bundesregierung über die von ihr zur Bestellung vorzuschlagenden Personen obliegt dem Bundesminister für Finanzen; dieser ist hinsichtlich des von der Oesterreichischen Nationalbank namhaft gemachten Vorstandsmitglieds an den Vorschlag der Oesterreichischen Nationalbank gebunden. *(BGBl I 2007/60)*

(4) Zu Mitgliedern des Vorstandes dürfen nur Personen bestellt werden, die zumindest in einem der in § 2 genannten Aufsichtsbereiche fachkundig sind und die nicht vom Wahlrecht in den Nationalrat ausgeschlossen sind. Sie dürfen ihre Funktion nur hauptberuflich ausüben.

§ 6. (1) Der Vorstand hat den gesamten Dienstbetrieb zu leiten und die Geschäfte der FMA zu führen. Der Vorstand vertritt die FMA gerichtlich und außergerichtlich.

(2) Der Vorstand hat eine Geschäftsordnung zu erlassen, diese bedarf der Genehmigung des Aufsichtsrates. In der Geschäftsordnung ist dafür Vorsorge zu treffen, dass die FMA ihre Aufgaben in gesetzmäßiger, zweckmäßiger, wirtschaftlicher und sparsamer Weise besorgt und die bei der FMA beschäftigten Bediensteten sachgerecht verwendet werden. In der Geschäftsordnung ist insbesondere auch zu regeln, inwieweit der Vorstand unbeschadet seiner Verantwortlichkeit für die Tätigkeit der FMA sich bei den zu treffenden Entscheidungen oder Verfügungen oder sonstigen Amtshandlungen durch Bedienstete der FMA vertreten lassen kann. Im organisatorischen Aufbau und in der Geschäftsordnung sind die fachlichen Besonderheiten und unterschiedlichen Zielsetzungen verschiedener Aufsichtsbereiche angemessen zu berücksichtigen. Auf sektorale Besonderheiten ist möglichst Bedacht zu nehmen.

(3) Die Geschäftsordnung gemäß Abs. 2 ist in der jeweils geltenden Fassung gemeinsam mit einem Unterschriftenverzeichnis der auf Grund der Geschäftsordnung ermächtigten Bediensteten in den Räumlichkeiten der FMA zur öffentlichen Einsicht aufzulegen. Die Geschäftsordnung ist auch in die Homepage der FMA einzustellen.

(4) Der Vorstand hat eine Compliance-Ordnung zu erstellen, die der Genehmigung des Aufsichtsrates bedarf. In der Compliance-Ordnung sind Richtlinien für die Vorgangsweise beim Abschluss von privaten Rechtsgeschäften zwischen den Mitgliedern des Vorstandes und des Aufsichtsrates sowie FMA-Bediensteten einerseits mit den beaufsichtigten Instituten andererseits zu erstellen.

(5) Der Vorstand hat dem Aufsichtsrat vierteljährlich einen Bericht über die allgemeine Entwicklung des Finanzmarktes und über die Aufsichtsführung im Berichtszeitraum zu geben. Weiters ist dem Aufsichtsrat über die geplante Aufsichtspolitik und die für die folgende Berichtsperiode zu setzenden Tätigkeitsschwerpunkte zu berichten.

§ 7. (1) Die Funktion eines Mitgliedes des Vorstandes der FMA endet

1. mit Ablauf der Funktionsperiode,

2. mit der Zustimmung des Aufsichtsrates zur Zurücklegung der Funktion aus wichtigen Gründen,

3. mit der Abberufung gemäß Abs. 3.

(2) Die beabsichtigte Zurücklegung der Funktion ist vom betreffenden Mitglied des Vorstandes dem Aufsichtsrat, dem Bundesminister für Finanzen und der Oesterreichischen Nationalbank frühestmöglich unter Nennung der Gründe schriftlich bekannt zu geben. Erteilt der Aufsichtsrat seine Zustimmung, so hat er diese unverzüglich unter Angabe des Zeitpunkts der Wirksamkeit der Zurücklegung der Funktion des betreffenden Vorstandsmitgliedes dem Bundesminister für Finanzen und der Oesterreichischen Nationalbank schriftlich mitzuteilen. Der Bundesminister für Finanzen hat die Bestellung eines neuen Mitgliedes des Vorstandes gemäß § 5 zu veranlassen. Für den Fall, dass der Funktionsantritt des neu bestellten Mitgliedes des Vorstandes nach dem Zeitpunkt des Ausscheidens des ehemaligen Mitgliedes erfolgt, ist für die Dauer der Vakanz ein geeignetes Ersatzmitglied vom Bundesminister für Finanzen auf Vorschlag des Aufsichtsrates unverzüglich zu bestellen; § 5 findet hierbei keine Anwendung. Die vorstehenden Bestimmungen über die Bestellung eines neuen Mitgliedes des Vorstandes sowie für die Bestellung eines Ersatzmitgliedes gelten in gleicher Weise für den Fall der Abberufung gemäß Abs. 3.

(3) Der Bundesminister für Finanzen hat ein Mitglied des Vorstandes abzuberufen, wenn ein wichtiger Grund vorliegt, wie insbesondere

1. Wegfall einer Bestellungsvoraussetzung oder

2. nachträgliches Hervorkommen, dass eine Bestellungsvoraussetzung nicht gegeben war, oder

3. grobe Pflichtverletzung oder

4. dauernde Dienstunfähigkeit oder wenn das betreffende Mitglied infolge Krankheit, Unfall oder eines Gebrechens länger als ein halbes Jahr vom Dienst abwesend ist oder

5. wenn trotz gemäß § 11 Abs. 2 durchgeführter Aufsichtsmaßnahmen Pflichtverletzungen nicht oder nicht nachhaltig beseitigt wurden.

Der Bundesminister für Finanzen hat die Oesterreichische Nationalbank vor der Abberufung eines von ihr namhaft gemachten Mitglieds anzuhören; bei Gefahr in Verzug ist jedoch unter gleichzeitiger Verständigung der Oesterreichischen Nationalbank das betreffende Mitglied des Vorstandes sofort abzuberufen.

Aufsichtsrat

§ 8. (1) Der Aufsichtsrat der FMA besteht aus dem Vorsitzenden, dem Stellvertreter des Vorsitzenden, sechs weiteren Mitgliedern sowie zwei kooptierten Mitgliedern. Der Vorsitzende, der Stellvertreter und die weiteren Mitglieder des Aufsichtsrates, ausgenommen die kooptierten Mitglieder, sind vom Bundesminister für Finanzen zu bestellen. Für die Funktion des Stellvertreters des Vorsitzenden sowie dreier weiterer Mitglieder des Aufsichtsrates sind von der Oesterreichischen Nationalbank Personen namhaft zu machen. Der Aufsichtsrat hat zusätzlich zwei von der Wirtschaftskammer Österreich namhaft gemachte Mitglieder zu kooptieren, denen jedoch kein Stimmrecht zukommt. Zu Mitgliedern des Aufsichtsrates dürfen nur geeignete und zuverlässige Personen bestellt oder kooptiert werden, die nicht vom Wahlrecht in den Nationalrat ausgeschlossen sind. *(BGBl I 2017/149)*

(2) Die Dauer der Funktionsperiode der Mitglieder des Aufsichtsrates beträgt fünf Jahre; die Wiederbestellung ist zulässig.

(3) Die Funktion eines Mitgliedes des Aufsichtsrates endet:

1. mit Ablauf der Funktionsperiode,

2. durch Zurücklegung der Funktion,

3. durch Abberufung gemäß Abs. 4.

Im Fall der Z 2 und 3 ist unverzüglich ein neues Mitglied für die Dauer der restlichen Funktionsperiode des ausgeschiedenen Mitgliedes zu bestellen oder zu kooptieren; scheidet ein von der Oesterreichischen Nationalbank oder der Wirtschaftskammer Österreich namhaft gemachtes Mitglied vorzeitig aus seiner Funktion aus, so haben diese unverzüglich ein neues Mitglied namhaft zu machen.

(4) Der Bundesminister für Finanzen hat Mitglieder des Aufsichtsrates abzuberufen, wenn

1. eine Voraussetzung für die Bestellung wegfällt,

2. nachträglich hervorkommt, dass eine Bestellungsvoraussetzung nicht gegeben war,

3. dauernde Unfähigkeit zur Ausübung der Funktion eintritt oder

4. grobe Pflichtverletzung vorliegt.

Der Bundesminister für Finanzen hat vor der Abberufung eines von der Oesterreichischen Nationalbank oder der Wirtschaftskammer Österreich namhaft gemachten Mitgliedes die betreffende Institution anzuhören; bei Gefahr in Verzug ist jedoch unter gleichzeitiger Verständigung der Oesterreichischen Nationalbank oder der Wirtschaftskammer Österreich das betreffende Mitglied des Aufsichtsrates sofort abzuberufen.

§ 9. (1) Der Vorsitzende des Aufsichtsrates (Stellvertreter) hat unter Angabe der Tagesordnung mindestens einmal in jedem Kalendervierteljahr sowie bei wichtigem Anlass unverzüglich eine Sitzung des Aufsichtsrates einzuberufen. Die Sitzung muss binnen zwei Wochen nach der Einberufung stattfinden. Kooptierte Mitglieder haben jedoch das Recht auf Teilnahme an den Sitzungen nur insoweit, als Angelegenheiten gemäß § 10 Abs. 2 Z 1 bis 4, 8 oder 9 zur Beratung oder Beschlussfassung gelangen.

(2) Jedes stimmberechtigte Mitglied des Aufsichtsrates, der Vorstand sowie der Bundesminister für Finanzen können aus wichtigem Anlass die unverzügliche Einberufung des Aufsichtsrates verlangen.

(3) Der Aufsichtsrat ist beschlussfähig, wenn mindestens vier stimmberechtigte Mitglieder, darunter der Vorsitzende oder dessen Stellvertreter, anwesend sind. Der Aufsichtsrat fasst seine Beschlüsse mit einfacher Stimmenmehrheit. Bei Gleichheit der abgegebenen Stimmen entscheidet die Stimme des Vorsitzführenden. Eine Stimmenthaltung ist nicht zulässig.

(4) Über die Sitzungen des Aufsichtsrates ist ein Protokoll zu führen. Dieses ist vom Vorsitzführenden zu unterzeichnen; nähere Anordnungen sind in der Geschäftsordnung des Aufsichtsrates zu treffen.

(5) Umlaufbeschlüsse sind nur in begründeten Ausnahmefällen, und wenn kein Mitglied des Aufsichtsrates widerspricht, zulässig. Die kooptierten Mitglieder des Aufsichtsrates können der Beschlussfassung im Umlaufweg nur dann widersprechen, wenn Beschlüsse in Angelegenheiten gemäß § 10 Abs. 2 Z 1 bis 4, 8 oder 9 gefasst werden sollen und nicht die Beschlussfassung im Umlaufweg zur Abwehr eines schwerwiegenden

Schadens erforderlich ist. Umlaufbeschlüsse können nur mit der Stimmenmehrheit aller stimmberechtigten Mitglieder des Aufsichtsrates gefasst werden. Eine Stimmenthaltung ist nicht zulässig. Umlaufbeschlüsse sind vom Vorsitzenden (Stellvertreter) schriftlich festzuhalten, über das Ergebnis der Beschlussfassung ist in der nächstfolgenden Sitzung des Aufsichtsrates Bericht zu erstatten.

§ 10. (1) Der Aufsichtsrat hat die Leitung und Geschäftsführung der FMA zu überwachen. § 95 Abs. 2 und 3 Aktiengesetz 1965 – AktG, BGBl. Nr. 98/1965, ist anzuwenden.

(2) Maßnahmen der Leitung und Geschäftsführung der FMA können dem Aufsichtsrat nicht übertragen werden. Der Genehmigung des Aufsichtsrates bedürfen jedoch:

1. der vom Vorstand zu erstellende Finanzplan einschließlich des Investitions- und Stellenplans;

2. Investitionen, soweit sie nicht durch den Investitionsplan genehmigt sind, und Kreditaufnahmen, die jeweils 75 000 € überschreiten;

3. der Erwerb, die Veräußerung und die Belastung von Liegenschaften;

4. der vom Vorstand zu erstellende Jahresabschluss;

5. die Geschäftsordnung gemäß § 6 Abs. 2 sowie deren Änderung;

6. die Compliance-Ordnung gemäß § 6 Abs. 4 sowie deren Änderung;

7. die Ernennung von FMA-Bediensteten in unmittelbar dem Vorstand nachgeordnete Leitungsfunktionen (zweite Führungsebene) sowie deren Abberufung und Kündigung;

8. der gemäß „§ 16 Abs. 3" zu erstellende Jahresbericht; *(BGBl I 2007/60)*

9. der Abschluss von Kollektivverträgen und Betriebsvereinbarungen.

(3) Vor der Beschlussfassung über Kollektivverträge und Betriebsvereinbarungen (Abs. 2 Z 9) ist die für die Arbeitnehmervertretung der FMA-Bediensteten zuständige Einrichtung zu hören.

(4) Den stimmberechtigten Mitgliedern des Aufsichtsrates gebührt eine angemessene Vergütung, die aus Mitteln der FMA zu erstatten ist. Die Höhe der Vergütung wird vom Bundesminister für Finanzen nach Anhörung der Oesterreichischen Nationalbank festgesetzt.

§ 11. (1) Der Aufsichtsrat hat, wenn er Kenntnis vom Eintritt eines Abberufungsgrundes bei einem Mitglied des Vorstandes gemäß § 7 Abs. 3 erlangt, dies dem Bundesminister für Finanzen unverzüglich mitzuteilen, sofern nicht nach Abs. 2 vorzugehen ist.

(2) Verletzt ein Mitglied des Vorstandes Bestimmungen dieses Bundesgesetzes, der der FMA zur Vollziehung übertragenen Bundesgesetze gemäß § 2 oder der Geschäftsordnung, ohne dass bereits eine grobe Pflichtverletzung gemäß § 7 Abs. 3 Z 3 vorliegt, so hat der Aufsichtsrat das betreffende Mitglied schriftlich aufzufordern, unverzüglich den rechtmäßigen Zustand wieder herzustellen und künftig Pflichtverletzungen zu unterlassen. Im Wiederholungs- oder Fortsetzungsfall hat der Aufsichtsrat den Bundesminister für Finanzen im Hinblick auf § 7 Abs. 3 zu verständigen, es sei denn, dass dies nach Art und Schwere des Vergehens unangemessen wäre.

§ 12. Der Aufsichtsrat hat sich eine Geschäftsordnung zu geben, die der Genehmigung des Bundesministers für Finanzen bedarf. Der Aufsichtsrat hat die Dienstverträge mit den Vorstandsmitgliedern abzuschließen und den Abschlussprüfer zu bestellen. Der Aufsichtsrat ist weiters für die Entlastung der Mitglieder des Vorstandes im Zusammenhang mit der Genehmigung des Jahresabschlusses (§ 10 Abs. 2 Z 4) zuständig.

Finanzmarktstabilitätsgremium

§ 13. (1) „Zur Stärkung der Finanzmarktstabilität und Reduzierung des systemischen und prozyklisch wirkenden Risikos wird beim Bundesministerium für Finanzen ein Finanzmarktstabilitätsgremium eingerichtet." Die Mitglieder und deren Stellvertreter sind durch die Bundesregierung auf Vorschlag des Bundesministers für Finanzen zu bestellen. Der Bundesminister für Finanzen hat dabei die Nominierungsrechte gemäß Abs. 4 zu beachten. *(BGBl I 2015/159)*

(2) „Für die Zwecke der §§ 13 bis 13b dieses Bundesgesetzes und des § 44c des Nationalbankgesetzes 1984, BGBl. Nr. 50/1984, gilt als:" *(BGBl I 2014/59)*

1. systemisches Risiko: Risiko gemäß § 2 Z 41 BWG;

2. prozyklisch wirkendes Risiko: Risiko im Sinne von Art. 136 der Richtlinie 2013/36/EU;

3. und 4. *(entfallen, BGBl I 2015/159)*

(3) Zu den Aufgaben des Finanzmarktstabilitätsgremiums gehören insbesondere

1. die Erörterung der für die Finanzmarktstabilität maßgeblichen Sachverhalte,

2. die Förderung der Zusammenarbeit und des Meinungsaustausches der im Ausschuss vertretenen Institutionen in Normal- und Krisenzeiten,

3. gutachterliche Äußerungen, Empfehlungen und Aufforderungen im Zusammenhang mit merklichen Änderungen in der Intensität des systemischen Risikos (§ 2 Z 41 BWG) oder von prozyklisch wirkenden Risiken (Art. 136 der Richtlinie 2013/36/EU) und zur Einschätzung

möglicher erheblicher Auswirkungen auf die Finanzstabilität gemäß § 48 Abs. 2 Z 2 BaSAG oder Art. 14 Abs. 2 lit. b der Verordnung (EU) Nr. 806/2014, *(BGBl I 2015/159)*

4. die Abgabe von Risikohinweisen und Empfehlungen gemäß § 13a Abs. 1 und 2 sowie deren Veröffentlichung gemäß § 13a Abs. 4,

5. die Beratung über den Umgang mit Warnungen und Empfehlungen des Europäischen Ausschusses für Systemrisiken,

6. eine jährliche Berichterstattung an den Nationalrat.

(4) Das Finanzmarktstabilitätsgremium besteht aus

1. zwei im Sinne des Abs. 3 fachlich geeigneten Vertretern des Bundesministeriums für Finanzen aus den Bereichen Wirtschaftspolitik und Finanzmarktaufsichtslegistik, von denen eine Person als Vorsitzender und eine Person als stellvertretender Vorsitzender des Ausschusses nominiert wird; die Vertreter müssen gemeinsam die für diese Aufgabe nötigen Erfahrungen mit makroökonomischen, makroprudenziellen und finanzmarktaufsichtslegistischen Fragestellungen aufweisen;

2. einem im Sinne des Abs. 3 fachlich geeigneten Vertreter der FMA;

3. einem im Sinne des Abs. 3 fachlich geeigneten Vertreter der Oesterreichischen Nationalbank;

4. dem Vorsitzenden des Fiskalrates und

5. einem weiteren Mitglied des Fiskalrates, das vom Bundesminister für Finanzen aus dem Kreis der von der Bundesregierung entsandten Mitglieder des Fiskalrates zu nominieren ist.

Für jeden Vertreter haben die genannten Institutionen einen im Sinne des Abs. 3 fachlich geeigneten Stellvertreter zu benennen. Die Stellvertreter der Mitglieder des Fiskalrates sind vom Bundesminister für Finanzen aus dem Kreis der von der Bundesregierung entsandten Mitglieder des Fiskalrates und der für diese gemäß § 1 Abs. 6 des Bundesgesetzes über die Errichtung des Fiskalrates entsandten Ersatzmitglieder zu nominieren. Die Vertreter und ihre Stellvertreter sind bei der Ausübung ihres Mandats an keine Weisungen der sie entsendenden Institutionen gebunden.

(5) Der Vorsitzende des Finanzmarktstabilitätsgremiums hat das Finanzmarktstabilitätsgremium mindestens viermal im Kalenderjahr einzuberufen. Die Mitglieder des Finanzmarktstabilitätsgremiums können bei Vorliegen wichtiger Gründe die kurzfristige Einberufung des Ausschusses verlangen. Zu den Sitzungen kann der Vorsitzende auch externe Sachverständige nach Maßgabe des Verhandlungsgegenstandes oder der Tagesordnung als Berater hinzuziehen.

(6) Beschlüsse des Finanzmarktstabilitätsgremiums erfolgen mit einfacher Stimmenmehrheit. Bei Stimmengleichheit entscheidet der Vorsitzführende. Beschlüsse über vorzulegende Berichte gemäß Abs. 10 sind einstimmig zu fassen.

(7) Das Finanzmarktstabilitätsgremium hat sich nach seiner Konstituierung einstimmig eine Geschäftsordnung zu geben. Mitglieder des Finanzmarktstabilitätsgremiums werden für die Dauer von drei Jahren bestellt, die Wiederbestellung ist zulässig.

(8) „Die Mitglieder des Finanzmarktstabilitätsgremiums, die beigezogenen Sachverständigen und das dem Finanzmarktstabilitätsgremium gemäß Abs. 11 beigestellte Personal" *(BGBl I 2017/136)*

1. sind über alle ihnen ausschließlich aus ihrer Tätigkeit im Finanzmarktstabilitätsgremium bekannt gewordenen Tatsachen, deren Geheimhaltung im Interesse der Aufrechterhaltung der öffentlichen Ruhe, Ordnung und Sicherheit, der auswärtigen Beziehungen, im wirtschaftlichen Interesse einer Körperschaft des öffentlichen Rechts, zur Vorbereitung einer Entscheidung oder im überwiegenden Interesse der Parteien eines Verwaltungsverfahrensgeboten ist, gegenüber jedermann zur Verschwiegenheit verpflichtet;

2. unterliegen der Verpflichtung zur Wahrung des Bankgeheimnisses als Amtsgeheimnis gemäß § 38 Abs. 1 BWG. Die Entbindung von der Verschwiegenheitspflicht obliegt dem Bundesminister für Finanzen; § 46 Abs. 2, 3 und 4 des Beamten-Dienstrechtsgesetzes 1979, BGBl. Nr. 333/1979 sind anzuwenden.

(9) Der Vertreter der FMA, einschließlich in ihrer Eigenschaft als Abwicklungsbehörde, unterrichtet das Finanzmarktstabilitätsgremium regelmäßig über Beschlüsse und sonstige Entscheidungen mit Relevanz für die Finanzmarktstabilität, die Identifizierung systemischer und prozyklisch wirkender Risiken und Hinweise auf erhebliche Auswirkungen auf die Finanzstabilität gemäß § 48 Abs. 2 Z 2 BaSAG oder Art. 14 Abs. 2 lit. b der Verordnung (EU) Nr. 806/2014 und stellt auf Verlangen die erforderlich erscheinenden sachlichen Aufklärungen, Daten und Unterlagen zur Verfügung. *(BGBl I 2015/159)*

(10) Das Finanzmarktstabilitätsgremium hat dem Finanzausschuss des Nationalrats und dem Bundesminister für Finanzen binnen vier Monaten nach Ende jedes Kalenderjahres einen Bericht in aggregierter Form über die Lage und Entwicklung der Finanzmarktstabilität sowie über seine Tätigkeiten im abgelaufenen Kalenderjahr zu erstatten.

(11) Die Kosten des Finanzmarktstabilitätsgremiums werden von der Oesterreichischen Nationalbank getragen, die auch das erforderliche Personal und den Sachaufwand zur organisatorischen Unterstützung und inhaltlichen Koordinierung des Finanzmarktstabilitätsgremiums (Sekretariat) zur Verfügung zu stellen hat. Für die Mitglied-

schaft im Finanzmarktstabilitätsgremium erfolgt kein Aufwandersatz. *(BGBl I 2017/136)*

(BGBl I 2013/184)

Risikohinweise und Empfehlungen

§ 13a. (1) Stellt das Finanzmarktstabilitätsgremium Risiken im Finanzsektor fest, die eine nachteilige Rückwirkung auf die Finanzmarktstabilität haben können, hat es diese in Risikohinweisen zu adressieren. „Gefahrenmomente für die Finanzmarktstabilität sind unter anderem der Aufbau und die Änderung des systemischen Risikos (§ 2 Z 41 BWG), prozyklisch wirkender Risiken (Art. 136 der Richtlinie 2013/36/EU) oder erheblicher Auswirkungen auf die Finanzstabilität gemäß § 48 Abs. 2 Z 2 BaSAG oder Art. 14 Abs. 2 lit. b der Verordnung (EU) Nr. 806/2014.“ *(BGBl I 2015/159)*

(2) Das Finanzmarktstabilitätsgremium kann die FMA in Empfehlungen auf Risiken gemäß Abs. 1 hinweisen und Maßnahmen aufzeigen, deren Durchführung für geeignet und erforderlich erachtet werden, um Gefahren für die Finanzmarktstabilität abzuwenden und das Entstehen von Risiken gemäß Abs. 1 einzudämmen.

(3) Die FMA hat dem Finanzmarktstabilitätsgremium baldigst möglich, längstens innerhalb von drei Monaten mitzuteilen, auf welche Weise sie beabsichtigt, eine Empfehlung gemäß Abs. 2 umzusetzen. Die FMA hat das Finanzmarktstabilitätsgremium regelmäßig über den Stand der Umsetzung zu unterrichten. Sofern die FMA nicht beabsichtigt, die Empfehlung umzusetzen, hat sie dies eingehend zu begründen.

(4) Das Finanzmarktstabilitätsgremium kann beschließen, Empfehlungen an die FMA und Risikohinweise zu veröffentlichen. Über die beabsichtigte Veröffentlichung einer Empfehlung hat es die FMA vorab zu informieren und der FMA Gelegenheit zur Stellungnahme zu geben. Von einer Veröffentlichung ist abzusehen, wenn diese die Stabilität der Finanzmärkte ernsthaft gefährden würde.

(BGBl I 2013/184)

Meldungen

§ 13b. (1) Die FMA hat der Oesterreichischen Nationalbank die zur Wahrnehmung der Aufgaben gemäß § 44c Nationalbankgesetz 1984 – NBG, BGBl. I 1984/50 relevanten Daten aller Unternehmen der Finanzbranche (§ 2 Z 7 Finanzkonglomerategesetz – FKG, BGBl. I Nr. 70/2004) auf Verlangen zur Verfügung zu stellen. Die Oesterreichische Nationalbank hat diese Daten in die Datenbank gemäß § 79 Abs. 4a BWG einzustellen und kann diese auch verarbeiten. Soweit dies zweckmäßig ist, können diese Daten seitens der FMA auch direkt in die Datenbank aufgenommen werden.

(2) Sind die von der Oesterreichischen Nationalbank angeforderten Daten bei der FMA nicht verfügbar, so kann die FMA für die Zwecke des Abs. 1 im Einvernehmen mit der Oesterreichischen Nationalbank mit Zustimmung des Bundesministers für Finanzen eine Verordnung erlassen, in dem folgende Aspekte näher geregelt werden:

1. Der Kreis der für die jeweiligen Daten Meldepflichtigen;

2. Meldestichtage, Gliederungen, Inhalte der Meldungen und Meldeintervalle unter Berücksichtigung relevanter Empfehlungen und Leitlinien der Europäischen Bankaufsichtsbehörde (EBA) oder des Europäischen Ausschusses für Systemrisiken (ESRB).

(3) Die Meldungen gemäß Abs. 2 sind in standardisierter Form mittels elektronischer Übermittlung zu erstatten. Die Übermittlung hat bestimmten, von der FMA nach Anhörung der Oesterreichischen Nationalbank bekannt zu gebenden Mindestanforderungen, zu entsprechen.

(BGBl I 2013/184)

Personal

§ 14. (1) Der Vorstand der FMA ist berechtigt, Arbeitnehmer in der erforderlichen Anzahl durch Dienstvertrag einzustellen. Auf das Dienstverhältnis der Arbeitnehmer sind, soweit sich aus § 15 nicht anderes ergibt, das Angestelltengesetz, BGBl. Nr. 292/1921, und die für Arbeitnehmer in der privaten Wirtschaft geltenden sonstigen Rechtsvorschriften anzuwenden. Der Vorstand ist weiters berechtigt, Dienstverhältnisse nach den arbeitsrechtlichen Bestimmungen, insbesondere durch Kündigung, zu beenden. Die Kündigung und Funktionsenthebung von Funktionsträgern der zweiten Führungsebene bedarf der Genehmigung des Aufsichtsrates. Bei Entlassung von Funktionsträgern der zweiten Führungsebene ist gleichzeitig der Vorsitzende des Aufsichtsrates zu verständigen.

(1a) Vorbehaltlich Abs. 1b hat der Vorstand der FMA hat vor Bestellung von FMA-Bediensteten in unmittelbar dem Vorstand nachgeordneten Leitungsfunktionen (zweite Führungsebene) eine Ausschreibung zu veranlassen, bei der das Stellenbesetzungsgesetz mit der Maßgabe anzuwenden ist, dass es sich anstatt auf die Bestellung von Mitgliedern des Leitungsorgans auf die Bestellung von Mitgliedern der zweiten Führungsebene der FMA bezieht. Vorbehaltlich Abs. 1b hat der Vorstand der FMA vor der Bestellung von FMA-Bediensteten in unmittelbar der zweiten Führungsebene nachgeordneten Leitungsfunktionen (dritte Führungsebene) zumindest eine interne Ausschreibung zu veranlassen. Bei der Bestellung von FMA-Bediensteten der zweiten Führungsebene hat der Vorstand der FMA den Aufsichtsrat über die Ergebnisse des Ausschreibungsverfahrens rechtzeitig vor der Genehmigung der Ernennung (§ 10 Abs. 2 Z 7) zu informieren. *(BGBl I 2017/149)*

(1b) In folgenden Fällen kann der Vorstand der FMA von der Veranlassung einer Ausschreibung bei der Bestellung von FMA-Bediensteten der zweiten und dritten Führungsebene absehen:

1. Bei der Bestellung des FMA-Bediensteten handelt es sich lediglich um eine kurzfristige, vertretungsweise Bestellung in eine Funktion der zweiten oder dritten Führungsebene.

2. Bei der Bestellung des FMA-Bediensteten handelt es sich um eine Wiederbestellung in dieselbe Leitungsfunktion der zweiten oder dritten Führungsebene und die betroffene Person hat in ihrer vorhergehenden Funktionsperiode jederzeit dem mit der betroffenen Funktion verknüpften Anforderungsprofil entsprochen und sich bei der Erfüllung der an sie gestellten Aufgaben dauerhaft bewährt.

In jenen Fällen, in denen der Vorstand der FMA von der Veranlassung einer Ausschreibung bei der Bestellung von FMA-Bediensteten der zweiten Führungsebene gemäß Z 2 abzusehen gedenkt, hat er den Aufsichtsrat rechtzeitig im Vorhinein darüber zu informieren und diesem gegenüber gleichzeitig zu begründen, warum die in Z 2 genannten Voraussetzungen für ein Absehen von einer Ausschreibung vorliegen. *(BGBl I 2017/149)*

(2) Die Arbeitnehmer der FMA sind über alle ihnen ausschließlich aus ihrer dienstlichen Tätigkeit bekannt gewordenen Tatsachen, deren Geheimhaltung im Interesse der Aufrechterhaltung der öffentlichen Ruhe, Ordnung und Sicherheit, der umfassenden Landesverteidigung, der auswärtigen Beziehungen, im wirtschaftlichen Interesse einer Körperschaft des öffentlichen Rechts, zur Vorbereitung einer Entscheidung oder im überwiegenden Interesse der Parteien geboten ist, gegenüber jedermann, dem sie über solche Tatsachen nicht eine behördliche Mitteilung zu machen haben, zur Verschwiegenheit verpflichtet. Die Organe der FMA und ihre Arbeitnehmer unterliegen ferner der Verpflichtung zur Wahrung des Bankgeheimnisses als Amtsgeheimnis gemäß § 38 Abs. 1 BWG. Die Entbindung von Arbeitnehmern der FMA von der Verschwiegenheitspflicht obliegt dem Vorstand der FMA; § 46 Abs. 2, 3 und 4 des Beamten-Dienstrechtsgesetzes 1979, BGBl. Nr. 333/1979, sind anzuwenden.

(3) Die FMA hat für einen angemessenen Rechtsschutz für ihre mit Aufsichtstätigkeiten betrauten Bediensteten für den Fall von deren schadenersatzrechtlicher Inanspruchnahme aus der Aufsichtstätigkeit vorzusorgen.

(4) Für die Arbeitnehmer der Gesellschaft ist das Bundes-Gleichbehandlungsgesetz, BGBl. Nr. 100/1993, anzuwenden. *(BGBl I 2013/184)*

Überleitung von Bediensteten des Bundesministeriums für Finanzen

§ 15. (1) Für die Bediensteten des Bundes, die am 1. März 2002 der Gruppe V/D sowie den Abteilungen V/4, V/5, V/6, V/10, V/12 und V/13 und den jeweils zugehörigen Kanzleistellen des Bundesministeriums für Finanzen zur Dienstverrichtung zugewiesen sind, gilt ab 1. April 2002 folgende Regelung:

1. Beamte sind der FMA mit Wirksamkeit vom 1. April 2002 zur dauernden Dienstverrichtung zugewiesen;

2. Vertragsbedienstete sind vom Bundesminister für Finanzen innerhalb eines Monats ab dem 1. März 2002 mittels Dienstgebererklärung der FMA zur dauernden Dienstverrichtung ab dem 1. April 2002 zuzuweisen und werden hiedurch Arbeitnehmer der FMA.

(2) Für Beamte gemäß Abs. 1 Z 1 wird bei der FMA ein Personalamt als deren Dienststelle eingerichtet. Diese Dienststelle ist dem Bundesministerium für Finanzen unmittelbar nachgeordnet und wird von dem Mitglied des Vorstandes der FMA geleitet, das vom Bundesminister für Finanzen gemäß § 5 Abs. 3 namhaft gemacht wurde. Dieses Vorstandsmitglied ist in dieser Funktion an die Weisungen des Bundesministers für Finanzen gebunden.

(3) Die in Abs. 1 Z 1 bezeichneten Beamten haben, wenn sie bis zum 31. März 2007 ihren Austritt aus dem Bundesdienst erklären, Anspruch auf Aufnahme in ein Dienstverhältnis zur FMA, und zwar mit Wirksamkeit von dem dem Austritt folgenden Monatsersten an und nach den zu diesem Zeitpunkt für neu eintretende Arbeitnehmer geltenden Bestimmungen. Die beim Bund verbrachte Dienstzeit ist dabei jedoch für alle dienstzeitabhängigen Ansprüche anzurechnen.

(4) Für die im Abs. 1 Z 1 genannten Beamten hat die FMA dem Bund den gesamten Aktivitätsaufwand samt Nebenkosten zu ersetzen sowie einen Beitrag zur Deckung des Pensionsaufwandes zu leisten. Dieser Beitrag beträgt 31,8 vH des Aufwandes an Aktivbezügen. Als Aktivbezüge gelten alle Geldleistungen, von denen ein Pensionsbeitrag zu entrichten ist. Die von den Beamten einbehaltenen Pensionsbeiträge sind anzurechnen. Im Falle einer künftigen Änderung der Höhe des Pensionsbeitrages der Bundesbeamten gemäß § 22 des Gehaltsgesetzes 1956, BGBl. Nr. 54, ändert sich der Prozentsatz des Deckungsbeitrages im gleichen Ausmaß. Nach dem 31. März 2002 an die FMA geleistete besondere Pensionsbeiträge und Überweisungsbeiträge sind umgehend in voller Höhe an den Bund zu überweisen. Überweisungsbeiträge gemäß § 311 ASVG sind durch die FMA zu tragen. Die sonstigen Zahlungen an den Bund sind jeweils am 10. des betreffenden Monats fällig.

(5) Für Arbeitnehmer gemäß Abs. 1 Z 2 gelten die für vertragliche Dienstverhältnisse zum Bund anzuwendenden Rechtsvorschriften, insbesondere das Vertragsbedienstetengesetz 1948, BGBl. Nr. 86, weiter; der Abschluss sondervertraglicher Regelungen nach § 36 des Vertragsbedienstetengesetzes 1948 ist nicht mehr zulässig. Arbeitnehmer gemäß Abs. 1 Z 2 haben, wenn sie innerhalb eines Jahres nach dem Wirksamwerden des für neu eintretende Arbeitnehmer geltenden Kollektivvertrages oder einer auf diesen gestützten Betriebs- oder Einzelvereinbarung ihre Bereitschaft zum Ausscheiden aus dem Arbeitsverhältnis nach den auf sie weiter anzuwendenden Rechtsvorschriften erklären, Anspruch auf gleichzeitige Aufnahme in ein Arbeitsverhältnis zur FMA nach den für neu Eintretende geltenden Rechtsgrundlagen. Ein Anspruch auf Abfertigung besteht im Zusammenhang mit diesem Ausscheiden nicht. Die im vorangegangenen Arbeitsverhältnis verbrachte Dienstzeit ist in diesem Fall für alle zeitabhängigen Ansprüche anzurechnen.

(6) Für die Befriedigung der bezugsrechtlichen Ansprüche von Arbeitnehmern gemäß Abs. 1 Z 2 und Abs. 3 hat der Bund wie ein Ausfallsbürge (§ 1356 ABGB) zu haften. Die Höhe der Haftung ist mit jenem Betrag begrenzt, der sich am Tag vor der Wirksamkeit des Ausscheidens aus dem Bundesdienst aus der für die genannten Bediensteten maßgeblich gewesenen besoldungsrechtlichen Stellung unter Berücksichtigung ihrer Verwendung zu diesem Zeitpunkt zuzüglich der nach diesem Zeitpunkt zurückgelegten Dienstzeit und der vorgesehenen regelmäßigen Vorrückungen ergibt.

(7) Forderungen des Bundes gegenüber Bediensteten, die gemäß Abs. 1 Z 2 oder Abs. 3 Arbeitnehmer der FMA werden, gehen mit dem Zeitpunkt der Begründung dieses Dienstverhältnisses auf die FMA über und sind von dieser dem Bund zu refundieren.

(8) Anwartschaften auf Abfertigungen und Jubiläumszuwendungen von Bediensteten, die gemäß Abs. 1 Z 2 oder Abs. 3 Arbeitnehmer der FMA werden, werden von der FMA übernommen.

(9) Die FMA ist verpflichtet, dem Bundesministerium für Finanzen alle Unterlagen zur Verfügung zu stellen, die für die Erstellung des Bundesvoranschlages und des Bundesrechnungsabschlusses bezüglich des Beitrages nach Abs. 4 erforderlich sind.

(10) Die FMA ist als Dienstgeber für ihre Arbeitnehmer kollektivvertragsfähig.

Aufsicht über die FMA

§ 16. (1) Der Bundesminister für Finanzen hat die Aufsicht über die FMA dahin auszuüben, dass die FMA die ihr gesetzlich obliegenden Aufgaben erfüllt, bei Besorgung ihrer Aufgaben die Gesetze und Verordnungen nicht verletzt und ihren Aufgabenbereich nicht überschreitet.

(2) Der Bundesminister für Finanzen ist berechtigt, zu dem in Abs. 1 genannten Zweck, Auskünfte der FMA über alle Angelegenheiten der Finanzmarktaufsicht einzuholen. Die FMA hat dem Bundesminister für Finanzen die geforderten Auskünfte ohne unnötigen Verzug, längstens aber binnen zwei Wochen zu erteilen. Im Fall der Erlassung von Verordnungen der FMA hat sie das Vorhaben dem Bundesminister für Finanzen zur Kenntnis zu bringen und Verordnungen vor deren Erlassung samt dem Ergebnis der Anhörung der Oesterreichischen Nationalbank dem Bundesminister für Finanzen zu übermitteln.

(2a) Die FMA hat dem Bundesminister für Finanzen auf Anfrage unverzüglich diejenigen Daten und Informationen zu übermitteln, die für die Erstellung von Regelungsvorhaben und für die Erfüllung der §§ 17 und 18 des Bundeshaushaltsgesetzes 2013, BGBl. I Nr. 139/2009, erforderlich sind. *(BGBl I 2013/184)*

(3) Die FMA hat dem Finanzausschuss des Nationalrates und dem Bundesminister für Finanzen binnen vier Monaten nach Ende jedes Kalenderjahres einen Bericht über das abgelaufene Kalenderjahr zu erstatten. In diesen Bericht sind insbesondere ein Überblick über die aufsichtliche Tätigkeit und über die Lage der Finanzwirtschaft aufzunehmen. Der Finanzausschuss ist berechtigt, den Vorstand der FMA zu Sitzungen des Ausschusses zu laden und Auskünfte einzuholen, soweit nicht gesetzliche Verschwiegenheitspflichten entgegenstehen.

(4) Der Bundesminister für Finanzen ist berechtigt, der FMA die Durchführung von Prüfungen gemäß den in § 2 genannten Bundesgesetzen aufzutragen, worüber vom Vorstand dem Aufsichtsrat unverzüglich Bericht zu erstatten ist. Der Vorstand hat über die durchgeführten Prüfungshandlungen und über die Prüfungsergebnisse dem Bundesminister für Finanzen und dem Aufsichtsrat unverzüglich zu berichten.

(BGBl I 2002/45)

Interne Revision

§ 16a. (1) Die FMA hat eine interne Revision einzurichten, die unmittelbar dem Vorstand untersteht und ausschließlich der laufenden und umfassenden Prüfung der Gesetzmäßigkeit, Ordnungsmäßigkeit und Zweckmäßigkeit des Handelns der FMA dient. Die interne Revision muss unter Bedachtnahme auf den Tätigkeitsumfang der FMA so ausgestattet sein, dass sie ihre Aufgaben zweckentsprechend erfüllen kann. Mit Aufgaben der internen Revision dürfen Personen, bei denen Ausschließungsgründe vorliegen, nicht betraut werden.

(2) Als Ausschließungsgründe sind Umstände anzusehen, die die ordnungsgemäße Wahrnehmung der Aufgaben der internen Revision nicht wahrscheinlich erscheinen lassen. Ausschließungsgründe liegen insbesondere vor, wenn

1. den betroffenen Personen die erforderliche Sachkenntnis und Erfahrung in den Aufsichtsbereichen der FMA gemäß § 1 Abs. 1 fehlt oder

2. die objektive Wahrnehmung der Funktion beeinträchtigt sein kann, insbesondere wenn die betroffenen Personen gleichzeitig zur Prüfung des Jahresabschlusses der FMA bestellt sind.

(3) Die interne Revision betreffende Verfügungen müssen von beiden Mitgliedern des Vorstandes gemeinsam getroffen werden. Die interne Revision hat beiden Mitgliedern des Vorstandes zu berichten. Sie hat über die Prüfungsgebiete und wesentliche Prüfungsfeststellungen auf Grund durchgeführter Prüfungen quartalsweise auch dem Vorsitzenden des Aufsichtsrates und dessen Stellvertreter Bericht zu erstatten. Der Vorsitzende des Aufsichtsrates hat in der nächstfolgenden Sitzung des Aufsichtsrates diesem über die Prüfungsgebiete und die wesentlichen Prüfungsfeststellungen zu berichten. Die Interne Revision ist zumindest einmal jährlich zu einer Sitzung des Aufsichtsrates zur Berichterstattung einzuladen.

(4) Die interne Revision hat einen jährlichen Revisionsplan aufzustellen und die Prüfungen danach durchzuführen, wobei die Prüfung der effizienten Wirkungsweise der FMA bei jedem dieser Revisionspläne ein fixes Prüfungsgebiet sein muss. Die interne Revision hat weiters anlassbezogen ungeplante Prüfungen vorzunehmen.

Finanzplan

§ 17. (1) Der Vorstand der FMA hat für jedes Geschäftsjahr einen Finanzplan einschließlich des Investitions- und Stellenplanes aufzustellen, der dem Aufsichtsrat zur Genehmigung vorzulegen ist und bei der Haushaltsführung und Personalbewirtschaftung eine bindende Grundlage darstellt.

(2) Im Finanzplan sind sämtliche im folgenden Geschäftsjahr zu erwartenden Einnahmen und voraussichtlich zu leistenden Ausgaben der FMA voneinander getrennt in voller Höhe (brutto) aufzunehmen. Die Voranschlagsbeträge sind zu errechnen, wenn dies nicht möglich ist, zu schätzen.

(3) Durch den Stellenplan des jährlichen Finanzplanes ist die zulässige Anzahl der Bediensteten der FMA festzulegen. Hierbei dürfen Planstellen nur in der Art und Anzahl vorgesehen werden, die zur Bewältigung der Aufgaben der FMA erforderlich sind.

(4) Der Finanzplan für das nächste Geschäftsjahr einschließlich des Investitionsund Stellenplanes ist samt Erläuterung dem Aufsichtsrat bis längstens 31. Oktober des laufenden Geschäftsjahres zur Genehmigung vorzulegen. Der Aufsichtsrat hat über den Finanzplan ehestmöglich, jedoch spätestens bis 15. Dezember des laufenden Geschäftsjahres über die Genehmigung des Finanzplanes zu beschließen.

(5) Der Vorstand hat dem Aufsichtsrat vierteljährlich über die Einhaltung des Finanzplanes einschließlich des Investitionsund Stellenplanes zu berichten. Ergeben sich voraussichtlich Überschreitungen der Planwerte im Ausmaß von mehr als 5 vH pro Rechnungskreis, so dürfen die entsprechenden Maßnahmen nur nach Genehmigung des Aufsichtsrates getroffen werden.

(6) Durch eine im Finanzplan, Investitions- oder Stellenplan angeführte bindende Grundlage werden Ansprüche oder Verbindlichkeiten weder begründet noch aufgehoben.

(7) Der Vorstand hat den Mitgliedern des Aufsichtsrates und den kostenpflichtigen Institutionen im Wege von deren gesetzlicher Interessensvertretung aussagekräftige Informationen über die wesentlichen Positionen des Finanzplans und des Investitions- und Stellenplans ehestmöglich, in der Regel zwei Wochen vor der betreffenden Sitzung des Aufsichtsrates, zu übermitteln. Der Vorstand hat hierbei erforderlichenfalls jene Informationen zu bezeichnen, über die die Amtsverschwiegenheit zu wahren ist. Die kostenpflichtigen Institutionen sind berechtigt, zu den übermittelten Informationen im Wege ihrer gesetzlichen Interessensvertretung sowie durch innerhalb dieser Interessensvertretung bestehende Fachorganisationen Stellung zu nehmen. Der Vorstand ist verpflichtet, solche Stellungnahmen dem Aufsichtsrat unverzüglich zur Kenntnis zu bringen.

Jahresabschluss

§ 18. (1) Die FMA hat für das vergangene Geschäftsjahr den Jahresabschluss in Form der Jahresbilanz und der Gewinn- und Verlustrechnung unter Beachtung der Fristen gemäß Abs. 3 aufzustellen. Im Übrigen sind die Bestimmungen des dritten Buches des „Unternehmensgesetzbuches – UGB“, DRGBl. 1897 S 219, auf den Jahresabschluss anzuwenden, sofern in diesem Bundesgesetz nichts anderes bestimmt ist. „Die von der Oesterreichischen Nationalbank mitgeteilten „ “ Kosten der Bankenaufsicht gemäß § 79 Abs. 4b BWG, soweit sie acht Millionen Euro nicht übersteigen, „sowie gemäß § 3 Abs. 5 BaSAG in Verbindung mit § 79 Abs. 4b BWG, soweit sie zwei Millionen Euro nicht übersteigen“, sowie gemäß § 6 Abs. 6 ESAEG, soweit sie 500 000 Euro nicht übersteigen, und der Versicherungsaufsicht gemäß § 182 Abs. 7 VAG 2016, soweit sie 500 000 Euro nicht übersteigen, sind in der Gewinn- und Verlustrechnung der FMA unter den sonstigen betrieblichen Aufwendungen gesondert auszuweisen.“ *(BGBl I 2005/120; BGBl*

I 2013/184; BGBl I 2015/117; BGBl I 2016/73; BGBl I 2017/149)

(2) Der Jahresabschluss und die Kostenabrechnung gemäß § 19 Abs. 1 sind von einem Wirtschaftsprüfer oder einer Wirtschaftsprüfungsgesellschaft zu prüfen. „§ 273 UGB" ist anzuwenden. *(BGBl I 2005/120; BGBl I 2013/184)*

(3) Der geprüfte Jahresabschluss samt Kostenabrechnung ist vom Vorstand dem Aufsichtsrat innerhalb von fünf Monaten nach Ablauf des vorangegangenen Geschäftsjahres zur Genehmigung vorzulegen. Die Beschlussfassung des Aufsichtsrates über die Genehmigung des Jahresabschlusses samt Kostenabrechnung hat so rechtzeitig zu erfolgen, dass der Vorstand den Jahresabschluss samt Kostenabrechnung dem Bundesminister für Finanzen innerhalb von sechs Monaten nach Ablauf des vorangegangenen Geschäftsjahres übermitteln und gemäß Abs. 6 veröffentlichen kann.

(4) Der Aufsichtsrat hat die Mitglieder des Vorstandes zu entlasten, wenn der Jahresabschluss und die Kostenabrechnung genehmigt wurde, die Geschäftsführung im abgelaufenen Geschäftsjahr jeweils ordnungsgemäß erfolgt ist und der Entlastung keine im abgelaufenen Geschäftsjahr gesetzte Pflichtverletzung entgegensteht, die einen Abberufungsgrund gemäß § 7 Abs. 3 Z 3 oder 5 darstellt.

(5) Das Geschäftsjahr der FMA ist das Kalenderjahr.

(6) Der Vorstand hat den geprüften und vom Aufsichtsrat genehmigten Jahresabschluss in der Internet-Homepage der FMA zu veröffentlichen und eine Hinweisbekanntmachung mit Angabe der Internet-Adresse der FMA in der Wiener Zeitung oder einem anderen im gesamten Bundesgebiet erhältlichen Bekanntmachungsblatt zu veranlassen. Der Jahresabschluss ist jeweils bis zur Veröffentlichung des nächstfolgenden Jahresabschlusses zur Einsicht im Internet bereit zu halten.

Kosten der Aufsicht

§ 19. (1) Die FMA hat für jeden der in § 2 Abs. 1 bis 4 genannten Aufsichtsbereiche einen eigenen Rechnungskreis zu bilden. Sie hat bei der internen Organisation für die weitestmögliche direkte Zuordnung der Aufsichtskosten (Personal- und Sachaufwand, Abschreibungen und sonstige Aufwendungen) zu diesen Rechnungskreisen Vorsorge zu treffen. Jene Kosten, die einem bestimmten Rechnungskreis nicht direkt zugeordnet werden können, sind gemäß Abs. 2 auf die einzelnen Rechnungskreise aufzuteilen. Diese Rechnungskreise sind:

1. Rechnungskreis 1 für die Kosten der Bankenaufsicht;

2. Rechnungskreis 2 für die Kosten der Versicherungsaufsicht;

3. Rechnungskreis 3 für die Kosten der Wertpapieraufsicht;

4. Rechnungskreis 4 für die Kosten der Pensionskassenaufsicht.

Mit dem Jahresabschluss gemäß § 18 ist auch eine rechnungskreisbezogene Kostenabrechnung zu erstellen. „Die von der Oesterreichischen Nationalbank mitgeteilten Kosten der Bankenaufsicht gemäß § 79 Abs. 4b BWG, soweit sie acht Millionen Euro nicht übersteigen, „und gemäß § 3 Abs. 5 BaSAG in Verbindung mit § 79 Abs. 4b BWG, soweit sie zwei Millionen Euro nicht übersteigen", und gemäß § 6 Abs. 6 ESAEG, soweit sie 500 000 Euro nicht übersteigen, sind dem Rechnungskreis 1 zuzuordnen." „Die von der Oesterreichischen Nationalbank „gemäß § 182 Abs. 7 VAG 2016" mitgeteilten „ " Kosten der Versicherungsaufsicht sind dem Rechnungskreis 2 zuzuordnen, soweit sie 500 000 Euro nicht übersteigen." *(BGBl I 2011/145; BGBl I 2015/34; BGBl I 2015/117; BGBl I 2015/159; BGBl I 2017/149)*

(2) Die FMA hat auf Grund der für die Rechnungskreise 1 bis 4 ermittelten direkt zurechenbaren Kosten die Verhältniszahlen der Kosten je Rechnungskreis zueinander zu ermitteln. Unter Anwendung dieser Verhältniszahlen sind die nicht gemäß Abs. 1 direkt einem Rechnungskreis zuordenbaren Kosten auf die einzelnen Rechnungskreise aufzuteilen. Zu den nicht direkt zuordenbaren Kosten zählt auch die gemäß § 20 erlaubte Rücklagendotierung.

(3) Die Summe der gemäß Abs. 1 direkt und Abs. 2 verhältnismäßig einem Rechnungskreis zugeordneten Kosten bilden die Gesamtkosten des Rechnungskreises. Die Summe der Gesamtkosten der Rechnungskreise 1 bis 4 bilden die Gesamtkosten der FMA.

(4) Der Bund leistet pro Geschäftsjahr der FMA einen Beitrag von „4 Millionen Euro". Dieser Beitrag sowie Erträge, die nicht auf Grund des Ersatzes von Aufsichtskosten oder diesbezüglichen Vorauszahlungen oder gemäß Abs. 10 der FMA zufließen, sind von den Gesamtkosten der FMA abzuziehen. Der verbleibende Differenzbetrag ist in Anwendung der Verhältniszahlen gemäß Abs. 2 auf die Rechnungskreise 1 bis 4 aufzuteilen. Die sich hieraus je Rechnungskreis ergebenden Beträge stellen nach Abzug der auf Grund von Abs. 10 erhaltenen Bewilligungsgebühren jene Kosten dar, die von den der Aufsicht der FMA unterliegenden natürlichen und juristischen Personen „gemäß den jeweiligen Kostenbestimmungen in den in § 2 genannten Gesetzen" nach Vorschreibung durch die FMA zu ersetzen sind. *(BGBl I 2015/69; BGBl I 2015/159; BGBl I 2017/107)*

(5) Die FMA hat auf der Grundlage eines jeden Jahresabschlusses unverzüglich die auf die einzelnen Kostenpflichtigen gemäß Abs. 4 letzter Satz entfallenden Kosten für das vorangegangene Geschäftsjahr zu errechnen. Der errechnete Betrag ist mit den erhaltenen Vorauszahlungen für das vorangegangene Geschäftsjahr gegenzurechnen. Der Differenzbetrag hieraus ist zur Zahlung vorzuschreiben, sofern sich nicht ein Guthaben zugunsten des Kostenpflichtigen ergibt; Guthaben sind auszuzahlen. „Für das nächstfolgende FMA-Geschäftsjahr sind den Kostenpflichtigen Vorauszahlungen in Höhe von 105 vH des gemäß dem ersten Satz jeweils errechneten Betrages vorzuschreiben; sofern die von der Oesterreichischen Nationalbank gemäß § 79 Abs. 4b BWG mitgeteilten und im Jahresabschluss der FMA gesondert ausgewiesenen „ “ Kosten der Bankenaufsicht den Betrag von acht Millionen Euro „oder die von der Oesterreichischen Nationalbank gemäß § 3 Abs. 5 BaSAG in Verbindung mit § 79 Abs. 4b BWG mitgeteilten und im Jahresabschluss der FMA gesondert ausgewiesenen „ “ Kosten der Bankenaufsicht den Betrag von zwei Millionen Euro erreicht haben“ oder die von der Oesterreichischen Nationalbank gemäß § 6 Abs. 6 ESAEG mitgeteilten und im Jahresabschluss der FMA gesondert ausgewiesenen „ “ Kosten der Bankenaufsicht den Betrag von 500 000 Euro erreicht haben, oder die gemäß § 182 Abs. 7 VAG 2016 mitgeteilten und im Jahresabschluss der FMA gesondert ausgewiesenen „ “ Kosten der Versicherungsaufsicht den Betrag von 500 000 Euro erreicht haben, ist abweichend vom ersten Satzteil dieser Teilbetrag in der Vorauszahlung mit 100 vH vorzuschreiben.“Auf Grund dieser Vorschreibungen haben die Kostenpflichtigen den vorgeschriebenen Betrag in vier gleichen Teilen jeweils bis spätestens 15. Jänner, April, Juli und Oktober des betreffenden Jahres zu leisten. *(BGBl I 2011/145; BGBl I 2015/117; BGBl I 2015/159; BGBl I 2017/149)*

(5a) Die FMA hat der Oesterreichischen Nationalbank für die Kosten ihrer Aufgaben und Tätigkeiten nach dem BWG sowie der Verordnung (EU) Nr. 1024/2013 Erstattungsbeträge zu leisten. Die Erstattungsbeträge sind auf Grund der für das jeweils vorangegangene Geschäftsjahr gemäß § 79 Abs. 4b BWG mitgeteilten Kosten der Bankenaufsicht zu bemessen und betragen höchstens acht Millionen Euro. Die Erstattung erfolgt bis spätestens Ende März des nächstfolgenden Geschäftsjahres. *(BGBl I 2017/149)*

(5b) Die FMA hat der Oesterreichischen Nationalbank für die „ “ Kosten der gutachtlichen Äußerungen gemäß „§ 182 Abs. 5 VAG 2016“ Erstattungsbeträge zu leisten. Die Erstattungsbeträge sind auf Grund der für das jeweils vorangegangene Geschäftsjahr gemäß „§ 182 Abs. 7 VAG 2016“ mitgeteilten „ “ Kosten zu bemessen und betragen höchstens 500 000 Euro. Die Erstattung erfolgt bis spätestens Ende März des nächstfolgenden Geschäftsjahres. *(BGBl I 2011/145; BGBl I 2015/34; BGBl I 2017/149)*

(5c) Die FMA hat der Oesterreichischen Nationalbank für die „ “ Kosten ihrer Tätigkeit für den Bereich der Sanierung und Abwicklung von Unternehmen gemäß § 3 Abs. 5 BaSAG in Verbindung mit § 79 BWG Erstattungsbeiträge zu leisten. Die Erstattungsbeiträge sind auf Grund der für das jeweils vorausgegangene Geschäftsjahr gemäß § 3 Abs. 5 BaSAG in Verbindung mit „§ 79 Abs. 4b BWG“ mitgeteilten „ “ Kosten der Aufsicht nach dem BaSAG zu bemessen „und betragen höchstens zwei Millionen Euro“. Die Erstattung erfolgt bis spätestens Ende März des nächstfolgenden Geschäftsjahres. *(BGBl I 2014/98; BGBl I 2015/117; BGBl I 2016/73; BGBl I 2017/149)*

(5d) Die FMA hat der Oesterreichischen Nationalbank für die „ “ Kosten ihrer Tätigkeit für den Bereich der Beaufsichtigung der Sicherungseinrichtungen gemäß § 5 Abs. 2 Z 4 ESAEG und § 6 ESAEG Erstattungsbeiträge zu leisten. Die Erstattungsbeiträge sind auf Grund der für das jeweils vorausgegangene Geschäftsjahr gemäß § 6 Abs. 6 ESAEG mitgeteilten „ “ Kosten der Aufsicht nach dem ESAEG zu bemessen und betragen höchstens 500 000 Euro. Die Erstattung erfolgt bis spätestens Ende März des nächstfolgenden Geschäftsjahres. *(BGBl I 2015/117; BGBl I 2017/149)*

(6) Die FMA hat in den Kostenbescheiden gemäß Abs. 5 abzusprechen über:

1. die Höhe der auf den einzelnen Kostenpflichtigen im jeweiligen Rechnungskreis entfallenden Kosten aus der Jahresabrechnung für das voran gegangene Geschäftsjahr;

2. die für das vorangegangene Geschäftsjahr von ihm geleisteten Vorauszahlungen;

3. die Höhe des negativen oder positiven Differenzbetrages, der zur Zahlung vorgeschrieben oder zur Auszahlung freigegeben wird;

4. die Vorauszahlungen für das nächstfolgende Geschäftsjahr im Ausmaß von 105 vH des Betrages gemäß Z 1.

(7) Die FMA hat nähere Regelungen über die Durchführung der Vorauszahlungen und der Kostenerstattung, insbesondere die Termine für die Vorschreibung und Fristen für die Zahlung, sofern nicht Abs. 5 oder § 26 anderes anordnen, durch Verordnung festzusetzen.

(8) Für den Finanzplan gemäß § 17 ist eine rechnungskreisbezogene Kostenschätzung zu erstellen, hierbei ist gemäß Abs. 1 bis 4 vorzugehen.

(9) Zusätzlich zum Beitrag gemäß Abs. 4 kann der Bund nach Maßgabe der im jährlichen Bundesfinanzgesetz für diesen Zweck vorgesehenen Mittel einen weiteren Kostenbeitrag leisten, wenn dies trotz wirtschaftlicher, sparsamer und zweckmäßiger Gebarung der FMA zur Abdeckung not-

wendiger Aufsichtskosten erforderlich ist. Auch dieser Beitrag ist von den Gesamtkosten der FMA vor Aufteilung der FMA-Kosten auf die Rechnungskreise (Abs. 4) abzuziehen.

(10) Für die Bewilligung von Tatbeständen gemäß den Tarifposten 44, 45 und 50 bis 59 der Bundesverwaltungsabgabenverordnung 1983, BGBl. Nr. 24/1983, in der Fassung des BGBl. II Nr. 146/2000 sind an Stelle der Bundesverwaltungsabgaben Bewilligungsgebühren entsprechend der von der FMA zu erlassenden Gebührenverordnung an die FMA zu entrichten. Dies gilt ebenso für die Amtshandlungen gemäß den Tarifposten 1 bis 5, soweit diese Amtshandlungen in den Zuständigkeitsbereich der FMA fallen. Die Gebühren dürfen die durch die Bewilligung oder sonstige Amtshandlung durchschnittlich entstehenden Kosten, unter Berücksichtigung eines Fixkostenanteiles, nicht überschreiten. „Die Bewilligungsgebühren sind rechnungskreisbezogen zuzuordnen „und im jeweiligen Rechnungskreis unter Berücksichtigung von in den jeweiligen Kostenbestimmungen vorgesehenen Subrechnungskreise in den in § 2 genannten Gesetzen kostenmindernd anzusetzen“; die näheren Regelungen über die Durchführung sind in der Verordnung gemäß Abs. 7 festzusetzen.“ *(BGBl I 2013/135; BGBl I 2017/107)*

§ 20. (1) Die FMA ist berechtigt, nach Maßgabe der Abs. 2 und 3 eine Rücklage für unvorhergesehene Belastungen zu bilden. Diese Rücklage darf nur zur Bedeckung von außergewöhnlichen Aufsichtsaufwendungen verwendet werden.

(2) Die Dotierung der Rücklage darf je Geschäftsjahr der FMA im Ausmaß von höchstens 1 vH der Gesamtkosten der FMA auf Basis des zuletzt festgestellten Jahresabschlusses so lange und insoweit erfolgen, als die Rücklage insgesamt ein Ausmaß von 5 vH der jeweils im letzten Jahresabschluss festgestellten Gesamtkosten nicht erreicht hat.

(3) Die Rücklage ist im Jahresabschluss offen als Rücklage auszuweisen.

(4) Im Finanzplan ist die Rücklage und deren Dotierung entsprechend vorzusehen.

Amtshilfe

§ 21. (1) Alle Organe des Bundes, der Länder und der Gemeinden sind im Rahmen ihres gesetzlichen Wirkungsbereiches zur Hilfeleistung an die FMA verpflichtet. Dies gilt auch für den Hauptverband der Sozialversicherungsträger, soweit die von diesem erteilten Auskünfte für die von der FMA zu führenden Verwaltungsverfahren und Verwaltungsstrafverfahren erforderlich sind. „Amtshilfeleistungen nach dieser Bestimmung haben auch ohne vorhergehendes Ersuchen zu erfolgen.“ *(BGBl I 2021/25)*

(2) Es arbeiten unbeschadet anderer bundesgesetzlicher Bestimmungen mit der FMA in wechselseitiger Hilfeleistung zusammen:

1. die Gerichte,

2. der Bundesminister für Finanzen im Rahmen seiner Aufgaben nach den in § 2 genannten Bundesgesetzen,

3. der Bundesminister für Digitalisierung und Wirtschaftsstandort und die Bezirksverwaltungsbehörden bei der Vollziehung der aufsichtsrechtlichen Bestimmungen überm die Kreditvermittlung, die Versicherungsvermittlung und die Wertpapiervermittlung,

4. die Österreichische Nationalbank im Rahmen ihrer bundesgesetzlichen Aufgaben sowie ihrer Aufgaben im Rahmen des Europäischen Systems der Zentralbanken (ESZB),

5. die Übernahmekommission,

6. die E-Control GmbH,

7. die Bundeswettbewerbsbehörde,

8. das zuständige Börseunternehmen nach dem BörseG 2018 „,“ *(BGBl I 2021/25)*

9. die Abgabenbehörden des Bundes, *(BGBl I 2021/25)*

10. die Abschlussprüferaufsichtsbehörde. *(BGBl I 2021/25)*
(BGBl I 2018/112)

(3) Eine Amtshilfeleistung der FMA an Abgabenbehörden des Bundes hat durch Erteilung von Auskünften zu erfolgen und nur in folgenden Fällen stattzufinden:

1. bei Vorliegen substantiierter Hinweise auf Praktiken, Modelle oder Szenarien, die steuerschädliche Verhaltensweisen indizieren, ermöglichen oder vereinfachen und im Zusammenhang mit konkreten Finanzinstrumenten oder -dienstleistungen sowie deren Emittenten, Anbietern, Intermediären und sonstigen Finanzdienstleistern stehen;

2. bei Rechtsfragen im Zusammenhang mit Bundesgesetzen, welche in § 2 Abs. 1 bis 4 angeführt sind.

Im Rahmen der Amtshilfe nach Z 1 sind neben einer Zusammenfassung des Sachverhalts möglichst genaue und umfassende Angaben über die betroffenen natürlichen und juristischen Personen sowie die Finanzinstrumente oder -dienstleistungen zu übermitteln. *(BGBl I 2021/25)*

(3a) Die gemäß § 194a Finanzstrafgesetz – FinStrG, BGBl. Nr. 129/1958, zuständige Behörde ist verpflichtet, der FMA im Einzelfall Auskünfte aus dem Finanzstrafregister über rechtskräftige, noch nicht getilgte Bestrafungen zu erteilen. Auskünfte können von der FMA ausschließlich im Zusammenhang mit der Prüfung geordneter wirtschaftlicher Verhältnisse im Rahmen der Eignungsprüfung von Geschäftsleitern, Aufsichtsratsmitgliedern und Inhabern von Schlüsselfunktionen („Fit & Proper Verfahren") oder Eigentümerkontrollverfahren angefordert werden. Die Daten sind unverzüglich zu löschen, wenn sie für die Erfüllung des konkreten Zwecks nicht mehr benötigt werden. *(BGBl I 2021/25)*

(4) Die Organe des öffentlichen Sicherheitsdienstes haben der FMA über deren Ersuchen zur Sicherung der Aufsichtsbefugnisse gemäß § 2 im Rahmen ihres gesetzlichen Wirkungsbereiches Hilfe zu leisten, wenn ansonsten die Vereitelung der angeordneten Maßnahmen droht.

(5) Die Finanzprokuratur kann die FMA über deren Ersuchen entgeltlich vertreten.

(6) Die Oesterreichische Nationalbank kann sich zur Vornahme der ihr gemeinschaftsrechtlich übertragenen, in den Aufgabenbereich des Europäischen Systems der Zentralbanken (ESZB) fallenden Überprüfungen im Einvernehmen mit der FMA auch der Prüforgane der FMA bedienen, wenn hierdurch das Verfahren wesentlich vereinfacht oder beschleunigt wird oder wenn dies im Interesse der Zweckmäßigkeit, Einfachheit, Raschheit oder Kostenersparnis gelegen ist.

Zusammenarbeit mit der Europäischen Aufsichtsbehörde

§ 21a. (1) Die FMA ist zur umfassenden wechselseitigen Zusammenarbeit mit

1. der Europäischen Bankaufsichtsbehörde – EBA (Verordnung (EU) Nr. 1093/2010 vom 24. November 2010 zur Errichtung einer Europäischen Aufsichtsbehörde (Europäischen Bankenaufsichtsbehörde), zur Änderung des Beschlusses Nr. 716/2009/EG und zur Aufhebung des Beschlusses 2009/78/EG der Kommission – ABl. Nr. L 331 vom 15.12.2010, S. 12),

2. der Europäischen Wertpapier- und Marktaufsichtsbehörde – ESMA (Verordnung (EU) Nr. 1095/2010 vom 24. November 2010 zur Errichtung einer Europäischen Aufsichtsbehörde (Europäische Wertpapier- und Marktaufsichtsbehörde), zur Änderung des Beschlusses Nr. 716/2009/EG und zur Aufhebung des Beschlusses 2009/77/EG der Kommission – ABl. Nr. L 331 vom 15.12.2010, S. 84) und

3. der Europäischen Versicherungsaufsichtsbehörde – EIOPA (Verordnung (EU) Nr. 1094/2010 vom 24. November 2010 zur Errichtung einer Europäischen Aufsichtsbehörde (Europäische Aufsichtsbehörde für das Versicherungswesen und die betriebliche Altersversorgung), zur Änderung des Beschlusses Nr. 716/2009/EG und zur Aufhebung des Beschlusses 2009/79/EG der Kommission – ABl. Nr. L 331 vom 15.12.2010, S. 48) und

4. den anderen Teilnehmern des Europäischen Finanzaufsichtssystems – ESFS (Art. 1 Abs. 3 der Verordnung (EU) Nr. 1092/2010 vom 24. November 2010 über die Finanzaufsicht der Europäischen Union auf Makroebene und zur Errichtung eines Europäischen Ausschusses für Systemrisiken)

berechtigt und verpflichtet.

(2) Für die Zwecke des Abs. 1 hat die FMA den Teilnehmern des ESFS auf Anfrage alle Informationen zur Verfügung zu stellen, die zur Wahrnehmung der Aufgaben im Rahmen des ESFS erforderlich sind. Die FMA kann für die Zwecke der Zusammenarbeit nach diesem Absatz oder gemäß der Verordnung (EU) Nr. 1092/2010 von ihren Befugnissen auch ausschließlich für die Zwecke einer solchen Zusammenarbeit Gebrauch machen; dies auch dann, wenn die Verhaltensweise, die Gegenstand der Ermittlung ist, nicht gegen eine in Österreich geltende Vorschrift verstößt.

(BGBl I 2011/77)

Einschränkung der Rechtskraft von Bescheiden der FMA

§ 21b. (1) Sobald eine Europäische Aufsichtsbehörde einen Beschluss gemäß Art. 17 Abs. 6, 18 Abs. 4 oder 19 Abs. 4. der Verordnungen (EU) Nr. 1093/2010, (EU) Nr. 1094/2010 oder (EU) Nr. 1095/2010 erlässt, der direkt an ein Finanzinstitut im Sinne der Art. 17, 18 oder 19 der Verordnungen (EU) Nr. 1093/2010, (EU) Nr. 1094/2010 oder (EU) Nr. 1095/2010 gerichtet ist, treten in diesem Zeitpunkt in der gleichen Sache erlassene Bescheide der FMA insoweit außer Kraft.

(2) Insofern die FMA eine Empfehlung, eine Aufforderung oder einen Beschluss der Europäischen Aufsichtsbehörde oder der Europäischen Kommission gemäß Art. 17, 18 oder 19 der Verordnungen (EU) Nr. 1093/2010, (EU) Nr. 1094/2010 oder (EU) Nr. 1095/2010 befolgt, kann sie den Bescheid abweichend von § 68 Abs. 3 AVG unter den in Art. 17, 18 oder 19 vorgesehenen Voraussetzungen auch zum Nachteil der Partei oder von Beteiligten abändern.

(BGBl I 2011/77)

Verfahrensbestimmungen

§ 22. (1) Die FMA ist zur Vollstreckung der von ihr erlassenen Bescheide, mit Ausnahme der Verwaltungsstrafbescheide, zuständig. Weiters ist die FMA zur Vollstreckung sämtlicher Entscheidungen, ausgenommen Verwaltungsstrafen, der Teilnehmer des ESFS im Rahmen jeweils des Art. 28 der Verordnungen (EU) Nr. 1093/2010, (EU) Nr. 1094/2010 oder (EU) Nr. 1095/2010 befugt. Das Verwaltungsvollstreckungsgesetz 1991 – VVG, BGBl. Nr. 53, ist, soweit sich aus Abs. 2 „und Abs. 11" nichts anderes ergibt, anzuwenden. „An die Stelle der Behörde in § 53 Abs. 1 erster Satz VStG und § 53a erster Satz

VStG tritt die gemäß dem VVG zuständige Vollstreckungsbehörde.“ *(BGBl I 2011/77; BGBl I 2016/118; BGBl I 2017/107)*

(2) *(BGBl I 2018/11 (VfGH))*

(2a) Über Beschwerden gegen Bescheide der FMA entscheidet das Bundesverwaltungsgericht durch Senat, ausgenommen in Verwaltungsstrafsachen bei Bescheiden bei denen weder eine primäre Freiheitsstrafe noch eine 600 Euro übersteigende Geldstrafe verhängt wurde. Über eine Beschwerde ist, ausgenommen in Verwaltungsstrafsachen, innerhalb der Frist zu erkennen, innerhalb der in erster Instanz zu entscheiden ist, spätestens jedoch nach sechs Monaten; die Frist beginnt mit Einlangen der Beschwerde beim Bundesverwaltungsgericht zu laufen. *(BGBl I 2013/70)*

(2b) Vor Erlassung eines Bescheids kann ein Verzicht auf die Einbringung einer Beschwerde rechtswirksam nur abgegeben werden, wenn aus der schriftlichen Verzichtserklärung hervorgeht, dass dem Verzichtenden im Zeitpunkt ihrer Abgabe der Inhalt des Spruches des zu erwartenden Bescheides bekannt war. Wird die Verzichtserklärung mittels Niederschrift festgehalten, ist diese dem Verzichtenden auszufolgen. Eine Begründung des Bescheids kann diesfalls entfallen. Eine trotz Verzichts eingebrachte Beschwerde ist unzulässig. *(BGBl I 2017/149)*

(2c) Auf Bescheide, die gemäß § 57 AVG und § 116 BaSAG erlassen werden, ist Abs. 2b nicht anwendbar. *(BGBl I 2017/149)*

(3) Verordnungen der FMA sind im Bundesgesetzblatt kundzumachen.

(3a) Die FMA hat für Entwürfe von Verordnungen, Rundschreiben, Leitfäden und Mindeststandards ein öffentliches Begutachtungsverfahren durchzuführen, um interessierten Personen Gelegenheit zur Stellungnahme zu geben. Die FMA hat den Zeitpunkt des Beginns und der Beendigung des Begutachtungsverfahrens auf ihrer Internetseite zu veröffentlichen und dabei die Frist zur Stellungnahme jeweils so festzulegen, dass sie in einem angemessenen Verhältnis zu Regelungsgegenstand, Regelungsumfang und Dringlichkeit des geplanten Vorhabens steht. Die FMA hat die im Rahmen eines Begutachtungsverfahrens erhaltenen Stellungnahmen auf ihrer Internet-Homepage zu veröffentlichen. In Fällen besonderer Dringlichkeit kann die FMA vor Erlass einer Verordnung gänzlich von der Durchführung eines öffentlichen Begutachtungsverfahrens absehen; die FMA hat in diesen Fällen die Gründe für das Absehen von einer Begutachtung in der Begründung der Verordnung zu erläutern. *(BGBl I 2017/149)*

(4) Die FMA hat Unterlagen und Aufzeichnungen von allgemeiner oder grundsätzlicher Bedeutung dauernd aufzubewahren. Der dauernden Aufbewahrungspflicht unterliegen jedenfalls die von ihr erlassenen Bescheide. Sonstige Unterlagen und Aufzeichnungen sind mindestens sieben Jahre aufzubewahren; diese Frist beginnt mit Ablauf des Kalenderjahres, in dem

1. bei Dauerrechtsverhältnissen das Rechtsverhältnis geendet hat;

2. in den übrigen Fällen die FMA letztmalig in der betreffenden Angelegenheit tätig gewesen ist.

(5) Abweichend von § 9 Abs. 2 VStG wird die Bestellung von verantwortlichen Beauftragten für die Einhaltung der Bestimmungen der in § 2 genannten Gesetze, die mit Verwaltungsstrafe bedroht sind, erst rechtswirksam, nachdem bei der FMA eine schriftliche Mitteilung über die Bestellung samt einem Nachweis der Zustimmung des Bestellten eingelangt ist. Dies gilt nicht für die Bestellung von verantwortlichen Beauftragten auf Verlangen der Behörde gemäß § 9 Abs. 2 VStG. *(BGBl I 2013/184)*

(5a) Die FMA kann durch Verordnung vorschreiben, dass die schriftliche Mitteilung gemäß Abs. 5 erster Satz ausschließlich in elektronischer Form zu erfolgen sowie bestimmten Gliederungen, technischen Mindestanforderungen und Übermittlungsmodalitäten zu entsprechen hat. Die FMA hat sich dabei an den Grundsätzen der Wirtschaftlichkeit und Zweckmäßigkeit zu orientieren und dafür zu sorgen, dass die jederzeitige elektronische Verfügbarkeit der Daten für die FMA gewährleistet bleibt und Aufsichtsinteressen nicht beeinträchtigt werden. Die FMA hat geeignete Vorkehrungen dafür zu treffen, dass sich die Meldepflichtigen oder gegebenenfalls ihre Einbringungsverantwortlichen während eines angemessenen Zeitraums im System über die Richtigkeit und Vollständigkeit der von ihnen oder ihren Einbringungsverantwortlichen erstatteten Meldedaten vergewissern können. *(BGBl I 2017/107)*

(6) Die FMA kann

1. von der Verhängung einer Geldstrafe gegen eine natürliche oder juristische Person oder von beidem absehen, wenn es sich um keinen bedeutenden Verstoß handelt,

2. von der Bestrafung eines Verantwortlichen gemäß § 9 des Verwaltungsstrafgesetzes 1991 – VStG, BGBl. I Nr. 52/1991, absehen, wenn für denselben Verstoß bereits eine Verwaltungsstrafe gegen die juristische Person verhängt wird und keine besonderen Umstände vorliegen, die einem Absehen von der Bestrafung entgegenstehen. *(BGBl I 2017/107)*

(7) Für Verwaltungsübertretungen nach den in § 2 genannten Bundesgesetzen gilt anstelle der Verjährungsfrist des § 31 Abs. 1 VStG eine Verjährungsfrist von 18 Monaten, sofern in diesen Bundesgesetzen nichts anderes bestimmt ist. *(BGBl I 2017/107)*

(8) Wenn durch eine Tat oder durch mehrere selbständige Taten mehrere Verwaltungsübertre-

tungen gemäß einem oder mehreren der in § 2 genannten Bundesgesetze begangen wurden oder fällt eine Tat unter mehrere einander nicht ausschließende Strafdrohungen, so ist eine einzige Verwaltungsstrafe zu verhängen. Diese Verwaltungsstrafe ist jeweils nach der Strafdrohung zu bestimmen, die die höchste Strafe androht. *(BGBl I 2017/107)*

(9) Wurde gemäß Abs. 8 eine Verwaltungsstrafe verhängt und soll nunmehr eine weitere Verwaltungsstrafe verhängt werden, die nach der Zeit der Begehung schon in dem früheren Verfahren hätte verhängt werden können, so ist eine Zusatzstrafe zu verhängen. Diese darf das Höchstmaß der Strafe nicht übersteigen, die für die nun zu bestrafende Tat angedroht ist. Die Summe der Strafen darf jeweils die Strafen nicht übersteigen, die nach Abs. 8 zulässig und bei gemeinsamer Bestrafung zu verhängen wären. Wäre bei gemeinsamer Bestrafung keine höhere Strafe als die in dem früheren Verfahren ausgesprochene Strafe zu verhängen, so ist von einer Zusatzstrafe abzusehen. *(BGBl I 2017/107)*

(10) Ein Erschwerungsgrund für die Zumessung der Strafe ist es, wenn mehrere Verwaltungsübertretungen derselben oder verschiedener Art begangen worden sind. *(BGBl I 2017/107)*

(11) Für die Vollstreckung eines Bescheides nach den in § 2 genannten Bundesgesetzen tritt an die Stelle des in § 5 Abs. 3 VVG vorgesehenen Betrags der Betrag von 30 000 Euro, sofern in diesen Gesetzen nichts anderes bestimmt ist. *(BGBl I 2017/107)*

(12) Die FMA hat dem Bundesminister für Finanzen und der Oesterreichischen Nationalbank Beobachtungen grundsätzlicher Art oder besonderer Bedeutung in ihren Aufsichtsbereichen mitzuteilen. Darüber hinaus hat sie der Oesterreichischen Nationalbank jene Bescheide zu übermitteln, deren Kenntnis zur Erfüllung der gesetzlichen Aufgaben der Oesterreichischen Nationalbank erforderlich ist. *(BGBl I 2017/149)*

(13) Soweit in den in § 2 Abs. 1 bis 4 genannten Gesetzen oder in einer aufgrund der genannten Gesetze erlassenen Verordnung Fristen für

1. Anzeige-, Melde-, Vorlage- und sonstige Einbringungspflichten,

2. Veröffentlichungen oder

3. sonstige Informationspflichten

geregelt sind, können diese auf begründeten Antrag durch die FMA verlängert werden. Soweit es dem Antragsteller zumutbar ist, ist der Antrag im Wege des elektronischen Verkehrs zu stellen. Sofern dies im Interesse der Finanzmarktstabilität oder der Verwaltungsökonomie zweckmäßig ist, kann die FMA auch ohne Antrag durch Verordnung bestimmte Fristen verlängern und nähere Bestimmungen zur Antragstellung vorsehen. Soweit in Unionsrechtsakten, für die die FMA gemäß den in § 2 Abs. 1 bis 4 genannten Gesetzen die zuständige Behörde ist, Fristen im Sinne des ersten Satzes geregelt sind, kann die FMA diese Fristen unter denselben Bedingungen durch Verordnung verlängern. *(BGBl I 2020/23, außer Kraft mit 31.12.2020)*

Säumnisgebühr

§ 22a. Kommt ein der Aufsicht der FMA gemäß § 1 unterliegendes Unternehmen oder eine sonstige Person oder Einrichtung

1. den Pflichten oder Anordnungen gemäß

a) § 44 BWG,

b) § 71 Abs. 2 und 4 WAG 2018, *(BGBl I 2017/107)*

c) § 72 Abs. 2 und 4 WAG 2018, *(BGBl I 2017/107)*

d) § 21 Abs. 8 PKG,

e) § 30a Abs. 1 PKG,

f) § 36 Abs. 2 und 3 PKG,

g) § 116 Abs. 3 zweiter Satz VAG 2016, *(BGBl I 2015/34)*

h) § 248 Abs. 1 bis 5 VAG 2016, *(BGBl I 2015/34)*

i) § 249 Abs. 1 zweiter Satz VAG 2016, *(BGBl I 2015/34)*

2. den Vorlagepflichten auf Grund einer Anordnung gemäß

a) § 70 Abs. 1 Z 1 und 2 BWG,

b) § 90 Abs. 3 Z 1 bis 4 und 9 WAG 2018, *(BGBl I 2017/107)*

c) § 33 Abs. 3 Z 1 und 2 PKG,

d) § 79 Abs. 3 Z 3 VAG 2016, *(BGBl I 2015/34)*

e) § 248 Abs. 8 VAG 2016 oder *(BGBl I 2015/34)*

f) *(aufgehoben, BGBl I 2015/34)*

3. einer mit einer Fristsetzung verbundenen Anordnung gemäß

a) § 33b PKG,

b) § 275 VAG 2016,

c) § 277 VAG 2016,

d) § 278 bis § 280 VAG 2016,

e) § 282 Abs. 2 VAG 2016,

f) § 283 VAG 2016

(BGBl I 2015/34)

nicht rechtzeitig nach, so kann die FMA dem Unternehmen oder der sonstigen Person oder Einrichtung gleichzeitig mit der Aufforderung zur Nachholung für den Fall, dass sie erfolglos bleibt, oder nach vorangegangener erfolgloser Aufforderung die Zahlung einer Säumnisgebühr bis 7 000 Euro an den Bund vorschreiben. Hiebei ist auf das Ausmaß der Verspätung sowie auf die Behinderung der Überwachung der Geschäftsgebarung und die Mehrkosten Bedacht zu nehmen, die durch die verspätete Vorlage verursacht werden. Der Vorgang der Vorschreibung der Säumnisgebühr kann bis zum Wegfall der Säumnis mehrmals wiederholt werden.

(BGBl I 2006/48)

Unerlaubter Geschäftsbetrieb und Verstöße im Zusammenhang mit der Bekämpfung von Geldwäscherei und Terrorismusfinanzierung

§ 22b. (1) Zur Verfolgung der in § 98 Abs. 1 und 1a BWG, § 99 Abs. 1 ZaDiG 2018, § 29 Abs. 1 EGeldgesetz 2010, § 60 Abs. 1 Z 1 AIFMG, § 94 WAG 2018, § 105 Abs. 1 Z 1 und 2 und § 107 Abs. 8 BörseG 2018, § 4 Abs. 1 Z 1 ZvVG, § 47 PKG, § 4 Abs. 1 RW-VG und § 329 VAG 2016 genannten Übertretungen ist die FMA berechtigt, von natürlichen und juristischen Personen sowie von sonstigen Einrichtungen mit Rechtspersönlichkeit die erforderlichen Auskünfte einzuholen und die erforderlichen Daten zu verarbeiten; dieses Recht umfasst auch die Befugnis, in Bücher, Schriftstücke und EDV-Datenträger vor Ort Einsicht zu nehmen und sich Auszüge davon herstellen zu lassen. *(BGBl I 2018/17)*

(2) Nach anderen als in Abs. 1 genannten Bundesgesetzen bestehende Vorschriften über das Berufsgeheimnis bleiben von den Bestimmungen dieses Bundesgesetzes unberührt. *(BGBl I 2010/107)*

(BGBl I 2006/48)

§ 22c. (1) „Die FMA kann Maßnahmen oder Sanktionen, die wegen Verstößen gemäß § 98 Abs. 1a BWG, § 99 Abs. 1 ZaDiG 2018, § 29 Abs. 1 E-Geldgesetz 2010, § 60 Abs. 1 Z 1 AIFMG, § 94 WAG 2018, § 105 Abs. 1 Z 1 und 2 und § 107 Abs. 8 BörseG 2018, § 47 PKG, § 329 VAG 2016 gesetzt wurden, nur nach Maßgabe der Z 1 bis 3 beauskunften oder öffentlich bekannt geben:“ *(BGBl I 2014/59; BGBl I 2015/34; BGBl I 2016/118; BGBl I 2017/107; BGBl I 2018/17)*

1. Im Falle einer Amtshandlung in einem laufenden Verfahren hat die FMA die Nennung der Namen der betroffenen Beteiligten zu unterlassen, es sei denn, diese sind bereits öffentlich bekannt oder es besteht ein überwiegendes Interesse der Öffentlichkeit an der Kenntnis dieser Namen.

2. Im Falle der Verhängung einer Sanktion kann die FMA die Namen der Personen oder Unternehmen, gegen die die Sanktion verhängt wurde, die Namen der Unternehmen, für die Personen verantwortlich sind, gegen die eine Sanktion verhängt wurde, sowie die verhängte Sanktion beauskunften oder veröffentlichen. Als Sanktionen im Sinne dieser Bestimmung gelten alle von der FMA nach Abschluss eines Verfahrens mit Bescheid gesetzten Rechtsakte.

3. Die FMA hat von der Erteilung einer Auskunft über Amtshandlungen oder einer diesbezüglichen Veröffentlichung abzusehen, wenn

a) die Erteilung der Auskunft oder die Veröffentlichung die Stabilität der Finanzmärkte ernsthaft gefährden würde, oder

b) die Erteilung der Auskunft oder die Veröffentlichung zu einem unverhältnismäßigen Schaden bei einem von der Auskunft oder der Veröffentlichung betroffenen Beteiligten führen würde, oder

c) durch die Erteilung der Auskunft die Durchführung eines Verfahrens oder Maßnahmen, die im öffentlichen Interesse liegen, vereitelt, erschwert, verzögert oder gefährdet werden könnten.

(BGBl I 2013/184)

(2) Der von der Veröffentlichung oder Beauskunftung Betroffene kann eine Überprüfung der Rechtmäßigkeit der Veröffentlichung oder Beauskunftung gemäß Abs. 1 in einem bescheidmäßig zu erledigenden Verfahren bei der FMA beantragen. Die FMA hat diesfalls die Einleitung eines solchen Verfahrens in gleicher Weise bekannt zu machen. Wird im Rahmen der Überprüfung die Rechtswidrigkeit der Veröffentlichung oder Beauskunftung festgestellt, so hat die FMA die Veröffentlichung oder Beauskunftung richtig zu stellen oder auf Antrag des Betroffenen entweder zu widerrufen oder aus dem Internetauftritt zu entfernen. Wird einer Beschwerde gegen einen Bescheid, der gemäß Abs. 1 bekannt gemacht worden ist, in einem Verfahren vor den Gerichtshöfen öffentlichen Rechts aufschiebende Wirkung zuerkannt, so hat die FMA dies in gleicher Weise bekannt zu machen. Die Veröffentlichung oder Beauskunftung ist richtig zu stellen oder auf Antrag des Betroffenen entweder zu widerrufen oder aus dem Internetauftritt zu entfernen, wenn der Bescheid aufgehoben wird. *(BGBl I 2013/21)*

(BGBl I 2006/48)

§ 22d. (1) Besteht der Verdacht einer Übertretung gemäß „§ 98 Abs. 1 und 1a BWG“, „§ 99 Abs. 1 ZaDiG 2018“, „§ 29 Abs. 1 E-Geldgesetz 2010“, § 60 Abs. 1 Z 1 AIFMG, „§ 94 WAG 2018, § 105 Abs. 1 Z 1 und 2 BörseG 2018,“ „§ 4 Abs. 1 Z 1 ZvVG“, § 4 Abs. 1 Z 1 ZvVG, § 47 PKG „, § 4 Abs. 1 RW-VG“ oder „§ 329 VAG 2016“, so hat die FMA unabhängig von der Einleitung eines Strafverfahrens die den verdächtigen Geschäftsbetrieb ausübenden Unternehmen mit Verfahrensanordnung zur Herstellung des der Rechtsordnung entsprechenden Zustandes innerhalb einer angemessenen, von der FMA zu bestimmenden Frist aufzufordern. Kommt ein aufgefordertes Unternehmen dieser Aufforderung innerhalb der gesetzten Frist nicht nach, so hat die FMA mit Bescheid die zur Herstellung des der Rechtsordnung entsprechenden Zustandes jeweils notwendigen Maßnahmen, wie die Schließung von Teilen des Betriebes oder die Schließung des gesamten Betriebes zu verfügen. *(BGBl I 2013/135; BGBl I 2013/184; BGBl I 2015/34; BGBl I 2015/69; BGBl I 2017/93; BGBl I 2017/107; BGBl I 2018/17)*

(2) Liegen die Voraussetzungen für die Erlassung eines Bescheides gemäß Abs. 1 zweiter Satz nicht mehr vor und ist zu erwarten, dass in Hinkunft jene konzessionsrechtlichen Vorschriften, deren Nichteinhaltung für die Maßnahmen nach Abs. 1 zweiter Satz bestimmend waren, von dem Unternehmen eingehalten werden, das die Tätigkeit ausüben will, so hat die FMA auf Antrag dieses Unternehmens die mit Bescheid gemäß Abs. 1 zweiter Satz getroffenen Maßnahmen ehestens zu widerrufen.

(BGBl I 2006/48)

§ 22e. Die FMA handelt in Vollziehung der §§ 22b bis 22d im öffentlichen Interesse.

(BGBl I 2006/48)

§ 22f. Das Recht auf Widerspruch gemäß Art. 21 der Verordnung (EU) 2016/679 zum Schutz natürlicher Personen bei der Verarbeitung personenbezogener Daten, zum freien Datenverkehr und zur Aufhebung der Richtlinie 95/46/EG (Datenschutz-Grundverordnung), ABl. Nr. L 119 vom 04.05.2016 S. 1 einer natürlichen Person gegen eine Veröffentlichung personenbezogener Daten durch die FMA, die in Vollziehung eines der in § 2 genannten Bundesgesetze erfolgt, ist ausgeschlossen, wenn bei der Entscheidung über die Art und Weise der Veröffentlichung die schutzwürdigen Interessen der natürlichen Person verpflichtend zu berücksichtigen sind und der natürlichen Person das Recht auf eine Überprüfung der Rechtmäßigkeit der Veröffentlichung in einem bescheidmäßig zu erledigenden Verfahren zukommt.

(BGBl I 2018/37)

Auskunftsbescheide

§ 23. (1) Soweit die rechtliche Beurteilung von bestimmten Sachverhalten nicht der Europäischen Zentralbank oder dem Einheitlichen Abwicklungsausschuss vorbehalten ist, hat die FMA auf Antrag (Abs. 4) mit Auskunftsbescheid über die aufsichtsrechtliche Beurteilung von bestimmten Sachverhalten (Abs. 2) abzusprechen, wenn daran in Hinblick auf die erheblichen aufsichtsrechtlichen Auswirkungen ein besonderes Interesse besteht. Bis zum Abschluss des Verwaltungsverfahrens zur Erlassung eines Auskunftsbescheides verbleibt die Verantwortung für eine richtige rechtliche Beurteilung des verfahrensgegenständlichen Sachverhalts, insbesondere bezüglich die Anwendbarkeit oder Nichtanwendbarkeit bestimmter gesetzlicher Vorgaben, vollumfänglich beim Antragsteller selbst.

(2) Gegenstand von Auskunftsbescheiden sind Rechtsfragen zu Sachverhalten im Zusammenhang mit den in § 2 Abs. 1 bis 4 angeführten Bundesgesetzen, insbesondere betreffend neuartige Geschäftsmodelle und damit gegebenenfalls im Zusammenhang stehende Konzessionspflichten. Bei den Sachverhalten handelt es sich um

1. Sachverhalte, die zum Zeitpunkt der Antragstellung noch nicht verwirklicht wurden, oder

2. Sachverhalte, die zum Zeitpunkt der Antragstellung zwar bereits verwirklicht wurden, der Antrag sich jedoch auf die Beurteilung anhand einer künftig wesentlich geänderten Rechtslage bezieht, soweit diese zum Zeitpunkt der Antragstellung bereits kundgemacht wurde.

(3) Zur Stellung des Antrages (Abs. 1) befugt sind:

1. natürliche oder juristische Personen,

2. Personenvereinigungen (Personengemeinschaften) ohne eigene Rechtspersönlichkeit,

3. wenn der dem Antrag zugrunde liegende Sachverhalt durch eine im Zeitpunkt der Antragstellung noch nicht rechtlich existente juristische Person oder Personenvereinigung (Personengemeinschaft) ohne eigene Rechtspersönlichkeit verwirklicht werden soll, Personen, die ein eigenes berechtigtes Interesse an der Zusage der aufsichtsrechtlichen Beurteilung haben.

(4) Der Antrag hat zu enthalten:

1. eine vollständige und in sich abgeschlossene Darstellung des zum Zeitpunkt der Antragstellung noch nicht verwirklichten Sachverhaltes;

2. die Darlegung des besonderen Interesses des Antragstellers;

3. die Darlegung des Rechtsproblems;

4. die Formulierung konkreter Rechtsfragen;

5. die Darlegung einer eingehend begründeten Rechtsansicht zu den formulierten Rechtsfragen.

(5) Der Auskunftsbescheid hat zu enthalten:

1. den der aufsichtsrechtlichen Beurteilung zugrunde gelegten Sachverhalt,

2. die aufsichtsrechtliche Beurteilung,

3. die der Beurteilung zugrunde gelegten Vorschriften.

(6) Es besteht ein Rechtsanspruch darauf, dass die im Auskunftsbescheid vorgenommene aufsichtsrechtliche Beurteilung bei der Beurteilung des zu einem späteren Zeitpunkt tatsächlich verwirklichten Sachverhalts zugrunde gelegt wird, wenn der verwirklichte Sachverhalt von jenem, der dem Auskunftsbescheid zugrunde gelegt

worden ist, nicht oder nur unwesentlich abweicht. Dieser Anspruch besteht für:

1. Antragsteller gemäß Abs. 3 Z 1 und 2 und ihre Gesamtrechtsnachfolger,

2. Gesellschafter von Personenvereinigungen (Personengemeinschaften) ohne eigene Rechtspersönlichkeit und deren Gesamtrechtsnachfolger betreffend Auskunftsbescheide, die an die Personenvereinigungen (Personengemeinschaften) ergangen sind,

3. die juristische Person oder die Personenvereinigung (Personengemeinschaft) ohne eigene Rechtspersönlichkeit, die dies binnen einem Monat ab Beginn ihrer rechtlichen Existenz beantragt, wenn der Antrag von einer Person gemäß Abs. 3 Z 3 gestellt wurde.

(7) Der Rechtsanspruch (Abs. 6) erlischt insoweit, als sich in Folge der Aufhebung oder Änderung der dem Auskunftsbescheid zugrunde gelegten aufsichtsrechtlichen Vorschriften einschließlich der zur Sicherstellung der kohärenten Anwendung verbindlicher Rechtsakte der Union getroffenen Auslegungen der Europäischen Aufsichtsbehörden die rechtliche Beurteilung der FMA ändert. Die aufsichtsrechtliche Beurteilung (Abs. 5 Z 2) ist nicht bindend, soweit sie sich zum Nachteil der Partei als nicht richtig erweist.

(8) Antragsteller haben für die Bearbeitung des Antrages (Abs. 1) einen Verwaltungskostenbeitrag zu entrichten. Die Leistungsverpflichtung des Antragstellers entsteht mit Einlangen des Antrages. Die FMA hat den Verwaltungskostenbeitrag einzuheben und nähere Regelungen über die jeweilige Höhe und die Fristen zur Leistung des Verwaltungskostenbeitrags durch Verordnung festzusetzen; in der Verordnung ist die Höhe des Verwaltungskostenbeitrags mittels Pauschalbeträgen nach Maßgabe der Komplexität des zu beurteilenden Sachverhaltes und dem damit verbundenen Aufwand für die rechtliche Beurteilung in zumindest drei Unterkategorien zwischen 1 500 Euro und 10 000 Euro festzusetzen. Wird der Antrag von mehreren Parteien gestellt, so sind sie Gesamtschuldner.

(9) Der Verwaltungskostenbeitrag beträgt lediglich 500 Euro, wenn der Antrag

1. gemäß § 13 Abs. 3 AVG zurückgewiesen,

2. gemäß § 13 Abs. 4 AVG zurückgenommen wird oder

3. vor Beginn der Bearbeitung zurückgenommen wird.

(BGBl I 2017/149)

Regulatory Sandbox

§ 23a. (1) Die FMA hat eine Regulatory Sandbox einzurichten. In der Sandbox kann ein Teilnehmer unter Rechtsbelehrung der FMA erproben, wie ein in Entwicklung befindliches, innovatives Geschäftsmodell (Sandboxgeschäftsmodell) unter Einhaltung der in § 2 Abs. 1 bis 4 angeführten und jeweils anwendbaren Bundesgesetze realisiert werden kann.

(2) Die Aufnahme in die Sandbox ist bei der FMA zu beantragen. Für eine Aufnahme in die Sandbox gelten folgende Voraussetzungen:

1. Für das Sandboxgeschäftsmodell des Antragstellers, welches auf Informations- und Kommunikationstechnologie basiert,

a) ist eine Beurteilung als konzessions-, genehmigungs-, zulassungs- oder registrierungspflichtige Tätigkeit nach einem der in § 2 Abs. 1 bis 4 angeführten Bundesgesetze oder gemäß der Verordnung (EU) Nr. 1024/2013 zumindest denkmöglich oder

b) wurde dem Antragsteller bereits eine Konzession, Genehmigung, Zulassung oder Registrierung nach einem der in § 2 Abs. 1 bis 4 angeführten Bundesgesetze erteilt, wobei dieser auch gemeinsam mit nicht nach einem der in § 2 Abs. 1 bis 4 angeführten Bundesgesetze konzessions-, genehmigungs-, zulassungs- oder registrierungspflichtigen Unternehmen einen Antrag stellen kann;

2. die Ausführung des Sandboxgeschäftsmodells

a) erfordert eine aufsichtsrechtliche Beurteilung der FMA nach den in § 2 Abs. 1 bis 4 angeführten Bundesgesetzen und

b) ist nicht der ausschließlichen Beurteilung der Europäischen Zentralbank, des Einheitlichen Abwicklungsausschusses oder einer europäischen Aufsichtsbehörde gemäß § 21a Abs. 1 Z 1 bis 4 dieses Bundesgesetzes vorbehalten und

c) liegt insbesondere auf Grund erhöhten Innovationswerts im volkswirtschaftlichen Interesse an einem innovativen Finanzplatz und

d) lässt keine Gefährdung der Finanzmarktstabilität oder des Verbraucherschutzes erwarten;

3. für die Umsetzung des Sandboxgeschäftsmodells bestehen keine grundlegenden technischen oder rechtlichen Hindernisse (Testreife), mit Ausnahme der in der Sandbox abzuklärenden rechtlichen Voraussetzungen aus den in § 2 Abs. 1 bis 4 angeführten und jeweils anwendbaren Bundesgesetzen;

4. es ist zu erwarten, dass die Marktreife des Sandboxgeschäftsmodells aufgrund der Aufnahme in die Sandbox beschleunigt wird;

5. es ist zu erwarten, dass offene aufsichtsrechtliche Fragen im Rahmen der Sandbox abgeklärt werden können.

Die Antragsteller haben der FMA alle zur Beurteilung der in Z 1 und 2 genannten Kriterien erforderlichen Unterlagen, insbesondere Geschäftspläne, zu übermitteln, Auskünfte zu erteilen und Nachweise vorzulegen. Das Vorliegen der Voraussetzungen gemäß Z 2 lit. c ist gesondert vom Antragsteller zu begründen. Weiters hat der Antragsteller eine begründete Erklärung abzugeben, wonach aus seiner Sicht die Testreife gemäß Z 3 vorliegt. Die Voraussetzung gemäß Z 4 hat der Antragsteller glaubhaft zu machen, die Fragen gemäß Z 5 hat er möglichst konkret zu benennen.

(3) Die FMA hat dem Bundesminister für Finanzen Anträge gemäß Abs. 2 zur Kenntnis zu bringen, die bis auf die einzuholende Stellungnahme vollständig sind. Zur Begutachtung der Auswirkungen des Sandboxgeschäftsmodells ist ein Beirat (Regulatory Sandbox Beirat) beim Bundesministerium für Finanzen einzurichten, dessen Geschäftsordnung vom Bundesminister für Finanzen festgelegt wird. Der Regulatory Sandbox Beirat hat zum Vorliegen des volkswirtschaftlichen Interesses gemäß Abs. 2 Z 2 lit. c aus gesamtwirtschaftlicher und standortpolitischer Sicht sowie zur Beurteilung der Test- (Abs. 2 Z 3) und Marktreife (Abs. 2 Z 4) eine Stellungnahme an die FMA abzugeben. Die FMA hat über vollständige Anträge zur Aufnahme in die Sandbox unter Berücksichtigung der Stellungnahme zu entscheiden. Mitglieder des Beirats sind:

1. Ein Vertreter des Bundesministeriums für Finanzen als Vorsitzender,

2. ein Vertreter des Bundeskanzleramtes,

3. ein Vertreter der FMA,

4. ein Vertreter der OeNB sowie

5. bis zu sechs weitere vom Bundesminister für Finanzen zu ernennende Mitglieder, die aufgrund beruflicher Erfahrungen oder sonstiger einschlägiger Fachkenntnisse geeignet sind, zur sachverständigen Prüfung einen Beitrag zu leisten.

Die Mitglieder des Beirats üben ihre Funktion ehrenamtlich aus. Die Geschäfte des Beirates werden vom Bundesministerium für Finanzen geführt. Alle Personen, die mit einer Stellungnahme befasst sind, sind verpflichtet, über alle ihnen in Ausübung dieser Tätigkeit bekanntgewordenen Amts-, Geschäfts- und Betriebsgeheimnisse Verschwiegenheit zu bewahren.

(4) Teilnehmer der Sandbox ist ein Unternehmen, welches die FMA mit Bescheid in die Sandbox zugewiesen hat. Die Teilnehmer haben am Verfahren in der Sandbox aktiv mitzuwirken. Insbesondere haben Teilnehmer der FMA auf Verlangen Auskünfte zu erteilen, Unterlagen vorzulegen und einen Zugang zu der dem Geschäftsmodell zugrundeliegenden Informations- und Kommunikationstechnologie zu geben. Diese Mitwirkungspflicht besteht, soweit sie zur aufsichtsrechtlichen Beurteilung der Tätigkeit des Teilnehmers erforderlich ist und unbeschadet allfälliger Pflichten des Teilnehmers aufgrund der in § 2 Abs. 1 bis 4 angeführten Bundesgesetze. Werbung von Teilnehmern der Sandbox darf nicht den Eindruck erwecken, dass die Teilnahme an der Sandbox einen Vorteil für Kunden darstellt. Die FMA hat die Teilnehmer mit einer kurzen Darstellung ihrer Sandboxgeschäftsmodelle unter Wahrung allfälliger Betriebs- und Geschäftsgeheimnisse ab Beginn des Tests unter Marktbedingungen gemäß Abs. 6 auf ihrer Homepage zu veröffentlichen. Die Teilnahme ist entsprechend den Erfordernissen des Sandboxgeschäftsmodells auf höchstens zwei Jahre zu befristen. Eine Beendigung der Teilnahme hat die FMA auf Antrag des Teilnehmers zu verfügen oder von Amts wegen, wenn die Voraussetzungen zur Teilnahme wegfallen, wenn anzunehmen ist, dass der angestrebte Zweck der Teilnahme an der Sandbox nicht erreicht werden kann oder nach Ablauf von zwei Jahren.

(5) Die FMA kann einem Teilnehmer der Sandbox auf einen gesondert zu stellenden Antrag eine beschränkte Konzession, Genehmigung, Zulassung oder Registrierung nach den in § 2 Abs. 1 bis 4 angeführten und jeweils anwendbaren Bundesgesetzen für Tätigkeiten mit Bescheid erteilen, welche nicht der Zuständigkeit der Europäischen Zentralbank, dem Einheitlichen Abwicklungsausschuss oder einer europäischen Aufsichtsbehörde gemäß § 21a Abs. 1 Z 1 bis 4 vorbehalten sind. Die FMA kann unbeschadet anderer gesetzlicher Bestimmungen darin angemessene Auflagen, Bedingungen und Befristungen vorschreiben.

(6) Gleichzeitig mit Erteilung der beschränkten Konzession, Genehmigung, Zulassung oder Registrierung gemäß Abs. 5 oder, falls eine solche nicht erforderlich ist, ohne unnötigen Aufschub nach Aufnahme in die Sandbox hat die FMA nach Anhörung und unter Mitwirkung des Teilnehmers die Bedingungen für eine Testphase einschließlich geeigneter Testparameter und messbarer Ziele zur Bewertung der Umsetzung des Sandboxgeschäftsmodells zu gestalten.

(7) Die FMA hat dem Bundesminister für Finanzen vierteljährlich über die Entwicklungen in der Sandbox schriftlich zu berichten. Der Bundesminister für Finanzen hat diese Berichte auch dem gemäß Abs. 3 eingerichteten Beirat zur Verfügung zu stellen. Weiters hat die FMA auf Anfrage dem Bundesminister für Finanzen Auskünfte über die Sandbox und ihre Teilnehmer zu erteilen, um die Einschätzung gesamtwirtschaftlicher oder standortpolitischer Auswirkungen von Sandboxgeschäftsmodellen gemäß Abs. 3 zu ermöglichen.

(8) Zur Finanzierung der Sandbox leistet der Bund einen zweckgebundenen Beitrag von 500 000 Euro pro Geschäftsjahr, der von der FMA für die Kosten der Sandbox zu verwenden ist. Direkt zurechenbarer Personal- und Sachaufwand, der bei der FMA im Rahmen der Beurteilung der Sandbox-Eignung gemäß Abs. 2, der Entwicklung von Zielen und Testparametern gemäß Abs. 6 sowie den Berichten an den Bundesminister für Finanzen gemäß Abs. 7 entsteht, ist ausschließlich aus diesem Beitrag des Bundes zu bedecken. Eine

Zuordnung von Kosten der Sandbox zu den Rechnungskreisen gemäß § 19 Abs. 1 findet diesbezüglich nicht statt. Davon ausgenommen ist je Geschäftsjahr der FMA ein etwaiger geringfügiger Fehlbetrag von höchstens 5 vH des zweckgebundenen Beitrages gemäß dem ersten Satz. Ein solcher geringfügiger Fehlbetrag ist mittels Verhältniszahl gemäß § 19 Abs. 2 auf die einzelnen Rechnungskreise aufzuteilen. Ein etwaiger Überschuss ist einer Rücklage zuzuführen. Die Gebühren gemäß § 19 Abs. 10 für die Erteilung der Konzession, Genehmigung, Zulassung und Registrierung gemäß Abs. 5 haben die Unternehmen selbst zu tragen. Eine allfällige Aufhebung und Änderung von Auflagen, Bedingungen und Befristungen der beschränkten Konzession, Genehmigung oder Zulassung führt zu keinen zusätzlichen Gebühren. Die Kostenpflicht gemäß § 19 Abs. 5 bleibt unberührt.

(BGBl I 2020/89)

Gebühren- und Abgabenbefreiung

§ 24. Die FMA ist von den Stempel- und Rechtsgebühren, den Bundesverwaltungsabgaben und den Gerichts- und Justizverwaltungsgebühren befreit. Für Zwecke der Umsatzsteuer und der Kapitalertragsteuer gilt die FMA als Kreditinstitut.

Übergangs- und Schlussbestimmungen

§ 25.

1. (zu § 1)

Die FMA gilt mit der Wirksamkeit der Bestellung des ersten Vorstandes und Aufsichtsrates als errichtet. Die behördliche Zuständigkeit der FMA beginnt mit 1. April 2002. Der Bundesminister für Finanzen hat der FMA alle Akten über die Vollziehung der in § 2 genannten Bundesgesetze, soweit die Zuständigkeit vom Bundesminister für Finanzen auf die FMA übergegangen ist, zu übergeben; soweit und solange eine Übergabe noch nicht erfolgt ist, hat der Bundesminister für Finanzen ab dem 1. April 2002 den Zugang der FMA zu diesen Akten sicherzustellen. Vom Bundesminister für Finanzen im Bereich der Vollziehung der im § 2 genannten Bundesgesetze abgeschlossene und zum 31. März 2002 aufrechte Mietund Werkverträge gehen vom Bundesminister für Finanzen auf die FMA über.

2. (zu § 5)

Der Bundesminister für Finanzen hat ehestmöglich die für die Bestellung des ersten Vorstandes der FMA erforderlichen Veranlassungen zu treffen.

3. (zu § 6)

Der erste Vorstand hat ehestmöglich, spätestens bis zum 28. Februar 2002, eine Geschäftsordnung zu erlassen und dem Aufsichtsrat zur Genehmigung vorzulegen. Bei Säumigkeit des Vorstandes hat der Aufsichtsrat ehestmöglich die Geschäftsordnung zu erlassen.

4. (zu § 8)

Der Bundesminister für Finanzen hat bis spätestens vier Wochen nach der Kundmachung dieses Bundesgesetzes die Mitglieder des ersten Aufsichtsrates zu bestellen; die Oesterreichische Nationalbank hat bis spätestens zwei Wochen nach der Kundmachung dieses Bundesgesetzes die Namhaftmachungen gemäß § 8 Abs. 1 vorzunehmen.

5. (zu §§ 10, 14 und 15)

Dem zum 31. März 2002 im Bundesministerium für Finanzen eingerichteten Dienststellenausschuss obliegt bis zur Wahl eines Betriebsrates, längstens jedoch bis zum 31. Dezember 2002, die Funktion des Betriebsrates. Die der FMA zur dauernden Dienstverrichtung zugewiesenen Beamten (§ 15 Abs. 1 Z 1) gehören darüber hinaus weiterhin dem Wirkungsbereich des Zentralausschusses beim Bundesministerium für Finanzen an.

6. (zu § 12)

Der erste Aufsichtsrat hat sich unverzüglich eine Geschäftsordnung zu geben sowie für den Abschluss der Dienstverträge mit den ersten Vorstandsmitgliedern zu sorgen.

7. (zu § 17)

Der Finanzplan für das FMA-Geschäftsjahr 2002 ist unverzüglich, spätestens jedoch bis zum 28. Februar 2002, zu erstellen.

§ 26. (zu § 19)

(1) Die Kostenpflichtigen haben für die FMA-Geschäftsjahre 2002 und 2003 Vorauszahlungen zu leisten. Hierbei sind jene natürlichen und juristischen Personen zahlungspflichtig, die jeweils am 30. November 2001 und am 31. Oktober 2002 über die Berechtigung zum Betrieb des Bankgeschäftes, Versicherungsgeschäftes, Finanzdienstleistungsgeschäftes oder Pensionskassengeschäftes verfügen.

(2) Auf die einzelnen Rechnungskreise entfallen jeweils folgende Vorauszahlungsbeträge:

1. für das FMA-Geschäftsjahr 2002:

a) Rechnungskreis 1: .... 7,050 Millionen Euro,

b) Rechnungskreis 2: .... 2,0325 Millionen Euro,

c) Rechnungskreis 3: .... 2,4150 Millionen Euro,

d) Rechnungskreis 4: .... 0,2400 Millionen Euro;

2. für das FMA-Geschäftsjahr 2003:

a) Rechnungskreis 1: .... 11,750 Millionen Euro,

b) Rechnungskreis 2: .... 2,845 Millionen Euro

c) Rechnungskreis 3: .... 3,340 Millionen Euro,

d) Rechnungskreis 4: .... 0,340 Millionen Euro.

(3) Die Aufteilung des auf die einzelnen Rechnungskreise entfallenden Vorauszahlungsbetrages auf die Kostenpflichtigen hat zu erfolgen:

1. für den Rechnungskreis 1 gemäß § 69a BWG;

2. für den Rechnungskreis 2 „gemäß § 271 VAG 2016“; *(BGBl I 2015/34)*

3. für den Rechnungskreis 3 gemäß § 7 WAG und der BWA-Kostenverordnung, wobei § 7 WAG mit der Maßgabe anzuwenden ist, dass auf die meldepflichtigen Institute 80 vH, auf die Emittenten mit Ausnahme des Bundes 10 vH und auf die Wertpapierdienstleistungsunternehmen 10 vH entfallen;

4. für den Rechnungskreis 4 gemäß § 35 PKG, wobei für die Kostenermittlung gemäß § 35 Abs. 1 Z 2 bis 4 PKG für die Vorauszahlungen für das Geschäftsjahr 2002 der Bilanzstichtag 31. Dezember 2000, für das Geschäftsjahr 2003 der Bilanzstichtag 31. Dezember 2001 maßgeblich ist. Die so ermittelten Einzelbeträge sind gemäß Abs. 4 den Kostenpflichtigen zur Zahlung vorzuschreiben.

(4) Die Vorschreibung ist bis spätestens 31. Jänner 2002 für das Geschäftsjahr 2002 für die Zahlungspflichtigen der Rechnungskreise 1, 2 und 4 vom Bundesminister für Finanzen, für die Zahlungspflichtigen des Rechnungskreises 3 von der BWA vorzunehmen; die Vorschreibungen für das Geschäftsjahr 2003 haben bis spätestens 15. Dezember 2002 durch die FMA zu erfolgen.

(5) Die Zahlung der Vorauszahlungsbeträge für das Geschäftsjahr 2002 hat in drei gleichen Teilbeträgen jeweils zum 15. April, 15. Juli und 15. Oktober 2002 auf das vom BMF für die FMA eingerichtete Konto bei der Oesterreichischen Nationalbank zu erfolgen, das im Vorschreibungsbescheid zu benennen ist.

(6) Der Bund hat von dem gemäß § 19 Abs. 4 von ihm für das Geschäftsjahr 2002 zu leistenden Betrag eine Vorauszahlung von 750 000 € bis zum 10. Oktober 2001 auf das in Abs. 5 genannte Konto zu leisten, woraus auch die im Jahr 2001 anfallenden Ausgaben der FMA zu decken sind. Zahlungen vom restlichen vom Bund für das Geschäftsjahr 2002 zu leistenden Betrag haben ab dem 1. Jänner 2002 zu erfolgen.

(7) Die FMA ist berechtigt, das zum 31. März 2002 für Zwecke der Bankenaufsicht, der Versicherungsaufsicht und der Pensionskassenaufsicht genutzte bewegliche Vermögen des Bundes (Sachausstattung der Aufsicht) weiterhin bis zum 31. Dezember 2002 unentgeltlich zu nutzen.

(8) Bis zur Erlassung einer Gebührenverordnung der FMA gemäß § 19 Abs. 10 sind für die Bewilligung von Tatbeständen gemäß den Tarifposten 44, 45 und 50 bis 59 der Bundesverwaltungsabgabenverordnung 1983, BGBl. Nr. 24/1983, in der Fassung des BGBl. II Nr. 146/2000 an Stelle der Bundesverwaltungsabgaben Bewilligungsgebühren in Höhe der in den Tarifposten 50 bis 59 der Bundesverwaltungsabgabenverordnung 1983 genannten Beträge an die FMA zu entrichten.

(9) Bei der Berechnung der Vorauszahlungsbeträge für das Geschäftsjahr 2004 sind die Kosten der FMA im Rumpfgeschäftsjahr 2002 (1. April bis 31. Dezember 2002) um ein Drittel zu erhöhen.

(10) Die FMA ist verpflichtet, den sich auf der Grundlage eines jeden Jahresabschlusses aus der Abschreibung des von der Bundes-Wertpapieraufsicht übernommenen abnutzbaren Anlagevermögens errechnenden Betrag bis zum 31. Juli des darauf folgenden Jahres auf das vom Bundesministerium für Finanzen bekannt zu gebende Konto dem Bund zu überweisen. *(BGBl I 2003/35)*

(11) Die FMA kann ab Kundmachung des Bundesgesetzes BGBl. I Nr. 141/2006 für die in diesem Bundesgesetz enthaltenen bewilligungspflichtigen Tatbestände in der Gebührenverordnung angemessene Gebühren festsetzen. *(BGBl I 2006/141)*

§ 26a. *(aufgehoben, BGBl I 2017/107)*

§ 26b. 1. (zu § 5 Abs. 2 in der Fassung des Bundesgesetzes BGBl. I Nr. 108/2007)
§ 5 Abs. 2 ist erstmals auf Bestellungen anwendbar, die nach dem 31. Dezember 2007 erfolgen.

2. (zu § 15 in der Fassung des Bundesgesetzes BGBl. I Nr. 108/2007)
Beamten gemäß § 15, die zum Zeitpunkt des Inkrafttretens des Bundesgesetzes BGBl. I Nr. 108/2007 bei der FMA im Bereich Bankenaufsicht mit Aufgaben der Vor-Ort-Prüfung oder der Analyse betraut sind, kann eine Dienstfreistellung für die Ausübung einer Tätigkeit bei der Oesterreichischen Nationalbank gewährt werden. Auf diese Dienstfreistellung ist § 78c Beamten-Dienstrechtsgesetz 1979 – BDG 1979, BGBl. Nr. 333/1979, mit folgenden Maßgaben anzuwenden:

a) es kann ausschließlich eine volle Dienstfreistellung gewährt werden;

b) der Antrag auf Dienstfreistellung muss innerhalb von drei Monaten nach Inkrafttreten des

Bundesgesetzes BGBl. I Nr. 108/2007 gestellt werden;

c) die OeNB hat für die betreffenden Beamten die in § 78c Abs. 4 Beamten-Dienstrechtsgesetz 1979 genannten Leistungen an die FMA zu entrichten. § 15 Abs. 4 ist auf diese Beamten weiterhin anzuwenden.

3. (zu § 19 in der Fassung des Bundesgesetzes BGBl. I Nr. 108/2007)
Der Erstattungsbetrag ist der Oesterreichischen Nationalbank erstmals für das Geschäftsjahr 2008 auf Grund der im Jahr 2009 gemäß § 79 Abs. 4b BWG mitgeteilten direkten Kosten im Geschäftsjahr 2010 zu erstatten.

(BGBl I 2007/108)

§ 26c. Bis 31. Dezember 2013 zählt zur Bankenaufsicht auch die Wahrnehmung der behördlichen Aufgaben und Befugnisse, die im Alternative Investmentfonds Manager-Gesetz – AIFMG, BGBl. I Nr. 135/2013, geregelt und der FMA zugewiesen sind.

(BGBl I 2013/135)

§ 26d. Abweichend von § 22 Abs. 5 behalten Bestellungen von verantwortlichen Beauftragten gemäß § 9 Abs. 2 VStG, die bis zum 31. Dezember 2013 erfolgt sind, ihre Rechtswirksamkeit. Unbeschadet der Rechtswirksamkeit der Bestellung haben Kreditinstitute in diesen Fällen jedoch die Namen sowie die Nachweise der Zustimmung der Bestellten der FMA bis zum 31. März 2014 schriftlich mitzuteilen.

(BGBl I 2013/184)

§ 26e. Der Bundesminister für Finanzen hat § 23 bis spätestens 31. Dezember 2019 im Hinblick auf einen allfälligen inhaltlichen Anpassungsbedarf zu evaluieren. Zu diesem Zweck hat die FMA dem Bundesminister für Finanzen bis zum 31. April 2019 die folgenden Daten für den Zeitraum zwischen dem 3. Jänner 2018 und dem 31. März 2019 zur Verfügung zu stellen:

1. Anzahl der Anträge auf Ausstellung eines Auskunftsbescheides pro Jahr;

2. Anzahl der erlassenen Auskunftsbescheide pro Jahr;

3. Angaben zur Art der aufsichtsrechtlichen Themenbereiche, in denen Anträge auf Ausstellung eines Auskunftsbescheides gestellt wurden, mitsamt einer jeweiligen anzahlmäßigen Zuordnung der Anträge zu diesen Themenbereichen;

4. jährliche Kosten der FMA für die Bearbeitung der Anträge gemäß § 23 insgesamt und je Rechnungskreis;

5. jährliche Einnahmen der FMA aufgrund der Einhebung der Verwaltungskostenbeiträge gemäß § 23 Abs. 8 insgesamt und je Rechnungskreis.

(BGBl I 2017/149)

Verweise

§ 27. Soweit in diesem Bundesgesetz auf andere Bundesgesetze verwiesen wird, sind diese, wenn nichts anderes angeordnet ist, in ihrer jeweils geltenden Fassung anzuwenden.

In-Kraft-Treten und Vollziehung

§ 28. (1) Die Bestimmungen der § 2, § 12, § 13, § 15 Abs. 1 Z 1 und Abs. 2 bis 9, § 18, § 19, § 20, § 21, § 22 und § 23 dieses Bundesgesetzes samt Überschriften treten mit 1. April 2002 in Kraft.

(2) *(aufgehoben, BGBl I 2008/2)*

(3) Der Entfall von § 3, § 5 Abs. 3 und § 16 in der Fassung des Bundesgesetzes BGBl. I Nr. 45/2002 treten mit 1. April 2002 in Kraft. *(BGBl I 2002/45)*

(4) § 2 Abs. 1 in der Fassung des Bundesgesetzes BGBl. I Nr. 45/2002 tritt mit 2. April 2002 in Kraft. *(BGBl I 2002/45)*

(5) § 2 Abs. 1 in der Fassung des Bundesgesetzes BGBl. I Nr. 100/2002 tritt mit 1. Juli 2002 in Kraft. *(BGBl I 2002/100)*

(6) § 2 Abs. 1 in der Fassung des Bundesgesetzes BGBl. I Nr. 80/2003 tritt mit 1. September 2003 in Kraft. *(BGBl I 2003/80)*

(7) § 2 in der Fassung des Bundesgesetzes BGBl. I Nr. 70/2004 tritt mit 1. Jänner 2005 in Kraft und ist auf Geschäftsjahre anzuwenden, die nach dem 31. Dezember 2004 beginnen. *(BGBl I 2004/70)*

(8) § 2 Abs. 1 in der Fassung des Bundesgesetzes BGBl. I Nr. 32/2005 tritt mit 1. Juni 2005 in Kraft. *(BGBl I 2005/32)*

(9) § 3 samt Überschrift in der Fassung des Bundesgesetzes BGBl. I Nr. 33/2005 tritt mit 1. Juli 2005 in Kraft. *(BGBl I 2005/33)*

(10) § 2 Abs. 3 in der Fassung des Bundesgesetzes BGBl. I Nr. 78/2005 tritt mit 10. August 2005 in Kraft. *(BGBl I 2005/78)*

(11) § 22a in der Fassung des Bundesgesetzes BGBl. I Nr. 56/2007 tritt mit 1. August 2007 in Kraft. *(BGBl I 2007/56)*

(12) § 2 Abs. 3, § 19 Abs. 4 und 10, § 22a, § 22b Abs. 1, § 22c und § 22d Abs. 1 in der Fassung des Bundesgesetzes BGBl. I Nr. 60/2007 treten mit 1. November 2007 in Kraft. *(BGBl I 2007/60)*

(14) § 2 Abs. 1, § 5 Abs. 2, § 18 Abs. 1, § 19 Abs. 1, 5 und 5a und § 26b in der Fassung des Bundesgesetzes BGBl. I Nr. 108/2007 treten mit 1. Jänner 2008 in Kraft. *(BGBl I 2007/108)*

(15) § 21 Abs. 2 in der Fassung des Bundesgesetzes BGBl. I Nr. 22/2009 tritt mit 1. April 2009 in Kraft. *(BGBl I 2009/22)*

(16) § 2 Abs. 1, § 19 Abs. 5 und 5a, § 22b Abs. 1, § 22c und § 22d Abs. 1 in der Fassung des Bundesgesetzes BGBl. I Nr. 66/2009 treten mit 1. November 2009 in Kraft. *(BGBl I 2009/66)*

(17) Die Überschrift vor § 22b, § 22b und § 22c in der Fassung des Bundesgesetzes BGBl. I Nr. 37/2010 treten mit 1. Juli 2010 in Kraft. *(BGBl I 2010/37)*

(18) § 2 Abs. 1 und 2, § 22b Abs. 1, § 22c und § 22d Abs. 1 in der Fassung des Bundesgesetzes BGBl. I Nr. 107/2010 treten mit 30. April 2011 in Kraft. *(BGBl I 2010/107)*

(19) § 18 Abs. 1 sowie § 19 Abs. 1, 4 und 5 in der Fassung des Bundesgesetzes BGBl. I Nr. 50/2011 treten mit 1. August 2011 in Kraft. § 19 Abs. 5a in der Fassung des Bundesgesetzes BGBl. I Nr. 50/2011 tritt mit 1. Jänner 2012 in Kraft. *(BGBl I 2011/50)*

(20) Die §§ 2 Abs. 1, 21a, 21b und 22 Abs. 1 in der Fassung des Bundesgesetzes BGBl. I Nr. 77/2011 treten mit dem der Kundmachung folgenden Tag in Kraft. *(BGBl I 2011/77)*

(21) § 2 Abs. 3 und § 22c in der Fassung des Bundesgesetzes BGBl. I Nr. 21/2013 treten mit 1. Juli 2013 in Kraft. *(BGBl I 2013/21)*

(22) § 22 Abs. 2 und 2a in der Fassung des Bundesgesetzes BGBl. I Nr. 70/2013 tritt mit 1. Jänner 2014 in Kraft. § 23 samt Überschrift tritt mit Ablauf des 31. Dezember 2013 außer Kraft. *(BGBl I 2013/70)*

(23) § 2 Abs. 1 in der Fassung des Bundesgesetzes BGBl. I Nr. 160/2013 treten mit 1. Jänner 2014 in Kraft. *(BGBl I 2013/160)*

(24) § 26c in der Fassung des Bundesgesetzes BGBl. I Nr. 135/2013 tritt mit 22. Juli 2013 in Kraft. § 22b Abs. 1, § 22c und § 22d Abs. 1 in der Fassung des Bundesgesetzes BGBl. I Nr. 135/2013 treten mit dem der Kundmachung folgenden Tag in Kraft. § 2 Abs. 1 und 3 und § 19 Abs. 4 und 10 treten mit 1. Jänner 2014 in Kraft und sind auf Geschäftsjahre der FMA anzuwenden, die nach dem 31. Dezember 2013 beginnen. Die Wortfolgen in § 2 Abs. 1 entfallen mit Ablauf des 31. Dezember 2013. *(BGBl I 2013/135)*

(25) §§ 13 bis 13b samt Überschriften, § 4 Abs. 4, § 16 Abs. 2a, § 18 Abs. 1 und 2, § 22 Abs. 5, § 22b Abs. 1, § 22c Abs. 1, § 22d Abs. 1 und § 26d in der Fassung des Bundesgesetzes BGBl. I Nr. 184/2013 treten mit 1. Jänner 2014 in Kraft. *(BGBl I 2013/184)*

(26) § 2 Abs. 1 in der Fassung des Bundesgesetzes BGBl. I Nr. 51/2014 tritt mit dem auf die Kundmachung folgenden Tag in Kraft. *(BGBl I 2014/51)*

(27) § 2 Abs. 1, § 18 Abs. 1 und § 19 Abs. 1, 5 und 5c in der Fassung des Bundesgesetzes BGBl. I Nr. 98/2014 treten mit 1. Jänner 2015 in Kraft. *(BGBl I 2014/98)*

(28) § 2 Abs. 2, § 18 Abs. 1, § 19 Abs. 1, 4, 5 und 5b, § 22a Z 1 lit. g bis i, Z 2 lit. d und e, der Entfall des § 22a Z 2 lit. f, § 22a Z 3, § 22b Abs. 1, § 22c Abs. 1, § 22d Abs. 1 und § 26 Abs. 3 Z 2 in der Fassung des Bundesgesetzes BGBl. I Nr. 34/2015 treten mit 1. Jänner 2016 in Kraft. *(BGBl I 2015/34)*

(29) § 18 Abs. 1 und § 19 Abs. 1, 4, 5 und 5d in der Fassung des BGBl. I Nr. 117/2015 treten mit 1. Jänner 2016 in Kraft und sind auf Geschäftsjahre der FMA anzuwenden, die nach dem 31. Dezember 2015 beginnen. *(BGBl I 2015/117)*

(30) § 19 Abs. 1, 4 und 5 in der Fassung des Bundesgesetzes BGBl. I Nr. 159/2015 tritt mit 1. Jänner 2016 in Kraft und ist auf Geschäftsjahre der FMA anzuwenden, die nach dem 31. Dezember 2015 beginnen. *(BGBl I 2015/159)*

(31) § 2 Abs. 1 Z 17 in der Fassung des Bundesgesetzes BGBl. I Nr. 73/2016 tritt mit 18. September 2016 in Kraft. *(BGBl I 2016/73)*

(32) § 2 Abs. 1 Z 1 bis 16 und 18 und Abs. 2 bis 4, § 18 Abs. 1 und § 19 Abs. 5c in der Fassung des Bundesgesetzes BGBl. I Nr. 73/2016 treten mit dem der Kundmachung folgenden Tag in Kraft. *(BGBl I 2016/73)*

(33) § 2 Abs. 1 bis 3, § 22 Abs. 1, § 22b Abs. 1 und § 22c Abs. 1 in der Fassung des Bundesgesetzes BGBl. I Nr. 118/2016 treten mit 1. Jänner 2017 in Kraft. *(BGBl I 2016/118)*

(34) § 2 Abs. 3 Z 15 in der Fassung des Bundesgesetzes BGBl. I Nr. 93/2017 tritt mit dem auf die Kundmachung folgenden Tag in Kraft, § 22b Abs. 1 und § 22d Abs. 1 in der Fassung des Bundesgesetzes BGBl. I Nr. 93/2017 treten mit 1. Jänner 2018 in Kraft. *(BGBl I 2017/93)*

(35) § 2 Abs. 3 Z 1 und 2, § 19 Abs. 4 und 10, § 21 Abs. 2, § 22 Abs. 1, 5a, 6 bis 11, § 22a Z 1 lit. b und c, § 22a Z 2 lit. b, § 22b Abs. 1, § 22c Abs. 1 und § 22d Abs. 1 in der Fassung des Bundesgesetzes BGBl. I Nr. 107/2017 treten mit 3. Jänner 2018 in Kraft. § 26a tritt mit Ablauf des 2. Jänner 2018 außer Kraft. *(BGBl I 2017/107)*

(36) Die §§ 2 Abs. 6, 8 Abs. 1, 14 Abs. 1a und 1b, 16a samt Überschrift, 18 Abs. 1, 19 Abs. 1 und 5 bis 5d, 22 Abs. 2b, 2c, 3a und 12, 23 samt Überschrift sowie 26e in der Fassung des Bundesgesetzes BGBl. I Nr. 149/2017 treten mit 3. Jänner 2018 in Kraft. *(BGBl I 2017/149)*

(37) § 2 Abs. 1 Z 10, § 22b Abs. 1, § 22c Abs. 1 und § 22d Abs. 1 in der Fassung des Bundesgesetzes BGBl. I Nr. 17/2018 treten mit 1. Juni 2018 in Kraft. *(BGBl I 2018/17)*

(38) § 2 in der Fassung des Bundesgesetzes BGBl. I Nr. 76/2018 tritt mit 1. Jänner 2019 in Kraft. *(BGBl I 2018/76)*

(39) § 2 Abs. 3 Z 3 in der Fassung des Bundesgesetzes BGBl. I Nr. 62/2019 tritt mit 21. Juli 2019 in Kraft. *(BGBl I 2019/62)*

(40) § 21 Abs. 3 in der Fassung des Bundesgesetzes BGBl. I Nr. 104/2019, tritt mit 1. Juli 2020 in Kraft. *(BGBl I 2019/104)*

(41) § 22 Abs. 13 in der Fassung des Bundesgesetzes BGBl. I Nr. 23/2020 tritt mit dem auf die Kundmachung folgenden Tag in Kraft und mit Ablauf des 31. Dezember 2020 außer Kraft. *(BGBl I 2020/23)*

(42) § 23a in der Fassung des Bundesgesetzes BGBl. I Nr. 89/2020 tritt mit 1. September 2020 in Kraft. *(BGBl I 2020/89)*

(43) § 21 Abs. 1, Abs. 2 Z 9 und 10 sowie Abs. 3 und 3a in der Fassung des Bundesgesetzes BGBl. I Nr. 25/2021 tritt mit dem auf die Kundmachung folgenden Tag in Kraft. *(BGBl I 2021/25)*

§ 29. Mit der Vollziehung ist

1. hinsichtlich des § 5 Abs. 2 die Bundesregierung,

2. hinsichtlich der übrigen Bestimmungen dieses Bundesgesetzes der Bundesminister für Finanzen betraut.

1029 d.B.

Artikel 6

Änderung des Finanzmarktaufsichtsbehördengesetzes

Das Finanzmarktaufsichtsbehördengesetz – FMABG, BGBl. I Nr. 97/2001, zuletzt geändert durch das Bundesgesetz BGBl. I Nr. XX/XXX, wird wie folgt geändert:

1. *In § 2 Abs. 1 Z 4 wird die Wortfolge* „in der Einführungsverordnung zum Hypothekenbank- und zum Pfandbriefgesetz, dRGBl. 1938 I S 1574," *durch die Wortfolge* „im Pfandbriefgesetz – PfandBG, BGBl. I Nr. XX/XXX," ersetzt.

2. *§ 2 Abs. 1 Z 5, 6 und 7 entfällt.*

3. *Dem § 28 wird folgender Abs. 44 angefügt:*

„(44) § 2 in der Fassung des Bundesgesetzes BGBl. I Nr. XX/XXX tritt mit 8. Juli 2022 in Kraft."

Incoming-Plattform-V

BGBl II 2010/184 idF

1 BGBl II 2011/274
2 BGBl II 2012/384
3 BGBl II 2013/319
4 BGBl II 2015/238
5 BGBl II 2017/52
6 BGBl II 2017/391
7 BGBl II 2018/219
8 BGBl II 2018/334
9 BGBl II 2019/411
10 BGBl II 2020/585
11 BGBl II 2021/403

Verordnung der Finanzmarktaufsichtsbehörde (FMA) über die elektronische Einbringung (FMA-Incoming-Plattformverordnung – FMA-IPV)

Auf Grund

1. des § 44 Abs. 1 und 5 in Verbindung mit § 44 Abs. 7 und des § 73a des Bankwesengesetzes – BWG, BGBl. Nr. 532/1993, zuletzt geändert durch das Bundesgesetz BGBl. I Nr. 28/2010;

2. des § 28 Abs. 3 des Sparkassengesetzes – SpG, BGBl. Nr. 64/1979, zuletzt geändert durch das Bundesgesetz BGBl. I Nr. 152/2009;

3. des § 22 Abs. 5 des Investmentfondsgesetzes – InvFG 1993, BGBl. Nr. 532/1993, zuletzt geändert durch das Bundesgesetz BGBl. I Nr. 28/2010;

4. des § 34 Abs. 5 des Immobilien-Investmentfondsgesetzes – ImmoInvFG, BGBl. I Nr. 80/2003, zuletzt geändert durch das Bundesgesetz BGBl. I Nr. 152/2009;

5. des § 64 Abs. 12 des Zahlungsdienstegesetzes – ZaDiG, BGBl. I Nr. 66/2009, zuletzt geändert durch das Bundesgesetz BGBl. I Nr. 28/2010,

wird verordnet:

Ausschließliche elektronische Einbringung

§ 1. „(1)“ Die Anzeigen, Übermittlungen, Unterrichtungen, das Zur-Kenntnis-Bringen und das Vorlegen gemäß folgender Bestimmungen haben in elektronischer Form im Wege der Incoming-Plattform der FMA zu erfolgen:

1. § 9 Abs. 5, § 10 Abs. 2, 5 und 6, § 20 Abs. 3, § 25 Abs. 5, § 28a Abs. 4, § 44 Abs. 1 erster Satz und Abs. 4, § 63 Abs. 1, § 70a Abs. 5, „§ 73 Abs. 1 Z 1 bis 17 und Abs. 2 bis 6“ des Bankwesengesetzes – BWG, BGBl. Nr. 532/1993, in der Fassung des Bundesgesetzes „BGBl. I Nr. 98/2021“ sowie § 2 Abs. 2 der Mündelsicherheitsverordnung, BGBl. Nr. 650/1993, in der Fassung der Verordnung BGBl. II Nr. 219/2003, soweit nicht gemäß Abs. 1a eine Einbringung im Wege des Information Management System Portals (IMAS Portal) des einheitlichen Aufsichtsmechanismus gemäß Art. 6 der Verordnung (EU) Nr. 1024/2013 zur Übertragung besonderer Aufgaben im Zusammenhang mit der Aufsicht über Kreditinstitute auf die Europäische Zentralbank, ABl. Nr. L 287 vom 29.10.2013 S. 63, berichtigt durch ABl. Nr. L 218 vom 19.08.2015 S. 82, angeordnet ist; *(BGBl II 2020/585; BGBl II 2021/403)*

1a. Art. 143 Abs. 4, Art. 312 Abs. 1 und 3, Art. 363 Abs. 3, Art. 366 Abs. 5 und Art. 396 Abs. 1 der Verordnung (EU) Nr. 575/2013 über Aufsichtsanforderungen an Kreditinstitute und Wertpapierfirmen und zur Änderung der, ABl. Nr. L 176 vom 27.6.2013 S. 1 „ “ „, zuletzt geändert durch die Verordnung (EU) 2020/873, ABl. Nr. L 204 vom 26.06.2020 S. 4“; *(BGBl II 2013/319; BGBl II 2017/52; BGBl II 2020/585)*

2. § 2 Abs. 1, § 5 Abs. 1 und 7, § 12 Abs. 5, § 13 Abs. 4, § 16 Abs. 10, § 18 Abs. 1, § 22 Abs. 4, § 26 Abs. 2, § 27a Abs. 3 und 6, § 39 Abs. 2 und § 11 der Anlage zu § 24 (SpG-Prüfungsordnung) des Sparkassengesetzes – SpG, BGBl. Nr. 64/1979, „in der Fassung des Bundesgesetzes BGBl. I Nr. 107/2017“; *(BGBl II 2017/52; BGBl II 2018/219)*

3. § 151 Z 1 bis 12 und § 152 des Investmentfondsgesetzes 2011 – InvFG 2011, BGBl. I Nr. 77/2011, in der Fassung des Bundesgesetzes BGBl. I Nr. 67/2018; *(BGBl II 2018/219)*

4. *(entfällt, BGBl II 2018/219)*

5. § 13 Abs. 4, § 14 Abs. 1, § 21 Abs. 3, § 22 Abs. 1, § 25 Abs. 7, § 28 Abs. 1 und § 86 Abs. 1 des Zahlungsdienstegesetzes 2018 – ZaDiG 2018, BGBl. I Nr. 17/2018, in der Fassung des Bundesgesetzes BGBl. I Nr. 37/2018; *(BGBl II 2018/219)*

6. § 6 Abs. 3, § 7, § 10 des E-Geldgesetzes 2010 „, BGBl. I Nr. 107/2010, in der Fassung des Bundesgesetzes BGBl. I Nr. 118/2016“ in Verbindung mit „§ 28 Abs. 1 ZaDiG 2018“, § 15 des E-Geldgesetzes 2010 in Verbindung mit „§ 21 Abs. 3 und § 22 Abs. 1 ZaDiG 2018“ und § 14 Abs. 7 des E-Geldgesetzes 2010 „ ;“ *(BGBl II 2011/274; BGBl II 2012/384; BGBl II 2017/52; BGBl II 2018/219)*

7. § 6a Abs. 1 und 2, § 7 Abs. 7, § 11f Abs. 3, § 11h Abs. 4, § 12 Abs. 5, § 12a Abs. 1 Z 6, § 21e Abs. 5, § 22a Abs. 4, § 26 Abs. 1, § 30a Abs. 1 und 1a, § 31 Abs. 2, § 33b Abs. 1 und 2 sowie § 36 Abs. 1 und 2 des Pensionskassengesetzes – PKG, BGBl. Nr. 281/1990, in der Fassung des Bundesgesetzes BGBl. I Nr. 81/2018; *(BGBl II 2018/334)*

8. § 7 des Wertpapieraufsichtsgesetzes 2018 – WAG 2018, BGBl. I Nr. 107/2017 „in der Fassung des Bundesgesetzes BGBl. I Nr. 37/2018“, in Verbindung mit § 73 Abs. 1 Z 1 bis 8 und 11 BWG, § 12 Abs. 8, § 14 Abs. 4 Z 1, § 18 Abs. 1, 3 bis 5, § 20 Abs. 1, 6 und 7, § 44, § 71 Abs. 2 und § 72 Abs. 2 WAG 2018; *(BGBl II 2017/391; BGBl II 2018/219)*

9. „§ 1 Abs. 5 Z 4, 5 und 5a“, § 8 Abs. 1, § 18 Abs. 1 Z 1, § 22 Abs. 1 bis 5 und 7, § 25 Abs. 1, § 29 Abs. 2, § 30 Abs. 2 und 6, § 32 Abs. 2, 3 und 6, § 38 Abs. 2, 6 und 7 und § 48 Abs. 6 „Alternative Investment Fonds Manager-Gesetz – AIFMG, BGBl. I Nr. 135/2013, in der Fassung des Bundesgesetzes BGBl. I Nr. 67/2018“; *(BGBl II 2017/52; BGBl II 2018/219)*

10. § 12 Abs. 1 und § 21 Abs. 1 des Sanierungs- und Abwicklungsgesetzes – BaSAG, BGBl. I Nr. 98/2014 „, in der Fassung des Bundesgesetzes „BGBl. I Nr. 98/2021;“; *(BGBl II 2015/238; BGBl II 2018/219; BGBl II 2021/403)*

11. § 11 Abs. 2, § 21 Abs. 1, § 23 Abs. 1 und 5, § 24 Abs. 1 bis 3, § 63 Abs. 5, § 65 Abs. 3, § 66 Abs. 3 Z 4, § 79 Abs. 3, § 85 Abs. 2, § 86 Abs. 1, 4 und 5, § 87 Abs. 4, § 92 Abs. 1, 2 und 5, § 100 Abs. 4, § 102 Abs. 1, § 109 Abs. 2 und 4, § 115 Abs. 2 und 4, § 116 Abs. 3, § 122 Abs. 1 und 3, § 123 Abs. 3 und 4, § 127 Abs. 1 bis 3, § 176 Abs. 1, § 185 Abs. 2, § 193 Abs. 3, § 194 Abs. 2 und 3, § 196 Abs. 3, § 202 Abs. 4, § 203 Abs. 2 und 3, § 220 Abs. 1, § 221 Abs. 1 und 3, § 224 Abs. 2, § 225 Abs. 1 in Verbindung mit § 122 Abs. 1 und 3, § 225 Abs. 2, § 248 Abs. 2 bis 6 und 8, § 250 Abs. 1 und 2, § 260 Abs. 1, § 265 Abs. 1, § 272 Abs. 2, § 273 Abs. 4, § 278 Abs. 1, § 279 Abs. 1, § 280 Abs. 1 und 3, § 300 Abs. 3, § 305 Abs. 1 Z 3 und Abs. 6, § 306 Abs. 1 und § 309 Abs. 1 des Versicherungsaufsichtsgesetzes 2016 – VAG 2016, BGBl. I Nr. 34/2015, in der Fassung des Bundesgesetzes BGBl. I Nr. 38/2020; *(BGBl II 2020/585)*

12. Art. 300 Z. 2, Art. 312, Art. 362, Art. 368, Art. 373 der Delegierten Verordnung (EU) Nr. 35/2015 zur Ergänzung der Richtlinie 2009/138/EG betreffend die Aufnahme und Ausübung der Versicherungs- und Rückversicherungstätigkeit (Solvabilität II), ABl. Nr. L 12 vom 17.01.2015 S. 1 „, zuletzt geändert durch die Delegierte Verordnung (EU) 2020/442, ABl. Nr. L 92 vom 26.03.2020 S. 1, in der Fassung der Berichtigung ABl. Nr. L 221 vom 10.07.2020 S. 3“; *(BGBl II 2017/52; BGBl II 2020/585)*

13. § 22 Abs. 5 „des Finanzmarktaufsichtsbehördengesetzes – FMABG, BGBl. I Nr. 97/2001, in der Fassung des Bundesgesetzes „ “ „BGBl. I Nr. 25/2021;“ *(BGBl II 2017/52; BGBl II 2018/219; BGBl II 2021/403)*

14. § 2 Abs. 6 erster Satz, § 31 Abs. 6 und § 34 Z 1 bis 13 des Einlagensicherungs- und Anlegerentschädigungsgesetzes – ESAEG, BGBl. I Nr. 117/2015, „in der Fassung des Bundesgesetzes BGBl. I Nr. 37/2018“. *(BGBl II 2017/391; BGBl II 2018/219)*

(BGBl II 2015/238)

(1a) Die Anzeigen, Übermittlungen, Unterrichtungen, das Zur-Kenntnis-Bringen und das Vorlegen gemäß folgender Bestimmungen haben in elektronischer Form im Wege des IMAS Portals zu erfolgen:

1. § 28a Abs. 4 und § 73 Abs. 1 Z 3, 8, 11, Abs. 1a und Abs. 1b Z 1 und 2 BWG, soweit es sich um Einbringungen anlässlich von Änderungen in der Person bei einem bedeutenden beaufsichtigten Unternehmen gemäß Art. 2 Nr. 16 der Verordnung (EU) Nr. 468/2014 zur Einrichtung eines Rahmenwerks für die Zusammenarbeit zwischen der Europäischen Zentralbank und den nationalen zuständigen Behörden und den nationalen benannten Behörden innerhalb des einheitlichen Aufsichtsmechanismus (SSM-Rahmenverordnung) (EZB/2014/17), ABl. Nr. L 141 vom 14.05.2014 S. 1, in der Fassung der Berichtigung ABl. Nr. L 65 vom 08.03.2018 S. 49, handelt;

2. § 9 Abs. 5, § 10 Abs. 2, 5 und 6 BWG, soweit die Anzeigepflicht ein bedeutendes beaufsichtigtes Unternehmen gemäß Art. 2 Nr. 16 der Verordnung (EU) Nr. 468/2014 trifft.
(BGBl II 2021/403)

(2) „Die Pflicht zur elektronischen Einbringung im Wege der Incoming-Plattform der FMA gemäß Abs. 1 sowie im Wege des IMAS Portals des einheitlichen Aufsichtsmechanismus gemäß Abs. 1a besteht nicht,“

1. soweit eine Übermittlung gemäß § 21 Abs. 1 BaSAG

a) aufgrund einer Verordnung der FMA auf einem anderen Meldeweg einzubringen ist, oder

b) durch einen Rechtsträger zu erfolgen hat, für den gemäß Art. 7 Abs. 2 der Verordnung (EU) Nr. 806/2014 zur Festlegung einheitlicher Vorschriften und eines einheitlichen Verfahrens für die Abwicklung von Kreditinstituten und bestimmten Wertpapierfirmen im Rahmen eines einheitlichen Abwicklungsmechanismus und eines einheitlichen Abwicklungsfonds sowie zur Änderung der Verordnung (EU) Nr. 1093/2010, ABl. Nr. L 225 vom 30.07.2014 S. 1, in der Fassung der Verordnung (EU) 2021/23, ABl. Nr. L 22 vom 22.01.2021 S. 1, der Ausschuss für die einheitliche Abwicklung zuständig ist, oder
(BGBl II 2021/403)

2. wenn eine Anzeigepflicht gemäß § 24 Abs. 1 und 2 VAG 2016 erfüllt werden soll, die weder ein Unternehmen gemäß § 1 Abs. 1 VAG 2016 mit Sitz im Inland, noch ein Kreditinstitut gemäß § 1 Abs. 1 BWG, noch eine Pensionskasse gemäß § 1 Abs. 1 PKG, „noch eine Wertpapierfirma gemäß § 1 Z 1 WAG 2018 mit Sitz im Inland oder ein Wertpapierdienstleistungsunternehmen gemäß § 4 WAG 2018“ mit Sitz im Inland oder ein

Wertpapierdienstleistungsunternehmen gemäß § 4 WAG 2007, noch einen AIFM gemäß § 2 Abs. 1 Z 2 AIFMG trifft, oder *(BGBl II 2017/391)*

3. wenn eine Anzeigepflicht gemäß § 6a Abs. 1 und 2 PKG erfüllt werden soll, die keinen der in Z 2 genannten Rechtsträger trifft.
(BGBl II 2017/52; BGBl II 2020/585)

Incoming-Plattform

§ 2. „Die Incoming-Plattform ist eine webbasierte Applikation der FMA und der OeNB, welche über die Webauftritte von OeNB und FMA erreichbar ist und die, soweit gesetzlich vorgesehen, der gleichzeitigen Übermittlung von Daten, Meldungen und Dokumenten an beide Institutionen ausschließlich auf elektronischem Weg dient." Sie gewährleistet ein hohes Sicherheitsniveau durch ein mehrstufiges, vollständiges Source-Code-Audit bei der Zertifizierung. *(BGBl II 2012/384)*

In-Kraft-Treten

§ 3. „(1)" Diese Verordnung tritt mit 1. Juli 2010 in Kraft. *(BGBl II 2011/274)*

(2) § 1 Z 3, 5 und 6 in der Fassung der Verordnung BGBl. II Nr. 274/2011 treten mit 1. September 2011 in Kraft. *(BGBl II 2011/274)*

(3) § 1 Z 7 und § 2 erster Satz in der Fassung der Verordnung BGBl. II Nr. 384/2012 treten mit 1. Jänner 2013 in Kraft. § 1 Z 8 in der Fassung der Verordnung BGBl. II Nr. 384/2012 tritt mit 1. Juli 2013 in Kraft. *(BGBl II 2012/384)*

(4) § 1 Z 1, 1a, 7, 8 und 9 in der Fassung der Verordnung BGBl. II Nr. 319/2013 tritt mit 1. Jänner 2014 in Kraft. *(BGBl II 2013/319)*

(5) § 1 Abs. 1 Z 10 und Abs. 2 Z 1 in der Fassung der Verordnung BGBl. II Nr. 238/2015 tritt mit 1. September 2015 in Kraft. § 1 Abs. 1 Z 11 und Abs. 2 Z 2 und 3 in der Fassung der Verordnung BGBl. II Nr. 238/2015 tritt mit 1. Jänner 2016 in Kraft. *(BGBl II 2015/238)*

(6) § 1 Abs. 1 Z 1 bis 13 und Abs. 2 in der Fassung der Verordnung BGBl. II Nr. 52/2017 tritt mit 1. April 2017 in Kraft. *(BGBl II 2017/52)*

(7) 1 Abs. 1 Z 1, 8, 13 und 14 und Abs. 2 Z 2 in der Fassung der Verordnung BGBl. II Nr. 391/2017 tritt mit 3. Jänner 2018 in Kraft. *(BGBl II 2017/391)*

(8) § 1 Abs. 1 Z 2 und 3, 5 bis 11, 13 und 14 in der Fassung der Verordnung BGBl. II Nr. 219/2018 tritt mit 1. September 2018 in Kraft. § 1 Abs. 1 Z 4 tritt mit Ablauf des 31. August 2018 außer Kraft. *(BGBl II 2018/219)*

(9) § 1 Abs. 1 Z 7 in der Fassung der Verordnung BGBl. II Nr. 334/2018 tritt mit 1. Jänner 2019 in Kraft. *(BGBl II 2018/334)*

(10) § 1 Abs. 1 Z 11 in der Fassung der Verordnung BGBl. II Nr. 411/2019 ist erstmals auf Meldungen zum Stichtag 1. Jänner 2020 anzuwenden. *(BGBl II 2019/411)*

(11) § 1 Abs. 1 Z 1a, 11 und 12 in der Fassung der Verordnung BGBl. II Nr. 585/2020 tritt mit 1. Jänner 2021 in Kraft. § 1 Abs. 1 Z 1, Abs. 1a und Abs. 2 in der Fassung der Verordnung BGBl. II Nr. 585/2020 tritt mit 27. Jänner 2021 in Kraft. *(BGBl II 2020/585)*

(12) § 1 Abs. 1 Z 1, 10 und 13, Abs. 1a sowie Abs. 2 Z 1 in der Fassung der Verordnung BGBl. II Nr. 403/2021 tritt mit 27. September 2021 in Kraft. *(BGBl II 2021/403)*

FMA-Kostenverordnung 2016

BGBl II 2015/419 idF

1 BGBl II 2017/223
2 BGBl II 2018/218
3 BGBl II 2019/241
4 BGBl II 2020/181
5 BGBl II 2020/368
6 BGBl II 2021/408

Verordnung der Finanzmarktaufsichtsbehörde (FMA) über die Kosten der Finanzmarktaufsicht (FMA-Kostenverordnung 2016 – FMA-KVO 2016)

Auf Grund

1. des § 19 Abs. 7 des Finanzmarktaufsichtsbehördengesetzes – FMABG, BGBl. I Nr. 97/2001, zuletzt geändert durch das Bundesgesetz BGBl. I Nr. 117/2015, in Verbindung mit § 69a des Bankwesengesetzes – BWG, BGBl. Nr. 532/1993, zuletzt geändert durch das Bundesgesetz BGBl. I Nr. 117/2015, § 60 des Zahlungsdienstegesetzes – ZaDiG, BGBl. I Nr. 66/2009, zuletzt geändert durch das Bundesgesetz BGBl. I Nr. 68/2015, § 22 Abs. 2 des E-Geldgesetzes 2010, BGBl. I Nr. 107/2010, zuletzt geändert durch das Bundesgesetz BGBl. I Nr. 68/2015, § 16 des Zentralverwahrer-Vollzugsgesetzes – ZvVG, BGBl. I Nr. 69/2015, § 160 des Sanierungs- und Abwicklungsgesetzes – BaSAG, BGBl. I Nr. 98/2014, zuletzt geändert durch das Bundesgesetz BGBl. I Nr. 127/2015, § 56 des Einlagensicherungs- und Anlegerentschädigungsgesetzes – ESAEG, BGBl. I Nr. 117/2015, § 271 des Versicherungsaufsichtsgesetzes 2016 – VAG 2016, BGBl. I Nr. 34/2015, zuletzt geändert durch das Bundesgesetz BGBl. I Nr. 112/2015, und § 35 des Pensionskassengesetzes – PKG, BGBl. Nr. 281/1990, zuletzt geändert durch das Bundesgesetz BGBl. I Nr. 68/2015,

2. des § 271 Abs. 2 und 3 VAG 2016,

3. des § 90 Abs. 2 des Wertpapieraufsichtsgesetzes 2007 – WAG 2007, BGBl. I Nr. 60/2007, zuletzt geändert durch das Bundesgesetz BGBl. I Nr. 117/2015,

4. des § 5 Abs. 2 des Zentrale Gegenparteien-Vollzugsgesetzes – ZGVG, BGBl. I Nr. 97/2012, zuletzt geändert durch das Bundesgesetz BGBl. I Nr. 69/2015,

5. des § 11 Abs. 2 ZvVG,

6. des § 144 Abs. 2 des Investmentfondsgesetzes 2011 – InvFG 2011, BGBl. I Nr. 77/2011, zuletzt geändert durch das Bundesgesetz BGBl. I Nr. 117/2015,

7. des § 56 Abs. 6 des Alternative Investmentfonds Manager-Gesetzes – AIFMG, BGBl. I Nr. 135/2013, zuletzt geändert durch das Bundesgesetz BGBl. I Nr. 117/2015,

8. des § 2 Abs. 13 des Immobilien-Investmentfondsgesetzes – ImmoInvFG, BGBl. I Nr. 80/2003, zuletzt geändert durch das Bundesgesetz BGBl. I Nr. 115/2015,

9. des § 45a Abs. 2 des Betriebliche Mitarbeiter- und Selbständigenvorsorgegesetzes – BMSVG, BGBl. I Nr. 100/2002, zuletzt geändert durch das Bundesgesetz BGBl. I Nr. 79/2015,

wird verordnet:

1. Hauptstück
Allgemeiner Teil

1. Abschnitt
Allgemeine Bestimmungen

Anwendungsbereich

§ 1. Diese Verordnung regelt

1. die Durchführung der Vorauszahlungen und der Erstattung der Kosten der Finanzmarktaufsichtsbehörde (FMA),

2. einzelne weitere Aspekte zur Ist-Kostenverrechnung und zur Verrechnung von Vorauszahlungen im Rechnungskreis 1 (Bankenaufsicht) und im Rechnungskreis 2 (Versicherungsaufsicht) „und im Hinblick auf Dienstleister in Bezug auf virtuelle Währungen“ sowie *(BGBl II 2020/368)*

3. die Aufteilung der Kosten des Rechnungskreises 3 (Wertpapieraufsicht) auf die Kostenpflichtigen gemäß § 94 Abs. 2 BörseG 2018, § 89 Abs. 1 WAG 2018, § 5 Abs. 2 und 3 ZGVG, § 11 Abs. 2 ZvVG, § 144 Abs. 1 InvFG 2011, § 56 Abs. 5 AIFMG, § 2 Abs. 12 ImmoInvFG, § 45a Abs. 1 BMSVG und § 12 Abs. 1 RW-VG. *(BGBl II 2017/223)*

Begriffsbestimmungen

§ 2. Im Sinne dieser Verordnung sind:

1. Ist-Kostenverrechnung: Die Verrechnung der auf Grund des gemäß § 18 FMABG zu erstel-

lenden Jahresabschlusses der FMA auf die einzelnen Kostenpflichtigen entfallenden Kosten für das betreffende FMA-Geschäftsjahr.

2. Verrechnung von Vorauszahlungen: Die Verrechnung der durch die Vorauszahlungspflichtigen für ein FMA-Geschäftsjahr jeweils im Voraus zu leistenden Zahlungen.

3. Kostenpflichtige: Jene natürlichen oder juristischen Personen, die die Voraussetzungen des „§ 3 Abs. 1 Z 1 bis 5“ erfüllen. *(BGBl II 2020/368)*

4. Vorauszahlungspflichtige: Jene natürlichen oder juristischen Personen, die die Voraussetzungen des § 9 Abs. 1 erfüllen.

2. Abschnitt
Ist-Kostenverrechnung

Kostenpflicht

§ 3. (1) Zur Erstattung der Aufsichtskosten für ein FMA-Geschäftsjahr (Ist-Kosten) verpflichtet sind:

1. Kostenpflichtige

a) aa) gemäß § 69a Abs. 1 Z 1 bis 3 BWG, die

– Kreditinstitute gemäß § 1 Abs. 1 BWG sind oder

– Kreditinstitute gemäß § 9 Abs. 1 BWG sind und Tätigkeiten in Österreich über eine Zweigstelle ausüben oder

– Finanzholdinggesellschaften gemäß Art. 4 Abs. 1 Nummer 20 CRR oder gemischte Finanzholdinggesellschaften gemäß § 2 Z 15 des Finanzkonglomerategesetzes – FKG, BGBl. I Nr. 70/2004, sind, sofern sie Teil einer Kreditinstitutsgruppe gemäß § 30 BWG sind,

bb) gemäß § 69a Abs. 8 BWG, die Repräsentanzen gemäß § 2 Z 17 BWG sind,

cc) gemäß § 89 Abs. 1 ZaDiG 2018, die

– Zahlungsinstitute gemäß § 4 Z 4 lit. a ZaDiG 2018 sind oder

– Zweigstellen gemäß § 27 ZaDiG 2018 sind,

(BGBl II 2018/218)

dd) gemäß § 22 Abs. 2 des E-Geldgesetzes 2010, die

– E-Geld-Institute gemäß § 3 Abs. 2 des E-Geldgesetzes 2010 sind oder

– Zweigstellen gemäß § 9 des E-Geldgesetzes 2010 sind,

b) aa) gemäß § 160 Abs. 1 Z 1 BaSAG, die Institute gemäß § 2 Z 23 in Verbindung mit § 2 Z 2 oder 3 BaSAG sind und aufgrund § 4 BWG Bankgeschäfte betreiben,

bb) gemäß § 160 Abs. 1 Z 2 BaSAG, die Finanzholdinggesellschaften gemäß § 2 Z 9 BaSAG oder gemischte Finanzholdinggesellschaften gemäß § 2 Z 10 BaSAG sind, sofern sie Teil einer Kreditinstitutsgruppe gemäß § 30 BWG sind;

c) gemäß § 56 ESAEG, die

– eine gemäß § 1 Abs. 2 ESAEG eingerichtete einheitliche Sicherungseinrichtung sind oder

– eine gemäß § 3 Abs. 1 Z 2 ESAEG betriebene Sicherungseinrichtung eines institutsbezogenen Sicherungssystems sind;

(BGBl II 2017/223)

2. Kostenpflichtige gemäß § 271 Abs. 1 VAG 2016, die

a) über eine Konzession

aa) gemäß § 6 Abs. 1 VAG 2016 als Versicherungsunternehmen oder Rückversicherungsunternehmen mit Sitz im Inland gemäß § 1 Abs. 1 Z 1 VAG 2016,

bb) gemäß § 6 Abs. 1 in Verbindung mit § 83 Abs. 1 VAG 2016 als kleines Versicherungsunternehmen gemäß § 1 Abs. 1 Z 2 VAG 2016,

cc) gemäß § 6 Abs. 1 in Verbindung mit § 69 Abs. 2 VAG 2016 als kleiner Versicherungsverein gemäß § 1 Abs. 1 Z 3 VAG 2016,

dd) gemäß § 13 Abs. 1 VAG 2016 als Zweigniederlassung eines Drittland-Versicherungsunternehmens oder Drittland-Rückversicherungsunternehmens gemäß § 1 Abs. 1 Z 4 VAG 2016

verfügen; ferner die

b) gemäß § 20 VAG 2016 eine Zweigniederlassung im Inland errichtet haben und EWR-Versicherungsunternehmen oder EWR-Rückversicherungsunternehmen gemäß § 1 Abs. 1 Z 5 VAG 2016 sind;

c) Versicherungsholdinggesellschaften gemäß § 1 Abs. 1 Z 6 in Verbindung mit § 195 Abs. 1 Z 6 VAG 2016 oder gemischte Finanzholdinggesellschaften gemäß § 1 Abs. 1 Z 6 in Verbindung mit § 195 Abs. 1 Z 8 VAG 2016 sind;

d) vermögensverwaltende Versicherungsvereine gemäß § 1 Abs. 1 Z 7 VAG 2016 sind;

e) Privatstiftungen gemäß § 1 Abs. 1 Z 8 VAG 2016 sind;

f) Zweckgesellschaften gemäß § 1 Abs. 1 Z 9 VAG 2016 sind;

3. „Kostenpflichtige gemäß den in § 1 Z 3 genannten Bestimmungen,“ *(BGBl II 2017/223)*

a) die als Rechtsträger gemäß § 26 Abs. 1 WAG 2018 mit Sitz im Inland oder über eine Zweigstelle gemäß § 9 BWG oder § 19 WAG 2018 Geschäfte mit gegenüber der FMA meldepflichtigen Instrumenten gemäß Art. 26 Abs. 1 und 2 MiFIR getätigt haben (meldepflichtige Institute); *(BGBl II 2020/368)*

b) deren meldepflichtige Instrumente gemäß Art. 26 Abs. 2 MiFIR an einem geregelten Markt oder einer sonstigen Wertpapierbörse gemäß § 3

Abs. 2 BörseG 2018 zugelassen oder mit Zustimmung des Emittenten in den Handel an einem multilateralen Handelssystem (MTF) oder einem organisierten Handelssystem (OTF) einbezogen waren, jedoch mit Ausnahme des Bundes (Emittenten);

c) die über eine Konzession als Wertpapierfirma gemäß § 3 Abs. 1 WAG 2018 oder als Wertpapierdienstleistungsunternehmen gemäß § 4 Abs. 1 WAG 2018 verfügen, oder über eine Zweigstelle gemäß § 19 WAG 2018 im Inland tätige Wertpapierfirmen „oder über eine Zweigstelle gemäß § 21 WAG 2018 im Inland tätige Drittlandfirmen", ferner Unternehmen der Vertragsversicherung, die Vermittlungsgeschäfte im Sinne von § 6 Abs. 3 VAG 2016 und fallweise in Verbindung mit § 69 Abs. 2 oder § 83 Abs. 1 VAG 2016 durchgeführt haben, Verwaltungsgesellschaften gemäß § 5 Abs. 1 InvFG 2011, die Dienstleistungen gemäß § 5 Abs. 2 Z 3 oder 4 InvFG 2011 erbracht haben, AIFM gemäß § 4 AIFMG, die Dienstleistungen gemäß § 4 Abs. 4 Z 1 oder Z 2 lit. a oder c AIFMG erbracht haben, und Zentralverwahrer, die Dienstleistungen erlaubterweise gemäß Art. 17 Abs. 5 in Verbindung mit Art. 18 CSDR erbracht haben (Erbringer von Wertpapierdienstleistungen); *(BGBl II 2018/218)*

d) die als Betreiber von Marktinfrastrukturen

aa) eine von der FMA beaufsichtigte Wertpapierbörse gemäß § 1 Z 1 BörseG 2018 betreiben, insbesondere Börseunternehmen, die über eine Konzession zum Betrieb einer Wertpapierbörse gemäß § 3 Abs. 1 BörseG 2018 oder den Vorgängerbestimmungen verfügen (Wertpapierbörsen);

bb) als zentrale Gegenpartei gemäß Art. 2 Nr. 1 EMIR im Inland niedergelassen sind (zentrale Gegenpartei);

cc) als Zentralverwahrer gemäß Art. 2 Abs. 1 Nr. 1 CSDR im Inland niedergelassen sind (Zentralverwahrer);

e) die als Clearingmitglied gemäß Art. 2 Nr. 14 EMIR an einer in lit. d genannten zentralen Gegenpartei teilnehmen (Clearingmitglieder);

f) die über eine Konzession als Betriebliche Vorsorgekasse gemäß § 18 Abs. 1 BMSVG, als Verwaltungsgesellschaft gemäß § 5 Abs. 1 InvFG 2011, als Kapitalanlagegesellschaft für Immobilien gemäß § 2 Abs. 1 ImmoInvFG oder als AIFM gemäß § 4 Abs. 1 AIFMG verfügen oder als AIFM gemäß § 1 Abs. 5 Z 1 AIFMG registriert sind, ferner gemäß § 36 Abs. 2 InvFG 2011 oder gemäß § 33 AIFMG errichtete Zweigstellen und Nicht-EU-AIFM gemäß § 39 Abs. 3 AIFMG (Verwalter kollektiver Portfolios);

g) die im Inland über eine Zulassung als Administrator gemäß Art. 34 der BMR verfügen oder als Administrator gemäß Art. 34 der BMR registriert sind (Administratoren);

4. Kostenpflichtige gemäß § 35 PKG, die über eine Konzession zum Betrieb einer Pensionskasse gemäß § 8 PKG verfügen „;" *(BGBl II 2020/368)*

5. Kostenpflichtige gemäß § 28 Abs. 6 FM-GwG, die als Dienstleister in Bezug auf virtuelle Währungen gemäß § 32a Abs. 1 FM-GwG registriert sind. *(BGBl II 2020/368)*

(2) Die Erstattungspflicht besteht auch dann, wenn die Voraussetzungen nach Abs. 1 nicht während des ganzen FMA-Geschäftsjahres vorlagen.

(3) Fehlbeträge und Forderungen aus der Ist-Kostenverrechnung vorangegangener FMA-Geschäftsjahre, die auf Grund teilweiser oder vollständiger Uneinbringlichkeit im Jahresabschluss der FMA abgeschrieben werden müssen, sind den Kosten des jeweiligen Rechnungskreises (§ 19 Abs. 1 Z 1 bis 4 FMABG) bzw. des jeweiligen Subrechnungskreises (§ 10 Z 1 bis 3, § 13 Z 1 bis 7) für das Folgejahr hinzuzurechnen.

Kostenvorschreibung

§ 4. (1) Die FMA hat den gemäß „§ 3 Abs. 1 Z 1 bis 5" Kostenpflichtigen die jeweils auf sie entfallenden Ist-Kosten eines FMA-Geschäftsjahres mit Bescheid vorzuschreiben. Die Vorschreibung hat bis zum 31. Dezember des Jahres, in dem der Jahresabschluss der FMA veröffentlicht wird, zu erfolgen. *(BGBl II 2020/368)*

(2) Die Kostenvorschreibung kann, sofern die Rechtspersönlichkeit des Kostenpflichtigen untergegangen ist und die Voraussetzungen für eine Vorschreibung beim Rechtsnachfolger vorliegen, auch bis zum 31. März des darauf folgenden Jahres erfolgen. „Rückwirkungen im Rahmen von Umgründungen gemäß § 202 Abs. 2 des Unternehmensgesetzbuches – UGB, dRGBl. S. 219/1897, in der Fassung des Bundesgesetzes BGBl. I Nr. 63/2019, bleiben unberücksichtigt." *(BGBl II 2020/368)*

Rundungen

§ 5. Die vorzuschreibenden Kostenbeträge sind auf einen vollen Eurobetrag ab- oder aufzurunden. Hierbei werden Beträge bis einschließlich 49 Cent abgerundet und Beträge ab 50 Cent aufgerundet.

Datenmeldungen

§ 6. (1) Grundlage der Kostenberechnung sind die an die FMA nach den anzuwendenden Aufsichtsgesetzen zu erstattenden Datenmeldungen; das sind:

1. für den Rechnungskreis 1:

a) § 69a Abs. 2 BWG in Verbindung mit Art. 99 CRR „sowie § 44 BWG", *(BGBl II 2017/223)*

b) § 89 Abs. 2 ZaDiG 2018 in Verbindung mit § 26 ZaDiG 2018, *(BGBl II 2018/218)*

c) § 22 Abs. 2 E-Geldgesetz 2010 in Verbindung mit „§ 89 Abs. 1 ZaDiG 2018", *(BGBl II 2019/241)*

d) § 160 Abs. 1 BaSAG in Verbindung mit § 69a Abs. 2 BWG und Art. 99 CRR,

e) § 56 ESAEG in Verbindung mit § 69a Abs. 2 BWG und Art. 99 CRR,

2. für den Rechnungskreis 2: § 271 Abs. 2 VAG 2016 in Verbindung mit

a) § 248 Abs. 2, 4 und 8 VAG 2016 in Verbindung mit § 1 Z 1 der Versicherungsunternehmen Meldeverordnung – VU-MV, BGBl. II Nr. 217/2015,

b) § 79 Abs. 3 VAG 2016 in Verbindung mit § 1 der kleine Versicherungsvereine Rechnungslegungsverordnung – kV-RLV, BGBl. II Nr. 168/2015,

3. für den Rechnungskreis 3:

a) Art. 26 und 27 MiFIR, § 2 Abs. 2 und 3, §§ 71, 72 und 89 WAG 2018 in Verbindung mit § 15 Abs. 3, § 16 Abs. 2 und § 17 Abs. 1 und 2,

b) § 5 Abs. 2 ZGVG in Verbindung mit § 19 Abs. 2,

c) § 56 Abs. 6 AIFMG, § 45a Abs. 2 BMSVG, § 144 Abs. 2 InvFG 2011 und § 2 Abs. 13 ImmoInvFG jeweils in Verbindung mit § 20 Abs. 1 und 2,

d) § 12 Abs. 2 RW-VG in Verbindung mit § 21 Abs. 2,
(BGBl II 2020/368)

4. für den Rechnungskreis 4: § 35 Abs. 1 in Verbindung mit § 30a Abs. 1 PKG sowie *(BGBl II 2020/368)*

5. für die in Bezug auf die Rechnungskreise 1 bis 4 relevante Kostenbemessung bei den Kostenpflichtigen gemäß § 3 Abs. 1 Z 5: § 28 Abs. 6 FM-GwG in Verbindung mit § 21a Abs. 1 und 2. *(BGBl II 2020/368)*

(2) Die von den Kostenpflichtigen gemäß „§ 3 Abs. 1 Z 1 bis 5" zu erstattenden Datenmeldungen gemäß Abs. 1 oder den entsprechenden Vorgängerbestimmungen für das vorangegangene Geschäftsjahr zur Berechnung der Kosten gemäß § 4 und der Vorauszahlungsbeträge gemäß § 9 sind der FMA spätestens bis zum 30. Juni des Folgejahres zu übermitteln. „Im Übrigen gelten die Fristen für die in Abs. 1 aufgeführten Meldungen." *(BGBl II 2017/223; BGBl II 2020/368)*

(3) Weicht das Geschäftsjahr des Kostenpflichtigen vom Kalenderjahr ab, so ist jenes Geschäftsjahr des Kostenpflichtigen das vorangegangene Geschäftsjahr, das bis zum 31. Dezember jenes FMA-Geschäftsjahres, für das die Ist-Kostenverrechnung durchgeführt wird, endet; enden mehrere Geschäftsjahre des Kostenpflichtigen bis zum 31. Dezember jenes FMA-Geschäftsjahres, für das die Ist-Kostenverrechnung durchgeführt wird, so gelten diese als vorangegangenes Geschäftsjahr im Sinne des Abs. 2.

(4) Korrekturmeldungen von meldepflichtigen Instituten betreffend Daten des vorangegangenen Geschäftsjahres hat die FMA zu berücksichtigen, sofern sie bis längstens 10. Juni des Folgejahres bei der FMA einlangen.

Behördliche Festsetzung der Datenbasis

§ 7. (1) Die FMA hat die Basis der Berechnung der Kosten festzusetzen, wenn die für die Kostenbemessung erforderlichen Datenmeldungen gemäß § 6

1. mangels Basisdaten nicht erstattet werden konnten oder mangels Meldepflicht gemäß den in § 6 Abs. 1 genannten Bestimmungen oder den entsprechenden Vorgängerbestimmungen nicht erstattet werden mussten oder

2. pflichtwidrig nicht, nicht rechtzeitig oder nicht vollständig übermittelt worden sind.

(2) Liegen die Voraussetzungen des Abs. 1 vor, hat die FMA

1. eine Berechnung des Kostenanteils auf Basis der letztvorliegenden Datenmeldung gemäß § 6 oder den entsprechenden Vorgängerbestimmungen zuzüglich eines Zuschlages vorzunehmen oder

2. hilfsweise den Kostenanteil in Höhe der Beträge gemäß Abs. 4 oder § 14 Abs. 3 Z 3 festzusetzen.

(3) Der Zuschlag gemäß Abs. 2 Z 1 berechnet sich wie folgt:

$$Zuschlag = \left[\left[\left(1+\frac{5}{100}\right)^{n}\right]-1\right]\times b$$

wobei Folgendes gilt:

1. n ist die Anzahl der lückenlos aufeinander folgenden Jahre, für die die FMA die Basis der Berechnung der Kosten auf Basis der letztvorliegenden Datenmeldung festzusetzen hat;

2. b ist die für die letzte Vorperiode für den jeweiligen Kostenpflichtigen errechenbare Bemessungsgrundlage.

(4) Liegen für einen Kostenpflichtigen keine Datenmeldungen gemäß § 6 oder den entsprechenden Vorgängerbestimmungen aus Vorperioden vor, so hat die FMA den Kostenanteil

1. eines Kreditinstituts oder sonstigen Kostenpflichtigen gemäß § 3 Abs. 1 Z 1 mit dem Mindestbetrag gemäß § 69a Abs. 4 BWG,

2. eines Zahlungsinstitutes mit dem Mindestbetrag gemäß § 89 Abs. 4 ZaDiG 2018, *(BGBl II 2018/218)*

3. eines E-Geldinstitutes mit dem Mindestbetrag gemäß § 22 Abs. 2 E-Geldgesetz 2010 in

Verbindung mit § 89 Abs. 4 ZaDiG 2018, *(BGBl II 2018/218)*

4. eines Kostenpflichtigen gemäß § 3 Abs. 1 Z 2 mit den betraglichen Mindestkosten gemäß § 12 Abs. 1,

5. einer Pensionskasse mit dem sich aus § 35 Abs. 1 Z 1 PKG ergebenden Betrag,

6. eines meldepflichtigen Instituts mit der Mindestpauschale gemäß § 14 Abs. 3 Z 1,

7. eines Emittenten mit der Mindestpauschale gemäß § 14 Abs. 3 Z 2,

8. *(aufgehoben, BGBl II 2017/223)*

9. eines Clearingmitgliedes mit der Mindestpauschale gemäß § 14 Abs. 3 Z 5,

10. eines der in § 3 Abs. 1 Z 3 lit. f genannten Kostenpflichtigen mit der Mindestpauschale gemäß § 14 Abs. 3 Z 6 oder 7,

11. eines Administrators mit der Mindestpauschale gemäß § 14 Abs. 3 Z 9 und *(BGBl II 2020/368)*

12. eines registrierten Dienstleisters in Bezug auf virtuelle Währungen mit der Mindestpauschale gemäß § 21a Abs. 4 *(BGBl II 2020/368)*

festzusetzen.

(5) Im Falle des Abs. 4 ist die FMA berechtigt, den Kostenanteil eines Kostenpflichtigen, dem eine Konzession zur Erbringung von Wertpapierdienstleistungen gemäß § 3 Abs. 2 „WAG 2018" erteilt wurde, auf Grundlage der im Rahmen der Konzessionierung gemäß § 3 Abs. 8 „WAG 2018" in Verbindung mit § 4 Abs. 3 Z 3 BWG vorzulegenden Budgetrechnung festzusetzen. § 17 bleibt hierbei unberührt. *(BGBl II 2017/223)*

(6) Liegen für ein Mitgliedinstitut einer Sicherungseinrichtung (§ 3 Abs. 1 Z 1 lit. c) keine Datenmeldungen vor, so wird dieses Mitgliedinstitut bei der gemäß § 56 Abs. 2 ESAEG vorgesehenen Bildung der Summe der nach § 69a Abs. 2 BWG festgestellten Kostenzahlen der dieser Sicherungseinrichtung zugehörigen Mitgliedsinstitute unter Anwendung der Bestimmungen über die behördliche Kostenfestsetzung gemäß Abs. 1 bis 3 berücksichtigt. *(BGBl II 2017/223)*

Fristen und Zahlungsart

§ 8. (1) Die gemäß § 4 vorgeschriebenen Beträge sind jeweils binnen einem Monat nach Zustellung des Bescheids zu erstatten.

(2) Die FMA hat Guthaben gemäß § 19 Abs. 5 FMABG binnen eines Monats nach Rechtskraft des Kostenbescheids und nach schriftlicher Bekanntgabe der Bankverbindung durch den Kostenpflichtigen zurückzuzahlen.

3. Abschnitt

Verrechnung von Vorauszahlungen

Vorauszahlungspflicht

§ 9. (1) Zur Leistung von Vorauszahlungsbeträgen für ein FMA-Geschäftsjahr sind jene Kostenpflichtigen verpflichtet, die die Voraussetzungen gemäß „§ 3 Abs. 1 Z 1 bis 5" am 30. September des vorangehenden FMA-Geschäftsjahres erfüllen. „Kostenpflichtige gemäß § 3 Abs. 1 Z 3 lit. d sind nicht vorauszahlungspflichtig." *(BGBl II 2017/223; BGBl II 2020/368)*

(2) Die FMA hat den gemäß Abs. 1 Vorauszahlungspflichtigen den auf sie jeweils entfallenden Vorauszahlungsbetrag mit Bescheid vorzuschreiben. Die in § 4 Abs. 1 und 2 festgesetzten Termine sowie die in § 5 festgesetzte Regelung zur Rundung des vorgeschriebenen Kostenbeitrags sind hierbei anzuwenden.

(3) § 7 gilt bei der Vorschreibung von Vorauszahlungsbeträgen, sofern für die Berechnung des Vorauszahlungsbetrages für einen jeweiligen Kostenpflichtigen keine Ist-Kostenbeträge für das vorangegangene FMA-Geschäftsjahr verrechnet wurden.

2. Hauptstück

Besonderer Teil

1. Abschnitt

Rechnungskreis 1

Subrechnungskreise

§ 10. Der Rechnungskreis 1 (Bankenaufsicht) besteht aus folgenden Kostenpflichtigen, die jeweils einen eigenen Subrechnungskreis bilden:

1. Subrechnungskreis 1, dem die Rechtsträger gemäß § 3 Abs. 1 Z 1 lit. a zugeordnet sind;

2. Subrechnungskreis 2, dem die Rechtsträger gemäß § 3 Abs. 1 Z 1 lit. b zugeordnet sind;

3. Subrechnungskreis 3, dem die „Sicherungseinrichtungen" gemäß § 3 Abs. 1 Z 1 lit. c zugeordnet sind. *(BGBl II 2017/223)*

Kostenpflicht von Zentralverwahrern

§ 11. Ist einem Zentralverwahrer eine Konzession zur Erbringung bankartiger Nebendienstleistungen gemäß § 12 ZvVG erteilt worden, ist er als Konzessionsträger im Sinne von § 4 BWG an der Verteilung der Kosten im Rechnungskreis 1 gemäß § 69a BWG zu beteiligen.

2. Abschnitt
Rechnungskreis 2

Betragliche Mindestkosten und Pauschalen

§ 12. (1) Die von jedem Kostenpflichtigen gemäß § 3 Abs. 1 Z 2 lit. a „ “ zumindest zu tragenden betraglichen Mindestkosten gemäß § 271 Abs. 3 VAG 2016 werden mit 250 Euro festgesetzt. *(BGBl II 2017/223)*

(2) Die Pauschale gemäß § 271 Abs. 2 VAG 2016 beträgt für Kostenpflichtige gemäß § 3 Abs. 1 Z 2 lit. c bis f 1 000 Euro. Die Pauschale ist sowohl im Fall der Vorauszahlung als auch im Fall der Ist-Kostenverrechnung nur einmal pro Geschäftsjahr vorzuschreiben, auch wenn der Kostenpflichtige unter mehrere Fälle gemäß § 3 Abs. 1 Z 2 lit. c bis f fällt.

(3) Die Pauschale gemäß § 271 Abs. 4 in Verbindung mit Abs. 2 VAG 2016 beträgt für Kostenpflichtige gemäß § 3 Abs. 1 Z 2 lit. b 250 Euro. *(BGBl II 2017/223)*

3. Abschnitt
Rechnungskreis 3

Subrechnungskreise

§ 13. Der Rechnungskreis 3 (Wertpapieraufsicht) besteht aus folgenden Kostenpflichtigen, die jeweils einen eigenen Subrechnungskreis bilden:

1. Subrechnungskreis 1, dem die meldepflichtigen Institute gemäß § 3 Abs. 1 Z 3 lit. a zugeordnet sind;

2. Subrechnungskreis 2, dem die Emittenten mit Ausnahme des Bundes gemäß § 3 Abs. 1 Z 3 lit. b zugeordnet sind;

3. Subrechnungskreis 3, dem die Erbringer von Wertpapierdienstleistungen gemäß § 3 Abs. 1 Z 3 lit. c zugeordnet sind;

4. Subrechnungskreis 4, dem die „Betreiber von Marktinfrastrukturen“ gemäß § 3 Abs. 1 Z 3 lit. d zugeordnet sind; *(BGBl II 2017/223)*

5. Subrechnungskreis 5, dem die Clearingmitglieder gemäß § 3 Abs. 1 Z 3 lit. e zugeordnet sind;

6. Subrechnungskreis 6, dem die Verwalter kollektiver Portfolios gemäß § 3 Abs. 1 Z 3 lit. f zugeordnet sind;

7. Subrechnungskreis 7, dem die „Administratoren“ gemäß § 3 Abs. 1 Z 3 lit. g zugeordnet sind. *(BGBl II 2017/223)*

Mindestpauschale

§ 14. (1) Ergibt sich auf Grund der nach den Bestimmungen dieser Verordnung erstellten Kostenbemessung ein vorzuschreibender Kostenanteil, der unter dem für den Kostenpflichtigen gemäß Abs. 3 festgelegten Mindestpauschalbetrag liegt, so ist dem Kostenpflichtigen der Mindestpauschalbetrag vorzuschreiben.

(2) Die FMA ist berechtigt, bei Aufteilung der Jahreskosten die in Abs. 3 geregelten Mindestpauschalbeträge je Kostenpflichtigen anzusetzen. Die durch Vorschreibung von Mindestpauschalbeträgen entstandenen rechnerischen Überschüsse sind so auszugleichen, dass der Ausgleich stufenweise innerhalb der Gruppe von Kostenpflichtigen erfolgt, wobei meldepflichtige Institute gemäß § 13 Z 1, die einem Zentralinstitut angeschlossen sind, einerseits und sonstige meldepflichtige Institute gemäß § 13 Z 1 andererseits jeweils als eine Gruppe von Kostenpflichtigen gelten.

(3) Die Mindestpauschale beträgt für kostenpflichtige

1. meldepflichtige Institute gemäß § 13 Z 1 — 500 Euro;

2. Emittenten gemäß § 13 Z 2 — 500 Euro;

3. Erbringer von Wertpapierdienstleistungen gemäß § 13 Z 3 — 500 Euro;

4. *(aufgehoben, BGBl II 2017/223)*

5. Clearingmitglieder gemäß § 13 Z 5 — 500 Euro;

6. Verwalter kollektiver Portfolios gemäß § 13 Z 6, soweit diese nicht ausschließlich registrierte AIFM gemäß § 3 Abs. 1 Z 3 lit. f sind — 1 000 Euro;

7. registrierte AIFM gemäß § 3 Abs. 1 Z 3 lit. f — 500 Euro;

8. *(aufgehoben, BGBl II 2017/223)*

9. Administratoren gemäß § 13 Z 7 — 500 Euro. *(BGBl II 2017/223)*

Subrechnungskreis 1 (Meldepflichtige Institute)

§ 15. (1) Geschäftsmeldungen gemäß Art. 26 MiFIR sind für die Zwecke der Kostenbemessung zu gewichten. Den neu gemeldeten Geschäften sowie den diesbezüglichen Stornomeldungen, die jeweils gesondert als kostenpflichtige Geschäfte zu behandeln sind, ist hiefür ein Gewicht von 100 vH zuzuordnen, soweit für einzelne Geschäftsarten nicht besondere Gewichtungsfaktoren gemäß Abs. 2 oder 3 gelten. *(BGBl II 2017/223)*

(2) Bei Kreditinstituten, die einem Zentralinstitut angeschlossen sind und die nicht gemäß § 27a BWG zur Lösung des Anschlusses an das Zentralinstitut berechtigt sind, gilt anstelle des in Abs. 1 genannten Gewichtes eine Gewichtung von 6,9 vH, sofern der unmittelbare Auftraggeber ein

Kunde gemäß Art. 2 Abs. 1 Nummer 7 MiFIR in Verbindung mit Art. 4 Abs. 1 Nummer 9 MiFID II ist und der als Gegenpartei gemeldete Käufer oder Verkäufer gemäß Anhang I Tabelle 2 Felder 7 bis 11 und 16 bis 20 Melde-RTS das zuständige Zentralinstitut oder ein anderes demselben zuständigen Zentralinstitut angeschlossenes Kreditinstitut ist. Für innersektorale Geschäfte zwischen angeschlossenen Kreditinstituten, bei denen der unmittelbare Auftraggeber kein Kunde gemäß Art. 2 Abs. 1 Nummer 7 MiFIR in Verbindung mit Art. 4 Abs. 1 Nummer 9 MiFID II ist, gilt jedoch die Gewichtung gemäß Abs. 1 und 3. Für Zwecke der Kostenbemessung gelten die innersektoralen Geschäfte mit Ausnahme der Geschäfte zwischen den angeschlossenen Kreditinstituten als ein kostenpflichtiges Geschäft, dessen Kosten jenem Sektorinstitut vorzuschreiben sind, das das meldepflichtige Geschäft innersektoral nicht mehr weiterleitet. Das zuständige Zentralinstitut und die angeschlossenen Kreditinstitute haben der FMA bis zum 30. Juni des Folgejahres die erforderlichen Referenzdaten zur Verfügung zu stellen. *(BGBl II 2017/223)*

(3) Börseunternehmen gemäß § 3 BörseG 2018 haben der FMA ihre Handelsdaten zum Zwecke der Kostenbemessung zu übermitteln. Für gemeldete Geschäfte, die nach Maßgabe der übermittelten Handelsdaten im Rahmen einer Tätigkeit als Market Maker gemäß § 52 BörseG 2018 abgeschlossen wurden, verringert sich das Gewicht gemäß Abs. 1 auf 2,9 vH. *(BGBl II 2017/223)*

(4) Eine kumulative Anwendung der Abs. 2 und 3 findet nicht statt, auch wenn das gemeldete Geschäft die Voraussetzungen beider vorgenannter Absätze erfüllt.

(5) Die FMA hat die auf die Kostenpflichtigen gemäß § 13 Z 1 im Einzelnen entfallenden Beträge, gerechnet nach ihrem Anteil der gemeldeten Geschäfte an der Gesamtzahl der gemeldeten Geschäfte, zu ermitteln, wobei die Geschäfte im Verhältnis der Relationen gemäß Abs. 1 bis 3 zu gewichten sind.

Subrechnungskreis 2 (Emittenten)

§ 16. (1) Die FMA hat die auf die Kostenpflichtigen gemäß § 13 Z 2 im Einzelnen entfallenden Beträge, gerechnet nach ihrem Anteil an den Geldumsätzen an inländischen Handelsplätzen in den meldepflichtigen Instrumente, zu ermitteln, die im betreffenden Kalenderjahr an einem geregelten Markt oder einer sonstigen Wertpapierbörse gemäß § 3 BörseG 2018 zugelassen oder mit Zustimmung des Emittenten in den Handel an einem MTF oder OTF einbezogen waren. Die FMA ist berechtigt, zur Ermittlung der Beiträge Angaben des gemäß § 3 BörseG 2018 zum Betrieb eines geregelten Marktes oder einer sonstigen Wertpapierbörse konzessionierten Börseunternehmens über die zugelassenen Instrumente einzuholen und der Kostenberechnung zugrunde zu legen, wobei Geschäfte in meldepflichtigen Finanzinstrumenten, bei denen es sich um Aktien und aktienähnliche Wertpapiere handelt, mit 100 vH, Geschäfte in allen anderen meldepflichtigen Finanzinstrumenten mit 1,2 vH zu gewichten sind.

(2) Das Börseunternehmen hat der FMA im Hinblick sowohl auf den konzessionierten Betrieb eines geregelten Marktes oder einer sonstigen Wertpapierbörse gemäß § 3 Abs. 2 BörseG 2018 als auch den bewilligten Betrieb eines MTF oder OTF gemäß § 3 Abs. 3 BörseG 2018 die entsprechenden Referenzdaten bis zum 30. Juni des Folgejahres unter Berücksichtigung von neuen erstmaligen öffentlichen Zulassungen zum amtlichen Handel (Initial Public Offerings, IPOs) sowie allfälligen zwischenzeitlich eingetretenen Veränderungen, insbesondere Änderungen der ISI-Nummern, Delistings und Kapitalmaßnahmen (insbesondere Bezugsrechte), zur Verfügung zu stellen.

(BGBl II 2017/223)

Subrechnungskreis 3 (Erbringer von Wertpapierdienstleistungen)

§ 17. (1) Die Kostenpflichtigen gemäß § 13 Z 3 haben der FMA die von Abschlussprüfern geprüften Referenzdaten des vorangegangenen Geschäftsjahres bis zum 30. Juni des Folgejahres zu übermitteln. Kostenpflichtige, die im Wege der Niederlassungsfreiheit gemäß § 19 WAG 2018 oder über eine Zweigstelle gemäß § 21 WAG 2018 in Österreich tätig werden, können die Erfüllung des Erfordernisses der Prüfung der übermittelten Referenzdaten auch durch Vorlage des Jahresabschlusses der Wertpapierfirma oder der Drittlandfirma nachweisen, wenn folgende, zusammen vorliegende Voraussetzungen erfüllt sind:

1. Der vorgelegte Jahresabschluss weist die Referenzdaten gemäß Abs. 2 aus;

2. der vorgelegte Jahresabschluss ist nach dem auf diesen anwendbaren Recht von einem Abschlussprüfer geprüft, soweit dies in dem auf diesen Jahresabschluss anwendbaren Recht vorgesehen ist, oder hilfsweise erfolgt die Meldung der Referenzdaten zumindest mit einer Bestätigung der Geschäftsleitung des Kostenpflichtigen, über die Referenzdaten wahrheitsgemäß Auskunft gegeben zu haben;

3. dem vorgelegten Jahresabschluss liegt eine beglaubigte Übersetzung des Jahresabschlusses samt Prüfvermerk in deutscher Sprache hinsichtlich der Referenzdaten bei.

Bei Wertpapierdienstleistungsunternehmen gemäß § 4 WAG 2018 entfällt das Erfordernis der Prüfung der Referenzdaten. *(BGBl II 2020/368)*

(2) Als Referenzdaten gemäß Abs. 1 gelten Umsatzerlöse aus Wertpapierdienstleistungen für

das betreffende FMA-Geschäftsjahr. Von diesen Umsatzerlösen sind jene Erlöse nicht umfasst, welche von einem Kostenpflichtigen gemäß § 13 Z 3 an andere Kostenpflichtige gemäß § 13 Z 3 weitergeleitet wurden und von letzteren als Referenzdaten gemäß Abs. 1 zu melden sind. Etwaige Fremdwährungsbeträge sind zum Wechselkurs, der im Zeitpunkt der Einhebung der Erlöse gültig gewesen ist, in Euro umzurechnen.

(3) „Der Kostenanteil einer Wertpapierfirma, eines Wertpapierdienstleistungsunternehmens oder eines sonstigen Kostenpflichtigen gemäß § 13 Z 3 für ein FMA-Geschäftsjahr ergibt sich aus dem Verhältnis der Umsatzerlöse aus Wertpapierdienstleistungsgeschäften des jeweiligen Kostenpflichtigen zu den gesamten Umsatzerlösen aller Kostenpflichtiger gemäß § 13 Z 3.“ Bei Unternehmen der Vertragsversicherung sind hierbei nur 67 vH der Erlöse aus Vermittlungsgeschäften gemäß § 6 Abs. 3 VAG 2016 zu berücksichtigen. Bei Verwaltungsgesellschaften sind hierbei nur 67 vH der Erlöse aus Dienstleistungen gemäß § 5 Abs. 2 Z 3 und 4 InvFG 2011 und bei AIFM nur 67 vH der Erlöse aus Dienstleistungen gemäß § 4 Abs. 4 Z 1 und 2 lit. a und c AIFMG zu berücksichtigen. Bei Zentralverwahrern sind die Erlöse aus Dienstleistungen zu berücksichtigen, die erlaubterweise gemäß Art. 17 Abs. 5 in Verbindung mit Art. 18 CSDR erbracht worden sind. *(BGBl II 2017/223)*

(4) Bei einem Kostenpflichtigen im Ausland, der über eine Zweigstelle im Inland tätig wird, treten an die Stelle seiner Umsatzerlöse die Umsatzerlöse, die seiner Zweigstelle zuzurechnen wären, wenn sie ein hundertprozentiges Tochterunternehmen des Kostenpflichtigen wäre. Unabhängig von einer bestehenden Zweigstelle gehören hierzu auch Umsatzerlöse, die im Wege der Niederlassungsfreiheit gemäß § 19 WAG 2018 in Österreich durch Heranziehung vertraglich gebundener Vermittler in Österreich erwirtschaftet werden. *(BGBl II 2020/368)*

Subrechnungskreis 4 (Marktinfrastruktur)

§ 18. Ein Fehlbetrag, der gemäß § 94 Abs. 2 BörseG 2018, § 5 Abs. 3 ZGVG und § 11 Abs. 2 ZvVG im Subrechnungskreis 4 verbleibt, ist auf die einzelnen Rechnungskreise gemäß § 19 Abs. 1 FMABG unter Berücksichtigung der Subrechnungskreise im Verhältnis ihrer direkt zuordenbaren Kosten zueinander aufzuteilen, wobei der Subrechnungskreis 4 unberücksichtigt bleibt.

(BGBl II 2017/223)

Subrechnungskreis 5 (Clearingmitglieder)

§ 19. (1) Die FMA hat die auf die Kostenpflichtigen gemäß § 13 Z 5 im Einzelnen entfallenden Beträge, gerechnet nach ihrem Anteil der von ihnen als Clearingmitglied bei einer oder mehreren im Inland niedergelassenen zentralen Gegenparteien in Anspruch genommenen Clearingdienstleistungen am Gesamtvolumen der von diesen zentralen Gegenparteien erbrachten Clearingdienstleistungen zu ermitteln. Der Anteil bemisst sich nach dem Verhältnis des Gesamtvolumens aller Transaktionen in Finanzinstrumenten gemäß § 1 Z 7 WAG 2018, die der einzelne Kostenpflichtige gemäß § 13 Z 5 im betreffenden FMA-Geschäftsjahr von einer im Inland niedergelassenen zentralen Gegenpartei abwickeln ließ, zum Gesamtvolumen aller Transaktionen in Finanzinstrumenten gemäß § 1 Z 7 WAG 2018, die alle Kostenpflichtigen gemäß § 13 Z 5 im betreffenden FMA-Geschäftsjahr von den im Inland niedergelassenen zentralen Gegenparteien abwickeln ließen.

(2) Die im Inland niedergelassenen zentralen Gegenparteien haben der FMA jeweils die Referenzdaten für jedes FMA-Geschäftsjahr

1. zu dem von ihnen abgewickelten Gesamtvolumen aller Transaktionen in Finanzinstrumenten gemäß § 1 Z 7 WAG 2018 und

2. zum absoluten Anteil jedes ihrer Clearingmitglieder an dem von ihnen gemäß Z 1 gemeldeten Gesamtvolumen aller Transaktionen in Finanzinstrumenten gemäß § 1 Z 7 WAG 2018

bis zum 30. Juni des Folgejahres zu übermitteln. Etwaige Fremdwährungsbeträge sind zum Wechselkurs, der im Zeitpunkt des Abschlusses der Transaktion gültig gewesen ist, in Euro umzurechnen.

(BGBl II 2017/223)

Subrechnungskreis 6 (Verwalter kollektiver Portfolios)

§ 20. (1) Die Kostenpflichtigen gemäß § 13 Z 6 haben der FMA die von Abschlussprüfern geprüften Referenzdaten des vorangegangenen Geschäftsjahres bis zum 30. Juni des Folgejahres zu übermitteln. Kostenpflichtige, die über eine Zweigstelle gemäß § 36 InvFG 2011 oder § 33 AIFMG im Inland tätig werden oder Nicht-EU-AIFM gemäß § 39 Abs. 3 AIFMG sind, können die Erfüllung des Erfordernisses der Prüfung der übermittelten Referenzdaten unter Heranziehung des Jahresabschlusses der Verwaltungsgesellschaft, des EU-AIFM oder des Nicht-EU-AIFM nachweisen, wenn folgende, zusammen vorliegende Voraussetzungen erfüllt sind:

1. Der Jahresabschluss weist die Referenzdaten der inländischen Zweigstelle aus;

2. der Jahresabschluss ist nach dem auf diesen anwendbaren Recht von einem Abschlussprüfer geprüft;

3. dem vorgelegten Jahresabschluss liegt eine beglaubigte Übersetzung des Jahresabschlusses

samt Prüfvermerk in deutscher Sprache hinsichtlich der Referenzdaten bei.
(BGBl II 2020/368)

(2) Als Referenzdaten gemäß Abs. 1 gelten für Kostenpflichtige gemäß § 13 Z 6 die eingehobenen Verwaltungskosten der Betrieblichen Vorsorgekassen, die eingehobenen Provisionserträge der Verwaltungsgesellschaften und Kapitalanlagegesellschaften für Immobilien und die Umsatzerlöse der AIFM aus der Verwaltung von AIF für das betreffende FMA-Geschäftsjahr. Von diesen Erlösen sind jeweils jene Erlöse nicht umfasst, welche von einem Kostenpflichtigen gemäß § 13 Z 6 an andere Kostenpflichtige gemäß § 13 Z 6 weitergeleitet wurden und von letzteren als Referenzdaten gemäß Abs. 1 zu melden sind. Etwaige Fremdwährungsbeträge sind zum Wechselkurs, der im Zeitpunkt der Einhebung der Verwaltungskosten, Provisionserträge oder Umsatzerlöse gültig gewesen ist, in Euro umzurechnen.

(3) Die FMA hat die auf die Kostenpflichtigen gemäß § 13 Z 6 im Einzelnen entfallenden Beträge, gerechnet nach ihrem Anteil am Gesamtvolumen der eingehobenen Verwaltungskosten der Betrieblichen Vorsorgekassen, der eingehobenen Provisionserträge der Verwaltungsgesellschaften und Kapitalanlagegesellschaften für Immobilien und der Umsatzerlöse der AIFM aus der Verwaltung von AIF zu ermitteln. Der Anteil bemisst sich nach dem Verhältnis des Gesamtvolumens aller Verwaltungskosten, Provisionserträge oder Umsatzerlöse, die der einzelne Kostenpflichtige gemäß § 13 Z 6 im betreffenden FMA-Geschäftsjahr eingehoben hat, abzüglich jener Erlöse, die nach § 17 Abs. 1 zu melden sind, zum Gesamtvolumen aller eingehobenen Verwaltungskosten, Provisionserträge und Umsatzerlöse, die alle Kostenpflichtigen gemäß § 13 Z 6 im betreffenden FMA-Geschäftsjahr eingehoben haben. Bei registrierten AIFM sind hierbei nur 50 vH der eingehobenen Umsatzerträge zu berücksichtigen.

Subrechnungskreis 7 (Administratoren)

§ 21. (1) Die FMA hat die auf die Kostenpflichtigen gemäß § 13 Z 7 im Einzelnen entfallenden Beträge gerechnet nach ihrem Anteil an der Gesamtanzahl der von allen Kostenpflichtigen gemäß § 13 Z 7 bereitgestellten Referenzwerte zu ermitteln, wobei die Anzahl nach der Art der bereitgestellten Referenzwerte zu gewichten ist. Ein nicht signifikanter Referenzwert ist mit dem Faktor 1,0 zu gewichten, ein signifikanter Referenzwert mit dem Faktor 1,1 und ein kritischer Referenzwert mit dem Faktor 2,0.

(2) Maßgeblich für die Gewichtung gemäß Abs. 1 sind die Referenzwerte nach der Art, wie sie die FMA ihrer Aufsicht am 30. September des jeweiligen FMA-Geschäftsjahres auf Grund einer Nennung in einen Durchführungsrechtsakt gemäß Art. 20 Abs. 1 BMR, hilfsweise auf Grund einer Benachrichtigung gemäß Art. 24 Abs. 3 oder Art. 26 Abs. 2 BMR und wiederum hilfsweise auf Grund einer Einbeziehung in ein Zulassungs- oder Registrierungsverfahren gemäß Art. 34 BMR zugrunde zu legen hat.

(BGBl II 2017/223)

4. Abschnitt

Rechnungskreise 1 bis 4

Kostenpflicht der Dienstleister in Bezug auf virtuelle Währungen

§ 21a. (1) Die Kostenpflichtigen gemäß § 3 Abs. 1 Z 5 haben der FMA die von Abschlussprüfern geprüften Referenzdaten bis zum 10. August des betreffenden FMA-Geschäftsjahres zu übermitteln. Bei Kostenpflichtigen gemäß § 3 Abs. 1 Z 5, die keine juristische Person sind, entfällt das Erfordernis der Prüfung der Referenzdaten, sofern sie stattdessen bestätigt haben, über die Referenzdaten wahrheitsgemäß Auskunft gegeben zu haben.

(2) Als Referenzdaten gemäß Abs. 1 gelten die Bruttoentgelte aus Dienstleistungen in Bezug auf virtuelle Währungen gemäß § 2 Z 22 lit. a bis e FM-GwG für das Halbjahr, das dem betreffenden FMA-Geschäftsjahr vorausgeht, zuzüglich dem ersten Halbjahr des betreffenden FMA-Geschäftsjahres. Etwaige Fremdwährungsbeträge sind zum Wechselkurs, der im Zeitpunkt der Einhebung der Bruttoentgelte gültig gewesen ist, in Euro umzurechnen.

(3) Als pauschalierten Kostenbeitrag haben Kostenpflichtige gemäß § 3 Abs. 1 Z 5 einen Betrag in Höhe von „0,4 vH" der gemeldeten Bruttoentgelte aus Dienstleistungen in Bezug auf virtuelle Währungen gemäß § 2 Z 22 lit. a bis e FM-GwG zu leisten. *(BGBl II 2021/408)*

(4) Der von jedem Kostenpflichtigen gemäß § 3 Abs. 1 Z 5 zumindest zu leistende pauschalierte Kostenbetrag beträgt 500 Euro.

(5) Die FMA hat in Abweichung von § 4 Abs. 1 die Ist-Kostenbeiträge nebst den Vorauszahlungen den Kostenpflichtigen gemäß § 3 Abs. 1 Z 5 so rechtzeitig vorzuschreiben, dass sie bis zum 31. Dezember des betreffenden FMA-Geschäftsjahres dic pauschalierten Ist-Kostenbeiträge einheben und verrechnen kann. Ist-Kostenbeiträge von Kostenpflichtigen gemäß § 3 Abs. 1 Z 5 einschließlich der hierauf gezahlten Vorauszahlungen sind von den Kosten gemäß § 19 Abs. 2 zweiter Satz FMABG abzuziehen, bevor diese Kosten auf die Rechnungskreise 1 bis 4 aufgeteilt werden. „§ 3 Abs. 2 ist auf Kostenpflichtige gemäß § 3 Abs. 1 Z 5 mit der Maßgabe anzuwenden, dass die Voraussetzung gemäß § 3 Abs. 1 Z 5 innerhalb eines FMA-Geschäftsjahres zumindest für einen Zeitraum vorliegen muss, der nicht erst

nach dem in § 9 Abs. 1 genannten Stichtag beginnt.“ *(BGBl II 2021/408)*

(BGBl II 2020/368)

3. Hauptstück

Schlussbestimmungen

Verweise

§ 22. (1) Für Verweise auf Bundesgesetze in dieser Verordnung gilt Folgendes:

1. Soweit auf Bestimmungen des Finanzmarktaufsichtsbehördengesetzes – FMABG, BGBl. I Nr. 97/2001, verwiesen wird, ist dieses in der Fassung des Bundesgesetzes BGBl. I Nr. 25/2021 anzuwenden;

2. soweit auf Bestimmungen des Bankwesengesetzes – BWG, BGBl. Nr. 532/1993, verwiesen wird, ist dieses in der Fassung des Bundesgesetzes BGBl. I Nr. 98/2021 anzuwenden;

3. soweit auf Bestimmungen des Zahlungsdienstegesetzes 2018 – ZaDiG 2018, BGBl. I Nr. 17/2018, verwiesen wird, ist dieses in der Fassung des Bundesgesetzes BGBl. I Nr. 39/2020 anzuwenden;

4. soweit auf Bestimmungen des E-Geldgesetzes 2010, BGBl. I Nr. 107/2010, verwiesen wird, ist dieses in der Fassung des Bundesgesetzes BGBl. I Nr. 37/2018 anzuwenden;

5. soweit auf Bestimmungen des Sanierungs- und Abwicklungsgesetzes – BaSAG, BGBl. I Nr. 98/2014, verwiesen wird, ist dieses in der Fassung des Bundesgesetzes BGBl. I Nr. 98/2021, anzuwenden;

6. soweit auf Bestimmungen des Einlagensicherungs- und Anlegerentschädigungsgesetzes – ESAEG, BGBl. I Nr. 117/2015, verwiesen wird, ist dieses in der Fassung des Bundesgesetzes BGBl. I Nr. 46/2019 anzuwenden;

7. soweit auf Bestimmungen des Versicherungsaufsichtsgesetzes 2016 – VAG 2016, BGBl. I Nr. 34/2015, verwiesen wird, ist dieses in der Fassung des Bundesgesetzes BGBl. I Nr. 16/2021 anzuwenden;

8. soweit auf Bestimmungen des Wertpapieraufsichtsgesetzes 2018 – WAG 2018, BGBl. I Nr. 107/2017, verwiesen wird, ist dieses in der Fassung des Bundesgesetzes BGBl. I Nr. 98/2021 anzuwenden;

9. soweit auf Bestimmungen des Börsegesetzes 2018 – BörseG 2018, BGBl. I Nr. 107/2017, verwiesen wird, ist dieses in der Fassung des Bundesgesetzes BGBl. I Nr. 98/2021 anzuwenden;

10. soweit auf Bestimmungen des Zentralen Gegenparteien-Vollzugsgesetzes – ZGVG, BGBl. I Nr. 97/2012, verwiesen wird, ist dieses in der Fassung des Bundesgesetzes BGBl. I Nr. 98/2021 anzuwenden;

11. soweit auf Bestimmungen des Zentralverwahrer-Vollzugsgesetzes – ZvVG, BGBl. I Nr. 69/2015, verwiesen wird, ist dieses in der Fassung des Bundesgesetzes BGBl. I Nr. 107/2017 anzuwenden;

12. soweit auf Bestimmungen des Investmentfondsgesetzes 2011 – InvFG 2011, BGBl. I Nr. 77/2011, verwiesen wird, ist dieses in der Fassung des EU-Finanz-Anpassungsgesetzes 2019 – EU-FinAnpG 2019, BGBl. I Nr. 62/2019, anzuwenden;

13. soweit auf Bestimmungen des Alternative Investmentfonds Manager-Gesetzes – AIFMG, BGBl. I Nr. 135/2013, verwiesen wird, ist dieses in der Fassung des EU-Finanz-Anpassungsgesetzes 2019 – EU-FinAnpG 2019, BGBl. I Nr. 62/2019, anzuwenden;

14. soweit auf Bestimmungen des Immobilien-Investmentfondsgesetzes – ImmoInvFG, BGBl. I Nr. 80/2003, verwiesen wird, ist dieses in der Fassung des EU-Finanz-Anpassungsgesetzes 2019 – EU-FinAnpG 2019, BGBl. I Nr. 62/2019, anzuwenden;

15. soweit auf Bestimmungen des Betrieblichen Mitarbeiter- und Selbständigenvorsorgegesetzes – BMSVG, BGBl. I Nr. 100/2002, verwiesen wird, ist dieses in der Fassung des Bundesgesetzes BGBl. I Nr. 78/2021, anzuwenden;

16. soweit auf Bestimmungen des Pensionskassengesetzes – PKG, BGBl. Nr. 281/1990, verwiesen wird, ist dieses in der Fassung des Bundesgesetzes BGBl. I Nr. 100/2018 anzuwenden;

17. soweit auf Bestimmungen des Finanzkonglomerategesetzes – FKG, BGBl. I Nr. 70/2004, verwiesen wird, ist dieses in der Fassung des Bundesgesetzes BGBl. I Nr. 37/2018 anzuwenden;

18. soweit auf Bestimmungen des Finanzmarkt-Geldwäschegesetzes – FM-GwG, BGBl. I Nr. 118/2016, verwiesen wird, ist dieses in der Fassung des Bundesgesetzes BGBl. I Nr. 98/2021, anzuwenden;

19. soweit auf Bestimmungen des Referenzwerte-Vollzugsgesetzes – RW-VG, BGBl. I Nr. 93/2017, verwiesen wird, ist dieses in seiner Stammfassung anzuwenden.

(2) Für Verweise auf Unionsrecht in dieser Verordnung gilt Folgendes:

1. Soweit auf Bestimmungen der Verordnung (EU) Nr. 575/2013, in dieser Verordnung CRR genannt, verwiesen wird, so ist die Verordnung (EU) Nr. 575/2013 über Aufsichtsanforderungen an Kreditinstitute und Wertpapierfirmen und zur Änderung der Verordnung (EU) Nr. 648/2012, ABl. Nr. L 176 vom 27.06.2013 S. 1, in der Fassung der Verordnung (EU) 2020/873, ABl. Nr. L 204 vom 26.06.2020 S. 4, und der Berichtigung ABl. Nr. L 405 vom 02.12.2020 S. 79 anzuwenden;

2. soweit auf Bestimmungen der Verordnung (EU) Nr. 909/2014, in dieser Verordnung CSDR genannt, verwiesen wird, so ist die Verordnung (EU) Nr. 909/2014 zur Verbesserung der Wertpapierlieferungen und -abrechnungen in der Europäischen Union und über Zentralverwahrer sowie zur Änderung der Richtlinien 98/26/EG und 2014/65/EU und der Verordnung (EU) Nr. 236/2012, ABl. Nr. L 257 vom 28.08.2014 S. 1, in der Fassung der Verordnung (EU) 2016/1033, ABl. Nr. L 175 vom 30.06.2016 S. 1, und der Berichtigung ABl. Nr. 349 vom 21.12.2016 S. 5 anzuwenden;

3. soweit auf Bestimmungen der Verordnung (EU) Nr. 648/2012, in dieser Verordnung EMIR genannt, verwiesen wird, so ist die Verordnung (EU) Nr. 648/2012 über OTC-Derivate, zentrale Gegenparteien und Transaktionsregister, ABl. Nr. L 201 vom 27.07.2012 S. 1, in der Fassung der Verordnung (EU) 2021/168, ABl. Nr. L 49 vom 12.02.2021 S. 6, anzuwenden;

4. soweit auf Bestimmungen der Verordnung (EU) Nr. 600/2014, in dieser Verordnung MiFIR genannt, verwiesen wird, so ist die Verordnung (EU) Nr. 600/2014 über Märkte für Finanzinstrumente und zur Änderung der Verordnung (EU) Nr. 648/2012, ABl. Nr. L 173 vom 12.06.2014 S. 84, in der Fassung der Verordnung (EU) 2021/23, ABl. Nr. L 22 vom 22.01.2021 S. 1, anzuwenden;

5. soweit auf Bestimmungen der Richtlinie 2014/65/EU, in dieser Verordnung MiFID II genannt, verwiesen wird, so ist die Richtlinie 2014/65/EU über Märkte für Finanzinstrumente sowie zur Änderung der Richtlinien 2002/92/EG und 2011/61/EU, ABl. Nr. L 173 vom 12.06.2014 S. 349, in der Fassung der Richtlinie (EU) 2021/338, ABl. Nr. L 68 vom 26.02.2021 S. 14, anzuwenden;

6. soweit auf Bestimmungen der Delegierten Verordnung (EU) 2017/590, in dieser Verordnung Melde-RTS genannt, verwiesen wird, so ist die Delegierte Verordnung (EU) 2017/590 zur Ergänzung der Verordnung (EU) Nr. 600/2014 durch technische Regulierungsstandards für die Meldung von Geschäften an die zuständigen Behörden, ABl. Nr. L 87 vom 31.03.2017 S. 449, in der Fassung der Berichtigung ABl. Nr. L 250 vom 28.09.2017 S. 76, anzuwenden;

7. soweit auf Bestimmungen der Verordnung (EU) 2016/1011, in dieser Verordnung BMR genannt, verwiesen wird, so ist die Verordnung (EU) 2016/1011 über Indizes, die bei Finanzinstrumenten und Finanzkontrakten als Referenzwert oder zur Messung der Wertentwicklung eines Investmentfonds verwendet werden, und zur Änderung der Richtlinien 2008/48/EG und 2014/17/EU sowie der Verordnung (EU) Nr. 596/2014, ABl. Nr. L 171 vom 29.06.2016 S. 1, in der Fassung der Verordnung (EU) 2021/168, ABl. Nr. L 49 vom 12.02.2021 S. 6, anzuwenden.

(BGBl II 2021/408)

Inkrafttreten, Außerkrafttreten und Übergangsbestimmungen

§ 23. (1) Diese Verordnung tritt mit 1. Jänner 2016 in Kraft.

(2) Die Verordnung der Finanzmarktaufsichtsbehörde (FMA) über die Kosten der Finanzmarktaufsicht (FMA-Kostenverordnung – FMA-KVO), BGBl. II Nr. 340/2003, in der Fassung der Verordnung BGBl. II Nr. 265/2015 tritt mit Ablauf des 31. Dezember 2015 außer Kraft.

(3) Für die Ist-Kostenverrechnung für ein FMA-Geschäftsjahr, das vor dem 1. Jänner 2016 endet, gilt Folgendes: Anstelle von § 3 Abs. 1 Z 2 und § 6 Abs. 1 Z 2 dieser Verordnung sind § 3 Abs. 1 Z 2 und § 6 Abs. 1 Z 2 der in Abs. 2 bezeichneten Verordnung anzuwenden; § 12 Abs. 1 dieser Verordnung ist nur auf Kostenpflichtige im Sinne von § 3 Abs. 1 Z 2 der in Abs. 2 bezeichneten Verordnung anzuwenden; § 12 Abs. 2 dieser Verordnung ist nicht anzuwenden.

(4) § 3 Abs. 1 Z 1 lit. c, § 6 Abs. 1 Z 1 lit. a und Abs. 2 letzter Satz, § 7 Abs. 6, § 10 Z 3 und § 12 Abs. 1 und 3 „in der Fassung der Verordnung BGBl. II Nr. 223/2017" treten mit 1. September 2017 in Kraft und sind auf Vorschreibungen von Ist-Kosten für FMA-Geschäftsjahre, die nach dem 31. Dezember 2015 beginnen, sowie von Vorauszahlungen für FMA-Geschäftsjahre, die nach dem 31. Dezember 2017 beginnen, anzuwenden. § 1 Z 3, § 3 Abs. 1 Z 3 lit. a bis d und g, § 6 Abs. 1 Z 3 lit. a, b und e, § 7 Abs. 4 Z 12 und Abs. 5, § 9 Abs. 1 letzter Satz, § 13 Z 4 und 7, § 15 Abs. 1 bis 3, § 16 Abs. 1 und 2, § 17 Abs. 3 erster Satz, § 18 samt Überschrift, § 19 und § 21 samt Überschrift „in der Fassung der Verordnung BGBl. II Nr. 223/2017" treten mit 3. Jänner 2018 in Kraft und sind auf FMA-Geschäftsjahre anzuwenden, die nach dem 31. Dezember 2017 beginnen. *(BGBl II 2017/223; BGBl II 2018/218)*

(5) § 6 Abs. 1 Z 3 lit. d, § 7 Abs. 4 Z 8 und 11 und § 14 Abs. 3 Z 4 und 8 „in der Fassung der Verordnung BGBl. Nr. II Nr. 419/2015" treten mit Ablauf des 31. Dezember 2019 außer Kraft und sind auf Geschäftsjahre, die nach dem 31. Dezember 2017 beginnen, nicht mehr anzuwenden. *(BGBl II 2017/223; BGBl II 2018/218)*

(6) (zu § 3 Abs. 1 Z 1 lit. c): Bis zur Einrichtung einer einheitlichen Sicherungseinrichtung ist § 3 Abs. 1 Z 1 lit. c mit der Maßgabe anzuwenden, dass die bei den Fachverbänden gemäß § 59 Z 3 ESAEG eingerichteten Sicherungseinrichtungen kostenpflichtig sind. Die Vorschreibungen der Ist-Kosten für das Geschäftsjahr 2017 sowie der Vorauszahlungen für das Geschäftsjahr 2019

haben bis zum 31. März 2019 zu erfolgen. *(BGBl II 2017/223)*

(7) § 3 Abs. 1 Z 1 lit. a sublit. cc und Abs. 1 Z 3 lit. c, § 6 Abs. 1 Z 1 lit. b, § 7 Abs. 4 Z 2 und 3, § 17 Abs. 4 und § 22 in der Fassung der Verordnung BGBl. II Nr. 218/2018 treten mit 1. September 2018 in Kraft. *(BGBl II 2018/218)*

(8) § 3 Abs. 1 Z 3 lit. a, § 6 Abs. 1 Z 1 lit. c, § 17 Abs. 1 und § 22 in der Fassung der Verordnung BGBl. II Nr. 241/2019 treten mit 1. September 2019 in Kraft. *(BGBl II 2019/241)*

(9) Zur Begleitung der FMA-Fristenverlängerungsverordnung 2020 – FMA-FriVerV 2020, BGBl. II Nr. 181/2020, gilt Folgendes:

1. Darf eine der in § 6 Abs. 1 Z 1 genannten Meldungen unter Ausnutzung einer Fristverlängerung gemäß § 2 Abs. 1 FMA-FriVerV 2020 bis zu vier Monate später gemeldet werden, so verlängert sich die Frist für Korrekturmeldungen betreffend die Kostengrundlage gemäß § 6 Abs. 4 dementsprechend;

2. darf die in § 6 Abs. 1 Z 2 lit. a genannte Meldung unter Ausnutzung einer Fristverlängerung gemäß § 3 Abs. 2 Z 1 FMA-FriVerV 2020 mehr als einen Monat und bis zu zwei Monate später gemeldet werden, so verlängert sich die Frist für die Datenmeldung betreffend die Kostengrundlage gemäß § 6 Abs. 2 um den über einen Monat hinausgehenden Zeitraum entsprechend;

3. darf die in § 6 Abs. 1 Z 2 lit. b genannte Meldung unter Ausnutzung einer Fristverlängerung gemäß § 3 Abs. 4 Z 2 FMA-FriVerV 2020 bis spätestens zum 31. Juli 2020 gemeldet werden, so verlängert sich die Frist für die Datenmeldung betreffend die Kostengrundlage gemäß § 6 Abs. 2 entsprechend;

4. darf die in § 6 Abs. 1 Z 4 genannte Meldung unter Ausnutzung einer Fristverlängerung gemäß § 4 Abs. 2 FMA-FriVerV 2020 bis zu einen Monat später gemeldet werden, so verlängert sich die Frist für die Datenmeldung betreffend die Kostengrundlage gemäß § 6 Abs. 2 dementsprechend.

(BGBl II 2020/181)

(10) § 1 Z 2, § 3 Abs. 1 Z 3 lit. a sowie Z 4 und 5, § 4 Abs. 1 und 2, § 6 Abs. 1 Z 3 bis 5 und Abs. 2, § 7 Abs. 4 Z 11 und 12, § 9 Abs. 1, § 17 Abs. 1 und 4, § 20 Abs. 1, § 21a samt Überschriften und § 22 in der Fassung der Verordnung BGBl. II Nr. 368/2020 treten mit 30. September 2020 in Kraft. Unbeschadet bescheidmäßig aufgegebener Meldepflichten gemäß § 28 Abs. 6 letzter Satz FM-GwG sind Referenzdaten gemäß § 21a Abs. 2 erstmalig für den Zeitraum vom 2. Halbjahr 2020 bis zum 1. Halbjahr 2021 gemäß § 21a Abs. 1 bis zum 10. August 2021 zu melden. *(BGBl II 2020/368)*

(11) (zu § 21a): Für das FMA-Geschäftsjahr 2020 haben Kostenpflichtige gemäß § 3 Abs. 1 Z 5 einheitlich einen pauschalen Kostenbeitrag in Höhe von 500 Euro und für das FMA-Geschäftsjahr 2021 eine pauschale Vorauszahlung in Höhe von 500 Euro zu leisten. *(BGBl II 2020/368)*

(12) § 21a Abs. 3 und 5 und § 22 in der Fassung der Verordnung BGBl. II Nr. 408/2021 treten mit 30. September 2021 in Kraft. *(BGBl II 2021/408)*

FMA-Gebührenverordnung

BGBl II 2004/230 idF

1 BGBl II 2005/234
2 BGBl II 2005/320
3 BGBl II 2006/465
4 BGBl II 2007/268
5 BGBl II 2009/350
6 BGBl II 2011/273
7 BGBl II 2012/125
8 BGBl II 2012/211
9 BGBl II 2013/225
10 BGBl II 2013/486
11 BGBl II 2014/15
12 BGBl II 2015/56
13 BGBl II 2015/219
14 BGBl II 2015/238
15 BGBl II 2017/206
16 BGBl II 2017/388
17 BGBl II 2018/220
18 BGBl II 2019/221
19 BGBl II 2019/352
20 BGBl II 2021/409

Verordnung der Finanzmarktaufsichtsbehörde über die Gebühren der Finanzmarktaufsicht (FMA-Gebührenverordnung – FMA-GebV)

1. Teil
Allgemeine Bestimmungen

§ 1

(1) Die Parteien haben für jede Verleihung einer Berechtigung oder für sonstige wesentlich in ihrem Privatinteresse liegende Amtshandlungen, die von der Finanzmarktaufsichtsbehörde (FMA) vorgenommen wurden, die gemäß dem 2. Teil (Anm.: als Anlage 1 dokumentiert) festgesetzten Gebühren zu entrichten.

(2) Im Verwaltungsstrafverfahren und im Verwaltungsvollstreckungsverfahren sind keine Gebühren zu entrichten.

(3) Im Verfahren über die Erteilung von Auskunftsbescheiden gemäß § 23 des Finanzmarktaufsichtsbehördengesetzes – FMABG, BGBl. I Nr. 97/2001, in der Fassung des Bundesgesetzes BGBl. I Nr. 149/2017, sind an Stelle von Gebühren gemäß dem 2. Teil Verwaltungskostenbeiträge gemäß dem 3. Teil zu entrichten. Auf die Entrichtung der Verwaltungskostenbeiträge ist § 4 anzuwenden. *(BGBl II 2017/388)*

§ 2

(1) Die Pflicht zur Entrichtung der Gebühr tritt in dem Zeitpunkt ein, in dem die Berechtigung rechtskräftig verliehen ist oder die Amtshandlung vorgenommen wird.

(2) Soweit eine Gebührenschuld nicht besteht oder nachträglich weggefallen ist, sind hierauf entrichtete Beträge nach schriftlicher Bekanntgabe der Bankverbindung durch den Kostenpflichtigen zurückzuzahlen.

§ 3

(1) Ergeht im Zusammenhang mit der Verleihung einer Berechtigung oder mit einer sonstigen Amtshandlung, für die eine Gebühr zu entrichten ist, ein Bescheid gemäß § 56 oder § 57 des Allgemeinen Verwaltungsverfahrensgesetzes 1991 - AVG, BGBl. Nr. 51/1991, in der Fassung des Bundesgesetzes BGBl. I Nr. 161/2013, so ist die Vorschreibung der Gebühr in dessen Spruch aufzunehmen.

(2) Liegt der Fall des Abs. 1 nicht vor, so ist die Gebühr, wenn sie nicht ohne weiteres entrichtet wird, durch einen abgesonderten Bescheid gemäß § 57 AVG vorzuschreiben.

(BGBl II 2017/206)

§ 4

Die Gebühren sind bei der FMA durch Barzahlung, durch Einzahlung mit Erlagschein, mittels Bankomat- oder Kreditkarte oder durch andere bargeldlose elektronische Zahlungsformen zu entrichten. Die über die Barzahlung und Einzahlung mit Erlagschein hinausgehenden zulässigen Entrichtungsarten sind bei der FMA nach Maßgabe der technisch-organisatorischen Voraussetzungen zu bestimmen und entsprechend bekannt zu machen. Die FMA hat die Höhe der entrichteten Gebühren im bezughabenden Verwaltungsakt in nachprüfbarer Weise festzuhalten.

§ 5

Die Gebühr ist auch dann zu entrichten, wenn die bei der in Betracht kommenden Tarifpost angegebenen Rechtsvorschriften zwar geändert wurden, die gebührenpflichtige Tätigkeit jedoch ihrem Wesen und Inhalt nach unverändert geblieben ist.

§ 6

(1) Diese Verordnung tritt mit 1. Juli 2004 in Kraft. Sie ist auf zum Zeitpunkt ihres In-Kraft-Tretens anhängige Verwaltungsverfahren nicht anzuwenden.

(2) Z 9, Z 51a, Z 52, Z 52a sowie die Z 73 bis 76 im 2. Teil 2. Abschnitt in der Fassung der Verordnung BGBl. II Nr. 234/2005 treten mit 10. August 2005 in Kraft. *(BGBl II 2005/320)*

(3) Z 9, 9a bis Z 9x, Z 48a, Z 55a, Z 68a und Z 68b im 2. Teil 2. Abschnitt in der Fassung der Verordnung BGBl. II Nr. 465/2006 treten mit 1. Jänner 2007 in Kraft. Z 10 im 2. Teil 2. Abschnitt tritt mit Ablauf des 31. Dezember 2006 außer Kraft. *(BGBl II 2006/465)*

(4) Z 59 und Z 66 bis 68b im 2. Teil 2. Abschnitt in der Fassung der Verordnung BGBl. II Nr. 268/2007 treten mit 1. November 2007 in Kraft. *(BGBl II 2007/268)*

(5) Z 33a bis 33e im 2. Teil 2. Abschnitt in der Fassung der Verordnung BGBl. II Nr. 350/2009 treten mit 1. November 2009 in Kraft. *(BGBl II 2009/350)*

(6) Z 27 bis 32f sowie Z 33f bis 33k im 2. Teil 2. Abschnitt in der Fassung der Verordnung BGBl. II Nr. 273/2011 treten mit 1. September 2011 in Kraft. *(BGBl II 2011/273)*

(7) Z 17 bis 19a samt Überschrift in Teil 2 Abschnitt 2 in der Fassung der Verordnung BGBl. II Nr. 125/2012 treten mit 15. April 2012 in Kraft. *(BGBl II 2012/125)*

(8) Teil 2 Abschnitt 2 Z 9y, Z 9z und Z 10a in der Fassung der Verordnung BGBl. II Nr. 211/2012 treten mit 30. Juni 2012 in Kraft. Teil 2 Abschnitt 2 Z 73 bis 75 in der Fassung der Verordnung BGBl. II Nr. 211/2012 treten mit 1. September 2012 in Kraft. *(BGBl II 2012/211)*

(9) Teil 2 Abschnitt 2 Z 21 bis 23, Z 25, Z 30a bis 30c, Z 31b, Z 32f, Z 32g, Z 33l bis 33v und Z 64 in der Fassung der Verordnung BGBl. II Nr. 225/2013 treten mit Ablauf des Tages der Kundmachung im Bundesgesetzblatt in Kraft. Teil 2 Abschnitt 2 Z 14 bis 16 im treten mit Ablauf des Tages der Kundmachung im Bundesgesetzblatt außer Kraft. *(BGBl II 2013/225)*

(10) Teil 2 Abschnitt 2 in der Fassung der Verordnung BGBl. II Nr. 486/2013 tritt am 1. Jänner 2014 in Kraft. *(BGBl II 2013/486)*

(11) Teil 2 Abschnitt 1 Tarifposten 1 bis 3, Teil 2 Abschnitt 2 Tarifposten I.B.87. bis I.B.89., II.A.37. bis II.A.50., II.A.54., II.A.55., III.E.10. III.E.12, III.G.1, III.G.3, III.G.6. bis III.G.8., III.H.3. und III.H.4. und IV.A.1. in der Fassung der Verordnung BGBl. II Nr. 56/2015 treten mit 1. April 2015 in Kraft. Teil 2 Abschnitt 2 Tarifposten II.A.51.bis II.A.53. und II.A.56. in der Fassung der Verordnung BGBl. II Nr. 56/2015 treten mit 1. Juli 2015 in Kraft. Teil 2 Abschnitt 2 Tarifposten II.A.1 bis II.A.36. in der Fassung der Verordnung BGBl. II Nr. 56/2015 treten mit 1. Jänner 2016 in Kraft. Teil 2 Abschnitt 2 Tarifposten I.A.1. bis I.A.4. treten mit Ablauf des Tages der Kundmachung dieser Verordnung außer Kraft. *(BGBl II 2015/56)*

(12) 1. Teil § 3 Abs. 1 sowie 2. Teil 2. Abschnitt TP I.B.1., I.C.1., I.F.1. und I.G.1., TP 1.H.1. und I.H.2. samt Überschrift, TP III.A.1., III.B.1., III.C.1., III.D.1., III.F.1. und III.H.1., TP III.J.1. bis III.J.14. samt Überschrift und schließlich TP IV.A.1. in der Fassung der Verordnung BGBl. II Nr. 219/2015 treten mit 1. September 2015 in Kraft. *(BGBl II 2015/238)*

(13) 1. Teil § 3 sowie 2. Teil 2. Abschnitt TP I.J.1. bis I.J.3. samt Überschrift, III.C.1., III.E.1., III.E.4 bis III.E.6. sowie III.E.8. und III.E.9. in der Fassung der Verordnung BGBl. II Nr. 206/2017 treten mit 16. August 2017 in Kraft; 2. Teil 2. Abschnitt TP III.K.1. bis III.K.8. samt Überschrift in der Fassung der Verordnung BGBl. II Nr. 206/2017 treten mit 1. Jänner 2018 in Kraft; 2. Teil 2. Abschnitt dTP I.B.1., I.C.1., I.D.1., I.E.1., I.F.1., I.G.1., I.H.1., II.A.1., III.A.1. bis III.A.15. samt Überschrift, III.B.1. bis III.B.6. samt Überschrift, III.D.1., III.F.1, III.H.1. bis III.H.4. samt Überschrift, und III.J.3. bis III.J.5. in der Fassung der Verordnung BGBl. II Nr. 206/2017 treten mit 3. Jänner 2018 in Kraft. *(BGBl II 2017/206)*

(14) 1. Teil § 1 Abs. 3, 2. Teil 1. Abschnitt TP 6. sowie 2. Abschnitt TP I.B.3. bis I.B.5., I.B.9., I.B.88., I.B.90. und I.B.91, I.C.1. bis I.C.3., I.D.1., I.E.1., III.B.2. sowie 3. Teil samt Überschrift in

der Fassung der Verordnung BGBl. II Nr. 388/2017 treten mit 3. Jänner 2018 in Kraft. 2. Teil 2. Abschnitt TP III.E.12. in der Fassung der Verordnung BGBl. II Nr. 388/2017 tritt mit dem Tag in Kraft, der auf den Tag folgt, welcher als Zeitpunkt des Inkrafttretens von Vorschriften des AIFMG in der Fassung des Mittelstandsfinanzierungsgesellschaftengesetzes 2017 – MiFiGG 2017, BGBl. I Nr. 106/2017, gemäß § 74 Abs. 9 AIFMG kundgemacht worden ist. *(BGBl II 2017/388)*

(15) 2. Teil 2. Abschnitt TP I.B.1., I.F.1. bis I.F.6., I.G.1., II.A.1., III.A.1., III.B.1., III.C.1., III.C.22., III.E.1. und III.E.15 bis III.E.24. in der Fassung der Verordnung BGBl. II Nr. 220/2018 treten mit 1. September 2018 in Kraft. *(BGBl II 2018/220)*

(16) 2. Teil 2. Abschnitt TP I.B.1., I.J.1., II.A.1., III.A.1., III.B.1., III.C.1. bis III.C.13., III.C.16., III.C.17., III.C.19., III.C.20., III.D.1. bis III.D.3., III.D.5., III.E.1. bis III.E.3., III.E.5. bis III.E.7., III.E.10., III.F.1., III.F.2., III.G.9., III.H.1. bis III.H.12. samt Überschrift, III.L.1. samt Überschrift und IV.A.1. treten mit 1. August 2019 in Kraft. Auf die Billigung von Nachträgen zu Prospekten, die gemäß Art. 46 Abs. 3 der Verordnung (EU) 2017/1129 über den Prospekt, der beim öffentlichen Angebot von Wertpapieren oder bei deren Zulassung zum Handel an einem geregelten Markt zu veröffentlichen ist, und zur Aufhebung der Richtlinie 2003/71/EG, ABl. Nr. L 168 vom 30.06.2017 S. 12, weiterhin dem Recht zum Zeitpunkt ihrer Billigung unterliegen, ist die TP III.H.1. in der Fassung der Verordnung BGBl. I Nr. 206/2017 anzuwenden. *(BGBl II 2019/221)*

(17) Der 2. Teil 2. Abschnitt TP III.H.8., TP III.H.10. und TP III.H.13. bis III.H.16. und TP V.A.1. samt Überschriften in der Fassung der Verordnung BGBl. II Nr. 352/2019 treten mit 1. Jänner 2020 in Kraft. *(BGBl II 2019/352)*

(18) Der 2. Teil 2. Abschnitt TP I.B.1., TP I.B.2., TP I.B.6. bis TP I.B.8., TP I.B.10. bis TP I.B.86., TP I.B.92. bis TP I.B.105. sowie TP III.C.1. und TP III.C.14. in der Fassung der Verordnung BGBl. II Nr. 409/2021 tritt mit 30. September 2021 in Kraft. Der 2. Teil 2. Abschnitt TP I.B.7. und TP I.B.24. in der Fassung der Verordnung BGBl. II Nr. 352/2019 treten mit Ablauf des 29. September 2021 außer Kraft. *(BGBl II 2021/409)*

2. Teil
Gebühren

1. Abschnitt
Allgemeine Gebühren

		Euro
1.	Bescheide, durch die auf Parteiansuchen eine Berechtigung verliehen oder geändert, eine Bewilligung erteilt oder geändert oder eine Berechtigung oder Bewilligung verlängert wird, sofern die Amtshandlung nicht unter eine andere Tarifpost des 2. Abschnitts dieses Teils fällt	„100“ *(BGBl II 2015/56)*
2.	Sonstige Bescheide oder Amtshandlungen, die wesentlich im Privatinteresse der Partei liegen, soweit nicht eine andere Tarifpost Anwendung findet	„100“ *(BGBl II 2015/56)*
3.	Ausstellung von Bescheinigungen, Legitimationen, Zeugnissen und sonstigen Bestätigungen (jedoch nicht auch von einfachen kanzleimäßigen Übernahmsbestätigungen, wie Präsentationsrubriken oder dergleichen), sofern die Amtshandlung wesentlich im Privatinteresse der Partei gelegen ist und nicht unter eine andere Tarifpost fällt	„100“ *(BGBl II 2015/56)*
4.	Aufnahme von Niederschriften von mündlichen, wesentlich im Privatinteresse der Partei liegenden Anbringen, für jeden Bogen der Niederschrift	2,10
5.	Herstellung von Abschriften und Duplikaten, wenn sie von der Behörde ausgestellt werden, sofern die Amtshandlung wesentlich im Privatinteresse der Partei gelegen ist und nicht unter eine andere Tarifpost des 2. Abschnitts dieses Teils fällt, für jeden Bogen der Abschrift (des Duplikates)	2,10
6.	„Abfrage aus dem Firmenbuch, nachdem ein Antragsteller auf eine Registerfundstelle verwiesen hat, um“ *(BGBl II 2017/388)*	
a)	„seine Pflicht zur Vorlage eines Auszuges aus dem Firmenbuch zu erfüllen, je Abfrage“ *(BGBl II 2017/388)*	„12,50“ *(BGBl II 2017/388)*

		Euro
b)	„seine Pflicht zur Vorlage amtlich beglaubigter Kopien von Urkunden zu erfüllen, die Teil der Urkundensammlung des Firmenbuches gemäß § 1 Abs. 1 FBG sind, je Abfrage“ *(BGBl II 2017/388)*	„6,00“ *(BGBl II 2017/388)*

2. Abschnitt

Besondere Gebühren

Rechnungskreis 1 (Bankenaufsicht)

„ “ *(BGBl II 2015/56)*

I.A.1., I.A.2., I.A.3., I.A.4. *(außer Kraft, BGBl II 2015/56)*

Bankwesengesetz und CRR (Capital Requirements Regulation – Verordnung (EU) Nr. 575/2013)

		Euro
I.B.1.	„Erteilung der Konzession zum Betrieb von Bankgeschäften gemäß § 4 Abs. 1 des Bankwesengesetzes – BWG, BGBl. Nr. 532/1993, in der Fassung des Bundesgesetzes „BGBl. I Nr. 98/2021““...... *(BGBl II 2018/220; BGBl II 2021/409)*	„10 000“ *(BGBl II 2017/206)*
I.B.2.*)	Erweiterung der Konzession zum Betrieb von Bankgeschäften (§ 4 Abs. 1 und 2 BWG)........	2 000
I.B.3	„Bewilligung für die Überschreitung der Mandatsobergrenze für Geschäftsleiter gemäß § 5 Abs. 1 Z 9a BWG“........ *(BGBl II 2017/388)*	„1 000“ *(BGBl II 2017/388)*
I.B.4	„Ausstellung eines Bescheides über die Nichtuntersagung des Erwerbs einer qualifizierten Beteiligung pro interessiertem Erwerber (§ 20a Abs. 2 BWG)“...... *(BGBl II 2017/388)*	„1 000“ *(BGBl II 2017/388)*
I.B.5	„Bewilligung für die Verschmelzung oder Vereinigung von Kreditinstituten oder in einem Mitgliedstaat zugelassenen CRR-Kreditinstituten (§ 1a Abs. 1 Z 1 BWG), bei denen zumindest eines der beteiligten Kreditinstitute oder CRR-Kreditinstitute ein Kreditinstitut gemäß § 1 Abs. 1 BWG ist (§ 21 Abs. 1 Z 1 BWG); Bewilligung für die Änderung der Rechtsform (§ 21 Abs. 1 Z 3 BWG); Bewilligung für die Errichtung von Zweigstellen in einem Drittland (§ 21 Abs. 1 Z 5 BWG); Bewilligung für die Spaltung von Kreditinstituten (§ 21 Abs. 1 Z 6 BWG); Bewilligung für die Verschmelzung oder Vereinigung mit Nichtbanken (§ 21 Abs. 1 Z 7 BWG)“........ *(BGBl II 2017/388)*	„1 500“ *(BGBl II 2017/388)*
I.B.6.*)	Bewilligung für das Erreichen, Überschreiten oder Unterschreiten der Grenzen der Stimmrechte oder des Kapitals (§ 21 Abs. 1 Z 2 BWG); Bewilligung für die Erweiterung des Geschäftsgegenstandes um Tätigkeiten der Versicherungsvermittlung gemäß § 137 GewO (§ 21 Abs. 1 Z 8 BWG); Bewilligung für die Erweiterung des Geschäftsgegenstandes durch in Österreich zugelassene Kreditinstitute gemäß § 21 Abs. 1 Z 9 BWG........ *(BGBl II 2005/234)*	500
I.B.7.*)	*(entfällt)* „ “ *(BGBl II 2021/409)*	„ “ *(BGBl II 2021/409)*
I.B.8.*)	Bewilligung des Kapitalerhaltungsplans gemäß § 24a Abs. 3 BWG........	3 000
I.B.9	„Bewilligung für die Überschreitung der Mandatsobergrenze für Aufsichtsräte gemäß § 28a Abs. 5 Z 5 BWG“........ *(BGBl II 2017/388)*	„1 000“ *(BGBl II 2017/388)*
I.B.10.*)	Bewilligung der Bildung eines Kreditinstitute-Verbundes (§ 30a Abs. 3 BWG)...	3 000
I.B.11.*)	Bewilligung der Freistellung von gruppenangehörigen Kreditinstituten und Wertpapierfirmen gemäß Art. 7 der Verordnung (EU) Nr. 575/2013 über Aufsichtsanforderungen an Kreditinstitute und Wertpapierfirmen und zur Änderung der Verordnung (EU) Nr. 646/2012, ABl. Nr. L 176 vom 27.06.2013, S. 1, auf institutsspezifischer Ebene (§ 30b BWG)........	3 000

Bankwesengesetz und CRR (Capital Requirements Regulation – Verordnung (EU) Nr. 575/2013) **Euro**

		Euro
I.B.12.*)	Bewilligung der Freistellung von gruppenangehörigen Kreditinstituten und Wertpapierfirmen und von Kreditinstituten und Wertpapierfirmen, die institutsbezogenen Sicherheitssystemen angehören, gemäß Art. 8 der Verordnung (EU) Nr. 575/2013 und der Überwachung als Liquiditätsgruppe (§ 30c BWG)...........	3 000
I.B.13.*)	Feststellung, dass eine gemäß § 21a Abs. 1 BWG oder § 103e Z 2 BWG erteilte Bewilligung der Ermittlung der Bemessungsgrundlage für das Kreditrisiko gemäß Art. 107 Abs. 1 der Verordnung (EU) Nr. 575/2013 nach dem auf internen Beurteilungen basierenden Ansatz gemäß Art. 143 Abs. 1 der Verordnung (EU) Nr. 575/2013 entspricht (§ 103q Z 2 BWG)..	3 000
I.B.14.*)	Bewilligung der Ausnahme von der Anwendung der Aufsichtsanforderungen auf das Mutterinstitut gemäß Art. 7 Abs. 3 der Verordnung (EU) Nr. 575/2013.......	3 000
I.B.15.*)	Bewilligung für die Ausnahme von der Anwendung der Liquiditätsanforderungen auf Einzelbasis gemäß Art. 8 Abs. 3 in Verbindung mit Art. 8 Abs. 1 der Verordnung (EU) Nr. 575/2013 (grenzuberschreitend)...	7 000
I.B.16.*)	Bewilligung der gemeinsamen Anwendung der Kriterien des Teils 3, Titel II, Kapitel 3, Abschnitt 6 der Verordnung (EU) Nr. 575/2013 (auf internen Beurteilungen beruhender Ansatz, IRB-Ansatz) durch ein CRR-Mutterinstitut und seine Tochterunternehmen gemäß Art. 20 Abs. 6 der Verordnung (EU) Nr. 575/2013..	12 000
I.B.17.*)	Bewilligung der gemeinsamen Anwendung der Kriterien der Art. 321 und 322 der Verordnung (EU) Nr. 575/2013 (fortgeschrittener Messansatz) durch Mutter und Töchter gemäß Art. 20 Abs. 6 der Verordnung (EU) Nr. 575/2013..............	18 000
I.B.18.*)	Bewilligung der Rückkehr zu einem weniger komplizierten Ansatz für das operationelle Risiko gemäß Art. 313 Abs. 3 lit. b der Verordnung (EU) Nr. 575/2013..	2 000
I.B.19.*)	Bewilligung der Verwendung eines alternativen maßgeblichen Indikators für die Geschäftsfelder „Privatkundengeschäft" und „Firmenkundengeschäft" (Art. 312 Abs. 1 der Verordnung (EU) Nr. 575/2013)..	5 500
I.B.20.*)	Bewilligung für die Ausnahme von der Anwendung der Anforderungen auf der Ebene der zusammengefassten Liquiditätsuntergruppe gemäß Art. 8 Abs. 5 der Verordnung (EU) Nr. 575/2013...	2 000
I.B.21.*)	Bewilligung der Einbeziehung von Tochterunternehmen in die Berechnung der Aufsichtsanforderungen durch Mutterinstitute auf Einzelbasis gemäß Art. 9 Abs. 1 der Verordnung (EU) Nr. 575/2013..	2 000
I.B.22.*)	Bewilligung für die Ausnahme der Zentralorganisation auf Einzelbasis von den Anforderungen gemäß den Teilen 2 bis 8 der Verordnung (EU) Nr. 575/2013 gemäß Art. 10 Abs. 2 der Verordnung (EU) Nr. 575/2013.................................	2 000
I.B.23.*)	Bewilligung für die Ausnahme von der Anwendung der Eigenmittelanforderungen auf konsolidierter Basis für Wertpapierfirmengruppen gemäß Art. 15 Abs. 1 der Verordnung (EU) Nr. 575/2013...	2 000
I.B.24.*)	*(entfällt)* „ " *(BGBl II 2021/409)*	„ " *(BGBl II 2021/409)*
I.B.25.*)	Bewilligung für die Nichteinbeziehung von Unternehmen in die Konsolidierung gemäß Art. 19 Abs. 2 der Verordnung (EU) Nr. 575/2013................................	3 000
I.B.26.*)	Bewilligung für die Einstufung von Instrumenten als hartes Kernkapital gemäß Art. 26 Abs. 3 der Verordnung (EU) Nr. 575/2013..	2 000
I.B.27.*)	Bewilligung für die Einstufung von im Notfall gezeichneten Kapitalinstrumenten als hartes Kernkapital gemäß Art. 31 Abs. 1 der Verordnung (EU) Nr. 575/2013.	2 000
I.B.28.*)	Bewilligung für die Verringerung der Abzüge aus Vermögenswerten aus Pensionsfonds mit Leistungszusage gemäß Art. 41 Abs. 1 lit. b der Verordnung (EU) Nr. 575/2013...	1 500
I.B.29*)	Bewilligung für die Ausnahme vom Abzugserfordernis im Falle von Konsolidierung oder zusätzlicher Beaufsichtigung gemäß Art. 49 Abs. 1 der Verordnung (EU) Nr. 575/2013...	3 000

Bankwesengesetz und CRR (Capital Requirements Regulation – Verordnung (EU) Nr. 575/2013)

		Euro
I.B.30.*)	Bewilligung für die Ausnahme vom Abzugserfordernis im Falle von institutsbezogenen Sicherungssystemen gemäß Art. 49 Abs. 3 der Verordnung (EU) Nr. 575/2013	2 000
I.B.31.*)	Bewilligung für die Einstufung von Kapitalinstrumenten als Instrumente des harten Kernkapitals, des zusätzlichen Kernkapitals oder des Ergänzungskapitals gemäß Art. 73 Abs. 1 der Verordnung (EU) Nr. 575/2013	2 000
I.B.32.*)	Bewilligung für die konservative Schätzung der Risikoposition aus in Indizes enthaltenen Kapitalinstrumenten gemäß Art. 76 Abs. 2 der Verordnung (EU) Nr. 575/2013	2 000
I.B.33.*)	Bewilligung für Handlungen gemäß Art. 77 in Verbindung mit Art. 78 der Verordnung (EU) Nr. 575/2013	2 000
I.B.34.*)	Bewilligung für die befristete Ausnahme vom Abzug von Eigenmitteln im Falle einer finanziellen Stützungsaktion für die Sanierung und Rettung eines Unternehmens gemäß Art. 79 Abs. 1 der Verordnung (EU) Nr. 575/2013	2 000
I.B.35.*)	Bewilligung für die Einstufung eines qualifizierten Instruments einer Zweckgesellschaft als Eigenmittelinstrument gemäß Art. 83 Abs. 1 der Verordnung (EU) Nr. 575/2013	2 000
I.B.36.*)	Bewilligung für die Ausnahme einer Mutterfinanzholdinggesellschaft von der Anwendung der Regelungen zu Minderheitsbeteiligungen gemäß Art. 84 Abs. 5 der Verordnung (EU) Nr. 575/2013	2 000
I.B.37.*)	Bewilligung für die Nullgewichtung von Risikopositionen im Kreditrisiko-Standardansatz innerhalb einer Kreditinstitutsgruppe gemäß Art. 113 Abs. 6 der Verordnung (EU) Nr. 575/2013	2 000
I.B.38.*)	Bewilligung für die Nullgewichtung von Risikopositionen im Kreditrisiko-Standardansatz innerhalb eines institutsbezogenen Sicherungssystems gemäß Art. 113 Abs. 7 der Verordnung (EU) Nr. 575/2013	3 000
I.B.39.*)	Bewilligung der Verwendung interner Modelle für die Berechnung des vollständig angepassten Risikopositionswerts (Art. 221 Abs. 1 der Verordnung (EU) Nr. 575/2013); sowie für Lombardgeschäfte (Art. 221 Abs. 2 der Verordnung (EU) Nr. 575/2013)	5 500
I.B.40.*)	Bewilligung der Verwendung eigener Volatilitätsschätzungen für Sicherheiten und Forderungen (Art. 225 Abs. 1 der Verordnung (EU) Nr. 575/2013)	5 500
I.B.41.*)	Bewilligung der Berechnung der risikogewichteten Positionsbeträge anhand des auf internen Beurteilungen basierenden Ansatzes (IRB-Ansatz) gemäß Art. 143 Abs. 1 der Verordnung (EU) Nr. 575/2013	6 000
I.B.42.*)	Bewilligung wesentlicher Änderungen im gemäß Art. 143 Abs. 1 Verordnung (EU) Nr. 575/2013 genehmigten, auf internen Beurteilungen basierenden Ansatz oder in dessen Anwendung (Art. 143 Abs. 3 der Verordnung EU Nr. 575/2013)	4 000
I.B.43.*)	Bewilligung des Übergangs vom auf internen Beurteilungen basierenden Ansatz gemäß Teil 3, Titel II, Kapitel 3 der Verordnung (EU) Nr. 575/2013 auf den Kreditrisiko-Standardansatz gemäß Teil 3, Titel II, Kapitel 2 der Verordnung (EU) Nr. 575/2013 (Art. 149 Abs. 1 lit. b der Verordnung (EU) Nr. 575/2013)	2 000
I.B.44.*)	Bewilligung der Beendigung der Verwendung von eigenen Schätzungen der Verlustquote und der Umrechnungsfaktoren gemäß Art. 151 Abs. 9 der Verordnung (EU) Nr. 575/2013 (Art. 149 Abs. 2 lit. b der Verordnung (EU) Nr. 575/2013)	2 000
I.B.45.*)	Bewilligung für eine dauerhafte Teilanwendung des Standardansatzes gemäß Art. 150 Abs. 1 Unterabs. 2 der Verordnung (EU) Nr. 575/2013	3 000
I.B.46*)	Bewilligung für die Berechnung der risikogewichteten Positionsbeträge für das Kreditrisiko nach dem Ansatz nach Art. 155 Abs. 3 gemäß Art. 151 Abs. 4 der Verordnung (EU) Nr. 575/2013	2 000
I.B.47.*)	Bewilligung für die Berechnung der risikogewichteten Positionsbeträge für das Kreditrisiko nach dem Ansatz nach Art. 155 Abs. 4 gemäß Art. 151 Abs. 4 der Verordnung (EU) Nr. 575/2013	4 000

Bankwesengesetz und CRR (Capital Requirements Regulation – Verordnung (EU) Nr. 575/2013) **Euro**

I.B.48.*) Bewilligung für die Befreiung von der Berechnung und Anerkennung risikogewichteter Positionsbeträge für das Verwässerungsrisikos gemäß Art. 157 Abs. 5 der Verordnung (EU) Nr. 575/2013 .... 2 000

I.B.49.*) Bewilligung der Anerkennung einer Besicherung ohne Sicherheitsleistung durch Anpassung der Ausfallswahrscheinlichkeit (PD) oder der Verlustquote bei Ausfall (LGD) gemäß Art. 161 Abs. 3 der Verordnung (EU) Nr. 575/2013 .... 2 000

I.B.50.*) Bewilligung der Anerkennung einer Absicherung ohne Sicherheitsleistung zur Unterlegung einer einzelnen Risikoposition oder eines Risikopositionen-Pools durch Anpassung der PD- oder LGD-Schätzungen gemäß Art. 164 Abs. 2 der Verordnung (EU) Nr. 575/2013 .... 2 000

I.B.51.*) Bewilligung für die Verwendung von Sachsicherheiten im auf internen Beurteilungen basierten Ansatz als Sicherheit gemäß Art. 199 Abs. 6 der Verordnung (EU) Nr. 575/2013 .... 2 000

I.B.52.*) Bewilligung für einen Originator, ein signifikantes Kreditrisiko als übertragen zu betrachten (traditionelle Verbriefungen), gemäß Art. 243 Abs. 4 der Verordnung (EU) Nr. 575/2013 .... 4 000

I.B.53.*) Bewilligung für einen Originator, ein signifikantes Kreditrisiko als übertragen zu betrachten (synthetische Verbriefungen), gemäß Art. 244 Abs. 4 der Verordnung (EU) Nr. 575/2013 .... 4 000

I.B.54.*) Bewilligung für die Bestimmung des Umrechnungsfaktors bei Verbriefungen mit vorzeitiger Rückzahlungsklausel (Mengengeschäft) gemäß Art. 256 Abs. 7 der Verordnung (EU) Nr. 575/2013 .... 4 000

I.B.55.*) Bewilligung für die Verwendung des aufsichtlichen Formelansatzes für Institute, die keine Originatoren sind, gemäß Art. 259 Abs. 1 lit. b der Verordnung (EU) Nr. 575/2013 .... 4 000

I.B.56.*) Bewilligung der Verwendung des internen Bemessungsansatzes gemäß Art. 259 Abs. 1 lit. c der Verordnung (EU) Nr. 575/2013 .... 4 000

I.B.57.*) Bewilligung der Berechnung des Risikogewichts einer unbeurteilten Position in einem besicherten Geldmarktpapierprogramm (ABCP-Programm) gemäß Art. 259 Abs. 1 lit. e der Verordnung (EU) Nr. 575/2013 (EU) 2 000

I.B.58.*) Bewilligung für die Rückkehr zu anderen Methoden für ein Institut, dem die Verwendung des internen Bemessungsansatzes gestattet wurde, gemäß Art. 259 Abs. 5 lit. b der Verordnung (EU) Nr. 575/2013 .... 4 000

I.B.59.*) Bewilligung für die Verwendung des vereinfachten aufsichtlichen Formelansatzes bei Verbriefungen (Mengengeschäft) gemäß Art. 262 Abs. 2 Unterabs. 2 der Verordnung (EU) Nr. 575/2013 .... 4 000

I.B.60.*) Bewilligung für die vorübergehende alternative Methode zur Berechnung von risikogewichteten Positionsbeträgen für die verbrieften Risikopositionen im Rahmen von Liquiditätsfazilitäten gemäß Art. 263 Abs. 2 der Verordnung (EU) Nr. 575/2013 .... 2 000

I.B.61.*) Bewilligung der auf einem internen Modell beruhenden Methode (IMM) zur Berechnung des Risikopositionswerts gemäß Art. 283 Abs. 1 der Verordnung (EU) Nr. 575/2013) 6 000

I.B.62.*) Bewilligung der Beendung der Verwendung des gemäß Art. 283 Abs. 1 und 2 der Verordnung (EU) Nr. 575/2013 genehmigten IMM gemäß Art. 283 Abs. 5 der Verordnung (EU) Nr. 575/2013 .... 2 000

I.B.63.*) Bewilligung für die alternative Behandlung von Handelsrisikopositionen und Beiträgen zum Ausfallfonds einer zentralen Gegenpartei (ZGP) gemäß Art. 311 Abs. 2 Unterabs. 2 der Verordnung (EU) Nr. 575/2013 .... 4 000

I.B.64.*) Bewilligung der Berechnung des Mindesteigenmittelerfordernisses für das operationelle Risiko nach dem fortgeschrittenen Ansatz gemäß Teil 3, Titel III, Kapitel 4 der Verordnung (EU) Nr. 575/2013 durch ein Kreditinstitut gemäß Art. 312 Abs. 2 der Verordnung (EU) Nr. 575/2013 .... 12 000

Bankwesengesetz und CRR (Capital Requirements Regulation – Verordnung (EU) Nr. 575/2013)	**Euro**
I.B.65.*) Bewilligung wesentlicher Änderungen im gemäß Art. 312 Abs. 2 der Verordnung (EU) Nr. 575/2013 genehmigten fortgeschrittenen Ansatz gemäß Art. 312 Abs. 2 Unterabs. 2 der Verordnung (EU) Nr. 575/2013	4 000
I.B.66.*) Bewilligung für die modifizierte Berechnung des Basisindikatoransatzes gemäß Art. 315 Abs. 3 der Verordnung (EU) Nr. 575/2013	4 000
I.B.67.*) Bewilligung für die modifizierte Berechnung des Standardansatzes gemäß Art. 317 Abs. 4 Unterabs. 2 der Verordnung (EU) Nr. 575/2013	4 000
I.B.68.*) Bewilligung der Aufrechnung von Positionen innerhalb der Institutsgruppe auf konsolidierter Basis gemäß Art. 325 Abs. 2 der Verordnung (EU) Nr. 575/2013.	4 000
I.B.69.*) Bewilligung für die eigenständige Berechnung des Delta-Faktors im Rahmen von Optionen und Optionsscheinen gemäß Art. 329 Abs. 1 der Verordnung (EU) Nr. 575/2013	2 000
I.B.70.*) Bewilligung für die Verwendung von Sensitivitätsmodellen betreffend das Zinsrisiko von Derivaten gemäß Art. 331 Abs. 1 der Verordnung (EU) Nr. 575/2013.	2 000
I.B.71.*) Bewilligung des Ausschlusses bestimmter Positionen bei der Berechnung der offenen Netto-Fremdwährungspositionen gemäß Art. 352 Abs. 2 der Verordnung (EU) Nr. 575/2013 sowie sämtlicher Änderungen der Bedingungen für ihren Ausschluss	2 000
I.B.72.*) Bewilligung der Nullgewichtung bei perfekt positiv korrelierenden Währungen gemäß Art. 354 Abs. 6 der Verordnung (EU) Nr. 575/2013	4 000
I.B.73.*) Bewilligung der Berechnung der Eigenmittelanforderungen für Risikokategorien mit Hilfe eines internen Modells gemäß Art. 363 Abs. 1 der Verordnung (EU) Nr. 575/2013	6 000
I.B.74.*) Bewilligung wesentlicher Änderungen im gemäß Art. 363 Abs. 1 der Verordnung (EU) Nr. 575/2013 genehmigten internen Modell gemäß Art. 363 Abs. 3 der Verordnung (EU) Nr. 575/2013	4 000
I.B.75.*) Bewilligung für die Berechnung der Eigenmittelanforderung für das Risiko in Zusammenhang mit der Anpassung der Kreditbewertung (CVA-Risiko) für die Nicht-IMM-Netting-Sätze gemäß Art. 383 Abs. 4 der Verordnung (EU) Nr. 575/2013	4 000
I.B.76.*) Bewilligung für die alternative Berechnung der Eigenmittelanforderung für das CVA-Risiko gemäß Art. 385 der Verordnung (EU) Nr. 575/2013	2 000
I.B.77.*) Bewilligung der Überschreitung der Großkreditobergrenze nach Art. 395 Abs. 1 gemäß Art. 396 Abs. 1 Unterabs. 1 der Verordnung (EU) Nr. 575/2013	2 000
I.B.78.*) Bewilligung für die Überschreitung der Obergrenze von 100% in Bezug auf die anrechenbaren Eigenmittel des Instituts gemäß Art. 396 Abs. 1 Unterabs. 2 der Verordnung (EU) Nr. 575/2013	2 000
I.B.79.*) Bewilligung für die Berücksichtigung der Wirkung von Finanzsicherheiten auf die Berechnung des Risikopositionswerts für die Zwecke von Art. 395 Abs. 1 gemäß Art. 401 Abs. 2 der Verordnung (EU) Nr. 575/2013	2 000
I.B.80.*) Bewilligung für die weniger häufigen Meldungen der Liquiditätspositionen gemäß Art. 414 der Verordnung (EU) Nr. 575/2013	2 000
I.B.81.*) Bewilligung für die Ansetzung eines niedrigeren Abfluss-Prozentsatzes gemäß Art. 422 Abs. 8 oder 9 der Verordnung (EU) Nr. 575/2013	3 000
I.B.82.*) Bewilligung für die Ausnahme von der Regelung für die Begrenzung der Zuflüsse auf 75% der Liquiditätsabflüsse gemäß Art. 425 Abs. 1 der Verordnung (EU) Nr. 575/2013	2 000
I.B.83.*) Bewilligung für die Ansetzung höherer Zuflüsse für Kredit- und Liquiditätsfazilitäten gemäß Art. 425 Abs. 4 und 5 der Verordnung (EU) Nr. 575/2013	3 000
I.B.84.*) Bewilligung für die Berechnung der Verschuldensquote zum Quartalsende gemäß Art. 499 Abs. 3 der Verordnung (EU) Nr. 575/2013	2 000
I.B.85.*) Bewilligung für die alternative Einhaltung der Eigenmittelerfordernisse im Rahmen der Basel-I-Untergrenze gemäß Art. 500 Abs. 2 und 3 der Verordnung (EU) Nr. 575/2013	3 000

Bankwesengesetz und CRR (Capital Requirements Regulation – Verordnung (EU) Nr. 575/2013)

		Euro
I.B.86.[*]	Bewilligung für die Ausnahme von den Anforderungen nach Art. 500 Abs. 1 lit. b Eigenmittelerfordernisse im Rahmen der Basel-I-Untergrenze gemäß Art. 500 Abs. 5 der Verordnung (EU) Nr. 575/2013	3 000
I.B.87	„Bewilligung des Austritts eines Mitgliedes des Kreditinstitute-Verbundes aus dem Kreditinstitute-Verbund (§ 30a Abs. 5a BWG)“ *(BGBl II 2015/56)*	3 000
I.B.88	„Bewilligung der Nichterfüllung der Kriterien für Mitarbeiter, deren beruflichen Tätigkeit sich wesentlich auf das Risikoprofil eines Institutes auswirkt (Art. 4 Abs. 5 der Delegierten Verordnung (EU) Nr. 604/2014 zur Ergänzung der Richtlinie 2013/36/EU im Hinblick auf technische Regulierungsstandards in Bezug auf qualitative und angemessene quantitative Kriterien zur Ermittlung der Mitarbeiterkategorien, deren berufliche Tätigkeit sich wesentlich auf das Risikoprofil eines Instituts auswirkt, ABl. Nr. L 167 vom 06.06.2014 S. 30)“ *(BGBl II 2015/56; BGBl II 2017/388)*	„1 000“ *(BGBl II 2017/388)*
I.B.89	„Bewilligung der Anpassung der Berechnung der Dividendenauszahlungsquote (Art. 2 Abs. 8 der Delegierten Verordnung (EU) Nr. 241/2014 zur Ergänzung der Verordnung (EU) Nr. 575/2013 im Hinblick auf technische Regulierungsstandards für die Eigenmittelanforderungen an Institute, ABl. Nr. L 74 vom 14.03.2014 S. 8)“ *(BGBl II 2015/56)*	750
I.B.90	„Bewilligung einer Ausnahme von der Anforderung zur Leitung der Risikomanagementabteilung durch eine eigens für diese Funktion zuständige Führungskraft gemäß § 39 Abs. 5 BWG“ *(BGBl II 2017/388)*	„1 500“ *(BGBl II 2017/388)*
I.B.91	„Bewilligung einer Ausnahme von der Anforderung zur Einrichtung einer eigenen internen Revision gemäß § 42 Abs. 6 BWG“ *(BGBl II 2017/388)*	„1 000“ *(BGBl II 2017/388)*
I.B.92.	„Vorschlag auf Zulassung zur Aufnahme der Tätigkeit als CRR-Kreditinstitut (§ 1a Abs. 1 Z 1 BWG) gemäß § 4 Abs. 1 BWG im Rahmen des Verfahrens gemäß Art. 14 der Verordnung (EU) Nr. 1024/2013 zur Übertragung besonderer Aufgaben im Zusammenhang mit der Aufsicht über Kreditinstitute auf die Europäische Zentralbank, ABl. Nr. L 287 vom 29.10.2013 S. 63, in der Fassung der Berichtigung ABl. Nr. L 218 vom 19.08.2015 S. 82“ *(BGBl II 2021/409)*	„10 000“ *(BGBl II 2021/409)*
I.B.93.	„Vorschlag auf Zulassung zur Aufnahme weiterer Tätigkeiten gemäß § 1 Abs. 1 BWG durch ein zugelassenes CRR-Kreditinstitut (§ 1a Abs. 1 Z 1 BWG) gemäß § 4 Abs. 1 und 2 BWG im Rahmen des Verfahrens gemäß Art. 14 der Verordnung (EU) Nr. 1024/2013“ *(BGBl II 2021/409)*	„2 000“ *(BGBl II 2021/409)*
I.B.94.	„Erteilung der Konzession für eine Finanzholdinggesellschaft oder gemischte Finanzholdinggesellschaft gemäß § 7b Abs. 1 BWG“ *(BGBl II 2021/409)*	„3 000“ *(BGBl II 2021/409)*
I.B.95.	„Befreiung von der Konzessionspflicht von Finanzholdinggesellschaften und gemischten Finanzholdinggesellschaften gemäß § 7b Abs. 6 BWG“ *(BGBl II 2021/409)*	„1 000“ *(BGBl II 2021/409)*
I.B.96.	„Prüfung der Errichtung einer Zweigstelle in einem anderen Mitgliedstaat durch ein Kreditinstitut gemäß § 10 Abs. 3 BWG“ *(BGBl II 2021/409)*	„500“ *(BGBl II 2021/409)*
I.B.97.	„Prüfung der Errichtung einer Zweigstelle in einem anderen Mitgliedstaat durch ein CRR-Finanzinstitut gemäß § 13a Abs. 4 BWG“ *(BGBl II 2021/409)*	„500“ *(BGBl II 2021/409)*
I.B.98.	„Prüfung der Errichtung einer Zweigstelle in einem anderen Mitgliedstaat durch ein Tochterunternehmen eines österreichischen CRR-Finanzinstitutes gemäß § 14 Abs. 3 BWG“ *(BGBl II 2021/409)*	„500“ *(BGBl II 2021/409)*
I.B.99.	„Genehmigung von Abweichungen von Art. 12 Abs. 1 Buchstabe b Z ii und iii der Delegierten Verordnung (EU) 2015/61 zur Ergänzung der Verordnung (EU) Nr. 575/2013 in Bezug auf die Liquiditätsdeckungsanforderung an Kreditinstitute, ABl. Nr. L 11 vom 17.01.2015 S. 1, in der Fassung der Delegierten Verordnung (EU) 2018/1620, ABl. Nr. L 271 vom 30.10.2018 S. 10, im Falle von Kreditinstituten, die laut ihrer Gründungsurkunde aus Gründen der Glaubenslehre keine	„1 000“ *(BGBl II 2021/409)*

Bankwesengesetz und CRR (Capital Requirements Regulation – Verordnung (EU) Nr. 575/2013)

		Euro
	zinsbringenden Aktiva halten dürfen, gemäß Art. 12 Abs. 3 der Delegierten Verordnung (EU) 2015/61“ .... *(BGBl II 2021/409)*	
I.B.100.	„Erlaubnis, den Betrag der stabilen Privatkundeneinlagen, die nach Art. 6 Abs. 1 der Richtlinie 2014/49/EU über Einlagensicherungssysteme, ABl. Nr. L 173 vom 12.06.2014 S. 149, in der Fassung der Berichtigung ABl. Nr. L 309 vom 30.10.2014 S. 37, bis zu einem Höchstwert von 100 000 Euro durch ein Einlagensicherungssystem im Sinne der genannten Richtlinie gedeckt sind, mit 3% zu multiplizieren, gemäß Art. 24 Abs. 4 der Delegierten Verordnung (EU) 2015/61“............ *(BGBl II 2021/409)*	„4 000“ *(BGBl II 2021/409)*
I.B.101	„Erlaubnis, den Betrag der stabilen Privatkundeneinlagen, die durch ein gleichwertiges Einlagensicherungssystem in einem Drittland gedeckt sind, wenn das Drittland dies erlaubt, mit 3% zu multiplizieren, gemäß Art. 24 Abs. 6 der Delegierten Verordnung (EU) 2015/61“............ *(BGBl II 2021/409)*	„4 000“ *(BGBl II 2021/409)*
I.B.102.	„Erlaubnis zur Aufrechnung von mit Zuflüssen einhergehenden Abflüssen gemäß Art. 26 der Delegierten Verordnung (EU) 2015/61“............ *(BGBl II 2021/409)*	„2 000“ *(BGBl II 2021/409)*
I.B.103.	„Genehmigung der Anwendung einer niedrigeren Abflussrate bei nicht in Anspruch genommenen Kredit- oder Liquiditätsfazilitäten gemäß Art. 29 Abs. 1 der Delegierten Verordnung (EU) 2015/61“............ *(BGBl II 2021/409)*	„1 000“ *(BGBl II 2021/409)*
I.B.104.	„Genehmigung einer Ausnahme von der Obergrenze für Zuflüsse gemäß Art. 33 Abs. 2, 3 oder 4 der Delegierten Verordnung (EU) 2015/61“............ *(BGBl II 2021/409)*	„1 000“ *(BGBl II 2021/409)*
I.B.105.	„Genehmigung der Anwendung einer höheren Zuflussrate bei nicht in Anspruch genommenen Kredit- oder Liquiditätsfazilitäten gemäß Art. 34 Abs. 1 oder 3 der Delegierten Verordnung (EU) 2015/61“............ *(BGBl II 2021/409)*	„1 000“ *(BGBl II 2021/409)*

[*] Nummerierungspunkt eingefügt gem BGBl II 2021/409.

(BGBl II 2014/15)

Bausparkassengesetz

		Euro
I.C.1	„Bewilligung der treuhändigen Entgegennahme von Bauspareinlagen (§ 6 Abs. 1 des Bausparkassengesetzes – BSpG, BGBl. Nr. 532/1993 Art. III, in der Fassung des Bundesgesetzes BGBl. I Nr. 107/2017)“............ *(BGBl II 2017/388)*	„750“ *(BGBl II 2017/388)*
I.C.2	„Genehmigung der Änderung des Geschäftsplanes einer Bausparkasse und der AllgemeinenBedingungen für das Bauspargeschäft (§ 7 Abs. 1 BSpG)“... *(BGBl II 2017/388)*	„750“ *(BGBl II 2017/388)*
I.C.3	„Bewilligung der Bestandsübertragung (§ 13 Abs. 2 BSpG)“...... *(BGBl II 2017/388)*	„1 250“ *(BGBl II 2017/388)*

(BGBl II 2014/15)

Hypothekenbankgesetz

		Euro
I.D.1.	„Genehmigung der Änderung der Satzung (§ 1 des Hypothekenbankgesetzes, dRGBl. S. 375/1899, zuletzt geändert durch das Bundesgesetz BGBl. I Nr. 107/2017)“............ *(BGBl II 2017/388)*	„500“ *(BGBl II 2017/388)*

Pfandbriefgesetz

		Euro
I.E.1.	„Gestattung der Führung von besonderen Registern (§ 3 Abs. 2 des Pfandbriefgesetzes, dRGBl. I S. 492/1927, zuletzt geändert durch das Bundesgesetz BGBl. I Nr. 107/2017)“............ *(BGBl II 2017/388)*	„500“ *(BGBl II 2017/388)*

Zahlungsdienstegesetz 2018

I.F.1.	Erteilung der Konzession zur Erbringung von Zahlungsdiensten gemäß § 7 Abs. 1 in Verbindung mit § 10 Abs. 3 des Zahlungsdienstegesetzes 2018 – ZaDiG 2018, BGBl. I Nr. 17/2018, in der Fassung des Bundesgesetzes BGBl. I Nr. 37/2018....	8 000
I.F.2.	Erweiterung der Konzession zur Erbringung von Zahlungsdiensten gemäß § 7 Abs. 1 in Verbindung mit § 10 Abs. 3 ZaDiG 2018....	1 750
I.F.3.	Ausstellung eines Bescheides über die Nichtuntersagung des Erwerbs einer qualifizierten Beteiligung pro interessiertem Erwerber gemäß § 14 Abs. 2 ZaDiG 2018 in Verbindung mit § 20a Abs. 2 BWG....	500
I.F.4.	Bewilligung für die Änderung der Rechtsform; Bewilligung für die Spaltung von Zahlungsinstituten; Bewilligung für die Verschmelzung oder Vereinigung von Zahlungsinstituten oder von Zahlungsinstituten mit sonstigen Unternehmen gemäß § 14 Abs. 2 ZaDiG 2018 in Verbindung mit § 21 Abs. 1 bis 3 BWG....	900
I.F.5.	Bearbeitung der Registrierung eines Kontoinformationsdienstes gemäß § 15 ZaDiG 2018....	4 000
I.F.6.	Bewilligung einer Änderung der Methode gemäß § 17 Abs. 1 ZaDiG 2018 zur Berechnung der Eigenmittel gemäß § 17 Abs. 3 ZaDiG 2018....	500

(BGBl II 2018/220)

E-Geldgesetz 2010 **Euro**

I.G.1.	„Erteilung der Konzession zur Ausgabe von E-Geld gemäß § 3 Abs. 1 in Verbindung mit § 4 Abs. 4 des E-Geldgesetzes 2010, BGBl. I Nr. 107/2010, in der Fassung des Bundesgesetzes BGBl. I Nr. 37/2018“.... *(BGBl II 2018/220)*	„9 000“ *(BGBl II 2017/206)*
I.G.2.	Erweiterung der Konzession eines E-Geld-Institutes zur Erbringung von Zahlungsdiensten (§ 3 Abs. 1 in Verbindung mit § 4 Abs. 4 E-Geldgesetz 2010)....	1 750
I.G.3.	Ausstellung eines Bescheides über die Nichtuntersagung des Erwerbs einer qualifizierten Beteiligung pro interessiertem Erwerber (§ 8 Abs. 1 E-Geldgesetz 2010 in Verbindung mit § 20a Abs. 2 BWG)....	500
I.G.4.	Bewilligung der Änderung der Rechtsform; Bewilligung der Spaltung von E-Geld-Instituten; Bewilligung der Verschmelzung oder Vereinigung von E-Geld-Instituten oder von E-Geld-Instituten mit sonstigen Unternehmen (§ 8 Abs. 4 E-Geldgesetz 2010 in Verbindung mit § 21 Abs. 1a bis 3 BWG)....	900
I.G.5.	Bewilligung einer Änderung der Methode gemäß § 16 Abs. 1 ZaDiG zur Berechnung der Eigenmittel (§ 11 Abs. 3 Z 1 E-Geldgesetz 2010 in Verbindung mit § 16 Abs. 3 und 4 ZaDiG)....	500
I.G.6.	Bewilligung einer Ermittlung des Eigenmittelerfordernisses für die Ausgabe von E-Geld aufgrund von Schätzung (§ 11 Abs. 4 E-Geldgesetz 2010)....	500

„Zentralverwahrer-Vollzugsgesetz“ ***(BGBl II 2019/221)***

I.H.1.	„Erteilung einer Konzession zur Erbringung bankartiger Nebendienstleistungen an einen Zentralverwahrer oder an ein benanntes Kreditinstitut gemäß § 12 Abs. 1 des Zentralverwahrer-Vollzugsgesetzes – ZvVG, BGBl. I Nr. 69/2015, in der Fassung des Bundesgesetzes 107/2017, in Verbindung mit § 4 BWG“.... *(BGBl II 2017/206)*	„10 000“ *(BGBl II 2017/206)*
I.H.2.	Erweiterung einer Konzession zur Erbringung bankartiger Nebendienstleistungen gemäß § 12 Abs. 8 ZvVG....	2 000

(BGBl II 2015/219)

„Einlagensicherungs- und Anlegerentschädigungsgesetz“ ***(BGBl II 2019/221)*** **Euro**

I.J.1.	Anerkennung eines institutsbezogenen Sicherungssystems (§ 3 Abs. 1 des Einlagensicherungs- und Anlegerentschädigungsgesetzes – ESAEG, BGBl. I Nr. 117/2015, in der Fassung des Bundesgesetzes „BGBl. I Nr. 46/2019“).... *(BGBl II 2019/221)*	„10 000“ *(BGBl II 2017/206)*
I.J.2.	Feststellung über die Einstufung, dass bestimmte Titel als ähnlich sicher und liquide gelten wie Titel, die unter die erste oder zweite der in Tabelle 1 des Art.	2 000

„Einlagensicherungs- und Anlegerentschädigungsgesetz“ ***(BGBl II 2019/221)*** **Euro**

336 der Verordnung (EU) Nr. 575/2013 genannten Kategorien fallen (§ 19 Abs. 4 ESAEG)..

I.J.3. Bewilligung der Methode zur Ermittlung von Beiträgen und Sonderbeiträgen sowie Bewilligungen zu Änderungen der Methode (§ 23 Abs. 2 ESAEG).................... 2 000

(BGBl II 2017/206)

Rechnungskreis 2 (Versicherungsaufsicht)
Versicherungsaufsichtsgesetz 2016

Versicherungsaufsichtsgesetz **Euro**

II.A.1. „Erteilung der Erstkonzession zum Betrieb der Vertragsversicherung gemäß § 6 Abs. 1, § 13 Abs. 1, § 35 und § 83 Abs. 1 des Versicherungsaufsichtsgesetzes 2016 – VAG 2016, BGBl. I Nr. 34/2015, in der Fassung des Bundesgesetzes „BGBl. I Nr. 46/2019““......................... *(BGBl II 2018/220; BGBl II 2019/221)*

a) „an einen kleinen Versicherungsverein gemäß § 5 Z 4 VAG 2016“...... *(BGBl II 2017/206)* 250

b) „an ein Versicherungsunternehmen gemäß § 5 Z 1 oder an ein Rückversicherungsunternehmen gemäß § 5 Z 2 oder an ein kleines Versicherungsunternehmen gemäß § 5 Z 3 VAG 2016“...... *(BGBl II 2017/206)* 10 000

c) „an eine Zweigniederlassung im Inland von einem Drittland-Versicherungs- oder Drittland-Rückversicherungsunternehmen gemäß § 5 Z 18 VAG 2016“... *(BGBl II 2017/206)* 7 500

II.A.2. Erteilung der Folgekonzession für einen oder mehrere neue Versicherungszweige (§ 6 Abs. 1, § 13 Abs. 1 und § 83 Abs. 1 VAG 2016)

a) an einen kleinen Versicherungsverein gemäß § 5 Z 4 VAG 2016........................ 150

b) an ein Versicherungsunternehmen gemäß § 5 Z 1 oder an ein Rückversicherungsunternehmen gemäß § 5 Z 2 oder an ein kleines Versicherungsunternehmen gemäß § 5 Z 3 oder an eine Zweigniederlassung im Inland von einem Drittland-Versicherungs- oder Drittland-Rückversicherungsunternehmens gemäß § 5 Z 18 VAG 2016...... 3 000

II.A.3. Erweiterung der Konzession zum Betrieb der Vertragsversicherung (§ 7 Abs. 4, § 13 Abs. 1 und § 83 Abs. 1 VAG 2016)......

a) eines kleinen Versicherungsvereins gemäß § 5 Z 4 VAG 2016...... 50

b) eines Versicherungsunternehmens gemäß § 5 Z 1 oder eines Rückversicherungsunternehmens gemäß § 5 Z 2 oder eines kleinen Versicherungsunternehmens gemäß § 5 Z 3 oder einer Zweigniederlassung im Inland von einem Drittland-Versicherungs- oder Drittland-Rückversicherungsunternehmens gemäß § 5 Z 18 VAG 2016.. 2 000

II.A.4. Genehmigung der Erleichterung bei Konzessionserteilung in mehreren Mitgliedstaaten (§ 15 VAG 2016).. 500

II.A.5. Genehmigung der Änderung der Satzung (§ 11 Abs. 1, § 54 Abs. 3 und § 63 Abs. 3 VAG 2016)..

a) „eines kleinen Versicherungsvereins gemäß § 5 Z 4 VAG 2016 oder eines vermögensverwaltenden Versicherungsvereins gemäß § 1 Abs. 1 Z 7 VAG 2016“...... *(BGBl II 2018/220)* 50

b) eines Versicherungsunternehmens gemäß § 5 Z 1 oder eines Rückversicherungsunternehmens gemäß § 5 Z 2 oder eines kleinen Versicherungsunternehmens gemäß § 5 Z 3 VAG 2016.. 50

II.A.6. Genehmigung des Geschäftsplans bei Überschreitung der in § 83 Abs. 2 VAG 2016 festgelegten Beträge oder Feststellung, dass die Konzession des Unternehmens als eine Konzession gemäß § 6 Abs. 1 VAG 2016 gilt (§ 83 Abs. 5 VAG 2016).. 600

Versicherungsaufsichtsgesetz		**Euro**
II.A.7.	Entscheidung über die Einstufung als kleines Versicherungsunternehmen (§ 83 Abs. 6 VAG 2016)	500
II.A.8.	Nichtuntersagung des Erwerbs einer qualifizierten Beteiligung pro interessiertem Erwerber (§ 25 Abs. 6 VAG 2016)	750
II.A.9.	Genehmigung der Bestandübertragung oder Gesamtrechtsnachfolge (§ 29 Abs. 1 VAG 2016)	
a)	eines kleinen Versicherungsvereins gemäß § 5 Z 4 VAG 2016	50
b)	eines Versicherungsunternehmens gemäß § 5 Z 1 oder eines Rückversicherungsunternehmens gemäß § 5 Z 2 oder eines kleinen Versicherungsunternehmens gemäß § 5 Z 3 oder einer Zweigniederlassung im Inland von einem Drittland-Versicherungs- oder Drittland-Rückversicherungsunternehmens gemäß § 5 Z 18 VAG 2016	1 250
II.A.10.	Genehmigung von Auslagerungen (§ 86 und § 109 VAG 2016)	
a)	eines kleinen Versicherungsvereins gemäß § 5 Z 4 VAG 2016	50
b)	eines Versicherungsunternehmens gemäß § 5 Z 1 oder eines Rückversicherungsunternehmens gemäß § 5 Z 2 oder eines kleinen Versicherungsunternehmens gemäß § 5 Z 3 oder einer Zweigniederlassung im Inland von einem Drittland-Versicherungs- oder Drittland-Rückversicherungsunternehmens gemäß § 5 Z 18 VAG 2016	1 000
II.A.11.	Genehmigung der Verteilung der Erhöhung der Deckungsrückstellung auf mehrere Jahre (§ 301 Abs. 5 VAG 2016)	280
II.A.12.	Genehmigung der Auflösung (§ 57 Abs. 3 und § 69 Abs. 6 VAG 2016)	
a)	eines kleinen Versicherungsvereins gemäß § 5 Z 4 VAG 2016	50
b)	eines Versicherungsvereins auf Gegenseitigkeit gemäß§ 35 VAG 2016	420
II.A.13.	Genehmigung der Verschmelzung (§ 60 Abs. 3, § 67 Abs. 4 und § 81 VAG 2016)	
a)	eines kleinen Versicherungsvereins gemäß § 5 Z 4 VAG 2016	50
b)	eines Versicherungsvereins auf Gegenseitigkeit gemäß § 35 VAG 2016 oder einer Privatstiftung	1 250
II.A.14.	Genehmigung der Umwandlung eines Versicherungsvereins auf Gegenseitigkeit in eine Aktiengesellschaft (§ 61 Abs. 4 VAG 2016)	1 250
II.A.15.	Genehmigung der Einbringung eines Versicherungsvereins auf Gegenseitigkeit in eine Aktiengesellschaft (§ 62 Abs. 4 VAG 2016)	1 250
II.A.16.	Genehmigung der Umwandlung eines Versicherungsvereines auf Gegenseitigkeit in eine Privatstiftung (§ 66 Abs. 2 VAG 2016)	1 250
II.A.17.	Genehmigung der nachträglichen Änderung der Stiftungserklärung (§ 66 Abs. 3 Z 5 VAG 2016)	500
II.A.18.	Zustimmung zur Darlehensgewährung (§ 76 Abs. 7 VAG 2016)	50
II.A.19.	Genehmigung der Hinzurechnung stiller Reserven zu den Eigenmitteln (§ 89 Abs. 6 und 7 VAG 2016)	500
II.A.20.	Genehmigung der vorzeitigen Rückzahlung von Partizipationskapital (§ 333 Abs. 3 VAG 2016)	280
II.A.21.	Genehmigung der Kündigung von Ergänzungskapital ohne feste Laufzeit (§ 333 Abs. 3 VAG 2016)	280
II.A.22.	Genehmigung der vorzeitigen Rückzahlung von Ergänzungskapital ohne und mit fester Laufzeit (§ 333 Abs. 3 VAG 2016)	280
II.A.23.	Genehmigung der Zuordnungsverfahren der Eigenmittel (§ 141 Abs. 1 VAG 2016)	280
II.A.24.	Genehmigung der Verteilung des Bilanzgewinnes (§ 170 Abs. 2 VAG 2016)	280
II.A.25.	Genehmigung der Rückkehr zur Standardformel (§ 184 VAG 2016)	1 500
II.A.26.	Genehmigung eines Plans zur Sicherstellung der erneuten Einhaltung der Bedingungen gemäß § 215 VAG 2016 (§ 219 Abs. 6 VAG 2016)	1 000
II.A.27.	Genehmigung der Vorlage eines einzigen Dokuments zur Risiko- und Solvabilitätsbeurteilung auf Gruppenebene (§ 224 Abs. 3 VAG 2016)	500

Versicherungsaufsichtsgesetz		Euro
II.A.28.	Genehmigung der Nichtveröffentlichung von bestimmten Informationen (§ 242 Abs. 1 VAG 2016)	280
II.A.29.	Genehmigung der Veröffentlichung eines einzigen Berichts über die Solvabilität und Finanzlage der Gruppe (§ 245 Abs. 2 VAG 2016)	500
II.A.30.	Genehmigung der Beschränkung der regelmäßigen aufsichtlichen Berichterstattung (§ 251 Abs. 1 VAG 2016)	280
II.A.31.	Befreiung von der Einzelpostenberichterstattung (§ 251 Abs. 2 VAG)	280
II.A.32.	Genehmigung der Beschränkung der regelmäßigen aufsichtlichen Berichterstattung auf Gruppenebene (§ 251 Abs. 5 VAG 2016)	280
II.A.33.	Befreiung von der Einzelpostenberichterstattung auf Gruppenebene (§ 251 Abs. 6 VAG 2016)	280
II.A.34.	Genehmigung des Solvabilitätsplanes (§ 278 Abs. 2 VAG 2016), des Sanierungsplanes (§ 279 Abs. 2 VAG 2016) oder des Finanzierungsplanes (§ 280 Abs. 2 VAG 2016)	
a)	eines kleinen Versicherungsvereins gemäß § 5 Z 4 VAG 2016	50
b)	eines Versicherungsunternehmens gemäß § 5 Z 1 oder eines Rückversicherungsunternehmens gemäß § 5 Z 2 VAG 2016 oder eines kleinen Versicherungsunternehmens gemäß § 5 Z 3 VAG 2016 oder einer Zweigniederlassung im Inland von einem Drittland-Versicherungs- oder Drittland-Rückversicherungsunternehmens gemäß § 5 Z 18 VAG 2016	500
II.A.35.	Genehmigung der Übertragung anrechenbarer Basiseigenmittelbestandteile von der Lebensversicherungstätigkeit auf die Nicht-Lebensversicherungstätigkeit oder umgekehrt (§ 280 Abs. 3 VAG 2016)	500
II.A.36.	Genehmigung des Haltens von Kapitalanlagen kleiner Versicherungsvereine, die nicht § 72 entsprechen (§ 333 Abs. 1 Z 6 VAG 2016)	50
(BGBl II 2015/56)		
II.A.37.	Genehmigung der Berücksichtigung ergänzender Eigenmittel (§ 171 Abs. 3 VAG 2016)	1 000
II.A.38.	Genehmigung der Einstufung von Eigenmittelbestandteilen (§ 172 Abs. 1 und 2 VAG 2016)	1 000
II.A.39.	Genehmigung von unternehmensspezifischen Parametern (§ 178 Abs. 4 VAG 2016)	2 000
II.A.40.	Genehmigung von internen Vollmodellen (§ 182 VAG 2016)	18 000
II.A.41.	Genehmigung von internen Partialmodellen (§ 182 Abs. 4 in Verbindung mit § 183 VAG 2016)	12 000
II.A.42.	Genehmigung von größeren Änderungen des internen Modells oder Änderungen der schriftlichen Leitlinien für Änderungen des internen Modells (§ 182 Abs. 9 VAG 2016)	5 000
II.A.43.	Erteilung der Konzession für Zweckgesellschaften im Inland (§ 105 VAG 2016)	5 000
II.A.44.	Genehmigung ergänzender Eigenmittel einer zwischengeschalteten Versicherungsholdinggesellschaft oder einer zwischengeschalteten gemischten Finanzholdinggesellschaft (§ 208 Abs. 3 VAG 2016)	1 000
II.A.45.	Genehmigung eines internen Vollmodells zur Berechnung der Solvenzkapitalanforderung der Gruppe (§ 212 Abs. 1 VAG 2016)	15 000
II.A.46.	Genehmigung von internen Partialmodellen zur Berechnung der Solvenzkapitalanforderung der Gruppe (§ 212 Abs. 1 VAG 2016)	10 000
II.A.47.	Genehmigung eines internen Modells zur Berechnung der Solvenzkapitalanforderung der Gruppe und der Solvenzkapitalanforderung für Versicherungs- und Rückversicherungsunternehmen der Gruppe (§ 212 Abs. 2 VAG 2016)	30 000
II.A.48.	Genehmigung eines internen Modells zur Berechnung der Solvenzkapitalanforderung für die Versicherungs- und Rückversicherungsunternehmen der Gruppe (§ 214 Abs. 1 VAG 2016)	18 000

Versicherungsaufsichtsgesetz	**Euro**
II.A.49. Genehmigung der Verwendung des durationsbasierten Untermoduls Aktienrisiko sowie der Rückkehr zur Berechnung gemäß § 179 Abs. 4 Z 2 VAG 2016 (§ 180 Abs. 1 und 3 VAG 2016)	2 000
II.A.50. Genehmigung der Verwendung der Matching-Anpassung für die maßgebliche risikofreie Zinskurve (§ 166 Abs. 1 VAG 2016)	1 000
II.A.51. Genehmigung der Methode zur Berechnung der Solvabilität der Gruppe (§ 204 Abs. 2 VAG 2016)	2 500
II.A.52. Feststellung der Gleichwertigkeit (§§ 209 Abs. 3 und 237 Abs. 1 VAG 2016)	2 500
II.A.53. Entscheidung über einen Antrag auf Inanspruchnahme des Aufsichtsregimes über Gruppen mit zentralisiertem Risikomanagement (§ 216 VAG 2016)	1 250
(BGBl II 2015/56)	
II.A.54. Genehmigung der Anwendung der Übergangsmaßnahme bei risikofreien Zinssätzen (§ 336 VAG 2016)	250
II.A.55. Genehmigung der Anwendung der Übergangsmaßnahme bei versicherungstechnischen Rückstellungen (§ 337 VAG 2016)	250
II.A.56. Genehmigung der Anwendung eines auf einen Teil einer Gruppe anwendbaren internen Gruppenmodells (§ 335 Abs. 15 VAG 2016)	18 000
(BGBl II 2015/56)	

Rechnungskreis 3 (Wertpapieraufsicht)

„Börsegesetz 2018 und MiFIR (Markets in Financial Instruments Regulation) – Verordnung (EU) Nr. 600/2014“ *(BGBl II 2019/221)*	**Euro**
III.A.1. „Erteilung einer Konzession zur Leitung und Verwaltung eines geregelten Marktes oder einer sonstigen Wertpapierbörse (§ 3 Abs. 2 des Börsegesetzes 2018 – BörseG 2018, BGBl. I Nr. 107/2017, in der Fassung des Bundesgesetzes „BGBl. I Nr. 46/2019“)“ *(BGBl II 2018/220; BGBl II 2019/221)*	10 000
III.A.2. Bewilligung zum Betrieb eines Multilateralen Handelssystems oder eines Organisierten Handelssystems (§ 3 Abs. 3 BörseG 2018)	2 000
III.A.3. Bewilligung der Allgemeinen Geschäftsbedingungen eines Börseunternehmens (§ 23 Abs. 1 BörseG 2018)	3 500
III.A.4. Bewilligung einer Änderung der Allgemeinen Geschäftsbedingungen eines Börseunternehmens (§ 23 Abs. 1 BörseG 2018)	800
III.A.5. Bewilligung einer Verschmelzung, Umwandlung oder Spaltung (§ 58 Abs. 1 Z 1 und 2 BörseG 2018)	1 250
III.A.6. Bewilligung für die Errichtung einer Zweigstelle in einem Drittland (§ 58 Abs. 1 Z 4 BörseG 2018)	1 250
(BGBl II 2017/206)	

Börsegesetz 2018 und MiFIR (Markets in Financial Instruments Regulation) – Verordnung (EU) Nr. 600/2014	**Euro**
III.A.7. Bewilligung für das Erreichen, Überschreiten oder Unterschreiten der Grenzen der Stimmrechte oder des Kapitals (§ 58 Abs. 1 Z 3 BörseG 2018)	1 250
III.A.8. Ausstellung eines Bescheides über die Nichtuntersagung des Erwerbs einer qualifizierten Beteiligung pro interessiertem Erwerber (48 Abs. 1 und 2 BörseG 2018)	1 250
III.A.9. Bestellung zum Börsesensal (§ 61 Abs. 2 BörseG 2018)	1 000
III.A.10. Registrierung eines MTF als KMU-Wachstumsmarkt (§ 82 Abs. 1 BörseG 2018)	2 000
III.A.11. Erteilung einer Zulassung für einen Datenbereitstellungsdienst (§ 83 Abs. 1 BörseG 2018)	8 000

Börsegesetz 2018 und MiFIR (Markets in Financial Instruments Regulation) – Verordnung (EU) Nr. 600/2014 **Euro**

III.A.12. Erweiterung einer Zulassung für einen Datenbereitstellungsdienst (§ 83 Abs. 1 in Verbindung mit § 84 Abs. 1 BörseG 2018)...... 3 000

III.A.13. Feststellung über die Einhaltung der Bestimmungen für Datenbereitstellungsdienste durch eine Wertpapierfirma oder einen Marktbetreiber, die oder der einen Handelsplatz betreibt und die Erbringung von Datenbereitstellungsdiensten beabsichtigt (§ 84 Abs. 2 BörseG 2018)........ 2 000

III.A.14. Gewährung des Zugangs zu einer zentralen Gegenpartei gemäß Art. 35 Abs. 4 der Verordnung (EU) Nr. 600/2014 über Märkte für Finanzinstrumente und zur Änderung der Verordnung (EU) Nr. 648/2012, ABl. Nr. L 173 vom 12.06.2014 S. 84, zuletzt geändert durch die Verordnung (EU) 2016/1033, ABl. Nr. L 175 vom 23.06.2016 S. 1........ 2 000

III.A.15. Gewährung des Zugangs zu einem Handelsplatz gemäß Art. 36 Abs. 4 der Verordnung (EU) Nr. 600/2014 über Märkte für Finanzinstrumente........ 2 000

(BGBl II 2017/206)

„Wertpapieraufsichtsgesetz 2018" ***(BGBl II 2019/221)*** **Euro**

III.B.1. Erteilung der Konzession zur Erbringung von Wertpapierdienstleistungen gemäß § 3 Abs. 2 des Wertpapieraufsichtsgesetzes 2018 – WAG 2018, BGBl. I Nr. 107/2017), die die Berechtigung zur Erbringung von Wertpapierdienstleistungen gemäß § 3 Abs. 2 Z 4 und 5 WAG 2018 nicht umfasst........ 3 000

III.B.2. Erteilung der Konzession zur Erbringung von Wertpapierdienstleistungen gemäß § 3 Abs. 2 WAG 2018, die die Berechtigungen zur Erbringung von Wertpapierdienstleistungen gemäß „§ 3 Abs. 2 Z 2 sowie § 3 Abs. 2 Z 4 und 5 WAG 2018" nicht umfasst........ *(BGBl II 2017/388)* 2 000

III.B.3. Erweiterung der Konzession zur Erbringung von Wertpapierleistungen gemäß § 3 Abs. 2 WAG 2018, die sich nicht auf die Berechtigung zur Erbringung von Wertpapierdienstleistungen gemäß § 3 Abs. 2 Z 4 und 5 WAG 2018 bezieht...... 1 000

III.B.4. Erteilung der Konzession zur Erbringung von Wertpapierdienstleistungen gemäß § 3 Abs. 2 Z 4 und 5 WAG 2018........ 10 000

III.B.5. Bewilligung für

a) die Verschmelzung oder Vereinigung von Wertpapierfirmen und Wertpapierdienstleistungsunternehmen gemäß § 7 Abs. 1 WAG 2018 in Verbindung mit § 21 Abs. 1 Z 1 BWG........ 1 000

b) die Änderung der Rechtsform gemäß § 7 Abs. 1 WAG 2018 in Verbindung mit § 21 Abs. 1 Z 3 BWG........ 1 000

c) die Errichtung von Zweigstellen in einem Drittland gemäß § 7 Abs. 1 WAG 2018 in Verbindung mit § 21 Abs. 1 Z 5 BWG........ 1 000

d) die Spaltung von Wertpapierfirmen und Wertpapierdienstleistungsunternehmen gemäß § 7 Abs. 1 WAG 2018 in Verbindung mit § 21 Abs. 1 Z 6 BWG........ 1 000

e) die Verschmelzung oder Vereinigung mit nicht nach dem WAG 2018 konzessionierten Unternehmen gemäß § 7 Abs. 1 WAG 2018 in Verbindung mit § 21 Abs. 1 Z 7 BWG........ 1 000

III.B.6. Ausstellung eines Bescheides über die Nichtuntersagung des Erwerbs einer qualifizierten Beteiligung je interessiertem Erwerber (§ 15 Abs. 2 WAG 2018)....... 500

(BGBl II 2017/206)

Investmentfondsgesetz 2011 **Euro**

III.C.1. Erteilung einer Konzession zur Erbringung von Tätigkeiten einer Verwaltungsgesellschaft gemäß § 6 Abs. 2 in Verbindung mit § 5 Abs. 1 und 2 des Investmentfondsgesetzes 2011 – InvFG 2011, BGBl. I Nr. 77/2011, in der Fassung des Bundesgesetzes „BGBl. I Nr. 62/2019"........ *(BGBl II 2021/409)* 10 000

III.C.2. Erweiterung der Konzession zur Erbringung von Tätigkeiten einer Verwaltungsgesellschaft (§ 5 Abs. 2 Z 2 bis 4 InvFG 2011)........ 2 000

Investmentfondsgesetz 2011	Euro
III.C.3. Bewilligung der Bestellung der Depotbank (§ 41 Abs. 1 und § 50 Abs. 2 Z 3 InvFG 2011)	250
III.C.4. Bewilligung des Wechsels der Depotbank (§ 61 Abs. 2 InvFG 2011)	250
III.C.5. Bewilligung der Fondsbestimmungen (§ 50 Abs. 2 Z 1 und § 53 Abs. 2 InvFG 2011)	250
III.C.6. Bewilligung der Änderung der Fondsbestimmungen (§ 53 Abs. 4 InvFG 2011)	250
III.C.7. Bewilligung der Verwaltung des OGAW durch die antragstellende Verwaltungsgesellschaft (§ 50 Abs. 2 Z 2 InvFG 2011)	250
III.C.8. Bewilligung der Kündigung der Verwaltung eines OGAW (§ 60 Abs. 1 InvFG 2011)	250
III.C.9. Bewilligung der Übertragung der Verwaltung eines OGAW auf eine andere Verwaltungsgesellschaft (§ 61 Abs. 1 InvFG 2011)	250
III.C.10. Bewilligung der Übertragung der Verwaltung eines OGAW von der Depotbank auf eine andere Verwaltungsgesellschaft (§ 62 Abs. 2 InvFG 2011)	250
III.C.11. Bewilligung der Abspaltung (§ 65 Abs. 1 InvFG 2011)	250
III.C.12. Bewilligung der Verschmelzung eines in Österreich bewilligten übertragenden OGAW (§ 115 Abs. 1 InvFG 2011)	1 500
III.C.13. Bewilligung der Beendigung der Verwaltung eines OGAW durch Übertragung oder Zusammenlegung von zum Fondsvermögen gehörenden Vermögenswerte (§ 127 Abs. 3 InvFG 2011)	250
III.C.14. „Bewilligung der Master-Feeder-Struktur (§ 95 Abs. 1 InvFG 2011)“ *(BGBl I I 2021/409)*	„1 500“ *(BGBl II 2021/409)*
III.C.15. Bewilligung der Anlage des Vermögens eines Feeder-OGAW in Anteile eines anderen Master-OGAW im Falle einer Abwicklung des Master-OGAW (§ 101 Abs. 1 Z 1 InvFG 2011)	1 250
III.C.16. Bewilligung der Umwandlung eines Feeder-OGAW in einen OGAW, der kein Feeder-OGAW ist, im Falle einer Abwicklung des Master-OGAW (§ 101 Abs. 1 Z 2 InvFG 2011)	250
III.C.17. Bewilligung des Verbleibs eines Feeder-OGAW im Master-OGAW im Falle einer Verschmelzung oder Spaltung des Master-OGAW oder des Verbleibs des Feeder-OGAW in einem anderen OGAW, der aus der Verschmelzung oder Spaltung des Master-OGAW hervorgeht (§ 104 Abs. 1 Z 1 InvFG 2011)	250
III.C.18. Bewilligung des Wechsels eines Feeder-OGAW in einen anderen Master-OGAW im Falle einer Verschmelzung oder Spaltung des Master OGAW (§ 104 Abs. 1 Z 2 InvFG 2011)	1 250
III.C.19. Bewilligung der Umwandlung eines Feeder-OGAW in einen OGAW, der kein Feeder-OGAW ist, im Falle einer Verschmelzung oder Umwandlung des Master-OGAW (§ 104 Abs. 1 Z 3 InvFG 2011)	250
III.C.20. Benachrichtigung der Übermittlung der Unterlagen an zuständige Behörden von Mitgliedstaaten gemäß § 139 Abs. 2 InvFG 2011	250
III.C.21. Ausstellung einer Bescheinigung nach § 95 Abs. 5 InvFG 2011	200
III.C.22. „Zulassung eines OGAW als Geldmarktfonds gemäß Art. 4 Abs. 2 erster oder zweiter Unterabs. der Verordnung (EU) 2017/1131 über Geldmarktfonds, ABl. Nr. L 169 vom 30.06.2017 S. 8, in der Fassung der Delegierten Verordnung (EU) 2018/990, ABl. Nr. L 177 vom 13.07.2018 S. 1, unbeschadet TP III.C.3., TP III.C.5. und TP III.C.7.“ *(BGBl II 2018/220)*	300

(BGBl II 2019/221)

Immobilien-Investmentfondsgesetz	Euro
III.D.1. Bewilligung der Zusammenlegung von Fondsvermögen von Immobilienfonds (§ 3 Abs. 2 des Immobilien-Investmentfondsgesetzes – ImmoInvFG, BGBl. I Nr. 80/2003, in der Fassung des Bundesgesetzes BGBl. I Nr. 46/2019)	250
III.D.2. Bewilligung der Beendigung der Verwaltung (§ 15 ImmoInvFG)	250

Immobilien-Investmentfondsgesetz	**Euro**
III.D.3. Bewilligung der Übertragung der Verwaltung eines Immobilienfonds auf eine andere Kapitalanlagegesellschaft (§ 16 Abs. 2 ImmoInvFG)	250
III.D.4. Bewilligung der Fondsbestimmungen (§ 34 Abs. 1 ImmoInvFG)	330
III.D.5. Bewilligung der Änderung der Fondsbestimmungen (§ 34 Abs. 3 ImmoInvFG)..	250
III.D.6. Bewilligung der Bestellung und des Wechsels der Depotbank (§ 35 Abs. 1 ImmoInvFG)	330

(BGBl II 2019/221)

„Alternative Investmentfonds Manager-Gesetz“ ***(BGBl II 2019/221)***	**Euro**
III.E.1. „Bearbeitung der Registrierung eines Alternative Investmentfonds Managers (AIFM) gemäß § 1 Abs. 5 Z 1 des Alternative Investmentfonds Manager-Gesetzes – AIFMG, BGBl. I Nr. 135/2013, in der Fassung des Bundesgesetzes BGBl. I Nr. 46/2019“ *(BGBl II 2019/221)*	„3 000“ *(BGBl II 2019/221)*
III.E.2. Bearbeitung der Registrierung ab dem zweiten Alternativen Investmentfonds (AIF) für jeden AIF (§ 1 Abs. 5 Z 2 AIFMG)	„400“ *(BGBl II 2019/221)*
III.E.3. Bearbeitung der Anzeige einer (nachträglichen) Auflage eines AIF im Sinne des § 1 Abs. 5 Z 5 AIFMG	„500“ *(BGBl II 2019/221)*
III.E.4. „Erteilung einer Konzession als AIFM (§ 6 Abs. 1 in Verbindung mit § 4 Abs. 1 AIFMG“ *(BGBl II 2017/206)*	„10 000“ *(BGBl II 2017/206)*
III.E.5. „Erweiterung der Konzession zur Erbringung von Dienstleistungen (§ 4 Abs. 4 AIFMG)“ *(BGBl II 2017/206)*	„2 000“ *(BGBl II 2019/221)*
III.E.6. „Ausstellung eines Bescheides über die Beschränkung oder Änderungen der Konzession (§ 8 Abs. 2 AIFMG)“ *(BGBl II 2017/206)*	„2 000“ *(BGBl II 2019/221)*
III.E.7. Bewilligung der Übertragung der Verwaltung von AIF gemäß § 9 Abs. 3 AIFMG	„250“ *(BGBl II 2019/221)*
III.E.8. „Bewilligung der Übertragung von Funktionen gemäß § 18 Abs. 1 Z 4 AIFMG“. *(BGBl II 2017/206)*	„300“ *(BGBl II 2017/206)*
III.E.9. „Bewilligung des Vertriebes von Anteilen von EU-AIF gemäß § 2 Abs. 1 Z 11 AIFMG in Österreich als Herkunftsmitgliedstaat gemäß § 29 Abs. 3 AIFMG“.... *(BGBl II 2017/206)*	„300“ *(BGBl II 2017/206)*
III.E.10. Unterrichtung über den Versand von Anzeigeunterlagen an zuständige Behörden von Mitgliedstaaten gemäß § 30 Abs. 3, § 32 Abs. 4, § 36 Abs. 4 oder § 44 Abs. 4 AIFMG	„250“ *(BGBl II 2019/221)*
III.E.11. Bearbeitung der Anzeige gemäß § 35 Abs. 2 AIFMG	400
III.E.12. „Bewilligung des Vertriebes eines AIF in Immobilien, eines Managed-Futures-Fonds, eines Private-Equity-Dachfonds oder eines AIF in Unternehmensbeteiligungen an Privatkunden gemäß „§ 48 Abs. 5, 7, 8a, 8c oder 8e AIFMG““...... *(BGBl II 2015/56; BGBl II 2017/388)*	300
III.E.14. Bewilligung zur Unterschreitung der Eigenmittel gemäß Art. 14 Abs. 4 der delegierten Verordnung (EU) Nr. 231/2013 zur Ergänzung der Richtlinie 2011/61/EU im Hinblick auf Ausnahmen, die Bedingungen für die Ausübung der Tätigkeit, Verwahrstellen, Hebelfinanzierung, Transparenz und Beaufsichtigung, ABl. Nr. L 83 vom 22.03.2013, S. 1	300
III.E.15. „Bearbeitung der Registrierung eines Verwalters eines qualifizierten Risikokapitalfonds gemäß Art. 14 Abs. 1 in Verbindung mit Abs. 2 der Verordnung (EU) Nr. 345/2013 über Europäische Risikokapitalfonds, ABl. Nr. L 115 vom 25.04.2013 S. 1, zuletzt geändert durch die Verordnung (EU) 2017/1991, ABl. Nr. L 293 vom 10.11.2017 S. 1“ *(BGBl II 2018/220)*	500

„Alternative Investmentfonds Manager-Gesetz“ ***(BGBl II 2019/221)*** **Euro**

		Euro
III.E.16.	„Bearbeitung der Registrierung ab dem zweiten qualifizierten Risikokapitalfonds gemäß Art. 14 Abs. 1 in Verbindung mit Abs. 2 der Verordnung (EU) Nr. 345/2013“ ... *(BGBl II 2018/220)*	300
III.E.17.	„Bearbeitung der Registrierung der (nachträglichen) Auflage eines qualifizierten Risikokapitalfonds gemäß Art. 14 Abs. 1 in Verbindung mit Abs. 2 der Verordnung (EU) Nr. 345/2013“ ... *(BGBl II 2018/220)*	300
III.E.18.	„Bearbeitung der Registrierung eines qualifizierten Risikokapitalfonds gemäß Art. 14a Abs. 1 in Verbindung mit Abs. 5 der Verordnung (EU) Nr. 345/2013 auf Antrag eines AIFM, der im Einklang mit Art. 6 der Richtlinie 2011/61/EU über Verwalter alternativer Investmentfonds und zur Änderung der Richtlinien 2003/41/EG und 2009/65/EG und der Verordnungen (EG) Nr. 1060/2009 und (EU) Nr. 1095/2010, ABl. Nr. L 174 vom 01.07.2011 S. 1, zuletzt geändert durch die Verordnung (EU) 2017/2402, ABl. L 347 vom 28.12.2017 S. 35 zugelassen ist“ ... *(BGBl II 2018/220)*	300
III.E.19.	„Bearbeitung der Registrierung eines Verwalters eines qualifizierten Fonds für soziales Unternehmertum gemäß Art. 15 Abs. 1 in Verbindung mit Abs. 2 der Verordnung (EU) Nr. 346/2013 über Europäische Fonds für soziales Unternehmertum, ABl. Nr. L 115 vom 25.04.2013 S. 18, in der Fassung der Verordnung (EU) 2017/1991, ABl. Nr. L 293 vom 10.11.2017 S. 1“ ... *(BGBl II 2018/220)*	500
III.E.20.	„Bearbeitung der Registrierung ab dem zweiten qualifizierten Fonds für soziales Unternehmertum gemäß Art. 15 Abs. 1 in Verbindung mit Abs. 5 der Verordnung (EU) Nr. 346/2013“ ... *(BGBl II 2018/220)*	300
III.E.21.	„Bearbeitung der Registrierung der (nachträglichen) Auflage eines qualifizierten Fonds für soziales Unternehmertum gemäß Art. 15 Abs. 1 in Verbindung mit Abs. 5 der Verordnung (EU) Nr. 346/2013“ ... *(BGBl II 2018/220)*	300
III.E.22.	„Bearbeitung der Registrierung eines qualifizierten Fonds für soziales Unternehmertum gemäß Art. 15a Abs. 1 in Verbindung mit Abs. 5 der Verordnung (EU) Nr. 346/2013 auf Antrag eines im Einklang mit Art. 6 der Richtlinie 2011/61/EU zugelassenen AIFM“ ... *(BGBl II 2018/220)*	300
III.E.23.	„Genehmigung eines gemäß der Richtlinie 2011/61/EU konzessionierten (internen) AIFM zur Verwaltung eines europäischen langfristigen Investmentfonds (ELTIF), der Vertragsbedingungen oder Satzung des Fonds und der Wahl der Verwahrstelle gemeinsam mit der Zulassung des ELTIF (Art. 6 Abs. 1 Buchstabe b in Verbindung mit Art. 5 Abs. 1 oder 5 der Verordnung (EU) 2015/760 über europäische langfristige Investmentfonds, ABl. Nr. L 123 vom 19.05.2015 S. 98)“ ... *(BGBl II 2018/220)*	960
III.E.24.	„Zulassung eines AIF als Geldmarktfonds und Genehmigung eines AIFM, der bereits im Einklang mit der Richtlinie 2011/61/EU zugelassen wurde, auf Verwaltung dieses AIF-Geldmarktfonds, der Vertragsbedingungen dieses Fonds und der Wahl der Verwahrstelle gemäß Art. 5 Abs. 1 der Verordnung (EU) 2017/1131“.. *(BGBl II 2018/220)*	960

Betriebliches Mitarbeiter- und Selbständigenvorsorgegesetz **Euro**

		Euro
III.F.1.	„Bewilligung der Veranlagungsbestimmungen (§ 29 Abs. 1 des Betrieblichen Mitarbeiter- und Selbständigenvorsorgegesetzes – BMSVG, BGBl. I Nr. 100/2002, in der Fassung des Bundesgesetzes BGBl. I Nr. 25/2019)“... *(BGBl II 2019/221)*	„350“ *(BGBl II 2019/221)*
III.F.2.	Bewilligung der Änderung der Veranlagungsbestimmungen (§ 29 Abs. 1 BMSVG) ...	„350“ *(BGBl II 2019/221)*
III.F.3.	Bewilligung der Verfügung über ein als Daueranlage gewidmetes Wertpapier (§ 31 Abs. 1 Z 3a BMSVG) ...	300
III.F.4.	Bewilligung der Bestellung und des Wechsels der Depotbank (§ 32 Abs. 1 BMSVG) ...	330
III.F.5.	Bewilligung der Übertragung des einer Veranlagungsgemeinschaft zugeordneten Vermögens auf eine andere BV-Kasse (§ 41 Abs. 1 BMSVG) ...	300

EMIR (European Market Infrastructure Regulation – Verordnung (EU) Nr. 648/2012)

		Euro
III.G.1.	„Prüfung der Befreiung für Risikominderungstechniken für gruppeninterne Geschäfte gemäß Art. 11 Abs. 6 bis 10 der Verordnung (EU) Nr. 648/2012 über OTC-Derivate, zentrale Gegenparteien und Transaktionsregister, ABl. Nr. L 201 vom 27.07.2012 S. 1“ *(BGBl II 2015/56)*	2 000
III.G.2.	Erteilung einer Zulassung für eine zentrale Gegenpartei gemäß Art. 14 der Verordnung (EU) Nr. 648/2012	10 000
III.G.3.	Bewilligung der Erweiterung von Dienstleistungen oder Tätigkeiten einschließlich der Bewilligung zum Clearing von weiteren OTC-Derivatekategorien gemäß Art. 15 der Verordnung (EU) Nr. 648/2012	„4 000“ *(BGBl II 2015/56)*
III.G.4.	Beurteilung der Meldung eines Gesellschafterwechsels bzw. Erwerbs einer qualifizierten Beteiligung gemäß Art. 31 Abs. 2 bis 7 der Verordnung (EU) Nr. 648/2012	1 500
III.G.5.	Genehmigung der Auslagerung von wichtigen, mit dem Risikomanagement zusammenhängenden Tätigkeiten gemäß Art. 35 der Verordnung (EU) Nr. 648/2012	1 000
III.G.6.	Validierung von wesentlichen Änderungen der Modelle und Parametern gemäß Art. 49 Abs. 1 der Verordnung (EU) Nr. 648/2012	„3 000“ *(BGBl II 2015/56)*
III.G.7.	Genehmigung einer Interoperabilitätsvereinbarung gemäß Art. 54 Abs. 1 der Verordnung (EU) Nr. 648/2012	„4 000“ *(BGBl II 2015/56)*
III.G.8.	„Prüfung der Befreiung von der Clearingverpflichtung für gruppeninterne Geschäfte gemäß Art. 4 Abs. 2 lit. a und b der Verordnung (EU) Nr. 648/2012“ *(BGBl II 2015/56)*	2 000
III.G.9.	„Prüfung der Befreiung von der Meldepflicht für gruppeninterne Geschäfte gemäß Art. 9 Abs. 1 Unterabs. 3 und 4 der Verordnung (EU) Nr. 648/2012“ *(BGBl II 2019/221)*	„2 000“ *(BGBl II 2019/221)*

Billigung von Prospekten gemäß Prospekt-Verordnung (EU) 2017/1129 und Kapitalmarktgesetz 2019

		Euro
III.H.1.	Billigung eines Prospektes, der als einziges Dokument im Sinne von Art. 6 Abs. 3 erste Alternative der Verordnung (EU) 2017/1129 über den Prospekt, der beim öffentlichen Angebot von Wertpapieren oder bei deren Zulassung zum Handel an einem geregelten Markt zu veröffentlichen ist, und zur Aufhebung der Richtlinie 2003/71/EG, ABl. Nr. L 168 vom 30.06.2017 S. 12, erstellt wurde, oder eines Basisprospektes, der als einziges Dokument im Sinne von Art. 8 Abs. 6 erste Alternative erstellt wurde, gemäß Art. 20 Abs. 2 und 4 der Verordnung (EU) 2017/1129, und zwar	
a)	bei Aufnahme eines Emittenten	7 000
b)	je Aufnahme eines weiteren Emittenten, eines Garantie- oder Treugebers	1 500
III.H.2.	Billigung eines einheitlichen Registrierungsformulars gemäß Art. 20 Abs. 2 und 4 in Verbindung mit Art. 9 Abs. 2 der Verordnung (EU) 2017/1129	3 500
III.H.3.	Billigung eines Registrierungsformulars als Einzeldokument gemäß Art. 20 Abs. 1, 2 und 4 in Verbindung mit Art. 10 der Verordnung (EU) 2017/1129	3 500
III.H.4.	Billigung einer Wertpapierbeschreibung gemäß Art. 20 Abs. 1, 2 und 4 in Verbindung mit Art. 10 der Verordnung (EU) 2017/1129	3 500
III.H.5.	Billigung eines vereinfachten Prospektes im Sinne von Art. 14 der Verordnung (EU) 2017/1129 gemäß Art. 20 Abs. 2 und 4 der Verordnung (EU) 2017/1129	4 500
III.H.6.	Billigung eines EU-Wachstumsprospektes im Sinne von Art. 15 der Verordnung (EU) 2017/1129 gemäß Art. 20 Abs. 2 und 4 der Verordnung (EU) 2017/1129	4 500
III.H.7.	Billigung eines vereinfachten Prospektes im Sinne von § 12 Abs. 3 des Kapitalmarktgesetzes 2019 – KMG 2019, BGBl. I Nr. 62/2019, gemäß § 12 Abs. 4 KMG 2019 in Verbindung mit Art. 20 Abs. 2 und 4 der Verordnung (EU) 2017/1129	4 000

Billigung von Prospekten gemäß Prospekt-Verordnung (EU) 2017/1129 und Kapitalmarktgesetz 2019 **Euro**

III.H.8. „Billigung eines Nachtrages zum Registrierungsformular gemäß Art. 20 Abs. 2 und 4 in Verbindung mit Art. 10 Abs. 1 Unterabs. 2 der Verordnung (EU) 2017/1129, eines Nachtrages zum einheitlichen Registrierungsformular gemäß Art. 20 Abs. 2 und 4 in Verbindung mit Art. 9 Abs. 10 der Verordnung (EU) 2017/1129, eines Nachtrages zum Prospekt gemäß Art. 20 Abs. 2 und 4 in Verbindung mit Art. 23 Abs. 1 Unterabs. 2 der Verordnung (EU) 2017/1129 oder eines Nachtrags zum vereinfachten Prospekt im Sinne von § 12 Abs. 3 KMG 2019 gemäß § 12 Abs. 4 KMG 2019 in Verbindung mit Art. 20 Abs. 2 und 4 der Verordnung (EU) 2017/1129“ .... *(BGBl II 2019/352)* „750“ *(BGBl II 2019/352)*

III.H.9. Billigung eines Prospektes, der von einem Emittenten nach den für ihn geltenden Rechtsvorschriften eines Staates, der nicht Staat des Europäischen Wirtschaftsraumes ist, erstellt worden ist, gemäß Art. 29 Abs. 1 in Verbindung mit Art. 28 Unterabs. 2 der Verordnung (EU) 2017/1129 .... 8 750

III.H.10. „Bewilligung der Nichtaufnahme bestimmter Angaben in einen Prospekt oder in Bestandteilen hiervon gemäß Art. 18 Abs. 1 der Verordnung (EU) 2017/1129 sowie in Verbindung mit § 12 Abs. 4 KMG 2019 in einen vereinfachten Prospekt im Sinne von § 12 Abs. 3 KMG 2019 je Ausnahme“ .... *(BGBl II 2019/352)* 150

III.H.11. Hinterlegung eines einheitlichen Registrierungsformulars gemäß Art. 9 Abs. 2 Unterabs. 2 der Verordnung (EU) 2017/1129 100

III.H.12. Hinterlegung der Änderung eines einheitlichen Registrierungsformulars gemäß Art. 9 Abs. 7 der Verordnung (EU) 2017/1129 100

III.H.13. „Billigung eines speziellen Registrierungsformulars für einen vereinfachten Prospekt auf der Grundlage der vereinfachten Offenlegungsregelung für Sekundäremissionen im Sinne von Art. 6 Abs. 3 Unterabs. 2 erster und zweiter Satz und Art. 14 Abs. 1 Unterabs. 2 der Verordnung (EU) 2017/1129 gemäß Art. 20 Abs. 1, 2 und 4 in Verbindung mit Art. 10 der Verordnung (EU) 2017/1129“ ...... *(BGBl II 2019/352)* 2 250

III.H.14. „Billigung eines speziellen Registrierungsformulars für einen EU-Wachstumsprospekt im Sinne von Art. 15 Abs. 1 Unterabs. 2 und Art. 6 Abs. 3 Unterabs. 2 erster und zweiter Satz der Verordnung (EU) 2017/1129 gemäß Art. 20 Abs. 1, 2 und 4 in Verbindung mit Art. 10 der Verordnung (EU) 2017/1129“ .... *(BGBl II 2019/352)* 2 250

III.H.15. „Billigung einer Wertpapierbeschreibung für einen vereinfachten Prospekt auf der Grundlage der vereinfachten Offenlegungsregelung für Sekundäremissionen im Sinne von Art. 14 Abs. 1 und Art. 6 Abs. 3 Unterabs. 2 erster und dritter Satz der Verordnung (EU) 2017/1129 gemäß Art. 20 Abs. 1, 2 und 4 in Verbindung mit Art. 10 der Verordnung (EU) 2017/1129“ .... *(BGBl II 2019/352)* 2 250

III.H.16. „Billigung einer speziellen Wertpapierbeschreibung für einen EU-Wachstumsprospekt im Sinne von Art. 15 Abs. 1 Unterabs. 2 und Art. 6 Abs. 3 Unterabs. 2 erster und dritter Satz der Verordnung (EU) 2017/1129 gemäß Art. 20 Abs. 1, 2 und 4 in Verbindung mit Art. 10 der Verordnung (EU) 2017/1129“ .... *(BGBl II 2019/352)* 2 250

(BGBl II 2019/221)

„CSDR (Central Securities Depositories Regulation – Verordnung (EU) Nr. 909/2014)“ *(BGBl II 2019/221)* **Euro**

III.J.1. Erteilung einer Zulassung für einen Zentralverwahrer gemäß Art. 17 der Verordnung (EU) Nr. 909/2014 zur Verbesserung der Wertpapierlieferungen und -abrechnungen in der Europäischen Union und über Zentralverwahrer sowie zur Änderung der Richtlinien 98/26/EG und 2014/65/EU und der Verordnung (EU) Nr. 236/2012, ABl. Nr. L 257 vom 28.08.2014 S. 1 .... 10 000

III.J.2. Erweiterung einer Zulassung für einen Zentralverwahrer um weitere Kerndienstleistungen gemäß Art. 19 Abs. 1 lit. a der Verordnung (EU) Nr. 909/2014 .... 4 000

„CSDR (Central Securities Depositories Regulation – Verordnung (EU) Nr. 909/2014)“ ***(BGBl II 2019/221)*** **Euro**

		Euro
III.J.3.	„Unbeschadet einer Gebührenpflicht nach TP III.J.1 Erteilung einer Zulassung zur Erbringung von Wertpapierdienstleistungen im Sinne von § 3 Abs. 2 WAG 2018 gemäß Art. 17 Abs. 5 der Verordnung (EU) Nr. 909/2014“...... *(BGBl II 2017/206)*	„4 000“ *(BGBl II 2017/206)*
III.J.4.	„Unbeschadet einer Gebührenpflicht nach TP III.J.2. Erweiterung einer Zulassung zur Erbringung von Wertpapierdienstleistungen im Sinne von § 3 Abs. 2 WAG 2018 gemäß Art. 19 Abs. 1 Buchstabe b in Verbindung mit Art. 17 Abs. 5 der Verordnung (EU) Nr. 909/2014“.......... *(BGBl II 2017/206)*	1 500
III.J.5.	„Unbeschadet einer Gebührenpflicht nach TP III.J.1. bis III.J.4. Erteilung oder Erweiterung einer Genehmigung zur Erbringung von nichtbankartigen Nebendienstleistungen, die nach Abschnitt B des Anhangs der Verordnung (EU) Nr. 909/2014 zulässig sind, dort aber weder ausdrücklich genannt sind, noch Dienstleistungen im Sinne von § 3 Abs. 2 WAG 2018 sind, gemäß Art. 17 oder Art. 19 Abs. 1 Buchstabe b der Verordnung (EU) Nr. 909/2014“...... *(BGBl II 2017/206)*	750
III.J.6.	Bewilligung einer Beteiligung an einer juristischen Person gemäß Art. 18 Abs. 3 der Verordnung (EU) Nr. 909/2014..........	1 500
III.J.7.	Genehmigung der Auslagerung einer Kerndienstleistung an einen Dritten gemäß Art. 19 Abs. 1 in Verbindung mit Art. 30 der Verordnung (EU) Nr. 909/2014.....	1 000
III.J.8.	Genehmigung des Betriebs eines weiteren Wertpapierliefer- und –abrechnungssystems gemäß Art. 19 Abs. 1 lit. c der Verordnung (EU) Nr. 909/2014.............	4 000
III.J.9.	Genehmigung der Abrechnung in den Büchern einer anderen Verwahrstelle gemäß Art. 19 Abs. 1 lit. d der Verordnung (EU) Nr. 909/2014..........	1 000
III.J.10.	Genehmigung der Einrichtung einer interoperablen Zentralverwahrer-Verbindung gemäß Art. 19 Abs. 1 lit. e in Verbindung mit Abs. 3 der Verordnung (EU) Nr. 909/2014..........	4 000
III.J.11.	Unterrichtung über den Versand von Anzeigeunterlagen an die zuständige Behörde eines Mitgliedstaates gemäß Art. 23 Abs. 4 der Verordnung (EU) Nr. 909/2014..	200
III.J.12.	Genehmigung einer Änderung im Hinblick auf die Kontrolle über einen Zentralverwahrer gemäß Art. 27 Abs. 8 der Verordnung (EU) Nr. 909/2014.................	1 500
III.J.13.	Genehmigung der Erbringung der bankartigen Nebendienstleistungen des gesamten Wertpapierliefer- und –abrechnungssystems (Geldseite) eines Zentralverwahrers durch denselben gemäß Art. 54 Abs. 2 lit. a in Verbindung mit Abs. 3 der Verordnung (EU) Nr. 909/2014..........	2 000
III.J.14.	Genehmigung der Erbringung der bankartigen Nebendienstleistungen des gesamten Wertpapierliefer- und –abrechnungssystems (Geldseite) eines Zentralverwahrers durch ein benanntes Kreditinstitut gemäß Art. 54 Abs. 2 lit. b in Verbindung mit Abs. 4 der Verordnung (EU) Nr. 909/2014..........	2 000

(BGBl II 2015/219)

„Referenzwerte-Verordnung (EU) 2016/1011“ ***(BGBl II 2019/221)*** **Euro**

		Euro
III.K.1.	Bewilligung der Übertragung eines kritischen Referenzwertes auf einen neuen Administrator oder der Einstellung der Bereitstellung des Referenzwertes gemäß Art. 21 Abs. 2 der Verordnung (EU) 2016/1011, ABl. Nr. L 171 vom 29.06.2016 S. 1..........	1 000
III.K.2.	Anzeige der Nichtanwendung von spezifischen Anforderungen für signifikante Referenzwerte gemäß Art. 25 der Verordnung (EU) 2016/1011..........	2 000
III.K.3.	Anerkennung eines in einem Drittland angesiedelten Administrators gemäß Art. 32 Abs. 5 der Verordnung (EU) 2016/1011..........	10 000
III.K.4.	Bewilligung der Übernahme von einem in einem Drittland bereitgestellten Referenzwert gemäß Art. 33 Abs. 1 der Verordnung (EU) 2016/1011..........	2 000
III.K.5.	Im Rahmen einer Konzession als Administrator gemäß Art. 34 Abs. 1 Buchstabe a der Verordnung (EU) 2016/1011..........	
a)	Erteilung der Konzession unbeschadet lit. b bis d	10 000

„Referenzwerte-Verordnung (EU) 2016/1011“ *(BGBl II 2019/221)*		**Euro**
b)	Berücksichtigung von Referenzwerten im Sinne des Art. 20 der Verordnung (EU) 2016/1011 je Referenzwert	500
c)	Erteilung der Konzession unbeschadet lit. b bis d	300
d)	Berücksichtigung von Referenzwerten im Sinne des Art. 26 der Verordnung (EU) 2016/1011 je Referenzwert	200
III.K.6.	Im Rahmen einer Registrierung als Administrator gemäß Art. 34 Abs. 1 Buchstabe b der Verordnung (EU) 2016/1011......	
a)	Bearbeitung der Registrierung unbeschadet lit. b und c	2 500
b)	Berücksichtigung von Referenzwerten im Sinne von Art. 24 der Verordnung (EU) 2016/1011 je Referenzwert	300
c)	Berücksichtigung von Referenzwerten im Sinne von Art. 26 der Verordnung (EU) 2016/1011 je Referenzwert	200
III.K.7.	Im Rahmen einer Registrierung als Administrator gemäß Art. 34 Abs. 1 Buchstabe c der Verordnung (EU) 2016/1011......	
a)	Bearbeitung der Registrierung unbeschadet lit. b	2 000
b)	Berücksichtigung von Referenzwerten im Sinne von Art. 26 der Verordnung (EU) 2016/101 je Referenzwert	200
III.K.8.	Bearbeitung der Anzeige betreffend die Bereitstellung eines neuen Referenzwertes gemäß Art. 34 Abs. 2 der Verordnung (EU) 2016/1011......	
a)	je Referenzwert im Sinne des Art. 20 der Verordnung (EU) 2016/1011	500
b)	je Referenzwert im Sinne des Art. 24 der Verordnung (EU) 2016/1011	300
c)	je Referenzwert im Sinne des Art. 26 der Verordnung (EU) 2016/1011	200

(BGBl II 2017/206)

STS-Verbriefungsverordnung (EU) 2017/2402		**Euro**
III.L.1.	Zulassung zur Erbringung von Überprüfungen der Erfüllung der STS-Kriterien als Dritter gemäß Art. 28 Abs. 1 der Verordnung (EU) 2017/2402 zur Festlegung eines allgemeinen Rahmens für einfache, transparente und standardisierte Verbriefung und zur Änderung der Richtlinien 2009/65/EG, 2009/138/EG, 2011/61/EU und der Verordnungen (EG) Nr. 1060/2009 und (EU) Nr. 648/2012, ABl. Nr. L 347 vom 28.12.2017 S. 35......	3 000

(BGBl II 2019/221)

Rechnungskreis 4 (Pensionskassenaufsicht)

Pensionskassengesetz		**Euro**
IV.A.1.	„Erteilung der Konzession zum Betrieb einer Pensionskasse (§ 8 Abs. 1 des Pensionskassengesetzes – PKG, BGBl. Nr. 281/1990, in der Fassung des Bundesgesetzes „BGBl. I Nr. 100/2018“)“...... *(BGBl II 2015/56; BGBl II 2015/219; BGBl II 2019/221)*	„10 000“ *(BGBl II 2015/219)*
IV.A.2.	Bewilligung des Geschäftsplanes und der Änderung des Geschäftsplanes einer Pensionskasse (§ 20 Abs. 4 PKG)........	500
IV.A.3.	Bewilligung der Verfügung über ein als Daueranlage gewidmetes Wertpapier (§ 23 Abs. 1 Z 3a PKG)........	300
IV.A.4.	Bewilligung zur Auflösung, Verschmelzung oder Umwandlung einer Pensionskasse (§ 40 PKG)........	1 250

Rechnungskreise 1 bis 4 (§ 19 Abs. 4 zweiter und dritter Satz FMABG)

Finanzmarkt-Geldwäschegesetz		**Euro**
V.A.1.	„Bearbeitung der Registrierung von Dienstleistern in Bezug auf virtuelle Währungen gemäß § 32a Abs. 1 und 2 des Finanzmarkt-Geldwäschegesetzes – FM-GwG,	3 000

Finanzmarkt-Geldwäschegesetz **Euro**

BGBl. I Nr. 118/2016, in der Fassung des Bundesgesetzes BGBl. I Nr. 62/2019......“ *(BGBl II 2019/352)*

3. Teil
Verwaltungskostenbeiträge

Auskunftsbescheide

Tarifpost	Gegenstand	Euro
1	Pauschale für die Bearbeitung eines Antrages auf Erteilung eines Auskunftsbescheides gemäß § 23 FMABG bei Sachverhalten, auf Grund derer über jene Rechtsfragen abzusprechen ist, die bei einer oder mehreren Amtshandlungen zu klären wären, die einem oder mehreren Gebührentatbeständen zugrunde liegen,	
	a) wenn die Summe der entsprechenden Gebühren gemäß dem 2. Teil geringer als 5 000 Euro ist	1 500
	b) wenn die Summe der entsprechenden Gebühren gemäß dem 2. Teil geringer als 10 000 Euro ist	5 000
	c) wenn die Summe der entsprechenden Gebühren gemäß dem 2. Teil 10 000 Euro beträgt oder diesen Betrag übersteigt	10 000
2	Pauschale für die Bearbeitung eines Antrages auf Erteilung eines Auskunftsbescheides gemäß § 23 FMABG bei Sachverhalten, die nicht ausschließlich unter die TP 1 fallen	5 000
3	Pauschale nach Rücknahme oder Zurückweisung eines Antrages auf Auskunftsbescheid gemäß § 23 Abs. 9 FM-ABG	500

(BGBl II 2017/388)

Ergänzende Bestimmungen zu TP 1 bis 3

1. Verwaltungskostenbeiträge gemäß TP 1 sind auf die Gebühr der Amtshandlung, der die geklärten Rechtsfragen zugrunde zu legen sind, anzurechnen.
2. Der Verwaltungskostenbeitrag ist dem Antragsteller spätestens binnen zwei Wochen nach Eingang des Antrages vorzuschreiben und binnen eines Monats nach Zustellung der Beitragsvorschreibung zu entrichten.
3. Erfüllt ein Sachverhalt sowohl die Voraussetzungen der TP 1 als auch der TP 2, kommt die TP mit der höheren einschlägigen Tarifstufe zur Anwendung.
4. Wird ein Antrag zurückgenommen oder zurückgewiesen oder ergibt sich aus einem anderen Grund eine Reduzierung des Verwaltungskostenbeitrages, so ist der Verwaltungskostenbeitrag neu festzusetzen. § 3 ist anzuwenden. Ergibt sich nach Entrichtung des Verwaltungskostenbeitrages ein Guthaben auf Grund der Neufestsetzung, so hat die FMA dieses Guthaben binnen eines Monats nach Rechtskraft des Beitragsbescheids und nach schriftlicher Bekanntgabe der Bankverbindung durch den Antragsteller zurückzuzahlen.

(BGBl I 2017/388)

FMA-Fristenverlängerungsverordnung 2020

BGBl II 2020/181

Verordnung der Finanzmarktaufsichtsbehörde (FMA) über die Verlängerung von Fristen im Jahr 2020 – FMA-Fristenverlängerungsverordnung 2020 (FMA-FriVerV 2020)

Auf Grund des § 22 Abs. 13 des Finanzmarktaufsichtsbehördengesetzes – FMABG, BGBl. I Nr. 97/2001, zuletzt geändert durch das Bundesgesetz BGBl. I Nr. 23/2020, wird verordnet:

1. Abschnitt
Fristenverlängerungen

§ 1. Jede der in den nachfolgenden Bestimmungen geregelten Fristenverlängerungen wird nur für den Fall gewährt, dass und soweit dies für den Verpflichteten, der die jeweilige Fristverlängerung nutzt, auf Grund der COVID-19-Krisensituation erforderlich ist.

Fristenverlängerungen in der Bankenaufsicht

§ 2. (1) Für Geschäftsjahre, die vor dem 1. Jänner 2020 enden, wird die in § 44 Abs. 1 bis 5 BWG, § 6 Abs. 1 JKAB-V, § 4 ZEIMV sowie § 1 ResV jeweils genannte sechsmonatige Frist um vier Monate auf zehn Monate verlängert.

(2) Für Übermittlungstermine, die zwischen 1. März und 31. Mai 2020 liegen, werden die Übermittlungsfristen wie folgt verlängert:

1. Die für den Vermögensausweis gemäß der **Anlage A1a** zur VERA-V in § 2 Abs. 1 VERA-V mit dem zwanzigsten Bankarbeitstag des Folgemonats;

2. die für den Vermögensausweis gemäß der **Anlage A1c** zur VERA-V in § 2 Abs. 2 VERA-V mit dem sechzehnten Bankarbeitstag des Folgemonats;

3. die für den Erfolgsausweis gemäß der **Anlage A2** zur VERA-V in § 4 VERA-V mit dem zwanzigsten Bankarbeitstag des Folgemonats;

4. die für den Risikoausweis gemäß der **Anlage A3b** zur VERA-V in § 6 Abs. 1 VERA-V in Verbindung mit Art. 3 Abs. 1 Buchstabe b der Durchführungsverordnung (EU) Nr. 680/2014 mit 12. Mai 2020;

5. die für den Risikoausweis gemäß der **Anlage A3c** zur VERA-V in § 6 Abs. 2 VERA-V mit dem zwanzigsten Bankarbeitstag des Folgemonats;

6. die für den Vermögens- und Erfolgsausweis gemäß der **Anlage B1** zur VERA-V in § 8 VERA-V mit zwei Monaten nach dem Meldestichtag;

7. die für den Risikoausweis gemäß den **Anlagen B3b und C3b** zur VERA-V in § 11 Abs. 1 VERA-V mit zwei Monaten nach dem Meldestichtag;

8. die für den Vermögens-, Erfolgs- und Risikoausweis gemäß den **Anlagen D1, D3b und E3b** zur VERA-V in § 14 VERA-V mit dem fünfzehnten Kalendertag des zweiten Folgemonats;

9. die für die Meldung der Bilanz und Gewinn- und Verlustrechnung gemäß der **Anlage A1** zur ZEIMV in § 1 Abs. 2 ZEIMV mit dem zehnten Bankarbeitstag des Folgemonats;

10. die für die Meldung von Ordnungsnormen gemäß der **Anlage A2** zur ZEIMV in § 2 Abs. 2 ZEIMV mit dem zehnten Bankarbeitstag des Folgemonats;

11. die für die Meldung von Eigenmitteln von Sonderkreditinstituten gemäß der **Anlage** zur SK-EMV in § 2 SK-EMV mit dem achten Bankarbeitstag des übernächsten Monats;

12. die für die Meldung der Quartalsausweise gemäß den **Anlagen 1 bis 8** zur BVQA-V in § 1 Abs. 1 BVQA-V mit vier Wochen nach Ablauf eines jeden Kalendervierteljahres;

festgelegte Übermittlungsfrist wird um jeweils zehn Bankarbeitstage verlängert.

(3) Die für den Risikoausweis gemäß der **Anlage G1** in § 6 Abs. 5 und § 11 Abs. 3 VERA-V mit drei Monaten nach dem Meldestichtag festgelegte Übermittlungsfrist wird um zwei Monate verlängert.

(4) Die für Meldungen zu Fremdkapitalfinanzierungen von Immobilien gemäß der **Anlage H** zur VERA-V in § 6a Abs. 4 VERA-V mit dem 45. Bankarbeitstag nach dem Meldestichtag festgelegte Übermittlungsfrist wird auf den 30. September 2020 verlängert.

Fristenverlängerungen in der Versicherungs- und Finanzkonglomerateaufsicht

§ 3. (1) Die in § 246 Abs. 1 VAG 2016 geforderte Auflage des Jahresabschlusses einschließlich des gesamten Anhangs sowie des Lageberichtes am Sitz des Versicherungs- oder Rückversicherungsunternehmens sowie in allen Betriebsstätten zur Einsichtnahme ist für Geschäftsjahre, die am 31. Dezember 2019 geendet haben, binnen zwei

Wochen nach Veröffentlichung des Jahresabschlusses in der Wiener Zeitung vorzunehmen.

(2) Für Übermittlungstermine gemäß § 248 VAG 2016 werden die Übermittlungsfristen wie folgt verlängert:

1. Die für Vorlagen von Versicherungs- und Rückversicherungsunternehmen sowie inländischen Zweigniederlassungen von Drittland-Versicherungs- und Drittland-Rückversicherungsunternehmen an die FMA gemäß § 248 Abs. 2 und 4 VAG 2016 mit fünf Monaten nach Ende des Geschäftsjahres festgelegte Übermittlungsfrist wird für Geschäftsjahre, die mit 31. Dezember 2019 geendet haben, um jeweils zwei Monate verlängert;

2. die Berichtsteile gemäß § 248 Abs. 3 Z 1 und Abs. 5 Z 1 VAG 2016 betreffend Geschäftsjahre, die mit 31. Dezember 2019 geendet haben, sind im Falle einer Ausnutzung der Fristverlängerung gemäß § 2 Abs. 1 des Gesellschaftsrechtlichen COVID-19-Gesetzes – COVID-19-GesG, BGBl. I Nr. 16/2020, in der Fassung des Bundesgesetzes BGBl. I Nr. 24/2020, binnen zwei Wochen nach Abhaltung der Hauptversammlung der FMA vorzulegen;

3. die Berichtsteile gemäß § 248 Abs. 3 Z 2 und Z 3 und Abs. 5 Z 2 VAG 2016 betreffend Geschäftsjahre, die mit 31. Dezember 2019 geendet haben, sind binnen zwei Wochen nach Veröffentlichung des Jahresabschlusses in der Wiener Zeitung der FMA vorzulegen.

(3) Für Übermittlungstermine, die zwischen dem 5. April 2020 und 3. Juni 2020 liegen, werden die Übermittlungsfristen für Vorlagen von Versicherungs- und Rückversicherungsunternehmen sowie inländische Zweigniederlassungen von Drittland-Versicherungs- und Drittland-Rückversicherungsunternehmen an die FMA wie folgt verlängert:

1. Die gemäß § 3 Abs. 1 VU-MV 2020 mit fünf Monaten nach Ende des Geschäftsjahres festgelegte Frist wird um zwei Monate verlängert;

2. die gemäß § 3 Abs. 2 VU-MV 2020 mit sechs Wochen nach dem jeweiligen Stichtag festgelegte Frist wird um eine Woche verlängert.

(4) Für Übermittlungstermine gemäß § 79 Abs. 3 Z 3 VAG 2016 in Verbindung mit § 13 Abs. 2 der kleine Versicherungsvereine Rechnungslegungsverordnung – kV-RLV, BGBl. II Nr. 168/2015, werden die Übermittlungsfristen wie folgt verlängert:

1. Die für Berichtsteile gemäß den §§ 11 und 12 kV-RLV betreffend kleine Versicherungsvereine im Sinne von § 13 Abs. 2 Z 1 kV-RLV festgelegte Übermittlungsfrist bis spätestens 15. Mai 2020 wird bis spätestens 30. Juni 2020 verlängert;

2. die für Berichtsteile gemäß den §§ 11 und 12 kV-RLV betreffend kleine Versicherungsvereine im Sinne von § 13 Abs. 2 Z 2 kV-RLV festgelegte Übermittlungsfrist bis spätestens 15. Juli 2020 wird bis spätestens 31. Juli 2020 verlängert.

(5) Die mit dem fünfzehnten Kalendertag des zweiten Folgemonats festgelegte Übermittlungsfrist für die Meldung der Quartalsberichte gemäß der Anlage zur FK-QUAB-V in § 1 FK-QUAB-V wird um zehn Arbeitstage verlängert.

Fristenverlängerungen in der Pensionskassenaufsicht

§ 4. (1) Die in § 21e Abs. 5 PKG mit

1. fünf Monaten nach Abschluss des Geschäftsjahres festgelegte Frist zur Übermittlung des Prüfungsberichts durch den Prüfaktuar an den Vorstand und den Aufsichtsrat der Pensionskasse sowie dem Abschlussprüfer;

2. sechs Monaten nach Abschluss des Geschäftsjahres festgelegte Frist zur Übermittlung des Prüfungsberichts durch die Pensionskasse an die FMA

wird für Geschäftsjahre, die vor dem 1. Jänner 2020 geendet haben, um jeweils einen Monat verlängert.

(2) Die in § 30a Abs. 1 PKG mit sechs Monaten nach Abschluss des Geschäftsjahres festgelegten Fristen zur Übermittlung der in § 30a Abs. 1 Z 1 bis 4 genannten Dokumente an die FMA wird für Geschäftsjahre, die vor dem 1. Jänner 2020 geendet haben, um einen Monat verlängert.

(3) Die in § 36 Abs. 2 PKG mit vier Wochen festgelegte Frist zur Übermittlung der Quartalsausweise an die FMA wird für die Quartalsausweise zu den Stichtagen 31. März 2020, 30. Juni 2020 und 30. September 2020 um jeweils eine Woche verlängert.

2. Abschnitt

Schlussbestimmungen

§ 5. Die Bestimmungen des BörseG 2018 bleiben durch diese Verordnung unberührt.

§ 6. (1) Unbeschadet der Fristenverlängerungen gemäß den §§ 2 bis 4 können weitere Fristenverlängerungen gemäß § 22 Abs. 13 FMABG beantragt werden.

(2) Für Verweise auf Bundesgesetze und Verordnungen in dieser Verordnung gilt Folgendes:

1. Soweit auf Bestimmungen des Finanzmarktaufsichtsbehördengesetzes – FMABG, BGBl. I Nr. 97/2001, verwiesen wird, ist dieses in der Fassung des Bundesgesetzes BGBl. I Nr. 23/2020 anzuwenden;

2. soweit auf Bestimmungen des Bankwesengesetzes – BWG, BGBl. Nr. 532/1993, verwiesen wird, ist dieses in der Fassung des Bundesgesetzes BGBl. I Nr. 46/2019 anzuwenden;

3. soweit auf Bestimmungen des Versicherungsaufsichtsgesetzes 2016 – VAG 2016, BGBl. I Nr. 34/2015, verwiesen wird, ist dieses in der Fassung des Bundesgesetzes BGBl. I Nr. 62/2019 anzuwenden;

4. soweit auf Bestimmungen des Pensionskassengesetzes – PKG, BGBl. Nr. 281/1990, verwiesen wird, ist dieses in der Fassung des Bundesgesetzes BGBl. I Nr. 100/2018 anzuwenden;

5. soweit auf Bestimmungen des Börsegesetzes 2018 – BörseG 2018, BGBl. I Nr. 107/2017, verwiesen wird, ist dieses in der Fassung des Bundesgesetzes BGBl. I Nr. 20/2020 anzuwenden;

6. soweit auf Bestimmungen der Jahres- und Konzernabschluss-Verordnung – JKAB-V, BGBl. II Nr. 470/2006, verwiesen wird, ist diese in der Fassung der Verordnung BGBl. II Nr. 194/2018 anzuwenden;

7. soweit auf Bestimmungen der Vermögens-, Erfolgs- und Risikoausweis-Verordnung – VERA-V, BGBl. II Nr. 471/2006, verwiesen wird, ist diese in der Fassung der Verordnung BGBl. II Nr. 14/2019 anzuwenden;

8. soweit auf Bestimmungen der Durchführungsverordnung (EU) Nr. 680/2014 zur Festlegung technischer Durchführungsstandards für die aufsichtlichen Meldungen der Institute gemäß der Verordnung (EU) Nr. 575/2013, ABl. Nr. L 191 vom 28.06.2014 S. 1, verwiesen wird, ist diese in der Fassung der Durchführungsverordnung (EU) Nr. 2020/429, ABl. Nr. L 96 vom 30.03.2020 S. 1, anzuwenden;

9. soweit auf Bestimmungen der Zahlungs- und E-Geld-Institute-Meldeverordnung – ZEIMV, BGBl. II Nr. 352/2009, verwiesen wird, ist diese in der Fassung der Verordnung BGBl. II Nr. 253/2018 anzuwenden;

10. soweit auf Bestimmungen der Reservenmeldungsverordnung – ResV, BGBl. Nr. 970/1994, verwiesen wird, ist diese in der Fassung der Verordnung BGBl. II Nr. 297/2010 anzuwenden;

11. soweit auf Bestimmungen der Sonderkreditinstitute-Eigenmittelmeldeverordnung – SK-EMV, BGBl. II Nr. 79/2015, verwiesen wird, ist diese in der Fassung der Verordnung BGBl. II Nr. 397/2017 anzuwenden;

12. soweit auf Bestimmungen der Finanzkonglomeratsquartalsberichts-Verordnung – FK-QUAB-V, BGBl. II Nr. 101/2007, verwiesen wird, ist diese in der Fassung der Verordnung BGBl. II Nr. 358/2013 anzuwenden;

13. soweit auf Bestimmungen der Versicherungsunternehmen Meldeverordnung 2020 – VU-MV 2020, BGBl. II Nr. 411/2019, verwiesen wird, ist diese in der Stammfassung anzuwenden.

(3) Diese Verordnung tritt mit dem der Kundmachung folgenden Tag in Kraft.

(4) Diese Verordnung tritt mit Ablauf des 31. Dezember 2021 außer Kraft. Sie ist auf Fristen, die ohne Fristverlängerung gemäß den §§ 2 bis 4 nach dem 31. Dezember 2020 ablaufen, nicht anwendbar.

Nationalbankgesetz 1984

BGBl I 1984/50 (WV) idF

1 BGBl 1986/612 (DFB)
2 BGBl 1987/605
3 BGBl 1988/597
4 BGBl 1991/625
5 BGBl 1991/697
6 BGBl 1993/532
7 BGBl I 1998/60
8 BGBl I 2000/72
9 BGBl I 2001/97
10 BGBl I 2002/55
11 BGBl I 2004/161
12 BGBl I 2005/120 (HGB durch UGB ersetzt)
13 BGBl I 2006/61
14 BGBl I 2007/108
15 BGBl I 2011/50
16 BGBl I 2013/64
17 BGBl I 2013/184
18 BGBl I 2015/4
19 BGBl I 2015/68 (RÄ-BG 2015)
20 BGBl I 2015/159
21 BGBl I 2017/150
22 BGBl I 2018/17
23 BGBl I 2018/37
24 BGBl I 2018/61

GLIEDERUNG (nicht amtlich)

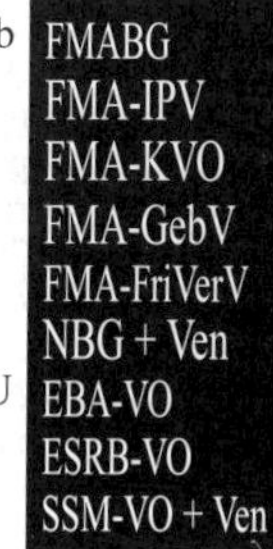

Kundmachung des Bundeskanzlers und des Bundesministers für Finanzen vom 20. Jäner 1984, mit der das Nationalbankgesetz 1955 wiederverlautbart wird

ABSCHNITT A

Artikel I

Auf Grund des Art. 49a B-VG wird in der Anlage 1 das Nationalbankgesetz 1955, BGBl. Nr. 184, wiederverlautbart.

ABSCHNITT B

Artikel I

Auf Grund des Art. 49a B-VG wird in der Anlage 2 („Übergangsrecht anläßlich einer Novelle zum Nationalbankgesetz 1955“) der Art. II des Bundesgesetzes BGBl. Nr. 47/1981 (Abschnitt A Art. II Z 7 dieser Kundmachung) wiederverlautbart.

Anlage 1

Bundesgesetz über die Oesterreichische Nationalbank (Nationalbankgesetz 1984 – NBG)

ARTIKEL I

Allgemeine Bestimmungen

§ 1. Die Rechtsverhältnisse der Oesterreichischen Nationalbank werden durch den Vertrag über die Arbeitsweise der Europäischen Union, ABl. Nr. C 83 vom 30.03.2010 S. 47 (AEUV), das Protokoll (Nr. 4) über die Satzung des Europäischen Systems der Zentralbanken und der Europäischen Zentralbank, Abl. Nr. C 83 vom 30.03.2010 S. 230 (ESZB/EZB-Statut) sowie durch dieses Bundesgesetz geregelt. Die Bestimmungen des Aktiengesetzes 1965, BGBl. Nr. 98/1965, sind auf die Oesterreichische Nationalbank anwendbar, soweit durch den AEUV, das ESZB/EZB-Statut oder durch dieses Bundesgesetz nichts anderes bestimmt wird.

(BGBl I 2011/50)

§ 2. (1) Die Oesterreichische Nationalbank ist eine Aktiengesellschaft. Sie ist die Zentralbank der Republik Österreich und als solche integraler Bestandteil des Europäischen Systems der Zentralbanken (ESZB).

(2) Die Oesterreichische Nationalbank hat gemäß den Bestimmungen des AEUV, des ESZB/EZB-Statuts, der auf Grundlage dieser Bestimmungen erlassenen unmittelbar anwendbaren unionsrechtlichen Vorschriften sowie dieses Bundesgesetzes an der Erreichung der Ziele und der Vollziehung der Aufgaben des ESZB mitzuwirken. Im Rahmen des Unionsrechts, insbesondere des Artikels 3 des Vertrages über die Europäische Union, ABl. Nr. C 83 vom 30.03.2010 S. 13 und des Artikels 127 des AEUV, hat die Oesterreichische Nationalbank mit allen ihr zu Gebote stehenden Mitteln dahin zu wirken, das Ziel der Preisstabilität zu gewährleisten. Soweit dies ohne Beeinträchtigung des Ziels der Preisstabilität möglich ist, ist den volkswirtschaftlichen Anforderungen in Bezug auf Wirtschaftswachstum und Beschäftigungsentwicklung Rechnung zu tragen und die allgemeine Wirtschaftspolitik in der Europäischen Union zu unterstützen. *(BGBl I 2011/50)*

(3) Die Oesterreichische Nationalbank hat die Europäische Zentralbank (EZB) bei der Einholung der zur Aufgabenerfüllung des ESZB erforderlichen statistischen Daten gemäß Artikel 5 ESZB/EZB-Statut zu unterstützen.

(4) Die Oesterreichische Nationalbank hat gemäß den von der EZB nach Artikel 6 Abs. 1 ESZB/EZB-Statut getroffenen Entscheidungen im Bereich der internationalen Zusammenarbeit Vertretungsaufgaben für das ESZB wahrzunehmen.

(5) Bei Verfolgung der in Abs. 2 bis 4 genannten Ziele und Aufgaben hat die Oesterreichische Nationalbank gemäß Artikel 14 Abs. 3 ESZB/EZB-Statut entsprechend den Leitlinien und Weisungen der EZB zu handeln; weder die Oesterreichische Nationalbank noch ein Mitglied ihrer Beschlußorgane darf hiebei Weisungen von Organen oder Einrichtungen der Europäischen „Union“, von Regierungen der Mitgliedstaaten der Europäischen „Union“ oder von anderen Stellen einholen oder entgegennehmen. *(BGBl I 2011/50)*

(BGBl I 1998/60)

§ 3. Vorbehaltlich der Zustimmung der EZB ist die Oesterreichische Nationalbank befugt, sich an internationalen Währungseinrichtungen zu beteiligen.

(BGBl I 1998/60)

§ 4. (1) Die Oesterreichische Nationalbank ist ferner berechtigt, in anderen als den durch die Aufgaben des ESZB erfaßten Angelegenheiten rechtsgeschäftlich tätig zu werden, es sei denn, der EZB-Rat stellt mit Zweidrittelmehrheit der abgegebenen Stimmen fest, daß diese Aufgaben nicht mit den Zielen und Aufgaben des ESZB vereinbar sind. Derartige Rechtsgeschäfte werden von der Oesterreichischen Nationalbank in eigener Verantwortung und auf eigene Rechnung getätigt und sind nicht dem ESZB zuzurechnen.

(2) Die Oesterreichische Nationalbank besitzt das ausschließliche Recht, in Österreich Banknoten, die in Österreich gesetzliche Zahlungsmittel sind, herzustellen oder herstellen zu lassen; die Rechtsstellung der EZB wird hiedurch nicht berührt. Die Oesterreichische Nationalbank ist weiters berechtigt, Wertpapiere, sonstige Wertträger und Formulare, die besonderen Sicherheitsanforderungen genügen müssen, herzustellen.

(BGBl I 1998/60)

§ 5. (1) Die Firma „Oesterreichische Nationalbank" wird mit dem Zusatz „Direktorium" von zwei Mitgliedern des Direktoriums gezeichnet. Durch diese Firmenzeichnung wird die Oesterreichische Nationalbank auch dann verpflichtet, wenn die Gesetze eine Spezialvollmacht erfordern.

(2) Unbeschadet des Abs. 1 kann das Direktorium beschließen, daß bestimmte Dienstnehmer der Oesterreichischen Nationalbank allein oder gemeinsam mit bestimmten anderen Dienstnehmern der Oesterreichischen Nationalbank diese berechtigen oder verpflichten können. Das Direktorium hat diesfalls auch festzulegen, in welcher Form und in welchen Fällen die Vertretungshandlungen dieser Dienstnehmer eine Berechtigung oder Verpflichtung der Oesterreichischen Nationalbank begründen, und hat diese Regelung in den Bankanstalten gemeinsam mit einem Unterschriftenverzeichnis der betreffenden Dienstnehmer zur öffentlichen Einsicht aufzulegen.

(3) Die Oesterreichische Nationalbank führt in ihrem Siegel das Wappen der Republik Österreich; sie ist nicht verpflichtet, ihre Firma und die Mitglieder ihrer Organe in das Firmenbuch eintragen zu lassen.

(BGBl I 1998/60)

§ 6. Die Oesterreichische Nationalbank hat ihren Sitz in Wien, wo sich die Hauptanstalt befindet. In den Hauptstädten der Bundesländer können Zweiganstalten errichtet werden.

(BGBl I 1998/60)

§ 7. (1) Soweit sich aus unmittelbar anwendbaren unionsrechtlichen Vorschriften nichts anderes ergibt, findet auf das behördliche Verfahren der Oesterreichischen Nationalbank in den Angelegenheiten des Geld-, Kredit- und Bankwesens das Allgemeine Verwaltungsverfahrensgesetz 1991 – AVG, BGBl. Nr. 51/1991, Anwendung; gegen Bescheide der Oesterreichischen Nationalbank ist eine Beschwerde an das Bundesverwaltungsgericht zulässig. *(BGBl I 2013/64)*

(1a) Beschwerden gegen Bescheide der Oesterreichischen Nationalbank, welche in Vollziehung dieses Bundesgesetzes oder einer auf Grund dieses Bundesgesetzes erlassenen Verordnung ergangen sind, sowie Vorlageanträge, haben keine aufschiebende Wirkung. Auf Antrag ist der Beschwerde die aufschiebende Wirkung durch das Bundesverwaltungsgericht nach Anhörung der Oesterreichischen Nationalbank mit Beschluss zuzuerkennen, insoweit dem nicht zwingende öffentliche Interessen entgegenstehen und nach Abwägung aller berührten Interessen mit dem Vollzug für den Beschwerdeführer ein unverhältnismäßiger Nachteil verbunden wäre. Wird die aufschiebende Wirkung zuerkannt, ist der Vollzug des angefochtenen Bescheides aufzuschieben und sind die hiezu erforderlichen Verfügungen zu treffen. Wenn sich die Voraussetzungen, die für den Beschluss über die aufschiebende Wirkung maßgebend waren, wesentlich geändert haben, ist auf Antrag einer Partei neu zu entscheiden. *(BGBl I 2013/64)*

(2) Verordnungen der Oesterreichischen Nationalbank sind im Bundesgesetzblatt kundzumachen. Die Oesterreichische Nationalbank ist berechtigt, in ihren Aufgabenbereich fallende Geschäftsbestimmungen und Konditionen rechtsverbindlich auf ihrer Homepage zu veröffentlichen. *(BGBl I 2015/4)*

(3) Gesetzentwürfe, die Bestimmungen „von finanzmarktpolitischer Bedeutung" enthalten oder sonst die Interessen der Oesterreichischen Nationalbank berühren, sind vor ihrer Einbringung in das gesetzgebende Organ der Oesterreichischen Nationalbank unter Einräumung einer angemessenen Frist zur Ermöglichung der Begutachtung zu übermitteln. *(BGBl. Nr. 276/1969, Art. I Z 2)* *(BGBl I 1998/60)*

(4) Die Oesterreichische Nationalbank ist hinsichtlich der Zulässigkeit der Übermittlung von Daten einem Verantwortlichen des öffentlichen Bereichs gemäß § 26 Abs. 1 des Datenschutzgesetzes – DSG, BGBl. I Nr. 165/1999, gleichzustellen. *(BGBl I 2018/37)*

(5) Die Oesterreichische Nationalbank ist zur Verarbeitung von personenbezogenen Daten im Sinne der Verordnung (EU) 2016/679 ermächtigt, soweit dies für die Wahrnehmung ihrer gesetzlich, staatsvertraglich oder unionsrechtlich zugewiesenen Aufgaben erforderlich ist. *(BGBl I 2018/37)*

ARTIKEL II

Grundkapital und Aktionär

§ 8. Das Grundkapital der Oesterreichischen Nationalbank beträgt zwölf Millionen Euro und ist in 150 000 Stück Stückaktien geteilt.

(BGBl I 2011/50)

§ 9. Alleinaktionär der Oesterreichischen Nationalbank ist der Bund. Die Aktionärsrechte des Bundes werden vom Bundesminister für Finanzen ausgeübt.

(BGBl I 2011/50)

ARTIKEL III

Generalversammlung

§ 10. (1) Die regelmäßige Generalversammlung findet innerhalb der ersten sechs Monate eines jeden Geschäftsjahres statt. *(BGBl I 2011/50)*

(2) Auf schriftliches Verlangen des Bundes ist, sofern dies nicht im Rahmen der regelmäßigen Generalversammlung erledigt werden kann, die Abhaltung einer außerordentlichen Generalversammlung binnen 30 Tagen anzuberaumen, wobei die Frist mit Einlangen des entsprechenden schriftlichen Antrages bei der Oesterreichischen Nationalbank beginnt. *(BGBl I 2011/50)*

(3) *(aufgehoben, BGBl I 2011/50)*

§§ 11 bis 14. *(aufgehoben, BGBl I 2011/50)*

§ 15. Den Vorsitz in der Generalversammlung führt der Präsident des Generalrates oder bei seiner Verhinderung sein Vertreter.

(BGBl I 1998/60)

§ 16. Der Wirkungskreis der Generalversammlung umfaßt:

1. die Entgegennahme des Berichtes des Generalrates über die Geschäftsführung des abgelaufenen Geschäftsjahres;

2. die Genehmigung des Jahresabschlusses und die Erteilung der Entlastung an den Generalrat und das Direktorium nach Anhörung des Berichtes der Rechnungsprüfer; *(BGBl I 1998/60)*

3. die Beschlussfassung über die Verwendung des bilanzmäßigen Überschusses und Festsetzung des zu verteilenden Gewinnes; *(BGBl I 2011/50)*

4. *(aufgehoben, BGBl I 2011/50)*

5. die Wahl von einem Rechnungsprüfer und einem Ersatzrechnungsprüfer; *(BGBl I 2011/50)*

6. *(aufgehoben, BGBl I 2011/50)*

7. *(aufgehoben, BGBl I 2011/50)*

8. die Festlegung des Ausmaßes der dem Präsidenten und dem Vizepräsidenten gebührenden Vergütung; *(BGBl I 1998/60)*

9. *(aufgehoben, BGBl I 2011/50)*

§§ 17 bis 19. *(aufgehoben, BGBl I 2011/50)*

ARTIKEL IV

Leitung und Verwaltung der Bank

A. Generalrat

§ 20. (1) Dem Generalrat obliegt die Überwachung jener Geschäfte, die nicht in den Aufgabenbereich des ESZB fallen.

(2) Der Generalrat hat das Direktorium in Angelegenheiten der Geschäftsführung und der Währungspolitik zu beraten. Diese gemeinsamen Sitzungen des Generalrates und des Direktoriums haben mindestens einmal im Vierteljahr stattzufinden.

(BGBl I 1998/60)

§ 21. (1) Die Zustimmung des Generalrates ist erforderlich für:

1. die Neuaufnahme von Geschäftszweigen und die Auflassung von Geschäftszweigen mit Ausnahme der in Artikel X genannten;

2. die Errichtung und Auflassung von Zweiganstalten;

3. den Erwerb und die Veräußerung von Beteiligungen;

4. den Erwerb, die Veräußerung und die Belastung von Liegenschaften;

5. die Besetzung von Aufsichtsräten und geschäftsführenden Organen von Unternehmen, an denen die Oesterreichische Nationalbank beteiligt ist;

6. die Ernennung von Funktionären der zweiten Führungsebene in der Oesterreichischen Nationalbank selbst.

(2) Der Beschlußfassung durch den Generalrat sind vorbehalten:

1. Die Erstattung von unverbindlichen Dreiervorschlägen an die Bundesregierung für die Ernennung der Mitglieder des Direktoriums durch den Bundespräsidenten;

2. die Beschlußfassung über die für die Mitglieder des Direktoriums und die übrigen Dienstnehmer der Oesterreichischen Nationalbank maßgebenden Dienstordnungen und über die, die Besoldung und die Pensionsbezüge dieser Personen regelnden Vorschriften sowie der Abschluß der Dienstverträge mit den Mitgliedern des Direktoriums;

3. die Festlegung allgemeiner Grundsätze der Geschäftspolitik in Angelegenheiten des § 4;

4. die Bewilligung von Aufwendungen, die nicht „in der Plankostenrechnung und im Investitionsplan" des betreffenden Jahres vorgesehen sind; *(BGBl I 2011/50)*

5. die Genehmigung des Jahresabschlusses zwecks Vorlage an die Generalversammlung und

die Genehmigung „der Plankostenrechnung und des Investitionsplanes“ für das nächste Geschäftsjahr; *(BGBl I 2011/50)*

6. die Geschäftsordnung für den Generalrat und für das Direktorium.

(3) Vor Erstattung der Dreiervorschläge gemäß Abs. 2 Z 1 hat die Oesterreichische Nationalbank eine Ausschreibung durchzuführen.

(4) Der Generalrat kann in seiner Geschäftsordnung bestimmen, daß zur Vorbereitung der von ihm gemäß Abs. 1 und 2 zu fassenden Beschlüsse Unterausschüsse eingesetzt werden. Die Vorsitzenden der Unterausschüsse haben in der Sitzung des Generalrates zu berichten.

(5) In den in Abs. 1 und 2 genannten Angelegenheiten ist das Beschluß- und Zustimmungsrecht des Generalrates dahingehend eingeschränkt, daß durch die von ihm getroffenen Entscheidungen die Erfüllung von Aufgaben des ESZB nicht beeinträchtigt werden darf.

(BGBl I 1998/60)

§ 22. (1) Der Generalrat besteht aus dem Präsidenten, einem Vizepräsidenten und acht weiteren Mitgliedern. *(BGBl I 2011/50)*

(2) Alle Mitglieder des Generalrates werden ernannt. *(BGBl I 2011/50)*

(3) Mitglieder des Generalrates können nur Personen sein, welche die österreichische Staatsbürgerschaft besitzen und vom Wahlrecht in den Nationalrat nicht ausgeschlossen sind. Mitglieder des Generalrates sollen leitende Persönlichkeiten des praktischen Wirtschaftslebens, ferner Rechts- und Wirtschaftswissenschafter sein. „ “ *(BGBl I 2011/50)*

(4) Im aktiven Dienst des Bundes, eines Landes oder eines Organes der Europäischen Union stehende Personen sowie Mitglieder des Nationalrates, des Bundesrates, eines Landtages oder des Europäischen Parlamentes, der Bundesregierung, einer Landesregierung oder der Europäischen Kommission können dem Generalrat nicht angehören. Die Einschränkung hinsichtlich im aktiven Dienst des Bundes stehender Personen gilt nicht für Universitätsprofessoren der Rechts- und der Wirtschaftswissenschaften. Von den Mitgliedern des Generalrates dürfen nicht mehr als drei hauptberuflich der Verwaltung von Kreditinstituten angehören; sie können nicht dem Präsidium angehören. *(BGBl I 2011/50)*

(5) Das nach § 40 des Arbeits-Verfassungsgesetzes (ArbVG), BGBl. Nr. 22/1974, zuständige Belegschaftsorgan ist berechtigt, zu den Sitzungen des Generalrates einen Vertreter sowie einen Stellvertreter zu entsenden. Der Vertreter und in dessen Abwesenheit der Stellvertreter hat in Personal-, Sozial- und Wohlfahrtsangelegenheiten dieselben Rechte und Pflichten wie die Mitglieder des Generalrates. *(BGBl I 2011/50)*

§ 23. Der Präsident, der Vizepräsident und die acht weiteren Mitglieder des Generalrates werden von der Bundesregierung auf die Dauer von fünf Jahren ernannt; eine Wiederernennung ist zulässig. Die Mitglieder des Generalrates können während ihrer Amtszeit von der Bundesregierung nur abberufen werden, wenn sie eine der Voraussetzungen für die Ausübung ihres Amtes (§ 22 Abs. 3 und 4) nicht mehr erfüllen oder eine schwere Verfehlung begangen haben. Als Verlust der Voraussetzung für die Ausübung ihres Amtes gilt auch die Verhinderung an der Ausübung ihrer Funktion für einen ein Jahr übersteigenden Zeitraum. Scheidet ein Mitglied des Generalrates während seiner Funktionsperiode aus, hat die Bundesregierung ein neues Mitglied auf die Dauer von fünf Jahren zu ernennen.

(BGBl I 2011/50)

§ 24. Der Präsident und der Vizepräsident erhalten für ihre Tätigkeit eine mit ihren Aufgaben im Einklang stehende Vergütung, die von der Generalversammlung festzusetzen ist. Die übrigen Mitglieder des Generalrates versehen ihr Amt unentgeltlich. Für die in Ausübung ihres Amtes erwachsenden Reisekosten ist ihnen aus den Mitteln der Oesterreichischen Nationalbank eine angemessene Entschädigung zu leisten.

(BGBl I 1998/60)

§§ 25 bis 27. *(aufgehoben, BGBl I 1998/60)*

§ 28. (1) Der Generalrat wird durch den Präsidenten, und zwar in der Regel einmal im Monat, einberufen.

(2) Auf schriftliches Verlangen von drei Generalratsmitgliedern oder auf Verlangen des Gouverneurs oder des Staatskommissärs muss binnen acht Tagen eine Sitzung des Generalrates einberufen werden. *(BGBl I 2011/50)*

(3) Zu den Sitzungen des Generalrates sind sämtliche Mitglieder und der Staatskommissär unter Angabe der Tagesordnung mittels eingeschriebenen oder persönlich zugestellten Briefes einzuladen.

§ 29. (1) Der Präsident führt in allen Sitzungen des Generalrates den Vorsitz. Er kontrolliert die Durchführung der Beschlüsse des Generalrates. Im Falle seiner Verhinderung wird der Präsident in allen seinen Funktionen vom Vizepräsidenten und, falls auch dieser verhindert sein sollte, von dem Mitglied des Generalrates mit der längsten Funktionsdauer vertreten; trifft letzteres auf mehrere Generalratsmitglieder zu, vertritt von diesen das an Lebensjahren älteste Mitglied des Generalrates. Der Generalrat übt die ständige Überwachung jener Geschäfte aus, die nicht in den Aufgabenbereich des ESZB fallen. *(BGBl I 1998/60)*

(2) Ein Mitglied des Generalrates kann sich durch ein anderes Mitglied des Generalrates vertreten lassen. Die Bevollmächtigung hat für jede einzelne Sitzung schriftlich zu erfolgen. Außer der eigenen kann ein Mitglied des Generalrates nicht mehr als zwei Stimmen führen.

(3) Der Generalrat ist beschlussfähig, wenn alle Mitglieder rechtzeitig geladen wurden und einschließlich des Vorsitzenden mindestens fünf Mitglieder anwesend sind. *(BGBl I 2011/50)*

(4) Die Beschlüsse werden mit einfacher Stimmenmehrheit gefaßt. Bei Stimmengleichheit gibt die Stimme des Vorsitzenden den Ausschlag. *(BGBl. Nr. 276/1969, Art. I Z 9)*

§ 30. (1) In den Verhandlungsprotokollen sind die Namen der anwesenden und vertretenen Mitglieder des Generalrates und die gefaßten Beschlüsse anzuführen. „Jedem anwesenden Mitglied des Generalrates steht es frei, seine vom Mehrheitsbeschluß abweichende Meinung zu Protokoll zu geben.“ *(BGBl I 1998/60)*

(2) Die Verhandlungsprotokolle werden vom Vorsitzenden und vom Gouverneur gefertigt. *(BGBl I 1998/60)*

§ 31. (1) Wenn in den in § 21 Abs. 1 Z 3 und 4 und Abs. 2 Z 4 genannten Angelegenheiten ein Beschluß sich als dringend notwendig erweist, so kann dieser vom Exekutivkomitée gefaßt werden, dem der Präsident, der Vizepräsident, der Gouverneur und der Vize-Gouverneur angehören. Die Sitzungen des Exekutivkomitées werden vom Präsidenten aus eigenem Antrieb oder über Antrag eines der Mitglieder des Exekutivkomitées einberufen. Das Exekutivkomitee ist beschlußfähig, wenn mindestens drei Mitglieder anwesend sind. Die Vorsitzführung obliegt dem Präsidenten, im Falle dessen Verhinderung dem Vizepräsidenten. Die Beschlüsse des Exekutivkomitées werden mit Stimmenmehrheit gefaßt. Bei Stimmengleichheit gibt die Stimme des Vorsitzführenden den Ausschlag. *(BGBl I 1998/60)*

(2) Die gefaßten Beschlüsse sind dem Generalrat in seiner nächsten Sitzung zur Kenntnis zu bringen, dem es vorbehalten bleibt, gemäß § 21 im Gegenstand neuerlich Beschluß zu fassen.

B. Direktorium

§ 32. (1) Das Direktorium hat den gesamten Dienstbetrieb zu leiten und die Geschäfte der Oesterreichischen Nationalbank zu führen. Bei Verfolgung der Ziele und Aufgaben des ESZB hat das Direktorium entsprechend den Leitlinien und Weisungen der EZB zu handeln. In anderen als den durch die Aufgaben des ESZB erfaßten Angelegenheiten trifft das Direktorium eigenständig die Entscheidung, sofern diese Angelegenheiten nicht der Beschlußfassung des Generalrates vorbehalten sind oder dessen Zustimmung bedürfen. *(BGBl I 1998/60)*

(2) Das Direktorium hat dem Generalrat periodisch, und zwar in der Regel monatlich, über die Abwicklung und den Stand der Geschäfte sowie über sonstige bedeutsame, den Betrieb betreffende Vorkommnisse mündlich oder schriftlich zu berichten. Darüber hinaus ist bei wichtigem Anlaß dem Präsidenten Bericht zu erstatten. Das Direktorium ist berechtigt, Anträge jeder Art an den Generalrat zu stellen. *(BGBl I 1998/60)*

(3) Das Direktorium stellt die Dienstnehmer der Oesterreichischen Nationalbank an, soweit deren Ernennung nicht dem Bundespräsidenten vorbehalten ist. Dem Direktorium obliegt auch die Pensionierung, Kündigung oder Entlassung der von ihm angestellten Bediensteten. *(BGBl I 1998/60)*

(4) Das Direktorium vertritt die Bank gerichtlich und außergerichtlich. *(BGBl. Nr. 276/1969, Art. I Z 10)*

(5) Der Gouverneur und der Vize-Gouverneur haben dem Finanzausschuß des Nationalrates unter Wahrung des Berufsgeheimnisses nach Artikel 38 ESZB/EZB-Statut mindestens zweimal pro Jahr über die erfolgten geld- und währungspolitischen Maßnahmen zu berichten. *(BGBl I 1998/60)*

§ 33. (1) Das Direktorium besteht aus dem Gouverneur, dem Vize-Gouverneur und zwei weiteren Mitgliedern.

(2) Die Mitglieder des Direktoriums werden vom Bundespräsidenten auf Vorschlag der Bundesregierung ernannt. Die Ernennung erfolgt jeweils auf die Dauer von „sechs“ Jahren; eine Wiederernennung ist zulässig. *(BGBl I 2011/50)*

(3) Mitglieder des Direktoriums dürfen ihre Funktion nur hauptberuflich ausüben und können nur Personen sein, welche die österreichische Staatsbürgerschaft besitzen und vom Wahlrecht in den Nationalrat nicht ausgeschlossen sind. Im aktiven Dienst des Bundes, eines Landes oder eines Organes der Europäischen „Union“ stehende Personen sowie Mitglieder des Nationalrates, des Bundesrates, eines Landtages oder des Europäischen Parlaments, der Bundesregierung, einer Landesregierung oder der Europäischen Kommission können dem Direktorium nicht angehören. Die Mitglieder des Direktoriums dürfen auch sonst keiner Tätigkeit nachgehen, die ihre Unabhängigkeit beeinträchtigen würde. *(BGBl I 2011/50)*

(4) Die Mitglieder des Direktoriums können aus ihrem Amt nur entlassen werden, wenn sie eine der Voraussetzungen für die Ausübung ihres Amtes (Abs. 3) nicht mehr erfüllen oder eine

schwere Verfehlung begangen haben. Als Verlust der Voraussetzungen für die Ausübung des Amtes gilt auch die Verhinderung eines Direktoriumsmitglieds an der Ausübung seiner Funktion für einen ein Jahr übersteigenden Zeitraum.

(BGBl I 1998/60)

§ 34. (1) Der Gouverneur ist Mitglied des EZB-Rates („Artikel 283 Abs. 1 AEUV" , Art. 10 ESZB/EZB-Statut) und des Erweiterten Rates der EZB (Art. 45 ESZB/EZB-Statut). Er und sein Vertreter sind bei Wahrnehmung dieser Funktionen weder an Beschlüsse des Direktoriums noch an solche des Generalrates gebunden und unterliegen auch sonst keinerlei Weisungen. *(BGBl I 2011/50)*

(2) Der Gouverneur legt dem Generalrat jene Anträge des Direktoriums vor, die der Beschlußfassung des Generalrates vorbehalten sind oder der Zustimmung des Generalrates bedürfen.

(3) Der Gouverneur hat dem Präsidenten des Generalrates alle vom Direktorium dem Generalrat zu unterbreitenden Anträge rechtzeitig zur Kenntnis zu bringen.

(4) Im Falle der Verhinderung wird der Gouverneur vom Vize-Gouverneur oder in dessen Abwesenheit von dem Direktoriumsmitglied mit der längsten Funktionsdauer vertreten; trifft letzteres auf mehrere Direktoriumsmitglieder zu, so kommt die Vertretung dem an Lebensjahren ältesten Direktoriumsmitglied zu.

(BGBl I 1998/60)

§ 35. (1) Die Geschäfte des Direktoriums werden in einzelne Geschäftszweige geteilt, an deren Spitze je ein Direktoriumsmitglied steht. Den einzelnen Direktoriumsmitgliedern obliegt die selbständige Behandlung und Erledigung jener Geschäfte, deren Führung ihnen durch die Geschäftsordnung für das Direktorium oder durch Beschluß des Direktoriums übertragen worden ist.

(2) Die Mitglieder des Direktoriums sind verpflichtet, die ihnen zukommenden Geschäfte und Obliegenheiten nach bestem Wissen und Gewissen zu besorgen und die Geschäfte in der Weise zu führen, dass die Oesterreichische Nationalbank in die Lage versetzt wird, die ihr nach dem AEUV, nach dem ESZB/EZB-Statut, der auf Grundlage dieser Bestimmungen erlassenen unmittelbar anwendbaren unionsrechtlichen Vorschriften sowie sonst durch Bundesgesetz zugewiesenen Aufgaben zu erfüllen. *(BGBl I 2011/50)*

(3) Das Direktorium kann für den Fall der vorübergehenden Verhinderung eines seiner Mitglieder ein anderes Mitglied des Direktoriums zu dessen Stellvertreter bestimmen.

(BGBl I 1998/60)

§ 36. (1) Das Direktorium tritt je nach Bedarf zu Sitzungen zusammen, die vom Gouverneur einberufen und unter dessen Vorsitz abgehalten werden. Der Präsident und der Vizepräsident des Generalrates haben das Recht, an den Sitzungen mit beratender Stimme teilzunehmen.

(2) Das Direktorium ist beschlußfähig, wenn mindestens zwei Mitglieder des Direktoriums anwesend sind; eines dieser Mitglieder muß der Gouverneur oder der Vize-Gouverneur sein. In der Geschäftsordnung für das Direktorium kann die Fassung von Umlaufbeschlüssen vorgesehen werden.

(3) Bei der Abstimmung steht jedem Direktoriumsmitglied, in Abwesenheit eines Mitgliedes dessen Stellvertreter (§ 35 Abs. 3), je eine Stimme zu. Beschlüsse werden mit einfacher Stimmenmehrheit gefaßt; bei Stimmengleichheit entscheidet die Stimme des Vorsitzführenden. Ein Direktoriumsmitglied kann neben der eigenen Stimme nur die eines anderen Direktoriumsmitgliedes ausüben.

(4) Die Mitglieder des Direktoriums nehmen an den Sitzungen des Generalrates mit beratender Stimme teil.

(BGBl I 1998/60)

ARTIKEL V

Rechnungsprüfer

§ 37. (1) Die Generalversammlung hat unter Bedachtnahme auf Art. 27 ESZB/EZB-Statut einen Rechnungsprüfer und einen Ersatzrechnungsprüfer für eine mehrjährige Periode, längstens für die Dauer von fünf Jahren zu wählen. Nicht zum Rechnungsprüfer oder Ersatzrechnungsprüfer können Wirtschaftsprüfer oder Wirtschaftsprüfungsgesellschaften gewählt werden, die einen Bestätigungsvermerk gemäß § 274 UGB über die Prüfung des Jahresabschlusses der Oesterreichischen Nationalbank bereits in fünf Fällen gezeichnet haben; dies gilt in den Fällen, in denen die Prüfung nicht von einer natürlichen Person als Rechnungsprüfer durchgeführt wird, auch für den Prüfungsleiter und diejenigen Personen, die den Bestätigungsvermerk unterfertigt haben. Die Rotationsbestimmungen gelten nicht nach einer Unterbrechung der Prüfungstätigkeit für zumindest zwei aufeinander folgende Geschäftsjahre. *(BGBl I 2015/4)*

(2) Der Rechnungsprüfer hat den Jahresabschluss zu prüfen und über das Ergebnis seiner Prüfung schriftlich Bericht zu erstatten. Er ist berechtigt, vom Direktorium alle zur Erfüllung seiner Aufgaben erforderlichen Aufklärungen zu verlangen und insbesondere auch in die Bücher der Bank Einsicht zu nehmen.

(3) Der Rechnungsprüfer ist zur gewissenhaften und unparteiischen Prüfung und zur Verschwiegenheit verpflichtet.

(BGBl I 2011/50)

ARTIKEL VI

Personal der Bank

§ 38. (1) Die Bediensteten der Bank stehen im privatrechtlichen Dienstverhältnis.

(2) Die Anstellungsbedingungen, dienstlichen Pflichten und Rechte sowie die Besoldung und die Pensionsbezüge der Bediensteten der Bank richten sich nach den vom Generalrat festgesetzten Bestimmungen. Die nach diesen Bestimmungen gebührenden Bezüge sind für den Bereich des Abgabenund Sozialversicherungsrechtes den auf Grund gesetzlicher Vorschriften gewährten Bezügen gleichgestellt. *(BGBl. Nr. 276/1969, Art. I Z 12)*

(3) Die Bediensteten der Oesterreichischen Nationalbank, welche auf Grund der Pensionsordnungen der Bank eine Anwartschaft auf Ruhe- und Hinterbliebenenversorgung (Pension) haben, sind in der Unfall-, Invaliden- und Angestelltenversicherung (Pensionsversicherung) versicherungsfrei. *(BGBl. Nr. 200/1967, § 170 Z 5)*

(4) Für die Bediensteten der Bank ist das Bundes-Gleichbehandlungsgesetz, BGBl. Nr. 100/1993, anzuwenden. *(BGBl I 2013/184)*

(5) Vorbehaltlich Abs. 6 hat das Direktorium vor Bestellung von Funktionären der zweiten Führungsebene der Oesterreichischen Nationalbank eine Ausschreibung zu veranlassen, bei der das Stellenbesetzungsgesetz, BGBl. I Nr. 26/1998, mit der Maßgabe anzuwenden ist, dass es sich anstatt auf die Bestellung von Mitgliedern des Leitungsorgans auf die Bestellung von Funktionären der zweiten Führungsebene der Oesterreichischen Nationalbank bezieht. Bei der Bestellung von Funktionären der zweiten Führungsebene hat das Direktorium den Generalrat über die Ergebnisse des Ausschreibungsverfahrens rechtzeitig vor der Zustimmung zur Ernennung (§ 21 Abs. 1 Z 6) zu informieren. *(BGBl I 2017/150)*

(6) In folgenden Fällen kann das Direktorium von der Veranlassung einer Ausschreibung bei der Bestellung von Funktionären der zweiten Führungsebene absehen:

1. Bei der Bestellung handelt es sich lediglich um eine kurzfristige, vertretungsweise Bestellung.

2. Bei der Bestellung handelt es sich um eine Wiederbestellung in dieselbe Leitungsfunktion und die betroffene Person hat in ihrer vorhergehenden Funktionsperiode jederzeit dem mit der betroffenen Funktion verknüpften Anforderungsprofil entsprochen und sich bei der Erfüllung der an sie gestellten Aufgaben dauerhaft bewährt.

In jenen Fällen, in denen das Direktorium von der Veranlassung einer Ausschreibung bei der Bestellung von Funktionären der zweiten Führungsebene gemäß Z 2 abzusehen gedenkt, hat das Direktorium den Generalrat rechtzeitig im Vorhinein darüber zu informieren und diesem gegenüber gleichzeitig zu begründen, warum die in Z 2 genannten Voraussetzungen für ein Absehen von einer Ausschreibung vorliegen. *(BGBl I 2017/150)*

§ 39. (1) *(aufgehoben, BGBl I 1998/60)*

„“ Die Überwachung des gesamten Personals der Bank obliegt dem Direktorium; es beschließt über die Einleitung von Disziplinaruntersuchungen gegen die Bediensteten der Bank. Die Durchführung der Disziplinaruntersuchungen wird in den vom Generalrat erlassenen Dienstordnungen geregelt. *(BGBl I 1998/60)*

ARTIKEL VII

Staatskommissär

§ 40. Der Bundesminister für Finanzen hat einen Staatskommissär und dessen Stellvertreter zu bestellen, die berechtigt sind, an den Generalversammlungen sowie den Sitzungen des Generalrates mit beratender Stimme teilzunehmen. Der Staatskommissär und sein Stellvertreter erhalten für ihre Tätigkeit keine Vergütung.

(BGBl I 1998/60)

Verbot von Kreditfazilitäten für öffentliche Einrichtungen

§ 41. (1) Überziehungs- und andere Kreditfazilitäten bei der Oesterreichischen Nationalbank für Organe oder Einrichtungen der Europäischen Union, für Zentralregierungen, regionale oder lokale Gebietskörperschaften oder für andere öffentlich-rechtliche Körperschaften, sonstige Einrichtungen des öffentlichen Rechts oder öffentliche Unternehmer der EU-Mitgliedstaaten sind gemäß Artikel 123 AEUV in Verbindung mit der Verordnung (EG) Nr. 3603/93 des Rates vom 13.12.1993 (ABl. Nr. L 332/1 vom 31.12.1993) ebenso verboten wie der unmittelbare Erwerb von Schuldtiteln von diesen Stellen durch die Oesterreichische Nationalbank. Dieses Verbot gilt nicht für Kreditinstitute in öffentlichem Eigentum; diese werden, was die Bereitstellung von Zentralbankgeld betrifft, wie private Kreditinstitute behandelt. *(BGBl I 2011/50)*

(2) Der Bund, die Länder und die Gemeinden dürfen auch sonst die Mittel der Oesterreichischen Nationalbank in keiner Weise, und zwar weder mittelbar noch unmittelbar, für ihre Zwecke in

Anspruch nehmen, ohne daß sie den Gegenwert in Gold oder Devisen leisten.

(BGBl I 1998/60)

Bankgeschäfte für öffentliche Stellen

§ 42. Die Oesterreichische Nationalbank ist verpflichtet, sämtliche die Bundesverwaltung betreffenden Bankgeschäfte, soweit sie nach diesem Bundesgesetz zulässig sind, durchzuführen. Mit diesen Geschäften darf eine Darlehens- oder Kreditgewährung der Oesterreichischen Nationalbank im Sinne „des Artikels 123 AEUV" (§ 41 Abs. 1) nicht verbunden sein. Die Oesterreichische Nationalbank kann auch andere Geschäfte kommissionsweise für Rechnung der Bundesverwaltung durchführen und als Fiskalagent für die in § 41 Abs. 1 erster Satz bezeichneten Stellen tätig werden; § 41 Abs. 1 findet auch auf diese Geschäfte Anwendung. *(BGBl I 2011/50)*

(BGBl I 1998/60)

ARTIKEL VIII

Behördliche Zusammenarbeit und Auskunftseinholung

§ 43. Die Oesterreichische Nationalbank hat zur Erfüllung des in „Artikel 127 Abs. 5 AEUV" genannten Zieles den dort bezeichneten Aufsichtsbehörden der an der dritten Stufe der Wirtschafts- und Währungsunion (WWU) teilnehmenden Mitgliedstaaten im Rahmen ihres gesetzlichen Wirkungsbereiches Hilfe zu leisten. *(BGBl I 2011/50)*

(BGBl I 1998/60)

§ 44. (1) Die Oesterreichische Nationalbank ist berechtigt, soweit dies zur Erfüllung der ihr im Rahmen des ESZB übertragenen Aufgaben erforderlich ist, nach Maßgabe der unionsrechtlichen Vorschriften Auskünfte einzuholen und Daten zu ermitteln, zu verarbeiten und zu übermitteln. Das Recht zur Einholung von Auskünften und zur Datenermittlung umfasst auch die Befugnis, Unterlagen einzuholen und Termine, Form und Gliederung der zu liefernden Ausweise vorzuschreiben. Der Kreis der berichtspflichtigen natürlichen und juristischen Personen und die Bestimmungen über die Vertraulichkeit werden gemäß Artikel 129 Abs. 4 AEUV vom Rat der EU festgelegt. *(BGBl I 2011/50)*

(2) Zur Einholung statistischer Angaben im Auftrag des Bundes oder im Zusammenhang mit statistischen Erhebungen internationaler Organisationen oder zur Erfüllung von Aufgaben, die der Oesterreichischen Nationalbank durch Bundesgesetz übertragen sind, ist die Oesterreichische Nationalbank berechtigt, von Kredit- und Finanzinstituten sowie von finanziellen Kapitalgesellschaften gemäß Anhang A der Verordnung (EG) Nr. 2223/96 des Rates vom 25. Juni 1996 zum Europäischen System Volkswirtschaftlicher Gesamtrechnungen auf nationaler und regionaler Ebene in der Europäischen „Union" (ABl. Nr. L 310 vom 30. 11. 1996), statistische Daten, Auskünfte und Unterlagen einzuholen und ihnen Termine, Form und Gliederung der von ihnen zu liefernden Ausweise vorzuschreiben und diese Daten anonymisiert statistisch zu verarbeiten. Falls die eingeholten Auskünfte und Unterlagen keine ausreichenden Aufschlüsse zulassen, oder falls begründete Zweifel an der Richtigkeit oder Vollständigkeit der Auskünfte oder Unterlagen bestehen, ist die Oesterreichische Nationalbank berechtigt, entsprechende Erläuterungen oder Nachweise zu verlangen. *(BGBl I 2011/50)*

(3) Die Oesterreichische Nationalbank ist berechtigt, soweit es zur Durchführung der Geschäfte gemäß § 47 erforderlich ist, Auskünfte von im Firmenbuch eingetragenen Unternehmen zu verlangen und diese Daten anonymisiert statistisch zu verarbeiten.

(4) Die Oesterreichische Nationalbank ist, soweit dem nicht unmittelbar anwendbares Unionsrecht oder nationales Recht entgegensteht oder es sich nicht um Daten handelt, die dem Bankgeheimnis gemäß § 38 Bankwesengesetz – BWG, BGBl. 1993/532 idgF., unterliegen, berechtigt, Daten, die ihr im Rahmen eines ihr übertragenen Aufgabengebietes von Melde- oder Auskunftspflichtigen aufgrund dieses oder eines anderen Bundesgesetzes oder aufgrund eines Staatsvertrages, unmittelbar anwendbaren Unionsrechts oder einer Verordnung einer Bundesbehörde zu übermitteln sind, auch für die Wahrnehmung aller anderen Aufgaben, die ihr durch Bundesgesetz, Staatsvertrag oder unmittelbar anwendbares Unionsrecht zugewiesen sind, zu verwenden. *(BGBl I 2015/4)*

(BGBl I 1998/60)

Zahlungssystemaufsicht

§ 44a. (1) Die Oesterreichische Nationalbank ist zur Ausübung der Aufsicht über die Zahlungssysteme verpflichtet. Die Aufsicht umfasst die Prüfung der Systemsicherheit von Zahlungssystemen. Sie erstreckt sich auf

1. Betreiber von dem österreichischen Recht unterliegenden Zahlungssystemen;

2. in Österreich niedergelassene Teilnehmer an Zahlungssystemen, die österreichischem Recht unterliegen;

3. in Österreich niedergelassene Teilnehmer an Zahlungssystemen, die nicht österreichischem Recht unterliegen.

(2) Systemsicherheit im Sinne dieses Bundesgesetzes ist die Summe der von den Betreibern

und Teilnehmern eines Zahlungssystems zu ergreifenden Maßnahmen, die dem sicheren Umgang mit den rechtlichen, finanziellen, organisatorischen und technischen Risiken dienen, die mit dem Betrieb von einem Zahlungssystem oder mit der Teilnahme an einem Zahlungssystem verbunden sind.

(3) Die Oesterreichische Nationalbank ist berechtigt, unter Beachtung der Aufgaben und Größe der betroffenen Zahlungssysteme durch Verordnung den Inhalt von Empfehlungen der Europäischen Zentralbank und des Basler Komitees für Zahlungs- und Settlementsysteme, die internationale Prinzipien für die Systemsicherheit von Zahlungssystemen darstellen, im Aufsichtsbereich gemäß Abs. 1 als verbindlich festzulegen.

(4) Zahlungssystem im Sinne dieses Bundesgesetzes ist jedes System gemäß § 2 des Finalitätsgesetzes, BGBl. I Nr. 123/1999, sowie jede gewerbliche Einrichtung mit mindestens drei Teilnehmern, die dem elektronischen Transfer von Geldwerten dient.

(5) Betreiber eines Zahlungssystems im Sinne dieses Bundesgesetzes ist, wer gewerblich tätig ist und mit dem Zweck der direkten oder indirekten Erzielung von Einnahmen die zentrale Verantwortung für das Systemkonzept, die Aufbau- und Ablauforganisation, die Ordnungsmäßigkeit des laufenden Betriebes und die technische Sicherheit eines Zahlungssystems trägt.

(6) Teilnehmer an einem Zahlungssystem im Sinne dieses Bundesgesetzes ist, wer gewerblich tätig ist und mit dem Zweck der direkten oder indirekten Erzielung von Einnahmen am Transfer von Geldwerten innerhalb eines Zahlungssystems oder aus einem oder in ein Zahlungssystem mitwirkt.

(7) Die Betreiber eines Zahlungssystems haben der Oesterreichischen Nationalbank auf deren Verlangen Auskünfte über

1. die von ihnen getroffenen Maßnahmen zur Gewährleistung der Systemsicherheit des Zahlungssystems sowie

2. die Art und das Volumen der über das Zahlungssystem abgewickelten Zahlungen

zu erstatten und die diesbezüglich geforderten Unterlagen vorzulegen. Werden die geforderten Auskünfte von einem Betreiber nicht oder nicht vollständig binnen angemessener Frist erteilt, so hat die Oesterreichische Nationalbank unter nochmaliger Fristsetzung zur Erteilung der Auskünfte unter Androhung von Sanktionen gemäß Abs. 11 die Erteilung der Auskünfte aufzutragen.

(7a) Die Betreiber eines Zahlungssystems sind verpflichtet, sowohl die Aufnahme als auch die Einstellung des Betriebes eines Zahlungssystems der Oesterreichischen Nationalbank binnen zwei Wochen schriftlich zu melden. Die Betreiber eines Zahlungssystems sind des Weiteren verpflichtet, der Oesterreichischen Nationalbank die Teilnehmer an ihrem Zahlungssystem mitzuteilen sowie diesbezügliche Änderungen der Oesterreichischen Nationalbank binnen zwei Wochen schriftlich bekanntzugeben. *(BGBl I 2015/4)*

(8) Die Teilnehmer an einem Zahlungssystem haben der Oesterreichischen Nationalbank auf deren Verlangen Auskünfte über

1. die von ihnen für die sichere Teilnahme am Zahlungssystem getroffenen Vorkehrungen sowie

2. im Falle der Teilnahme an einem Zahlungssystem, das nicht österreichischem Recht unterliegt, die Art und das Volumen der von ihnen über dieses Zahlungssystem abgewickelten Zahlungen

zu erstatten und die diesbezüglich geforderten Unterlagen vorzulegen.

(9) Falls die gemäß Abs. 7 oder 8 eingeholten Auskünfte keine ausreichenden Aufschlüsse zulassen oder falls begründete Zweifel an der Richtigkeit oder Vollständigkeit der Auskünfte und der Unterlagen bestehen, ist die Oesterreichische Nationalbank berechtigt, entsprechende Erläuterungen zu verlangen und Überprüfungen vor Ort durch eigene Prüfer, und zwar auch unter Beiziehung von Sachverständigen gemäß § 52 AVG, durchführen zu lassen. Solche Sachverständige dürfen unbeschadet der in § 53 Abs. 1 AVG genannten Ausschließungsgründe für keinen Betreiber von oder Teilnehmer an Zahlungssystemen tätig sein. Im Einvernehmen mit der FMA können Überprüfungen vor Ort auch durch Prüfungsorgane der FMA im Namen und auf Rechnung der Oesterreichische Nationalbank durchgeführt werden.

(10) Erfüllt ein Betreiber oder ein Teilnehmer die von der Oesterreichische Nationalbank gemäß Abs. 3 erlassenen Verordnungen nicht, so hat die Oesterreichische Nationalbank diesen unter Androhung von Sanktionen gemäß Abs. 11 oder 12 aufzufordern, binnen angemessener Frist die festgestellten Mängel zu beheben.

(11) Kommt der Betreiber eines Zahlungssystems seinen Auskunftspflichten nach Abs. 7 nicht oder nicht vollständig nach, oder wird einer Mängelbehebungsaufforderung gemäß Abs. 10 trotz Sanktionsandrohung nicht oder nicht vollständig entsprochen, so kann die Oesterreichische Nationalbank mit Zustimmung der FMA, wenn dies nach Art und Schwere des Verstoßes angemessen ist und eine Herstellung des rechtmäßigen Zustandes auf andere Weise nicht erreicht werden kann, den Betrieb des Zahlungssystems untersagen oder die Anerkennung des Systems gemäß § 2 Abs. 1 Z 3 Finalitätsgesetz zurücknehmen.

(12) Kommt ein Teilnehmer an einem Zahlungssystem trotz Sanktionsandrohung einer Mängelbehebungsaufforderung gemäß Abs. 10 nicht oder nicht vollständig nach, so kann die Oesterreichische Nationalbank, wenn dies nach Art und Schwere des Verstoßes angemessen ist und eine

Herstellung des rechtmäßigen Zustandes auf andere Weise nicht erreicht werden kann, die Teilnahme an einem Zahlungssystem untersagen.

(13) Soweit die Teilnehmer an einem Zahlungssystem keinen Sitz in Österreich haben, sind sie zur Erfüllung der Auskunftspflichten nur insoweit verpflichtet, als das Recht ihres Sitzstaates dem nicht entgegensteht.

(14) Die Oesterreichische Nationalbank ist berechtigt, den Inhalt einer gemäß Abs. 11 oder 12 verhängten Aufsichtsmaßnahme im ‚Amtsblatt zur Wiener Zeitung' oder in einem sonstigen bundesweit verbreiteten Bekanntmachungsblatt zu veröffentlichen, sofern dies im Interesse der Systemsicherheit oder der Kunden von Zahlungssystemen erforderlich und nach Art und Schwere des rechtswidrigen Verhaltens gerechtfertigt ist.

(15) Die Oesterreichische Nationalbank hat nachvollziehbar jene organisatorischen Vorkehrungen zu treffen, die zur Vermeidung von Interessenskollisionen auf Grund eigener wirtschaftlicher Tätigkeiten erforderlich sind. Insbesondere sind aus der Aufsichtstätigkeit herrührende Informationen auf die damit befassten Bediensteten einzuschränken.

(BGBl I 2001/97)

§ 44b. (1) Die Oesterreichische Nationalbank hat im öffentlichen Interesse das Vorliegen aller jener Umstände zu beobachten, die für die Sicherung der Finanzmarktstabilität in Österreich von Bedeutung sind.

(2) Die FMA hat Daten aller Unternehmen der Finanzbranche (§ 2 Z 7 Finanzkonglomerategesetz – FKG, BGBl. I Nr. 70/2004) sowie der Pensionskassen, die die Oesterreichische Nationalbank zur Wahrnehmung der Aufgabe gemäß Abs. 1 benötigt, dieser auf ihr Verlangen zur Verfügung zu stellen. Die Oesterreichische Nationalbank hat diese Daten in die Datenbank gemäß § 79 Abs. 4a BWG einzustellen und kann diese auch verarbeiten. Soweit dies zweckmäßig ist, können diese Daten seitens der FMA auch direkt in die Datenbank aufgenommen werden. Sind die von der Oesterreichischen Nationalbank angeforderten Daten bei der FMA nicht verfügbar, so sind sie von der FMA zu erheben, in die Datenbank gemäß § 79 Abs. 4a BWG einzustellen und ist die Oesterreichische Nationalbank hievon zu verständigen. Liegen benötigte Daten bei der FMA nicht vor, so können sie „von den im ersten Satz genannten Instituten" auch durch die Oesterreichische Nationalbank direkt erhoben werden und sind diese Daten in die Datenbank gemäß § 79 Abs. 4a BWG einzustellen. *(BGBl I 2017/150)*

(3) Die Oesterreichische Nationalbank hat auf dem Gebiet der Finanzmarktstabilität dem Bundesminister für Finanzen und der FMA Beobachtungen und Feststellungen grundsätzlicher Art oder besonderer Bedeutung mitzuteilen und auf Verlangen die erforderlich erscheinenden sachlichen Aufklärungen zu geben und Unterlagen zur Verfügung zu stellen sowie Gutachten zu erstatten.

(BGBl I 2007/108)

Wahrung der Finanzmarktstabilität

§ 44c. (1) Die Oesterreichische Nationalbank trägt unbeschadet § 44b im Inland zur Wahrung der Finanzmarktstabilität und Reduzierung des systemischen und prozyklisch wirkenden Risikos bei, indem sie insbesondere

1. für die Finanzmarktstabilität und die Reduzierung des systemischen Risikos maßgebliche Sachverhalte im Finanzmarkt analysiert und Gefahren identifiziert, die die Finanzmarktstabilität beeinträchtigen könnten,

2. dem Finanzmarktstabilitätsgremium Beobachtungen und Feststellungen grundsätzlicher Art oder von besonderer Bedeutung mitteilt und auf Verlangen die erforderlich erscheinenden sachlichen Aufklärungen gibt, Unterlagen zur Verfügung stellt sowie Gutachten erstellt,

3. dem Finanzmarktstabilitätsgremium die Abgabe von Empfehlungen an die FMA (§ 13a des Finanzmarktaufsichtsbehördengesetzes (FMABG), BGBl. Nr. 97/2001) und Risikohinweisen vorschlägt,

4. die Umsetzungsmaßnahmen der FMA analysiert und dem Finanzmarktstabilitätsgremium ihre Einschätzung mitteilt,

5. jährlich einen Bericht über die Lage und die Entwicklung der Finanzmarktstabilität vorbereitet und dem Finanzmarktstabilitätsgremium zur Erfüllung seiner Berichtspflicht gemäß § 13 Abs. 10 FMABG zur Verfügung stellt.

(2) Die Oesterreichische Nationalbank kann im Internet folgende allgemeinen Informationen veröffentlichen und regelmäßig aktualisieren:

1. Vorgaben, an denen sich die Oesterreichischen Nationalbank bei der Analyse und der Erstellung von Gutachten zu systemisch und prozyklisch wirkenden Risiken orientiert;

2. Kriterien und Parameter, die bei der Ermittlung und Messung systemischer und prozyklisch wirkender Risiken berücksichtigt werden und deren Gewichtung;

3. Schwellenwerte und Indizes, die als Indikatoren für die Ausprägung von Risiken als Referenzwerte dienen;

4. Risikoarten, die geeignet sind, quantitative und qualitative Aussagen zur Ausprägung des systemischen und prozyklisch wirkenden Risikos zu treffen; und

5. Verweise auf Vorgaben, Leitlinien und Empfehlungen des FMSG, der EBA, dem ESRB, der

EK, der EZB oder dem Ausschuss (§ 2 Z 18a BaSAG) die in den Veröffentlichungen zu den Z 1 bis 4 berücksichtigt wurden.

(BGBl I 2015/159)

Technisches Meldeformat

§ 44d. (1) Die Oesterreichische Nationalbank ist ermächtigt, für die Übermittlung von Meldungen, die ihr auf Basis der Verordnung (EG) Nr. 2533/98 über die Erfassung statistischer Daten durch die Europäische Zentralbank, ABl. Nr. L 318 vom 27.11.1998 S. 8, in der Fassung der Verordnung (EG) Nr. 951/2009 zur Änderung der Verordnung (EG) Nr. 2533/98 über die Erfassung statistischer Daten durch die Europäische Zentralbank, ABl. Nr. L 269 vom 14.10.2009 S. 1, des § 6 des Devisengesetzes 2004, BGBl. I Nr. 123/2003, „der § 74 und § 75 BWG" und des § 44 und § 44b Abs. 2 letzter Satz von den in § 44 Abs. 2 genannten Meldepflichtigen zu übermitteln sind, durch Verordnung ein technisches Meldeformat (Datenmodell) vorzugeben, das geeignet ist, diesen Meldeverpflichtungen in standardisierter, elektronischer Form nachzukommen. *(BGBl I 2017/150)*

(2) Die Oesterreichische Nationalbank hat in der Verordnung Meldestichtage, Intervalle, Umfang, Form, Inhalt, Gliederung, Detaillierungsgrad und wesentliche technische Spezifikationen zur gemeinsamen und kombinierten Erhebung von bestehenden Meldeattributen im Datenmodell zu bestimmen, die geeignet sind, um die in Abs. 1 genannten Meldezwecke zu erreichen. Soweit dies im Interesse der einheitlichen Meldegestaltung und zur Unterstützung der Meldepflichtigen zweckmäßig ist, hat die Oesterreichische Nationalbank weiter ausführende technische Spezifikationen sowie Auslegungsfragen auf ihrer Homepage zu veröffentlichen.

(3) Die in § 44 Abs. 2 genannten Meldepflichtigen haben zur Erfüllung ihrer Meldepflichten an die Oesterreichische Nationalbank das Datenmodell (Abs. 1) zu verwenden.

(BGBl I 2015/68)

ARTIKEL IX

Verschwiegenheitsverpflichtung

§ 45. Die Oesterreichische Nationalbank, ihr Aktionär, die Mitglieder ihrer Organe, ihre Dienstnehmer, sonst für die Oesterreichische Nationalbank tätige Personen sowie der Staatskommissär und sein Stellvertreter sind über alle ihnen ausschließlich aus ihrer Tätigkeit oder Funktion bekannt gewordenen vertraulichen Tatsachen zur Verschwiegenheit verpflichtet, soweit nicht auf Grund von Auskunftspflichten im Rahmen des ESZB oder auf Grund des Vorliegens eines der in § 38 Abs. 2 BWG genannten Tatbestandes über diese Tatsachen Auskunft zu erteilen ist. Diese Verschwiegenheitspflicht besteht auch nach dem Ausscheiden aus Organfunktionen, nach Beendigung des Dienstverhältnisses zur Oesterreichischen Nationalbank, der sonstigen Tätigkeit oder Funktion weiter.

(BGBl I 2011/50)

§ 46. *(aufgehoben, BGBl I 1998/60)*

ARTIKEL X

Geschäfte der Oesterreichischen Nationalbank

§ 47. Zur Erreichung der Ziele und Erfüllung der Aufgaben des ESZB ist die Oesterreichische Nationalbank berechtigt, gemäß den von der EZB aufgestellten allgemeinen Grundsätzen

1. auf den Finanzmärkten tätig zu werden, indem sie auf „Unions-" oder Drittlandswährungen lautende Forderungen und börsengängige Wertpapiere sowie Edelmetalle endgültig (per Kasse oder Termin) oder im Rahmen von Rückkaufsvereinbarungen kauft und verkauft oder entsprechende Darlehensgeschäfte tätigt; *(BGBl I 2011/50)*

2. Kreditgeschäfte mit Kreditinstituten und anderen Marktteilnehmern abzuschließen, wobei für die Darlehen ausreichende Sicherheiten zu stellen sind.

(BGBl I 1998/60)

§ 48. Zur Durchführung der Geschäfte im Rahmen des ESZB ist die Oesterreichische Nationalbank berechtigt, für Kreditinstitute, öffentliche Stellen und andere Marktteilnehmer Konten zu eröffnen und Vermögenswerte einschließlich Schuldbuchforderungen als Sicherheit hereinzunehmen.

(BGBl I 1998/60, Überschrift vor § 48 aufgehoben, BGBl I 1998/60)

§ 49. Die Oesterreichische Nationalbank ist berechtigt, sonstige geldpolitische Instrumente einzusetzen, sofern und soweit dies der EZB-Rat gemäß Artikel 20 ESZB/EZBStatut beschlossen hat. Die Oesterreichische Nationalbank hat hiebei die vom „EU-Rat" gemäß Artikel 20 Abs. 2 ESZB/EZB-Statut getroffenen Festlegungen zu beachten. *(BGBl I 2011/50)*

(BGBl I 1998/60)

§ 50. Zur Gewährleistung effizienter und zuverlässiger Verrechnungs- und Zahlungssysteme innerhalb der „Europäischen Union" und im Verkehr mit dritten Ländern kann die Oesterreichische Nationalbank entsprechende Einrichtungen zur Verfügung stellen. *(BGBl I 2011/50)*

(BGBl I 1998/60)

§ 51. Die Oesterreichische Nationalbank ist weiters befugt:

1. mit Zentralbanken und Finanzinstituten in dritten Ländern und, soweit zweckdienlich, mit internationalen Organisationen Beziehungen aufzunehmen;

2. alle Arten von Bankgeschäften, einschließlich der Aufnahme und Gewährung von Krediten, im Verkehr mit dritten Ländern sowie internationalen Organisationen zu tätigen;

3. alle Arten von Devisen, Valuten, Wertpapieren, Edelmetallen und sonstigen Vermögenswerten, und zwar unabhängig von ihrer Ausgestaltung, per Kasse und per Termin zu kaufen, zu verkaufen, zu halten und zu verwalten.

(BGBl I 1998/60, Überschrift vor § 51 aufgehoben)

§ 52. (1) Nach Maßgabe der vom EZBRat auf der Grundlage der gemäß Artikel 19 ESZB/EZB-Statut erlassenen Verordnungen sind die in Artikel 19 ESZB/EZB-Statut bezeichneten Unternehmen verpflichtet, Mindestreserven auf Konten bei der EZB oder der Oesterreichischen Nationalbank zu halten. Bei Nichterfüllung der Mindestreserveverpflichtungen kann die EZB Strafzinsen erheben und sonstige Sanktionen mit vergleichbarer Wirkung verhängen.

(2) Die Basis für die Mindestreserven, die höchstzulässigen Relationen zwischen diesen Mindestreserven und ihrer Basis sowie die angemessenen Sanktionen, die bei Nichteinhaltung der Mindestreserveverpflichtungen anzuwenden sind, werden durch den Rat der „EU" festgelegt. *(BGBl I 2011/50)*

(BGBl I 1998/60)

§§ 53 bis 60. *(aufgehoben, BGBl I 1998/60)*

ARTIKEL XI

Banknoten

§ 61. (1) Die Oesterreichische Nationalbank ist nach Maßgabe der Genehmigung der EZB berechtigt, auf Euro lautende Banknoten auszugeben. Die von der Oesterreichischen Nationalbank, der EZB und von den nationalen Zentralbanken der anderen an der dritten Stufe der WWU teilnehmenden Mitgliedstaaten ausgegebenen, auf Euro lautenden Banknoten sind gesetzliche Zahlungsmittel.

(2) Die in Abs. 1 genannten Banknoten müssen zum vollen Nennwert unbeschränkt angenommen werden, soweit die Verpflichtung nicht in bestimmten Zahlungsmitteln zu erfüllen ist.

(BGBl I 1998/60)

§ 62. (1) Die Oesterreichische Nationalbank ist verpflichtet, Banknoten, die in Österreich gesetzliche Zahlungsmittel sind, über Verlangen gegen Banknoten anderer Kategorien, denen in Österreich gesetzliche Zahlungsmitteleigenschaft zukommt, umzuwechseln.

(2) Banknoten können nicht für kraftlos erklärt und auf Banknoten kann keinerlei Vormerkung oder Verbot erwirkt werden.

(3) Die Oesterreichische Nationalbank ist verpflichtet, nach Maßgabe ihrer Bestände Banknoten gegen Scheidemünzen, Scheidemünzen gegen andere Scheidemünzen sowie in unbeschränktem Maß Scheidemünzen gegen Banknoten umzuwechseln.

(BGBl I 1998/60)

§ 63. Die Einziehung von Banknoten wird durch die EZB festgelegt.

(BGBl I 1998/60)

§§ 64 bis 66. *(aufgehoben, BGBl I 1998/60)*

ARTIKEL XII

Rechnungslegung

§ 67. (1) Das Geschäftsjahr der Oesterreichischen Nationalbank beginnt am 1. Jänner und endet am 31. Dezember.

(2) Die Bilanz sowie die Gewinn- und Verlustrechnung sind unter Heranziehung der vom EZB-Rat gemäß Artikel 26 Abs. 4 des ESZB/EZB-Statutes erlassenen Vorschriften aufzustellen und mit 31. Dezember jeden Jahres abzuschließen. Im übrigen finden bei der Erstellung der Bilanz sowie der Gewinn- und Verlustrechnung die Grundsätze der ordnungsmäßigen Buchführung Anwendung.

(3) Die Bestimmungen „des dritten Buches des Unternehmensgesetzbuches – UGB, dRGBl. S. 219/1897," finden nur insoweit Anwendung, als sie mit diesem Bundesgesetz in Einklang stehen; insbesondere sind die „§§ 199, 225 Abs. 3 und 6, 227, 237 Abs. 1 Z 5, sowie 244 bis 267b UGB" nicht anzuwenden. *(BGBl I 2005/120; BGBl I 2015/68)*

(BGBl I 1998/60)

§ 68. (1) Bis längstens 31. Mai des dem Geschäftsjahr folgenden Kalenderjahres hat das Direktorium einen Geschäftsbericht über das abgelaufene Geschäftsjahr sowie den um den Anhang erweiterten und von den Rechnungsprüfern geprüften Jahresabschluß dem Generalrat zur Genehmigung vorzulegen.

(2) Nach Genehmigung durch den Generalrat sind der Geschäftsbericht und der Jahresabschluß der Generalversammlung zur Beschlußfassung vorzulegen.

(3) Auf den Geschäftsbericht finden die Bestimmungen des „§ 243 Abs. 1 bis 3, mit Ausnahme von Abs. 2 letzter Satz und Abs. 3 Z 1, 2 und 5, UGB“ Anwendung. *(BGBl I 2005/120; BGBl I 2015/68)*

(4) Gesondert auszuweisen sind im Geschäftsbericht direkte und indirekte Beteiligungen an Unternehmen, insbesondere der Anteil am Kapital und an den Stimmrechten sowie das Nennkapital. *(BGBl I 2011/50)*

(BGBl I 1998/60)

Plankostenrechnung und Investitionsplan

§ 68a. (1) Das Direktorium hat vor Beginn eines Geschäftsjahres eine Plankostenrechnung und einen Investitionsplan aufzustellen, die der Zustimmung des Generalrates bedürfen.

(2) Nach Abschluss des Geschäftsjahres hat das Direktorium den Planzahlen die tatsächlich angefallenen Kosten und Investitionen in einer Plan/Ist-Analyse gegenüberzustellen. Die Plan/Ist-Analyse ist zusammen mit dem zu erstellenden Prüfbericht des Rechnungsprüfers dem Generalrat jeweils so bald wie möglich zu übermitteln.

(BGBl I 2011/50)

§ 69. (1) Vom gesamten Jahresertrāgnis der Oesterreichischen Nationalbank, das unter Berücksichtigung der Bestimmungen der Artikel 32 und 51 ESZB/EZB-Statut sowie der Bestimmung des Artikel 33 ESZB/EZB-Statut über die Verteilung der Nettogewinne und -verluste der EZB ermittelt wird, sind ohne Rücksicht auf das geschäftliche Ergebnis folgende Beträge abzuziehen und nicht über Gewinn- und Verlustkonto zu verrechnen:

1. *(aufgehoben, BGBl I 2011/50)*

2. die Erträgnisse der Werte, in denen die zur Deckung der Pensionsansprüche der Bediensteten der Bank dienende Reserve (Pensionsreserve) veranlagt ist, und die dieser Reserve zuzuwenden sind;

3. jene Zinsenbeträge, die auf Grund des gemäß § 3 Abs. 4 des ERP-Fonds-Gesetzes, BGBl. Nr. 207/1962, zwischen der Oesterreichischen Nationalbank und dem ERPFonds abgeschlossenen Übereinkommens während des Jahres dem „Zeitweiligen Reservekonto für Nationalbankblockmittel“ gutgeschrieben wurden; *(BGBl. Nr. 276/1969, Art. I Z 32 lit. a)*

4. die Erträgnisse der Werte, in denen der von der Bank errichtete Fonds zur Förderung der Forschungs- und Lehraufgaben der Wissenschaft veranlagt ist und die dem Zweck dieses Fonds zuzuführen sind. *(BGBl. Nr. 276/1969, Art. I Z 32 lit. b)*

(BGBl I 1998/60)

(2) Von dem gemäß Abs. 1 ermittelten Bilanzgewinn sind bis zu 10 vH der Pensionsreserve zuzuführen, bis die Pensionsreserve dem zur Sicherstellung der Pensionsansprüche der Dienstnehmer der Oesterreichischen Nationalbank nach versicherungsmathematischer Berechnung erforderlichen Deckungskapital entspricht. Sollte die Pensionsreserve das erforderliche Deckungskapital nachhaltig übersteigen, so ist der Differenzbetrag aufzulösen und über die Gewinn- und Verlustrechnung abzurechnen. *(BGBl I 2015/4)*

(3) Von dem verbleibenden Reingewinn erhält der Bund vorerst 90 vH, vom restlichen Teil des Reingewinnes erhält der Aktionär gemäß Beschluss der Generalversammlung eine Dividende bis 10 vH seines Anteils am Grundkapital. Der Rest ist gemäß Beschluss der Generalversammlung zu verwenden. *(BGBl I 2011/50)*

(4) *(aufgehoben, BGBl I 2011/50)*

§ 70. *(aufgehoben, BGBl I 1998/60)*

ARTIKEL XIII

Besondere Rechte der Bank

§ 71. Gesetzliche Vorschriften, durch die die Höhe des Zinsfußes beschränkt wird, gelten nicht für die Oesterreichische Nationalbank.

§ 72. (1) Das geschäftliche Ergebnis des gemäß § 67 unter Beachtung von § 69 Abs. 1 erstellten Jahresabschlusses ist als Einkommen im Sinne des § 22 Abs. 1 des Körperschaftsteuergesetzes 1988 der Steuerbemessung zugrunde zu legen. Die Körperschaftsteuer ist beim Einkommen nicht zu berücksichtigen. *(BGBl 1991/697)*

(2) Die von der Oesterreichischen Nationalbank in Erfüllung von Aufgaben des ESZB oder sonst im öffentlichen Interesse abgefaßten Schriften und abgeschlossenen Rechtsgeschäfte sind von den Stempel- und Rechtsgebühren befreit. Weiters sind die durch dieses Bundesgesetz veranlaßten und die in diesem Bundesgesetz geregelten Rechtsvorgänge von den Kapitalverkehrsteuern befreit. *(BGBl I 1998/60)*

„(3)“ Die Bank ist ferner hinsichtlich der Ein- oder Ausfuhr von Gold von der Entrichtung der Außenhandelsförderungsbeiträge befreit. *(BGBl. Nr. 47/1981, Art. I Z 20) (BGBl I 1998/60)*

„(4)“ Die Bank genießt ferner die volle Befreiung von der Entrichtung der Postgebühren für die Geldsendungen ihrer Bankanstalten untereinander und im Verkehr mit öffentlichen Kassen und

Ämtern. *(BGBl. Nr. 47/1981, Art. I Z 20) (BGBl I 1998/60)*

§ 73. Den Büchern der Bank und den mit der Firmazeichnung versehenen Auszügen aus den Büchern kommt die Beweiskraft öffentlicher Urkunden zu.

§ 74. *(aufgehoben, BGBl I 1998/60)*

§ 75. (1) Klagen gegen die Bank können nur beim Handelsgericht in Wien erhoben werden. „In Streitsachen, welche die Erfüllung von Verpflichtungen der Oesterreichischen Nationalbank aus dem „AEUV" oder dem ESZB/EZB-Statut betreffen, ist der „Gerichtshof der Europäischen Union" zuständig." *(BGBl I 1998/60; BGBl I 2011/50)*

(2) Zur Durchführung der Kraftloserklärung der von der Bank ausgegebenen Wertpapiere und sonstigen Urkunden ist das Landesgericht für Zivilrechtssachen in Wien zuständig.

§ 76. (1) Verbots-, Pfand- und Exekutionsrechte auf die bei der Oesterreichischen Nationalbank liegenden Gelder und Effekten oder auf die gegen sie zustehenden Forderungen können nur unbeschadet der der Oesterreichischen Nationalbank und der EZB an diesen Werten zukommenden Rechte bewilligt werden. *(BGBl I 1998/60)*

(2) Im Falle der Geltendmachung derartiger Rechte ist die Bank befugt, die Gelder und Effekten oder den Forderungsbetrag auf Kosten des Eigentümers oder des Anspruchsberechtigten bei Gericht zu hinterlegen.

(3) Wird über den Eigentümer der bei der Bank liegenden Gelder oder Effekten der Konkurs verhängt oder ist er gestorben, so obliegt es dem Vertreter der Konkurs- oder Verlassenschaftsmasse, die Bank hievon durch das zuständige Gericht zu verständigen und in Kenntnis der Personen setzen zu lassen, die berechtigt sind, über die Gelder und Effekten zu verfügen. Ist diese Mitteilung unterblieben, so haftet die Bank nicht für einen hieraus der Konkurs- oder Verlassenschaftsmasse erwachsenden Schaden.

(4) Wurde die Ausfolgung der bei der Bank erliegenden Gelder und Effekten von der Rückgabe hierüber ausgestellter Urkunden abhängig gemacht, so werden diese auch an gerichtlich legitimierte dritte Personen stets nur gegen Zurückstellung der Urkunden ausgehändigt.

§ 77. (1) Die Bank hat ein unbedingtes Vorzugsrecht, Gelder, Wechsel und sonstige Werte, in deren Innehabung sie gelangt ist, zur Befriedigung ihrer eigenen Ansprüche heranzuziehen oder zur Sicherstellung zu verwenden.

(2) Dieses Vorzugsrecht kommt der Bank nicht nur auf jene Gelder, Wechsel und sonstigen Werte zu, die ihr zur Sicherstellung für ihre Forderungen übergeben worden sind, sondern ohne Unterschied auf alles bewegliche Vermögen ihres Schuldners, in dessen Innehabung sie wann immer und zu welchem Zweck auch immer gelangt ist.

(3) Die Bank hat das Recht, sich selbst ohne gerichtliche Ermächtigung oder Mitwirkung und auch außerhalb eines über das Vermögen ihres Schuldners etwa verhängten Insolvenzverfahrens aus obigen Mitteln auf die ihr geeignet erscheinende Art bezahlt zu machen, und sie kann in der Ausübung dieses ihres Vorzugsrechtes durch keinen Anspruch eines Dritten, selbst nicht durch Eigentumsansprüche oder andere früher erworbene Rechte, gehemmt oder gehindert werden, sofern die Bank die bei ihr befindlichen Gelder, Wechsel und Werte als Vermögen ihres Schuldners übernommen hat und ihr die erwähnten Eigentums- oder sonstigen Ansprüche anderer Personen bei der Übernahme nicht deutlich erkennbar waren.

(4) Das der Oesterreichischen Nationalbank eingeräumte Vorzugsrecht bezieht sich nicht auf bei ihr als Mindestreserve gehaltene Guthaben. *(BGBl I 1998/60)*

ARTIKEL XIV

Auflösung der Bank

§ 78. (1) Die Oesterreichische Nationalbank kann nur durch Bundesgesetz aufgelöst werden.

(2) Im Falle der Auflösung ist „dem Aktionär" das eingezahlte Grundkapital zurückzuerstatten. Im übrigen gehen die Aktiven und die Passiven der Bank auf jene Stelle über, die das Notenbankgeschäft weiterführt. Diese Stelle hat insbesondere auch das aktive Personal der Bank mit allen seinen Rechten und Pflichten sowie die Pensionsverpflichtungen zu übernehmen. *(BGBl I 2011/50)*

(3) Für den Tag der Übernahme ist eine Abschlußbilanz aufzustellen.

ARTIKEL XV

Verfahrens- und Strafbestimmungen

§ 79. (1) Die nachstehend in Ziffer 1 bis 5 genannten Personen (Bargeldakteure) sind verpflichtet, sicherzustellen, dass die Euro-Banknoten und Euro-Münzen, die sie erhalten haben und wieder in Umlauf geben wollen, auf ihre Echtheit geprüft werden:

1. Kreditinstitute gemäß § 1 BWG,

2. Kredit- und Finanzinstitute aus Mitgliedstaaten (§§ 9, 11, 13 BWG), die in Österreich über

eine Zweigstelle oder im Wege des freien Dienstleistungsverkehrs tätig werden,

3. sonstige Zahlungsdienstleister („§ 1 Abs. 3 ZaDiG 2018“) sowie *(BGBl I 2018/17)*

4. sonstige Unternehmer (§ 1 UGB),

– zu deren Aufgaben die Bearbeitung und Ausgabe von Banknoten und Münzen gehört, einschließlich Geldtransportunternehmen, oder

– deren Tätigkeit im Umtausch von Banknoten oder Münzen verschiedener Devisen besteht, oder

– die als Nebentätigkeit durch den Betrieb von Geldausgabeautomaten an der Bearbeitung und Ausgabe von Banknoten beteiligt sind, im Rahmen dieser Nebentätigkeit.

5. öffentliche Kassen.

Die Echtheitsprüfung der Euro-Banknoten hat gemäß Art. 6 Abs. 1 der Verordnung (EG) Nr. 1338/2001 entsprechend den von der EZB festgelegten Verfahren zu erfolgen.

(2) Die Oesterreichische Nationalbank, die Münze Österreich AG, die öffentlichen Kassen sowie die anderen in Abs. 1 genannten Bargeldakteure sind verpflichtet, alle Euro-Banknoten und Euro-Münzen, die sie erhalten haben und bei denen sie wissen oder ausreichende Gründe zur Annahme haben, dass es sich um Fälschungen handelt, zum Zwecke der Überprüfung gegen Bestätigung einzubehalten. Zur Durchführung oder Veranlassung dieser Überprüfung ist hinsichtlich Münzen, die in Österreich gesetzliches Zahlungsmittel sind, die Münze Österreich Aktiengesellschaft, hinsichtlich der anderen Münzen sowie der Banknoten die Oesterreichische Nationalbank zuständig.

(3) Die auf Grund der Überprüfung als gefälscht oder verfälscht erkannten Banknoten und Münzen sind zur weiteren Verfügung der Strafgerichte zu verwahren. Die Verwahrung obliegt hinsichtlich der Münzen, die in Österreich gesetzliches Zahlungsmittel sind, der Münze Österreich Aktiengesellschaft, und hinsichtlich der anderen Münzen sowie der Banknoten der Oesterreichischen Nationalbank. Die Oesterreichische Nationalbank und die Münze Österreich Aktiengesellschaft haben dem Bundesminister für Inneres über das Ergebnis der Überprüfung einen schriftlichen Bericht zu erstatten und dieses Ergebnis der Person bekanntzugeben, von der die Banknoten oder Münzen einbehalten wurden.

(4) Die Entscheidung über die Rückgabe sowie die weitere Verfügung über die verwahrten Banknoten und Münzen obliegt den Strafgerichten. Gefälschte oder verfälschte Banknoten sowie gefälschte oder verfälschte Münzen aus unedlen Metallen dürfen nicht zurückgegeben werden. Eine Rückgabe gefälschter oder verfälschter Münzen aus Edelmetallen oder Edelmetalllegierungen ist zulässig, sofern diese Münzen zuvor unbrauchbar gemacht wurden. Die Oesterreichische Nationalbank und die Münze Österreich Aktiengesellschaft sind berechtigt, die als gefälscht oder verfälscht erkannten Banknoten und Münzen nach zehnjähriger Verwahrung den Strafgerichten zur weiteren Veranlassung zurückzustellen, sofern durch die Strafgerichte keine kürzere Verwahrungsfrist bestimmt wurde.

(BGBl I 2011/50)

§ 79a. (1) Wer es entgegen § 79 Abs. 1 unterlässt, sicherzustellen, dass Euro-Banknoten und Euro- Münzen entsprechend den anwendbaren Verfahren auf ihre Echtheit geprüft werden, begeht, sofern die Tat nicht den Tatbestand einer in die Zuständigkeit der Gerichte fallenden strafbaren Handlung bildet oder nach anderen Verwaltungsstrafbestimmungen mit strengerer Strafe bedroht ist, eine Verwaltungsübertretung und ist von der Bezirksverwaltungsbehörde mit einer Geldstrafe bis 10 000 Euro zu bestrafen.

(2) Wer es entgegen § 79 Abs. 2 unterlässt, der Fälschung oder Verfälschung verdächtige umlauffähige Banknoten oder Münzen aus dem Verkehr zu ziehen und der Oesterreichischen Nationalbank oder der Münze Österreich Aktiengesellschaft zu übermitteln, begeht, sofern die Tat nicht den Tatbestand einer in die Zuständigkeit der Gerichte fallenden strafbaren Handlung bildet oder nach anderen Verwaltungsstrafbestimmungen mit strengerer Strafe bedroht ist, eine Verwaltungsübertretung und ist von der Bezirksverwaltungsbehörde mit einer Geldstrafe bis 10 000 Euro zu bestrafen.

(BGBl I 2011/50)

§ 80. Die Fälschung oder Verfälschung der von der Oesterreichischen Nationalbank ausgestellten Urkunden wird gleich der Fälschung oder Verfälschung öffentlicher Urkunden nach den Bestimmungen des Strafgesetzbuches bestraft.

(BGBl I 1998/60)

§ 81. Die Ausgabe und Verwendung von banknotenähnlichen, auf Euro lautenden und für den Umlauf bestimmten Urkunden zu Zahlungszwecken stellt, sofern die Tat nicht den Tatbestand einer in die Zuständigkeit der Gerichte fallenden strafbaren Handlung bildet oder nach anderen Verwaltungsstrafbestimmungen mit strengerer Strafe bedroht ist, eine Verwaltungsübertretung dar und ist von der Bezirksverwaltungsbehörde mit einer Geldstrafe bis 3000 Euro zu bestrafen.

(BGBl I 2000/72)

§ 82. (1) Verstöße gegen die in § 44 Abs. 1 normierten Verpflichtungen werden von der EZB oder den von ihr ermächtigten Stellen entsprechend den hiefür erlassenen „unionsrechtlichen" Rechtsvorschriften geahndet. *(BGBl I 2011/50)*

(2) Wer den auf § 44 Abs. 2 gegründeten Aufforderungen der Oesterreichischen Nationalbank nicht nachkommt, oder wer wissentlich unvollständige oder unrichtige Angaben macht, begeht, sofern die Tat nicht nach Abs. 1 zu ahnden ist oder den Tatbestand einer in die Zuständigkeit der Gerichte fallenden strafbaren Handlung bildet, eine Verwaltungsübertretung und wird mit einer Geldstrafe bis zu 1 000 Euro bestraft.

(BGBl I 1998/60)

§ 82a. (1) Wer den in § 44a normierten „Auskunfts-, Melde- und Vorlagepflichten" nicht oder nicht vollständig nachkommt, begeht, sofern die Tat nicht den Tatbestand einer in die Zuständigkeit der Gerichte fallenden strafbaren Handlung bildet, eine Verwaltungsübertretung und ist mit Geldstrafe bis zu 2 000 € zu bestrafen. *(BGBl I 2015/4)*

(2) Wer trotz Untersagung gemäß § 44a Abs. 11 ein Zahlungssystem betreibt oder trotz Untersagung gemäß § 44a Abs. 12 an einem Zahlungssystem teilnimmt, begeht, sofern die Tat nicht den Tatbestand einer in die Zuständigkeit der Gerichte fallenden strafbaren Handlung bildet, eine Verwaltungsübertretung und ist mit Geldstrafe bis zu 7 000 € zu bestrafen.

(BGBl I 2001/97)

§ 82b. Wer unbefugt Euro-Banknoten oder -Münzen im Wert von mehr als 15 000 € vernichtet, begeht – sofern die Tat nicht den Tatbestand einer in die Zuständigkeit der Gerichte fallenden strafbaren Handlung bildet oder nach anderen Verwaltungsstrafbestimmungen mit strengerer Strafe bedroht ist – eine Verwaltungsübertretung und ist von der Bezirksverwaltungsbehörde mit einer Geldstrafe bis zu 2 000 € zu bestrafen.

(BGBl I 2011/50)

§ 82c. Wer einem Auskunftsverlangen der Oesterreichischen Nationalbank gemäß § 44b Abs. 2 nicht oder nicht vollständig nachkommt oder wer im Zusammenhang mit einem solchen Auskunftsverlangen wissentlich unrichtige Angaben macht, begeht eine Verwaltungsübertretung und ist mit einer Geldstrafe bis zu 2 000 Euro zu bestrafen.

(BGBl I 2015/4)

ARTIKEL XVI

Übergangs- und Schlußbestimmungen

§ 83. (1) Zur Erleichterung der Finanzierung von ERP-Investitionskrediten kann die Oesterreichische Nationalbank Finanzwechsel mit dreimonatiger Laufzeit bis zu der im § 3 Abs. 2 des ERP-Fonds-Gesetzes, BGBl. Nr. 207/1962, festgelegten Höchstsumme in Eskont nehmen „ ". *(BGBl I 1998/60)*

(2) Die Wechsel müssen die Unterschriften des Kreditnehmers und eines gemäß § 13 des ERP-Fonds-Gesetzes ermächtigten Kreditinstituts aufweisen. Der Eskont dieser Wechsel kann solange prolongiert werden, bis der Kredit abgedeckt oder in eine andere Form der Finanzierung übergeleitet wird. *(BGBl. Nr. 276/1969, Art. I Z 39)*

(3) Die Oesterreichische Nationalbank ist berechtigt, die vom ERP-Fonds zu gewährenden Kredite in besicherter Form zu finanzieren. Auf eine derartige Finanzierung sind die Bestimmungen des § 3 Abs. 5 des ERP-Fonds-Gesetzes, BGBl. Nr. 207/1962, hinsichtlich der Verlustabdeckungspflicht des Fonds sowie des § 12 ERP-Fonds-Gesetz hinsichtlich des Rechts des Fonds zur Zinssatzfestsetzung sinngemäß anzuwenden. *(BGBl I 2015/4)*

Andere Rechtsvorschriften und sprachliche Gleichbehandlung

§ 84. Soweit in diesem Bundesgesetz auf Bestimmungen anderer Bundesgesetze verwiesen wird, sind diese, sofern nicht ausdrucklich etwas anderes bestimmt ist, in ihrer jeweils geltenden Fassung anzuwenden.

(BGBl I 1998/60)

§ 85. Soweit in diesem Bundesgesetz personenbezogene Bezeichnungen nur in männlicher Form angeführt sind, beziehen sie sich auf Frauen und Männer in gleicher Weise. Bei der Anwendung auf bestimmte Personen ist die jeweils geschlechtsspezifische Form zu verwenden.

(BGBl I 1998/60)

Vollzug

§ 86. Mit der Vollziehung dieses Bundesgesetzes ist hinsichtlich des § 79 Abs. 3 und § 80 der Bundesminister für Justiz, im übrigen der Bundesminister für Finanzen betraut.

(BGBl I 1998/60)

Allgemeine Übergangsbestimmungen

§ 87. 1. bis 5. *(aufgehoben, BGBl I 2011/50)*

6. (zu § 63)

a) Die von der Oesterreichischen Nationalbank vor dem gemeinschaftsrechtlich bestimmten Erstausgabetag für Euro-Banknoten ausgegebenen und noch nicht zur Einziehung aufgerufenen, auf Schilling lautenden Banknoten verlieren mit Ablauf eines durch Bundesgesetz gesondert festgelegten Tages ihre Eigenschaft als gesetzliches Zahlungsmittel. Sie können nach diesem Zeitpunkt unbefristet bei der Oesterreichischen Nationalbank gegen gesetzliche Zahlungsmittel umgewechselt werden.

b) Im Zeitraum vom ersten Tag der Teilnahme Österreichs an der dritten Stufe der WWU bis zu dem bundesgesetzlich festgelegten Tag, mit dessen Ablauf die umlaufenden auf Schilling lautenden Banknoten ihre Eigenschaft als gesetzliches Zahlungsmittel verlieren, ist die Oesterreichische Nationalbank berechtigt, die in Umlauf befindlichen, auf Schilling lautenden Banknoten unter Festsetzung einer nicht nach dem vorerwähnten Tag endenden Einziehungsfrist zur Einziehung aufzurufen. Mit Ablauf der Einziehungsfrist verlieren diese Banknoten ihre Eigenschaft als gesetzliches Zahlungsmittel. Sie können nach diesem Zeitpunkt unbefristet bei der Oesterreichischen Nationalbank gegen gesetzliche Zahlungsmittel umgewechselt werden.

c) Hinsichtlich der vor der Teilnahme Österreichs an der dritten Stufe der WWU bereits zur Einziehung aufgerufenen Banknoten werden die Einziehungs- und Präklusionsfristen (§§ 63 und 66 in der Fassung des Bundesgesetzes BGBl. Nr. 532/1993), soweit diese Fristen noch nicht abgelaufen sind, in ihrem Fristenlauf nicht berührt. Auf diese Banknoten finden die §§ 63 und 66 in der Fassung des Bundesgesetzes BGBl. Nr. 532/1993 weiter Anwendung. Einziehungsfristen, die an dem bundesgesetzlich festgelegten Tag, mit dessen Ablauf die umlaufenden auf Schilling lautenden Banknoten die Eigenschaft als gesetzliches Zahlungsmittel verlieren, noch nicht abgelaufen sind, enden jedoch mit Ablauf dieses Tages.

7. a) Vorbehaltlich anderslautender Vorschriften der EZB tauscht die Oesterreichische Nationalbank unvollständige, auf Schilling lautende noch nicht präkludierte Banknoten gegen gesetzliche Zahlungsmittel um, wenn die vom Einreicher vorgelegten Teile ein und derselben Banknote größer als die Hälfte einer Banknote der betreffenden Kategorie und Form sind oder wenn nachgewiesen wird, daß der fehlende Teil der Note vernichtet worden ist.

b) Die Oesterreichische Nationalbank hat für vernichtete oder verlorene, auf Schilling lautende Banknoten keinen Ersatz zu leisten. Sie kann auch – vorbehaltlich abweichender Regelungen der EZB – auf Schilling lautende Banknoten, die in ihrer äußeren Form verändert, insbesondere mit textlichen Zusätzen versehen, überdruckt, übermalt, überklebt, stampigliert oder perforiert worden sind, ohne Entschädigung einziehen oder diese Banknoten im Falle der weder vorsätzlichen noch grob fahrlässigen Veränderung gegen Einhebung eines Unkostenersatzes umtauschen.

8. *(aufgehoben, BGBl I 2011/50)*

9. Die Reduktion der Zahl der Mitglieder des Generalrates erfolgt stufenweise auf zwölf Mitglieder bis zum 31. Dezember 2013 und auf zehn Mitglieder bis zum 31. Dezember 2015. Die Funktionsperioden der von der Generalversammlung gewählten Mitglieder des Generalrates laufen aus. *(BGBl I 2011/50)*

10. (zu § 37)
Die Bestimmung gelangt erstmalig für das Geschäftsjahr 2013 zur Anwendung.
(BGBl I 2011/50)

(BGBl I 1998/60)

Bis zur Teilnahme an der dritten Stufe der WWU geltende Bestimmungen

§ 88. *(aufgehoben, BGBl I 2011/50)*

Inkrafttretensbestimmung

§ 89. (1) § 67 Abs. 1 und 3, § 69 Abs. 1 Z 1, Abs. 3 und 4, die Überschrift vor § 88 und § 88 Abs. 1 in der Fassung des Bundesgesetzes BGBl. I Nr. 60/1998 treten am 1. Jänner 1998 in Kraft. § 69 Abs. 1 Z 1, Abs. 3 und 4 in der Fassung des Bundesgesetzes BGBl. I Nr. 60/1998 sind erstmals auf den Jahresabschluß über das Geschäftsjahr 1997 anzuwenden.

(2) § 6, § 8 Abs. 2 und 3, § 9, § 10 Abs. 2, § 16 Z 4, § 22 Abs. 4, § 32 Abs. 3, § 33, § 34 Abs. 1 und 4, § 35 Abs. 3, § 41, § 83 Abs. 3, § 84, § 85, § 87 Z 3 und § 88 Abs. 2 in der Fassung des Bundesgesetzes BGBl. I Nr. 60/1998 treten mit Ablauf des Tages in Kraft, an dem der Rat in der Zusammensetzung der Staats- und Regierungschefs gemäß Art. 109j Abs. 4 EG-Vertrag bestätigt, welche Mitgliedstaaten die notwendigen Voraussetzungen für die Einführung einer einheitlichen Währung erfüllen.

(3) § 1, § 2, § 3, § 4, § 5, § 7 Abs. 1 bis 3, § 8 Abs. 1, § 10 Abs. 1, § 14 Abs. 1, § 15, § 16 Z 2, 5, 6, 7, 8 und 9, § 18 Abs. 1, § 20, § 21, § 22 Abs. 1 und 2, § 23, § 24, der Entfall der §§ 25 bis 27, § 28, § 29 Abs. 1, § 30 Abs. 1 und 2, § 31 Abs. 1, § 32 Abs. 1, 2 und 5, § 34 Abs. 2 und 3, § 35 Abs. 1 und 2, § 36, § 37 Abs. 1, § 39, die Überschrift vor § 40, § 40, § 42, § 43, § 44, § 45, der Entfall des § 46, § 47, der Entfall der Überschrift vor § 48, § 48, § 49, § 50, der Entfall der Überschrift vor § 51, § 51, § 52, der Entfall der §§ 53 bis 60, § 61, § 62, § 63, der Entfall der §§ 64 bis 66, § 67 Abs. 2, § 68, der Einleitungssatz in § 69 Abs. 1, § 69 Abs. 2, der Entfall des § 70, § 72 Abs. 2, der Entfall des § 72 Abs. 3 und

die Umbenennung der Abs. 4 und 5, der Entfall des § 74, § 75 Abs. 1, § 76 Abs. 1, § 77 Abs. 4, § 79, § 80, der Entfall des § 81, § 82, § 83 Abs. 1, § 86 und § 87 Z 1, 2 und Z 4 bis 8 in der Fassung des Bundesgesetzes BGBl. I Nr. 60/1998 treten mit dem Tag in Kraft, an dem Österreich an der dritten Stufe der WWU ohne Ausnahmeregelung im Sinne des Art. 109k EG-Vertrag teilnimmt.

(4) § 44a und § 82a in der Fassung des Bundesgesetzes BGBl. I Nr. 97/2001 treten am 1. April 2002 in Kraft. *(BGBl I 2001/97)*

(5) § 68 Abs. 3 in der Fassung des Bundesgesetzes BGBl. I Nr. 161/2004 tritt mit 1. Jänner 2005 in Kraft. *(BGBl I 2004/161)*

(6) § 44b in der Fassung des Bundesgesetzes BGBl. I Nr. 108/2007 tritt mit 1. Jänner 2008 in Kraft. *(BGBl I 2007/108)*

(7) § 1, § 2 Abs. 2, § 2 Abs. 5, § 7 Abs. 1, § 7 Abs. 4, § 8, § 9, § 10 Abs. 1, § 10 Abs. 2, § 10 Abs. 3, § 11, § 12, § 13, § 14, § 16 Z 3, § 16 Z 4, § 16 Z 5, § 16 Z 6, § 16 Z 7, § 16 Z 9, § 17, § 18, § 19, § 21 Abs. 2 Z 4, § 21 Abs. 2 Z 5, § 22 Abs. 2, § 22 Abs. 3, § 22 Abs. 4, § 22 Abs. 5, § 23, § 28 Abs. 2, § 29 Abs. 3, § 33 Abs. 2, § 33 Abs. 3, § 34 Abs. 1, § 35 Abs. 2, § 37, § 41 Abs. 1, § 42, § 43, § 44 Abs. 1, § 44 Abs. 2, § 45, § 47 Z 1, § 49, § 50, § 52 Abs. 2, § 68 Abs. 4, § 68a, § 69 Abs. 1 Z 1, § 69 Abs. 3, § 69 Abs. 4, § 75 Abs. 1, § 78 Abs. 2, § 79, § 79a, § 82 Abs. 1, § 82b, § 87 Z 9, § 87 Z 10, § 88 in der Fassung des Bundesgesetzes BGBl. I Nr. 50/2011 treten mit 1. August 2011 in Kraft. *(BGBl I 2011/50)*

(8) § 7 Abs. 1 und 1a in der Fassung des Bundesgesetzes BGBl. I Nr. 64/2013 treten mit 1. Jänner 2014 in Kraft. *(BGBl I 2013/64)*

(9) § 38 Abs. 4 und § 44c in der Fassung des Bundesgesetzes BGBl. I Nr. 184/2013 treten mit 1. Jänner 2014 in Kraft. *(BGBl I 2013/184)*

(10) § 67 Abs. 3 und § 68 Abs. 3 in der Fassung des Bundesgesetzes BGBl. I Nr. 68/2015 treten mit 20. Juli 2015 in Kraft. *(BGBl I 2015/68)*

(11) § 38 Abs. 5 und 6 mit der Fassung des Bundesgesetzes BGBl. I Nr. 150/2017 treten mit 3. Jänner 2018 in Kraft. § 44b Abs. 2 und § 44d Abs. 1 in der Fassung des Bundesgesetzes BGBl. I Nr. 150/2017 treten mit 1. September 2018 in Kraft. *(BGBl I 2017/150)*

(12) § 79 Abs. 1 Z 3 in der Fassung des Bundesgesetzes BGBl. I Nr. 17/2018 tritt mit 1. Juni 2018 in Kraft. *(BGBl I 2018/17)*

(BGBl I 1998/60)

Anlage 2

Übergangsrecht anläßlich einer Novelle zum Nationalbankgesetz 1955

Zu § 21 Z 14

(aufgehoben, BGBl I 1998/60)

Datenmodellverordnung 2018

BGBl II 2018/182 idF

1 BGBl II 2020/448

Verordnung der Oesterreichischen Nationalbank betreffend die Übermittlung von Meldedaten an die Oesterreichische Nationalbank unter Anwendung eines Datenmodells (Datenmodellverordnung 2018)

Abschnitt 1

Datenmodell

§ 1. Verpflichtung zur Verwendung des technischen Meldeformats der OeNB

Die Erstattung der Meldungen, die auf Basis der in den Abschnitten 2 bis 7 dieser Verordnung angeführten Regelungen von den Meldepflichtigen an die Oesterreichische Nationalbank zu übermitteln sind, hat mittels dem durch diese Verordnung vorgegebenen technischen Meldeformat (Datenmodell), entsprechend den in den Beilagen hinsichtlich Inhalt und Detaillierungsgrad definierten Vorgaben zu erfolgen.

Das Datenmodell ist ein technisches Meldeformat, das die Erhebung von Meldedaten auf der Basis von Einzelgeschäften ermöglicht, die durch beschreibende Attribute in einer vieldimensionalen Datenmatrix abgebildet werden.

Die Meldungen auf Grund dieser Verordnung sind elektronisch an die Oesterreichische Nationalbank zu erstatten und entsprechend den in den Beilagen (Schaubildern) vorgegebenen Geschäftsarten (Meldekonzepten), Attributen und Wertarten zu gliedern.

Abschnitt 2

Meldungen zu Krediten

§ 2. Meldepflichten

Die Verpflichtung zur Meldungslegung von Kreditdaten nach dieser Verordnung besteht für Meldungen, die von den in § 3 angeführten Meldepflichtigen auf Basis der folgenden Rechtsvorschriften zu erstatten sind:

– Verordnung (EU) Nr. 1071/2013 der Europäischen Zentralbank vom 24. September 2013 über die Bilanz des Sektors der monetären Finanzinstitute (EZB/2013/33), ABl. L 297 vom 7.11.2013, in der Fassung der Novelle EZB/2014/51, ABl. L 366 vom 20.12.2014 – im Folgenden **EZB-Monetärstatistik-VO**

– Verordnung (EU) Nr. 1072/2013 der Europäischen Zentralbank vom 24. September 2013 über die Statistik über die von monetären Finanzinstituten angewandten Zinssätze (EZB/2013/34), ABl. L 297 vom 7.11.2013, in der Fassung der Novelle EZB/2014/30, ABl. L 205 vom 12. Juli 2014 – im Folgenden **EZB-Zinssatzstatistik-VO**

– Meldeverordnung der Oesterreichische Nationalbank ZABIL 1/2013 betreffend die statistische Erfassung des grenzüberschreitenden Kapitalverkehrs, kundgemacht im Amtsblatt zur Wiener Zeitung am 19. April 2013, in der Fassung der Novelle ZABIL 1/2016, BGBl. II Nr. 10/2016 – im Folgenden **ZABIL-VO** – hinsichtlich der gemäß Abschnitt 4.3 i. V. m. Anlage 14 und Anlage 15 jener Verordnung zu meldenden zusätzlichen Datenfelder

– „Verordnung der Oesterreichischen Nationalbank betreffend die Erfassung von Kredit- und Länderrisiken, Restlaufzeiten und Fremdwährungskredite sowie Finanzinformationen von Auslandstochterbanken, BGBl. II Nr. 183/2018, zuletzt geändert durch BGBl. II Nr. 447/2020 - im Folgenden FinStab-VO 2018 - hinsichtlich der Meldeverpflichtungen nach den §§ 4 und 7 jener Verordnung.“ *(BGBl II 2020/448)*

§ 3. Meldepflichtige

Kreditdaten sind von in Österreich gebietsansässigen, Einlagen entgegennehmenden Unternehmen gemäß Artikel 1 lit. a Z 2 sublit. a der EZB-Monetärstatistik-VO – im Folgenden MFI – zu melden.

§ 4. Gliederung der Meldungen

Meldepflichtige gemäß § 3 haben die Meldungen von Kreditdaten entsprechend ihrer Zugehörigkeit zu einem der in lit. a und b angeführten Melderkreise einerseits und zu einem der in lit. c bis f angeführten Melderkreise anderseits nach einem oder mehreren der in lit. a bis f angeführten Kredit-Cubes zu erstatten:

a) Sofern Meldepflichtige nicht zum tatsächlichen Kreis der Berichtspflichtigen gemäß EZB-Zinssatzstatistik-VO gehören, haben sie die Meldungen von Kreditdaten entsprechend den in **Beilage Aa1 (Kredit-Cube MONSTAT)** angegebenen Attributen und Wertarten zu gliedern.

b) Sofern Meldepflichtige zum tatsächlichen Kreis der Berichtspflichtigen gemäß EZB-Zinssatzstatistik-VO gehören, haben sie die Meldungen von Kreditdaten entsprechend den in **Beilage Aa2 (Kredit-Cube MONSTAT und ZINSSTAT)** angegebenen Attributen und Wertarten zu gliedern.

c) Sofern Meldepflichtige gemäß § 7 der FinStab-VO 2018 und nicht auch gemäß § 4 der FinStab-VO 2018 meldepflichtig sind und zum tatsächlichen Kreis der Berichtspflichtigen gemäß EZB-Zinssatzstatistik-VO gehören, haben sie die Meldungen von Kreditdaten entsprechend den in **Beilage Aa3 (Kredit-Cube MONSTAT und ZINSSTAT Finanzmarktstabilität ohne Länderrisiko)** angegebenen Attributen und Wertarten zu gliedern.

d) Sofern Meldepflichtige gemäß § 4 und § 7 der FinStab-VO 2018 meldepflichtig sind und zum tatsächlichen Kreis der Berichtspflichtigen gemäß EZB-Zinssatzstatistik-VO gehören, haben sie die Meldungen von Kreditdaten entsprechend den in **Beilage Aa4 (Kredit-Cube MONSTAT und ZINSSTAT Finanzmarktstabilität)** angegebenen Attributen und Wertarten zu gliedern.

e) Sofern Meldepflichtige gemäß § 7 der FinStab-VO 2018 und nicht auch gemäß § 4 der FinStab-VO 2018 meldepflichtig sind und nicht zum tatsächlichen Kreis der Berichtspflichtigen gemäß EZB-Zinssatzstatistik-VO gehören, haben sie die Meldungen von Kreditdaten entsprechend den in **Beilage Aa5 (Kredit-Cube MONSTAT Finanzmarktstabilität ohne Länderrisiko)** angegebenen Attributen und Wertarten zu gliedern.

f) Sofern Meldepflichtige gemäß § 4 und § 7 der FinStab-VO 2018 meldepflichtig sind und nicht zum tatsächlichen Kreis der Berichtspflichtigen gemäß EZB-Zinssatzstatistik-VO gehören, haben sie die Meldungen von Kreditdaten entsprechend den in **Beilage Aa6 (Kredit-Cube MONSTAT Finanzmarktstabilität)** angegebenen Attributen und Wertarten zu gliedern.

Abschnitt 3

Meldung zu Einlagen und Sachkonten

§ 5. Meldepflichten

Die Verpflichtung zur Meldungslegung von Daten zu Einlagen und Sachkonten nach dieser Verordnung besteht für Meldungen, die von den in § 6 angeführten Meldepflichtigen auf Basis der folgenden Rechtsvorschriften zu erstatten sind:

– EZB-Monetärstatistik-VO

– EZB-Zinssatzstatistik-VO

– **ZABIL-VO** hinsichtlich der gemäß Abschnitt 4.3 i. V. m. Anlage 14 und Anlage 15 jener Verordnung zu meldenden zusätzlichen Datenfelder

– **FinStab-VO 2018** hinsichtlich der Meldeverpflichtungen nach den § § 4 und 7 jener Verordnung.

§ 6. Meldepflichtige

Daten zu Einlagen und Sachkonten sind von in Österreich gebietsansässigen MFIs (Einlagen entgegennehmende Unternehmen gemäß Artikel 1 lit. a Z 2 sublit. a der EZB-Monetärstatistik-VO) zu melden.

§ 7. Gliederung der Meldungen

Meldepflichtige gemäß § 6 haben die Meldungen von Daten zu Einlagen und Sachkonten entsprechend ihrer Zugehörigkeit zu einem der in lit. a und b angeführten Melderkreise einerseits und zu einem der in lit. c bis f angeführten Melderkreise anderseits nach einem oder mehreren der in lit. a bis f angeführten Einlagen- und Sachkonten-Cubes zu erstatten:

a) Sofern Meldepflichtige nicht zum tatsächlichen Kreis der Berichtspflichtigen gemäß EZB-Zinssatzstatistik-VO gehören, haben sie die Meldungen von Daten zu Einlagen und Sachkonten entsprechend den in **Beilage Ab1 (Einlagen- und Sachkonten-Cube MONSTAT)** angegebenen Attributen und Wertarten zu gliedern.

b) Sofern Meldepflichtige zum tatsächlichen Kreis der Berichtspflichtigen gemäß EZB-Zinssatzstatistik-VO gehören, haben sie die Meldungen von Daten zu Einlagen und Sachkonten entsprechend den in **Beilage Ab2 (Einlagen- und Sachkonten-Cube MONSTAT und ZINSSTAT)** angegebenen Attributen und Wertarten zu gliedern.

c) Sofern Meldepflichtige gemäß § 7 der FinStab-VO 2018 und nicht auch gemäß § 4 der FinStab-VO 2018 meldepflichtig sind und zum tatsächlichen Kreis der Berichtspflichtigen gemäß EZB-Zinssatzstatistik-VO gehören, haben sie die Meldungen von Daten zu Einlagen und Sachkonten entsprechend den in **Beilage Ab3 (Einlagen- und Sachkonten-Cube MONSTAT und ZINSSTAT Finanzmarktstabilität ohne Länderrisiko)** angegebenen Attributen und Wertarten zu gliedern.

d) Sofern Meldepflichtige gemäß § 4 und § 7 der FinStab-VO 2018 meldepflichtig sind und zum tatsächlichen Kreis der Berichtspflichtigen gemäß EZB-Zinssatzstatistik-VO gehören, haben sie die Meldungen von Daten zu Einlagen und Sachkonten entsprechend den in Beilage **Ab4 (Einlagen- und Sachkonten-Cube MONSTAT und ZINSSTAT Finanzmarktstabilität)** angegebenen Attributen und Wertarten zu gliedern.

e) Sofern Meldepflichtige gemäß § 7 der FinStab-VO 2018 und nicht auch gemäß § 4 der FinStab-VO 2018 meldepflichtig sind und nicht zum tatsächlichen Kreis der Berichtspflichtigen gemäß EZB-Zinssatzstatistik-VO gehören, haben sie die Meldungen von Daten zu Einlagen und Sachkonten entsprechend den in **Beilage Ab5 (Einlagen- und Sachkonten-Cube MONSTAT Finanzmarktstabilität ohne Länderrisiko)** angegebenen Attributen und Wertarten zu gliedern.

f) Sofern Meldepflichtige gemäß § 4 und § 7 der FinStab-VO 2018 meldepflichtig sind und nicht zum tatsächlichen Kreis der Berichtspflichtigen gemäß EZB-Zinssatzstatistik-VO gehören, haben sie die Meldungen von Daten zu Einlagen und Sachkonten entsprechend den in Beilage **Ab6 (Einlagen- und Sachkonten-Cube MONSTAT Finanzmarktstabilität)** angegebenen Attributen und Wertarten zu gliedern.

Abschnitt 4

Wertpapiermeldungen

§ 8. Meldepflichten

Die Verpflichtung zur Meldungslegung von Wertpapierdaten nach dieser Verordnung besteht für Meldungen, die von den in § 9 angeführten Meldepflichtigen auf Basis der folgenden Rechtsvorschriften zu erstatten sind:

- EZB-Monetärstatistik-VO
- Verordnung (EU) Nr. 1011/2012 der Europäischen Zentralbank vom 17. Oktober 2012 über die Statistiken über Wertpapierbestände (EZB/2012/24), ABl. L 305 vom 1.11.2012, in der Fassung der Novelle EZB/2018/7, ABl. L 62 vom 5. März 2018 – im Folgenden **SHS-VO**
- **ZABIL-VO** hinsichtlich der gemäß Abschnitt 3.1. jener Verordnung zu meldenden Wertpapier-Depotmeldung für inländische Depotführer hinsichtlich der Depotgruppen D 01 und D 02.
- **FinStab-VO 2018** hinsichtlich der Meldeverpflichtungen nach den § § 4 und 7 jener Verordnung.

§ 9. Meldepflichtige

Wertpapierdaten sind von in Österreich gebietsansässigen MFIs (Einlagen entgegennehmenden Unternehmen gemäß Artikel 1 lit. a Z 2 sublit. a der EZB-Monetärstatistik-VO) zu melden.

§ 10. Gliederung der Meldungen

Meldepflichtige gemäß § 9 haben die Meldungen von Wertpapierdaten mittels des in lit. a angeführten Wertpapier-Cubes sowie – bei Zugehörigkeit zu einem in lit. b und c angeführten Melderkreis – zusätzlich mittels des entsprechenden Wertpapier-Cubes gemäß lit. b oder lit. c zu erstatten:

a) Meldepflichtige haben die Meldungen von Wertpapierdaten entsprechend den in **Beilage Ac1 (Wertpapier-Cube MONSTAT)** angegebenen Attributen und Wertarten zu gliedern.

b) Sofern Meldepflichtige gemäß § 7 der FinStab-VO 2018 und nicht auch gemäß § 4 der FinStab-VO 2018 meldepflichtig sind, haben sie die Meldungen von Wertpapierdaten entsprechend den in **Beilage Ac2 (Wertpapier-Cube MONSTAT Finanzmarktstabilität ohne Länderrisiko)** angegebenen Attributen und Wertarten zu gliedern.

c) Sofern Meldepflichtige gemäß § 4 und § 7 der FinStab-VO 2018 meldepflichtig sind, haben sie die Meldungen von Wertpapierdaten entsprechend den in **Beilage Ac3 (Wertpapier-Cube MONSTAT Finanzmarktstabilität)** angegebenen Attributen und Wertarten zu gliedern.

Abschnitt 5

Meldung von Prüf- und Kontrollwerten

§§ 11 bis 13. *(entfällt, BGBl II 2020/448)*

Abschnitt 6

Granulare Kreditdaten

§ 14. Meldepflichten

Die Verpflichtung zur Meldungslegung von granularen Kreditdaten nach dieser Verordnung besteht für Meldungen, die von den in § 15 angeführten Meldepflichtigen auf Basis der folgenden Rechtsvorschriften zu erstatten sind:

- Verordnung der Finanzmarktaufsichtsbehörde (FMA) über die Meldungen zur Erhebung granularer Kreditdaten (Granulare Kreditdatenerhebungs-Verordnung 2018 – **GKE-V 2018**) vom 5. Juli 2018, BGBl. II Nr. 170/2018 „zuletzt geändert durch BGBl. II Nr. 27/2020“ *(BGBl II 2020/448)*
- Verordnung (EU) 2016/867 der Europäischen Zentralbank vom 18. Mai 2016 über die Erhebung granularer Kreditdaten und Kreditrisikodaten (EZB/2016/13), ABl. L 144 vom 1.6.2016 – im Folgenden **AnaCredit-Verordnung**.
- Verordnung der Oesterreichischen Nationalbank zur Durchführung der Verordnung (EU) 2016/867 der EZB vom 18. Mai 2016 über die Erhebung granularer Kreditdaten und Kreditrisikodaten (EZB/2016/13), BGBl. II Nr. 349/2017 „zuletzt geändert durch BGBl. II Nr. 26/2020“ – im Folgenden **AnaCredit-Begleitverordnung**. *(BGBl II 2020/448)*

§ 15. Meldepflichtige

Meldepflichtig nach diesem Abschnitt der Verordnung sind in Österreich gebietsansässige CRR-Kreditinstitute, Zweigstellen von CRR-Kreditinstituten aus Mitgliedstaaten in Österreich gemäß § 9 BWG – im Folgenden **CRR-Kreditinstitute** –, CRR-Finanzinstitute und Zweigstellen von CRR-Finanzinstituten aus Mitgliedstaaten in Österreich gemäß § 11 BWG – im Folgenden **CRR-Finanzinstitute**.

§ 16. a) CRR-Kreditinstitute haben die Meldungen nach den Beilagen B1 (Instrument-, Finanz- und Sicherheitendaten CRR-Kreditinstitute) und B2 (Bilanz- und Risikodaten CRR-Kreditinstitute) zu melden.

b) CRR-Finanzinstitute haben die Meldungen nach den Beilagen B3 (Instrument-, Finanz- und Sicherheitendaten CRR-Finanzinstitute) und B4 (Bilanz- und Risikodaten CRR-Finanzinstitute) zu melden.

c) Sofern die in den **Beilagen B1 bis B4** verwendeten Attribute in **Beilage B5** angeführt sind, sind die dort angegebenen Code-Ausprägungen zu verwenden.

(BGBl II 2020/448)

Abschnitt 7

SHSG und Verbriefungsmeldung konsolidiert

§ 17. Meldepflichten

Die Verpflichtung zur Meldungslegung von Wertpapierdaten nach dieser Verordnung besteht für Meldungen, die von den in § 18 angeführten Meldepflichtigen auf Basis der folgenden Rechtsvorschriften zu erstatten sind:

- SHS-VO
- GKE-VO 2018 der FMA

§ 18. Meldepflichtige

Daten zu Wertpapieren gemäß diesem Abschnitt sind von den in Österreich gebietsansässigen

a) Spitzeninstituten signifikanter Bankengruppen, das sind Spitzeninstitute der Bankengruppen, die vom EZB-Rat gemäß SHS-Verordnung als berichtende Gruppen benannt sind, und von

b) sonstigen übergeordneten Kreditinstituten gemäß § 30 Abs. 5 BWG und der Zentralorganisation eines Kreditinstitute-Verbundes gemäß § 30a BWG

auf Ebene der Kreditinstitutsgruppe gem. § 30 BWG bzw. dem Kreditinstitute-Verbund gem. § 30a BWG zu erstatten.

§ 19. Gliederung der Meldungen

a) Meldepflichtige gemäß § 18 lit. a haben die Meldungen von Wertpapierdaten, sofern sie nach UGB bilanzieren, entsprechend der **Beilage C1 (SHSG und Verbriefungen – Spitzeninstitute signifikanter Bankengruppen (UGB-Konzern))**, sofern sie nach IFRS bilanzieren entsprechend der **Beilage C2 (SHSG und Verbriefungen – Spitzeninstitute signifikanter Bankengruppen (IFRS-Konzern))** zu gliedern.

b) Meldepflichtige gemäß § 18 lit. b haben die Meldungen von Wertpapierdaten, sofern sie nach UGB bilanzieren, entsprechend der **Beilage C3 (Verbriefungen – Sonstige übergeordnete Kreditinstitute (UGB-Konzern))**, sofern sie nach IFRS bilanzieren entsprechend der **Beilage C4 (Verbriefungen – Sonstige übergeordnete Kreditinstitute (IFRS-Konzern))** zu gliedern.

c) Sofern die in den **Beilagen C1 bis C4** verwendeten Attribute in **Beilage C5** angeführt sind, sind die dort angegebenen Code-Ausprägungen zu verwenden.

Abschnitt 8

Allgemeine Bestimmungen

§ 20. Meldestichtage

a) Der Meldestichtag für die Meldungen gemäß § 4 lit. a und b, § 7 lit. a und b, § 10 lit. a sowie § 13 lit. a ist der jeweilige Monatsultimo.

b) Die Meldestichtage für die Meldungen gemäß § 4 lit. c bis f, § 7 lit. c bis f, § 10 lit. b und c sowie § 13 lit. b sind der 31. März, der 30. Juni, der 30. September und der 31. Dezember.

c) Der Meldestichtag für die Meldungen gemäß § 16, „Beilagen B1 und B3" ist der jeweilige Monatsultimo. Für die Meldungen gemäß § 16, „Beilagen B2 und B4" sind Meldestichtage der 31. März, der 30. Juni, der 30. September und der 31. Dezember. *(BGBl II 2020/448)*

d) Meldestichtage für die Meldungen gemäß § 19 sind der 31. März, der 30. Juni, der 30. September und der 31. Dezember.

§ 21. Meldefristen

a) Die Meldungen gemäß § 4 lit. a und b, § 7 lit. a und b, § 10 lit. a sowie § 13 lit. a sind spätestens 10 Bankarbeitstage nach dem jeweiligen Meldestichtag an die Oesterreichische Nationalbank zu erstatten.

b) Die Meldungen gemäß § 4 lit. c bis f, § 7 lit. c bis f, § 10 lit. b und c sowie § 13 lit. b sind spätestens 20 Bankarbeitstage nach dem jeweiligen Meldestichtag an die Oesterreichische Nationalbank zu erstatten.

c) Die Meldungen gemäß § 16, „Beilagen B1, B3" sind spätestens „20 Bankarbeitstage" nach dem jeweiligen Meldestichtag an die Oesterreichische Nationalbank zu erstatten. *(BGBl II 2020/448)*

d) Die Meldungen gemäß § 16, „Beilagen B2, B4“ sind spätestens zum jeweils auf den Meldestichtag folgenden Quartalsmeldetermin an die Oesterreichische Nationalbank zu erstatten. Die Quartalsmeldetermine sind der 12. Mai, 11. August, 11. November und 11. Februar. *(BGBl II 2020/448)*

e) Die Meldungen gemäß § 19 sind spätestens zum jeweils auf den Meldestichtag folgenden Quartalsmeldetermin an die Oesterreichische Nationalbank zu erstatten. Die Quartalsmeldetermine sind der 12. Mai, 11. August, 11. November und 11. Februar.

§ 22. Code-Ausprägungen zu den Abschnitten 2 bis 4

Sofern die in den Beilagen Aa1 bis Ac3 verwendeten Attribute in **Beilage Ad** angeführt sind, sind die dort angegebenen Code-Ausprägungen zu verwenden.

(BGBl II 2020/448)

§ 23. Technische Spezifikationen

Weiter ausführende technische Spezifikationen und Auslegungsfragen werden gemäß § 44d Abs. 2 NBG auf der Homepage der Oesterreichische Nationalbank unter www.oenb.at veröffentlicht.

§ 24. Inkrafttreten

Die gegenständliche Verordnung tritt am 1. September 2018 in Kraft.

Meldungen gemäß den Abschnitten 2 bis 5 sind erstmals zum Meldestichtag 31. Dezember 2018 zu erstatten. Meldungen gemäß den Abschnitten 6 und 7 sind erstmals zum Meldestichtag 30. September 2018 zu erstatten.

Die Verordnung der Oesterreichische Nationalbank betreffend die Übermittlung von Meldedaten an die Oesterreichische Nationalbank unter Anwendung eines Datenmodells (Datenmodellverordnung 2016), BGBl. II Nr. 138/2016, tritt mit Ablauf des 31. Dezember 2018 außer Kraft. Meldungen zu den Abschnitten 2 bis 5 der Datenmodellverordnung BGBl. II Nr. 138/2016 sind für monatliche Meldungen letztmals zum Meldestichtag 30. November 2018 und für quartalsweise Meldungen letztmals zum Meldestichtag 30. September 2018 zu erstatten.

„§ 2, § 14 und § 21 lit. C sowie die Beilagen Aa1, Aa2, Aa3, Aa4, Aa5, Aa6, Ab1, Ab2, Ab3, Ab4, Ab5, Ab6, Ac1, Ac2, Ac3, Ad, C1a, C1b, C1c, C2a, C2b, C2c, C3a, C3b, C4a, C4b und C5 in der Fassung der Novelle BGBl. II Nr. 448/2020 treten mit 1. Dezember 2020 in Kraft. § 16 sowie die Beilagen B1a, B1b, B1c, B1d, B1e, B1f, B2a, B2b, B2c, B3a, B3b, B3c, B3d, B3e, B4a, B4b und B5 in der Fassung der Novelle BGBl. II Nr. 448/2020 treten mit 1. Jänner 2021 in Kraft. § 11, § 12 und § 13 treten mit Ablauf des 30. November 2020 außer Kraft.“
(BGBl II 2020/448)

Anhänge: Nicht abgedruckt. (Die Anhänge sind im Volltext auf www.lexisnexis.at unter dem Menüpunkt „Service“, Unterpunkt „Downloads & Updates“ abrufbar.)

Erfassung von Kredit und Länderrisiken, Restlaufzeiten und Fremdwährungskredite sowie Finanzinformationen von Auslandstochterbanken – Meldeverordnung FinStab 2018

BGBl II 2018/183 idF

1 BGBl II 2020/447

Verordnung der Oesterreichischen Nationalbank betreffend die Erfassung von Kredit und Länderrisiken, Restlaufzeiten und Fremdwährungskredite sowie Finanzinformationen von Auslandstochterbanken – Meldeverordnung FinStab 2018

Abschnitt 1:

Kreditrisiko

§ 1. Kreditrisiko unkonsolidiert

Kreditinstitute, deren Tätigkeit ausschließlich oder unter anderem darin besteht, Einlagen oder andere rückzahlbare Gelder des Publikums entgegenzunehmen und Kredite für eigene Rechnung zu gewähren, sowie Zweigstellen von Kreditinstituten gemäß § 9 BWG sind verpflichtet, die sie betreffenden Kreditrisikoinformationen zu Instrumenten gemäß Art. 1 Nummer 23 der Verordnung (EU) 2016/867 über die Erhebung granularer Kreditdaten und Kreditrisikodaten (EZB/2016/13), ABl. Nr. 144 vom 01.06.2016 S. 44 – im Folgenden „AnaCredit-Verordnung" – und zu Schuldverschreibungen entsprechend der **Beilage A1a** gegliedert an die OeNB zu melden. Alle anderen Kreditinstitute gemäß § 1 Abs. 1 BWG sind verpflichtet, die sie betreffenden Kreditrisikoinformationen zu Instrumenten gemäß Art. 1 Nummer 23 der AnaCredit-Verordnung und zu Schuldverschreibungen entsprechend der **Beilage A1b** gegliedert an die OeNB zu melden. Keine Meldeverpflichtung besteht für Kreditinstitute gemäß § 1 Abs. 1 Z 13, 13a und 21 BWG.

§ 2. Kreditrisiko konsolidiert

Übergeordnete Kreditinstitute im Sinne des § 30 Abs. 5 BWG sowie die Zentralorganisation eines Kreditinstitute-Verbunds im Sinne des § 30a BWG sind verpflichtet, Kreditrisikoinformationen zu Instrumenten gemäß Art. 1 Nummer 23 der AnaCredit-Verordnung und zu Schuldverschreibungen für die Kreditinstitutsgruppe gemäß § 30 BWG bzw. für den Kreditinstitute-Verbund gemäß § 30a BWG entsprechend der **Beilage A2** gegliedert an die OeNB zu melden.

Die Bewertung hat nach den jeweils angewandten Rechnungslegungsgrundsätzen (§ 59 oder § 59a BWG) zu erfolgen.

Übergeordnete Kreditinstitute, die einen Konzernabschluss gemäß § 59 BWG erstellen, haben die Beilage A2 im laufenden Jahr nicht zu erstatten, wenn die Differenz zwischen dem Betriebsergebnis des Konzerns und dem gemäß der Anlage 2 zu Artikel I § 43 BWG, Teil 2, IV. zusammengesetzten Betriebsergebnis des unkonsolidierten Jahresabschlusses des übergeordneten Kreditinstitutes nicht mehr als 5 vH dieses Betriebsergebnisses des übergeordneten Kreditinstitutes beträgt, wobei für die Feststellung der Meldebefreiung jeweils die Werte des vorangegangenen Geschäftsjahres heranzuziehen sind. Die Befreiung von der Meldeverpflichtung gilt auch für übergeordnete Kreditinstitute, die einen Konzernabschluss gemäß § 59a BWG erstellen, wobei in diesem Falle das Betriebsergebnis des Konzernabschlusses auf Basis IFRS heranzuziehen ist. Wird die Meldegrenze überschritten, so hat die Meldung der Beilage A2 ab dem ersten Meldestichtag des auf den Bilanzstichtag, an dem das Überschreiten festgestellt wurde, folgenden Geschäftsjahres zu erfolgen.

§ 3. Kreditrisiko Auslandstochterbanken

Übergeordnete Kreditinstitute im Sinne des § 30 Abs. 5 BWG sind verpflichtet, Kreditrisikoinformationen zu Instrumenten gemäß Art. 1 Nummer 23 der AnaCredit-Verordnung und zu Schuldverschreibungen über jene ausländischen Kreditinstitute, die Teil der Kreditinstitutsgruppe gemäß § 30 BWG sind, auf Einzelbasis entsprechend der **Beilage A3** gegliedert an die OeNB zu melden, wobei auch Tochterunternehmen von derartigen Tochterunternehmen auf Einzelbasis zu melden sind.

Abschnitt 2:

Länderrisiko

§ 4. Länderrisiko unkonsolidiert

Kreditinstitute, deren Tätigkeit ausschließlich oder unter anderem darin besteht, Einlagen oder andere rückzahlbare Gelder des Publikums entgegenzunehmen und Kredite für eigene Rechnung zu gewähren, sind verpflichtet, die sie betreffenden Informationen zu Länderrisiken auf Einzelbasis entsprechend der **Beilage B1** gegliedert an die OeNB zu melden.

Von der Verpflichtung zur Meldungslegung *(Länderrisiko unkonsolidiert)* sind übergeordnete Kreditinstitute im Sinne des § 30 Abs. 5 BWG ausgenommen, sofern sie nach § 5 *(Länderrisiko konsolidiert)* meldepflichtig sind.

Die Meldepflicht nach dieser Bestimmung entfällt, sofern die Summe der ursprünglichen Risikopositionen im Ausland gemäß der unkonsolidierten Meldung des Anhang I, C 04.00, Zeile 850 der Durchführungsverordnung (EU) Nr. 680/2014 der Kommission vom 16. April 2014 zur Festlegung technischer Durchführungsstandards für die aufsichtlichen Meldungen der Institute gemäß der Verordnung (EU) Nr. 575/2013 des Europäischen Parlaments und des Rates, ABl. L 191 vom 28. Juni 2014, – im Folgenden **„EBA Meldewesen-ITS"** – auf Grundlage des vorangegangenen geprüften Jahresabschlusses 100 Millionen EUR nicht übersteigt.

§ 5. Länderrisiko konsolidiert

Übergeordnete Kreditinstitute im Sinne des § 30 Abs. 5 BWG sowie die Zentralorganisation eines Kreditinstitute-Verbunds im Sinne des § 30a BWG sind verpflichtet, Länderrisikoinformationen auf Basis der Kreditinstitutsgruppe gemäß § 30 BWG bzw. auf Basis des Kreditinstitute-Verbunds gemäß § 30a BWG entsprechend der **Beilage B2** gegliedert an die OeNB zu melden.

Die Meldepflicht nach dieser Bestimmung entfällt, sofern die Summe der ursprünglichen Risikopositionen im Ausland gemäß der konsolidierten Meldung des Anhangs I, C 04.00, Zeile 850 des EBA Meldewesen-ITS auf Grundlage des vorangegangenen geprüften Konzernabschlusses 100 Millionen EUR nicht übersteigt.

Die Bewertung hat nach den jeweils angewandten Rechnungslegungsgrundsätzen (§ 59 oder § 59a BWG) zu erfolgen.

Die Konsolidierung hat nach den in Teil 1 Titel II Kapitel 2 der Verordnung (EU) Nr. 575/2013 des Europäischen Parlaments und des Rates vom 26.6.2013 über Aufsichtsanforderungen an Kreditinstitute und Wertpapierfirmen und zur Änderung der Verordnung (EU) Nr. 648/2012, ABl. L 176 vom 27.6.2013 in der Fassung der Berichtigung dieser Verordnung ABl. L 20 vom 25.1.2017 – im Folgenden **„CRR"** – dargelegten Methoden zu erfolgen und hat „grundsätzlich den Konsolidierungskreis gemäß Art. 11 Abs. 1 oder 2 CRR zu umfassen". Meldepflichtige können „bis zum Meldestichtag 31.12.2022" den Konsolidierungskreis auf all jene Tochterunternehmen gemäß Art. 4 Abs. 1 Z 16 CRR einschränken, die in Österreich oder in einem anderen Mitgliedstaat oder in einem Drittland zugelassene Kreditinstitute sind, deren Tätigkeit ausschließlich oder unter anderem darin besteht, Einlagen oder andere rückzahlbare Gelder des Publikums entgegenzunehmen und Kredite für eigene Rechnung zu gewähren, oder die Mutterunternehmen solcher Kreditinstitute sind. Für den Zweck des vorhergehenden Satzes gelten Mutterunternehmen von Mutterunternehmen ebenfalls als Mutterunternehmen des ursprünglichen Tochterunternehmens. Die Konsolidierung erfolgt abweichend von Art. 11 Abs. 2 CRR immer auf der Ebene des übergeordneten Kreditinstituts.
(BGBl II 2020/447)

§ 6. *(entfällt, BGBl II 2020/447)*

Abschnitt 3:

Restlaufzeiten, Fremdwährungskredite

§ 7. Restlaufzeiten und Fremdwährungskredite unkonsolidiert

Kreditinstitute, deren Tätigkeit ausschließlich oder unter anderem darin besteht, Einlagen oder andere rückzahlbare Gelder des Publikums entgegenzunehmen und Kredite für eigene Rechnung zu gewähren, sind verpflichtet, die sie betreffenden Informationen zu Restlaufzeiten und Fremdwährungskrediten für das Kreditinstitut auf Einzelbasis entsprechend der **Beilage C** gegliedert an die OeNB zu melden.

Abschnitt 4:

Finanzinformationen betreffend Auslandstochterbanken

§ 8. Meldung betreffend vollkonsolidierte ausländische Kreditinstitute

Übergeordnete Kreditinstitute im Sinne des § 30 Abs. 5 BWG sind verpflichtet, hinsichtlich aller Kreditinstitute, die Teil der Kreditinstitutsgruppe gemäß § 30 BWG sind und deren Tätigkeit ausschließlich oder unter anderem darin besteht, Einlagen oder andere rückzahlbare Gelder des Publikums entgegenzunehmen und Kredite für eigene Rechnung zu gewähren, Meldungen gemäß § 9 zu erstatten. Die Meldung bezüglich derartiger Tochterunternehmen erfolgt auf Einzelbasis, wobei auch Tochterunternehmen von derartigen Tochterunternehmen auf Einzelbasis zu melden sind.

§ 9. Meldungen

(1) Institute, welche IFRS nach Maßgabe der Verordnung (EG) Nr. 1606/2002 des Europäischen Parlaments und des Rates vom 19. Juli 2002 betreffend die Anwendung internationaler Rechnungslegungsstandards, ABl. L 243 vom

11. September 2002, anwenden, melden die in Anhang II, Tabelle 3 der Verordnung (EU) 2015/534 der Europäischen Zentralbank vom 17. März 2015 über die Meldung aufsichtlicher Finanzinformationen (EZB/2015/13), ABl. L 86 vom 31.3.2015, in der Fassung der Verordnung 2017/1538 der Europäischen Zentralbank vom 25. August 2017 zur Änderung der Verordnung (EU) 2015/534, ABl. L 240 vom 19.9.2017, – im Folgenden **„EZB-FINREP-Verordnung"** – aufgeführten Meldevorlagen aus Anhang III des EBA Meldewesen-ITS nach den Bestimmungen der Art. 2, 3 und 9 des EBA Meldewesen-ITS. Zusätzlich ist die Vorlagennummer 3 „Gesamtergebnisrechnung" aus Anhang III des EBA Meldewesen-ITS nach den Bestimmungen der Art. 2, 3 und 9 des EBA Meldewesen-ITS zu erstatten.

(2) Institute, welche zur Meldung gemäß Art. 5 der EZB-FINREP-Verordnung verpflichtet sind, melden die in Anhang II, Tabelle 4 der EZB-FINREP-Verordnung aufgeführten Meldevorlagen aus Anhang IV des EBA Meldewesen-ITS nach den Bestimmungen der Art. 2, 3 und 11 des EBA Meldewesen-ITS.

(3) Die Meldepflicht aus den Absätzen 1 und 2 entfällt insofern, als und solange eine idente Meldeanforderung bereits durch die EZB-FINREP-Verordnung erlassen wurde.

Abschnitt 5:

Schlussbestimmungen

§ 10. Meldestichtage

Die Meldestichtage für die Meldungen nach dieser Verordnung sind:

Der 31. März, der 30. Juni, der 30. September und der 31. Dezember.

§ 11. Meldefristen

(1) Die Meldungen entsprechend den **Beilagen A1a, A1b, B1 und C** sind unverzüglich nach Ablauf eines jeden Kalendervierteljahres, spätestens aber zum zwanzigsten Bankarbeitstag nach dem Meldestichtag an die OeNB zu übermitteln.

(2) Die Meldungen entsprechend den **Beilagen A2, A3 und B2** sind unverzüglich nach Ablauf eines jeden Kalendervierteljahres, spätestens aber zum vierzigsten Bankarbeitstag nach dem Meldestichtag an die OeNB zu übermitteln. *(BGBl II 2020/447)*

(3) Die Meldungen gemäß § 9 sind jeweils bis zum 12. Mai, 11. August, 11. November und 11. Februar zu erstatten.

§ 12. Sofern die in den Beilagen B1, B2 und C verwendeten Attribute in Beilage D angeführt sind, sind die dort angegebenen Code-Ausprägungen zu verwenden.

(BGBl II 2020/447)

§ 13. Meldetechnische Bestimmungen

(1) Sofern in den Beilagen nicht anders angegeben, sind Beträge auf den Cent genau anzugeben. Dabei sind nachfolgende Stellen von eins bis vier abzurunden, von fünf bis neun aufzurunden.

(2) Fremdwährungspositionen sind unter Zugrundelegung des Euro-Referenzkurses der Europäischen Zentralbank (EZB) zum Meldestichtag in Euro umzurechnen. Ist für eine Währung kein Euro-Referenzkurs der EZB verfügbar, so sind die Devisenmittelkurse zum Meldestichtag heranzuziehen.

(3) Die Meldungen sind in standardisierter Form mittels elektronischer Übermittlung an die Oesterreichische Nationalbank zu erstatten. Die Übermittlung muss bestimmten von der Oesterreichischen Nationalbank bekannt gegebenen Mindestanforderungen entsprechen.

§ 14. Inkrafttreten

Die gegenständliche Verordnung tritt am 1. September 2018 in Kraft. Abschnitt 1 ist erstmals auf Meldungen zum Stichtag 31. März 2019, die Abschnitte 2 bis 4 sind erstmals auf Meldungen zum Stichtag 31. Dezember 2018 anzuwenden.

Die Meldeverordnung FinStab 1/2015, BGBl. II Nr. 256/2015, tritt mit Ablauf des 30. März 2019 außer Kraft.

Abschnitt 1 der Meldeverordnung FinStab 1/2015 ist letztmalig auf Meldungen zum Meldestichtag 31.12.2018 und die Abschnitte 2 bis 4 der Meldeverordnung FinStab 1/2015 sind letztmalig auf Meldungen zum Meldestichtag 30.9.2018 anzuwenden.

„§ 5, § 11 Abs. 2 und § 12 sowie die Beilagen A1a, A1b, A2, A3, B1a, B1b, B1c, B2a, B2b, B2c, C1, C2, C3 und D in der Fassung der Verordnung BGBl. II Nr. 447/2020 treten mit 1. Dezember 2020 in Kraft. § 6 tritt mit Ablauf des 30. November 2020 außer Kraft."
(BGBl II 2020/447)

Anhänge: Nicht abgedruckt. (Die Anhänge sind im Volltext auf www.lexisnexis.at unter dem Menüpunkt „Service", Unterpunkt „Downloads & Updates" abrufbar.)

7/7. AnaCredit-Begleitverordnung 2017

BGBl II 2017/349 idF

1 BGBl II 2020/26

Verordnung der Oesterreichischen Nationalbank zur Durchführung der Verordnung (EU) 2016/867 der Europäischen Zentralbank vom 18. Mai 2016 über die Erhebung granularer Kreditdaten und Kreditrisikodaten (EZB/2016/13) – AnaCredit-Begleitverordnung 2017

Abschnitt 1:

Geltungsbereich

§ 1. Begriffsbestimmungen

Für die Zwecke dieser Verordnung gelten die Begriffsbestimmungen von Artikel 1 der Verordnung (EU) 2016/867 der Europäischen Zentralbank über die Erhebung granularer Kreditdaten und Kreditrisikodaten (EZB/2016/13) – im Folgenden: AnaCredit-Verordnung. Die Begriffe „Gegenpartei" und „Meldepflichtiger" der vorliegenden Verordnung entsprechen den Begriffen „Vertragspartner" und „Berichtspflichtiger" der AnaCredit-Verordnung.

§ 2. Meldepflichtige

Meldepflichtig gemäß dieser Verordnung sind die in Österreich gebietsansässigen Kreditinstitute gemäß Artikel 4 Abs. 1 Z 1 der Verordnung (EU) Nr. 575/2013 des Europäischen Parlaments und des Rates vom 26. Juni 2013 sowie in Österreich gebietsansässige ausländische Niederlassungen, die gemäß Artikel 3 der AnaCredit-Verordnung zum tatsächlichen Kreis der Meldepflichtigen zählen.

Abschnitt 2:

Gegenpartei-Stammdaten

§ 3. Entstehen der Meldepflicht

Eine Meldung der Gegenpartei-Stammdaten iSd Anhangs I Abschnitt 1 der Meldevorlage 1 der AnaCredit-Verordnung ist zu erstatten, sobald:

(1) eine institutionelle Einheit eines Rechtsträgers erstmals als Gegenpartei eines Instruments der AnaCredit-Verordnung auftritt und die Meldegrenze gemäß Artikel 5 der AnaCredit-Verordnung überschritten wird (Erstmeldung einer Gegenpartei) oder

(2) eine Änderung von Stammdaten einer bereits gemeldeten Gegenpartei eintritt (Änderungsmeldung einer Gegenpartei).

§ 4. Festlegung des Wahlrechts zur Vorziehung der Meldepflicht für Gegenpartei-Stammdaten

Gestützt auf Artikel 2 Abs. 3 der AnaCredit-Verordnung haben Meldepflichtige ab 31. Dezember 2017 die Gegenpartei-Stammdaten gemäß Anhang I der AnaCredit-Verordnung unter Berücksichtigung der Vorgaben gemäß Anhang III der AnaCredit-Verordnung in der Stammdatenmeldung an die Oesterreichische Nationalbank laufend zu aktualisieren.

§ 5. Identnummern und nationale Kennung

(1) Vor der erstmaligen Meldung einer Gegenpartei haben die meldepflichtigen Institute bei der Oesterreichischen Nationalbank die Identnummer der Gegenpartei auf elektronischem Weg zu erfragen.

Die Identnummernanfrage hat diejenigen Daten zu enthalten, die für die eindeutige Identifikation der Gegenpartei erforderlich sind.

(2) Als nationale Kennung im Sinne von Artikel 9 Abs. 2 iVm Anhang I Punkt 1.2 der Meldevorlage 1 der AnaCredit-Verordnung sind die auf der Homepage der EZB veröffentlichten Kennungen für in Österreich gebietsansässige Gegenparteien zu verwenden. Für nicht in Österreich gebietsansässige Gegenparteien sind die jeweiligen, ebenfalls auf der Homepage der EZB veröffentlichten nationalen Kennungen zu verwenden.

§ 6. Festlegung der eingeschränkten Meldepflichten zu Gegenpartei-Stammdaten

Die Stammdaten zu Gegenparteien, die in Ausübung des Wahlrechts gemäß Anhang III der AnaCredit-Verordnung nicht zu melden sind, sind in **Anlage 1** für die dort angeführten Rollen abhängig davon, ob die Gegenpartei in einem Berichtsmitgliedstaat ansässig ist, festgelegt.

Abschnitt 3:

Meldefristen

§ 7. Festlegung der Meldefristen

Gemäß Artikel 13 Abs. 2 der AnaCredit-Verordnung werden die Meldefristen wie folgt festgelegt:

(1) Meldung von Gegenpartei-Stammdaten

Erstmeldungen und Änderungsmeldungen von Gegenpartei-Stammdaten haben bei Entstehen der Meldepflicht gem. § 3 Abs. 1 und 2 unverzüglich zu erfolgen.

(2) Meldung von Instrumentendaten, Daten zu Gegenpartei-Instrument und Daten empfangener Sicherheiten

Die Erstmeldung von Instrumentendaten, Daten zu Gegenpartei-Instrument und Daten empfangener Sicherheiten hat spätestens bis zum 20. Bankarbeitstag des auf den Meldestichtag folgenden Monats an die OeNB zu erfolgen. Eine Änderungsmeldung hat ebenfalls spätestens bis zum 16. Bankarbeitstag des auf den Meldestichtag, an oder vor dem die Änderung wirksam wurde, folgenden Monats an die OeNB zu erfolgen.
(BGBl II 2020/26)

(3) Monatliche Kreditdaten

Auf Grund der AnaCredit-Verordnung monatlich zu meldende Daten sind bis spätestens zum 20. Bankarbeitstag des auf den Meldestichtag folgenden Monats an die OeNB zu melden.
(BGBl II 2020/26)

(4) Vierteljährliche Kreditdaten

Auf Grund der AnaCredit-Verordnung vierteljährlich zu meldende Daten sind bis spätestens zum jeweils auf den Meldestichtag folgenden Quartalsmeldetermin an die Oesterreichische Nationalbank zu melden. Die Quartalsmeldetermine sind der 12. Mai, 11. August, 11. November und 11. Februar.

Abschnitt 4:

Meldeerleichterungen und Ausnahmeregelungen

§ 8. Reduzierte statistische Meldepflichten

In **Anlage 2** werden in Ausübung des Wahlrechts gemäß Artikel 7 iVm Anhang II der AnaCredit-Verordnung diejenigen Attribute zu Kreditdaten bezeichnet, die unter den dort genannten Bedingungen nicht zu melden sind. Die von der Meldepflicht ausgenommenen Datenattribute betreffen

(1) beobachtete Einheiten, die nicht in einem Berichtsmitgliedstaat gebietsansässig sind;

(2) vollständig ausgebuchte, verwaltete Instrumente;

(3) Instrumente, deren Ursprung vor dem 1. September 2018 liegt.

§ 9. Ausnahmeregelung

Den in **Anlage 4** angeführten Meldepflichtigen wird in Ausübung des Wahlrechts gemäß Artikel 16 Abs. 1 der AnaCredit-Verordnung hinsichtlich der Meldung der in **Anlage 3** angeführten Datenattribute eine befristete Ausnahme von der Meldepflicht bis einschließlich Meldestichtag 31. Dezember 2020 gewährt.

Abschnitt 5:

Schlussbestimmungen

§ 10. Meldetechnische Bestimmungen

Meldepflichtige sind verpflichtet, ihre Meldungen gemäß der AnaCredit-Verordnung und der gegenständlichen Verordnung in standardisierter Form mittels elektronischer Übermittlung an die Oesterreichische Nationalbank zu erstatten. Die Übermittlung muss bestimmten, von der Oesterreichischen Nationalbank auf ihrer Homepage bekannt gegebenen Mindestanforderungen entsprechen.

§ 11. Inkrafttreten

Die gegenständliche Verordnung tritt mit dem auf ihre Veröffentlichung im Bundesgesetzblatt folgenden Tag in Kraft.

Abweichend von § 7 hat die Erstmeldung einer Gegenpartei, bei der im Zeitraum von 31. Dezember 2017 bis 31. Jänner 2018 erstmals eine Meldepflicht gemäß § 3 Abs. 1 dieser Verordnung entsteht, bis 15. Februar 2018 zu erfolgen.

§ 7 Abs. 2 und 3 in der Fassung BGBl. II Nr. 26/2020 treten mit 30. März 2020 in Kraft und sind erstmals auf Meldungen zum Meldestichtag 31. März 2020 anzuwenden. § 7 Abs. 2 und 3 in der Fassung BGBl. II Nr. 26/2020 sind letztmals auf Meldungen zum Meldestichtag 30. Juni 2021 anzuwenden, mit 1. Juli 2021 treten § 7 Abs. 2 und 3 in der Fassung BGBl. II Nr. 349/2017 wieder in Kraft.
(BGBl II 2020/26)

Novotny Ittner

Anlage 1

Anlage 1

Stammdatenattribute zu Gegenparteien, die, sofern die Gegenpartei nachstehend angeführte Rolle einnimmt und in einem Berichtsmitgliedstaat ansässig ist, nicht zu melden sind:

Rolle der Gegenpartei	Stammdatenattribut
Schuldner ausschließlich vor dem	Unternehmensgröße

Rolle der Gegenpartei	Stammdatenattribut
1. September 2018 entstandener Instrumente	Datum der Unternehmensgröße Beschäftigtenzahl Bilanzsumme Jahresumsatz
Sicherungsgeber	Unternehmensgröße Datum der Unternehmensgröße Beschäftigtenzahl Bilanzsumme Jahresumsatz
Hauptverwaltung des Unternehmens	Unternehmensgröße Datum der Unternehmensgröße Beschäftigtenzahl Bilanzsumme Jahresumsatz
Direkte Muttergesellschaft	Status von Gerichtsverfahren Datum der Eröffnung des Gerichtsverfahrens Unternehmensgröße Datum der Unternehmensgröße Beschäftigtenzahl Bilanzsumme Jahresumsatz
Oberste Muttergesellschaft	Status von Gerichtsverfahren Datum der Eröffnung des Gerichtsverfahrens Unternehmensgröße Datum der Unternehmensgröße Beschäftigtenzahl Bilanzsumme Jahresumsatz
Originator	Status von Gerichtsverfahren Datum der Eröffnung des Gerichtsverfahrens Unternehmensgröße Datum der Unternehmensgröße Beschäftigtenzahl Bilanzsumme Jahresumsatz
Servicer	Anschrift-politischer Bezirk Status von Gerichtsverfahren Datum der Eröffnung des Gerichtsverfahrens Unternehmensgröße Datum der Unternehmensgröße

Stammdatenattribute zu Gegenparteien, die, sofern die Gegenpartei nachstehend angeführte Rolle einnimmt und außerhalb eines Berichtsmitgliedstaats ansässig ist, nicht zu melden sind:

Rolle der Gegenpartei	Stammdatenattribut
Schuldner mindestens eines am oder nach dem 1. September 2018 entstandenen Instruments	Status von Gerichtsverfahren Datum der Eröffnung des Gerichtsverfahrens Unternehmensgröße
Sicherungsgeber	Status von Gerichtsverfahren

Rolle der Gegenpartei	Stammdatenattribut
	Datum der Eröffnung des Gerichtsverfahrens Unternehmensgröße

Anlage 2

Anlage 2

Datenattribute, die unter der Bedingung, dass die beobachtete Einheit nicht in einem Berichtsmitgliedstaat gebietsansässig ist, nicht zu melden sind:

- Projektfinanzierungskredit
- Datum des Vertragsabschlusses
- Zinsart
- Häufigkeit der Zinsanpassung
- Enddatum des Zeitraums ausschließlicher Zinszahlungen
- Referenzsatz
- Zinsspanne/Marge
- Zinsobergrenze
- Zinsuntergrenze
- Tilgungsart
- Zahlungshäufigkeit
- Nächster Zinsanpassungstermin
- Aufgelaufene Zinsen

Datenattribute, die unter der Bedingung, dass es sich um vollständig ausgebuchte und verwaltete Instrumente handelt, nicht zu melden sind:

- Zinsobergrenze
- Zinsuntergrenze
- Änderungen des beizulegenden Zeitwerts aufgrund von Ausfallrisiken vor dem Kauf
- Ausfallwahrscheinlichkeit
- Ausfallstatus des Vertragspartners
- Datum zum Ausfallstatus des Vertragspartners

Datenattribute, die unter der Bedingung, dass es sich um Instrumente handelt, deren Ursprung vor dem 1. September 2018 liegt, nicht zu melden sind:

- Enddatum des Zeitraums ausschließlicher Zinszahlungen
- Tilgungsart
- Zahlungshäufigkeit
- Datum des Stundungs- und Neuverhandlungsstatus
- Ursprünglicher Wert der Sicherheit
- Datum des ursprünglichen Wertes der Sicherheit

Anlage 3

Anlage 3

Datenattribute, für die den in Anlage 4 angeführten Meldepflichtigen eine befristete Ausnahme von der Meldepflicht bis einschließlich Meldestichtag 31. Dezember 2020 gewährt wird:

- Rückgriff

- Häufigkeit der Zinsanpassung
- Enddatum des Zeitraums ausschließlicher Zinszahlungen
- Referenzsatz
- Zinsspanne/Marge
- Zinsobergrenze
- Zinsuntergrenze
- Zahlungshäufigkeit
- Nachrangige Forderung
- Rückzahlungsansprüche
- Anfangsbetrag des Engagements
- Änderungen des beizulegenden Zeitwerts aufgrund von Ausfallrisiken vor dem Kauf
- Nächster Zinsanpassungstermin
- Rückstände für das Instrument
- Datum der Rückstände für das Instrument
- Kumulierte Änderungen des beizulegenden Zeitwerts aufgrund von Ausfallrisiken
- Kumulierte Rückflüsse seit dem Ausfall
- Bankaufsichtliches Portfolio
- Fälligkeitstag der Sicherheit
- Wert der Sicherheit
- Art des Wertes der Sicherheit
- Belegenheitsort der Immobiliensicherheit
- Datum des Wertes der Sicherheit
- Ansatz der Sicherheitenbewertung
- Ursprünglicher Wert der Sicherheit
- Datum des ursprünglichen Wertes der Sicherheit
- Vorrangige Ansprüche Dritter auf die Sicherheit

Anlage 4

Anlage 4

Meldepflichtige, denen hinsichtlich der in Anlage 3 angeführten Datenattribute eine befristete Ausnahme von der Meldepflicht bis einschließlich Meldestichtag 31. Dezember 2020 gewährt wird:

- Brüll Kallmus Bank AG
- Citibank Europe plc, Austria Branch
- Die Zweite Wiener Vereins-Sparcasse
- FIL Fondsbank GmbH Zweigniederlassung Wien
- Joh. Berenberg, Gossler & Co. KG Zweigniederlassung Wien
- Macquarie Bank International Limited, Vienna Branch
- Mercedes-Benz Bank GmbH
- PARTNER BANK AKTIENGESELLSCHAFT
- paybox Bank AG
- Raiffeisen Bank Lurnfeld-Reißeck registrierte Genossenschaft mit beschränkter Haftung
- Raiffeisenbank Absam eGen
- Raiffeisenbank Achenkirch und Umgebung eGen
- Raiffeisenbank Alberschwende registrierte Genossenschaft mit beschränkter Haftung
- Raiffeisenbank Alpbach eGen

- Raiffeisenbank Althofen-Guttaring, registrierte Genossenschaft mit beschränkter Haftung
- Raiffeisenbank Annaberg-Lungötz registrierte Genossenschaft mit beschränkter Haftung
- Raiffeisenbank Apetlon eGen
- Raiffeisenbank Arnoldstein, registrierte Genossenschaft mit beschränkter Haftung
- Raiffeisenbank Arzl im Pitztal und Imsterberg registrierte Genossenschaft mit beschränkter Haftung
- Raiffeisenbank Aspach-Wildenau eGen
- Raiffeisenbank Auersthal-Bockfließ-Groß Schweinbarth eGen
- Raiffeisenbank Bad Wimsbach-Neydharting eGen
- Raiffeisenbank Bergheim eGen
- Raiffeisenbank Bleiburg registrierte Genossenschaft mit beschränkter Haftung
- Raiffeisenbank Bramberg eGen
- Raiffeisenbank Brandenberg eGen
- Raiffeisenbank Breitenau eGen
- Raiffeisenbank Brixen im Thale eGen
- Raiffeisenbank Brückl-Eberstein-Klein St. Paul-Waisenberg, registrierte Genossenschaft mit beschränkter Haftung
- Raiffeisenbank Buch, Gallzein und Strass registrierte Genossenschaft mit beschränkter Haftung
- Raiffeisenbank Defereggental eGen
- Raiffeisenbank Eben-Pertisau eGen
- Raiffeisenbank Eberschwang eGen
- Raiffeisenbank Edt-Lambach eGen
- Raiffeisenbank Erl eGen
- Raiffeisenbank Eugendorf-Plainfeld eGen
- Raiffeisenbank Faistenau-Hintersee eGen
- Raiffeisenbank Feldkirchen-Goldwörth eGen
- Raiffeisenbank Finkenstein-Faaker See, registrierte Genossenschaft mit beschränkter Haftung
- Raiffeisenbank Frauenkirchen-Podersdorf am See eGen
- Raiffeisenbank Freistadt Rust eGen
- Raiffeisenbank Friesach-Metnitztal, registrierte Genossenschaft mit beschränkter Haftung
- Raiffeisenbank Fulpmes-Telfes im Stubai eGen
- Raiffeisenbank Fürnitz, registrierte Genossenschaft mit beschränkter Haftung
- Raiffeisenbank Gampern eGen
- Raiffeisenbank Geretsberg eGen
- RaiffeisenBank Going eGen
- Raiffeisenbank Grafenstein-Magdalensberg und Umgebung, registrierte Genossenschaft mit beschränkter Haftung
- Raiffeisenbank Grein eGen
- Raiffeisenbank Gross Gerungs eGen
- Raiffeisenbank Groß St. Florian-Wettmannstätten eGen
- Raiffeisenbank Großgmain eGen
- Raiffeisenbank Großraming eGen
- Raiffeisenbank Grünau-St. Konrad-Scharnstein eGen
- Raiffeisenbank Gurktal, registrierte Genossenschaft mit beschränkter Haftung
- Raiffeisenbank Halbenrain-Tieschen eGen
- Raiffeisenbank Handenberg-St. Georgen a. F. eGen
- Raiffeisenbank Heideboden eGen
- Raiffeisenbank Helfenberg-St. Stefan a.W. eGen

- Raiffeisenbank Hellmonsödt eGen
- Raiffeisenbank Henndorf am Wallersee eGen
- Raiffeisenbank Herzogenburg-Kapelln eGen
- Raiffeisenbank Hinterstoder und Vorderstoder eGen
- Raiffeisenbank Horitschon und Umgebung eGen
- Raiffeisenbank Hüttau-St. Martin-Niedernfritz registrierte Genossenschaft mit beschränkter Haftung
- Raiffeisenbank Hüttenberg-Wieting, registrierte Genossenschaft mit beschränkter Haftung
- Raiffeisenbank Illmitz eGen
- Raiffeisenbank Jenbach-Wiesing eGen
- Raiffeisenbank Keutschach-Maria Wörth, eingetragene Genossenschaft mit beschränkter Haftung
- Raiffeisenbank Kirchdorf Tirol registrierte Genossenschaft mit beschränkter Haftung
- Raiffeisenbank Kollerschlag eGen
- Raiffeisenbank Königsdorf eGen
- Raiffeisenbank Kössen-Schwendt eGen
- Raiffeisenbank Kreuzenstein eGen
- Raiffeisenbank Krimml registrierte Genossenschaft mit beschränkter Haftung
- Raiffeisenbank Kundl eGen
- Raiffeisenbank Längenfeld eGen
- Raiffeisenbank Langen-Thal registrierte Genossenschaft mit beschränkter Haftung
- Raiffeisenbank Langkampfen eGen
- Raiffeisenbank Launsdorf, registrierte Genossenschaft mit beschränkter Haftung
- Raiffeisenbank Lavamünd, registrierte Genossenschaft mit beschränkter Haftung
- Raiffeisenbank Liesertal, registrierte Genossenschaft mit beschränkter Haftung
- Raiffeisenbank Liesingtal eGen
- Raiffeisenbank Ligist-St.Johann eGen
- Raiffeisenbank Lohnsburg eGen
- Raiffeisenbank Lutzmannsburg-Frankenau eGen
- Raiffeisenbank Maishofen eGen
- Raiffeisenbank Maltatal, registrierte Genossenschaft mit beschränkter Haftung
- Raiffeisenbank Maria Saal registrierte Genossenschaft mit beschränkter Haftung
- Raiffeisenbank Maria Schmolln-St. Johann eGen
- Raiffeisenbank Mariapfarr eGen
- Raiffeisenbank Mariazellerland eGen
- Raiffeisenbank Markt Hartmannsdorf eGen
- Raiffeisenbank Markt Neukirchen eGen
- Raiffeisenbank Mauterndorf-Tweng-Obertauern eGen
- Raiffeisenbank Meggenhofen-Kematen eGen
- Raiffeisenbank Metnitz und Umgebung registrierte Genossenschaft mit beschränkter Haftung
- Raiffeisenbank Michaelbeuern eGen
- Raiffeisenbank Michelhausen eGen
- Raiffeisenbank Mittleres Mölltal, registrierte Genossenschaft mit beschränkter Haftung
- Raiffeisenbank Mönchhof eGen
- Raiffeisenbank Moosburg-Tigring, registrierte Genossenschaft mit beschränkter Haftung
- Raiffeisenbank Mooskirchen-Söding eGen
- Raiffeisenbank Mörbisch am See eGen
- Raiffeisenbank Münster eGen

- Raiffeisenbank Nauders eGen
- Raiffeisenbank Neckenmarkt eGen
- Raiffeisenbank Neukirchen an der Vöckla eGen
- Raiffeisenbank Neusiedlersee-Hügelland eGen
- Raiffeisenbank Neustift im Stubai registrierte Genossenschaft mit beschränkter Haftung
- Raiffeisenbank Niedernsill eGen
- Raiffeisenbank Niederwaldkirchen eGen
- Raiffeisenbank Nußdorf eGen
- Raiffeisenbank Oberalm-Puch registrierte Genossenschaft mit beschränkter Haftung
- Raiffeisenbank Oberdrauburg, registrierte Genossenschaft mit beschränkter Haftung
- Raiffeisenbank Oberes Mölltal, registrierte Genossenschaft mit beschränkter Haftung
- Raiffeisenbank Oberes Triestingtal eGen
- Raiffeisenbank Oberlechtal eGen
- Raiffeisenbank Öblarn eGen
- Raiffeisenbank Ohlsdorf eGen
- Raiffeisenbank Ossiacher See, registrierte Genossenschaft mit beschränkter Haftung
- Raiffeisenbank Ottenschlag-Martinsberg eGen
- Raiffeisenbank Ottnang-Wolfsegg eGen
- Raiffeisenbank Pabneukirchen eGen
- Raiffeisenbank Pamhagen eGen
- Raiffeisenbank Piesendorf registrierte Genossenschaft mit beschränkter Haftung
- Raiffeisenbank Piestingtal eGen
- Raiffeisenbank Pöndorf-Frankenmarkt eGen
- Raiffeisenbank Pramet eGen
- Raiffeisenbank Purbach eGen
- Raiffeisenbank Radenthein-Bad Kleinkirchheim registrierte Genossenschaft mit beschränkter Haftung
- Raiffeisenbank Rauris-Bucheben registrierte Genossenschaft mit beschränkter Haftung
- Raiffeisenbank Region Parndorf eGen
- Raiffeisenbank Reichenau eGen
- Raiffeisenbank Reichenau-Gnesau, registrierte Genossenschaft mit beschränkter Haftung
- Raiffeisenbank Reith im Alpbachtal eGen
- Raiffeisenbank Ried in Tirol Fendels-Tösens und Umgebung registrierte Genossenschaft mit beschränkter Haftung
- Raiffeisenbank Rosental, registrierte Genossenschaft mit beschränkter Haftung
- Raiffeisenbank Schwertberg eGen
- Raiffeisenbank Seefeld-Hadres eGen
- Raiffeisenbank Seewinkel-Hansag eGen
- Raiffeisenbank Silz-Haiming und Umgebung eGen
- Raiffeisenbank Sirnitz-Himmelberg-Deutsch-Griffen, registrierte Genossenschaft mit beschränkter Haftung
- Raiffeisenbank Söll-Scheffau registrierte Genossenschaft mit beschränkter Haftung
- Raiffeisenbank St. Agatha eGen
- Raiffeisenbank St. Georgen a. d. Stiefing eGen
- Raiffeisenbank St. Koloman registrierte Genossenschaft mit beschränkter Haftung
- Raiffeisenbank St. Martin i.M.-Kleinzell eGen
- Raiffeisenbank St. Martin-Lofer-Weißbach eGen

- Raiffeisenbank St. Paul im Lavanttal mit Zweiganstalten Maria Rojach und St. Georgen, registrierte Genossenschaft mit beschränkter Haftung
- Raiffeisenbank St. Roman eGen
- RaiffeisenBank St. Ulrich-Waidring eGen
- Raiffeisenbank St.Florian am Inn eGen
- Raiffeisenbank St.Georgen eGen
- Raiffeisenbank St.Stefan-Kraubath eGen
- Raiffeisenbank Stallhofen eGen
- Raiffeisenbank Steinbach-Grünburg eGen
- Raiffeisenbank Steirisches Salzkammergut eGen
- Raiffeisenbank Steyregg eGen
- Raiffeisenbank Straden eGen
- Raiffeisenbank Tarsdorf eGen
- Raiffeisenbank Taxenbach registrierte Genossenschaft mit beschränkter Haftung
- Raiffeisenbank Thalgau eGen
- Raiffeisenbank Thaur eGen
- Raiffeisenbank Thermenland eGen
- Raiffeisenbank Thiersee eGen
- Raiffeisenbank Tux eGen
- Raiffeisenbank Unken eGen
- Raiffeisenbank Uttendorf eGen
- Raiffeisenbank Vils und Umgebung eGen
- Raiffeisenbank Vitis eGen
- Raiffeisenbank Völkermarkt, registrierte Genossenschaft mit beschränkter Haftung
- Raiffeisenbank Vorderes Oetztal registrierte Genossenschaft mit beschränkter Haftung
- Raiffeisenbank Wald registrierte Genossenschaft mit beschränkter Haftung
- Raiffeisenbank Waldzell eGen
- Raiffeisenbank Wartberg an der Krems eGen
- Raiffeisenbank Weiden am See eGen
- Raiffeisenbank Wernberg, registrierte Genossenschaft mit beschränkter Haftung
- Raiffeisenbank Westendorf eGen
- Raiffeisenbank Weyer eGen
- Raiffeisenbank Windischgarsten eGen
- Raiffeisen-Bezirksbank Spittal/Drau, registrierte Genossenschaft mit beschränkter Haftung
- Raiffeisenkasse Blindenmarkt eGen
- Raiffeisenkasse Dobersberg-Waldkirchen eGen
- Raiffeisenkasse Ernstbrunn eGen
- Raiffeisenkasse für Mutters, Natters und Kreith registrierte Genossenschaft mit beschränkter Haftung
- Raiffeisenkasse Großweikersdorf-Wiesendorf-Ruppersthal eGen
- Raiffeisenkasse Günselsdorf eGen
- Raiffeisenkasse Hallwang eGen
- Raiffeisenkasse Hart eGen
- Raiffeisenkasse Heiligeneich eGen
- Raiffeisenkasse Kirchschlag in der Buckligen Welt eGen
- Raiffeisenkasse Lienzer Talboden eGen
- Raiffeisenkasse Mieders-Schönberg registrierte Genossenschaft mit beschränkter Haftung

- Raiffeisenkasse Pottschach registrierte Genossenschaft mit beschränkter Haftung
- Raiffeisenkasse Rum-Innsbruck/Arzl eGen
- Raiffeisenkasse Schlitters, Bruck und Straß registrierte Genossenschaft mit beschränkter Haftung
- Raiffeisenkasse Stumm, Stummerberg und Umgebung registrierte Genossenschaft mit beschränkter Haftung
- Raiffeisenkasse Villgratental registrierte Genossenschaft mit beschränkter Haftung
- Raiffeisenkasse Volders und Umgebung registrierte Genossenschaft mit beschränkter Haftung
- Raiffeisenkasse Weerberg registrierte Genossenschaft mit beschränkter Haftung
- Raiffeisenkasse Werfen registrierte Genossenschaft mit beschränkter Haftung
- Raiffeisenkasse Wiesmath-Hochwolkersdorf eGen
- Raiffeisenkasse Ziersdorf registrierte Genossenschaft mit beschränkter Haftung
- SPAR-FINANZ BANK AG
- Sparkasse Allgäu Hauptzweigstelle Riezlern
- Sparkasse Haugsdorf
- Sparkasse Poysdorf AG
- Steyler Bank GmbH
- Svenska Handelsbanken AB Niederlassung Wien
- The Royal Bank of Scotland plc Filiale Wien
- UniCredit Bank AG, Zweigniederlassung Wien
- Volksbank Almtal e. Gen.
- Volksbank Bad Hall e.Gen.
- Volksbank Raiffeisenbank Oberbayern Südost eG-Zweigniederlassung VR-Bank Salzburg
- VR-Bank Braunau Zweigniederlassung der VR-Bank Rottal-Inn eG

Meldeverordnung der Oesterreichischen Nationalbank betreffend die Erfassung von Daten zur Erstellung von Gewerbeimmobilienpreis-, Gewerbeimmobilienmiet- und Gewerbeimmobilienmietrenditeindizes (Meldeverordnung GIMPI 2022)

BGBl II 2021/425

Meldeverordnung der Oesterreichischen Nationalbank betreffend die Erfassung von Daten zur Erstellung von Gewerbeimmobilienpreis-, Gewerbeimmobilienmiet- und Gewerbeimmobilienmietrenditeindizes (Meldeverordnung GIMPI 2022)

Auf Grund des § 44b Abs. 2 Nationalbankgesetz 1984, BGBl. I Nr. 50/1984, zuletzt geändert durch BGBl. I Nr. 61/2018, wird verordnet:

§ 1. Allgemeines

Die Erhebung von Daten gemäß der gegenständlichen Verordnung dient der Erstellung von Gewerbeimmobilienpreis-, Gewerbeimmobilienmiet- und Gewerbeimmobilienmietrenditeindizes und weiterer zur effektiven Überwachung von Finanzmarktstabilitätsrisiken des Gewerbeimmobilienmarkts notwendiger Indikatoren.

§ 2. Meldepflichtige

(1) Gemäß dieser Verordnung Meldepflichtige sind in Österreich gebietsansässige Kreditinstitute, deren Tätigkeit ausschließlich oder unter anderem darin besteht, Einlagen oder andere rückzahlbare Gelder des Publikums entgegenzunehmen und Kredite für eigene Rechnung zu gewähren, sowie Zweigstellen von Kreditinstituten gemäß § 9 Bankwesengesetz, BGBl. Nr. 532/1993 idgF.

(2) Die Meldepflicht für die in dieser Bestimmung genannten Meldepflichtigen entfällt, sofern die Summe der vom Kreditinstitut gemäß § 3 Abs. 1 Granulare Kreditdatenerhebungs-Verordnung 2018, BGBl. II Nr. 170/2018 idgF (GKE-V 2018) bzw. Anlage 1A der GKE-V 2018, gemeldeten, gemäß internem Risikomanagement berücksichtigungsfähigen Werte von

1. Gewerbeimmobilien-Sicherheiten im Inland bei Rechtsträgern gemäß § 1 Z 5 GKE-V 2018 sowie

2. Gewerbeimmobilien-Sicherheiten von Kreditnehmern im Inland bei natürlichen Personen

einen Betrag in Höhe von 340 Millionen Euro per 30.6.2020 nicht überstiegen hat. Gewerbeimmobilien-Sicherheiten im Sinne dieses Absatzes sind Immobilien-Sicherheiten im Sinne der GKE-V 2018 mit den Ausprägungen „Büros und sonstige Gewerberäume“ und „Sonstige Gewerbeimmobilien“.

§ 3. Meldeverpflichtung

Meldepflichtige gemäß § 2 sind verpflichtet, Informationen gemäß Beilage A zum Gesamtbestand jener Gewerbeimmobilien im Inland an die Oesterreichische Nationalbank zu melden, die

1. vom Sicherheitengeber mit dem Zweck der Erzielung einer Rendite oder zur Ausübung seines Geschäftes gehalten werden und

2. als Gewerbeimmobilien-Sicherheiten (§ 2 Abs. 2 letzter Satz) gemäß GKE-V 2018 zu melden sind.

§ 4. Meldestichtage

Die Meldestichtage für Meldungen nach dieser Verordnung sind:
Der 31. März, der 30. Juni, der 30. September und der 31. Dezember.

§ 5. Meldefristen

Die Meldungen entsprechend der Beilage A sind quartalsweise und unverzüglich nach dem Meldestichtag, spätestens aber bis zum 20. Bankarbeitstag nach dem Meldestichtag an die OeNB zu übermitteln.

§ 6. Meldetechnische Bestimmungen

(1) Die Meldungen sind in standardisierter Form in dem von der Oesterreichischen Nationalbank vorgegebenen technischen Meldeformat zu erstatten.

(2) Sofern in den Beilagen nicht anders angegeben wird, sind Beträge in Cent und Prozentsätze auf die zweite Kommastelle genau anzugeben. Dabei sind nachfolgende Stellen von eins bis vier abzurunden, von fünf bis neun aufzurunden.

(3) Fremdwährungspositionen sind unter Zugrundelegung des Euro-Referenzkurses der Europäischen Zentralbank (EZB) zum Meldestichtag in Euro umzurechnen. Ist für eine Währung kein

Euro-Referenzkurs der EZB verfügbar, so sind die Devisenmittelkurse zum Meldestichtag heranzuziehen.

§ 7. Inkrafttreten

Die gegenständliche Verordnung tritt mit 1. Jänner 2022 in Kraft und ist erstmalig auf Meldungen zum Stichtag 31. Dezember 2022 anzuwenden. Mit der ersten Meldung zum Stichtag 31. Dezember 2022 sind zusätzlich auch jene Meldedaten mit Stichtag 30. Juni 2022 zu übermitteln.

Beilage A

Beilagen zur Meldeverordnung der Oesterreichischen Nationalbank betreffend die Erfassung von Daten zur Erstellung von Gewerbeimmobilienpreis-, Gewerbeimmobilienmiet- und Gewerbeimmobilienmietrenditeindizes (Meldeverordnung GIMPI 2022)

Beilage A: Schaubild

Attribut	Gewerbeimmobiliensicherheiten
Sicherheiten ID	
Katastralgemeinde	
Einlagezahl	
B-Nummer	
Top-Nummer	
Objektart	
Status	
Vermietet	
Bewertungsmethode	
Zustand	
Art des Liegenschaftswerts	
Stellplatz vorhanden	
Operativer Ertrag Art	
Baurecht	
Lasten	
Wertermittlung Datum	
Transaktion Datum	
Geplantes Fertigstellungsjahr	
Baujahr	
Fiktives Baujahr	
Hauptnutzungsgrad	
Liegenschaftswert	
Kaufpreis	
Marktmiete	
Ist-Miete	
Nutzfläche	
Grundstücksfläche	
Nachhaltiger operativer Ertrag	
Anzahl Zimmer	
Anzahl Stellplätze	

Beilage B

Beilage B: Ausprägungen der Schaubild-Attribute

Bezeichnung	**Ausprägungen**
	Gewerbebauland
	Büro
	Geschäftslokal
	Einkaufszentrum / Fachmarkt
	Werkstatt / Betriebsobjekt
	Lager / Logistik
	Gasthof / Gasthaus / Lokal
	Hotel / Privatzimmer
	Parkhaus
	Landwirtschaft
	Forstwirtschaft
Objektart	Sonstige Gewerbeimmobilien
	in Planung
	in Bau
Status	fertiggestellt
	Voll vermietet
	Teilweise vermietet
	Leerstehend
Vermietet	Eigennutzung
	Vergleichswertverfahren
	Sachwertverfahren
	Ertragswertverfahren
Bewertungsmethode	Sonstige
	Sehr gut
	Durchschnittlich
Zustand	Sehr schlecht
	Marktwert
	Beleihungswert
Art des Liegenschaftswerts	Marktwert nach Fertigstellung

Verordnung (EU) Nr. 1093/2010 des Europäischen Parlaments und des Rates vom 24. November 2010 zur Errichtung einer Europäischen Aufsichtsbehörde (Europäische Bankenaufsichtsbehörde), zur Änderung des Beschlusses Nr. 716/2009/EG und zur Aufhebung des Beschlusses 2009/78/EG der Kommission

ABl L 331 vom 15. 12. 2010, S. 12 (Verordnung (EU) 1093/2010) idF

1 ABl L 287 vom 29. 10. 2013, S. 5 (Verordnung (EU) 1022/2013)
2 ABl L 60 vom 28. 2. 2014, S. 34 (Richtlinie 2014/17/EU)
3 ABl L 173 vom 12. 6. 2014, S. 190 (Richtlinie 2014/59/EU)
4 ABl L 225 vom 30. 7. 2014, S. 1 (Verordnung (EU) 806/2014)
5 ABl L 101 vom 18. 4. 2015, S 62 (Berichtigung VO (EU) 806/2014)
6 ABl L 337 vom 23. 12. 2015, S 35 (Änderung RL (EU) 2015/2366)
7 ABl L 291 vom 16. 11. 2018, S 1 (Änderung VO (EU) 2018/1717)
8 ABl L 314 vom 5. 12. 2019, S 1 (Änderung VO (EU) 2019/2033)
9 ABl L 334 vom 27. 12. 2019, S 1 (Änderung VO (EU) 2019/2175)

Inhaltsverzeichnis *(nicht amtlich)*

Verordnung (EU) Nr. 1093/2010 des Europäischen Parlaments und des Rates vom 24. November 2010 zur Errichtung einer Europäischen Aufsichtsbehörde (Europäische Bankenaufsichtsbehörde), zur Änderung des Beschlusses Nr. 716/2009/EG und zur Aufhebung des Beschlusses 2009/78/EG der Kommission

DAS EUROPÄISCHE PARLAMENT UND DER RAT DER EUROPÄISCHEN UNION –

gestützt auf den Vertrag über die Arbeitsweise der Europäischen Union, insbesondere auf Artikel 114,

auf Vorschlag der Europäischen Kommission,

nach Stellungnahme der Europäischen Zentralbank[1)],

nach Stellungnahme des Europäischen Wirtschafts- und Sozialausschusses[2)],

gemäß dem ordentlichen Gesetzgebungsverfahren[3)],

in Erwägung nachstehender Gründe:

(1) Die Finanzkrise von 2007 und 2008 hat erhebliche Schwachstellen bei der Finanzaufsicht, sowohl in Einzelfällen als auch hinsichtlich des Finanzsystems als Ganzem, offenbart. Die Aufsichtsmodelle auf nationaler Ebene konnten mit der Globalisierung des Finanzsektors und mit der Realität der Integration und Verknüpfung der europäischen Finanzmärkte mit vielen grenzüberschreitend tätigen Finanzinstituten nicht Schritt halten. Die Krise brachte Mängel bei der Zusammenarbeit, bei der Koordinierung, bei der kohärenten Anwendung des Unionsrechts und einen Mangel an Vertrauen zwischen den nationalen Aufsichtsbehörden zutage.

(2) Vor und während der Finanzkrise hat das Europäische Parlament eine stärker integrierte europäische Aufsicht gefordert, damit wirklich gleiche Wettbewerbsbedingungen für alle auf Unionsebene tätigen Akteure gewährleistet werden und der zunehmenden Integration der Finanzmärkte in der Union Rechnung getragen wird (Entschließungen des Europäischen Parlaments vom 13. April 2000 zu der Mitteilung der Kommission „Umsetzung des Finanzmarktrahmens: Aktionsplan"[4)], vom 21. November 2002 zu den aufsichtsrechtlichen Vorschriften in der Europäischen Union[5)], vom 11. Juli 2007 zu der Finanzdienstleistungspolitik für die Jahre 2005–2010 – Weißbuch[6)], vom 23. September 2008 mit Empfehlungen an die Kommission zu Hedge-Fonds und Private Equity[7)], vom 9. Oktober 2008 mit Empfehlungen an die Kommission zu Lamfalussy-Folgemaßnahmen: Künftige Aufsichtsstruktur[8)] sowie Standpunkte des Europäischen Parlaments vom 22. April 2009 zu dem geänderten Vorschlag für eine Richtlinie des Europäischen Parlaments und des Rates betreffend die Aufnahme und Ausübung der Versicherungs- und der Rückversicherungstätigkeit – Solvabilität II[9)] und vom 23. April 2009 zu dem Vorschlag für eine Verordnung des Europäischen Parlaments und des Rates über Ratingagenturen[10)]).

(3) Die Kommission beauftragte im November 2008 eine hochrangige Gruppe unter dem Vorsitz von Jacques de Larosière mit der Ausarbeitung von Empfehlungen, wie die europäischen Aufsichtsregelungen gestärkt werden können, um die Bürger besser zu schützen und das Vertrauen in das Finanzsystem wiederherzustellen. In ihrem Schlussbericht vom 25. Februar 2009 (im Folgenden „De-Larosière-Bericht") empfahl die hochrangige Gruppe, den Aufsichtsrahmen zu stärken, um das Risiko und den Schweregrad künftiger Finanzkrisen zu vermindern. Sie empfahl Reformen der Aufsichtsstruktur für den Finanzsektor in der Union. Die Gruppe kam überdies zu dem Schluss, dass ein Europäisches System der Finanzaufsicht geschaffen werden solle, das sich aus drei Europäischen Finanzaufsichtsbehörden zusammensetzt, und zwar aus einer Behörde für den

Zur Präambel

1) ABl. C 13 vom 20.1.2010, S. 1.

2) Stellungnahme vom 22. Januar 2010 (noch nicht im Amtsblatt veröffentlicht).

3) Standpunkt des Europäischen Parlaments vom 22. September 2010 (noch nicht im Amtsblatt veröffentlicht) und Beschluss des Rates vom 17. November 2010.

Zu Abs. 2:

4) ABl. C 40 vom 7.2.2001, S. 453.

5) ABl. C 25 E vom 29.1.2004, S. 394.

6) ABl. C 175 E vom 10.7.2008, S. 392.

7) ABl. C 8 E vom 14.1.2010, S. 26.

8) ABl. C 9 E vom 15.1.2010, S. 48.

9) ABl. C 184 E vom 8.7.2010, S. 214.

10) ABl. C 184 E vom 8.7.2010, S. 292.

Bankensektor, einer Behörde für den Wertpapiersektor sowie einer Behörde für Versicherungen und die betriebliche Altersversorgung; des Weiteren empfahl die Gruppe die Errichtung eines Europäischen Ausschusses für Systemrisiken. Der Bericht enthielt die von den Experten für notwendig erachteten Reformen, zu denen die Arbeiten unverzüglich aufgenommen werden mussten.

(4) In ihrer Mitteilung vom 4. März 2009 „Impulse für den Aufschwung in Europa" schlug die Kommission die Vorlage von Entwürfen für Rechtsvorschriften vor, mit denen ein Europäisches System der Finanzaufsicht und ein Europäischer Ausschuss für Systemrisiken geschaffen werden sollten. In ihrer Mitteilung vom 27. Mai 2009 mit dem Titel „Europäische Finanzaufsicht" erläuterte die Kommission im Einzelnen die mögliche Struktur eines solchen neuen Aufsichtsrahmens, der die wesentlichen Richtungsvorgaben des De-Larosière-Berichts widerspiegelt.

(5) In seinen Schlussfolgerungen vom 19. Juni 2009 bestätigte der Europäische Rat, dass ein Europäisches System der Finanzaufsicht bestehend aus drei neuen Europäischen Aufsichtsbehörden errichtet werden sollte. Mit dem System sollten die Qualität und Kohärenz der nationalen Aufsicht verbessert, die Beaufsichtigung grenzübergreifend tätiger Gruppen gestärkt und ein einheitliches europäisches Regelwerk eingeführt werden, das für alle Finanzinstitute im Binnenmarkt gilt. Der Europäische Rat betonte, dass die Europäischen Aufsichtsbehörden auch über Aufsichtsbefugnisse für Ratingagenturen verfügen sollten, und forderte die Kommission auf, konkrete Vorschläge für die Art und Weise auszuarbeiten, wie das Europäische System der Finanzaufsicht in Krisensituationen eine wirksame Rolle spielen könnte; dabei unterstrich er, dass die von den Europäischen Aufsichtsbehörden erlassenen Beschlüsse die haushaltspolitischen Zuständigkeiten der Mitgliedstaaten nicht berühren sollten.

(6) Am 17. Juni 2010 kam der Europäische Rat überein, dass „die Mitgliedstaaten Systeme für Abgaben und Steuern für Finanzinstitute einführen sollten, damit für eine gerechte Lastenverteilung gesorgt wird und damit Anreize für eine Eindämmung der Systemrisiken geschaffen werden. Diese Abgaben und Steuern sollten Teil eines glaubwürdigen Rahmens für Rettungsmaßnahmen sein. An ihren wichtigsten Merkmalen muss dringend weitergearbeitet werden, und Fragen im Zusammenhang mit gleichen Wettbewerbsbedingungen und mit den kumulativen Auswirkungen der verschiedenen Regulierungsmaßnahmen sollten sorgfältig beurteilt werden."

(7) Die Wirtschafts- und Finanzkrise hat zu realen und schwerwiegenden Risiken für die Stabilität des Finanzsystems und das Funktionieren des Binnenmarkts geführt. Die Wiederherstellung und Aufrechterhaltung eines stabilen und verlässlichen Finanzsystems ist eine Grundvoraussetzung für die Wahrung des Vertrauens in den Binnenmarkt und seiner Kohärenz und dadurch für die Wahrung und Verbesserung der Bedingungen im Hinblick auf die Schaffung eines vollständig integrierten und gut funktionierenden Binnenmarkts im Bereich der Finanzdienstleistungen. Darüber hinaus bieten tiefere und stärker integrierte Finanzmärkte bessere Möglichkeiten für Finanzierungen und Risikodiversifizierung, was wiederum die Kapazität der Volkswirtschaften bei der Abfederung von Schocks verbessert.

(8) Die Union hat die Grenzen dessen erreicht, was im Rahmen der gegenwärtig bestehenden Ausschüsse der Europäischen Aufsichtsbehörden geschehen kann. Die Union darf sich nicht damit abfinden, dass es keinen Mechanismus gibt, der sicherstellt, dass die nationalen Aufsichtsbehörden bei Aufsichtsentscheidungen für grenzübergreifend tätige Finanzinstitute zur bestmöglichen Lösung gelangen, dass Zusammenarbeit und Informationsaustausch zwischen den nationalen Aufsehern unzureichend sind, dass ein gemeinsames Vorgehen der nationalen Behörden komplizierte Vereinbarungen erfordert, um den sehr unterschiedlichen Regulierungs- und Aufsichtsanforderungen Rechnung zu tragen, dass die nationalen Lösungen in den meisten Fällen die einzig vertretbare Antwort auf Probleme auf Unionsebene sind und dass ein und derselbe Rechtstext unterschiedlich ausgelegt wird. Das Europäische System der Finanzaufsicht (im Folgenden „ESFS") sollte so konzipiert sein, dass es diese Mängel überwindet und ein System schafft, das dem Ziel eines stabilen und einheitlichen Finanzmarkts der Union für Finanzdienstleistungen entspricht und die nationalen Aufsichtsbehörden innerhalb eines starken Netzwerks der Union verbindet.

(9) Beim ESFS sollte es sich um ein integriertes Netz nationaler Aufsichtsbehörden und Aufsichtsbehörden der Union handeln, in dem die laufende Beaufsichtigung auf nationaler Ebene verbleibt. Auch sollte eine größere Harmonisierung und kohärente Anwendung von Vorschriften für die Finanzinstitute und -märkte in der Union erreicht werden. Zusätzlich zur Europäischen Aufsichtsbehörde (Europäische Bankenaufsichtsbehörde) (im Folgenden „Behörde") sollten eine Europäische Aufsichtsbehörde (Europäische Aufsichtsbehörde für das Versicherungswesen und die betriebliche Altersversorgung) und eine Europäische Aufsichtsbehörde (Europäische Wertpapier- und Marktaufsichtsbehörde) sowie

ein Gemeinsamer Ausschuss der Europäischen Aufsichtsbehörden (im Folgenden „Gemeinsamer Ausschuss") errichtet werden. Ein Europäischer Ausschuss für Systemrisiken (im Folgenden „ESRB") sollte Teil des ESFS zur Wahrnehmung der Aufgaben gemäß dieser Verordnung und der Verordnung (EU) Nr. 1092/2010[1] sein.

(10) Die Europäischen Aufsichtsbehörden (im Folgenden zusammen „ESA") sollten an die Stelle des Ausschusses der europäischen Bankaufsichtsbehörden, der durch den Beschluss 2009/78/EG der Kommission[2] eingesetzt wurde, des Ausschusses der Europäischen Aufsichtsbehörden für das Versicherungswesen und die betriebliche Altersversorgung, der durch den Beschluss 2009/79/EG der Kommission[3] eingesetzt wurde, und des Ausschusses der europäischen Wertpapierregulierungsbehörden, der durch den Beschluss 2009/77/EG der Kommission[4] eingesetzt wurde, treten und sämtliche Aufgaben und Zuständigkeiten dieser Ausschüsse, einschließlich gegebenenfalls der Fortführung laufender Arbeiten und Projekte, übernehmen. Der Tätigkeitsbereich jeder Europäischen Aufsichtsbehörde sollte klar festgelegt werden. Die ESA sollten dem Europäischen Parlament und dem Rat gegenüber rechenschaftspflichtig sein. Bezieht sich diese Rechenschaftspflicht auf sektorübergreifende Fragen, die über den Gemeinsamen Ausschuss koordiniert wurden, so sollten die ESA über den Gemeinsamen Ausschuss für diese Koordinierung rechenschaftspflichtig sein.

(11) Die Behörde sollte dazu beitragen, dass das Funktionieren des Binnenmarkts verbessert wird, indem insbesondere unter Berücksichtigung der verschiedenen Interessen aller Mitgliedstaaten und der Verschiedenartigkeit der Finanzinstitute ein hohes, wirksames und kohärentes Maß an Regulierung und Beaufsichtigung gewährleistet ist. Die Behörde sollte öffentliche Werte wie die Stabilität des Finanzsystems und die Transparenz der Märkte und Finanzprodukte schützen und den Schutz von Einlegern und Anlegern gewährleisten. Die Behörde sollte ferner Aufsichtsarbitrage verhindern und gleiche Wettbewerbsbedingungen gewährleisten und die internationale Koordinierung der Aufsicht zum Wohle der Volkswirtschaften insgesamt, einschließlich der Finanzinstitute sowie sonstiger Interessengruppen, Verbraucher und Arbeitnehmer ausbauen. Zu den Aufgaben der Behörde sollte auch gehören, die Angleichung der Aufsicht zu fördern und die Organe der Union auf dem Gebiet der Regulierung und Aufsicht im Banken- , Zahlungs- und E-Geld-Sektor sowie in damit zusammenhängenden Fragen der Unternehmensführung, der Rechnungsprüfung und der Rechnungslegung zu beraten. Die Behörde sollte ebenfalls mit bestimmten Zuständigkeiten für bestehende und neue Finanztätigkeiten betraut werden.

(12) Die Behörde sollte auch in der Lage sein, bestimmte Finanztätigkeiten, durch die das ordnungsgemäße Funktionieren und die Integrität der Finanzmärkte oder die Stabilität des gesamten oder von Teilen des Finanzsystems in der Union gefährdet wird, in den Fällen und unter den Bedingungen, die in den in dieser Verordnung genannten Gesetzgebungsakten festgelegt sind, vorübergehend zu verbieten oder zu beschränken. Ist es notwendig, ein solches vorübergehendes Verbot im Krisenfall auszusprechen, so sollte die Behörde dies gemäß dieser Verordnung und unter den darin festgelegten Bedingungen tun. In den Fällen, in denen die vorübergehende Untersagung oder Beschränkung bestimmter Finanztätigkeiten sektorübergreifende Auswirkungen hat, sollten die sektorspezifischen Vorschriften vorsehen, dass die Behörde über den Gemeinsamen Ausschuss die Europäische Aufsichtsbehörde (Europäische Wertpapier- und Marktaufsichtsbehörde) und die Europäische Aufsichtsbehörde (Europäische Aufsichtsbehörde für das Versicherungswesen und die betriebliche Altersversorgung) konsultieren und gegebenenfalls ihre Maßnahmen mit diesen abstimmen sollte.

(13) Die Behörde sollte die Auswirkung ihrer Tätigkeiten auf Wettbewerb und Innovation innerhalb des Binnenmarkts, auf die globale Wettbewerbsfähigkeit der Union, die finanzielle Integration und auf die neue Strategie der Union für Wachstum und Beschäftigung angemessen berücksichtigen.

(14) Um ihre Ziele zu erreichen, sollte die Behörde Rechtspersönlichkeit sowie administrative und finanzielle Autonomie besitzen.

(15) Ausgehend von den Arbeiten internationaler Gremien sollte das Systemrisiko als ein Risiko der Störung des Finanzsystems definiert werden, die das Potenzial hat, zu schwerwiegenden negativen Folgen für den Binnenmarkt und die Realwirtschaft zu führen. Alle Arten von Finanzintermediären, -märkten und -infrastrukturen können potenziell in gewissem Maße systemrelevant sein.

(16) Zu den grenzübergreifenden Risiken gehören alle Risiken; die durch wirtschaftliche Ungleichgewichte oder Finanzausfälle in der Gesamt-

Zu Abs. 9:

[1] *Siehe Seite 1 dieses Amtsblatts.*

Zu Abs. 10:

[2] *ABl. L 25 vom 29.1.2009, S. 23.*

[3] *ABl. L 25 vom 29.1.2009, S. 28.*

[4] *ABl. L 25 vom 29.1.2009, S. 18.*

heit oder in einem Teil der Union verursacht wurden und die das Potenzial haben, erhebliche negative Folgen für die Transaktionen zwischen den Wirtschaftsbeteiligten aus zwei oder mehr Mitgliedstaaten, für das Funktionieren des Binnenmarkts oder für die öffentlichen Finanzen der Union oder jedes ihrer Mitgliedstaaten nach sich zu ziehen.

(17) Der Gerichtshof der Europäischen Union hat in seinem Urteil vom 2. Mai 2006 in der Rechtssache C-217/04 (Vereinigtes Königreich Großbritannien und Nordirland gegen Europäisches Parlament und Rat der Europäischen Union) anerkannt, „dass der Wortlaut des Artikels 95 EG-Vertrag [jetzt Artikel 114 des Vertrags über die Arbeitsweise der Europäischen Union (AEUV)] nicht den Schluss erlaubt, dass die vom Gemeinschaftsgesetzgeber auf der Grundlage dieser Vorschrift erlassenen Maßnahmen nur an die Mitgliedstaaten gerichtet sein dürften. Der Gemeinschaftsgesetzgeber kann nämlich aufgrund seiner Sachwürdigung die Schaffung einer Gemeinschaftseinrichtung für notwendig erachten, deren Aufgabe es ist, in Situationen, in denen der Erlass von nicht zwingenden Begleit- und Rahmenmaßnahmen zur Erleichterung der einheitlichen Durchführung und Anwendung von auf Artikel 95 EG gestützten Rechtsakten geeignet erscheint, zur Verwirklichung des Harmonisierungsprozesses beizutragen"[1]. Zweck und Aufgaben der Behörde, d. h. den zuständigen nationalen Aufsichtsbehörden bei der kohärenten Auslegung und Anwendung der Unionsvorschriften Hilfe zu leisten und einen Beitrag zur für die Finanzintegration erforderlichen Finanzstabilität zu leisten, sind eng mit den Zielen verknüpft, die im Besitzstand der Union für den Binnenmarkt für Finanzdienstleistungen festgeschrieben sind. Deshalb sollte die Behörde auf der Grundlage von Artikel 114 AEUV errichtet werden.

(18) Die folgenden Gesetzgebungsakte legen die Aufgaben der zuständigen Behörden der Mitgliedstaaten, einschließlich der Zusammenarbeit untereinander sowie mit der Kommission, fest: Richtlinie 2006/48/EG des Europäischen Parlaments und des Rates vom 14. Juni 2006 über die Aufnahme und Ausübung der Tätigkeit der Kreditinstitute[2], Richtlinie 2006/49/EG des Europäischen Parlaments und des Rates vom 14. Juni 2006 über die angemessene Eigenkapitalausstattung von Wertpapierfirmen und Kreditinstituten[3] und Richtlinie 94/19/EG des Europäischen Parlaments und des Rates vom 30. Mai 1994 über Einlagensicherungssysteme[4].

(19) Zu den vorhandenen Gesetzgebungsakten der Union, die den durch diese Verordnung abgedeckten Bereich regulieren, zählen ebenfalls die Richtlinie 2002/87/EG des Europäischen Parlaments und des Rates vom 16. Dezember 2002 über die zusätzliche Beaufsichtigung der Kreditinstitute, Versicherungsunternehmen und Wertpapierfirmen eines Finanzkonglomerats[5], die Richtlinie 98/78/EG des Europäischen Parlaments und des Rates vom 27. Oktober 1998 über die zusätzliche Beaufsichtigung der einer Versicherungsgruppe angehörenden Versicherungsunternehmen[6], die Verordnung (EG) Nr. 1781/2006 des Europäischen Parlaments und des Rates vom 15. November 2006 über die Übermittlung von Angaben zum Auftraggeber bei Geldtransfers[7], die Richtlinie 2009/110/EG des Europäischen Parlaments und des Rates vom 16. September 2009 über die Aufnahme, Ausübung und Beaufsichtigung der Tätigkeit von E-Geld-Instituten[8] sowie die einschlägigen Teile der Richtlinie 2005/60/EG des Europäischen Parlaments und des Rates vom 26. Oktober 2005 zur Verhinderung der Nutzung des Finanzsystems zum Zwecke der Geldwäsche und der Terrorismusfinanzierung[9], der Richtlinie 2002/65/EG des Europäischen Parlaments und des Rates vom 23. September 2002 über den Fernabsatz von Finanzdienstleistungen an Verbraucher[10] und der Richtlinie 2007/64/EG des Europäischen Parlaments und des Rates vom 13. November 2007 über Zahlungsdienste im Binnenmarkt[11].

(20) Es ist wünschenswert, dass die Behörde einen kohärenten Ansatz auf dem Gebiet der Einlagensicherungen fördert, um gleiche Wettbewerbsbedingungen zu gewährleisten und für eine Gleichbehandlung der Einleger in der gesamten Union zu sorgen. Da Einlagensicherungssysteme der Verwaltungsaufsicht in ihren Mitgliedstaaten und nicht der regulatorischen Aufsicht unterliegen, sollte die Behörde ihre Befugnisse im Rahmen dieser Verordnung im Zusammenhang mit dem Einlagensicherungssystem als solchem und seinem Betreiber ausüben können.

Zu Abs. 17:

[1] *Sammlung der Rechtsprechung des Europäischen Gerichtshofs 2006, I-3771, Randnummer 44.*

Zu Abs. 18:

[2] *ABl. L 177 vom 30.6.2006, S. 1.*

[3] *ABl. L 177 vom 30.6.2006, S. 201.*

[4] *ABl. L 135 vom 31.5.1994, S. 5.*

Zu Abs. 19:

[5] *ABl. L 35 vom 11.2.2003, S. 1.*

[6] *ABl. L 330 vom 5.12.1998, S. 1.*

[7] *ABl. L 345 vom 8.12.2006, S. 1.*

[8] *ABl. L 267 vom 10.10.2009, S. 7.*

[9] *ABl. L 309 vom 25.11.2005, S. 15.*

[10] *ABl. L 271 vom 9.10.2002, S. 16.*

[11] *ABl. L 319 vom 5.12.2007, S. 1.*

(21) Gemäß der Erklärung (Nr. 39) zu Artikel 290 des Vertrags über die Arbeitsweise der Europäischen Union zur Schlussakte der Regierungskonferenz, die den Vertrag von Lissabon angenommen hat, ist für die Ausarbeitung technischer Regulierungsstandards die Unterstützung durch Sachverständige in einer für den Bereich der Finanzdienstleistungen spezifischen Form erforderlich. Die Behörde muss diese Sachkenntnis auch im Hinblick auf Standards oder Teile von Standards zur Verfügung stellen können, die sich nicht auf einen von der Behörde selbst ausgearbeiteten Entwurf technischer Standards stützen.

(22) Zur Festlegung harmonisierter technischer Regulierungsstandards für Finanzdienstleistungen und um sicherzustellen, dass mittels eines einheitlichen Regelwerks gleiche Wettbewerbsbedingungen und ein angemessener Schutz von Einlegern, Anlegern und Verbrauchern in der Union gewährleistet sind, bedarf es der Einführung eines wirksamen Rechtsinstruments. Als ein Organ mit hochspezialisierter Sachkenntnis, ist es wirksam und angemessen, die Behörde in vom Unionsrecht genau festgelegten Bereichen mit der Ausarbeitung von Entwürfen technischer Regulierungsstandards zu betrauen, die an keine politischen Entscheidungen geknüpft sind.

(23) Die Kommission sollte diese Entwürfe technischer Regulierungsstandards mittels delegierter Rechtsakte gemäß Artikel 290 AEUV billigen, um ihnen verbindliche Rechtswirkung zu verleihen. Sie sollten nur in äußerst begrenzten Fällen und unter außergewöhnlichen Umständen geändert werden dürfen, da die Behörde der Akteur ist, der sich im engen Kontakt mit den Finanzmärkten befindet und deren tägliches Funktionieren am besten kennt. Entwürfe technischer Regulierungsstandards müssten in Fällen geändert werden, in denen sie nicht mit dem Unionsrecht vereinbar wären, gegen den Grundsatz der Verhältnismäßigkeit verstoßen würden oder grundlegenden Prinzipien des Binnenmarkts für Finanzdienstleistungen zuwider laufen würden, so wie sie im Besitzstand der Union für Rechtsvorschriften auf dem Gebiet der Finanzdienstleistungen verankert sind. Die Kommission sollte den Inhalt der von der Behörde ausgearbeiteten Entwürfe technischer Regulierungsstandards nicht ändern, ohne sich vorher mit der Behörde abgestimmt zu haben. Um eine reibungslose und rasche Annahme dieser Standards zu gewährleisten, sollte die Billigung von Entwürfen technischer Regulierungsstandards durch die Kommission an eine Frist gebunden sein.

(24) Angesichts der Sachkenntnis der Behörde in den Bereichen, in denen technische Regulierungsstandards entwickelt werden sollten, sollte die erklärte Absicht der Kommission zur Kenntnis genommen werden, in der Regel auf die Entwürfe technischer Regulierungsstandards zurückzugreifen, die die Behörde ihr im Hinblick auf die Annahme der entsprechenden delegierten Rechtsakte übermittelt hat. Legt die Behörde jedoch nicht innerhalb der in dem einschlägigen Gesetzgebungsakt angegebenen Frist einen Entwurf technischer Regulierungsstandards vor, so sollte sichergestellt werden, dass das Ergebnis der Ausübung der delegierten Befugnis tatsächlich erreicht wird und die Effizienz des Prozesses der Beschlussfassung erhalten bleibt. Daher sollte die Kommission in diesen Fällen befugt sein, in Ermangelung eines von der Behörde vorgelegten Entwurfs technische Regulierungsstandards anzunehmen.

(25) Der Kommission sollte ferner die Befugnis übertragen werden, technische Durchführungsstandards mittels Durchführungsrechtsakten gemäß Artikel 291 AEUV zu erlassen.

(26) In von den technischen Regulierungs- oder Durchführungsstandards nicht abgedeckten Bereichen sollte die Behörde befugt sein, Leitlinien und Empfehlungen zur Anwendung des Unionsrechts abzugeben. Zur Gewährleistung der Transparenz und verstärkten Einhaltung dieser Leitlinien und Empfehlungen seitens der nationalen Aufsichtsbehörden sollte es der Behörde möglich sein, die Gründe für die Nichteinhaltung der Leitlinien und Empfehlungen durch die Aufsichtsbehörden zu veröffentlichen.

(27) Für die Integrität, Transparenz, Effizienz und das ordnungsgemäße Funktionieren der Finanzmärkte, für die Stabilität des Finanzsystems und neutrale Wettbewerbsbedingungen für Finanzinstitute in der Union ist es eine unabdingbare Voraussetzung, dass das Unionsrecht korrekt und vollständig angewandt wird. Deshalb sollte ein Mechanismus eingeführt werden, mit dem die Behörde Fälle einer Nichtanwendung oder nicht ordnungsgemäßen Anwendung des Unionsrechts, die eine Verletzung desselben darstellen, angehen kann. Dieser Mechanismus sollte in Bereichen angewandt werden, in denen das Unionsrecht klare und unbedingte Verpflichtungen vorsieht.

(28) Um auf Fälle einer nicht ordnungsgemäßen oder unzureichenden Anwendung des Unionsrechts angemessen reagieren zu können, sollte ein Drei-Stufen-Mechanismus eingeführt werden. Erstens sollte die Behörde befugt sein, Nachforschungen über eine vermutete nicht ordnungsgemäße oder unzureichende Anwendung der Verpflichtungen nach dem Unionsrecht durch die nationalen Behörden in deren Aufsichtspraxis anzustellen, die durch eine Empfehlung abgeschlossen werden sollte. Kommt die zuständige

nationale Behörde der Empfehlung nicht nach, so sollte die Kommission zweitens die Befugnis haben, eine förmliche Stellungnahme abzugeben, in der sie die zuständige Behörde unter Berücksichtigung der Empfehlung der Behörde auffordert, die notwendigen Maßnahmen zu treffen, um die Einhaltung des Unionsrechts zu gewährleisten.

(29) Um Ausnahmesituationen vorzubeugen, in denen die zuständige Behörde nachhaltig nicht reagiert, sollte die Behörde als drittes und letztes Mittel die Befugnis haben, Beschlüsse zu erlassen, die an einzelne Finanzinstitute gerichtet sind. Diese Befugnis sollte auf Ausnahmefälle beschränkt sein, in denen eine zuständige Behörde der an sie gerichteten förmlichen Stellungnahme nicht Folge leistet und das Unionsrecht kraft bestehender oder künftiger Unionsverordnungen unmittelbar auf Finanzinstitute anwendbar ist.

(30) Ernsthafte Bedrohungen für das ordnungsgemäße Funktionieren und die Integrität der Finanzmärkte oder der Stabilität des Finanzsystems in der Union erfordern eine rasche und konzertierte Antwort auf Unionsebene. Die Behörde sollte von den nationalen Behörden daher fordern können, in einer Krisensituation spezifische Abhilfemaßnahmen zu ergreifen. Die Befugnis zur Feststellung, dass eine Krisensituation vorliegt, sollte im Anschluss an ein Ersuchen einer der ESA, der Kommission oder des ESRB dem Rat übertragen werden.

(31) Die Behörde sollte von den nationalen Aufsichtsbehörden fordern können, in einer Krisensituation spezifische Abhilfemaßnahmen zu ergreifen. Die Behörde sollte die Maßnahmen in dieser Hinsicht unbeschadet der Befugnis der Kommission treffen, nach Artikel 258 AEUV ein Vertragsverletzungsverfahren gegen den Mitgliedstaat dieser Aufsichtsbehörde wegen Nichtergreifens solcher Maßnahmen einzuleiten, sowie unbeschadet des Rechts der Kommission, unter diesen Umständen vorläufige Maßnahmen gemäß der Verfahrensordnung des Gerichtshofs der Europäischen Union zu beantragen. Ferner sollten die Maßnahmen der Behörde jegliche Haftung, der dieser Mitgliedstaat gemäß der Rechtsprechung des Gerichtshofs der Europäischen Union unterliegen könnte, unberührt lassen, wenn dessen Aufsichtsbehörden die von der Behörde geforderten Maßnahmen nicht ergreifen.

(32) Zur Gewährleistung einer effizienten und wirksamen Aufsicht und einer ausgewogenen Berücksichtigung der Positionen der zuständigen Behörden in den verschiedenen Mitgliedstaaten sollte die Behörde in grenzübergreifenden Fällen bestehende Differenzen zwischen diesen zuständigen Behörden — auch in den Aufsichtskollegien — verbindlich schlichten können. Es sollte eine Schlichtungsphase vorgesehen werden, in der die zuständigen Behörden eine Einigung erzielen können. Die Befugnis der Behörde sollte sich auf Meinungsverschiedenheiten in Bezug auf das Verfahren oder den Inhalt einer Maßnahme oder das Nichttätigwerden einer zuständigen Behörde eines Mitgliedstaats in den Fällen, die in den verbindlichen Rechtsakten der Union nach dieser Verordnung genannt sind, erstrecken. In solchen Fällen sollte eine der betroffenen Aufsichtsbehörden befugt sein, die Behörde mit der Frage zu befassen, die im Einklang mit dieser Verordnung tätig werden sollte. Die Behörde sollte die Befugnis erhalten, von den betreffenden zuständigen Behörden mit für diese verbindlicher Wirkung zu verlangen, zur Beilegung der Angelegenheit und zur Einhaltung des Unionsrechts bestimmte Maßnahmen zu treffen oder von solchen abzusehen. Kommt eine zuständige Behörde dem gegen sie ergangenen Schlichtungsbeschluss nicht nach, sollte die Behörde befugt sein, unmittelbar an die Finanzinstitute gerichtete Beschlüsse in Bereichen des direkt auf sie anwendbaren Unionsrechts zu erlassen. Von der Befugnis zum Erlass solcher Beschlüsse sollte nur als letztes Mittel und dann nur zur Sicherstellung einer korrekten und kohärenten Anwendung des Unionsrechts Gebrauch gemacht werden. In den Fällen, in denen die einschlägigen Rechtsvorschriften der Union den zuständigen Behörden der Mitgliedstaaten ein eigenes Ermessen einräumen, können die Beschlüsse der Behörde die Ausübung dieses Ermessens im Einklang mit dem Unionsrecht nicht ersetzen.

(33) Die Krise hat gezeigt, dass das derzeitige System der Zusammenarbeit zwischen nationalen Behörden, deren Befugnisse auf die einzelnen Mitgliedstaaten begrenzt sind, mit Blick auf grenzübergreifend tätige Finanzinstitute unzureichend ist.

(34) Von den Mitgliedstaaten eingesetzte Expertengruppen, die die Ursachen der Krise prüfen und Vorschläge zur Verbesserung der Regulierung und Beaufsichtigung des Finanzsektors unterbreiten sollten, haben bestätigt, dass die bestehenden Regelungen keine solide Grundlage für die künftige Regulierung und Beaufsichtigung grenzüberschreitend tätiger Finanzinstitute in der Union als Ganzer sind.

(35) Wie im De-Larosière-Bericht festgestellt wird, „haben wir [im Grunde] zwei Möglichkeiten: Jeder für sich, im Alleingang auf Kosten der anderen, oder aber eine verstärkte, pragmatische und vernünftige Zusammenarbeit in Europa zugunsten aller, um eine offene Weltwirtschaft zu erhalten. […] [Diese] Lösung [wird] unbestritten wirtschaftliche Vorteile bringen".

(36) Die Aufsichtskollegien spielen bei der effizienten, wirksamen und kohärenten Beaufsichtigung grenzübergreifend tätiger Finanzinstitute eine zentrale Rolle. Die Behörde sollte dazu beitragen, eine effiziente, wirksame und einheitliche Funktionsweise der Aufsichtskollegien zu fördern und zu überwachen und in dieser Hinsicht eine führende Rolle bei der Gewährleistung der einheitlichen und kohärenten Funktionsweise der Aufsichtskollegien für grenzübergreifend tätige Finanzinstitute in der gesamten Union übernehmen. Die Behörde sollte daher an diesen Aufsichtskollegien voll beteiligt sein, um ihre Funktionsweise und ihre Informationsaustauschverfahren zu straffen sowie die Angleichung und die Kohärenz bei der Anwendung des Unionsrechts durch diese Aufsichtskollegien zu fördern. Wie der De-Larosière-Bericht betont, müssen „durch unterschiedliche Aufsichtspraktiken bedingte Wettbewerbsverzerrungen und Arbitrage […] vermieden werden, weil sie die Stabilität des Finanzsystems unter anderem dadurch untergraben können, dass sie die Verlagerung von Finanztätigkeiten in Länder mit laxer Aufsicht fördern. Das Aufsichtssystem muss als fair und ausgewogen empfunden werden".

(37) Angleichung in den Bereichen Verhütung, Management und Bewältigung von Krisen, einschließlich der Finanzierungsmechanismen, ist notwendig, damit gewährleistet ist, dass die Kosten vom Finanzsystem internalisiert werden und dass Behörden in der Lage sind, insolvenzbedrohte Finanzinstitute abzuwickeln und dabei gleichzeitig die Auswirkungen von Insolvenzen auf das Finanzsystem, den Rückgriff auf Steuermittel zur Rettung von Banken und den Einsatz öffentlicher Mittel zu minimieren, den Schaden für die Wirtschaft zu begrenzen und die Anwendung nationaler Abwicklungsmaßnahmen zu koordinieren. Im Hinblick darauf ist es unabdingbar, gemeinsame Regeln für ein vollständiges Instrumentarium zur Prävention und für die Abwicklung insolvenzbedrohter Banken auszuarbeiten, um insbesondere Krisensituationen bewältigen zu können, die große, grenzüberschreitend tätige und/oder miteinander verbundene Institute betreffen, und es sollte geprüft werden, ob der Behörde zusätzliche einschlägige Befugnisse übertragen werden müssen und wie Banken und Sparkassen dem Schutz der Sparer Priorität einräumen könnten.

(38) Bei der derzeitigen Überprüfung der Richtlinie 94/19/EG und der Richtlinie 97/9/EG des Europäischen Parlaments und des Rates vom 3. März 1997 über Systeme für die Entschädigung der Anleger[1)] will die Kommission der Notwendigkeit, unionsweit für eine weitere Harmonisierung zu sorgen, besondere Aufmerksamkeit widmen. Im Versicherungssektor will die Kommission die Möglichkeit prüfen, Unionsregeln einzuführen, mit denen Versicherungsnehmer im Falle der drohenden Insolvenz einer Versicherungsgesellschaft geschützt werden. Die ESA sollten in diesen Bereichen eine wichtige Rolle übernehmen und es sollten ihnen geeignete Befugnisse in Bezug auf die Europäischen Sicherungs- beziehungsweise Entschädigungssysteme übertragen werden.

(39) Die Delegation von Aufgaben und Zuständigkeiten kann ein nützliches Instrument für das Funktionieren des Netzes der Aufsichtsbehörden sein, wenn es darum geht, Doppelarbeit bei den Aufsichtsaufgaben zu verringern, die Zusammenarbeit zu fördern und dadurch die Aufsichtsprozesse zu vereinfachen und die Verwaltungslast für Finanzinstitute abzubauen. In dieser Verordnung sollte folglich eine klare Rechtsgrundlage für eine solche Delegation geschaffen werden. Zwar sollte die allgemeine Regel, dass die Delegation erlaubt sein sollte, eingehalten werden, doch sollte den Mitgliedstaaten erlaubt sein, spezifische Bedingungen für die Delegation von Zuständigkeiten – beispielsweise in Bezug auf die Informationen über Delegationsregelungen und die Notifizierung dieser Regelungen – vorzusehen. Die Delegation von Aufgaben bedeutet, dass Aufgaben von der Behörde oder von einer anderen nationalen Aufsichtsbehörde als der eigentlich zuständigen wahrgenommen werden, obwohl die Zuständigkeit für Aufsichtsbeschlüsse bei der delegierenden Behörde verbleibt. Durch die Delegation von Zuständigkeiten sollte es der Behörde oder einer nationalen Aufsichtsbehörde (der „Bevollmächtigten") ermöglicht werden, in einer bestimmten Aufsichtsangelegenheit selbst anstelle der delegierenden Behörde zu beschließen. Die Delegationen sollten dem Prinzip folgen, dass die Aufsichtskompetenz auf eine Aufsichtsbehörde übertragen wird, die am besten geeignet ist, in der entsprechenden Angelegenheit Maßnahmen zu ergreifen. Eine Umverteilung der Zuständigkeiten wäre dann zweckmäßig, wenn es z. B. um Größen- oder Verbundvorteile, die Kohärenz bei der Gruppenaufsicht und eine optimale Nutzung des technischen Sachverstands der verschiedenen nationalen Aufsichtsbehörden geht. Entscheidungen der Bevollmächtigten sollten von der delegierenden Behörde und von anderen zuständigen Behörden als maßgeblich anerkannt werden, sofern sie im Rahmen der Delegation erfolgen. In einschlägigen Unionsvorschriften könnten überdies die Grundsätze der Umverteilung von Zuständigkeiten aufgrund von Vereinbarungen festgelegt werden. Die Behörde sollte Delegationsvereinbarungen zwischen den nationalen Aufsichtsbehörden mit allen angemessenen Mitteln fördern und kontrollieren.

Zu Abs. 38:

1) ABl. L 84 vom 26.3.1997, S. 22.

Auch sollte sie im Voraus über geplante Vereinbarungen unterrichtet werden, um gegebenenfalls dazu Stellung nehmen zu können. Sie sollte die Veröffentlichung derartiger Vereinbarungen zentralisieren, um entsprechend fristgerechte, transparente und leicht zugängliche Informationen für alle interessierten Kreise zu gewährleisten. Sie sollte vorbildliche Vorgehensweisen im Bereich Delegation und Delegationsvereinbarungen ermitteln und bekannt machen.

(40) Im Hinblick auf die Schaffung einer gemeinsamen Aufsichtskultur sollte die Behörde die Angleichung der Aufsicht in der Union fördern.

(41) Vergleichende Analysen („Peer Reviews") sind ein effizientes und wirksames Instrument für die Förderung der Kohärenz innerhalb des Netzes der Finanzaufsichtsbehörden. Deshalb sollte die Behörde eine Rahmenmethode für derlei Bewertungen entwickeln und diese regelmäßig durchführen. Im Mittelpunkt sollten dabei nicht nur die Angleichung der Aufsichtspraktiken stehen, sondern auch die Fähigkeit der Aufsichtsbehörden, qualitativ hochwertige Aufsichtsergebnisse zu erzielen, und die Unabhängigkeit der zuständigen Behörden. Die Ergebnisse der vergleichenen Analysen sollten mit Zustimmung der der Bewertung unterzogenen zuständigen Behörde veröffentlicht werden. Des Weiteren sollten vorbildliche Vorgehensweisen ermittelt und veröffentlicht werden.

(42) Die Behörde sollte eine abgestimmte Antwort der Union in Aufsichtsfragen fördern, um vor allem das ordnungsgemäße Funktionieren und die Integrität von Finanzmärkten und die Stabilität des Finanzsystems in der Union sicherzustellen. Über ihre Befugnisse für die Ergreifung von Maßnahmen in Krisenfällen hinaus sollte der Behörde eine allgemeine Koordinierungsrolle im ESFS zukommen. Die Maßnahmen der Behörde sollten insbesondere einen reibungslosen Fluss aller wichtigen Informationen zwischen den zuständigen Behörden sicherstellen.

(43) Zur Sicherung der Finanzstabilität müssen frühzeitig Trends, potenzielle Risiken und Schwachstellen bei der Aufsicht auf Mikroebene sowie bei grenz- und sektorübergreifenden Tätigkeiten ausgemacht werden. Die Behörde sollte diese Entwicklungen in ihrem Zuständigkeitsbereich überwachen und bewerten und erforderlichenfalls das Europäische Parlament, den Rat, die Kommission, die anderen Europäischen Aufsichtsbehörden sowie den ESRB regelmäßig oder, wenn erforderlich, auf *Ad-hoc*-Basis darüber unterrichten. Die Behörde sollte überdies in Zusammenarbeit mit dem ESRB unionsweite Stresstests initiieren und koordinieren, um die Widerstandsfähigkeit von Finanzinstituten gegenüber ungünstigen Marktentwicklungen bewerten zu können, und sie sollte dabei sicherstellen, dass auf nationaler Ebene eine soweit wie möglich kohärente Methode für diese Tests zugrunde gelegt wird. Um ihre Aufgaben angemessen wahrnehmen zu können, sollte die Behörde wirtschaftliche Analysen der Märkte vornehmen und untersuchen, wie sich mögliche Marktentwicklungen auswirken könnten.

(44) Angesichts der Globalisierung der Finanzdienstleistungen und der zunehmenden Bedeutung internationaler Standards sollte die Behörde den Dialog und die Zusammenarbeit mit Aufsichtsstellen außerhalb der Union fördern. Sie sollte die Befugnis erhalten, Kontakte zu Aufsichtsbehörden und Verwaltungseinrichtungen in Drittländern sowie zu internationalen Organisationen zu knüpfen und Verwaltungsvereinbarungen mit diesen zu schließen; dabei sollte sie die jeweilige Rolle und die jeweiligen Zuständigkeiten der Mitgliedstaaten und der Organe der Union beachten. Die Beteiligung an der Arbeit der Behörde sollte Ländern offen stehen, die mit der Union Abkommen geschlossen haben, denen zufolge sie das Unionsrecht übernommen haben und anwenden, und die Behörde sollte mit Drittländern zusammenarbeiten können, die Rechtsvorschriften anwenden, die als den Rechtsvorschriften der Union gleichwertig anerkannt wurden.

(45) Die Behörde sollte in ihrem Zuständigkeitsbereich unabhängig beratend für das Europäische Parlament, den Rat und die Kommission tätig sein. Unbeschadet der Zuständigkeiten der betreffenden zuständigen Behörden sollte die Behörde im Rahmen der Richtlinie 2006/48/EG in der durch Richtlinie 2007/44/EG geänderten Fassung[1)] auch ihre Stellungnahme zur aufsichtsrechtlichen Beurteilung des Erwerbs und der Erhöhung von Beteiligungen im Finanzsektor in Fällen abgeben können, in denen nach der genannten Richtlinie eine Konsultation zwischen den zuständigen Behörden von zwei oder mehr Mitgliedstaaten erforderlich ist.

(46) Um ihre Aufgaben wirksam wahrzunehmen, sollte die Behörde alle notwendigen Informationen anfordern können. Zur Vermeidung

Zu Abs. 45:

[1)] Richtlinie 2007/44/EG des Europäischen Parlaments und des Rates vom 5. September 2007 zur Änderung der Richtlinie 92/49/EWG des Rates sowie der Richtlinien 2002/83/EG, 2004/39/EG, 2005/68/EG und 2006/48/EG in Bezug auf Verfahrensregeln und Bewertungskriterien für die aufsichtsrechtliche Beurteilung des Erwerbs und der Erhöhung von Beteiligungen im Finanzsektor (ABl. L 247 vom 21.9.2007, S. 1).

doppelter Meldepflichten für Finanzinstitute sollten derlei Informationen in der Regel von den nationalen Aufsichtsbehörden übermittelt werden, die den Finanzmärkten und -instituten am nächsten sind, und die Behörde sollte bereits vorhandene Statistiken berücksichtigen. Allerdings sollte die Behörde nach Ausschöpfung aller Möglichkeiten befugt sein, in Fällen, in denen eine zuständige nationale Behörde diese Informationen nicht fristgerecht übermittelt oder übermitteln kann, ein gebührend gerechtfertigtes und begründetes Ersuchen um Informationen direkt an ein Finanzinstitut zu richten. Die Behörden der Mitgliedstaaten sollten verpflichtet sein, der Behörde bei der Durchsetzung derartiger direkter Anfragen zu helfen. In diesem Zusammenhang ist die Arbeit an gemeinsamen Berichtsformaten wichtig. Die Maßnahmen für die Erhebung von Informationen sollten den Rechtsrahmen des Europäischen Statistischen Systems und des Europäischen Systems der Zentralbanken im Bereich der Statistik unberührt lassen. Diese Verordnung sollte daher die Verordnung (EG) Nr. 223/2009 des Europäischen Parlaments und des Rates vom 11. März 2009 über europäische Statistiken[2)] und die Verordnung (EG) Nr. 2533/98 des Rates vom 23. November 1998 über die Erfassung statistischer Daten durch die Europäische Zentralbank[3)] unberührt lassen.

(47) Eine enge Zusammenarbeit zwischen der Behörde und dem ESRB ist von grundlegender Bedeutung, um die Funktionsweise des ESRB und die Folgemaßnahmen zu seinen Warnungen und Empfehlungen voll wirksam zu gestalten. Die Behörde und der ESRB sollten alle wichtigen Informationen miteinander teilen. Daten über einzelne Unternehmen sollten nur auf eine begründete Anfrage hin übermittelt werden. Nach dem Erhalt von Warnungen oder Empfehlungen, die der ESRB an die Behörde oder eine nationale Aufsichtsbehörde richtet, sollte die Behörde gegebenenfalls Folgemaßnahmen gewährleisteten.

(48) Die Behörde sollte interessierte Parteien zu technischen Regulierungs- oder Durchführungsstandards, Leitlinien oder Empfehlungen konsultieren und ihnen ausreichend Gelegenheit geben, zu den vorgeschlagenen Maßnahmen Stellung zu nehmen. Vor der Annahme von Entwürfen technischer Regulierungs- oder Durchführungsstandards, Leitlinien und Empfehlungen sollte die Behörde eine Folgenabschätzung durchführen. Aus Gründen der Effizienz sollte zu diesem Zweck eine Interessengruppe Bankensektor genutzt werden, in der Kreditinstitute und Investmentfirmen aus der Union (die die verschiedenen Modelle und Größen von Finanzinstituten und Finanzunternehmen repräsentieren, einschließlich u. U. institutionelle Anleger und andere Finanzinstitute, die selbst Finanzdienstleistungen nutzen), kleine und mittlere Unternehmen (KMU), Gewerkschaften, Wissenschaftler sowie Verbraucher und andere private Nutzer von Bankdienstleistungen in einem ausgewogenen Maße vertreten sein sollten. Die Interessengruppe Bankensektor sollte als Schnittstelle zu anderen Nutzergruppen im Finanzdienstleistungsbereich dienen, die von der Kommission oder aufgrund von Rechtsvorschriften der Union eingesetzt wurden.

(49) Die Mitglieder der Interessengruppe Bankensektor, die Organisationen ohne Erwerbszweck oder die Wissenschaft vertreten, sollten eine angemessene Erstattung erhalten, damit die Personen, die weder über solide finanzielle Mittel verfügen noch Wirtschaftsvertreter sind, in umfassender Weise an den Erörterungen über die Finanzregulierung teilnehmen können.

(50) Zur Gewährleistung eines koordinierten Krisenmanagements und der Wahrung der Finanzstabilität in Krisensituationen kommt den Mitgliedstaaten eine Schlüsselverantwortung zu, insbesondere was die Stabilisierung und die Rettung notleidender Finanzinstitute betrifft. Beschlüsse der Behörde in Krisensituationen oder bei der Beilegung von Differenzen, die die Stabilität eines Finanzinstituts beeinträchtigen, sollten sich nicht auf die haushaltspolitischen Zuständigkeiten der Mitgliedstaaten auswirken. Es sollte ein Mechanismus eingeführt werden, der es den Mitgliedstaaten gestattet, sich auf diese Schutzklausel zu berufen und die Angelegenheit in letzter Instanz an den Rat weiterzuleiten, so dass dieser darüber befinden kann. Dieser Schutzmechanismus sollte jedoch nicht missbraucht werden, und zwar insbesondere im Zusammenhang mit einem Beschluss der Behörde, der keine signifikanten oder wesentlichen haushaltspolitischen Auswirkungen hat, wie etwa eine Einkommenskürzung infolge des vorübergehenden Verbots spezifischer Tätigkeiten oder Produkte zum Zwecke des Verbraucherschutzes. Bei der Beschlussfassung gemäß dieser Schutzklausel sollte der Rat bei der Abstimmung nach dem Grundsatz vorgehen, dass jedes Mitglied eine Stimme hat. Angesichts der besonderen Zuständigkeiten der Mitgliedstaaten auf diesem Gebiet ist es angemessen, dem Rat in dieser Angelegenheit eine Rolle zu übertragen. Aufgrund der Sensibilität der Thematik sollten strenge Vertraulichkeitsregelungen gewährleistet werden.

(51) Bei ihren Beschlussfassungsverfahren sollte die Behörde an Unionsregeln und allgemeine Grundsätze für ein ordnungsgemäßes Verfahren und Transparenz gebunden sein. Das Recht der Adressaten, an die die Beschlüsse der Behörde

Zu Abs. 46:

2) ABl. L 87 vom 31.3.2009, S. 164.

3) ABl. L 318 vom 27.11.1998, S. 8.

gerichtet sind, auf Anhörung sollte umfassend geachtet werden. Die Rechtsakte der Behörde sollten integraler Bestandteil des Unionsrechts sein.

(52) Ein Rat der Aufseher, der sich aus den Leitern der jeweils zuständigen Behörde jedes Mitgliedstaats zusammensetzt und unter der Leitung des Vorsitzenden der Behörde steht, sollte das Hauptbeschlussfassungsorgan der Behörde sein. Vertreter der Kommission, des ESRB, der Europäischen Zentralbank, der Europäischen Aufsichtsbehörde (Europäische Aufsichtsbehörde für das Versicherungswesen und die betriebliche Altersversorgung) und der Europäischen Aufsichtsbehörde (Europäische Wertpapier- und Marktaufsichtsbehörde) sollten als Beobachter an den Sitzungen teilnehmen. Die Mitglieder des Rates der Aufseher sollten unabhängig und lediglich im Interesse der Union handeln.

(53) In der Regel sollte der Rat der Aufseher seinen Beschluss mit einfacher Mehrheit nach dem Grundsatz treffen, dass jedes Mitglied über eine Stimme verfügt. Für Rechtsakte allgemeiner Art einschließlich jener im Zusammenhang mit technischen Regulierungs- und Durchführungsstandards, Leitlinien und Empfehlungen, im Hinblick auf Haushaltsfragen sowie für Anträge von Mitgliedstaaten auf Überprüfung des Beschlusses der Behörde, bestimmte Finanztätigkeiten vorübergehend zu verbieten oder zu beschränken, ist es jedoch angemessen, die in Artikel 16 Absatz 4 des Vertrags über die Europäische Union und in dem dem Vertrag über die Europäische Union und dem Vertrag über die Arbeitsweise der Europäischen Union beigefügten Protokoll (Nr. 36) über die Übergangsbestimmungen festgelegten Regeln für Abstimmungen mit qualifizierter Mehrheit anzuwenden. Fälle, in denen es um die Beilegung von Meinungsverschiedenheiten zwischen den nationalen Aufsichtsbehörden geht, sollten von einem objektiven Gremium mit begrenzter Repräsentation untersucht werden, das sich aus Mitgliedern zusammensetzt, die weder Vertreter der zuständigen Behörden sind, zwischen denen die Meinungsverschiedenheit besteht, noch ein Interesse an der Meinungsverschiedenheit oder direkte Verbindungen zu den betreffenden zuständigen Behörden haben. Die Zusammensetzung des Gremiums sollte angemessen ausgewogen sein. Der Beschluss des Gremiums sollte von den Mitgliedern des Rates der Aufseher mit einfacher Mehrheit nach dem Grundsatz, dass jedes Mitglied eine Stimme hat, gebilligt werden. Bei Beschlüssen, die von der konsolidierenden Aufsichtsbehörde gefasst werden, können die von dem Gremium vorgeschlagenen Beschlüsse jedoch durch Mitglieder, die eine Sperrminorität gemäß Artikel 16 Absatz 4 der Vertrags über die Europäische Union und gemäß Artikel 3 des Protokolls (Nr. 36) über die Übergangsbestimmungen darstellen, abgelehnt werden.

(54) Ein Verwaltungsrat, der sich aus dem Vorsitzenden der Behörde, Vertretern der nationalen Aufsichtsbehörden und der Kommission zusammensetzt, sollte gewährleisten, dass die Behörde ihren Auftrag erfüllt und die ihr zugewiesenen Aufgaben wahrnimmt. Dem Verwaltungsrat sollte unter anderem die Befugnis übertragen werden, das Jahres- und Mehrjahresarbeitsprogramm vorzuschlagen, bestimmte Haushaltsbefugnisse auszuüben, die Personalpolitikplanung der Behörde anzunehmen, besondere Bestimmungen über das Recht auf Zugang zu Dokumenten anzunehmen und den Jahresbericht vorzuschlagen.

(55) Die Behörde sollte von einem in Vollzeit beschäftigten Vorsitzenden vertreten werden, der vom Rat der Aufseher aufgrund eines von diesem veranstalteten und durchgeführten offenen Auswahlverfahrens aufgrund seiner Verdienste, seiner Kompetenzen, seiner Kenntnis von Finanzinstituten und -märkten sowie seiner Erfahrungen im Bereich Finanzaufsicht und -regulierung ernannt wird; die Kommission unterstützt den Rat der Aufseher bei der Durchführung des Auswahlverfahrens. Für die Benennung des ersten Vorsitzenden der Behörde sollte die Kommission unter anderem eine Liste von Bewerbern aufgrund ihrer Verdienste, ihrer Kompetenzen, ihrer Kenntnis von Finanzinstituten und -märkten sowie ihrer Erfahrungen in den Bereichen Finanzaufsicht und -regulierung aufstellen. Für die nachfolgenden Benennungen sollte die Möglichkeit, von der Kommission eine Liste aufstellen zu lassen, in dem gemäß dieser Verordnung zu erstellenden Bericht überprüft werden. Vor dem Amtsantritt der ausgewählten Person und innerhalb eines Monats nach ihrer Auswahl durch den Rat der Aufseher sollte das Europäische Parlament nach Anhörung der ausgewählten Person deren Ernennung widersprechen können.

(56) Die Leitung der Behörde sollte ein Exekutivdirektor übernehmen, der an den Sitzungen des Rates der Aufseher und des Verwaltungsrats ohne Stimmrecht teilnehmen kann.

(57) Um die sektorübergreifende Kohärenz der Tätigkeiten der ESA zu gewährleisten, sollten diese eng im Rahmen des Gemeinsamen Ausschusses zusammenarbeiten und erforderlichenfalls gemeinsame Positionen festlegen. Der Gemeinsame Ausschuss sollte die Aufgaben der ESA in Bezug auf Finanzkonglomerate und andere sektorübergreifende Fragen koordinieren. Erforderlichenfalls sollten Rechtsakte, die auch in den Zuständigkeitsbereich der Europäischen Aufsichts-

behörde (Europäische Aufsichtsbehörde für das Versicherungswesen und die betriebliche Altersversorgung) oder der Europäischen Aufsichtsbehörde (Europäische Wertpapier- und Marktaufsichtsbehörde) fallen, von den betreffenden Europäischen Aufsichtsbehörden parallel angenommen werden. Im Gemeinsamen Ausschuss sollten die Vorsitzenden der ESA für jeweils zwölf Monate im Wechsel den Vorsitz führen. Der Vorsitzende des Gemeinsamen Ausschusses sollte ein stellvertretender Vorsitzender des ESRB sein. Der Gemeinsame Ausschuss sollte über eigenes Personal verfügen, das von den ESA bereitgestellt wird, sodass ein informeller Informationsaustausch und die Entwicklung einer gemeinsamen Aufsichtskultur der ESA ermöglicht werden.

(58) Es muss gewährleistet sein, dass Beteiligte, die von Beschlüssen der Behörde betroffen sind, über angemessene Rechtsbehelfe verfügen. Um die Rechte von Beteiligten wirksam zu schützen und im Interesse eines reibungslosen Verfahrensablaufs in Fällen, in denen die Behörde Beschlussfassungsbefugnisse hat, sollten die Beteiligten das Recht erhalten, einen Beschwerdeausschuss anzurufen. Aus Gründen der Effizienz und der Kohärenz sollte es sich bei dem Beschwerdeausschuss um ein gemeinsames Organ der ESA handeln, das von ihren Verwaltungs- und Regulierungsstrukturen unabhängig ist. Die Beschlüsse des Beschwerdeausschusses sollten vor dem Gerichtshof der Europäischen Union anfechtbar sein.

(59) Um die volle Autonomie und Unabhängigkeit der Behörde zu gewährleisten, sollte dieser ein eigener Haushalt zur Verfügung gestellt werden, der im Wesentlichen aus Pflichtbeiträgen der nationalen Aufsichtsbehörden und aus dem Gesamthaushalt der Europäischen Union finanziert wird. Die Finanzierung der Behörde durch die Union wird gemäß Nummer 47 der Interinstitutionellen Vereinbarung vom 17. Mai 2006 zwischen dem Europäischen Parlament, dem Rat und der Kommission über die Haushaltsdisziplin und die wirtschaftliche Haushaltsführung[1] in einer Übereinkunft der Haushaltsbehörde geregelt. Das Haushaltsverfahren der Union sollte Anwendung finden. Die Rechnungsprüfung sollte durch den Rechnungshof erfolgen. Der gesamte Haushaltsplan unterliegt dem Entlastungsverfahren.

(60) Die Verordnung (EG) Nr. 1073/1999 des Europäischen Parlaments und des Rates vom 25. Mai 1999 über die Untersuchungen des Europäischen Amtes für Betrugsbekämpfung (OLAF)[2] sollte auf die Behörde Anwendung finden. Die Behörde sollte der Interinstitutionellen Vereinbarung vom 25. Mai 1999 zwischen dem Europäischen Parlament, dem Rat der Europäischen Union und der Kommission der Europäischen Gemeinschaften über die internen Untersuchungen des Europäischen Amtes für Betrugsbekämpfung (OLAF)[3] beitreten.

(61) Zur Gewährleistung offener und transparenter Beschäftigungsbedingungen und der Gleichbehandlung der Beschäftigten sollte das Personal der Behörde unter das Statut der Beamten und die Beschäftigungsbedingungen für die sonstigen Bediensteten der Gemeinschaften[4] fallen.

(62) Der Schutz von Geschäftsgeheimnissen und sonstiger vertraulicher Informationen ist von grundlegender Bedeutung. Deshalb sollten die der Behörde bereitgestellten und innerhalb des Netzwerks ausgetauschten Informationen strengen und wirksamen Vertraulichkeitsregeln unterworfen werden.

(63) Die Richtlinie 95/46/EG des Europäischen Parlaments und des Rates vom 24. Oktober 1995 zum Schutz natürlicher Personen bei der Verarbeitung personenbezogener Daten und zum freien Datenverkehr[5] und die Verordnung (EG) Nr. 45/2001 des Europäischen Parlaments und des Rates vom 18. Dezember 2000 zum Schutz natürlicher Personen bei der Verarbeitung personenbezogener Daten durch die Organe und Einrichtungen der Gemeinschaft und zum freien Datenverkehr[6] finden auf die Verarbeitung personenbezogener Daten für die Zwecke dieser Verordnung uneingeschränkt Anwendung.

(64) Um eine transparente Arbeitsweise der Behörde zu gewährleisten, sollte die Verordnung (EG) Nr. 1049/2001 des Europäischen Parlaments und des Rates vom 30. Mai 2001 über den Zugang der Öffentlichkeit zu Dokumenten des Europäischen Parlaments, des Rates und der Kommission[7] auf die Behörde Anwendung finden.

(65) Drittländer sollten sich auf der Grundlage entsprechender von der Union zu schließender

FMABG
FMA-IPV
FMA-KVO
FMA-GebV
FMA-FriVerV
NBG + Ven
EBA-VO
ESRB-VO
SSM-VO + Ven

Zu Abs. 59:

[1] *ABl. C 139 vom 14.6.2006, S. 1.*

Zu Abs. 60:

[2] *ABl. L 136 vom 31.5.1999, S. 1.*

[3] *ABl. L 136 vom 31.5.1999, S. 15.*

Zu Abs. 61:

[4] *ABl. L 56 vom 4.3.1968, S. 1.*

Zu Abs. 63:

[5] *ABl. L 281 vom 23.11.1995, S. 31.*

[6] *ABl. L 8 vom 12.1.2001, S. 1.*

Zu Abs. 64:

[7] *ABl. L 145 vom 31.5.2001, S. 43.*

Übereinkünfte an den Arbeiten der Behörde beteiligen können.

(66) Da die Ziele dieser Verordnung, nämlich die Verbesserung des Funktionierens des Binnenmarkts mittels der Gewährleistung eines hohen, wirksamen und kohärenten Maßes an Regulierung und Beaufsichtigung, des Schutzes von Einlegern und Anlegern, des Schutzes der Integrität, Effizienz und des ordnungsgemäßen Funktionierens der Finanzmärkte, der Wahrung der Stabilität des Finanzsystems und des Ausbaus der internationalen Koordinierung der Aufsicht, auf Ebene der Mitgliedstaaten nicht ausreichend verwirklicht werden können und daher wegen des Umfangs der Maßnahmen besser auf Unionsebene zu verwirklichen sind, kann die Union im Einklang mit dem in Artikel 5 des Vertrags über die Europäische Union niedergelegten Subsidiaritätsprinzip tätig werden. Entsprechend dem in demselben Artikel genannten Grundsatz der Verhältnismäßigkeit geht diese Verordnung nicht über das zur Erreichung dieser Ziele erforderliche Maß hinaus.

(67) Die Behörde sollte alle derzeitigen Aufgaben und Befugnisse des Ausschusses der europäischen Bankaufsichtsbehörden übernehmen. Der Beschluss 2009/78/EG der Kommission sollte deshalb mit dem Tag der Errichtung der Behörde aufgehoben werden und der Beschluss Nr. 716/2009/EG des Europäischen Parlaments und des Rates vom 16. September 2009 zur Auflegung eines Gemeinschaftsprogramms zur Unterstützung spezifischer Tätigkeiten auf dem Gebiet der Finanzdienstleistungen, der Rechnungslegung und der Abschlussprüfung[8] sollte entsprechend geändert werden. Angesichts der bestehenden Strukturen und Maßnahmen des Ausschusses der europäischen Bankaufsichtsbehörden ist es wichtig, für eine sehr enge Zusammenarbeit zwischen dem Ausschuss der europäischen Bankaufsichtsbehörden und der Kommission bei der Festlegung der geeigneten Übergangsregelungen zu sorgen, so dass sichergestellt wird, dass der Zeitraum, innerhalb dessen die Kommission für die administrative Errichtung und die Aufnahme der administrativen Tätigkeiten der Behörde verantwortlich ist, möglichst begrenzt ist.

(68) Für die Anwendung dieser Verordnung sollte eine Frist festgelegt werden, um zu gewährleisten, dass die Behörde für die Aufnahme ihrer Tätigkeiten angemessen vorbereitet ist und der Übergang vom Ausschuss der europäischen Bankaufsichtsbehörden auf die Behörde reibungslos erfolgt. Die Behörde sollte mit angemessenen Finanzmitteln ausgestattet sein. Zumindest am Anfang sollte sie zu 40 % aus Unionsmitteln und zu 60 % durch Beiträge der Mitgliedstaaten finanziert werden, die nach Maßgabe der Stimmengewichtung gemäß Artikel 3 Absatz 3 des Protokolls (Nr. 36) über die Übergangsbestimmungen entrichtet werden.

Zu Abs. 67:

[8] *ABl. L 253 vom 25.9.2009, S. 8.*

(69) Damit die Behörde am 1. Januar 2011 errichtet werden kann, sollte diese Verordnung am Tag nach ihrer Veröffentlichung im *Amtsblatt der Europäischen Union* in Kraft treten –

HABEN FOLGENDE VERORDNUNG ERLASSEN:

KAPITEL I

ERRICHTUNG UND RECHTSSTELLUNG

Artikel 1
Errichtung und Tätigkeitsbereich

(1) Mit dieser Verordnung wird eine Europäische Aufsichtsbehörde (Europäische Bankenaufsichtsbehörde) (im Folgenden „Behörde") errichtet.

(2) Die Behörde handelt im Rahmen der ihr durch diese Verordnung übertragenen Befugnisse und innerhalb des Anwendungsbereichs der Richtlinie 2002/87/EG, der Richtlinie 2008/48/EG[1] der Richtlinie 2009/110/EG, der Verordnung (EU) Nr. 575/2013[2] der Richtlinie 2013/36/EU[3] der Richtlinie 2014/49/EU[4] der Richtlinie 2014/92/EU des Europäischen Parlaments und des Rates[5] der Richtlinie (EU) 2015/2366[6] des Europäischen Parlaments und

Zu Artikel 1:

[1] *Richtlinie 2008/48/EG des Europäischen Parlaments und des Rates vom 23. April 2008 über Verbraucherkreditverträge und zur Aufhebung der Richtlinie 87/102/EWG des Rates (ABl. L 133 vom 22.5.2008, S. 66).*

[2] *Verordnung (EU) Nr. 575/2013 des Europäischen Parlaments und des Rates vom 26. Juni 2013 über Aufsichtsanforderungen an Kreditinstitute und zur Änderung der Verordnung (EU) Nr. 646/2012 (ABl. L 176 vom 27.6.2013, S. 1).*

[3] *Richtlinie 2013/36/EU des Europäischen Parlaments und des Rates vom 26. Juni 2013 über den Zugang zur Tätigkeit von Kreditinstituten und die Beaufsichtigung von Kreditinstituten und Wertpapierfirmen, zur Änderung der Richtlinie 2002/87/EG und zur Aufhebung der Richtlinien 2006/48/EG und 2006/49/EG (ABl. L 176 vom 27.6.2013, S. 338).*

[4] *Richtlinie 2014/49/EU des Europäischen Parlaments und des Rates vom 16. April 2014 über Einlagensicherungssysteme (ABl. L 173 vom 12.6.2014, S. 149).*

[5] *Richtlinie 2014/92/EU des Europäischen Parlaments und des Rates vom 23. Juli 2014 über die Vergleichbarkeit von Zahlungskontoentgelten, den Wechsel von Zahlungskonten und den Zugang zu Zahlungskonten mit grundlegenden Funktionen (ABl. L 257 vom 28.8.2014, S. 214).*

[6] *Richtlinie (EU) 2015/2366 des Europäischen Parlaments und des Rates vom 25. November 2015 über Zah-*

des Rates und, soweit diese Gesetzgebungsakte sich auf Kredit- und Finanzinstitute sowie die zuständigen Behörden, die diese beaufsichtigen, beziehen, der einschlägigen Teile der Richtlinie 2002/65/EG, einschließlich sämtlicher Richtlinien, Verordnungen und Beschlüsse, die auf der Grundlage dieser Gesetzgebungsakte angenommen wurden, sowie aller weiteren verbindlichen Rechtsakte der Union, die der Behörde Aufgaben übertragen. Die Behörde handelt ferner im Einklang mit der Verordnung (EU) Nr. 1024/2013 des Rates[7)]

Die Behörde wird auch im Rahmen der ihr durch diese Verordnung übertragenen Befugnisse und innerhalb des Anwendungsbereichs der Richtlinie (EU) 2015/849 des Europäischen Parlaments und des Rates[8)] und der Verordnung (EU) 2015/847 des Europäischen Parlaments und des Rates[9)] tätig, soweit jene Richtlinie und jene Verordnung auf Wirtschaftsbeteiligte des Finanzsektors und auf für deren Aufsicht zuständige Behörden anwendbar ist. Ausschließlich zu diesem Zweck führt die Behörde die Aufgaben durch, die der durch die Verordnung (EU) Nr. 1094/2010 des Europäischen Parlaments und des Rates[10)] errichteten Europäischen Aufsichtsbehörde (Europäische Aufsichtsbehörde für das Versicherungswesen und die betriebliche Altersversorgung) oder der durch die Verordnung (EU) Nr. 1095/2010 des Europäischen Parlaments und des Rates[11)] errichteten Europäischen Aufsichtsbehörde (Europäische Wertpapier- und Marktaufsichtsbehörde) durch einen rechtlich bindenden Rechtsakt der Union übertragen worden sind. Bei der Durchführung solcher Aufgaben konsultiert die Behörde diese Europäischen Aufsichtsbehörden und unterrichtet diese laufend über ihre Tätigkeiten im Zusammenhang mit Unternehmen, bei denen es sich um „Finanzinstitute" im Sinne des Artikels 4 Nummer 1 der Verordnung (EU) Nr. 1094/2010 oder „Finanzmarktteilnehmer" im Sinne des Artikels 4 Nummer 1 der Verordnung (EU) Nr. 1095/2010 handelt.

(3) Die Behörde wird in den Tätigkeitsbereichen von Kreditinstituten, Finanzkonglomeraten, Wertpapierfirmen, Zahlungsinstituten und E-Geld-Instituten im Zusammenhang mit Fragen tätig, die nicht unmittelbar von den in Absatz 2 genannten Gesetzgebungsakten abgedeckt werden, einschließlich Fragen der Unternehmensführung sowie der Rechnungsprüfung und Rechnungslegung, wobei sie nachhaltigen Geschäftsmodellen und der Einbeziehung ökologischer, sozialer und die Governance betreffender Faktoren Rechnung trägt, vorausgesetzt solche Maßnahmen sind erforderlich, um die wirksame und kohärente Anwendung dieser Gesetzgebungsakte sicherzustellen.

(4) Die Bestimmungen dieser Verordnung berühren nicht die Befugnisse der Kommission, die ihr insbesondere aus Artikel 258 AEUV erwachsen, um die Einhaltung des Unionsrechts zu gewährleisten.

(5) Das Ziel der Behörde besteht darin, das öffentliche Interesse zu schützen, indem sie für die Wirtschaft der Union, ihre Bürger und Unternehmen zur kurz-, mittel- und langfristigen Stabilität und Wirksamkeit des Finanzsystems beiträgt. Die Behörde trägt im Rahmen ihrer jeweiligen Zuständigkeiten zu Folgendem bei:

a) Verbesserung des Funktionierens des Binnenmarkts, insbesondere mittels einer soliden, wirksamen und kohärenten Regulierung und Überwachung;

b) Gewährleistung der Integrität, Transparenz, Effizienz und des ordnungsgemäßen Funktionierens der Finanzmärkte;

c) Ausbau der internationalen Koordinierung der Aufsicht;

d) Verhinderung von Aufsichtsarbitrage und Förderung gleicher Wettbewerbsbedingungen;

e) Gewährleistung, dass die Übernahme von Kredit- und anderen Risiken angemessen reguliert und beaufsichtigt wird;

lungsdienste im Binnenmarkt, zur Änderung der Richtlinien 2002/65/EG, 2009/110/EG und 2013/36/EU und der Verordnung (EU) Nr. 1093/2010 sowie zur Aufhebung der Richtlinie 2007/64/EG (ABl. L 337 vom 23.12.2015, S. 35).

7) Verordnung (EU) Nr. 1024/2013 des Rates vom 15. Oktober 2013 zur Übertragung besonderer Aufgaben im Zusammenhang mit der Aufsicht über Kreditinstitute auf die Europäische Zentralbank (ABl. L 287 vom 29.10.2013, S. 63).

8) Richtlinie (EU) 2015/849 des Europäischen Parlaments und des Rates vom 20. Mai 2015 zur Verhinderung der Nutzung des Finanzsystems zum Zwecke der Geldwäsche und der Terrorismusfinanzierung, zur Änderung der Verordnung (EU) Nr. 648/2012 des Europäischen Parlaments und des Rates und zur Aufhebung der Richtlinie 2005/60/EG des Europäischen Parlaments und des Rates und der Richtlinie 2006/70/EG der Kommission (ABl. L 141 vom 5.6.2015, S. 73).

9) Verordnung (EU) 2015/847 des Europäischen Parlaments und des Rates vom 20. Mai 2015 über die Übermittlung von Angaben bei Geldtransfers und zur Aufhebung der Verordnung (EU) Nr. 1781/2006 (ABl. L 141 vom 5.6.2015, S. 1).

10) Verordnung (EU) Nr. 1094/2010 des Europäischen Parlaments und des Rates vom 24. November 2010 zur Errichtung einer Europäischen Aufsichtsbehörde (Europäische Aufsichtsbehörde für das Versicherungswesen und die betriebliche Altersversorgung), zur Änderung des Beschlusses Nr. 716/2009/EG und zur Aufhebung des Beschlusses 2009/79/EG der Kommission (ABl. L 331 vom 15.12.2010, S. 48).

11) Verordnung (EU) Nr. 1095/2010 des Europäischen Parlaments und des Rates vom 24. November 2010 zur Errichtung einer Europäischen Aufsichtsbehörde (Europäische Wertpapier- und Marktaufsichtsbehörde), zur Änderung des Beschlusses Nr. 716/2009/EG und zur Aufhebung des Beschlusses 2009/77/EG der Kommission (ABl. L 331 vom 15.12.2010, S. 84).

f) Verbesserung des Kunden- und Verbraucherschutzes;

g) Verbesserung der Angleichung der Aufsicht im gesamten Binnenmarkt und

h) Verhinderung der Nutzung des Finanzsystems zum Zwecke der Geldwäsche und der Terrorismusfinanzierung.

Zu diesen Zwecken leistet die Behörde einen Beitrag zur Gewährleistung der kohärenten, effizienten und wirksamen Anwendung der in Absatz 2 des vorliegenden Artikels genannten Gesetzgebungsakte, fördert die Angleichung der Aufsicht und gibt gemäß Artikel 16a Stellungnahmen für das Europäische Parlament, den Rat und die Kommission ab.

Bei der Wahrnehmung der ihr durch diese Verordnung übertragenen Aufgaben berücksichtigt die Behörde insbesondere die Systemrisiken, die von Finanzinstituten ausgehen, deren Zusammenbruch Auswirkungen auf das Finanzsystem oder die Realwirtschaft haben kann.

Bei der Wahrnehmung ihrer Aufgaben handelt die Behörde unabhängig, objektiv und in nichtdiskriminierender und transparenter Weise im Interesse der Union als Ganzes und beachtet, wann immer dies relevant ist, den Grundsatz der Verhältnismäßigkeit. Die Behörde ist rechenschaftspflichtig, handelt integer und stellt sicher, dass alle Interessenvertreter fair behandelt werden.

Inhalt und Form der Tätigkeiten und Maßnahmen der Behörde, insbesondere Leitlinien, Empfehlungen, Stellungnahmen, Fragen und Antworten sowie die Entwürfe von Regulierungsstandards und Durchführungsstandards stehen in voller Übereinstimmung mit den anwendbaren Bestimmungen dieser Verordnung und der in Absatz 2 genannten Gesetzgebungsakte. Soweit nach diesen Bestimmungen zulässig und relevant, tragen die Tätigkeiten und Maßnahmen der Behörde gemäß dem Grundsatz der Verhältnismäßigkeit der Art, dem Umfang und der Komplexität der Risiken, die sich aus der von den Tätigkeiten und Maßnahmen der Behörde betroffenen Geschäftstätigkeit von Finanzinstituten, Unternehmen, anderen Subjekten oder Finanztätigkeiten ergeben, gebührend Rechnung.

(6) Die Behörde errichtet – als integralen Bestandteil der Behörde – einen Ausschuss, der sie in der Frage berät, wie ihre Tätigkeiten und Maßnahmen unter vollständiger Einhaltung der geltenden Vorschriften spezifischen Unterschieden, die innerhalb des Sektors in Bezug auf Art, Umfang und Komplexität von Risiken, Geschäftsmodelle und -praktiken sowie die Größe von Finanzinstituten und von Märkten bestehen, Rechnung tragen sollten, soweit diese Faktoren im Rahmen der betreffenden Vorschriften relevant sind.

Artikel 2
Europäisches System der Finanzaufsicht

(1) Die Behörde ist Bestandteil eines Europäischen Systems der Finanzaufsicht (ESFS). Das Hauptziel des ESFS besteht darin, die angemessene Anwendung der für den Finanzsektor geltenden Vorschriften zu gewährleisten, um die Finanzstabilität zu erhalten und für Vertrauen in das Finanzsystem insgesamt und für einen wirksamen und ausreichenden Schutz der Kunden und Verbraucher, die Finanzdienstleistungen in Anspruch nehmen, zu sorgen.

(2) Das ESFS besteht aus

a) dem Europäischen Ausschuss für Systemrisiken (ESRB) zur Wahrnehmung der Aufgaben gemäß der Verordnung (EU) Nr. 1092/2010 und der vorliegenden Verordnung;

b) der Behörde;

c) der durch die Verordnung (EU) Nr. 1094/2010[1] des Europäischen Parlaments und des Rates errichteten Europäischen Aufsichtsbehörde (Europäische Aufsichtsbehörde für das Versicherungswesen und die betriebliche Altersversorgung);

d) der durch die Verordnung (EU) Nr. 1095/2010[2] des Europäischen Parlaments und des Rates errichteten Europäischen Aufsichtsbehörde (Europäische Wertpapier- und Marktaufsichtsbehörde);

e) dem Gemeinsamen Ausschuss der Europäischen Aufsichtsbehörden (im Folgenden „Gemeinsamer Ausschuss") zur Wahrnehmung der Aufgaben gemäß den Artikeln 54 bis 57 der vorliegenden Verordnung, der Verordnung (EU) Nr. 1094/2010 und der Verordnung (EU) Nr. 1095/2010;

f) den zuständigen Behörden oder Aufsichtsbehörden, die in den in Artikel 1 Absatz 2 der vorliegenden Verordnung genannten Rechtsakten der Union aufgeführt sind, einschließlich der Europäischen Zentralbank in Bezug auf die Aufgaben, die dieser durch die Verordnung (EU) Nr. 1024/2013 die Verordnung (EU) Nr. 1094/2010 und die Verordnung (EU) Nr. 1095/2010 übertragen wurden.

(3) Die Behörde arbeitet im Rahmen des Gemeinsamen Ausschusses regelmäßig und eng mit dem ESRB sowie der Europäischen Aufsichtsbehörde (Europäische Aufsichtsbehörde für das Versicherungswesen und die betriebliche Altersversorgung) und der Europäischen Aufsichtsbehörde (Europäische Wertpapier- und Marktaufsichtsbehörde) zusammen und gewährleistet eine sektorübergreifende Kohärenz der Arbeiten und

Zu Artikel 2:

[1] *Siehe Seite 48 dieses Amtsblatts.*

[2] *Siehe Seite 84 dieses Amtsblatts.*

das Herbeiführen gemeinsamer Positionen im Bereich der Beaufsichtigung von Finanzkonglomeraten und zu anderen sektorübergreifenden Fragen.

(4) Im Einklang mit dem Grundsatz der loyalen Zusammenarbeit gemäß Artikel 4 Absatz 3 des Vertrags über die Europäische Union (EUV) arbeiten die Teilnehmer am ESFS vertrauensvoll und in uneingeschränktem gegenseitigem Respekt zusammen und stellen insbesondere die Weitergabe von angemessenen und zuverlässigen Informationen untereinander und von der Behörde an das Europäische Parlament, den Rat und die Kommission sicher.

(5) Diese Aufsichtsbehörden, die zum ESFS gehören, sind verpflichtet, die in der Union tätigen Finanzinstitute gemäß den in Artikel 1 Absatz 2 genannten Rechtsakten zu beaufsichtigen.

Unbeschadet der nationalen Zuständigkeiten beinhalten die in dieser Verordnung enthaltenen Bezugnahmen auf „Aufsicht" beziehungsweise „Beaufsichtigung" auch alle einschlägigen Tätigkeiten aller zuständigen Behörden, die gemäß den in Artikel 1 Absatz 2 genannten Gesetzgebungsakten durchzuführen sind.

Artikel 3
Rechenschaftspflicht der Behörden

(1) Die in Artikel 2 Absatz 2 Buchstaben a bis d genannten Behörden sind dem Europäischen Parlament und dem Rat gegenüber rechenschaftspflichtig. Die Europäische Zentralbank ist dem Europäischen Parlament und dem Rat gegenüber rechenschaftspflichtig in Bezug auf die Durchführung der gemäß der Verordnung (EU) Nr. 1024/2013 auf sie übertragenen Aufsichtsaufgaben gemäß jener Verordnung.

(2) Gemäß Artikel 226 AEUV kooperiert die Behörde bei Untersuchungen im Rahmen des genannten Artikels uneingeschränkt mit dem Europäischen Parlament.

(3) Der Rat der Aufseher nimmt einen Jahresbericht über die Tätigkeiten der Behörde, einschließlich der Ausführung der Aufgaben des Vorsitzenden, an und übermittelt diesen Bericht bis zum 15. Juni eines jeden Jahres dem Europäischen Parlament, dem Rat, der Kommission, dem Rechnungshof und dem Europäischen Wirtschafts- und Sozialausschuss. Der Bericht wird veröffentlicht.

(4) Der Vorsitzende nimmt auf Ersuchen des Europäischen Parlaments an einer Anhörung vor dem Europäischen Parlaments zur Leistung der Behörde teil. Eine Anhörung findet mindestens einmal jährlich statt. Der Vorsitzende gibt vor dem Europäischen Parlament eine Erklärung ab und stellt sich den Fragen seiner Mitglieder, wenn hierum ersucht wird.

(5) Der Vorsitzende legt dem Europäischen Parlament einen schriftlichen Bericht über die Tätigkeiten der Behörde vor, wenn er dazu aufgefordert wird und spätestens 15 Tage vor Abgabe der in Absatz 4 genannten Erklärung.

(6) Neben den in den Artikeln 11 bis 18 sowie den Artikeln 20 und 33 genannten Informationen beinhaltet der Bericht auch sämtliche relevanten Informationen, die vom Europäischen Parlament ad hoc angefordert werden.

(7) Die Behörde beantwortet sämtliche Fragen, die vom Europäischen Parlament oder vom Rat gestellt werden, mündlich oder schriftlich spätestens innerhalb von fünf Wochen nach deren Eingang.

(8) Auf Verlangen führt der Vorsitzende mit dem Vorsitzenden, den stellvertretenden Vorsitzenden und den Koordinatoren des zuständigen Ausschusses des Europäischen Parlaments unter Ausschluss der Öffentlichkeit vertrauliche Gespräche. Alle Teilnehmer unterliegen der Geheimhaltungspflicht.

(9) Unbeschadet ihrer aus der Teilnahme an internationalen Foren erwachsenden Vertraulichkeitsverpflichtungen unterrichtet die Behörde das Europäische Parlament auf Verlangen über ihren Beitrag zu einer geschlossenen, gemeinsamen, kohärenten und wirksamen Vertretung der Interessen der Union in solchen internationalen Foren.

Artikel 4
Begriffsbestimmungen

Im Sinne dieser Verordnung bezeichnet der Ausdruck

1. „Finanzinstitut" ein Unternehmen, das der Regulierung und Aufsicht gemäß den in Artikel 1 Absatz 2 genannten Gesetzgebungsakten der Union unterliegt;

1a. „Wirtschaftsbeteiligter des Finanzsektors" ein in Artikel 2 der Richtlinie (EU) 2015/849 genanntes Unternehmen, das entweder ein „Finanzinstitut" im Sinne der Nummer 1 des vorliegenden Artikels oder des Artikels 4 Nummer 1 der Verordnung (EU) Nr. 1094/2010 oder ein „Finanzmarktteilnehmer" im Sinne des Artikels 4 Nummer 1 der Verordnung (EU) Nr. 1095/2010 ist;

2. „zuständige Behörden"

i) zuständige Behörden im Sinne des Artikels 4 Absatz 1 Nummer 40 der Verordnung (EU) Nr. 575/2013, einschließlich der Europäischen Zentralbank in Bezug auf Angelegenheiten, die die ihr durch die Verordnung (EU) Nr. 1024/2013 übertragenen Aufgaben betreffen;

ii) in Bezug auf die Richtlinie 2002/65/EG die Behörden und Stellen, die dafür zuständig sind, die Einhaltung der Anforderungen der genannten Richtlinie durch die Finanzinstitute sicherzustellen;

iii) in Bezug auf die Richtlinie (EU) 2015/849 die Behörden und Stellen, die Wirtschaftsbeteiligte des Finanzsektors beaufsichtigen und dafür zuständig sind, deren Einhaltung der Anforderungen dieser Richtlinie sicherzustellen;

iv) in Bezug auf Einlagensicherungssysteme Einrichtungen, die Einlagensicherungssysteme nach der Richtlinie 2014/49/EU verwalten, oder in dem Fall, dass der Betrieb des Einlagensicherungssystems von einem privaten Unternehmen verwaltet wird, die öffentliche Behörde, die solche Systeme gemäß der genannten Richtlinie beaufsichtigt, und die in der genannten Richtlinie aufgeführten einschlägigen Verwaltungsbehörden;

v) in Bezug auf die Richtlinie 2014/59/EU des Europäischen Parlaments und des Rates[1] und die Verordnung (EU) Nr. 806/2014 des Europäischen Parlaments und des Rates[2] die gemäß Artikel 3 der Richtlinie 2014/59/EU benannten Abwicklungsbehörden und der mit der Verordnung (EU) Nr. 806/2014 eingeführte Einheitliche Abwicklungsausschuss sowie der Rat und die Kommission, wenn sie Maßnahmen im Sinne des Artikels 18 der Verordnung (EU) Nr. 806/2014 ergreifen, sofern sie keine Ermessensspielräume wahrnehmen oder politische Entscheidungen treffen;

vi) die „zuständigen Behörden" gemäß der Richtlinie 2014/17/EU des Europäischen Parlaments und des Rates[3] der Verordnung 2015/751 des Europäischen Parlaments und des Rates[4] der Richtlinie (EU) 2015/2366, der Richtlinie 2009/110/EG des Europäischen Parlaments und des Rates[5] und der Verordnung (EU) Nr. 260/2012 des Europäischen Parlaments und des Rates[6]

vii) die in Artikel 20 der Richtlinie 2008/48/EG genannten „Einrichtungen und Behörden".

viii) in Bezug auf die Verordnung (EU) 2019/2033 des Europäischen Parlaments und des Rates[7] behandeln die zuständigen Behörden im Sinne des Artikels 3 Absatz 1 Nummer 5 der Richtlinie (EU) 2019/2034 des Europäischen Parlaments und des Rates[8] der vorliegenden Richtlinie.

Artikel 5
Rechtsstellung

(1) Die Behörde ist eine Einrichtung der Union mit eigener Rechtspersönlichkeit.

(2) Die Behörde verfügt in jedem Mitgliedstaat über die weitestreichende Rechtsfähigkeit, die juristischen Personen nach dem jeweiligen nationalen Recht zuerkannt wird. Sie kann insbesondere bewegliches und unbewegliches Vermögen erwerben und veräußern und ist vor Gericht parteifähig.

(3) Die Behörde wird von ihrem Vorsitzenden vertreten.

Artikel 6
Zusammensetzung

Die Behörde besteht aus

1. einem Rat der Aufseher, der die in Artikel 43 vorgesehenen Aufgaben wahrnimmt;

2. einem Verwaltungsrat, der die in Artikel 47 vorgesehenen Aufgaben wahrnimmt;

3. einem Vorsitzenden, der die in Artikel 48 vorgesehenen Aufgaben wahrnimmt;

Zu Artikel 4:

[1] Richtlinie 2014/59/EU des Europäischen Parlaments und des Rates vom 15. Mai 2014 zur Festlegung eines Rahmens für die Sanierung und Abwicklung von Kreditinstituten und Wertpapierfirmen und zur Änderung der Richtlinie 82/891/EWG des Rates, der Richtlinien 2001/24/EG, 2002/47/EG, 2004/25/EG, 2005/56/EG, 2007/36/EG, 2011/35/EU, 2012/30/EU und 2013/36/EU sowie der Verordnungen (EU) Nr. 1093/2010 und (EU) Nr. 648/2012 des Europäischen Parlaments und des Rates (ABl. L 173 vom 12.6.2014, S. 190).

[2] Verordnung (EU) Nr. 806/2014 des Europäischen Parlaments und des Rates vom 15. Juli 2014 zur Festlegung einheitlicher Vorschriften und eines einheitlichen Verfahrens für die Abwicklung von Kreditinstituten und bestimmten Wertpapierfirmen im Rahmen eines einheitlichen Abwicklungsmechanismus und eines einheitlichen Abwicklungsfonds sowie zur Änderung der Verordnung (EU) Nr. 1093/2010 (ABl. L 225 vom 30.7.2014, S. 1).

[3] Richtlinie 2014/17/EU des Europäischen Parlaments und des Rates vom 4. Februar 2014 über Wohnimmobilienkreditverträge für Verbraucher und zur Änderung der Richtlinien 2008/48/EG und 2013/36/EU und der Verordnung (EU) Nr. 1093/2010 (ABl. L 60 vom 28.2.2014, S. 34).

[4] Verordnung (EU) 2015/751 des Europäischen Parlaments und des Rates vom 29. April 2015 über Interbankenentgelte für kartengebundene Zahlungsvorgänge (ABl. L 123 vom 19.5.2015, S. 1).

[5] Richtlinie 2009/110/EG des Europäischen Parlaments und des Rates vom 16. September 2009 über die Aufnahme, Ausübung und Beaufsichtigung der Tätigkeit von E-Geld-Instituten, zur Änderung der Richtlinien 2005/60/EG und 2006/48/EG sowie zur Aufhebung der Richtlinie 2000/46/EG (ABl. L 267 vom 10.10.2009, S. 7).

[6] Verordnung (EU) Nr. 260/2012 des Europäischen Parlaments und des Rates vom 14. März 2012 zur Festlegung der technischen Vorschriften und der Geschäftsanforderungen für Überweisungen und Lastschriften in Euro und zur Änderung der Verordnung (EG) Nr. 924/2009 (ABl. L 94 vom 30.3.2012, S. 22).

[7] Verordnung (EU) 2019/2033 des Europäischen Parlaments und des Rates vom 27. November 2019 über Aufsichtsanforderungen an Wertpapierfirmen und zur Änderung der Verordnungen EU Nr. 1093/2010, (EU) Nr. 575/2013, (EU) Nr. 600/2014 und (EU) Nr. 806/2014 (ABl. L 314 vom 5.12.2019, S. 1).

[8] Richtlinie (EU) 2019/2034 des Europäischen Parlaments und des Rates vom 27. November 2019 über die Beaufsichtigung von Wertpapierfirmen und zur Änderung der Richtlinien 2002/87/EG, 2009/65/EG, 2011/61/EU, 2013/36/EU, 2014/59/EU und 2014/65/EU (ABl. L 314 vom 5.12.2019, S. 64).

4. einem Exekutivdirektor, der die in Artikel 53 vorgesehenen Aufgaben wahrnimmt;

5. einem Beschwerdeausschuss, der die in Artikel 60 vorgesehenen Aufgaben wahrnimmt.

Artikel 7
Sitz

Die Behörde hat ihren Sitz in Paris, Frankreich.

Die Verlegung des Sitzes der Behörde darf die Behörde nicht bei der Wahrnehmung ihrer Aufgaben und Befugnisse, der Organisation ihrer Leitungsstruktur, dem Betrieb ihrer zentralen Organisation und der Sicherstellung der wesentlichen Finanzierung ihrer Tätigkeiten beeinträchtigen, wobei die Behörde gegebenenfalls Dienste im Bereich der Verwaltungsunterstützung und der Gebäudeverwaltung, die keinerlei Verbindung zu den Kernaufgaben aufweisen, gemeinsam mit Agenturen der Union nutzen kann. Bis zum 30. März 2019 und anschließend alle zwölf Monate legt die Kommission dem Europäischen Parlament und dem Rat einen Bericht dazu vor, ob die Europäischen Aufsichtsbehörden dieser Anforderung nachkommen.

KAPITEL II
AUFGABEN UND BEFUGNISSE DER BEHÖRDE

Artikel 8
Aufgaben und Befugnisse der Behörde

(1) Die Behörde hat folgende Aufgaben:

a) sie leistet auf Grundlage der in Artikel 1 Absatz 2 genannten Gesetzgebungsakte einen Beitrag zur Festlegung qualitativ hochwertiger gemeinsamer Regulierungs- und Aufsichtsstandards und -praktiken, indem sie insbesondere Entwürfe für technische Regulierungs- und Durchführungsstandards, Leitlinien, Empfehlungen sowie sonstige Maßnahmen, einschließlich Stellungnahmen, ausarbeitet;

aa) sie erarbeitet ein Aufsichtshandbuch der Union zur Beaufsichtigung von Finanzinstituten in der Union, das bewährte Aufsichtspraktiken und qualitativ hochwertige Methoden und Verfahren enthalten soll und unter anderem sich verändernden Geschäftspraktiken und Geschäftsmodellen sowie der Größe der Finanzinstitute und der Märkte Rechnung trägt, und hält es auf dem neuesten Stand;

ab) sie erarbeitet ein Abwicklungshandbuch der Union zur Abwicklung von Finanzinstituten in der Union, das bewährte Praktiken und qualitativ hochwertige Methoden und Verfahren für die Abwicklung enthalten soll und der Arbeit des Einheitlichen Abwicklungsausschusses, sich verändernden Geschäftspraktiken und Geschäftsmodellen sowie der Größe der Finanzinstitute und der Märkte Rechnung trägt, und hält es auf dem neuesten Stand;

b) sie trägt zur kohärenten Anwendung der verbindlichen Rechtsakte der Union bei, insbesondere indem sie eine gemeinsame Aufsichtskultur schafft, die kohärente, effiziente und wirksame Anwendung der in Artikel 1 Absatz 2 genannten Gesetzgebungsakte sicherstellt, Aufsichtsarbitrage verhindert, die Unabhängigkeit der Aufsicht fördert und überwacht, bei Meinungsverschiedenheiten zwischen den zuständigen Behörden vermittelt und diese beilegt, eine wirksame und einheitliche Beaufsichtigung der Finanzinstitute sowie ein kohärentes Funktionieren der Aufsichtskollegien sicherstellt, und unter anderem in Krisensituationen tätig wird;

c) sie erleichtert die Delegation von Aufgaben und Zuständigkeiten unter zuständigen Behörden;

d) sie arbeitet eng mit dem ESRB zusammen, indem sie dem ESRB insbesondere die für die Erfüllung seiner Aufgaben erforderlichen Informationen übermittelt und angemessene Folgemaßnahmen für die Warnungen und Empfehlungen des ESRB sicherstellt;

e) sie organisiert vergleichende Analysen (im Folgenden „Peer Reviews") der zuständigen Behörden und führt diese durch, gibt in diesem Zusammenhang Leitlinien und Empfehlungen heraus und bestimmt bewährte Vorgehensweisen, um die Kohärenz der Ergebnisse der Aufsicht zu stärken;

f) sie überwacht und bewertet Marktentwicklungen in ihrem Zuständigkeitsbereich, gegebenenfalls einschließlich Entwicklungen in Bezug auf Tendenzen bei der Kreditvergabe, insbesondere an private Haushalte und KMU, und bei innovativen Finanzdienstleistungen, wobei sie Entwicklungen im Zusammenhang mit ökologischen, sozialen und die Governance betreffenden Faktoren gebührend berücksichtigt;

g) sie führt Marktanalysen durch, um bei der Wahrnehmung ihrer Aufgaben auf entsprechende Informationen zurückgreifen zu können;

h) sie fördert gegebenenfalls den Einleger-, Verbraucher- und Anlegerschutz, insbesondere im Hinblick auf Mängel in einem grenzübergreifenden Kontext und unter Berücksichtigung damit zusammenhängender Risiken;

i) sie fördert im Einklang mit den Artikeln 21 bis 26 die einheitliche und kohärente Funktionsweise der Aufsichtskollegien, die Überwachung, Bewertung und Messung der Systemrisiken, die Entwicklung und Koordinierung von Sanierungs- und Abwicklungsplänen, bietet ein hohes Schutzniveau für Einleger und Anleger in der gesamten Union, entwickelt Verfahren für die Abwicklung insolvenzbedrohter Finanzinstitute und bewertet die Notwendigkeit geeigneter Finanzierungsinstrumente, um die Zusammenarbeit zwischen den zuständigen Behörden zu fördern, die an der Bewältigung von Krisen grenzüberschreitend tätiger Institute beteiligt sind, von denen potentiell ein Systemrisiko ausgehen könnte;

ia) sie leistet einen Beitrag zur Aufstellung einer gemeinsamen Finanzdatenstrategie der Union;

j) sie erfüllt jegliche sonstigen Aufgaben, die in dieser Verordnung oder in anderen Gesetzgebungsakten festgelegt sind;

k) sie veröffentlicht auf ihrer Website regelmäßig aktualisierte Informationen über ihren Tätigkeitsbereich, insbesondere innerhalb ihres Zuständigkeitsbereichs über registrierte Finanzinstitute, um sicherzustellen, dass die Informationen der Öffentlichkeit leicht zugänglich sind;

ka) sie veröffentlicht und aktualisiert auf ihrer Website regelmäßig für jeden in Artikel 1 Absatz 2 genannten Gesetzgebungsakt alle technischen Regulierungsstandards, technischen Durchführungsstandards, Leitlinien, Empfehlungen sowie Fragen und Antworten einschließlich Übersichten zum aktuellen Stand laufender Arbeiten und zum Zeitplan für die Annahme von Entwürfen technischer Regulierungsstandards und technischer Durchführungsstandards;

l) sie trägt zur Verhinderung der Nutzung des Finanzsystems zum Zwecke der Geldwäsche und der Terrorismusfinanzierung bei, auch indem sie die kohärente, effiziente und wirksame Anwendung der in Artikel 1 Absatz 2 der vorliegenden Verordnung, Artikel 1 Absatz 2 der Verordnung (EU) Nr. 1094/2010 und Artikel 1 Absatz 2 der Verordnung (EU) Nr. 1095/2010 genannten Gesetzgebungsakte im Hinblick auf die Verhinderung der Nutzung des Finanzsystems zum Zwecke der Geldwäsche oder der Terrorismusfinanzierung fördert.

la) Bei der Wahrnehmung ihrer Aufgaben gemäß dieser Verordnung

a) macht die Behörde in vollem Umfang von ihren Befugnissen Gebrauch;

b) trägt die Behörde unter gebührender Berücksichtigung des Ziels, die Sicherheit und Solidität der Finanzinstitute zu gewährleisten, den verschiedenen Arten der Finanzinstitute, ihren Geschäftsmodellen und ihrer Größe umfassend Rechnung und

c) trägt die Behörde der technologischen Innovation, innovativen und nachhaltigen Geschäftsmodellen und der Einbeziehung ökologischer, sozialer und die Governance betreffender Faktoren Rechnung.

(2) Um die in Absatz 1 festgelegten Aufgaben ausführen zu können, wird die Behörde mit den in dieser Verordnung vorgesehenen Befugnissen ausgestattet; dazu zählen insbesondere die Befugnisse

a) zur Entwicklung von Entwürfen technischer Regulierungsstandards in den in Artikel 10 genannten besonderen Fällen;

b) zur Entwicklung von Entwürfen technischer Durchführungsstandards in den in Artikel 15 genannten besonderen Fällen;

c) zur Herausgabe von Leitlinien und Empfehlungen gemäß Artikel 16;

ca) zur Herausgabe von Empfehlungen gemäß Artikel 29a;

d) zur Abgabe von Empfehlungen in besonderen Fällen gemäß Artikel 17 Absatz 3;

da) zur Herausgabe von Warnungen gemäß Artikel 9 Absatz 3;

e) zum Erlass von an die zuständigen Behörden gerichteten Beschlüssen im Einzelfall in den in Artikel 18 Absatz 3 und Artikel 19 Absatz 3 genannten besonderen Fällen;

f) in Fällen, die unmittelbar anwendbares Unionsrecht betreffen, zum Erlass von an Finanzinstitute gerichteten Beschlüssen im Einzelfall in den in Artikel 17 Absatz 6, in Artikel 18 Absatz 4 und in Artikel 19 Absatz 4 genannten besonderen Fällen;

g) zur Abgabe von Stellungnahmen für das Europäische Parlament, den Rat oder die Kommission gemäß Artikel 16a;

ga) zur Beantwortung von Fragen gemäß Artikel 16b;

gb) zur Ergreifung von Maßnahmen gemäß Artikel 9c;

h) zur Einholung der erforderlichen Informationen zu Finanzinstituten gemäß Artikel 35;

i) zur Entwicklung gemeinsamer Methoden zur Bewertung der Wirkungen von Produktmerkmalen und Verteilungsprozessen auf die Finanzlage der Institute und den Verbraucherschutz;

j) zur Bereitstellung einer zentral zugänglichen Datenbank der registrierten Finanzinstitute in ihrem Zuständigkeitsbereich, sofern dies in den in Artikel 1 Absatz 2 genannten Rechtsakten vorgesehen ist.

(3) Bei der Wahrnehmung der in Absatz 1 genannten Aufgaben und bei der Ausübung der in Absatz 2 genannten Befugnisse handelt die Behörde auf Grundlage des Rechtsrahmens und innerhalb der von ihm gesetzten Grenzen und trägt dem Grundsatz der Verhältnismäßigkeit, sofern dies relevant ist, und der besseren Rechtsetzung Rechnung, einschließlich den Ergebnissen von Kosten-Nutzen-Analysen, die im Einklang mit dieser Verordnung erstellt wurden.

Die in den Artikeln 10, 15, 16 und 16a genannten offenen öffentlichen Konsultationen finden auf möglichst breiter Basis statt, damit alle interessierten Parteien einbezogen werden können, und gewähren den Interessenvertretern einen angemessenen Zeitraum für Antworten. Die Behörde veröffentlicht eine Zusammenfassung der von Interessenvertretern eingegangenen Beiträge und einen Überblick darüber, wie die bei der Konsultation erhaltenen Informationen und Ansichten in einem Entwurf eines technischen Regulierungsstandards und einem Entwurf eines technischen Durchführungsstandards verwertet wurden.

Artikel 9
Aufgaben im Zusammenhang mit dem Verbraucherschutz und mit Finanztätigkeiten

(1) Die Behörde übernimmt eine Führungsrolle bei der Förderung von Transparenz, Einfachheit und Fairness auf dem Markt für Finanzprodukte beziehungsweise -dienstleistungen für Verbraucher im Binnenmarkt, und zwar unter anderem durch

a) die Erfassung und Analyse von Verbrauchertrends, wie etwa der Entwicklung der Kosten und Gebühren für Finanzdienstleistungen und -produkte für Privatkunden in den Mitgliedstaaten, und die Berichterstattung über diese Trends;

aa) die Durchführung eingehender themenbezogener Überprüfungen des Marktverhaltens, wobei an der Entwicklung eines gemeinsamen Verständnisses der Marktpraktiken gearbeitet wird, um mögliche Probleme zu erkennen und ihre Auswirkungen zu analysieren;

ab) die Entwicklung von Indikatoren für das Privatanlegerrisiko, mit denen Faktoren, die negative Auswirkungen für die Verbraucher und Anleger haben könnten, rechtzeitig ermittelt werden können;

b) die Überprüfung und Koordinierung von Initiativen der zuständigen Behörden zur Vermittlung von Wissen und Bildung über Finanzfragen;

c) die Entwicklung von Ausbildungsstandards für die Wirtschaft;

d) die Mitwirkung an der Entwicklung allgemeiner Offenlegungsvorschriften;

e) die Förderung von gleichen Wettbewerbsbedingungen im Binnenmarkt, sodass die Verbraucher und anderen Nutzer von Finanzdienstleistungen einen fairen Zugang zu Finanzdienstleistungen und -produkten haben;

f) die Förderung weiterer Entwicklungen in den Bereichen Regulierung und Aufsicht, die eine tiefergehende Harmonisierung und Integration auf Unionsebene ermöglichen könnten und

g) gegebenenfalls die Koordinierung von Testkäufen durch die zuständigen Behörden.

(2) Die Behörde überwacht neue und bestehende Finanztätigkeiten und kann Leitlinien und Empfehlungen annehmen, um die Sicherheit und Solidität der Märkte und die Angleichung und Wirksamkeit der Regulierungs- und Aufsichtspraktiken zu fördern.

(3) Die Behörde kann auch Warnungen herausgeben, wenn eine Finanztätigkeit eine ernsthafte Bedrohung für die in Artikel 1 Absatz 5 festgelegten Ziele darstellt.

(4) Die Behörde errichtet – als integralen Bestandteil der Behörde – einen Ausschuss für Verbraucherschutz und Finanzinnovationen, der alle jeweils zuständigen Behörden und Verbraucherschutzbehörden zusammen bringt, um den Verbraucherschutz zu stärken, eine koordinierte Herangehensweise an die regulatorische und aufsichtsrechtliche Behandlung neuer oder innovativer Finanztätigkeiten zu erreichen und der Behörde Rat zu erteilen, den sie dem Europäischen Parlament, dem Rat und der Kommission vorlegt. Die Behörde arbeitet eng mit dem mit der Verordnung (EU) 2016/679 des Europäischen Parlaments und des Rates[1)] eingerichteten Europäischen Datenschutzausschuss zusammen, um Duplizierungen, Unstimmigkeiten und Rechtsunsicherheit im Bereich des Datenschutzes zu vermeiden. Die Behörde kann auch nationale Datenschutzbehörden als Beobachter in den Ausschuss laden.

(5) Die Behörde kann die Vermarktung, den Vertrieb oder den Verkauf von bestimmten Finanzprodukten, -instrumenten oder -tätigkeiten, die das Potenzial haben, den Kunden oder Verbrauchern erheblichen finanziellen Schaden zu verursachen, oder das ordnungsgemäße Funktionieren und die Integrität der Finanzmärkte oder die Stabilität des Finanzsystems in der Union als Ganzes oder in Teilen zu gefährden, in den Fällen und unter den Bedingungen, die in den in Artikel 1 Absatz 2 genannten Gesetzgebungsakten festgelegt sind, beziehungsweise erforderlichenfalls im Krisenfall nach Maßgabe des Artikels 18 und unter den darin festgelegten Bedingungen vorübergehend verbieten oder beschränken.

Die Behörde überprüft den in Unterabsatz 1 genannten Beschluss in angemessenen Abständen, und mindestens alle sechs Monate. Nach mindestens zwei aufeinanderfolgenden Verlängerungen und auf der Grundlage einer ordnungsgemäßen Analyse mit dem Ziel der Bewertung der Auswirkungen auf den Kunden oder Verbraucher kann die Behörde die jährliche Verlängerung des Verbots beschließen.

Ein Mitgliedstaat kann die Behörde ersuchen, ihren Beschluss zu überprüfen. In diesem Fall beschließt die Behörde gemäß dem in Artikel 44 Absatz 1 Unterabsatz 2 festgelegten Verfahren, ob dieser Beschluss aufrechterhalten wird.

Die Behörde kann auch überprüfen, ob es notwendig ist, bestimmte Arten von Finanztätigkeiten oder -praktiken zu verbieten oder zu beschränken, und, sollte dies notwendig sein, die Kommission

FMABG
FMA-IPV
FMA-KVO
FMA-GebV
FMA-FriVerV
NBG + Ven
EBA-VO
ESRB-VO
SSM-VO + Ven

Zu Artikel 9:

[1)] Verordnung (EU) 2016/679 des Europäischen Parlaments und des Rates vom 27. April 2016 zum Schutz natürlicher Personen bei der Verarbeitung personenbezogener Daten, zum freien Datenverkehr und zur Aufhebung der Richtlinie 95/46/EG (Datenschutz-Grundverordnung) (ABl. L 119 vom 4.5.2016, S. 1).

und die zuständigen Behörden informieren, um den Erlass eines solchen Verbots oder einer solchen Beschränkung zu erleichtern.

Artikel 9a
Besondere Aufgaben im Zusammenhang mit der Verhinderung und Bekämpfung der Geldwäsche und Terrorismusfinanzierung

(1) Die Behörde übernimmt im Rahmen ihrer jeweiligen Zuständigkeiten eine führende, koordinierende und überwachende Rolle bei der Förderung der Integrität, Transparenz und Sicherheit im Finanzsystem durch die Annahme von Maßnahmen zur Verhinderung und Bekämpfung von Geldwäsche und Terrorismusfinanzierung im Finanzsystem. Entsprechend dem Grundsatz der Verhältnismäßigkeit gehen diese Maßnahmen nicht über das zur Verwirklichung der Ziele dieser Verordnung und der in Artikel 1 Absatz 2 genannten Gesetzgebungsakte erforderliche Maß hinaus und tragen der Art, dem Umfang und der Komplexität der Risiken, den Geschäftspraktiken, den Geschäftsmodellen und der Größe der Wirtschaftsbeteiligten des Finanzsektors und der Märkte gebührend Rechnung. Zu diesen Maßnahmen gehören:

a) die Sammlung von Informationen der zuständigen Behörden über Schwächen, die bei laufenden Aufsichts- und Zulassungsverfahren in den Prozessen und Verfahren, in der Governance, bei der Zuverlässigkeit und Eignung, beim Erwerb qualifizierter Beteiligungen, in den Geschäftsmodellen und Tätigkeiten von Wirtschaftsbeteiligten des Finanzsektors in Bezug auf die Verhinderung und Bekämpfung von Geldwäsche und Terrorismusfinanzierung festgestellt worden sind sowie die Maßnahmen, die von den zuständigen Behörden als Reaktion auf die folgenden wesentlichen Schwächen, die eine oder mehrere Anforderungen der in Artikel 1 Absatz 2 der vorliegenden Verordnung, Artikel 1 Absatz 2 der Verordnung (EU) Nr. 1094/2010 und Artikel 1 Absatz 2 der Verordnung (EU) Nr. 1095/2010 genannten Gesetzgebungsakten der Union beziehungsweise jegliche sie umsetzenden nationalen Rechtsvorschriften betreffen, getroffen wurden, im Hinblick auf die Verhinderung und Bekämpfung der Nutzung des Finanzsystems zum Zwecke der Geldwäsche oder der Terrorismusfinanzierung:

i) ein Verstoß oder potenzieller Verstoß durch einen Wirtschaftsbeteiligten des Finanzsektors gegen solche Anforderungen, oder

ii) die unangemessene oder unwirksame Anwendung solchen Anforderungen durch einen Wirtschaftsbeteiligten des Finanzsektors von, oder

iii) die unangemessene oder unwirksame Anwendung interner Strategien und Verfahren durch einen Wirtschaftsbeteiligten des Finanzsektors zur Sicherstellung der Einhaltung von solchen Anforderungen.

Die zuständigen Behörden stellen der Behörde zusätzlich zu den Verpflichtungen nach Artikel 35 der vorliegenden Verordnung alle derartigen Informationen zur Verfügung und informieren die Behörde zeitnah über alle nachfolgenden Entwicklungen im Zusammenhang mit den übermittelten Informationen auf dem Laufenden. Die Behörde arbeitet in enger Abstimmung mit den zentralen Meldestellen der EU gemäß der Richtlinie (EU) 2015/849, wobei sie deren Status und deren Verpflichtungen achtet, und ohne unnötige Duplizierungen.

Die zuständigen Behörden können nach Maßgabe des nationalen Rechts alle zusätzlichen Informationen, die sie für die Verhinderung und Bekämpfung der Nutzung des Finanzsystems zum Zwecke der Geldwäsche oder der Terrorismusfinanzierung als relevant erachten, an die in Absatz 2 genannte zentrale Datenbank weitergeben;

b) die enge Abstimmung und, sofern angemessen, den Informationsaustausch mit den zuständigen Behörden, einschließlich der Europäischen Zentralbank, wenn es um Angelegenheiten von Aufgaben im Rahmen der Verordnung (EU) Nr. 1024/2013 geht, und mit den Behörden, denen die öffentliche Aufgabe der Aufsicht über die in Artikel 2 Absatz 1 Nummern 1 und 2 der Richtlinie (EU) 2015/849 genannten Verpflichteten übertragen wurde, sowie mit den zentralen Meldestellen, wobei der Status und die Verpflichtungen der zentralen Meldestellen gemäß der Richtlinie (EU) 2015/849 geachtet werden;

c) die Entwicklung gemeinsamer Leitlinien und Standards für die Verhinderung und Bekämpfung von Geldwäsche und Terrorismusfinanzierung im Finanzsektor und die Förderung ihrer einheitlichen Umsetzung, insbesondere, indem Entwürfe für technische Regulierungs- und Durchführungsstandards entsprechend den Mandaten, die in den in Artikel 1 Absatz 2 genannten Gesetzgebungsakten niedergelegt sind, sowie Leitlinien, Empfehlungen und sonstige Maßnahmen, einschließlich Stellungnahmen, ausgearbeitet werden, die sich auf die in Artikel 1 Absatz 2 genannten Gesetzgebungsakte stützen;

d) die Unterstützung zuständiger Behörden, wenn diese spezifische Ersuchen stellen;

e) die Beobachtung der Marktentwicklungen und die Bewertung der Anfälligkeit und der Risiken im Zusammenhang mit Geldwäsche und Terrorismusfinanzierung im Finanzsektor.

Bis zum 31. Dezember 2020 erarbeitet die Behörde Entwürfe technischer Regulierungsstandards zur Festlegung der Definition von Schwächen gemäß Unterabsatz 1 Buchstabe a, einschließlich der entsprechenden Situationen, in denen Schwächen auftreten können, der Wesentlichkeit von Schwächen und der praktischen Umsetzung der Informationserhebung durch die Behörde sowie der Art der Informationen, die gemäß Unterabsatz 1 Buchstabe a zur Verfügung gestellt werden sollten. Bei der Ausarbeitung dieser technischen Standards berücksichtigt die Behörde den Umfang der bereitzustellenden Informationen und die Notwendigkeit, Duplizierungen zu vermeiden. Außerdem erarbeitet sie Regelungen zur Gewährleistung der Wirksamkeit und der Vertraulichkeit.

Der Kommission wird die Befugnis übertragen, die in Unterabsatz 2 des vorliegenden Absatzes genannten technischen Regulierungsstandards gemäß den Artikeln 10 bis 14 zu erlassen, um diese Verordnung zu ergänzen.

(2) Die Behörde erstellt eine zentrale Datenbank mit Informationen, die gemäß Absatz 1 Buchstabe a gesammelt werden, und hält diese Datenbank auf dem aktuellen Stand. Die Behörde stellt sicher, dass diese Informationen analysiert werden und den zuständigen Behörden nach dem Grundsatz, dass Informationen nach dem Grundsatz „Kenntnis nur wenn nötig" und auf vertraulicher Basis zur Verfügung gestellt werden. Die Behörde kann, sofern angemessen, in ihrem Besitz befindliches Beweismaterial, die eine strafrechtliche Verfolgung nach sich ziehen könnten, gemäß den nationalen Verfahrensvorschriften an die nationalen Justizbehörden und die zuständigen Behörden des betreffenden Mitgliedstaats übermitteln. Die Behörde kann Beweismaterial sofern angemessen auch an den Europäischen Staatsanwalt übermitteln, sofern dieses Beweismaterial Straftaten betrifft, für die die Europäischen Staatsanwaltschaft gemäß der Verordnung (EU) 2017/1939 des Rates[1] Zuständigkeit ausübt oder ausüben könnte.

(3) Die zuständigen Behörden können begründete Ersuchen um Informationen über Wirtschaftsbeteiligte des Finanzsektors an die Behörde richten, die für ihre Aufsichtstätigkeiten im Hinblick auf die Verhinderung der Nutzung des Finanzsystems zum Zwecke der Geldwäsche oder der Terrorismusfinanzierung relevant sind. Die Behörde beurteilt diese Ersuchen und stellt die von den zuständigen Behörden erbetenen Informationen nach dem Grundsatz „Kenntnis nur wenn nötig" und zeitnah zur Verfügung. Stellt die Behörde die erbetenen Informationen nicht zur Verfügung, so teilt sie dies der ersuchenden zuständigen Behörde mit und erläutert, warum die Informationen nicht zur Verfügung gestellt werden. Die Behörde informiert die zuständige Behörde oder eine andere Behörde oder Einrichtung, die die erbetenen Informationen ursprünglich zur Verfügung gestellt hat, über die Identität der ersuchenden zuständigen Behörde, die Identität des betreffenden Wirtschaftsbeteiligten des Finanzsektors, den Grund für das Informationsersuchen und darüber, ob die Informationen weitergegeben wurden. Außerdem analysiert die Behörde die Informationen, um relevante Informationen von Amts wegen an die zuständigen Behörden für deren Aufsichtstätigkeiten im Hinblick auf die Verhinderung der Nutzung des Finanzsystems zum Zwecke der Geldwäsche oder der Terrorismusfinanzierung weiterzugeben. Wenn sie Informationen weitergibt, informiert sie die zuständige Behörde, die die Informationen ursprünglich zur Verfügung gestellt hat. Für die Stellungnahme, die sie gemäß Artikel 6 Absatz 5 der Richtlinie (EU) 2015/849 zu erstellen hat, nimmt sie auch Analysen auf aggregierter Basis vor.

Bis zum 31. Dezember 2020 erarbeitet die Behörde Entwürfe technischer Regulierungsstandards, in denen festgelegt wird, wie die Informationen zu analysieren und den zuständigen Behörden nach dem Grundsatz „Kenntnis nur wenn nötig" und auf vertraulicher Basis zur Verfügung zu stellen sind.

Der Kommission wird die Befugnis übertragen, die in Unterabsatz 2 des vorliegenden Absatzes genannten technischen Regulierungsstandards gemäß den Artikeln 10 bis 14 zu erlassen, um diese Verordnung zu ergänzen.

(4) Die Behörde fördert die Konvergenz der in der Richtlinie (EU) 2015/849 genannten Aufsichtsverfahren, einschließlich durch Peer Reviews und hierauf bezogene Berichte sowie Folgemaßnahmen gemäß Artikel 30 der vorliegenden Verordnung. Bei der Durchführung solcher Analysen gemäß Artikel 30 der vorliegenden Verordnung berücksichtigt die Behörde einschlägige Evaluierungen, Bewertungen oder Berichte internationaler Organisationen sowie zwischenstaatlicher Stellen mit Zuständigkeit im Bereich der Verhinderung von Geldwäsche und Terrorismusfinanzierung sowie den alle zwei Jahre vorgelegten Bericht der Kommission gemäß Artikel 6 der Richtlinie (EU) 2015/849 und die von den Mitgliedstaaten vorgenommenen Risikobewertungen gemäß Artikel 7 jener Richtlinie.

(5) Die Behörde führt unter Mitwirkung der zuständigen Behörden Risikobewertungen der Strategien, Kapazitäten und Ressourcen der zuständigen Behörden durch, um den wichtigsten aufkommenden Risiken im Zusammenhang mit Geldwäsche und Terrorismusfinanzierung auf Unionsebene, die in der supranationalen Risikobewertung ermittelt wurden, zu begegnen. Diese Risikobewertungen nimmt sie insbesondere zur Ausarbeitung ihrer gemäß Artikel 6 Absatz 5 der Richtlinie (EU) 2015/849 abzugebenden Stellungnahme vor. Die Behörde nimmt Risikobewertungen anhand der ihr vorliegenden Informationen vor, einschließlich Peer-Reviews gemäß Arti-

Zu Artikel 9a:

[1] Verordnung (EU) 2017/1939 des Rates vom 12. Oktober 2017 zur Durchführung einer Verstärkten Zusammenarbeit zur Errichtung der Europäischen Staatsanwaltschaft (EUStA) (ABl. L 283 vom 31.10.2017, S. 1).

kel 30 der vorliegenden Verordnung, der Analyse, die sie auf aggregierter Basis mit den für Zwecke der zentralen Datenbank nach Absatz 2 des vorliegenden Artikels zusammengestellten Informationen durchgeführt hat, sowie sachdienlicher Evaluierungen, Bewertungen oder Berichte, die von internationalen Organisationen und zwischenstaatlichen Stellen mit Zuständigkeit im Bereich der Verhinderung der Geldwäsche und der Terrorismusfinanzierung ausgearbeitet wurden, und der Risikobewertungen der Mitgliedstaaten nach Artikel 7 der Richtlinie (EU) 2015/849. Die Behörde stellt die Risikobewertungen allen zuständigen Behörden zur Verfügung.

Für die Zwecke des Unterabsatzes 1 des vorliegenden Absatzes erarbeitet die Behörde über ihren nach Absatz 7 des vorliegenden Artikels eingesetzten internen Ausschuss Methoden, die eine objektive Bewertung sowie eine qualitativ hochwertige und kohärente Überprüfung der Bewertungen und der Anwendung der Methodik ermöglichen und gleiche Voraussetzungen schaffen, und wendet diese an. Dieser interne Ausschuss nimmt die Überprüfung der Risikobewertungen auf Qualität und Kohärenz vor. Er erstellt die Entwürfe der Risikobewertungen zur Annahme durch den Rat der Aufseher nach Artikel 44.

(6) In Fällen, in denen es Hinweise auf Verstöße gegen die Anforderungen der Richtlinie (EU) 2015/849 durch Wirtschaftsbeteiligte des Finanzsektors gibt und in denen eine grenzüberschreitende Dimension mit Drittländern vorhanden ist, übernimmt die Behörde eine führende Rolle dabei, erforderlichenfalls zur Erleichterung der Zusammenarbeit zwischen den zuständigen Behörden in der Union und den zuständigen Behörden in Drittländern beizutragen. Diese Rolle der Behörde lässt die regelmäßigen Interaktionen der zuständigen Behörden mit den Behörden von Drittländern unberührt.

(7) Die Behörde richtet einen ständigen internen Ausschuss für die Bekämpfung von Geldwäsche und Terrorismusfinanzierung ein, der die Maßnahmen zur Verhinderung und Bekämpfung der Nutzung des Finanzsystems zum Zwecke der Geldwäsche oder der Terrorismusfinanzierung koordiniert und gemäß der Verordnung (EU) 2015/847 und der Richtlinie (EU) 2015/849 alle Entwürfe von Beschlüssen ausarbeitet, die von der Behörde gemäß Artikel 44 des vorliegenden Verordnung zu fassen sind.

(8) Der Ausschuss gemäß Absatz 7 setzt sich zusammen aus hochrangigen Vertretern der Behörden und Stellen aller Mitgliedstaaten, die für die Sicherstellung der Einhaltung der Verordnung (EU) 2015/847 und der Richtlinie (EU) 2015/849 durch die Wirtschaftsbeteiligten des Finanzsektors zuständig sind und die Fachwissen und Entscheidungskompetenz im Bereich der Verhinderung der Nutzung des Finanzsystems zum Zwecke der Geldwäsche oder der Terrorismusfinanzierung haben, sowie aus hochrangigen Fachleuten mit Kenntnissen im Bereich der verschiedenen Geschäftsmodelle und sektorspezifischen Besonderheiten als Vertreter der Behörde, der Europäischen Aufsichtsbehörde (Europäische Aufsichtsbehörde für das Versicherungswesen und die betriebliche Altersversorgung) bzw. der Europäischen Aufsichtsbehörde (Europäische Wertpapier- und Marktaufsichtsbehörde). Die hochrangigen Vertreter der Behörde und jener anderen Europäischen Aufsichtsbehörden nehmen ohne Stimmrecht an den Sitzungen dieses Ausschusses teil. Außerdem benennen die Kommission, der ESRB und das Aufsichtsgremium der Europäischen Zentralbank jeweils einen hochrangigen Vertreter, der als Beobachter an den Sitzungen dieses Ausschusses teilnimmt. Der Vorsitzende dieses Ausschusses wird von den stimmberechtigten Ausschussmitgliedern aus ihrem Kreise gewählt.

Jedes Organ, jede Behörde und jede Einrichtung gemäß Unterabsatz 1 benennt aus den Reihen ihrer Mitarbeiter einen Stellvertreter, der das jeweilige Mitglied bei Verhinderung vertreten kann. Mitgliedstaaten, in denen mehr als eine Behörde für die Sicherstellung der Einhaltung der Anforderungen der Richtlinie (EU) 2015/849 durch die Wirtschaftsbeteiligten des Finanzsektors zuständig sind, können einen Vertreter für jede zuständige Behörde benennen. Ungeachtet der Anzahl der in der Sitzung vertretenen zuständigen Behörden besitzt jeder Mitgliedstaat eine Stimme. Dieser Ausschuss kann für spezifische Aspekte seiner Arbeit interne Arbeitsgruppen einsetzen, die die Entwürfe von Beschlüssen dieses Ausschusses vorbereiten. Diese Gruppen stehen den Mitarbeitern aller im Ausschuss vertretenen zuständigen Behörden sowie den Mitarbeitern der Behörde, der Europäischen Aufsichtsbehörde (Europäische Aufsichtsbehörde für das Versicherungswesen und die betriebliche Altersversorgung) und der Europäischen Aufsichtsbehörde (Europäische Wertpapier- und Marktaufsichtsbehörde) zur Teilnahme offenstehen.

(9) Die Behörde, die Europäische Aufsichtsbehörde (Europäische Aufsichtsbehörde für das Versicherungswesen und die betriebliche Altersversorgung) und die Europäische Aufsichtsbehörde (Europäische Wertpapier- und Marktaufsichtsbehörde) können jederzeit schriftliche Bemerkungen zu jedem Entwurf eines Beschlusses des Ausschusses gemäß Absatz 7 des vorliegenden Artikels vorlegen. Der Rat der Aufseher berücksichtigt diese Bemerkungen vor seinem abschließenden Beschluss gebührend. Beruht ein Entwurf eines Beschlusses auf den Befugnissen, die der Behörde nach den Artikeln 9b, 17 oder 19 zugewiesen wurden, oder hängt er mit diesen Befugnissen zusammen, und betrifft

a) Finanzinstitute im Sinne des Artikels 4 Nummer 1 der Verordnung (EU) Nr. 1094/2010 oder eine der sie beaufsichtigenden zuständigen Behörden oder

b) Finanzmarktteilnehmer im Sinne des Artikels 4 Nummer 1 der Verordnung (EU) Nr. 1095/2010 oder eine der sie beaufsichtigenden zuständigen Behörden.

So kann die Behörde nur nach vorheriger Zustimmung der Europäischen Aufsichtsbehörde (Europäische Aufsichtsbehörde für das Versicherungswesen und die betriebliche Altersversorgung), im Falle von Unterabsatz 1 Buchstabe a, beziehungsweise der Europäischen Aufsichtsbehörde (Europäische Wertpapier- und Marktaufsichtsbehörde), im Falle von Unterabsatz 1 Buchstabe b, einen Beschluss fassen. Die Europäische Aufsichtsbehörde (Europäische Aufsichtsbehörde für das Versicherungswesen und die betriebliche Altersversorgung) oder die Europäische Aufsichtsbehörde (Europäische Wertpapier- und Marktaufsichtsbehörde) teilt der Behörde ihre Auffassung innerhalb von 20 Tagen nach dem Entwurf des Beschlusses durch den Ausschuss gemäß Absatz 7 mit. Sollten sie der Behörde weder innerhalb von 20 Tagen ihre Auffassungen mitteilen noch um eine gebührend gerechtfertigte Fristverlängerung für die Mitteilung ihrer Auffassungen ersuchen, so gilt die Zustimmung als erteilt.

Artikel 9b
Aufforderung zur Untersuchung im Zusammenhang mit der Verhinderung und Bekämpfung von Geldwäsche und Terrorismusfinanzierung

(1) In Angelegenheiten im Zusammenhang mit der Verhinderung und Bekämpfung der Nutzung des Finanzsystems zum Zwecke der Geldwäsche und der Terrorismusfinanzierung gemäß der Richtlinie (EU) 2015/849 kann die Behörde, wenn ihr Hinweise auf wesentliche Verstöße vorliegen, eine zuständige Behörde nach Artikel 4 Nummer 2 Ziffer iii auffordern: a) mögliche Verstöße von Wirtschaftsbeteiligten des Finanzsektors gegen das Unionsrecht und – sofern das einschlägige Unionsrecht in Form von Richtlinien vorliegt oder den Mitgliedstaaten ausdrücklich Optionen einräumt – Verstöße gegen die nationalen Rechtsvorschriften, soweit sie Richtlinien umsetzen oder den Mitgliedstaaten im Unionsrecht eingeräumte Optionen ausüben, zu untersuchen; und b) in Erwägung zu ziehen, Sanktionen gegen solche Wirtschaftsbeteiligte bei derartigen Verstößen zu verhängen. Gegebenenfalls kann sie eine zuständige Behörde nach Artikel 4 Nummer 2 Ziffer iii auch auffordern, die Annahme eines an diesen Wirtschaftsbeteiligten des Finanzsektors gerichteten Beschlusses im Einzelfall in Erwägung zu ziehen, der verlangt, dass dieser alle Maßnahmen ergreift, die notwendig sind, um seinen Verpflichtungen nach unmittelbar anwendbarem Unionsrecht oder nach den nationalen Rechtsvorschriften, soweit sie Richtlinien umsetzen oder den Mitgliedstaaten im Unionsrecht eingeräumte Optionen ausüben, nachzukommen, einschließlich der Einstellung jeder Tätigkeit. Die in diesem Absatz genannten Aufforderungen führen nicht dazu, dass die laufenden Aufsichtsmaßnahmen der zuständigen Behörde, an die die jeweilige Aufforderung gerichtet ist, behindert werden.

(2) Die zuständige Behörde kommt jeder an sie nach Absatz 1 gerichteten Aufforderung nach und unterrichtet die Behörde möglichst bald und spätestens innerhalb von zehn Arbeitstagen über die Schritte, die sie unternommen hat oder zu unternehmen gedenkt, um dieser Aufforderung nachzukommen.

(3) Unbeschadet der Befugnisse der Kommission nach Artikel 258 AEUV findet Artikel 17 der vorliegenden Verordnung Anwendung, falls eine zuständige Behörde die Behörde nicht innerhalb von 10 Arbeitstagen über die Schritte unterrichtet, die sie unternommen hat oder zu unternehmen gedenkt, um Absatz 2 des vorliegenden Artikels nachzukommen.

Artikel 9c
Garantien der Verfahrensaussetzung

(1) Die Behörde ergreift die in Absatz 2 des vorliegenden Artikels genannten Maßnahmen nur unter außergewöhnlichen Umständen, wenn sie der Auffassung ist, dass die Anwendung eines der in Artikel 1 Absatz 2 genannten Gesetzgebungsakte oder eines der darauf gestützten delegierten Rechtsakte oder Durchführungsrechtsakte aus einem der folgenden Gründe wahrscheinlich erhebliche Bedenken aufwirft:

a) Die Behörde ist der Auffassung, dass Bestimmungen, die in einem dieser Rechtsakte enthalten sind, in direktem Widerspruch zu einem anderen einschlägigen Rechtsakt stehen könnten;

b) bei einem der in Artikel 1 Absatz 2 genannten Gesetzgebungsakte fehlen delegierte Rechtsakte oder Durchführungsrechtsakte, die den betreffenden Gesetzgebungsakt ergänzen oder spezifizieren, sodass berechtigte Zweifel an den Rechtsfolgen des Gesetzgebungsakts oder an seiner ordnungsgemäßen Anwendung aufkommen könnten;

c) fehlende Leitlinien und Empfehlungen nach Artikel 16 würden praktische Schwierigkeiten bei der Anwendung des betreffenden Gesetzgebungsakts aufwerfen.

(2) In den in Absatz 1 genannten Fällen richtet die Behörde eine ausführliche, schriftliche Beschreibung der aus ihrer Sicht bestehenden Bedenken an die zuständigen Behörden und die Kommission.

In den in Absatz 1 Buchstaben a und b genannten Fällen übermittelt die Behörde der Kommission eine Stellungnahme dazu, welche etwaigen

Maßnahmen sie in Form eines neuen Gesetzgebungsvorschlags oder eines Vorschlags für einen neuen delegierten Rechtsakt oder Durchführungsrechtsakt für angemessen hält und welche Dringlichkeit den Bedenken nach dem Dafürhalten der Behörde zukommt. Die Stellungnahme wird von der Behörde veröffentlicht.

In dem in Absatz 1 Buchstabe c des vorliegenden Artikels genannten Fall beurteilt die Behörde so bald wie möglich, ob einschlägige Leitlinien oder Empfehlungen gemäß Artikel 16 angenommen werden müssen.

Die Behörde handelt zügig, insbesondere um dazu beizutragen, den in Absatz 1 genannten Fragen nach Möglichkeit vorzubeugen.

(3) Sofern es in den in Absatz 1 genannten Fällen erforderlich ist und bis zur Annahme und Anwendung neuer Maßnahmen im Anschluss an die in Absatz 2 genannten Schritte gibt die Behörde Stellungnahmen zu spezifischen Bestimmungen der in Absatz 1 genannten Rechtsakte ab, um kohärente, effiziente und wirksame Aufsichts- und Durchsetzungspraktiken sowie die gemeinsame, einheitliche und kohärente Anwendung des Unionsrechts zu fördern.

(4) Ist die Behörde aufgrund der insbesondere von den zuständigen Behörden erhaltenen Informationen der Auffassung, dass einer der in Artikel 1 Absatz 2 genannten Gesetzgebungsakte oder einer der auf diese Gesetzgebungsakte gestützten delegierten Rechtsakte oder Durchführungsrechtsakte erhebliche außergewöhnliche Bedenken aufwirft, die das Marktvertrauen, den Verbraucher-, Kunden- oder Anlegerschutz, das ordnungsgemäße Funktionieren und die Integrität der Finanz- oder Warenmärkte oder die Stabilität des Finanzsystems in der Union als Ganzes oder in Teilen betreffen, so richtet sie unverzüglich eine ausführliche, schriftliche Beschreibung der aus ihrer Sicht bestehenden Bedenken an die zuständigen Behörden und die Kommission. Die Behörde kann der Kommission eine Stellungnahme dazu übermitteln, welche etwaigen Maßnahmen sie in Form eines neuen Gesetzgebungsvorschlags oder eines Vorschlags für einen neuen delegierten Rechtsakt oder Durchführungsrechtsakt für angemessen hält und welche Dringlichkeit den Bedenken zukommt. Die Stellungnahme wird von der Behörde veröffentlicht.

Artikel 10
Technische Regulierungsstandards

(1) Übertragen das Europäische Parlament und der Rat der Kommission die Befugnis, gemäß Artikel 290 AEUV technische Regulierungsstandards mittels delegierter Rechtsakte zu erlassen, um eine kohärente Harmonisierung in den Bereichen zu gewährleisten, die ausdrücklich in den in Artikel 1 Absatz 2 der vorliegenden Verordnung genannten Gesetzgebungsakten aufgeführt sind, so kann die Behörde Entwürfe technischer Regulierungsstandards erarbeiten. Die Behörde legt ihre Entwürfe technischer Regulierungsstandards der Kommission zur Annahme vor. Gleichzeitig leitet die Behörde diese Entwürfe technischer Regulierungsstandards zur Kenntnisnahme an das Europäische Parlament und den Rat weiter.

Die technischen Regulierungsstandards sind technischer Art und beinhalten keine strategischen oder politischen Entscheidungen, und ihr Inhalt wird durch die Gesetzgebungsakte, auf denen sie beruhen, begrenzt.

Bevor sie die Standards der Kommission übermittelt, führt die Behörde offene öffentliche Konsultationen zu Entwürfen technischer Regulierungsstandards durch und analysiert die verbundenen potenziellen Kosten- und Nutzeneffekte, es sei denn, solche Konsultationen und Analysen sind im Verhältnis zum Anwendungsbereich und zu den Auswirkungen der betreffenden Entwürfe technischer Regulierungsstandards oder im Verhältnis zur besonderen Dringlichkeit der Angelegenheit in hohem Maße unangemessen. Die Behörde holt auch den Rat der in Artikel 37 genannten Interessengruppe Bankensektor ein.

Innerhalb von drei Monaten nach Erhalt eines Entwurfs eines technischen Regulierungsstandards befindet die Kommission darüber, ob sie diesen annimmt. Die Kommission informiert das Europäische Parlament und den Rat rechtzeitig, wenn die Annahme nicht innerhalb des Zeitraums von drei Monaten erfolgen kann. Die Kommission kann den Entwurf des technischen Regulierungsstandards lediglich teilweise oder mit Änderungen annehmen, sofern dies aus Gründen des Unionsinteresses erforderlich ist.

Beabsichtigt die Kommission, einen Entwurf technischer Regulierungsstandards nicht oder nur teilweise beziehungsweise mit Änderungen anzunehmen, so sendet sie den Entwurf technischer Regulierungsstandards an die Behörde zurück und erläutert dabei, warum sie ihn nicht annimmt oder warum sie Änderungen vorgenommen hat. Die Kommission übermittelt eine Kopie ihres Schreibens dem Europäischen Parlament und dem Rat. Die Behörde kann den Entwurf technischer Regulierungsstandards anhand der Änderungsvorschläge der Kommission innerhalb eines Zeitraums von sechs Wochen ändern und ihn der Kommission in Form einer förmlichen Stellungnahme erneut vorlegen. Die Behörde übermittelt dem Europäischen Parlament und dem Rat eine Kopie ihrer förmlichen Stellungnahme.

Hat die Behörde bei Ablauf dieses Zeitraums von sechs Wochen keinen geänderten Entwurf eines technischen Regulierungsstandards vorgelegt oder hat sie einen Entwurf eines technischen Regulierungsstandards vorgelegt, der nicht in Übereinstimmung mit den Änderungsvorschlägen der Kommission geändert worden ist, so kann die

Kommission den technischen Regulierungsstandard entweder mit den von ihr als wichtig erachteten Änderungen annehmen oder ihn ablehnen.

Die Kommission darf den Inhalt eines von der Behörde ausgearbeiteten Entwurfs eines technischen Regulierungsstandards nicht ändern, ohne sich vorher mit der Behörde gemäß diesem Artikel abgestimmt zu haben.

(2) Hat die Behörde keinen Entwurf eines technischen Regulierungsstandards innerhalb der Frist, die in den in Artikel 1 Absatz 2 genannten Gesetzgebungsakten angegeben ist, vorgelegt, so kann die Kommission einen solchen Entwurf innerhalb einer neuen Frist anfordern. Die Behörde teilt dem Europäischen Parlament, dem Rat und der Kommission rechtzeitig mit, dass sie die neue Frist nicht einhalten wird.

(3) Nur wenn die Behörde der Kommission innerhalb der Frist gemäß Absatz 2 keinen Entwurf eines technischen Regulierungsstandards vorlegt, kann die Kommission einen technischen Regulierungsstandard ohne Entwurf der Behörde mittels eines delegierten Rechtsakts annehmen.

Die Kommission führt offene öffentliche Konsultationen zu Entwürfen technischer Regulierungsstandards durch und analysiert die verbundenen potenziellen Kosten- und Nutzeneffekte, es sei denn, solche Konsultationen und Analysen sind im Verhältnis zum Anwendungsbereich und zu den Auswirkungen der betreffenden Entwürfe technischer Regulierungsstandards oder im Verhältnis zur besonderen Dringlichkeit der Angelegenheit unangemessen. Die Kommission holt auch den Rat der in Artikel 37 genannten Interessengruppe Bankensektor ein.

Die Kommission leitet den Entwurf des technischen Regulierungsstandards umgehend an das Europäische Parlament und den Rat weiter.

Die Kommission übermittelt der Behörde ihren Entwurf des technischen Regulierungsstandards. Die Behörde kann den Entwurf des technischen Regulierungsstandards innerhalb einer Frist von sechs Wochen ändern und ihn der Kommission in Form einer förmlichen Stellungnahme vorlegen. Die Behörde übermittelt dem Europäischen Parlament und dem Rat eine Kopie ihrer förmlichen Stellungnahme.

Hat die Behörde bei Ablauf der in Unterabsatz 4 genannten Frist von sechs Wochen keinen geänderten Entwurf des technischen Regulierungsstandards vorgelegt, so kann die Kommission den technischen Regulierungsstandard annehmen.

Hat die Behörde innerhalb der Frist von sechs Wochen einen geänderten Entwurf des technischen Regulierungsstandards vorgelegt, so kann die Kommission den Entwurf des technischen Regulierungsstandards auf der Grundlage der von der Behörde vorgeschlagenen Änderungen ändern oder den technischen Regulierungsstandard mit den von ihr als wichtig erachteten Änderungen annehmen. Die Kommission darf den Inhalt des von der Behörde ausgearbeiteten Entwurfs des technischen Regulierungsstandards nicht ändern, ohne sich vorher mit der Behörde gemäß diesem Artikel abgestimmt zu haben.

(4) Die technischen Regulierungsstandards werden mittels Verordnungen oder Beschlüssen erlassen. Die Worte „technischer Regulierungsstandard" kommen im Titel solcher Verordnungen oder Beschlüsse vor. Diese Standards werden im *Amtsblatt der Europäischen Union* veröffentlicht und treten an dem darin genannten Datum in Kraft.

Artikel 11
Ausübung der Befugnisübertragung

(1) Die Befugnis zum Erlass der in Artikel 10 genannten technischen Regulierungsstandards wird der Kommission für einen Zeitraum von vier Jahren ab dem 16. Dezember 2010 übertragen. Die Kommission legt spätestens sechs Monate vor Ablauf des Zeitraums von vier Jahren einen Bericht über die übertragenen Befugnisse vor. Die Befugnisübertragung verlängert sich automatisch um Zeiträume gleicher Länge, es sei denn, das Europäische Parlament oder der Rat widerrufen sie gemäß Artikel 14.

(2) Sobald die Kommission einen technischen Regulierungsstandard erlässt, übermittelt sie ihn gleichzeitig dem Europäischen Parlament und dem Rat.

(3) Die der Kommission übertragene Befugnis zum Erlass technischer Regulierungsstandards unterliegt den in den Artikeln 12 bis 14 genannten Bedingungen.

Artikel 12
Widerruf der Befugnisübertragung

(1) Die in Artikel 10 genannte Befugnisübertragung kann vom Europäischen Parlament oder vom Rat jederzeit widerrufen werden.

(2) Das Organ, das ein internes Verfahren eingeleitet hat, um zu beschließen, ob eine Befugnisübertragung widerrufen werden soll, bemüht sich, das andere Organ und die Kommission innerhalb einer angemessenen Frist vor der endgültigen Beschlussfassung zu unterrichten, unter Nennung der übertragenen Befugnis, die widerrufen werden könnte.

(3) Der Beschluss über den Widerruf beendet die in diesem Beschluss angegebene Befugnisübertragung. Er wird sofort oder zu einem darin angegebenen späteren Zeitpunkt wirksam. Die Gültigkeit von technischen Regulierungsstandards, die bereits in Kraft sind, wird davon nicht berührt. Er wird im *Amtsblatt der Europäischen Union* veröffentlicht.

Artikel 13
Einwände gegen technische Regulierungsstandards

(1) Das Europäische Parlament oder der Rat können gegen einen technischen Regulierungsstandard innerhalb einer Frist von drei Monaten nach dem Datum der Übermittlung des von der Kommission erlassenen technischen Regulierungsstandards Einwände erheben. Auf Initiative des Europäischen Parlaments oder des Rates wird diese Frist um drei Monate verlängert.

(2) Haben bei Ablauf der in Absatz 1 genannten Frist weder das Europäische Parlament noch der Rat Einwände gegen den technischen Regulierungsstandard erhoben, so wird dieser im *Amtsblatt der Europäischen Union* veröffentlicht und tritt zu dem darin genannten Zeitpunkt in Kraft.

Der technische Regulierungsstandard kann vor Ablauf dieser Frist im *Amtsblatt der Europäischen Union* veröffentlicht werden und in Kraft treten, wenn das Europäische Parlament und der Rat beide der Kommission mitgeteilt haben, dass sie nicht die Absicht haben, Einwände zu erheben.

(3) Erheben das Europäische Parlament oder der Rat innerhalb der in Absatz 1 genannten Frist Einwände gegen einen technischen Regulierungsstandard, so tritt dieser nicht in Kraft. Gemäß Artikel 296 AEUV gibt das Organ, das Einwände gegen den technischen Regulierungsstandard erhebt, die Gründe für seine Einwände gegen den technischen Regulierungsstandard an.

Artikel 14
Nichtannahme oder Änderung des Entwurfs eines technischen Regulierungsstandards

(1) Nimmt die Kommission den Entwurf eines technischen Regulierungsstandards nicht an oder ändert sie ihn gemäß Artikel 10 ab, so unterrichtet sie die Behörde, das Europäische Parlament und den Rat unter Angabe der Gründe dafür.

(2) Das Europäische Parlament oder der Rat können gegebenenfalls den zuständigen Kommissar zusammen mit dem Vorsitzenden der Behörde innerhalb eines Monats nach der in Absatz 1 genannten Unterrichtung zu einer Ad-hoc-Sitzung des zuständigen Ausschusses des Europäischen Parlaments oder des Rates zur Darlegung und Erläuterung ihrer Differenzen einladen.

Artikel 15
Technische Durchführungsstandards

(1) Übertragen das Europäische Parlament und der Rat der Kommission Durchführungsbefugnisse, um technische Durchführungsstandards mittels Durchführungsrechtsakten gemäß Artikel 291 AEUV für die Bereiche zu erlassen, die ausdrücklich in den in Artikel 1 Absatz 2 der vorliegenden Verordnung genannten Gesetzgebungsakten festgelegt sind, so kann die Behörde Entwürfe technischer Durchführungsstandards erarbeiten. Die technischen Durchführungsstandards sind technischer Art und beinhalten keine strategischen oder politischen Entscheidungen, und ihr Inhalt dient dazu, die Bedingungen für die Anwendung der genannten Gesetzgebungsakte festzulegen. Die Behörde legt ihre Entwürfe technischer Durchführungsstandards der Kommission zur Annahme vor. Gleichzeitig leitet die Behörde diese technischen Standards zur Kenntnisnahme an das Europäische Parlament und den Rat weiter.

Bevor sie die Entwürfe technischer Durchführungsstandards der Kommission übermittelt, führt die Behörde offene öffentliche Konsultationen durch und analysiert die verbundenen potenziellen Kosten- und Nutzeneffekte, es sei denn, solche Konsultationen und Analysen sind im Verhältnis zum Anwendungsbereich und zu den Auswirkungen der betreffenden Entwürfe technischer Durchführungsstandards oder im Verhältnis zur besonderen Dringlichkeit der Angelegenheit in hohem Maße unangemessen. Die Behörde holt auch den Rat der in Artikel 37 genannten Interessengruppe Bankensektor ein.

Innerhalb von drei Monaten nach Erhalt eines Entwurfs eines technischen Durchführungsstandards befindet die Kommission darüber, ob sie diesen annimmt. Die Kommission kann diese Frist um einen Monat verlängern. Die Kommission informiert das Europäische Parlament und den Rat rechtzeitig, wenn die Annahme nicht innerhalb des Zeitraums von drei Monaten erfolgen kann. Die Kommission kann den Entwurf des technischen Durchführungsstandards lediglich teilweise oder mit Änderungen annehmen, wenn dies aus Gründen des Unionsinteresses erforderlich ist.

Beabsichtigt die Kommission, einen Entwurf eines technischen Durchführungsstandards nicht oder nur teilweise beziehungsweise mit Änderungen anzunehmen, so sendet sie diesen zurück an die Behörde und erläutert dabei, warum sie ihn nicht anzunehmen beabsichtigt oder warum sie Änderungen vorgenommen hat. Die Kommission übermittelt eine Kopie ihres Schreibens dem Europäischen Parlament und dem Rat. Die Behörde kann den Entwurf technischer Durchführungsstandards anhand der Änderungsvorschläge der Kommission innerhalb eines Zeitraums von sechs Wochen ändern und ihn der Kommission in Form einer förmlichen Stellungnahme erneut vorlegen. Die Behörde übermittelt dem Europäischen Parlament und dem Rat eine Kopie ihrer förmlichen Stellungnahme.

Hat die Behörde bei Ablauf der in Unterabsatz 4 genannten Frist von sechs Wochen keinen geänderten Entwurf des technischen Durchführungsstandards vorgelegt oder einen Entwurf eines technischen Durchführungsstandards vorgelegt, der nicht in Übereinstimmung mit den Änderungsvorschlägen der Kommission abgeändert worden ist, so kann die Kommission den technischen Durchführungsstandard entweder mit den von ihr als wichtig erachteten Änderungen annehmen oder ihn ablehnen.

Die Kommission darf den Inhalt eines von der Behörde ausgearbeiteten Entwurfs eines technischen Durchführungsstandards nicht ändern, ohne sich vorher mit der Behörde gemäß diesem Artikel abgestimmt zu haben.

(2) Hat die Behörde keinen Entwurf eines technischen Durchführungsstandards innerhalb der Frist, die in den in Artikel 1 Absatz 2 genannten Gesetzgebungsakten angegeben ist, vorgelegt, so kann die Kommission einen solchen Entwurf innerhalb einer neuen Frist anfordern. Die Behörde teilt dem Europäischen Parlament, dem Rat und der Kommission rechtzeitig mit, dass sie die neue Frist nicht einhalten wird.

(3) Nur wenn die Behörde der Kommission innerhalb der Fristen gemäß Absatz 2 keinen Entwurf eines technischen Durchführungsstandards vorlegt, kann die Kommission einen technischen Durchführungsstandard ohne Entwurf der Behörde mittels eines Durchführungsrechtsakts annehmen.

Die Kommission führt offene öffentliche Konsultationen zu Entwürfen technischer Durchführungsstandards durch und analysiert die verbundenen potenziellen Kosten- und Nutzeneffekte, es sei denn, solche Konsultationen und Analysen sind im Verhältnis zum Anwendungsbereich und zu den Auswirkungen der betreffenden Entwürfe technischer Durchführungsstandards oder im Verhältnis zur besonderen Dringlichkeit der Angelegenheit unangemessen. Die Kommission holt auch den Rat der in Artikel 37 genannten Interessengruppe Bankensektor ein.

Die Kommission leitet den Entwurf eines technischen Durchführungsstandards umgehend an das Europäische Parlament und den Rat weiter.

Die Kommission übersendet der Behörde den Entwurf eines technischen Durchführungsstandards. Die Behörde kann den Entwurf eines technischen Durchführungsstandards innerhalb einer Frist von sechs Wochen ändern und ihn der Kommission in Form einer förmlichen Stellungnahme vorlegen. Die Behörde übermittelt dem Europäischen Parlament und dem Rat eine Kopie ihrer förmlichen Stellungnahme.

Hat die Behörde nach Ablauf der in Unterabsatz 4 genannten Frist von sechs Wochen keinen geänderten Entwurf des technischen Durchführungsstandards vorgelegt, kann die Kommission den technischen Durchführungsstandard erlassen.

Hat die Behörde innerhalb der Frist von sechs Wochen einen geänderten Entwurf des technischen Durchführungsstandards vorgelegt, so kann die Kommission den Entwurf des technischen Durchführungsstandards auf der Grundlage der von der Behörde vorgeschlagenen Änderungen ändern oder den technischen Durchführungsstandard mit den von ihr als wichtig erachteten Änderungen erlassen.

Die Kommission darf den Inhalt des von der Behörde ausgearbeiteten Entwurfs des technischen Durchführungsstandards nicht ändern, ohne sich nicht vorher mit der Behörde gemäß diesem Artikel abgestimmt zu haben.

(4) Die technischen Durchführungsstandards werden mittels Verordnungen oder Beschlüssen angenommen. Die Worte „technischer Durchführungsstandard" kommen im Titel solcher Verordnungen oder Beschlüsse vor. Diese Standards werden im *Amtsblatt der Europäischen Union* veröffentlicht und treten an dem darin genannten Datum in Kraft.

Artikel 16
Leitlinien und Empfehlungen

(1) Um innerhalb des ESFS kohärente, effiziente und wirksame Aufsichtspraktiken zu schaffen und eine gemeinsame, einheitliche und kohärente Anwendung des Unionsrechts sicherzustellen, gibt die Behörde Leitlinien für alle zuständigen Behörden oder alle Finanzinstitute heraus und richtet Empfehlungen an eine oder mehrere zuständige Behörden oder ein oder mehrere Finanzinstitute.

Die Leitlinien und Empfehlungen stehen im Einklang mit den Befugnissen, die in den in Artikel 1 Absatz 2 genannten Gesetzgebungsakten oder in diesem Artikel übertragen werden.

(2) Die Behörde führt soweit angemessen offene öffentliche Konsultationen zu den Leitlinien und Empfehlungen, die sie herausgibt, durch und analysiert die mit der Herausgabe dieser Leitlinien und Empfehlungen verbundenen potenziellen Kosten- und Nutzeneffekte. Diese Konsultationen und Analysen müssen im Verhältnis zu Umfang, Natur und Folgen der Leitlinien oder Empfehlungen verhältnismäßig sein. Die Behörde holt soweit angemessen auch den Rat der in Artikel 37 genannten Interessengruppe Bankensektor ein. Führt die Behörde keine offenen öffentlichen Konsultationen durch oder holt sie nicht den Rat der Interessengruppe Bankensektor ein, so gibt die Behörde Gründe dafür an.

(2a) Leitlinien und Empfehlungen beschränken sich nicht auf die bloße Wiedergabe von Elementen von Gesetzgebungsakten oder Bezugnahmen darauf. Vor der Herausgabe einer neuen Leitlinie oder Empfehlung überprüft die Behörde zunächst die bestehenden Leitlinien und Empfehlungen, damit es nicht zu Duplizierungen kommt.

(3) Die zuständigen Behörden und Finanzinstitute unternehmen alle erforderlichen Anstrengun-

gen, um diesen Leitlinien und Empfehlungen nachzukommen.

Binnen zwei Monaten nach der Herausgabe einer Leitlinie oder Empfehlung bestätigt jede zuständige Behörde, ob sie dieser Leitlinie oder Empfehlung nachkommt oder nachzukommen beabsichtigt. Kommt eine zuständige Behörde der Leitlinie oder Empfehlung nicht nach oder beabsichtigt sie nicht, dieser nachzukommen, teilt sie dies der Behörde unter Angabe der Gründe mit.

Die Behörde veröffentlicht die Tatsache, dass eine zuständige Behörde dieser Leitlinie oder Empfehlung nicht nachkommt oder nicht nachzukommen beabsichtigt. Die Behörde kann zudem von Fall zu Fall die Veröffentlichung der von einer zuständigen Behörde angegebenen Gründe für die Nichteinhaltung einer Leitlinie oder Empfehlung beschließen. Die zuständige Behörde wird im Voraus über eine solche Veröffentlichung informiert.

Wenn dies gemäß dieser Leitlinie oder Empfehlung erforderlich ist, erstatten die Finanzinstitute auf klare und ausführliche Weise Bericht darüber, ob sie dieser Leitlinie oder Empfehlung nachkommen.

(4) In dem in Artikel 43 Absatz 5 genannten Bericht informiert die Behörde das Europäische Parlament, den Rat und die Kommission darüber, welche Leitlinien und Empfehlungen herausgegeben wurden.

Artikel 16a
Stellungnahmen

(1) Die Behörde kann auf Ersuchen des Europäischen Parlaments, des Rates oder der Kommission oder von Amts wegen zu allen in ihren Zuständigkeitsbereich fallenden Fragen Stellungnahmen an das Europäische Parlament, den Rat und die Kommission richten.

(2) In dem Ersuchen nach Absatz 1 kann eine öffentliche Konsultation oder eine technische Analyse vorgesehen sein.

(3) Im Hinblick auf Beurteilungen nach Artikel 22 der Richtlinie 2013/36/EU, die gemäß dem genannten Artikel eine Konsultation zwischen den zuständigen Behörden aus zwei oder mehr Mitgliedstaaten erfordern, kann die Behörde auf Ersuchen einer der betroffenen zuständigen Behörden zu derartigen Beurteilungen eine Stellungnahme abgeben und diese veröffentlichen. Die Stellungnahme wird unverzüglich und in jedem Fall vor Ablauf des in dem genannten Artikel genannten Beurteilungszeitraums abgegeben.

(4) Die Behörde kann dem Europäischen Parlament, dem Rat und der Kommission auf deren Ersuchen technische Beratung in den Bereichen leisten, die in den in Artikel 1 Absatz 2 genannten Gesetzgebungsakten aufgeführt sind.

Artikel 16b
Fragen und Antworten

(1) Unbeschadet des Absatzes 5 des vorliegenden Artikels kann jede natürliche oder juristische Person einschließlich zuständiger Behörden und der Organe und Einrichtungen der Union Fragen zur praktischen Anwendung oder Umsetzung von Bestimmungen der in Artikel 1 Absatz 2 genannten Gesetzgebungsakte, der damit verbundenen delegierten Rechtsakte und Durchführungsrechtsakte sowie der gemäß diesen Gesetzgebungsakten erlassenen Leitlinien und Empfehlungen in jeder Amtssprache der Union an die Behörde richten.

Finanzinstitute prüfen, bevor sie eine Frage bei der Behörde einreichen, ob die Frage zunächst an ihre zuständige Behörde gerichtet werden sollte.

Bevor Antworten auf zulässige Fragen veröffentlicht werden, kann die Behörde zu Fragen, die von den im vorliegenden Absatz genannten natürlichen oder juristischen Personen gestellt wurden, um weitere Erläuterungen ersuchen.

(2) Die Antworten der Behörde auf die in Absatz 1 genannten Fragen sind nicht bindend. Die Antworten werden zumindest in der Sprache veröffentlicht, in der die Frage eingereicht wurde.

(3) Die Behörde erstellt und unterhält auf ihrer Website ein webbasiertes Tool, mit dem Fragen eingereicht und zeitnah alle erhaltenen Fragen sowie alle Antworten auf alle gemäß Absatz 1 zulässigen Fragen veröffentlicht werden können, es sei denn, die Veröffentlichung steht im Widerspruch zum legitimen Interesse der betreffenden Personen oder würde die Stabilität des Finanzsystems gefährden. Die Behörde kann Fragen, die sie nicht zu beantworten gedenkt, zurückweisen. Zurückgewiesene Fragen werden von der Behörde zwei Monate lang auf ihrer Website veröffentlicht.

(4) Drei stimmberechtigte Mitglieder des Rates der Aufseher können den Rat der Aufseher ersuchen, gemäß Artikel 44 zu beschließen, den Gegenstand der zulässigen Frage im Sinne von Absatz 1 des vorliegenden Artikels in Leitlinien gemäß Artikel 16 zu behandeln, Ratschläge der in Artikel 37 genannten Interessengruppe einzuholen, die Fragen und Antworten in angemessenen Abständen zu überprüfen, offene öffentliche Konsultationen durchzuführen oder die verbundenen potenziellen Kosten- und Nutzeneffekte zu analysieren. Diese Konsultationen und Analysen müssen im Verhältnis zu Umfang, Natur und Folgen der betreffenden Fragen- und Antwortentwürfe oder im Verhältnis zur besonderen Dringlichkeit der Angelegenheit verhältnismäßig sein. Bei Einbeziehung der in Artikel 37 genannten Interessengruppe gilt eine Vertraulichkeitspflicht.

(5) Die Behörde übermittelt Fragen, die einer Auslegung des Unionsrechts bedürfen, an die Kommission. Alle Antworten der Kommission werden von der Behörde veröffentlicht.

Artikel 17
Verletzung von Unionsrecht

(1) Hat eine zuständige Behörde die in Artikel 1 Absatz 2 genannten Rechtsakte nicht angewandt oder diese so angewandt, dass eine Verletzung des Unionsrechts, einschließlich der technischen Regulierungs- und Durchführungsstandards, die nach den Artikeln 10 bis 15 festgelegt werden, vorzuliegen scheint, insbesondere weil sie es versäumt hat sicherzustellen, dass ein Finanzinstitut den in den genannten Rechtsakten festgelegten Anforderungen genügt, so nimmt die Behörde die in den Absätzen 2, 3 und 6 des vorliegenden Artikels genannten Befugnisse wahr.

(2) Auf Ersuchen einer oder mehrerer zuständiger Behörden, des Europäischen Parlaments, des Rates, der Kommission oder der Interessengruppe Bankensektor oder von Amts wegen, einschließlich in Fällen, in denen dies auf stichhaltigen Informationen von natürlichen oder juristischen Personen beruht, und nach Unterrichtung der betroffenen zuständigen Behörde legt die Behörde dar, wie sie in dem betreffenden Fall vorzugehen gedenkt, und führt gegebenenfalls eine Untersuchung der angeblichen Verletzung oder der Nichtanwendung des Unionsrechts durch.

Unbeschadet der in Artikel 35 festgelegten Befugnisse übermittelt die zuständige Behörde der Behörde unverzüglich alle Informationen, die letztere für ihre Untersuchung für erforderlich hält, einschließlich inwiefern die in Artikel 1 Absatz 2 genannten Rechtsakte im Einklang mit dem Unionsrecht angewandt werden.

Unbeschadet der in Artikel 35 festgelegten Befugnisse kann die Behörde nach Unterrichtung der betroffenen zuständigen Behörde ein gebührend gerechtfertigtes und mit Gründen versehenes Informationsersuchen direkt an andere zuständige Behörden richten, wenn ein Informationsersuchen an die betroffene zuständige Behörde sich als unzureichend erwiesen hat oder für unzureichend erachtet wird, um die Informationen zu erhalten, die für die Zwecke der Untersuchung einer mutmaßlichen Verletzung oder Nichtanwendung des Unionsrechts für erforderlich erachtet werden.

Die Adressaten eines solchen Ersuchens übermitteln der Behörde unverzüglich klare, korrekte und vollständige Informationen.

(2) Unbeschadet der Befugnisse im Rahmen dieser Verordnung und vor der Abgabe einer Empfehlung nach Absatz 3 setzt sich die Behörde mit der betroffenen zuständigen Behörde in Verbindung, wenn sie dies zur Abstellung einer Unionsrechtsverletzung für angemessen hält, um zu einer Einigung darüber zu gelangen, welche Maßnahmen notwendig sind, damit die zuständige Behörde das Unionsrecht einhält.

(3) Spätestens zwei Monate nach Beginn ihrer Untersuchung kann die Behörde eine Empfehlung an die betroffene zuständige Behörde richten, in der die Maßnahmen erläutert werden, die zur Einhaltung des Unionsrechts ergriffen werden müssen.

Die zuständige Behörde unterrichtet die Behörde innerhalb von zehn Arbeitstagen nach Eingang der Empfehlung über die Schritte, die sie unternommen hat oder zu unternehmen beabsichtigt, um die Einhaltung des Unionsrechts zu gewährleisten.

(4) Sollte die zuständige Behörde das Unionsrecht innerhalb eines Monats nach Eingang der Empfehlung der Behörde nicht einhalten, so kann die Kommission nach Unterrichtung durch die Behörde oder von Amts wegen eine förmliche Stellungnahme abgeben, in der die zuständige Behörde aufgefordert wird, die zur Einhaltung des Unionsrechts erforderlichen Maßnahmen zu ergreifen. Die förmliche Stellungnahme der Kommission trägt der Empfehlung der Behörde Rechnung.

Die Kommission gibt diese förmliche Stellungnahme spätestens drei Monate nach Abgabe der Empfehlung ab. Die Kommission kann diese Frist um einen Monat verlängern.

Die Behörde und die zuständigen Behörden übermitteln der Kommission alle erforderlichen Informationen.

(5) Die zuständige Behörde unterrichtet die Kommission und die Behörde innerhalb von zehn Arbeitstagen nach Eingang der in Absatz 4 genannten förmlichen Stellungnahme über die Schritte, die sie unternommen hat oder zu unternehmen beabsichtigt, um dieser förmlichen Stellungnahme nachzukommen.

(6) Unbeschadet der Befugnisse der Kommission nach Artikel 258 AEUV kann die Behörde, wenn eine zuständige Behörde der in Absatz 4 des vorliegenden Artikels genannten förmlichen Stellungnahme nicht innerhalb der dort gesetzten Frist nachkommt, und es erforderlich ist, der Nichteinhaltung rechtzeitig ein Ende zu setzen, um neutrale Wettbewerbsbedingungen auf dem Markt aufrechtzuerhalten oder wieder herzustellen beziehungsweise um das ordnungsgemäße Funktionieren und die Integrität des Finanzsystems zu gewährleisten, und sofern die einschlägigen Anforderungen der in Artikel 1 Absatz 2 der vorliegenden Verordnung genannten Gesetzgebungsakte auf Finanzinstitute oder im Zusammenhang mit Angelegenheiten betreffend die Verhinderung und Bekämpfung von Geldwäsche und Terrorismusfinanzierung auf Wirtschaftsbeteiligte des Finanzsektors unmittelbar anwendbar sind, einen an ein Finanzinstitut oder einen anderen Wirtschaftsbeteiligten des Finanzsektors gerichteten Beschluss im Einzelfall erlassen, der dieses zum Ergreifen aller Maßnahmen verpflichtet, die zur Erfüllung seiner Pflichten im Rahmen des Unionsrechts erforderlich sind, einschließlich der Einstellung jeder Tätigkeit.

In Angelegenheiten im Zusammenhang mit der Verhinderung der Nutzung des Finanzsystems zum Zwecke der Geldwäsche und der Terrorismusfinanzierung kann die Behörde, sofern die einschlägigen Anforderungen der in Artikel 1 Absatz 2 genannten Gesetzgebungsakte nicht unmittelbar auf Wirtschaftsbeteiligte des Finanzsektors anwendbar sind, die zuständige Behörde mit einem Beschluss auffordern, der förmlichen Stellungnahme nach Absatz 4 des vorliegenden Artikels innerhalb der dort genannten Frist nachzukommen. Kommt die zuständige Behörde diesem Beschluss nicht nach, so kann die Behörde auch einen Beschluss im Einklang mit Unterabsatz 1 erlassen. Zu diesem Zweck wendet die Behörde alle einschlägigen Rechtsvorschriften der Union und, sofern dieses Unionsrecht aus Richtlinien besteht, die nationalen Rechtsvorschriften an, insoweit sie diese Richtlinien umsetzen. Liegt das einschlägige Unionsrecht in Form von Verordnungen vor und werden in diesen Verordnungen den Mitgliedstaaten gegenwärtig ausdrücklich Optionen eingeräumt, so wendet die Behörde außerdem die nationalen Rechtsvorschriften an, soweit diese Optionen ausgeübt wurden.

Der Beschluss der Behörde muss mit der förmlichen Stellungnahme der Kommission gemäß Absatz 4 im Einklang stehen.

(7) Gemäß Absatz 6 erlassene Beschlüsse haben Vorrang vor allen von den zuständigen Behörden in gleicher Sache erlassenen früheren Beschlüssen.

Ergreifen die zuständigen Behörden Maßnahmen in Bezug auf Sachverhalte, die Gegenstand einer förmlichen Stellungnahme nach Absatz 4 oder eines Beschlusses nach Absatz 6 sind, müssen die zuständigen Behörden der förmlichen Stellungnahme beziehungsweise dem Beschluss nachkommen.

(8) In dem in Artikel 43 Absatz 5 genannten Bericht legt die Behörde dar, welche nationalen Behörden und Finanzinstitute den in den Absätzen 4 und 6 des vorliegenden Artikels genannten förmlichen Stellungnahmen oder Beschlüssen nicht nachgekommen sind.

Artikel 17a

Schutz von Hinweisgebern

(1) Die Behörde verfügt über besondere Meldekanäle, um von einer natürlichen oder juristischen Person gemeldete Informationen über tatsächliche oder potenzielle Fälle von Verletzungen, Rechtsmissbrauch oder Nichtanwendung des Unionsrechts entgegenzunehmen und zu bearbeiten.

(2) Die natürlichen oder juristischen Personen, die diese Meldekanäle als Hinweisgeber nutzen, werden gemäß der Richtlinie (EU) 2019/1937 des Europäischen Parlaments und des Rates[1] sofern diese anwendbar ist, vor Vergeltungsmaßnahmen geschützt.

(3) Die Behörde stellt sicher, dass alle Informationen anonym oder vertraulich sowie sicher übermittelt werden können. Ist die Behörde der Ansicht, dass die übermittelten Informationen Nachweise oder erhebliche Anzeichen für einen wesentlichen Verstoß enthalten, so gibt sie dem Hinweisgeber Rückmeldung.

Artikel 18

Maßnahmen im Krisenfall

(1) Im Fall von ungünstigen Entwicklungen, die das ordnungsgemäße Funktionieren und die Integrität von Finanzmärkten oder die Stabilität des Finanzsystems in der Union als Ganzes oder in Teilen ernsthaft gefährden könnten, kann die Behörde sämtliche von den betreffenden zuständigen Aufsichtsbehörden ergriffenen Maßnahmen aktiv erleichtern und diese, sofern dies als notwendig erachtet wird, koordinieren.

Um diese Aufgabe des Erleichterns und Koordinierens von Maßnahmen wahrnehmen zu können, wird die Behörde über alle relevanten Entwicklungen in vollem Umfang unterrichtet und wird sie eingeladen, als Beobachterin an allen einschlägigen Zusammentreffen der betreffenden zuständigen Aufsichtsbehörden teilzunehmen.

(2) Der Rat kann in Abstimmung mit der Kommission und dem ESRB sowie gegebenenfalls den ESA auf Ersuchen der Behörde, der Kommission oder des ESRB einen an die Behörde gerichteten Beschluss erlassen, in dem das Vorliegen einer Krisensituation im Sinne dieser Verordnung festgestellt wird. Der Rat überprüft diesen Beschluss in angemessenen Abständen, mindestens jedoch einmal pro Monat. Wird der Beschluss bei Ablauf der Frist von einem Monat nicht verlängert, so tritt er automatisch außer Kraft. Der Rat kann die Krisensituation jederzeit für beendet erklären.

Sind der ESRB oder die Behörde der Auffassung, dass sich eine Krisensituation abzeichnet, richten sie eine vertrauliche Empfehlung an den Rat und geben eine Lagebeurteilung ab. Der Rat beurteilt dann, ob es notwendig ist, eine Tagung einzuberufen. Hierbei ist darauf zu achten, dass die Vertraulichkeit gewahrt bleibt.

Wenn der Rat das Vorliegen einer Krisensituation feststellt, so unterrichtet er das Europäische Parlament und die Kommission ordnungsgemäß und unverzüglich davon.

Zu Artikel 17a:

[1] Richtlinie (EU) 2019/1937 des Europäischen Parlaments und des Rates vom 23. Oktober 2019 zum Schutz von Personen, die Informationen über Verstöße gegen das Unionsrecht melden (ABl. L 305 vom 26.11.2019, S. 17).

(3) Hat der Rat einen Beschluss nach Absatz 2 des vorliegenden Artikels erlassen und liegen außergewöhnliche Umstände vor, die ein koordiniertes Vorgehen der zuständigen Behörden erfordern, um auf ungünstige Entwicklungen zu reagieren, die das geordnete Funktionieren und die Integrität von Finanzmärkten oder die Stabilität des Finanzsystems in der Union als Ganzes oder in Teilen oder den Kunden- und Verbraucherschutz ernsthaft gefährden könnten, kann die Behörde die zuständigen Behörden durch Erlass von Beschlüssen im Einzelfall dazu verpflichten, gemäß den in Artikel 1 Absatz 2 genannten Gesetzgebungsakten die Maßnahmen zu treffen, die erforderlich sind, um auf solche Entwicklungen zu reagieren, indem sie sicherstellt, dass Finanzinstitute und zuständige Behörden die in den genannten Gesetzgebungsakten festgelegten Anforderungen erfüllen.

(4) Unbeschadet der Befugnisse der Kommission nach Artikel 258 AEUV kann die Behörde, wenn eine zuständige Behörde dem in Absatz 3 genannten Beschluss nicht innerhalb der in diesem Beschluss genannten Frist nachkommt und wenn die einschlägigen Anforderungen der in Artikel 1 Absatz 2 genannten Gesetzgebungsakte, einschließlich der gemäß diesen Gesetzgebungsakten erlassenen technischen Regulierungs- und Durchführungsstandards, unmittelbar auf Finanzinstitute anwendbar sind, einen an ein Finanzinstitut gerichteten Beschluss im Einzelfall erlassen, der dieses zum Ergreifen der Maßnahmen verpflichtet, die zur Erfüllung seiner Pflichten im Rahmen der genannten Rechtsvorschriften erforderlich sind, einschließlich der Einstellung jeder Tätigkeit. Dies gilt nur in Fällen, in denen die zuständige Behörde die in Artikel 1 Absatz 2 genannten Gesetzgebungsakte, einschließlich der gemäß diesen Gesetzgebungsakten erlassenen technischen Regulierungs- und Durchführungsstandards, nicht anwendet oder in einer Weise anwendet, die eine eindeutige Verletzung dieser Rechtsakte darzustellen scheint, und sofern dringend eingeschritten werden muss, um das ordnungsgemäße Funktionieren und die Integrität der Finanzmärkte oder die Stabilität des Finanzsystems in der Union als Ganzes oder in Teilen wiederherzustellen.

(5) Nach Absatz 4 erlassene Beschlüsse haben Vorrang vor allen von den zuständigen Behörden in gleicher Sache erlassenen früheren Beschlüssen.

Jede Maßnahme der zuständigen Behörden im Zusammenhang mit Fragen, die Gegenstand eines Beschlusses nach den Absätzen 3 oder 4 sind, muss mit diesen Beschlüssen in Einklang stehen.

Artikel 19
Beilegung von Meinungsverschiedenheiten zwischen zuständigen Behörden in grenzübergreifenden Fällen

(1) In Fällen, die in den in Artikel 1 Absatz 2 genannten Gesetzgebungsakten festgelegt sind, kann die Behörde unbeschadet der Befugnisse nach Artikel 17 den zuständigen Behörden helfen, nach dem in den Absätzen 2 bis 4 des vorliegenden Artikels festgelegten Verfahren eine Einigung zu erzielen, und zwar entweder

a) auf Ersuchen einer oder mehrerer der betroffenen zuständigen Behörden, wenn eine zuständige Behörde mit dem Vorgehen oder dem Inhalt der Maßnahme beziehungsweise geplanten Maßnahme einer anderen zuständigen Behörde oder mit deren Nichttätigwerden nicht einverstanden ist, oder

b) in Fällen, in denen die in Artikel 1 Absatz 2 genannten Gesetzgebungsakte vorsehen, dass die Behörde von Amts wegen helfen kann, wenn anhand objektiver Gründe eine Meinungsverschiedenheit zwischen den zuständigen Behörden festzustellen ist.

In Fällen, in denen gemäß den in Artikel 1 Absatz 2 genannten Gesetzgebungsakten ein gemeinsamer Beschluss der zuständigen Behörden erforderlich ist und die Behörde im Einklang mit diesen Gesetzgebungsakten den betreffenden zuständigen Behörden von Amts wegen helfen kann, nach dem in den Absätzen 2 bis 4 des vorliegenden Artikels festgelegten Verfahren eine Einigung zu erzielen, wird eine Meinungsverschiedenheit angenommen, wenn die zuständigen Behörden innerhalb der in den genannten Gesetzgebungsakten festgesetzten Fristen keinen gemeinsamen Beschluss fassen.

(1a) Die betroffenen zuständigen Behörden setzen die Behörde in den folgenden Fällen unverzüglich darüber in Kenntnis, dass keine Einigung erzielt wurde:

a) Wenn in den in Artikel 1 Absatz 2 genannten Gesetzgebungsakten eine Frist für die Erzielung einer Einigung zwischen den zuständigen Behörden festgelegt ist und einer der folgenden Fälle eintritt:

i) Die Frist ist abgelaufen oder

ii) mindestens zwei der betroffenen zuständigen Behörden gelangen anhand objektiver Gründe zu dem Ergebnis, dass eine Meinungsverschiedenheit besteht;

b) wenn in den in Artikel 1 Absatz 2 genannten Gesetzgebungsakten keine Frist für die Erzielung einer Einigung zwischen den zuständigen Behörden festgelegt ist und einer der folgenden Fälle eintritt:

i) mindestens zwei der betroffenen zuständigen Behörden gelangen anhand objektiver Gründe zu dem Ergebnis, dass eine Meinungsverschiedenheit besteht; oder

ii) seit dem Tag, an dem bei einer zuständigen Behörde das Ersuchen einer anderen zuständigen Behörde eingegangen ist, im Hinblick auf die Einhaltung der genannten Gesetzgebungsakte eine bestimmte Maßnahme zu ergreifen, sind zwei Monate vergangen, ohne dass die ersuchte Behörde einen Beschluss gefasst hätte, mit dem sie dem Ersuchen nachkommt.

(1b) Der Vorsitzende beurteilt, ob die Behörde im Einklang mit Absatz 1 handeln sollte. Wenn die Behörde von Amts wegen tätig wird, setzt sie die betreffenden zuständigen Behörden von ihrem Beschluss, tätig zu werden, in Kenntnis.

In Erwartung des Beschlusses der Behörde gemäß dem Verfahren nach Artikel 44 Absatz 3a setzen in Fällen, in denen die in Artikel 1 Absatz 2 genannten Gesetzgebungsakte einen gemeinsamen Beschluss erfordern, alle an dem gemeinsamen Beschluss beteiligten zuständigen Behörden ihre individuelle Beschlussfassung aus. Beschließt die Behörde, tätig zu werden, setzen alle an dem gemeinsamen Beschluss beteiligten zuständigen Behörden ihre Beschlussfassung aus, bis das Verfahren nach den Absätzen 2 und 3 des vorliegenden Artikels abgeschlossen ist.

(2) Die Behörde setzt den zuständigen Behörden für die Schlichtung ihrer Meinungsverschiedenheit eine Frist und trägt dabei allen relevanten Fristen, die in den in Artikel 1 Absatz 2 genannten Rechtsakten festgelegt sind, sowie der Komplexität und Dringlichkeit der Angelegenheit Rechnung. In diesem Stadium handelt die Behörde als Vermittlerin.

(3) Erzielen die betroffenen zuständigen Behörden innerhalb der in Absatz 2 genannten Schlichtungsphase keine Einigung, so kann die Behörde einen Beschluss fassen, mit dem die zuständigen Behörden dazu verpflichtet werden, zur Beilegung der Angelegenheit bestimmte Maßnahmen zu treffen oder von solchen abzusehen, und die Einhaltung des Unionsrechts zu gewährleisten. Der Beschluss der Behörde ist für die betroffenen zuständigen Behörden bindend. Die Behörde kann die zuständigen Behörden mit ihrem Beschluss auffordern, einen von ihnen gefassten Beschluss aufzuheben oder zu ändern oder die Befugnisse, die sie nach dem einschlägigen Unionsrecht haben, wahrzunehmen.

(3a) Die Behörde setzt die betreffenden zuständigen Behörden von dem Abschluss der Verfahren nach den Absätzen 2 und 3 sowie gegebenenfalls von ihrem nach Absatz 3 gefassten Beschluss in Kenntnis.

(4) Unbeschadet der Befugnisse der Kommission nach Artikel 258 AEUV kann die Behörde, wenn eine zuständige Behörde ihrem Beschluss nicht nachkommt und somit nicht sicherstellt, dass Finanzinstitute oder – im Kontext von Angelegenheiten im Zusammenhang mit der Verhinderung und Bekämpfung von Geldwäsche oder von Terrorismusfinanzierung – Wirtschaftsbeteiligter des Finanzsektors die Anforderungen erfüllen, die nach den in Artikel 1 Absatz 2 der vorliegenden Verordnung genannten Gesetzgebungsakten unmittelbar auf sie anwendbar sind, einen Beschluss im Einzelfall an die betreffenden Finanzinstitute oder Wirtschaftsbeteiligten des Finanzsektors richten und sie so dazu verpflichten, alle zur Einhaltung ihrer Pflichten im Rahmen des Unionsrechts erforderlichen Maßnahmen zu treffen, einschließlich der Einstellung jeder Tätigkeit.

In Angelegenheiten im Zusammenhang mit der Verhinderung der Nutzung des Finanzsystems zum Zwecke der Geldwäsche und der Terrorismusfinanzierung kann die Behörde, sofern die einschlägigen Anforderungen der in Artikel 1 Absatz 2 genannten Gesetzgebungsakte nicht unmittelbar auf Wirtschaftsbeteiligte des Finanzsektors anwendbar sind, außerdem einen Beschluss im Einklang mit Unterabsatz 1 des vorliegenden Absatzes annehmen. Zu diesem Zweck wendet die Behörde alle einschlägigen Rechtsvorschriften der Union und, sofern dieses Unionsrecht aus Richtlinien besteht, die nationalen Rechtsvorschriften an, insoweit sie diese Richtlinien umsetzen. Liegt das einschlägige Unionsrecht in Form von Verordnungen vor und werden in diesen Verordnungen den Mitgliedstaaten ausdrücklich Optionen eingeräumt, so wendet die Behörde außerdem die nationalen Rechtsvorschriften an, soweit diese Optionen ausgeübt wurden.

(5) Nach Absatz 4 erlassene Beschlüsse haben Vorrang vor allen von den zuständigen Behörden in gleicher Sache erlassenen früheren Beschlüssen. Jede Maßnahme der zuständigen Behörden im Zusammenhang mit Sachverhalten, die Gegenstand eines Beschlusses nach den Absätzen 3 oder 4 sind, muss mit diesen Beschlüssen in Einklang stehen.

(6) In dem in Artikel 50 Absatz 2 genannten Bericht legt der Vorsitzende der Behörde die Art der Meinungsverschiedenheiten zwischen den zuständigen Behörden, die erzielten Einigungen und die zur Beilegung solcher Meinungsverschiedenheiten getroffenen Beschlüsse dar.

Artikel 20
Beilegung von sektorübergreifenden Meinungsverschiedenheiten zwischen zuständigen Behörden

Der Gemeinsame Ausschuss legt im Einklang mit dem Verfahren gemäß den Artikeln 19 und 56 sektorübergreifende Meinungsverschiedenheiten bei, die zwischen zuständigen Behörden im Sinne des Artikels 4 Nummer 2 der vorliegenden Verordnung, der Verordnung (EU) Nr. 1094/2010 beziehungsweise der Verordnung (EU) Nr. 1095/2010 auftreten können.

Artikel 20a
Konvergenz von aufsichtlichen Überprüfungsverfahren

Die Behörde fördert im Rahmen ihrer Befugnisse die Konvergenz des Verfahrens der aufsichtlichen Überprüfung und Bewertung in Übereinstimmung mit der Richtlinie 2013/36/EU, um solide Aufsichtsstandards in der Union zu schaffen.

Artikel 21
Aufsichtskollegien

(1) Die Behörde fördert und überwacht im Rahmen ihrer Befugnisse das effiziente, wirksame und kohärente Funktionieren der Aufsichtskollegien, die mit den in Artikel 1 Absatz 2 genannten Gesetzgebungsakten errichtet wurden, und fördert die einheitliche und kohärente Anwendung des Unionsrechts in den Aufsichtskollegien. Im Hinblick auf eine Angleichung der bewährten Aufsichtspraktiken fördert die Behörde gemeinsame Aufsichtspläne und gemeinsame Prüfungen, und die Mitarbeiter der Behörde sind an den Aufsichtskollegien uneingeschränkt beteiligt und können daher an den Aktivitäten der Aufsichtskollegien teilnehmen, einschließlich Kontrollen vor Ort, die gemeinsam von zwei oder mehr zuständigen Behörden durchgeführt werden.

(2) Die Behörde übernimmt eine führende Rolle dabei, das kohärente Funktionieren der Aufsichtskollegien, die für in der Union grenzüberschreitend tätige Institute zuständig sind, sicherzustellen; dabei berücksichtigt sie das von Finanzinstituten ausgehende Systemrisiko im Sinne des Artikels 23 und beruft gegebenenfalls eine Sitzung eines Kollegiums ein.

Für die Zwecke des vorliegenden Absatzes und des Absatzes 1 dieses Artikels wird die Behörde als „zuständige Behörde" im Sinne der einschlägigen Rechtsvorschriften betrachtet.

Die Behörde kann:

a) in Zusammenarbeit mit den zuständigen Behörden alle relevanten Informationen erfassen und austauschen, um die Tätigkeit des Kollegiums zu erleichtern, und ein zentrales System einrichten und verwalten, mit dem diese Informationen den zuständigen Behörden im Kollegium zugänglich gemacht werden;

b) die Durchführung unionsweiter Stresstests gemäß Artikel 32 veranlassen und koordinieren, um die Widerstandsfähigkeit von Finanzinstituten und insbesondere das von Finanzinstituten ausgehende Systemrisiko im Sinne des Artikels 23 gegenüber ungünstigen Marktentwicklungen bewerten zu können; und um die potenzielle Erhöhung des Systemrisikos in Stress-Situationen bewerten zu können, wobei sicherzustellen ist, dass auf nationaler Ebene eine einheitliche Methode für diese Tests angewendet wird; und gegebenenfalls eine Empfehlung an die zuständigen Behörden aussprechen, Problempunkte zu beheben, die bei den Stresstests festgestellt wurden, einschließlich einer Empfehlung zur Durchführung spezifischer Bewertungen; sie kann den zuständigen Behörden empfehlen, Kontrollen vor Ort durchzuführen, und kann an diesen Kontrollen vor Ort teilnehmen, um die Vergleichbarkeit und Zuverlässigkeit der Methoden, Praktiken und Ergebnisse von unionsweiten Bewertungen sicherzustellen;

c) wirksame und effiziente Aufsichtstätigkeiten unterstützen, wozu auch die Beurteilung der Risiken gehört, denen Finanzinstitute gemäß den Erkenntnissen aus dem aufsichtlichen Überprüfungsverfahren oder in Stress-Situationen ausgesetzt sind oder ausgesetzt sein könnten;

d) die Tätigkeiten der zuständigen Behörden im Einklang mit den in dieser Verordnung festgelegten Aufgaben und Befugnissen überwachen und

e) weitere Beratungen eines Aufsichtskollegiums in den Fällen fordern, in denen sie der Auffassung ist, dass der Beschluss in eine falsche Anwendung des Unionsrechts münden oder nicht zur Erreichung des Ziels der Angleichung der Aufsichtspraktiken beitragen würde. Die Behörde kann außerdem von der konsolidierenden Aufsichtsbehörde verlangen, eine Sitzung des Kollegiums anzusetzen oder einen zusätzlichen Tagesordnungspunkt in die Tagesordnung einer Sitzung aufzunehmen.

(3) Die Behörde kann, entsprechend den Befugnisübertragungen, die in den in Artikel 1 Absatz 2 genannten Gesetzgebungsakten vorgesehen sind, und gemäß den Artikeln 10 bis 15 Entwürfe technischer Regulierungs- und Durchführungsstandards erarbeiten, um einheitliche Anwendungsbedingungen im Hinblick auf die Vorschriften zur operativen Funktionsweise der Aufsichtskollegien sicherzustellen. Die Behörde kann Leitlinien und Empfehlungen gemäß Artikel 16 herausgeben, um die Angleichung der Funktionsweise der Aufsicht und bewährter Aufsichtspraktiken zu fördern, die von den Aufsichtskollegien angenommen wurden.

(4) Die Behörde hat eine rechtlich verbindliche Aufgabe als Vermittlerin, um Streitigkeiten zwischen den zuständigen Behörden nach dem Verfahren des Artikels 19 zu schlichten. Im Einklang mit Artikel 19 kann die Behörde Aufsichtsbeschlüsse treffen, die direkt auf das betreffende Institut anwendbar sind.

Artikel 22
Allgemeine Bestimmungen zu Systemrisiken

(1) Die Behörde trägt dem Systemrisiko im Sinne der Verordnung (EU) Nr. 1092/2010 gebührend Rechnung. Sie reagiert auf alle Risiken der Beeinträchtigung von Finanzdienstleistungen, die

a) durch eine Störung des Finanzsystems insgesamt oder in Teilen verursacht werden und

b) das Potenzial haben, schwerwiegende negative Folgen für den Binnenmarkt und die Realwirtschaft nach sich zu ziehen.

Die Behörde berücksichtigt gegebenenfalls die Überwachung und Bewertung des Systemrisikos, die vom ESRB und der Behörde entwickelte wurden, und reagiert auf Warnungen und Empfehlungen des ESRB gemäß Artikel 17 der Verordnung (EU) Nr. 1092/2010.(1) Mindestens einmal jährlich prüft die Behörde, ob es angezeigt ist, gemäß Artikel 32 unionsweite Bewertungen der Widerstandsfähigkeit von Finanzinstituten vorzunehmen, und informiert das Europäische Parlament, den Rat und die Kommission über ihre Erwägungen. Werden solche unionsweiten Bewertungen vorgenommen und sieht es die Behörde als angemessen an, so sorgt sie für eine Offenlegung der Ergebnisse jedes teilnehmenden Finanzinstituts.

(2) Die Behörde erarbeitet in Zusammenarbeit mit dem ESRB und im Einklang mit Artikel 23 einen gemeinsamen Rahmen quantitativer und qualitativer Indikatoren („Risikosteuerpult") zur Ermittlung und Messung des Systemrisikos.

Die Behörde entwickelt ferner ein geeignetes Verfahren zur Durchführung von Stresstests, um dabei zu helfen, die Institute zu identifizieren, von denen ein Systemrisiko ausgehen könnte. Diese Institute werden Gegenstand einer verschärften Aufsicht und, sofern erforderlich, der Sanierungs- und Abwicklungsverfahren gemäß Artikel 25.

(3) Unbeschadet der in Artikel 1 Absatz 2 genannten Rechtsakte formuliert die Behörde nach Bedarf zusätzliche Leitlinien und Empfehlungen für Finanzinstitute, um dem von diesen ausgehenden Systemrisiko Rechnung zu tragen.

Die Behörde stellt sicher, dass dem von Finanzinstituten ausgehenden Systemrisiko bei der Ausarbeitung von Entwürfen für technische Regulierungs- und Durchführungsstandards in den Bereichen, die in den in Artikel 1 Absatz 2 genannten Gesetzgebungsakten festgelegt sind, Rechnung getragen wird.

(4) Die Behörde kann auf Ersuchen einer oder mehrerer zuständiger Behörden, des Europäischen Parlaments, des Rates oder der Kommission oder von Amts wegen eine Untersuchung in Bezug auf eine bestimmte Art von Finanzinstitut, Produkt oder Verhaltensweise durchführen, um die davon ausgehende potenzielle Bedrohung der Stabilität des Finanzsystems oder des Kunden- oder Verbraucherschutzes beurteilen zu können.

Nachdem eine Untersuchung gemäß Unterabsatz 1 durchgeführt wurde, kann der Rat der Aufseher den betreffenden zuständigen Behörden geeignete Empfehlungen für Maßnahmen geben.

Für diese Zwecke kann die Behörde die Befugnisse nutzen, die ihr durch diese Verordnung einschließlich des Artikels 35 übertragen werden.

(5) Der Gemeinsame Ausschuss stellt eine umfassende sektorübergreifende Koordinierung der gemäß diesem Artikel ergriffenen Maßnahmen sicher.

Artikel 23
Ermittlung und Messung des Systemrisikos

(1) Die Behörde erarbeitet in Abstimmung mit dem ESRB Kriterien für die Ermittlung und Messung des Systemrisikos sowie ein geeignetes Verfahren zur Durchführung von Stresstests, mit denen sich auch beurteilen lässt, wie hoch das Potenzial ist, dass sich das von Finanzinstituten ausgehende oder auf diese einwirkende Systemrisiko, einschließlich eines möglichen umweltbezogenen Systemrisikos, in Stress-Situationen erhöht. Finanzinstitute, von denen ein Systemrisiko ausgehen könnte, sind Gegenstand einer verstärkten Aufsicht und, sofern erforderlich, der in Artikel 25 genannten Sanierungs- und Abwicklungsverfahren.

(2) Bei der Entwicklung der Kriterien für die Ermittlung und Messung des von Finanzinstituten ausgehenden Systemrisikos trägt die Behörde den einschlägigen internationalen Konzepten, einschließlich der vom Finanzstabilitätsrat, vom Internationalen Währungsfonds und von der Bank für internationalen Zahlungsausgleich ausgearbeiteten Konzepte, uneingeschränkt Rechnung.

Artikel 24
Dauerhafte Fähigkeit zur Reaktion auf Systemrisiken

(1) Die Behörde stellt sicher, dass sie dauerhaft über die fachliche Kapazität verfügt, die es erlaubt, effizient auf das tatsächliche Eintreten eines Systemrisikos im Sinne der Artikel 22 und 23, insbesondere in Bezug auf Institute, von denen ein Systemrisiko ausgeht, zu reagieren.

(2) Die Behörde erfüllt alle ihr in dieser Verordnung und in den in Artikel 1 Absatz 2 genannten Rechtsvorschriften übertragenen Aufgaben und trägt dazu bei, eine kohärente und koordinierte Regelung zum Krisenmanagement und zur Krisenbewältigung in der Union sicherzustellen.

Artikel 25
Sanierungs- und Abwicklungsverfahren

(1) Die Behörde trägt dazu bei, dass wirksame, kohärente und aktuelle Sanierungs- und Abwicklungspläne für Finanzinstitute entwickelt und aufeinander abgestimmt werden, und beteiligt sich aktiv daran. Die Behörde hilft zudem, soweit dies in den in Artikel 1 Absatz 2 genannten

Rechtsakten der Union vorgesehen ist, bei der Entwicklung von Verfahren im Krisenfall und Präventivmaßnahmen zur Minimierung der systemischen Auswirkungen von Insolvenzen.(1) Die Behörde kann Peer Reviews bezüglich des Informationsaustauschs und der gemeinsamen Aktivitäten des in der Verordnung (EU) Nr. 806/2014 genannten Ausschusses und der nationalen Abwicklungsbehörden der nicht am einheitlichen Abwicklungsmechanismus teilnehmenden Mitgliedstaaten bei der Abwicklung grenzüberschreitender Gruppen organisieren und durchführen, um die Wirksamkeit und Kohärenz der Ergebnisse zu verstärken. Zu diesem Zweck entwickelt die Behörde Methoden, die ihr eine objektive Bewertung und objektive Vergleiche gestatten.

(2) Die Behörde kann bewährte Praktiken und Vorgehensweisen aufzeigen, die darauf abzielen, die Abwicklung von insolvenzbedrohten Instituten und insbesondere von grenzüberschreitend tätigen Gruppen dergestalt zu erleichtern, dass das Insolvenzrisiko nicht weitergegeben und zugleich sichergestellt wird, dass geeignete Instrumente einschließlich ausreichender Mittel zur Verfügung stehen, die eine geordnete, kosteneffiziente und rasche Abwicklung des Instituts oder der Gruppe ermöglichen.

(3) Die Behörde kann technische Regulierungs- und Durchführungsstandards nach Maßgabe der in Artikel 1 Absatz 2 genannten Gesetzgebungsakte gemäß dem in den Artikeln 10 bis 15 festgelegten Verfahren ausarbeiten.

Artikel 26
Europäisches System der Einlagensicherungssysteme

(1) Die Behörde trägt zur Stärkung des Europäischen Systems der nationalen Einlagensicherungssysteme bei, indem sie ihre Befugnisse gemäß dieser Verordnung wahrnimmt, um die ordnungsgemäße Anwendung der Richtlinie 94/19/EG sicherzustellen und so zu gewährleisten, dass die nationalen Einlagensicherungssysteme durch Beiträge der Finanzinstitute ausreichend finanziert werden, einschließlich jener Finanzinstitute, die in der Union errichtet wurden und dort Einlagen entgegennehmen, aber über einen Hauptsitz außerhalb der Union gemäß Richtlinie 94/19/EG verfügen, und dass innerhalb eines harmonisierten Unionsrahmens ein hohes Schutzmaß für alle Einleger gewährleistet wird, wodurch die stabilisierenden Schutzmaßnahmen gegenseitiger Sicherungssysteme intakt bleiben, sofern die Rechtsvorschriften der Union eingehalten werden.

(2) Artikel 16 über die Befugnisse der Behörde zur Annahme von Leitlinien und Empfehlungen gilt für Einlagensicherungssysteme.

(3) Die Behörde kann technische Regulierungs- und Durchführungsstandards nach Maßgabe der in Artikel 1 Absatz 2 genannten Gesetzgebungsakte gemäß dem in den Artikeln 10 bis 15 festgelegten Verfahren ausarbeiten.

(4) Bei der Überprüfung dieser Verordnung gemäß Artikel 81 wird insbesondere die Angleichung innerhalb des Europäischen Systems der nationalen Einlagensicherungssysteme geprüft.

Artikel 27
Europäisches System der Bankenabwicklungs- und Finanzierungsregelungen

(1) Die Behörde trägt dazu bei, dass Verfahren für die Abwicklung insolvenzbedrohter Finanzinstitute, insbesondere solcher, von denen ein Systemrisiko ausgehen könnte, entwickelt werden, die so konzipiert sind, dass das Insolvenzrisiko nicht weitergegeben wird und die Institute geordnet und rasch abgewickelt werden können; diese Verfahren schließen gegebenenfalls kohärente und belastbare Finanzierungsmechanismen ein.

(2) Die Behörde legt ihre Bewertung der Notwendigkeit eines Systems kohärenter, belastbarer und glaubwürdiger Finanzierungsmechanismen mit geeigneten Finanzierungsinstrumenten vor, die mit einem Paket von koordinierten Regelungen zum Krisenmanagement verknüpft sind.

Die Behörde leistet Beiträge zu den Arbeiten über Fragen in Bezug auf gleiche Wettbewerbsbedingungen und die kumulativen Auswirkungen von Systemen zur Erhebung von Abgaben und Beiträgen von Finanzinstituten, die eingeführt werden könnten, um im Rahmen eines kohärenten und glaubwürdigen Abwicklungsmechanismus für eine gerechte Lastenverteilung zu sorgen und Anreize für eine Eindämmung der Systemrisiken zu schaffen.

Artikel 28
Delegation von Aufgaben und Pflichten

(1) Die zuständigen Behörden können – mit Zustimmung der Bevollmächtigten – Aufgaben und Pflichten vorbehaltlich der in diesem Artikel genannten Voraussetzungen an die Behörde oder andere zuständige Behörden delegieren. Die Mitgliedstaaten können spezielle Regelungen für die Delegation von Pflichten festlegen, die erfüllt werden müssen, bevor ihre zuständigen Behörden solche Delegationsvereinbarungen schließen, und sie können den Umfang der Delegation auf das für die wirksame Beaufsichtigung von grenzübergreifend tätigen Finanzinstituten oder grenzübergreifend tätigen Gruppen erforderliche Maß begrenzen.

(2) Die Behörde fördert und erleichtert die Delegation von Aufgaben und Pflichten zwischen zuständigen Behörden, indem sie ermittelt, welche Aufgaben und Pflichten delegiert oder gemeinsam

erfüllt werden können, und indem sie empfehlenswerte Praktiken fördert.

(3) Die Delegation von Pflichten führt zu einer Neuzuweisung der Zuständigkeiten, die in den in Artikel 1 Absatz 2 genannten Rechtsakten festgelegt sind. Das Recht der bevollmächtigten Behörde ist maßgeblich für das Verfahren, die Durchsetzung und die verwaltungsrechtliche und gerichtliche Überprüfung in Bezug auf die delegierten Pflichten.

(4) Die zuständigen Behörden unterrichten die Behörde über die von ihnen beabsichtigten Delegationsvereinbarungen. Sie setzen diese Vereinbarungen frühestens einen Monat nach Unterrichtung der Behörde in Kraft.

Die Behörde kann innerhalb eines Monats nach ihrer Unterrichtung zu der beabsichtigten Vereinbarung Stellung nehmen.

Um eine angemessene Unterrichtung aller Betroffenen zu gewährleisten, werden alle von den zuständigen Behörden geschlossenen Delegationsvereinbarungen von der Behörde in geeigneter Weise veröffentlicht.

Artikel 29
Gemeinsame Aufsichtskultur

(1) Die Behörde spielt bei der Schaffung einer gemeinsamen Aufsichtskultur in der Union und einer Kohärenz der Aufsichtspraktiken sowie bei der Gewährleistung einheitlicher Verfahren und kohärenter Vorgehensweisen in der gesamten Union eine aktive Rolle. Die Behörde hat zumindest folgende Aufgaben:

a) sie gibt Stellungnahmen an die zuständigen Behörden ab,

aa) sie legt im Einklang mit Artikel 29a die strategischen Aufsichtsprioritäten der Union fest,

ab) sie setzt im Einklang mit Artikel 45b Koordinierungsgruppen ein, um die Angleichung der Aufsicht zu fördern und bewährte Praktiken zu bestimmen,

b) sie fördert einen wirksamen bi- und multilateralen Informationsaustausch zwischen den zuständigen Behörden zu allen relevanten Fragen, einschließlich Cybersicherheit und Cyberangriffen, wobei sie den nach den einschlägigen Gesetzgebungsakten der Union geltenden Geheimhaltungs- und Datenschutzbestimmungen in vollem Umfang Rechnung trägt,

c) sie trägt zur Entwicklung qualitativ hochwertiger, einheitlicher Aufsichtsstandards einschließlich Berichterstattungsstandards sowie internationaler Rechnungslegungsstandards im Einklang mit Artikel 1 Absatz 3 bei,

d) sie überprüft die Anwendung der von der Kommission festgelegten einschlägigen technischen Regulierungs- und Durchführungsstandards und der von der Behörde herausgegebenen Leitlinien und Empfehlungen und schlägt gegebenenfalls Änderungen vor,

e) sie richtet sektorspezifische und sektorübergreifende Schulungsprogramme ein, auch in Bezug auf die technologische Innovation, erleichtert den Personalaustausch und ermutigt die zuständigen Behörden, in verstärktem Maße Personal abzuordnen und andere Instrumente einzusetzen und

f) sie richtet ein Überwachungssystem zur Bewertung wesentlicher ökologischer, sozialer und die Governance betreffender Risiken ein, wobei sie dem Übereinkommen von Paris im Rahmen des Rahmenübereinkommens der Vereinten Nationen über Klimaänderungen Rechnung trägt.

(2) Die Behörde kann zur Förderung gemeinsamer Aufsichtskonzepte und -praktiken gegebenenfalls neue praktische Hilfsmittel und Instrumente erarbeiten, die die Konvergenz erhöhen.

Im Hinblick auf die Schaffung einer gemeinsamen Aufsichtskultur erarbeitet die Behörde ein Aufsichtshandbuch der Union zur Beaufsichtigung von Finanzinstituten in der Union und hält es auf dem neuesten Stand, das der Art, dem Umfang und der Komplexität der Risiken, den Geschäftspraktiken, den Geschäftsmodellen und der Größe der Finanzinstitute und der Märkte gebührend Rechnung trägt. Die Behörde erarbeitet auch ein Abwicklungshandbuch der Union zur Abwicklung von Finanzinstituten in der Union und hält es auf dem neuesten Stand, das der Art, dem Umfang und der Komplexität der Risiken, den Geschäftspraktiken, den Geschäftsmodellen und der Größe der Finanzinstitute und der Märkte gebührend Rechnung trägt. Sowohl im Aufsichtshandbuch der Union als auch im Abwicklungshandbuch der Union werden bewährte Praktiken und qualitativ hochwertige Methoden und Verfahren dargelegt.

Die Behörde führt soweit angemessen offene öffentliche Konsultationen zu den in Absatz 1 Buchstabe a genannten Stellungnahmen sowie zu den im vorliegenden Absatz genannten Hilfsmitteln und Instrumenten durch. Sie analysiert soweit angemessen auch die damit verbundenen potenziellen Kosten- und Nutzeneffekte. Diese Konsultationen und Analysen müssen in Bezug auf den Umfang, Art und Folgen der Stellungnahmen beziehungsweise der Hilfsmittel und Instrumente verhältnismäßig sein. Die Behörde holt soweit angemessen auch den Rat der in Artikel 37 genannten Interessengruppe Bankensektor ein.

Artikel 29a
Strategische Aufsichtsprioritäten der Union

Die Behörde legt im Anschluss an eine Beratung im Rat der Aufseher und unter Berücksichtigung der Beiträge der zuständigen Behörden, der von den Organen der Union geleisteten Arbeit und der vom ESRB veröffentlichten Analysen,

Warnungen und Empfehlungen mindestens alle drei Jahre bis zum 31. März bis zu zwei Prioritäten von unionsweiter Bedeutung fest, die künftige Entwicklungen und Trends widerspiegeln. Die zuständigen Behörden tragen diesen Prioritäten bei der Aufstellung ihrer Arbeitsprogramme Rechnung und teilen dies der Behörde entsprechend mit. Die Behörde erörtert die entsprechenden Tätigkeiten der zuständigen Behörden im folgenden Jahr und zieht Schlussfolgerungen. Die Behörde erörtert mögliche Folgemaßnahmen, die Leitlinien, Empfehlungen an die zuständigen Behörden und Peer Reviews im betreffenden Bereich umfassen können.

Die von der Behörde festgelegten Prioritäten von unionsweiter Bedeutung hindern die zuständigen Behörden nicht daran, ihre bewährten Praktiken anzuwenden und ihre zusätzlichen Prioritäten und Entwicklungen zu berücksichtigen, zudem wird nationalen Besonderheiten Rechnung getragen.

Artikel 30
Peer Reviews der zuständigen Behörden

(1) Um bei den Ergebnissen der Aufsicht eine größere Angleichung und Wirksamkeit zu erreichen, unterzieht die Behörde alle oder einige Tätigkeiten der zuständigen Behörden regelmäßig einem Peer Review. Hierzu erarbeitet die Behörde Methoden, die eine objektive Bewertung und einen objektiven Vergleich zwischen den analysierten zuständigen Behörden ermöglichen. Bei der Planung und Durchführung der Peer Reviews werden die in Bezug auf die betreffende zuständige Behörde vorhandenen Informationen und bereits vorgenommenen Bewertungen berücksichtigt, einschließlich etwaiger relevanter Informationen, die der Behörde gemäß Artikel 35 vorgelegt wurden, und etwaiger relevanter Informationen von Interessenvertretern.

(2) Für die Zwecke dieses Artikels setzt die Behörde Ad-hoc-Peer- Review-Ausschüsse ein, die aus Mitarbeitern der Behörde und Mitgliedern der zuständigen Behörden bestehen. Den Vorsitz der Peer-Review-Ausschüsse führt ein Mitarbeiter der Behörde. Der Vorsitzende schlägt nach Konsultation des Verwaltungsrates und im Anschluss an eine offene Aufforderung zur Beteiligung den Vorsitzenden und die Mitglieder eines Peer-Review-Ausschusses vor; der Vorschlag wird vom Rat der Aufseher gebilligt. Der Vorschlag gilt als angenommen, wenn er nicht innerhalb von 10 Tagen nach Vorschlag des Vorsitzenden durch Beschluss des Rates der Aufseher abgelehnt wird.

(3) Bei dem Peer Review wird unter anderem, aber nicht ausschließlich, Folgendes bewertet:

a) die Angemessenheit der Ausstattung, der Grad der Unabhängigkeit und die Regelungen hinsichtlich der Leitung der zuständigen Behörde mit besonderem Augenmerk auf der wirksamen Anwendung der in Artikel 1 Absatz 2 genannten Gesetzgebungsakte und der Fähigkeit, auf Marktentwicklungen zu reagieren;

b) die Wirksamkeit und der Grad der Angleichung, der bei der Anwendung des Unionsrechts und bei den Aufsichtspraktiken, einschließlich der nach den Artikeln 10 bis 16 angenommenen technischen Regulierungs- und Durchführungsstandards, Leitlinien und Empfehlungen, erzielt wurde, sowie der Umfang, in dem mit den Aufsichtspraktiken die im Unionsrecht gesetzten Ziele erreicht werden;

c) die Anwendung der von zuständigen Behörden entwickelten bewährten Praktiken, deren Übernahme für andere zuständige Behörden von Nutzen sein könnte;

d) die Wirksamkeit und der Grad an Angleichung, die in Bezug auf die Durchsetzung der im Rahmen der Durchführung des Unionsrechts erlassenen Bestimmungen, wozu auch Verwaltungssanktionen und andere Verwaltungsmaßnahmen gegen Personen, die für die Nichteinhaltung dieser Bestimmungen verantwortlich sind, gehören, erreicht wurden.

(4) Die Behörde erstellt einen Bericht über die Ergebnisse des Peer Reviews. Dieser Peer-Review-Bericht wird vom Peer-Review-Ausschuss ausgearbeitet und vom Rat der Aufseher im Einklang mit Artikel 44 Absatz 3a angenommen wird. Bei der Ausarbeitung des Berichts konsultiert der Peer-Review-Ausschuss den Verwaltungsrat, um die Kohärenz mit anderen Peer-Review-Berichten und gleiche Wettbewerbsbedingungen zu gewährleisten. Der Verwaltungsrat bewertet insbesondere, ob die Methode in gleicher Weise angewandt worden ist. In dem Bericht werden die infolge des Peer Review als angemessen, verhältnismäßig und notwendig erachteten Folgemaßnahmen angegeben und erläutert. Diese Folgemaßnahmen können in Form von Leitlinien und Empfehlungen nach Artikel 16 und Stellungnahmen nach Artikel 29 Absatz 1 Buchstabe a angenommen werden.

Im Einklang mit Artikel 16 Absatz 3 unternehmen die zuständigen Behörden alle erforderlichen Anstrengungen, um allen herausgegebenen Leitlinien und Empfehlungen nachzukommen.

Bei der Ausarbeitung von Entwürfen technischer Regulierungs- und Durchführungsstandards gemäß den Artikeln 10 bis 15 oder von Leitlinien oder Empfehlungen gemäß Artikel 16 berücksichtigt die Behörde das Ergebnis des Peer Review und alle weiteren Informationen, die sie bei der Wahrnehmung ihrer Aufgaben erlangt hat, um eine Angleichung in Richtung der bestmöglichen Aufsichtspraktiken sicherzustellen.

(5) Die Behörde legt der Kommission eine Stellungnahme vor, wenn sie auf der Grundlage des Ergebnisses des Peer Review oder sonstiger von der Behörde bei der Wahrnehmung ihrer

Aufgaben erlangter Informationen die Auffassung vertritt, dass aus Sicht der Union eine weitere Harmonisierung der Unionsvorschriften für Finanzinstitute oder zuständige Behörden erforderlich ist.

(6) Die Behörde erstellt zwei Jahre nach Veröffentlichung des Peer-Review-Berichts einen Folgebericht. Der Folgebericht wird vom Peer-Review-Ausschuss ausgearbeitet und vom Rat der Aufseher im Einklang mit Artikel 44 Absatz 3a angenommen. Bei der Ausarbeitung des Berichts konsultiert der Peer-Review-Ausschuss den Verwaltungsrat, um die Kohärenz mit anderen Folgeberichten zu gewährleisten. Im Folgebericht wird unter anderem, aber nicht ausschließlich, bewertet, ob die Maßnahmen, die die dem Peer Review unterzogenen zuständigen Behörden auf die Folgemaßnahmen des Peer-Review-Berichts hin ergriffen haben, angemessen und wirksam sind.

(7) Der Peer-Review-Ausschuss stellt nach Konsultation der dem Peer Review unterzogenen zuständigen Behörden die mit Gründen versehenen wichtigsten Ergebnisse des Peer Reviews fest. Die Behörde veröffentlicht die mit Gründen versehenen wichtigsten Ergebnisse des Peer Review und des in Absatz 6 genannten Folgeberichts. Weichen die mit Gründen versehenen wichtigsten Ergebnisse der Behörde von den vom Peer-Review-Ausschuss festgestellten Ergebnissen ab, übermittelt die Behörde die Ergebnisse des Peer-Review-Ausschusses auf vertraulicher Basis an das Europäische Parlament, den Rat und die Kommission. Ist eine dem Peer Review unterzogene zuständige Behörde der Auffassung, dass die Veröffentlichung der mit Gründen versehenen wichtigsten Ergebnisse der Behörde die Stabilität des Finanzsystems gefährden würde, kann sie die Angelegenheit an den Rat der Aufseher verweisen. Der Rat der Aufseher kann beschließen, die betreffenden Auszüge nicht zu veröffentlichen.

(8) Für die Zwecke dieses Artikels unterbreitet der Verwaltungsrat einen Vorschlag für einen Peer-Review-Arbeitsplan für die nächsten zwei Jahre, der unter anderem den Erkenntnissen, die im Zuge der vergangenen Peer Reviews und Beratungen der in Artikel 45b genannten Koordinierungsgruppen gewonnen wurden, Rechnung trägt. Der Peer- Review-Arbeitsplan ist ein separater Bestandteil des Jahres- und des Mehrjahresarbeitsprogramms. Er wird veröffentlicht. In dringenden Fällen oder bei unvorhergesehenen Ereignissen kann die Behörde beschließen, zusätzliche Peer Reviews durchzuführen.

Artikel 31
Koordinatorfunktion

(1) Die Behörde wird allgemein als Koordinatorin zwischen den zuständigen Behörden tätig, insbesondere in Fällen, in denen ungünstige Entwicklungen die geordnete Funktionsweise und die Integrität von Finanzmärkten oder die Stabilität des Finanzsystems in der Union möglicherweise gefährden könnten.

(2) Die Behörde fördert ein abgestimmtes Vorgehen auf Unionsebene, indem sie unter anderem

a) den Informationsaustausch zwischen den zuständigen Behörden erleichtert,

b) den Umfang der Informationen, die alle betroffenen zuständigen Behörden erhalten sollten, bestimmt und – sofern zweckmäßig – die Zuverlässigkeit dieser Informationen überprüft,

c) unbeschadet des Artikels 19 auf Ersuchen der zuständigen Behörden oder von Amts wegen eine nicht bindende Vermittlertätigkeit wahrnimmt,

d) den ESRB, den Rat und die Kommission unverzüglich auf jeden potenziellen Krisenfall aufmerksam macht,

e) erforderliche Maßnahmen ergreift, um die Tätigkeiten der jeweils zuständigen Behörden zu koordinieren, wenn Entwicklungen eintreten, die das Funktionieren der Finanzmärkte gefährden können,

ea) erforderliche Maßnahmen ergreift, um die Maßnahmen der jeweils zuständigen Behörden zur Erleichterung des Markteintritts von Akteuren oder Produkten, die auf technologischer Innovation beruhen, zu koordinieren,

f) Informationen zentralisiert, die sie von den zuständigen Behörden gemäß den Artikeln 21 und 35 als Ergebnis der Berichterstattungspflichten für Institute im Regulierungsbereich erhält. Die Behörde stellt diese Informationen auch den anderen betroffenen zuständigen Behörden zur Verfügung.

(3) Um zur Schaffung einer gemeinsamen europäischen Vorgehensweise im Hinblick auf technologische Innovation beizutragen, fördert die Behörde, gegebenenfalls mit Unterstützung des Ausschusses für Verbraucherschutz und Finanzinnovationen, die Angleichung der Aufsicht, insbesondere durch den Austausch von Informationen und bewährten Praktiken, womit der Markteintritt von Akteuren oder Produkten, die auf technologischer Innovation beruhen, erleichtert wird. Die Behörde kann gegebenenfalls auch Leitlinien und Empfehlungen gemäß Artikel 16 annehmen.

Artikel 31a
Informationsaustausch zu Eignung und Zuverlässigkeit

Die Behörde richtet zusammen mit der Europäischen Aufsichtsbehörde (Europäische Aufsichtsbehörde für das Versicherungswesen und die betriebliche Altersversorgung) und der Europäischen Aufsichtsbehörde (Europäische Wertpapier- und

Marktaufsichtsbehörde) ein System für den Austausch von Informationen ein, die für die Bewertung der Eignung und Zuverlässigkeit der Halter qualifizierter Beteiligungen, der Direktoren und der Inhaber von Schlüsselfunktionen von Finanzinstituten durch die zuständigen Behörden gemäß den in Artikel 1 Absatz 2 genannten Gesetzgebungsakten von Bedeutung sind.

Artikel 32
Bewertung von Marktentwicklungen einschließlich Stresstests

(1) Die Behörde verfolgt und bewertet die in ihren Zuständigkeitsbereich fallenden Marktentwicklungen und unterrichtet die Europäische Aufsichtsbehörde (Europäische Aufsichtsbehörde für das Versicherungswesen und die betriebliche Altersversorgung) und die Europäische Aufsichtsbehörde (Europäische Wertpapier- und Marktaufsichtsbehörde), den ESRB sowie das Europäische Parlament, den Rat und die Kommission erforderlichenfalls über die einschlägigen mikroprudentiellen Trends, über potenzielle Risiken und Schwachstellen. Die Behörde nimmt in ihre Bewertungen eine Analyse der Märkte, auf denen Finanzinstitute tätig sind, sowie eine Abschätzung der Folgen potenzieller Marktentwicklungen auf diese Institute auf.

(2) Die Behörde initiiert und koordiniert unionsweite Bewertungen der Widerstandsfähigkeit von Finanzinstituten bei ungünstigen Marktentwicklungen. Zu diesem Zweck erarbeitet sie:

a) gemeinsame Methoden zur Bewertung der Auswirkungen ökonomischer Szenarien auf die Finanzlage eines Finanzinstituts, wobei unter anderem Risiken Rechnung getragen wird, die aus ungünstigen ökologischen Entwicklungen erwachsen,

aa) gemeinsame Methoden für die Identifizierung der in unionsweite Bewertungen aufzunehmenden Finanzinstitute,

b) gemeinsame Vorgehensweisen für die Bekanntgabe der Ergebnisse dieser Bewertungen der Widerstandsfähigkeit von Finanzinstituten,

c) gemeinsame Methoden für die Bewertung der Wirkungen von bestimmten Produkten oder Vertriebswegen auf ein Finanzinstitut,

d) gemeinsame Methoden für die Beurteilung des Wertes von Vermögenswerten, sofern diese für Stresstests erforderlich ist und

e) gemeinsame Methoden zur Bewertung der Auswirkungen ökologischer Risiken auf die Finanzstabilität der Finanzinstitute.

Für die Zwecke des vorliegenden Absatzes arbeitet die Behörde mit dem ESRB zusammen.

(3) Unbeschadet der in der Verordnung (EU) Nr. 1092/2010 festgelegten Aufgaben des ESRB legt die Behörde dem Europäischen Parlament, dem Rat, der Kommission und dem ESRB einmal jährlich, bei Bedarf häufiger, für ihren Zuständigkeitsbereich Bewertungen von Trends, potenziellen Risiken und Schwachstellen in Kombination mit dem Risikosteuerpult nach Artikel 22 Absatz 2 der vorliegenden Verordnung vor.

In diesen Bewertungen nimmt die Behörde auch eine Einstufung der größten Risiken und Schwachstellen vor und empfiehlt bei Bedarf Präventiv- oder Abhilfemaßnahmen.

(3a) Zur Durchführung der unionsweiten Bewertungen der Widerstandsfähigkeit von Finanzinstituten gemäß diesem Artikel kann die Behörde gemäß Artikel 35 und nach Maßgabe der dort festgelegten Bedingungen Informationen direkt von diesen Finanzinstituten verlangen. Die Behörde kann die zuständigen Behörden ebenfalls auffordern, besondere Prüfungen durchzuführen. Sie kann die zuständigen Behörden auffordern, Kontrollen vor Ort durchzuführen, die auch die Teilnahme der Behörde gemäß Artikel 21 und nach Maßgabe der dort festgelegten Bedingungen umfassen können, um die Vergleichbarkeit und Zuverlässigkeit der Methoden, Praktiken und Ergebnisse sicherzustellen.

(3b) Die Behörde kann die zuständigen Behörden ersuchen zu verlangen, dass Finanzinstitute die Informationen, die sie nach Absatz 3a vorlegen müssen, einer unabhängigen Prüfung unterwerfen.

(4) Die Behörde sorgt durch enge Zusammenarbeit mit der Europäischen Aufsichtsbehörde (Europäische Aufsichtsbehörde für das Versicherungswesen und die betriebliche Altersversorgung) und der Europäischen Aufsichtsbehörde (Europäische Wertpapier- und Marktaufsichtsbehörde) im Gemeinsamen Ausschuss dafür, dass sektorübergreifende Entwicklungen, Risiken und Schwachstellen bei den Bewertungen angemessen abgedeckt sind.

Artikel 33
Internationale Beziehungen einschließlich Gleichwertigkeit

(1) Unbeschadet der jeweiligen Zuständigkeiten der Mitgliedstaaten und der Organe der Union kann die Behörde Kontakte zu den Regulierungs-, Aufsichts- und gegebenenfalls Abwicklungsbehörden, zu internationalen Organisationen und den Verwaltungen von Drittländern knüpfen und Verwaltungsvereinbarungen mit diesen schließen. Durch diese Vereinbarungen entstehen keine rechtlichen Verpflichtungen der Union und ihrer Mitgliedstaaten, und diese Vereinbarungen hindern die Mitgliedstaaten und ihre zuständigen Behörden auch nicht daran, bilaterale oder multilaterale Vereinbarungen mit diesen Drittländern zu schließen.

Ist ein Drittland im Einklang mit einem geltenden, von der Kommission gemäß Artikel 9 der Richtlinie (EU) 2015/849 erlassenen delegierten Rechtsakt, auf der Liste derjenigen Staaten aufgeführt, deren nationale Systeme zur Bekämpfung von Geldwäsche und Terrorismusfinanzierung strategische Mängel aufweisen, die wesentliche Risiken für das Finanzsystem der Union darstellen, so schließt die Behörde keine Verwaltungsvereinbarungen mit den Regulierungs-, Aufsichts- und gegebenenfalls Abwicklungsbehörden dieses Drittlands. Dies schließt andere Formen der Zusammenarbeit zwischen der Behörde und den jeweiligen Drittlandsbehörden im Hinblick auf die Verringerung der Risiken für das Finanzsystem der Union nicht aus.

(2) Auf besonderes Ersuchen der Kommission um Beratung oder wenn dies in den in Artikel 1 Absatz 2 aufgeführten Gesetzgebungsakten vorgesehen ist, unterstützt die Behörde die Kommission bei der Vorbereitung von Beschlüssen über die Gleichwertigkeit der Regulierungs- und Aufsichtsrahmen von Drittländern.

(3) Die Behörde verfolgt relevante regulierungs-, aufsichts- sowie gegebenenfalls abwicklungsspezifische Entwicklungen und Durchsetzungsverfahren sowie Marktentwicklungen in Drittländern, soweit sie für die risikobasierten Gleichwertigkeitsbewertungen, zu denen die Kommission gemäß den in Artikel 1 Absatz 2 genannten Gesetzgebungsakten Beschlüsse über die Gleichwertigkeit angenommen hat, von Belang sind, wobei der besondere Schwerpunkt auf den Auswirkungen dieser Entwicklungen beziehungsweise Verfahren auf die Finanzstabilität, die Marktintegrität, den Anlegerschutz und das Funktionieren des Binnenmarkts liegt.

Darüber hinaus verifiziert sie, ob die Kriterien, auf deren Grundlage diese Beschlüsse über die Gleichwertigkeit gefasst wurden, und die darin festgelegten Bedingungen weiterhin erfüllt sind.

Die Behörde kann sich mit den einschlägigen Behörden in den Drittländern in Verbindung setzen. Die Behörde legt dem Europäischen Parlament, dem Rat, der Kommission sowie der Europäischen Aufsichtsbehörde (Europäische Aufsichtsbehörde für das Versicherungswesen und die betriebliche Altersversorgung) und der Europäischen Aufsichtsbehörde (Europäische Wertpapier- und Marktaufsichtsbehörde) einen vertraulichen Bericht, der die Ergebnisse ihrer Überwachung in Bezug auf alle als gleichwertig eingestuften Drittländer zusammenfasst, vor. Der Schwerpunkt des Berichts liegt insbesondere auf den Auswirkungen auf die Finanzstabilität, die Marktintegrität, den Anlegerschutz und das Funktionieren des Binnenmarkts.

Stellt die Behörde in den im vorliegenden Absatz genannten Drittländern relevante Entwicklungen in Bezug auf die Regulierung, Aufsicht oder gegebenenfalls Abwicklung oder die Durchsetzungspraxis fest, die sich auf die Finanzstabilität der Union oder eines oder mehrerer ihrer Mitgliedstaaten, auf die Marktintegrität oder den Anlegerschutz oder auf das Funktionieren des Binnenmarktes auswirken könnten, unterrichtet sie unverzüglich und auf vertraulicher Basis das Europäische Parlament, den Rat und die Kommission.

(4) Unbeschadet der besonderen Anforderungen, die in den in Artikel 1 Absatz 2 genannten Gesetzgebungsakten aufgeführt sind, und vorbehaltlich der in Absatz 1 Satz 2 des vorliegenden Artikels genannten Bedingungen arbeitet die Behörde soweit möglich mit den jeweils zuständigen Behörden und gegebenenfalls auch mit Abwicklungsbehörden von Drittländern zusammen, deren Regulierungs- und Aufsichtsrahmen als gleichwertig anerkannt worden sind. Diese Zusammenarbeit erfolgt grundsätzlich auf der Grundlage von Verwaltungsvereinbarungen mit den jeweiligen Behörden der betreffenden Drittländer. Bei der Aushandlung solcher Verwaltungsvereinbarungen nimmt die Behörde Bestimmungen zu Folgendem auf:

a) den Mechanismen, die es der Behörde erlauben, sachdienliche Informationen einzuholen, einschließlich Informationen über den Regulierungsrahmen, das Aufsichtskonzept, relevante Marktentwicklungen und etwaige Änderungen, die sich auf den Beschluss über die Gleichwertigkeit auswirken könnten;

b) den Verfahren für die Koordinierung der Aufsichtstätigkeiten, einschließlich, sofern erforderlich, Kontrollen vor Ort, soweit es für die Weiterverfolgung derartiger Beschlüsse über die Gleichwertigkeit erforderlich ist.

Die Behörde unterrichtet die Kommission, wenn die zuständige Behörde eines Drittlandes es ablehnt, derartige Verwaltungsvereinbarungen zu schließen, oder wenn sie eine wirksame Zusammenarbeit ablehnt.

(5) Die Behörde kann Muster-Verwaltungsvereinbarungen erarbeiten, um in der Union eine kohärente, effiziente und wirksame Aufsichtspraxis zu begründen und um die internationale Koordinierung der Aufsicht zu verbessern. Die zuständigen Behörden unternehmen alle erforderlichen Anstrengungen, um derartige Mustervereinbarungen anzuwenden.

Die Behörde nimmt in den in Artikel 43 Absatz 5 genannten Bericht Informationen über die mit Aufsichtsbehörden, internationalen Organisationen oder Verwaltungen von Drittländern geschlossenen Verwaltungsvereinbarungen, über die Unterstützung, die die Behörde der Kommission bei der Vorbereitung von Beschlüssen über die Gleichwertigkeit geleistet hat, und über die Überwachung durch die Behörde nach Absatz 3 des vorliegenden Artikels auf.

(6) Die Behörde trägt im Rahmen der Befugnisse, die ihr mit dieser Verordnung und den in Arti-

kel 1 Absatz 2 genannten Gesetzgebungsakten übertragen wurden, zur geschlossenen, gemeinsamen, kohärenten und wirksamen Vertretung der Interessen der Union in internationalen Foren bei.

Artikel 35
Einholen von Informationen

(1) Die zuständigen Behörden stellen der Behörde auf Verlangen alle Informationen in vorgegebenen Formaten zur Verfügung, die sie zur Wahrnehmung der ihr durch diese Verordnung übertragenen Aufgaben benötigt, vorausgesetzt sie haben rechtmäßigen Zugang zu den einschlägigen Informationen. Die Informationen sind korrekt, zusammenhängend, vollständig und werden rechtzeitig übermittelt.

(2) Die Behörde kann ebenfalls verlangen, dass ihr diese Informationen in regelmäßigen Abständen und in vorgegebenen Formaten oder unter Verwendung vergleichbarer, von der Behörde genehmigter Vorlagen zur Verfügung gestellt werden. Für diese Gesuche werden soweit möglich gemeinsame Berichtsformate verwendet.

(3) Auf hinreichend begründeten Antrag einer zuständigen Behörde legt die Behörde sämtliche Informationen vor, die erforderlich sind, damit die zuständige Behörde ihre Aufgaben wahrnehmen kann, und zwar im Einklang mit den Verpflichtungen aufgrund des Berufsgeheimnisses gemäß den sektoralen Rechtsvorschriften und Artikel 70.

(4) Bevor die Behörde Informationen gemäß diesem Artikel anfordert, berücksichtigt sie – zur Vermeidung doppelter Berichtspflichten – einschlägige bestehende Statistiken, die vom Europäischen Statistischen System und vom Europäischen System der Zentralbanken erstellt und verbreitet werden.

(5) Stehen diese Informationen nicht zur Verfügung oder werden sie von den zuständigen Behörden nicht rechtzeitig übermittelt, so kann die Behörde ein gebührend gerechtfertigtes und mit Gründen versehenes Ersuchen um Informationen an andere Aufsichtsbehörden, an das für Finanzen zuständige Ministerium – sofern dieses über aufsichtsrechtliche Informationen verfügt –, an die nationale Zentralbank oder an das statistische Amt des betreffenden Mitgliedstaats richten.

(6) Stehen vollständige oder richtige Informationen nicht zur Verfügung oder werden sie nicht rechtzeitig gemäß Absatz 1 oder Absatz 5 übermittelt, so kann die Behörde mit einem gebührend gerechtfertigten und mit Gründen versehenem Ersuchen von folgenden Adressaten unmittelbar Informationen einholen:

a) relevante Finanzinstitute,

b) Holdinggesellschaften oder Zweigstellen relevanter Finanzinstitute,

c) nicht unter Aufsicht stehende operative Einheiten innerhalb einer Finanzgruppe oder eines Finanzkonglomerats, die für die Finanzaktivitäten der relevanten Finanzinstitute von wesentlicher Bedeutung sind.

Die Adressaten eines solchen Ersuchens übermitteln der Behörde unverzüglich und ohne unnötige Verzögerung klare, korrekte, und vollständige Informationen.

Die Behörde setzt die jeweils zuständigen Behörden gemäß dem vorliegenden Absatz und gemäß Absatz 5 von den Ersuchen in Kenntnis.

Die zuständigen Behörden unterstützen die Behörde auf Verlangen bei der Einholung der Informationen.

(7) Die Behörde darf vertrauliche Informationen, die sie im Rahmen dieses Artikels erhält, nur für die Wahrnehmung der ihr durch diese Verordnung übertragenen Aufgaben verwenden.

(7a) Übermitteln die Adressaten eines Ersuchens gemäß Absatz 6 nicht unverzüglich klare, korrekte und vollständige Informationen, so informiert die Behörde gegebenenfalls die Europäische Zentralbank und die zuständigen Behörden in den betroffenen Mitgliedstaaten, die nach Maßgabe des innerstaatlichen Rechts mit der Behörde zusammenarbeiten, um vollen Zugang zu den Informationen und Ursprungsdokumenten, Büchern oder Unterlagen zu gewährleisten, zu denen der Adressat rechtmäßigen Zugang hat, um die Informationen zu prüfen.

Artikel 36
Verhältnis zum ESRB

(1) Die Behörde arbeitet eng und regelmäßig mit dem ESRB zusammen.

(2) Sie liefert dem ESRB regelmäßig und rechtzeitig die Informationen, die dieser zur Erfüllung seiner Aufgaben benötigt. Alle Angaben, die der ESRB zur Erfüllung seiner Aufgaben benötigt und die nicht in zusammengefasster oder aggregierter Form vorliegen, werden dem ESRB gemäß Artikel 15 der Verordnung (EU) Nr. 1092/2010 auf begründeten Antrag hin unverzüglich vorgelegt. Die Behörde sorgt in Zusammenarbeit mit dem ESRB für angemessene interne Verfahren für die Übertragung vertraulicher Informationen, insbesondere Informationen über einzelne Finanzinstitute.

(4) Erhält die Behörde vom ESRB eine an sie gerichtete Warnung oder Empfehlung, so erörtert die Behörde diese Warnung oder Empfehlung bei der nächsten Sitzung des Rates der Aufseher oder gegebenenfalls zu einem früheren Zeitpunkt und bewertet die Auswirkungen einer solchen Warnung oder Empfehlung auf die Erfüllung ihrer Aufgaben sowie mögliche Folgemaßnahmen.

Sie beschließt nach dem einschlägigen Entscheidungsverfahren über etwaige Maßnahmen, die nach Maßgabe der ihr durch diese Verordnung übertragenen Befugnisse zu treffen sind, um auf die in den Warnungen und Empfehlungen identifizierten Probleme zu reagieren.

Lässt die Behörde einer Warnung oder Empfehlung keine Maßnahmen folgen, so legt sie dem ESRB ihre Gründe hierfür dar. Der ESRB setzt das Europäische Parlament gemäß Artikel 19 Absatz 5 der Verordnung (EU) Nr. 1092/2010 davon in Kenntnis. Außerdem setzt der ESRB den Rat davon in Kenntnis.

(5) Erhält die Behörde eine Warnung oder Empfehlung, die der ESRB an eine zuständige Behörde gerichtet hat, so macht sie gegebenenfalls von den ihr durch diese Verordnung übertragen Befugnissen Gebrauch, um rechtzeitige Folgemaßnahmen zu gewährleisten.

Beabsichtigt der Adressat, der Empfehlung des ESRB nicht zu folgen, so teilt er dem Rat der Aufseher die Gründe für sein Nichthandeln mit und erörtert sie mit dem Rat der Aufseher.

Unterrichtet die zuständige Behörde das Europäische Parlament, den Rat, die Kommission und den ESRB gemäß Artikel 17 Absatz 1 der Verordnung (EU) Nr. 1092/2010 über die zur Umsetzung der Empfehlung des ESRB unternommenen Maßnahmen, so trägt sie den Standpunkten des Rates der Aufseher angemessen Rechnung.

Artikel 37
Interessengruppe Bankensektor

(1) Um die Konsultation von Interessenvertretern in Bereichen, die für die Aufgaben der Behörde relevant sind, zu erleichtern, wird eine Interessengruppe Bankensektor eingesetzt. Die Interessengruppe Bankensektor wird zu Maßnahmen konsultiert, die gemäß den Artikeln 10 bis 15 in Bezug auf technische Regulierungs- und Durchführungsstandards und, soweit sie nicht einzelne Finanzinstitute betreffen, gemäß Artikel 16 in Bezug auf Leitlinien und Empfehlungen ergriffen werden. Müssen Maßnahmen sofort ergriffen werden und sind Konsultationen nicht möglich, so wird die Interessengruppe Bankensektor schnellstmöglich informiert.

Die Interessengruppe Bankensektor tritt von sich aus zusammen, wann immer dies erforderlich ist, mindestens jedoch viermal jährlich.

(2) Die Interessengruppe Bankensektor setzt sich aus 30 Mitgliedern zusammen. Zu diesen Mitgliedern gehören:

a) 13 Mitglieder, die in ausgewogenem Verhältnis Finanzinstitute, die in der Union tätig sind, vertreten, davon vertreten drei Mitglieder Genossenschaftsbanken und Sparkassen,

b) 13 Mitglieder, die Vertreter der Beschäftigten von Finanzinstituten, die in der Union tätig sind, sowie Verbraucher, Nutzer von Bankdienstleistungen und Vertreter von KMU vertreten, und

c) vier Mitglieder, die renommierte unabhängige Wissenschaftler sind.

(3) Die Mitglieder der Interessengruppe Bankensektor werden nach einem offenen und transparenten Auswahlverfahren vom Rat der Aufseher ernannt. Bei seinem Beschluss sorgt der Rat der Aufseher soweit wie möglich für eine angemessene Berücksichtigung der Vielfalt im Bankensektor sowie eine angemessene geografische und geschlechterspezifische Verteilung und Vertretung der Interessenvertreter aus der gesamten Union. Die Mitglieder der Interessengruppe Bankensektor werden auf Grundlage ihrer Qualifikation, ihrer Kompetenz, ihres relevanten Wissens und ihrer nachgewiesenen Fachkenntnisse ausgewählt.

(3a) Die Mitglieder der Interessengruppe Bankensektor wählen aus ihrer Mitte einen Vorsitzenden. Die Dauer der Amtszeit des Vorsitzenden beträgt zwei Jahre.

Das Europäische Parlament kann den Vorsitzenden der Interessengruppe Bankensektor auffordern, eine Erklärung vor dem Europäischen Parlament abzugeben und sich den Fragen seiner Mitglieder zu stellen, wenn darum ersucht wird.

(4) Die Behörde legt – vorbehaltlich des Berufsgeheimnisses gemäß Artikel 70 der vorliegenden Verordnung – alle erforderlichen Informationen vor und gewährleistet, dass die Interessengruppe Bankensektor angemessene Unterstützung für die Abwicklung der Sekretariatsgeschäfte erhält. Diejenigen Mitglieder der Interessengruppe Bankensektor, die Organisationen ohne Erwerbszweck vertreten, erhalten eine angemessene Aufwandsentschädigung; Vertreter der Wirtschaft sind hiervon ausgenommen. Die Aufwandsentschädigung trägt der Vor- und Nachbereitungsarbeit der Mitglieder Rechnung und entspricht zumindest der Höhe der Kostenerstattung für Beamte gemäß Titel V Kapitel 1 Abschnitt 2 des Statuts der Beamten der Europäischen Union und der Beschäftigungsbedingungen für die sonstigen Bediensteten der Europäischen Union, wie sie in der Verordnung (EWG, Euratom, EGKS) Nr. 259/68 des Rates[1] (im Folgenden „Statut") festgelegt sind. Die Interessengruppe Bankensektor kann Arbeitsgruppen zu technischen Fragen einsetzen. Die Mitglieder der Interessengruppe Bankensektor bleiben vier Jahre im Amt; nach Ablauf dieses Zeitraums findet ein neues Auswahlverfahren statt.

Die Amtszeit der Mitglieder der Interessengruppe Bankensektor kann einmal verlängert werden.

(5) Die Interessengruppe Bankensektor kann zu jedem Thema, das mit den Aufgaben der Behörde zusammenhängt, der Behörde Ratschläge erteilen; der Schwerpunkt liegt dabei auf den in

---

Zu Artikel 37:

[1] *ABl. L 56 vom 4.3.1968, S. 1.*

den Artikeln 10 bis 16, 29, 30 und 32 festgelegten Aufgaben.

Gelingt es den Mitgliedern der Interessengruppe Bankensektor nicht, sich auf einen Rat zu einigen, ist es einem Drittel ihrer Mitglieder oder den Mitgliedern, die eine Gruppe von Interessenvertretern vertreten, erlaubt, einen gesonderten Rat zu erteilen.

Die Interessengruppe Bankensektor, die Interessengruppe Wertpapiere und Wertpapiermärkte, die Interessengruppe Versicherung und Rückversicherung und die Interessengruppe betriebliche Altersversorgung können zu Fragen im Zusammenhang mit der Arbeit der ESA gemeinsame Ratschläge gemäß Artikel 56 über gemeinsame Standpunkte und gemeinsame Handlungen abgeben.

(6) Die Interessengruppe Bankensektor gibt sich mit einer Zweidrittelmehrheit ihrer Mitglieder eine Geschäftsordnung.

(7) Die Ratschläge der Interessengruppe Bankensektor, die gesonderten Ratschläge ihrer Mitglieder und die Ergebnisse ihrer Konsultationen sowie Informationen über die Art und Weise, wie Ratschläge und Konsultationsergebnisse berücksichtigt wurden, werden von der Behörde veröffentlicht.

Artikel 38
Schutzmaßnahmen

(1) Die Behörde gewährleistet, dass kein nach den Artikeln 18 oder 19 erlassener Beschluss in die haushaltspolitischen Zuständigkeiten der Mitgliedstaaten eingreift.

(2) Ist ein Mitgliedstaat der Auffassung, dass sich ein nach Artikel 19 Absatz 3 erlassener Beschluss auf seine haushaltspolitischen Zuständigkeiten auswirkt, kann er der Behörde und der Kommission innerhalb von zwei Wochen, nachdem die zuständige Behörde über den Beschluss der Behörde in Kenntnis gesetzt wurde, mitteilen, dass die zuständige Behörde den Beschluss nicht umsetzen wird.

In seiner Mitteilung erläutert der Mitgliedstaat unmissverständlich und konkret, warum und in welcher Weise der Beschluss in seine haushaltspolitischen Zuständigkeiten eingreift.

Im Fall einer solchen Mitteilung wird der Beschluss der Behörde ausgesetzt.

Die Behörde setzt den Mitgliedstaat innerhalb eines Monats nach seiner Mitteilung darüber in Kenntnis, ob sie an ihrem Beschluss festhält, ihn ändert oder aufhebt. Wird der Beschluss aufrechterhalten oder geändert, so erklärt die Behörde, dass haushaltspolitische Zuständigkeiten nicht berührt werden.

Hält die Behörde an ihrem Beschluss fest, so fasst der Rat auf einer seiner Tagungen spätestens zwei Monate, nachdem die Behörde die Mitgliedstaaten gemäß Unterabsatz 4 unterrichtet hat, mit der Mehrheit der abgegebenen Stimmen einen Beschluss, ob der Beschluss der Behörde aufrechterhalten wird.

Fasst der Rat nach Prüfung der Angelegenheit gemäß Unterabsatz 5 keinen Beschluss, den Beschluss der Behörde aufrechtzuerhalten, so erlischt der Beschluss der Behörde.

(3) Ist ein Mitgliedstaat der Auffassung, dass ein nach Artikel 18 Absatz 3 erlassener Beschluss in seine haushaltspolitischen Zuständigkeiten eingreift, so kann er der Behörde, der Kommission und dem Rat innerhalb von drei Arbeitstagen nach der Bekanntgabe des Beschlusses der Behörde an die zuständige Behörde mitteilen, dass die zuständige Behörde diesen Beschluss nicht umsetzen wird.

In seiner Mitteilung erläutert der Mitgliedstaat eindeutig und konkret, warum und in welcher Weise der Beschluss in seine haushaltspolitischen Zuständigkeiten eingreift.

Im Fall einer solchen Mitteilung wird der Beschluss der Behörde ausgesetzt.

Der Rat beruft innerhalb von zehn Arbeitstagen eine Tagung ein und fasst mit der einfachen Mehrheit seiner Mitglieder einen Beschluss darüber, ob der Beschluss der Behörde aufgehoben wird.

Fasst der Rat nach Erörterung der Angelegenheit gemäß Unterabsatz 4 keinen Beschluss, den Beschluss der Behörde aufzuheben, so endet die Aussetzung des Beschlusses.

(4) Hat der Rat gemäß Absatz 3 den Beschluss gefasst, den Beschluss der Behörde im Zusammenhang mit Artikel 18 Absatz 3 nicht aufzuheben, und ist der betreffende Mitgliedstaat weiterhin der Auffassung, dass der Beschluss der Behörde in seine haushaltspolitischen Zuständigkeiten eingreift, so kann dieser Mitgliedstaat der Kommission und der Behörde dies mitteilen und den Rat ersuchen, die Angelegenheit erneut zu prüfen. Der betreffende Mitgliedstaat begründet seine Ablehnung des Beschlusses des Rates eindeutig.

Innerhalb von vier Wochen nach der Mitteilung gemäß Unterabsatz 1 bestätigt der Rat seinen ursprünglichen Beschluss oder fasst einen neuen Beschluss gemäß Absatz 3.

Der Rat kann die Frist von vier Wochen um weitere vier Wochen verlängern, falls die besonderen Umstände des Falls dies erfordern.

(5) Jeder Missbrauch dieses Artikels, insbesondere im Zusammenhang mit einem Beschluss der Behörde, der keine signifikanten oder wesentlichen haushaltspolitischen Auswirkungen hat, ist mit dem Binnenmarkt unvereinbar und verboten.

Artikel 39
Beschlussfassungsverfahren

(1) Beim Erlass von Beschlüssen nach den Artikeln 17, 18 und 19 handelt die Behörde im

Einklang mit den Absätzen 2 bis 6 des vorliegenden Artikels.

(2) Bevor die Behörde einen Beschluss erlässt, teilt sie dem Adressaten in dessen Amtssprache ihre diesbezügliche Absicht mit und setzt eine Frist, innerhalb deren der Adressat zum Gegenstand des Beschlusses Stellung nehmen kann und die der Dringlichkeit, der Komplexität und den möglichen Folgen der Angelegenheit in vollem Umfang Rechnung trägt. Der Adressat kann in seiner Amtssprache Stellung dazu nehmen. Satz 1 gilt für Empfehlungen nach Artikel 17 Absatz 3 entsprechend.

(3) Die Beschlüsse der Behörde sind zu begründen.

(4) Die Adressaten von Beschlüssen der Behörde werden über die im Rahmen dieser Verordnung zur Verfügung stehenden Rechtsbehelfe belehrt.

(5) Hat die Behörde einen Beschluss nach Artikel 18 Absatz 3 oder Artikel 18 Absatz 4 erlassen, so überprüft sie diesen Beschluss in angemessenen Abständen.

(6) Die Beschlüsse, die die Behörde nach Artikel 17, 18 oder 19 erlässt, werden veröffentlicht. Die Veröffentlichung erfolgt unter Nennung der betreffenden zuständigen Behörde beziehungsweise des betreffenden Finanzinstituts und unter Angabe des wesentlichen Inhalts des Beschlusses, es sei denn, die Veröffentlichung steht im Widerspruch zum legitimen Interesse der jeweiligen Finanzinstitute oder zum Schutz ihrer Geschäftsgeheimnisse oder könnte das ordnungsgemäße Funktionieren und die Integrität von Finanzmärkten oder die Stabilität des Finanzsystems in der Union als Ganzes oder in Teilen ernsthaft gefährden.

KAPITEL III
ORGANISATION

ABSCHNITT 1
Rat der Aufseher

Artikel 40
Zusammensetzung

(1) Der Rat der Aufseher besteht aus

a) dem Vorsitzenden,

b) dem Leiter der für die Beaufsichtigung von Kreditinstituten zuständigen nationalen Behörde jedes Mitgliedstaats, der mindestens zweimal im Jahr persönlich erscheint,

c) einem nicht stimmberechtigten Vertreter der Kommission,

d) einem nicht stimmberechtigten Vertreter, der vom Aufsichtsgremium der Europäischen Zentralbank ernannt wird,

e) einem nicht stimmberechtigten Vertreter des ESRB,

f) je einem nicht stimmberechtigten Vertreter der beiden anderen Europäischen Aufsichtsbehörden.

(2) Der Rat der Aufseher organisiert mindestens zweimal jährlich Sitzungen mit der Interessengruppe Bankensektor.

(3) Jede zuständige Behörde benennt aus ihren Reihen einen hochrangigen Stellvertreter, der das in Absatz 1 Buchstabe b genannte Mitglied des Rates der Aufseher bei Verhinderung vertreten kann.

(4) Handelt es sich bei der in Absatz 1 Buchstabe b genannten Behörde nicht um eine Zentralbank, kann das in Absatz 1 Buchstabe b genannte Mitglied des Rates der Aufseher beschließen, einen nicht stimmberechtigten Vertreter der Zentralbank des betreffenden Mitgliedstaats hinzuzuziehen.

(4a) In Diskussionen, die sich nicht auf einzelne Finanzinstitute gemäß Artikel 44 Absatz 4 beziehen, kann der vom Aufsichtsgremium der Europäischen Zentralbank benannte Vertreter von einem Vertreter der Europäischen Zentralbank mit Fachwissen in Zentralbankaufgaben begleitet werden.

(5) In Mitgliedstaaten, in denen mehr als eine Behörde für die Aufsicht gemäß dieser Verordnung verantwortlich ist, einigen sich diese Behörden auf einen gemeinsamen Vertreter. Muss der Rat der Aufseher jedoch einen Punkt erörtern, der nicht in die Zuständigkeit der nationalen Behörde fällt, die von dem in Absatz 1 Buchstabe b genannten Mitglied vertreten wird, so kann dieses Mitglied einen nicht stimmberechtigten Vertreter der betreffenden nationalen Behörde hinzuziehen.

(6) Für die Zwecke des Tätigwerdens im Anwendungsbereich der Richtlinie 94/19/EG kann das in Absatz 1 Buchstabe b genannte Mitglied des Rates der Aufseher gegebenenfalls von einem nicht stimmberechtigten Vertreter der betreffenden Stellen begleitet werden, die in den einzelnen Mitgliedstaaten die Einlagensicherungssysteme verwalten.

Für die Zwecke des Tätigwerdens im Anwendungsbereich der Richtlinie 2014/59/EU kann das in Absatz 1 Buchstabe b genannte Mitglied des Rates der Aufseher gegebenenfalls von einem nicht stimmberechtigten Vertreter der Abwicklungsbehörde des jeweiligen Mitgliedstaats begleitet werden.

Für die Zwecke seines Handelns im Rahmen der Richtlinie 2014/59/EU übt der Vorsitzende des Einheitlichen Abwicklungsausschusses im Rat der Aufseher eine Beobachterrolle aus.

(7) Der Rat der Aufseher kann beschließen, Beobachter zuzulassen.

Der Exekutivdirektor kann ohne Stimmrecht an den Sitzungen des Rates der Aufseher teilnehmen.

(8) Ist die in Absatz 1 Buchstabe b genannte nationale Behörde nicht für die Durchsetzung von Verbraucherschutzvorschriften zuständig, kann das in Absatz 1 Buchstabe b genannte Mitglied des Rates der Aufseher beschließen, einen Vertreter der Verbraucherschutzbehörde des betreffenden Mitgliedstaats hinzuzuziehen, der kein Stimmrecht erhält. Sind in einem Mitgliedstaat mehrere Behörden für den Verbraucherschutz zuständig, einigen sich diese Behörden auf einen gemeinsamen Vertreter.

Artikel 41
Interne Ausschüsse

(1) Der Rat der Aufseher kann von Amts wegen oder auf Ersuchen des Vorsitzenden für bestimmte ihm zugewiesene Aufgaben interne Ausschüsse einsetzen. Auf Ersuchen des Verwaltungsrates oder des Vorsitzenden kann der Rat der Aufseher für bestimmte dem Verwaltungsrat zugewiesene Aufgaben interne Ausschüsse einsetzen. Der Rat der Aufseher kann die Delegation bestimmter, genau festgelegter Aufgaben und Beschlüsse an interne Ausschüsse, den Verwaltungsrat oder den Vorsitzenden vorsehen.

(2) Für die Zwecke des Artikels 17 und unbeschadet der Rolle des in Artikel 9a Absatz 7 genannten Ausschusses schlägt der Vorsitzende einen Beschluss zur Einberufung eines unabhängigen Gremiums vor, der vom Rat der Aufseher angenommen werden muss. Das unabhängige Gremium besteht aus dem Vorsitzenden und sechs weiteren Mitgliedern, die vom Vorsitzenden nach Konsultation des Verwaltungsrates und im Anschluss an eine offene Aufforderung zur Beteiligung vorgeschlagen werden. Die sechs weiteren Mitglieder dürfen keine Vertreter der zuständigen Behörde sein, die mutmaßlich gegen Unionsrecht verstoßen hat, und dürfen weder Interessen haben, die durch die Angelegenheit berührt werden, noch direkte Verbindungen zu der betreffenden zuständigen Behörde.

Jedes Mitglied des Gremiums hat eine Stimme.

Beschlüsse des Gremiums werden mit der Zustimmung von mindestens vier Mitgliedern gefasst.

(3) Für die Zwecke des Artikels 19 und unbeschadet der Rolle des in Artikel 9a Absatz 7 genannten Ausschusses schlägt der Vorsitzende einen Beschluss zur Einberufung eines unabhängigen Gremiums vor, der vom Rat der Aufseher angenommen werden muss. Das unabhängige Gremium besteht aus dem Vorsitzenden und sechs weiteren Mitgliedern, die vom Vorsitzenden nach Konsultation des Verwaltungsrates und im Anschluss an eine offene Aufforderung zur Beteiligung vorgeschlagen werden. Die sechs weiteren Mitglieder dürfen keine Vertreter der zuständigen Behörden sein, zwischen denen die Meinungsverschiedenheit besteht, und dürfen weder Interessen haben, die durch den Konflikt berührt werden, noch direkte Verbindungen zu den betreffenden zuständigen Behörden.

Jedes Mitglied des Gremiums hat eine Stimme.

Beschlüsse des Gremiums werden mit der Zustimmung von mindestens vier Mitgliedern gefasst.

(4) Für die Zwecke der Durchführung der in Artikel 22 Absatz 4 Unterabsatz 1 vorgesehenen Untersuchung kann der Vorsitzende einen Vorschlag für einen Beschluss zur Einleitung der Untersuchung und für einen Beschluss zur Einberufung eines unabhängigen Gremiums unterbreiten, der vom Rat der Aufseher angenommen werden muss. Das unabhängige Gremium besteht aus dem Vorsitzenden und sechs weiteren Mitgliedern, die vom Vorsitzenden nach Konsultation des Verwaltungsrates und im Anschluss an eine offene Aufforderung zur Beteiligung vorgeschlagen werden.

Jedes Mitglied des Gremiums hat eine Stimme.

Beschlüsse des Gremiums werden mit der Zustimmung von mindestens vier Mitgliedern gefasst.

(5) Beschlüsse nach Artikel 17 oder Artikel 19, außer über Angelegenheiten, die die Verhinderung der Nutzung des Finanzsystems zum Zwecke der Geldwäsche und der Terrorismusfinanzierung betreffen, werden von den in den Absätzen 2 und 3 des vorliegenden Artikels genannten Gremien oder vom Vorsitzenden zur endgültigen Annahme durch den Rat der Aufseher vorgeschlagen. Ein in Absatz 4 des vorliegenden Artikels genanntes Gremium legt das Ergebnis der gemäß Artikel 22 Absatz 4 Unterabsatz 1 durchgeführten Untersuchung dem Rat der Aufseher vor.

(6) Der Rat der Aufseher gibt den in diesem Artikel genannten Gremien eine Geschäftsordnung.

Artikel 42
Unabhängigkeit des Rates der Aufseher

(1) Bei der Wahrnehmung der ihnen durch diese Verordnung übertragenen Aufgaben handeln die Mitglieder des Rates der Aufseher unabhängig und objektiv im alleinigen Interesse der Union als Ganzes und fordern von Organen oder Einrichtungen der Union, von Regierungen sowie von öffentlichen oder privaten Stellen keine Weisungen an oder nehmen solche entgegen.

(2) Die Mitgliedstaaten, die Organe oder Einrichtungen der Union und andere öffentliche oder private Stellen versuchen nicht, die Mitglieder des Rates der Aufseher bei der Wahrnehmung ihrer Aufgaben zu beeinflussen.

(3) Die Mitglieder des Rates der Aufseher, der Vorsitzende sowie die nicht stimmberechtigten Vertreter und Beobachter, die an den Sitzungen des Rates der Aufseher teilnehmen, geben vor diesen Sitzungen eine wahrheitsgetreue und vollständige Erklärung über das Nichtbestehen beziehungsweise Bestehen von Interessen ab, die ihre Unabhängigkeit bei einem Tagesordnungspunkt als beeinträchtigend angesehen werden könnten, und beteiligen sich nicht an den Beratungen und den Abstimmungen über die betreffenden Punkte.

(4) Der Rat der Aufseher legt in seiner Geschäftsordnung die praktischen Einzelheiten für die in Absatz 3 vorgesehene Regelung bezüglich Interessenerklärungen sowie für die Vorbeugung von und den Umgang mit Interessenkonflikten fest.

Artikel 43
Aufgaben

(1) Der Rat der Aufseher gibt die Leitlinien für die Arbeiten der Behörde vor und erlässt die in Kapitel II genannten Beschlüsse. Der Rat der Aufseher gibt die in Kapitel II genannten Stellungnahmen und Empfehlungen der Behörde ab, erlässt ihre dort genannten Leitlinien und Beschlüsse und erteilt die dort genannten Ratschläge, wobei er sich auf einen Vorschlag des einschlägigen internen Ausschusses oder Gremiums, des Vorsitzenden beziehungsweise des Verwaltungsrates stützt.

(4) Der Rat der Aufseher legt vor dem 30. September jedes Jahres auf Vorschlag des Verwaltungsrats das Arbeitsprogramm der Behörde für das darauffolgende Jahr fest und übermittelt es zur Kenntnisnahme dem Europäischen Parlament, dem Rat und der Kommission.

Das Arbeitsprogramm wird unbeschadet des jährlichen Haushaltsverfahrens angenommen und öffentlich bekannt gemacht.

(5) Der Rat der Aufseher nimmt auf Vorschlag des Verwaltungsrates den Jahresbericht über die Tätigkeiten der Behörde, einschließlich über die Ausführung der Aufgaben des Vorsitzenden, an und übermittelt diesen Bericht bis zum 15. Juni eines jeden Jahres dem Europäischen Parlament, dem Rat, der Kommission, dem Rechnungshof und dem Europäischen Wirtschafts- und Sozialausschuss. Der Bericht wird veröffentlicht.

(6) Der Rat der Aufseher beschließt das mehrjährige Arbeitsprogramm der Behörde und übermittelt es zur Kenntnisnahme dem Europäischen Parlament, dem Rat und der Kommission.

Das mehrjährige Arbeitsprogramm wird unbeschadet des jährlichen Haushaltsverfahrens beschlossen und öffentlich bekannt gemacht.

(7) Der Rat der Aufseher erlässt gemäß Artikel 63 den Haushaltsplan.

(8) Der Rat der Aufseher hat die Disziplinargewalt über den Vorsitzenden und den Exekutivdirektor. Er kann den Exekutivdirektor gemäß Artikel 51 Absatz 5 seines Amtes entheben.

Artikel 43a
Transparenz der vom Rat der Aufseher erlassenen Beschlüsse

Ungeachtet des Artikels 70 übermittelt die Behörde dem Europäischen Parlament innerhalb von sechs Wochen nach jeder Sitzung des Rates der Aufseher mindestens einen umfassenden und aussagekräftigen Bericht über die Beratungen in dieser Sitzung, der ein vollständiges Verständnis der Erörterungen ermöglicht, sowie ein kommentiertes Verzeichnis der Beschlüsse. Dieser Bericht gibt nicht die Beratungen des Rates der Aufseher über einzelne Finanzinstitute wider, es sei denn, Artikel 75 Absatz 3 oder die in Artikel 1 Absatz 2 genannten Gesetzgebungsakte sehen etwas anderes vor.

Artikel 44
Beschlussfassung

(1) Der Rat der Aufseher trifft seine Beschlüsse mit einfacher Mehrheit. Jedes stimmberechtigte Mitglied hat eine Stimme.

In Bezug auf die in den Artikeln 10 bis 16 der vorliegenden Verordnung genannten Rechtsakte und die gemäß Artikel 9 Absatz 5 Unterabsatz 3 der vorliegenden Verordnung und Kapitel VI der vorliegenden Verordnung erlassenen Maßnahmen und Beschlüsse trifft der Rat der Aufseher abweichend von Unterabsatz 1 des vorliegenden Absatzes seine Beschlüsse mit qualifizierter Mehrheit seiner Mitglieder im Sinne des Artikels 16 Absatz 4 EUV und des Artikels 3 des Protokolls Nr. 36 über die Übergangsbestimmungen, wobei diese Mehrheit mindestens die einfache Mehrheit seiner bei der Abstimmung anwesenden Mitglieder aus den zuständigen Behörden der Mitgliedstaaten, die teilnehmende Mitgliedstaaten gemäß der Begriffsbestimmung in Artikel 2 Nummer 1 der Verordnung (EU) Nr. 1024/2013 sind (im Folgenden „teilnehmende Mitgliedstaaten"), und die einfache Mehrheit seiner bei der Abstimmung anwesenden Mitglieder aus den zuständigen Behörden von Mitgliedstaaten, die keine teilnehmenden Mitgliedstaaten sind (im Folgenden „nicht teilnehmende Mitgliedstaaten"), umfasst.

Der Vorsitzende beteiligt sich nicht an den Abstimmungen über die in Unterabsatz 2 genannten Beschlüsse.

In Bezug auf die Zusammensetzung der Gremien nach Artikel 41 Absätze 2, 3 und 4 sowie die Mitglieder des in Artikel 30 Absatz 2 genannten Peer-Review-Ausschusses ist der Rat der Aufseher, wenn er die Vorschläge seines Vorsitzenden prüft, um Konsens bemüht. Kann kein Konsens erzielt werden, werden die Beschlüsse des Rats der Aufseher mit Dreiviertelmehrheit der stimmberechtigten Mitglieder gefasst. Jedes stimmberechtigte Mitglied hat eine Stimme.

In Bezug auf die gemäß Artikel 18 Absätze 3 und 4 erlassenen Beschlüsse trifft der Rat der Aufseher abweichend von Unterabsatz 1 des vorliegenden Absatzes seine Beschlüsse mit der einfachen Mehrheit seiner stimmberechtigten Mitglieder, die eine einfache Mehrheit seiner Mitglieder aus den zuständigen Behörden der teilnehmenden Mitgliedstaaten sowie eine einfache Mehrheit seiner Mitglieder aus den zuständigen Behörden der nicht teilnehmenden Mitgliedstaaten umfasst.

(2) Die Sitzungen des Rates der Aufseher werden vom Vorsitzenden von Amts wegen oder auf Antrag eines Drittels der Mitglieder einberufen; der Vorsitzende leitet die Sitzungen.

(3) Der Rat der Aufseher gibt sich eine Geschäftsordnung und veröffentlicht diese.

(3a) Bei Beschlüssen nach Artikel 30 stimmt der Rat der Aufseher über die vorgeschlagenen Beschlüsse im Wege eines schriftlichen Verfahrens ab. Die stimmberechtigten Mitglieder des Rates der Aufseher geben ihre Stimme innerhalb von acht Arbeitstagen ab. Jedes stimmberechtigte Mitglied hat eine Stimme. Der vorgeschlagene Beschluss gilt als angenommen, es sei denn, er wird von den stimmberechtigten Mitgliedern des Rates der Aufseher mit einfacher Mehrheit abgelehnt. Enthaltungen zählen weder als Zustimmung noch als Ablehnung und werden bei der Berechnung des der abgegebenen Stimmen nicht berücksichtigt. Erheben drei stimmberechtigte Mitglieder des Rates der Aufseher Einwände gegen das schriftliche Verfahren, so erörtert der Rat der Aufseher den Entwurf des Beschlusses und entscheidet darüber nach dem Verfahren des Absatzes 1 des vorliegenden Artikels.

(3b) Bei Beschlüssen nach den Artikeln 17 und 19 stimmt der Rat der Aufseher über den vorgeschlagenen Beschluss im Wege eines schriftlichen Verfahrens ab. Die stimmberechtigten Mitglieder des Rates der Aufseher geben ihre Stimme innerhalb von acht Arbeitstagen ab. Jedes stimmberechtigte Mitglied hat eine Stimme. Der vorgeschlagene Beschluss gilt als angenommen, es sei denn, er wird von einer einfachen Mehrheit seiner Mitglieder aus den zuständigen Behörden der teilnehmenden Mitgliedstaaten oder einer einfachen Mehrheit seiner Mitglieder aus den zuständigen Behörden der nicht teilnehmenden Mitgliedstaaten abgelehnt. Enthaltungen zählen weder als Zustimmung noch als Ablehnung und werden bei der Berechnung der abgegebenen Stimmen nicht berücksichtigt. Erheben drei stimmberechtigte Mitglieder des Rates der Aufseher Einwände gegen das schriftliche Verfahren, so wird der Entwurf des Beschlusses vom Rat der Aufseher erörtert und kann mit einer einfachen Mehrheit der stimmberechtigten Mitglieder des Rates der Aufseher angenommen werden, die eine einfache Mehrheit seiner Mitglieder aus den zuständigen Behörden der teilnehmenden Mitgliedstaaten sowie eine einfache Mehrheit seiner Mitglieder aus den zuständigen Behörden der nicht teilnehmenden Mitgliedstaaten umfasst.

Abweichend von Unterabsatz 1 wird der vorgeschlagene Beschluss ab dem Datum, an dem vier oder weniger stimmberechtigte Mitglieder aus den zuständigen Behörden nicht teilnehmender Mitgliedstaaten stammen, von den Mitgliedern des Rates der Aufseher mit einfacher Mehrheit angenommen, wobei diese Mehrheit mindestens eine Stimme von Mitgliedern aus den zuständigen Behörden der nicht teilnehmenden Mitgliedstaaten umfasst.

(4) Die nicht stimmberechtigten Mitglieder und die Beobachter nehmen nicht an Beratungen des Rates der Aufseher über einzelne Finanzinstitute teil, es sei denn, Artikel 75 Absatz 3 oder die in Artikel 1 Absatz 2 genannten Gesetzgebungsakte sehen etwas anderes vor.

Unterabsatz 1 gilt nicht für den Exekutivdirektor und den Vertreter der Europäischen Zentralbank, der von deren Aufsichtsgremium ernannt wurde.

(4a) Der Vorsitzende der Behörde ist befugt, jederzeit eine Abstimmung zu veranlassen. Unbeschadet dieser Befugnis und der Wirksamkeit der Beschlussfassungsverfahren der Behörde ist der Rat der Aufseher der Behörde darum bemüht, seine Beschlüsse einvernehmlich zu fassen.

ABSCHNITT 2

Verwaltungsrat

Artikel 45
Zusammensetzung

(1) Der Verwaltungsrat setzt sich aus dem Vorsitzenden und sechs Mitgliedern des Rates der Aufseher zusammen, die von den stimmberechtigten Mitgliedern des Rates der Aufseher und aus ihrem Kreis gewählt werden.

Mit Ausnahme des Vorsitzenden hat jedes Mitglied des Verwaltungsrates einen Stellvertreter, der es bei Verhinderung vertreten kann.

(2) Die Amtszeit der vom Rat der Aufseher gewählten Mitglieder beträgt zweieinhalb Jahre. Diese Amtszeit kann einmal verlängert werden. Die Zusammensetzung des Verwaltungsrates muss ein ausgewogenes Geschlechterverhältnis aufweisen, verhältnismäßig sein und die Union als Ganzes widerspiegeln. Im Verwaltungsrat sitzen mindestens zwei Vertreter aus nicht teilnehmenden Mitgliedstaaten. Die Mandate überschneiden sich, und es gilt eine angemessene Rotationsregelung.

(3) Die Sitzungen des Verwaltungsrates werden vom Vorsitzenden von Amts wegen oder auf Ersuchen von mindestens einem Drittel seiner Mitglieder einberufen und vom Vorsitzenden geleitet. Der Verwaltungsrat tritt vor jeder Sitzung des Rates der Aufseher und so oft es der Verwaltungsrat für notwendig hält, zusammen. Er tritt mindestens fünfmal jährlich zusammen.

(4) Die Mitglieder des Verwaltungsrates können vorbehaltlich der Geschäftsordnung von Beratern oder Sachverständigen unterstützt werden. Die nicht stimmberechtigten Mitglieder mit Ausnahme des Exekutivdirektors nehmen nicht an Beratungen des Verwaltungsrates über einzelne Finanzinstitute teil.

Artikel 45a
Beschlussfassung

(1) Der Verwaltungsrat trifft seine Beschlüsse mit einfacher Mehrheit und bemüht sich um Konsens. Jedes Mitglied hat eine Stimme. Der Vorsitzende ist stimmberechtigtes Mitglied.

(2) Der Exekutivdirektor und ein Vertreter der Kommission nehmen ohne Stimmrecht an den Sitzungen des Verwaltungsrates teil. In den in Artikel 63 genannten Fragen ist der Vertreter der Kommission stimmberechtigt.

(3) Der Verwaltungsrat gibt sich eine Geschäftsordnung und veröffentlicht diese.

Artikel 45b
Koordinierungsgruppen

(1) Der Verwaltungsrat kann von Amts wegen oder auf Ersuchen einer zuständigen Behörde Koordinierungsgruppen für bestimmte Themen einsetzen, bei denen angesichts spezifischer Marktentwicklungen Koordinierungsbedarf bestehen könnte. Der Verwaltungsrat setzt Koordinierungsgruppen für bestimmte Themen ein, wenn fünf Mitglieder des Rates der Aufseher darum ersuchen.

(2) Alle zuständigen Behörden nehmen an den Koordinierungsgruppen teil und stellen den Koordinierungsgruppen gemäß Artikel 35 die Informationen zur Verfügung, die die Koordinierungsgruppen zur Wahrnehmung der ihnen übertragenen Koordinierungsaufgaben benötigen. Die Arbeit der Koordinierungsgruppen stützt sich auf die von den zuständigen Behörden zur Verfügung gestellten Informationen und etwaige von der Behörde festgestellte Ergebnisse.

(3) In den Gruppen führt ein Mitglied des Verwaltungsrates den Vorsitz. Jedes Jahr erstattet das jeweilige Mitglied des Verwaltungsrates, das für die Koordinierungsgruppe zuständig ist, dem Rat der Aufseher über die wesentlichen Elemente der Erörterungen und Ergebnisse Bericht und gibt – sofern relevant – Empfehlungen für regulatorische Folgemaßnahmen oder einen Peer Review im betreffenden Bereich ab. Die zuständigen Behörden teilen der Behörde mit, wie sie die Arbeit der Koordinierungsgruppen bei ihren Tätigkeiten berücksichtigt haben.

(4) Wenn die Behörde Marktentwicklungen beobachtet, die im Fokus der Koordinierungsgruppen stehen könnten, kann die Behörde die zuständigen Behörden gemäß Artikel 35 ersuchen, die Informationen zur Verfügung zu stellen, die die Behörde zur Wahrnehmung ihrer überwachenden Rolle benötigt.

Artikel 46
Unabhängigkeit des Verwaltungsrates

Die Mitglieder des Verwaltungsrates handeln unabhängig und objektiv im alleinigen Interesse der Union als Ganzes und fordern von Organen oder Einrichtungen der Union, von Regierungen sowie von öffentlichen oder privaten Stellen keine Weisungen an oder nehmen solche entgegen.

Die Mitgliedstaaten, die Organe oder Einrichtungen der Union und andere öffentliche oder private Stellen versuchen nicht, die Mitglieder des Verwaltungsrates bei der Wahrnehmung ihrer Aufgaben zu beeinflussen.

Artikel 47
Aufgaben

(1) Der Verwaltungsrat gewährleistet, dass die Behörde ihren Auftrag ausführt und die ihr durch diese Verordnung zugewiesenen Aufgaben wahrnimmt.

(2) Der Verwaltungsrat schlägt dem Rat der Aufseher das Jahres- und das mehrjährige Arbeitsprogramm zur Annahme vor.

(3) Der Verwaltungsrat übt seine Haushaltsbefugnisse nach Maßgabe der Artikel 63 und 64 aus.

(3a) Der Verwaltungsrat kann alle Angelegenheiten prüfen, eine Stellungnahme dazu abgeben und einschlägige Vorschläge unterbreiten; dies gilt jedoch nicht für die Aufgaben nach den Artikeln 9a, 9b, 30 sowie den Artikeln 17 und 19 in Bezug auf Angelegenheiten im Zusammenhang mit der Verhinderung der Nutzung des Finanzsystems zum Zwecke der Geldwäsche und der Terrorismusfinanzierung.

(4) Der Verwaltungsrat nimmt die Personalplanung der Behörde an und erlässt gemäß Artikel 68 Absatz 2 die nach dem Statut notwendigen Durchführungsbestimmungen.

(5) Der Verwaltungsrat erlässt gemäß Artikel 72 die besonderen Bestimmungen über das Recht auf Zugang zu den Dokumenten der Behörde.

(6) Der Verwaltungsrat schlägt dem Rat der Aufseher einen Jahresbericht über die Tätigkeiten

der Behörde, einschließlich über die Aufgaben des Vorsitzenden, zur Billigung vor.

(7) Der Verwaltungsrat gibt sich eine Geschäftsordnung und veröffentlicht diese.

(8) Der Verwaltungsrat bestellt und entlässt die Mitglieder des Beschwerdeausschusses gemäß Artikel 58 Absätze 3 und 5, wobei er einen Vorschlag des Rates der Aufseher gebührend berücksichtigt.

(9) Die Mitglieder des Verwaltungsrates machen alle abgehaltenen Sitzungen und erhaltenen Bewirtungen öffentlich. Ausgaben werden gemäß dem Statut öffentlich festgehalten.

ABSCHNITT 3

Vorsitzender

Artikel 48
Ernennung und Aufgaben

(1) Die Behörde wird durch einen Vorsitzenden vertreten, der dieses Amt unabhängig und als Vollzeitbeschäftigter wahrnimmt.

Der Vorsitzende bereitet die Arbeiten des Rates der Aufseher vor, was unter anderem die Festlegung der vom Rat der Aufseher anzunehmenden Tagesordnung, die Einberufung der Sitzungen und die Vorlage von Punkten zur Beschlussfassung umfasst, und leitet die Sitzungen des Rates der Aufseher.

Der Vorsitzende legt die vom Verwaltungsrat anzunehmende Tagesordnung des Verwaltungsrates fest und leitet die Sitzungen des Verwaltungsrates.

Der Vorsitzende kann den Verwaltungsrat auffordern, die Einsetzung einer Koordinierungsgruppe nach Artikel 45b zu erwägen.

(2) Der Vorsitzende wird im Anschluss an ein offenes Auswahlverfahren, bei dem der Grundsatz eines ausgewogenen Geschlechterverhältnisses geachtet wird und das im *Amtsblatt der Europäischen Union* veröffentlicht wird, aufgrund seiner Verdienste, seiner Kompetenzen, seiner Kenntnis über Finanzinstitute und -märkte sowie seiner Erfahrungen im Bereich Finanzaufsicht und -regulierung ausgewählt. Der Rat der Aufseher erstellt mit Unterstützung der Kommission eine Auswahlliste der qualifizierten Bewerber für die Position des Vorsitzenden. Auf Basis der Auswahlliste erlässt der Rat nach Bestätigung durch das Europäische Parlament einen Beschluss zur Ernennung des Vorsitzenden.

Erfüllt der Vorsitzende die in Artikel 49 aufgeführten Voraussetzungen nicht mehr oder hat er sich eines schweren Fehlverhaltens schuldig gemacht, so kann der Rat auf einen vom Europäischen Parlament gebilligten Vorschlag der Kommission hin einen Beschluss erlassen, mit dem der Vorsitzende seines Amtes enthoben wird.

Der Rat der Aufseher wählt aus den Reihen seiner Mitglieder einen stellvertretenden Vorsitzenden, der bei Abwesenheit des Vorsitzenden dessen Aufgaben wahrnimmt. Dieser stellvertretende Vorsitzende wird nicht aus den Mitgliedern des Verwaltungsrats gewählt.

(3) Die Amtszeit des Vorsitzenden beträgt fünf Jahre und kann einmal verlängert werden.

(4) In den neun Monaten vor Ablauf der fünfjährigen Amtszeit des Vorsitzenden beurteilt der Rat der Aufseher

a) welche Ergebnisse in der ersten Amtszeit erreicht und mit welchen Mitteln sie erzielt wurden,

b) welche Aufgaben und Anforderungen in den folgenden Jahren auf die Behörde zukommen.

Für die Zwecke der in Unterabsatz 1 genannten Beurteilung werden die Aufgaben des Vorsitzenden vom stellvertretenden Vorsitzenden wahrgenommen.

Der Rat kann die Amtszeit des Vorsitzenden auf Vorschlag des Rates der Aufseher und mit Unterstützung der Kommission und unter Berücksichtigung der Beurteilung gemäß Unterabsatz 1 einmal verlängern.

(5) Der Vorsitzende kann nur aus schwerwiegenden Gründen seines Amtes enthoben werden. Die Amtsenthebung kann nur durch das Europäische Parlament nach einem Beschluss des Rates, der nach Anhörung des Rates der Aufseher angenommen wurde, erfolgen.

Artikel 49
Unabhängigkeit des Vorsitzenden

Unbeschadet der Rolle, die der Rat der Aufseher im Zusammenhang mit den Aufgaben des Vorsitzenden spielt, fordert Vorsitzende von Organen oder Einrichtungen der Union, von Regierungen oder von anderen öffentlichen oder privaten Stellen keine Weisungen an oder nimmt solche entgegen.

Weder die Mitgliedstaaten, die Organe oder Einrichtungen der Union noch andere öffentliche oder private Stellen versuchen, den Vorsitzenden bei der Wahrnehmung seiner Aufgaben zu beeinflussen.

Im Einklang mit dem in Artikel 68 genannten Statut ist der Vorsitzende nach dem Ausscheiden aus dem Dienst verpflichtet, bei der Annahme gewisser Tätigkeiten oder Vorteile ehrenhaft und zurückhaltend zu sein.

Artikel 49a
Ausgaben

Der Vorsitzende macht alle abgehaltenen Sitzungen mit externen Interessenvertretern innerhalb von zwei Wochen nach der Sitzung und alle erhaltenen Bewirtungen öffentlich. Ausgaben werden gemäß dem Statut öffentlich festgehalten.

ABSCHNITT 4
Exekutivdirektor

Artikel 51
Ernennung

(1) Die Behörde wird von einem Exekutivdirektor geleitet, der sein Amt unabhängig und als Vollzeitbeschäftigter wahrnimmt.

(2) Der Exekutivdirektor wird vom Rat der Aufseher im Anschluss an ein offenes Auswahlverfahren und nach Bestätigung durch das Europäische Parlament auf der Grundlage seiner Verdienste, Fähigkeiten, Kenntnis über Finanzinstitute und -märkte sowie seiner Erfahrung im Bereich der Finanzaufsicht und -regulierung und seiner Erfahrung als Führungskraft ernannt.

(3) Die Amtszeit des Exekutivdirektors beträgt fünf Jahre und kann einmal verlängert werden.

(4) In den neun Monaten vor Ende der Amtszeit des Exekutivdirektors beurteilt der Rat der Aufseher insbesondere,

a) welche Ergebnisse in der ersten Amtszeit erreicht und mit welchen Mitteln sie erzielt wurden,

b) welche Aufgaben und Anforderungen in den folgenden Jahren auf die Behörde zukommen.

Der Rat der Aufseher kann die Amtszeit des Exekutivdirektors unter Berücksichtigung der Beurteilung gemäß Unterabsatz 1 einmal verlängern.

(5) Der Exekutivdirektor kann seines Amtes nur durch einen Beschluss des Rates der Aufseher enthoben werden.

Artikel 52
Unabhängigkeit

Unbeschadet der Rolle, die der Verwaltungsrat und der Rat der Aufseher im Zusammenhang mit den Aufgaben des Exekutivdirektors spielen, darf der Exekutivdirektor von Organen oder Einrichtungen der Union, von der Regierung eines Mitgliedstaats und von anderen öffentlichen oder privaten Stellen Weisungen weder anfordern noch entgegennehmen.

Weder die Mitgliedstaaten, die Organe oder Einrichtungen der Union noch andere öffentliche oder private Stellen versuchen, den Exekutivdirektor bei der Wahrnehmung seiner Aufgaben zu beeinflussen.

Im Einklang mit dem in Artikel 68 genannten Statut ist der Exekutivdirektor nach dem Ausscheiden aus dem Dienst verpflichtet, bei der Annahme gewisser Tätigkeiten oder Vorteile ehrenhaft und zurückhaltend zu sein.

Artikel 52a
Ausgaben

Der Exekutivdirektor macht abgehaltene Sitzungen und erhaltene Bewirtungen öffentlich. Ausgaben werden gemäß dem Statut öffentlich festgehalten.

Artikel 53
Aufgaben

(1) Der Exekutivdirektor ist für die Leitung der Behörde verantwortlich und bereitet die Arbeiten des Verwaltungsrats vor.

(2) Der Exekutivdirektor ist für die Durchführung des Jahresarbeitsprogramms der Behörde verantwortlich, wobei der Rat der Aufseher eine Lenkungsfunktion übernimmt und der Verwaltungsrat die Kontrolle ausübt.

(3) Der Exekutivdirektor trifft alle erforderlichen Maßnahmen und erlässt insbesondere interne Verwaltungsanweisungen und veröffentlicht Mitteilungen, um das Funktionieren der Behörde gemäß dieser Verordnung zu gewährleisten.

(4) Der Exekutivdirektor erstellt das in Artikel 47 Absatz 2 genannte mehrjährige Arbeitsprogramm.

(5) Der Exekutivdirektor erstellt jedes Jahr bis zum 30. Juni das in Artikel 47 Absatz 2 genannte Arbeitsprogramm für das folgende Jahr.

(6) Der Exekutivdirektor erstellt einen Vorentwurf des Haushaltsplans der Behörde gemäß Artikel 63 und führt den Haushaltsplan der Behörde gemäß Artikel 64 aus.

(7) Der Exekutivdirektor erstellt alljährlich einen Berichtsentwurf, der einen Abschnitt über die Regulierungs- und Aufsichtstätigkeiten der Behörde und einen Abschnitt über finanzielle und administrative Angelegenheiten enthält.

(8) Der Exekutivdirektor übt gegenüber dem Personal der Behörde die in Artikel 68 niedergelegten Befugnisse aus und regelt Personalangelegenheiten.

KAPITEL IV
GEMEINSAME GREMIEN DER EUROPÄISCHEN AUFSICHTSBEHÖRDEN

ABSCHNITT 1
Gemeinsamer Ausschuss der Europäischen Aufsichtsbehörden

Artikel 54
Errichtung

(1) Hiermit wird der Gemeinsame Ausschuss der Europäischen Aufsichtsbehörden errichtet.

(2) Der Gemeinsame Ausschuss dient als Forum für die regelmäßige und enge Zusammenarbeit der Behörde mit der Europäischen Aufsichtsbehörde (Europäische Aufsichtsbehörde für das Versicherungswesen und die betriebliche Altersversorgung) und der Europäischen Aufsichtsbehörde (Europäische Wertpapier- und Marktaufsichtsbehörde), um unter Berücksichtigung sektorspezifischer Besonderheiten eine sektorübergreifende Abstimmung mit diesen zu gewährleisten, insbesondere in Bezug auf

- Finanzkonglomerate und, wenn dies aufgrund des Unionsrechts erforderlich ist, die aufsichtliche Konsolidierung,
- Rechnungslegung und Rechnungsprüfung,
- mikroprudentielle Analysen sektorübergreifender Entwicklungen, Risiken und Schwachstellen für die Finanzstabilität,
- Anlageprodukte für Kleinanleger,
- Cybersicherheit,
- den Informationsaustausch und den Austausch bewährter Verfahren mit dem ESRB und den anderen ESA,
- Finanzdienstleistungen für Privatkunden und Fragen des Einleger-, Verbraucher- und Anlegerschutzes und
- die Beratung durch den nach Artikel 1 Absatz 6 eingesetzten Ausschuss.

(2) Der gemeinsame Ausschuss kann die Kommission bei der Bewertung der Bedingungen sowie der technischen Spezifikationen und Verfahren unterstützen, durch die sichergestellt werden soll, dass die zentralen automatischen Mechanismen entsprechend dem Bericht gemäß Artikel 32a Absatz 5 der Richtlinie (EU) 2015/849 gesichert und wirksam miteinander verbunden werden können, sowie bei der wirksamen Verknüpfung der nationalen Register gemäß jener Richtlinie.

(3) Der Gemeinsame Ausschuss verfügt über eigenes Personal, das von den ESA bereitgestellt wird und das die Aufgaben eines ständigen Sekretariats wahrnimmt. Die Behörde stellt angemessene Ressourcen für die Ausgaben für Verwaltungs-, Infrastruktur- und Betriebsaufwendungen bereit.

(4) Ist ein Finanzinstitut sektorübergreifend tätig, so regelt der Gemeinsame Ausschuss Meinungsverschiedenheiten im Einklang mit Artikel 56.

Artikel 55
Zusammensetzung

(1) Der Gemeinsame Ausschuss setzt sich aus den Vorsitzenden der ESA sowie gegebenenfalls dem Vorsitzenden jedes gemäß Artikel 57 eingerichteten Unterausschusses zusammen.

(2) Der Exekutivdirektor, ein Vertreter der Kommission und der ESRB werden zu den Sitzungen des Gemeinsamen Ausschusses und den Sitzungen der in Artikel 57 genannten Unterausschüsse als Beobachter geladen.

(3) Der Vorsitzende des Gemeinsamen Ausschusses wird unter jährlicher Rotation aus den Reihen der Vorsitzenden der ESA ernannt. Der Vorsitzende des Gemeinsamen Ausschusses ist der zweite stellvertretende Vorsitzende des ESRB.

(4) Der Gemeinsame Ausschuss gibt sich eine Geschäftsordnung und veröffentlicht diese. Darin können weitere Teilnehmer der Sitzungen des Gemeinsamen Ausschusses bestimmt werden.

Der Gemeinsame Ausschuss trifft mindestens einmal alle drei Monate zusammen.

(5) Der Vorsitzende der Behörde unterrichtet den Rat der Aufseher regelmäßig über die in den Sitzungen des Gemeinsamen Ausschusses angenommenen Positionen.

Artikel 56
Gemeinsame Positionen und gemeinsame Maßnahmen

Die Behörde führt im Rahmen ihrer Aufgaben nach Kapitel II der vorliegenden Verordnung und – sofern einschlägig – insbesondere im Hinblick auf die Umsetzung der Richtlinie 2002/87/EG gemeinsame Positionen mit der Europäischen Aufsichtsbehörde (Europäische Aufsichtsbehörde für das Versicherungswesen und die betriebliche Altersversorgung) beziehungsweise der Europäischen Aufsichtsbehörde (Europäische Wertpapier- und Marktaufsichtsbehörde) durch Konsens herbei.

Wenn dies aufgrund des Unionsrechts erforderlich ist, werden Maßnahmen gemäß den Artikeln 10 bis 16 und Beschlüsse gemäß den Artikeln 17, 18 und 19 der vorliegenden Verordnung in Bezug auf die Anwendung der Richtlinie 2002/87/EG und anderer in Artikel 1 Absatz 2 der vorliegenden Verordnung genannter Gesetzgebungsakte, die auch in den Zuständigkeitsbereich der Europäischen Aufsichtsbehörde (Europäische Aufsichtsbehörde für das Versicherungswesen und die betriebliche Altersversorgung) oder der Europäischen Aufsichtsbehörde (Europäische Wertpapier- und Marktaufsichtsbehörde) fallen, je nach Einzelfall von der Behörde, der Europäischen Aufsichtsbehörde (Europäische Aufsichtsbehörde für das Versicherungswesen und die betriebliche Altersversorgung) und der Europäischen Aufsichtsbehörde (Europäische Wertpapier- und Marktaufsichtsbehörde) gleichzeitig angenommen.

Artikel 57
Unterausschüsse

(1) Der Gemeinsame Ausschuss kann Unterausschüsse einrichten, die Entwürfe gemeinsamer Positionen und gemeinsamer Maßnahmen für den Gemeinsamen Ausschuss vorbereiten.

(2) Jeder Unterausschuss setzt sich aus den in Artikel 55 Absatz 1 genannten Personen und einem hochrangigen Vertreter des Personals der betreffenden zuständigen Behörde jedes Mitgliedstaats zusammen.

(3) Jeder Unterausschuss wählt aus den Vertretern der jeweiligen zuständigen Behörden einen Vorsitzenden, der auch Beobachter im Gemeinsamen Ausschuss ist.

(4) Für die Zwecke des Artikels 56 wird innerhalb des Gemeinsamen Ausschusses ein Unterausschuss für Finanzkonglomerate eingerichtet.

(5) Der Gemeinsame Ausschuss veröffentlicht auf seiner Website alle eingerichteten Unterausschüsse, einschließlich ihrer Mandate und einer Liste ihrer Mitglieder mit ihren jeweiligen Funktionen im Unterausschuss.

ABSCHNITT 2

Beschwerdeausschuss

Artikel 58
Zusammensetzung und Arbeitsweise

(1) Hiermit wird der Beschwerdeausschuss der Europäischen Aufsichtsbehörden errichtet.

(2) Der Beschwerdeausschuss besteht aus sechs Mitgliedern und sechs stellvertretenden Mitgliedern, die einen ausgezeichneten Ruf genießen und nachweislich über einschlägige Kenntnisse des Unionsrechts und internationale berufliche Erfahrungen auf ausreichend hoher Ebene in den Sektoren Banken, Versicherungen, betriebliche Altersversorgung und Wertpapiere oder andere Finanzdienstleistungen verfügen und nicht zum aktuellen Personal der zuständigen Behörden oder anderer nationaler Organe oder Einrichtungen beziehungsweise von Organen oder Einrichtungen der Union gehören, die an den Tätigkeiten der Behörde beteiligt sind, und keine Mitglieder der Interessengruppe Bankensektor sind. Die Mitglieder und stellvertretenden Mitglieder sind Staatsangehörige eines Mitgliedstaats und verfügen über fundierte Kenntnisse in mindestens zwei Amtssprachen der Union. Der Beschwerdeausschuss muss über ausreichende Rechtskenntnisse verfügen, um die Behörde bei der Ausübung ihrer Befugnisse hinsichtlich der Rechtmäßigkeit einschließlich der Verhältnismäßigkeit sachkundig rechtlich beraten zu können.

Der Beschwerdeausschuss ernennt seinen Vorsitzenden.

(3) Zwei Mitglieder des Beschwerdeausschusses und zwei stellvertretende Mitglieder werden vom Verwaltungsrat der Behörde aus einer Auswahlliste ernannt, die die Kommission im Anschluss an eine öffentliche Aufforderung zur Interessenbekundung, die im *Amtsblatt der Europäischen Union* veröffentlicht wird, und nach Anhörung des Rates der Aufseher vorschlägt.

Nach Erhalt der Auswahlliste kann das Europäische Parlament die als Mitglieder und Stellvertreter infrage kommenden Bewerber auffordern, eine Erklärung vor dem Europäischen Parlament abzugeben und sich den Fragen seiner Mitglieder zu stellen.

Das Europäische Parlament kann die Mitglieder des Beschwerdeausschusses auffordern, eine Erklärung vor dem Europäischen Parlament abzugeben und sich den Fragen seiner Mitglieder zu stellen, wenn darum ersucht wird; dies gilt nicht für Erklärungen, Fragen oder Antworten zu Einzelfällen, die vom Beschwerdeausschuss entschieden werden oder bei diesem anhängig sind.

(4) Die Amtszeit der Mitglieder des Beschwerdeausschusses beträgt fünf Jahre. Diese Amtszeit kann einmal verlängert werden.

(5) Ein vom Verwaltungsrat der Behörde ernanntes Mitglied des Beschwerdeausschusses kann während seiner Amtszeit nur dann seines Amtes enthoben werden, wenn es sich eines schweren Fehlverhaltens schuldig gemacht hat und der Verwaltungsrat nach Anhörung des Rates der Aufseher einen entsprechenden Beschluss gefasst hat.

(6) Die Beschlüsse des Beschwerdeausschusses werden mit einer Mehrheit von mindestens vier der sechs Mitglieder gefasst. Fällt der angefochtene Beschluss in den Geltungsbereich dieser Verordnung, so muss die Beschlussmehrheit mindestens eines der beiden von der Behörde ernannten Mitglieder des Beschwerdeausschusses umfassen.

(7) Der Beschwerdeausschuss wird von seinem Vorsitzenden bei Bedarf einberufen.

(8) Die ESA gewährleisten, dass der Beschwerdeausschuss durch den Gemeinsamen Ausschuss angemessene Unterstützung für die Abwicklung der Betriebs- und Sekretariatsgeschäfte erhält.

Artikel 59
Unabhängigkeit und Unparteilichkeit

(1) Die Mitglieder des Beschwerdeausschusses sind in ihren Beschlüssen unabhängig. Sie sind an keinerlei Weisungen gebunden. Sie dürfen keine anderen Aufgaben für die Behörde, den Verwaltungsrat oder den Rat der Aufseher wahrnehmen.

(2) Die Mitglieder des Beschwerdeausschusses und das Personal der Behörde, das Unterstützung bei der Abwicklung der Betriebs- und Sekretari-

atsgeschäfte leistet, dürfen nicht an einem Beschwerdeverfahren mitwirken, wenn dieses Verfahren ihre persönlichen Interessen berührt, wenn sie vorher als Vertreter eines Verfahrensbeteiligten tätig gewesen sind oder wenn sie an dem Beschluss mitgewirkt haben, gegen den Beschwerde eingelegt wurde.

(3) Ist ein Mitglied des Beschwerdeausschusses aus einem der in den Absätzen 1 und 2 genannten Gründe oder aus einem sonstigen Grund der Ansicht, dass ein anderes Mitglied nicht an einem Beschwerdeverfahren mitwirken sollte, so teilt es dies dem Beschwerdeausschuss mit.

(4) Jeder am Beschwerdeverfahren Beteiligte kann die Mitwirkung eines Mitglieds des Beschwerdeausschusses aus einem der in den Absätzen 1 und 2 genannten Gründe oder wegen des Verdachts der Befangenheit ablehnen.

Eine Ablehnung aufgrund der Staatsangehörigkeit eines Mitglieds ist ebenso unzulässig wie eine Ablehnung in dem Fall, dass der am Beschwerdeverfahren Beteiligte eine Verfahrenshandlung vorgenommen hat, ohne die Zusammensetzung des Beschwerdeausschusses abzulehnen, obwohl er den Ablehnungsgrund kannte.

(5) Der Beschwerdausschuss beschließt über das Vorgehen in den in den Absätzen 1 und 2 genannten Fällen ohne Mitwirkung des betroffenen Mitglieds.

Das betroffene Mitglied wird bei diesem Beschluss durch seinen Stellvertreter im Beschwerdeausschuss vertreten. Befindet sich der Stellvertreter in einer ähnlichen Situation, so benennt der Vorsitzende eine Person aus dem Kreis der verfügbaren Stellvertreter.

(6) Die Mitglieder des Beschwerdeausschusses verpflichten sich, unabhängig und im öffentlichen Interesse zu handeln.

Zu diesem Zweck geben sie eine Verpflichtungserklärung sowie eine Interessenerklärung ab, aus der hervorgeht, dass entweder keinerlei Interessen bestehen, die als ihre Unabhängigkeit beeinträchtigend angesehen werden können, oder dass keine mittelbaren oder unmittelbaren Interessen vorhanden sind, die als ihre Unabhängigkeit beeinträchtigend angesehen werden könnten.

Diese Erklärungen werden jedes Jahr schriftlich abgegeben und öffentlich bekannt gemacht.

KAPITEL V

RECHTSBEHELF

Artikel 60
Beschwerden

(1) Eine natürliche oder juristische Person, einschließlich der zuständigen Behörden, kann gegen einen gemäß den Artikeln 17, 18 und 19 getroffenen Beschluss der Behörde, gegen jeden anderen von der Behörde gemäß den in Artikel 1 Absatz 2 genannten Rechtsakten der Union getroffenen, an sie gerichteten Beschluss sowie gegen Beschlüsse, die an eine andere Person gerichtet sind, sie aber unmittelbar und individuell betreffen, Beschwerde einlegen.

(2) Die Beschwerde ist samt Begründung innerhalb von drei Monaten nach dem Tag der Bekanntgabe des Beschlusses an die betreffende Person oder, sofern eine solche Bekanntgabe nicht erfolgt ist, innerhalb von drei Monaten ab dem Tag, an dem die Behörde ihren Beschluss veröffentlicht hat, schriftlich bei der Behörde einzulegen.

Der Beschwerdeausschuss beschließt über Beschwerden innerhalb von drei Monaten nach deren Einreichung.

(3) Eine Beschwerde nach Absatz 1 hat keine aufschiebende Wirkung.

Der Beschwerdeausschuss kann jedoch den Vollzug des angefochtenen Beschlusses aussetzen, wenn die Umstände dies nach seiner Auffassung erfordern.

(4) Ist die Beschwerde zulässig, so prüft der Beschwerdeausschuss, ob sie begründet ist. Er fordert die am Beschwerdeverfahren Beteiligten auf, innerhalb bestimmter Fristen eine Stellungnahme zu den von ihm selbst abgegebenen Mitteilungen oder zu den Schriftsätzen der anderen am Beschwerdeverfahren Beteiligten einzureichen. Die am Beschwerdeverfahren Beteiligten haben das Recht, mündliche Erklärungen abzugeben.

(5) Der Beschwerdeausschuss kann entweder den Beschluss der zuständigen Stelle der Behörde bestätigen oder die Angelegenheit an die zuständige Stelle der Behörde zurückverweisen. Diese Stelle ist an den Beschluss des Beschwerdeausschusses gebunden und trifft einen geänderten Beschluss zu der betreffenden Angelegenheit.

(6) Der Beschwerdeausschuss gibt sich eine Geschäftsordnung und veröffentlicht diese.

(7) Die Beschlüsse des Beschwerdeausschusses werden begründet und von der Behörde veröffentlicht.

Artikel 60a

Befugnisüberschreitung durch die Behörde

Jede natürliche oder juristische Person kann mit Gründen versehenen Rat an die Kommission richten, wenn diese Person der Auffassung ist, dass die Behörde bei ihren Handlungen im Rahmen der Artikel 16 und 16b ihre Befugnisse überschritten hat – wozu auch gehört, dass sie den Grundsatz der Verhältnismäßigkeit nach Artikel 1 Absatz 5 missachtet hat –, und diese Person davon unmittelbar und individuell betroffen ist.

Artikel 61
Klagen vor dem Gerichtshof der Europäischen Union

(1) Im Einklang mit Artikel 263 AEUV kann vor dem Gerichtshof der Europäischen Union Klage gegen einen Beschluss des Beschwerdeausschusses oder, in Fällen, in denen kein Rechtsbehelf beim Beschwerdeausschuss möglich ist, der Behörde erhoben werden.

(2) Im Einklang mit Artikel 263 AEUV können die Mitgliedstaaten und die Organe der Union sowie jede natürliche oder juristische Person Klage vor dem Gerichtshof der Europäischen Union gegen Beschlüsse der Behörde erheben.

(3) Nimmt die Behörde trotz der Verpflichtung, tätig zu werden, keinen Beschluss an, so kann vor dem Gerichtshof der Europäischen Union eine Untätigkeitsklage nach Artikel 265 AEUV erhoben werden.

(4) Die Behörde muss die erforderlichen Maßnahmen ergreifen, um dem Urteil des Gerichtshofs der Europäischen Union nachzukommen.

KAPITEL VI

FINANZVORSCHRIFTEN

Artikel 62
Haushalt der Behörde

(1) Die Einnahmen der Behörde, einer europäischen Einrichtung gemäß Artikel 70 der Verordnung (EU, Euratom) 2018/1046 des Europäischen Parlaments und des Rates[1)] (im Folgenden „Haushaltsordnung"), bestehen insbesondere aus einer Kombination der folgenden Einnahmen:

a) Pflichtbeiträge der nationalen Behörden, die für die Aufsicht über Finanzinstitute zuständig sind, die gemäß einer Formel geleistet werden, die auf der Stimmengewichtung nach Artikel 3 Absatz 3 des Protokolls (Nr. 36) über die Übergangsbestimmungen basiert. Für die Zwecke dieses Artikels gilt Artikel 3 Absatz 3 des Protokolls (Nr. 36) über die Übergangsbestimmungen über den darin festgelegten Stichtag des 31. Oktober 2014 hinaus;

b) Zuschuss der Union aus dem Gesamthaushaltsplan der Europäischen Union (Einzelplan Kommission);

c) Gebühren, die in den in den einschlägigen Instrumenten des Unionsrechts festgelegten Fällen an die Behörde gezahlt werden,

d) Etwaige freiwillige Beiträge von Mitgliedstaaten oder Beobachtern,

e) Vereinbarte Entgelte für Veröffentlichungen, Ausbildungsmaßnahmen und sonstige Dienstleistungen, die von der Behörde erbracht werden, sofern sie von einer oder mehreren zuständigen Behörden ausdrücklich angefordert wurden.

Etwaige freiwillige Beiträge von Mitgliedstaaten oder Beobachtern nach Unterabsatz 1 Buchstabe d werden nicht angenommen, wenn durch eine solche Annahme Zweifel an der Unabhängigkeit und Unparteilichkeit der Behörde entstehen könnten. Freiwillige Beiträge, die eine Kostenentschädigung für Aufgaben darstellen, die der Behörde von einer zuständigen Behörde übertragen wurden, werden nicht als Grund für Zweifel an der Unabhängigkeit der Behörde angesehen.

(2) Die Ausgaben der Behörde umfassen zumindest die Personalaufwendungen, Entgelte, die Verwaltungs- und Infrastrukturausgaben, die Ausgaben für berufliche Fortbildung und die Betriebskosten.

(3) Einnahmen und Ausgaben müssen ausgeglichen sein.

(4) Alle Einnahmen und Ausgaben der Behörde sind Gegenstand von Vorausschätzungen für jedes Haushaltsjahr und werden im Haushaltsplan der Behörde ausgewiesen; das Haushaltsjahr fällt mit dem Kalenderjahr zusammen.

Artikel 63
Aufstellung des Haushaltsplans

(1) Jedes Jahr erstellt der Exekutivdirektor einen vorläufigen Entwurf des einheitlichen Programmplanungsdokuments der Behörde für die drei folgenden Haushaltsjahre, das die geschätzten Einnahmen und Ausgaben sowie Informationen über Personal aus seiner jährlichen und mehrjährigen Programmplanung enthält, und legt ihn, zusammen mit dem Stellenplan, dem Verwaltungsrat und dem Rat der Aufseher vor.

(2) Auf der Grundlage des vom Verwaltungsrat genehmigten Entwurfs nimmt der Rat der Aufseher den Entwurf des einheitlichen Programmplanungsdokuments für die drei folgenden Haushaltsjahre an.

(3) Der Verwaltungsrat leitet das einheitliche Programmplanungsdokument bis zum 31. Januar der Kommission, dem Europäischen Parlament und dem Rat sowie dem Europäischen Rechnungshof zu.

(4) Die Kommission stellt unter Berücksichtigung des einheitlichen Programmplanungsdokuments die mit Blick auf den Stellenplan für erforderlich erachteten Mittel und den Betrag des aus

---

Zu Artikel 62:

1) Verordnung (EU, Euratom) Nr. 2018/1046 des Europäischen Parlaments und des Rates vom 18. Juli 2018 über die Haushaltsordnung für den Gesamthaushaltsplan der Union, zur Änderung der Verordnungen (EU) Nr. 1296/2013, (EU) Nr. 1301/2013, (EU) Nr. 1303/2013, (EU) Nr. 1304/2013, (EU) Nr. 1309/2013, (EU) Nr. 1316/2013, (EU) Nr. 223/2014, (EU) Nr. 283/2014 und des Beschlusses Nr. 541/2014/EU sowie zur Aufhebung der Verordnung (EU, Euratom) Nr. 966/2012 (ABl. L 193 vom 30.7.2018, S. 1).

dem Gesamthaushaltsplan der Union gemäß den Artikeln 313 und 314 AEUV zu zahlenden Ausgleichsbeitrags in den Entwurf des Haushaltsplans der Union ein.

(5) Das Europäische Parlament und der Rat nehmen den Stellenplan der Behörde an. Das Europäische Parlament und der Rat bewilligen die Mittel für den Ausgleichsbeitrag für die Behörde.

(6) Der Haushaltsplan der Behörde wird vom Rat der Aufseher angenommen. Er wird endgültig, wenn der Gesamthaushaltsplan der Union endgültig angenommen ist. Erforderlichenfalls wird er entsprechend angepasst.

(7) Der Verwaltungsrat unterrichtet das Europäische Parlament und den Rat unverzüglich über alle von ihm geplanten Vorhaben, die erhebliche finanzielle Auswirkungen auf die Finanzierung seines Haushaltsplans haben könnten, insbesondere im Hinblick auf Immobilienvorhaben wie die Anmietung oder den Erwerb von Gebäuden.

(8) Unbeschadet der Artikel 266 und 267 der Haushaltsordnung ist eine Bewilligung durch das Europäische Parlament und den Rat für Vorhaben, die erhebliche finanzielle oder langfristige Auswirkungen auf die Finanzierung des Haushaltsplans der Behörde haben könnten, insbesondere im Hinblick auf Immobilienvorhaben wie die Anmietung oder den Erwerb von Gebäuden, einschließlich Auflösungsklauseln, erforderlich.

Artikel 64
Ausführung und Kontrolle des Haushaltsplans

(1) Der Exekutivdirektor handelt als Anweisungsbefugter und führt den jährlichen Haushaltsplan der Behörde aus.

(2) Der Rechnungsführer der Behörde übermittelt dem Rechnungsführer der Kommission und dem Rechnungshof bis zum 1. März des folgenden Jahres den vorläufigen Rechnungsabschluss. Mit Artikel 70 wird nicht ausgeschlossen, dass die Behörde dem Rechnungshof auf Ersuchen des Rechnungshofs Informationen bereitstellt, die in seinem Zuständigkeitsbereich liegen.

(3) Der Rechnungsführer der Behörde übermittelt dem Rechnungsführer der Kommission bis zum 1. März des folgenden Jahres die erforderlichen Rechnungsführungsinformationen für Konsolidierungszwecke in der Form und dem Format, die vom Rechnungsführer der Kommission vorgegeben werden.

(4) Ferner übermittelt der Rechnungsführer der Behörde den Mitgliedern des Rates der Aufseher, dem Europäischen Parlament, dem Rat und dem Rechnungshof den Bericht über die Haushaltsführung und das Finanzmanagement bis zum 31. März des folgenden Jahres.

(5) Nach Übermittlung der Bemerkungen des Rechnungshofs zum vorläufigen Rechnungsabschluss der Behörde gemäß Artikel 246 der Haushaltsordnung erstellt der Rechnungsführer der Behörde den endgültigen Rechnungsabschluss der Behörde. Der Exekutivdirektor übermittelt ihn dem Rat der Aufseher, der eine Stellungnahme dazu abgibt.

(6) Der Rechnungsführer der Behörde übermittelt dem Rechnungsführer der Kommission, dem Europäischen Parlament, dem Rat und dem Rechnungshof bis zum 1. Juli des folgenden Jahres den endgültigen Rechnungsabschluss zusammen mit der Stellungnahme des Rates der Aufseher.

Ferner übermittelt der Rechnungsführer der Behörde dem Rechnungsführer der Kommission bis zum 15. Juni jeden Jahres ein Berichterstattungspaket in einem vom Rechnungsführer der Kommission für Konsolidierungszwecke vorgegebenen Standardformat.

(7) Der endgültige Rechnungsabschluss wird bis zum 15. November des folgenden Jahres im *Amtsblatt der Europäischen Union* veröffentlicht.

(8) Der Exekutivdirektor übermittelt dem Rechnungshof bis zum 30. September eine Antwort auf dessen Bemerkungen; er übermittelt dem Verwaltungsrat und der Kommission auch eine Kopie dieser Antwort.

(9) Der Exekutivdirektor unterbreitet dem Europäischen Parlament auf dessen Anfrage gemäß Artikel 261 Absatz 3 der Haushaltsordnung alle Informationen, die für die ordnungsgemäße Durchführung des Entlastungsverfahrens für das betreffende Haushaltsjahr erforderlich sind.

(10) Das Europäische Parlament erteilt der Behörde auf Empfehlung des Rates, der mit qualifizierter Mehrheit beschließt, vor dem 15. Mai des Jahres N+2 Entlastung für die Ausführung des Haushaltsplans für das Haushaltsjahr N.

(11) Die Behörde gibt zur Position des Europäischen Parlaments und etwaigen anderen Anmerkungen des Europäischen Parlaments im Rahmen des Entlastungsverfahrens eine mit Gründen versehene Stellungnahme ab.

Artikel 65
Finanzregelung

Der Verwaltungsrat erlässt nach Konsultation der Kommission die für die Behörde geltende Finanzregelung. Diese Regelung darf von den Bestimmungen der Delegierten Verordnung (EU) 2019/715 der Kommission[1)] nur dann abweichen,

Zu Artikel 65:

[1)] Delegierte Verordnung (EU) 2019/715 der Kommission vom 18. Dezember 2018 über die Rahmenfinanzregelung für gemäß dem AEUV und dem Euratom-Vertrag geschaffene Einrichtungen nach Artikel 70 der Verordnung

wenn die besonderen Erfordernisse der Arbeitsweise der Behörde dies verlangen und sofern die Kommission zuvor ihre Zustimmung erteilt hat.

Artikel 66
Betrugsbekämpfungsmaßnahmen

(1) Zur Bekämpfung von Betrug, Korruption und sonstigen rechtswidrigen Handlungen wird die Verordnung (EU, Euratom) Nr. 883/2013 des Europäischen Parlaments und des Rates[1)] ohne Einschränkung auf die Behörde angewandt.

(2) Die Behörde tritt der Interinstitutionellen Vereinbarung über die internen Untersuchungen des OLAF bei und erlässt unverzüglich die entsprechenden Vorschriften, die Geltung für sämtliche Mitarbeiter der Behörde haben.

(3) Die Finanzierungsbeschlüsse und Vereinbarungen sowie die daran geknüpften Umsetzungsinstrumente sehen ausdrücklich vor, dass der Rechnungshof und OLAF bei den Empfängern der von der Behörde ausgezahlten Gelder sowie bei den für die Zuweisung der Gelder Verantwortlichen bei Bedarf Kontrollen vor Ort durchführen können.

KAPITEL VII
ALLGEMEINE BESTIMMUNGEN

Artikel 67
Vorrechte und Befreiungen

Das dem Vertrag über die Europäische Union und dem AEUV beigefügte Protokoll (Nr. 7) über die Vorrechte und Befreiungen der Europäischen Union findet auf die Behörde und ihr Personal Anwendung.

Artikel 68
Personal

(1) Für das Personal der Behörde, einschließlich ihres Exekutivdirektors und ihres Vorsitzenden, gelten das Statut und die Beschäftigungsbedingungen für die sonstigen Bediensteten sowie die von den Organen der Union gemeinsam erlassenen Regelungen für deren Anwendung.

(2) Der Verwaltungsrat legt im Einvernehmen mit der Kommission die erforderlichen Durchführungsbestimmungen gemäß Artikel 110 des Statuts fest.

(3) Die Behörde übt in Bezug auf ihr Personal die Befugnisse aus, die der Anstellungsbehörde durch das Statut und der vertragsschließenden Behörde durch die Beschäftigungsbedingungen für die sonstigen Bediensteten übertragen wurden.

(4) Der Verwaltungsrat erlässt Vorschriften für das Hinzuziehen nationaler Sachverständiger, die von den Mitgliedstaaten zur Behörde abgeordnet werden.

Artikel 69
Haftung der Behörde

(1) Im Bereich der außervertraglichen Haftung ersetzt die Behörde durch sie oder ihre Bediensteten in Ausübung ihrer Amtstätigkeit verursachte Schäden nach den allgemeinen Rechtsgrundsätzen, die den Rechtsordnungen der Mitgliedstaaten gemeinsam sind. Für Entscheidungen in Schadensersatzstreitigkeiten ist der Gerichtshof der Europäischen Union zuständig.

(2) Für die persönliche finanzielle Haftung und disziplinarische Verantwortung der Bediensteten der Behörde gegenüber der Behörde gelten die einschlägigen Regeln für das Personal der Behörde.

Artikel 70
Berufsgeheimnis

(1) Mitglieder des Rates der Aufseher und alle Mitglieder des Personals der Behörde, einschließlich der von den Mitgliedstaaten vorübergehend abgeordneten Beamten und aller weiteren Personen, die auf vertraglicher Grundlage für die Behörde Aufgaben durchführen, unterliegen auch nach Beendigung ihrer Amtstätigkeit den Anforderungen des Berufsgeheimnisses gemäß Artikel 339 AEUV und den einschlägigen Bestimmungen des Unionsrechts.

(2) Unbeschadet der Fälle, die unter das Strafrecht fallen, dürfen vertrauliche Informationen, die die unter Absatz 1 genannten Personen in ihrer beruflichen Eigenschaft erhalten, an keine Person oder Behörde weitergegeben werden, es sei denn in zusammengefasster oder aggregierter Form, so dass einzelne Finanzinstitute nicht bestimmbar sind.

Die Verpflichtung gemäß Absatz 1 des vorliegenden Artikels und Unterabsatz 1 des vorliegenden Absatzes hindert die Behörde und die zuständigen Behörden nicht daran, die Informationen für die Durchsetzung der in Artikel 1 Absatz 2 genannten Gesetzgebungsakte und insbesondere für die Verfahren zum Erlass von Beschlüssen zu nutzen.

(2) Der Verwaltungsrat und der Rat der Aufseher stellen sicher, dass Personen, die direkt oder

---

(EU, Euratom) 2018/1046 des Europäischen Parlaments und des Rates (ABl. L 122 vom 10.5.2019, S. 1).

Zu Artikel 66:

[1)] Verordnung (EU, Euratom) Nr. 883/2013 des Europäischen Parlaments und des Rates vom 11. September 2013 über die Untersuchungen des Europäischen Amtes für Betrugsbekämpfung (OLAF) und zur Aufhebung der Verordnung (EG) Nr. 1073/1999 des Europäischen Parlaments und des Rates und der Verordnung (Euratom) Nr. 1074/1999 des Rates (ABl. L 248 vom 18.9.2013, S. 1.).

indirekt, ständig oder gelegentlich Dienstleistungen im Zusammenhang mit den Aufgaben der Behörde erbringen, einschließlich der Beamten und sonstigen vom Verwaltungsrat und vom Rat der Aufseher ermächtigten Personen beziehungsweise der für diesen Zweck von den zuständigen Behörden bestellten Personen, Anforderungen des Berufsgeheimnisses unterliegen, die den in den Absätzen 1 und 2 aufgeführten Anforderungen entsprechen.

Auch Beobachter, die den Sitzungen des Verwaltungsrates oder des Rates der Aufseher beiwohnen und an den Tätigkeiten der Behörde beteiligt sind, unterliegen den gleichen Anforderungen des Berufsgeheimnisses.

(3) Die Absätze 1 und 2 hindern die Behörde nicht daran, im Einklang mit dieser Verordnung und anderen auf Finanzinstitute anwendbaren Rechtsvorschriften der Union mit zuständigen Behörden Informationen auszutauschen.

Diese Informationen unterliegen den Bedingungen des Berufsgeheimnisses gemäß den Absätzen 1 und 2. Die Behörde legt in ihren internen Verfahrensvorschriften die praktischen Vorkehrungen für die Anwendung der in den Absätzen 1 und 2 genannten Geheimhaltungsregelungen fest.

(4) Die Behörde wendet den Beschluss (EU, Euratom) 2015/444 der Kommission[1)] an.

Artikel 71
Datenschutz

Diese Verordnung berührt weder die aus der Verordnung (EU) 2016/679 erwachsenden Verpflichtungen der Mitgliedstaaten hinsichtlich der Verarbeitung personenbezogener Daten noch die aus der Verordnung (EU) 2018/1725 des Europäischen Parlaments und des Rates[1)] erwachsenden Verpflichtungen der Behörde hinsichtlich der Verarbeitung personenbezogener Daten bei der Erfüllung ihrer Aufgaben.

Artikel 72
Zugang zu Dokumenten

(1) Für die Dokumente, die sich im Besitz der Behörde befinden, gilt die Verordnung (EG) Nr. 1049/2001.

(2) Der Verwaltungsrat erlässt praktische Maßnahmen zur Anwendung der Verordnung (EG) Nr. 1049/2001.

(3) Gegen Beschlüsse der Behörde gemäß Artikel 8 der Verordnung (EG) Nr. 1049/2001 kann, gegebenenfalls nach einer Beschwerde beim Beschwerdeausschuss, nach Maßgabe von Artikel 228 beziehungsweise 263 AEUV Beschwerde beim Bürgerbeauftragten beziehungsweise Klage beim Gerichtshof der Europäischen Union erhoben werden.

Artikel 73
Sprachenregelung

(1) Für die Behörde gilt die Verordnung Nr. 1 des Rates zur Regelung der Sprachenfrage für die Europäische Wirtschaftsgemeinschaft[1)]

(2) Der Verwaltungsrat beschließt über die interne Sprachenregelung der Behörde.

(3) Die für die Arbeit der Behörde erforderlichen Übersetzungsdienste werden vom Übersetzungszentrum für die Einrichtungen der Europäischen Union erbracht.

Artikel 74
Sitzabkommen

Die notwendigen Vorkehrungen hinsichtlich der Unterbringung der Behörde in dem Mitgliedstaat, in dem sie ihren Sitz hat, und hinsichtlich der Ausstattung, die von diesem Staat zur Verfügung zu stellen ist, sowie die speziellen Vorschriften, die in diesem Sitzstaat für das Personal der Behörde und dessen Familienangehörige gelten, werden in einem Sitzabkommen festgelegt, das nach Billigung durch den Verwaltungsrat zwischen der Behörde und dem betreffenden Mitgliedstaat geschlossen wurde.

Der betreffende Mitgliedstaat gewährleistet die bestmöglichen Bedingungen für ein reibungsloses Funktionieren der Behörde, einschließlich eines mehrsprachigen und europäisch ausgerichteten schulischen Angebots und geeigneter Verkehrsanbindungen.

Artikel 75
Beteiligung von Drittländern

(1) Die Beteiligung an der Arbeit der Behörde steht Drittländern offen, die mit der Union Ab-

Zu Artikel 70:

[1)] Beschluss (EU, Euratom) 2015/444 der Kommission vom 13. März 2015 über die Sicherheitsvorschriften für den Schutz von EU-Verschlusssachen (ABl. L 72 vom 17.3.2015, S. 53).

Zu Artikel 71:

[1)] Verordnung (EU) 2018/1725 des Europäischen Parlaments und des Rates vom 23. Oktober 2018 zum Schutz natürlicher Personen bei der Verarbeitung personenbezogener Daten durch die Organe, Einrichtungen und sonstigen Stellen der Union, zum freien Datenverkehr und zur Aufhebung der Verordnung (EG) Nr. 45/2001 und des Beschlusses Nr. 1247/2002/EG (ABl. L 295 vom 21.11.2018, S. 39).

Zu Artikel 73:

[1)] ABl. 17 vom 6.10.1958, S. 385.

kommen geschlossen haben, denen zufolge sie das Unionsrecht in den in Artikel 1 Absatz 2 genannten Zuständigkeitsbereichen der Behörde übernommen haben und anwenden.

(2) Die Behörde kann mit Drittländern gemäß Absatz 1 zusammenarbeiten, die Rechtsvorschriften anwenden, die in den in Artikel 1 Absatz 2 genannten Zuständigkeitsbereichen der Behörde als gleichwertig anerkannt wurden, wie in den von der Union gemäß Artikel 216 AEUV geschlossenen internationalen Abkommen vorgesehen.

(3) Nach den einschlägigen Bestimmungen der in den Absätzen 1 und 2 genannten Abkommen werden insbesondere die Modalitäten für Art und Umfang der Beteiligung dieser in Absatz 1 genannten Länder an der Arbeit der Behörde und die verfahrenstechnischen Aspekte festgelegt, einschließlich Bestimmungen zu Finanzbeiträgen und Personal. Eine Vertretung im Rat der Aufseher mit Beobachterstatus kann vorgesehen werden, wobei jedoch sicherzustellen ist, dass diese Länder nicht an Beratungen über einzelne Finanzinstitute teilnehmen, es sei denn, es besteht ein unmittelbares Interesse.

KAPITEL VIII
ÜBERGANGS- UND SCHLUSSBESTIMMUNGEN

Artikel 76
Verhältnis zum Ausschuss der europäischen Bankaufsichtsbehörden

Die Behörde wird als Rechtsnachfolgerin des Ausschusses der europäischen Bankaufsichtsbehörden (CEBS) betrachtet. Zum Zeitpunkt der Errichtung der Behörde gehen alle Vermögenswerte und Verbindlichkeiten sowie alle laufenden Tätigkeiten des CEBS automatisch auf die Behörde über. Der CEBS erstellt eine Aufstellung seiner Vermögenswerte und Verbindlichkeiten zum Zeitpunkt des Übergangs. Diese Aufstellung wird vom CEBS und von der Kommission geprüft und genehmigt.

Artikel 77
Übergangsbestimmungen für das Personal

(1) Abweichend von Artikel 68 laufen sämtliche Arbeitsverträge und Abordnungsvereinbarungen, die vom CEBS oder dessen Sekretariat abgeschlossen wurden und am 1. Januar 2011 gültig sind, bis zum Vertragsende. Sie können nicht verlängert werden.

(2) Personalmitgliedern mit einem unter Absatz 1 genannten Arbeitsvertrag wird der Abschluss eines Vertrags als Bediensteter auf Zeit im Sinne von Artikel 2 Buchstabe a der Beschäftigungsbedingungen für die sonstigen Bediensteten in einem im Stellenplan der Behörde beschriebenen Dienstgrad angeboten.

Nach Inkrafttreten dieser Verordnung richtet die zum Abschluss von Verträgen ermächtigte Behörde ein internes Auswahlverfahren für diejenigen Personalmitglieder aus, die einen Vertrag mit dem CEBS oder dessen Sekretariat abgeschlossen haben, um Fähigkeiten, Effizienz und Integrität der Personen zu prüfen, die eingestellt werden sollen. Im Rahmen des internen Auswahlverfahrens werden die durch die Leistungen des Einzelnen vor der Einstellung erwiesenen Fähigkeiten und Erfahrungen umfassend berücksichtigt.

(3) Je nach Art und Niveau der wahrzunehmenden Aufgaben wird den erfolgreichen Bewerbern ein Vertrag als Bediensteter auf Zeit angeboten, dessen Laufzeit mindestens genauso lang ist wie die noch verbleibende Laufzeit des vorherigen Vertrags.

(4) Für Personalmitglieder mit früheren Verträgen, die beschließen, sich nicht für einen Vertrag als Bediensteter auf Zeit zu bewerben, oder denen kein Vertrag als Bediensteter auf Zeit gemäß Absatz 2 angeboten wird, gelten weiterhin das einschlägige nationale Recht, das auf Arbeitsverträge anwendbar ist, sowie andere einschlägige Instrumente.

Artikel 78
Nationale Vorkehrungen

Die Mitgliedstaaten treffen alle geeigneten Vorkehrungen, um die wirksame Anwendung dieser Verordnung zu gewährleisten.

Artikel 79
Änderungen

Der Beschluss Nr. 716/2009/EG wird insoweit geändert, als der CEBS von der Liste der Begünstigten im Abschnitt B des Anhangs des Beschlusses gestrichen wird.

Artikel 80
Aufhebung

Der Beschluss 2009/78/EG der Kommission zur Einsetzung des CEBS wird mit Wirkung vom 1. Januar 2011 aufgehoben.

Artikel 81
Überprüfung

(1) Die Kommission veröffentlicht bis zum 31. Dezember 2021 und danach alle drei Jahre einen allgemeinen Bericht über die Erfahrungen aus den Tätigkeiten der Behörde und über die in dieser Verordnung festgelegten Verfahren. In diesem Bericht wird unter anderem Folgendes bewertet:

a) die Wirksamkeit und die Angleichung, die von den zuständigen Behörden in Bezug auf die angewandten Aufsichtspraktiken erreicht wurde:

i) die Unabhängigkeit der zuständigen Behörden und die Angleichung bei Standards, die Regeln der guten Unternehmensführung gleichwertig sind;

ii) die Unparteilichkeit, Objektivität und Autonomie der Behörde;

b) das Funktionieren der Aufsichtskollegien;

c) Fortschritte, die im Hinblick auf die Angleichung in den Bereichen Verhütung, Management und Bewältigung von Krisen erzielt wurden, einschließlich Finanzierungsmechanismen der Union;

d) die Rolle der Behörde hinsichtlich Systemrisiken;

e) die Anwendung der Schutzklausel gemäß Artikel 38;

f) die Anwendung der verbindlichen Vermittlerrolle gemäß Artikel 19;

g) das Funktionieren des Gemeinsamen Ausschusses;

h) die Hindernisse für die aufsichtliche Konsolidierung nach Artikel 8 oder die Auswirkungen darauf.

(2) In dem Bericht nach Absatz 1 wird ebenfalls geprüft, ob

a) es zweckmäßig ist, Banken, Versicherungen, betriebliche Altersversorgungen, Wertpapiere und Finanzmärkte weiterhin getrennt zu beaufsichtigen;

b) es zweckmäßig ist, prudentielle Aufsicht und Aufsicht über Geschäftsverhalten zu trennen oder durch dieselbe Aufsichtsbehörde vorzunehmen;

c) es zweckmäßig ist, die Strukturen des ESFS zu vereinfachen und zu stärken, um die Kohärenz zwischen den Makro- und Mikroebenen und zwischen den ESA zu erhöhen;

d) die Entwicklung des ESFS im Einklang mit der globalen Entwicklung verläuft;

e) innerhalb des ESFS ausreichend Vielfalt und Kompetenz besteht;

f) Rechenschaftspflicht und Transparenz den Offenlegungserfordernissen gerecht werden;

g) die Behörde mit ausreichenden Mitteln zur Wahrnehmung ihrer Aufgaben ausgestattet ist;

h) es angemessen ist, den Sitz der Behörde beizubehalten oder die ESA an einem einzigen Sitz anzusiedeln, um eine bessere Koordinierung untereinander zu fördern.

(2a) Die Kommission führt als Teil des allgemeinen Berichts nach Absatz 1 des vorliegenden Artikels nach Konsultation aller betroffenen Behörden und Interessenvertretern eine umfassende Bewertung der Anwendung des Artikels 9c durch.

(2b) Die Kommission führt als Teil des allgemeinen Berichts nach Absatz 1 des vorliegenden Artikels nach Konsultation aller betroffenen zuständigen Behörden und Interessenvertreter eine umfassende Bewertung der Umsetzung, Funktionsweise und Wirksamkeit der besonderen Aufgaben durch, die der Behörde im Zusammenhang mit der Verhinderung und Bekämpfung von Geldwäsche und Terrorismusfinanzierung gemäß Artikel 1 Absatz 2, Artikel 8 Absatz 1 Buchstabe l, Artikel 9a, Artikel 9b, Artikel 17 und Artikel 19 der vorliegenden Verordnung übertragen wurden. Im Rahmen dieser Bewertung analysiert die Kommission das Zusammenspiel zwischen diesen Aufgaben und den der Europäischen Aufsichtsbehörde (Europäischen Aufsichtsbehörde für das Versicherungswesen und die betriebliche Altersversorgung) sowie der Europäischen Aufsichtsbehörde (Europäischen Wertpapier- und Marktaufsichtsbehörde) übertragenen Aufgaben sowie die rechtliche Praktikabilität der Befugnisse der Behörde insoweit, als sie der Behörde die Möglichkeit geben, Maßnahmen auf nationale Rechtsvorschriften zu stützen, mit denen Richtlinien umgesetzt oder Optionen ausgeübt werden. Auf der Grundlage einer umfassenden Kosten-Nutzen-Analyse und mit dem Ziel, Kohärenz, Effizienz und Wirksamkeit zu gewährleisten, prüft die Kommission ferner gründlich, ob besondere Aufgaben im Zusammenhang mit der Verhinderung und Bekämpfung von Geldwäsche und Terrorismusfinanzierung auf eine bestehende oder neue spezielle EU-weite Agentur übertragen werden könnten.

(3) Zur Frage der direkten Beaufsichtigung von Instituten oder Infrastrukturen mit europaweiten Bezügen wird die Kommission unter Berücksichtigung der Marktentwicklungen, der Stabilität des Binnenmarktes und des Zusammenhalts der Union insgesamt jährlich einen Bericht dazu erstellen, ob es zweckmäßig ist, der Behörde weitere Aufsichtsaufgaben in diesem Bereich zu übertragen.

(4) Der Bericht und etwaige begleitende Vorschläge werden dem Europäischen Parlament und dem Rat übermittelt.

Artikel 81a

Überprüfung der Abstimmungsmodalitäten

Sobald die Zahl der nicht teilnehmenden Mitgliedstaaten vier erreicht, überprüft die Kommission die Funktionsweise der in Artikel 41 und 44 beschriebenen Abstimmungsmodalitäten und erstattet dem Europäischen Parlament, dem Europäischen Rat und dem Rat darüber Bericht, wobei sie allen bei der Anwendung dieser Verordnung gemachten Erfahrungen Rechnung trägt.

Artikel 82
Inkrafttreten

Diese Verordnung tritt am Tag nach ihrer Veröffentlichung im *Amtsblatt der Europäischen Union* in Kraft.

Sie gilt ab 1. Januar 2011; hiervon ausgenommen sind Artikel 76 und Artikel 77 Absätze 1 und 2, die ab dem Tag des Inkrafttretens der Verordnung gelten.

Die Behörde wird am 1. Januar 2011 errichtet.

Diese Verordnung ist in allen ihren Teilen verbindlich und gilt unmittelbar in jedem Mitgliedstaat.

Verordnung (EU) Nr. 1092/2010 der Europäischen Union und des Rates vom 24. November 2010 über die Finanzaufsicht der Europäischen Union auf Makroebene und zur Errichtung eines Europäischen Ausschusses für Systemrisiken

ABl L 331 vom 15. 12. 2010, S. 1 (Verordnung (EU) 1092/2010) idF

1 ABl L 334 vom 27. 12. 2019, S. 146

Inhaltsverzeichnis *(nicht amtlich)*

Verordnung (EU) Nr. 1092/2010 des Europäischen Parlaments und des Rates vom 24. November 2010 über die Finanzaufsicht der Europäischen Union auf Makroebene und zur Errichtung eines Europäischen Ausschusses für Systemrisiken

DAS EUROPÄISCHE PARLAMENT UND DER RAT DER EUROPÄISCHEN UNION –

gestützt auf den Vertrag über die Arbeitsweise der Europäischen Union, insbesondere auf Artikel 114,

auf Vorschlag der Europäischen Kommission,

nach Stellungnahme der Europäischen Zentralbank[1],

nach Stellungnahme des Europäischen Wirtschafts- und Sozialausschusses[2],

gemäß dem ordentlichen Gesetzgebungsverfahren[3],

in Erwägung nachstehender Gründe:

(1) Die Finanzmarktstabilität ist eine unerlässliche Voraussetzung für die Schaffung von Arbeitsplätzen, die Bereitstellung von Krediten und das Erzeugen von Wachstum in der Realwirtschaft. Die Finanzkrise hat erhebliche Mängel bei der Finanzaufsicht offenbart, die es versäumt hat, nachteilige Entwicklungen auf der Makroebene vorherzusehen und die Häufung unvertretbar hoher Risiken im Finanzsystem zu verhindern.

(2) Das Europäische Parlament hat sich wiederholt für die Schaffung wirklich gleicher Wettbewerbsbedingungen für alle Akteure auf Unionsebene ausgesprochen und es hat auf erhebliche Schwachstellen in der Aufsicht der Union über

FMABG
FMA-IPV
FMA-KVO
FMA-GebV
FMA-FriVerV
NBG + Ven
EBA-VO
ESRB-VO
SSM-VO + Ven

Zur Präambel

[1] ABl. C 270 vom 11.11.2009, S. 1.

[2] Stellungnahme vom 22. Januar 2010 (noch nicht im Amtsblatt veröffentlicht).

[3] Standpunkt des Europäischen Parlaments vom 22. September 2010 (noch nicht im Amtsblatt veröffentlicht) und Beschluss des Rates vom 17. November 2010.

die immer stärker integrierten Finanzmärkte hingewiesen (in seinen Entschließungen vom 13. April 2000 zu der Mitteilung der Kommission „Umsetzung des Finanzmarktrahmens: Aktionsplan“[4], vom 21. November 2002 zu den aufsichtsrechtlichen Vorschriften in der Europäischen Union[5], vom 11. Juli 2007 zu der Finanzdienstleistungspolitik für die Jahre 2005-2010 – Weißbuch[6], vom 23. September 2008 mit Empfehlungen an die Kommission zu Hedge-Fonds und Private Equity[7] und vom 9. Oktober 2008 mit Empfehlungen an die Kommission zu Lamfalussy-Folgemaßnahmen: Künftige Aufsichtsstruktur[8] sowie in seinen Standpunkten vom 22. April 2009 zu dem geänderten Vorschlag für eine Richtlinie des Europäischen Parlaments und des Rates betreffend die Aufnahme und Ausübung der Versicherungs- und der Rückversicherungstätigkeit – Solvabilität II[9] und vom 23. April 2009 zu dem Vorschlag für eine Verordnung des Europäischen Parlaments und des Rates über Ratingagenturen[10]).

(3) Die Kommission hat im November 2008 eine hochrangige Gruppe unter dem Vorsitz von Jacques de Larosière mit der Ausarbeitung von Empfehlungen beauftragt, wie die europäischen Aufsichtsregelungen gestärkt werden können, um die Bürger besser zu schützen und das Vertrauen in das Finanzsystem wiederherzustellen.

(4) In ihrem Schlussbericht vom 25. Februar 2009 (im Folgenden „De-Larosière-Bericht“) hat die hochrangige Gruppe unter anderem empfohlen, auf Unionsebene ein Gremium einzurichten, das die Risiken im Finanzsystem als Ganzes überwachen soll.

(5) Die Kommission hat die Empfehlungen des De-Larosière-Berichts in ihrer Mitteilung vom 4. März 2009 mit dem Titel „Impulse für den Aufschwung in Europa“ begrüßt und weitgehend befürwortet. Der Europäische Rat hat sich auf seiner Tagung vom 19. und 20. März 2009 darauf geeinigt, dass die Regulierung und Beaufsichtigung der Finanzinstitute in der Union verbessert werden müssen und der De-Larosière-Bericht als Grundlage für künftige Maßnahmen zu verwenden ist.

(6) Die Kommission hat in ihrer Mitteilung vom 27. Mai 2009 mit dem Titel „Europäische Finanzaufsicht“ eine Reihe von Reformen der gegenwärtigen Regelungen für die Erhaltung der Finanzmarktstabilität auf Unionsebene vorgeschlagen, insbesondere unter anderem die Errichtung eines für die Makroaufsicht zuständigen Europäischen Ausschusses für Systemrisiken (European Systemic Risk Board – ESRB). Auf ihren Tagungen vom 9. Juni 2009 bzw. vom 18. und 19. Juni 2009 unterstützten der Rat bzw. der Europäische Rat die Vorschläge der Kommission und begrüßten deren Absicht, Gesetzgebungsvorschläge für die Errichtung des neuen Rahmens im Laufe des Jahres 2010 vorzulegen. Im Einklang mit der Auffassung der Kommission gelangte der Rat unter anderem zu dem Schluss, dass die Europäische Zentralbank (EZB) „den Europäischen Ausschuss für Systemrisiken analytisch, statistisch, administrativ und logistisch unterstützen und sich dabei auch auf fachliche Beratung durch die nationalen Zentralbanken und die nationalen Aufsichtsbehörden stützen sollte“. Die von der EZB dem ESRB gegenüber geleistete Unterstützung sowie die Aufgaben, die dem ESRB übertragen werden, sollten den Grundsatz der Unabhängigkeit der EZB bei der Erfüllung ihrer Aufgaben nach dem Vertrag über die Arbeitsweise der Europäischen Union (AEUV) unberührt lassen.

(7) Angesichts der Integration der internationalen Finanzmärkte und der Gefahr des Übergreifens von Finanzkrisen ist ein starkes Engagement der Union auf globaler Ebene erforderlich. Der ESRB sollte sich auf die Sachkenntnis eines hochrangigen Wissenschaftlichen Ausschusses stützen und alle notwendigen globalen Zuständigkeiten wahrnehmen, um sicherzustellen, dass die Stimme der Union in Fragen der Finanzstabilität gehört wird, insbesondere durch eine enge Zusammenarbeit mit dem Internationalen Währungsfonds (IWF) und dem Finanzstabilitätsrat (FSB), welche frühzeitig Warnungen vor Makrorisiken auf globaler Ebene herausgeben sollen, und mit allen Partnerländern der Gruppe der Zwanzig (G-20).

(8) Der ESRB sollte unter anderem dazu beitragen, dass die Empfehlungen, die der IWF, der FSB und die Bank für internationalen Zahlungsausgleich (BIZ) an die G-20 richten, umgesetzt werden.

(9) In dem den Finanzministern und Zentralbankpräsidenten der G-20 vorgelegten Bericht des IWF, der BIZ und des FSB vom 28. Oktober 2009 mit dem Titel „Bewertung der Systemrelevanz von Finanzinstituten, -märkten und -instrumenten: Ausgangsüberlegungen“ wird ferner ausgeführt, dass die Bewertung von Systemrisiken in Abhängigkeit vom wirtschaftlichen Umfeld variieren kann. Ebenso wird sie von der Finanzinfrastruktur und den Vorkehrungen zur Krisenbewältigung sowie der Fähigkeit zur Bewältigung etwaiger Ausfälle abhängen. Finanzinstitute

Zu Abs. 2:

[4] *ABl. C 40 vom 7.2.2001, S. 453.*

[5] *ABl. C 25 E vom 29.1.2004, S. 394.*

[6] *ABl. C 175 E vom 10.7.2008, S. 392.*

[7] *ABl. C 8 E vom 14.1.2010, S. 26.*

[8] *ABl. C 9 E vom 15.1.2010, S. 48.*

[9] *ABl. C 184 E vom 8.7.2010, S. 214.*

[10] *ABl. C 184 E vom 8.7.2010, S. 292.*

können für lokale, nationale oder internationale Finanzsysteme und Wirtschaftsräume systemrelevant sein. Hauptkriterien, die bei der Bestimmung der Systemrelevanz von Märkten und Instituten dienlich sind, sind die Größe (der Umfang der Finanzdienstleistungen, die von der jeweiligen Komponente des Finanzsystems erbracht werden), ihre Ersetzbarkeit (der Grad, zu dem die gleichen Dienstleistungen von anderen Systemkomponenten im Falle eines Ausfalls erbracht werden können) und ihre Interkonnektivität (ihre Verbindungen zu anderen Systemkomponenten). Eine auf diese drei Kriterien gestützte Bewertung sollte durch einen Verweis auf Schwachstellen im Finanzsektor und auf die Fähigkeit des institutionellen Rahmens, finanzielle Ausfälle zu bewältigen, ergänzt werden; zudem sollte eine breite Palette zusätzlicher Faktoren, wie unter anderem die Komplexität spezifischer Strukturen und Geschäftsmodelle, der Grad der finanziellen Autonomie, die Intensität und die Reichweite der Aufsicht, Transparenz der Finanzregelungen sowie Verbindungen, die sich auf das Gesamtrisiko der Institute auswirken könnten, in Betracht gezogen werden.

(10) Die Aufgabe des ESRB sollte darin bestehen, in normalen Zeiten die Systemrisiken zu überwachen und zu bewerten, um die Gefahr des Ausfallrisikos von Systemkomponenten für das System zu begrenzen und die Widerstandsfähigkeit des Finanzsystems gegen Schocks zu stärken. In dieser Hinsicht sollte der ESRB zur Gewährleistung der Finanzstabilität und zur Begrenzung von negativen Auswirkungen auf den Binnenmarkt und die Realwirtschaft beitragen. Um seine Ziele zu erreichen, sollte der ESRB alle einschlägigen Informationen analysieren.

(11) Die derzeitigen Regelungen der Union legen zu wenig Nachdruck auf die Makroaufsicht und auf die Zusammenhänge zwischen den Entwicklungen im allgemeinen makroökonomischen Umfeld und dem Finanzsystem. Die Zuständigkeit für die makroaufsichtliche Analyse ist nach wie vor zersplittert und wird von mehreren Behörden auf unterschiedlichen Ebenen wahrgenommen, ohne dass ein Verfahren besteht, das gewährleistet, dass Risiken auf Makroebene adäquat erkannt und klare Warnungen und Empfehlungen ausgesprochen, befolgt und in konkrete Maßnahmen umgesetzt werden. Ein ordnungsgemäßes Funktionieren der Finanzsysteme auf Unions- und globaler Ebene und die Begrenzung der Bedrohungen, denen sie ausgesetzt sind, erfordern eine stärkere Kohärenz der Aufsicht auf Makro- und Mikroebene.

(12) Ein neu gestaltetes System der Aufsicht auf Makroebene erfordert eine glaubwürdige und hochrangige Führung. In Anbetracht seiner Schlüsselrolle und seiner internationalen und internen Glaubwürdigkeit und im Geiste der Empfehlungen des De-Larosière-Berichts sollte der Präsident der EZB für eine erste Amtszeit von fünf Jahren nach Inkrafttreten dieser Verordnung der Vorsitzende des ESRB sein. Außerdem sollten die Rechenschaftspflichten erhöht werden und die ESRB-Gremien sollten auf ein breites Spektrum an Erfahrungen, Hintergründen und Meinungen zurückgreifen können.

(13) Im De-Larosière-Bericht wird ferner festgestellt, dass die Makroaufsicht nur sinnvoll ist, wenn sie sich in irgendeiner Form auf die Mikroaufsicht auswirken kann, während die Mikroaufsicht die Finanzstabilität nur wirksam schützen kann, wenn sie den Entwicklungen auf Makroebene angemessen Rechnung trägt.

(14) Es sollte ein Europäisches Finanzaufsichtssystem (European System of Financial Supervision – ESFS) errichtet werden, welches die Akteure der Finanzaufsicht auf nationaler und auf Unionsebene zum Handeln in einem Netzwerk zusammenführt. Gemäß dem Grundsatz der loyalen Zusammenarbeit nach Artikel 4 Absatz 3 des Vertrags über die Europäische Union sollten die Teilnehmer am ESFS vertrauensvoll und in gegenseitiger Achtung zusammenarbeiten und insbesondere eine angemessene und zuverlässige Weitergabe von Informationen untereinander sicherstellen. Auf der Ebene der Union sollte der Netzverbund aus dem ESRB und drei Aufsichtsbehörden auf Mikroebene bestehen: der durch die Verordnung (EU) Nr. 1093/2010 des Europäischen Parlaments und des Rates[1)] eingerichteten Europäischen Aufsichtsbehörde (Europäische Bankaufsichtsbehörde), der durch die Verordnung (EU) Nr. 1094/2010 des Europäischen Parlaments und des Rates[2)] eingerichteten Europäischen Aufsichtsbehörde (Europäische Aufsichtsbehörde für das Versicherungswesen und die betriebliche Altersversorgung) und der durch die Verordnung (EU) Nr. 1095/2010 des Europäischen Parlaments und des Rates[3)] eingerichteten Europäischen Aufsichtsbehörde (Europäische Wertpapier- und Marktaufsichtsbehörde) (im Folgenden gemeinsam „ESA").

(15) Die Union braucht ein spezielles Gremium für die Makroaufsicht über ihr gesamtes Finanzsystem, das Risiken für die Finanzstabilität erkennt und bei Bedarf Risikowarnungen und Empfehlungen zum Handeln ausspricht, um diesen Risiken entgegenzutreten. Daher sollte der ESRB als neues unabhängiges Gremium eingerichtet werden, das alle Finanzsektoren sowie Sicherungssysteme behandelt. Der ESRB sollte für die Ma-

Zu Abs. 14:

1) Siehe Seite 12 dieses Amtsblatts.
2) Siehe Seite 48 dieses Amtsblatts.
3) Siehe Seite 84 dieses Amtsblatts.

kroaufsicht auf Ebene der Union zuständig sein; er sollte keine eigene Rechtspersönlichkeit haben.

(16) Der ESRB sollte sich aus einem Verwaltungsrat, einem Lenkungsausschuss, einem Sekretariat, einem Beratenden Fachausschuss und einem Beratenden Wissenschaftlichen Ausschuss zusammensetzen. Bei der Zusammensetzung des Beratenden Wissenschaftlichen Ausschusses sollte eine geeignete Regelung für Interessenkonflikte, die vom Verwaltungsrat erlassen wird, berücksichtigt werden. Bei der Errichtung des Beratenden Fachausschusses sollten bestehende Strukturen berücksichtigt werden, um Doppelungen zu vermeiden.

(17) Der ESRB sollte Warnungen und – wenn er dies für erforderlich hält – Empfehlungen allgemeiner oder spezifischer Art herausgeben, die insbesondere an die Union insgesamt, einen oder mehrere Mitgliedstaaten, eine oder mehrere ESA oder eine oder mehrere der nationalen Aufsichtsbehörden unter Vorgabe eines Zeitrahmens für die entsprechenden Maßnahmen gerichtet sein sollten.

(18) Der ESRB sollte einen Farbcode ausarbeiten, anhand dessen die betroffenen Parteien die Art des Risikos besser bewerten können.

(19) Um diesen Warnungen und Empfehlungen mehr Einfluss und Legitimität zu verleihen, sollten sie unter Einhaltung strikter Vertraulichkeitsregeln auch dem Rat und der Kommission und, sofern sie an eine oder mehrere nationale Aufsichtsbehörden gerichtet sind, den ESA zugeleitet werden. Die Beratungen des Rates sollten vom Wirtschafts- und Finanzausschuss (WFA) gemäß seiner im AEUV festgelegten Rolle vorbereitet werden. Der ESRB sollte den WFA regelmäßig in Kenntnis setzen und ihm den Wortlaut der Warnungen und Empfehlungen sogleich nach ihrer Annahme zuleiten, damit letzterer die Beratungen im Rat vorbereiten und ihn rechtzeitig politisch beraten kann.

(20) Der ESRB sollte auf der Grundlage von Berichten der Adressaten auch die Einhaltung seiner Warnungen und Empfehlungen kontrollieren, um sicherzustellen, dass seine Warnungen und Empfehlungen tatsächlich befolgt werden. Die Adressaten der Empfehlungen sollten auf diese mit Maßnahmen reagieren und ihr eventuelles Nichthandeln in angemessener Weise rechtfertigen (Mechanismus „Handeln oder rechtfertigen"). Gelangt der ESRB zu der Auffassung, dass die Reaktion unangemessen ist, so sollte er die Adressaten, den Rat und gegebenenfalls die betreffende Europäische Aufsichtsbehörde hiervon unter Beachtung strikter Vertraulichkeitsregeln in Kenntnis setzen.

(21) Der ESRB sollte von Fall zu Fall – nachdem er den Rat rechtzeitig zuvor unterrichtet hat, damit dieser reagieren kann – entscheiden, ob eine Empfehlung vertraulich bleiben oder veröffentlicht werden sollte, wobei zu berücksichtigen ist, dass eine Veröffentlichung die Befolgung von Empfehlungen unter bestimmten Umständen fördern kann.

(22) Entdeckt der ESRB ein Risiko, das das ordnungsgemäße Funktionieren und die Integrität der Finanzmärkte oder die Stabilität des Finanzsystems der Union in seiner Gesamtheit oder in Teilen ernsthaft beeinträchtigen könnte, so sollte er den Rat hierüber umgehend unterrichten. Ist der ESRB der Auffassung, dass sich eine Krisensituation abzeichnet, so sollte er den Rat kontaktieren und ihm eine Lageeinschätzung übermitteln. Der Rat sollte daraufhin prüfen, ob eine an die ESA gerichtete Entscheidung zu erlassen ist, die das Vorliegen einer Krisensituation feststellt. Bei diesen Verfahren ist die strikte Wahrung der Vertraulichkeit von größter Bedeutung.

(23) Der ESRB sollte dem Europäischen Parlament und dem Rat mindestens einmal im Jahr, im Fall von weit verbreiteten finanziellen Notlagen öfter, Bericht erstatten. Erforderlichenfalls sollten das Europäische Parlament und der Rat den ESRB ersuchen können, bestimmte die Finanzstabilität betreffende Fragen zu untersuchen.

(24) Aufgrund ihres Sachverstands und ihrer bereits bestehenden Zuständigkeiten im Bereich der Finanzstabilität sollten die EZB und die nationalen Zentralbanken bei der Makroaufsicht eine führende Rolle einnehmen. Die nationalen Aufsichtsbehörden sollten hinzugezogen werden, damit sie ihr spezifisches Expertenwissen einbringen können. Die Beteiligung der auf Mikroebene tätigen Aufsichtsbehörden an der Arbeit des ESRB ist unerlässlich, um sicherzustellen, dass die Bewertung der Makrorisiken auf lückenlosen und genauen Informationen über die Entwicklungen im Finanzsystem beruht. Dementsprechend sollten die Vorsitzenden der ESA stimmberechtigte Mitglieder sein. Ein Vertreter der betroffenen zuständigen nationalen Aufsichtsbehörden für jeden Mitgliedstaat sollte als Mitglied ohne Stimmrecht an den Sitzungen des Verwaltungsrats teilnehmen. Im Geiste der Offenheit sollten 15 unabhängige Personen den ESRB im Rahmen des Beratenden Wissenschaftlichen Ausschusses mit externem Fachwissen versorgen.

(25) Die Teilnahme eines Mitglieds der Kommission im ESRB wird dazu beitragen, eine Verbindung zur makroökonomischen und finanziellen Überwachung der Union herzustellen, während die Teilnahme des Präsidenten des WFA die Rolle der für die Finanzen zuständigen Ministerien der Mitgliedstaaten und des Rates bei der Wahrung der Finanzstabilität und bei der Wahrnehmung der Wirtschafts- und Finanzaufsicht widerspiegeln wird.

(26) Es ist unerlässlich, dass die Mitglieder des ESRB ihre Aufgaben unparteiisch ausüben und nur die Finanzstabilität der Union als Ganzes im Blick haben. Kann kein Konsens erzielt werden, so sollten die Stimmen im ESRB bei Abstimmungen über Warnungen und Empfehlungen nicht gewichtet werden, und Beschlüsse sollten grundsätzlich mit einfacher Mehrheit gefasst werden.

(27) Da Finanzinstitute und -märkte eng miteinander verbunden sind, sollte sich die Überwachung und Bewertung potenzieller Systemrisiken auf ein breites Spektrum an einschlägigen makroökonomischen und mikrofinanziellen Daten und Indikatoren stützen. Diese Systemrisiken umfassen Risiken einer Beeinträchtigung von Finanzdienstleistungen, die durch eine erhebliche Störung des Finanzsystems der Union insgesamt oder in Teilen verursacht werden und das Potenzial schwerwiegender negativer Folgen für den Binnenmarkt und die Realwirtschaft beinhalten. Alle Arten von Finanzinstituten und -vermittlern, -märkten, -infrastrukturen und -instrumenten haben das Potential, systemrelevant zu sein. Der ESRB sollte daher Zugang zu allen Informationen haben, die er zur Erfüllung seiner Aufgaben benötigt, wobei die nötige Geheimhaltung dieser Informationen gewährleistet sein sollte.

(28) Die in dieser Verordnung festgelegten Maßnahmen für die Erhebung von Informationen sind für die Erfüllung der Aufgaben des ESRB notwendig und sollten den Rechtsrahmen des Europäischen Statistischen Systems im Bereich der Statistik unberührt lassen. Daher sollte diese Verordnung die Verordnung (EG) Nr. 223/2009 des Europäischen Parlaments und des Rates vom 11. März 2009 über europäische Statistiken[1] und die Verordnung (EG) Nr. 2533/98 des Rates vom 23. November 1998 über die Erfassung statistischer Daten durch die Europäische Zentralbank[2] unberührt lassen.

(29) Die Marktteilnehmer können wertvolle Beiträge zum Verständnis der Entwicklungen liefern, die das Finanzsystem beeinflussen. Daher sollte der ESRB gegebenenfalls privatwirtschaftliche Akteure, darunter Vertreter des Finanzsektors, Verbraucherverbände, von der Kommission oder durch Unionsrecht eingerichtete Nutzergruppen im Finanzdienstleistungsbereich, konsultieren und ihnen angemessene Gelegenheit zur Stellungnahme geben.

(30) Die Einsetzung des ESRB dürfte unmittelbar zur Verwirklichung der Binnenmarktziele beitragen. Die Finanzaufsicht der Union auf Makroebene ist integraler Bestandteil der gesamten neuen Aufsichtsregelungen in der Union, da der Aspekt der Makroaufsicht eng mit den Aufgaben der Mikroaufsicht verknüpft ist, die den ESA übertragen wurden. Nur wenn Regelungen bestehen, die der gegenseitigen Abhängigkeit von Mikro- und Makrorisiken in angemessener Weise Rechnung tragen, können alle Akteure in hinreichendem Maße Vertrauen aufbringen, um sich auf grenzübergreifende finanzielle Aktivitäten einzulassen. Der ESRB sollte überwachen und bewerten, inwieweit aus Entwicklungen, die sich auf sektoraler Ebene oder auf der Ebene des gesamten Finanzsystems auswirken können, Risiken für die Finanzstabilität erwachsen. Indem er sich diesen Risiken zuwendet, dürfte der ESRB unmittelbar zu einer integrierten Aufsichtsstruktur der Union beitragen, die notwendig ist, um zeitnahe und kohärente politische Maßnahmen der Mitgliedstaaten zu fördern, so dass divergierende Ansätze verhindert werden und das Funktionieren des Binnenmarktes verbessert wird.

(31) Der Gerichtshof hat in seinem Urteil vom 2. Mai 2006 in der Rechtssache C-217/04 (Vereinigtes Königreich Großbritannien und Nordirland gegen Europäisches Parlament und Rat der Europäischen Union) festgestellt, „dass der Wortlaut des Artikels 95 EG [jetzt Artikel 114 AEUV] nicht den Schluss erlaubt, dass die vom Gemeinschaftsgesetzgeber auf der Grundlage dieser Vorschrift erlassenen Maßnahmen nur an die Mitgliedstaaten gerichtet sein dürften. Der Gemeinschaftsgesetzgeber kann nämlich aufgrund seiner Sachwürdigung die Schaffung einer Gemeinschaftseinrichtung für notwendig erachten, deren Aufgabe es ist, in Situationen, in denen der Erlass von nicht zwingenden Begleit- und Rahmenmaßnahmen zur Erleichterung der einheitlichen Durchführung und Anwendung von auf Artikel 95 EG gestützten Rechtsakten geeignet erscheint, zur Verwirklichung des Harmonisierungsprozesses beizutragen."[3] Der ESRB sollte einen Beitrag zur Finanzstabilität, die für die weitere Finanzintegration im Binnenmarkt erforderlich ist, leisten, indem er die Systemrisiken beobachtet und gegebenenfalls Warnungen und Empfehlungen ausspricht. Diese Aufgaben stehen in engem Zusammenhang mit den Zielen der Unionsvorschriften über den Binnenmarkt für Finanzdienstleistungen. Daher sollte der ESRB auf der Grundlage von Artikel 114 AEUV eingesetzt werden.

(32) Wie im De-Larosière-Bericht empfohlen, ist ein schrittweiser Ansatz erforderlich und das Europäische Parlament und der Rat sollten bis zum 17. Dezember 2013 eine umfassende Über-

Zu Abs. 28:

[1] *ABl. L 87 vom 31.3.2009, S. 164.*

[2] *ABl. L 318 vom 27.11.1998, S. 8.*

Zu Abs. 31:

[3] *EuGH Slg. 2006, I-3771, Randnr. 44.*

prüfung des ESFS, des ESRB und der ESA durchführen.

(33) Da das Ziel dieser Verordnung, nämlich eine wirksame Beaufsichtigung des Finanzsystems der Union auf Makroebene, aufgrund der Integration der Finanzmärkte der Union von den Mitgliedstaaten nicht ausreichend verwirklicht werden kann und daher besser auf Unionsebene zu verwirklichen ist, kann die Union im Einklang mit dem in Artikel 5 des Vertrags über die Europäische Union niedergelegten Subsidiaritätsprinzip tätig werden. Entsprechend dem in demselben Artikel genannten Grundsatz der Verhältnismäßigkeit geht diese Verordnung nicht über das zur Erreichung dieses Ziels erforderliche Maß hinaus –

HABEN FOLGENDE VERORDNUNG ERLASSEN:

KAPITEL I

ALLGEMEINE BESTIMMUNGEN

Artikel 1
Errichtung

(1) Ein Europäischer Ausschuss für Systemrisiken („ESRB") wird errichtet. Er hat seinen Sitz in Frankfurt am Main.

(2) Der ESRB ist Teil des Europäischen Finanzaufsichtssystems (ESFS), dessen Aufgabe die Sicherstellung der Aufsicht über das Finanzsystem der Union ist.

(3) Das ESFS besteht aus

a) dem ESRB;

b) der durch die Verordnung (EU) Nr. 1093/2010 eingerichteten Europäischen Aufsichtsbehörde (Europäische Bankaufsichtsbehörde);

c) der durch die Verordnung (EU) Nr. 1094/2010 eingerichteten Europäischen Aufsichtsbehörde (Europäische Aufsichtsbehörde für das Versicherungswesen und die betriebliche Altersversorgung);

d) der durch die Verordnung (EU) Nr. 1095/2010 eingerichteten Europäischen Aufsichtsbehörde (Europäische Wertpapier- und Marktaufsichtsbehörde);

e) dem gemäß Artikel 54 der Verordnung (EU) Nr. 1093/2010, der Verordnung (EU) Nr. 1094/2010 bzw. der Verordnung (EU) Nr. 1095/2010 eingerichteten Gemeinsamen Ausschuss der Europäischen Aufsichtsbehörden (Gemeinsamer Ausschuss);

f) den zuständigen Behörden bzw. den Aufsichtsbehörden der Mitgliedstaaten im Sinne der in Artikel 1 Absatz 2 der Verordnung (EU) Nr. 1093/2010, der Verordnung (EU) Nr. 1094/2010 und der Verordnung (EU) Nr. 1095/2010 genannten Rechtsakte der Union.

(4) Nach dem Grundsatz der loyalen Zusammenarbeit gemäß Artikel 4 Absatz 3 des Vertrags über die Europäische Union arbeiten die Teilnehmer am ESFS vertrauensvoll und in gegenseitiger Achtung zusammen und stellen insbesondere eine angemessene und zuverlässige Weitergabe von Informationen untereinander sicher.

Artikel 2
Begriffsbestimmungen

Im Sinne dieser Verordnung bezeichnet der Ausdruck

a) „Finanzinstitut" jedes Unternehmen, das in den Anwendungsbereich der in Artikel 1 Absatz 2 der Verordnung (EU) Nr. 1093/2010, der Verordnung (EU) Nr. 1094/2010 und der Verordnung (EU) Nr. 1095/2010 genannten Rechtsvorschriften der Union fällt, sowie jedes Unternehmen oder jede Einrichtung in der Union, dessen bzw. deren Haupttätigkeit ähnlicher Natur ist;

b) „Finanzsystem" alle Finanzinstitute, -märkte, -produkte und -marktinfrastrukturen;

c) „Systemrisiken" Risiken einer Beeinträchtigung des Finanzsystems, die das Potenzial schwerwiegender negativer Folgen für die Realwirtschaft der Union oder eines oder mehrerer ihrer Mitgliedstaaten und für das Funktionieren des Binnenmarkts beinhalten. Alle Arten von Finanzmittlern, -märkten und -infrastrukturen können potenziell in gewissem Maße von systemischer Bedeutung sein. *(ABl L 334 vom 27. 12. 2019, S. 146)*

Artikel 3
Auftrag, Ziele und Aufgaben

(1) Der ESRB ist für die Makroaufsicht über das Finanzsystem in der Union zuständig, um einen Beitrag zur Abwendung oder Eindämmung von Systemrisiken für die Finanzstabilität in der Union zu leisten, die aus Entwicklungen innerhalb des Finanzsystems erwachsen, wobei er den makroökonomischen Entwicklungen Rechnung trägt, damit Phasen weit verbreiteter finanzieller Notlagen vorgebeugt werden kann. Er trägt dazu bei, dass der Binnenmarkt reibungslos funktioniert, und stellt auf diese Weise sicher, dass der Finanzsektor einen nachhaltigen Beitrag zum Wirtschaftswachstum leisten kann.

(2) Für die Zwecke des Absatzes 1 führt der ESRB folgende Aufgaben aus:

a) Festlegung und/oder Erhebung und Auswertung aller Informationen, die zur Erreichung der in Absatz 1 beschriebenen Zwecke erheblich und erforderlich sind;

b) Ermittlung und Einordnung von Systemrisiken nach Priorität;

c) Herausgeben von Risikowarnungen, wenn derartige Systemrisiken als erheblich erachtet werden, und gegebenenfalls die Veröffentlichung solcher Warnungen;

d) Erteilung von Empfehlungen für Abhilfemaßnahmen zu den erkannten Risiken und gegebenenfalls die Veröffentlichung dieser Empfehlungen;

e) Aussprechen einer vertraulichen Warnung an den Rat, wenn der ESRB feststellt, dass eine Krisensituation im Sinne von Artikel 18 der Verordnung (EU) Nr. 1093/2010, der Verordnung (EU) Nr. 1094/2010 und der Verordnung (EU) Nr. 1095/2010 eintreten kann und Erstellung einer Lageeinschätzung für den Rat, anhand derer der Rat einschätzen kann, ob es erforderlich ist, eine an die ESA gerichtete Entscheidung zu erlassen, in der das Bestehen einer Krisensituation festgestellt wird;

f) Überwachung der Maßnahmen, mit denen Warnungen und Empfehlungen umgesetzt werden;

g) enge Zusammenarbeit mit allen anderen Teilnehmern am ESFS und gegebenenfalls Versorgung der ESA mit den für die Ausführung ihrer Aufgaben erforderlichen Informationen über Systemrisiken und, insbesondere und in Zusammenarbeit mit den ESA, Entwicklung eines gemeinsamen Bündels quantitativer und qualitativer Indikatoren („Risikosteuerpult") zur Ermittlung und Messung des Systemrisikos;

h) gegebenenfalls Teilnahme am Gemeinsamen Ausschuss;

i) Abstimmung seiner Tätigkeiten mit denen internationaler Finanzorganisationen, insbesondere des IWF und des FSB sowie der einschlägigen Gremien in Drittländern in Fragen der Makroaufsicht;

j) Ausführung anderer in Rechtsvorschriften der Union vorgesehener verbundener Aufgaben.

KAPITEL II

ORGANISATION

Artikel 4
Struktur

(1) Der ESRB hat einen Verwaltungsrat, einen Lenkungsausschuss, ein Sekretariat, einen Beratenden Wissenschaftlichen Ausschuss und einen Beratenden Fachausschuss.

(2) Der Verwaltungsrat fasst die Beschlüsse, die zur Erfüllung der dem ESRB gemäß Artikel 3 Absatz 2 übertragenen Aufgaben erforderlich sind.

(2a) Wird der Verwaltungsrat gemäß Artikel 3 Absatz 2 der Verordnung (EU) Nr. 1096/2010 des Rates[1] zur Benennung des Leiters des Sekretariats konsultiert, so bewertet er im Anschluss an ein offenes und transparentes Verfahren, ob die Kandidaten auf der Auswahlliste für die Stelle des Leiters des Sekretariats über die Eigenschaften, die Unparteilichkeit und die Erfahrungen verfügen, die für die Verwaltung des Sekretariats erforderlich sind. Der Verwaltungsrat unterrichtet das Europäische Parlament und den Rat ausreichend detailliert über das Bewertungs- und Konsultationsverfahren. *(ABl L 334 vom 27. 12. 2019, S. 146)*

(3) Der Lenkungsausschuss unterstützt den Entscheidungsprozess des ESRB, indem er die Sitzungen des Verwaltungsrats vorbereitet, die zu erörternden Unterlagen prüft und die Fortschritte der laufenden Arbeiten des ESRB überwacht.

(3a) Wenn der Vorsitzende und der Lenkungsausschuss dem Leiter des Sekretariats gemäß Artikel 4 Absatz 1 der Verordnung (EU) Nr. 1096/2010 des Rates Weisungen erteilen, können diese Folgendes betreffen:

a) die laufende Verwaltung des Sekretariats;

b) alle das Sekretariat betreffenden verwaltungs- und haushaltstechnischen Fragen;

c) die Koordinierung und Vorbereitung der Arbeit und der Beschlussfassung des Verwaltungsrats;

d) die Erarbeitung des Vorschlags für das Jahresprogramm des ESRB und seine Umsetzung;

e) die Erstellung des Jahresberichts über die Tätigkeit des ESRB und die Berichterstattung an den Verwaltungsrat über die Umsetzung des Jahresprogramms.

(ABl L 334 vom 27. 12. 2019, S. 146)

(4) Das Sekretariat ist für die laufende Arbeit des ESRB zuständig. Es leistet dem ESRB gemäß der Verordnung (EU) Nr. 1096/2010 des Rates[2] nach Weisung des Vorsitzenden und des Lenkungsausschusses hochwertige analytische, statistische, administrative und logistische Unterstützung. Ferner stützt es sich auf fachliche Beratung durch die ESA, die nationalen Zentralbanken und die nationalen Aufsichtsbehörden.

(5) Der Beratende Wissenschaftliche Ausschuss und der Beratende Fachausschuss stehen gemäß den Artikeln 12 und 13 dem ESRB in den für seine Arbeit maßgeblichen Fragen beratend und unterstützend zur Seite.

Zu Artikel 4:

[1] Verordnung (EU) Nr. 1096/2010 des Rates vom 17. November 2010 zur Betrauung der Europäischen Zentralbank mit besonderen Aufgaben bezüglich der Arbeitsweise des Europäischen Ausschusses für Systemrisiken (ABl. L 331 vom 15.12.2010, S. 162).

[2] Siehe Seite 162 dieses Amtsblatts.

Artikel 5
Vorsitzender und stellvertretende Vorsitzende des ESRB

(1) Den Vorsitz des ESRB führt der Präsident der EZB. *(ABl L 334 vom 27. 12. 2019, S. 146)*

(2) Der erste stellvertretende Vorsitzende wird von und aus dem Kreis der nationalen stimmberechtigten Mitglieder des Verwaltungsrats für eine Amtszeit von fünf Jahren gewählt, wobei dem Erfordernis einer ausgewogenen Vertretung der Mitgliedstaaten zwischen denjenigen, die teilnehmende Mitgliedstaaten im Sinne des Artikels 2 Nummer 1 der Verordnung (EU) Nr. 1024/2013 des Rates[1] sind, und denjenigen, die dies nicht sind, Rechnung zu tragen ist. Der erste stellvertretende Vorsitzende kann einmal wiedergewählt werden. *(ABl L 334 vom 27. 12. 2019, S. 146)*

(3) Der zweite stellvertretende Vorsitzende ist der Vorsitzende des gemäß Artikel 55 Absatz 3 der Verordnung (EU) Nr. 1093/2010, der Verordnung (EU) Nr. 1094/2010 und der Verordnung (EU) Nr. 1095/2010 errichteten Gemeinsamen Ausschusses.

(4) Der Vorsitzende und die stellvertretenden Vorsitzenden erläutern dem Europäischen Parlament in einer öffentlichen Anhörung, wie sie ihren Aufgaben nach dieser Verordnung nachkommen wollen.

(5) Der Vorsitzende leitet die Sitzungen des Verwaltungsrats und des Lenkungsausschusses.

(6) Ist der Vorsitzende an der Teilnahme an der Sitzung verhindert, so führen die stellvertretenden Vorsitzenden nach ihrer Rangordnung den Vorsitz im Verwaltungsrat und/oder im Lenkungsausschuss.

(7) Endet die Amtszeit eines als erster stellvertretender Vorsitzender gewählten Mitglieds des Erweiterten Rates der EZB vor Ablauf der fünfjährigen Amtszeit oder kann der erste stellvertretende Vorsitzende seine Aufgaben aus irgendeinem Grund nicht wahrnehmen, so wird gemäß Absatz 2 ein neuer erster stellvertretender Vorsitzender gewählt.

(8) Der Vorsitzende vertritt den ESRB nach außen. Er kann dem ersten stellvertretenden Vorsitzenden oder – falls dieser nicht verfügbar ist und sofern angezeigt – dem zweiten stellvertretenden Vorsitzenden oder dem Leiter des Sekretariats Aufgaben übertragen, etwa im Zusammenhang mit der Vertretung des ESRB nach außen einschließlich der Vorstellung des Arbeitsprogramms. Aufgaben im Zusammenhang mit den Rechenschafts- und Berichtspflichten des ESRB gemäß Artikel 19 Absätze 1, 4 und 5 dürfen nicht übertragen werden. *(ABl L 334 vom 27. 12. 2019, S. 146)*

Zu Artikel 5:

[1] Verordnung (EU) Nr. 1024/2013 des Rates vom 15. Oktober 2013 zur Übertragung besonderer Aufgaben im Zusammenhang mit der Aufsicht über Kreditinstitute auf die Europäische Zentralbank (ABl. L 287 vom 29.10.2013, S. 63).

Artikel 6
Verwaltungsrat

(1) Stimmberechtigte Mitglieder des Verwaltungsrats sind:

a) der Präsident und der Vizepräsident der EZB;

b) die Präsidenten der nationalen Zentralbanken. Mitgliedstaaten, bei deren nationaler Zentralbank es sich nicht um eine benannte Behörde gemäß Richtlinie 2013/36/EU des Europäischen Parlaments und des Rates[1] oder der Verordnung (EU) Nr. 575/2013 des Europäischen Parlaments und des Rates[2] handelt und in denen die betreffende benannte Behörde in ihrem Zuständigkeitsbereich die führende Rolle in der Finanzstabilität innehat, können alternativ einen hochrangigen Vertreter einer benannten Behörde gemäß der Richtlinie 2013/36/EU oder der Verordnung (EU) Nr. 575/2013 benennen; *(ABl L 334 vom 27. 12. 2019, S. 146)*

c) ein Vertreter der Kommission; *(ABl L 334 vom 27. 12. 2019, S. 146)*

d) der Vorsitzende der Europäischen Aufsichtsbehörde (Europäische Bankaufsichtsbehörde);

e) der Vorsitzende der Europäischen Aufsichtsbehörde (Europäische Aufsichtsbehörde für das Versicherungswesen und die betriebliche Altersversorgung);

f) der Vorsitzende der Europäischen Aufsichtsbehörde (Europäische Wertpapier- und Marktaufsichtsbehörde);

g) der Vorsitzende und die beiden stellvertretenden Vorsitzenden des Beratenden Wissenschaftlichen Ausschusses;

h) der Vorsitzende des Beratenden Fachausschusses.

(2) Mitglieder des Verwaltungsrats ohne Stimmrecht sind:

a) vorbehaltlich der Entscheidung der einzelnen Mitgliedstaaten gemäß Absatz 1 Buchstabe b und

Zu Artikel 6:

[1] Richtlinie 2013/36/EU des Europäischen Parlaments und des Rates vom 26. Juni 2013 über den Zugang zur Tätigkeit von Kreditinstituten und die Beaufsichtigung von Kreditinstituten und Wertpapierfirmen, zur Änderung der Richtlinie 2002/87/EG und zur Aufhebung der Richtlinien 2006/48/EG und 2006/49/EG (ABl. L 176 vom 27.6.2013, S. 338).

[2] Verordnung (EU) Nr. 575/2013 des Europäischen Parlaments und des Rates vom 26. Juni 2013 über Aufsichtsanforderungen an Kreditinstitute und Wertpapierfirmen und zur Änderung der Verordnung (EU) Nr. 648/2012 (ABl. L 176 vom 27.6.2013, S. 1).

im Einklang mit Absatz 3 je Mitgliedstaat ein hochrangiger Vertreter der nationalen Aufsichtsbehörden oder einer nationalen Behörde, die mit der Durchführung makroprudenzieller Politik betraut ist, oder der nationalen Zentralbank; für den Fall, dass es sich bei dem stimmberechtigten Mitglied des Verwaltungsrats nach Absatz 1 Buchstabe b nicht um den Präsidenten der nationalen Zentralbank handelt, so ist ein hochrangiger Vertreter der nationalen Zentralbank das nicht stimmberechtigte Mitglied des Verwaltungsrats; *(ABl L 334 vom 27. 12. 2019, S. 146)*

b) der Vorsitzende des Wirtschafts- und Finanzausschusses (WFA).

c) der Vorsitzende des Aufsichtsgremiums der EZB; *(ABl L 334 vom 27. 12. 2019, S. 146)*

d) der Vorsitzende des durch die Verordnung (EU) Nr. 806/2014 des Europäischen Parlaments und des Rates[3)] eingerichteten Einheitlichen Abwicklungsausschusses. *(ABl L 334 vom 27. 12. 2019, S. 146)*

(3) Die jeweiligen hochrangigen Vertreter nach Absatz 2 Buchstabe a unterliegen in Abhängigkeit vom besprochenen Sachverhalt dem Rotationsprinzip, sofern sich die nationalen Behörden eines bestimmten Mitgliedstaats nicht auf einen gemeinsamen Vertreter geeinigt haben. *(ABl L 334 vom 27. 12. 2019, S. 146)*

(4) Der Verwaltungsrat beschließt die Geschäftsordnung des ESRB.

Artikel 7
Unparteilichkeit

(1) Bei ihrer Mitwirkung an den Tätigkeiten des Verwaltungsrats und des Lenkungsausschusses oder bei der Wahrnehmung sonstiger Tätigkeiten in Zusammenhang mit dem ESRB handeln die Mitglieder des ESRB unparteiisch und einzig und allein im Interesse der Union als Ganzes. In keinem Fall holen sie Weisungen einer Regierung, der Unionsorgane oder anderer öffentlicher oder privater Einrichtungen ein oder nehmen solche Weisungen entgegen. *(ABl L 334 vom 27. 12. 2019, S. 146)*

(2) Kein Mitglied des Verwaltungsrats (ob mit oder ohne Stimmrecht) darf in der Finanzwirtschaft tätig sein.

(3) Weder die Mitgliedstaaten noch die Unionsorgane noch andere öffentliche oder private Einrichtungen versuchen, die Mitglieder des ESRB bei der Wahrnehmung der Aufgaben gemäß Artikel 3 Absatz 2 zu beeinflussen.

(4) Kein Mitglied des Verwaltungsrats (ob mit oder ohne Stimmrecht) darf eine Funktion in der Zentralregierung eines Mitgliedstaats innehaben. *(ABl L 334 vom 27. 12. 2019, S. 146)*

Artikel 8
Geheimhaltung

(1) Die Mitglieder des Verwaltungsrats und alle anderen Personen, die Tätigkeiten für den ESRB oder in Zusammenhang mit ihm ausüben oder ausgeübt haben (einschließlich der entsprechenden Mitarbeiter der Zentralbanken, des Beratenden Wissenschaftlichen Ausschusses, des Beratenden Fachausschusses, der ESA und der zuständigen nationalen Aufsichtsbehörden der Mitgliedstaaten), dürfen keine der beruflichen Geheimhaltungspflicht unterliegenden Informationen weitergeben; dies gilt auch nach Beendigung ihrer Tätigkeit.

„Dieser Absatz lässt die vertraulichen Gespräche gemäß Artikel 19 Absatz 5 unberührt.“ *(ABl L 334 vom 27. 12. 2019, S. 146)*

(2) Informationen, von denen die Mitglieder des ESRB Kenntnis erhalten, dürfen nur im Rahmen ihrer Tätigkeit und bei der Ausführung der in Artikel 3 Absatz 2 genannten Aufgaben genutzt werden.

(2a) Die Mitglieder des ESRB aus nationalen Zentralbanken, nationalen Aufsichtsbehörden und mit der Durchführung makroprudenzieller Politik betrauten nationalen Behörden können in ihrer Eigenschaft als Mitglieder des ESRB den nationalen Behörden oder Einrichtungen, die für die Stabilität des Finanzsystems zuständig sind, im Einklang mit dem Unionsrecht oder den nationalen Regelungen Informationen, die mit der Durchführung der dem ESRB übertragenen Aufgaben im Zusammenhang stehen und die für die Ausübung der gesetzlichen Aufgaben dieser Behörden oder Einrichtungen erforderlich sind, zur Verfügung stellen, sofern ausreichende Schutzmechanismen geschaffen werden, um die umfassende Einhaltung des einschlägigen Unionsrechts und der einschlägigen nationalen Regelungen zu gewährleisten. *(ABl L 334 vom 27. 12. 2019, S. 146)*

(2b) Stammen Informationen von anderen als den in Absatz 2a genannten Behörden, so dürfen die Mitglieder des ESRB aus nationalen Zentralbanken, nationalen Aufsichtsbehörden und mit der Durchführung makroprudenzieller Politik betrauten nationalen Behörden diese Informationen für die Ausübung ihrer gesetzlichen Aufgaben nur mit ausdrücklicher Zustimmung der betreffenden Behörden nutzen. *(ABl L 334 vom 27. 12. 2019, S. 146)*

(3) Unbeschadet des Artikels 16 und der Anwendung strafrechtlicher Bestimmungen wird keine vertrauliche Information, von der die in

---

3) Verordnung (EU) Nr. 806/2014 des Europäischen Parlaments und des Rates vom 15. Juli 2014 zur Festlegung einheitlicher Vorschriften und eines einheitlichen Verfahrens für die Abwicklung von Kreditinstituten und bestimmten Wertpapierfirmen im Rahmen eines einheitlichen Abwicklungsmechanismus und eines einheitlichen Abwicklungsfonds sowie zur Änderung der Verordnung (EU) Nr. 1093/2010 (ABl. L 225 vom 30.7.2014, S. 1).

Absatz 1 genannten Personen bei der Ausübung ihrer Tätigkeit Kenntnis erhalten, an Personen oder an Behörden weitergegeben, außer in zusammengefasster oder aggregierter Form, so dass die einzelnen Finanzinstitute nicht bestimmbar sind.

(4) Der ESRB vereinbart in Zusammenarbeit mit den ESA spezielle Geheimhaltungsverfahren zum Schutz von Informationen über einzelne Finanzinstitute und von Informationen, die Rückschlüsse auf einzelne Finanzinstitute zulassen, und legt diese Verfahren fest.

Artikel 9
Sitzungen des Verwaltungsrats

(1) Die ordentlichen Plenarsitzungen des Verwaltungsrats werden vom Vorsitzenden des ESRB einberufen und finden mindestens viermal jährlich statt. Außerordentliche Sitzungen können auf Initiative des Vorsitzenden des ESRB oder auf Antrag mindestens eines Drittels der stimmberechtigten Mitglieder des Verwaltungsrats einberufen werden.

(2) Bei den Sitzungen des Verwaltungsrats sind die Mitglieder persönlich anwesend und dürfen sich nicht vertreten lassen.

(3) Abweichend von Absatz 2 darf ein Mitglied, das für einen Zeitraum von mindestens drei Monaten nicht an den Sitzungen teilnehmen kann, einen Stellvertreter benennen. Das Mitglied kann auch durch eine Person ersetzt werden, die nach den Regeln der betreffenden Institution für die vorübergehende Ersetzung von Vertretern förmlich benannt worden ist.

(4) Gegebenenfalls können hochrangige Vertreter internationaler Finanzorganisationen, deren Tätigkeiten unmittelbar mit den in Artikel 3 Absatz 2 aufgeführten Aufgaben des ESRB in Zusammenhang stehen, oder der Präsident des Europäischen Parlaments oder ein Vertreter des Europäischen Parlaments bei Fragen, die das Unionsrecht im Bereich der makroprudenziellen Politik betreffen, eingeladen werden, an Sitzungen des Verwaltungsrats teilzunehmen. *(ABl L 334 vom 27. 12. 2019, S. 146)*

(5) Hochrangige Vertreter der einschlägigen Behörden von Drittländern können in die Arbeiten des ESRB einbezogen werden, wenn dies für die Union relevant ist. Der ESRB kann Regelungen insbesondere hinsichtlich Art, Umfang und verfahrenstechnischer Aspekte der Beteiligung dieser Drittländer an der Arbeit des ESRB treffen. Dabei kann vorgesehen werden, dass ad hoc ein Vertreter mit Beobachterstatus an den Sitzungen des Verwaltungsrats teilnehmen kann; die Teilnahme sollte auf Tagesordnungspunkte beschränkt werden, die für die Union von Bedeutung sind, und ist in den Fällen, in denen die Situation einzelner Finanzinstitute oder einzelner Mitgliedstaaten erörtert werden kann, ausgeschlossen. *(ABl L 334 vom 27. 12. 2019, S. 146)*

(6) Die Aussprachen in den Sitzungen sind vertraulich. Der Verwaltungsrat kann beschließen, einen Bericht über seine Beratungen – vorbehaltlich der Einhaltung der geltenden Geheimhaltungspflichten – zu veröffentlichen, sofern dies in einer Art und Weise geschieht, die keine Identifizierung einzelner Mitglieder des Verwaltungsrats oder einzelner Einrichtungen zulässt. Der Verwaltungsrat kann auch beschließen, im Anschluss an seine Sitzungen Pressekonferenzen abzuhalten. *(ABl L 334 vom 27. 12. 2019, S. 146)*

Artikel 10
Abstimmungsmodalitäten des Verwaltungsrats

(1) Jedes stimmberechtigte Mitglied des Verwaltungsrats hat eine Stimme.

(2) Unbeschadet der in Artikel 18 Absatz 1 festgelegten Abstimmungsmodalitäten entscheidet der Verwaltungsrat mit einfacher Mehrheit der anwesenden stimmberechtigten Mitglieder. Bei Stimmengleichheit gibt die Stimme des Vorsitzenden des ESRB den Ausschlag.

(3) Abweichend von Absatz 2 ist eine Zweidrittelmehrheit der abgegebenen Stimmen erforderlich, um eine Empfehlung anzunehmen oder eine Warnung oder Empfehlung zu veröffentlichen.

(4) Der Verwaltungsrat ist beschlussfähig, wenn mindestens zwei Drittel seiner stimmberechtigten Mitglieder anwesend sind. Ist die Beschlussfähigkeit nicht erreicht, kann der Vorsitzende des ESRB eine außerordentliche Sitzung einberufen, bei der Beschlüsse mit einem Quorum von einem Drittel der Mitglieder gefasst werden können. In der Geschäftsordnung gemäß Artikel 6 Absatz 4 wird eine angemessene Frist für die Einberufung einer außerordentlichen Sitzung festgelegt.

Artikel 11
Lenkungsausschuss

(1) Der Lenkungsausschuss setzt sich zusammen aus

a) dem Vorsitzenden und dem ersten stellvertretenden Vorsitzenden des ESRB;

b) dem Mitglied des Direktoriums der EZB, das für die Finanzstabilität und die makroprudenzielle Politik zuständig ist; *(ABl L 334 vom 27. 12. 2019, S. 146)*

c) vier nationalen stimmberechtigten Mitgliedern des Verwaltungsrats, wobei dem Erfordernis einer ausgewogenen Vertretung der Mitgliedstaaten zwischen denjenigen, die teilnehmende Mitgliedstaaten im Sinne des Artikels 2 Nummer 1 der Verordnung (EU) Nr. 1024/2013 sind, und denjenigen, die dies nicht sind, Rechnung zu tragen ist. Sie werden von und aus dem Kreis der nationalen stimmberechtigten Mitglieder des Verwaltungsrats für eine Amtszeit von drei Jahren gewählt; *(ABl L 334 vom 27. 12. 2019, S. 146)*

d) einem Vertreter der Kommission; *(ABl L 334 vom 27. 12. 2019, S. 146)*

e) dem Vorsitzenden der Europäischen Aufsichtsbehörde (Europäische Bankaufsichtsbehörde);

f) dem Vorsitzenden der Europäischen Aufsichtsbehörde (Europäische Aufsichtsbehörde für das Versicherungswesen und die betriebliche Altersversorgung);

g) dem Vorsitzenden der Europäischen Aufsichtsbehörde (Europäische Wertpapier- und Marktaufsichtsbehörde);

h) dem Vorsitzenden des WFA;

i) dem Vorsitzenden des Beratenden Wissenschaftlichen Ausschusses und

j) dem Vorsitzenden des Beratenden Fachausschusses.

Ein unbesetzter Posten für ein gewähltes Mitglied des Lenkungsausschusses wird durch Wahl eines neuen Mitglieds durch den Verwaltungsrat besetzt.

(2) Der Vorsitzende und der erste stellvertretende Vorsitzende des ESRB setzen die Sitzungen des Lenkungsausschusses gemeinsam mindestens vierteljährlich vor jeder Sitzung des Verwaltungsrats an. Der Vorsitzende und der erste stellvertretende Vorsitzende können gemeinsam auch Ad-hoc-Sitzungen ansetzen. *(ABl L 334 vom 27. 12. 2019, S. 146)*

Artikel 12
Beratender Wissenschaftlicher Ausschuss

(1) Der Beratende Wissenschaftliche Ausschuss setzt sich aus dem Vorsitzenden des Beratenden Fachausschusses und 15 vom Lenkungsausschuss vorgeschlagenen und vom Verwaltungsrat bestätigten Sachverständigen mit einem vierjährigen, erneuerbaren Mandat zusammen, die ein breites Spektrum an Kenntnissen, Erfahrung und Wissen in Bezug auf alle einschlägigen Sektoren der Finanzmärkte repräsentieren. Die benannten Personen gehören keiner ESA an und werden aufgrund ihrer allgemeinen Kompetenz sowie ihrer unterschiedlichen Erfahrung in wissenschaftlichen Disziplinen oder in anderen Bereichen, insbesondere in kleinen und mittleren Unternehmen oder Gewerkschaften, oder als Anbieter oder Verbraucher von Finanzdienstleistungen ausgewählt. *(ABl L 334 vom 27. 12. 2019, S. 146)*

(2) Der Vorsitzende und die beiden stellvertretenden Vorsitzenden des Beratenden Wissenschaftlichen Ausschusses werden vom Verwaltungsrat auf Vorschlag des Vorsitzenden des ESRB ernannt; sie verfügen jeweils über einen hohen Grad an einschlägigem Fach- und Sachwissen, beispielsweise aufgrund ihres einschlägigen akademischen und beruflichen Hintergrunds in den Bereichen Bankwesen, Wertpapierwesen oder Versicherungswesen und betriebliche Altersversorgung. Der Vorsitz des Beratenden Wissenschaftlichen Ausschusses wechselt im Turnus zwischen diesen drei Personen. *(ABl L 334 vom 27. 12. 2019, S. 146)*

(3) Auf Verlangen des Vorsitzenden des ESRB oder des Verwaltungsrats berät und unterstützt der Beratende Wissenschaftliche Ausschuss den ESRB gemäß Artikel 4 Absatz 5. *(ABl L 334 vom 27. 12. 2019, S. 146)*

(4) Das ESRB-Sekretariat unterstützt die Arbeit des Beratenden Wissenschaftlichen Ausschusses, und der Leiter des Sekretariats nimmt an dessen Sitzungen teil.

(5) Bei Bedarf führt der Beratende Wissenschaftliche Ausschuss unter Berücksichtigung der Geheimhaltungspflicht frühzeitig offene und transparente Anhörungen von Interessenträgern wie Marktteilnehmern, Verbraucherverbänden und wissenschaftlichen Sachverständigen durch. Diese Anhörungen müssen möglichst umfassend sein, um einen inklusiven Ansatz unter Einbeziehung aller betroffenen Parteien und der betreffenden Finanzsektoren sicherzustellen, und den Interessenträgern muss für die Beantwortung ausreichend Zeit gegeben werden. *(ABl L 334 vom 27. 12. 2019, S. 146)*

(6) Dem Beratenden Wissenschaftlichen Ausschuss werden alle erforderlichen Mittel zur erfolgreichen Erfüllung seiner Aufgaben zur Verfügung gestellt.

Artikel 13
Beratender Fachausschuss

(1) Der Beratende Fachausschuss setzt sich zusammen aus

a) einem Vertreter jeder nationalen Zentralbank und einem Vertreter der EZB;

b) einem Vertreter je Mitgliedstaat der zuständigen nationalen Aufsichtsbehörden, im Einklang mit Unterabsatz 2;

c) einem Vertreter der Europäischen Aufsichtsbehörde (Europäische Bankaufsichtsbehörde);

d) einem Vertreter der Europäischen Aufsichtsbehörde (Europäische Aufsichtsbehörde für das Versicherungswesen und die betriebliche Altersversorgung);

e) einem Vertreter der Europäischen Aufsichtsbehörde (Europäische Wertpapier- und Marktaufsichtsbehörde);

f) einem Vertreter der Kommission; *(ABl L 334 vom 27. 12. 2019, S. 146)*

fa) einem Vertreter des Aufsichtsgremiums der EZB; *(ABl L 334 vom 27. 12. 2019, S. 146)*

fb) einem Vertreter des Einheitlichen Abwicklungsausschusses; *(ABl L 334 vom 27. 12. 2019, S. 146)*

g) einem Vertreter des WFA und

h) einem Vertreter des Beratenden Wissenschaftlichen Ausschusses.

Die Aufsichtsbehörden der Mitgliedstaaten wählen je einen Vertreter in den Beratenden Fachausschuss. Hinsichtlich der Vertretung mehrerer nationaler Aufsichtsbehörden nach Unterabsatz 1 Buchstabe b unterliegen die jeweiligen Vertreter in Abhängigkeit vom besprochenen Sachverhalt dem Rotationsprinzip, sofern sich die nationalen Aufsichtsbehörden eines bestimmten Mitgliedstaats nicht auf einen gemeinsamen Vertreter geeinigt haben.

(2) Der Vorsitzende des Beratenden Fachausschusses wird vom Verwaltungsrat auf Vorschlag des Vorsitzenden des ESRB ernannt.

(3) Auf Verlangen des Vorsitzenden des ESRB oder des Verwaltungsrats berät und unterstützt der Beratende Fachausschuss den ESRB gemäß Artikel 4 Absatz 5. *(ABl L 334 vom 27. 12. 2019, S. 146)*

(4) Das ESRB-Sekretariat unterstützt die Arbeit des Beratenden Fachausschusses, und der Leiter des Sekretariats nimmt an dessen Sitzungen teil.

(4a) Bei Bedarf führt der Beratende Fachausschuss unter Berücksichtigung der Geheimhaltungspflicht frühzeitig offene und transparente Anhörungen von Interessenträgern wie Marktteilnehmern, Verbraucherverbänden und wissenschaftlichen Sachverständigen durch. Diese Anhörungen müssen möglichst umfassend sein, um einen inklusiven Ansatz unter Einbeziehung aller betroffenen Parteien und der betreffenden Finanzsektoren sicherzustellen, und den Interessenträgern muss für die Beantwortung ausreichend Zeit gegeben werden. *(ABl L 334 vom 27. 12. 2019, S. 146)*

(5) Dem Beratenden Fachausschuss werden alle erforderlichen Mittel zur erfolgreichen Erfüllung seiner Aufgaben zur Verfügung gestellt.

Artikel 14
Sonstige Beratung

Bei der Ausführung der in Artikel 3 Absatz 2 aufgeführten Aufgaben hört der ESRB bei Bedarf einschlägige privatwirtschaftliche Akteure an. Diese Anhörungen müssen möglichst umfassend sein, um einen inklusiven Ansatz unter Einbeziehung aller betroffenen Parteien und der betreffenden Finanzsektoren sicherzustellen, und den Akteuren muss für die Beantwortung ausreichend Zeit gegeben werden.

(ABl L 334 vom 27. 12. 2019, S. 146)

KAPITEL III
AUFGABEN

Artikel 15
Erhebung und Austausch von Informationen

(1) Der ESRB versorgt die ESA mit den Informationen über Risiken, die diese für die Erfüllung ihrer Aufgaben benötigen.

(2) Die ESA, das Europäische System der Zentralbanken (ESZB), die Kommission, die nationalen Aufsichtsbehörden und die nationalen Statistikbehörden arbeiten eng mit dem ESRB zusammen und stellen ihm alle für die Erfüllung seiner Aufgaben erforderlichen Informationen gemäß dem Unionsrecht zur Verfügung.

(3) Der ESRB kann vorbehaltlich des Artikels 36 Absatz 2 der Verordnung (EU) Nr. 1093/2010, der Verordnung (EU) Nr. 1094/2010 und der Verordnung (EU) Nr. 1095/2010 von den ESA Informationen in der Regel in zusammengefasster oder aggregierter Form anfordern, so dass die einzelnen Finanzinstitute nicht bestimmbar sind.

(4) Bevor der ESRB Informationen gemäß diesem Artikel anfordert, berücksichtigt er zunächst die Statistiken, die vom Europäischen Statistischen System und vom ESZB erstellt, verbreitet und fortgeschrieben werden.

(5) Liegen die angeforderten Informationen nicht vor oder werden sie nicht rechtzeitig zur Verfügung gestellt, so kann der ESRB die Informationen vom ESZB, von den nationalen Aufsichtsbehörden oder den nationalen Statistikbehörden anfordern. Liegen die Informationen weiterhin nicht vor, so kann der ESRB sie von dem betreffenden Mitgliedstaat anfordern, wobei die jeweiligen Befugnisse des Rates, der Kommission (Eurostat), der EZB, des Eurosystems und des ESZB in den Bereichen Statistik und Datenerhebung unberührt bleiben.

(6) Fordert der ESRB Informationen in anderer als zusammengefasster oder aggregierter Form an, so legt er in der mit Gründen versehenen Anforderung dar, warum er die Daten über das betreffende einzelne Finanzinstitut für systemrelevant und angesichts der herrschenden Marktlage für erforderlich hält.

(7) Vor der Anforderung aufsichtlicher Informationen, die nicht in zusammengefasster oder aggregierter Form vorliegen, konsultiert der ESRB jedes Mal die betreffende Europäische Aufsichtsbehörde in gebührender Weise, um sicherzustellen, dass seine Anforderung begründet und verhältnismäßig ist. Vertritt die betreffende Europäische Aufsichtsbehörde die Auffassung, dass die Anforderung nicht begründet und verhältnismäßig ist, so sendet sie die Anforderung umgehend an den ESRB zurück und verlangt eine zusätzliche Begründung. Sobald der ESRB der be-

treffenden Europäischen Aufsichtsbehörde diese zusätzliche Begründung vorgelegt hat, werden ihm die angeforderten Informationen von den Adressaten der Anforderung übermittelt, vorausgesetzt, sie haben rechtmäßigen Zugang zu den entsprechenden Informationen. *(ABl L 334 vom 27. 12. 2019, S. 146)*

Artikel 16
Warnungen und Empfehlungen

(1) Werden signifikante Risiken für die Erreichung des in Artikel 3 Absatz 1 genannten Ziels festgestellt, so gibt der ESRB Warnungen und gegebenenfalls Empfehlungen für Abhilfemaßnahmen heraus, gegebenenfalls auch für Gesetzgebungsvorhaben.

(2) Die Warnungen und Empfehlungen des ESRB nach Artikel 3 Absatz 2 Buchstaben c und d der vorliegenden Verordnung können allgemeiner oder spezifischer Art sein und werden insbesondere an die Union, einen oder mehrere Mitgliedstaaten, eine oder mehrere ESA, eine oder mehrere nationale Aufsichtsbehörden, eine oder mehrere nationale Behörden, die für die Anwendung von Maßnahmen zur Bekämpfung von Systemrisiken oder Makrorisiken benannt wurden, an die EZB – im Zusammenhang mit den der EZB gemäß Artikel 4 Absätze 1 und 2 und Artikel 5 Absatz 2 der Verordnung (EU) Nr. 1024/2013 übertragenen Aufgaben –, an die gemäß der Richtlinie 2014/59/EU des Europäischen Parlaments und des Rates[1)] von den Mitgliedstaaten benannten Abwicklungsbehörden oder den Einheitlichen Abwicklungsausschuss gerichtet. Wird eine Warnung oder eine Empfehlung an eine oder mehrere der nationalen Aufsichtsbehörden gerichtet, so ist der betreffende Mitgliedstaat bzw. sind die betreffenden Mitgliedstaaten ebenfalls hiervon zu unterrichten. Die Empfehlungen müssen einen Zeitplan für die zu treffenden politischen Maßnahmen enthalten. Außerdem können Empfehlungen zu den einschlägigen Rechtsvorschriften der Union an die Kommission gerichtet werden. *(ABl L 334 vom 27. 12. 2019, S. 146)*

(3) Die Warnungen und Empfehlungen werden zu demselben Zeitpunkt, an dem sie den Adressaten gemäß Absatz 2 übermittelt werden, unter Beachtung strikter Geheimhaltungsregeln dem Europäischen Parlament, dem Rat, der Kommission und den ESA zugeleitet. Bei der Übermittlung vertraulicher oder nicht öffentlicher Warnungen oder Empfehlungen verfügt der Verwaltungsrat gegebenenfalls, dass eine Vereinbarung zur Gewährleistung der Geheimhaltung geschlossen wird. *(ABl L 334 vom 27. 12. 2019, S. 146)*

(4) Der ESRB erstellt in enger Zusammenarbeit mit den anderen Teilnehmern am ESFS ein System von Farbcodes, die Situationen unterschiedlicher Risikostufen zugeordnet sind, um das Bewusstsein in Bezug auf die Risiken der Wirtschaft der Union zu schärfen und diese Gefahren nach ihrer Priorität einzuordnen.

Nach Ausarbeitung der Kriterien für eine solche Klassifizierung wird im Rahmen der Warnungen und Empfehlungen des ESRB von Fall zu Fall gegebenenfalls angezeigt, welcher Kategorie ein Risiko angehört.

Artikel 17
Umsetzung der ESRB-Empfehlungen

(1) Ist eine Empfehlung nach Artikel 3 Absatz 2 Buchstabe d an einen der in Artikel 16 Absatz 2 genannten Adressaten gerichtet, so teilt dieser dem Europäischen Parlament, dem Rat, der Kommission und dem ESRB mit, welche Maßnahmen er zur Umsetzung der Empfehlung ergriffen hat, und begründet ein eventuelles Nichthandeln. Die Antworten werden gegebenenfalls vom ESRB unter Beachtung strikter Geheimhaltungsregeln unverzüglich den ESA zur Kenntnis gebracht. *(ABl L 334 vom 27. 12. 2019, S. 146)*

(2) Stellt der ESRB fest, dass seine Empfehlung nicht befolgt wurde oder die Adressaten keine angemessene Begründung für ihr Nichthandeln gegeben haben, so setzt er die Adressaten, das Europäische Parlament, den Rat und die betroffenen ESA hiervon unter Beachtung strikter Geheimhaltungsregeln in Kenntnis. *(ABl L 334 vom 27. 12. 2019, S. 146)*

(3) Hat der ESRB zu einer nach dem Verfahren gemäß Artikel 18 Absatz 1 veröffentlichten Empfehlung eine Feststellung gemäß Absatz 2 getroffen, so kann das Europäische Parlament den Vorsitzenden des ESRB ersuchen, ihm diese Feststellung zu erläutern, wobei die Adressaten beantragen können, an einem Meinungsaustausch teilnehmen zu dürfen.

Artikel 18
Öffentliche Warnungen und Empfehlungen

(1) Der Verwaltungsrat entscheidet – nachdem er zuvor den Rat rechtzeitig unterrichtet hat, damit dieser sich äußern kann – von Fall zu Fall, ob eine Warnung oder Empfehlung veröffentlicht werden soll. Unbeschadet des Artikels 10 Absatz 3 müssen bei Beschlüssen des Verwaltungsrats nach diesem Absatz stets zwei Drittel der Mitglieder anwesend sein.

Zu Artikel 16:

[1)] Richtlinie 2014/59/EU des Europäischen Parlaments und des Rates vom 15. Mai 2014 zur Festlegung eines Rahmens für die Sanierung und Abwicklung von Kreditinstituten und Wertpapierfirmen und zur Änderung der Richtlinie 82/891/EWG des Rates, der Richtlinien 2001/24/EG, 2002/47/EG, 2004/25/EG, 2005/56/EG, 2007/36/EG, 2011/35/EU, 2012/30/EU und 2013/36/EU sowie der Verordnungen (EU) Nr. 1093/2010 und (EU) Nr. 648/2012 des Europäischen Parlaments und des Rates (ABl. L 173 vom 12.6.2014, S. 190).

(2) Beschließt der Verwaltungsrat, eine Warnung oder Empfehlung zu veröffentlichen, so setzt er die Adressaten im Voraus davon in Kenntnis.

(3) Die Adressaten der vom ESRB veröffentlichten Warnungen und Empfehlungen haben auch das Recht, ihre Ansichten und Argumente dazu öffentlich zu äußern.

(4) Beschließt der Verwaltungsrat, eine Warnung oder Empfehlung nicht zu veröffentlichen, so ergreifen die Adressaten und gegebenenfalls das Europäische Parlament, der Rat und die ESA alle Maßnahmen, die erforderlich sind, um den Schutz der Vertraulichkeit dieser Warnung oder Empfehlung zu wahren. *(ABl L 334 vom 27. 12. 2019, S. 146)*

KAPITEL IV

SCHLUSSBESTIMMUNGEN

Artikel 19
Rechenschafts- und Berichtspflichten

(1) Der Vorsitzende des ESRB wird mindestens jährlich, und in Zeiten weit verbreiteter finanzieller Notlagen öfter, anlässlich der Veröffentlichung des Jahresberichts des ESRB an das Europäische Parlament und den Rat vom zuständigen Ausschuss zu einer Anhörung vor dem Europäischen Parlament eingeladen. Diese Anhörung erfolgt getrennt vom währungspolitischen Dialog zwischen dem Europäischen Parlament und dem Präsidenten der EZB. *(ABl L 334 vom 27. 12. 2019, S. 146)*

(2) Der in Absatz 1 des vorliegenden Artikels genannte Jahresbericht enthält die Informationen, die nach Entscheidung des Verwaltungsrats gemäß Artikel 18 der vorliegenden Verordnung veröffentlicht werden. Der Jahresbericht wird der Öffentlichkeit zugänglich gemacht und enthält einen Überblick über die dem ESRB gemäß Artikel 3 Absatz 1 der Verordnung (EU) Nr. 1096/2010 zur Verfügung gestellten Ressourcen. *(ABl L 334 vom 27. 12. 2019, S. 146)*

(3) Auf Ersuchen des Europäischen Parlaments, des Rates oder der Kommission prüft der ESRB auch spezifische Fragen.

(4) Das Europäische Parlament kann den Vorsitzenden des ESRB ersuchen, an einer Anhörung vor den zuständigen Ausschüssen des Europäischen Parlaments teilzunehmen.

(5) Der Vorsitzende des ESRB führt mindestens zwei Mal jährlich oder auch häufiger, falls dies als zweckdienlich erachtet wird, mit dem Vorsitzenden und den stellvertretenden Vorsitzenden des Ausschusses für Wirtschaft und Währung des Europäischen Parlaments unter Ausschluss der Öffentlichkeit vertrauliche Gespräche über die laufende Tätigkeit des ESRB. Das Europäische Parlament und der ESRB schließen eine Vereinbarung über die genauen Modalitäten der Durchführung dieser Treffen im Hinblick auf die Gewährleistung absoluter Vertraulichkeit gemäß Artikel 8. Der ESRB übermittelt dem Rat eine Abschrift dieser Vereinbarung.

(6) Der ESRB antwortet mündlich oder schriftlich auf Anfragen, die vom Europäischen Parlament oder vom Rat an ihn gerichtet werden. Die Beantwortung dieser Anfragen erfolgt unverzüglich. Bei der Übermittlung vertraulicher Informationen stellt das Europäische Parlament die vollständige Wahrung der Geheimhaltung gemäß Artikel 8 und Absatz 5 des vorliegenden Artikels sicher. *(ABl L 334 vom 27. 12. 2019, S. 146)*

Artikel 20
Überprüfung

Bis zum 31. Dezember 2024 erstattet die Kommission dem Europäischen Parlament und dem Rat nach Anhörung der Mitglieder des ESRB Bericht darüber, ob Aufgaben oder Organisation des ESRB überprüft werden müssen, wobei mögliche Alternativen zu dem derzeitigen Modell in Betracht gezogen werden.

(ABl L 334 vom 27. 12. 2019, S. 146)

Artikel 21
Inkrafttreten

Diese Verordnung tritt am Tag nach ihrer Veröffentlichung im *Amtsblatt der Europäischen Union*in Kraft.

Diese Verordnung ist in allen ihren Teilen verbindlich und gilt unmittelbar in jedem Mitgliedstaat.

Geschehen zu Straßburg am 24. November 2010.

Im Namen des Europäischen Parlaments	*Im Namen des Rates*
Der Präsident	*Der Präsident*
J. BUZEK	O. CHASTEL

Verordnung (EU) Nr. 1024/2013 des Rates vom 15. Oktober 2013 zur Übertragung besonderer Aufgaben im Zusammenhang mit der Aufsicht über Kreditinstitute auf die Europäische Zentralbank (SSM-VO)

ABl 2013 L 287, 63 idF

1 ABl 2015 L 218, 82 (Berichtigung)

Verordnung (EU) Nr. 1024/2013 des Rates vom 15. Oktober 2013 zur Übertragung besonderer Aufgaben im Zusammenhang mit der Aufsicht über Kreditinstitute auf die Europäische Zentralbank

DER RAT DER EUROPÄISCHEN UNION -

gestützt auf den Vertrag über die Arbeitsweise der Europäischen Union, insbesondere auf Artikel 127 Absatz 6,

auf Vorschlag der Europäischen Kommission,

nach Zuleitung des Entwurfs des Gesetzgebungsakts an die nationalen Parlamente,

nach Stellungnahme des Europäischen Parlaments,

nach Stellungnahme der Europäischen Zentralbank,

gemäß einem besonderen Gesetzgebungsverfahren,

in Erwägung nachstehender Gründe:

(1) Die Union hat in den letzten Jahrzehnten erhebliche Fortschritte bei der Schaffung eines Binnenmarkts für Bankdienstleistungen gemacht. In vielen Mitgliedstaaten halten Bankengruppen, deren Hauptsitz sich in einem anderen Mitgliedstaat befindet, daher beträchtliche Marktanteile, und die Kreditinstitute haben ihre Geschäftstätigkeiten sowohl innerhalb als auch außerhalb des Euro-Währungsgebiets geografisch diversifiziert.

(2) Die derzeitige Finanz- und Wirtschaftskrise hat gezeigt, dass die Fragmentierung des Finanzsektors eine Gefahr für die Integrität der gemeinsamen Währung und des Binnenmarkts darstellen kann. Daher muss die Integration der Bankenaufsicht unbedingt vorangetrieben werden, um die Union zu stärken, die Finanzmarktstabilität wiederherzustellen und die Voraussetzungen für eine wirtschaftliche Erholung zu schaffen.

(3) Die Aufrechterhaltung und Vertiefung des Binnenmarkts für Bankdienstleistungen ist für die Förderung des Wirtschaftswachstums in der Union und einer angemessenen Finanzierung der Realwirtschaft von entscheidender Bedeutung. Dies erweist sich jedoch zunehmend als Herausforderung. Die Integration der Bankenmärkte in der Union kommt derzeit nachweislich zum Stillstand kommt.

(4) Angesichts der aus der Finanzkrise der letzten Jahre zu ziehenden Lehren müssen - neben der Annahme eines verbesserten Regelungsrahmens der Union - die Aufsichtsbehörden gleichzeitig ihre Aufsicht verstärken und in der Lage sein, hoch komplexe und miteinander vernetzte Märkte und Institute zu überwachen.

(5) Für die Beaufsichtigung der einzelnen Kreditinstitute in der Union sind nach wie vor im Wesentlichen die nationalen Behörden zuständig. Die Abstimmung zwischen den Aufsichtsbehörden ist zwar entscheidend, aber die Krise hat gezeigt, dass Abstimmung allein insbesondere im Zusammenhang mit einer gemeinsamen Währung nicht ausreicht. Um die Finanzstabilität in der Union zu erhalten und die positiven Auswirkungen der Marktintegration auf Wachstum und Wohlstand zu fördern, sollte die Integration der aufsichtlichen Verantwortlichkeiten stärker vorangetrieben werden. Dies ist von besonderer Bedeutung, damit stets ein genauer Überblick über ganze Bankengruppen und deren Solidität gewährleistet ist, und würde auch das Risiko von Diskrepanzen bei der Bewertung und widersprüchlichen Entscheidungen auf Ebene der einzelnen Unternehmen verringern.

(6) Die Stabilität der Kreditinstitute ist heute noch immer in vielen Fällen eng mit dem Mitgliedstaat der Niederlassung verknüpft. Zweifel an der langfristigen Tragfähigkeit der Staatsverschuldung, den Aussichten für das Wirtschaftswachstum und der Existenzfähigkeit von Kreditinstituten haben negative, sich gegenseitig verstärkende Markttrends hervorgebracht. Dies kann Risiken für die Existenzfähigkeit einiger Kreditinstitute sowie für die Stabilität des Finanzsystems im Euro-Währungsgebiet und der Union als Ganzes mit sich bringen und die ohnehin schon angespannten öffentlichen Finanzen der betroffenen Mitgliedstaaten schwer belasten.

(7) Die Europäischen Aufsichtsbehörde (Europäische Bankenaufsichtsbehörde) (EBA), die im Jahr 2011 gemäß der Verordnung (EU) Nr. 1093/2010 des Europäischen Parlaments und des Rates vom 24. November 2010 zur Errichtung einer Europäischen Aufsichtsbehörde (Europäische Bankenaufsichtsbehörde)[1] eingerichtet wurde, und das Europäische Finanzaufsichtssystem (ESFS), das mit Artikel 2 der genannten Verordnung und Artikel 2 der Verordnung (EU) Nr. 1094/2010 des Europäischen Parlaments und des Rates vom 24. November 2010 zur Errichtung einer Europäischen Aufsichtsbehörde (Europäische Aufsichtsbehörde für das Versicherungswesen und die betriebliche Altersversorgung)[2] (EIOPA) und Artikel 2 der Verordnung (EU) Nr. 1095/2010 des Europäischen Parlaments und des Rates vom 24. November 2010 zur Errichtung einer Europäischen Aufsichtsbehörde (Europäische Wertpapier- und Marktaufsichtsbehörde)[3] (ESMA) eingerichtet wurde, haben die Zusammenarbeit zwischen den Bankenaufsichtsbehörden in der Union erheblich verbessert. Die EBA leistet einen wichtigen Beitrag zur Schaffung eines einheitlichen Regelwerks für Finanzdienstleistungen in der Union und war bei der einheitlichen Durchführung der auf dem Euro- Gipfel vom 26. Oktober 2011 beschlossenen Rekapitalisierung großer Kreditinstitute in der Union im Einklang mit den von der Kommission angenommenen Leitlinien und Auflagen im Zusammenhang mit staatlichen Beihilfen von zentraler Bedeutung.

(8) Das Europäische Parlament hat bei mehreren Gelegenheiten dazu aufgerufen, eine europäische Einrichtung zu schaffen, die für bestimmte Aufgaben bei der Beaufsichtigung von Finanzinstituten unmittelbar zuständig ist, so erstmals in seinen Entschließungen vom 13. April 2000 zu der Mitteilung der Kommission „Umsetzung des Finanzmarktrahmens: Aktionsplan"[1] und vom 21. November 2002 zu den aufsichtsrechtlichen Vorschriften in der Europäischen Union[2].

(9) In den Schlussfolgerungen des Europäischen Rates vom 29. Juni 2012 wurde der Präsident des Europäischen Rates gebeten, einen Fahrplan für die Verwirklichung einer echten Wirtschafts- und Währungsunion auszuarbeiten. Am selben Tag stellte der Euro-Gipfel in Aussicht, dass der Europäische Stabilitätsmechanismus (ESM) nach einem ordentlichen Beschluss die Möglichkeit haben könnte, Banken direkt zu rekapitalisieren, sobald unter Einbeziehung der Europäischen Zentralbank (EZB) ein wirksamer einheitlicher Aufsichtsmechanismus für Banken des Euro-Währungsgebiets eingerichtet worden ist; diese Möglichkeit wäre an angemessene Bedingungen geknüpft, darunter die Einhaltung der Vorschriften über staatliche Beihilfen.

(10) Der Europäische Rat gelangte auf seiner Tagung vom 19. Oktober 2012 zu dem Schluss, dass die Entwicklung hin zu einer vertieften Wirtschafts- und Währungsunion auf dem institutionellen und rechtlichen Rahmen der Union aufbauen und von Offenheit und Transparenz gegenüber den Mitgliedstaaten, deren Währung nicht der Euro ist, und von der Wahrung der Integrität des Binnenmarkts geprägt sein sollte. Im integrierten Finanzrahmen wird es einen einheitlichen Aufsichtsmechanismus geben, der so weit wie möglich allen Mitgliedstaaten offensteht, die eine Teilnahme wünschen.

(11) Es sollte daher eine Bankenunion in der Union geschaffen werden, die sich auf ein umfassendes und detailliertes einheitliches Regelwerk für Finanzdienstleistungen im Binnenmarkt als Ganzes stützt und einen einheitlichen Aufsichtsmechanismus sowie neue Rahmenbedingungen für die Einlagensicherung und die Abwicklung von Kreditinstituten umfasst. Angesichts der engen Verbindungen und Interaktionen zwischen den Mitgliedstaaten, deren Währung der Euro ist, sollte die Bankenunion zumindest alle Mitgliedstaaten des Euro-Währungsgebiets umfassen. Im Hinblick auf die Aufrechterhaltung und Vertiefung des Binnenmarkts sollte die Bankenunion aber auch anderen Mitgliedstaaten offenstehen, soweit die institutionellen Möglichkeiten dies zulassen.

(12) Als erster Schritt zur Schaffung der Bankenunion sollte ein einheitlicher Aufsichtsmechanismus sicherstellen, dass die Politik der Union hinsichtlich der Beaufsichtigung von Kreditinstituten kohärent und wirksam umgesetzt wird, dass das einheitliche Regelwerk für Finanzdienstleistungen auf die Kreditinstitute in allen betroffenen Mitgliedstaaten ebenso angewandt wird und dass bei der Beaufsichtigung dieser Kreditinstitute höchste, von nichtaufsichtsrechtlichen Überlegungen unbeeinflusste Standards Anwendung finden. Der einheitliche Aufsichtsmechanismus sollte insbesondere mit den Abläufen im Binnenmarkt für Finanzdienstleistungen und dem freien Kapitalverkehr im Einklang stehen. Ein einheitlicher Aufsichtsmechanismus ist die Grundlage für die nächsten Schritte in Richtung der Bankenunion. Dies entspricht dem Grundsatz, dass der ESM nach einem ordentlichen Beschluss die Möglichkeit haben wird, Banken direkt zu rekapitalisieren,

Zu Abs. 7:
[1] ABl. L 331 vom 15.12.2010, S. 12.
[2] ABl. L 331 vom 15.12.2010, S. 48.
[3] ABl. L 331 vom 15.12.2010, S. 84.
Zu Abs. 8:
[1] ABl. C 40 vom 7.2.2001, S. 453.
[2] ABl. C 25 E vom 29.1.2004, S. 394.

sobald ein wirksamer einheitlicher Aufsichtsmechanismus eingerichtet worden ist. Der Europäische Rat stellte in seinen Schlussfolgerungen vom 13./14. Dezember 2012 Folgendes fest: „In einem Umfeld, in dem die Bankenaufsicht effektiv einem einheitlichen Aufsichtsmechanismus übertragen wird, ist auch ein einheitlicher Abwicklungsmechanismus erforderlich, der mit den notwendigen Befugnissen ausgestattet ist, um sicherzustellen, dass jede Bank in den teilnehmenden Mitgliedstaaten mit geeigneten Instrumenten abgewickelt werden kann", und „[e]r sollte auf Beiträgen des Finanzsektors selbst basieren und eine geeignete und wirksame Letztsicherung („Backstop") einschließen".

(13) Als Zentralbank des Euro-Währungsgebiets verfügt die EZB über umfangreiches Fachwissen in makroökonomischen und die Finanzstabilität betreffenden Fragen und ist damit gut geeignet, eindeutig festgelegte Aufsichtsaufgaben wahrzunehmen, mit einem Schwerpunkt auf dem Schutz der Stabilität des Finanzsystems der Union. Viele Zentralbanken der Mitgliedstaaten sind bereits für die Bankenaufsicht zuständig. Der EZB sollten daher besondere Aufgaben im Zusammenhang mit der Aufsicht über Kreditinstitute in den teilnehmenden Mitgliedstaaten übertragen werden.

(14) Die EZB und die zuständigen Behörden von Mitgliedstaaten, die nicht teilnehmende Mitgliedstaaten sind (im Folgenden: „nicht teilnehmende Mitgliedstaaten") sollten eine Vereinbarung eingehen, in der allgemein beschrieben wird, wie ihre Zusammenarbeit bei der Wahrnehmung ihrer Aufsichtsaufgaben nach dem Unionsrecht in Bezug auf die in dieser Verordnung genannten Finanzinstitute gestaltet werden soll. In der Vereinbarung könnten unter anderem die Konsultation in Bezug auf Beschlüsse der EZB mit Auswirkung auf in einem nicht teilnehmenden Mitgliedstaat niedergelassene Tochtergesellschaften oder Zweigstellen, deren Muttergesellschaft in einem teilnehmenden Mitgliedstaat niedergelassen ist, sowie die Zusammenarbeit in Ausnahmesituationen einschließlich Frühwarnmechanismen im Einklang mit den im einschlägigen Unionsrecht festgelegten Verfahren präzisiert werden. Die Vereinbarung sollte regelmäßig überprüft werden.

(15) Die besonderen Aufsichtsaufgaben, die für eine kohärente und wirksame Umsetzung der Politik der Union hinsichtlich der Beaufsichtigung von Kreditinstituten entscheidend sind, sollten der EZB übertragen werden, während andere Aufgaben bei den nationalen Behörden verbleiben sollten. Die Aufgaben der EZB sollten vorbehaltlich spezieller Regelungen, die der Rolle der nationalen Aufsichtsbehörden Rechnung tragen, Maßnahmen zur Sicherstellung der makroprudenziellen Stabilität umfassen.

(16) Die Sicherheit und Solidität großer Kreditinstitute sind für die Gewährleistung der Stabilität des Finanzsystems von entscheidender Bedeutung. In der jüngsten Vergangenheit hat sich jedoch gezeigt, dass auch von kleineren Kreditinstituten Risiken für die Finanzmarktstabilität ausgehen können. Die EZB sollte daher in Bezug auf alle in teilnehmenden Mitgliedstaaten zugelassenen Kreditinstitute und alle Zweigstellen in teilnehmenden Mitgliedstaaten Aufsichtsaufgaben ausüben können.

(17) Bei der Wahrnehmung der ihr übertragenen Aufgaben sollte die EZB unbeschadet des Ziels, die Sicherheit und Solidität der Kreditinstitute zu gewährleisten, die Vielfalt der Kreditinstitute, ihre Größe und ihre Geschäftsmodelle sowie die systemischen Vorteile der Vielfalt im Bankensektor der Union in vollem Umfang berücksichtigen.

(18) Durch die Ausübung ihrer Aufgaben sollte die EZB insbesondere dazu beitragen, dass die Kreditinstitute alle durch ihre Tätigkeiten entstandenen Kosten vollständig internalisieren, damit sorgloses Verhalten und die daraus resultierende übermäßige Risikobereitschaft vermieden werden. Sie sollte den jeweiligen makroökonomischen Bedingungen in den Mitgliedstaaten, insbesondere der Stabilität der Kreditversorgung und der Erleichterung der Produktionstätigkeiten für die Volkswirtschaften insgesamt, in vollem Umfang Rechnung tragen.

(19) Kein Teil dieser Verordnung sollte dahin gehend ausgelegt werden, dass er den nach anderen Rechtsakten der Union und nationalem Recht anwendbaren Rechnungslegungsrahmen ändert.

(20) Die Zulassung von Kreditinstituten vor der Aufnahme der Geschäftstätigkeit ist ein wichtiges aufsichtsrechtliches Mittel, um sicherzustellen, dass diese Tätigkeiten nur von Unternehmen ausgeübt werden, die über eine solide wirtschaftliche Grundlage, eine geeignete Organisation für den Umgang mit den besonderen Risiken des Einlagen- und Kreditgeschäfts sowie über geeignete Geschäftsleiter verfügen. Die EZB sollte daher vorbehaltlich spezieller Regelungen, die der Rolle der nationalen Aufsichtsbehörden Rechnung tragen, mit der Zulassung von Kreditinstituten beauftragt werden, die in einem teilnehmenden Mitgliedstaat gegründet werden sollen, und diese Zulassungen auch entziehen können.

(21) Neben den im Unionsrecht vorgesehenen Bedingungen für die Zulassung von Kreditinstitu-

ten und den Entzug dieser Zulassungen können die Mitgliedstaaten derzeit weitere Bedingungen für die Zulassung von Kreditinstituten und Gründe für den Entzug der Zulassung festlegen. Die EZB sollte daher ihre Aufgaben in Bezug auf die Zulassung von Kreditinstituten und den Entzug dieser Zulassung bei Nichteinhaltung nationaler Rechtsvorschriften auf der Grundlage eines Vorschlags der betreffenden nationalen zuständigen Behörde, die die Einhaltung der einschlägigen, im nationalen Recht festgelegten Bedingungen prüft, wahrnehmen.

(22) Die Beurteilung der Eignung eines neuen Eigentümers im Vorfeld des Erwerbs einer erheblichen Beteiligung an einem Kreditinstitut ist ein unverzichtbares Mittel, um die Eignung und finanzielle Solidität der Eigentümer von Kreditinstituten kontinuierlich sicherzustellen. Als Organ der Union verfügt die EZB über gute Voraussetzungen für die Durchführung einer solchen Beurteilung, ohne dass dies den Binnenmarkt unangemessen einschränkt. Die EZB sollte daher beauftragt werden, den Erwerb und die Veräußerung erheblicher Anteile an Kreditinstituten, außer im Rahmen einer Bankenabwicklung, zu beurteilen.

(23) Die Einhaltung von Unionsvorschriften, die Kreditinstitute dazu verpflichten, gegen die Risiken ihrer Geschäftstätigkeit Eigenmittel in bestimmter Höhe vorzuhalten, die Höhe der Forderungen gegenüber einzelnen Gegenparteien zu begrenzen, Informationen zu ihrer Finanzlage zu veröffentlichen, ausreichend liquide Aktiva vorzuhalten, um Spannungen an den Märkten standhalten zu können, und den Verschuldungsgrad zu begrenzen, ist Voraussetzung für die aufsichtsrechtliche Solidität von Kreditinstituten. Es sollte Aufgabe der EZB sein, die Einhaltung dieser Vorschriften sicherzustellen, was insbesondere die für die Zwecke dieser Vorschriften vorgesehene Erteilung von Genehmigungen, Erlaubnissen, Ausnahmen oder Freistellungen einschließt.

(24) Zusätzliche Kapitalpuffer, wie Kapitalerhaltungspuffer, antizyklische Kapitalpuffer, mit denen sichergestellt wird, dass Kreditinstitute in Phasen des Wirtschaftswachstums eine ausreichende Eigenmittelgrundlage aufbauen, um Verluste in schwierigeren Zeiten absorbieren zu können, globale und andere Puffer für systemrelevante Institute sowie sonstige Maßnahmen zur Abwendung von Systemrisiken oder makroprudenziellen Risiken sind wesentliche Aufsichtsinstrumente. Im Interesse einer umfassenden Abstimmung sollte die EZB ordnungsgemäß unterrichtet werden, wenn die nationalen zuständigen Behörden oder nationalen benannten Behörden solche Maßnahmen treffen. Außerdem sollte die EZB erforderlichenfalls vorbehaltlich einer engen Abstimmung mit den nationalen Behörden strengere Anforderungen und Maßnahmen anwenden können. Die Bestimmungen in dieser Verordnung über Maßnahmen zur Abwendung von Systemrisiken oder makroprudenziellen Risiken lassen alle Abstimmungsverfahren, die in anderen Rechtsakten der Union vorgesehen sind, unberührt. Die nationalen zuständigen Behörden oder nationalen benannten Behörden und die EZB müssen jedes in diesen Rechtsakten vorgesehene Abstimmungsverfahren berücksichtigen, nachdem sie die Verfahren gemäß dieser Verordnung angewandt haben.

(25) Die Sicherheit und Solidität von Kreditinstituten hängen auch von der Vorhaltung von internem Kapital in angemessener, den möglichen Risiken entsprechender Höhe sowie von geeigneten internen Organisationsstrukturen und Regelungen für die Unternehmensführung ab. Die EZB sollte daher mit der Festlegung von Anforderungen beauftragt werden, mit denen sichergestellt wird, dass Kreditinstitute in den teilnehmenden Mitgliedstaaten über solide Regelungen für die Unternehmensführung, Verfahren und Mechanismen verfügen, einschließlich Strategien und Verfahren zur Prüfung und Aufrechterhaltung der Angemessenheit ihres internen Kapitals. Bei Unzulänglichkeiten sollte die EZB zudem die Aufgabe haben, geeignete Maßnahmen zu treffen, einschließlich besonderer zusätzlicher Eigenmittelanforderungen, besonderer Offenlegungspflichten und besonderer Liquiditätsanforderungen.

(26) Risiken für die Sicherheit und Solidität von Kreditinstituten können sowohl auf der Ebene einzelner Kreditinstitute als auch auf der Ebene von Bankengruppen oder Finanzkonglomeraten entstehen. Besondere Aufsichtsregelungen zur Verringerung dieser Risiken sind wichtig, um die Sicherheit und Solidität von Kreditinstituten zu gewährleisten. Neben der Einzelaufsicht über Kreditinstitute sollten die Aufgaben der EZB auch die Beaufsichtigung auf konsolidierter Basis, ergänzende Aufsichtsaufgaben sowie die Beaufsichtigung von Finanzholdinggesellschaften und von gemischten Finanzholdinggesellschaften, nicht aber von Versicherungsunternehmen umfassen.

(27) Zur Erhaltung der Finanzstabilität muss eine Verschlechterung der finanziellen und wirtschaftlichen Situation eines Kreditinstituts in einem frühen Stadium behoben werden. Die EZB sollte daher beauftragt werden, im einschlägigen Unionsrecht vorgesehene Frühinterventionsmaßnahmen durchzuführen. Sie sollte ihre Frühinterventionsmaßnahmen jedoch mit den zuständigen Abwicklungsbehörden koordinieren. Solange die nationalen Behörden für die Abwicklung von Kreditinstituten zuständig sind, sollte die EZB ihr Handeln darüber hinaus in geeigneter Weise mit den betroffenen nationalen Behörden koordi-

nieren, um sich über die jeweiligen Zuständigkeiten im Krisenfall, insbesondere im Rahmen der für diese Zwecke eingerichteten grenzüberschreitenden Krisenmanagementgruppen und künftigen Abwicklungskollegien, zu verständigen.

(28) Der EZB nicht übertragene Aufsichtsaufgaben sollten bei den nationalen Behörden verbleiben. Dazu zählen die Befugnis zur Entgegennahme von Mitteilungen der Kreditinstitute im Zusammenhang mit dem Niederlassungsrecht und der Dienstleistungsfreiheit, die Beaufsichtigung von Einrichtungen, die keine Kreditinstitute im Sinne des Unionsrechts sind, die aber nach nationalem Recht wie Kreditinstitute zu beaufsichtigen sind, die Beaufsichtigung von Kreditinstituten aus Drittländern, die in der Union eine Zweigstelle errichten oder grenzüberschreitend Dienstleistungen erbringen, die Überwachung von Zahlungsdienstleistungen, die Durchführung der täglichen Überprüfung von Kreditinstituten, die Wahrnehmung der Funktionen der zuständigen Behörden in Bezug auf Kreditinstitute hinsichtlich der Märkte für Finanzinstrumente und die Bekämpfung des Missbrauchs des Finanzsystems für Geldwäsche und Terrorismusfinanzierung sowie der Verbraucherschutz.

(29) Die EZB sollte, soweit angemessen, uneingeschränkt mit den nationalen Behörden zusammenarbeiten, die dafür zuständig sind, ein hohes Verbraucherschutzniveau und die Bekämpfung der Geldwäsche sicherzustellen.

(30) Die EZB sollte die ihr übertragenen Aufgaben mit dem Ziel wahrnehmen, gemäß dem einheitlichen Regelwerk für Finanzdienstleistungen in der Union die Sicherheit und Solidität der Kreditinstitute, die Stabilität des Finanzsystems der Union und der einzelnen teilnehmenden Mitgliedstaaten sowie die Einheit und Integrität des Binnenmarkts und somit auch den Einlegerschutz zu gewährleisten und die Funktionsweise des Binnenmarkts zu verbessern. Insbesondere sollte die EZB den Grundsatz der Gleichbehandlung und den Grundsatz der Nichtdiskriminierung gebührend beachten.

(31) Die Übertragung von Aufsichtsaufgaben auf die EZB sollte mit dem ESFS und dem zugrunde liegenden Ziel der Ausarbeitung eines einheitlichen Regelwerks und der Stärkung der Konvergenz der Aufsichtspraktiken in der gesamten Union im Einklang stehen. Für die Behandlung von Fragen von gemeinsamem Interesse sowie für eine ordnungsgemäße Beaufsichtigung von Kreditinstituten, die zusätzlich im Versicherungs- und Wertpapierbereich tätig sind, ist auch die Zusammenarbeit zwischen Bankenaufsichtsbehörden und Aufsichtsbehörden für die Versicherungs- und Wertpapiermärkte von Bedeutung. Die EZB sollte daher verpflichtet werden eng mit der EBA, der ESMA, der EIOPA, dem Europäischen Ausschuss für Systemrisiken (ESRB) und anderen am ESFS teilnehmenden Behörden zusammenzuarbeiten. Die EZB sollte ihre Aufgaben im Einklang mit den Bestimmungen dieser Verordnung und unbeschadet der Zuständigkeiten und Aufgaben der anderen Teilnehmer im Rahmen des ESFS wahrnehmen. Sie sollte ferner verpflichtet werden, mit den jeweiligen Abwicklungsbehörden und Fazilitäten zusammenzuarbeiten, die direkte oder indirekte öffentliche Finanzhilfen finanzieren.

(32) Die EZB sollte ihre Aufgaben gemäß und in Übereinstimmung mit dem einschlägigen Unionsrecht ausüben, einschließlich des gesamten Primär- und Sekundärrechts der Union, der Beschlüsse der Kommission zu staatlichen Beihilfen, der Wettbewerbsvorschriften und der Bestimmungen zur Fusionskontrolle sowie des für alle Mitgliedstaaten geltenden einheitlichen Regelwerks. Die EBA hat den Auftrag, technische Standards, Leitlinien und Empfehlungen auszuarbeiten, um die aufsichtsrechtliche Konvergenz und die Kohärenz der Aufsichtsergebnisse innerhalb der Union sicherzustellen. Diese Aufgaben sollten bei der EBA verbleiben, weshalb die EZB gemäß Artikel 132 des Vertrags über die Arbeitsweise der Europäischen Union (AEUV) und den Rechtsakten der Union, die die Europäische Kommission auf der Grundlage von Entwürfen der EBA erlassen hat, und vorbehaltlich des Artikels 16 der Verordnung (EU) Nr. 1093/2010, Verordnungen erlassen sollte.

(33) Soweit erforderlich sollte die EZB mit den zuständigen Behörden, die für die Märkte für Finanzinstrumente zuständig sind, Vereinbarungen eingehen, in denen allgemein beschrieben wird, wie ihre Zusammenarbeit miteinander bei der Wahrnehmung ihrer Aufsichtsaufgaben nach Unionsrecht in Bezug auf die in dieser Verordnung genannten Finanzinstitute ausgestaltet werden soll. Diese Vereinbarungen sollten dem Europäischen Parlament, dem Rat und den zuständige Behörden aller Mitgliedstaaten zur Verfügung gestellt werden.

(34) Zur Wahrnehmung ihrer Aufgaben und zur Ausübung ihrer Aufsichtsbefugnisse sollte die EZB die materiellen Vorschriften für die Beaufsichtigung von Kreditinstituten anwenden. Diese Vorschriften sind die des einschlägigen Unionsrechts, insbesondere unmittelbar geltende Verordnungen oder Richtlinien, wie diejenigen über die Eigenmittelausstattung von Kreditinstituten und über Finanzkonglomerate. Liegen die materiellen Vorschriften für die Beaufsichtigung von Kreditinstituten in Form von Richtlinien vor,

so sollte die EZB die nationalen Rechtsvorschriften zur Umsetzung der betreffenden Richtlinien anwenden. Soweit das einschlägige Unionsrecht aus Verordnungen besteht, sollte die EZB in Bereichen, in denen diese Verordnungen den Mitgliedstaaten zum Zeitpunkt des Inkrafttretens dieser Verordnung ausdrücklich Wahlrechte einräumen, auch die nationalen Rechtsvorschriften anwenden, durch die diese Wahlrechte ausgeübt werden. Diese Wahlrechte sollten dahin gehend ausgelegt werden, dass sie Wahlrechte ausschließen, die alleine den zuständigen oder benannten Behörden vorbehalten sind. Der Grundsatz des Vorrangs des Unionsrechts wird hierdurch nicht berührt. Daraus folgt, dass die EZB ihre Leitlinien oder Empfehlungen sowie ihre Beschlüsse auf das einschlägige bindende Unionsrecht stützen und im Einklang mit diesem erlassen sollte.

(35) Im Rahmen der der EZB übertragenen Aufgaben werden den nationalen zuständigen Behörden durch das nationale Recht bestimmte Befugnisse übertragen, die bisher durch Unionsrecht nicht gefordert waren, einschließlich der Befugnis zu frühzeitigem Eingreifen und zum Ergreifen von Vorsichtsmaßnahmen. Die EZB sollte die nationalen Behörden in den teilnehmenden Mitgliedstaaten auffordern dürfen, von diesen Befugnissen Gebrauch zu machen, um die Ausübung einer umfassenden und wirksamen Beaufsichtigung innerhalb des einheitlichen Aufsichtsmechanismus sicherzustellen.

(36) Zur Sicherstellung der Anwendung der Aufsichtsregeln und -beschlüsse durch Kreditinstitute, Finanzholdinggesellschaften und gemischte Finanzholdinggesellschaften sollten im Falle eines Verstoßes wirksame, verhältnismäßige und abschreckende Sanktionen verhängt werden. Gemäß Artikel 132 Absatz 3 AEUV und der Verordnung (EG) Nr. 2532/98 des Rates vom 23. November 1998 über das Recht der Europäischen Zentralbank, Sanktionen zu verhängen[1], ist die EZB berechtigt, Unternehmen mit Geldbußen oder Zwangsgeldern zu belegen, wenn sie ihre Verpflichtungen aus den Verordnungen und Beschlüssen der EZB nicht einhalten. Damit die EZB ihre Aufgaben im Zusammenhang mit der Durchsetzung der Aufsichtsregeln des unmittelbar anwendbaren Unionsrechts wirksam wahrnehmen kann, sollte sie die Befugnis erhalten, bei Verstößen gegen solche Bestimmungen Geldbußen gegen Kreditinstitute, Finanzholdinggesellschaften und gemischte Finanzholdinggesellschaften zu verhängen. Die nationalen Behörden sollten bei Verstößen gegen Verpflichtungen aus nationalen Rechtsvorschriften zur Umsetzung von Unionsrichtlinien weiterhin Sanktionen verhängen können. Hält die EZB es für die Erfüllung ihrer Aufgaben für angebracht, bei solchen Verstößen eine Sanktion zu verhängen, sollte sie die Angelegenheit zu diesem Zweck an die nationalen zuständigen Behörden weiterleiten können.

(37) Die nationalen Aufsichtsbehörden verfügen über umfangreiche, langjährige Erfahrung mit der Beaufsichtigung von Kreditinstituten in ihrem Hoheitsgebiet sowie über umfangreiches Fachwissen der jeweiligen wirtschaftlichen, organisatorischen und kulturellen Besonderheiten. Dazu wurde ein engagierter und hoch qualifizierter Mitarbeiterstab eingerichtet. Um die Einhaltung höchster Standards bei der Beaufsichtigung auf Unionsebene sicherzustellen, sollten die nationalen zuständigen Behörden dafür verantwortlich sein, die EZB bei der Vorbereitung und Umsetzung von Rechtsakten im Zusammenhang mit der Wahrnehmung ihrer Aufsichtsaufgaben zu unterstützen. Dazu sollten insbesondere die laufende tägliche Bewertung der Lage eines Kreditinstituts und die damit verbundenen Prüfungen vor Ort gehören.

(38) Die in dieser Verordnung festgelegten Kriterien, anhand derer ermittelt wird, welche Institute auf konsolidierter Basis als weniger bedeutend anzusehen sind, sollten auf der obersten Konsolidierungsebene innerhalb des teilnehmenden Mitgliedstaats auf der Grundlage konsolidierter Daten angewandt werden. Wenn die EZB die ihr durch diese Verordnung übertragenen Aufgaben in Bezug auf eine Gruppe wahrnimmt, die auf konsolidierter Basis nicht als weniger bedeutend gilt, sollte sie dies in Bezug auf die Gruppe von Kreditinstituten auf konsolidierter Basis und in Bezug auf die Tochterbanken und Zweigstellen jener Gruppe in den teilnehmenden Mitgliedstaaten auf Ebene des einzelnen Kreditinstituts tun.

(39) Diese in dieser Verordnung festgelegten Kriterien, anhand derer ermittelt wird, welche Institute auf konsolidierter Basis als weniger bedeutend anzusehen sind, sollten in einem Rahmenwerk näher bestimmt werden, das von der EZB in Abstimmung mit den nationalen zuständigen Behörden angenommen und veröffentlicht wird. Auf dieser Grundlage sollte die EZB dafür verantwortlich sein, diese Kriterien anzuwenden und mittels eigener Berechnungen zu überprüfen, ob sie erfüllt sind. Die Anforderung von Informationen durch die EZB für ihre Berechnungen, sollte die Institute nicht dazu zwingen, andere Rechnungslegungsrahmen anzuwenden als diejenigen, die gemäß anderen Rechtsakten der Union und nationalen Rechtsakten für sie anwendbar sind.

Zu Abs. 36:
[1] *ABl. L 318 vom 27.11.1998, S. 4.*

(40) Wurde ein Kreditinstitut als bedeutend oder weniger bedeutend eingestuft, so sollte diese Bewertung im Allgemeinen innerhalb von 12 Monaten nicht öfter als einmal geändert werden, es sei denn, die Bankengruppen wurden strukturellen Änderungen, wie Zusammenschlüssen oder Veräußerungen, unterzogen.

(41) Wenn die EZB - im Anschluss an eine Anzeige einer nationalen zuständigen Behörde - darüber entscheidet, ob ein Institut für die betreffende Volkswirtschaft bedeutend ist und daher von der EZB beaufsichtigt werden sollte, sollte sie allen relevanten Umständen, einschließlich Überlegungen hinsichtlich gleicher Voraussetzungen, Rechnung tragen.

(42) Hinsichtlich der Beaufsichtigung grenzüberschreitend tätiger Kreditinstitute, die sowohl innerhalb als auch außerhalb des Euro-Währungsgebiets tätig sind, sollte die EZB eng mit den zuständigen Behörden der nicht teilnehmenden Mitgliedstaaten zusammenarbeiten. Als zuständige Behörde sollte die EZB den im Unionsrecht festgelegten Verpflichtungen zur Zusammenarbeit und zum Informationsaustausch unterliegen und an den Aufsichtskollegien uneingeschränkt teilnehmen. Da die Wahrnehmung von Aufsichtsaufgaben durch ein Unionsorgan mit klaren Vorteilen für die Finanzstabilität und eine nachhaltige Marktintegration verbunden ist, sollten Mitgliedstaaten, „deren Währung nicht der Euro ist" ebenfalls am einheitlichen Aufsichtsmechanismus teilnehmen können. Unabdingbare Voraussetzung für die wirksame Ausübung von Aufsichtsaufgaben ist jedoch die vollständige und unverzügliche Umsetzung von Aufsichtsbeschlüssen. Mitgliedstaaten, die am einheitlichen Aufsichtsmechanismus teilnehmen möchten, sollten sich daher verpflichten, dafür zu sorgen, dass ihre nationalen zuständigen Behörden alle von der EZB geforderten Maßnahmen in Bezug auf Kreditinstitute befolgen und umsetzen. Die EZB sollte eine enge Zusammenarbeit mit den zuständigen Behörden von Mitgliedstaaten, deren Währung nicht der Euro ist, eingehen können. Sie sollte verpflichtet sein, eine solche Zusammenarbeit einzugehen, wenn die in dieser Verordnung festgelegten Bedingungen erfüllt sind.

(43) Da teilnehmende Mitgliedstaaten, deren Währung nicht der Euro ist, bis zur Einführung des Euro gemäß dem AEUV nicht im EZB-Rat vertreten sind und von anderen Mechanismen für Mitgliedstaaten, deren Währung der Euro ist, nicht in vollem Umfang profitieren können, sind in dieser Verordnung zusätzliche Garantien im Beschlussfassungsverfahren geregelt. Diese Garantien, insbesondere die Möglichkeit für teilnehmende Mitgliedstaaten, deren Währung nicht der Euro ist, um die unmittelbare Beendigung der engen Zusammenarbeit zu ersuchen, nach Mitteilung an den EZB-Rat in einer begründeten Stellungnahme, dass sie einem Beschlussentwurf des Aufsichtsgremiums nicht zustimmen, sollten jedoch nur in hinreichend begründeten Ausnahmefällen Anwendung finden. Sie sollten nur Anwendung finden, solange diese besonderen Umstände vorliegen. Die Garantien bestehen aufgrund der besonderen Umstände, die in Mitgliedstaaten, deren Währung nicht der Euro ist, nach dieser Verordnung vorliegen, weil sie im EZB-Rat nicht vertreten sind und von anderen Mechanismen für Mitgliedstaaten, deren Währung der Euro ist, nicht in vollem Umfang profitieren können. Daher können und sollten die Garantien nicht als Präzedenzfall für andere Bereiche der Unionspolitik verstanden werden.

(44) Durch keinen Teil dieser Verordnung sollte der bestehende Rahmen für die Änderung der Rechtsform von Tochtergesellschaften oder Zweigstellen bzw. die Anwendung eines solchen Rahmens in irgendeiner Weise geändert werden; noch sollte irgendein Teil dieser Verordnung in einer Weise ausgelegt oder angewandt werden, die einen Anreiz für eine solche Änderung darstellt. Diesbezüglich sollte die Zuständigkeit der zuständigen Behörden der nicht teilnehmenden Mitgliedstaaten in vollem Umfang geachtet werden, damit diese Behörden gegenüber in ihrem Hoheitsgebiet tätigen Kreditinstituten weiterhin über ausreichende Instrumente und Befugnisse verfügen, um diese Zuständigkeit wahrzunehmen und die Finanzmarktstabilität und das öffentliche Interesse wirksam wahren zu können. Um die zuständigen Behörden bei der Wahrnehmung ihrer Aufgaben zu unterstützen, sollten sowohl Einlegern und als auch den zuständigen Behörden außerdem rechtzeitig Informationen über die Änderung der Rechtsform einer Tochtergesellschaft oder Zweigstelle bereitgestellt werden.

(45) Damit die EZB ihre Aufgaben wahrnehmen kann, sollte sie angemessene Aufsichtsbefugnisse haben. Die Rechtsvorschriften der Union über die Beaufsichtigung von Kreditinstituten übertragen zu diesen Zwecken bestimmte Befugnisse auf die von den Mitgliedstaaten benannten zuständigen Behörden. Soweit diese Befugnisse die der EZB übertragenen Aufsichtsaufgaben betreffen, sollte die EZB für die teilnehmenden Mitgliedstaaten als zuständige Behörde gelten und über die Befugnisse verfügen, die den zuständigen Behörden nach dem Unionsrecht erteilt wurden. Dazu gehören die den zuständigen Behörden des Herkunfts- und Aufnahmemitgliedstaates mit diesen Rechtsakten übertragenen Befugnisse und die den benannten Behörden erteilten Befugnisse.

(46) Die EZB sollte die Aufsichtsbefugnis haben, ein Mitglied eines Leitungsorgans gemäß dieser Verordnung abzuberufen.

(47) Im Interesse einer wirksamen Wahrnehmung ihrer Aufgaben sollte die EZB berechtigt sein, alle erforderlichen Informationen anzufordern sowie gegebenenfalls in Zusammenarbeit mit den zuständigen nationalen Behörden Untersuchungen und Prüfungen vor Ort durchzuführen. Die EZB und die nationalen zuständigen Behörden sollten auf dieselben Informationen zugreifen können, so dass Kreditinstitute diese Daten nicht mehrfach bereitstellen müssen.

(48) Das Privileg der Angehörigen von Rechtsberufen ist ein grundlegendes Prinzip des Unionsrechts, das die Vertraulichkeit der Kommunikation zwischen natürlichen oder juristischen Personen und ihren Rechtsbeiständen nach den von der Rechtsprechung des Gerichtshofs der Europäischen Union (EUGH) entwickelten Bedingungen schützt.

(49) Benötigt die EZB Informationen von einer Person, die in einem nicht teilnehmenden Mitgliedstaat niedergelassen ist, aber zu einem Kreditinstitut, einer Finanzholdinggesellschaft oder einer gemischten Finanzholdinggesellschaft gehört, das/die in einem teilnehmende Mitgliedstaat niedergelassen ist, oder auf die das betreffende Kreditinstitut bzw. die Finanzholdinggesellschaft oder gemischte Finanzholdinggesellschaft betriebliche Funktionen oder Tätigkeiten ausgelagert hat, und ist ein solches Informationsersuchen in dem nicht teilnehmenden Mitgliedstaat nicht wirksam oder vollstreckbar, so sollte sich die EZB mit der zuständigen Behörde des nicht teilnehmenden Mitgliedstaats abstimmen.

(50) Durch diese Verordnung wird die Anwendung der Bestimmungen nach Maßgabe der Artikel 34 und 42 des dem Vertrag über die Europäische Union (EUV) und dem AEUV beigefügten Protokolls Nr. 4 über die Satzung des Europäischen Systems der Zentralbanken und der Europäischen Zentralbank (im Folgenden „Satzung des ESZB und der EZB") nicht berührt. Gemäß diesem Protokoll und dem dem EUV und dem AEUV beigefügten Protokoll Nr. 15 über einige Bestimmungen betreffend das Vereinigte Königreich Großbritannien und Nordirland sollten die von der EZB im Rahmen dieser Verordnung angenommenen Rechtsakte nicht teilnehmenden Mitgliedstaaten keinerlei Rechte einräumen und keinerlei Verpflichtungen auferlegen, es sei denn diese Rechtsakte stehen im Einklang mit dem einschlägigen Unionsrecht.

(51) Hinsichtlich der Ausübung des Niederlassungsrechts oder des Rechts zur Erbringung von Dienstleistungen in einem anderen Mitgliedstaat sowie in Fällen, in denen mehrere Unternehmen einer Gruppe in unterschiedlichen Mitgliedstaaten niedergelassen sind, sieht das Unionsrecht besondere Verfahren und die Aufteilung der Zuständigkeiten zwischen den betroffenen Mitgliedstaaten vor. Soweit die EZB bestimmte Aufsichtsaufgaben für alle teilnehmenden Mitgliedstaaten übernimmt, sollten diese Verfahren und Aufteilungen nicht für die Ausübung des Niederlassungsrechts oder des Rechts auf Dienstleistungserbringung in einem anderen teilnehmenden Mitgliedstaat gelten.

(52) Bei der Wahrnehmung ihrer Aufgaben im Rahmen dieser Verordnung und bei ihren Amtshilfeersuchen an nationale zuständige Behörden sollte die EZB auf eine ausgewogene Beteiligung aller betroffenen nationalen zuständigen Behörden achten, die den im maßgebenden Unionsrecht festgelegten Verantwortlichkeiten für die Einzelaufsicht sowie die Aufsicht auf teilkonsolidierter und konsolidierter Basis entspricht.

(53) Kein Teil dieser Verordnung sollte dahin gehend ausgelegt werden, dass er der EZB die Befugnis überträgt, Sanktionen gegen natürliche oder andere juristische Personen als Kreditinstitute, Finanzholdinggesellschaften oder gemischte Finanzholdinggesellschaften zu verhängen; dies gilt unbeschadet der Befugnis der EZB, von den nationalen zuständigen Behörden zu verlangen, dass sie Maßnahmen ergreifen, um sicherzustellen, dass geeignete Sanktionen verhängt werden.

(54) Die EZB wurde durch die Verträge errichtet und ist damit ein Organ der Union als Ganzes. Sie sollte bei ihren Beschlussfassungsverfahren an Unionsvorschriften und allgemeine Grundsätze für ein ordnungsgemäßes Verfahren und Transparenz gebunden sein. Das Recht der Adressaten der EZB-Beschlüsse auf Anhörung sowie ihr Recht, gemäß den in dieser Verordnung festgelegten Bestimmungen eine Überprüfung der EZB-Beschlüsse zu beantragen, sollte umfassend geachtet werden.

(55) Die Übertragung von Aufsichtsaufgaben geht mit einer erheblichen Verantwortung der EZB für den Schutz der Finanzmarktstabilität in der Union und mit der Verpflichtung einher, die Aufsichtsbefugnisse auf möglichst wirksame und verhältnismäßige Weise auszuüben. Bei einer Verlagerung von Aufsichtsbefugnissen von den Mitgliedstaaten auf die EU-Ebene sollte durch entsprechende Anforderungen hinsichtlich Transparenz und Rechenschaftspflicht für ausgewogene Verhältnisse gesorgt werden. Die EZB

sollte daher dem Europäischen Parlament und dem Rat als den demokratisch legitimierten Organen, die die Bürger der Union und der Mitgliedstaaten vertreten, hinsichtlich der Ausübung dieser Aufgaben Rechenschaft ablegen. Dies sollte die regelmäßige Berichterstattung und die Beantwortung von Fragen des Europäischen Parlaments gemäß seiner Geschäftsordnung sowie der Euro-Gruppe gemäß ihrer Verfahrensregeln umfassen. Alle Berichterstattungspflichten sollten den einschlägigen beruflichen Geheimhaltungspflichten unterliegen.

(56) Die EZB sollte die Berichte, die sie an das Europäischen Parlament und den Rat richtet, auch den nationalen Parlamenten der teilnehmenden Mitgliedstaaten zuleiten. Die nationalen Parlamente der teilnehmenden Mitgliedstaaten sollten die Möglichkeit haben, Bemerkungen und Fragen an die EZB bezüglich der Ausübung ihrer Aufsichtsaufgaben zu richten, zu denen die EZB sich äußern kann. Die internen Vorschriften dieser nationalen Parlamente sollten den Einzelheiten der einschlägigen Verfahren und Regelungen für die Übermittlung von Bemerkungen und Fragen an die EZB Rechnung tragen. Hierbei sollte besonderes Augenmerk auf Bemerkungen oder Fragen im Zusammenhang mit dem Entzug der Zulassung von Kreditinstituten gerichtet werden, in Bezug auf welche die nationalen zuständigen Behörden gemäß dem Verfahren nach dieser Verordnung Maßnahmen zur Abwicklung oder zum Erhalt der Finanzmarktstabilität ergriffen haben. Das nationale Parlament eines teilnehmenden Mitgliedstaats sollte ferner den Vorsitzenden oder einen Vertreter des Aufsichtsgremiums ersuchen können, gemeinsam mit einem Vertreter der nationalen zuständigen Behörde an einem Gedankenaustausch über die Beaufsichtigung von Kreditinstituten in diesem Mitgliedstaat teilzunehmen. Diese Rolle der nationalen Parlamente ist aufgrund der potenziellen Auswirkungen, die die Aufsichtsmaßnahmen auf die öffentlichen Finanzen, die Kreditinstitute, deren Kunden und Angestellte sowie auf die Märkte in den teilnehmenden Mitgliedstaaten haben können, durchaus angemessen. Ergreifen nationale zuständige Behörden Maßnahmen gemäß dieser Verordnung, so sollten auch weiterhin nationale Rechenschaftspflichten Anwendung finden.

(57) Das Recht des Europäischen Parlaments auf Einsetzung eines nichtständigen Untersuchungsausschusses zur Prüfung behaupteter Verstöße gegen das Unionsrecht oder Missstände bei der Anwendung desselben gemäß Artikel 226 AEUV oder auf Ausübung seiner politischen Kontrollfunktion nach Maßgabe der Verträge, einschließlich seines Rechts, Stellungnahmen abzugeben oder Entschließungen anzunehmen, wenn es dies für angemessen erachtet, bleibt von dieser Verordnung unberührt.

(58) Die EZB sollte im Einklang mit den Grundsätzen für ein ordnungsgemäßes Verfahren und für Transparenz handeln.

(59) Durch die in Artikel 15 Absatz 3 AEUV genannte Verordnung sollten gemäß dem AEUV detaillierte Vorschriften festgelegt werden, mit denen der Zugang zu Dokumenten ermöglicht wird, die sich infolge der Wahrnehmung von Aufsichtsaufgaben im Besitz der EZB befinden.

(60) Nach Artikel 263 AEUV obliegt es dem EUGH, die Rechtmäßigkeit der Maßnahmen, die auf die Herbeiführung von Rechtswirkungen gegenüber Dritten gerichtet sind - unter anderem solche der EZB, soweit es sich nicht um Empfehlungen oder Stellungnahmen handelt - zu überwachen.

(61) Im Einklang mit Artikel 340 AEUV sollte die EZB den durch sie oder ihre Bediensteten in Ausübung ihrer Amtstätigkeit verursachten Schaden nach den allgemeinen Rechtsgrundsätzen, die den Rechtsordnungen der Mitgliedstaaten gemeinsam sind, ersetzen. Die Haftung der nationalen zuständigen Behörden für den durch sie oder ihre Bediensteten in Ausübung ihrer Amtstätigkeit verursachten Schaden nach nationalem Recht sollte davon unberührt bleiben.

(62) Für die EZB gilt gemäß Artikel 342 AEUV die Verordnung Nr. 1 des Rates zur Regelung der Sprachenfrage für die Europäische Wirtschaftsgemeinschaft[1)].

(63) Wenn die EZB prüft, ob das Recht Betroffener auf Akteneinsicht beschränkt werden sollte, sollte sie die Grundrechte wahren und die in der Charta der Grundrechte der Europäischen Union verankerten Grundsätze, insbesondere das Recht auf einen wirksamen Rechtsbehelf und ein unparteiisches Gericht, achten.

(64) Die EZB sollte vorsehen, dass natürliche und juristische Personen die Überprüfung von an sie gerichteten oder sie direkt individuell betreffenden Beschlüssen verlangen können, die die EZB aufgrund der ihr durch diese Verordnung übertragenen Befugnisse erlassen hat. Die Überprüfung sollte sich auf die verfahrensmäßige und materielle Übereinstimmung solcher Beschlüsse mit dieser Verordnung erstrecken, wobei gleichzeitig der der EZB überlassene Ermessens-

Zu Abs. 62:

1) ABl. 17 vom 6.10.1958, S. 385.

spielraum, über die Zweckmäßigkeit dieser Beschlüsse zu entscheiden, zu achten ist. Für diesen Zweck und aus Gründen der Verfahrensökonomie sollte die EZB einen administrativen Überprüfungsausschuss einrichten, der diese internen Überprüfungen vornimmt. Der EZB-Rat sollte Persönlichkeiten von hohem Ansehen in diesen Ausschuss berufen. Bei seiner Auswahl sollte der EZB-Rat soweit wie möglich eine ausgewogene Zusammensetzung nach geografischer Herkunft und Geschlechtern aus den Mitgliedstaaten sicherstellen. Das Verfahren für die Überprüfung sollte vorsehen, dass das Aufsichtsgremium seinen vorherigen Beschlussentwurf gegebenenfalls überarbeitet.

(65) Die EZB übt gemäß Artikel 127 Absatz 1 AEUV geldpolitische Funktionen zur Erhaltung der Preisstabilität aus. Die Ausübung von Aufsichtsaufgaben dient dem Schutz der Sicherheit und Solidität von Kreditinstituten und der Stabilität des Finanzsystems. Beide Funktionen sollten daher vollständig voneinander getrennt sein, um Interessenkonflikte zu vermeiden und zu gewährleisten, dass jede Funktion gemäß den jeweiligen Zielen ausgeübt wird. Die EZB sollte in der Lage sein sicherzustellen, dass der EZB-Rat seine geldpolitischen und seine aufsichtlichen Funktionen in vollkommen getrennter Weise wahrnimmt. Diese Abgrenzung sollte zumindest eine strikte Trennung der Sitzungen und der Tagesordnungen umfassen.

(66) Die organisatorische Trennung des Personals sollte alle für unabhängige geldpolitische Zwecke benötigte Dienste betreffen und sicherstellen, dass die Wahrnehmung der durch diese Verordnung übertragenen Aufgaben in vollem Umfang der demokratischen Rechenschaftspflicht und Aufsicht nach Maßgabe dieser Verordnung unterliegt. Das Personal, das an der Wahrnehmung der der EZB durch diese Verordnung übertragenen Aufgaben beteiligt ist, sollte dem Vorsitzenden des Aufsichtsgremiums Bericht erstatten.

(67) Insbesondere sollte in der EZB ein Aufsichtsgremium eingerichtet werden, das für die Vorbereitung von Beschlüssen in aufsichtlichen Angelegenheiten zuständig ist und sich auf die spezifischen Kenntnisse der nationalen Aufsichtsbehörden stützen kann. Das Gremium sollte daher einen Vorsitzenden und einen stellvertretenden Vorsitzenden haben und Vertreter der EZB und der nationalen zuständigen Behörden umfassen. Bei der Besetzung des Aufsichtsgremiums nach Maßgabe dieser Verordnung sollten die Grundsätze der Ausgewogenheit der Geschlechter, der Erfahrung und der Qualifikation geachtet werden. Alle Mitglieder des Aufsichtsgremiums sollten fristgerecht und umfassend über die Tagesordnungspunkte ihrer Sitzungen informiert werden, damit die Beratungen und die Ausarbeitung der Beschlussentwürfe möglichst wirksam durchgeführt werden können.

(68) Bei der Ausübung seiner Aufgaben sollte das Aufsichtsgremium allen relevanten Tatsachen und Umständen in den teilnehmenden Mitgliedstaaten Rechnung tragen und seine Pflichten im Interesse der Union als Ganzes wahrnehmen.

(69) Unter uneingeschränkter Achtung der durch die Verträge festgelegten institutionellen Vorkehrungen und der Abstimmungsmodalitäten sollte das Aufsichtsgremium der EZB ein zentrales Gremium für die Ausübung der Aufsichtsaufgaben sein, die bislang in den Händen der nationalen zuständigen Behörden lagen. Aus diesem Grund sollte dem Rat die Befugnis übertragen werden, einen Durchführungsbeschluss zur Ernennung des Vorsitzenden und des stellvertretenden Vorsitzenden des Aufsichtsgremiums zu erlassen. Nach Anhörung des Aufsichtsgremiums sollte die EZB dem Europäischen Parlament einen Vorschlag für die Ernennung des Vorsitzenden und des stellvertretenden Vorsitzenden zur Billigung übermitteln. Nach der Billigung dieses Vorschlags sollte der Rat den Durchführungsbeschluss erlassen. Der Vorsitzende sollte auf der Grundlage eines offenen Auswahlverfahrens ausgewählt werden, über das das Europäische Parlament und der Rat ordnungsgemäß unterrichtet werden sollten.

(70) Zur Ermöglichung einer angemessenen Rotation bei gleichzeitiger Gewährleistung der vollständigen Unabhängigkeit des Vorsitzenden sollte dessen Amtszeit fünf Jahre nicht überschreiten und nicht erneuerbar sein. Im Interesse einer umfassenden Abstimmung mit den Tätigkeiten der EBA und den aufsichtspolitischen Tätigkeiten der Union sollte das Aufsichtsgremium die EBA und die Kommission als Beobachter einladen können. Nachdem die Europäische Abwicklungsbehörde eingerichtet ist, sollte ihr Vorsitzender als Beobachter an den Sitzungen des Aufsichtsgremiums teilnehmen.

(71) Das Aufsichtsgremium sollte von einem Lenkungsausschuss mit kleinerer Zusammensetzung unterstützt werden. Der Lenkungsausschuss sollte die Sitzungen des Aufsichtsgremiums vorbereiten, seine Pflichten nur im Interesse der Union als Ganzes wahrnehmen und in völliger Transparenz mit dem Aufsichtsgremium zusammenarbeiten.

(72) Der EZB-Rat sollte die Vertreter teilnehmender Mitgliedstaaten, deren Währung nicht der Euro ist, jedes Mal einladen, wenn er erwägt,

Einwände gegen einen Beschlussentwurf des Aufsichtsgremiums zu erheben, oder wenn die betroffenen nationalen zuständigen Behörden dem EZB-Rat in einer begründeten Stellungnahme mitteilen, dass sie einen Beschlussentwurf des Aufsichtsgremiums ablehnen, soweit dieser Beschluss an die nationalen Behörden gerichtet ist und sich auf Kreditinstitute aus teilnehmenden Mitgliedstaaten, deren Währung nicht der Euro ist, bezieht.

(73) Um die Trennung zwischen geldpolitischen und aufsichtlichen Aufgaben sicherzustellen, sollte die EZB verpflichtet werden, eine Schlichtungsstelle einzurichten. Die Einrichtung der Stelle und insbesondere ihre Zusammensetzung sollten sicherstellen, dass sie Meinungsverschiedenheiten auf ausgewogene Weise und im Interesse der Union als Ganzes beilegen.

(74) Das Aufsichtsgremium, der Lenkungsausschuss und die Mitarbeiter der EZB, die Aufsichtsaufgaben wahrnehmen, sollten angemessenen Geheimhaltungspflichten unterliegen. Ähnliche Anforderungen sollten auch für den Informationsaustausch mit Mitarbeitern der EZB gelten, die nicht an den Aufsichtstätigkeiten beteiligt sind. Dies sollte die EZB nicht davon abhalten, innerhalb der in den einschlägigen Unionsrechtsakten festgelegten Grenzen und unter den darin vorgesehenen Bedingungen Informationen auszutauschen, einschließlich mit der Kommission für die Zwecke ihrer Aufgaben gemäß den Artikeln 107 und 108 AEUV und gemäß den Unionsvorschriften über eine verstärkte wirtschaftliche und haushaltspolitische Überwachung.

(75) Im Interesse einer wirksamen Wahrnehmung ihrer Aufsichtsaufgaben sollte die EZB die ihr übertragenen Aufsichtsaufgaben vollständig unabhängig ausüben, insbesondere frei von ungebührlicher politischer Einflussnahme sowie von Einmischungen der Industrie, die ihre operative Unabhängigkeit beeinträchtigen würden.

(76) Die Anwendung von Zeiträumen den Unvereinbarkeit in Aufsichtsbehörden trägt wesentlich dazu bei, die Wirksamkeit und Unabhängigkeit der von diesen Behörden durchgeführten Beaufsichtigung sicherzustellen. Unbeschadet der Anwendung strengerer nationaler Vorschriften sollte die EZB zu diesem Zweck umfassende und formelle Verfahren, einschließlich verhältnismäßiger Überprüfungszeiträume, einrichten und beibehalten, um mögliche Konflikte mit den berechtigten Interessen des einheitlichen Aufsichtsmechanismus/der EZB bereits im Voraus zu beurteilen und abzuwenden, wenn ein früheres Mitglied des Aufsichtsgremiums eine Stelle in der Bankenindustrie antritt, der zuvor von diesem Mitglied beaufsichtigt wurde.

(77) Im Interesse einer wirksamen Wahrnehmung ihrer Aufsichtsaufgaben sollte die EZB über angemessene Ressourcen verfügen. Sie sollte diese Ressourcen auf eine Weise beschaffen, die ihre Unabhängigkeit von einer ungebührlichen Einflussnahme der nationalen zuständigen Behörden und der Marktteilnehmer sicherstellt und die Trennung zwischen geldpolitischen und aufsichtlichen Aufgaben gewährleistet. Die Kosten der Beaufsichtigung sollten von den beaufsichtigten Unternehmen übernommen werden. Die Ausübung von Aufsichtsaufgaben durch die EZB sollte daher durch jährliche Gebühren finanziert werden, die in den teilnehmenden Mitgliedstaaten niedergelassene Kreditinstitute entrichten. Die EZB sollte auch von in einem teilnehmenden Mitgliedstaat niedergelassenen Zweigstellen eines in einem nicht teilnehmenden Mitgliedstaat niedergelassenen Kreditinstituts Gebühren erheben dürfen, um ihre Kosten der Beaufsichtigung dieser Zweigstellen als Aufsichtsbehörde des Aufnahmemitgliedstaats zu decken. Wird ein Kreditinstitut oder eine Zweigstelle auf konsolidierter Basis beaufsichtigt, sollte die Gebühr auf der obersten Ebene eines Kreditinstituts innerhalb der betreffenden Gruppe mit Niederlassungen in den teilnehmenden Mitgliedstaaten erhoben werden. Bei der Berechnung der Gebühren sollten Tochtergesellschaften in nicht teilnehmenden Mitgliedstaaten unberücksichtigt bleiben.

(78) Ist ein Kreditinstitut in die Aufsicht auf konsolidierter Basis einbezogen, so sollte die Gebühr auf der obersten Konsolidierungsebene innerhalb teilnehmender Mitgliedstaaten berechnet werden und von den in die Aufsicht auf konsolidierter Basis einbezogenen Kreditinstituten in einem teilnehmenden Mitgliedstaat auf der Grundlage objektiver Kriterien, die an die Bedeutung und das Risikoprofil, einschließlich der risikogewichteten Aktiva, anknüpfen, erhoben werden.

(79) Hoch motivierte, gut ausgebildete und unparteiische Mitarbeiter sind für eine wirksame Aufsicht von entscheidender Bedeutung. Im Interesse der Einrichtung eines wirklich integrierten Aufsichtsmechanismus sollten daher ein angemessener Austausch mit und zwischen allen nationalen Aufsichtsbehörden der teilnehmenden Mitgliedstaaten und der EZB sowie die Entsendung von Mitarbeitern an diese Behörden gewährleistet sein. Um eine kontinuierliche Kontrolle unter Gleichgestellten insbesondere bei der Beaufsichtigung großer Kreditinstitute zu gewährleisten, sollte die EZB die nationalen zuständigen Behörden auffordern können, Mitarbeiter der zuständigen Behörden anderer teilnehmender Mitgliedstaa-

ten in die jeweiligen Teams einzubeziehen, wodurch ermöglicht wird, Aufsichtsteams von geografischer Diversität mit speziellem Fachwissen und Profil aufzustellen. Durch den Austausch und die Entsendung von Mitarbeitern sollte eine gemeinsame Aufsichtskultur geschaffen werden. Die EZB sollte regelmäßig Informationen darüber zur Verfügung stellen, wie viele Mitarbeiter der nationalen zuständigen Behörden für die Zwecke des einheitlichen Aufsichtsmechanismus an die EZB entsandt sind.

(80) Angesichts der Globalisierung der Bankdienstleistungen und der wachsenden Bedeutung internationaler Standards sollte die EZB ihre Aufgaben gemäß internationalen Standards und im Dialog sowie in enger Zusammenarbeit mit Aufsichtsbehörden außerhalb der Union wahrnehmen, ohne jedoch die internationale Rolle der EBA zu duplizieren. Sie sollte die Befugnis erhalten, in Zusammenarbeit mit der EBA und unter umfassender Berücksichtigung der bestehenden Rollen und jeweiligen Zuständigkeiten der Mitgliedstaaten und der Organe der Union Kontakte mit den Aufsichtsbehörden und -stellen von Drittländern sowie mit internationalen Organisationen zu knüpfen und mit ihnen Verwaltungsvereinbarungen einzugehen.

(81) Die Richtlinie 95/46/EG des Europäischen Parlaments und des Rates vom 24. Oktober 1995 zum Schutz natürlicher Personen bei der Verarbeitung personenbezogener Daten und zum freien Datenverkehr[1] und die Verordnung (EG) Nr. 45/2001 des Europäischen Parlaments und des Rates vom 18. Dezember 2000 zum Schutz natürlicher Personen bei der Verarbeitung personenbezogener Daten durch die Organe und Einrichtungen der Gemeinschaft und zum freien Datenverkehr[2] finden auf die Verarbeitung personenbezogener Daten durch die EZB für die Zwecke dieser Verordnung ohne Einschränkung Anwendung.

(82) Die Verordnung (EG) Nr. 1073/1999 des Europäischen Parlaments und des Rates vom 25. Mai 1999 über die Untersuchungen des Europäischen Amtes für Betrugsbekämpfung (OLAF)[3] gilt auch für die EZB. Die EZB hat den Beschluss EZB/2004/11[1] über die Bedingungen und Modalitäten der Untersuchungen des Europäischen Amtes für Betrugsbekämpfung in der Europäischen Zentralbank angenommen.

(83) Um sicherzustellen, dass Kreditinstitute einer von nicht- aufsichtsrechtlichen Überlegungen unbeeinflussten Beaufsichtigung nach höchsten Standards unterliegen und dass die sich gegenseitig verstärkenden negativen Auswirkungen von Marktentwicklungen auf Kreditinstitute und Mitgliedstaaten rechtzeitig und wirksam behoben werden können, sollte die EZB die ihr übertragenen besonderen Aufsichtsaufgaben so bald wie möglich übernehmen. Die Übertragung von Aufsichtsaufgaben von den nationalen Aufsichtsbehörden auf die EZB erfordert jedoch eine gewisse Vorbereitungszeit. Daher sollte ein angemessener Übergangszeitraum vorgesehen werden.

(84) Die EZB sollte bei der Festlegung der detaillierten operativen Bestimmungen für die Wahrnehmung der ihr durch diese Verordnung übertragenen Aufgaben Übergangsregelungen vorsehen, durch die der Abschluss der laufenden Aufsichtsverfahren, einschließlich aller vor dem Inkrafttreten dieser Verordnung gefassten Beschlüsse und/oder ergriffenen Maßnahmen oder begonnenen Untersuchungen, sichergestellt wird.

(85) Die Kommission hat in ihrer Mitteilung vom 28. November 2012 über ein Konzept für eine vertiefte und echte Wirtschafts- und Währungsunion erklärt, dass Artikel 127 Absatz 6 AEUV geändert werden könnte, um das ordentliche Gesetzgebungsverfahren zur Anwendung zu bringen und einige der rechtlichen Beschränkungen zu beseitigen, die derzeit beim einheitlichen Aufsichtsmechanismus bestehen (z. B. Aufnahme einer Klausel für eine direkte, unwiderrufliche Beteiligung von Mitgliedstaaten, deren Währung nicht der Euro ist, am einheitlichen Aufsichtsmechanismus über das Modell der „engen Zusammenarbeit" hinaus, gleichberechtigte Teilnahme dieser Mitgliedstaaten, die für den einheitlichen Aufsichtsmechanismus optieren, an der Beschlussfassung der EZB und weitergehende interne Trennung zwischen der Beschlussfassung zu Währungs- und zu Aufsichtsfragen). Ferner hat sie festgestellt, dass ein Anliegen, das mit einer Vertragsänderung zu bewerkstelligen wäre, die Stärkung der demokratischen Rechenschaftspflicht der EZB ist, soweit sie als Bankenaufseher tätig ist. Es sei daran erinnert, dass im EUV vorgesehen ist, dass Vorschläge für eine Vertragsän-

Zu Abs. 81:

[1] ABl. L 281 vom 23.11.1995, S. 31.

[2] ABl. L 8 vom 12.1.2001, S. 1.

Zu Abs. 82:

[3] ABl. L 136 vom 31.5.1999, S. 1.

[1] Beschluss EZB/2004/11 der Europäischen Zentralbank vom 3. Juni 2004 über die Bedingungen und Modalitäten der Untersuchungen des Europäischen Amtes für Betrugsbekämpfung in der Europäischen Zentralbank Bekämpfung von Betrug, Korruption und sonstigen rechtswidrigen Handlungen zum Nachteil der finanziellen Interessen der Europäischen Gemeinschaften und zur Änderung der Beschäftigungsbedingungen für das Personal der Europäischen Zentralbank (ABl. L 230 vom 30.6.2004, S. 56).

derung von der Regierung jedes Mitgliedstaats, dem Europäischen Parlament oder der Kommission übermittelt werden können und sich auf jeden Aspekt der Verträge beziehen können.

(86) Diese Verordnung wahrt die Grundrechte und achtet die in der Charta der Grundrechte der Europäischen Union verankerten Grundsätze, insbesondere das Recht auf den Schutz personenbezogener Daten, die unternehmerische Freiheit, das Recht auf einen wirksamen Rechtsbehelf und ein unparteiisches Gericht, und ist gemäß diesen Rechten und Grundsätzen anzuwenden.

(87) Da die Ziele dieser Verordnung, nämlich die Schaffung eines effizienten und wirksamen Rahmens für die Ausübung besonderer Aufgaben im Zusammenhang mit der Beaufsichtigung von Kreditinstituten durch ein Organ der Union und die Sicherstellung der kohärenten Anwendung des einheitlichen Regelwerks für Kreditinstitute, auf der Ebene der Mitgliedstaaten nicht ausreichend verwirklicht werden können und angesichts der unionsweiten Struktur des Bankenmarkts und der Auswirkungen des Zusammenbruchs von Kreditinstituten auf andere Mitgliedstaaten besser auf Unionsebene zu verwirklichen sind, kann die Union gemäß dem in Artikel 5 EUV niedergelegten Subsidiaritätsprinzip tätig werden. Entsprechend dem in demselben Artikel genannten Grundsatz der Verhältnismäßigkeit geht diese Verordnung nicht über das zur Erreichung dieser Ziele erforderliche Maß hinaus -

Inhaltsverzeichnis *(nicht amtlich)*

HAT FOLGENDE VERORDNUNG ERLASSEN:

KAPITEL I

Gegenstand und Begriffsbestimmungen

Artikel 1
Gegenstand und Geltungsbereich

Durch diese Verordnung werden der EZB mit voller Rücksichtnahme auf und unter Wahrung der Sorgfaltspflicht für die Einheit und Integrität des Binnenmarkts auf der Grundlage der Gleichbehandlung der Kreditinstitute mit dem Ziel,

Aufsichtsarbitrage zu verhindern, besondere Aufgaben im Zusammenhang mit der Aufsicht über Kreditinstitute übertragen, um einen Beitrag zur Sicherheit und Solidität von Kreditinstituten sowie zur Stabilität des Finanzsystems in der Union und jedem einzelnen Mitgliedstaat zu leisten.

Die in Artikel 2 Absatz 5 der Richtlinie 2013/36/EU des Europäischen Parlaments und des Rates vom 26. Juni 2013 über den Zugang zur Tätigkeit von Kreditinstituten und die Beaufsichtigung von Kreditinstituten und Wertpapierfirmen[2)] genannten Institutionen sind von den der EZB gemäß Artikel 4 dieser Verordnung übertragenen Aufsichtsaufgaben ausgenommen. Der Umfang der Aufsichtsaufgaben der EZB beschränkt sich auf die Beaufsichtigung von Kreditinstituten gemäß dieser Verordnung. Durch diese Verordnung werden der EZB keine weiteren Aufsichtsaufgaben, wie beispielsweise Aufgaben im Zusammenhang mit der Aufsicht über zentrale Gegenparteien, übertragen.

Bei der Wahrnehmung ihrer Aufgaben gemäß dieser Verordnung berücksichtigt die EZB unbeschadet des Ziels, die Sicherheit und Solidität von Kreditinstituten zu gewährleisten, in vollem Umfang die verschiedenen Arten, Geschäftsmodelle und die Größe der Kreditinstitute.

Die Maßnahmen, Vorschläge oder Strategien der EZB dürfen in keiner Weise, weder direkt noch indirekt, einen Mitgliedstaat oder eine Gruppe von Mitgliedstaaten als Ort für die Bereitstellung von Leistungen von Bank- oder anderen Finanzdienstleistungen in jeglicher Währung benachteiligen.

Diese Verordnung berührt nicht die Verantwortlichkeiten und dazu gehörenden Befugnisse der zuständigen Behörden der teilnehmenden Mitgliedstaaten zur Wahrnehmung von Aufsichtsaufgaben, die der EZB nicht durch diese Verordnung übertragen wurden.

Diese Verordnung berührt auch nicht die Verantwortlichkeiten und dazu gehörenden Befugnisse der zuständigen oder benannten Behörden der teilnehmenden Mitgliedstaaten zur Anwendung von nicht durch einschlägige Rechtsakte der Union vorgesehenen makroprudenziellen Instrumenten.

Artikel 2
Begriffsbestimmungen

Im Sinne dieser Verordnung bezeichnet der Ausdruck

1. „teilnehmender Mitgliedstaat" einen Mitgliedstaat, dessen Währung der Euro ist, bzw. einen Mitgliedstaat, dessen Währung nicht der Euro ist, sofern er eine enge Zusammenarbeit nach Maßgabe des Artikels 7 eingegangen ist;

2. „nationale zuständige Behörde" eine nationale zuständige Behörde, die von den teilnehmenden Mitgliedstaaten im Einklang mit der Verordnung (EU) Nr. 575/2013 des Europäischen Parlaments und des Rates vom 26. Juni 2013 über Aufsichtsanforderungen an Kreditinstitute und Wertpapierfirmen[1)] und der Richtlinie 2013/36/EU benannt worden ist;

3. „Kreditinstitut" ein Kreditinstitut im Sinne des Artikels 4 Absatz 1 Nummer 1 der Verordnung (EU) Nr. 575/2013;

4. „Finanzholdinggesellschaft" eine Finanzholdinggesellschaft im Sinne des Artikels 4 Absatz 1 Nummer 20 der Verordnung (EU) Nr. 575/2013;

5. „gemischte Finanzholdinggesellschaft" eine gemischte Finanzholdinggesellschaft im Sinne des Artikels 2 Nummer 15 der Richtlinie 2002/87/EG des Europäischen Parlaments und des Rates vom 16. Dezember 2002 über die zusätzliche Beaufsichtigung der Kreditinstitute, Versicherungsunternehmen und Wertpapierfirmen eines Finanzkonglomerats[2)];

6. „Finanzkonglomerat" ein Finanzkonglomerat im Sinne des Artikels 2 Nummer 14 der Richtlinie 2002/87/EG;

7. „nationale benannte Behörde" eine benannte Behörde eines teilnehmenden Mitgliedstaats im Sinne des einschlägigen Unionsrechts;

8. „qualifizierte Beteiligung" eine qualifizierte Beteiligung im Sinne des Artikels 4 Absatz 1 Nummer 36 der Verordnung (EU) Nr. 575/2013;

9. „Einheitlicher Aufsichtsmechanismus" das Finanzaufsichtssystem, das sich aus der EZB und den nationalen zuständigen Behörden teilnehmender Mitgliedstaaten entsprechend der Beschreibung in Artikel 6 dieser Verordnung zusammensetzt.

KAPITEL II
Zusammenarbeit und Aufgaben

Artikel 3
Zusammenarbeit

(1) Die EZB arbeitet eng mit der EBA, der ESMA, der EIOPA sowie dem Europäischen Ausschuss für Systemrisiken (ESRB) und den anderen Behörden zusammen, die Teil des ESFS sind und in der Union für eine angemessene Regulierung und Beaufsichtigung sorgen.

Erforderlichenfalls geht die EZB Vereinbarungen mit den zuständigen Behörden der Mitgliedstaaten ein, die für die Märkte für Finanzinstru-

---

Zu Artikel 1:
[2)] *ABl. L 176 vom 27.6.2013, S. 338.*

Zu Artikel 2:
[1)] *ABl. L 176 vom 27.6.2013, S. 1.*
[2)] *ABl. L 35 vom 11.2.2003, S. 1.*

mente verantwortlich sind. Diese Vereinbarungen werden dem Europäischen Parlament, dem Rat und den zuständigen Behörden aller Mitgliedstaaten zur Verfügung gestellt.

(2) Für die Zwecke dieser Verordnung ist die EZB unter den Bedingungen des Artikels 40 der Verordnung (EU) Nr. 1093/2010 im Rat der Aufseher der EBA vertreten.

(3) Die EZB nimmt ihre Aufgaben im Einklang mit dieser Verordnung und unbeschadet der Zuständigkeiten und Aufgaben der EBA, ESMA, EIOPA und des ESRB wahr.

(4) Die EZB arbeitet eng mit den Behörden zusammen, die zur Abwicklung von Kreditinstituten ermächtigt sind, einschließlich bei der Vorbereitung von Abwicklungsplänen.

(5) Vorbehaltlich der Artikel 1, 4 und 6 arbeitet die EZB eng mit jeder Fazilität für eine öffentliche finanzielle Unterstützung zusammen, einschließlich der Europäischen Finanzstabilisierungsfazilität (EFSF) und dem ESM, insbesondere wenn eine solche Fazilität einem Kreditinstitut, für das Artikel 4 gilt, eine direkte oder indirekte finanzielle Unterstützung gewährt bzw. voraussichtlich gewähren wird.

(6) Die EZB und die zuständigen Behörden der nicht teilnehmenden Mitgliedstaaten gehen eine Vereinbarung ein, in der allgemein beschrieben wird, wie ihre Zusammenarbeit bei der Wahrnehmung ihrer Aufsichtsaufgaben nach dem Unionsrecht in Bezug auf die in Artikel 2 genannten Finanzinstitute gestaltet werden soll. Die Vereinbarung wird regelmäßig überprüft.

Unbeschadet des ersten Unterabsatzes geht die EZB eine Vereinbarung mit der zuständigen Behörde jedes nicht teilnehmenden Mitgliedstaats ein, der Herkunftsstaat mindestens eines global systemrelevanten Instituts im Sinne des Unionsrechts ist.

Jede Vereinbarung wird regelmäßig überprüft und vorbehaltlich der angemessenen Behandlung vertraulicher Informationen veröffentlicht.

Artikel 4
Der EZB übertragene Aufgaben[1)]

(1) Im Rahmen des Artikels 6 ist die EZB im Einklang mit Absatz 3 ausschließlich für die Wahrnehmung der folgenden Aufgaben zur Beaufsichtigung sämtlicher in den teilnehmenden Mitgliedstaaten niedergelassenen Kreditinstitute zuständig:

a) Zulassung von Kreditinstituten und Entzug der Zulassung von Kreditinstituten vorbehaltlich der Bestimmungen des Artikels 14;

b) für in einem teilnehmenden Mitgliedstaat niedergelassene Kreditinstitute, die in einem nicht teilnehmenden Mitgliedstaat eine Zweigstelle errichten oder grenzüberschreitende Dienstleistungen erbringen wollen, Wahrnehmung der Aufgaben, die die zuständige Behörde des Herkunftsmitgliedstaats nach Maßgabe des einschlägigen Unionsrechts hat;

c) Beurteilung der Anzeige über den Erwerb oder die Veräußerung von qualifizierten Beteiligungen an Kreditinstituten, außer im Fall einer Bankenabwicklung und vorbehaltlich des Artikels 15;

d) Gewährleistung der Einhaltung der in Artikel 4 Absatz 3 Unterabsatz 1 genannten Rechtsakte, die Aufsichtsanforderungen an Kreditinstitute in Bezug auf Eigenmittelanforderungen, Verbriefung, Beschränkungen für Großkredite, Liquidität, Verschuldungsgrad sowie Meldung und Veröffentlichung entsprechender Informationen festlegen;

e) Gewährleistung der Einhaltung der in Artikel 4 Absatz 3 Unterabsatz 1 genannten Rechtsakte, die Anforderungen an Kreditinstitute hinsichtlich solider Regelungen für die Unternehmensführung, einschließlich Eignungsanforderungen an die für die Geschäftsführung der Kreditinstitute verantwortlichen Personen, Risikomanagementverfahren, interner Kontrollmechanismen, Vergütungspolitiken und -praktiken sowie wirksamer Verfahren zur Beurteilung der Angemessenheit des internen Kapitals, einschließlich auf internen Ratings basierender Modelle festlegen;

f) Durchführung von aufsichtlichen Überprüfungen - wenn dies angebracht ist auch in Abstimmung mit der EBA - , Stresstests und deren etwaiger Veröffentlichung zur Feststellung, ob die Regelungen, Strategien, Verfahren und Mechanismen der Kreditinstitute und ihre Eigenmittelausstattung ein solides Risikomanagement und eine solide Risikoabdeckung gewährleisten, und auf der Grundlage dieser aufsichtlichen Überprüfung Festlegung besonderer zusätzlicher Eigenmittelanforderungen, besonderer Offenlegungspflichten, besonderer Liquiditätsanforderungen und sonstiger Maßnahmen für Kreditinstitute, sofern diese Befugnisse nach dem einschlägigen Unionsrecht ausdrücklich den zuständigen Behörden zustehen;

g) Beaufsichtigung auf konsolidierter Basis der in einem teilnehmenden Mitgliedstaat niedergelassenen Muttergesellschaften von Kreditinstituten, einschließlich der Finanzholdinggesellschaften und der gemischten Finanzholdinggesellschaften, sowie Mitwirkung an der Beaufsichtigung auf konsolidierter Basis von Muttergesellschaften, die nicht in einem teilnehmenden Mitgliedstaat niedergelassen sind, einschließlich in Aufsichtskollegien unbeschadet der Beteiligung der nationalen zuständigen Behörden als Beobachter in diesen Aufsichtskollegien;

Zu Artikel 4:

1) Beschluss EZB/2014/3; ABl. L 69 vom 8.3.2014, S. 107

h) Mitwirkung an der zusätzlichen Beaufsichtigung eines Finanzkonglomerats in Bezug auf zugehörige Kreditinstitute und Wahrnehmung der Aufgaben eines Koordinators, wenn die EZB nach Maßgabe der im einschlägigen Unionsrecht festgelegten Kriterien als Koordinator für ein Finanzkonglomerat benannt ist;

i) Wahrnehmung von Aufsichtsaufgaben in Bezug auf Sanierungspläne und frühzeitiges Eingreifen, wenn ein Kreditinstitut oder eine Gruppe, für die die EZB die konsolidierende Aufsichtsbehörde ist, die geltenden aufsichtsrechtlichen Anforderungen nicht erfüllt oder voraussichtlich nicht erfüllen wird, sowie - nur in den im einschlägigen Unionsrecht für die zuständigen Behörden ausdrücklich vorgesehenen Fällen - in Bezug auf erforderliche strukturelle Änderungen bei Kreditinstituten zur Verhinderung finanzieller Stresssituationen oder von Zusammenbrüchen, jedoch ausschließlich jeglicher Abwicklungsbefugnisse.

(2) Für in einem nicht teilnehmenden Mitgliedstaat niedergelassene Kreditinstitute, die in einem teilnehmenden Mitgliedstaat eine Zweigstelle errichten oder grenzüberschreitende Dienstleistungen erbringen, nimmt die EZB im Rahmen des Geltungsbereichs von Absatz 1 die Aufgaben wahr, für die die nationalen zuständigen Behörden im Einklang mit dem einschlägigen Unionsrecht verantwortlich sind.

(3) Zur Wahrnehmung der ihr durch diese Verordnung übertragenen Aufgaben und mit dem Ziel, hohe Aufsichtsstandards zu gewährleisten, wendet die EZB das einschlägige Unionsrecht an, und wenn dieses Unionsrecht aus Richtlinien besteht, wendet sie die nationalen Rechtsvorschriften an, mit denen diese Richtlinien umgesetzt wurden. Wenn das einschlägige Unionsrecht aus Verordnungen besteht und den Mitgliedstaaten durch diese Verordnungen derzeit ausdrücklich Wahlrechte eingeräumt werden, wendet die EZB auch die nationalen Rechtsvorschriften an, mit denen diese Wahlrechte ausgeübt werden.

Zu diesem Zweck nimmt die EZB - vorbehaltlich des einschlägigen Unionsrechts und insbesondere aller Rechtsakte mit und ohne Gesetzescharakter, einschließlich der Rechtsakte gemäß den Artikeln 290 und 291 AEUV, und im Einklang mit diesen - Leitlinien sowie Empfehlungen an und fasst Beschlüsse. Dabei unterliegt sie insbesondere den von der EBA ausgearbeiteten und von der Kommission gemäß den Artikeln 10 bis 15 der Verordnung (EU) Nr. 1093/2010 erlassenen verbindlichen technischen Regulierungs- und Durchführungsstandards, dem Artikel 16 der genannten Verordnung sowie den Bestimmungen jener Verordnung zum von der EBA im Einklang mit jener Verordnung ausgearbeiteten europäischen Aufsichtshandbuch. Die EZB kann auch Verordnungen erlassen, allerdings nur soweit dies für die Gestaltung oder Festlegung der Modalitäten zur Wahrnehmung der ihr durch die vorliegende Verordnung übertragenen Aufgaben erforderlich ist.

Vor dem Erlass einer Verordnung führt die EZB offene öffentliche Anhörungen durch und analysiert die potenziell anfallenden Kosten und den potenziellen Nutzen, es sei denn, solche Anhörungen und Analysen sind im Verhältnis zum Anwendungsbereich und zu den Auswirkungen der betreffenden Verordnungen oder im Verhältnis zur besonderen Dringlichkeit der Angelegenheit unangemessen; in diesem Fall begründet die EZB diese Dringlichkeit.

Erforderlichenfalls trägt die EZB in jeglicher teilnehmenden Rolle zur Erstellung eines Entwurfs technischer Regulierungs- bzw. Durchführungsstandards durch die EBA gemäß der Verordnung (EU) Nr. 1093/2010 bei oder weist die EBA auf die etwaige Notwendigkeit hin, der Kommission einen Entwurf für Standards zur Änderung bestehender technischer Regulierungs- oder Durchführungsstandards vorzulegen.

Artikel 5
Makroprudenzielle Aufgaben und Instrumente

(1) Soweit zweckmäßig oder erforderlich und unbeschadet des Absatzes 2 dieses Artikels legen die nationalen zuständigen Behörden oder die nationalen benannten Behörden der teilnehmenden Mitgliedstaaten Anforderungen für Kapitalpuffer fest, die Kreditinstitute auf der nach dem einschlägigen Unionsrecht jeweils vorgeschriebenen Ebene zusätzlich zu den Eigenmittelanforderungen nach Artikel 4 Absatz 1 Buchstabe d dieser Verordnung vorhalten müssen, einschließlich der Quoten für antizyklische Puffer, und sonstige Maßnahmen zur Abwendung von Systemrisiken oder makroprudenziellen Risiken gemäß der Verordnung (EU) Nr. 575/2013 und der Richtlinie 2013/36/EU und vorbehaltlich der darin festgelegten Verfahren in den im einschlägigen Unionsrecht ausdrücklich festgelegten Fällen. Die betreffende Behörde teilt der EZB zehn Arbeitstage, bevor sie eine solche Entscheidung fasst, diese Absicht ordnungsgemäß mit. Erhebt die EZB Einwände, so begründet sie diese innerhalb von fünf Arbeitstagen schriftlich. Die betreffende Behörde trägt der Begründung der EZB gebührend Rechnung, bevor sie die Beschlussfassung gegebenenfalls fortsetzt.

(2) Vorbehaltlich der Bedingungen der Absätze 4 und 5 kann die EZB erforderlichenfalls anstelle der nationalen zuständigen Behörden oder nationalen benannten Behörden des teilnehmenden Mitgliedstaats strengere als die von diesen festgelegten Anforderungen für Kapitalpuffer, die Kreditinstitute auf der nach dem einschlägigen Unionsrecht jeweils vorgeschriebenen Ebene zusätzlich zu den Eigenmittelanforderungen nach Artikel 4 Absatz 1 Buchstabe d dieser Verordnung vorhalten müssen, einschließlich der Quoten für

antizyklische Puffer, und strengere Maßnahmen zur Abwendung von Systemrisiken oder makroprudenziellen Risiken auf Ebene der Kreditinstitute vorbehaltlich der in der Verordnung (EU) Nr. 575/2013 und der Richtlinie 2013/36/EU festgelegten Verfahren in den im einschlägigen Unionsrecht ausdrücklich bestimmten Fällen festlegen.

(3) Jede nationale zuständige Behörde oder eine nationale benannte Behörde kann der EZB vorschlagen, im Rahmen von Absatz 2 tätig zu werden, um der besonderen Situation des Finanzsystems und der Wirtschaft in ihrem Mitgliedstaat zu begegnen.

(4) Beabsichtigt die EZB gemäß Absatz 2 vorzugehen, so arbeitet sie eng mit den nationalen benannten Behörden der betreffenden Mitgliedstaaten zusammen. Sie teilt ihre Absicht insbesondere den betreffenden nationalen zuständigen Behörden oder nationalen benannten Behörden zehn Arbeitstage, bevor sie einen solchen Beschluss fasst, mit. Erhebt eine der betreffenden Behörden Einwände, so begründet sie diese innerhalb von fünf Arbeitstagen schriftlich. Die EZB trägt dieser Begründung gebührend Rechnung, bevor sie die Beschlussfassung gegebenenfalls fortsetzt.

(5) Bei der Wahrnehmung der in Absatz 2 genannten Aufgaben trägt die EZB der besonderen Situation des Finanzsystems, der Wirtschaftslage und des Konjunkturzyklus in den einzelnen Mitgliedstaaten oder Teilen von Mitgliedstaaten Rechnung.

Artikel 6
Zusammenarbeit innerhalb des einheitlichen Aufsichtsmechanismus

(1) Die EZB nimmt ihre Aufgaben innerhalb eines einheitlichen Aufsichtsmechanismus wahr, der aus der EZB und den nationalen zuständigen Behörden besteht. Die EZB ist dafür verantwortlich, dass der einheitliche Aufsichtsmechanismus wirksam und einheitlich funktioniert.

(2)[2] Sowohl die EZB als auch die nationalen zuständigen Behörden unterliegen der Pflicht zur loyalen Zusammenarbeit und zum Informationsaustausch.

Unbeschadet der Befugnis der EZB, Informationen, die von den Kreditinstituten regelmäßig zu übermitteln sind, direkt zu erhalten oder direkt auf sie zuzugreifen, stellen die nationalen zuständigen Behörden der EZB insbesondere alle Informationen zur Verfügung, die sie zur Wahrnehmung der ihr durch diese Verordnung übertragenen Aufgaben benötigt.

Zu Artikel 6:

[2] *Beschluss EZB/2014/29; ABl. L 214 vom 19.7.2014, S. 34*

(3) Gegebenenfalls und unbeschadet der Verantwortung und der Rechenschaftspflicht der EZB für die ihr durch diese Verordnung übertragenen Aufgaben sind die nationalen zuständigen Behörden dafür verantwortlich, die EZB gemäß den Bedingungen des in Absatz 7 dieses Artikels genannten Rahmenwerks bei der Vorbereitung und Durchführung sämtlicher Rechtsakte im Zusammenhang mit den Aufgaben nach Artikel 4 in Bezug auf alle Kreditinstitute, einschließlich bei Überprüfungstätigkeiten, zu unterstützen. Bei der Wahrnehmung der Aufgaben nach Artikel 4 folgen sie den Anweisungen der EZB.

(4) In Bezug auf die Aufgaben nach Artikel 4 - mit Ausnahme von Absatz 1 Buchstaben a und c - haben die EZB die Zuständigkeiten gemäß Absatz 5 dieses Artikels und die nationalen zuständigen Behörden die Zuständigkeiten gemäß Absatz 6 dieses Artikels - innerhalb des in Absatz 7 dieses Artikels festgelegten Rahmenwerks und vorbehaltlich der darin festgelegten Verfahren - für die Beaufsichtigung folgender Kreditinstitute, Finanzholdinggesellschaften oder gemischter Finanzholdinggesellschaften oder in teilnehmenden Mitgliedstaaten niedergelassenen Zweigstellen von in nicht teilnehmenden Mitgliedstaaten niedergelassenen Kreditinstituten:

– auf konsolidierter Basis weniger bedeutende Institute, Gruppen oder Zweigstellen, wenn die oberste Konsolidierungsebene in den teilnehmenden Mitgliedstaaten liegt, oder einzeln im speziellen Fall von in teilnehmenden Mitgliedstaaten niedergelassenen Zweigstellen von in nicht teilnehmenden Mitgliedstaaten niedergelassenen Kreditinstituten. Die Bedeutung wird anhand folgender Kriterien bestimmt:

i) Größe

ii) Relevanz für die Wirtschaft der Union oder eines teilnehmenden Mitgliedstaats

iii) Bedeutung der grenzüberschreitenden Tätigkeiten.

Sofern nicht durch besondere Umstände, die in der Methodik zu benennen sind, gerechtfertigt, gilt in Bezug auf Unterabsatz 1 ein Kreditinstitut, eine Finanzholdinggesellschaft oder eine gemischte Finanzholdinggesellschaft nicht als weniger bedeutend, wenn eine der folgende Bedingungen erfüllt ist:

i) der Gesamtwert der Aktiva übersteigt 30 Mrd. EUR,

ii) das Verhältnis der gesamten Aktiva zum BIP des teilnehmenden Mitgliedstaats der Niederlassung übersteigt 20 %, es sei denn, der Gesamtwert der Aktiva liegt unter 5 Mrd. EUR,

iii) nach der Anzeige der nationalen zuständigen Behörde, dass sie ein solches Institut als bedeutend für die betreffende Volkswirtschaft betrachtet, fasst die EZB nach einer umfassenden

Bewertung, einschließlich einer Bilanzbewertung, des betreffenden Kreditinstituts ihrerseits einen Beschluss, der diese Bedeutung bestätigt.

Die EZB kann ein Institut auch von sich aus als bedeutend betrachten, wenn es Tochterbanken in mehr als einem teilnehmenden Mitgliedstaat errichtet hat und seine grenzüberschreitenden Aktiva oder Passiva einen wesentlichen Teil seiner gesamten Aktiva oder Passiva darstellen, vorbehaltlich der nach der Methodik festgelegten Bedingungen.

Die Institute, für die eine direkte öffentliche finanzielle Unterstützung durch die EFSF oder den ESM beantragt oder entgegengenommen wurde, gelten nicht als weniger bedeutend.

Ungeachtet der vorhergehenden Unterabsätze und sofern nicht durch besondere Umstände gerechtfertigt, übt die EZB die ihr durch diese Verordnung übertragenen Aufgaben in Bezug auf die drei bedeutendsten Kreditinstitute in jedem teilnehmenden Mitgliedstaat aus.

(5) In Bezug auf die in Absatz 4 genannten Kreditinstitute und innerhalb des in Absatz 7 festgelegten Rahmenwerks

a) erlässt die EZB gegenüber den nationalen zuständigen Behörden Verordnungen, Leitlinien oder allgemeine Weisungen, nach denen die nationalen zuständigen Behörden die Aufgaben nach Artikel 4 - mit Ausnahme von Absatz 1 Buchstaben a und c - wahrnehmen und Aufsichtsbeschlüsse fassen.

Diese Weisungen können sich auf die besonderen Befugnisse nach Artikel 16 Absatz 2 in Bezug auf Gruppen oder Arten von Kreditinstituten beziehen, um die Kohärenz der Aufsichtsergebnisse innerhalb des einheitlichen Aufsichtsmechanismus sicherzustellen;

b) kann die EZB jederzeit von sich aus, wenn dies für die Sicherstellung der kohärenten Anwendung hoher Aufsichtsstandards erforderlich ist, nach Konsultation der nationalen zuständigen Behörden oder auf Ersuchen einer nationalen zuständigen Behörde beschließen, sämtliche einschlägigen Befugnisse in Bezug auf ein oder mehrere in Absatz 4 genannte Kreditinstitute unmittelbar selbst auszuüben, einschließlich in den Fällen, in denen eine indirekte finanzielle Unterstützung durch die EFSF oder den ESM beantragt oder entgegengenommen wurde;

c) übt die EZB auf der Grundlage der in diesem Artikel und insbesondere in Absatz 7 Buchstabe c festgelegten Zuständigkeiten und Verfahren die Aufsicht über das Funktionieren des Systems aus;

d) kann die EZB jederzeit von den in den Artikeln 10 bis 13 genannten Befugnissen Gebrauch machen;

e) kann die EZB auch auf Ad-hoc-Basis oder auf kontinuierlicher Basis Informationen von den nationalen zuständigen Behörden über die Ausübung der von ihnen gemäß diesem Artikel wahrgenommenen Aufgaben anfordern.

(6) Unbeschadet des Absatzes 5 dieses Artikels nehmen die nationalen zuständigen Behörden in Bezug auf die in Absatz 4 Unterabsatz 1 dieses Artikels genannten Kreditinstitute innerhalb des in Absatz 7 dieses Artikels genannten Rahmenwerks und vorbehaltlich der darin festgelegten Verfahren die in Artikel 4 Absatz 1 Buchstaben b, d bis g und i genannten Aufgaben wahr und sind für diese sowie für die Annahme aller einschlägigen Aufsichtsbeschlüssen verantwortlich.

Unbeschadet der Artikel 10 bis 13 behalten die nationalen zuständigen Behörden und die nationalen benannten Behörden die Befugnis, nach nationalem Recht Informationen von Kreditinstituten, Holdinggesellschaften, gemischten Holdinggesellschaften und Unternehmen, die in die konsolidierte Finanzlage eines Kreditinstituts einbezogen sind, einzuholen und vor Ort Prüfungen dieser Kreditinstitute, Holdinggesellschaften, gemischten Holdinggesellschaften und Unternehmen durchzuführen. Die nationalen zuständigen Behörden unterrichten die EZB im Einklang mit dem in Absatz 7 dieses Artikels festgelegten Rahmenwerks über die gemäß diesem Absatz ergriffenen Maßnahmen und koordinieren diese in enger Zusammenarbeit mit der EZB.

Die nationalen zuständigen Behörden erstatten der EZB regelmäßig Bericht über die Ausübung der von ihnen gemäß diesem Artikel wahrgenommenen Aufgaben.

(7) Die EZB nimmt in Abstimmung mit den nationalen zuständigen Behörden und auf Grundlage eines Vorschlags des Aufsichtsgremiums ein Rahmenwerk zur Gestaltung der praktischen Modalitäten für die Durchführung dieses Artikels an und veröffentlicht ihn. Das Rahmenwerk umfasst zumindest Folgendes:

a) die besondere Methodik für die Bewertung der in Absatz 4 Unterabsätze 1 bis 3 genannten Kriterien, die Umstände, unter denen Absatz 4 Unterabsatz 4 für ein bestimmtes Kreditinstitut nicht mehr gilt, und die sich ergebenden Vereinbarungen für die Durchführung der Absätze 5 und 6. Diese Vereinbarungen und die Methodik für die Bewertung der in Absatz 4 Unterabsätze 1 bis 3 genannten Kriterien werden überprüft, um wichtige Änderungen zu berücksichtigen, und stellen sicher, dass - wenn ein Kreditinstitut als bedeutend oder als weniger bedeutend eingestuft wurde - diese Bewertung nur aufgrund wesentlicher und nicht vorübergehender Änderungen von Umständen, insbesondere der Umstände, die sich auf die Situation des Kreditinstituts beziehen und die für diese Bewertung von Belang sind, geändert wird;

b) die Festlegung der Verfahren, einschließlich Fristen, und die Möglichkeit, Beschlussentwürfe zur Übermittlung an die EZB zur Berücksichtigung auszuarbeiten, betreffend das Verhältnis zwischen der EZB und den nationalen zuständigen Behörden in Bezug auf die Beaufsichtigung von Kreditinstituten, die gemäß Absatz 4 nicht als weniger bedeutend betrachtet werden;

c) die Festlegung der Verfahren, einschließlich Fristen, für das Verhältnis zwischen der EZB und den nationalen zuständigen Behörden in Bezug auf die Beaufsichtigung von Kreditinstituten, die gemäß Absatz 4 als weniger bedeutend betrachtet werden. Diese Verfahren verpflichten die nationalen zuständigen Behörden insbesondere je nach den in dem Rahmenwerk festgelegten Fällen,

i) die EZB über jedes wesentliche Aufsichtsverfahren zu informieren,

ii) auf Ersuchen der EZB bestimmte Aspekte des Verfahrens weiter zu bewerten,

iii) der EZB Entwürfe von wesentlichen Aufsichtsbeschlüssen zu übermitteln, zu denen die EZB eine Stellungnahme abgeben kann.

(8) Wird die EZB bei der Wahrnehmung der ihr durch diese Verordnung übertragenen Aufgaben von nationalen zuständigen Behörden oder nationalen benannten Behörden unterstützt, so halten die EZB und die nationalen zuständigen Behörden dabei die in den einschlägigen Rechtsakten der Union enthaltenen Bestimmungen hinsichtlich der Verteilung der Zuständigkeiten und der Zusammenarbeit zwischen den zuständigen Behörden verschiedener Mitgliedstaaten ein.

Artikel 7[3)]

Enge Zusammenarbeit mit den zuständigen Behörden der teilnehmenden Mitgliedstaaten, deren Währung nicht der Euro ist

(1) Innerhalb der Grenzen dieses Artikels nimmt die EZB die Aufgaben in den in Artikel 4 Absätze 1 und 2 sowie in Artikel 5 genannten Bereichen in Bezug auf Kreditinstitute wahr, die in einem Mitgliedstaat niedergelassen sind, dessen Währung nicht der Euro ist, wenn zwischen der EZB und der nationalen zuständigen Behörde dieses Mitgliedstaats eine enge Zusammenarbeit nach Maßgabe dieses Artikels eingegangen wurde.

Zu diesem Zweck kann die EZB Anweisungen an die nationale zuständige Behörde oder die nationalen benannten Behörden des teilnehmenden Mitgliedstaats richten, dessen Währung nicht der Euro ist.

(2) Die EZB geht in der Form des Erlasses eines Beschlusses eine enge Zusammenarbeit mit der nationalen zuständigen Behörde eines teilnehmenden Mitgliedstaats ein, dessen Währung nicht der Euro ist, wenn die folgenden Voraussetzungen erfüllt sind:

a) der betreffende Mitgliedstaat teilt den anderen Mitgliedstaaten, der Kommission, der EZB und der EBA sein Ersuchen mit, eine enge Zusammenarbeit nach Maßgabe von Artikel 6 mit der EZB hinsichtlich der Wahrnehmung der Aufgaben nach den Artikeln 4 und 5 in Bezug auf sämtliche in dem betreffenden Mitgliedstaat niedergelassenen Kreditinstitute einzugehen;

b) in der Mitteilung verpflichtet sich der betreffende Mitgliedstaat,

- sicherzustellen, dass seine nationale zuständige Behörde bzw. seine nationale benannte Behörde allen Leitlinien und Aufforderungen der EZB nachkommen wird; und
- sämtliche Informationen zu den in diesem Mitgliedstaat niedergelassenen Kreditinstituten vorzulegen, die die EZB zum Zwecke der Durchführung einer umfassenden Bewertung dieser Kreditinstitute möglicherweise anfordert.

c) der betreffende Mitgliedstaat hat einschlägige nationale Rechtsvorschriften erlassen, die gewährleisten, dass seine nationale zuständige Behörde verpflichtet ist, sämtliche Maßnahmen in Bezug auf Kreditinstitute zu ergreifen, zu denen die EZB im Einklang mit Absatz 4 auffordert.

(3) Der Beschluss nach Absatz 2 wird im *Amtsblatt der Europäischen Union* veröffentlicht. Der Beschluss gilt nach Ablauf von 14 Tagen nach seiner Veröffentlichung.

(4) Ist die EZB der Auffassung, dass die nationale zuständige Behörde eines betreffenden Mitgliedstaats in Bezug auf ein Kreditinstitut, eine Finanzholdinggesellschaft oder eine gemischte Finanzholdinggesellschaft eine Maßnahme im Zusammenhang mit den Aufgaben nach Absatz 1 ergreifen sollte, so richtet sie unter Vorgabe eines entsprechenden Zeitrahmens Anweisungen an diese Behörde.

Dieser Zeitrahmen sollte mindestens 48 Stunden betragen, sofern nicht eine frühzeitigere Durchführung unabdingbar ist, um einen nicht wieder gutzumachenden Schaden abzuwenden. Die nationale zuständige Behörde des betroffenen Mitgliedstaats ergreift gemäß der in Absatz 2 Buchstabe c genannten Verpflichtung alle notwendigen Maßnahmen.

(5) Die EZB kann beschließen, dem betroffenen Mitgliedstaat in den folgenden Fällen eine Verwarnung dahin gehend zu erteilen, dass die enge Zusammenarbeit ausgesetzt oder beendet wird, sofern keine entscheidenden Korrekturmaßnahmen ergriffen werden:

a) der betroffene Mitgliedstaat erfüllt nach Auffassung der EZB nicht länger die Voraussetzungen nach Absatz 2 Buchstaben a bis c, oder

Zu Artikel 7:

3) Beschluss EZB/2014/5; ABl. L 198 vom 5.7.2014, S. 7

b) die nationale zuständige Behörde des betroffenen Mitgliedstaats handelt nach Auffassung der EZB nicht gemäß der Verpflichtung nach Absatz 2 Buchstabe c.

Werden innerhalb von 15 Tagen nach Mitteilung einer solchen Verwarnung keine Korrekturmaßnahmen ergriffen, so kann die EZB die enge Zusammenarbeit mit diesem Mitgliedstaat aussetzen oder beenden.

Der Beschluss über die Aussetzung oder die Beendigung der engen Zusammenarbeit wird dem betreffenden Mitgliedstaat mitgeteilt und im *Amtsblatt der Europäischen Union* veröffentlicht. In dem Beschluss wird der Zeitpunkt angegeben, ab dem er gilt, wobei der Wirksamkeit der Aufsicht und den legitimen Interessen von Kreditinstituten gebührend Rechnung getragen wird.

(6) Nach Ablauf von drei Jahren nach dem Datum der Veröffentlichung des Beschlusses der EZB zur Aufnahme einer engen Zusammenarbeit im *Amtsblatt der Europäischen Union* kann ein Mitgliedstaat die EZB jederzeit um die Beendigung der engen Zusammenarbeit ersuchen. In dem Ersuchen werden die Gründe für die Beendigung erläutert, gegebenenfalls einschließlich der potenziellen erheblichen nachteiligen Auswirkungen hinsichtlich der haushaltspolitischen Verantwortlichkeit des Mitgliedstaats. In diesem Fall leitet die EZB unverzüglich den Erlass eines Beschlusses zur Beendigung der engen Zusammenarbeit ein und gibt den Zeitpunkt an, ab dem er gilt - spätestens innerhalb von drei Monaten - wobei der Wirksamkeit der Aufsicht und den legitimen Interessen von Kreditinstituten gebührend Rechnung getragen wird. Der Beschluss wird im *Amtsblatt der Europäischen Union* veröffentlicht.

(7) Teilt ein teilnehmender Mitgliedstaat, dessen Währung nicht der Euro ist, der EZB im Einklang mit Artikel 26 Absatz 8 in einer begründeten Stellungnahme mit, dass er dem Widerspruch des EZB-Rates gegen einen Beschlussentwurf des Aufsichtsgremiums nicht zustimmt, so äußert sich der EZB-Rat innerhalb einer Frist von 30 Tagen zu dieser begründeten Stellungnahme des Mitgliedstaats, wobei er seinen Widerspruch unter Angabe seiner Gründe entweder bestätigt oder zurückgezogen.

Bestätigt der EZB-Rat seinen Widerspruch, kann der teilnehmende Mitgliedstaat, dessen Währung nicht der Euro ist, der EZB mitteilen, dass er durch den möglichen Beschluss betreffend einen etwaigen geänderten Beschlussentwurf des Aufsichtsgremiums nicht gebunden ist.

Die EZB erwägt dann unter gebührender Berücksichtigung der Wirksamkeit der Aufsicht die Möglichkeit einer Aussetzung oder Beendigung der engen Zusammenarbeit mit diesem Mitgliedstaat und erlässt diesbezüglich einen Beschluss.

Die EZB berücksichtigt dabei insbesondere Folgendes:

a) ob das Absehen von einer solchen Aussetzung oder Beendigung die Integrität des einheitlichen Aufsichtsmechanismus gefährden oder erhebliche nachteilige Auswirkungen hinsichtlich der haushaltspolitischen Verantwortlichkeit der Mitgliedstaaten haben könnte;

b) ob eine solche Aussetzung oder Beendigung erhebliche nachteilige Auswirkungen hinsichtlich der haushaltspolitischen Verantwortlichkeit des Mitgliedstaats haben könnte, der seine begründete Stellungnahme gemäß Artikel 26 Absatz 8 mitgeteilt hat;

c) ob die betroffene nationale zuständige Behörde nachweislich Maßnahmen ergriffen hat, die nach Auffassung der EZB

– gewährleisten, dass die Kreditinstitute in dem Mitgliedstaat, der seine begründete Stellungnahme gemäß dem vorherigen Unterabsatz mitgeteilt hat, keine günstigere Behandlung erhalten als die Kreditinstitute in den anderen teilnehmenden Mitgliedstaaten, und
– zur Erreichung der Ziele des Artikels 1 und zur Gewährleistung der Einhaltung des einschlägigen Unionsrechts genauso wirksam sind wie der Beschluss des EZB-Rates gemäß Unterabsatz 2 dieses Absatzes.

Die EZB berücksichtigt diese Erwägungen in ihrem Beschluss und teilt sie dem betroffenen Mitgliedstaat mit.

(8) Lehnt ein teilnehmender Mitgliedstaat, dessen Währung nicht der Euro ist, einen Beschlussentwurf des Aufsichtsgremiums ab, so teilt er dem EZB-Rat seine Ablehnung in einer begründeten Stellungnahme innerhalb von fünf Arbeitstagen nach Erhalt des Beschlussentwurfs mit. Das Aufsichtsgremium beschließt dann innerhalb von fünf Arbeitstagen in der Sache unter umfassender Berücksichtigung jener Gründe und erläutert dem betroffenen Mitgliedstaat seinen Beschluss schriftlich. Der betroffene Mitgliedstaat kann die EZB ersuchen, die enge Zusammenarbeit unmittelbar zu beenden, und ist durch den anschließenden Beschluss nicht gebunden.

(9) Ein Mitgliedstaat, der seine enge Zusammenarbeit mit der EZB beendet hat, darf vor Ablauf von drei Jahren nach Veröffentlichung des EZB-Beschlusses zur Beendigung der engen Zusammenarbeit im *Amtsblatt der Europäischen Union* keine erneute enge Zusammenarbeit mit ihr eingehen.

Artikel 8
Internationale Beziehungen

Unbeschadet der jeweiligen Zuständigkeiten der Mitgliedstaaten und der übrigen Organe und Einrichtungen der Union, mit Ausnahme der EZB, einschließlich der EBA, kann die EZB in Bezug auf die ihr durch diese Verordnung übertragenen Aufgaben vorbehaltlich einer angemessenen Abstimmung mit der EBA Kontakte zu Aufsichtsbehörden, internationalen Organisationen und den Verwaltungen von Drittländern aufbauen und Verwaltungsvereinbarungen mit ihnen schließen. Diese Vereinbarungen schaffen keine rechtlichen Verpflichtungen für die Union und ihre Mitgliedstaaten.

KAPITEL III

Befugnisse der EZB

Artikel 9

Aufsichts- und Untersuchungsbefugnisse

(1) Ausschließlich zum Zweck der Wahrnehmung der ihr nach Artikel 4 Absätze 1 und 2 und Artikel 5 Absatz 2 übertragenen Aufgaben gilt die EZB nach Maßgabe des einschlägigen Unionsrechts in den teilnehmenden Mitgliedstaaten je nach Sachlage als die zuständige oder die benannte Behörde.

Ausschließlich zu demselben Zweck hat die EZB sämtliche in dieser Verordnung genannten Befugnisse und Pflichten. Ebenso hat sie sämtliche Befugnisse und Pflichten, die zuständige und benannte Behörden nach dem einschlägigen Unionsrecht haben, sofern diese Verordnung nichts anderes vorsieht. Insbesondere hat die EZB die in den Abschnitten 1 und 2 dieses Kapitels genannten Befugnisse.

Soweit zur Wahrnehmung der ihr durch diese Verordnung übertragenen Aufgaben erforderlich, kann die EZB die nationalen Behörden durch Anweisung auffordern, gemäß und im Einklang mit ihrem jeweiligen nationalen Recht von ihren Befugnissen in den Fällen Gebrauch zu machen, in denen diese Verordnung der EZB die entsprechenden Befugnisse nicht übertragen hat. Die nationalen Behörden unterrichten die EZB in vollem Umfang über die Ausübung dieser Befugnisse.

(2) Die EZB übt die Befugnisse nach Absatz 1 dieses Artikels im Einklang mit den in Artikel 4 Absatz 3 Unterabsatz 1 genannten Rechtsakten aus. Bei der Ausübung ihrer jeweiligen Aufsichts- und Untersuchungsbefugnisse arbeiten die EZB und die nationalen zuständigen Behörden eng zusammen.

(3) Abweichend von Absatz 1 dieses Artikels übt die EZB in Bezug auf Kreditinstitute, die in teilnehmenden Mitgliedstaatenniedergelassen sind, deren Währung nicht der Euro ist, ihre Befugnisse gemäß Artikel 7 aus.

Abschnitt 1

Untersuchungsbefugnisse

Artikel 10

Informationsersuchen

(1) Unbeschadet der Befugnisse nach Artikel 9 Absatz 1 und vorbehaltlich der im einschlägigen Unionsrecht vorgesehenen Bedingungen kann die EZB von den folgenden juristischen oder natürlichen Personen vorbehaltlich des Artikels 4 die Vorlage sämtlicher Informationen verlangen, die sie für die Wahrnehmung der ihr durch diese Verordnung übertragenen Aufgaben benötigt, einschließlich der Informationen, die in regelmäßigen Abständen und in festgelegten Formaten zu Aufsichts- und entsprechenden Statistikzwecken zur Verfügung zu stellen sind:

a) Kreditinstitute, die in den teilnehmenden Mitgliedstaaten niedergelassen sind,

b) Finanzholdinggesellschaften, die in den teilnehmenden Mitgliedstaaten niedergelassen sind,

c) gemischte Finanzholdinggesellschaften, die in den teilnehmenden Mitgliedstaaten niedergelassen sind,

d) gemischte Holdinggesellschaften, die in den teilnehmenden Mitgliedstaaten niedergelassen sind,

e) Personen, die zu den Körperschaften im Sinne der Buchstaben a bis d gehören,

f) Dritte, auf die die unter den Buchstaben a bis d genannten Unternehmen Funktionen oder Tätigkeiten ausgelagert haben.

(2) Die in Absatz 1 genannten Personen stellen die verlangten Informationen zur Verfügung. Vorschriften über die Geheimhaltung führen nicht dazu, dass Personen von der Pflicht freigestellt werden, diese Informationen zur Verfügung zu stellen. Die Bereitstellung dieser Informationen gilt nicht als Verstoß gegen die Geheimhaltungspflicht.

(3) Erhält die EZB Informationen direkt von den in Absatz 1 genannten juristischen oder natürlichen Personen, so übermittelt sie diese den betroffenen nationalen zuständigen Behörden.

Artikel 11

Allgemeine Untersuchungen

(1) Zur Wahrnehmung der ihr durch diese Verordnung übertragenen Aufgaben kann die EZB vorbehaltlich anderer Bedingungen nach dem einschlägigen Unionsrecht im Hinblick auf jede in Artikel 10 Absatz 1 genannte Person, die in einem teilnehmenden Mitgliedstaat niedergelassen oder ansässig ist, alle erforderlichen Untersuchungen durchführen.

Zu diesem Zweck hat die EZB das Recht,

a) die Vorlage von Unterlagen zu verlangen,

b) die Bücher und Aufzeichnungen von Personen im Sinne des Artikels 10 Absatz 1 zu prüfen und Kopien oder Auszüge dieser Bücher und Aufzeichnungen anzufertigen,

c) von einer Person im Sinne des Artikels 10 Absatz 1 oder deren Vertretern oder Mitarbeitern schriftliche oder mündliche Erklärungen einzuholen,

d) jede andere Person zu befragen, die dieser Befragung zum Zweck der Einholung von Informationen über den Gegenstand einer Untersuchung zustimmt.

(2) Personen im Sinne des Artikels 10 Absatz 1 müssen sich den durch einen Beschluss der EZB eingeleiteten Untersuchungen unterziehen.

Behindert eine Person die Durchführung einer Untersuchung, leistet die nationale zuständige Behörde des teilnehmenden Mitgliedstaats, in dem sich die betroffenen Räumlichkeiten befinden, die erforderliche Amtshilfe im Einklang mit dem jeweiligen nationalen Recht, einschließlich - in den in den Artikeln 12 und 13 genannten Fällen - Hilfe beim Zugang der EZB zu den Geschäftsräumen von juristischen Personen im Sinne des Artikels 10 Absatz 1, so dass die obengenannten Rechte ausgeübt werden können.

Artikel 12
Prüfungen vor Ort

(1) Zur Wahrnehmung der ihr durch diese Verordnung übertragenen Aufgaben kann die EZB vorbehaltlich anderer Bedingungen nach dem einschlägigen Unionsrecht im Einklang mit Artikel 13 und nach vorheriger Unterrichtung der betroffenen nationalen zuständigen Behörde alle erforderlichen Prüfungen vor Ort in den Geschäftsräumen von juristischen Personen im Sinne des Artikels 10 Absatz 1 und von sonstigen Unternehmen, die in die Beaufsichtigung auf konsolidierter Basis einbezogen sind und für die die EZB nach Artikel 4 Absatz 1 Buchstabe g die konsolidierende Aufsichtsbehörde ist, durchführen. Die EZB kann die Prüfung vor Ort ohne vorherige Mitteilung an diese juristischen Personen durchführen, wenn die ordnungsgemäße Durchführung und die Effizienz der Prüfung dies erfordern.

(2) Die Bediensteten der EZB und sonstige von ihr zur Durchführung der Prüfungen vor Ort bevollmächtigte Personen sind befugt, die Geschäftsräume und Grundstücke der juristischen Personen, gegen die sich der Beschluss der EZB über die Einleitung einer Untersuchung richtet, zu betreten, und verfügen über sämtliche in Artikel 11 Absatz 1 genannten Befugnisse.

(3) Prüfungen vor Ort bei juristischen Personen im Sinne des Artikels 10 Absatz 1 erfolgen auf der Grundlage eines Beschlusses der EZB.

(4) Die Bediensteten der nationalen zuständigen Behörde des Mitgliedstaats, in dem die Prüfung vorgenommen werden soll, sowie andere von dieser Behörde entsprechend bevollmächtigte oder bestellte Begleitpersonen unterstützen unter Aufsicht und Koordinierung der EZB die Bediensteten der EZB und sonstige von ihr bevollmächtigte Personen aktiv. Sie verfügen hierzu über die in Absatz 2 genannten Befugnisse. Die Bediensteten der nationalen zuständigen Behörde des betroffenen teilnehmenden Mitgliedstaats haben ferner das Recht, an den Prüfungen vor Ort teilzunehmen.

(5) Stellen die Bediensteten der EZB und andere von ihr bevollmächtigte oder bestellte Begleitpersonen fest, dass sich eine Person einer nach Maßgabe dieses Artikels angeordneten Prüfung widersetzt, so leistet die nationale zuständige Behörde des betroffenen teilnehmenden Mitgliedstaats im Einklang mit ihrem nationalen Recht die erforderliche Amtshilfe. Soweit dies für die Prüfung erforderlich ist, schließt diese Amtshilfe die Versiegelung jeglicher Geschäftsräume und Bücher oder Aufzeichnungen ein. Verfügt die betreffende nationale zuständige Behörde nicht über die dafür erforderliche Befugnis, so nutzt sie ihre Befugnisse, um die erforderliche Amtshilfe von anderen nationalen Behörden anzufordern.

Artikel 13
Gerichtliche Genehmigung

(1) Ist für eine Prüfung vor Ort nach Artikel 12 Absätze 1 und 2 oder für die Amtshilfe nach Artikel 12 Absatz 5 nach nationalem Recht eine gerichtliche Genehmigung erforderlich, so muss diese eingeholt werden.

(2) Wird eine Genehmigung nach Absatz 1 dieses Artikels beantragt, so prüft das nationale Gericht, ob der Beschluss der EZB echt ist und ob die beabsichtigten Zwangsmaßnahmen im Hinblick auf den Gegenstand der Prüfung nicht willkürlich oder unverhältnismäßig sind. Bei der Prüfung der Verhältnismäßigkeit der Zwangsmaßnahmen kann das nationale Gericht die EZB um detaillierte Erläuterungen bitten, insbesondere in Bezug auf die Gründe, aus denen die EZB annimmt, dass ein Verstoß gegen die in Artikel 4 Absatz 3 Unterabsatz 1 genannten Rechtsakte vorliegt, sowie die Schwere des mutmaßlichen Verstoßes und die Art der Beteiligung der den Zwangsmaßnahmen unterworfenen Person. Das nationale Gericht prüft jedoch weder die Notwendigkeit der Prüfung noch verlangt es die Übermittlung der in den Akten der EZB enthaltenen Informationen. Die Rechtmäßigkeit des Beschlusses der EZB unterliegt ausschließlich der Prüfung durch den EUGH.

Abschnitt 2
Besondere Aufsichtsbefugnisse

Artikel 14
Zulassung

(1) Anträge auf Zulassung zur Aufnahme der Tätigkeit eines Kreditinstituts in einem teilnehmenden Mitgliedstaat werden bei den nationalen zuständigen Behörden des Mitgliedstaats eingereicht, in dem das Kreditinstitut seinen Sitz haben soll, im Einklang mit den Anforderungen des einschlägigen nationalen Rechts.

(2) Erfüllt der Antragsteller alle Zulassungsbedingungen des einschlägigen nationalen Rechts dieses Mitgliedstaats, so erlässt die nationale zuständige Behörde innerhalb der im einschlägigen nationalen Recht festgelegten Frist einen Beschlussentwurf, mit dem der EZB die Erteilung der Zulassung vorgeschlagen wird. Der Beschlussentwurf wird der EZB und dem Antragsteller mitgeteilt. Andernfalls lehnt die nationale zuständige Behörde den Antrag auf Zulassung ab.

(3) Der Beschlussentwurf gilt als von der EZB angenommen, wenn sie nicht innerhalb eines Zeitraums von höchstens zehn Arbeitstagen, der in hinreichend begründeten Fällen einmal um den gleichen Zeitraum verlängert werden kann, widerspricht. Die EZB erhebt nur dann Widerspruch gegen den Beschlussentwurf, wenn die Voraussetzungen des einschlägigen Unionsrechts für die Zulassung nicht erfüllt sind. Sie teilt die Gründe für die Ablehnung schriftlich mit.

(4) Der gemäß den Absätzen 2 und 3 erlassene Beschluss wird dem Antragsteller von der nationalen zuständigen Behörde mitgeteilt.

(5) Vorbehaltlich des Absatzes 6 kann die EZB die Zulassung von sich aus nach Konsultation der nationalen zuständigen Behörde des teilnehmenden Mitgliedstaats, in dem das Kreditinstitut niedergelassen ist, oder auf Vorschlag einer solchen nationalen zuständigen Behörde in den im Unionsrecht festgelegten Fällen entziehen. Diese Konsultation stellt insbesondere sicher, dass die EZB vor einem Beschluss über den Entzug einer Zulassung den nationalen Behörden ausreichend Zeit einräumt, um über die notwendigen Korrekturmaßnahmen, einschließlich etwaiger Abwicklungsmaßnahmen, zu entscheiden, und diesen Rechnung trägt.

Ist nach Auffassung der nationalen zuständigen Behörde, die die Zulassung gemäß Absatz 1 vorgeschlagen hat, die Zulassung nach dem einschlägigen nationalen Recht zu entziehen, so legt sie der EZB einen entsprechenden Vorschlag vor. In diesem Fall erlässt die EZB einen Beschluss über den vorgeschlagenen Entzug der Zulassung, wobei sie die von der nationalen zuständigen Behörde vorgelegte Begründung in vollem Umfang berücksichtigt.

(6) Solange die nationalen Behörden für die Abwicklung von Kreditinstituten zuständig sind, teilen sie in den Fällen, in denen sie der Auffassung sind, dass die angemessene Durchführung der für eine Abwicklung oder die Aufrechterhaltung der Finanzmarktstabilität erforderlichen Maßnahmen durch den Entzug der Zulassung beeinträchtigt würde, der EZB ihre Bedenken rechtzeitig mit und erläutern im Einzelnen, welche nachteiligen Auswirkungen der Entzug mit sich bringen würde. In diesen Fällen sieht die EZB während eines gemeinsam mit den nationalen Behörden vereinbarten Zeitraums vom Entzug der Zulassung ab. Die EZB kann entscheiden, diesen Zeitraum zu verlängern, wenn sie der Ansicht ist, dass ausreichende Fortschritte gemacht wurden. Stellt die EZB in einem begründeten Beschluss fest, dass die nationalen Behörden keine angemessenen zur Aufrechterhaltung der Finanzmarktstabilität erforderlichen Maßnahmen ergriffen haben, so wird der Entzug der Zulassung unmittelbar wirksam.

Artikel 15
Beurteilung des Erwerbs von qualifizierten Beteiligungen

(1) Ungeachtet der Ausnahmen nach Artikel 4 Absatz 1 Buchstabe c werden alle Anzeigen über den Erwerb einer qualifizierten Beteiligung an einem in einem teilnehmenden Mitgliedstaat niedergelassenen Kreditinstitut und alle damit zusammenhängenden Informationen im Einklang mit dem einschlägigen, auf die Rechtsakte nach Artikel 4 Absatz 3 Unterabsatz 1 gestützten nationalen Recht an die nationalen zuständigen Behörden gerichtet, in dem das Kreditinstitut niedergelassen ist.

(2) Die nationale zuständige Behörde prüft den geplanten Erwerb und leitet die Anzeige gemeinsam mit einem Vorschlag für einen Beschluss, mit dem der Erwerb auf Grundlage der in den Rechtsakten nach Artikel 4 Absatz 3 Unterabsatz 1 festgelegten Kriterien abgelehnt oder nicht abgelehnt wird, der EZB spätestens zehn Arbeitstage vor Ablauf des jeweiligen im Unionsrecht festgelegten Beurteilungszeitraums zu und unterstützt die EZB nach Maßgabe des Artikels 6.

(3) Die EZB beschließt auf Grundlage der Beurteilungskriterien des Unionsrechts und im Einklang mit den darin geregelten Verfahren und innerhalb des darin festgelegten Beurteilungszeitraums, ob der Erwerb abzulehnen ist.

Artikel 16
Aufsichtsbefugnisse

(1) Zur Wahrnehmung der ihr durch Artikel 4 Absatz 1 übertragenen Aufgaben und unbeschadet anderer ihr übertragenen Befugnisse, verfügt die EZB über die in Absatz 2 dieses Artikels genann-

ten Befugnisse, jedes Kreditinstitut und jede Finanzholdinggesellschaft oder gemischte Finanzholdinggesellschaft in den teilnehmenden Mitgliedstaaten zu verpflichten, frühzeitig Maßnahmen zu ergreifen, die erforderlich sind, etwaigen Problemen zu begegnen, wenn eine der folgenden Situationen vorliegt:

a) das Kreditinstitut erfüllt nicht die Anforderungen der Rechtsakte nach Artikel 4 Absatz 3 Unterabsatz 1;

b) die EZB ist nachweislich bekannt, dass das Kreditinstitut die innerhalb der nächsten zwölf Monate voraussichtlich gegen die Anforderungen der Rechtsakte nach Artikel 4 Absatz 3 Unterabsatz 1 verstoßen wird;

c) die EZB hat im Rahmen einer aufsichtlichen Überprüfung gemäß Artikel 4 Absatz 1 Buchstabe f festgestellt, dass die von dem Kreditinstitut angewandten Regelungen, Strategien, Verfahren und Mechanismen sowie seine Eigenmittelausstattung und Liquidität kein solides Risikomanagement und keine solide Risikoabdeckung gewährleisten.

(2) Für die Zwecke des Artikels 9 Absatz 1 hat die EZB insbesondere folgende Befugnisse:

a) von Instituten zu verlangen, dass sie über die Anforderungen der Rechtsakte nach Artikel 4 Absatz 3 Unterabsatz 1 hinaus Eigenmittel zur Unterlegung von nicht durch die einschlägigen Rechtsakte der Union erfassten Risikokomponenten und Risiken vorhalten;

b) eine Verstärkung der Regelungen, Verfahren, Mechanismen und Strategien zu verlangen;

c) von den Instituten die Vorlage eines Plans die Rückkehr zur Erfüllung der Aufsichtsanforderungen gemäß den Rechtsakten nach Artikel 4 Absatz 3 Unterabsatz 1 zu verlangen und eine Frist für die Durchführung dieses Plans zu setzen, sowie gegebenenfalls Nachbesserungen hinsichtlich seinen Anwendungsbereichs und Zeitrahmens zu verlangen;

d) Instituten eine bestimmte Rückstellungspolitik oder eine bestimmte Behandlung ihrer Aktiva bezüglich der Eigenmittelanforderungen vorzuschreiben; *(ABl 2015 L 218, 82)*

e) die Geschäftsbereiche, die Tätigkeiten oder das Netz von Instituten einzuschränken oder zu begrenzen oder die Veräußerung von Geschäftszweigen, die für die Solidität des Instituts mit zu großen Risiken verbunden sind, zu verlangen;

f) eine Verringerung des mit den Tätigkeiten, Produkten und Systemen von Instituten verbundenen Risikos zu verlangen;

g) Instituten vorzuschreiben, die variable Vergütung auf einen Prozentsatz der Nettoeinkünfte zu begrenzen, sofern diese Vergütung nicht mit der Erhaltung einer soliden Kapitalausstattung zu vereinbaren ist;

h) von den Instituten zu verlangen, Nettogewinne zur Stärkung der Eigenmittel einzusetzen;

i) Ausschüttungen des Instituts an Anteilseigner, Gesellschafter oder Inhaber von Instrumenten des zusätzlichen Kernkapitals einzuschränken oder zu untersagen, sofern die Nichtzahlung nicht ein Ausfallereignis für das Institut darstellt;

j) zusätzliche Meldepflichten oder eine häufigere Meldung, auch zur Eigenmittel- und Liquiditätslage vorzuschreiben;

k) besondere Liquiditätsanforderungen vorzuschreiben, einschließlich der Beschränkung von Laufzeitinkongruenzen zwischen Aktiva und Passiva;

l) ergänzende Informationen zu verlangen;

m) Mitglieder des Leitungsorgans von Kreditinstituten, die den Anforderungen der Rechtsakte nach Artikel 4 Absatz 3 Unterabsatz 1 nicht entsprechen, jederzeit abzuberufen.

Artikel 17
Befugnisse der Behörden des Aufnahmemitgliedstaats und Zusammenarbeit bei der Beaufsichtigung auf konsolidierter Basis

(1) Zwischen den teilnehmenden Mitgliedstaaten gelten die Verfahren des einschlägigen Unionsrechts in Bezug auf Kreditinstitute, die die Errichtung einer Zweigstelle oder die Ausübung des freien Dienstleistungsverkehrs durch Ausübung ihrer Tätigkeit im Hoheitsgebiet eines anderen Mitgliedstaats anstreben, und die damit verbundenen Befugnisse des Herkunfts- und des Aufnahmemitgliedstaats nur für die Zwecke der Aufgaben, die nicht durch Artikel 4 der EZB übertragen worden sind.

(2) Die Vorschriften des einschlägigen Unionsrechts für die Zusammenarbeit zwischen den zuständigen Behörden verschiedener Mitgliedstaaten bei der Beaufsichtigung auf konsolidierter Basis finden keine Anwendung, soweit die EZB die einzige beteiligte zuständige Behörde ist.

(3) Bei der Wahrnehmung ihrer Aufgaben gemäß den Artikeln 4 und 5 achtet die EZB auf ein ausgeglichenes Verhältnis zwischen allen teilnehmenden Mitgliedstaaten im Einklang mit Artikel 6 Absatz 8, und in ihrer Beziehung zu nicht teilnehmenden Mitgliedstaaten beachtet sie das Gleichgewicht zwischen den Herkunfts- und den Aufnahmemitgliedstaaten gemäß dem einschlägigen Unionsrecht.

Artikel 18
Verwaltungssanktionen

(1) Wenn Kreditinstitute, Finanzholdinggesellschaften oder gemischte Finanzholdinggesellschaften vorsätzlich oder fahrlässig gegen eine Anfor-

derung aus direkt anwendbaren Rechtsakten der Union verstoßen und den zuständigen Behörden nach dem Unionsrecht wegen dieses Verstoßes die Möglichkeit, Verwaltungsgeldbußen zu verhängen, zur Verfügung gestellt wird, kann die EZB für die Zwecke der Wahrnehmung der ihr durch diese Verordnung übertragenen Aufgaben Verwaltungsgeldbußen bis zur zweifachen Höhe der aufgrund des Verstoßes erzielten Gewinne oder verhinderten Verluste - sofern diese sich beziffern lassen - oder von bis zu 10 % des jährlichen Gesamtumsatzes im Sinne des einschlägigen Unionsrechts einer juristischen Person im vorangegangenen Geschäftsjahr oder gegebenenfalls andere im einschlägigen Unionsrecht vorgesehene Geldbußen verhängen.

(2) Handelt es sich bei der juristischen Person um die Tochtergesellschaft einer Muttergesellschaft, so ist der relevante jährliche Gesamtumsatz nach Absatz 1 der jährliche Gesamtumsatz, der im vorangegangenen Geschäftsjahr im konsolidierten Abschluss der an der Spitze stehenden Muttergesellschaft ausgewiesen ist.

(3) Die Sanktionen müssen wirksam, verhältnismäßig und abschreckend sein. Bei der Entscheidung, ob eine Sanktion zu verhängen ist und welche Art von Sanktion geeignet ist, handelt die EZB im Einklang mit Artikel 9 Absatz 2.

(4) Die EZB wendet diesen Artikel nach Maßgabe der Rechtsakte nach Artikel 4 Absatz 3 Unterabsatz 1 dieser Verordnung einschließlich - soweit angemessen - der Verfahren nach der Verordnung (EG) Nr. 2532/98 an.

(5) In von Absatz 1 dieses Artikels nicht erfassten Fällen kann die EZB, wenn dies für die Zwecke der Wahrnehmung der ihr durch diese Verordnung übertragenen Aufgaben erforderlich ist, von den nationalen zuständigen Behörden verlangen, Verfahren einzuleiten, damit Maßnahmen ergriffen werden, um sicherzustellen, dass im Einklang mit den Rechtsakten nach Artikel 4 Absatz 3 Unterabsatz 1 und allen einschlägigen nationalen Rechtsvorschriften, die besondere Befugnisse zuweisen, die bisher durch Unionsrecht nicht gefordert waren, geeignete Sanktionen verhängt werden. Die Sanktionen der nationalen zuständigen Behörden müssen wirksam, verhältnismäßig und abschreckend sein.

Unterabsatz 1 dieses Absatzes gilt insbesondere für Geldbußen, die gegen Kreditinstitute, Finanzholdinggesellschaften oder gemischte Finanzholdinggesellschaften wegen eines Verstoßes gegen nationale Rechtsvorschriften zu verhängen sind, mit denen einschlägige Richtlinien umgesetzt werden, und für Verwaltungssanktionen oder -maßnahmen, die gegen Mitglieder des Leitungsorgans eines Kreditinstituts, einer Finanzholdinggesellschaft oder einer gemischten Finanzholdinggesellschaft oder andere Personen zu verhängen sind, die nach nationalem Recht für einen Verstoß eines Kreditinstituts, einer Finanzholdinggesellschaft oder einer gemischten Finanzholdinggesellschaft verantwortlich sind.

(6) Die EZB veröffentlicht jede Sanktion nach Absatz 1 unabhängig davon, ob gegen sie Beschwerde eingelegt worden ist oder nicht in den im einschlägigen Unionsrecht vorgesehenen Fällen und im Einklang mit den darin festgelegten Bedingungen.

(7) Unbeschadet der Absätze 1 bis 6 kann die EZB für die Zwecke der Wahrnehmung der ihr durch diese Verordnung übertragenen Aufgaben im Fall eines Verstoßes gegen ihre Verordnungen oder Beschlüsse nach Maßgabe der Verordnung (EG) Nr. 2532/98 Sanktionen verhängen.

KAPITEL IV

Organisatorische Grundsätze

Artikel 19
Unabhängigkeit

(1) Bei der Wahrnehmung der der EZB durch diese Verordnung übertragenen Aufgaben handeln die EZB und die nationalen zuständigen Behörden, die innerhalb des einheitlichen Aufsichtsmechanismus handeln, unabhängig. Die Mitglieder des Aufsichtsgremiums und des Lenkungsausschusses handeln unabhängig und objektiv im Interesse der Union als Ganzes und dürfen von den Organen oder Einrichtungen der Union, von der Regierung eines Mitgliedstaats oder von öffentlichen oder privaten Stellen weder Weisungen anfordern noch entgegennehmen.

(2) Die Organe, Einrichtungen, Ämter und Agenturen der Union sowie die Regierungen der Mitgliedstaaten und alle anderen Einrichtungen achten diese Unabhängigkeit.

(3) Nachdem das Aufsichtsgremium die Notwendigkeit eines Verhaltenskodexes geprüft hat, erstellt und veröffentlicht der EZB-Rat einen Verhaltenskodex für die Mitarbeiter und leitenden Angestellten der EZB, die an der Bankenaufsicht beteiligt sind, insbesondere in Bezug auf Interessenkonflikte.

Artikel 20
Rechenschaftspflicht und Berichterstattung

(1) Die EZB ist nach Maßgabe dieses Kapitels dem Europäischen Parlament und dem Rat für die Durchführung dieser Verordnung rechenschaftspflichtig.

(2) Die EZB legt dem Europäischen Parlament, dem Rat, der Kommission und der Euro-Gruppe jährlich einen Bericht über die Wahrnehmung der ihr durch diese Verordnung übertragenen Aufgaben vor, der auch Informationen über die voraussichtliche Entwicklung der Struktur und der Höhe der Aufsichtsgebühren gemäß Artikel 30 enthält.

(3) Der Vorsitzende des Aufsichtsgremiums der EZB stellt diesen Bericht öffentlich dem Europäischen Parlament und der Euro-Gruppe im Beisein von Vertretern der teilnehmenden Mitgliedstaaten, deren Währung nicht der Euro ist, vor.

(4) Der Vorsitzende des Aufsichtsgremiums der EZB kann von der Euro-Gruppe auf deren Verlangen im Beisein von Vertretern der teilnehmenden Mitgliedstaaten, deren Währung nicht der Euro ist, zur Wahrnehmung seiner Aufsichtsaufgaben gehört werden.

(5) Der Vorsitzende des Aufsichtsgremiums der EZB nimmt auf Verlangen des Europäischen Parlaments an einer Anhörung zur Wahrnehmung seiner Aufsichtsaufgaben teil, die von den zuständigen Ausschüssen des Europäischen Parlaments durchgeführt wird.

(6) Die EZB antwortet im Beisein von Vertretern der teilnehmenden Mitgliedstaaten, deren Währung nicht der Euro ist, mündlich oder schriftlich auf Fragen, die ihr vom Europäischen Parlament oder von der Euro-Gruppe gemäß ihrer eigenen Verfahren gestellt werden.

(7) Der Europäische Rechnungshof trägt bei der Prüfung der Effizienz der Verwaltung der EZB nach Artikel 27.2 der Satzung des ESZB und der EZB auch den der EZB durch diese Verordnung übertragenen Aufsichtsaufgaben Rechnung.

(8) Auf Verlangen führt der Vorsitzende des Aufsichtsgremiums der EZB mit dem Vorsitzenden und den stellvertretenden Vorsitzenden des zuständigen Ausschusses des Europäischen Parlaments unter Ausschluss der Öffentlichkeit vertrauliche Gespräche in Bezug auf seine Aufsichtsaufgaben, sofern solche Gespräche erforderlich sind, damit das Europäische Parlament seine Befugnisse gemäß dem AEUV wahrnehmen kann. Das Europäische Parlament und die EZB schließen eine Vereinbarung über die detaillierten Modalitäten für die Durchführung solcher Gespräche im Hinblick auf die Gewährleistung absoluter Vertraulichkeit gemäß den Vertraulichkeitspflichten, die der EZB als zuständige Behörde gemäß dem einschlägigen Unionsrecht auferlegt wurden.

(9) Die EZB beteiligt sich unter Wahrung des AEUV loyal an jeglichen Untersuchungen des Europäischen Parlaments. Die EZB und das Europäische Parlament schließen angemessene Vereinbarungen über die praktischen Modalitäten für die Ausübung der demokratischen Rechenschaftspflicht und die Kontrolle über die Wahrnehmung der der EZB durch diese Verordnung übertragenen Aufgaben. Diese Vereinbarungen umfassen u. a. den Zugang zu Informationen, die Zusammenarbeit bei Untersuchungen und die Unterrichtung über das Verfahren zur Auswahl des Vorsitzenden des Aufsichtsgremiums.

Artikel 21
Nationale Parlamente

(1) Gleichzeitig mit der Vorlage des Berichts nach Artikel 20 Absatz 2 leitet die EZB diesen Bericht den nationalen Parlamenten der teilnehmenden Mitgliedstaaten unmittelbar zu.

Die nationalen Parlamente können der EZB begründete Stellungnahmen zu diesem Bericht übermitteln.

(2) Die nationalen Parlamente der teilnehmenden Mitgliedstaaten können die EZB im Rahmen ihrer eigenen Verfahren ersuchen, schriftlich auf ihre an die EZB gerichteten Bemerkungen oder Fragen zu den Aufgaben der EZB nach dieser Verordnung zu antworten.

(3) Das nationale Parlament eines teilnehmenden Mitgliedstaats kann den Vorsitzenden oder ein Mitglied des Aufsichtsgremiums einladen, gemeinsam mit einem Vertreter der nationalen zuständigen Behörde an einem Gedankenaustausch über die Beaufsichtigung von Kreditinstituten in diesem Mitgliedstaat teilzunehmen.

(4) Diese Verordnung berührt nicht die Rechenschaftspflicht der nationalen zuständigen Behörden gegenüber ihren nationalen Parlamenten nach Maßgabe des nationalen Rechts in Bezug auf die Ausübung der Aufgaben, die der EZB durch diese Verordnung nicht übertragen werden, sowie auf die Ausübung ihrer Tätigkeit nach Artikel 6.

Artikel 22
Ordnungsgemäßes Verfahren für die Annahme von Aufsichtsbeschlüssen

(1) Vor dem Erlass von Aufsichtsbeschlüssen im Einklang mit Artikel 4 und Kapitel III Abschnitt 2 gibt die EZB den Personen, auf die sich das Verfahren bezieht, Gelegenheit, gehört zu werden. Die EZB stützt ihre Beschlüsse nur auf die Beschwerdepunkte, zu denen sich die betreffenden Parteien äußern konnten.

Unterabsatz 1 gilt nicht für den Fall dringender Maßnahmen, die ergriffen werden müssen, um ernsthaften Schaden vom Finanzsystem abzuwenden. In einem solchen Fall kann die EZB einen vorläufigen Beschluss fassen und muss den betreffenden Personen die Gelegenheit geben, so bald wie möglich nach Erlass ihres Beschlusses gehört zu werden.

(2) Die Verteidigungsrechte der betroffenen Personen müssen während des Verfahrens in vollem Umfang gewahrt werden. Die Personen haben Recht auf Einsicht in die EZB-Akten, vorbehaltlich des berechtigten Interesses anderer Personen an der Wahrung ihrer Geschäftsgeheimnisse. Das Recht auf Akteneinsicht gilt nicht für vertrauliche Informationen.

Die Beschlüsse der EZB sind zu begründen.

Artikel 23
Meldung von Verstößen

Die EZB sorgt dafür, dass wirksame Mechanismen für die Meldung von Verstößen gegen die in Artikel 4 Absatz 3 genannten Rechtsakte durch Kreditinstitute, Finanzholdinggesellschaften oder gemischte Finanzholdinggesellschaften bzw. zuständige Behörden in den teilnehmenden Mitgliedstaaten eingerichtet werden, einschließlich spezieller Verfahren für die Entgegennahme von Meldungen über Verstöße und ihre Weiterbehandlung. Solche Verfahren müssen mit den einschlägigen Rechtsvorschriften der Union im Einklang stehen und gewährleisten, dass die folgenden Grundsätze eingehalten werden: angemessener Schutz von Personen, die Verstöße melden, Schutz personenbezogener Daten sowie angemessener Schutz der beschuldigten Person.

Artikel 24[4)]
Administrativer Überprüfungsausschuss

(1) Die EZB richtet einen administrativen Überprüfungsausschuss ein, der eine interne administrative Überprüfung der Beschlüsse vornimmt, die die EZB im Rahmen der Ausübung der ihr durch diese Verordnung übertragenen Befugnisse erlassen hat, nachdem nach Absatz 5 die Überprüfung eines Beschlusses beantragt wurde. Die interne administrative Überprüfung erstreckt sich auf die verfahrensmäßige und materielle Übereinstimmung solcher Beschlüsse mit dieser Verordnung.

(2) Der administrative Überprüfungsausschuss besteht aus fünf Personen, die ein hohen Ansehen genießen, aus den Mitgliedstaaten stammen und nachweislich über einschlägige Kenntnisse und berufliche Erfahrungen, auch im Aufsichtswesen, von ausreichend hohem Niveau im Bankensektor oder im Bereich anderer Finanzdienstleistungen verfügen und nicht zum aktuellen Personal der EZB, der zuständigen Behörden oder anderer Organe, Einrichtungen, Ämter und Agenturen der Mitgliedstaaten oder der Union gehören, das an der Wahrnehmung der Aufgaben, die der EZB durch diese Verordnung übertragen wurden, beteiligt ist. Der administrative Überprüfungsausschuss verfügt über ausreichende Ressourcen und ausreichendes Fachwissen, um die Ausübung der Befugnisse durch die EZB nach dieser Verordnung beurteilen zu können. Die Mitglieder des administrativen Überprüfungsausschusses und zwei stellvertretende Mitglieder werden von der EZB für eine Amtszeit von fünf Jahren, die einmal verlängert werden kann, im Anschluss an eine im *Amtsblatt der Europäischen Union* veröffentlichte Aufforderung zur Interessenbekundung ernannt. Sie sind an keinerlei Weisungen gebunden.

(3) Der administrative Überprüfungsausschuss fasst seine Beschlüsse mit einer Mehrheit von mindestens drei seiner fünf Mitglieder.

(4) Die Mitglieder des administrativen Überprüfungsausschusses handeln unabhängig und im öffentlichen Interesse. Zu diesem Zweck geben sie eine öffentliche Verpflichtungserklärung und eine öffentliche Interessenerklärung ab, in der angegeben wird, welche direkten oder indirekten Interessen bestehen, die als ihre Unabhängigkeit beeinträchtigend angesehen werden könnten, oder in der angegeben wird, dass keine solchen Interessen bestehen.

(5) Jede natürliche oder juristische Person kann in den Fällen des Absatzes 1 die Überprüfung eines Beschlusses der EZB nach dieser Verordnung beantragen, der an diese Person gerichtet ist oder sie unmittelbar und individuell betrifft. Ein Antrag auf Überprüfung eines Beschlusses des EZB-Rates im Sinne des Absatzes 7 ist nicht zulässig.

(6) Der Antrag auf Überprüfung ist schriftlich zu stellen, hat eine Begründung zu enthalten und ist bei der EZB innerhalb eines Monats nach Bekanntgabe des Beschlusses an die eine Überprüfung verlangende Person oder, sofern eine solche Bekanntgabe nicht erfolgt ist, innerhalb eines Monats ab dem Zeitpunkt, zu dem sie von dem Beschluss Kenntnis erlangt hat, einzureichen.

(7) Nach einer Entscheidung über die Zulässigkeit der Überprüfung gibt der administrative Überprüfungsausschuss innerhalb einer Frist, die der Dringlichkeit der Angelegenheit angemessen ist, spätestens jedoch zwei Monate nach Eingang des Antrags, eine Stellungnahme ab und überweist den Fall zwecks Ausarbeitung eines neuen Beschlussentwurfs an das Aufsichtsgremium. Das Aufsichtsgremium unterbreitet dem EZB-Rat unverzüglich einen neuen Beschlussentwurf, der der Stellungnahme des administrativen Überprüfungsausschusses Rechnung trägt. Der neue Beschlussentwurf hebt den ursprünglichen Beschluss auf oder ersetzt ihn durch einen Beschluss desselben Inhalts oder durch einen geänderten Beschluss. Der neue Beschlussentwurf gilt als angenommen, wenn der EZB-Rat nicht innerhalb eines Zeitraums von höchstens zehn Arbeitstagen widerspricht.

(8) Ein Antrag auf Überprüfung nach Absatz 5 hat keine aufschiebende Wirkung. Der EZB-Rat kann jedoch auf Vorschlag des administrativen Überprüfungsausschusses den Vollzug des angefochtenen Beschlusses aussetzen, wenn die Umstände dies nach seiner Auffassung erfordern.

(9) Die Stellungnahme des administrativen Überprüfungsausschusses, der neue Beschlussentwurf des Aufsichtsgremiums und der vom EZB-Rat nach Maßgabe dieses Artikels gefasste Be-

Zu Artikel 24:

[4)] Beschluss EZB/2014/16; ABl. L 175 vom 14.6.2014, S. 47

schluss sind zu begründen und den Parteien bekanntzugeben.

(10) Die EZB erlässt einen Beschluss, mit dem die Vorschriften für die Arbeitsweise des administrativen Überprüfungsausschusses festgelegt werden.

(11) Dieser Artikel berührt nicht das Recht, gemäß den Verträgen ein Verfahren vor dem EUGH anzustrengen.

Artikel 25
Trennung von der geldpolitischen Funktion

(1) Bei der Wahrnehmung der ihr durch diese Verordnung übertragenen Aufgaben verfolgt die EZB ausschließlich die Ziele dieser Verordnung.

(2) Die EZB nimmt die ihr durch diese Verordnung übertragenen Aufgaben unbeschadet und getrennt von ihren Aufgaben im Bereich der Geldpolitik und von sonstigen Aufgaben wahr. Die der EZB durch diese Verordnung übertragenen Aufgaben dürfen weder ihre Aufgaben im Bereich der Geldpolitik beeinträchtigen noch durch diese bestimmt werden. Ebenso wenig dürfen die der EZB durch diese Verordnung übertragenen Aufgaben ihre Aufgaben im Zusammenhang mit dem ESRB und sonstige Aufgaben beeinträchtigen. Die EZB berichtet dem Europäischen Parlament und dem Rat darüber, wie sie diese Bestimmung eingehalten hat. Die der EZB durch diese Verordnung übertragenen Aufgaben ändern nicht die laufende Überwachung der Solvenz ihrer Geschäftspartner für geldpolitische Geschäfte.

Das mit der Wahrnehmung der der EZB durch diese Verordnung übertragenen Aufgaben befasste Personal ist von dem mit der Wahrnehmung anderer der EZB übertragener Aufgaben befassten Personal organisatorisch getrennt und unterliegt einer von diesem Personal getrennten Berichterstattung.

(3) Für die Zwecke der Absätze 1 und 2 erlässt und veröffentlicht die EZB die erforderlichen internen Vorschriften, einschließlich der Regelungen zum Berufsgeheimnis und zum Informationsaustausch zwischen den beiden funktionellen Bereichen.

(4) Die EZB stellt sicher, dass der EZB-Rat seine geldpolitischen und aufsichtlichen Funktionen in vollkommen getrennter Weise wahrnimmt. Diese Unterscheidung umfasst eine strikte Trennung der Sitzungen und Tagesordnungen.

(5)[5] Um die Trennung zwischen den geldpolitischen und aufsichtlichen Aufgaben sicherzustellen, richtet die EZB eine Schlichtungsstelle ein. Diese Schlichtungsstelle legt Meinungsverschiedenheiten der zuständigen Behörden der betroffenen teilnehmenden Mitgliedstaaten in Bezug auf Einwände des EZB-Rates gegen einen Beschlussentwurf des Aufsichtsgremiums bei. Sie besteht aus einem Mitglied je teilnehmendem Mitgliedstaat, das von jedem Mitgliedstaat unter den Mitgliedern des EZB-Rates und des Aufsichtsgremiums ausgewählt wird, und fasst ihre Beschlüsse mit einfacher Mehrheit, wobei jedes Mitglied über eine Stimme verfügt. Die EZB erlässt eine Verordnung zur Einrichtung dieser Schlichtungsstelle und zur Festlegung ihrer Geschäftsordnung an und veröffentlicht diese.

Artikel 26[6]
Aufsichtsgremium

(1) Die Planung und Ausführung der der EZB übertragenen Aufgaben erfolgt uneingeschränkt durch ein internes Organ, das sich aus seinen gemäß Absatz 3 ernannten Vorsitzenden und stellvertretenden Vorsitzenden, vier gemäß Absatz 5 ernannten Vertretern der EZB und jeweils einem Vertreter der für die Beaufsichtigung von Kreditinstituten in den einzelnen teilnehmenden Mitgliedstaaten verantwortlichen nationalen zuständigen Behörden zusammensetzt (im Folgenden „Aufsichtsgremium"). Alle Mitglieder des Aufsichtsgremiums handeln im Interesse der Union als Ganzes.

Handelt es sich bei der zuständigen Behörde nicht um eine Zentralbank, so kann das in Unterabsatz 1 genannte Mitglied des Aufsichtsgremiums beschließen, einen Vertreter der Zentralbank des Mitgliedstaats mitzubringen. Für die Zwecke des Abstimmungsverfahrens nach Maßgabe des Absatzes 6 gelten die Vertreter der Behörden eines Mitgliedstaats als ein einziges Mitglied.

(2) Bei der Besetzung des Aufsichtsgremiums nach Maßgabe dieser Verordnung werden die Grundsätze der Ausgewogenheit der Geschlechter, der Erfahrung und der Qualifikation geachtet.

(3) Nach Anhörung des Aufsichtsgremiums übermittelt die EZB dem Europäischen Parlament einen Vorschlag für die Ernennung des Vorsitzenden und des stellvertretenden Vorsitzenden zur Billigung. Nach Billigung dieses Vorschlags erlässt der Rat einen Durchführungsbeschluss zur Ernennung des Vorsitzenden und des stellvertretenden Vorsitzenden des Aufsichtsgremiums. Der Vorsitzende wird auf der Grundlage eines offenen Auswahlverfahrens, über das das Europäische Parlament und der Rat ordnungsgemäß unterrichtet werden, aus dem Kreis der in Banken- und Finanzfragen anerkannten und erfahrenen Persön-

Zu Artikel 25:

[5] *VO EZB/2014/26; ABl. L 179 vom 19.6.2014, S. 72*

Zu Artikel 26:

[6] *VO EZB/2014/4; ABl. L 196 vom 3.7.2014, S. 38*

Verfahrensordnung des Aufsichtsgremiums der Europäischen Zentralbank *ABl. L 182 vom 21.6.2014, S. 56*

lichkeiten, die nicht Mitglied des EZB-Rates sind, ausgewählt. Der stellvertretende Vorsitzende des Aufsichtsgremiums wird aus den Mitgliedern des Direktoriums der EZB ausgewählt. Der Rat beschließt mit qualifizierter Mehrheit, ohne Berücksichtigung der Stimmen der Mitglieder des Rates, die nicht teilnehmende Mitgliedstaaten sind.

Nach seiner Ernennung nimmt der Vorsitzende sein Amt als Vollzeitbeschäftigter wahr und darf kein anderes Amt bei den nationalen zuständigen Behörden bekleiden. Seine Amtszeit beträgt fünf Jahre und ist nicht verlängerbar.

(4) Erfüllt der Vorsitzende des Aufsichtsgremiums die für die Ausübung seines Amtes erforderlichen Voraussetzungen nicht mehr oder hat er sich eines schweren Fehlverhaltens schuldig gemacht, so kann der Rat auf Vorschlag der EZB, der vom Europäischen Parlament gebilligt wurde, einen Durchführungsbeschluss erlassen, mit dem der Vorsitzende seines Amtes enthoben wird. Der Rat beschließt mit qualifizierter Mehrheit, wobei die Stimmen der Mitglieder des Rates, die nicht teilnehmende Mitgliedstaaten sind, keine Berücksichtigung finden.

Nachdem der stellvertretende Vorsitzende des Aufsichtsgremiums von Amts wegen als Mitglied des Direktoriums gemäß der Satzung des ESZB und der EZB entlassen worden ist, kann der Rat auf Vorschlag der EZB, der vom Europäischen Parlament gebilligt wurde, einen Durchführungsbeschluss erlassen, mit dem der stellvertretende Vorsitzende seines Amtes enthoben wird. Der Rat beschließt mit qualifizierter Mehrheit, wobei die Stimmen der Mitglieder des Rates, die nicht teilnehmende Mitgliedstaaten sind, keine Berücksichtigung finden.

Für diese Zwecke können das Europäische Parlament oder der Rat die EZB darüber unterrichten, dass ihres Erachtens die Voraussetzungen erfüllt sind, um den Vorsitzenden oder den stellvertretenden Vorsitzenden des Aufsichtsgremiums seines Amtes zu entheben; die EZB nimmt dazu Stellung.

(5) Die vier vom EZB-Rat ernannten Vertreter der EZB nehmen keine Aufgaben im direkten Zusammenhang mit der geldpolitischen Funktion der EZB wahr. Alle Vertreter der EZB sind stimmberechtigt.

(6) Das Aufsichtsgremium fasst seine Beschlüsse mit der einfachen Mehrheit seiner Mitglieder. Jedes Mitglied hat eine Stimme. Bei Stimmengleichheit gibt die Stimme des Vorsitzenden den Ausschlag.

(7) Abweichend von Absatz 6 fasst das Aufsichtsgremium Beschlüsse zum Erlass von Verordnungen aufgrund von Artikel 4 Absatz 3 mit der qualifizierten Mehrheit seiner Mitglieder im Sinne des Artikels 16 Absatz 4 des EUV und des Artikels 3 des dem EUV und dem AEUV beigefügten Protokolls Nr. 36 über die Übergangsbestimmungen in Bezug auf die die Behörden der teilnehmenden Mitgliedstaaten vertretenden Mitglieder. Jeder der vier vom EZB-Rat benannten Vertreter der EZB hat eine Stimme, die dem Median der Stimmen der anderen Mitglieder entspricht.

(8) Unbeschadet des Artikels 6 übernimmt das Aufsichtsgremium nach einem von der EZB festzulegenden Verfahren die Vorbereitungstätigkeiten für die der EZB übertragenen Aufsichtsaufgaben und schlägt dem EZB-Rat fertige Beschlussentwürfe zur Annahme vor. Die Beschlussentwürfe werden gleichzeitig den nationalen zuständigen Behörden der betroffenen Mitgliedstaaten übermittelt. Ein Beschlussentwurf gilt als angenommen, wenn der EZB-Rat nicht innerhalb einer Frist, die im Rahmen des obengenannten Verfahrens festgelegt wird, jedoch höchstens zehn Arbeitstage betragen darf, widerspricht. Lehnt jedoch ein teilnehmender Mitgliedstaat, dessen Währung nicht der Euro ist, einen Beschlussentwurf des Aufsichtsgremiums ab, findet das Verfahren des Artikels 7 Absatz 8 Anwendung. In Ausnahmesituationen beträgt die genannte Frist höchstens 48 Stunden. Widerspricht der EZB-Rat einem Beschlussentwurf, so begründet er seinen Widerspruch schriftlich, insbesondere durch Verweis auf geldpolitische Erwägungen. Wird ein Beschluss infolge eines Widerspruchs des EZB-Rates geändert, so kann ein teilnehmender Mitgliedstaat, dessen Währung nicht der Euro ist, der EZB in einer begründeten Stellungnahme mitteilen, dass er dem Widerspruch nicht zustimmt; in diesem Fall findet das Verfahren des Artikels 7 Absatz 7 Anwendung.

(9) Das Aufsichtsgremium wird bei seiner Tätigkeit von einem Sekretariat auf Vollzeitbasis unterstützt, das auch die Sitzungen vorbereitet.

(10) Das Aufsichtsgremium richtet durch eine Abstimmung gemäß der Regelung nach Absatz 6 aus den Reihen seiner Mitglieder einen Lenkungsausschuss mit kleinerer Zusammensetzung ein, der seine Tätigkeiten, einschließlich der Vorbereitung der Sitzungen, unterstützt.

Der Lenkungsausschuss des Aufsichtsgremiums hat keine Beschlussfassungsbefugnisse. Den Vorsitz des Lenkungsausschusses nimmt der Vorsitzende oder - bei außergewöhnlicher Abwesenheit des Vorsitzenden - der stellvertretende Vorsitzende des Aufsichtsgremiums wahr. Die Zusammensetzung des Lenkungsausschusses gewährleistet ein ausgewogenes Verhältnis und eine Rotation zwischen den nationalen zuständigen Behörden. Er besteht aus höchstens zehn Mitgliedern, einschließlich des Vorsitzenden, des stellvertretenden Vorsitzenden und eines zusätzlichen Vertreters der EZB. Der Lenkungsausschuss führt die ihm obliegenden vorbereitenden Arbeiten im Interesse der Union als Ganzes aus und arbeitet in völliger Transparenz mit dem Aufsichtsgremium zusammen.

(11) Ein Vertreter der Kommission kann nach entsprechender Einladung als Beobachter an den Sitzungen des Aufsichtsgremiums teilnehmen. Beobachter haben keinen Zugriff auf vertrauliche Informationen über einzelne Institute.

(12) Der EZB-Rat erlässt interne Vorschriften, in denen sein Verhältnis zum Aufsichtsgremium detailliert geregelt wird. Das Aufsichtsgremium legt durch eine Abstimmung nach der Regelung nach Absatz 6 auch seine Verfahrensordnung fest. Beide Regelwerke werden veröffentlicht. Die Verfahrensordnung des Aufsichtsgremiums stellt die Gleichbehandlung aller teilnehmenden Mitgliedstaaten sicher.

Artikel 27
Geheimhaltung und Informationsaustausch

(1) Die Mitglieder des Aufsichtsgremiums, die Mitarbeiter der EZB und von den teilnehmenden Mitgliedstaaten abgeordnetes Personal, die Aufsichtsaufgaben wahrnehmen, unterliegen auch nach Beendigung ihrer Amtstätigkeit den Geheimhaltungspflichten nach Artikel 37 der Satzung des ESZB und der EZB und den einschlägigen Rechtsakten der Union.

Die EZB stellt sicher, dass Einzelpersonen, die direkt oder indirekt, ständig oder gelegentlich Dienstleistungen im Zusammenhang mit der Wahrnehmung von Aufsichtsaufgaben erbringen, entsprechenden Geheimhaltungspflichten unterliegen.

(2) Zur Wahrnehmung der ihr durch diese Verordnung übertragenen Aufgaben ist die EZB befugt, innerhalb der im einschlägigen Unionsrecht festgelegten Grenzen und gemäß den darin vorgesehenen Bedingungen Informationen mit nationalen Behörden oder Behörden und sonstigen Einrichtungen der Union in den Fällen auszutauschen, in denen die einschlägigen Rechtsakte der Union es den nationalen zuständigen Behörden gestatten, solchen Stellen Informationen zu übermitteln, oder in denen die Mitgliedstaaten nach dem einschlägigen Unionsrecht eine solche Weitergabe vorsehen können.

Artikel 28
Ressourcen

Die EZB ist dafür verantwortlich, die für die Wahrnehmung der ihr durch diese Verordnung übertragenen Aufgaben erforderlichen finanziellen Mittel sowie das dafür erforderliche Personal einzusetzen.

Artikel 29
Haushalt und Jahresabschlüsse

(1) Die Ausgaben der EZB für die Wahrnehmung der ihr durch diese Verordnung übertragenen Aufgaben sind im Haushaltsplan der EZB gesondert ausgewiesen.

(2) Die EZB legt in dem Bericht nach Artikel 20 auch die Einzelheiten ihres Haushaltsplans für ihre Aufsichtsaufgaben dar. Die von der EZB gemäß Artikel 26.2 der Satzung des ESZB und der EZB erstellten und veröffentlichten Jahresabschlüsse enthalten die Einnahmen und Ausgaben im Zusammenhang mit den Aufsichtsaufgaben.

(3) Der Abschnitt der Jahresabschlüsse, der der Beaufsichtigung gewidmet ist, wird im Einklang mit Artikel 27.1 der Satzung des ESZB und der EZB geprüft.

Artikel 30
Aufsichtsgebühren

(1) Die EZB erhebt bei den in den teilnehmenden Mitgliedstaaten niedergelassenen Kreditinstituten und bei den in teilnehmenden Mitgliedstaaten niedergelassenen Zweigstellen von in nicht teilnehmenden Mitgliedstaat niedergelassenen Kreditinstituten eine jährliche Aufsichtsgebühr. Diese Gebühren decken die Ausgaben der EZB für die Wahrnehmung der ihr durch die Artikel 4 bis 6 dieser Verordnung übertragenen Aufgaben. Diese Gebühren dürfen die Ausgaben im Zusammenhang mit diesen Aufgaben nicht übersteigen.

(2) Der Betrag der von einem Kreditinstitut oder einer Zweigstelle erhobenen Gebühr wird gemäß den von der EZB festgelegten und vorab veröffentlichten Modalitäten berechnet.

Vor der Festlegung dieser Modalitäten führt die EZB offene öffentliche Anhörungen durch, analysiert die potenziell anfallenden Kosten und den potenziellen Nutzen und veröffentlicht die Ergebnisse beider Maßnahmen.

(3) Die Gebühren werden auf der obersten Konsolidierungsebene innerhalb eines teilnehmenden Mitgliedstaats anhand objektiver Kriterien in Bezug auf die Bedeutung und das Risikoprofil des betreffenden Kreditinstituts, einschließlich seiner risikogewichteten Aktiva, berechnet.

Grundlage für die Berechnung der jährlichen Aufsichtsgebühr für ein bestimmtes Kalenderjahr sind die Ausgaben für die Beaufsichtigung von Kreditinstituten und Zweigstellen für das betreffende Jahr. Die EZB kann Vorauszahlungen auf die jährliche Aufsichtsgebühr verlangen, die auf der Grundlage eines angemessenen Voranschlags berechnet werden. Sie verständigt sich vor der Entscheidung über die endgültige Höhe der Gebühr mit den nationalen zuständigen Behörden, um sicherzustellen, dass die Kosten für die Beaufsichtigung für alle Kreditinstitute und Zweigstellen tragbar und angemessen sind. Sie unterrichtet die Kreditinstitute und Zweigstellen über die Grundlage für die Berechnung der jährlichen Aufsichtsgebühr.

(4) Die EZB erstattet gemäß Artikel 20 Bericht.

(5) Dieser Artikel steht dem Recht nationaler zuständiger Behörden nicht entgegen, nach Maßgabe ihres nationalen Rechts und soweit Aufsichtsaufgaben nicht der EZB übertragen wurden oder gemäß dem einschlägigen Unionsrecht und vorbehaltlich der Bestimmungen zur Durchführung dieser Verordnung, einschließlich der Artikel 6 und 12, für Kosten aufgrund der Zusammenarbeit mit der EZB, ihrer Unterstützung und der Ausführung ihrer Anweisungen Gebühren zu erheben.

Artikel 31
Personal und Austausch von Personal

(1) Die EZB legt gemeinsam mit allen nationalen zuständigen Behörden Regelungen fest, um für einen angemessenen Austausch mit und zwischen den nationalen zuständigen Behörden und für eine angemessene gegenseitige Entsendung von Mitarbeitern zu sorgen.

(2) Die EZB kann, wenn dies angebracht ist, verlangen, dass Aufsichtsteams der nationalen zuständigen Behörden, die in Bezug auf ein Kreditinstitut, eine Finanzholdinggesellschaft oder eine gemischte Finanzholdinggesellschaft in einem teilnehmenden Mitgliedstaat Aufsichtsmaßnahmen nach Maßgaben dieser Verordnung ergreifen, auch Mitarbeiter der nationalen zuständigen Behörden anderer teilnehmender Mitgliedstaaten einbeziehen.

(3) Die EZB richtet umfassende und formelle Verfahren einschließlich Ethikverfahren und verhältnismäßiger Überprüfungszeiträume ein und erhält diese aufrecht, um etwaige Interessenkonflikte aufgrund einer innerhalb von zwei Jahren erfolgenden Anschlussbeschäftigung von Mitgliedern des Aufsichtsgremiums und Mitarbeitern der EZB, die an Aufsichtstätigkeiten beteiligt waren, bereits im Voraus zu beurteilen und abzuwenden, und sieht eine angemessene Offenlegung unter Einhaltung der geltenden Datenschutzvorschriften vor.

Diese Verfahren gelten unbeschadet der Anwendung strengerer nationaler Vorschriften. Für Mitglieder des Aufsichtsgremiums, die Vertreter nationaler zuständiger Behörden sind, werden diese Verfahren, unbeschadet der geltenden nationalen Rechtsvorschriften, in Zusammenarbeit mit den nationalen zuständigen Behörden eingerichtet und umgesetzt.

Für Mitarbeiter der EZB, die an Aufsichtstätigkeiten beteiligt sind, werden durch diese Verfahren die Arbeitsplatzkategorien, für die eine solche Beurteilung gilt, sowie Zeiträume festgelegt, die in einem angemessenen Verhältnis zu den Funktionen stehen, die diese Mitarbeiter bei den Aufsichtstätigkeiten während ihrer Beschäftigung bei der EZB wahrgenommen haben.

(4) Die in Absatz 3 genannten Verfahren sehen vor, dass die EZB prüft, ob Einwände dagegen bestehen, dass Mitglieder des Aufsichtsgremiums nach Beendigung ihrer Amtstätigkeit bezahlte Arbeit bei Instituten des Privatsektors annehmen, die der aufsichtlichen Zuständigkeit der EZB unterliegen.

Die in Absatz 3 genannten Verfahren gelten grundsätzlich für eine Dauer von zwei Jahren nach Beendigung der Amtstätigkeit der Mitglieder des Aufsichtsgremiums und können auf der Grundlage einer hinreichenden Begründung in einem angemessen Verhältnis zu den Funktionen, die während der Amtstätigkeit wahrgenommen wurden, und zur Dauer dieser Amtstätigkeit angepasst werden.

(5) Der Jahresbericht der EZB gemäß Artikel 20 enthält detaillierte Informationen, einschließlich statistischer Daten, über die Anwendung der in den Absätzen 3 und 4 dieses Artikels genannten Verfahren.

KAPITEL V
Allgemeine und Schlussbestimmungen

Artikel 32
Überprüfung

Die Kommission veröffentlicht spätestens am 31. Dezember 2015 und danach alle drei Jahre einen Bericht über die Anwendung dieser Verordnung, wobei sie einen besonderen Schwerpunkt auf die Überwachung der möglichen Auswirkungen auf das reibungslose Funktionieren des Binnenmarkts legt. In dem Bericht wird unter anderem Folgendes bewertet:

a) das Funktionieren des einheitlichen Aufsichtsmechanismus innerhalb des Europäischen Finanzaufsichtssystems und die Auswirkungen der Aufsichtstätigkeiten der EZB auf die Interessen der Union als Ganzes und auf die Kohärenz und Integrität des Binnenmarkts für Finanzdienstleistungen, einschließlich der möglichen Auswirkungen auf die Strukturen der nationalen Bankensysteme innerhalb der Union, und in Bezug auf die Wirksamkeit der Zusammenarbeit und der Informationsaustauschregelungen zwischen dem einheitlichen Aufsichtsmechanismus und den zuständigen Behörden der nicht teilnehmenden Mitgliedstaaten;

b) die Aufteilung der Aufgaben zwischen der EZB und den nationalen zuständigen Behörden innerhalb des einheitlichen Aufsichtsmechanismus, die Wirksamkeit der von der EZB angenommenen praktischen Modalitäten der Organisation sowie die Auswirkungen des einheitlichen Aufsichtsmechanismus auf das Funktionieren der noch bestehenden Aufsichtskollegien;

c) die Wirksamkeit der Aufsichtsbefugnisse und Sanktionsbefugnisse der EZB sowie die Angemessenheit der Übertragung zusätzlicher Sanktionsbefugnisse auf die EZB, auch in Bezug auf andere Personen als Kreditinstitute, Finanzholdinggesellschaften oder gemischte Finanzholdinggesellschaften;

d) die Zweckmäßigkeit der Regelungen des Artikels 5 hinsichtlich der makroprudenziellen Aufgaben und Instrumente sowie der Regelungen des Artikels 14 für die Erteilung und den Entzug von Zulassungen;

e) die Wirksamkeit der Regelungen bezüglich der Unabhängigkeit und der Rechenschaftspflicht;

f) das Zusammenwirken von EZB und EBA;

g) die Zweckmäßigkeit der Regelungen für die Unternehmensführung einschließlich der Zusammensetzung und der Abstimmungsmodalitäten des Aufsichtsgremiums und seines Verhältnisses zum EZB-Rat sowie der Zusammenarbeit im Aufsichtsgremium zwischen den Mitgliedstaaten, deren Währung der Euro ist, und den anderen am einheitlichen Aufsichtsmechanismus teilnehmenden Mitgliedstaaten;

h) das Zusammenwirken von EZB und nationalen zuständigen Behörden nicht teilnehmender Mitgliedstaaten und die Auswirkungen des einheitlichen Aufsichtsmechanismus auf diese Mitgliedstaaten;

i) die Wirksamkeit des Beschwerdemechanismus gegen Beschlüsse der EZB;

j) die Kosteneffizienz des einheitlichen Aufsichtsmechanismus;

k) die möglichen Auswirkungen der Anwendung des Artikels 7 Absätze 6, 7 und 8 auf das Funktionieren und die Integrität des einheitlichen Aufsichtsmechanismus;

l) die Wirksamkeit der Trennung zwischen den aufsichtlichen und geldpolitischen Funktionen innerhalb der EZB sowie der Trennung der den Aufsichtsaufgaben gewidmeten finanziellen Mittel vom Haushalt der EZB, wobei jeglichen Änderungen der einschlägigen gesetzlichen Bestimmungen, auch auf Ebene des Primärrechts, Rechnung zu tragen ist;

m) die Auswirkungen der Aufsichtsbeschlüsse des einheitlichen Aufsichtsmechanismus auf die Haushalte der teilnehmenden Mitgliedstaaten sowie die Auswirkungen jeglicher Entwicklungen im Zusammenhang mit den Regelungen in Bezug auf die Abwicklungsfinanzierung;

n) die Möglichkeiten, den einheitlichen Aufsichtsmechanismus weiterzuentwickeln, wobei jegliche Änderungen der einschlägigen Bestimmungen, auch auf Ebene des Primärrechts, sowie die Frage zu berücksichtigen sind, ob die Begründung für die institutionellen Bestimmungen in dieser Verordnung nicht mehr besteht, einschließlich der Möglichkeit, die Rechte und Pflichten der Mitgliedstaaten, deren Währung der Euro ist, und der anderen teilnehmenden Mitgliedstaaten vollständig anzugleichen.

Der Bericht wird dem Europäischen Parlament und dem Rat übermittelt. Die Kommission macht gegebenenfalls begleitende Vorschläge.

Artikel 33[6)]
Übergangsbestimmungen

(1) Die EZB veröffentlicht das Rahmenwerk nach Artikel 5 Absatz 7 bis zum 4. Mai 2014.

(2) Die EZB übernimmt die ihr durch diese Verordnung übertragenen Aufgaben am 4. November 2014, vorbehaltlich der Durchführungsbestimmungen und Maßnahmen dieses Absatzes.

Nach dem 3. November 2013 veröffentlicht die EZB im Wege von Verordnungen und Beschlüssen die detaillierten operativen Bestimmungen zur Wahrnehmung der ihr durch diese Verordnung übertragenen Aufgaben.

Ab dem 3. November 2013 übermittelt die EZB dem Europäischen Parlament, dem Rat und der Kommission vierteljährlich einen Bericht über die Fortschritte bei der operativen Durchführung dieser Verordnung.

Wird aus den in Unterabsatz 3 dieses Absatzes genannten Berichten und nach Beratungen im Europäischen Parlament und im Rat über diese Berichte deutlich, dass die EZB ihre Aufgaben am 4. November 2014 nicht in vollem Umfang wahrnehmen können wird, so kann sie einen Beschluss erlassen, um ein späteres als das in Unterabsatz 1 dieses Absatzes genannte Datum festzulegen, damit während des Übergangs von der nationalen Aufsicht zum einheitlichen Aufsichtsmechanismus die Kontinuität und, je nach der Verfügbarkeit von Personal, die Einführung geeigneter Berichtsverfahren und Vereinbarungen über die Zusammenarbeit mit den nationalen zuständigen Behörden gemäß Artikel 6 gewährleistet ist.

(3) Unbeschadet des Absatzes 2 und der Ausübung der ihr durch diese Verordnung übertragenen Untersuchungsbefugnisse kann die EZB ab dem 3. November 2013 mit der Wahrnehmung der ihr durch diese Verordnung übertragenen Aufgaben, mit Ausnahme des Erlasses von Aufsichtsbeschlüssen, in Bezug auf Kreditinstitute, Finanzholdinggesellschaften oder gemischte Finanzholdinggesellschaften beginnen, nachdem den betroffenen Unternehmen und den nationalen zuständigen Behörden ein entsprechender Beschluss zugeleitet wurde.

Wenn die EZB vom ESM einstimmig ersucht wird, als Voraussetzung für die direkte Rekapitalisierung eines Kreditinstituts, einer Finanzholdinggesellschaft oder einer gemischten Finanzholdinggesellschaft dessen bzw. deren direkte Beaufsichtigung zu übernehmen, kann sie unbeschadet

---

Zu Artikel 33:

6) Beschluss EZB/2014/3; ABl. L 69 vom 8.3.2014, S. 107

des Absatzes 2 unverzüglich mit der Wahrnehmung der ihr durch diese Verordnung übertragenen Aufgaben in Bezug auf Kreditinstitute, Finanzholdinggesellschaften oder gemischte Finanzholdinggesellschaften beginnen, nachdem den betroffenen Unternehmen und den betroffenen nationalen zuständigen Behörden ein entsprechender Beschluss zugeleitet wurde.

(4) Ab dem 3. November 2013 kann die EZB mit Blick auf die Übernahme ihrer Aufgaben die nationalen zuständigen Behörden und Personen im Sinne des Artikels 10 Absatz 1 auffordern, alle Informationen vorzulegen, die für sie von Belang sind, um eine umfassende Prüfung der Kreditinstitute des teilnehmenden Mitgliedstaats, einschließlich einer Bilanzbewertung, durchzuführen. Sie nimmt eine solche Bewertung mindestens für Kreditinstitute vor, die nicht unter Artikel 6 Absatz 4 fallen. Das Kreditinstitut und die zuständige Behörde legen die verlangten Informationen vor.

(5) Von den teilnehmenden Mitgliedstaaten am 3. November 2013 oder gegebenenfalls an den in den Absätzen 2 und 3 dieses Artikels genannten Tagen zugelassene Kreditinstitute gelten als gemäß Artikel 14 zugelassen und dürfen ihre Tätigkeit weiterhin ausüben. Die nationalen zuständigen Behörden teilen der EZB vor dem Geltungsbeginn dieser Verordnung oder gegebenenfalls vor dem in den Absätzen 2 und 3 dieses Artikels genannten Tag die Identität dieser Kreditinstitute mit und legen einen Bericht über die bisherige Aufsichtsbilanz und das Risikoprofil der betreffenden Institute sowie alle weiteren von der EZB angeforderten Informationen vor. Die Informationen sind in dem von der EZB verlangten Format vorzulegen.

(6) Unbeschadet des Artikels 26 Absatz 7 finden bis zum 31. Dezember 2015 sowohl Abstimmungen mit qualifizierter Mehrheit als auch Abstimmungen mit einfacher Mehrheit zum Erlass der in Artikel 4 Absatz 3 genannten Verordnungen Anwendung.

Artikel 34
Inkrafttreten

Diese Verordnung tritt am fünften Tag nach ihrer Veröffentlichung im *Amtsblatt der Europäischen Union* in Kraft.

Diese Verordnung ist in allen ihren Teilen verbindlich und gilt unmittelbar in jedem Mitgliedstaat.

Geschehen zu Luxemburg am 15. Oktober 2013.

Im Namen des Rates
Der Präsident
R. ŠADŽIUS

Verordnung (EU) Nr. 468/2014 der Europäischen Zentralbank vom 16. April 2014 zur Einrichtung eines Rahmenwerks für die Zusammenarbeit zwischen der Europäischen Zentralbank und den nationalen zuständigen Behörden und den nationalen benannten Behörden innerhalb des einheitlichen Aufsichtsmechanismus (SSM-Rahmenverordnung)

ABl L 141 vom 14. 5. 2014, S 1 (Verordnung (EU) 468/2014 (EZB/2014/17)) idF

1 ABl L 113 vom 29. 4. 2017, S 64 (Berichtigung VO (EU) 468/2014 (EZB/2014/17))

2 ABl L 65 vom 8. 3. 2018, S 49 (Berichtigung VO (EU) 468/2014 (EZB/2014/17))

Inhaltsverzeichnis *(nicht amtlich)*

Inhaltsverzeichnis

Verordnung (EU) Nr. 468/2014 der Europäischen Zentralbank vom 16. April 2014 zur Einrichtung eines Rahmenwerks für die Zusammenarbeit zwischen der Europäischen Zentralbank und den nationalen zuständigen Behörden und den nationalen benannten Behörden innerhalb des einheitlichen Aufsichtsmechanismus (SSM-Rahmenverordnung) (EZB/2014/17)

DER EZB-RAT –

gestützt auf den Vertrag über die Arbeitsweise der Europäischen Union, insbesondere auf Artikel 127 Absatz 6 und Artikel 132,

gestutzt auf die Satzung des Systems der Europäischen Zentralbanken und der Europäischen Zentralbank, insbesondere auf Artikel 34,

gestützt auf die Verordnung (EU) Nr. 1024/2013 des Rates vom 15. Oktober 2013 zur Übertragung besonderer Aufgaben im Zusammenhang mit der Aufsicht über Kreditinstitute auf die Europäische Zentralbank[1], insbesondere auf Artikel 4 Absatz 3, Artikel 6 und Artikel 33 Absatz 2,

gestützt auf die Interinstitutionelle Vereinbarung zwischen dem Europäischen Parlament und der Europäischen Zentralbank über die praktischen Modalitäten für die Ausübung der demokratischen Rechenschaftspflicht und die Kontrolle über die Wahrnehmung der der EZB im Rahmen des einheitlichen Aufsichtsmechanismus übertragenen Aufgaben[2],

gestützt auf die im Einklang mit Artikel 4 Absatz 3 der Verordnung (EU) Nr. 1024/2013 durchgeführte öffentliche Konsultation und Analyse,

auf Vorschlag des Aufsichtsgremiums und in Abstimmung mit den zuständigen nationalen Behörden,

in Erwägung nachstehender Gründe:

(1) Durch die Verordnung (EU) Nr. 1024/2013 (nachfolgend die „SSM-Verordnung") wird ein einheitlicher Aufsichtsmechanismus (*Single Supervisory Mechanism* – SSM) eingerichtet, der sich aus der Europäischen Zentralbank (EZB) und den nationalen zuständigen Behörden (*National Competent Authorities* – NCAs) von teilnehmenden Mitgliedstaaten zusammensetzt.

(2) Im Rahmen von Artikel 6 der SSM-Verordnung ist die EZB ausschließlich für die Wahrnehmung der mikroprudenziellen Aufgaben zuständig, die ihr durch Artikel 4 der SSM-Verordnung in Bezug auf in den teilnehmenden Mitgliedstaaten niedergelassene Kreditinstitute übertragen wurde. Die EZB ist dafür verantwortlich, dass der SSM wirksam und einheitlich funktioniert, und sie übt auf Grundlage der in Artikel 6 vorgesehenen Zuständigkeiten und Verfahren die Aufsicht über das Funktionieren des Systems aus.

(3) Gegebenenfalls und unbeschadet der Verantwortung und der Rechenschaftspflicht der EZB für die ihr durch die SSM-Verordnung übertragenen Aufgaben sind die NCAs dafür verantwortlich, die EZB gemäß den in der SSM-Verordnung und dieser Verordnung festgelegten Bedingungen bei der Ausarbeitung und Durchführung sämtlicher Rechtsakte im Zusammenhang mit den in Artikel 4 der SSM-Verordnung genannten Aufgaben in Bezug auf sämtliche Kreditinstitute zu unterstützen, was eine Unterstützung bei Überprüfungstätigkeiten einschließt. Zu diesem Zweck sollten die NCAs bei der Wahrnehmung der in Artikel 4 der SSM-Verordnung genannten Aufgaben den Anweisungen der EZB befolgen.

(4) Die EZB, die NCAs und die nationalen benannten Behörden (*National Designated Authorities* – NDAs) müssen die in Artikel 5 der SSM-Verordnung genannten makroprudenziellen Aufgaben wahrnehmen und die Abstimmungsverfahren einhalten, die in der SSM-Verordnung, dieser Verordnung und dem einschlägigen Unionsrecht vorgesehen sind. Die Funktionen des Eurosystems und des Europäischen Ausschusses für Systemrisiken (ESRB) bleiben hiervon unberührt.

(5) Innerhalb des SSM werden die jeweiligen Aufsichtsbefugnisse auf Grundlage der Bedeutung der in den Geltungsbereich des SSM fallenden Unternehmen zwischen der EZB und den NCAs aufgeteilt. In dieser Verordnung wird die besondere Methodik zur Bestimmung dieser Bedeutung gemäß den Vorgaben des Artikels 6 Absatz 7 der

Zur Präambel

[1] *ABl. L 287 vom 29.10.2013, S. 63.*

[2] *ABl. L 320 vom 30.11.2013, S. 1.*

SSM-Verordnung im Einzelnen festgelegt. Der EZB obliegt die direkte Zuständigkeit für die Beaufsichtigung der in teilnehmenden Mitgliedstaaten niedergelassenen Kreditinstitute, Finanzholdinggesellschaften, gemischten Holdinggesellschaften und der in teilnehmenden Mitgliedstaaten niedergelassenen Zweigstellen von in nicht teilnehmenden Mitgliedstaaten niedergelassenen Kreditinstituten, die bedeutend sind. Die NCAs sind für die direkte Beaufsichtigung der beaufsichtigten Unternehmen zuständig, die weniger bedeutend sind, unbeschadet der Befugnis der EZB, in Einzelfällen zu beschließen, diese Unternehmen unmittelbar zu beaufsichtigen, wenn dies für die kohärente Anwendung der Aufsichtsstandards erforderlich ist.

(6) Um den jüngsten Entwicklungen des Unionsrechts im Bereich der Sanktionen und der Rechtsprechung des Europäischen Gerichtshofs für Menschenrechte zum Grundsatz der Trennung zwischen einer Untersuchungs- und Beschlussphase Rechnung zu tragen, richtet die EZB eine unabhängige Untersuchungsstelle ein, die eigenständig Verstöße gegen Aufsichtsvorschriften und -beschlüsse untersucht.

(7) Artikel 6 Absatz 7 der SSM-Verordnung sieht vor, dass die EZB in Abstimmung mit den NCAs und auf Grundlage eines Vorschlags des Aufsichtsgremiums ein Rahmenwerk zur Gestaltung der praktischen Modalitäten der Zusammenarbeit zwischen der EZB und den NCAs innerhalb des SSM annimmt und veröffentlicht.

(8) Artikel 33 Absatz 2 der SSM-Verordnung sieht vor, dass die EZB im Wege von Verordnungen und Beschlüssen die detaillierten operativen Bestimmungen zur Wahrnehmung der ihr durch die SSM-Verordnung übertragenen Aufgaben veröffentlichen muss. Die vorliegende Verordnung umfasst die Bestimmungen zur Durchführung des Artikels 33 Absatz 2 bezüglich der Zusammenarbeit zwischen der EZB und den NCAs innerhalb des SSM.

(9) Aus diesem Grund werden die durch die SSM-Verordnung eingerichteten Verfahren für die Zusammenarbeit zwischen der EZB und den NCAs innerhalb des einheitlichen Aufsichtsmechanismus – sowie gegebenenfalls mit den nationalen benannten Behörden – in vorliegender Verordnung weiterentwickelt und näher ausgeführt.

(10) Die EZB misst der umfassenden Prüfung von Kreditinstituten, einschließlich einer Bilanzbewertung, die sie vor Übernahme ihrer Aufgaben durchzuführen hat, große Bedeutung bei; das betrifft auch die Mitgliedstaaten, die dem Euro-Währungsgebiet und somit dem SSM nach dem in Artikel 33 Absatz 2 genannten Tag der Übernahme der Aufsicht beitreten.

(11) Für das reibungslose Funktionieren des SSM ist eine umfassende Zusammenarbeit zwischen der EZB und den NCAs von wesentlicher Bedeutung, und dass sie alle Informationen austauschen, die Auswirkungen auf ihre jeweiligen Aufgaben haben können. Diese Informationen umfassen insbesondere alle Informationen, die den NCAs in Bezug auf Verfahren zur Verfügung stehen, die Auswirkungen auf die Sicherheit und Solidität beaufsichtigter Unternehmen haben können oder die Wechselwirkungen mit den Aufsichtsverfahren in Bezug auf diese Unternehmen haben –

HAT FOLGENDE VERORDNUNG ERLASSEN:

TEIL I

ALLGEMEINE BESTIMMUNGEN

Artikel 1
Gegenstand und Ziel

(1) Diese Verordnung legt Vorschriften zu Folgendem fest:

a) dem in Artikel 6 Absatz 7 der SSM-Verordnung genannten Rahmenwerk, nämlich ein Rahmenwerk zur Gestaltung der praktischen Modalitäten für die Durchführung von Artikel 6 der SSM-Verordnung, der die Zusammenarbeit innerhalb des SSM betrifft, wobei das Rahmenwerk Folgendes umfasst:

i) die Methodik für die Bewertung und Überprüfung, ob ein beaufsichtigtes Unternehmen gemäß den in Artikel 6 Absatz 4 der SSM-Verordnung festgelegten Kriterien als bedeutend oder weniger bedeutend eingestuft wird, und die sich aus dieser Bewertung ergebenden Modalitäten;

ii) die Verfahren samt Fristen, die – auch für die Möglichkeit, dass die NCAs Beschlussentwürfe zur Berücksichtigung durch die EZB ausarbeiten – das Verhältnis zwischen der EZB und den NCAs in Bezug auf die Beaufsichtigung von bedeutenden beaufsichtigten Unternehmen betreffen;

iii) die Verfahren samt Fristen, die das Verhältnis zwischen der EZB und den NCAs in Bezug auf die Beaufsichtigung von weniger bedeutenden beaufsichtigten Unternehmen betreffen. Diese Verfahren verpflichten die NCAs insbesondere, je nach den in dieser Verordnung festgelegten Fällen:

- die EZB über jedes wesentliche Aufsichtsverfahren zu informieren,

– auf Ersuchen der EZB bestimmte Aspekte des Verfahrens weiter zu prüfen,

– der EZB Entwürfe von wesentlichen Aufsichtsbeschlüssen zu übermitteln, zu denen die EZB eine Stellungnahme abgeben kann;

b) den Vorschriften für die Zusammenarbeit und den Informationsaustausch zwischen der EZB und den NCAs innerhalb des SSM im Zusammenhang mit den Verfahren betreffend bedeutende beaufsichtigte Unternehmen und weniger bedeutende beaufsichtigte Unternehmen, einschließlich gemeinsamer Verfahren für die Zulassung zur Aufnahme der Tätigkeit eines Kreditinstituts, den Entzug der Zulassung und die Beurteilung des Erwerbs und der Veräußerung von qualifizierten Beteiligungen;

c) den Verfahren für die Zusammenarbeit zwischen der EZB, den NCAs und den NDAs bezüglich der makroprudenziellen Aufgaben und Instrumente im Sinne von Artikel 5 der SSM-Verordnung;

d) den Verfahren für die Funktionsweise der engen Zusammenarbeit im Sinne von Artikel 7 der SSM-Verordnung, die zwischen der EZB, den NCAs und den NDAs zum Tragen kommt;

e) den Verfahren für die Zusammenarbeit der EZB und den NCAs in Bezug auf Artikel 10 bis 13 der SSM-Verordnung, einschließlich bestimmter Aspekte im Zusammenhang mit der aufsichtlichen Berichterstattung;

f) den Verfahren für den Erlass von Aufsichtsbeschlüssen, die sich an beaufsichtigte Unternehmen oder andere Personen richten;

g) den Sprachenregelungen zwischen der EZB und den NCAs sowie zwischen der EZB und den beaufsichtigten Unternehmen und anderen Personen;

h) den Verfahren, die für die Sanktionsbefugnisse der EZB und der NCAs innerhalb des SSM im Zusammenhang mit den der EZB durch die SSM-Verordnung übertragenen Aufgaben gelten, und

i) den Übergangsbestimmungen.

(2) Die Aufsichtsaufgaben, die der EZB durch die SSM-Verordnung nicht übertragen wurden, bleiben von dieser Verordnung unberührt; sie verbleiben daher bei den nationalen Behörden.

(3) Diese Verordnung ist insbesondere in Verbindung mit dem Beschluss EZB/2004/2[1] und der Geschäftsordnung des Aufsichtsgremiums der Europäischen Zentralbank [2] zu lesen, insbesondere in Bezug auf die Aspekte, die die Entscheidungsfindung innerhalb des SSM betreffen, einschließlich des Verfahrens, das zwischen dem Aufsichtsgremium und dem EZB-Rat im Hinblick auf die in Artikel 26 Absatz 8 der SSM-Verordnung genannte implizite Zustimmung und andere einschlägige Rechtsakte der EZB, einschließlich des Beschlusses EZB/2014/16[3], anwendbar ist.

Zu Artikel 1:

[1] Beschluss EZB/2004/2 der Europäischen Zentralbank vom 19. Februar 2004 zur Verabschiedung einer Geschäftsordnung der Europäischen Zentralbank (ABl. L 80 vom 18.3.2004, S. 33).

[2] Am 31. März 2014 erlassen und auf der Website der EZB unter www.ecb.europa.eu abrufbar. Noch nicht im Amtsblatt veröffentlicht.

[3] Beschluss EZB/2014/16 vom 14. April 2014 über die Einrichtung eines administrativen Prüfungsausschusses und die Festlegung der Vorschriften über dessen Arbeitsweise. Noch nicht im Amtsblatt veröffentlicht.

Artikel 2
Begriffsbestimmungen

Für die Zwecke dieser Verordnung gelten, sofern nichts anderes bestimmt ist, die Begriffsbestimmungen der SSM-Verordnung. Im Sinne dieser Verordnung bezeichnet der Ausdruck:

1. „Zulassung": einen Hoheitsakt gemäß Artikel 4 Absatz 1 Nummer 42 der Verordnung (EU) Nr. 575/2013 des Europäischen Parlaments und des Rates [1];

2. „Zweigstelle": eine Betriebsstelle im Sinne von Artikel 4 Absatz 1 Nummer 17 der Verordnung (EU) Nr. 575/2013;

3. „gemeinsame Verfahren": die in Teil V dieser Verordnung vorgesehenen Verfahren in Bezug auf die Zulassung zur Aufnahme der Tätigkeit eines Kreditinstituts, den Entzug der Zulassung zur Ausübung dieser Tätigkeit und die Beschlüsse hinsichtlich qualifizierter Beteiligungen;

4. „Mitgliedstaat des Euro-Währungsgebiets": ein Mitgliedstaat, dessen Währung der Euro ist;

5. „Gruppe": eine Gruppe von Unternehmen, von denen mindestens eines ein Kreditinstitut ist, und die aus einem Mutterunternehmen und deren Tochterunternehmen oder Unternehmen besteht, die miteinander im Sinne von Artikel 22 der Richtlinie 2013/34/EU des Europäischen Parlaments und des Rates[2] in Beziehung stehen, einschließlich aller Untergruppen;

Zu Artikel 2:

[1] Verordnung (EU) Nr. 575/2013 des Europäischen Parlaments und des Rates vom 26. Juni 2013 über Aufsichtsanforderungen an Kreditinstitute und Wertpapierfirmen und zur Änderung der Verordnung (EU) Nr. 648/2012 (ABl. L 176 vom 27.6.2013, S. 1).

[2] Richtlinie 2013/34/EU des Europäischen Parlaments und des Rates vom 26. Juni 2013 über den Jahresabschluss, den konsolidierten Abschluss und damit verbundene Berichte von Unternehmen bestimmter Rechtsformen und zur Änderung der Richtlinie 2006/43/EG des Europäischen Parlaments und des Rates und zur Aufhebung der Richtlinien 78/660/EWG und 83/349/EWG des Rates (ABl. L 182 vom 29.6.2013, S. 19).

6. „gemeinsames Aufsichtsteam": ein Team von Aufsehern, die mit der Aufsicht eines bedeutenden beaufsichtigten Unternehmens oder einer bedeutenden beaufsichtigten Gruppe betraut sind;

7. „weniger bedeutendes beaufsichtigtes Unternehmen": sowohl a) ein weniger bedeutendes beaufsichtigtes Unternehmen in einem Mitgliedstaat des Euro-Währungsgebiets als auch b) ein weniger bedeutendes beaufsichtigtes Unternehmen in einem nicht dem Euro-Währungsgebiet angehörenden Mitgliedstaat, der ein teilnehmender Mitgliedstaat ist;

8. „weniger bedeutendes beaufsichtigtes Unternehmen in einem Mitgliedstaat des Euro-Währungsgebiets": ein beaufsichtigtes Unternehmen, das in einem Mitgliedstaat des Euro-Währungsgebiets niedergelassen ist und nicht den Status eines bedeutenden beaufsichtigten Unternehmens im Sinne von Artikel 6 Absatz 4 der SSM-Verordnung hat;

9. „nationale zuständige Behörde" (*National Competent Authority* – NCA): eine nationale zuständige Behörde im Sinne von Artikel 2 Nummer 2 der SSM-Verordnung. Regelungen nach nationalem Recht, die bestimmte Aufsichtsaufgaben einer nationalen Zentralbank (NZB) übertragen, die nicht als NCA benannt wurde, bleiben von dieser Begriffsbestimmung unberührt. In diesem Fall erfüllt die NZB diese Aufgaben innerhalb des nach nationalem Recht und dieser Verordnung festgelegten Rahmenwerks. Bezugnahmen auf eine NCA in dieser Verordnung gelten in diesem Fall entsprechend auch für die NZB für die ihr nach nationalem Recht übertragenen Aufgaben;

10. „NCA in enger Zusammenarbeit": eine NCA, die von einem teilnehmenden Mitgliedstaat in enger Zusammenarbeit gemäß der Richtlinie 2013/36/EU des Europäischen Parlaments und des Rates[3)] benannt wurde;

11. „nationale benannte Behörde" (*National Designated Authority* – NDA): eine nationale benannte Behörde im Sinne von Artikel 2 Nummer 7 der SSM-Verordnung;

12. „NDA in enger Zusammenarbeit": eine nicht dem Euro-Währungsgebiet angehörende NDA, die von einem teilnehmenden Mitgliedstaat in enger Zusammenarbeit für die Zwecke der mit Artikel 5 der SSM-Verordnung verbundenen Aufgaben benannt wurde;

13. „nicht dem Euro-Währungsgebiet angehörender Mitgliedstaat": ein Mitgliedstaat, dessen Währung nicht der Euro ist;

14. „Mutterunternehmen": ein Mutterunternehmen im Sinne von Artikel 4 Absatz 1 Nummer 15 der Verordnung (EU) Nr. 575/2013;

15. „teilnehmender Mitgliedstaat in enger Zusammenarbeit": ein nicht dem Euro-Währungsgebiet angehörender Mitgliedstaat, der gemäß Artikel 7 der SSM-Verordnung eine enge Zusammenarbeit mit der EZB eingegangen ist, die weder ausgesetzt noch beendet wurde;

16. „bedeutendes beaufsichtigtes Unternehmen": sowohl a) ein bedeutendes beaufsichtigtes Unternehmen in einem Mitgliedstaat des Euro-Währungsgebiets als auch b) ein bedeutendes beaufsichtigtes Unternehmen in einem nicht dem Euro-Währungsgebiet angehörenden, teilnehmenden Mitgliedstaat;

17. „bedeutendes beaufsichtigtes Unternehmen in einem Mitgliedstaat des Euro-Währungsgebiets": ein beaufsichtigtes Unternehmen, das in einem Mitgliedstaat des Euro-Währungsgebiets niedergelassen ist und gemäß einem Beschluss der EZB auf Grundlage von Artikel 6 Absatz 4 oder Absatz 5 Buchstabe b der SSM-Verordnung den Status eines bedeutenden beaufsichtigten Unternehmens hat;

18. „bedeutendes beaufsichtigtes Unternehmen in einem nicht dem Euro-Währungsgebiet angehörenden, teilnehmenden Mitgliedstaat": ein beaufsichtigtes Unternehmen, das in einem nicht dem Euro-Währungsgebiet angehörenden teilnehmenden Mitgliedstaat niedergelassen ist und gemäß einem Beschluss der EZB auf Grundlage von Artikel 6 Absatz 4 oder Absatz 5 Buchstabe b der SSM-Verordnung den Status eines bedeutenden beaufsichtigten Unternehmens hat;

19. „Tochterunternehmen": ein Tochterunternehmen im Sinne von Artikel 4 Absatz 1 Nummer 16 der Verordnung (EU) Nr. 575/2013;

20. „beaufsichtigtes Unternehmen": a) ein in einem teilnehmenden Mitgliedstaat niedergelassenes Kreditinstitut; b) eine in einem teilnehmenden Mtgliedstaat niedergelassene Finanzholdinggesellschaft; c) eine in einem teilnehmenden Mitgliedstaat niedergelassene gemischte Finanzholdinggesellschaft, sofern sie die in Nummer 21 Buchstabe b festgelegten Bedingungen erfüllt, oder d) eine in einem teilnehmenden Mitgliedstaat niedergelassene Zweigstelle eines in einem nicht teilnehmenden Mitgliedstaat niedergelassenen Kreditinstituts.

Eine zentrale Gegenpartei (*Central Counterparty* – CCP) im Sinne von Artikel 2 Nummer 1 der Verordnung (EU) Nr. 648/2012 des Europäischen

3) Richtlinie 2013/36/EU des Europäischen Parlaments und des Rates vom 26. Juni 2013 über den Zugang zur Tätigkeit von Kreditinstituten und die Beaufsichtigung von Kreditinstituten und Wertpapierfirmen, zur Änderung der Richtlinie 2002/87/EG und zur Aufhebung der Richtlinien 2006/48/EG und 2006/49/EG (ABl. L 176 vom 27.6.2013, S. 338).

Parlaments und des Rates[1], die als Kreditinstitut im Sinne der Richtlinie 2013/36/EU einzustufen ist, gilt als beaufsichtigtes Unternehmen gemäß der SSM-Verordnung, dieser Verordnung und dem einschlägigen Unionsrecht, unbeschadet der Beaufsichtigung von CCPs durch die betreffenden nationalen Behörden nach Maßgabe der Verordnung (EU) Nr. 648/2012;

21. „beaufsichtigte Gruppe":

a) eine Gruppe, dessen Mutterunternehmen ein Kreditinstitut oder eine Finanzholdinggesellschaft ist, dessen bzw. deren Hauptsitz sich in einem teilnehmenden Mtgliedstaat befindet, oder

b) eine Gruppe, deren Mutterunternehmen eine gemischte Finanzholdinggesellschaft ist, deren Hauptsitz sich in einem teilnehmenden Mitgliedstaat befindet, sofern der Koordinator im Sinne der Richtlinie 2002/87/EG des Europäischen Parlaments und des Rates[2] eine für die Beaufsichtigung von Kreditinstituten zuständige Behörde, die auch die Koordinatorin in ihrer Funktion als Aufsichtsbehörde von Kreditinstituten ist, oder

c) beaufsichtigte Unternehmen mit Hauptsitz in demselben teilnehmenden Mitgliedstaat, sofern sie einer Zentralorganisation ständig zugeordnet sind, die sie nach den in Artikel 10 der Verordnung (EU) Nr. 575/2013 festgelegten Bedingungen beaufsichtigt und im selben teilnehmenden Mitgliedstaat niedergelassen ist;

22. „bedeutende beaufsichtigte Gruppe": eine beaufsichtigte Gruppe, die gemäß einem Beschluss der EZB auf Grundlage von Artikel 6 Absatz 4 oder Absatz 5 Buchstabe b der SSM-Verordnung den Status einer bedeutenden beaufsichtigten Gruppe hat;

23. „weniger bedeutende beaufsichtigte Gruppe": eine beaufsichtigte Gruppe, die keinen Status einer bedeutenden beaufsichtigten Gruppe im Sinne von Artikel 6 Absatz 4 der SSM-Verordnung hat;

24. „EZB-Aufsichtsverfahren": eine Tätigkeit der EZB, die auf die Vorbereitung des Erlasses eines EZB-Aufsichtsbeschlusses gerichtet ist, wozu auch gemeinsame Verfahren und die Verhängung von Verwaltungsgeldbußen gehören. Jedes EZB-Aufsichtsverfahren unterliegt Teil III dieser Verordnung. Teil III gilt auch für die Verhängung von Verwaltungsgeldbußen, sofern in Teil X nichts anderes vorgesehen ist;

25. „NCA-Aufsichtsverfahren": eine Tätigkeit einer NCA, die auf die Vorbereitung des Erlasses eines Aufsichtsbeschlusses durch eine NCA gerichtet ist, der sich an ein oder mehrere beaufsichtigte Unternehmen oder beaufsichtigte Gruppen oder an eine oder mehrere Personen richtet, einschließlich der Verhängung von Verwaltungssanktionen; *(ABl L 65 vom 8. 3. 2018, S 49)*

26. „EZB-Aufsichtsbeschluss": ein Rechtsakt, der von der EZB im Rahmen der Erfüllung ihrer Aufgaben und Ausübung ihrer Befugnisse, die ihr durch die SSM-Verordnung übertragen wurden, erlassen wurde, der die Form eines Beschlusses der EZB annimmt und sich an ein oder mehrere beaufsichtigte Unternehmen oder beaufsichtigte Gruppen oder an eine oder mehrere Personen richtet und kein allgemeingültiger Rechtsakt ist;

27. „Drittland": ein Land, das weder ein Mitgliedstaat noch ein EWR-Staat ist;

28. „Geschäftstag": ein Tag, der weder ein Samstag oder Sonntag noch ein EZB-Feiertag gemäß dem für die EZB geltenden Feiertagskalender[1] ist.

TEIL II
ORGANISATION DES SSM

TITEL 1
ORGANISATION DES SSM

KAPITEL 1
Beaufsichtigung bedeutender beaufsichtigter Unternehmen

Artikel 3
Gemeinsame Aufsichtsteams

(1) Für die Beaufsichtigung jedes einzelnen bedeutenden beaufsichtigten Unternehmens oder jeder einzelnen bedeutenden beaufsichtigten Gruppe in teilnehmenden Mitgliedstaaten wird ein gemeinsames Aufsichtsteam eingerichtet. Jedes gemeinsame Aufsichtsteam setzt sich aus Mitarbeitern der EZB und der NCAs zusammen, die gemäß Artikel 4 ernannt werden und in Abstimmung mit einem benannten Mitarbeiter der EZB (nachfolgend der „JST-Koordinator") und einem oder mehreren NCA-Unterkoordinatoren gemäß den weiteren Bestimmungen des Artikels 6 arbeiten.

(2) Unbeschadet sonstiger Bestimmungen dieser Verordnung umfassen die Aufgaben des gemeinsamen Aufsichtsteams unter anderem folgende:

[1] *Verordnung (EU) Nr. 648/2012 des Europäischen Parlaments und des Rates vom 4. Juli 2012 über OTC-Derivate, zentrale Gegenparteien und Transaktionsregister (ABl. L 201 vom 27.7.2012, S. 1).*

[2] *Richtlinie 2002/87/EG des Europäischen Parlaments und des Rates vom 16. Dezember 2002 über die zusätzliche Beaufsichtigung der Kreditinstitute, Versicherungsunternehmen und Wertpapierfirmen eines Finanzkonglomerats und zur Änderung der Richtlinien 73/239/EWG, 79/267/EWG, 92/49/EWG, 92/96/EWG, 93/6/EWG und 93/22/EWG des Rates und der Richtlinien 98/78/EG und 2000/12/EG des Europäischen Parlaments und des Rates (ABl. L 35 vom 11.2.2003, S. 1).*

[1] *Auf der Website der EZB veröffentlicht.*

a) Durchführung des in Artikel 97 der Richtlinie 2013/36/EU genannten aufsichtlichen Überprüfungs- und Bewertungsprozesses (*supervisory review and evaluation process* – SREP) für das bedeutende beaufsichtigte Unternehmen oder die bedeutende beaufsichtigte Gruppe, die es beaufsichtigt;

b) unter Berücksichtigung des SREP, Beteiligung an der Festlegung eines aufsichtlichen Prüfungsprogramms, das dem Aufsichtsgremium vorzuschlagen ist, einschließlich eines Vor-Ort-Prüfungsplans gemäß Artikel 99 der Richtlinie 2013/36/EU für ein derartiges bedeutendes beaufsichtigtes Unternehmen oder eine derartige bedeutende beaufsichtigte Gruppe;

c) Umsetzung des von der EZB genehmigten aufsichtlichen Prüfungsprogramms und von der EZB gefasster Beschlüsse bezüglich des bedeutenden beaufsichtigten Unternehmens oder der bedeutenden beaufsichtigten Gruppe, die es beaufsichtigt;

d) Sicherstellung der Abstimmung mit dem in Teil XI dieser Verordnung genannten Vor-Ort-Prüfungsteam hinsichtlich der Umsetzung des Vor-Ort-Prüfungsplans;

e) Kontaktaufnahme zu NCAs bezüglich der Tätigkeiten, die für die JSTs von Belang sind.

Artikel 4
Einrichtung und Zusammensetzung gemeinsamer Aufsichtsteams

(1) Die EZB ist für die Einrichtung und Zusammensetzung der gemeinsamen Aufsichtsteams zuständig. Die Ernennung von Mitarbeitern der NCAs für gemeinsame Aufsichtsteams erfolgt durch die jeweiligen NCAs im Einklang mit Absatz 2.

(2) Gemäß den in Artikel 6 Absatz 8 der SSM-Verordnung festgelegten Grundsätzen und unbeschadet von Artikel 31 der SSM-Verordnung ernennen die NCAs eine oder mehrere Personen ihres Mitarbeiterstabs als Mitglied/Mitglieder des gemeinsamen Aufsichtsteams. Ein Mitarbeiter einer NCA kann Mitglied in mehr als einem gemeinsamen Aufsichtsteam sein.

(3) Unbeschadet von Absatz 2 kann die EZB von den NCAs Modifizierungen ihrer Ernennungen verlangen, wenn dies für die Zwecke der Zusammensetzung des gemeinsamen Aufsichtsteams angemessen ist.

(4) Falls mehr als eine NCA Aufsichtsaufgaben in einem teilnehmenden Mitgliedstaat wahrnimmt oder das nationale Recht eines teilnehmenden Mitgliedstaats einer NZB besondere Aufsichtsaufgaben überträgt und die NZB keine NCA ist, koordinieren die betreffenden Behörden ihre Teilnahme an den gemeinsamen Aufsichtsteams.

(5) Die EZB und die NCAs stimmen sich untereinander ab und einigen sich über die Verwendung von NCA-Ressourcen im Hinblick auf die gemeinsamen Aufsichtsteams.

Artikel 5
Einbindung von Mitarbeitern der NZBen teilnehmender Mitgliedstaaten

(1) Die NZBen teilnehmender Mitgliedstaaten, die in die Aufsicht eines bedeutenden beaufsichtigten Unternehmens oder einer bedeutenden beaufsichtigten Gruppe nach nationalem Recht eingebunden, aber keine NCAs sind, können ebenfalls ein oder mehrere Mitarbeiter als Mitglied eines gemeinsamen Aufsichtsteams ernennen.

(2) Die EZB wird von derartigen Ernennungen in Kenntnis gesetzt, und Artikel 4 findet entsprechende Anwendung.

(3) Falls Mitarbeiter von NZBen teilnehmender Mitgliedstaaten für ein gemeinsames Aufsichtsteam ernannt werden, schließen Bezugnahmen auf NCAs im Zusammenhang mit gemeinsamen Aufsichtsteams diese NZBen ein.

Artikel 6
JST-Koordinator und Unterkoordinatoren

(1) Der JST-Koordinator, der durch NCA-Unterkoordinatoren im Sinne von Absatz 2 unterstützt wird, stellt die Abstimmung der Arbeiten innerhalb des gemeinsamen Aufsichtsteams sicher. Zu diesem Zweck befolgen die Mitglieder des gemeinsamen Aufsichtsteams die Weisungen des JST-Koordinators bezüglich ihrer Aufgaben im JST. Die Aufgaben und Pflichten gegenüber ihrer jeweiligen NCA bleiben davon unberührt.

(2) Jede NCA, die mehr als einen Mitarbeiter für das gemeinsame Aufsichtsteam ernennt, benennt einen von ihnen zum Unterkoordinator (nachfolgend der „NCA-Unterkoordinator"). Die NCA-Unterkoordinatoren unterstützen den JST-Koordinator bei der Organisation und Abstimmung der Aufgaben im gemeinsamen Aufsichtsteam, das gilt insbesondere in Bezug auf die Mitarbeiter, die von derselben NCA wie der jeweilige NCA-Unterkoordinator ernannt wurden. Der NCA-Unterkoordinator kann den Mitgliedern des gemeinsamen Aufsichtsteams, die von derselben NCA ernannt wurden, Weisungen erteilen, sofern diese den vom JST-Koordinator erteilten Weisungen nicht widersprechen.

KAPITEL 2
Beaufsichtigung weniger bedeutender beaufsichtigter Unternehmen

Artikel 7
Einbindung von Mitarbeitern anderer NCAs in das Aufsichtsteam einer NCA

Unbeschadet des Artikels 31 Absatz 1 der SSM-Verordnung kann die EZB, wenn sie es für angebracht hält, in Bezug auf die Beaufsichtigung weniger bedeutender beaufsichtigter Unternehmen Mitarbeiter von einer oder mehrerer anderer NCAs in das Aufsichtsteam einer NCA einzubinden, von Letzterer verlangen, Mitarbeiter anderer NCAs einzubinden.

TITEL 2
BEAUFSICHTIGUNG AUF KONSOLIDIERTER BASIS UND BETEILIGUNG DER EZB UND DER NCAS AN AUFSICHTSKOLLEGIEN

Artikel 8
Beaufsichtigung auf konsolidierter Basis

(1) Die EZB übt die in Artikel 111 der Richtlinie 2013/36/EU vorgesehene Aufsicht auf konsolidierter Basis in Bezug auf Kreditinstitute, Finanzholdinggesellschaften oder gemischten Finanzholdinggesellschaften aus, die auf konsolidierter Basis bedeutend sind, sofern das Mutterunternehmen entweder ein Mutterinstitut in einem teilnehmenden Mitgliedstaat oder ein in einem teilnehmenden Mitgliedstaat niedergelassenes Mutterinstitut der EU ist.

(2) Die betreffende NCA übt die Funktion der konsolidierenden Aufsichtsbehörde in Bezug auf Kreditinstitute, Finanzholdinggesellschaften oder gemischte Finanzholdinggesellschaften aus, die auf konsolidierter Basis weniger bedeutend sind.

Artikel 9
Die EZB als Vorsitzende des Aufsichtskollegiums

(1) Ist die EZB die konsolidierende Aufsichtsbehörde, führt sie den Vorsitz in dem nach Artikel 116 der Richtlinie 2013/36/EU eingerichteten Kollegium. Die NCAs der teilnehmenden Mitgliedstaaten, in denen das Mutterunternehmen, Tochterunternehmen und bedeutende Zweigstellen im Sinne von Artikel 51 der Richtlinie 2013/36/EU niedergelassen sind, haben das Recht, als Beobachter an dem Kollegium teilzunehmen.

(2) Falls kein Kollegium nach Artikel 116 der Richtlinie 2013/36/EU eingerichtet wird und ein bedeutendes beaufsichtigtes Unternehmen in einem teilnehmenden Mitgliedstaat Zweigstellen in nicht teilnehmenden Mitgliedstaaten hat, die gemäß Artikel 51 Absatz 1 der Richtlinie 2013/36/EU als bedeutend gelten, richtet die EZB mit den zuständigen Aufsichtsbehörden der Aufnahmemitgliedstaaten ein Aufsichtskollegium ein.

Artikel 10
Die EZB und die NCAs als Mitglieder eines Aufsichtskollegiums

Befindet sich die konsolidierende Aufsichtsbehörde nicht in einem teilnehmenden Mitgliedstaat, nehmen die EZB und die NCAs gemäß den folgenden Vorschriften und dem einschlägigen Unionsrecht an dem Aufsichtskollegium teil:

a) sofern es sich bei den beaufsichtigten Unternehmen in teilnehmenden Mitgliedstaaten allesamt um bedeutende beaufsichtigte Unternehmen handelt, nimmt die EZB als Mitglied am Aufsichtskollegium teil, die NCAs sind hingegen berechtigt, als Beobachter an diesem Kollegium teilzunehmen;

b) sofern es sich bei den beaufsichtigten Unternehmen in teilnehmenden Mitgliedstaaten allesamt um weniger bedeutende beaufsichtigte Unternehmen handelt, nehmen die NCAs als Mitglieder an dem Aufsichtskollegium teil;

c) sofern es sich bei den beaufsichtigten Unternehmen sowohl um weniger bedeutende als auch um bedeutende beaufsichtigte Unternehmen handelt, nehmen die EZB und die NCAs als Mitglieder am Aufsichtskollegium teil. Die NCAs der bedeutenden beaufsichtigten Unternehmen haben das Recht, als Beobachter am Aufsichtskollegium teilzunehmen.

TITEL 3
VERFAHREN, DIE DAS NIEDERLASSUNGSRECHT UND DEN FREIEN DIENSTLEISTUNGSVERKEHR REGELN

KAPITEL 1
Verfahren, die das Niederlassungsrecht und den freien Dienstleistungsverkehr innerhalb des SSM regeln

Artikel 11
Niederlassungsrecht von Kreditinstituten innerhalb des SSM

(1) Bedeutende beaufsichtigte Unternehmen in einem teilnehmenden Mitgliedstaat, die die Errichtung einer Zweigstelle im Hoheitsgebiet eines anderen teilnehmenden Mitgliedstaats anstreben, zeigen der NCA des teilnehmenden Mitgliedstaats, in dem sich der Hauptsitz des beaufsichtigten Unternehmens befindet, ihre Absicht an. Diesbezügliche Angaben werden im Einklang

mit den in Artikel 35 Absatz 2 der Richtlinie 2013/36/EU festgelegten Anforderungen vorgelegt. Die NCA unterrichtet die EZB unverzüglich über den Eingang dieser Anzeige.

(2) Weniger bedeutende Unternehmen in einem teilnehmenden Mitgliedstaat, die die Errichtung einer Zweigstelle im Hoheitsgebiet eines anderen teilnehmenden Mitgliedstaats anstreben, zeigen der NCA im Einklang mit den in Artikel 35 Absatz 2 der Richtlinie 2013/36/EU festgelegten Anforderungen ihre Absicht an.

(3) Fasst die EZB innerhalb von zwei Monaten nach Eingang des Schreibens keinen gegenteiligen Beschluss, kann die in Absatz 1 genannte Zweigstelle errichtet werden und ihre Tätigkeiten aufnehmen. Dies wird der NCA des teilnehmenden Mitgliedstaats mitgeteilt, in dem die Zweigstelle errichtet werden wird.

(4) Fasst die NCA des Herkunftsmitgliedstaats innerhalb von zwei Monaten nach Eingang des Schreibens keinen gegenteiligen Beschluss, kann die in Absatz 2 genannte Zweigstelle errichtet werden und ihre Tätigkeiten aufnehmen. Dies wird der EZB und der NCA des teilnehmenden Mitgliedstaats mitgeteilt, in dem die Zweigstelle errichtet werden wird.

(5) Im Fall einer Änderung der gemäß den Absätzen 1 und 2 vorgelegten Angaben zeigt das beaufsichtigte Unternehmen diese Änderung der NCA, die die anfänglichen Angaben erhalten hat, mindestens einen Monat bevor die Änderung umgesetzt wird, schriftlich an. Diese NCA unterrichtet die EZB des teilnehmenden Mitgliedstaats, in dem die Zweigstelle errichtet wird.

Artikel 12
Freier Dienstleistungsverkehr von Kreditinstitute innerhalb des SSM

(1) Bedeutende beaufsichtigte Unternehmen, die erstmals die Ausübung des freien Dienstleistungsverkehrs im Hoheitsgebiet eines anderen teilnehmenden Mitgliedstaats anstreben, zeigen der NCA des teilnehmenden Mitgliedstaats, in dem das bedeutende beaufsichtigte Unternehmen seinen Hauptsitz hat, ihre Absicht an. Informationen werden im Einklang mit den in Artikel 39 Absatz 1 der Richtlinie 2013/36/EU festgelegten Anforderungen zur Verfügung gestellt. Die NCA unterrichtet die EZB unverzüglich über den Eingang dieser Anzeige. Die NCA übermittelt die Anzeige auch der NCA des teilnehmenden Mitgliedstaats, in dem die Dienstleistungen erbracht werden.

(2) Weniger bedeutende beaufsichtigte Unternehmen, die erstmals die Ausübung des freien Dienstleistungsverkehrs im Hoheitsgebiet eines anderen teilnehmenden Mitgliedstaats anstreben, zeigen dies ihrer NCA im Einklang mit den in Artikel 39 Absatz 1 der Richtlinie 2013/36/EU festgelegten Anforderungen an. Die Anzeige wird der EZB und der NCA des teilnehmenden Mitgliedstaats übermittelt, in dem die Dienstleistungen erbracht werden.

KAPITEL 2
Verfahren, die das Niederlassungsrecht und den freien Dienstleistungsverkehr innerhalb des SSM in Bezug auf in nicht teilnehmenden Mitgliedstaaten niedergelassene Kreditinstitute regeln

Artikel 13
Anzeige der Ausübung des Niederlassungsrechts innerhalb des SSM durch in nicht teilnehmenden Mitgliedstaaten niedergelassene Kreditinstitute

(1) Legt die zuständige Behörde eines nicht teilnehmenden Mitgliedstaats der NCA eines teilnehmenden Mitgliedstaats, in dem die Zweigstelle errichtet werden soll, die in Artikel 35 Absatz 2 der Richtlinie 2013/36/EU genannten Angaben gemäß dem in Artikel 35 Absatz 3 dieser Richtlinie festgelegten Verfahren vor, unterrichtet diese NCA die EZB unverzüglich über den Eingang dieser Anzeige.

(2) Innerhalb von zwei Monaten nach Eingang der Anzeige von der zuständigen Behörde eines nicht teilnehmenden Mitgliedstaats bereitet sich die EZB, falls die Zweigstelle gemäß den in Artikel 6 der SSM-Verordnung und Teil IV dieser Verordnung festgelegten Kriterien bedeutend ist, oder die betreffende NCA, falls die Zweigstelle auf Grundlage der in Artikel 6 der SSM-Verordnung und Teil IV dieser Verordnung festgelegten Kriterien weniger bedeutend ist, auf die Beaufsichtigung der Zweigstelle gemäß der Artikel 40 bis 46 der Richtlinie 2013/36/EU vor und teilt erforderlichenfalls die Bedingungen mit, unter den die Zweigstelle im Interesse des Allgemeinwohls ihre Tätigkeit im Aufnahmemitgliedstaat ausüben darf.

(3) Die NCAs teilen der EZB die Bedingungen mit, unter denen Tätigkeiten nach nationalem Recht und im Interesse des Allgemeinwohls von einer Zweigstelle in ihrem Mitgliedstaat ausgeübt werden dürfen.

(4) Eine Änderung der Angaben, die gemäß Artikel 35 Absatz 2 Buchstaben b, c oder d der Richtlinie 2013/36/EU von dem Kreditinstitut vorgelegt werden, das eine Zweigstelle errichten möchte, wird der in Absatz 1 genannten NCA angezeigt.

Artikel 14
Für Zweigstellen zuständige Behörde des Aufnahmemitgliedstaats

(1) Gemäß Artikel 4 Absatz 2 der SSM-Verordnung übt die EZB die Befugnisse der zuständigen Behörde des Aufnahmemitgliedstaats aus, wenn eine Zweigstelle im Sinne von Artikel 6 Absatz 4 der SSM-Verordnung bedeutend ist.

(2) Ist eine Zweigstelle weniger bedeutend im Sinne von Artikel 6 Absatz 4 der SSM-Verordnung, übt die NCA des teilnehmenden Mitgliedstaats, in dem die Zweigstelle errichtet wird, die Befugnisse der zuständigen Behörde des Aufnahmemitgliedstaats aus.

Artikel 15
Anzeige der Ausübung des freien Dienstleistungsverkehrs innerhalb des SSM durch in nicht teilnehmenden Mitgliedstaaten niedergelassene Kreditinstitute

Für die Übermittlung einer Anzeige im Sinne von Artikel 39 Absatz 2 der Richtlinie 2013/36/EU durch die zuständige Behörde eines nicht teilnehmenden Mitgliedstaats ist die NCA des teilnehmenden Mitgliedstaats, in dem der freie Dienstleistungsverkehr ausgeübt werden soll, die Adressatin der Anzeige. Die NCA unterrichtet die EZB unverzüglich über den Eingang dieser Anzeige.

Artikel 16
Für den freien Dienstleistungsverkehr zuständige Behörde des Aufnahmemitgliedstaats

(1) Gemäß Artikel 4 Absatz 2 und im Rahmen des Anwendungsbereichs von Artikel 4 Absatz 1 der SSM-Verordnung nimmt die EZB die Aufgaben der zuständigen Behörde des Aufnahmemitgliedstaats in Bezug auf in nicht teilnehmenden Mitgliedstaaten niedergelassene Kreditinstitute wahr, die das Recht zur Erbringung von Dienstleistungen in teilnehmenden Mitgliedstaaten ausüben.

(2) Unterliegt der freie Dienstleistungsverkehr nach dem nationalen Recht der teilnehmenden Mitgliedstaaten im Interesse des Allgemeinwohls bestimmten Bedingungen, bringen die NCAs der EZB diese Bedingungen zur Kenntnis.

KAPITEL 3
Verfahren, die das Niederlassungsrecht und den freien Dienstleistungsverkehr in Bezug auf nicht teilnehmende Mitgliedstaaten regeln

Artikel 17
Niederlassungsrecht und freier Dienstleistungsverkehr in Bezug auf nicht teilnehmende Mitgliedstaaten

(1) Ein bedeutendes beaufsichtigtes Unternehmen in einem teilnehmenden Mitgliedstaat, das im Hoheitsgebiet eines nicht teilnehmenden Mitgliedstaats eine Zweigstelle errichten oder den freien Dienstleistungsverkehr ausüben möchte, zeigt der betreffenden NCA seine Absicht im Einklang mit dem anwendbaren Unionsrecht an. Die NCA unterrichtet die EZB unverzüglich über den Eingang dieser Anzeige. Die EZB übt die Befugnisse der zuständigen Behörde des Herkunftsmitgliedstaats aus.

(2) Ein weniger bedeutendes beaufsichtigtes Unternehmen in einem teilnehmenden Mitgliedstaat, das im Hoheitsgebiet eines nicht teilnehmenden Mitgliedstaats eine Zweigstelle errichten oder den freien Dienstleistungsverkehr ausüben möchte, zeigt der betreffenden NCA seine Absicht im Einklang mit dem anwendbaren Unionsrecht an. Die betreffende NCA übt die Befugnisse der zuständigen Behörde des Herkunftsmitgliedstaats aus.

TITEL 4
ZUSÄTZLICHE BEAUFSICHTIGUNG VON FINANZKONGLOMERATEN

Artikel 18
Koordinator

(1) Die EZB nimmt die Aufgabe eines Koordinators von Finanzkonglomeraten gemäß den im einschlägigen Unionsrecht festgelegten Kriterien in Bezug auf ein bedeutendes beaufsichtigtes Unternehmen wahr

(2) Die NCA nimmt die Aufgabe eines Koordinators von Finanzkonglomeraten gemäß den im einschlägigen Unionsrecht festgelegten Kriterien in Bezug auf ein weniger bedeutendes beaufsichtigtes Unternehmen wahr.

TEIL III
ALLGEMEINE BESTIMMUNGEN FÜR DIE ARBEITSWEISE DES SSM

TITEL 1
GRUNDSÄTZE UND PFLICHTEN

Artikel 19
Überblick

Dieser Teil legt a) die allgemeinen Vorschriften für die Arbeitsweise des SSM in Bezug auf die Funktionen der EZB und der NCAs und b) die Bestimmungen fest, die von der EZB bei der Durchführung eines EZB-Aufsichtsverfahrens anzuwenden sind.

Die allgemeinen Grundsätze und Bestimmungen, die zwischen der EZB und den NCAs in enger Zusammenarbeit gelten, sind in Teil IX dieser Verordnung festgelegt.

Artikel 20
Pflicht zur loyalen Zusammenarbeit

Die EZB und die NCAs unterliegen der Pflicht zur loyalen Zusammenarbeit und zum Informationsaustausch.

Artikel 21[1)]
Allgemeine Pflicht zum Informationsaustausch

(1) Unbeschadet der Befugnis der EZB, Informationen, die von den Kreditinstituten regelmäßig zu melden sind, direkt zu erhalten oder direkt auf sie zuzugreifen, stellen die NCAs der EZB insbesondere alle Informationen rechtzeitig und korrekt zur Verfügung, die die EZB zur Wahrnehmung der ihr durch die SSM-Verordnung übertragenen Aufgaben benötigt. Diese Informationen umfassen auch Informationen aus den Überprüfungs- und Vor-Ort-Tätigkeiten der NCAs.

(2) Erhält die EZB Informationen direkt von den in Artikel 10 Absatz 1 der SSM-Verordnung genannten juristischen oder natürlichen Personen, stellt sie diese den betreffenden NCAs rechtzeitig und korrekt zur Verfügung. Diese Informationen umfassen insbesondere auch die Informationen, die die NCAs benötigen, um ihre Aufgabe im Zusammenhang mit der Unterstützung der EZB wahrzunehmen.

(3) Unbeschadet des Absatzes 2 eröffnet die EZB den NCAs einen regelmäßigen Zugang zu aktualisierten Informationen, die die NCAs benötigen, um ihre Aufgaben in Bezug auf die Aufsicht wahrzunehmen.

Artikel 22
Recht der EZB, den NCAs oder NDAs Anweisungen zur Ausübung ihrer Befugnisse und Ergreifung von Maßnahmen zu erteilen, wenn der EZB Aufsichtsaufgaben zukommen, für die sie keine entsprechende Befugnis hat

(1) Soweit für die Wahrnehmung der ihr durch die SSM-Verordnung übertragenen Aufgaben erforderlich, kann die EZB die NCAs oder NDAs oder beide durch Anweisung auffordern, von ihren Befugnissen gemäß und im Einklang mit den im nationalen Recht festgelegten Bedingungen und nach Maßgabe von Artikel 9 der SSM-Verordnung Gebrauch zu machen, sofern die SSM-Verordnung der EZB die entsprechenden Befugnisse nicht übertragen hat.

(2) Die NCAs und/oder – in Bezug auf Artikel 5 der SSM-Verordnung – die NDAs unterrichten die EZB unverzüglich über die Ausübung dieser Befugnisse.

Artikel 23
Sprachenregelung zwischen der EZB und den NCAs

Die EZB und die NCAs vereinbaren Regelungen über ihre Kommunikation innerhalb des SSM, einschließlich der zu verwendenden Sprache(n).

Artikel 24
Sprachenregelung zwischen der EZB und juristischen oder natürlichen Personen, einschließlich beaufsichtigter Unternehmen

(1) Ein Dokument, das ein beaufsichtigtes Unternehmen oder eine andere juristische oder natürliche Person, die den Aufsichtsverfahren der EZB individuell unterliegt, an die EZB sendet, kann in einer der Amtssprachen der Union verfasst werden, die von dem beaufsichtigten Unternehmen oder der Person gewählt wird.

(2) Die EZB, die beaufsichtigten Unternehmen und alle anderen juristischen oder natürlichen Personen, die den Aufsichtsverfahren der EZB individuell unterliegen, können vereinbaren, in ihrer schriftlichen Kommunikation, auch in Bezug auf EZB-Aufsichtsbeschlüsse, ausschließlich eine Amtssprache der Union zu verwenden.

Ein Widerruf dieser Vereinbarung über die Verwendung einer Sprache betrifft lediglich die Aspekte des EZB-Aufsichtsverfahrens, die noch nicht ausgeführt wurden.

Sofern Beteiligte einer mündlichen Anhörung beantragen, in einer anderen Amtssprache der Union als der Sprache des EZB-Aufsichtsverfahrens gehört zu werden, ist der EZB dieser Bedarf unter Wahrung einer ausreichenden Frist vorab mitzuteilen, damit sie die erforderlichen Maßnahmen ergreifen kann.

Zu Artikel 21:

1) Beschluss EZB/2014/29; ABl. L 214 vom 19.7.2014, S. 34

TITEL 2
ALLGEMEINE BESTIMMUNGEN FÜR EIN ORDNUNGSGEMÄSSES VERFAHREN ZUM ERLASS VON AUFSICHTSBESCHLÜSSEN DER EZB

KAPITEL 1
EZB-Aufsichtsverfahren

Artikel 25
Allgemeine Grundsätze

(1) Jedes gemäß Artikel 4 und Kapitel III Abschnitt 2 der SSM-Verordnung eingeleitete EZB-Aufsichtsverfahren wird nach Artikel 22 der SSM-Verordnung und den Bestimmungen dieses Titels durchgeführt.

(2) Die Bestimmungen dieses Titels gelten nicht für Verfahren des administrativen Überprüfungsausschusses.

Artikel 26
Parteien

(1) Parteien eines EZB-Aufsichtsverfahren sind:

a) die Antragsteller;

b) die Adressaten, an die sich ein EZB-Aufsichtsbeschluss richten soll oder gerichtet ist.

(2) NCAs gelten nicht als Parteien.

Artikel 27
Vertretung von Parteien

(1) Eine Partei kann von ihren rechtlichen oder gesetzlichen Vertretern oder durch eine andere schriftlich zur Vornahme sämtlicher Handlungen im Zusammenhang mit einem EZB-Aufsichtsverfahren bevollmächtigte Person vertreten werden.

(2) Ein Widerruf der Bevollmächtigung ist erst mit Eingang eines schriftlichen Widerrufs bei der EZB wirksam. Die EZB bestätigt der Partei den Eingang dieses Widerrufs.

(3) Hat eine Partei in einem EZB-Aufsichtsverfahren einen Vertreter bestellt, wendet sich die EZB in diesem Aufsichtsverfahren ausschließlich an den bestellten Vertreter, sofern nicht besondere Umstände gebieten, dass die EZB direkten Kontakt zu der Partei aufnimmt. Im letzteren Fall wird der Vertreter informiert.

Artikel 28
Allgemeine Pflichten der EZB und der Parteien eines EZB-Aufsichtsverfahrens

(1) Ein EZB-Aufsichtsverfahren kann von Amts wegen oder auf Antrag einer Partei eingeleitet werden. Vorbehaltlich des Absatzes 3 stellt die EZB die Tatsachen fest, die für den Erlass ihres endgültigen Beschlusses in einem von Amts wegen eingeleiteten EZB-Aufsichtsverfahren relevant sind.

(2) Bei ihrer Beurteilung berücksichtigt die EZB alle relevanten Umstände.

(3) Vorbehaltlich des Unionsrechts ist eine Partei verpflichtet, am EZB-Aufsichtsverfahren teilzunehmen und an der Aufklärung der Tatsachen mitzuwirken. In einem auf Antrag einer Partei eingeleiteten EZB-Aufsichtsverfahren kann die EZB ihre Tatsachenfeststellung darauf beschränken, von der Partei die Beibringung der relevanten Tatsacheninformationen zu verlangen.

Artikel 29
Beweismittel im EZB-Aufsichtsverfahren

(1) Zur Feststellung der Tatsachen eines Falls zieht die EZB die Beweismittel heran, die sie nach sorgfältiger Prüfung für angebracht hält.

(2) Vorbehaltlich des Unionsrechts unterstützen die Parteien die EZB bei der Feststellung der Tatsachen des Falls. Insbesondere und vorbehaltlich der im Unionsrecht festgelegten Grenzen im Zusammenhang mit Sanktionsverfahren teilen die Parteien die ihnen bekannten Tatsachen wahrheitsgemäß mit.

(3) Die EZB kann eine Frist setzen, innerhalb derer Beweismittel von den Parteien vorgelegt werden können.

Artikel 30
Zeugen und Sachverständige in EZB-Aufsichtsverfahren

(1) Die EZB kann Zeugen und Sachverständige anhören, wenn sie dies für erforderlich hält.

(2) Bestellt die EZB einen Sachverständigen, definiert sie dessen Aufgabe in einer Vereinbarung und setzt eine Frist, innerhalb derer der Sachverständige sein Gutachten abgibt.

(3) Hört die EZB Zeugen oder Sachverständige an, sind diese berechtigt, einen Antrag auf Erstattung ihrer Reise- und Aufenthaltskosten zu stellen. Zeugen haben Anspruch auf eine Entschädigung für Verdienstausfall und Sachverständige haben Anspruch auf die vereinbarte Vergütung ihrer Tätigkeit, nachdem sie ihr Gutachten abgegeben haben. Die Entschädigung wird im Einklang mit den einschlägigen Bestimmungen geleistet, die für die Entschädigung von Zeugen bzw. die Vergütung von Sachverständigen durch den Gerichtshof der Europäischen Union gelten.

(4) Die EZB kann verlangen, dass die in Artikel 11 Absatz 1 Buchstabe c der SSM-Verordnung genannten Personen als Zeugen in den Geschäftsräumen der EZB oder an einem anderen von der EZB bestimmten Ort in einem teilnehmen-

den Mitgliedstaat anwesend sind. Falls es sich bei einer in Artikel 11 Absatz 1 Buchstabe c der SSM-Verordnung genannten Person um eine juristische Person handelt, sind die natürlichen Personen, die diese juristische Person vertreten, gemäß dem vorstehenden Satz verpflichtet, anwesend zu sein.

Artikel 31
Recht auf rechtliches Gehör

(1) Bevor die EZB einen an eine Partei gerichteten EZB-Aufsichtsbeschluss, der die Rechte dieser Partei beeinträchtigen würde, erlassen kann, ist der Partei Gelegenheit zu geben, sich schriftlich gegenüber der EZB zu den für den EZB-Aufsichtsbeschluss erheblichen Tatsachen, Beschwerdepunkten und Rechtsgründen zu äußern. Sofern die EZB es für angebracht hält, kann sie den Parteien Gelegenheit geben, sich in einer Sitzung zu den für den EZB-Aufsichtsbeschluss erheblichen Tatsachen, Beschwerdepunkten und Rechtsgründen zu äußern. In der Mitteilung, mittels derer die EZB der Partei Gelegenheit zur Äußerung gibt, wird der wesentliche Inhalt des geplanten EZB-Aufsichtsbeschlusses sowie die wesentlichen Tatsachen, Beschwerdepunkte und Rechtsgründe angegeben, auf die die EZB ihren Beschluss zu stützen gedenkt. Kapitels III Abschnitt 1 der SSM-Verordnung bleibt von den Bestimmungen dieses Artikels unberührt.

(2) Gibt die EZB einer Partei Gelegenheit, sich in einer Sitzung zu den für den Aufsichtsbeschluss erheblichen Tatsachen, Beschwerdepunkten und Rechtsgründen zu äußern, stellt die Abwesenheit der Partei – sofern keine ordnungsgemäße Entschuldigung vorliegt – keinen Grund für eine Verschiebung der Sitzung dar. Ist die Partei ordnungsgemäß entschuldigt, kann die EZB die Sitzung verschieben oder der Partei Gelegenheit geben, sich schriftlich zu den für den EZB-Aufsichtsbeschluss erheblichen Tatsachen, Beschwerdepunkten und Rechtsgründen zu äußern. Die EZB erstellt ein schriftliches Protokoll der Sitzung, das von den Parteien unterzeichnet wird und sie stellt den Parteien eine Abschrift des Protokolls zur Verfügung.

(3) In der Regel wird der Partei Gelegenheit gegeben, sich innerhalb einer Frist von zwei Wochen nach Eingang einer Erklärung, in der die Tatsachen, Beschwerdepunkte und Rechtsgründe dargelegt sind, auf welche die EZB den EZB-Aufsichtsbeschlusses zu stützen gedenkt, schriftlich zu äußern.

Auf Antrag der Partei kann die EZB die Frist soweit angemessen verlängern.

Unter besonderen Umständen kann die EZB die Frist auf drei Arbeitstage verkürzen. In den in den Artikeln 14 und 15 der SSM-Verordnung vorgesehenen Fällen wird die Frist ebenfalls auf drei Arbeitstage verkürzt.

(4) Unbeschadet des Absatzes 3 und vorbehaltlich des Absatzes 5 kann die EZB einen an eine Partei gerichteten EZB-Aufsichtsbeschluss erlassen, der die Rechte dieser Partei beeinträchtigen würde, ohne der Partei vor dem Erlass Gelegenheit zu geben, sich zu den für den Aufsichtsbeschluss erheblichen Tatsachen, Beschwerdepunkten und Rechtsgründen zu äußern, wenn ein dringender Beschluss erforderlich erscheint, um ernsthaften Schaden vom Finanzsystem abzuwenden.

(5) Wird ein dringender EZB-Aufsichtsbeschluss gemäß Absatz 4 erlassen, wird der Partei die Gelegenheit gegeben, sich unverzüglich nach dessen Erlass schriftlich zu den für den EZB-Aufsichtsbeschluss erheblichen Tatsachen, Beschwerdepunkten und Rechtsgründen zu äußern. In der Regel wird der Partei Gelegenheit gegeben, sich innerhalb einer Frist von zwei Wochen ab Eingang des Aufsichtsbeschlusses der EZB schriftlich zu äußern. Auf Antrag der Partei kann die EZB die Frist verlängern; die Frist darf jedoch höchstens sechs Monate betragen. Die EZB überprüft den EZB-Aufsichtsbeschluss in Anbetracht der Erklärungen der Partei und kann ihn entweder bestätigen, widerrufen oder ändern oder aber widerrufen und durch einen neuen EZB-Aufsichtsbeschluss ersetzen.

(6) Im Falle eines EZB-Aufsichtsverfahrens, das Sanktionen gemäß Artikel 18 der SSM-Verordnung und Teil X dieser Verordnung betrifft, finden die Absätze 4 und 5 keine Anwendung.

Artikel 32
Akteneinsicht in einem EZB-Aufsichtsverfahren

(1) In EZB-Aufsichtsverfahren werden die Verteidigungsrechte der betroffenen Parteien in vollem Umfang gewahrt. Zu diesem Zweck und nach der Eröffnung eines EZB-Aufsichtsverfahrens haben die Parteien das Recht die Akten der EZB einzusehen, vorbehaltlich des berechtigten Interesses anderer juristischer und natürlicher Personen an der Wahrung ihrer Geschäftsgeheimnisse. Das Recht auf Akteneinsicht erstreckt sich nicht auf vertrauliche Informationen. Die NCAs leiten der EZB alle Anträge auf Akteneinsicht, die im Zusammenhang mit EZB-Aufsichtsverfahren bei ihnen eingegangen sind, unverzüglich weiter.

(2) Die Akten bestehen aus sämtlichen Dokumenten – unabhängig von deren Speichermedium – die von der EZB während des EZB-Aufsichtsverfahrens erlangt, erstellt oder zusammengestellt wurden.

(3) Keine Bestimmung dieses Artikels hindert die EZB oder die NCAs an der Offenlegung und Nutzung von Informationen zum Nachweis eines Verstoßes.

(4) Die EZB kann bestimmen, dass die Akteneinsicht unter gebührender Berücksichtigung der technischen Möglichkeiten der Parteien auf eine oder mehrere der folgenden Arten gewährt werden kann:

a) mittels einer oder mehrerer CD-ROMs oder jedes anderen elektronischen Speichermediums, einschließlich künftig zur Verfügung stehender Speichermedien;

b) mittels Zusendung von Kopien der Akte in Papierform auf dem Postweg;

c) mittels Einladung zur Einsichtnahme der Akte in den Geschäftsräumen der EZB.

(5) Vertrauliche Informationen im Sinne dieses Artikels umfassen gegebenenfalls interne Dokumente der EZB oder NCAs sowie die Korrespondenz zwischen der EZB und einer NCA oder zwischen den NCAs.

KAPITEL 2
Aufsichtsbeschlüsse der EZB

Artikel 33
Begründung für Aufsichtsbeschlüsse der EZB

(1) Vorbehaltlich des Absatzes 2 wird ein EZB-Aufsichtsbeschluss mit einer Begründung für diesen Beschluss versehen.

(2) Die Begründung umfasst die wesentlichen Tatsachen und die Rechtsgründe, auf welche der EZB-Aufsichtsbeschluss gestützt ist.

(3) Vorbehaltlich des Artikels 31 Absatz 4 stützt die EZB einen EZB-Aufsichtsbeschluss nur auf Tatsachen und Beschwerdepunkte, zu denen sich eine Partei äußern konnte.

Artikel 34
Aufschiebende Wirkung

Unbeschadet des Artikels 278 AEUV und des Artikels 24 Absatz 8 der SSM-Verordnung kann die EZB beschließen, den Vollzug eines EZB-Aufsichtsbeschlusses auszusetzen a) indem sie eine entsprechende Erklärung in dem betreffenden EZB-Aufsichtsbeschluss aufnimmt oder b) auf Antrag des Adressaten des EZB-Aufsichtsbeschlusses in anderen Fällen als einem Antrag auf Überprüfung durch den administrativen Überprüfungsausschuss.

Artikel 35
Bekanntgabe von EZB-Aufsichtsbeschlüssen

(1) Die EZB kann einer Partei einen EZB-Aufsichtsbeschluss a) mündlich, b) durch Zustellung oder Aushändigung einer Kopie des Aufsichtsbeschlusses, c) per Einschreiben mit Empfangsbestätigung, d) per Kurierdienst, e) per Telefax oder f) auf elektronischem Weg gemäß Absatz 10 bekanntgeben.

(2) Ist ein Vertreter schriftlich bevollmächtigt, kann die EZB dem Vertreter den EZB-Aufsichtsbeschluss bekanntgeben. In diesen Fällen ist die EZB nicht verpflichtet, den EZB-Aufsichtsbeschluss auch dem beaufsichtigten Unternehmen bekanntzugeben, das von diesem Vertreter vertreten wird.

(3) Im Falle einer mündlichen Bekanntgabe eines EZB-Aufsichtsbeschlusses gilt der Beschluss als dem Adressaten bekanntgegeben, wenn ein Mitarbeiter der EZB a) im Falle einer natürlichen Person die betreffende natürliche Person oder b) im Falle einer juristischen Person einen Empfangsbevollmächtigten der juristischen Person über den EZB-Aufsichtsbeschluss informiert hat. In diesem Fall wird dem Adressaten unverzüglich nach dieser mündlichen Bekanntgabe eine schriftliche Kopie des Aufsichtsbeschlusses der EZB übermittelt.

(4) Wird ein EZB-Aufsichtsbeschluss per Einschreiben mit Empfangsbestätigung bekanntgegeben, gilt der EZB-Aufsichtsbeschluss am zehnten Tag nach Aufgabe des Einschreibens beim Postdienstleister als dem Adressaten bekanntgeben, sofern die Empfangsbestätigung nicht darauf hinweist, dass der Brief an einem anderen Datum eingegangen ist.

(5) Wird ein EZB-Aufsichtsbeschluss per Kurierdienst bekanntgegeben, gilt der EZB-Aufsichtsbeschluss am zehnten Tag nach Aufgabe des Briefes beim Kurierdienst als dem Adressaten zugestellt, sofern die Empfangsbestätigung des Kurierdienstes nicht darauf hinweist, dass der Brief an einem anderen Tag eingegangen ist.

(6) Für die Zwecke der Absätze 4 und 5 muss ein EZB-Aufsichtsbeschluss an eine für die Zustellung geeignete Anschrift (d. h. eine gültige Anschrift) adressiert werden. Eine gültige Anschrift ist:

a) im Falle eines auf Ersuchen oder Antrag des Adressaten eines EZB-Aufsichtsbeschlusses eingeleiteten EZB-Aufsichtsverfahrens die vom Adressaten in seinem Ersuchen oder Antrag angegebene Anschrift und

b) im Falle eines beaufsichtigten Unternehmens die letzte Geschäftsadresse des Hauptsitzes, die das beaufsichtigte Unternehmen der EZB mitgeteilt hat, und

c) im Falle einer natürlichen Person die letzte Adresse, die der EZB mitgeteilt wurde, und wenn der EZB keine Adresse mitgeteilt wurde und die natürliche Person ein Mitarbeiter, Manager oder Anteilseigner eines beaufsichtigten Unternehmens ist, die Geschäftsadresse des beaufsichtigten Unternehmens gemäß Buchstabe b.

(7) Jede Person, die Partei eines EZB-Aufsichtsverfahrens ist, teilt der EZB auf Anfrage eine gültige Anschrift mit.

(8) Falls eine Person in einem Staat niedergelassen oder ansässig ist, der keine Mitgliedstaat ist, kann die EZB die Partei auffordern, innerhalb eines angemessenen Zeitraums einen Empfangsbevollmächtigten zu benennen, der in einem Mitgliedstaat ansässig ist oder Geschäftsräume in einem Mitgliedstaat hat. Wird auf eine derartige Aufforderung kein Empfangsbevollmächtigter benannt, können – bis ein derartiger Empfangsbevollmächtigter benannt wird – alle Mitteilungen im Einklang mit den Absätzen 3 bis 5 und 9 an die Anschrift der Partei zugestellt werden, die der EZB vorliegt.

(9) Hat die Person, die der Adressat eines EZB-Aufsichtsbeschlusses ist, der EZB eine Telefaxnummer mitgeteilt, kann die EZB einen EZB-Aufsichtsbeschluss durch Übertragung einer Kopie des Aufsichtsbeschlusses per Telefax bekanntgeben. Der EZB-Aufsichtsbeschluss gilt als dem Adressaten bekanntgegeben, wenn die EZB einen Bericht über den erfolgreichen Versand des Telefax erhält.

(10) Die EZB kann die Kriterien festlegen, nach denen ein EZB-Aufsichtsbeschluss auf elektronischem Wege oder auf sonstigem, vergleichbarem Wege zugestellt werden kann.

TITEL 3
MELDUNG VON VERSTÖẞEN

Artikel 36
Meldung von Verstößen

Jede Person kann gutgläubig unmittelbar bei der EZB eine Meldung erstatten, wenn die Person angemessene Gründe für die Annahme hat, dass die Meldung Verstöße gegen die in Artikel 4 Absatz 3 der SSM-Verordnung genannten Rechtsakte durch Kreditinstitute, Finanzholdinggesellschaften, gemischte Holdinggesellschaften oder zuständige Behörden (einschließlich der EZB selbst) aufdeckt.

Artikel 37
Angemessener Schutz für die Meldung von Verstößen

(1) Erstattet eine Person gutgläubig eine Meldung über mutmaßliche Verstöße gegen die in Artikel 4 Absatz 3 der SSM-Verordnung genannten Rechtsakte durch beaufsichtigte Unternehmen oder zuständige Behörden, wird die Meldung als geschützte Meldung behandelt.

(2) Alle persönlichen Daten, die sowohl die Person betreffen, die eine geschützte Meldung erstattet, als auch die Person betreffen, die für einen Verstoß verantwortlich sein soll, sind in Übereinstimmung mit dem geltenden Datenschutz-Rechtsrahmen der Union geschützt.

(3) Die EZB gibt die Identität einer Person, die eine geschützte Meldung erstattet hat, nicht preis, ohne vorher die ausdrückliche Zustimmung dieser Person eingeholt zu haben, es sei denn, diese Offenlegung wird durch einen Gerichtsbeschluss im Zusammenhang mit weiteren Ermittlungen oder einem anschließenden Gerichtsverfahren angeordnet.

Artikel 38
Verfahren für die Weiterbehandlung von Meldungen

(1) Die EZB prüft alle Meldungen bezüglich bedeutender beaufsichtigter Unternehmen. Meldungen bezüglich weniger bedeutender beaufsichtigter Unternehmen prüft sie im Hinblick darauf, ob Verstöße gegen Vorschriften oder -Beschlüsse der EZB vorliegen. Die NCAs nehmen im letzteren Fall solche Meldungen an, leiten diese an die EZB weiter, ohne die Identität der meldenden Person zu übermitteln, es sei denn, diese Person erteilt ausdrücklich ihr Einverständnis.

(2) Unbeschadet des Absatzes 1 leitet die EZB Meldungen bezüglich eines weniger bedeutenden Unternehmens an die betreffende NCA weiter, ohne die Identität der meldenden Person zu übermitteln, es sei denn, diese Person erteilt ausdrücklich ihr Einverständnis.

(3) Die EZB tauscht mit den NCAs Informationen aus: a) um zu prüfen, ob die Meldungen sowohl an die EZB als auch die betreffende NCA gesandt wurden, und um die Maßnahmen zu koordinieren und b) um sich über das Ergebnis der Weiterbehandlung der an die NCAs weitergeleiteten Meldungen zu informieren.

(4) Die EZB übt bei der Beurteilung, wie die eingegangenen Meldungen zu bewerten und welche Maßnahmen zu ergreifen sind, ein angemessenes Ermessen aus.

(5) Im Fall mutmaßlicher Verstöße durch beaufsichtigte Unternehmen legt das betreffende beaufsichtigte Unternehmen der EZB alle Informationen und Dokumente vor, die von ihr angefordert werden, um die eingegangenen Meldungen zu prüfen.

(6) Im Fall mutmaßlicher Verstöße durch zuständige Behörden (mit Ausnahme der EZB) fordert die EZB die betreffende zuständige Behörde auf, sich zu den gemeldeten Sachverhalten zu äußern.

(7) In ihrem in Artikel 20 Absatz 2 der SSM-Verordnung genannten jährlichen Bericht legt die EZB in abgekürzter oder zusammengefasster Form Angaben zu den eingegangenen Meldungen so vor, dass die einzelnen beaufsichtigten Unternehmen oder Personen nicht identifiziert werden können.

TEIL IV
BESTIMMUNG DES STATUS EINES BEAUFSICHTIGTEN UNTERNEHMENS ALS BEDEUTEND ODER WENIGER BEDEUTEND

TITEL 1
ALLGEMEINE BESTIMMUNGEN BEZÜGLICH DER EINSTUFUNG ALS BEDEUTEND ODER WENIGER BEDEUTEND

Artikel 39
Einstufung eines beaufsichtigten Unternehmens auf Einzelbasis als bedeutend

(1) Ein beaufsichtigtes Unternehmen gilt als bedeutendes beaufsichtigtes Unternehmen, wenn die EZB dies in einem an das betreffende beaufsichtigte Unternehmen gerichteten Beschluss der EZB gemäß den Artikeln 43 bis 49 unter Angabe der Gründe für diesen Beschluss feststellt.

(2) Ein beaufsichtigtes Unternehmen wird nicht mehr als bedeutendes beaufsichtigtes Unternehmen eingestuft, wenn die EZB in einem an das beaufsichtigte Unternehmen gerichteten Aufsichtsbeschluss unter Angabe der Gründe für diesen Beschluss feststellt, dass es ein weniger bedeutendes Unternehmen oder kein beaufsichtigtes Unternehmen mehr ist.

(3) Ein beaufsichtigtes Unternehmen kann auf Grundlage eines der folgenden Kriterien als bedeutendes beaufsichtigtes Unternehmen eingestuft werden:

a) seiner Größe, wie gemäß den Artikeln 50 bis 55 festgestellt (nachfolgend das „Größenkriterium"), oder

b) seiner Relevanz für die Wirtschaft der Union oder eines teilnehmenden Mitgliedstaats, wie gemäß den Artikeln 56 bis 58 festgestellt (nachfolgend das „Kriterium der wirtschaftlichen Relevanz"), oder

c) seiner Bedeutung in Bezug auf die grenzüberschreitenden Tätigkeiten, wie gemäß den Artikeln 59 und 60 festgestellt (nachfolgend das „Kriterium der grenzüberschreitenden Tätigkeit"), oder

d) eines Antrags auf oder der Entgegennahme von direkter öffentlicher finanzieller Unterstützung durch den Europäischen Stabilitätsmechanismus (ESM), wie gemäß den Artikeln 61 bis 64 festgestellt (nachfolgend das „Kriterium der direkten öffentlichen finanziellen Unterstützung"), oder

e) der Tatsache, dass das beaufsichtigte Unternehmen, eines der drei bedeutendsten Kreditinstitute in einem teilnehmenden Mitgliedstaat ist, wie gemäß den Artikeln 65 und 66 festgestellt.

(4) Bedeutende beaufsichtigte Unternehmen werden von der EZB direkt beaufsichtigt, sofern nicht besondere Umstände eine Beaufsichtigung durch die betreffende NCA gemäß Titel 9 dieses Teils rechtfertigen.

(5) Die EZB beaufsichtigt auch ein weniger bedeutendes beaufsichtigtes Unternehmen oder eine weniger bedeutende beaufsichtigte Gruppe direkt auf der Grundlage eines gemäß Artikel 6 Absatz 5 Buchstabe b der SSM-Verordnung erlassenen Beschlusses der EZB, wonach die EZB sämtliche in Artikel 6 Absatz 4 der SSM-Verordnung genannten Befugnisse unmittelbar ausübt. Für die Zwecke des SSM wird ein derartiges weniger bedeutendes beaufsichtigtes Unternehmen oder eine derartige weniger bedeutende beaufsichtigte Gruppe als bedeutend eingestuft.

(6) Bevor sie die in diesem Artikel genannten Beschlüsse fasst, stimmt sich die EZB mit den betreffenden NCAs ab. Jeder in diesem Artikel genannte Beschluss der EZB wird auch den betreffenden NCAs bekanntgegeben.

Artikel 40
Einstufung beaufsichtigter Unternehmen, die Teil einer Gruppe sind, als bedeutend

(1) Sind ein oder mehrere beaufsichtigte Unternehmen Teil einer beaufsichtigten Gruppe, werden die Kriterien für die Bestimmung der Bedeutung auf der obersten Konsolidierungsebene innerhalb der teilnehmenden Mitgliedstaaten gemäß den Bestimmungen des Teils IV Titel 3 bis 7 geprüft.

(2) Jedes einzelne beaufsichtigte Unternehmen, das Teil einer beaufsichtigten Gruppe ist, gilt in einem der folgenden Fälle als bedeutendes beaufsichtigtes Unternehmen:

a) wenn die beaufsichtigte Gruppe auf der obersten Konsolidierungsebene innerhalb der teilnehmenden Mitgliedstaaten das Größenkriterium, das Kriterium der wirtschaftlichen Relevanz oder das Kriterium der grenzüberschreitenden Tätigkeit erfüllt, oder

b) wenn eines der beaufsichtigten Unternehmen, die Teil der beaufsichtigten Gruppe sind, das Kriterium der direkten öffentlichen finanziellen Unterstützung erfüllt, oder

c) wenn eines der beaufsichtigten Unternehmen, die Teil der beaufsichtigten Gruppe sind, eines der drei bedeutendsten Kreditinstitute in einem teilnehmenden Mitgliedstaat ist.

(3) Wird festgestellt, dass eine beaufsichtigte Gruppe bedeutend oder nicht mehr bedeutend ist, erlässt die EZB einen Beschluss zur Einstufung als bedeutendes beaufsichtigtes Unternehmen oder zur Aufhebung der Einstufung als bedeutendes beaufsichtigtes Unternehmen und legt für jedes beaufsichtigte Unternehmen, das Teil der betreffenden beaufsichtigten Gruppe ist, die Daten

für den Beginn und das Ende der direkten Beaufsichtigung durch die EZB nach den in Artikel 39 vorgesehenen Kriterien und Verfahren fest.

Artikel 41
Sonderbestimmungen für Zweigstellen von in nicht teilnehmenden Mitgliedstaaten niedergelassenen Kreditinstituten

(1) Alle in demselben teilnehmenden Mitgliedstaat errichteten Zweigstellen eines Kreditinstituts, das in einem nicht teilnehmenden Mitgliedstaat niedergelassen ist, gelten im Sinne dieser Verordnung als ein einziges beaufsichtigtes Unternehmen.

(2) In verschiedenen teilnehmenden Mitgliedstaaten errichtete Zweigstellen eines Kreditinstituts, das in einem nicht teilnehmenden Mitgliedstaat niedergelassen ist, werden im Sinne dieser Verordnung einzeln als getrennte beaufsichtigte Unternehmen behandelt.

(3) Unbeschadet des Absatzes 1 werden Zweigstellen eines Kreditinstituts, das in einem nicht teilnehmenden Mitgliedstaat niedergelassen ist, bei der Feststellung, ob die in Artikel 6 Absatz 4 der SSM-Verordnung vorgesehenen Kriterien erfüllt sind, einzeln als getrennte beaufsichtigte Unternehmen und getrennt von Tochterunternehmen desselben Kreditinstituts bewertet.

Artikel 42
Sonderbestimmungen für Tochterunternehmen von in nicht teilnehmenden Mitgliedstaaten und Drittländern niedergelassenen Kreditinstituten

(1) In einem oder mehreren teilnehmenden Mitgliedstaaten errichtete Tochterunternehmen eines Kreditinstituts, das seinen Hauptsitz in einem nicht teilnehmenden Mitgliedstaat oder einem Drittland hat, werden bei der Feststellung, ob eines der in Artikel 6 Absatz 4 der SSM-Verordnung vorgesehenen Kriterien erfüllt ist, getrennt von den Zweigstellen dieses Kreditinstituts bewertet.

(2) Die folgenden Tochterunternehmen werden bei der Feststellung, ob eines der in Artikel 6 Absatz 4 der SSM-Verordnung vorgesehenen Kriterien erfüllt sind, getrennt bewertet:

a) Tochterunternehmen, die in einem teilnehmenden Mitgliedstaat niedergelassen sind,

b) Tochterunternehmen, die einer Gruppe angehören, deren Mutterunternehmen ihren Hauptsitz in einem nicht teilnehmenden Mitgliedstaat oder einem Drittland hat,

c) Tochterunternehmen, die keiner beaufsichtigten Gruppe in teilnehmenden Mitgliedstaaten angehören.

TITEL 2
VERFAHREN FÜR DIE EINSTUFUNG BEAUFSICHTIGTER UNTERNEHMEN ALS BEDEUTENDE BEAUFSICHTIGTE UNTERNEHMEN

KAPITEL 1
Einstufung beaufsichtigter Unternehmen als bedeutend

Artikel 43
Überprüfung des Status eines beaufsichtigten Unternehmens

(1) Sofern in dieser Verordnung nichts anderes vorgesehen ist, überprüft die EZB mindestens jährlich, ob ein bedeutendes beaufsichtigtes Unternehmen oder eine bedeutende beaufsichtigte Gruppe weiterhin eines der in Artikel 6 Absatz 4 der SSM-Verordnung vorgesehenen Kriterien erfüllt.

(2) Sofern in dieser Verordnung nichts anderes vorgesehen ist, überprüft jede NCA mindestens jährlich, ob ein weniger bedeutendes beaufsichtigtes Unternehmen oder eine weniger bedeutende beaufsichtigte Gruppe eines der in Artikel 6 Absatz 4 der SSM-Verordnung vorgesehenen Kriterien erfüllt. Im Falle einer weniger bedeutenden beaufsichtigten Gruppe führt die betreffende NCA des teilnehmenden Mitgliedstaats, in dem das auf der obersten Konsolidierungsebene in den teilnehmenden Mitgliedstaaten bestimmte Mutterunternehmen niedergelassen ist, diese Überprüfung durch.

(3) Die EZB kann jederzeit nach Erhalt relevanter Informationen, insbesondere in den in Artikel 52 genannten Fällen, prüfen, a) ob ein beaufsichtigtes Unternehmen eines der in Artikel 6 Absatz 4 der SSM-Verordnung vorgesehenen Kriterien erfüllt, und b) ob ein bedeutendes beaufsichtigtes Unternehmen keines der in Artikel 6 Absatz 4 der SSM-Verordnung vorgesehenen Kriterien mehr erfüllt.

(4) Kommt eine NCA zu dem Schluss, dass ein weniger bedeutendes beaufsichtigtes Unternehmen oder eine weniger bedeutende beaufsichtigte Gruppe eines der in Artikel 6 Absatz 4 der SSM-Verordnung vorgesehenen Kriterien erfüllt, informiert sie unverzüglich die EZB.

(5) Auf Ersuchen der EZB oder einer NCA arbeiten die EZB und die betreffende NCA bei der Feststellung, ob eines der in Artikel 6 Absatz 4 der SSM-Verordnung vorgesehenen Kriterien in Bezug auf ein beaufsichtigtes Unternehmen oder eine beaufsichtigte Gruppe erfüllt sind, zusammen.

(6) Beschließt die EZB entweder a) die direkte Beaufsichtigung eines beaufsichtigten Unternehmens oder einer beaufsichtigten Gruppe zu über-

nehmen oder b) dass die direkte Beaufsichtigung eines beaufsichtigten Unternehmens oder einer beaufsichtigten Gruppe durch die EZB enden soll, arbeiten die EZB und die betreffende NCA zusammen, um den reibungslosen Übergang der Aufsichtsbefugnisse sicherzustellen. Insbesondere erstellt die betreffende NCA einen Bericht über die bisherige Aufsichtsbilanz und das Risikoprofil des beaufsichtigten Unternehmens, wenn die EZB die direkte Beaufsichtigung eines beaufsichtigten Unternehmens übernimmt, und die EZB erstellt einen solchen Bericht, wenn die NCA die Zuständigkeit für die Beaufsichtigung des betreffenden Unternehmens übernimmt.

(7) Die EZB stellt fest, ob ein beaufsichtigtes Unternehmen oder eine beaufsichtigte Gruppe bedeutend ist, indem sie die in Artikel 6 Absatz 4 der SSM-Verordnung vorgesehenen Kriterien in der darin angegebenen Reihenfolge prüft, nämlich: a) die Größe, b) die Relevanz für die Wirtschaft der Union oder eines teilnehmenden Mitgliedstaats, c) die Bedeutung der grenzüberschreitenden Tätigkeiten, d) das Vorliegen eines Antrags auf direkte öffentliche finanzielle Unterstützung durch den ESM, e) die Tatsache, dass das beaufsichtigte Unternehmen eines der drei bedeutendsten Kreditinstitute in einem teilnehmenden Mitgliedstaat ist.

Artikel 44
Verfahren für die Feststellung der Bedeutung eines beaufsichtigten Unternehmens

(1) Beim Erlass von Beschlüssen über die Einstufung eines beaufsichtigten Unternehmens oder einer beaufsichtigten Gruppe als bedeutend nach Maßgabe dieses Titels – und sofern nichts anderes vorgesehen – wendet die EZB die in Teil III Titel 2 dieser Verordnungen vorgesehenen Verfahrensvorschriften an.

(2) Die EZB gibt jedem betroffenen beaufsichtigten Unternehmen ihren Beschluss über die Einstufung eines beaufsichtigten Unternehmens oder einer beaufsichtigten Gruppe als bedeutend innerhalb der in Artikel 45 festgelegten Frist schriftlich bekannt und unterrichtet die betreffende NCA ebenfalls über diesen Beschluss. Im Fall von beaufsichtigten Unternehmen, die Teil einer bedeutenden beaufsichtigten Gruppe sind, gibt die EZB ihren Beschluss dem beaufsichtigten Unternehmen auf oberster Konsolidierungsebene in den teilnehmenden Mitgliedstaaten bekannt und gewährleistet, dass jedes beaufsichtigte Unternehmen innerhalb der bedeutenden beaufsichtigten Gruppe ordnungsgemäß informiert wird.

(3) Für beaufsichtigte Unternehmen, gegenüber denen keine Bekanntgabe durch die EZB gemäß Absatz 1 erfolgt, dient die in Artikel 49 Absatz 2 genannte Liste als Bekanntgabe ihrer Einstufung als weniger bedeutend.

(4) Die EZB gibt jedem betroffenen beaufsichtigten Unternehmen Gelegenheit, sich vor Erlass eines Beschlusses der EZB gemäß Absatz 1 schriftlich zu äußern.

(5) Die EZB gibt darüber hinaus den betreffenden NCAs gemäß Artikel 39 Absatz 6 Gelegenheit, Anmerkungen und Stellungnahmen in Schriftform abzugeben, und die EZB trägt diesen gebührend Rechnung.

(6) Ein beaufsichtigtes Unternehmen oder eine beaufsichtigte Gruppe gilt ab dem Datum der Bekanntgabe des Beschlusses der EZB, mit dem festgestellt wird, dass das beaufsichtigte Unternehmen oder die beaufsichtigte Gruppe bedeutend ist, als bedeutendes beaufsichtigtes Unternehmen oder bedeutende beaufsichtigte Gruppe.

KAPITEL 2
Beginn und Ende der direkten Beaufsichtigung durch die EZB

Artikel 45
Beginn der direkten Beaufsichtigung durch die EZB

(1) Die EZB legt in einem Beschluss den Tag fest, an dem sie die direkte Beaufsichtigung eines beaufsichtigten Unternehmens oder einer beaufsichtigten Gruppe übernimmt, das bzw. die als bedeutendes beaufsichtigtes Unternehmen bzw. als bedeutende beaufsichtigte Gruppe eingestuft wurde. Dieser Beschluss der EZB kann mit dem in Artikel 44 Absatz 2 genannten identisch sein. Vorbehaltlich des Absatzes 2 gibt die EZB diesen Beschluss jedem betroffenen beaufsichtigten Unternehmen mindestens einen Monat vor dem Tag bekannt, an dem die EZB die direkte Beaufsichtigung übernimmt.

(2) Wenn die EZB die direkte Beaufsichtigung eines beaufsichtigten Unternehmens oder einer beaufsichtigten Gruppe auf Grundlage eines Antrags auf oder der Entgegennahme von direkter öffentlicher finanzieller Unterstützung durch den ESM übernimmt, gibt die EZB den in Absatz 1 genannten Beschluss jedem betroffenen beaufsichtigten Unternehmen rechtzeitig bekannt, d. h. mindestens eine Woche vor dem Tag, an dem sie die direkte Beaufsichtigung übernimmt.

(3) Die EZB übermittelt den betreffenden NCAs Kopien der in Absatz 1 genannten Beschlüsse.

(4) Die EZB übernimmt die direkte Beaufsichtigung eines beaufsichtigten Unternehmens oder einer beaufsichtigten Gruppe spätestens 12 Monate nach dem Tag, an dem die EZB diesem beaufsichtigten Unternehmen oder, im Fall einer beaufsichtigten Gruppe, dem beaufsichtigten Unternehmen auf oberster Konsolidierungsebene einen Beschluss der EZB gemäß Artikel 44 Absatz 2 bekanntgibt.

(5) Für die Zwecke dieses Artikels gibt die EZB im Fall einer beaufsichtigten Gruppe ihren Beschluss dem beaufsichtigten Unternehmen auf oberster Konsolidierungsebene in den teilnehmenden Mitgliedstaaten bekannt und gewährleistet, dass jedes beaufsichtigte Unternehmen innerhalb dieser Gruppe ordnungsgemäß informiert wird.

Artikel 46
Ende der direkten Beaufsichtigung durch die EZB

(1) Bestimmt die EZB, dass die direkte Beaufsichtigung eines beaufsichtigten Unternehmens oder einer beaufsichtigten Gruppe durch die EZB endet, erlässt die EZB für jedes betroffene beaufsichtigte Unternehmen einen Beschluss, in dem der Tag festgelegt wird, an dem die direkte Beaufsichtigung endet, und die Gründe für die Beendigung. Die EZB erlässt einen derartigen Beschluss mindestens einen Monat vor dem Tag, an dem die direkte Beaufsichtigung durch die EZB endet. Die EZB übermittelt den betreffenden NCAs ebenfalls eine Kopie dieses Beschlusses. Artikel 45 Absatz 5 gilt entsprechend.

(2) Die EZB gibt jedem betroffenen beaufsichtigten Unternehmen Gelegenheit zur schriftlichen Äußerung, bevor ein Beschluss der EZB gemäß Absatz 1 erlassen wird.

(3) Der Beschluss der EZB, in dem der Tag festgelegt wird, an dem die direkte Beaufsichtigung eines beaufsichtigten Unternehmens durch die EZB endet, kann zusammen mit dem Beschluss erlassen werden, durch den das beaufsichtigte Unternehmen als weniger bedeutend eingestuft wird.

Artikel 47
Gründe für die Beendigung der direkten Beaufsichtigung durch die EZB

(1) Im Falle eines bedeutenden beaufsichtigten Unternehmens, das als solches aufgrund a) seiner Größe, b) seiner Relevanz für die Wirtschaft der Union oder eines teilnehmenden Mitgliedstaats oder c) der Bedeutung seiner grenzüberschreitenden Tätigkeiten oder weil es Teil einer beaufsichtigten Gruppe ist, die mindestens eines dieser Kriterien erfüllt, eingestuft wurde, fasst die EZB einen Beschluss zur Beendigung der Einstufung als bedeutendes beaufsichtigtes Unternehmen und der direkten Beaufsichtigung, wenn in drei aufeinander folgenden Kalenderjahren entweder auf Ebene des einzelnen beaufsichtigten Unternehmens oder auf Ebene der beaufsichtigten Gruppe, der das beaufsichtigte Unternehmen angehört, keines der oben genannten, in Artikel 6 Absatz 4 der SSM-Verordnung vorgesehenen Kriterien erfüllt war.

(2) Im Falle eines beaufsichtigten Unternehmens, das als bedeutend eingestuft wurde, weil in Bezug auf a) das beaufsichtigte Unternehmen selbst, b) die beaufsichtigte Gruppe, der das beaufsichtigte Unternehmen angehört, oder c) ein beaufsichtigtes Unternehmen, das der Gruppe angehört und aus anderen Gründen nicht bedeutend ist, eine direkte öffentliche finanzielle Unterstützung durch den ESM beantragt wurde, fasst die EZB einen Beschluss zur Beendigung der Einstufung als bedeutendes beaufsichtigtes Unternehmen und der direkten Beaufsichtigung, wenn die direkte öffentliche finanzielle Unterstützung abgelehnt, vollständig zurückgezahlt oder beendet wurde. Dieser Beschluss kann im Falle der Rückzahlung oder Beendigung der direkten öffentlichen finanziellen Unterstützung erst drei Kalenderjahre nach der vollständigen Rückzahlung oder Beendigung der direkten öffentlichen finanziellen Unterstützung gefasst werden.

(3) Im Falle eines beaufsichtigten Unternehmens, das als bedeutend eingestuft wurde, weil es eines der drei bedeutendsten Kreditinstitute in einem teilnehmenden Mitgliedstaat ist, wie gemäß den Artikeln 65 und 66 festgestellt ist, oder weil es der beaufsichtigten Gruppe eines derartigen Kreditinstituts angehört und aus anderen Gründen nicht bedeutend ist, fasst die EZB einen Beschluss zur Beendigung der Einstufung als bedeutendes beaufsichtigtes Unternehmen und der direkten Beaufsichtigung, wenn das betreffende beaufsichtigte Unternehmen in drei aufeinander folgenden Kalenderjahren nicht mehr eines der drei bedeutendsten Kreditinstitute in einem teilnehmenden Mitgliedstaat war.

(4) Im Falle eines beaufsichtigten Unternehmens, das gemäß eines nach Artikel 6 Absatz 5 Buchstabe b der SSM-Verordnung erlassenen Beschlusses der EZB direkt von der EZB beaufsichtigt wird und aus anderen Gründen nicht bedeutend ist, fasst die EZB einen Beschluss zur Beendigung der direkten Beaufsichtigung durch die EZB, wenn die direkte Beaufsichtigung nach ihrem vernünftigen Ermessen für die Sicherstellung der kohärenten Anwendung hoher Aufsichtsstandards nicht mehr erforderlich ist.

Artikel 48
Schwebende Verfahren

(1) Im Fall einer Änderung der Zuständigkeit der EZB und einer NCA unterrichtet die Behörde, deren Zuständigkeit endet (nachfolgend die „Behörde, deren Zuständigkeit endet"), die zuständig werdende Behörde (nachfolgend die „Behörde, die die Beaufsichtigung übernimmt") über formell eingeleitete Aufsichtsverfahren, die einen Beschluss erfordern. Die Behörde, deren Zuständigkeit endet, stellt diese Informationen umgehend zur Verfügung, nachdem sie Kenntnis von einer bevorstehenden Änderung der Zuständigkeit er-

langt hat. Die Behörde, deren Zuständigkeit endet, aktualisiert diese Informationen laufend und im Regelfall monatlich, wenn neue Informationen zu einem Aufsichtsverfahren zu melden sind. Die Behörde, die die Beaufsichtigung übernimmt, kann in hinreichend begründeten Fällen eine Meldung auf weniger häufiger Basis gestatten. Für die Zwecke der Artikel 48 und 49 hat der Begriff „Aufsichtsverfahren" die Bedeutung eines EZB- oder NCA-Aufsichtsverfahrens.

Vor einer Änderung der Zuständigkeit nimmt die Behörde, deren Zuständigkeit endet, unverzüglich nach der formellen Einleitung eines neuen Aufsichtsverfahrens, das einen Beschluss erfordert, Kontakt mit der Behörde auf, die die Beaufsichtigung übernimmt.

(2) Wenn sich die Aufsichtszuständigkeit ändert, unternimmt die Behörde, deren Zuständigkeit endet, alle Anstrengungen, schwebende Verfahren, die einen Beschlusses erfordern, vor dem Tag zu beenden, an dem die Änderung der Aufsichtszuständigkeit eintritt.

(3) Wenn ein formell eingeleitetes Aufsichtsverfahren, das einen Beschlusses erfordert, nicht vor dem Tag beendet werden kann, an dem die Änderung der Aufsichtszuständigkeit eintritt, bleibt die Behörde, deren Zuständigkeit endet, für die Beendigung dieses schwebenden Verfahrens zuständig. Zu diesem Zweck verbleiben alle einschlägigen Befugnisse, bis das Aufsichtsverfahren beendet ist, bei der Behörde, deren Zuständigkeit endet. Die Behörde, deren Zuständigkeit endet, beendet das betreffende schwebende Verfahren im Einklang mit dem geltenden Recht im Rahmen der bei ihr verbliebenen Befugnisse. Die Behörde, deren Zuständigkeit endet, unterrichtet die Behörde, die die Beaufsichtigung übernimmt, bevor sie in einem Aufsichtsverfahren, das vor der Änderung der Zuständigkeit schwebend war, einen Beschluss fasst. Sie übermittelt der Behörde, die die Beaufsichtigung übernimmt, eine Kopie des gefassten Beschlusses und der Dokumente, die in Bezug auf den Beschluss relevant sind.

(4) Abweichend von Absatz 3 kann die EZB beschließen, innerhalb eines Monats ab Eingang der notwendigen Information ihre Bewertung des betreffenden formell eingeleiteten Aufsichtsverfahrens abzuschließen und das betreffende Aufsichtsverfahren in Absprache mit der betreffenden NCA zu übernehmen. Wenn aufgrund des nationalen Rechts vor der Beendigung des im vorstehenden Satz genannten Bewertungszeitraum ein Beschluss der EZB erforderlich ist, übermittelt die NCA der EZB die notwendigen Informationen und gibt insbesondere den Zeitrahmen an, innerhalb dessen die EZB entscheiden muss, ob sie das Verfahren übernehmen will. Wenn die EZB ein Aufsichtsverfahren übernimmt, teilt sie der betreffenden NCA und den Parteien ihre Entscheidung mit, das betreffende Aufsichtsverfahren zu übernehmen. Die EZB legt in ihrem Beschluss die Folgen der Übernahme eines solchen Aufsichtsverfahrens dar.

(5) Die EZB und die betreffende NCA arbeiten in Bezug auf den Abschluss eines schwebenden Verfahrens zusammen und können zu diesem Zweck alle relevanten Informationen austauschen.

(6) Dieser Artikel findet keine Anwendung auf gemeinsame Verfahren.

KAPITEL 3
Liste beaufsichtigter Unternehmen

Artikel 49
Veröffentlichung

(1) Die EZB veröffentlicht eine Liste, in der die Namen aller beaufsichtigten Unternehmen und beaufsichtigten Gruppen, die von der EZB direkt beaufsichtigt werden, und gegebenenfalls für beaufsichtigte Unternehmen, die Gruppe, der es angehört, aufgeführt sind; in der Liste ist ferner die spezifische Rechtsgrundlage für diese direkte Beaufsichtigung angegeben. Im Falle einer Einstufung als bedeutend auf Grundlage des Größenkriteriums umfasst die Liste den Gesamtwert der Aktiva des beaufsichtigten Unternehmens oder der beaufsichtigten Gruppe. Die EZB veröffentlicht auch die Namen der beaufsichtigten Unternehmen, die, obwohl sie eines der in Artikel 6 Absatz 4 der SSM-Verordnung genannten Kriterien erfüllen und daher als bedeutend einzustufen wären, aufgrund besonderer Umstände gemäß Teil IV Titel 9 aber dennoch als weniger bedeutend gelten und daher nicht von der EZB direkt beaufsichtigt werden.

(2) Die EZB veröffentlicht eine Liste mit den Namen aller beaufsichtigten Unternehmen, die von einer NCA beaufsichtigt werden, und den Namen der betreffenden NCA.

(3) Die in den Absätzen 1 und 2 genannten Listen werden elektronisch veröffentlicht und sind auf der Website der EZB abrufbar.

(4) Die in den Absätzen 1 und 2 genannten Listen werden regelmäßig aktualisiert.

TITEL 3
FESTSTELLUNG DER BEDEUTUNG AUF BASIS DER GRÖẞE

Artikel 50
Feststellung der Bedeutung auf Basis der Größe

(1) Ob ein beaufsichtigtes Unternehmen oder eine beaufsichtigte Gruppe auf Basis des Größenkriteriums bedeutend ist, wird anhand des Gesamtwerts seiner/ihrer Aktiva festgestellt.

(2) Ein beaufsichtigtes Unternehmen oder eine beaufsichtigte Gruppe wird als bedeutend einge-

stuft, wenn der Gesamtwert seiner/ihrer Aktiva 30 Mrd. EUR übersteigt (nachfolgend der „Größenschwellenwert").

Artikel 51
Grundlage für die Feststellung, ob ein beaufsichtigtes Unternehmen auf Basis des Größenkriteriums bedeutend ist.

(1) Ist ein beaufsichtigtes Unternehmen Teil einer beaufsichtigten Gruppe, wird der Gesamtwert seiner Aktiva auf Grundlage der nach geltendem Recht erstellten aufsichtsrechtlichen konsolidierten Jahresendmeldung festgestellt.

(2) Kann der Gesamtwert der Aktiva nicht auf Grundlage der in Absatz 1 genannten Daten festgestellt werden, wird er auf Grundlage des nach den in der Union gemäß des letzten geprüften konsolidierten Jahresabschlusses festgestellt, welcher gemäß den Internationalen Rechnungslegungsstandards (IFRS) erstellt wurde, die gemäß der Verordnung (EG) Nr. 1606/2002 des Europäischen Parlaments und des Rates[1] in der Union gelten, und wenn dieser Jahresabschluss nicht vorliegt, auf Grundlage des nach den geltenden nationalen Rechnungslegungsvorschriften erstellten konsolidierten Jahresabschlusses.

(3) Ist das beaufsichtigte Unternehmen nicht Teil einer beaufsichtigten Gruppe, wird der Gesamtwert seiner Aktiva auf Grundlage der nach geltendem Recht auf Einzelinstitutsbasis erstellten aufsichtsrechtlichen Jahresendmeldung festgestellt.

(4) Kann der Gesamtwert der Aktiva nicht anhand der in Absatz 3 genannten Daten festgestellt werden, wird er auf Grundlage des letzten geprüften Jahresabschlusses festgestellt, welcher gemäß den IFRS erstellt wurde, die gemäß der Verordnung (EG) Nr. 1606/2002 in der Union gelten, und wenn dieser Jahresabschluss nicht vorliegt, auf Grundlage des nach den geltenden nationalen Rechnungslegungsvorschriften erstellten Jahresabschlusses.

(5) Ist das beaufsichtigte Unternehmen eine Zweigstelle eines in einem nicht teilnehmenden Mitgliedstaat niedergelassenen Kreditinstituts, wird der Gesamtwert der Aktiva auf Basis der gemäß der Verordnung (EG) Nr. 25/2009 (EZB/2008/32) der Europäischen Zentralbank[2] gemeldeten statistischen Daten festgestellt.

Zu Artikel 51:

[1] Verordnung (EG) Nr. 1606/2002 des Europäischen Parlaments und des Rates vom 19. Juli 2002 betreffend die Anwendung internationaler Rechnungslegungsstandards (ABl. L 243 vom 11.9.2002, S. 1).

[2] Verordnung (EG) Nr. 25/2009 der Europäischen Zentralbank vom 19. Dezember 2008 über die Bilanz des Sektors der monetären Finanzinstitute (EZB/2008/32) (ABl. L 15 vom 20.1.2009, S. 14).

Artikel 52
Grundlage für die Feststellung der Bedeutung aufBasis des Größenkriteriums bei spezifischen oder außergewöhnlichen Umständen

(1) Tritt in Bezug auf ein weniger bedeutendes beaufsichtigtes Unternehmen eine außergewöhnliche wesentliche Änderung der Umstände ein, die für die Feststellung der Bedeutung auf Basis des Größenkriteriums relevant ist, prüft die betreffende NCA, ob der Größenschwellenwert weiterhin eingehalten wird.

Tritt eine solche Änderung in Bezug auf ein bedeutendes beaufsichtigtes Unternehmen ein, prüft die EZB, ob der Größenschwellenwert weiterhin eingehalten wird.

Außerordentliche wesentliche Änderungen der Umstände, die für Bestimmung der Bedeutung auf Basis des Größenkriteriums relevant sind, umfassen folgende Fälle: a) die Fusion von zwei oder mehr Kreditinstituten, b) die Veräußerung oder Übertragung eines wesentlichen Geschäftsbereichs, c) die Übertragung von Anteilen an einem Kreditinstitut, infolge derer es nicht mehr zu der beaufsichtigten Gruppe gehört, zu der es vor der Veräußerung gehörte, d) der endgültige Beschluss, dass eine ordentliche Liquidation des beaufsichtigten Unternehmens (oder der beaufsichtigten Gruppe) durchgeführt wird, und (e) vergleichbare Fälle.

(2) Ein weniger bedeutendes beaufsichtigtes Unternehmen und im Falle einer weniger bedeutenden beaufsichtigten Gruppe das weniger bedeutende beaufsichtigte Unternehmen auf oberster Konsolidierungsebene in den teilnehmenden Mitgliedstaaten, unterrichtet die betreffende NCA über alle Änderungen im Sinne von Absatz 1.

Ein bedeutendes beaufsichtigtes Unternehmen und – im Falle einer bedeutenden beaufsichtigten Gruppe – das beaufsichtigte Unternehmen auf oberster Konsolidierungsebene in den teilnehmenden Mitgliedstaaten unterrichtet die EZB über alle Änderungen im Sinne von Absatz 1.

(3) Abweichend von der in Artikel 47 Absätze 1 bis 3 vorgesehenen Dreijahresregel und im Falle außerordentlicher Umstände, einschließlich solcher im Sinne von Absatz 1, beschließt die EZB in Abstimmung mit den NCAs, ob die betreffenden beaufsichtigten Unternehmen bedeutend oder weniger bedeutend sind, und legt das das Datum fest, ab dem die Beaufsichtigung von der EZB oder den NCAs ausgeführt wird.

Artikel 53
Gruppen konsolidierter Unternehmen

(1) Für die Zwecke der Feststellung der Bedeutung auf Basis des Größenkriteriums besteht die beaufsichtigte Gruppe konsolidierter Unternehmen aus Unternehmen, die für Aufsichtszwecke nach Unionsrecht zu konsolidieren sind.

(2) Für die Zwecke der Feststellung der Bedeutung auf Basis des Größenkriteriums umfasst eine beaufsichtigte Gruppe konsolidierter Unternehmen auch Tochterunternehmen und Zweigstellen in nicht teilnehmenden Mitgliedstaaten und Drittländern.

Artikel 54
Konsolidierungsmethode

Die Konsolidierungsmethode ist die nach Unionsrecht für Aufsichtszwecke geltende Konsolidierungsmethode.

Artikel 55
Methode zur Berechnung des Gesamtwerts der Aktiva

Für die Zwecke der Feststellung der Bedeutung eines Kreditinstituts auf Basis des Größenkriteriums wird der „Gesamtwert der Aktiva" aus der Zeile „Bilanzsumme" der gemäß dem Unionsrecht für Aufsichtszwecke erstellten Bilanz abgeleitet.

TITEL 4
FESTSTELLUNG DER BEDEUTUNG AUF BASIS DER RELEVANZ FÜR DIE WIRTSCHAFT DER UNION ODER EINES TEILNEHMENDEN MITGLIEDSTAATS

Artikel 56
Schwelle für die Relevanz für die nationale Volkswirtschaft

Ein in einem teilnehmenden Mitgliedstaat niedergelassenes beaufsichtigtes Unternehmen oder eine beaufsichtigte Gruppe, dessen Mutterunternehmen in einem teilnehmenden Mitgliedstaat niedergelassen ist, wird auf Basis seiner Relevanz für die Volkswirtschaft des betreffenden Mitgliedstaats eingestuft, wenn:

$A : B \geq 0{,}2$ (Schwelle für die Relevanz für die nationale Volkswirtschaft)

und

$A \geq 5$ Mrd. EUR ist,

wobei:

A der Gesamtwert der Aktiva ist, der nach den Artikeln 51 bis 55 für ein bestimmtes Kalenderjahr festgestellt wird, und

B das Bruttoinlandsprodukt zu Marktpreisen gemäß der Definition in Artikel 8.89 des Anhangs A der Verordnung (EU) Nr. 549/2013 des Europäischen Parlaments und des Rates[1)] (ESVG 2010) ist, das von Eurostat für das bestimmte Kalenderjahr veröffentlicht wird.

Artikel 57
Kriterien für die Feststellung der Bedeutung auf Basis der Relevanz für die Wirtschaft der Union oder eines teilnehmenden Mitgliedstaats

(1) Bei der Beurteilung, ob ein beaufsichtigtes Unternehmen oder eine beaufsichtigte Gruppe für die Wirtschaft der Union oder eines teilnehmenden Mitgliedstaats aus anderen als den in Artikel 56 vorgesehenen Gründen bedeutend ist, berücksichtigt die EZB insbesondere die folgenden Kriterien:

a) die Relevanz des beaufsichtigten Unternehmens oder der beaufsichtigten Gruppe für spezifische Wirtschaftsbereiche der Union oder eines teilnehmenden Mitgliedstaats;

b) die Verflechtung des beaufsichtigten Unternehmens oder der beaufsichtigten Gruppe mit der Wirtschaft der Union oder eines teilnehmenden Mitgliedstaats;

c) die Ersetzbarkeit des beaufsichtigten Unternehmens oder der beaufsichtigten Gruppe sowohl als Marktteilnehmer als auch als Kundendienstleister und

d) die unternehmensbezogene, strukturelle und operative Komplexität des beaufsichtigten Unternehmens oder der beaufsichtigten Gruppe.

(2) Artikel 52 Absatz 3 findet entsprechende Anwendung.

Artikel 58
Feststellung der Bedeutung eines beaufsichtigten Unternehmens auf Basis der Relevanz für die Wirtschaft eines teilnehmenden Mitgliedstaats auf Ersuchen einer NCA

(1) Eine NCA kann der EZB mitteilen, dass sie ein beaufsichtigtes Unternehmen in Bezug auf ihre Volkswirtschaft als bedeutend einschätzt.

(2) Die EZB beurteilt die Mitteilung der NCA auf Grundlage der in Artikel 57 Absatz 1 festgelegten Kriterien.

(3) Artikel 57 findet entsprechende Anwendung.

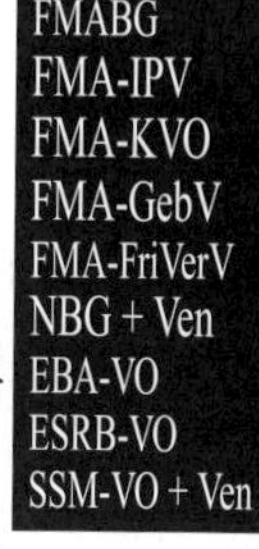

Zu Artikel 56:

1) Verordnung (EU) Nr. 549/2013 des Europäischen Parlaments und des Rates vom 21. Mai 2013 zum Europäischen System Volkswirtschaftlicher Gesamtrechnungen auf nationaler und regionaler Ebene in der Europäischen Union (ABl. L 174 vom 26.6.2013, S. 1.)

TITEL 5
FESTSTELLUNG DER BEDEUTUNG AUF BASIS DER BEDEUTUNG DER GRENZÜBERSCHREITENDEN TÄTIGKEITEN

Artikel 59
Kriterien für die Feststellung der Bedeutung auf Basis der Bedeutung der grenzüberschreitenden Tätigkeiten einer beaufsichtigten Gruppe

(1) Eine beaufsichtigte Gruppe kann von der EZB auf Basis ihrer grenzüberschreitenden Tätigkeiten nur dann als bedeutend angesehen werden, wenn das Mutterunternehmen der beaufsichtigten Gruppe in mehr als einem anderen teilnehmenden Mitgliedstaat Tochterunternehmen eingerichtet hat, die selbst Kreditinstitute sind.

(2) Eine beaufsichtigte Gruppe kann von der EZB auf Basis ihrer grenzüberschreitenden Tätigkeiten nur dann als bedeutend angesehen werden, wenn der Gesamtwert ihrer Aktiva 5 Mrd. EUR übersteigt und:

a) der Anteil ihrer grenzüberschreitenden Aktiva an ihren gesamten Aktiva 20 % übersteigt oder

b) der Anteil ihrer grenzüberschreitenden Passiva an ihren gesamten Passiva 20 % übersteigt.

(3) Artikel 52 Absatz 3 findet entsprechende Anwendung.

Artikel 60
Grenzüberschreitende Aktiva und Passiva

(1) Im Zusammenhang mit einer beaufsichtigten Gruppe sind „grenzüberschreitende Aktiva" der Teil der gesamten Aktiva, bei denen die Gegenpartei ein Kreditinstitut oder eine andere juristische Person oder eine natürliche Person ist, die in einem anderen teilnehmenden Mitgliedstaat als dem Mitgliedstaat ansässig ist, in dem das Mutterunternehmen der betreffenden beaufsichtigten Gruppe seinen Hauptsitz hat.

(2) Im Zusammenhang mit einer beaufsichtigten Gruppe sind „grenzüberschreitende Passiva" der Teil der gesamten Passiva, bei denen die Gegenpartei ein Kreditinstitut oder eine andere juristische Person oder eine natürliche Person ist, die in einem anderen teilnehmenden Mitgliedstaat als dem Mitgliedstaat ansässig ist, in dem das Mutterunternehmen der betreffenden beaufsichtigten Gruppe seinen Hauptsitz hat.

TITEL 6
FESTSTELLUNG DER BEDEUTUNG AUF BASIS EINES ANTRAGS AUF ÖFFENTLICHE FINANZIELLE UNTERSTÜTZUNG DURCH DEN ESM

Artikel 61
Antrag auf direkte öffentliche finanzielle Unterstützung durch den ESM

(1) Ein Antrag auf direkte öffentliche finanzielle Unterstützung für ein beaufsichtigtes Unternehmen liegt vor, wenn von einem ESM-Mitglied ein Antrag auf Gewährung von finanzieller Unterstützung durch den ESM für dieses Unternehmen gemäß einem nach Artikel 19 des Vertrags zur Einrichtung des europäischen Stabilitätsmechanismus gefassten Beschluss des Gouverneursrats des ESM bezüglich der direkten Rekapitalisierung von Kreditinstituten gestellt wird, wobei der Antrag eine Unterstützung mittels den nach diesem Beschluss vorgesehenen Instrumenten betrifft.

(2) Ein Kreditinstitut erhält direkte öffentliche finanzielle Unterstützung, wenn ihm die finanzielle Unterstützung gemäß dem in Absatz 1 genannten Beschluss und Instrumenten gewährt wurde.

Artikel 62
Verpflichtung der NCAs, die EZB über einen möglichen Antrag auf öffentliche finanzielle Unterstützung durch ein weniger bedeutendes beaufsichtigtes Unternehmen zu unterrichten

(1) Unbeschadet der in Artikel 96 vorgesehenen Verpflichtung, die EZB über die Verschlechterung der Finanzlage eines weniger bedeutenden Unternehmens zu informieren, unterrichtet die NCA die EZB, sobald sie Kenntnis davon erhält, dass in Bezug auf ein weniger bedeutendes beaufsichtigtes Unternehmen möglicherweise Bedarf besteht, dass auf nationaler Ebene indirekt vom ESM und/oder durch den ESM öffentliche finanzielle Unterstützung gewährt wird.

(2) Außer in hinreichend begründeten, dringlichen Fällen legt die NCA der EZB ihre Beurteilung der Finanzlage des weniger bedeutenden beaufsichtigten Unternehmens zur Erwägung vor, ehe sie diese an den ESM übermittelt.

Artikel 63
Beginn und Ende der direkten Beaufsichtigung durch die EZB

(1) Ein beaufsichtigtes Unternehmen, für das direkte öffentliche finanzielle Unterstützung beim ESM beantragt wird oder das direkte öffentliche finanzielle Unterstützung vom ESM entgegengenommen hat, wird ab dem Tag, an dem die direkte öffentliche finanzielle Unterstützung im Namen

des Unternehmens beantragt wurde, als bedeutendes beaufsichtigtes Unternehmen eingestuft.

(2) Der Tag, an dem die EZB die direkte Beaufsichtigung übernimmt, wird in einem Beschluss der EZB gemäß Titel 2 festgelegt.

(3) Artikel 52 Absatz 3 findet entsprechende Anwendung.

Artikel 64
Anwendungsbereich

Wird in Bezug auf ein beaufsichtigtes Unternehmen, das Teil einer beaufsichtigten Gruppe ist, öffentliche finanzielle Unterstützung beantragt, werden alle beaufsichtigten Unternehmen, die Teil dieser beaufsichtigten Gruppe sind, als bedeutend eingestuft.

TITEL 7
FESTSTELLUNG DER BEDEUTUNG AUF BASIS DES KRITERIUMS, DASS DAS BEAUFSICHTIGTE UNTERNEHMEN EINES DER DREI BEDEUTENDSTEN KREDITINSTITUTE IN EINEM TEILNEHMENDEN MITGLIEDSTAAT IST

Artikel 65
Kriterien für die Feststellung der drei bedeutendsten Kreditinstitute in einem teilnehmenden Mitgliedstaat

(1) Ein Kreditinstitut oder eine beaufsichtigte Gruppe wird als bedeutend eingestuft, wenn es bzw. sie eines der drei bedeutendsten Kreditinstitute oder beaufsichtigten Gruppen in einem teilnehmenden Mitgliedstaat ist.

(2) Für die Zwecke der Feststellung der drei bedeutendsten Kreditinstitute oder beaufsichtigten Gruppen in einem teilnehmenden Mitgliedstaat berücksichtigen die EZB und die betreffende NCA die im Einklang mit den Artikeln 50 bis 55 festgestellte Größe des beaufsichtigten Unternehmens bzw. der beaufsichtigten Gruppe.

Artikel 66
Überprüfungsverfahren

(1) Für jeden teilnehmenden Mitgliedstaat legt die EZB bis zum 1. Oktober jedes Kalenderjahres fest, ob drei Kreditinstitute oder beaufsichtigte Gruppen mit einem in diesem teilnehmenden Mitgliedstaat niedergelassenen Mutterunternehmen als bedeutende beaufsichtigte Unternehmen einzustufen sind.

(2) Auf Ersuchen der EZB geben die NCAs der EZB bis zum 1. Oktober des betreffenden Kalenderjahres die drei bedeutendsten Kreditinstitute oder beaufsichtigten Gruppen an, die in ihrem teilnehmenden Mitgliedstaat niedergelassen sind. Die drei bedeutendsten Kreditinstitute oder beaufsichtigten Gruppen werden von den NCAs auf Grundlage der in den Artikeln 50 bis 55 festgelegten Kriterien festgestellt.

(3) Für jede(s) der drei bedeutendsten Kreditinstitute bzw. beaufsichtigten Gruppen in den teilnehmenden Mitgliedstaaten legt die betreffende NCA der EZB einen Bericht über dessen bzw. deren Aufsichtsbilanz und Risikoprofil vor; es sei denn, das Kreditinstitut oder die beaufsichtigte Gruppe ist bereits als bedeutend eingestuft.

Bei Eingang der in Absatz 2 genannten Informationen führt die EZB ihre eigene Beurteilung durch. Die EZB kann zu diesem Zweck die Vorlage aller relevanten Informationen von der betreffenden NCA verlangen.

(4) Sind eines oder mehrere der drei bedeutendsten beaufsichtigten Kreditinstitute oder beaufsichtigten Gruppen eines teilnehmenden Mitgliedstaats zum 1. Oktober eines bestimmten Kalenderjahres nicht als bedeutende beaufsichtigte Unternehmen eingestuft, erlässt die EZB gemäß Titel 2 einen Beschluss in Bezug auf jede(s) einzelne der drei bedeutendsten beaufsichtigten Kreditinstitute bzw. beaufsichtigten Gruppen, das bzw. die nicht als bedeutend eingestuft ist.

(5) Artikel 52 Absatz 3 findet entsprechende Anwendung.

TITEL 8
BESCHLUSS DER EZB, EIN WENIGER BEDEUTENDES BEAUFSICHTIGTES UNTERNEHMEN GEMÄß ARTIKEL 6 ABSATZ 5 BUCHSTABE B DER SSM-VERORDNUNG DIREKT ZU BEAUFSICHTIGEN

Artikel 67
Kriterien für einen Beschluss der EZB nach Artikel 6 Absatz 5 Buchstabe b der SSM-Verordnung

(1) Die EZB kann gemäß Artikel 6 Absatz 5 Buchstabe b der SSM-Verordnung jederzeit durch einen Beschluss beschließen, die direkte Beaufsichtigung eines weniger bedeutenden beaufsichtigten Unternehmens oder einer weniger bedeutenden beaufsichtigten Gruppe auszuüben, wenn dies für die Sicherstellung der kohärenten Anwendung hoher Aufsichtsstandards erforderlich ist.

(2) Bevor die EZB den in Absatz 1 genannten Beschluss fasst, berücksichtigt sie unter anderem folgende Faktoren:

a) ob das weniger bedeutende beaufsichtigte Unternehmen oder die weniger bedeutende beaufsichtigte Gruppe kurz davor steht, eines der in Artikel 6 Absatz 4 der SSM-Verordnung festgelegten Kriterien zu erfüllen;

b) die Verflechtung des weniger bedeutenden beaufsichtigten Unternehmens oder der weniger bedeutenden beaufsichtigten Gruppe mit anderen Kreditinstituten;

c) ob das betreffende weniger bedeutende beaufsichtigte Unternehmen ein Tochterunternehmen eines beaufsichtigten Unternehmens mit Hauptsitz in einem nicht teilnehmenden Mitgliedstaat oder Drittland ist, das ein oder mehrere Tochterunternehmen, die auch Kreditinstitute sind, oder eine oder mehrere Zweigstellen in teilnehmenden Mitgliedstaaten errichtet hat, von denen eine oder mehrere bedeutend sind;

d) die Tatsache, dass die NCA Anweisungen der EZB nicht eingehalten hat, oder

e) die Tatsache, dass die NCA die in Artikel 4 Absatz 3 Unterabsatz 1 der SSM-Verordnung genannten Rechtsakte nicht eingehalten hat.

f) die Tatsache, dass das weniger bedeutende beaufsichtigte Unternehmen indirekt öffentliche finanzielle Unterstützung beim EFSF oder ESM beantragt oder vom EFSF oder ESM erhalten hat.

Artikel 68
Verfahren zur Vorbereitung eines Beschlusses der EZB gemäß Artikel 6 Absatz 5 Buchstabe b der SSM-Verordnung auf Ersuchen einer NCA

(1) Auf Ersuchen einer NCA prüft die EZB, ob die Ausübung einer direkten Beaufsichtigung gemäß den Bestimmungen der SSM-Verordnung in Bezug auf ein weniger bedeutendes beaufsichtigtes Unternehmen oder eine weniger bedeutende beaufsichtigte Gruppe zur Sicherstellung der kohärenten Anwendung hoher Aufsichtsstandards erforderlich ist.

(2) In dem Ersuchen der NCA: a) wird das weniger bedeutende beaufsichtigte Unternehmen oder die weniger bedeutende beaufsichtigte Gruppe benannt, bezüglich derer die NCA der Auffassung ist, dass die EZB die direkte Beaufsichtigung übernehmen sollte, und b) wird angegeben, aus welchem Grund die Beaufsichtigung des weniger bedeutenden beaufsichtigten Unternehmens oder der weniger bedeutenden beaufsichtigten Gruppe durch die EZB zur Sicherstellung der kohärenten Anwendung hoher Aufsichtsstandards erforderlich ist.

(3) Dem Ersuchen der NCA wird ein Bericht über die Aufsichtsbilanz und das Risikoprofil des betreffenden weniger bedeutenden beaufsichtigten Unternehmens oder der betreffenden weniger bedeutenden beaufsichtigten Gruppe beigefügt.

(4) Sofern die EZB dem Ersuchen der NCA nicht nachkommen will, stimmt sie sich vor ihrer endgültigen Beurteilung, ob die Beaufsichtigung des weniger bedeutenden beaufsichtigten Unternehmens oder der weniger bedeutenden beaufsichtigten Gruppe durch die EZB zur Sicherstellung der kohärenten Anwendung hoher Aufsichtsstandards erforderlich ist, mit der betroffenen NCA ab.

(5) Beschließt die EZB, dass die direkte Beaufsichtigung des weniger bedeutenden beaufsichtigten Unternehmens oder der weniger bedeutenden beaufsichtigten Gruppe durch die EZB zur Sicherstellung der kohärenten Anwendung hoher Aufsichtsstandards erforderlich ist, fasst sie gemäß Titel 2 einen Beschluss der EZB.

Artikel 69
Verfahren zur Vorbereitung von Beschlüssen der EZB gemäß Artikel 6 Absatz 5 Buchstabe b der SSM-Verordnung auf Initiative der EZB

(1) Die EZB kann von einer NCA einen Bericht über die Aufsichtsbilanz und das Risikoprofil eines weniger bedeutenden beaufsichtigten Unternehmens oder einer weniger bedeutenden beaufsichtigten Gruppe anfordern. Die EZB gibt das Datum an, zu dem ihr dieser Bericht vorzulegen ist.

(2) Die EZB stimmt sich vor ihrer endgültigen Beurteilung, ob die Beaufsichtigung des weniger bedeutenden beaufsichtigten Unternehmens oder der weniger bedeutenden beaufsichtigten Gruppe durch die EZB zur Sicherstellung der kohärenten Anwendung hoher Aufsichtsstandards erforderlich ist, mit der NCA ab.

(3) Kommt die EZB zu dem Schluss, dass die direkte Beaufsichtigung des weniger bedeutenden beaufsichtigten Unternehmens oder der weniger bedeutenden beaufsichtigten Gruppe durch die EZB zur Sicherstellung der kohärenten Anwendung hoher Aufsichtsstandards erforderlich ist, fasst sie gemäß Titel 2 einen Beschluss der EZB.

TITEL 9
BESONDERE UMSTÄNDE, DIE EINE EINSTUFUNG EINES BEAUFSICHTIGTEN UNTERNEHMENS ALS WENIGER BEDEUTEND RECHTFERTIGEN KÖNNEN, OBWOHL DIE KRITERIEN FÜR DIE EINSTUFUNG ALS BEDEUTEND ERFÜLLT SIND

Artikel 70
Besondere Umstände, die zur Einstufung eines bedeutenden Kreditinstituts als weniger bedeutend führen

(1) Besondere Umstände im Sinne von Artikel 6 Absatz 4 Unterabsätze 2 und 5 der SSM-Verordnung (nachfolgend die „besonderen Umstände") liegen vor, wenn spezifische und tatsächliche Umstände vorliegen, aufgrund derer die Einstufung eines beaufsichtigten Unternehmens als bedeutend unter Berücksichtigung der Ziele

und Grundsätze der SSM-Verordnung und insbesondere des Erfordernisses der Sicherstellung der kohärenten Anwendung hoher Aufsichtsstandards unangemessen ist.

(2) Der Ausdruck „besondere Umstände" wird eng ausgelegt.

Artikel 71
Beurteilung des Vorliegens besonderer Umstände

(1) Ob besondere Umstände vorliegen, die eine Einstufung eines anderweitig als bedeutend geltenden beaufsichtigten Unternehmens als weniger bedeutend rechtfertigen, wird auf Einzelfallbasis und speziell für das betreffende beaufsichtigte Unternehmen oder die betreffende beaufsichtigte Gruppe festgestellt; diese Feststellung erfolgt jedoch nicht für Kategorien von beaufsichtigten Unternehmen.

(2) Artikel 40 findet entsprechende Anwendung.

(3) Die Artikel 44 bis 46 und die Artikel 48 und 49 finden entsprechende Anwendung. Die EZB gibt in einem Beschluss die Gründe an, aufgrund derer sie zu dem Schluss kommt, dass besondere Umstände vorliegen.

Artikel 72
Überprüfung

(1) Die EZB überprüft mit Unterstützung der betreffenden NCA zumindest jährlich, ob die besonderen Umstände in Bezug auf ein beaufsichtigtes Unternehmen oder eine beaufsichtigte Gruppe, das bzw. die aufgrund dieser besonderen Umstände als weniger bedeutend eingestuft wurde, weiterhin vorliegen.

(2) Das betroffene beaufsichtigte Unternehmen legt der EZB alle von ihr zur Durchführung einer Überprüfung im Sinne von Absatz 1 geforderten Informationen vor.

(3) Wenn die EZB der Ansicht ist, dass die besonderen Umstände nicht mehr vorliegen, erlässt sie einen an das betreffenden beaufsichtigte Unternehmen gerichteten Beschluss, in dem festgestellt wird, dass es als bedeutend eingestuft ist und keine besonderen Umstände mehr vorliegen.

(4) Teil IV Titel 2 findet entsprechende Anwendung.

TEIL V
GEMEINSAME VERFAHREN

TITEL 1
ZUSAMMENARBEIT BEI ANTRÄGEN AUF ZULASSUNG ZUR AUFNAHME DER TÄTIGKEIT EINES KREDITINSTITUTS

Artikel 73
Unterrichtung der EZB über einen Antrag auf Zulassung zur Aufnahme der Tätigkeit eines Kreditinstituts

(1) Eine NCA, die einen Antrag auf Zulassung zur Aufnahme der Tätigkeit eines Kreditinstituts erhält, das in einem teilnehmenden Mitgliedstaat errichtet werden soll, unterrichtet die EZB innerhalb von 15 Arbeitstagen über den Eingang dieses Antrags.

(2) Die NCA teilt der EZB auch die Frist mit, innerhalb derer ein Beschluss über den Antrag zu fassen und dem Antragsteller nach dem einschlägigen nationalen Recht mitzuteilen ist.

(3) Ist der Antrag unvollständig, fordert die NCA entweder von sich aus oder auf Ersuchen der EZB den Antragsteller auf, die erforderlichen zusätzlichen Informationen beizubringen. Die NCA sendet der EZB diese zusätzlichen Informationen innerhalb von 15 Arbeitstagen nach deren Eingang bei der NCA.

Artikel 74
Beurteilung von Anträgen durch die NCAs

Die NCA, bei der ein Antrag eingereicht wird, prüft, ob der Antragsteller alle im einschlägigen nationalen Recht des Mitgliedstaats der NCA festgelegten Zulassungsbedingungen erfüllt.

Artikel 75
Beschluss der NCA, einen Antrag abzulehnen

Die NCAs lehnen Anträge, die die im einschlägigen nationalen Recht festgelegten Zulassungsbedingungen nicht erfüllen, ab und senden der EZB eine Kopie ihres Beschlusses.

Artikel 76
Von den NCAs ausgearbeitete Beschlussentwürfe bezüglich der Zulassung zur Aufnahme der Tätigkeit eines Kreditinstituts

(1) Erfüllt der Antrag nach Auffassung der NCA alle im einschlägigen nationalen Recht festgelegten Zulassungsbedingungen, arbeitet sie einen Beschlussentwurf aus, mit dem der EZB die Erteilung der Zulassung zur Aufnahme der Tätigkeit als Kreditinstitut vorgeschlagen wird

(nachfolgend „Entwurf eines Zulassungsbeschlusses").

(2) Die NCA stellt sicher, dass der Entwurf eines Zulassungsbeschlusses der EZB und dem Antragsteller spätestens 20 Arbeitstage vor dem Ende der nach einschlägigem nationalen Recht für die Prüfung eines Zulassungsantrags vorgesehenen Frist übermittelt wird.

(3) Die NCA kann vorschlagen, einen Entwurf eines Zulassungsbeschlusses gemäß dem nationalen Recht oder dem Unionsrecht mit Empfehlungen zu versehen oder an Bedingungen und/oder Beschränkungen zu knüpfen. In diesen Fällen ist die NCA für die Prüfung der Einhaltung der Bedingungen und/oder Beschränkungen verantwortlich.

Artikel 77
Prüfung von Anträgen und Anhörung durch die EZB

(1) Die EZB prüft den Antrag auf Grundlage der im einschlägigen Unionsrecht festgelegten Zulassungsbedingungen. Sind diese Bedingungen nach Auffassung der EZB nicht erfüllt, gibt die EZB dem Antragsteller Gelegenheit, sich gemäß Artikel 31 schriftlich zu den Tatsachen und Beschwerdepunkten zu äußern, die für die Beurteilung relevant sind.

(2) In Fällen, in denen eine Sitzung als erforderlich angesehen wird, und in anderen hinreichend begründeten Fällen kann die EZB die Frist für die Entscheidung über einen Antrag nach Artikel 14 Absatz 3 der SSM-Verordnung verlängern. Die Verlängerung wird dem Antragsteller gemäß Artikel 35 dieser Verordnung bekanntgegeben.

Artikel 78
Beschlüsse der EZB über Anträge

(1) Die EZB entscheidet über einen von der NCA übermittelten Entwurf eines Zulassungsbeschlusses innerhalb von zehn Arbeitstagen nach dessen Eingang, es sei denn, es wurde ein Beschluss zur Fristverlängerung gemäß Artikel 77 Absatz 2 erlassen. Sie kann den Entwurf eines Zulassungsbeschlusses unterstützen und damit der Zulassung zustimmen oder sie kann den Entwurf eines Zulassungsbeschlusses ablehnen.

(2) Die EZB gründet ihre Entscheidung auf ihre Prüfung des Antrags, des Entwurfs eines Zulassungsbeschlusses sowie etwaiger vom Antragsteller gemäß Artikel 77 vorgebrachte Äußerungen.

(3) Trifft die EZB innerhalb der in Absatz 1 genannten Frist keine Entscheidung, gilt der von der NCA ausgearbeitete Entwurf eines Zulassungsbeschlusses als erlassen.

(4) Die EZB erlässt einen Beschluss, mit dem die Zulassung erteilt wird, wenn der Antragsteller alle Zulassungsbedingungen im Einklang mit dem einschlägigen Unionsrecht und nationalen Recht des Mitgliedstaats erfüllt, in dem der Antragsteller niedergelassen ist.

(5) Der Beschluss, mit dem die Zulassung erteilt wird, erstreckt sich auf die vom Antragsteller ausgeübten Tätigkeiten eines Kreditinstituts gemäß den nationalen Rechtsvorschriften, unbeschadet aller zusätzlichen, nach einschlägigem nationalem Recht bestehenden Zulassungsanforderungen für andere Tätigkeiten als die Tätigkeit, Einlagen oder andere rückzahlbare Gelder des Publikums entgegenzunehmen und Kredite für eigene Rechnung zu gewähren.

Artikel 79
Verfahren für das Erlöschen der Zulassung

Die Zulassung erlischt in den in Artikel 18 Buchstabe a der Richtlinie 2013/36/EU genannten Fällen, wenn das einschlägige nationale Recht dies vorsieht. Die NCAs unterrichten die EZB über einzelne Fälle, in denen eine Zulassung erlischt. Die EZB kann das Erlöschen der Zulassung daraufhin gemäß den einschlägigen nationalen Rechtsvorschriften öffentlich bekanntmachen, nachdem sie die betreffende NCA und das betroffene beaufsichtigte Unternehmen informiert hat.

TITEL 2
ZUSAMMENARBEIT BEIM ENTZUG DER ZULASSUNG

Artikel 80
Entzug der Zulassung auf Vorschlag von NCAs

(1) Ist die betreffende NCA der Auffassung, dass einem Kreditinstitut die Zulassung ganz oder teilweise nach dem einschlägigen Unionsrecht oder nationalem Recht, einschließlich auf Antrag des Kreditinstituts, zu entziehen ist, übermittelt sie der EZB einen Entwurf eines Beschlusses, mit dem sie den Entzug der Zulassung vorschlägt (nachfolgend „Beschlussentwurf zum Entzug der Zulassung"), zusammen mit allen relevanten zugehörigen Dokumenten.

(2) Die NCA stimmt sich im Hinblick auf einen Beschlussentwurf zum Entzug der Zulassung, der für die mit der für die Abwicklung von Kreditinstituten zuständigen nationalen Behörde (nachfolgend die „nationale Abwicklungsbehörde") relevant ist, mit dieser Behörde ab.

Artikel 81
Prüfung des Beschlussentwurfs zum Entzug der Zulassung durch die EZB

(1) Die EZB prüft den Beschlussentwurf zum Entzug der Zulassung unverzüglich. Sie berücksichtigt insbesondere die von der NCA vorgetragenen Dringlichkeitsgründe.

(2) Das in Artikel 31 vorgesehene Recht auf rechtliches Gehör findet Anwendung.

Artikel 82
Beurteilung auf Initiative der EZB und in Absprache mit den NCAs

(1) Erlangt die EZB Kenntnis von Umständen, die den Entzug der Zulassung gebieten können, prüft sie von sich aus, ob die Zulassung im Einklang mit dem einschlägigen Unionsrecht entzogen werden sollte.

(2) Die EZB kann sich jederzeit mit den betreffenden NCAs abstimmen. Beabsichtigt die EZB eine Zulassung zu entziehen, stimmt sie sich mit der NCA des Mitgliedstaats, in dem das Kreditinstitut niedergelassen ist, mindestens 25 Arbeitstage vor dem Tag, an dem sie beabsichtigt, über den Entzug der Zulassung zu entscheiden, ab. In hinreichend begründeten, dringlichen Fällen kann die Frist für die Abstimmung auf fünf Arbeitstage verkürzt werden.

(3) Beabsichtigt die EZB eine Zulassung zu entziehen, unterrichtet sie die betreffende NCA über alle vom Kreditinstitut vorgetragenen Äußerungen. Das in Artikel 31 vorgesehene Recht auf rechtliches Gehör findet Anwendung.

(4) Die EZB stimmt sich mit der nationalen Abwicklungsbehörde im Hinblick auf einen Vorschlag zum Entzug der Zulassung gemäß Artikel 14 Absatz 5 der SSM-Verordnung ab und informiert die NCA umgehend, nachdem sie mit der nationalen Abwicklungsbehörde Kontakt aufgenommen hat.

Artikel 83
Beschluss der EZB über den Entzug der Zulassung

(1) Die EZB fasst unverzüglich einen Beschluss über den Entzug der Zulassung. Dabei kann sie den betreffenden Beschlussentwurf zum Entzug der Zulassung annehmen oder ablehnen.

(2) Bei ihrer Entscheidung berücksichtigt die EZB alle nachfolgend genannten Aspekte: a) ihre Beurteilung der Umstände, die ihrer Ansicht nach den Entzug der Zulassung rechtfertigen; b) gegebenenfalls den Beschlussentwurf zum Entzug der Zulassung der NCA; c) die Abstimmung mit der betreffenden NCA und, wenn die NCA nicht die nationale Abwicklungsbehörde ist, der nationalen Abwicklungsbehörde (zusammen mit der NCA nachfolgend die ‚nationalen Behörden'); d) die vom Kreditinstitut gemäß Artikel 81 Absatz 2 und Artikel 82 Absatz 3 vorgetragenen Äußerungen.

(3) Auch in den in Artikel 84 genannten Fällen fasst die EZB einen Beschluss, wenn die betreffende nationale Abwicklungsbehörde dem Entzug der Zulassung nicht widerspricht oder die EZB feststellt, dass die nationalen Behörden keine angemessenen, zur Aufrechterhaltung der Finanzmarktstabilität erforderlichen Maßnahmen ergriffen haben.

(ABl L 113 vom 29. 4. 2017, S 64)

Artikel 84
Verfahren im Falle etwaiger Abwicklungsmaßnahmen der nationalen Behörden

(1) Teilt die nationale Abwicklungsbehörde der EZB ihre Bedenken gegen den von der EZB beabsichtigten Entzug einer Zulassung mit, einigen sich die EZB und die nationale Abwicklungsbehörde auf einen Zeitraum, während dessen die EZB von der Durchführung des beabsichtigten Entzugs der Zulassung absieht. Die EZB unterrichtet die NCA umgehend nachdem sie mit der nationalen Abwicklungsbehörde Kontakt aufgenommen hat, um diese Einigung zu erzielen.

(2) Nach Ablauf des vereinbarten Zeitraums prüft die EZB, ob sie den Entzug der Zulassung weiterverfolgen oder den vereinbarten Zeitraum gemäß Artikel 14 Absatz 6 der SSM-Verordnung unter Berücksichtigung des erzielten Fortschritts verlängern will. Die EZB stimmt sich mit der betreffenden NCA und der nationalen Abwicklungsbehörde, wenn dies nicht die NCA ist, ab. Die NCA unterrichtet die EZB über die von diesen Behörden ergriffenen Maßnahmen und über ihre Beurteilung der Auswirkungen eines Entzugs der Zulassung.

(3) Wenn die nationale Abwicklungsbehörde keine Bedenken gegen den Entzug der Zulassung hat oder die EZB feststellt, dass die nationalen Behörden keine angemessenen, zur Aufrechterhaltung der Finanzmarktstabilität erforderlichen Maßnahmen ergriffen haben, findet Artikel 83 Anwendung.

TITEL 3
ZUSAMMENARBEIT IN BEZUG AUF DEN ERWERB QUALIFIZIERTER BETEILIGUNGEN

Artikel 85
Anzeige des Erwerbs einer qualifizierten Beteiligung gegenüber der NCA

(1) Eine NCA, die eine Anzeige über den geplanten Erwerb einer qualifizierten Beteiligung an einem in diesem teilnehmenden Mitgliedstaat niedergelassenen Kreditinstitut erhält, unterrichtet die EZB spätestens fünf Arbeitstage nach der Bestätigung ihres Eingangs gemäß Artikel 22 Absatz 2 der Richtlinie 2013/36/EU über die Anzeige.

(2) Die NCA unterrichtet die EZB, wenn sie den Prüfungszeitraum aufgrund eines Ersuchens um zusätzliche Informationen aussetzen muss. Die NCA übermittelt der EZB solche weiteren Informationen innerhalb von fünf Arbeitstagen nach deren Eingang bei der NCA.

(3) Die NCA teilt der EZB auch das Datum mit, an dem der Beschluss, mit dem der Erwerb einer qualifizierten Beteiligung abgelehnt oder nicht abgelehnt wird, dem Antragsteller nach einschlägigem nationalem Recht mitzuteilen ist..

Artikel 86
Prüfung des geplanten Erwerbs

(1) Die NCA, der ein geplanter Erwerb einer qualifizierten Beteiligung an einem Kreditinstitut angezeigt wird, prüft, ob der geplante Erwerb alle im einschlägigen Unions- und nationalen Recht vorgesehenen Bedingungen erfüllt. Nach dieser Prüfung arbeitet die NCA einen Beschlussentwurf für die EZB aus, mit dem der Erwerb abgelehnt oder nicht abgelehnt wird.

(2) Die NCA übermittelt der EZB den Entwurf des Beschlusses, mit dem der Erwerb abgelehnt oder nicht abgelehnt wird, mindestens 15 Arbeitstage vor Ablauf des nach einschlägigem Unionsrecht festgelegten Prüfungszeitraums.

Artikel 87
Beschluss der EZB über den Erwerb

Die EZB beschließt, ob sie den Erwerb auf Grundlage ihrer Prüfung des geplanten Erwerbs und des Beschlussentwurfs der NCA ablehnt oder nicht ablehnt. Das in Artikel 31 vorgesehene Recht auf rechtliches Gehör findet Anwendung.

TITEL 4
BEKANNTGABE VON BESCHLÜSSEN ZU GEMEINSAMEN VERFAHREN

Artikel 88
Verfahren für die Bekanntgabe von Beschlüssen

(1) Die EZB gibt den Parteien gemäß Artikel 35 die folgenden Beschlüsse unverzüglich bekannt:

a) einen Beschluss der EZB über den Entzug der Zulassung als Kreditinstitut;

b) einen Beschluss der EZB über den Erwerb einer qualifizierten Beteiligung an einem Kreditinstitut.

(2) Die EZB gibt der betreffenden NCA die folgenden Beschlüsse unverzüglich bekannt:

a) einen Beschluss der EZB über einen Antrag auf Zulassung als Kreditinstitut;

b) einen Beschluss der EZB über den Entzug der Zulassung als Kreditinstitut;

c) einen Beschluss der EZB über den Erwerb einer qualifizierten Beteiligung an einem Kreditinstitut.

(3) Die NCA gibt dem Zulassungsantragsteller folgende Beschlüsse bekannt:

a) einen Entwurf eines Zulassungsbeschlusses;

b) einen Beschluss der NCA, den Antrag auf Zulassung abzulehnen, wenn der Antragsteller die im einschlägigen nationalen Recht vorgesehenen Zulassungsbedingungen nicht erfüllt;

c) einen Beschluss der EZB, den in Buchstabe a genannten Entwurf eines Zulassungsbeschlusses abzulehnen, und

d) einen Zulassungsbeschluss der EZB.

(4) Die NCA gibt der betreffenden nationalen Abwicklungsbehörde den Beschluss der EZB über den Entzug der Zulassung als Kreditinstitut bekannt.

(5) Die EZB gibt der Europäischen Bankenaufsichtsbehörde (EBA) jeden Beschluss der EZB über die Erteilung oder den Entzug einer Zulassung als Kreditinstitut und jeden Fall des Erlöschens einer Zulassung bekannt. Dabei gibt die EZB die Gründe für den jeweiligen Beschluss über den Entzug der Zulassung oder für deren Erlöschen an.

TEIL VI
VERFAHREN FÜR DIE BEAUFSICHTIGUNG BEDEUTENDER BEAUFSICHTIGTER UNTERNEHMEN

TITEL 1
BEAUFSICHTIGUNG BEDEUTENDER BEAUFSICHTIGTER UNTERNEHMEN UND UNTERSTÜTZUNG DURCH DIE NCAS

Artikel 89
Beaufsichtigung bedeutender beaufsichtigter Unternehmen

Die EZB übt die direkte Beaufsichtigung bedeutender beaufsichtigter Unternehmen im Einklang mit den in Teil II vorgesehenen Verfahren, insbesondere in Bezug auf die Aufgaben und die Zusammensetzung der gemeinsamen Aufsichtsteams, aus.

Artikel 90
Rolle der NCAs bei der Unterstützung der EZB

(1) Eine NCA unterstützt die EZB bei der Erfüllung ihrer Aufgaben unter den in der SSM-Verordnung und dieser Verordnung festgelegten Bedingungen und übt insbesondere sämtliche nachfolgend genannten Tätigkeiten aus:

a) Übermittlung von Beschlussentwürfen an die EZB gemäß Artikel 91, die in dem teilnehmenden Mitgliedstaat der NCA niedergelassene, bedeutende beaufsichtigte Unternehmen betreffen;

b) Unterstützung der EZB bei der Vorbereitung und Durchführung sämtlicher Rechtsakte im Zusammenhang mit der Wahrnehmung der der EZB durch die SSM-Verordnung übertragenen Aufgaben, einschließlich der Unterstützung bei Überprüfungstätigkeiten und der täglichen Bewertung der Lage eines bedeutenden beaufsichtigten Unternehmens;

c) Unterstützung der EZB bei der Durchsetzung ihrer Beschlüsse, erforderlichenfalls unter Ausübung der in Artikel 9 Absatz 1 dritter Unterabsatz und in Artikel 11 Absatz 2 der SSM-Verordnung genannten Befugnisse.

(2) Bei der Unterstützung der EZB folgen die NCAs den Anweisungen der EZB in Bezug auf bedeutende beaufsichtigte Unternehmen.

Artikel 91
Von den NCAs auszuarbeitende Beschlussentwürfe zur Berücksichtigung durch die EZB

(1) Gemäß Artikel 6 Absatz 3 und Artikel 6 Absatz 7 Buchstabe b der SSM-Verordnung kann die EZB eine NCA um die Ausarbeitung eines Beschlussentwurfs im Hinblick auf die Wahrnehmung der in Artikel 4 der SSM-Verordnung genannten Aufgaben zur Berücksichtigung durch die EZB ersuchen.

In dem Ersuchen ist eine Frist für die Übersendung des Beschlussentwurfs an die EZB anzugeben.

(2) Eine NCA kann der EZB auch von sich aus über das gemeinsame Aufsichtsteam einen Beschlussentwurf in Bezug auf ein bedeutendes beaufsichtigtes Unternehmen zur Berücksichtigung durch die EZB übermitteln.

Artikel 92
Informationsaustausch

Die EZB und die NCAs tauschen unverzüglich Informationen in Bezug auf bedeutende beaufsichtigte Unternehmen aus, wenn ernsthafte Anzeichen bestehen, dass diese bedeutenden beaufsichtigten Unternehmen nicht mehr die Gewähr für die Erfüllung ihrer Verpflichtungen gegenüber ihren Gläubigern, insbesondere für die Sicherheit der ihnen von ihren Einlegern anvertrauten Vermögenswerte, bieten, oder wenn ernsthafte Anzeichen für Umstände bestehen, die zu der Feststellung führen könnten, dass das betroffene Kreditinstitut im Sinne von Artikel 1 Absatz 3 Buchstabe i der Richtlinie 94/19/EG des Europäischen Parlaments und des Rates [1] nicht in der Lage ist, die Einlagen zurückzahlen. Die EZB und die NCAs tun dies vor dem Erlass eines Beschlusses hinsichtlich einer derartigen Feststellung.

TITEL 2
EINHALTUNG DER ANFORDERUNGEN AN DIE FACHLICHE QUALIFIKATION UND DIE PERSÖNLICHE ZUVERLÄSSIGKEIT DER FÜR DIE GESCHÄFTSFÜHRUNG VON KREDITINSTITUTEN VERANTWORTLICHEN PERSONEN

Artikel 93
Beurteilung der Eignung von Mitgliedern der Leitungsorgane bedeutender beaufsichtigter Unternehmen

(1) Um sicherzustellen, dass Institute über solide Regelungen für die Unternehmensführung verfügen, und unbeschadet des einschlägigen Unions- und nationalen Rechts und Teil V dieser Verordnung, teilt ein bedeutendes beaufsichtigtes Unternehmen der betreffenden NCA alle Ände-

FMABG
FMA-IPV
FMA-KVO
FMA-GebV
FMA-FriVerV
NBG + Ven
EBA-VO
ESRB-VO
SSM-VO + Ven

Zu Artikel 92:

[1] *Richtlinie 94/19/EG des Europäischen Parlaments und des Rates vom 30. Mai 1994 über Einlagensicherungssysteme (ABl. L 135 vom 31.5.1994, S. 5).*

rungen der Mitglieder seiner Leitungsorgane in Bezug auf ihre Aufsichts- und Geschäftsleitungsfunktionen (im Folgenden die „Geschäftsleiter") im Sinne von Artikel 3 Absatz 1 Nummer 7 und Artikel 3 Absatz 2 der Richtlinie 2013/36/EU mit, einschließlich der Verlängerung der Amtszeit der Geschäftsleiter. Die betreffende NCA unterrichtet die EZB unverzüglich über eine derartige Änderung unter Angabe der Frist, innerhalb derer gemäß dem einschlägigen nationalen Recht ein Beschluss zu fassen und bekanntzugeben ist.

(2) Zur Beurteilung der Eignung der Geschäftsleiter bedeutender beaufsichtigter Unternehmen verfügt die EZB über die den zuständigen Behörden nach einschlägigem Unions- und nationalem Recht zustehenden Befugnisse.

Artikel 94
Laufende Überprüfung der Eignung der Geschäftsleiter

(1) Ein bedeutendes beaufsichtigtes Unternehmen unterrichtet die betreffende NCA unverzüglich über neue Tatsachen, die die ursprüngliche Beurteilung der Eignung berühren können, oder andere Faktoren, die sich auf die Eignung eines Geschäftsleiters auswirken könnten, sobald diese Tatsachen oder Faktoren dem beaufsichtigten Unternehmen oder dem betreffenden Geschäftsleiter zur Kenntnis gelangen. Die betreffende NCA teilt der EZB diese neuen Tatsachen oder Faktoren unverzüglich mit.

(2) Auf Grundlage der in Absatz 1 genannten neuen Tatsachen oder Faktoren oder wenn ihr neue Tatsachen, die sich auf die ursprüngliche Beurteilung des betreffenden Geschäftsleiters auswirken können, oder andere Faktoren zur Kenntnis gelangen, die sich auf die Eignung eines Geschäftsleiters auswirken könnten, kann die EZB eine neue Beurteilung einleiten. Die EZB beschließt gemäß dem einschlägigen Unions- und nationalen Recht angemessene Maßnahmen und unterrichtet die betreffende NCA unverzüglich über diese Maßnahmen.

TITEL 3
VON BEDEUTENDEN BEAUFSICHTIGTEN UNTERNEHMEN ANZUWENDENDE ANDERE VERFAHREN

Artikel 95
Ersuchen, Anzeigen oder Anträge von bedeutenden beaufsichtigten Unternehmen

(1) Unbeschadet der besonderen Verfahren, die insbesondere in Teil V dieser Verordnung vorgesehen sind, und des ordentlichen Zusammenwirkens mit ihrer NCA richten bedeutende beaufsichtigte Unternehmen ihre Ersuchen, Anzeigen oder Anträge hinsichtlich der Wahrnehmung der der EZB übertragenen Aufgaben allesamt an die EZB.

(2) Die EZB stellt diese Ersuchen, Anzeigen oder Anträge der betreffenden NCA zur Verfügung, und sie kann die NCA gemäß Artikel 91 um die Ausarbeitung eines Beschlussentwurfs ersuchen.

(3) Im Falle wesentlicher Änderungen gegenüber der auf das ursprüngliche Ersuchen, die ursprüngliche Anzeige oder den ursprünglichen Antrag erteilten Zulassung richtet das bedeutende beaufsichtigte Unternehmen ein neues Ersuchen, eine neue Anzeige oder einen neuen Antrag im Einklang mit dem in Absatz 1 genannten Verfahren an die EZB.

TEIL VII
VERFAHREN FÜR DIE BEAUFSICHTIGUNG WENIGER BEDEUTENDER BEAUFSICHTIGTER UNTERNEHMEN

TITEL 1
DER EZB VON DEN NCAS ZU ERSTATTENDE ANZEIGE ÜBER WESENTLICHE NCA-AUFSICHTSVERFAHREN UND WESENTLICHE AUFSICHTSBESCHLUSSENTWÜRFE DER NCAS

Artikel 96
Verschlechterung der Finanzlage eines weniger bedeutenden beaufsichtigten Unternehmens

Die NCAs unterrichten die EZB, wenn sich die Situation eines weniger bedeutenden beaufsichtigten Unternehmens rasch und erheblich verschlechtert, insbesondere, wenn diese Verschlechterung einen Antrag auf direkte oder indirekte finanzielle Unterstützung durch den ESM nach sich ziehen könnte, unbeschadet der Anwendung von Artikel 62.

Artikel 97
Der EZB von den NCAs zu erstattende Anzeige über wesentliche NCA-Aufsichtsverfahren

(1) Um die EZB zu befähigen, ihre Aufsicht über das Funktionieren des Systems gemäß Artikel 6 Absatz 5 Buchstabe c der SSM-Verordnung auszuüben, übermitteln die NCAs der EZB die Informationen über wesentliche NCA-Aufsichtsverfahren im Zusammenhang mit weniger bedeutenden beaufsichtigten Unternehmen. Die EZB legt – insbesondere unter Berücksichtigung der Risikolage und der möglichen Auswirkungen auf das nationale Finanzsystem des betroffenen weniger bedeutenden beaufsichtigten Unternehmens

– allgemeine Kriterien fest, um zu bestimmen, welche Informationen für welches weniger bedeutende beaufsichtigte Unternehmen anzuzeigen sind. Die Informationen werden von den NCAs im Voraus oder in hinreichend begründeten, dringlichen Fällen gleichzeitig mit der Eröffnung eines Verfahrens zur Verfügung gestellt.

(2) Die in Absatz 1 genannten wesentlichen NCA-Aufsichtsverfahren umfassen:

a) die Abberufung von Mitgliedern der Leitungsorgane der weniger bedeutenden beaufsichtigten Unternehmen und die Bestellung eines Sonderverwalters zur Übernahme der Geschäftsleitung der weniger bedeutenden beaufsichtigten Unternehmen und

b) die Verfahren, die bedeutenden Einfluss auf das weniger bedeutende beaufsichtigte Unternehmen haben.

(3) Zusätzlich zu den von der EZB gemäß diesem Artikel festgelegten Informationsanforderungen kann sie die NCAs jederzeit um Informationen über die von ihnen in Bezug auf weniger bedeutende beaufsichtigte Unternehmen wahrgenommenen Aufgaben ersuchen.

(4) Zusätzlich zu den von der EZB gemäß diesem Artikel festgelegten Informationsanforderungen zeigen die NCAs der EZB von sich aus alle anderen NCA-Aufsichtsverfahren an, die:

a) ihrer Auffassung nach wesentlich sind oder

b) die Reputation des einheitlichen Aufsichtsmechanismus beeinträchtigen könnten.

(5) Sollte die EZB eine NCA ersuchen, besondere Aspekte eines wesentlichen NCA-Aufsichtsverfahrens weiter zu bewerten, ist in diesem Ersuchen anzugeben, welche Aspekte gemeint sind. Die EZB und die NCA stellen jeweils sicher, dass die andere Partei ausreichend Zeit hat, damit das Verfahren und der einheitliche Aufsichtsmechanismus als Ganzes effizient funktionieren.

Artikel 98
Der EZB von den NCAs zu erstattende Anzeigeüber wesentliche Aufsichtsbeschlussentwürfe

(1) Um die EZB zu befähigen, die Aufsicht über das Funktionieren des Systems im Sinne von Artikel 6 Absatz 5 Buchstabe c der SSM-Verordnung auszuüben, senden die NCAs der EZB Aufsichtsbeschlussentwürfe, die die in den Absätzen 2 und 3 genannten Kriterien erfüllen, sofern diese Beschlussentwürfe weniger bedeutende beaufsichtigte Unternehmen betreffen, bezüglich derer die EZB auf Grundlage der allgemeinen, von der EZB festgelegten Kriterien hinsichtlich deren Risikolage und der potenziellen Auswirkungen auf das nationale Finanzsystem der Auffassung ist, dass ihr Informationen zu übermitteln sind.

(2) Vorbehaltlich des Absatzes 1 werden der EZB Aufsichtsbeschlussentwürfe übermittelt, bevor sie an die weniger bedeutenden beaufsichtigten Unternehmen gerichtet werden, wenn:

a) diese Beschlüsse die Abberufung von Mitgliedern des Leitungsorgans der weniger bedeutenden beaufsichtigten Unternehmen und die Bestellung besonderer Geschäftsleiter betreffen oder

b) diese Beschlüsse wesentliche Auswirkungen auf das weniger bedeutende beaufsichtigte Unternehmen haben.

(3) Zusätzlich zu den in den Absätzen 1 und 2 vorgesehenen Informationsanforderungen übermitteln die NCAs der EZB alle anderen Aufsichtsbeschlussentwürfe:

a) zu denen um eine Stellungnahme der EZB ersucht wird oder

b) die die Reputation des einheitlichen Aufsichtsmechanismus beeinträchtigen könnten.

(4) Die NCAs übermitteln der EZB Beschlussentwürfe, die die in den Absätzen 1, 2 und 3 vorgesehenen Kriterien erfüllen und daher als wesentliche Aufsichtsbeschlussentwürfe anzusehen sind, mindestens zehn Tage vor dem Tag, an dem der Beschluss erlassen werden soll. Die EZB gibt ihre Stellungnahme zu dem Beschlussentwurf innerhalb einer angemessenen Frist vor dem geplanten Erlass des Beschlusses ab. In dringenden Fällen legt die betreffende NCA eine angemessene Frist zur Übermittlung eines Beschlussentwurfs fest, der die in den Absätzen 1, 2 und 3 vorgesehenen Kriterien erfüllt.

TITEL 2
DER EZB NACHTRÄGLICH VON DEN NCAS ERSTATTETE BERICHTE IN BEZUG AUF WENIGER BEDEUTENDE BEAUFSICHTIGTE UNTERNEHMEN

Artikel 99
Allgemeine Berichtspflicht der NCAs gegenüber der EZB

(1) Um die EZB zu befähigen, die Aufsicht über das Funktionieren des Systems im Sinne von Artikel 6 Absatz 5 Buchstabe c der SSM-Verordnung auszuüben, und vorbehaltlich des Kapitels 1 kann die EZB die NCAs ersuchen, ihr regelmäßig über die von ihnen ergriffenen Maßnahmen und die Wahrnehmung der Aufgaben Bericht zu erstatten, die sie gemäß Artikel 6 Absatz 6 der SSM-Verordnung wahrnehmen müssen. Die EZB unterrichtet die NCAs jährlich über die Kategorien weniger bedeutender beaufsichtigter Unternehmen und die Art der geforderten Informationen.

(2) Durch die gemäß Absatz 1 festgelegten Anforderungen wird das Recht der EZB, die in den Artikeln 10 bis 13 der SSM-Verordnung genannten Befugnisse in Bezug auf weniger bedeu-

tende beaufsichtigte Unternehmen auszuüben, nicht berührt.

Artikel 100
Häufigkeit und Umfang der von den NCAs an die EZB zu übermittelnden Berichte

Die NCAs übermitteln der EZB im Einklang mit den Anforderungen der EZB jährliche Berichte über weniger bedeutende beaufsichtigte Unternehmen, weniger bedeutende beaufsichtigte Gruppen oder Kategorien von weniger bedeutenden beaufsichtigten Unternehmen.

TEIL VIII
ZUSAMMENARBEIT ZWISCHEN DER EZB, DEN NCAs UND NDAs IM HINBLICK AUF MAKROPRUDENZIELLE AUFGABEN UND INSTRUMENTE

TITEL 1
DEFINITION DER MAKROPRUDENZIELLEN INSTRUMENTE

Artikel 101
Allgemeine Bestimmungen

(1) Im Sinne dieses Teils bezeichnet der Ausdruck makroprudenzielle Instrumente:

a) die Kapitalpuffer im Sinne der Artikel 130 bis 142 der Richtlinie 2013/36/EU;

b) die Maßnahmen für im Inland zugelassene Kreditinstitute oder eine Untergruppe dieser Kreditinstitute gemäß Artikel 458 der Verordnung (EU) Nr. 575/2013;

c) alle anderen, von den NDAs oder NCAs zu ergreifenden Maßnahmen, die auf die Abwendung von Systemrisiken oder makroprudenziellen Risiken abzielen und die in der in der Verordnung (EU) Nr. 575/2013 und der Richtlinie 2013/36/EU vorgesehen sind, vorbehaltlich der in diesen Rechtsvorschriften festgelegten Verfahren in den im einschlägigen Unionsrecht ausdrücklich bestimmten Fällen.

(2) Unbeschadet des Artikels 22 der SSM-Verordnung in Bezug auf an einzelne beaufsichtigte Unternehmen gerichtete Beschlüsse stellen die in den Artikel 5 Absätze 1 und 2 der SSM-Verordnung genannten makroprudenziellen Verfahren keine EZB- oder NCA-Aufsichtsverfahren im Sinne dieser Verordnung dar.

Artikel 102
Anwendung makroprudenzieller Instrumente durch die EZB

Die EZB wendet die in Artikel 101 genannten makroprudenziellen Instrumente im Einklang mit dieser Verordnung und gemäß Artikel 5 Absatz 2 und Artikel 9 Absatz 2 der SSM-Verordnung sowie in Fällen an, in denen die makroprudenziellen Instrumente in einer Richtlinie vorgesehen sind, vorbehaltlich der Umsetzung dieser Richtlinie in nationales Recht. Legt eine NDA keine Quote für den Kapitalpuffer fest, hält dies die EZB nicht davon ab, eine Anforderung für Kapitalpuffer im Einklang mit dieser Verordnung und Artikel 5 Absatz 2 der SSM-Verordnung festzulegen.

TITEL 2
VERFAHRENSVORSCHRIFTEN FÜR DIE ANWENDUNG MAKROPRUDENZIELLER INSTRUMENTE

Artikel 103
Liste der für die makroprudenziellen Instrumente zuständigen NCAs und NDAs

Die EZB holt von den NCAs und NDAs der teilnehmenden Mitgliedstaaten Informationen zu den Behörden, die für die jeweiligen in Artikel 101 genannten makroprudenziellen Instrumente benannt sind, und zu den makroprudenziellen Instrumenten ein, die diese Behörden anwenden dürfen.

Artikel 104
Informationsaustausch und Zusammenarbeit in Bezug auf die Anwendung makroprudenzieller Instrumente durch eine NCA oder NDA

(1) Beabsichtigt die betreffende NCA oder NDA, diese Instrumente anzuwenden, teilt sie dies der EZB gemäß Artikel 5 Absatz 1 der SSM-Verordnung zehn Arbeitstage, bevor sie eine solche Entscheidung fasst, mit. Unbeschadet dessen informiert eine NCA oder NDA die EZB, wenn sie ein makroprudenzielles Instrument anzuwenden beabsichtigt, baldmöglichst über das von ihr ermittelte makroprudenzielle Risiko oder Systemrisiko für das Finanzsystem und erteilt soweit möglich nähere Angaben zu dem beabsichtigten Instrument. Diese Informationen umfassen soweit wie möglich Einzelheiten der beabsichtigten Maßnahme, einschließlich des geplanten Anwendungstags.

(2) Die Absichtsanzeige wird der EZB von der NCA oder NDA erstattet.

(3) Erhebt die EZB Einwände gegen die von einer NCA oder NDA beabsichtigten Maßnahme, so begründet sie diese innerhalb von fünf Arbeitstagen nach Erhalt der Absichtsanzeige. Diese Einwände sind schriftlich zu erheben und zu begründen. Die betreffende NCA oder NDA trägt der Begründung der EZB gebührend Rechnung, bevor sie die Beschlussfassung gegebenenfalls fortsetzt.

Artikel 105
Informationsaustausch und Zusammenarbeit in Bezug auf die Anwendung makroprudenzieller Instrumente durch die EZB

(1) Gemäß Artikel 5 Absatz 2 der SSM-Verordnung arbeitet die EZB, wenn sie von sich aus oder auf Vorschlag einer NCA oder NDA strengere Anforderungen für Kapitalpuffer oder strengere Maßnahmen zur Abwendung von Systemrisiken oder makroprudenziellen Risiken festzulegen beabsichtigt, eng mit den NDAs in den betroffenen Mitgliedstaaten zusammen und teilt der NDA oder NCA zehn Arbeitstage, bevor sie einen solchen Beschluss fasst, diese Absicht mit. Unbeschadet dessen unterrichtet die EZB, wenn sie vorbehaltlich der in der Verordnung (EU) Nr. 575/2013 und der Richtlinie 2013/36/EU festgelegten Verfahren in den im einschlägigen Unionsrecht ausdrücklich bestimmten Fällen beabsichtigt, strengere Anforderungen für Kapitalpuffer oder strengere Maßnahmen zur Abwendung von Systemrisiken oder makroprudenziellen Risiken auf Ebene der Kreditinstitute festzulegen, die betreffende NCA oder NDA baldmöglichst über das von ihr ermittelte makroprudenzielle Risiko oder Systemrisiko für das Finanzsystem und erteilt wenn möglich nähere Angaben zu dem beabsichtigten Instrument. Diese Informationen umfassen soweit wie möglich Einzelheiten der beabsichtigten Maßnahme, einschließlich des geplanten Anwendungstags.

(2) Erheben die betroffenen NCAs oder NDAs Einwände gegen die beabsichtigte Maßnahme der EZB, so begründen sie diese innerhalb von fünf Arbeitstagen ab dem Erhalt der Absichtsanzeige. Diese Einwände sind schriftlich zu erheben und zu begründen. Die EZB trägt dieser Begründung gebührend Rechnung, bevor sie die Beschlussfassung gegebenenfalls fortsetzt.

TEIL IX
VERFAHREN FÜR DIE ENGE ZUSAMMENARBEIT

TITEL 1
ALLGEMEINE GRUNDSÄTZE UND GEMEINSAME BESTIMMUNGEN

Artikel 106
Verfahren für die Aufnahme einer engen Zusammenarbeit

Die EZB beurteilt Ersuchen von nicht dem Euro-Währungsgebiet angehörenden Mitgliedstaaten um Aufnahme einer engen Zusammenarbeit im Einklang mit den im Beschluss EZB/2014/5[1] festgelegten Verfahren.

Artikel 107
Nach Aufnahme der engen Zusammenarbeit anzuwendende Grundsätze

(1) Ab dem Tag, an dem ein Beschluss der EZB gemäß Artikel 7 Absatz 2 der SSM-Verordnung zur Aufnahme einer engen Zusammenarbeit zwischen der EZB und einer NCA eines nicht dem Euro-Währungsgebiet angehörenden Mitgliedstaats Anwendung findet und bis zur Beendigung oder Aussetzung dieser engen Zusammenarbeit nimmt die EZB die in Artikel 4 Absätze 1 und 2 sowie Artikel 5 der SSM-Verordnung genannten Aufgaben in Bezug auf beaufsichtigte Unternehmen und Gruppen, die in dem betreffenden teilnehmenden Mtgliedstaat in enger Zusammenarbeit niedergelassen sind, gemäß Artikel 6 der SSM-Verordnung wahr.

(2) Wird gemäß Artikel 7 Absatz 2 der SSM-Verordnung eine enge Zusammenarbeit aufgenommen, sind die EZB und die NCA in enger Zusammenarbeit in Bezug auf bedeutende beaufsichtigte Unternehmen und Gruppen und weniger bedeutende beaufsichtigte Unternehmen und Gruppen, die in dem teilnehmenden Mtgliedstaat in enger Zusammenarbeit niedergelassen sind, in einer Position, die mit der in Bezug auf bedeutende beaufsichtigte Unternehmen und Gruppen sowie weniger bedeutende beaufsichtigte Unternehmen und Gruppen vergleichbar ist, die in einem Mitgliedstaat des Euro-Währungsgebiets niedergelassen sind, wobei zu berücksichtigen ist, dass die EZB keine unmittelbar wirksamen Befugnisse in Bezug auf bedeutende beaufsichtigte Unternehmen und Gruppen sowie weniger bedeutende beaufsichtigte Unternehmen und Gruppen hat, die in dem teilnehmenden Mitgliedstaat in enger Zusammenarbeit niedergelassen sind.

(3) Gemäß Artikel 6 der SSM-Verordnung kann die EZB einer NCA in enger Zusammenarbeit in Bezug auf bedeutende beaufsichtigte Unternehmen und Gruppen Anweisungen und in Bezug auf weniger bedeutende beaufsichtigte Unternehmen und Gruppen nur allgemeine Anweisungen erteilen.

(4) Die enge Zusammenarbeit endet an dem Tag, an dem die Ausnahmeregelung nach Artikel 139 AEUV in Bezug auf einen teilnehmenden Mitgliedstaat in enger Zusammenarbeit gemäß Artikel 140 Absatz 2 AEUV aufgehoben wird

FMABG
FMA-IPV
FMA-KVO
FMA-GebV
FMA-FriVerV
NBG + Ven
EBA-VO
ESRB-VO
SSM-VO + Ven

Zu Artikel 106:

[1] Beschluss EZB/2014/5 vom 31. Januar 2014 über die enge Zusammenarbeit mit den nationalen zuständigen Behörden von teilnehmenden Mitgliedstaaten, deren Währung nicht der Euro ist (noch nicht im Amtsblatt veröffentlicht).

und die in diesem Teil vorgesehenen Bestimmungen keine Anwendung mehr finden.

Artikel 108
Mit der Beaufsichtigung im Rahmen der engen Zusammenarbeit verbundene Rechtsinstrumente

(1) In Bezug auf die in Artikel 4 Absätze 1 und 2 sowie Artikel 5 der SSM-Verordnung genannten Aufgaben kann die EZB Anweisungen erteilen, Ersuchen einreichen oder Leitlinien herausgeben.

(2) Ist die EZB der Auffassung, dass eine NCA in enger Zusammenarbeit in Bezug auf ein beaufsichtigtes Unternehmen oder eine beaufsichtigte Gruppe im Zusammenhang mit den in Artikel 4 Absätze 1 und 2 der SSM-Verordnung genannten Aufgaben eine Maßnahme ergreifen sollte, richtet sie an diese NCA:

a) in Bezug auf ein bedeutendes beaufsichtigtes Unternehmen oder eine bedeutende beaufsichtigte Gruppe eine allgemeine oder spezifische Anweisung, ein Ersuchen oder eine Leitlinie, die bzw. das den Erlass eines Aufsichtsbeschlusses in Bezug auf dieses bedeutende beaufsichtigte Unternehmen oder diese bedeutende beaufsichtigte Gruppe in dem teilnehmenden Mitgliedstaat in enger Zusammenarbeit vorschreibt, oder

b) in Bezug auf ein weniger bedeutendes beaufsichtigtes Unternehmen oder eine weniger bedeutende beaufsichtigte Gruppe eine allgemeine Anweisung oder Leitlinie.

(3) Ist die EZB der Auffassung, dass die NCA oder NDA in enger Zusammenarbeit im Zusammenhang mit den in Artikel 5 der SSM-Verordnung genannten Aufgaben eine Maßnahme ergreifen sollte, kann sie an diese NCA oder NDA eine allgemeine oder spezielle Anweisung richten, ein Ersuchen oder eine Leitlinie, die bzw. das die Festlegung strengerer Anforderungen für die Kapitalpuffer oder strengerer Maßnahmen zur Abwendung von Systemrisiken oder makroprudenziellen Risiken vorschreibt.

(4) In der Anweisung, dem Ersuchen oder der Leitlinie legt die EZB die für die Durchführung der Maßnahme durch die NCA in enger Zusammenarbeit geltende Frist fest, die mindestens 48 Stunden betragen sollte, sofern nicht eine frühzeitige Durchführung zur Abwendung eines nicht wieder gutzumachenden Schadens erforderlich ist. Bei der Festlegung der Frist trägt die EZB den verwaltungs- und verfahrensrechtlichen Bestimmungen Rechnung, die die betreffende NCA in enger Zusammenarbeit einhalten muss.

(5) Eine NCA in enger Zusammenarbeit ergreift alle erforderlichen Maßnahmen, um die Anweisungen, Ersuchen oder Leitlinien der EZB einzuhalten, und unterrichtet die EZB unverzüglich über die von ihr ergriffenen Maßnahmen.

TITEL 2
ENGE ZUSAMMENARBEIT IN BEZUG AUF DIE TEILE III, IV, V, VIII, X UND XI

Artikel 109
Sprachenregelung im Rahmen der engen Zusammenarbeit

Die in Artikel 23 genannten Regelungen finden in Bezug auf NCAs in enger Zusammenarbeit entsprechende Anwendung.

Artikel 110
Bestimmung der Bedeutung von Kreditinstituten im Rahmen der engen Zusammenarbeit

(1) Die in Teil IV vorgesehenen Bestimmungen zur Feststellung des Status beaufsichtigter Unternehmen oder beaufsichtigter Gruppen als bedeutend oder weniger bedeutend finden in Bezug auf beaufsichtigte Unternehmen und beaufsichtigte Gruppen in teilnehmenden Mitgliedstaaten in enger Zusammenarbeit gemäß den Bestimmungen dieses Artikels entsprechende Anwendung.

(2) Eine NCA in enger Zusammenarbeit stellt sicher, dass die in Teil IV festgelegten Verfahren in Bezug auf in ihrem Mitgliedstaat niedergelassene beaufsichtigte Unternehmen oder beaufsichtigte Gruppen angewandt werden können.

(3) In den Fällen, in denen Teil IV vorsieht, dass die EZB einen Beschluss an ein beaufsichtigtes Unternehmen oder eine beaufsichtigte Gruppe richtet, erteilt die EZB, statt einen Beschluss an das beaufsichtigte Unternehmen oder die beaufsichtigte Gruppe zu richten, Anweisungen an die NCA in enger Zusammenarbeit, und diese NCA fasst im Einklang mit diesen Anweisungen einen Beschluss, der an das betreffende beaufsichtigte Unternehmen oder die betreffende beaufsichtigte Gruppe gerichtet ist.

Artikel 111
Gemeinsame Verfahren im Rahmen der engen Zusammenarbeit

(1) Die in Teil V vorgesehenen Bestimmungen zu gemeinsamen Verfahren finden in Bezug auf beaufsichtigte Unternehmen und beaufsichtigte Gruppen in den teilnehmenden Mitgliedstaaten in enger Zusammenarbeit vorbehaltlich der Bestimmungen dieses Artikels entsprechende Anwendung.

(2) Eine NCA in enger Zusammenarbeit stellt sicher, dass die in Teil V festgelegten Verfahren in Bezug auf in ihrem Mitgliedstaat niedergelassene beaufsichtigte Unternehmen angewandt werden können. Insbesondere stellt die NCA in enger Zusammenarbeit sicher, dass die EZB alle Informationen erhält, die sie zur Wahrnehmung

der ihr durch die SSM-Verordnung übertragenen Aufgaben benötigt.

(3) In den Fällen, in denen Teil V vorsieht, dass die EZB einen Beschluss an ein beaufsichtigtes Unternehmen oder eine beaufsichtigte Gruppe richtet, erteilt die EZB, statt einen Beschluss an das beaufsichtigte Unternehmen oder die beaufsichtigte Gruppe zu richten, Anweisungen an die NCA in enger Zusammenarbeit, und diese NCA fasst im Einklang mit diesen Anweisungen einen Beschluss, der an das betreffende beaufsichtigte Unternehmen oder die betreffende beaufsichtigte Gruppe gerichtet ist.

(4) In den Fällen, in denen Teil V vorsieht, dass die betreffende NCA einen Beschlussentwurf ausarbeitet, übermittelt die NCA in enger Zusammenarbeit der EZB einen Beschlussentwurf und ersucht die EZB um Anweisungen.

Artikel 112
Makroprudenzielle Instrumente im Rahmen der engen Zusammenarbeit

Die in Teil VIII vorgesehenen Bestimmungen zur Zusammenarbeit zwischen der EZB, den NCAs und NDAs im Hinblick auf makroprudenzielle Aufgaben und Instrumente finden in Bezug auf beaufsichtigte Unternehmen und beaufsichtigte Gruppen in teilnehmenden Mitgliedstaaten in enger Zusammenarbeit entsprechende Anwendung.

Artikel 113
Verwaltungssanktionen im Rahmen der engen Zusammenarbeit

(1) Die in Teil X vorgesehenen Bestimmungen zu Verwaltungssanktionen finden in Bezug auf beaufsichtigte Unternehmen und beaufsichtigte Gruppen in teilnehmenden Mitgliedstaaten in enger Zusammenarbeit entsprechende Anwendung.

(2) In den Fällen, in denen Artikel 18 der SSM-Verordnung in Verbindung mit Teil X dieser Verordnung vorsieht, dass die EZB einen Beschluss an ein beaufsichtigtes Unternehmen oder eine beaufsichtigte Gruppe richtet, erteilt die EZB, statt einen Beschluss an das beaufsichtigte Unternehmen oder die beaufsichtigte Gruppe zu richten, Anweisungen an die NCA in enger Zusammenarbeit, und diese NCA fasst im Einklang mit diesen Anweisungen einen Beschluss, der an das betreffende beaufsichtigte Unternehmen oder die betreffende beaufsichtigte Gruppe gerichtet ist.

(3) In den Fällen, in denen Artikel 18 der SSM-Verordnung oder Teil X dieser Verordnung vorsieht, dass die betreffende NCA einen Beschluss an ein bedeutendes beaufsichtigtes Unternehmen oder eine bedeutende beaufsichtigte Gruppe richtet, leitet eine NCA in enger Zusammenarbeit ein Verfahren im Hinblick auf die Ergreifung von Maßnahmen ein, um sicherzustellen, dass entsprechende Verwaltungssanktionen nur auf Anweisung der EZB auferlegt werden. Die NCA in enger Zusammenarbeit unterrichtet die EZB, wenn ein Beschluss gefasst wurde.

Artikel 114
Untersuchungsbefugnisse gemäß den Artikeln 10 bis 13 der SSM-Verordnung im Rahmen der engen Zusammenarbeit

(1) Die in Teil XI vorgesehenen Bestimmungen zur Zusammenarbeit in Bezug auf die Artikel 10 bis 13 der SSM-Verordnung finden in Bezug auf beaufsichtigte Unternehmen und beaufsichtigte Gruppen in teilnehmenden Mitgliedstaaten in enger Zusammenarbeit entsprechende Anwendung.

(2) Eine NCA in enger Zusammenarbeit übt die ihr gemäß den Artikeln 10 bis 13 der SSM-Verordnung zustehenden Untersuchungsbefugnisse im Einklang mit den Anweisungen der EZB aus.

(3) Eine NCA in enger Zusammenarbeit unterrichtet die EZB über ihre Erkenntnisse aus der Ausübung ihrer Untersuchungsbefugnisse gemäß den Artikeln 10 bis 13 der SSM-Verordnung.

(4) Eine NCA in enger Zusammenarbeit stellt sicher, dass bestimmte Mitarbeiter der EZB als Beobachter an allen Untersuchungen gemäß den Artikeln 10 bis 13 der SSM-Verordnung teilnehmen können.

TITEL 3
ENGE ZUSAMMENARBEIT IN BEZUG AUF BEDEUTENDE BEAUFSICHTIGTE UNTERNEHMEN

Artikel 115
Beaufsichtigung bedeutender beaufsichtigter Unternehmen in einem teilnehmenden Mitgliedstaat in enger Zusammenarbeit

(1) Im Einklang mit den Bestimmungen dieses Artikels finden die Teile II und VI entsprechende Anwendung auf bedeutende beaufsichtigte Unternehmen und bedeutende beaufsichtigte Gruppen, die in einem teilnehmenden Mitgliedstaat in enger Zusammenarbeit niedergelassen sind.

(2) Eine NCA in enger Zusammenarbeit stellt sicher, dass die EZB alle von der NCA in enger Zusammenarbeit selbst erhaltenen Informationen und Meldungen von und in Bezug auf bedeutende beaufsichtigte Unternehmen und bedeutende beaufsichtigte Gruppen erhält, die die EZB zur Wahrnehmung der ihr durch die SSM-Verordnung übertragenen Aufgaben benötigt.

(3) Für die Beaufsichtigung jedes einzelnen bedeutenden beaufsichtigten Unternehmens oder jeder einzelnen bedeutenden beaufsichtigten Gruppe mit Sitz in einem teilnehmenden Mitgliedstaat in enger Zusammenarbeit wird ein gemeinsames Aufsichtsteam eingerichtet. Die Mitglieder des gemeinsamen Aufsichtsteams werden gemäß Artikel 4 ernannt. Die NDA in enger Zusammenarbeit ernennt einen NCA-Unterkoordinator, der in Bezug auf das bedeutende beaufsichtigte Unternehmen oder die bedeutende beaufsichtigte Gruppe im Einklang mit den Anweisungen des JST-Koordinators unmittelbar handelt.

(4) Eine NCA in enger Zusammenarbeit stellt sicher, dass bestimmte Mitarbeiter der EZB zur Teilnahme an Vor-Ort-Prüfungen eingeladen werden, die in Bezug auf ein bedeutendes beaufsichtigtes Unternehmen oder eine bedeutende beaufsichtigte Gruppe durchgeführt werden. Die EZB kann die Anzahl der als Beobachter teilnehmenden Mitarbeiter der EZB festlegen.

(5) Im Zusammenhang mit der konsolidierten Beaufsichtigung und Aufsichtskollegien in Fällen, in denen ein Mutterunternehmen in einem Mitgliedstaat des Euro-Währungsgebiets oder in einem nicht dem Euro-Währungsgebiet angehörenden teilnehmenden Mitgliedstaat niedergelassen ist, ist die EZB als zuständige Behörde die konsolidierende Aufsichtsbehörde und führt den Vorsitz über das Aufsichtskollegium. Die EZB ersucht die betreffende NCA in enger Zusammenarbeit, einen Mitarbeiter der NCA als Beobachter zu ernennen. Die EZB kann durch die Erteilung von Anweisungen an die betreffende NCA in enger Zusammenarbeit handeln.

Artikel 116
Beschlüsse in Bezug auf bedeutende beaufsichtigte Unternehmen und bedeutende beaufsichtigte Gruppen

(1) Unbeschadet der Befugnisse der NCAs in Bezug auf die der EZB gemäß der SSM-Verordnung übertragenen Aufgaben fasst eine NCA in enger Zusammenarbeit nur auf Anweisung der EZB Beschlüsse in Bezug auf bedeutende beaufsichtigte Unternehmen und bedeutende beaufsichtigte Gruppen in ihrem Mitgliedstaat. Die NCA in enger Zusammenarbeit kann auch Anweisungen der EZB anfordern.

(2) Eine NCA in enger Zusammenarbeit stellt der EZB einen Beschluss in Bezug auf ein bedeutendes beaufsichtigtes Unternehmen oder eine bedeutende beaufsichtigte Gruppe umgehend zur Verfügung.

(3) Eine NCA in enger Zusammenarbeit unterrichtet die EZB sowohl: a) über Beschlüsse, die sie aufgrund ihrer Befugnisse in Bezug auf Aufgaben erlässt, die der EZB gemäß der SSM-Verordnung nicht übertragen wurden, als auch b) über Beschlüsse, die sie gemäß den Anweisungen der EZB oder den Bestimmungen dieses Teils erlässt.

TITEL 4
ENGE ZUSAMMENARBEIT IN BEZUG AUF WENIGER BEDEUTENDE BEAUFSICHTIGTE UNTERNEHMEN UND WENIGER BEDEUTENDE BEAUFSICHTIGTE GRUPPEN

Artikel 117
Beaufsichtigung weniger bedeutender beaufsichtigter Unternehmen und weniger bedeutender beaufsichtigter Gruppen

(1) Gemäß den folgenden Bestimmungen findet Teil VII entsprechende Anwendung auf weniger bedeutende beaufsichtigte Unternehmen und weniger bedeutende beaufsichtigte Gruppen in teilnehmenden Mitgliedstaaten in enger Zusammenarbeit.

(2) Zur Sicherstellung der Kohärenz der Aufsichtsergebnisse innerhalb des einheitlichen Aufsichtsmechanismus kann die EZB allgemeine Anweisungen und Leitlinien erlassen und Ersuchen an eine NCA in enger Zusammenarbeit richten, die die NCA verpflichten, Aufsichtsbeschlüsse in Bezug auf weniger bedeutende beaufsichtigte Unternehmen oder weniger bedeutende beaufsichtigte Gruppen, die in dem teilnehmenden Mitgliedstaat in enger Zusammenarbeit niedergelassen sind, zu fassen. Diese allgemeinen Anweisungen, Leitlinien oder Ersuchen können sich auf Gruppen oder Kategorien von Kreditinstituten beziehen.

(3) Gemäß Artikel 6 Absatz 7 Buchstabe c Ziffer ii der SSM-Verordnung kann die EZB eine NCA in enger Zusammenarbeit auch ersuchen, Aspekte eines wesentlichen NCA-Verfahrens weiter zu bewerten.

TITEL 5
VERFAHREN IM FALLE EINER ABLEHNUNG EINES BESCHLUSSENTWURFS DURCH EINEN TEILNEHMENDEN MITGLIEDSTAAT IN ENGER ZUSAMMENARBEIT

Artikel 118
Verfahren im Falle einer Ablehnung eines Beschlussentwurfs des Aufsichtsgremiums gemäß Artikel 7 Absatz 8 der SSM-Verordnung

(1) Vorbehaltlich der nach Unionsrecht geltenden Vertraulichkeitsvorschriften unterrichtet die EZB die NCA in enger Zusammenarbeit über den vollständigen Beschlussentwurf des Aufsichtsgre-

miums in Bezug auf ein beaufsichtigtes Unternehmen oder eine beaufsichtigte Gruppe, die bzw. das in einem teilnehmenden Mitgliedstaat in enger Zusammenarbeit ansässig ist.

(2) Lehnt die NCA in enger Zusammenarbeit den vollständigen Beschlussentwurf des Aufsichtsgremiums ab, teilt sie dem EZB-Rat innerhalb von fünf Arbeitstagen nach dem Erhalt des vollständigen Beschlussentwurfs schriftlich die Gründe für ihre Ablehnung mit.

(3) Der EZB-Rat beschließt innerhalb von fünf Arbeitstagen ab dem Erhalt dieser Mitteilung in der Sache unter umfassender Berücksichtigung der angegebenen Gründe für die Ablehnung und erläutert der NCA in enger Zusammenarbeit die Gründe für seinen Beschluss schriftlich.

(4) Ein teilnehmender Mitgliedstaat in enger Zusammenarbeit kann die EZB ersuchen, die enge Zusammenarbeit unmittelbar zu beenden und ist durch den anschließenden Beschluss des EZB-Rates nicht gebunden.

Artikel 119
Verfahren im Falle einer Ablehnung eines Widerspruchs des EZB-Rates gegen einen Beschlussentwurf des Aufsichtsgremiums gemäß Artikel 7 Absatz 7 der SSM-Verordnung

(1) Die EZB unterrichtet eine NCA in enger Zusammenarbeit über einen Widerspruch des EZB-Rates gegen einen vollständigen Beschlussentwurf des Aufsichtsgremiums.

(2) Lehnt die NCA in enger Zusammenarbeit den Widerspruch des EZB-Rates gegen den vollständigen Beschlussentwurf des Aufsichtsgremiums ab, teilt sie der EZB innerhalb von fünf Arbeitstagen nach dem Erhalt des Widerspruchs des EZB-Rates schriftlich die Gründe für ihre Ablehnung mit.

(3) Der EZB-Rat gibt zu der begründeten Ablehnung der NCA in enger Zusammenarbeit innerhalb von 30 Tagen ab dem Erhalt der begründeten Ablehnung eine schriftliche Stellungnahme ab und bestätigt oder widerruft unter Angabe der Gründe für diese Entscheidung seinen Widerspruch. Die EZB unterrichtet die NCA in enger Zusammenarbeit davon.

(4) Bestätigt der EZB-Rat seinen Widerspruch, kann die NCA in enger Zusammenarbeit innerhalb von fünf Arbeitstagen ab dem Tag, an dem sie davon in Kenntnis gesetzt wurde, dass der EZB-Rat seinen Widerspruch bestätigt hat, der EZB mitteilen, dass sie von einem Beschluss, der nach der Änderung des ursprünglichen vollständigen Beschlussentwurfs gefasst wurde, gegen den der EZB-Rat Widerspruch erhoben hat, nicht gebunden ist.

Die EZB erwägt dann unter gebührender Berücksichtigung der Wirksamkeit der Aufsicht die Aussetzung oder Beendigung der engen Zusammenarbeit mit der NCA in enger Zusammenarbeit und erlässt diesbezüglich einen Beschluss. Die EZB berücksichtigt insbesondere die in Artikel 7 Absatz 7 der SSM-Verordnung genannten Faktoren.

TEIL X
VERWALTUNGSSANKTIONEN

TITEL 1
DEFINITIONEN UND BEZIEHUNG ZUR VERORDNUNG (EG) NR. 2532/98 DES RATES[1]

Artikel 120
Definition von Verwaltungssanktionen

Im Sinne dieses Teils bezeichnen „Verwaltungssanktionen" entweder:

a) die nach Artikel 18 Absatz 1 der SSM-Verordnung vorgesehenen und verhängten Verwaltungsgeldbußen oder

b) die in Artikel 2 der Verordnung (EG) Nr. 2532/98 vorgesehenen und nach Artikel 18 Absatz 7 der SSM-Verordnung verhängten Geldbußen und in regelmäßigen Abständen zu zahlenden Strafgelder.

Artikel 121
Beziehung zur Verordnung (EG) Nr. 2532/98

(1) Im Einklang mit Artikel 18 Absatz 4 der SSM-Verordnung gelten für die Zwecke der in Artikel 18 Absatz 1 der SSM-Verordnung vorgesehenen Verfahren nur die Verfahrensregeln dieser Verordnung.

(2) Für die Zwecke der in Artikel 18 Absatz 7 der SSM-Verordnung vorgesehenen Verfahren ergänzen die Verfahrensregeln dieser Verordnung die in der Verordnung (EG) Nr. 2532/98 festgelegten Verfahrensregeln und werden gemäß den Artikel 25 und 26 der SSM-Verordnung angewandt.

Artikel 122
Befugnisse der EZB, Verwaltungssanktionen nach Artikel 18 Absatz 7 der SSM-Verordnung zu verhängen

Im Falle einer Nichteinhaltung der Verpflichtungen aus Verordnungen oder Beschlüssen der EZB verhängt die EZB die in Artikel 120 Buchstabe b definierten Verwaltungssanktionen gegen:

---

[1] *Verordnung (EG) Nr. 2532/98 des Rates vom 23. November 1998 über das Recht der Europäischen Zentralbank, Sanktionen zu verhängen (ABl. L 318 vom 27.11.1998, S. 4).*

a) bedeutende beaufsichtigte Unternehmen oder

b) weniger bedeutende beaufsichtigte Unternehmen, sofern die einschlägigen Verordnungen oder Beschlüsse der EZB weniger bedeutenden Unternehmen Verpflichtungen gegenüber der EZB auferlegen.

TITEL 2
VERFAHRENSREGELN FÜR DIE VERHÄNGUNG VON VERWALTUNGSSANKTIONEN – MIT AUSNAHME VON IN REGELMÄẞIGEN ABSTÄNDEN ZU ZAHLENDEN STRAFGELDERN – GEGEN BEAUFSICHTIGTE UNTERNEHMEN IN MITGLIEDSTAATEN DES EURO-WÄHRUNGSGEBIETS

Artikel 123
Einrichtung einer unabhängigen Untersuchungsstelle

(1) Die EZB richtet eine unabhängige Untersuchungsstelle (nachfolgend die „Untersuchungsstelle") ein, die aus von der EZB benannten Untersuchungsbeauftragten besteht.

(2) Die Untersuchungsbeauftragten sind und waren in den letzten zwei Jahren vor der Aufnahme ihrer Tätigkeit als Untersuchungsbeauftragte nicht in die direkte oder indirekte Beaufsichtigung oder Zulassung des betreffenden beaufsichtigten Unternehmens eingebunden.

(3) Die Untersuchungsbeauftragten nehmen ihre Untersuchungsaufgaben unabhängig vom Aufsichtsgremium und EZB-Rat wahr und nehmen nicht an den Beratungen des Aufsichtsgremiums und des EZB-Rates teil.

Artikel 124
Verweisung mutmaßlicher Verstöße an die Untersuchungsstelle

Ist die EZB bei der Wahrnehmung ihrer Aufgaben aus der SSM-Verordnung der Auffassung, dass es Gründe für den Verdacht gibt, dass ein bedeutendes beaufsichtigtes Unternehmen, das seinen Hauptsitz in einem Mitgliedstaat des Euro-Währungsgebiets hat, einen oder mehrere Verstöße

a) nach dem einschlägigen, direkt anwendbaren Unionsrecht im Sinne von Artikel 18 Absatz 1 der SSM-Verordnung begeht oder begangen hat oder

b) gegen eine Verordnung oder einen Beschluss der EZB im Sinne von Artikel 18 Absatz 7 der SSM-Verordnung begeht oder begangen hat, verweist die EZB die Sache an die Untersuchungsstelle.

Artikel 125
Befugnisse der Untersuchungsstelle

(1) Für die Zwecke der Untersuchung mutmaßlicher Verstöße im Sinne von Artikel 124 kann die Untersuchungsstelle die Befugnisse ausüben, die der EZB durch die SSM-Verordnung übertragen wurden.

(2) Wird aufgrund der Befugnisse, die der EZB im Zusammenhang mit einer Untersuchung durch die SSM-Verordnung übertragen wurden, ein Ersuchen an das betroffene beaufsichtigte Unternehmen gerichtet, legt die Untersuchungsstelle den Gegenstand und den Zweck der Untersuchung fest.

(3) Bei der Wahrnehmung ihrer Aufgaben hat die Untersuchungsstelle Zugang zu allen Dokumenten und Informationen, die von der EZB und gegebenenfalls den betreffenden NCAs im Laufe ihrer Aufsichtstätigkeit eingeholt wurden.

Artikel 126
Verfahrensrechte

(1) Bei Abschluss einer Untersuchung und bevor ein Vorschlag für einen vollständigen Beschlussentwurf ausgearbeitet und dem Aufsichtsgremium übermittelt wird, teilt die Untersuchungsstelle dem betroffenen beaufsichtigten Unternehmen schriftlich die aus der durchgeführten Untersuchung gewonnenen Erkenntnisse und diesbezügliche Beschwerdepunkte mit.

(2) In der in Absatz 1 genannten Mitteilung unterrichtet die Untersuchungsstelle das betroffene beaufsichtigte Unternehmen über sein Recht, sich schriftlich gegenüber der Untersuchungsstelle zu den in der Mitteilung genannten Tatsachen und gegen das Unternehmen erhobenen Beschwerdepunkten, einschließlich zu den Bestimmungen, gegen die mutmaßlich verstoßen wurde, zu äußern, und sie setzt eine angemessene Frist, innerhalb derer diese Äußerungen bei ihr eingegangen sein müssen. Die EZB ist nicht verpflichtet, Äußerungen zu berücksichtigen, die nach Ablauf der von der Untersuchungsstelle gesetzten Frist eingegangen sind.

(3) Die Untersuchungsstelle kann das betroffene beaufsichtigte Unternehmen nach Übermittlung einer Mitteilung gemäß Absatz 1 auch auffordern, an einer mündlichen Anhörung teilzunehmen. Die Parteien, die sich der Untersuchung zu unterziehen haben, können sich bei der Anhörung von Rechtsanwälten oder anderen qualifizierten Personen vertreten und/oder unterstützen lassen. Mündliche Anhörungen sind nicht öffentlich.

(4) Das Recht des von der Untersuchung betroffenen beaufsichtigten Unternehmens auf Einsicht in die Akten der Untersuchungsstelle wird gemäß Artikel 32 festgelegt.

Artikel 127
Prüfung der Akte durch das Aufsichtsgremium

(1) Ist eine Untersuchungsstelle der Auffassung, dass gegen ein beaufsichtigtes Unternehmen eine Verwaltungssanktion verhängt werden sollte, übermittelt sie dem Aufsichtsgremium einen Vorschlag für einen vollständigen Beschlussentwurf, in dem ein Verstoß des betroffenen beaufsichtigten Unternehmens festgestellt wird und die zu verhängende Verwaltungssanktion angegeben ist. Die Untersuchungsstelle übermittelt dem Aufsichtsgremium ebenfalls ihre Untersuchungsakte.

(2) Die Untersuchungsstelle stützt ihren Vorschlag für einen vollständigen Beschlussentwurf nur auf die Tatsachen und Beschwerdepunkte, zu denen sich das beaufsichtigte Unternehmen äußern konnte.

(3) Ist die von der Untersuchungsstelle übermittelte Akte nach Auffassung des Aufsichtsgremiums unvollständig, kann es die Akte der Untersuchungsstelle zusammen mit einem begründeten Ersuchen um weitere Informationen zurücksenden. Artikel 125 findet entsprechende Anwendung.

(4) Stimmt das Aufsichtsgremium auf Grundlage der vollständigen Akte dem Vorschlag für einen vollständigen Beschlussentwurf der Untersuchungsstelle in Bezug auf einen oder mehrere Verstöße und den diesem Beschluss zugrunde gelegten Tatsachen zu, erlässt es den von der Untersuchungsstelle vorgeschlagenen vollständigen Beschlussentwurf in Bezug auf den oder die Verstöße, die seiner Auffassung nach vorliegen. Soweit das Aufsichtsgremium dem Vorschlag nicht zustimmt, wird ein Beschluss gemäß den einschlägigen Absätzen dieses Artikels gefasst.

(5) Ist das Aufsichtsgremium auf Grundlage der vollständigen Akte der Auffassung, dass die in dem Vorschlag für einen vollständigen Beschlussentwurf beschriebenen Tatsachen im Sinne des Absatzes 1 offenbar keine ausreichenden Nachweise für einen Verstoß im Sinne von Artikel 124 darstellen, kann es einen vollständigen Beschlussentwurf erlassen, mit dem der Fall abgeschlossen wird.

(6) Stimmt das Aufsichtsgremium der im Vorschlag der Untersuchungsstelle für einen vollständigen Beschlussentwurf enthaltenen Feststellung, dass das betroffene beaufsichtigte Unternehmen einen Verstoß begangen hat, auf Grundlage der vollständigen Akte zu, lehnt es jedoch die vorgeschlagene Empfehlung bezüglich der Verwaltungssanktion ab, erlässt das Aufsichtsgremium den vollständigen Beschlussentwurf unter Angabe der von ihm für angemessen gehaltenen Verwaltungssanktion.

(7) Stimmt das Aufsichtsgremium dem Vorschlag der Untersuchungsstelle auf Grundlage der vollständigen Akte nicht zu und stellt es fest, dass von dem betroffenen beaufsichtigten Unternehmen ein anderer Verstoß begangen wurde oder der dem Vorschlag der Untersuchungsstelle zugrunde liegende Sachverhalt ein anderer ist, teilt es dem betroffenen beaufsichtigten Unternehmen seine Feststellungen und die gegen dieses Unternehmen erhobenen Beschwerdepunkte schriftlich mit. Artikel 126 Absätze 2 bis 4 finden in Bezug auf das Aufsichtsgremium entsprechende Anwendung.

(8) Das Aufsichtsgremium arbeitet einen vollständigen Beschlussentwurf aus, in dem festgestellt wird, ob das beaufsichtigte Unternehmen einen Verstoß begangen hat, und in dem gegebenenfalls die zu verhängenden Verwaltungssanktionen angegeben werden.

(9) Vom Aufsichtsgremium erlassene vollständige Beschlussentwürfe, die dem EZB-Rat vorzulegen sind, stützen sich nur auf Tatsachen und Beschwerdepunkte, zu denen sich das beaufsichtigte Unternehmen äußern konnte.

Artikel 128
Definition des jährlichen Gesamtumsatzes zur Festlegung der Obergrenze für Verwaltungsgeldbußen

Der in Artikel 18 Absatz 1 der SSM-Verordnung genannte jährliche Gesamtumsatz bezeichnet den jährlichen Gesamtumsatz im Sinne von Artikel 67 der Richtlinie 2013/36/EU, den ein beaufsichtigtes Unternehmen gemäß seinem letzten Jahresabschluss erzielt hat. Gehört das beaufsichtigte Unternehmen, das den Verstoß begangen hat, einer beaufsichtigten Gruppe an, ist der relevante jährliche Gesamtumsatz der sich aus dem konsolidierten Jahresabschluss der beaufsichtigten Gruppe ergebende jährliche Gesamtumsatz.

TITEL 3
IN REGELMÄßIGEN ABSTÄNDEN ZU ZAHLENDE STRAFGELDER

Artikel 129
Verfahrensregeln für in regelmäßigen Abständen zu zahlende Strafgelder

(1) Im Falle eines andauernden Verstoßes gegen eine Verordnung oder einen EZB-Aufsichtsbeschluss kann die EZB in regelmäßigen Abständen zu zahlende Strafgelder auferlegen, um die betroffenen Personen zu zwingen, den die Verordnung oder den Aufsichtsbeschluss einzuhalten. Die EZB wendet die Verfahrensregeln des Artikels 22 der SSM-Verordnung und des Teils III Titel 2 dieser Verordnung an.

(2) In regelmäßigen Abständen zu zahlende Strafgelder müssen wirksam und verhältnismäßig sein. Die in regelmäßigen Abständen zu zahlen-

den Strafgelder werden für jeden Tag des Verstoßes berechnet, bis die betroffene Person die betreffende Verordnung oder den betreffenden Aufsichtsbeschluss der EZB einhält.

(3) Die Obergrenzen für in regelmäßigen Abständen zu zahlende Strafgelder entsprechen den in der Verordnung (EG) Nr. 2532/98 angegebenen. Der relevante Zeitraum beginnt an dem Tag, der in dem Beschluss, mit dem die in regelmäßigen Abständen zu zahlenden Strafgelder auferlegt werden, festgelegt ist. Der früheste Tag, der in dem Beschluss festgelegt wird, ist der Tag, an dem der betroffenen Person schriftlich die Gründe der EZB für die Auferlegung von in regelmäßigen Abständen zu zahlenden Strafgelder mitgeteilt werden.

(4) Die in regelmäßigen Abständen zu zahlenden Strafgelder können für Zeiträume von höchstens sechs Monaten ab dem Tag, der in dem in Absatz 3 genannten Beschluss angegeben ist, auferlegt werden.

TITEL 4
FRISTEN

Artikel 130
Verjährungsfristen für die Verhängung von Verwaltungssanktionen

(1) Die Befugnis der EZB, Verwaltungssanktionen gegen beaufsichtigte Unternehmen zu verhängen unterliegt einer Verjährungsfrist von fünf Jahren, die ab dem Tag beginnt, an dem der Verstoß begangen wurde. Im Falle laufender und wiederholter Verstöße beginnt die Verjährungsfrist an dem Tag, an dem der Verstoß nicht mehr besteht.

(2) Maßnahmen, die von der EZB für die Zwecke der Untersuchung oder Einleitung von Verfahren in Bezug auf einen Verstoß nach Artikel 124 ergriffen wurden, unterbrechen die Verjährungsfrist für die Verhängung von Verwaltungsgeldbußen. Die Verjährungsfrist wird mit Wirkung ab dem Tag unterbrochen, an dem die Maßnahme dem betroffenen beaufsichtigten Unternehmen mitgeteilt wird.

(3) Jede Unterbrechung hat zur Folge, dass die Verjährungsfrist neu beginnt. Die Verjährung tritt jedoch spätestens mit dem Tag ein, an dem ein der doppelten Dauer der Verjährungsfrist entsprechender Zeitraum verstrichen ist, ohne dass die EZB eine Verwaltungssanktion verhängt hat. Dieser Zeitraum kann um die Dauer der Hemmung der Verjährungsfrist gemäß Absatz 5 verlängert werden.

(4) Die Verjährungsfrist für die Verhängung von Verwaltungssanktionen wird für die Dauer eines Überprüfungsverfahrens vor dem administrativen Überprüfungsausschuss oder eines Rechtsmittelverfahrens vor dem Gerichtshof im Hinblick auf den Beschluss des EZB-Rates gehemmt.

(5) Die Verjährungsfrist wird auch für die Dauer schwebender, mit denselben Tatsachen zusammenhängender Strafverfahren gegen das beaufsichtigte Unternehmen gehemmt.

Artikel 131
Verjährungsfrist für die Durchsetzung von Verwaltungssanktionen

(1) Die Befugnis der EZB, gemäß Artikel 18 Absätze 1 und 7 der SSM-Verordnung gefasste Beschlüsse durchzusetzen, unterliegt einer Verjährungsfrist von fünf Jahren, die an dem Tag beginnt, an dem der betreffende Beschluss erlassen wird.

(2) Durch eine Maßnahme der EZB zur Durchsetzung von Zahlungen oder Zahlungsbedingungen nach Maßgabe der betreffenden Verwaltungssanktion wird die Verjährungsfrist zur Durchsetzung von Verwaltungssanktionen unterbrochen.

(3) Jede Unterbrechung hat zur Folge, dass die Verjährungsfrist neu beginnt.

(4) Die Verjährungsfrist für die Durchsetzung von Verwaltungssanktionen wird gehemmt:

a) für die Dauer der zugelassenen Zahlungsfrist;

b) für die Dauer einer Aussetzung der Durchsetzung der Zahlung gemäß eines Beschlusses des EZB-Rates oder des Gerichtshofes.

TITEL 5
VERÖFFENTLICHUNG VON BESCHLÜSSEN UND INFORMATIONSAUSTAUSCH

Artikel 132
Veröffentlichung von Beschlüssen über Verwaltungssanktionen

(1) Die EZB veröffentlicht alle Beschlüsse über die Verhängung von Verwaltungssanktionen im Sinne von Artikel 120 gegen ein beaufsichtigtes Unternehmen in einem teilnehmenden Mitgliedstaat unverzüglich und nachdem der betreffende Beschluss dem betroffenen beaufsichtigten Unternehmen bekanntgegeben wurde, auf ihrer Website unter Angabe von Art und Wesen des Verstoßes und Nennung des betroffenen beaufsichtigten Unternehmens, sofern eine derartige Veröffentlichung weder:

a) die Stabilität der Finanzmärkte oder laufende strafrechtliche Ermittlungen gefährden noch

b) dem betroffenen beaufsichtigten Unternehmen einen unverhältnismäßigen Schaden zufügen würde.

Unter diesen Umständen werden Beschlüsse über Verwaltungssanktionen anonymisiert veröffentlicht. Ist zu erwarten, dass diese Umstände in absehbarer Zeit nicht mehr bestehen, kann die in diesem Absatz vorgesehene Veröffentlichung auch verschoben werden.

(2) Ist gegen einen Beschluss nach Absatz 1 eine Beschwerde beim Gerichtshof anhängig, veröffentlicht die EZB auf ihrer amtlichen Website auch unverzüglich Angaben zum Stand und Ergebnis des betreffenden Verfahrens.

(3) Die EZB stellt sicher, dass die nach den Absätzen 1 und 2 veröffentlichten Informationen mindestens fünf Jahre auf ihrer Website bleiben.

Artikel 133
Unterrichtung der EBA

Vorbehaltlich der in Artikel 27 der SSM-Verordnung genannten beruflichen Geheimhaltungspflichten unterrichtet die EZB die EBA über alle Verwaltungssanktionen im Sinne von Artikel 120, die gegen ein beaufsichtigtes Unternehmen in einem Mitgliedstaat des Euro-Währungsgebiets verhängt wurden, und auch über Beschwerden gegen diese Geldbußen und die diesbezüglichen Entscheidungen.

TITEL 6
NACH ARTIKEL 18 ABSATZ 5 DER SSM-VERORDNUNG VORGESEHENE ZUSAMMENARBEIT ZWISCHEN DER EZB UND DEN NCAS IN MITGLIEDSTAATEN DES EURO-WÄHRUNGSGEBIETS

Artikel 134
Bedeutende beaufsichtigte Unternehmen

(1) In Bezug auf bedeutende beaufsichtigte Unternehmen eröffnet eine NCA ein Verfahren nur auf Ersuchen der EZB, wenn dies für die Wahrnehmung der der EZB aufgrund der SSM-Verordnung übertragenen Aufgaben erforderlich ist, um Maßnahmen zu ergreifen, mit denen sichergestellt wird, dass in den von Artikel 18 Absatz 1 der SSM-Verordnung nicht abgedeckten Fällen angemessene Sanktionen verhängt werden. Diese Fälle umfassen die Anwendung von:

a) anderen Sanktionen als Geldbußen im Falle eines Verstoßes von juristischen oder natürlichen Personen gegen unmittelbar anwendbares Unionsrecht sowie Geldbußen im Falle eines Verstoßes von natürlichen Personen gegen unmittelbar anwendbares Unionsrecht;

b) Geldbußen oder anderen Sanktionen im Falle eines Verstoßes von juristischen oder natürlichen Personen gegen nationale Rechtsvorschriften zur Umsetzung von einschlägigen Richtlinien der Union;

c) Geldbußen oder anderen Sanktionen, die im Einklang mit den einschlägigen nationalen Rechtsvorschriften zu verhängen sind, die den NCAs in Mitgliedstaaten des Euro-Währungsgebiets besondere Befugnisse verleihen, die bisher durch das einschlägige Unionsrecht nicht gefordert waren.

Die Bestimmungen dieses Absatzes lassen die Möglichkeit einer NCA unberührt, von sich aus ein Verfahren in Bezug auf die Anwendung des nationalen Rechts für nicht der EZB übertragene Aufgaben zu eröffnen.

(2) Eine NCA kann die EZB ersuchen, in den in Absatz 1 genannten Fällen ein Verfahren zu eröffnen.

(3) Eine NCA eines teilnehmenden Mitgliedstaats teilt der EZB mit, wenn ein auf Ersuchen der EZB nach Absatz 1 eingeleitetes Sanktionsverfahren abgeschlossen ist. Insbesondere wird die EZB über die gegebenenfalls verhängten Sanktionen informiert.

Artikel 135
Berichterstattung in Bezug auf weniger bedeutende beaufsichtigte Unternehmen

Die betreffende NCA unterrichtet die EZB regelmäßig über alle im Zusammenhang mit der Ausübung ihrer Aufsichtsaufgaben gegen weniger bedeutende beaufsichtigte Unternehmen verhängten Verwaltungsgeldbußen.

TITEL 7
STRAFTATEN

Artikel 136
Tatbestände, die möglicherweise eine Straftat darstellen

Hat die EZB bei der Wahrnehmung ihrer Aufgaben aus der SSM-Verordnung Grund zu der Annahme, dass möglicherweise eine Straftat begangen wurde, ersucht sie die betreffende NCA die Sache im Einklang mit dem nationalen Recht an die zuständigen Ermittlungsbehörden und gegebenenfalls die Strafverfolgungsbehörden zu verweisen.

TITEL 8
SANKTIONSERLÖSE

Artikel 137
Sanktionserlöse

Die Erlöse aus den von der EZB gemäß Artikel 18 Absätze 1 und 7 der SSM-Verordnung verhängten Verwaltungssanktionen sind Eigentum der EZB.

TEIL XI
ZUGANG ZU INFORMATIONEN, BERICHTERSTATTUNG, UNTERSUCHUNGEN UND VOR-ORT-PRÜFUNGEN

TITEL 1
ALLGEMEINE GRUNDSÄTZE

Artikel 138
Zusammenarbeit zwischen der EZB und den NCAs in Bezug auf die in den Artikeln 10 bis 13 der SSM-Verordnung genannten Befugnisse

Die in diesem Teil festgelegten Bestimmungen gelten für bedeutende beaufsichtigte Unternehmen. Sie gelten auch für weniger bedeutende beaufsichtigte Unternehmen, wenn die EZB gemäß Artikel 6 Absatz 5 Buchstabe d der SSM-Verordnung beschließt, von ihren in den Artikeln 10 bis 13 der SSM-Verordnung genannten Befugnissen in Bezug auf ein weniger bedeutendes beaufsichtigtes Unternehmen Gebrauch zu machen. Das gilt jedoch unbeschadet der Zuständigkeit der NCAs für die direkte Beaufsichtigung weniger bedeutender beaufsichtigter Unternehmen gemäß Artikel 6 Absatz 6 der SSM-Verordnung.

TITEL 2
ZUSAMMENARBEIT IN BEZUG AUF INFORMATIONSERSUCHEN

Artikel 139
Ad-hoc-Informationsersuchen nach Artikel 10 der SSM-Verordnung

(1) Im Einklang mit Artikel 10 der SSM-Verordnung und vorbehaltlich und im Einklang mit dem einschlägigen Unionsrecht kann die EZB von den in Artikel 10 Absatz 1 der SSM-Verordnung genannten juristischen oder natürlichen Personen die Vorlage sämtlicher Informationen verlangen, die für die Wahrnehmung der ihr durch die SSM-Verordnung übertragenen Aufgaben erforderlich sind. Die EZB gibt an, welche Informationen erforderlich sind, und setzt eine angemessene Frist, innerhalb derer diese der EZB vorzulegen sind.

(2) Bevor die EZB ein Informationsersuchen gemäß Artikel 10 Absatz 1 der SSM-Verordnung stellt, berücksichtigt sie die Informationen, die den NCAs bereits zur Verfügung stehen.

(3) Die EZB stellt der betreffenden NCA eine Kopie sämtlicher Informationen zur Verfügung, die sie von der juristischen oder natürlichen Person erhalten hat, an die das Informationsersuchen gerichtet war.

TITEL 3
MELDEWESEN

Artikel 140[2)]
Aufgaben in Bezug auf das aufsichtsrechtliche Meldewesen an die zuständigen Behörden

(1) Die EZB ist für die Sicherstellung der Einhaltung des einschlägigen Unionsrechts verantwortlich, das Anforderungen an Kreditinstitute im Bereich des Meldewesens an die zuständigen Behörden festlegt.

(2) Zu diesem Zweck hat die EZB die im einschlägigen Unionsrecht zum aufsichtsrechtlichen Meldewesen festgelegten Aufgaben und Befugnisse in Bezug auf bedeutende beaufsichtigte Unternehmen. Die NCAs haben die im einschlägigen Unionsrecht zum aufsichtsrechtlichen Meldewesen an die zuständigen Behörden festgelegten Aufgaben und Befugnisse in Bezug auf weniger bedeutende beaufsichtigte Unternehmen.

(3) Ungeachtet des Absatzes 2 und soweit nichts anderes vorgesehen ist, übermittelt jedes beaufsichtigte Unternehmen seiner betreffenden NCA die regelmäßig im Einklang mit dem einschlägigen Unionsrecht zu meldenden Informationen. Sofern nicht ausdrücklich etwas anderes vorgesehen ist, werden alle von den beaufsichtigten Unternehmen gemeldeten Informationen den NCAs übermittelt. Sie führen erste Prüfungen der Daten durch und stellen der EZB die Informationen zur Verfügung.

(4) Die EZB organisiert die Verfahren für die Erhebung und Qualitätsprüfung der von den beaufsichtigten Unternehmen zur Verfügung gestellten Daten vorbehaltlich und im Einklang mit dem einschlägigen Unionsrecht und den technischen Durchführungsstandards der EBA.

Artikel 141
Regelmäßige Informationsersuchen nach Artikel 10 der SSM-Verordnung

(1) Gemäß Artikel 10 der SSM-Verordnung, insbesondere der Befugnis der EZB zu verlangen, dass ihr in regelmäßigen Abständen und festgelegten Formaten zu Aufsichts- und entsprechenden Statistikzwecken Informationen vorgelegt werden, und vorbehaltlich und im Einklang mit dem einschlägigen Unionsrecht kann die EZB von beaufsichtigten Unternehmen verlangen, dass sie zusätzliche Aufsichtsinformationen vorlegen, wenn diese Informationen für die EZB zur Wahrnehmung der ihr durch die SSM-Verordnung übertragenen Aufgaben erforderlich sind. Vorbehaltlich der im einschlägigen Unionsrecht vorge-

---

Zu Artikel 140:

[2)] *Beschluss EZB/2014/29; ABl. L 214 vom 19.7.2014, S. 34*

sehenen Bedingungen kann die EZB insbesondere die Kategorien der zur Verfügung zu stellenden Informationen sowie die Verfahren, Formate, Zeitabstände und Fristen für die Vorlage der betreffenden Informationen festlegen.

(2) Verlangt die EZB von den in Artikel 10 Absatz 1 der SSM-Verordnung genannten juristischen oder natürlichen Personen regelmäßig Informationen zur Verfügung zu stellen, findet Artikel 140 Absätze 3 und 4 dieser Verordnung entsprechende Anwendung.

TITEL 4

ZUSAMMENARBEIT IM HINBLICK AUF ALLGEMEINE UNTERSUCHUNGEN

Artikel 142
Einleitung einer allgemeinen Untersuchung nach Artikel 11 der SSM-Verordnung

Die EZB führt eine Untersuchung im Hinblick auf die in Artikel 10 Absatz 1 der SSM-Verordnung genannten juristischen und natürlichen Personen auf Grundlage eines Beschlusses der EZB durch. In diesem Beschluss ist Folgendes anzugeben:

a) die Rechtsgrundlage für den Beschluss und der Zweck des Beschlusses;

b) die Absicht, die in Artikel 11 Absatz 1 der SSM-Verordnung festgelegten Befugnisse auszuüben;

c) die Tatsache, dass eine Behinderung der Untersuchung durch die untersuchte Person unbeschadet des in Artikel 11 Absatz 2 der SSM-Verordnung genannten nationalen Rechts einen Verstoß gegen einen Beschluss der EZB im Sinne des Artikels 18 Absatz 7 der SSM-Verordnung darstellt.

TITEL 5

VOR-ORT-PRÜFUNGEN

Artikel 143
Beschluss der EZB, eine Vor-Ort-Prüfung gemäß Artikel 12 der SSM-Verordnung durchzuführen

(1) Gemäß Artikel 12 der SSM-Verordnung ernennt die EZB zur Wahrnehmung der ihr durch die SSM-Verordnung übertragenen Aufgaben die in Artikel 144 vorgesehenen Vor-Ort-Prüfungsteams, die alle erforderlichen Vor-Ort-Prüfungen in den Räumlichkeiten der in Artikel 10 Absatz 1 der SSM-Verordnung genannten juristischen Personen durchführen.

(2) Unbeschadet des Artikels 142 und gemäß Artikel 12 Absatz 3 der SSM-Verordnung werden Vor-Ort-Prüfungen auf Grundlage eines Beschlusses der EZB durchgeführt, in dem zumindest Folgendes angegeben ist:

a) der Gegenstand und der Zweck der Vor-Ort-Prüfung und

b) die Tatsache, dass eine Behinderung der Vor-Ort-Prüfung durch die geprüfte juristische Person unbeschadet des in Artikel 11 Absatz 2 der SSM-Verordnung genannten nationalen Rechts einen Verstoß gegen einen Beschluss der EZB im Sinne von Artikel 18 Absatz 7 der SSM-Verordnung darstellt.

(3) Folgt eine Vor-Ort-Prüfung auf eine auf Grundlage eines Beschlusses der EZB durchgeführte Untersuchung im Sinne von Artikel 142 und hat die Vor-Ort-Prüfung denselben Zweck und Umfang wie die Untersuchung, so ist den Bediensteten und anderen von der EZB und einer NCA bevollmächtigten Personen auf Grundlage desselben Beschlusses gemäß Artikel 12 Absätze 2 und 4 der SSM-Verordnung und unbeschadet des Artikels 13 der SSM-Verordnung Zugang zu den Geschäftsräumen und Grundstücken der juristischen Person zu gewähren, die Gegenstand der Untersuchung ist.

Artikel 144
Einrichtung und Zusammensetzung von Vor-Ort-Prüfungsteams

(1) Im Einklang mit Artikel 12 der SSM-Verordnung ist die EZB unter Einbindung der NCAs für die Einrichtung und Zusammensetzung der Vor-Ort-Prüfungsteams zuständig.

(2) Von den Mitarbeitern der EZB und NCAs benennt die EZB einen als Leiter des Vor-Ort-Prüfungsteams.

(3) Die EZB und die NCAs stimmen sich untereinander ab und einigen sich über die Verwendung der NCA-Ressourcen in Bezug auf die Vor-Ort-Prüfungsteams.

Artikel 145
Verfahren und Mitteilung einer Vor-Ort-Prüfung

(1) Die EZB unterrichtet die juristische Person, die sich einer Vor-Ort-Prüfung zu unterziehen hat, von dem in Artikel 143 Absatz 2 genannten Beschluss und nennt ihr die Mitglieder des Vor-Ort-Prüfungsteams mindestens fünf Arbeitstage vor dem Beginn der Vor-Ort-Prüfung. Sie unterrichtet die NCA des Mitgliedstaats, in dem die Vor-Ort-Prüfung durchgeführt werden soll, mindestens eine Woche vor Unterrichtung der juristischen Person, die sich der Vor-Ort-Prüfung zu unterziehen hat, über diese Prüfung.

(2) Die EZB kann eine Vor-Ort-Prüfung ohne vorherige Mitteilung an das betroffene beaufsichtigte Unternehmen durchführen, wenn die ordnungsgemäße Durchführung und die Effizienz

der Prüfung dies erfordern. Die NCA wird so bald wie möglich vor dem Beginn dieser Vor-Ort-Prüfung unterrichtet.

Artikel 146

Durchführung von Vor-Ort-Prüfungen

(1) Die Personen, die die Vor-Ort-Prüfung durchführen, befolgen die Anweisungen des Leiters des Vor-Ort-Prüfungsteams.

(2) Handelt es sich bei dem Unternehmen, das sich der Vor-Ort-Prüfung zu unterziehen hat, um ein bedeutendes beaufsichtigtes Unternehmen ist der Leiter des Vor-Ort-Prüfungsteams für die Koordinierung zwischen dem Vor-Ort-Prüfungsteam und dem gemeinsamen Aufsichtsteam verantwortlich, das für die Beaufsichtigung dieses bedeutenden beaufsichtigten Unternehmens zuständig ist.

TEIL XII

ÜBERGANGS- UND SCHLUSSBESTIMMUNGEN

Artikel 147

Beginn der direkten Beaufsichtigung durch die EZB, wenn die EZB ihre Aufgaben erstmals wahrnimmt

(1) Mindestens zwei Monate vor dem 4. November 2014 richtet die EZB einen Beschluss an jedes beaufsichtigte Unternehmen, in Bezug auf das sie die ihr durch die SSM-Verordnung übertragenen Aufgaben übernimmt, und bestätigt, dass es ein bedeutendes beaufsichtigtes Unternehmen ist. Für Unternehmen, die Teil einer bedeutenden beaufsichtigten Gruppe sind, gibt die EZB den Beschluss dem beaufsichtigten Unternehmen auf oberster Konsolidierungsebene in den teilnehmenden Mitgliedstaaten bekannt und gewährleistet, dass alle beaufsichtigten Unternehmen innerhalb der bedeutenden beaufsichtigten Gruppe ordnungsgemäß informiert werden. Diese Beschlüsse werden ab dem 4. November 2014 wirksam.

(2) Unbeschadet des Absatzes 1 richtet die EZB, falls sie die ihr übertragenen Aufgaben vor dem 4. November 2014 wahrzunehmen beginnt, einen Beschluss an das betroffene Unternehmen und die betreffenden NCAs. Soweit darin nichts anderes bestimmt ist, tritt dieser Beschluss bei Bekanntgabe in Kraft. Die betreffende NCA wird im Voraus darüber unterrichtet, dass die EZB beabsichtigt, so bald wie möglich einen Beschluss zu erlassen.

(3) Vor dem Erlass eines Beschlusses gemäß Absatz 1 gibt die EZB dem betreffenden beaufsichtigten Unternehmen Gelegenheit, sich schriftlich zu äußern.

Artikel 148

Festlegung des Formats des Berichts über die Aufsichtsbilanz und das Risikoprofil, der der EZB von den NCAs vorzulegen ist

(1) Die NCAs nennen der EZB spätestens bis zum 4. August 2014 die von ihnen zugelassenen Kreditinstitute und übermitteln ihr einen Bericht über diese Kreditinstitute in einem von der EZB festgelegten Format.

(2) Unbeschadet des Absatzes 1 kann die EZB, falls sie die ihr übertragenen Aufgaben vor dem 4. November 2014 wahrzunehmen beginnt, die NCAs ersuchen, ihr innerhalb einer angemessenen, in dem Ersuchen angegebenen Frist die betreffenden Kreditinstitute zu nennen und einen Bericht in einem von ihr festgelegten Format zu übermitteln.

Artikel 149

Fortsetzung bestehender Verfahren

(1) Sofern die EZB nichts anderes beschließt, gelten die in Artikel 48 festgelegten Verfahren, wenn eine NCA vor dem 4. November 2014 ein Aufsichtsverfahren für das die EZB auf Grundlage der SSM-Verordnung zuständig wird, eingeleitet hat.

(2) Abweichend von Artikel 48 findet dieser Artikel auf gemeinsame Verfahren Anwendung.

Artikel 150

Von den NCAs gefasste Aufsichtsbeschlüsse

Von den NCAs vor dem 4. November 2014 gefasste Aufsichtsbeschlüsse bleiben unbeschadet der Ausübung der der EZB durch die SSM-Verordnung übertragenen Befugnisse durch die EZB unberührt.

Artikel 151

Mitgliedstaaten, die den Euro als Währung einführen

(1) Vorbehaltlich des Absatzes 2 gelten in Fällen, in denen eine Ausnahmeregelung gemäß Artikel 139 AEUV für einen Mitgliedstaat nach Artikel 140 Absatz 2 AEUV aufgehoben wird, die Artikel 148 bis 150 in Bezug auf Aufsichtsverfahren oder Beschlüsse entsprechend, die von der NCA dieses Mitgliedstaats eingeleitet oder gefasst wurden.

(2) Die Bezugnahme auf den 4. November 2014 in den Artikeln 149 und 150 wird als Bezugnahme auf den Tag ausgelegt, an dem der Euro in dem betreffenden Mitgliedstaat eingeführt wird.

Artikel 152
Fortbestand bestehender Vereinbarungen

Alle bestehenden Zusammenarbeitsvereinbarungen, die eine NCA vor dem 4. November 2014 mit anderen Behörden geschlossen hat und die die Aufgaben, die der EZB durch die SSM-Verordnung übertragen wurden, zumindest teilweise abdecken, finden auch weiterhin Anwendung. Die EZB kann beschließen, an diesen bestehenden Zusammenarbeitsvereinbarungen im Einklang mit dem für die betreffenden Vereinbarungen geltenden Verfahren teilzunehmen oder neue Zusammenarbeitsvereinbarungen mit Dritten für die ihr durch die SSM-Verordnung übertragenen Aufgaben zu schließen. Eine NCA wendet die bestehenden Zusammenarbeitsvereinbarungen nur insoweit weiter an, als sie nicht durch Zusammenarbeitsvereinbarungen der EZB ersetzt wurden. Wenn dies für die Erfüllung der bestehenden Zusammenarbeitsvereinbarungen erforderlich ist, ist die NCA dafür verantwortlich, die EZB zu unterstützen, insbesondere durch die Ausübung ihrer Rechte und Erfüllung ihrer Pflichten aus den Vereinbarungen in Abstimmung mit der EZB.

Artikel 153
Schlussbestimmungen

Diese Verordnung tritt am Tag nach ihrer Veröffentlichung im *Amtsblatt der Europäischen Union* in Kraft.

Diese Verordnung ist in allen ihren Teilen verbindlich und gilt gemäß den Verträgen unmittelbar in den Mitgliedstaaten.

Geschehen zu Frankfurt am Main am 16. April 2014.

Für den EZB-Rat
Der Präsident der EZB
Mario DRAGHI

Verordnung (EU) Nr. 1163/2014 der Kommission vom 22. Oktober 2014 über Aufsichtsgebühren (EZB/2014/41)

ABl L 311 vom 31. 10. 2014, S 23 (Verordnung (EU) Nr. 1163/2014) idF

1 ABl L 327 vom 17. 12. 2019, S 70

Inhaltsverzeichnis *(nicht amtlich)*

DER EZB-RAT –

gestützt auf die Verordnung (EU) Nr. 1024/2013 des Rates vom 15. Oktober 2013 zur Übertragung besonderer Aufgaben im Zusammenhang mit der Aufsicht über Kreditinstitute auf die Europäische Zentralbank[1)], insbesondere auf Artikel 4 Absatz 3 Unterabsatz 2, Artikel 30 und Artikel 33 Absatz 2 Unterabsatz 2,

gestützt auf die gemäß Artikel 30 Absatz 2 der Verordnung (EU) Nr. 1024/2013 durchgeführte öffentliche Anhörung und Analyse,

in Erwägung nachstehender Gründe:

(1) Durch die Verordnung (EU) Nr. 1024/2013 wird ein einheitlicher Aufsichtsmechanismus (Single Supervisory Mechanism – SSM) eingerichtet, der sich aus der Europäischen Zentralbank (EZB) und den nationalen zuständigen Behörden (National Competent Authorities – NCAs) zusammensetzt.

(2) Gemäß der Verordnung (EU) Nr. 1024/2013 ist die EZB ist dafür verantwortlich, dass der SSM für alle Kreditinstitute, Finanzholdinggesellschaften und gemischte Finanzholdinggesellschaften in allen Mitgliedstaaten des Euro- Währungsgebiets sowie in allen nicht dem Euro-Währungsgebiet angehörenden Mitgliedstaaten, die eine enge Zusammenarbeit mit der EZB eingehen, wirksam und einheitlich funktioniert. Die Regelungen und Verfahren, die die Zusammenarbeit zwischen der EZB und den NCAs innerhalb des SSM und mit den nationalen benannten Behörden betreffen, sind in der Verordnung (EU) Nr. 468/2014 der Europäischen Zentralbank (EZB/2014/17)[2)] festgelegt.

Zur Präambel

[1)] ABl. L 287 vom 29.10.2013, S. 63.

Zu Abs. 2:

[2)] Verordnung (EU) Nr. 468/2014 der Europäischen Zentralbank vom 16. April 2014 zur Einrichtung eines Rahmenwerks für die Zusammenarbeit zwischen der Europäischen Zentralbank und den nationalen zuständigen

(3) Artikel 30 der Verordnung (EU) Nr. 1024/2013 sieht vor, dass die EZB von den in teilnehmenden Mitgliedstaaten niedergelassenen Kreditinstituten und von den in teilnehmenden Mitgliedstaaten niedergelassenen Zweigstellen von in nicht teilnehmenden Mitgliedstaaten niedergelassenen Kreditinstituten eine jährliche Aufsichtsgebühr erhebt. Die von der EZB erhobenen Gebühren sollten die Ausgaben der EZB für die Wahrnehmung der ihr durch die Artikel 4 bis 6 der Verordnung (EU) Nr. 1024/2013 übertragenen Aufgaben decken, sie dürfen diese Ausgaben jedoch nicht übersteigen.

(4) Die jährliche Aufsichtsgebühr sollte einen Betrag umfassen, der jährlich von allen in den teilnehmenden Mitgliedstaaten niedergelassenen Kreditinstituten und in teilnehmenden Mitgliedstaaten niedergelassenen Zweigstellen von in nicht teilnehmenden Mitgliedstaaten niedergelassenen Kreditinstituten, die innerhalb des SSM beaufsichtigt werden, zu entrichten ist.

(5) Innerhalb des SSM werden die Aufsichtsbefugnisse der EZB und jeder NCA auf Grundlage der Bedeutung der beaufsichtigten Unternehmen aufgeteilt.

(6) Der EZB obliegt die direkte Zuständigkeit für die Beaufsichtigung der in teilnehmenden Mitgliedstaaten niedergelassenen bedeutenden Kreditinstitute, Finanzholdinggesellschaften, gemischten Holdinggesellschaften und der in teilnehmenden Mitgliedstaaten niedergelassenen Zweigstellen von in nicht teilnehmenden Mitgliedstaaten niedergelassenen bedeutenden Kreditinstituten.

(7) Die EZB überwacht ferner das Funktionieren des SSM, welcher alle Kreditinstitute umfasst, unabhängig davon, ob sie bedeutend oder weniger bedeutend sind. Die EZB ist in Bezug auf alle in den teilnehmenden Mitgliedstaaten niedergelassenen Kreditinstitute ausschließlich befugt, Unternehmen eine Zulassung zur Aufnahme der Tätigkeit eines Kreditinstituts zu erteilen, eine solche Zulassung zu entziehen sowie den Erwerb und die Veräußerung von qualifizierten Beteiligungen zu beurteilen.

(8) Die NCAs sind für die direkte Beaufsichtigung von weniger bedeutenden beaufsichtigten Unternehmen zuständig, unbeschadet der Befugnis der EZB, die direkte Beaufsichtigung in Einzelfällen auszuüben, wenn dies für die kohärente Anwendung der Aufsichtsstandards erforderlich ist. Diese Aufteilung der Aufsichtsbefugnisse innerhalb des SSM und die mit den Aufsichtsaufgaben verbundenen Ausgaben der EZB werden bei der Verteilung des im Wege der Aufsichtsgebühren zu erstattenden Betrags auf die Kategorien bedeutende beaufsichtigte Unternehmen und weniger bedeutende beaufsichtigte Unternehmen berücksichtigt.

Behörden und den nationalen benannten Behörden innerhalb des einheitlichen Aufsichtsmechanismus (SSM-Rahmenverordnung) (EZB/2014/17) (ABl. L 141 vom 14.5.2014, S. 1).

(9) Artikel 33 Absatz 2 der Verordnung (EU) Nr. 1024/2013 verlangt von der EZB, die detaillierten operativen Bestimmungen zur Wahrnehmung der ihr durch die Verordnung (EU) Nr. 1024/2013 übertragenen Aufgaben im Wege von Verordnungen und Beschlüssen zu veröffentlichen.

(10) Gemäß Artikel 30 Absatz 3 der Verordnung (EU) Nr. 1024/2013 sind die Gebühren auf objektive Kriterien in Bezug auf die Bedeutung und das Risikoprofil des betreffenden Kreditinstituts, einschließlich seiner risikogewichteten Aktiva, zu stützen.

(11) Die Gebühren sind auf der obersten Konsolidierungsebene innerhalb eines teilnehmenden Mitgliedstaats zu berechnen. Im Falle von Kreditinstituten, die Teil einer in einem teilnehmenden Mitgliedstaat niedergelassen beaufsichtigten Gruppe sind, wird dementsprechend eine Gebühr berechnet und auf Gruppenebene entrichtet.

(12) Bei der Berechnung der jährlichen Aufsichtsgebühr sollten in nicht teilnehmenden Mitgliedstaaten niedergelassene Tochterunternehmen nicht berücksichtigt werden. In diesem Zusammenhang und zur Bestimmung der maßgeblichen Gebührenfaktoren einer beaufsichtigten Gruppe sollten teilkonsolidierte Daten für alle Tochterunternehmen und sämtliche Geschäftstätigkeiten, die das Mutterunternehmen in den teilnehmenden Mitgliedstaaten kontrolliert, zur Verfügung gestellt werden. Die Zusammenstellung solcher teilkonsolidierten Daten kann jedoch kostspielig sein. Beaufsichtigten Unternehmen sollte es daher möglich sein, sich für eine Gebühr zu entscheiden, die auf der Grundlage von Daten auf der obersten Konsolidierungsebene innerhalb eines teilnehmenden Mitgliedstaats und einschließlich der Tochterunternehmen in nicht teilnehmenden Mitgliedstaaten berechnet wird, auch wenn dies zu einer höheren Gebühr führen könnte.

(13) Die in Artikel 2 Absatz 5 der Richtlinie 2013/36/EU des Europäischen Parlaments

und des Rates[3)] genannten Institutionen sind von den der EZB gemäß der Verordnung (EU) Nr. 1024/2013 übertragenen Aufsichtsaufgaben ausgenommen und die EZB wird von diesen insofern keine Gebühren erheben.

(14) Eine Verordnung hat allgemeine Geltung, ist in allen ihren Teilen verbindlich und gilt unmittelbar in allen Mitgliedstaaten des Euro-Währungsgebiets. Sie ist somit das geeignete Rechtsinstrument zur Festlegung der praktischen Modalitäten für die Durchführung von Artikel 30 der Verordnung (EU) Nr. 1024/2013.

(15) Im Einklang mit Artikel 30 Absatz 5 der Verordnung (EU) Nr. 1024/2013 steht diese Verordnung dem Recht von NCAs nicht entgegen, nach Maßgabe ihres nationalen Rechts und soweit Aufsichtsaufgaben nicht der EZB übertragen wurden oder gemäß dem einschlägigen Unionsrecht und vorbehaltlich der Bestimmungen zur Durchführung der Verordnung (EU) Nr. 1024/2013 einschließlich der Artikel 6 und 12, für Kosten aufgrund der Zusammenarbeit mit der EZB, ihrer Unterstützung und der Ausführung ihrer Anweisungen Gebühren zu erheben –

HAT FOLGENDE VERORDNUNG ERLASSEN:

TEIL I
ALLGEMEINE BESTIMMUNGEN

Artikel 1
Gegenstand und Anwendungsbereich

(1) Diese Verordnung legt Folgendes fest:

a) die Bestimmungen für die Berechnung des Gesamtbetrags der jährlichen Aufsichtsgebühren, die für beaufsichtigte Unternehmen und beaufsichtigte Gruppen erhoben werden;

b) die Methodik und Kriterien für die Berechnung der jährlichen Aufsichtsgebühr, die von jedem beaufsichtigten Unternehmen und jeder beaufsichtigten Gruppe getragen wird;

c) das Verfahren für die Einziehung der jährlichen Aufsichtsgebühren durch die EZB.

(2) Der Gesamtbetrag der jährlichen Aufsichtsgebühren umfasst die jährliche Aufsichtsgebühr für jedes bedeutende beaufsichtigte Unternehmen oder jede bedeutende beaufsichtigte Gruppe und jedes weniger bedeutende beaufsichtigte Unternehmen oder jede weniger bedeutende beaufsichtigte Gruppe und wird von der EZB auf der obersten Konsolidierungsebene innerhalb der teilnehmenden Mitgliedstaaten berechnet.

Artikel 2
Begriffsbestimmungen

Für die Zwecke dieser Verordnung gelten, sofern nichts anderes bestimmt ist, die Begriffsbestimmungen der Verordnung (EU) Nr. 1024/2013 und der Verordnung (EU) Nr. 468/2014 (EZB/2014/17). Im Sinne dieser Verordnung bezeichnet der Ausdruck:

1. „jährliche Aufsichtsgebühr“: die für jedes beaufsichtigte Unternehmen und jede beaufsichtigte Gruppe zu entrichtende Gebühr, die nach den in Artikel 10 Absatz 6 festgelegten Bestimmungen berechnet wird;

2. „jährliche Kosten“: der gemäß den Bestimmungen von Artikel 5 ermittelte Betrag, der von der EZB im Wege der jährlichen Aufsichtsgebühren für einen bestimmten Gebührenzeitraum zu erheben ist;

3. „Gebührenschuldner“: die gemäß Artikel 4 bestimmten Kreditinstitute oder Zweigstellen, die Gebühren entrichten und die Adressaten des Gebührenbescheids sind;

4. „Gebührenfaktoren“: die in Artikel 10 Absatz 3 Buchstabe a genannten Daten, die ein beaufsichtigtes Unternehmen oder eine beaufsichtigte Gruppe betreffen und zur Berechnung der jährlichen Aufsichtsgebühr verwendet werden;

5. „Gebührenbescheid“: ein Bescheid, in dem die jährliche, vom jeweiligen Gebührenschuldner gemäß dieser Verordnung zu entrichtende Aufsichtsgebühr angegeben ist und der an den betreffenden Gebührenschuldner gerichtet ist;

6. „Gebühren entrichtendes Kreditinstitut“: ein in einem teilnehmenden Mitgliedstaat niedergelassenes Kreditinstitut;

7. „Gebühren entrichtende Zweigstelle“: eine in einem teilnehmenden Mitgliedstaat niedergelassene Zweigstelle eines in einem nicht teilnehmenden Mitgliedstaat niedergelassenen Kreditinstituts;

8. „Gebührenzeitraum“: ein Kalenderjahr;

9. *(aufgehoben, ABl L 327 vom 17. 12. 2019, S 70)*

10. „Gruppe Gebühren entrichtender Unternehmen“: i) eine beaufsichtigte Gruppe; und ii) mehrere Gebühren entrichtende Zweigstellen, die gemäß Artikel 3 Absatz 3 als eine Zweigstelle gelten.

11. „Mitgliedstaat“: ein Mitgliedstaat der Union;

12. „gesamte Aktiva“:

Zu Abs. 13:

[3)] Richtlinie 2013/36/EU des Europäischen Parlaments und des Rates vom 26. Juni 2013 über den Zugang zur Tätigkeit von Kreditinstituten und die Beaufsichtigung von Kreditinstituten und Wertpapierfirmen, zur Änderung der Richtlinie 2002/87/EG und zur Aufhebung der Richtlinien 2006/48/EG und 2006/49/EG (ABl. L 176 vom 27.6.2013, S. 338).

a) im Fall einer beaufsichtigten Gruppe, der gemäß Artikel 51 der Verordnung (EU) Nr. 468/2014 (EZB/2014/17) bestimmte Gesamtwert der Aktiva, wobei Aktiva von in nicht teilnehmenden Mitgliedstaaten und in Drittländern niedergelassenen Tochterunternehmen nicht berücksichtigt werden, sofern die beaufsichtigte Gruppe nichts anderes gemäß Artikel 10 Absatz 3 Buchstabe c beschließt;

b) im Fall einer Gebühren entrichtenden Zweigstelle, der für Aufsichtszwecke gemeldete Gesamtwert der Aktiva. Ist die Meldung des Gesamtwerts der Aktiva nicht für Aufsichtszwecke erforderlich, dann der Gesamtwert der Aktiva, der auf Grundlage des letzten geprüften Jahresabschlusses festgestellt wird, welcher gemäß den Internationalen Rechnungslegungsstandards (IFRS) erstellt wurde, die gemäß der Verordnung (EG) Nr. 1606/2002 des Europäischen Parlaments und des Rates[1] in der Union gelten, und wenn dieser Jahresabschluss nicht vorliegt, auf Grundlage des nach den geltenden nationalen Rechnungslegungsvorschriften erstellten Jahresabschlusses. Im Fall von Gebühren entrichtenden Zweigstellen, die keinen Jahresabschluss erstellen, der gemäß Artikel 51 Absatzv5 der Verordnung (EU) Nr. 468/2014 (EZB/2014/17) bestimmte Gesamtwert der Aktiva;

c) im Fall von zwei oder mehr Gebühren entrichtenden Zweigstellen, die gemäß Artikel 3 Absatz 3 als eine Zweigstelle gelten, der für jede Gebühren entrichtende Zweigstelle jeweils bestimmte Gesamtwert der Aktiva;

d) in allen anderen Fällen, der gemäß Artikel 51 der Verordnung (EU) Nr. 468/2014 (EZB/2014/17) bestimmte Gesamtwert der Aktiva;

(ABl L 327 vom 17. 12. 2019, S 70)

13. „Gesamtrisikobetrag“:

a) im Fall einer beaufsichtigten Gruppe, der auf oberster Konsolidierungsebene innerhalb eines teilnehmenden Mitgliedstaats und gemäß Artikel 92 Absatz 3 der Verordnung (EU) Nr. 575/2013 des Europäischen Parlaments und des Rates[2] berechnete Betrag, wobei der Risikobetrag von in nicht teilnehmenden Mitgliedstaaten und in Drittländern niedergelassenen Tochterunternehmen nicht berücksichtigt wird, sofern die beaufsichtigte Gruppe nichts anderes gemäß Artikel 10 Absatz 3 Buchstabe c beschließt;

b) im Fall einer Gebühren entrichtenden Zweigstelle oder von zwei oder mehr Gebühren entrichtenden Zweigstellen, die gemäß Artikel 3 Absatz 3 als eine Zweigstelle gelten, ist der Gesamtrisikobetrag Null;

c) in allen anderen Fällen, der gemäß Artikel 92 Absatz 3 der Verordnung (EU) Nr. 573/2013 berechnete Betrag.

(ABl L 327 vom 17. 12. 2019, S 70)

Artikel 3
Allgemeine Pflicht zur Entrichtung der jährlichen Aufsichtsgebühr

(1) Die EZB erhebt für jeden Gebührenzeitraum für jedes beaufsichtigte Unternehmen und jede beaufsichtigte Gruppe eine jährliche Aufsichtsgebühr.

(2) Die jährliche Aufsichtsgebühr für jedes beaufsichtigte Unternehmen und jede beaufsichtigte Gruppe wird in einem Gebührenbescheid festgelegt, der an den Gebührenschuldner gerichtet und von diesem zu begleichen ist. Der Gebührenschuldner ist Adressat des Gebührenbescheids sowie eines jeden Bescheids und einer jeden Mitteilung der EZB im Zusammenhang mit Aufsichtsgebühren. Der Gebührenschuldner ist für die Entrichtung der jährlichen Aufsichtsgebühr verantwortlich.

(3) Zwei oder mehr Gebühren entrichtende Zweigstellen desselben Kreditinstituts in demselben teilnehmenden Mitgliedstaat gelten als eine Zweigstelle. Gebühren entrichtende Zweigstellen desselben Kreditinstituts in verschiedenen teilnehmenden Mitgliedstaaten gelten nicht als eine Zweigstelle.

(4) Für die Zwecke dieser Verordnung gelten Gebühren entrichtende Zweigstellen als getrennt von Tochterunternehmen desselben Kreditinstituts in demselben teilnehmenden Mitgliedstaat.

Artikel 4
Gebührenschuldner

(1) Der Gebührenschuldner der jährlichen Aufsichtsgebühr

a) ist, im Falle eines Gebühren entrichtenden Kreditinstituts, das nicht Teil einer beaufsichtigten Gruppe ist, das Gebühren entrichtende Kreditinstitut;

b) ist, im Falle einer Gebühren entrichtenden Zweigstelle, die nicht mit einer anderen Gebühren entrichtenden Zweigstelle zusammengefasst wird, die Gebühren entrichtende Zweigstelle;

c) wird, im Falle einer Gruppe Gebühren entrichtender Unternehmen, nach den Bestimmungen des Absatzes 2 bestimmt. *(ABl L 327 vom 17. 12. 2019, S 70)*

Zu Artikel 2:

[1] Verordnung (EG) Nr. 1606/2002 des Europäischen Parlaments und des Rates vom 19. Juli 2002 betreffend die Anwendung internationaler Rechnungslegungsstandards (ABl. L 243 vom 11.9.2002, S. 1).

[2] Verordnung (EU) Nr. 575/2013 des Europäischen Parlaments und des Rates vom 26. Juni 2013 über Aufsichtsanforderungen an Kreditinstitute und Wertpapierfirmen und zur Änderung der Verordnung (EU) Nr. 648/2012 (ABl. L 176 vom 27.6.2013, S. 1).

(2) Unbeschadet der innerhalb einer Gruppe Gebühren entrichtender Unternehmen bestehenden Regelungen über die Verteilung von Kosten wird eine Gruppe Gebühren entrichtender Unternehmen als eine Einheit behandelt. Eine Gruppe Gebühren entrichtender Unternehmen benennt einen Gebührenschuldner für die gesamte Gruppe und zeigt der EZB diesen Gebührenschuldner an. Der Gebührenschuldner ist in einem teilnehmenden Mitgliedstaat niedergelassen. Diese Anzeige wird nur als wirksam angesehen, wenn sie

a) den Namen der Gruppe aufführt, die von der Anzeige erfasst ist;

b) vom Gebührenschuldner im Namen aller beaufsichtigten Unternehmen der Gruppe unterzeichnet wurde;

c) der EZB spätestens bis zum 30. September jedes Jahres zugeht, damit sie bei der Erstellung des Gebührenbescheides für diesen Gebührenzeitraum berücksichtigt wird.

Gehen der EZB fristgerecht mehrere Anzeigen einer Gruppe zu, ist die letzte Anzeige maßgeblich, die die EZB bis zum 30. September erhält. Wird ein beaufsichtigtes Unternehmen Teil der beaufsichtigten Gruppe nach Zugang einer wirksamen Anzeige des Gebührenschuldners, gilt letztere als auch im Namen des beaufsichtigten Unternehmens unterzeichnet, sofern die EZB nicht anderweitig schriftlich unterrichtet wird. *(ABl L 327 vom 17. 12. 2019, S 70)*

(3) Unbeschadet des Absatzes 2 behält die EZB sich das Recht vor, den Gebührenschuldner zu bestimmen.

TEIL II

AUSGABEN UND KOSTEN

Artikel 5
Jährliche Kosten

(1) Die jährlichen Aufsichtskosten bilden die Grundlage für die Festsetzung der jährlichen Aufsichtsgebühren und werden durch die Entrichtung der jährlichen Aufsichtsgebühren gedeckt.

(2) Der Betrag der jährlichen Kosten wird auf der Grundlage des Betrags der jährlichen Ausgaben ermittelt, wobei Letzterer sich zusammensetzt aus den Kosten der EZB im jeweiligen Gebührenzeitraum, die unmittelbar oder mittelbar mit ihren Aufsichtsaufgaben im Zusammenhang stehen.

„“

(ABl L 327 vom 17. 12. 2019, S 70)

(3) Bei der Ermittlung der jährlichen Kosten berücksichtigt die EZB

a) Gebührenbeträge, die sich auf frühere Gebührenzeiträume beziehen und die nicht eingezogen werden konnten;

b) gemäß Artikel 14 erhaltene Zinszahlungen;

c) gemäß Artikel 7 Absatz 3 erhaltene und erstattete Beträge.

(4) Innerhalb von vier Monaten nach dem Ende jedes Gebührenzeitraums wird für jede Kategorie beaufsichtigter Unternehmen und beaufsichtigter Gruppen der Gesamtbetrag der jährlichen Aufsichtsgebühren für diesen Gebührenzeitraum auf der Website der EZB veröffentlicht. *(ABl L 327 vom 17. 12. 2019, S 70)*

Artikel 6 *(aufgehoben, ABl L 327 vom 17. 12. 2019, S 70)*

TEIL III

FESTSETZUNG DER JÄHRLICHEN AUFSICHTSGEBÜHR

Artikel 7
Neue beaufsichtige Unternehmen, nicht mehr beaufsichtigte Unternehmen oder Änderung des Status

(1) Ist ein beaufsichtigtes Unternehmen oder eine beaufsichtigte Gruppe nur während eines Teils des Gebührenzeitraums ein beaufsichtigtes Unternehmen bzw. eine beaufsichtigte Gruppe, wird die jährliche Aufsichtsgebühr auf der Grundlage der Anzahl der vollen Monate des Gebührenzeitraums berechnet, in denen das beaufsichtigte Unternehmen oder die beaufsichtigte Gruppe beaufsichtigt werden.

(2) Übernimmt die EZB infolge eines entsprechenden Beschlusses der EZB die direkte Beaufsichtigung eines beaufsichtigten Unternehmens oder einer beaufsichtigten Gruppe gemäß Artikel 45 der Verordnung (EU) Nr. 468/2014 (EZB/2014/17) oder endet die direkte Beaufsichtigung eines beaufsichtigten Unternehmens oder einer beaufsichtigten Gruppe durch die EZB gemäß Artikel 46 der Verordnung (EU) Nr. 468/2014 (EZB/2014/17), wird die jährliche Aufsichtsgebühr auf der Grundlage der Anzahl der Monate berechnet, in denen das beaufsichtigte Unternehmen oder die beaufsichtigte Gruppe am letzten Tag des Monats der direkten oder indirekten Aufsicht der EZB unterlag. *(ABl L 327 vom 17. 12. 2019, S 70)*

(3) Weicht der erhobene Betrag der jährlichen Aufsichtsgebühr von dem gemäß den Absätzen 1 und 2 berechneten Gebührenbetrag ab, veranlasst die EZB eine Rückzahlung an den Gebührenschuldner, oder sie stellt eine zusätzliche Rechnung aus, die vom Gebührenschuldner zu begleichen ist.

Artikel 8
Aufteilung der jährlichen Kosten unter den bedeutenden und weniger bedeutenden Unternehmen

(1) Zur Berechnung der jährlichen Aufsichtsgebühr, die für jedes beaufsichtigte Unternehmen und jede beaufsichtigte Gruppe zu entrichten ist, werden die jährlichen Kosten in zwei Teile aufgeteilt, d. h. einen Teil für jede Kategorie beaufsichtigter Unternehmen und beaufsichtigter Gruppen, und zwar wie folgt:

a) die von bedeutenden beaufsichtigten Unternehmen zu erstattenden Kosten,

b) die von weniger bedeutenden beaufsichtigten Unternehmen zu erstattenden Kosten.

(2) Die Aufteilung der jährlichen Kosten gemäß Absatz 1 erfolgt auf der Grundlage der Kosten, die den jeweiligen Funktionen zugeordnet werden, welche die direkte Beaufsichtigung bedeutender beaufsichtigter Unternehmen und die indirekte Beaufsichtigung weniger bedeutender beaufsichtigter Unternehmen ausüben.

Artikel 9 *(aufgehoben, ABl L 327 vom 17. 12. 2019, S 70)*

Artikel 10
Für beaufsichtigte Unternehmen oder beaufsichtigte Gruppen zu entrichtende jährliche Aufsichtsgebühr

(1) Die für jedes bedeutende beaufsichtigte Unternehmen oder jede bedeutende beaufsichtigte Gruppe zu entrichtende jährliche Aufsichtsgebühr wird berechnet, indem der für die Kategorien bedeutende beaufsichtigte Unternehmen und bedeutende beaufsichtigte Gruppen zu erhebende Betrag den einzelnen bedeutenden beaufsichtigten Unternehmen und bedeutenden beaufsichtigten Gruppen auf der Grundlage ihrer Gebührenfaktoren zugewiesen wird.

(2) Die für jedes weniger bedeutende beaufsichtigte Unternehmen oder jede weniger bedeutende beaufsichtigte Gruppe zu entrichtende jährliche Aufsichtsgebühr wird berechnet, indem der für die Kategorien weniger bedeutende beaufsichtigte Unternehmen und weniger bedeutende beaufsichtigte Gruppen zu erhebende Betrag den einzelnen weniger bedeutenden beaufsichtigten Unternehmen und weniger bedeutenden beaufsichtigten Gruppen auf der Grundlage ihrer Gebührenfaktoren zugewiesen wird.

(3) Die Gebührenfaktoren auf der obersten Konsolidierungsebene innerhalb der teilnehmenden Mitgliedstaaten werden auf folgender Grundlage berechnet:

a) Die Gebührenfaktoren, die zur Festsetzung der für jedes beaufsichtigte Unternehmen oder jede beaufsichtigte Gruppe zu entrichtenden jährlichen Aufsichtsgebühr verwendet werden, werden durch den Betrag gebildet, der sich am Referenzdatum zusammensetzt aus

i) den gesamten Aktiva und

ii) dem Gesamtrisikobetrag.
(ABl L 327 vom 17. 12. 2019, S 70)

b) *(aufgehoben, ABl L 327 vom 17. 12. 2019, S 70)*

ba) Die Gebührenfaktoren werden für jeden Gebührenzeitraum auf der Grundlage von Daten bestimmt, welche die beaufsichtigten Unternehmen für Aufsichtszwecke mit dem Referenzdatum 31. Dezember des vorhergehenden Gebührenzeitraums melden. *(ABl L 327 vom 17. 12. 2019, S 70)*

bb) Sofern ein beaufsichtigtes Unternehmen bei der Erstellung von Jahresabschlüssen – einschließlich konsolidierter Jahresabschlüsse – ein Geschäftsjahr zugrunde legt, das vom Kalenderjahr abweicht, gilt als Referenzdatum für die gesamten Aktiva das Ende des Geschäftsjahres, das dem vorhergehenden Gebührenzeitraum entspricht. *(ABl L 327 vom 17. 12. 2019, S 70)*

bc) Wird ein beaufsichtigtes Unternehmen oder eine beaufsichtigte Gruppe nach dem jeweiligen, in Buchstaben ba oder bb aufgeführten Referenzdatum aber vor dem 1. Oktober des Gebührenzeitraums gegründet, für den die Gebühr bestimmt wird und sind somit keine Gebührenfaktoren zu diesem Referenzdatum vorhanden, gilt als Referenzdatum für die Gebührenfaktoren das Ende des Quartals, das zum jeweiligen, in Buchstaben ba und bb aufgeführten Referenzdatum am zeitnächsten liegt. *(ABl L 327 vom 17. 12. 2019, S 70)*

bd) Für beaufsichtigte Unternehmen und beaufsichtigte Gruppen, die keiner aufsichtsrechtlichen Meldepflicht unterliegen oder beaufsichtigte Gruppen, die Aktiva und/oder den Risikobetrag von in nicht teilnehmenden Mitgliedstaaten und in Drittländern niedergelassenen Tochterunternehmen gemäß Buchstabe c nicht berücksichtigen, werden die Gebührenfaktoren auf Grundlage der Angaben bestimmt, die von ihnen zur Berechnung der Aufsichtsgebühr gesondert gemeldet werden. Die Gebührenfaktoren werden der betreffenden NCA zum in Buchstaben ba, bb oder bc festgelegten jeweiligen Referenzdatum gemäß einem Beschluss der EZB übermittelt. *(ABl L 327 vom 17. 12. 2019, S 70)*

c) Die Aktiva und den Risikobetrag von in nicht teilnehmenden Mitgliedstaaten und in Drittländern niedergelassenen Tochterunternehmen sollten beaufsichtigte Gruppen bei der Berechnung der Gebührenfaktoren grundsätzlich nicht berücksichtigen. Beaufsichtigte Gruppen können beschließen, solche Aktiva und/oder den Risikobetrag bei der Berechnung der Gebührenfaktoren zu berücksichtigen. *(ABl L 327 vom 17. 12. 2019, S 70)*

d) Bei beaufsichtigten Unternehmen oder beaufsichtigten Gruppen, die aufgrund von Artikel 6 Absatz 4 der Verordnung (EU) Nr. 1024/2013 als weniger bedeutend eingestuft werden, übersteigt der Gebührenfaktor der gesamten Aktiva 30 Mrd. EUR nicht.

e) Auf die Gebührenfaktoren wird folgende relative Gewichtung angewandt:

i) gesamte Aktiva: 50 %;

ii) Gesamtrisikobetrag: 50 %.

(4) Die Summe der gesamten Aktiva aller Gebührenschuldner und die Summe des Gesamtrisikobetrags aller Gebührenschuldner werden auf der Website der EZB veröffentlicht. *(ABl L 327 vom 17. 12. 2019, S 70)*

(5) Falls der Gebührenschuldner es unterlässt, die Gebührenfaktoren zur Verfügung zu stellen, bestimmt die EZB die Gebührenfaktoren gemäß einem Beschluss der EZB. *(ABl L 327 vom 17. 12. 2019, S 70)*

(6) Die Berechnung der von jedem einzelnen Gebührenschuldner zu entrichtenden jährlichen Aufsichtsgebühr wird wie folgt vorgenommen:

a) Die jährliche Aufsichtsgebühr ist die Summe der Mindestgebührenkomponente und der variablen Gebührenkomponente.

b) Die Mindestgebührenkomponente wird anhand eines festen Prozentsatzes des Gesamtbetrags der jährlichen Aufsichtsgebühren für jede Kategorie beaufsichtigter Unternehmen und beaufsichtigter Gruppen gemäß Artikel 8 berechnet.

i) Für die Kategorie bedeutende beaufsichtigte Unternehmen und bedeutende beaufsichtige Gruppen beträgt der feste Prozentsatz 10 %. Dieser Betrag wird zu gleichen Teilen auf alle Gebührenschuldner verteilt. In Bezug auf bedeutende beaufsichtigte Unternehmen und bedeutende beaufsichtigte Gruppen, deren gesamte Aktiva höchstens 10 Mrd. EUR betragen, wird die Mindestgebührenkomponente halbiert.

ii) Für die Kategorie weniger bedeutende beaufsichtigte Unternehmen und weniger bedeutende beaufsichtigte Gruppen beträgt der feste Prozentsatz 10 %. Dieser Betrag wird zu gleichen Teilen auf alle Gebührenschuldner verteilt. In Bezug auf weniger bedeutende beaufsichtigte Unternehmen und weniger bedeutende Gruppen, deren gesamte Aktiva höchstens 1 Mrd. EUR betragen, wird die Mindestgebührenkomponente halbiert.
(ABl L 327 vom 17. 12. 2019, S 70)

c) Die variable Gebührenkomponente ist die Differenz zwischen dem gemäß „Artikel 8" ermittelten Gesamtbetrag der jährlichen Aufsichtsgebühren für jede Kategorie beaufsichtigter Unternehmen und der Mindestgebührenkomponente für dieselbe Kategorie. Die variable Gebührenkomponente wird den einzelnen Gebührenschuldnern jeder Kategorie nach Maßgabe des Anteils jedes Gebührenschuldners an der Summe aller nach Absatz 3 bestimmten gewichteten Gebührenfaktoren aller Gebührenschuldner zugewiesen. *(ABl L 327 vom 17. 12. 2019, S 70)*

„Die EZB bestimmt die von jedem Gebührenschuldner zu entrichtende jährliche Aufsichtsgebühr auf der Grundlage der nach diesem Absatz durchgeführten Berechnung sowie der gemäß diesem Artikel bestimmten Gebührenfaktoren. Die zu entrichtende jährliche Aufsichtsgebühr wird dem Gebührenschuldner im Gebührenbescheid mitgeteilt." *(ABl L 327 vom 17. 12. 2019, S 70)*

TEIL IV
ZUSAMMENARBEIT MIT DEN NCAs

Artikel 11
Zusammenarbeit mit den NCAs

(1) Die EZB verständigt sich vor der Entscheidung über die endgültige Höhe der Gebühr mit den NCAs, um sicherzustellen, dass die Kosten für die Beaufsichtigung für alle Kreditinstitute und Zweigstellen tragbar und angemessen sind. Zu diesem Zweck richtet die EZB in Zusammenarbeit mit den NCAs einen geeigneten Kommunikationsweg ein und setzt diesen um.

(2) Die NCAs unterstützen die EZB bei der Erhebung von Gebühren, wenn die EZB sie darum ersucht.

(3) Im Fall von Kreditinstituten in einem teilnehmenden, nicht dem Euro-Währungsgebiet angehörenden Mitgliedstaat, dessen enge Zusammenarbeit mit der EZB weder ausgesetzt noch beendet ist, erteilt die EZB der NCA dieses Mitgliedstaats Weisungen in Bezug auf die Erfassung der Gebührenfaktoren und der Rechnungsstellung für die jährliche Aufsichtsgebühr.

TEIL V
RECHNUNGSSTELLUNG

Artikel 12
Gebührenbescheid

(1) Die EZB erlässt jährlich innerhalb von sechs Monaten nach Beginn des nächsten Gebührenzeitraums an die jeweiligen Gebührenschuldner gerichtete Gebührenbescheide. *(ABl L 327 vom 17. 12. 2019, S 70)*

(2) Im Gebührenbescheid ist angegeben, wie die jährliche Aufsichtsgebühr zu entrichten ist. Der Gebührenschuldner beachtet die im Gebührenbescheid genannten Anforderungen an die Entrichtung der jährlichen Aufsichtsgebühr.

(3) Der Gebührenschuldner zahlt den nach dem Gebührenbescheid geschuldeten Betrag innerhalb von 35 Tagen nach Erlass des Gebührenbescheides.

Artikel 13
Bekanntgabe des Gebührenbescheides

(1) Der Gebührenschuldner ist dafür verantwortlich, die Kontaktdaten für die Übermittlung des Gebührenbescheids auf dem neusten Stand zu halten und informiert die EZB über jegliche Änderungen der Kontaktdaten (d. h. Name, Funktion, Organisationseinheit, Anschrift, E-Mail-Adresse, Telefon- und Faxnummer). „ “ Die Kontaktdaten beziehen sich auf eine natürliche Person oder vorzugsweise auf eine Funktion innerhalb der Organisation des Gebührenschuldners. *(ABl L 327 vom 17. 12. 2019, S 70)*

(2) Die EZB gibt den Gebührenbescheid auf einem der folgenden Wege bekannt: a) auf elektronischem oder sonstigem vergleichbaren Wege, b) per Telefax, c) per Kurierdienst, d) per Einschreiben mit Empfangsbestätigung, e) durch Zustellung oder Aushändigung. Der Gebührenbescheid ist ohne Unterschrift gültig.

Artikel 14
Zinsen im Fall der Nichtzahlung

Unbeschadet sonstiger der EZB zur Verfügung stehender Maßnahmen fallen bei teilweiser Zahlung, Nichtzahlung oder Nichteinhaltung der im Gebührenbescheid aufgeführten Zahlungsbedingungen täglich Zinsen auf den ausstehenden Betrag der jährlichen Aufsichtsgebühr in Höhe des Zinssatzes des Hauptrefinanzierungssatzes der EZB zuzüglich 8 Prozentpunkte ab dem Datum an, an dem die Zahlung fällig war.

TEIL VI
SCHLUSSBESTIMMUNGEN

Artikel 15
Sanktionen

Im Fall des Verstoßes gegen diese Verordnung kann die EZB gemäß der Verordnung (EG) Nr. 2532/98[1)], ergänzt durch die Verordnung (EU) Nr. 468/2014 (EZB/2014/17), Sanktionen gegen beaufsichtigte Unternehmen verhängen.

Artikel 16 *(aufgehoben, ABl L 327 vom 17. 12. 2019, S 70)*

Zu Artikel 15:

[1)] *Verordnung (EG) Nr. 2532/98 des Rates vom 23. November 1998 über das Recht der Europäischen Zentralbank, Sanktionen zu verhängen (ABl. L 318 vom 27.11.1998, S. 4).*

Artikel 17
Berichtserstattung

(1) Gemäß Artikel 20 Absatz 2 der Verordnung (EU) Nr. 1024/2013 legt die EZB dem Europäischen Parlament, dem Rat der Europäischen Union, der Europäischen Kommission und der Euro-Gruppe jährlich einen Bericht über die voraussichtliche Entwicklung der Struktur und der Höhe des Betrags der jährlichen Aufsichtsgebühren vor.

(2) Innerhalb von vier Monaten ab Beginn eines jeden Gebührenzeitraums wird der geschätzte Betrag der jährlichen Kosten für diesen Gebührenzeitraum auf der Website der EZB veröffentlicht. *(ABl L 327 vom 17. 12. 2019, S 70)*

Artikel 17a
Übergangsbestimmungen für den Gebührenzeitraum 2020

(1) Die jährliche Aufsichtsgebühr, die für jedes beaufsichtigte Unternehmen und jede beaufsichtigte Gruppe für den Gebührenzeitraum 2020 erhoben wird, wird im Gebührenbescheid festgelegt, der an den jeweiligen Gebührenschuldner im Jahr 2021 gerichtet wird.

(2) Etwaige Überschüsse oder Defizite aus dem Gebührenzeitraum 2019, die bestimmt werden, indem die in diesem Gebührenzeitraum tatsächlich entstandenen jährlichen Kosten von den geschätzten jährlichen Kosten, die für diesen Gebührenzeitraum erhoben wurden, abgezogen werden, werden bei der Ermittlung der jährlichen Kosten für den Gebührenzeitraum 2020 berücksichtigt.

(ABl L 327 vom 17. 12. 2019, S 70)

Artikel 18
Inkrafttreten

Diese Verordnung tritt am Tag nach ihrer Veröffentlichung im *Amtsblatt der Europäischen Union* in Kraft.

Diese Verordnung ist in allen ihren Teilen verbindlich und gilt gemäß den Verträgen unmittelbar in den Mitgliedstaaten.

Geschehen zu Frankfurt am Main am 22. Oktober 2014

Für den EZB-Rat
Der Präsident der EZB
Mario DRAGHI

Beschluss (EU) 2019/2158 über die Methodik und die Verfahren zur Bestimmung und Erhebung der die Gebührenfaktoren zur Berechnung der jährlichen Aufsichtsgebühren betreffenden Daten (EZB/2019/38)

ABl L 327 vom 17. 12. 2019, S 99 idF

1 ABl L 330 vom 20. 12. 2019, S 103

Inhaltsverzeichnis *(nicht amtlich)*

DER EZB-RAT –

gestützt auf den Vertrag über die Arbeitsweise der Europäischen Union,

gestützt auf die Verordnung (EU) Nr. 1024/2013 des Rates vom 15. Oktober 2013 zur Übertragung besonderer Aufgaben im Zusammenhang mit der Aufsicht über Kreditinstitute auf die Europäische Zentralbank[1], insbesondere auf Artikel 4 Absatz 3 Unterabsatz 2 und Artikel 30,

in Erwägung nachstehender Gründe:

Zur Präambel:

[1] ABl. L 287 vom 29.10.2013, S. 63.

(1) Am Beschluss (EU) 2015/530 der Europäischen Zentralbank (EZB/2015/7)[2] ist eine Reihe von Änderungen vorzunehmen. Im Interesse der Klarheit sollte dieser Beschluss neu gefasst werden.

(2) Gemäß Artikel 10 Absatz 3 Buchstabe a der Verordnung (EU) Nr. 1163/2014 der Europäischen Zentralbank (EZB/2014/41)[3] werden die Gebührenfaktoren, die zur Festsetzung der für jedes beaufsichtigte Unternehmen oder jede beaufsichtigte Gruppe zu entrichtenden individuellen jährlichen Aufsichtsgebühr verwendet werden, durch den Betrag gebildet, der sich am betreffenden Referenzdatum zusammensetzt aus i) den gesamten Aktiva und ii) dem Gesamtrisikobetrag.

(3) Gemäß der Verordnung (EU) Nr. 1163/2014 (EZB/2014/41) war die EZB verpflichtet, diese Verordnung bis zum Jahr 2017 zu überprüfen, insbesondere im Hinblick auf die Methodik und die Kriterien zur Berechnung der jährlichen Aufsichtsgebühren, die für jedes beaufsichtigte Unternehmen und jede beaufsichtigte Gruppe erhoben werden. Die EZB hat ein öffentliches Anhörungsverfahren eingeleitet und unter Berücksichtigung der eingegangenen Antworten beschlossen, die Verordnung (EU) Nr. 1163/2014 (EZB/2014/41) zur Einführung eines überarbeiteten Regelwerks zu Aufsichtsgebühren zu ändern. Im Beschluss (EU) 2015/530 (EZB/2015/7) werden detailliertere Verfahren zur Methodik und den Verfahren zur Bestimmung und Erhebung der die Gebührenfaktoren zur Berechnung der jährlichen Aufsichtsgebühren betreffenden Daten festgelegt.

Zu Abs. 1:

[2] Beschluss (EU) 2015/530 der Europäischen Zentralbank vom 11. Februar 2015 über die Methodik und die Verfahren zur Bestimmung und Erhebung der die Gebührenfaktoren zur Berechnung der jährlichen Aufsichtsgebühren betreffenden Daten (EZB/2015/7) (ABl. L 84 vom 28.3.2015, S. 67).

Zu Abs. 2:

[3] Verordnung (EU) Nr. 1163/2014 der Europäischen Zentralbank vom 22. Oktober 2014 über Aufsichtsgebühren (EZB/2014/41) (ABl. L 311 vom 31.10.2014, S. 23).

(4) Nach dem überarbeiteten Rahmenwerk gemäß Verordnung (EU) Nr. 1163/2014 (EZB/2014/41) sollte als Referenzdatum für die Gebührenfaktoren grundsätzlich weiterhin der 31. Dezember des Jahres gelten, das dem Gebührenzeitraum, für den die Gebühren berechnet werden, vorhergeht. Dadurch können aufsichtliche Informationen, die der EZB bereits gemäß dem Beschluss EZB/2014/29[4] und der Durchführungsverordnung (EU) Nr. 680/2014 der Kommission[5] (gemeinsame Berichterstattung (Common Reporting – COREP) und Finanzberichterstattung (Financial Reporting – FINREP)) sowie gemäß der Verordnung (EU) 2015/534 der Europäischen Zentralbank (EZB/2015/13)[6] (FINREP) zur Verfügung stehen, bei der Berechnung der jährlichen Aufsichtsgebühr für die Mehrheit der Gebührenschuldner verwendet werden.

(5) Für beaufsichtigte Unternehmen und beaufsichtigte Gruppen, die keiner aufsichtsrechtlichen Meldepflicht unterliegen oder beaufsichtigte Gruppen, die Aktiva und/oder den Risikobetrag von in nicht teilnehmenden Mitgliedstaaten und in Drittländern niedergelassenen Tochterunternehmen nicht berücksichtigen, sollten die Gebührenfaktoren zur Berechnung der Aufsichtsgebühren weiterhin gesondert gemeldet werden. Gemäß Artikel 10 Absatz 3 Buchstabe bd der Verordnung (EU) Nr. 1163/2014 (EZB/2014/41) werden diese Gebührenfaktoren der betreffenden NCA zum jeweiligen Referenzdatum gemäß einem Beschluss der EZB übermittelt.

(6) Gebührenschuldner, die weiterhin gesondert melden müssen, sollten die Gebührenfaktoren unter Verwendung der in den Anhängen I und II enthaltenen Vorlagen an die jeweilige nationale zuständige Behörde (National Competent Authority – NCA) übermitteln. Im Fall von beaufsichtigten Gruppen mit in nicht teilnehmenden Mitgliedstaaten und in Drittländern niedergelassenen Tochterunternehmen sollten die Gebührenschuldner die für die Bestimmung der Gebührenfaktoren verwendete Methodik erläutern.

(7) Es sollte die Konsistenz zwischen der Bestimmung der Gebührenfaktoren von Gebührenschuldnern, für die die EZB bereits aufsichtliche Informationen durch COREP und FINREP erhält, und den Gebührenfaktoren von Gebührenschuldnern, die Informationen zur Berechnung der Aufsichtsgebühren gesondert melden müssen, sichergestellt werden.

(8) Bei der Berechnung der Gebührenfaktoren sieht Artikel 10 Absatz 3 Buchstabe c der Verordnung (EU) Nr. 1163/2014 (EZB/2014/41) die Möglichkeit vor, Aktiva und/oder den Risikobetrag von in nicht teilnehmenden Mitgliedstaaten und in Drittländern niedergelassenen Tochterunternehmen nicht zu berücksichtigen. Die betreffenden Gebührenschuldner sollten der EZB anzeigen, ob sie beabsichtigen, den Beitrag von in nicht teilnehmenden Mitgliedstaaten und in Drittländern niedergelassenen Tochterunternehmen für einen Gebührenfaktor oder beide Gebührenfaktoren nicht zu berücksichtigen. Die Frist für die Übermittlung der Anzeige sollte im Einklang mit dem überarbeiteten Rahmenwerk für die Berechnung der Aufsichtsgebühren stehen.

(9) Für die Mehrheit der Gebühren entrichtenden Zweigstellen wurde im Rahmen der Überprüfung der Verordnung (EU) Nr. 1163/2014 (EZB/2014/41) die Verpflichtung zur Vorlage einer Bestätigung des Rechnungsprüfers zum Nachweis der gesamten Aktiva der Zweigstelle für die Berechnung der Aufsichtsgebühr als unverhältnismäßig bewertet. Es genügt, dass die Gebühren entrichtenden Zweigstellen der relevanten NCA ein Schreiben der Geschäftsleitung übermitteln, in dem die gesamten Aktiva der Zweigstelle bestätigt werden.

(10) Artikel 10 Absatz 5 der Verordnung (EU) Nr. 1163/2014 (EZB/2014/41) legt fest, dass die EZB die Gebührenfaktoren gemäß einem Beschluss der EZB bestimmt, falls ein Gebührenschuldner es unterlässt, sie zur Verfügung zu stellen.

(11) In diesem Beschluss sollten die Methodik und die Verfahren zur Bestimmung und Erhebung der die Gebührenfaktoren betreffenden Daten sowie die Verfahren für die Übermittlung der Gebührenfaktoren durch die Gebührenschuldner, die die Gebührenfaktoren zur Berechnung der Aufsichtsgebühren weiterhin gesondert melden müssen, und von NCAs an die EZB festgelegt werden. Insbesondere sollten das Format, die Häufigkeit und die Termine für diese Übermittlung sowie die Arten der Qualitätsprüfungen, die

Zu Abs. 4:

[4] Beschluss EZB/2014/29 vom 2. Juli 2014 über die Lieferung der aufsichtlichen Daten an die Europäische Zentralbank, die von den beaufsichtigten Unternehmen gemäß der Durchführungsverordnungen (EU) Nr. 680/2014 und (EU) 2016/2070 der Kommission den nationalen zuständigen Behörden gemeldet werden (ABl. L 214 vom 19.7.2014, S. 34).

[5] Durchführungsverordnung (EU) Nr. 680/2014 der Kommission vom 16. April 2014 zur Festlegung technischer Durchführungs-standards für die aufsichtlichen Meldungen der Institute gemäß der Verordnung (EU) Nr. 575/2013 des Europäischen Parlaments und des Rates (ABl. L 191 vom 28.6.2014, S. 1).

[6] Verordnung (EU) 2015/534 der Europäischen Zentralbank vom 17. März 2015 über die Meldung aufsichtlicher Finanzinformationen (EZB/2015/13) (ABl. L 86 vom 31.3.2015, S. 13).

die NCAs vor Übermittlung der Gebührenfaktoren an die EZB vorzunehmen haben, festgelegt werden.

(12) Es ist erforderlich, ein Verfahren zur effizienten Durchführung technischer Änderungen der Anhänge dieses Beschlusses zu entwickeln; durch diese Änderungen darf jedoch weder der zugrunde liegende konzeptionelle Rahmen verändert, noch der Meldeaufwand berührt werden. Die NCAs können dem Ausschuss für Statistik des Europäischen Systems der Zentralbanken (ESZB) solche technische Änderungen vorschlagen, wobei dessen Position im Rahmen dieses Verfahrens Rechnung getragen wird.

(13) Zur Gewährleistung der Kohärenz mit dem überarbeiteten Rahmenwerk für die Berechnung der Aufsichtsgebühren gemäß der Verordnung (EU) Nr. 1163/2014 (EZB/2014/41), die Übergangsbestimmungen im Hinblick auf den Gebührenzeitraum 2020 vorsieht, sollte dieser Beschluss Anfang 2020 in Kraft treten –

HAT FOLGENDEN BESCHLUSS ERLASSEN:

Artikel 1
Gegenstand und Geltungsbereich

Dieser Beschluss legt die Methodik und die Verfahren zur Bestimmung und Erhebung der der Gebührenfaktoren zur Berechnung der von beaufsichtigten Unternehmen und beaufsichtigten Gruppen zu entrichtenden jährlichen Aufsichtsgebühren betreffenden Daten gemäß der Verordnung (EU) Nr. 1163/2014 (EZB/2014/41) und die Übermittlung der Gebührenfaktoren durch die Gebührenschuldner im Sinne von Artikel 10 Absatz 3 Buchstabe bd jener Verordnung sowie die Verfahren zur Übermittlung dieser Daten von NCAs an die EZB fest.

Dieser Beschluss ist auf Gebührenschuldner und NCAs anwendbar.

Artikel 2
Begriffsbestimmungen

Für die Zwecke dieses Beschlusses gelten, sofern nichts anderes bestimmt ist, die in Artikel 2 der Verordnung (EU) Nr. 1163/2014 (EZB/2014/41) enthaltenen Begriffsbestimmungen sowie die folgenden Begriffsbestimmungen:

1. „Arbeitstag“: ein Tag, bei dem es sich nicht um einen Samstag, Sonntag oder einen gesetzlichen Feiertag in dem Mitgliedstaat handelt, in dem die relevante NCA ihren Sitz hat;

2. „Leitungsorgan“: ein Leitungsorgan gemäß der Definition in Artikel 3 Absatz 1 Nummer 7 der Richtlinie 2013/36/EU des Europäischen Parlaments und des Rates[1].

Artikel 3
Methodik zur Bestimmung der Gebührenfaktoren

(1) Für beaufsichtigte Unternehmen und beaufsichtigte Gruppen, die einer aufsichtsrechtlichen Meldepflicht unterliegen, und beaufsichtigte Gruppen, die der EZB ihre Entscheidung, die Aktiva und/oder den Risikobetrag von in nicht teilnehmenden Mitgliedstaaten und in Drittländern niedergelassenen Tochterunternehmen nicht zu berücksichtigen, nicht gemäß Artikel 4 angezeigt haben, bestimmt die EZB die jeweiligen Gebührenfaktoren wie folgt:

a) Der Gesamtrisikobetrag für das in Artikel 10 Absatz 3 Buchstaben ba oder bc der Verordnung (EU) Nr. 1163/2014 (EZB/2014/41) genannte relevante Referenzdatum wird anhand der in Anhang I der Durchführungsverordnung (EU) Nr. 680/2014 aufgeführten Vorlage zu „Eigenmittelanforderungen“ aus der gemeinsamen Berichterstattung (COREP) (nachfolgend die „Vorlage zu Eigenmittelanforderungen“) bestimmt, wie diese gemäß dem Beschluss EZB/2014/29 von den NCAs an die EZB übermittelt wird. Im Fall einer Gebühren entrichtenden Zweigstelle oder von zwei oder mehr Gebühren entrichtenden Zweigstellen, die gemäß Artikel 3 Absatz 3 der Verordnung (EU) Nr. 1163/2014 (EZB/2014/41) als eine Zweigstelle gelten, ist der Gesamtrisikobetrag Null.

b) Die gesamten Aktiva für das in Artikel 10 Absatz 3 Buchstaben ba, bb oder bc der Verordnung (EU) Nr. 1163/2014 (EZB/2014/41) genannte relevante Referenzdatum werden anhand der in den Anhängen III und IV der Durchführungsverordnung (EU) Nr. 680/2014 aufgeführten Vorlagen zu „Bilanz: Vermögenswerte“ aus der Finanzberichterstattung (FINREP) und der in den Anhängen I, II, IV und V aufgeführten Vorlagen zu „Bilanz: Vermögenswerte“ sowie der in Anhang III der Verordnung (EU) 2015/534 (EZB/2015/13) aufgeführten Datenpunkte der aufsichtlichen Finanzmeldungen bestimmt, wie diese gemäß dem Beschluss EZB/2014/29 und der Verordnung (EU) 2015/534 (EZB/2015/13) von den NCAs an die EZB übermittelt werden. Im Fall einer Gebühren entrichtenden Zweigstelle bestätigt der Leiter dieser Zweigstelle oder, wenn

Zu Artikel 2:

[1] Richtlinie 2013/36/EU des Europäischen Parlaments und des Rates vom 26. Juni 2013 über den Zugang zur Tätigkeit von Kreditinstituten und die Beaufsichtigung von Kreditinstituten und Wertpapierfirmen, zur Änderung der Richtlinie 2002/87/EG und zur Aufhebung der Richtlinien 2006/48/EG und 2006/49/EG (ABl. L 176 vom 27.6.2013, S. 338).

der Leiter nicht zur Verfügung steht, das Leitungsorgan des für die Errichtung der Gebühren entrichtenden Zweigstelle zuständige Kreditinstitut, die gesamten Aktiva der Gebühren entrichtenden Zweigstelle mittels eines an die relevante NCA übermittelten Schreibens der Geschäftsleitung.

(2) Für beaufsichtigte Gruppen, die einer aufsichtsrechtlichen Meldepflicht unterliegen und der EZB ihre Entscheidung, die Aktiva und/oder den Risikobetrag von in nicht teilnehmenden Mitgliedstaaten und in Drittländern niedergelassenen Tochterunternehmen nicht zu berücksichtigen, gemäß Artikel 4 anzeigen, bestimmt die EZB die jeweiligen Gebührenfaktoren auf der Grundlage der von diesen beaufsichtigten Gruppen gemäß den folgenden Buchstaben a und b berechneten und gemäß Artikel 5 an die relevante NCA übermittelten Daten.

a) Der Gesamtrisikobetrag für das in Artikel 10 Absatz 3 Buchstaben ba oder bc der Verordnung (EU) Nr. 1163/2014 (EZB/2014/41) genannte relevante Referenzdatum wird anhand der Vorlage zu Eigenmittelanforderungen bestimmt, abzüglich:

i) des Beitrags dieser in nicht teilnehmenden Mitgliedstaaten und in Drittländern niedergelassenen Tochterunternehmen gemäß Meldung in der in Anhang I der Durchführungsverordnung (EU) Nr. 680/2014 aufgeführten COREP-Vorlage „Gruppensolvenz: Informationen zu verbundenen Unternehmen" (nachfolgend die „Vorlage Gruppensolvenz: Informationen zu verbundenen Unternehmen") zum Gesamtrisikobetrag der Gruppe; und

ii) des Beitrags dieser in nicht teilnehmenden Mitgliedstaaten und in Drittländern niedergelassenen Tochterunternehmen, die nicht in der Vorlage Gruppensolvenz: Informationen zu verbundenen Unternehmen enthalten sind, gemäß Meldung in Anhang I dieses Beschlusses zum Gesamtrisikobetrag der Gruppe.

b) Die gesamten Aktiva für das in Artikel 10 Absatz 3 Buchstaben ba, bb oder bc der Verordnung (EU) Nr. 1163/2014 (EZB/2014/41) genannte relevante Referenzdatum werden durch Aggregierung der gesamten Aktiva ermittelt, die in den gesetzlich vorgeschriebenen Jahresabschlüssen aller beaufsichtigten Unternehmen, die in teilnehmenden Mitgliedstaaten niedergelassen sind, innerhalb der beaufsichtigten Gruppe offen gelegt werden, sofern diese verfügbar sind, oder auf andere Weise durch Aggregierung der gesamten Aktiva, die in dem/den relevanten Berichtspaket(en) ausgewiesen sind, das/die von den beaufsichtigten Unternehmen oder der Gruppe der Gebühren entrichtenden Kreditinstitute zur Erstellung von Konzernabschlüssen auf Gruppenebene eingesetzt wird/werden. Um eine Doppelzählung zu vermeiden, kann der Gebührenschuldner gruppeninterne Positionen innerhalb aller in teilnehmenden Mitgliedstaaten niedergelassenen beaufsichtigten Unternehmen eliminieren. Ein in den Konzernabschluss des Mutterunternehmens einer beaufsichtigten Gruppe einbezogener Firmenwert (Goodwill) ist in die Aggregierung einzubeziehen; die Nichtberücksichtigung des Firmenwerts, der Tochterunternehmen zugewiesen ist, die in nicht teilnehmenden Mitgliedstaaten und Drittländern niedergelassen sind, ist optional. Wenn ein Gebührenschuldner gesetzlich vorgeschriebene Jahresabschlüsse einsetzt, bestätigt ein Rechnungsprüfer, dass die gesamten Aktiva den in den geprüften gesetzlich vorgeschriebenen Jahresabschlüssen der einzelnen beaufsichtigten Unternehmen offengelegten gesamten Aktiva entsprechen. Wenn ein Gebührenschuldner Berichtspakete einsetzt, bestätigt ein Rechnungsprüfer die gesamten Aktiva, die für die Berechnung der jährlichen Aufsichtsgebühren eingesetzt werden, indem er die verwendeten Berichtspakete einer ordnungsgemäßen Prüfung unterzieht. In allen Fällen bestätigt der Rechnungsprüfer, dass der Prozess der Aggregierung nicht von dem Verfahren abweicht, das in diesem Beschluss festgelegt ist, und dass die vom Gebührenschuldner vorgenommene Berechnung mit der Bilanzierungsmethode übereinstimmt, die zur Konsolidierung der Bilanzen der Gruppe der Gebühren entrichtenden Unternehmen eingesetzt wird.

(3) Für beaufsichtigte Unternehmen und beaufsichtigte Gruppen, die keiner aufsichtsrechtlichen Meldepflicht unterliegen, werden die gesamten Aktiva und der Gesamtrisikobetrag gemäß Definition in Artikel 2 Nummer 12 und 13 der Verordnung (EU) Nr. 1163/2014 (EZB/2014/41) für das in Artikel 10 Absatz 3 Buchstaben ba, bb oder bc der Verordnung (EU) Nr. 1163/2014 (EZB/2014/41) genannte relevante Referenzdatum von ihnen ermittelt und gemäß Artikel 5 an die relevante NCA übermittelt. Im Fall einer Gebühren entrichtenden Zweigstelle bestätigt der Leiter dieser Zweigstelle oder, wenn der Leiter nicht zur Verfügung steht, das Leitungsorgan des für die Errichtung der Gebühren entrichtenden Zweigstelle zuständige Kreditinstitut, die gesamten Aktiva der Gebühren entrichtenden Zweigstelle mittels eines an die relevante NCA übermittelten Schreibens der Geschäftsleitung.

Artikel 4
Anzeige des Abzugs von Aktiva und/oder des Risikobetrags von in nicht teilnehmenden Mitgliedstaaten und in Drittländern niedergelassenen Tochterunternehmen

Gebührenschuldner, die beabsichtigen, Aktiva und/oder den Risikobetrag von in nicht teilnehmenden Mitgliedstaaten und in Drittländern niedergelassenen Tochterunternehmen gemäß Artikel 10 Absatz 3 Buchstabe c der Verordnung (EU) Nr. 1163/2014 (EZB/2014/41) nicht zu berücksichtigen, zeigen der EZB ihre Entscheidung spätestens bis 30. September des Gebührenzeitraums an, für den die Gebühr berechnet wird. In der Anzeige ist anzugeben, ob der Abzug des Beitrags von in nicht teilnehmenden Mitgliedstaaten und in Drittländern niedergelassenen Tochterunternehmen auf den Gebührenfaktor Gesamtrisikobetrag, den Gebührenfaktor gesamte Aktiva oder beide gilt. Erhält die EZB bis zum 30. September des Gebührenzeitraums, für den die Gebühr berechnet wird, keine solche Anzeige, werden der Gesamtrisikobetrag und die gesamten Aktiva gemäß Artikel 3 Absatz 1 bestimmt. Gehen der EZB fristgerecht mehrere Anzeigen zu, ist die letzte bis zum 30. September des Gebührenzeitraums, für den die Gebühr berechnet wird, bei der EZB zugegangene Anzeige maßgeblich.

Artikel 5
Vorlagen für die Berichterstattung der Gebührenfaktoren der Gebührenschuldner an die NCAs

(1) Gebührenschuldner, deren Gebührenfaktoren gemäß Artikel 3 Absatz 2 oder Absatz 3 bestimmt werden, übermitteln der relevanten NCA die Gebührenfaktoren jedes Jahr bis zu den in Artikel 6 angegebenen Einreichungsterminen. Die Gebührenfaktoren sind unter Verwendung der Vorlagen in Anhang I und Anhang II zu übermitteln. Im Fall einer beaufsichtigten Gruppe mit in nicht teilnehmenden Mitgliedstaaten und in Drittländern niedergelassenen Tochterunternehmen legt der Gebührenschuldner zur Erfüllung des Artikels 3 Absatz 2 oder Absatz 3 eine Erklärung der für die Bestimmung der Gebührenfaktoren genutzten Methodik in der im jeweiligen Anhang vorgesehenen Kommentarspalte vor.

(2) Gebührenschuldner übermitteln der relevanten NCA die Erklärung des Rechnungsprüfers oder das Schreiben der Geschäftsleitung gemäß Artikel 3 Absatz 2 oder Absatz 3 bis zu den in Artikel 6 angegebenen Einreichungsterminen.

Artikel 6
Einreichungstermine

(1) Die Gebührenschuldner, deren Gebührenfaktoren gemäß Artikel 3 Absatz 2 und Absatz 3 bestimmt werden, übermitteln die Gebührenfaktoren bis Geschäftsschluss des in Artikel 3 Absatz 1 Buchstabe b der Durchführungsverordnung (EU) Nr. 680/2014 festgelegten Einreichungstermins für die vierteljährlichen Meldungen für das dritte Quartal des Gebührenzeitraums, für den die Gebühr berechnet wird, oder, wenn der Einreichungstermin kein Arbeitstag ist, am nächsten Arbeitstag an die relevante NCA.

(2) Die NCAs übermitteln die in Absatz 1 genannten Gebührenfaktoren spätestens bis Geschäftsschluss am 10. Arbeitstag nach dem in Absatz 1 angegebenen Einreichungstermin an die EZB. Anschließend überprüft die EZB die empfangenen Daten innerhalb von fünfzehn Arbeitstagen ab ihrem Empfang. Auf Verlangen der EZB erläutern oder erklären die NCAs die Daten.

(3) Die EZB gewährt jedem Gebührenschuldner spätestens bis 15. Januar des auf den Gebührenzeitraum folgenden Jahres Zugriff auf seine Gebührenfaktoren. Die Gebührenschuldner können innerhalb von fünfzehn Arbeitstagen zu den die Gebührenfaktoren betreffenden Daten Stellung nehmen und geänderte Daten zur Berücksichtigung einreichen, falls sie die Gebührenfaktoren als unrichtig erachten. Diese Frist beginnt an dem Tag, an dem die Gebührenschuldner die Möglichkeit hatten, auf die Gebührenfaktoren zuzugreifen. Anschließend werden die Gebührenfaktoren zur Berechnung der jährlichen Aufsichtsgebühren angewandt. Alle nach dieser Frist eingegangenen Änderungen an den Daten werden nicht berücksichtigt und führen dementsprechend nicht zu einer Änderung der Gebührenfaktoren.

Artikel 7
Datenqualitätsprüfungen

Die NCAs überwachen und gewährleisten die Qualität und die Zuverlässigkeit der gemäß Artikel 3 Absatz 2 und Absatz 3 von den Gebührenschuldnern erhobenen Gebührenfaktoren, bevor sie an die EZB übermittelt werden. Die NCAs nehmen die Qualitätskontrollprüfungen vor, um zu beurteilen, ob die in Artikel 3 dargelegte Methodik eingehalten wurde. Die EZB korrigiert oder ändert die Gebührenfaktoren betreffende Daten nicht, die von den Gebührenschuldnern übermittelt wurden. Korrekturen oder Änderungen der Daten werden von den Gebührenschuldnern vorgenommen und von ihnen an die NCAs übermittelt. Die NCAs übermitteln von ihnen empfangene korrigierte oder geänderte Daten an die EZB. Bei der Übermittlung von Daten bezüglich der Gebührenfaktoren stellen die NCAs: a) Informationen über die mit den übermittelten Daten implizierten bedeutenden Entwicklungen zur Verfügung; und teilen b) der EZB die Gründe für bedeutende Korrekturen oder Änderungen derselben mit. Die NCAs stellen sicher, dass die EZB die erforderlichen Korrekturen oder Änderungen der Daten erhält.

Artikel 8
Bestimmung der Gebührenfaktoren durch die EZB bei Nichtverfügbarkeit der Gebührenfaktoren bzw. Nichtübermittlung von Korrekturen oder Änderungen

In dem Fall, dass ein Gebührenfaktor der EZB nicht zur Verfügung steht oder der Gebührenschuldner geänderte Daten, Änderungen oder

Korrekturen der Daten in Bezug auf die Gebührenfaktoren gemäß Artikel 6 Absatz 3 oder Absatz 7 nicht fristgerecht übermittelt hat, wird die EZB die ihr zur Verfügung stehenden Informationen nutzen, um den fehlenden Gebührenfaktor zu bestimmen.

Artikel 9
Vereinfachtes Änderungsverfahren

Unter Berücksichtigung der Position des Ausschusses für Statistik ist das Direktorium der EZB befugt, technische Änderungen der Anhänge dieses Beschlusses vorzunehmen, die den zugrunde liegenden konzeptionellen Rahmen nicht verändern und sich nicht auf den Meldeaufwand der Gebührenschuldner auswirken. Das Direktorium unterrichtet den EZB-Rat unverzüglich über jede diesbezügliche Änderung.

Artikel 10
Aufhebung

(1) Der Beschluss (EU) 2015/530 (EZB/2015/7) wird hiermit aufgehoben.

(2) Verweisungen auf den aufgehobenen Beschluss gelten als Verweisungen auf den vorliegenden Beschluss und sind gemäß der Entsprechungstabelle in Anhang III zu lesen.

Artikel 11
Inkrafttreten

„Dieser Beschluss tritt am 1. Januar 2020 in Kraft.“ *(ABl L 330 vom 20. 12. 2019, S 103)*

Geschehen zu Frankfurt am Main am 5. Dezember 2019.

Die Präsidentin der EZB
Christine LAGARDE

Anhänge: *Nicht abgedruckt. (Die Anhänge sind im Volltext auf www.lexisnexis.at unter dem Menüpunkt „Service“, Unterpunkt „Update“ abrufbar.)*

Verordnung (EG) Nr. 2157/1999 der Europäischen Zentralbank vom 23.September 1999 über das Recht der Europäischen Zentralbank, Sanktionen zu verhängen (EZB/1999/4)

ABl L 264 (vom 12. 10. 1999) idF

1 ABl L 137 vom 19. 5. 2001
2 ABl L 141 vom 14. 5. 2014, S 51
3 ABl L 299 von 16. 11. 2017, S 22
4 ABl L 367 von 15. 10. 2021, S 2

DER EZB-RAT –

gestützt auf den Vertrag zur Gründung der Europäischen Gemeinschaft (nachfolgend als „EG-Vertrag" bezeichnet), insbesondere auf Artikel 110 Absatz 3, die Satzung des Europäischen Systems der Zentralbanken und der Europäischen Zentralbank (nachfolgend als „Satzung" bezeichnet), insbesondere auf Artikel 34.3 und Artikel 19.1, und die Verordnung (EG) Nr. 2532/98 des Rates vom 23. November 1998 über das Recht der Europäischen Zentralbank, Sanktionen zu verhängen (nachfolgend als „Ratsverordnung" bezeichnet), insbesondere auf Artikel 6 Absatz 2;

in Erwägung nachstehender Gründe:

(1) Nach Artikel 34.3 in Verbindung mit Artikel 43.1 der Satzung, Nummer 8 des Protokolls Nr. 25 über einige Bestimmungen betreffend das Vereinigte Königreich von Großbritannien und Nordirland und Nummer 2 des Protokolls Nr. 26 über einige Bestimmungen betreffend Dänemark räumt diese Verordnung den nicht teilnehmenden Mitgliedstaaten keinerlei Rechte ein und erlegt ihnen keinerlei Pflichten auf.

(2) Die Ratsverordnung legt die Grenzen und Bedingungen fest, nach denen die Europäische Zentralbank (EZB) befugt ist, Unternehmen bei Nichteinhaltung der Verpflichtungen, die sich aus ihren Verordnungen und Entscheidungen ergeben, mit Geldbußen oder in regelmäßigen Abständen zu zahlenden Strafgeldern zu belegen.

(3) In Artikel 6 Absatz 2 der Ratsverordnung wird die EZB mit der Regelungsbefugnis zur Festlegung der Verfahren ausgestattet, nach denen gemäß den Bestimmungen der Ratsverordnung Sanktionen verhängt werden können.

(4) Andere Verordnungen des Rates oder der EZB können für einzelne Bereiche bestimmte Sanktionen vorsehen und sich hinsichtlich der Grundsätze und Verfahren in bezug auf die Verhängung von Sanktionen auf die vorliegende Verordnung beziehen.

(5) Bei der Durchführung des Verfahrens zur Festlegung der entsprechenden Sanktion muß die EZB gewährleisten, daß die Verteidigungsrechte Dritter gemäß den allgemeinen Rechtsgrundsätzen und der Rechtsprechung des Gerichtshofs der Europäischen Gemeinschaften, insbesondere gemäß der bestehenden Rechtsprechung hinsichtlich der Untersuchungsbefugnisse der Europäischen Kommission im Bereich Wettbewerb, soweit wie möglich berücksichtigt werden.

(6) Dem Austausch von Informationen innerhalb des Europäischen Systems der Zentralbanken (ESZB) hinsichtlich der Feststellung eines Verstoßes gegen Verordnungen oder Entscheidungen der EZB stehen keine rechtlichen Hindernisse entgegen.

(7) Bei der Einleitung eines Übertretungsverfahrens ist der Grundsatz „ne bis in idem" zu beachten.

(8) Die Regelungen hinsichtlich der Befugnisse der EZB und der zuständigen nationalen Zentralbank im Rahmen des Übertretungsverfahrens müssen die effektive Durchführung einer sorgfältigen Untersuchung der zur Last gelegten Übertretung sowie gleichzeitig ein hohes Maß an Schutz der Verteidigungsrechte des betroffenen Unternehmens und die Wahrung der Vertraulichkeit des Übertretungsverfahrens gewährleisten.

(9) Um die effektive Ausübung der Befugnisse der EZB und der zuständigen nationalen Zentralbank zur Durchführung des Übertretungsverfahrens zu gewährleisten, können die Behörden der Mitgliedstaaten um Unterstützung ersucht werden.

(10) Das betroffene Unternehmen hat das Recht, nach Abschluß der Untersuchungsphase, falls zutreffend, des Übertretungsverfahrens und nach Erhalt der faktischen Ergebnisse der Untersuchung sowie nach Mitteilung der Beschwerdepunkte angehört zu werden.

(11) Für die Durchführung eines Übertretungsverfahrens gelten die Grundsätze der Vertraulichkeit und der Geheimhaltung. Die Vertraulichkeit und die Geheimhaltung beeinträchtigen nicht die Verteidigungsrechte des betroffenen Unternehmens.

(12) Eine Entscheidung über eine Übertretung kann der weiteren Überprüfung durch den EZB-Rat unterliegen. Die verfahrensrechtlichen Bedingungen, unter denen eine solche Überprüfung stattfindet, sind festzulegen.

(13) Die EZB kann entscheiden, ihre endgültigen Entscheidungen über Sanktionen oder jegliche damit zusammenhängenden Informationen zu veröffentlichen, um die Transparenz und die Effektivität ihres Rechts zur Verhängung von Sanktionen zu verbessern. Angesichts der besonderen Merkmale der Finanzmärkte ist die Veröffentlichung einer Entscheidung über die Verhängung einer Sanktion eine außergewöhnliche Maßnahme, die von der EZB nur nach angemessener Berücksichtigung der Umstände des jeweiligen Falls, der voraussichtlichen Auswirkungen einer solchen Entscheidung auf den Ruf des betroffenen Unternehmens und der legitimen Geschäftsinteressen dieses Unternehmens getroffen wird. Eine solche Entscheidung zur Veröffentlichung muß den Grundsatz der Nichtdiskriminierung wahren und gleiche Wettbewerbsbedingungen sicherstellen. In diesem Zusammenhang ist die Anhörung der zuständigen Aufsichtsbehörden vor einer Entscheidung zur Veröffentlichung wünschenswert. Die Veröffentlichung einer Entscheidung über die Verhängung einer Sanktion legt in keinem Fall vertrauliche Informationen offen.

(14) Eine Entscheidung, die eine Zahlung auferlegt, ist gemäß Artikel 256 des EG-Vertrags zu vollstrecken. Die nationalen Zentralbanken können beauftragt werden, sämtliche diesbezüglich erforderlichen Maßnahmen zu ergreifen.

(15) Im Interesse einer sicheren und effizienten administrativen Abwicklung erscheint es angebracht, für die Ahndung von geringfügigen Übertretungen ein vereinfachtes Übertretungsverfahren vorzusehen.

(16) Die vorliegende Verordnung findet Anwendung bei Nichteinhaltung der Mindestreservepflicht gemäß Artikel 7 Absatz 1 der Verordnung (EG) Nr. 2531/98 des Rates vom 23. November 1998 über die Auferlegung einer Mindestreservepflicht durch die Europäische Zentralbank (nachfolgend als „Ratsverordnung über Mindestreserven" bezeichnet) innerhalb der in besagtem Artikel 7 Absatz 2 festgelegten Grenzen und Bedingungen. Die besonderen Merkmale der Fälle von Nichteinhaltung der Mindestreservepflicht gemäß Artikel 7 Absatz 1 der Ratsverordnung über Mindestreserven rechtfertigen die Verabschiedung eines speziellen rechtlichen Rahmens, der eine zügige Durchführung des Verfahrens für die Verhängung von Sanktionen vorsieht, während gleichzeitig die Verteidigungsrechte des betroffenen Unternehmens nicht verletzt werden.

(17) Bei Ausübung der in Artikel 7 der Verordnung (EG) Nr. 2533/98 des Rates vom 23. November 1998 über die Erfassung statistischer Daten durch die Europäische Zentralbank niedergelegten Befugnisse handelt die EZB in Übereinstimmung mit der Ratsverordnung und der vorliegenden Verordnung –

HAT FOLGENDE VERORDNUNG ERLASSEN:

Artikel 1
Begriffsbestimmungen

Mitgliedstaats, in dessen Zuständigkeitsbereich die zur Last gelegte Übertretung erfolgt ist. Oder bei Übertretungen im Bereich der Überwachung systemrelevanter Zahlungsverkehrssysteme bezeichnet er die Zentralbank des Eurosystems, die als zuständige Behörde im Sinne des Artikels 2 Absatz 5 der Verordnung (EU) Nr. 795/2014 der Europäischen Zentralbank (EZB/2014/28)[1] identifiziert wurde. Sonstige verwendete Begriffe sind gemäß ihrer in Artikel 1 der Verordnung (EG) Nr. 2532/98 festgelegten Definition zu verstehen.

(ABl L 299 von 16. 11. 2017, S 22)

Artikel 1a
Anwendungsbereich

Diese Verordnung gilt nur für Sanktionen, die die EZB bei der Ausübung ihrer nicht die Aufsicht betreffenden Zentralbankaufgaben verhängen kann. Sie gilt nicht für Verwaltungssanktionen, die die EZB bei der Ausübung ihrer Aufsichtsaufgaben verhängen kann.

(ABl L 141 vom 14. 5. 2014, S 51)

FMABG
FMA-IPV
FMA-KVO
FMA-GebV
FMA-FriVerV
NBG + Ven
EBA-VO
ESRB-VO
SSM-VO + Ven

Zu Artikel 1:

[1] Verordnung (EU) Nr. 795/2014 der Europäischen Zentralbank vom 3. Juli 2014 zu den Anforderungen an die Überwachung systemrelevanter Zahlungsverkehrssysteme (EZB/2014/28) (ABl. L 217 vom 23.7.2014, S. 16).

Artikel 1b
Unabhängige Untersuchungsstelle

(1) Um zu entscheiden, ob ein Übertretungsverfahren gemäß Artikel 2 einzuleiten ist und ob die in Artikel 3 festgelegten Befugnisse auszuüben sind, richtet die EZB eine interne unabhängige Untersuchungsstelle (nachfolgend die „Untersuchungsstelle") ein, die sich aus Untersuchungsbeauftragten zusammensetzt, welche ihre Untersuchungsaufgaben unabhängig vom Direktorium und vom EZB-Rat wahrnehmen und nicht an den Beratungen des Direktoriums und des EZB-Rates teilnehmen. Die Untersuchungsstelle setzt sich aus Untersuchungsbeauftragten zusammen, die über ein breites Spektrum an einschlägigen Kenntnissen, Fähigkeiten und Erfahrungen verfügen. *(ABl L 299 von 16. 11. 2017, S 22)*

(1a) Zur Untersuchung von Verstößen gegen die Verordnung (EU) Nr. 795/2014 (EZB/2014/28) kann die EZB als Untersuchungsbeauftragte bestellen: i) Mitarbeiter der EZB oder einer nationalen Zentralbank eines Mitgliedstaats, solange die Bestellung durch die betreffende nationale Zentralbank akzeptiert wird oder ii) externe Sachverständige, die auf der Grundlage eines entsprechenden Mandats handeln. Die EZB darf Mitglieder des Ausschusses für Zahlungsverkehr und Marktinfrastrukturen oder Mitarbeiter der EZB oder einer nationalen Zentralbank eines Mitgliedstaats, die an den Tätigkeiten der Prüfungsgruppe, die die ursprüngliche überwachungstechnische Prüfung zur Feststellung eines Verstoßes oder von Verdachtsgründen für einen Verstoß durchgeführt hat, unmittelbar beteiligt waren, nicht als Untersuchungsbeauftragte bestellen. *(ABl L 299 von 16. 11. 2017, S 22)*

(2) Ist die EZB der Auffassung, dass es Gründe für den Verdacht gibt, dass ein oder mehrere Verstöße begangen werden oder begangen wurden, wird die Sache dem Direktorium vorgelegt.

(3) Ist das Direktorium der Auffassung, dass die betreffende Sanktion den in Artikel 10 Absatz 1 genannten Betrag überschreiten könnte, wird das in Artikel 10 vorgesehene vereinfachte Verfahren nicht angewandt und verweist das Direktorium die Sache an die Untersuchungsstelle. Die Untersuchungsstelle entscheidet, ob ein Übertretungsverfahren einzuleiten ist oder nicht.

(4) Jede Bezugnahme auf die EZB in den Artikeln 2 bis 4, Artikel 5 Absätze 1 bis 3 und Artikel 6 gilt als Bezugnahme auf die Untersuchungsstelle der EZB oder, sofern das vereinfachte Verfahren gemäß Artikel 10 Anwendung findet, auf das Direktorium.

(5) Die Vorschriften dieses Artikels gelten unbeschadet der Befugnis der zuständigen nationalen Zentralbank, ein Übertretungsverfahren einzuleiten und eine Untersuchung gemäß dieser Verordnung durchzuführen.

(ABl L 141 vom 14. 5. 2014, S 51)

Artikel 2
Einleitung eines Übertretungsverfahrens

(1) Gegen das gleiche Unternehmen wird aufgrund des gleichen Sachverhalts nicht mehr als ein Übertretungsverfahren eingeleitet. Keine Entscheidung der EZB oder der zuständigen nationalen Zentralbank darüber, ob ein Übertretungsverfahren eingeleitet wird oder nicht, wird getroffen, solange sich diese nicht gegenseitig informiert und konsultiert haben. *(ABl L 141 vom 14. 5. 2014, S 51)*

(2) Vor einer Entscheidung über die Einleitung eines Übertretungsverfahrens kann die EZB und/oder die zuständige nationale Zentralbank sämtliche Informationen in bezug auf die zur Last gelegte Übertretung vom betroffenen Unternehmen verlangen.

(3) Die EZB oder, falls zutreffend, die zuständige nationale Zentralbank sind auf Anfrage berechtigt, sich gegenseitig bei der Durchführung des Übertretungsverfahrens zu unterstützen und zusammenzuarbeiten, insbesondere durch Übermittlung von sämtlichen Informationen, die als relevant erachtet werden. *(ABl L 141 vom 14. 5. 2014, S 51)*

(4) Sofern zwischen den betroffenen Parteien nichts anderes vereinbart ist, geschieht jegliche Kommunikation zwischen der EZB oder, falls zutreffend, der zuständigen nationalen Zentralbank und dem betroffenen Unternehmen in der Amtssprache der Gemeinschaft, die zugleich Amtssprache (oder eine der Amtssprachen) des Mitgliedstaats ist, in dessen Zuständigkeitsbereich die zur Last gelegte Übertretung erfolgt ist.

Artikel 3
Befugnisse der EZB und der zuständigen nationalen Zentralbank

(1) Um sämtliche Informationen hinsichtlich der zur Last gelegten Übertretung zu erhalten, umfassen die der EZB und der zuständigen nationalen Zentralbank durch die „Verordnung (EG) Nr. 2532/98" übertragenen Befugnisse zur Durchführung der Untersuchung das Recht, nach sämtlichen Informationen zu suchen, und das Recht, ohne vorherige Unterrichtung des betroffenen Unternehmens Durchsuchungen vorzunehmen. *(ABl L 367 von 15. 10. 2021, S 2)*

(2) Die Bediensteten der EZB oder, falls zutreffend, der zuständigen nationalen Zentralbank,

die gemäß den entsprechenden internen Regelungen befugt sind, in den Räumlichkeiten des betroffenen Unternehmens nach Informationen zu suchen, üben ihre Befugnisse nach Vorlage einer offiziellen, gemäß den entsprechenden internen Regelungen ausgestellten schriftlichen Vollmacht aus.

(3) In sämtlichen auf der Basis der der EZB oder, falls zutreffend, der zuständigen nationalen Zentralbank übertragenen Befugnisse an das betroffene Unternehmen gerichteten Anfragen ist der Gegenstand und Zweck der Nachprüfung anzugeben.

Artikel 4
Unterstützung durch die Behörden der Mitgliedstaaten

(1) Die EZB oder, falls zutreffend, die zuständige nationale Zentralbank kann vorbeugend um die Unterstützung der Behörden der Mitgliedstaaten ersuchen.

(2) Keine Behörde eines Mitgliedstaats kann in der Beurteilung der Notwendigkeit der Durchführung einer Untersuchung anstelle der EZB oder, falls zutreffend, der zuständigen nationalen Zentralbank handeln.

Artikel 5
Mitteilung von Beschwerdepunkten

(1) Die EZB oder, falls zutreffend, die zuständige nationale Zentralbank teilt dem betroffenen Unternehmen vor einer Entscheidung über die Verhängung einer Sanktion die taktischen Ergebnisse jeder durchgeführten Untersuchung und die gegen das betroffene Unternehmen erhobenen Beschwerdepunkte schriftlich mit.

(2) Die EZB oder, falls zutreffend, die zuständige nationale Zentralbank setzt in ihrer Mitteilung über Beschwerdepunkte eine Frist, innerhalb derer das betroffene Unternehmen gegenüber der EZB oder, falls zutreffend, der zuständigen nationalen Zentralbank schriftlich Stellung zu den erhobenen Beschwerdepunkten nehmen kann, unbeschadet der Möglichkeit der Stellungnahme im Rahmen einer mündlichen Anhörung, falls das betroffene Unternehmen in seiner schriftlichen Äußerung eine solche Anhörung verlangt hat. Diese Frist darf nicht weniger als 30 Werktage betragen und beginnt mit dem Zugang der in Absatz 1 oben genannten Mitteilung.

(3) Nach Eingang der Antwort des betroffenen Unternehmens entscheidet die EZB oder, falls zutreffend, die zuständige nationale Zentralbank, ob weitere Untersuchungen zur Klärung noch offener Fragen durchzuführen sind. Eine Ergänzung der Mitteilung der Beschwerdepunkte gemäß Absatz 1 oben wird dem betroffenen Unternehmen nur übersandt, wenn die weiteren von der EZB oder, falls zutreffend, der zuständigen nationalen Zentralbank durchgeführten Ermittlungen dazu führen, daß dem betroffenen Unternehmen neue Tatsachen zur Last gelegt werden oder der Nachweis bestrittener Übertretungen auf eine geänderte Grundlage gestellt wird.

(4) Die EZB berücksichtigt bei ihrer Entscheidung über die Verhängung einer Sanktion nur diejenigen Beschwerdepunkte, die dem betroffenen Unternehmen in der in Absatz 1 oben festgelegten Art und Weise mitgeteilt wurden und in bezug auf welche das betroffene Unternehmen Gelegenheit zur Stellungnahme erhalten hat.

Artikel 6
Rechte und Pflichten des betroffenen Unternehmens

(1) Das betroffene Unternehmen arbeitet in der Untersuchungsphase des Übertretungsverfahrens mit der EZB oder, falls zutreffend, der zuständigen nationalen Zentralbank zusammen. Das betroffene Unternehmen hat namentlich das Recht, Dokumente, Bücher oder Unterlagen bzw. Kopien oder Auszüge hieraus vorzulegen und sämtliche schriftlichen oder mündlichen Auskünfte zu erteilen.

(2) Die Weigerung des betroffenen Unternehmens, den ihm von der EZB oder, falls zutreffend, der zuständigen nationalen Zentralbank in Ausübung ihrer Befugnisse gemäß dem Übertretungsverfahren auferlegten Pflichten nachzukommen, bzw. deren Nichteinhaltung oder Nichterfüllung kann einen ausreichenden Grund darstellen, ein Übertretungsverfahren gemäß den Bestimmungen der vorliegenden Verordnung einzuleiten, und die Verhängung von in regelmäßigen Abständen zu zahlenden Strafgeldern nach sich ziehen.

(3) Das betroffene Unternehmen hat während des Übertretungsverfahrens das Recht auf Hinzuziehung eines rechtlichen Beistands.

(4) Sobald dem betroffenen Unternehmen eine Mitteilung gemäß Artikel 5 Absatz 1 zugegangen ist, ist dieses berechtigt, die von der EZB oder, falls zutreffend, der zuständigen nationalen Zentralbank zusammengestellten Dokumente und sonstigen Materialien einzusehen, die als Beweis für die zur Last gelegte Übertretung dienen.

(5) Sollte das betroffene Unternehmen in seiner schriftlichen Äußerung verlangen, auch im Rahmen einer mündlichen Anhörung angehört zu werden, wird diese zum festgesetzten Termin von zu diesem Zweck von der EZB oder, falls zutreffend, der zuständigen nationalen Zentralbank bestellten Personen durchgeführt. Mündliche Anhörungen finden in den Räumlichkeiten der EZB oder der zuständigen nationalen Zentralbank statt. Mündliche Anhörungen sind nicht öffentlich. Anzuhörende Personen werden getrennt oder in Anwesenheit anderer, zur Sitzung geladener Personen angehört. Das betroffene Unternehmen kann innerhalb angemessener Grenzen vorschlagen, daß die EZB oder, falls zutreffend, die zuständige nationale Zentralbank Personen anhört,

die einzelne Aspekte der schriftlichen Äußerung bestätigen könnten.

(6) Der wesentliche Inhalt der Aussagen jeder angehörten Person wird zu Protokoll genommen, das von der betreffenden Person ausschließlich im Zusammenhang mit ihrer Aussage zu lesen und zu genehmigen ist.

(7) Informationen und Aufforderungen seitens der EZB oder, falls zutreffend, der zuständigen nationalen Zentralbank, an einer mündlichen Anhörung teilzunehmen, werden den jeweiligen Empfängern per Einschreiben mit Rückschein oder persönlich gegen Empfangsbestätigung zugestellt.

Artikel 7
Vertraulichkeit des Übertretungsverfahrens

(1) Die Durchführung eines Übertretungsverfahrens unterliegt den Grundsätzen der Vertraulichkeit und der Geheimhaltung.

(2) Unbeschadet des Artikels 6 Absatz 4 erhält das betroffene Unternehmen keinen Zugang zu Dokumenten oder sonstigen Materialien im Besitz der EZB oder, falls zutreffend, der zuständigen nationalen Zentralbank, die mit Rücksicht auf Dritte oder die EZB oder, falls zutreffend, die zuständige nationale Zentralbank als vertraulich gelten. Hierunter fallen insbesondere Dokumente oder sonstige Materialien, die Informationen im Hinblick auf Geschäftsinteressen anderer Unternehmen enthalten, oder interne Dokumente der EZB, der zuständigen nationalen Zentralbank, anderer Institutionen bzw. Einrichtungen der Gemeinschaft oder anderer nationaler Zentralbanken, wie zum Beispiel Aktennotizen, Entwürfe und sonstige Arbeitsunterlagen.

Artikel 7a
Übermittlung eines Vorschlags an das Direktorium

(1) Ist die Untersuchungsstelle oder, falls zutreffend, die zuständige nationale Zentralbank nach Abschluss des Übertretungsverfahrens der Auffassung, dass eine Sanktion gegen das betroffene Unternehmen verhängt werden sollte, übermittelt sie dem Direktorium einen Vorschlag, in dem ein Verstoß des betroffenen Unternehmens festgestellt wird und der Betrag der zu verhängenden Sanktion angegeben ist.

(2) Die Untersuchungsstelle oder, falls zutreffend, die zuständige nationale Zentralbank stützen ihren Vorschlag nur auf die Tatsachen und Beschwerdepunkte, zu denen sich das betroffene Unternehmen äußern konnte.

(3) Ist die von der Untersuchungsstelle oder, falls zutreffend, der zuständigen nationalen Zentralbank übermittelte Akte nach Auffassung des Direktoriums unvollständig, kann es die Akte zusammen mit einem begründeten Ersuchen um weitere Informationen an die Untersuchungsstelle oder die zuständige nationale Zentralbank zurücksenden.

(4) Stimmt das Direktorium auf Grundlage der vollständigen Akte dem Vorschlag der Untersuchungsstelle oder, falls zutreffend, der zuständigen nationalen Zentralbank zu, gegen das betroffene Unternehmen eine Sanktion zu verhängen, erlässt es einen Beschluss, der mit dem von der Untersuchungsstelle oder der zuständigen nationalen Zentralbank übermittelten Vorschlag im Einklang steht.

(5) Ist das Direktorium auf Grundlage der vollständigen Akte der Auffassung, dass die in dem Vorschlag der Untersuchungsstelle oder, falls zutreffend, der zuständigen nationalen Zentralbank beschriebenen Tatsachen offenbar keinen ausreichenden Nachweis für einen Verstoß darstellen, kann das Direktorium einen Beschluss erlassen, mit dem der Fall abgeschlossen wird.

(6) Stimmt das Direktorium auf Grundlage der vollständigen Akte dem Vorschlag der Untersuchungsstelle oder, falls zutreffend, der nationalen Zentralbank zu, in dem ein Verstoß des betroffenen Unternehmens festgestellt wird, lehnt es die vorgeschlagene Sanktion jedoch ab, erlässt das Direktorium einen Beschluss, in dem die von ihm für angemessen gehaltene Sanktion angegeben ist.

(7) Stimmt das Direktorium auf Grundlage der vollständigen Akte dem Vorschlag der Untersuchungsstelle oder, falls zutreffend, der nationalen Zentralbank nicht zu und stellt es fest, dass von dem betroffenen Unternehmen ein anderer Verstoß begangen wurde oder der dem Vorschlag der Untersuchungsstelle oder, falls zutreffend, der zuständigen nationalen Zentralbank zugrunde liegende Sachverhalt ein anderer ist, teilt es dem betroffenen Unternehmen seine Feststellungen und die gegen dieses Unternehmen erhobenen Beschwerdepunkte schriftlich mit.

(8) Das Direktorium erlässt einen Beschluss, in dem festgestellt wird, ob das betroffene Unternehmen einen Verstoß begangen hat, und in dem gegebenenfalls die zu verhängende Sanktion angegeben wird. Die vom Direktorium erlassenen Beschlüsse stützen sich nur auf Tatsachen und Beschwerdepunkte, zu denen sich das betroffene Unternehmen äußern konnte.

(ABl L 141 vom 14. 5. 2014, S 51)

Artikel 8
Überprüfung der Entscheidung durch den EZB-Rat

(1) Der EZB-Rat kann das betroffene Unternehmen, das Direktorium der EZB und/oder die zuständige nationale Zentralbank auffordern, zusätzliche Informationen zur Überprüfung der Entschei-

dung des Direktoriums der EZB zur Verfügung zu stellen.

(2) Der EZB-Rat bestimmt eine Frist, innerhalb derer die Informationen zur Verfügung zu stellen sind. Diese beträgt jedoch nicht weniger als zehn Werktage.

(3) Im Rahmen der Überprüfung kann der EZB-Rat

a) den Beschluss des Direktoriums bestätigen,

b) den Beschluss des Direktoriums durch Modifizierung der Höhe der zu verhängenden Sanktion und/oder der einen Verstoß begründenden Umstände ändern,

c) den Beschluss des Direktoriums aufheben. *(ABl L 299 von 16. 11. 2017, S 22)*

Artikel 9
Vollstreckung der Entscheidung

(1) Ist die Entscheidung über die Verhängung einer Sanktion endgültig, kann der EZB-Rat nach Anhörung der zuständigen nationalen Aufsichtsbehörden beschließen, die Entscheidung oder damit zusammenhängende Informationen im *Amtsblatt der Europäischen Gemeinschaften* zu veröffentlichen. Ein solcher Beschluß zur Veröffentlichung trägt dem legitimen Interesse des betroffenen Unternehmens auf Wahrung seiner Geschäftsinteressen sowie darüber hinaus sonstigen Interessen einzelner Rechnung.

(2) In der Entscheidung der EZB wird die Art und Weise festgelegt, in der die Zahlung der Sanktion erfolgen soll.

(3) Die EZB kann die nationale Zentralbank des Mitgliedstaats, in dessen Zuständigkeitsbereich die Vollstreckung der Sanktion fällt, auffordern, sämtliche diesbezüglich erforderlichen Maßnahmen zu ergreifen.

(4) Die nationalen Zentralbanken berichten der EZB über die Vollstreckung der Sanktion.

(5) Die betroffene nationale Zentralbank oder die EZB erfasst sämtliche für die Festlegung und die Vollstreckung der Sanktion relevanten Informationen in einer Akte, die für einen Zeitraum von mindestens fünf Jahren ab dem Zeitpunkt, an dem die Entscheidung über die Verhängung der Sanktion endgültig wird, aufbewahrt wird. Die zuständige nationale Zentralbank übergibt der EZB Kopien von sämtlichen in ihrem Besitz befindlichen, mit dem Übertretungsverfahren zusammenhängenden Originaldokumente und -unterlagen. *(ABl L 137 vom 19. 5. 2001)*

Artikel 10
Vereinfachtes Verfahren bei geringfügigen Übertretungen

(1) Im Fall einer geringfügigen Übertretung kann das Direktorium der EZB entscheiden, ein vereinfachtes Übertretungsverfahren anzuwenden. Die Sanktionen, die nach diesem Verfahren verhängt werden, überschreiten den Betrag von 25.000 EUR nicht.

(2) Das vereinfachte Verfahren umfaßt folgende Schritte:

a) Das Direktorium der EZB teilt dem betroffenen Unternehmen die zur Last gelegte Übertretung mit.

b) In der Mitteilung sind sämtliche Tatsachen, auf die sich der Nachweis der zur Last gelegten Übertretung stützt, sowie die entsprechende Sanktion enthalten.

c) Das betroffene Unternehmen wird in der Mitteilung über die Tatsache, daß das vereinfachte Verfahren zur Anwendung kommt, sowie über sein Recht, diesem Verfahren innerhalb von zehn Werktagen nach Erhalt der Mitteilung zu widersprechen, in Kenntnis gesetzt.

d) Widerspricht das betroffene Unternehmen vor Ablauf der in Buchstabe c) festgesetzten Frist, wird das Übertretungsverfahren als eingeleitet betrachtet, und die Frist von 30 Werktagen, innerhalb derer das Recht auf Anhörung auszuüben ist, beginnt mit Ablauf der in Buchstabe c) festgesetzten Frist zu laufen. Wird vor Ablauf der in Buchstabe c) festgesetzten Frist kein Widerspruch erhoben, wird die Entscheidung des Direktoriums der EZB über die Verhängung einer Sanktion endgültig.

(3) Dieser Artikel gilt unbeschadet des Verfahrens, das im Fall der Nichteinhaltung der Mindestreservepflicht gemäß Artikel 11 dieser Verordnung anzuwenden ist.

(4) Dieser Artikel findet keine Anwendung auf Sanktionen für Verstöße gegen Verordnungen und Beschlüsse der EZB im Bereich der Überwachung systemrelevanter Zahlungsverkehrssysteme. *(ABl L 299 von 16. 11. 2017, S 22)*

Artikel 11
Verfahren bei Nichteinhaltung der Mindestreservepflicht

(1) Für den Fall der Nichteinhaltung der Mindestreservepflicht gemäß Artikel 7 Absatz 1 der „Verordnung (EG) Nr. 2531/98“.“ finden Artikel 2 Absätze 1 und 3, Artikel 3, 4 und 5 sowie Artikel 6 mit Ausnahme des Absatzes 3 dieser Verordnung keine Anwendung. Die in Artikel 8 Absatz 2 festgelegte Frist verringert sich auf fünf Werktage. *(ABl L 367 von 15. 10. 2021, S 2)*

(2) Verhängt die EZB eine Sanktion gemäß Artikel 7 Absatz 1 der Verordnung (EG) Nr. 2531/98, so wird die betreffende Sanktion unter Anwendung der im Beschluss (EU) 2021/1815

der Europäischen Zentralbank (EZB/2021/45)[*)] festgelegten Formel und Methode berechnet. *(ABl L 367 von 15. 10. 2021, S 2)*

(3) Vor der Verhängung einer Sanktion gemäß Artikel 7 Absatz 1 der „Verordnung (EG) Nr. 2531/98“.“ unterrichtet das Direktorium der EZB oder, in seinem Namen, die zuständige nationale Zentralbank das betroffene Unternehmen über die ihm zur Last gelegte Nichteinhaltung der Mindestreservepflicht und die entsprechende Sanktion. In der Mitteilung sind sämtliche relevanten Tatsachen der zur Last gelegten Nichteinhaltung enthalten, und das betroffene Unternehmen ist auch darüber zu unterrichten, daß, sofern es keine Einwände vorbringt, die Sanktion als durch eine Entscheidung des Direktoriums der EZB verhängt gilt. *(ABl L 367 von 15. 10. 2021, S 2)*

(4) Ab Zugang der Mitteilung hat das betroffene Unternehmen fünf Werktage Zeit, um entweder

– die zur Last gelegte Nichteinhaltung der Mindestreservepflicht anzuerkennen und der Zahlung der festgelegten Sanktionen zuzustimmen, worauf das Übertretungsverfahren als beendet gilt,

oder

– schriftliche Informationen, Erläuterungen oder Einwände darzulegen, die in bezug auf eine Entscheidung, ob die Sanktion verhängt wird oder nicht, als relevant gelten können. Das betroffene Unternehmen kann darüber hinaus sämtliche relevanten Unterlagen beifügen, die den Inhalt seiner Erwiderung belegen. Die zuständige nationale Zentralbank leitet die Akte ohne unnötige Verzögerung an das Direktorium der EZB weiter, das daraufhin entscheidet, ob eine Sanktion verhängt wird oder nicht.

(5) Trägt das betroffene Unternehmen innerhalb der festgelegten Frist keine schriftlichen Einwände vor, gilt die Sanktion als durch eine Entscheidung des Direktoriums der EZB verhängt. Nachdem die Entscheidung gemäß den Bestimmungen der „Verordnung (EG) Nr. 2532/98“ endgültig geworden ist, wird dem betroffenen Unternehmen der in der Mitteilung bestimmte Sanktionsbetrag belastet. *(ABl L 367 von 15. 10. 2021, S 2)*

(6) Sind die in Absatz 4 erster Gedankenstrich und in Absatz 5 oben vorgesehenen Bedingungen gegeben, unterrichtet die EZB oder, falls zutreffend, die zuständige nationale Zentralbank im Namen der EZB die zuständigen Aufsichtsbehörden schriftlich.

Artikel 12

Fristen

(1) Unbeschadet des Artikels 4 der „Verordnung (EG) Nr. 2532/98“ beginnen die in der vorliegenden Verordnung vorgesehenen Fristen am auf den Zugang einer Mitteilung oder deren persönliche Zustellung folgenden Tag. Sämtliche Mitteilungen seitens des betroffenen Unternehmens müssen vor Ablauf der entsprechenden Frist beim Empfänger eingehen oder per Einschreiben an diesen versandt werden. *(ABl L 367 von 15. 10. 2021, S 2)*

(2) Fällt der letzte Tag der Frist auf einen Samstag, Sonntag oder einen Feiertag, verlängert sich diese bis zum Ende des folgenden Werktags.

(3) Im Sinne der vorliegenden Verordnung gelten für die EZB als Feiertag die im Anhang zur vorliegenden Verordnung aufgeführten Feiertage, während für nationale Zentralbanken diejenigen gelten, die im jeweiligen Gebiet des Mitgliedstaats, in dem das betroffene Unternehmen seinen Sitz hat, als Feiertage gesetzlich festgelegt sind. Der Begriff „Werktag“ ist entsprechend aufzufassen. Der Anhang zur vorliegenden Verordnung wird erforderlichenfalls von der EZB aktualisiert.

Geschehen zu Frankfurt am Main am 23. September 1999.

Im Auftrag des EZB-Rates

Präsident

Zu Artikel 11:

[*)] Beschluss (EU) 2021/1815 der Europäischen Zentralbank vom 7. Oktober 2021 zur angewandten Methodik für die Berechnung von Sanktionen bei Nichteinhaltung des Mindestreserve-Solls und damit verbundener Mindestreservepflichten (EZB/2021/45) (ABl. L 367 vom 15.10.2021, S. 4).

ANHANG (Indikativ)

Liste der Feiertage (gemäß Artikel 12 Absatz 3)

Die EZB hält folgende Feiertage ein:

Neujahr	1. Januar
Faschingsdienstag (1/2 Tag)	beweglich
Karfreitag	beweglich

Ostermontag	beweglich
Tag der Arbeit	1. Mai
Jahrestag der Erklärung von Robert Schuman	9. Mai
Christi Himmelfahrt	beweglich
Pfingstmontag	beweglich
Fronleichnam	beweglich
Tag der Deutschen Einheit	3. Oktober
Allerheiligen	1. November
Heiligabend	24. Dezember
Erster Weihnachtsfeiertag	25. Dezember
Zweiter Weihnachtsfeiertag	26. Dezember
Silvester	31. Dezember

KODEX
DES ÖSTERREICHISCHEN RECHTS
HERAUSGEBER: UNIV.-PROF. DR. WERNER DORALT
LEBENSMITTEL-
RECHT
LexisNexis
1 LMSVG
2 Kenn-zeichnung
3 Lebens-mittel
4 LM für spez. Gruppen
5 Wasser
6 Zusatz-stoffe
7 Hygiene
8 Gebrauchs-gegen-stände
9 Kosmetika
10 Amtl Kontrolle
11 EG-Basis-Verordnung
12 EG-Hygiene-Verordnungen
13 EG-KontrollV
14 EG-ClaimsV
15 EG-An-reicherungsV
16 EU-Novel FoodV
17 EU-QuaDG

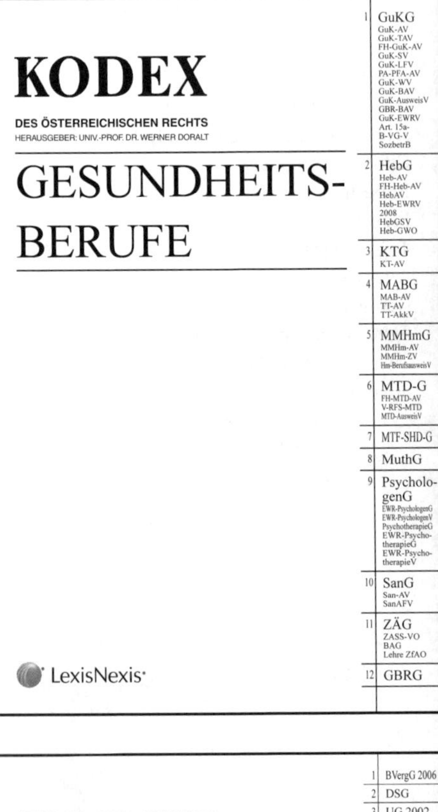
KODEX
DES ÖSTERREICHISCHEN RECHTS
HERAUSGEBER: UNIV.-PROF. DR. WERNER DORALT
GESUNDHEITS-
BERUFE
LexisNexis
1 GuKG
GuK-AV
GuK-TAV
FH-GuK-AV
GuK-SV
GuK-LFV
PA-PFA-AV
GuK-WV
GuK-BAV
GuK-AusweisV
GBR-BAV
GuK-EWRV
Art. 15a-B-VG-V
SozbetrB
2 HebG
Heb-AV
FH-Heb-AV
HebAV
Heb-EWRV 2008
HebGSV
Heb-GWO
3 KTG
KT-AV
4 MABG
MAB-AV
TT-AV
TT-AkkV
5 MMHmG
MMHm-AV
MMHm-ZV
Hm-BerufsausweisV
6 MTD-G
FH-MTD-AV
V-RFS-MTD
MTD-AusweisV
7 MTF-SHD-G
8 MuthG
9 Psycholo-genG
EWR-PsychologenG
EWR-PsychologenV
PsychotherapieG
EWR-Psycho-therapieG
EWR-Psycho-therapieV
10 SanG
San-AV
SanAFV
11 ZÄG
ZASS-VO
BAG
Lehre ZfAO
12 GBRG

KODEX
DES ÖSTERREICHISCHEN RECHTS
HERAUSGEBER: UNIV.-PROF. DR. WERNER DORALT
POLIZEI-
RECHT
LexisNexis
1 SPG + Ven
2 PStSG
3 WaffGebrG
4 BKA-G
5 BAK-G
6 PolKG EU-PolKG
7 Sonstige
8 StGB VbVG
9 NebenG
10 StPO JGG
11 StRegG TilgG
12 Sonstige
13 EGVG + Sonstige
14 AVG
15 VStG VVG + VwGVG
16 ZustellG
17 MeldeG + DV
18 PassG + DV
19 BFA-G + DV BFA-VG + DV
20 FPG + DV
21 NAG + DV
22 AsylG + DV
23 GrekoG
24 SDÜ + Sonstige
25 AuslBG
26 WaffG + Ven
27 KriegsmatG + V
28 PyroTG + DV
29 SprG + Ven
30 MedienG
31 VersammlG
32 StVO + Ven
33 FSG + DV
34 KFG + Ven
35 Sonstige
36 B-VG
37 EMRK + ZP StGG HausRG PersFrG
38 Sonstige
39 ABGB
40 AHG, OrgHG PolBEG
41 ASVG
42 BDG + Ven

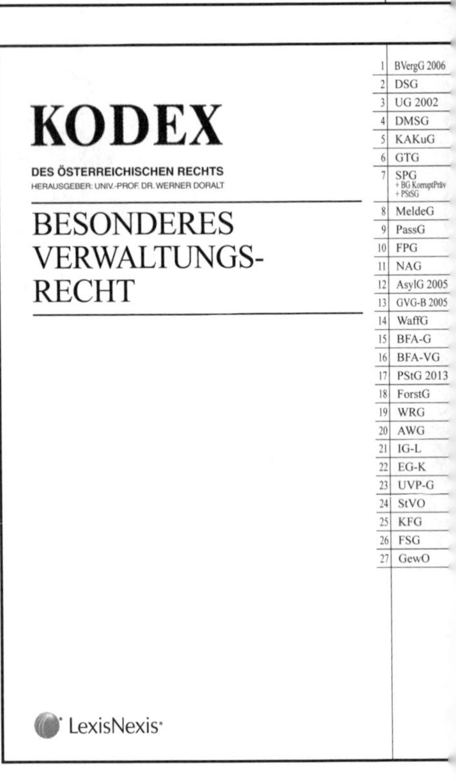
KODEX
DES ÖSTERREICHISCHEN RECHTS
HERAUSGEBER: UNIV.-PROF. DR. WERNER DORALT
BESONDERES
VERWALTUNGS-
RECHT
LexisNexis
1 BVergG 2006
2 DSG
3 UG 2002
4 DMSG
5 KAKuG
6 GTG
7 SPG + BG KorruptPräv + PStSG
8 MeldeG
9 PassG
10 FPG
11 NAG
12 AsylG 2005
13 GVG-B 2005
14 WaffG
15 BFA-G
16 BFA-VG
17 PStG 2013
18 ForstG
19 WRG
20 AWG
21 IG-L
22 EG-K
23 UVP-G
24 StVO
25 KFG
26 FSG
27 GewO

Finanzmarktstabilitätsgesetz – FinStaG

BGBl I 2008/136 idF

1 BGBl I 2009/52 (BudgetbegleitG 2009)
2 BGBl I 2009/78
3 BGBl I 2013/184
4 BGBl I 2014/51 (HypoSanG)
5 BGBl I 2015/34 (VAG 2016)
6 BGBl I 2015/37 (ÖBIB-Gesetz 2015)
7 BGBl I 2015/127
8 BGBl I 2016/69
9 BGBl I 2018/96

STICHWORTVERZEICHNIS

Bundesgesetz über Maßnahmen zur Sicherung der Stabilität des Finanzmarktes (Finanzmarktstabilitätsgesetz – FinStaG)

Grundlagen für Stabilisierungsmaßnahmen

§ 1. (1) Der Bundesminister für Finanzen ist ermächtigt, zur Behebung einer beträchtlichen Störung im Wirtschaftsleben Österreichs, zur Sicherstellung des gesamtwirtschaftlichen Gleichgewichts sowie zum Zweck des Schutzes der österreichischen Volkswirtschaft Maßnahmen zur Kapitalisierung von betroffenen Rechtsträgern zu ergreifen. Betroffene Rechtsträger im Sinne dieses Gesetzes sind:

1. Kreditinstitute gemäß § 1 Abs. 1 Bankwesengesetz (BWG), BGBl. Nr. 532/1993, auf welche die Bestimmungen des Sanierungs- und Abwicklungsgesetzes (BaSAG), BGBl. I Nr. 98/2014 nicht anwendbar sind, und *(BGBl I 2015/127)*

2. Versicherungsunternehmen gemäß § 1 Abs. 1 Z 1 des Versicherungsaufsichtsgesetzes 2016 (VAG 2016), BGBl. I Nr. 34/2015. *(BGBl I 2015/34)*

(2) Der Bundesminister für Finanzen ist ermächtigt, Maßnahmen gemäß § 2 Abs. 1 Z 1 bis 6 für eine Abbaueinheit gemäß § 3 des Bundesgesetzes zur Schaffung einer Abbaueinheit (GSA), BGBl. I Nr. 51/2014, zu ergreifen, wenn dies zur Erreichung der Abbauziele erforderlich ist. Er ist unter dieser Voraussetzung weiters zur Übernahme von Haftungen für vertragliche Zusagen der Hypo Alpe-Adria-Bank International AG ermächtigt.

(3) Der Bundesminister für Finanzen ist weiters ermächtigt, Maßnahmen gemäß § 2 Abs. 1 Z 1 bis 6

1. für Rechtsträger, an denen er aufgrund von Maßnahmen gemäß § 2 Abs. 1 Z 4 oder 5 Gesellschaftsanteile hält,

2. für Abbaugesellschaften gemäß § 2 Abs. 4 ABBAG-Gesetz, BGBl. I Nr. 51/2014 oder

3. für die ABBAG – Abbaumanagementgesellschaft des Bundes

zu ergreifen, sofern diese Maßnahmen nach dem Rechtsrahmen der Europäischen Union für staatliche Beihilfen zulässig sind. *(BGBl I 2015/127)*

„(4)“ Auf Maßnahmen nach diesem Bundesgesetz besteht kein Rechtsanspruch. *(BGBl I 2015/127)*

(BGBl I 2014/51)

§ 1a. (1) Der Bundesminister für Finanzen ist ermächtigt, mit dem Freistaat Bayern eine Vereinbarung abzuschließen, mit der alle durch die Bayerische Landesbank, Anstalt des öffentlichen Rechts, im Zusammenhang mit der Hypo Alpe-Adria-Bank International AG (FN 108415i), vor in- und ausländischen Gerichten entweder gegen den Bund, die HETA Asset Resolution AG (FN 108415i), das Land Kärnten oder die Kärntner Landes- und Hypothekenbank Holding (FN 321737v) erhobenen Ansprüche bis spätestens 31. Dezember 2015 endgültig bereinigt werden. Zu diesem Zweck ist der Bundesminister für Finanzen ermächtigt, an den Freistaat Bayern eine Zahlung in Höhe von 1.230.000.000 Euro (in Worten: eine Milliarde zweihundertdreißig Millionen Euro) zu leisten sowie auf die von der Republik Österreich (Bund) gegen die Bayerische Landesbank, Anstalt des öffentlichen Rechts, bereits gerichtlich geltend gemachten Ansprüche aus dem Aktienkaufvertrag vom 29. Dezember 2009 zu verzichten, wenn dadurch sichergestellt wird, dass die Bayerische Landesbank, Anstalt öffentlichen Rechts, auf die Geltendmachung aller erdenklicher Ansprüche im Zusammenhang mit der Hypo Alpe-Adria-Bank International AG gegen

1. die Republik Österreich (Bund),

2. das Land Kärnten,

3. die Kärntner Landes- und Hypothekenbank Holding,

4. alle weiteren ehemaligen Gesellschafter der Hypo Alpe-Adria-Bank International AG,

5. Vermögensmassen, die im Eigentum der HETA Asset Resolution AG standen oder stehen oder aus dieser hervorgegangen sind, sowie gegen

6. die HETA Asset Resolution AG, soweit diese Ansprüche den Betrag von 2.400.000.000 Euro (in Worten zwei Milliarden vierhundert Millionen Euro) übersteigen,

endgültig und unwiderruflich verzichtet. Mit der Vereinbarung ist der Freistaat Bayern zur Rückerstattung der an ihn von der Republik Österreich geleisteten Zahlung zu verpflichten, soweit die Bayerische Landesbank, Anstalt öffentlichen Rechts, im Rahmen der Abwicklung der HETA Asset Resolution AG Zahlungen erlangt. Die Rückerstattung ist mit dem von der Republik Österreich an den Freistaat Bayern geleisteten Betrag begrenzt.

(2) Rückerstattungen des Freistaates Bayern aus der Vereinbarung gemäß Abs. 1 sind in den gemäß § 7a Abs. 3 Stabilitätsabgabegesetz – StabAbgG, BGBl. I Nr. 111/2010, eingerichteten Fonds für Maßnahmen gemäß FinStaG einzustellen.

(3) Zahlungen gemäß Abs. 1 und Rückerstattungen gemäß Abs. 2 sind auf den Gesamtbetrag gemäß § 2 Abs. 4 Finanzmarktstabilitätsgesetz, BGBl. I Nr. 136/2008, anzurechnen.

(BGBl I 2015/127)

Instrumente

§ 2. (1) Dem Bundesminister für Finanzen stehen nachstehende Instrumente zum Zwecke der Rekapitalisierung zur Verfügung:

1. die Übernahme von Haftungen (insbesondere Garantien, Bürgschaften, Schuldbeitritt) für Verbindlichkeiten des betroffenen Rechtsträgers;

2. die Übernahme von Haftungen (insbesondere Garantien, Bürgschaften, Schuldbeitritt) für Verbindlichkeiten gegenüber dem betroffenen Rechtsträger;

3. die Gewährung von Darlehen sowie Zuführung von Eigenmitteln (Teil 2 der Verordnung (EU) Nr. 575/2013) an Kreditinstitute und von Kapital „gemäß § 169 VAG 2016" an Versicherungsunternehmen; *(BGBl I 2013/184; BGBl I 2015/34)*

4. der Erwerb von Gesellschaftsanteilen oder Wandelanleihen in Zusammenhang mit Kapitalerhöhungen;

5. der Erwerb von bestehenden Gesellschaftsanteilen durch Rechtsgeschäft;

6. die Übernahme des Gesellschaftsvermögens im Wege der Verschmelzung nach § 235 Aktiengesetz (AktG), BGBl. Nr. 98/1965.

„ "„Bei der Ausübung der Instrumente gemäß Z 1 bis 6 ist mit dem Bundeskanzler das Einvernehmen herzustellen." *(BGBl I 2009/78; BGBl I 2015/127)*

(2) Bei Gefahr für die Erfüllung der Verpflichtungen eines Kreditinstitutes oder eines Versicherungsunternehmens gegenüber ihren Gläubigern steht dem Bundesminister für Finanzen im Einvernehmen mit dem Bundeskanzler, sofern mit den Instrumenten des Abs. 1 nicht das Auslangen gefunden werden kann oder diese nicht oder nicht rechtzeitig eingesetzt werden können, zur Abwendung eines schweren volkswirtschaftlichen Schadens weiters das Instrument der Übernahme von Eigentumsrechten des betroffenen Rechtsträgers zur Verfügung. Die Übernahme von Eigentumsrechten erfolgt durch Verordnung des Bundesministers für Finanzen. Mit Inkrafttreten dieser Verordnung werden die Eigentümerrechte verbriefende Wertpapiere gegenstandslos. Die Verordnung hat die näheren Einzelheiten für die Geltendmachung von Entschädigungsansprüchen zu bestimmen. Für die Anteilseigner ist über Antrag durch Bescheid des Bundesministers für Finanzen eine angemessene Entschädigung festzusetzen. Gegen diesen Bescheid ist kein Rechtsmittel zulässig. Er tritt jedoch außer Kraft, wenn binnen vier Wochen ab Zustellung beim zuständigen Gericht ein Antrag auf Neufestsetzung der Entschädigung gestellt wird. Auf das Neufestsetzungsverfahren sind die diesbezüglichen verfahrensrechtlichen Bestimmungen des Eisenbahn-Enteignungsentschädigungsgesetzes (EisbEG), BGBl. Nr. 71/1954, sinngemäß anzuwenden.

(3) Die nach den Bestimmungen dieses Bundesgesetzes erworbenen Gesellschaftsanteile sind nach Erreichen des Zwecks der Maßnahme nach § 1 unter Bedachtnahme auf die Kapitalmarktsituation zu privatisieren. Für Privatisierungen durch die „Österreichische Beteiligungs AG (ÖBAG)" oder eine andere Gesellschaft gemäß § 3 Abs. 5 gelten §§ 7 und 8 ÖIAG-Gesetz 2000, BGBl. I Nr. 24/2000 „." „ " Für eine andere Gesellschaft gemäß § 3 Abs. 5 sind Regelungen hinsichtlich der Privatisierungserlöse im Privatisierungsauftrag der Bundesregierung vorzusehen. *(BGBl I 2018/96)*

(4) Maßnahmen nach diesem Bundesgesetz dürfen den jeweils ausstehenden Gesamtbetrag von „23,5" Milliarden Euro nicht übersteigen. Zinsen und Kosten sind auf den Höchstbetrag nicht anzurechnen. „ " *(BGBl I 2014/51; BGBl I 2016/69)*

(5) Der Bundesminister für Finanzen ist im Einvernehmen mit dem Bundeskanzler ermächtigt, durch Verordnung nähere Bestimmungen über die Bedingungen und Auflagen für Maßnahmen nach diesem Bundesgesetz festzulegen. Dabei können insbesondere Regelungen vorgesehen werden, die

1. die geschäftspolitische Ausrichtung – bei Kreditinstituten insbesondere die Versorgung kleiner und mittlerer Unternehmen mit Krediten – und die Nachhaltigkeit des verfolgten Geschäftsmodells;

2. die Verwendung der zugeführten Mittel;

3. die Vergutung ihrer Organe, Angestellten und wesentlichen Erfüllungsgehilfen;

4. die Eigenmittelausstattung;

5. die Ausschüttung von Dividenden;

6. Maßnahmen, die zur Erhaltung der Arbeitsplätze der Beschäftigen des begünstigten Rechtsträgers dienen;

7. den Zeitraum, innerhalb dessen diese Anforderungen zu erfüllen sind;

8. Maßnahmen zur Vermeidung von Wettbewerbsverzerrungen;

9. die Art und Weise, wie vom begünstigten Rechtsträger Rechenschaft zu legen ist;

10. den Inhalt und den Umfang der zu veröffentlichenden Erklärung, die von den vertretungsberechtigten Organen und dem Aufsichtsrat abzugeben ist und die Verpflichtung zur Einhaltung festgelegten Bedingungen enthalten muss,

betreffen. Weiters können in dieser Verordnung auch Rechtsfolgen für den Fall der Nichteinhaltung von Bedingungen und Auflagen festgelegt werden.

§ 2a. (1) Der Bundesminister für Finanzen ist ermächtigt, Schuldtitel rechtsgeschäftlich zu erwerben, wenn dies nach den in § 1 genannten öffentlichen Interessen geboten ist und dadurch nach Art. 13 Bundes-Verfassungsgesetz (B-VG), BGBl. Nr 1/1930, zur Herstellung oder Sicherstellung des gesamtwirtschaftlichen Gleichgewichts sowie zu nachhaltig geordneten Haushalten beigetragen werden kann. Schuldtitel im Sinne dieses Paragraphen sind Forderungsrechte, die eine zumindest nachrangige Verbindlichkeit eines Rechtsträgers nach § 1 begründen und unmittelbar durch eine durch Landesgesetz angeordnete Haftung besichert sind.

(2) Der Erwerb ist durch die öffentliche Bekanntmachung der Angebote einzuleiten. Für Schuldtitel, die Verbindlichkeiten gleichen Rangs begründen und für die die identen Rechtspersonen unmittelbar durch Landesgesetz zur Haftung verpflichtet sind, ist jeweils ein Angebot bekanntzumachen. Die Angebote haben die wirtschaftliche Leistungsfähigkeit des Rechtsträgers und der gesetzlich zur Haftung verpflichteten Rechtspersonen angemessen zu berücksichtigen. Sofern die dem Schuldtitel zugrundeliegenden vertraglichen Bedingungen eine bestimmte Form der Bekanntmachung vorsehen, hat die öffentliche Bekanntmachung auch dieser zu entsprechen. Der öffentlichen Bekanntmachung müssen nachfolgende Angaben zum Angebot entnommen werden können:

1. Die genaue Bezeichnung der vom Angebot erfassten Schuldtitel und der Rang der dadurch jeweils begründeten Verbindlichkeit samt Bezeichnung der vertraglichen Grundlage,

2. die Gegenleistungen für den Erwerb der Schuldtitel und der darauf entfallende Anteil, der als Ausgleichszahlung für den Übergang der durch Gesetz angeordneten Haftungen geleistet wird,

3. der Zeitpunkt der Fälligkeit der Gegenleistung und der darauf entfallenden Ausgleichszahlung,

4. die Erklärung, dass ein im Angebot festgesetzter angemessener Anteil an der Differenz zwischen der Gegenleistung nach Z 2, abzüglich der Ausgleichszahlung, und den Zahlungen aus der Abwicklung des Rechtsträgers nach § 1 von dem Erwerber an die Inhaber der Schuldtitel, die das Angebot angenommen haben, binnen vier Wochen nach rechtskräftiger Beendigung der Abwicklung des Rechtsträgers geleistet wird,

5. der Hinweis, dass alle Haftungs- und Sicherungsansprüche, die zwischen dem Inhaber des Schuldtitels und den haftenden Rechtspersonen bestehen, im Erwerbsfall auf den Erwerber übergehen,

6. die Frist nach Abs. 3, die zur Annahme des Angebotes zur Verfügung steht, und jene Stelle, der die Annahme innerhalb dieser Frist zugehen muss,

7. Angaben, in welcher Weise das Recht zur Verfügung über den Schuldtitel nachzuweisen ist,

8. allfällige weitere Bedingungen, von denen der Erwerb der Schuldtitel zur Sicherstellung der Gleichbehandlung aller Inhaber der Schuldtitel abhängig gemacht wird,

9. die Erklärung der Rechtspersonen, die für die vom Angebot erfassten Schuldtitel unmittelbar auf Grund landesgesetzlicher Anordnungen haften, mit dem Angebot und dem darin festgesetzten Ausgleichsbetrag einverstanden zu sein,

10. die Erklärung der Rechtspersonen, die für die vom Angebot erfassten Schuldtitel unmittelbar auf Grund landesgesetzlicher Anordnungen haften, dass die im Angebot enthaltene Ausgleichszahlung ihrer wirtschaftlichen Leistungsfähigkeit entspricht, und eine Bestätigung des gesetzlich zur Prüfung der Gebarung des Rechtsträgers bestimmten Organs oder eines Wirtschaftsprüfers, dass die Angaben in der Erklärung der Rechtsperson vollständig sind und

11. ein ausdrücklicher Hinweis auf die Bedingung nach Abs. 4 und die Rechtsfolgen nach Abs. 5.

(3) Die Inhaber der Schuldtitel können sich nach öffentlicher Bekanntmachung binnen einer in der Bekanntmachung zwischen vier und acht Wochen zu bestimmenden Frist zum Angebot äußern und „schriftlich oder in der im Angebot festgelegten Form" erklären, ob sie das Angebot annehmen oder ablehnen. Das Beifügen einer Bedingung zur Erklärung der Annahme ist unwirksam und macht die Annahme ungültig. Eine Erklärung kann bis zum Ablauf der Frist zurückgezogen oder geändert werden. *(BGBl I 2016/69)*

(4) Der Erwerb der Schuldtitel erfordert, dass

1. jedes Angebot jeweils von zumindest einem Viertel des Gesamtnominales der vom Angebot erfassten Schuldtitel angenommen wird und

2. dadurch auch eine qualifizierte Mehrheit von zumindest zwei Drittel des kumulierten Gesamtnominales der von allen Angeboten erfassten Schuldtitel zustimmt.

Schuldtitel, für die keine oder eine ungültige Erklärung innerhalb der Frist des Abs. 3 abgegeben wurde, sind dabei als Ablehnung des Angebotes zu berücksichtigen. Die Annahme der Angebote durch eine qualifizierte Mehrheit ist nach Abs. 2 öffentlich bekanntzumachen. Mit dem Zeitpunkt der Bekanntmachung erfolgt der Erwerb der Schuldtitel der qualifizierten Mehrheit und es treten die nach den Bestimmungen dieses Bundesgesetzes damit verbundenen Rechtswirkungen ein.

(5) Nach Eintritt der Bedingungen des Abs. 4 können die Inhaber von Schuldtiteln von den unmittelbar aufgrund eines Gesetzes zur Haftung verpflichteten Rechtspersonen den die Ausgleichszahlung übersteigende Ausfall, den die Inhaber von Schuldtiteln beim Rechtsträger nach § 1 erleiden, nicht mehr fordern. Eine Zwangsvollstreckung durch den Erwerber und jene Inhaber, die das Angebot abgelehnt haben, ist gegen die unmittelbar auf Grund eines Gesetzes zur Haftung verpflichteten Rechtspersonen nur mehr bis zur Höhe der Ausgleichszahlung zulässig, die nach Abs. 2 Z 2 im Angebot ausgewiesen wurde. Die Rechtswirkungen treten auch ein, wenn eine Rechtsperson durch Bundes- oder Landesgesetz zum Erwerb der Schuldtitel ermächtigt wird und der Erwerb der Schuldtitel durch diese nach den vorstehenden Bestimmungen erfolgt.

(6) Auf Antrag des Erwerbers der Schuldtitel, eines Inhabers eines Schuldtitels oder einer zur Haftung verpflichteten Rechtsperson hat das für die unmittelbar gesetzlich haftende Rechtsperson örtlich zuständige Gericht nach dem Bundesgesetz über das gerichtliche Verfahren in Rechtsangelegenheiten außer Streitsachen (Außerstreitgesetz – AußStrG), BGBl. I Nr. 111/2003, mit nach Abs. 2 auch öffentlich bekanntzumachendem Beschluss festzustellen, dass

1. die nach dem Gesetz erforderliche qualifizierte Mehrheit der Inhaber das Angebot zum Erwerb der Schuldtitel angenommen hat,

2. den Inhabern, die das Angebot abgelehnt haben, weiterhin gegen den Rechtsträger, der aus dem jeweiligen Schuldtitel vertraglich verpflichtet ist, ein Anspruch in Höhe dieses Schuldtitels zukommt und ihnen gegen die unmittelbar auf Grund eines Gesetzes zur Haftung verpflichteten Rechtspersonen zur gesamten Hand ein Anspruch auf die im Angebot nach Abs. 2 Z 2 ausgewiesene Ausgleichszahlung zusteht und

3. in Bezug auf die Schuldtitel, für die das Angebot zum Erwerb von der qualifizierten Mehrheit angenommen wurde, die unmittelbar auf Grund eines Gesetzes zur Haftung verpflichteten Rechtspersonen von ihren Verbindlichkeiten gegenüber dem Erwerber und allen anderen Inhabern befreit sind, für einen die Ausgleichszahlung übersteigenden Ausfall aus den Schuldtiteln zu haften, gleichgültig ob die Inhaber das Angebot angenommen oder abgelehnt haben.

(BGBl I 2015/127)

Abwicklung

§ 3. (1) Für sämtliche Maßnahmen nach diesem Bundesgesetz, die eine staatliche Beihilfe darstellen, ist ein dem Rechtsrahmen der Europäischen Union für staatliche Beihilfen entsprechendes Entgelt und Zinsen vorzusehen. Die Haftungsübernahmen gemäß § 2 Abs. 1 Z 1 und 2 können nur durch schriftliche Vereinbarung erfolgen. In diesen Vereinbarungen sind von § 83 Bundeshaushaltsgesetz 2013, BGBl. I Nr. 139/2009 (BHG 2013), abweichende Regelungen zulässig;

Rechte im Sinne des § 83 Abs. 2 Z 1 BHG 2013 sind jedenfalls vorzusehen. *(BGBl I 2015/127)*

(2) Der Bundesminister für Finanzen wird ermächtigt, die Durchführung konkreter Maßnahmen nach § 2 Abs. 1 Z 1 bis 3 und 6 an die „ÖBAG“ als Bevollmächtigte des Bundes nach §§ 1002 ff ABGB zu übertragen. Die näheren Grundsätze für die Ausgestaltung der Maßnahmen, insbesondere Bestimmungen über ein Entgelt, sind vom Bundesminister für Finanzen mit der Übertragung der Durchführung der Maßnahme zu bestimmen. „ “ *(BGBl I 2015/127; BGBl I 2018/96)*

(3) Ebenso können Maßnahmen nach § 2 Abs. 1 Z 4 und 5 durch die Erteilung entsprechender Aufträge an die „ÖBAG“ umgesetzt werden; diesfalls erwirbt die „ÖBAG“ die Gesellschaftsanteile in eigenem Namen und auf eigene Rechnung. *(BGBl I 2018/96)*

(4) Die vom Bund nach § 2 Abs. 2 übernommenen Gesellschaftsanteile können an die „ÖBAG“ übertragen werden. *(BGBl I 2018/96)*

(5) Über Auftrag des Bundesministers für Finanzen hat die „ÖBAG“eine Gesellschaft nach den Bestimmungen des AktG zu gründen und zu errichten, deren Stammkapital zur Gänze im Eigentum der „ÖBAG“steht. Der Unternehmensgegenstand hat ausschließlich die Durchführung von Maßnahmen zu umfassen, die der „ÖBAG“nach den Abs. 2 bis 4 übertragen werden können. Bei dieser Gesellschaft ist ein Aufsichtsrat einzurichten. Der nicht auf die Arbeitnehmer entfallende Teil der Mitglieder des Aufsichtsrates und die Vorstände sind nach Vorschlag der Bundesregierung zu bestellen. Sofern in diesem Bundesgesetz auf die „ÖBAG“Bezug genommen wird, ist darunter auch diese Tochtergesellschaft zu verstehen. *(BGBl I 2018/96)*

(6) Im Fall eines auf dieses Bundesgesetz gestützten Beteiligungserwerbs an Kreditinstituten oder Versicherungsunternehmen gelten die Anforderungen an Eigentümer und deren Verpflichtungen nach § 20 BWG und „dem 6. Abschnitt des 1. Hauptstücks des VAG 2016“ als erfüllt. *(BGBl I 2015/34)*

(7) In jenen Fällen, in denen ein Mitglied eines Organs der FIMBAG Finanzmarktbeteiligung Aktiengesellschaft des Bundes (FIMBAG) in Ausübung der ihm obliegenden Tätigkeiten einer vom Bund und der FIMBAG verschiedenen Rechtsperson rechtswidrig und schuldhaft einen Schaden zugefügt hat und dieses dem Geschädigten gegenüber haften würde, haftet gegenüber dem Geschädigten, ausgenommen bei vorsätzlicher Schädigung, nicht das Mitglied des Organs, sondern unmittelbar der Bund nach den Bestimmungen des bürgerlichen Rechts. Dieser kann beim verantwortlichen Mitglied des Organs Rückersatz nehmen. Auf den Rückersatz kommen die Bestimmungen über den Regress nach dem Bundesgesetz, womit die Haftung des Bundes, der Länder, der Bezirke, der Gemeinden und der sonstigen Körperschaften und Anstalten des öffentlichen Rechts für den in Vollziehung der Gesetze zugefügten Schaden geregelt wird, (AHG), BGBl. Nr. 20/1949, sinngemäß zur Anwendung. Die Rückersatznahme ist im Falle der groben Fahrlässigkeit auf einen Betrag in Höhe des 225-fachen des Monatsgehalts eines Beamten der allgemeinen Verwaltung der Funktionsgruppe A 1/9, Gehaltsstufe 1, je Mitglied des Organs begrenzt. *(BGBl I 2009/52)*

Verfügungs- und Pfändungsbeschränkung

§ 4. Soweit nach § 2 Abs. 1 Z 1 bis 3 Ansprüche gegen den Bund begründet werden, können diese weder durch Rechtsgeschäft, wie insbesondere Abtretung oder Verpfändung, ohne Zustimmung des Bundes an Dritte übertragen werden, noch unterliegen sie der Pfändung.

Gebühren und Abgaben

§ 5. (1) Die zur Durchführung dieses Bundesgesetzes erforderlichen Rechtsgeschäfte, Schriften und Amtshandlungen sind von den bundesgesetzlich geregelten Abgaben, den Bundesverwaltungsabgaben sowie den im Gerichtsgebührengesetz – GGG, BGBl. Nr. 501/1984, geregelten Gerichts- und Justizverwaltungsgebühren befreit.

(2) Der Bund und die Gesellschaft nach § 3 Abs. 5 sind überdies von der Entrichtung der im GGG geregelten Gebühren in Verfahren vor den ordentlichen Gerichten befreit, die Angelegenheiten des Vollzugs dieses Bundesgesetzes zum Gegenstand haben.

(BGBl I 2015/127)

Berichtspflicht

§ 6. Der Bundesminister für Finanzen hat dem Hauptausschuss jeweils binnen einem Monat nach Ablauf des Kalendervierteljahres einen Bericht, in dem sämtliche Maßnahmen, die nach diesem Bundesgesetz ergriffen wurden, detailliert dargestellt sind, vorzulegen. Der Bericht hat insbesondere die finanziellen Auswirkungen der gesetzten Maßnahmen auszuweisen.

Sprachliche Gleichbehandlung

§ 7. Soweit in diesem Bundesgesetz personenbezogene Bezeichnungen nur in männlicher Form angeführt sind, beziehen sie sich auf Frauen und Männer in gleicher Weise. Bei der Anwendung auf bestimmte Personen ist die jeweils geschlechtsspezifische Form zu verwenden.

Verweise

§ 8. Soweit in diesem Bundesgesetz auf andere Bundesgesetze verwiesen wird, sind diese, wenn nichts anderes angeordnet ist, in ihrer jeweils geltenden Fassung anzuwenden.

Vollziehung

§ 9. Mit der Vollziehung dieses Bundesgesetzes ist hinsichtlich der Befreiung von Gebühren nach dem GGG 1984 sowie hinsichtlich § 2 Abs. 2 betreffend der Durchführung des gerichtlichen Neufestsetzungsverfahrens der Bundesminister für Justiz, hinsichtlich der Erlassung einer Verordnung gemäß § 2 Abs. 2 der Bundesminister für Finanzen im Einvernehmen mit dem Bundeskanzler, hinsichtlich § 2a der Bundesminister für Finanzen und der Bundesminister für Justiz gemeinsam, mit der Vollziehung der übrigen Bestimmungen der Bundesminister für Finanzen betraut.

(BGBl I 2015/127)

§ 10. „(1)“ § 2 Abs. 1 Z 3 in der Fassung des Bundesgesetzes BGBl. I Nr. 184/2013 tritt mit 1. Jänner 2014 in Kraft. *(BGBl I 2015/34)*

(2) § 1 Z 2, § 2 Abs. 1 Z 3 und § 3 Abs. 6 in der Fassung des Bundesgesetzes BGBl. I Nr. 34/2015 treten mit 1. Jänner 2016 in Kraft. *(BGBl I 2015/34)*

(3) § 1 Abs. 3 in der Fassung des Bundesgesetzes BGBl. I Nr. 127/2015 tritt mit 1. Juli 2015 in Kraft. *(BGBl I 2015/127)*

(4) § 2 Abs. 3 erster Halbsatz des zweiten Satzes, § 2 Abs. 3 zweiter Satz, § 3 Abs. 2 bis 5 und § 10 Abs. 4 in der Fassung des Bundesgesetzes BGBl. I Nr. 96/2018 treten mit 1. Jänner 2019 in Kraft. § 2 Abs. 3 zweiter Halbsatz des zweiten Satzes, zuletzt geändert durch Bundesgesetz, BGBl. I Nr. 69/2016, tritt mit Ablauf des 31. Dezember 2018 außer Kraft. *(BGBl I 2018/96)*

(BGBl I 2013/184)

Verordnung zur Festlegung näherer Bestimmungen über die Bedingungen und Auflagen für Maßnahmen nach dem Finanzmarktstabilitätsgesetz und dem Interbankmarktstärkungsgesetz

BGBl II 2008/382

STICHWORTVERZEICHNIS

Verordung des Bundesministers für Finanzen zur Festlegung näherer Bestimmungen über die Bedingungen und Auflagen für Maßnahmen nach dem Finanzmarktstabilitätsgesetz und dem Interbankmarktstärkungsgesetz

Aufgrund des § 2 Abs. 5 Finanzmarktstabilitätsgesetz – FinStaG, BGBl. I Nr. 136/2008, in Verbindung mit § 1 Abs. 4 Interbankmarktstärkungsgesetz – IBSG, BGBl. I Nr. 136/2008, wird im Einvernehmen mit dem Bundeskanzler verordnet:

Anwendungsbereich

§ 1. (1) Begünstigte im Sinne dieser Verordnung sind Kreditinstitute und Versicherungsunternehmen, während sie diese Leistungen gemäß IBSG oder FinStaG in Anspruch nehmen.

(2) Sofern der Bundesminister für Finanzen von den Instrumenten des § 2 Abs. 1 FinStaG und des § 1 Abs. 4 IBSG Gebrauch macht, sind die diesbezüglichen Vereinbarungen mit den Begünstigten nach den Bestimmungen dieser Verordnung abzuschließen, wobei diese während des gesamten Zeitraumes, innerhalb dessen die Maßnahme wirksam ist, einzuhalten sind.

Nachhaltigkeit

§ 2. Der Begünstigte hat seine Geschäftspolitik auf Nachhaltigkeit auszurichten. Dabei ist erforderlichenfalls vorzusehen, dass mit besonderen Risiken, einschließlich der in Anhang V der Richtlinie 48/2006/EG des Europäischen Parlamentes und des Rates vom 14. Juni 2006 über die Aufnahme und Ausübung der Tätigkeit der Kreditinstitute, Abl. Nr. L 177, bezeichneten Risiken, verbundene Geschäfte oder Geschäfte in bestimmten Produkten oder Märkten reduziert oder aufgegeben werden.

Mittelverwendung

§ 3. Der Begünstigte ist zu verpflichten, entsprechend seinem Geschäftsgegenstand die ihm durch die Maßnahme zugeführten Mittel auch zur Kreditvergabe oder für Kapitalanlagen zu marktüblichen Konditionen für die Wirtschaft zu verwenden, wobei insbesondere die Kreditversorgung kleiner und mittlerer Unternehmen sowie die Versorgung mit Hypothekarkrediten von Haushalten zu erfolgen haben. Gehört der Begünstigte einem Konzern an und liegen die Gründe für den Rekapitalisierungsbedarf zumindest teilweise in der wirtschaftlichen Lage eines oder mehrerer Tochterunternehmen, so kann die Verwendung von durch die Maßnahme zugeführten Mitteln bei den betreffenden Tochterunternehmen vertraglich vorgesehen werden.

Vergütungen

§ 4. (1) Der Begünstigte ist zu verpflichten, die Vergütungssysteme auf ihre Anreizwirkung und die Angemessenheit zu überprüfen und im Rahmen der zivilrechtlichen Möglichkeiten sicherzustellen, dass diese nicht zur Eingehung unangemessener Risiken verleiten sowie dass diese an

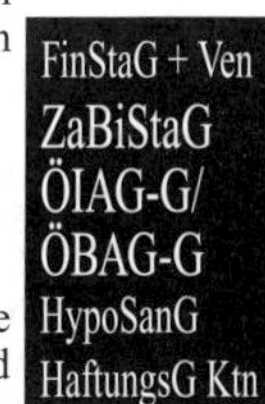

langfristigen und nachhaltigen Zielen ausgerichtet und transparent sind.

(2) Der Begünstigte ist zu verpflichten, im Rahmen der zivilrechtlichen Möglichkeiten die Vergütungen seiner Organe, Angestellten und wesentlichen Erfüllungsgehilfen nach folgenden Grundsätzen auszurichten:

1. Den Angestellten und wesentlichen Erfüllungsgehilfen dürfen keine unangemessenen Entgelte, Entgeltbestandteile und Prämien bezahlt sowie sonstige unangemessene Zuwendungen geleistet werden.

2. Das Entgelt der organschaftlichen Vertreter und der leitenden Angestellten des Begünstigten ist auf ein angemessenes Maß zu begrenzen, wobei dafür insbesondere zu berücksichtigen sind,

a) der Beitrag der betreffenden Person zur wirtschaftlichen Lage des Begünstigten insbesondere im Rahmen der bisherigen Geschäftspolitik und des Risikomanagements und

b) die Erforderlichkeit eines marktkonformen Entgelts, um für die nachhaltige wirtschaftliche Entwicklung besonders geeignete Personen beschäftigen zu können.

3. Weiters darf der Begünstigte bestehende Zielvereinbarungen, Regelungen in Zusammenhang mit Aktienoptionsprogrammen sowie sonstige Regelungen für erfolgsabhängige Vergütungen nicht nachträglich zugunsten seiner Organe, Angestellten oder wesentlichen Erfüllungsgehilfen ändern. Im Rahmen der zivilrechtlichen Möglichkeiten sind Aktienoptionsprogramme zugunsten der Organe oder wesentlichen Erfüllungsgehilfen während der Inanspruchnahme der Instrumente des § 2 Abs. 1 Z 3 2. Fall, Z 4 bis 6 FinStaG außer Kraft zu setzen.

(3) Der Begünstigte ist zu verpflichten, im Rahmen der zivilrechtlichen Möglichkeiten von Organen und leitenden Angestellten, die im Rahmen der bisherigen Geschäftspolitik und des Risikomanagements maßgeblich und nachteilig zur wirtschaftlichen Lage des Begünstigten beigetragen haben, auch bereits erhaltene Vergütungen in angemessenem Ausmaß rückzufordern, sofern die Vergütungen nicht gemäß Abs. 2 angemessen gewesen wären und im Ausmaß objektiv erheblich sind. Die Rückforderung kann unterbleiben, soweit dies auf Grund der wirtschaftlichen Lage der betreffenden Person unbillig wäre oder die Rückforderung wegen rechtlicher Aussichtslosigkeit, Verfahrensdauer oder Kosten für den Begünstigten unwirtschaftlich wäre. Der Verzicht auf eine Rückforderung ist dem Bundesminister für Finanzen bekannt zu geben und die Umstände hiefür glaubhaft zu machen.

Eigenmittelausstattung

§ 5. Haftungsübernahmen nach § 2 Abs. 1 Z 1 und 2 FinStaG sowie nach § 1 Abs. 4 IBSG setzen eine angemessene Eigenmittelausstattung des Begünstigten voraus, es sei denn, dass die Haftungsübernahme zu dem Zweck erfolgt, die Eigenmittel zu erhöhen.

Gewinnausschüttungen

§ 6. Dividenden oder sonstige Gewinnanteile dürfen bei der Inanspruchnahme von Instrumenten gemäß § 2 Abs. 1 Z 1 bis 6 FinStaG – sofern diese nicht vertraglich oder gesetzlich geschuldet sind – an die Eigentümer des Begünstigten nur im angemessenen Ausmaß unter Bedachtnahme auf die Ertragslage des Begünstigten ausgeschüttet werden. Der Begünstigte darf auch sonst keine vertraglich oder gesetzlich nicht geschuldeten Leistungen wie etwa den Rückkauf von Aktien oder Kapitalherabsetzungen – sofern diese nicht Sanierungszwecken dienen oder im Rahmen üblicher Kapitalmarktkonstruktionen erfolgen – an seine Gesellschafter erbringen.

Arbeitsplätze

§ 7. Der Begünstigte hat auf die Erhaltung der Arbeitsplätze in seinem Unternehmen angemessen Bedacht zu nehmen. Über Maßnahmen, die maßgebliche Auswirkungen auf Arbeitsplätze haben, ist der Gesellschaft nach § 3 Abs. 5 FinStaG zu berichten.

Vermeidung von Wettbewerbsverzerrungen

§ 8. Zur Vermeidung von allenfalls drohenden Wettbewerbsverzerrungen durch Maßnahmen nach dem IBSG und dem FinStaG sind dem Begünstigten Bedingungen für die Geschäftstätigkeit aufzuerlegen, die geeignet erscheinen, derartigen Wettbewerbsverzerrungen entgegen zu wirken.

Entgelte

§ 9. (1) Bei Haftungsübernahmen nach § 2 Abs. 1 Z 1 und 2 FinStaG sowie § 1 Abs. 4 IBSG soll das jährliche Haftungsentgelt dann, wenn die Haftung für einen ein Jahr nicht übersteigenden Zeitraum gewährt wird, in Höhe von 0,5 vH, im Übrigen auf Basis des niedrigeren der beiden folgenden Werte zuzüglich eines Zuschlages von 0,5 vH jeweils des eingeräumten Haftungsrahmens pro Jahr vereinbart werden:

1. Medianwert der CDS-Spreads für Schuldtitel des Begünstigten mit 5 Jahren Laufzeit im Referenzzeitraum 1. Jänner 2007 bis 31. August 2008;

2. Medianwert der CDS-Spreads für Schuldtitel der Ratingkategorie des Begünstigten mit 5 Jahren Laufzeit im Referenzzeitraum 1. Jänner 2007 bis 31. August 2008, auf Basis eines vom Eurosystem definierten Samples von Großbanken im Euroraum.

(2) Sollte für den konkreten Begünstigten weder ein CDS-Spread noch ein Kreditrating vorliegen, ist für die Berechnung eines äquivalenten CDS-Spreads im Sinne des Abs. 1 vom Medianwert der im Referenzzeitraum gemäß Abs. 1 für die Ratingkategorie A geltenden CDS-Spreads mit Laufzeit von fünf Jahren auf Basis eines vom Eurosystem definierten repräsentativen Samples von Großbanken im Euroraum auszugehen.

(3) Bei Festlegung des Haftungsentgelts ist die Bestellung von Sicherheiten entsprechend zu berücksichtigen.

(4) Bei Darlehensgewährungen und der Zuführung von Eigenmitteln an Kreditinstitute gemäß §§ 23 und 24 BWG und an Versicherungsunternehmen gemäß § 73b VAG, nach § 2 Abs. 1 Z 3 FinStaG sind, soweit sie in wirtschaftlicher Betrachtungsweise eine Verzinsungskomponente aufweisen, marktkonforme Zinsen derart zu vereinbaren, dass sie an objektive und nachvollziehbare Parameter zu binden sind, die der Art, der Laufzeit und dem Risikogehalt des Instruments entsprechen.

(5) Für Maßnahmen gemäß § 2 Abs. 1 Z 3 bis 6 FinStaG ist im Rahmen der bankenrechtlichen Vorschriften jedenfalls ein Entgelt zu vereinbaren. Darüber hinaus sollen bei solchen Maßnahmen Besserungsvereinbarungen abgeschlossen werden, wobei davon in begründeten Fällen abgegangen werden kann.

(6) In Zusammenhang mit Maßnahmen gemäß § 2 Abs. 1 Z 3 bis 6 FinStaG ist ein Rückführungsrecht für den Begünstigten und der Gesellschaft nach § 3 Abs. 5 FinStaG nach einer gewissen Frist zu vereinbaren.

(7) Von Abs. 1 bis 7 kann im Einzelfall abgewichen werden, wenn dies auf Grund der wirtschaftlichen Lage des Begünstigten unzweckmäßig wäre oder mit den Zielen der Rekapitalisierungsmaßnahme nicht vereinbar wäre.

Information

§ 10. Der Begünstigte hat dem Bundesminister für Finanzen oder einem von ihm Beauftragten, insbesondere der Gesellschaft gemäß § 3 Abs. 5 FinStaG, jederzeit Auskünfte zu erteilen, Buch- und Betriebsprüfung zu ermöglichen und sämtliche Unterlagen vorzulegen. Auskünfte sind an den Bundesminister für Finanzen im Einvernehmen mit dem Bundeskanzler zu erteilen.

Verpflichtungserklärung

§ 11. Soweit in dieser Verordnung vorgesehene Bedingungen und Auflagen nicht durch vertragliche Regelungen mit dem Begünstigten sichergestellt werden können, und soweit die persönliche Mitwirkung von organschaftlichen Vertretern des Begünstigten zur Erreichung der in dieser Verordnung und der im FinStaG und in § 1 Abs. 4 IBSG geregelten Maßnahmenzwecke erforderlich ist, ist vom Begünstigten eine Verpflichtungserklärung zu verlangen, in welche die jeweiligen Bedingungen und Auflagen aufzunehmen sind, und die von allen organschaftlichen Vertretern des Begünstigten zu unterfertigen ist. Solche Verpflichtungserklärungen können insbesondere die Erteilung von Auskünften betreffen, die zu einem Zeitpunkt erforderlich sind, wenn die betreffende Person keine Organfunktion bei dem Begünstigten mehr ausübt.

Abwicklung

§ 12. (1) Die in dieser Verordnung vorgesehenen Bedingungen und Auflagen sind in dem Umfang zur Grundlage von Maßnahmen nach § 2 Abs. 1 FinStaG oder § 1 Abs. 4 IBSG zu machen, als diese erforderlich sind, um eine solide umsichtige Geschäftspolitik zu gewährleisten. Dabei ist insbesondere auf den Grundsatz der Verhältnismäßigkeit, auf die Art, den finanziellen Umfang und die Dauer der jeweiligen Maßnahme sowie auf die wirtschaftliche Situation des Begünstigten Bedacht zu nehmen.

(2) In der Vereinbarung ist unter Beachtung von Abs. 1 ein wesentlicher Beitrag des Begünstigten zu den Kosten der Maßnahme vorzusehen. Neben den in § 9 vorgesehenen Entgelten sind insbesondere Bestimmungen über die Rückzahlung und Verzinsung von Beträgen, die der Bund aufgrund einer schlagend gewordenen Haftungsübernahme zu leisten hatte, in den jeweiligen Vertrag über die Haftungsübernahme aufzunehmen.

(3) Die Einhaltung von Bedingungen und Auflagen ist vertraglich sicherzustellen. Dies kann insbesondere durch die Vereinbarung von Vertragsstrafen erfolgen. In jenen Fällen, in denen eine Haftungsübernahme zu dem Zweck erfolgt, dem Begünstigten eine Mittelaufnahme bei Dritten zu ermöglichen, darf die Wirksamkeit der Haftungsübernahme dem Dritten gegenüber jedenfalls nicht daran geknüpft werden, dass die Bedingungen für die Haftungsübernahme oder Auflagen in der Vereinbarung über die Haftungsübernahme durch den Begünstigten eingehalten werden.

(4) Bei Maßnahmen nach § 2 Abs. 1 FinStaG ist hinsichtlich der zeitlichen Gestaltung darauf Bedacht zu nehmen, dass Ziel und Zweck der Maßnahme erreicht werden können.

(5) Die Gesellschaft gemäß § 3 Abs. 5 FinStaG hat die in dieser Verordnung festgelegten Regelungen und Grundsätze hinsichtlich der ihr übertragenen Anteils- und Vermögensrechte zu erfüllen und die hierfür erforderlichen Maßnahmen von sich aus zu setzen, ohne dass es hierfür gesonderter Aufträge des Bundesministers für Finanzen im Einzelfall bedarf.

(6) Der Bundesminister für Finanzen hat den Bundeskanzler über Vereinbarungen über Maßnahmen gemäß FinStaG zu informieren, auch wenn diese nicht den Erwerb von Eigentumsrechten oder sonstige Maßnahmen betreffen, über die gemäß § 2 Abs. 1 Z 4 bis 6 oder Abs. 2 das Einvernehmen herzustellen ist.

(7) Die Gesellschaft gemäß § 3 Abs. 5 FinStaG hat dem Bundesminister für Finanzen im Einvernehmen mit dem Bundeskanzler alle erforderlichen Informationen im Zusammenhang mit Rekapitalisierungsmaßnahmen zu erteilen. Im übrigen ist die Gesellschaft, sowie ihre Organe und Bediensteten Organen von Behörden gemäß § 38 Abs. 1 des Bankwesengesetzes gleichzuhalten.

Zahlungsbilanzstabilisierungsgesetz

BGBl I 2009/52 (BudgetbegleitG 2009) idF

1 BGBl I 2010/31
2 BGBl I 2011/90
3 BGBl I 2012/65 (ESM-Begleitnovelle)
4 BGBl I 2013/89
5 BGBl I 2020/44

Bundesgesetz zur Teilnahme an internationaler Zahlungsbilanzstabilisierung (Zahlungsbilanzstabilisierungsgesetz – ZaBiStaG)

§ 1. Zur Abwehr oder Sanierung von Zahlungsbilanzungleichgewichten in Ländern mit denen Österreich wirtschaftlich eng verbundenen ist, das sind insbesondere

1. Mitgliedstaaten der Europäischen Union (EU),

2. Mitgliedstaaten der Europäischen Freihandelsassoziation (EFTA) und

3. Staaten, mit denen Österreich laut Statistik der Oesterreichischen Nationalbank (OeNB) jährliche Transaktionen im Rahmen der Leistungsbilanz von mehr als 20 Millionen Euro durchführt oder in denen Österreich einen Bestand an aktiven Direktinvestitionen im weiteren Sinne von mehr als zehn Millionen Euro aufweist,

wird der Bundesminister für Finanzen ermächtigt, Darlehen an diese Staaten zu marktüblichen Konditionen zu vergeben.

§ 2. (1) Der Bundesminister für Finanzen darf von einer Ermächtigung gemäß § 1 nur Gebrauch machen, wenn die Darlehen gemäß § 1 den Gesamtbetrag von fünf Milliarden Euro für Kapital und fünf Milliarden Euro für Zinsen und Kosten und die Darlehen für ein Land den Betrag von „zwei Milliarden 300 Millionen“ Euro für Kapital nicht übersteigen. *(BGBl I 2010/31)*

(2) Die Vergabe von Darlehen gemäß § 1 darf nur bei

1. Vorliegen eines Programms oder einer anderen Unterstützungsaktion des Internationalen Währungsfonds (IWF) oder

2. einer entsprechenden Beteiligung der EU oder

3. der Beteiligung anderer Staaten als Haftungs- oder Darlehensgeber

erfolgen.

(3) Bei Abschluss von Verträgen gemäß § 1 ist zu vereinbaren, dass sämtliche Kosten dieser Maßnahmen vom begünstigten Staat oder dessen Bevollmächtigten zu tragen sind.

(4) Der Bundesminister für Finanzen wird ermächtigt, bei Vergabe von Darlehen nach diesem Bundesgesetz Vorbelastungen „gemäß § 60 des Bundesgesetzes über die Führung des Bundeshaushaltes (Bundeshaushaltsgesetz 2013 – BHG 2013), BGBl. I Nr. 139/2009“ einzugehen. *(BGBl I 2010/31; BGBl I 2020/44)*

§ 2a. (1) Zum Zwecke der Unterstützung von Mitgliedstaaten des Euro-Währungsgebiets wird der Bundesminister für Finanzen ermächtigt, in Abstimmung mit anderen Mitgliedstaaten der Europäischen Union namens des Bundes Haftungen in Form von Garantien für die Begebung von Finanzierungen durch die „European Financial Stability Facility“, einer Gesellschaft nach luxemburgischem Recht, oder durch ihren Rechtsnachfolger, bis zum jeweils ausstehenden Gesamtbetrag von 21 Milliarden 639 Millionen 190 Tausend Euro an Kapital zuzüglich Zinsen und Kosten zu übernehmen.

(2) In Vereinbarungen gemäß Abs. 1 sind von „§ 82 des Bundeshaushaltsgesetzes 2013“ abweichende Regelungen zulässig. *(BGBl I 2013/89)*

(BGBl I 2011/90)

§ 2b. (1) Der Bundesminister für Finanzen wird ermächtigt, in Abstimmung mit anderen Mitgliedstaaten der Europäischen Union namens des Bundes Zuschüsse an die Hellenische Republik zu gewähren. Die Gewährung von Zuschüssen darf nur erfolgen

1. soferne die Hellenische Republik sämtliche Zahlungsverpflichtungen gegenüber den nationalen Zentralbanken des Eurosystems, insbesondere ihre Zahlungsverpflichtungen aus im Rahmen des Programms für die Wertpapiermärkte („SMP“) von nationalen Zentralbanken erworbenen Wertpapieren, ordnungsgemäß bedient sowie

2. bis zu einem Gesamtbetrag von 281 Millionen 200 Tausend Euro, wobei jährlich ein Betrag von 61 Millionen Euro nicht überstiegen werden darf.

(2) Abs. 1 tritt mit Ablauf des 31. Dezember 2025 außer Kraft.

(BGBl I 2013/89)

§ 2c. (1) Der Bundesminister für Finanzen wird ermächtigt, in Abstimmung mit anderen Mitgliedstaaten der Europäischen Union namens des Bundes Beiträge zum im Zusammenhang mit der COVID-19.Krise geschaffenen europaweiten

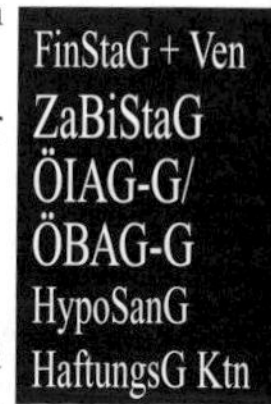

Garantiefonds der Europäischen Investitionsbank zu leisten.

(2) Die Ermächtigung gemäß Abs. 1 umfasst Beiträge bis zu einem Gesamtbetrag von 650 Millionen Euro zuzüglich allfälliger Verwaltungskosten. In Vereinbarungen gemäß Abs. 1 können Beiträge des Bundes durch Gewährung von Haftungen erfolgen.

(3) In Vereinbarungen gemäß Abs. 1 sind von § 82 des BHG 2013 abweichende Regelungen zulässig.

(BGBl I 2020/44)

§ 2d. (1) Der Bundesminister für Finanzen wird ermächtigt, namens des Bundes Haftungen in Form von Garantien bis zu einem Betrag von 720 Millionen Euro zuzüglich Zinsen und allfälliger Kosten zu übernehmen, mit denen Darlehen aus dem Unionshaushalt für das im Zusammenhang mit der COVID-19-Krise geschaffene Europäische Instrument für temporäre Hilfe zur Abmilderung der Arbeitslosigkeitsrisiken (SURE) abgesichert werden.

(2) In Vereinbarungen gemäß Abs. 1 sind von § 82 des BHG 2013 abweichende Regelungen zulässig.

(3) Die Ermächtigung gemäß Abs. 1 gilt ab dem Zeitpunkt der Veröffentlichung der entsprechenden Verordnung im EU-Amtsblatt und endet spätestens mit der letzten Rückzahlung von Darlehen, die nach dieser Verordnung vergeben werden.

(BGBl I 2020/44)

§ 3. Bei der Vergabe von Darlehen gemäß § 1 und bei der Übernahme von Haftungen und Garantien gemäß § 2a, § 2c sowie § 2d ist jeweils das Einvernehmen zwischen dem Bundesminister für Finanzen und dem Vizekanzler herzustellen.

(BGBl I 2020/44)

§ 4. Mit der Vollziehung des Bundesgesetzes ist der Bundesminister für Finanzen betraut.

§ 4a. Der Bundesminister für Finanzen hat dem „mit der Vorberatung von Bundesfinanzgesetzen betrauten Ausschuss" jeweils binnen einem Monat nach Ablauf des Kalendervierteljahres einen Bericht, in dem sämtliche Maßnahmen, die nach diesem Bundesgesetz ergriffen wurden, beschrieben und erläutert werden, vorzulegen. *(BGBl I 2012/65)*

(BGBl I 2010/31)

Bundesgesetz über die Neuordnung der Rechtsverhältnisse der Österreichischen Industrieholding Aktiengesellschaft und der Post und Telekombeteiligungsverwaltungsgesellschaft (ÖIAG-Gesetz 2000/ÖBIB-Gesetz 2015)

BGBl I 2000/24 idF

1 BGBl I 2003/71
2 BGBl I 2005/103
3 BGBl I 2005/120 (HGB durch UGB ersetzt)
4 BGBl I 2006/73
5 BGBl I 2008/136
6 BGBl I 2014/46 (SpBegrG)
7 BGBl I 2015/37 (ÖBIB-Gesetz 2015)
8 BGBl I 2018/96

STICHWORTVERZEICHNIS

Bundesgesetz über die Neuordnung der Rechtsverhältnisse der Österreichischen Industrieholding Aktiengesellschaft und der Post und Telekombeteiligungsverwaltungsgesellschaft (ÖIAG-Gesetz 2000)

Der Nationalrat hat beschlossen:

Artikel I

Organisation/Satzung/Aufgaben der ÖBAG

Umwandlung, Firma, Gegenstand, Grundkapital

§ 1. (1) Die Österreichische Bundes- und Industriebeteiligungen GmbH (ÖBIB) wird gemäß §§ 245 ff des Aktiengesetzes (AktG), BGBl.

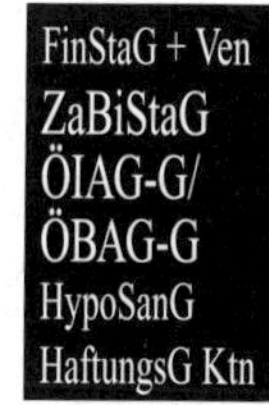

Nr. 98/1965, in eine Aktiengesellschaft mit Sitz in Wien umgewandelt. Die Umwandlung ist in einer nach Inkrafttreten dieses Bundesgesetzes abzuhaltenden Generalversammlung zu beschließen. Im Beschluss sind die Firma in Österreichische Beteiligungs AG (ÖBAG) zu ändern, die erforderlichen Gesellschaftsvertragsänderungen festzusetzen und der erste Aufsichtsrat nach § 4 Abs. 1 und Abs. 3 zu wählen. Der Umwandlung ist eine Zwischenbilanz der ÖBIB zum 30. Juni 2018 zugrunde zu legen. § 247 AktG und § 248 Abs. 1 letzter Satz AktG sind auf die Umwandlung nicht anwendbar. *(BGBl I 2018/96)*

(2) Wesentliche Aufgaben der Gesellschaft sind

a) das Halten, die Verwaltung und die Ausübung von Anteilsrechten (Beteiligungsmanagement) an Unternehmen, an denen die ÖBAG beteiligt ist oder die ihr künftig durch Bundesgesetz oder Rechtsgeschäft übertragen werden (Beteiligungsgesellschaften), *(BGBl I 2018/96)*

b) der Erwerb von Anteilsrechten gemäß § 7 Abs. 3, 4 und 5, *(BGBl I 2018/96)*

c) Maßnahmen zur Förderung der Entwicklung des Wirtschaftsstandortes Österreich gemäß § 7 Abs. 5, *(BGBl I 2018/96)*

d) das Beteiligungsmanagement von nicht im Eigentum der ÖBAG stehenden Unternehmen gemäß § 7a (externes Beteiligungsmanagement), *(BGBl I 2018/96)*

e) die Abgabe von Anteilen (Privatisierungsmanagement) nach Maßgabe eines Auftrags der Bundesregierung gemäß § 8 Abs. 1. *(BGBl I 2018/96)*

Die genannten Aufgaben sind jedenfalls „in die Satzung“ der Gesellschaft aufzunehmen. *(BGBl I 2018/96)*

(2a) *(entfällt, BGBl I 2018/96)*

(3) „Das Grundkapital beträgt 363 365 000 Euro und ist in 5 000 Stückaktien geteilt.“ Sämtliche „Anteile“ stehen im Eigentum des Bundes. *(BGBl I 2015/37; BGBl I 2018/96)*

(4) und (5) *(entfallen, BGBl I 2018/96)*

Hauptversammlung

§ 2. Die Eigentümerrechte des Bundes in der „Hauptversammlung“ werden durch den Bundesminister für Finanzen ausgeübt. *(BGBl I 2018/96)*

Aufsichtsrat

§ 3. (1) Der Aufsichtsrat besteht aus neun Mitgliedern.

(2) Der Aufsichtsrat hat Geschäftsordnungen für den Vorstand und den Aufsichtsrat zu beschließen.

(3) Der Aufsichtsrat hat einen Prüfungsausschuss und einen Nominierungsausschuss einzurichten. Über die Einrichtung von weiteren Ausschüssen entscheidet der Aufsichtsrat in seiner Gesamtheit. Den Ausschüssen haben zumindest drei Mitglieder des Aufsichtsrates anzugehören; dies gilt nicht für das Präsidium und andere Ausschüsse, welche die Beziehungen zwischen der Gesellschaft und den Mitgliedern des Vorstands behandeln.

(BGBl I 2018/96)

Wahl der Aufsichtsratsmitglieder, Interessenvertreter der Arbeitnehmer im Aufsichtsrat

§ 4. (1) Sechs Mitglieder des Aufsichtsrates werden von der Hauptversammlung gewählt und abberufen (Kapitalvertreter). Die fachliche und persönliche Qualifikation dieser Mitglieder hat den Bestimmungen des Aktiengesetzes und höchsten Corporate Governance Standards zu entsprechen.

(2) Die Wahl der Kapitalvertreter erfolgt, wenn die Hauptversammlung bei ihrer jeweiligen Wahl nicht eine kürzere Funktionsperiode festlegt, bis zur Beendigung jener Hauptversammlung, die über die Entlastung für das vierte volle Geschäftsjahr nach der Wahl beschließt, wobei das Jahr der Wahl nicht eingerechnet wird. Im Falle des vorzeitigen Ausscheidens eines Mitgliedes ist eine Ersatzwahl für die restliche Funktionsperiode unverzüglich vorzunehmen.

(3) Als Arbeitnehmervertreter werden von der Hauptversammlung die drei einen Monat vor der Hauptversammlung amtierenden Vorsitzenden des jeweiligen zentralen Belegschaftsvertretungsorgans der drei im vorangegangenen Jahresabschluss umsatzmäßig größten börsenotierten Unternehmen, gewichtet nach dem von der ÖBAG jeweils gehaltenen Anteil am Grundkapital gewählt, an denen die ÖBAG anders als über ihre Standort-Investitionen gemäß § 7 Abs. 5 direkt oder indirekt beteiligt ist. Handelt es sich jedoch um einen Konzern im Sinne des § 15 Aktiengesetz, so ist der Vorsitzende der Konzernvertretung zu wählen. Ist eine Konzernvertretung nicht errichtet, so ist jener Vorsitzende eines Arbeitnehmergremiums (Zentralbetriebsrat, Zentralausschuss, allenfalls Betriebsrat) zu wählen, der die höchste Anzahl an Arbeitnehmern (Tag der Wahl des Zentralbetriebsrates bzw. Zentralausschusses bzw. Betriebsrates) im Inland vertritt. Das betreffende Belegschaftsvertretungsorgan kann bis spätestens einen Monat vor der Hauptversammlung auch einen anderen Vertreter nominieren, der von der Hauptversammlung zu wählen ist. In diesem Fall muss der Nominierte Mitglied des entsendenden Belegschaftsvertretungsorgans sein.

(4) Die Wahl der gemäß Abs. 3 gewählten Mitglieder des Aufsichtsrates erfolgt bis zur Beendigung der Hauptversammlung, die über das

vierte Geschäftsjahr nach der Wahl beschließt, wobei das Geschäftsjahr, in dem das Aufsichtsratsmitglied gewählt wird, nicht mitgerechnet wird. Die Wiederwahl ist zulässig, wenn die in Abs. 3 genannten Voraussetzungen weiterhin vorliegen. Abs. 2 letzter Satz gilt sinngemäß.

(5) Werden Aufsichtsratsausschüsse gebildet, haben die gemäß Abs. 3 gewählten Mitglieder das Recht, für je zwei gemäß Abs. 1 gewählten Aufsichtsratsmitglieder ein weiteres Aufsichtsratsmitglied namhaft zu machen; dies gilt nicht für das Präsidium und andere Ausschüsse, die die Beziehungen zwischen der Gesellschaft und den Mitgliedern des Vorstands behandeln. Wird kein Vertreter namhaft gemacht, wird hiedurch die Beschlussfähigkeit des Ausschusses nicht berührt.

(BGBl I 2018/96)

Qualifikation und Wahl von Aufsichtsratsmitgliedern der Beteiligungsgesellschaften

§ 5. (1) Die von der ÖBAG in den Hauptversammlungen und Generalversammlungen ihrer Beteiligungsgesellschaften zu wählenden oder aufgrund von Verträgen mit Dritten oder gemäß § 7a zu benennenden Aufsichtsratsmitglieder haben, unbeschadet anderer bundesgesetzlicher Bestimmungen, den Regeln des Österreichischen Corporate Governance Kodex zu entsprechen. Sofern der ÖBAG an Gesellschaften, an denen ihre Beteiligungsgesellschaften oder Unternehmen gemäß § 7a Anteile halten, ein Nominierungsrecht zukommt, gilt dies auch für diese Gesellschaften. *(BGBl I 2018/96)*

(2) Die Kandidaten sind für ihre Leistungen allgemein anerkannte Unternehmer, Angehörige freier Berufe oder Führungskräfte aus der Wirtschaft oder dem öffentlichen Sektor. Sie sollen weiters Persönlichkeiten mit mehrjähriger Praxiserfahrung als Leitungsorgan oder als Mitglied des Aufsichtsrates eines Unternehmens sein. Insbesondere sind bei ihrer Bestellung die strengen Unabhängigkeits- und Unvereinbarkeitskriterien des Österreichischen Corporate Governance Kodex einzuhalten und ist darauf zu achten, dass sie ihre Tätigkeit im Aufsichtsrat der Beteiligungsgesellschaft unabhängig von eigenen Interessen oder denen von ihnen nahe stehenden Rechtspersonen ausüben.

(3) Kandidat darf nicht sein, wer in den letzten zwei Jahren vor Übernahme der Funktion Mitglied des Vorstands der jeweiligen Beteiligungsgesellschaft der „ÖBAG" war „ " oder eine Tätigkeit gemäß § 1 des Bundesgesetzes über die Transparenz und Unvereinbarkeiten für oberste Organe und sonstige öffentliche Funktionäre – Unv-Transparenz-G, BGBl. Nr. 330/1983, ausgeübt hat. Die Grundsätze von Regel 52 des Österreichischen Corporate Governance Kodex sind zu beachten. *(BGBl I 2018/96)*

(4) Der Vorschlag und die Wahl von Aufsichtsratsmitgliedern gemäß Abs. 1 bedürfen der Zustimmung des Präsidiums des Aufsichtsrates der ÖBAG. Abs. 1 letzter Satz gilt sinngemäß. *(BGBl I 2018/96)*

(5) und (6) *(entfallen, BGBl I 2018/96)*

(BGBl I 2015/37)

Vorstand

§ 6. (1) Die Geschäftsführung der ÖBAG obliegt dem Vorstand.

(2) Der Vorstand führt die Geschäfte der Gesellschaft unter eigener Verantwortung nach Maßgabe der Gesetze, der Satzung sowie einer Geschäftsordnung, welche der Aufsichtsrat beschließt. Neben den in diesem Gesetz und in der Satzung festgelegten Aufgaben hat der Vorstand bezüglich der Beteiligungsgesellschaften insbesondere die Eigentümerinteressen in den Hauptversammlungen und Generalversammlungen wahrzunehmen und Verträge mit Dritten, welche die ÖBAG eingegangen ist, zu verwalten.

(3) Die Satzung und die Geschäftsordnung können nähere Regelungen zur Geschäftsführung festlegen.

(4) Der Vorstand ist unter Einhaltung der aktienrechtlichen und börserechtlichen Bestimmungen verpflichtet, dem Bundesminister für Finanzen jederzeit über alle wesentlichen Angelegenheiten und Entscheidungen der ÖBAG zu berichten, über Aufforderung dem Bundesminister für Finanzen sämtliche Informationen unverzüglich zur Verfügung zu stellen und vierteljährlich einen schriftlichen Bericht zu allen wesentlichen Fragen der ÖBAG sowie zum Beteiligungsmanagement gemäß §§ 7 und 7a zu erstatten. Darüber hinaus berichtet der Vorstand unter Einhaltung der aktienrechtlichen und börserechtlichen Verpflichtungen einmal jährlich schriftlich der Bundesregierung über alle wesentlichen Angelegenheiten und Entscheidungen der ÖBAG.

(5) Die Funktion des Vorstands ist gemäß dem Stellenbesetzungsgesetz, BGBl. I Nr. 26/1998, auszuschreiben. Die Funktion des ersten Vorstands ist vom Aufsichtsrat unverzüglich nach seiner Wahl auszuschreiben. Bis zur Bestellung des ersten Vorstands führt ein vom Aufsichtsrat unverzüglich nach seiner Wahl zu bestellender interimistischer Vorstand die Geschäfte; dessen Bestellung unterliegt nicht dem Stellenbesetzungsgesetz.

(BGBl I 2018/96)

Beteiligungsmanagement

§ 7. (1) Im Rahmen des Beteiligungsmanagements hat die „ÖBAG“ unter Berücksichtigung der öffentlichen Interessen an der Sicherung Österreichs als Wirtschafts- und Forschungsstandort sowie an der Sicherung und Schaffung von Arbeitsplätzen auf eine Werterhaltung und Wertsteigerung der Beteiligungsgesellschaften Bedacht zu nehmen. *(BGBl I 2018/96)*

(2) Im Rahmen des Beteiligungsmanagements hat die „ÖBAG“ tunlichst den ihr zustehenden Einfluss bei bestehenden Beteiligungen sicherzustellen und aufrechtzuerhalten. Jedenfalls ist jener Einfluss aufrechtzuerhalten, der es ihr ermöglicht, entweder *(BGBl I 2018/96)*

a) aufgrund des Haltens einer Beteiligung von 25 Prozent und einer Aktie am stimmberechtigten Grundkapital oder

b) aufgrund von Rechten oder Verträgen mit Dritten

Hauptversammlungsbeschlüsse, die nach dem Aktiengesetz mindestens einer dreiviertel Mehrheit bedürfen, mitzubestimmen. Dabei ist auf das nach der Satzung höchstmögliche stimmberechtigte Grundkapital abzustellen, sodass Höchststimmrechte außer Ansatz bleiben.

(3) Die „ÖBAG“ ist berechtigt, zur Aufrechterhaltung ihres zum Zeitpunkt des Inkrafttretens dieses Bundesgesetzes bestehenden Einflusses und, soweit dies zur Einhaltung bestehender Verträge erforderlich ist, an Kapitalerhöhungen bei Beteiligungsgesellschaften teilzunehmen. Für den Erwerb weiterer Anteile an bestehenden Beteiligungsgesellschaften bedarf es eines Beschlusses der Bundesregierung „, wenn dadurch Beteiligungsschwellen von 25, 50 oder 75 Prozent der Anteile am stimmberechtigten Grundkapital überschritten werden“. *(BGBl I 2018/96)*

(4) Für den Erwerb an Anteilen an anderen Unternehmen, die für den Wirtschaftsstandort Österreich von besonderer Bedeutung sind, ist ein Beschluss der Bundesregierung erforderlich „, wenn dieser Erwerb nicht nach den Bestimmungen des Abs. 5 erfolgt“. „Hierbei ist anzustreben“, dass der Erwerb der Anteile von Vorstand und Aufsichtsrat des betreffenden Unternehmens unterstützt wird. Der Erwerb solcher Anteile sollte tunlichst nur vorübergehend und mit dem Ziel einer Wiederveräußerung in angemessener Frist erfolgen. Veräußerungen von nach diesem Absatz erworbenen Anteilen haben gemäß §§ 8 und 9 zu erfolgen. „ “ *(BGBl I 2018/96)*

(5) Unbeschadet des Abs. 4 ist die ÖBAG, entweder selbst oder über eine Tochtergesellschaft, mit der Entwicklung und Bereitstellung von Instrumenten zur Stärkung österreichischer Interessen im internationalen Standortwettbewerb betraut. Zu diesem Zweck ist sie ermächtigt, Minderheitsbeteiligungen an für den Standort relevanten Unternehmen einzugehen sowie solchen Unternehmen Kredite, Garantien und sonstige Finanzierungen zur Verfügung zu stellen. Die Übernahme derartiger Beteiligungen oder Verpflichtungen bedarf der Evaluierung und Zustimmung eines Beteiligungskomitees, welches bei der ÖBAG einzurichten ist. Das Beteiligungskomitee besteht aus zumindest fünf und höchstens neun von den Organen der ÖBAG unabhängigen Personen mit einschlägiger Erfahrung. Die fachliche und persönliche Qualifikation der Mitglieder hat den Bestimmungen des Aktiengesetzes und den Regeln des Österreichischen Corporate Governance Kodex für Mitglieder des Aufsichtsrates zu entsprechen. Die Mitglieder des Beteiligungskomitees dürfen in einem Unternehmen im Sinne des zweiten Satzes weder Organfunktionen ausüben noch sonstige Interessen an diesem Unternehmen haben. Die Mitglieder des Beteiligungskomitees werden vom Vorstand der ÖBAG mit Zustimmung des Präsidiums des Aufsichtsrates der ÖBAG ernannt; für deren Funktionsperiode und Ersatzwahl gilt § 4 Abs. 2, für deren Sorgfaltspflicht und Verantwortlichkeit gilt § 99 AktG sinngemäß. Das Beteiligungskomitee gibt sich selbst eine Geschäftsordnung. Das eingesetzte Kapital ist aus den Dividenden und Erlösen der ÖBAG zu finanzieren. Der Bundesminister für Finanzen hat Höchstgrenzen für das eingesetzte Kapital, aufzunehmende Finanzierungen und Garantien festzulegen und dem Vorstand der ÖBAG schriftlich mitzuteilen. Eine durch ein konkretes Projekt bedingte Überschreitung der darin festgelegten Limits für das eingesetzte Kapital, aufzunehmende Finanzierungen oder Garantien bedarf der Zustimmung des Bundesministers für Finanzen aufgrund einer begründeten Empfehlung des Beteiligungskomitees. Die schriftliche Mitteilung und jede Änderung der Limits ist auf der Internetseite der ÖBAG zu veröffentlichen. *(BGBl I 2018/96)*

(6) Der Erwerb von Anteilen an Unternehmen gemäß Abs. 4 und 5 in der Krise im Sinne des § 2 Abs. 1 des Eigenkapitalersatz-Gesetzes – EKEG, BGBl. I Nr. 92/2003, ist ausgeschlossen. *(BGBl I 2018/96)*

(BGBl I 2015/37)

Externes Beteiligungsmanagement

§ 7a. (1) Die ÖBAG kann durch Bundesgesetz oder Rechtsgeschäft mit der Beratung und Durchführung des Beteiligungsmanagements in Bezug auf sonstige im öffentlichen Eigentum stehende Unternehmen und Anteile betraut werden. Die ÖBAG hat in diesem Fall die Grundsätze gemäß § 7 Abs. 1 entsprechend anzuwenden.

(2) Die ÖBAG übernimmt die Verwaltung der Anteilsrechte des Bundes an der VERBUND AG. Das Eigentum des Bundes gemäß § 1 Abs. 1 des Bundesverfassungsgesetzes, mit dem die Eigen-

tumsverhältnisse an den Unternehmen der österreichischen Elektrizitätswirtschaft geregelt werden, BGBl. I Nr. 143/1998, Art. 2, bleibt unberührt.

(BGBl I 2018/96)

Privatisierungsmanagement

§ 8. (1) Privatisierungsvorhaben bedürfen grundsätzlich eines Auftrags der Bundesregierung. „ “ *(BGBl I 2018/96)*

(2) Die „ÖBAG“ kann durch Bundesgesetz oder Rechtsgeschäft mit der Beratung und Durchführung der Privatisierung sonstiger im öffentlichen Eigentum stehender Unternehmen und Anteile betraut werden. Die „ÖBAG“ kann in diesem Fall gemäß § 9 Abs. 1 bis 3 vorgehen. *(BGBl I 2018/96)*

(3) In Erfüllung eines Beschlusses der Bundesregierung gemäß Abs. 1 sind die Interessen der jeweiligen Beteiligungsgesellschaft, der ÖBAG sowie die Interessen des Bundes, insbesondere im Hinblick auf die Bedienung der Schulden der ÖBAG, angemessen zu berücksichtigen. *(BGBl I 2018/96)*

(4) Die Privatisierungen sollen zu einer möglichst hohen Wertsteigerung der Unternehmen führen und dadurch auch langfristig sichere Arbeitsplätze in Österreich schaffen bzw. erhalten, möglichst hohe Erlöse für den Eigentümer erbringen, die Entscheidungszentralen und die Forschungs- und Entwicklungskapazitäten der zu privatisierenden Unternehmen wenn möglich in Österreich halten und den österreichischen Kapitalmarkt berücksichtigen.

(BGBl I 2015/37)

Privatisierungsverfahren

§ 9. (1) Die „ÖBAG“ hat darauf hinzuwirken, dass bei von ihr unmittelbar mehrheitlich gehaltenen Beteiligungen, für die ein Privatisierungsauftrag im Sinne von § 8 Abs. 1 erteilt ist, die zur Herstellung möglichst günstiger Voraussetzungen für die Privatisierung erforderlichen Maßnahmen gesetzt werden. Nur zur Erreichung dieser Ziele kann die „ÖBAG“ Weisungen erteilen und Richtlinien erlassen. Im Übrigen gilt § 11 Abs. 2. *(BGBl I 2018/96)*

(2) Die zu privatisierenden Gesellschaften und Unternehmen sowie Gesellschaften, an denen diese unmittelbar oder mittelbar mehrheitlich beteiligt sind, haben die „ÖBAG“ aktiv und umfassend bei der Vorbereitung und Durchführung einer Privatisierung insbesondere durch Erteilung von Informationen und Mitwirkung am Privatisierungskonzept zu unterstützen. *(BGBl I 2018/96)*

(3) Jeder Bewerber ist vertraglich dazu zu verpflichten, Informationen, welche die zu privatisierende Beteiligungsgesellschaft betreffen und die ihm während des Privatisierungsprozesses offen gelegt werden, vertraulich zu behandeln und ausschließlich für die Teilnahme am Privatisierungsverfahren zu verwenden.

(4) *(entfällt, BGBl I 2018/96)*

(BGBl I 2015/37)

Übertragung der Anteilsrechte an der Bundesimmobiliengesellschaft m.b.H.

§ 9a. (1) Die vom Bund an der Bundesimmobiliengesellschaft m.b.H. gehaltenen Anteile gehen in das Eigentum der ÖBAG über.

(2) Die Übertragung der in Abs. 1 angeführten Anteilsrechte erfolgt ohne Gegenleistung und ohne Ausgabe neuer Anteilsrechte durch die ÖBAG; die Beteiligung ist entsprechend dem Eigenkapital aufgrund des Jahresabschlusses zum 31. Dezember 2017 in die Bilanz der ÖBAG aufzunehmen; in gleicher Höhe ist eine nicht gebundene Kapitalrücklage zu bilden.

(3) Mit der Übertragung der Anteilsrechte gemäß Abs. 1 gehen alle damit rechtlich und wirtschaftlich zusammenhängenden Vermögensrechte, Vereinbarungen und Verbindlichkeiten auf die ÖBAG als Gesamtrechtsnachfolgerin über. Durch den Rechtsübergang gemäß Abs. 1 werden keine Vorkaufs- oder Aufgriffsrechte ausgelöst. Die ÖBAG tritt in bestehende Gesellschaftervereinbarungen ein.

(4) Maßnahmen gemäß Abs. 1 unterliegen keinen Bewilligungs- oder Genehmigungserfordernissen nach bundesrechtlichen Vorschriften und sind von bundesgesetzlich geregelten Gebühren und Abgaben befreit.

(5) Bei der Ausübung von Gesellschafterrechten an der Bundesimmobiliengesellschaft m.b.H. sind die Unternehmensorgane der ÖBAG an Weisungen des Bundesministers für Finanzen gebunden.

(6) Der gemäß § 14 des Bundesimmobiliengesetzes, BGBl. I Nr. 141/2000, zugunsten des Bundes bestehende Nachbesserungsanspruch und die zwischen der Bundesimmobiliengesellschaft m.b.H. und dem Bund getroffenen vertraglichen Regelungen (Nachbesserungsvereinbarungen) zur Höhe des Nachbesserungsanspruches sowie zu den Zahlungsmodalitäten können durch den Bundesminister für Finanzen an die ÖBAG übertragen werden.

(BGBl I 2018/96)

Übertragung der Anteilsrechte an der APK Pensionskasse AG

§ 9b. (1) Die vom Bund an der APK Pensionskasse AG gehaltenen Anteile gehen in das Eigentum der ÖBAG über.

(2) Die Übertragung der in Abs. 1 angeführten Anteilsrechte erfolgt ohne Gegenleistung und ohne Ausgabe neuer Anteilsrechte durch die ÖBAG; die Beteiligung ist entsprechend dem anteiligen Eigenkapital aufgrund des Jahresabschlusses zum 31. Dezember 2017 in die Bilanz der ÖBAG aufzunehmen; in gleicher Höhe ist eine nicht gebundene Kapitalrücklage zu bilden.

(3) Mit der Übertragung der Anteilsrechte gemäß Abs. 1 gehen alle damit rechtlich und wirtschaftlich zusammenhängenden Vermögensrechte, Vereinbarungen und Verbindlichkeiten auf die ÖBAG als Gesamtrechtsnachfolgerin über. Durch den Rechtsübergang gemäß Abs. 1 werden keine Vorkaufs- oder Aufgriffsrechte ausgelöst. Die ÖBAG tritt in bestehende Gesellschaftervereinbarungen ein.

(4) Maßnahmen gemäß Abs. 1 unterliegen keinen Bewilligungs- oder Genehmigungserfordernissen nach bundesrechtlichen Vorschriften und sind von bundesgesetzlich geregelten Gebühren und Abgaben befreit.

(BGBl I 2018/96)

Übertragung von Anteilen des Bundes

§ 9c. Über Antrag des jeweils sachlich zuständigen Bundesministers können durch Beschluss der Bundesregierung oder aufgrund eines Bundesgesetzes auch andere Bundesbeteiligungen auf die „ÖBAG" übertragen werden. „§ 9a Abs. 3 und 4 gelten sinngemäß." *(BGBl I 2018/96)*

(BGBl I 2015/37)

Umstrukturierungen

§ 10. (1) Die „ÖBAG" ist zur Durchführung von Umstrukturierungen durch Maßnahmen der Umgründung jeder Form im Rahmen des bestehenden Gesellschaftsrechtes berechtigt. Vermögensübertragungen erfolgen im Wege der Gesamtrechtsnachfolge; dies gilt insbesondere für Einbringungen gemäß Artikel III Umgründungssteuergesetz. Die Gesamtrechtsnachfolge erstreckt sich auch auf alle gesetzlich oder durch Verwaltungsakt eingeräumten Bewilligungen. *(BGBl I 2018/96)*

(2) Umgründungsmaßnahmen gemäß § 10 Abs. 1 sind von den bundesgesetzlich geregelten Abgaben befreit; diese Befreiung erstreckt sich auch auf durch die Vermögensübertragungen verwirklichten Anteilsvereinigungen im Sinne des § 1 Abs. 3 Grunderwerbsteuergesetz.

(3) Nach Umgründungsmaßnahmen gemäß § 10 Abs. 1 sind die grundbücherlichen Rechte gemäß § 136 Grundbuchsgesetz unter Vorlage eines Firmenbuchauszuges richtig zu stellen. Umgründungsmaßnahmen gemäß § 10 Abs. 1 lösen die Rechtsfolgen des § 12a Abs. 3 Mietrechtsgesetz nicht aus.

(4) Soweit es nach § 10 Abs. 1 zu Vermögensübertragungen kommt, gelten diese nicht als steuerbare Umsätze im Sinne des Umsatzsteuergesetzes 1994.

(5) Schuldübernahmen sind von den Gebühren gemäß § 33 Gebührengesetz 1957 befreit.

(6) Schriften und Amtshandlungen, die mit Vorgängen gemäß § 10 Abs. 1 im Zusammenhang stehen, sind von Rechtsgeschäftsgebühren gemäß Gebührengesetz 1957 und den Gebühren des Gerichtsgebührengesetzes befreit.

(7) § 4 Umgründungssteuergesetz gilt mit der Maßgabe, dass Verluste der übernehmenden und der übertragenden Gesellschaften jedenfalls abzugsfähig sind.

(8) Die Bestimmungen der Abs. 1 bis 6 gelten auch für alle Beteiligungsgesellschaften, die zu 100% direkt oder indirekt im Eigentum der „ÖBAG" stehen. *(BGBl I 2018/96)*

Allgemeines

§ 11. (1) Auf die „ÖBAG" sind die Vorschriften des „Aktiengesetzes" anzuwenden, soweit sich aus diesem Gesetz nichts anderes ergibt. *(BGBl I 2018/96)*

(2) Die Bildung eines Konzernverhältnisses zwischen der „ÖBAG" und ihren Beteiligungsgesellschaften ist ausgeschlossen. *(BGBl I 2018/96)*

(2a) § 110 des Arbeitsverfassungsgesetzes (ArbVG), BGBl. Nr. 22/1974, ist auf die ÖBAG nicht anzuwenden. *(BGBl I 2018/96)*

(3) Die Bestimmungen über die Pflicht zur Aufstellung eines Konzernabschlusses (§§ 244 bis 267c des Unternehmensgesetzbuchs) sind auf die ÖBAG nicht anzuwenden; insofern finden auch auf die Beteiligungsgesellschaften der ÖBAG in deren Verhältnissen zueinander die Bestimmungen des § 228 Abs. 3 des Unternehmensgesetzbuchs keine Anwendung. *(BGBl I 2018/96)*

„(4)" Vorgänge zwischen dem Bund und der „ÖBAG" sind von den bundesgesetzlich geregelten Abgaben befreit. *(BGBl I 2015/37; BGBl I 2018/96)*

(4a) Wird der Vorstand oder ein leitender Angestellter der ÖBAG in Aufsichtsräte von mehreren Aktiengesellschaften oder Gesellschaften mit beschränkter Haftung, an denen die ÖBAG direkt oder indirekt eine Beteiligung hält, gewählt, so werden diese Sitze nur als ein Sitz gerechnet. Diese Bestimmung darf aber nicht dazu führen, dass der Vorstand oder ein leitender Angestellter der ÖBAG mehr als zwölf Aufsichtsratssitze innehat. Die Höchstzahlen für die Übernahme von Aufsichtsratsmandaten beziehungsweise von Aufsichtsratsvorsitzen gemäß § 86 Abs. 2, 4 und 6 des Aktiengesetzes sind insoweit nicht anzuwenden. *(BGBl I 2018/96)*

(5) Alle Rechte und Pflichten aus Verträgen der „ÖBAG“ mit Dritten (Syndikatsvereinbarungen) bleiben von diesem Gesetz unberührt. *(BGBl I 2015/37; BGBl I 2018/96)*

(6) Das Bankwesengesetz, BGBl. Nr. 532/1993, ist auf die ÖBAG und eine allfällige Tochtergesellschaft gemäß § 7 Abs. 5 nicht anzuwenden. *(BGBl I 2018/96)*

Artikel II

Verschmelzung ÖIAG/PTBG/PTA

Rechtsnachfolge PTBG/PTA

§ 12. „“ Die „ÖBAG“ ist Gesamtrechtsnachfolgerin der PTBG und der PTA in allen mit den Anteilsrechten der PTBG an der PTA und den Anteilsrechten der PTA an der Telekom Austria AG und der Österreichische Post AG rechtlich und wirtschaftlich zusammenhängenden Vermögensrechten, Vereinbarungen und Verbindlichkeiten. „ “ Soweit Unternehmen die Kollektivvertragsfähigkeit nach § 19 Abs. 3 zweiter Satz Poststrukturgesetz erlangt haben, bleiben diese weiter kollektivvertragsfähig. Die Bestimmungen des II. Teiles des Post-Betriebsverfassungsgesetzes, BGBl. Nr. 326/1996, gelten für die Unternehmen gemäß § 3 Z 3 des Post-Betriebsverfassungsgesetzes, an denen die „ÖBAG“ direkt oder indirekt eine Beteiligung von mehr als 25% hält. *(BGBl I 2015/37; BGBl I 2018/96)*

Artikel III

Schlussbestimmungen

Geschäftsverteilung

„**§ 13.**“ „“ Der „Vorstand“ kann nach Beginn des Geschäftsjahres an den „Aktionär“ einen Abschlag auf den voraussichtlichen Bilanzgewinn zahlen, soweit diese Abschlagszahlung im Ergebnis einer Zwischenbilanz zuzüglich eines allfälligen Gewinnvortrages und abzüglich eines allfälligen Verlustvortrages Deckung findet; in dieser Zwischenbilanz können gebundene Kapitalrücklagen aufgelöst werden, wenn die Vermögens- und Finanzlage der „ÖBAG“ dadurch nicht nachhaltig beeinträchtigt wird. *(BGBl I 2005/120; BGBl I 2015/37; BGBl I 2018/96)*

(BGBl I 2018/96)

Verweise

§ 14. Soweit in diesem Bundesgesetz auf andere Bundesgesetze verwiesen wird und nicht ausdrücklich anderes bestimmt ist, sind diese Bundesgesetze in ihrer jeweils geltenden Fassung anzuwenden.

(BGBl I 2018/96)

Geschlechtsneutrale Bezeichnung

§ 15. Soweit in diesem Bundesgesetz auf natürliche Personen bezogene Bezeichnungen nur in männlicher Form angeführt sind, beziehen sie sich auf Frauen und Männer in gleicher Weise. Bei der Anwendung der Bezeichnungen auf bestimmte natürliche Personen ist die jeweils geschlechtsspezifische Form anzuwenden.

(BGBl I 2018/96)

Inkrafttreten und Außerkrafttreten

§ 16. Artikel I samt Überschrift, § 1 samt Überschrift, §§ 2 bis 4 samt Überschriften, § 5 Abs. 1, § 5 Abs. 3 erster Halbsatz des ersten Satzes, § 5 Abs. 3 erster Satz, § 5 Abs. 4, § 6 samt Überschrift, § 7 Abs. 1, 2 und 3, § 7 Abs. 4 erster und zweiter Satz, § 7 Abs. 5 und 6, § 7a samt Überschrift, § 8 Abs. 2, § 8 Abs. 3, § 9 Abs. 1 und 2, §§ 9a und 9b samt Überschriften, § 9c, § 10 Abs. 1 und 8, § 11 Abs. 1 bis 6, § 12 samt Überschrift, § 13, Art. III samt Überschrift, §§ 14 bis 17 in der Fassung des Bundesgesetzes BGBl. I Nr. 96/2018 treten mit 1. Jänner 2019 in Kraft. § 1 Abs. 2a, § 1 Abs. 4 und 5, § 5 Abs. 5 und 6, § 7 Abs. 4 letzter Satz, § 8 Abs. 1 letzter Satz, § 9 Abs. 4, § 14, Art. IV und V, §§ 17 bis 19 samt Überschriften, zuletzt geändert durch Bundesgesetz, BGBl. I Nr. 37/2015, treten mit Ablauf des 31. Dezember 2018 außer Kraft.

(BGBl I 2018/96)

Vollziehung

§ 17. Mit der Vollziehung dieses Bundesgesetzes sind betraut:

a) der Bundesminister für Verfassung, Reformen, Deregulierung und Justiz, soweit durch dieses Bundesgesetz Bestimmungen des Aktiengesetzes, des Firmenbuchgesetzes und des Unternehmensgesetzbuchs betroffen sind;

b) der Bundesminister für Arbeit, Soziales, Gesundheit und Konsumentenschutz hinsichtlich des Artikels I § 4 Abs. 3 bis 5 und § 11 Abs. 2a;

c) hinsichtlich der übrigen Bestimmungen der Bundesminister für Finanzen.

(BGBl I 2018/96)

Artikel IV

Abgaben

(entfällt, BGBl I 2018/96)

Artikel V

Übergangsvorschriften

(entfällt, BGBl I 2018/96)

Bundesgesetz zur Schaffung einer Abbaueinheit (GSA)

BGBl I 2014/51 (HypoSanG) idF

1 BGBl I 2016/11
2 BGBl I 2016/69
3 BGBl I 2016/118
4 BGBl I 2017/107

STICHWORTVERZEICHNIS

Bundesgesetz zur Schaffung einer Abbaueinheit (GSA)

Allgemeine Bestimmungen

Übertragungsanordnung

§ 1. (1) Der Bundesminister für Finanzen kann durch Verordnung zum Zweck der Schaffung einer Abbaueinheit gemäß § 2 durch eine Übertragungsanordnung Teile der Hypo Alpe-Adria-Bank International AG („HBInt“) auf den Bund oder einen anderen, aufnehmenden Rechtsträger gegen angemessenes Entgelt ausgliedern.

(2) Eine Übertragungsanordnung kann erfolgen in Bezug auf:

1. Vermögenswerte, Rechte oder Verbindlichkeiten, der HBInt oder

2. Anteile oder andere Eigentumstitel, die von der HBInt an anderen Rechtsträgern gehalten werden.

(3) Die Übertragungsanordnung hat den aufnehmenden Rechtsträger zu bestimmen. Dieser hat folgende Voraussetzungen zu erfüllen:

1. Der Rechtsträger ist im Besitz aller nötigen Berechtigungen und

2. ist im Stande, die Verwaltung der ihm übertragenen Vermögenswerte zu bewerkstelligen,

(4) Soweit Gläubigern der HBInt aufgrund gesetzlicher oder vertraglicher Bestimmungen Kündigungs-, Zustimmungs- oder andere Gestaltungsrechte oder Rechte auf Sicherstellung ihrer Forderungen zukommen, sind diese im Falle einer Übertragungsanordnung gemäß Abs. 1 oder einer Übertragung gemäß Abs. 5 oder gemäß § 2 Abs. 5 nicht anzuwenden und nicht ausübbar.

(5) Unbeschadet Abs. 1 ist der Bundesminister für Finanzen ermächtigt, die in Abs. 2 genannten Vermögenswerte auch rechtsgeschäftlich zu erwerben.

Abbaueinheit

Schaffung einer Abbaueinheit

§ 2. (1) Die FMA hat unverzüglich jenen Zeitpunkt durch Bescheid festzustellen, ab dem die HBInt kein Einlagengeschäft gemäß § 1 Abs. 1 Z 1 BWG mehr betreibt und keine qualifizierte Beteiligung an einem Kreditinstitut oder an einer Wertpapierfirma hält. Der Bescheid ist jedoch längstens binnen zwei Wochen ab Einlagen der Anzeigen gemäß Abs. 2 und § 20 BWG zu erlassen.

(2) Die Geschäftsleiter der HBInt haben der FMA unverzüglich anzuzeigen und zu bescheinigen, wenn kein Einlagengeschäft gemäß § 1 Abs. 1 Z 1 BWG mehr betrieben wird. Der Bankprüfer hat dies zu bestätigen.

(3) Mit Eintritt der Rechtskraft eines gemäß Abs. 1 erlassenen Bescheides endet eine gemäß BWG erteilte Konzession zum Betrieb von Bankgeschäften und die HBInt wird als Abbaueinheit gemäß § 3 fortgeführt.

(4) Die Berechtigung, Tätigkeiten gemäß § 1 Abs. 2 Z 1 BWG zu erbringen, bleibt von Abs. 3 unberührt. Ebenso ist Abs. 3 in seiner Auswirkung auf gesetzliche oder vertragliche Bestimmungen über Kündigungs-, Zustimmungs- oder andere Gestaltungsrechte oder Rechte auf Sicherstellung von Forderungen nicht dem Erlöschen der Konzession gemäß § 7 BWG gleichzuhalten und begründet für sich allein keine der genannten Rechte.

(5) Der Bundesminister für Finanzen ist ermächtigt, die Anteile an der Abbaueinheit auf die gemäß dem Bundesgesetz über die Einrichtung einer Abbaubeteiligungsaktiengesellschaft des Bundes, BGBl. I Nr. 51/2014, errichtete ABBAG – Abbaubeteiligungsaktiengesellschaft des Bundes zu übertragen.

Aufgabe und zulässige Tätigkeiten der Abbaueinheit

§ 3. (1) Der Abbaueinheit obliegt die Aufgabe, ihre Vermögenswerte mit dem Ziel zu verwalten, eine geordnete, aktive und bestmögliche Verwertung sicherzustellen (Portfolioabbau). Der Portfolioabbau hat nach dem Abbauplan gemäß § 5 zu erfolgen und ist im Rahmen der Abbauziele so rasch wie möglich zu bewerkstelligen. Die Abbaueinheit hat auf die Einhaltung der Abs. 1 bis 5 durch die Rechtsträger, an denen sie direkt oder indirekt mit der Mehrheit der Stimmrechte beteiligt ist, hinzuwirken.

(2) Zur Aufgabe der Abbaueinheit zählt es auch, Übergangsdienstleistungen an solche Dritte zu erbringen, die am 31. Dezember 2013 in den Konzernabschluss der HBInt einbezogen waren oder nach diesem Zeitpunkt bis zur Rechtskraft des Bescheids gemäß § 2 Abs. 1 als Konzerngesellschaften der HBInt gegründet wurden. Übergangsdienstleistungen sind solche Dienstleistungen, die zum Zeitpunkt der Rechtskraft des Bescheids gemäß § 2 Abs 1 auf vertraglicher Grundlage erbracht wurden und zu deren Fortführung eine Rechtspflicht besteht. Übergangsdienstleistungen dürfen bis längestens zwei Jahre nach dem Zeitpunkt erbracht werden, ab dem der Bund weder direkt noch indirekt am Dienstleistungsempfänger beteiligt ist.

(3) Die Abbaueinheit darf ausschließlich solche Geschäfte betreiben, die der Erfüllung ihrer Aufgabe dienen. Die Abbaueinheit darf weiters Vermögenswerte von in Abs. 2 genannten Rechtsträgern erwerben und diese dem Portfolioabbau zuführen; von sonstigen Dritten darf die Abbaueinheit Vermögenswerte nur im Rahmen von Restrukturierungen ihrer Vermögenswerte erwerben. Ist der Bund weder direkt noch indirekt an einem in Abs. 2 genannten Rechtsträger beteiligt, darf ein solcher Erwerb nur bis 31. März 2016 erfolgen.

(4) Zur Erfüllung ihrer Aufgabe kann die Abbaueinheit Bank- und Leasinggeschäfte betreiben, Beteiligungsankäufe- und -verkäufe vornehmen sowie Hilfsgeschäfte erbringen, sofern die Erbringung dieser Geschäfte der Aufgabenerfüllung unmittelbar oder mittelbar dient. Die Bestimmungen des BWG, mit Ausnahme von § 3 Abs. 9, § 5 Abs. 1 Z 6-13, § 28a, § 38, „§ 41" , § 42 Abs. 1 bis 5, §§ 43 bis 59a, § 65, §§ 66 und 67, 70 Abs. 1, Abs. 4 Z 1 und 2 und Abs. 7 bis 9, § 73 Abs. 1 Z 2, 3, 6 hinsichtlich des Eintritts der Zahlungsunfähigkeit und 8, § 73a, § 75, § 76, §§ 77 und 77a, § 79, §§ 98 bis 99e, § 99g und §§ 101 und 101a BWG, sind auf die Abbaueinheit nicht anzuwenden. Die Bestimmungen des Pfandbriefgesetzes – PfandbriefG, dRGBl. I 492/1927, sind anzuwenden. „Die Bestimmungen des Finanzmarkt-Geldwäschegesetzes – FM-GwG, BGBl. I Nr. 118/2016, sind auf die Abbaueinheit anzuwenden." *(BGBl I 2016/118)*

(5) Soweit Wertpapierdienstleistungen gemäß § 3 Abs. 2 Z 1 bis 3 Wertpapieraufsichtsgesetz 2018 – WAG 2018, BGBl. I Nr. 107/2017, erbracht werden, sind diese unverzüglich auf Abbau zu stellen. Bestehende Kundenkonten sind innerhalb einer angemessenen Frist auf ein anderes Kreditinstitut zu übertragen, das zum Betrieb des Einlagengeschäftes gemäß § 1 Abs. 1 Z 1 BWG und des Depotgeschäfts gemäß § 1 Abs. 1 Z 5 BWG berechtigt ist, sofern nicht der Kunde die Übertragung auf ein anderes Kreditinstitut vornimmt. Die Bestimmungen des WAG 2018, mit Ausnahme des zweiten Hauptstücks und der §§ 94 bis 96, sind auf die Abbaueinheit nicht anzuwenden. *(BGBl I 2017/107)*

(6) Die Aufnahme von Geldern vom Publikum durch die Abbaueinheit sowie die Erbringung von Wertpapierdienstleistungen und von Anlagetätigkeiten gemäß „§ 1 Z 3 WAG 2018" sind unzulas-

sig. Geschäfte in Finanzinstrumenten für eigene Rechnung der Abbaueinheit zwecks Steuerung von Zins-, Währungs-, Kredit- und Liquiditätsrisiken im Rahmen der Abbautätigkeit sind zulässig, sofern damit keine Marketmaking-Tätigkeiten und keine Einräumung von Zugängen zu Handelssystemen für Dritte verbunden sind. *(BGBl I 2017/107)*

(7) Sobald die Abbaueinheit den Portfolioabbau bewerkstelligt hat, ist ein Auflösungsbeschluss zu fassen.

Anforderungen an die Geschäftsleiter

§ 4. (1) Die Geschäftsleiter der Abbaueinheit müssen zuverlässig und fachlich geeignet sein. Es darf kein Umstand vorliegen, der geeignet scheint, ihre volle Unbefangenheit in Zweifel zu ziehen oder der das Entstehen von Interessenkonflikten befürchten lässt.

(2) Die Geschäftsleiter haben beim Portfolioabbau ehrlich, redlich und professionell im Interesse einer bestmöglichen Vermögensverwertung vorzugehen. Interessenkonflikte im Rahmen der Maßnahmen der Geschäftsführung sind zu vermeiden. Ist ein Interessenkonflikt unvermeidbar, ist dies unverzüglich an den Aufsichtsrat zu berichten. Eine Maßnahme der Geschäftsführung, die mit einem Interessenkonflikt behaftet ist, darf nur mit Zustimmung des Aufsichtsrats erfolgen.

Abbauplan

§ 5. (1) Der Portfolioabbau gemäß § 3 Abs. 1 hat nach Maßgabe eines Abbauplans zu erfolgen, der von den Geschäftsleitern der Abbaueinheit zu erstellen und vom Aufsichtsrat zu genehmigen ist. Ein genehmigter Abbauplan ist dem Bundesminister für Finanzen und dem Bundeskanzler unverzüglich zu übermitteln.

(2) Der Abbauplan hat folgendes in umfassender Weise zu enthalten:

1. Eine Darstellung der Geschäfte und Verwertungsmaßnahmen die zum Portfolioabbau geplant sind,

2. einen Zeitplan für die vollständige Verwertung der Vermögenswerte,

3. periodische Aufstellungen zur Vermögens- Finanz- und Ertragslage; einschließlich Kapitalflussrechnungen, Planbilanzen, Planerfolgsrechnungen und Liquiditätspläne und

4. Angaben hinsichtlich des Risikomanagements, das den Abbauzielen Rechnung trägt.

(3) Die Abbaueinheit und ihre Organe sind an den Abbauplan in seiner jeweils gültigen Fassung gebunden. Soweit die im Rahmen des Abbauplans erstellten Liquiditätspläne Maßnahmen gemäß § 1 Abs. 2 Finanzmarktstabilitätsgesetz –FinStaG, BGBl. I Nr. 136/2008, beinhalten, besteht eine Bindung nur nach Maßgabe von § 1 Abs. 3 FinStaG. Rechtsgeschäfte und Maßnahmen, die dem Abbauplan entgegenstehen, wesentlich von der Planung abweichen oder in dieser nicht vorgesehen sind, dürfen nur aus wichtigem Grund und mit Zustimmung des Aufsichtsrates vorgenommen werden.

(4) Ändern sich Umstände, die für den Abbauplan erheblich sind, ist der Abbauplan von den Geschäftsleitern an die veränderten Umstände anzupassen und dem Aufsichtsrat zur neuerlichen Genehmigung vorzulegen. Der Aufsichtsrat kann von sich aus Änderungen im Abbauplan verlangen, wenn er dies für erforderlich hält.

(5) Der Abbauplan ist von den Geschäftsleitern jedenfalls zum Ende jedes Kalendervierteljahres zu prüfen und auf Änderungsbedarf zu untersuchen. Gegebenenfalls ist gemäß Abs. 4 vorzugehen. Der Aufsichtsrat ist über das Ergebnis der Prüfung zu unterrichten.

Berichte und Rechenschaftspflichten

§ 6. (1) Die Geschäftsleiter der Abbaueinheit haben dem Aufsichtsrat regelmäßig, mindestens jedoch vierteljährlich, über den Gang der Verwertung und die Lage im Vergleich zum Abbauplan unter Berücksichtigung der künftigen Entwicklung zu berichten (Quartalsbericht).

(2) Die Geschäftsleiter der Abbaueinheit sind verpflichtet, dem Aufsichtsrat mindestens einmal jährlich in umfassender Weise über grundsätzliche Fragen des Portfolioabbaus zu berichten, indem die tatsächlichen Verwertungserlöse dem Abbauplan gegenüber gestellt werden; weiters ist die künftige Wertentwicklung anhand einer Vorschaurechnung darzustellen (Verwertungsbericht).

(3) Bei wichtigem Anlass sowie auf Verlangen ist dem Aufsichtsrat unverzüglich zu berichten; ferner ist über Umstände, die für die finanzielle Lage oder Liquidität der Abbaueinheit von erheblicher Bedeutung ist, unverzüglich zu berichten (Sonderbericht).

(4) Der Verwertungsbericht und die Quartalsberichte sind schriftlich zu erstatten und auf Verlangen des Aufsichtsrats mündlich zu erläutern. Die Sonderberichte sind schriftlich zu erstatten. In dringenden Fällen kann der Sonderberichtspflicht mündlich entsprochen werden. Eine schriftliche Ausfertigung ist unverzüglich nachzureichen

(5) Für bestehende Maßnahmen gemäß dem FinStaG haben die Geschäftsleiter der Abbaueinheit dem Bundesminister für Finanzen und dem Bundeskanzler jene Informationen zu übermitteln, die der Berichtspflicht gemäß § 6 FinStaG unterliegen.

Insolvenz- und gesellschaftsrechtliche Bestimmungen

§ 7. (1) Ein Antrag auf Eröffnung eines Insolvenzverfahrens kann nur von der FMA gestellt werden. Ihr steht im Sanierungs- oder Konkursverfahren Parteistellung zu. Die Geschäftsleiter der Abbaueinheit sind gegenüber der FMA zur Vorbereitung und Mitwirkung bei der Stellung des Insolvenzantrags verpflichtet. § 67 Insolvenzordnung – IO, RGBl. Nr. 337/1914, ist nicht anzuwenden.

(2) Ab Schaffung der Abbaueinheit neu gewährte Kredite sowie Maßnahmen, die seitens des Bundes und der ABBAG – Abbaumanagementgesellschaft des Bundes nach dem Bundesgesetz über Maßnahmen zur Stabilisierung des Finanzmarktes (Finanzmarktstabilitätsgesetz – FinStaG), BGBl. I Nr. 136/2008, und dem Bundesgesetz über die Einrichtung einer Abbaubeteiligungsaktiengesellschaft des Bundes (ABBAG-Gesetz), BGBl. I Nr. 51/2014, gesetzt werden, sind nicht Eigenkapital ersetzend im Sinn des Eigenkapitalersatzgesetzes (EKEG), BGBl. I Nr. 92/2003. *(BGBl I 2016/69)*

(3) Eine Sanierung der Abbaueinheit im Sinne des § 14 EKEG kann nicht eintreten, solange die Verbindlichkeiten die im Jahresabschluss unter Z 1 bis 3, 5, 6 und 13 der Anlage 2 zu § 43 BWG auszuweisenden Aktiva übersteigen, wobei zu Z 3 lit b der Anlage 2 zu § 43 BWG nur solche sonstigen Forderungen an Kreditinstitute, deren Restlaufzeit ein Jahr nicht übersteigt und zu Z 6 der Anlage 2 zu § 43 BWG nur solche Aktien und andere nicht festverzinsliche Wertpapiere, die an einem geregelten Markt gehandelt werden, zu berücksichtigen sind.

(4) Die Bestimmungen des Unternehmensreorganisationsgesetzes – URG, BGBl. I Nr. 114/1997 sind auf die Abbaueinheit nicht anzuwenden.

(5) Eine Haftung der Gesellschafter der Abbaueinheit oder ihrer Beteiligungsgesellschaften für Verbindlichkeiten der Abbaueinheit ist ausgeschlossen.

(6) Werden im Rahmen oder zur Sicherung von Maßnahmen, die seitens des Bundes und der ABBAG – Abbaumanagementgesellschaft des Bundes nach dem FinStaG und dem ABBAG-Gesetz gesetzt werden, von einer Gebietskörperschaft, von einem Rechtsträger, der durch Bundes- oder Landesgesetz errichtet wurde, oder in deren Auftrag von einem sonstigen Rechtsträger Teilschuldverschreibungen begeben, so findet auf diese Teilschuldverschreibungen das Gesetz vom 24. April 1874 betreffend die gemeinsame Vertretung der Rechte der Besitzer von auf Inhaber lautenden oder durch Indossament übertragbaren Teilschuldverschreibungen, RGBl. Nr. 49/1874, keine Anwendung. *(BGBl I 2016/69)*

Beaufsichtigung der Abbaueinheit

§ 8. Die FMA hat die Einhaltung der §§ 5 Abs. 1 Z 6 bis 13, 28a, 38, „41" und 73 Abs. 1 Z 2, Z 3, Z 6 hinsichtlich des Eintritts der Zahlungsunfähigkeit und Z 8 BWG zu überwachen; zu diesem Zweck sind die §§ 3 Abs. 9 und 70 Abs. 1, Abs. 4 Z 1 und 2 und Abs. 7 bis 9 sowie die §§ 79, 98 bis 99e, 99g und § 101a BWG sinngemäß anzuwenden. „Die FMA hat die Einhaltung des FM-GwG zu überwachen." *(BGBl I 2016/118)*

Schlussbestimmungen

Sprachliche Gleichbehandlung

§ 9. Soweit in diesem Bundesgesetz personenbezogene Bezeichnungen nur in männlicher Form angeführt sind, beziehen sie sich auf Frauen und Männer in gleicher Weise. Bei der Anwendung auf bestimmte Personen ist die jeweils geschlechtsspezifische Form zu verwenden.

§ 10. Soweit in diesem Bundesgesetz auf andere Bundesgesetze verwiesen wird, sind diese, wenn nichts anderes angeordnet ist, in ihrer jeweils geltenden Fassung anzuwenden.

§ 11. „(1)" Die zur Durchführung dieses Bundesgesetzes erforderlichen Rechtsgeschäfte, Schriften und Amtshandlungen sind von den bundesgesetzlich geregelten Abgaben, den Bundesverwaltungsabgaben sowie den im Gerichts- und Justizverwaltungsgebührengesetz – GGG 1984, BGBl. Nr. 501/1984, geregelten Gebühren befreit. *(BGBl I 2016/11)*

(2) Erträge aufgrund des gänzlichen oder teilweisen Herabsetzens von Verbindlichkeiten aufgrund der Anwendung des Instruments der Gläubigerbeteiligung gemäß § 85 des Bundesgesetzes über die Sanierung und Abwicklung von Banken – BaSAG, BGBl. I Nr. 98/2014, sind von der Körperschaftsteuer befreit. *(BGBl I 2016/11)*

§ 12. Mit der Vollziehung dieses Bundesgesetzes ist hinsichtlich des § 11 bezüglich der Befreiung von Gebühren nach dem GGG 1984 der Bundesminister für Justiz und hinsichtlich der übrigen Bestimmungen der Bundesminister für Finanzen betraut.

§ 13. „(1)" Dieses Bundesgesetz tritt mit dem auf die Kundmachung folgenden Tag in Kraft. *(BGBl I 2016/118)*

(2) § 3 Abs. 4 und § 8 in der Fassung des Bundesgesetzes BGBl. I Nr. 118/2016 treten mit 1. Jänner 2017 in Kraft. *(BGBl I 2016/118)*

(3) § 3 Abs. 5 und § 3 Abs. 6 in der Fassung des Bundesgesetzes BGBl. I Nr. 107/2017 treten mit 3. Jänner 2018 in Kraft. *(BGBl I 2017/107)*

Einrichtung einer Abbau-Holdinggesellschaft des Bundes für die HYPO ALPE-ADRIA-BANK S.P.A. (HBI-Bundesholdinggesetz)

BGBl I 2014/51 (HypoSanG)

STICHWORTVERZEICHNIS

Bundesgesetz über die Einrichtung einer Abbau-Holdinggesellschaft des Bundes für die HYPO ALPE-ADRIA-BANK S.P.A. (HBI-Bundesholdinggesetz)

Gründung der HBI-Bundesholding AG

§ 1. (1) Der Bundesminister für Finanzen wird ermächtigt, zur Übernahme der Anteile an der HYPO ALPE-ADRIA-BANK S.P.A. mit Sitz in Udine (HBI) eine Aktiengesellschaft mit dem Firmenwortlaut „HBI-Bundesholding AG", im folgenden Gesellschaft bezeichnet, und dem Sitz in Wien zu gründen, deren Grundkapital 70 000 Euro beträgt. Die Anteilsrechte stehen zur Gänze im Eigentum des Bundes. Die Verwaltung der Anteilsrechte namens des Bundes obliegt dem Bundesminister für Finanzen.

(2) Sofern in diesem Bundesgesetz nichts anderes bestimmt ist, sind die Bestimmungen des Aktiengesetzes, BGBl. 98/1965, in der geltenden Fassung auch für diese Gesellschaft anzuwenden.

(3) Soweit dies für den Betrieb und eine angemessene Kapitalausstattung der Gesellschaft erforderlich ist, wird der Bundesminister für Finanzen weiters ermächtigt, auch als Sacheinlage die Anteile an der HBI sowie die damit zusammenhängenden bestehenden Forderungen und Verbindlichkeiten sowie eine Bareinlage in die Gesellschaft einzubringen.

(4) Der Bundesminister für Finanzen hat einen beeideten Wirtschaftsprüfer als Gründungsprüfer zu bestellen.

Festlegung des Unternehmensgegenstandes

§ 2. (1) Der Unternehmensgegenstand der Gesellschaft besteht in der Verwaltung und bestmöglichen Verwertung der Anteile an der HBI.

(2) Der Bund hat die Finanzierung von Maßnahmen gemäß Abs. 1 sicherzustellen.

Bestellung der Organe

§ 3. Der nicht auf Arbeitnehmer entfallende Teil der Mitglieder des Aufsichtsrates und die Vorstände sind auf Vorschlag des Bundesministers für Finanzen im Einvernehmen mit dem Bundeskanzler zu bestellen.

Veräußerung von Anteilen

§ 4. Der Bundesminister für Finanzen wird ermächtigt, nach Maßgabe beihilfenrechtlicher Genehmigungen, Anteile des Bundes an der Gesellschaft oder an der HBI bestmöglich zu veräußern. Der Bundesminister für Finanzen kann die Gesellschaft mit der Veräußerung der Anteile an der HBI beauftragen. Der Veräußerungserlös fließt dem Bund zu.

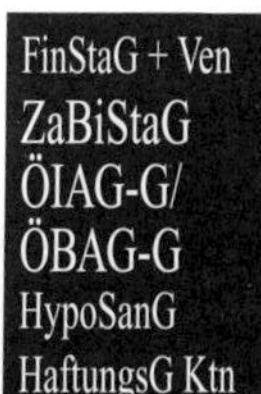

Gebühren und Abgaben

§ 5. Die zur Durchführung dieses Bundesgesetzes erforderlichen Rechtsgeschäfte, Schriften und Amtshandlungen sind von den bundesgesetzlich geregelten Abgaben, den Bundesverwaltungsabgaben sowie den im Gerichts- und Justizverwaltungsgebührengesetz – GGG 1984, BGBl. Nr. 501/1984, geregelten Gebühren befreit.

Vollziehung

§ 6. Mit der Vollziehung dieses Bundesgesetzes ist hinsichtlich der Befreiung von Gebühren nach dem GGG 1984 gemäß § 5 der Bundesminister für Justiz, hinsichtlich des § 3 der Bundesminister für Finanzen im Einvernehmen mit dem Bundeskanzler und hinsichtlich der übrigen Bestimmungen der Bundesminister für Finanzen betraut.

Bundesgesetz über die Einrichtung einer Abbaubeteiligungsaktiengesellschaft des Bundes (ABBAG-Gesetz)

BGBl I 2014/51 (HypoSanG) idF

1 BGBl I 2015/127
2 BGBl I 2016/69
3 BGBl I 2017/107
4 BGBl I 2020/12
5 BGBl I 2020/23 (3. COVID-19-Gesetz)
6 BGBl I 2020/44 (18. COVID-19-Gesetz)
7 BGBl I 2021/4 (COVID-19-Transparenzgesetz)

STICHWORTVERZEICHNIS

Bundesgesetz über die Einrichtung einer Abbaubeteiligungsaktiengesellschaft des Bundes (ABBAG-Gesetz)

ABBAG – Abbaumanagementgesellschaft des Bundes

§ 1. (1) Die Abbaubeteiligungsaktiengesellschaft des Bundes (ABBAG) wird gemäß §§ 239 ff Aktiengesetz (AktG), BGBl. Nr. 98/1965, in eine Gesellschaft mit beschränkter Haftung umgewandelt, die ihren Sitz in Wien hat. Die Umwandlung ist in einer nach Inkrafttreten dieses Bundesgesetzes unverzüglich abzuhaltenden Hauptversammlung zu beschließen. In diesem Beschluss ist die Firma in „ABBAG – Abbaumanagementgesellschaft des Bundes" (ABBAG), im Folgenden als Gesellschaft bezeichnet, zu ändern. Die nach Maßgabe der Bestimmungen dieses Bundesgesetzes erforderlichen Satzungsänderungen sind vorzunehmen. Der Umwandlung ist die Bilanz der ABBAG zum 31. Dezember 2014 zugrunde zu legen. § 243 Aktiengesetz ist auf die Umwandlung nicht anwendbar. Die Geschäftsanteile an der ABBAG haben mehrheitlich im Eigentum des Bundes zu stehen. Die Verwaltung der Anteile namens des Bundes obliegt dem Bundesminister für Finanzen, der die Eigentumsrechte für den Bund in der Generalversammlung auszuüben hat.

(2) Sofern in diesem Bundesgesetz nichts anderes bestimmt ist, sind die Bestimmungen des GmbH-Gesetzes, RGBl. Nr. 58/1906 in der geltenden Fassung, auf die ABBAG anzuwenden.

(3) Soweit es für den Betrieb und eine angemessene Kapitalausstattung der Gesellschaft erforderlich ist, wird der Bundesminister für Finanzen ermächtigt, als Sacheinlage die Anteile, die der Bund an Abbaugesellschaften und Rechtsträgern gemäß § 1 Finanzmarktstabilitätsgesetz – FinStaG, BGBl. I Nr. 136/2008, hält oder die damit zusammenhängenden bestehenden Forderungen und Verbindlichkeiten oder eine Bareinlage in die Gesellschaft einzubringen.

(BGBl I 2015/127)

Unternehmensgegenstand

§ 2. (1) Der Unternehmensgegenstand der Gesellschaft besteht in

1. der Verwaltung einschließlich der Verwertung von Anteilen und Vermögensrechten des Bundes und der Gesellschaft an Abbaugesellschaften und Rechtsträgern gemäß § 1 FinStaG, sowie

2. der Erbringung von Dienstleistungen und das Ergreifen von Maßnahmen, die jeweils für eine bestmögliche Verwertung des Vermögens und die Liquidation einer Abbaugesellschaft erforderlich oder zur Wahrung der in § 1 FinStaG genannten öffentlichen Interessen geboten sind.

3. der Erbringung von Dienstleistungen und dem Ergreifen von finanziellen Maßnahmen zugunsten von Unternehmen gemäß § 3b Abs. 1, die zur Erhaltung der Zahlungsfähigkeit und Überbrückung von Liquiditätsschwierigkeiten dieser Unternehmen im Zusammenhang mit der Ausbreitung des Erregers SARS-CoV-2 und den

dadurch verursachten wirtschaftlichen Auswirkungen geboten sind. *(BGBl I 2020/12)*

(2) Zu diesem Zweck obliegt der Gesellschaft nach Maßgabe einer gesetzlichen Ermächtigung oder Beauftragung durch den Bundesminister für Finanzen,

1. der Erwerb und die Übernahme von Anteilen und Vermögensrechten an Abbaugesellschaften und Rechtsträgern gemäß § 1 FinStaG,

2. das Ausüben von Eigentumsrechten sowie das Halten, die Verwaltung und Verwertung von Anteilen und Vermögensrechten an Abbaugesellschaften und Rechtsträgern gemäß § 1 FinStaG,

3. die Veräußerung und Abgabe von Anteilen und Vermögensrechten an Abbaugesellschaften und Rechtsträgern gemäß § 1 FinStaG,

4. die Erbringung von Dienstleistungen und das Ergreifen von Maßnahmen, die jeweils für eine bestmögliche Verwertung des Vermögens und die Liquidation einer Abbaugesellschaft erforderlich oder zur Wahrung der in § 1 FinStaG genannten öffentlichen Interessen geboten sind und *(BGBl I 2017/107)*

5. das Ergreifen von Maßnahmen, durch die die Abwicklung einer Abbaugesellschaft oder eines Rechtsträgers nach § 1 FinStaG sichergestellt wird. Die Maßnahmen müssen erforderlich sein, um eine beträchtliche Störung im Wirtschaftsleben Österreichs zu beheben, das gesamtwirtschaftliche Gleichgewicht sicherzustellen oder die österreichische Volkswirtschaft zu schützen, und geeignet sein, wesentlich zur Herstellung nachhaltig geordneter Haushalte im Sinne der Vereinbarung zwischen dem Bund, den Ländern und den Gemeinden über einen Österreichischen Stabilitätspakt 2012 – ÖStP 2012, BGBl. I Nr. 30/2013, beizutragen.

6. die Erbringung von Dienstleistungen und das Ergreifen von Maßnahmen, die zur Wahrung der in § 1 FinStaG genannten öffentlichen Interessen geboten sind. *(BGBl I 2016/69)*

7. die Erbringung von Dienstleistungen und das Ergreifen von finanziellen Maßnahmen zugunsten von Unternehmen gemäß § 3b Abs. 1, die zur Erhaltung der Zahlungsfähigkeit und Überbrückung von Liquiditätsschwierigkeiten dieser Unternehmen im Zusammenhang mit der Ausbreitung des Erregers SARS-CoV-2 und den dadurch verursachten wirtschaftlichen Auswirkungen geboten sind. *(BGBl I 2020/12)*

(2a) Über Auftrag des Bundesministers für Finanzen hat die Gesellschaft eine oder mehrere Tochtergesellschaften zu gründen, deren Stamm- oder Grundkapital zur Gänze im Eigentum der Gesellschaft steht. Der Unternehmensgegenstand dieser Tochtergesellschaften hat ausschließlich die Durchführung von Aufgaben, Dienstleistungen und Maßnahmen zu umfassen, die nach diesem Gesetz der Gesellschaft obliegen und von der Gesellschaft über Auftrag des Bundesministers für Finanzen einer oder mehrerer dieser Tochtergesellschaften übertragen und von diesen durchgeführt oder von diesen für die Gesellschaft erfüllt werden können. *(BGBl I 2020/12)*

(3) Die genannten Aufgaben sind in die Satzung der Gesellschaft aufzunehmen. Die Gesellschaft hat diese Aufgaben unter Beachtung der Grundsätze der Sparsamkeit, Wirtschaftlichkeit und Zweckmäßigkeit auszuüben.

(4) Abbaugesellschaften gemäß Abs. 1 sind

1. die Abbaueinheit gemäß § 3 des Bundesgesetzes zur Schaffung einer Abbaueinheit (GSA), BGBl. I Nr. 51/2014,

2. Abbaueinheiten gemäß § 83 des Sanierungs- und Abwicklungsgesetzes (BaSAG), BGBl. I Nr. 98/2014 und

3. Abbaugesellschaften gemäß § 162 BaSAG.

(5) Der Bund hat die Finanzierung der Gesellschaft und des Verwaltungsaufwandes der Gesellschaft im Verhältnis seiner Anteile an der Gesellschaft sicherzustellen. Die Finanzierung von Maßnahmen gemäß Abs. 2 hat nach Maßgabe der gesetzlichen Ermächtigung oder Beauftragung durch den Bundesminister für Finanzen zu erfolgen. *(BGBl I 2020/12)*

(6) Das Bankwesengesetz – BWG, BGBl. Nr. 532/1993, das Wertpapieraufsichtsgesetz 2018 – WAG 2018, BGBl. I Nr. 107/2017, und die Gewerbeordnung 1994 – GewO 1994, BGBl. Nr. 194/1994, sind für die Erbringung von Dienstleistungen und das Ergreifen von Maßnahmen gemäß Abs. 2 sowie für den Abschluss damit im Zusammenhang stehender Hilfsgeschäfte der ABBAG nicht anzuwenden. Die ABBAG hat § 38 BWG mit der Maßgabe einzuhalten, dass § 38 Abs. 1 2. Satz BWG auch für Geheimnisse gilt, die aufgrund von Auskunftspflichten gemäß diesem Bundesgesetz und gemäß FinStaG dem Bund bekannt zu geben sind. Das Finanzmarkt-Geldwäschegesetz – FM-GwG, BGBl. I Nr. 118/2016 ist anzuwenden. *(BGBl I 2017/107)*

(7) § 66, § 67 und § 69 Insolvenzordnung – IO, RGBl. Nr. 337/1914, und die Bestimmungen des Unternehmensreorganisationsgesetzes – URG, BGBl. I Nr 114/1997, sind auf die ABBAG nicht anzuwenden. *(BGBl I 2020/12)*

(BGBl I 2015/127)

Bestellung der Organe

§ 3. (1) Die Geschäftsführung der Gesellschaft obliegt dem von der Generalversammlung auf Vorschlag des Bundesministers für Finanzen im Einvernehmen mit dem „Vizekanzler“ zu bestellenden Geschäftsführer. Die Bestimmungen des Stellenbesetzungsgesetzes, BGBl. I Nr. 26/1998, finden Anwendung. Erster Geschäftsführer ist für die vertraglich mit der Gesellschaft vereinbarte

Funktionsdauer der bei Umwandlung gemäß § 1 bestellte Vorstand. *(BGBl I 2020/23)*

(2) Bei der Gesellschaft ist ein Aufsichtsrat einzurichten. Die näheren Regelungen sind in der Satzung der Gesellschaft festzulegen. Der nicht auf Arbeitnehmer entfallende Teil der Mitglieder des Aufsichtsrates ist auf Vorschlag des Bundesministers für Finanzen im Einvernehmen mit dem „Vizekanzler" zu bestellen. *(BGBl I 2020/23)*

(BGBl I 2015/127)

Bevollmächtigter des Bundes

§ 3a. (1) Der Bundesminister für Finanzen ist ermächtigt, die banktechnische Behandlung (bankkaufmännische Beurteilung durch Bonitätsprüfung und Bearbeitung) der Ansuchen um finanzielle Maßnahmen gemäß § 2 Abs. 2 Z 7 und die Ausfertigung der Finanzierungsverträge sowie die Wahrnehmung der Rechte der ABBAG aus diesen Finanzierungsverträgen, ausgenommen deren gerichtliche Geltendmachung, einem Bevollmächtigten des Bundes nach § 1002 ff ABGB zu übertragen. Der Bevollmächtigte muss über die entsprechende Berechtigung zum Betrieb von Bankgeschäften gemäß § 1 Abs. 1 Z 1, 3, 4, 7, 8, 10 und 18 BWG oder gemäß § 9 BWG in Österreich verfügen.

(2) Die Bevollmächtigung ist zwischen Vollmachtgeber und Bevollmächtigtem im Einzelnen vertraglich zu regeln. Richtlinien zur Gewährung von finanziellen Maßnahmen.

(BGBl I 2020/12)

Richtlinien zur Gewährung von finanziellen Maßnahmen

§ 3b. (1) Finanzielle Maßnahmen gemäß § 2 Abs. 2 Z 7 dürfen nur zu Gunsten von Unternehmen gesetzt werden, die ihren Sitz oder eine Betriebsstätte in Österreich haben und ihre wesentliche operative Tätigkeit in Österreich ausüben.

(2) Auf die Gewährung von finanziellen Maßnahmen besteht kein Rechtsanspruch

(3) Der Bundesminister für Finanzen „im Einvernehmen mit dem Vizekanzler" hat unter Beachtung der geltenden Vorgaben des EU-Beihilfenrechtes per Verordnung Richtlinien zu erlassen, die insbesondere nachstehende Regelungen zu enthalten haben:

1. Festlegung des Kreises der begünstigten Unternehmen,

2. Ausgestaltung und Verwendungszweck der finanziellen Maßnahmen,

3. Höhe der finanziellen Maßnahmen,

4. Laufzeit der finanziellen Maßnahmen,

5. Auskunfts- und Einsichtsrechte des Bundes oder des Bevollmächtigten.

(BGBl I 2020/23)

(4) Der Bundesminister für Finanzen hat dem Budgetausschuss „monatlich" einen detailliert dargestellten Bericht, in dem sämtliche Maßnahmen zugunsten von Unternehmen gem. § 3b Abs. 1, die zu Erhaltung der Zahlungsfähigkeit und Überbrückung von Liquiditätsschwierigkeiten im Zusammenhang mit der Ausbreitung des Erregers SARS-CoV-2 (COVID-19) geboten sind, die nach diesem Bundesgesetz ergriffen wurden, vorzulegen. Der Bericht hat insbesondere die „materiellen und" finanziellen Auswirkungen der gesetzten Maßnahmen auszuweisen. *(BGBl I 2021/4)*

(BGBl I 2020/12)

Veräußerung von Anteilen

§ 4. Der Bundesminister für Finanzen wird ermächtigt, nach Maßgabe beihilfenrechtlicher Genehmigungen, Anteile des Bundes an der Gesellschaft bestmöglich zu veräußern. Der Veräußerungserlös fließt dem Bund zu.

Gebühren und Abgaben

§ 5. (1) Die zur Durchführung dieses Bundesgesetzes erforderlichen Rechtsgeschäfte, Schriften und Amtshandlungen sind von den bundesgesetzlich geregelten Abgaben, den Bundesverwaltungsabgaben sowie den im Gerichtsgebührengesetz – GGG, BGBl. Nr. 501/1984, geregelten Gerichts- und Justizverwaltungsgebühren befreit.

(2) Der Bund und die Gesellschaft sind überdies von der Entrichtung der im GGG geregelten Gebühren in Verfahren vor den ordentlichen Gerichten befreit, die Angelegenheiten des Vollzugs dieses Bundesgesetzes zum Gegenstand haben.

(BGBl I 2015/127)

Übergangsbestimmung

§ 5a. Bis zum Inkrafttreten Wertpapieraufsichtsgesetzes 2018 – WAG 2018, BGBl. I Nr. 107/2017, ist das Wertpapieraufsichtsgesetzes 2007 – WAG 2007, BGBl. I Nr. 60/2007, für die Erbringung von Dienstleistungen und das Ergreifen von Maßnahmen gemäß Abs. 2 sowie für den Abschluss damit im Zusammenhang stehender Hilfsgeschäfte der ABBAG nicht anzuwenden.

(BGBl I 2017/107)

Vollziehung

§ 6. Mit der Vollziehung dieses Bundesgesetzes ist hinsichtlich der Befreiung von Gebühren nach dem GGG 1984 gemäß § 5 der Bundesminister für Justiz, hinsichtlich des § 3 der Bundesminister für Finanzen im Einvernehmen mit dem Bundeskanzler und hinsichtlich der übrigen Bestimmungen der Bundesminister für Finanzen betraut.

Tochtergesellschaften

§ 6a. „(1)“ Auf Tochtergesellschaften, die von der Gesellschaft gemäß „§ 2 Abs. 2a“ gegründet werden, sind die Bestimmungen dieses Gesetzes sinngemäß anzuwenden. *(BGBl I 2020/23, außer Kraft mit 01.01.2023)*

(2) Über Auftrag des Bundesministers für Finanzen wurde gemäß § 2 Abs. 2a die COVID-19 Finanzierungsagentur des Bundes GmbH (COFAG) gegründet und dieser die Erbringung der Dienstleistungen und finanziellen Maßnahmen gemäß § 2 Abs. 2 Z 7 übertragen. Der Bund stattet die COFAG so aus, dass diese in der Lage ist, kapital- und liquiditätsstützende Maßnahmen, die ihr gemäß § 2 Abs. 2 Z 7 übertragen wurden, bis zu einem Höchstbetrag von 15 Milliarden Euro zu erbringen und ihre finanziellen Verpflichtungen zu erfüllen. *(BGBl I 2020/23)*

(BGBl I 2020/12)

Bürgerlich-rechtliche Sonderbestimmungen

§ 6b. Die Bestimmungen des § 1396a Abs. 1 und 2 ABGB gelten nicht für im Zusammenhang mit einer finanziellen Maßnahme gemäß § 2 Abs. 2 Z 7 vereinbarte Zessionsverbote.

(BGBl I 2020/44)

§ 6c. Abweichend von § 1346 Abs. 2 ABGB bedarf es für eine finanzielle Maßnahme gemäß § 2 Abs. 2 Z 7, mit der eine Haftung von der Gesellschaft oder einer Tochtergesellschaft nach § 2 Abs. 2a übernommen wird, zu ihrer Wirksamkeit nur einer elektronischen Übermittlung. Die Unterzeichnung einer Garantieerklärung durch die Bevollmächtigte kann in diesem Fall durch eine Nachbildung der eigenhändigen Unterschrift (Faksimile) erfolgen.

(BGBl I 2020/44)

Inkrafttreten

§ 7. §§ 1, 2, 3 und 5 treten mit 1. Juli 2015 in Kraft.

(BGBl I 2015/127)

Verweisung auf andere Rechtsvorschriften

§ 8. Soweit in diesem Bundesgesetz auf Bestimmungen anderer Bundesgesetze verwiesen wird, sind diese in ihrer jeweils geltenden Fassung anzuwenden.

(BGBl I 2020/44)

Haftungsgesetz Kärnten

BGBl I 2016/69

Haftungsermächtigung

§ 1. (1) Der Bundesminister für Finanzen ist ermächtigt namens des Bundes gemäß § 82 Bundeshaushaltsgesetz 2013 – BHG 2013, BGBl. I Nr. 139/2009, die Haftung in Form von Garantien für vom Kärntner Ausgleichszahlungs-Fonds durchzuführenden Kreditoperationen in einem Ausmaß zu übernehmen, dass der Gesamtbetrag (Gegenwert) der Haftungen 11 Milliarden Euro an Kapital und Zinsen zuzüglich Kosten sowie zuzüglich einer allfälligen Differenz zum Barwert aufgrund eines negativen Zinsumfeldes im Zuge von vor Fälligkeit durchgeführten Kaufoperationen nicht übersteigt.

(2) Der Bundesminister für Finanzen darf Haftungen für Kreditoperationen gemäß Abs. 1 nur übernehmen, wenn die prozentuelle Gesamtbelastung bei diesen Kreditoperationen in inländischer oder ausländischer Währung unter Berücksichtigung eventueller Währungstauschverträge unter Zugrundelegung der im § 79 Abs. 2 BHG 2013 umschriebenen finanzmathematischen Formel das im § 79 Abs. 1 Z 2 und 3 BHG 2013 bestimmte jeweilige Höchstausmaß einen Bankarbeitstag vor Festlegung der Konditionen nicht überschreitet.

(3) Die Haftungsübernahmen gemäß Abs. 1 können nur durch schriftliche Vereinbarung erfolgen. Der Kärntner Ausgleichszahlungs-Fonds hat die Verpflichtungen gemäß § 82 Abs. 2 Z 1 bis 4 BHG 2013 einzuhalten. Es besteht keine Verpflichtung des Kärntner Ausgleichszahlungs-Fonds zur Entrichtung eines Haftungsentgeltes gemäß § 82 Abs. 2 Z 5 BHG 2013.

(4) Der Bundesminister für Finanzen ist ermächtigt mit dem Kärntner Ausgleichszahlungs-Fonds das Rückgriffsrecht des Bundes gemäß § 82 Abs. 2 Z 6 BHG 2013 dahingehend zu regeln, dass im Fall einer Zahlung des Bundes aufgrund einer Inanspruchnahme seiner Haftung gemäß Abs. 1 dem Bund zur Befriedigung seines Regressrechtes die dem Kärntner Ausgleichszahlungs-Fonds als Gegenleistung für die behaftete Kreditoperation übertragenen Schuldtitel übertragen werden. Eine Übertragung hat, unabhängig vom Wert der Schuldtitel im Zeitpunkt der Übertragung an den Bund, nur im Ausmaß der dem ursprünglichen Tauschverhältnis entsprechenden Höhe zu erfolgen. Darüber hinaus besteht kein Regressrecht des Bundes.

Gebühren und Abgaben

§ 2. Die zur Durchführung dieses Bundesgesetzes erforderlichen Rechtsgeschäfte, Schriften und Amtshandlungen sind von den bundesgesetzlich geregelten Abgaben, den Bundesverwaltungsabgaben sowie den im Gerichtsgebührengesetz – GGG, BGBl. Nr. 501/1984, geregelten Gerichts- und Justizverwaltungsgebühren befreit.

Sprachliche Gleichbehandlung

§ 3. Soweit in diesem Bundesgesetz personenbezogene Bezeichnungen nur in männlicher Form angeführt sind, beziehen sie sich auf Frauen und Männer in gleicher Weise. Bei der Anwendung auf bestimmte Personen ist die jeweils geschlechtsspezifische Form zu verwenden.

Verweise

§ 4. Soweit in diesem Bundesgesetz auf Bestimmungen anderer Bundesgesetze verwiesen wird, sind diese, sofern nicht ausdrücklich etwas anderes bestimmt ist, in ihrer jeweils geltenden Fassung anzuwenden.

Inkrafttreten

§ 5. Dieses Bundesgesetz tritt am Tag nach der Veröffentlichung der Genehmigung durch die Europäische Kommission oder der Bestätigung der Europäischen Kommission, dass aufgrund bereits bestehender Genehmigungen keine Veranlassung für eine neuerliche Beihilfeentscheidung besteht, im Bundesgesetzblatt in Kraft. Der Bundesminister für Finanzen hat die Genehmigung oder Bestätigung und das Datum des Inkrafttretens im Bundesgesetzblatt kundzumachen.

Vollziehung

§ 6. Mit der Vollziehung dieses Bundesgesetzes ist hinsichtlich der Befreiung von Gebühren nach dem GGG der Bundesminister für Justiz, mit der Vollziehung der übrigen Bestimmungen der Bundesminister für Finanzen betraut.

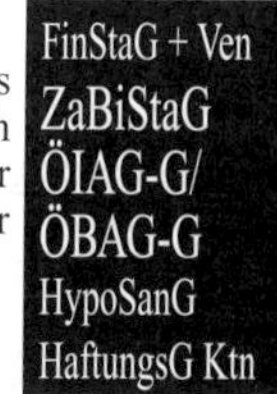

Finanzkonglomerategesetz (FKG) 2004

BGBl I 2004/70 (Art 2) idF

1 BGBl I 2005/120 (HGB durch UGB ersetzt)
2 BGBl I 2006/48 (FMA-ÄG 2005)
3 BGBl I 2006/141
4 BGBl I 2009/22
5 BGBl I 2010/58 (IRÄ-BG)
6 BGBl I 2011/145
7 BGBl I 2012/35 (2. StabG 2012)
8 BGBl I 2013/184
9 BGBl I 2014/59 (BWG 2014 (SSM))
10 BGBl I 2015/34
11 BGBl I 2015/68 (RÄ-BG 2015)
12 BGBl I 2017/107
13 BGBl I 2018/37

STICHWORTVERZEICHNIS

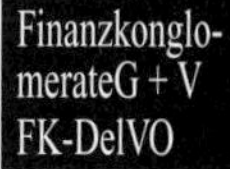

Bundesgesetz, mit dem ein Bundesgesetz über die zusätzliche Beaufsichtigung der Kreditinstitute, Versicherungsunternehmen und Wertpapierfirmen eines Finanzkonglomerats (Finanzkonglomerategesetz – FKG) erlassen wird sowie das Versicherungsaufsichtsgesetz, das Bankwesengesetz, das Wertpapieraufsichtsgesetz, das Finanzmarktaufsichtsbehördengesetz, das Börsegesetz und das Pensionskassengesetz geändert werden

Inhaltsverzeichnis

Der Nationalrat hat beschlossen:

Artikel 1

Durch dieses Bundesgesetz wird die Richtlinie 2002/87/EG des Europäischen Parlaments und des Rates vom 16. Dezember 2002 über die zusätzliche Beaufsichtigung der Kreditinstitute, Versicherungsunternehmen und Wertpapierfirmen eines Finanzkonglomerats und zur Änderung der Richtlinien 73/239/EWG, 79/267/EWG, 92/49/EWG, 92/96/EWG, 93/6/EWG und 93/22/EWG des Rates und der Richtlinien 98/78/EG und 2000/12/EG des Europäischen Parlaments und des Rates (ABl. Nr. L 035 vom 11. 2. 2003, S. 1) in österreichisches Recht umgesetzt.

Artikel 2

Bundesgesetz über die zusätzliche Beaufsichtigung der Kreditinstitute, Versicherungsunternehmen und Wertpapierfirmen eines Finanzkonglomerats (Finanzkonglomerategesetz – FKG)

1. HAUPTSTÜCK

ZIEL UND BEGRIFFSBESTIMMUNGEN

Ziel

§ 1. Dieses Bundesgesetz regelt die zusätzliche Beaufsichtigung der Kreditinstitute, Versicherungsunternehmen und Wertpapierfirmen eines

Finanzkonglomerats. Die Beaufsichtigung nach den Branchenvorschriften bleibt durch die Bestimmungen dieses Bundesgesetzes unberührt.

Begriffsbestimmungen

§ 2. Für die Zwecke dieses Bundesgesetzes gelten folgende Begriffsbestimmungen:

1. „Kreditinstitut" ist

a) ein Kreditinstitut gemäß Art. 4 Abs. 1 Nummer 1 der Verordnung (EU) Nr. 575/2013 über Aufsichtsanforderungen an Kreditinstitute und Wertpapierfirmen und zur Änderung der Verordnung (EU) Nr. 648/2012, ABl. Nr. L 176 vom 27.6.2013 S. 1, sowie *(BGBl I 2013/184)*

b) eine Vermögensverwaltungsgesellschaft im Sinne des „Art. 2 Abs. 1 lit. b der Richtlinie 2009/65/EG (ABl. Nr. L 302 vom 17. November 2009, S. 32) in der Fassung der Richtlinie 2011/61/EU (ABl. Nr. L 174 vom 1. Juli 2011, S. 1) oder ein Unternehmen, das seinen Sitz in einem Drittland hat und das gemäß der Richtlinie 2009/65/EG" eine Zulassung benötigen würde, wenn sich sein Sitz in einem Vertragsstaat befände. *(BGBl I 2013/184)*

2. „Versicherungsunternehmen" ist ein Versicherungsunternehmen im Sinne von „Art. 13 Z 1, 2 oder 3 der Richtlinie 2009/138/EG (ABl. Nr. L 335 vom 17. Dezember 2009, S. 1) in der Fassung der Richtlinie 2012/23/EU (ABl. Nr. L 249 vom 14. September 2012, S. 1)". *(BGBl I 2013/184)*

3. „Wertpapierfirma" ist eine Wertpapierfirma im Sinne des „Art. 4 Abs. 1 Z 1 der Richtlinie 2004/39/EG (ABl. Nr. L 145 vom 30. April 2004, S. 1) in der Fassung der Richtlinie 2010/78/EU (ABl. Nr. L 331 vom 15. Dezember 2010, S. 120), einschließlich der in Art. 4 Nummer 25 der Verordnung (EU) Nr. 575/2013 genannten Unternehmen, oder ein Unternehmen, das seinen Sitz in einem Drittland hat und das gemäß der Richtlinie 2004/39/EG eine Zulassung benötigen würde, wenn sich sein Sitz in einem Vertragsstaat befände." *(BGBl I 2013/184)*

3a. „Verwalter alternativer Investmentfonds" ist ein Verwalter alternativer Investmentfonds gemäß Art. 4 Abs. 1 lit. b, l und ab der Richtlinie 2011/61/EU oder ein Unternehmen, das seinen Sitz in einem Drittland hat und das gemäß der Richtlinie 2011/61/EU eine Zulassung benötigen würde, wenn sich sein Sitz in der Union befände. *(BGBl I 2013/184)*

4. „Rückversicherungsunternehmen" ist ein Rückversicherungsunternehmen im Sinne des „Art. 13 Z 4, 5 oder 6 der Richtlinie 2009/138/EG oder eine Zweckgesellschaft gemäß Art. 13 Z 26 der Richtlinie 2009/138/EG". *(BGBl I 2013/184)*

5. „Beaufsichtigte Unternehmen" sind Kreditinstitute, Versicherungsunternehmen, Rückversicherungsunternehmen, Wertpapierfirmen und Verwalter alternativer Investmentfonds. *(BGBl I 2013/184)*

6. „Branchenvorschriften" sind die Rechtsvorschriften, mit welchen die Bankenaufsicht, die Versicherungsaufsicht und die Wertpapieraufsicht geregelt werden.

7. „Finanzbranche" ist eine Branche, die eine oder mehrere der nachstehenden Unternehmen umfasst:

a) Kreditinstitute, Finanzinstitute „oder Anbieter von Nebendienstleistungen gemäß Art. 4 Abs. 1 Nummer 18 der Verordnung (EU) Nr. 575/2013, Wertpapierfirmen gemäß Art. 4 Abs. 1 Nummer 2 der Verordnung (EU) Nr. 575/2013 sowie Vermögensverwaltungsgesellschaften gemäß Art. 2 Abs. 1 lit. b der Richtlinie 2009/65/EG" (Banken- und Wertpapierdienstleistungsbranche), *(BGBl I 2013/184)*

b) Versicherungsunternehmen, Rückversicherungsunternehmen oder Versicherungs-Holdinggesellschaften im Sinne des „Art. 13 Z 1, 2, 4 oder 5 oder von Art. 212 Abs. 1 lit. f der Richtlinie 2009/138/EG" (Versicherungsbranche). *(BGBl I 2013/184)*

Unter Anteil einer Finanzbranche ist der Durchschnitt aus dem Anteil der Bilanzsumme dieser Branche an der Bilanzsumme aller Finanzunternehmen der Gruppe und dem Anteil der Solvabilitätsanforderung dieser Branche an den Solvabilitätsanforderungen aller Finanzunternehmen der Gruppe zu verstehen. „Verwalter eines alternativen Investmentfonds werden innerhalb der Gruppe der Branche zugerechnet, der sie angehören. Gehören sie nicht ausschließlich einer Branche innerhalb der Gruppe an, werden sie der Finanzbranche mit dem geringeren Anteil zugerechnet." *(BGBl I 2013/184)*

8. „Finanzunternehmen" sind Unternehmen einer Finanzbranche.

9. „Mutterunternehmen" ist ein Mutterunternehmen im Sinne des „§ 189a Z 6 UGB" sowie jedes andere Unternehmen, das tatsächlich einen beherrschenden Einfluss auf ein anderes Unternehmen ausübt. *(BGBl I 2005/120; BGBl I 2015/68)*

10. „Tochterunternehmen" ist ein Tochterunternehmen im Sinne des „§ 189a Z 7 UGB" sowie jedes andere Unternehmen, auf das ein Mutterunternehmen tatsächlich einen beherrschenden Einfluss ausübt; alle Tochterunternehmen von Tochterunternehmen werden ebenfalls als Töchter dieses Mutterunternehmens angesehen. *(BGBl I 2005/120; BGBl I 2015/68)*

11. „Beteiligung" ist eine Beteiligung im Sinne des „§ 189a Z 2 UGB" an einem anderen Unternehmen oder das direkte oder indirekte Halten von mindestens 20 vH der Stimmrechte oder des Kapitals an einem anderen Unternehmen. *(BGBl I 2005/120; BGBl I 2015/68)*

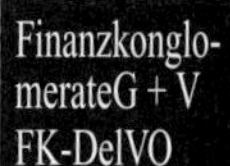

12. „Gruppe" ist eine Gruppe von Unternehmen, die aus einem Mutterunternehmen, seinen Tochterunternehmen und den Unternehmen, an denen das Mutterunternehmen oder seine Tochterunternehmen eine Beteiligung halten, besteht, sowie Unternehmen, die untereinander durch eine Beziehung im Sinne des „Art. 22 Abs. 7 der Richtlinie 2013/34/EU über den Jahresabschluss, den konsolidierten Abschluss und damit verbundene Berichte von Unternehmen bestimmter Rechtsformen und zur Änderung der Richtlinie 2006/43/EG und zur Aufhebung der Richtlinien 78/660/EWG und 83/349/EWG, ABl. Nr. L 182 vom 29.06.2013 S. 19, in der Fassung der Richtlinie 2014/95/EU, ABl. Nr. L 330 vom 15.11.2014 S. 1," „verbunden sind, einschließlich etwaiger Untergruppen". *(BGBl I 2013/184; BGBl I 2015/68)*

12a. „Kontrolle" ist eine Beziehung zwischen einem Mutterunternehmen und einem Tochterunternehmen gemäß „§ 189a Z 6 UGB" oder eine gleich geartete Beziehung zwischen einer natürlichen oder juristischen Person und einem Unternehmen. *(BGBl I 2013/184; BGBl I 2015/68)*

13. „Enge Verbindung" ist eine Situation, in der zwei oder mehr natürliche oder juristische Personen durch ein Kontrollverhältnis oder Beteiligung oder eine Situation verbunden sind, in der zwei oder mehr natürliche oder juristische Personen durch ein Kontrollverhältnis dauerhaft mit derselben Person verbunden sind. *(BGBl I 2013/184)*

14. „Finanzkonglomerat" ist eine Gruppe oder Untergruppe, bei denen ein beaufsichtigtes Unternehmen an der Spitze der Gruppe oder Untergruppe steht oder bei denen mindestens eines der Tochterunternehmen in dieser Gruppe oder Untergruppe ein beaufsichtigtes Unternehmen ist, und welches die folgenden Bedingungen erfüllt:

a) im Falle, dass an der Spitze der Gruppe oder Untergruppe ein beaufsichtigtes Unternehmen steht:

aa) dieses Unternehmen ist ein Mutterunternehmen eines Unternehmens der Finanzbranche, ein Unternehmen, das eine Beteiligung an einem Unternehmen der Finanzbranche hält, oder ein Unternehmen, das mit einem Unternehmen der Finanzbranche durch eine Beziehung gemäß „Art. 22 Abs. 7 der Richtlinie 2013/34/EU" verbunden ist, *(BGBl I 2015/68)*

bb) mindestens eines der Unternehmen der Gruppe oder Untergruppe ist ein Unternehmen der Versicherungsbranche und mindestens eines ist ein Unternehmen der Banken- und Wertpapierdienstleistungsbranche und

cc) die konsolidierten oder aggregierten Tätigkeiten der in der Versicherungsbranche tätigen Unternehmen der Gruppe oder Untergruppe und der in der Banken- und Wertpapierdienstleistungsbranche tätigen Unternehmen der Gruppe oder Untergruppe sind jeweils als erheblich gemäß § 3 Abs. 2 und 3 anzusehen; oder

b) im Falle, dass an der Spitze der Gruppe oder Untergruppe kein beaufsichtigtes Unternehmen steht:

aa) der Schwerpunkt der Unternehmenstätigkeit der Gruppe oder Untergruppe gemäß § 3 Abs. 1 liegt in der Finanzbranche,

bb) mindestens eines der Unternehmen der Gruppe oder Untergruppe ist ein Unternehmen der Versicherungsbranche und mindestens eines ist ein Unternehmen der Banken- und Wertpapierdienstleistungsbranche und

cc) die konsolidierten oder aggregierten Tätigkeiten der in der Versicherungsbranche tätigen Unternehmen der Gruppe oder Untergruppe und der in der Banken- und Wertpapierdienstleistungsbranche tätigen Unternehmen der Gruppe oder Untergruppe sind jeweils als erheblich gemäß § 3 Abs. 2 und 3 anzusehen.
(BGBl I 2013/184)

15. „Gemischte Finanzholdinggesellschaft" ist ein nicht der Aufsicht unterliegendes Mutterunternehmen, das zusammen mit seinen Tochterunternehmen, von denen mindestens eines ein beaufsichtigtes Unternehmen mit Sitz in den Vertragsstaaten ist, und anderen Unternehmen ein Finanzkonglomerat bildet.

16. „Zuständige Behörden" sind die Behörden der Vertragsstaaten, die mit der Beaufsichtigung von Kreditinstituten, „Versicherungsunternehmen, Rückversicherungsunternehmen, Wertpapierfirmen oder Verwalter alternativer Investmentfonds" auf Einzel- oder auf Gruppenebene betraut sind. *(BGBl I 2013/184)*

17. „Relevante zuständige Behörden" sind

a) die zuständigen Behörden der Vertragsstaaten, die mit der branchenbezogenen Gruppenaufsicht „der jeweiligen beaufsichtigten Unternehmen des Finanzkonglomerats, insbesondere des in einer Branche an der Spitze stehenden Mutterunternehmens" betraut sind, *(BGBl I 2013/184)*

b) der gemäß Art. 10 der Richtlinie 2002/87/EG „(ABl. Nr. L 035 vom 11. Februar 2003, S. 1) in der Fassung der Richtlinie 2011/89/EU (ABl. Nr. L 326 vom 8. Dezember 2011, S. 113)" bestimmte Koordinator, wenn dies eine andere Behörde als unter lit. a ist, *(BGBl I 2013/184)*

c) sonstige zuständige Behörden, die nach Ansicht der FMA ebenfalls betroffen sind; „hierbei ist bis zum Erlass der in Art. 21a Abs. 1 lit. b der Richtlinie 2002/87/EG genannten technischen Regulierungsstandards" dem Marktanteil der beaufsichtigten Unternehmen in anderen Vertragsstaaten – insbesondere wenn dieser mehr als 5 vH beträgt – sowie dem Gewicht der in anderen Vertragsstaaten niedergelassenen beaufsichtigten

Unternehmen innerhalb des Finanzkonglomerats Rechnung zu tragen. *(BGBl I 2013/184)*

18. „Gruppeninterne Transaktionen“ sind alle Transaktionen, bei denen beaufsichtigte Unternehmen eines Finanzkonglomerats sich zur Erfüllung einer Verbindlichkeit direkt oder indirekt auf andere Unternehmen innerhalb derselben Gruppe oder auf den Unternehmen der Gruppe durch enge Verbindungen verbundene natürliche oder juristische Personen stützen, unabhängig davon, ob dies auf vertraglicher oder nicht vertraglicher und auf entgeltlicher oder unentgeltlicher Basis geschieht.

19. „Risikokonzentration“ sind alle mit Ausfallrisiko behafteten Engagements, bei denen das Verlustpotenzial groß genug ist, um die Solvabilität oder die allgemeine Finanzlage der beaufsichtigten Unternehmen des Finanzkonglomerats zu gefährden, unabhängig davon, ob die Ausfallgefahr durch ein Gegenparteiausfallrisiko/Kreditrisiko, ein Anlagerisiko, ein Versicherungsrisiko, ein Marktrisiko, durch sonstige Risiken oder durch eine Kombination dieser Risiken oder durch Wechselwirkungen zwischen solchen Risiken bedingt ist. *(BGBl I 2013/184)*

20. „Vertragsstaat“ ist ein Staat, der dem Europäischen Wirtschaftsraum angehört.

21. „Zusätzlich beaufsichtigte Unternehmen“ sind beaufsichtigte Unternehmen, die gemäß § 5 der zusätzlichen Beaufsichtigung nach diesem Bundesgesetz unterliegen.

Schwellen für die Bestimmung eines Finanzkonglomerats

§ 3. (1) Eine Gruppe ist „ “ vorwiegend in der Finanzbranche tätig, wenn der Anteil der Bilanzsumme der Finanzunternehmen und gemischten Finanzholdinggesellschaften dieser Gruppe an der Bilanzsumme der Gruppe insgesamt mehr als 40 vH beträgt. *(BGBl I 2013/184)*

(2) Die branchenübergreifenden Tätigkeiten sind als erheblich „ “ anzusehen, wenn der Anteil jeder Finanzbranche mehr als 10 vH beträgt. *(BGBl I 2013/184)*

(3) Es ist auch dann von erheblichen branchenübergreifenden Tätigkeiten auszugehen, wenn die Bilanzsumme der in der Gruppe mit dem geringeren Anteil vertretenen Finanzbranche 6 Mrd. EUR übersteigt. Erreicht die Gruppe den in Abs. 2 genannten Schwellenwert nicht, jedoch den im ersten Satz genannten oder den in Abs. 2 genannten Schwellenwert, aber geht die Bilanzsumme der in der Gruppe mit dem geringeren Anteil vertretenen Finanzbranche nicht über 6 Mrd. EUR hinaus, kann die FMA mit Zustimmung der anderen relevanten zuständigen Behörden entscheiden, dass die Gruppe nicht als Finanzkonglomerat anzusehen ist oder die §§ 9, 10 oder 11 keine Anwendung finden, wenn sie der Ansicht ist, dass die Einbeziehung dieser Gruppe in den Anwendungsbereich dieses Bundesgesetzes oder der Verordnung (EU) Nr. 575/2013 oder die Anwendung derartiger Bestimmungen nicht erforderlich ist oder für die Ziele der zusätzlichen Beaufsichtigung unangebracht oder irreführend wäre. Die FMA hat Entscheidungen nach diesem Absatz den anderen zuständigen Behörden mitzuteilen und diese zu veröffentlichen, wenn nicht außergewöhnliche Umstände vorliegen. *(BGBl I 2013/184)*

(4) Für die Anwendung der Abs. 1, 2 und 3 kann die FMA mit Zustimmung der anderen relevanten zuständigen Behörden entscheiden,

1. ein Unternehmen in den in § 6 Abs. 6 genannten Fällen bei der Berechnung der Anteile nicht zu berücksichtigen, es sei denn, dass das Unternehmen von einem Vertragsstaat in einen Drittstaat weggezogen ist und dieser Wegzug nachweislich erfolgt ist, um sich der Beaufsichtigung zu entziehen; *(BGBl I 2013/184)*

2. die Einhaltung der Schwellenwerte nach Abs. 1 und 2 in drei aufeinander folgenden Jahren zu berücksichtigen, um einen plötzlichen Wechsel der geltenden Regelung zu vermeiden.

3. eine oder mehrere Beteiligungen an der in der Gruppe mit dem geringeren Anteil vertretenen Finanzbranche auszuschließen, wenn diese Beteiligungen ausschlaggebend für eine Einstufung als Finanzkonglomerat, jedoch insgesamt im Hinblick auf die Ziele der zusätzlichen Beaufsichtigung nur von untergeordneter Bedeutung sind. *(BGBl I 2013/184)*

(5) Für die Anwendung der Abs. 1 und 2 kann die FMA, abweichend von § 2 Z 7, in Ausnahmefällen und mit Zustimmung der anderen relevanten zuständigen Behörden das Kriterium der Bilanzsumme durch „die Ertragsstruktur, bilanzunwirksame Tätigkeiten oder Gesamtwert des verwalteten Vermögens“ ersetzen oder ergänzen, wenn diese Parameter ihrer Auffassung nach für die Zwecke der zusätzlichen Beaufsichtigung nach diesem Bundesgesetz besonders aussagekräftig sind. *(BGBl I 2013/184)*

(6) Sinken bei einem Finanzkonglomerat, das bereits einer zusätzlichen Beaufsichtigung unterliegt, die Anteile gemäß den Abs. 1 und 2 unter 40 vH bzw. 10 vH, so werden für die Anwendung dieser Absätze in den drei darauf folgenden Jahren die Schwellen auf 35 vH bzw. 8 vH herabgesetzt. Sinkt ferner bei einem Finanzkonglomerat, das bereits einer zusätzlichen Beaufsichtigung unterliegt, die Bilanzsumme der in der Gruppe mit dem geringeren Anteil vertretenen Finanzbranche unter 6 Mrd. EUR, so wird für die Anwendung von Abs. 3 in den drei darauf folgenden Jahren der Betrag auf 5 Mrd. EUR herabgesetzt. Während des in diesem Absatz genannten Zeitraums kann die FMA mit Zustimmung der anderen relevanten zuständigen Behörden beschließen, dass die in diesem Absatz genannten niedrigeren

Schwellenwerte oder niedrigeren Beträge nicht mehr angewendet werden, wenn die Gruppe die höheren Schwellenwerte oder höheren Beträge voraussichtlich nicht wieder erreichen wird.

(7) Bei den Berechnungen gemäß Abs. 1 bis 6 in Verbindung mit § 2 Z 7, die auf die Bilanzsumme Bezug nehmen, wird von der anhand der Jahresabschlüsse ermittelten aggregierten Bilanzsumme der Unternehmen der Gruppe ausgegangen. Für die Berechnung werden Unternehmen, an denen eine Beteiligung gehalten wird, in Höhe des Betrags ihrer Bilanzsumme berücksichtigt, der dem von der Gruppe gehaltenen aggregierten verhältnismäßigen Anteil entspricht. Liegt allerdings ein konsolidierter Abschluss vor, so ist dieser anstelle der aggregierten Bilanzsumme zu verwenden; die nicht konsolidierten Unternehmen des Finanzkonglomerates sind auf Grund der Einzelabschlüsse zusätzlich zu berücksichtigen. Die Solvabilitätsanforderungen gemäß den Abs. 2 und 3 in Verbindung mit § 2 Z 7 werden gemäß den einschlägigen Branchenvorschriften berechnet.

(8) Die FMA hat auf Anfrage einer anderen relevanten zuständigen Behörde entsprechend Abs. 3, 4 und 6 letzter Satz ihre Zustimmung zu erteilen, wenn sie der Ansicht ist, dass die in Abs. 3, 4 und 6 letzter Satz genannten Voraussetzungen erfüllt sind.

(9) Die FMA hat jedes Jahr erneut die Freistellungen von der zusätzlichen Beaufsichtigung zu überprüfen und die quantitativen Indikatoren und die auf die Finanzgruppen angewendeten risikobasierten Bewertungen zu überprüfen. *(BGBl I 2013/184)*

Ermittlung eines Finanzkonglomerats

§ 4. (1) Die Finanzunternehmen haben zu beobachten, ob sie ein zusätzlich beaufsichtigtes Unternehmen im Sinne des § 5 darstellen. Sind sie der Ansicht, dass dies zutrifft oder nicht mehr zutrifft, so haben sie dies der FMA unverzüglich anzuzeigen.

(2) Die FMA hat anhand der §§ 2, 3 und 5 festzustellen, ob eine Gruppe ein Finanzkonglomerat ist, welches in den Geltungsbereich dieses Bundesgesetzes fällt. Zu diesem Zweck hat sie mit den zuständigen Behörden, die die der Gruppe angehörenden beaufsichtigten Unternehmen zugelassen haben, „ “ zusammenzuarbeiten. Gelangt die FMA zu der Auffassung, dass ein von ihr zugelassenes beaufsichtigtes Unternehmen einer Gruppe angehört, die ein Finanzkonglomerat sein könnte, welches noch nicht als solches eingestuft wurde, „so teilt sie dies den anderen zuständigen Behörden und dem Gemeinsamen Ausschuss der Europäischen Aufsichtsbehörden gemäß der Verordnung (EU) Nr. 1093/2010, der Verordnung (EU) Nr. 1094/2010 und der Verordnung (EU) Nr. 1095/2010“ mit. *(BGBl I 2013/184)*

(3) Die FMA hat als die für die zusätzliche Beaufsichtigung zuständige Behörde dem Mutterunternehmen an der Spitze einer Gruppe oder - in Ermangelung eines solchen - das beaufsichtigte Unternehmen mit der höchsten Bilanzsumme in der in der Gruppe mit dem höheren Anteil vertretenen Finanzbranche mitzuteilen, dass die Gruppe als Finanzkonglomerat eingestuft wurde. Die FMA hat als die für die zusätzliche Beaufsichtigung zuständige Behörde die zuständigen Behörden, die beaufsichtigte Unternehmen der Gruppe zugelassen haben, und die zuständigen Behörden des Vertragsstaates, in dem die gemischte Finanzholdinggesellschaft ihren Sitz hat, sowie den Gemeinsamen Ausschuss der Europäischen Aufsichtsbehörden zu informieren. *(BGBl I 2013/184)*

2. HAUPTSTÜCK
ZUSÄTZLICHE BEAUFSICHTIGUNG

ABSCHNITT 1
ANWENDUNGSBEREICH

§ 5. (1) Folgende Unternehmen unterliegen einer zusätzlichen Beaufsichtigung durch die FMA nach den Bestimmungen dieses Bundesgesetzes:

1. „beaufsichtigte Unternehmen mit Sitz im Inland“ an der Spitze eines Finanzkonglomerats, *(BGBl I 2013/184)*

2. „beaufsichtigte Unternehmen mit Sitz im Inland“, deren Mutterunternehmen eine gemischte Finanzholdinggesellschaft mit Sitz in den Vertragsstaaten ist, bei Vorliegen einer der folgenden Voraussetzungen:

a) Mindestens zwei beaufsichtigte Unternehmen mit Sitz in den Vertragsstaaten haben als Mutterunternehmen ein und dieselbe gemischte Finanzholdinggesellschaft mit Sitz in Österreich und eines dieser Unternehmen wird von der FMA nach den einschlägigen Branchenvorschriften beaufsichtigt.

b) An der Spitze des Finanzkonglomerats stehen mindestens zwei gemischte Finanzholdinggesellschaften, die ihren Sitz in verschiedenen Vertragsstaaten haben, in jedem dieser Vertragsstaaten befindet sich ein beaufsichtigtes Unternehmen, wobei diese Unternehmen in ein und derselben Finanzbranche tätig sind, und das inländische beaufsichtigte Unternehmen weist die höchste Bilanzsumme auf.

c) An der Spitze des Finanzkonglomerats stehen mindestens zwei gemischte Finanzholdinggesellschaften, die einen Sitz in verschiedenen Vertragsstaaten haben, in jedem dieser Vertragsstaaten befindet sich ein beaufsichtigtes Unternehmen, wobei diese Unternehmen in verschiedenen Finanzbranchen tätig sind, und das „beaufsichtigte

Unternehmen mit Sitz im Inland" gehört der in der Gruppe mit dem höheren Anteil vertretenen Finanzbranche an. *(BGBl I 2013/184)*

d) Mindestens zwei beaufsichtigte Unternehmen mit Sitz in den Vertragsstaaten haben als Mutterunternehmen ein und dieselbe gemischte Finanzholdinggesellschaft, keines dieser Unternehmen wurde im Vertragsstaat des Sitzes der gemischten Finanzholdinggesellschaft zugelassen und das „beaufsichtigte Unternehmen mit Sitz im Inland" weist die höchste Bilanzsumme in der in der Gruppe mit dem höheren Anteil vertretenen Finanzbranche auf. *(BGBl I 2013/184)*
(BGBl I 2013/184)

3. „beaufsichtigte Unternehmen mit Sitz im Inland", die mit einem anderen Unternehmen der Finanzbranche durch eine Beziehung im Sinne des „Art. 22 Abs. 7 der Richtlinie 2013/34/EU" verbunden sind, wenn sie die höchste Bilanzsumme in der in der Gruppe mit dem höheren Anteil vertretenen Finanzbranche aufweisen, *(BGBl I 2013/184; BGBl I 2015/68)*

4. „beaufsichtigte Unternehmen mit Sitz im Inland", deren Mutterunternehmen ein beaufsichtigtes Unternehmen oder eine gemischte Finanzholdinggesellschaft mit Sitz außerhalb der Vertragsstaaten ist, vorbehaltlich des Abs. 5 und bei Vorliegen einer der folgenden Voraussetzungen:

a) Sämtliche beaufsichtigte Unternehmen innerhalb der Vertragsstaaten haben ihren Sitz im Inland.

b) Die beaufsichtigten Unternehmen haben ihren Sitz in verschiedenen Vertragsstaaten und sind in ein und derselben Finanzbranche tätig, wobei das „beaufsichtigte Unternehmen mit Sitz im Inland" die höchste Bilanzsumme aufweist. *(BGBl I 2013/184)*

c) Die beaufsichtigten Unternehmen haben ihren Sitz in verschiedenen Vertragsstaaten und sind in verschiedenen Finanzbranchen tätig, wobei das „beaufsichtigte Unternehmen mit Sitz im Inland" der in der Gruppe mit dem höheren Anteil vertretenen Finanzbranche angehört. *(BGBl I 2013/184)*
(BGBl I 2013/184)

5. „beaufsichtigte Unternehmen mit Sitz im Inland" in anderen als den in Z 1 bis 4 angeführten Fällen, wenn sie die höchste Bilanzsumme in der in der Gruppe mit dem höheren Anteil vertretenen Finanzbranche aufweisen, *(BGBl I 2013/184)*

(2) Ergibt sich aus der Anwendung des Abs. 1, dass mehrere Unternehmen der zusätzlichen Beaufsichtigung unterliegen würden, so entscheidet die FMA nach Anhörung dieser Unternehmen und der zuständigen Behörden anderer Vertragsstaaten unter Zugrundelegung der Zielsetzungen dieses Bundesgesetzes, welches Unternehmen der zusätzlichen Beaufsichtigung unterliegt.

(3) Ist ein Finanzkonglomerat nach Abs. 1 Untergruppe eines anderen Finanzkonglomerats, an dessen Spitze ein beaufsichtigtes Unternehmen mit Sitz in einem anderen Vertragsstaat steht, sind die Bestimmungen dieses Bundesgesetzes nicht anzuwenden. Ist ein Finanzkonglomerat nach Abs. 1 Untergruppe eines anderen Finanzkonglomerats nach Abs. 1, sind die Bestimmungen dieses Bundesgesetzes nur auf letzteres anzuwenden.

(4) Bestehen Beteiligungen an einem oder mehreren beaufsichtigten Unternehmen oder Kapitalbeziehungen zu solchen Unternehmen oder wird auch ohne eine Beteiligung oder Kapitalbeziehung ein erheblicher Einfluss auf solche Unternehmen ausgeübt, ohne dass einer der in den Abs. 1 und 3 genannten Fälle vorliegt, so entscheidet, wenn das „beaufsichtigte Unternehmen mit Sitz im Inland" die höchste Bilanzsumme in der in der Gruppe mit dem höheren Anteil vertretenen Finanzbranche aufweist, die FMA mit Zustimmung der jeweils zuständigen Behörden, ob und in welchem Umfang eine zusätzliche Beaufsichtigung nach diesem Bundesgesetz vorzusehen ist, als ob die beaufsichtigten Unternehmen ein Finanzkonglomerat bilden würden. Für diese Entscheidung sind die der zusätzlichen Beaufsichtigung zugrundeliegenden Ziele maßgeblich. Damit die zusätzliche Beaufsichtigung Anwendung finden kann, muss mindestens eines der Unternehmen ein beaufsichtigtes Unternehmen sein und müssen die in „§ 2 Z 14 lit. a sublit. bb oder lit. b sublit. bb und lit. a sublit. cc oder lit. b sublit. cc" genannten Voraussetzungen erfüllt sein. Abs. 2 ist sinngemäß anzuwenden. *(BGBl I 2013/184)*

(5) Wenn dies unter Berücksichtigung der Struktur des Finanzkonglomerats und des relativen Gewichts seiner Tätigkeiten in verschiedenen Staaten geboten erscheint, kann der Bundesminister für Finanzen, sofern er gemäß Art. 66 Abs. 2 B-VG dazu ermächtigt ist, durch Vereinbarung abweichend von den Vorschriften der Richtlinie 2002/87/EG mit anderen Vertragsstaaten regeln, welche Behörde die zusätzliche Beaufsichtigung auszuüben hat. Vor Abschluss einer solchen Vereinbarung ist das Einvernehmen zwischen den betroffenen Behörden der anderen Vertragsstaaten und der FMA herzustellen und gegebenenfalls dem Unternehmen, das ohne den Abschluss dieser Vereinbarung der zusätzlichen Beaufsichtigung durch die FMA unterliegen würde, die Möglichkeit zur Äußerung einzuräumen. Die FMA hat die inländischen beaufsichtigten Unternehmen des Finanzkonglomerates über das Zustandekommen und den Wegfall einer derartigen Vereinbarung schriftlich zu informieren. Ist eine ausländische Behörde für die zusätzliche Beaufsichtigung zuständig, so hat das Unternehmen, das ohne Abschluss der Vereinbarung der zusätzlichen Beaufsichtigung durch die FMA unterliegen würde, während des Bestehens der Vereinbarung

die Pflichten gemäß diesem Bundesgesetz gegenüber dieser Behörde zu erfüllen.

(6) Abs. 1 Z 4 findet keine Anwendung, wenn die beaufsichtigten Unternehmen, deren Mutterunternehmen seinen Sitz außerhalb der Gemeinschaft hat, von der zuständigen Drittlandsbehörde in einem Maß zusätzlich beaufsichtigt werden, das der zusätzlichen Aufsicht nach diesem Bundesgesetz gleichwertig ist. Die FMA nimmt eine diesbezügliche Überprüfung auf Wunsch des Mutterunternehmens oder eines in einem Vertragsstaat zugelassenen beaufsichtigten Unternehmens oder von sich aus vor. „Sie hat die anderen zuständigen Behörden zu konsultieren. Ist die FMA nicht mit der von einer anderen relevanten zuständigen Behörde aufgrund des Artikels 18 Abs. 1 der Richtlinie 2002/87/EG getroffenen Entscheidung einverstanden, so findet Artikel 19 der Verordnung (EU) Nr. 1093/2010 (ABl. L 331 vom 15.12.2010, S. 12), der Verordnung (EU) Nr. 1094/2010 (ABl. L 331 vom 15.12.2010, S. 48) oder der Verordnung (EU) Nr. 1095/2010 (ABl. L 331 vom 15.12.2010, S. 84) Anwendung.“ *(BGBl I 2011/145)*

(7) Die FMA hat auf Anfrage einer anderen zuständigen Behörde entsprechend Abs. 4 ihre Zustimmung zu erteilen, wenn sie der Ansicht ist, dass die in Abs. 4 genannten Voraussetzungen erfüllt sind.

(8) Die nach diesem Bundesgesetz und nach dem 3. Abschnitt des 2. Kapitels der Richtlinie 2002/87/EG erforderliche Zusammenarbeit, die Wahrnehmung der in Art. 11 Abs. 1 bis 3 und in Art. 12 der Richtlinie 2002/87/EG genannten Aufgaben sowie gegebenenfalls die Abstimmung und Zusammenarbeit mit den jeweils zuständigen Aufsichtsbehörden von Drittländern hat in geeigneter Form und unter Einhaltung der Geheimhaltungspflichten und des Unionsrechts durch Kollegien zu erfolgen, die gemäß Art. 116 der Richtlinie 2013/36/EU oder Art. 248 Abs. 2 der Richtlinie 2009/138/EG eingesetzt wurden. Die Koordinierungsvereinbarungen nach Art. 11 Abs. 1 UAbs. 2 der Richtlinie 2002/87/EG sind gesondert in die gemäß Art. 115 der Richtlinie 2013/36/EU oder Art. 248 der Richtlinie 2009/138/EG geschlossenen schriftlichen Koordinierungsvereinbarungen aufzunehmen. Als Vorsitzender eines gemäß Art. 116 der Richtlinie 2013/36/EU oder Art. 248 Abs. 2 der Richtlinie 2009/138/EG eingesetzten Kollegiums hat die FMA darüber zu entscheiden, welche anderen zuständigen Behörden an einer Sitzung oder Tätigkeit des betreffenden Kollegiums teilnehmen. *(BGBl I 2013/184)*

ABSCHNITT 2
FINANZLAGE

Angemessene Eigenmittelausstattung

§ 6. (1) Unbeschadet der Branchenvorschriften unterliegt die angemessene Eigenmittelausstattung der beaufsichtigten Unternehmen eines Finanzkonglomerats nach Maßgabe der Abs. 2 bis 6 und der §§ 7 und 8 einer zusätzlichen Beaufsichtigung.

(2) Die zusätzliche Eigenmittelanforderung an die beaufsichtigten Unternehmen eines Finanzkonglomerats kann nach folgenden Methoden erfolgen:

1. Berechnung auf Grundlage des konsolidierten Abschlusses,

2. Abzugs- und Aggregationsmethode „.“ *(BGBl I 2013/184)*

3. *(aufgehoben, BGBl I 2013/184)*

Die FMA kann eine Kombination dieser Methoden zulassen.

(3) Die FMA hat nach Konsultation der anderen relevanten zuständigen Behörden sowie nach Anhörung des zusätzlich beaufsichtigten Unternehmens zu entscheiden, welche Methode das Finanzkonglomerat anzuwenden hat. Dabei hat sie auf die Zielsetzung der §§ 9 und 10 dieses Bundesgesetzes sowie auf den Schutzzweck der Branchenvorschriften Bedacht zu nehmen. Steht an der Spitze des Finanzkonglomerats kein beaufsichtigtes Unternehmen, ist die Anwendung jeder der in Abs. 2 genannten Methoden zulässig.

(4) Das zusätzlich beaufsichtigte Unternehmen hat sicherzustellen, dass auf Finanzkonglomeratsebene jederzeit Eigenmittel mindestens in der nach den §§ 7 und 8 ermittelten Höhe vorhanden sind. Die FMA hat die Einhaltung dieser Bestimmung zu überwachen. Unbeschadet dessen hat das zusätzlich beaufsichtigte Unternehmen die Berechnung der auf Finanzkonglomeratsebene erforderlichen Höhe der Eigenmittelausstattung einmal jährlich zum Bilanzstichtag vorzunehmen und der FMA mit dem Jahresabschluss die Ergebnisse der Berechnungen und die für die Berechnung maßgeblichen Angaben vorzulegen. Auf Antrag kann die FMA in begründeten Fällen eine spätere Vorlage gestatten.

(5) In die Berechnung der auf Finanzkonglomeratsebene erforderlichen Eigenmittelausstattung sind sämtliche Finanzunternehmen und gemischten Finanzholdinggesellschaften des Finanzkonglomerats einzubeziehen. Handelt es sich bei dem Unternehmen um ein Tochterunternehmen, das eine Eigenmittelunterdeckung aufweist, oder um ein unbeaufsichtigtes Unternehmen der Finanzbranche, das eine fiktive Eigenmittelunterdeckung aufweist, so ist unabhängig von der gewählten Methode diese Solvabilitätslücke des Tochterunternehmens bei der Berechnung in voller Höhe

zu berücksichtigen. Beschränkt sich die Haftung des einen Kapitalanteil haltenden Mutterunternehmens nach Auffassung der FMA in diesem Fall ausschließlich und unmissverständlich auf diesen Kapitalanteil, so kann sie zulassen, dass die unzureichende Solvabilität des Tochterunternehmens anteilig berücksichtigt wird. Wenn zwischen Unternehmen eines Finanzkonglomerats keine Kapitalbeziehungen bestehen, legt die FMA nach Konsultation der anderen relevanten zuständigen Behörden den zu berücksichtigenden Anteil anhand der Haftung fest, die sich aus den bestehenden Beziehungen ergibt.

(6) Die FMA kann entscheiden, ein bestimmtes Unternehmen nicht in die Berechnung der zusätzlichen Eigenmittelanforderung einzubeziehen, wenn

1. das Unternehmen sich in einem Drittland befindet, in dem rechtliche Hindernisse der Übermittlung der notwendigen Informationen entgegenstehen; davon unberührt bleiben „§ 8 Abs. 2 Z 9 des Versicherungsaufsichtsgesetzes 2016, BGBl. I Nr. 34/2015," und § 5 Abs. 1 Z 4 BWG; in diesem Fall ist jedoch der Beteiligungsbuchwert in Abzug zu bringen; *(BGBl I 2015/34)*

2. das Unternehmen für die Ziele der zusätzlichen Beaufsichtigung nur von untergeordneter Bedeutung ist; mehrere Unternehmen können aus diesem Grund nicht ausgeschlossen werden, wenn sie insgesamt betrachtet nicht nur von untergeordneter Bedeutung sind;

3. die Einbeziehung des Unternehmens für die Ziele der zusätzlichen Beaufsichtigung ungeeignet oder irreführend wäre; in diesem Fall hat die FMA – außer im Dringlichkeitsfall – vor ihrer Entscheidung die anderen relevanten zuständigen Behörden zu hören.

Wenn die FMA ein Unternehmen aus einem der in Z 2 und 3 genannten Gründe nicht einbezieht, so hat das zusätzlich beaufsichtigte Unternehmen den zuständigen Behörden auf Anfrage alle Informationen zu erteilen, die ihnen die Beaufsichtigung dieses Unternehmens erleichtern.

§ 7. (1) Die Mehrfachberücksichtigung von Bestandteilen, die auf Ebene des Finanzkonglomerats als Eigenmittel ausgewiesen werden können (Mehrfachbelegung von Eigenmitteln), und jede unangemessene gruppeninterne Eigenmittelschöpfung sind auszuschließen. Um den Ausschluss der Mehrfachbelegung von Eigenmitteln und gruppeninterner Eigenmittelschöpfung zu gewährleisten, sind die einschlägigen Grundsätze der betreffenden Branchenvorschriften entsprechend anzuwenden.

(2) Zur Erfüllung der Solvabilitätsanforderungen an die in einem Finanzkonglomerat vertretenen Finanzbranchen sind die Eigenmittelbestandteile gemäß den entsprechenden Branchenvorschriften heranzuziehen. Ist die Eigenmittelausstattung auf Ebene des Finanzkonglomerats unzureichend, so dürfen für die Erfüllung der zusätzlichen Solvabilitätsanforderungen nur Bestandteile, die nach allen Branchenvorschriften als Eigenmittel zulässig sind („branchenübergreifende Eigenmittel"), berücksichtigt werden.

(3) Sind bestimmte Eigenmittelbestandteile, die als branchenübergreifende Eigenmittel berücksichtigt werden könnten, den Branchenvorschriften zufolge nur beschränkt als Eigenmittel zulässig, gelten diese Beschränkungen bei der Berechnung der Eigenmittel auf Finanzkonglomeratsebene entsprechend.

(4) Bei der Berechnung der Eigenmittel auf Finanzkonglomeratsebene ist darüber hinaus zu berücksichtigen, ob die Eigenmittel den Zielen der Eigenmittelvorschriften entsprechend ohne weiteres von einer juristischen Person der Gruppe an die andere übertragbar und in allen Teilen der Gruppe verfügbar sind.

§ 8. (1) Für die Berechnung der zusätzlichen Eigenmittelanforderung gemäß § 6 Abs. 2 Z 1 gilt Folgendes:

1. Die Eigenmittel und die Eigenmittelanforderungen an die einbezogenen Unternehmen des Finanzkonglomerats sind nach den entsprechenden Branchenvorschriften zu errechnen.

2. Die zusätzliche Eigenmittelanforderung an die beaufsichtigten Unternehmen eines Finanzkonglomerats wird nach der Methodik des konsolidierten Abschlusses berechnet.

3. Die zusätzliche Eigenmittelanforderung ist die Differenz zwischen

a) den aufgrund der Methodik des konsolidierten Abschlusses errechneten Eigenmitteln des Finanzkonglomerats, wobei die gemäß den einschlägigen Branchenvorschriften zulässigen Bestandteile herangezogen werden können, und

b) der Summe der Solvenzanforderungen an die jeweiligen in der Gruppe vertretenen Finanzbranchen; diese Solvenzanforderungen werden nach den jeweiligen Branchenvorschriften errechnet.

4. Für unbeaufsichtigte Unternehmen der Finanzbranche, die nicht in die oben erwähnten Berechnungen der branchenbezogenen Solvabilitätsanforderungen einbezogen werden, wird eine fiktive Solvabilitätsanforderung ermittelt.

5. Die Differenz darf nicht negativ sein.

Die nicht konsolidierten Unternehmen des Finanzkonglomerates sind auf Grund einer anderen Methode zu berücksichtigen.

(2) Für die Berechnung der zusätzlichen Eigenmittelanforderung gemäß § 6 Abs. 2 Z 2 gilt folgendes:

1. Bei der Berechnung ist der Anteil des Mutterunternehmens oder des Unternehmens, das eine

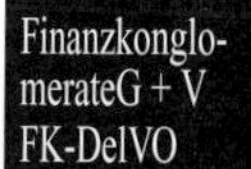

Beteiligung an einem anderen einbezogenen Unternehmen der Gruppe hält, zu berücksichtigen. Unter Anteil ist der Anteil am gezeichneten Kapital, der direkt oder indirekt von diesem Unternehmen gehalten wird, zu verstehen.

2. Die zusätzliche Eigenmittelanforderung an die beaufsichtigten Unternehmen eines Finanzkonglomerats wird auf der Grundlage der Einzelabschlüsse aller Unternehmen der Gruppe berechnet.

3. Die zusätzliche Eigenmittelanforderung ist die Differenz zwischen

a) der Summe der Eigenmittel jedes beaufsichtigten und unbeaufsichtigten der Finanzbranche angehörenden Unternehmens des Finanzkonglomerats, wobei die gemäß den einschlägigen Branchenvorschriften zulässigen Bestandteile herangezogen werden können, und

b) der Summe aus den Solvenzanforderungen an jedes beaufsichtigte und unbeaufsichtigte der Finanzbranche angehörende Unternehmen der Gruppe, die gemäß den einschlägigen branchenspezifischen Vorschriften errechnet werden, und dem Buchwert der Beteiligungen an anderen Unternehmen der Gruppe.

4. Für unbeaufsichtigte der Finanzbranche angehörende Unternehmen wird eine fiktive Solvabilitätsanforderung ermittelt. Eigenmittel- und Solvabilitätsanforderungen werden anteilmäßig gemäß Z 1 und § 6 Abs. 5 berücksichtigt.

5. Die Differenz darf nicht negativ sein.

„(3)“ Wird für ein unbeaufsichtigtes Unternehmen der Finanzbranche „gemäß Abs. 1 Z 4 oder Abs. 2 Z 4“ eine fiktive Solvabilitätsanforderung errechnet, so entspricht diese der Eigenmittelanforderung, die ein solches Unternehmen den einschlägigen Branchenvorschriften zufolge erfüllen müsste, wenn es ein beaufsichtigtes Unternehmen dieser Finanzbranche wäre; die fiktive Solvabilitätsanforderung an eine gemischte Finanzholdinggesellschaft wird gemäß den branchenspezifischen Vorschriften für die im Finanzkonglomerat mit dem höheren Anteil vertretene Finanzbranche errechnet. *(BGBl I 2013/184)*

Risikokonzentration

§ 9. (1) Unbeschadet der Branchenvorschriften unterliegt die Risikokonzentration der beaufsichtigten Unternehmen eines Finanzkonglomerats nach Maßgabe der Abs. 2 bis 6 einer zusätzlichen Beaufsichtigung.

(2) Das zusätzlich beaufsichtigte Unternehmen hat der FMA jede bedeutende Risikokonzentration auf Finanzkonglomeratsebene regelmäßig, mindestens aber am Ende jedes Kalendervierteljahres zu melden und die erforderlichen Angaben vorzulegen.

(3) Die FMA hat nach Konsultation der anderen relevanten zuständigen Behörden für jedes Finanzkonglomerat mit Bescheid anzuordnen, welche Arten von Risiken nach Abs. 2 zu melden sind. Hiebei hat die FMA die Gruppenstruktur und das Risikomanagement des betreffenden Finanzkonglomerats zu berücksichtigen. Nach Konsultation der anderen relevanten zuständigen Behörden hat die FMA für jedes Finanzkonglomerat auf der Basis der „anrechenbaren Eigenmittel auf Finanzkonglomeratsebene“ mit Bescheid angemessene Schwellenwerte festzusetzen, anhand derer die Risikokonzentrationen als bedeutend identifiziert und gemeldet werden müssen. *(BGBl I 2009/22)*

(4) Bei der Beaufsichtigung der Risikokonzentrationen hat die FMA insbesondere das mögliche Risiko eines Übergreifens auf andere Teile des Finanzkonglomerats, das Risiko eines Interessenkonflikts, das Risiko eines Umgehens der Branchenvorschriften und die Höhe oder den Umfang der Risiken zu überwachen.

(5) Die FMA kann durch Verordnung Risikokonzentrationen auf Konglomeratsebene quantitativ begrenzen; in dieser Verordnung ist darauf Bedacht zu nehmen, dass durch Risikokonzentrationen der Schutzzweck der Branchenvorschriften nicht vereitelt werden darf.

(6) Steht an der Spitze eines Finanzkonglomerats eine gemischte Finanzholdinggesellschaft, so gelten für diese in Bezug auf Risikokonzentrationen die branchenspezifischen Vorschriften der im Finanzkonglomerat mit dem höheren Anteil vertretenen Finanzbranche.

Gruppeninterne Transaktionen

§ 10. (1) Unbeschadet der Branchenvorschriften unterliegen gruppeninterne Transaktionen der beaufsichtigten Unternehmen eines Finanzkonglomerats nach Maßgabe der Abs. 2 bis 6 einer zusätzlichen Beaufsichtigung.

(2) Das zusätzlich beaufsichtigte Unternehmen hat der FMA alle bedeutenden gruppeninternen Transaktionen der beaufsichtigten Unternehmen innerhalb eines Finanzkonglomerats regelmäßig, mindestens aber am Ende jedes Kalendervierteljahrs zu melden und die erforderlichen Angaben vorzulegen.

(3) Die FMA hat nach Konsultation der anderen relevanten zuständigen Behörden für jedes Finanzkonglomerat mit Bescheid anzuordnen, welche Arten von Transaktionen nach Abs. 2 zu melden sind. Hiebei hat die FMA die Gruppenstruktur und das Risikomanagement des betreffenden Finanzkonglomerats zu berücksichtigen. Nach Konsultation der anderen relevanten zuständigen Behörden hat die FMA für jedes Finanzkonglomerat auf der Basis der „anrechenbaren Eigenmittel auf Finanzkonglomeratsebene“ mit Bescheid angemessene Schwellenwerte festzulegen, anhand derer die gruppeninternen Transaktionen als be-

deutend identifiziert und gemeldet werden müssen. *(BGBl I 2009/22)*

(4) Bei der Beaufsichtigung der gruppeninternen Transaktionen hat die FMA insbesondere das mögliche Risiko eines Übergreifens auf andere Teile des Finanzkonglomerats, das Risiko eines Interessenkonflikts, das Risiko eines Umgehens der Branchenvorschriften und die Höhe oder den Umfang der Risiken zu überwachen.

(5) Die FMA kann durch Verordnung gruppeninterne Transaktionen der beaufsichtigten Unternehmen innerhalb eines Finanzkonglomerats auf Konglomeratsebene dem Umfang nach begrenzen und Auflagen hinsichtlich ihrer Art vorsehen; in dieser Verordnung ist darauf Bedacht zu nehmen, dass durch die gruppeninternen Transaktionen der Schutzzweck der Branchenvorschriften nicht vereitelt werden darf.

(6) Steht an der Spitze eines Finanzkonglomerats eine gemischte Finanzholdinggesellschaft, so gelten für diese in Bezug auf gruppeninterne Transaktionen die branchenspezifischen Vorschriften der im Finanzkonglomerat mit dem höheren Anteil vertretenen Finanzbranche.

Interne Kontrollmechanismen und Risikomanagement

§ 11. (1) In den beaufsichtigten Unternehmen müssen auf Finanzkonglomeratsebene ein angemessenes Risikomanagement und angemessene interne Kontrollmechanismen sowie eine ordnungsgemäße Verwaltung und ein ordnungsgemäßes Rechnungswesen vorhanden sein.

(2) Angemessenes Risikomanagement umfasst

1. fachmännisches Führen und Management mit Genehmigung und regelmäßiger Überprüfung der Strategien und Maßnahmen durch die jeweilige Geschäftsleitung auf Finanzkonglomeratsebene hinsichtlich aller eingegangenen Risiken;

2. eine angemessene Politik der Eigenmittelausstattung, welche die Auswirkungen der Geschäftsstrategie auf das Risikoprofil und auf die gemäß §§ 6 bis 8 ermittelten Eigenmittelanforderungen im Vorhinein berücksichtigt;

3. geeignete Verfahren, die sicherstellen, dass die Systeme zur Risikoüberwachung angemessen in die Geschäftsorganisation integriert sind und durch entsprechende Maßnahmen gewährleistet ist, dass die in den beaufsichtigten Unternehmen des Finanzkonglomerates angewandten Systeme miteinander vereinbar sind, damit alle Risiken auf Finanzkonglomeratsebene quantifiziert, überwacht und kontrolliert werden können.

4. Vorkehrungen, damit im Bedarfsfall zu geeigneten Sanierungs- und Abwicklungsverfahren und - plänen Beiträge geleistet und solche Verfahren und Pläne entwickelt werden. Diese Vorkehrungen sind regelmäßig zu überprüfen und anzupassen. *(BGBl I 2011/145)*

(3) Die internen Kontrollmechanismen umfassen

1. geeignete Mechanismen in Bezug auf die Eigenmittelausstattung zur Ermittlung und Quantifizierung aller wesentlichen Risikoposten und auf die angemessene Unterlegung dieser Risiken mit Eigenmitteln;

2. ein ordnungsgemäßes Berichtswesen und ein ordnungsgemäßes Rechnungswesen zur Ermittlung, Quantifizierung, Überwachung und Kontrolle gruppeninterner Transaktionen und der Risikokonzentration.

(4) In den zusätzlich beaufsichtigten Unternehmen müssen angemessene interne Kontrollverfahren für die Vorlage von Informationen und Auskünften bestehen, die für die Durchführung der zusätzlichen Beaufsichtigung von Belang sind.

(5) Die beaufsichtigten Unternehmen haben auf der Ebene des Finanzkonglomerats alljährlich entweder vollständig oder durch Verweis auf gleichwertige Informationen eine Beschreibung ihrer Rechtsstruktur sowie Governance- und Organisationsstruktur zu veröffentlichen. *(BGBl I 2013/184)*

Stresstests

§ 11a. Die FMA hat als die für die zusätzliche Beaufsichtigung zuständige Behörde angemessene und regelmäßige Stresstests bei Finanzkonglomeraten durchzuführen. Die FMA hat als die für die zusätzliche Beaufsichtigung zuständige Behörde die Ergebnisse unionsweiter Stresstests gemäß Art. 9b Abs. 2 der Richtlinie 2002/87/EG dem Gemeinsamen Ausschuss der Europäischen Aufsichtsbehörden mitzuteilen.

(BGBl I 2013/184)

ABSCHNITT 3
MASSNAHMEN ZUR ERLEICHTERUNG DER ZUSÄTZLICHEN BEAUFSICHTIGUNG

Zusammenarbeit und Informationsaustausch zwischen den zuständigen Behörden

§ 12. (1) Hat die FMA Grund zur Annahme, dass eine Information für die zuständigen Behörden eines anderen Vertragsstaates wesentlich ist, um die zusätzliche Beaufsichtigung gemäß der Richtlinie 2002/87/EG durchzuführen, so hat sie diese Information der zuständigen Behörde mitzuteilen.

(2) Die FMA ist darüber hinaus verpflichtet, über die von ihr beaufsichtigten Unternehmen den für die zusätzliche Beaufsichtigung gemäß der Richtlinie 2002/87/EG zuständigen Behörden

der anderen Vertragsstaaten auf deren Verlangen diejenigen Auskünfte zu erteilen und diejenigen Unterlagen zu übermitteln, die dieser zur Erfüllung ihrer Aufgaben zweckdienlich erscheinen.

(3) Gegenstand der Information gemäß Abs. 1 und 2 sind insbesondere:

1. Offenlegung der Rechtsstruktur sowie der Governance- und Organisationsstruktur der Gruppe, einschließlich aller dem Finanzkonglomerat zugehörender beaufsichtigter Unternehmen, nicht beaufsichtigter Tochtergesellschaften und bedeutender Zweigniederlassungen, der Inhaber qualifizierter Beteiligungen auf der Ebene des an der Spitze stehenden Mutterunternehmens sowie der für die beaufsichtigten Unternehmen in der Gruppe zuständigen Behörden; *(BGBl I 2013/184)*

2. Strategien des Finanzkonglomerats;

3. Finanzlage des Finanzkonglomerats, insbesondere Eigenmittelausstattung, gruppeninterne Transaktionen, Risikokonzentration und Rentabilität;

4. größere Aktionäre und Geschäftsleitung der Unternehmen im Finanzkonglomerat;

5. Organisation, Risikomanagement und interne Kontrollsysteme auf Finanzkonglomeratsebene;

6. Verfahren zur Beschaffung von Informationen von den Unternehmen eines Finanzkonglomerats und deren Überprüfung;

7. ungünstige Entwicklungen in beaufsichtigten oder anderen Unternehmen des Finanzkonglomerats, die erstere ernsthaft in Mitleidenschaft ziehen könnten;

8. die wichtigsten Sanktionen und sonstigen Maßnahmen, die die FMA gemäß den Branchenvorschriften oder gemäß diesem Bundesgesetz getroffen hat;

9. Änderungen in der Geschäftsleitung, im Aufsichtsorgan oder in den Eigentumsverhältnissen, soweit sie nach den Branchenvorschriften angezeigt wurden.

(4) Darüber hinaus kann die FMA auch mit „Zentralbanken, dem Europäischen System der Zentralbanken, der Europäischen Zentralbank, der Europäischen Aufsichtsbehörde für das Versicherungswesen und die betriebliche Altersversorgung, der Europäischen Bankenaufsichtsbehörde, der Europäischen Wertpapier- und Marktaufsichtsbehörde, dem Gemeinsamen Ausschuss der Europäischen Aufsichtsbehörden und dem Europäischen Ausschuss für Systemrisiken" Informationen über beaufsichtigte Unternehmen eines Finanzkonglomerats austauschen, wenn diese die Angaben für die Wahrnehmung ihrer eigenen Aufgaben benötigen. *(BGBl I 2011/145)*

(5) Unbeschadet ihrer Aufgaben gemäß den Branchenvorschriften hat die FMA von den zuständigen Behörden anderer Vertragsstaaten vorab eine Stellungnahme einzuholen, bevor sie schwerwiegende Sanktionen verhängt oder andere Maßnahmen trifft, wenn diese für deren Aufsichtstätigkeit von Bedeutung sind. Die FMA kann davon Abstand nehmen, wenn Eile geboten ist oder die Einholung der Stellungnahme die Wirksamkeit der Sanktion oder Maßnahme beeinträchtigen könnte. In diesem Fall hat die FMA die zuständigen Behörden anderer Vertragsstaaten unverzüglich in Kenntnis zu setzen.

(6) Der Bundesminister für Finanzen kann, sofern er gemäß Art. 66 Abs. 2 B-VG dazu ermächtigt ist, mit anderen Vertragsstaaten Kooperationsvereinbarungen schließen, wenn dadurch die zusätzliche Beaufsichtigung erleichtert wird. In einer solchen Vereinbarung können dem Koordinator zusätzliche Aufgaben übertragen und die Verfahren der Beschlussfassung der jeweils zuständigen Behörden gemäß den Art. 3 und 4, Art. 5 Abs. 4, Art. 6, Art. 12 Abs. 2 und den Art. 16 und 18 der Richtlinie 2002/87/EG sowie der Zusammenarbeit mit anderen zuständigen Behörden festgelegt werden. Dabei ist zu vereinbaren, dass Informationen aus einem anderen Vertragsstaat nur mit ausdrücklicher Zustimmung der zuständigen Behörden, die diese Information mitgeteilt haben, und gegebenenfalls nur für Zwecke weitergegeben werden dürfen, denen diese Behörden zugestimmt haben.

(7) Benötigt die FMA Informationen, die im Einklang mit den Branchenvorschriften bereits einer anderen zuständigen Behörde eines anderen Vertragsstaates erteilt wurden, so hat sie sich – soweit möglich – an diese Behörde zu wenden, um die mehrfache Anforderung von Auskünften durch die an der Beaufsichtigung beteiligten Behörden zu vermeiden.

(8) Die FMA hat für die Zwecke der zusätzlichen Beaufsichtigung mit dem Gemeinsamen Ausschuss der Europäischen Aufsichtsbehörden zusammenzuarbeiten und dem Gemeinsamen Ausschuss der Europäischen Aufsichtsbehörden gemäß dem in Art. 35 der Verordnung (EU) Nr. 1093/2010, der Verordnung (EU) Nr. 1094/2010 und der Verordnung (EU) Nr. 1095/2010 vorgesehenen Verfahren alle für die Ausführung ihrer Aufgaben erforderlichen Informationen zur Verfügung zu stellen. Die FMA hat als die für die zusätzliche Beaufsichtigung zuständige Behörde dem Gemeinsamen Ausschuss der Europäischen Aufsichtsbehörden die in § 11 Abs. 4 und § 12 Abs. 3 Z 1 genannten Informationen mitzuteilen. *(BGBl I 2013/184)*

Aufsicht durch die Europäische Zentralbank – einheitlicher Aufsichtsmechanismus

§ 12a. Die FMA hat die ihr mit diesem Bundesgesetz übertragenen Aufgaben, Befugnisse und Pflichten nur soweit wahrzunehmen, als deren Ausübung aufgrund der Bestimmungen der Verordnung (EU) Nr. 1024/2013 zur Übertragung besonderer Aufgaben im Zusammenhang mit der

Aufsicht über Kreditinstitute auf die Europäische Zentralbank, ABl. Nr. L 287 vom 29.10.2013 S. 63, nicht der Europäischen Zentralbank vorbehalten ist.

(BGBl I 2014/59)

Ermächtigung zur Verarbeitung von personenbezogenen Daten

§ 12b. Die FMA ist zur Verarbeitung von personenbezogenen Daten im Sinne der Verordnung (EU) 2016/679 zum Schutz natürlicher Personen bei der Verarbeitung personenbezogener Daten, zum freien Datenverkehr und zur Aufhebung der Richtlinie 95/46/EG (Datenschutz-Grundverordnung), ABl. Nr. L 119 vom 04.05.2016 S. 1, ermächtigt, soweit dies für die Wahrnehmung ihrer Aufgaben nach diesem Bundesgesetz erforderlich ist.

(BGBl I 2018/37)

Leitung gemischter Finanzholdinggesellschaften

§ 13. (1) Personen, die die Geschäfte einer gemischten Finanzholdinggesellschaft tatsächlich führen, haben folgende Voraussetzungen zu erfüllen:

1. Persönliche Zuverlässigkeit: Diese ist jedenfalls nicht gegeben, wenn ein Ausschließungsgrund im Sinne des § 13 GewO 1994 vorliegt oder über das Vermögen dieser Personen beziehungsweise das Vermögen eines anderen Rechtsträgers als einer natürlichen Person, auf dessen Geschäfte diesen Personen maßgeblicher Einfluss zusteht oder zugestanden ist, der Konkurs eröffnet wurde, es sei denn, im Rahmen des Konkursverfahrens ist es zum Abschluss eines „Sanierungsplanes“ gekommen, der erfüllt wurde. Dies gilt auch, wenn ein damit vergleichbarer Tatbestand im Ausland verwirklicht wurde. *(BGBl I 2010/58)*

2. Fachliche Eignung: Diese setzt ausreichende theoretische und praktische Kenntnisse im Geschäft einer Finanzbranche sowie Leitungserfahrung voraus; sie ist in der Regel anzunehmen, wenn eine zumindest dreijährige leitende Tätigkeit bei einem Finanzunternehmen nachgewiesen wird.

(2) Das zusätzlich beaufsichtigte Unternehmen hat nach Maßgabe der gesellschaftsrechtlichen Möglichkeiten dafür Sorge zu tragen, dass Abs. 1 eingehalten wird. Es hat der FMA zusätzlich zu Name, Rechtsform, Sitz und Sitzstaat der übergeordneten gemischten Finanzholdinggesellschaft alle für die Bewertung der Erfüllung der Voraussetzungen des Abs. 1 erforderlichen Unterlagen zu übermitteln sowie jede Änderung unverzüglich anzuzeigen. Ist das zusätzlich beaufsichtigte Unternehmen der Auffassung, dass die Voraussetzungen des Abs. 1 nicht erfüllt sind und wurden alle gesellschaftsrechtlichen Möglichkeiten zur Verhinderung der Bestellung dieser Geschäftsleiter oder zu ihrer Abberufung fruchtlos ausgeschöpft, so ist dies der FMA unverzüglich zu melden.

(3) Ist die FMA der Auffassung, dass die Voraussetzungen des Abs. 1 nicht erfüllt sind, so hat sie aufgrund einer Meldung nach Abs. 2 oder von Amts wegen bei dem Gerichtshof, der für den Sitz des zusätzlich beaufsichtigten Unternehmens zur Ausübung der Gerichtsbarkeit in Handelssachen erster Instanz zuständig ist, das Ruhen der Stimmrechte für die Anteilsrechte, welche die gemischte Finanzholdinggesellschaft an dem zusätzlich beaufsichtigten Unternehmen hält, zu beantragen. Der Gerichtshof hat das Ruhen dieser Stimmrechte zu verfügen. Das Ruhen der Stimmrechte endet, wenn das Gericht auf Antrag der FMA oder der gemischten Finanzholdinggesellschaft festgestellt hat, dass die Voraussetzungen des Abs. 1 erfüllt wurden. Dies ist der FMA mitzuteilen. Das Gericht entscheidet nach den vorstehenden Bestimmungen im Verfahren außer Streitsachen.

(4) Verfügt ein Gericht das Ruhen der Stimmrechte gemäß Abs. 3, so hat es gleichzeitig einen Treuhänder zu bestellen, der die Voraussetzungen des Abs. 1 erfüllt, und diesem die Ausübung der Stimmrechte zu übertragen. Der Treuhänder hat Anspruch auf Ersatz seiner Auslagen und auf Vergütung für seine Tätigkeit, deren Höhe vom Gericht festzusetzen ist. Die gemischte Finanzholdinggesellschaft und das zusätzlich beaufsichtigte Unternehmen haften dafür zur ungeteilten Hand. Gegen Beschlüsse, womit die Höhe der Vergütung des Treuhänders und der ihm zu ersetzenden Auslagen bestimmt wird, steht den Verpflichteten der Rekurs offen. Gegen die Entscheidung des Oberlandesgerichtes findet ein weiterer Rechtszug nicht statt.

Meldungen und Zugang zu Informationen

§ 14. (1) Die zusätzlich beaufsichtigten Unternehmen haben dafür zu sorgen, dass sie Zugang zu den für die Durchführung der zusätzlichen Beaufsichtigung zweckdienlichen Informationen haben, die die in die zusätzliche Beaufsichtigung einzubeziehenden Unternehmen betreffen. Insbesondere haben sie angemessene interne Verfahren für die Vorlage diesbezüglicher Informationen und Auskünfte einzurichten.

(2) Die zusätzlich beaufsichtigten Unternehmen haben der FMA jederzeit Auskunft über alle Angelegenheiten zu erteilen und Zugang zu allen Informationen zu gewähren, die für die zusätzliche Beaufsichtigung zweckdienlich sind. „Zudem haben sie auf der Ebene des Finanzkonglomerats der FMA Einzelheiten ihrer Rechtsstruktur sowie ihrer Governance- und Organisationsstruktur,

einschließlich aller beaufsichtigter Unternehmen, nicht beaufsichtigter Tochtergesellschaften und bedeutender Zweigniederlassungen, zur Verfügung zu stellen.“ Werden die verlangten Informationen vom zusätzlich beaufsichtigten Unternehmen nicht übermittelt, so kann sich die FMA an ein anderes Unternehmen des Finanzkonglomerates wenden, auch wenn dieses keiner Finanzbranche angehört. Werden die verlangten Informationen von einem angefragten Unternehmen mit Sitz in einem anderen Vertragsstaat nicht übermittelt, so hat die FMA, ungeachtet der Möglichkeit nach dem vorstehenden Satz, die zuständige Behörde des Sitzstaates zu ersuchen, die geeigneten Maßnahmen zur Verbesserung des Zuganges zu diesen Informationen zu setzen. *(BGBl I 2013/184)*

(3) Die zusätzlich beaufsichtigten Unternehmen haben „ “ nach Ablauf jeden Kalendervierteljahres der FMA Quartalsberichte über die angemessene Eigenmittelausstattung der beaufsichtigten Unternehmen eines Finanzkonglomerats nach Maßgabe des § 6 Abs. 2 bis 6 und der §§ 7 und 8 sowie zur Einhaltung der Bestimmungen der §§ 9 und 10 entsprechend der in der Verordnung gemäß Abs. 5 vorgesehenen Gliederung zu übermitteln. *(BGBl I 2006/141; BGBl I 2009/22)*

(4) Die zusätzlich beaufsichtigten Unternehmen haben Berichte nach Abs. 3 auch der Oesterreichischen Nationalbank zu übermitteln. Die Oesterreichische Nationalbank hat zu den Meldungen der FMA gutachtliche Äußerungen zu erstatten. *(BGBl I 2006/141)*

(5) Die FMA hat „die Meldefrist und“ die Gliederung der Quartalsberichte durch Verordnung festzusetzen. Bei Erlassung dieser Verordnung hat sie auf die Finanzmarktstabilität Bedacht zu nehmen. Sie ist ermächtigt, durch Verordnung auf die Übermittlung nach Abs. 3 und 4 zu verzichten. Verordnungen nach diesem Absatz bedürfen der Zustimmung des Bundesministers für Finanzen. *(BGBl I 2006/141; BGBl I 2009/22)*

(6) Die Berichte nach Abs. 3 und 4 sind in standardisierter Form elektronisch zu übermitteln. Die Übermittlung muss bestimmten, von der FMA nach Anhörung der Oesterreichischen Nationalbank bekannt zu gebenden Mindestanforderungen entsprechen. *(BGBl I 2006/141)*

Prüfung vor Ort

§ 15. (1) Die FMA kann bei zusätzlich beaufsichtigten Unternehmen und bei anderen inländischen Unternehmen, die in die zusätzliche Beaufsichtigung einbezogen sind, Informationen gemäß § 12 Abs. 2 jederzeit vor Ort nach den für das beaufsichtigte Unternehmen geltenden Branchenvorschriften prüfen und hiezu Auskünfte anderer Personen einholen. Maßnahmen der FMA nach den Branchenvorschriften gegenüber dem betreffenden Unternehmen bleiben hievon unberührt.

(2) Beabsichtigt die FMA in Anwendung dieses Bundesgesetzes in bestimmten Fällen die Informationen über ein in die zusätzliche Aufsicht einbezogenes Unternehmen mit Sitz in einem anderen Vertragsstaat zu prüfen, so hat sie die zuständige Behörde dieses Vertragsstaates um Durchführung der Prüfung zu ersuchen. Falls diese Behörde die Prüfung nicht selbst durchführt oder durch von ihr ermächtigte Prüfungsorgane (Wirtschaftsprüfer oder Sachverständige) durchführen lässt, so kann die FMA, wenn die Behörde des betroffenen Sitzstaates sie hiezu ermächtigt, die Prüfung selbst durchführen oder die Prüfung von bestellten Prüfungsorganen durchführen lassen.

(3) Beabsichtigt die für die zusätzliche Beaufsichtigung zuständige Behörde eines anderen Vertragsstaates die Informationen über ein in die zusätzliche Aufsicht einbezogenes Unternehmen mit Sitz im Inland zu prüfen, so hat die FMA diese Prüfung durchzuführen oder die Prüfung durch von ihr bestellte Prüfungsorgane durchführen zu lassen oder die Aufsichtsbehörde des betroffenen Vertragsstaates oder von dieser beauftragte Personen zur Durchführung der Prüfung zu ermächtigen. Die ersuchende Behörde kann auf Wunsch bei der Prüfung zugegen sein, wenn sie diese nicht selbst vornimmt. Die FMA kann sich an einer nicht von ihr selbst vorgenommenen Prüfung beteiligen.

Verfahrens- und Strafbestimmungen

§ 16. (1) Erfüllt ein zusätzlich beaufsichtigtes Unternehmen die Anforderungen des § 4 und der §§ 6 bis 11 nicht, ist die Solvabilität trotz Erfüllung aller Anforderungen gefährdet oder gefährden gruppeninterne Transaktionen oder Risikokonzentrationen die Finanzlage der beaufsichtigten Unternehmen, so hat die FMA auf Grundlage der für das zusätzlich beaufsichtigte Unternehmen geltenden Branchenvorschriften Maßnahmen zu setzen, die geeignet erscheinen, der Situation so schnell wie möglich abzuhelfen.

(2) Wer einer auf Abs. 1 gestützten Anordnung der FMA zuwiderhandelt, begeht „ “ eine Verwaltungsübertretung und „ist von der FMA mit einer Geldstrafe bis zu „60 000 Euro“ zu bestrafen“. *(BGBl I 2006/48; BGBl I 2012/35; BGBl I 2017/107)*

(3) *(entfällt, BGBl I 2017/107)*

(4) Kommt ein Finanzunternehmen den in diesem Bundesgesetz festgesetzten Vorlagepflichten, den Vorlagepflichten auf Grund einer nach diesem Bundesgesetz erlassenen Anordnung oder einer mit einer Fristsetzung verbundenen Anordnung gemäß Abs. 1 nicht rechtzeitig nach, so kann die FMA dem Finanzunternehmen gleichzeitig mit der Aufforderung zur Nachholung für den Fall, dass sie erfolglos bleibt, oder nach vorange-

gangener erfolgloser Aufforderung die Zahlung eines Betrages bis zu „7 000 Euro“ an den Bund vorschreiben. Hiebei ist auf das Ausmaß der Verspätung sowie auf die Behinderung der Überwachung der Geschäftsgebarung und die Mehrkosten Bedacht zu nehmen, die durch die verspätete Vorlage verursacht werden. Die Gebühr kann, solange die Vorlagepflicht nicht erfüllt ist, mehrmals vorgeschrieben werden. *(BGBl I 2006/48)*

(5) *(entfällt, BGBl I 2017/107)*

Zusätzliche Befugnisse der FMA

§ 17. Die FMA hat jede Aufsichtsmaßnahme zu ergreifen, die sie für erforderlich hält, um ein Umgehen der Branchenvorschriften durch die von ihr beaufsichtigten Unternehmen eines Finanzkonglomerats zu verhindern und gegen ein solches Vorgehen einzuschreiten.

3. HAUPTSTÜCK

ÜBERGANGS- UND SCHLUSSBESTIMMUNGEN

§ 18. (1) Dieses Bundesgesetzes tritt mit 1. Jänner 2005 in Kraft. Auf die aufsichtsbehördliche Prüfung der Jahresabschlüsse findet es für das nach dem 31. Dezember 2004 beginnende Geschäftsjahr erstmalig Anwendung.

(2) Verordnungen auf Grund dieses Bundesgesetzes dürfen bereits von dem seiner Kundmachung folgenden Tag an erlassen werden. Sie dürfen frühestens auf Geschäftsjahre, die nach dem 31. Dezember 2004 beginnen, anzuwenden sein.

(3) § 14 Abs. 3 bis 6 in der Fassung des Bundesgesetzes BGBl. I Nr. 141/2006 tritt mit 1. Jänner 2007 in Kraft. *(BGBl I 2006/141)*

(4) § 9 Abs. 3, § 10 Abs. 3 und § 14 Abs. 3 und Abs. 5 in der Fassung des Bundesgesetzes BGBl. I Nr. 22/2009 treten am 1. April 2009 in Kraft. *(BGBl I 2009/22)*

(5) § 13 Abs. 1 Z 1 in der Fassung des Bundesgesetzes BGBl. I Nr. 58/2010 tritt mit 1. August 2010 in Kraft. *(BGBl I 2010/58)*

(6) § 4 Abs. 3, § 5 Abs. 6, § 11 Abs. 2 Z 4, § 12 Abs. 4 und Abs. 8 in der Fassung des Bundesgesetzes BGBl. I Nr. 145/2011 treten mit 31. Dezember 2011 in Kraft. *(BGBl I 2011/145)*

(7) § 16 Abs. 2 in der Fassung des 2. Stabilitätsgesetzes 2012, BGBl. I Nr. 35/2012, tritt mit 1. Mai 2012 in Kraft. *(BGBl I 2012/35)*

(8) § 2 Z 1 bis 5, 7, 9 bis 14, 16, 17 und 19 § 3 Abs. 1 bis 5 und 9, § 4 Abs. 2 und 3, § 5 Abs. 1, 4 und 8, § 6 Abs. 2 Z 2, § 8 Abs. 4, § 11 Abs. 5, § 11a, § 12 Abs. 3 Z 1 und Abs. 8 und § 14 Abs. 2 in der Fassung des Bundesgesetzes BGBl. I Nr. 184/2013 treten mit 1. Jänner 2014 in Kraft. § 6 Abs. 2 Z 3 und § 8 Abs. 3 in der Fassung des BGBl. I Nr. 184/2013 treten mit Ablauf des 31. Dezember 2013 außer Kraft. *(BGBl I 2013/184)*

(9) § 6 Abs. 6 Z 1 in der Fassung des Bundesgesetzes BGBl. I Nr. 34/2015 tritt mit 1. Jänner 2016 in Kraft. *(BGBl I 2015/34)*

(10) § 2 Z 9, 10, 11, 12, 12a und 14 lit. a sublit. aa und § 5 Abs. 1 Z 3 in der Fassung des Bundesgesetzes BGBl. I Nr. 68/2015 treten mit 20. Juli 2015 in Kraft. *(BGBl I 2015/68)*

(11) § 16 Abs. 2 in der Fassung des Bundesgesetzes BGBl. I Nr. 107/2017 tritt mit 3. Jänner 2018 in Kraft. § 16 Abs. 3 und 5 tritt mit Ablauf des 2. Jänner 2018 außer Kraft. *(BGBl I 2017/107)*

§ 19. Mit der Vollziehung dieses Bundesgesetzes ist hinsichtlich des § 13 Abs. 3 zweiter bis fünfter Satz und Abs. 4 der Bundesminister für Justiz, hinsichtlich der übrigen Bestimmungen der Bundesminister für Finanzen betraut.

§ 20. (1) Soweit in diesem Bundesgesetz auf andere Bundesgesetze verwiesen wird, sind diese, wenn nicht anderes bestimmt ist, in ihrer jeweils geltenden Fassung anzuwenden.

(2) Soweit in diesem Bundesgesetz auf die Richtlinie 2002/87/EG verwiesen wird, so ist, sofern nicht Anderes angeordnet ist, die Richtlinie 2002/87/EG über die zusätzliche Beaufsichtigung der Kreditinstitute, Versicherungsunternehmen und Wertpapierfirmen eines Finanzkonglomerats und zur Änderung der Richtlinien 73/239/EWG, 79/267/EWG, 92/49/EWG, 92/96/EWG, 93/6/EWG und 93/22/EWG des Rates und der Richtlinien 98/78/EG und 2000/12/EG, ABl. Nr. L 35 vom 11.02.2003 S. 1, zuletzt geändert durch die Richtlinie 2013/36/EU, ABl. Nr. L 176 vom 27.06.2013 S. 338, anzuwenden.

(BGBl I 2014/59)

Finanzkonglomeratsquartalsberichts-Verordnung

BGBl II 2007/101 idF

1 BGBl II 2010/88
2 BGBl II 2011/101
3 BGBl II 2013/358

STICHWORTVERZEICHNIS

Verordnung der Finanzmarktaufsichtsbehörde (FMA) über Quartalsberichte und Kreditrisikobegrenzung von Finanzkonglomeraten (Finanzkonglomeratsquartalsberichts-Verordnung – FK-QUAB-V)

Auf Grund des § 9 Abs. 5 und des § 14 Abs. 5 des Finanzkonglomerategesetzes – FKG, BGBl. I Nr. 70/2004, zuletzt geändert durch das Bundesgesetz BGBl. I Nr. 141/2006, wird - betreffend § 14 Abs. 5 FKG mit Zustimmung des Bundesministers für Finanzen - verordnet:

1. Abschnitt
Meldepflichten

Meldepflicht, Übermittlung

§ 1. (1) Das zusätzlich beaufsichtigte Unternehmen gemäß § 5 FKG hat „spätestens bis zum fünfzehnten Kalendertag des zweiten Folgemonats“ nach Ablauf eines jeden Kalendervierteljahres der FMA Quartalsberichte zur Einhaltung der Bestimmungen der §§ 9 und 10 FKG hinsichtlich Kreditrisikokonzentrationen und gruppeninterner Transaktionen entsprechend der Anlage zu übermitteln. Diese Quartalsberichte sind auch der Oesterreichischen Nationalbank zu übermitteln. *(BGBl II 2010/88)*

(2) Wenn in der Anlage nicht anders angegeben, sind Beträge in Tausend Euro und Prozentsätze auf die zweite Kommastelle genau anzugeben.

(3) Fremdwährungspositionen sind unter Zugrundelegung des Euro-Referenzkurses der Europäischen Zentralbank (EZB) zum Meldestichtag in Euro umzurechnen. Ist für eine Währung kein Euro-Referenzkurs der EZB verfügbar, so sind die Devisenmittelkurse zum Meldestichtag heranzuziehen.

(4) Die Meldungen der Quartalsberichte sind in standardisierter Form mittels elektronischer Übermittlung zu erstatten. Dies gilt gleichfalls für eine Leermeldung und das Übersichtsblatt.

2. Abschnitt
Kreditrisikokonzentration

Meldung der Kreditrisikokonzentration

§ 2. (1) Eine Kreditrisikokonzentration im Sinne des § 2 Z 19 FKG ist entsprechend Teil II der Anlage zu melden, sobald die für das Finanzkonglomerat mittels Bescheid der FMA gemäß § 9 Abs. 3 FKG festgelegten Schwellenwerte überschritten werden.

(2) Kreditrisikokonzentrationen sind dabei gegenüber einem Kunden und gegebenenfalls gegenüber einer Gruppe verbundener Kunden im Sinne des „Art. 4 Nummer 39 der Verordnung (EU) Nr. 575/2013 über Aufsichtsanforderungen an Kreditinstitute und Wertpapierfirmen, ABl. Nr. L 176 vom 27.06. 2013 S. 1“ zu erfassen. „ “ *(BGBl II 2011/101; BGBl II 2013/358)*

(3) Art. 403 der Verordnung (EU) Nr. 575/2013 ist für die Zurechnung der Kreditrisikokonzentration zu einem Dritten sinngemäß anzuwenden. *(BGBl II 2013/358)*

(4) *(aufgehoben, BGBl II 2011/101)*

(5) Jede Kreditrisikokonzentration im Sinne des Abs. 1 ist entsprechend Teil II der Anlage zu dieser Verordnung darzustellen.

Ermittlung der Höhe der Kreditrisikokonzentration und Ausnahmen

§ 3. (1) Bei der Ermittlung der Höhe einer Kreditrisikokonzentration sind die Art. 389, 390 Abs. 3 bis 6 sowie 392 der Verordnung (EU) Nr. 575/2013 mit der Maßgabe anzuwenden, dass anstelle des Wortes „Großkredit" und „Gesamtrisikoposition" jeweils das Wort „Kreditrisikokonzentration" tritt. *(BGBl II 2013/358)*

(2) *(aufgehoben, BGBl II 2011/101)*

(3) Zusätzlich sind Kreditversicherungsverträge mit der Höhe der Versicherungssumme zu erfassen, wobei Verträge, bei denen sowohl kreditgewährendes als auch versicherndes Unternehmen Teil des Finanzkonglomerates sind, lediglich einmal beim versichernden Unternehmen zu erfassen sind.

(4) Kapitalanlagen der fonds- oder indexgebundenen Lebensversicherung können von der Berechnung der Höhe der Kreditrisikokonzentration ausgenommen werden.

Gewichtung der Risiken

§ 4. (1) Ausschließlich für die Anwendung des § 5 sind die gemäß § 3 ermittelten Werte unter Anwendung der Prinzipien des Art. 400 Abs. 1 der Verordnung (EU) Nr. 575/2013 und des § 103q Z 4 BWG zu gewichten, wobei anstelle des Wortes „Kreditinstitutsgruppe" das Wort „Finanzkonglomerat" und an Stelle des Wortes „Großkredit" das Wort „Kreditrisikokonzentrati on" tritt. Der in Art. 400 Abs. 1 Buchstabe g der Verordnung (EU) Nr. 575/2013 verwendete Begriff „kreditgebendes Kreditinstitut" bezieht sich für Zwecke dieser Verordnung auf Unternehmen einer Finanzbranche gemäß § 2 Z 7 FKG. *(BGBl II 2013/358)*

(2) Erhält das zusätzlich beaufsichtigte Unternehmen von Unternehmen der Gruppe nicht nachweislich alle zweckdienlichen Informationen, um auf Finanzkonglomeratsebene eine Risikoerfassung, -beurteilung, -begrenzung, -steuerung und -überwachung im Sinne des § 11 FKG sowie eine Begrenzung im Sinne des § 5 sicherzustellen, so sind, abweichend von Abs. 1, Kreditrisikokonzentrationen bei diesen Unternehmen mit 100 vH zu gewichten. *(BGBl II 2011/101)*

(3) Kreditversicherungsverträge sind mit dem Gewicht des versicherten Risikos zu gewichten.

Begrenzung der Kreditrisikokonzentration

§ 5. Jede meldepflichtige Kreditrisikokonzentration im Sinne des § 2 ist nach Maßgabe folgender Bestimmungen zu begrenzen:

1. Die aggregierte Höhe der gewichteten Kreditrisikokonzentration bei jedem Kunden oder jeder Gruppe verbundener Kunden im Sinne des „Art. 4 Nummer 39 der Verordnung (EU) Nr. 575/2013" darf 25 vH der anrechenbaren Eigenmittel auf Finanzkonglomeratsebene nicht überschreiten. *(BGBl II 2013/358)*

2. Die aggregierte Höhe der gewichteten Kreditrisikokonzentration bei einem Unternehmen innerhalb der Gruppe von Unternehmen, die ein Finanzkonglomerat gemäß FKG bilden, darf 20 vH der anrechenbaren Eigenmittel auf Finanzkonglomeratsebene nicht überschreiten.

3. Die aggregierte Höhe der gewichteten Kreditrisikokonzentration von allen Unternehmen der Versicherungsbranche des Finanzkonglomerats bei Unternehmen der Bankenbranche des Finanzkonglomerats darf in Summe 25 vH der anrechenbaren Eigenmittel auf Finanzkonglomeratsebene nicht überschreiten. *(BGBl II 2011/101)*

3a. Die aggregierte Höhe der gewichteten Kreditrisikokonzentration von allen Unternehmen der Bankenbranche des Finanzkonglomerats bei Unternehmen der Versicherungsbranche des Finanzkonglomerats darf in Summe 25 vH der anrechenbaren Eigenmittel auf Finanzkonglomeratsebene nicht überschreiten. *(BGBl II 2011/101)*

4. § 103 Z 21 lit. d BWG ist mit der Maßgabe anzuwenden, dass an Stelle des Wortes „Großveranlagung" das Wort Kreditrisikokonzentration tritt.

3. Abschnitt

Gruppeninterne Transaktionen

Meldung der Gruppeninternen Transaktionen

§ 6. Eine gruppeninterne Transaktion im Sinne des § 2 Z 18 FKG ist entsprechend **Teil III** der Anlage zu melden, sobald die für das Finanzkonglomerat mittels Bescheid der FMA gemäß § 10 Abs. 3 FKG festgelegten Schwellenwerte überschritten werden.

Ermittlung der Höhe einer gruppeninternen Transaktion

§ 7. (1) Als gruppeninterne Transaktion gelten folgende Transaktionen, deren Transaktionshöhe wie folgt erfasst wird:

Darlehen mit der Darlehenssumme;

Kredite mit der Kreditsumme;

„Geschäfte gemäß Anhang I der Verordnung (EU) Nr. 575/2013" mit ihrem Nominalwert;

„Geschäfte gemäß Anhang II der Verordnung (EU) Nr. 575/2013" nach einer „der Methoden der Artikel 273 bis 294 der Verordnung (EU) Nr. 575/2013" ohne Berücksichtigung einer Vertragspartnergewichtung;

Versicherungsverträge gemäß Z 4, 5, 6, 7, 8, 9, 11, 12, 13, 14, 15, 16 der Anlage A zu § 4

Abs. 2 VAG mit der Höhe ihrer Versicherungssumme;

Kreditversicherungsgeschäfte mit der Kreditsumme;

Kostenteilungsvereinbarungen mit der Höhe der zurechenbaren Kosten;

Kapitalveranlagungsgeschäfte mit der Höhe des investierten Kapitals;

Geschäfte, die Eigenmittel betreffend, wenn diese gemäß den jeweiligen Branchenvorschriften als solche anerkannt werden.
(BGBl II 2013/358)

(2) Bei der Ermittlung der Höhe einer gruppeninternen Transaktion sind marktübliche Bedingungen zugrunde zu legen. Wird eine gruppeninterne Transaktion nicht zu marktüblichen Bedingungen abgeschlossen, so ist zusätzlich der tatsächlich vereinbarte Transaktionswert zu melden.

(3) Als gruppeninterne Transaktionen gelten Transaktionen im Sinne des § 2 Z 18 FKG zwischen Unternehmen des Finanzkonglomerates, bei denen zumindest ein Transaktionspartner ein beaufsichtigtes Unternehmen ist. Nicht zu berücksichtigen sind Transaktionen zwischen Unternehmen, die derselben Finanzbranche gemäß § 2 Z 7 FKG angehören.

4. Abschnitt

Übergangs- und Schlussbestimmungen

Anwendungsbestimmungen

§ 8. Bis zum Ablauf von 12 Monaten nach Eintritt der Rechtskraft einer Feststellung gemäß § 4 Abs. 2 FKG durch die FMA, jedenfalls aber bis zum 31. März 2008, gelten für ein Finanzkonglomerat 35 vH der anrechenbaren Eigenmittel auf Finanzkonglomeratsebene als Obergrenze für die aggregierte Höhe der gewichteten Kreditrisikokonzentration bei einem Kunden oder einer Gruppe verbundener Kunden im Sinne des „§ 27 Abs. 11 und 12 BWG“, sofern die aggregierte Höhe der gewichteten Kreditrisikokonzentration gegenüber dem betreffenden Kunden oder der Gruppe verbundener Kunden im Sinne des „§ 27 Abs. 11 und 12 BWG“ zum Zeitpunkt der erstmaligen Anwendbarkeit dieser Verordnung auf ein Finanzkonglomerat 25 vH der anrechenbaren Eigenmittel auf Konglomeratsebene überschritten hat. *(BGBl II 2011/101)*

Verweise

§ 9. *(aufgehoben, BGBl II 2011/101)*

Erstmalige Meldung

§ 10. „(1)“ Meldungen gemäß dieser Verordnung sind erstmalig per Stichtag 30. Juni 2007 zu erstatten. *(BGBl II 2011/101)*

(2) Meldungen in der Fassung der Verordnung BGBl. II Nr. 101/2011 sind erstmalig per Stichtag 30. Juni 2011 zu erstatten. *(BGBl II 2011/101)*

(3) § 2 Abs. 2 und 3, § 3 Abs. 1, § 4 Abs. 1, § 5 Z 1 und § 7 Abs. 1 sowie die Anlage in der Fassung der Verordnung BGBl. II Nr. 358/2013 treten mit 1. Jänner 2014 in Kraft. *(BGBl II 2013/358)*

Anhänge: *Nicht abgedruckt. (Die Anhänge sind im Volltext auf www.lexisnexis.at unter dem Menüpunkt „Service“, Unterpunkt „Downloads & Updates“ abrufbar.)*

Delegierte Verordnung (EU) Nr. 342/2014 der Kommission vom 21. Januar2014 zur Ergänzung der Richtlinie 2002/87/EG des Europäischen Parlaments und des Rates und der Verordnung (EU) Nr. 575/2013 des Europäischen Parlaments und des Rates durch technische Regulierungsstandards, in denen die Bedingungen für die Anwendung der Methoden zur Berechnung der Eigenkapitalanforderungen für Finanzkonglomerate festgelegt werden

ABl L 100 vom 3. 4. 2014, S 1

DIE EUROPÄISCHE KOMMISSION –

gestützt auf die Verordnung (EU) Nr. 575/2013 des Europäischen Parlaments und des Rates vom 26. Juni 2013 über Aufsichtsanforderungen an Kreditinstitute und Wertpapierfirmen und zur Änderung der Verordnung (EU) Nr. 648/2012[1)], insbesondere auf Artikel 49 Absatz 6,

gestützt auf die Richtlinie 2002/87/EG des Europäischen Parlaments und des Rates vom 16. Dezember 2002 über die zusätzliche Beaufsichtigung der Kreditinstitute, Versicherungsunternehmen und Wertpapierfirmen eines Finanzkonglomerats und zur Änderung der Richtlinien 73/239/EWG, 79/267/EWG, 92/49/EWG, 92/96/EWG, 93/6/EWG und 93/22/EWG des Rates und der Richtlinien 98/78/EG und 2000/12/EG des Europäischen Parlaments und des Rates[2)], insbesondere auf Artikel 21a Absatz 3.

in Erwägung nachstehender Gründe:

(1) Bei Finanzkonglomeraten mit signifikantem Bank- oder Wertpapier- und Versicherungsgeschäft sollten die Mehrfachverwendung von Elementen, die auf Ebene des Finanzkonglomerats in die Eigenmittelberechnung einbezogen werden können, d. h. die Mehrfachbelegung, sowie jede unangemessene gruppeninterne Eigenkapitalschöpfung ausgeschlossen werden, um ein genaues Bild von der Verfügbarkeit der Eigenmittel des Konglomerats zur Absorbierung von Verlusten zu vermitteln und auf Ebene des Finanzkonglomerats eine angemessene Eigenkapitalausstattung sicherzustellen.

(2) Es gilt sicherzustellen, dass die über die branchenspezifischen Solvabilitätsanforderungen hinausgehenden Eigenmittel auf Konglomeratsebene nur dann in die Berechnung einbezogen werden, wenn es keine Hindernisse für die Übertragung von Vermögenswerten oder die Rückzahlung von Verbindlichkeiten zwischen Unternehmen des Konglomerats gibt, und zwar auch dann nicht, wenn diese unterschiedlichen Branchen angehören.

(3) Ein Finanzkonglomerat sollte Eigenmittel, die über die branchenspezifischen Solvabilitätsanforderungen hinausgehen, nur dann in die Berechnung seiner Eigenmittel einbeziehen, wenn diese innerhalb des Konglomerats von Unternehmen zu Unternehmen übertragen werden können.

(4) Angemessene Vorschriften sollten der Tatsache Rechnung tragen, dass branchenspezifische Eigenmittelanforderungen auf die Deckung der in der jeweiligen Branche bestehenden Risiken und nicht auf die Deckung von Risiken außerhalb dieser Branche abstellen.

(5) Um eine konsistente Berechnung der zusätzlichen Eigenkapitalanforderung zu gewährleisten, sollten die branchenspezifischen Anforderungen, die auch die diesbezüglichen Solvabilitätsanforderungen einschließen, aufgelistet werden. Von diesen Anforderungen unberührt bleiben sollten die Branchenvorschriften, in denen geregelt ist, welche Maßnahmen bei einem Verstoß gegen die branchenspezifischen Solvabilitätsanforderungen zu treffen sind. Insbesondere sollten sich für den Fall, dass auf Ebene eines Finanzkonglomerats ein Defizit auftritt, weil die in Titel VII Kapitel 4 der Richtlinie 2013/36/EU des Europäischen Parlaments und des Rates[1)] vorgesehene kombi-

[1)] *ABl. L 176 vom 27.6.2013, S. 1.*

[2)] *ABl. L 35 vom 11.2.2003, S. 1.*

Zu Abs. 5:

[1)] *Richtlinie 2013/36/EU des Europäischen Parlaments und des Rates vom 26. Juni 2013 über den Zugang zur*

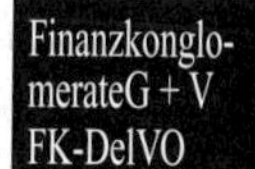

nierte Kapitalpufferanforderung nicht erfüllt wird, die notwendigen Maßnahmen auf die in diesem Kapitel dargelegten Maßnahmen stützen.

(6) Bei der Berechnung der zusätzlichen Eigenkapitalanforderung für ein Finanzkonglomerat sollte für nicht beaufsichtigte Finanzunternehmen des Finanzkonglomerats sowohl eine fiktive Solvabilitätsanforderung als auch eine fiktive Eigenmittelausstattung ermittelt werden.

(7) In Anhang I Teil II der Richtlinie 2002/87/EG werden für die Berechnung der Eigenkapitalanforderung auf Finanzkonglomeratsebene drei Methoden vorgegeben: Die „Berechnung auf der Grundlage des konsolidierten Abschlusses" (Methode 1), die „Abzugs- und Aggregationsmethode" (Methode 2) und die „Kombinationsmethode" (Methode 3), bei der die Methoden 1 und 2 miteinander kombiniert werden können. Zur Gewährleistung einer konsistenten Anwendung sollten die Berechnungsmethoden 1 und 2 weiter präzisiert werden. Darüber hinaus sollte festgelegt werden, unter welchen Umständen Methode 3 angewandt werden kann, und sollte sichergestellt werden, dass die zuständigen Behörden die Anwendung dieser Methode unter ähnlichen Umständen gestatten, nach gemeinsamen Kriterien verfahren und vorschreiben, dass diese Methode von allen Finanzkonglomeraten konsistent angewandt wird. Die zuständigen Behörden sollten die Anwendung von Methode 3 nur gestatten, wenn ein Finanzkonglomerat nachweisen kann, dass es nach vernünftigem Ermessen nicht möglich ist, Methode 1 oder 2 für sich genommen anzuwenden. Um gleichwertige Bedingungen zu gewährleisten, sollte Methode 3 im Zeitverlauf konsistent angewandt werden. Da sich die Berechnungsmethoden auf die in Anhang I Ziffer I der Richtlinie 2002/87/EG genannten technischen Grundsätze stützen, sollten auch diese Grundsätze weiter präzisiert werden.

(8) Die in der Richtlinie 2009/138/EG des Europäischen Parlaments und des Rates[2)] für die Berechnung der Gruppensolvabilität dargelegte Methode 1 und die in der Richtlinie 2002/87/EG für die Berechnung der zusätzlichen Eigenkapitalanforderungen dargelegte Methode 1 sollten als gleichwertig betrachtet werden, da beide den Hauptzielen der zusätzlichen Beaufsichtigung entsprechen. Beide Methoden schließen die gruppeninterne Eigenkapitalschöpfung aus und stellen sicher, dass die Eigenmittel unter Einhaltung der in den maßgeblichen Branchenvorschriften festgelegten Begriffsbestimmungen und Obergrenzen berechnet werden.

(9) Die in Artikel 49 Absatz 6 der Verordnung (EU) Nr. 575/2013 erteilte Befugnis zum Erlass technischer Regulierungsstandards hängt eng mit der in Artikel 21a Absatz 3 der Richtlinie 2002/87/EG erteilten Befugnis zusammen, da beide die konsistente Anwendung der im Anhang dieser Richtlinie festgelegten Berechnungsmethoden betreffen. Um zu gewährleisten, dass die für die Zwecke der genannten Rechtsakte festgelegten Berechnungsmethoden kohärent sind und denjenigen, die den entsprechenden Verpflichtungen unterliegen, einen umfassenden Überblick und einen kompakten Zugang dazu zu erleichtern, sollten die im Rahmen dieser Befugnisse zu erlassenden technischen Regulierungsstandards in einer einzigen Verordnung zusammengefasst werden.

(10) Um zu gewährleisten, dass die Berechnungsmethoden so konsistent wie möglich angewandt werden, sollte sich diese Verordnung auf die neuen Solvabilitätsregelungen stützen, die in der Union für die einzelnen Branchen geschaffen wurden. Aus diesem Grund sollte diese Verordnung erst ab dem Tag gelten, ab dem auch die Verordnung (EU) Nr. 575/2013 anzuwenden ist. Die von der Anwendung der Richtlinie 2009/138/EG abhängigen Vorschriften sollten ab dem Tag gelten, ab dem auch diese Richtlinie anzuwenden ist. Aus diesem Grund sollten die nationalen Umsetzungsvorschriften, die in Bezug auf die Berechnung der zusätzlichen Eigenkapitalanforderung bestehen, bis zur vollen Anwendbarkeit der Verordnung in den von dieser nicht harmonisierten Bereichen weiterhin angewandt werden und sollten sich die auf Branchenvorschriften für den Versicherungssektor beruhenden zugrunde liegenden Berechnungen auf die zum Zeitpunkt der Berechnung geltenden Branchenvorschriften für den Versicherungssektor stützen.

(11) Diese Verordnung beruht auf dem Entwurf technischer Regulierungsstandards, die die Europäische Bankenaufsichtsbehörde (EBA), die Europäische Aufsichtsbehörde für das Versicherungswesen und die betriebliche Altersversorgung (EIOPA) und die Europäische Wertpapier- und Marktaufsichtsbehörde (ESMA) der Kommission gemeinsam vorgelegt haben.

Tätigkeit von Kreditinstituten und die Beaufsichtigung von Kreditinstituten und Wertpapierfirmen, zur Änderung der Richtlinie 2002/87/EG und zur Aufhebung der Richtlinien 2006/48/EG und 2006/49/EG (ABl. L 176 vom 27.6.2013, S. 338).

Zu Abs. 8:

2) Richtlinie 2009/138/EG des Europäischen Parlaments und des Rates vom 25. November 2009 betreffend die Aufnahme und Ausübung der Versicherungs- und der Rückversicherungstätigkeit (Solvabilität II) (ABl. L 335 vom 17.12.2009, S. 1).

(12) EBA, EIOPA und ESMA haben zu dem Entwurf technischer Regulierungsstandards, auf den sich diese Verordnung stützt, gemäß Artikel 10 der Verordnung (EU) Nr. 1093/2010 des Europäischen Parlaments und des Rates[1]), Artikel 10 der Verordnung (EU) Nr. 1094/2010 des Europäischen Parlaments und des Rates[2]) und Artikel 10 der Verordnung (EU) Nr. 1095/2010 des Europäischen Parlaments und des Rates[3]) öffentliche Anhörungen durchgeführt, die damit verbundenen potenziellen Kosten- und Nutzeneffekte analysiert und die Stellungnahme der nach Artikel 37 der Verordnung (EU) Nr. 1093/2010 eingesetzten Interessengruppe Bankensektor, der nach Artikel 37 der Verordnung (EU) Nr. 1094/2010 eingesetzten Interessengruppe Versicherung und Wertpapiere und der nach Artikel 37 der Verordnung (EU) Nr. 1095/2010 eingesetzten Interessengruppe Wertpapiermärkte eingeholt –

HAT FOLGENDE VERORDNUNG ERLASSEN:

KAPITEL I

GEGENSTAND UND BEGRIFFSBESTIMMUNGEN

Artikel 1
Gegenstand

In dieser Verordnung werden die technischen Grundsätze und Berechnungsmethoden präzisiert, die in Anhang I der Richtlinie 2002/87/EG für die Zwecke der in Artikel 49 Absatz 1 der Verordnung (EU) Nr. 575/2013 genannten Alternativen zum Abzug und für die Zwecke der Berechnung der in Artikel 6 Absatz 2 der Richtlinie 2002/87/EG vorgesehenen Eigenmittel- und zusätzlichen Eigenmittelanforderungen aufgelistet sind.

Artikel 2
Begriffsbestimmungen

Für die Zwecke dieser Verordnung bezeichnet der Ausdruck

1. „Finanzkonglomerat mit Schwerpunkt Versicherungsgeschäft“ ein Finanzkonglomerat, bei dem die am stärksten vertretene Finanzbranche im Sinne von Artikel 3 Absatz 2 der Richtlinie 2002/87/EG die Versicherungsbranche ist;

2. „Finanzkonglomerat mit Schwerpunkt Bank- oder Wertpapiergeschäft“ ein Finanzkonglomerat, bei dem die am stärksten vertretene Finanzbranche im Sinne von Artikel 3 Absatz 2 der Richtlinie 2002/87/EG die Banken- oder Wertpapierdienstleistungsbranche ist.

KAPITEL II

TECHNISCHE GRUNDSÄTZE

Artikel 3
Ausschluss von Mehrfachbelegung und gruppeninterner Eigenmittelschöpfung

Direkt oder indirekt aus gruppeninternen Transaktionen resultierende Eigenmittel werden nicht in die Berechnung der zusätzlichen Eigenkapitalanforderungen auf Finanzkonglomeratsebene einbezogen.

Artikel 4
Im maßgebenden einzelstaatlichen Recht als Genossenschaft für die Zwecke des Artikels 27 Absatz 1 Buchstabe a Ziffer ii der Verordnung (EU) Nr. 575/2013 anerkannte Unternehmensform

(1) Auf Ebene eines beaufsichtigten Unternehmens erfasste Eigenmittel, die über die zur Erfüllung der in Artikel 9 genannten branchenspezifischen Solvabilitätsanforderungen erforderliche Höhe hinausgehen, werden nur dann in die Berechnung der Eigenmittel eines Finanzkonglomerats oder die Berechnung der Summe der Eigenmittel der einzelnen beaufsichtigten und nicht beaufsichtigten Finanzunternehmen eines Finanzkonglomerats einbezogen, wenn für die Übertragung der Mittel zwischen Unternehmen des Finanzkonglomerats kein praktisches oder rechtliches Hindernis besteht oder absehbar ist.

(2) Wenn das in Artikel 6 Absatz 2 Unterabsatz 5 der Richtlinie 2002/87/EG genannte Unternehmen dem Koordinator die in diesem Unterabsatz genannten Berechnungsergebnisse und für die Berechnung maßgeblichen Angaben übermittelt, bestätigt und belegt es gegenüber dem Koordinator die Einhaltung des Absatzes 1.

Zu Abs. 12:

[1]) Verordnung (EU) Nr. 1093/2010 des Europäischen Parlaments und des Rates vom 24. November 2010 zur Errichtung einer Europäischen Aufsichtsbehörde (Europäische Bankenaufsichtsbehörde), zur Änderung de

[2]) Verordnung (EU) Nr. 1094/2010 des Europäischen Parlaments und des Rates vom 24. November 2010 zur Errichtung einer Europäischen Aufsichtsbehörde (Europäische Aufsichtsbehörde für das Versicherungswesen und die betriebliche Altersversorgung), zur Änderung des Beschlusses Nr. 716/2009/EG und zur Aufhebung des Beschlusses 2009/79/EG der Kommission (ABl. L 331 vom 15.12.2010, S. 48).

[3]) Verordnung (EU) Nr. 1095/2010 des Europäischen Parlaments und des Rates vom 24. November 2010 zur Errichtung einer Europäischen Aufsichtsbehörde (Europäische Wertpapier- und Marktaufsichtsbehörde), zur Änderung des Beschlusses Nr. 716/2009/EG und zur Aufhebung des Beschlusses 2009/77/EG der Kommission (ABl. L 331 vom 15.12.2010, S. 84).

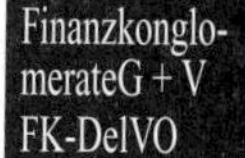

Artikel 5
Branchenspezifische Eigenmittel

(1) Die in Absatz 2 genannten, auf Ebene eines beaufsichtigten Unternehmens zur Verfügung stehenden Eigenmittel können in der Branche, in der diese Eigenmittel anerkannt werden, zur Deckung von Risiken eingesetzt werden, nicht aber zur Deckung von Risiken in anderen Finanzbranchen herangezogen werden.

(2) Bei den in Absatz 1 genannten Eigenmitteln handelt es sich nicht um:

a) Bestandteile des harten Kernkapitals, des zusätzlichen Kernkapitals oder des Ergänzungskapitals im Sinne der Verordnung (EU) Nr. 575/2013;

b) Basiseigenmittelbestandteile von Unternehmen, die den Anforderungen der Richtlinie 2009/138/EG unterliegen, wenn diese Bestandteile gemäß Artikel 94 Absätze 1 und 2 dieser Richtlinie in „Tier 1“ oder „Tier 2“ eingestuft sind.

Artikel 6
Eigenmitteldefizit auf Ebene des Finanzkonglomerats

(1) Ist auf Ebene des Finanzkonglomerats ein Eigenmitteldefizit zu verzeichnen, werden zur Deckung dieses Defizits nur Eigenmittelbestandteile verwendet, die nach den Branchenvorschriften sowohl des Banken- als auch des Versicherungssektors herangezogen werden können.

(2) Bei den in Absatz 1 genannten Eigenmitteln handelt es sich um:

a) hartes Kernkapital im Sinne von Artikel 50 der Verordnung (EU) Nr. 575/2013;

b) Basiseigenmittelbestandteile, wenn diese gemäß Artikel 94 Absatz 1 der Richtlinie 2009/138/EG in „Tier 1“ eingestuft sind und ihre Einbeziehung nicht durch die nach Artikel 99 dieser Richtlinie erlassenen delegierten Rechtsakte eingeschränkt wird;

c) zusätzliches Kernkapital im Sinne von Artikel 61 der Verordnung (EU) Nr. 575/2013;

d) Basiseigenmittelbestandteile, wenn diese gemäß Artikel 94 Absatz 1 der Richtlinie 2009/138/EG in „Tier 1“ eingestuft sind und ihre Einbeziehung durch die nach Artikel 99 dieser Richtlinie erlassenen delegierten Rechtsakte eingeschränkt wird;

e) Ergänzungskapital im Sinne von Artikel 71 der Verordnung (EU) Nr. 575/2013; und

f) Basiseigenmittelbestandteile, wenn diese gemäß Artikel 94 Absatz 2 der Richtlinie 2009/138/EG in „Tier 2“ eingestuft sind.

(3) Die zur Deckung des Defizits eingesetzten Eigenmittelbestandteile stehen mit Artikel 4 Absatz 1 in Einklang.

Artikel 7
Konsistenz

Die beaufsichtigten Unternehmen oder die gemischte Finanzholdinggesellschaft eines Finanzkonglomerats wenden die Berechnungsmethode im Zeitverlauf konsistent an.

Artikel 8
Konsolidierung

Bei Finanzkonglomeraten mit Schwerpunkt Versicherungsgeschäft ist die in den Artikeln 230, 231 und 232 der Richtlinie 2009/138/EG für die Berechnung der Gruppensolvabilität von Versicherungs- und Rückversicherungsunternehmen festgelegte Methode 1 als gleichwertig mit der in Anhang I der Richtlinie 2002/87/EG für die Berechnung der zusätzlichen Eigenkapitalanforderungen für die beaufsichtigten Unternehmen eines Finanzkonglomerats festgelegten Methode 1 zu betrachten, wenn sich der Umfang der Gruppenaufsicht im Rahmen von Titel III der Richtlinie 2009/138/EG nicht wesentlich vom Umfang der zusätzlichen Beaufsichtigung im Rahmen von Kapitel II der Richtlinie 2002/87/EG unterscheidet.

Artikel 9
Solvabilitätsanforderung

(1) Sind die Vorschriften für den Versicherungssektor anzuwenden, so gilt als Solvabilitätsanforderung für die Zwecke der Berechnung der zusätzlichen Eigenkapitalanforderungen die in den Artikeln 100 und 218 der Richtlinie 2009/138/EG genannte Solvenzkapitalanforderung einschließlich aller gemäß Artikel 37 dieser Richtlinie verhängten etwaigen Kapitalaufschläge, die sich aus Artikel 216 Absatz 4, Artikel 231 Absatz 7, Artikel 232, Artikel 233 Absatz 6 und Artikel 238 Absätze 2 und 3 dieser Richtlinie ergeben.

(2) Sind die Vorschriften für den Banken- oder Wertpapierdienstleistungssektor anzuwenden, so gelten als Solvabilitätsanforderungen für die Zwecke der Berechnung der zusätzlichen Eigenkapitalanforderungen die in Teil 3 Titel I Kapitel 1 der Verordnung (EU) Nr. 575/2013 festgelegten Eigenmittelanforderungen und die in dieser Verordnung oder der Richtlinie 2013/36/EU festgelegte Anforderung, über die Eigenmittelanforderungen hinausgehende Eigenmittel vorzuhalten, einschließlich einer aus der Beurteilung der Angemessenheit des internen Kapitals nach Artikel 73 dieser Richtlinie resultierenden Anforderung, jede von einer zuständigen Behörde nach Artikel 104 Absatz 1 Buchstabe a dieser Richtlinie verhängte Anforderung, die kombinierte Kapitalpufferanforderung im Sinne von Artikel 128 Absatz 6 dieser Richtlinie sowie Maßnahmen, die nach

Artikel 458 oder Artikel 459 der Verordnung (EU) Nr. 575/2013 getroffen werden.

Artikel 10
Die Eigenmittel des Finanzkonglomerats und die für diese geltenden Solvabilitätsanforderungen

(1) Die Eigenmittel des Finanzkonglomerats und die für dieses geltenden Solvabilitätsanforderungen werden vorbehaltlich des Artikels 14 Absätze 7, 8 und 9 gemäß den Begriffsbestimmungen und den in den maßgeblichen Branchenvorschriften festgelegten Obergrenzen berechnet.

(2) Die Eigenmittel von Vermögensverwaltungsgesellschaften werden gemäß Artikel 2 Absatz 1 Buchstabe l der Richtlinie 2009/65/EG des Europäischen Parlaments und des Rates[1)] berechnet. Die Solvabilitätsanforderungen für Vermögensverwaltungsgesellschaften sind die in Artikel 7 Absatz 1 Buchstabe a dieser Richtlinie genannten Anforderungen.

(3) Die Eigenmittel der Verwalter alternativer Investmentfonds werden gemäß Artikel 4 Absatz 1 Buchstabe ad der Richtlinie 2011/61/EU des Europäischen Parlaments und des Rates[2)] berechnet. Die Solvabilitätsanforderungen für Verwalter alternativer Investmentfonds sind die in Artikel 9 dieser Richtlinie genannten Anforderungen.

Artikel 11
Behandlung branchenübergreifender Beteiligungen

(1) Wenn ein Unternehmen eines Finanzkonglomerats mit Schwerpunkt Bank- oder Wertpapiergeschäft eine Beteiligung an einem Finanzunternehmen aus der Versicherungsbranche hält, die nach Artikel 14 Absatz 3 oder Artikel 15 Absatz 3 in Abzug gebracht wird, so entsteht in Bezug auf diese Beteiligung keine zusätzliche Eigenkapitalanforderung auf Ebene des Finanzkonglomerats.

(2) Bewirkt die Anwendung des Absatzes 1 im Rahmen des auf internen Einstufungen basierenden Ansatzes im Sinne von Teil 3 Titel II Kapitel 3 der Verordnung (EU) Nr. 575/2013 eine direkte Veränderung des erwarteten Verlustbetrags, so ist auf Ebene des Finanzkonglomerats ein Eigenmittelaufschlag in Höhe dieser Veränderung vorzunehmen.

Artikel 12
Fiktive Eigenmittel und fiktive Solvabilitätsanforderungen für unbeaufsichtigte Unternehmen der Finanzbranche

(1) Wenn eine gemischte Finanzholdinggesellschaft eine Beteiligung an einem unbeaufsichtigten Unternehmen der Finanzbranche hält, werden die fiktiven Eigenmittel und die fiktiven Solvabilitätsanforderungen für dieses Unternehmen nach den Vorschriften der im Finanzkonglomerat am stärksten vertretenen Branche berechnet.

(2) Bei einem unbeaufsichtigten Unternehmen der Finanzbranche, auf das Absatz 1 nicht zutrifft, werden die fiktiven Eigenmittel und die fiktiven Solvabilitätsanforderungen nach den Vorschriften der Branche berechnet, die dem unbeaufsichtigten Unternehmen der Finanzbranche am nächsten steht. Die Finanzbranche, die dem unbeaufsichtigten Unternehmen am nächsten steht, wird anhand des Tätigkeitsspektrums dieses Unternehmens und des Umfangs, in dem es diese Tätigkeiten ausübt, bestimmt. Lässt sich die am nächsten stehende Finanzbranche nicht zweifelsfrei ermitteln, werden die Vorschriften der Branche verwendet, die im Finanzkonglomerat am stärksten vertreten ist.

Artikel 13
Branchenspezifische Übergangs- und Bestandsschutzvorschriften

Die Branchenvorschriften, nach denen die zusätzlichen Eigenkapitalanforderungen berechnet werden, schließen auch alle etwaigen auf Branchenebene geltenden Übergangs- oder Bestandsschutzvorschriften ein.

KAPITEL III
BERECHNUNGSMETHODEN

Artikel 14
Präzisierung der Berechnung nach Methode 1 gemäß Richtlinie 2002/87/EG

(1) Die Eigenmittel eines Finanzkonglomerats werden nach dem für die zusätzliche Beaufsichtigung im Rahmen der Richtlinie 2002/87/EG geltenden einschlägigen Rechnungslegungsrahmen auf der Grundlage des konsolidierten Abschlusses berechnet und tragen — sofern relevant — Absatz 5 Rechnung.

(2) Bei der Berechnung der Eigenmittel eines Finanzkonglomerats mit Schwerpunkt Bank- oder

Zu Artikel 10:

[1)] Richtlinie 2009/65/EG des Europäischen Parlaments und des Rates vom 13. Juli 2009 zur Koordinierung der Rechts- und Verwaltungsvorschriften betreffend bestimmte Organismen für gemeinsame Anlagen in Wertpapieren (OGAW) (ABl. L 302 vom 17.11.2009, S. 32).

[2)] Richtlinie 2011/61/EU des Europäischen Parlaments und des Rates vom 8. Juni 2011 über die Verwalter alternativer Investmentfonds und zur Änderung der Richtlinien 2003/41/EG und 2009/65/EG und der Verordnungen (EG) Nr. 1060/2009 und (EU) Nr. 1095/2010 (ABl. L 174 vom 1.7.2011, S. 1).

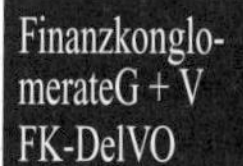

Wertpapiergeschäft werden nicht konsolidierte Beteiligungen wie folgt behandelt:

a) Nicht konsolidierte wesentliche Beteiligungen an einem Unternehmen der Finanzbranche im Sinne von Artikel 43 der Verordnung (EU) Nr. 575/2013, das der Versicherungsbranche angehört, werden in voller Höhe von den Eigenmitteln des Finanzkonglomerats abgezogen.

b) Nicht unter Buchstabe a fallende, nicht konsolidierte Beteiligungen an einem Unternehmen der Finanzbranche, das der Versicherungsbranche angehört, werden gemäß Artikel 46 der Verordnung (EU) Nr. 575/2013 in voller Höhe von den Eigenmitteln des Konglomerats abgezogen.

(3) Vorbehaltlich des Absatzes 2 werden alle Eigenmittel, die von einem Unternehmen eines Finanzkonglomerats begeben und von einem anderen Unternehmen dieses Finanzkonglomerats gehalten werden, von den Eigenmitteln des Konglomerats abgezogen, wenn sie nicht schon im Rahmen der Konsolidierung verrechnet wurden.

(4) Ein Unternehmen, bei dem es sich um ein gemeinschaftlich geführtes Unternehmen im Sinne des einschlägigen Rechnungslegungsrahmens handelt, unterliegt den Branchenvorschriften zur anteilmäßigen Konsolidierung oder zur Einbeziehung von Beteiligungsquoten.

(5) Ist ein unter die Richtlinie 2009/138/EG fallendes Unternehmen Teil eines Finanzkonglomerats, stützt sich die Berechnung der zusätzlichen Eigenkapitalanforderungen auf Ebene des Finanzkonglomerats auf die nach Titel I Kapitel VI Abschnitte 1 und 2 der Richtlinie 2009/138/EG vorgenommene Bewertung von Vermögenswerten und Verbindlichkeiten.

(6) Werden auf Vermögenswerte oder Verbindlichkeiten gemäß Teil 2 Titel I der Verordnung (EU) Nr. 575/2013 Korrekturposten und Abzüge angewandt, werden für die Berechnung der zusätzlichen Eigenkapitalanforderungen die den betreffenden Unternehmen im Rahmen dieser Verordnung zuzuweisenden Werte herangezogen und die Vermögenswerte und Verbindlichkeiten, die anderen Unternehmen des Finanzkonglomerats zuzuweisen sind, ausgeschlossen.

(7) Schreiben die Branchenvorschriften die Berechnung einer Schwelle oder Obergrenze vor, so wird diese Schwelle oder Obergrenze auf Konglomeratsebene anhand der konsolidierten Daten des Finanzkonglomerats und nach den in den Absätzen 2 und 3 verlangten Abzügen berechnet.

(8) Die beaufsichtigten Unternehmen eines Finanzkonglomerats, die in die konsolidierte Lage eines Instituts im Sinne von Teil 1 Titel II Kapitel 2 Abschnitt 1 der Verordnung (EU) Nr. 575/2013 eingehen, werden für die Zwecke der Berechnung von Schwellen oder Obergrenzen zusammengenommen betrachtet.

(9) Die beaufsichtigten Unternehmen eines Finanzkonglomerats, die unter die Gruppenaufsicht im Sinne von Titel III der Richtlinie 2009/138/EG fallen, werden für die Zwecke der Berechnung von Schwellen oder Obergrenzen zusammengenommen betrachtet.

(10) Für die Zwecke der Berechnung von Schwellen oder Obergrenzen auf Ebene des beaufsichtigten Unternehmens ermitteln die beaufsichtigten Unternehmen eines Finanzkonglomerats, auf die weder Absatz 8 noch Absatz 9 zutrifft, ihre jeweiligen Schwellen und Obergrenzen auf individueller Basis nach den für sie geltenden Branchenvorschriften.

(11) Bei Addierung der relevanten Branchensolvabilitätsanforderungen beschränken sich die Anpassungen auf die in Artikel 11 verlangte Anpassung oder auf das Ergebnis der nach Absatz 7 an branchenspezifischen Schwellen und Obergrenzen vorgenommenen Anpassungen.

Artikel 15
Präzisierung der Berechnung nach Methode 2 gemäß Richtlinie 2002/87/EG

(1) Sehen die einschlägigen Branchenvorschriften für die Eigenmittel eines beaufsichtigten Unternehmens Abzugs- und Korrekturposten vor, so wird wie folgt verfahren:

a) wenn der Betrag, der sich nach Anwendung von Abzugs- und Korrekturposten ergibt, das aufsichtsrechtlich vorgeschriebene Eigenkapital erhöht, wird er, da es sich dabei um den bei Berechnung der Eigenmittel der Beteiligungen berücksichtigten Nettobetrag handelt, gemäß Artikel 6 Absatz 4 Unterabsatz 2 der Richtlinie 2002/87/EG auf den Buchwert der Beteiligungen aufgeschlagen;

b) wenn der unter Buchstabe a genannte Betrag, der sich nach Anwendung von Abzugs- und Korrekturposten ergibt, das aufsichtsrechtlich vorgeschriebene Eigenkapital schmälert, wird er gemäß Artikel 6 Absatz 4 Unterabsatz 2 der Richtlinie 2002/87/EG vom Buchwert der Beteiligungen abgezogen.

(2) Bei Finanzkonglomeraten mit Schwerpunkt Bank- oder Wertpapiergeschäft wird eine wesentliche Beteiligung an einem Unternehmen der Finanzbranche im Sinne von Artikel 43 der Verordnung (EU) Nr. 575/2013, bei dem es sich um ein Unternehmen der Versicherungsbranche handelt, das keine Beteiligung darstellt, in voller Höhe und unter Einhaltung der jeweils geltenden Branchenvorschriften von den Eigenmitteln des die Beteiligung haltenden Unternehmens abgezogen.

(3) Gruppeninterne Beteiligungen an Kapitalinstrumenten, die den Branchenvorschriften zufolge als Eigenmittel anerkannt werden können, werden unter Berücksichtigung der maßgeblichen

branchenspezifischen Obergrenzen bei der Berechnung der Eigenmittel abgezogen oder ausgeschlossen.

(4) Die zusätzlichen Eigenkapitalanforderungen werden nach der Formel im Anhang berechnet.

Artikel 16
Präzisierung der Umstände, unter denen gemäß der Richtlinie 2002/87/EG nach Methode 3 verfahren werden kann

(1) Die zuständigen Behörden dürfen die Anwendung der in Anhang I der Richtlinie 2002/87/EG genannten Methode 3 nur unter folgenden Umständen gestatten:

a) wenn es nach vernünftigem Ermessen nicht möglich ist, entweder die in Anhang I der Richtlinie 2002/87/EG genannte Methode 1 oder die in Anhang I der Richtlinie 2002/87/EG genannte Methode 2 auf alle Unternehmen eines Finanzkonglomerats anzuwenden, und zwar insbesondere, weil ein oder mehrere Unternehmen außerhalb des Konsolidierungskreises liegen und Methode 1 somit entfällt, oder weil ein beaufsichtigtes Unternehmen seinen Sitz in einem Drittland hat und keine ausreichenden Informationen eingeholt werden können, um auf dieses Unternehmen eine der beiden Methoden anzuwenden; oder

b) wenn die Unternehmen, die eine der Methoden anwenden würden, gemessen an den mit der Beaufsichtigung beaufsichtigter Unternehmen eines Finanzkonglomerats verbundenen Zielen zusammengenommen nur von untergeordneter Bedeutung sind.

(2) Alle beaufsichtigten Unternehmen eines Finanzkonglomerats, die nicht unter Absatz 1 fallen, wenden entweder Methode 1 oder Methode 2 an.

(3) Bei der Anwendung der von einer zuständigen Behörde in Bezug auf ein Finanzkonglomerat gestatteten Methode 3 wird im Zeitverlauf konsistent verfahren.

KAPITEL IV
SCHLUSSBESTIMMUNGEN

Artikel 17
Inkrafttreten

Diese Verordnung tritt am zwanzigsten Tag nach ihrer Veröffentlichung im *Amtsblatt der Europäischen Union* in Kraft.

Artikel 5, Artikel 6 Absatz 2, Artikel 8, Artikel 9 Absatz 1 und Artikel 14 Absätze 5 und 9 gelten ab dem in Artikel 309 Absatz 1 der Richtlinie 2009/138/EG genannten Datum.

Diese Verordnung ist in allen ihren Teilen verbindlich und gilt unmittelbar in jedem Mitgliedstaat.

Brüssel, den 21. Januar 2014

Für die Kommission
Der Präsident
José Manuel BARROSO

Anhang

Berechnungsmethodik für Methode 2 gemäß der Richtlinie 2002/87/EG
Abzugs- und Aggregationsmethode

Im Rahmen der Methode 2 erfolgt die Berechnung der zusätzlichen Eigenkapitalanforderungen ausgehend von dem für die einzelnen Unternehmen der Gruppe geltenden Rechnungslegungsrahmen nach folgender Formel:

$$scar = \sum_{i=1}^{Gfin} x_i(OF_i) - \left(\sum_{i=1}^{Gfin} (REQ_i) + \sum_{j=1}^{G} (BV_j) \right)$$

$$scar \geq 0$$

wobei Eigenmittel (OF_i) gruppeninterne Kapitalinstrumente, die den Branchenvorschriften zufolge als Eigenmittel anrechenbar sind, ausschließen.

Die zusätzlichen Eigenkapitalanforderungen (*scar*) werden somit berechnet als Differenz zwischen

1. der Summe der Eigenmittel (OF_i) jedes beaufsichtigten und unbeaufsichtigten der Finanzbranche angehörenden Unternehmens (*i*) des Finanzkonglomerats, wobei die gemäß den einschlägigen Branchenvorschriften zulässigen Bestandteile herangezogen werden können, und

2. der Summe aus den Solvabilitätsanforderungen (REQi) an jedes beaufsichtigte und unbeaufsichtigte der Finanzbranche angehörende Unternehmen (i) der Gruppe (G), die gemäß den einschlägigen Branchenvorschriften berechnet werden, und dem Buchwert (BVj) der Beteiligungen an anderen Unternehmen (j) der Gruppe.

Für unbeaufsichtigte Unternehmen der Finanzbranche wird gemäß Artikel 12 eine fiktive Solvabilitätsanforderung ermittelt. Eigenmittel und Solvabilitätsanforderungen werden anteilsmäßig (*x*) gemäß Artikel 6 Absatz 4 der Richtlinie 2002/87/EG und Anhang I dieser Richtlinie berücksichtigt.

Die Differenz darf nicht negativ sein.

Delegierte Verordnung (EU) 2015/2303 der Kommission vom 28. Juli 2015 zur Ergänzung der Richtlinie 2002/87/EG des Europäischen Parlaments und des Rates durch technische Regulierungsstandards zur Präzisierung der Begriffsbestimmungen und zur Koordinierung der zusätzlichen Beaufsichtigung der Risikokonzentration und der gruppeninternen Transaktionen

ABl L 326 vom 11. 12. 2015, S 34 (Delegierte Verordnung (EU) Nr. 2015/2303)

DIE EUROPÄISCHE KOMMISSION –

gestützt auf den Vertrag über die Arbeitsweise der Europäischen Union,

gestützt auf die Richtlinie 2002/87/EG des Europäischen Parlaments und des Rates vom 16. Dezember 2002 über die zusätzliche Beaufsichtigung der Kreditinstitute, Versicherungsunternehmen und Wertpapierfirmen eines Finanzkonglomerats und zur Änderung der Richtlinien 73/239/EWG, 79/267/EWG, 92/49/EWG, 92/96/EWG, 93/6/EWG und 93/22/EWG des Rates und der Richtlinien 98/78/EG und 2000/12/EG des Europäischen Parlaments und des Rates [1)], insbesondere auf Artikel 21a Absatz 1a,

in Erwägung nachstehender Gründe:

(1) Um die Begriffsbestimmungen in Artikel 2 der Richtlinie 2002/87/EG präziser zu formulieren und eine ordnungsgemäße Koordinierung der Bestimmungen über die zusätzliche Beaufsichtigung gemäß Artikel 7 und 8 und Anhang II der genannten Richtlinie zu gewährleisten, sollten technische Regulierungsstandards festgelegt werden.

(2) Die Einzelheiten der Meldung bedeutender gruppeninterner Transaktionen und bedeutender Risikokonzentrationen sollten weiter spezifiziert werden.

(3) Gemäß Artikel 7 und 8 der Richtlinie 2002/87/EG müssen die Mitgliedstaaten beaufsichtigten Unternehmen oder gemischten Finanzholdinggesellschaften bestimmte Meldungen vorschreiben. Solche Meldungen sollten koordiniert erfolgen, um die Koordinatoren und anderen zuständigen Behörden bei der Ermittlung relevanter Aspekte zu unterstützen und um einen effizienteren Austausch von Informationen zu ermöglichen. Im Interesse einer möglichst kohärenten Meldung bedeutender Risikokonzentrationen und gruppeninterner Transaktionen sollten die beaufsichtigten Unternehmen und gemischten Finanzholdinggesellschaften den Koordinatoren zumindest bestimmte standardisierte Mindestinformationen übermitteln.

(4) Gemäß Artikel 7 und 8 der Richtlinie 2002/87/EG sind die Koordinatoren auch dazu befugt, bedeutende Risikokonzentrationen und bedeutende gruppeninterne Transaktionen zu beaufsichtigen und zu bestimmen, welche Arten von Risiken und Transaktionen beaufsichtigte Unternehmen eines Finanzkonglomerats melden müssen. Die Koordinatoren sind ferner dazu befugt, Schwellenwerte festzulegen. Um die Koordinatoren und anderen zuständigen Behörden bei der Wahrnehmung ihrer Aufgaben zu unterstützen, sollte zur Koordinierung dieser Bestimmungen eine Methodik festgelegt werden.

(5) Die Maßnahmen für die zusätzliche Beaufsichtigung der Risikokonzentration und gruppeninterner Transaktionen variieren innerhalb der Union. Deshalb sollten unter Beachtung der auf EU-Ebene und auf nationaler Ebene bestehenden Rechtsrahmen bestimmte Mindestaufsichtsmaßnahmen für die zusätzliche Beaufsichtigung der Risikokonzentration und gruppeninterner Transaktionen festgelegt werden. Die zuständigen Behörden werden durch Anwendung dieser Mindestmaßnahmen in der gesamten Union für gleiche Wettbewerbsbedingungen und eine besser koordinierte Aufsicht sorgen.

(6) Die Anforderungen an beaufsichtigte Unternehmen oder gemischte Finanzholdinggesellschaften basieren auf bestehenden branchenspezifischen Anforderungen bezüglich der Risikokonzentration und gruppeninterner Transaktionen und sollten daher nicht als Duplizierung dieser Anforderungen betrachtet werden.

[1)] *ABl. L 35 vom 11.2.2003, S. 1.*

(7) Diese Verordnung beruht auf dem Entwurf technischer Regulierungsstandards, die die ESA (Europäische Bankenaufsichtsbehörde, Europäische Aufsichtsbehörde für das Versicherungswesen und die betriebliche Altersversorgung und Europäische Wertpapier- und Marktaufsichtsbehörde) der Kommission vorgelegt haben.

(8) Die ESA haben zu dem Entwurf technischer Regulierungsstandards, auf den sich diese Verordnung stützt, offene öffentliche Konsultationen durchgeführt, die damit verbundenen potenziellen Kosten- und Nutzeneffekte analysiert und die Stellungnahme der nach Artikel 37 der Verordnungen (EU) Nr. 1093/2010 [1], (EU) Nr. 1094/2010 [2] und (EU) Nr. 1095/2010 [3] des Europäischen Parlament und des Rates eingesetzten Interessengruppen eingeholt –

HAT FOLGENDE VERORDNUNG ERLASSEN:

Artikel 1
Gegenstand

Diese Verordnung legt Vorschriften zur Regelung folgender Aspekte fest:

a) Präzisierung der Bestimmung der Begriffe „gruppeninterne Transaktionen" und „Risikokonzentration" im Sinne von Artikel 2 Nummern 18 und 19 der Richtlinie 2002/87/EG durch Festlegung von Kriterien für die Feststellung, ob gruppeninterne Transaktionen und Risikokonzentrationen bedeutend sind;

b) Koordinierung der gemäß Artikel 7 und 8 sowie Anhang II der Richtlinie 2002/87/EG verabschiedeten Bestimmungen in Bezug auf:

i) die von beaufsichtigten Unternehmen oder gemischten Finanzholdinggesellschaften dem Koordinator und anderen zuständigen Behörden für die Zwecke der generellen Aufsicht über Risikokonzentration und gruppeninterne Transaktionen zu meldenden Angaben;

ii) die vom Koordinator und von zuständigen Behörden für die Zwecke der Ermittlung der Arten bedeutender Risikokonzentrationen und bedeutender gruppeninterner Transaktionen anzuwendende Methodik;

iii) die von den zuständigen Behörden gemäß den Artikeln 7 Absatz 3 und Artikel 8 Absatz 3 der Richtlinie 2002/87/EG zu ergreifenden Aufsichtsmaßnahmen.

Artikel 2
Bedeutende gruppeninterne Transaktionen

(1) Als bedeutende gruppeninterne Transaktionen können folgende Transaktionen innerhalb eines Finanzkonglomerats betrachtet werden:

a) Investitionen und Salden zwischen Unternehmen, darunter auch Immobilien, Schuldtitel, Kapitalbeteiligungen, Darlehen, hybride und nachrangige Instrumente, forderungsbesicherte Schuldinstrumente, Regelungen für eine zentralisierte Verwaltung von Vermögenswerten oder Barmitteln oder für eine Kostenteilung, Systeme der Altersvorsorge, Verwaltungs-, Back-Office- oder andere Dienste, Dividenden, Zinszahlungen und sonstige Forderungen;

b) Garantien, Zusagen, Akkreditive oder sonstige außerbilanzielle Transaktionen;

c) Derivattransaktionen;

d) Kauf, Verkauf oder Leasing von Vermögenswerten und Verbindlichkeiten;

e) gruppeninterne Vergütungen im Zusammenhang mit Vertriebsverträgen;

f) Transaktionen zur Verlagerung von Risikopositionen zwischen Unternehmen innerhalb des Finanzkonglomerats, einschließlich Transaktionen mit Zweckgesellschaften oder anderen Nebeneinheiten;

g) Versicherungs-, Rückversicherungs- und Retrozessionsgeschäfte;

h) Geschäfte aus mehreren miteinander verbundenen Transaktionen, bei denen Vermögenswerte oder Verbindlichkeiten auf Unternehmen außerhalb des Finanzkonglomerats übertragen werden, das Risiko letztlich aber wieder in das Finanzkonglomerat zurückgeführt wird.

(2) In Bezug auf beaufsichtigte Unternehmen und gemischte Finanzholdinggesellschaften berücksichtigen der Koordinator und die anderen zuständigen Behörden bei der Ermittlung der Arten bedeutender gruppeninterner Transaktionen, der Festlegung angemessener Schwellenwerte, der Berichtzeiträume und der Beaufsichtigung bedeutender gruppeninterner Transaktionen insbesondere folgende Aspekte:

Zu Abs. 8:

[1] Verordnung (EU) Nr. 1093/2010 des Europäischen Parlaments und des Rates vom 24. November 2010 zur Errichtung einer Europäischen Aufsichtsbehörde (Europäische Bankenaufsichtsbehörde), zur Änderung des Beschlusses Nr. 716/2009/EG und zur Aufhebung des Beschlusses 2009/78/EG der Kommission (ABl. L 331 vom 15.12.2010, S. 12).

[2] Verordnung (EU) Nr. 1094/2010 des Europäischen Parlaments und des Rates vom 24. November 2010 zur Errichtung einer Europäischen Aufsichtsbehörde (Europäische Aufsichtsbehörde für das Versicherungswesen und die betriebliche Altersversorgung), zur Änderung des Beschlusses Nr. 716/2009/EG und zur Aufhebung des Beschlusses 2009/79/EG der Kommission (ABl. L 331 vom 15.12.2010, S. 48).

[3] Verordnung (EU) Nr. 1095/2010 des Europäischen Parlaments und des Rates vom 24. November 2010 zur Errichtung einer Europäischen Aufsichtsbehörde (Europäische Wertpapier- und Marktaufsichtsbehörde), zur Änderung des Beschlusses Nr. 716/2009/EG und zur Aufhebung des Beschlusses 2009/77/EG der Kommission (ABl. L 331 vom 15.12.2010, S. 84).

a) spezifische Struktur des Finanzkonglomerats, Komplexität der gruppeninternen Transaktionen, jeweilige geographische Lage der Gegenpartei und Status der Gegenpartei als beaufsichtigtes bzw. unbeaufsichtigtes Unternehmen;

b) mögliche Ansteckungseffekte innerhalb des Finanzkonglomerats;

c) mögliche Umgehung branchenspezifischer Bestimmungen;

d) mögliche Interessenkonflikte;

e) Solvabilität und Liquidität der Gegenpartei;

f) Transaktionen zwischen Unternehmen verschiedener Branchen eines Finanzkonglomerats, falls nicht bereits auf Branchenebene gemeldet;

g) Transaktionen innerhalb einer Finanzbranche, die nicht bereits gemäß den branchenspezifischen Bestimmungen gemeldet wurden.

(3) Der Koordinator und die anderen zuständigen Behörden einigen sich auf Form und Inhalt der Meldung bedeutender gruppeninterner Transaktionen, einschließlich der Sprache, der Meldefristen und der Kommunikationskanäle.

(4) Der Koordinator und die anderen zuständigen Behörden verlangen von beaufsichtigten Unternehmen oder gemischten Finanzholdinggesellschaften, im Rahmen ihrer Meldung zumindest Folgendes anzugeben:

a) Datum und Höhe der bedeutenden Transaktionen, Namen und Handelsregisternummer oder eine andere Identifikationsnummer der betreffenden Unternehmen der Gruppe und der Gegenparteien, gegebenenfalls die globale Unternehmenskennung (Legal Entity Identifier, LEI);

b) kurze Beschreibung der bedeutenden gruppeninternen Transaktionen nach Transaktionsart gemäß Absatz 1;

c) Gesamtvolumen aller bedeutenden gruppeninternen Transaktionen eines bestimmten Finanzkonglomerats innerhalb eines bestimmten Berichtszeitraums;

d) Informationen über den Umgang mit Interessenkonflikten und Ansteckungsgefahren auf Ebene des Finanzkonglomerats in Bezug auf bedeutende gruppeninterne Transaktionen unter Berücksichtigung der Strategie des Finanzkonglomerats zur Kombinierung von Banken-, Versicherungs- und Investmentdienstleistungen oder eine Einschätzung der eigenen Risiken innerhalb der einzelnen Branchen, wobei auch der Umgang mit Interessenkonflikten und Ansteckungsgefahren im Zusammenhang mit bedeutenden gruppeninternen Transaktionen berücksichtigt wird.

(5) Im Rahmen eines einzigen Geschäftsvorgangs durchgeführte Transaktionen werden für die Zwecke der Berechnung der Schwellenwerte gemäß Artikel 8 Absatz 2 der Richtlinie 2002/87/EG aggregiert.

Artikel 3
Bedeutende Risikokonzentration

(1) Eine bedeutende Risikokonzentration ergibt sich im Falle beaufsichtigter Unternehmen und gemischter Finanzholdinggesellschaften aus Risikopositionen gegenüber Gegenparteien, die nicht Teil des Finanzkonglomerats sind, wenn diese Risikopositionen

a) direkte oder indirekte Risikopositionen sind;

b) Bilanz- und außerbilanzielle Posten sind;

c) beaufsichtigte und nicht beaufsichtigte Unternehmen, die gleichen oder verschiedene Finanzbranchen eines Finanzkonglomerats betreffen;

d) sich aus einer beliebigen Kombination oder Wechselwirkung zwischen den unter den Buchstaben a, b oder c genannten Positionen ergeben.

(2) Gegenpartei- oder Kreditrisiko umfassen insbesondere Risiken im Zusammenhang mit miteinander verbundenen Gegenparteien in Gruppen, die nicht Teil des Finanzkonglomerats sind, und schließen auch eine Anhäufung von Forderungen gegenüber diesen Gegenparteien ein.

(3) In Bezug auf beaufsichtigte Unternehmen und gemischte Finanzholdinggesellschaften berücksichtigen der Koordinator und die anderen zuständigen Behörden bei der Ermittlung der Arten bedeutender Risikokonzentrationen und bei der Festlegung angemessener Schwellenwerte und der Fristen für die Meldung und Beaufsichtigung bedeutender Risikokonzentrationen insbesondere folgende Aspekte:

a) Solvabilität und Liquidität auf Ebene des Finanzkonglomerats und einzelner Unternehmen des Finanzkonglomerats;

b) Größe, Komplexität und besondere Struktur des Finanzkonglomerats, einschließlich des Vorhandenseins von Zweckgesellschaften, Nebeneinheiten und Unternehmen aus Drittländern;

c) spezifisches Risikomanagement des Finanzkonglomerats und Merkmale des Governance-Systems;

d) Diversifizierung der Risikopositionen und des Anlageportfolios des Finanzkonglomerats;

e) Diversifizierung der Finanztätigkeiten des Finanzkonglomerats in Bezug auf geographische Gebiete und Geschäftsbereiche;

f) Beziehungen, Korrelation und Wechselwirkungen zwischen Risikofaktoren in Bezug auf alle Unternehmen des Finanzkonglomerats;

g) mögliche Ansteckungseffekte innerhalb des Finanzkonglomerats;

h) mögliche Umgehung branchenspezifischer Bestimmungen;

i) möglicher Interessenkonflikte;

j) Höhe oder Umfang der Risiken;

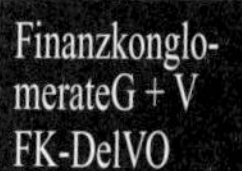

k) mögliche Akkumulierung und Interaktion der Risikopositionen von Unternehmen verschiedener Finanzbranchen des Finanzkonglomerats, sofern diese nicht bereits auf Branchenebene gemeldet werden;

l) Risikopositionen innerhalb einer Finanzbranche des Finanzkonglomerats, die nicht gemäß den branchenspezifischen Bestimmungen gemeldet werden.

(4) Der Koordinator und die anderen zuständigen Behörden einigen sich auf Form und Inhalt der Meldung bedeutender Risikokonzentrationen, einschließlich der Sprache, der Meldefristen und der Kommunikationskanäle.

(5) Der Koordinator und die anderen zuständigen Behörden verlangen von beaufsichtigten Unternehmen oder gemischten Finanzholdinggesellschaften, im Rahmen ihrer Meldung zumindest Folgendes anzugeben:

a) Beschreibung der bedeutenden Risikokonzentration nach Art der in Absatz 1 genannten Risiken;

b) Aufschlüsselung der bedeutenden Risikokonzentration nach Gegenparteien und Gruppen verbundener Gegenparteien, geographischen Gebieten, Wirtschaftsbranchen und Währungen unter Angabe der Namen, Handelsregisternummer oder anderen Identifikationsnummer der betreffenden Gruppenunternehmen des Finanzkonglomerats und der jeweiligen Gegenparteien, gegebenenfalls einschließlich LEI;

c) Gesamthöhe jeder bedeutenden Risikokonzentration bei Ende des betreffenden Berichtszeitraums, bewertet nach den geltenden branchenspezifischen Vorschriften;

d) gegebenenfalls Höhe der bedeutenden Risikokonzentration unter Berücksichtigung von Risikominderungstechniken und Risikogewichtung;

e) Informationen über den Umgang mit Interessenkonflikten und Ansteckungsgefahren auf Ebene des Finanzkonglomerats in Bezug auf bedeutende Risikokonzentrationen unter Berücksichtigung der Strategie des Finanzkonglomerats zur Kombinierung von Banken-, Versicherungs- und Investmentdienstleistungen oder eine Einschätzung der eigenen Risiken innerhalb der einzelnen Branchen, wobei auch der Umgang mit Interessenkonflikten und Ansteckungsgefahren im Zusammenhang mit bedeutenden Risikokonzentrationen berücksichtigt wird.

Artikel 4
Aufsichtsmaßnahmen

Unbeschadet aller sonstigen ihnen übertragenen Aufsichtsbefugnisse werden die zuständigen Behörden insbesondere

1. von beaufsichtigten Unternehmen oder gemischten Finanzholdinggesellschaften gegebenenfalls verlangen,

a) gruppeninterne Transaktionen des Finanzkonglomerats nach dem Fremdvergleichsgrundsatz durchzuführen oder gruppeninterne Transaktionen, die nicht nach dem Fremdvergleichsgrundsatz durchgeführt werden, zu melden;

b) gruppeninterne Transaktionen des Finanzkonglomerats durch entsprechende interne Verfahren unter Einbeziehung des Leitungsorgans im Sinne von Artikel 3 Nummer 1 der Richtlinie 2013/36/EU des Europäischen Parlaments und des Rates [1)] oder des Verwaltungs-, Leitungs- oder Aufsichtsorgan im Sinne von Artikel 40 der Richtlinie 2009/138/EG des Europäischen Parlaments und des Rates [2)] zu genehmigen;

c) bedeutende Risikokonzentrationen und bedeutende gruppeninterne Transaktionen häufiger zu melden als gemäß Artikel 7 Absatz 2 und Artikel 8 Absatz 2 der Richtlinie 2002/87/EG gefordert;

d) zusätzliche Meldungen über bedeutende Risikokonzentrationen und bedeutende gruppeninterne Transaktionen des Finanzkonglomerats einzuführen;

e) die Risikomanagementverfahren und internen Kontrollmechanismen des Finanzkonglomerats zu stärken;

f) Pläne für die Wiederherstellung der Konformität mit den aufsichtlichen Anforderungen vorzulegen und zu verbessern und eine Frist für deren Umsetzung festzulegen;

2. angemessene Schwellenwerte für die Ermittlung und Beaufsichtigung bedeutender Risikokonzentrationen und bedeutender gruppeninterner Transaktionen festlegen.

Artikel 5

Diese Verordnung tritt am zwanzigsten Tag nach ihrer Veröffentlichung im *Amtsblatt der Europäischen Union* in Kraft.

Diese Verordnung ist in allen ihren Teilen verbindlich und gilt unmittelbar in jedem Mitgliedstaat.

Brüssel, den 28. Juli 2015

Zu Artikel 4:

[1)] Richtlinie 2013/36/EU des Europäischen Parlaments und des Rates vom 26. Juni 2013 über den Zugang zur Tätigkeit von Kreditinstituten und die Beaufsichtigung von Kreditinstituten und Wertpapierfirmen, zur Änderung der Richtlinie 2002/87/EG und zur Aufhebung der Richtlinien 2006/48/EG und 2006/49/EG (ABl. L 176 vom 27.6.2013, S. 338).

[2)] Richtlinie 2009/138/EG des Europäischen Parlaments und des Rates vom 25. November 2009 betreffend die Aufnahme und Ausübung der Versicherungs- und der Rückversicherungstätigkeit (Solvabilität II) (ABl. L 335 vom 17.12.2009, S. 1).

Bundesgesetz über die Aufsicht über Abschlussprüfer und Prüfungsgesellschaften (Abschlussprüfer-Aufsichtsgesetz – APAG)

BGBl I 2016/83 idF

1 BGBl I 2017/107 **2** BGBl I 2018/30

Bundesgesetz über die Aufsicht über Abschlussprüfer und Prüfungsgesellschaften (Abschlussprüfer-Aufsichtsgesetz – APAG)

1. Teil

Allgemeines

Gegenstand und Zweck

§ 1. (1) Dieses Bundesgesetz regelt die Aufsicht über Abschlussprüfer und Prüfungsgesellschaften und legt fest, unter welchen Voraussetzungen Abschlussprüfer und Prüfungsgesellschaften zur Durchführung von Abschlussprüfungen berechtigt sind.

(2) Dieses Bundesgesetz enthält:

1. Bestimmungen zur Umsetzung der Richtlinie 2006/43/EG über Abschlussprüfungen von Jahresabschlüssen und konsolidierten Abschlüssen, zur Änderung der Richtlinien 78/660/EWG und 83/349/EWG des Rates und zur Aufhebung der Richtlinie 84/253/EWG des Rates, ABl. Nr. L 157 vom 09.06.2006 S. 87, in der Fassung der Richtlinie 2014/56/EU, ABl. Nr. L 158 vom 27.05.2014, S. 196 in österreichisches Recht und

2. Bestimmungen zur Durchführung der Verordnung (EU) Nr. 537/2014 über spezifische Anforderungen an die Abschlussprüfung bei Unternehmen von öffentlichem Interesse und zur Aufhebung des Beschlusses 2005/909/EG der Kommission, ABl. Nr. L 158 vom 27.05.2014 S. 77, in der Fassung der Berichtigung ABl. Nr. L 170 vom 11.06.2014 S. 66.

(3) Die Bestimmungen der §§ 61 bis 67 sind sinngemäß auch auf natürliche und juristische Personen anzuwenden, die Abschlussprüfungen ohne aufrechte Bescheinigung durchführen.

(4) Soweit nicht in einem anderen Bundesgesetz anderes bestimmt ist, regelt dieses Bundesgesetz auch die Aufsicht über Unternehmen von öffentlichem Interesse gemäß § 189a Z 1 lit. a und d des Unternehmensgesetzbuches, dRGBl. S. 219/1897, betreffend die Einhaltung abschlussprüfungsrelevanter Verpflichtungen, insbesondere der Verpflichtungen gemäß § 92 Abs. 4a des Aktiengesetzes, BGBl. Nr. 98/1965, § 30g Abs. 4a des Gesetzes über Gesellschaften mit beschränkter Haftung, RGBl. Nr. 58/1906, § 51 Abs. 3a des SE-Gesetzes, BGBl. I Nr. 67/2004, § 24c Abs. 6 des Gesetzes vom 9. April 1873 über Erwerbs- und Wirtschaftsgenossenschaften, RGBl. Nr. 70/1873, sowie Art. 16 und 17 der Verordnung (EU) Nr. 537/2014.

Begriffsbestimmungen

§ 2. Im Sinne dieses Bundesgesetzes sind bzw. ist

1. „Abschlussprüfungen" bundesgesetzlich vorgeschriebene Prüfungen des Jahresabschlusses oder des konsolidierten Abschlusses, ausgenommen Prüfungen des Jahresabschlusses oder des konsolidierten Abschlusses von Vereinen gemäß Vereinsgesetz 2002 – VerG, BGBl. I Nr. 66/2002, und Stiftungen gemäß Privatstiftungsgesetz – PSG, BGBl. Nr. 694/1993 oder gemäß Bundes-Stiftungs- und Fondsgesetz 2015 – BStFG 2015, BGBl. I Nr. 160/2015, sofern sie nicht dem Versicherungsaufsichtsgesetz 2016 – VAG 2016, BGBl. I Nr. 34/2015, unterliegen, sowie von nicht abschlussprüfungspflichtigen Genossenschaften gemäß Gesetz vom 9. April 1873 über Erwerbs- und Wirtschaftsgenossenschaften,

2. „Abschlussprüfer" alle berufsberechtigten Wirtschaftsprüfer und eingetragenen Revisoren, die über eine aufrechte Bescheinigung gemäß § 35 oder § 36 verfügen,

3. „Prüfungsgesellschaften" alle Unternehmen einschließlich des Sparkassen-Prüfungsverbandes sowie der Revisionsverbände, die über eine aufrechte Bescheinigung gemäß § 35 oder § 36 verfügen,

4. „Revisionsverbände" alle jene Vereine und Genossenschaften, die gemäß § 19 des Genossenschaftsrevisionsgesetzes 1997 (GenRevG 1997), BGBl. I Nr. 127/1997, als Revisionsverbände anerkannt wurden,

5. der „Sparkassen-Prüfungsverband" die Körperschaft gemäß § 24 des Sparkassengesetzes (SpG), BGBl. Nr. 64/1979,

6. „Inspektor" ein Prüfer gemäß Art. 26 Abs. 1 lit. b der Verordnung (EU) Nr. 537/2014,

7. „Inspektionen" Qualitätssicherungsprüfungen gemäß Art. 26 Abs. 1 lit. a der Verordnung (EU) Nr. 537/2014,

8. „Sachverständiger" eine natürliche Person gemäß Art. 26 Abs. 1 lit. c der Verordnung (EU) Nr. 537/2014, die nicht in Entscheidungsprozesse

der Abschlussprüferaufsichtsbehörde (APAB) eingebunden ist,

9. „Unternehmen von öffentlichem Interesse" Unternehmen gemäß § 189a Z 1 Unternehmensgesetzbuch (UGB), dRGBl. S 219/1897, wobei die in Art. 2 Abs. 3 der Verordnung (EU) Nr. 537/2014 genannten Unternehmen im Rahmen dieses Gesetzes nur dann als Unternehmen von öffentlichem Interesse gelten, wenn sie Wertpapiere begeben haben, welche an einem geregelten Markt eines Mitgliedstaats der Europäischen Union oder eines anderen EWR- Vertragsstaats im Sinn des Art. 4 Abs. 1 Nr. 21 der Richtlinie 2014/65/EU über Märkte für Finanzinstrumente sowie zur Änderung der Richtlinien 2002/92/EG und 2011/61/EU, ABl. Nr. L 173 vom 12.06.2014 S. 349, geändert durch Verordnung (EU) Nr. 909/2014, ABl. Nr. L 257 vom 28.08.2014 S. 1, in der Fassung der Berichtigung ABl. Nr. L 74 vom 18.03.2015 S. 38 zugelassen sind,

10. „Sparkassen" Sparkassen gemäß § 1 SpG,

11. „Prüfungsbetrieb" eine organisatorische Einheit, die zur Durchführung von Abschlussprüfungen ein einheitliches internes Qualitätssicherungssystem verwendet, wobei sich diese organisatorische Einheit auf den gesamten oder einen Teil des Betriebes eines Abschlussprüfers oder einer Prüfungsgesellschaft, einen Zusammenschluss von Abschlussprüfern oder Prüfungsgesellschaften oder auf die Betriebe mehrerer Abschlussprüfer oder Prüfungsgesellschaften erstrecken kann,

12. „Qualitätssicherungsprüfungen" Überprüfungen der Gestaltung und Einhaltung von Qualitätssicherungsmaßnahmen und der Einhaltung der Qualitätssicherungsmaßnahmen bei Abschlussprüfern und Prüfungsgesellschaften, die keine Unternehmen von öffentlichem Interesse prüfen. Bei Abschlussprüfern und Prüfungsgesellschaften, die Unternehmen von öffentlichem Interesse prüfen, wird in Qualitätssicherungsprüfungen nur die Einhaltung der Qualitätssicherungsmaßnahmen bei der Durchführung von Abschlussprüfungen bei Unternehmen, die nicht von öffentlichem Interesse sind, überprüft,

13. „Qualitätssicherungsprüfer" eine natürliche oder juristische Person, die zur Durchführung von Qualitätssicherungsprüfungen befugt ist,

14. „Prüfungsgesellschaft aus einem Drittstaat" ein Unternehmen gleich welcher Rechtsform, das Prüfungen des Jahresabschlusses oder des konsolidierten Abschlusses von in einem Drittstaat eingetragenen Gesellschaften durchführt, und das nicht in einem Mitgliedstaat der Europäischen Union oder einem anderen EWR-Vertragsstaat als Prüfungsgesellschaft infolge einer Zulassung registriert ist,

15. „Abschlussprüfer aus einem Drittstaat" eine natürliche Person, die Prüfungen des Jahresabschlusses oder des konsolidierten Abschlusses von in einem Drittland eingetragenen Gesellschaften durchführt, und die nicht in einem Mitgliedstaat der Europäischen Union oder einem anderen EWR-Vertragsstaat als Abschlussprüfer infolge einer Zulassung registriert ist,

16. „Nichtberufsausübender" eine natürliche Person, die während ihrer Beauftragung mit der öffentlichen Aufsicht und während der drei Jahre unmittelbar vor dieser Beauftragung keine Abschlussprüfungen durchgeführt hat, keine Stimmrechte in einer Prüfungsgesellschaft gehalten hat, weder Mitglied eines Verwaltungs-, Leitungs- oder Aufsichtsorgans einer Prüfungsgesellschaft noch bei einer Prüfungsgesellschaft angestellt war noch in sonst vergleichbarer Weise mit einer Prüfungsgesellschaft verbunden war,

17. „Mittelgroße Unternehmen" Unternehmen gemäß § 221 Abs. 2 UGB,

18. „Kleine Unternehmen" Unternehmen gemäß § 221 Abs. 1 UGB,

19. „Herkunftsmitgliedstaat" ein EU-Mitgliedstaat, in dem ein Abschlussprüfer oder eine Prüfungsgesellschaft zugelassen wurde,

20. „Herkunftsstaat" ein Herkunftsmitgliedstaat oder ein anderer EWR-Vertragsstaat, in dem ein Abschlussprüfer oder eine Prüfungsgesellschaft zugelassen wurde,

21. „Aufnahmemitgliedstaat" ein EU-Mitgliedstaat, in dem ein Abschlussprüfer mit Zulassung im Herkunftsmitgliedstaat ebenfalls eine Zulassung gemäß Art. 14 der Richtlinie 2006/43/EG beantragt, oder ein EU-Mitgliedstaat, in dem eine Prüfungsgesellschaft mit Zulassung im Herkunftsmitgliedstaat gemäß Art. 3a der Richtlinie 2006/43/EG die Registrierung beantragt hat oder registriert ist,

22. „Ausschuss der Aufsichtsstellen" der Ausschuss der Europäischen Aufsichtsstellen für Abschlussprüfer gemäß Art. 30 der Verordnung (EU) Nr. 537/2014,

23. „Verantwortlicher Prüfer" eine natürliche Person, die für die Durchführung der Abschlussprüfung sowie den erteilten Bestätigungsvermerk verantwortlich ist,

24. „Qualifizierter Assistent" ein im Rahmen einer Qualitätssicherungsprüfung mitwirkender Wirtschaftsprüfer, Steuerberater oder Berufsanwärter, der mindestens drei Jahre Berufserfahrung hat und davon mindestens 50 vH in der Abschlussprüfung tätig war.

2. Teil
Organisation

Errichtung der Abschlussprüferaufsichtsbehörde

§ 3. (1) **(Verfassungsbestimmung)** Zur Durchführung der Aufsicht über Abschlussprüfer und Prüfungsgesellschaften wird unter der Bezeichnung „Abschlussprüferaufsichtsbehörde“ (APAB) eine Anstalt öffentlichen Rechts mit eigener Rechtspersönlichkeit eingerichtet. Diese ist in Ausübung ihres Amtes an keine Weisungen gebunden.

(2) Der Sitz der APAB ist Wien. Ihr Wirkungsbereich erstreckt sich auf das gesamte Bundesgebiet. Sie ist berechtigt, das Bundeswappen zu führen.

(3) Die Gewerbeordnung 1994 (GewO 1994), BGBl. Nr. 194/1994, ist auf die APAB nicht anzuwenden.

(4) Das Bundesverwaltungsgericht erkennt über Beschwerden gegen Bescheide der APAB durch Senat, ausgenommen in Verwaltungsstrafsachen gemäß § 65 Abs. 1 und in Fällen des § 26 Abs. 4 und 6.

(5) Die Kosten für den laufenden Betrieb der APAB sind durch kostendeckende Beiträge gemäß § 21 zu decken.

(6) Die APAB ist Verwaltungsstrafbehörde.

Aufgaben und Befugnisse der Abschlussprüferaufsichtsbehörde (APAB)

§ 4. (1) Die APAB ist die zuständige Behörde im Sinne des Art. 2 Z 10 der Richtlinie 2006/43/EG und des Art. 3 der Verordnung (EU) Nr. 537/2014. Die APAB hat alle in diesem Bundesgesetz und in der Verordnung (EU) Nr. 537/2014 festgelegten behördlichen Aufgaben wahrzunehmen und Befugnisse auszuüben.

(2) Zu den Aufgaben der APAB zählen:

1. die Durchführung von Qualitätssicherungsprüfungen gemäß den §§ 24 bis 42,

2. die Durchführung von Inspektionen gemäß Art. 26 der Verordnung (EU) Nr. 537/2014,

3. die Durchführung von Untersuchungen gemäß § 61,

4. die Verhängung von Sanktionen gemäß den §§ 62 bis 65,

5. die Zustimmung zu Berufsgrundsätzen für Abschlussprüfer, zu Standards für die interne Qualitätssicherung von Prüfungsgesellschaften sowie zu Prüfungsstandards gemäß § 57,

6. die Beaufsichtigung der Einhaltung der Fortbildungsverpflichtung gemäß § 56,

7. die Registrierung von Abschlussprüfern und Prüfungsgesellschaften gemäß den §§ 52 bis 54,

8. die Überwachung der Qualität und des Wettbewerbs auf dem inländischen Markt für Abschlussprüfungsleistungen für Unternehmen von öffentlichem Interesse gemäß Art. 27 der Verordnung (EU) Nr. 537/2014,

9. die Zusammenarbeit mit anderen zuständigen österreichischen Behörden gemäß Art. 25 Verordnung (EU) Nr. 537/2014,

10. die Wahrnehmung der Aufgaben der europäischen und internationalen Zusammenarbeit gemäß den §§ 69 ff,

11. die Vertretung Österreichs im Ausschuss der Aufsichtsstellen gemäß Art. 30 der Verordnung (EU) Nr. 537/2014 und

12. die Veröffentlichung von Jahresberichten und jährlichen Arbeitsprogrammen sowie der Berichte gemäß Art. 28 der Verordnung (EU) Nr. 537/2014.

(3) Zur Erfüllung ihrer Aufgaben gemäß Abs. 2 ist die APAB insbesondere berechtigt:

1. von Abschlussprüfern und Prüfungsgesellschaften alle Informationen zu verlangen, die für Angelegenheiten der Aufsicht erforderlich sind,

2. bei Abschlussprüfern und Prüfungsgesellschaften, die Unternehmen von öffentlichem Interesse prüfen, die Befugnisse gemäß Art. 23 der Verordnung (EU) Nr. 537/2014 wahrzunehmen,

3. Hilfeleistungen gemäß § 80 in Anspruch zu nehmen und

4. Kollegien mit den zuständigen Stellen anderer Mitgliedstaaten der Europäischen Union oder anderen EWR-Vertragsstaaten gemäß Art. 32 der Verordnung (EU) Nr. 537/2014 zu bilden oder darin mitzuarbeiten.

Organe

§ 5. Organe der APAB sind:

1. der Vorstand und

2. der Aufsichtsrat.

Vorstand

§ 6. (1) Der Vorstand der APAB besteht aus zwei Mitgliedern.

(2) Die Mitglieder des Vorstandes werden auf Grund eines Vorschlags des Aufsichtsrats von der Bundesregierung bestellt; die Wiederbestellung ist zulässig. Die Funktionsperiode beträgt fünf Jahre.

(3) Zu Mitgliedern des Vorstandes dürfen nur Personen bestellt werden, die nichtberufsausübend gemäß § 2 Z 16, aber zumindest in einem der für die Aufsicht relevanten Bereiche (Wirtschaftsprüfung, Rechnungslegung, Rechtswissenschaften) fachkundig sind. Ein Mitglied des Vorstandes muss dabei die Qualifikation eines Wirtschaftsprüfers haben. Die Mitglieder des Vorstands ha-

ben die Anforderungen des Art. 21 der Verordnung (EU) Nr. 537/2014 zu erfüllen.

(4) Vor der Bestellung von Mitgliedern des Vorstandes hat der Bundesminister für Finanzen eine Ausschreibung zu veranlassen. Das Stellenbesetzungsgesetz, BGBl. I Nr. 26/1998, ist anzuwenden.

(5) Mitglieder des Vorstandes dürfen nicht vom Wahlrecht in den Nationalrat ausgeschlossen sein und müssen ihre Funktion hauptberuflich ausüben.

Aufgaben des Vorstandes

§ 7. (1) Der Vorstand hat den gesamten Dienstbetrieb zu leiten und die Geschäfte der APAB zu führen. Der Vorstand vertritt die APAB gerichtlich und außergerichtlich.

(2) Der Vorstand hat eine Geschäftsordnung zu erlassen, die der Genehmigung des Aufsichtsrates bedarf. In der Geschäftsordnung ist dafür Vorsorge zu treffen, dass die APAB ihre Aufgaben in gesetzmäßiger, zweckmäßiger, wirtschaftlicher und sparsamer Weise besorgt und die bei der APAB beschäftigten Bediensteten sachgerecht verwendet werden. In der Geschäftsordnung ist insbesondere auch zu regeln, inwieweit der Vorstand unbeschadet seiner Verantwortlichkeit für die Tätigkeit der APAB sich bei den zu treffenden Entscheidungen oder Verfügungen oder sonstigen Amtshandlungen durch Bedienstete der APAB vertreten lassen kann. Im organisatorischen Aufbau und in der Geschäftsordnung sind die fachlichen Besonderheiten und unterschiedlichen Zielsetzungen verschiedener Aufsichtsbereiche angemessen zu berücksichtigen.

(3) Die Geschäftsordnung gemäß Abs. 2 ist in der jeweils geltenden Fassung gemeinsam mit einem Unterschriftenverzeichnis der auf Grund der Geschäftsordnung ermächtigten Bediensteten in den Räumlichkeiten der APAB zur öffentlichen Einsicht aufzulegen. Die Geschäftsordnung ist auch auf der Website der APAB zu veröffentlichen.

(4) Der Vorstand hat eine Compliance-Ordnung zu erstellen, die der Genehmigung des Aufsichtsrates bedarf. In der Compliance-Ordnung sind Richtlinien für die Vorgangsweise beim Abschluss von privaten Rechtsgeschäften zwischen den Mitgliedern des Vorstandes und des Aufsichtsrates sowie APAB-Bediensteten einerseits mit den beaufsichtigten Abschlussprüfern und Prüfungsgesellschaften andererseits zu erstellen.

(5) Der Vorstand hat dem Aufsichtsrat vierteljährlich einen Bericht über die Aufsichtsführung im Berichtszeitraum zu geben. Weiters ist dem Aufsichtsrat über die geplante Aufsichtspolitik und die für die folgende Berichtsperiode zu setzenden Tätigkeitsschwerpunkte zu berichten.

Ende der Funktion als Vorstand

§ 8. (1) Die Funktion eines Mitgliedes des Vorstandes der APAB endet

1. mit Ablauf der Funktionsperiode,

2. mit der Zustimmung des Aufsichtsrates zur Zurücklegung der Funktion aus wichtigen Gründen,

3. mit der Abberufung gemäß Abs. 3 oder

4. mit dem Tod.

(2) Die beabsichtigte Zurücklegung der Funktion ist vom betreffenden Mitglied des Vorstandes dem Aufsichtsrat sowie dem Bundesminister für Finanzen frühestmöglich unter Nennung der Gründe schriftlich bekannt zu geben. Erteilt der Aufsichtsrat seine Zustimmung, so hat er diese unverzüglich unter Angabe des Zeitpunkts der Wirksamkeit der Zurücklegung der Funktion des betreffenden Vorstandsmitgliedes dem Bundesminister für Finanzen schriftlich mitzuteilen. Der Bundesminister für Finanzen hat die Bundesregierung von der Zurücklegung der Funktion zu informieren und die Bestellung eines neuen Mitgliedes des Vorstandes gemäß § 6 Abs. 2 iVm § 6 Abs. 4 zu veranlassen. Für den Fall, dass der Funktionsantritt des neu bestellten Mitgliedes des Vorstandes nach dem Zeitpunkt des Ausscheidens des ehemaligen Mitgliedes erfolgt, ist für die Dauer der Vakanz ein geeignetes Ersatzmitglied vom Bundesminister für Finanzen auf Vorschlag des Aufsichtsrates unverzüglich zu bestellen; § 6 findet hierbei keine Anwendung. Die vorstehenden Bestimmungen über die Bestellung eines neuen Mitgliedes des Vorstandes sowie für die Bestellung eines Ersatzmitgliedes gelten in gleicher Weise für den Fall der Abberufung gemäß Abs. 3.

(3) Der Bundesminister für Finanzen hat ein Mitglied des Vorstandes abzuberufen, wenn ein wichtiger Grund vorliegt, wie insbesondere

1. Wegfall einer Bestellungsvoraussetzung oder

2. nachträgliches Hervorkommen, dass eine Bestellungsvoraussetzung nicht gegeben war, oder

3. grobe Pflichtverletzung oder

4. dauernde Dienstunfähigkeit oder wenn das betreffende Mitglied infolge Krankheit, Unfall oder eines Gebrechens länger als ein halbes Jahr vom Dienst abwesend ist oder

5. wenn trotz gemäß § 11 durchgeführter Aufsichtsmaßnahmen Pflichtverletzungen nicht oder nicht nachhaltig beseitigt wurden.

(4) Der Bundesminister für Finanzen hat bei Gefahr in Verzug das betreffende Mitglied des Vorstandes sofort abzuberufen.

Aufsichtsrat

§ 9. (1) Der Aufsichtsrat der APAB besteht aus dem Vorsitzenden, dem Stellvertreter des Vorsitzenden und „zwei“ weiteren Mitgliedern. *(BGBl I 2018/30)*

(2) Die Mitglieder des Aufsichtsrates dürfen während ihrer Funktionsperiode sowie innerhalb der ihrer Bestellung vorangegangenen drei Jahre keine Abschlussprüfungen bei Unternehmen von öffentlichem Interesse durchführen oder durchgeführt haben. Die Mitglieder des Aufsichtsrates müssen insbesondere in den Bereichen Rechnungslegung, Finanzwesen, Wissenschaft oder Rechtsprechung tätig sein oder tätig gewesen sein und müssen über entsprechende Kenntnisse in den für die Ausübung der Tätigkeit der Abschlussprüfung relevanten Bereichen verfügen. Zu Mitgliedern des Aufsichtsrates dürfen nur geeignete und zuverlässige Personen bestellt werden, die nicht vom Wahlrecht in den Nationalrat ausgeschlossen sind.

(3) Der Vorsitzende und zwei weitere Mitglieder des Aufsichtsrates werden vom Bundesminister für Finanzen „ “ und ein Mitglied des Aufsichtsrates vom Bundesminister für Wissenschaft, Forschung und Wirtschaft jeweils nach Anhörung der Sozialpartner für die Dauer von fünf Jahren bestellt. Die Wiederbestellung nach Ablauf der Funktionsdauer ist zulässig. *(BGBl I 2018/30)*

(4) Die Funktion eines Mitgliedes des Aufsichtsrates endet:

1. mit Ablauf der Funktionsperiode,

2. durch Zurücklegung der Funktion,

3. durch Abberufung gemäß Abs. 5 oder

4. mit dem Tod.

Im Fall der Z 2 und 3 ist unverzüglich ein neues Mitglied für die Dauer der restlichen Funktionsperiode des ausgeschiedenen Mitgliedes zu bestellen.

(5) Der Bundesminister für Finanzen „ “ und der Bundesminister für Wissenschaft, Forschung und Wirtschaft haben die von ihnen bestellten Mitglieder des Aufsichtsrates abzuberufen, wenn *(BGBl I 2018/30)*

1. eine Voraussetzung für die Bestellung wegfällt,

2. nachträglich hervorkommt, dass eine Bestellungsvoraussetzung nicht gegeben war,

3. dauernde Unfähigkeit zur Ausübung der Funktion eintritt oder

4. grobe Pflichtverletzung vorliegt.

Der Bundesminister für Finanzen „ “ und der Bundesminister für Wissenschaft, Forschung und Wirtschaft haben bei Gefahr in Verzug das betreffende Mitglied des Aufsichtsrates sofort abzuberufen. *(BGBl I 2018/30)*

Sitzungen und Beschlussfähigkeit des Aufsichtsrates

§ 10. (1) Der Vorsitzende des Aufsichtsrates hat unter Angabe der Tagesordnung mindestens einmal in jedem Kalendervierteljahr sowie bei wichtigem Anlass unverzüglich eine Sitzung des Aufsichtsrates einzuberufen. Die Sitzung muss binnen zwei Wochen nach der Einberufung stattfinden.

(2) Jedes Mitglied des Aufsichtsrates, der Vorstand sowie der Bundesminister für Finanzen können aus wichtigem Anlass die unverzügliche Einberufung des Aufsichtsrates verlangen.

(3) Der Aufsichtsrat ist beschlussfähig, wenn mindestens drei Mitglieder, darunter der Vorsitzende oder dessen Stellvertreter, anwesend sind. Der Aufsichtsrat fasst seine Beschlüsse mit einfacher Stimmenmehrheit. Bei Gleichheit der abgegebenen Stimmen entscheidet die Stimme des Vorsitzführenden. Eine Stimmenthaltung ist nicht zulässig.

(4) Über die Sitzungen des Aufsichtsrates ist ein Protokoll zu führen. Dieses ist vom Vorsitzführenden zu unterzeichnen; nähere Anordnungen sind in der Geschäftsordnung des Aufsichtsrates zu treffen.

(5) Umlaufbeschlüsse sind nur in begründeten Ausnahmefällen, und wenn kein Mitglied des Aufsichtsrates widerspricht, zulässig. Umlaufbeschlüsse können nur mit der Stimmenmehrheit aller Mitglieder des Aufsichtsrates gefasst werden. Eine Stimmenthaltung ist nicht zulässig. Umlaufbeschlüsse sind vom Vorsitzenden (Stellvertreter) schriftlich festzuhalten, über das Ergebnis der Beschlussfassung ist in der nächstfolgenden Sitzung des Aufsichtsrates Bericht zu erstatten.

Aufgaben des Aufsichtsrates

§ 11. (1) Der Aufsichtsrat hat die Geschäftsführung der APAB zu überwachen. § 95 Abs. 2 und 3 des Aktiengesetzes (AktG), BGBl. Nr. 98/1965, ist anzuwenden.

(2) Maßnahmen der Geschäftsführung der APAB dürfen dem Aufsichtsrat nicht übertragen werden. Der Genehmigung des Aufsichtsrates bedürfen jedoch:

1. das vom Vorstand zu erstellende Budget einschließlich des Investitions- und Stellenplans;

2. Investitionen, soweit sie nicht durch den Investitionsplan genehmigt sind, und Kreditaufnahmen, die jeweils in Summe 75 000 Euro pro Geschäftsjahr überschreiten;

3. der Erwerb, die Veräußerung und die Belastung von Liegenschaften;

4. der vom Vorstand zu erstellende Jahresabschluss;

5. die Geschäftsordnung gemäß § 7 Abs. 2 sowie deren Änderung;

6. die Compliance-Ordnung gemäß § 7 Abs. 4 sowie deren Änderung;

7. der gemäß § 4 Abs. 2 Z 12 zu erstellende Jahresbericht.

(3) Der Aufsichtsrat hat sich eine Geschäftsordnung zu geben, die der Genehmigung des Bundesministers für Finanzen bedarf.

(4) Der Aufsichtsrat hat die Dienstverträge mit den Vorstandsmitgliedern abzuschließen und den Abschlussprüfer zu bestellen. Der Dienstvertrag, der mit den Vorstandsmitgliedern abgeschlossen wird, hat die Bestimmung zu enthalten, dass eine Abberufung gemäß § 8 Abs. 3 auch eine Kündigung des Dienstvertrages zur Folge hat.

(5) Der Aufsichtsrat ist weiters für die Entlastung der Mitglieder des Vorstandes im Zusammenhang mit der Genehmigung des Jahresabschlusses gemäß Abs. 2 Z 4 zuständig.

(6) Den Mitgliedern des Aufsichtsrates gebührt eine angemessene Vergütung, die aus den Mitteln der APAB zu erstatten ist. Die Höhe der Vergütung wird vom Bundesminister für Finanzen festgesetzt.

(7) Der Aufsichtsrat hat, wenn er Kenntnis vom Eintritt eines Abberufungsgrundes bei einem Mitglied des Vorstandes gemäß § 8 Abs. 3 erlangt, dies dem Bundesminister für Finanzen unverzüglich mitzuteilen, sofern nicht nach Abs. 8 vorzugehen ist.

(8) Verletzt ein Mitglied des Vorstandes Bestimmungen dieses Bundesgesetzes, oder der Geschäftsordnung, ohne dass bereits eine grobe Pflichtverletzung gemäß § 8 Abs. 3 Z 3 vorliegt, so hat der Aufsichtsrat das betreffende Mitglied schriftlich aufzufordern, unverzüglich den rechtmäßigen Zustand wieder herzustellen und künftig Pflichtverletzungen zu unterlassen. Im Wiederholungs- oder Fortsetzungsfall hat der Aufsichtsrat den Bundesminister für Finanzen im Hinblick auf § 8 Abs. 3 zu verständigen, es sei denn, dass dies nach Art und Schwere des Vergehens unangemessen wäre.

Qualitätsprüfungskommission

§ 12. (1) Zur Durchführung der Qualitätssicherungsprüfungen ist in der APAB als Beirat eine Qualitätsprüfungskommission einzurichten.

(2) Die Qualitätsprüfungskommission besteht aus sieben Mitgliedern.

(3) Die Mitglieder der Qualitätsprüfungskommission werden auf Vorschlag der Kammer der Wirtschaftstreuhänder, der Vereinigung Österreichischer Revisionsverbände und des Sparkassen-Prüfungsverbandes gemäß Abs. 4 vom Aufsichtsrat bestellt. Für jedes Mitglied ist in gleicher Weise ein Ersatzmitglied ausschließlich für den Fall der Verhinderung zu bestellen. Die Wiederbestellung ist zulässig. Die Funktionsperiode beträgt vier Jahre. Voraussetzung für die Bestellung der Mitglieder und Ersatzmitglieder ist deren Nachweis über spezielle Schulungen oder einschlägige Erfahrungen auf dem Gebiet der Qualitätssicherung. Eine Bestellung von Vorstandsmitgliedern der Kammer der Wirtschaftstreuhänder und deren Ersatzmitgliedern ist nicht zulässig.

(4) Die Kammer der Wirtschaftstreuhänder hat vier Mitglieder, von denen zumindest drei Mitglieder öffentlich bestellte Wirtschaftsprüfer sein müssen, die Vereinigung Österreichischer Revisionsverbände hat gemeinsam mit dem Sparkassen-Prüfungsverband insgesamt drei Mitglieder, von denen zumindest zwei Mitglieder öffentlich bestellte Wirtschaftsprüfer sein müssen, vorzuschlagen. Für jedes Mitglied ist in gleicher Weise ein Ersatzmitglied ausschließlich für den Fall der Verhinderung vorzuschlagen.

(5) Die Qualitätsprüfungskommission ist beschlussfähig, wenn wenigstens fünf Mitglieder oder an deren Stelle Ersatzmitglieder anwesend sind, wobei die Anzahl der Ersatzmitglieder die Anzahl der Mitglieder nicht überschreiten darf. Die Qualitätsprüfungskommission hat ihre Beschlüsse mit einfacher Stimmenmehrheit zu fassen. Im Falle der Stimmengleichheit entscheidet die Stimme des Vorsitzenden. Die Qualitätsprüfungskommission hat sich eine Geschäftsordnung zu geben. Diese bedarf der Genehmigung durch den Vorstand der APAB.

(6) Die Mitglieder und Ersatzmitglieder der Qualitätsprüfungskommission sind ehrenamtlich tätig.

Aufgaben der Qualitätsprüfungskommission

§ 13. (1) Die APAB hat die Qualitätsprüfungskommission anzuhören vor:

1. der Bestellung des Qualitätssicherungsprüfers für Qualitätssicherungsprüfungen,

2. der Erteilung oder Versagung der Bescheinigung aufgrund des Prüfberichts zur Qualitätssicherungsprüfung,

3. der Maßnahmen gemäß § 38 Abs. 2,

4. der Annahme der gemäß § 38 Abs. 3 übermittelten Darstellung und

5. der Bestellung des Sonderprüfers einschließlich des Honorars gemäß § 38 Abs. 4.

(2) Die APAB hat Stellungnahmen der Qualitätsprüfungskommission einzuholen:

1. zum Widerruf einer Bescheinigung gemäß § 40,

2. zum Entzug einer Bescheinigung gemäß § 41 und

3. im Rahmen von Verwaltungsverfahren der APAB.

Aufsicht über die APAB

§ 14. (1) Der Bundesminister für Finanzen hat die Aufsicht über die APAB dahin auszuüben, dass die APAB die ihr gesetzlich obliegenden Aufgaben erfüllt, bei Besorgung ihrer Aufgaben die Gesetze und Verordnungen nicht verletzt und ihren Aufgabenbereich nicht überschreitet.

(2) Der Bundesminister für Finanzen ist berechtigt, zu dem in Abs. 1 genannten Zweck Auskünfte der APAB über alle Angelegenheiten der Aufsicht über Abschlussprüfer und Prüfungsgesellschaften einzuholen. Die APAB hat dem Bundesminister für Finanzen die geforderten Auskünfte ohne unnötigen Verzug, längstens aber binnen zwei Wochen zu erteilen. Im Fall der Erlassung von Verordnungen der APAB hat sie das Vorhaben dem Bundesminister für Finanzen zur Kenntnis zu bringen und beschlussreife Entwürfe vor der Erlassung der Verordnung dem Bundesminister für Finanzen zu übermitteln. Verordnungen der APAB sind im Bundesgesetzblatt kundzumachen.

(3) Die APAB hat dem Bundesminister für Finanzen auf Anfrage unverzüglich diejenigen Daten und Informationen zu übermitteln, die für die Erstellung von Regelungsvorhaben und für die Erfüllung der §§ 17 und 18 des Bundeshaushaltsgesetzes 2013 (BHG 2013), BGBl. I Nr. 139/2009, erforderlich sind.

(4) Die APAB hat dem Finanzausschuss des Nationalrates und dem Bundesminister für Finanzen binnen sechs Monaten nach Ende jedes Kalenderjahres einen Bericht über das abgelaufene Kalenderjahr zu erstatten. In diesen Bericht sind insbesondere ein Überblick über die Aufsichtstätigkeit und über Entwicklungen des Abschlussprüfungsmarktes aufzunehmen.

Personal

§ 15. (1) Der Vorstand der APAB ist berechtigt, Arbeitnehmer in der erforderlichen Anzahl durch Dienstvertrag einzustellen. Dabei ist insbesondere eine ausreichende Zahl an Inspektoren vorzusehen. Auf das Dienstverhältnis der Arbeitnehmer zur APAB ist das Angestelltengesetz, BGBl. Nr. 292/1921, und die für Arbeitnehmer in der privaten Wirtschaft geltenden sonstigen Rechtsvorschriften anzuwenden. Der Vorstand ist weiters berechtigt, Dienstverhältnisse nach den arbeitsrechtlichen Bestimmungen, insbesondere durch Kündigung, zu beenden.

(2) Die APAB hat für einen angemessenen Rechtsschutz für ihre mit Aufsichtstätigkeiten betrauten Arbeitnehmer für den Fall von deren schadenersatzrechtlicher Inanspruchnahme aus der Aufsichtstätigkeit vorzusorgen.

(3) Für die Arbeitnehmer der APAB ist das Bundes-Gleichbehandlungsgesetz (B-GlBG), BGBl. Nr. 100/1993, anzuwenden.

Haftung für die Tätigkeit der APAB

§ 16. (1) Für die von Organen und Bediensteten der APAB sowie von Mitgliedern der Qualitätsprüfungskommission in Erfüllung der in § 4 genannten Aufgaben zugefügten Schäden haftet der Bund nach den Bestimmungen des Amtshaftungsgesetzes (AHG), BGBl. Nr. 20/1949. Schäden im Sinne dieser Bestimmung sind solche, die Rechtsträgern unmittelbar zugefügt wurden, die der Aufsicht nach diesem Bundesgesetz unterliegen. Die APAB sowie deren Bedienstete und Organe haften dem Geschädigten nicht.

(2) Die APAB hat bei ihrer Tätigkeit nach pflichtgemäßem Ermessen alle nach den Umständen des Einzelfalls erforderlichen, zweckmäßigen und angemessenen Aufsichtsmaßnahmen zu ergreifen.

(3) Hat der Bund einem Geschädigten den Schaden gemäß Abs. 1 ersetzt, so kann er von den Organen oder Bediensteten der APAB sowie von Mitgliedern der Qualitätsprüfungskommission Rückersatz nach den Bestimmungen des AHG begehren.

(4) Die APAB und die Qualitätsprüfungskommission haben den Bund in Amtshaftungs- und Rückersatzverfahren nach Abs. 1 und 2 zu unterstützen, soweit dies für die Durchführung dieser Verfahren erforderlich ist. Dabei darf der Eingriff in das Grundrecht auf Datenschutz der jeweiligen betroffenen natürlichen oder juristischen Person nur in der gelindesten zum Ziel führenden Art vorgenommen werden. Sie hat insbesondere alle Informationen und Unterlagen, die das Amtshaftungs- oder Rückersatzverfahren betreffen, zur Verfügung zu stellen sowie dafür zu sorgen, dass der Bund das Wissen und die Kenntnisse der Organe und Bediensteten der APAB über die verfahrensgegenständlichen Aufsichtsmaßnahmen in Anspruch nehmen kann.

Verschwiegenheitspflicht und Schutz personenbezogener Daten

§ 17. (1) Die Vorschriften über die Verschwiegenheitspflicht gemäß § 46 Abs. 1 bis 4 des Beamten-Dienstrechtsgesetzes 1979 (BDG 1979), BGBl. Nr. 333/1979, gelten für

1. die Organe der APAB,

2. die Mitarbeiter der APAB,

3. die Mitglieder und Ersatzmitglieder der Qualitätsprüfungskommission,

4. die Qualitätssicherungsprüfer und ihre qualifizierten Assistenten und

5. die beigezogenen Sachverständigen.

(2) Die Verschwiegenheitspflicht gemäß Abs. 1 besteht nicht gegenüber anderen Personen, die im Rahmen derselben Qualitätssicherungsprüfung tätig werden.

(3) Die Organe und Mitarbeiter der APAB sind verpflichtet, über persönliche Verhältnisse, Einrichtungen und Geschäfts- und Betriebsverhältnisse, die ihnen in Wahrnehmung ihrer Aufgaben zur Kenntnis gelangen, Verschwiegenheit zu bewahren. Jede Verwertung von Geschäfts- und Betriebsgeheimnissen ist ihnen untersagt.

(4) Die Entbindung von der Verschwiegenheitspflicht gemäß Abs. 1 obliegt dem Vorstand der APAB.

(5) Die APAB hat Unterlagen und Aufzeichnungen, insbesondere die von ihr erlassene Bescheide, so lange aufzubewahren, als dies für die Erfüllung ihrer Aufgaben erforderlich ist.

(6) Die APAB hat gemäß § 14 Datenschutzgesetz 2000 – DSG 2000, BGBl I. Nr. 165/1999, Datensicherheitsmaßnahmen, insbesondere hinsichtlich der Zutritts- und Zugriffsberechtigungen, der Protokollierung sowie der Dokumentation der getroffenen Maßnahmen, zu ergreifen.

Budget

§ 18. (1) Die gesamte Gebarung der APAB und alle Ausgaben haben nach den Grundsätzen der Zweckmäßigkeit, Wirtschaftlichkeit und Sparsamkeit zu erfolgen.

(2) Der Vorstand der APAB hat jährlich ein Budget zu erstellen. Das Budget hat eine für die Wahrnehmung der Aufgaben der APAB angemessene personelle und finanzielle Ressourcenausstattung sicherzustellen. Das Budget umfasst eine Plan-Gewinn-/Verlustrechnung, eine Planbilanz, eine Planfinanzrechnung sowie Investitionsplanungen und Personalplanungen für das Geschäftsjahr. Das Budget für das nächste Geschäftsfahr ist dem Aufsichtsrat bis zum 31. August des laufenden Geschäftsjahres zur Genehmigung vorzulegen. Der Aufsichtsrat hat über das Budget bis zum 31. Oktober dieses Geschäftsjahres zu befinden.

(3) Im Planbudget sind sämtliche im folgenden Geschäftsjahr zu erwartenden Erträge und Aufwendungen der APAB unsaldiert aufzunehmen. Die Budgetbeträge sind zu errechnen, wenn dies nicht möglich ist, zu schätzen.

(4) Durch den Stellenplan des jährlichen Planbudgets ist die Anzahl der Bediensteten der APAB festzulegen. Hierbei dürfen Planstellen nur in der Art und Anzahl vorgesehen werden, die zur Bewältigung der Aufgaben der APAB erforderlich sind. Die erforderliche Anzahl an Inspektoren ist anhand der Anzahl der Unternehmen von öffentlichem Interesse, der Anzahl der einer Inspektion gemäß § 43 unterliegenden Abschlussprüfer und Prüfungsgesellschaften und der darauf basierend geschätzten Anzahl der erforderlichen Leistungsstunden für Inspektionen festzulegen. Die Anzahl der Inspektoren hat in einem angemessenen Verhältnis zu dem für die Durchführung der Inspektionen erforderlichen Zeitaufwand zu stehen.

(5) Der Vorstand hat dem Aufsichtsrat zumindest halbjährlich über die Einhaltung des Planbudgets einschließlich des Investitions- und Stellenplanes zu berichten. Ergeben sich voraussichtlich Überschreitungen der Planwerte im Ausmaß von mehr als 5 vH, so dürfen die entsprechenden Maßnahmen nur nach Genehmigung des Aufsichtsrates getroffen werden.

(6) Durch eine im Planbudget, Investitions- oder Stellenplan angeführte bindende Grundlage werden Ansprüche oder Verbindlichkeiten weder begründet noch aufgehoben.

(7) Der Vorstand hat den Mitgliedern des Aufsichtsrates aussagekräftige Informationen über die wesentlichen Positionen des Planbudgets und des Investitions- und Stellenplans ehestmöglich, in der Regel zwei Wochen vor der betreffenden Sitzung des Aufsichtsrates, zu übermitteln. Der Vorstand hat hierbei erforderlichenfalls jene Informationen zu bezeichnen, über die die Amtsverschwiegenheit zu wahren ist.

Jahresabschluss

§ 19. (1) Das Geschäftsjahr der APAB ist das Kalenderjahr. Die APAB hat für das vergangene Geschäftsjahr den Jahresabschluss in Form der Bilanz und der Gewinn- und Verlustrechnung aufzustellen. Im Übrigen sind die Bestimmungen des dritten Buches des UGB auf den Jahresabschluss anzuwenden, sofern in diesem Bundesgesetz nichts anderes bestimmt ist.

(2) Der Jahresabschluss ist von einem Abschlussprüfer oder einer Prüfungsgesellschaft zu prüfen.

(3) Der geprüfte Jahresabschluss ist vom Vorstand dem Aufsichtsrat innerhalb von fünf Monaten nach Ablauf des vorangegangenen Geschäftsjahres zur Genehmigung vorzulegen. Die Beschlussfassung des Aufsichtsrates über die Genehmigung des Jahresabschlusses hat so rechtzeitig zu erfolgen, dass der Vorstand den Jahresabschluss dem Bundesminister für Finanzen innerhalb von sechs Monaten nach Ablauf des vorangegangenen Geschäftsjahres übermitteln kann.

(4) Der Aufsichtsrat hat nach Ablauf jedes Geschäftsjahrs über die Entlastung des Vorstandes zu befinden.

(5) Der Vorstand hat den geprüften und vom Aufsichtsrat genehmigten Jahresabschluss auf der Website der APAB zu veröffentlichen und in den Jahresbericht der APAB aufzunehmen. Der Jahresabschluss ist jeweils bis zur Veröffentlichung

des nächstfolgenden Jahresabschlusses zur Einsicht im Internet bereit zu halten.

Kosten der Aufsicht

§ 20. (1) Die APAB hat für jeden der folgenden Aufsichtsbereiche eine eigene Kostenstelle zu bilden. Sie hat bei der internen Organisation für die weitest mögliche direkte Zuordnung der Aufsichtskosten (Personal- und Sachaufwand, Abschreibungen und sonstige Aufwendungen) zu diesen Kostenstellen Vorsorge zu treffen. Jene Kosten, die einer bestimmten Kostenstelle nicht direkt zugeordnet werden können, sind der Kostenstelle „Sonstige Kosten der Aufsicht" zuzuordnen. Diese Kostenstellen sind:

1. Kostenstelle: Kosten für Inspektionen;

2. Kostenstelle: Kosten für Qualitätssicherungsprüfungen;

3. Kostenstelle: Kosten der Aufsicht gemäß § 1 Abs. 4;

4. Kostenstelle: Kosten für Untersuchungen und Sanktionen/Maßnahmen;

5. Kostenstelle: Kosten für europäische und internationale Zusammenarbeit;

6. Kostenstelle: Sonstige Kosten der Aufsicht.

(2) Mit dem Jahresabschluss ist auch eine kostenstellenbezogene Aufstellung zu erstellen und dem Aufsichtsrat vorzulegen.

(3) Für das Planbudget ist eine kostenstellenbezogene Kostenschätzung zu erstellen.

Finanzierung und Verwaltungsbeiträge

§ 21. (1) Die Finanzierung der APAB setzt sich aus folgenden Beiträgen zusammen:

1. einem Finanzierungsbeitrag für Inspektionen,

2. einem Finanzierungsbeitrag für Qualitätssicherungsprüfungen,

3. einem Finanzierungsbeitrag für Aufgaben im allgemeinen öffentlichen Interesse und

4. einem Umlagefinanzierungsbeitrag für allfällige weitere Kosten der APAB.

(2) Für die Finanzierung der Kosten im Zusammenhang mit Inspektionen ist von der APAB ein Finanzierungsbeitrag von Abschlussprüfern und Prüfungsgesellschaften einzuheben, der sich bemisst nach:

1. der Anzahl der im vorangegangenen Kalenderjahr übernommenen Einzel- und Konzernabschlussprüfungsaufträge bei Unternehmen von öffentlichem Interesse und

2. der Honorarsumme, die im vorangegangenen Kalenderjahr für Einzel- und Konzernabschlussprüfungsaufträge bei Unternehmen von öffentlichem Interesse in Rechnung gestellt wurde.

(3) Für die Finanzierung der administrativen Kosten im Zusammenhang mit Qualitätssicherungsprüfungen gemäß Abs. 1 Z 2 leisten die Kammer der Wirtschaftstreuhänder, die Vereinigung Österreichischer Revisionsverbände und der Sparkassen-Prüfungsverband einen Beitrag von mindestens 500 000 Euro. Dieser Beitrag ist in zwei gleichen Teilbeträgen jeweils zum ersten Werktag im Jänner und Juli jedes Kalenderjahres an die APAB zu überweisen. Erhöhungen dieses Beitrags können vom Bundesminister für Finanzen nach Anhörung der genannten Institutionen durch Verordnung festgelegt werden. Jedenfalls ist der Beitrag entsprechend der Erhöhung des verlautbarten Verbraucherpreisindex 2010 der Bundesanstalt „Statistik Österreich" jährlich anzupassen. Die Aufteilung des Finanzierungsbeitrags der Kammer der Wirtschaftstreuhänder, der Vereinigung Österreichischer Revisionsverbände und des Sparkassen-Prüfungsverbands ist von diesen selbst festzulegen.

(4) Der Bund leistet der APAB für die von ihr im allgemeinen öffentlichen Interesse zu erfüllenden Aufgaben pro Geschäftsjahr einen Beitrag von 500 000 Euro. Der Beitrag ist in gleich hohen Teilbeträgen jeweils bis zum 15. des ersten Monats des jeweiligen Kalenderquartals an die APAB zu überweisen.

(5) Zur Finanzierung weiterer Kosten hat die APAB, im Wege einer Umlage von den ihrer Aufsicht unterworfenen Abschlussprüfern und Prüfungsgesellschaften einen Finanzierungsbeitrag einzuheben. Der Beitrag ist in zwei gleichen Teilbeträgen jeweils zum 1. Jänner und 1. Juli jedes Kalenderjahres mit Bescheid vorzuschreiben. Die Gesamthöhe dieses Finanzierungsbeitrages bemisst sich nach dem vom Aufsichtsrat genehmigten Budget abzüglich der Finanzierungsbeiträge gemäß Abs. 1 Z 1 bis 3. Überschüsse oder Fehlbeträge gemäß Abs. 1 Z 1 bis 3 aus Vorjahren sind im Budget zu berücksichtigen.

(6) Der Anteil eines Abschlussprüfers oder einer Prüfungsgesellschaft an der Gesamthöhe des Finanzierungsbeitrags gemäß Abs. 5 bemisst sich nach dem Verhältnis zwischen dem Gesamthonorar für alle Abschlussprüfungen die im vorangegangen Kalenderjahr in Rechnung gestellt wurden, und dem Gesamthonorar, das vom jeweiligen Abschlussprüfer oder der jeweiligen Prüfungsgesellschaft im vorangegangenen Kalenderjahr in Rechnung gestellt wurden. Der Finanzierungsbeitrag ist von der APAB mit Bescheid vorzuschreiben.

(7) Eine Verringerung der Teilbeträge gemäß Abs. 6 kann vorgenommen werden, wenn geringere Aufwendungen als im Budget zu erwarten sind. Eine Erhöhung der Teilbeträge kann nur nach Genehmigung eines neuen Budgets durch den Aufsichtsrat erfolgen.

(8) Die APAB hat durch Verordnung mit Zustimmung des Bundesministers für Finanzen nähere Vorgaben für die Berechnung der Beiträge gemäß Abs. 2 festzulegen. Die Beiträge sind den Abschlussprüfern und Prüfungsgesellschaften mit Bescheid von der APAB vorzuschreiben. Einem dagegen eingebrachten Rechtsmittel kommt keine aufschiebende Wirkung zu.

(9) Zusätzlich zu dem Beitrag, den der Bund gemäß Abs. 4 für die APAB leistet, kann der Bund nach Maßgabe der im jährlichen Bundesfinanzgesetz für diesen Zweck vorgesehenen Mittel einen weiteren Kostenbeitrag leisten, wenn dies trotz wirtschaftlicher, sparsamer und zweckmäßiger Gebarung der APAB zur Abdeckung notwendiger Aufsichtskosten erforderlich ist.

(10) Die Kosten einer Untersuchung gemäß § 61 sind von dem der Untersuchung unterzogenen Abschlussprüfer oder der der Untersuchung unterzogenen Prüfungsgesellschaft auf der Basis von Stundensätzen zu tragen. Die APAB hat durch Verordnung mit Zustimmung des Bundesministers für Finanzen den Kostenersatz festzulegen. Diese hat insbesondere zu regeln:

1. die Höhe der Stundensätze für Mitarbeiter der APAB und für Sachverständige,

2. die Nebenkosten und

3. die Zahlungsmodalitäten.

(11) Für Zwecke der Abs. 2 und 5 haben die Abschlussprüfer und Prüfungsgesellschaften bis zum 31. Jänner jeden Kalenderjahres die Anzahl der übernommenen Abschlussprüfungsaufträge bei Unternehmen von öffentlichem Interesse im vorangegangen Kalenderjahr und die Honorarsumme für die abgerechneten Abschlussprüfungsaufträge im vorangegangen Kalenderjahr aufgegliedert nach der Honorarsumme für Abschlussprüfungen bei Unternehmen von öffentlichem Interesse und Abschlussprüfungen für andere Abschlussprüfungsaufträge zu melden.

(12) Die APAB hat mit Zustimmung des Bundesministers für Finanzen durch Verordnung Verwaltungskostenbeiträge festzulegen für:

1. die Anerkennung als Qualitätssicherungsprüfer gemäß § 26,

2. die Versagung der Anerkennung als Qualitätssicherungsprüfer gemäß § 26 Abs. 6,

3. das Erteilen einer Bescheinigung gemäß den §§ 35 bis 37,

4. das Versagen einer Bescheinigung gemäß § 39,

5. den Widerruf einer Bescheinigung gemäß § 40,

6. den Entzug einer Bescheinigung,

7. Eintragungen und Änderungen im öffentlichen Register gemäß den §§ 52 bis 54 für inländische Abschlussprüfer und Prüfungsgesellschaften,

8. Eintragungen und Änderungen im öffentlichen Register gemäß den §§ 52 bis 54 für Abschlussprüfer und Prüfungsgesellschaften aus anderen Mitgliedstaaten der EU oder anderen EWR-Vertragsstaaten,

9. Eintragungen und Änderungen im öffentlichen Register gemäß den §§ 52 bis 54 für Abschlussprüfer und Prüfungsgesellschaften aus Drittstaaten,

10. die Beantragung auf Zulassung als Abschlussprüfer für Abschlussprüfer aus anderen Mitgliedstaaten der EU oder anderen EWR-Vertragsstaaten,

11. die Beantragung auf Anerkennung als Prüfungsgesellschaft für Prüfungsgesellschaften aus anderen Mitgliedstaaten der EU oder anderen EWR-Vertragsstaaten,

12. die Beantragung auf Zulassung als Abschlussprüfer für Abschlussprüfer aus Drittstaaten und

13. die Beantragung auf Registrierung als Prüfungsgesellschaft von Prüfungsgesellschaften aus Drittstaaten.

(13) Die aufgrund von Abs. 12 zu entrichtenden Verwaltungskostenbeiträge fließen der APAB zu.

Rücklage für unvorhergesehene Belastungen

§ 22. (1) Die APAB hat im Budget für die Bedeckung unvorhergesehener Belastungen eine Rücklage zu bilden, die nur für unvorhergesehene Belastungen verwendet werden darf.

(2) Die Dotierung der Rücklage darf je Geschäftsjahr im Ausmaß von höchstens 1 vH der Gesamtkosten der APAB auf Basis des zuletzt festgestellten Jahresabschlusses so lange und insoweit erfolgen, als die Rücklage insgesamt ein Ausmaß von 5 vH der jeweils im letzten Jahresabschluss festgestellten Gesamtkosten nicht erreicht hat.

(3) Die Rücklage ist im Jahresabschluss auszuweisen.

3. Teil
Aufgaben und Befugnisse

1. Hauptstück
Öffentliche Aufsicht

1. Abschnitt

Regelungen zur Qualitätssicherung

§ 23. (1) Abschlussprüfer und Prüfungsgesellschaften sind verpflichtet, Regelungen festzulegen, die eine hohe Qualität der von ihnen durchzuführenden Prüfungen gewährleisten.

(2) Die Regelungen haben auf der Grundlage allgemein anerkannter nationaler und internationaler Prüfungsstandards und Berufsgrundsätze jedenfalls zu umfassen:

1. Regelungen zur allgemeinen Organisation des Prüfungsbetriebs (internes Qualitätssicherungssystem):

a) Einhaltung der allgemeinen Berufsgrundsätze,

b) Annahme, Fortführung und vorzeitige Beendigung von Aufträgen,

c) Mitarbeiterentwicklung,

d) Gesamtplanung aller Aufträge,

e) ausreichender Versicherungsschutz,

f) Umgang mit Beschwerden und Vorwürfen und

g) Einhaltung der kontinuierlichen Fortbildungsverpflichtung.

2. Regelungen zur Auftragsabwicklung:

a) Organisation der Auftragsabwicklung,

b) Einhaltung der gesetzlichen Vorschriften und der fachlichen Regelungen für die Auftragsabwicklung,

c) Anleitung des Auftragsteams,

d) Einholung von fachlichem Rat (Konsultation),

e) laufende Überwachung der Auftragsabwicklung,

f) abschließende Durchsicht der Auftragsergebnisse,

g) auftragsbegleitende Qualitätssicherung,

h) Lösung von Meinungsverschiedenheiten und

i) Ausgestaltung, Abschluss und Archivierung der Arbeitspapiere.

3. Regelungen zur Überwachung der Angemessenheit und Wirksamkeit des Qualitätssicherungssystems.

(3) Abschlussprüfer und Prüfungsgesellschaften unterliegen hinsichtlich ihrer Regelungen zur Qualitätssicherung Qualitätssicherungsprüfungen gemäß den §§ 24 bis 41 und, wenn sie Unternehmen von öffentlichem Interesse prüfen, zusätzlich Inspektionen gemäß den §§ 43 bis 50.

(4) Anstelle des Abschlussprüfers unterliegt der Prüfungsbetrieb des Revisionsverbandes Qualitätssicherungsprüfungen und, wenn dieser Unternehmen von öffentlichem Interesse prüft, zusätzlich Inspektionen gemäß den §§ 43 bis 50, wenn der Abschlussprüfer für den Revisionsverband tätig wird und ihm der Revisionsverband die Methode der Qualitätssicherung vorgibt.

(5) Die Vorschriften dieses Bundesgesetzes gelten auch für freiwillige Qualitätssicherungsprüfungen.

2. Abschnitt

Qualitätssicherungsprüfungen

Gegenstand von Qualitätssicherungsprüfungen

§ 24. (1) Im Rahmen der Qualitätssicherungsprüfung sind alle gesetzten Regelungen zur Qualitätssicherung eines Abschlussprüfers oder einer Prüfungsgesellschaft, welche im Zusammenhang mit Abschlussprüfungen stehen, zu prüfen.

(2) Die Prüfung der Qualitätssicherung des Prüfungsbetriebes hat insbesondere die in § 23 Abs. 2 aufgezählten Regelungen zu umfassen, soweit diese für die Tätigkeit des Abschlussprüfers oder der Prüfungsgesellschaft relevant sind.

(3) Die Qualitätssicherungsprüfungen haben auf der Grundlage einer Risikoanalyse durch Einschau durch Qualitätssicherungsprüfer zu erfolgen. Als Risikoindikator gilt insbesondere die Zahl der festgestellten Mängel in der letzten Qualitätssicherungsprüfung. Die Entscheidung über eine Änderung des Zeitpunkts der nächsten Qualitätssicherungsprüfung und deren Anordnung gegenüber den zu Prüfenden trifft die APAB.

(4) Die Qualitätssicherungsprüfungen müssen im Hinblick auf den Umfang und die Komplexität der Tätigkeit des überprüften Abschlussprüfers bzw. der überprüften Prüfungsgesellschaft geeignet und angemessen sein.

(5) Für die Zwecke des Abs. 4 ist bei der Durchführung von Qualitätssicherungsprüfungen der Abschlussprüfung von Jahres- oder konsolidierten Abschlüssen von mittelgroßen und kleinen Unternehmen die Tatsache zu berücksichtigen, dass die internationalen Prüfungsstandards gemäß § 269a UGB in einer Weise angewandt werden sollen, die dem Umfang und der Komplexität der Geschäftstätigkeit des geprüften Unternehmens angemessen ist.

(6) Unterliegt ein Abschlussprüfer oder eine Prüfungsgesellschaft Inspektionen, ist im Rahmen von Qualitätssicherungsprüfungen nur die Durchführung von Abschlussprüfungen bei Unternehmen, die nicht von öffentlichem Interesse sind, zu prüfen. Informationen zum internen Qualitätssicherungssystem werden diesfalls aus den Inspektionen zur Verfügung gestellt.

Intervalle der Qualitätssicherungsprüfungen

§ 25. Prüfungsbetriebe von Abschlussprüfern und Prüfungsgesellschaften sind mindestens alle sechs Jahre einer Qualitätssicherungsprüfung zu unterziehen.

Qualitätssicherungsprüfer

§ 26. (1) Qualitätssicherungsprüfungen dürfen nur von anerkannten Qualitätssicherungsprüfern durchgeführt werden.

(2) Voraussetzungen für die Anerkennung einer natürlichen Person als Qualitätssicherungsprüfer sind:

1. eine mindestens fünfjährige, mindestens fünf Abschlussprüfungen pro Jahr umfassende Praxis als Wirtschaftsprüfer, eingetragener Revisor oder Prüfer des Sparkassen-Prüfungsverbandes,

2. spezielle Schulungen oder einschlägige Erfahrungen auf dem Gebiet der Qualitätssicherung,

3. das Nichtvorliegen von rechtskräftig verhängten Disziplinarstrafen, deren zugrunde liegendes Berufsvergehen gemäß § 120 Wirtschaftstreuhandberufsgesetz (WTBG), BGBl Nr. 58/1999, die Eignung als Qualitätssicherungsprüfer ausschließt,

4. kein Widerruf als Qualitätssicherungsprüfer gemäß Abs. 8 in den letzten fünf Jahren und

5. die Entrichtung eines Verwaltungskostenbeitrags für die Anerkennung.

(3) Voraussetzungen für die Anerkennung von Prüfungsgesellschaften als Qualitätssicherungsprüfer sind:

1. die Anerkennung mindestens eines Vorstandsmitgliedes oder eines Geschäftsführers oder eines Personengesellschafters oder eines angestellten Revisors als Qualitätssicherungsprüfer und

2. das Vorliegen der Bescheinigung für diese Prüfungsgesellschaft.

(4) Die APAB hat eine natürliche Person oder eine Prüfungsgesellschaft als Qualitätssicherungsprüfer mit Bescheid anzuerkennen, wenn die Voraussetzungen gemäß Abs. 2 oder Abs. 3 vorliegen. Die APAB hat über die Anerkennung eine Urkunde auszustellen.

(5) Die APAB hat eine Liste der Qualitätssicherungsprüfer zu führen. Anerkannte Qualitätssicherungsprüfer sind von Amts wegen in diese Liste einzutragen.

(6) Über die Versagung der Anerkennung hat die APAB einen Bescheid zu erlassen.

(7) Qualitätssicherungsprüfer sind verpflichtet, der APAB alle drei Jahre nach ihrer Anerkennung Nachweise über ihre praktische Tätigkeit als Abschlussprüfer im Ausmaß von mindestens fünf Abschlussprüfungen pro Jahr und über ihre laufende Fortbildung auf dem Gebiet der Qualitätssicherung zu übermitteln.

(8) Die APAB hat die Anerkennung eines Qualitätssicherungsprüfers mit Bescheid zu widerrufen, wenn

1. über einen Qualitätssicherungsprüfer eine Disziplinarstrafe rechtskräftig verhängt wurde, deren zugrunde liegendes Berufsvergehen die Eignung als Qualitätssicherungsprüfer ausschließt oder

2. ein Qualitätssicherungsprüfer länger als drei Jahre keine die Durchführung von Abschlussprüfungen umfassende Tätigkeiten ausgeübt hat oder

3. ein Qualitätssicherungsprüfer einer Verpflichtung gemäß Abs. 7 nicht nachkommt oder

4. ein Qualitätssicherungsprüfer in einer Qualitätssicherungsprüfung schwerwiegend gegen die Bestimmungen dieses Bundesgesetzes verstoßen hat oder

5. eine der Anerkennungsvoraussetzungen nicht vorlag oder

6. eine der Anerkennungsvoraussetzungen nicht mehr vorliegt oder

7. die Tätigkeit des Qualitätssicherungsprüfers wiederholt negativ evaluiert wurde.

(9) Aufgrund des rechtskräftigen Widerrufs der Anerkennung als Qualitätssicherungsprüfer hat die Streichung aus der Liste der Qualitätssicherungsprüfer zu erfolgen. Die Gültigkeit der vor dem Widerruf durchgeführten Qualitätssicherungsprüfungen bleibt unberührt.

Qualitätssicherungsprüfungen durch Prüfungsgesellschaften

§ 27. (1) Wird eine Prüfungsgesellschaft mit der Durchführung einer Qualitätssicherungsprüfung beauftragt, so muss der für die Qualitätssicherungsprüfung Verantwortliche als Qualitätssicherungsprüfer eingetragen und Vorstandsmitglied oder Geschäftsführer oder vertretungsbefugter Personengesellschafter oder angestellter Revisor der Prüfungsgesellschaft sein.

(2) Der für die Qualitätssicherungsprüfung Verantwortliche ist im Auftrag zur Durchführung der Qualitätssicherungsprüfung zu benennen.

Qualifizierte Assistenten

§ 28. Qualitätssicherungsprüfer sind berechtigt, unter ihrer Verantwortung entsprechend qualifizierte Assistenten zur Durchführung der Qualitätssicherungsprüfung heranzuziehen.

Bestellung des Qualitätssicherungsprüfers

§ 29. (1) Der zu überprüfende Abschlussprüfer oder die zu überprüfende Prüfungsgesellschaft hat bei der APAB die Durchführung einer Qualitätssicherungsprüfung zu beantragen. Hierzu sind unter Einhaltung der für die Berufsausübung geltenden Unvereinbarkeitsregeln drei Qualitätssicherungsprüfer für die Durchführung einer Qualitätssicherungsprüfung vorzuschlagen. Erstreckt sich ein Prüfungsbetrieb auf mehrere Abschlussprüfer oder Prüfungsgesellschaften, können diese gemeinsam einen solchen Vorschlag einbringen.

(2) Die APAB hat den Vorschlag dahin zu prüfen, ob alle vorgeschlagenen Qualitätssicherungsprüfer eine ordnungsgemäße Qualitätssicherungsprüfung unter Berücksichtigung der Angemessenheit des Honorars gemäß § 31 Abs. 3 gewährleisten. Andernfalls hat die APAB aus der Liste der Qualitätssicherungsprüfer einen geeigneten Qualitätssicherungsprüfer zu bestellen und dessen Honorar nach Maßgabe des § 31 Abs. 3 festzulegen. Gegen diese Verfahrensanordnung ist ein abgesondertes Rechtsmittel nicht zulässig.

(3) Die APAB hat unverzüglich einen der vorgeschlagenen Qualitätssicherungsprüfer zu bestellen, wenn die Bestellungsvoraussetzungen erfüllt sind. Fällt eine Bestellungsvoraussetzung später weg, so hat die APAB die Bestellung binnen zwei Wochen ab Kenntnis widerrufen, wenn dies zur Gewährleistung einer ordnungsgemäßen Qualitätssicherungsprüfung unumgänglich ist. In diesem Fall gilt § 32 Abs. 3 sinngemäß.

(4) Die APAB hat mit Zustimmung des Bundesministers für Finanzen eine Verordnung hinsichtlich der von dem zu überprüfenden Abschlussprüfer oder der zu überprüfenden Prüfungsgesellschaft bereitzustellenden Informationen für die Angebotserstellung durch die potentiellen Qualitätssicherungsprüfer zu erlassen. Diese Verordnung hat insbesondere die bereitzustellenden Informationen zu regeln hinsichtlich:

1. Angaben zur Mandantenstruktur,

2. Angaben zu den durchgeführten Abschlussprüfungen,

3. Anzahl der Leistungsstunden für Abschlussprüfungen getrennt nach Stunden für Abschlussprüfungen bei Unternehmen von öffentlichem Interesse und anderen Abschlussprüfungen,

4. Mitarbeiterstruktur im Prüfungsbetrieb und

5. Anzahl der im Prüfungsbetrieb tätigen Wirtschaftsprüfer und Revisoren mit Auftragsverantwortung.

(5) Die APAB hat mit Zustimmung des Bundesministers für Finanzen eine Verordnung zu den von dem zu überprüfenden Abschlussprüfer oder der zu überprüfenden Prüfungsgesellschaft bereitzustellenden Informationen zur Beurteilung des gemäß Abs. 1 eingebrachten Vorschlages zu erlassen. Diese Verordnung hat insbesondere die bereitzustellenden Informationen zu regeln hinsichtlich:

1. Informationen gemäß Abs. 5,

2. Namen und Anschrift des verantwortlichen Qualitätssicherungsprüfers,

3. Honorar für die Qualitätssicherungsprüfung,

4. Stundensätze für den Qualitätssicherungsprüfer und die qualifizierten Assistenten und

5. Regelungen zu Werkverträgen.

Unabhängigkeit des Qualitätssicherungsprüfers

§ 30. (1) Ein Qualitätssicherungsprüfer darf eine Qualitätssicherungsprüfung nicht durchführen, wenn dies den für die berufliche Ausübung geltenden Unvereinbarkeitsregeln zuwiderläuft. Wechselseitige Qualitätssicherungsprüfungen sind unzulässig.

(2) Personen, die Gesellschafter oder Mitarbeiter eines Abschlussprüfers oder einer Prüfungsgesellschaft oder in sonstig vergleichbarer Weise mit diesem Abschlussprüfer bzw. dieser Prüfungsgesellschaft verbunden waren, dürfen frühestens drei Jahre nach Beendigung dieser Tätigkeit oder Verbindung als Qualitätssicherungsprüfer eine Qualitätssicherungsprüfung dieses Abschlussprüfers bzw. dieser Prüfungsgesellschaft vornehmen.

(3) Die Qualitätssicherungsprüfer haben gegenüber der APAB zu erklären, dass zwischen ihnen und dem zu überprüfenden Abschlussprüfer bzw. der zu überprüfenden Prüfungsgesellschaft keine Interessenkonflikte bestehen.

Honorierung der Qualitätssicherungsprüfung

§ 31. (1) Die Kosten der Qualitätssicherungsprüfung hat der zu überprüfende Abschlussprüfer oder die zu überprüfende Prüfungsgesellschaft zu tragen.

(2) Der Prüfungsauftrag und die Honorarberechnung sind vor Erstellung des Vorschlages gemäß § 29 Abs. 1 zwischen den jeweiligen vorgeschlagenen Qualitätssicherungsprüfern und dem zu überprüfenden Abschlussprüfer oder der zu überprüfenden Prüfungsgesellschaft unter der aufschiebenden Bedingung der Bestellung schriftlich in Form eines Fixhonorars zu vereinbaren und der APAB im Rahmen des Vorschlages gemäß § 29 Abs. 1 zu übermitteln.

(3) Die Honorierung des Qualitätssicherungsprüfers hat sich insbesondere zu orientieren an

1. den berufsüblichen Grundsätzen,

2. der Größe des zu überprüfenden Prüfungsbetriebes und

3. der dafür aufzuwendenden Zeit.

(4) Die Ausbezahlung des Honorars des Qualitätssicherungsprüfers hat über die APAB zu erfolgen. Hierzu ist bei der APAB ein eigenes Verrechnungskonto zu führen.

(5) Abschlussprüfer und Prüfungsgesellschaften haben für den bestellten Qualitätssicherungsprüfer einen Kostenvorschuss in Höhe des berechneten Honorars gemäß Abs. 3 innerhalb einer Frist von längstens zwei Wochen nach erfolgter Bestellung auf das Verrechnungskonto der Zahlstelle zu überweisen. Von der erfolgten Überweisung ist der bestellte Qualitätssicherungsprüfer unverzüglich und nachweislich durch die APAB

zu informieren. Der bestellte Qualitätssicherungsprüfer ist erst nach Überweisung seines Honorars auf das Verrechnungskonto verpflichtet, die Qualitätssicherungsprüfung durchzuführen.

(6) Die APAB hat innerhalb einer Frist von längstens zwei Wochen nach Auswertung des schriftlichen Prüfberichtes das Honorar an den Qualitätsprüfer zu überweisen.

Vorzeitige Beendigung der Qualitätssicherungsprüfung

§ 32. (1) Die Durchführung der Qualitätssicherungsprüfung kann vom Qualitätssicherungsprüfer oder von dem zu überprüfenden Abschlussprüfer oder von der zu überprüfenden Prüfungsgesellschaft nur aus wichtigem Grund vorzeitig beendet werden. Wichtige Gründe sind insbesondere

1. die sich nachträglich ergebende Unerfüllbarkeit der Qualitätssicherungsprüfung oder

2. die Verhinderung durch eine Krankheit oder

3. das nachträgliche Hervorkommen des Umstandes, dass der zu überprüfende Abschlussprüfer oder die zu überprüfende Prüfungsgesellschaft bewusst unrichtige oder unvollständige Unterlagen zur Verfügung gestellt hat.

(2) Meinungsverschiedenheiten über den Inhalt des schriftlichen Prüfberichtes berechtigen nicht zur vorzeitigen Beendigung der Qualitätssicherungsprüfung.

(3) Wurde die Qualitätssicherungsprüfung vorzeitig beendet, so hat der Qualitätssicherungsprüfer einen Bericht über das Ergebnis seiner bisherigen Prüfung zu verfassen und den Grund für die vorzeitige Beendigung bekannt zu geben. Der Bericht ist vom Qualitätssicherungsprüfer dem zu überprüfenden Abschlussprüfer oder der zu überprüfenden Prüfungsgesellschaft und der APAB vorzulegen und von dieser dem nachfolgend bestellten Qualitätssicherungsprüfer zur Verfügung zu stellen.

Mitwirkungspflichten

§ 33. (1) Der zu überprüfende Abschlussprüfer oder die zu überprüfende Prüfungsgesellschaft und jene Personen, die den Beruf gemeinsam mit diesen ausüben, sind verpflichtet,

1. dem Qualitätssicherungsprüfer und seinen Assistenten gemäß § 28 Zutritt zu den Betriebsräumlichkeiten zu gewähren,

2. eine vollständige Liste der verantwortlich übernommenen Prüfungsmandate vorzulegen und

3. alle Aufklärungen zu geben und die verlangten Unterlagen vorzulegen, soweit diese für eine sorgfältige Qualitätssicherungsprüfung erforderlich sind.

(2) Der zu überprüfende Abschlussprüfer oder die zu überprüfende Prüfungsgesellschaft und jene Personen, die den Beruf gemeinsam mit diesen ausüben, unterliegen im Verhältnis zum Qualitätssicherungsprüfer und seinen Assistenten gemäß § 28 nicht der berufsmäßigen Verschwiegenheitspflicht.

Prüfbericht

§ 34. (1) Der Qualitätssicherungsprüfer hat über die erfolgte Qualitätssicherungsprüfung einen schriftlichen Prüfbericht zu verfassen. Die APAB hat durch Verordnung den Aufbau und die inhaltliche Gestaltung des schriftlichen Prüfberichts des Qualitätssicherungsprüfers zu regeln. Diese Verordnung hat insbesondere die Angaben im Prüfbericht zu regeln hinsichtlich:

1. Gegenstand, Art und Umfang der Prüfung,

2. Feststellungen betreffend die Qualitätssicherungsprüfung und

3. einer gesonderten Anmerkung für den Fall, dass der Qualitätssicherungsprüfer bei der Durchführung der Qualitätssicherungsprüfung Kenntnis über die mögliche Verwirklichung eines Tatbestandes gemäß § 41 Abs. 1 durch einen Wirtschaftsprüfer oder eingetragenen Revisor erlangt hat.

(2) Prüfhemmnisse, die während einer Qualitätssicherungsprüfung aufgetreten sind, sind im schriftlichen Prüfbericht zu nennen und hinsichtlich ihrer Auswirkungen auf die Qualitätssicherungsprüfung zu erläutern.

(3) Der schriftliche Prüfbericht ist unter Angabe von Ort und Tag vom verantwortlichen Qualitätssicherungsprüfer zu unterzeichnen. Der schriftliche Prüfbericht ist vom Qualitätssicherungsprüfer an die APAB und an den der Qualitätssicherungsprüfung unterzogenen Abschlussprüfer oder an die der Qualitätssicherungsprüfung unterzogene Prüfungsgesellschaft zu übermitteln.

(4) Die APAB ist berechtigt, dem Qualitätssicherungsprüfer Ergänzungen des schriftlichen Prüfberichts aufzutragen.

Bescheinigung

§ 35. (1) Die APAB hat die bei ihr eingelangten schriftlichen Prüfberichte innerhalb einer Frist von acht Wochen nach Einlangen auszuwerten und unter Berücksichtigung des Vorschlags der Qualitätsprüfungskommission gemäß § 13 mit Bescheid über die Erteilung oder Versagung einer Bescheinigung zu entscheiden. Bezieht sich ein Prüfbericht auf mehrere Antragsteller, ist über die Erteilung oder Versagung einer Bescheinigung für jeden Antragsteller gesondert zu entscheiden. Die APAB hat die erfolgreiche Teilnahme an der Qualitätssicherungsprüfung zu bescheinigen, wenn

1. keine wesentlichen Prüfungshemmnisse vorgelegen sind,

2. keine wesentlichen Mängel in der Qualitätssicherung des Abschlussprüfers oder der Prüfungsgesellschaft festgestellt worden sind, die die Qualitätssicherung als unangemessen oder unwirksam erscheinen lassen und

3. bei der Durchführung der Qualitätssicherungsprüfung nicht schwerwiegend gegen Bestimmungen dieses Bundesgesetzes verstoßen wurde.

(2) Wird ein Tatbestand gemäß § 41 Abs. 1 durch einen Wirtschaftsprüfer oder einen eingetragenen Revisor oder einen Sparkassenprüfer, der bei der Prüfungsgesellschaft entweder angestellt ist oder mit dieser in ähnlicher Form verbunden ist, verwirklicht, so ist eine Bescheinigung für die Prüfungsgesellschaft auszustellen, aus der hervorgeht, dass der Wirtschaftsprüfer oder der eingetragene Revisor oder der Sparkassenprüfer, der diesen Tatbestand verwirklicht hat, nicht von dieser Bescheinigung erfasst ist.

(3) Die Bescheinigung ist bis zu dem Zeitpunkt, zu dem die nächste Qualitätssicherungsprüfung durchzuführen ist, zu befristen. Werden in der Qualitätssicherungsprüfung Mängel festgestellt, kann die APAB eine Verkürzung der Frist für die nächste Qualitätssicherungsprüfung anordnen. Die Frist muss mindestens 18 Monate betragen. Wurde die Qualitätssicherungsprüfung nicht früher als drei Monate vor Fristablauf der letzten Bescheinigung abgeschlossen, ist als neuer Fristbeginn der Tag nach dem Fristablauf der letzten Bescheinigung anzusetzen. In der Bescheinigung ist auch der Zeitpunkt, bis zu dem die nächste Qualitätssicherungsprüfung abgeschlossen sein muss, anzugeben. Die Bescheinigung ist unverzüglich dem überprüften Abschlussprüfer oder der überprüften Prüfungsgesellschaft zu übermitteln und unbeschadet der Verantwortlichkeit gemäß § 52 Abs. 6 von Amts wegen in das öffentliche Register einzutragen. Wurde nach Fristablauf einer Bescheinigung keine neue Bescheinigung erlangt, dürfen bei noch nicht abgeschlossenen Abschlussprüfungsaufträgen ab dem Erlöschen der Bescheinigung keine weiteren Abschlussprüfungshandlungen gesetzt werden.

(4) Abschlussprüfer und Prüfungsgesellschaften sind berechtigt, auf eine gemäß Abs. 1 erteilte Bescheinigung jederzeit durch schriftliche Meldung an die APAB zu verzichten. Ein solcher Verzicht ist unwiderruflich. Die Bescheinigung ist unverzüglich zurückzustellen und die Eintragung im öffentlichen Register von Amts wegen zu löschen.

(5) Eine Bescheinigung kann nicht übertragen werden oder übergehen. Im Falle einer Änderung der Firma gemäß den §§ 17 bis 37 UGB ist auf Antrag unter Vorlage eines aktuellen Firmenbuchauszuges eine neue Bescheinigung auszustellen.

Vorläufige Bescheinigung bei Neuaufnahme eines Prüfungsbetriebes

§ 36. (1) Wer erstmalig beabsichtigt, einen Auftrag zur Durchführung einer Abschlussprüfung anzunehmen, hat dies der APAB unverzüglich anzuzeigen und die Erteilung einer vorläufigen Bescheinigung zu beantragen. Dieser Anzeige sind der Nachweis über eine aufrechte Berufsbefugnis als Wirtschaftsprüfer oder die Anerkennung als Wirtschaftsprüfungsgesellschaft oder die Eintragung als Revisor oder die Anerkennung als Revisionsverband sowie ein Nachweis der getroffenen Qualitätssicherungsmaßnahmen gemäß § 23 Abs. 2 Z 1 anzuschließen.

(2) Bei Vorliegen der Voraussetzungen gemäß Abs. 1 und nach Vorliegen aller erforderlichen Unterlagen gemäß den §§ 52 bis 54 hat die APAB dem Antragsteller eine vorläufige Bescheinigung zu erteilen und den Abschlussprüfer oder die Prüfungsgesellschaft in das öffentliche Register einzutragen. Diese vorläufige Bescheinigung ist auf 18 Monate befristet.

(3) Abschlussprüfer oder Prüfungsgesellschaften, denen eine Bescheinigung gemäß Abs. 2 erteilt worden ist, müssen sich bis spätestens zum Ablauf der Befristung der Bescheinigung gemäß Abs. 2 einer Qualitätssicherungsprüfung unterzogen haben, andernfalls ist die Eintragung im öffentlichen Register von Amts wegen zu löschen.

Erteilung einer Bescheinigung bei Wiederaufnahme eines Prüfungsbetriebes

§ 37. Wird nach Ablauf von zwölf Monaten nach

1. Erlöschen der Gültigkeit der Bescheinigung gemäß § 35 Abs. 3 oder

2. Erlöschen der Bescheinigung gemäß § 42 oder

3. Widerruf der Bescheinigung gemäß § 40 oder

4. Entzug der Bescheinigung gemäß § 41 oder

5. amtswegiger Löschung einer Eintragung eines Abschlussprüfers oder einer Prüfungsgesellschaft aus dem öffentlichen Teil des öffentlichen Registers, weil die Rechte aus einer gemäß § 35 erteilten Bescheinigung vom Abschlussprüfer oder von der Prüfungsgesellschaft nicht mehr ausgeübt wurden oder nicht mehr ausgeübt werden konnten oder

6. Verzicht auf eine gemäß § 35 erteilte Bescheinigung,

neuerlich eine Bescheinigung erteilt, ist diese auf einen Zeitraum von höchstens 18 Monaten zu befristen.

Anordnung von Maßnahmen

§ 38. (1) Die APAB kann aufgrund der Erkenntnisse aus der Qualitätssicherungsprüfung mit Bescheid Maßnahmen anordnen, wenn

1. Mängel bei dem überprüften Prüfungsbetrieb vorliegen oder

2. bei der Durchführung der Qualitätssicherungsprüfung gegen die Bestimmungen dieses Bundesgesetzes verstoßen wurde.

(2) Die APAB kann folgende Maßnahmen anordnen:

1. die nachweisliche Beseitigung der Mängel und

2. eine Sonderprüfung.

(3) Der betroffene Abschlussprüfer bzw. die betroffene Prüfungsgesellschaft hat die getroffenen Maßnahmen gemäß Abs. 2 Z 1 innerhalb einer von der APAB festzusetzenden angemessenen Frist, längstens jedoch binnen neun Monaten, umzusetzen. Der APAB ist eine Darstellung der getroffenen Maßnahmen schriftlich zu übermitteln.

(4) Wird eine Sonderprüfung angeordnet, so hat die APAB hiefür einen Qualitätssicherungsprüfer zu bestellen und für diesen ein angemessenes von dem zu prüfenden Abschlussprüfer oder der zu prüfenden Prüfungsgesellschaft zu bezahlendes Honorar festzusetzen.

(5) Alle Maßnahmen gemäß Abs. 2 sind an den überprüften Abschlussprüfer oder an die überprüfte Prüfungsgesellschaft gerichtet. Dies gilt auch dann, wenn der Qualitätssicherungsprüfer gegen die Vorschriften dieses Bundesgesetzes verstoßen hat. Es obliegt dem zu überprüfenden Abschlussprüfer oder der zu überprüfenden Prüfungsgesellschaft, für eine ordnungsgemäße Qualitätssicherungsprüfung Sorge zu tragen, erforderlichenfalls durch einen Antrag auf Bestellung eines weiteren Qualitätssicherungsprüfers.

(6) Der überprüfte Abschlussprüfer oder die überprüfte Prüfungsgesellschaft ist vor der Anordnung einer Maßnahme gemäß Abs. 2 anzuhören.

(7) Die Anordnung von Maßnahmen hat zu unterbleiben, wenn der überprüfte Abschlussprüfer oder die überprüfte Prüfungsgesellschaft auf die Erteilung einer Bescheinigung verzichtet.

Versagung der Bescheinigung

§ 39. Die Bescheinigung ist mit Bescheid zu versagen, wenn

1. wesentliche Prüfungshemmnisse vorgelegen sind oder

2. wesentliche Mängel in der Qualitätssicherung des Abschlussprüfers oder der Prüfungsgesellschaft festgestellt worden sind, die die Qualitätssicherung als unangemessen oder unwirksam erscheinen lassen oder

3. bei der Durchführung der Qualitätssicherungsprüfung schwerwiegend gegen Bestimmungen dieses Bundesgesetzes verstoßen wurde.

Widerruf der Bescheinigung

§ 40. (1) Die APAB hat eine erteilte Bescheinigung mit Bescheid zu widerrufen, wenn sich nachträglich herausstellt, dass eine Bescheinigung nicht zu erteilen war.

(2) Die Bescheinigung ist unverzüglich zurückzustellen und die Eintragung im öffentlichen Register von Amts wegen zu löschen.

(3) Ab Widerruf der Bescheinigung sind weitere Abschlussprüfungshandlungen zu unterlassen. Die Gültigkeit von Abschlüssen aufgrund davor bereits abgeschlossener Prüfungen bleibt unberührt.

Entzug der Bescheinigung

§ 41. (1) Die APAB hat einem Abschlussprüfer oder einer Prüfungsgesellschaft die Bescheinigung über die erfolgreiche Teilnahme an der Qualitätssicherungsprüfung mit Bescheid zu entziehen, wenn

1. der Abschlussprüfer bzw. die Prüfungsgesellschaft fahrlässig oder vorsätzlich § 271 Abs. 2 Z 1, 2, 4, 5, 6 oder 7, Abs. 3 oder Abs. 4 erster oder zweiter Satz, Abs. 5, § 271a, § 271b oder § 275 Abs. 1 des UGB verletzt hat und dies zu einer schwerwiegenden Beeinträchtigung der ordnungsgemäßen Berufsausübung geführt hat oder

2. ein der Qualitätssicherungsprüfung unterliegender Abschlussprüfer oder eine der Qualitätssicherungsprüfung unterliegende Prüfungsgesellschaft einer Anordnung gemäß § 38 Abs. 2 oder Empfehlungen gemäß § 49 beharrlich nicht nachkommt oder

3. sich nachträglich herausstellt, dass ein schwerwiegender Verstoß gegen die Bestimmungen dieses Bundesgesetzes gegeben war.

(2) Die Bescheinigung ist unverzüglich zurückzustellen und die Eintragung im öffentlichen Register von Amts wegen zu löschen. Ab Entzug der Bescheinigung sind weitere Abschlussprüfungshandlungen zu unterlassen.

(3) Bei Verwirklichung eines Tatbestandes gemäß Abs. 1 durch einen Wirtschaftsprüfer, einen eingetragenen Revisor oder einen Sparkassenprüfer einer Prüfungsgesellschaft hat die APAB mit Bescheid festzustellen, dass der Abschlussprüfer, der einen Tatbestand gemäß Abs. 1 verwirklicht hat, für einen Zeitraum von längstens drei Jahren nicht mehr von der Bescheinigung der Prüfungsgesellschaft gemäß § 35 erfasst ist. Mit der Rechtskraft dieses Bescheides ist von der APAB eine neue Bescheinigung gemäß § 35 für die Prüfungsgesellschaft auszustellen. Die ur-

sprüngliche Bescheinigung ist diesfalls von der Prüfungsgesellschaft unverzüglich an die APAB zurückzustellen.

(4) Der Entzug der Bescheinigung gilt bis zur nächsten Qualitätssicherungsprüfung. Diese kann frühestens sechs Monate nach Entzug der Bescheinigung beantragt werden.

(5) Der Entzug der Bescheinigung ist im jährlichen öffentlichen Bericht der APAB gemäß § 4 Abs. 2 Z 12 zu veröffentlichen. Der Entzug der Bescheinigung ist im öffentlichen Register gemäß den §§ 52 bis 54 ersichtlich zu machen.

Erlöschen der Bescheinigung

§ 42. Die Bescheinigung gemäß den §§ 35 und 36 erlischt gleichzeitig mit dem Erlöschen der Berufsberechtigung Wirtschaftsprüfer, spätestens jedoch mit dem Zeitpunkt der Endigung eines Fortführungsrechts gemäß den §§ 107 bis 113 WTBG. Die Kammer der Wirtschaftstreuhänder hat das Erlöschen der Berufsberechtigung Wirtschaftsprüfer der APAB elektronisch oder in Papierform unter Anschluss der entsprechenden Nachweise zu melden. Die APAB hat die Löschung des jeweiligen Abschlussprüfers oder der jeweiligen Prüfungsgesellschaft im öffentlichen Register gemäß den §§ 52 bis 54 unverzüglich vorzunehmen.

3. Abschnitt

Inspektionen

Gegenstand von Inspektionen

§ 43. (1) Abschlussprüfer und Prüfungsgesellschaften sind verpflichtet, sich einer Inspektion durch die APAB nach Art. 26 der Verordnung (EU) Nr. 537/2014 zu unterziehen, wenn sie Abschlussprüfungen bei Unternehmen von öffentlichem Interesse nach § 2 Z 9 oder Abschlussprüfungen aufgrund einer Registrierung gemäß den §§ 75 oder 76 durchführen. Bei diesen Inspektionen trägt die APAB die Verantwortung gemäß Art. 26 Abs. 3 und 4 der Verordnung (EU) Nr. 537/2014. Die APAB beauftragt einen Inspektor zur Durchführung einer Inspektion und hat die geplante Inspektion dem Abschlussprüfer oder der Prüfungsgesellschaft tunlichst eine Woche vorher anzukündigen. Gegen den Inspektionsauftrag ist ein abgesondertes Rechtsmittel nicht zulässig.

(2) Im Fall von festgestellten Mängeln können in die Inspektionen andere Abschlussprüfungen einbezogen werden. Wird im Zusammenhang mit einer Anfrage zur internationalen Zusammenarbeit gemäß § 78 eine Inspektion durchgeführt, können andere Prüfungen in die Inspektion einbezogen werden.

(3) Bei Inspektionen festgestellte Mängel im Qualitätssicherungssystem eines zu überprüfenden Abschlussprüfers oder einer zu überprüfenden Prüfungsgesellschaft werden dem Qualitätssicherungsprüfer zur Verfügung gestellt.

Intervalle von Inspektionen

§ 44. Inspektionen sind gemäß Art. 26 Abs. 2 der Verordnung (EU) Nr. 537/2014 bei Abschlussprüfern und Prüfungsgesellschaften, die Unternehmen von öffentlichem Interesse, die unter § 221 Abs. 3 erster Satz UGB fallen, mindestens alle drei Jahre und bei Unternehmen von öffentlichem Interesse, die unter § 221 Abs. 1 und 2 UGB fallen, mindestens alle sechs Jahre durchzuführen.

Anzeige- und Informationspflichten

§ 45. (1) Abschlussprüfer und Prüfungsgesellschaften, die Unternehmen von öffentlichem Interesse prüfen, dürfen einen Auftrag zur Abschlussprüfung nur bei Vorliegen einer aufrechten Bescheinigung gemäß § 35 annehmen. Die erstmalige Annahme eines Auftrages zur Durchführung einer Abschlussprüfung eines Unternehmens von öffentlichem Interesse ist vom Abschlussprüfer oder der Prüfungsgesellschaft unverzüglich der APAB anzuzeigen.

(2) Die Einstellung eines Prüfungsbetriebes oder die Beendigung sämtlicher Aufträge zur Durchführung einer Abschlussprüfung eines Unternehmens von öffentlichem Interesse ist der APAB unverzüglich anzuzeigen. Für die neuerliche Annahme eines Auftrages zur Durchführung einer Abschlussprüfung eines Unternehmens von öffentlichem Interesse gilt Abs. 1 entsprechend.

(3) Abschlussprüfer und Prüfungsgesellschaften haben der APAB jährlich eine Liste gemäß Art. 14 der Verordnung (EU) Nr. 537/2014 gleichzeitig mit dem Transparenzbericht vorzulegen.

Bestellung von Inspektoren

§ 46. Bei der Bestellung von Inspektoren ist Art. 26 Abs. 5 der Verordnung (EU) Nr. 537/2014 anzuwenden. Werden Sachverständige zur Erfüllung spezifischer Aufgaben beigezogen, sind Art. 26 Abs. 1 lit. c und Art. 26 Abs. 5 letzter Unterabsatz der Verordnung (EU) Nr. 537/2014 anzuwenden.

Umfang der Inspektion

§ 47. Die Inspektionen erstrecken sich auf die in Art. 26 Abs. 6 der Verordnung (EU) Nr. 537/2014 genannten Bereiche sowie die in Art. 26 Abs. 7 der Verordnung (EU) Nr. 537/2014 genannten Grundsätze und Verfahren für die interne Qualitätssicherung.

Informationsrecht

§ 48. Inspektoren sind berechtigt, alle Auskünfte zu verlangen und in alle Unterlagen Einsicht zu nehmen, die zur Durchführung der Inspektion erforderlich sind. Der zu prüfende Abschlussprüfer oder die Prüfungsgesellschaft sind zur Mitwirkung gemäß § 33 verpflichtet.

Maßnahmen

§ 49. Bei Erkenntnissen und Schlussfolgerungen aus Inspektionen ist Art. 26 Abs. 8 Verordnung (EU) Nr. 537/2014 anzuwenden. Empfehlungen sind mit Bescheid festzulegen, in welchem auch die Frist für die nachweisliche Umsetzung dieser Empfehlungen festzusetzen ist. Diese Frist längstens neun Monate betragen.

Inspektionsbericht

§ 50. (1) Nach Abschluss der Inspektion ist ein Bericht gemäß Art. 26 Abs. 9 der Verordnung (EU) Nr. 537/2014 zu erstellen.

(2) Einem Abschlussprüfer oder einer Prüfungsgesellschaft, die ausschließlich Unternehmen von öffentlichem Interesse gemäß § 2 Z 9 prüft, hat die APAB auf Antrag sowie unter den Voraussetzungen und nach Maßgabe des § 35 Abs. 1 eine Bescheinigung gemäß § 35 Abs. 1 zu erteilen.

4. Abschnitt

Informationspflichten bei Konzernabschlussprüfungen

§ 51. (1) Wird ein Konzernabschlussprüfer in Bezug auf die Prüfung des konsolidierten Abschlusses eines Konzerns einer Qualitätssicherungsprüfung, einer Inspektion oder einer Untersuchung unterzogen, stellt er der APAB auf Verlangen die relevanten ihm vorliegenden Unterlagen zur Verfügung, die die von den betreffenden Abschlussprüfern oder Prüfungsgesellschaften aus einem Mitgliedstaat der Europäischen Union, einem anderen EWR-Vertragsstaat oder einem Drittstaat für die Zwecke der Konzernabschlussprüfung durchgeführten Prüfungstätigkeiten betreffen. Dazu zählen auch sämtliche für die Konzernabschlussprüfung relevanten Arbeitspapiere.

(2) Die APAB kann zuständige Behörden gemäß § 72 ersuchen, zusätzliche Unterlagen zu den von Abschlussprüfern oder Prüfungsgesellschaften für die Zwecke der Konzernabschlussprüfung durchgeführten Prüfungsarbeiten zur Verfügung zu stellen.

(3) Wird ein Mutter- oder Tochterunternehmen eines Konzerns von einem oder mehreren Abschlussprüfern oder Prüfungsgesellschaften aus einem Drittstaat geprüft, so kann die zuständige Behörde verlangen, dass die jeweils zuständigen Drittstaatenbehörden im Rahmen der in § 78 genannten Vereinbarungen zur Zusammenarbeit zusätzliche Unterlagen zu den von Abschlussprüfern oder Prüfungsgesellschaften aus einem Drittstaat durchgeführten Prüfungsarbeiten zur Verfügung stellen.

(4) Abweichend von Abs. 3 trägt der Konzernabschlussprüfer für den Fall, dass ein Mutter- oder Tochterunternehmen eines Konzerns von einem oder mehreren Abschlussprüfern oder Prüfungsgesellschaften aus einem Drittstaat geprüft wird, das nicht über eine Vereinbarung zur Zusammenarbeit gemäß § 78 verfügt, zudem dafür Sorge, dass, sollte dies verlangt werden, die zusätzlichen Unterlagen zu den von diesem Abschlussprüfer oder Prüfungsgesellschaften bzw. von diesen Abschlussprüfern oder Prüfungsgesellschaften aus einem Drittstaat durchgeführten Prüfungsarbeiten samt der für die Konzernabschlussprüfung relevanten Arbeitspapiere ordnungsgemäß ausgehändigt werden. Zur Sicherstellung dieser Aushändigung bewahrt der Konzernabschlussprüfer eine Kopie dieser Unterlagen auf oder vereinbart andernfalls mit dem Abschlussprüfer oder Prüfungsgesellschaften bzw. den Abschlussprüfern oder Prüfungsgesellschaften aus einem Drittstaat, dass auf Antrag unbeschränkter Zugang gestattet wird, oder er trifft sonstige geeignete Maßnahmen. Verhindern rechtliche oder andere Hindernisse, dass die die Prüfung betreffenden Arbeitspapiere aus einem Drittstaat an den Konzernabschlussprüfer weitergegeben werden können, müssen die vom Konzernabschlussprüfer aufbewahrten Unterlagen Nachweise dafür enthalten, dass er die geeigneten Verfahren durchgeführt hat, um Zugang zu den Prüfungsunterlagen zu erhalten, und, im Fall anderer als durch die Rechtsvorschriften des betroffenen Drittstaates entstandener rechtlicher Hindernisse, Nachweise für das Vorhandensein eines solchen Hindernisses.

5. Abschnitt

Registrierung

Öffentliches Register

§ 52. (1) Die APAB hat ein öffentliches Register aller Abschlussprüfer und Prüfungsgesellschaften, die über eine aufrechte Bescheinigung gemäß § 35 oder § 36 verfügen, zu führen. Unter besonderen Umständen kann die APAB von den Anforderungen der §§ 53 und 54 hinsichtlich der Offenlegung abweichen. Dies ist nur insofern zulässig, um eine absehbare und ernst zu nehmende Gefahr für die persönliche Sicherheit einer Person zu verringern.

(2) Die Führung des öffentlichen Registers hat elektronisch zu erfolgen. Das öffentliche Register muss für jedermann unentgeltlich zugänglich sein.

(3) Im öffentlichen Register ist die APAB als zuständige Stelle für die Zulassung als Abschlussprüfer oder Prüfungsgesellschaft, die Qualitätssicherungsprüfungen, die Inspektionen, die Untersuchungen, die Sanktionen und die öffentliche Aufsicht zu nennen.

(4) Die im öffentlichen Register geführten Abschlussprüfer und Prüfungsgesellschaften sind verpflichtet, die zur Anlage und Führung des öffentlichen Registers erforderlichen Unterlagen gemäß § 53 Abs. 1 und § 54 Abs. 1 unverzüglich beizubringen und jede Änderung der im öffentlichen Register enthaltenen Informationen der APAB unverzüglich zu melden. Die APAB hat Aktualisierungen unverzüglich durchzuführen.

(5) Jedermann ist nach Maßgabe der technischen und personellen Möglichkeiten dazu befugt, das öffentliche Register mittels automationsunterstützter Datenübermittlung unentgeltlich einzusehen und Abschriften oder Auszüge daraus zu erstellen.

(6) Für die Richtigkeit und Vollständigkeit der im öffentlichen Register erfolgten Eintragung und für die Änderung von Informationen sind der jeweilige Abschlussprüfer bzw. die jeweilige Prüfungsgesellschaft verantwortlich. Erfolgt die Datenübermittlung auf elektronischem Weg, bestätigen der jeweilige Abschlussprüfer und die jeweilige Prüfungsgesellschaft die Richtigkeit und Vollständigkeit durch eine fortgeschrittene elektronische Signatur gemäß § 2 Z 3 Signaturgesetz (SigG), BGBl, Nr. 190/1999.

(7) Das öffentliche Register ist grundsätzlich in deutscher Sprache zu führen. Die APAB kann jedoch mehrere Amtssprachen der Europäischen Union für die Eintragung von Informationen zuzulassen. Übersetzungen sind beglaubigt vorzulegen.

Registrierung von Abschlussprüfern

§ 53. (1) Für Abschlussprüfer hat das öffentliche Register folgende Angaben zu enthalten:

1. den Namen oder die Firma,

2. den Berufssitz oder den Hauptwohnsitz,

3. die Art der Berufsberechtigung,

4. die Registernummer,

5. gegebenenfalls die Namen, die Anschriften und die Registernummern der Prüfungsgesellschaften, bei der der Abschlussprüfer angestellt ist oder in ähnlicher Form tätig ist sowie gegebenenfalls die Namen und die Anschriften aller anderen Wirtschaftsprüfer, die im Prüfungsbetrieb des Abschlussprüfers angestellt oder in ähnlicher Form tätig sind,

6. einen Ansprechpartner und gegebenenfalls die Internetadresse des Abschlussprüfers,

7. Registrierungen als Abschlussprüfer bei den zuständigen Stellen anderer Mitgliedstaaten der EU, anderer EWR-Vertragsstaaten oder von Drittstaaten, einschließlich der Bezeichnung der Zulassungsbehörden und gegebenenfalls der Registernummern und

8. die Befristung der von der APAB ausgestellten Bescheinigung.

(2) Abschlussprüfer, die in einem anderen Mitgliedstaat der Europäischen Union oder einem anderen EWR-Vertragsstaat zugelassen sind, sind im öffentlichen Register eindeutig kenntlich zu machen. Abs. 1 ist entsprechend anzuwenden.

(3) Abschlussprüfer, die in einem Drittstaat zugelassen sind, sind im öffentlichen Register eindeutig kenntlich zu machen. Abs. 1 ist entsprechend anzuwenden.

Registrierung von Prüfungsgesellschaften

§ 54. (1) Für Prüfungsgesellschaften hat das öffentliche Register folgende Angaben zu enthalten:

1. den Namen oder die Firma und die Registernummer,

2. die Rechtsform,

3. die Anschrift der Gesellschaft und von Zweigstellen,

4. den Namen und die Anschrift aller Wirtschaftsprüfer und eingetragenen Revisoren, die im Prüfungsbetrieb bei der Prüfungsgesellschaft angestellt oder in ähnlicher Form tätig sind,

5. einen Hinweis auf eine Mitgliedschaft in einem Netzwerk gemäß § 271b Abs. 1 UGB und eine Liste mit Namen und Anschriften der Mitgliedsgesellschaften und ihrer verbundenen Unternehmen oder einen Hinweis darauf, wo diese Informationen öffentlich zugänglich sind,

6. andere Registrierungen als Prüfungsgesellschaft bei den zuständigen Stellen anderer Mitgliedstaaten der EU, anderer EWR-Vertragsstaaten oder in Drittstaaten, einschließlich der Namen der Zulassungsbehörden und gegebenenfalls der Registernummern,

7. gegebenenfalls eine Registrierung gemäß § 70 Abs. 2,

8. einen Ansprechpartner und gegebenenfalls die Internetadresse der Prüfungsgesellschaft,

9. Namen und Anschriften der Gesellschafter und der Mitglieder des zur gesetzlichen Vertretung berufenen Organs einer juristischen Person sowie Namen und Anschriften der Vertretungsberechtigten und der übrigen Gesellschafter einer Personengesellschaft und

10. die Befristung der von der APAB ausgestellten Bescheinigung.

(2) Prüfungsgesellschaften, die in einem anderen Mitgliedstaat der Europäischen Union oder einem anderen EWR-Vertragsstaat zugelassen sind und in Österreich anerkannt wurden, sind im öffentlichen Register eindeutig kenntlich zu machen. Abs. 1 ist entsprechend anzuwenden. Die APAB registriert die Prüfungsgesellschaft, wenn sie sich vergewissert hat, dass die Prüfungsgesellschaft bei der zuständigen Behörde des Herkunftsstaats registriert ist. Die APAB informiert die zuständige Behörde des Herkunftsstaats über die Registrierung der Prüfungsgesellschaft.

(3) Prüfungsgesellschaften, die in einem Drittstaat zugelassen sind, sind im öffentlichen Register eindeutig kenntlich zu machen. Abs. 1 ist entsprechend anzuwenden. Bei der Eintragung in das öffentliche Register sind eine öffentlich beglaubigte Abschrift des Gesellschaftsvertrages bzw. der Satzung beizufügen.

6. Abschnitt
Transparenzbericht

Transparenzbericht

§ 55. Abschlussprüfer und Prüfungsgesellschaften, die Unternehmen von öffentlichem Interesse prüfen, haben alljährlich einen Transparenzbericht gemäß Art. 13 der Verordnung (EU) Nr. 537/2014 zu erstellen, zu veröffentlichen und der APAB anzuzeigen.

7. Abschnitt
Fortbildung

Kontinuierliche Fortbildung

§ 56. (1) Abschlussprüfer und jene Mitarbeiter eines Abschlussprüfers oder einer Prüfungsgesellschaft, die an der Durchführung von Abschlussprüfungen maßgeblich in leitender Funktion mitwirken, sind verpflichtet, sich kontinuierlich fortzubilden.

(2) Die kontinuierliche Fortbildung hat die Fachgebiete im Sinne des § 35 Z 1, 2, 3, 5, 6 und 8 des WTBG zu umfassen. Das zeitliche Ausmaß der kontinuierlichen Fortbildung hat mindestens 120 Stunden innerhalb eines Durchrechnungszeitraumes von drei Jahren, jedoch zumindest 30 Stunden pro Kalenderjahr, zu betragen. Von den 120 Stunden sind mindestens 60 Stunden in den Fachgebieten im Sinne des § 35 Z 3 und Z 6 WTBG nachzuweisen.

(3) Von der Verpflichtung zur kontinuierlichen Fortbildung gemäß Abs. 1 sind auch die Prüfer der Revisionsverbände, für die § 16 Abs. 2 des GenRevG 1997 anzuwenden ist, und die Prüfer des Sparkassen-Prüfungsverbandes erfasst.

(4) Abschlussprüfer und jene Mitarbeiter eines Abschlussprüfers oder einer Prüfungsgesellschaft, die an der Durchführung von Abschlussprüfungen maßgeblich in leitender Funktion mitwirken, haben bis zum 31. März des Folgejahres einen schriftlichen Nachweis über die absolvierte Fortbildung an die APAB zu übermitteln. Der Nachweis hat eine Aufgliederung der Fachgebiete im Sinne des Abs. 2 zu enthalten. Für Prüfungsgesellschaften kann dieser Meldepflicht entsprochen werden, indem die Prüfungsgesellschaft diese Nachweise für ihre jeweiligen Abschlussprüfer und jene Mitarbeiter, die an der Durchführung von Abschlussprüfungen maßgeblich in leitender Funktion mitwirken, gesammelt der APAB übermittelt.

(5) Prüfungsgesellschaften haben der APAB bis zum 31. März des Folgejahres eine Liste der im vorherigen Kalenderjahr angestellten Wirtschaftsprüfer, die in Abschlussprüfungen tätig waren, zu übermitteln.

(6) Die APAB hat eine Richtlinie zur kontinuierlichen Fortbildung herauszugeben. Die APAB hat vor deren Erlassung die Kammer der Wirtschaftstreuhänder, den Sparkassen-Prüfungsverband und die Vereinigung Österreichischer Revisionsverbände anzuhören. Die Richtlinie hat insbesondere zu regeln:

1. Aktivitäten, die als kontinuierliche Fortbildung anrechenbar sind,

2. betroffener Personenkreis,

3. zeitlicher und sachlicher Umfang der kontinuierlichen Fortbildung.

8. Abschnitt
Standardsetzung

Standardsetzung

§ 57. Von der Kammer der Wirtschaftstreuhänder, dem Institut österreichischer Wirtschaftsprüfer oder der Vereinigung Österreichischer Revisionsverbände entwickelte Berufsgrundsätze und Standards für die interne Qualitätssicherung von Prüfungsgesellschaften sowie von Prüfungsstandards bedürfen der Zustimmung der APAB.

9. Abschnitt
Meldepflichten

Meldepflicht bei Abberufung und Rücktritt

§ 58. (1) Abschlussprüfer und Prüfungsgesellschaften bzw. das geprüfte Unternehmen haben der APAB unverzüglich zu melden, wenn sie von einer Abschlussprüfung zurücktreten bzw. einen Abschlussprüfer oder eine Prüfungsgesellschaft abberufen.

(2) Meldungen gemäß Abs. 1 müssen schriftlich und unter Angabe von Gründen für den Rücktritt bzw. die Abberufung erfolgen.

(3) Die gerichtliche Enthebung als bestellter Revisor ist der APAB vom Revisionsverband unverzüglich zu melden. Die Meldung hat schriftlich unter Anschluss des Nachweises der gerichtlichen Enthebung zu erfolgen.

Weitere Meldepflichten für Abschlussprüfer und Prüfungsgesellschaften

§ 59. (1) Meldungen gemäß § 53 Abs. 1 Z 5 und § 54 Abs. 1 Z 4 sind von Abschlussprüfern und Prüfungsgesellschaften gemeinsam unterfertigt bei der APAB einzubringen.

(2) Abschlussprüfer und Prüfungsgesellschaften haben Meldungen gemäß den §§ 52 bis 54 an die APAB elektronisch oder in Papierform unter Anschluss der entsprechenden Nachweise vorzunehmen.

Meldepflichten von Interessenvertretungen

§ 60. Die Kammer der Wirtschaftstreuhänder für Wirtschaftsprüfer und die Vereinigung der Österreichischen Revisionsverbände für eingetragene Revisoren haben der APAB folgende Änderungen bezüglich des Erlöschens einer Berufsberechtigung und des Widerrufs einer Zulassung als Revisor unverzüglich zu melden:

1. Ruhen der Berufsberechtigung,
2. Suspendierung der Berufsberechtigung,
3. Verzicht auf die Berufsberechtigung,
4. Widerruf der öffentlichen Bestellung als Berufsberechtigter,
5. Widerruf der Zulassung als Revisor,
6. Widerruf einer durch Anerkennung erteilten Berufsberechtigung,
7. Tod eines Berufsberechtigten,
8. Auflösung einer Gesellschaft oder Entzug der Anerkennung als Revisionsverband oder
9. Fortführung der Tätigkeit aus der Berufsberechtigung durch einen Kurator oder Liquidator, ausgenommen der Kurator oder Liquidator verfügt über eine Bescheinigung gemäß § 35 oder § 36.

10. Abschnitt
Untersuchungen und Sanktionen

Untersuchungen

§ 61. (1) Die APAB ist befugt, zur Feststellung, ob Verstöße gegen Bestimmungen dieses Bundesgesetzes, der Verordnung (EU) Nr. 537/2014 oder anderer abschlussprüfungsrelevanter Bestimmungen vorliegen, bei Bedarf Untersuchungen bei Abschlussprüfern und Prüfungsgesellschaften durchzuführen, um eine unzureichende Durchführung von Abschlussprüfungen aufzudecken oder zu verhindern. Die APAB ist dabei berechtigt von natürlichen und juristischen Personen sowie von sonstigen Einrichtungen mit Rechtspersönlichkeit die erforderlichen Auskünfte einzuholen und die erforderlichen Daten zu verarbeiten; dieses Recht umfasst auch die Befugnis, in Bücher, Schriftstücke und EDV-Datenträger vor Ort Einsicht zu nehmen und sich Auszüge davon herstellen zu lassen. Die APAB ist ebenfalls berechtigt, Untersuchungen bei Unternehmen von öffentlichem Interesse, die der Aufsicht gemäß § 1 Abs. 4 unterliegen, durchzuführen, um Verstöße gegen Bestimmungen dieses Bundesgesetzes, der Verordnung (EU) Nr. 537/2014 oder anderer abschlussprüfungsrelevanter Bestimmungen aufzudecken oder zu verhindern.

(2) Zieht die APAB für Untersuchungen Sachverständige bei, so stellt sie sicher, dass zwischen diesen Sachverständigen und dem betreffenden Abschlussprüfer oder der betreffenden Prüfungsgesellschaft keine Interessenkonflikte bestehen. Diese Sachverständigen müssen die Anforderungen im Sinne des § 26 Abs. 2 und des § 30 erfüllen.

(3) Die APAB ist berechtigt, von Abschlussprüfern und Prüfungsgesellschaften die erforderlichen Auskünfte einzuholen und die erforderlichen Daten zu verarbeiten; dieses Recht umfasst auch die Befugnis, vor Ort in alle Unterlagen, die für die Untersuchung relevant sind, Einsicht zu nehmen und sich Auszüge davon herstellen zu lassen.

Sanktionen

§ 62. (1) Die APAB ist befugt, bei Verstößen gegen Bestimmungen dieses Bundesgesetzes und der Verordnung (EU) Nr. 537/2014, folgende Sanktionen zu verhängen:

1. eine Mitteilung an den Abschlussprüfer oder die Prüfungsgesellschaft oder Unternehmen von öffentlichem Interesse, die der Aufsicht gemäß § 1 Abs. 4 unterliegen, wonach die für den Verstoß verantwortliche natürliche oder juristische Person die Verhaltensweise einzustellen und von einer Wiederholung abzusehen hat;
2. eine öffentliche Erklärung, in der die Art des Verstoßes genannt werden und die auf der Website der APAB veröffentlicht wird;
3. ein dem Abschlussprüfer, der Prüfungsgesellschaft oder dem verantwortlichen Prüfer auferlegtes vorübergehendes Verbot der Durchführung von Abschlussprüfungen von bis zu drei Jahren;
4. ein dem Abschlussprüfer, der Prüfungsgesellschaft oder dem verantwortlichen Prüfer auferlegtes vorübergehendes Verbot der Unterzeichnung von Bestätigungsvermerken von bis zu drei Jahren;

5. eine Erklärung, dass der Bestätigungsvermerk nicht den gesetzlichen Anforderungen entspricht;

6. ein vorübergehendes Verbot der Wahrnehmung von Aufgaben bei Prüfungsgesellschaften oder Unternehmen von öffentlichem Interesse, die der Aufsicht gemäß § 1 Abs. 4 unterliegen, für die Dauer von bis zu drei Jahren, das gegen Mitglieder einer Prüfungsgesellschaft oder eines Verwaltungs- oder Leitungsorgans eines Unternehmens von öffentlichem Interesse ausgesprochen wird und

7. die Verhängung von Geldstrafen gemäß § 65.

(2) In den Fällen des Abs. 1 Z 1 und Z 3 bis 7 ist von der APAB ein schriftlicher Bescheid zu erlassen. Im Fall des Abs. 1 Z 2 kann der von der Veröffentlichung Betroffene eine Überprüfung der Rechtmäßigkeit der Veröffentlichung in einem bescheidmäßig zu erledigenden Verfahren bei der APAB beantragen. Die APAB hat in diesem Falle die Einleitung eines solchen Verfahrens in gleicher Weise bekannt zu machen. Wird im Rahmen einer Überprüfung die Rechtswidrigkeit der Veröffentlichung festgestellt, so hat die APAB die Veröffentlichung richtig zu stellen oder auf Antrag des Betroffenen entweder zu widerrufen oder von der Website zu entfernen.

Bemessung von Sanktionen

§ 63. Bei der Festsetzung von Art und Höhe von Sanktionen hat die APAB allen relevanten Umständen Rechnung zu tragen. Dabei ist insbesondere zu berücksichtigen:

1. die Schwere und die Dauer des Verstoßes;

2. der Grad an Verantwortung der verantwortlichen Person;

3. die Finanzkraft der verantwortlichen Person, die sich beispielsweise aus dem Gesamtumsatz des verantwortlichen Unternehmens oder den Jahreseinkommen der verantwortlichen natürlichen Person ablesen lässt;

4. die Höhe der von der verantwortlichen Person erzielten Mehrerlöse oder verhinderten Verluste, sofern diese sich beziffern lassen;

5. der Grad der Bereitwilligkeit der verantwortlichen Person, mit der APAB zusammenzuarbeiten;

6. früherer Verstöße der verantwortlichen Person.

Bekanntmachung von Sanktionen

§ 64. (1) Die APAB hat auf ihrer Website alle Sanktionen zu veröffentlichen, die wegen Verstößen gegen die Bestimmungen dieses Bundesgesetzes oder der Verordnung (EU) Nr. 537/2014 verhängt wurden, bei denen alle Rechtsmittel ausgeschöpft oder die entsprechenden Rechtsmittelfristen abgelaufen sind, unverzüglich nachdem die belangte natürliche oder juristische Person über diese Entscheidung informiert wurde. Dabei sind die Art des Verstoßes zu nennen. Die Veröffentlichung darf keine personenbezogenen Daten enthalten.

(2) Die APAB hat Sanktionen in anonymisierter Form zu veröffentlichen, wenn die öffentliche Bekanntmachung der personenbezogenen Daten

1. nach Bewertung durch die APAB unverhältnismäßig wäre oder

2. die Stabilität der Finanzmärkte oder laufende strafrechtliche Ermittlungen gefährden würde oder

3. den natürlichen oder juristischen Personen einen unverhältnismäßigen Schaden zufügen würde.

(3) Die APAB sorgt dafür, dass jede öffentliche Bekanntmachung gemäß Abs. 1 von verhältnismäßiger Dauer ist und mindestens fünf Jahre auf ihrer Website zugänglich bleibt. Längstens nach zehn Jahren ist eine Bekanntmachung zu löschen.

Strafbestimmungen

§ 65. (1) Eine mit einer Geldstrafe in Höhe von 400 bis 5 000 Euro zu bestrafende Verwaltungsübertretung begeht, wer

1. einen Auftrag zur Abschlussprüfung bei Unternehmen, die nicht von öffentlichem Interesse sind, ohne Vorliegen einer Bescheinigung gemäß den §§ 35 oder 36 annimmt oder

2. der APAB die Darstellung der getroffenen Maßnahmen gemäß § 38 Abs. 3 nicht fristgerecht schriftlich anzeigt oder

3. gegen die Verpflichtung gemäß § 52 Abs. 4 verstößt oder

4. gegen die Verpflichtung gemäß § 52 Abs. 6 verstößt oder

5. gegen die Verpflichtungen gemäß § 55 verstößt oder

6. gegen die Meldepflichten gemäß § 21 Abs. 11 verstößt und keine Abschlussprüfungen bei Unternehmen von öffentlichem Interesse durchführt oder

7. gegen eine Meldepflicht gemäß § 60 verstößt oder

8. gegen die Meldepflichten gemäß § 56 Abs. 4 oder 5 verstößt oder

9. gegen die Meldepflicht gemäß § 58 verstößt oder

10. gegen die Meldepflicht gemäß § 45 Abs. 2 verstößt oder

11. gegen die Meldepflicht gemäß § 45 Abs. 3 verstößt oder

12. gegen Verpflichtungen gemäß § 92 Abs. 4a AktG, § 30g Abs. 4a GmbHG, § 51 Abs. 3a SE-Gesetz, § 24c Abs. 6 Genossenschaftsgesetz oder Art. 16 oder 17 der Verordnung (EU) Nr. 537/2014 verstößt.

(2) Eine mit einer Geldstrafe in Höhe von 5 000 bis 50 000 Euro zu bestrafende Verwaltungsübertretung begeht, wer

1. ohne aufrechte Bescheinigung gemäß den §§ 35 oder 36 Abschlussprüfungen bei Unternehmen, die nicht von öffentlichem Interesse sind, durchführt oder

2. erstmalig einen Auftrag zur Abschlussprüfung gemäß § 45 Abs. 1 ohne Meldung an die APAB annimmt oder

3. nach Widerruf der Bescheinigung gemäß § 40 weitere Abschlussprüfungshandlungen setzt oder

4. nach Entzug der Bescheinigung gemäß § 41 weitere Abschlussprüfungshandlungen setzt oder

5. nach Erlöschen der Bescheinigung gemäß § 35 Abs. 3 weitere Abschlussprüfungshandlungen setzt oder

6. der APAB die verlangten Auskünfte nicht erteilt oder die verlangten Unterlagen nicht übermittelt oder

7. der APAB gegenüber falsche oder unvollständige Angaben macht oder

8. der APAB, dem Inspektor, dem Qualitätssicherungsprüfer oder den Sachverständigen keinen Zutritt zu seinen Geschäftsräumlichkeiten gewährt oder

9. als Qualitätssicherungsprüfer gegen die Unabhängigkeitsbestimmungen des § 30 verstößt oder

10. gegen die Meldepflichten gemäß § 21 Abs. 11 verstößt und Abschlussprüfungen bei Unternehmen von öffentlichem Interesse durchführt oder

11. gegen die Anforderungen gemäß § 56 Abs. 1 bis 3 verstößt.

(3) Eine mit einer Geldstrafe in Höhe von 50 000 bis 350 000 Euro zu bestrafende Verwaltungsübertretung begeht, wer

1. ohne aufrechte Bescheinigung gemäß § 35 Abschlussprüfungen bei Unternehmen von öffentlichem Interesse durchführt oder

2. einem Inspektor gegenüber im Rahmen einer Inspektion oder einer Untersuchung wissentlich unvollständige oder falsche Angaben macht.

(4) Die nach den Vorschriften dieses Bundesgesetzes verhängten Geldstrafen fließen dem Bund zu.

Meldung von Verstößen

§ 66. (1) Die APAB hat über wirksame Mechanismen zu verfügen, die dazu ermutigen, Verstöße oder den Verdacht eines Verstoßes gegen die Bestimmungen dieses Bundesgesetze, gegen auf Grund dieses Bundesgesetzes erlassene Verordnungen oder Bescheide, gegen die Bestimmungen der Verordnung (EU) Nr. 537/2014 oder anderer abschlussprüfungsrelevanter Bestimmungen anzuzeigen.

(2) Die in Abs. 1 angeführten Mechanismen umfassen zumindest

1. spezielle Verfahren für den Empfang der Meldungen über Verstöße und deren Weiterverfolgung;

2. einen angemessenen Schutz für die Mitarbeiter von Abschlussprüfern und Prüfungsgesellschaften, die Verstöße innerhalb ihres Unternehmens melden, zumindest vor Vergeltungsmaßnahmen, Diskriminierung oder anderen Arten von Mobbing;

3. den Schutz personenbezogener Daten gemäß den Grundsätzen des Datenschutzgesetzes 2000 (DSG 2000), BGBl I. Nr. 165/1999, und zum freien Datenverkehr sowohl für die Person, die die Verstöße anzeigt, als auch für die Person, die mutmaßlich für einen Verstoß verantwortlich ist;

4. klare Regeln, welche die Geheimhaltung der Identität der Person, die die Verstöße anzeigt, gewährleisten, soweit nicht die Offenlegung der Identität im Rahmen eines staatsanwaltschaftlichen, gerichtlichen oder verwaltungsrechtlichen Verfahrens zwingend zu erfolgen hat.

(3) Abschlussprüfer und Prüfungsgesellschaften haben über angemessene Verfahren zu verfügen, die es ihren Mitarbeitern unter Wahrung der Vertraulichkeit ihrer Identität ermöglichen, betriebsinterne Verstöße gegen die Bestimmungen dieses Bundesgesetze, gegen auf Grund dieses Bundesgesetzes erlassene Verordnungen oder Bescheide, gegen die Bestimmungen der Verordnung (EU) Nr. 537/2014 oder anderer abschlussprüfungsrelevanter Bestimmungen an eine geeignete Stelle zu melden. Die Verfahren nach diesem Absatz müssen den Anforderungen des Abs. 2 Z 2 bis 4 entsprechen.

Informationsaustausch

§ 67. (1) Die APAB übermittelt dem Ausschuss der Aufsichtsstellen jährlich aggregierte Informationen über alle gemäß diesem Bundesgesetz verhängten Sanktionen.

(2) Die APAB unterrichtet den Ausschuss der Aufsichtsstellen unverzüglich über alle vorübergehenden Verbote gemäß § 62 Abs. 1 Z 3, 4 und 6.

11. Abschnitt

Marktüberwachung

§ 68. Die APAB hat die Überwachung des inländischen Marktes gemäß Art. 27 Abs. 1 der Verordnung (EU) Nr. 537/2014 durchzuführen und die Berichterstattung gemäß Art. 27 Abs. 2 der Verordnung (EU) Nr. 537/2014 vorzunehmen.

2. Hauptstück
Europäische und internationale Zusammenarbeit

1. Abschnitt

Abschlussprüfer und Prüfungsgesellschaften aus Mitgliedstaaten der Europäischen Union oder anderen Vertragsstaaten des Europäischen Wirtschaftsraumes

Zulassung von Abschlussprüfern

§ 69. (1) Abschlussprüfer, die in einem anderen Mitgliedstaat der Europäischen Union oder anderen EWR-Vertragsstaat als Abschlussprüfer zugelassen sind, haben über einen Nachweis der beruflichen Voraussetzungen, die für die Ausübung der Tätigkeit einer Abschlussprüfung gemäß § 2 Z 1 erforderlich sind, zu verfügen.

(2) Voraussetzungen für die Zulassung von Abschlussprüfern aus einem anderen Mitgliedstaat der Europäischen Union oder einem anderen EWR-Vertragsstaat sind:

1. die aufrechte Zulassung im Herkunftsstaat zur Ausübung der Tätigkeit des Abschlussprüfers,

2. die positive Absolvierung eines Eignungstests im Sinne des Art. 3 Abs. 1 lit. h der Richtlinie 2005/36/EG über die Anerkennung von Berufsqualifikationen, ABl. Nr. L 255 vom 30.09.2005 S. 22, zuletzt geändert durch Richtlinie 2013/55/EU, ABl. Nr. L 354 vom 28.12.2013 S. 132, in der Fassung der Berichtigung ABl. Nr. L 268 vom 15.10.2015 S. 35 und

3. eine aufrechte Vermögensschaden-Haftpflichtversicherung im Sinne der §§ 11 und 88 Abs. 1 WTBG.

(3) Der Antrag auf Zulassung ist an die APAB zu richten. Dem Antrag sind anzuschließen:

1. ein Identitätsnachweis,

2. der Nachweis über die aufrechte Zulassung zur Ausübung der Tätigkeit des Abschlussprüfers im Herkunftsstaat,

3. der Nachweis über die positive Absolvierung des Eignungstests gemäß Abs. 2 Z 2 und

4. die Bestätigung über eine aufrechte Vermögensschaden-Haftpflichtversicherung gemäß Abs. 2 Z 3.

(4) Die APAB hat die Nachweise auf ihre Vollständigkeit hin zu überprüfen. Sind die Nachweise nicht vollständig erbracht worden, hat die APAB die fehlenden Nachweise unter Setzung einer angemessenen Frist nachzufordern. Bei Nichterbringung der Nachweise innerhalb der angemessenen Frist ist der Antrag auf Zulassung von der APAB mit Bescheid zurückzuweisen.

(5) Die Zulassung zur Ausübung der Tätigkeit des Abschlussprüfers hat zu erfolgen, wenn die Voraussetzungen gemäß Abs. 2 und 3 vorliegen.

(6) Die Voraussetzungen für die Zulassung zum Eignungstest von Abschlussprüfern aus einem anderen Mitgliedstaat der Europäischen Union oder einem anderem EWR-Vertragsstaat in Österreich ist die aufrechte Zulassung im Herkunftsstaat Abschlussprüfungen durchzuführen.

(7) Der Eignungstest gemäß Abs. 3 Z 5 ist von der Kammer der Wirtschaftstreuhänder am Sitz der Kammer der Wirtschaftstreuhänder durchzuführen.

(8) Der Eignungstest ist in deutscher Sprache abzulegen und umfasst ausschließlich angemessene Kenntnisse der österreichischen Rechtsvorschriften folgender Sachgebiete im Sinne des Art. 3 Abs. 1 lit. h der Richtlinie 2005/36/EG:

1. die schriftliche Ausarbeitung von zwei Klausurarbeiten gemäß den §§ 34 Abs. 4, 6, 7 und 29 Abs. 2 und 4 WTBG und

2. die mündliche Beantwortung von Prüfungsfragen aus den Fachgebieten gemäß § 35 Z 1, 2, 5 und 8 WTBG.

(9) Für das Prüfungsverfahren betreffend die Ablegung des Eignungstests gelten die §§ 17 bis 23 und die §§ 36 bis 54 WTBG.

(10) Die APAB arbeitet im Rahmen des Ausschusses der Aufsichtsstellen im Hinblick auf eine Angleichung der Anforderungen in Bezug auf die Eignungsprüfung mit den anderen Aufsichtsstellen der Mitgliedstaaten der Europäischen Union zusammen. Die Anforderungen für den Eignungstest sind transparent und vorhersehbar zu definieren.

(11) Auf der Grundlage der erbrachten Nachweise gemäß Abs. 3 hat die APAB die Eintragung in das öffentliche Register gemäß § 53 Abs. 1 und 2 unverzüglich durchzuführen.

(12) Über die Zulassung von Abschlussprüfern, die in einem anderen Mitgliedstaat der Europäischen Union oder einem anderen EWR-Vertragsstaat zugelassen sind, entscheidet die APAB mit Bescheid.

(13) Mit dem Erlöschen der Zulassung zur Ausübung der Tätigkeit des Abschlussprüfers im Herkunftsstaat erlischt die Zulassung in Österreich. Erhält die APAB von der zuständigen Behörde des Herkunftsstaates die Information über das Erlöschen der Zulassung, hat sie die Eintra-

gung im öffentlichen Register von Amts wegen zu löschen.

Anerkennung von Prüfungsgesellschaften

§ 70. (1) Eine Prüfungsgesellschaft mit Zulassung in einem anderen Mitgliedstaat der Europäischen Union oder einem anderen EWR-Vertragsstaat ist berechtigt, Abschlussprüfungen durchzuführen, wenn der verantwortliche Prüfer, der die Abschlussprüfung im Namen der Prüfungsgesellschaft durchführt, Wirtschaftsprüfer oder ein gemäß § 69 zugelassener Abschlussprüfer ist.

(2) Über die Anerkennung von Prüfungsgesellschaften entscheidet die APAB mit Bescheid. Die Berechtigung gemäß Abs. 1 tritt erst mit der bescheidmäßigen Anerkennung ein.

(3) Eine Prüfungsgesellschaft im Sinne des Abs. 1, die Abschlussprüfungen durchführen möchte, muss sich gemäß § 52 und § 54 bei der APAB registrieren lassen. Dem Antrag auf Registrierung ist eine öffentlich beglaubigte Abschrift des Gesellschaftsvertrages oder der Satzung beizufügen.

(4) Mit dem Erlöschen oder dem Wegfall der Zulassung im Herkunftsstaat erlischt die Anerkennung in Österreich.

2. Abschnitt

Europäische Kooperation

Meldung an zuständige Stellen auf Unionsebene und den anderen Vertragsstaaten des Europäischen Wirtschaftsraumes über Wegfall der Zulassung

§ 71. Die APAB hat den zuständigen Behörden der Aufnahmemitgliedstaaten der Europäischen Union und der anderen EWR-Vertragsstaaten, in denen der Abschlussprüfer oder die Prüfungsgesellschaft gemäß § 70, § 53 Abs. 1 Z 7 und § 54 Abs. 1 Z 6 auch registriert ist, unter Angabe der Gründe mitzuteilen, wenn

1. einem Abschlussprüfer oder einer Prüfungsgesellschaft die Bescheinigung von der APAB gemäß § 40 widerrufen wurde,

2. einem Abschlussprüfer oder einer Prüfungsgesellschaft die Bescheinigung von der APAB gemäß § 41 entzogen wurde,

3. die Bescheinigung gemäß § 42 erloschen ist oder

4. eine Abschlussprüfer oder eine Prüfungsgesellschaft aus anderen Gründen nicht mehr registriert ist.

Zusammenarbeit mit den zuständigen Stellen auf Unionsebene und den anderen Vertragsstaaten des Europäischen Wirtschaftsraumes

§ 72. (1) Die APAB ist die zuständige Stelle für die Zusammenarbeit mit den zuständigen Behörden anderer Mitgliedstaaten der Europäischen Union, mit anderen EWR-Vertragsstaaten und den einschlägigen Europäischen Aufsichtsbehörden. Die APAB hat diesen zuständigen Stellen auf deren Ersuchen in Bezug auf die Zulassung, das öffentliche Register, die externe Qualitätssicherungsprüfung, die öffentliche Aufsicht, die Inspektionen, die Untersuchungen und Sanktionen Amtshilfe zu leisten. Insbesondere erfolgt ein Informationsaustausch mit den zuständigen Behörden und eine Zusammenarbeit bei Untersuchungen im Zusammenhang mit der Durchführung von Abschlussprüfungen. Betrifft die Zusammenarbeit Abschlussprüfer oder Prüfungsgesellschaften, die Unternehmen von öffentlichem Interesse prüfen, sind die Anforderungen des Art. 31 der Verordnung (EU) Nr. 537/2014 zu berücksichtigen.

(2) Die APAB darf dem Ersuchen gemäß Abs. 1 nicht entsprechen, wenn

1. wegen derselben Handlung gegen denselben Abschlussprüfer oder dieselbe Prüfungsgesellschaft in Österreich bereits ein berufsrechtliches, gerichtliches oder verwaltungsbehördliches Verfahren eingeleitet worden ist oder

2. gegen denselben Abschlussprüfer bzw. dieselbe Prüfungsgesellschaft aufgrund derselben Handlung in Österreich bereits eine rechtskräftige Entscheidung ergangen ist oder

3. die Erledigung des Ersuchens geeignet wäre, die Souveränität, die Sicherheit, die öffentliche Ordnung oder andere wesentliche Interessen der Republik Österreich zu beeinträchtigen.

(3) Die von der zuständigen Stelle eines anderen Mitgliedstaats der Europäischen Union oder einem anderen EWR-Vertragsstaat übermittelten Informationen dürfen nur für Angelegenheiten verwendet werden, für die sie angefordert oder übermittelt wurden. Bei der Übermittlung an die zuständigen Stellen eines anderen Mitgliedstaats der Europäischen Union oder einem anderen EWR-Vertragsstaat ist ausdrücklich auf den jeweiligen Übermittlungszweck Bezug zu nehmen.

(4) Ersuchen sowie die Beantwortung von Ersuchen einer zuständigen Stelle eines anderen Mitgliedstaats der Europäischen Union oder eines anderen EWR-Vertragsstaates sind in einer Form zu übermitteln, die gewährleistet, dass personenbezogene Daten vor zufälliger oder unbefugter Zerstörung, zufälligem Verlust, zufälliger oder unbefugter Änderung, zufälliger oder unbefugter Weitergabe, zufälligem oder unbefugten Zugang oder zufälliger oder unbefugter Veröffentlichung

geschützt werden. Es ist sicherzustellen, dass zur jeweils verwendeten Kommunikationseinrichtung nur befugte Personen Zugang haben. In dringenden Fällen können solche Ersuchen auch mündlich gestellt oder entgegengenommen werden. Diesfalls ist unverzüglich eine schriftliche Bestätigung nachzureichen bzw. einzufordern.

(5) Bei der Verwaltungszusammenarbeit zwischen den zuständigen Stellen eines anderen Mitgliedstaats der Europäischen Union oder eines anderen EWR-Vertragsstaates ist zu gewährleisten, dass jede Übermittlung und jeder Empfang von personenbezogenen Daten dokumentiert wird. Diese Dokumentation hat den Anlass der Übermittlung, die übermittelten oder empfangenen Daten, das Datum und den genauen Zeitpunkt der Übermittlung oder des Empfangs und die Bezeichnung der anfragenden oder angefragten zuständigen Stelle zu umfassen. Die anfragende oder angefragte Stelle dokumentiert darüber hinaus die Kennung der Person, die eine Anfrage durchgeführt hat.

(6) Erlangt die APAB Kenntnis darüber, dass ein Abschlussprüfer oder eine Prüfungsgesellschaft aus einem anderen Mitgliedstaat der Europäischen Union oder einem anderen EWR-Vertragsstaat gegen Bestimmungen der Richtlinie 2006/43/EG verstößt, so hat sie dies der zuständigen Stelle des anderen Mitgliedstaats der Europäischen Union oder des anderen EWR-Vertragsstaates mitzuteilen.

(7) Die APAB kann die zuständige Stelle eines anderen Mitgliedstaats der Europäischen Union oder eines anderen EWR-Vertragsstaates ersuchen, auf dessen Hoheitsgebiet eine Untersuchung durchführen zu lassen. In diesem Fall ist die APAB berechtigt, die betreffende zuständige Stelle bei der Durchführung der Untersuchung zu begleiten. Die APAB kann zuständige Stellen anderer Mitgliedstaaten der Europäischen Union oder anderer EWR-Vertragsstaaten bei Untersuchungen im Sinne des § 61 in Österreich unter der Voraussetzung mitwirken lassen, dass diese der Verschwiegenheitspflicht unterliegen.

(8) Die APAB darf dem Ersuchen gemäß Abs. 7 nicht entsprechen, wenn

1. wegen derselben Handlung gegen denselben Abschlussprüfer oder dieselbe Prüfungsgesellschaft in Österreich bereits ein berufsrechtliches, gerichtliches oder verwaltungsbehördliches Verfahren anhängig ist oder

2. gegen denselben Abschlussprüfer bzw. dieselbe Prüfungsgesellschaft aufgrund derselben Handlung in Österreich bereits eine rechtskräftige Entscheidung ergangen ist oder

3. die Erledigung des Ersuchens geeignet wäre, die Souveränität, die Sicherheit, die öffentliche Ordnung oder andere wesentliche Interessen der Republik Österreich zu beeinträchtigen.

(9) Übermittelte personenbezogene Daten sind zu löschen, wenn sich deren Unrichtigkeit ergibt, deren Beschaffung oder Übermittlung nicht rechtmäßig erfolgte, rechtmäßig übermittelte Daten gemäß dem Recht des übermittelnden Staates zu einem späteren Zeitpunkt zu löschen sind oder sie zu dem Zweck, zu dem sie übermittelt worden sind, nicht mehr erforderlich sind und kein Grund zu der Annahme besteht, dass durch die Löschung schutzwürdige Interessen des Betroffenen beeinträchtigt werden.

(10) Bei der Zusammenarbeit mit den zuständigen Stellen anderer Mitgliedstaaten der Europäischen Union oder anderen EWR-Vertragsstaaten sind die Verschwiegenheitsbestimmungen des Art. 34 der Verordnung (EU) Nr. 537/2014 einzuhalten.

Gegenseitige Anerkennung der mitgliedstaatlichen oder EWR-vertragsstaatlichen Regelungen

§ 73. (1) Bei der Anwendung der Rechtsvorschriften und Aufsichtsregeln ist das Herkunftslandprinzip anzuwenden. Es gelten die Rechtsvorschriften und Aufsichtsregeln des Herkunftsstaats.

(2) Unbeschadet Abs. 1 unterliegen gemäß § 70 anerkannte Prüfungsgesellschaften in Bezug auf in Österreich durchgeführte Abschlussprüfungen der Qualitätssicherungsprüfung im Herkunftsstaat und der Aufsicht der APAB.

(3) Bei der Prüfung konsolidierter Abschlüsse dürfen dem Abschlussprüfer oder der Prüfungsgesellschaft, der bzw. die die Abschlussprüfung einer in einem anderen Mitgliedstaat der Europäischen Union oder einem anderen EWR-Vertragsstaat niedergelassenen Tochtergesellschaft durchführt, für diese Abschlussprüfung in Bezug auf Registrierung, Qualitätssicherungsprüfung, Prüfungsstandards, Berufsgrundsätze und Unabhängigkeit keine zusätzlichen Anforderungen auferlegt werden.

(4) Werden die Wertpapiere eines Unternehmens, das seinen eingetragenen Sitz in einem anderen Mitgliedstaat der Europäischen Union oder einem anderen EWR-Vertragsstaat hat, auf einem geregelten Markt gemäß „§ 1 Z 2 Börsegesetz 2018 (BörseG 2018), BGBl Nr. 107/2017“, in Österreich gehandelt, dürfen dem Abschlussprüfer oder der Prüfungsgesellschaft, der oder die die Prüfung des Jahresabschlusses oder des konsolidierten Abschlusses dieses Unternehmens durchführt, in Bezug auf Registrierung, Qualitätssicherung, Prüfungsstandards, Berufsgrundsätze und Unabhängigkeit keine zusätzlichen Anforderungen auferlegt werden. *(BGBl I 2017/107)*

(5) Ist ein Abschlussprüfer oder eine Prüfungsgesellschaft infolge einer Zulassung gemäß § 2 Z 2 oder 3 oder § 74 registriert und erteilt dieser Abschlussprüfer oder diese Prüfungsgesellschaft

Bestätigungsvermerke in Bezug auf Jahresabschlüsse oder konsolidierte Abschlüsse gemäß § 75 Abs. 1, unterliegt der Abschlussprüfer oder die Prüfungsgesellschaft hinsichtlich der Aufsicht, der Qualitätssicherungsprüfungen, Inspektionen, Untersuchungen und Sanktionen der APAB.

3. Abschnitt
Abschlussprüfer und Prüfungsgesellschaften aus Drittstaaten

Zulassung von Abschlussprüfern

§ 74. (1) Auf Grundlage der Gegenseitigkeit kann die APAB Prüfer aus Drittstaaten als Abschlussprüfer zulassen, sofern sie nachweisen können, dass sie die Voraussetzungen erfüllen, die denjenigen des § 2 Z 2 gleichwertig sind.

(2) Sind die Anforderungen des Abs. 1 erfüllt, hat die APAB vor Gewährung der Zulassung die Anforderungen gemäß § 69 anzuwenden.

(3) Über die Zulassung von Abschlussprüfern, die in einem Drittstaat zugelassen sind, entscheidet die APAB mit Bescheid.

Registrierung von Abschlussprüfern

§ 75. (1) Abschlussprüfer aus Drittstaaten sind verpflichtet, sich nach den Bestimmungen des § 52 und § 53 registrieren zu lassen, wenn sie beabsichtigen, den Bestätigungsvermerk für einen gesetzlich vorgeschriebenen Jahresabschluss oder konsolidierten Abschluss eines Unternehmens mit Sitz außerhalb der Europäischen Union oder dem EWR, dessen übertragbare Wertpapiere oder andere von ihm ausgegebene Wertpapiere auf einem geregelten Markt im Sinne des „§ 1 Z 2 BörseG 2018", in Österreich zum Handel zugelassen sind, zu erteilen, es sei denn, das Unternehmen gibt ausschließlich Schuldtitel aus, die eines der folgenden Merkmale aufweisen:

1. sie wurden vor dem 31. Dezember 2010 zum Handel an einem geregelten Markt im Sinne des § 1 Abs. 2 BörseG in einem Mitgliedstaat der Europäischen Union oder einem anderen EWR-Vertragsstaat mit einer Mindeststückelung von 50 000 Euro oder, wenn es sich um Schuldtitel handelt, die auf eine andere Währung als Euro lauten, mit einer Mindeststückelung, deren Wert am Ausgabetag mindestens 50 000 Euro entspricht, zugelassen oder

2. sie wurden ab dem 31. Dezember 2010 zum Handel an einem geregelten Markt im Sinne des § 1 Abs. 2 BörseG in einem Mitgliedstaat der Europäischen Union oder einem anderen EWR-Vertragsstaat mit einer Mindeststückelung von 100 000 Euro am Ausgabetag oder, wenn es sich um Schuldtitel handelt, die auf eine andere Währung als Euro lauten, mit einer Mindeststückelung, deren Wert am Ausgabetag mindestens 100 000 Euro entspricht, zugelassen. *(BGBl I 2017/107)*

(2) Kein Erfordernis der Registrierung im öffentlichen Register gemäß § 52 und § 53 besteht für Abschlussprüfer, die Bestätigungsvermerke für Jahresabschlüsse oder Konzernabschlüsse von Emittenten gemäß „§ 129 Abs. 1 Z 2 BörseG 2018" erteilen. *(BGBl I 2017/107)*

(3) Bestätigungsvermerke gemäß Abs. 1 und 2 für Jahresabschlüsse oder Konzernabschlüsse, die von Abschlussprüfern aus Drittstaaten erteilt worden sind, die nicht im öffentlichen Register gemäß § 52 und § 53 eingetragen sind, haben in Österreich keine Rechtswirkung.

(4) Der Abschlussprüfer hat die Prüfungen des Jahres- und Konzernabschlusses in Übereinstimmung mit

1. den internationalen Prüfungsstandards gemäß § 269a UGB,

2. den für den österreichischen Abschlussprüfer festgelegten Anforderungen an die Unabhängigkeit und Unparteilichkeit gemäß den §§ 271, 271a und 271b UGB und

3. den Bestimmungen betreffend das vereinbarte Entgelt des Abschlussprüfers gemäß § 270 UGB

durchzuführen.

(5) Die Gleichwertigkeit im Sinne des Abs. 4 Z 1 entscheidet die Europäische Kommission im Wege von Durchführungsrechtsakten. Bis zur Erlassung einer Entscheidung durch die Europäischen Kommission über die Gleichwertigkeit im Sinne des Abs. 4 Z 1 entscheidet die APAB über die Gleichwertigkeit. Bei dieser Entscheidung sind die von der Europäischen Kommission in delegierten Rechtsakten gemäß Art. 45 Abs. 6 Unterabsatz 2 der Richtlinie 2006/43/EG festgelegten Kriterien heranzuziehen.

(6) Der Antrag auf Registrierung ist an die APAB zu richten. Dem Antrag sind anzuschließen:

1. ein Identitätsnachweis,

2. der Nachweis der Staatsangehörigkeit,

3. der Nachweis über die aufrechte Berechtigung zur Ausübung der Tätigkeit des Abschlussprüfers im Drittstaat,

4. der Nachweis über das Vorliegen einer gleichwertigen Qualifikation zur Ausübung der Tätigkeit des Abschlussprüfers in Österreich,

5. der Nachweis über eine aufrechte vergleichbare Vermögensschaden-Haftpflichtversicherung gemäß den §§ 11 und 88 Abs. 1 WTBG,

6. der Nachweis, dass auf der Website des Abschlussprüfers ein jährlicher Transparenzbericht veröffentlicht wird, der die in § 55 genannten Anforderungen oder gleichwertige Anforderungen an die Offenlegung erfüllt.

(7) Die APAB hat nach Vorliegen der vollständigen Nachweise die Eintragung in das öffentliche Register gemäß § 52 und § 53 vorzunehmen. Sind die Nachweise nicht vollständig erbracht worden, hat die APAB die fehlenden Nachweise unter Setzung einer angemessenen Frist nachzufordern. Bei Nichterbringung der Nachweise innerhalb der angemessenen Frist ist der Antrag auf Zulassung mit Bescheid zurückzuweisen.

(8) Abschlussprüfer aus Drittstaaten unterliegen bezüglich der Aufsicht, der Qualitätssicherungsprüfungen, der Inspektionen, der Untersuchungen und Sanktionen der APAB.

(9) Die APAB kann einen registrierten Abschlussprüfer aus einem Drittstaat von der Unterwerfung unter ihr Qualitätssicherungssystem ausnehmen, wenn das Qualitätssicherungssystem des Drittstaats, das als gleichwertig nach § 77 bewertet wurde, bereits während der vorausgegangenen drei Jahre eine Qualitätsprüfung des betreffenden Abschlussprüfers des Drittstaats durchgeführt hat.

(10) Mit dem Erlöschen oder dem Wegfall der Zulassung im Drittstaat ist die Eintragung im öffentlichen Register in Österreich zu löschen.

Registrierung von Prüfungsgesellschaften

§ 76. (1) Prüfungsgesellschaften aus Drittstaaten sind verpflichtet, sich nach den Bestimmungen des § 52 und § 54 registrieren zu lassen, wenn sie beabsichtigen, den Bestätigungsvermerk für einen gesetzlich vorgeschriebenen Jahresabschluss oder konsolidierten Abschluss einer Gesellschaft mit Sitz außerhalb der Europäischen Union oder dem EWR, deren übertragbare Wertpapiere oder andere von ihr ausgegebene Wertpapiere auf einem geregelten Markt im Sinne des „§ 1 Z 2 BörseG 2018" in Österreich zum Handel zugelassen sind, zu erteilen, es sei denn, das Unternehmen gibt ausschließlich Schuldtitel aus, die eines der folgenden Merkmale aufweisen:

1. sie wurden vor dem 31. Dezember 2010 zum Handel an einem geregelten Markt im Sinne des § 1 Abs. 2 BörseG in einem Mitgliedstaat der Europäischen Union oder einem anderen EWR-Vertragsstaat mit einer Mindeststückelung von 50 000 Euro oder, wenn es sich um Schuldtitel handelt, die auf eine andere Währung als Euro lauten, mit einer Mindeststückelung, deren Wert am Ausgabetag mindestens 50 000 Euro entspricht, zugelassen oder

2. sie wurden ab dem 31. Dezember 2010 zum Handel an einem geregelten Markt im Sinne des § 1 Abs. 2 BörseG in einem Mitgliedstaat der Europäischen Union oder einem anderen EWR-Vertragsstaat mit einer Mindeststückelung von 100 000 Euro am Ausgabetag oder, wenn es sich um Schuldtitel handelt, die auf eine andere Währung als Euro lauten, mit einer Mindeststückelung, deren Wert am Ausgabetag mindestens 100 000 Euro entspricht, zugelassen.

(BGBl I 2017/107)

(2) Kein Erfordernis der Registrierung im öffentlichen Register gemäß § 52 und § 54 besteht für Prüfungsgesellschaften, die Bestätigungsvermerke für Jahresabschlüsse oder Konzernabschlüsse von Emittenten gemäß „§ 129 Abs. 1 Z 2 BörseG 2018" erteilen. *(BGBl I 2017/107)*

(3) Bestätigungsvermerke gemäß Abs. 1 und 2 für Jahresabschlüsse oder Konzernabschlüsse, die von Prüfungsgesellschaften aus Drittstaaten erteilt worden sind, die zu diesem Zeitpunkt nicht im öffentlichen Register gemäß § 52 und § 54 eingetragen sind, haben in Österreich keine Rechtswirkung.

(4) Die Prüfungsgesellschaft hat die Prüfungen des Jahres- und Konzernabschlusses in Übereinstimmung mit

1. den internationalen Prüfungsstandards gemäß § 269a UGB,

2. den für den österreichischen Abschlussprüfer festgelegten Anforderungen an die Unabhängigkeit und Unparteilichkeit gemäß den §§ 271, 271a und 271b UGB und

3. den Bestimmungen betreffend das vereinbarte Entgelt des Abschlussprüfers gemäß § 270 UGB

durchzuführen.

(5) Die Gleichwertigkeit im Sinne des Abs. 4 Z 1 entscheidet die Europäische Kommission im Wege von Durchführungsrechtsakten. Bis zu einer solchen Entscheidung der Europäischen Kommission entscheidet die APAB über die Gleichwertigkeit. Bei dieser Entscheidung sind die von der Europäischen Kommission in delegierten Rechtsakten gemäß Art. 45 Abs. 6 Unterabsatz 2 der Richtlinie 2006/43/EG festgelegten Kriterien heranzuziehen.

(6) Der Antrag auf Registrierung ist an die APAB zu richten. Dem Antrag sind anzuschließen:

1. der Nachweis über die Zulassung der Prüfungsgesellschaft im Drittstaat,

2. der Nachweis über das Vorliegen einer einem österreichischen Abschlussprüfer gleichwertigen Qualifikation des die Abschlussprüfung durchführenden verantwortlichen Prüfers,

3. der Nachweis über das Vorliegen einer gleichwertigen Qualifikation zur Ausübung der Tätigkeit des Abschlussprüfers in Österreich durch die Mehrheit der der Geschäftsführung und der Vertretung nach außen angehörenden natürlichen Personen, die im Drittstaat zur Ausübung der Tätigkeit einer Abschlussprüfung zugelassen sind,

4. eine öffentlich beglaubigte Abschrift des Gesellschaftsvertrages bzw. der Satzung,

5. die jährliche Veröffentlichung des Transparenzberichts gemäß § 55 oder einer gleichwertigen Information auf der Website der Prüfungsgesellschaft spätestens drei Monate nach Ende des Geschäftsjahres und

6. der Nachweis über eine aufrechte Vermögensschaden-Haftpflichtversicherung gemäß den §§ 11 und 88 Abs. 1 WTBG.

(7) Die APAB hat nach Vorliegen der vollständigen Nachweise die Eintragung in das öffentliche Register gemäß § 52 und § 54 vorzunehmen. Sind die Nachweise nicht vollständig erbracht worden, hat die APAB die fehlenden Nachweise unter Setzung einer angemessenen Frist nachzufordern. Bei Nichterbringung der Nachweise innerhalb der angemessenen Frist ist der Antrag auf Zulassung mit Bescheid zurückzuweisen.

(8) Prüfungsgesellschaften aus Drittstaaten unterliegen bezüglich der Aufsicht, der Qualitätssicherungsprüfungen, der Inspektionen, der Untersuchungen und Sanktionen der APAB.

(9) Die APAB kann eine registrierte Prüfungsgesellschaft aus einem Drittstaat von der Unterwerfung unter ihr Qualitätssicherungssystem ausnehmen, wenn das Qualitätssicherungssystem des Drittstaats, das als gleichwertig nach § 77 bewertet wurde, bereits während der vorausgegangenen drei Jahre eine Qualitätsprüfung der betreffenden Prüfungsgesellschaft des Drittstaats durchgeführt hat.

(10) Mit dem Erlöschen oder dem Wegfall der Zulassung im Drittstaat ist die Eintragung im öffentlichen Register in Österreich zu löschen.

Ausnahmen bei Gleichwertigkeit

§ 77. (1) Die APAB kann auf der Grundlage der Gegenseitigkeit einen Abschlussprüfer oder eine Prüfungsgesellschaft aus einem Drittstaat von

1. der Registrierung gemäß § 75 Abs. 1 oder § 76 Abs. 1,

2. der Aufsicht durch die APAB gemäß § 4,

3. der Durchführung von Inspektionen gemäß den §§ 43 bis 50,

4. der Durchführung der Qualitätssicherungsprüfung gemäß den §§ 24 bis 42,

5. den Untersuchungen gemäß § 61 und

6. den Sanktionen gemäß den §§ 62 bis 65.

ausnehmen.

(2) Die Ausnahme gemäß Abs. 1 ist dann zu gewähren, wenn in dem Drittstaat in den Bereichen des Abs. 1 Z 2 bis 6 Gleichwertigkeit gegeben ist.

(3) Hat die Europäische Kommission im Wege von Durchführungsrechtsakten gemäß Art. 48 Abs. 2 der Richtlinie 2006/43/EG die Gleichwertigkeit festgestellt, kann die APAB von den Anforderungen gemäß § 70 Abs. 1 und 7 und § 71 Abs. 1 und 7 ganz oder teilweise absehen. Liegt keine Entscheidung der Europäischen Kommission vor, so kann die APAB die Gleichwertigkeit selbst beurteilen oder sich die durch einen anderen Mitgliedstaat der Europäischen Union oder einen anderen EWR-Vertragsstaat durchgeführte Beurteilung zu eigen machen, bis die Europäische Kommission eine Entscheidung trifft. Diesfalls hat die APAB über die Gleichwertigkeit mit Bescheid zu entscheiden. Bei dieser Entscheidung sind die von der Europäischen Kommission in delegierten Rechtsakten gemäß Art. 46 Abs. 2 Unterabsatz 2 der Richtlinie 2006/43/EG festgelegten Kriterien heranzuziehen. Entscheidet die Europäische Kommission, dass die Anforderung der Gleichwertigkeit bei einem Drittstaat nicht erfüllt ist, kann ein betroffener Abschlussprüfer oder eine Prüfungsgesellschaft aus diesem Drittstaat die Prüfungstätigkeit in Einklang mit den österreichischen gesetzlichen Bestimmungen weiterführen, wenn eine Übergangsentscheidung der Europäischen Kommission nach Art. 46 Abs. 2 der Richtlinie 2006/43/EG vorliegt.

(4) Die APAB hat der Europäischen Kommission mitzuteilen:

1. die Beurteilung der Gleichwertigkeit im Sinne des Abs. 3 und

2. die Hauptpunkte ihrer Kooperationsvereinbarungen mit zuständigen Stellen in Drittstaaten hinsichtlich der öffentlichen Aufsicht, der Qualitätssicherung, der Inspektionen sowie der Untersuchungen und Sanktionen auf der Grundlage von Abs. 1 und 2.

4. Abschnitt

Zusammenarbeit mit den zuständigen Stellen der Drittstaaten

§ 78. (1) Die APAB ist die zuständige Stelle für die Zusammenarbeit mit den zuständigen Stellen und Behörden von Drittstaaten.

(2) Die APAB kann die Weitergabe von Arbeitspapieren und anderen Dokumenten, die sich im Besitz von von ihr zugelassenen Abschlussprüfern oder Prüfungsgesellschaften befinden, erlauben und Untersuchungs- oder Inspektionsberichte im Zusammenhang mit den jeweiligen Prüfungen an die zuständigen Behörden von Drittstaaten weitergeben, sofern

1. diese Arbeitspapiere oder anderen Dokumente sich auf Prüfungen von Unternehmen beziehen, die Wertpapiere in diesem Drittland ausgegeben haben oder die Teile eines Konzerns sind, der in diesem Drittstaat einen gesetzlich vorgeschriebenen konsolidierten Abschluss vorlegt;

2. die Weitergabe über die APAB an die zuständige Stelle dieses Drittstaats auf deren Anforderung erfolgt;

3. die zuständige Stelle des betroffenen Drittstaats die Anforderungen erfüllt, die nach Abs. 4 als angemessen erklärt wurden;

4. auf Grundlage der Gegenseitigkeit Vereinbarungen zur Zusammenarbeit gemäß Abs. 6 getroffen wurden;

5. im innerstaatlichen Recht des betreffenden Drittstaates zumindest in Bezug auf die Verarbeitung personenbezogener Daten, die übermittelt werden oder worden sind, ein angemessenes Datenschutzniveau im Sinne von § 12 Abs. 2 DSG 2000 besteht oder die Übermittlung durch die Datenschutzbehörde im Einzelfall im Verfahren nach § 13 DSG 2000 bewilligt wurde. Informationen, die einer spezifischen Geheimhaltungspflicht unterliegen, dürfen nur übermittelt werden, wenn zusätzlich sichergestellt ist, dass sie bei diesen Stellen in gleicher Weise geheim gehalten werden.

(3) Die in Abs. 2 Z 4 genannten Vereinbarungen zur Zusammenarbeit stellen sicher, dass

1. eine Glaubhaftmachung des Zweckes der Anfrage für Arbeitspapiere und sonstige Dokumente durch die zuständigen Stellen erfolgt;

2. Personen, die durch die zuständigen Stellen des Drittstaats beschäftigt werden oder wurden, zur Wahrung des Berufsgeheimnisses verpflichtet sind;

3. der Schutz der wirtschaftlichen Interessen des geprüften Unternehmens, einschließlich seiner Rechte an gewerblichem und geistigem Eigentum, nicht beeinträchtigt wird;

4. die zuständigen Stellen des Drittstaats die Arbeitspapiere oder sonstigen Dokumente nur für Zwecke der Ausübung ihrer Aufsichtstätigkeit, Qualitätssicherung und Untersuchungen nutzen, die Anforderungen genügen, die denen der §§ 3 bis 17, §§ 24 bis 50 und §§ 62 bis 65 gleichwertig sind;

5. die angefragte Weitergabe von Arbeitspapieren oder sonstigen Dokumenten verweigert werden kann, falls

a) die Bereitstellung dieser Arbeitspapiere oder Dokumente die Souveränität, die Sicherheit oder die öffentliche Ordnung der Europäischen Union oder Österreichs beeinträchtigen würde oder,

b) wegen derselben Handlung gegen denselben Abschlussprüfer oder dieselbe Prüfungsgesellschaft in Österreich bereits ein berufsrechtliches, gerichtliches oder verwaltungsbehördliches Verfahren anhängig ist oder

c) gegen dieselben Abschlussprüfer oder Prüfungsgesellschaften aufgrund derselben Handlungen in Österreich bereits eine rechtskräftige Entscheidung ergangen ist,

6. falls Abschlussprüfer oder Prüfungsgesellschaften, die Unternehmen von öffentlichem Interesse prüfen, betroffen sind, die Bestimmungen des Art. 36 der Verordnung (EU) Nr. 537/2014 eingehalten werden.

(4) Hat die Europäische Kommission über die Angemessenheit der zuständigen Stellen in Drittstaaten im Wege von Durchführungsrechtsakten entschieden, hat die APAB die zur Einhaltung der Entscheidung der Europäischen Kommission gebotenen Maßnahmen zu ergreifen. Die in delegierten Rechtsakten der Europäische Kommission gemäß Artikel 48a der Richtlinie 2006/43/EG enthaltenen allgemeinen Kriterien für die Beurteilung der Angemessenheit der zuständigen Stellen in Drittstaaten hinsichtlich des Austausches von Arbeitspapieren oder anderen Dokumenten, die sich im Besitz der Abschlussprüfer und Prüfungsgesellschaften befinden, sind von der APAB zu berücksichtigen.

(5) Die APAB kann auf Antrag in Ausnahmefällen erlauben, dass Abschlussprüfer und Prüfungsgesellschaften direkt Arbeitspapiere und sonstige Dokumente an die zuständigen Stellen eines Drittstaats weitergeben, wenn

1. Untersuchungen von den zuständigen Stellen in diesem Drittstaat eingeleitet wurden;

2. die Weitergabe nicht in Widerspruch zu gesetzlichen Verpflichtungen steht, die Abschlussprüfer oder Prüfungsgesellschaften im Hinblick auf die Weitergabe von Arbeitspapieren und sonstigen Dokumenten an die APAB zu beachten haben;

3. Vereinbarungen zur Zusammenarbeit mit den zuständigen Stellen dieses Drittstaats bestehen, die der APAB gegenseitigen direkten Zugang zu Arbeitspapieren und sonstigen Dokumenten von Prüfungsgesellschaften dieses Drittstaats erlauben;

4. die anfragende zuständige Stelle des Drittstaats vorab die APAB von jeder direkten Anfrage von Informationen unter Angabe von Gründen in Kenntnis setzt und

5. die in Abs. 3 genannten Bedingungen eingehalten werden.

(6) Der Bundesminister für Finanzen kann auf Vorschlag der APAB mit den zuständigen Behörden von Drittstaaten Vereinbarungen zur Regelung der näheren Zusammenarbeit schließen, wenn die Voraussetzungen gemäß Art. 36 der Verordnung (EU) Nr. 537/2014 und Art. 47 der Richtlinie 2006/43/EG in der Fassung der Richtlinie 2014/56/EU erfüllt sind und die zu übermittelnden Informationen zur Wahrnehmung der Aufgaben gemäß den genannten Vorschriften notwendig sind. Informationen aus einem anderen Mitgliedstaat der Europäischen Union oder einem EWR-Vertragsstaat dürfen nur mit ausdrücklicher Zustimmung der zuständigen Behörden, die diese Information mitgeteilt haben und nur für die

Zwecke weitergegeben werden, denen diese Behörden zugestimmt haben. Die APAB teilt der Europäischen Kommission die in den Abs. 2 und 5 genannten Vereinbarungen zur Zusammenarbeit mit.

(7) Bei der Offenlegung von Informationen aus Drittstaaten oder gegenüber Drittstaaten sind Art. 37 und Art. 38 der Verordnung (EU) Nr. 537/2014 anzuwenden.

4. Teil

Schluss- und Übergangsbestimmungen

Mitteilungen an die Europäische Kommission

§ 79. (1) Die APAB hat folgende Mitteilungen an die Europäische Kommission zu übermitteln:

1. unverzüglich die in den §§ 62 bis 65 genannten Vorschriften,

2. jede nachfolgende Änderung der in Z 1 genannten Vorschriften,

3. den ersten Marktüberwachungsbericht gemäß Art. 27 Abs. 2 der Verordnung (EU) Nr. 537/2014,

4. die in § 78 Abs. 2 und 5 genannten Vereinbarungen zur Zusammenarbeit,

5. die Nichtanwendung der Bestimmungen der Verordnung (EU) Nr. 537/2014 betreffend die Aufsicht und Qualitätssicherung, soweit Unternehmen im Sinne des Art. 2 Abs. 3 der Verordnung (EU) Nr. 537/2014 nicht an einem geregelten Markt im Sinne des „1 Z 2 BörseG 2018" zugelassen sind. *(BGBl I 2017/107)*

(2) Der Bundesminister für Finanzen hat folgende Mitteilungen an die Europäische Kommission zu übermitteln:

1. die Benennung der APAB als zuständige Behörde im Sinne des Art. 32 Abs. 4a der Richtlinie 2006/43/EG und des Art. 20 Abs. 1 lit. c der Verordnung (EU) Nr. 537/2014,

2. die Nichtanwendung der Bestimmungen der Verordnung (EU) Nr. 537/2014 auf Unternehmen im Sinne des Art. 2 Abs. 3 der Verordnung (EU) Nr. 537/2014, außer diese Unternehmen haben Wertpapiere begeben, welche an einem geregelten Markt eines Mitgliedstaats der Europäischen Union oder eines anderen EWR- Vertragsstaats im Sinn des Art. 4 Abs. 1 Nr. 21 der Richtlinie 2014/65/EU gehandelt werden.

(3) Die Mitteilung gemäß Abs. 2 Z 2 ist vom Bundesminister für Finanzen auch an den Ausschuss der Aufsichtsstellen zu übermitteln.

Wechselseitige Hilfeleistungspflichten

§ 80. (1) Alle Behörden und alle auf Grund gesetzlicher Bestimmungen zur Vertretung wirtschaftlicher Interessen berufenen oder auf Grund freier Vereinbarung hierzu errichteten Körperschaften sind verpflichtet, der APAB auf Verlangen die zur Erfüllung ihrer Aufgaben erforderlichen Auskünfte zu erteilen, insoweit dies gemäß den Bestimmungen des DSG 2000 zulässig ist.

(2) Die Gerichte, die Staatsanwaltschaften und die Finanzstrafbehörden sind verpflichtet, die APAB von der Einleitung einer Untersuchung wegen des Verdachtes einer mit Vorsatz begangenen strafbaren Handlung, die mit mehr als einjähriger Freiheitsstrafe bedroht ist, einer mit Bereicherungsvorsatz begangenen sonstigen gerichtlich strafbaren Handlung, eines gerichtlich strafbaren Finanzvergehens, eines sonstigen vorsätzlichen Finanzvergehens mit Ausnahme einer Finanzordnungswidrigkeit sowie von der Verhängung der Untersuchungshaft oder der vorläufigen Verwahrung gegen einen Berufsberechtigten ohne Verzug zu verständigen und ihnen das Ergebnis des durchgeführten Strafverfahrens unter Anschluss einer Ausfertigung der Strafentscheidung oder der Untersuchung mitzuteilen und der APAB auf Verlangen Akteneinsicht zu gewähren. Bis zur Mitteilung der Anklageschrift können jedoch die Gerichte, die Staatsanwaltschaften und die Finanzstrafbehörden sowie bis zum Abschluss des Untersuchungsverfahrens die Finanzstrafbehörden einzelne Aktenstücke von der Einsichtnahme ausnehmen, wenn besondere Umstände die Befürchtung rechtfertigen, dass durch eine sofortige Kenntnisnahme von diesen Aktenstücken der Zweck der Untersuchung gefährdet wäre.

(3) Der Vorsitzende des Disziplinarrates der Kammer der Wirtschaftstreuhänder und das Bundesverwaltungsgericht haben der APAB auf Verlangen jederzeit Auskunft über den Stand eines Disziplinarverfahrens oder dessen Ausgang zu erteilen.

(4) Die APAB arbeitet mit der Kammer der Wirtschaftstreuhänder und der Vereinigung Österreichischer Revisionsverbände im Hinblick auf eine Angleichung der Anforderungen der Ausbildung zum Wirtschaftsprüfer oder zum Genossenschaftsrevisor zusammen. Bei der Aufnahme dieser Zusammenarbeit ist den Entwicklungen im Prüfungswesen und im Berufsstand der Prüfer und insbesondere der Angleichung Rechnung zu tragen, die bereits in dem Berufsstand erreicht wurde. Die APAB arbeitet diesbezüglich mit dem Ausschuss der Aufsichtsstellen zusammen.

(5) Die Finanzmarktaufsicht und die Prüfstelle für Rechnungslegung haben bei begründetem Verdacht des Vorliegens von wesentlichen Mängeln bei den Qualitätssicherungsmaßnahmen eines Abschlussprüfers oder einer Prüfungsgesellschaft dies der APAB mitzuteilen. Diese hat der Finanzmarktaufsicht und der Prüfstelle für Rechnungslegung binnen vier Wochen mitzuteilen, ob und

wann eine Untersuchung nach § 61 durchgeführt wird.

(6) Die Finanzprokuratur kann die APAB auf deren Ersuchen entgeltlich vertreten.

Sprachliche Gleichbehandlung

§ 81. Soweit in diesem Bundesgesetz personenbezogene Bezeichnungen nur in männlicher Form angeführt sind, beziehen sie sich auf Frauen und Männer in gleicher Weise. Bei der Anwendung auf bestimmte Personen ist die jeweils geschlechtsspezifische Form zu verwenden.

Verhältnis zu anderen Bundesgesetzen

§ 82. Soweit in diesem Bundesgesetz auf Bestimmungen in anderen Bundesgesetzen verwiesen wird, sind diese in ihrer jeweils geltenden Fassung anzuwenden.

Gebühren- und Abgabenbefreiung

§ 83. Die APAB ist von sämtlichen Steuern (mit Ausnahme der Umsatzsteuer), Gebühren und sonstigen Abgaben befreit.

Übergangsbestimmungen

§ 84. (1) Die APAB gilt mit der Wirksamkeit der Bestellung des ersten Vorstandes und Aufsichtsrates als errichtet. Die behördliche Zuständigkeit der APAB beginnt mit 1. Oktober 2016. Die Qualitätskontrollbehörde und der Arbeitsausschuss für externe Qualitätsprüfungen haben der APAB spätestens zu diesem Zeitpunkt alle Akten und Datenbestände zu übergeben. Das gesamte Vermögen des Arbeitsausschusses für externe Qualitätsprüfungen geht mit Beginn der behördlichen Zuständigkeit der APAB auf die APAB über.

(2) Der Bundesminister für Finanzen hat ehestmöglich nach der Kundmachung dieses Bundesgesetzes die für die Bestellung des ersten Vorstandes der APAB erforderlichen Veranlassungen zu treffen.

(3) Der erste Vorstand hat innerhalb des ersten Geschäftsjahres eine Geschäftsordnung zu erlassen und dem Aufsichtsrat zur Genehmigung vorzulegen. Bei Säumigkeit des Vorstandes hat der Aufsichtsrat ehestmöglich die Geschäftsordnung zu erlassen.

(4) Der Bundesminister für Finanzen, der Bundeskanzler und der Bundesminister für Wissenschaft, Forschung und Wirtschaft haben bis spätestens vier Wochen nach der Kundmachung dieses Bundesgesetzes die Mitglieder des ersten Aufsichtsrates zu bestellen.

(5) Der erste Aufsichtsrat hat sich unverzüglich eine Geschäftsordnung zu geben, für den Abschluss der Dienstverträge mit den ersten Vorstandsmitgliedern zu sorgen und die Mitglieder der Qualitätsprüfungskommission gemäß § 12 Abs. 3 zu bestellen.

(6) Das Budget gemäß § 18 für das Geschäftsjahr 2017 ist vom Vorstand unverzüglich, spätestens jedoch bis zum 30. November 2016, zu erstellen und dem Aufsichtsrat zur Genehmigung vorzulegen. Der Aufsichtsrat hat das Budget möglichst bis zum 15. Dezember 2016 zu beschließen.

(7) Die Kammer der Wirtschaftstreuhänder, die Vereinigung Österreichischer Revisionsverbände und der Sparkassen-Prüfungsverband haben für 2016 einen Beitrag von 250 000 Euro binnen vierzehn Tagen nach Aufforderung durch den Vorstand der APAB auf das vom Vorstand der APAB zu nennende Bankkonto der APAB zu leisten.

(8) Die Vorauszahlungen für Inspektionen sind von Abschlussprüfern und Prüfungsgesellschaften zu leisten, die im Kalenderjahr 2015 Abschlussprüfungen bei Unternehmen von öffentlichem Interesse durchgeführt haben. Für Zwecke der Ermittlung des Vorauszahlungsbetrages haben die Abschlussprüfer und Prüfungsgesellschaften bis zum 15. Oktober 2016 die Anzahl ihrer Abschlussprüfungsaufträge bei Unternehmen von öffentlichem Interesse im Kalenderjahr 2015 und die Honorarsumme für abgerechnete Abschlussprüfungsaufträge im Kalenderjahr 2015 für Abschlussprüfungen bei Unternehmen von öffentlichem Interesse an die APAB zu melden. Der Vorauszahlungsbetrag ist unter Zugrundelegung der Berechnung gemäß § 21 Abs. 2 und Abs. 4 zu ermitteln. Die ermittelten Einzelbeträge sind um 50 vH zu kürzen und den Abschlussprüfern und Prüfungsgesellschaften mit Bescheid zur Zahlung vorzuschreiben. Einem dagegen eingebrachten Rechtsmittel kommt keine aufschiebende Wirkung zu.

(9) Das Bundesministerium für Wissenschaft, Forschung und Wirtschaft hat für das Geschäftsjahr 2016 eine Zahlung gemäß § 21 Abs. 4 von 300 000 Euro binnen vierzehn Tagen nach Aufforderung durch den Vorstand der APAB auf das vom Vorstand der APAB zu nennende Bankkonto der APAB zu leisten.

(10) Der Bundesminister für Wissenschaft, Forschung und Wirtschaft und der Bundesminister für Finanzen sind berechtigt, der APAB bewegliches und unbewegliches Vermögen des Bundes als Sachausstattung der Aufsicht zur Verfügung zu stellen.

(11) Die nach den Bestimmungen des Abschlussprüfungs-Qualitätssicherungsgesetzes (A-QSG), BGBl. Nr. 84/2005 anerkannten Qualitätsprüfer gelten mit dem Beginn der behördlichen Zuständigkeit der APAB als Qualitätssicherungsprüfer im Sinne dieses Bundesgesetzes. Diese haben, wenn sie nach Beginn der behördlichen Zuständigkeit der APAB Qualitätssicherungsprü-

fungsaufträge annehmen wollen, den Verwaltungskostenbeitrag gemäß § 26 Abs. 2 Z 5 zu entrichten.

(12) Bis zum 30. September 2016 nach den Bestimmungen des A-QSG erteilte Bescheinigungen behalten jedenfalls ihre Gültigkeit bis zum Ablauf der in der Bescheinigung festgelegten Frist von sechs Jahren. Eine allfällige Fristverkürzung gemäß § 16 Abs. 2 Z 2 A-QSG ist zu berücksichtigen. Die in den bescheidmäßig ausgestellten Bescheinigungen enthaltene Befristung gemäß § 4 Abs. 1 A-QSG auf drei Jahre verliert ihre Wirkung. Für im Zeitpunkt der Verlautbarung dieses Bundesgesetzes im Bundesgesetzblatt aufrechte Bescheinigungen, deren Befristung auf sechs Jahre bis spätestens zum 31. März 2017 abläuft, wird die Ablauffrist für höchstens neun Monate verlängert, sofern der Antrag auf Ausstellung einer neuen Bescheinigung bis zum Datum der ursprünglich vorgesehenen Ablauffrist gestellt wird und vorher keine neue Bescheinigung durch die zuständige Behörde ausgestellt wird.

(13) Die mit Beginn der behördlichen Zuständigkeit der APAB noch nicht abgeschlossenen Verfahren nach dem A-QSG sind von der APAB weiterzuführen. Die Strafbarkeit von Verletzungen der Vorschriften des A-QSG, die vor dem 1. Oktober 2016 begangen wurden, ist nach dem zur Zeit der Tat geltenden Recht zu beurteilen.

(14) Für die mit Beginn der behördlichen Zuständigkeit der APAB noch nicht abgeschlossenen Rechtsmittelverfahren vor dem Bundesverwaltungsgericht, in denen die Qualitätskontrollbehörde gemäß § 18c Abs. 2 A-QSG Amtsparteistellung innehatte, kommt der APAB diese Amtsparteistellung zu.

(15) Die Qualitätskontrollbehörde ist mit Ablauf des 30. September 2016 aufgelöst.

(16) Der Arbeitsausschuss für externe Qualitätsprüfungen ist mit Ablauf des 30. September 2016 aufgelöst.

(17) Die Funktionsperiode der vom Bundeskanzler gemäß § 9 Abs. 3 in der Fassung des Bundesgesetzes BGBl. I Nr. 83/2016 bestellten Mitglieder des Aufsichtsrates endet mit Ablauf von zwei Monaten nach Inkrafttreten des § 9 Abs. 3 in der Fassung des Bundesgesetzes BGBl. I Nr. 30/2018. *(BGBl I 2018/30)*

Inkrafttreten

§ 85. „(1)“ § 23 bis § 78 treten mit 1. Oktober 2016 in Kraft. *(BGBl I 2017/107)*

(2) § 73 Abs. 4, § 75 Abs. 1 und 2, § 76 Abs. 1 und 2 und § 79 Abs. 1 Z 5 in der Fassung des Bundesgesetzes BGBl. I Nr. 107/2017 treten mit 3. Jänner 2018 in Kraft. *(BGBl I 2017/107)*

Außerkrafttreten

§ 86. Das A-QSG und die Abschlussprüfungs-Qualitätssicherungsrichtlinie (A-QSRL), BGBl. II Nr. 251/2006, treten mit Ablauf des 30. September 2016 außer Kraft.

Vollziehung

§ 87. Mit der Vollziehung des § 6 Abs. 2 ist die Bundesregierung betraut. Mit der Vollziehung des § 9 Abs. 3 und 5 „sind“ der Bundesminister für Finanzen und der Bundesminister für Wissenschaft, Forschung und Wirtschaft betraut. Mit der Vollziehung der übrigen Bestimmungen dieses Bundesgesetzes ist der Bundesminister für Finanzen betraut. *(BGBl I 2018/30)*

Verordnung der Abschlussprüferaufsichtsbehörde über die Verwaltungskostenbeiträge der Abschlussprüferaufsichtsbehörde (APAB-Verwaltungskostenbeitragsverordnung – APAB-VKBV)

BGBl II 2017/78

Verordnung der Abschlussprüferaufsichtsbehörde über die Verwaltungskostenbeiträge der Abschlussprüferaufsichtsbehörde (APAB-Verwaltungskostenbeitragsverordnung – APAB-VKBV)

Aufgrund des § 21 Abs. 12 des Abschlussprüfer-Aufsichtsgesetzes – APAG, BGBl. I Nr. 83/2016, wird mit Zustimmung des Bundesministers für Finanzen verordnet:

§ 1. Der Verwaltungskostenbeitrag gemäß § 21 Abs. 12 APAG beträgt:

Euro

1. für die Anerkennung als Qualitätssicherungsprüfer gemäß § 26 Abs. 4 APAG 300,--

2. für die Versagung der Anerkennung als Qualitätssicherungsprüfer gemäß § 26 Abs. 6 APAG 30,--

3. für das Erteilen einer Bescheinigung gemäß den §§ 35 bis 37 APAG 300,--

4. für das Versagen einer Bescheinigung gemäß § 39 APAG 30,--

5. für den Widerruf einer Bescheinigung gemäß § 40 APAG 30,--

6. für den Entzug einer Bescheinigung gemäß § 41 APAG 300,--

7. für Eintragungen und Änderungen im öffentlichen Register gemäß den §§ 52 bis 54 APAG für inländische Abschlussprüfer und Prüfungsgesellschaften 30,--

8. für Eintragungen und Änderungen im öffentlichen Register gemäß den §§ 52 bis 54 APAG für Abschlussprüfer und Prüfungsgesellschaften aus anderen Mitgliedstaaten der EU oder anderen EWR-Vertragsstaaten 30,--

9. für Eintragungen und Änderungen im öffentlichen Register gemäß den §§ 52 bis 54 APAG für Abschlussprüfer und Prüfungsgesellschaften aus Drittstaaten 30,--

10. für die Beantragung auf Zulassung als Abschlussprüfer gemäß § 69 APAG für Abschlussprüfer aus anderen Mitgliedstaaten der EU oder anderen EWR-Vertragsstaaten 300,--

11. für die Beantragung auf Anerkennung als Prüfungsgesellschaft gemäß § 70 APAG für Prüfungsgesellschaften aus anderen Mitgliedstaaten der EU oder anderen EWR-Vertragsstaaten 300,--

12. für die Beantragung auf Zulassung als Abschlussprüfer gemäß § 74 APAG für Abschlussprüfer aus Drittstaaten 600,--

13. für die Beantragung auf Registrierung als Prüfungsgesellschaft gemäß § 76 APAG von Prüfungsgesellschaften aus Drittstaaten 600,--

§ 2. Die Verordnung tritt mit dem der Veröffentlichung im Bundesgesetzblatt folgenden Tag in Kraft.

Verordnung der Abschlussprüferaufsichtsbehörde über die Finanzierung der Kosten im Zusammenhang mit Inspektionen der Abschlussprüferaufsichtsbehörde (APAB-Inspektionsfinanzierungsverordnung – APAB-IFV)

BGBl II 2017/149

Verordnung der Abschlussprüferaufsichtsbehörde über die Finanzierung der Kosten im Zusammenhang mit Inspektionen der Abschlussprüferaufsichtsbehörde (APAB-Inspektionsfinanzierungsverordnung – APAB-IFV)

Aufgrund des § 21 Abs. 8 des Abschlussprüfer-Aufsichtsgesetzes – APAG, BGBl. I Nr. 83/2016, wird mit Zustimmung des Bundesministers für Finanzen verordnet:

§ 1. Der jährliche Beitrag für die Finanzierung der Kosten im Zusammenhang mit Inspektionen (Inspektionsfinanzierungsbeitrag) gemäß § 21 Abs. 2 APAG setzt sich zusammen aus

1. einem Beitrag für jeden im vorangegangenen Kalenderjahr von Abschlussprüfern und Prüfungsgesellschaften übernommenen Einzel- und Konzernabschlussprüfungsauftrag bei Unternehmen von öffentlichem Interesse und

2. einem Beitrag für die im vorangegangenen Kalenderjahr für Einzel- und Konzernabschlussprüfungsaufträge bei Unternehmen von öffentlichem Interesse in Rechnung gestellte Honorarsumme in Höhe der Differenz zwischen dem vom Aufsichtsrat für das laufende Kalenderjahr genehmigten Budget, höchstens jedoch einem genehmigten Budget von 600 000 Euro, für den Rechnungskreis Inspektionen der Behörde gemäß § 20 Abs. 1 Z 1 APAG und der Gesamtsumme der Beiträge gemäß Z 1.

§ 2. Als Beitrag gemäß § 1 Z 1 ist den Abschlussprüfern und Prüfungsgesellschaften von der Abschlussprüferaufsichtsbehörde (APAB) für die ersten fünf Prüfungsaufträge ein Betrag in Höhe von 300 Euro je Prüfungsauftrag sowie ein Betrag in Höhe von 1 500 Euro für jeden weiteren Prüfungsauftrag mit Bescheid vorzuschreiben.

§ 3. Als Beitrag gemäß § 1 Z 2 ist den Abschlussprüfern und Prüfungsgesellschaften von der APAB mit Bescheid ein Betrag vorzuschreiben, der sich errechnet aus dem prozentuellen Anteil der von dem jeweiligen Abschlussprüfer oder der jeweiligen Prüfungsgesellschaft im vorangegangenen Kalenderjahr für Einzel- und Konzernabschlussprüfungsaufträge bei Unternehmen von öffentlichem Interesse in Rechnung gestellten Honorarsumme an dem gemäß § 1 Z 2 errechneten Gesamtbetrag.

§ 4. Für den Inspektionsfinanzierungsbeitrag für das Kalenderjahr 2016 sind die aufgrund der für das Kalenderjahr 2015 abgegebenen Meldungen und des vom Aufsichtsrat für das Kalenderjahr 2017 genehmigten Budgets gemäß den §§ 1 bis 3 errechneten Einzelbeiträge gemäß § 84 Abs. 8 APAG um 50 vH zu kürzen.

§ 5. Diese Verordnung tritt mit dem der Veröffentlichung im Bundesgesetzblatt folgenden Tag in Kraft.

Verordnung der Abschlussprüferaufsichtsbehörde über die Kosten von Untersuchungen gemäß § 61 APAG (APAB-Untersuchungskostenverordnung – APAB-UKV)

BGBl II 2017/216

Verordnung der Abschlussprüferaufsichtsbehörde über die Kosten von Untersuchungen gemäß § 61 APAG (APAB-Untersuchungskostenverordnung – APAB-UKV)

Aufgrund des § 21 Abs. 10 des Abschlussprüfer-Aufsichtsgesetzes – APAG, BGBl. I Nr. 83/2016, wird mit Zustimmung des Bundesministers für Finanzen verordnet:

§ 1. Die Kosten einer Untersuchung gemäß § 61 APAG sind von dem der Untersuchung unterzogenen Abschlussprüfer oder der der Untersuchung unterzogenen Prüfungsgesellschaft auf Basis von Stundensätzen zu tragen. Die Pflicht zum Kostenersatz für Untersuchungshandlungen der Abschlussprüferaufsichtsbehörde (APAB) entsteht mit der Mitteilung der APAB, dass der Bedarf einer Untersuchung durch die APAB festgestellt wurde, und endet mit der Mitteilung der Einstellung der Untersuchung, dem Widerruf der Anerkennung als Qualitätssicherungsprüfer gemäß § 26 Abs. 8 APAG, dem Widerruf der Bescheinigung gemäß § 40 APAG, dem Entzug der Bescheinigung gemäß § 41 APAG oder der Verhängung einer Sanktion gemäß § 62 APAG.

§ 2. Der Stundensatz beträgt

1. für mit der Funktion „Gruppenverantwortlicher“ betraute Mitarbeiter der APAB 200 Euro,

2. für mit der Funktion „Referent“ betraute Mitarbeiter der APAB 150 Euro,

3. für von der APAB beigezogene Sachverständige 200 Euro.

§ 3. Die Höhe des Kostenersatzes für Reisetätigkeiten für Mitarbeiter der APAB und für Sachverständige ist unter Anwendung der § 1 Abs. 1 lit. a und b, Abs. 2 lit. a, Abs. 3 und Abs. 5, § 2 Abs. 1 lit. b, § 2 Abs. 2 und Abs. 5 erster Satz, § 4 Z 1 und Z 2, §§ 5 bis 9, § 10 Abs. 1 bis 6, § 11 Abs. 1 und 2, §§ 12 bis 19 und § 20 Abs. 1 und 2 der Reisegebührenvorschrift 1955, BGBl. Nr. 133/1955 in der Fassung BGBl. I Nr. 64/2016, (Reisegebührenvorschrift 1955) festzulegen. Dabei sind § 5 Abs. 1 und § 16 Abs. 6, § 7 Abs. 2 und § 10 Abs. 2 sowie § 6 Abs. 1 der Reisegebührenvorschrift 1955 mit der Maßgabe anzuwenden, dass anstelle des Dienstauftrags, der Bestätigung der vorgesetzten Dienststelle oder der Bewilligung des Bundesministers die Bewilligung durch den Vorstand der APAB tritt, welche unter Einhaltung der Grundsätze der Zweckmäßigkeit und Sparsamkeit zu erfolgen hat. § 17 Abs. 3 Z 1 bis 3 sowie § 18 Abs. 3 Z 3 der Reisegebührenvorschrift 1955 ist anzuwenden, wenn die Verpflegung oder Unterkunft von einer anderen Stelle als der APAB unentgeltlich beigestellt wird.

§ 4. Dienstreisen in das Ausland dürfen nur in dem Umfang durchgeführt werden, in dem sie unter Bedachtnahme auf Zweckmäßigkeit und Sparsamkeit erforderlich sind. Neben den in § 3 aufgezählten Bestimmungen sind dabei auch die § 25a Abs. 1 lit. b, § 25b Abs. 2 und 3 sowie § 25d der Reisegebührenvorschrift 1955 anzuwenden. § 25c Abs. 1 der Reisegebührenvorschrift 1955 ist mit der Maßgabe anzuwenden, dass zur Berechnung der Reisezulage die Gebührenstufe 3 in Verbindung mit § 13 Abs. 1 der Reisegebührenvorschrift 1955 in der Fassung BGBl. I Nr. 153/2009 heranzuziehen ist. Sollte mit Rücksicht auf die Verhältnisse des Landes, in das die Dienstreise führt oder das bei der Dienstreise durchfahren wird, mit der Nächtigungsgebühr gemäß § 13 Abs. 1 der Reisegebührenvorschrift 1955 in der Fassung BGBl. I Nr. 153/2009 nicht das Auslangen gefunden werden, sind die tatsächlichen unter Bedachtnahme auf Zweckmäßigkeit und Sparsamkeit angefallenen Kosten für die Unterkunft heranzuziehen.

§ 5. Die APAB hat dem der Untersuchung unterzogenen Abschlussprüfer oder der der Untersuchung unterzogenen Prüfungsgesellschaft die Kosten nach Abschluss der Untersuchung mit Rechnung vorzuschreiben. Die Forderung der APAB wird zwei Wochen nach Zustellung der Rechnung fällig. Sofern eine Untersuchung länger als drei Monate dauert, hat durch die APAB jedenfalls eine Vorschreibung der Kosten am Ende jeden Kalenderquartals für die jeweils vorangegangenen drei Monate zu erfolgen.

§ 6. Diese Verordnung tritt mit dem der Veröffentlichung im Bundesgesetzblatt folgenden Tag in Kraft.

APAB-Qualitätssicherungsprüfberichtsverordnung – APAB-QPBV

BGBl II 2017/371 idF

1 BGBl II 2021/262

Verordnung der Abschlussprüferaufsichtsbehörde über den Aufbau und die inhaltliche Gestaltung des schriftlichen Prüfberichts des Qualitätssicherungsprüfers (APAB-Qualitätssicherungsprüfberichtsverordnung – APAB-QPBV)

Aufgrund des § 34 des Abschlussprüfer-Aufsichtsgesetzes – APAG, BGBl. I Nr. 83/2016, zuletzt geändert durch das Bundesgesetz BGBl. I Nr. 107/2017, wird verordnet:

§ 1. Der schriftliche Prüfbericht hat sich am folgenden Aufbau zu orientieren und jedenfalls folgende Angaben zu enthalten:

1. Auftrag und Auftragsgegenstand

1.1. Auftragserteilung und –durchführung

1.2. Prüfungszeitraum

1.3. Angaben zum Qualitätssicherungsprüfer

1.4. Bestätigung der Unabhängigkeit gemäß § 30 APAG

2. Angaben zu dem/den Antragsteller(n) (Abschlussprüfer oder Prüfungsgesellschaft(en) bzw. gemeinsamer Prüfungsbetrieb)

3. Planung der Qualitätssicherungsprüfung

3.1. Qualitätsumfeld sowie Feststellung und Beurteilung qualitätsgefährdender Risiken

3.2. Risikobeurteilung und Planung der Qualitätssicherungsprüfung

4. Prüfung der Regelungen zur allgemeinen Organisation des Prüfungsbetriebes (internes Qualitätssicherungssystem)

4.1. Überblick über die Regelungen zur allgemeinen Organisation des Prüfungsbetriebes

4.2. Einhaltung der allgemeinen Berufsgrundsätze gemäß § 23 Abs. 2 Z 1 lit a APAG

4.2.1. Feststellungen

4.2.2. Maßnahmenempfehlungen

4.3. Grundsätze der Honorarkalkulation

4.4. Annahme, Fortführung und vorzeitige Beendigung von Aufträgen gemäß § 23 Abs. 2 Z 1 lit. b APAG

4.4.1. Feststellungen

4.4.2. Maßnahmenempfehlungen

4.5. Mitarbeiterentwicklung gemäß § 23 Abs. 2 Z 1 lit. c APAG

4.5.1. Feststellungen

4.5.2. Maßnahmenempfehlungen

4.6. Gesamtplanung aller Aufträge gemäß § 23 Abs. 2 Z 1 lit. d APAG

4.6.1. Feststellungen

4.6.2. Maßnahmenempfehlungen

4.7. Ausreichender Versicherungsschutz gemäß § 23 Abs. 2 Z 1 lit. e APAG

4.7.1. Feststellungen

4.7.2. Maßnahmenempfehlungen

4.8. Umgang mit Beschwerden und Vorwürfen gemäß § 23 Abs. 2 Z 1 lit. f APAG

4.8.1. Feststellungen

4.8.2. Maßnahmenempfehlungen

4.9. Einhaltung der kontinuierlichen Fortbildungsverpflichtung gemäß § 23 Abs. 2 Z 1 lit. g APAG in Verbindung mit § 56 APAG

4.9.1. Feststellungen

4.9.2. Maßnahmenempfehlungen

5. Prüfung der Regelungen zur Auftragsabwicklung

5.1. Überblick über die Regelungen zur Auftragsabwicklung

5.2. Beurteilung der Angemessenheit

5.2.1. Organisation der Auftragsabwicklung und Anleitung des Auftragsteams sowie Einhaltung der gesetzlichen Vorschriften und der fachlichen Regelungen für die Auftragsabwicklung gemäß § 23 Abs. 2 Z 2 lit. a bis c APAG

5.2.1.1. Feststellungen

5.2.1.2. Maßnahmenempfehlungen

5.2.2. Einholung von fachlichem Rat (Konsultation) und Auslagerung von Prüfungstätigkeiten gemäß § 23 Abs. 2 Z 2 lit. d APAG

5.2.2.1. Feststellungen

5.2.2.2. Maßnahmenempfehlungen

5.2.3. Laufende Überwachung der Auftragsabwicklung gemäß § 23 Abs. 2 Z 2 lit. e APAG

5.2.3.1. Feststellungen

5.2.3.2. Maßnahmenempfehlungen

5.2.4. Abschließende Durchsicht der Arbeitsergebnisse gemäß § 23 Abs. 2 Z 2 lit. f APAG

5.2.4.1. Feststellungen

5.2.4.2. Maßnahmenempfehlungen

5.2.5. Auftragsbegleitende Qualitätssicherung gemäß § 23 Abs. 2 Z 2 lit. g APAG

5.2.5.1. Feststellungen

5.2.5.2. Maßnahmenempfehlungen

5.2.6. Lösung von Meinungsverschiedenheiten gemäß § 23 Abs. 2 Z 2 lit. h APAG

5.2.6.1. Feststellungen

5.2.6.2. Maßnahmenempfehlungen

5.2.7. Ausgestaltung, Abschluss und Archivierung der Arbeitspapiere gemäß § 23 Abs. 2 Z 2 lit. i APAG

5.2.7.1. Feststellungen

5.2.7.2. Maßnahmenempfehlungen

5.3. Beurteilung der Wirksamkeit

5.3.1. Feststellungen im Zusammenhang mit der Planung und Risikoeinschätzung

5.3.2. Feststellungen im Zusammenhang mit der Erlangung von Prüfungsnachweisen

5.3.3. Feststellungen im Zusammenhang mit sonstigen verpflichtenden Prüfungshandlungen

5.3.4. Feststellungen im Zusammenhang mit der Darstellung des Abschlusses

5.3.5. Feststellungen im Zusammenhang mit der abschließenden Durchsicht der Auftragsergebnisse und dem Abschluss der Arbeitspapiere

6. Prüfung der Regelungen zur Überwachung der Angemessenheit und Wirksamkeit des Qualitätssicherungssystems (Interne Nachschau) gemäß § 23 Abs. 2 Z 3 APAG

6.1. Überblick über die Regelungen zur Überwachung der Angemessenheit und Wirksamkeit des Qualitätssicherungssystems

6.2. Feststellungen

6.3. Maßnahmenempfehlungen

7. Sonstige Angaben

7.1. Einhaltung der Meldepflichten gemäß APAG

7.2. Hinweise auf möglicherweise verwirklichte Tatbestände gemäß § 41 Abs. 1 APAG

7.3. Prüfhemmnisse und deren Auswirkungen

7.4. Sonstige Anmerkungen und Hinweise des Qualitätssicherungsprüfers

8. *(aufgehoben, BGBl II 2021/262)*

§ 2. (1) Der schriftliche Prüfbericht hat sich zweckmäßigerweise an dem auf der Internetseite der APAB veröffentlichten Musterprüfbericht zu orientieren.

(2) Feststellungen gemäß § 1 haben neben der Beschreibung des festgestellten Mangels jedenfalls die Angabe der übertretenen Norm (Gesetz oder berufsständische Regelungen), die Einstufung der Schwere des festgestellten Mangels und die Angabe der Ursachen zu enthalten. Bei den Kapiteln 4.2 bis 4.9, 5.2.1. bis 5.2.7. und 6. ist nach den Feststellungen eine Gesamteinstufung des jeweiligen funktionellen Bereiches vorzunehmen.

(3) Unter dem Punkt Maßnahmenempfehlungen können, sofern erforderlich, Empfehlungen zur Beseitigung der festgestellten Mängel angegeben werden.

§ 3. „(1)“ Diese Verordnung tritt mit 1. Jänner 2018 in Kraft. Die Verordnung gilt für Qualitätssicherungsprüfberichte für nach dem Inkrafttreten neu eingebrachte Anträge auf Bestellung eines Qualitätssicherungsprüfers. *(BGBl II 2021/262)*

(2) § 1 Z 8 tritt mit Ablauf des Tages der Kundmachung der Verordnung BGBl. II Nr. 262/2021 außer Kraft. *(BGBl II 2021/262)*

Verordnung der Abschlussprüferaufsichtsbehörde zu den von zu überprüfenden Abschlussprüfern oder Prüfungsgesellschaften bereitzustellenden Informationen zur Beurteilung des Antrages auf Bestellung eines Qualitätssicherungsprüfers (APAB-Dreiervorschlagsverordnung – APAB-DVV)

BGBl II 2017/395

Verordnung der Abschlussprüferaufsichtsbehörde zu den von zu überprüfenden Abschlussprüfern oder Prüfungsgesellschaften bereitzustellenden Informationen zur Beurteilung des Antrages auf Bestellung eines Qualitätssicherungsprüfers (APAB-Dreiervorschlagsverordnung – APAB-DVV)

Aufgrund des § 29 Abs. 5 des Abschlussprüfer-Aufsichtsgesetzes – APAG, BGBl. I Nr. 83/2016, zuletzt geändert durch das Bundesgesetz BGBl. I Nr. 107/2017, wird mit Zustimmung des Bundesministers für Finanzen verordnet:

§ 1. (1) Der Abschlussprüferaufsichtsbehörde (APAB) sind von dem zu überprüfenden Abschlussprüfer oder der zu überprüfenden Prüfungsgesellschaft zur Prüfung des Antrags gemäß § 29 Abs. 1 APAG (Dreiervorschlag) für jeden der vorgeschlagenen Qualitätssicherungsprüfer folgende Informationen zu übermitteln:

1. Informationen gemäß § 1 Abs. 1 oder Abs. 2 der APAB-Angebotsinformationsverordnung, BGBl. II Nr. 396/2017, in der jeweils geltenden Fassung,

2. Name und Anschrift des verantwortlichen Qualitätssicherungsprüfers sowie Namen der qualifizierten Assistenten,

3. die jeweiligen Stundensätze und die veranschlagten Stunden für den Qualitätssicherungsprüfer und die qualifizierten Assistenten,

4. Honorar für die Qualitätssicherungsprüfung,

5. Regelungen zu allfälligen Werkverträgen und

6. das Angebot des vorgeschlagenen Qualitätssicherungsprüfers.

(2) Der Antrag auf Bestellung eines Qualitätssicherungsprüfers ist unter ausschließlicher Verwendung des von der APAB auch über deren Internetseite zur Verfügung gestellten Formulars zu übermitteln.

§ 2. Diese Verordnung tritt mit 1. Jänner 2018 in Kraft. Die Verordnung gilt für nach dem Inkrafttreten neu eingebrachte Anträge auf Bestellung eines Qualitätssicherungsprüfers.

Anlage zu § 1 Abs. 2

Anlage zu § 1 Abs. 2

Angaben gemäß APAB-Dreiervorschlagsverordnung (APAB-DVV)

Hinweis: Alle Angaben sind Pflichtangaben, soweit nicht ausdrücklich anders angegeben.

Name/Firma des vorgeschlagenen Qualitätssicherungsprüfers:

1. Name und Anschrift des verantwortlichen Qualitätssicherungsprüfers sowie Namen der qualifizierten Assistenten

	Name	Anschrift
Verantwortlicher Qualitätssicherungsprüfer:		

	Name	Berufsbefugnis*
Qualifizierter Assistent 1:		
Qualifizierter Assistent 2:		
Qualifizierter Assistent 3:		
Qualifizierter Assistent 4:		
Qualifizierter Assistent 5:		

*Qualifizierter Assistent ist gemäß § 2 Z 24 APAG ein im Rahmen einer Qualitätssicherungsprüfung mitwirkender Wirtschaftsprüfer, Steuerberater oder Berufsanwärter, der mindestens drei Jahren Berufserfahrung hat und davon mindestens 50 % in der Abschlussprüfung tätig war.

2. Honorar und Stundensätze

	Stunden	Stundensatz	Honorar	im Werkvertrag tätig
Verantwortlicher Qualitätssicherungsprüfer:				
Qualifizierter Assistent 1:				
Qualifizierter Assistent 2:				
Qualifizierter Assistent 3:				
Qualifizierter Assistent 4:				
Qualifizierter Assistent 5:				
Summe:				

Gesamthonorar:*	

*Gesamthonorar inklusive einkalkulierter Reisezeiten, Assistenztätigkeiten u.a.

Seite 1 von 2

3. Regelungen zu allfälligen Werkverträgen*

*Angabe der speziellen Auftragsteile, welche im Werkvertrag vergeben werden.

4. Angebot des jeweils vorgeschlagenen Qualitätssicherungsprüfers

(Bitte als Anlage anschließen!)

Seite 2 von 2

Verordnung der Abschlussprüferaufsichtsbehörde über die von zu überprüfenden Abschlussprüfern oder Prüfungsgesellschaften bereitzustellenden Informationen für die Angebotserstellung durch potentielle Qualitätssicherungsprüfer (APAB-Angebotsinformationsverordnung – APAB-AIV)

BGBl II 2017/396

Verordnung der Abschlussprüferaufsichtsbehörde über die von zu überprüfenden Abschlussprüfern oder Prüfungsgesellschaften bereitzustellenden Informationen für die Angebotserstellung durch potentielle Qualitätssicherungsprüfer (APAB-Angebotsinformationsverordnung – APAB-AIV)

Aufgrund des § 29 Abs. 4 des Abschlussprüfer-Aufsichtsgesetzes – APAG, BGBl. I Nr. 83/2016, zuletzt geändert durch das Bundesgesetz BGBl. I Nr. 107/2017, wird mit Zustimmung des Bundesministers für Finanzen verordnet:

§ 1. (1) Der zu überprüfende Abschlussprüfer oder die zu überprüfende Prüfungsgesellschaft hat den potentiellen Qualitätssicherungsprüfern für die Angebotserstellung jedenfalls folgende Informationen bereitzustellen:

1. Angaben zur Mandantenstruktur der durchgeführten Abschlussprüfungen gemäß § 2 Z 1 APAG, insbesondere hinsichtlich Rechtsform, Größenklasse gemäß § 221 Abs. 1 bis 6 iVm § 271a Abs. 1 des Unternehmensgesetzbuches (UGB), dRGBl. S 219/1897 in der Fassung des Bundesgesetzes BGBl. I Nr. 107/2017, und Branche,

2. Anzahl der im vorangegangenen Geschäftsjahr erbrachten Leistungsstunden für durchgeführte Abschlussprüfungen gemäß § 2 Z 1 APAG getrennt nach Stunden für Abschlussprüfungen bei Unternehmen von öffentlichem Interesse und anderen Abschlussprüfungen,

3. Angaben zu den durchgeführten Abschlussprüfungen gemäß § 2 Z 1 APAG durch Aufgliederung der im vorangegangenen Geschäftsjahr erbrachten Leistungsstunden,

4. Anzahl der im vorangegangenen Geschäftsjahr von mehr als einem Abschlussprüfer oder mehr als einer Prüfungsgesellschaft gemeinsam durchgeführten Abschlussprüfungen gemäß § 2 Z 1 APAG,

5. Anzahl der im vorangegangenen Geschäftsjahr durchgeführten Abschlussprüfungen von Konzernen gemäß § 2 Z 1 APAG aufgeschlüsselt nach nationalen und internationalen Rechnungslegungsstandards,

6. Anzahl der Standorte (Berufssitz, Zweigstellen oder ausgelagerte Abteilungen) des Prüfungsbetriebes gemäß § 2 Z 11 APAG,

7. Mitarbeiterstruktur im Prüfungsbetrieb, insbesondere die Anzahl der im Prüfungsbetrieb tätigen Wirtschaftsprüfer, eingetragenen Revisoren und Prüfer des Sparkassen-Prüfungsverbandes mit Auftragsverantwortung, aufgegliedert nach Standorten,

8. Angaben zu einem allfällig vorhandenen Netzwerk oder einem sonstigen beruflichen Zusammenwirken.

(2) Bei einer freiwilligen Qualitätssicherungsprüfung gemäß § 23 Abs. 5 APAG sind die Informationen des Abs. 1 Z 1 bis 8 bereitzustellen, wobei an die Stelle der Abschlussprüfungen gemäß § 2 Z 1 APAG Angaben zu den nicht dem APAG unterliegenden Jahresabschluss- und Konzernabschlussprüfungen treten.

(3) Die Informationen gemäß § 1 Abs. 1 Z 1 bis 8 sind den potentiellen Qualitätssicherungsprüfern ausschließlich anhand des von der Abschlussprüferaufsichtsbehörde (APAB) auch über deren Internetseite zur Verfügung gestellten Formulars bereitzustellen.

§ 2. Diese Verordnung tritt mit 1. Jänner 2018 in Kraft. Die Verordnung gilt für nach dem Inkrafttreten neu erstellte Angebote.

Anlage zu § 1 Abs. 3

Anlage zu § 1 Abs. 3

Angaben gemäß APAB-Angebotsinformationsverordnung (APAB-AIV)

Hinweis: Alle Angaben sind Pflichtangaben, soweit nicht ausdrücklich anders angegeben.

Name/Firma und Anschrift des/der zu überprüfenden Abschlussprüfer(s) oder Prüfungsgesellschaft(en):

1. Angaben zur Mandantenstruktur

a) Rechtsform und Größenklasse

	Anzahl	davon*			
		5fach groß	groß	mittel	klein
Aktiengesellschaften					
Gesellschaften mit beschränkter Haftung					
kapitalistische Personengesellschaften (§ 189 Abs. 1 Z 2 UGB)					
Genossenschaften					
Vereine gemäß VAG 2016					
Sonstige Vereine**					
Stiftungen**					
Sonstige** (z.B. freiwillige Jahresabschlussprüfungen)					
Summe					

*Die Definition der Größenklassen ergibt sich aus § 221 Abs. 1 bis 3 UGB. „5fach-groß" ist keine Größenklasse im Sinne des § 221 UGB, sondern ein Merkmal mit erhöhten Unabhängigkeitsanforderungen (§ 271a UGB). Die Anzahl solcher Mandate ist jedoch ein Hinweis auf die Größe und Komplexität des Prüfungsbetriebes, weshalb solche Mandate gesondert anzugeben und nicht in die Anzahl der Mandate mit der Größenklasse „groß" einzurechnen sind.

**Nur anzugeben bei Beantragung einer freiwilligen Qualitätssicherungsprüfung gemäß § 23 Abs. 5 APAG. Bitte beachten Sie die Definition von „Abschlussprüfungen" gemäß § 2 Z 1 APAG.

b) Branche

	Anzahl
Banken	
Versicherungen	
Industrie	
Handel	

Seite 1 von 3

Gewerbe und Handwerk	
Transport und Verkehr	
Tourismus und Freizeitwirtschaft	
Information und Consulting	

2. Anzahl der im vorangegangenen Geschäftsjahr erbrachten Leistungsstunden für Abschlussprüfungen

	Anzahl der Mandate	Leistungsstunden
bei Unternehmen von öffentlichem Interesse		
bei anderen Unternehmen		
Summe		

3. Aufgliederung der im vorangegangenen Geschäftsjahr erbrachten Leistungsstunden pro Jahresabschlussprüfung und Konzernabschlussprüfung

	Anzahl
weniger als 200 Stunden	
201 - 500 Stunden	
501 - 1.000 Stunden	
mehr als 1.000 Stunden	
Summe	

4. Anzahl der im vorangegangenen Geschäftsjahr von mehr als einem Abschlussprüfer durchgeführten Abschlussprüfungen

	Anzahl
Gemeinschaftsprüfungen („Joint Audit“)	

5. Anzahl der im vorangegangenen Geschäftsjahr durchgeführten Abschlussprüfungen von Konzernen

	Anzahl
nationale Rechnungslegungsstandards	
internationale Rechnungslegungsstandards	
Summe	

Seite 2 von 3

6. Anzahl der Standorte (Berufssitz, Zweigstellen oder ausgelagerte Abteilungen) des Prüfungsbetriebs

	Anzahl
Standorte	

7. Mitarbeiterstruktur des Prüfungsbetriebs pro Standort

Standort	1	2	3	4	5	6
	Anzahl	Anzahl	Anzahl	Anzahl	Anzahl	Anzahl
Gesamtzahl der im Prüfungsbetrieb tätigen Mitarbeiter (fachliche und nichtfachliche Mitarbeiter), davon						
Wirtschaftsprüfer, Revisoren und Prüfer des Sparkassen-Prüfungsverbandes mit Auftragsverantwortung						
fachliche Mitarbeiter, die maßgeblich in leitender Funktion an der Durchführung von Abschlussprüfungen mitwirken						
fachliche Mitarbeiter, die nicht maßgeblich in leitender Funktion an der Durchführung von Abschlussprüfungen mitwirken						
nichtfachliche Mitarbeiter						

8. Angaben zu einem allfällig vorhandenen Netzwerk oder einem sonstigen beruflichen Zusammenwirken

Hiermit wird die Vollständigkeit und Richtigkeit der gemachten Angaben bestätigt.

Datum:______________ Firmenmäßige Fertigung/Unterschrift:____________________________

Seite 3 von 3

Bundesgesetz über die Einrichtung eines Prüfverfahrens für die Finanzberichterstattung von Unternehmen, deren Wertpapiere zum Handel an einem geregelten Markt zugelassen sind (Rechnungslegungs-Kontrollgesetz – RL-KG)

BGBl I 2013/21 idF

1 BGBl I 2015/98
2 BGBl I 2015/150
3 BGBl I 2016/118
4 BGBl I 2017/107
5 BGBl I 2018/37
6 BGBl I 2019/62 (EU-FinAnpG 2019)

STICHWORTVERZEICHNIS

Bundesgesetz über die Einrichtung eines Prüfverfahrens für die Finanzberichterstattung von Unternehmen, deren Wertpapiere zum Handel an einem geregelten Markt zugelassen sind (Rechnungslegungs-Kontrollgesetz – RL-KG)

1. Abschnitt: Kontrollbehörde

FMA

§ 1. (1) „Die FMA ist Kontrollbehörde für die Einhaltung von Rechnungslegungsvorschriften durch Unternehmen, deren Herkunftsmitgliedstaat gemäß „§ 1 Z 14 Börsegesetz 2018 – BörseG 2018, BGBl. Nr. 107/2017,“ Österreich ist.“ Sie hat nach Maßgabe des öffentlichen Interesses an der Richtigkeit der Finanzberichterstattung eine Prüfung der Rechnungslegung eines Unternehmens selbst vorzunehmen oder durch die Prüfstelle gemäß § 3 Abs. 3 anzuordnen. Der Prüfungsumfang für die Prüfstelle ist in der Prüfungsanordnung festzulegen. *(BGBl I 2015/98; BGBl I 2017/107)*

(2) Die FMA hat einen jährlichen Prüfplan für Prüfungen gemäß § 2 Abs. 1 Z 2 zu erstellen. Sie hat jährliche Prüfungsschwerpunkte festzulegen und diese zu veröffentlichen. Die Prüfstelle hat der FMA hierfür Vorschläge zu erstatten.

(3) Die FMA hat die Vollziehung dieses Bundesgesetzes in der Geschäftsordnung gemäß § 6 FMABG zu berücksichtigen.

Prüfungsgegenstand

§ 2. (1) Die FMA hat zu prüfen, ob die Jahresabschlüsse, Lageberichte, Konzernabschlüsse und Konzernlageberichte sowie die sonstigen vorgeschriebenen Informationen gemäß „§ 1 Z 22 BörseG 2018“ von Unternehmen den nationalen und internationalen Rechnungslegungsvorschriften entsprechen. Sie wird tätig *(BGBl I 2017/107)*

1. bei konkreten Anhaltspunkten für einen Verstoß gegen die Rechnungslegungsvorschriften nach Maßgabe des öffentlichen Interesses;

2. ohne besonderen Anlass.

Die FMA kann sich bei der Durchführung ihrer Aufgaben geeigneter dritter Personen bedienen.

(2) Eine Prüfung hat nur dann den Jahresabschluss zu umfassen, sofern vom Unternehmen kein Konzernabschluss erstellt wurde. Sie umfasst lediglich zuletzt festgestellte Jahres- und Konzernabschlüsse sowie die Halbjahresfinanzberichte des vergangenen und laufenden Geschäftsjahres. Sie bezieht sich nicht auf den Bestätigungsvermerk des Abschlussprüfers. Eine Prüfung hat zu unterbleiben, wenn ein „Verfahren gemäß § 201 des Aktiengesetzes – AktG, BGBl. Nr. 98/1965, oder gemäß § 163a des Strafgesetzbuches – StGB, BGBl. Nr. 60/1974“, anhängig ist oder die Prüfung den Gegenstand einer Sonderprüfung gemäß den §§ 130 ff AktG berühren würde. *(BGBl I 2015/150)*

Prüfungstätigkeit, sofern eine Prüfstelle besteht

§ 3. (1) Die FMA hat, sofern ein Verein als Prüfstelle gemäß § 8 Abs. 1 anerkannt ist, dann Prüfungen selbst durchzuführen und an sich zu ziehen, wenn

1. ihr die Prüfstelle berichtet, dass ein Unternehmen seine Mitwirkung bei einer Prüfung verweigert oder mit dem Ergebnis der Prüfung nicht einverstanden ist, oder

2. wesentliche Zweifel an der Richtigkeit des Prüfungsergebnisses der Prüfstelle oder an der ordnungsgemäßen Durchführung der Prüfung durch die Prüfstelle bestehen oder

3. die Prüfungsdurchführung durch die FMA unter Berücksichtigung des öffentlichen Interesses an der Richtigkeit der Rechnungslegung unter Wahrung der in § 18 Abs. 1 AVG genannten Grundsätze in Einzelfällen geboten ist.

(2) Die Beschränkungen hinsichtlich des Prüfungsgegenstandes in § 2 Abs. 2 gelten auch für diese Prüfungstätigkeit der FMA. In den Fällen von Abs. 1 Z 1 und 2 können jedoch auch früher festgestellte Jahres- und Konzernabschlüsse sowie sonstige Informationen vom Prüfungsumfang umfasst sein, sofern diese den Prüfungsgegenstand der Prüfstelle gebildet haben oder hätten.

(3) Bei der Durchführung der Prüfung kann sich die FMA der Prüfstelle sowie anderer geeigneter Einrichtungen und Personen bedienen. Auf Verlangen der FMA hat die Prüfstelle das Ergebnis und die Durchführung der Prüfung zu erläutern und einen Prüfbericht vorzulegen.

(4) Sofern keine Prüfstelle gemäß § 8 besteht, hat die FMA die in § 2 Abs. 1 genannten Prüfungen jedenfalls selbst durchzuführen, wobei sie sich zu deren Durchführung geeigneter dritter Personen bedienen kann.

Mitwirkungspflicht von Unternehmen und Abschlussprüfern

§ 4. (1) Das Unternehmen, die Mitglieder seiner Organe, seine Beschäftigten, seine in den Konzernabschluss einzubeziehenden Unternehmen sowie seine Abschlussprüfer haben der FMA und den Personen, derer sich die FMA bei der Durchführung ihrer Aufgaben bedient, auf Verlangen Auskünfte zu erteilen und Unterlagen vorzulegen, soweit dies zur Prüfung erforderlich ist. Die Auskunftspflicht der Abschlussprüfer beschränkt sich auf Tatsachen, die ihnen im Rahmen der Abschlussprüfung bekannt geworden sind.

(2) Die Auskunftspflicht gemäß Abs. 1 gilt nicht, wenn sich die genannten Personen damit selbst oder einen Angehörigen gemäß § 36a AVG der Gefahr einer strafrechtlichen Verfolgung aussetzen würden. Die FMA hat den Verpflichteten über sein Recht zur Aussageverweigerung (§ 157 StPO) Entschlagungsrecht zu belehren. Die Vorlagepflicht bleibt davon unberührt.

(3) Die zur Auskunft und Vorlage von Unterlagen nach Abs. 1 Verpflichteten haben den Bediensteten der FMA oder den von ihr beauftragten Personen, soweit dies zur Wahrnehmung ihrer Aufgaben erforderlich ist, während der üblichen Arbeitszeit das Betreten ihrer Grundstücke und Geschäftsräume zu gestatten.

Ergebnis der Prüfung

§ 5. (1) Ergibt die Prüfung durch die FMA, dass die Rechnungslegung fehlerhaft ist, so hat die FMA den Fehler mit Bescheid festzustellen.

(2) Die FMA kann nach Maßgabe des öffentlichen Interesses an der Richtigkeit der Finanzberichterstattung bescheidmäßig anordnen, dass das Unternehmen den von der FMA oder den von der Prüfstelle im Einvernehmen mit dem Unternehmen festgestellten Fehler samt den wesentlichen Teilen der Begründung der Feststellung gemäß § 8 Abs. 3 Z 3 oder 4 des Kapitalmarktgesetzes 2019 – KMG 2019 oder in elektronischer Form auf der Internetseite des geregelten Marktes unverzüglich bekannt zu machen hat. Auf Antrag des Unternehmens kann die FMA von einer Anordnung nach dem ersten Satz absehen, wenn die Veröffentlichung geeignet ist, den berechtigten Interessen des Unternehmens zu schaden. *(BGBl I 2019/62)*

(3) Ergibt die Prüfung durch die FMA keine Beanstandungen, so teilt die FMA dies dem Unternehmen mit.

Anzeigepflicht

§ 6. (1) Die FMA hat Tatsachen, die auf das Vorliegen einer Berufspflichtverletzung durch den Abschlussprüfer schließen lassen, der Kammer der Wirtschaftstreuhänder zu berichten. Tatsachen, die auf das Vorliegen eines Verstoßes gegen börserechtliche Vorschriften schließen lassen, hat sie von Amts wegen wahrzunehmen und dem Börseunternehmen mitzuteilen. Die FMA hat bei begründetem Verdacht des Vorliegens von wesentlichen Mängeln bei den Qualitätssicherungsmaßnahmen eines Abschlussprüfers dies dem Arbeitsausschuss für externe Qualitätsprüfungen mitzuteilen. Dieser hat der FMA sowie der Qualitätskontrollbehörde binnen vier Wochen mitzuteilen, ob und wann eine Sonderprüfung nach § 16 Abs. 2 Z 3 Abschlussprüfungs-Qualitätssicherungsgesetz – A-QSG, BGBl. I Nr. 84/2005, durchgeführt wird. In Bezug auf Tatsachen, die den Verdacht einer Straftat im Zusammenhang mit der Rechnungslegung eines Unternehmens begründen, kann eine Anzeige im Sinne des § 78 StPO insbesondere unterbleiben, wenn und so lange ein Prüfverfahren durch die Prüfstelle oder die FMA anhängig und kein schwerwiegender Schaden für das Unternehmen oder seine Gläubiger zu befürchten ist; die Bekanntmachung festgestellter Fehler gemäß § 5 Abs. 2 gilt für Zwecke des Absehens von der Anzeige jedenfalls als schadensbereinigende Maßnahme gemäß § 78 Abs. 2 Z 2 StPO.

(2) Ergibt sich der FMA bei Ausübung ihrer Tätigkeit gemäß diesem Bundesgesetz der Verdacht, dass eine Transaktion der Geldwäscherei oder der Terrorismusfinanzierung dient, so hat sie die Geldwäschemeldestelle (§ 4 Abs. 2 des Bundeskriminalamt-Gesetzes – BKA-G, BGBl. I Nr. 22/2002) hievon unverzüglich in Kenntnis zu setzen. *(BGBl I 2016/118)*

Datenschutz und Internationale Zusammenarbeit

§ 7. (1) Der FMA obliegt die Zusammenarbeit mit den Stellen im Ausland, die zuständig sind für die Untersuchung möglicher Verstöße gegen Rechnungslegungsvorschriften von Unternehmen, deren Wertpapiere an einem geregelten Markt oder an einer anerkannten Wertpapierbörse eines Drittlandes zugelassen sind. Im Rahmen dieser Zusammenarbeit kann ein gegenseitiger Informations- und Datenaustausch erfolgen, soweit er sich auf das für die Zusammenarbeit notwendige Maß beschränkt und dadurch weder das Bankgeheimnis (§ 38 BWG) noch die abgabenrechtliche Geheimhaltungspflicht (§ 48a BAO) verletzt werden. Die Erteilung von Auskünften an eine Behörde in einem Drittland ist im Übrigen nur dann gestattet, wenn die Voraussetzungen gemäß Kapitel V der Verordnung (EU) 2016/679 zum Schutz natürlicher Personen bei der Verarbeitung personenbezogener Daten, zum freien Datenverkehr und zur Aufhebung der Richtlinie 95/46/EG (Datenschutz-Grundverordnung), ABl. Nr. L 119 vom 04.05.2016 S. 1 erfüllt sind. *(BGBl I 2018/37)*

(2) Die FMA kann mit den zuständigen Stellen von Mitgliedstaaten der Europäischen Union oder von Vertragsstaaten des Abkommens über den Europäischen Wirtschaftsraum zusammenarbeiten, um eine einheitliche Durchsetzung internationaler Rechnungslegungsvorschriften grenzüberschreitend gewährleisten zu können. Dazu kann sie diesen Stellen auch den Wortlaut von Entscheidungen zur Verfügung stellen, die sie oder die Prüfstelle in Einzelfällen getroffen haben. Der Wortlaut der Entscheidungen darf nur in anonymisierter Form zur Verfügung gestellt werden.

(3) Die FMA hat die Prüfstelle über die internationale Zusammenarbeit der FMA gemäß den

Abs. 1 und 2 zu informieren. Die Prüfstelle ihrerseits ist zur Unterstützung der FMA bei der internationalen Zusammenarbeit verpflichtet.

2. Abschnitt: Prüfstelle

Rechtsform, Anerkennung und Prüfungsgegenstand

§ 8. (1) Der Bundesminister für Finanzen kann nach Anhörung des Bundesministers für Justiz durch Bescheid einen unabhängigen, nicht auf Gewinn gerichteten Verein auf dessen Antrag als Prüfstelle für die Einhaltung von Rechnungslegungsvorschriften durch Unternehmen, deren Herkunftsland gemäß „§ 1 Z 14 BörseG 2018“ Österreich ist, anerkennen. Ein solcher Verein hat den Namen „Österreichische Prüfstelle für Rechnungslegung“ zu führen und darf in Ausübung seiner Tätigkeit an keine Weisungen gebunden sein. *(BGBl I 2015/150; BGBl I 2017/107)*

(2) Ein Verein darf nur dann als Prüfstelle anerkannt werden, wenn die Statuten dieses Vereins eine ausreichende Gewähr für eine sachverständige, unabhängige und vertrauliche Erfüllung der Aufgaben des Vereins bieten und geeignete organisatorische Vorkehrungen für die Prüfungstätigkeit in einer Verfahrensordnung festgelegt sind. Jede Änderung der Statuten oder der Verfahrensordnung ist vom Bundesminister für Finanzen nach Anhörung des Bundesministers für Justiz zu genehmigen. Die bescheidmäßige Anerkennung kann auf eine Dauer von fünf Jahren befristet werden; eine wiederholte Anerkennung ist zulässig.

(3) An der Durchführung der Prüfung dürfen Personen nicht mitwirken, bei denen Gründe, insbesondere Beziehungen geschäftlicher, finanzieller oder persönlicher Art, vorliegen, nach denen die Besorgnis der Befangenheit besteht. Von der Mitwirkung jedenfalls ausgeschlossen sind Personen, bei denen einer der in § 271 Abs. 2 Z 1, 2, 4, 5 oder 7 des Unternehmensgesetzbuchs – UGB, BGBl. I Nr. 120/2005, genannten Umstände in den letzten drei Jahren vorgelegen ist.

(4) Die Prüfstelle hat die FMA von der Durchführung von Prüfungen gemäß § 2 Abs. 1 Z 1 zu informieren.

(5) Die FMA kann Richtlinien über die Prüftätigkeit durch die Prüfstelle erlassen, nach der diese vorzugehen hat. Die Prüfstelle hat der FMA hierfür Vorschläge zu erstatten.

Verhältnis der Prüfstelle zu Unternehmen

§ 9. (1) Wenn das Unternehmen bei einer Prüfung durch die Prüfstelle mitwirkt, sind die gesetzlichen Vertreter des Unternehmens und die sonstigen Personen, deren sich die gesetzlichen Vertreter bei der Mitwirkung bedienen, verpflichtet, der Prüfstelle richtige und vollständige Auskünfte zu erteilen und richtige und vollständige Unterlagen vorzulegen, es sei denn, die genannten Personen würden sich oder einen Angehörigen gemäß § 36a AVG damit der Gefahr einer strafgerichtlichen Verfolgung aussetzen. Die Prüfstelle hat den Verpflichteten über sein Verweigerungsrecht zu belehren. Die Vorlagepflicht bleibt davon unberührt.

(2) Die Prüfstelle hat dem Unternehmen das Ergebnis der Prüfung mitzuteilen. Ergibt die Prüfung, dass die Rechnungslegung fehlerhaft ist, so hat sie ihre Entscheidung zu begründen und dem Unternehmen unter Bestimmung einer angemessenen Frist Gelegenheit zur Äußerung zu geben, ob es mit dem Ergebnis der Prüfstelle einverstanden ist.

Anzeige-, Mitteilungspflichten und Haftung der Prüfstelle

§ 10. (1) Die Prüfstelle hat der FMA zu berichten über:

1. die Weigerung des betroffenen Unternehmens, an einer Prüfung mitzuwirken,

2. das Ergebnis der Prüfung und darüber, ob sich das Unternehmen mit dem Prüfungsergebnis einverstanden erklärt hat.

(2) Die Beschäftigten der Prüfstelle sind zur gewissenhaften und unparteiischen Prüfung verpflichtet. Die Prüfstelle und ihre Beschäftigten sind im öffentlichen Interesse einer verlässlichen und einheitlichen Finanzberichterstattung auf dem Kapitalmarkt tätig.

(3) Die Prüfstelle hat Tatsachen, die den Verdacht einer Straftat im Zusammenhang mit der Rechnungslegung eines Unternehmens begründen, der FMA zu berichten. Tatsachen, die den Verdacht auf das Vorliegen einer Berufspflichtverletzung durch den Abschlussprüfer begründen, hat sie der Kammer der Wirtschaftstreuhänder zu berichten.

(4) Für die von der Prüfstelle zugefügten Schäden haftet der Bund nach den Bestimmungen des Amtshaftungsgesetzes – AHG, BGBl. Nr. 20/1949. Schäden im Sinne dieser Bestimmung sind solche, die Rechtsträgern unmittelbar zugefügt wurden, die der Prüftätigkeit der Prüfstelle nach diesem Bundesgesetz unterliegen. Die Prüfstelle sowie deren Bedienstete und Organe haften dem Geschädigten nicht.

(5) Hat der Bund einem Geschädigten den Schaden gemäß Abs. 4 ersetzt, so kann er von den Organen oder Bediensteten der Prüfstelle Rückersatz nach den Bestimmungen des AHG begehren.

(6) Die Prüfstelle hat den Bund im Amtshaftungs- und Rückersatzverfahren nach den Abs. 4 und 5 in jeder zweckdienlichen Weise zu unter-

stützen. Sie hat insbesondere alle Informationen und Unterlagen, die das Amtshaftungs- oder Rückersatzverfahren betreffen, zur Verfügung zu stellen sowie dafür zu sorgen, dass der Bund das Wissen und die Kenntnisse der Organe und Bediensteten der Prüfstelle über die verfahrensgegenständlichen Prüftätigkeiten in Anspruch nehmen kann.

Verschwiegenheitspflicht

§ 11. (1) Beschäftigte der Prüfstelle dürfen die ihnen bei ihrer Tätigkeit bekannt gewordenen Tatsachen und Erkenntnisse, deren Geheimhaltung im Interesse eines nach diesem Gesetz Verpflichteten oder eines Dritten liegt, insbesondere Geschäfts- und Betriebsgeheimnisse sowie personenbezogene Daten, nicht unbefugt offenbaren oder verwerten, auch wenn sie nicht mehr im Dienst sind oder ihre Tätigkeit beendet ist. Dies gilt nicht im Fall von gesetzlichen Mitteilungspflichten. Mitteilungen zur Erfüllung der Verpflichtung nach § 10 stellen keine unbefugte Offenbarung oder Verwertung dar.

Finanzierung der Prüfstelle

§ 12. (1) Die Prüfstelle hat über die erforderlichen Finanzierungsmittel für jedes folgende Kalenderjahr einen Wirtschaftsplan zu erstellen, der vom Bundesminister für Finanzen zu genehmigen ist. Die voraussichtlichen Kosten für das Folgejahr werden von den einzelnen Unternehmen mittels eines Fixbetrages von 7 500 Euro pro Kalenderjahr sowie durch Mitgliedsbeiträge der Vereinsmitglieder in der Höhe von 10 000 Euro je Vereinsmitglied pro Kalenderjahr vorfinanziert. Ein allfällig verbleibender Restbetrag ist den Unternehmen gemäß ihrer Börsekapitalisierung von der Prüfstelle anteilsmäßig zu verrechnen.

(2) Die Prüfstelle gilt unabhängig von ihren tatsächlichen Einnahmen und Ausgaben als Verein gemäß § 22 Abs. 2 Vereinsgesetz 2002 – VerG, BGBl. I Nr. 66/2002.

Sanktionen

§ 13. (1) Wer vorsätzlich entgegen § 4 der FMA oder entgegen § 9 der Prüfstelle eine Auskunft nicht richtig oder nicht vollständig erteilt oder eine Unterlage nicht richtig oder nicht vollständig vorlegt, begeht eine Verwaltungsübertretung und ist von der FMA mit einer Geldstrafe bis zu 100 000 Euro zu bestrafen.

(2) Die von der FMA gemäß diesem Bundesgesetz verhängten Geldstrafen fließen dem Bund zu.

3. Abschnitt: Übergangs- und Schlussbestimmungen

Sprachliche Gleichbehandlung

§ 14. Soweit in diesem Bundesgesetz personenbezogene Bezeichnungen nur in männlicher Form angeführt sind, beziehen sie sich auf Frauen und Männer in gleicher Weise. Bei der Anwendung auf bestimmte Personen ist die jeweils geschlechtsspezifische Form zu verwenden.

Verweise und Verordnungen

§ 15. (1) Soweit in diesem Bundesgesetz auf andere Bundesgesetze verwiesen wird, sind diese, wenn nichts anderes angeordnet ist, in ihrer jeweils geltenden Fassung anzuwenden.

Übergangsbestimmung

§ 16. Die Bestimmungen dieses Gesetzes finden erstmals auf Abschlüsse und sonstige vorgeschriebene Informationen jenes Geschäftsjahres Anwendung, das nach dem 30. Dezember 2013 endet. Maßnahmen zur organisatorischen Einrichtung und Finanzierung der Prüfstelle können ab Kundmachung des Bundesgesetzes BGBl. I Nr. 21/2013 getroffen werden.

In-Kraft-Treten

§ 17. „(1)“ Dieses Bundesgesetz tritt mit 1. Juli 2013 in Kraft. *(BGBl I 2015/98)*

(2) § Abs. 1 erster Satz in der Fassung des Bundesgesetzes BGBl. I Nr. 98/2015 tritt mit 26. November 2015 in Kraft. *(BGBl I 2015/98)*

(3) § 6 Abs. 2 in der Fassung des Bundesgesetzes BGBl. I Nr. 118/2016 tritt mit 1. Jänner 2017 in Kraft. *(BGBl I 2016/118)*

(4) § 1 Abs. 1, § 2 Abs. 1 und § 8 Abs. 1 in der Fassung des Bundesgesetzes BGBl. I Nr. 107/2017 treten mit 3. Jänner 2018 in Kraft. *(BGBl I 2017/107)*

(5) § 5 Abs. 2 in der Fassung des Bundesgesetzes BGBl. I Nr. 62/2019 tritt mit 21. Juli 2019 in Kraft. *(BGBl I 2019/62)*

Vollziehung

§ 18. Mit der Vollziehung dieses Bundesgesetzes ist

1. hinsichtlich des § 8 Abs. 1 und 2 sowie des § 12 der Bundesminister für Finanzen im Einvernehmen mit dem Bundesminister für Justiz,

2. hinsichtlich der übrigen Bestimmungen der Bundesminister für Finanzen betraut.

Evaluierung

§ 19. Der Bundesminister für Finanzen hat das Rechnungslegungs-Kontrollgesetz spätestens bis zum 31. Dezember 2015 zu evaluieren.

KODEX

DES ÖSTERREICHISCHEN RECHTS

SAMMLUNG DER ÖSTERREICHISCHEN BUNDESGESETZE

SOZIAL-VERSICHERUNG

1 ASVG
2 AlVG
3 KGG/KBGG
4 SUG
5 NSchG
6 BPGG
7 NeuFÖG
8 IVF-Fonds-G
9 AMPFG
10 GSVG
11 BSVG
12 FSVG
13 K-SVFG
14 NVG
15 B-KUVG
16 EU-BSVG
17 ARÜG
18 SV-EG
19 Int. Abk.

LINDE VERLAG

KODEX

DES ÖSTERREICHISCHEN RECHTS

SAMMLUNG DER ÖSTERREICHISCHEN BUNDESGESETZE

WIRTSCHAFTS-GESETZE

TEIL I

1 GewO
ÖffnungsZG
Sonn-, FBZG
NahVG
ReisebR
MaklerR
VerbrKV
ProduktSG
GelVG
KraftFLG
GüterbefG
2 BVergG
BB-GmbHG
EU-Recht
DienstL-RL
LieferK-RL
BauA-RL
RechtsM-RL
Sek-RL
SekRM-RL
StandF-RL
3 ElWOG
E-RegBG
EigentEG
ÖkostromG
GWG
PreisTrG
RohrLG
EU-Recht
ElektrBM-RL
ErdgasBM-RL
EnergieT-RL
4 DSG
EU-Recht
DatenS-RL
DatenB-RL
5 PreisG
PreisAG
Preis-BÜG
EU-Recht
PreisA-RL
6 VerssG
EnLG
Erdöl-BMG
LMBG

LINDE VERLAG

KODEX

DES ÖSTERREICHISCHEN RECHTS

SAMMLUNG DER ÖSTERREICHISCHEN BUNDESGESETZE

WIRTSCHAFTS-GESETZE

TEIL II

1 WettbG
KartellG
EU-Recht
EGV
VO Nr. 17
Anhör-VO
Bagatt-Bek
WettbR-VO
GruFr-VO
FusKon-VO
2 PatentG
SchuZG
GebrMG
HalblSG
MarkenSG
MusterSG
ProdPirG
UrhebRG
VerwertG
EU-Recht
MarkenR-RL
Gem-Mark-VO
GemGM-VO
HalbL-RL
CompPr-RL
Verm-Verl-RL
SchutzD-RL
UrhebR-RL
Sat-RL
Biotech-E-RL
FolgeR-RL
ProdPir-VO
3 UWG
EU-Recht
IrrWerb-RL

LINDE VERLAG

KODEX

DES ÖSTERREICHISCHEN RECHTS
SAMMLUNG DER ÖSTERREICHISCHEN BUNDESGESETZE

ARBEITSRECHT

LINDE VERLAG

1	AngG
2	GewO
3	ABGB
4	ArbVG
5	ArbAbfG
6	APSG
7	AVRAG
8	AuslBG
9	BEinstG
10	BPG
11	DNHG
12	EFZG
13	GleichbG
14	IESG
15	KautSchG
16	KJBG
17	KoalitG/AntiterrG
18	MSchG/EKUG
19	PatG
20	UrlG
21	BAG
22	BauArb
23	GAngG
24	HausbG
25	HausgG
26	HeimAG
27	JournG
28	SchauspG
29	ASchG
30	AZG/ARG
31	BäckAG
32	FrNachtAG
33	NSchG
34	ArbIG
35	AMFG
36	AÜG
37	VBG/StBG
38	ASGG
39	EO, AO, KO
40	EU-Recht

KODEX

DES ÖSTERREICHISCHEN RECHTS
SAMMLUNG DER ÖSTERREICHISCHEN BUNDESGESETZE

AUSHANGPFLICHTIGE GESETZE

LINDE VERLAG

1	ASchG DOK-VO Kenn-V AMZ-VO STZ-VO SFK-VO SVP-VO VGÜ BS-V VbA AStV AM-VO ESV GKV Bverbote
2	üVO
3	AAV
4	BauV
5	AZG FahrtbVO EU-VOen
6	ARG ARG-VO
7	MSchG
8	FrNArbG
9	KJBG KJBG-VO
10	KA-AZG
11	BäckAG
12	BEinstG
13	GleichbG

KODEX

DES ÖSTERREICHISCHEN RECHTS
SAMMLUNG DER ÖSTERREICHISCHEN BUNDESGESETZE

STEUERGESETZE

LINDE VERLAG

1	EStG
2	KStG
3	UmgrStG UmwG SpaltG
4	UStG
5	BewG
6	GrStG AbgLuF BWA
7	GebG
8	ErbStG
9	GrEStG
10	KVG
11	VersSt FSchSt
12	KfzStG StraBAG
13	Energie-abgaben
14	AbgZuw InvFG WKG NoVAG KGG Sicherheitsb KommSt NeuFöG WerbeAbg
15	FLAG KarenzgeldG KBGG
16	DBA Übersicht
17	BAO AVOG ZustellG AuskG
18	AbgEO
19	FinStrG
20	HGB
21	BWG
22	Amtshilfe
23	ASVG
24	WTBG